国学的传承与创新

冯其庸先生从事教学与科研六十周年庆贺学术文集

中国人民大学国学院 主编

上 册

一、红学研究新视野

二、历代集部辑论与文学建构

上海古籍出版社

编委会

主　任：纪宝成

副主任：黄朴民　徐　飞　孟宪实

执行主编：黄朴民　孟宪实

委　员：(按姓氏笔画排列）

黄克剑　黄朴民　梁　涛　孟宪实　沈卫荣

乌云毕力格　　徐　飞　任晓辉　袁济喜

诸葛忆兵　杨庆中

冯其庸先生2005年10月在塔克拉玛干沙漠腹地的白龙堆　高海英　摄

题曹雪芹家世并红楼梦柬友人
百年家世与君论，史迹碑传字字真；踏破雄关成巨业，坐看江尾待龙巡。
黄金已逐清波去，大厦行将化垢尘。楝树花开终结子，红楼梦觉可怜春。
壬辰大暑宽堂冯其庸书旧作於连理缠枝梅花草堂时年九十

嵩阳古柏　冯其庸九十题
汉武东巡事已陈，马迁史笔久封尘。
嵩阳老柏今犹在，青眼看人万世情。
汉唐盛世眼亲经，又见东方出五星。
昨夜嫦娥奔月府，红旗永驻九天青。
辛卯十二月二十九日宽堂九十初度题
旧作并记

嵩阳古柏 (580cm × 215cm) 2012年

2010年10月由中国人民大学召开的《国学前沿问题研究暨冯其庸先生从教六十周年国际学术研讨会》开幕式

《国学前沿问题研究暨冯其庸先生从教六十周年国际学术研讨会》主会场

冯其庸先生在会上致词

中国人民大学纪宝成校长向冯其庸先生赠送贺礼

故宫博物院等单位向冯其庸先生赠送贺礼

"红学研究新视野"学术研讨会分会场

"集部与中国文学"学术研讨会分会场

"西域敦煌出土文献研究"学术研讨会分会场

《国学前沿问题研究暨冯其庸先生从教六十周年国际学术研讨会》与会专家合影

目　录

上　册

二、历代集部辑论与文学建构

下 册

三、近现代国学的回顾与国学学科建设

四、书法与绘画

五、西域敦煌出土文献研究

国学的传承与创新

冯其庸先生从事教学与科研六十周年庆贺学术文集

6

春风初度玉门关

——在"国学前沿问题暨庆祝冯其庸先生执教六十周年学术研讨会"上的讲话

纪宝成

（中国人民大学校长，国学院院长）

　　大家上午好！首先，请允许我代表中国人民大学，并以我个人的名义，向出席今天这次会议的各位领导、各位专家、各位同学致以亲切的问候和热烈的欢迎，对五年来一直关心和支持人大国学院事业的各界朋友表示崇高的敬意和衷心的感谢！

　　这次会议的召开，适逢我校命名组建六十周年、我校国学院成立五周年，这样就赋予了这次盛会多重意义：一是庆祝、纪念中国人民大学命名组建的又一学术盛事；二是回顾五年来国学院走过的道路、总结五年来国学院办学的经验；三是向我们尊敬的国学院首任院长、现任名誉院长冯其庸先生庆贺执教六十周年致以敬意，表达祝贺；四是就国学教育的下一步深化与发展进行探讨与切磋，群策群力、携手并肩，推动国学教育更上层楼，为构建中华民族共有精神家园揭开新的一页。

　　2005 年，我校创办了新中国第一家国学院。五年来，人大国学院坚持大国学、新国学的理念，筚路蓝缕、脚踏实地、勇于创新、锐意进取，开展全方位的工作，取得了多方面的成绩，这些进展与成绩，概括而言，集中反映在以下几个方面：

　　首先，是初步探索并形成了富有特色的国学教育创新机制。包括：实行了六年制本硕连读学制，制定了完整系统的国学教学方案，建立了以经典研读为骨干和中心的课程体系，编写和出版了"国学经典解读"等系列基本教材，推行了学生自三年级开始的四年一贯

1

导师制,开展了作为教学环节的学生游学实习制,凡此种种,不胜枚举。

这些国学教育创新机制的建立与运行,保证了我校国学院的国学教学与人才培养从一开始就形成了自己鲜明的特色,为传统文化的传承与弘扬寻找到又一条卓有成效的路径,受到上级主管部门的高度重视和充分肯定。其经验成果曾以"国学教育的探索与创新"项目名义,荣获北京市优秀教育成果奖特等奖与全国优秀教学成果二等奖。与此同时,国学院被选为教育部的"全国教学创新实验基地",国学院的国学教学成为了全国本科教育的特色专业。所有这些荣誉的取得,都是上级主管部门重视与肯定的具体体现。由于有这些国学教育的创新机制作有力保障,我们的国学人才培养也硕果累累,令人欣慰,学生的综合素质得到全面提升,学术功底与研究能力殊为突出,社会各界的认可度令人鼓舞,今年我们的首届毕业生100%的就业率,就从一个侧面提供了有力的证明。

其次,是锲而不舍地致力于在国学研究方面做出实实在在的成绩,推出一系列具体的成果,使我们的国学教育理念贯彻落实到实处。这包括:组织编写《国学研究文库丛书》多种,使国学研究的前沿成果及时得到展示,为深化国学研究贡献自己的绵薄之力;组织编写《近代国学资料丛书》,梳理和总结近代国学的历史演进过程及其得失启示;组织编写《西域历史语言研究丛书》和《汉藏佛学研究丛书》,使我们所秉持的"大国学"理念获得具体的实践,开辟了国学研究新的领域,形成国学研究新的亮点;组织编写《国学与管理丛书》,为国学的推广与运用于现实社会实践寻找最佳的契机,提供必要的服务;创办和编辑出版《国学学刊》、《西域历史语言研究集刊》等刊物,使其成为展示国学院科研成果的重要窗口,成为国学院与海内外国学研究界开展学术交流的基本平台;开办"中国人民大学国学论坛"高端学术讲座,邀请学界著名的专家学者来校作学术报告,在此基础上,编辑出版了《国学论坛》系列丛书;组织编写《为往圣继绝学》、《凤鸣集》等国学院学生优秀论文集和国学院师生创作集,发掘学生的学术研究潜力,激发学生的文艺创作热情,使国学的薪火相传宗旨有了生动具体的体现。此外,国学院还注重与社会各界共同致力于国学的推广与弘扬,如我们与《光明日报》合作,编写和出版了《年度国学》,及时反映海内外国学教育与研究的动态、成就与趋势;又如和中国社科院历史所合作,联合主持了列入国家"十一五"文化发展规划的重大出版工程《域外汉籍珍本文库》的编纂工作,等等。令我们欣喜的是,经过五年不懈的努力,我们在国学研究方面已初步走出了自己的道路,找到了可持续发展的方向。即我们的国学教育创新,是以坚持出色的科研为前提。以科研支撑教学的导向,为我们从事国学学科建设奠定了坚实的基础。

其三,是在国学教育与研究的开展过程中努力强化和提升国际性。今天的国学既然是国际视野下的国学,那么在国学教学与研究中,就应该在立足传统的同时超越传统,自觉与西方的学术命题与方法开展交流与借鉴,在新一代国学人才的培养上,加大国际化的成分,真正做到立足本土、面向世界、贯通中西、学兼天下。鉴于这样的认识,我们积极开展海内外的学术交流,开拓国学院师生的学术视野,及时了解海内外国学(汉学)教学与研究的最新动态，以此为外在动力来推动深化国学院的教学与研究。五年来先后与美国哈佛大学、明尼苏达大学，德国波恩大学、慕尼黑大学，英国伦敦大学亚非学院、曼彻斯特大学，法国巴黎高等研究院，香港中文大学、香港大学饶宗颐学术馆，台湾大学等10余所高校建立起了联系并开展相关合作。举办或联合主办了一系列重要的学术活动。如"传统与现代：从明清到民国的转变"国际学术研讨会、"内亚与中国：文化和历史交流"国际学术讨论会、"边疆与民族：文化及其交流"国际学术研讨会，等等。与此同时，我们以学校讲座教授的名义，礼聘了哈佛大学、明尼苏达大学、加州大学圣巴巴拉分校、台湾大学等高校的著名教授到国学院担任教师，指导学生，开展合作研究。还遴选和促成了多名国学院优秀学生赴波恩大学、慕尼黑大学、莱比锡大学、香港大学、香港中文大学、澳门大学攻读博士学位。国学院这些工作，是学校提升国际性战略部署中的有机组成部分，是与学校整体发展的战略思路相一致的，也是国学面向世界、面向未来的重要象征。

在回顾和总结国学院五年来的发展历史与辉煌成就的时候，我常有"春风初度玉门关"之感慨，脊续文脉、重振国学已渐柳暗花明，此时此刻，我要特别感谢在座的国学院首任院长、现任名誉院长冯其庸先生。大家知道，今天是农历九月初九，是中国传统节日"重阳节"。中国古人，用这样的节日表达对老人的敬意。我们很荣幸，也可以利用这个节日，来庆祝冯其庸先生执教六十周年、庆贺他的米寿，用我们的实际行动，表达对老人家的敬仰之意。先生用一生的努力，为中国的教育作出了巨大贡献，甚至在人生的耄耋之年，还积极支持我们创办国学院，并亲自出任首届院长之职。为了办好国学院，冯先生身体力行，孜孜以求，无论是凝炼办学的理念，还是确立办学的特色，或是指导办学的实践，冯先生都亲力亲为，全身心投入，可以毫不夸张地说，国学院所取得的成绩中，都倾注着冯先生的宝贵心血，都凝结着冯先生的卓越贡献。刚才宣读的习近平副主席对冯先生的高度评价，是党和国家对冯先生的褒奖，我们由衷地为冯先生骄傲和自豪，而习近平副主席的这封信，也将激励我们进一步办好中国人民大学国学院，"为国学新时期的发展，为促进中国传统文化研究"发挥更大的作用。我们国学院也凑得一联献给冯老，贺冯老米寿：弘天下教化，德必有邻，已翘然为师表；续古今文脉，学也无涯，当传之于名山。我们以此祝贺冯老米寿和从教六十周年，表达国学院广大师生对冯老的敬仰、爱戴之情。和冯先生一样，今天在座的各位学者，也都为中国人民大学国学院的创立和发展作出过重要努力，奉献过宝贵的智慧和心血。在此，我郑重提议，请大家以最热烈的掌声，向冯先生、向各位前辈学者和所有帮助支持过国学院建设的来宾们致以崇高的敬意和诚挚的感谢！

在充分肯定国学教育与研究已有成绩的同时，我们更应该认真对待尚存的问题，迎接各式各样的挑战。要树立强烈的忧患意识，保持冷静和清醒，脚踏实地继续前进。今天，我乐意利用这个难得的机会，就下一步振兴国学、推动国学的一些重大问题，谈谈自己的认识，一则就教于在座的冯其庸等诸位学术前辈，二则为人大国学院诸位从事具体工作的同志提供一些工作思路与建议，三则也希望借此回应少数学术界同志与部分社会舆论关

于开展国学教育与研究的疑虑与保留意见。

毫无疑义，近些年来，国学教育与研究已有了长足的进步，取得了巨大的成就。国学发展的春天已经到来，这是无可置疑的事实，是不以个别人意志为转移的趋势！

然而，我们应该清醒地看到，国学教育所面临的问题仍有不少，步骤方法还在摸索，社会分歧依然存在，扎实耕耘尚待时日。对国学教育与研究的质疑，据我有限的了解，大致反映在以下几个方面：

一是全盘否定中国传统文化的思潮依旧存在，它们继续通过各种方式顽强地表现出来，国学作为传统文化的主要载体，就成为这些人集中攻击与针砭的目标。于是就有了所谓的"国学所代表的传统文化，是封建意识形态集中体现，是王权专制主义的主要象征"的说法。一句话，国学是封建的残渣余孽，与近现代的民主自由意识相悖，在今天，是必须加以批判和拒绝的对象，更没有任何理由加以珍视和弘扬。提倡国学、弘扬传统，是堂吉诃德式的笑话。

二是认为国学尽管有合理积极的内涵，但它毕竟是封建时代遗存下来的意识形态。过多地倡导国学，似乎不利于坚持马克思主义对我国思想文化领域的领导地位，所以，对国学适当加以研究尚可，但是若要全面提倡，则容易导致人们思想上的混乱，价值观上的错位。

三是认为国学的核心内核意见分歧，学科边界相对模糊，近代学科分类已比较成熟与稳定，国学所承担的学科内涵已基本分别归入文、史、哲等学科，所以，要具体界定国学在学科属性及其专业不具备充分的条件，一句话，国学在学理上缺乏对合理性、合法性和必要性的证明，它既不能成为一级学科，更无法成为学科门类。

这中间，有的是属于对国学的恶意抹黑，有的是对国学的善意疑虑，也有的是拘泥于学理分析的自我设限，性质上是有区别的。但是，从效果上看，都是对进一步推动国学教育、开展国学研究设置障碍、造成困扰。有必要正本清源，从正面加以澄清和申说。

对第一种"数典忘祖"型的否定论观点，我们认为，它从事实上讲，是臆断和非真实的；从学理上讲，是扭曲和不成立的；从政治上讲，是错误和有危害性的；以国学为主要载体的中国传统文化，与其他一切知识体系一样，固然有其时代的局限，但绝对不是像某些人所妄称的那样，只是所谓的专制主义、王权主义。否则，我们就无法想象有孟子这样"民为贵，社稷次之，君为轻"的主张历经千年而脍炙人口，有黄宗羲《明夷待访录》、戴震《原善》这样充满民本精神、民主色彩的著述流芳百世而振聋发聩。更何况，仅仅从这样一个角度来概括国学又显得何等褊狭和武断、霸道。这些人以简单的"专制"、"王权"来抹黑国学，显然错误；以此来否定诋毁开展国学教育与研究，更是错上加错。

对第二种似乎有点儿"杞人忧天"式的怀疑论观点，我们认为，它是以僵化拘泥的态度与方法理解和认识马克思主义在思想文化领域的领导地位。是人为地割裂了马克思主义中国化的内在逻辑联系，既无助于正确坚持和发展马克思主义，也有碍于我们在今天科学

总结和弘扬自己的优秀传统文化。

我认为,弘扬国学不仅与坚持马克思主义不相矛盾,而且从某种意义上讲,恰恰是相辅相成、互为促进的。换言之,重振国学对于促进"马克思主义中国化"和形成"中国化的马克思主义",完善中国特色社会主义理论体系具有非常重要的意义。

"马克思主义中国化"的历史过程,也是一个既有继承又有创新的过程。既是一个把马克思主义基本原理与中国实际相结合的实践过程,进而进行理论升华,也是一个把马克思主义基本原理与中国历史文化传统相结合的理论化过程,进而形成了有中国内容、中国气派、中国特色和用中国语言表述的"中国化的马克思主义"。国学永远是马克思主义中国化的一个基本的资源型要素。

外来文化观念无论怎么先进、怎么合理、怎么优越,如果在本土传统文化中没有相对应的因素,也是很难在本土扎根或者发展的。马克思主义作为一种外来的理论,之所以能在中国扎根、发展,或者说中国之所以接受马克思主义并走上了中国特色的社会主义道路,可能性之一就是中国历史文化传统中也有不少重要的思想资源,同马克思主义相对应、相契合。比如:马克思主义之所以能在中国迅速传播与生根发芽并开花结果,这和中国人天然所具有的"大同理想"、"天下观念"、"不患寡而患不均"等思想观念和"中庸之道"的思维方式有紧密关系,因为这些观念具有原始的、朴素的、空想的社会主义色彩和体现了原始的、朴素的辩证法思想,使中国人能在心理上和情感上靠近与接受科学社会主义。

从某种意义上讲,马克思主义的指导,使传统国学有了"凤凰涅槃"般的新的契机,使国学及其研究具有了当代性、科学性,并拥有更为光明的未来。与此同时,国学的深厚土壤,则使得马克思主义能够在中国大地上汲取最丰富的养分,变抽象为具体,化外来为本土,真正充满不竭的生机,永远葆有伟大的青春!

对第三种近乎"抱残守缺"型的机械性观点,我们认为,这也是片面偏执理解和认识学科属性的做法。是陷入了以静止拘泥的方式对待学科建设和界定的误区,同样值得商榷。实际上,清朝末年"八科立学",设置了"经学"学科,就为传统文化的研究保留了一席之地。而民国初年的《大学令》,取消了"经学",只留下现代意义上的理、工、农、医、文、法、商七科之学。这种做法是否科学,是值得研究的。

研究国学、重振国学,是有效改变当前人文学术领域普遍存在学科、专业划分过细,学科壁垒森严,知识结构单一的现象的需要;是恢复中国传统人文学术融会贯通的传统的需要,有助于拆除人文学科领域内的学科壁垒,探索新型学科制度和人才培养制度。因为,按当下的学科体系——实际上也是延续百年的全盘西化的学科体系,中国传统中的不少经典,如《春秋公羊传》、《春秋穀梁传》、《仪礼》的教学与研究,无法合理归入相应的学科。有些经典的归属,则呈现出削足适履、方枘圆凿的尴尬处境,如《诗经》归入文学,并不能真正揭示其哲学理念和史学价值;《史记》归属史学,也无法全面贯通和演绎其文化意义。而以国学的视野与方法来总结传统文化经典,则可以弥补这方面的缺失,与文、史、哲的分科研究相得益彰,互为促进。至于有些学理界定上的技术性问题,也不应该成为国学学科设置上的障碍,它完全可以在学科建设自身发展过程中逐步调适、逐步完善,在动态变化中进一步科学化、规范化,而不该"安其所习"、"党同妒真"。事实上,西方为他们自己的传统文化留下了"古典学"等学科专业,也为中国传统文化的研究设置了"汉学"这样的学科专业,而学科制度全盘西化的中国,却不能为自己的传统文化留下一个法定的学科专业,现在希望设置一个学科专业,又遇到了如此的障碍,真是咄咄怪事!

"两岸猿声啼不住,轻舟已过万重山"。"国学"是文化之根,民族之魂。21世纪的中华民族,绝不能成为无根的一族,而应当在历史的亘续中找到自己的位置,在多元文化的激荡中确定自己的地位,在走向中华民族伟大复兴的进程中迈出自己坚定的步伐。谢谢大家。

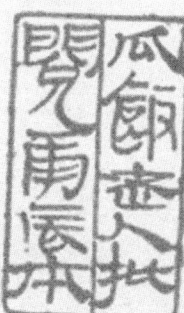

一、红学研究新视野

脂砚斋重评石头记卷之

第一回

甄士隐梦幻识通灵　　贾雨村风尘怀闺秀

此开卷第一回也。作者自云：因曾历过一番梦幻之后，故将真事隐去，而借通灵之说，撰此《石头记》一书也，故曰甄士隐云云。但书中所记何事何人？自又云：今风尘碌碌，一事无成，忽念及当日所有之女子，一一细考较去，觉其行止见识，皆出于我之上。何我堂堂须眉，诚不若彼裙钗哉？实愧则有余，悔又无益之大无可如何之日也！当此，则自欲将已往所赖天恩祖德，锦衣纨袴之时，饫甘餍肥之日，背父兄教育之恩，负师友规谈之德，以至今日一技无成、半生潦倒之罪，编述一集，以告天下人：我之罪固不免，然闺阁中本自历历有人，万不可……

冯其庸同志从教 60 周年祝词

李希凡

（中国红楼梦学会名誉会长、中国艺术研究院常务副院长）

　　首先要感谢中国人民大学国学院的邀请，使我有机会回母校来参加这次盛会。我和其庸同志已是 50 多年的老友，或者说最早还有半师之谊。其庸同志是 1953 年来人民大学任教的；我也是 1953 年秋从山东大学中文系毕业进入人大哲学班做研究生的。事有凑巧，1954 年暑假，人大学生会组织同学们进行暑期论文竞赛，当时我刚刚读完苏联小说《远离莫斯科的地方》，深受小说主人公巴特曼诺夫的坚毅性格所感动，就写了一篇评论参加比赛。其庸同志是评委，是他推荐了我这篇文章，评为二等奖，因此，可以说我们那时虽不相识，却已有神交了。1956 年，新闻工作者协会举办学习讲座，其庸同志来《人民日报》五楼小礼堂讲古代散文，我也是听课者之一。所以说，有半师之谊，是实实在在的。到了 60 年代，其庸同志已是我主编的《人民日报》文艺评论版的作者了。

　　其后，1963 年到 1964 年，我们又曾一起在林默涵同志领导下参加反修写作组。"文革"来临，各自经历了一番磨难，劫后重逢，我还得到了其庸亲自镌刻的一方印章。我记得，他送给我时，还说了一句："可惜右下角缺了一小块，但并不影响字体。"我很高兴，因为这是老友的深情厚意，缺角也有纪念意义。70 年代我们又在一起校注《红楼梦》。1986 年至1996 年，文化部又把我们一同调来接掌中国艺术研究院，最后工作到离休。

　　当然，使我们在思想感情上联系得更为密切的，是我们共同爱好的"红学"。1974 年，在周总理的指示下，《三国》、《水浒》、《西游》、《红楼》，都得到了重印。这时，文化部下属成立了"文化艺术机构"，袁水拍同志是领导成员之一，他曾建议，要校订、注释一部恢复曹

3

雪芹原作前八十回面貌的新版《红楼梦》，因为那时出版的《红楼梦》，仍然是所谓百二十回的"程高本"。在红学界一般都认为"程高本"不仅后四十回是高鹗续写，他们对前八十回也有所篡改，进行校订、注释，绝对是一项对广大读者有益的学术工程。上级批准了袁水拍的建议，就由袁水拍负责组织校订、注释组，并从全国各高校调集《红楼梦》研究者来做这件事，袁水拍就借调其庸同志和我作他的助手——校注组副组长。能参加这项学术工程，无论对于其庸还是我，都是大喜事。很快，北京和各省大专院校都推荐了人选，也很快就开始了工作，并校注出《红楼梦》前五回，分赴各地去征求意见。

今天，我所以要特别讲这件事，一是因为这个校订组的工作，对近三十年红学发展，确实作出了一定的贡献。在开展红学研究方面培养了人才，参加校注组的同仁，几乎每一位都有《红楼梦》研究专著问世，有的已著作等身。二是这项工程完全是在其庸同志领导下完成的。因为我只在校订组工作了一年多，就被张春桥下令离开。那时，我虽是《人民日报》工作领导成员之一、文艺部的工作领导小组组长，却又是文艺部造反派的斗争对象，在他们的包围监督之下，无法正常工作，所以，我虽被逐出校订组，却不想回《人民日报》，就赖在校订组未走，而其庸同志有事也还找我商量。直到粉碎"四人帮"后，我才奉召不得不回《人民日报》，但半年后又成了被审查对象，又去五七干校，虽心系校订组，却已无能为力了。袁水拍更是早已成了审查对象。其庸独力撑着校订组，日子很不好过。校订、注释《红楼梦》能有什么阴谋？有些刚恢复工作的文艺界老领导，他们经历了"文革"的磨难，反对"四人帮"，却还是重复"四人帮"的思维方式。我很感谢其庸同志，在此艰难时刻，正是他的奔走和坚持，得到了文化部和研究院贺敬之、苏一平等同志的支持，又借调了第二批全国各大学《红楼梦》研究者，终于完成了这第一次恢复曹雪芹原作的校订、注释工程。1982年新版《红楼梦》由人民文学出版社出版，截止到今年夏天已发行四百万套。我们并不认为，当时的校注就尽善尽美了，但它毕竟掀开了现代红学研究新的一页，集中各种《石头记》手抄本，以庚辰本为底本，进行了恢复曹雪芹前八十回原作的努力。近几年曾接受读者意见，在其庸同志主持下，又修订了一次。新版《红楼梦》无论在广大读者中，还是在红学发展史上，都产生了重大影响，起了促进学术研究的积极作用。

《石头记》（即《红楼梦》）诞生二百多年以来，评批很多，并形成了各种学派，其中不乏精彩的见解。但在红学史上影响最大的，还是"索隐派"旧红学和"自传说"新红学。胡适批评索隐派红学切中要害，但新红学完全不把《红楼梦》看成一部真实、深刻反映现实生活的伟大文学作品，而一口咬定，曹雪芹写的是自己的家事——是"感叹自己身世的"，是"为十二钗作本传的"，是"写闺友闺情的"。他们对曹雪芹和《红楼梦》的考证，虽作出了一定贡献，却大大曲解了《红楼梦》的历史内涵、时代意义和文学价值。1954年对新红学的批评虽有过火之处，却引领红学研究走上了回归文学之路。其庸的红学视野并不始于版本校订，在"文革"的苦难中他已开始抄录《红楼梦》并思考红学问题，以排遣无聊的时光，并开始思考他的研究规划了。

校订《红楼梦》，首先是选底本问题，虽有过一番争论，最后还是决定以庚辰本为底本。其庸写了《论庚辰本》，阐述了他的选择。不管怎么说，庚辰本是最早发现的比较完整的曹雪芹原作前八十回的抄本，其后是《石头记脂本研究》、《脂砚斋重评石头记汇校汇评》。完成了他对《红楼梦》版本的系统研究。尽管"汇校本"缺乏现代化的技术手段，那时只能靠一两个人的对照抄写，成书时出现了不少讹误，但汇校本，却是红学版本研究中的新开拓。这项工作还应继续下去，用电脑来做，一定能使它完善再版。

《红楼梦》的创作，当然与作家曹雪芹的身世、经历密切相关。其庸在校订《红楼梦》时，就已经开始了对曹雪芹身世的文献考证和实际调查，完成了《曹雪芹家世新考》和《文物图录》两部专著。30年来，其庸有关红学的系列著作自成系统，循序渐进，版本的校订和研究，家世的调查和考证，评批的整理和集成，其庸是学国学的，治学有朴学的求实之风，他并非为考证而考证，也不像新红学派一些学者为趣味而考证，他的考证是服务于对作家和作品的科学论断，以便正确深入理解和解读曹雪芹这位伟大作家和《红楼梦》这部伟大杰作。其庸近年来出版的两部红学著作是《论红楼梦思想》和冯评本《石头记》，可以从其庸的红学著述中看出，他是在文本、文献、文化的相互融通中完成的。这是现代红学最有系统的开拓性的研究成果。我以为，其庸的红学研究，虽继承了朴学的求实传统，却没有把小说作为考证对象，也没有把它看成是孤立的古已有之的文学现象，而是深入到小说所反映的复杂的社会现实，以及产生它的历史背景和时代思潮中分析和评价了曹雪芹和《红楼梦》对"传统思想和写法的打破"，这是现代红学研究中的马克思主义的观点和方法，也是科学的论证。

其庸在"红学"上的贡献，还不止在他的著作等身，开拓了红学研究的新视野。30多年前成立的中国红楼梦学会，一直延续至今，开展国际、国内学术交流，举办各种专题的研讨会，培养一大批中青年红学研究者。中国红学会的工作，至少有二十年是他在支撑着。至于创刊30多年的《红楼梦学刊》，更是他和几位青年同志一手操办创建的，至今在广大读者中间有着广泛的影响，成为学术研究的一面旗帜。这里有着我们共同的经历，使我感到歉意的是，在几次艰难的关键时刻，我都未能和他分忧。

其庸同志多才艺，不只书画创作独具风格，就是西部摄影作品集，那雄浑的气势，也令人震撼！即使在学术研究中，它的成就也不只在红学方面，他一生都是在中华文化大视野中拼搏、奋斗，有着多方面的建树，比传统国学更宽广。可惜这些领域，我都是无知无识，只能表示由衷的钦佩！其庸同志从教60周年，桃李满天下，学海无涯，我热烈地祝福他老当益壮，福寿绵长。

百年红学的启示

张庆善

（中国艺术研究院）

　　《红楼梦》产生在中国清代的乾隆年间，几乎在曹雪芹创作《红楼梦》的同时，脂砚斋就开始评阅《红楼梦》。如果把脂砚斋看作是第一位"红学家"的话，那么红学已经有了二百多年的历史。为什么说"百年红学"呢？因为从严格的学术意义上来讲，红学作为一门独立学科的形成，其实只有一百余年。1904 年王国维先生《红楼梦评论》的发表，不仅标志着现代红学的开始，同时也开创了中国现代学术的先河。

　　自王国维《红楼梦评论》发表以来，百年红学都发生了哪些事情呢？概括地说，可以把百年红学分为四个时期，即以蔡元培等为代表的索隐派时期，以胡适、俞平伯为代表的新红学时期，1954 年批俞（平伯）运动开始形成的以社会学批评为主要倾向的时期，和"文革"结束后开始的红学新时期。

　　回顾百年红学的历史，我们发现王国维的《红楼梦评论》虽然在红学史上有着极其重要的地位，然而王国维的《红楼梦》研究在当时乃至在以后多少年都少有响应者，并没有产生多大的影响。真正产生很大影响的还是蔡元培等人的"索隐"和胡适的"考证"。作为一代学术大师，王国维的《红楼梦评论》是在中国现代学术史上，第一个运用西方的哲学和美学理论研究《红楼梦》的重要论文，它主要是运用叔本华的悲剧理论解读《红楼梦》，认为《红楼梦》是一部"具厌世解脱之精神"的悲剧，是"悲剧中之悲剧"。对王国维的解读，当时并没有得到人们的认可，即使在今天我们也很难认可他的具体观点。但王国维对《红楼梦》文学的美学的研究思路和理念，从人生的根本问题去阐释体悟《红楼梦》的文学价值和美学价值,毫无疑问是代表了正确的研究方向。还在蔡元培、胡适发表他们的代表作《石头记索隐》、《红楼梦考证》十几年前,王国维就尖锐地指出了研究《红楼梦》"以考证之眼读之"的错误,批评了索隐派。可惜的是,王国维虽然发表了开创新红学先声的标志性成果,却没有完成从旧红学到新红学的转型。

在王国维发表《红楼梦评论》十三年后,蔡元培的《石头记索隐》发表。《石头记索隐》是红学索隐派的代表作。蔡元培是用读史书的眼光看《红楼梦》,不仅把《红楼梦》中的文学人物与清代历史上的人物一一比附,而且要从小说中索出"微言大义",认为《红楼梦》是"康熙朝之政治小说",书中本事是"吊明之亡,揭清之失"。蔡元培和所有的索隐派的根本失误是完全脱离作品的实际,脱离了作品中的艺术形象,混淆了文学与历史的本质区别。

在蔡元培发表《石头记索隐》之后四年,胡适发表了《红楼梦考证》,这篇被称为新红学奠基之作的论文,对索隐派进行了毁灭性的打击,指出索隐派走错了路,"他们不去搜求那些可以考定《红楼梦》的著者、时代、版本等等的材料,却去收罗许多不相干的零碎史事来附会《红楼梦》里的情节。他们并不曾做《红楼梦》的考证,其实只做了《红楼梦》的附会"。胡适运用了中国传统的考据方法和西方的实证方法,对《红楼梦》的作者、家世、版本做了系统考证,并在此基础之上,得出了六条重要的结论:(1)《红楼梦》的著者是曹雪芹;(2)曹雪芹是曹寅的孙子,曹𬤇的儿子;(3)曹寅死于康熙五十一年。曹雪芹大概生于此时或稍后;(4)曹家极盛时,曾办过四次以上的接驾的阔差,但后来家渐衰败,大概因亏空得罪被抄没;(5)《红楼梦》一书是曹雪芹破产倾家之后,在贫困之中作的。作书的年代大概当乾隆初年到乾隆三十年左右,书未完而曹雪芹死了;(6)《红楼梦》是一部隐去真事的自叙,里面的甄贾两宝玉,即是曹雪芹自己的化身,甄贾两府即是当日曹家的影子。由于胡适的考证是建立在扎实的材料之上,在这场蔡胡论争中,"附会"的、"猜笨谜"的索隐派很快就败下阵来。胡适以无可争辩的优势确立了新红学的统治地位,也影响了几十年来红学发展的方向。毫无疑问,胡适为红学的发展作出了前所未有的贡献。

当然,胡适的考证并非无懈可击,当年蔡元培先生在《石头记索隐》第六版自序中,就挑出一些胡适考证中的毛病。比如第十七回焦大的醉骂,还有第六十六回柳湘莲道:"你们东府里,除了那两个石头狮子干净罢了"的话等,蔡先生认为,如果《红楼梦》是曹雪芹的自叙传,《红楼梦》中的贾府即是曹家,那曹雪芹这样骂贾府"似太不留余地"。其实胡适考证中的漏洞何止这一些,胡适的根本失误在于"自传说"。由于有关曹雪芹材料的限制,无论是胡适还是以后的新红学考证派,他们占有的资料都无法支撑"自传说",都无法做到自圆其说,甚至连曹雪芹是谁的儿子、曹雪芹生于哪一年等基本的问题都无法定论,那么"自传说"的漏洞就永远无法堵上。看来考证派虽然打败了索隐派,但也为自己埋下了危机,同时又为索隐派的复活留有了空间。1951年,当胡适看到仍有人还是用他三十年前批评过的索隐"猜笨谜"的方法研究《红楼梦》的时候,就不无感慨地说:"我自愧费

了多年考证的工夫,原来还是白费了心血,原来还没有打倒这种牵强附会的猜谜的'红学'!"(《答臧启芳书》)

胡适何止是白费了心血,如果说索隐派混淆了文学与史学的本质区别,那么"自传说"则是混淆了文学与自传的区别。索隐派走错了路,"自传说"的路也不对。当然这样说不等于认为索隐说与"自传说"就没有什么区别了,前些年曾有过一种观点,认为胡适的"自传说"与索隐派没有什么本质的区别,你看"自传说"是说《红楼梦》讲"自己"的事,而索隐派的观点不过是说《红楼梦》讲"他人"的事,最终"自传说"与索隐派殊途同归。听起来似乎挺有道理,但这种观点有很大的问题,它混淆了科学的考证与主观臆测的索隐猜谜之间的本质区别,抹杀了建立在考证基础之上的新红学的历史贡献。科学的考证与索隐猜谜有着本质的不同,尽管我们今天可以批评胡适在《红楼梦》研究中的一些失误和错误,特别是他的"自传说"并不符合《红楼梦》的实际,但任何人都无法否认胡适为红学的发展作出的巨大贡献,特别是在作者、家世、版本等方面取得的重要成就。正是胡适这些"考证"的成果奠定了新红学的基础,拨开了索隐"猜笨谜"的迷雾,将《红楼梦》研究向前大大地推进了一步。

在百年红学的历程中,1954年对俞平伯《红楼梦》研究的批判,无疑是对红学走向有重大影响的事件。今天我们用历史的、客观的态度审视当年的过程,应该说以李希凡、蓝翎为代表的学者努力运用马克思主义的观点研究《红楼梦》,注意《红楼梦》产生的时代背景和作品的思想意义,挖掘作品的社会历史内涵,拓宽了人们的研究视野,也取得了许多成果,这是值得肯定的,他们同样为红学的发展作出了重要的贡献。问题在于,由于时代的原因,政治因素的干扰,原本正常的学术讨论演变成一场政治运动,并对后来的研究方向产生了负面的影响。如果我们撇开政治图解式的研究不谈,就是从学术层面的社会学研究视角看,根本的问题仍然在于这种研究忽视了《红楼梦》作为文学作品的特征,社会学的研究对《红楼梦》历史文化内涵的评价并不完全符合作品的实际。当然,我们不能一概而论,即使在那个时代,仍有学者努力突破政治因素的干扰,坚持文学批评的原则,在《红楼梦》文学艺术成就研究、人物形象的研究等方面取得重要成果,如何其芳1957年发表的《论红楼梦》、蒋和森1959出版的《红楼梦论稿》等。

红学新时期我们在此不用多说了,这是一个研究多元化的时期,也是百年红学史上研究成果最为丰富的时期。而在我看来,这一时期最大的收获,是人们对红学历史、特别是百年红学的深刻反思,多元化研究局面的出现正是人们对红学史反思的结果。那么,百年红学的历史到底给了我们什么样的启示呢?在百年红学的发展历程中,无论是索隐派还是考证派,无论是说《红楼梦》是康熙朝的政治小说,还是说《红楼梦》是曹雪芹的自叙传,他们的根本失误就在于对《红楼梦》本体的认识上,都没有把《红楼梦》看作是小说,看作是文学作品;都没有从文学的、美学的、哲学的方面去认识《红楼梦》。若干年前,曾经围绕"什么是红学"展开过讨论,其实争辩的分歧有更深层的东西,并不是"什么是红学",而是

"《红楼梦》是什么",这是根本分歧所在。在一些人看来,说《红楼梦》是小说,要把《红楼梦》当作文学作品来读,似乎太浅薄了,不屑一顾。而国学大师王国维当年正是坚持把《红楼梦》当作文学作品来读,而对"以考证之眼读之"提出尖锐的批评。红学的历史证明王国维坚持的研究方向是正确的,王国维不浅薄。作为新红学的开创者之一的俞平伯先生,早年他是"自传说"的坚定倡导者,但作为一位严肃的学者,俞平伯一生都在修正自己的观点。到了晚年,他对《红楼梦》更有了十分冷静和清醒的认识,他曾尖锐地指出:"人人皆知红学出于《红楼梦》,然红学实是反《红楼梦》的,红学越昌,红楼越隐。真事隐去,必欲索之,此一反也。假语村言,必欲实之,此二反也。"(《乐知儿女说红楼》)又说:"《红楼梦》之为小说,虽大家都不怀疑,事实上并不尽然。总想把它当作一种史料来研究,敲敲打打,好像不如是便不过瘾,就要贬损《红楼》的声价,其实出于根本的误会,所谓钻牛角尖,求深反惑也。"(《索隐与自传说闲评》)俞老的批评既是对自己一生《红楼梦》研究的深刻反思,又是对当下红学种种现象的尖锐批评。当下在《红楼梦》研究中出现种种令人匪夷所思的观点和现象,诸如"太极红楼梦"、"曹雪芹和他的情人杀死了雍正皇帝"以及所谓的"秦学"等种种奇谈怪论,而且还能得到不少人的赞赏,真是值得我们深思。《红楼梦》到底是什么?我们到底该怎样去阅读和研究《红楼梦》,这确实是个极为重要的问题,对这个问题的认识确实关系到红学的未来。把《红楼梦》当作文学作品来读、来研究,并不否认《红楼梦》考证的成果和历史贡献,但对作者、家世的考证,都是为了更深刻地了解《红楼梦》的创作,更深刻地认识《红楼梦》的思想艺术价值,更好地理解《红楼梦》深邃的文化内涵。

《红楼梦》是一部伟大的文学作品,它既不是什么朝的政治小说,也不是曹雪芹的自传,它是曹雪芹伟大的艺术创作。冯其庸先生曾说:"《红楼梦》作者的根本思想……是人的爱情应该是怎样心灵契合、晶莹澄澈的理想,是人与人之间平等友爱关系的理想,是对于人生的感叹和沉痛的反思,是对于知音毁灭的悲哀和永恒的心灵契合的追念。"(《我对〈红楼梦〉的解悟》)确实如此,《红楼梦》正是通过一个封建贵族大家庭的兴衰,通过一群青年男女的爱情悲剧、人生悲剧深刻地反映了社会和人生,它是曹雪芹对社会和人生深刻感悟的结晶。正因为如此,《红楼梦》才有着永恒的艺术感染力,这才是伟大文学经典的魅力所在。

百年红学,长盛不衰,根本的原因在于《红楼梦》本身的魅力,而红学的兴盛和丰富成果,更使得《红楼梦》广为流传,更为人们所关注。20世纪以来的百年红学,确实是中国现代学术史上的奇迹,一代一代学人的努力在红学的研究中取得了令世人瞩目的成果,同时又有许多沉痛的教训,从这个意义上说,"百年红学百年辉煌"、"百年红学风风雨雨"都不错。认真反思百年红学的历史,认真总结经验和教训,坚持正确的研究方向,正是我们义不容辞的责任。

红学的学术研究与百家争鸣

蔡义江

（民革中央）

当前的学术环境，比起20世纪五六十年代动辄上纲上线、罗织罪名，令文人学者人人自危的险恶环境来，自不可同日而语。特别是当前反复强调各行各业都要深入贯彻落实科学发展观，更是极其正确和重要。

然而，学术领域的情况却很难令人乐观。如何贯彻落实科学发展观的问题，未见有过专门讨论，也未见有过明确的具体的政策宣示。也许有人会说，不是有党的"双百"方针吗？其中"百家争鸣"就是针对学术环境而言的，这话不错。可是怎样的"百家争鸣"是我们应该提倡和需要的呢？是不是除了不许攻击党和社会主义外，什么话都可以说，什么文章都可以登，什么书都可以出，什么方法都可以用呢？学术领域还需不需要监管和引导？

当前红学界五花八门的奇谈怪论泛滥成灾：什么曹雪芹毒死雍正帝，上山为匪十多年，写成《石头记》，后服毒自杀啦；"金陵十二钗"是秦淮河畔的十二个妓女，《红楼梦》是《青楼梦》啦；《红楼梦》是写从未见史料记载、又常识性错误百出的所谓清宫秘史啦；《红楼梦》的作者是写《长生殿》的杭州人洪昇，是明末清初的遗民顾景星啦……，多不胜举。也没有见到严肃认真的讨论或批评与自我批评，大都各说各的，只要有人看，有人听，而且越离谱、越耸人听闻，销售量越大，收视率越高。这算不算"百家争鸣"的繁荣局面呢？它总该不是完全放任自流的自由市场吧。就说市场好了，也得有政府监管。比如投机倒把、哄抬物价，或者假冒伪劣、坑害顾客，总得管吧？不管还了得？学术，无论研究的对象是什么，它都属科学范畴。科学就得按科学规律办事，故有所谓学术规范。

引起那场沙尘暴式的所谓"秦学"风波，现在看来，无非是许多从事学术研究的红学家和非红学家，对有人利用重要媒体在公众中的信任感和影响力，投机媚俗，违反学术规范，以"戏说"冒充学术研究，误导群众的不正之风提出的批评与忠告。是与非是明摆着的，可不少媒体非但不借此正确引导，反而跟摆事实、讲道理的批评者过不去，说这是"围攻"，是"群殴"，甚至很不道德地说他们得了"红眼病"，还公布所谓"民意调查"来壮胆。被批评者无法回答有理有据的批评，便转移大众视线，说有人拿政协委员头衔压他，反问：难道自己没有发表意见的权利。书商和多数媒体大为兴奋，纷纷煽风点火，乘机将此事炒热。一时全国为之震动。

我很希望这种时候有位领导出来讲句话，也不必具体判定谁是谁非，只须说，学术问题可以百家争鸣，但一定要贯彻落实科学发展观，媒体要正确引导，这就够了。可是很遗憾，没有听到。原来"科学发展观"只是口号，一到关键时候，便哑了火。

能听到的是为"秦学"的一片叫好声，说是它的贡献就在于扩大了学术领域，使之与娱乐结合起来。我只能称这种高论为糊涂观念。科学知识当然可以、也很有必要通过娱乐手段来推广、普及和启蒙，但科学是科学，娱乐是娱乐。二加二等于四，是科学；若等于七，便是娱乐，两者有严格区别，丝毫也不能混淆，这道理难道还需说明吗？又有在《红楼梦》爱好者、研究者的群体中制造分裂的，提出所谓"草根红学"来，表示与专家学者相对立。姑且不谈那些发明者、创造者都是些攀高枝、站树梢的人而非"草根"，只看那些被记者鼓动起来说东道西的人，一开口便是以自己只草草读过一遍《红楼梦》、甚至尚未读完小说为荣，说的话一例都是嘲讽那些批评"秦学"的学者、专家的。在记者采访他们的文章中，什么"柳湘云""胭脂斋"之类的新名号也纷纷形诸报端。他们还请专家、学者们"从象牙塔里走出来"，俨然"革命"浪潮已形成，要起来造反的样子。"象牙塔"是不存在的，研究者们通常只有一间不大的书房或跑图书馆坐冷板凳。"走出来"到哪里去？是放弃静心研究，也跟着被挑动起来的所谓"草根"们一道起哄，"横扫红学"、"颠覆传统"吗？

如此风波已上《参考消息》了。西方对中国出了新闻事件总是很感兴趣的。在他们的视野中，事情会是这样：一批官方的御用文人围剿有新思想苗头者，专制统治压制言论自由，引起了群众的愤怒。于是立即介入，要给自由思想以支持，便满怀期望地特邀这位"秦学"创作者到美国去讲学。被邀者也声称自己是在国内遭到压制的（其实是受到一片吹捧的），以能飞出牢笼去寻找自由鸣放的天地而深感荣幸。可惜美国的听众除了对《红楼梦》本就一无所知者外，略可称得上"红迷"的听众，多半感到失望，以为讲的东西没有可靠的证据。至于本做过深入研究的美籍华裔红学家，出于礼貌，表面上说几句可作别解的恭维话，实则嗤之以鼻。反正整个事件从哪方面看，都损害了我国的国际形象。而出洋者回国后，反而沾沾自喜，到处自我吹嘘。已有文章揭出，毋需我再赘言。

在这样一场学术领域的大混战中，我们的某些"监管"者却自始至终置若罔闻，无为而治。大概以为倘若领导出面表态，便会妨碍"百家争鸣"的开展吧！既然该管的不管，各种

奇谈怪论便乘媒体只求迎合、放弃引导之机,争相出版,成为时尚。这在我看来,是有关管理者的一次严重失职和失误。以至重要媒体中,至今还有个别同志对批评"秦学"的专家、学者们不服气,要与他们比谁更牛——你们说"可以休矣",我偏不休,偏让他们继续登台表演。

红学环境只是学术环境的很小一部分,但反映出来的问题却是很有代表性的,希望领导能足够重视,它对我国整个文化学术事业的健康发展至关重要。我有如下几条建议:

一、科学发展观的贯彻、落实工作,在学术领域里没有做好。应该督促有关负责同志进行调查研究,开座谈会,多听取专业工作者的意见,明确问题所在和如何落实的措施。

二、学术领域的百家争鸣,一定要遵守学术规范,即每一新见的提出,都应有证据,讲科学,不能光凭所谓"悟",凭空臆测,甚至以戏说、娱乐混充学术。

三、媒体负有监督和引导大众思想舆论的重要职责,应加强教育,培养媒体人的社会责任感。

四、树立批评与自我批评的良好风气和社会氛围。近读原广岛大学教授杨启樵先生新著,是批评某权威《红楼梦》考证失误的,但该权威的一信徒还是出手责问杨:"有何深仇大恨?"新疆师大胥惠民教授也因撰文批评这位权威的谬误,遭到同样"有何深仇大恨"的责问。这与"秦学"风波中媒体诬称那些写批评文章的学者是"围殴"、"红眼病"一样,都是学界正气不扬的表现。以至如今许多重要刊物都有一条内部不成文的规定,向投稿者声明:本刊一律不登书评。细探其原因,是怕"摆不平",怕得罪人。如此下去,学术还能真正形成百家争鸣的繁荣局面吗?

积学集成　大家风范

———初读冯其庸《瓜饭楼重校评批〈红楼梦〉》

吕启祥

（中国艺术研究院）

　　宽堂冯其庸先生积十数年之功倾力完成的《瓜饭楼重校评批红楼梦》于 2005 年元月由辽宁人民出版社出版发行。全书由墨色正文和朱色批语组成，共计 160 万字，书前彩色书影及印章 20 幅，书中彩色工笔画插图 30 幅，封面雅致，装帧大气，印制上乘。本书以其体式的包容性、内容的集成性展现出丰厚的学术涵量和作者的大家风范，它的面世是学术界和出版界值得庆贺的一椿盛事，也是红学爱好者和广大读者欢迎的一件幸事。

　　我们可以从文化品位、学术内涵和治学精神诸方面来认识这部新著（冯评本）对读书界和学术界的意义。

　　冯评本采用繁体字、直排，评批文字取浅近文言，体式承继传统的评点而有所革新。此种风貌决不是简单的形式问题，而是一种具有远见卓识的文化选择，要求评者具备深厚的文化修养和文字功力，体现出一种很高的文化品位。如今的年轻人已不识繁体字，包括文科学生，这样就难读中国古籍，对传统文化不能继承，谈何创新。因而少量图书采用繁体字是必要的、有远见的。《红楼梦》本身是古典白话小说，用繁体字，可以作为识繁的一种读本。

　　"评点批阅"是传统的文学鉴赏和批评的一种形式，渊源有自，在红学史上早已成为一大流派，从《脂砚斋重评石头记》起，自嘉道以降风行不绝，建国以后遽而消歇，至近年方又复起。冯评本承继了这种传统的形式而又有革新和发展：在全书之前撰写了一篇三万

余字的长序作为导读；每回之后均有回后批，平均在六、七百字，长者达四千余字，总说本回要点特色，或叙或议或举证，其实相当于百余篇文章；再加上大量的随文眉批和双行小字批。可以说从宏观、中观至微观都照顾到了。这样，既避免了传统评点的零星片断、只重即兴感发的缺欠，又保留和发扬了它自由度大、包容量强的优长。今天的读者看到这种朱墨两色套印的评批本，可以十分直观地感受这种传统体式的优长，在评批者的引领下进入红楼梦的艺术世界。

全书的评批文字采用浅近文言，言简意赅、语约义丰，且常以诗句炼语作评，更觉韵味深长，传统评点中那些精彩的评语往往给人留下了深刻印象，如清代一位评家曾以"两个黄鹂鸣翠柳"、"数声清磬出云间"来形容凤姐和贾芸两人对话的宛转流利、清脆可闻。现在我们在冯评本中看到了这样的风貌，而且新意迭出，更胜前人。兹举数例，以窥一斑。如批宝黛诉肺腑，非言语所能达，则曰"长恨言语浅，不如人意深"（三十二回）；批元妃省亲之候驾肃静场面谓"万木无声待雨来"也，离去之际强忍悲痛批曰"别时容易见时难"也（十七、十八回）；批宝玉离开村姑二丫头则曰书中"车轻马快，转眼无踪"两句如读古诗"人生寄一世，奄忽若飙尘"（十五回）；批宝玉闻金钏死讯，恨不得跟了去，则谓"魂一夕而九逝"矣，精诚已随金钏去也（三十二回）；批鸳鸯难逃贾赦魔掌则谓"茫茫大难愁来日"也（四十六回）；批文章高潮过后之余味横生则谓"余霞散成绮"也（第九回）；批妙玉亲自烹茶，引东坡句云："磨成不敢付僮仆，自看雪汤生玑珠"（四十一回）；批宝钗之诗签"任是无情也动人"则当作"任是动人也无情"解（六十三回），余不多举。关于小说中诗会之作虽是代言，而评者谙作诗之道，对各人之诗及联句，亦指点高下，有助于读者鉴赏。

当然评批并非都用诗句才见精彩，多数是散体，如批凤姐不信报应谓只"迷信权力"、"迷信银子"，"到底开价了"，并在回末评中指出弄权一事揭露之深不亚于乱判葫芦案（十五回）；又如黛玉曾对宝玉说："我为的是我的心"，袭人劝箴也说"可知我心里是怎么样"，此处批曰"前面是与黛玉论心，此处却与袭人论心，然所论却非一心也"（二十一回）；批宝钗训斥莺儿回护贾环是"只有主奴之分，没有是非之分"（二十回）；提示"小红一串话连用十六个奶奶"（二十七回）；五十四回元宵夜宴将尽，批语特意抉出凤姐话中的"散了，散了""完了，完了""那里还知道底下的事了"，并指出小戏子打的《莲花落》，"乃乞食之歌也"，警示读者此皆衰败之兆。总之，一字、一词、一句、一段的点拨提示有赖于评者文字、文学包括小说、诗歌、戏剧、绘画等多方面的修养。从人物塑造到谋篇布局，从遣词造字到写景状物，都是评点这种体式可以发挥也是极见评点家识力的地方。

试想一部百万字大书，从头至尾要费多少神思气力！具有如此文化品位的著作，在当代出版物中实属难得。

正因为评批本这种体式相对自由、包容度大或曰弹性很大，因而它具有丰富的学术内容，更能充分体现评批者的学养阅历、襟怀气度。冯先生是学问家，他治红学，亦治中国文学史、文化史、戏曲史、艺术史。以红学论，几十年来冯先生在家世研究、版本研究、思想研

究等方面都不断有专著问世,还主编过多种红楼梦的校本、辞典等。这些成果或曰其中的精华都荟萃浓缩在这个重校评批本之中。

好的版本是阅读和评批的基础,选择早期脂本作为底本和主要校本原是不言而喻的事,因为它比较接近曹雪芹的原著,这本是红学界多数人的共识,也得到广大读者的认同。然而由于有否定脂本、认其为伪为劣的意见和著作在,因而重申脂本为真为优也就有其必要。冯先生有《石头记脂本研究》等版本方面的著作,选择庚辰本为底本,以甲戌、己卯、列藏等为主要校本是他的一贯主张,此次仍本此旨而重新校阅一遍,其于程本的长短优劣自不必一一列出,而某些关键处则仍在评批中加以说明,相信对读者是很有助益的。

评批部分量大、面广,凡例已经说明本书将早期抄本的脂评"择要录入",这样,读者可以从本书直接看到这些最早的具有文献价值的脂评,而且通过冯评得到进一步的理解和证实。比如在作品的素材来源即曹家的家世方面脂评有所点醒和提示,往往只寥寥数语,冯评则以翔实的材料给以拓展和充实。曹家由盛而衰的最大关节在于南巡接驾和抄家败落两大事件,脂评都有所透露。第十六回回前脂批有"借省亲事写南巡,出脱心中多少忆昔感今"之语,冯评本在眉批中进一步揭示凤姐与赵姬一段闲话"是明指康熙南巡也","按康熙三十八年,第三次南巡,曹寅第一次接驾,以后康熙四十二年,四十四年,四十六年,共四次,均由曹寅接驾。此处明写接驾四次,脂批有说是'点正题正文'、'真有是事,经过见过'。""'拿着皇帝家的银子往皇帝身上使',此是警醒之笔,意外之言,实即指曹寅当年接驾,大量亏空,皆'往皇帝身上使'也,孰知竟因此败家乎!"在本回回后评中引述了当年泰州诗人张符骧《竹西词》中咏南巡接驾的四首诗,其中有句云"五色云霞空外悬,可怜锦绣欲瞒天""三汊河干筑帝家,金钱滥用比泥沙"等等,可见排场之奢,耗费之钜。关于曹家的发家及败落在第一回甄士隐故事、第二回"成则王侯败则贼"、第五回荣宁二公嘱托、第七回焦大醉骂、第十三回秦氏托梦以及五十三回乌庄头送租等多处都有寓托喻指,冯评本均在脂批的基础上拓展充实。比如说:"曹家最初确是以军功起家的。""曹寅四次接驾,亏空巨额国帑,赖康熙维持,康熙一死,则曹家再无靠山矣。"终至在雍正六年,获罪抄家,彻底败落。可以见出评批本吸纳了家世研究的成果。

这些史实,当然不可能是自传说的依据,正如第一回回后评中所说"作者只是家庭兴衰之过来人,其作小说,只是以故家祸福及亲朋祸福为素材",而平生的闻见、社会的风习、时代的氛围、思潮的激荡更会给作家以深刻的多方面的影响,正是在这些方面冯评本有更为开阔的眼界,给读者提供了理解作品更丰富的资源。

清初社会号称康乾盛世,而敏感的作家觉察到了回光返照的末世景象,所谓外面的架子虽未甚倒,内囊却已虚空腐朽了。第四回乱判葫芦案的描写和护官符的讽世意义已为人所熟知。清代贪官之多贪污之甚有出于人们意想者,本书第四回冯评眉批有云:"护官符写透官场,写透世情。""康乾盛世,其高官都有贪黩劣迹,如康熙朝之徐乾学、高士其、李光地、王鸿绪等,皆为贪官,乾隆宰相和珅,更是大贪污犯,雪芹写此一桩小小官司,亦即

15

小见大也。"和珅是大贪，人们都知道，而上举那些清初名臣，竟然都有贪污劣迹，可见官场空气之污浊，居然像传染病一样，如此盛世焉能持久！曹家在伺候皇帝之外还要上下里外打点，以致落到精穷、落下赔补不完的亏空也就不足奇怪了。在思想领域里，明末清初出现的有悖正统的学说应是那个时代重要的思想资源，这对理解小说主人公贾宝玉的乖僻心性、痴狂言行至关重要，也是本书批语的重要方面。如第三回之后评谓宝玉"除四书外，杜撰的太多"一语，是当时反程朱理学思潮之透露，自明以来，反理学者咸以为程朱曲解孔孟。第十九回"禄蠹"一段眉批云"一段石破天惊之语""骂尽天下腐儒"。第三十六回之回后评宝玉痛骂士大夫死名死节一段痛快淋漓，谓可与晚明李卓吾、清代黄宗羲、顾炎武、王夫之、傅山、颜元、唐甄、戴震、袁枚诸人的思想言论对看互参。指出这些反正统的思想，正是雪芹的思想渊源之现实基础。在第三回"女子无才便是德"之眉批中特别强调理学扼杀女性生机，"清廷大力提倡程朱理学，提倡妇女守节。夫死，守节三十年者为'节妇'，夫死殉夫者为'烈妇'，未婚夫死而以死殉者为'烈女'，各树贞节牌坊，免其赋役。故愚民殉死者成风，所谓'饿死事小，失节事大'也。……此戴震所言'以理杀人'之又一形态也。"冯先生近年有《论红楼梦思想》一书，可以说此书的许多心得都已融入评点本中了。

此外，清初社会还有一些为现代读者感到隔膜的风气和制度，评批本也给予了相当的注意，如王公贵戚的狎昵戏子、同性恋之风以及国丧期间的守制停乐等等。第三十三回忠顺王府索要琪官，谓"断断少不得此人"，在该回回后评中以几近一页的篇幅引用曹雪芹同时代人赵翼著作中《梨园色艺》的记载，见出其时"京师梨园中有色艺者，士大夫往往与之相狎"。不仅有名有姓，且与之交游，为之风靡。同回眉批更引蒋士铨诗《戏旦》末句"不道衣冠乐贵游，官妓居然是男子"。此类背景材料，对忠顺王府索人这一宝玉挨打的导火线，当有更为真切的了解。五十八回回后评中针对本回老太妃薨逝须按例守制遣散戏班的描写，评语中特别记叙康熙二十八年国丧期间，京中因演《长生殿》传奇，致使作者洪昇落职，十五年后，曹寅在南京隆重延请洪昇重演此剧。这些史实，既涉及"国丧停乐"，又表现了曹寅与洪昇的情谊和他的戏剧造诣，均有助于了解小说情节及作者家学。小说中出现不少西洋物品，本书在相关批语中也提供了相当丰富的背景材料。

以上从时代、历史、家世、版本诸多方面来看评批本的学术含量，可以看出具有一种集成的风貌。

冯先生今已八十开外，以他的人生阅历和广闻博见，在评批中不期而然地会发出慨然之叹，何尝不与昔之作书人与今之读书人相通呢！如四十八回写讹诈石呆子古扇，冯批曰，四人帮败后，"予曾见故宫展览康生所藏古砚极多，皆第一流珍玩"，"康生等亦是用贾雨村之法得之"。又如书中写凤姐挪用月钱放债生息及等人送贿，评者联想到抗战时亲历欠薪之苦，"其时物价飞涨，半月后已贬去其半矣，不意凤姐早已发明在先"，又"凤姐要等送足了方办此事"，"雪芹一枝笔，于二百年前，直写到今天"（见三十六、三十九回眉批）。此外，冯先生还以自己多方面的阅历闻见来参证书中的某些描写，如说自己曾在江西种

茶，自采自制自烹乃初识茶味；数十年来喜看传统戏曲，故深味一举手一撺袖便能通情；三汊河行宫遗迹亦曾多次亲临考察，可以想见昔日之水上豪华。总之，丰富的人生阅历在书中留下了时代的和个人的印记。

冯评本是一笔精神财富，告诉人们应当怎样治学。冯先生是实践家，他行万里路，七度西行，入沙漠，越冰山，阅尽艰险。研究、评批《红楼梦》正如攀登一座文学的高峰、文化的高峰。十八年前冯先生在他的《八家评批红楼梦》序言中主张"应该给评点派红楼梦以应有的历史地位"，呼吁有当世学者来"评批一部《红楼梦》"，冯先生以坚韧不拔的毅力实践了这个期盼。这里要特别提到本书卷首的照片，这是收入书中的唯一一张作者个人照，为冯先生1998年8月在帕米尔高原之明铁盖达坂山口，系一千多年前唐僧取经回国入口处。冯先生何以珍视这张照片？记得当时赵朴老尚在世，曾对冯先生说："这件事是中国佛教界想做而未曾做之事，而你居然做到了。"可见其意义之重大。而对冯先生个人而言，始终以玄奘取经之宏愿毅力自我策励，此重校评批本巨帙，虽长途跋涉，未尝懈怠，终至告竣。置此照片于首，当有深意存焉。冯评本所体现的坚韧不拔、锲而不舍的精神，是超越红学、超越学术的。

写于 2005 年 1 月

（原载《博览群书》，2005 年第 2 期，第 114—119 页）

红学研究新视野

积学集成　大家风范

阔大恢宏　坚韧执着

——感受冯其庸先生治学为人的精神力量

吕启祥

（中国艺术研究院）

在前辈学者中，其庸先生应是我相处最长、受教最多的一位，算来已有三十余年，其中包括退休以后的十多年间，他仍一如既往甚至更加勤勉地治学诲人。按常理，我应当对他的治学理路有较多的领会和心得；而其实却做不到。究其原因，除去自身的浅陋愚钝外，实在因为先生领域广阔、造诣深湛。且不说众所周知的兼学者、诗人、书画家于一身的境界，即以学问而论，先生固然以红学著名于世，而同时于中国文化史、文学史、戏曲史、艺术史等都深有研究。他是中国红楼梦学会的名誉会长，又是敦煌吐鲁番学会顾问，"红学"和"敦煌学"都是当代显学，具有世界性，一个学者能在这两门专学中兼有这样的学术地位，是十分难得的。

这里只说红学，冯先生用力最多、成果最丰的是家世谱牒和版本校勘之学，也下了大力气进行评批和文本的研究。前二者需要具备文物考古和文字学、文献学的功底，自己历来未敢轻涉，自有行家来评说。在我看来，冯先生对红学事业的建树和推动除了他本人著述而外，十分重要的是他以一个学术领头人的识见和气魄，主持和主编了一系列大型的学术基础工程(如脂本《红楼梦》新校本、汇校本、汇校汇评本、八家评批本、《红楼梦大辞典》等)，与前辈和同道一起倡导和组建了中国红楼梦学会、《红楼梦学刊》，培养和造就了一批后起的研究者和爱好者。我本人就是其中的一个受教者、受益者，长期以来在冯先生领导下工作，自问算不上得力，只是一个自始至终的参与者、坚守者。他从来不作空头主编、挂

名主编,而是切切实实地从确定体例、设计框架、约请人选,到审看稿样、撰写序言以至查找出处都亲历亲为,我所经历的一些项目尤其是初版《红楼梦大辞典》的全过程便是极好的例证。至于我个人的研读写作自来都从冯先生那里得到极大的鼓励和支持,不仅是长者的热忱,更有一种学术大家的包容。为此,有时竟使我感到意外,甚至震撼。

举一个近年的例子,2005年正是"秦学"火爆之年,学界的朋友和红学会的领导已经有不少文章和讲话从史实上、学理上正本清源。这年底我去美探亲,心里仍郁结着这个问题,难道秦可卿这个人物除了揭秘猜谜之外,就无话可说了吗?于是写了一篇题为《秦可卿形象的诗意空间——兼说守护红楼梦的文学家园》的文章,寄回国内,发时我并未看到。忽然,有一天夜里,接到冯先生的越洋电话,说他刚收到新出的《学刊》,不经意地翻开一看,不觉看住了,一气读完,正是我那篇。他很兴奋,当即写了一首诗,在电话里念了一遍,告诉我写好裱好后回来送我。放下电话我真的很感意外,我写此文不必说冯先生毫无所知,就是学刊编辑诸君事先也未得知,完全是我的"自发"行为,有此反响实乃始料不及。次年回国后,五月十九日冯先生托任晓辉君送来赠诗,已精裱装匣,打开一看,句云:"红楼奥义隐千寻,妙笔搜求意更深。地下欲问曹梦阮,平生可许是知音。"上写题"论秦可卿",落款为"冯其庸八十又四"。诗当然是过奖,我曾言明不会张挂,所以他写成手卷,以便收藏。后来还得知他在2006年秋天大同国际红学研讨会开幕式的讲话中还提到了此文:"完全是从文本出发,从人物的思想内涵、美学内涵出发的,……一点也不需要胡编什么,可见红学研究的根本是要深入文本。"大同会议我未参加,从会议专辑中才看到了这段话。我举这个例子,不止说明他对后学的关怀嘉许,如此郑重其事,更是由此见出一个学术大家的气度,即使我从不涉足家世、版本等实证性领域,我的视角和方法他也同样能够包容和肯定。窃以为冯先生学术上的大家气象,不仅体现在他能出入多个领域,也体现在红学本身,这是他能够服众和具有凝聚力的重要原因。

以诗画相赠作为激励和纪念,早在十多年前我就曾得到过,记得1991年《红楼梦会心录》在台北印行,其时他太忙,我提出不必费神作序,题几句就好。结果他不仅作了一诗一画,又写了序。其间还有一桩插曲,就是先生的诗、画印在书首,同时还准备将原件送我,似乎是在上海装裱的,岂知放在宾馆被盗走了。后来先生又重写新画,那是一对立轴,十分精美,同印在书上的大不一样了。原先画的是南瓜,后来是葡萄,且有题句,赠诗行款也因尺幅放大而不同。总之,因祸得福的是我,先生则为此费神费事。赠诗曰:"十载开卷此会心,羡君真是解红人。文章千古凭谁说,岂独伤心有雪芹。""启祥同志会心录成,为题一绝。宽堂冯其庸于京华瓜饭楼。"对于我,此句可看作一阶段性总结,当然更寓勉励之意。作为受赠者更有一种提升的作用,即便文章写得并不令人满意,也会树立一个高的标竿去努力。这正是先生高远阔阔的大家风度对后学的一种影响。新世纪以来,先生还画了红梅和以精心构思的律句相赠,都是极大的策励和珍贵的纪念。

冯先生的豪情壮志和坚毅品格,在他对祖国大西部的实地调查和发现中表现得最为

鲜明和充分。在先生精神的感召下,我也有了一次新疆之行,此行令我终生难忘,也由此对先生的精神品性有了更为直观的体察和印证。

人们知道,从1986年到2005年这20年间,冯先生十次去新疆,三上帕米尔高原,二进沙漠深处的罗布泊,沿着当年玄奘取经之路,备尝艰险,取得了极为宝贵的原始资料和学术成果。他每次西行归来,都会向周围的人讲述闻见,出示照片,还开过展览会和出过大型画册。这一切无不令人惊叹。然而闻见不如亲历,冯先生不止一次地建议我"应该去新疆看看",我直至2007年秋天才终于实现了这个心愿。

当我告知冯先生决定西行、准备定购机票时,行前几天之内,他大约打了十几个电话给我家和新疆的朋友,作了种种提示和安排,设计了具体的路线,估量了行程,给我带来了相关的资料,还画了图。他的热忱和细心令我和外子感动不已。我们按冯先生的建议从北京经乌鲁木齐换机直飞南疆的喀什,由友人全程驾车带我们由喀什返回乌鲁木齐。一路之上在南疆大地,我们边走边看,所到之处都是冯先生去过或者多次去过的,返抵乌市后朋友笑说你们真是"八千里路云和月",这并非夸张,南疆的这一路行程堪称高速、高效,走过的里程恐怕不止四千公里。

行前冯先生说过,能否上高原入沙漠要看天气条件和身体状况,随机而定。事实是先生楷模在前,先就给了我们以信心;新疆朋友的热情周到更使我们行程紧凑,无往不利;加之天公作美,日日晴好。比之先生之行,我们的气候条件、道路条件要好得多。每到一处,我都会推想他当日的艰辛劳顿。

比方说,当我们进入号称冰山之父的喀喇昆仑群山,将近边境之时,同行朋友告知,右边不远处就是冯先生考察的玄奘归国所经明铁盖达坂山口,那里没有路,靠部队和当地友人帮助才能达到。说话间我们的车子已上到海拔4750米的边境口岸红其拉甫,我下了车在世界屋脊上小心翼翼地一步一步往前走到中巴边境的界石,尽量节约体能,慢动作,少说话。此刻想起冯先生三上帕米尔,他是肩负着历史文化使命,考察之后又于2005年8月专程前往立碑为记,那一天晚八时许他竟然在这四千多米的高原上给我打了电话,其时还有不止一个记者采访他,这要消耗多少体能!我激动之余,十分担心他的身体能否承受。又比方说此行穿越塔克拉玛干大沙漠,原先总有些神秘感,如今却因现代交通设施的完善而化险为夷。我很幸运,得以在一条新修的尚未正式开通的沙漠公路上畅行,自和田至阿拉尔421公里只消三个半小时,瀚海无垠,单车直驱。冯先生此前走的是老沙漠公路,更何况他坚持同摄制组数度进入沙海深处的罗布泊,夜宿帐篷,气温很低,供水限量,这才是真正的探险之旅、科考之旅。再比方说,新疆的自然景观奇特,去千佛洞的路上,朋友指点两旁是典型的雅丹地貌,有五彩山,在吐鲁番远观火焰山真是红色的,这就印证了冯先生以西部山川入画,色彩浓重,犹油画然,人称"西域重彩山水",我在这里看到了它的原型。

总之我的浮光掠影式的行旅只能追踪冯先生的大西部考察于万一,但确乎获得了直观的感受与体验。他的累次西行,不避寒暑,不计晨夕。万里沙龙,风雪如狂,阻挡不了他

国学的传承与创新

冯其庸先生从事教学与科研六十周年庆贺学术文集

攀登冰川的脚步。吐鲁番的夏日,气温高度摄氏五六十度,他冒暑考察古城遗址。他曾夜宿阿勒泰边防连,吟出了这样的诗句:"窗外繁星疑入户,枕边归梦绕红楼",足见西行不忘《红楼》。有人问,这两者有何联系? 回答是,用玄奘万难不辞求取真经的精神来从事学术研究包括红学研究。冯先生数十年孜孜不倦对着《红楼梦》的各种本子,读了又读,批了再批,为一字之义寻根究底,无不贯穿着这种坚韧执着、追求真知的精神。

冯先生是个天分很高的人,有件小事给我印象很深。大约在 20 世纪 80 年代之初,有一次同乘 13 路公共汽车,在车上我随便提起最近在一个刊物上看到郁达夫的旧体诗,写得真好,他回应说也看到过,并且立即背了出来。这令我大为吃惊。在我,不过是留下一个 "写得好" 的模糊印象,而他却能过目不忘。郁达夫是个现代作家,古代名家他能记诵的自然很多。过人的天资加上超常的勤奋才能成大器,人常说冯先生有捷才,这不单凭一时的灵感,须得有长期的积累和不断的实践。2001 年初他去海南,本为治病休养,却追寻东坡遗迹寄来新赋诗作三十六首,又是件令我意外和吃惊之事。他就是这样一个走到哪里都不忘读书、调查、写作、吟咏之人。

先生出身贫寒,自称 "稻香世家",主要靠自学自励,苦读深钻,善于请益,敏于领悟,从不懈怠,老而弥坚。尤其可贵的是他有一种极为强烈的进取精神和探索勇气,突出的例子是他作画题材风格至晚年而大为拓展。长期以来,冯先生画葡萄、南瓜、葫芦等小品已臻化境,人谓有青藤之风,为我们大家熟悉和喜爱;然而新世纪之初,忽然画起来山水来了。初时我不知缘故,着实为他担心,八十来岁的人了,何苦又重头学起,另开新张呢。弄不好新的不成旧的生疏岂不两伤。孰料这不仅是我的过虑,而且是一种凡庸之见。原来他之发奋画山水人物是启功先生的建议,启先生在 2001 年过访冯宅,鉴赏了他收藏的艺术品和观摩了他的若干画作之后有此建言。真不愧是知人知音之言。果然由此激发了他旺盛的创造力,不出数年,冯先生以迟暮之年,朝夕临摹,悉心体会,更出新意,山水画很快进入佳境,量多质高,不仅开了画展,且有两本大型山水画册赫然呈现于世。他才华学养的潜质,得到了深度开发,艺术成就更上层楼。在这期间,他有时在电话里会告知临摹宋元画作的体会,领悟门径的喜悦,可惜我于绘事未入其门,只是一知半解、似懂非懂,自知够不上格做学生,只能是一个 "倾听者" 而已。

虽则外行,但我最喜欢的冯先生画作有两幅。其中一幅是 1999 年 5 月我第二次去芳草园冯宅,一进门抬头望见悬挂在楼梯间顶天落地的巨幅,庐山飞瀑倾泻而下,飞沫如珠扑面而来,上书 "画到匡庐飞白玉,无边清气满中华",令人精神为之一振。此画的阔大之象恢宏之气正是画家人格的写照。另一幅就是 "秋风图",瓜熟叶老、彩墨相间、淳朴清雅,意味着收获和成熟,有一种阅历沧桑,由丰赡归于平淡的韵致,去年拿来做作了《瓜饭集》的封面。见此画,如晤其人,有一种亲切感。

长期以来,我们有幸在冯先生身边学习和工作,真切地领受到他治学为人阔大恢宏的气概和坚韧执着的品性,感知那颗 "虽万劫而不灭求学求真之心"。这是一种巨大的精神

21

力量,潜移默化,取之不尽。这篇小文只能是蠡之测海,言不尽意。值此冯先生从教和学术活动六十年之际,惟望先生能善自珍摄,却病保健,学术生命和艺术生命有赖于自然生命而延续。先生的健康乃中国学术文化之幸事,也是学生后辈亲人友朋的诚挚愿望。

写于 2010 国庆节
(本文为 2010 年 10 月 16 日"在国学前沿问题研究暨
冯其庸先生从教六十周年学术研讨会"上的发言)

王子腾与王子胜：增添与更换

夏　薇　　刘世德

（中国社会科学院文学研究所）

一、问　题

有人说，贾、史、王、薛是《红楼梦》中的四大家族。

《红楼梦》叙述和描写的对象主要是贾府，其次也涉及王家。

王家和贾、薛二家都有姻亲关系。

贾政之妻，书中称为王夫人，乃王子腾之妹。贾琏之妻王熙凤乃王夫人大兄之女，即王夫人的内侄女。

薛蟠、薛宝钗之母，书中称为薛姨妈，乃王子腾、王夫人之妹。

这就是曹雪芹在脂本八十回中告诉给读者的。

然而，到了程本，尤其是到了程本的后四十回里，王家人物的关系发生了混乱。

在曹雪芹生前，前八十回没有做到最后的定稿，以致有一些遗留的问题没有交代清楚。

譬如说，王熙凤的父亲是谁？王子腾兄弟几人？等等。

也许这是曹雪芹的疏漏和忽略。也许曹雪芹认为这些问题根本不需要写到，他所设想和准备安排的八十回以后的故事情节可能和这些问题没有瓜葛。也许他要把这些问题留到八十回之后才向读者揭晓。也许还有其他的我们一时无法知悉的原因。总之，在现存的《红楼梦》各种文本中，这些问题的确是存在的，是会引起许多想要打破沙锅问到底的

读者的疑问和兴趣的。

王子胜的出现，就是这些问题中比较突出的一个。

"腾"和"胜"，这是两个字。"胜"的繁体字是"勝"。"腾"和"勝"，在字形上，只有右下角的"马"和"力"的差别。一时眼花，甚至有可能把"腾"和"勝"误认为同一个字。

在《红楼梦》中，就有这样的例子。王子腾和王子胜，两个人名，缠夹不清，给一般读者造成了阅读的障碍。

他们有时是一个人，有时又分明是两个人。在现存的脂本以及程甲本的前八十回中，有王子腾，而无王子胜，也就是说，王子腾和王子胜其实可能是同一个人。而在程甲本和程乙本的后四十回中，王子腾和王子胜却明显地变成了两个人。

这是怎么一回事？

怎样理解这一现象？

二、王子腾：在第二十五回之前

王子腾之名初见于甲戌本第三回"托内兄如海酬闺师，接外孙贾母怜孤女"末尾：

> 大家又叙了一回，方才安歇。次日起来，省过贾母，因往王夫人处来。正值王夫人与熙凤在一处拆金陵来的书信看，又有王夫人之兄嫂处遣了两个媳妇来说话的。黛玉虽不知原委，探春等却都晓得是议论金陵中所居的薛家姨母之子姨表兄薛蟠，倚财仗势，打死人命，现在应天府案下审理。如今母舅王子腾得了信息，故遣人来告诉这边，意欲唤取进京之意。

从"王夫人之兄嫂看来"这几个字看来，王子腾乃是"王夫人之兄"无疑。

其后，王子腾之名又或明或暗地相继出现于第四回、第六回和第十六回。

甲戌本第4回"薄命女偏逢薄命郎，葫芦僧乱判葫芦案"：

> 雨村断了此案，急忙作书信二封与贾政并京营节度使王子腾，不过说令甥之事已完，不必过虑等语。……

> 寡母王氏，乃现任京营节度王子腾之妹，与荣国府贾政的夫人王氏是一母所生的姊妹，今年方四十上下年纪。……

> 在路不计其日。那日已将入都时，却又闻得母舅王子腾升了九省统制，奉旨出都查边。薛蟠心中暗喜道："我正愁进京去有个嫡亲的母舅管辖着，不能任意挥霍挥霍，偏如今又升出去了，可知天从人愿。"

以上文字，其他脂本以及程甲本、程乙本基本上相同。

甲戌本第六回"贾宝玉初试雨云情，刘姥姥一进荣国府"：

> 方才所说这小小一家，姓王，乃本地人士，祖上曾作过小小的一个京官，昔年曾与凤姐之祖、王夫人之父识认，因贪王家的势利，便连了宗，认作侄子。那时只有王夫人之大兄、凤姐之父与王夫人随在京的，知有此一门远族，余者皆不知也。

这一段文字，其他脂本以及程甲本、程乙本也基本上同于甲戌本。

这一段文字，由于当时没有施加标点，以致产生了歧义。读者读到这里，脑中不禁产生了两个问题："王夫人之大兄"和"凤姐之父"，他们是谁？他们是一个人，还是两个人？

这可以有两种理解。第一种理解：他们是两个人。也就是说，"王夫人之大兄"和"凤姐之父"是兄弟二人。那个"大"字表明，在兄弟排行中，"王夫人之大兄"是老大，而"凤姐之父"只能是老二甚或老三……。第二种理解：他们是同一个人。在脂本第六回以后，根本没有让"凤姐之父"登场，此人究竟是何名字，便成为一桩疑案。

再看第十六回"贾元春才选凤藻宫，秦鲸卿夭逝黄泉路"：

> 且喜贾琏与黛玉回来，先遣人来报信，明日就可到家。宝玉听了，方略有些喜意，细问原由，方知贾雨村亦进京陛见，皆由王子腾累上保本，此来候补京缺，与贾琏是同宗弟兄，又与黛玉有师徒之谊，故同路作伴而来。

从以上所引第三回、第四回、第六回、第十六回的文字可以看出四点：

第一，王子腾乃是王夫人、薛姨妈之兄。

第二，如果王子腾即"王夫人之大兄"而又不是"凤姐之父"，那么，王子腾在王氏兄弟中排行老大；这也意味着，王熙凤之父乃是王子腾之弟。

第三，曹雪芹并没有说，除了"凤姐之父"以外，王子腾还有其他的兄弟。

第四，王子腾官升九省统制，奉旨出都查边。也就是说，从第三回开始，王子腾一直不在京都。这一点特别重要。

值得注意的是，在以上所引第三回、第四回和第十六回文字中的"王子腾"三字，各脂本以及程甲本、程乙本均无异文，即无作"王子胜"者。

异文发生在其后的第二十五回中。

三、第二十五回：王子胜突然出现

第二十五回"魇魔法叔嫂逢五鬼，通灵玉蒙蔽遇双真"有四处写到了"王子腾"或"王

子胜",现以 a、b、c、d 四个符号分别加以表示。

这个人名,和甲戌本等脂本以及程甲本比较起来,程乙本却存在着异文。

甲戌本有关的文字,如下:

展眼过了一日。原来次日就是王子腾(a)夫人的寿诞。……

林黛玉并丫头们都唬坏了,忙去报知贾母、王夫人等,此时王子腾(b)的夫人也在这里。……

堪堪的日落,王子腾(c)的夫人告辞去后。次日王子腾(d)自己亲来瞧问。

其他脂本以及程甲本,a、b、c、d 均作"王子腾"。

程乙本,a、b、c 作"王子腾",d 却作"王子胜"。

从故事情节来说,这里出现王子腾的夫人是不难理解的;但是,不该出现王子腾本人。因为他已奉旨出都查边,人不在京都,他不可能到贾府"亲来瞧问"。从现在我们看到的《红楼梦》脂本以及程甲本的前八十回来说,这算是一个不小的破绽。

由此可见,程乙本第二十五回的"王子胜"实际上是后改的。改动的目的是为了弥补这一破绽。不过,程乙本并没有全改,它仍维持 a、b、c 的三个"王子腾"(因为这说的是王子腾的夫人,不是王子腾本人),仅仅把 d 的"王子腾"改为"王子胜"。

四、第七十回:王子胜再度出现

在程乙本中,王子胜的名字首先出现于第二十五回之内,已见上述。

到了第七十回,他的名字和王子腾的名字又重新出现在程乙本中,试分别以 a、b、c 三个符号代表之,如下:

正说着,人回:"舅太太来了,请姑娘们出去请安。"因此大家都往前头来见王子胜(a)的夫人,陪着说话。饭毕,又陪着入园中来游玩一遍,至晚饭后掌灯方去。……

偏生这日王子胜(b)将侄女许与保宁侯之子为妻,择于五月间过门。凤姐儿又忙着张罗,常三五日不在家。这日,王子腾(c)的夫人又来接凤姐儿一并请众甥男、甥女乐一日。贾母和王夫人命宝玉、探春、黛玉、宝钗四人同凤姐儿去,众人不敢违拗,只得回房去另妆饰了起来。五人去了一日,掌灯方回。

在程乙本以上的文字中,"王子胜"与"王子腾"之名二者相加,共出现三次。

程乙本,a、b 作"王子胜",c 作"王子腾"。

而在己卯本、庚辰本、杨本、蒙本、戚本、舒本、彼本、梦本以及程甲本中,a、b、c 均作"王子腾"。

依然是上一节所说的,此时王子腾仍在"奉旨出都查边"中,身不在京都,他怎么可能

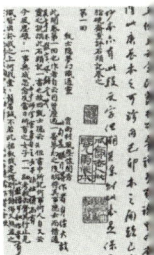

在自己家中忙于嫁女之事呢？

因此，这里的"王子胜"也显然是后改的。

五、小结之一

根据我们考察前八十回各版本文字的结果，可以确认，在曹雪芹笔下，并没有王子胜这个人物。

王子胜的出场，完全是程乙本改动的结果。甚至在程甲本的前八十回中，也不见王子胜的踪影。王子胜露面于程甲本，那是八十回以后的事。

从回次顺序上说，先有第二十五回、第七十回的"王子胜"（程乙本），后有八十回以后的"王子胜"（程甲本、程乙本）。然而，从出版顺序上说，先有程甲本（乾隆五十六年），后有程乙本（乾隆五十七年）。因此，最先添加王子胜这个人物的，不是程乙本，而是程甲本。

程乙本为什么要把第二十五回的"王子腾"改为"王子胜"？

程乙本添改王子胜，其目的在于弥补现存各脂本所存在的一个漏洞。

这个漏洞就是：王子腾身在外地，他怎么跑到京都的贾府来了？

但是，程乙本的这个弥补还不够圆满。试想，在第二十五回，只改"王子腾"为"王子胜"，而"王子腾的夫人"依旧维持原状，读者不免会问：只有王子胜和王子腾的夫人前来慰问，那王子胜的夫人哪里去了？和王子腾的夫人相比，她难道一点儿也不关心凤姐和宝玉的病情吗？那不是失礼吗？

也就是说，程乙本陷入这样的窘境，它弥补了一个漏洞，却又显露了另一个漏洞。

程乙本在第二十五回没有把"王子腾的夫人"改为"王子胜的夫人"，但在第七十回却把"王子腾的夫人"改成了"王子胜的夫人"。这不仅和第二十五回的做法不一致，而且还增加了读者的困惑。

下人回报的明明是"舅太太来了"，众姑娘出去会见的，竟然不是她们所习知的王子腾的夫人，却是陌生的王子胜的夫人，那不是个天大的意外吗？须知，在书中，在这之前，以"舅太太"身份在贾府现身的，只有王子腾的夫人，哪有什么王子胜的夫人！被称为"舅太太"的只有一个人，那就是王子腾的夫人，此外不可能有第二人。

程乙本第七十回继续把"王子腾"改为"王子胜"，仍然没有摆脱窘境。它同样是弥补了一个漏洞，却又显露了另外三个漏洞。

程乙本不但把"王子腾"改为"王子胜"，还进一步把"王子腾之女许与保宁侯之子为妻"改成了"王子胜将侄女许与保宁侯之子为妻"。

问题在于，"王子腾之女"并不等于"王子胜之侄女"。"王子腾之女"——这是确定的人。"王子胜之侄女"——这却变成了不确定的人。因为凤姐之父若有另一个女儿，那么，当然也算得上是王子胜的侄女。所以，"侄女"之说是不准确的。此其一也。

在那个时代，女儿的婚姻大事，例由父母做主。王子腾在世，王子腾夫人在家，怎么会由王子胜拍板作出决定，这将置他的兄嫂于何地？此其二也。

如果是王子腾和他的夫人做主将自己的女儿许配，那么，王子腾不在家，就由他的夫人出面邀请甥男甥女去"乐一日"，一是庆贺喜事的来临，二是答谢凤姐张罗此事的辛劳。这都是合情合理的。现在，既然做主的是王子胜，为什么出面邀请的反而没有他的夫人的份？此其三也。

有的读者也许会问：曹雪芹既然早在第三回就安排王子腾离开了京都，直到第八十回也没有让他回来，那么，为什么还要在第二十五回和第七十回安排他在贾府现身呢？

我认为，这有两种可能性。

可能性之一：智者千虑，必有一失。更何况，《红楼梦》尚未写完，曹雪芹就告别了人间。因此造成了第三回和第二十五回、第七十回之间的龃龉。

可能性之二：第三回和第二十五回、第七十回可能是写于不同的时间段。换言之，第3回末尾那段关于王子腾升官和奉旨出都查边的情节，其撰写和修改的时间可能晚于第二十五回王子腾在贾府现身情节的撰写。

我们想，这两种可能性的几率应该是相等的。

六、王子腾之死

王子腾死于第九十六回"瞒消息凤姐设奇谋，泄机关颦儿迷本性"。

程甲本是这样描写的：

> 到了正月十七日，王夫人正盼王子腾来京，只见凤姐进来回说："今日二爷在外听得有人传说：我们家大老爷赶着进京，离城只二百多里地，在路上没了。太太听见了没有？"王夫人吃惊道："我没有听见，老爷昨晚也没有说起。到底在那里听见的？"凤姐道："说是在枢密张老爷家听见的。"王夫人怔了半天，那眼泪早流下来了，因拭泪说道："回来再叫琏儿索性打听明白了来告诉我。"凤姐答应去了。王夫人不免暗里落泪，悲女哭弟，又为宝玉耽忧。如此连三接二，都是不随意的事，那里搁得住？便有些心口疼痛起来。又加贾琏打听明白了，来说道："舅太爷是赶路劳乏，偶然感冒风寒，到了十里屯地方，延医调治。无奈这个地方没有名医，误用了药，一剂就死了。但不知家眷可到了那里没有？"王夫人听了，一阵心酸，便心口疼得坐不住，叫彩云等扶了上炕。……

以上文字，程乙本同于程甲本。

凤姐口中的"大老爷"，贾琏口中的"舅太爷"，都是指王子腾。王夫人"哭弟"的"弟"

也是指王子腾。

这里有两个问题。

第一，在第三回，曹雪芹明说王子腾和夫人是王夫人的"兄嫂"。在第九十六回这里，凤姐称王子腾为"我们家大老爷"，表明王子腾在兄弟的辈分中排行老大。这和第三回的说法还是一致的。然而，第九十六回却说，王夫人"悲女哭弟"，王子腾怎么一下子又变成了王夫人的弟弟？这样一来，就和第三回产生了矛盾。

第二，凤姐既然称王子腾为"大老爷"，那就说明家中还有"二老爷"，甚至"三老爷"。如果王子腾还有兄弟，譬如王子胜，不就是其中的一个吗？那贾琏就不应该单单称他为"舅太爷"，起码要加上"大"、"二"之类的字眼，以示和王子腾其他兄弟的区别。

程甲本、程乙本在王子腾、王子胜、王夫人三人的兄弟姐妹关系上所犯的错误，还不止此。这在后四十回中非常显眼。

七、王子胜：在后四十回中

在后四十回中，"王子胜"之名继续出现于第一百零一回和第一百一十四回。

第一百零一回"大观园月夜感幽魂，散花寺神籤惊异兆"，在贾琏夫妻的对话中，既提到了王子腾，也提到了王子胜。当时，贾琏去见裘世安，不遇而回，心中没好气，回家后，一路摔帘子进来，又把茶碗摔了个粉碎，凤姐问他为什么回来得怎么快，贾琏半日不答应，凤姐只得又问一声——这是程甲本中一大段写得比较精彩的对话：

> 贾琏嚷道："你不要我回来，叫我死在外头罢。"
>
> 凤姐笑道："这又是何苦来呢。常时我见你不像今儿回来的快，问你一声，也没什么生气的。"
>
> 贾琏又嚷道："又没遇见，怎么不快回来呢？"
>
> 凤姐笑道："没有遇见，少不得奈烦些，明儿再去早些儿，自然遇见了。"
>
> 贾琏嚷道："我可不吃着自己的饭替人家赶獐子呢。我这里一大堆的事，没个动秤儿的，没来由为人家的事，瞎闹了这些日子，当什么呢。正经那有事的人，还在家里受用，死活不知，还听见说要锣鼓喧天的摆酒唱戏做生日呢。我可瞎跑他娘的腿子！"一面说，一面往地下啐了一口，又骂平儿。
>
> 凤姐听了，气的干咽，要和他分证，想了一想，又忍住了，勉强陪笑道："何苦来，生这么大气，大清早起和我叫喊什么，谁叫你应了人家的事，你既应了就得耐烦些，少不得替人家办办。也没见这个人自己有为难的事，还有心肠唱戏摆酒的闹。"
>
> 贾琏道："你可说么，你明儿道（倒）也问问他。"
>
> 凤姐咤异道："问谁？"

贾琏道:"问谁?问你哥哥。"

凤姐道:"是他吗?"

贾琏道:"可不是他,还有谁呢。"

凤姐忙问道:"他又有什么事叫你替他跑?"

贾琏道:"你还在坛子里呢。"

凤姐道:"真真这就奇了,我连一个字儿也不知道。"

贾琏道:"你怎么能知道呢?这个事,连太太和姨太太这(还)不知道呢。头一件,怕太太和姨太太不放心;二则,你身上又常嚷不好,所以我在外头压住了,不叫里头知道的。说起来,真真可人恼。你今儿不问我,我也不便告诉你。你打谅你哥哥行事像个人呢。你知道外头人都叫他什么?"

凤姐道:"叫他什么?"

贾琏道:"叫他什么?叫他忘仁。"

凤姐扑哧的一笑:"他可不叫王仁,叫什么呢?"

贾琏道:"你打谅那个王仁吗?是忘了仁义礼智信的那个忘仁哪。"

凤姐道:"这是什么人?这么刻薄嘴儿遭塌人。"

贾琏道:"不是遭塌他吗。今儿索性告诉你,你也不知道知道你那哥哥的好处。到底知道他给他二叔做生日呵。"

凤姐想了一想道:"嗳哟,可是呵,我还忘了问你,二叔不是冬天的生日吗?我记得,年年都是宝玉去。前者老爷升了,二叔那边送过戏来,我还偷偷儿的说二叔为人是最啬刻的,比不得大舅太爷,他们各自家口还乌眼鸡是的,不么昨儿大舅太爷没了,你瞧他是个兄弟,他还出了个头儿,揽了个事儿吗,所以那一天说,赶他的生日咱们还他一班子戏,省了亲戚跟前落亏欠。如今这么早就做生日,也不知是什么意思?"

贾琏道:"你还作梦呢。他一到京,接着舅太爷的首尾,就开了一个吊。他怕咱们知道拦他,所以没告诉咱们,弄了好几千银子。后来二舅嗔着他说,他不该一网打尽。他吃不住了,变了个法子,就指着你们二叔的生日撒了个网,想着再弄几个钱好打点,二舅太爷不生气,也不管亲戚朋友、冬天夏天的,人家知道不知道,这么丢脸。你知道我起早为什么?这如今因海疆的事情,御史参了一本,说是大舅太爷的亏空,本员已故,应着落其弟王子胜、侄王仁赔补。爷儿两个急了,找了我给他们托人情。我见他们吓的那么个样儿,再者又关系太太和你,我才应了,想着找找总理内庭都检点老裴替办办,或者前任、后任挪移挪移。偏又去晚了,他进里头去了。我白起来跑了一趟。他们家里还那里定戏摆酒呢。你说说,叫人生气不生气?"

凤姐听了,才知王仁所行如此,但他素性要强护短,听贾琏如此说,便道:"凭他怎么样,到底是你的亲大舅儿。再者这件事,死的大太爷,活的二叔,都感激你罢了。没什么说的,我们家的事,少不得我低三下四的求你了,省的带累别人受气,背地里罢

（骂）我。"

在以上一大段文字中，贾琏所说的"二叔"、"二舅"、"二舅太爷"是指王子胜，"舅太爷"、"大舅太爷"是指王子腾，凤姐所说的"二叔"也是指王子胜，"大舅太爷"、"大爷"也是指王子腾。

这里坐实了王子腾、王子胜是兄弟，前者排行老大，后者排行老二。

这样一来，问题就产生了。竟然有两个互相矛盾的结论——结论甲：凤姐既然称王子腾为"大爷"，可知她的父亲的年龄小于王子腾；王子腾是凤姐的伯父。结论乙：凤姐既然称王子胜为"二叔"，可见她的父亲的年龄大于王子胜，"二"字表明王子胜排行老二，她的父亲只能是排行老大。但老大明明是王子腾，王子腾并不是凤姐的父亲。凤姐亲口称王子腾为"大爷"，这凿凿有据地排除了王子腾是他的父亲的可能。大于老二，小于老大，凤姐的父亲究竟是老几呢？在这个问题上，程甲本、程乙本的安排显然使读者坠入了五里雾中。

第一百一十四回"王熙凤历幻返金陵，甄应嘉蒙恩还玉阙"，凤姐死后，贾琏打发人去请他大舅子王仁过来——

那王仁自从王子腾死后，王子胜又是无能的人，任他胡为，已闹的六亲不和，今知妹子死了，只得赶着过来哭了一场。

这一段文字，程甲本、程乙本全同，倒是没有新问题。

七、小结之二

王子胜这个人物增添、更换的过程是这样的：
（1）在现存各脂本以及程甲本的前八十回中是没有王子胜这个人物的。
（2）脂本在王子腾问题上有不在京与在京的前后矛盾的疵病。
（3）程甲本的整理者没有发现此一疵病。
（4）程甲本在续补的后四十回中，添加了王子胜这个人物，使他成为王子腾的弟弟。
（5）程乙本的整理者发现了脂本和程甲本中的此一疵病。
（6）程乙本整理者见到程甲本后四十回中有王子胜，遂在第二十五回让他提前出场。
（7）程乙本只把一个"腾"字换为"胜"字，就完成了修改的任务。

当然，这个修改是不够圆满的。这一点，我们已在第五节"小结之一"说过了。

程甲本后四十回增添了王子胜这个人物，非但没有使情节得到丰赡，反而增添了叙事的混乱。

不写王子胜，当然就不必交代凤姐的父亲是谁，排行第几。不写王子胜，当然也就不必把出嫁的实的"女儿"变成了虚的"侄女"。不写王子胜,当然也就不必把儿女婚姻大事的决定权由做大官的哥哥交给了平民布衣的弟弟。现在写了王子胜,一切都改变了。

王氏兄弟原仅二人,即王子腾和凤姐之父。现在添加王子胜,变成了三人。兄弟姐妹的排行于是发生了混乱。王子腾既是王夫人的哥哥,又是王夫人的弟弟。完全是一笔糊涂帐。

总之,程乙本改动"王子腾",有一定的道理,但并不圆满;程甲本添加"王子胜",引出了更多的问题和矛盾,并不成功,也可以说是多此一举。

程甲本、程乙本在王子腾、王子胜问题上的增添、更改,给我们今天的古代小说名著的整理工作有这样几点启示:

一、古代小说中的名著,有时也不是十全十美的,难免会存在一些瑕疵。对待这一问题,要采取历史主义的态度。

二、在整理古代小说名著的时候,需要一定的谨慎的态度。尽量不要去改动原著的文字,更不必要去改变人物和情节。对某些有关的问题,用注解的方式加以说明就有助于、有益于今天一般读者的阅读。某种所谓的"校理本"是不可取的。某种所谓的"太极红楼梦"更是可笑的。它们都显示了对古代小说名著的不尊重。

三、越改越乱,不如不改。

《红楼梦》方言构成与演变

胡文彬

（中国艺术研究院）

　　《红楼梦》是中国古代长篇白话小说中最具"官话京腔"的典范之作。这部被誉为"万古不磨"的罕世奇书，不仅为中国近代汉语语言的发展奠定了坚实的基础，而且在语言文化上的多元性和包容性方面也向我们提供了丰富的、鲜活的方言例证。

　　从《红楼梦》语言艺术的整体上看，作为语言"变体"的方言只是作者为完成这部小说的"语言"中不可或缺的一部分。但是我们从"语言学"的角度来探索时，又会发现《红楼梦》中的方言呈现出一种鲜明的时代性和强烈的地域色彩。这种特别的词汇、特定的语法结构、特殊的语言音调，散发出一股浓浓的"味外味"，构成了另一种具有独特性的语言艺术世界。

　　《红楼梦》语言中存在着相当数量的方言，这个事实许多读者和专门的研究家早有深切的感受。清人周春在他的《〈红楼梦〉评例》中就曾说道：读《红楼梦》要"通官话京腔"。[①]近人齐如山也说：《红楼梦》中的方言土语有"特别的意味，特别的地方性。"[②]但他们的评说大都局限在小说中的"北京话"上，对"北京话"之外的其他方言则少有涉及。仔细阅读《红楼梦》，我发现这部小说中方言构成不仅有其复杂性，而且存在一个过去为不少研究者所忽略地演变过程。

---

① 周春在《红楼梦评例》中指出："阅《红楼梦》者既要通今，又要博古，既贵心细，尤贵眼明。"又说："看《红楼梦》有不可缺者二，就二者之中，通官话京腔尚易，谙文献典故尤难。"此为读《红》研《红》之要诀。转引自一粟《红楼梦卷》第67页。

② 齐如山《北京土话序》，北京燕山出版社1991年1月版，第9页。

一、《红楼梦》方言构成的考察

　　要研究《红楼梦》中的方言如何构成，最直接也相对可靠地考察根据应该是早期抄本《红楼梦》。从上世纪 20 年代胡适意外购得《乾隆甲戌脂砚斋重评石头记》（以下略称"甲戌本"）开始，今天大家可以读到的抄本已达十二种之多。这些珍贵的抄本年代虽然有先有后，保存的回数有多有少，但经过"专家"们的鉴定和广泛的讨论，大体上可以认定它们是曹雪芹曾经"披阅十载，增删五次"之后的"稿本"过录本或是再过录本，基本上保留了原"稿本"的面貌。

　　当我们一本一本地读完这十二种早期抄本《红楼梦》之后，对《红楼梦》中的方言构成终于有了一个较为清晰而全面的印象：

　　（1）18 世纪中叶，即《红楼梦》诞生时期，北京话经历了长期的发展，基本上趋于成熟。这一时期北京话中的方言除了北京地区原有的方言之外，它还吸收了周边地区（例如冀东话、唐山话）和大批移民的语言。据《明实录》、《明史》等文献记载，自明初洪武二十一年（1388）至永乐十四年（1416），仅山西一省向北京移民就不下七次，每次约在万户左右，在北京"大兴县东部和顺义县西北部有大同营、屯留营、河津营、上下黎城营、潞城营、霍州营、忻州营、夏县营、东西绛州营、稷山营、蒲州营、红铜（即洪洞）营"[①]。这些移民将本地区的语言带到了北京，融入到北京话之中。因此，在《红楼梦》的语言中，我们不仅可以找到流行于冀鲁地区较为冷僻的方言"讨愧"（见第 30 回），而且我们还可以找出今日绛州人的常用口语"角口"（第 9 回）、"不卯"（第 21 回）、"生像儿"（第 39 回）。大多数北方人说"口角"，绛州人则说"角口"。他如"强梆子"（第 59 回）等等，都是绛州人的口头语[②]。

　　（2）自公元 1644 年清王朝定鼎北京之后，顺康时期的北京话呈现出一个"满语式汉语"的阶段。这种满语式语言现象至雍正朝中期和乾隆朝，逐渐消失，只存痕迹。到嘉庆道光朝连"痕迹"亦难以找到了。道光朝以后，北京话已进入了近代北京话的时代。从《红楼梦》早期抄本看，前 80 回中保留满语式汉语还可以找到许多例证。例如："……罢了"（第 3 回）、"看承"（第 6 回）、"行当儿"（第 6 回）、"白……呢罢"（第 6 回）、"巴不得"（第 14 回）、"苏州去的昭儿"（第 14 回）、"忽剌巴儿"（第 16 回）、"……罢呦"（第 32 回）、"把莺儿不理"（第 35 回）、"肯劝"（第 74 回）等等。除了北京话中的"满语式"语言外，《红楼梦》中还直接保留了"满语"，诸如"小厮"（第 2 回）、"嬷嬷"（第 3 回又写作媪媪）、"混嗅"（第 7 回）、"丧谤"（第 35 回）、"作死"（第 52 回）、"捞梢"（第 37 回）、"捞嘴"（第 76 回）、"妞妞"（第 92 回）、"克什"（第 118 回）等等[③]。

---

① 转引自周振鹤、游汝杰《方言与中国文化》，上海人民出版社 1986 年 10 月版，第 141 页。
② 赵存义《〈红楼梦〉生活语言与绛州口语》，2001 年 10 月自印本第 10、12、16、30 页。
③ 爱新觉罗·瀛生《北京土话中的满语》，北京燕山出版社 1993 年 7 月版，第 180—第 209 页。

（3）《红楼梦》中有相当多的方言是来自辽东三省,特别是沈阳话(又称盛京话)对清代北京话影响很大。"清初满人入关,将内城划为旗人居住,汉人只许住在外城。因此,八旗汉族成员的沈阳语首先进入北京内城,而外城则在相当长的一段时间内保持着明代北京话。入关日久,沈阳语渐渐与明代北京话融和。入关的满人开始学的是沈阳语,这就对沈阳语进一步(再一次)发生了满语的影响。"《红楼梦》中有许多方言来自沈阳语,例如"响快"(见第6回)、"一顿把"(见第28回)、"走水"(见第39回)、"下作黄子"(见第40回)、"上脸"(见第40回)、"老货"(见第53回)、"亲香"(见第54回)等等①。如果我们将齐如山编的《北京土话》、陈刚编的《北京方言词典》、傅民等编《北京话词语》与徐皓光、张大鸣编的《简明东北方言词典》②对照研究,就会清楚地发现北京方言与东北方言之间的密切关系。

（4）《红楼梦》语言中是否有南方"方言"、有多少南方"方言"和哪几种南方"方言",一直是读者和研究者特别关注的三个值得思考并希望作出解答的问题。20世纪70年代末至80年代初,戴不凡在《揭开红楼梦作者之谜》一文中较早地提出这个问题。他说:"《红楼梦》一书中不只使用了大量的北京方言,而且还用了数量可观的吴语词汇"③。在文章中他还列举了上百条例子,明白指出是吴语词汇,用以支持他的论点。稍后有几位学者发表文章,就《红楼梦》中的南方"方言"问题发表了自己的研究心得④。90年代后期,南京于平在她的《论〈红楼梦〉语言形成的社会文化因素》、《论曹雪芹的江南情结》⑤二文中对南方话作了梳理和分析。

综合以上诸家提供的信息,对照早期抄本《红楼梦》的语言描写实际,我们可以认定在《红楼梦》的语言世界中存在有南方多个地区的语言词汇,其中包括曹家曾经生活过的苏州、南京、扬州及相近的镇江等地方语言。例如《红楼梦》中写到的吴语有"高乐"(第2回)、"劳什子"(第3回,"什"吴语读"杂")、"嘎"(第22回)、"事物"(第27回)、"气退一退"(第27回)、"拗"、"闹热"(第59回)、"人客"(第64回)、"事体"(第67回),

① 见上注第126页。作者认为,"八旗中的汉族人员随满人入关,以北京为中心,活动和居住,将辽东语(沈阳语)带到北京。当时的北京话是明代北京话,它是在大都话的基础上受明初各地方言的影响而形成的。"又说"八旗中的汉族成员是清代北京话的主要创造者之一,所以了解他们的语言状况,对于了解现代北京是必要的。"

② 陈刚《北京方言词典》,商务印书馆1985年9月版;傅民等编《北京话词语》,北京大学出版社1986年8月版;许皓光等编《简明东北方言词典》,辽宁人民出版社1988年8月版。

③ 戴不凡《揭开红楼梦作者之谜·内证之一:大量吴语词汇》,载《北方论丛》1979年第1期,又载《北方论丛》编辑部编《〈红楼梦〉著作权论争集》,山西人民出版社1985年1月版,第12—25页。

④ 例如陈熙中等《曹雪芹的著作权不容轻易否定——就〈红楼梦〉中的"吴语词汇"问题与戴不凡同志商榷》,载《红楼梦学刊》1979年第1期;张伯闻《〈红楼梦〉北京方言拾零》,载《红楼梦学刊》1980年第4期;卢兴基《〈红楼梦〉南方话考辨》,载《红楼梦研究集刊》第3辑,1980年6月出版;王世华《〈红楼梦〉语言的地方色彩》,载《红楼梦学刊》1984年第2辑。

⑤ 于平《论〈红楼梦〉语言形成的社会文化因素》、《论曹雪芹的江南情结》,载于平著《明清小说外围论》,中国青年出版社1999年12月版,第202—224页、第153—161页。

"豁啷"（第 74 回）等等。又如南京话有"才亦"（第 6 回）、"唧唧"（第 6 回）、"瘦巧"（第 7 回）、"轻狂"（第 8 回）、"矼"（第 16 回）、"促狭"（第 21 回）、"姑娘"（第 39 回）、"强"（第 40 回）"浇头"（第 61 回）、"宾住"（第 70 回）等 ①。与以上两地相比，扬州话词汇显得比南京话要多，宣建人《红楼梦杂记》一文中选列了 103 条 ②，王世华在《〈红楼梦〉语言的地方色彩》一文中将扬州话与南京话合称"下江官话"，所列也有百余条之多。但他们所列的词汇中有不少词汇在"北京方言"和"绛州方言"乃至"东北方言"工具书中所列的方言词汇重复不少，诸如"褡裢"（第 1 回）、"打谅"（第 3 回，又作打量）、"大阵仗"（第 7 回）、"狼犺"（第 8 回）、"靸鞋"（第 20 回）、"促狭"（第 21 回）、"嚼舌根"（第 38 回）、"仗腰"（第 45 回）、"小月"（第 55 回）、"捞梢"（第 73 回）、"撒村"（第 75 回）、"歇晌"（第 81 回）、"嗷嘈"（第 90 回）、"泆上水"（第 100 回）等等。尽管有个别词汇写法有区别（如"嗷嘈"又写作"懊糟"，但词意相同），所以我认为这些词汇似乎是许多地区"共有"的语言。对这些"共有"语言究竟属于哪一地区，恐怕还需要进一步考察和斟酌。但无论如何，通过以上几方面材料汇聚之后，我们对《红楼梦》方言构成有了一个较为全面的了解。正是通过这样一个了解证明了早期抄本《红楼梦》的一条脂批的说法："按此书中若干人说话语气及动用前照饮食诸类，皆东西南北兼用……亦南北相兼而用无疑矣。"（《己卯本》第 39 回）

这里还有一个问题值得研究者关注：即王世华《红楼梦语言的色彩》③ 一文中提出《红楼梦》中的某些诗词和个别词汇的音韵问题。例如，第 5 回"……今告打死人之薛，就系丰年好大雪之'雪'……"王文认为"雪、薛，中古音均为心纽薛韵，但开合不同；北京人'入派三声'后，二字同声韵而不同调。南京话二字完全同音，以此构成谐音双关。"同回秦可卿判词中的"情"与"秦"二字谐音相关，王文认为"'情'、'秦'在古音和今北京音中均不同韵，下江官话中 [in]、[iŋ] 不分，此二字扬州、南京话中韵母读为 [iŋ]，完全同音，由于同样原因，'宁'与'淫'叶韵。"又如，第 41 回写"刘姥姥听见这般音乐，且又有了酒，越发喜的手舞足蹈起来……黛玉笑道：当日圣乐一奏，百兽率舞，如今才一牛耳！"王文认为："'牛'和刘姥姥之'刘'谐音双关。'牛、刘'古音与今北京音韵不同声，古音分别为疑母、来母；今北京音分别为 [n]、[l]。扬州话中，[n]、[l] 相混，'牛、刘'是同音字。"同类例子还见于林黛玉写的《秋窗风雨夕》、《桃花行》，都是从音韵角度作出解读。故王文认为："作

① 除参见上页注④外，读者亦可与石汝杰、（日）宫田一郎主编《明清吴语词典》（上海辞书出版社 2005 年 1 月版）等专书对照。

② 宣建人《〈红楼梦〉的扬州语词》，载《红楼梦杂记》，台湾黎明文化事业公司 1993 年 8 月版，第 372—382 页。

③ 例如陈熙中等《曹雪芹的著作权不容轻易否定——就〈红楼梦〉中的"吴语词汇"问题与戴不凡同志商榷》，载《红楼梦学刊》1979 年第 1 期；张伯闻《〈红楼梦〉北京方言拾零》，载《红楼梦学刊》1980 年第 4 期；卢兴基《〈红楼梦〉南方话考辨》，载《红楼梦研究集刊》第 3 辑，1980 年 6 月出版；王世华《〈红楼梦〉语言的地方色彩》，载《红楼梦学刊》1984 年第 2 辑。

者写林黛玉出此语，固可见林黛玉的敏捷、尖刻，同时也正表明这位原籍姑苏但长于扬州的小姐虽已进京，但仍未改乡音。"我认为作者注意到这一问题非常重要。因此我认为王文的重要意义在于提醒大家在《红楼梦》方言构成研究过程中不仅要注意"词汇"的梳理，而且还要注意方言的音韵和语法构成的研究。倘能如此，文章得出的某种结论就可能会更具有说服力和权威性。

二、《红楼梦》方言演变的轨迹

在早期抄本《红楼梦》研究过程中，我们不仅看到小说作者在锤炼方言方面纯熟的艺术技巧——"撮其要，删其繁，再加润色，比方出来，一句是一句"，而且还发现作者在"披阅十载，增删五次"的过程中，对小说中的方言词语也作了"增删"。特别是从作者的"增删"中，令人感觉到某种"规律"性，似乎表明作者在"披阅"和增删中有了某些新的思考。

（1）尽管《红楼梦》作者将宁荣二府安排在"京都"，但小说中的故事、人物却大都来自江南，使读者有一种"秦淮旧梦忆繁华"之感。小说第33回写宝玉挨打时，贾母风风火火赶到，对贾政的"笞挞"甚为愤怒，其中说到："……我和你太太、宝玉立刻回到南京去！"第97回写宝玉与薛宝钗成婚大事，凤姐与王夫人道："虽然有服，外头不用鼓乐，咱们南边规矩，要拜堂的，冷清清使不得。"第106回借贾母之口说道："只是咱们的规矩还是南京的礼儿。"从这三段文字中，我们可以明白地知道贾家原在"南京"。尽管现如今人在"京都"，但他们家的"规矩"还是"南京的礼儿"。由此，似乎可以想象《红楼梦》的"原稿"中所用的南方词汇量较多一些，这应该是情理中事。但是，随着作者由江南回到北京日久，对北京话更熟悉，所以在"披阅"、"增删"时开始减少南方词汇，以此淡化作者家世背景的印象。这里聊举数例，以供大家参考①。

例一，甲戌本第6回写刘姥姥去荣国府告贷之前，其女儿刘氏说道："只你这样嘴脸也怎么好到他们门上去的，先不先他们那些门上人也未必肯去通报。"己卯、庚辰、舒序、梦稿、卞藏等本相同，而戚序、甲辰本则删去南方话"先不先"三个字，或改为"只怕他那"。同回又写刘姥姥一进荣国府事，待从凤姐处出来后，周瑞家的责怪刘姥姥一口一个"侄儿"。她说："便是亲侄儿，也要说和柔些。""和柔"是江南话，确切地说是南京话，己卯、庚辰、舒序、梦稿、卞藏诸本均改为北方话"和软"。

例二，甲戌本第7回出现"台矶"、"台矶石"，但在己卯、庚辰、舒序、梦稿、卞藏本中作"台阶"，或作"台坡"（可能为"堦"字之误）。"台矶"与"台矶石"亦为南京话，"台阶"则

---

① 张爱玲在《红楼梦魇》（台北皇冠杂志社 1977 年 8 月初版）一书中，较早注意到早期抄本中方言修改问题。她在《初详红楼梦》、《四详红楼梦》各文中列举抄本改文多例之外，还指出小说中有些词语来自江南的"弹词"，如"尤氏女"、"贾公子"等。

例三，甲戌本第 7 回写贾蓉应王熙凤的要求，将秦钟带进屋子，是一个小后生，凤姐眼中"较宝玉瘦巧些"，列藏、戚序、舒序、卜藏本同甲戌本。"瘦巧"是南京话，而己卯、庚辰、甲辰等本作"瘦些"，变成了北方话。

例四，甲戌本第 7 回写焦大醉骂，其中一句是"你们这把子的杂种忘八羔子们"。舒序、戚序、列藏、甲辰本同甲戌本，而己卯、庚辰、卜藏本则改为"这一把"、"这一把子"。所谓"这把子"是苏北方言，意为"这一帮"。

例五，甲戌本第 8 回，写黛玉到薛姨妈房内，丫鬟送个手炉来，黛玉借题发挥讽刺宝玉，说"巴巴的从家里送个手炉来……只当我素日是这等轻狂惯了呢。""轻狂"二字为南京话，己卯、庚辰、舒序、卜藏本均改为北方话"狂惯了"。

例六，甲戌、己卯、庚辰、舒序、列藏诸本第 16 回写王熙凤与平儿对话中有："原来你这蹄子贪鬼"一句，其中"贪鬼"本为南方话，戚序本改为"调鬼"，甲辰、梦稿本改为"闹鬼"。同回，赵嬷嬷来到贾琏凤姐屋子，甲戌、己卯、庚辰、舒序、梦稿、列藏、戚序诸本中写凤姐道："嬷嬷狠咬不动那个，到没的矼了他的牙。""矼"字为南方话，甲辰本改为"没的到吃了他的牙"，程甲、程乙本改为"咯了他的牙"。"咯了"是典型的北方话。

例七，甲戌、庚辰、舒序、戚序本第 26 回开头即说"宝玉养了三十三天后，不但身体强壮亦且连脸上疮痕平服，仍回大观园去。"句中"平服"原是吴语，意为痊愈复原。列藏、甲辰、程甲本改为"平复"。

例八，蒙府、戚序、列藏、甲辰等本第 69 回写秋桐哭骂道："理那起瞎贪的混嚼舌根"（亦见于 71 回）一句中的"嚼舌根"原吴语，庚辰本改为北方话"咬舌根"。同回写贾琏"只得开了尤氏箱柜，去拿自己的梯己。及开了箱柜，一滴无存。"而在戚序、甲辰、程甲本则改吴语"一滴"为北方话"一点"。

这八个例子，只是现存十二种早期抄本《红楼梦》"去"南方话中的一部分，事实上此类例子还可以列出一些。我们细心观察这八个例子，可以得出这样一些印象：一是"去"南方话并非从程伟元、高鹗二人整理 120 回本《红楼梦》开始，因为没有人能说明上述所列抄本中的改文都是出于程高之手，也无证据说明所有十二种抄本都是程高指使什么人抄录的；二是不能排除个别词汇是因误抄而造成的，但大多数改文分布在各个抄本上，而各抄本所据底本是不相同的。所以这些改文只能是原底本中的文字，而不大可能都是"误抄"。

（2）在《红楼梦》中，林黛玉生于苏州长于扬州，后来她虽然进了贾府，但她"终不脱南边人的话"（见 87 回探春语）。细读小说中有关林黛玉的描写，我们发现林黛玉的生活习惯及所作诗词的音韵，总不脱乡音乡情的影响。《葬花诗》充分运用吴语微而婉，尚亮尚节奏的特点，以花喻人，以花喻美，以花象征生命。其中一句"而今死去侬收葬，未卜侬身何日丧？侬今葬花人笑痴，他年葬侬知是谁？"写出林黛玉对乡音乡情的真性情。我们从早

期抄本《红楼梦》中很难找到关于林黛玉的语言乃至对她的描写文字有改南为北的痕迹，似乎说明作者或"增删"者都有意保持林黛玉"南方"闺秀的形象。

总之，从前面所举的八例来看，甲戌、己卯、舒序本"去"南方话较少，庚辰本开始"去"南方话逐渐增多，梦稿本、甲辰本已接近程甲本。程乙本虽然保留了个别的南方话（如扬州话"没得"等），但从第61回将南方的"浇头"改为北京的"飘马儿"[①]例证看，整理者在"去"南方话上也下了一番工夫。清人张新之在《红楼梦读法》中说："书中多用俗谚巧语，皆地道北语京语，不杂他处方言"[②]的断语，显然不符合《红楼梦》语言（特别是方言）构成的事实。

三、《红楼梦》方言研究与校勘

《红楼梦》方言构成及其演变的研究，给我们带来许多新的信息和新的思考。我毫不怀疑，这个研究将对整个小说研究的深入会起到一种新的推动作用。但与此同时我们也注意到近年来这一课题研究中所发生的一些令人忧虑和反思的问题，其主要表现在以下几个方面：

（1）从近30年来《红楼梦》语言研究成果上看，《红楼梦》中的方言研究尚需要进一步深入探讨，提高研究的水平。这不仅仅因为目前发表的论文和出版的专著数量远远不及其他课题，而且在研究的深度和广度上也远不如其他课题系统和全面。特别是近几年来所见到的《红楼梦》方言"研究"中表现出一种与社会上刮起的抢名人拉古人的风气搅和在一起的倾向——即把曹雪芹和《红楼梦》同某一地区的"经济"发展或是炫耀历史文化悠久联系在一起。例如某位作者从《红楼梦》语言"发掘"出一些"绛州口语"，竟然得出结论说《红楼梦》生活语言是用绛州口语写成的"，小说中的"绛云轩"就是"绛人喧"。他在书中列举了"肏攘"一词，说"肏攘"就是吃东西。"肏，全国普遍读作'操'，唯绛州读作——'日'。这也是绛州的一个常用口语。"除了这个"肏攘""特例"外，作者还举出"乏了"、"妥了"、"款段"、"趿着鞋"、"战敠"、"撺掇"、"淡话"、"簸子"、"破费"、"不卯"、"牙磣"、"搜寻"、"铺排"、"吃喝"等等。最后，作者根据一位约生于"同治末年"的老人口传说曹雪芹曾在家败回京后去了绛州生活过七八年，"使他领略了这块古老土地上淳朴的风土人情，尤其是继承了当地群众多方面的词汇和口语，并运用到《红楼梦》的生活语言里，从而使众多人物，各自具有自己的独特语言；使叙述语言也更加有艺术表现力。"[③]其实，作者所说"肏攘"是绛州独有的方言并不准确。以我有限的知识来看，"肏攘"一词山

---

① "浇头"，吴语，见《清嘉录》诸书。意为"放在面饭上的菜肴，面码儿"。北京人则称为"飘码儿"。
② 张新之《红楼梦读法》，载一粟《红楼梦卷》第156页。
③ 赵存义《〈红楼梦〉生活语言与绛州口语》，2001年10月自印本第71—72页。

东方言、吴语方言中也有。如"肏"读"日"、"入",山东话就读作"日"、"入",吴语中也有"入娘贼"一类的词汇。至于其他各例,北京方言(如北京早从明代就有绛州营,绛州话早已融入北京方言之中)、山东方言、河北方言、东北方言也都有,并非是清代时绛州人独有的语言。

另一个例子是前几年一位学人发表的《〈红楼梦〉中的湖南方言考辨》一文[①],作者在列举了"大量"湘方言之后指出《红楼梦》"作者并不是曹雪芹,而是一位有在湖南长期生活经历的人士"写的,曹雪芹只是"在原始之作者的基础上,对《红楼梦》进行了全面艺术加工"而已。很明显,湘方言的"发现"只是用来"剥夺"曹雪芹著作权的工具。于是出现了另一位学人发表了《〈红楼梦〉与江淮语言——兼评"湘方言"说》[②],作者从《西游记》、《儒林外史》、《醒世姻缘传》、《金瓶梅》、《绿野仙踪》、《老残游记》、《官场现形记》诸书中找出大量词语进行比较,说明某些所谓"湘方言"早在这些小说中已出现过了。作者最后总结道:

> 语言是变化发展的,在民族交融的社会变迁的过程中,方言词汇本身也是在不断发展着,有的为其他方言区的人所接受,有的演变为共同语,还有一部分则在方言区的口语中沉淀下来,因此,方言与方言、方言与共同语之间最大的差异主要还是表现在语音上。就方言语汇而言,一旦其以文字的形式呈现在读者的面前时,地域特征往往不能阻碍不同方言的读者对其加以研读理解,因此判断文学作品中的方言词汇,应基于这样的原则:
>
> 一、少为乃至不为共同语所使用;
>
> 二、本方言区使用频率较高,但不具排他性。

我很同意上述的见解。研究《红楼梦》中的方言构成,首先要把这部小说的诞生放在18世纪中叶这个特定的时间点上,并在空间上把当时北京的语言文化发展大背景纳入到我们考察的视野之内;其次是要把《红楼梦》作者家世环境和个人经历考虑在其中;再次,在考虑到方言形成的地域性同时,必须注意到方言也有"流动"性的事实,这其中包括移民在方言的传播方面所起的重要作用[③]。某些《红楼梦》方言研究著述之所以难以让人信服,在众多的原因之中,除了忽略语言的流动性,更主要在于作者过多地注意"方言"词汇的选择和说明,而缺乏对"方言"的形成历史及其音韵、语法结构的综合研究。

(2)在《红楼梦》走进大众、走向世界的大背景下,《红楼梦》的校订与注释是研究者

---

① 邓牛顿《〈红楼梦〉中的湖南方言考辨》,载《上海大学学报》2003年第5期;后改题为《红楼梦植根湘土湘音》,载《中华读书报》2003年8月6日。

② 王毅《〈红楼梦〉与江淮方言——兼评"湘方言"说》,载《明清小说研究》2007年第4期,第157—171页。

③ 参见《方言与中国文化》第二章《方言与移民的关系》,转引自周振鹤、游汝杰《方言与中国文化》,上海人民出版社1986年10月版,见第15—53页。

责无旁贷的任务。但由于这部小说是"未完成"稿,流传至今的早期抄本多达十二种,故各抄本之间、抄本与刻印本之间存在相当的文字差异,所以给今日的校订注释乃至翻译都带来一定的困难。近50年来,随着早期抄本的陆续发现,版本研究、成书研究都有了长足的进步,这为文本的校订注释和翻译提供了强有力地支持。从近年来新出版的多种校订注释本的质量上看,校订注释两个方面都吸收了当代的研究成果,学术品位明显地有了提升,这一点应该予以肯定。不过,我们也应该清醒地看到在"泛娱乐化"思潮的影响下,在"红楼夺目红"的躁动中,《红楼梦》的校订注释也出现了一些值得思考的新问题:

其一,由于某些校订者对抄本《红楼梦》中方言构成、演变不甚熟悉,盲目改动原底本中的方言土语。

例一,庚辰本第6回刘姥姥说:"他们家的二小姐(指王熙凤)着实响快,会待人,倒不拿大。"有人提出汉语中从来没有"响快"这个词汇,作家也无需要作此创造,认为"响快"是"爽快"之误。但事实上"响快"一词是东北、华北两地的方言,已收入方言词书之中。

例二,庚辰本第28回、第36回都出现了"一顿把"这个方言,有的校订者不知"一顿把"是华北、东北流行的方言,硬是将"把"字改为"扒",失去这句方言的原意。

例三,庚辰本第28回,"宝玉听见湘云也有这件东西(指金麒麟)……因此手里揣着,却拿眼睛飘人"这里的"飘"字读 piāo;有的校订本改为"瞟",读 piǎo,斜着眼睛看之意。这个"飘"字十分传神且有几分亲切感,至今东北、华北一带还用这个"飘"字。

例四,庚辰本第30回有"话说林黛玉与宝玉角口后,也自后悔。"这句话中的"角口"二字确实较为冷僻。但作者用此方言并没有错,因为在今山西绛州方言中仍然存在。同回有,"宝钗再要说话,见宝玉十分讨愧,形景改变……"一句,有人认为"讨愧"是"惭愧"之误。其实原文不误,所谓"讨愧"即是惭愧,今日冀鲁方言词汇中仍保留。如说有什么证据的话,《醒世姻缘传》第79回就有"讨愧"二字。

例五,庚辰本第54回贾母接受王夫人的建议,率众人搬到"暖阁"去,说"大家坐在一处挤着,又亲香,又暖和。"这里的"亲香"与亲热相近,但有程度的差别。今在东北、华北地区仍然用此二字,故不应该改为"亲热",底本用"亲香"二字没错。

例六,庚辰本第74回凤姐说"你素日肯劝我多一事不如少一事"句,这是满语式的一句话,所谓"肯……"意为常常、老是,惯于。在幽燕语中也常有。有人认为"肯"字应是"恳"字之误,用"肯"字不通,显然是不太了解"肯"的另一种用法。

类似的擅改方言之例数量较多,不一一细列。

其二,《红楼梦》抄本中所用的一些词汇早已为戏曲小说所用,已成"熟语"。但有些校订者凭着感觉走,只要自己感觉"不顺"或是见其他抄本中有另一种写法,即断定底本为错误,其实是一种轻率的判断。

例一,庚辰本第17回有"贾政听了,沉思一回"句,《红楼梦》中用"一回"二字很多。有人认为"一回"是"一会"之音近而误。事实上先于《红楼梦》的《金瓶梅》已用过"一回"

或"一回儿",这只要读一读《金瓶梅》第 13 回、第 58 回就可以明白了。

例二,庚辰本第 19 回有袭人说"先伏侍了史大姑娘几年,如今又伏侍了你几年"句,这里的"伏侍"二字屡见于《红楼梦》抄本之中。校订本是否要一律改为现代通用的"服侍"还可以再研究,但说"伏侍"用"错"了则恐怕用词太重了。"伏侍"二字并不冷僻罕见,《京本通俗小说·错斩崔宁》中就用"伏侍"二字:"小人愿伏侍小娘子前去。"

例三,庚辰本第 24 回写贾芸心下自思:"素日倪二虽然是泼皮无赖,却因人而使,颇颇有义侠之名。"这里"颇颇"二字是重叠形容词,如同《红楼梦》常见的"巴巴的""特特的""直直的"等。元代石德玉《曲江池》:"从幼儿教他读书,颇颇有些学问。"又,《醒世恒言》:"生意顺溜,颇颇得过。"有人认为"颇颇"二字不通,应删去一个"颇",说"颇有义侠之名"才对。我则以为作者用"颇颇"二字不错,大可不必删去一个"颇"字。

例四,庚辰本第 26 回中有"因老爷叫,也顾不得别的,疾忙回来穿衣服。"句,其中"疾忙"二字意为快快、急急之解,见于《五代史平话·梁史》卷上,亦见于《西游记》22 回、戏曲《宦门子弟错立身》第四出。校者认为"疾忙"是庚辰本抄错,应作"急忙"。敝意以为,"疾忙"既是不错,似不必改。

例五,庚辰本第 62 回有"倏然不见了湘云,只当他外头自便就来,谁知越等越没了影响,使人各处去找,那里找得着。"此句中"影响"二字,有人认为所指什么令人费解。依我所见《夷坚丙志》(卷 12)、《刘知远诸宫调》(二),《警世通言》(卷五)诸书内均有"影响"二字,意谓消息、音讯。倘能稍加探讨,就不会有"费解"之疑。

例六,庚辰本第 69 回有贾琏"只得开了尤氏箱柜,去拿自己的梯己。及开了箱,一滴无存。"句中"一滴",又作"一的的",本属吴语,意为"一点点"。因"梯己"不属"液体",就要改"一滴"为"一点"实是不解吴语之故。谓予不信,请阅《吴歌甲集》,其文有云:"十指尖尖一双描花手,三寸金莲一滴滴。"①

其三,所谓"校订"(又称"校勘"、"校雠"),目的是"考校订正"、"指谬纠讹",要求校订者审慎精心,当尽力避免自随己意武断乱判。例如早期抄本《红楼梦》中有"素昔"、"素习"、"各自"、"各人"、"自为"、"自谓"等词汇同时出现在各回的现象,均有所据,均有所解,没有谁对谁错之分。又如,抄本中有"曠曠"、"逛逛"、"嬷嬷""姆姆"。等词语,是否要"统一",我认为应视各种校本的读者对象而定,似不必强求一致。至于抄本中一些对话和人物情态描写本是鲜活生动,大可不必借"普及大众"为由,以今日语法进行修饰性的"改造",否则极容易造成看似语法"通顺",却使得文气不畅,死板少趣,毫无生气。要知道,生活中的对话与写作文有一定差异,某些添改的结果,失去了原文中特有的生活气息。《红楼梦》抄本形成的时间有先有后之别,后期的抄本明显有"通俗"化、"去"南话的弊端。

---

① "滴":北京方言中又作"嘀"、"提",如"滴楼"、"滴溜"、"提掳"、"提拎"等。"滴"即提、提着、提起之意。释义与吴语不同。

如果再一代又一代地"改造"《红楼梦》,那么《红楼梦》的"原貌"会离 18 世纪中叶曹雪芹写的《红楼梦》愈来愈远。我想如此"校订"《红楼梦》,并非是广大读者所真正需求的"普及"!

曹雪芹是一位天才的语言巨匠。他熟悉社会生活中各个不同阶层人物的语言"密码",经过精心地选择、锤炼、升华之后,作为自己思想感情的载体,书写他对人生的体悟与对生命的终极关怀。《红楼梦》方言构成与演变的考察,虽然只是这部小说语言艺术中的"一角",但我们从中所获得的信息和启示则是十分宝贵的。作为《红楼梦》的热爱者、研究者,应该义无旁贷地拾回那些已经流失或正在流失的文化,还给曹雪芹、还给《红楼梦》。

近年来不少学人不断呼吁"回归文本",这是一个明智的声音。可惜的是,这种声音几乎被"泛娱乐化"的噪音所掩盖。但是,我坚信"戏说红楼""揭秘红楼""大话红楼"只能喧闹一时,绝不会成为永久。如果每一个红学人都能守住自己的精神家园,红学就不会迷失方向,红学的学术品格就不会蒙受玷污!

《红楼梦》正在走向世界,时代期待着我们!

2008 年 5 月 8 日初稿
2012 年 8 月 16 日修订稿

《双清仙馆本·新评绣像红楼梦全传》序

孙玉明

（红楼梦学刊编辑部）

文学大师曹雪芹花十年心血而创作的不朽名著《红楼梦》，在增删未完之时便以手抄本的形式在社会上流传开来。诚如程伟元在《序》中所云："好事者每传抄一部，置庙市中，昂其值得数十金，可谓不胫而走者矣。"但手抄洋洋七十余万言的文学巨著，毕竟费时费力，该书也自然难以广为流传。至乾隆五十六年（1791），程伟元、高鹗首次以活字本排印《红楼梦》，开创了这部文学巨著流行传播的新时代。此后，全国各地的书商竞相翻刻"程高本"，《红楼梦》也旋即传遍了大江南北，甚至很快便走向了世界。平心而论，无论后四十回是否高鹗所续，也不管程、高二人出于何种动机刊刻《红楼梦》，他们在红学史乃至中国文化史上所做出的巨大贡献，都是不容抹杀的。

早期的《红楼梦》手抄本，大都附有脂砚斋等人的评语。只可惜程、高二人在刊印时去掉了这些很有价值的评语，若非新红学兴起之后这类抄本陆续发现，随着时光的流逝，脂评本也许会永远消失，这对《红楼梦》的研究必将造成更大的困难。当然，程、高这样处理，也自有他们的道理。"程高本"问世二十余年后，《红楼梦》评点本又大量涌现出来。无论是在索隐派鼎盛之时，还是在新红学派兴起之后，评点《红楼梦》都是红学研究、批评的主要形式，且历百余年而长盛不衰。

而在评点派红学家中，笔者认为最具艺术眼光也最具影响力的人物，便是《双清仙馆本·新评绣像红楼梦全传》的评点者兼刊印者王希廉。

对于《红楼梦》版本及评点派，笔者并没有深入研究。只是十余年前，曾应某出版社之

约,校点整理过《双清仙馆本·新评绣像红楼梦全传》。虽然在出版时删掉了笔者所撰《校点后记》及王希廉的《批序》、《总评》、《回评》等等,使该书成了一个普普通通的《红楼梦》白文本,大大削减了其版本价值和史料价值,但通过这项工作,毕竟对王希廉及其《双清仙馆本·新评绣像红楼梦全传》获得了一些皮毛之见。

这次北京图书馆出版社陆续整理出版《清代评点本红楼梦丛书》,并让我来为"双清仙馆本"作序。不知天高地厚的我应承了这项任务,并在前次积累的基础上继续查找资料,求教师友,最终草成此文,略陈一管之见。感谢北京图书馆出版社郭又陵社长、殷梦霞主任的信任,也感谢杜春耕、胡文彬、黄永康、顾梅瑛、曹立波诸师友的鼎力相助。因水平有限,谬误在所难免,敬请方家不吝赐教。

一

评点,是我国文人对诗文、小说、戏曲进行批评的主要形式之一。它发轫于唐、宋,盛行于明、清。宋、元之交刘辰翁对于《世说新语》的评点,首开中国小说评点的先河。至明中叶以后,李卓吾、叶昼、金圣叹等人评点的《水浒传》,毛纶、毛宗岗父子批点的《三国演义》,张竹坡评点的《金瓶梅》等等,共同将小说评点推向了一个前所未有的鼎盛时代。尤其是文坛怪杰金圣叹对几部小说戏曲名著的评点,不仅使得这种文学批评样式更臻完善,也使他自己成为名副其实的评点之学的集大成者。《红楼梦》既然产生于这个特定的历史时代,其最主要的批评方式自然也是评点。可以毫不夸张地说,对于《红楼梦》的评点,几乎与创作是同步进行的。早在曹雪芹增删修改《红楼梦》的过程中,脂砚斋、畸笏叟、梅溪、棠村等人便已开始了对它的抄阅评点工作。虽然这些人的真实身份甚至真实姓名都没有弄清,但学术界一般都认为,他们乃是曹雪芹的至亲好友。由于他们熟知曹雪芹的家世生平,了解《红楼梦》的创作过程,并曾经提出过各种各样的修改意见,其评语具有十分重要的史料价值,所以红学史家一般都将他们的评语单列单论,而在谈论红学评点派时,则往往特指王希廉、姚燮、张新之等评家。也就是说,"程甲本"问世后在刊印本上作评点的,才被列为评点派。但从实质上来说,脂砚斋等人也都是地地道道的评点家。

笔者认为,当代红学史家对于红学各流派的划分,并不是非常严格的。我们通常所谓的题咏派、评点派、索隐派、考证派、小说批评派等等,也不过就其主要特征而言罢了。例如被人们称作"三大评点家"之一的张新之,他对《红楼梦》的评批,从形式上来看属于评点派,但就其实质而言却是彻头彻尾的索隐派;而王梦阮、沈瓶庵的《红楼梦索隐》,历来被视为红学索隐派的重要著作之一,但其形式却是传统的评点;至于评点派的评批,虽然不像小说批评派论著那样洋洋洒洒长篇大论,但他们却也是在进行小说批评,是小说批评的另一种方式。

《红楼梦》"程高本"问世后不久,可能是由于争速度抢时间的原因,早期竞相翻刻的

本子一般都是不带任何评语的白文本,诸如"本衙藏板本"、"东观阁初刻本"、"藤花榭本"等。除脂评本之外,现存最早的评点本是嘉庆十六年(1811)的"东观阁重刊本"。但该书是否就是《红楼梦》刊印本问世后最早的一部评点本,因资料阙如,不敢妄下断语。"东观阁评点本"面世二十一年后,亦即清道光十二年(1832),王希廉以"双清仙馆"的名义刊行了他所评点的《新评绣像红楼梦全传》,各种《红楼梦》评点本也随之纷纷涌出,才真正使红学评点派进入了一个前所未有的全盛时代。

二

王希廉评点、刊行的《双清仙馆本·新评绣像红楼梦全传》,共120回,正文虽属"程甲本"系统,但"程甲本"却不是王希廉据以评点的底本(详见后)。该书版本很多,它们虽然都署"道光壬辰",但相互之间却有很大的差异。仅笔者所见,杜春耕先生就收藏了三部版本有异的本子:一为蓝色封皮(以下简称"蓝本");一为黄色封皮(以下简称"黄本");还有一部黄色封皮的残本(以下简称"残本")。此外,笔者近日还将杜春耕先生收藏的三部"双清仙馆本"与北京师范大学图书馆收藏的一部"双清仙馆本"(以下简称"北师大本")作了对比,发现它们之间也有许多不同之处,现把对勘结果,略述如下:

一、差异之一,是卷首各部分的先后次序不太一致。

1. "北师大本":缺扉页,首为王希廉草书《红楼梦批序》,末署"道光壬辰花朝日吴县王希廉雪芗氏书于双清仙馆",下钤"双清仙馆"阴文章。次为程伟元《原序》;再次为《大观园图说》;再次为绣像64幅,每幅都是前图后花,图像则配以《西厢记》词句,中缝则题写"红楼梦像"及人名,如警幻绣像题"我是散相思的五瘟使",中缝题"红楼梦像·警幻",其后配有凌霄花;宝玉像题"俏东君与莺花作主",中缝题"红楼梦像·宝玉",后面是紫薇花;黛玉像题"多愁多病身",中缝题"红楼梦像·黛玉",其后配以灵芝草;宝钗像题"全不见半点轻狂",中缝题"红楼梦像·宝钗",后面是玉兰花;余类此。然后依次是:《红楼梦目录》、《红楼梦总评》、《红楼梦问答》、《音释》。该书正文每页10行,每行22字。第一页顶格有"红楼梦卷一"字样,第二行下端为"洞庭王希廉雪香评",第三行方是回目。其他各卷也都如此。

2. 杜春耕先生所藏"蓝本":扉页题"新评绣像红楼梦全传",背面落款为"道光壬辰岁之暮春上浣开雕"。卷首是王希廉草书《红楼梦批序》,末署"道光壬辰花朝日吴县王希廉雪芗氏书于双清仙馆",下钤"双清仙馆"阴文章。次为程伟元《原序》。再次便是绣像64幅,这在次序上便与"北师大本"出现了差异。然后依次是:《红楼梦目录》;《红楼梦论赞》,下署"读花人戏编";《红楼梦问答》;《大观园图说》;周绮的《红楼梦题词并序》;《红楼梦总评》,第二行下署"洞庭王希廉雪香";《音释》。正文格式、行数、字数与"北师大本"同。

3. 杜春耕先生所藏"黄本"：扉页题"新评绣像红楼梦全传"，背面落款为"道光壬辰岁之暮春上浣开雕"。卷首是王希廉草书《红楼梦批序》，末署"道光壬辰花朝日吴县王希廉雪芦氏书于双清仙馆"，下钤"双清仙馆"阴文章。次为程伟元《原序》，再次为《大观园图说》，这与"北师大本"同而与杜春耕先生所藏"蓝本"有异。然后是《红楼梦论赞》，下署"读花人戏编"，这与杜春耕先生所藏"蓝本"及"北师大本"均出现了差异。《红楼梦论赞》之后是《红楼梦总评》，第二行下署"洞庭王希廉雪香"。然后是周绮的《红楼梦题词并序》。其后方是《红楼梦问答》、《红楼梦目录》、《音释》、绣像64幅。正文格式、行数、字数与"北师大本"及杜春耕先生所藏"蓝本"完全相同。

4. 杜春耕先生所藏"残本"，因残缺前面部分，无法对勘。

5. 查阅冯其庸、李希凡主编的《红楼梦大辞典》，却发现其中所记"双清仙馆评本"，与上述三个版本，亦微有差异。兹转录于此，以资参考："双清仙馆评本洞庭王希廉雪香评。清道光壬辰（1832）年双清仙馆刊本。120回，扉页题'新评绣像红楼梦全传'，背面落款为'道光壬辰岁之暮春上浣开雕'。卷首是王希廉草书《红楼梦批序》，末署'道光壬辰花朝日吴县王希廉雪芦氏书于双清仙馆'，下钤'双清仙馆'阴文章。次程伟元序，次绣像共64页，每页前图后花，图像题以《西厢记》词句，如警幻绣像题：'我是散相思的五瘟使'，后面是凌霄花；宝玉像题：'俏东君与莺花作主'，后面是紫薇花；黛玉像题：'多愁多病身'，后面是灵芝草；余类此。图像之后，即为'红楼梦论赞'，下署'读花人戏编'。论赞'之后，是'红楼梦问答'。之后，就是'大观园图说'、'红楼梦题词'、'红楼梦总评'，下署'洞庭王希廉雪香'，'音释'，'红楼梦目录'。此书正文第1页顶格书'红楼梦卷一'，第2行下写'洞庭王希廉雪香评'，第3行回目。此书页10行，行24字，每回结尾有回后评，对本回作评论分析，以后逐回如此。"

该词条没有注明依据何处或何人所藏版本，难以查核。但由此不难看出，各藏本之间还是存在一定差异的。至于该词条所谓"此书页10行，行24字"的说法，有可能是撰写词条者数错了字数，或者是排印时导致的错误。

对于以上藏本卷首各部分在次序上存在的差异，笔者电话咨询杜春耕先生，他认为，这说明"双清仙馆本"当时印量极大，在不同的地方装订的本子，次序也是不相同的。这一看法虽然不无道理，但笔者推测还有另外一种可能，因为这些藏本都是现在的收藏者们后来从民间或书店购买的，也许因为年深日久，原来的装订线断掉了，故而原收藏者或书店购买者重新作了装订，因而出现了次序上的差异。

二、差异之二，是各藏本上的绣像、宝钗所佩金锁及宝玉的"通灵宝玉"存在很大的差异。

1. 杜春耕先生提醒笔者说，他所收藏的几套"双清仙馆本"，人物肖像及第八回宝钗金锁的图形和宝玉"通灵宝玉"的图形及文字，略有差异。笔者将杜春耕先生所藏"蓝本"、"黄本"及"北师大本"上的金锁与"通灵宝玉"对比时发现，这三个本子基本一致，但它们

与杜春耕先生所藏"残本"的图形和字体却不太一样。

2. 绣像之间存在很大差异。经笔者仔细核对,发现杜先生收藏的两个本子,第三幅"黛玉"的绣像存在很大差异。"蓝本"的图像线条粗,墨色浓;而"黄本"的图像线条细,墨色淡。甚至黛玉的服饰及所携花锄、锦囊、扫把都不一样。图像上"多愁多病身"与中缝"红楼梦像·黛玉"几个字也有很大差别。"蓝本"字大墨色浓;"黄本"字小墨色淡。我又勘对正文,却没有发现什么不同之处。当我就此现象与杜春耕先生讨论时,他认为,这说明当时"双清仙馆本",确实印量很大,所以雕刻了数组不同的版同时印刷。我后来又将杜春耕先生所藏"蓝本"、"黄本"与"北师大本"作了对比,发现"北师大本"的图像与杜先生收藏的"蓝本"完全一样,但杜先生所藏"蓝本"和"黄本"上的图像却差别很大,除墨色浓淡、线条粗细的共同差别外,每一幅绣像及所配文字也都大不相同。兹举几个最明显的例子:

(1)第一幅警幻的头型、服装差别很大。最明显的,是警幻衣服胸前的花形很不一样。"蓝本"是一朵花,而"黄本"却是几个小圆圈,且后面所配凌霄花的形状也不太一样。

(2)第二幅宝玉的头型与服饰也有很大差异。"黄本"画技明显低于"蓝本",且"俏东君与莺花作主"几个字有点歪斜。

(3)第九幅惜春的服饰、头型差异很大,且"黄本"中缝文字将"惜春"错成了"浩春"。

(4)第十一幅薛宝琴的服饰差别很大,手中所拿红梅更有很大差别。且"黄本"中缝将"薛宝琴"错成"薛宝",漏一"琴"字。

(5)第二十八幅平儿不仅图像有差别,"好教我左右做人难"几个字,无论字体、墨色浓淡,都明显不同。且"夹竹桃"的"桃"字明显不是一种字体。

(6)第二十九幅鸳鸯不仅图像很不一样,而且"黄本"还将"凤只鸾孤"的"孤"字错成了"狐"字。

(7)第三十三幅莺儿图像有差异,最明显的是"小名儿真不枉唤作莺莺","蓝本"连写两个"莺"字,而"黄本"却将后面的"莺"字用两个黑点代替。

(8)第四十八幅春燕图像有差异,"蓝本"中缝"春燕"的"春"字上少一横。"黄本"将"管什么拘束亲娘"的"束"误为"柬"。

(9)第五十三幅万儿头型大异,"闹中取静"四字及中缝"万儿"的字体都很不一样。

(10)第五十六幅芳官面相大异,尤其是眼睛差别很大。"蓝本"配词是"芳心自警","黄本"却是"芳心自惊"。

(11)第六十四幅刘老老面相大不一样,"黄本"中缝"老老"二字明显小于"刘"字,而"蓝本"这三个字却一样大。

对于这一现象,杜春耕先生认为就是印刷量大重刻版而导致的,但细审杜先生所藏"黄本",笔者则认为该书为其他书坊的翻刻本或者说是盗印本。因为,该藏本的图像水平低劣,显系一画技不高之人临摹正版"双清仙馆本"的产物,而且文字、人名均出现了错别字及漏字现象,证明并非王希廉本人所为。对此,我在电话中与杜春耕先生探讨时,他也

不否认这一可能性。总之，无论杜先生的推断正确，还是笔者的猜测符合实际情况，却都证明"双清仙馆本"在当时确实是很受读者欢迎的一个本子。

岂止当时，在"双清仙馆本"问世后的百余年间，该版本的翻刻本就一直不断出现。甚至后来的一些书坊在刊印其他《红楼梦》评点家的评语时，也不得不将他们的评语与王希廉评语附在一起刊印。可以毫不夸张地说，自道光十二年（1832）双清仙馆刊印《新评绣像红楼梦全传》之后，翻刻、合刻王希廉评语的版本便成为《红楼梦》评点本的主流，仅现存的本子，就有二十余种之多。兹据一粟《红楼梦书录》及冯其庸、李希凡主编的《红楼梦大辞典》等工具书，将这类版本列举如下：

1. 聚珍堂本《绣像红楼梦》，光绪二年（1876）刊本，王希廉评。

2. 翰苑楼本《新评绣像红楼梦全传》，光绪三年（1877）刊本，王希廉评。

3. 芸居楼本《新评绣像红楼梦全传》，光绪三年（1877）刊本，王希廉评。

4. 上海同文书局石印《增评补图石头记》，光绪十年（1884），王希廉、姚燮合评。此本后又有广百宋斋铅印书局印本。

5. 同文书局本《增评补像全图金玉缘》，光绪十年（1884）石印本，王希廉、张新之、姚燮合评。

6.《增评绘图大观琐录》，光绪十二年（1886）铅印本，王希廉、姚燮合评。

7.《增评补像全图金玉缘》，光绪十四年（1888）、光绪十八年（1892）上海石印本，王希廉、张新之、姚燮合评。

8. 古越诵芬阁本《石头记》，光绪十八年（1892）刊本，王希廉、姚燮合评。

9.《增评补图石头记》，光绪二十四年（1898）上海石印本，王希廉、姚燮合评。

10. 上海书局本《绣像全图金玉缘》，光绪二十四年（1898）石印本，王希廉、张新之、姚燮合评。

11.《绣像全图增批石头记》，光绪二十六年（1900）石印本，王希廉、姚燮合评。

12. 桐荫轩本《全图增评金玉缘》，光绪三十二年（1906）石印本，蝶芗仙史依据王希廉等人评语评订。

13. 求不负斋本《增评全图足本金玉缘》，光绪三十四年（1908）石印本，王希廉、张新之、姚燮合评。

14. 求志斋石印《全图增评石头记》，光绪三十四年（1908），蝶芗仙史依据王希廉等人评语评订。

15. 阜记书局本《绘图石头记》，宣统元年（1909）石印本，王希廉、姚燮合评。

16.《全图增评金玉缘》，民国三年（1914）上海石印本，蝶芗仙史依据王希廉等人评语评订。

17. 同文书局本《增评加注全图红楼梦》，民国十四年（1925）上海石印本，王希廉、张新之、姚燮合评。

18. 文明书局本,民国十六年(1927)、民国十七年(1928)、民国十九年(1930)上海文明书局石印本,王希廉、张新之、姚燮合评。

19. 江东书局本《评注加批红楼梦全传》,上海江东书局石印本,王希廉、张新之、姚燮合评。

20. 铸记书局本《原本重刊大字全图石头记》,铸记书局石印本,王希廉、姚燮合评。

21. 万有文库本《石头记》,1930 年商务印书馆铅印,王希廉、张新之、姚燮合评。

如此众多的翻刻、合刊本,充分证明了王希廉评语所具有的艺术感染力。尤其是王希廉、姚燮合评本问世后,其他的本子几乎尽皆变成废纸。诚如吴克岐在《忏玉楼丛书提要》中所说:"考《红楼梦》最流行时代,初为程小泉本,继则王雪香本,逮此本出而诸本几废矣。""程高本"的问世,是《红楼梦》的第一次大普及。"双清仙馆本"的出现,则带动了普及、评论、阅读《红楼梦》的新高潮。历史的淘汰,民众的选择,是衡量一切的重要标尺。

三

行文至此,便牵涉到了"双清仙馆本"所依据的底本问题。对此,王希廉并未说明,只是在《红楼梦总评》的"摘误"处说了这样一段话:"余所阅袖珍,是坊肆翻版,是否作者原本,抑系翻刻漏误,无从考正。"虽语焉不详,但其中所谓"翻版"、"翻刻",即可证明王希廉所据以评点的底本,肯定不是"程甲本"。学术界持"程甲本"说的人,不知是否曾经注意到王希廉的这一番话?若注意到,此说自然就难以立足了。那么,认为是"东观阁本"的说法又如何呢?笔者的回答也是否定的。

笔者曾就此问题与杜春耕、曹立波二位进行讨论。杜春耕先生认为,"双清仙馆本"既然在《绣像红楼梦全传》前冠以"新评"二字,则其所依据的底本当然就应该是《绣像红楼梦全传》;曹立波博士在其博士论文《〈红楼梦〉东观阁本研究》中也说:"道光十二年(1832)王希廉评本题名为《新评绣像红楼梦全传》,是在《绣像红楼梦全传》本上加的批语,故书名只在前面加了'新评'二字。"笔者完全同意他们的看法,也一直坚持这一观点。近日,笔者将杜春耕先生收藏的三部"双清仙馆本"与北京师范大学图书馆收藏的一部《绣像红楼梦全传》作了比较,发现这一看法基本上是与实际情况相符的。在此不妨再列几条证据,以作补充。

北京师范大学图书馆收藏的《绣像红楼梦全传》,120 回。该书扉页题"绣像红楼梦全传"。首程伟元《序》,次高鹗《叙》,再次《红楼梦目录》,然后是图画 24 幅,均是前图后文,字体不一,文末又有形状各异的印章。如贾母幅题曰:"安重深闺质,慈祥大母仪。盛衰同一瞬,白首苦低垂。"文末印章是"富贵寿考"四字。其他图画类此。经核对,发现这 24 幅图画及所配文字与"程甲本"完全相同,想必是直接翻刻"程甲本"的。该书正文每页 10 行,每行 24 字。第一回首行顶格书"红楼梦第一",显然漏掉了"卷"字。第二行退二格书回目,

第三行正文又是顶格。

值得注意的是，该书《目录》的目次均作"卷 x"，这不仅与"双清仙馆本"相同，而且不同于"程甲本"及其他大多数版本均作"第 x 回"。据查找，刻本中称卷不称回的版本，除"双清仙馆本"与《绣像红楼梦全传》之外，尚有"本衙藏本"及由此本翻刻的"抱青阁本"，其他版本确实没有书作"卷 x"的，这也可作王希廉是在《绣像红楼梦全传》上直接评点的另一条证据。

与"双清仙馆本"相比，《绣像红楼梦全传》字体较大，远不如"双清仙馆本"字体的清秀漂亮。而且，《绣像红楼梦全传》的卷首《目录》虽然都作"卷 x"，但正文中的回目却不太统一，有时作"第 x 回"，有时又作"卷 x"。如第二十回回首作"红楼梦第二十回"，回末作"第二十回"；而第二十一回回首却又作"红楼梦卷二十一"，回末作"卷二十一终"。这明显流露出翻印"程甲本"却修改不彻底的痕迹。

为说明问题，我们不妨将"程甲本"、《绣像红楼梦全传》及"双清仙馆本"卷首《目录》上的异文列表如下：

程甲本	绣像红楼梦全传本	双清仙馆本
第七回 宁国府宝玉会秦钟	卷七 赴家宴宝玉会秦钟	卷七 赴家宴宝玉会秦钟
第二十一回 贤袭人娇嗔箴宝玉 俏平儿软语救贾琏	卷二十一 贤袭人娇嗔箴宝玉 俏平儿软语救贾琏	卷二十一 俊袭人娇嗔箴宝玉 俏平儿软语庇贾琏
第二十四回 痴女儿遗帕惹相思	卷二十四 痴女儿遗帕若相思 （注：正文回目为惹。）	卷二十四 痴女儿遗帕惹相思
第六十六回 冷二郎一冷入空门	卷六十六 冷二郎一冷入空门	卷六十六 冷二郎心冷入空门
第七十八回 老学士闲征姽婳词	卷七木八 老阁士闲征姽婳词 （注："十"误刻为"木"，正文回目为"学"）	卷七十八 老学士闲征姽婳词
第八十九回 杯弓蛇影颦卿绝粧（正文回目为"粒"。）	卷八十九 杯弓蛇影颦卿绝粧 （正文回目为"粒"。）	卷八十九 杯弓蛇影颦卿绝粒
第九十二回 评女传巧姐慕贤良	卷九十二 平女传巧姐慕贤良 （注：正文回目为"评"。）	卷九十二 评女传巧姐慕贤良
第九十四回 失宝玉通灵知奇祸	卷九十四 失通灵宝玉知奇祸	卷九十四 失通灵宝玉知奇祸
第九十八回 苦绛珠魂归离恨天	卷九十八 苦绛珠魂归离痕天 （注：正文回目为"恨"。）	卷九十八 苦绛珠魂归离恨天
第一百十二回 活冤孽妙姑遭大劫	卷一百十二 活冤孽妙姑遭大劫（注：正文回目作"尼"。）	卷一百十二 活冤孽妙尼遭大劫

51

此外,"双清仙馆本"第二十七回在卷首《目录》上虽然是"滴翠亭杨妃戏彩蝶　埋香塚飞燕泣残红",与"程甲本"及《绣像红楼梦全传》相同,但正文回目却改成了"滴翠亭宝钗戏彩蝶"、"埋香塚黛玉泣残红"。出现这一现象,恰可证明我们的看法,也就是说,王希廉在以《绣像红楼梦全传》为底本进行评点时,还参照了其他"程甲本"的早期翻刻本。如"藤花榭本"第二十七回卷首《目录》就是"滴翠亭杨妃戏彩蝶　埋香塚飞燕泣残红",但在回首却是"宝钗戏彩蝶"、"黛玉泣残红";"东观阁本"回目也作"宝钗戏彩蝶"、"黛玉泣残红"。并且,"藤花榭本"与"东观阁本"第六十六回卷首《目录》也均为"冷二郎心冷入空门"。虽然它们在回首仍是"一冷入空门",但这种小小的变化,也许会被王希廉所采纳。

《绣像红楼梦全传》在卷首《目录》中,卷二十四将"惹"误为"若",卷七十八将"十"误为"木"、"学"刻为"阁",卷九十二"评"误为"平",卷九十八"恨"误为"痕",卷一百十二"尼"刻为"姑",等等,在正文回目下都没有错,证明该版本在翻刻"程甲本"时只是重新刊刻卷首《目录》所导致的错误。而卷八十九在卷首《目录》中将"粒"误刻为"粧",在正文回目下又作"粒",可能也是误刻所致,且与"程甲本"的错误是相同的。对此笔者是这样推测的:《绣像红楼梦全传》翻刻者既要掩人耳目,又要欺骗读者,还要抢赶时间,所以只在卷首《目录》上做了手脚,将"程甲本"的"第 x 回"改为"卷 x",又将某些回目作了小小的改动,如卷七将"程甲本"的"宁国府宝玉会秦钟",改为"赴家宴宝玉会秦钟";卷九十四将"程甲本"的"失宝玉通灵知奇祸",改为"失通灵宝玉知奇祸",等等,但正文却没有多少改动。也正因为《绣像红楼梦全传》翻刻者的投机取巧,给我们留下了一些蛛丝马迹,可以证明王希廉就是以这个翻刻本为底本进行评点的。上举二例,似可成为一个硬证。至于王希廉为何将"贤袭人"改为"俊袭人",笔者以为理由有二:一是为了对仗工整。因为"贤"是指性格、品质,"俊"是指人的相貌,这与下联的"俏平儿",恰好都是指的容貌;与此相联系,王希廉对袭人的品质是有看法的,他绝对不会认为袭人贤惠,这从"双清仙馆本"上即可找到证据。例如,在袭人图像上,王希廉给她配的《西厢记》曲词是"只待觅别人破绽",图后又配以"刺靡"花;更为明显的是,在"读花人戏编"的《红楼梦论赞·袭人赞》中,作者是这样评价她的:"苏老泉辨王安石奸,全在不近人情。嗟乎,奸而不近人情,此不难辨也。所难辨者,近人情耳。袭人者,奸之近人情者也。以近人情者制人,人忘其制;以近人情者逵人,人忘其逵。约计平生,死黛玉,死晴雯,逐芳官、蕙香,间秋纹、麝月,其虐肆矣。而王夫人且视之为顾命,宝钗倚之为元臣。向非宝玉出家,或及(己)身先宝玉死,岂不以贤名相始终哉!惜乎天之后其死也。咏史诗曰:'周公恐惧流言日,王莽谦恭下士时。若使当年身便死,一生真伪有谁知?'袭人有焉。"虽然这是涂瀛的赞语,但王希廉在自己评点刊刻的本子中选用这则赞语,也证明他是认可这一看法的。因此二故,王希廉改"贤"为"俊",也就在情理之中了。至于王希廉将该回目中的"救贾琏"改为"庇贾琏",似乎也有一定道理。因为该回的情节内容是,在平儿整理贾琏外宿所用衣服铺盖时,从中搜出了一缕青丝。平儿虽知道贾琏肯定又在外面拈花惹草了,却在王熙凤面前帮

他将此事遮掩了过去。若用"救"字,应该是灾难已经发生后施以援手,而此时并未发生任何灾难;"庇"字意为包庇或袒护,与书中的故事情节相符,应该说"双清仙馆本"的改动还是非常好的。

《绣像红楼梦全传》既然是一个投机取巧的"程甲本"的翻刻本,对于正文也自然不会下大工夫进行改动。倒是王希廉,还参照其他版本作了较认真的修改。这也就是为何《绣像红楼梦全传》的正文接近"程甲本",而"双清仙馆本"却有很大差异的一个主要原因。只可惜王希廉当时所参照的本子都是"坊肆翻版",而它们的错误又是相同的,所以对于其中的"脱漏纰谬及未尽人意处""无从考正",难作修改,也只能尽最大努力择善而从罢了。

王希廉对《红楼梦》正文所作的修改,大都是值得称道的。黄永康、顾梅瑛夫妇曾费数月时间,将"双清仙馆本"与"程甲本"作了对勘并详列了《校勘表汇总》,且全部将此表提供给了笔者,在此谨向黄永康、顾梅瑛二位老师表示由衷的感谢。笔者利用黄、顾二位所列《校勘表》,又对勘了《绣像红楼梦全传》的卷三,从中发现了王希廉修改《红楼梦》的痕迹,兹列表如下,以作参考。

程甲本	绣像红楼梦全传	双清仙馆本
(邢夫人)眼看着车去了,方回来	方回来	方回去
设一对梅花式洋漆小几,左边上	左边上	左边几上
(黛玉)一因陪笑道	一因陪笑道	一面陪笑道
李氏捧饮	李氏捧饮	李氏捧饭
李、凤二人立于案旁播让	立于案旁播让	立于案旁劝让
林姑娘之女	林姑娘之女	林姑妈之女
(贾母)将自己身边一个二等丫头名唤鹦哥的与了黛玉	(贾母)将自己身边一个二等丫头名唤鹦哥的与了黛玉	(贾母)将自己身边两个丫头名唤紫鹃鹦哥的与了黛玉
王嬷嬷与鹦哥陪侍黛玉	王嬷嬷与鹦哥陪侍黛玉	王嬷嬷与紫鹃等陪侍黛玉
唤取近京	唤取近京	唤取进京

由此表不难看出,《绣像红楼梦全传》由于基本上是翻刻"程甲本"的,所以对于其中明显的错误一仍其旧。而王希廉曾经下大工夫详细阅读、评点、校勘《红楼梦》,所以"双清仙馆本"便改正了许多"脱漏纰谬及未尽人意处",从而使该版本成为一个较好的本子。尤其是"双清仙馆本"对于鹦哥、紫鹃问题的改动,更为合情合理。因为,贾母"与了黛玉"的丫鬟本是鹦哥,后来却又莫明其妙地冒出个紫鹃来。"双清仙馆本"之前的所有本子,都没有改动这个明显的矛盾之处。王希廉发现这个问题并作了改动,愈发证明了他在评点时是多么细心。

四

王希廉与姚燮、张新之,历来被誉为《红楼梦》"评点派三大家"。但相比而言,王希廉

的艺术鉴赏能力远在姚、张二人之上。张新之所谓"《石头记》乃演性理之书,祖《大学》而宗《中庸》"的说法,以及他在评点时的牵强附会,都证明他只是一个彻头彻尾的索隐家;至于姚燮,似也不能与王希廉相比。吴克岐在《忏玉楼丛书提要》中所说:"山民评无甚精义,惟年月岁时考证纂详,山民殆谱录家也。"连名气甚大的张新之、姚燮二人都是如此,其他《红楼梦》的评点家则更是难以望其项背。愚以为,单从对于《红楼梦》的总体把握及对后世评点派的影响来说,王希廉真正堪称红学评点派中的第一人。现仅就个人读书所得,谈一谈对王希廉评语的一些肤浅看法。

愚以为,王希廉最令人佩服的一点,便是他在读书时的心细如发。由于《红楼梦》是一部未完成的著作,其创作过程也极为复杂漫长,其中留下了许多漏洞。后来程伟元、高鹗虽然在刊印时作了一番"细加厘剔"的修订工作,但其中仍有许多矛盾纰漏之处。王希廉评点时发现了一些"未惬人意处",并明确指出甚至作了改动。如,"第二回冷子兴口述贾赦有二子,次子贾琏。其长子何名? 是否早故,并未叙明,似属漏笔"。确实说得很有道理。

王希廉洞察力的敏锐,更表现在他对秦可卿这一人物的评价方面。众所周知,由于秦可卿的判词与故事情节存在着很大的矛盾,所以关于秦可卿之死,一直是一个难解之谜。直到"甲戌本"《脂砚斋重评石头记》发现以后,看到上面的脂评,人们才明白之所以出现这一矛盾,乃是因为当年曹雪芹曾经奉畸笏叟之"命",对这一人物形象作了重大修改,且留下了许多"未删之文",诸如秦可卿的"判词","彼时合家皆知,无不纳罕,都有些疑心","贾珍哭的泪人一般"等等。王希廉当时并未见过脂评,更不知道《红楼梦》创作过程的复杂性,但却敏锐地洞察到了这些不合情理之处,所以他在评语中一再指出这一点,提醒读者注意。如第五回中,针对秦氏卧室的描写,王希廉说:"秦氏房中画联、陈设,俱着意描写,其人可知,非专侈华丽也。"对于贾宝玉在太虚幻境中看到的第十一幅画及判词,王希廉也明确点出"是秦氏"。但由于小说中有鸳鸯悬梁自尽的情节,当时许多人都认为这是指的鸳鸯,所以王希廉又搞了个折衷,说:"鸳鸯其替身也。"第十三回王希廉又说:"秦氏死后,不写贾蓉悼亡,单写贾珍痛媳,又必觅好棺木,必欲封诰,僧道荐忏,开丧送枢,盛无以加,皆是作者深文。"直到第一百十一回鸳鸯自经以后,王希廉仍然点出"秦氏多情而淫"。如此细致的观察力,确实令人赞佩。

当然,在这方面,王希廉也有牵强之处。如第六十六回写尤三姐自杀后,柳湘莲"掣出那股雄剑,将万根烦恼丝一挥而尽,便随那道士,不知往那里去了"。对此王希廉评论说,此句"大有意味。'烦恼丝'无影无形,与头发绝不相干,剑锋虽利,岂能一挥即断? 读者试掩卷细思,柳二郎是否果真出家? 抑别样结局? 自有妙文在内"。但凡读过《红楼梦》的人,对这段情节都不陌生。作者在此借用"烦恼丝"一语,就是代指头发。而王希廉却说"无影无形","与头发绝不相干"。若非故弄玄虚,便是求深反惑,"呆看"了小说。

将《红楼梦》誉为"中国封建社会的百科全书",似乎不太恰当,但该书内容的博大精深、包罗万象,却是不争的事实。王希廉深刻地体会到了这一点,并明确指出,《红楼梦》

一书"可谓包罗万象,囊括无遗,岂别部小说所能望其项背"!综观中国的古代小说,王希廉对于《红楼梦》的这一评价,应该说是恰如其分的。丰富的内容,必然要求与之相适应的艺术结构,《红楼梦》在这方面所取得的巨大成就,也是其他中国小说"难以望其项背"的。而在中国红学史上,第一个对《红楼梦》的艺术结构作出系统分析的,就是王希廉这位大评点家。在《红楼梦总评》中,王希廉一开篇便明确指出:"《红楼梦》一百二十回,分作二十一段看,方知结构层次。"然后依据自己的见解,将百二十回的《红楼梦》划分出段落,并说明原委。因"总评中不能胪列",所以他在以后许多回的回后评中又"逐细批明",反复论证《红楼梦》的结构层次之美。从总体上来看,王希廉在这方面的分析,还是基本能够令人信服的。

曹雪芹在《红楼梦》中,反复使用"真"、"假"这一对哲学概念,什么"甄士隐"、"贾雨村","甄宝玉"、"贾宝玉","甄府"、"贾府","假作真时真亦假"等等,可谓比比皆是。王希廉深受影响,认为:"《红楼梦》一书,全部最要关键,是真假二字。读者须知真即是假,假即是真;真中有假,假中有真;真不是真,假不是假。"这段文字,看起来有些故弄玄虚,但仔细琢磨,似乎也有一定道理。与其他绝大多数评点家相比,王希廉的高明之处,就在于他把《红楼梦》当小说看,并十分重视它的艺术成就,而不是毫无根据地瞎猜乱扯。由于小说离不开人物形象,所以从总体来看,王希廉的评点,对小说人物的评价也最多,且有不少精到的见解。但当他将小说中的人物形象与现实生活中人等同视之,并以封建时代的道德标准来作评判时,就会显得迂腐而又可笑。这次北京图书馆出版社是影印出版《双清仙馆本·新评绣像红楼梦全传》,王希廉的评语都在其中,读者自己可以阅读,也一定会对其作出恰如其分的评价,所以笔者不用在此饶舌,更无需耗纸费墨大段引述了。

五

在红学评点派中颇具影响力的王希廉,无论在《红楼梦》评点史还是版本流传史上,都应占有一定的重要地位。然而,1949年以后,这位评点派大家却备受冷落,并且,由于资料的匮乏,我们对他的家世生平也了解甚少。幸亏十余年来部分红学家陆续发表了一些有关王希廉及"双清仙馆本"的文章,使我们能够对其生平有一个大致的了解。在这方面,胡文彬先生做了大量工作,曾先后在《红楼梦学刊》1991年第3辑、1997年第2辑上发表了《清代〈红楼梦〉评点家王希廉生平考述)(以下简称《考述》)、《王希廉家世生平考述补说》(以下简称《补说》)两文。《考述》因史料有限而出现了一些错误,所以《补说》实际上是对《考述》的补充和纠谬。笔者也未曾查找到有关方面的材料,在此只能根据胡先生的两篇文章,对王希廉的生平略作介绍。

胡文彬先生在《补说》中说,《考述》发表后的五年间,有关王希廉的材料时有发现,后又得上海的徐恭时先生给他抄示了新材料,所以在《补说》中,胡文彬先生根据徐先生所示材料及南师大赵国璋先生主编的《江苏艺文志·苏州卷》中王希廉的"小传",将王希廉的生平作了大致勾勒。笔者在此不妨做一次文抄公,将这段文字转录如下:

> 王希廉(1805—1877)。原名希棣,字旭升,号雪芗(香),晚号雪鬓老人。清吴县东山人。仲洗子,朝忠从弟。监生,浙江候补府经历。工书善诗文,才华艳发。因评赞《红楼梦》,自号"洞庭护花主人"。曾侨寓虞山,聘才女周绮为副室,唱和风雅,共研红学,人艳称之。人品重艺林。卒藏太湖薪山。

对于一粟在《红楼梦书录》中将王希廉注为"震泽人"一说,胡文彬先生也依据有关史料做了辨析。他认为:"王希廉祖上可能是'震泽籍',因而有人称王氏为'震泽人'。或由于王希廉祖上迁吴已久,本人又生于吴县,故自署'古吴',而祖籍则鲜为人知。"

除对《红楼梦》的评点外,王希廉的著作现在尚存《孪史》一书。王希廉在《孪史·自序》中说:"余自束发后,爱观诸史,虽一知半解,而愚钝善志,每事之相类者,随手记下,以备参考,名《孪史》。积之久而案头盈尺矣。"由此我们便不难看出,《孪史》一书,只不过是王希廉的读书笔记,价值并不太大。他在学术史上的最大贡献,还是对于《红楼梦》的评点和刊行。

在《孪史》这部读书摘要的卷首,还有王希廉友人赵同钧为该书所作《序》,从中可知,王希廉知识渊博,"博极群书,尤爱读史"。王希廉对《红楼梦》的评批时有真知灼见,这自然得益于他的勤奋好学。

随"双清仙馆本"一同刊行的《红楼梦题词》,出于王希廉"副室"周绮之手。关于这位才女,《江苏艺文志·苏州卷》中也有她的"小传",兹转录如下:

> 周绮(1814—1861),字绿君,小字琴娘。清常熟人。吴县东山王希廉副室。工韵语,能篆刻,兼擅山水花鸟,得萧远生动之致,常戏写荷花、山水。且解音律,精医术。卒藏太湖黔山。

若无周绮的唱和与支持,王希廉对于《红楼梦》的评点,也许不会那么投入。此外,在胡文彬先生的《考述》一文中,还转录了蒋宝龄《墨林今话》卷十六"闺秀周绮"的记载:

> 闺秀周绮,字绿君,小字琴娘,吾邑王氏遗腹女。母梦蔡邕授焦尾琴而生,随母依舅氏,舅氏无子,爱之如己出,遂姓周氏。及长,工韵语,解音律,能篆刻,兼习山水花鸟,尤精小芦雁,得萧远生动之致。吾家燕园老人赏其诗画,录为女弟子。著有《掌绒余事诗》……又精医,承其家学。事母甚孝……年二十许适吴县王雪香希濂。

此外,胡文彬先生还从一些记载中查到了王希廉叔父王亮生、兄王朝忠、妹王兰贞、从姐或从妹王绮贞等人的材料,并由此得出一条结论:"王希廉一家在当地不仅是'家饶于财'的财主,而且也是一个诗书礼仪之家。其主要成员均有诗画之才,在江南一带的文人中颇有一定的声望。"若非这样的一个家庭,自然没有能力评点、刊行《红楼梦》这部洋洋巨著。由于这些人的材料与王希廉评点《红楼梦》的关系不大,所以此处笔者不再转录,有兴趣的读者不妨自己查阅。

是为序。

2002 年 11 月 29 日

草成于《红楼梦学刊》编辑部

红学研究新视野

《双清仙馆本·新评绣像红楼梦全传》序

冯其庸先生的红学研究

李广柏

（华中师范大学文学院）

　　冯其庸先生是研究文史和传统艺术的专家，又是诗人、书法家、画家。在各个领域，都有精深的造诣。他学生时代就对《红楼梦》有较为深入的了解，后来到中国人民大学中文系任教，《红楼梦》是他的授课内容之一。二十世纪七十年代，冯先生在《红楼梦》研究中新的发现和新的成果，为学术界所瞩目。我国历史进入新时期以后，冯先生继续致力于《红楼梦》研究，并成为新时期红学的中心人物。

　　1979年1月，文化部文学艺术研究院（1980年更名为中国艺术研究院）在文化部《红楼梦》校注小组的基础上成立红楼梦研究所，冯其庸任所长。1979年5月《红楼梦学刊》创刊，茅盾、王昆仑任顾问，王朝闻、冯其庸任主编（实际主编是冯其庸）。

　　1980年6月16日至20日，由美籍华裔学者周策纵发起的首届国际《红楼梦》研讨会，在美国威斯康星大学举行。与会学者来自世界各地，共八十多人。中国的冯其庸、周汝昌、陈毓罴、潘重规（台湾）应邀参加会议。俞平伯受到邀请，因年高有病未能成行。美国参加会议的有周策纵、赵冈、余英时，韩南、马幼垣等。其他参加会议的著名红学家有日本的伊藤漱平，英国的霍克思，加拿大的叶嘉莹等。大会对《红楼梦》的作者、版本、思想、社会意义和文学价值，进行了探讨。

　　1980年7月21日至30日，首届全国《红楼梦》学术讨论会在哈尔滨举行，来自全国各地的与会学者137人。大会就三十年间红学研究的成败得失进行了热烈讨论，并对解放思想、寻求学术上重大突破的问题，提出了某些设想。经过酝酿与磋商，在7月30日本

次讨论会闭幕式上成立了"中国红楼梦学会",推选茅盾、王昆仑担任名誉会长,吴组缃担任会长,冯其庸、李希凡、张毕来、陈毓罴任副会长,而后来实际主持学会工作的是副会长兼秘书长的冯其庸。吴组缃因年事已高,于1983年辞去会长职务。1985年在贵阳召开的第五次全国《红楼梦》学术讨论会期间,经学会理事和常务理事联席会议酝酿讨论,推举冯其庸为会长。

冯其庸先生为促成中国红楼梦学会的成立,促成红学研究机构、红学刊物的创立,组织学术会议,推动海峡两岸学术交流和国内外学术交流,团结和培养红学研究队伍,作出了重要贡献。他除了个人独立进行红学研究以外,还倡导和组织了多种卷帙浩繁的红学基础工程,如《红楼梦》校注,"脂评"本汇校,《红楼梦大辞典》的编纂,《八家评批红楼梦》的纂辑,都在学术文化界产生了重大影响。

一、作为学者和艺术家的冯其庸先生

冯先生,名迟,字其庸,号宽堂,1924年2月3日(农历癸亥年十二月二十九日)出生于江苏无锡县前洲镇北二里许的名叫冯巷的村落。小时候家境贫寒。他每当回忆起幼年瓜菜为食的日子,便凄然动容。他将自己的书斋取名为"瓜饭楼",就是因为不能忘记那苦难的经历和当年患难相依的亲人。

冯先生读小学时,是半耕半读;读到五年级,抗日战争爆发,学校停办,便回家做农活。从1940年起他到前洲镇上的青城中学(初中)读书,仍是半耕半读。1943年上无锡工专(高中),学纺织科印染学,因交不起学费,只读了一年。那些年,无论是半耕半读,还是完全在家做农活,幼年的冯先生,总是雪窗萤火,勤苦读书,写字,画画。江南的山水和学术文化氛围,启迪了了他的灵性。他先后读的书有:《论语》、《孟子》、《大学》、《中庸》、《左传》、《战国策》、《史记精华录》、《古文观止》、《东莱博议》,以及《三国演义》、《水浒传》、《西游记》、《荡寇志》、《西厢记》、《聊斋志异》、《东周列国志》、《封神演义》、《三侠五义》、《红楼梦》、《古文辞类纂》、《六朝文絜》、《唐诗三百首》、《古诗源》、《水云楼词》、《饮水词》、《秋水轩尺牍》、《雪鸿轩尺牍》、《夜雨秋灯录》、《浮生六记》、《陶庵梦忆》、《西湖梦寻》、《琅嬛文集》、《西青散记》等等。同时,他十多岁便在诗词和书画方面表现出颖异的天分。就读无锡工专(高中)时,国文老师组织了湖山诗社,邀冯其庸参加,并要冯其庸写一首诗出来看看。冯其庸踌躇之后就以无锡的"东林书院"为题写了四句:"东林剩有草纵横,海内何人续旧盟。今日湖山重结社,振兴绝学仗先生。"这是冯其庸先生生平写的第一首诗。国文老师看后在诗稿上批了一句:"清快,有诗才。"

1946年初冯先生考进无锡国专(无锡国学专修学校)。1948年12月在无锡国专毕业。无锡国专是一所"以整理固有学术、发扬民族文化为宗旨"的带有书院色彩的大学,也是我国现代史上坚持国学教育时间最长、培养国学人才最多的国学专门院校。冯先生就读无

锡国专,这对他一生的学术文化事业有着重要意义。

无锡国专创办于1920年,初名无锡国学专修馆,聘请曾任南洋大学校长的前清进士唐文治任馆长。1927年改名为无锡国学专门学院。1930年由南京国民政府教育部更名为无锡国学专修学校。抗日战争期间,无锡国专辗转迁到桂林,又一度在上海租界设立分校。抗战胜利后学校返回无锡。无锡国专坚持国学教育,直至1950年新中国大学调整,并入他校,前后历史共三十年。毕业的学生总数有一千八百人左右。无锡国专自始至终,由唐文治任校长,而且名师云集。早先的教授有陈衍、钱基博、李审言、顾实、朱文熊等,章太炎也经常来作专题讲座。四十年代以后,又有王蘧常、冯振心、周予同、周谷城、蔡尚思、钱萼孙、童书业、朱东润、吴白匋、赵景琛、周贻白、徐震、张世禄等。国专的课程除文字学、音韵学、修辞学、目录学、中国文学史、中国文化史、中国哲学史等综论以外,读的都是经史子集的专书,而且要求"熟读精审"、"虚心涵咏",尤其注重培养独立研究探讨与赋诗填词、写作各类文章的功力。这样的教学内容、教学方法和学术风气在二十世纪二十年代以后的中国大学文科中,可以说是独树一帜。

冯先生在无锡国专,致力于文字学、版本目录学、诗词学及《史记》、《杜诗》、《老子》、《庄子》等专书。童书业讲《秦汉史》,冯振心讲《说文》,王蘧常讲《诸子概论》和《庄子》,顾廷龙讲版本目录,朱东润讲"杜诗"、《史记》,吴白匋讲词,周贻白讲戏曲史,钱宾四讲如何作学术研究等等,都给他留下深刻印象,给他无穷的启迪。在校学习期间,冯先生开始在当地的《大锡报》上发表一些词和短文。有一篇《澄江八日记》登在1947年10月20日《大锡报》上,是调查清兵入关后江阴屠城之遗迹的,是冯先生以后在学术研究中注重实地考察的开端。因为爱好诗词,冯先生还和同学组织了"国风诗社",出了诗词刊《国风》。1947年冯先生因参与学潮,无锡城防指挥部要逮捕他,他得知后,秘密转移到无锡国专上海分校,得到在上海分校主持教务的王蘧常先生的掩护与帮助。半年后又回到无锡。冯先生由此机缘得与大书法家、学问家王蘧常亲密交往,受益多多。冯其庸先生在无锡国专的三年,是他学习国学的三年,也是学习书法、绘画的三年。无锡国专,使他在国学和诗词书画方面打下了深厚基础。

1949年4月人民解放军渡过长江,冯先生参加解放军,先分配到苏南行署工作,1949年9月派到无锡第一女中教书。1954年冯先生调到中国人民大学中文系教古典文学。在中国人民大学历任讲师、副教授、教授等职。

冯先生在中国人民大学任教的时候,仍然刻苦读书,几乎每天要工作到深夜一、二点钟。为了教好"中国古典文学"这门课,他从先秦的《诗经》、《楚辞》到明清文学,依次重读深研,并撰写了一部六、七十万字的"中国文学史"讲义。同时,从1954年到"文革"前的短短十二年,他在报刊上发表了上百篇论文。其中有关古代文学史和古典文学作品的论文,后来编成《逝川集》,由陕西人民出版社1980年出版。那时大学中文系的"中国文学史"课还要配合讲"作品选",冯先生在讲授作品选的基础上,主编了一本《历代文选》,

1962 年由中国青年出版社出版。这是新中国流行的第一部古代散文选,至今一直在重印。当年毛泽东主席读到这本书,给予称赞。

冯先生从小爱好戏剧,接受过江南一带戏曲的薰陶。到北京工作以后,更接触到北京的戏剧艺术以及从全国各地赴京表演的戏剧艺术。于是,他开始了戏剧研究和戏剧评论。第一篇戏剧评论是国庆十周年之际在《戏剧报》上发表的,题目是《三看二度梅》,评论我们湖北陈伯华的汉剧艺术。戏剧家田汉读后大为赞赏,特地请冯其庸同吴晗、翦伯赞等人一起吃饭,向吴、翦等介绍这篇文章。此后数年,冯其庸又连续发表一批戏剧评论文章,如《从"绿衣人传"到"李慧娘"》、《麒派杰作〈乌龙院〉》、《戏曲表现现代生活的几个问题》及评《芦荡火种》的文章,都在当时发生过较大影响。后来编为《春草集》,由上海文艺出版社 1979 年出版。《春草集》中还收有一篇因古典戏剧而联系到哲学问题的文章,题为《彻底批判封建道德》。文章中针对当时学界完全否定清官和清官戏的言论,提出"我们没有必要否定封建社会的清官"、"不主张把历史上的清官廉吏都一笔抹倒"的看法。这篇文章在当时得到毛主席的称赞。

冯先生从小就爱好书法和绘画。早年下功夫临写欧阳询的楷书,兼及小欧(欧阳通),《九成宫碑》、《皇甫君碑》、《虞恭公碑》、《化度寺碑》、《道因法师碑》,日夕相对,一闭眼就能想出这些字的形状来;又临写文征明的小楷《离骚经》,临魏碑《张猛龙碑》和《张黑女墓志》,临隶书《张迁碑》、《曹全碑》、《孔宙碑》、《衡方碑》、《朝侯小子碑》,临篆书《滑台新驿记》、《石鼓文》等等,对它们熟悉得像老朋友。后来冯先生游历各地,细心寻访碑刻原迹,如到汉中仔细观察了从褒斜道取出的《石门铭》,到曲阜看西汉的五凤刻石和《孔宙碑》,到山东莱州细读《郑文公碑》以及邹县的《莱子侯碑》,到洛阳观赏"龙门二十品",到长沙看《麓山寺碑》,还看了兰州汉简研究所保存的出土汉简、新疆高昌墓志墨迹、山西出土的画像石上的墨书汉隶,敦煌写经等等。冯先生寻访各地碑刻墨迹,对古人的笔锋墨痕有亲切的感知,便使其书艺日臻上境。不过,冯先生最喜欢的还是王羲之的行书、草书,如《圣教序》、《兰亭序》和《十七帖》,曾反复临摹,对神龙本《兰亭序》双钩多次;而尤为钟情的是《丧乱帖》、《二谢帖》、《得示帖》、《频有哀祸帖》、《孔侍中帖》,认为此五帖"真能传右军之风神"。[①]冯先生擅长楷、隶、篆、行、草,而得力于右军书札笔法的行草,风神潇洒,意远韵长,最富魅力。这样的书法品格也显映于他的绘画。

冯先生幼年临习《芥子园画谱》。在无锡工专(高中)读书时得遇无锡著名山水画家诸健秋,受益匪浅。冯先生后来忙于教学和学术研究,但绘画的兴趣丝毫不减,除用心揣摩五代两宋名家及徐文长、齐白石等前贤的画作以外,还先后结识了刘海粟、朱屺瞻、谢稚柳、唐云、启功、徐邦达、张伯驹、许麟庐、周怀民等画苑大师,亲眼看他们挥毫点染。这些经历使他悟到什么是第一流的境界,悟到古人之"构图用笔,皆师造化所得"。他的画先以

---

① 冯其庸《学书自叙》,《墨缘集》第 330 页,黑龙江教育出版社 2001 年出版。

花卉为主,后来拓展到山水,亲临真山真水去体悟。近二十年十次考察新疆丝绸之路和玄奘取经之路,我国西北的山川风物进入他的绘画,他的画也因此上升到更高的境界。

冯先生几次在北京、上海举办书画展,受到各界人士的宝重与推崇。文物出版社2005年出版了《冯其庸书画集》。当代书画大家徐邦达、启功、刘海粟、杨仁恺等赞赏冯先生的书法得二王之神韵,绘画得文人画之真意。他的书画蕴涵诗情韵味,透露他的学养和人格精神。笔者以为,冯先生是才子型的学者,又是学者型的艺术家,集学问和艺术于一身。

冯先生涉猎的领域,还有原始文化和傩文化、汉代画像石和画像砖、紫砂艺术、园林艺术及摄影艺术,凡涉及的领域,他都有相当精到的思考与见解。这方面的重要论著有《关于中国文化史的几点随想》(1988)、《陈从周〈园林谈丛〉序》(1979)、《一个持续五千年的文化现象——良渚玉器上神人兽面图形的内涵及其衍变》(1991)、《关于傩文化》、《〈傩面具图册〉序》(1993)、《中国古代壁画论要》(1993)、《汉画漫议》(1995)、《汉画的新生》(1996)、《关于中国的陶文化、茶文化及其他》(1989)、《宜兴的紫砂艺术》(1991)、《记陶壶名家顾景洲》(1982)、《走在世纪前列的艺术家——记紫砂工艺大师徐秀棠》(2000)、《工极而韵,紫玉蕴光——周桂珍大师紫砂画册序》(2001)、《天然图画,无尽江山——读周宏兴所藏天然石画集》(1999)、《清水出芙蓉,天然去雕饰——记青年陶瓷家高振宇》(1997)等等。它们分别收入冯其庸的《落叶集》(中国社会科学出版社1997年出版)、《夜雨集》(中国友谊出版公司1999年出版)、《秋风集》(文化艺术出版社1991年出版)、《剪烛集》(山西人民出版社2002年出版)、《墨缘集》(黑龙江教育出版社2001年出版)等书。

冯先生的学术工作,坚持将文献研究、实物对证与实地考察相结合。除了关于曹雪芹和《红楼梦》的研究这样著作以外,他所有关于中国文史的研究都是这样作的。他把实地调查称为"读天地间最大的一部大书"。[①] 他爱山水,喜游历,更激发了他天南地北考察文物古迹的热情。早在1964年,冯先生在陕西终南山下与朋友一起发现了一个蕴藏十分丰富的原始文化遗址;"文革"中他曾在家乡抢救出五件战国时楚国的青铜器,其中一件是有长篇铭文的大型铜鉴,称"郑陵君鉴",具有很高的学术价值。他把这五件青铜器捐献给了南京博物馆。他还抢救出一件正德九年明武宗的"罪己诏",是全国仅存的一件皇帝的罪己诏,具有极高的文献价值和文物价值。他捐献给了第一历史档案馆。为了考证项羽是死于乌江还是死于东城的问题,冯先生三次前往垓下(在今安徽灵璧县南、固镇县北)、东城(遗址在今定远县)、全椒、乌江(今和县东北)等地方,察看地形,了解其方位及其各地之间距离,再细心研读种种史料,结合起来进行推断,得出项羽"死于东城"的结论,并指出项羽"乌江自刎说"原是对《史记》的误读。[②]

---

① 冯其庸《瀚海劫尘》自叙,文化艺术出版社,1995年出版。
② 冯其庸《项羽不死于乌江考》,《中华文史论丛》第86辑,上海古籍出版社,2007年出版。

从二十世纪八十年代起,冯先生除研究红学、主持红楼梦学会和红楼梦研究所的工作以外,又展开更广泛的历史文化研究,特别是从事中国西部历史文化的研究。自1986年他第一次考察天山以北的唐北庭都护府故城和玄奘西行的路线上的吐鲁番交河、高昌故城、焉耆、库车(古龟兹国地)以后,二十年里,冯先生共十次考察新疆丝绸之路和玄奘取经之路,登昆仑之巅,历罗布泊、塔克拉玛干大漠之险,探居延之奇,寻黑城之谜,艰辛跋涉,到人之所未到,见人之所未见。1995年,七十三岁高龄的冯其庸先生,拄杖登上4900米高冰雪绵亘的红其拉甫,与公格尔峰和号称冰山之父的慕士塔格峰擦肩而过。[①]他这次考察的纪行诗有这样一首:"弯环九折上苍穹。风雪如狂路不通。虎口遥望穷碧落,天门俯视尽迷濛。身经雪岭知天冷,人到冰川见玉宫。最是云生双袖里,欲寻姑射问行踪。"诗中"虎口"谓天山高处之老虎口,自下向上看,如在天上,宛如天门,其险莫可名状,行人至此,如入虎口,无不战栗。1998年8月,七十六岁高龄的冯先生第七次赴新疆考察,攀上海拔4700米的喀剌昆仑山巅之明铁盖达坂山口,找到玄奘取经归国入境之古道。冯先生将他的发现写成《玄奘取经东归入境古道考实——帕米尔高原明铁盖山口考察记》,在《法音》、《中国文化研究》、《敦煌吐鲁番研究》等刊物上发表,轰动中外学术界。2005年8月中央电视台和喀什市政府根据冯先生的考证,在明铁盖山口立碑。冯先生第九次赴新疆,再次登上喀剌昆仑山巅之明铁盖达坂山口,为玄奘立东归碑。碑高两米,正面镌刻"玄奘取经东归古道",为冯先生所书写;背面有长文介绍此古道的历史及发现过程。立碑之后,冯先生复寻瓦罕古道,至玄奘所记之"公主堡",得见古建筑尚存。堡下即唐瓦罕古道,循此而下即达揭盘陀,皆为玄奘东归所经之道也。

冯先生经过九次考察,玄奘自瓦罕地区逾葱岭,循古道东归之线路,在他心目中已经明晰而无疑了。冯先生几乎走遍了玄奘取经时走过的国内路线,惟独楼兰、罗布泊因为不易进入,没能进行实地考察。为此,冯先生心里感到不够踏实。2005年9月,八十三岁高龄的冯先生,作为大型文化考察活动"玄奘之路"的总顾问,随考察团从米兰进入,穿越罗布泊,到楼兰、龙城、白龙堆、三陇沙,最后到敦煌,其中整整七天在沙漠中宿夜。这是冯先生第十次考察丝绸之路和玄奘取经之路。十次考察,他终于亲历了玄奘取经时走过的所有国内路线。

1995年文化艺术出版社出版冯先生的《瀚海劫尘》(中国大西部摄影集、西行散记)。这是一部用文字和摄影图片反映西部的历史地理和人文风情的巨著,也是他考察丝绸之路和玄奘取经之路的前期成果。2000年和2001年,分别在上海图书馆和北京中国美术馆举办"冯其庸发现考实玄奘取经之路暨大西部摄影展",再次用文字和摄影图片,展示出他考察丝绸之路和玄奘取经之路的成果。《瀚海劫尘》和两次大型摄影展,都是学术与艺术的美妙结合。此外,冯先生还撰写了《玄奘西天取经的第二个起点——〈吐鲁番市方志〉

---

① 冯其庸先生生于癸亥年,1995年当农历之乙亥年。是年先生七十三岁。

序》（1997）、《〈敦煌吐鲁番学论稿〉书后》（2001）、《流沙今语》（1998）、《〈东方的文明〉初读——雷奈·格鲁塞〈东方的文明〉序》（1998）以及《对新疆石窟艺术的几点思考》（1995）等。[①]新疆石窟是敦煌石窟的先驱。事实上，冯先生十次到西北的考察活动，也包括考察西部的古城遗址、地上地下文物和石窟艺术。他考察了敦煌莫高窟、天水麦积山石窟、永靖炳灵寺石窟、安西榆林窟，又考察了龟兹境内的石窟和高昌石窟（吐鲁番地区的石窟）。龟兹石窟中著名的克孜尔千佛洞、库木吐拉千佛洞、森木塞姆千佛洞、克孜尔尕哈千佛洞，高昌石窟的柏孜克里克千佛洞、吐峪沟千佛洞、雅尔崖千佛洞等，他都多次去过。出土文物方面，冯其庸在甘肃看过放马滩出土的秦简和秦代地图，看过古黑水城一带散落在老百姓手中的竹简，在新疆看过高昌出土的写在砖上的墓志铭，看过吐鲁番出土的《论语》写卷和大量的文书……冯先生感叹西部文物的丰富超出人们的想象。他说："敦煌文物的发现，诞生了一门世界性的显学：敦煌学。西域文物的大量发现，也会诞生一门新的显学：西域学。"

冯先生曾说："我坚信伟大的中华民族必定会强盛！而强盛之途，除了改革、开放、民主、进步而外，全面开发大西北是其关键。从历史来看，我们国家偏重东南已经很久了，这样众多的人口，这样伟大的民族，岂能久虚西北？回思汉、唐盛世，无不锐意经营西部，那么现在正是到了全面开发大西北的关键时刻了！因此我们应该为开发大西部多做点学术工作，多做点调查工作。"[②]当中央开始制定开发大西部的宏伟计划时，冯其庸欣欣鼓舞，写了篇《欢呼西部大开发》的文章发表[③]。冯其庸从事中国西部历史文化的研究，就是出于对国家、对民族的挚爱和一个人文学者的远见。

冯先生年轻时读《大慈恩寺三藏法师传》和临习《圣教序》时，即为这位圣僧以万死不辞的勇气西天取经的精神所震撼。《圣教序》中有几句话几乎刻在了冯先生的心上："乘危远迈，杖策孤征；积雪晨飞，途间失地。惊砂夕起，空外迷天；万里山川，拨烟霞而进影；百重寒暑，蹑霜雨而前踪。"因此，冯先生很早心里就深藏一个愿望：一定要到西域去，追寻这位圣僧的踪迹。冯先生无论是在西行考察途中遇到险阻，还是在"研红""考红"时遇到疑义奥区或疾病纠缠，他都以玄奘追求真经的意志和毅力策励自己。

二十世纪八十年代以后，冯先生除在中国人民大学担任教职、在《红楼梦》研究机构和团体担任领导职务外，又任中国艺术研究院副院长、中国汉画学会会长、中华炎黄文化研究会副会长、中国戏曲学会副会长、敦煌吐鲁番学会顾问。2005年出任中国人民大学国学院院长。2007年3月文化部聘他为国家古籍保护工作专家委员会首席顾问；同年5月，

---

①《对新疆石窟艺术的几点思考》，见《落叶集》第7—19页，中国社会科学出版社，1997年出版。《玄奘西天取经的第二个起点》、《〈敦煌吐鲁番学论稿〉书后》、《流沙今语》、《〈东方的文明〉初读》，见《剪烛集》之《西部篇》，山西人民出版社，2002年出版。

②冯其庸《瀚海劫尘》自叙，文化艺术出版社，1995年出版。

③见《剪烛集》之《西部篇》，山西人民出版社，2002年出版。

国务院聘他为点校本"二十四史"及《清史稿》修订委员会顾问。

冯其庸先生的红学研究是建立在他的学问和文化艺术修养的深厚基础之上的。

二、冯其庸先生与《红楼梦》的结缘

冯先生1943年上无锡工专(高中)一年级时,有位范老师见他喜欢做诗,就建议他从《红楼梦》里学习作诗,引导他开始步入《红楼梦》的艺术世界。1947年,冯先生一度转移到无锡国专上海分校学习。在上海分校,听了刘诗荪先生开的《红楼梦》课。一所专门讲授"国学"的学校,开有《红楼梦》的课,这使年青的学子们确立了这样的观念:"研究《红楼梦》是一门学问"。

1954年冯先生从江南调到北京中国人民大学中文系任教,适逢全国开展批判胡适、俞平伯的运动。冯先生没有撰写文章,但密切关注运动的发展,并反复研读《红楼梦》以及报刊上有关《红楼梦》的文章。冯先生后来说:"这是我认真读《红楼梦》的开始。""文革"初期,冯先生读的《红楼梦》被抄家的人抄走,他便在每天深夜用毛笔抄写影印的庚辰本《石头记》,依原著行款朱墨两色抄写,整整抄了一年。历经世事风雨,个人也遭受了许多磨难,又联想到当时社会的混乱状况和许多友人的遭遇,所以他一字一句抄写时,觉得与曹雪芹的心意相通了,抄到动情之处往往掩卷痛哭。抄完时,他题了一首诗:"《红楼》抄罢雨丝丝,正是春归花落时。千古文章多血泪,伤心最此断肠词。"可以说,冯其庸手抄庚辰本《石头记》,是"真正深入《红楼梦》的过程"。他日后对《红楼梦》诸方面的深入研究,实有藉于此抄书也。

1974年秋天,国务院文化组副组长袁水拍先生到冯其庸先生住处,就文化事业和古籍整理问题征询冯其庸先生的意见。冯先生建议校订《红楼梦》。袁水拍很重视这个建议,不久就要冯先生草拟一个报告。后来国务院文化组批准成立"《红楼梦》校注组",由袁水拍担任组长,冯其庸、李希凡任副组长,并向各地借调了一批研究《红楼梦》的学者,而实际主持校注工作的是冯其庸。从此,冯先生便与《红楼梦》结下了不解之缘,一直从事了几十年研究曹雪芹和《红楼梦》的工作。冯先生主持的《红楼梦》的校注,经过七年努力,人民文学出版社于1982年出版了这个校注本。

"五四"以后,胡适提倡"整理国故"。在古典白话小说方面,胡适主张出版"整理过的本子"——本文用标点符号,分节分段,前面有一篇对该书历史的导言。胡适说:"我们要对这些名著作严格的版本校勘,和批判性的历史探讨——也就是搜寻它们不同的版本,以便于校订出最好的本子来。"[①] 但是,胡适的红学研究主要是小说作者的传记资料以及版本的源流,他并没有对《红楼梦》作过真正意义的"校勘"。在胡适的策划与帮助下,上海亚

---

① 《胡适口述自传》第265页,安徽教育出版社,1999年版。

东图书馆 1921 年出版《红楼梦》标点本(汪原放点校),底本用的是源出于程甲本的道光十二年(1832)的双清仙馆刻本。1927 年,汪原放用胡适所藏的程乙本作为底本重新标点排印《红楼梦》,操作方法不是直接用程乙本排印,而是将程乙本的不同之处在亚东初排本上加以校改,同时也用过别的本子参照校改。因此,亚东初排本和重排本,既与曹雪芹原著的风貌相去甚远,亦失程甲本、程乙本之真。第一次从恢复《红楼梦》本来面貌的目的出发而作出的校订,是二十世纪五十年代俞平伯校订、王惜时(王佩璋)参校的《〈红楼梦〉八十回校本》。俞校本选择有正本作底本,由于当时掌握的版本受到客观条件的限制,以及其他原因,俞校本的成绩不能令人满意,影响也不大。冯先生主持校注的本子,选择庚辰本作为前八十回的底本。就目前我们所知的情况,"庚辰秋月定本"是曹雪芹生前最后一个改定本,它属于最接近于曹雪芹原稿的本子而又最近于完整的本子。由于选择底本恰当,又作了精细的校订工作和注释,所以冯其庸先生主持的校注工作,使《红楼梦》有了一个便于阅读又接近曹雪芹原著风貌的本子,很快改变了以程本为主的流传局面,在《红楼梦》传播史上具有重大意义。

三、冯其庸先生对《红楼梦》版本的研究

1974 年 12 月中国历史博物馆的王宏钧将他早些年为该馆购得的三回又两个半回的《石头记》残抄本(第五十五回的后半回,第五十六、五十七、五十八三整回和第五十九回的前半回),送给吴恩裕先生鉴定。吴恩裕先生怀疑这册残抄本是己卯本的一部分,即邀约冯其庸先生一起到北京图书馆(今国家图书馆)去查看己卯本的笔迹,并合作进行这项研究。在查对和研究中,冯其庸先生又找到一本乾隆时期原抄本《怡府书目》。两人经过研究,得出结论:

1. 中国历史博物馆所藏三回又两个半回的《石头记》残抄本是北京图书馆所藏己卯本《石头记》早先散失的部分;并不是现在已知的《石头记》抄本之外新发现的另一个抄本。

2. 无论北京图书馆藏己卯本,还是历史博物馆藏残钞本都存在着"玄"、"祥"、"晓"等避讳的字,进一步推断己卯本这个抄本是怡亲王府的原抄本。因为除"玄"字缺笔是避康熙皇帝"玄烨"的讳以外,只有怡亲王(允祥、弘晓……)家,才需要避"祥"和"晓"字的讳。同时,在北京图书馆发现的《怡府书目》原抄本上,也同样避"玄"、"祥"、"晓"等字的讳,还避"弘"字的讳。这些情况,更加证实了己卯本(包括残抄本)是乾隆时怡亲王府的一个原抄本,主持抄藏此书的人当是怡亲王弘晓。

3. 考虑到曹家和怡亲王府的关系,这个抄本所据的底本极有可能是直接来自曹家或脂砚斋等人之手。还可以推测,在现存《红楼梦》的早期抄本中,这个己卯本可能是过录时间最早的一种。

吴恩裕、冯其庸两先生将他们的研究成果写成《己卯本〈石头记〉散失部分的发现及

其意义》,发表于1975年3月24日《光明日报》。这是冯先生研究《红楼梦》版本的第一篇论文。

己卯本曾为近代著名文献学家董康所收藏,后归陶洙,然后归北京图书馆。在很长的时间里,学术界没有人对这个本子进行细心的研究。俞平伯从事《脂砚斋红楼梦辑评》和《红楼梦八十回校本》的工作时,曾从北京图书馆借到己卯本使用,但没有多加研究。陈仲箎在《文物》1963年第6期发表《谈己卯本脂砚斋重评石头记》,首次向读者系统介绍了己卯本,但没有探索到这个抄本的真正重要的方面。吴恩裕、冯其庸两先生关于己卯本的研究成果,是对己卯本的深入全面的定性的研究,也是《红楼梦》版本史上的一次重要发现。

1975年冯其庸先生开始进行《红楼梦》的校注工作。校勘古籍必须明了所校书籍版本的渊源流别,所以冯先生在完成己卯本研究之后,接着就深入研究庚辰本。冯先生首先拿庚辰本同己卯本一字一句对照着读,并到北京大学图书馆查看现存庚辰本抄本原书,还访查了这个抄本晚近收藏情况。经过反复研究,冯先生得出结论:

1. 庚辰本是曹雪芹生前最后的一个本子。它的最初的底本,是乾隆二十五年(1760)的改定本,这时离曹雪芹的去世只有两年了。截至目前为止,还没有发现比这更晚的曹雪芹生前的改定本,因此这个"庚辰秋月定本",是曹雪芹生前的最后一个改定本,也是最接近完成和完整的本子。现存庚辰本是过录本,过录的时间约在乾隆三十三、四年。现存庚辰本抄本存七十八回,就完整性和早期性来说,现存的《红楼梦》其他早期抄本都无法与庚辰本相比。如甲戌本只存十六回,视八十回原书只剩五分之一;现存己卯本的实际抄成年份在《红楼梦》现存早期抄本中应是最早的,但它只存三十八回加近年发现的三回又两个半回;蒙古王府本、戚序本(包括南图本)虽然八十回齐全,但已经明显地是经后人整理润色补作过的;梦稿本的正文抄定比较草率,其前七回是据己卯本系统的本子抄的,第四十一到五十回已缺,是后来据程甲本补配的,其馀的文字是据另本抄录的,并且又用程本去校改过,其后四十回有一半是据程本抄录的,一半是一个简本,它的抄定时间当在程本之后,约在乾隆末或嘉庆初,这已经不是一个早的时间了,而它的完整性又较差;再如梦觉主人序本,其抄定时间,可能是在乾隆甲辰(乾隆四十九年,1784),但此本文字已经后人作了较多的整理和润色,离原本文字出入较大;至于列宁格勒藏本,则是嘉庆初年的抄本,其正文是几个本子拼合而成的;还有其他两种本子,一是残损较多,二是经过后人加工,从抄本的角度来说,都不能说是珍贵的本子了。所以,我们完全有理由说,庚辰本是现存《石头记》乾隆抄本中最好的一个本子。

2. 庚辰本是据己卯本的过录本过录的。在庚辰本里,保存着己卯本的原貌,"两本相同者十之九而有馀"。以两本的双行小字批语来说,己卯本上717条双行小字批,庚辰本上只差一个"画"字,作为一条批语来说,庚辰本是716条;作为单个字来说,庚辰本与己卯本的双行小字批,只有一字之差(因为这一个"画"字也是一条批语,所谓一字之批)。特别是庚辰本的回目、抄写的款式,与己卯本完全一样;甚至己卯本上的空行、缺字、衍文、以

及正文以外对抄手的提示文字,庚辰本也照抄不误。所以可以肯定地说,庚辰本是据一个完整的(内缺第六十四、六十七两回)己卯本的过录本而过录的。吴世昌在《论脂砚斋重评〈石头记〉(七十八回本)的构成、年代和评语》中提出这个庚辰本抄本是由四个不同的底本"拼凑起来的合抄本",是"百衲本"或"集锦本"。吴世昌的"这个说法是不符合实际的"。

3. 庚辰本上的批语,实际包括己卯本上全部的批语。在庚辰本上,集中了"脂评"的最主要部分和一批珍贵批语;凡有脂砚斋、畸笏叟等人署名的批语都集中在庚辰本上。这对探索《红楼梦》的创作情况及曹家的史事,具有无比重要的作用。

4. 这个本子是一个遗留有部分残缺的本子,从作品的完整性来看,似乎是缺点,但从研究曹雪芹作品的原貌来说,它却是一份最宝贵最真实的记录,它有助于我们对照出后来许多完整的《石头记》的"完整文字"的增补性质,为我们研究曹雪芹创作和修改此书提供了珍贵的线索。

5. 这个抄本是仅次于作者手稿的一个抄本。曹雪芹的《石头记》手稿至今已不存了,唯独在这个庚辰本上,保留着"脂砚斋凡四阅评过"和"庚辰秋月定本"这二条题记,从而使我们得知这个本子虽是过录本,但除错别字和极少几处抄漏外,却未经人有意篡改,所以它确可以说是仅次于作者亲笔手稿的一个本子。

冯其庸先生根据研究庚辰本的成果,写成《论庚辰本》一书,约十万字,先在香港《大公报》上连载,上海文艺出版社 1978 年 4 月出版单行本。1992 年夏冯先生又写出《重论庚辰本——〈校订庚辰本脂评汇校〉序》。1993 年,冯先生又写出《影印〈脂砚斋重评石头记〉庚辰本序》。1997 年冯先生在《石头记脂本研究》一书自序中再次论述了他对庚辰本的研究。这些论著完整地反映了冯先生研究庚辰本的结论。

在对庚辰本研究取得重要成果之后,冯其庸先生又对甲戌本进行了研究。1980 年 6 月在美国威斯康星大学举行的第一次国际《红楼梦》研讨会上,冯先生宣读了《论〈脂砚斋重评石头记〉甲戌本"凡例"》这篇论文。会议期间,甲戌本抄本拿到会场展览,冯先生借回旅馆细看了一周,并摄有一部分照片。2004 年冯先生又撰写《论甲戌本》(纪念曹雪芹逝世 240 周年重印《脂砚斋重评石头记》甲戌本弁言)一文。[①] 冯先生对甲戌本的研究所得的结论是:

1. 甲戌本的原底本,无疑是乾隆十九年(1754)的本子,是迄今所见《石头记》乾隆抄本中署年最早的一个本子。现传这个甲戌本用的也是乾隆竹纸,其黄脆程度超过己卯、庚辰两本。但是,现传这个甲戌本,是经过后来重新整理过录的本子,这个本子抄成的年代在乾隆末期或更晚。

2. 现存甲戌本的"凡例"不是《石头记》原本上所有的,其第五条是就脂砚斋重评《石头记》第一回的回前评改窜之后移过来的,前四条是后加的。

---

① 冯其庸《论甲戌本》,《红楼梦学刊》2004 年第 4 辑。

3. 甲戌本上脂批的署名统统被删去,有的脂批被移动了位置,批语与正文不相应,造成错位,还有的一条脂批被分拆成几条移位抄录,等等。这证明此书不是按原款式抄的。

4. 现存甲戌本署年早,保存着《石头记》的一些原始面貌,正文多有可与其他抄本对校取资处;又有不少脂批,极有研究价值;而正文第一回独多"说说笑笑"以下四百馀字,为其他各本所无。所以这个本子仍是一个极为珍贵的本子,可惜只残存十六回。

冯其庸先生曾首次提出甲戌本上"玄"字不避讳的问题,为众多研究者所赞同。2005年上海博物馆购回胡适原藏甲戌本,请冯其庸先生前去鉴定。冯先生在近距离检看时,发现这个本子上原以为不避讳的"玄"字的最末一笔是后人加的,墨色和笔法都与原迹不一致。为此,他又邀请上海博物馆书画鉴定专家"会诊",并置于高倍度的放大镜下细看,看出甲戌本的"玄"字的确原是缺末笔而避讳的。这同现存《红楼梦》早期抄本避"玄"字讳是一致的。冯先生将此重要发现写入《读沪上新发现的残脂本〈红楼梦〉》一文。[①] 甲戌本上的"玄"字本来是缺最末一笔的,这从影印本上看不出来,从胡适所藏原本上也不容易看出来,所以冯其庸先生1980年写的《论〈脂砚斋重评石头记〉甲戌本"凡例"》一文中提出甲戌本不避"玄"字讳,而于美国威斯康星大学举行第一次国际《红楼梦》研讨会期间,冯其庸先生和周策纵、赵冈、余英时、叶嘉莹、伊藤漱平等先生在周策纵先生家里同看胡适所藏原本上的"玄"字时,也没有人看出"玄"字最末一笔是后加的。冯先生2005年发现甲戌本上"玄"字的末笔是后加的,这在甲戌本的研究上是个很重要的发现。

1984年12月,冯其庸、周汝昌、李侃一起赴苏联鉴定当时苏联科学院东方学研究所列宁格勒分所收藏的《石头记》抄本。这是一次外事活动,有关部门指定冯其庸任组长。在两国专家的鉴定会上,冯其庸先生代表中国专家作了鉴定发言,指出:(1)这个本子是脂本系统的抄本。(2)这个本子是一个拼抄本,底本不只一个,其中有庚辰本的部分。(3)抄成的年代,当在乾隆末年更可能是嘉庆初年。这个本子的正文和脂批,多有可以借鉴处。如"冷月葬诗魂"的"诗"字,关于林黛玉眉目描写的文字,得此抄本则可作定论。冯其庸先生的这个鉴定发言,得到了苏方的赞同,随即冯其庸与李侃在我国驻苏使馆起草了两国联合出书的协议,经国务院、外交部、文化部批准后,即授权我国驻苏大使签署协议,此书遂得由我中华书局出版。

冯先生在完成了列藏本回归和初步研究后,1989年初又对梦觉主人序本作了研究,研究的结果写成了长文《论梦序本》(影印梦觉主人序本《红楼梦》序)。冯先生研究梦觉本是为了探索这个本子与脂本的关系及与程本的关系。冯先生认为这个本子既是从脂本系统走到程本系统的一个桥梁,又是保存着脂本的某些原始面貌的一个具有独特面貌的本子,也可以说,无论是研究脂本或研究程本,都用得着它。

关于程甲本,冯先生写过两篇文章,一篇是《论程甲本问世的历史意义》,主要论述了

---

① 冯其庸《读沪上新发现的残脂本〈红楼梦〉》,《红楼梦学刊》2006年第6辑。

程甲本问世的历史功绩,不同意对程本全盘否定的片面看法。另一篇是《论红楼梦的脂本、程本及其他》,这是因为不同意把程本拔高为《红楼梦》最早本子的说法而写的。全盘否定程本和全盘否定脂本只承认程本,这两种态度都是片面的不符合历史事实的。事实上程本的历史功绩是不可抹煞的,程本对脂本也确有删改,这两种情况都应该实事求是地加以分析说明。冯先生特别指出,那种说脂本是伪本、只有程甲本才算真本的说法,完全是无稽之谈,他们不知道程甲本的底本就是脂本,程甲本里还残留着五条脂砚斋的批语被混入了正文。

2006年深圳卞亦文从上海拍卖会上购得一种题名《红楼梦》的残十回本,请冯其庸先生鉴定。冯先生研究后,确认此本是一个残脂本,抄成年代大致在嘉庆前期。为此,冯先生写出《读沪上新发现的残脂本〈红楼梦〉》一文。北京图书馆出版社2006年出版此书影印本,将冯先生的《读沪上新发现的残脂本〈红楼梦〉》一文置于卷首。冯先生又为此影印本题写书名:"卞藏脂本红楼梦"。

总起来看,冯其庸先生对《红楼梦》版本的研究成果,既相当透彻地阐述了主要脂本的性质、特点,又对脂本进行了系列研究,阐明了从早期抄本到印本的渊源流别,也大体摸清了各脂本之间的横向关系。特别难得的是,冯先生的版本研究,是依据原本进行的,不只是停留在影印本上。冯先生先后检看己卯本、庚辰本、甲戌本、俄藏本(列藏本)、王府本、戚宁本(南京图书馆藏戚序本)、郑藏本、甲辰本、卞藏本的原本以及程甲本的原本。在红学研究史上,再没有第二人能像冯先生这样看那么多原本。

人民文学出版社1998年出版冯其庸先生的《石头记脂本研究》,汇集了他在1998年以前研究《红楼梦》版本问题的论文。如前所述,1998年以后他还发表研究《红楼梦》版本的论文多篇。除了论文以外,冯其庸先生研究《红楼梦》版本的成果还反映在他主编的《红楼梦》校注本和《脂砚斋重评石头记汇校》(文化艺术出版社1987年出版)上。《脂砚斋重评石头记汇校》用新创的排列校勘法汇集所有脂本的异同,对《红楼梦》早期抄本作了一次总清理。由冯其庸先生主编的《脂砚斋重评石头记汇校汇评》(国家图书馆出版社2008年出版)和冯先生个人著作《瓜饭楼重校评批红楼梦》(香港天地图书有限公司、辽宁人民出版社分别出版精装本,浙江华宝斋书社出版线装本),也包含着他研究《红楼梦》版本的成果。当然,《脂砚斋重评石头记汇校汇评》和《瓜饭楼重校评批红楼梦》又不仅仅是版本研究的成果;尤其是后者,是冯先生集《红楼梦》的时代、作者家世、抄本、思想、人物、结构以及美学的研究于一体的综合性的研究成果,是全面反映他的红学研究成果的一部代表性著作。

四、冯其庸先生关于曹雪芹家世、身世的研究

冯其庸先生主持《红楼梦》校注组和《红楼梦》研究所的工作,首先着手的是《红楼梦》

版本研究和曹雪芹家世的研究。他认为，研究文学作品，离不开"知人论世"，《红楼梦》是以曹雪芹家族的兴衰为背景展开描写的，当然就更需要弄清作者家世，否则，其他方面的研究很难深入下去。要弄清曹雪芹的家世，遇到的头一个问题就是史料。冯先生首先从寻找史料入手。1963年故宫文华殿举行曹雪芹和《红楼梦》文物展览时，展出过一件《五庆堂重修辽东曹氏宗谱》，当时冯先生隔着玻璃见过。后来这个"宗谱"不知下落。1975年冬，因偶然的机会，冯先生从著名的微型面塑艺术家曹仪策那里借到了此谱的另一抄本，开始进行研究。后来又经过相当的努力，在有关单位的协助下，1963年展出的那部《五庆堂重修辽东曹氏宗谱》竟然找到了。冯先生研究之后，确认1963年展出的那部是五庆堂当时的正式清抄本，用的是五庆堂特制的抄写宗谱的朱丝栏纸，从曹仪策那里借到的那本用的是红格纸。两本的纸张不同，谱文内容则基本是一样的，只有极少数的地方两本各有改动而略现差异。

冯先生的研究工作先从查实《五庆堂重修辽东曹氏宗谱》上的人物入手，结果查出来一系列重要的文献资料，既有书面文献资料，也有实物文献资料，大大丰富了曹雪芹家世的研究。

1.《清太宗实录》记曹振彦史料和两篇"曹玺传"的发现与研究

1975年冯先生从《清太宗文皇帝实录》卷十八天聪八年四月条下发现关于曹雪芹的高祖曹振彦的一段记录：

> 墨尔根戴青贝勒多尔衮属下旗鼓牛录章京曹振彦，因有功加半个前程。

这是清代官方文献中有关曹雪芹上世的最早的史料，对研究曹雪芹家世有着重要价值。同年，冯先生查阅有关史料的过程中，与友人李华先生共同发现康熙年间未刊稿本《江宁府志·宦迹》之"曹玺传"和康熙《上元县志》卷16的"曹玺传"。

康熙年间未刊稿本《江宁府志·宦迹》之"曹玺传"的全文是（括号内的"安"字是冯其庸先生校字）：

> 曹玺，字完璧，宋枢密武惠王裔也。及王父宝宦沈阳，遂家焉。父振彦，从入关，仕至浙江盐法道，著惠政。公承其家学，读书洞彻古今，负经济才，兼艺能，射必贯札。补侍卫之秩，随王师征山右建绩。世祖章皇帝，拔入内廷二等侍卫，管銮仪事，升内工部。康熙二年，特简督理江宁织造。江宁局务重大，黼黻朝祭之章出焉，视苏杭特为繁剧。往例收丝则凭行佥，颜料则取铺户，至工匠缺则金送，在城机户，有帮贴之累。众奸丛巧，莫可端倪。公大为厘剔。买丝必于所出地平价以市，应用物料官自和买。市无追胥，列肆案（安）堵。创立储养幼匠法，训练程作，遇缺即遴以补。不金民户，而又朝夕循拊稍食。

上下有经，赏赉以时，故工乐且奋。天府之供，不戒而办。岁比祲，公捐俸以赈，倡导协济，全活无算，郡人立生祠碑颂焉。丁巳、戊午两督运，陛见，天子面访江南吏治，乐其详剀。赐御宴、蟒服，加正一品，更赐御书匾额手卷。甲子六月，又督运，濒行，以积劳感疾，卒于署寝。遗诫惟训诸子图报国恩，毫不及私。江宁人士，思公不忘，公请各台崇祀名宦。是年冬，天子东巡，抵江宁，特遣致祭。又奉旨以长子寅仍协理江宁织造事务，以缵公绪。寅，敦敏渊博，工诗古文词。仲子宣，官荫生，殖学具异才。人谓盛德昌后，自公益验云。

康熙《上元县志》卷16的"曹玺传"的全文是（括号内的"子"、"楝"字是冯其庸先生校字）：

> 曹玺，字完璧。其先出自宋枢密武惠王彬后，著籍襄平。大父世选，令沈阳有声。世选生振彦，初，扈从入关，累迁浙江盐法参议使，遂生玺。玺少好学，沉深有大志，及壮补侍卫，随王师征山右有功。康熙二年，特简督理江宁织造。织局繁剧，玺至，积弊一清，干略为上所重。丁巳、戊午两年陛见，陈江南吏治，备极详剀，赐蟒服，加正一品，御书"敬慎"匾额。甲子卒于署，祀名宦。子寅，字于（子）清，号荔轩，七岁能辨四声，长，偕弟子猷讲性命之学，尤工于诗，伯仲相济美。玺在殡，诏晋内少司寇，仍督织江宁，特敕加通政使，持节兼巡视两淮盐政。期年，疏贷内府金百万，有不能偿者，请豁免。商立祠以祀。奉命纂辑《全唐诗》、《佩文韵府》，著《练（楝）亭诗文集》行世。孙颙，字孚若，嗣任三载，因赴都染疾，上日遣太医调治，寻卒。上叹息不置，因命仲孙頫复继织造使。頫字昂友，好古嗜学，绍闻衣德，识者以为曹氏世有其人云。

冯其庸先生在《文艺研究》1976年第1期发表《曹雪芹家世史料的新发现》，报告他发现的两篇"曹玺传"和《清太宗实录》卷十八关于曹振彦的记载，以及他对新发现的史料所作的研究。

冯先生指出："康熙未刊稿本《江宁府志》的编纂者于成龙是江宁知府，他与曹玺同时，于任江宁知府，曹玺任江宁织造。按当时的惯例，他们必然会有交往的，甚至他们还可能有较密切的关系，因为于成龙（汉军）也是'奉天辽阳人'，他与曹玺不仅同时在江宁做官，而且还可能是同乡。""康熙六十年刊《上元县志》的纂修者唐开陶，据同书卷四说：'唐开陶，康熙五十五年任县令'，……唐开陶既然于康熙五十五年任上元县令，则他与曹頫是同时，唐任上元县知事时，曹頫任江宁织造，因此唐开陶与曹頫，也同样会有交往的，……""这两篇传记的材料，应该说是比较可信的。其中关于曹家的家史和祖籍等的记述，其材料很有可能直接来自曹家。甚至于、唐等人修《志》之事，曹玺、曹寅和曹頫，也完全有可能曾先后与闻其事的。"两篇"曹玺传"的发现，是曹雪芹家世研究的一大进展。冯先生归纳两篇"曹玺传"给我们新增的认识：一是曹世选单名"宝"，曾"令沈阳有声"，并且家沈

阳；二是曹家的远祖是宋武惠王曹彬；三是曹家"著籍襄平"，"襄平"是辽阳的古称，也即是说曹雪芹的祖籍是辽阳；四是曹振彦是"扈从入关"的，但未提曹世选；五是曹玺曾参加平姜瓖之乱，并选拔为内廷二等侍卫，在江宁织造任上做了不少有益于民众的事，郡人立生祠碑以颂；六是曹寅于康熙二十三年曹玺死后即奉命"协理江宁织造事务"，他"偕弟子猷讲性命之学"，即程朱理学；七是曹荃确实原名"曹宣"；八是曹颙字"孚若"；九是曹頫字"昂友"。都是过去研究红学的人不知道的。①

从《清太宗实录》记天聪八年四月"多尔衮属下旗鼓牛录章京曹振彦，因有功加半个前程"一条看，冯先生指出：这说明"曹家上世归旗的时间很早"，曹振彦到天聪八年，已到多尔衮属下，而且已升为"旗鼓牛录章京"即"旗鼓佐领"了。②

2.《大金喇嘛法师宝记》碑及《重建玉皇庙碑》、《东京新建弥陀禅寺碑》

1977年11月辽阳市文物管理所（1984年扩建改名为辽阳市博物馆）的邹宝库先生偶然在所内保存的《大金喇嘛法师宝记》碑的碑阴题名中发现"曹振彦"三字，认为是有关曹雪芹的重要文物资料，随即向上级作了报告。辽宁省博物馆的曹汛先生到辽阳察看了此碑并做了捶拓。曹汛又写信告知正在研究、校注《红楼梦》的冯其庸先生，还给冯先生寄了此碑的拓本。冯先生随即到辽阳察看此碑。冯先生到辽阳，得到曹汛和辽阳市文物管理所工作人员的协助。曹汛和冯其庸两先生对《大金喇嘛法师宝记》碑阴阳两面文字的认读和解释是一致的。曹汛先生在《文物》1978年第5期发表《有关曹雪芹家世的一件碑刻史料——记辽阳喇嘛园〈大金喇嘛法师宝记〉碑》。冯其庸先生于1978年2月写出《〈大金喇嘛法师宝记〉碑题名考》的初稿，8月改定，先发表于香港《大公报在港复刊卅周年纪念文集》，后收入《曹雪芹家世新考》书中。以前，曾有多种文献著录过此碑，但从没有人注意到它与曹雪芹家世的关系。从时间来说，《大金喇嘛法师宝记》碑比《清太宗实录》中的天聪八年要早出四年。如果说《清太宗实录》关于曹振彦的记载是曹雪芹家世的官方文献最早的一条，那《大金喇嘛法师宝记》碑则是地方实物中最早的一件，各具特殊的意义。

《大金喇嘛法师宝记》碑，原为后金天聪四年（1630年）辽阳囊素喇嘛塔竣工时所立，囊素喇嘛塔于"文革"时被毁，此碑遂移入辽阳市文物管理所。此碑碑阳为满、汉文对书的碑记（满文还是老满文，满文占左半，汉文占右半，中间半行满文与半行汉文共为一行）。碑额刻云纹，中题汉文"敕建"二字。碑记简要介绍了囊素的经历和逝世的日期，说明"太祖有敕，修建宝塔，敛藏舍利"，只因累年征伐，到天聪四年白喇嘛奏请皇上（皇太极），方由皇上敕旨修建宝塔；"事竣镌石以志其胜"。碑记之末记竣工时间是"大金天聪四年岁次庚

① 冯其庸《曹雪芹家世史料的新发现》，《曹雪芹家世新考》第318—319页，上海古籍出版社，1980年出版。
② 冯其庸《曹雪芹家世史料的新发现》，《曹雪芹家世新考》第336—338页，上海古籍出版社，1980年出版。冯其庸《我与〈红楼梦〉》，《红楼梦学刊》2000年第1辑第24页。

午孟夏吉旦",总管是"钦差督理工程驸马总镇佟养性",下有"委官备御蔡永年"是具体监管工程的。末尾记"游击大海、杨于渭撰",这两个人撰写碑记。碑阴汉文二十行,分组排列喇嘛门徒、僧众、官员、教官、千总、匠人的名单。"曹振彦"排在"教官"行列内。

冯其庸先生的《〈大金喇嘛法师宝记〉碑题名考》提出:《大金喇嘛法师宝记》碑的重要之处是它揭示了曹家上世在属多尔衮之前,先是属佟养性的"旧汉兵"或"旧汉军",属"乌真超哈"部队(红衣大炮部队),曹振彦是佟养性乌真超哈部队的"教官"。其次,两篇"曹玺传"说"著籍襄平","及王父宝宦沈阳,遂家焉"。"襄平"就是辽阳,现在这块《喇嘛碑》又在辽阳发现,则对两篇"曹玺传"所说的曹家祖籍辽阳,是一个重要的实证。碑阴与曹振彦并列的人,冯其庸先生当时查清楚十名,其中如宁完我、石廷柱、金玉和、祝世昌、吴守进、张大猷、金砺等七名都是辽阳人。

需要说明的是,在《大金喇嘛法师宝记》碑的碑阴碑阳,都有若干年后有人加刻在上面的文字。在碑阳,碑记的七、八两行下,即"奏请钦奉"一行和"皇上敕旨"一行(这两行都是四个字一行,下边各有半行空白,合起来是两个半行的空白并列)下,刻有"总兵耿仲明、都元帅孔有德、总兵尚可喜"三行并列的文字(孔有德的官称比其馀两人高出一字)。这三行文字,不言而喻,是后来刻上的,不会是碑记的原文。因为孔有德、耿仲明都是在天聪七年四月降金的,皆赐称"天佑兵",尚可喜是天聪八年降金的,赐称"天助兵";当天聪四年建碑时,孔有德等人还是明朝的将官,哪有可能到辽阳来奉皇太极之旨参与建碑。在碑阴,"西会广佑大宁慈航寺僧"下第三行尾部"游备郎位、郎熙载、臧国祚"也是后来刻划上的,字迹显然不同,特别是"游备"(游击、备御)为官名,不可能与僧侣混在一起。此外,还有两组名字是后来刻划上去的。一组在碑阴的左肩,刻着"皇上侍臣"四字,"皇"字高一格,然后横排向左顺次刻"库滴、义马哈、龙十、偏姑、温台十、木青、乞力干、□□、何不利"等九人的名字,这九个人的名字是自右向左并列的,不是上下竖行衔接的。另一组是"副将佟一朋"(这五个字插在"千总金世逵"下的)和刻在左侧边缘的"柯参将(此三字与右边的"千总"两字并齐)、杨旗鼓、马应龙、陈五、炮塔泥水匠崔果□……"。这一组使"副将"在"千总之下","参将"在"千总"之后,与"千总"并齐,当然与"皇上侍臣"一样,也是后来刻划的。

曹汛在《有关曹雪芹家世的一件碑刻史料——记辽阳喇嘛园〈大金喇嘛法师宝记〉碑》一文中,特别提到,碑阴碑阳都有"后来补刻的"文字,如碑阳的"总兵耿仲明、都元帅孔有德、总兵尚可喜",碑阴左肩的"皇上侍臣库滴、义马哈、龙十、偏姑、温台十、木青、乞力干、□□、何不利"以及左侧的"副将佟一朋"、"柯参将、杨旗鼓、马应龙、陈五、炮塔泥水匠崔果□……"等名字。曹汛发表的"碑文摩本"和"碑阴题名摹本"即将补刻在碑阳的"总兵耿仲明、都元帅孔有德、总兵尚可喜"三行文字,将补刻在碑阴左肩的"皇上侍臣库滴、龙十、偏姑、温台十、木青、乞力干、□□、何不利"以及碑左侧的"副将佟一朋"、"柯参将、杨旗鼓、马应龙、陈五、炮塔泥水匠崔果□……"等用黑线圈出,以示非此碑所原有。但曹汛

未指出"游备郎位、郎熙载、臧国祚"为后来所补刻,亦未将此三人名字用黑线圈出。①

冯先生的《〈大金喇嘛法师宝记〉碑题名考》,录载《大金喇嘛法师宝记》碑的碑文,没有录载后来加刻的"总兵耿仲明、都元帅孔有德、总兵尚可喜"三行文字;录碑阴题名,从"总镇副参游备等官"录起,没有录碑阴左肩的"皇上侍臣库滴、义马哈、龙十、偏姑、温台十、木青、乞力干、□□、何不利"以及左侧的"副将佟一朋"、"柯参将、杨旗鼓、马应龙、陈五、炮塔泥水匠崔果□……"等加刻的文字,也没有录"游备郎位、郎熙载、臧国祚"三个名字。显然,冯先生当时注意到"游备郎位、郎熙载、臧国祚"三个名字,亦为后来所加刻。冯先生录载碑上的文字,将后来加刻上去的全部剔出。冯先生为研究此碑,先后察看此碑四次以上。他近年写的《〈大金喇嘛法师宝记〉碑"教官"考论》,明确提出"游备郎位、郎熙载、臧国祚"三个名字"也是后添"。②

曹汛先生的《有关曹雪芹家世的一件碑刻史料——记辽阳喇嘛园〈大金喇嘛法师宝记〉碑》和冯其庸先生的《〈大金喇嘛法师宝记〉碑题名考》发表以后,笔者看到过此碑的拓片。1996年笔者有机会到辽阳,特地到博物馆看了《大金喇嘛法师宝记》碑,笔者看到那些后来加刻的文字,刻的很浅,字也拙劣歪斜,位置也与前后不相衔接。特别是"皇上侍臣库滴、义马哈、龙十、偏姑"那一排与原刻有相当的距离。凡是细心和负责的人,都可以看出,原刻刻得深,字体统一,排列整齐,是经过书丹由匠人细心刻的,而后来加刻的是随意刻划的,近似于"某某到此一游"之类。后来刻划的与原刻判然有别。如果将加刻的部分与原刻区别开来,就可以楚地看出,"教官"与"总镇副参游备等官"、"千总"并列为领行的职务名。作为一种职务,"教官"介于"总镇副参游备等官"和"千总"之间,也合乎情理。再说碑上的"教官"二字,虽碑面剥蚀较甚,"教"字仍可辨认出来。"教"的楷书写法,左下方为"子"。碑上这个字的左下方,横钩下面一个竖钩,竖钩由细到粗,竖笔垂直,钩很长——这正是"子"的写法。碑上这个字必定是个"教"字。

冯先生的《〈大金喇嘛法师宝记〉碑题名考》已经交代,对于《大金喇嘛法师宝记》碑这件文物,过去日本稻叶君山的《清朝全史》、萧一山的《清代通史》、日本《东洋文化史大系清代之亚细亚》、郑天挺的《清史探微》,都有著录,但俱未涉及碑阴题名。

最早著录这个碑的碑阴题名的,是1934年沈阳刊印的《奉天通志》。这部《奉天通志》著录此碑的碑阴题名,将后来加刻的同原刻混杂一起统统录下,又任意移动位置,而且错漏很多。其最大的讹误,是将后来加刻上去的"皇上侍臣库滴、义马哈、龙十、偏姑、温台十、木青、乞力干、□□、何不利"一横排文字,同间隔着一块空白的原刻对行紧接,使"皇上侍臣"下面的名字是"李思中、殷廷辂、杨万朋、佟整、张世爵、李灿……",一直到碑的左侧边

① 曹汛《有关曹雪芹家世的一件碑刻史料——记辽阳喇嘛园〈大金喇嘛法师宝记〉碑》,《文物》1978年第5期第36—39页。

② 冯其庸《〈大金喇嘛法师宝记〉碑"教官"考论》,《红楼梦学刊》2007年第5辑第17页。

缘，包括补刻的"副将佟一朋"、"柯参将、杨旗鼓、马应龙、陈五、炮塔泥水匠崔果□……"，共79人全是"皇上侍臣"。半边碑阴的名字，均在领行的"皇上侍臣"之下，连木匠、铁匠、石匠、炮塔泥水匠都属于"皇上侍臣"了。同时，又将"柯参将、杨旗鼓"错成"参将杨□□"，将"陈玉治"错成"陈主治"，将"崔应太"变成"岁应泰"，将"曹振彦"变成"曹振"，将提行刻写的职衔名"教官"变成人名"敖官"，原与"教官"并列的职衔名"千总"不见了，原为"千总"的"房可成、李三科"等人都变成了"皇上侍臣"。这样，由于半边碑阴全部变为"皇上侍臣"，前面的"总镇副参游备等官"（总镇、副将、参将、游击、备御等官）只馀下九人，九人中又有两人无名字，都是打的空格（□□□、□□），剩下的七人中又有两人只有姓，名字也是空格。其实，这几个打□□的人，碑上的字迹至今还可以辨认，特别是鲍承先、祝世昌是后金时期的名人，《奉天通志》的编者都没有把他们的名字认出来。

还有，"侍奉香火看莲僧"在碑上至今清晰可辨，《奉天通志》却把"看莲"错成"者连"，并与下面的名字相连，成为"侍奉香火者连僧大成"；而"西会广佑大宁慈航寺僧"这行字原是抬头与"喇嘛门徒"、"侍奉香火看莲僧"及后边的"总镇副参游备等官"并列的，此《通志》却把它紧接"侍奉香火看莲僧"下最后一个名字"祖俊"之后，使人不解其意。其中，又有几个名字弄错、几个名字漏掉，特别是后面列入"游备郎位、郎熙载、臧□□"，使身为游击、备御的武官成了僧侣。

《奉天通志》著录此碑碑阳的文字，将后来加刻的"总兵耿仲明、都元帅孔有德、总兵尚可喜"三行文字，移在碑文末尾（"游击大海、杨于渭撰"）之后，不伦不类，使人误以为此三人也是"钦差督理工程"的。

梁启超早说过：方志"大半成于俗史之手"，不可尽信。[①]《奉天通志》关于《大金喇嘛法师宝记》碑碑文和碑阴题名的著录，其错讹、混乱是很明显的。而铁岭的李奉佐在1997年出版的《曹雪芹祖籍铁岭考》中，根据《奉天通志》抄录《大金喇嘛法师宝记》碑碑阴题名，又加以增删。其中有"侍奉香火者"一行，下面仅三人加省略号；"总镇副参游备等官"是十个名字加"□□"；"总镇副参游备等官"之后即全为"皇上侍臣"，共77人。李奉佐书中照抄《奉天通志》上的"敖官"，"曹振"则补成"曹振彦"。[②]2001年春风文艺出版社又出版李奉佐、金鑫合著的《曹雪芹家世新证》，书中复印《奉天通志》所著录的《大金喇嘛法师宝记》碑碑文和碑阴题名，以为依据。李奉佐、金鑫在书中说："《曹雪芹祖籍在辽阳》一书的'文献史料辑录'中编录了〈大金喇嘛法师宝记〉碑碑文。……竟然对碑文内容也进行了让人难以想象的篡改"，"就是一种'伪造史料欺骗读者'的行为"。李奉佐、金鑫所说的"篡改"，即是指《曹雪芹祖籍在辽阳》一书的"文献史料辑录"删去了"游备郎位、郎熙载、臧国祚"，删去了碑阴左肩的"皇上侍臣库滴、义马哈、龙十、偏姑、温台十、木青、乞力

① 梁启超《中国近三百年学术史》第300页，中华书局1936年出版。
② 李奉佐《曹雪芹祖籍铁岭考》第225页，沈阳春风文艺出版社，1997年出版。

76

干、□□、何不利"以及左侧的"副将佟一朋"、"柯参将、杨旗鼓、马应龙、陈五、炮塔泥水匠崔果□……"等文字。① 笔者看到李奉佐、金鑫说的话，觉得他们不讲道理。《曹雪芹祖籍在辽阳》一书的"文献史料辑录"将那些后来加上去的东西去掉，显露出碑的本来面目，怎么成了"篡改"、"伪造"!? 何谓原刻，何谓后来的补刻，曹汛、冯其庸两先生的文章中不是讲得明明白白，交代得清清楚楚吗？冯先生在《曹雪芹家世新考》中刊载了《大金喇嘛法师宝记》碑碑阳碑阴拓本的照片和碑阴题名细部拓本的照片，又刊载了曹汛提供的碑阴碑阳的文字摩本，原刻与后来补刻的都在上面，即使有像李奉佐先生那样认为"补刻"亦原刻的，也可以在其中看到自己想看的东西。哪里有"欺骗"!?

令人诧异的是，为《曹雪芹祖籍铁岭考》、《曹雪芹家世新证》写"序"的周汝昌先生，在"序"中附和李奉佐、金鑫，说："假学的特点之一是篡改史料，公开蒙世。例如'辽阳三碑'上本来无有什么'教官''千总'之类的'抬头分栏'。② 周汝昌先生又在《红楼梦新证》1998 年版中强调《大金喇嘛法师宝记》碑碑阴题名中只有作为人名的"敖官"，没有"教官"，曹振彦是列名于"皇上侍臣"。周汝昌先生还说："有人引《大金喇嘛法师宝记》碑阴振彦列名，称言其职衔是'教官'，……其辑录碑文竟将'皇上侍臣'重要字迹遗缺不书，将'敖官'改为'教官'，且提行排列，予人以极大错觉。其做法之荒唐，实为学术界罕见。"③

以周先生的目力，不可能去认真辨认《大金喇嘛法师宝记》碑上的文字。周先生是听李奉佐等人说《奉天通志》上的著录如何如何，他就相信了。

为了回答李奉佐、周汝昌等先生的指责，冯其庸先生于 2007 年 6 月再次赴辽阳察看《大金喇嘛法师宝记》碑，辽阳博物馆将围在碑周围的玻璃罩拆掉供他察看。冯先生仔细看了全碑，特别认真看了"教官"二字，并请人作了拓本，拍了全照和局部特写的照片。在此前后，冯先生又研读了大量文献资料。他随即写出《〈大金喇嘛法师宝记〉碑"教官"考论》一文，发表在《红楼梦学刊》2007 年第 5 辑。这篇文章共四节：1、曹振彦在天聪八年以前的经历、身份和职衔和他与佟养性的关系；2、《大金喇嘛法师宝记》碑的由来和碑文的解读；3、《大金喇嘛法师宝记》碑的著录和研究状况；4、馀论。文章对《大金喇嘛法师宝记》碑作了系统研究和全面论述，是冯先生研究《大金喇嘛法师宝记》碑的一篇总结性论文，也是对周汝昌等先生一个负责的答复。

《〈大金喇嘛法师宝记〉碑"教官"考论》对此碑的碑额、碑身、正面的碑文、碑阴题名，作了完整的准确的描述，特别是对原刻与后加的作了明白的区分与论证，合情合理，令人觉得可信。后加的文字，曹汛的文章称为"后来补刻"，似不够确切；冯先生这篇文章称为"后加的"，更为贴切。冯先生这篇文章叙述此碑的著录和研究状况，从日本稻叶君山的《清

① 李奉佐、金鑫《曹雪芹家世新证》第 268 页，春风文艺出版社 2001 年出版。文中所指《曹雪芹祖籍在辽阳》，是一本讨论曹雪芹祖籍问题的论文选，由冯其庸、杨立宪主编，沈阳辽海出版社 1997 年出版。

② 《曹雪芹家世新证》"周序"第 5 页。

③ 周汝昌《红楼梦新证》上册第 16 页，北京华艺出版社 1998 年出版。

朝全史》、萧一山的《清代通史》、日本《东洋文化史大系清代之亚细亚》、郑天挺的《清史探微》，到《奉天通志》、《满洲金石志》和曹汛的研究文章。关于《奉天通志》，冯先生经过细心查考，举出了《奉天通志》的八项主要错误。这本《通志》不仅把后加的"皇上侍臣"一横排名字与有明显空白间隔着的原刻对行紧接，使半边碑阴的几十个名字成了"皇上侍臣"，也不仅"把碑上提行刻写的职衔名'教官'改为人名'敖官'"，而且在碑阴题名中没有了"曹振彦"这个名字，只著录了"曹振"。冯先生又查考了由罗振玉作叙、由罗福颐纂辑校录的《满洲金石志》，这本《满洲金石志》虽然只晚于《奉天通志》两年多一点，但在《大金喇嘛法师宝记》碑的志录上，却纠正了《奉天通志》的多处错误。如恢复了"教官"的职衔，去掉了人名"敖官"，又有了"曹振彦"的名字。这样，就实际上把高应科、曹振彦等十八人从误列入"皇上侍臣"的行列里区别出来，恢复了他们原来"教官"的职衔。同时，《满洲金石志》还恢复了"千总"这个职衔，使房可成等人也从"皇上侍臣"的行列里区别了出来。但是，《满洲金石志》也留下未曾解决的问题，这就是未能鉴别出后来加刻的文字，因而其志录将后来加刻的与原刻混在一起。这个问题到曹汛才基本说清楚，到冯先生的《〈大金喇嘛法师宝记〉碑"教官"考论》才完全说清楚。

冯其庸先生的《〈大金喇嘛法师宝记〉碑"教官"考论》，重点是辨析"教官"问题。首先是，经过从碑上辨认以及用拓片同其他文献资料比较，再次确认碑上的字是"教官"，不是什么"敖官"。冯先生说：

> 所以归结起来，《宝记》碑上确是"教官"，"教官"两字原刻就是提行抬头，与右边的"副参游备"，左边的"千总"并齐，并不存在故意"提行"之类弄虚作假。而曹振彦决非"皇上侍臣"，周汝昌把他列入"皇上侍臣"是不符合事实的，硬要说曹振彦在天聪四年就当了皇太极的"侍臣"，是制造新的混乱。[①]

至于"教官"是什么样的职务，冯先生说：

> 曹振彦是佟养性乌真超哈部队，即红衣大炮部队的"教官"当是无可怀疑了。至于他到底是文职教官，还是武职教官，还有待进一步考实，……
> 但据我的分析，不大可能是文职，因为四年后他就是"旗鼓牛录章京"了，而且还"因有功，加半个前程"。"旗鼓牛录章京"是武职，是带兵打仗的，那时刚刚打完大凌河之战不久，佟养性的红衣大炮部队发挥了重大的作用。曹振彦"因有功"，当然是军功，不可能是教书的"功"。何况，进关时，他参加了山海关战役。顺治年间，又参加了平山西大同姜瓖之乱的战斗，如果他在红衣大炮部队时不是武职而是文职"教官"，怎

---

① 冯其庸《〈大金喇嘛法师宝记〉碑"教官"考论》，《红楼梦学刊》2007年第5辑第32页。

可能有后来这些战斗经历和军功。①

　　冯先生第一次到辽阳察看《大金喇嘛法师宝记》碑的时候,曾向辽阳文管所的工作人员提出,请他们仔细查找一下,是否还有第二块有关曹家的碑。1978 年 8 月,辽阳市文管所在辽阳城南玉皇庙旧址附近一个菜窖墙砌体中,找到用作石料的碑石残块,经过拼对,大部分尚未缺失,碑名《重建玉皇庙碑》。辽阳市文管所函告冯其庸先生,说找到了另一块有曹振彦署名的碑。冯先生接信后,又立即赶去辽阳验看。此碑碑阳有《重建玉皇庙碑记》,末记“天聪四年岁次庚午秋九月上浣之吉立”。碑阴题名中的官员与《大金喇嘛法师宝记》碑相同者多,惟此碑中“曹振彦”列于“致政”行列内——此碑中无“教官”一类,“致政”则有二十多人。就在冯先生验看《重建玉皇庙碑》的同时,辽阳文管所的工作人员又提出红光小学门口还有一块碑,冯先生又请他们带去验看。此碑名《东京新建弥陀禅寺碑》,寺和碑为孔有德所建立,耿仲明、尚可喜助之,范文程撰写碑文。时间在清崇德六年。碑正面有“碑记”,碑阴依次排列职官及匠人名单。冯先生在上面发现了曹得先、曹得选、曹世爵三个人的名字,这是《五庆堂重修辽东曹氏宗谱》中三房的人。

　　冯先生对《重建玉皇庙碑》和《东京新建弥陀禅寺碑》也进行了研究。他研究之后说:

　　　　《玉皇庙碑》是天聪四年九月,比《喇嘛碑》只晚五个月,而此碑已无曹振彦军职,只署“致政”,当是其隶属及职务正在变动之际,尚未确定。至天聪八年,则已归多尔衮之正白旗,为“旗鼓牛录章京”(旗鼓佐领)。则此碑为我们提供了曹振彦由佟养性属下转变为多尔衮属下的一个变动初步的情况。这同样是曹雪芹上世的重要实证资料。《弥陀寺碑》则是《五庆堂谱》曹氏三房上祖的署名碑,碑阴曹得先、曹得选、曹世爵三人,都是《五庆堂谱》上的人名。《五庆堂谱》原称“辽东曹氏宗谱”,现在在辽阳发现五庆堂上祖的署名碑,则对《五庆堂曹氏宗谱》亦是提供了一件重要的实物证据。五庆堂三房是孔有德的部下,此碑的功德主正是“恭顺王孔有德、怀顺王耿仲明、智顺王尚可喜”,与史实全合,则更加增加了《五庆堂谱》的可信性。②(柏按:冯其庸先生在《〈大金喇嘛法师宝记〉碑“教官”考论》中曾补充说,天聪八年时,多尔衮是镶白旗旗主,曹振彦当时应属镶白旗,多尔衮后来成为正白旗旗主。)

《大金喇嘛法师宝记碑》、《重建玉皇庙碑》和《东京新建弥陀禅寺碑》,现已陈列于辽阳市博物馆,称为“辽阳三碑”。冯先生认为:三碑之上有曹振彦、曹得先、曹得选、曹世爵等人题名,他们同属《五庆堂谱》上的人物。所有这些史料明白无误地证明了曹氏祖籍是在辽

---

①　冯其庸《〈大金喇嘛法师宝记〉碑“教官”考论》,《红楼梦学刊》2007 年第 5 辑第 29、31 页。
②　冯其庸《我与〈红楼梦〉》,《红楼梦学刊》2000 年第 1 辑第 28 页。

阳,而不是原来所说的丰润。这些史料中所提及的人物从曹雪芹的高祖曹振彦到曹雪芹的父辈曹颙、曹頫,几十人连成一线,中间所透露出的丰富信息,使我们对于曹氏从发迹到"烈火烹油之盛"再到被抄家败落的一段家族史,有了比以往清晰得多具体得多的认识。

3. 撰著《曹雪芹家世新考》

冯其庸先生得到《五庆堂重修辽东曹氏宗谱》以后,为核实《宗谱》的人物和记载,查阅大量的历史文献资料,包括档案史料、实录、《明史》、《清史稿》、方志、家谱、文人诗文集与笔记杂录等等;又进行了大量的实物考察与实地调查,并将他发现的和经他研究过的文献、实物及历史遗迹,摄成图片。冯先生坚持将文献研究、实物对证与实地考察相结合的治学方法。他四次去辽阳验看那里发现的"三碑",三次登上千山,又多次到山海关、南京、苏州、扬州,凡是有关曹雪芹家的遗迹以及保存着有关文献的地方,天南地北,他都要亲赴其地。最有意思的是,他从《五庆堂谱》中得知曹德先"葬顺天府房山县张坊镇西,涞水县之沈家庵村北",就想到曹德先的坟有没有可能还在呢,于是在1977年的冬天,和朋友驱车二百多公里,一路询问,几经周折,真的找到了沈家庵,并且确实有"曹家大坟"。坟地已经在平整土地中平掉了,但残存下来一块汉白玉界石,柱身一面刻着"五庆堂",一面刻着"曹宅茔地"。令人惊奇的是守墓人还在,记得原是七个坟堆。这就和谱上记载的对上了,因为谱上写明曹家这一房有七个人葬在这里。村里人还说,平整土地时,从曹家大坟里只挖出一个小匣子,内装几块骨头。这又对上了,因为谱文记载,曹德先全家都死在顺治九年李定国发动的广西桂林之役,后皇帝赐祭葬,大约只拣回几块骨头,不可能有大棺木。真实的史料就是这样,经得起核实。这次调查对于《五庆堂谱》的研究是有意义的。对于这个葬地,冯先生先后去调查了五次。

冯先生搜集、查阅的大量文献资料中,有两件是他特别惬意的,对于论证《五庆堂谱》的可信性,尤其是论证《五庆堂谱》上三房和四房的关系,他认为具有重要作用。

一是在民国二十四年的《国立北平故宫博物院十周年纪念文献特刊》上发现孔有德、耿仲明的降金书的满文照片及汉译原文。孔有德是如何投降的,虽与曹雪芹家世研究关系不很大,但这个降金书里提到"特差副将刘承祖、曹绍中为先容",这个曹绍中就是《五庆堂谱》上的人物,葬涞水县之沈家庵村北的曹德先就是曹绍中的长子。曹绍中在《五庆堂谱》上是第十世,与同谱四房的曹振彦是同世次。

二是借到了康熙时的原抄本《沈阳甘氏家谱》。人们知道康熙十二年因吴三桂叛乱而自经于镇远府的云贵总督甘文焜与曹雪芹的上祖有亲戚关系,这从曹寅的《过甘园诗》就表明了这种关系,诗中自注称甘文焜为"总制公",称甘文焜的第三子甘国基为"鸿舒表兄"。这重"表亲"关系究竟从何"表"起的呢?康熙抄本《沈阳甘氏家谱》:"六世,体垣,行一,字仰之。生于万历戊申年七月初三辰时,仕至福建漳州府海澄县令。于顺治九年正月初三日海寇作乱,守节殉难,士民爱戴,立祠春秋祭祀。元配曹氏,沈阳卫指挥全忠曹公

之女,生一子,如柏。"嘉庆、道光《沈阳甘氏家谱》均同。再检《五庆堂曹氏家谱》十世曹权中:"养勇子,字时轩,指挥使。配徐氏,封夫人,生子振先。女一,适甘公体恒室,甘国圻母。"这里的曹权中,也即是甘谱里的曹全忠,音同字异,而这里的甘体恒,也就是甘谱里的"甘体垣","恒'与"垣"形近而误。冯其庸先生认为:曹、甘两谱互相对应,找出这曹、甘两家的姻亲关系对研究曹雪芹上祖的家世至关重要。这就找到了曹寅称甘国基为"鸿舒表兄"的原因,即说明四房的后裔称三房上世的祖姑之子为"表兄"。这恰好说明了《五庆堂谱》上的四房与三房,原是同气连枝,一条根上生出来的。

从 1975 年冬以来,经过三年的努力,冯其庸先生写成《曹雪芹家世新考》一书,上海古籍出版社 1980 年出版。全书近三十万字,并附图片一百多幅。《曹雪芹家世新考》一书的主要结论是:

(1)《五庆堂重修辽东曹氏宗谱》上列出始祖曹良臣和第二代曹泰、曹义,实际上都不是五庆堂曹氏的始祖,而是撰谱人强拉入谱或讹传窜入的。五庆堂曹氏的真正的始祖是曹俊,即"入辽之始祖"。

(2)曹雪芹的上祖与五庆堂的上祖是同一始祖即曹俊。曹雪芹的上祖是曹俊的第四房,五庆堂的上祖是曹俊的第三房。

(3)曹家在天命、天聪、崇德之间,原是明朝的军官,他们是在明朝与后金的战争中归附后金的。

(4)曹家在天命、天聪时期原是汉军旗,后来才归入满洲正白旗的。

(5)曹雪芹祖上入旗之前的籍贯是辽阳,而不是河北丰润。这就是说,曹雪芹祖籍是辽阳。从李玄伯以后,曹雪芹祖籍"丰润说"相当流行,自冯其庸先生《曹雪芹家世新考》出版后,"辽阳说"得到确认,也成为红学界多数人的共识。

文化艺术出版社 1997 年出版《曹雪芹家世新考》(增订本)。增订本主要是增补了初版以后新发现的材料和新写的论文。笔者在后面还会介绍这些增补的材料和文章。

1983 年 12 月,三联书店香港分店出版冯其庸先生的《曹雪芹家世、〈红楼梦〉文物图录》。这是一部别具特色的学术性著作。它汇集有关曹雪芹家世和《红楼梦》的文物图片七百三十多幅,并配有意味隽永的或长或短的文字说明;是冯先生长期调查、搜集、摄影,再精心编撰而成。读者打开一页一页看下去,可以感受到曹雪芹所处时代的历史氛围,领略到那个时代的文化风貌,从而获得对曹雪芹和《红楼梦》的真切认识。

4. 曹、李两家败落的探讨

二十世纪八十年代以后,中国第一历史档案馆及大连图书馆新发现了有关李煦、曹頫和曹寅的几件重要档案。这就是《两江总督查弼纳为审讯李煦家人及查其家产事奏折》(雍正二年)、《曹頫骚扰驿站获罪结案题本》(雍正六年九月二十一日)、《刑部为知照曹頫获罪抄没缘由业经转行事致内务府移会》(雍正七年七月二十九日)、《刑部为知照查催曹

寅得受赵世显银两情形事致内务府咨文》（雍正七年十二月初四日）等。冯先生联系这些档案史料，勾勒出曹、李两家败落的轨迹，探讨了两家败落的深刻原因及与《红楼梦》诞生的关系。他这方面的研究，除了反映在《我与〈红楼梦〉》一文之内以外，还撰有《关于李煦》（《曹雪芹家世新考》增订本增加的一章）和长篇论文《曹、李两家的败落和〈红楼梦〉的诞生》。①

冯其庸先生的探讨是一个逐步深化认识的过程。他对过去流行的某些说法作了澄清。他说：

> 以前，还有一种误解，认为曹家的败落、曹頫的被抄革职，是政治原因，是由于雍正即位后清除异己，曹家是康熙的亲信，因此必要清除。早先我也有此看法，经过这次清理核实曹家的亏欠及曹頫获罪因由，可以看到以上看法并无根据，这可以从几个方面来加以说明：一、雍正二年雍正在曹頫请安折上的长长的朱批，特别说到"你是奉旨交与怡亲王传奏你的事的，诸事听王子教导而行"，"若有人恐赫诈你，不妨你就求问怡亲王，况王子甚疼怜你，所以朕将你交与王子"等等的批谕，清楚地说明曹頫决不是雍正的敌党的人，根据这个朱批，说他是怡亲王的人倒毫不勉强，怡亲王的人，当然也就是雍正所不必怀疑的人了。二、雍正六年七月初三日，《江宁织造隋赫德奏查织造衙门左侧庙内寄顿镀金狮子情形折》，内称这对狮子是塞思黑（允禟）派人到江宁铸就的，"因铸得不好，交与曹頫寄顿庙中"。如果要往政治方面拉，这很容易就可说是允禟的一党了，镀金狮子，总比买几个苏州女子要更带政治性一些罢。但对此雍正并未追究，只批"销毁"二字，此时曹頫尚在枷号，如要像李煦那样加罪重判，是完全可以的，但雍正却并未把它作为政治问题看。只此两点，就足以说明曹頫的革职查抄，确实不是因为政治原因，而是他自己屡屡出错，看来真是扶不起来，否则有怡亲王的关照（怡亲王主管户部钱粮，曹頫的亏欠等事，他必然亲知，雍正三年九月，怡亲王还批过"报销江宁织造钱粮等事"的奏报）、雍正的额外宽容，李煦垮台后还让他当江宁织造，他却一次次地出问题，这就无法可想了。
>
> 此外，还有人认为曹頫在乾隆大赦后，又得到官复原职，曹家又再度中兴。这种说法我认为是毫无根据的，官复原职或重新起用，必定有官方文书，有档案，现在一无所有，则有何根据作此推断？②

冯其庸先生又认为："曹、李两家败落的根本原因，是由于康熙的南巡。"康熙南巡的花费之大，是很难算清的。供张宴乐，进古董，随行人员皇太子、阿哥、嫔妃、护卫等都要供应

---

① 冯其庸《曹、李两家的败落和〈红楼梦〉的诞生》，《红楼梦学刊》2007 年第 3 辑第 1—37 页。
② 冯其庸《曹、李两家的败落和〈红楼梦〉的诞生》，《红楼梦学刊》2007 年第 3 辑第 21—22 页。

资送,还要应付额外的需索,还有修行宫,打造船只等等,这样巨大的开支曹、李两家如何承担得起。冯先生说:"曹、李大量的亏欠的根由,就是为了要'拿着皇帝家的银子往皇帝身上使',而这种在劫难逃的历史趋势和繁华富贵里头埋藏着的杀机,却被曹雪芹在《红楼梦》里用文学和艺术的形式再现出来了。""实际上,由于家庭毁灭的悲剧,触动了曹雪芹,才酝酿出这部《红楼梦》来,这一点在《红楼梦》的开头,作者就交待清楚的。"曹雪芹说的"历过一番梦幻之后","实际上是说作者自己历过了一番富贵荣华的生活,但最后却彻底败落,往日的富贵荣华,宛如一场梦幻,因此将真事隐去,借通灵宝玉的故事,创作这部《石头记》"。①

"当然,《红楼梦》是一部旷古奇书,它的内容的涵盖面是既深且广的,决不是曹雪芹的自传或家传。"冯其庸先生这样着重予以强调。冯先生说:

> 《红楼梦》的诞生,是三种历史因素奇妙的凑合,一是整个世界在西方已进入资本主义时代,而在中国还是坚固的封建皇朝;但在中国封建社会的内部,已经产生了资本主义萌芽的经济因素了。在思想领域里,反程朱理学而带有某种程度的自由色彩的初期民主思想也开始萌生和漫延了,从明末清初到乾隆时期,这种思想有了较多的发展,但社会的官方的主导思想仍旧是程朱理学。整个社会仍是封建社会。二是曹雪芹的家庭,虽然是包衣奴才,但却是百年世家。特别是到曹寅的手里,发展到了飞黄腾达,而曹寅本身又是文采风流的一代作手,康熙六次南巡由他与李煦四次接驾,更使他家如"烈火烹油,鲜花着锦"。但是"祸兮福之所倚,福兮祸之所伏",正当曹家走向鼎盛的时候,曹家衰败的根子也就同时埋伏下了。终于曹家彻底败落,"落了片白茫茫大地真干净"。原有的百年世家和富贵荣华,瞬息间化为泡影,而且极尽凄惨。以上两点是客观条件,还有第三点是主观条件,这就是曹雪芹是天才的作家。曹雪芹既经历了繁华富贵,又饱经了抄家以后的飘泊凄凉,他还看到了自己的至亲李煦家的早败惨象和李煦的悲惨下场,他当然更看到了自己父亲曹頫(或是叔父)的枷号。官场的势利,人世的凄凉,他都尝够了。以上这一切,恰好成为造就这位天才作家的主客观因素。特定的时代,特殊的家庭和特殊的天才人物的天然结合,才孕育出了一部绝代奇书《红楼梦》。②

冯其庸先生就《刑部为知照曹頫获罪抄没缘由业经转行事致内务府移会》和《刑部为知照查催曹寅得受赵世显银两情形事致内务府咨文》两件档案史料指出:

红学研究新视野

冯其庸先生的红学研究

---

① 冯其庸《曹、李两家的败落和〈红楼梦〉的诞生》,《红楼梦学刊》2007年第3辑第24、28页。
② 冯其庸《曹、李两家的败落和〈红楼梦〉的诞生》,《红楼梦学刊》2007年第3辑第33页。

"刑部移会"说明的另一个问题,是曹雪芹在晚年,曾否南归当尹继善的幕僚的问题。周汝昌坚持认为曹雪芹是曾南归为尹继善的幕僚的,他的唯一的根据是郑州博物馆所藏的那张"曹雪芹画像"和画像上的那段题记。现在事实证明画像是假的,题记是后造的,连作伪者都已经供认不讳了,所以南归说的依据就根本不存在了。现在"刑部移会"又提出来曹寅曾得赵世显银八千两,尹继善是奉追者,要着落曹寅之子曹頫承缴。这样尹继善与曹頫、曹雪芹之间,又存在了一层新的关系,一方是奉追欠款,一方是应缴旧欠;一方是江苏巡抚,一方是被罪枷号的罪人。在这种情势下,难道雪芹还有可能于日后去做尹继善的幕僚吗?只要读读《红楼梦》里雪芹对贾政的幕僚,詹光(沾光)、单聘人(擅骗人)等的描写,就可知道,雪芹对当时的幕僚即清客相公,是何等的厌恶鄙视啊!所以这份"刑部移会"又从正面驳斥了南游论者的错误观点,还雪芹以清白之身。[①]

冯先生这儿所言,是有关曹雪芹身世的一个重要问题,加以澄清很有必要。

5. 曹雪芹的卒年

二十世纪六十年代学术界讨论曹雪芹卒年问题以后,冯先生是倾向"癸未说"的。

1992年7月,北京通县张家湾镇农民李景柱献出了他在1968年"文革"期间平坟地时挖出来的一块"曹雪芹墓石"。冯先生应邀去作了实地调查,据李景柱介绍说:"这块墓碑是1968年发现的,当时'文革'还在高潮期间,乡里为了平掉张湾镇周围的荒坟,改为庄稼地,才决定把张湾村西北的窦家坟、马家坟、曹家坟平掉。这三座大坟是相连的,面积很大,曹家坟高出地面有一米多。我和另外好几位一起平曹家坟,在平地时发现了这块墓碑。墓碑埋在地下一米多深处,碑上刻'曹公讳霑墓'五个大字,左下端刻'壬午'两字,'午'字已残。在墓碑下面约离地面一米五左右的深处,挖出来一具尸骨,没有棺材,是裸葬的,尸骨架很完整,据当时一位稍懂一点的人说,是一具男尸。当时急于要平坟地,特别正是在'文革'中,破四旧刚过,也没有敢多想,但我读过《红楼梦》,知道曹霑就是曹雪芹,并告诉了在场的人。当时有一位一起平地的人听说曹霑就是曹雪芹,以为墓里一定有东西,就去墓坑里播弄尸骨,结果一无所有。到晚上我就与我的堂弟李景泉一起把这块墓碑拉回家里,埋在园子里了。最近镇里规划要发展旅游,建立张家湾人民公园,想把周围的古碑集中起来建碑林,因而想起了这块碑,又把它拿了出来。"李景柱介绍后,冯先生就去目验了这块墓石,并拍了照片。墓石约一米左右高,40多厘米宽,15厘米左右厚,墓碑质地是青石,做工很粗糙,像是一块普通的台阶石,只有粗加工,没有像一般墓碑那样打磨,碑面上加工时用凿子凿出来的一道道斜线都还原样未动,证明是根本未打磨过。碑面上凿刻

---

① 冯其庸《我与〈红楼梦〉》,《红楼梦学刊》2000年第1辑第36页。

"曹公讳霑墓"五个字,也不像一般碑文的写刻,就像是用凿子直接凿的。在碑的左下端有"壬午"两字,"午"字已剥落左半边,但还能看出确是"午"字"。

冯先生察看后认为这块墓石确是真的出土物,决不是伪造的。之后不久,国家文物鉴定委员会的专家史树青、傅大卣两位也来验看了,他们看后当场发表意见,认为这块墓石是真的,决不是伪造的。不少红学家看后,也认为是真的,不是伪造的。当然,学界也有人认为是假的,不可信的。冯先生联系《江宁织造曹頫覆奏家务家产折》(康熙五十四年七月十六日)、曹寅《东皋草堂记》、《江宁织造曹寅奏谢复点巡盐并奉女北上及请假葬亲折》(康熙四十五年八月初四日)、《苏州织造李煦奏安排曹颙后事折》(康熙五十四年正月十八日)及雪芹友人敦敏、敦诚的诗文,说明曹家在通县和张家湾有地有产,曹家的祖茔在北京郊区,而且应该就在潞河边上的张家湾附近。冯先生根据甲戌本第一回脂批"壬午除夕,书未成,芹为泪尽而逝",加上张家湾出土的这块墓石上的"壬午"纪年,认为曹雪芹是卒于壬午年除夕。

2006年北京图书馆出版社影印出版《四松堂集》付刻底本,冯先生在国家图书馆善本室看了原本以后,写出《初读〈四松堂集〉付刻底本——重论曹雪芹卒于"壬午除夕"》,作为影印本的"代序"。"代序"的着重点是讨论曹雪芹的卒年问题。

大家知道,在曹雪芹卒年问题上,持"癸未说"的是两个证据:一是《四松堂集》付刻底本中的《挽曹雪芹》诗注明写作年份为"甲申"(乾隆二十九年);二是《懋斋诗钞》中的《小诗代简寄曹雪芹》前面的第三首(即《古刹小憩》)注"癸未"。冯先生的《初读〈四松堂集〉付刻底本——重论曹雪芹卒于"壬午除夕"》,就是对"癸未说"两个证据的驳论。

冯先生研究了《四松堂集》付刻底本的编年问题,发现《四松堂集》付刻底本的纪年有多种情况:第一种是在诗题下有明确的纪年,但在刻本上都已删除;第二种是诗题本身的文字即含纪年;第三种是题下原有小字纪年,编定时在纪年上贴小白纸片盖住,表示删去纪年,如《挽曹雪芹》题下的"甲申"两字就用小纸片盖住;第四种情况是题下纪年用墨笔圈去。尤其是吴恩裕特别强调的"吾诗聊记编年事"的那首《三月十四夜与佩斋松溪瑞庵雨亭至黑山饮西廊看月》,吴恩裕用来证明敦诚诗是"严格编年"的,而此诗在敦敏编定《四松堂集》时被删掉了。所以冯先生认为"《四松堂集》并不是真正'严格'编年的",只能说"大体编年"。《挽曹雪芹》题下的"甲申"两字既被贴条删去,就不能不审慎思考。换句话说,就不能算是过得硬的证据。至于《懋斋诗钞》也不是"严格编年",集中记的年份存在许多差错;即使我们承认《小诗代简寄曹雪芹》是癸未年的诗,但雪芹未应约,也没有答诗,这就有可能是人在因故未赴约,也可能是人已不在了。持"癸未说"的以此为证据,是推测,是"理证",而不是"直证"、"实证",不具有必然性。从逻辑上说,在争论问题的时候,要求辩论者不仅要为自己的论点求证,还必须证明对方的论点站不住脚。也就是说,既要立论,又要驳论。冯先生关于曹雪芹卒年的论文,具有这两方面的性质。

五、冯其庸关于《红楼梦》思想内容的研究

冯其庸先生红学研究的另一个重要方面,是作品的思想内容。二十多年间他一直在潜心研究《红楼梦》的思想意蕴和历史价值。1983 年他写了《千古文章未尽才》一篇长文,后来多次予以增补。从 1999 年起,他集中精力和时间,将多年有关《红楼梦》思想的研究总括起来,著成《论红楼梦思想》一书。① 这是冯先生探讨《红楼梦》的思想意蕴和历史价值的代表性著作,是一部系统论述《红楼梦》思想的著作。《论红楼梦思想》出版后,冯先生又在《瓜饭楼重校评批红楼梦》卷首的《解读〈红楼梦〉》(代序)与长篇论文《曹、李两家的败落和〈红楼梦〉的诞生》中,进一步阐述《红楼梦》的思想内容。

二十世纪最后二十多年,中国学术文化界的理论观念、思维习惯发生了变化,研究《红楼梦》的方法和研究角度也呈现出多样化的开放的格局,但这个时期,研究者多注重美学的、心理学的分析和新方法的探讨,似乎厌倦于继续研究小说的思想和历史价值。特别是"结构主义"、"叙述学"等新方法的输入,更加强了这样的心态。"结构主义"、"叙述学"等新方法,"放弃以外部渊源为基础解释作品,不管该外部渊源是表述者本身或是他的物质和精神背景。任何历史性视角被驱逐之后,文本被视做封闭的世界,仅以自身为参照,犹如一台言语机器,批评家分析其内在关系和结构,而不再考虑原因和起源"② 。新方法着重研究文本的"内在关系和结构",即专门研究"形式"。这作为文学研究的"一家"、"一派",当然是可以的。如果我们学术界对《红楼梦》,对古典文学,仅只作形式的研究,那就不可思议了。文学作品不可能没有思想,创作也离不开历史环境;作品在传播中,在读者的接受过程中,也要依靠思想的魅力。研究工作岂能回避这样的客观存在!事实上,西方的文学理论与文学批评在最近二十多年已经发生了重大转移,我国学界强调专注于文本的"内在关系和结构"的理论依据还是二十世纪七十年代以前流行的理论。如今,西方有人讥讽专注于文本的"内在关系和结构"的,是"叙述方面的技术员"。③ 西方一本有代表性的《诗学史》写道:

> 假如说文学的语言学分析可以达到脱离任何背景的"高度",背景是否真的失去了它的意义?我们真的可以与社会文化背景割断联系,把作者、读者和历史都搁置一旁而醉心于如此形式主义的和理想主义的活动呢?其实,孤立作品的内在研究远远不够,批评界很快发现,有必要重新引入时间层面和文本外的材料层面,尤其因为结构主义为自己确定了最广泛的目标。在 1966 年 11 月号的《现代》杂志中,普永

---

① 冯其庸《论红楼梦思想》,黑龙江教育出版社,2002 年 10 月出版。

② 让·贝西埃、让·韦斯格尔伯等主编《诗学史》下册第 720 页,天津百花文艺出版社,2002 年版汉译本。

③ [法]罗杰·法约尔《批评:方法与历史》第 423 页,天津百花文艺出版社,2002 年版汉译本。

（Pouillon）和格雷玛斯（Greimas）使结构主义向史学、社会学和比较方法开放。[①]

西方的文学理论与文学批评在最近的二十多年已经从强调"内部"研究转为注重文学的"外部"联系。不管这是不是回归传统，经验告诉我们，研究古典作品不能脱离历史，不能脱离社会；脱离历史和社会，就不可能触及作品的思想内容。

我国某些年轻的红学研究者，受西方"结构主义"、"叙述学"等理论的影响，以为联系作品的历史背景和作者的经历来解读作品的方法，是"离开文本"的"外部研究"，是"从作品之外寻求意义"。照笔者看来，这是一种种误会。这种误会，导致近年的《红楼梦》研究中出现一种非历史主义倾向，即脱离社会、脱离历史而研究文本的倾向。

思想是文学作品的灵魂，红学应当把思想内容的研究放在重要地位，而要研究思想内容则离不开社会历史的研究。二十多年来，冯先生坚持研究《红楼梦》的思想意蕴和历史价值，在学术导向上是有意义的。

冯先生说："我一向认为如果没有曹、李两家富贵荣华的百年世家和后来的彻底败落，就不会有一部万世永传的《红楼梦》。但是，我更认为要正确理解《红楼梦》，必须了解《红楼梦》时代的外部世界，即中国以外当时世界发展的历史趋势。必须了解《红楼梦》时代的内部世界，即康、雍、乾时代的清代社会，而且还必须了解曹雪芹、李煦的百年世家和最后彻底败落的悲剧结局以及曹雪芹本人的经历。"《论红楼梦思想》，首先对产生《红楼梦》的那个时代——明朝后期到清代前期，作了仔细考查，引用的文献近百种。这种历史的考查，涉及当时资本主义萌芽的曲折发展，市民阶层的壮大，西方新学的传入，以及反对程朱理学和专制独裁、提倡人性自然发展的启蒙思潮；同时，也阐明了传统封建统治仍然顽固，吏治腐败，世风颓靡，土地兼并加剧，社会下层和广大妇女的处境愈益悲惨。冯先生把曹雪芹和《红楼梦》放在明朝后期到清代前期这个大的历史环境中来考查；同时又联系世界范围的经济、政治和思想文化来思考，指出欧洲经过文艺复兴之后，又进入工业革命的高潮。冯先生解读《红楼梦》的基本方法，即是联系作品的历史背景和作者的经历来寻绎作品的意蕴与历史价值以及作品是如何表现其内容的；简明地说，就是寻绎作品表现什么和如何表现。这样的方法，是要从历史实际和文学文本的实际出发，从研读作品中寻绎其艺术形象所蕴含的深远意义，不能称之为"从作品之外寻求意义"。

冯先生得出的结论是：《红楼梦》不仅是对二千年来的封建制度和封建社会的一个总批判，而且表达了对自由、平等、幸福和个性完美的追求，它闪耀着新时代的一线曙光，也是一首迎接必将到来的新时代的晨曲。冯先生说：

> 《红楼梦》是一部旷古奇书，它的内容的涵盖面是既深且广的，决不是曹雪芹的自

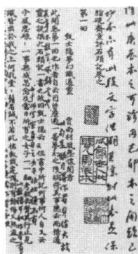

---

① 让·贝西埃、让·韦斯格尔伯等主编《诗学史》下册第 721 页，（天津）百花文艺出版社，2002 年版汉译本。

传或家传。我认为它是康、雍、乾这一历史阶段的艺术的总概括和总反映。这一时期的社会矛盾,社会风习,特别是这一历史阶段的人的命运、妇女的命运以及官方的设定,社会的反抗等等,统统得到了生动的反映。《红楼梦》里的理想人物,是代表历史发展的进步趋向的,他们在寻找新的人生道路而又不知从何找起。贾宝玉坚决不走仕途经济的道路,就是对旧的官方设定的封建时代的人生道路的否定,他只愿意与姐妹们在一起过自由自在的生活,是说明他还没有找到真正的新的人生道路,但却向往着过自由自在的生活。他对旧的人生道路的否定是明确而坚决的,但他对新的人生道路却在迷茫中摸索,"天尽头,何处有香丘?"就反映着他们在寻求新的人生道路和新的理想世界。但是他们追求婚姻的独立自主、自由选择和尊重女性这两点,已是他们理想人生中的两个闪光的亮点了。所以虽然他们对新的人生道路还在迷茫中摸索,距离真正的新的人生道路还很遥远,但他们已经有所感悟,有所主张,不是完全的盲目了。所以贾宝玉、林黛玉这一对新人的思想内涵是具有先进的历史动向和丰富的历史内涵的,是一对不朽的艺术典型,它闪射着黎明前黑暗中的一丝晨曦。①

如何给《红楼梦》的思想定性,上个世纪五十年代出现过两种意见。一种意见认为是"新兴的市民社会意识的反映",另一种意见认为是封建社会传统的民主思想。两种意见有过争论,但由于那时缺乏自由讨论的学术环境,争论没有深入展开。冯先生认为:"《红楼梦》是反映资本主义萌芽性质的经济因素的新的民主思想",其中的思想冲突是封建正统思想与反封建正统思想的冲突,贾宝玉、林黛玉的形象是前所未有的艺术形象,体现新的社会理想和生活理想,包含着近现代的思想因素。《红楼梦》"在意识形态领域里,起到了启蒙的作用"。②

六、侧重于小说艺术的《瓜饭楼重校评批红楼梦》

冯其庸先生曾以十多年时间研究清代"评点"红学,撰写了《重议评点派》一文,完成《重校八家评批红楼梦》(江西教育出版社 2000 年出版)一书。冯先生在《重议评点派》的长文中,赞扬"评点"的方式"灵活便利,生动活泼","既不排斥长篇大论,又发展了单刀直入,一针见血的短论",能"鞭辟入里","画龙点睛";而且可以非常灵活地指出作家语言的美妙之处,"导人领略欣赏,引人入门"。冯先生历经五年完成的《瓜饭楼重校评批红楼梦》,正是"评点"这种传统方式的继承和发展。

《瓜饭楼重校评批红楼梦》于 2004 年底和 2005 年初,由香港天地图书有限公司、辽宁

① 冯其庸《曹、李两家的败落和〈红楼梦〉的诞生》,《红楼梦学刊》2007 年第 3 辑第 32—33 页。
② 冯其庸《论红楼梦思想》第 136、159 页,黑龙江教育出版社,2002 年 10 月出版。

人民出版社和浙江华宝斋书社分别出版精装本和线装本。全书包括三种"评批"形式："眉批"（针对文段或重要文字），"正文下双行小字批"（针对重要文句），"回末批"（总评全回）。此外，还有长文《解读〈红楼梦〉》，置于卷首，作为导读。"评批"加上"导读"，既在宏观上全面深入地剖析了《红楼梦》的思想内涵和艺术表现上的特色，又能就小说的历史意蕴、人物性格、写作技巧、素材来源、词语修辞、文字音义、相关的风俗人情以及作者问题、版本问题等等，从微观上细致地予以指点。不过，总的看，全书的"评批"还是侧重于小说艺术，如人物刻画、谋篇布局、情节结构、描写技巧、文笔文辞等方面。

《瓜饭楼重校评批红楼梦》的眉批与双行小字批，或三言两语，或一语道破，或引古典诗句作评，俱语约义丰，韵味深长。这里我们来看一些精彩的批语。小说第六回写到刘姥姥一家，过去有人评曰："作者断不肯顺笔递出，故特作大提掇"。冯评："读书如游山，此处奇峰突起，天外飞来之笔。"小说写到"秋尽冬初，天气冷将上来"，刘姥姥"家中冬事未办"，全家愁闷。冯评："'全家都在风声里，九月衣裳未剪裁'也。"这是乾隆时期诗人黄景仁《都门秋思》中的句子，与《红楼梦》的描写恰恰相合。小说第十二回写贾瑞由"他祖父代儒教养"。冯评："书中代儒，自是儒者之代表，在此儒者亲自教育下之贾瑞，却是如此行径，此亦作者对儒家之辛辣讽刺也。"点明《红楼梦》作者对正统儒学的讽刺笔墨。小说第十五回写宝玉离开村姑二丫头"怎奈车轻马快，一时转眼无踪"。冯评："'车轻马快，一时转眼无踪'两句，令人如读古诗'人生寄一世，奄忽若飙尘'之感，盖人生亦是'车轻马快，转眼无踪'也。"表达了批书人对人生的感慨。第十七、十八回写元春省亲到家之前，大观园里张灯结彩，"静悄悄无人咳嗽"，冯评："所谓'万木无声待雨来'也。"这可以加深读者对小说意境的领悟。小说第三十回宝玉与黛玉相对流泪，黛玉将枕边搭的一方绡帕子掷向宝玉，冯评："千言万语，无数衷情，皆在此一掷之中，不知作者如何想来。予数十年来，喜看传统戏曲，每见名演员一理须，一整冠，一弹指，每一小动作，皆能传情达意。黛玉此一掷，亦传情达意之最好方式，只此一掷，两心相通矣！"这是评小说的细节描写。第四十七回写凤姐逗贾母笑乐，冯评："凤姐的话，如春花烂熳，满席皆春，既逗人欢喜，又不见造作，皆风生涟漪，自然成文。"这是评小说如何写凤姐的乖巧与油嘴。第五十四回再次评凤姐："凤姐之口，虽古之辩才亦难过之，自凤姐于第三回出场至今，其滔滔之言，无一不动人，无一不因景生情，无一不新鲜奇谲，信矣，雪芹之才，如黄河之水也。"这是由赞凤姐的伶牙俐齿进而评曹雪芹写人物对话的手腕。

每回之后的回末批，短者四、五百字，长者达四千馀字。全书一百二十回总起来就是百馀篇意味隽永的文章。虽说"回末批"是对全回作总评，但并不拘泥于一格。大抵都是就难点、疑点与关键问题予以阐释或发挥。如第十四回回末批：

　　此回写宁府丧事，显出大家气派，诸事错综复杂，千头万绪。作者一枝笔，恰如指挥千军万马，事事有序，笔笔周到，一丝不乱，令人如在当场。只见大队人马，素衣

白裳,车马舆轿,缤纷齐作,浩浩荡荡,一如流水马龙,好看煞人。此回庚辰回末评云:"此回将大家丧事详细剔尽,如见其气概,如闻其声音,丝毫不错,作者不负大家后裔。"……

第十七十八回("重校"本此两回未分回)回末批:

　　大观园为宝玉及诸钗之居处,以后诸多情节,皆生发于此。此实小说人物活动之大环境,无此环境,则诸事无从展开,故必得细写,然如何细写,却是难事,单写建筑,则成为写一建筑工程矣。乃作者借贾政视察工程,商量题匾诸事,则一路描写品题,使文章情文相生,而贾政之视工程,亦成为一篇名园游记矣。

　　宝玉试才题匾联,实为下回省亲做诗预写一笔,使下文不突然,且亦见宝玉之清才洒脱,而贾政则迂腐板滞,活生生一刻板官僚,而诸清客则庸俗谄奉,诸相毕露,三者恰成对照。非如此不能见宝玉之才,贾政之腐,清客之俗也。

　　省亲一回是全书大喜文字,与前可卿之丧为大悲文字,成一对照。作者皆以龙象之笔写之,具见大才,且省亲是皇家典仪,作者借此写出其煌煌家世,亦真事隐于其中也。……

这些关于《红楼梦》如何写大场面的分析,诚能发原著之蕴奥,启后学之才思。

《瓜饭楼重校评批红楼梦》还有一个重要内容,就是辑录庚辰、己卯、甲戌等抄本上重要的"脂评",并适当加以解释和引申。一般不易备有多种"脂评"本的读者持此一部书,便可以直接看到这些最早的具有文献价值和文学价值的"脂评",而且通过冯先生的解释、引申又得到进一步理解。

冯其庸先生红学研究的步骤,是由《红楼梦》的版本研究、作者家世身世的研究,进而研究《红楼梦》思想内容和小说艺术。《瓜饭楼重校评批红楼梦》的著成与出版,实现了他红学研究的计划。

新时期红学研究的"定海神针"

——漫话冯其庸先生和红学

马瑞芳

（山东大学文学与新闻传播学院）

冯其庸先生红学研究到底取得哪些方面成就？给新时期红学带来什么影响？应该有人做全面深刻的研究和总结,写篇煌煌巨著的博士论文。作为多年受益于冯其庸先生的后学,简要说几点体会。

一、还红学以"红楼梦学"真面目

当红学海洋浊浪乱翻时,冯其庸等老红学家起了定海神针的作用。

有种说法,研究曹雪芹家世、《石头记》探佚等,叫"红学",研究《红楼梦》不叫红学,叫"小说学"。我就一直想不明白:曹雪芹不写《红楼梦》,你研究他做什么？红学还是得研究《红楼梦》本身,曹雪芹家世、《石头记》探佚只能算红学分支,最重要的,还得研究《红楼梦》文本。

如果说什么是红学还算学术争论,那么,几十年来,红学界出现更多的却是非学术争论,比如曹雪芹"遗诗","曹雪芹"画像,曹雪芹谋杀雍正,太极《红楼梦》,程前脂后说,秦可卿是废太子女儿贾元春原型先侍废太子再侍乾隆并告发曹家隐藏废太子之女的秘密等。被媒体称作"正统红学家"的一帮人,这些年就像唐·吉诃德战风车,跟种种异端邪说做斗争。

冯先生把这类所谓"研究"叫作"非学术和非道德的喧闹",他一直在认真做红学研究的拨乱反正工作。

冯先生在1994年莱阳红学会致开幕词时说:"对于种种歪论,我们不能退让,我们要为真理而争,要为扫除谬论而争,要为广大的青年读者,为广大的读者群不受蒙蔽而争!"

1994年莱阳红学会讨论的重点之一,是欧阳健提出的程前脂后。我当时是跟朱淡文一起从济南坐了一夜硬座车跑到莱阳参会的。一到会上,先看到冯先生批驳欧阳健的文章,觉得冯先生这样的大学者批驳这种"猫盖屎"谬论,实在没必要,曾跟李希凡老师说:"杀鸡焉用牛刀?"但是冯先生仍然很动真情地批驳这谬论。我至今保留着1994年莱阳红学会冯先生手写的诗,有这样四句:

> 岂能伪造脂斋笔,
> 竟敢来偷梦阮魂,
> 真假是非随口说,
> 脂评程刻未窥门。

冯先生对诗句的修改,我印象特别深。冯先生的诗是"即席次宋谋瑒同志韵",我从宋老师那里看到后,请冯先生写一份给我。冯先生写给我时,把"脂评程刻未入门",改成"脂评程刻未窥门",从没进门到还没看到门,离《红楼梦》岂不是更远了?冯先生对非学术化喧闹的气恼,一字之改,可见一斑。冯先生诗里还提到"论红犹觉二吴存",意思是我们现在在莱阳讨论《红楼梦》,觉得吴世昌、吴恩裕两位老红学家还在。吴世昌、吴恩裕二位老先生当年也受害于伪造资料,跟伪红学辩论过。老红学家们前仆后继,像爱护自己眼睛一样爱护《红楼梦》,像保护自己眼睛一样捍卫《红楼梦》。

2005年刘心武"秦学"讲座在央视热播,读者觉得讲座固然有趣,但缺扎实依据。刘心武讲得如果不对,谬误在什么地方?这一年十月胡文彬教授在大观园做报告《红楼梦的诱惑和红学的困惑——关于当代红学的几点思考》,讲座最后说到刘心武讲座。他说,研究《红楼梦》猜谜是不行的,《红楼梦》是伟大的小说,不是谜语书。你到图书馆查书,你也得到小说类找,不能到谜语书里找。胡文彬还讲到刘心武的讲座中其他一些不科学的地方。接着,胡文彬受到"挺刘者"的"围殴",很多读者给红楼梦研究所打电话,要求中国唯一的红楼梦研究机构的专家出来说话。于是,2005年末,冯其庸、李希凡、张庆善以接受《红楼梦学刊》记者访谈的形式发表了对刘心武讲座的意见。

冯先生釜底抽薪,说,刘心武对《红楼梦》的讲解跟《红楼梦》没关系,充其量只能是"红外乱谈",所谓"秦学"根本不能成立。

冯先生的原话是这样说的:"有人问我:秦学能不能成立?我反问他假定有人研究贾宝玉,能说就是'贾学'吗?研究林黛玉,能说就是'林学'吗?那么,一部《红楼梦》得产

生不知多少学问了。一门学问总要有一门学问的根基,研究秦可卿就叫做'秦学','学'在哪里?随便编造就变成了学问,那做学问也未免太容易了,天下做学问的人也就太多了。所以不客气地讲,刘心武的所谓的《红楼梦》的讲解,不是'红学',也算不上'红外学'。'红外'当然是'红外',因为它与《红楼梦》没有什么关系,但是'学'在哪里呢?信口乱说就能算'学'吗?我认为他自称的所谓'秦学',或者别人说的'红外学',充其量只能说是'红外乱谈'。"

冯先生还说:"学问要有学问的品格,学问要有学问的规范,信口乱说怎么能称为学问呢?我觉得中央电视台播放这样的节目是对社会文化的混乱。"

如何正确研究曹雪芹和《红楼梦》?冯先生身体力行做出榜样:知人论世、注重文本。我对冯先生的几篇文章印象特别深,《千古文章未尽才——为纪念曹雪芹逝世220周年而作》、《论庚辰本》、《再论庚辰本》等等。在前一篇文章中,冯先生从康、雍、乾三朝历史和曹家几代人的经历,论述曹雪芹创作《红楼梦》的背景和可用资源,剖析《红楼梦》的思想性质、现实意义。在后两篇文章中,冯先生对《石头记》版本做了令人信服的考证。打蛇要打七寸,牵牛要牵牛鼻子,冯先生研究的都是《红楼梦》根本之根本。

二、《红楼梦》版本研究、评点研究和瓜饭楼重校评批

把《红楼梦》可靠版本提供给亿万读者,是冯其庸先生及其团队起的又一"定海神针"作用。

冯先生《红楼梦》版本的研究成就很高,产生的社会影响最大。冯先生考察国内各种《红楼梦》版本,特别是详尽考察了曹雪芹逝世前最完整重要的庚辰本,将庚辰本作为红楼梦研究所(下简称"红研所")注释《红楼梦》和《瓜饭楼重校评批〈红楼梦〉》的底本,他还跟其他几位老先生到前苏联考察列藏本,使林黛玉的眉目有了最准确的表达。

冯先生版本研究的最重要成果体现之一,是红研所注释、人民文学出版社出版的《红楼梦》。我参加过人文版《红楼梦》发行四百万册及新版《红楼梦》倒计时典礼,在会上曾说,当年人民文学出版社社长严文并有个不成文的规则:社里凡是没钱,就印《红楼梦》!当年我上中学、大学看到的《红楼梦》,就是人民文学出版社出的。不过,那部《红楼梦》是以程乙本做底本,长期误导广大读者,特别是中文系大学生。改革开放之后,由冯其庸、李希凡先生牵头搞出来的红研所《红楼梦》以庚辰本为底本,基本上呈现了《红楼梦》本来面目。一部古典小说在三十年间发行四百万册,应该算不小的数目,但我仍然怀疑统计有误,实际发行量应超过四百万册。即便算四百万册,也很可观:每三百个中国人中,就有一个人手里拿着红研所的《红楼梦》!而且大量的书是在图书馆流通,阅读和受益的人更多,在广大读者群中,在《红楼梦》版本上起到拨乱反正作用。

冯先生重视评点派,写过《重议评点派》,他认为,评点派对中国文化有贡献,他们使用

的评点方式现在仍有价值。冯先生呼吁当代《红楼梦》研究者和《红楼梦》爱好者不要把清代评点派忘记了、丢掉了。除《脂砚斋重评石头记汇校》之外，冯先生出版了《八家评批红楼梦》。正文采用程甲本(即多数评点派使用的底本)，校以甲戌、庚辰、己卯、戚序、蒙府、梦稿、列藏、梦序……等本，整理了王希廉、张新之、姚燮、二知道人、洪秋蕃等八家评批《红楼梦》的文字。

冯先生做这本《八家评批红楼梦》，穷数年时间，下了很大功夫，结果他给全世界的红学研究者省了更多时间和更大功夫。一卷在手，清代主要红学点评者的观点都在掌中。《八家评批红楼梦》给《红楼梦》研究者提供了多方面重要参考。简言之：一方面研究者可以借鉴前人已评点出的观点，参考评点家评《红楼梦》的角度；另一方面，研究者可以避免出"哥仑布发现新大陆"的笑话，不至于把清代评点家早就注意到、早就说透的事，当作新发现来钻研，招摇过市。

《瓜饭楼重校评批红楼梦》是冯先生多年研红专著、论文、考证的集大成。这部160万字的煌煌巨著出版于2005年，冯先生已逾八十高龄。此前数十年，冯先生已对曹雪芹生平、时代背景、家庭影响，对《红楼梦》版本、思想、艺术做了全面深入研究，发表了一系列专著、论文，对清代评点派做了详尽梳理，站在了前人的肩上。在此基础上，冯先生依托《红楼梦》可靠版本，依托数十年红学积淀，依托沧桑历尽的人生阅历，在红尘渐远的岁月(估计是先生七十岁后开始写作)，静下心来，俯下身子，逐回逐句评点《红楼梦》。全书前边有总导读，书中有针对某一段落的眉批，有针对《红楼梦》词句的正文下双行批，有回后批和总评。三种评批方式结合，几乎将《红楼梦》的边边角角都扫到了。冯先生的评语，既可以说是麻姑掷米，粒粒皆为金砂，也像老吏断狱，针针见血。比如第十九回回末评：

"'玉生香'为宝黛情柔意密而又天真无邪之一段最纯朴文字，其情在有无之间，亦黛玉一生中最欢畅无愁之时，文章如春花之烂漫，如秋月之朗洁，具无限缠绵之意，有有余不尽之妙。"

"本回数段脂砚之批，实为中国最早之典型论，然脂砚早于马克思、恩格斯整整一个世纪，是诚可宝也。乃竟有人以为脂砚并无其人云云，听此荒论，能不令人抚然！"

《瓜饭楼重校评批红楼梦》令人爱不释手，它实在是大学者造福亿万读者的大学问！是红学大家泽被后辈红学家的真学问！这部巨著既符合阳春白雪研究者的研究需求，也符合下里巴人的阅读需求。说这部巨著是新时期红学研究著作的定海神针，也应该不为过吧。

三、红学会

中国有两大显学，一曰红学，研究《红楼梦》的学问，二曰鲁学，研究鲁迅的学问。这些年来两大显学的活动，是学术界亮点之一。

冯先生是中国红学会会长，头上有光环，身上有负担。

20世纪80年代后期，我跟北京大学吴组缃先生一起爬泰山，吴先生聊起他为什么不肯再做中国红学会会长？说了句很有趣的话："不喜欢把红学会当成海峡两岸统战的工具。"

冯其庸先生接任红学会长后，红学会有没有成为"对台办"分支？我没有研究，却发现，冯先生跟他研究多年的唐玄奘有了相当可比性，他虽然不披袈裟，却总得给中国红学会，给全国红学家化缘。

《红楼梦》名气很大，红学会却没钱。开红学会得"找钱"。冯先生是大才，也是全才，诗、书、画、摄影俱佳，于是，在我印象中，有好几次红学会，是靠冯先生的"才艺"才开起来的，要把他的书法、绘画送给地方"有关领导"，才有地方拿资助，红会才能开得成。

1992年在扬州开国际红学会，会上向每位红学家赠送一个小小的紫砂壶，我拿到的壶上边有冯先生亲笔题字"红楼梦长"。当时我恰好跟朱淡文住在一起，淡文告诉我：每个红学家拿到的壶，上边的字都是冯先生写的，不是冯先生写好后统一印到大家壶上，而是每个壶上的字都是冯先生一一亲笔写后拓上去，壶与壶之间的"红楼梦"是不一样的！我问：冯先生写了多少个"红楼梦"？淡文说是五百个或是三百个，我现在记不清了。总之数倍于参加会的红学家人数。当时我很好奇：我们参加会的不到一百个红学家，冯先生写这么多做什么？淡文说：送给所有给这次红学会出力的人！当然还有不需要出力却什么也能要的人，包括冯先生亲笔题字的紫砂壶，冯先生的字和画。

我们参加了这么多次红学会，回头想想，冯先生这位前辈红学家为大家开好会，即使没有"舍身饲虎"，也得"割肉饲鸽"呢。

三十年前我开始参加红学会，当时刘敬圻和吕启祥大姐亲热地叫我"小马"，经常参加红学会的还有位"老马"，马国权师兄。1992年扬州红学会上，马师兄和我曾跟冯先生合影，我笑称"四马同槽"。现在吕启祥叫我是"老了的小马"，马师兄自然更老了，将近耄耋之年的冯先生却仍然老骥伏枥，继续活跃在红学界，在如何做人、如何治学上，为后辈做出榜样。值此冯先生从教六十周年之际，作为晚辈，感谢冯先生多年的无私提携，衷心祝愿他健康长寿、再创辉煌。

道德文章　高风亮节

——我所认识的冯其庸先生

邱华东

（南通市公安局）

　　记得几年前的一天，忽然接到冯老的一个电话，只听说："回来了……回来了。"我没听清楚是谁回来了，但那说话的语气让我感到十分震惊：缓慢而低沉，似乎压抑着某种激动，饱含着一种发自内心的深情，似乎是父母对久在海外刚刚归来的游子的慈爱……我心里不禁暗地思索：是谁回来了，让冯老这么动情？是他的至亲？是他多年的密友？是我认识的朋友，所以冯老特地打电话告诉我？于是连忙问："是谁回来了？"只听冯老在电话中一字一顿地说："《甲戌本》今天回来了。"一瞬间，时间仿佛凝固，周围的一切似乎一下子全部消失，我感到好像受到电击一样，心灵受到极大的震撼，一股热流刹那间流遍全身。冯老还在电话中继续说着什么，好像是介绍《甲戌本》回归的经过，我却还没有从震撼中苏醒过来，根本没听清他在讲什么，只是"啊、啊"地答应着。

　　使我震撼的，倒不是"《甲戌本》回归"的消息，而是冯老发自内心的那种语气。我看不到他的表情，但那语气，那充满深情、充满挚爱、充满欣慰的语气，是那么温馨、那么深沉、那么博大、那么厚重，实在是难以言辞描述。但我理解了，理解了冯老对祖国优秀传统文化的挚爱和深情，理解了冯老对《红楼梦》的挚爱和深情，理解了冯老对红学的挚爱和深情，理解了他的执着，理解了他孜孜不倦的追求……啊，这位老人啊！

　　说起我能认识冯老，还有一段鲜为人知的文坛佳话。

　　十多年前，偶然在书店中翻到某学者的一本著作，称"曹雪芹祖籍铁岭"，感到非常奇怪，印象上曹雪芹祖籍只有"辽阳"和"丰润"两说，怎么忽然又变成"铁岭"人了呢？有一位学者还为之作《序》，推介不遗余力，称赞此书是"纯正的学术研析成果"，"具有范例的性质"，"已把曹雪芹的上世归旗及关外祖籍诸多方面考证详明，从此可以论定。"甚至说：在"这样的析论之面前，想要提出驳难的新议，目前还没有具此学力识力之人。"因此决意买下回家细读。

我因长期研究明、清法制史，对清史以及辽东地理沿革有所了解，看了这本书中的种种说法，感到疑窦重重。比如，《上元县志》载曹雪芹先世"著籍襄平"，而"古襄平"据史籍记载及自古而今的诸史家研究，实为今辽宁省之辽阳，而这位先生却考证为辽宁的"铁岭"。而在他的"考证"中，很多问题难以让人苟同。比如，两汉时期"襄平"和"辽阳"为辽东郡的两个县，不属一地，这并没有错。但是至三国曹魏时期，原来的"辽阳县"已经废弃，此后遂将原来的"襄平"改称"辽阳"，隋唐宋元至明清一直到现在，皆沿袭不改。因此，今天之"辽阳"即先秦两汉时期的"襄平"，这是毫无疑问的。但是这位先生却因为汉代"襄平"和"辽阳"不属一地，就认为今天的"辽阳"也不是古"襄平"之地。很显然，这是混淆了"古今地理沿革"的概念。因此为了搞清问题，我在研究本业查阅史料时，遇到相关的资料即随手摘录。时日既久，积累颇丰，研究来研究去，使我坚信不疑：今之"辽阳"即先秦、两汉时代之"襄平"。因此暇日整理，作《襄平考辨》一文，二万多字，以作商榷。

文章是写出来了，但问题也随之而来。先后多处投稿，包括最后向《红楼梦学刊》投稿，不要说刊登，连一个字的回复都没有。难道是我的文章不能成立、有问题吗？反复推敲，我是根据大量确凿的史料进行多方面多层次地分析论证，已经很清楚地形成了"证据锁链"；而且我是多年的侦察员出身，长期的职业训练使我很讲究思维逻辑的周密性。论据和推理，似乎都未发现明显的缺陷。

难道是我的文章没有"价值"吗？我自思，关于涉及曹雪芹祖籍的许多地理地名的历史沿革问题，似乎学界尚未见有深入讨论者，我的文章对澄清关于曹雪芹祖籍问题的有关地理沿革的问题，应该是有其价值的。而且我对"辽阳说"中的一些相当关键的问题，提出了自己的新证据、新观点。比如，有学者经常拿《八旗满洲氏族通谱》记载曹雪芹祖先曹锡远"世居沈阳地方"，来否定"辽阳说"。而我则根据其"凡例"指出，该书记载的"世居某某地方"是指"始归顺之人"的"所居"之地，并不是指"祖籍"。并且举证：曹邦"祖籍丰润"，崇祯二年才在辽东抚顺投靠满清，《八旗满洲氏族通谱》却也记载他是"世居抚顺地方"。文中还根据冯其庸先生《曹雪芹家世新考》一书中所载《五庆堂重修曹氏宗谱》等史料，查考明代志书《辽东志》、《全辽志》以及清初《明史本纪》和《明史》等书的记载，考证其"入辽始祖曹俊"是明初洪武四年随马云、叶旺所率之军"克复辽东"而"入辽"，其"入辽"的途径是自山东半岛的蓬莱渡渤海至辽东半岛的"金州"，逐渐收复辽阳等地而"著籍"；明朝末期"令沈阳"被满洲人俘获之后而"归顺"。也就是说，《五庆堂曹氏宗谱》中的"入辽始祖曹俊"入辽在明初洪武四年（1371），比永乐二年（1404）才从江西南昌武阳渡北上到

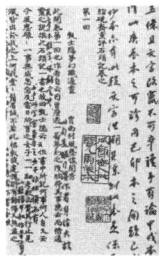

河北丰润的曹端明以及随后"入辽东铁岭"的曹端广至少要早三十三年；曹俊随军"入辽"不仅没有经过河北丰润，而且其"入辽"之时曹端明兄弟还在南昌，恐怕尚未出生，即使出生也必定年龄幼小，不可能有任何血缘关系，"河北丰润曹"和"辽东辽阳曹"毫无关系……

这些都为他人所未及道者，我想，应该是"有价值"的。于是，我将论文送呈南通大学教授徐应佩老先生审阅指点。徐先生很认真，甚至亲自翻查核对了我所引用的史料，认为史料厚实、运用准确，推理很有逻辑性。并指点，可直接寄给红学界的一些学者阅看，请他们推荐给杂志。我有点担心，我的观点和某些学者的观点是对立的，他们看了会不会不高兴？徐先生说：没关系，作为学者，应该有此雅量。于是我将论文挂号寄出，但很长时间不见回音。于是我以试试看的心情，又寄《红楼梦学刊》转呈冯其庸先生审阅，请他看看是否有发表价值。结果也有十来天没有音信……

四处碰壁，心情可知，虽有不甘，也无可奈何。正在百无聊赖之际，忽然接到冯老电话，当时真不敢相信自己的耳朵。冯老在电话中告诉我，他已经先后发了两封信给我，问我收到没有（当时尚在途中）。并肯定了我的论文的价值，说解决了"辽阳说"的一些问题，他略为修改后已经向《学刊》推荐。并鼓励我说，即使论文暂时不能发表，也不要灰心，只要认为自己是对的，就要继续研究下去。最后，表示很希望和我见上一面……很快，我的论文《曹雪芹祖籍襄平考辨——"曹雪芹祖籍铁岭说"商榷》即在《红楼梦学刊》2002年第二辑上发表。

说实话，我也很希望拜见这位仰慕已久的全国知名学者冯其庸先生，一聆教诲。可惜职责在身，难以起行。即使冯老有一次回无锡时，电话一再相约，我也未能成行，深感遗憾。直到十月国庆长假，我才下决心专程去北京拜访冯老。这一次见面，令人意想不到的是：整整谈了三天！

到达通州张家湾冯老的住宅，已是下午。一见面，冯老给我的印象就是平易近人，毫无大学者的架子。一开始，他就带着笑，似乎很奇怪地问我：你这位"警察叔叔"，怎么研究起《红楼梦》来？这一问，一下子将我有点紧张的心情放松了，哈哈一笑，话匣子也就打开了，不仅谈《红楼梦》、曹雪芹，谈《甲戌本》和《庚辰本》，还谈到敦煌，谈到丝绸之路，谈到青铜器，还谈书法、谈摄影……谈话间冯夫人几次过来向冯老示意，要他注意休息。每次冯老都不在意地摆摆手，对我说："没关系，没关系，你继续说。"后来我见天已向晚，赶忙告辞，冯老却坚要留饭，并亲自去嘱咐晚餐。冯夫人悄悄对我说，冯老今天特别高兴，平时来人谈半个小时就差不多了，今天一下子说了将近三个小时，从来没有过的。饭后冯老还要留宿，我赶忙托词说已经就近找好了旅馆，才告辞了。

此后我都是每天早饭后赶到冯老家，中午告辞；下午冯老午休后，再登门拜访。在这期间，他带我参观了他的书房，看了他正在写作中的评批《红楼梦》的书稿，观摩了"曹霑墓志"的拓片以及其他关于曹雪芹文物的照片，《甲戌本》收藏者刘铨福有关的一些文物，他探寻丝绸之路的照片集等等。冯老还关心地问我在研究中遇到什么问题，我说最感困难的是缺资料，南通地方偏僻，许多书都很难买到，也很难见到，包括各种"脂本"影印本以及《五庆堂曹氏宗谱》、《武惠堂曹氏宗谱》（《丰润谱》）等等。冯老听说，立即起身到书房内翻箱倒柜，翻出一大堆关于红学的书，慨然相赠，又帮助我复印了一套《武惠堂曹氏宗谱》。并题词署名，郑重其事地加盖印章。临别时，还和我合影留念，并挥毫题诗一首，勉励再三。

回南通后，又陆续收到冯老寄来的《甲戌本》、《己卯本》、《程甲本》、《五庆堂重修曹氏宗谱》等珍贵书籍。据说，其中《甲戌本》等影印本还是他用价值一千多元的《资治通鉴》和别人换来的，都无偿地赠送给我，真让人感动不已。

冯老的推荐，为我打开了进入红学的大门；而冯老赠送的大量红学资料，包括他自己的巨著，使我得窥红学之堂奥。可以说，我之进入红学领域，冯老是引路提携之人，至今铭感在心，刻不能忘。而我也时时不敢忘冯老之殷切期望，十多年来在红学领域笔耕不已，至今为止已经在各种国家核心刊物及大专院校学刊、省市级等刊物发表红学等论文约五十多篇，并列名中国红学会会员、江苏省红学会理事、《红楼梦研究辑刊》特约撰稿人、特约研究员，先后多次应邀出席国际性、全国性的学术研讨会。

冯老曾对我说过，他几十年对《红楼梦》的研究，只做了三件事：一、曹雪芹家世的研究；二、《红楼梦》脂本的研究；三、《红楼梦》思想的研究。记得有先贤说过，如果有人能在某一领域有一项之贡献，便可足慰平生。而冯老在红学的这三大领域的研究中，都取得了令世人瞩目的突破性的进展，为这三大领域奠定了理论基础，成为当今红学主流学派公认的执牛耳者。冯老对当今学界某些人的浮躁、浮夸之风甚为不满，而以"实事求是"相勖勉，谆谆以踏踏实实做学问为训。而他自己则更是身先垂范，冯老对自己所取得的研究成果，即使已得到学界公认的那些研究，也始终不满意，常常说"感到自己深深不足"，感叹说"最好能抛开一切其他的事，让我专门读几年书，这样也许可以深入一些，否则总觉得有点草率"，很希望"得到从头学起的机会"。自云："面对先哲，岂敢稍有自蔽，岂敢不更加奋勉哉！"

而冯老对学术研究的严肃、严谨作风不仅是"不自蔽"，其更令人钦佩的，是不满足于坐在书斋里翻阅故纸堆查资料，而是走出去，坚持实地调查，坚持社会调查，据云曾"七去新疆，两登四千九百米的帕米尔高原，涉流沙、抚昆仑、探冰川、仰雪峰、穷居延海、寻黑水城"，历经"种种艰难……"比如对《五庆堂曹氏宗谱》的研究，冯老不仅查考了大量繁多的文献资料，进行了详尽细致的分析比对，无可争辩地消除了人们对该家谱的许多质疑，多方面证实了此谱的真实可靠；而且根据《五庆堂曹氏宗谱》的记载，不顾年迈体衰，不顾长途奔波辛劳，冒着严寒酷暑，先后五次到河北涞水县山区的张坊镇沈家庵村一带，走访当地干部群众，千方百计找到了为五庆堂守墓的言凤林老太太，了解墓葬情况，终于在玉蟒河畔铁固山之阳发现了五庆堂曹氏祖坟墓地，提取到刻有"曹宅茔地"、"五庆堂"字迹的墓地界石等文物。这样，从该谱的"内证"，甘氏家谱的"外证"，曹寅诗注的"自证"，以

及五庆堂墓地的"实证",形成严密的证据锁链,《五庆堂曹氏宗谱》确为曹雪芹家谱的结论,遂成"铁案"!冯老的这一研究成果,对研究曹雪芹的祖籍和家世的重大意义,是难以估量的。我在论证曹雪芹先祖"著籍襄平(辽阳)"的原因、年代、路途以及"世居沈阳地方"的真相,论证"辽阳曹"和"丰润曹"不属一宗等等,就是以冯老的这一研究为立论的基础,才能确立而有所发现,有所深化。

更使我钦佩的是冯老实事求是、坚持真理的大学者的风度和胸怀。唯物主义辩证法告诉我们,人们对真理的认识是一个不断前进、不断深化、不断完善的过程,企图一蹴而就、一下子完全掌握真理,只能是唯心主义的妄想。我们在冯老的学术研究中,处处可以看到冯老"随时准备坚持真理,随时准备修正错误"海纳百川的博大胸怀,和坚持对祖国文化和历史负责、对广大读者负责的高度社会责任感,而排除任何"其他目的"的高风亮节。这和某些人为了维持那点可怜的面子,对自己早期的、已经被证明是错误的观点始终固执地坚持不改,毫无社会责任心地多方狡辩、信口开河、无端延伸,以至弄到荒唐的地步的做派,形成鲜明的对比。

冯老在对"脂本"的研究上所取得的显著成就,这是有目共睹的。他发现了《庚辰本》和《己卯本》避讳"晓"和"祥"这一特殊现象,根据《怡府书目》等有关怡亲王府的有关资料,判断其为怡亲王府的原抄本的惊人发现,成为迄今为止唯一知道确切来源的抄本。又根据《庚辰本》和《己卯本》的细致对比,论证了两本之间的血脉关系,澄清了关于《庚辰本》是"四个本子抄拼"的错误观点,论证并肯定了《庚辰本》作为"曹雪芹逝世前的一个'定本',是迄今为止最珍贵最完备而未被删改过的本子","是仅次于作者亲笔手稿的一个本子","是研究其他脂本和刻本的一个坐标,一杆标尺"的这一科学而准确的"定位"。而由冯老主持并亲自参与工作的,以《庚辰本》为底本、前后花费七年时间进行校注的著名的"艺院本"《红楼梦》,成为我国第一部最接近曹雪芹原稿本的刊印本。自1982年出版后的二十五年内,先后有两个版本出版,发行量超过三百五十万套,加上重新修订刚刚出版的第三版,发行量将超过四百万套。充分说明这个本子得到广大读者的欢迎和认可,有着极为广泛的群众基础。这是对冯老这一研究成果的不容置疑的、最有力的肯定和拥护。但是,冯老在这一研究过程中,曾经发生过一些由于误解而引起的错误。比如,起初根据《己卯本》中对一些"异文"的"旁改"的文字,和《庚辰本》完全相同的现象,认为《庚辰本》是根据《己卯本》的"旁改"文字和正文一起清抄而成的本子。后来又发现《己卯本》上的"旁改"文字,是收藏者陶洙根据《庚辰本》"回改"上去的,因此,有人认为《庚辰本》不是直接根据《己卯本》过录的。经过仔细研究核对后,冯老毫无保留地认同并接受了这些研究者的意见,坦率地承认原先的"误解"是"把事情弄颠倒了",真诚地"感谢大家的贡献和对我的指正";并且庆幸:相比当年学界不少人将《红楼梦稿》"误认作高鹗的改稿"的错误认识延续一个多世纪,"我的错误认识,在很短时间内就得到了纠正,这不能不说是幸事"。并为此专门重新写了《重论庚辰本》长文。

但是冯老对这一问题的研究并未终止，近年，冯老在研究北师大抄本《红楼梦》时，又重新获得新的启示和解悟，除确认己卯本上旁改的文字大都为陶洙所改外，又再次论定庚辰本确是据己卯本过录并保持了己卯本的行款，从而也就是保持了曹雪芹原稿和款式（见冯老《敝帚集·对庚辰本己卯本关系的再认识》）。这是一个对研究《石头记》早期抄本极为重要的论断。如果停止在否认庚辰本与己卯本的血缘关系上，这就会使已获的成果、已揭示的秘密和信息尽付东流。所以，冯老的重新论定，无疑是对《石头记》早期抄本研究的一大推动，也是对《石头记》书稿原始状态的重要发现，因此这一论断的学术意义是十分重大的。

冯老为什么会对问题的研究始终保持着永不停止的动态？这就是对人民负责、对中华民族文化负责、对中华历史负责的高度责任心！这就是大学者高屋建瓴的风度，海纳百川的胸怀，坦荡无私、以追求真理为唯一目的的高尚品格。对比冯老，那些浮躁浮夸，哗众取宠，不负责任地发表奇谈怪论，千方百计以种种"炒作"手段追求个人名利，将红学界搅得乌烟瘴气的人，岂不要愧煞?！

对于一般学者，如果能够取得像冯老那样的一项研究成果，能够有如冯老那样的一项贡献，已经足以傲视世人了。但是，冯老以八十多岁的高龄，却不畏艰难，继续努力攀登新的高峰。"红学"的制高点是什么呢？最高峰是什么呢？这就是对《红楼梦》"思想"的研究。无论是对曹雪芹的身世及家世的研究，还是对《红楼梦》版本的研究等等，最后归结到一个终点，都是为了深刻而正确地探讨、领会《红楼梦》的"思想"。而《红楼梦》问世二百多年来关于它的主题思想的说法，先后已达二十多种，却至今难以得到学界的共识，辩难不已。胡适先生当年提出来的"自传说"固已遭到强力批评，当代有些学者提出来的"一个'情'字"说、"一个'冤'字"说，也似感不能深刻地揭示其思想的本质……列宁曾指出："在分析任何一个社会问题时，马克思主义立论的绝对要求，就是要把问题提到一定的历史范围之内"，"在社会现象方面，没有比胡乱抽出一些个别的事实和玩弄实例更普遍更站不住脚的方法了。罗列一般例子是毫不费劲的，但这是没有任何意义的或者完全起相反的作用，因为在具体的历史情况下，一切事情都有它个别的情况。"要科学而准确、深刻地探讨《红楼梦》的"思想"，必须要有科学的观点，科学的"方法论"，这就是历史唯物主义的观点和方法论。

运用历史唯物主义的观点来研究探讨《红楼梦》的"思想"，不始于今日，早在20世纪50年代，在毛泽东主席的倡导支持下，很多学者就进行了有益的探讨。科学史和思想史都证明了，唯有辩证唯物主义和历史唯物主义才是科学的观点和思想方法论，它对人们探讨自然之谜和社会之谜的重要性，是任何科恩之类的人所谓"学术典范"所不能比拟的。任何抛弃或违背辩证唯物主义和历史唯物主义观点和方法论的做法，是不可能达到真理彼岸的。现在不少人在说"红学危机"，其实这种"危机"并不是什么"题材缺乏"、"材料缺乏"，主要的正是世界观和方法论的缺陷，同样的"材料"、同样的"版本"，有的人却"研究"

出各种各样匪夷所思的"奇谈怪论",这本身就是一个明证！"红学"要走出"危机",找到新的"突破口",走上新的台阶,"路在何方"呢？这就是在"红学研究"中充分地把握和运用辩证唯物主义和历史唯物主义观点和方法论,舍此而外,别无他途。

冯其庸先生的名著《论红楼梦思想》一书,就是当今这方面的典范之作。书中并没有到处抄录马克思主义经典著作中的词句,但是,我们可以清楚地看到,辩证唯物主义和历史唯物主义观点和方法论是贯穿全书的一根鲜明的红线。从该书收录的《千古文章未尽才》一文的写作时间来看(1983),冯其庸先生对《红楼梦》"思想"的思索和探讨,至少自20世纪的80年代初期就已经开始了,到21世纪该书的完稿付印,整整思索研究了二十八九年。这本书就是冯老这几三十年心血的结晶。《论红楼梦思想》这本书从初版(2002)到现在,也已经有十个年头了,但是全面地研究它并给以正确评价的著作似乎并不多。让人感到,学界对这本书所达到的思想高度和理论典范的重要意义,似乎没有给以充分的注意和正确的、恰如其分的估价和认识。这不能不令人感到十分的遗憾。但令人高兴的是,前些年此书终于被收入20世纪文库,成为一个世纪内的代表作。

以往在谈到运用历史唯物主义的观点来研究《红楼梦》时,往往是用一些概念,如"经济基础和上层建筑"、"阶级和阶级斗争"等等再套上《红楼梦》的某些情节,就算完事大吉了。这种生搬硬套的做法,达不到学术之科学研究的典范要求,也缺乏充分的说服力,显然是不能令人满意的。而冯其庸先生的《论红楼梦思想》一书,在二十多年的研究中,收集了大量的历史资料,包括从明后期至清乾隆时期社会政治、经济、思想、文化和习俗的大量资料,以及这一时期的中国与外部世界交往和沟通的状况(基督教等西方思想意识的传入),进行了详细的比对分析、综合归纳、演绎推理,勾勒出一幅完整的清晰的历史源流的画面;并且结合明末的李卓吾与清初的黄宗羲、顾炎武,以及同时代的唐甄、戴震、吴敬梓、袁枚等人的思想,揭示了曹雪芹的思想的历史背景和哲学思潮的承袭及同步发展演化的关系。而在这些研究中,冯其庸先生不是仅仅从概念到概念的"一般"出发,而是具体研究了中国历史的特点,研究了中国明末清初这一时期的历史特点,研究了中国所谓的"康乾盛世"这一时期的特点,研究了曹雪芹家世及其本人生活经历的具体特点,使社会背景、思想发展的脉络,和曹雪芹本人的思想意识,有机地、血脉交融地融合在一起,这样就令人信服地揭示了曹雪芹思想产生的内在的、必然的规律性,以及时代的涵义。

这样,更广阔的视野和更深度的思考,在我们面前展开了。冯其庸先生指出：曹雪芹生活的18世纪中期,英国的资产阶级工业革命已经进入高潮,而中国自身自明中后期发展起来的资本主义萌芽性质的新的经济因素,经过清朝顺治、康熙、雍正三朝的休养生息,政策调整,到乾隆时期,已经取得了较大的发展;明朝中期以来西方传教士的不断来华,也沟通了中国的外部世界,带来了西方的科学技术和思想意识。以上这一切,都影响到中国社会的意识形态,尽管正统的思想仍占绝对的统治地位,但反正统和非正统的思潮,非但禁而不绝,反而愈见扩大。中国的社会正缓慢地开始转型,曹雪芹的思想正是这一历史特征的反映："《红楼梦》的思想是反映资本主义萌芽的新的民主思想,曹雪芹是超前的思想家,他的思想,……是属于这个反封建传统的行列里的,……感受到了这个时代先进的脉搏。""在研究《红楼梦》思想过程中,我同时研究了那个时代的社会,才更加体会到《红楼梦》里的'真假'、'有无'、'虚实'等等的概念,不仅仅是指书中的贾府,也不仅仅是隐指曹、李两家,而是具有更深远的社会现实意义的。因此,研究《红楼梦》,确应重视曹家和李家从煊赫到败落的家史,但不应该仅限于此,因为当时社会上真假、有无、虚实的情况太多,'落了片白茫茫大地真干净'的人家决不限于曹、李两家,因此它具有更广阔更深远的历史内涵和意义";"曹雪芹写一宁、荣世家,无异就是解剖了封建社会的一个活体细胞,通过这个细胞,就看到了整个封建社会,看到了这个社会的最终趋势"。"在《红楼梦》里,揭露批判着一个现实世界,呼唤向往着一个理想世界。对现实世界的批判是具体的、真实的、深刻的,而对理想世界的呼唤是朦胧的、原则的、概念的。"

冯其庸先生还特别指出:"《红楼梦》的思想是反映资本主义萌芽的新的民主思想,而不是封建的民主思想。"如果我们熟悉红学研究的历史,就会明白,冯先生在这里是有所指的,是在着手解决红学研究中的一个曾经长期争论不休的重大问题。以往在研究《红楼梦》的思想时,有的学者"为书中人物的某些情节和作者的某些行为或癖好,找出'古已有之'的例子或出处",就认为其反映的是"古已有之"的"封建社会传统的民主主义思想",而否认其为"资本主义萌芽的生产关系在意识形态上的反映",否认它是反映资本主义萌芽状态的"新的民主思想"。冯其庸先生指出,这些学者"找出这些意识的最初的出处,从而认为这些意识是'古已有之',认为就是封建社会传统的民主主义的表现",这样的分析方法是与唯物史观以及历史发展的实际和规律都是相违背的,既不能认识或说明历史的本质,而得出的结论也显然是不可靠的。冯先生指出:"问题在于即使是'古已有之'的这些思想或意识,又重新在新的历史条件下,它是否具有新的意义? 这才是我们应该认真研究,加以解决的问题。更何况贾宝玉和林黛玉的思想,有一些并不是'古已有之'。"

冯先生对这一问题的认识,是辩证的,历史的,他指出:"在分析这一问题时,我们还应该注意的是,不要把传统的民主主义思想和反映资本主义萌芽的生产关系的民主主义思想割裂开来和对立起来,应该看到这两种思想的天然的联系,后者对于前者的天然的继承性,在后者的思想里,必然包括着前者即传统的民主主义思想的精华。当然,后者对于前者除了这种继承性外,更重要的是它在新的历史条件下具有了新的思想内容,具有了新的质。这就是后者区别于前者的主要标志。""我们应该注意不能因为小说人物某些口号在历史上早已有人提过,因而忽视它在新的历史条件下重复出现时具有的新的内涵"。他举例说,"'天下为公'是《礼记·礼运》篇里的话,但孙中山却借来宣传资产阶级民主革命,我们当然不能否认孙中山的'天下为公'是资产阶级民主革命的口号,不能把孙中山的'天下为公'的口号的思想内容和宣传目的与成书于战国或汉初的《礼记·礼运》篇的'天下为公'的思想内容等量齐观,抹杀两者之间的质的区别。"

那么,《红楼梦》的"思想"之"新","新"在什么地方呢?冯其庸先生从哲学的高度,在四个方面作了精辟的概括:"一、以反封建正统为前提的贾宝玉所走的自由人生的道路。这是一条历史上从未有人走过的崭新的人生道路,它具有特殊的历史意义;二、贾宝玉、林黛玉共同以无限忠贞纯洁的爱情和宝贵的生命为代价来追求、争取的恋爱自由、婚姻自主的权利。这是亘古未有的一种充满着反封建的斗争的精神的全新观念,这是人类自我完善的最为重大而艰难的一步,但也是伟大的一步;三、是贾宝玉'女儿是水作的骨肉,男子是泥作的骨肉'。这种重女轻男的强烈的呼声,是男女平等的矫枉过正的呼声,这对几千年来的男权社会是一次最强级的地震,但它却是人类发展的前景,是必然要到达的前景;四、是贾宝玉所提出来的人际关系的无等级的、平等的、仁爱的、真诚无私的原则。""上述四个方面的思想对封建社会、封建秩序不仅是不利而且完全是破坏性的,而对于资本主义萌芽性质的经济因素,则完全是有利的。"认为"曹雪芹的立场,是自觉的反封建正统思想、反封建政治道路、反封建礼法等等,总之,是反封建社会的一切现存秩序,向往着他理想中的自由人生之路!"

基于这种认识,冯其庸先生对《红楼梦》中的许多情节和艺术表现手法等等重大课题,进行了深刻、精湛的分析研究。比如,对《红楼梦》中至今为止始终没有得到确解、深解的"真假、有无、虚实、梦幻"等等概念,作了深入细致的分析,进行了令人信服的阐释。又比如,对"《红楼梦》的现实意义"这一极为重大的问题,也作了十分精确、精辟的阐述。这些阐释或阐述,处处闪现着思想的光芒,给人以崭新的启示,但是限于篇幅,我们在这里却无法一一详细介绍了。

"《红楼梦》这部书,不仅是对两千年来的封建制度和封建社会(包括它的意识形态)的一个总的批判,而且它还闪耀着新时代的一丝曙光。它既是一曲行将没落的封建社会的挽歌,也是一首必将到来的新时代的晨曲。"冯其庸先生这一高度概括和定位,科学而精准地确立了《红楼梦》在中国优秀的传统文化中的不容置疑的、不可动摇的崇高地位。

对冯老渊博的学识,人们不能不由衷地感叹和敬佩。但是,冯老自己却说:"我深感《红楼梦》研究是一门大学问,研究者的知识越多越好。可惜我已心有余而力不足,我不可能再得到从头学习的机会了,看着前辈学人和并辈的俊彦,真感到自己深深的不足","我们有幸能从'文革'过来,又逢这样的大好时代,可做的学问实在太多了,我希望天假余年,让我再边学边干,再多获一点知识……"

生命不息,攀登不止。这就是冯老!啊,这位老人啊!

2011年5月29日

读端木蕻良致陈迩冬函

沈治钧

（北京语言大学）

　　去年暑假期间,我写过一篇关于陈迩冬与"曹雪芹佚诗"案的东西。在动笔之前,我拜访过陈迩冬的大女婿郭隽杰,向他讨教了一些问题。假诗自然是一个重要的话题。当时郭教授谈及,70年代后期,他曾亲耳听到陈迩冬与舒芜在一起议论,周汝昌造了假诗云云。他还提示说,陈迩冬与端木蕻良在通信中聊过此事,《端木蕻良文集》续编即将上市,其中有不少书信,可以留意。

　　目前,八卷本《端木蕻良文集》业已出齐,里边果然收录了致陈迩冬函十六通,其中三通涉及假诗问题。这对我们具体了解"陈方"(陈迩冬与舒芜)《"曹雪芹佚诗"辨伪》产生的时代背景及学术氛围,当有裨益。与此相关的史事,也应予以审视。

一、陈迩冬"直指其必周汝昌所为"

　　端木蕻良(1912—1996),本名曹京平,辽宁昌图人,满族。南开中学毕业,1932年考入清华大学历史系,一年后辍学。不久赴上海,结识鲁迅,获得提携。抗战爆发后漂泊西南诸省,同萧红结为伉俪,主编过多种报刊,同时创作了大量的文学作品。1949年秋自香港回内地,曾任中国红楼梦学会顾问、北京市作家协会副主席、中国作家协会理事。著有长篇小说《科尔沁旗草原》、《大地的海》、《新都花絮》、《曹雪芹》等,另有中短篇小说、散文、剧作、诗词、评论多种。他和陈迩冬相识较早,加之两人都爱好文学创作、旧体诗词及

105

《红楼梦》研究,故私交甚笃。端木诗存中有《秋日访迮冬不遇戏题一绝》、《浣溪沙·迮冬五十初度》、《拜星月慢·迮冬六九初度》、《虎年画虎赠迮冬》、《挽陈迮冬联》等作品,记录了他们的深厚友谊。其中挽联云:"魂归榕桂,诗才名迮迮;月落漓江,文章历春冬。"① 格调凄抑,措辞工巧,有山阳残笛的韵味。

起句为"唾壶崩剥慨当慷"的所谓"曹雪芹佚诗",最初是 1971 年 12 月 26 日由周汝昌传出的。1974 年 8 月,南京师范学院《文教资料简报》第 8 至 9 期增刊发表了吴世昌与徐恭时合写的《新发现的曹雪芹佚诗》,次年首期《哈尔滨师范学院学报》转载。文章高度肯定"雪芹此诗,是思想性和艺术性高度统一、浑成的优秀范例",同时指出:"真金的光彩不是疑云所能长久掩盖的。我们从这诗的思想性、艺术性,以及韵律、技巧等种种方面加以考查的结果,认为这是雪芹原作,绝无可疑。"② 从此,这首"曹雪芹佚诗"传遍了全国。

端木蕻良酷爱《红楼梦》,1943 年曾改编话剧《林黛玉》、《晴雯》和《王熙凤》,平生雅好红学,有志于撰述历史传记小说《曹雪芹》。那么,他闻知"佚诗"一事,自然会非常关注。1978 年 1 月 28 日(丁巳腊月二十日),他在致陈迮冬函中写道:

> 信封上看出你已返京,桂林之游一定有意思,我因弄不清你的地址,曾托瘦石寄你一诗,未知收到否? 当时因见吴其昌文,言北京流传曹雪芹诗,我看也如石达开诗一般,所以作了一首,欲与之增胜,不知看了以为何如? ③

函尾署"一月廿八日",《端木蕻良文集》编者标为"1976 年",似误。盖 1976 年 7 月 28 日凌晨唐山发生大地震,北京震感强烈,所以一些居民纷纷避往外地。当时端木蕻良北上去了哈尔滨,住在二哥家,陈迮冬则南下回故乡桂林去了。他们都是 1977 年夏秋之后才回京的。据此判断,这封信的写作当在 1978 年初。

信中的"吴其昌"当系"吴世昌"之讹。吴其昌(1904—1944)是哥哥,梁任公高足,早已病逝,吴世昌(1908—1986)是他的弟弟。所谓"石达开诗",指光绪三十二年(1906)丙午南社诗人高旭(天梅)化名残山剩水楼主人在上海秘密印制的《太平天国翼王石达开遗诗》(凡十七题二十五首),中有二十首赝鼎(另五首非高氏所制,亦伪),史家罗尔纲等辨之甚详。据此函,端木蕻良正是通过吴世昌、徐恭时的文章了解到"曹雪芹佚诗"的。他以为,该诗就像"石达开遗诗"一样,大概属于后人伪托的假货。至于他托画家尹瘦石转寄的

---

① 端木蕻良《挽陈迮冬联》,见《端木蕻良文集》第八卷上册,北京出版社,2009 年 6 月,第 629 页。按拙文《"曹雪芹佚诗"案拾零——以陈迮冬先生为中心》(载《杭州师范大学学报》社会科学版 2010 年第 2 期)已抄引陈迮冬赠端木蕻良诗作,此处不重录。

② 吴世昌、徐恭时《新发现的曹雪芹佚诗》,引文据吴著《红楼梦探源外编》,上海古籍出版社,1980 年,第 332 页、第 328 页。

③ 端木蕻良致陈迮冬函,见《端木蕻良文集》第八卷下册,第 33 页。

一首和诗,后面再讲。

端木蕻良同陈迩冬谈论"曹雪芹佚诗",算是找对了人。陈迩冬是诗词高手,而且晓得假诗的内幕,当时已经与舒芜合署"陈方",在《南京师院学报》发表了《"曹雪芹佚诗"辨伪》,毅然揭开了红学史上第一造假大案的盖子。这样一位行家里手,自然能够指点迷津。陈迩冬很快便作了回复。端木蕻良又于1978年2月6日(丁巳除夕)致函说:

> 杜撰的芹诗不在手中,我写的底稿,也遍翻不着,仅就记忆抄附,你可以大改。我的诗自己也不满意,但较之伪作稍胜一筹。伪作正犯了香菱初写咏月诗的旧辙,句句都写演戏,所以,结果什么也未说及,断断非雪芹原作。即此一点,可以不计其馀也,一笑。①

此函没有写明时间,文集编者据其中"大年夜得手书,真是一乐"云云,标注为"1976年1月31日",似仍不确。据前述理由,应系于丁巳除夕。

由此函可知,端木蕻良托尹瘦石转寄的那首和诗,陈迩冬没有收到,故在回信中索阅。端木蕻良便凭记忆又抄录了一遍附上。陈迩冬的信现在还看不到,他必定会向老朋友透露内情的(详后)。于是,端木蕻良的口气变得百分之百肯定了,不仅指斥"唾壶崩剥慨当慷"云云是"伪作"——"断断非雪芹原作",而且揶揄假诗制造者像"初写咏月诗"的香菱一样,思致庸陋,诗艺拙劣。他点出了"曹雪芹佚诗"的一个破绽,即"句句都写演戏",以致缺乏实质内容。这跟一年多以后梅节所提的意见有点近似。1979年6月,梅节指出:"敦敏这两首诗讲得很清楚,敦诚写《琵琶行传奇》只是填词,并不是编脚本。从填词到演出是有很大一段距离的。根据'读罢乐章频怅怅'句,敦诚只是把填词让朋友们传阅,并没彩排后招待大家看戏。拟补者由于不了解实情,却为敦诚安排了一场有声有色的演出:'月荻江枫满画堂。'台上是'红粉真堪传栩栩',台下是'绿樽那靳感茫茫',场面是热闹极了,只不过有一个小小的缺点:压根儿没有这回事。"②这些话切中了假诗的要害。端木蕻良与梅节可谓英雄所见略同了。相比而言,梅文讲得更准确,更透彻。

此后,端木蕻良一直密切关注着此案的动向。1979年3月31日,张友鸾化名"宛平人"在香港《文汇报》发表了《红楼梦专家大争辩——曹雪芹佚诗疑案》,把学术论战的熊熊烈火引向了海外。端木蕻良不知怎么听说了,遂于本年9月15日致函该报副总编曾敏之,讨要张文。信中说:

> 三月三十一日《文汇报》,我这里没有,你能给我查找一份否?那里有宛平人一篇

---

① 端木蕻良致陈迩冬函,见《端木蕻良文集》第八卷下册第,33页。
② 梅节《曹雪芹"佚诗"的真伪问题》,原载香港《七十年代》1979年6月号。引文据《红学耦耕集》,文化艺术出版社,2000年,第304页。

文章,我知道而未寓目。盖曹雪芹佚诗,我看到南京大学文史资料上刊吴其昌的考证文章,我就写信给迻冬,当时我去哈市,我们都说是伪造。最近又出现曹雪芹的扇子,也是伪造。脂研也是伪造。其他的所谓遗物遗文,都没有根,即所谓"泥人张"的塑像,也没有根。用中国旧语说,都是不根之谈。不过,我写小说是无妨的。但我利用它们,并不等于承认他们是真的。①

信后署"九月十五",文集编者标为"1981 年",亦不确,应为 1979 年,当时《曹雪芹》上卷已在香港《文汇报》连载。信中"南京大学文史资料上刊吴其昌"云云,其误显然。此外,信函中所述事实皆准确,可证端木蕻良同陈迻冬通信谈"曹雪芹佚诗",确在唐山地震以后。显而易见,他对红学领域愈演愈烈的伪造文物史料的恶劣作风极为反感,故严格区分学术研究与小说创作的界限。这当然是正确的做法。

同陈迻冬通信讨论"曹雪芹佚诗",显然给端木蕻良留下了很深的印象,十多年后他还记得。1990 年 10 月 26 日致陈迻冬函云:

> 今天我看南京师范《文教资料简报》中有"新发现的曹雪芹佚诗"。记得那时我正在哈尔滨二哥处避地震,我不信此为曹诗,曾写信说那是"香菱"一类人的手笔,因为堆砌无味也。吾兄回信,直指其必周汝昌所为。不知你还记得此事否也?兄信也尚存,但现在找不到。望能回我一信,也可作为档案保留。一笑。如果你没有兴趣写,不要勉强。②

信尾署"重九日",但不详何故,文集编者标为"1990 年 9 月 27 日"。③ 若年代不误,当为 10 月 26 日,这天是庚午重阳节,离陈迻冬辞世(11 月 16 日)只有 21 天。

从信里的口吻看,此函上距前引 1978 年初的那两封信,时间比较长了,但端木蕻良记忆深刻。此函透露,当时陈迻冬"直指其必周汝昌所为"。大家知道,"陈方"在 1977 年底发表的《"曹雪芹佚诗"辨伪》中并没有如此直截了当的表述,只是说:"问题的真相,有待于周汝昌先生出来澄清。"④ 既然周汝昌那时还没有承认"自拟",陈迻冬和舒芜自然不宜在论文里公开说破。由端木蕻良此函可知,当时"陈方"心里十分清楚谁是造假者。

在同"柯老"(疑即资深评论家兼作家柯灵)的通信中,端木蕻良也提到过此事。1994 年 4 月 6 日(去世前两年)一函云:

---

① 端木蕻良致曾敏之函,见《端木蕻良文集》第八卷下册,第 169 页。
② 端木蕻良致陈迻冬函,见《端木蕻良文集》第八卷下册,第 39 页—40 页。
③ 自 1978 年至 1990 年,其 9 月 27 日均非"重九日",《端木蕻良文集》此处所标月日必误。
④ 陈方《"曹雪芹佚诗"辨伪》,载《南京师范学院学报》1977 年第 4 期。按周汝昌正式承认"自拟"是在 1979 年春,见其《曹雪芹的手笔"能"假托吗?》,载《教学与进修》1979 年第 2 期。另见其《由棟亭诗谈到雪芹诗》,载《内蒙古大学学报》1979 年第 1 期增刊。

富贵于我如浮云，因为对"红"书有特殊感情，所以也忝在扯不清之列。但红学是个陷阱，稍一不慎，就会走进误区里，走不出来。如吴世昌老先生亲口对我说乾隆时还没有淡巴菰，但我已查到多条。正史上就有禁毁铜钱作烟袋的禁命，可见烟在清朝已大行中国了，有机会，还要写一篇小文。又我和耀群在南京考查时，忽得南京大学文史资料寄来，中有周汝昌发现的曹雪芹律诗一首，我看了就知道是伪作，便写信给迹冬，他回信也说肯定是假的。①

其中"南京大学"当为"南京师院"。所谓"在南京考查时"，当指最初知道"曹雪芹佚诗"的时间。信里又说起与陈迹冬通信的事，可见印象难以磨灭，对老友的由衷钦佩之情溢于言表。吴世昌则不同，他是被当作陈迹冬的对立面提出来的。

吴世昌说乾隆时还没有"淡巴菰"（tobacco），显然不对。烟草于明朝万历年间已传入我国，清初王渔洋记载道："今世士大夫，下逮舆台仕女，无不嗜烟草者，田家种之连畦，颇获厚利。"（《香祖笔记》卷二）乾隆年间刊刻的程甲本《红楼梦》一百零一回描写，薛宝钗忽见王熙凤来了，"只得搭讪着自己递了一袋烟，凤姐儿笑着站起来接了"。② 或许是聊到了这个细节，吴世昌乃发高论。端木蕻良举此例，显然是想说明，吴世昌比较主观武断，不及陈迹冬心明眼亮。他俩在"曹雪芹佚诗"案中一受骗一辨伪，表现殊异，均格外抢眼。端木蕻良坐山观虎斗，自然能够判别高低。"红学是个陷阱"，面对假诗，吴世昌就是"稍一不慎"而"走进误区里"的学人。

二、端木蕻良和唐德刚步"唾壶崩剥韵"

前引给陈迹冬的第一封信里，端木蕻良提到，他曾托尹瘦石转寄过一首针对"曹雪芹佚诗"的和诗。当时陈迹冬没有读到，故回信索阅。1978年初，作者又抄录了一遍寄出。眼下，《端木蕻良文集》中收录了这首和诗，题为《代曹雪芹赠敦诚》。诗云：

> 棹拍银汉三千丈，敲月摘星入曲堂。茶尽烟消云渺渺，人间天上两茫茫。瓶湖剩水牵一线，檀板新篇写大荒。白傅诗灵应喜甚，定教蛮素鬼排场。（自注：曹雪芹佚诗在上海发现，唯未睹原件，亦不详其经过，但闻之喜不自胜，信笔和之，以志快也。）③

① 端木蕻良致柯老函，见《端木蕻良文集》第八卷下册，第527页。
② 见《红楼梦》（程甲本影印本），北京图书馆出版社，2001年，第2734页。
③ 端木蕻良《代曹雪芹赠敦诚》，见《端木蕻良文集》第八卷上册，第417页。

此诗步"曹雪芹佚诗"原韵,确属追和之作。文集系此诗于1975年,或有所据,姑从之。至于写得好不好,何妨见仁见智,此处不作评论。只要晓得,端木蕻良自诩"较之伪作稍胜一筹"就行了。另须注意,它的诗题是《代曹雪芹赠敦诚》,又缀有详细的小注说明原委,作者坦坦荡荡,绝无学术欺诈的主观意图,作品堂堂正正,绝无暗设机关的客观效果。

端木蕻良在给陈迩冬及曾敏之、柯老的信函中再三表示,他从一开始便察觉"曹雪芹佚诗"不真。然而,由这首和诗的小注看,恐怕不尽然。所谓"喜不自胜"、"以志快也",明明是欣喜的态度,真切流露了初闻假诗时的愉悦心理。"曹雪芹佚诗在上海发现"一语,表明信息来自吴世昌、徐恭时的文章。因为他们声称:"这首佚诗,现在已在上海发表。我们很高兴地看到,它终于能为《红楼梦》的爱好者和研究者所乐知乐见,增加他们对《红楼梦》作者的了解。"[①]注释中则标明,他们引自上海人民出版社1974年8月版《评红楼梦参考资料》。从普通情理上讲,倘若它有可能是真品,"《红楼梦》的爱好者和研究者",比如端木蕻良,必定是"乐知乐见"的,故"闻之喜不自胜"。只是"唯未睹原件,亦不详其经过"两句,显示出端木蕻良有所保留。然则,他仍旧"信笔和之",那就未免失之随意,失之轻率了。因不明真相,可以原谅。及至断定该"曹雪芹佚诗"多半像"石达开遗诗"一样以假乱真,乃至确信其为"伪作"——"断断非雪芹原作"的时候,他还要抄示给陈迩冬,那便转化成对学术造假的辛辣讽刺了。

然而,类似的事情,周汝昌觉得足够风雅,足够风光,应该受到嘲弄的不是他自己,而是吴世昌那样的受骗者,如吴恩裕、王伯祥、顾颉刚、徐恭时、赵景深、周慧珺……时光到了1980年,本年6月16日至20日,在美国威斯康星大学召开了首届国际红楼梦研讨会。周汝昌《陌地红情》记录道:

> 艺术的天地广阔无垠,在大会上作的诗,多种多样,最有趣的是,还出现了很多篇为雪芹的残篇遗韵而补作的"全璧"诗。我屈指一计算,就有周策纵先生的两篇,陈永明先生的一篇,唐德刚先生的三篇,如果再加上我以墨笔写成字幅而带给大会展览的那九首,就一共有了十五首——都是七律!就中"唾壶崩剥"一首原系拙作,而唐德刚先生在他的诗题中竟说"用弃园唾壶崩剥韵",乃误以为是策纵兄之戏笔。此篇本已有人误认为雪芹"原作",闹出了一场笑话,而今唐先生又这样一提,"五百年后"的考证家必定大伤脑筋,又是一件聚讼纷纭的"公案"了。思之令人忍俊不禁。[②]

周汝昌"忍俊不禁",看来笑得分外开心。他有理由兴奋,伪造的"曹雪芹佚诗"毕竟可以堂而皇之拿到美利坚的学术殿堂上去"展览"了,而且居然有人再三步"唾壶崩剥韵"赓和,

---

① 吴世昌、徐恭时《新发现的曹雪芹佚诗》,引文据《红楼梦探源外编》,第328—329页。

② 周汝昌《陌地红情——国际红楼梦研讨会诗话》,原载《艺术世界》1980年第5期。引文据周著《献芹集》,中华书局,2006年,第454—455页。

何况还是唐德刚那样的学界名流。于是乎,一桩举国震惊的红学"疑案"(张友鸾语)或学术"骗案"(梅节语),似乎就此演变成了世纪佳话——不仅播扬到了香港,而且如今又流传到了美国。至于遭受欺骗的吴世昌,则不过是"闹出了一场笑话"罢了。

唐德刚(1920—2009)是安徽合肥人,1943年毕业于中央大学(今南京大学)历史系,五年后赴美留学,获哥伦比亚大学东亚系博士学位,乃留校任职,后执教于纽约市立大学。他在哥大期间结识胡适,遂开始"口述历史"的工作。先后完成胡适、李宗仁、顾维钧、张学良等人的回忆录,名声为之大噪。另著《中美外交百年史》、《晚清七十年》、《袁氏当国》、《新中国三十年》、《美国民权运动》、《中国之惑》、《史学与红学》等,还有长篇小说《战争与爱情》及学术随笔《书缘与人缘》,诗词作品亦多。

唐德刚去年已归道山,围绕着他的,不管是"疑案"还是"骗案",不管是佳话还是笑话,基本事实总是要搞清楚的。瞅瞅身处国内的端木蕻良,他好像总不能及时获得有关材料,学术判断老是慢两三拍。当时信息流通不畅,人们都有些闭目掩耳的感觉,这是生活在网络新时代的年轻读者所难以想象的。然则,1980年仲夏,长期定居美国的唐德刚(时年逾花甲)在步"唾壶崩剥韵"的时候,了解到这首"曹雪芹佚诗"的相关信息了吗? 显然没有,他是标准的一无所知。"唾壶崩剥韵"的真正作者近在眼前,他却一脸茫然,有如"在周之庭"的冥冥瞽叟,竟指"曹雪芹佚诗"出自"弃园"周策纵之手,真让人哭笑不得。

事情明摆着,周汝昌只是把"唾壶崩剥韵"拿到会议上去"展览",让不明就里的美籍华人学者来唱和,他并没有同时披露这首假诗的来龙去脉。比如他自己如何隐瞒来历,吴恩裕如何上当受骗,徐恭时如何判断失误,"陈方"如何撩开黑幕,"宛平人"如何嬉笑怒骂,聂绀弩如何寄诗挖苦,梅节如何大张挞伐,吴世昌如何火冒三丈,以致他自己又如何连连道歉……设若知晓这些复杂的隐情,或者至少知晓此诗的真正主人不是"弃园"周而是"解味"周的话,唐德刚还有兴致步"唾壶崩剥韵"吗? 这恐怕是很成问题的。端木蕻良就是个极好的先例,可作参照。另外,当时出席会议的还有来自中国大陆的冯其庸和陈毓罴,两公俱擅吟咏,为何不凑热闹也作一两首和诗?

唐德刚无形之中被蒙住了双眼,那么当时也写了"全璧"诗的周策纵与陈永明(此两公是否步"唾壶崩剥韵"有待查证)究竟了解多少真相,可想而知。周汝昌自己不主动说明,冯其庸和陈毓罴自然不便扫兴去解释了——家丑不可外扬嘛,况有外事纪律约束,内外有别,不可造次。① 于是,唐德刚逮住"唾壶崩剥韵"一和再和以至三和,仿佛非要把白居易的"诗灵"连同"蛮素"的鬼魂都叫起来不可。英明了一世的唐德刚哪里知道,他被人悄悄捉弄了,竟像个小儿似的被玩耍于股掌之上。然后,一篇《陌地红情》,喜剧场景公诸于世,难道其中

红学研究新视野

读端木蕻良致陈迩冬函

---

① 梁归智介绍此次会议情况说:"中国大陆去的三位学者,也是基本团结和谐的。"见梁著《红学泰斗周汝昌传》,漓江出版社,2006年,第325页。按梁说当源自周汝昌,可以参考。唐德刚此次会议上的诗作,随后以《红学家诗会红楼》为题发表,计有《绝句二首》、《研红小聚谢主人迎外宾兼寿祖国诸贤》、《赠叶嘉莹教授》、《赠陈毓罴学士》,均载1980年7月8日香港《新晚报》星海副刊。

的唐德刚不是个滑稽可笑的丑角吗？至于倜傥风流的喜剧正生，当然非周汝昌莫属。

毋庸讳言，在美国的学术会议上，周汝昌隐瞒"唾壶崩剥韵"的相关真相，照旧违背了学术诚信的基本原则。是的，一年多之前的 1979 年春他已在镇江师专主办的《教学与进修》上注销了《曹雪芹的手笔"能"假托吗？》，同时在《内蒙古大学学报》增刊上注销了《由楝亭诗谈到雪芹诗》，均承认"自拟"并致歉。但是，这两种刊物都不甚知名，又受限于当时信息流通迟缓的客观条件，我国刚刚改革开放，文章即便发表了一年，国外的学者也是难以读到的。除非周汝昌把这两篇大作带到会议上去散发，或者口头介绍其关键内容，显然，他没有这样做。本来他也无须这样做，别人不问，何苦自揭脓疮？问题在于，他把"唾壶崩剥韵"（"以墨笔写成字幅"）带到了会议上去"展览"，还让与会的美籍华人学者反复唱和，既然如此，难道他没有责任说明个中情由吗？彼时唐德刚的表现已然充分证明，周汝昌把在国内愚弄吴恩裕等学者的手段，又在美国重新施展了一番。著作等身的唐德刚何罪何辜，转瞬间竟沦落成了一片绿叶。须知，那朵娇艳的红牡丹原本跟合肥唐氏没有丝毫瓜葛。

至此，我们看到了一个荒诞的景象：一边是太平洋西岸的香港，为了辩论此诗的真伪，吴世昌与梅节不惜撕破了脸面，正在殊死鏖战，杀得血肉模糊，满天愁云惨雾；[①] 一边是太平洋东岸的陌地生（Madison），周汝昌正在欣欣然"展览"此诗，让人依韵唱和，低徊婉转，演出了《陌地红情》中"最有趣的"高潮段落，宾主喜气洋洋，满天风花雪月。妙就妙在不同地而同时，都是在溽热的 1980 年仲夏。这简直就是"林黛玉焚稿断痴情，薛宝钗出闺成大礼"的魔幻现实版——吴世昌纠缠梅挺秀，周汝昌调戏唐德刚。如此岂有此理的戏剧性场面，放眼古今中外的学林文苑，确乎罕有其匹。如果讲在香港上演的是一出学术悲剧的话，那么美国威斯康星大学这边的《陌地红情》，便只能说是一场史无前例的文化闹剧了。

幸而，糊里糊涂为假诗写了三首和诗的唐德刚并不寂寞。迄今所知，端木蕻良是最早步"唾壶崩剥韵"的文坛名宿，比唐德刚还早了五个年头，而且钟耀群、尹瘦石、陈迩冬业已寓目。从起句为"棹拍银汉三千丈"的和诗，到给陈迩冬的信函，不难发现，70 年代的端木蕻良实际上经历了一个逐渐清醒的过程。开始是"闻之喜不自胜"，继而是怀疑"也如石达开诗一般"，最后是断言"伪作"——"断断非雪芹原作"，并且毫不客气地讥诮它"堆砌无味"——"那是'香菱'一类人的手笔"。这些，也可以说是"思之令人忍俊不禁"的。在端木蕻良从疑疑惑惑走向明明白白的过程中，陈迩冬起到了关键性的作用。他在 1978 年初明确告诉老友——"其必周汝昌所为"。为何能够如此？大家已然晓得，陈迩冬就是"陈

方"之迩冬"陈",他和舒芜(方管)早在 1977 年底便已推出了《"曹雪芹佚诗"辨伪》,向假诗制造者发出了第一声公开的呵斥。

香菱咏月诗初稿写道:"月挂中天夜色寒,清光皎皎影团团。诗人助兴常思玩,野客添愁不忍观。翡翠楼边悬玉镜,珍珠帘外挂冰盘。良宵何用烧银烛,晴彩辉煌映画栏。"[①] 林黛玉、薛宝钗瞧得出好歹,陈迩冬、舒芜也不含糊。

三、"石达开遗诗"的启示

当然,这不是个诗艺修养问题,而是个学术道德问题。一场红学骗局,居然从 70 年代初持续到了 80 年代初,居然从东半球延伸到了西半球,最后演变成了中美之间的国际事件,蒙受祸害的人不计其数,仅知名的学者就已相当可观。对此,学术界理当深刻反思。

在战火纷飞的 1939 年,柳亚子出面为亡友澄清事实,说高天梅在清末伪造"石达开遗诗",那完全是为了实现"驱除鞑虏,恢复中华"的革命目标,担着血海似的干系,动手之前曾直言告知南社同志。柳亚子郑重作证说:"时在民国纪元前六年,同讲授沪上健行公学,天梅为余言将撰翼王诗赝鼎,供激发民气之用,遂以一夕之力成之,并及叙跋诸文,信奇事也。封面题字亦天梅所书。当时醵金印千册,流布四方,读者咸为感动。"[②] 既然属于特殊时势下的政治鼓动策略,本无学术上的任何不良企图,而且最初就以实情明示友人,那便可以理解和谅解了。

一旦水落石出,"石达开遗诗"案便成了近代史学的一则美谈,端木蕻良知道,唐德刚也知道,故说:"石达开会作诗是假的,是南社诗人冒充的;他熟读《三国演义》,倒是真的。"[③] 何者为真,何者为假,这是学术研究中第一位的问题。比照此例,人们不禁要问,"文革"中的周汝昌伪造"曹雪芹佚诗",究竟出于什么样的高尚目的? 显然,他还欠一个坦率的交代。[④] 尤其是 1980 年仲夏他在美国的那场表演,着实让人觉得匪夷所思。那么,大家也就不得不继续劳神探讨了。倘若端木蕻良、陈迩冬及唐德刚在天有灵的话,估计也是乐于了解个中奥秘的。真话、真实、真相、真理,永远是学术的终极目标。

附言:此文的核心学术线索是由郭隽杰教授提示的,谨致谢忱。

2010 年 7 月 30 日清晨于京郊

---

① 见《脂砚斋重评石头记》(庚辰本),人民文学出版社,1975 年,第 1119 页。
② 柳亚子《残山剩水楼刊本〈石达开遗诗〉书后》,见《磨剑室文录》,上海人民出版社,1993 年,第 1216 页。按柳亚子 1939 年撰此文时,高旭(1877—1925)已谢世。
③ 唐德刚《晚清七十年》,岳麓书社,1999 年,第 157 页。
④ 按此案不少细节一时难明,致生诸多猜疑,至今众说纷纭。如张良皋《曹雪芹佚诗辨》(中国建筑工业出版社 2009 年版)认为该诗出笼同"文革顾问"康生及"半个红学家"江青有关,或缘彼等操纵指使,诗则别有来源。惜张著欠缺实证,所言似难遽尔采信。

红学研究新视野

读端木蕻良致陈迩冬函

敬贺冯老其庸先生从教、治学 60 周年

丁维忠

（中国艺术研究院）

我在冯老指导下从事红学研究，屈指已三十余年矣！

三十多年前，是冯老将我调入红研所的。"文革"结束，我急于调动工作，我的两位同窗林冠夫、黄葆真，将我的材料分别交给了中国艺术研究院红楼梦研究所和中国人民大学中文系。而冯老恰恰是这两个单位的领导，我的两份材料都交到了冯老手里。一天，在恭王府院中，我第一次见到冯老，是一位红光满面、语带笑颜、性格爽朗、亲切热情的长者："你就是丁维忠？真巧了，你的两份材料都在我这里。你是想上人大，还是进红研所？随你定，都可以。"我说想搞研究工作。"那好，那就到红研所吧，所里也正需要人。"想不到这之后仅一个星期，我的调令就下来了，一切办妥了，老同窗们都惊讶其快，而我对冯老的雷厉风行深怀感激！

我的研《红》，一开始就得到冯老的激励。1980—1982 年，我连发了几篇关于《红楼梦》和贾宝玉定性、定位的文章，提出了"资本主义萌芽——近代民主主义——人文主义"的观点。一天，一位朋友告诉我："昨晚在冯先生家开小会，冯先生着实夸奖了你一番，有一句评语引起了在座某某的激烈反应：'你把丁维忠捧得这么高，你把我某某置于何地？'"这事儿冯老也跟我谈起过，他不止一次鼓励我："就这么钻研下去，就该抓大题目。"甚至说："你出书，我给你写序。"冯老是第一个明确肯定我的学术观点和成果的，前辈专家对后进的这种激励和提携，给了我极大的动力！

某一年，红研所发生了不大不小的风波，有几个人，把别人推在前面，捏造"事实"，想把冯老拉下来,取而代之。我当时不明真相,这使冯老十分伤心,但他并不因此耿耿于怀,依旧一如既往,关注我的研究工作。

我之所以略述这一往事,仍是为了说明冯老的品格、为人:唯能是举。譬如当新版电视连续剧《红楼梦》筹拍伊始,他便向制作方推荐了我和吕启祥担任顾问,并在策划会上,每次都十分赞同、支持我的策划方案和建言。(后因故我们退辞了顾问之职。)

2006年,我的《红楼探佚》一书正待出版,请谁为我写序呢?应当说,由于种种原因,作为"红学"的重要组成部分的《红楼梦》"探佚学"迄今还不成气候,不少大专家都对它抱有成见,不是否定至少也怀疑不信、避之不谈。正因如此,我的"探佚"更需要像冯老这样的"红学"大师、学术权威加以审定:到底行不行?心里才有"准星"。但同时我又担心:冯老会不会一口回绝?转而又想:就我对冯老的亲身体验和了解,但凡学问、学识、学术之事,冯老是一向悉心爱护和支持的。于是我鼓起勇气,把书稿和请求寄给了冯老。

当时正值酷暑盛夏,冯老又偏偏染恙欠安,天天延医诊治,医生是不让他劳神阅稿的。孰料他不仅细细通审了26万字的全部拙著,而且还两易其稿,写下了一篇长长的序文,对于"探佚学",对拙著,甚至对我关于"芹著后30回'迷失'于曹𫖯之手"的推断,予以了充分评定,热情支持,奖掖嘉勉,令我不胜感激!从中亦足见冯老的学者气度,学术胸怀!

古人云:"师也者,教之以事而喻诸德者也。"冯老正是这样一位"教"人以学、诲人以"德"的师者,长者!

衷心祝愿冯老健康长寿,永葆学术青春!

2012年8月19日

红学研究新视野

敬贺冯老其庸先生从教、治学60周年

黛玉"断痴情""恨宝玉"而死吗

丁维忠

（中国艺术研究院）

现行《红楼梦》的后四十回，不是曹雪芹的原续，而是程伟元、高鹗拼凑的伪续，世称程高本后四十回。它所写的黛玉之死——"林黛玉焚稿断痴情"，历来受到相当多评红家的推崇和高度评价：说它出色地完成了宝黛爱情的悲剧结局；说《红楼梦》得以流传，全靠后四十回，而后四十回的成功，又主要靠黛玉之死的动人描写；它是《红楼梦》的"第一功劳"；甚至说后四十回也是曹雪芹的"原稿"，也是"经典"，至少包含芹著"原稿"的成份；更甚至说后四十回比前八十回写得更好，后四十回才是曹雪芹写的，前八十回是后人的"伪造"……这类评论虽有等差之别，但都是须得商榷的。

一、"焚稿断痴情"为何感人

从艺术技巧而论，后四十回的黛玉之死，写得确是感人的。究其原因，盖主要有三：

（一）大喜与大悲的强烈对比

续作者极其巧妙地把"林黛玉焚稿断痴情"与"薛宝钗出阁成大礼"，用类似"平行蒙太奇"、"交叉蒙太奇"的手法，同时叙写，确有"绛树两歌"、"黄华二牍"之妙。"当时黛玉气绝，正是宝玉娶宝钗这个时辰，"那边吹吹打打、热闹异常，这边冷冷清清、无限悲切。这种大喜反衬大悲、大热反衬大冷的强烈对比，把黛玉之死的凄苦，衬托得分外强烈，大大提

高了其"悲剧性指数",令人为之痛心、落泪!

这一章回的另一组大喜与大悲的对比是:宝玉新婚之喜反衬黛玉夭亡之悲。但宝玉的狂喜是因受"调包计"之骗,被蒙在鼓里的空欢喜;黛玉之悲是因宝玉负心,恨极而泣的真悲痛。当宝玉一旦明白真相,他的空欢喜便从高空跌落而悲痛得越发"死去活来","哭得气噎喉干";但黛玉则终究带着对心上人的误解,而永远不能消除悲极之恨了。"病神瑛泪洒相思地",已再也唤不回"苦绛珠魂归离恨天",此即宝玉哭灵一节的恸人心腑之处!

(二)强化黛玉的孤苦无助

当黛玉业已香魂将散、身子渐冷,贾母的心却"都在宝钗、宝玉身上","疼黛玉的心差了些,"对黛玉的病体竟"也不大提起";"贾府中上下人等都不过来","连一个问的人都没有";甚至连紫鹃和雪雁都要被叫离黛玉身边;最后只剩李纨、探春、紫鹃料理后事。贾母和贾府的这种"令人切齿"的"狠毒冷淡",强化了黛玉这个无依无靠的孤女临终时的孤苦和凄惨,令读者加倍地同情和酸楚!

(三)突出黛玉的坚贞圣洁

"紫鹃妹妹,我在这里没有亲人。我的身子是干净的,你好歹叫他们送我回去。"……黛玉弥留时的这一嘱托,集中表现了"没亲人"的"这里"——贾府的无情,和她对这"污淖"之地的忿懑、唾弃;同时表现了她对故乡苏州的无限向往和"回去"的强烈愿望;更表现了她的"身子"的圣洁和对自身这种圣洁的自豪、自尊和自爱。这一简短的嘱托,与她的《葬花吟》"质本洁来还洁去,强于污淖陷渠沟"相照应,刻画出这个无助无力然又终究"孤标傲世"的少女的坚强性格和纯洁心灵,令读者一洒痛惜和悲怆之泪!

二、"焚帕断痴情"为何否定

以上我们肯定和赞扬后四十回所写黛玉之死,只是从艺术技巧的角度,析释那么多读者为之倾倒和落泪的原因。但是必须注意:既然后四十回是作为《红楼梦》的续书推出的,那么衡量它的基本标准,以及对它的主要的、根本的要求,当然应是在思想内容上必须与曹雪芹的前八十回真正"接笋",符合芹著的原意,成为《红楼梦》的一个有机部分而与前八十回真正形成一个有机整体。

然而遗憾的是:当我们从前八十回的预伏和脂评的提示中了解到曹雪芹笔下的宝黛爱情原有的结局,我们发现后四十回的黛玉之死写得再好,其思想内核其实是与前八十回完全"脱笋",与曹雪芹的原续原意全然"背谬矛盾"的!质言之,这个"黛玉"之死有两个致命伤,两个原则性的背悖:

(1)"林黛玉焚稿断痴情":这个"黛玉"一把火把她对宝玉的"情"彻底烧"断"了,

完全烧没了。也就是说,因爱情的其中一方的"断情",宝黛爱情已不复存在!(没有了其中一方之"情",还能构成爱情吗?)

（2）"紫鹃早已知他(黛玉)是恨宝玉";凤姐说:"他倒不怨我,他临死咬牙切齿倒恨着宝玉呢"! 由此可见,黛玉临终时"直声叫道"的潜台词只能是:"宝玉,宝玉,你好……狠心!"一派怨恨之声。这就是说,就爱情的其中一方,"宝黛爱情"已变成了"宝黛怨恨"!

——就这样,一个"断"字把"情"全部斩断、掐灭,一个"恨"字又把爱变成了"恨",而正是这关键性的两个字眼,从根本上篡改了曹雪芹的原著原意! 为什么呢? 让我们从四个方面,看看原著是怎样写的:

（一）宝、黛不是一般的恋人,而是"神瑛侍者"和"绛珠仙子"下凡。绛珠下凡的唯一的目的、任务很明确:因为她全仗神瑛的"甘露灌溉"才"始得久延岁月",因此她要用"一生所有的眼泪",酬报神瑛的"甘露之惠"、"灌溉之德"或"灌溉之情"。这一目的十分明晰地预示和规定了绛珠——黛玉泪尽夭亡时,她对神瑛——宝玉只能是以泪报"德"、以泪还"情",而绝不可能"恨得咬牙切齿"而变成以"怨"报德、以"恨"还情。否则,满腔"怨恨"的"黛玉"还是"绛珠仙子"吗? 而后四十回恰恰把曹雪芹预先设定的"报德"、"还情"的神话都全盘推翻了!

（二）脂砚斋、畸笏叟是读到过曹雪芹的原续后三十回佚稿的,脂砚负责"誊清"原稿,边誊抄、边评批;畸笏负责"对清",边校对、边评批,并且他俩已抄、校、评完了全书的"末回《情榜》"。因此,他俩关于曹雪芹佚稿的批注或提示是可靠的。王府本第3回有一条十分重要的回末总评,应是脂砚或畸笏所批,它清楚地纪录了在芹著佚稿中黛玉之死的原貌:

> 绛珠之泪偏不因离恨(＝夭亡)而落,为惜(痛惜!)其石而落(宝玉乃"补天石头""神瑛侍者"转世,"瑛":"美石也",贾宝玉即"假宝玉、真石头"之意,故宝玉又称"石兄"),可见惜其石必惜其人(即贾宝玉)。其人不自惜(宝玉确实并不"自惜",他为金钏、琪官等"这些人死了也情愿的!"黛玉临终时,他更为了柳湘莲的"强梁"案而落难:离府逃祸,旋又被押"狱神庙",可谓"不自惜"到了极点!),而知己(注意:黛玉至死也是宝玉的"知己"!)能不千方百计为之惜乎?(黛玉不是"怨恨"宝玉,而是至死"痛惜"宝玉!)所以绛珠之泪至死不干,万苦不怨(注意:她再苦再悲也绝无丝毫"怨恨",而是痛惜、忧心、深爱宝玉之泪!),所谓求仁而得仁又何怨?(亦即求爱而得爱有何恨? 她渴求宝玉之爱,而已得到了宝玉之爱,还有什么怨恨呢? 绛珠完成了"以泪还情"的"前缘",她死而无憾,含笑九泉。黛玉是很坚强的,作者特用"芙蓉花"又名"拒霜花"喻她,"除了她,别人不配作芙蓉"! 第六十三回)

这一脂批把芹著原续的黛玉之死、之情、之泪、之心及其原因("痛惜"、"知己"、"得

爱"),记述得何等清晰、具体！拿它一对照,即可见出程高本后四十回的"断情"、"怨恨"的黛玉之死,对于芹著原续是做了怎样的翻案文章！

(三)脂评于己卯本第十九回双行夹批曰:"后观《情榜》评曰:'宝玉情不情,黛玉情情。'"尽管脂评说这评语"亦属囫囵不解",但它还是给出了三种颇具启示性的注解。纵观这些注解,可知这"情不情"、"情情"实是高度地概括了宝、黛的一生特点及其基本的性格特征。

就宝、黛的基本性格特征而言:

(1)脂评批注:宝玉"天生一段痴情,所谓情不情也";"写黛玉又胜宝玉十倍痴情。"可知这"情不情"和"情情",都是"痴情"之意,两人都是"情痴情种"。

(2)脂评又批注:"宝玉系情不情,凡世间之无知无识(之物),彼俱有一痴情去体贴。"譬如他怕踩踏了花瓣,把它们收拢起来等等。可知这个"情不情"乃是"用情于不情(不知情)之物"之意。

而黛玉:她夜晚叫不开怡红院的门,又气又悲而吟《葬花诗》,但次日又把对宝玉的怨气"忘在九霄云外"等等,脂评批曰:"情情衷肠！""情情,未来面目也。"可知这个"情情"是"用情于有情之人(专指宝玉)"之意。

就宝、黛的一生特点或总结而言,脂评也作了第(3)种很好的批注:

脂评曰:宝玉"多情而(终于)不情之案。"这个"情不情"是指宝玉一生始于"情"而终于"不情"。但这个"不情"绝非"断情"、"无情",而是"悟情"=终于省悟了"情"之悲剧性,亦即脂评所谓宝玉"始于情,终于悟者"。

脂评的这个"情不情"的解析,是完全符合曹雪芹对宝玉的结局的安排和预伏的:宝玉"神游太虚境"时,警幻仙姑用判词、曲子等启发他认识女儿们的悲剧命运,但"痴儿竟尚未悟"！直到他亲身经历,亲闻亲睹了一个个女儿的悲惨结局,最后"痴儿"才终于"悟了"而"悬崖撒手"、出家离尘。因此把这个"情不情"理解为宝玉的一生是"始于情而终于不情(悟情)",确是符合芹著原意的。

据此,与宝玉的"情不情"相对应,黛玉的"情情"则是"始于情而终于情"。她与宝玉不同,黛玉这个人物形象的任务不是"悟情",而是"还情",绛珠仙子下凡的唯一目的,就是为了偿还神瑛侍者的"甘露之惠"、"灌溉之情"。因此当她一旦完成了"以泪还情"的使命,她的生命也就可以结束了。因此她的"情情"="始于情而终于情",正是高度概括了她为情而生、为情而死,情始、情终的一生,是完全符合曹雪芹预设的绛珠下凡神话,和前文脂评关于绛珠——黛玉之泪"至死不干,万苦不怨"的批注的。

而程高本后四十回的黛玉,竟然把"十倍痴情"彻底"焚断";把"用情于有情之人(宝玉)",篡改成"怨恨于有情之人";把"始于情而终于情",篡改成"始于情而终于恨","始于还情而终于断情"！这样的篡改,就把曹雪芹赋予黛玉的本质规定性和一生定评:"情情"的本来面目从根本上颠覆了！这么一改,还是"情情"的黛玉吗？

（四）靖藏本第七十九回有一眉批曰："观此《芙蓉诔》虽诔晴雯，实乃诔黛玉也。试观《证前缘》回黛玉逝后诸文便知。"可见在芹著后三十回佚稿，"黛玉逝后"还有《证前缘》一回书。"前缘"又称"情缘"，靖藏本第六十七回有一批曰："……（青）埂峰时证了情缘，仍不出（甄）士隐梦中，……"可见"前缘"、"情缘"是指第一回"士隐梦中"的神话所说：宝、黛俩的生前因缘、前世情缘，亦即神瑛的"甘露之惠"、"灌溉之情"和绛珠的"以泪还情"、"以情报德"。宝玉则进一步"复还本质"，还原为"补天石头"，最后才回到"青埂峰证了情缘"。

所谓"证前缘"之"证"：佛家语，即"证果"，证得成佛的果位，亦即修成佛之正果。但宝黛"证"的"前缘"当然不是修炼成佛，而是还原为他俩的前身：神瑛和绛珠。因此这个"证"亦可通俗地理解为确证、应证、验证前身。即是说："黛玉逝后"和宝玉"悬崖撒手"后，他俩是要回到"太虚幻境"去"销号"，还原为神瑛、绛珠的，为的是验证他俩确已完成了前身的"情缘"；而绛珠则验证了她确已践诺了"以泪还情"、"以情报德"的前世誓言或"情缘"。因此这《证前缘》一回，乃是芹著原续所写宝黛爱情的最后真正作结的一幕，是以神话始、神话终的一幕，首尾呼应的动人的一幕！

而程高本后四十回的黛玉，干脆"焚断"了对宝玉的"痴情"，把爱变成了"恨"，这样就斩"断"了与神瑛的"情缘"或"前缘"，那么这还是"士隐梦中"的那个绛珠吗？这么一个对宝玉满怀"怨恨"的冤魂，即使回到"太虚幻境"，也只能跟神瑛大吵一架："你为什么负情变心？"而宝玉则只能还原为神瑛之后，才有机会向绛珠诉冤："我是被'调包计'蒙骗了。"但这样就不是在《证前缘》，而是两人在算旧账、还尘债、闹笑话了！

——以上，我们从四个方面对照了芹著关于宝黛爱情的原意原貌，和程高本后四十回的黛玉之死对芹著原意的篡改、颠覆。同时也说明了：

（1）芹著原续后三十回尽管已全部"迷失"，但从前八十回的预伏和脂评的有关记述、提示，我们仍能了解到佚稿的诸多信息。从这个意义上说，芹续后三十回又可以说并没有完全"迷失"，这是《红楼梦》探佚学的基础。

（2）衡量《红楼梦》续书的标准：写得好不好与续得对不对是两个概念。艺术技巧写得虽好，情节内容续得不对甚或歪曲，无疑仍应从根本上加以否定，因为它必然误导读者，曲解《红楼梦》！

为什么后四十回伪续非得让黛玉"断痴情"、"恨宝玉"而死？这根子还是在伪续者的思想观念——灭情观！至于这种贯穿后四十回的灭情观思想在续书中还有哪些表现？这种灭情观的悲剧观与曹雪芹的情性观的悲剧观有何质的差别？芹著原续的黛玉之死的情节真相是怎样的？罪魁是贾母还是王夫人？等等，我们另作探讨。

2011 年 11 月 10 日写

火葬: 尤二姐·晴雯·林黛玉

—— 黛玉被焚考

丁维忠

（中国艺术研究院）

本文探佚的要点是：在曹雪芹的原续后三十回中，林黛玉的"棺椁"是被王夫人以"女儿痨"为由，狠毒地"焚化"的，结局比程高本后四十回所写悲惨得多。这有没有根据呢？有的。

一、火葬：历史一瞥

火葬，在原始社会某些民族中已盛行，"聚材积而焚之"（《墨子》）。但中原的汉族都以土葬为主，视火葬为"非礼非法"。东汉后期是一大转折，印度佛教连同其火葬习俗传入中土，先是佛僧，后是民间信佛者奉行火葬，至南北朝一度大流行。从唐朝起又是一大转折，其后历代严禁火葬，视之为"丧伦"、"灭理"，并且制定了十分严厉的禁焚法令。譬如《唐律疏议》将火葬定为"残害死尸"，依"斗杀罪"减一等处之；宋、明、清《律》率皆如此，刑罚从杖、徒、流可至"斩首示众"。

然而凡事总有例外，以上各《律》又每每订有"但书"：譬如若是"瘟疫"（传染病）而死或"远乡贫人"、"贫下之民并客旅远方之人，若有死亡"，"姑听不禁"火葬，"姑从其便"。《红楼梦》中写到"化人场"的存在，便反映了清时对诸如痨病等死者实行火葬的普遍性和合法性。此其一。

其二，民间风行火葬的习惯势力十分顽强。汉族（尤其地窄人多的东南一带和偏远地区）、满族、蒙族、瑶族、白族等，皆有盛行火葬的习俗。尤其是对"恶病"（痨病、天花、麻疯、

梅毒、恶疮等恶性传染病）而死和"横死"（上吊、车祸、凶杀、淹死）的人，各族例定更必须火葬，不能土葬。譬如满族对痨病死的姑娘，就有必须火葬、不许土葬的规定。

以上无论从法律的角度还是民俗的角度，痨病等"恶病"死者而被焚尸火化，成了通行的、正当合法的、理所当然的丧葬方式。故而即使在禁止火葬最严厉的宋朝，也存在合法的"化人场"。宋太祖赵匡胤下诏曰："近代以来，率多火葬，甚恣典礼，自今宜禁之。"但《水浒传》中，武大郎被西门庆、潘金莲毒死之后，谎称是"心疼病"死的，照样在众目睽睽之下，被运到城外"化人场"焚化了，甚至毋须谎称"恶病"而死。

由此可见，"化人场"尽管合法，其内幕往往垢藏黑暗。本来，火葬"恶病"死者是为了预防传染病的蔓延，是一种正当的防御之法。但是在以土葬为正宗的丧葬方式的社会背景下，火葬又往往被某些人不正当地利用，变成一种不正当的手段，以达到其不正当的甚至是恶毒的目的或用心。而武大郎的被焚，和《红楼梦》中尤二姐、晴雯、林黛玉的被焚，正是属于这后一种情况。

二、尤二姐：险些被焚

在《红楼梦》中，最先被诬为"痨病"而差点被焚尸的女子是尤二姐。

尤二姐的死，当然跟"痨病"毫无关系。她完全是因为负心的"浪荡子"贾琏移情别恋，把她抛于脑后，"妒妇"凤姐、秋桐"磨折"、虐待，庸医胡君荣滥用"虎狼之药"打下男胎，大伤了元气，最后"吞生金自逝"的。贾琏要为她举丧，凤姐就到贾母耳边下谗：诬告二姐是"痨病"死的，这是阻止举丧的最有效的一招，陈其泰批曰："人已死矣，犹不放松，可恨！"

果然，老祖宗贾母发话了："信他（贾琏）胡说，谁家痨病死的孩子不烧了一撒？也认真的开丧破土起来！"（尤二姐实已"十九岁"成人，因她是贾母的孙媳妇，故贾母称她为"孩子"。）贾母的话十分重要，说明在当时不管哪一家的孩子，任何一家的人只要是"痨病"死的，都必须理所当然地一把火烧了，这成了不在话下的、普遍如此的通例！只是贾琏并没有照贾母的话去办。

从尤二姐之例可以得知：当时的焚尸往往包含两大要件：

一、被焚者必须患有"恶病"如痨病，这是被焚的理由，哪怕是捏造的理由。

二、焚尸者的主观状态又往往出于无情，把焚尸变成了嫌弃甚或泄愤的手段。凤姐对尤二姐的嫉恨自不必说，贾母因凤姐的挑唆，也早已骂二姐是"争风吃醋"的"贱骨头"了。——这两大要件，对于晴雯和黛玉的被焚具有预示性和共同性。

三、晴雯：先行被焚

继尤二姐之后，借口以"女儿痨"为由而真正被焚化的是晴雯。

第七十八回，晴雯夭亡后，王夫人命晴雯的姑舅兄嫂说：晴雯是"女儿痨死的，（尸体）断不可留！即刻送到外头焚化了吧。"语气间理由十足，毋庸置辩，不容违拗。晴雯兄嫂"就雇了人来入殓，抬往城外化人场去了。"

"女儿痨"是未婚姑娘所患的痨病（肺痨、肺结核）。晴雯其实从无丝毫"女儿痨"的影子，她虽"血气原弱"，但还是"素日比别人气壮"。第五十一回的冬夜，她只穿着"小袄"出门吓唬麝月受了"风寒"，这才得了"小伤寒"，落下病根。第五十二回怡红院的小丫头坠儿偷了平儿的"虾须镯"，丢了宝玉和怡红院的脸，生性"要强"、性如"爆炭"的晴雯气得又骂、又戳、又撵坠儿，"又闪了风，着了气"，病情"更不好了"。恰巧宝玉的珍贵无比的"雀金裘"烧了个窟窿眼儿，能工巧匠无人能补，重病中的晴雯虽觉"头重身轻，满眼金星乱进，实在撑不住"，但仍"恨命咬牙捱着"，"挣命"替他织补了整整一夜，直到"力尽神危"，"劳了神思"，病势加重，"非同小可"。（这时作者好像有意让晴雯自己预先作了明确、断然的否定："我哪里就得了痨病了！"）幸亏及时诊治、调养，"渐渐的好了"，但终究"犹未大愈"。这之后，直到第七十三回，其中包括大观园"乱为王了"、"群芳夜宴"、让宝玉"装病"逃避贾政考问功课等等，晴雯一直鲜灵跳活的，显然已调理、将养大愈了。但到了第七十四回王善保家的下谗，王夫人"真怒攻心"，审阅晴雯时，"正值晴雯身上不自在"。这原本只是小恙，但经王夫人一通披头盖脸的羞辱詈斥，晴雯"这气非同小可"，病势急转直下。到第七十七回王夫人"特来"怡红院"亲自阅人"，晴雯因"一肚子的闷气"而"重病"，已病得"四五日水米不曾沾牙"，"奄奄弱息"了。但王夫人仍命人把她"蓬头垢面"的从炕上拉下来，架着她撵了出去，只许她穿"贴身衣服"，留下她的"好衣服"给"好丫头们"穿。这一致命打击，遂使晴雯"病上加病"，躺在哥嫂的芦席炕上，无医无药，挨着时日，自觉"不过三五日"，就"回去了"！……回顾晴雯从患病到夭亡全过程，连"女儿痨"的影儿也没有，她是生生地被王夫人逼死的！

为什么王夫人如此忌恨晴雯？原因其实不在晴雯"能说惯道，掐尖要强"，"一张巧嘴"，"妖妖趫趫"，"立起两个骚眼睛骂人"（这些特点凤姐有过之无不及，王氏照样宠信），而在于"我通共一个宝玉，就白放心凭你们勾引坏了不成！"核心问题是宝玉乃王氏唯一的终生"依靠"，"保全了他，就是保全了我"，若宝玉"有个好歹"，"将来我靠谁呢"？而眼下最紧迫的问题是宝玉和园里姑娘们都"大了"，必须提防她们对宝玉因男女"不才之事"而闹出"丑祸"，败坏宝玉的"声名品行"，影响宝玉的前途、王氏的"得靠"和"光宗耀祖"（第三十三、三十四回）。因此凡是足以或稍有可能"勾引坏"宝玉的女孩子，哪怕只是露出一点儿苗头，都是王夫人"平生最恨者"，"我一生最嫌这样人"，她都必欲除之而"心净"，例如金钏、晴雯、四儿、芳官，尤其是黛玉！

实际上晴雯与宝玉并没有"私情蜜意"，王夫人对此也没有任何真凭实据，她仅仅出于一种担心和假设："好好的宝玉，倘或（倘若、假如！）叫这蹄子勾引坏了，那还了得！"所以晴雯的死完全是"抱屈夭风流"！然而即使只是假设，也已足以令王夫人愤恨到置之死地还不够,必欲焚尸扬灰才解恨! 她向贾母谎称:"大夫说(晴雯)是女儿痨",因为只要把晴雯与"女儿痨"挂上钩,则就烧你没商量! 贾母必然批准。王氏把焚晴雯完全变成了泄愤的手段,而"女儿痨"等于是一张"准焚证"! 于是这个"王善人"便一把火"焚化"了晴雯,开创了一个因"保全宝玉"而夺人命、焚其尸的先例!

四、黛玉:必然被焚

真正因"女儿痨"而被焚的是黛玉。

(一)贾母说:"谁家痨病死的孩子不烧了一撒?"王夫人说:晴雯"是女儿痨死的,尸体断不可留,即刻焚化了吧!"那么,真正患"女儿痨"死的黛玉,烧不烧、焚不焚呢? 答案不言自明。

黛玉进府时的"不足之症",并不是病,只是先天不足,即是宝玉说的"先天生的弱"(节二十八回)。直到第三十二回黛玉忧虑"父母早逝,无人为我主张(婚姻)",她才"病已渐成,恐致劳怯之症"("劳"即"痨"也);至第三十四回因宝黛递帕定情,她悲、喜、惧、愧,"五内沸然"而"病由此萌",这才是黛玉真正酿成"女儿痨"的开始:"浑身火热,脸上作烧","必犯嗽疾",夜不成眠,易怒易悲等等特点,正是"劳怯之症"——肺痨或曰肺结核的典型症状。惟其如此,从当时"凡痨必焚"的法规和丧俗而言,即使没有仇恨者如王夫人的泄愤,黛玉死后被焚亦难幸免。试想:纵然贵如豫亲王多铎、董鄂妃、顺治帝福临尚且因"天花"而被"火浴",又何况黛玉?

(二)从主焚者的心态而言:王夫人对黛玉的憎恨远远超过恨晴雯。王氏对这位甥女,似乎本能的天生有一种不妙的预感和戒备心理:黛玉刚进府时,贾母为宝黛俩亲密而高兴:"更好,更好,若如此,更相和睦了";但王氏对此却最为担心:"我不放心的最是一件",为此她故意妖魔化了宝玉为"混世魔王",夸大儿子"嘴里甜言密语"等等的危险性,预先"嘱咐"并警告黛玉离宝玉远一点:"只休信他",两次强调"你别睬他",她还捏造、吓唬黛玉说:"这些姊妹都不敢沾惹他的。"——作者一开始就给宝黛爱情埋伏下了这么一个潜在的、主要的对立面!

王夫人第一次得知宝黛私情,是从袭人的汇报中了解到的。袭人是第一个发现宝黛私情的人:第三十二回"诉肺腑心迷活宝玉",宝玉一时迷糊,错把袭人当成了黛玉,向她倾诉爱情的"肺腑",吓得袭人"魄消魂散":"神天菩萨!"这样的男女"不才之事"实在"可惊可畏"! 怎样才能避免这场"丑祸"呢? 到了第三十四回宝玉挨打的当天晚上,袭人终于向王夫人汇报了她始终"记挂着"的、让她"日夜悬心"的这"一件事",说是宝玉和姑娘们都大了,"林姑娘,宝姑娘"又是表姐妹,到底有"男女之分","叫人悬心",须得"预先防着",为了"保全"宝二爷的"声名品行",现在就"防避"为是,因此她率先提出了"教二爷搬出(大观)园外来住"的建议。

袭人的话虽然说得很婉转,但回味"诉肺腑"一节,她要王夫人"防避"的"丑祸"乃是"林姑娘"而不是"宝姑娘",这一点其实很明确。王氏当然也完全心知肚明袭人所指是谁,她一听汇报,"雷轰电掣",马上把"保全"宝玉、监视宝黛的差使"交给"了袭人,让她"好歹留心"!至于让宝玉"搬出园去"的建议,时机未到,王氏暂时尚未采取行动,但"我自有道理!"

王夫人的"道理"或行动,直到第七十七回方见分晓,那就是王氏对怡红院来了一次大扫荡。这次"清君侧",目的似乎仅仅清除晴雯等几个丫头,其实矛头更是针对宝黛私情的,王夫人开始开刀了!试想:她明明已经清除了"勾引坏"宝玉的晴雯等几个"狐狸精",为什么她还要严命宝玉"明年给我搬出(园)去心净"?她还在担心谁"勾引坏"宝玉呢?她要把宝玉跟谁隔离得远远的才"心净"呢?只要回顾一下袭人向王夫人汇报的宝黛的"男女之防"和"搬出园去"的建议,以及王夫人胸有成竹的"我自有道理",即可知袭人和王氏让宝玉"搬出园去"的主意,都是针对黛玉的,都是为了隔离宝黛,这主奴俩担心的对象和矛头指向都十分明确。也就是说,围绕宝黛爱情的矛盾冲突发展到前八十回的最后,以严令宝玉"搬出园去"为信号,王氏开始亲自动手了!

到了曹雪芹原续后三十回佚著,现在所能探知的情节发展是:王夫人让宝玉"搬出园去"的隔离措施非但没有奏效,反而促使宝黛爱情更勇猛地向前发展:在"明年"的"三月"季春,宝黛俩索性私垒"香巢",暗订婚约,即《葬花吟》所谓"三月香巢已垒成"。与此同时,王夫人、薛姨妈和元妃也加紧了对"金玉良缘"的筹划。宝玉为了向黛玉盟誓决无"金玉之心",他干脆把"通灵玉"第三次也是最后一次扔了,即所谓通灵玉"误窃":大家起先误以为那玉是被人窃走的。这件事当然闹得很大,但宝玉却巴不得大家找不到玉,结不成"金玉婚姻";后来"时乖运蹇"的凤姐曾"扫雪拾玉",但歹毒的她并没有将玉还给宝玉;再后来经过一僧一道的有意安排,那玉竟转到了早已抄家败落、成了乞丐的甄宝玉手里;直到最后,当贾宝玉也因抄家败落而"转眼乞丐人皆谤",才得遇"甄宝玉送玉",那玉才回到贾宝玉手中。于是他才携玉"悬崖撒手":随一僧一道"出家"——进而还原为"神瑛侍者"——最后"复还本质":还原为青埂峰的那块"补天"石头。这是后话,也是全书的结束。

对于宝黛私垒"香巢"、扔玉为盟之事,恰被"太无情"的赵姨娘与贾环窥破。这母子俩向贾母和王氏密告了那"通灵玉"并非被"窃",而是被宝玉为了黛玉而主动扔掉的,这当然激起了贾母和王氏极大的忧患和愤怒。这时,贾府亦已到了"大故迭起",由衰至败阶段:元妃因与"不是咱们家的娘娘"宫闱斗争而失宠失势;贾雨村由"降了"而至丢官治罪,贾府已临抄家大祸,贾政们惶惶不可终日;柳湘莲的"作强梁"旧案终被揭发,宝玉被控"知情""包庇"而牵连案内,不得不仓皇逃匿、离府躲祸;在这种种打击之下,年逾八旬的年迈贾母终于一病不起,寿终正寝!……所有这一切祸事,愚昧、刚愎的王夫人把它们统统归咎于宝玉为了黛玉而扔弃了"命根子"通灵玉的保佑之故,她认定:这"莫失莫忘、仙寿恒昌"、能"知祸福"、"除邪祟"的"通灵玉"一丢失,才果然各种祸事接踵而至。因而

她对儿子和家族的忧心如焚转化为满腔怒火,统统发泄在了黛玉身上,她自以为她有充足的理由憎恨黛玉,从而她与宝黛爱情的矛盾冲突,进入到了势不两立的白热化阶段!

此时,孤立无援、病入膏肓的黛玉也已进入到生命的最后阶段:一方面,贾母去世后,她失去了唯一"知疼着热"的外祖母的庇护,从此只能"凭人去欺负了"(第五十七回紫鹃语);同时,由于宝玉离府潜逃,"人去梁空巢也倾",宝黛的"香巢"(婚约)自然也被倾覆捣毁,黛玉又失去了唯一能够与之共同对抗欺压的战友、伴侣和保护人。另一方面,王夫人对黛玉的迫害,却远远超过以前对晴雯的那种"狂飙骤雨"般的摧残,而达到了"风刀霜剑严相逼"的程度!(王氏所"严逼"的恐怕还是逼着黛玉说出"通灵玉"去向,扔在哪里?她认为黛玉肯定知道那玉的下落。)而黛玉,既为了姥姥的去世而哀痛不已,又为宝玉的安危而忧急焦虑,更因王氏的凌逼而病体难支。在这重重打击、内外夹攻之下,病息奄奄的她终于怀着对宝玉的无限留恋,眼泪"至死不干"但"万苦不怨":"冷月葬花魂"!

黛玉病逝后,王夫人并不解恨,仍依晴雯之例:因她是"女儿痨"死的,尸体断不可留,即刻把她焚化了吧!试想:王氏对于她仅仅怀疑"勾引坏"宝玉的晴雯,尚且借口"女儿痨"而焚尸扬灰,那么对于祸延儿子和家门、因而王氏恨之入骨的黛玉,这个"悍妇"焉能轻饶?

(三)从作者的写法而言,曹雪芹是把晴雯作为黛玉的影子,把焚晴雯作为焚黛玉的预伏和引线来写的,从脂评到后世的评红家,几乎都不约而同地读出了这一创作构思或写作特点。如:

"余谓晴有林风,袭乃钗副,真正不错。"写晴雯"为阿颦作谶"。(脂评)

"袭人,宝钗之影子也,写袭人所以写宝钗也;晴雯,黛玉之影子也,写晴雯所以写黛玉也。"(涂瀛)

"是书叙钗、黛为比肩,袭人、晴雯乃二人影子也。"(张新之)

"晴雯一小黛也。……芙蓉花神非真指晴雯也。"(解盦居士)

"观(第七十八回)王夫人贬晴雯之言(如"女儿痨"等等),皆黛玉所犯。"(洪秋蕃)

"可知晴雯是黛玉影子,(王氏贬晴雯)隐然说黛玉也。"(陈其泰)

"本书以晴雯为黛玉影子。"(王伯沆)……

作者的这一"影子"或"作谶"的写法,目的即为明告读者:王夫人这个"悍妇"的焚晴雯,其实是焚黛玉的一场预演或预示,即:已"隐为黛玉立影矣!"(王伯沆)

——从以上三个方面可知:到了芹著后三十回,王夫人将如同焚晴雯一样,以"劳怯之症"(女儿痨)为由而焚化黛玉,乃是铁板钉钉的事!

注意:第七十八回晴雯被焚前后,作者有一段夹写十分微妙,颇可玩味,不应忽略:宝玉欲往晴雯"灵前一拜","另穿戴了"("素衣裳",一如第四十三回祭金钏),"只说去看黛玉"。当她赶到晴雯住处,尸体已被"焚化",宝玉"扑了个空";宝玉"无法","乃顺路来找黛玉,偏黛玉不在房中",也扑了个空。

宝玉如此"遍体纯素"地两度去看黛玉,把吊晴雯与看黛玉、吊晴雯"扑了个空"与找黛玉"不在房中"相提前论,作者如此穿插夹写,当然不是为写宝玉"冒失"、"唐突",而是有意用"犯忌"之笔,将晴雯被焚隐为黛玉作谶,预示了二者相同的不祥结局,文心极细。到了芹续后三十回,当黛玉因"女儿痨"而同样被王夫人焚化后,宝玉从躲祸藏身地赶回府中,将会同样见不到黛玉灵柩而"扑了个空",从而只得"对景悼颦儿"。届时我们才能恍悟第七十八回这段夹写其实是一处伏笔,它提前向我们预告了日后黛玉被焚、宝玉"扑空"、"对景悼颦"这一至关重要的情节。

关于黛玉被焚,以上所述毕竟仅是推论,还不是证据。那么有没有直接证据呢?有的,证据在《芙蓉女儿诔》中。

五、《芙蓉诔》透露了什么

这篇《芙蓉诔》有一个复杂的演变过程:在早期,它原本是一篇诔黛玉的祭文,"诔文实不为晴雯而作也"(脂评);后来,作者才把它挪改为诔晴雯之文,但即便如此,它还是晴、黛双诔:"虽诔晴雯,实诔黛玉"(脂评);而作者如此双诔的意图,又全在用晴雯的结局"明是为与阿颦作谶"(脂评)。因此在诔文中,留有许多预示或透露黛玉的悲惨结局的诔句。例如:

"芳名未泯,檐前鹦鹉犹呼":晴雯从来不养鹦鹉,不可能有鹦鹉"呼"她的"芳名"。全书只有黛玉养着一只鹦鹉,还会念《葬花诗》,会说"(林)姑娘来了"(第三十五回),因此这鹦鹉"呼"的只能是黛玉的"芳名"。这类与晴雯不符,而与黛玉吻合的诔句还有不少。因此陈其泰干脆说:"芙蓉诔是黛玉祭文"。

特别应当注意的是这一联诔句:

"及闻槥棺被燹,惭违同穴之盟;石椁成灾,愧迨同灰之诮。"

"燹"(xiǎn 险)是火,野火,引申为火烧,焚烧。"槥棺"被火焚烧,说的似乎是晴雯被王夫人"焚化"之事,其实不是。因为宝玉与晴雯从来没有"同穴之盟"——结为夫妻,死后同葬一个墓穴的盟誓,相反,他俩连"私情密意"都没有,"竟还是各不相扰"的。晴雯临死前留下指甲、小袄给宝玉,也仅仅留作纪念之意,并非拉了宝玉"同穴"或约为婚姻,因此晴雯之死叫作"抱屈夭风流",她是冤枉死的。

只有宝玉与黛玉,才确实早有"愿同生死"的心结,并且到了佚稿后三十回,又确实将有私垒"香巢"、约为婚姻的盟誓——即"同穴之盟"。《葬花吟》说的"三月香巢已垒成"、"却不道人去梁空巢也倾",埋伏的就是宝黛俩约为婚姻,婚约又因宝玉其"人"逃祸离去而被毁的事。《葬花吟》乃是诗谶:诗体预言。富察·明义曰:"伤心一曲葬花诗,似谶成真自不知",意即此诗很像一篇预言,日后是会成为真事的,只是黛玉自己在吟诵时还不知道罢了,但我们读者是应当知道的。

正因为只有宝黛才有"同穴之盟",因此与这"同穴之盟"相联的"槽棺被燹",只能是指黛玉的"槽棺"被火化了,宝玉再也不能与她履践婚约,从而他自感违背了"同穴之盟"而深深地惭愧。因此这"槽棺被燹"一句,正明白无误地预示并证明了:黛玉夭亡后,也将跟晴雯一样,是被王夫人以"女儿痨"为由,狠毒地"被燹"或被"焚化"了的!

所谓"石椁成灾",指的其实还是"槽棺被燹"这场灾害,是同义反复。但是"愧迨同灰之诮":这又与晴雯全然无干,说的完全是宝黛之间的事。宝玉与晴雯从来没有一同"化灰"的誓约,同样也只有对黛玉,宝玉确实发过这样的誓言:第五十七回"慧紫鹃情辞试忙玉",宝玉通过紫鹃对黛玉说:"活着,咱们一处活着;不活着,咱们一处化灰化烟,如何?"紫鹃就对黛玉说:宝玉是"一片真心"。显然,这"同灰之诮"一句,说的同样是黛玉的结局:黛玉的"棺椁"横遭"被燹"之"灾"后,宝玉因不能真的与她一同"化灰化烟"而深感愧疚,总觉得应当受到黛玉的讥诮(其实是他深深的自责!)。因此这"同灰"一句,同样预示并证明了黛玉与晴雯一样,确实是被王夫人以"女儿痨"为由,遭到了"被燹"之"灾"的!

诔文把"槽"、"棺"、"椁"并用,如果呆于字面,是说不通的:譬如,无论黛、晴,都不可能讲究到用"椁",更何况是"石椁"?怎么能说"石椁成灾"?晴雯死后明明只用"柩"(棺)而未用"椁"。但《芙蓉诔》是骚体与骈俪,总要讲究些辞藻铺陈,我们只能取其"事体情理"罢了。又如"槽"(hui 惠),按《汉书》注是"小棺也",但既用了"棺",又何用"槽"(小棺)?况黛玉、晴雯皆非小孩,又焉能用"小棺"?但是作者用这个"槽"字,在这里却又分外重要,因为:原来"槽"又"谓之椟"=匣,这不正是小小的骨灰匣吗?这一下我们才明白了"槽棺被燹"的完整意思:"被燹"的是"棺"而不是"槽","槽"是用来装骨灰的,只是写骚、骈不能像写散文那样详尽直白,作者只好将"槽"与"棺"联写在了一起。

但是晴雯"被燹"后没有这么讲究,并没有用上"槽",她被"抬往城外化人场"焚化后,当场就埋了。而黛玉毕竟是小姐,又是贾政的甥女,并且她的"艳骨"还必须运回故乡苏州埋葬,因此必须用"槽"(骨灰匣),以故作者的诔句再简约,再有字数限制,也不能不用一个"槽"字。而正是这个"槽"字,进一步证明了这"槽棺被燹"一句,指的不是晴雯,而是黛玉,黛玉确是"被燹"或焚化的,并且用"槽"装了其"艳骨"!

这篇《芙蓉诔》,后来纵然加入了诔晴雯的内容,改成了祭晴雯的诔文,然而作者的意图仍是"为与阿颦作谶",即:用晴雯的夭亡和被焚,为黛玉的夭亡和"被燹"作了预示。而宝玉念完《芙蓉诔》的最后,竟是黛玉从芙蓉花丛中走出来,这一笔终于更直白地点出了此《诔》祭的确是黛玉,黛玉才是"芙蓉花神",确实"芙蓉诔是黛玉祭文"。

六、宝玉为何"对景悼颦儿"

第七十九回迎春行将嫁给孙绍祖,搬出大观园后,宝玉天天到紫菱洲一带"徘徊瞻顾,见其轩窗寂寞,屏帐翛然",一派"寥落凄惨之景",不胜忧愁伤感。脂评提示曰:"先为(宝

玉）对景悼颦儿作引"。

问题是：在芹著后三十回原续中，黛玉夭亡后，宝玉为什么不在灵堂哭灵？不是对着灵柩悼颦儿？不到墓前悼颦儿？而是只能"对景"——对着潇湘馆的竹景追悼黛玉？从现在可以探知的佚著情节而言，这有两个原因：

第一，从黛玉夭亡前后，直到被焚、送葬，宝玉都不在府中，他根本没有赶上为黛玉送终和举丧。《葬花诗》云："人去梁空巢也倾"，这"人去"伏的即是宝玉突然逃离贾府，宝黛的"香巢"随即倾覆。什么严重事件迫使宝玉突然舍黛离府而去？从前八十回的伏线看，最大的可能是柳湘莲"作强梁"的案子终于被揭发，宝玉被嫌疑为唯一"知情人"和"包庇者"牵连案内，这按《大清律》是要流放甚至"皆斩"的。如此重大罪刑，宝玉不得不仓惶出逃，离家躲祸（至于这桩冤案的了结，已是后来的事了）。

在宝玉"人去"这段时间，黛玉失去了唯一"知己"的庇护，她既为心上人的落难而心如刀绞，又独自忍受着王夫人、赵姨娘们的"欺负"、凌辱而煎熬，"风刀霜剑严相逼"正是发生在这一时期。等到宝玉闻讯赶回，黛玉早已被"逼"死而焚化了。第二十八回写宝玉出去会客，黛玉说："赶你回来，我死了也罢了！"这句"不忍听"（脂评）之语，伏的正是黛玉死时，宝玉不在身边或府中，等他赶回，黛玉已经死了。

（届时，"美人姿态侠心肠"的紫鹃因卫护黛玉、谴责王氏，已被王夫人先行葬送"黄土垄中，丫鬟薄命"矣！〈见另文探佚〉黛玉其实是很坚强的，作者特以秋天的"芙蓉"赞喻她，傲霜斗寒，"除了她，别人不配作芙蓉"〈第六十三回〉，不像后四十回所写那样软弱得神经错乱、失魂落魄、寻死觅活。）

第二个原因：宝玉回府后，根本没有见到黛玉的灵柩、灵堂、坟茔。按理，黛玉死后，碍于舅舅贾政的情面，应当是入殓过灵柩，设立过灵堂的，但只是走个过场，草草了事。既然宝玉没能哭灵，也没能对着灵柩、坟墓祭颦儿，那么显然，她的灵柩早已被王夫人以"女儿痨"为由焚化了，而只剩了"椟"（骨灰匣），灵堂亦显然随即被撤；并且，因为宝黛毕竟没有正式结婚，黛玉不是贾家的儿媳、贾府的人，她的"椟"又不能葬于贾氏的祖坟，灵位也不能入贾氏宗祠，而只能送回她的故乡姑苏安葬。也就是说：等到宝玉赶回，黛玉的"椟"早已被王夫人遣人运回苏州埋葬了，因此正像前文所伏晴雯死后那样：宝玉赶回想祭黛玉，也"扑了个空"，只得"对景"追悼颦儿了。这又显然是王氏存心不让儿子有机会对着"棺"或"椟"祭奠黛玉而有意为之，仍是出于泄愤的狠毒！（贾政又从不主持内闱事务，更何况此时他正面临元妃病危、老母刚亡、家业行将抄没而慌乱得焦头乱额，实在也顾不上甥女的丧事。）

值得注意的是：宝玉"悼颦儿"的用字是"悼"而不是"诔"，盖原因有二：一，"诔"侧重于祭奠，"悼"侧重于追悼，说明从黛玉被焚到宝玉赶回，是隔了相当一段时间的，黛玉的"椟"及其"艳骨"业已南运，故而宝玉未能祭奠、只能追悼了；二，古人称丧妻曰"悼亡"（典出晋·潘岳丧妻后《悼亡诗》），又说明届时宝玉已把黛玉作为"亡妻"来追悼了。想必

到了后部续书，作者一定已为宝玉另撰了追悼"亡妻"黛玉的《悼文》。大概正是这个原因，故而作者遂把原先诔黛玉的《芙蓉诔》挪改成了诔晴雯、伏黛玉的祭文。

那么"对景悼颦儿"的"景"，确是潇湘馆的竹景吗？且看《芙蓉诔》：我们总以为宝玉祭奠"芙蓉女儿"的地点只是在池边的芙蓉花丛，其实在此《诔》的早期，他的哀悼地点实是在竹林！这有诔文为证：宝玉祭到末尾念道："余乃欷觑怅望，泣涕彷徨。人语兮寂历，天籁兮篔簹"。"篔簹"（yun dang）是竹子、竹林，而全书只有潇湘馆有着这么一片著名的竹林，岂非在早期，宝玉的"泣涕彷徨"是在"篔簹"丛中？他的哀悼实是在潇湘馆的竹林中进行的！而如果是祭晴雯，宝玉决不会专门跑到潇湘馆去祭她，岂非更证明了在早期，这篇诔文追悼的确是黛玉？而经作者挪改后，作为诔晴雯之文，又成了预伏黛玉结局之谶，预示了黛玉被王夫人焚尸后，宝玉是对着潇湘馆的"篔簹"——竹景"悼颦儿"的！只是届时，原本"凤尾森森，龙吟细细"的潇湘馆竹林，将变成一派"寒烟漠漠，落叶萧萧"的景象，其状是何等惨伤！

但是，曹雪芹的创作思想终究是积极的，他把晴雯、黛玉的被焚，设计为凤凰涅槃式的欲火重生：前者经烨火而飞升为"死辖芙蓉"的"芙蓉之神"；后者也经烨火而飞升为"芙蓉花神"——复归为"绛珠仙子"，闪烁着积极浪漫主义的光彩！（注意：所谓"芙蓉花神"也是晴、黛兼喻的。）

关于黛玉被焚，读者可能在感情上、直觉上一时难以置信，难以接受，然而却是事实，是王夫人的又一大罪行！这个女人颟顸、刚愎、冷酷无情，她的真面目"寻常看不见，偶尔露峥嵘"，而每一"露"就要断送人命！在曹雪芹原续中，她确实就是这样一个峥嵘的"王善人"！（请注意：程高本后四十回的"王夫人"，已经不是曹雪芹笔下的《红楼梦》的王夫人了。）

2010年6月16日端午

冯其庸先生论《石头记》庚、己两本关系的信

季稚跃

（同济大学）

1963 年，吴世昌先生在《论脂砚斋重评〈石头记〉（七十八回本）的构成、年代和评语》一文中提出庚辰本"即使不是'百衲本'，至少是个'集锦本'"的见解。同时，吴先生认为"庚辰秋月定本"以及"脂砚斋凡四阅评过"的签条是藏主或书贾"从另一个不相干的底本上抄袭来硬加上的"。1981 年，冯其庸先生为了《红楼梦》新校本的实际需要与吴先生讨论，写了《论庚辰本》一书。嗣后，又有研究者与冯先生讨论，认为冯先生"用主观的看法改变己卯本本来面目"来支持《论庚辰本》的论点。最近，冯先生在重新校读《漱石集》时又有新的感悟：

> 由于陶抄庚辰本，其底本明确是北大藏的庚辰本，其抄成后相同的成分也在百分之九十五以上，但它抄成后也还是有异文，原因是他还同时参照别本，这就使我想到当庚辰本据己卯本抄时，是否也有同样的情形呢？是否也确有可能参照过脂砚或雪芹手里的庚辰秋定的原稿呢？这就值得我们进一步深思了。这样，我就觉得我们不能因为庚辰本与己卯本有百分零点几的异文而否定其百分之九十五以上相同部分的存在。我们重视对两本异文的探寻是十分必要的，但没有必要再探寻还未得到结果时就否定其绝大主要的相同部分。所以我认为说庚辰本是据己卯本抄的这个判断目前还没足够的可靠史料来予以否定。而这样的判断，仍然只能促使我们更加努力去探索这些异文的来源问题，而并不是就此了结此重公案。

以上就是我重读陶洙抄校庚辰本后的一些新的感悟。以前我在《重论庚辰本》一文里，也曾同意过庚辰本不是据己卯本抄的这个推测，这些文字我仍愿保留，因为这是我的思想历程，也是我对不同意见尊重的记录，现在我虽然据庚辰本有百分之九十五以上的文字相同于己卯本的事实仍认为庚辰本是据己卯本抄的，这也仍然是尊重事实，同时也是由于陶抄的启示，但这并非不再去探究这异文的来源。我的想法是一方面要肯定已经被证实的大量相同的文字，因为它揭示了庚辰、己卯两本内在的二百多年来一向隐蔽的秘密；另一方面，要重视两本之间少量的异文来源，尽管它是少量的，但它仍是尚未解密的部分，我们不能不重视它的存在。

1984年，我写了一篇探讨庚、己两本关系的文章投寄《红楼梦学刊》，时任主编的冯先生曾在6月10日和9月20日两次来信，指出拙文的不足和问题，并要我看原文等建议，同时介绍了写《论庚辰本》的缘由和历史责任。从吴先生提出对庚辰本的见解到冯先生的新的感悟，经历了近半个世纪的岁月，"流光容易把人抛"，我觉得有责任披露这两次来信的有关内容，因为冯先生的信不仅是写给我的，而是属于红楼梦研究事业的。现将冯先生的两次来信中有关庚、己两本关系的内容抄录如下：

一九八四年六月十日

关于庚辰本与己卯本的关系，您信里说得很全面，既看到了它们完全相同的大量事实，又看到了它们的相异处，对于这一点，正是我在拙著中未能深入论列的。我当时主要的要解决的问题，是针对吴世昌先生贬低庚辰本，认为是四个本子拼的，认为庚辰秋月定本，己卯冬月定本都是商人随便加的等等观点，这些观点，十多年来没有人敢提出异议，以致我们在校印新本时，我提出以庚辰本作底本，而别人就以吴先生的理论来反对，主张搞一个不以那一个本子为底本的所谓"百衲本"，实际上是杂凑本，这在校勘学上来说，是完全不对头的，当时我感到吴先生的理论已经影响到我们的实践，不解决对庚辰本的总评价，不弄清它是四个本子拼的杂凑本还是从一个本子上过录的本子，不证实庚辰秋月定本，己卯冬月定本这些题句的历史内涵，我们的工作就无法进行，而且庚辰本、己卯本的真面目，珍贵的价值就无法被认识和承认，恰好这时苏联又报告了他们的藏本，他们认为那个本子是最早最好的(大意)，所以对庚本和己本的研究就不是可以搁置的了。因此我的书的主要目的，是在辨清庚本绝不是四个本子拼的，其底本就是己卯，两本的纪年题记都是有珍贵的历史内涵的，它标志着两本各自的历史，庚、己两本都是无上珍贵的抄本，而庚本恰可补己本之不足。我们对庚本应该加以珍视，苏联的藏本决不会早于此两本。现在对这些基本论点，除庚本是否据己卯本过录引起了争论外，其他各主要论点似乎已无异议，更没有人提出庚、己两本的价值不足道。所以我认为我发难发起这场论战是起了积极作用的，现在居

然有人提出我想改造己卯本使之符合我的主观论点等等,这真是始料所不及,殊不知己卯本上的删除工作完全是魏同贤同志负责的,我在该书的序言里也讲得清清楚楚,特别所删的蓝笔全是甲戌本上的,这陶洙写得清清楚楚,所删的红笔是陶洙从庚辰本过录的,陶的笔迹也很明显,而且还作了宽度的保留,就是这样,我还建议再多保留一些,魏同贤同志复信认为已制版来不及改了,因为不是事先我指定删哪些由他们去删而是由他们删后给我看的,这更谈不上什么主观改造云云。

现在您致力于己、庚两本的关系的研究,并已发现了正反两方面的证据,这是一个大进展,我自认为我列举的那些例子,包括双行批语的例子,是不能越过的,但另一方面两本相异的地方也同样不能越过,我在拙著中作了解释,但我申明这只是我个人的猜测,不是证据确凿的论据(大意,原话可查书),我还认为能提出一个问题引起学术界的普遍争论比发表一篇人云亦云的文章来得好,现在我仍然是这个看法。

一九八四年九月廿日

我刚从敦煌回来,您的稿子刚看完,正想看第二遍,现在先说点初步的印象,我认为您这次的发现很有意义,特别是对我原先的论点不是相反而是相成。在我看来,承认这两本之间的关系:①两本有十分密切的血缘关系,有些例证(您代我列出的),只能证明后者是照前者抄的。②两本上有同一人的笔迹(这我发现一部分,您又发现一部分,这样这个论据就更充分了)。③两本关系还有复杂的一面,有尚未揭开的谜。我认为现在就断然认定庚辰本不是照己卯本抄的,还不能确立,因为那些硬证,无一个硬证能得到很科学的解释来说明它不是照己卯本抄的。至于您对祥字避讳的解释,您认为有笔误的可能,我认为这种解释是苍白无力的,反而不如不作这样的解释更好些。您自己的行文里也已显示出您自己对这个解释的不自信了。您举出的"罚"字的少一笔,明眼人一看就知道这与"祥"字的缺末笔是大不相同的,祥字是一个熟字,一般人都能认能写(指有点文化的人),而"罚"字是一个冷僻的字,文化不高的人不会写或错写是有可能的。请您注意就在这一回里,群字、祥字半边的羊字都未少写一笔。无独有偶,我在文化大革命中被"审查"无事可做,每天晚上抄《红楼梦》,是偷偷抄的,一般都在夜深人静以后,当时我并未研究这些版本问题,只是弄到一部影印庚辰本,每夜偷偷地抄,抄了一年,才算抄完。完全按庚辰本的行款,一丝不苟,朱笔也是照抄,而且还模仿它的笔迹。这回字问题出来后,我好奇心起,再翻出我早已装订成册,并做好书套的这两函抄本,再一查那个"祥"字,竟然也是一模一样是"祥",可见当时我也是因为不认识才照猫画虎的。

若将这两次来信与冯先生的"新的感悟"对看,可知是前后一致的。信中对庚、己两本一致的地方表示"不能越过的",是肯定"庚辰本是据己卯本抄的"一种委婉表述;而"两

本相异的地方也同样不能越过"则是对不同意见的尊重。信中有一段关于己卯本编辑出版的述说,可以消除再讨论者的疑虑。

在汇校汇评《脂砚斋重评石头记》时发现己、庚两本已经不是抄成时样子,其上绝大多数的改文、旁添都是尔后藏书者和据以再过录者所为,例如按庚、己原抄的文字互校,则两抄本相同文字的百分比还会多一些。就以第十三回第一页上"嬷嬷"(己卯)、"嬷子"(庚辰)异文为例:庚辰本上原抄为"嬷ᠵ",后被人妄改为"嬷子"成异文的,因为这一页上还有漏改的一处"嬷ᠵ"在。

对庚、己两本异文的来源探求也有一例。在第五回红楼曲《聪明累》中有一句"反算了卿卿性命",己卯本将"卿卿"抄成"鄉鄉",而庚辰本则为"轻轻"成异文。在汇校汇评时发现造成两本异文的根源可能出在己卯本的底本上,因为己卯本底本上"卿"字写作"卿",己卯本的这一抄手不识"卿"即为"卿"字,误抄成"鄉",而庚辰本的抄手见"鄉鄉"不通,应该是"卿卿",但一时想不出如何写,遂用同音字"轻轻"抄上。

"我也确信,在研究《红楼梦》的学术领域里不论有多少见解,也不论其见解是否发自权威,历史只能选择一种,即真实的,符合客观实际的见解,在'红学'领域里新的问题和老的问题很多,但不论是哪一方面的问题,我相信历史的选择的标准只有一个。但我要说明,我这里所说的历史,不是指短暂的,可以由人的权力和意志左右的'历史',而是指永恒意义的历史,那时,争论双方都早已不存在了,历史又往前推移了很远的路程了,任何争论一方的权力和影响早已消失了,那时,人们自然会看到历史的真实结论了。"这是冯先生在《'92中国国际红楼梦研讨会论文集》序言中说的,冯先生也是这样做的。

2010 年溽暑写于沪上

——发表于 2010 年 10 月《"红学研究新视野"学术研讨会论文集》

冯其庸先生与《北方论丛》的"红楼梦研究"专栏

——从冯其庸写给夏麟书的信函谈起

曹立波

（中央民族大学）

　　20 世纪 80 年代初期,中国红楼梦学会成立伊始,红学研究基地除了《红楼梦学刊》等专门性的刊物,还有以《北方论丛》为代表的高校学报。1979 年,《北方论丛》刚一创刊,便开设《红楼梦》研究专栏,并连续发表了戴不凡先生的《揭开红楼梦作者之谜》、《石兄和曹雪芹》两篇文章,在红学界乃至社会上引起很大的反响,引发了一场关于《红楼梦》著作权问题的热烈讨论。可以说,《北方论丛》的"红楼梦研究"专栏,是当时京城之外最有影响的红学论坛。[①] 这个栏目的负责人是夏麟书先生,他曾主持将相关论文编辑成《红楼梦著作权论争集》。夏先生已于 2001 年 9 月仙逝,作为他的亲属,在整理遗稿时,笔者发现在其保留的书信中,有一些冯其庸先生的亲笔信,辑录并研读书信的内容,能够切实感受到在 80 年代初期,冯先生对《红楼梦》事业的投入和支持。

　　1981 年春,冯其庸先生在《北方论丛》发表一篇论文,题为《关于当前〈红楼梦〉研究中的几个问题》,[②] 围绕这篇文章的撰写、投稿和几番修订,从 1980 年 11 月到 1981 年 4 月,冯先生给《北方论丛》的夏麟书责编写去 9 封书信。以下是这些信函的电子文本:[③]

---

① 粗略统计,1979 年至 1988 年十年间,共刊行《红楼梦》论文 65 篇,按这个双月刊一年 6 期计算,平均每期至少一篇红学专论。

② 冯其庸《关于当前〈红楼梦〉研究中的几个问题》,《北方论丛》1981 年第 2 期。

③ 有些草书字迹不易辨认,笔者于 2010 年 10 月 16 日向冯其庸先生请教。

第一封信：1980 年 11 月 8 日

麟书、文源同志：

来信收到，我的文章刚写了一部分，就被一连串的会议打断了。现在离十五号只有几天了，眼看会议还不断，怕耽误刊物的出版，请速安排别的文章，我这篇文章写完后一定交您们处理，估计第二期用是不会有问题的。出版社那面如来不及，只好不用这篇文章了，免得耽误您们的出书。

又复印《红楼梦》的事，价钱已问到，大约复印下来要二千多元，其他装订费用都还不算在内。所以我觉得太不合算了。我们当时复印是因为要校书，无此工作不能进行。将来影印本和汇校本陆续出来，这种复印本就无意义了。所以我也觉得还是不印好。当然如果有必要印的话是一定会代办的，只要您们来信好了。

请问国良 ① 及其他同志好。匆致

敬礼！

待复：

信纸上眉批：麟书同志请告知出版社是否要将此文收进去，如要，我当另寄稿去。又及。

冯其庸

十一月八日

这封信所用信笺的抬头写有红色的"文化部文学艺术研究所"字样。信的内容交待了投稿的缘起，即《北方论丛》的约稿，得到了冯先生的积极支持。从"一连串的会议"不断的工作状态可见，他在百忙中积极支持《北方论丛》的红学专栏。书信里还传达了一个历史信息，即红楼梦研究所的《红楼梦》校订本 1981 年的时候尚在进行中。针对《红楼梦》古本的复印问题，冯先生对待红学同好的坦诚和热情，洋溢于字里行间。

第二封信：1981 年 1 月 10 日

麟书同志、编辑部其他同志：

您们好。前属写稿，直到今日才脱稿，已去复印，共五部分，约三万馀字，简目另附。不知能发否？如有困难（篇幅太大），我就不寄来了，如不增加您们负担，则当遵嘱寄来。匆致

国学的传承与创新

冯其庸先生从事教学与科研六十周年庆贺学术文集

---

① "良"应为"梁"，指李国梁，曾任黑龙江省红楼梦学会会长、哈尔滨师范大学党委副书记、《北方论丛》编辑部主编，冯其庸先生每封信都向李国梁问好。

敬礼！

待复：

信纸上眉批：麟书同志请告知出版社是否要将此文收进去，如要，我当另寄稿去。

又及。

冯其庸

一月十日

关于当前红楼梦研究中的几个问题

冯其庸

目录

引言

一、研究《红楼梦》还要不要马克思主义

二、如何看待毛泽东同志对《红楼梦》的一些意见

三、关于《红楼梦》研究的分工问题

四、关于考证

五、关于思想和艺术研究

结语

这封信所用信笺的红色抬头写着"中国人民大学"，不久前冯其庸先生为中国人民大学的教授，调入中国艺术研究院，主持《红楼梦》研究工作。联系上一封信可知，冯先生信守承诺，"遵嘱"迅速完稿，并在投稿之前写了一封信，寄上长文的写作提纲。

第三封信：1981 年 1 月 17 日

麟书同志：

来信收到。原拟打印出清稿后再寄去，现在只好把复印的原稿寄上了，如实在不好排，就算了。因要请人抄一遍，说起码要十天，还要自己校对，时间耽误太久。所以，实在无法，竟将这样乱糟糟的稿子寄去，心里有所不安。我这里已发去打印，将来打印出清稿后，再寄去你校对用，大概能来得及。这篇文章原是去年中宣部贺敬之副部长要我写的，因问题太多，写得过长，所以没有送给《人民日报》。头二节的内容，就是根据当时的情况写的，现在似乎正合适，因此希望能赶在第二期发，太晚了，就不大好。排出后请能寄我校一次，以免出错。增加您们不少麻烦，谢谢。

我在本月廿一日可能要到长春，23 日离长春回京。可惜没有时间到您们那里去了，请问同志们好。致

敬礼！问国良、伯英、锦池同志好！

冯其庸

一月十七日

出版社那边请告诉他们一下，如他们想收进去，请与您联系。拜托，又及。

这封信所用信笺的页脚写着绿色小字"中国人民大学出版社稿纸"，全文草体书于稿纸的背面。从信的内容可知，冯先生把复印的原稿寄到了地处哈尔滨师范大学的《北方论丛》，并一再解释因时间仓促，来不及誊抄、打印，为如此"乱糟糟"的初稿给编辑带去的麻烦，表示不安和感激。这里也记录了一些历史信息，这篇长文的写作背景，"原是去年中宣部贺敬之副部长要我写的"。信中所言"头二节的内容"指"研究《红楼梦》还要不要马克思主义"和"如何看待毛泽东同志对《红楼梦》的一些意见"。问候语中的"国良、伯英、锦池"分别指哈尔滨师范大学的红学专家李国梁、王伯英和张锦池教授。冯先生诚挚的话语，体现出他的谦和、认真，以及对编辑同行的理解和尊重。

第四封信：1981 年 1 月 21 日

麟书同志：

稿已寄上，想已收到，因时间紧迫，未能细改，现有几处，恳为改正：

一、第 9 页第一行第一句末改为句号，下面"因为新红学派的理论和欣赏趣味里，还混杂着若干封建性的东西。"这句删去。

二、第 14 页倒数第 4 行末三字"甚而至于……"到最末一行全删去。

三、第 15 页第 1 行开头"对的"两字改为："这种情况"，下接原文"是不利……精神的"，以下"对于这种歪风，应该引起我们的注意，共同来予以清除。"全部删去，改为："这种情况我们应该避免。"

四、第 52 页第二行"红楼梦探源　吴世昌著"以下空白语填写"英国牛津大学出版社 1961 年出版英文本"。

第五行："11，红楼梦论稿"，下面一行请添"12，论凤姐　王朝闻著　1980 年百花出版社出版"，下面"漫说红楼"改为"13"，以下顺次改，到"17，曹雪芹家世新考"下一行再添"18，红楼梦诗词曲赋评注　蔡义江著　1980 年北京出版社出版"，以下次序顺次改为 19、20、21、22、23。

五、第 55 页第 6 行第二句"应该贯彻百花齐放"请改为"应该坚定不移地贯彻党的百花齐放"下接原文。

六、第 55 页第 8 行第一句"定别人的劳动"下面增加以下一段文字："我们提倡马克思主义，但也欢迎各种不同学术观点的相互探讨，欢迎各种不同的学术流派的竞赛和

发展,决不搞'一言堂',要认真贯彻学术民主的百家争鸣的方针。我们应该好学深思,善于听取不同意见,甚至帮助不同意见发表和自己讨论的气度和胸襟,应该认识到学术的是非任何人是专断不了的,只有历史才是真正的权威! 因此我们应该真诚地欢迎各种不同的意见,欢迎各种不同方面的研究。"以下接原文"只要对红学有所……"。

以上各点,恳托麟书同志代为改正。文章太长,如换掉别的文章不方便,就不一定发,不要造成您们的困难。我22号去长春讲学,就是讲这个问题,顺便也听听意见,但文章不给他们发表,已经给您们了,我不会再交别处。北京已请了一部分同行看了,大家觉得适时,增加的这一段就是大家讨论的意见。

清样排出后,请让我校一遍。匆致

敬礼!

冯其庸

1月21日晨

出版社王敬文同志处请告知他,此文已在您处。又及。

这封信所用信笺的页脚写着绿色小字"中国人民大学出版社稿纸",全文按格写在稿纸上。冯先生对初稿进行仔细修改,并及时寄去校订文字。书信落款时嘱咐编辑部"清样排出后,请让我校一遍",足见他的严谨、认真。这封信对自己的论文列了五条校改意见,逐一体味,颇有启发意义。第一条,冯先生斟酌,删去了这样一句:"因为新红学派的理论和欣赏趣味里,还混杂着若干封建性的东西。"第三条,将"对于这种歪风,应该引起我们的注意,共同来予以清除"全部删去,改为:"这种情况我们应该避免。"修改后的文字,语气更有分寸感。第四条,对注释的顺序等细节问题的处理,一丝不苟。第五条,增加了词语"坚定不移地",对贯彻"百花齐放"的方针加以强调。第六条所示,增加的文字较多:"我们提倡马克思主义,但也欢迎各种不同学术观点的相互探讨,欢迎各种不同的学术流派的竞赛和发展,决不搞'一言堂',要认真贯彻学术民主的百家争鸣的方针。……因此我们应该真诚地欢迎各种不同的意见,欢迎各种不同方面的研究。"信中坦言"增加的这一段是大家讨论的意见",可见冯先生在写作过程中充分发扬民主,虚心听取大家的意见。

第五封信:1981年1月26日

麟书同志:

日前寄去一信,请为改正数处文字,想蒙收录。关于拙文(小字,自谦款式)过分冗长,弟(小字,自谦款式)寄出时,只是一时完成此稿,未曾仔细计算,现在看来,您们处理此稿,实在为您造成了困难,心里很觉不安,我们都是自己人(朱笔右侧圈点),我自己也在编刊物,这类难题是常遇到的,我深怪自己太鲁莽,请您理解我诚恳的心

情,并不是有别的任何想法,只是觉得不应该(朱笔右侧圈点,"不应该"三个字朱笔双圈。)给您们送去这么一个难题,向您们表示真诚的、深深的歉意(朱笔右侧圈点)。为了使您们不致不好办,我提出几点处理意见:一、不发表此稿,如王敬文处出版编入,则可以写信与我商量。二、分两期发,第一期发前三节,即发完红学的分工问题,其馀二个问题放在下期发,因下两个问题时间性不太强,下期发还无关系。如一次全部发完,篇幅实在太长,会造成许多矛盾(朱笔右侧圈点),即使分两次发,第一次发完三节,也已经有二万多字了,已经够长的了。所以千万请您们理解我的诚意,不要为难,如不好发,完全可以不发,决不会造成我们之间的误会,决不会影响我们的亲密关系,请千万放心(朱笔右侧圈点)。并请一定将我的意思转达到国良同志,我们大家都在办事,都只能从工作出发,事业出发,不能违背原则。可能由于我想到这点太晚了,已经造成你们的许多困难,因我于 23 日匆匆被长春强邀去,稿件寄出后,根本无暇思考这个问题,今天开完我们的编委会,心里安静一点了,坐下来一想,觉得我处理此事实在欠妥,务请理解我的心情。同样的意思我也给锦池写了一信,请他转述我的意思。另外,您及其他同志读完拙稿(小写,自谦的款式)后,感到有什么不妥之处,务恳告诉我,以便修改,这是最重要的(朱笔右侧圈点),此点务请帮助。致恳了。匆匆不一一,顺问

好!

其庸

一月廿六日夜深

　　冯其庸先生信中有些字词的书写方式传达出感情色彩。信中称呼自己时的"弟",称呼自己文章时的"拙文"或"拙稿"等字写成小字,以表自谦。这封信中冯先生加了多处圈点,用朱笔圈于竖写的文字的右侧。笔者以下划线标出。这些圈点处的句子语气诚挚、恳切,传达出他善于换位思考,严于律己,对编辑同行给予充分的理解和尊重,也表现出自己的敬业精神。信上提到的"王敬文"为黑龙江出版社编辑,当时欲编辑出版《红楼梦》论集。

第六封信:1981 年 2 月 2 日

麟书同志:

　　来信收到。知道拙稿(小字,自谦款式)现在的处理办法,心里很过意不去,只好特向您及其他同志表示深切的谢意了。今天下午,中宣部贺敬之副部长约我去谈工作,又问起了我写的这篇文章,因原是他要我写的。我向他汇报了这篇文章的五个部分的基本内容,他听了表示同意,并问在哪里发表。我告知他在《北方论丛》第二期发表,他也表示同意。并要我把我的打印稿印出来后就给他送去。还谈到了一些其他问题,

并要我仍旧为《人民日报》补写一到二篇文章(因为这篇文章本是应该在《人民日报》发表)。我的打印稿已打好,在校对过程中,又有几处小的增改,现将增改的文字另纸录来,恳请代为改入(六个字用朱笔在右侧加圈点)。我的打印稿大约十来天内可以印出装订好,到时当即寄上。以便校对。经这次改定后,不会再有什么改动了,决不会再动版面了。请您代我向排字的老师傅致以深切的谢意,请问候国良同志。王敬文同志处等打印稿出来后,当即寄去。匆致

敬礼!

冯其庸

二月二日夜深

另纸所录增改的文字:

　　一、原稿第五页第一行:"这时又大肆泛滥"句加一注号①,并请将下面这段注文增排。注①:当然,1954 年关于《红楼梦》研究的批判运动,与后来"四人帮"的"影射红学"、"阴谋红学",无论是在政治上或是在运动的形式上都是完全不同的两件事,它们各自有产生的社会历史原因和政治原因的,决不能把两者混为一谈。这里仅仅是就两者都具有主观唯心主义的文艺思想<u>这一点</u>(三个字加朱笔圈点)而说的。

　　二、原稿第 5 页第八行(此行空白行不算)"又有了新的繁荣发展的气象":下增以下一句:"一九八〇年文化部文学艺术研究院红楼梦研究所成立",下接原文"一九八〇年六月美国……"

　　三、原稿第 41 页右面边上增加文字倒数第六行"《废艺斋集稿》的真伪问题"下请增加以下三句:"书箱问题,香山正白旗 39 号老屋的问题,白家疃的问题",下接原文"等等,对于这些……"

　　四、原稿第 51 页第一行:"一,影印《石头记》原著","原著"两字请改为"抄本"。

　　五、原稿第 53 页第八行下,第 9 行起,另增以下一小段重要文字,<u>务请增入</u>(四个字加朱笔圈点):

　　(行侧朱批:低两格另起段)特别是近十多年来,"红学"界涌现出了一大批新秀,他们努力学习马列主义,刻苦钻研"红学",发表了一批很有见解的文章和专著,在"红学"界产生了较大的影响。还有一种新的情况,就是在全国出现了几个"红学"较为发达的地区。例如:哈尔滨、沈阳、南京(包括扬州)、上海、安徽等地,研究"红学"的空气颇为浓厚,当地的领导也很重视。还有散处在全国各地的"红学"研究者和爱好者,更是难以数计。这种情况,说明了"红学"已经有了广泛的群众基础,已经开始形成了一支全国性的"红学"队伍,说明了"红学"后继有人,它不再是少数几个人关在书房里作个人钻研的情景了。可以说,在文学史上,还找不到第二部作品或第二个作

家,具有如此庞大的完全出于自发的研究者和爱好者的队伍,这是值得我们十分重视和兴奋的现象。

以下再接原来的段落"这里还要说明一点……"这一段文字,仍是低二格另起段。

冯先生的三万字的长文即将在《北方论丛》1981 年第 2 期上全文刊出。对"拙稿"当时的处理办法,冯先生心里很过意不去,诚恳地向夏麟书编辑致歉。同时,他精益求精地修订文稿,从 1981 年 1 月 21 日和 2 月 2 日两封书信中所附的 10 个修订条目清晰可见。这一封信中的修订内容除了正文的增订,一些写给编辑的提示语也令人瞩目。如第五条以"特别是近十多年来,'红学'界涌现出了一大批新秀"开头的一段增文,"特别"前面加了两个空格符号"∨∨",并在左侧空白处朱批了"低两格另起段"。还在这一条的结尾写道:"这一段文字,仍是低二格另起段。"于细微处显现他的事业心和责任感。

第七封信:1981 年 2 月 26 日

麟书同志:

您好。我寄去的校样想早收到并代为校改了,谢谢。今天检查我的手稿,发现第 29 页(全文第二部分谈爱情掩盖说的一段)倒四行,到 30 页开头二行"相反,如果硬要把曹雪芹所申明的'真事隐去''假语村言'解释为相同到现代创作术语的从生活素材到艺术成品过程,把'假语村言'解释为'一番典型化的工作',这样的理解,恐怕要离开曹雪芹的原意,未免有点把曹雪芹的创作思想过分地现代化了。"这一段文字我是在原稿上删去了的(我手里留的原稿)。但我寄您的复印稿当时还未删去,后来看校样时,我记不起来是否已经删去了,很可能仍未删,我寄您那复印稿是最早的稿子,删去是复印稿寄出后,在我的手稿上删的,原想在看校样时删的,很可能当时看样稿过于匆促,忽略了此事没有删去。请为检查一下,如已删去,则甚好。如未删去,则这段话说得有不清楚不准确之处,是否来得及登一作者来信:

"编辑部负责同志:拙稿《关于当前红楼梦研究中的几个问题》第二部分"相反,如果硬要把曹雪芹申明的'真事隐去'……未免有点把曹雪芹的创作思想过分地现代化了。"这一段文字是应该删去的,我在看校样时疏忽了,未曾删去。请为刊登此函,以向读者致歉。谢谢。

冯其庸

一九八一年二月廿六日

这一期估计是来不及登此信了,请在下期借贵刊一角,予以说明,并恳注明见本刊第几页到第几页,或见本刊第几页第几行到第几行。如已经删去了,则就没有什么问题了。我原意是要说《红楼梦》里既非全是真事,也非全是虚构(典型化),是这两部分有的。片面地强调某一面,都不符合实际。我的那段话,并没有把这层意思说清楚,相反容易发生误解。

这篇文章,费了您不少精力,十分谢谢。我目前的工作太忙,常常发生差错和疏忽,真是没有办法。匆匆,即问好!

冯其庸

二月廿六日

冯先生将校样寄给《北方论丛》之后,又在手稿原件中发现可能出现疏漏,请编辑帮他再检查一下,如稿子已经刊出,希望能在下一期刊登自己的一封作者来信,以补上校订的文字。"这一期估计是来不及登此信了,请在下期借贵刊一角,予以说明,并恳注明见本刊第几页到第几页,或见本刊第几页第几行到第几行。"细致入微的叮嘱反映出冯先生在为自己的文字负责,为文章的社会影响负责。他对《红楼梦》研究的态度,可以说是富有示范意义的。1981 年 2 月 26 日的信函中续写的一段话发人深省:"《红楼梦》里既非全是真事,也非全是虚构(典型化),是这两部分有的。片面地强调某一面,都不符合实际。"从今天的现实来开,依然有人把《红楼梦》看成"全是真事"的家传,进而牵强地进行"曹贾互证",忽视了这部世情小说的文学性。我们重读冯其庸先生三十年前的理论文章,依然不乏现实意义。

第八封信: 1981 年 3 月 19 日

麟书同志:

来书收到多日,因事忙未速复,甚歉。我前几回所说的那段文字,于内容无关紧要,只是上下文接不上,意思说得不清楚而已,我当时就估计来不及删了,所以不删也无妨。我已将打印稿送给了中宣部,也给耀邦同志送了一份,现在刊物大概已出来了罢,我 23 日趁(乘)飞机去南京,要两周能回来,回京后又要接待日本的松枝茂夫和伊藤漱平,估计五月份我是够忙的了。刊物出来后,请速寄我数份,如能在去南京前收到就好了,但可能来不及了。谢谢您的辛劳,谢谢编辑部的同志。又黑龙江出版社的事,毫无关系,因我以为此书是他们与您们大会一起编的,他们还数次来信催稿,我也告诉他我无法如期写出来,请他们不要打算在内,后来又听说此书一直未发稿,故我提一笔,如来得及可收入,现在既已来不及,自然毫无问题。

见国良同志请为问候,匆匆,不一一,顺问

好!

冯其庸

三月十九日

1981 年春天,冯其庸先生从北京到长春、上海、南京等地频繁开会,同时与哈尔滨师大的《北方论丛》杂志紧锣密鼓地通信,又要接待日本红学家的来访。从天南地北到海外,为红学事业忙碌着。《红楼梦学刊》1981 年第 3 期记载:"日本著名红学家松枝茂夫和伊藤漱平,应中国艺术研究院的邀请,于今年四月二十四日至五月十四日访问了我国。松枝先生现年七十六岁,是日本东京都立大学名誉教授。"冯先生 1981 年 3 月 19 日的信中提到"回京后又要接待日本的松枝茂夫和伊藤漱平",结合下文 4 月 23 日信中所云"明天日本朋友来访,到五月十五才离开",时间、人物、事件吻合,翔实地记录了这一历史信息。

第九封信:1981 年 4 月 23 日

麟书同志:

您好,我出差了一个月,十六号在上海飞机场见到了《解放日报》您摘要的拙文(小写,表自谦),谢谢您的关注。回来后读到您的信,出作者问题讨论集,我是很赞成的。写长篇论文,实在没有时间了,因明天日本朋友来访,到五月十五才离开,我抽不出时间。如要写一个简短的序言,则可以挤点时间出来。但可否在我送走日本朋友后再写,大约五月中旬定稿。如实在等不及,则就不要耽误出书,就不要我写了。请您酌定之。

拙文(小写,表自谦)在上海反映较好,昨天魏同贤来信又谈到此事,徐恭时也说文章说出了他们多年想说的话。来信照登与否,登也可以,因为我收到集子里去的文字已经删掉这一段了。现集子已付排。谢谢您们的大力支持。问同志们好,问国梁同志好!

冯其庸

四月廿三日

关于写序言的补充:

若要写,能否给我一个目录及文章(主要文章也可),如无文章给目录也可,我可托人去找。

信中可见,冯先生当时的日程排得很满,但对《北方论丛》的红学事宜都是积极支持的。撰写并发表一篇长文后,《北方论丛》要编辑《红楼梦著作权论争集》,他答应"如要写一个简短的序言,则可以挤点时间出来。"并在落款之后又补充说,如要写序言,需寄给他论文集的目录,足见其诚恳和热情。文中"您"的称呼,以及"拙文"的自谦写法,都体现出冯先生为人的谦逊。

这封信写于 1981 年 4 月 23 日,夏麟书编审对冯先生发表在《北方论丛》上的长文加以概述,撰写了《红学研究必须坚持马克思主义——冯其庸著文探讨当前〈红楼梦〉研究中的重要问题》一文,发表于《解放日报》1981 年 4 月 16 日。冯先生信中所言《解放日报》

上的文章即指此文。全文如下：

红学研究必须坚持马克思主义
——冯其庸著文探讨当前《红楼梦》研究中的重要问题

《北方论丛》一九八一年第二期发表了中国红楼梦学会副会长冯其庸的《关于〈红楼梦〉研究中的几个问题》的文章，提出了一些引人注目的见解。

关于研究《红楼梦》还要不要马克思主义指导问题，文章认为，建国三十年来，《红楼梦》的研究工作，经历了一个曲折的过程。从一九四九年到一九五四年，是新学派占主要地位。一九五四年的那场文艺思想的批判运动，虽有它的缺点和错误，却是红学发展史上的历史分界线和转折点，使红学进入了一个新的发展阶段，即用马克思主义研究《红楼梦》阶段，红学得到了较大的发展。在"十年浩劫"期间，一切文化遗产统统被打倒，以往的历史被纳入一个狭窄的农民起义的框框，唯框框以内是光明，框框以外，全是黑暗与罪恶。只有《红楼梦》这部古典小说不在打倒之列。"四人帮"肆意曲解践踏《红楼梦》，通过他们的御用班子大搞影射红学。项庄舞剑，意在沛公，"四人帮"的评红则是意在周公，给红学造成极大的混乱。

文章说，是用马克思主义来研究红学，还是回到唯心论的老路上去？这是当前红学研究中不能不加以思考和认真解决的问题。历史事实充分说明，只有马克思主义才能正确地解释《红楼梦》这部巨著，才能给红学注入新的富有生机的内容。

文章认为，对于毛泽东同志的过去对《红楼梦》的一些看法，就公开发表的正式文件来说，一九五四年十月十六日毛泽东同志《关于红楼梦研究问题的信》所提出的四点原则性意见，即批判唯心主义，提倡用马列主义研究古典文学、研究《红楼梦》，提拔新生力量，团结知识分子，其基本精神是正确的，在当时起了积极作用，不能因为这场运动的做法有不妥之处，起了些消极作用，因而忽略了它的积极的主要的方面。

其次，毛泽东同志一九六二年一月三十日《在扩大的中央工作会议上的讲话》，明确提出了曹雪芹的时代是中国已经有了一些资本主义萌芽，但还是封建社会的时代，这段话讲得很深刻，富有启发性。贾宝玉这个典型，实质上就是这个历史转折时期的典型，因而这个艺术典型成了时代的标志。另外，他还指出，贾宝玉是一个不满封建制度的小说人物。这样也就明确地指出了贾宝玉这个典型形象的思想的主要方面。这些精辟见解对于我们研究《红楼梦》具有很高的指导意义。

再次，毛泽东同志在《论十大关系》中把《红楼梦》与我国的地大物博、人口众多、历史悠久等并列起来，这是对《红楼梦》的空前的高度评价，是正确的。

文章从传抄的抄件中提出来的一些问题，也提出了自己的看法。

文章认为，说《红楼梦》是政治历史小说是不妥当的。《红楼梦》不是描写历史上的政治斗争事件的小说，而是道道地地的描写当代现实的文学。但同一些优秀的小

冯其庸先生与《北方论丛》的「红楼梦研究」专栏

说一样，当作历史来读是完全可以的。文章又认为，关于第几回是纲问题最早提出来的要数脂砚斋，但是曹雪芹当年写《红楼梦》未必像今人一样先拟出写作提纲来，然后动笔，何来第几回的"纲"？如果是说我们今天读《红楼梦》应以第几回为"纲"，那就是一个学术问题，可以各抒己见，百家争鸣，完全没有必要去定于一尊。至于所谓"甄士隐"（真事隐），"贾雨村"（假语存）问题，文章认为是作者交代他创作本书的基本态度和一些特殊手法，作品中确实有许多"假语村言"，即艺术的虚构和想象，但并非全是虚构。理解得过于刻板，以为真事都已隐去，容易被作者"瞒过"。关于所谓"爱情掩盖政治"，文章认为，这样说确切不确切，能否用来提示复杂的内容，是否容易引起简单化的理解，是可以商讨的。然而决不能因此而认为《红楼梦》是单纯地描写爱情的作品，没有政治内容，也不能认为《红楼梦》里的爱情描写和政治内容都一样写得很突出很明朗，不存在什么掩盖不掩盖的问题。文章还认为，《红楼梦》的内容是深广的，包含着阶级斗争和政治斗争（统治阶级内部的政治斗争）的内容，只要我们不对它作不符合客观实际的牵强附会的解释，从这方面去进行研究和探索，是完全必要的。

关于《红楼梦》研究的分工问题，文章说，大体上"红学"似乎已可粗略地分以下几个方面：一、曹学或外学，它似应包括曹雪芹的家世、传记、文物的研究等等；此外，似还可以包括曹雪芹的时代以及明清以来的政治史、思想史、文学史、建筑史、满族史等等各方面与曹雪芹和《红楼梦》有关的部分在内。二、红学或内学，它似应包括《红楼梦》的版本学；《红楼梦》的思想内容、人物创造、艺术成就、成书过程；曹雪芹的世界观和他的创作；《红楼梦》八十回后的情况；脂批的研究；《红楼梦》后四十回的研究；《红楼梦》语言的研究；《红楼梦》与我国古典文学传统的关系；《红楼梦》给予后世的影响；《红楼梦》与清代社会，等等。文章认为，《红楼梦》确是一部百科全书式的巨著，不可能要求一个红学研究者去研究红学的一切，而应该向专门化的方向发展。

关于考证问题，文章认为，三十年来，我们学术界对于考证，常常是左右摇摆，时而加以批判，斥为资产阶级的伪科学；而当一旦考证出某些重要成果时，考证又成为一门时髦的学问。我们应该提倡充分掌握材料，用历史唯物主义的观点对材料进行分析，从客观材料中经过科学分析得出科学结论的这种马克思主义的考证方法。遗憾的是近几十年来，我们对资料工作包括资料的考订工作不够重视，尤其是十年浩劫期间，我们的党风、文风，在学术上大兴实事求是之风，大兴调查研究之风，以此来扫除"四人帮"的歪风邪气，在"红学"的领域里同样是如此。

关于思想和艺术的研究。文章认为，必须把重点放在对《红楼梦》本身的研究上，要通过分析，看清楚这些艺术形象所包含的思想以及这种思想的社会性质。从而更深刻地去认识这些栩栩如生的不朽的艺术典型的思想内涵，更深刻而确切地去评价这部伟大的文学巨著的思想意义。

文章在结语中说新中国成立以来三十年的红学所达到的成就，可以说远远超过了过去二百年来红学成绩的总和。而且红学目前已经成为世界性的学问，海外学者在红学研究上也取得了卓越成就。红学正面临着历史上的新时期，大发展的时期。(麟书)

载《解放日报》1981 年 4 月 16 日

本文以 1981 年上半年冯其庸和夏麟书的通信为研究视点，通过 9 封书信的录入和研读，不难发现，这些书信主要围绕一篇论文《关于当前〈红楼梦〉研究中的几个问题》的撰写、校订、刊出的过程，生动反映了冯其庸先生作为一位中国红学会的负责人，对红学事业的执著；作为一位专家，对著书立说的严谨；作为一名编辑，对业内同行的体贴。中国红楼梦学会诞生三十年来，[①] 之所以能够紧密地团结了海内外的红学同好，和我们有"事事洞明、人情练达"的带头人，在做人、做事、做学问方面诚挚而勤勉的付出是分不开的。

2010 年 10 月 16 日初稿
2011 年 3 月 31 日增订稿
2012 年 11 月 12 日校订

红学研究新视野

冯其庸先生与《北方论丛》的「红楼梦研究」专栏

---

① 中国红楼梦学会 1980 年于哈尔滨成立，2010 年在北京召开了三十周年纪念会。

"聚红轩"里师友多

——记冯其庸先生赠匾的深情厚谊

杜春耕

（中国红楼梦学会）

屈指一算，我大学毕业工作快 50 年了。前 30 年在为本行本职之光学光谱仪器设计而工作；后 20 余年，完全因爱好而转向对《红楼梦》一书的版本考证与其成书的研究。

我似乎是个幸运者，前 30 年有幸与执某些领域牛耳的大学者，诸如吴学周、王大珩、母国光、翁志成等人一起工作，接受他们的教诲，为填补我国一些领域的空白而工作。而在后 20 年，则能一起步就与以冯其庸先生为首的一大批《红楼梦》研究专家熟识，接受他们的教诲，并有机会在某些领域共同探讨与研究。

对于我这个文科领域中的外行来讲，冯其庸先生是一个高山仰止式的人物。他在许多领域中的成就，多出于他天生的悟性与后天之勤奋。他是一个传统意义上多才的文人，但真的"大家"是没有架子的。在近 20 年的交往中，我感觉到了他的与人为善与诲人不倦，他对后辈学人的关爱。下面举两个例子。

1996 年，"红楼梦农工研究小组"（由党主席卢嘉锡题名而成立）在农工党北京市委里召开了一次《红楼梦》成书研讨会，以冯先生为首，沈天佑、吕启祥、林冠夫、曾扬华、朱淡文、胡小炜、石昌渝等 20 余位红学专家参加了会议。会议主要讨论《红楼梦》成书领域中的某种说法，即《红楼梦》是由《风月宝鉴》与《石头记》两书由曹雪芹重作二次创作而成的，有人称之为"二书合成说"。冯先生似乎是不同意这种说法的，但他在讲话时只是说："我读了多遍《红楼梦》，但没有看出来《红楼梦》是由《风月宝鉴》与《石头记》二书合成的"，又转而鼓励持这种说法的人继续作细致的版本与文本的研究。拳拳善意听者自然明白。

另一件令我十分感动的事，是由于为了研究《红楼梦》的成书，我用了极大的心力，收集以清代版本为主的一切有关《红楼梦》的书籍资料与工艺书画等物，如古旧版本就超过了一百种。2001年的某天，冯先生与我说："小杜，你收集了这么多《红楼梦》的老书，我给你的书斋写个匾吧！名字我都想好了，叫'聚红轩'。"后来冯先生果真给我写了"聚红轩"三个字。我要去取，冯先生说："我请裱画好的人裱好了，再用好的木头刻一个匾，你再来取。"不久冯先生说："你来取吧！"到他家一看，我有点愣住了。原来他让人把字拿到他认为裱画好的某沈阳裱画师那里裱好了字，并做了一个精致的大画框。另外又有一块用大而厚实的上好木材、上刻着"聚红轩"三字的大匾立在墙边，其刀法不失先生书法之风骨。同时他又让人用好的图章石，刻了三个章，一个是名章，一个是藏书章，另一个为"聚红轩"三个字的斋名章。

十多年来，聚红轩里络绎不绝地来过海内外各阶层的红学研究者和爱好者，我们在此相聚，以"红"会友。冯先生题的这块匾，也从一个小小的侧面映照出他的为人为学，凝聚"红"人，泽被后代。值此先生从教六十周年之际，衷心祝愿先生健康长寿。

「聚红轩」里师友多

桃李满天下　园丁一寸心

——敬贺冯其庸先生从事教育六十周年

赵建忠

（天津师范大学）

　　我很荣幸能参加冯其庸先生从事教育六十周年这样一个庄重的大会，此情此景可以说百感交集。由于冯先生在红楼梦研究领域里的杰出成就，曾长期担任中国红学会会长，一般人们印象中是把他作为红学泰斗和大学者来看待的，这当然是不错的，但从冯先生平生主要经历来看，当教师、教授也占据了他相当长的时间。从1954年来中国人民大学任教，至今已经五十六年了；1989年，我作为中国艺术研究院红楼梦研究所的首届研究生，亲耳聆听过冯先生的授课，屈指算来也二十多年过去了；如果从1950年冯先生在无锡市第一女中执教算起，那就正好是六十年，所以冯先生也是当之无愧的教育家。我就用"桃李满天下，园丁一寸心"作为本文的题目，来敬贺冯其庸先生从事教育六十周年。

　　可以说，教育和学术是冯其庸先生人生两大重要主题，而这两大主题又密切相关。就拿红楼梦研究来说，冯先生是这个领域公认的学术领路人，他不仅自己红学成就卓著，还特别注重培养红学新人。就我个人而言，有几件事情至今还印象很深刻。我当年攻读红学研究生时曾完成了三万多字的《红楼梦续书研究》硕士论文，恭敬送给先生后也没指望他能看，只是快毕业了想做个纪念，想不到先生在百忙中不仅认真看了一遍，还亲自给我导师吕启祥先生打电话，肯定了此文，并叮嘱《红楼梦学刊》发表时尽量少删，这使我受到了很大鼓励，也为我后来从事的红学同一课题研究奠定了较好的基础。研究生毕业那一年，冯先生对我的就业很关注，给有关单位负责人写了推荐信。我回到天津工作后，冯先

生在百忙中还和我通过信。后来，我所服务的天津师范大学曾举办过两次中青年红学会议，即"首届全国中青年红楼梦学术研讨会"和"新世纪海峡两岸中青年学者红楼梦研讨会"。那两次会议，冯先生都参加了，当时他已经是七、八旬的高龄老人，但他不仅亲临并且还即席发表讲话，谈举办中青年红学会议的意义，殷切希望红学新人早日脱颖而出。针对红学中的"造假"和浮夸现象，冯先生特别强调要端正学风，这给了我们全体与会的中青年红学研究者巨大的鼓励。那两次会议中的代表今天有不少已经成为卓有成就的中青年红学专家，很多人还出版了自己的红学专著，如梅新林、孙玉明、沈治钧、孙伟科、陈维昭、俞晓红、曹立波、王人恩、饶道庆、刘永良、高淮生、刘继保、洪涛等等，后来他们中的很多人在一些具体问题上更是得到过冯先生的支持、鼓励和引导，比如他对沈治钧关于《红楼梦》成书过程、关于曹雪芹生卒年研究的鼓励，对曹立波有关北师大庚辰本系统版本研究的积极支持，特别是对《红楼梦学刊》兼职编辑谭凤嬛的奖掖，更是令我辈感动。冯先生的《瓜饭楼重校评批红楼梦》插图以及《红楼梦学刊》刊登的"金陵十二钗"插图均为谭凤嬛所绘，上面有冯先生的题画诗。众所周知，以冯先生的学术声望、地位和师友交游情况，曾结交过不少书画艺术大师，如刘海粟、吴作人、黄永玉、朱屺瞻、张正宇、谢稚柳、徐邦达、饶宗颐、启功、黄苗子、刘旦宅、戴敦邦等，但冯先生却选择了当时尚未成名的小谭为其重要著作插图，足见对她的悉心扶持。最近从2010年第5期《红楼梦学刊》获悉，谭凤嬛的《红楼梦人物画集》已由商务印书馆出版，这是可喜可贺的事！至于冯先生对名作家二月河当年的殷切鼓励，也早已成为文坛佳话。此外，我还注意到他对京外在艰苦环境里坚持研究曹雪芹最后十年经历的青年人崔川荣的关心，这样的例子可以说是不胜枚举。冯先生在百忙中为什么能对后学如此眷顾呢？除了作为学者的良知、社会责任感以及作为一名教师的本能外，我想还有个最重要的因素。冯先生幼年家境清寒，后来又处于抗日战争的艰苦岁月，导致他多次失学，可以说，青少年时代给先生留下了苦难的印记，由于这段痛苦的经历，他不希望看到后来的青年人再重复他走过的艰辛学程，这是一个善良老人的苦难心曲。他自号"宽堂"，也正体现了先生宽厚的人格。每念及此，我总在想，冯先生可以算是逆境中成就的大学者了，而我们今天的很多青年学人，处在和平年代的和谐社会中，有如此优越的学术环境，有互联网络，有丰富的图书资源和海内外学术交流背景，学问却难望冯先生项背，难道真是"生于忧患，死于安乐"？我们应该走出这个周期率，要珍惜今天这个时代给予的机遇，做出比我们的前辈更大的成绩，我想这也是冯先生等老一辈学者所寄予厚望的。

为了纪念此次会议，尝试着写了一首"七律"，谨以此献给冯其庸老师：

少年闻得蘖师名，瓜饭楼头夜笔耕。

瀚海烟尘惊宇内，庚辰本论慰浮生。

由来恩怨无他顾，半隐江湖一水平。

正有高风和雁过，遥听云外起回声。

首联"少年闻得虆师名,瓜饭楼头夜笔耕"。我确实是在少年时还没考进中国艺术研究院前就从父辈那里听说过冯其庸先生的名字。说是"虆师名",并不言过其实。因为他是红学大家,是中国红楼梦学会的老会长,在他的领导下,新时期以来的三十年红学取得了巨大成就,他本身还出版了那么多的红学著作,并带领红楼梦研究所这个集体编著了许多大型红学工具书,如《红楼梦大辞典》、"脂砚斋重评石头记汇校"本等,这不必细列,举世公认。冯先生还是中国戏曲家学会副会长,说是戏曲学家,也名副其实。他还是有成就的书画家、摄影艺术家、诗人。冯先生也是一个旅行家,他是出于学术考察的旅行,主要考察了敦煌、吐鲁番文献,所以他的旅行更有文化价值。他九游西域,登昆仑之巅,历大漠之险,上帕米尔高原,第一次发现了玄奘取经回国的山口古道,轰动中外学术界。这次的会议举办地中国人民大学,他是首任国学院院长,所以冯先生堪称国学大家。瓜饭楼是先生主要斋名之一,是为了纪念过去艰难、坎坷岁月而起的。冯先生在逆境中刻苦治学,卓然而成大家,泰山北斗,万川归之,成为知识分子的楷范,可以说,他是我们伟大民族的骄傲!为庆贺冯老从事教育和学术活动六十周年,我特别请天津青年书法家王炯智写了泥金笺小楷《冯其庸传》,概括了先生的大部分学术、教育经历。

颔联"瀚海烟尘惊宇内,庚辰本论慰浮生"。这联一语双关,"烟尘"如果暗指,可以隐喻十年浩劫岁月,在那个特殊历史时期冯先生仍痴迷于红学,虽万劫而不灭求学求真之心,为后来出版的专著《论庚辰本》奠定了基础,当然还有关于"五庆堂谱"的讨论、《曹雪芹家世新考》等冯先生最重要的学术代表作,一首律诗不可能都载入进来,所以用庚辰本研究个案借代;"烟尘"在本联中更可以专指冯先生的摄影集《瀚海劫尘》,这是着重研究中国大西部的历史文化艺术,主要考证丝绸之路和玄奘取经之路的大型摄影图册。从这个摄影集也能看出冯先生达到的高境界,所谓学问浩渺,人生有涯,冯先生追求的正是在我们作为个体有限的生命区间里实现最大的人生价值,从而让生命更有价值,更有意义。

颈联"由来恩怨无他顾,半隐江湖一水平"。冯先生致力于学术研究,可以说著作等身,对于人世间一般的是是非非,是无暇顾及的,他一心向学,就像一个隐者,禅心笃定。当然,由于冯先生在学术界德高望重,还是担任了很多重要的行政和学术职务,所以这里用"半隐"似乎更贴切。正如冯先生为香港的饶宗颐先生书画集所写文章的题目"乾坤清气一鸿儒",他本人也是这七个字的真实写照!

尾联"正有高风和雁过,遥听云外起回声"。古人云"人过留名,雁过留声",冯先生高风亮节,学界共仰。他的红学建树和其他领域里的杰出贡献,必将在学术史上留下深深的印痕,必将载入中华文明的光辉史册。泽被后学,非一代也!

最后,我用为先生写的嵌名联作为本文的结束:

其悟红楼惟国士,

庸耕脂砚赞达人。

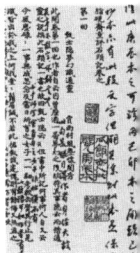

石兄·曹頫

季稚跃

（同济大学）

　　石兄是空空道人从大荒山无稽崖青埂峰下看到《石上故事》（"原来就是无材补天,幻形入世,蒙茫茫大士、渺渺真人携入红尘,历尽离合悲欢炎凉世态的一段故事。"）的作者。曹雪芹正是在《石上故事》的基础上,用了十年时间,增删五次,脱胎换骨写成了八十回的小说《金陵十二钗》。

　　《金陵十二钗》是以西方灵河岸上三生石畔的绛珠草和神瑛侍者的一段情缘,他俩下凡后演绎了别开生面人间的悲欢离合;而女娲补天时未用的一块顽石经一僧一道点化后成了一块通灵宝玉,随神瑛侍者一同入世,故在《金陵十二钗》中留有《石上故事》的痕迹。

　　石兄是谁? 是小说家言,还是确有其人?

一

　　有人说：小说是细节的集合。王国维在《人间词话》中说："客观之诗人,不可不阅世,阅世愈深,则材料愈丰富,愈变化,《水浒传》、《红楼梦》之作者是也。"（[1]P94）作家的经验,特别是那些刻骨铭心的经历,会不自觉地在小说的细节中再现,所以研究作家非从小说的细节着手不可。

　　汇校汇评《脂砚斋重评石头记》,使我有机会接触到各种抄本不同的细节描写,有些细节非过来人是断断写不出的。例如庚辰本第35回,做"小荷叶小莲蓬汤"的四副面印银模

153

子;又如庚辰本第 40 回,贾母在潇湘馆细说的"软烟罗"。更可骇的,《石头记》抄本中有些细节是涉及曹家的秘密和重大变故,只有当事人才能知道。现举四例叙述如下。

细节之一:庚辰本第 13 回

如今我们家赫赫扬扬已将百载,一日倘或乐极悲生,若应了那句"树倒猢狲散"的俗语,岂不虚称了一世的诗书旧族了。([2]P270)

在这一段文字之上有一眉批:

树倒猢狲散之语今(全,误)犹在耳,屈指卅五年矣,哀哉伤哉,宁不痛杀。

"屈指",是掰着手指计算的,其年数比较精确。若设该批语写于壬午年,则上溯卅五年,正是雍正五年,曹頫被抄家。在抄家时,最有资格下意识说出"树倒猢狲散"之语的是曹頫。

细节之二:甲戌本第 13 回

这里凤姐来至三间一所抱厦内坐了,因想:头一件是人口混杂,遗失东西;第二件,事无专执,临期推委;第三件,需用过废,滥支冒领;第四件,任无大小,苦乐不均;第五件,家人豪纵,有脸者不服钤束,无脸者不能上进。此五件实是宁国府中风俗。([3]P137B 面)

在这段文字之上有一则眉批:

旧族后辈受此五病者颇多,余家更甚。三十年前事见书于三十年后,今余想恸血泪盈(腮)。

过去对这一批语有些不解,既然旧族后辈都有此病,也用不着"恸血泪盈(腮)"。直到将此"风俗"二字与雍正在《江宁织造曹頫请安折》(雍正二年)上斥责曹頫"你们向来混账风俗贯了"十字对看,才恍然大悟。正是雍正厌恶曹頫的"混帐风俗"([4]P165)才埋下抄家的"祸根",曹家人见此焉能不"恸血泪盈(腮)"呢。能够看到这一硃批的,或听到怡亲王允祥传谕的惟曹頫一人而已。

细节之三:庚辰本第 40 回

凤姐忙把自己身上穿的一件大红棉纱袄子襟儿拉了出来,向贾母薛姨妈道:"看我的这袄儿。"贾母薛姨妈都说:"这也是上好的了,这是如今的上用内造的竟比不上

这个。"凤姐儿道："这个薄片子还说是上用内造呢，竟连官用的也比不上了。"（[2]P910、911）

这一细节虽然写得轻描淡写，但确是曹頫心中的痛。雍正四年三月初十日，曹頫因织造绸缎轻薄曾被议处：

> ……由江宁所织之上用缎二十八匹，官缎三十匹，皆甚粗糙轻薄，而比早年织进者已大为不如。查此项绸缎，皆系内廷用品，理应依照旧式，敬谨细织呈进；今粗糙轻薄者，深为不合。现在除将挑出之绸缎，著该织造处郎中孙文成、员外郎曹頫、原任郎中胡凤翚、司库、库使、笔帖式等，照数赔补外，仍将伊等交该管严加议处。（[4]P174、175）

细节之四：列藏本第 33 回

> 这琪官乃奉旨所赐，不便转赠令郎，若令郎十分爱慕，老大人竟密题一本请旨，岂不两便。（[5]P1356）

这段文字为列藏本独有，属脂砚斋《初评》文字。密折请旨、奏报是曹寅、曹颙、曹頫父子在康熙朝的日常工作，曹寅、曹颙相继去世后，能知道此事的也只有曹頫了。

从上可知，《石头记》抄本中有些文字只能出于曹頫之口或之手。

二

在庚辰本第 1 回中有一段关于《石上故事》作者身世的文字，即

> 当此，则自欲将已往所赖天恩祖德，锦衣纨袴之时，饫甘餍肥之日，背父兄教育之恩，负师友规谈之德，以至今日一技无成，半生潦倒之罪，编述一集，以告天下人；我之罪固不免，然闺阁中本自历历有人，万不可因我之不肖，自护己短，一并使其泯灭也。（[2]P3、4）

不管曹雪芹生于公元 1715 年左右或 1724 年，都不具备这一身世，但与曹頫的史料正合，形成了一个史料链，证实曹頫就是《石上故事》的作者。现考释如下：
【天恩祖德】
《苏州织造李煦奏安排曹颙后事折》（康熙五十四年正月十八日）：

曹颙病故,蒙万岁天高地厚洪恩,念其孀母无依,家口繁重,特命将曹頫承继袭职,以养赡孤寡,保全身家。……奴才与曹寅父子谊属至亲而又同事多年,敢不仰体圣主安怀之心,使其老幼区画得所。([4]P127)

《曹頫奏谢继任江宁织造折》(康熙五十四年三月初七日):

……窃念奴才包衣下贱,黄口无知,伏蒙万岁天高地厚洪恩,特命奴才承袭父兄职衔,管理江宁织造。奴才自问何人,骤蒙圣主浩荡洪恩,一至于此。([4]P128)

对曹頫而言,天恩祖德是实实在在的。

【背父兄教育之恩】

《内务府奏请将曹頫给曹寅之妻为嗣并补江宁织造折》(康熙五十四年正月十二日):

……传旨谕内务府总管:曹颙系朕眼看自幼长成,此子甚可惜。朕所使用之包衣子嗣中,尚无一人如他者。看起来生长的也魁梧,拿起笔来也能写作,是个文武全才之人。他在织造上很谨慎。朕对他曾寄予很大希望。他的祖、父,先前也很勤劳。([4]P125)

雍正五年正月两淮盐政噶尔泰的《奏报官员官箴折》:

……访得曹頫年少无才[原不是个东西],人畏缩,织造事务俱交与管家丁汉臣料理;奴才在京见过数次,人亦平常[岂止平常]。([6]P82)

康熙对曹玺、曹寅、曹颙祖孙三代在江宁织造任上的考语是"谨慎"和"勤劳",而曹頫在织造任上玩忽职守,将这样一件重要的、事关身家性命的工作完全交给管家丁汉臣办理,以致酿成大祸。

【一技无成】

《江宁织造曹頫奏二次稻不成实缘由折》(康熙五十四年十二月初):

再,江宁二次所种之稻,虽亦发秀,但不能成实,奴才愚昧莫测其由,不胜惶恐。今接奴才母舅李煦来字,传示批旨:凡所种至立秋后未必成实,四月初十种迟了,京里的六月二十已得进矣。钦此。([4]P135、136)

《内务府奏御用褂面落色请将曹頫等罚俸一年折》（雍正五年六月二十四日）：

雍正五年闰三月二十九日，奏事员外郎张文彬等传旨：朕穿的石青褂落色，此缎系何处织造？……

查石青缎匹，每年系苏州、江宁织送，做皇上服用褂面，俱用江宁织送之石青缎匹。今将现在库内所有石青缎匹，交与派出查广储司库之郎中鄂善、员外郎立住等，逐一查看，俱皆落色。江宁织造·员外郎曹頫等，系专司织造人员，织造上用石青缎匹，理宜敬谨将丝纴染造纯洁，不致落色，乃并不敬谨，以致缎匹落色不合。（[4]P181）

曹頫在织造任上管理无方，所种的御稻种也两次不结实，确一技无成。
【半生潦倒】
《上谕著江南总督范时绎查封曹頫家产》（雍正五年十二月二十四日）：

……著行文江南总督范时绎，将曹頫家中财物，固封看守，并将重要家人，立即严拿；家人之财产，亦著固封看守，俟新任织造官员绥赫德到彼之后办理。（[4]P185）

由曹頫在康熙五十四年《奏谢继任江宁织造折》中自称"黄口无知"和康熙五十七年康熙称他为"无知小孩"，则知曹頫迟至康熙五十七年尚在未冠之年，估计为 18 岁，约生于公元 1700 年。雍正五年（1727）曹頫被抄时为 28 岁，过后又被枷催追尚未完银三百余两，可知后半生潦倒不是虚话。
【我罪故不免】
《上谕著江南总督范时绎查封曹頫家产》（雍正五年十二月二十四日）：

奉旨：江宁织造行为不端，织造款项亏空甚多。朕屡次施恩宽限，令其赔补。伊倘感激朕成全之恩，理应尽心效力，然伊不但不感恩图报，反而将家中财物暗移他处，企图隐蔽，有违朕恩，甚属可恶！（[4]P185）

《江宁织造隋赫德奏查织造衙门左侧庙内寄顿镀金狮子情形折》（雍正六年七月初三）：

窃奴才查得江宁织造衙门左侧万寿庵内，有藏贮镀金狮子一对，本身连座共高五尺六寸。奴才细查原由，系塞思黑于康熙五十五年遣护卫常德到江宁铸就，后因铸得不好，交与曹頫，寄顿庙中。（[4]P188）

红学研究新视野

石兄·曹頫

曹家被抄,当然有其复杂的政治、经济原因,但曹頫在江宁织造任上玩忽职守、骚扰驿站,特别是暗移财产为雍正查抄曹家提供了口实。

三

既然有曹家史料——印证曹頫符合石兄的身世,那末进一步要寻找曹頫的文字风格和特征在《石头记》抄本中的反映,即内证。

什么是曹頫的文字风格和特征呢? 也有两则史料。

一件是《上元县志》卷十六曹玺传中有"好古嗜学"的赞语:

> 頫字昂友,好古嗜学,绍闻衣德,识者以为曹氏世有其人云。([7]P84)

另一件,在《江宁织造曹頫贺折》(雍正二年四月初四日)上有雍正的硃批:

> 此篇奏表,文拟甚有趣,简而备,诚而切,是个大通家作的。([4]P158)

这两件史料大致勾勒出曹頫的文字风格和特征是"好古"和"简而备"。

从上世纪八十年代起到现在,都有研究者指出,《石头记》抄本中有些叙述文字与整体不协调,过于文言化。我在汇校汇评中也发现《石头记》抄本中常有极冷僻、古的字,例如:

(1)己卯本第40回

> 刘姥姥让出路来与贾母众人走,自己却赿走土地,琥珀拉着他……([8]P625)

(2)庚辰本第43回

> ……一言不发跨上马,一湾腰,顺着街就趡下去了。([2]P994)

(3)庚辰本第43回

> ……领着些嬷嬷们也来敬酒,凤姐儿也难推脱,只得歃了两口。([2]P1005)

(4)庚辰本第44回

> 宝玉笑道:"那市卖的粠赦都不干净,颜色也薄……"([2]P1016)

（5）庚辰本第 46 回

　　……我就藏了起来哄你，看你趄着头过去了。（[2]P1068）

（6）庚辰本第 47 回回目

　　冷郎君惧赾走他乡（[2]P1079）

（7）庚辰本第 49 回

　　凤姐儿冷眼敁敠^{斋顠夺心
内忖度也}岫烟心性为人……（[2]P1133）

（8）庚辰本第 50 回

　　只见宝玉笑欱欱勴了一枝红梅进来。（[2]P1161）

（9）己卯本第 57 回

　　这里屋内无人时，宝钗方问湘云何处扎的。（[8]P715、716）

（10）庚辰本第 73 回

　　从者每人二十大板，革去三月月钱，拨入圊厕行内。（[2]P1779）

以上 10 例中："赾"、"趄"、"趄"、"糚敠"、"勴"、"扎"诸字，一般字典不收。"赾"是古"祸"字。"圊"，有三义，以"通清"为是。"欱"是个错字，正字为"歃"，即"歃"，读呵，啜也；戚本上"喝"字抄成"嗑"字，是不识"歃"字所致。"敁敠"一词多次在文中出现，显示了作书人的一种偏爱。这种喜用冷僻字的现象若与曹頫"好古"和"简而备"的文字特征联系起来，则可得到合理的解释。这些冷僻字原本是《石上故事》的文字，当出于曹頫之手。

　　现在，虽无法找到曹頫除奏折以外的任何文字，但受过雍正赞扬的奏表尚在，现摘抄如下：

　　……凯奏肤功，献俘阙下，从古武功未有如此之神速丕盛者也。钦惟万岁仁孝性成，智勇兼备，自御极以来，布德施恩，上合天心，知人任使，下符舆论。所以制胜万全，

159

即时底定,善继圣祖未竟之志,广播荒服来王之威。圣烈鸿麻,普天胥庆。([4]P158)

它提供了与《石头记》抄本比对的机会。其中"…古…未有"和万岁"仁孝性成"语词同样能在《石头记》抄本中找到,例如:

(1)庚辰本每16回

可见当今的隆恩。历来听书看戏,古时从未有的。([2]P331)

(2)庚辰本第17、18回

且今上启天地生物之大德,垂古今未有之旷恩。([2]P387)

(3)庚辰本第78回

只是更可羡者,本朝皆系千古未有的旷典隆恩。([2]P1945)

(4)庚辰本第16回

深赞当今至孝纯仁体天格物。([2]P332)

至此,我们已经从史料和《石头记》抄本的文字内证两方面论证了《石上故事》的作者石兄确是曹頫。

四

当弄清了曹頫是《石上故事》的作者石兄后,再来重新审视两条脂批。

第一条是庚辰本第13回凤姐归纳宁国府"五件风俗"之上的眉批:

读五件事未完,余不禁失声大哭,三十年前作书人在何处耶?([2]P284)

现在已经清楚,这一脂批中所指的作书人是曹頫,而不是曹雪芹。若该批写于壬午年(1763),此时曹頫约为64岁,三十年前为34岁。不过,这时曹頫已死,批者读此当然会"失声大哭"。

第二条是甲戌本卷一"谁解其中味?"诗句之上的眉批:

能解者方有辛酸之泪，哭成此书。壬午除夕书未成，芹为泪尽而逝。余尝哭芹，泪亦待尽。每意觅青埂峰再问石兄，余不遇癞（獭）头和尚何？怅怅！

今而后惟愿造化主再出一芹一脂，是书何幸（本），余二人亦大快遂心于九泉矣。甲午八日泪笔。（[3]P9、10）

这条批语是脂砚斋写于曹雪芹去世之后，自感不久人世，但《石头记》只写成80回，未写完。于是，脂砚斋又想起了最早的作书人石兄曹頫，可是曹頫也不在了。他希望尔后的读者中能出现像他和雪芹那样的合作者，完成《石头记》全书。

《红楼梦》后四十回的续作者（显然不是一人）理解了脂砚斋的苦心，断续地补写了四十回，有了"收缘结果的话头"，实现了脂砚斋使《石头记》中的大部分文字能永远传下去的愿望。

参考文献

[1] 王国维滕咸惠校注《人间词话新注》,山东：齐鲁书社,1981。

[2] 曹雪芹《脂砚斋重评石头记（庚辰本）》,北京：人民文学出版社,1975。

[3] 曹雪芹《脂砚斋重评石头记（甲戌本）》,上海：上海古籍出版社,1985。

[4] 故宫博物院明清档案部编《关于江宁织造曹家档案史料》,北京：中华书局,1975。

[5] 曹雪芹《石头记（列宁格勒藏钞本）》,北京：中华书局,1986。

[6] 潘承玉《续〈有关红学的新材料〉》,明清小说研究,2002（3）。

[7] 冯其庸《梦边集》,陕西：陕西人民出版社,1982。

[8] 曹雪芹《脂砚斋重评石头记（己卯本）》,上海：上海古籍出版社,1981。

树倒猢狲散

——雍正查封曹頫家产的缘由考析

李稚跃

（同济大学）

有研究者说，雍正所以抄曹頫家是政治原因，因为曹頫是雍正政敌胤禩、胤禟的党羽，我以为不是。曹寅在世时曾奏报禁革浮费一事，康熙尚且告诫他：

> 生一事不如少一事，只管为目前之计，恐后尾大难收，遗累后人，亦非久远可行，再留心细议。（[1]P24）。

何况曹頫，绝不会参与其间。这一点，雍正十分清楚。也有研究者说，雍正所以抄曹頫家是经济问题，我也不敢苟同。曹寅在织造任上大量亏空是康熙屡次南巡及不时进贡等所造成的，康熙让李煦代任盐差一年和着李陈常巡视盐差一年都是补曹寅生前的亏空。这一点，雍正也是知道的。至于曹頫骚扰驿站案，在曹頫不过循旧例，而山东巡抚塞楞额则是小题大做。这一点，雍正不会不知道。假如曹頫确有财产，雍正断不会同意他将"织造补库分三年带完"的请求。由此可见，雍正要抄曹頫家是另有隐情，不抄不能去心病。

一、雍正的心病：坏朕声名

雍正虽登上帝位，但有一心病，就是怕有人"坏朕声名"。"坏朕声名"一词，最早见于

雍正元年二月二十八日《胡凤翚奏谢授苏州织造并抵任访闻各事折》硃批：

> 朕今擢用你光景，况又系府下旧人，体面地步自然为众之敬畏，督抚地方府道等形势，必加优待，汝可竭力自持，安分知足。倘少坏朕声名，妄干地方吏治之事，一点忍奈不往，朕之耳目，汝所深知，负朕此大恩，岂轻轻处分之事也。勉之！慎之！你若有辨不来差使，不妨奏明，朕命人帮你，不可私作一事，私求一利，一切食用节俭为要。向日织造等非分之享用，今日之现报，岂不见乎？前车之戒，业当自警。况尔之利害又胜前人之数倍，祸福之关矣，不可少忽。特谕。（[2]P12）

又见于雍正二年《江宁织造曹𫖮请安析》硃批：

> 朕安。你是奉旨交与怡亲王传奏你的事的，诸事听王子教导而行。你若自己不为非，诸事王子照看得你来，你若作不法，凭谁不能与你作福。不要乱跑门路，瞎费心思力量买祸受。除怡王之外，竟可不用再求一人托累自己。为甚么不拣省事有益的做，做费事有害的事？因你们向来混帐风俗贯了，恐人指称朕意撞你，若不懂不解，错会朕意，故特谕你。若有人恐吓诈你，不妨你就求问怡亲王，况王子甚疼怜你，所以朕将你交与王子。主意要拿定，少乱一点。坏朕声名，朕就要重重处分，王子也救你不下了。特谕。（[1]P165）

“坏朕声名”，这是常人无法理解和想象的。臣民谁有胆量敢说雍正帝一个“坏”字。不要说雍正“撞你”，就是杀了你又有什么呢？“有人”指谁？吓诈曹𫖮要得到什么？胡凤翚是府下旧人，曹𫖮也是，为什么要警告这些旧人呢？所有这些，都是从一个“脏”字上来。

二、雍正即位有点脏

雍正如何即位和巩固皇位的，这在沈起炜《中国历史大事年表》中有记载：

1722 年 壬寅 清康熙六十一年

> 正月，圣祖在乾清宫举行千叟宴。十一月十三日，圣祖死（1654—）。皇后弟、步军统领隆科多宣布遗命，由皇四子雍亲王胤禛嗣位。是夜，铁骑四出，京师戒备森严。命隆科多等总理事务。召大将军胤禵还京，命延信与川陕总督年羹尧主持军事。二十日，胤禛即位，是为世宗。

1723 年 癸卯 清世宗雍正元年

……允禵觐见时,不肯跪拜,解大将军职,降封郡王,拘禁汤山,遣贝子允禟赴西宁军前。……西北军务俱交年羹尧办理,旋授年为抚远大将军。

1724 年　甲辰　清雍正二年

……派允禵守陵;革允祯王爵,禁锢;允禟、允䄉被斥责。允祄死,追封和硕理亲王,谥密。

1725 年　乙巳　清雍正三年

三月,以贺折上有错字为借口,斥责年羹尧,劾年罪者从此纷起。四月,调年羹尧为杭州将军,以岳钟琪署川陕总督。解除隆科多职权,旋交都察院严察。五月,催缴"御笔"(指即位前书信文件)。七月,革去年羹尧将军,授闲散章京。十二月,革去允禵郡王,降为固山贝子。汪景祺以《西征随笔》有"讥讪圣祖"文字,被处立斩,妻子为奴;族人革职,交地方官约束。汪本年羹尧记室。年羹尧以九十二罪,被责令自杀(1679—)。年字亮工,汉军镶黄旗人,本世宗心腹,掌西北军事实权,以制胤禵。

1726 年　丙午　清雍正四年

革去隆科多吏部尚书及所赐世职。圈禁允䄉,废允䄉、允禟为庶人。改䄉名为阿其那(义不详),改允禟为塞思黑(讨人厌)。革去允禵贝子,圈禁。允䄉、允禟旋均"病故"。

1727 年　丁未　清雍正五年

……隆科多以四十一条罪状,永远禁锢,次年死。隆科多满洲镶黄旗人,佟佳氏。前苏州织造李煦以交通允䄉案流放。罢江宁织造曹頫,查封家产。([3]P493-495)

与此相关,雍正有这样的几则硃批:

(1)雍正元年陆月贰拾日《年羹尧奏谢皇上赏赐香囊锭子药二匣折》:

着实勉力。你向来认人眼目不甚清楚,不要教人哄了,人最难信的。……([2]P32)

（2）雍正元年正月初二日《延信等奏请紧要事先具奏稿密呈批示后再缮折奏闻折》：

> ……再，舅舅隆科多，此人朕与尔先前不但不深知他。真正大错了。此人真圣祖皇考忠臣，朕之功臣，国家良臣，真正当代超群拔类之希有大臣也。（[2]P6）

（3）雍正二年三月二十九日《年羹尧奏谢赏糟鹿尾并读上谕折》：

> 朕实无心作不骄不满之念，出于至诚，惟天可表。此一番事，若言朕不福大，岂有此理！上天见怜，朕即福人矣。但就事而言，实皆圣祖之功，自你以下那一个不是皇父用的人？那一个兵不是数十年教养的兵？前西海势涌，正当危急之时，朕原存一念，即便事不能善结，朕不肯认此大过，何也？当不起。原是圣祖所遗之事，今如此出于望外好，就将此奇勋自己认起来，实实面愧心惭之至。朕身即是圣祖之身，然到底是父子君臣，良心上过不去，所以各陵告祭，皆如例撰文，另拟祭文以告景陵，将文稿发来，你看毕，即知朕之真心也。尔等此一番效力，是成全朕君父未了之事之功。具理而言，皆朕之功臣；拘情而言，自你以下以至兵将，凡实心用命效力者，皆朕之恩人也。（[2]P79）

（4）雍正三年四月二十二日《年羹尧奏谢调补杭州将军折》：

> 再你明白回奏二本，朕览之实实心寒之极！看此光景，你并不知感悔。
>
> 上苍在上，朕若负你天诛地灭；你若负朕，不知上苍如何发落你也?！我二人若不时常抬头上看，使不得。你这光景，是顾你臣节，不管朕之君道行事，总是讥讽文章，口是心非口气。加朕以听谗言怪功臣之名，朕亦只得顾朕君道，而管不得你臣节也。只得天下后世。朕先占一个是字了，不是当要的，立的主意大悖谬矣。若如此，不过我君臣止于贻笑天下后世，作从前党羽之畅心快事耳！言及此，朕实不能落笔也，可愧，可愧！可怪，可怪！（[2]P148、149）。

两相对照，不难看出雍正即位后受到内心的拷问和煎熬。例如年羹尧将平定青海之功归于他时，雍正在年的一折批道："朕实无心作不骄不满之志，出于至诚，惟天可表。此一番事业，若言朕不福大，岂有此理！上天见怜，朕即福人矣！""原是圣祖所遗之事，今如此出于望外好，就将此奇勋自己认起来，实实面愧心惭之至。""朕身即是圣祖之身，然到底是父子君臣，良心上过不去。"这样对臣子的口吻匪夷所思。

雍正的信念是"不要教人哄了，人是最难信的"。尽管舅舅隆科多曾宣布雍正即位遗命、控制京师，年羹尧在西陲节制握有重兵的抚远大将军胤禵；尽管雍正称隆科多是"真

正当代第一超群拔类之希有大臣",称年羹尧是"朕之功臣"、"朕之恩人";但雍正还是寻了许多不是,将隆科多永远圈禁,责令年羹尧自裁。雍正在年羹尧为调补杭州将军一折的御批中说出了真话:"你这光景,是顾你臣节,不管朕之君道行事。""不过我君臣止于贻笑天下后世。作从前党羽之畅心快事耳。"雍正顾的是帝位,那里顾得年羹尧的臣节呢。即位前的书信文件尚且要收缴,何况即位功臣、党羽呢,应了"狡兔尽,良弓藏,走狗烹"的古话。

三、康熙敏感的私房话是曹頫被抄家的根本原因

康熙在世时常与李煦、曹寅说些私房话,同时关照不要使人知道,不然就要招祸,同时有些密折还要销毁。雍正最忌的是康熙有关立嗣方面的私房话,恰巧李煦有两次密奏与此有关。一次是康熙四十八年十二月初二日《原任户部尚书王鸿绪等探听宫禁之事摇惑人心折》:

> 窃臣奉到批回奏折,内奉御批:"朕体安。近日闻得南方有许多闲言,无中作有,议论大小事。朕无可以托人打听,尔等受恩深重,但有所闻,可以亲手书折奏闻才好。此话断不可叫人知道。若有人知,尔即招祸矣。"钦此钦遵。臣闻原任户部尚书王鸿绪,今岁解职回家之后,每月必差家人进京,至伊兄都察院王九龄处,探听宫禁之事,无中作有,摇惑人心。([4]P77、78)

另一次是康熙四十九年正月十九日《王鸿绪等乱言目下东宫虽已复位将来难定折》:

> 窃臣家人赍回奉发奏报晴雨折子,臣煦叩头开拆,伏读御批:"知道了。尔亲手写的折子,打发回去,恐途路中有所失落不便,所以不存在了。尔还要打听是甚么话,再写来。密之,密之。"钦此钦遵。臣打听得王鸿绪每云:"我京中时常有密信来,东宫目下虽然复位,圣心犹在未定。"如此妄谈,惑乱人心。臣煦感戴圣恩,谨遵谕旨,据闻覆奏。而王鸿绪门生故旧,处处有人,即今江苏新抚臣张伯行,亦鸿绪门生,且四布有人,又善于探听。伏乞万岁将臣此折与前次臣亲手所书折子,同毁不存,以免祸患,则身家保全,皆出我万岁恩赐也。至于前所奏程兆麟、范溥,其两人亦每每乱言东宫虽复,将来恐也难定。理合一并覆奏以闻([4]P80、81)。

以上两件密折恰恰都在雍正手里。为此,雍正元年李煦因强买苏州民女送给胤禩"谄附阿其那"而被捕入狱。但真实的原因是雍正怀疑李煦持有"坏朕声名"的材料,即不利雍正即位的私房话。由于没有抄到这方面的材料,故雍正赦免李煦一死,将他发往打牲乌拉。

雍正当然知道康熙不可能与曹頫有这方面的私房话,但与曹寅说不定有,还是不放心。于是借曹頫暗移财物"有违朕恩"查封了曹頫家产。结果同样没有抄到"坏朕声名"的材料,为此,曹頫还蒙恩"少留房屋以资养赡。"（[1]P188）

为了雍正这一"坏朕声名"的心病,曹頫、曹雪芹一家遭到了"家亡人散各奔腾"的灭顶之灾,却也玉成曹雪芹一部天地间至文至妙的《红楼梦》。

参考文献

[1] 故宫博物院明清档案部编《关于江宁织造曹家档案史料》,北京：中华书局,1975。

[2] 中国第一历史档案馆编《雍正皇帝御批真迹》,北京：西苑出版社,1995。

[3] 沈起炜《中国历史大事年表》,上海：上海辞书出版社,1986。

[4] 故宫博物院明清档案部编《李煦奏折》,北京：中华书局,1976。

谈谈《红楼梦》的异文校勘问题

陈熙中

（北京大学中文系）

　　《红楼梦》本名《石头记》，初期以抄本流传于世，只有八十回。1791 年（乾隆五十六年）程伟元和高鹗整理出版了一百二十回本的《红楼梦》，次年即 1792 年又出了改订版。这两个本子今人习惯上分别称为"程甲本"和"程乙本"。

　　程、高二人在程乙本的《引言》中说："书中前八十回抄本，各家互异，今广集校勘，准情酌理，补遗订讹。其间或有增损数字处，意在便于批阅，非敢争胜前人也。"

　　虽然对于程、高的话不能全信（如关于后四十回的来源），但上述这段话应该是比较可信的。也就是说，他们曾对前八十回作过校勘。问题是，他们的校勘只以便于阅读为目的，故他们所谓的"准情酌理，补遗订讹"，根本不是以是否符合作者原文为标准的。他们对小说原文作了大量的改动，这些改动甚至完全没有任何的版本根据。而且，正如俞平伯先生指出的那样，"正因为他们有后四十回，就不得不进一步改动前八十回。"

　　一百二十回的程高本《红楼梦》与八十回抄本实际已分属于两个版本系统，程高本的前八十回不但在个别字句上与抄本八十回多有异文，在情节上也有不少改动。因此，如果整理出版以一百二十回本为底本的《红楼梦》，是既不可能也无必要以是否曹雪芹的原文作为校勘异文的标准的。人民文学出版社 1959 年印行的《红楼梦》是以程乙本作底本的，整理者在《关于本书的整理情况》中就说明，他们的校改，"有一个大致的原则，就是这个普及本既然属于百二十回本系统，校改时自以百二十回本的异文为尽先选取的对象。至于八十回本的文字，差别较大，除非个别实有必要时，是不加采取的。"

如果是选择现存的八十回抄本作底本来整理出版《红楼梦》，情况就不同了。

最早对八十回抄本作校订工作的是俞平伯先生。人民文学出版社 1958 年出版的由俞先生校订的《红楼梦八十回校本》是以有正本为底本的。俞先生说，他的整理校订有两个目的："（一）尽可能接近曹著的本来面目。（二）使它的文字情节能够比较的完整可读。"在《红楼梦》的出版史上，这大概是第一次明确提出要以接近曹雪芹原著为目的。

1982 年人民文学出版社出版了中国艺术研究院红楼梦研究所校注的《红楼梦》，该书的前八十回是以庚辰本作为底本的。校注者虽然没有明确提出以恢复曹雪芹原文为校勘之目的，但在《前言》中说明，他们之所以决定采用庚辰本为底本，是因为在现存抄本中，"庚辰本是抄得较早而又比较完整的一种，它虽然存在着少量的残缺，但却保存了原稿的面貌，未经后人修饰增补"。可见校注者的心目中，也是以整理出一部保存曹雪芹原稿面貌的《红楼梦》为己任的。

此后，出现了更多的不以程高一百二十回本为底本的《红楼梦》校本。其中，有的也以庚辰本为底本，有的则以多种抄本为底本，有的更以现存的所有抄本并程高本为底本（所谓"百衲本"）。这些校本，有的仅有前八十回，有的附有后四十回。但不管怎样，由于它们的前八十回都是以抄本为底本的，因而出现了一种非常有趣的现象，那就是这些校订者几乎异口同声地表示，他们的目的是要"尽量地保持曹雪芹原作面貌"，"尽力寻求雪芹原著真貌"。

可见，《红楼梦》的校勘应以尽量保持曹雪芹原文为目的，这已经成为红学界的共识。但正如周汝昌先生所说，"由于领会的各人有其水平造诣之差异，因而校订结果遂亦随之而颇有区别"。有区别，就意味着有对错。下面就笔者管见所及，举出一些例子来讨论：

1．"通用门"。

庚辰本第三十七回："如今以菊花为宾，以人为主，竟拟出几个题目来，都是两个字：一个虚字，一个实字，实字便用'菊'字，虚字就用通用门（'通用门'三字被人点改为'人事双关'四字）的。""通用门"三字，己卯本、舒序本、列藏本、梦稿本、甲辰本、程甲本均同。只有戚序本、蒙府本这句作"虚字通用的"。现在有的校本从庚辰本改笔作"人事双关"，有的则意改为"通用双关"。

按：中国的旧体诗尤其是律诗讲究对仗，而且一般要求同类相对，如星对月、风对雨，就是同属天文门类的词语相对。因此，旧时一些专为写诗提供对仗字汇和例句的书籍都以天文门、地理门等分类，其中通常有通用门这一门类。如明代吴学勉编的《对类考注》共分天文、地理等二十门，其第十九门即是通用门，所收为形容词（高、远等）、动词（来、去等）、副词（初、乍等）、助词（乎、也等）。古人将形容词、动词、副词等都称为虚字，这正与宝钗所说的"虚字就用通用门的"相符合。因此，"通用门"应是曹雪芹的原文，庚辰本点改者和戚序本、蒙府本的抄录者均系不懂通用门的意思而妄改。

2．"讨愧"。

庚辰本第三十回："宝钗再要说话，见宝玉十分讨愧，形景改变，也就不好再说，只得一笑收住。""讨愧"，列藏本、梦稿本同（梦稿本"讨"字被点改为"羞"），舒序本、蒙府本、戚序本作"惭愧"，甲辰本、程甲本作"羞愧"。今有校本从舒序本等作"惭愧"。

按：讨愧，即惭愧、抱愧之意。《绿野仙踪》第六十七回："（温如玉）越想越后悔，心上讨愧的了不得。"又第九十八回："总由你我没有把持，自己讨愧罢了。"《歧路灯》第三回："少读几年书，到底自己讨愧，对人说不出来。"《汉语大词典》："【讨愧】犹抱愧。《实事白话报》1926.1.9：'无奈安生心里讨愧，所以脸上才闹的挺僵。'"《汉语方言大词典》（中华书局，1999）："【讨愧】（形）羞愧；惭愧。冀鲁官话。""讨愧"应是雪芹原文，因不习见，故被人改为"惭愧"或"羞愧"；若原文本作"惭愧"或"羞愧"，则不大可能产生异文。

3."滴"。

庚辰本第三十回："宝玉轻轻的走到跟前，把他耳上带的坠子一滴，金钏儿睁开眼，见是宝玉。""滴"字，舒序本、梦稿本、甲辰本、程甲本、列藏本作"摘"，戚序本、蒙府本作"拨"。今多数校本作"摘"，也有作"拨"的。郑庆山校《脂本汇校石头记》作"滴"，校记中说"吴恩楠疑'滴'为'掂'字之音讹。"红楼梦研究所校注本（2008年第三版）作"扚"，并注明底本作"滴"，是"扚"的同音字，吴语以两手指甲掐物叫扚。

按：这个"滴"字，过去一直被认为是个误字。大概是20世纪90年代，一位南京读者首先撰文指出，"滴"字是南京话。他的意见是正确的。这里还可以补充两点：一、这个"滴（音 diè）"字在吴语中用得更多，意思是用拇指和食指指尖掐物，通常写作"扚"。《明清吴语词典》（上海辞书出版社，2005）引《挂枝儿》："耳朵儿扚住，在床前跪，不信你精油嘴一味里嚼蛆。"又引《乾隆宝山县志》："扚，音的，俗呼手掐物也。"但也有写作"滴"的。《汉语方言大词典》引应钟《甬言稽古·释动作》："《说文·手部》：'摕，撮取也。'都计切。撮者，《说文》云：'二指撮也。'摕声促转入，音如滴。甬语，凡以拇食两指爪，对掐以取，谓之滴。"二、通常以为列藏本写作"摘"，但仔细审视，可以发现这个"摘"字，实际原亦作"滴"，是有人将左偏旁加以描改后才变成"摘"的。这进一步证实了雪芹原文是"滴"而不是"摘"。校本似以径从庚辰本作"滴"为好，不必改作"扚"。

4."了"。

（1）庚辰本第十三回："妹妹（指王熙凤）住了（'了'字被点改为'在'）这里，还是天天来呢？"己卯本作"住了"，甲戌本、舒序本、戚序本、蒙府本、列藏本、梦稿本、甲辰本、程甲本均作"住在"。今除个别校本作"住了"外，多作"住在"。

（2）庚辰本第二十三回："只听唱道：'则为你如花美眷，似水流年'。林黛玉听了这两句上，不觉心动神摇。"舒序本、列藏本亦作"听了这两句上"，戚序本、蒙府本、甲辰本、程甲本作"听了这两句"，梦稿本作"听到（后点改为'了'）这两句"。今校本多作"听了这两句"，只有个别校本从庚辰等本作"听了这两句上"（有一校本作"听到这两句上"，认为'了'是'到'之误）。

（3）庚辰本第四十回："里面盛着各色的折枝菊花,贾母便拣了一朵大红的,簪了（被点改为'于'）鬓上。"己卯本、戚序本、蒙府本、列藏本、甲辰本、程甲本作"簪了",舒序本作"簪在"。今校本或作"簪于",或作"簪了"。

（4）庚辰本第六十八回："如今指名提我,要休我。我来了你家,干错了什么不是,你这等害我！""来了",己卯本、列藏本、蒙府本、梦稿本同,甲辰本、程甲本作"到了"。（戚序本这几句作；"如今指名提我,要我来了。在你家干错了什么不是,你们这等害我！"与各本差异较大,显然有误。）今各校本都作"来了"。

按：究竟是"住了"、"听了这两句上"、"簪了"、"来了"是原文呢,还是"住在"、"听了这两句"（或"听到这两句"）、"簪在"（或"簪于"）、"到了"是原文呢？这个问题看似复杂,但如果我们知道"了"字有到、在的意思,就不难作出判断了。《红楼梦语言词典》（商务印书馆,1995）对上述（3）（4）例中的"了"字作了解释："用在动词和表示处所的词之间,表示'在'、'到'。"这样的解释大致是正确的,只是没有举出旁证,使人怀疑可能是根据上下文意作出的推测。现在我们根据《汉语方言大词典》,知道"了"字这种用法,见于北方方言："（介）到。冀鲁官话。……扔了水里｜搬了屋里｜坐了炕上。"[①]因此,我们可以判断,"住了"、"簪了"、"听了"、"来了"是雪芹原文,"住在"、"簪在"、"听到"、"到了"是改文。至于有的抄本把"听了这两句上"的"上"字删去,也是不明"了"字的意思所作的改动。

5."几万"、"几千"。

（1）庚辰本第三十回："（宝玉）一面笑道：'……不如这会子,你要打要骂,凭着你怎么样,千万别不理我。'说着,又把'好妹妹叫了几万声'。"舒序本、列藏本、蒙府本、梦稿本、甲辰本亦作"几万声",戚序本、程甲本作"几十声"。今校本或作"几万声",或作"几十声"。

（2）同上："只见那女孩子还在那里画呢,画来画去,还是个'蔷'字……画完一个又一个,已经画了有几千个'蔷'字。"舒序本、列藏本、蒙府本同作"几千个"戚序本、甲辰本、程甲本作"几十个"。今校本或作"几千个",或作"几十个"。

按：有的校本采用"几十声"、"几十个",大概是因为校注者觉得"几万声"、"几千个"太不合情理。试想：宝玉怎能一口气叫了几万声好妹妹,龄官又怎能蹲着在一小块地上画出几千个"蔷"字来？不过,倘若我们联系书中其他类似的描写来看,如"平儿说一样,刘姥姥就念一句佛,已经念了几千声佛了","刘姥姥已喜出望外,早又念了几千声佛"（第四十二回）,"（宝玉）又一连说了一二百句'不敢'"（第七十九回）,那么,就不会怀疑"几万声"、"几千个"正是雪芹的原文。不用说,雪芹采用的是艺术夸张的手法,体现了他独特的风格。因此,把"几万"、"几千"改成"几十",虽然看起来更合情理,却不是原文,而

① 同时,"了"字的这个用法,也相当于吴语中的"勒"字,如："啥个花开勒青草里？""住勒啥场化（住在什么地方）？"

且损伤了雪芹的艺术风格。

6. "白"。

庚辰本第七十六回："谁知湘云有择席之病，虽在枕上，只怕（被点改为'是'字）睡不着。"程甲本作"只怕睡不着"，列藏本、戚序本、蒙府本作"只白睡不着"，甲辰本作"只是睡不着"，梦稿本作"只（旁添一'是'字）"。今校本或作"只白"，或作"只是"，或作"只怕"。

按：原文当为"只白睡不着"。产生异文的原因，是因为抄者不懂这个"白"字意义。如果原文是"只是"，不可能产生"只白"、"只怕"这样的异文。"只怕睡不着"更不可能是原文，因为这里并不是湘云怕不怕的问题。"只白睡不着"中的"白"，是北方方言（参见《汉语方言大词典》），意思是根本、完全、压根儿、竟然等。"白"字这种用法，在《红楼梦》里多次出现，如"白不在我心上"（第七十四回），"你们白不听"（第七十七回）。在其他明清小说中，也屡见不鲜，如"只顾哽咽，白哭不出声来"（《金瓶梅》第二十六回），"我到也想他的，白没个信儿"（《醒世姻缘传》第四十九回），"天色不晴，街上泥泞也深，白没个人儿来要要"（《歧路灯》第五十七回）。

7. "可惭"。

庚辰本第十七—十八回探春诗："名园筑出势巍巍，奉命可（被人添加左偏旁成'何'字，添加痕迹极明显）惭学浅微。精妙一时言不出，果然万物生光辉。"己卯本作"可惭"，蒙府本作"可（被点改为'多'）渐（当是'惭'字之误）"，舒序本、列藏本、梦稿本作"何惭"，戚序本作"偏惭"，甲辰本作"真惭"，程甲本作"多惭"。今校本多作"何惭"，只有个别校本作"可惭"。

按：在上述九种版本中，如不计改笔，"偏惭"、"真惭"、"多惭"各只出现在一个版本中，它们不可能是雪芹原文。其余六种本子，三种作"可惭"，三种作"何惭"。"何惭"与"可惭"都是古诗文中常用语，但两者意思恰好相反，"何惭"是没什么可惭愧的，"可惭"则是应该感到惭愧。在这里，到底哪一个是原文呢？我认为，还是"可惭"的可能性比较大。因为探春等是奉元妃之命题诗，理应表示谦虚，故迎春说"奉命羞题额旷怡"，宝钗说"自惭何敢再为辞"，探春纵有个性，也不至于用"何惭"这样的字眼。

8. "果位"。

庚辰本第四十三回："我知道你们这几个都是财主，果位虽低，钱却比他们多。"列藏本、蒙府本作"果位"（蒙府本'果'字后被点改为'地'），戚序本作"分位"，甲辰本、程甲本作"位"。今校本或作"果位"，或作"分位"。

按："果位"当是原文。"果位"是佛教词语，即佛果之位，指修行得道已证正果之位。小乘声闻乘中将见道以后的证果分成四个阶位，称为四果，依次为预流果、一来果、不还果、阿罗汉果。贾母这里用"果位"，是有意避免直接点明主仆之分的委婉而诙谐的说法。很明显，产生异文的原因是抄者不明"果位"之义而擅加改动。若原文是"分位"等，是不会被改作难懂的"果位"的。

从以上例子可以看到，《红楼梦》中存在的异文究竟何者为雪芹原文，对此大家的看法往往不尽一致。但是，一般来说，原文只能是唯一的，不可能有两个以上的原文。要在异文中找出真正的原文，第一步要做的工作，是要找出之所以产生异文的原因。十多年前，我写过一篇谈《红楼梦》中"足的"一词的小文，认为庚辰本中出现七次的"足的"是雪芹原文，其他异文都是改文。我在文中说：

> ……不论是误抄或有意改动，可以推测其（指舒序本）底本原来也是"足的"。
>
> 进一步，我们可以推测，其他抄本中的"促的"、"足等"、"捉"、"定的"、"是的"、"真的"等等，实际上也是由"足的"演化而来。再进一步，包括程甲本在内的"足足的"、"到底"、"总要"乃至"须得"等一切异文，可以说，它们所依据的底本，其实都作"足的"。只是由于"足的"一词，为人所未曾见过，对它的确切意思不能掌握，因此抄写者或整理者便根据其上下文猜测其意思而加以不同的改写。但是，这些改动大部分还是留下了它们源自于"足的"的痕迹。

我们很难设想，一个人会把程本中散见于不同地方而且意思不尽相同的"足足的"、"到底"、"闹的"、"总要"等，偏偏一律改成鲜为人知的"足的"。这显然是不合情理的，也是不可能的。

王希杰教授在《作为方法论原则的零度与偏离》一文中引了我上述这些话之后，说："虽然他没有说什么零度偏离，但是我们完全可以说，他的方法论原则就是，在众多偏离形式中寻找那个能够产生出这众多偏离形式的零度形式。"王先生的话使我很受启发。

最后需要说明，本文所谈仅限于个别字词的异文问题，有关《红楼梦》中异文的其他问题（如脱文、情节差异等），更要复杂得多，只能留待以后讨论了。

南京云锦与曹雪芹《红楼梦》

吴新雷

（南京大学中文系）

南京云锦是富有地方特色的丝织锦缎，与四川蜀锦、苏州宋锦并称为我国三大名锦。江南的织锦工艺发源于六朝时代，东吴和东晋的建康手工业者，已开始织制龙凤花纹的绸缎，元代在此地设立了官办的染织提举司，明代开办了"内织染局"和"神帛堂"，清代名为江宁织造局，专门为皇室和百官织造用料讲究的龙袍锦衣。因图案花纹丰富多样，宛若天上的云彩，所以历来称为云锦。1957 年 12 月成立的南京云锦研究所，就是继承并开发传统云锦工艺的专门机构。

南京云锦的产品分库锦、库缎、织金（花纹用金线或银线织成）、妆花四类，是以传统的大花楼木织机，由拽花工和织手两人上下配合，通过手工操作织造出来的，它代表了织锦技术的最高水平，体现了民族工艺的智慧和创造力，包蕴了文化、科技和艺术的审美内涵。其中木机妆花手工织造工艺已于 2006 年入选首批国家级非物质文化遗产名录，并于 2009 年 9 月 30 日获得联合国教科文组织评议通过，列入"世界级人类非物质文化遗产代表作"项目。

南京云锦在历史上与曹雪芹创作的《红楼梦》有着内在的关系，因为作者曹雪芹是南京人，而且恰恰就出身于江宁织造的簪缨世家。他以南京曹氏家族的生活形态作为创作素材，在小说中描写了有关云锦的织造服饰。

据《续纂江宁府志·秩官志》记载："织造一员，以内务府郎中、员外郎为之，掌造作缯帛纱縠之事。"曹雪芹的曾祖父曹玺原是北京内务府郎中，康熙二年（1663）被派到南京担任江宁织造官,定为专差久任,子孙世袭。从曹玺、曹寅到曹颙,曹頫,祖孙三代四人在南京督理江宁织造前后共计58年之久。曹寅是曹雪芹的祖父,曹颙是他父亲,曹頫是叔父。由于曹寅的母亲孙氏是康熙皇帝幼年的保姆,所以曹家与皇室的关系十分亲密。康熙南巡有四次住在曹寅任内的江宁织造府里,以织府西园为行宫。织造府(或称织造署)是衙门府第,前面是办公的衙署,后面是住家的府第和花园,其遗址在今南京市大行宫。江宁织造局是染织工场,其遗址在今南京市汉府街。织造局里的主要产品是妆花织锦、贡缎龙衣等传统的云锦。局内有染坊、机房、织机,设备齐全。据《总管内务府现行则例·广储司册》卷二记载:

> 康熙四年十一月呈准,大红蟒缎、大红缎、片金、折缨等项,派江宁织造处承办。

每年织造的绫罗绸缎和御用贡缎龙衣,由缎库房拟定图案花样和五彩颜色,派令织造局照式承办后解送皇宫内廷。

曹雪芹是在江宁织造府里成长起来的,他从小耳濡目染,对于南京云锦镶金嵌银的色泽纹样是有所感知的。在《红楼梦》灿烂的艺术境界中,曹雪芹发挥灵性的象征手法,表现了织造世家的感悟智能。例如《红楼梦》第三回记荣国府正堂的对联有一句是"堂前黼黻焕烟霞",其中黼黻是指华丽的服饰花纹,恰好隐喻了声势煊赫的织造世家。

至于《红楼梦》中描写贾宝玉和金陵十二钗等各种人物的衣衫服饰,更显示了花样翻新、色泽靓丽的锦缎风采。即以云锦工艺的做工技术来看,书中就出现了四十多种术语,如"掐金挖云"、"锦边带墨"、"累丝嵌宝"、"盘锦堆纱"、"缕金百蝶"、"五彩刻丝"、"宫制堆纱"、"盘金彩绣"、"挖云鹅黄金里"、"青金闪绿双环四合"、"二色金百蝶穿花"、"江牙海水五爪坐龙"、"靠色镶领袖秋香色盘金色绣龙"等等,真是金翠耀目,美不胜收。在用料方面,书中还揭示了"云缎"、"妆缎"、"蟒缎"、"羽缎"、"羽纱"、"彩绣"等名目,缎、纱都是织金的底料。第二十八回写王熙凤叫宝玉记下库房里有"大红妆缎四十匹,蟒缎四十匹,上用纱各色一百匹",这披露了贾府藏有供奉皇上的贡品,拥有数量惊人的上等云锦,凸显了豪门的荣华富贵之态。关于"妆缎",冯其庸、李希凡主编的《红楼梦大辞典》解释如下(文化艺术出版社,1990年,第116页):

> 妆缎即妆花缎,是云锦中最华丽最具代表性之传统品种。为重纬提花丝织物,在缎地上起五彩花纹。配色可多至二十余色。主花多用扁金纹边。妆花花纹部分用小梭子局部织造施彩,称为"挖花",故相邻花纹可任意换色,织出色彩丰富之织品。

红楼中的主角贾宝玉确实是穿了云锦——妆缎,这见于《红楼梦》第五十二回,曹雪芹写

他穿了用"妆缎"做的大褂子，全称是：

大红猩猩毡盘金彩石青"妆缎"沿边的排穗褂。

书中还描写宝玉穿了"蟒缎"服装："秋香色立蟒白狐腋箭袖"（第八回），"大红金蟒狐腋箭袖"（第十九回）。曹雪芹以他的灵性妙悟之笔，写出了红楼人物穿用云锦服装的特色。这里据胡文彬《红楼梦与中国文化论稿》所述服饰，再举数例如下（中国书店，2005 年，第433—473 页）：

林黛玉的服装是："外面罩着大红羽缎对襟褂子"（第八回），"腰下系着杨妃色绣花锦裙"（第八十九回）。

薛宝钗的服装是："玫瑰紫二色金银线的坎肩儿"（第八回）。

王熙凤的服装是："身上穿着缕金百蝶穿花大红云缎窄裉袄，外罩五彩刻丝青银鼠褂（第三回）"，"身上月白缎子袄，青缎子掐银线的褂子，白绫素裙"（第六十八回）。

史湘云的服装是："里头穿着一件半新的靠色三厢领袖秋香色盘金五色绣龙窄裉袄小袖掩衿银鼠短袄，里面短短的一件水红妆缎狐月褶子"（第四十九回）。

袭人的服装是："身上穿着桃红百花刻丝银鼠袄，葱绿盘金彩绣锦裙，外面穿着青缎灰鼠褂"（第五十一回）。

除了用料名贵、做工精细的各种衣服外，书中第三回还写到王夫人东房内"正面设着大红金钱蟒靠背，石青金钱蟒引枕，秋香色金钱蟒大条褥"，都是云锦制品。所谓"金钱蟒"，就是指蟒缎中织上一寸大小的小团龙纹样的云锦图案，显得典雅高贵。

上述第二十八回中写到供奉皇室内廷的"上用纱"，而第四十回中写凤姐身上穿的一件大红袄儿，贾母也与"上用内造"的贡品相提并论，这正巧反映了江宁织造供奉内廷的历史影子。而第十九回写万儿的母亲做了一个梦，"梦得了一匹锦，上面是五色富贵不断头的卍字花样"，恰好现今南京云锦研究所还保存着"江南织造局制"的卍字金锦可以印证。由此可见，南京云锦与《红楼梦》有着密不可分的亲近关系，是值得我们细细品味研究的。

国学的传承与创新

冯其庸先生从事教学与科研六十周年庆贺学术文集

曹雪芹卒年与享年再检讨

刘广定

（台湾大学）

　　无论哪一种版本的《红楼梦》和《石头记》，都有"后因雪芹于悼红轩中披阅十载，增删五次，纂成目录，分出章回，则题曰金陵十二钗，并题一绝云"一句。故可确认曹雪芹是将这部书呈献给世人的最后作者，或最后编纂者。因此，若要对《红楼梦》或《石头记》深入研究，作者生活的时代是务必了解的基本资料之一。可惜，红学研究已兴起近百年，曹雪芹的生卒年并仍未定案。乃呈近日一愚所得，敬请高明不吝指正是幸。

　　首先要说明，笔者芜文论点之主要依据乃"甲戌本"《石头记》和《四松堂集》等原始资料。唯因身处海隅，消息不灵通。诸多红学界先进之新猷卓见，遗漏或多，诸祈见谅。拙作的结论是：曹雪芹卒于乾隆二十七年壬午除夕，即公元 1763 年二月十二日，享年不止四十，可能为五十多岁。现分述理由于下。

一、曹雪芹卒年的问题

　　红学界对曹雪芹的卒年有三种看法。一是"甲申（公元 1764 年）说"。民国十一年（1922）胡适从北京琉璃厂的松筠阁，购得觉罗宗室敦诚的《四松堂集》四册及《鹪鹩庵笔麈》与《鹪鹩庵杂志》各一册。诗集中有一首《挽曹雪芹》，诗下"甲申"两字乃以白纸贴盖。诗云：

挽曹雪芹(甲申)

四十年华付杳冥,哀旌一片阿谁铭。

孤儿渺漠魂应逐(前数月伊子殇,因感伤成疾),新妇飘零目岂瞑。

牛鬼遗文悲李贺,鹿车荷锸葬刘伶。

故人惟有青衫泪,絮酒生刍上旧坰。

由于敦诚有诗云"吾诗聊记编年事",胡适因此得到两点结论:(1)曹雪芹死在乾隆二十九年甲申(1764)。(2)曹雪芹死时只有"四十年华",但不限定整四十岁。[1]

一是"壬午除夕(公元1763年初)说",也是胡适提出。民国十六年(1927)他买到甲戌本《脂砚斋重评石头记》,翌年写成《考证〈红楼梦〉的新材料》[2]。因这抄本第一回八页下及九页上有两条朱笔眉批:

能解者方有辛酸之泪哭成此书,壬午除夕书未成,芹为泪尽而逝。余尝哭芹,泪亦待尽,每意觅青埂峰再问石兄,余(奈?)不遇獭(癞?)头和尚何?怅怅。

今而后惟愿造化主再出一芹一脂,是书何本(幸?),余二人亦大快遂心于九泉矣。

甲午八日(月?)泪笔

胡适据之以曹雪芹逝于乾隆壬午年除夕(1763年2月12日)。批语中有明显是抄手之笔误,如"奈"误为"余"。但胡适认为"八日"为"八月"之误,则可商榷。

另一是"癸未除夕(1764年初)说"。民国三十六年(1947)周汝昌在燕京大学图书馆看到一部胡适寻访多年未得,敦诚之兄敦敏《懋斋诗钞》的清抄本。并认为此书也是编年体,其中纪年为"癸未"的《古刹小憩》诗后第三首为《小诗代柬寄曹雪芹》:

东风吹杏雨,又早落花辰,好枉故人驾,来看小院春。

诗才忆曹植,酒盏愧陈遵,上已前三日,相劳醉碧茵。

故他认为这诗也是癸未年所写,既然癸未年初曹雪芹尚在,就不可能死于"壬午除夕"。由于敦敏"甲申"年又有一首《河干集饮题壁兼吊雪芹》:

花明两岸柳霏微,到眼风光春欲归。逝水不留诗客杳,登楼空忆酒徒非。河干万

---

① 《胡适红楼梦研究论述全编》,上海古籍出版社,1988年,第132—136页。

② 同上,第158—191页。

木飘残雪，村落千家带远晖。凭吊无端频怅望，寒林萧寺暮鸦飞。

因"甲午"年距"壬午"已十二年，可能批者记错了年份，故周汝昌假设"壬午除夕"为"癸未除夕"之误。也就是说他认为曹雪芹逝于癸未年的除夕（1764年2月1日）。[①] 可能胡适当时忙于各种事务与《水经注》研究，未遑多思，乃以周汝昌之言可信。次年二月二十日在《天津民国日报》发表的《与周汝昌书》中就表示：

> 先生推测雪芹大概死在癸未除夕，我很同意。敦诚的甲申挽诗得敦敏的吊诗互证，大概没有大疑问了。

但到了1950年代，《懋斋诗钞》的底本出现，许多红学研究者因而发现其中有许多剪贴挖改之处，那首《小诗代柬寄曹雪芹》是否确为"癸未"年所作，实属可疑。再加上一些其他的例证，许多人又回到胡适依据"甲戌本"所认为曹雪芹逝于壬午除夕的"壬午说"。唯周汝昌等也举出许多反驳的理由，坚持癸未除夕为曹雪芹忌日的看法。故曹雪芹的卒年大陆的红学家就有了"壬午说"和"癸未说"两派，争执不下。刘梦溪称之为红学的"第七次论争"[②]。至于海外的学者中，赵冈和余英时先后都在哈佛大学看到了那一《懋斋诗钞》的清钞本，确认文学古籍社影印的《懋斋诗钞》乃其底本，也都以为"癸未说"不可信。胡适看到赵冈1959年给雷震说明的信后，又查阅《懋斋诗钞》影印本，才确认《懋斋诗钞》编年紊乱，不足为信。1961年2月17日在《跋〈红楼梦书录〉》的"补记"里说：

> 故我现在的看法是：敦敏的"代简"诗即使是"癸未"二月做的：未必即能证实雪芹之死不在壬午除夕。

也就是说又恢复了他早年据"甲戌本"所推定曹雪芹卒于"壬午除夕"之看法。[③]

1980年代，梅挺秀[④]和徐恭时[⑤]都认为前引"甲戌本"第一回的两条眉批中的第一条应分为二，即：

> 能解者方有辛酸之泪哭成此书，壬午除夕。

① 《胡适红楼梦研究论述全编》，上海古籍出版社，1988年，第209—210页。
② 刘梦溪《红楼梦与百年中国》，河北教育出版社，1999年，第352—353页。
③ 有关胡适对曹雪芹卒年观点的讨论，参阅将出版之《胡适研究论丛》第2辑（黑龙江教育出版社）拙文《谈胡适对曹雪芹卒年的看法》。
④ 梅挺秀《红楼梦学刊》1980年第3辑，第219—237页。
⑤ 徐恭时《红楼梦学刊》1981年第2辑，第191—221页。

书未成,芹为泪尽而逝。余尝哭芹,泪亦待尽,每意觅青埂峰再问石兄,余(奈)不遇獭(癞)头和尚何? 怅怅。

以其中"壬午除夕"为批者所署的纪年。徐恭时还认为第一条应写在"标题诗"下面,并因漏抄而须增补成为:

此为第一首标题诗。能解者方有辛酸之泪〔作者以愤世言,血泪笔〕哭成此书,壬午除夕〔畸笏叟〕。

他们都相信"甲午八日(月)"应依所谓"靖藏本"改为"甲申八月"。也都相信《四松堂集》抄本中的《挽曹雪芹诗》是敦诚亲自吊祭后所写。因而认为曹雪芹逝于甲申年初,即1764年春。这一说得到多位红学家的支持①。

二、曹雪芹逝于壬午除夕

拙见以为上述三种既存说法中"癸未"之说较不可信,盖《懋斋诗钞》并非严格编年,也不能以《四松堂集》来证明其为大致编年。因《懋斋诗钞》之底本中有燕野顽民序言:

……其割裂不完之篇想皆删而不留者,然草本惜只一卷,约不止此也。予有《四松堂集》,今又得此残本,故略为粘补成卷……

故知"蕴辉阁"原藏之《懋斋诗钞》已有"割裂",燕野顽民据《四松堂集》"粘补成卷"。虽不知该《四松堂集》是那种本子,但已不可再将两者相互校订,因此这一抄本乃参考《四松堂集》"粘补成卷"。且今传本《懋斋诗钞》实际只是原本《懋斋诗钞》"东皋集"的一部分。《熙朝雅颂集》所载敦敏的诗三十五首多不见其中。

再者,胡适所言"敦敏的'代简'诗即使是'癸未'二月做的:未必即能证实雪芹之死不在壬午除夕"(见前文)是合理的推论。当时联络、交通都不方便,讯息传达不易,离群索居者尤然。若曹雪芹除夕弃世,翌年二月敦诚还不知道,实不为奇。《四松堂集》有《访鸿上人于潞河之东抵其刹已荼毗数月矣因宿感赋》七律一首,表示敦诚不知住在潞河附近之友人已逝去几个月,可为一证。

"甲申说"则是依据《四松堂集》的付刻底本,只能说是最底限,亦即曹雪芹在乾隆

---

① 有关红学界对曹雪芹卒年之讨论文章,参阅:裴世安、柏秀英、萧凤芝编《曹雪芹生卒年资料》,石言居自印本,2009年。其中赞同新"甲申说"之文,见第464—511页。

二十九年甲申春日之前（公元1764年二，三月）已逝世。至于之前多久，无从得知。所谓的"靖藏本"，疑点甚多，[1]笔者以为未获辨明之前，不可用为证据。至于批语中除一些明显的"错白字"与"漏字"外，也不可随意添改或增批者署名。

"壬午除夕说"的依据是甲戌本第一回的一句眉批，已见前述。唯"壬午除夕"是批语的一部分，抑为纪年则有争议。唯须先说明，上述这条批语应乃对《标题诗》所批，亦即应是甲戌本第八页下"满纸荒唐言，一把辛酸泪，都云作者痴，谁解其中味"一诗之眉批。但位置不对，可能是因其上已有眉批"若云雪芹批阅增删……"一大段，只好写在后面。浅见以为"壬午除夕"这四个字应是长批中的一部分，而非纪时。因为这段批语文字较多，而该诗之上方天头处空间不够，才移到页末与另页起处。如果此句批语只有"能解者方有辛酸之泪哭成此书　壬午除夕"十七个字单独一句，则该页天头处原有足够空间容纳的（即胡适所批"此下十五字，戚本无。"之处）（图1），没有必要移至后面。笔者也不以为"能解者方有辛酸之泪哭成此书"与"此是第一首标题诗"合属一条。盖如为一条，则该诗下及诗旁都有足够空间，以双行小字批（图2）或侧批方式写完"此为第一首标题诗。能解者方有辛酸之泪哭成此书，壬午除夕"这句二十五个字的批语，也没有必要移至后面。

因此甲戌本的这句批语应是完整的一条长批，批者所言曹雪芹逝于"壬午除夕"之说可信。至于其下一句眉批"今而后惟愿造化主再出一芹一脂……"，应是一后人所为，理由见另文[2]，不赘。但无论如何，这些批语都是后写的，所以才会放在不适当的位置上。

曹雪芹逝于"壬午除夕"之说有一旁证，即《四松堂集》卷一之《佩刀质酒歌》。此诗后为《冬晓书怀》，再后为《南村清明》（癸未），故应作于壬午秋日，然胡适误题为"辛巳"。诗题下有序，全诗云：

> 佩刀质酒歌（秋晓遇雪芹于槐园，风雨淋涔，朝寒袭袂。时主人未出，雪芹酒渴如狂，余因解佩刀沽酒而饮之，雪芹欢甚，作长歌以谢余，余亦作此答之。）
>
> 我闻贺鉴湖，不惜金龟掷酒垆，又闻阮遥集，直卸金貂作鲸吸。嗟余本非二子狂，腰间更无黄金珰。秋气酿寒风雨恶，满园榆柳飞苍黄。主人未出童子睡，斝干瓮涩何可当？相逢况是淳于辈，一石差可温枯肠，身外长物亦何有，弯刀昨夜磨秋霜。且酤满眼作软饱，谁暇齐鬲分低昂。元忠两褥何妨质，孙济缊袍须先偿。我今此刀空作佩，岂是吕虔遗王祥？欲耕不能买犗犊，杀贼何能临边疆？未若一斗复一斗，令此肝肺生角芒。曹子大笑称快哉，击石作歌声琅琅。知君诗胆昔如铁，堪与刀颖交寒光。我有古剑尚在匣，一条秋水苍波凉。君才抑塞倘欲拔，不妨斫地歌王郎。

① 有关红学界对"靖本"之讨论文章，参阅：裴世安、柏秀英、沈柏松编《靖本资料》，石言居自印本，2005年。

② 刘广定《铜仁高等师范专科学校学报》5卷3期，2003年，第7—12页；《化外谈红》，大安出版社，2006年，第197—224页。又见P.53注③。

曹雪芹清晨即"酒渴如狂"表示已有酗酒之病,而从诗中可看出他精神甚为亢奋。或许是因子殇(见本文篇首所引敦诚《挽曹雪芹》之诗注)引起,但可推想他可能已不能正常写作,故"书未成,为泪尽而逝"于岁末之机率相当大。[①] 至于1992年通县张家湾出现的"曹公讳霑墓"碑石,虽有"壬午"两字,也因疑点尚多,[②] 是否可为曹雪芹逝于壬午之佐证?笔者则采保留态度。

三、曹雪芹享年逾四十

以往研究者多据敦诚挽诗"四十年华"认为他享年四十。随后又产生挽诗可否举成寿之争论。浅见以为虽然沈治钧广搜证据,说明有为举成数而减寿数之例[③]。但一般传统多只有"增寿"之习惯,例如常见的所谓"积闰"或某些地区习惯增加"天、地、人"三岁,以示逝者非短寿。以前也有人依旧诗的格律讨论过。由于起始两字须为仄声,而十个数字中,除"三"是平声外,其他都是仄声,因此从平仄上考虑,唯有"四三年华"不合于格律。易言之,除了曹雪芹享年四十三岁,但为合格律而用"四十"外,其他均可直书诗中,无改用成数的必要。胡适认为曹雪芹享年四十五、六岁,理由是如果生得太晚,则来不及体验江宁织造府的繁华时代。许多研究者不认为曹雪芹享年四十或四十三恐也是从这一角度来考虑。

现笔者则欲从另一角度来考虑曹雪芹的享年。多年前,吴恩裕从张次溪处见到敦诚《鹪鹩庵杂诗》[④](或作《鹪鹩庵杂记》)[⑤] 抄本发现《挽曹雪芹》诗原为两首:

> 四十萧然太瘦生,晓风昨日拂铭旌。
> 肠回故垄孤儿泣(前数月伊子殇,因感伤成疾),泪迸荒天寡妇声。
> 牛鬼遗文悲李贺,鹿车荷锸葬刘伶。
> 故人欲有生刍吊,何处招魂付楚蘅。

> 开箧犹存冰雪文,故交零落散如云。
> 三年下第曾怜我,一病无医竟负君。
> 邺下才人应有恨,山阳残笛不堪闻。

---

① 其他学者有不同看法,例如:崔川荣《曹雪芹最后十年考》(修订版),黑龙江教育出版社,2009年,第284—287页。

② 有关红学界对曹雪芹墓石之讨论文章,参阅:裴世安、柏秀英编《曹雪芹文物资料(下)》,石言居自印本,2008年,第1415—1482页。

③ 沈治钧《红楼梦学刊》2006年第5辑,第152—189页。

④ 吴恩裕《有关曹雪芹十种》,中华书局,1964年,第1—31,173—192页。

⑤ 周绍良《红楼梦研究论集》,山西人民出版社,1983年,第235—237页。

他时瘦马西州路,宿草寒烟对落曛。

皆应是甲申年的初稿,因据影件,[①] 二诗系抄在《山月对酒有怀子明先生》和《遣小婢病归永平山庄未数月闻已溘然淹逝感而有作》这两首甲申年所作诗之间。"付刻底本"仅保留第一首,但文字改动如前文第一节所引。改第一首可能是因初稿中"旌、声、蘅"三字属"八庚韵",但"伶"是"九青韵",不合诗律。敦诚为了要留下最能表现曹雪芹文采性情的五、六两句,而把全诗改押"九青韵"。所以第一句改为"四十年华付杳冥",保留了"四十"而删去"太瘦生"。也表示实际上曹雪芹只有逝前一段时期是"太瘦生",裕瑞《枣窗闲笔》所记"闻前辈姻戚有与之交好者,其人身胖头广而体黑"[②] 可以为证。但敦诚那时仍以为曹雪芹享年四十。

然第二首"云、君、闻、曛"皆属"十二文",未用错韵。诗也不差,敦诚为何自行删去?实可检讨。更怪的是敦诚在"付刻底本"中留下的第一首,何以刻印本中也遭删除?迄未见有人探究其原因。笔者前曾猜测敦诚删去第二首挽诗的原因,可能是他编《闻笛集》时发觉其箧笥中并无曹雪芹留下的手迹,"开箧犹存冰雪文"和"山阳残笛不堪闻"两句都落空,只好将全诗割舍。唯对"刊本"删去挽诗的原因并未仔细想过。

胡适原藏的《四松堂集》以《四松堂集付刻底本》为题,2006年由北京图书馆出版社影印出版。卷首为冯其庸的序言,其中有一段是:

> ……又如《挽曹雪芹》一首,题下原有"甲申"两字纪年,付刻前又用小纸片将"甲申"两字贴盖掉,后来不知什么原因,又干脆在题上加了"×",表示删去此诗。细看原稿,诗题上已有"○"(这个"○"因墨重已变成一个圆墨点),表示入选。后来又加"×"表示删去。如果一开始就决定删去此诗的话,题下覆盖纪年的白纸条就无须多此一举,故此诗的删去估计是经过反复斟酌的。特别是此诗的下面一首是《遣小婢病归永平山庄,未数月,闻已溘然淹逝,感而有作》,诗说:"……一路关河归病骨,满山风雪葬孤魂。遥怜新土生春草,记剪残灯侍夜樽。未免有情一坠泪,嗒然兀坐掩重门。"死者是敦诚的侍婢。给她写的挽诗倒入选,为至友曹雪芹写的挽诗,反倒被删掉,其间什么原因,值得深思,包括贴去"甲申"两字的纪年,是否还有纪年不确等情节也可思考。……[③]

笔者拜读了这篇大作,由其提示才慎重思考,故要先向冯先生敬致谢意。

① 吴恩裕《有关曹雪芹十种》,中华书局,1964年,第1—31,173—192页。
② 《后红楼梦书后》,见《绿烟琐窗集,枣窗闲笔》,上海古籍出版社重印本,1984年,第172—196页。
③ 又载《红楼梦学刊》2006年第4辑,第212—230页。

先谈贴去"甲申"两字的问题。由于刻本中各诗均无纪年,故浅见以为"付刻底本"中贴盖纪年乃付刻时对刻书人的指示,而非表示年代有误。《挽曹雪芹》之诗应是写在甲申年初。

《四松堂集》是敦诚逝世后由其堂弟桂甫于乾隆六十年(乙卯,1795)为之编辑付刻的。其前有嘉庆元年(丙辰,1796)纪昀作的序和其胞兄敦敏写的《敬亭小传》。"付刻底本"原还有乾隆五十二年(强圉协洽,即1787丁未)永惠和乾隆五十七年(壬子,1792)刘大观的序。拙见以为全集乃经敦敏删订而成,故删去《挽曹雪芹》一诗是敦敏的主张。原因之一可能是敦诚原诗之遣辞欠妥,如"孤儿渺漠魂应逐"。曹雪芹的儿子先他而殇,怎能算是孤儿?即使之后父亲死了,已死亡的幼童也不能称"孤儿"。但更重要的原因可能是敦敏此时知道曹雪芹享年不止"四十",认为"四十年华"的写法对逝者(曹雪芹)不敬,且以"悲李贺"兼喻雪芹早卒也不恰当。

按一般交友除了要结拜异性兄弟,很少知道彼此确实年龄。曹雪芹实际年龄长于敦敏、敦诚及常来往的友人,但豁达风趣、举止显得年轻。如前引《枣窗闲笔》有"善谈吐,风雅游戏,触境生春。闻其奇谈娓娓然,令人终日不倦"之说,[1] 故敦诚以为他只有四十岁。但到了18世纪晚期,《红楼梦》小说流行,曹雪芹的家世与年龄也渐为人注意。例如袁枚的乾隆五十七年(1792)刊本《随园诗话》,周春于乾隆五十九年(1794)所撰之《阅红楼梦随笔》都以曹雪芹为曹寅之子。《四松堂集》〈寄怀曹雪芹霑〉诗题下有双行夹注"雪芹曾随其先祖寅织造之任",则以曹雪芹为曹寅之孙。因在"付刻底本"此夹注为贴条,知是抄成后所补入。姑不论曹雪芹为曹寅之子或孙,但皆表示1790年代人的了解是康熙五十一年(1712)曹寅逝前雪芹已出世,故曹雪芹享年应逾五十岁。窃以为,由于"四十年华"原本只是推测,敦敏觉得与实际相差太大,只好将敦诚那首"挽曹雪芹"诗删去。换言之,由此可知曹雪芹享年不止四十,甚至可能超过五十岁。

四、展望

从分析检讨"甲戌本"《石头记》第一回的眉批,以及《四松堂集》与《鹪鹩庵杂记》的三种版本,笔者获得曹雪芹卒于乾隆二十七年壬午除夕,享年可能超过五十岁的结论。然曹雪芹究竟享寿几何?须先确定其生年。这方面的研究已有很多。[2] 但依拙见,张书才《曹雪芹生父新考》一文以张云章《朴村集》康熙五十年十一月《闻曹荔轩银台得孙却寄兼送入都》诗中贺曹寅所得之孙即曹雪芹的结论[3] 虽仍有疑点,却似最接近实际。

---

① 《后红楼梦书后》,见《绿烟琐窗集·枣窗闲笔》,上海古籍出版社重印本,1984年,第172—196页。

② 有关红学界对曹雪芹卒年之讨论文章,参阅:裴世安、柏秀英、萧凤芝编《曹雪芹生卒年资料》,石言居自印本,2009年。其中赞同新"甲申说"之文,见第515—666页。

③ 张书才《红楼梦学刊》2008年第5辑,第59—76页。

案吴新雷①曾认为该诗所指"曹寅之孙"可能即曹颙之子曹雪芹，而胡文彬②也曾"猜"曹寅此孙乃"珍儿"之遗腹子，极可能就是曹雪芹。张书才则于2000年先发表《曹颙乃曹寅亲生长子考》，③以曹颙即康熙五十年三月因意外事故卒于京城的"珍儿"，后再说明④曹雪芹为曹颙的遗腹子，生于康熙五十年十一月，约在公元1711年底。此一结论虽与笔者不同角度推论所得者不谋而合。或云：曹寅又号"雪樵"，其孙何可用"雪芹"为名或字？⑤曹颙若即"珍儿"，曹雪芹何以在小说中不避讳"贾珍"？⑥此两点皆可用曹雪芹之不避讳观念⑦来解释。唯仍有以下未解之疑：（1）曹雪芹若是曹颙之子，抄家时逾十六足岁，业已成丁，应可就业赡家，是否有迹可寻？（2）曹雪芹若是曹寅嫡长孙，则是平郡王福晋之胞侄，何以未见获得照顾之记载？是福晋先逝，抑另有他因？

若诸疑可释，将可确认曹雪芹之年龄及与曹寅的关系。且雍正五年底抄家时曹雪芹已逾十六足岁，《红楼梦》中的许多故事可能即是他的亲身经历，不需再另找"原型"人物，例如李鼎⑧。则《红楼梦》小说相关之众多难题，或因而得解。谨翘待佳音。

2010年11月12日修订。

---

① 吴新雷、黄进德《曹雪芹江南家世丛考》，黑龙江教育出版社，2000年，第69—91，139—142页。

② 胡文彬《读遍红楼——不随黄叶与秋风》，书海出版社，2006年，第161—163页。

③ 张书才《曹雪芹家世生平探源》，白山出版社，2009年，第121—138页。

④ 张书才《红楼梦学刊》2008年第5辑，第59—76页。

⑤ 奉宽《兰墅文存与石头记》，载《红楼梦研究稀见资料汇编》（上），人民文学出版社，2001年，第364—365页。

⑥ 段江丽教授提出的问题。

⑦ 刘广定，《化外谈红》，大安出版社，2006年，第251—261页。

⑧ 皮述民《李鼎与石头记》，文津出版社，2002年。

图1

图2

秘馆深藏终面世　红楼抄本大团圆

——写在戚宁本影印之前

任晓辉

（中国红楼梦学会）

迄今发现的《红楼梦》旧抄本，现仍由公私藏家收藏的共计 12 种，即上海博物馆藏甲戌本，北京大学藏庚辰本，国家图书馆藏己卯本（国家博物馆藏该本 55 下半回、56-58 回、59 上半回）、王（蒙）府本、甲辰本、郑藏残本，社科院文学研究所藏梦稿本，首都图书馆藏舒序本，俄罗斯圣彼得堡东方学研究所藏列藏本，卞亦文藏卞藏残本，上海图书馆藏戚沪本（存前四十回）以及南京图书馆藏戚宁本。其中前十种已相继影印出版过，戚沪本是有正书局戚序本据以石印的底本，而有正戚序本（大字、小字本）亦已影印多次。唯南京图书馆藏的戚宁本，因迄今未印行而较少受到关注。这种情形在 2010 年暑期有了改变，由国家图书馆出版社联合三希堂藏书有限公司共同运作，得到了国家出版总署的大力支持和南京图书馆的积极配合，戚宁本作为《石头记古钞本汇编》之一，终于率先线装影印面世。现国图出版社又将此书精装出版，嘉惠学林，其功至伟。

戚宁本及其研究概述

戚宁本，南京图书馆藏戚蓼生序本《石头记》的简称，抄本，存前八十回，共二十册，每册四回。每十回为一卷，共分八卷。竹纸。正文每面 9 行，行 20 字。第一、二、三册书根标：石头记，余无。二十四回前中缝无字，自二十五回起大部分页码中缝自上而下为：石

头记,卷×,××回,页码。封面及扉页无书名,第一册内第一页即戚蓼生的"石头记序",次"石头记目录",次正文。每册第一页(第一册、第四册、第十册、第十九册在正文回目下)右下盖"南京图书馆藏"阳文长方图章。南图善本资料库索书号:119083,册数:二十,书名:石头记。

此前毛国瑶曾介绍过此书:"南京图书馆在本书的标签上注明'根据有正书局石印大字本重抄'。"及"在抄本里另有一个标签,上面写'泽存书库藏书,子部,小说家类,平话之属,清曹雪芹撰,石头记,八十回,二十册,抄本'。"[1] 同样的记载亦见于胡文彬老师的《红楼梦叙录》(第14页)。可是今天到南图检读此书,已不见上述两个标签,向管理员询问,也都回答不出,时过境迁,只好存疑。

据毛国瑶介绍,他是1964年到南图大略翻看这部书的,1973年,有机会重读并与有正本对勘,写了文章——《谈南京图书馆藏戚序抄本〈红楼梦〉》,这是介绍这部抄本的第一篇文章。对勘的结果,毛国瑶觉得南图抄本和有正本之间没有直接的传抄关系,它们各有各的底本,而它们的底本又都来源于戚蓼生序原本。"根据有正书局石印大字本重抄"的签条靠不住,同时,他在文章的小注中透露:"据高一涵先生见告,此抄本在1930年前后曾属昆山于氏。封面有'石头记'三字。并谓抄写时代约在清咸同之间。……"[2] 此本"曾属昆山于氏"概源于此。后毛又将此抄本的情况告诉了周汝昌先生,相关结论被1976年的增订版《红楼梦新证》所采用。再后,文化部红楼梦校注组的专家到南图验看了这个抄本,并全套复印供研究及校勘之用。研究者大都认为此本与有正本的底本存在"兄弟"关系。

台湾学者王三庆在综合了毛国瑶、周汝昌等的研究意见后,认为"……可以确定脂南本是根据'有正本'据以影印的底本过录,二者应为父子而非兄弟。"[3]

其后对戚宁本进行校勘研究的还有两位学者,一位是郑庆山教授,一位是严中先生。郑庆山1982年10月到南图查阅此本并做了记录,复于1996年据戚宁本的复印本与他本对读,认为:1.戚宁本的抄手共十七人(胡文彬认为是三人抄成,严中认为抄手至少六人以上)。2.戚宁本、戚沪本和蒙府本同属一个版本系统,同出于立松轩本。戚宁本不抄于戚沪本,戚宁本更接近戚本的原貌。3.举了大量的校勘例句,对蒙戚一系本子的校勘价值作出恰当的评估,即前四十回可以校甲戌、己卯本,后四十回其校勘价值高于梦(甲辰本)、程二本。[4] 郑庆山的这篇"论戚宁本石头记",是全面核勘戚宁本与其他各抄本关系的第一篇论文。

严中先生1990年到南图,历时半年将戚宁本与有正本(1988年文学古籍刊行社影印

---

[1] 毛国瑶《谈南京图书馆藏戚序抄本〈红楼梦〉》,《红楼梦版本论丛》,南京师范学院中文系资料室,1976年5月,第160页。

[2] 同上,第168页。

[3] 王三庆《红楼梦版本研究》,石门图书公司,1981年1月,第334页。

[4] 郑庆山《论戚宁本石头记》,《红楼梦的版本及其校勘》,北京图书馆出版社,2002年5月,第161—190页。

本）进行校勘,于当年的 11 月写了一篇校字记——《"有正本"与"南图本"〈石头记〉校记》。对出两本间增、减、易、异字共 58 例,错、别字共 26 例等。通过这些例证,严先生否定了戚序本与南图本是母子关系的说法。[①] 实际上严先生用的是有正石印戚序本的影印本,自然与南图本不存在母子关系。尽管如此,严先生的报告,对研究工作还是有益的。1998 年周祐昌、周汝昌的《红楼真本》全文录载了严先生的这篇校记。

2007 年,林冠夫先生的《红楼梦版本论》出版,列专章讨论王府本与戚序本,结论是:"……所谓'戚序本'实际包括四个本子,即戚沪本,戚宁本,有正大、小字本,其中戚沪本是这一组本子的母本,戚宁本系据戚沪本照抄。"[②]

2010 年,扬州古籍出版社影印出版有正小字本,策划者之一的杜春耕先生仔细核对了南图本与有正大字本的异同,附录收入了两本异同的 114 组图版,结论:南图本抄写(大部分是影描)于有正之手抄底本,且是在有正书局贴改前影抄的。南图本保留着一些有正本改动前的本子原貌。[③]

综上,对戚宁本的研究,一方面限于与戚沪本、有正本间的相互关系上;一方面,也由于戚宁本长期养在深闺人未识,限制了对此本的深入研判。

戚宁本与有正戚序本

基于戚宁本与有正戚序本存在着密切的联系,我们将此本与有正大字本及其底本(存前四十回,用魏绍昌先生的核校结果)作了详细的校勘,同时核对了戚本一系的另一个重要版本王府本,个别地方也核对了其他早期抄本,对戚宁本与有正本的关系有了进一步的认识。

我们知道,有正大字本在石印前对底本曾有部分贴改,经魏绍昌先生将其与 1975 年冬在上海古籍书店发现的前部四十回底本核对,共有 22 处,现以戚宁本、王府本校之如下:

	戚宁本	有正底本	有正大字本	王府本
第一回十七页 B 面	歌场	歌场	歌舞场	歌场
第三回二十一页 A 面	二个人	二个人	两个人	两个人
第五回十二页 A 面	造觉开端	造觉开端	造衅开端	造觉开端
第五回十九页 B 面	擅风秉月貌	擅风秉月貌	擅风情秉月貌	擅风秉月貌侧添"情"字

① 严中《"有正本"与"南图本"〈石头记〉校记》,《红楼丛话》,南京大学出版社,1991 年 5 月,第 196—211 页。
② 林冠夫《红楼梦版本论》,文化艺术出版社,2007 年 5 月,第 263—305 页。
③ 杜春耕《跋〈国初抄本原本红楼梦·十四册〉》,广陵书社,2010 年 4 月。

	戚宁本	有正底本	有正大字本	王府本
第十三回八页B面	贾门秦氏恭人	贾门秦氏恭人	贾门秦氏宜人	贾门秦氏恭人
第十三回九页A面				
第十四回十二页A面共三处				
第十五回七页A面	秦叶	秦叶	秦业	秦业
第十七回一页A面	探曲折	探曲折	探深幽	探曲折
第十七回九页B面	田家之味	田家之味	田家之咏	田家之味
第十七回十五页B面	蘼芜满手	蘼芜满手	蘼芜满院	蘼芜满手
第十九回十六页B面双行评语	可谓贤而多智	可谓贤而多智	可谓伶俐多智	可谓贤而多智
第十九回二十一页B面	天时寒冷	挖改待补	□□□冷	冬寒十月
第二十回一页A面	宝玉走来"玉"改"钗"	宝玉走来	宝钗走来	宝钗走来
第二十一回九页B面双行评语	说得好痛快	说得好痛快	说得痛快	说得好痛快
第二十二回九页A面	讯若不系之舟	讯若不系之舟	汛若不系之舟	讯若不系之舟
第二十五回二十页B面	如来佛	如来佛	弥陀佛	如来佛
第二十六回二页B面	拼不得	拼不得	拼不得	拼不得
第二十六回十四页B面	兔虎	兔虎	兔鹘	兔虎
第二十七回二页A面	凤姐等并巧姐大姐香菱	凤姐等并巧姐大姐香菱	凤姐等并同了大姐香菱	凤姐等并大姐香菱
第二十七回十五页A面	虽可琢	虽可琢	虽可啄	虽可啄
第三十回一页A面	无法就他	无法就他	无去就他	无法就他"法"点去改为"去"

上表所列,除第十九回二十一页B面"天时寒冷"一处以外,戚宁本全同有正本的底本,而王府本则有少部分同有正本改文或程甲本。这样看起来戚宁本好像照抄自有正本的底本,但一则"天时寒冷"的独出异文说明戚宁本至少是与上海图书馆藏的有正本的底本(下称戚沪本)有共同的母本,或许戚宁本要更早些。查这处异文,庚辰本作"冬寒十月",俞平伯先生以有正本为底本的校定本作"冬寒十冷",显见是参照了庚辰本,程甲本作"这等时候",有正本作"□□□冷",所空三字,魏绍昌先生核对戚沪本,此处挖改待补。据现有的资料,戚蓼生(1730—1792)作序的本子,是曹雪芹身后经后人(或认为是立松轩)整理的八十回本,较完整,当形成于程本刊刻问世的乾隆辛亥年(1791)之前。就"天时寒冷"一句而言,结合文意,戚宁本应是戚蓼生序本的原文,上下文作"黛玉笑道,天时寒冷,谁带什么香呢",文气连贯,其或许就抄自戚蓼生序本的原底本,到戚沪本抄录时,此处有三个字

已经模糊不清,有正书局据以石印时,虽挖补而实未补。而庚辰本和程甲本的文字也均不及戚宁本,足见戚宁本这处文字的可贵。除此之外,前四十回中,戚宁本和有正本尚有不少异文,魏先生当年核对戚沪本时并未指出,大致如下表:

	戚宁本	有正底本	有正大字本	王府本
第二回六页A面	便乃出来		便仍出来	便仍出来
第七回六页B面	周画家		用画家	周画家
第八回十页B面	直这林姐儿		真这林姐儿	真这林姐儿
第九回十页B面	贾知没志气		要知没志气	要知没志气
第十三回九页A面	家孙妇		冢孙妇	冢孙妇"家"改"冢"
第十五回八页B面	如开其声		如闻其声	如闻其声
第十七回一页A面	宝玉去另纸		宝玉去吊纸	宝玉去吊纸
第十七回四页A面	并非古山		并非主山	并非古山
第十七回六页B面	大茉莉花		大株梨花	大茉莉花
第十七回十九页B面	雕虫之投		雕虫之技	雕虫之技
第十八回三页A面	往来就走"来"改"外"		往外就走	往外就走
第十九回三页A面	乃乍着胆子		乃大着胆子	乃乍着胆子
第二十回十三页A面	二哥哥		爱哥哥	二哥哥
第二十三回四页A面	无可无不可"无"点去		无可不可	无可不可
第二十三回八页B面	容睡鸭		容睡鹤	容睡崔
第二十四回四页A面	念书你孩子"你"改"的"		念书的孩子	念书的孩子
第三十回二页B面	叫了几万声		叫了几十声	叫了几万声
第三十回十页B面	有几千个		有几十个	有几千个
第三十二回二页B面	我听你们这几个人是谁说话		我说你们这几个人是难说话	我说你们这几个人是谁说话"谁"改"难"
第三十七回五页A面	绛洞花王		绛洞花主	绛洞花玉
第三十七回二十二页A面	凑了千个		凑了十个	凑了十个
第三十八回十页B面	纸帐来新□		纸帐来新梦	纸帐来新梦
第三十九回十四页A面	宝玉信□		宝玉信以	宝玉信以
第四十回二页A面	一十多张		二十多张	二十多张
第四十回二页B面	围屏来椅		围屏桌椅	围屏桌椅

这些异文,有些是戚宁本的抄胥手误,如"便乃出来"、"周画家"、"直这林姐儿"、"贾知没志气"、"如开其声"、"宝玉去另纸"、"雕虫之投"等;有些是抄胥当时就发现抄错,当时就改正了的,如"往来就走"、"无可无不可"、"念书你孩子"等;有些是原底本本就如此或不清,如"家孙妇"、"并非古山"、"大茉莉花"、"乃乍着胆子"、"二哥哥"、"叫了几万声"、

"有几千个"、"绛洞花王","容睡鸭"等。这些情况也说明戚宁本有别于有正本及其底本戚沪本,戚宁本是与戚沪本有共同母本的一个早期抄本。

戚宁本与泽存书库

近代一致的说法是戚宁本在南京汪伪政府时期,一度由陈群的泽存书库收藏,尽管我们今天在南图翻阅这本历尽沧桑的古抄本时已见不到泽存书库的丝毫痕迹,南图能够提供的资料也已没有相关记录。今年 11 月 9 日我曾托友人张小峰君到南图,遍查《泽存书库图书目录·第一编、第二编》以及《泽存书库书目·初编、次编》(日本、高丽刊本),也均无此书的任何记载。在《南京图书馆珍本图录·写抄本/彩绘本》中,这本书的记录是:"石头记,八卷八十回,清曹霑撰。清抄本。半叶 9 行,行 20 字,小字双行,字数同,高 24.9 厘米,宽 13.8 厘米。"[①] 但曾经的一张签条:"泽存书库藏书,子部,小说家类,平话之属,清曹雪芹撰,石头记,八十回,二十册,抄本"(已佚),仍然透漏出这部书与泽存书库的关系。

泽存书库位于南京市颐和路 2 号,踞山西路和颐和路、江苏路、宁海路的交汇处,原为陈群的私人藏书楼,现已列为民国建筑保护单位。

陈群,字人鹤,福建闽侯人,1890 年生,毕业于日本明治大学、东洋大学,曾入同盟会。1917 年出任广东大元帅府秘书,1938 年 3 月,出任南京汪伪政府内政部长,1945 年 8 月 17 日陈群畏罪自杀。

1941 年 3 月,陈群出资 230 万元在颐和路口兴建书库,1942 年 2 月完成,建成后,陈请汪精卫题匾,汪取《礼记·玉藻》中"父殁而不能读父之书,手泽存焉尔"句名之曰"泽存书库"。泽存书库布局合理,典雅精致,建筑内部四面环楼,中间围成天井,便于藏书通风。南京人都知道,一条颐和路,半部民国史,20 世纪 30 年代,这里是高尚住宅区,日据时期为特控区,陈群就居住在这里。泽存书库收集旧图书 40 余万册,其中善本达 4500 余部,共约 4.5 万册,如宋元刊本及清抄稿本、石印本之类,堪称精品。

陈群自杀后,留有遗嘱"南京泽存书库建筑及书籍七万册(已统计的书目)早已决定为南京公有,今后是否仍存泽存旧名,泽存二字见《礼记》,为我个人纪念父母之意,如改用别项名称,在我并无意见,求书能永久保存,不致散失,以供众览,可作龙蟠里国学图书馆之续,吾愿已矣。聚书之事甚难,保存书籍之事更属不易……"。(2006-11-06《厦门晚报》)

其后,泽存书库关闭清点,由教育部上海区委会转交迁回南京的国立中央图书馆,屈万里主持了接收。自 1946 年 4 月起费时半年清点,凡书上有原收藏机构或私家藏章的都公示退还。1949 年 3 月中央图书馆运送大量善本去台湾,原泽存书库的珍本秘籍也在内,如宋刊本《大易粹言》及手稿抄本赵烈文的《能静居日记》等。未及运走的近 36 万册普本

---

① 南京图书馆编《南京图书馆珍本图录》,凤凰出版集团,2007 年 6 月,第 142 页。

收藏于南京图书馆。戚宁本就是南图古籍部收藏的原泽存书库藏书中的一种。

陈群的政治经历固乏善可陈，但泽存书库客观上保存了部分古籍善本，比起战争给国家带来的灾难后果，泽存书库的藏书则成了民族文化的劫后遗存。

戚宁本可能的来源

戚宁本准确的来源，今天已不可考。今年春，在南图翻检这部厚重的线装书时，无意遇到南图的一位资深馆员，请教交流，获益良多。因老人反复讲自己不是研究《红楼梦》的，红学上的事情也搞不大清楚，所讲的事情也是多年前的思考，很不成熟，不愿公布姓氏，如此，作为后学晚辈，我只能从命。老人告诉我：泽存书库的藏书，保存了很多孤本善本，当时时局动荡，各界纷纷撤离南京，一些名家的藏书流出，戚宁本就是这时收进的。老人1956年入馆，对这套《石头记》很熟悉，从纸张和抄写款式等方面，老人判断此本是乾嘉时的旧抄本无疑，对于此抄本的来源，当年他就猜度很有可能出自山阴俞家。因思俞明震确有一部戚蓼生序的八十回本《石头记》，王伯沆、陈寅恪等均记载清末民初有正书局石印戚序本的底本出自俞家，其后此本下落不明。而南图这套《石头记》是否俞家旧藏，并无确证，不敢遽断，老人家也只是推测而已。

李煦与打牲乌拉

任晓辉

（中国红楼梦学会）

苏州织造李煦，雍正元年获罪，罢职抄家，屡经审理，于雍正五年发往打牲乌拉。据雍正五年二月二十三日内务府档案："办理总管内务府事务·和硕庄亲王允禄等谨奏：为请旨事。接到刑部来文称：准贵衙门送来参奏李煦买苏州女子送给阿其那一案，经本部依例将奸党李煦议以斩监候，秋后斩决。等因具奏。奉旨：李煦议罪之处，着交总管内务府具奏请旨。钦此钦遵。相应咨送贵衙门查照。等因，准此。为此，缮折请旨。交奏事双全转奏。奉旨：李煦着宽免处斩，发往打牲乌拉。钦此。"①这是历史档案中关于李煦案情结局的直接史料，据此，我们知道，雍正五年，李煦以七十三岁高龄的罪犯身份奉旨发往了关外的打牲乌拉。而关于打牲乌拉的详准位置，除当地民众和研究东北史地的专家以外，其他人就比较难说清楚了。去年，冯其庸先生的文集《瓜饭楼丛稿》付印前，先生高兴地告诉我，有人提供了李煦流放地打牲乌拉的照片，先生并将照片补排入《丛稿》内《曹雪芹家世·〈红楼梦〉文物图录》（下）里，注明："李煦抄家后被发配至吉林打牲乌拉，此为打牲乌拉老城城墙遗址。"②确定打牲乌拉在吉林。而我们检查周汝昌先生的《红楼梦新证》，在1998年新版第七章《史事稽年》雍正五年二月："本月，李煦因交通阿其那案流打牲乌拉（今黑龙

---

① 故宫博物院《关于江宁织造曹家档案史料》，中华书局，1975年，第213—214页。
② 冯其庸《瓜饭楼丛稿》第32卷，青岛出版社，2011年，第293页。

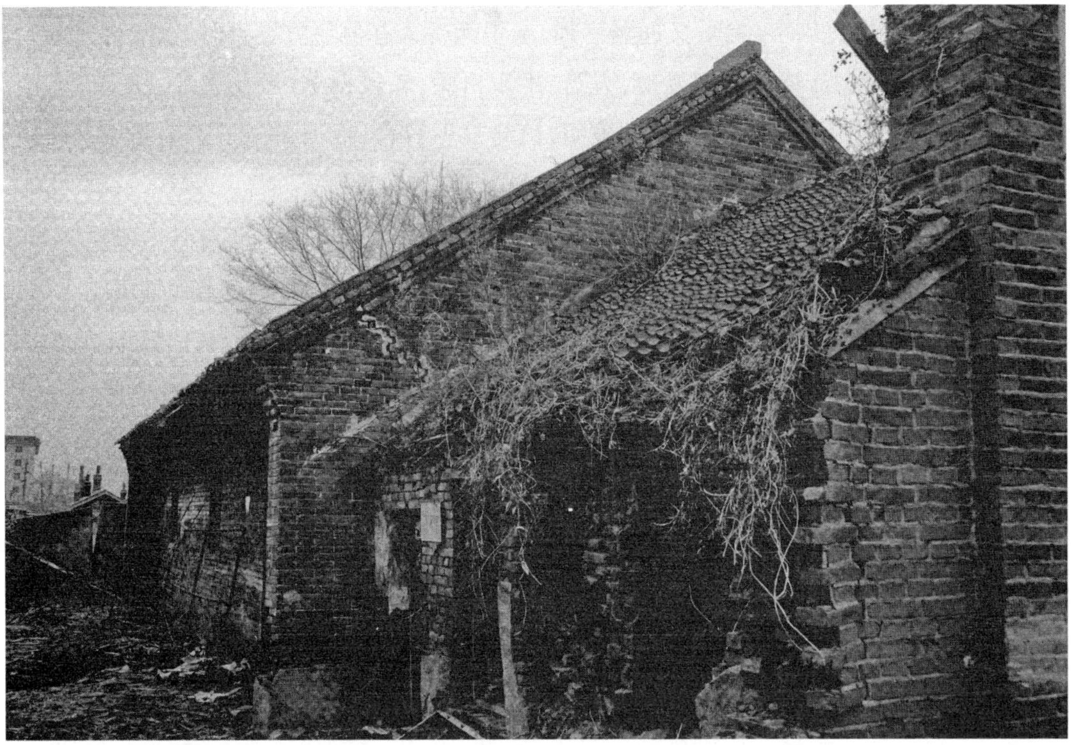

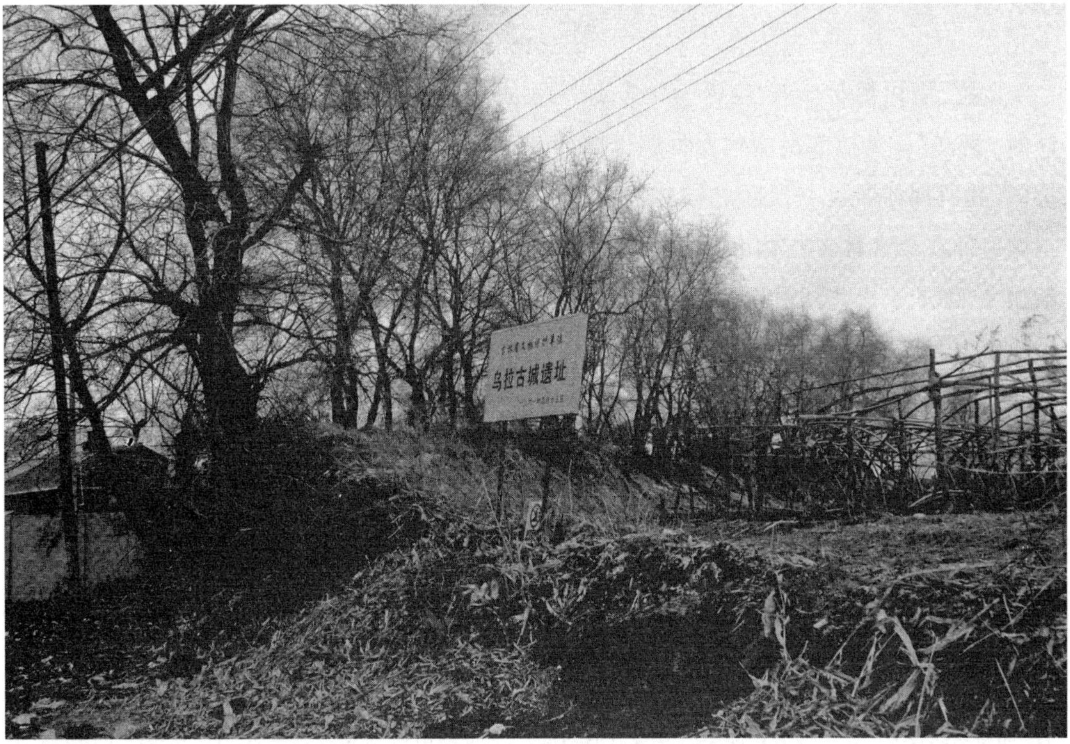
乌拉古城遗址

江布特哈旗）"①（括弧中文字此前的各版无，不知何所本）。再检查到雍正年间，据李果《在亭丛稿》卷十一《前光禄大夫户部右侍郎管理苏州织造李公行状》："……公卒之日，囊无一钱，韩夫人已先数年卒，二子又远隔京师，亲识无一人在侧。方婴事时，下于理，刑部拟重罪，天子念其前劳，特恩从宽发遣，方行，牛车出关，霜风白草，黑龙之江，弥望几千里，两年来仅与佣工二人相依为命，敝衣破帽，恒终日不得食，惟诵圣天子不杀之恩，安之怡然。"②却都认为李煦发配之地在黑龙江。

经核对有关资料，打牲乌拉就在我的老家吉林，确切地说在吉林省吉林市郊区。2012年4月，我借省亲之机，转道专程赴吉林市，在市广电局领导的陪同下，由吉林市驱车沿松花江西北行约四十公里，到达乌拉街满族镇。镇政府领导陪同参观了"打牲乌拉总管衙门"旧址，该衙门为清顺治十四年（1657）设立，隶属内务府，衙署初设于乌拉古城内（明代乌拉部都城），因连年水患，奉旨于康熙四十五年（1706）在旧城东高埠向阳处修造新城垣，现仅存衙署旧址三间（乌拉街镇农机站院内）（见附图）。乌拉古城，原为十六至十七世纪时海西女真乌拉部都城，分内城、中城、外城三重城墙，东北依丘陵，西、南、东三面临松花江，系当时东陲第一大城。1613年努尔哈赤灭乌拉部，后金天聪三年（1629）于其地设噶善，委派噶善达管理旗下事务。现结合有关资料，对打牲乌拉及其相关史地资料略加整理，供研究者参考。

乌拉古城

乌拉，最初系女真语，汉译为"江、河"，女真语是满语的语源，有延续性，乌拉，满语汉译即"沿江"。乌拉部是明代女真扈伦四部（叶赫、哈达、辉发和乌拉）之一，强大后自称乌拉国，其所属松花江一段随之被称为"乌拉河"，乌拉古城即为明代乌拉国的都城。乌拉古城遗址在今吉林省吉林市龙潭区乌拉街满族镇北约三百米处。乌拉部至明朝中晚期逐渐强大，称霸于松花江沿岸的吉林地区，屡与努尔哈赤的建州女真部在明末进行拉锯式争斗，直至明神宗万历四十一年（1613）正月建州女真与乌拉部决战，乌拉部大败而亡，结束了乌拉国的历史。位于乌拉街满族镇的乌拉古城遗址便是当年乌拉国的都城遗址，现还存部分中城墙和轮廓清晰的内城墙（见附图）。

核查相关史料，明朝末年，布占泰统领的乌拉部与努尔哈赤统领的建州部之间关系时好时坏，并互相建立了姻戚关系以钳制对方，目的当然是为了吞并对方。明万历二十四年（1596）布占泰将同父异母妹妹滹奈许配给了舒尔哈齐，1598年努尔哈赤将侄女儿额实泰

---

① 布特哈旗曾为黑龙江省辖县旗，位于黑龙江省西部，大兴安岭南麓，东与龙江县、齐齐哈尔市碾子山区毗邻，今归内蒙古自治区呼伦贝尔盟，改称扎兰屯市。

② 王利器《李士桢李煦父子年谱》，北京出版社，1983年，第555—556页。

格格（舒尔哈齐长女）嫁给了布占泰，只是舒尔哈齐和布占泰的关系有点乱，他既是布占泰的妹夫又是他的岳丈。1601 年，布占泰将年仅 12 岁的侄女儿阿巴亥[1]（满泰之女）许配给努尔哈赤为妃，两年后，努尔哈赤将舒尔哈齐的次女娥恩哲格格嫁给布占泰为妃，1608 年又将自己的第四个女儿年仅 14 岁的穆库什公主嫁给布占泰为贵妃。但是这样的联姻关系最终还是被政治军事关系所取代，1613 年正月初七，努尔哈赤和布占泰各率三万大军分列乌拉河南北两岸，在冰天雪地中进行殊死战斗，双方激战四个时辰，建州女真大获全胜，乌拉部将士阵亡近万人，被擒万余，丢甲近七千副，城内所有马匹尽失，布占泰率残部逃往叶赫部，乌拉国灭亡。

打牲乌拉总管衙门

乌拉国战败以后，所遗城池尚好，战事停息，原属居民又纷纷回来生活。据清·太祖朝《满文老档》：

> 万历四十一年正月初七
>
> 取其都城，尽得其国，在都城安营。……驻跸十日，悉还其妻仆从，编户万家。其杀俘获分给众军，乃班师。

至天聪三年（1629）清太宗皇太极亲临乌拉，下特旨："乌拉系发祥之胜地，理宜将所遗满、汉旗仆原属，一脉相关，就在乌拉设置、安官，即为一枝。捕贡兵丁，由都京总管内务府分司节制，不与驻防衙门干预。"[2] 并在乌拉地方设管理地面事务的"嘎善"（满语：乡、村之意），选派原纳殷部的迈图携眷出任乌拉地面的"嘎善达"（满语：乡、村长之意），乌拉地方的打牲（满语：渔猎之意）朝贡即从此始。顺治十四年（1657）正式设立"打牲乌拉总管衙门"，同时"将迈图放为六品总管，伊子希特库放为六品翼领。至十八年，经都虞司具题，复将希特库放为四品总管。希特库遗缺，将伊弟满达尔汉放为总管。满达尔汉遗缺，由伊侄穆克登放为总管。于康熙三十七年，奉旨改为三品总管，……康熙五十八年，穆克登着放副都统西路出征，其总管任务着吉林协领张来署理。于雍正三年奉旨，张来着放副都统，仍办总管事务。雍正六年，副都统穆克登升授前锋统领赴都召见。面奉谕旨，饬令旋回，仍办总管事务，即令张来暂行回避。于雍正七年，穆克登奏择吉期启程，前往阿尔太（泰）军营出师，其总管任务，准都虞司咨称，奉旨着郎中富德署理乌拉总管事务。"[3] 在雍正五至七年，即张来代理和

---

① 阿巴亥（1590—1626 年），为努尔哈赤生下三子：阿济格、多尔衮、多铎，深受努尔哈赤宠爱，天命十一年（1626 年）八月，努尔哈赤病逝，阿巴亥被四大贝勒逼迫殉葬，年仅 37 岁。

② 《打牲乌拉志典全书》，吉林文史出版社，1988 年，第 14 页。

③ 同上，第 17 页。

穆克登兼理打牲乌拉总管事务的时候,李煦被流放此地,不足两年故去。

有清一代,在东北所设的各级官署衙门中,打牲乌拉总管衙门是与其他官署性质迥异的机构,它与江宁(南京)、苏州、杭州三织造齐名,是清代内务府的四大派出机构之一,作为清朝在东北设置的一处特殊机构,打牲乌拉总管衙门在整个清朝的历史上占有重要地位。该总管衙门直接隶属清廷内务府,下分上三旗(正黄旗、镶黄旗、正白旗)、下五旗(镶白旗、正红旗、镶红旗、正蓝旗、镶蓝旗),实行八旗制度独特的管理形式,主要任务是组织乌拉境内的满、汉族居民采捕东珠、人参、鳇鱼、貂、松子、蜂蜜等地方特产,进贡朝廷。

打牲乌拉总管衙门自第一任总管迈图起至宣统元年(1909)乌音保(四品左翼翼领)止,总管共三十四任三十一位。衙署初设于乌拉古城内。"康熙四十三年,因江水频泛,浸涝房间,总管穆克登报请迁移城垣,修理衙署,以免浸淹塌陷。……于康熙四十四年正月初十日,准内务府具奏……查四十二年,委因水大,将各屯迁移高埠处所,搭盖房屋。此次又被颓冲十余户,……奉旨:着问穆克登搬徙何处,可随众丁舆情。钦此。原奏旧城迤东有最好高埠向阳之地一处。再松花江西南,有高地一处,亦属甚好。此两处皆系我圣主所知之地,吁恳圣主指定,遵行。谨奏。奉旨:打牲乡村,奈系我太宗仁皇帝指定,居住年久。如移,亦得拣其东阳钟秀之地,方可居住,万不准迁渡江西。钦此。"[1] 于是,康熙四十五年(1706)便在旧城东高埠向阳处修造城垣一座,城呈方形,周八里,城门四座,内设衙署、银库,新衙署的形制和格局照依吉林副都统衙署规制修造。采珠、捕鱼八旗各按脚色分设,旗仆占居城里,不准容留浮民,商贾占居西门外。所管地面周界约计五百余里,丁户五万余口。

《打牲乌拉地方乡土志》记载,打牲乌拉总管衙门设"大门三间,仪门一座,川堂三间,大堂五间,内中间上供设龙牌。其川堂后,设印务处五间,左设银库、更房各三间。右设松子、细鳞、干鱼等库四间。川堂前,各按脚色分设采珠左、右翼八旗办事房,各五间。中建仪门一座。仪门外,分设东、西捕鱼两翼办事房,各三间。大门三间,大门前,照壁一座"。[2] 这处总管官署房屋的间数,与道光七年(1827)萨英额编撰的《吉林外纪》中对吉林"副都统署"共住房四十二间的记录完全一致。整个建筑组群,遵规守制,严格按清廷官署规制营建。主体建筑由南至北纵向排列,共四进院落,中轴线最南端为一字照壁,照壁北为大门三间,入大门即为第一进院落,左、右两翼设办事厢房各三间;北为仪门,入仪门便是第二进院落,左、右两厢为采珠左、右翼八旗办事房各五间;仪门正北为穿堂,过穿堂为第三进院落,此院为大堂院落,旁无厢房,空间宽敞,北有面阔五间的大堂,即衙署总管办公的地方;大堂后为第四进院落,东设银库、更房各三间,西设松子、细鳞、干鱼等库四间,北设面阔五间的印务处正房,是文书办公和总管办理公务前后歇息与会客的场所。

打牲乌拉总管衙门设总管(三品)一员。翼领(四品)两员,分左右两翼,辅助总管署理

---

① 《打牲乌拉志典全书》,吉林文史出版社,1988年,第60页。

② 《打牲乌拉地方乡土志》,吉林文史出版社,1988年,第160页。

事务。五品委署翼领四员,专管采捕东珠、蜂蜜、鳇鱼及协理八旗事务。六品委署骁骑校、委署章京共八员。七品骁骑校十一员。笔帖式七员。委官十四名。领催二十七名。珠轩头目一百十名(上三旗五十九名、下五旗三十五名、捕鱼十六名)。铺副一百三十八名。打牲丁三千九百九十三名。其他尚有铁匠、弓匠、仵作、五官屯领催、庄头等。

乌拉贡品与乌进孝进租

吉林是满族的发祥地,自然资源丰富,山青水秀,物阜民丰。清初在吉林市北七十里的乌拉街镇设立的打牲衙署,是独立于吉林将军衙门之外的朝贡衙门,为三品大员督管的农副业特产朝贡机构,直属清廷内务府,负责打牲采捕、进贡事宜。初,管界周围五百里严禁山河,拥有男妇五万余口,村屯二百多处,有采珠河口六十四处,捕鱼河口三十四处,采贡山场二十二处,后共山共水管辖范围越黑龙江以远。

呈送的贡品,如蜂蜜、松子、鲟鳇鱼、东珠、人参等地方特产两千余种。自然水产类有东珠、鳇鱼、细鳞鱼、鳟鱼、鲇鱼、鲤鱼、草鱼、翅头白鱼、蝶鲈鱼、五色杂鱼等几十种;野生动物类有狼、虎、貂、豹、狐狸、水獭、貉、兔、灰鼠、猞猁、鹿、野猪、熊等几十种;野生植物类有人参、百合、山药、韭菜、小根菜、松子、松塔、靰鞡草等十几种及野生菌类多种;农作物类有小米、稗子米、铃铛麦、高粱米、荞麦等近十种;野生禽类有鹰(亦称"海东青")、雕、鹳、鹊鸟、鸽子、寒鸦、雀、雉、鹞鹰、鹌鹑等十几种。

贡品中首推关东"三宝"之一的人参,康熙四十八年打牲乌拉派牲丁一千三百名,定额年交人参一千斤。乾隆三十六年,每斤参值银八百两;贡品之二为貂皮,太宗天聪五年,得进貂皮一千七百六十九张,限三品以上官员才准服貂裘;贡品之三为东珠,也称北珠,珠中上乘,颗大光润,是名贵的饰物,仅为皇宫御用;贡品之四为东鱼,主要有鳇鱼、大马哈鱼及"三花五罗"等。

鳇鱼为鱼中之皇,捕鳇鱼要像捉牛马那样,给鳇鱼套上笼头才能捉住。捕到鳇鱼后,即送鳇鱼圈喂养,冰河开化前把鳇鱼抓出用黄绫布裹好放在树窟窿里,装上桃木驿车,有时几辆驿车连接,才能装一条鱼,驿车上插"贡"字杏黄小旗,日行六十里,夜宿驿站,大约一个月到京城,呈交内务府,选出样鱼,恭请皇帝御览,留作年初一祭坛之用。清廷所以看重鳇鱼,一因鳇鱼肉细嫩、肥美。乾隆初医家吴仪洛重校《本草从新》,称鳇鱼有"利五脏肥美人"的功效。二是鳇鱼色黄白,细长达数米,宛若金龙。皇帝自命真龙天子,自然独钟于形似金龙的鳇鱼,据传,从康熙朝起,每位新皇帝登基,都要脚踏鳇鱼,象征金龙坐金殿。据《扶余文史资料》第三辑,伪满洲国皇帝溥仪登基时,还专门从扶余运去了鳇鱼。

其他贡品主要的还有:

松子。采松子是满族及其先人的传统生活习俗,松子仁醇香甜美,是制造糕点必不可少的调味品,清廷将松子作御膳用品。

田鸡。九台其塔木乡有两个村子,一东蛤村,一西蛤村。蛤,民间称"油蛤蟆",学名田鸡,又称红肚蛤蟆,与青蛙同属一类,有极高的营养和经济价值。

白小米。在乌拉街杨屯村附近旧街的地方,有一块20垧左右的油沙地,当地俗称"孤店子"。这里产的小米,叫"稷米",是乌拉街小米中的上品,颗粒整齐,颜色白亮,饭香浓郁。

蛟河烟。在清末成书的《吉林外记》中载:"烟,东三省俱产,惟吉林省最佳。名色不一,吉林城南一带名为南山烟,味艳而香;江东一带名为东山烟,味艳而醇;城北边台烟为次,宁古塔烟名为台片。独汤头沟有地四、五垧,所生烟叶只有一掌,与别处所产不同,味浓而厚,清香入鼻,人多争买。此南山、东山、台片、汤头沟之所攸分也。通名黄烟。"[1]黄烟史上曾称为"南山烟"、"关东烟",蛟河的漂河乡中有二亩地所产的烟草,在清朝一直是贡品。缘此烟名盛,后遍及蛟河大部分地区,所产皆称"蛟河烟"。

松花石。产于长白山松花江发源地,故名。松花石温润如玉,绀绿无瑕,质坚而细,色嫩而纯,滑不拒墨,涩不滞笔,昔松花石砚专作御用,被视为国宝。

在《红楼梦》第五十三回,曹雪芹浓墨重笔写了庄头乌进孝进租一段情节,乌进孝进贡的清单为:大鹿三十只,獐子五十只,狍子五十只,暹猪二十个,汤猪二十个,龙猪二十个,野猪二十个,家腊猪二十个,野羊二十个,青羊二十个,家汤羊二十个,家风羊二十个,鲟鳇鱼二个,各色杂鱼二百斤,活鸡、鸭、鹅各二百只,风鸡、鸭、鹅二百只,野鸡、兔子各二百对,熊掌二十对,鹿筋二十斤,海参五十斤,鹿舌五十条,牛舌五十条,蛏干二十斤,榛、松、桃、杏

---

[1] 《吉林外纪》吉林文史出版社,1986年,第110页。

穰各二口袋,大对虾五十对,干虾二百斤,银霜炭上等选用一千斤,中等二千斤,柴炭三万斤,御田胭脂米二石,碧糯五十斛,白糯五十斛,粉粳五十斛,杂色粱谷各五十斛,下用常米一千石,各色干菜一车,外卖粱谷、牲口各项之银共折银二千五百两。外门下孝敬哥儿姐儿顽意:活鹿两对,活白兔四对,黑兔四对,活锦鸡两对,西洋鸭两对。这张清单中,有些货品直接产自乌拉地方,如鲟鳇鱼、獐、狍、野、鹿等,都留有乌拉贡品的痕迹,可以看出,从内容到形式,曹雪芹写乌庄头进租的情节,或多或少反映了乌拉地方民众的劳作和纳贡生活。

打牲乌拉总管衙门随着清王朝的衰落而衰落,最后在清末宣统三年与清廷一起退出了历史舞台,逐渐淡出人们的视野。

乌拉街满族镇

乌拉街原称布特哈乌拉(布特哈,满语:畜、禽之意),是明朝属地。明朝建立后,对边疆少数民族地区采取以夷制夷、分而治之的政策,在乌拉街所在地设立了乌拉卫。明中叶,海西女真势力逐渐崛起,其中乌拉部相继吞并了附近的女真诸部,建立了乌拉国,以乌拉街为都城。后乌拉国屡与建州女真首领努尔哈赤争斗,1613年,被努尔哈赤所灭。顺治皇帝定都北京不久,就封禁乌拉街方圆五百里,尊为"本朝发祥之圣地"。顺治十四年,在乌拉古城设立了打牲衙门,负责向皇家供奉东北特产,成为清廷贡品基地,乌拉城赢得"远迎长白,近绕松江,三省通衢"之美誉。

乌拉街古镇曾有"八庙四祠三府一街"等古建筑,现保留下来的有魁府、萨府和后府等遗址。魁府位于乌拉街镇政府西侧,是迄今保存较好的清代两进四合院,始建于1875年,是晚清地方显臣王魁福的私宅;萨府始建于乾隆二十年(1755),系清代打牲乌拉总管衙门第十三任总管索柱的私宅;后府为光绪六年(1880)至光绪二十年(1894)时任打牲乌拉总管衙门第三十二任总管赵云生的私人府邸。

乌拉街古镇的旧街村附近,就是历史上著名的乌拉古城,距今有一千二百多年的历史。乌拉古城原有外、中、内三城,如今,外城尽毁;中城留有一大段城墙遗迹;内城门楼、角楼、箭垛等已不存,但四周城墙尚清晰可辨(见附图),见证着往来古今的沧桑变化。

李煦生于顺治十二年(1655)正月二十九日,卒于雍正七年(1729)二月某日,享年七十五岁。李煦的绝大部分生活是在烈火烹油、鲜花着锦的声名显赫中度过的,终康熙朝,位极人臣。自雍正元年始遭逢厄运,至老死边陲。而关于李煦是雍正五年什么时候到的打牲乌拉,在那里又是过着怎样的生活,最后又是怎样地于雍正七年初在饥寒交迫中故去,我们已无从知晓,限于资料,只好付之阙如。但李煦以古稀高龄,流入边疆苦寒之地,既不能为官,也难于从事打牲生产,其贫病交困、郁郁以终是可以想见的。

韩文本《红楼梦》回目的翻译方式

［韩］崔溶澈

（韩国高丽大学）

从 19 世纪末年的《乐善斋谚解本》出现至今,韩文译本《红楼梦》已有十多种问世,既有全译本,也有节译或改译本。各种译本的回目处理方式皆不相同。早期译本多数没有翻译回目全文,而是以每回中的关键词语另作题目,以概括该回的核心情节。后来的译本则翻译回目全文,并添加小题目,以便读者阅读。近代以来,海内外流传的《红楼梦》版本比较复杂,这些在韩文译本的回目中也多有反映,加之不同译者各有创见,导致韩文本的回目出现了更为复杂的情况。

一、《红楼梦》回目的创作艺术

在中国古典小说长期的发展过程中,题名方式也在逐渐变化。话本小说的题目,由早期的名词短语,如《京本通俗小说》的"碾玉观音",一变而为充满节奏韵律感的单句,如《古今小说》的"蒋兴哥重会珍珠衫",再后来又形成双联对句,如《拍案惊奇》的"转运汉遇巧洞庭红,波斯胡指破鼋龙壳"等等。长篇章回小说的回目,也由早期的单句,发展为双句,由每回的字数不均,变而为整齐划一。

《红楼梦》的回目是作者在完成故事的基本情节之后分章定题而来,在小说第一回作者的表白中可以清楚地看到这一点:"后因曹雪芹于悼红轩中披阅十载,增删五次,纂成目

录,分出章回。"① 这一目录便是作者在精心斟酌之下,作成的上下两联皆为八字的完整回目。如第一回的"甄士隐梦幻识通灵"和"贾雨村风尘怀闺秀";第六回的"贾宝玉初试云雨情"和"刘姥姥一进荣国府";第二十三回的"西厢记妙词通戏语"和"牡丹亭艳曲警芳心";等等。其对偶之工巧,直至今日还让我们叹服不已。

《红楼梦》多以书中人物设定回目,因此较常出现如下形式:"□□□(人名)+□□(动词)+□□□(物名)",如第十五回"王凤姐弄权铁槛寺,秦鲸卿得趣馒头庵";第三十五回"白玉钏亲尝莲叶羹,黄金莺巧结梅花络";第七十回"林黛玉重建桃花社,史湘云偶填柳絮词"。人名加有姓氏的情况较多,如林黛玉与史湘云,王凤姐与秦鲸卿。甚至侍女之名也要加上姓氏(《红楼梦》中的侍女大多姓氏不明),像白玉钏与黄金莺,以人名与颜色构成巧妙对偶。以人物构建回目的方式还有"□(一字评)+□□(人名)+□□(副词+动词)+□□□(修饰+物名)",例如第五十二回"俏平儿情掩虾须镯,勇晴雯病补雀金裘";第六十二回"憨湘云醉眠芍药茵,呆香菱情解石榴裙",在两字名前,用一个字凸显人物特性,即所谓"一字评",为《红楼梦》作者独特的人物批评方式之一。

《红楼梦》的回目还有一种常见形式,即"□□□(副词)+□□(时间)+□□□(动宾结构)",例如第十九回"情切切良宵花解语,意绵绵静日玉生香"。"情切切"与"意绵绵"摹情至真,"花解语"与"玉生香"既来自典故,又暗喻花袭人和林黛玉,回目对仗精巧,含意深长。

还有一种形式,"□□□□(四字格)+□□□□(主述结构)",如第八十九回"人亡物在公子填词,蛇影杯弓颦卿绝粒"。这种回目前为四字成语,后以减缩语或别号代指人物,构成对偶,同时"人亡物在",叙宝玉之痛;"蛇影杯弓",显黛玉之疑,较好地概括了回目的中心内容。

在翻译时,上述种种回目特色,如人名巧对,一字评语,丰富暗示,谐音双关,以及对章回内容的概括说明等,这些言有尽而意无穷的表现,在翻译之时,极难处理,是翻译者面对的最艰巨任务。

同时,因《红楼梦》版本系统的复杂,各版本的回目也不尽一致,② 如第十七回和第十八回,在"己卯本"和"庚辰本"中尚未分离,共用"大观园试才题对额,荣国府归省庆元宵"之句。至于"列藏本"虽已分离,但并未新立回目。到了"蒙府本",将原来的上下两句,分别而为第十七回和第十八回的回目,即第十七回为"大观园试才题对额,怡红院迷路探曲折";第十八回则为"庆元宵贾元春归省,助情人林黛玉传诗"。不只是脂评本之间回目不同,程刻本以及清代后期的一些评点本也有不同,如第五回回目,各版本都不相同,第七

---

① 关于《红楼梦》八字回目的形成及其意义,请参考李小龙《红楼梦与八言回目地位的确立》,《红楼梦学刊》2009 年第 6 期。

② 对于各种版本不同回目的来源情况,笔者已经做过研究,具体参看崔溶澈《红楼梦版本的回目比较研究》,《中国语文论丛》第 35 辑,中国语文研究会,2007 年 12 月,首尔。

回则只有王希廉评本的回目是"送宫花贾琏戏熙凤,赴家宴宝玉会秦钟"。

由于每种韩文译本的底本不同,更由于译者在翻译时根据各自所据底本采取直译、意译、省略、改译,甚至独创新题等多种方式,使得韩文译本的回目呈现出非常复杂的局面,并总是与原来中文《红楼梦》的回目不同。虽然回目翻译的变化,在英日等外文译本中也常出现,并非仅见于韩文译本,但由于韩国《红楼梦》翻译的来源比较复杂,就使得韩文译本的回目表现出不同于其他文字译本的独特之处。

在此,笔者将对比较重要的韩文本的回目处理方式稍作探讨,以加深学界对《红楼梦》韩文译本特色的把握。

二、历代韩文本《红楼梦》的回目翻译

首先看看韩国历来《红楼梦》译本的回目处理方式。最早的韩文本《红楼梦》出现于19世纪末年(1884年前后),即原藏于朝鲜王室昌德宫乐善斋的谚解本,简称为《乐善斋全译本红楼梦》。共120册,现存117册。译本每页上段用朱笔抄录小说原文,原文的每个汉字左旁用韩文字母加注音,下段用墨笔朝鲜宫廷笔体(宫体)抄录译文,译文中没有汉字,全是朝鲜文(韩文,Hangul)。回目虽也为朝鲜文,但只是将汉字按照韩国发音标记为韩文,这只能说是音译。从回目的情况来看,《乐善斋本》的底本是王希廉评本系统。因为《乐善斋本》第七回回目的后句是"赴家宴宝玉会秦钟",在历代《红楼梦》版本中,只有王评本使用该回目。

20世纪初(1918),梁建植的译文连载于《每日申报》,这是第一个现代意义上的对全文的翻译,可惜连载到第一百三十八回(原书的第二十八回)就中断了。此连载译文没有对回目进行翻译。1930年,张志瑛翻译《红楼梦》连载于《朝鲜日报》,共连载三百零二回(到原书的第四十回),但这次也未能完成全译而被中断。张志瑛的译文,除了开头题以"缘起"之外,其他部分也不对回目进行翻译,只抄录原文汉字。所用底本可能也是王希廉评本系统的,因为第七回回目后句也是"赴家宴宝玉会秦钟"。由此可见,王评本在韩国的影响是比较广泛的。梁建植和张志瑛的翻译,虽然后来别的报刊试图重新连载,但都没能长期进行而中断。因此日本强占时期的韩国,没有出现韩文《红楼梦》的单行本。

韩国光复以后出现的金龙济单行本《红楼梦》(正音社,1956),虽然是对小说正文内容的节略翻译,但一百二十回的回目尽皆具备。具体的翻译手法是略去原书回目的上下对偶文句,改以重新命题的单句来概括该回的基本内容。如"石头记的由来"(第一回),"贵公子宝玉"(第二回),"太医的药方"(第十回),"馒头庵夜话"(第十五回),"落花祭"(第二十三回),等等。字数没有定规,但皆为十字以内的单句。李周洪的《红楼梦》(乙酉文化社,1969)是一部全译本,但译者以小说家的文笔作了部分的补充修改,以方便韩国读者的阅读。这个译本也略取原书回目,于每回另加小题,小题皆为三字短语,非常整

齐。如"石头记"（第一回），"荣国家"（第二回），"林黛玉"（第三回），"甄英莲"（第四回），"十二钗"（第五回），"解语花"（第十九回），"埋香塚"（第二十七回），"金麒麟"（第三十一回），"不肖子"（第三十三回），"雀金裘"（第五十二回），"鸳鸯剑"（第六十六回），"离恨天"（第九十八回），"痴公子"（第一百零四回），"绛珠草"（第一百十六回），"太虚情"（第一百二十回），等等。这些译者煞费苦心的命题，对正文内容加以概括，便于读者把握，但有些题目，似乎并不恰当。如第十回，名为"张太医"，但此回核心人物应是秦可卿，张太医不过是看病论病源的引线人物。而且译本全以三字为题，也不容易概括每一回的主要故事情节，有时甚至会错导读者。如第十八回描写贾元春归省探亲，宝黛诸人写诗进献，黛玉助宝玉写诗一段，戚序本回目的后句是"助情人林黛玉传诗"，李周洪却将此回题为"代作诗"，并不能全面概括当时的场景。第八十八回李译本题名"江南菜"，该题应来自原书回目后句"正家法贾珍鞭悍仆"这一段内容，描写的是庄头送来果子和菜蔬，由此引发奴仆之间的矛盾。以"江南菜"作关键词来概括这一回的情节，稍显勉强。

除了以上两部译本，尚有金相一的单行本《红楼梦》（徽文出版社，1974），是改写压缩本，分成七十二章，没有与原书对应的回目，而是由译者另分章节设立小题。类似的译本还有金河中的《曹雪芹红楼梦》（金星出版社，1982），分成七十三章。

1980年前后出现的韩文本《红楼梦》，有中国大陆朝鲜族翻译家翻译的两种，和韩国出版的两种。其中延边大学红楼梦翻译小组①译出的《红楼梦》（延边人民出版社，1978-1980），共四册，底本是程乙本系统的人民文学出版社1974年版《红楼梦》，全文及回目都作了翻译。由于使用程乙本，一些回目和其他译本有所不同。如第八回回目后句为"薛宝钗巧合认通灵"，本属甲辰本系列，后来程刻本系统继承，延边本依此译为"薛宝钗在偶然机会看到通灵玉"。延边本的翻译存在一些问题，如第十三回回目前句"秦可卿死封龙禁尉"，采取直译的方式，这便引起误读，认为是秦可卿死后，被封为龙禁尉。第十四回脂评本和程甲本的回目前句"林如海捐馆扬州城"，而延边本则根据程乙本译成"林如海死后回归苏州城"。

北京外文出版社朝文翻译组（包括安义运，金光烈）翻译的《红楼梦》（北京外文出版社，1978-1982），共五册，回目全文译成韩文，有些地方为了更清楚地表达加入了人物或地点，如第二回回目后句的"冷子兴演说荣国府"，便在译文中加入演说地点"客酒店"。再如第五回后句"警幻仙曲演红楼梦"之句并未提及具体听者，而译文中却加有"宝玉"。上文提到的第十三回前句"秦可卿死封龙禁尉"，也补上了被封龙禁尉的贾蓉之名，译为"秦可卿死后贾蓉获得官职"。这个译本的底本是戚序本系统的"俞平伯校本"，因此回目独具特色。如第十八回按照戚序本"庆元宵贾元春归省，助情人林黛玉传诗"的回目文字进行翻译，第七十九回回目前句也译自戚序本的"薛文龙悔娶河东狮"，但有趣的是翻译时

---

① 该译本的翻译工作，有六位延边大学教授参与，即金永德、朴相奉、金昌杰、许龙九、李海山、玄龙顺。

把"河东狮"译成了"江东狮"。第八十回回目也从戚序本的"懦弱迎春肠回九曲，姣怯香菱病入膏肓"，但在回目上下两句中补充了"做媳妇"和"因忌妒"的字样。需要说明的是，薛蟠之字，脂评本为"薛文龙"，程乙本则为"薛文起"，俞平伯评本后四十回底本为程刻本，因此该本便出现矛盾，第七十九回回目中题为"薛文龙"，第八十五回回目则根据程刻本题为"薛文起"，韩文译本完全按照回目原文翻译，便也继承了这一矛盾现象。

虽然外文社译本使用戚序本系统的版本，但也有例外，如第三回回目后句，戚序本是"接外甥贾母惜孤女"，而此译本这一处用的却是程高本的"接外孙贾母惜孤女"，再如第五回回目戚序本是"灵石迷性难解仙机，警幻多情秘垂淫训"，而此译本用的是程高本的"贾宝玉神游太虚境，警幻仙曲演红楼梦"，而在翻译说明时，并未提及上述情况。

外文本在首尔重新出版时，大部分还是套用原来的回目译文，并未多作改变，但青年社（共七册，1990）出版的译本中有些地方则有修改。例如第七十九回原书回目中来自戚序本俞平伯校本的"薛文龙"被不知来历的编者不加说明统一为前后一致的"薛文起"，这个错误在后来的清溪出版社本（共十二册，2007）中被因袭。延边本在首尔重新出版时，各出版社稍作修改，在原回目译文之外另加小题。如艺河出版社改装出版的韩文译本（共六册），每回除原书的两行回目之外，加上一行新题，如"贾雨村与甄士隐的相遇"（第一回），"荣国府与宁国府的来历"（第二回），"宝玉与黛玉的相遇"（第三回），"薛宝钗向京都出发"（第四回），"红楼之梦，最后的归结"（第一百二十回）等。这些新题比金龙济、李周洪所制题目稍长，文句是说明式的。比较特别的如第六回，虽然开头提到宝玉云雨之事，主要则描写刘姥姥进荣国府的细节，而该译本却题为"梦幻中经验云雨之情"，第十八回应为"元妃归省探亲"，但译本却题"元妃回皇宫"，再如第三十四回原书回目为"情中情因情感妹妹，错里错以错劝哥哥"，写黛玉之病和薛蟠非行，但译本却以潇湘馆之竹为题，冠以"窗外竹林，千株竹林"这一充满诗韵的标题。东光出版社本（共六册，1990）也是延边本在首尔重新改编出版的一种，除了原来的回目翻译之外，编者还加上了单句小题，如"石头记的成书"（第一回），"贾雨村和冷子兴的相遇"（第二回），"黛玉进入荣国府"（第三回），"虚张声势的判决"（第四回），"听取红楼梦曲"（第五回），"狗儿家得到帮助"（第六回），"爬灰的爬灰"（第七回），"金锁和通灵宝玉"（第八回），"黛玉的疑忌"（第二十回）等，也称得上是独具特色。

韩国国内出版的译本有禹玄民翻译的《新译红楼梦》（共六册，瑞文堂，1982）。此译本的底本属程乙本系统，但第一回中有"至吴玉峰题曰红楼梦"之句，由此可以看出译者参考了早期的日译本。该译本全书的前半部分翻译得比较详细，后半部分则对内容作了压缩，对回目的处理仍是只抄录原书的汉字回目，没有转译成韩文。韩国洌上古典研究会翻译的《红楼梦新译》（只出版第一册，共十五回），基本参考了《乐善斋本全译本》，而此译本的底本是王希廉评本，因此洌上本第七回回目的后句也是"赴家宴宝玉会秦钟"。

赵星基改编翻译的韩文《红楼梦》（民音社，1997），共三册。故事由编译者改写，全书不分回而分部，共有十二部，每部有小题，分别为"云雨之情"（第一部），"甄士隐和贾雨

村"（第二部），"黛玉和宝钗进入荣国府"（第三部），"贾瑞的相思病"（第四部），"漫然同性恋的学校"（第五部），"秦可卿和林如海之死"（第六部），"荣国府的庆事"（第七部），"良宵与静日"（第八部），"大观园的恋情"（第九部），"艳情与嫉妒的季节"（第十部），"蜂逐蜂，花逐花"（第十一部），"落叶庭园照夕阳"（第十二部）。可以看出，这些小题目，如"甄士隐和贾雨村"以及"良宵与静日"等来自原书的回目文字。

三、最新《红楼梦》全译本的回目处理方式

2009年由笔者和高旻喜教授共同翻译出版的《红楼梦》①可说是新的由韩国红学专家共同努力译出的学术性较强的韩文全译本。共六册，前八十回由笔者翻译，后四十回由高教授完成，但前后文体和一些常用的固有名词和辞汇的译语经商讨加以统一。每册按照故事情节的发展变化，加以副题，每回除了原来回目（中文）和译文（韩文）之外，为帮助读者理解，另题以单句题目概括该回的核心情节。此种回目处理方式，是笔者综合以前韩文译本和其他外文译本的经验，结合个人发挥而决定的。

具体说来，新的崔高译本所用底本是"红校本"（红楼梦研究所校注本，人民文学出版社，1982，1996）②。这个版本主要来自脂砚斋评本中内容最多的庚辰本，第十七回和第十八回尚未分开，只有一个回目，是这个版本的最大特色。此前并未有以"红校本"为底本的外文译本。

先来看看崔高本每册副题的命名过程。我们知道，《红楼梦》原书有几种不同的题名，如《石头记》、《情僧录》、《风月宝鉴》、《金陵十二钗》等。甲戌本除此之外，另有《红楼梦》之名，而早期脂砚斋评本，只使用《石头记》，到了程刻本，则采用《红楼梦》，此后此书之名在文坛和出版界几乎被固定。但清末有些版本尚使用《金玉缘》、《大观琐录》等名。中文版《红楼梦》分册各不相同，皆未有为每册另加题名的例子。但在外文翻译中，为分册加以小题目的版本却屡有所见，如霍克斯和闵福德共同翻译的 *The Story of the Stone*（石头记），分成五册，每册都另有题目，第一册为 *The Golden Days*，第二册为 *The Crab-Flower Club*，第三册为 *The Warning Voice*，第四册为 *The Debt of Tears*，第五册为 *The Dreamer Wakes*。③ 斯洛伐克译本分成四册，各册的副题分别为"春、夏、秋、冬"。④

---

① 此本简称"崔高全译本"（英文简称 C&K）：崔溶澈（Choe Yongchul）& 高旻喜（Ko Minhee）共译，共六册，首尔：Nanam 出版社，2009年。

② 笔者在以前的论文中，简称此本为"新校注本"，如今采纳西南交通大学外国语学院《华西语文学刊》首倡《红楼梦文本缩略语模板》建议，用"红校本"，即中国艺术研究院红楼梦研究所校注本，人民文学出版社，1982，1996，2006年版。

③ 对英译本的研究，早有林以亮的《红楼梦西游记》（联经出版事业公司，1976），以及近年出版的刘士聪主编的《红楼译评——红楼梦翻译研究论文集》（南开大学出版社，2004）等专著。

④ 简称 MČ. Marina Čarnogurska – Cchao Süečchin：*Sen o červenom pavilóne*：Vols.4；Bratislava, Slovak Republik：Petrus，1996，2001—2003。

因为此译本的译者认为《红楼梦》故事情节的发展，就像春夏秋冬的季节变化，是一个由盛而衰的过程。这样的处理方式，可以使外国读者更容易理解此书的基本结构和主旨。崔高本在韩文翻译完成即将出书之际，考虑到读者的阅读接受水平，首先决定将全书分成六册，因为以春夏秋冬的季节变化来喻示《红楼梦》的情节展开，固然新鲜并有独特的吸引力，但考虑到前八十回和后四十回的分段问题，还是决定采取分成六册的方式，每二十回成一册，并给每册冠加副题，以引导读者的阅读。

崔高本所加副题，如果转译成中文，如下：第一册"通灵宝玉的幻生"，第二册"埋葬飘散的花朵"，第三册"元宵佳节的盛宴"，第四册"清冷的秋夜来风"，第五册"命运中的错过和别离"，第六册"回到原处的石头"。可以简称为"幻生"，"葬花"，"盛宴"，"秋声"，"别殇"，"归元"等。这些题目，可以说是理解《红楼梦》各阶段情节发展的关键词语。除去"幻生"和"归元"，其他四个阶段，也可对应一年四季的交替，象征青春的盛衰变化。虽说曹雪芹并非完全按照一年四季的变化对贾府的盛衰和宝黛爱情进行呆板的描写，根据书中宝玉13岁到19岁的年龄安排，其具体故事情节也无法按照一年四季的次序展开，第二册（第二十一——四十回）中既有春天的描写（戏蝶，葬花），也有秋天的情景（菊花，螃蟹），第三册（第四十一——六十回）也有春天、秋天和冬天的描写，第五十三回"除夕祭宗祠，元宵开夜宴"则是贾府的顶峰时期，但总体来说，其故事情节和人物之间的氛围变化，与四季的变化很是相似，与此书的主题"青春的消失"也很合拍。各分册加副题的方式，或者会使韩国读者在尚未读完全书之前，就能很容易地理解整个《红楼梦》的情节安排。

如上所述，《红楼梦》韩文译本中回目全文的翻译出现较晚，早期译本只用短语或短句表示每回的基本内容，很多韩国读者也已经习惯这种方式，甚至会觉得回目全文的翻译太繁琐而不得要领。那些对偶句式，带有浓厚象征和深刻寓意的诗句，也很难使外国读者领会，更不用说通过这样的句子来了解正文的内容了，而以单句概括正文核心内容的方式则很适合外国读者的阅读。

因此，崔高译本为方便读者阅读，决定除了对原书回目进行全文翻译以外，每回还加单句标题（约10字之内），以概括全回的中心内容。译成中文则有如"石头的故事"（第一回），"荣国府的人物"（第二回），"林黛玉进京"（第三回），"贾雨村判案"（第四回），"金陵十二钗"（第五回），"刘姥姥的登场"（第六回），"秦可卿和秦钟"（第七回），"薛宝钗的金锁"（第八回），"书堂的大骚扰"（第九回），"秦可卿卧病"（第十回）等。虽然这样的处理，会使得原来复杂深奥的情节内涵变得单调简化，难以表现小说原来的艺术境界，但是这样的提纲，对吸引有心读者的阅读兴趣非常有帮助。

《红楼梦》一百二十回回目的前后两句，各表述一个故事，从回目上看，可以说全书共有240个事件。但实际上，大的情节往往在几回中延续，小的事件则在一回中多有发生，如果要将每个故事都表现出来，实在是非常困难。翻译中，在为每章添加能够概括正文内容的小标题时，就更要花费心血。

处理时,本着尽量简化题目词句的原则,我们常常选用原书回目两联中的一联为命题中心,如第七回原回目"送宫花贾琏戏熙凤,宴宁府宝玉会秦钟"(来自庚辰本)中,有两个关键词语"送宫花"和"会秦钟",但笔者将之题为"秦可卿和秦钟",略去了"送宫花"。加入秦可卿是因为可卿虽已在第五回出现,却在第七回才有细致叙写。这个小题目虽兼顾到内容的这一方面,却不能将"送宫花"一并表现。第十四回原文回目为"林如海捐馆扬州城,贾宝玉路谒北静王",笔者选取前句之义,题曰"林如海的死亡"。虽然这一回并没有对林如海之死多加笔墨,但林如海的死亡是林黛玉一直寄居贾府的理由,而且黛玉家境的变化自然会影响到宝玉与之关系的发展,因此小题不应忽略此事,但这样的题目便无法展现王熙凤协理宁国府的内容。同样,第十九回"花袭人的忠告",也没能写出黛玉的情意。第二十七回的原回目是"滴翠亭杨妃戏彩蝶,埋香塚飞燕泣残红",这是葬花故事的来源,本应以此命题,但笔者已经在第二册中以此为副题,在此不可重复,因此选用了前联,题为"追捕蝴蝶的薛宝钗"。第三十八回的回目,原书虽"菊花诗"和"螃蟹咏"并举,笔者也只选前联,定题为"菊花诗夺魁的林黛玉"。定题偏取一方的做法虽差强人意,但也是无可奈何中的勉力之举。

有时,我们选用上下联中的关键词语拟定题目,如第二十三回,利用《西厢记》和《牡丹亭》表达贾宝玉和林黛玉的真情交流,笔者就以"西厢记和牡丹亭"为副题。第二十四回回目前句写倪二帮助贾芸,后句谈贾芸拾取小红手帕,笔者便删去倪二,题为"贾芸和小红的相遇"。①

有时参照正文内容中的核心故事,以概括的方法自定标题,并不拘泥于原书回目的文字。如第四十二回回目本以蘅芜君和潇湘子为题,但此回正文中有贾惜春画大观园的描写,而笔者特别重视这一情节,便题为"惜春的大观园图"。再如第七十九回的"薛文龙悔娶河东狮,贾迎春误嫁中山狼",内容皆为误选结婚对象,命题之时,无法偏重于一方,因此略去人物,概括题为"错误的相遇"。第九十七回"林黛玉焚稿断痴情,薛宝钗出闺成大礼"也是以这样的方式定题的。

至于回目全文的翻译,基本上按照翻译底本(即"红校本")的原文,但有时由于韩中两国语言和文化上的差异,无法按照原文加以直译,只好用意译的方式加以表达。如第三回回目后句为"林黛玉抛父进京都",原文只写林黛玉进京而不写她入贾府,笔者则按照文本内容译成"林黛玉离开老家进京到外婆家"。第十三回的回目"秦可卿死封龙禁尉,王熙凤协理宁国府"原句表意不明,如果不读正文,无法据回目得知具体内容,因此笔者添译成"秦可卿亡故后丈夫封为龙禁尉,王熙凤帮助完成宁国府的葬礼"。第十九回"情切切良宵花解语,意绵绵静日玉生香",是利用"解语花"和"玉生香"的典故表现花袭人和林黛玉对贾宝玉的感情和关怀,"花"、"玉"又代指二人,但这些意蕴难以翻译,因此直接加入人名,译为"花袭人夜里以切切之情献上忠告,林黛玉白昼以绵绵之意表露真心",虽然不及原文

---

① 清末《金玉缘》版本的插图,此回中画的是醉金刚轻财相助贾芸的场面,可见当时插图画家关注的重点在此。

意味深长,但可有助读者的理解。其他如第二十回回目中没有出现的"赵姨娘"和"史湘云",第二十六回回目中没有出现的主人公"贾芸"和"黛玉"都在翻译文中加以补充。如第二十六回便为"蜂腰桥上贾芸传心事,潇湘馆中黛玉露幽情"。第二十七回回目中出现的杨妃和飞燕,在翻译文中也改成"宝钗"和"黛玉",第四十七回回目的"呆霸王"和"冷郎君"也径译为"薛蟠"和"柳湘莲"。如此翻译,虽然减少了原句具有的诗意和对人物的品评,但在译本中却必须如此,方能便于另一文化环境中的读者的解读。

四、结语

古典小说作家在创作小说时,往往先完成故事的正文,然后分成章回,拟定回目,以概括每章的内容。回目由单句发展到双句对偶,并使用象征和隐喻等各种创作技巧,使回目文字充满诗韵。《红楼梦》作为古典小说的顶峰之作,回目的创作艺术也达到了前所未有的高度,这就使得外文翻译难上加难,操作时面对的困难远远超过对小说正文的翻译。同时,因为《红楼梦》版本系统的复杂,不同版本的回目也有所不同,这些都反映在韩文回目的翻译之中。

在韩文本《红楼梦》中,出现了各种各样的回目处理方式,如原文音译,自拟短语题目,单句题目,双句全译,创新改作等多种方法。最早的《乐善斋本全译本》采取原文音译,梁建植则省略回目,张志瑛取部分回目,金龙济使用单句,李周洪使用三字词语,北京外文本和延边本都用双句全译,而笔者与高旻喜共译的 Nanam 本,每册增加副题,每回另加单句题目,再对回目全文进行翻译,且在回目文字的翻译中,也尽量考虑运用前后对偶的技巧,努力做到有文有质。

笔者认为回目的创作,虽然看上去似乎属于概括章回正文内容的次要之物,但实际上却是作者(包括后来抄录或刊行者)高超的文学技巧的表现。同样,回目翻译也是译者需要加以重视并认真对待的工作。好的回目翻译,不仅可以忠实地传递原书作者的意图和艺术功力,而且可以帮助读者加深对文本内容的理解,更好地引导读者进入唯美的艺术天地。

附录:《韩文本〈红楼梦〉的略语》

NSJ-1 乐善斋(Nakseonjae 낙선재)原藏本:《红楼梦》120 册(现存 117 册),抄本,原文(朱笔)和拼音(墨笔),宫体译文,现藏于韩国学中央研究院.约 1884 年。

NSJ-2 乐善斋本(Nakseonjae 낙선재):《红楼梦》15 책(影印),李家源解说,首尔:亚细亚文化社(1988)。

NSJ-3 乐善斋本(Nakseonjae 낙선재):《红楼梦》2 책(校注排印),朴在渊等校注,首尔:以会出版社(2004)。

YGS 梁建植(YangGeonsik 양건식):《红楼梦》(连载 138 回,未完),首尔:《每日申报》,(1918)。

JJY　张志瑛（JangJiyoung 장지영）:《红楼梦》（连载302回,未完）,首尔:《朝鲜日报》（1930）。

KYJ　金龙濟（KimYongje 김용제）,曹雪芹:《红楼梦》（2卷,节译）,首尔:正音社（1956,1960）。

LJH　李周洪（LeeJuhong 이주홍）,曹雪芹:《红楼梦》（5卷,全译）,首尔:乙酉文化社（1969）。

KSI　金相一（KimSangil 김상일）,曹雪芹:《红楼梦》（1卷,72章,缩译）,首尔:徽文出版社（1974）。

OYS　吴荣锡（OhYoungseok 오영석）,曹雪芹:《新译红楼梦》（5卷,节译）,首尔:知星出版社（1980）。

WW-1　北京外文出版社翻译小组（Waiwen 외문）,曹雪芹　高鹗:《홍루몽（红楼梦）》（5卷,全译）,北京:北京外文出版社（1978—1982）。

WW-2　安义运　金光烈（外文本외문）,曹雪芹:《红楼梦》（7卷,重排）,首尔:青年社（1990）。

WW-3　安义运　金光烈（外文本외문）,曹雪芹　高鹗:《红楼梦》（7卷,重排）,首尔:三省出版社（1994）。

WW-4　安义运　金光烈（外文本외문）,曹雪芹　高鹗:《红楼梦》（12卷,重排）,清溪出版社（2007）。

YB-1　延边大学翻译小组（Yanbian,연변）,曹雪芹　高鹗:《홍루몽（红楼梦）》（4권,全译,延吉:延边人民出版社（1978—1980）。

YB-2　许龙九外（延边本연변）:《红楼梦》（6册,重排）,许龙九解说,首尔:图书出版艺河（1990）。

YB-3　许龙九外（延边本연변）:《红楼梦》（6册,重排）,首尔:东光出版社（1990）。

WHM　禹玄民（WooHyunmin 우현민）,曹雪芹:《红楼梦》（6卷,节译）,首尔:瑞文堂（1982）。

KHJ　金河中（KimHajoong 김하중）:《曹雪芹红楼梦》（1卷,73章,缩译）,首尔:金星出版社（1982）。

YS　洌上古典研究会（YeolSang,열상）:《红楼梦》（1卷,收录15回,未完）,首尔:平凡社（1988）。

JSG　赵星基（JoSeonggi 조성기）:《红楼梦》（3卷,12部,编译）,民音社（1997）。

C&K　崔溶澈（ChoeYongchul 최용철）高旼喜（KoMinhee 고민희）共译,曹雪芹　高鹗:《홍루몽（红楼梦）》（6卷,全译）,Nanam（나남）出版社（2009）。

2010年9月,写于海东研红轩

曹雪芹祖上之隶旗与领主的多次改变

——兼谈曹家旗籍问题

杜家骥

（南开大学历史学院）

曹雪芹祖上隶属八旗的哪一旗，身为满人奴才的曹家，其主子即领主又是谁，是"曹学"研究中的一个问题，学界曾做了艰苦的探究，也取得了某些共识。但由于资料匮乏，仍存在很多未知盲点，有些笼统的认识，也未必确切。本人从未涉入"红学"、"曹学"，在这方面可以说是个完全的门外汉。只是近些年一直探讨八旗问题，有些内容与曹家有关，因而将以前考察八旗制度中与曹家有关的内容，辑此小文，作为提交此次研讨会的学习之作。

本文认为，曹雪芹祖上——曹世选（或作曹锡远）、曹振彦，曾有三次不同的隶旗，按时间变化的先后，依次是：正黄旗、镶白旗、正白旗。作为旗人奴才身份的曹雪芹祖上，其主子，也历经三次变化，依次是：努尔哈赤、多尔衮、顺治及康熙等皇帝。以下分阶段作说明。

一、隶正黄旗，主子为努尔哈赤、多尔衮阶段

这一阶段，大致为曹家归入后金隶旗的天命六年至天命十一年八月，有五年左右的时间。曹家究竟何时被纳入后金政权并编入八旗组织，目前尚无直接史料，红学家根据曹家当时曾生活在辽东，后金天命年间曾攻占辽东，皇太极天聪年间曹振彦又任后金的"旗鼓牛录

章京",推测曹家是在后金天命六年攻取辽阳,被俘掠归旗。[①] 这种推测有合理性,接近史实,曹家祖上于天命年间在辽东地区归入后金而隶旗,也是目前红学界多数学者的共识。[②]

那么曹家归旗后是在哪一旗,主子又是谁?以前一般认为开始曹家就隶正白旗多尔衮,现在看来并不准确。因为多尔衮被分封入旗分拨给牛录属人,是在天命七年三月以后,以前曹家隶旗,是在多尔衮之父努尔哈赤的旗下,而且所隶旗是正黄而非正白。以下根据本人的相关成果,[③] 作如下介绍。

八旗设立于乙卯年,次年(1616)为建立后金政权之天命元年。设八旗后,正黄、镶黄两旗旗主是汗努尔哈赤,正白旗主是皇太极,镶白旗主是杜度,两红旗先由代善一人领,后代善领正红旗,分拨镶红旗与其嫡长子岳托、嫡次子硕托,以岳托为旗主。正蓝旗主为莽古尔泰,镶蓝旗主为阿敏。这种领旗状况一直保持到天命七年,所以这一阶段曹家若隶旗,应在努尔哈赤的正黄旗下(并见后述),主子是努尔哈赤。努尔哈赤在两次设立汗位接班人(先为嫡长子褚英,后嫡次子代善)失败后,[④] 开始规划其身后实行八和硕贝勒即八旗旗主共治国政制度,于天命七年三月宣布这一计划,其主旨是,其身后,由八旗八个旗主共同推举其中一人为继位之国君,若其无德无道、不纳谏,可共同将其废掉,再推举新君,国政也由八旗领主共商议定。[⑤] 正是在这种规划下,由于八旗中两黄旗之外的六个旗都已有旗主,努尔哈赤开始把自己所领的两黄旗,传给与他共同生活的最后一个大福晋(乌拉纳拉氏)所生的三个嫡幼子——阿济格、多尔衮、多铎,使他们也成为领旗者,以成八旗八主的领旗格局,为实现八旗领主共治国政制奠定规制基础。而努尔哈赤将自领之旗传给尚未分家的与其晚年共同生活的嫡幼子,也是女真、蒙古贵族的习俗。

两黄旗当时共有60个牛录,每旗30个牛录,具体分拨情况是,正黄旗的30个牛录,阿济格、多尔衮每人15个,以阿济格为正黄旗主(当时称为固山贝勒),这兄弟二人由努尔哈赤家中分出而独立。镶黄旗的30个牛录,分与多铎15个,努尔哈赤暂留15个自领,准备死后再传给多铎。又因多铎年幼,在这三兄弟中最小,当时仅八九岁,且努尔哈赤仍是后金国主,所以镶黄旗主仍由努尔哈赤担任,多铎可算做是准旗主。这种分拨牛录情况,在反映当时历史的《满文老档》、《满洲实录》及其他《清太祖实录》中,都没有记载,是在皇太极崇德年间批评多铎时透露的,见于《清太宗实录》的记载,清太宗批评豫亲王多铎时说道:

① 以上见冯其庸先生《曹雪芹家世新考》,文化艺术出版社,1997年,第407—411页。
② 并见周汝昌先生《曹雪芹小传》第22页,也认为曹家因住在东北铁岭卫到辽阳这一带地方,于天命年间成了满洲军队俘虏或奴隶,被编入旗。百花文艺出版社,1983年。
③ 拙文《天命后期八旗旗主考析》,载《史学集刊》1997年2期。《八旗与清朝政治论稿》第一章《入关前的八旗领主分封》,人民出版社,2008年。
④ 这两次立储情况,见李学智《清太祖时期建储问题的分析》,载《思与言》第8卷第2期,1970年。[日本]冈田英弘《清太宗继位考实》,载《故宫文献》第2卷第2期,1972年。周远廉《太子之废》,载《社会科学辑刊》1986年第1期。
⑤ 《满洲实录》卷7,天命七年三月初三日。

> 昔太祖分拨牛录与诸子时,给武英郡王(按:即阿济格)十五牛录,睿亲王(按:即多尔衮)十五牛录,给尔十五牛录,太祖亦自留十五牛录。及太祖升遐,武英郡王、睿亲王言:太祖十五牛录,我三人宜各分其五,朕以为太祖虽无遗命,理宜分与幼子,故不允其请,悉以与尔。①

这里透露的太祖努尔哈赤在世时,分拨与多尔衮的牛录属人,应当就有曹家在内,这也是后来所记载的多尔衮属下有曹振彦的由来。曹家的主子,也因这次分拨,由努尔哈赤转为其子多尔衮。

那么,曹家之主子的这一转换时间又如何? 也即努尔哈赤是何时将其牛录分拨与多尔衮的? 史籍中无直接记述。只能以有关史事判断。

努尔哈赤在自领两黄旗的情况下,对八旗下命令、设置官员,都是对另六个旗的旗主下达,一旦针对八个旗主,那就说明自领的两黄旗已分给了三个幼子,因而多出这两黄旗主,即使是对准旗主的多铎及其镶黄旗,也应作这种安排,以规划、完善其以后的八旗旗主共治国政制。《清太祖武皇帝实录》记载:天命八年(1623)正月,努尔哈赤命"八固山王设八臣辅之,以观察其心",② "八臣"为八个人,其辅佐的"固山王"也即旗主也应是八个人。这是迄今见到的已设八个旗主的最早记载。同年次月,《满文老档》卷(册)45,天命八年二月初七日下记载:努尔哈赤为了让八旗旗主约束各自的行为,特命每人脖子上挂一个牌子,上记类似座右铭式的箴言,同时每个旗主贝勒下设"监视诸贝勒挂在脖子上的箴言各四人",其中镶黄旗下记有"满都赖、扬善、吉孙、扎努阔尔坤"四人,正黄旗下是"沙津、隋占、车尔格依、茂海"四人。这条史料说明,努尔哈赤已将多铎、阿济格、多尔衮分别安排领镶黄、正黄旗,因而为他们每旗设四个监视箴言的人。如果未安排旗主,仍是努尔哈赤领这两黄旗,他不会每旗设四人共八个人来监视自己的。

八旗于天命八年及以后有八个旗主的记载还有一些,③ 此处不赘举,这些记载都可间

---

① 《清太宗实录》卷46,崇德四年五月辛巳。

② 《清太祖武皇帝实录》卷4,天命八年正月初七日。

③ 《满文老档》天命八年五月,记努尔哈赤下令"八贝勒之家人",将其训示之词"缮录八份,分送诸贝勒家各一份"(见《满文老档》太祖朝卷(册)52,天命八年五月二十四日,中华书局1990汉译本上册第491页(下引此书不另注者,皆此版本。)抄录八份,人手一份,受训示的贝勒正好八人。同年天命十一年(1626)闰六月十九日,记努尔哈赤命"八固山贝勒各赏以着甲男丁一户、役使男丁一户,共赏十六户"(《满文老档》太祖朝卷(册)72,天命十一年闰六月十九日,上册第702页)。共赏十六户,八固山贝勒每人赏二户(即着甲男丁一户、役使男丁一户),所说的固山贝勒正好八人,这段史料已明确说明所谓"八固山贝勒"是八个固山贝勒。而"固山贝勒"正是旗主,此处固山贝勒的满文,也正与《满文老档》其他处称旗主——固山贝勒的满文一样,都是gūsai beile (日本东洋文库本《满文老档》太祖朝第3册第1082页第9行、第1106页第3行、太宗朝第1册第128页第11行),又进一步说明当时的"八固山贝勒"是八个旗主。这一时期的其他记载如"八贝勒之马八匹"、为"八贝勒……缮写八册档子"(《满文老档》太祖朝天命八年四月、五月,上册第459、480页),也都应指的是八个旗主贝勒。《满洲实录》还特别说明这八个旗主——八固山王是 duin amba beile、duin ajige beile (《满洲实录》卷8,天命十一年六月二十四日,第1册第415页,版本同前),汉义为四个大贝勒、四个小贝勒。努尔哈赤的幼子,是在四个小贝勒之中。

接地说明多尔衮与其同母兄阿济格,至晚在天命八年正月,已分封入旗,领牛录属人。

多尔衮与其兄阿济格,是封入了正黄旗。证明如下。

先从八旗中两黄旗的排列顺序看,天命七年四月,是正黄旗在前,镶黄旗在后,[1] 而天命八年六月及以后至努尔哈赤死以前,则都是镶黄旗在前,正黄旗在后。[2] 按当时八旗的一般排列顺序,如果一人领同色两旗,习惯上是正在前,镶在后。[3] 天命七年四月正黄在前镶黄在后的记载,表明努尔哈赤仍在领两黄旗。而天命八年六月已改为镶黄在前、正黄在后(实际上在天命八年正月或更早就已如此,见前述,只不过没做或没留下这方面的记载),是因为正黄旗已分予阿济格、多尔衮兄弟二人,以阿济格为旗主,但由于当时一国之主的汗努尔哈赤还与幼子多铎同在镶黄旗,努尔哈赤实际还掌领着镶黄旗,必然要放在八旗中的首位,置于正黄旗之前,而不能让其子阿济格的正黄旗置于父汗之前而居首位。这一旗序变化,表明多尔衮与其兄阿济格已封入正黄旗。而且说明入封的时间,在天命七年四月以后。

再从领旗即分封之旗的旗色变动与属人状况证明。据白新良《论皇太极继位初的一次改旗》一文的专门考察,[4] 在皇太极继位初,曾进行过一次两白、两黄旗互换旗纛的改旗,努尔哈赤时期的两黄旗,在皇太极继位后改为两白旗,具体情况是,正黄旗改为镶白旗,镶黄旗改为正白旗,而旗下属人不变,领主仍领原牛录属人,由此证明,皇太极天聪朝在多尔衮镶白旗下任旗鼓牛录章京的曹振彦,在努尔哈赤时期分封多尔衮后,是隶属于多尔衮所入封的正黄旗。改旗只是互易旗纛,旗下牛录属人不变,仍隶原主,所以曹家仍隶多尔衮。

这次改旗,皇太极原领的正白旗改为了正黄旗,附属于他的镶白旗(天命末年,努尔哈赤将镶白旗主由杜度改为皇太极之子豪格,故附属于皇太极),改为镶黄旗。这是因为皇太极已被推举为汗,应与前汗努尔哈赤一样,领最尊贵的黄色旗,这是国家礼制的需要。由此也可判断,此次改旗,是在皇太极被推举为汗的天命十一年八月十二日至此月底这段时间,因为皇太极继位仪式,择定的吉日是九月初一,[5] 继位礼仪上,皇太极所领之旗就应该是黄色旗,列于八旗之首了。

根据以上分析,作出如下判断:

曹家若于天命六年隶旗,则天命六年至八年正月(或更早些)以前是隶正黄旗,主子是努尔哈赤,天命八年正月(或更早些)后至天命十一年八月仍隶正黄旗,但主子是多尔衮。

① 见《满文老档》太祖朝上册第378—380页。中华书局汉译本,1990年。下引此书版本同,不另注。
② 见《满文老档》太祖朝卷45,天命八年二月初七日;卷55,天命八年六月十八日;卷67至卷70,天命十年之事。
③ 见《满文老档》太祖朝上册第518、651—657页。
④ 文载《南开史学》1981年第2期。
⑤ 《清太宗实录》卷1,天命十一年九月朔。

二、天命十一年八月至崇德八年十月曹家隶镶白旗之多尔衮

上一节已述,天命十一年八月,多尔衮所入封的正黄旗改为镶白旗,曹家的旗籍也随之改为镶白旗,主子仍是多尔衮。当时,多尔衮是镶白旗下领有半旗牛录的领主,而非旗主——固山贝勒,旗主是多尔衮之兄阿济格,这是努尔哈赤的安排,是根据满洲宗法兄弟之间长幼为序的原则,兄弟二人同封一旗,以兄长为旗主,哪个旗都是如此。天聪二年三月发生变化,阿济格因违反后金政令,擅自为弟弟多铎定婚,而被免去旗主职任,代之以多尔衮,[①]从此,曹家的主子多尔衮,成为镶白旗主。

多尔衮这一阶段在镶白旗,史籍中崇德八年十月以前的内容,也有多次记载,是在镶白旗,而不是正白旗。如《天聪九年档》所记:天聪九年"镶白旗和硕墨尔根贝勒",[②]墨尔根贝勒即多尔衮。《清太宗实录》所记:"镶白旗梅勒章京谭拜"为"多尔衮属下"。[③]曹家也当然地随主子多尔衮隶镶白旗,因而有"镶白旗下长史曹金颜"[④]的记载,曹金颜即曹寅祖父曹振彦。长史,是王府事务总管之官名,满文 baitai da(摆塔大),清入关后定为正三品。所以,崇德年间,曹振彦是睿亲王多尔衮王府的大管家。

曹家在这一阶段一直隶镶白旗,主子是多尔衮。至崇德八年十月,多尔衮之领旗旗色再次发生变化,成为正白旗,曹家也随主子隶正白旗。

三、崇德八年十月至顺治七年十二月,曹家隶正白旗之摄政王多尔衮

崇德八年十月,时任辅政王的多尔衮,导演了一次两白旗互改的政治事件,多尔衮因此而领正白旗。本人《清初两白旗主多尔衮与多铎换旗问题考察》(载《清史研究》1998年第3期)一文,对这一事件的原委作了探讨,结论如下:皇太极死后,其子福临继位两个月时,辅政睿亲王多尔衮,借故剥夺弟弟多铎正白旗的十五牛录,划入自己的镶白旗中,又将镶白旗下阿济格的十几个牛录调入正白旗,同时将两白旗互易旗纛,旗下牛录不变,多尔衮因此而由掌半旗牛录的镶白旗主,成为掌正白旗全旗牛录的旗主,其所领之旗在八旗中的排位,也由原来镶白旗的第五位,上升到仅次于皇帝两黄旗的正白旗的第三位。随之成为摄政王,总揽清廷大政。由于旧旗下属人隶属关系不变,曹家虽改隶正白旗,但因为是随旗主而改,主子仍是多尔衮。

这段时间共七年多,入关前不到一年时间,其余为入关后。这段时间,摄政王多尔衮

① 《清太宗实录》卷4,天聪二年三月庚寅条。崇谟阁本,第10页。

② 《天聪九年档》,天津古籍出版社,1987年,第133页。

③ 《清太宗实录》卷57,第24页,崇德六年八月甲子。卷61,第33页,崇德七年七月乙酉。

④ 《满文老档》太宗朝崇德元年六月,中华书局,1990年汉译本,第1516页。该书译为"曹金颜",实即曹振彦。

权势烜赫,俨然皇帝,而且扩大其正白旗势力,重用本旗属人,曹家也应是受益者。

四、顺治八年二月以后曹家改隶皇室

顺治七年十二月,多尔衮去世,同月,尊其为成宗义皇帝。八年正月,以多尔衮嗣子多尔博袭睿亲王爵,并继承多尔衮的正白旗,所以,曹家的主子此时为多尔博,不过时间很短。次月,多尔衮便被追论,尊谥之号及王爵均被削去,其正白旗也被收归皇室,曹家也从此世代成为皇室奴才,不过因主子是皇帝,曹家的身份地位比从前又进一步提高。

曹家的隶旗仍是正白旗,主子是顺治皇帝,此后为康熙帝,历代隶属于皇室、皇帝,也不再变化。

五、关于曹雪芹家族的旗籍问题

史籍中对曹家的旗籍记载较混乱,有汉军旗人、满洲旗人、汉军人、满洲人等多种说法,《八旗通志·旗分志》记曹雪芹曾叔祖曹尔正、祖曹寅均在正白旗包衣第五参领第一旗鼓佐领中管该佐领,[①] 所以曹家是正白旗包衣旗鼓佐领下人,也可以说是内务府正白旗包衣旗鼓佐领下人,这是没有疑问的。但在"旗"这个概念、属性上,则学界有不同认识。张书才先生专门作过详细辨析,指出曹家应是内务府正白旗包衣旗鼓佐领下人,也称汉军人,但并非汉军旗的旗人,[②] 这一判断非常正确。唯认为曹家不属满洲旗,则与史籍记载有抵牾。因不只一种文献直接或间接记载曹家是属满洲旗分。

如《八旗满洲氏族通谱》(以下简称《通谱》)中,曹家是列于"附载满洲旗分内之尼堪姓氏",并备载曹锡远(即曹世选)、子曹振彦、孙曹玺、曾孙曹寅、元(玄)孙曹颙几辈人。[③] 所记"尼堪姓氏"即"汉人姓氏"(尼堪,满文 nikan,汉义为"汉人")。

再如,与曹家同列在"满洲旗分内"的其他汉人姓氏,在其传记中也称其旗籍是满洲旗。如韩大任、尚志立,《通谱》中与曹家同在卷 74 的"满洲旗分内",《八旗通志》初集卷 220《忠烈传一·韩大任》记其为"镶黄旗满洲包衣人"。尚志立与曹家在同一旗鼓佐领,[④]《八旗通志》初集卷 222 其传记,记载他是"满洲正白旗"的"包衣人"。在嘉庆初修成的《钦

---

① 《钦定八旗通志》卷 7《旗分志七·正白旗包衣第五参领第一旗鼓佐领》,是本参领下排序。《八旗通志》初集卷 5《旗分志五》作"正白旗包衣第五参领第三旗鼓佐领",是按全旗旗鼓佐领的统一排序。

② 张书才《曹雪芹旗籍考辨》,载《红楼梦学刊》1982 年第 3 辑。《再谈曹颙获罪之原因及曹家之旗籍》,载《历史档案》1986 年第 2 期。

③ 《八旗满洲氏族通谱》卷 74,辽海出版社,2002 年影印乾隆武英殿刻本,第 808 页。

④ 尚志立之堂兄尚志杰、尚志舜及堂侄尚琳,与曹雪芹祖父曹寅、曾叔祖曹尔正,均任过本旗鼓牛录的佐领,见《八旗通志》初集卷 5《旗分志五·正白旗包衣第五参领第三旗鼓佐领》。《钦定八旗通志》卷 7《旗分志七·正白旗包衣第五参领第一旗鼓佐领》。因判断曹、尚二家在同一佐领。并见《八旗满洲氏族通谱》卷 74"尚氏"、"曹氏"。

定八旗通志》中,仍如此标其旗籍,且明确列入"满洲八旗"的"忠义传",尚志立传记其为"包衣,满洲正白旗人",韩大任为"满洲镶黄旗包衣人"。[①]其他同类情况的还有于跃龙、董重民等汉人包衣,均记其是满洲旗人。[②]

还有,乾隆初成书的《八旗通志》初集、嘉庆初成书的《钦定八旗通志》,无论是内务府,还是下五旗,其包衣满洲佐领、旗鼓佐领、管领等,都是列在满洲旗下。

对曹家是列于满洲旗分内的这种直接或间接的记述,如果不作解释,是不能否定曹家是隶于"满洲旗"或"正白旗满洲旗"的。

本人认为,无论是内务府上三旗,还是下五旗,其包衣佐领、管领等下的包衣汉人,都分为两部分。一部分是入关前编入满洲旗分者,包括旧尼堪(即旧汉人)、台尼堪(汉人)、抚顺尼堪(汉人)。这部分人入关后仍保持其在满洲旗分内。另一部分是清入关后编入包衣佐领、管领等下的包衣汉人,有北京尼堪、三藩尼堪、阿哈尼堪,这部分人,满族当政者不把他们划入满洲旗分内。乾隆初年编纂《八旗满洲氏族通谱》时对此作过说明:

> 乾隆五年十二月初八日奏定:蒙古、高丽、尼堪、台尼堪、抚顺尼堪等人员,从前入于满洲旗分内,历年久远者,注名伊等情由,附于满洲姓氏之后。其间有不能划一之处,爰列条例于左(现横排版,为下):
>
> 一、包衣佐领及管领下人员内,有北京尼堪、三藩尼堪、阿哈尼堪,若一概载入,与原奏三项尼堪不符,应裁。
>
> 一、满洲旗分内蒙古、尼堪、台尼堪、抚顺尼堪姓氏,照满洲例,有名位者,载,无名位者,删。

上文所述尼堪、台尼堪、抚顺尼堪这三项尼堪,是"从前入于满洲旗分内历年久远者"。从成书后的《通谱》所记来看,这三项尼堪,都是关外辽阳、沈阳、铁岭、抚顺、锦州一带的汉人;再有,除极个别人户外,基本都是包衣;而归附满洲隶旗的时间,或作"国初来归",或作"来归年份无考",为"历年久远者",均应是清入关前。曹家属于上述三项尼堪中的第一项,列于此内的"满洲旗分内之尼堪姓氏"。其余两项,《通谱》中分别列为"满洲旗分内之台尼堪姓氏"、"满洲旗分内之抚顺尼堪姓氏"。曹家在编《通谱》的乾隆初年,又因属于上述"满洲旗分内"的"尼堪"中的"有名位者",而"照满洲例"入载于《通谱》。而清入关后归附入旗隶于包衣佐领、管领下的北京尼堪等,因与原奏定的早已入于满洲旗分的尼堪、台尼堪、抚顺尼堪这三项尼堪不符,因而"裁去"不载,不算入满洲旗分内。

曹家属于内务府包衣汉姓人,又可称为满洲旗分内汉姓包衣,属于内务府、满洲旗分

冯其庸先生从事教学与科研六十周年庆贺学术文集

---

① 《钦定八旗通志》卷216《忠义传八·满洲八旗八》。卷217《忠义传九·满洲八旗九》。

② 见福格《听雨丛谈》,《内旗旗鼓与八旗汉军不同》,中华书局,1984年,第17页。

双重所属。这除了前述《八旗通志》所载与曹家同为内务府旗鼓佐领包衣的尚立志一家为"满洲正白旗"外，还可见与曹家在《通谱》中同为"满洲旗分内之尼堪姓氏"的内务府包衣高氏高名选一家。高名选之曾孙名高斌，其传记作"初隶内务府"。[①] 高斌之女为乾隆帝贵妃，乾隆刚刚继位一月，将高氏出包衣抬入满洲旗，《通谱》如此记述：

> 高名选，镶黄旗人，世居辽阳地方，国初来归，原隶包衣，于雍正十三年九月奉旨：贵妃之外戚，着出包衣，入于原隶满洲旗分。钦此。[②]

这道皇帝谕旨表明，身为内务府包衣汉人的高家，以前是满洲镶黄旗分下包衣，雍正十三年九月抬旗出包衣后"入于原隶满洲旗分"，抬旗后所属旗分，仍是在内务府时原隶的满洲旗分，只不过由"包衣佐领"改入原满洲旗的"旗分佐领"（非包衣人所编佐领之谓），而所属旗籍未变。

属于同类情况的还有果亲王允礼的外祖父家陈氏，原为内务府包衣，镶黄满洲旗分，雍正十三年抬旗，《通谱》作：

> 出包衣，入于本旗。[③]

也是抬旗前后都在镶黄满洲旗本旗，由"包衣佐领"改为原满洲旗的"旗分佐领"。

以上史料再一次说明，与高氏、陈氏同属内务府包衣汉姓人的曹家，隶满洲旗分，具体说，曹家是隶正白满洲旗。

我们又应看到，史籍中还有大量的"内务府三旗"、"内务府包衣三旗"的记述，也即镶黄、正黄、正白旗包衣佐领、管领，它们又属于一个独立的行政系统，这上三旗包衣旗人的旗务，有独立的行政衙署，称为"三旗参领处"，乾隆十六年设于东安门内骑河楼，三十五年移于地安门外白米斜街，共廨舍 63 间，在地安门内景山后楼还有 66 间档房，[④] 可见衙署规模不小。而上三旗镶黄旗、正黄旗、正白旗满洲都统衙门，则分别在安定门大街交道口、德胜桥南、朝阳门老君堂胡同口。[⑤] 与管理内务府三旗包衣旗务的三旗参领处衙门相离甚远。说明上三旗内务府包衣旗人的旗务，有独立的管理系统，与上三旗满洲旗的旗务管理不属一个系统。

另外，史籍中还有不少"内务府旗籍"、"内务府籍贯"的记载。如乾隆三十五年十二月，

① 《清史列传》卷 16《高斌传》。
② 《八旗满洲氏族通谱》卷 74《高氏》，第 805 页下，版本同前。
③ 《八旗满洲氏族通谱》卷 74《陈氏》，第 806 页上，版本同前。
④ 《钦定日下旧闻考》卷 71《官署》，第二册，北京古籍出版社，1983 年，第 1184 页。
⑤ 同上卷 72，第 1206 页。

内务府奏"鹰户谢天福等……隶内务府旗籍"。① 知县麟书"系内务府旗人",因罪"销去内务府旗籍"。② 内务府员外郎庆宽,为"内务府汉军旗籍"。③ 而且,同治年间湖广总督内务府包衣汉姓人官文(王氏,后又作"王佳氏")的抬旗还有如下记载:

> 同治三年六月又谕:……钦差大臣大学士湖广总督官文,征兵筹饷,推贤让能,克复湖北郡县多处……加恩将其本支无庸仍隶内务府旗籍,著抬入正白旗满洲。④

这段皇帝的上谕,与前述高斌家、陈氏的抬旗说法不同,又明确说,官文原隶内务府旗籍,经抬出包衣旗籍后,入正白旗满洲,不再隶内务府旗籍,抬旗前后有两种旗籍,抬旗前所属为内务府旗籍,不是满洲旗籍,抬旗后才是满洲旗籍。

　　面对以上看似混乱、矛盾的记述,又该如何认定曹家的旗籍? 就目前所见资料看,仍可做以下判断:曹家是内务府旗鼓佐领下包衣汉姓人,或称内务府包衣汉军人,既属内务府管理系统,又属正白满洲旗。

　　前文已述,曹家与同属内务府包衣佐领、管领下的尚氏、高氏、陈氏等一样,因属于在入关前就"入于满洲旗分"的包衣人,入关后仍保持其满洲旗分,所以既属内务府管理系统,又属同色旗的满洲旗分,曹家是属正白满洲旗分,在内务府管理系统中是正白旗包衣旗鼓佐领。而后来编入包衣佐领、管领下的包衣汉人(如前述北京尼堪、三藩尼堪、阿哈尼堪),不划入满洲旗分内,但又属于内务府包衣佐领、管领旗人,也应有旗籍,就是"内务府旗籍",或称"内务府汉军旗籍"。前述抬旗之官文,大约就属于这种不在满洲旗分的内务府包衣旗人,因而抬旗后"无庸仍隶内务府旗籍",而"入正白旗满洲"。内务府包衣三旗的"旗",当主要是三旗之间互相区别的标志,与外旗上三旗各自保持一致,既明其原来属系,也便于行政。其实,内务府包衣三旗的"旗",都不够完整"旗"的规模,这大概就是管理内务府包衣旗人旗务的机构只称"三旗参领处",而不称包衣"三旗处"的原因。参领,在八旗制度中是旗下的第二级组织机构,上承旗,下管第三级的佐领。清代的内务府,是管理宫廷、皇室事务的专门机构,独立于外朝,与外朝机构并列,不相统属。而担任其事务的编在佐领、管领的内务府皇室包衣旗人,则与同属于皇帝的上三旗中的满洲旗、汉军旗,在包衣旗人事务的管理上并未完全分离,如包衣旗人的科举,⑤ 再如包衣旗人饷米、俸米的造册、支放,嘉庆《大清会典》记载:"八旗甲米,按四季支领,凡应领米之本旗都统,先期核明所属各佐领、管领下应领米数、人数,造册咨送户部……俟开仓之日,令应放米之都统,

① 《清高宗实录》卷 874,乾隆三十五年十二月。
② 《清高宗实录》卷 1190,乾隆四十八年十月。
③ 《清德宗实录》卷 341,光绪二十年五月丙申;卷 431,光绪二十四年十月。
④ 《清穆宗实录》卷 107,同治三年六月。
⑤ 见前引张书才先生文。

将满洲、蒙古、汉军、包衣,共分作十五起,陆续关支",其下所列"本旗都统"造册的佐领、管领下包衣,既有上三旗内务府包衣,也有下五旗王公府属包衣。而内务府中隶包衣佐领的官员俸米,是"八旗及内务府官员俸米,由各旗都统出给总领,令押旗参领等员先赴该仓换票,监督按各佐领官员数目,每员各换给米票一张,发交各佐领散给。应领俸米官遵照定限,赴仓关支"。① 曹家也应属于这种双重管理。曹家既属内务府管理系统,又属满洲旗,这种双重属系,在清代的八旗制度中并非特例。如汉军八旗成立前的一旗、二旗、四旗阶段,所属汉军旗人,就仍隶属于满洲八旗;② 下五旗包衣,一方面属于宗室王公的"府属"佐领、管领、分管下人,又隶属下五旗各该满洲旗。健锐营、火器营等特种兵营的旗人,在兵营中有独立管理系统,旗籍则仍各隶满洲旗、蒙古旗,很多旗务仍由所隶满洲旗、蒙古旗管,也属类似情况。

内务府包衣旗人中,像曹家这种原入于满洲旗分的汉姓包衣,满族统治者仍保持其初隶的满洲旗分,与后来编入内务府佐领、管领下的汉姓包衣有别,当有其政治用意。

将归附满族政权之人,按其归附时间早晚划分,区别对待,是满族统治者的一条重要原则。对待藩部蒙古如此,如最早归附满族的科尔沁部蒙古,政治、经济待遇优于其他蒙古部族,倚重程度上也异于其他部族。对待八旗人更是如此,满洲内部,最早投靠努尔哈赤的五大臣之家,尚主、选官优于他姓。后来陆续归附满族而隶旗者,按归附先后区别为旧满洲、新满洲。对归隶满族的汉人同样如此,按归隶先后,有天命时期占辽东时归隶者,天聪时大凌河归隶者,崇德时松锦大战时归隶者,清入关后归隶者,平三藩后的藩下入旗者,较早的天命、天聪时归隶者优,也较受倚重。平三藩后藩下入旗的汉军旗人最差,甚至被"贱视之"。③ 而且有地域之分,原籍辽东之人较优。另外还区分其归隶是主动投靠,还是投降、被俘等情况。这些情况,是满族皇帝在官员任用、联姻、某些经济待遇上考虑的因素,这种不同对待,不见于、也不可能见于官方制度,但却是满族皇帝心目中掌握的潜性原则。前述在归隶满族的汉人包衣中,按归隶先后划分为属于满洲旗分、不属于满洲旗分,也当有这种考虑。曹家属于最早归隶满族之列,入于满洲旗分,且是辽东之人,从龙入关,后来又成为皇帝的私家包衣奴才,更兼曹寅生母是康熙帝之乳母,曹寅是幼年康熙帝的伴读,这诸种因素,是曹家备受顺治、康熙尤其是康熙帝眷顾的主要原因。内务府包衣虽身份为奴才,但由于其主子是皇帝、皇室,在家天下王朝的家、国一体时代,隶于皇帝,实即隶于国家,不同于隶于下五旗王公、旗人官员的私人奴才,其奴才身份在社会上对他们是没有负面影响的。况且佐领、管领下包衣在清代法律上是属于良人,而非贱民旗下家奴,更

———————————

① 嘉庆《大清会典》卷 15《户部·云南清吏司》。
② 见拙文《清代八旗领属问题考察》,载《民族研究》1987 年第 5 期。并见拙著《八旗与清朝政治论稿》第 33—38 页。
③ 奕赓《佳梦轩丛著》之一《东华录缀言》卷 3。并见雍正《上谕内阁》卷 64,雍正五年十二月十五日谕。

非社会上的一般奴仆，[①]内务府皇室汉姓包衣奴才，在政治待遇上，甚至比外八旗汉军旗旗人还要优越，这在选官制度上有多种体现。曹家及曹雪芹正是集上述多种因素于一身的汉姓包衣，至于这诸种因素对曹雪芹写作《红楼梦》有何影响，则是"红学"探讨的范畴了。

另需说明的是，曹家虽隶满洲旗分，并不表明他们是"满洲人"，而是隶满洲旗下的内务府包衣汉姓旗人，或称包衣汉军人（不是汉军旗下的汉军旗人）。"满洲旗旗人"与"满洲人"，是两个不相同的概念。因为清代八旗，满洲旗下虽以满洲人为主体，也有个别蒙古人、汉人，及包衣蒙古、汉姓人，他们都可称为是"满洲旗旗人"，但不是"满洲人"，隶满洲旗者，不一定都是满洲人。同样，汉军旗下也有个别满洲人、蒙古人，他们是汉军旗籍下的满洲、蒙古，而不称汉人或汉军人。在选官、科举等待遇上，某些方面是按其旗籍，某些方面又是按其原民族属性，规制较复杂，不属本文论述内容，此处不赘。

有关曹家的资料有限，本文的论述、观点不一定正确，随着新史料的发现，本文的观点有可能被部分或全部否定，也可能被进一步证实，但无论哪一种情况，这一问题的研究都会再向前推进一步。希望与同仁共勉，发掘新史料，并进一步探究八旗制度。

---

① 见拙著《八旗与清朝政治论稿》第十三章《清入关后的八旗奴仆及其与清朝统治》，第 435—479 页。

明代辽东宁远卫曹氏的关内原籍

张书才

（中国第一历史档案馆）

引　言

到目前为止，我们能确知的曹雪芹的上代，只能上溯到他的太高祖曹世选（锡远），再往上就断代，无从接续了，给研究曹雪芹家族的世袭传承、迁徙路线及关内原籍等课题造成了极大困难。多年来虽有种种说法，论著频出，实则自说自话，并无确据。

康熙二十三年（1684）江宁知府于成龙撰修的未刊稿本《江宁府志》卷十七、康熙六十年（1721）上元知县唐开陶撰修的刊本《上元县志》卷十六所载的两篇"曹玺传"，虽然都载明曹玺是"宋枢密武惠王"曹彬的后裔，但曹彬有七个儿子（璨、珝、玮、玹、玘、珣、琮），曹雪芹家族究竟是曹彬的第几个儿子之后，至今也无确凿的证据可资论定。

又，曹雪芹的祖父曹寅在其《楝亭诗钞》中，既与河北丰润的曹钊、曹钤、曹铬互叙同宗，呼兄唤弟，又称安徽贵池的曹曰瑛（1662—1722，字渭符，号恒斋）为"渭符侄"。并且，还有两首"和竹涧（磵）侄"的诗，此曹竹涧为何处人？前承安徽张全海学友告知，查嗣庭《双遂堂遗集》收有《题曹竹涧〈浣露轩填词〉序》一文，内云："鸳湖曹竹涧，吾里畏友也。"①按，鸳湖，即鸳鸯湖，湖分东西两半，相连如鸳鸯交颈，故名；其址在浙江嘉兴县南三里，又

---

① 查嗣庭《双遂堂遗集·题曹竹涧〈浣露轩填词〉序》，国家图书馆藏抄本。

名南湖。查嗣庭是浙江海宁县人,而海宁与嘉兴相邻,与其称"鸳湖曹竹涧,吾里畏友也"正合。是曹寅所称之"竹涧侄",或为浙江嘉兴人。明乎此,则曹寅称"兄"之曹钊三兄弟,称"侄"之曹曰瑛、曹竹涧,虽属同宗,而籍隶三省,不可以同宗定其关内原籍。

凡此种种,都说明在研究探讨曹雪芹上世的关内原籍、传承迁徙和曹氏宗族文化的过程中,必须秉持开放态度,拓宽思路,扩展视野,不宜局限于某一特定或预设的路线图,而排斥其他,自我封闭。

曹雪芹上世的关内原籍,就笔者所见明代档案和文献资料,尚未发现直接证据。鉴于曹士琦在顺治十八年(1661)所撰《辽东曹氏宗谱叙言》载明"金州、海州、盖州、辽阳、广宁、宁远俱有分住者"[①],而康熙年间刊行的刘然辑评、朱豫增辑之《国朝诗乘》卷十二亦称曹寅为"奉天宁远人",故将明代档案中已知辽东宁远卫诸曹的关内原籍做一介绍,并谈点初步看法,以与同好切磋讨论。

曹宗武一支的关内原籍是江西奉新县

在中国第一历史档案馆所载明代武职选簿《宁远卫选簿》中,载有宁远卫左千户所百户曹宗武一支的袭职家谱,全文录示于下:

> 曹宗武,实授百户。外黄查有:曹辉,奉新县人。曾祖曹兴,壬寅年归附,洪武十一年故;祖曹贵补役,二十年并充小旗,二十六年并充总旗,老;永乐十三年,父曹旺补役,正统元年故;辉顶名补役,十四年冲杀败达贼,钦升试百户。
>
> 一辈曹贵。已载前黄。
>
> 二辈曹旺。已载前黄。
>
> 三辈曹辉。已载前黄。
>
> 四辈曹雄。旧选簿查有:成化十一年五月,曹雄,奉新县人,系辽东宁远卫左所百户曹辉嫡长男,钦与承袭。
>
> 五辈曹通。旧选簿查有:正德五年二月,曹通,奉新县人,系宁远卫左所年老百户曹雄嫡长男;伊祖原系功升试百户,天顺元年遇例实授,父例前承袭,今本人照例革替试百户。
>
> 六辈曹恩。旧选簿查有:嘉靖二十五年十月,曹恩,奉新县人,系宁远卫左所故试百户曹通嫡长男;□□□□□□□□副千户已次。已在七辈下。
>
> 七辈曹宗武。旧选簿查有:嘉靖三十二年十月,曹宗武,奉新县人,系宁远卫左所故副千户曹恩嫡长男;查得伊祖通原袭试百户,阵亡冒称实授,伊父恩遂袭升副千户,

---

① 曹士琦《辽东曹氏宗谱·叙言》,载《五庆堂重修曹氏宗谱》卷首,北京燕山出版社,1990年5月出版。

所据冒升一级,例应减革,本舍照例革与实授百户。

　　八辈曹世爵。万历三十一年五月,单本选过宁远卫指挥佥事一员:曹世爵,年二十一岁,奉新县人,系故署都指挥佥事曹宗武嫡长男。比中三等。

　　对讫。[①]

　　这件宁远卫左千户所实授百户曹宗武一支的袭职档案,以无可辩驳的第一手史料证明,此支辽东曹氏的关内原籍,是江西省南昌府奉新县(今属江西省宜春市)。同时,结合相关文献资料,我们还可以做出下面三点分析:

　　其一,上引"奉新——宁远曹"之袭职谱系,共有九代九人,而以第二代曹贵为"一辈",是曹贵乃此支曹氏"入辽之始祖"。曹贵于洪武十一年戊午(1378)其父曹兴故后补役为兵卒,历升小旗(辖兵十人)、总旗(辖小旗五、弁兵五十五人),永乐十三年乙未(1415)以年老由其子"二辈曹旺"补役任总旗;曹旺于正统元年丙辰(1436)故后,由其子"三辈曹辉"顶名补役任总旗,并于正统十四年己巳(1449)以功升宁远卫左所试百户,天顺元年丁丑(1457)实授百户(辖总旗二、小旗十、弁兵一百十二人)。按,宁远卫设于宣德五年庚戌(1430)正月,治所在汤池(今辽宁省兴城),凡左、右、中、前、后五个千户所,其屯戍官兵皆由定辽中卫右所、定辽前卫中所、定辽后卫右所及广宁中卫右所、后所调充,即宁远卫之五千户所有官兵皆是前此已在定辽(辽阳)或广宁(辽宁北镇)驻守者。明乎此,则"奉新——宁远曹"一支,应是宣德五年由辽阳或广宁调来而著籍宁远卫的。那么,辽阳或者广宁,是否还留有曹宗武一支的族人,即关内原籍是江西奉新县的曹氏?我想,是有进一步调查和探寻必要的。

　　其二,此支"奉新——宁远曹",从"二辈曹旺"开始著籍宁远卫,传至"八辈曹世爵"已经七代,且从"四辈曹雄"开始,袭职者皆载明是"嫡长男",可知他们皆有兄弟,并非一丁单传,至明末近二百年间,世居宁远,繁衍生息,自然已是个大家族,族人中当别有在宁远卫任职为官者。据《明代辽东档案汇编》记载,宁远卫还有曹姓千户、百户多人,似宜进一步调查他们是否曹宗武一支的族人。

　　其三,"八辈曹世爵"在万历三十一年癸卯(1603)二十一岁,可知他生于万历十一年癸未(1583)。清崇德六年辛巳(明崇祯十四年,1641),恭顺王孔有德等在东京(辽阳)修建弥陀禅寺,大学士范文程撰《东京新建弥陀禅寺碑记》,碑阴列明副将、参将、游击等官内有名"曹世爵"者。又《五庆堂重修曹氏宗谱》三房八世下记有:"世爵。前后失考。"这三个"曹世爵"生活年代相同,是否同一个人,颇值得研究。如果是同一个人,《五庆堂重修曹氏宗谱》所记不误,则"五庆堂"曹"入辽始祖"曹俊的关内原籍,应是江西奉新县,从而曹雪芹上世入辽前的关内原籍也便有了着落。但就目前所能见到的材料,还不足以证明这三个曹世爵是同一个人,尚有待新材料的发现和考证。

————————————

①　中国第一历史档案馆藏《明武职选簿·宁远卫选簿》。

曹玘一支的关内原籍是安徽天长县

《宁远卫选簿》中左千户所下载明：

> 曹玘，试百户。万历十七年八月，曹玘年三十六岁，天长县人，系宁远卫中左所故绝试百户曹天习堂侄。伊堂伯原袭试百户，万历二年故绝，该伊长房侄曹士荣承袭，被虏未回，本舍合照例借袭试百户，待伊侄曹士荣回还，退还职事。比中三等。
>
> 二辈曹进忠。万历二十八年七月分单本选宁远卫中左所试百户一员：曹进忠，年二十六岁，天长县人。伊叔祖曹玘原借袭试百户，今伊父曹士荣因患目疾，不能承袭，今本舍系嫡长男，合照例退与替试百户。比中三等。①

又，"中左所试百户一员"下记载：

> 嘉靖六年八月，曹天富年二十岁，天长县人，系宁远卫中左所老试百户曹禄嫡长男。伊父原以祖父阵亡功升试百户，遇例实授。本人照例革替试百户。
>
> 嘉靖二十一年四月，曹天习年九岁，天长县人，系宁远卫中左所故试百户曹天富亲弟，照例与全俸优给，至嘉靖二十六年住支。
>
> 嘉靖三十五年十月，曹天习年二十三岁，天长县人，系宁远卫中左所故试百户曹天富亲弟，优给出幼袭职。查得本舍优给违限八年，限外有无多支俸粮，查扣毕关支。②

上引袭职档案证明，宁远卫中左千户所试百户曹玘一族的关内原籍，是安徽省天长县（今天长市，滁州市代管）。

此支"天长—宁远曹"的试百户世职，是曹禄以其父"阵亡功"升授的，时间当在正德年间（1505—1521），可知此前曹禄的父祖任职最高不过总旗。值得注意的是，曹玘的堂侄、曹进忠的父亲曹士荣，与万历八年（1580）前后任职"宁远库攒典"的曹士元，同为"士"字辈，当是同族兄弟。又，明清之际的曹姓人中，其名为"士"、"世"某者，多为同辈，如丰润曹士淳、曹士直、曹士真三兄弟，与辽阳曹世选即为同辈。如此看来，"天长—宁远曹"之曹士荣与"奉新—宁远曹"之曹世爵或为同辈，两曹有可能属于同一宗族，只不过入辽前"同宗不同籍"罢了。

---

① 中国第一历史档案馆藏《明武职选簿·宁远卫选簿》。
② 同上。

试百户曹邦与"丰润曹"之关系

据明代武职选簿《宁远卫选簿》记载：

> 曹邦，百户。崇祯二年七月，单本选过宁远卫中所试百户一员：曹邦，年十八岁，系故试百户曹序族弟。比中三等。
> 对讫。主事李□查对讫。[①]

又，光绪三十四年戊申（1908）修成的河北省丰润《浭阳曹氏族谱》卷二《北直淑德传记》下记载：

> 十二世：讳邦，字柱清。颖异好学，知虑过人。于崇祯二年以各地慌乱，遂赴辽东避兵，因彼地原有族人引荐，随本朝大兵出口，占籍正红旗，随征屡立奇功。[②]

合看上引明代档案和清代谱牒资料，崇祯二年己巳（1629）七月承袭族兄曹序试百户遗职的曹邦，是否就是崇祯二年"出口"的丰润曹邦呢？综合考察各方面的情况，应该的。因为：

其一，明代宁远卫隶属于辽东都指挥使司（简称辽东都司），宣德五年庚戌（1430）正月分广宁前屯卫、中屯卫二卫地改置，治所在汤池（今辽宁兴城）。宁远卫乃明朝在山海关外的重要军事据点，直到崇祯十六年癸未（清崇德八年，1643）九月始被清军攻陷。《宁远卫选簿》载明曹邦承袭族兄曹序之宁远卫中所试百户遗职是在崇祯二年七月，与《浭阳曹氏族谱》所载丰润曹邦于崇祯二年"出口"赴辽东，既为同一年之事，地点也同是辽东。

其二，明代卫所世职官员去世或老疾，例由其子或其兄弟、叔侄承袭。《宁远卫选簿》载明曹邦"系故试百户曹序族弟"，可见曹序和曹邦是同族而非近支，与《浭阳曹氏族谱》所称丰润曹邦"赴辽东"是"因彼地原有族人引荐"，实也完全相符。

其三，据《浭阳曹氏族谱》所载，丰润曹邦是曹士淳的第三个儿子，曹鼎望是曹邦的二叔曹士直长子曹继祖之长子，而曹邦幼于曹继祖，是曹继祖之堂弟、曹鼎望之堂叔，曹邦之年龄应小于曹继祖，大于曹鼎望。《浭阳曹氏族谱》载明：曹继祖生于"万历二十七年六月初五日"（1599 年 7 月 26 日），曹鼎望生于"万历戊午年二月初九日"（1618 年 3 月 5 日），即丰润曹邦生于万历二十七年己亥（1599）之后、万历四十六年戊午（1618）之前。而《宁远卫选簿》载明承袭曹序试百户遗职的"族弟"曹邦，崇祯二年己巳（1629）七月年

---

① 中国第一历史档案馆藏《明武职选簿·宁远卫选簿》。
② 《浭阳曹氏族谱》卷二《北直淑德传记》（光绪三十四年修）。

十八岁,即生于万历四十年壬子(1612),年龄小丰润曹继祖十三岁、长丰润曹鼎望六岁,与丰润曹邦的年龄范围相合。

基于以上三点,判定崇祯二年七月在宁远卫中所承袭族兄曹序试百户遗职的曹邦,既是该年"因彼地原有族人引荐"而出关入辽的丰润曹邦,应该说是有理有据的,而非逞臆妄谈。明乎此,则丰润曹邦于崇祯二年"因彼地原有族人引荐"之"赴辽东",是去了当时仍在明朝控制下的宁远卫即今辽宁省兴城县地,而不是去了后金统治下的抚顺或辽沈地区,当然也没有"成为满洲旗人包衣"而"占籍正红旗"。

丰润曹邦既是宁远卫中所试百户曹序的"族弟",并承袭其遗职,则"丰润曹"与"宁远曹"之曹序一支,确是同族同宗,当无疑义。只是遍查江西武阳《曹氏宗祠族谱》、河北丰润《浭阳曹氏族谱》,皆无曹序之名,也未查有某人迁往宁远卫的记载。至于曹序一支是否由江西武阳渡迁居辽东铁岭的曹端广之后,目前也无从得知。由此看来,著籍宁远卫中所的曹序一族,与"江西武阳——河北丰润"虽属同一宗族,但不是"丰润曹"始祖曹端明的直系后裔,不是由河北丰润迁往辽东宁远卫的,即曹序一支的关内原籍肯定不是河北丰润。

《宁远卫选簿》所载曹序、曹邦的文字仅止上文所引录者,尚难以确知曹序上世的袭职情况和关内原籍。同时,《明代辽东档案汇编》一书中提到的"宁远卫中所千户曹泰"、"宁远卫中所百户曹禄"、"据守白塔峪堡百户曹大章"等,在《宁远卫选簿》中也未查到他们的袭职谱系和关内原籍,无从得知曹序一支与他们是否直系亲属关系。不过,宁远卫中所试百户曹序的"族弟"曹邦既是河北丰润曹士淳之第三子,可知曹士淳、曹士直、曹士真三兄弟是曹序的"伯叔辈"。又,曹雪芹的祖父曹寅称河北丰润曹钊、曹钦、曹铭为"兄",是曹寅之曾祖曹世选与曹钊三兄弟之曾祖曹士直为同辈,即曹彬后裔之"士"、"世"字辈乃同宗兄弟。若普遍如此,则宁远卫左所"奉新——宁远曹"之曹世爵、宁远卫中左所"天长——宁远曹"之曹士荣及"宁远库攒典"曹士元,应与丰润曹士淳三兄弟、辽阳曹世选为同宗兄弟,也是宁远卫中所试百户曹序、曹邦的"父辈",属于同宗关系。这样,宁远卫中所曹序一支的关内原籍也便有了两种可能:一是"同宗又同籍",即曹序一支的关内原籍是江西奉新县或安徽天长县;二是"同宗不同籍",即曹序一支的关内原籍既不是江西奉新也不是安徽天长,而是他处。实际究竟如何,尚有待文献资料的深入发掘和考证。

曹簠一族的关内原籍是安徽全椒县

明万历二十二年甲午(1594)所修之《三万卫选簿》卷首目录"指挥佥事五十九员"下载明:

> 十八号曹簠,始祖曹益,代八,全椒人。[①]

---

① 中国第一历史档案馆藏《三万卫选簿·目录》(明万历二十年修)。

由于正文"十七号葛海"之后缺损一页,我们无缘见到"十八号曹簠"一族的袭职详情,无从得知其入辽始祖曹益的从军经历、初次立职时间和职名,第二代至第七代的名字、袭职时间和事迹,以及曹簠的年龄和袭职时间,不过,袭职档案业已载明曹簠一族的关内原籍乃安徽滁州全椒县(今属安徽滁州市),则是毋庸置疑的。

据明代档案和文献资料考索,曹簠的生活年代在嘉靖、隆庆、万历期间,除著籍三万卫(今辽宁开原县北)、袭职指挥佥事(正四品)外,于隆庆初年选充镇戍兵制系统的统兵官,历任清河堡守备、沈阳参将、镇武堡游击、辽阳副总兵、遵化游击等职。万历九年(1581)三月初十日《辽东都司经历司为虏贼犯边官军斩获首级等事给巡按山东监察御史的呈文》载称:

> 承奉驻扎辽阳地方副总兵·中军都督府都督佥事曹簠札付:
> ……本职申严号令,督率官军、家丁曹珮、曹天得、曹国勋等,各用弓矢枪刀混砍一处,就阵本营斩获首级六颗,前贼败走。①

又,万历九年四月十六日《辽东都司经历司为达虏犯边官军迎战事给巡按山东监察御史的呈文》亦云:

> 承奉驻扎辽阳地方副总兵·中军都督府都督佥事曹簠札付:
> ……及查在阵本营阵亡官军、家丁,千总陈鹏、把总潘汝楫、亲兵曹义等三百一十七员名。本营家丁曹珮等截下原掳牛十二只、驴四头、男妇十名口,俱交与司河堡台长徐景明收。②

按,"亲兵"、"家丁",在当时多为统兵主将的本族兄弟子侄。曹簠的亲兵曹义和家丁曹珮、曹天得、曹国勋等,也应是他的本族兄弟子侄。三万卫曹簠一族,从入辽始祖曹益传至曹簠已经八代,二百年间繁衍生息,到万历时期当已成大族。

有铁岭学者认为,明永乐年间(1403—1423)由江西新建县武阳渡(今南昌县武阳镇)北迁至河北丰润县,后"为马市转民商而出关"入籍辽东铁岭的曹端广,是"辽东曹氏"的入辽始祖,《五庆堂重修曹氏宗谱》(亦名《辽东曹氏宗谱》)之入辽始祖曹俊实为曹端广之子,"开原三万卫人"辽阳副总兵曹簠则是曹端广之八世孙,而曹雪芹的太高祖曹世选(锡远,宝)乃曹簠之子。他们的理由是:

---

① 辽宁档案馆编《明代辽东档案汇编》第875页,辽宁书社,1985年6月出版。
② 辽宁档案馆编《明代辽东档案汇编》第888页,辽沈书社,1985年出版。

曹珮是《五庆堂谱》中老长房曹昇下第九世人,记为"爵子,袭指挥使"。其子懋勋"袭指挥使,降千户"。其孙辈有人则为康熙丙午年(1666)举人。表明曹珮正是万历初期之人,与曹簠亲兵曹珮为同一人。由此可见,曹簠、曹天得、曹汝楫等都是"五庆堂"曹氏,是谱上失记之人。①

曹世选又名"宝",从其取名含义看,与"珮"应为兄弟行。明史中曹珮的家族主人曹簠的"簠"字,是古代祭祀或宴会时盛谷物的器皿。《辽东曹谱》中的曹珮之父曹爵的"爵"字,是古代饮酒的器皿。故曹簠与曹爵也应是兄弟行。曹宝(世选)是曹爵、曹簠的子侄辈,谱载曹爵一支,子名曹珮。曹宝(世选)很可能是漏载的曹簠之子。②

于是,铁岭学者编列"曹雪芹辽东祖先世系"如下:

曹端广—— 曹俊—— 曹昇—— 曹智—— 曹□—— 曹佐—— 曹□—— 曹簠——
曹世选—— 曹振彦—— 曹玺—— 曹寅。③

铁岭学者的繁征博引、随意解说,受到"丰润说"倡导者的极言赞誉,谓之"具有范例的性质","已把曹雪芹上世归旗及关外祖籍诸多方面考证详明,从此可以论定","想要提出驳难的新议,目前还没有具此学力识力之人"。于是,有些持曹雪芹祖籍"丰润说"、"武阳说"的学者便以此为据,认定曹雪芹上世的迁徙路线是江西新建县武阳渡(今南昌县武阳镇)—河北丰润—辽东铁岭—辽阳—沈阳—北京,并编列从宋代曹彬到清代曹雪芹的世系表,颇有欲成定论之势。

其实,凡认真看过铁岭学者的论著,而又具备一定的明清历史常识和辨析能力的读者,都会发现其所论着实欠妥,结论有违历史实际。现仅就有关曹簠者指出两点:

(一)三万卫指挥佥事、辽阳副总兵曹簠不是曹端广的后裔——所谓的八世孙。因为,明代档案和文献资料业已载明:其一,曹簠一族的入辽始祖是曹益,而不是曹端广;其二,曹簠一族著籍三万卫,而曹端广一族入籍铁岭卫;其三,曹簠一族的先祖明初随军入辽,世袭军职,为军户、隶军籍,而曹端广乃"商贾离乡"、"为马市转民商而出关",子孙世业商农,属民户、隶民籍;其四,曹簠一族的关内原籍是安徽全椒县,曹端广一族的关内原籍是江西新建县(今江西南昌县)。明乎此,曹簠肯定不是曹端广之裔孙,当无疑义。

(二)尽人皆知,曹雪芹的祖父曹寅称丰润曹鼎望之子曹钊、曹鈖、曹铨为"兄",属于同辈,是同宗兄弟;但按照铁岭学者编列的"曹雪芹辽东祖先世系",他们却相差一辈,成了

---

① 李奉佐《曹雪芹祖籍铁岭考》第127页,春风文艺出版社,1997年12月出版。
② 李奉佐、金鑫《曹雪芹家世新证》的441-442页,春风文艺出版社,2001年2月出版。
③ 李奉佐、金鑫《曹雪芹家世新证》第442页,春风文艺出版社,2001年2月出版。

为便于比勘,将铁岭学者所编"曹雪芹辽东祖先世系"(简称"铁岭曹"),与《浭阳曹氏族谱》(简称"丰润曹")、《五庆堂重修辽东曹氏宗谱》(简称"辽东曹")的相关世系列简表如下:

	(辽东曹)	(铁岭曹)	(丰润曹)		
一世	曹良臣	曹端广	曹端明		
二世	曹俊	曹俊	曹英		
三世	曹智	曹昇	曹安		
四世	曹□	曹智	曹达		
五世	曹□	曹□	曹宗礼		
六世	曹□	曹佐	曹思敬		
七世	曹□	曹□	曹登瀛		
八世	曹□	曹篁	曹士直		
九世	曹锡远(世选)	曹世选(锡远)	曹继祖		
十世	曹振彦	曹振彦	曹鼎望		
十一世	曹玺	曹玺	曹钊	曹鈖	曹鋡
十二世	曹寅	曹寅	曹潜	曹汉	曹準

不难看出,按照铁岭学者所编"曹雪芹辽东祖先世系",无论是"铁岭曹"还是"辽东曹"中的曹寅,都比丰润曹钊三兄弟低了一辈,他们之间再也不能"称兄道弟",而只能"呼叔唤侄"了!显然,此为谬说,原是不言而喻的。毋庸讳言,之所以会出现如此不应发生的谬误,与"学力"是否"深厚"无关,端在希图把铁岭定为曹雪芹祖籍的主观意愿太过强烈,导致未能客观、理性地看待和研究历史问题,一厢情愿地认为"铁岭是辽东曹氏的始居地",把明朝永乐年间才"商贾离乡"、"为马市转民商而出关"入籍铁岭的"民户"曹端广,看作是辽东卫所"军户"诸曹的"入辽始祖",进而把《五庆堂重修辽东曹氏宗谱》中曹世选(锡远)一支的始祖曹俊说成是曹端广之子,又把三万卫指挥佥事、辽阳副总兵曹篁拉来做曹端广、曹俊的后裔,使之充当曹世选(锡远)之父。然则如此这般的"曹雪芹家世新证",竟

被誉为"学力深厚,从诸多方面、层次、时空变革——考明曹雪芹关外祖籍是铁岭,而非辽阳","贡献是突出的,必将受到文化与学术界以及地方政府领导的充分重视",并为持"武阳—丰润—铁岭"说的众多学人所认同,岂不有些匪夷所思,令人费解?其实,只要静下心来认真地想一想,就不难发现,"铁岭说"提出的所谓"曹雪芹家世新证"暨"曹雪芹辽东祖先世系",非但不能为"丰润说"加分,倒是从另一侧面证实了曹雪芹一族不是曹端广的后裔,以及认为曹雪芹上世的关内原籍或祖居地是"江西新建(今南昌)—河北丰润"、关外祖籍是"辽宁铁岭"的盲目与无据。

结束语

除了上面介绍的明代晚期仍居辽东的宁远卫左千户所曹世爵一族、中左千户所曹玘一族和三万卫指挥佥事曹篁一族的关内原籍,分别是江西奉新县、安徽天长县和安徽全椒县外;明初尚有广宁中屯卫指挥使曹凤(奉)的关内原籍是安徽临淮县、沈阳左卫(永乐十八年迁北京)指挥同知曹真的关内原籍是河北蠡县、沈阳左卫(永乐十八年迁北京)右所百户曹震的关内原籍是江苏泰州等,但不详他们的族人在明清之际是否仍有留居辽东者。要之,在迄今所知明代辽东各卫所的军籍曹姓中,尚未见有其关内原籍是江西新建县(今南昌县)、进贤县的。由于史料阙如,特别是沈阳中卫、定辽(辽阳)五卫及辽东其他各卫的武职选簿迄未找到,曹雪芹家族的关内原籍究竟在何省何县,目前尚无从得知,仍然是个难解的谜。

据媒体报道,有关某地是曹雪芹家族关内原籍或祖籍、祖居地的说法,目前已经有五六种之多。其中"丰润说"提出最早、影响最大,而江西"武阳说"、"进贤说"则是"丰润说"的向上延伸,能否成立是以"丰润说"符合历史实际与否为前提的。"丰润说"认定"曹雪芹祖籍在丰润",乃以曹雪芹家族是丰润曹端明之弟、铁岭曹端广的后裔为前提,有赖于主张"曹雪芹祖籍铁岭"之"铁岭说"符合历史实际。前文已经谈及,"铁岭说"提出的"曹雪芹家世新证"与"曹雪芹辽东祖先世系",非但不足为据,反而从一个侧面证实了曹雪芹家族不是曹端广的后裔。所以,有关曹雪芹上世的迁徙路线是"江西进贤—新建(南昌)—河北丰润—辽宁铁岭—辽阳"的说法,迄今也未拿出任何经得起检验的文献或实物证据,这恐怕是应该深思和反思的。

这再一次说明,在曹雪芹家世生平的研究中,必须坚持实事求是的学风,有一分材料说一分话;同时也说明,"真理再前进一步,就会变成谬误",削弱乃至否定自己原已取得的某些研究成果,甚而产生负面影响,助长不良的学术风气。言念及此,不禁顿生戒惧。有道是:"悟以往之不谏,知来者之可追。"陶靖节先生这句话,堪置座右,时诵习之。

2010 年 4 月初稿

2011 年 5 月增补定稿

红楼雅食淮扬风

丁章华

（扬州市外办）

曹雪芹在《红楼梦》第一回中自谓其书是"满纸荒唐言，一把辛酸泪。都云作者痴，谁解其中味？"有研究者对《红楼梦》一百二十回本的写"吃"场景进行了梳理，得出如下结论：写"吃"的文字，在全书约为三分之一弱，占50%以上的篇幅的有二十四回，其中比例占90%以上的有十回。在一部长篇小说中，以如此篇幅来写"吃"确有点出人意料和"荒唐"。不过，中国人喜欢吃是名闻天下的，中国文人喜欢写吃也是有名的。林语堂先生在《吾国与吾民》中说：

> 没有英国大诗人著作家肯折节自卑，写一本烹调书，这种著作他们视为文学境域以外的东西，没有著作的价值。但是中国的伟大戏曲家李笠翁并不以为有损身份以写菰蕈烹调方法以及其他蔬菜肉食的调治艺术。另一个大诗人袁枚写了一本专书论述烹调术……

梁实秋先生也在一篇名为《吃》的短文中说："我们中国人讲究吃，是世界第一。此非一人之言也，天下人之言也。"

实际上，中国人不但讲究吃，对吃的学问的研究也是历史悠久的。《吕氏春秋》中有一篇专门谈论吃的文章叫《本味》，其中谈论的一些烹饪之道，即使以今天的眼光来看也未落伍。例如：

凡味之本，水为最始。五味三材，九沸九变，火为之纪。时疾时徐，灭腥去臊除膻，必以其胜，无失其理。调和之事，必以甘、酸、苦、辛、咸。先后多少，其齐甚微，皆有自起。

故久而不弊，熟而不烂，甘而不哝，酸而不酷，咸而不减，辛而不烈，澹而不薄，肥而不喉。

想一想，这是两千多年前的"古人"之言，今天的资深司厨者恐怕也未必个个都能品出其中的三昧。

吃是简单的事情，只是要吃出学问、写出名堂就有点难度了，有两句古语为证：《中庸》曰："人莫不饮食也，鲜能知味也。"《典论》曰："一世长者知居处，三世长者知服食。"如此一来，即使是林先生推崇的李笠翁，在大诗人和大美食家袁枚的笔下也就难以入流了。袁枚在《随园食单·序》中说：

……若夫《说郛》所载饮食之书三十余种，眉公、笠翁，亦有陈言。曾亲试之，皆阀于鼻而蜇于口，大半陋儒附会，吾无取焉。

那么，曹雪芹在《红楼梦》中"吃"的"荒唐言"，究竟是知味者之言，还是门外汉之说，我们又能从中解出一些什么样的饮食滋味来呢？

中国文人之于饮食大致可分为不注重饮食的"远庖厨者"和喜欢吃喝的"近庖厨者"。只是"近庖厨者"中以动口不动手的居多，曹雪芹却是一个异数，是既动口又动手的"近庖厨者"。首先，其好友敦敏在《瓶湖懋斋记盛》中，有一段关于曹雪芹为朋友所请烹制"老蚌怀珠"的描写："以南酒少许环浇之，顿时鲜味浓溢，诚非言语所能形容万一也。鱼身劈痕，宛似蚌壳，佐以脯笋，不复识其为鱼矣"。"以箸启鱼腹，则一斛明珠灿然在目，莹润光洁，大如桐子，疑是雀卵。"友人问："江南佳味，想亦以此为最？"答曰："我谓江南好，恐难尽信……他日若有江南之行，遍尝名馔，则今日之鱼，何啻小巫见大巫矣。"如敦敏之言不虚，则曹雪芹就是名副其实的知味之人，而且曹雪芹的"老蚌怀珠"在美感上比之有名的"东坡肉"似乎要高出一筹。

其次，从《红楼梦》字里行间可以看出曹雪芹的饮食修养功底。例如，在《红楼梦》第四十二回中，有这样一段描写："平儿笑道：'……你放心收了罢；我还和你要东西呢。到年下，你只把你们晒的那个灰条菜和豇豆、扁豆、茄子干子、葫芦条儿，各样干菜带些来——我们这里上上下下都爱吃这个。'"这是中国饮食传统中一直讲究的"应时而食"，也是知味者必备的基本功。如果曹雪芹不谙食事恐怕是不会写出这两行看起来极其简单，却又滋味无穷的文字的。袁枚曾在《随园食单·须知单·时节须知》中说："……冬宜食牛羊，移之于夏，非其时也。夏宜食干腊，移之于冬，非其时也。辅佐之物，夏宜用芥末，冬宜用胡椒。当三伏天而得冬腌菜，贱物也，而竟成至宝矣。当秋凉时而得行鞭笋，亦贱物也，

而视若珍馐矣。"

还有，邓云乡先生在《红楼风俗名物谭·高鹗的汤》中，以第八十七回高鹗让林黛玉"以汤就粥"为例，直言高鹗写"吃"之拙劣，因为"这吃'粥'就'汤'，就是南北各地，从来没有听说过的吃法……。"而曹雪芹在第四十三回中所写的"汤"和"粥"则是这样的："……贾母点头笑道：'难为他想着。若是还有生的，再炸上两块；咸浸浸的，喝粥有味儿。那汤虽好，就只不对稀饭。'"邓先生评价道："'那汤虽好，就只不对稀饭'，这是最普通的饭食常识，古今南北，都是一样的。而高鹗偏要写出喝完粥又喝汤的怪文，还不住地说好，高鹗笔下的林黛玉也变得莫名其妙了。"如邓先生所云不差，则曹高二人饮食见地的高下立马可分了。

在"名不正，则言不顺"观念的影响下，中国人凡事都喜欢讲究个"出处"，说及饮食之事就是风味、流派、帮口、师承一类的事情。在汉代，人们就已用"胡食"来指称从西域传入的外来饮食，在宋代的文献资料中，"南食"、"北食"已经是市肆之语了，《红楼梦》中"南来的五香大头菜"实际上是有些根底的。南北朝时有名的"莼羹"、"羊酪"之对，主要也是说的南北饮食风俗之异。对于"近庖厨"的传统文人而言，美食当前，只知"好吃"，却说不出所以然也，那是"瞎吃瞎喝"的不入流之举。那么，知味之人曹雪芹用"荒唐"之言调制出的红楼美食在名分上有怎样的着落呢？

冯其庸先生曾就"红楼宴"表达过如下的看法：

> ……另外，曹家自曹玺起，到曹頫止，祖孙三代四人，在南京和扬州住了六十多年。曹寅又是一位文场的豪客，他自己还编过《居常饮馔录》、《糖霜谱》等，他对饮食是讲究的。六十多年的南京、扬州生活，他平常的饮食不可能不是淮扬菜系。

那么，是否真的可以在曹雪芹笔下的红楼美食中找到传统淮扬食风的踪影呢，答案是肯定的，现举其要者如下：

其一，《红楼梦》中"富胎"、"较证"、"吃不了兜着走"、"乖乖儿肉"、"讹人"、"怄人"、"伏手"、"作践"、"没吃过猪肉，也见过猪跑"、"呲牙"、"怪道"、"猴"（动词用）、"嚼蛆"、"杌子"、"吊子"一类的语言至今仍然是地道扬州人的口头禅。据《三辅旧事》记载：刘邦做了皇帝之后，把老父亲接到身边来享福。刘邦为解老父亲的乡音、乡味之思，专门建了一个"新丰市"，并从老家找来一干杀猪屠狗的、卖酒的和卖饼的充实其间，终于使太上皇又找到了家乡的感觉。常言道"江山易改，本性难移"，离乡之人最难忘怀的总是乡音和乡味，人之一生最难改变的也是自幼浸染其中的乡音和乡味。

其二，《红楼梦》中所提及的一些食物是扬州一带的传统之食，鸡油卷儿、风鸡、风鹅、粥食、火腿鲜笋汤、酒酿清蒸鸭子、火腿炖肘子、螃蟹、五香大头菜、茶面子之类一直是扬州的传统吃物。就连书中重墨描写的一两银子一个的鸽子蛋也可以在扬州找到依据。从下

面两首古扬州竹枝词中读者仍可体会一二：

> 行厨只合供寒食，食谱何人赋冷淘。却喜清凉留一味，柳荫人卖茯苓糕。（韩日华）
> 扬州好，秋九在江干。接得黄花高出屋，拾来紫蟹大于盘。香腻共君餐。（费轩）

其三，《红楼梦》中所描写的一些食事几乎是康乾间扬州食风的翻版。例如，用"旧年蠲的雨水"泡茶是妙玉之流脱俗的重要佐证，而清·李斗《扬州画舫录》卷六中所录之茶事与妙玉之为如出一辙，其文云：

> ……雪村有水癖，雨时引檐溜贮于四五石大缸中，有桃花、黄梅、伏水、雪水之别，风雨则覆盖，晴则露之使受日月星之气，用以烹茶，味极甘美。

在《红楼梦》第六十一回中，柳家的在发牢骚时说："……也像大厨房里预备老太太的饭，把天下所有的菜蔬，用水牌写了，天天转着吃。"此种派头在李斗的《扬州画舫录》也有所见，例如：

> ……有某姓者，每食，庖人备席十数类。临食时夫妇并坐堂上，侍者抬席置于前，自茶面荤素等色，凡不食者摇其颐，侍者审色则更易其他类。（卷六）

据《水窗春呓》所记，道光时，改革两淮盐法，盐商为之一蹶，景况大不如前。但其时的总商黄潆，仍有王侯之气派，早上待客之食，各色点心之外，单粥就不下 10 余种，听客自便，与今日之"自助餐"很有几分类似。人讶其奢侈，"其仆则曰：'此乃常例耳'，若必以客礼相视，非方丈不为敬矣。"

其四，《红楼梦》中所描写的诸多节令食俗也与扬州之传统相契合。例如，《红楼梦》第九十二回中所提到的"消寒会"，就是扬州一带的传统习俗之一。不知何故，高鹗在书中没有实写而是一笔带过的。我们来看看仪征（地属扬州）人厉惕斋（1793-1867）在《真州竹枝词引》中所记录的消寒会场景吧：

> 十一月，……此后富家作消寒会，脱尽恒蹊，或具全羊，或脍鱼头，或尚五煨，务各精其馔以相绚。酒则百花绍兴，必其陈者，主人馔客，必别室，假山石后，曲径通幽，……铜炉内，埋少许熟炭，只觉室内生春，何寒之有？焉用消为！盂中蒲草，生意融融，盆里茶花，意致楚楚，……三爵过后，豁拳打擂，藏花猜枚，酒令毕备。而从旁侑酒者，又复低唱浅酌，光景流连，极生人之乐矣。

其五，从烹调技法上看，曹雪芹笔下的美食滋味大抵属"本味"之格，即：着重于原料本来所具有的滋味。具体言之，则是强调选择原料时应因时、因地、因种，便宜行事；烹调时应突出原料味性之特色，不要喧宾夺主，以调料之味盖住原料之味，要选择与原料特性相适宜的味型来调味。此法看起来简单，做起来却难。既是本味，故辛香麻辣等强烈之味及味型通常不用，多以咸鲜之味调之。而鲜咸之味的把握常在毫厘之间变化，多一分则咸，少一分则淡；无论是咸是淡，对原料之品性的表现都会有不良的影响。据统计，《红楼梦》中提到的调味品只有酱、醋、糟、姜、麻油、虾米、冰糖和洁粉梅花雪片洋糖等八种。除洁粉梅花雪片洋糖之外，其他调味品都是传统淮扬菜的基本调味料，也是形成传统淮扬菜"清鲜平和，咸甜适中，注重本味"之特色的物质基础。

品味红楼食事，给人的感觉是"雅食"之味甚浓。雅者，言行举止有学问、有修养、合规矩、得人欢心是也，反之则俗不可耐。苏东坡"宁可食无肉，不可居无竹。无肉使人瘦，无竹使人俗"之论，颇能道出其中奥妙。雅之于食讲究的是吃得有水平，吃得有气氛，吃得有学问，吃得有风度，吃得有情趣，吃得异于"俗人"。大观园中的饮酒行令、剥蟹作诗、以乐侑宴、"旧年蠲的雨水"之类大约皆可以一"雅"字作结。当然，雅食之举与精工之作往往是相辅相成的，如能以寻常之料做出非凡之食，则雅之更甚。在这一点上，曹雪芹充分展示了一流美食家的功底。其笔下林林总总的食料，实际上并无太多的山珍海味和稀奇古怪的玩意，茄鲞、花样小面果子、莲叶羹之类的用料皆极平常之物，一经妙手调和立马不同凡响，令人刮目相看、啧啧称奇。雅又总是与俗相对而言的，没有俗也就无所谓雅了，曹雪芹深知其理，在其渲染大观园中的雅食之事时，常拈个把俗食的场景以作比照——看似不经意间，诸如："（宁国府）……天天宰猪割羊，屠鹅杀鸭，好似'临潼斗宝'的一般，都要卖弄自己家里的好厨役，好烹调"，"（金桂）……又生平最喜啃骨头，每日务要杀鸡鸭，将肉赏人吃，只单是油炸的骨头下酒。吃得不耐烦，便肆行海骂……"之类，实在是俗不可耐。

常言道："物以类聚，人以群分"，饮食之事亦莫能外。

朱彝尊与曹雪芹的祖父曹寅算得上是知交，《食宪鸿秘》据传是其所写的谈论饮食的专著，书中有这样一段话：

饮食之人有三：

一餔啜之人：食量本弘，不择精粗，惟事满腹。人见其蠢，彼实欲副其量，为损为益，总不必计。

一滋味之人：尝味务遍，兼带好名。或肥浓鲜爽，生熟备陈，或海错陆珍，夸非常馔。当其得味，尽有可口。然物性各有损益，且鲜多伤脾，炙多伤血之类。或毒味不察，不惟生冷发气而已。此养口腹而忘性命者也。至好名费价而味实无足取者，亦复何必？

一养生之人：饮必好水（宿水滤净），饭必好米（去砂石、谷稗，兼戒馈而餲），蔬菜鱼肉但取目前常物。务鲜、务洁、务熟、务烹饪合宜。不事珍奇，而自有珍味；不穷炙

煿,而足益精神。省珍奇烹炙之赀,而洁治水米及常蔬,调节颐养,以和于身。地神仙不当如是耶?

曹雪芹笔下的诸多人物似乎大多可在此对号入座。

扬州人把曹雪芹的心仪之食演绎为可以品尝的"红楼雅宴"始于20世纪70年代后期,早在1975年冯其庸先生就建议扬州外事接待单位和有关高校的同志研究、试制"红楼菜"。经过各方人士30余年的精心培植,"红楼菜"已演进为"扬州红楼宴"并成为淮扬美食的耀眼明珠,二十多年来,赴香港、日本、澳大利亚、比利时、新加坡和美国等地的展演中亦屡获盛赞。

曹雪芹在《红楼梦》中以近三分之一的篇幅来描摹食事,所涉及的食物或原料近200种,但对菜肴大多以名字一带而过,细写如"茄鲞"、"莲叶羹"的很少;书中写了很多宴会场景,却没有一份较为完整的食单,即使是书中提到名字的肴馔也较难组合成一份像模像样的大宴菜单出来。这是令红楼美食爱好者困惑的事情,也是我们当初研制红楼菜时遇到的棘手问题——做几个菜不难,难的是做出一桌有讲究的"红楼宴"。1988年一个深秋的晚上,冯其庸先生的一席话令我们受用至今,他说:

> 做红楼宴,最重要的是,第一不死掉书袋子,第二重点在好吃,其次才是好看。书中提到的应该做,书中没有提到的也可以做,扬州菜中好吃的都可以做,因为书中虽然没有一份现成的菜单子,但提及的食品却有近二百种之多,这就给开发研制创新留下了巨大的空间。

根据冯先生的提示,并结合我们的研究和理解,扬州红楼宴开发研制的整体思路逐渐明朗起来,这就是:说红楼轶事,展雅食之风。调古今至味,品淮扬正宗。

"说红楼轶事"——是说红楼宴的中的肴馔、场景、服务、器具等表现元素与《红楼梦》和曹家那个特定的时代和社会阶层有直接或间接的联系,不是凭空臆造之举。红楼宴的菜点源于书本又高于书本,道道有出处,道道有文化,令食客在品味美食的同时,又可领略扬州深厚的文化。

"展雅食之风"——是说红楼宴所要表达的是明清文人雅致饮食的精髓。曹雪芹在《红楼梦》中虽然没有过多详细描写具体肴馔,但从字里行间我们仍可以清楚地看出曹雪芹的向往之境为趣食、时食和精食,当然还应加上"乐食",因为曹雪芹在描写饮食场景时,宴会是其主要对象,而笔墨又大多集中在"宴乐"之事上——行令、赋诗、看戏、听乐。要而言之,曹雪芹所心仪之雅食在心境上大致是"乐、趣、时、精"之格局——明清"近庖厨"者典型的雅致风范。明清文人诸多饮食著述为我们提供了丰富而有趣的创作素材。

"调古今至味"——是说红楼宴在技术上广采博收,"古为今用,洋为中用。"充分展示传统特色和现代精华,赋予传统文人的雅致饮食以新的涵义和时代风采。注重本味、追求精致、讲究健康,使红楼宴成为集淮扬美食精华的名宴。

"品淮扬正宗"——是说红楼宴以传统淮扬菜烹制技法为根底,以新观念、新方法着重表现淮扬菜"选料考究,制作精致;注重火功,擅长炖焖;清淡入味,咸甜适中;造型优美,色泽艳丽"的特点,使美食家和爱好者品尝到地道的淮扬菜。

经过 30 余年的不断创新和发展,扬州红楼宴以"一品大观宴"、"四季红楼宴"和"红楼早点"为架构已形成一套较为完备的技术和服务体系。笔者有幸一直参与其事的策划、研究和推广,其中的甘苦和欣慰难以尽言。没有诸多前辈、学者的支持,没有诸多同仁和良庖的殚精竭虑,扬州红楼宴是不可能有今天的模样的。

我们今天研究红楼梦饮食文化,旨在让《红楼梦》所展示的饮食文化传统、审美观念、文化内涵得以发扬光大、服务社会、服务人民。我们唯有坚持继承传统与开拓创新、坚持追求美味与营养健康,方能借《红楼梦》与扬州之缘、借《红楼梦》这部文化巨著之平台,让代表精致淮扬名菜的"扬州红楼宴"味冠群芳、香飘世界。

《红楼梦》家庭角色系列之贾政

段江丽

（北京语言大学）

作为典型的家庭题材小说，《红楼梦》的重大特色及贡献之一是诠释了传统家庭、家族文化背景下各类不同的家庭角色。从家庭角色这一角度出发，我们对《红楼梦》所刻画的人物、所包涵的思想都会有更深刻的体认。就贾政而言，抛开观念性的标签，我们会发现，他正统而平庸，不论为人子、为人夫，还是为人父，都尽职尽责却又无可奈何。贾政的形象从一个侧面真实地揭示了父权制文明中男性的生存困境。

贾政的身份

贾政是贾母次子，王夫人的丈夫，贾宝玉的父亲。此外，贾政还有妾赵姨娘和周姨娘；有子贾珠和贾环，贾珠早逝，留下李纨母子；有女元春和探春；有孙贾兰。

第二回，冷子兴说，贾政自幼酷爱读书，最得祖父即第一代荣国公贾源的疼爱。本来准备以科举求功名，在他父亲贾代善去世时，皇上额外恩赐"主事"的官衔，从此进入仕途。在故事开始的时候，贾政已经升了员外郎；第二十九回，被任命为地方学差，即学政；第八十五回，升了郎中；第九十六回，被任命为江西粮道；第一百零二回，因家人在外招摇撞骗、欺凌属员而被参，被降三级，仍为工部员外；第一百零七回，因其兄长贾赦获罪而承袭荣国公世职；第一百一十九回，仍升为工部郎中。主事为正六品，员外或员外郎为从五品，郎中为正五品，道员为正四品。主事、员外或员外郎、中郎等为官职，"学差"和"粮道"为具体职位,学差掌管教育和科考,粮道掌管督粮事务。

这里,我们主要考察贾政在家庭中所扮演的儿子、丈夫、父亲等多重角色。

作为儿子的贾政

母子关系属于父子伦理范畴。传统父子伦理的核心是父慈子孝,《孝经》"开宗明义"第一章就是说:"夫孝,始于事亲。""事亲"包括侍亲、养亲、顺亲、娱亲等诸多方面,即对长辈要侍奉,要赡养,要顺从,要千方百计使其开心快乐。如果说,庶民阶层的孝道主要体现在物质层面的赡养的话,那么,像贾府这样的贵族之家,孝道更主要地体现在精神层面。

贾政对母亲的顺从集中体现在对待宝玉的问题上。宝玉衔玉而生,几乎所有的人都认为他来历不小,将来必有大的出息。作为父亲的贾政,自然也寄托重望,所以,在周岁时,利用"抓周"的风俗来试宝玉将来的志向,不曾想,宝玉置世上所有之物于不顾,唯取脂粉钗环,贾政气得大怒,断定宝玉将来不过酒色之徒而已,从此便不大喜欢。可是,老祖宗贾母却仍然爱如珍宝。从常理来说,祖父母往往因为"隔代亲"的缘故而溺爱孙辈,父母相对来说要理性一些。所以,父母和祖父母在教育小孩的问题上很容易产生矛盾,贾政和贾母之间因为宝玉而把这种矛盾演绎到了极致,贾母从感性出发视宝玉为命根子,贾政则从理性出发视宝玉为"淫魔色鬼",母子冲突自然难免。

贾政自宝玉周岁起就对他生了厌嫌之心,在以后无数的岁月当中,几乎不分时间地点,宝玉只要听到父亲传唤,就像头上打了焦雷一样畏惧不安。可是,另一方面,贾政要管教儿子,其实非常不容易。他时时要面对贾母对宝玉的溺爱和祖护。听说宝玉"在外流荡优伶、在家淫辱母婢"之后,贾政终于忍无可忍,不顾一切地将宝玉往死里打,并扬言谁也不许劝、不准报告老太太,结果却还是不得不向暴怒的贾母下跪认罪。宝玉挨打之后,贾母干脆吩咐下人,以后不准贾政随意传唤宝玉,这无异于剥夺了他的教子权,贾政为了顺从母亲的意愿也只好认了。贾政从学差任上回家之后,好不容易把宝玉再次送进私塾,贾母却告知宝玉:"有什么难为你,有我呢。"果然一遇到消寒会之类的活动,老太太一声"不用上学去",政老爹也就"没言语"了。后来宝玉因为失玉而呆傻疯癫,贾母要给宝玉成亲冲喜,贾政本来不愿意,但因为是贾母做主,也就不敢违命,听凭贾母安排。不说宝玉的婚姻大事由贾母做主,就连平日里父亲要见病中的儿子都得老太太批准,用贾政自己的话来说:"因老太太不叫他见我,所以儿子也不敢言语。"(第九十六回)

除了宝玉的问题之外,日常生活中其他大小事情贾政也几乎都是以母亲的是非为是非,以母亲的喜好为喜好。怡红院的海棠花枯萎了一年之后,忽然在十一月份逆时而开,贾赦等以为是花妖,主张砍去;贾政理性地说:"见怪不怪,其怪自败。不用砍他,随他去就是了。"贾母听了不高兴,坚持认为是喜讯,并赌气说:"若有好事,你们享去;若是不好,我一个人当去。你们不许混说。"贾政一听,"不敢言语,讪讪的同贾赦等走了出来"(第

九十四回），任凭贾母等人高高兴兴地饮酒赏花。

从满足长辈的精神需要来说，除了顺亲，还有另一种重要的方式是娱亲。二十四孝经典故事中有一则就是"戏彩娱亲"，说的是春秋时期一位名叫老莱子的隐士，隐居蒙山南麓，至为孝顺，为了让父母开心，70岁了还常常穿着五色彩衣，手持拨浪鼓像小孩一般戏耍，以博父母欢笑。有一次给父母送水，摔了一跤，他怕父母伤心，索性躺在地上像小孩一样哭闹，惹得父母大笑。这则故事传达的观念是，不管多大岁数，作子女的要尽量想办法让父母开心快乐。贾政性格迂阔、不苟言笑，可是，作为孝子典范，他同样有着"戏彩娱亲"的心意，书中多次写到他体会贾母心意并努力承欢取乐的场景。元宵节，元妃派人送来灯谜，贾母与众孙儿孙女玩得高兴，贾政散朝之后，特意前来助兴，贾母嫌他碍事，他故意凑趣开玩笑说："今日原听见老太太这里大设春灯雅谜，故也备了彩礼酒席，特来入会。何疼孙子孙女之心，便不略赐以儿子半点？"贾母果然被逗乐了，让他猜谜，还说猜不着要罚。结果贾政故意乱猜，被罚了很多东西之后才猜着，得了许多奖品；然后出谜给贾母猜，悄悄地把谜底说与宝玉，宝玉会意，又悄悄地告诉了贾母。贾母说出谜底，贾政连忙奉承："到底是老太太，一猜就是。"并送上许多"贺彩"，惹得贾母"甚喜"（第十二回）。又一次元宵佳节，贾政等陪贾母一起玩击鼓传花的游戏，一本正经、道貌岸然的贾政第一个挨罚，居然勉为其难讲起了笑话，而且讲的是怕老婆的丈夫给老婆舔脚的笑话，说得贾母和众人连连发笑。接下来，为了让贾母高兴，他还特意给宝玉发奖（第七十五回）。为了讨高堂母亲欢心，严肃古板的政老爷竟然故作娇态并与儿子宝玉联手"作弊"，并当着一家老少讲怕老婆的笑话，真是用心良苦、难能可贵。当然，《红楼梦》中把"戏彩娱亲"的功夫做到极致的是王熙凤，我们在相关篇章里还会提及。

《论语·为政》记载：孔子的学生子游曾经问孔子什么是孝，孔子回答说："今之孝者，是谓能养。至于犬马，皆能有养；不敬，何以别乎？"即现在有很多孝子，以为能够供养父母就行了，其实就是狗马也能得到饲养，如果内心对父母没有孝敬之情，那供养父母和饲养狗马有什么区别呢？所以，传统的孝道在物质和精神之间，更强调发自内心的、精神层面的孝敬。从这个意义上说，贾政对母亲的孝，至今仍有值得借鉴的意义。有一年春节晚会上一曲"常回家看看"引起广泛的共鸣，传唱不衰，不正说明了精神之孝的重要性吗？至于如何在孝、在尊敬的前提下，更有效地与长辈沟通、协商，让"老祖宗"对孙辈们的爱变得更加理性、健康，则是我们现代的读者应该好好思考的问题。

值得注意的是，贾政这位孝子，情急之下偶尔也有"逆反"的时候。痛打宝玉时，先是喝令不准任何人劝阻，特别强调不准传信给"里头"的贾母；当王夫人求情，说"打死宝玉事小，倘或老太太一时不自在了，岂不事大"时，贾政竟然"冷笑道"："倒休提这话。我养了这不肖的孽障，已不孝；教训他一番，有又众人护持；不如趁今日一发勒死，以绝将来之患。"说着竟要拿绳索来将宝玉勒死。试想，政老爷平日里要教训儿子，真正"护持"得住的除了贾母还能有谁？况且，不提则罢，提及贾母反而要将宝玉勒死，这不是公然与贾母

做对吗？所以，正是从这个意义上说，我们认为，贾政暴怒中的这种言行，有争回教子权的意味，集中表现了对贾母溺爱宝玉的不满。当然，这只是情绪失控时的过激表现，当老母亲颤巍巍地来到跟前时，贾政迅速恢复了孝子的理智，不禁又急又痛，赶紧躬身陪笑，直至下跪叩头。

作为丈夫的贾政

传统夫妇伦理包括夫妻、夫妾甚至妻妾之间的关系。贾政有一妻二妾，正妻王夫人，侍妾赵姨娘、周姨娘。周姨娘在《红楼梦》中，似乎是专为赵姨娘做陪衬而存在，除了最后受宝钗之托留在庙中照顾暴病的赵姨娘并兔死狐悲感慨做偏房侧室的下场之外，这个人物默默无闻，几乎让人感觉不到她的存在，几次提到都是由赵姨娘连带而及，可有一次单提却很醒目。赵姨娘到怡红院闹事，挨了探春一顿教训："你瞧周姨娘，怎不见人欺他，他也不寻人去。"明显是以周姨娘的安分来对比赵姨娘的不安分。所以，周姨娘可以忽略不计，我们主要看看贾政在王夫人、赵姨娘这一妻一妾面前的表现。

贾政与嫡妻王夫人。夫妇为人伦之始，而又没有血缘的连系，因此，更加依赖礼法的维持。夫妇相处的理想境界是夫义妇顺、相敬如宾，但是，在以男子为中心的男权社会里，更加强调男尊女卑、夫为妇纲。东汉梁鸿孟光举案齐眉的故事广为流传，说的是妻子孟光每次给丈夫梁鸿备好食物，都由于尊重而低头不敢仰视，将食案举到齐眉的高度，请丈夫进食。这个故事标榜的"敬"是单向的而非双向的，只有妻子孟光对丈夫梁鸿的敬而看不到梁鸿对孟光的敬。当然，现实生活中的夫妻怎么相处，往往因人而异，由多种因素决定。

在《红楼梦》中，贾政与王夫人夫妻"同台"的场面不少：第二十三回，元妃省亲之后，贾政想把十二个小沙弥和十二个小道士发到各庙去分住。凤姐为了卖人情，给贾芹找份差事，向王夫人建议将这些人送到家庙铁槛寺里，派专人管理。于是，王夫人找贾政商量，得到了贾政的允许。同回，贾政在王夫人房里商议事情，宝玉前来，谈话中说到丫鬟袭人的名字，贾政表示不满。王夫人为宝玉掩饰，并劝丈夫不要为这些小事生气。第三十三回，贾政痛打宝玉，见王夫人前来劝阻，更加来气，打得更狠。王夫人先搬出老太太来，无效，再搬出夫妻情分："我如今已将五十岁的人，只有这个孽障，必定苦苦的以他为法，我也不敢深劝。今日越发要他死，岂不是有意绝我。既要勒死他，快拿绳子来先勒死我，再勒死他。"贾政听了之后，泪如雨下，停止了鞭打。第八十一回，贾政和王夫人一起说到迎春不幸的婚姻，转而说到宝玉读书的事，决定送他再去学堂。第八十四回，贾政与王夫人再次说及宝玉将来的功名以及婚姻等问题。第八十六回，薛姨妈为薛蟠官司一事托王夫人向贾政求情，贾政答应。第九十一回，王夫人再次为薛蟠事向贾政求情，并与贾政具体商量宝玉、宝钗的婚姻。第九十四回，王夫人处理了水月庵的事，并假托贾政旨意立了规矩。第九十五回，贾政听说了张贴布告为宝玉找玉的事，不敢违拗贾母，只抱怨王夫人。第

九十六回，贾母与贾政说及宝玉的病和婚事，王夫人见贾政说到动情之处眼圈也有些红，知道贾政心里也是疼宝玉的，于是让袭人扶了宝玉出来。贾政见宝玉大有疯傻之状，心想如果宝玉果然不好，一则想到自己年老无嗣，二则怕老太太有个差错，最后"瞧瞧王夫人，一包眼泪，又想到他身上"，于是站起来同意了老太太要给宝玉"冲喜"的安排，最后把宝玉的婚事，听凭贾母交给王夫人、凤姐儿负责。第九十七回，贾政启程赴江西粮道任，临行前特意去王夫人房中，嘱咐切实管教宝玉，断不可像从前一样娇纵，并督促明年参加乡试。第一百零四回，贾政被参回家，王夫人设家宴接风。众人散去之后，夫妇俩说私房话。王夫人不敢言说别后情事，贾政提起王子腾的事，王夫人也不敢悲戚。贾政又说及薛蟠官司，王夫人只说他是自作自受，并趁机告知黛玉已死的事实。贾政吃惊、掉泪，王夫人也掌不住哭了，然后再伺机转移话题。

从这些情节来看，贾政和王夫人经常会在一起心平气和地商量家事，尤其是儿子宝玉的前途和婚姻大事，而且，在商量的过程中，大多能互相理解、互相劝慰，最后达成一致的意见。在"王夫人"一节，我们会说到王夫人基本符合封建"大妇"的标准，在丈夫面前称得上是"顺妇"，这里主要强调贾政对于王夫人来说，也是一位通情达理的丈夫。他几乎没有大男子主义意识，给了妻子相当的尊重，凡事都能平等地与妻子商量，听取妻子的意见。而且，还往往在关键时刻表现出结发夫妻的情分。在痛打宝玉时，王夫人先拿老太太做挡箭牌，无效之后再诉诸夫妻情分，居然使暴怒的贾政平静下来。贾政见到失玉之后疯疯傻傻的宝玉，百感交集，千转百回，最后也想到了王夫人身上。即使对王夫人娘家的亲戚，贾政也表现出了相当的情义，多次勉为其难地为薛蟠的事费心周旋。贾母曾当众取笑贾政："你这会子也有了几岁年纪，又居着官，自然越历练越老成。……想他那年轻的时候，那一种古怪脾气，比宝玉还加一倍呢。直等到娶了媳妇，才略略懂些人事儿。"（八十四回）老母亲的这段笑话，可以说是给贾政夫妇婚姻生活所下的注脚，从少不更事到老成历练，从少年夫妻到儿孙绕膝，夫妻之间携手同行、彼此扶助、共同承担、一起成长，不正是婚姻生活的真谛吗？

贾政与侍妾赵姨娘。贾政与王夫人频频"聚首"，相比之下，贾政与赵姨娘的接触则少之又少，全书只写到有限的几次：第一次，第七十二回，赵姨娘求贾政做主，把彩霞指给贾环为妾。贾政回答说，过一两年再说，而且他心目中已经分别有了宝玉和贾环的侍妾人选。第二次，第一百零二回，在为贾母送灵的途中，赵姨娘因为自己以前恶毒的行为而受到阴司的严惩，鬼魂附体，周围人对她的惨状漠不关心，她的"丈夫"贾政也只是冷冷地说了一句："没有的事，我们先走了。"还有一次，是贾政、王夫人和赵姨娘三人同台，细节非常引人注目：第二十三回，贾政在王夫人房中商议事情，叫宝玉过去，宝玉"挨进门去"，"原来贾政和王夫人都在里间呢，赵姨娘打起帘子，宝玉躬身进去。只见贾政和王夫人对面坐在炕上说话，地下一溜椅子，迎春、探春、惜春、贾环四个人都坐在那里，一见他进来，惟有探春和惜春、贾环站了起来。"这是一个寻常的家庭小聚会，却透露了严格的等级秩序。宝玉进来,只有探春和惜春、贾环站起来而迎春没有站起来,是因为迎春是姐姐,比宝玉长,所以不用站起来。再对比着来看贾政、王夫人和赵姨娘这夫——妻——妾三者的关系,贾政和王夫人坐在里间说话,连迎春等小辈也坐在里间的椅子上,赵姨娘则站在外间"打帘子",不说在贾政、王夫人面前,就是在小辈主子面前,她也是奴才的身份。

赵姨娘的所作所为招人恨,连她的亲生女儿探春都一再厌嫌,有评论者甚至认为作者是以人人都讨厌的赵姨娘来衬托贾政的庸俗不堪、趣味和格调低下。这种解读是否符合作者原意暂且不论,不过,从赵姨娘生有一双儿女的客观事实来说,赵姨娘至少曾经拥有过贾政的眷顾。

儒家宗法重嫡庶之别,妻妾地位悬殊。一般情况下,妾的家庭和社会地位都十分低贱,人们常把妾与婢联系在一起,清代小说家曹去晶的说法颇具代表性:"妻与妾婢大不相同。婢字乃卑女,原是卑卑不足数者。即妾之一字,亦立女两字合成,不过比婢女一道又略高些。其为物也,原是取乐之具。可以放去,可以赠人,可以换马。"(《姑妄言》第三回)虽然说妾的地位不能一概而论,但总的说来,妾的地位无法与嫡妻相提并论,嫡妻负有主中馈、奉祭祀的神圣职责,妾则主要是供丈夫享乐并生儿育女的工具,所以,在夫妾关系中,丈夫往往采取功利性的态度也就不足为奇。贾政之于赵姨娘,正是如此。红颜已逝而又愚昧庸俗的赵姨娘对于贾政来说,除了偶尔找机会说说他们共同的儿子的事情之外,已经没有了"工具"的价值,遵礼守法的政老爷完全可以心安理得地冷落她,疏远她,甚至在生死关头,都可以置她于不顾。所以,作为丈夫,贾政对待赵姨娘,从人情上来说,冷漠甚至冷酷,在礼法上,却无可厚非。礼法与人情之紧张关系于此亦可略见一斑。

作为父亲的贾政

贾政作为父亲的形象,尤其是他与宝玉的矛盾,一直是研究者关注的焦点,他曾经被作为封建卫道者而受到广泛的批评。如果抛开"斗争"性思维,仔细阅读文本,就会发现,贾政作为父亲的形象,其实是非常真实而且血肉丰满的,有"严"的一面,也有"慈"的一面,更有无为和无奈的一面。

贾政之"严"主要体现在对宝玉的管教方面。在子女教育问题上,中国的传统模式是"严父慈母",即对待子女,父亲要严厉,母亲要慈爱。相比之下,父亲的"严"强调得更加具体。《颜氏家训》说:"古者圣王有胎教之法,……生子咳(嗞),师保固明,孝仁礼义,导习之矣。凡庶纵不能尔,当及婴稚,识人颜色,知人喜怒,便加教诲,使为则为,使止则止";"父子之严,不可以狎;……狎则怠慢生焉。"也就是说,古代圣王教子,从胎儿在母体中开始就注意胎教,从襁褓时开始,就有专门的教官来教导孝仁礼义等做人的道理。普通百姓即使做不到这一点,也应该从开始认人、知道喜怒的婴孩时期就开始教导,什么该做、什么不该做。父子之间,尤其要严肃庄重,不可以过于亲近随意;过于亲近随意,子女就会生怠

慢之心。《袁氏世范》也强调:"中人之性,遇强则避,遇弱则肆。父严而子知所畏,则不敢为非,父宽则子玩易而恣其所行矣。"即:平常人的本性都是遇强就会躲避,遇弱就会肆意,所以,父亲严厉,孩子就会知道畏惧;父亲要求不严,孩子就会恣意而为。

如前所述,贾政从宝玉"抓周"那天开始,就对其存了厌嫌之心,再加上贾母的溺爱,贾政对宝玉更是有意从严管教,平日里见着宝玉,不是"冷笑"就是"断喝",以至于宝玉在任何情况下,只要听说父亲传唤,就条件反射式地惊恐不安。第九回,宝玉为了与秦钟做伴,兴冲冲地要去上学,向父亲请安辞行,贾政冷笑道:"你如果再提'上学'两个字,连我也羞死了。依我的话,你竟顽你的去是正理。仔细站脏了我这地,靠脏了我的门。"第二十三回,宝玉听说元妃下谕,让他和众姐妹去大观园居住,喜得无可不可,忽然听说"老爷叫宝玉",顿时像打了个焦雷,扫去兴头,脸上转了颜色,拉着贾母求助,死也不敢前去,其实这一次贾政只不过是要嘱咐他在园子里不要淘气。第二十六回,宝玉正与黛玉玩笑,袭人前来说道:"老爷叫你呢。"宝玉听了,"不觉打了个雷的一般",丢下黛玉,疾忙走了,结果发现是薛蟠借贾政的名义哄他出去。第三十三回,宝玉正垂头丧气为金钏的死悲伤,迎面撞上父亲,"不觉的倒抽了一口气",结果因为金钏和蒋玉菡的事,被父亲打得皮开肉绽、差点丧命。从这些情节可以看出,宝玉对父亲,已经不是一般的敬畏,而发展成了一种病态的恐惧。至于贾政情绪失控的毒打,对宝玉的身心无疑造成了莫大的伤害。贾政对宝玉如此,对贾环同样严厉,作品中这方面的描写不多,偶尔也会透露一些信息,如第三十三回,贾环碰见父亲,"唬的骨软筋酥"。

"父子之严"是父权制文化的要求,但是,父子骨肉相连的天性是无法完全由理智控制的。所以,严厉如贾政,对儿子仍然掩饰不住地时时会流露出父亲的慈爱。可惜很多读者和研究者都只看到贾政"严"的一面,而忽略了他"慈"的一面。在毒打宝玉之后,听到王夫人哭"苦命的儿"、哭贾珠,贾政的"泪珠更似滚瓜一般滚了下来"。第二十三回,贾政举目看见宝玉站在跟前,神采飘逸,秀色夺人,不同于贾环的委琐荒疏,又联想到贾珠,再想到妻子王夫人只有这么一个儿子,而自己也已胡须苍白,于是,"把素日嫌恶处分宝玉之心不觉减了八九"。第七十五回,中秋聚会,玩击鼓传花的游戏,宝玉、贾环、贾兰叔侄三人各有诗作,贾政高兴,奖励了宝玉和贾兰,就是对贾环的诗,"亦觉罕异",后来还带他们三人去朋友家寻秋赏桂,以示奖励,临行前宝玉见到父亲,"果然贾政在那里吃茶,十分喜悦",还当众夸奖了一番宝玉的诗才,连王夫人等人都觉得是"意外之喜"。(第七十七回)接下来的第七十八回,贾政甚至与宝玉一起合演了一出父子合作的风雅剧:贾政命宝玉、贾环、贾兰三人同作《姽婳词》。贾兰、贾环先成,各有佳处,宝玉更是"立意不同",且合了贾政的"主意",于是,贾政主动"笑着"提出"你念我写",结果,宝玉一边念,贾政一边写,并不时催促"快续"、"再续",还提出了一些建设性意见。结果,这一篇父子合作的《姽婳词》让众门客"大赞不止"。贾政虽然谦虚,但也难得自始至终多次"笑道";而且因为贾政的"笑",宝玉也不似平日局促惊恐,能在父亲面前"笑道"自己的想法。第八十一回,王夫人

对贾政说起宝玉的"孩子话",即把迎春接回娘家不让她再受孙家的气,贾政听了"也忍不住的笑"。第八十四回,贾政查了宝玉的功课,又指导了一番,觉得宝玉学业上有进步,"心里却也喜欢"。

贾政对宝玉是这样,对其他儿女同样不乏慈爱之情。第九十五回,得知女儿元春病重,"满脸泪痕";得到元春去世的消息,"一路悲戚"。相对于贾赦之于迎春,贾政对探春的婚事也是以女儿的幸福为念再三考虑。这些情节,让我们看到了一个为儿女忧、为儿女喜的有血有肉有感情的父亲。而且,对儿子的"慈爱"还顺理成章地延伸到孙子贾兰身上。

贾珠的夭折无疑是贾政、王夫人心中挥之不去的痛,王夫人的表现是见景生情"哭着贾珠的名字",贾政的表现则更多的是对贾兰的关心、疼爱和栽培。第二十二回,元宵节大家欢聚一团,猜谜取乐,唯有贾政注意到贾兰不在场,忙遣人把他唤来。贾政经常带宝玉、贾环和贾兰一起作诗,宝玉、贾环在贾政面前都像老鼠见猫一样惧怕,贾兰却没有这样的反应,或许,就像人们常说的"隔代亲",贾政对待孙子的态度远没有对待儿子那么严厉?

其实,贾政对宝玉这个"来历不小"的儿子,感情一直非常复杂,从寄以厚望到失望嫌恶,从理智上的"严"到天性中的"慈",一直处于矛盾之中。对此,作品有非常客观真实的描写。第十七回"大观园试才题对额",宝玉表现出了不俗的诗才,贾政一方面不断地"点头"、"点头不语"、"点头微笑",克制不住赞赏之情,另一方面,又从正统观念出发,认为这些不过是"歪才情",是"精致的淘气",于八股科考无益,再加上怕骄纵宝玉,还由于中国传统固有的谦虚美德,所以,当着众门客的面,一再贬抑说儿子"俗",是"轻薄人",是"管窥蠡测",是"无知的孽障",是"无知的蠢物",是"胡说",甚至故意刁难儿子。儿子要给沁芳泉前的闸名取为"沁芳闸",贾政说:"胡说,偏不用'沁芳'二字。"在宝玉淋漓尽致地表现了一番之后,贾政"喝道":"你还不去?难道还逛不足!也不想逛了这半日,老太太必悬挂着。快进去,疼你也白疼了。"明明欣赏儿子的才华,却不肯正面肯定,而是讽刺挖苦,甚至故意找岔,以挫其骄气、锐气;明明是怕宝玉累着、老太太牵挂,要让他早点退下休息,表现出来的却是严厉的"喝声";明明是他要求宝玉同行,宝玉虽然记挂着里面又不敢擅自离开,现在却成了宝玉的不是——逛了半日还逛不足,凡此种种,看似矛盾,不合情理,其实都是"父道尊严"的礼法要求在作怪。对此,叙述者和贾政本人都有清楚的认识。

第七十八回,叙述者说到贾政命宝玉叔侄作《姽婳词》之前的心理活动:"近日贾政年迈,名利大灰,然起初天性也是个诗酒放诞之人,因在子侄辈中,少不得规以正路。近见宝玉虽不读书,竟颇能解此,细评起来,也还不算十分玷辱了祖宗。就思及祖宗们,各各亦皆如此,虽有深精举业的,也不曾发迹过一个,看来此亦贾门之数。况母亲溺爱,遂也不强以举业逼他了。所以近日是这等待他。又要环兰二人举业之余,怎得亦同宝玉才好,所以每欲作诗,必将三人一齐唤来对作。"第九十六回,贾政赴任之前贾母与他商量要给宝玉办婚事"冲喜",贾母明知故问:"你的媳妇也在这里,你们两个也商量商量,还是要宝玉好呢,还是随他去呢?"贾政陪笑回答说:"老太太当初疼儿子这么疼的,难道做儿子的就不疼自

己的儿子不成么！只为宝玉不上进,所以时常恨他,也不过是恨铁不成钢的意思。老太太既要给他成家,这也是该当的,岂有逆着老太太不疼他的理。如今宝玉病着,儿子也是不放心。因老太太不叫他见我,所以儿子也不敢言语。我到底瞧瞧宝玉是个什么病。"这两个细节,一为叙述者的介绍,一为贾政自述,都清清楚楚地说明,贾政对宝玉,心中同样有着千般的关怀和牵挂,平日里的严厉,都是从理性考虑,要拿出父亲和长辈的身份来,对这个受祖母溺爱的孩子加倍管束,以便让他走上正途,也就是贾政自己说的,要锻铁成钢的意思。在经历了种种努力和人生的风雨之后,贾政像众多的父亲一样,不得不面对现实,放下望子成龙的期盼,退而求其次,认可并欣赏儿子的"歪才",不再以举业相逼。其中的无奈,恐怕也只有政老爷自己知道。说到举业,贾政还有另一层心思,他年少的时候就存有以科举考取功名的理想,后来皇帝恩赐了官职,只好作罢。在"唯有读书高"的封建社会,科甲出身才是仕宦正途。所以,贾政很自然地把自己未曾实现的理想寄托给了儿子,而长子夭折,贾环天赋不够,宝玉自然而然地成了他寄托理想的最佳人选。

贾政对宝玉的严厉,对宝玉科考举业的要求,曾引来种种苛刻的批评,并被上升到卫道者和叛逆者之间的尖锐斗争的高度。如果放下抽象的观念,尤其是路线斗争的观念,回归到生活本质的层面来理解的话,我们就会发现,曹雪芹用他善于发现、善于体验的心,写出了中国传统家庭中典型的"父爱"。这在 21 世纪的今天仍然具有认识和借鉴意义。即使在今天的华人社会,望子成龙、光宗耀祖,仍然是被普遍接受的观念。因为望子成龙,因为希望子女实现自己的理想而严格得不近情理,甚至发生比"毒打"更为严重的悲剧的父母,在中国当今社会仍不在少数。这样来理解,我们对贾政的严厉与无奈,不仅应该理解、同情,甚至还应该有一份敬意,当今社会,恐怕也不是每一个父亲都能够像政老爷一样终于醒悟而放下名利之心,不再以自己的想法去逼迫儿女。

顺便提及,贾政作为弟弟,在兄长贾赦面前也是严格遵守"悌"道。利益之前,主动谦让;是非面前,从不争执。正是过分讲究恭让,对贾赦的胡作非为视而不见,客观上等于放纵了罪恶。对此,限于篇幅不加详论。

小　结

综上所述,作为儿子的贾政,是孝子的典型,尽其所能顺亲、娱亲。作为丈夫的贾政,对嫡妻王夫人给予了相当程度的平等与尊重,可以说是通情达理的丈夫;对侍妾赵姨娘,则像礼法所允许的那样,只是把对方当作享乐和生儿育女的工具,几乎毫无情义可言,在这一组夫妾关系上,充分体现了封建妾制的非人性和非道德性本质。作为父亲的贾政,对宝玉和贾环,尤其是对宝玉,理智上时时按传统家庭文化的要求,以"严父"自居。严的结果,一方面对儿子身上的顽劣之气有所约束,另一方面,用现代教育的眼光来看,不符合孩童成长发育的特点,给小孩的心灵造成了严重的伤害,宝玉善良、博爱,却软弱、毫无担当,

"于国于家无望"，原因当然有多种，但是，不成功的"父教"应该也是重要原因之一。除了严，贾政其实对所有的儿女，包括长子给他留下来的孙子贾兰，都有发自内心的一份慈爱，这一点，以前的研究关注不够。抛开观念性的标签，我们会发现，正统而平庸的贾政，不论是为人子、为人夫，还是为人父，都尽职尽责却又无可奈何。贾政的形象从一个侧面真实地揭示了父权制文明中男性的生存困境。

评点家青山山农说："贾政，优柔寡断，迂腐鲜通，日在伦常上用功，其于伦常大道理，全未窥见。居官不持大体，徒务小廉，致奴仆辈得以朋比为奸，是谓不忠。事亲，不积诚心，只听乱命，致子侄等得以恃符妄作，是谓不孝。兄刚而愎，未闻有所箴规，致以贪财获戾，是谓不悌。子顽而淫，未闻时加教训，致以好色亡身，是谓不慈。家计瞆瞆，毫无觉察，竟以千钧重担付之孽侄，背手跺脚，后悔奚追？腐儒诚不足与言国家大计也。"说贾政优柔寡断、平庸迂腐，乃至哪一种角色都没有扮演好有一定的道理，说他"不孝"、"不悌"、"不慈"乃至于"不忠"，则实在是高标准、严要求之下的苛责之词。

试说甄宝玉

——读红偶录之一

段启明

（首都师范大学）

《红楼梦》全书写的是以贾府、贾宝玉为核心的"四大家族"的故事。这"四大家族"除了贾家之外，史、王、薛三家也都有具体的人物故事。如史家，有史湘云；王家，除了嫁到贾家的王夫人、王熙凤，嫁到薛家的薛姨妈，还有王子腾、王仁；薛家，人物更多了，薛蟠、薛蝌、薛宝琴、薛宝钗……如果没有属于这三家的这些人物，也就没有贾家的那些故事——他们都是必不可少的。当然，林家也是重要的一"家"，因为有个林黛玉。除此之外，还有一个不可忽视的甄家，特别是那位甄宝玉。在前八十回里，这个甄府以及甄宝玉，虽然影影绰绰，但在关键时刻贾家的人总要提到甄家的事儿。到了后四十回，甄家不再"影影绰绰"了，续作者喜欢"落实"，于是，甄宝玉正面出场，侃侃而谈，连他爸爸也有了名字，叫甄应嘉。

一、"甄、贾"与"真、假"

《红楼梦》开卷第二回冷子兴"演说"荣国府之后，贾雨村立刻又"演说"了甄府及甄宝玉。对《红楼梦》读者来说，甄（真）、贾（假）宝玉几乎是同时"出现"的。就是说，这个朦朦胧胧的甄宝玉，实际上也贯串了全书始终。

雨村对甄家的介绍，虽然也提到"谁知他家那等显贵，却是富而好礼之家"①，但主要是甄宝玉其人：（1）甄宝玉说，他读书必须要"两个女儿陪着"，"方能认得字，心里也明白；不然我自己心里糊涂。"（2）甄宝玉教训小厮的一段精彩言论："这女儿两个字，极尊贵、极清净的，比那阿弥陀佛、元始天尊的这两个宝号还更尊荣无对的呢！你们这浊口臭舌，万不可唐突了这两个字，要紧。但凡要说时，必须先用清水香茶漱了口才可；设若失错，便要凿牙穿腮等事。"（3）甄宝玉还说过，挨打的时候，"急疼之时，只叫'姐姐''妹妹'……便果觉不疼了"。此外，雨村还介绍说，甄宝玉之祖母，对甄宝玉"溺爱不明"，甚至"因孙辱师责子"……凡此种种，皆可看出，甄、贾二玉，确属同类。

到了第五十六回，写"甄府家眷昨日到京，今日进宫朝贺。此刻先遣人来（贾府）送礼"。随后，又有四个管家女人来贾府"请安"。通过这"四个女人"与贾母等人的对话，又对甄宝玉作了如下的描述：

1. 今年十三岁。

2. 因长得齐整，老太太很疼。

3. 自幼淘气异常，天天逃学，老爷太太也不便十分管教。

4. 相貌与贾宝玉一样，甄家的四个女人一看到贾宝玉竟"吓了一跳"，以为"我们的宝玉后赶着也进了京了呢"。

5. 虽然淘气古怪，有时见了人客，规矩礼数更比大人有礼。所以无人见了不爱，只说为什么还打他。

6. 在家里无法无天，大人想不到的话偏会说，想不到的事他偏要行，所以老爷太太恨得无法。

7. 天生下来这一种刁钻古怪的脾气。

接着又写贾宝玉进入了十分离奇的梦境：他来到甄府的花园，被甄府的丫鬟们误认为是甄宝玉；随后又遭到这些丫鬟们的"涂毒"；见到了刚刚睡醒的甄宝玉，而甄宝玉正在述说着自己在梦中同贾宝玉在梦中相同的经历；两个宝玉相见，同时惊叹："原来你就是宝玉"……读者在前八十回里获得的关于甄宝玉的"信息"，主要就是上述这些。

除此之外，在前八十回中的两个重大"环节"处又都提到了甄府：

一是在"元妃省亲"之前的第十六回中，贾琏与凤姐、赵嬷嬷谈论"省亲"之事时，赵嬷嬷讲了一段关于当年"接驾"的话："那时……咱们贾府……只预备接驾一次，把银子都花的淌海水似的……还有如今现在江南的甄家（脂批云："甄家正是大关键大节目，勿作泛泛口头语看。"），嗳哟哟，好势派！独他家接驾四次（脂批云："点正题正文。"），若不是我们亲眼看见，告诉谁谁也不信的。别讲银子成了土泥，凭是世上所有的，没有不是堆山塞海的，'罪过可惜'四个字竟顾不得了。"

① 所引原文均据人民文学出版社 1982 版《红楼梦》。

二是第七十四回"抄检大观园"时，贾探春对这种"自杀自灭"的行径痛心疾首，她对前来"抄检"的人说："……你们别忙，自然连你们抄的日子有呢！你们今日早起不曾议论甄家，自己家里好好的抄家，果然今日真抄了。咱们也渐渐的来了。可知这样大族人家，若从外头杀来，一时是杀不死的，这是古人曾说的'百足之虫，死而不僵'，必须先从家里自杀自灭起来，才能一败涂地！"紧接着，第七十五回开头又写甄家的几个人来到王夫人处，还带着东西，"不知是作什么机密事"，"几个女人，气色不成气色，慌慌张张的，想必有什么瞒人的事情"，"邸报"上也说了，"甄家犯了罪，现今抄没家私，调取进京治罪"。以上的"叙述"，虽然都不是正面描写，但基本上也勾画出了甄府的兴衰历程：始而"好势派"，终而"抄没家私"、"一败涂地"——实际上这也正是贾府的盛衰历程。

显然，甄宝玉与贾宝玉，甄府与贾府，正是《红楼梦》中所谓"假作真时真亦假"这一理念的具体构思。问题是我们应该如何理解这一"理念"与"构思"呢？试陈管见如下。

（一）脂批有云，写甄家之宝玉，正是"遥照"贾家之宝玉，"凡写贾宝玉之文，则正为真宝玉传影"①。请注意，这里用的是"真"，而不是"甄"。就是说，批书人乃于无意中点明，所谓"甄宝玉"实即"真宝玉"。同回还有脂批云："又一个真正之家，特与假家遥对，故写假则知真。"但问题是书中的"甄（真）"是否即指"现实生活"中的"曹"呢？曹雪芹作为小说家，在自己的创作中，不可避免地时时展现着自己的"家族记忆"，表现着对家族兴衰的思考，并由此抒发了人世变迁、世态炎凉的感慨。从这个意义上来说，甄、贾之"甄"，似乎正是以其谐音而指代雪芹自身的真实家世，就是说，《红楼梦》里贾府的某些"故事"情节，就是曹家的"真事"的折射。当然，这只是从"创作手法"的层面上的理解，问题还有待于深入。

（二）20世纪初，王国维先生说："《红楼梦》，哲学的也，宇宙的也，文学的也。"（《红楼梦评论》）这就是说，《红楼梦》对人生的描写与探索，蕴含着哲学的思辨。如果从这个层面来理解书中的"甄（真）"与"贾（假）"，那似乎又不仅仅是一个"创作手法"的谐音问题了。很多论者都曾指出，《红楼梦》作者曹雪芹深受庄子思想影响，且以诸如宝玉读《庄子》（第二十二回）等等情节为例证。但实际上庄子思想对《红楼梦》的影响，远远不止于书中某些直接写到《庄子》的情节，这种影响"渗透"于整个作品对生命价值、人生世态乃至天地大块的看法之中。我们这里讨论的"真"、"假"之辨，作为一个带有哲学意味的话题，就是一例。《庄子·齐物论》说："昔者庄周梦为蝴蝶，栩栩然蝴蝶也。自喻适志与，不知周也。俄然觉，则蘧蘧然周也。不知周之梦为蝴蝶与，蝴蝶之梦为周与……"这是人们非常熟悉的一段"庄子文"，而且也有很多种讲解、阐释。郭庆藩的《庄子集释》中，对这段文字有《疏》云："昔梦为蝶，甚有畅情，今作庄周，亦言适志。是以觉、梦既无的当，庄、蝶岂辩真虚者哉！"②这是很有启发性的阐释。《庄子》的这段原文，似乎是说，究竟是庄周梦蝴蝶，

---

① 见甲戌本第二回。
② 见《诸子集成》第3册。《庄子集释·内篇·齐物论第二》。

还是蝴蝶梦庄周,是无法明辨的。《疏》则云,既然"觉"与"梦"已无"的当",那么,"庄周"与"蝴蝶"又岂能分辨孰"真"、孰"虚"?如此看来,"梦"与"觉"不可分辨,"庄周"与"蝴蝶"不可分辨,推而广之,"真"与"假"又如何能够分辨呢?何谓"真"?何谓"假"?在庄子那里,在《红楼梦》那里,是无所谓的。真就是假,假就是真,"假作真时真亦假"。所以,所谓贾宝玉、甄宝玉,贾府、甄府,都是合而为一的,"假(贾)"是如此,"真(甄)"亦如此。"石头"所"记"之"满纸荒唐言"既然可以称之为《红楼"梦"》,那还有什么"真"与"假"?都不过是"乱烘烘你方唱罢我登场","到头来都是为他人作嫁衣裳"!《红楼梦》是一部伟大的文学作品,这是毫无异议的;而伟大的文学作品,又往往充满着富有哲学"意味"的思索和感悟——尽管它不是什么"哲学理论",它的"哲学观点"也许并不正确。曹雪芹不仅以其神来之笔描绘了人生世态,感动着万世读者,而且,他试图对这世态人生加以解释,即所谓"解"(其中)之"味"——这正是一个伟大文学家的伟大之处。庄子的思想,无疑正是他赖以"解味"的"思想武器"之一(此外,雪芹在书中还提出了种种"思想",如正邪二气之说,无材补天之说,月满则亏之说等等)。然而,这些"思想武器",并没有让雪芹"参透"人生之谜,这正是作为伟大文学家的曹雪芹终其一生的最大的困惑、痛苦、无奈,所以,"谁解其中味"中的"谁"的设问,实际上是包括了雪芹自己的。

二、关于甄宝玉"送玉"

在《红楼梦》的前八十回里,还有一条脂批提到甄宝玉。第十八回写元妃省亲时点了四出戏,其中之第三出是《仙缘》。这是明代大戏剧家汤显祖的《邯郸记》中的最后一出,标名《合仙》。此处有脂评云:"《邯郸梦》中伏甄宝玉送玉。"对于这条批语,很多学者皆有论析,如孙逊先生把脂评透露的八十回以后的"误窃"(第八回的脂评)、"拾玉"(第二十三回的脂评)和这段脂评所说的甄宝玉"送玉"三者作为八十回以后的情节联系起来,详加辨析,并作了几种推测,其中之一是"此玉被偷走后,辗转到了甄宝玉手里……因而他送来了。"① 周汝昌先生的看法,主要见于其《红楼梦新证》(892页):"(《仙缘》的)剧情是八仙会集,点度'痴人'卢生。可见这是宝玉出家的事,有人来相牵引。所以我想也许是甄宝玉后来来找贾宝玉,真假会合,这才'悬崖撒手'的?总之'送玉'是送宝玉出家。这和通灵玉'误窃','凤姐扫雪拾玉'一节本是两回事……"。

此外,可能还有不同的论析。但这里一个重要的问题是,"送玉"之"玉",究竟是指那块"通灵宝玉"呢,还是指贾宝玉其人?孙先生的意见,当是前者;而周先生的表述则显然是后者:"'送玉'是送宝玉出家。"实际上作为八十回以后的情节,究竟是前者还是后者,我们今天是难以确断的。喜欢"探佚"的朋友,自然可以继续"探"下去,而这里所要讨论

① 《红楼梦脂评初探》第185—186页。

的主要是关于甄宝玉这个人物。

从现在可以看到的脂本的前八十回中，甄宝玉这个人物，或由别人叙述，或在梦中显现，而始终没有正面"出场"。脂批说："甄家之宝玉乃上半部不写者。"这似乎"透露"出在八十回以后的原稿中，这个人物应该有较多的"笔墨"，会不会像程本这样活生生地走到"前台"来，我是很怀疑的。相反，雪芹原稿中很可能是继续以"虚写"的笔法，把甄（真）贾（假）二玉写得时分时合，你中有我，我中有你，一如前八十回中的状态。由此推想，"送玉"之事，也完全可能还是"虚写"，比如在贾宝玉梦中甄宝玉送来了那块丢失多日的"通灵宝玉"，并赋予它特殊的意义，以点悟贾宝玉。《邯郸记》中最后一出《合仙》（即《仙缘》）的重心，就在于众仙对卢生的点悟。剧中张果老说："众仙真，可将他梦中之境，逐位点醒他，证盟一番，方好收度。"于是以六首《浪淘沙》曲子逐一点破卢生梦中种种经历，而每首曲子的最后一句，都是一声棒喝："你个痴人！"最后，卢生说："弟子老实醒也。"由此看来，脂砚在《仙缘》这里写下"伏甄宝玉送玉"，说明"送玉"的主旨，就是"点醒"梦中人！至于说甄宝玉来"送"贾宝玉出家，并关联到"悬崖撒手"，这自然也只能是推想。总之，既然"送玉"与《仙缘》相绾合，其主旨当在"点醒"与"点悟"。后四十回里的第一一五至一一六回，在贾宝玉会见了甄宝玉之后，也写了"送玉"（送回"通灵宝玉"）之事，但"送玉"者不是甄宝玉，而是一个神奇的和尚，并且在和尚的引导下贾宝玉又游了一次"太虚幻境"。这与脂评所说的雪芹原稿中"甄宝玉送玉"是否有些关系，是否为续作者之"改字"，亦不敢断言。

三、且看后四十回中的甄宝玉

然而，进入后四十回之后，甄家的事情特别是甄宝玉这个形象越来越"真实"化、"具体"化了。

首先写了一个甄家推荐到贾府来的包勇（第九十三回）。此人出场，不可小觑。且不说他本人在以后的情节中被派上用场，仅就当时回答贾政的一段话，就是"大关节"——表明在《红楼梦》后四十回作者笔下，甄宝玉这个在前八十回中比较朦胧的人物的性格被彻底地改变了，为甄宝玉的真正出场，大讲文章经济，做了铺垫。到了第一〇七回，又通过包勇的故事写出了正是贾雨村在关键时刻"狠狠的踢了（贾府）一脚，所以两府里才到底抄了"。而包勇"趁了酒兴"，大骂坐在轿内的贾雨村是"没良心的男女"！不久，又有包勇护院擒贼之事（第一一一至一一二回），更表现了他的一片忠勇。第一一四回，又突然写"江南甄老爷到来了"，并很细致地写出了甄老爷"即是甄宝玉之父，名叫甄应嘉，表字友忠，也是金陵人氏，功勋之后……"此次进京，乃是"主上眷念功臣，赐还世职"，另有新委，而且"因小儿年幼，家下乏人，将贱眷全带来京"。于是，在下一回书中，就真真切切地写出了甄宝玉来到贾府与贾宝玉、贾兰的交谈、对话。读者始知这个甄宝玉已经变成了一个大讲"显亲扬名"、"言忠言孝"、"立德立言"、不负"父亲师长养育教诲之恩"的超正派的人物了。

由此看来，后四十回中涉及甄家及甄宝玉的文字，主要表明了两点：一是甄家复兴；二是甄宝玉"改邪归正"。而这两点，恰恰与后四十回的总体构思完全一致：贾府显然是"家道复初"、"延世泽"了；贾宝玉虽然披着大红星星毡斗篷出了家，但出家前的贾宝玉实际上已经与前八十回中的贾宝玉完全不同了（这些话题当另文细论）。更值得注意的是，后四十回里把甄宝玉这个原本具有某些"意象"意义的、朦胧的人物形象写成了"舞台"上一个实实在在的"角色"，显然是削弱甚至扬弃了曹雪芹在前八十回中赋予"甄宝玉"及"江南的甄家"的"哲学意味"。总之，甄（真）与贾（假），都纳入了后四十回续作者的基本思路，而这种"思路"以及具体的写法，与雪芹原意无疑是大相径庭的。

我们无意全盘否定后四十回，更不会把它丢到厕所里去；对它的评价，也不会简单地以是否符合前八十回的思路而予以褒贬。但是（请原谅，这里只能又用"但是"），我们无论如何也不能无视那明显的"落差"，以及那"落差"中所显示出来的后四十回的缺欠。一个甄宝玉，从前八十回里的富有哲学意味的"意象"（姑且借用这个名词），到后四十回中一下子就变成了满腹功名的人物，这个"落差（仅差）"还不值得思考吗？这里不是指责续作者藉改造后的甄宝玉鼓吹了"功名思想"，因为在那样的社会里，追求功名，可谓人之常情。而作为"作家"的续作者，如此拒绝或不能理解有关人生的探索、哲学的思考、空灵的追求，显然是令人遗憾的。我想，我们阅读后四十回常常会有不满足的感觉，那"症结"大概就在这里吧。

2010 年 8 月初稿

2011 年春节改定

于北京西郊花园村

求索不辍 境界常新

——体味冯其庸先生的学术品格

张　晨

（辽宁省人大教科文卫委员会）

一

有幸认识冯其庸先生已是十六年前的事情了，他当时给我印象最深的是，额头宽宽的，目光炯炯，笑容里含着宽厚和诚挚。给人一种真切的"望之俨然，接之也温"的感觉。那时，我正在鲁迅美术学院任职，学校专门请他来做学术报告，并举行了特聘他和杨仁恺先生为鲁美名誉教授的仪式。自此以后，我渐渐地成了他忠实的读者。每当新书出版的时候，他都会托延奎兄捎给我，并总是于扉页处签上自己的名字，这让我倍感亲切和珍贵。我喜欢他的严谨而流畅，平实而深邃的文风，更加确信"文如其人"的千古定律。我也非常喜欢他的书法和绘画作品，我家的客厅里挂着他七十八岁时写的条幅，餐厅里挂着他八十八岁时画的梅花图，我时常能够感受到他的书画里散发出来的疏朗俊逸的气息。

读冯其庸先生的著作文章、诗词绘画，最让我感动和敬佩的是他的卓然独立、一以贯之的学术品格。

依常理而论，冯老已是著作等身、声名远播的大学者了，已是聚诗书画诸艺于一身的艺术大家了，现在年事已高、身体又多病，该是悠闲自在、颐养天年的时候了。但是，他似乎从来就没有真正地休息过，依旧是兴致勃勃，孜孜不倦，求索不辍。

冯其庸先生在2009年出版的《瓜饭集》中收录一篇写于1988年的文章，题为《大块假我以文章》,这是一篇回忆童年和青年时期所受苦难的散文,他在文中说,他之所以将自己的书房取名为"瓜饭楼",就是为了不忘记吃南瓜度日的苦难经历。他把人生的经历比做自己书写的文章。他在文章的结尾处写道:"至于我自己呢?现在还在写一篇充满艰难困苦、甜酸苦辣和充满着人生的热情、人间的友情和爱情,充满着学术上的探奇和幻想精神的文章。""总之,我现在写的是一篇暂时还写不完的文章。"从中可以看出,他对自己的人生使命认识得十分清晰。不管有多少酸甜苦辣,不管有多少艰难困苦,他都会饱含热情和真情地勇敢前行。"充满着学术上的探奇和幻想精神",既是他的性格使然,也是他的使命所在、乐趣所在。在艰难困苦中求学求知的经历,使他对学术有着深入骨髓的挚爱。他把数十年的精力倾心地贡献给学术,同时也从学术中获取了无可替代的心灵上的滋养与慰藉。这使得他于今仍在书写着的这篇人生大文章既丰富厚重,又生趣盎然。

二

早在上个世纪五十年代,著名京剧表演艺术家盖叫天曾亲自对冯其庸先生说:你知道我这几分钟的"圆场",是走了几千里的路才走出来的吗?冯其庸先生那时还是人民大学的年轻教员,他对此感慨不已,并产生了强烈的共鸣,他说:"这些老艺术家了不起的本事是一辈子苦练出来的,不是一天两天炼成的。做学问也是一个道理,需要一辈子下真功夫、苦功夫。有人想短时间就成为专家,怎么可能呢?"诚如叶君远所说,"一辈子下真功夫、苦功夫",由此成了冯其庸先生身体力行的座右铭。

冯其庸先生以为,读书或读诗,一是要有功力,文字、音韵、训诂之学不可不治,史学不可不治,这是大厦的基础;二是要能解会,要能领悟。如果只有死读书,不能贯通融会,不能妙悟,缺乏灵气,那么也终究不能有所发明的。

这是他青年时期的学习体会,也是他一直坚持的求学求知的基本路径。他在学问上所下的真功夫、苦功夫,真是世所罕见。叶君远在《冯其庸传》中记载了冯其庸先生在人民大学任教时为了讲授《离骚》所下的真功夫、苦功夫:"他把几种注本都借来,对照着读,从字,到词,到段,到篇,一层一层,直到完全理解贯通,了无窒碍,直到有了自己新的、深一层的理解,他还把全诗翻译成白话,多数能背诵了,才去讲。"冯其庸先生自己也讲过"在重重的课程压力下,我克服了凄清的心情,勤奋读书,每天到深夜,数十年如一日。"(《瓜饭集·自序》)。

在《敝帚集》中,冯其庸先生详细记述了他抄写《石头记》的经过,1966年"文革"开始时,他首先受到了冲击,他的《红楼梦》也被抄走了,而且还被当做黄色书籍展览,这使他感到十分气愤和震惊,他非常担心这部巨著从此被彻底毁掉,他下定决心要把影印庚辰本《石头记》抄录下来。每天夜深人静以后,他就用毛笔依原著行款朱墨两色抄写。因为每天只能深夜抄写,所以整整抄了一年。他说,"这一年的抄写,是我真正深入《红楼梦》的过程"。"到抄完这部书,我自觉从思想上与曹雪芹的'满纸荒唐言,一把辛酸泪。都云作

者痴，谁解其中味'相通了许多。我最后抄完了重读此诗，忽觉这四句诗实在就是一部《红楼梦》的最好的概括，此诗既是开头，更是全书的总结！从此以后，我大概算进入读《红楼梦》的真境界了。"

经过长期的辛勤努力，他已积蓄了深厚的学术功力，养成了广博的文化素养，可他仍旧觉得自己读书不多，古文字学得功夫不足，他在78岁时感叹道："如果能加我一倍年寿的话，我一定从现在开始再从头学起，以前学的，实在太少太浅了！我感到中国的学问实在太深太广了，如果真的让我再从头学起的话，现在我可能知道如何学习了！"（《瓜饭集·我的读书》）

三

茨威格曾经说过："凡是感到一种秘密时都要穷追其竟，这是人的精神的最为可贵之处。"可以说，人世间的所有学问，都是经由追询而得来的，都是在不断探究中取得的。然而，在追寻和探究的过程中终归是要付出代价的，有时甚至是巨大的代价。如果我们只是仰慕和感叹大学者的成就，而不去体味他们的艰辛、痛苦与快乐，终是距学术很远、很远。

抗战胜利后，冯其庸先生读到了《大慈恩寺三藏法师传》，玄奘追求佛典经义而万死不辞的勇气，实实震撼了他的心魂。他感到，"私心窃慕，未有穷已。窃以为为学若能终身如此，则去道不远矣；为人若能终身如此，则去仁不远矣！"为了追求真理而顽强探索的精神由此在他的心中生成，并逐渐得以确立，进而成为他的学术品格的一个显著特征。

几十年来，冯其庸先生奉行的学术道路，一是重视文献，二是将文献资料与实物对证，三是实地考察。他认为，这不但是基本的原则，而且是行之有效的。他在研究《红楼梦》的过程中，首先接触到的是曹雪芹的家世问题，其中也涉及到祖籍问题。那时，周汝昌先生关于曹雪芹上祖的籍贯是河北丰润的结论，已为学界广泛采信。冯其庸先生通过搜罗大量的文献，深入研究了《五庆堂辽东曹氏宗谱》，还亲自到沈阳、辽阳等地实地考察了有关曹氏上世的碑刻、牌坊等实证，最后得出了曹雪芹的祖籍是辽阳的结论。他的《曹雪芹家世新考》1980年初版时近30万字，1997年增订时达到56万字，2007年三版时达到80万字，大量的翔实的资料和严密的论据，使别人无法置喙，因为实在拿不出能够推翻这些资料的论据出来。

他特别注重实地调查，自称是在"读天地间最大的一部书"。从1986年到2005年的20年间，他十赴新疆，三次上帕米尔高原红其拉甫和明铁盖达坂，其海拔高度是4900米和4700米，两次穿越塔克拉玛干大沙漠，并积数年之功，绕塔里木盆地走了一圈。这一次规模浩大的西部大考察，从60多岁一直延续到80多岁。他的顽强的探索精神和非凡的气魄，给中国的学术界带来了巨大的震撼。他所写的《玄奘取经东归入境古道考实》，解决了千年悬案。对此，佛学大师赵朴初给予了"跋涉艰辛，考察周详，不胜感佩"的高度评价。

四

很显然，冯其庸先生的学术精神，是一种愿意将任何假设或理论加以验证的精神，这无疑是非常先进和科学的。他拥有一颗始终向往着创造的心灵，他的思维空间一直是开放着的，是可以向着深度和广度自由伸展的。

正是由于他建构了开放的思维空间，始终保持着对有关联的问题、有关联的学科、有关联的领域的浓厚兴趣，所以，他的学者生活不但不单调、枯燥，反而更加有滋有味，多姿多彩。同时，他也为自己的学术路径的进一步延伸，学术领域的进一步拓展，创造了十分有利的条件。

比如，他在讲授和研究古典文学，并且屡有建树的同时，又对京城的戏剧舞台产生了浓厚的兴趣，还在报纸上连续发表了精彩剧评，引起好多梨园界的艺术家的关注，将他引以为知己。再比如，他一方面以曹雪芹的家世和《红楼梦》的版本为主要研究目标，另一方面还时常关注对《红楼梦》思想内涵的研究。当人们正在谈论他对红学考据所做的杰出贡献的时候，他的注意力已经转向了《红楼梦》的思想研究，随后便有了《论红楼梦思想》等一系列学术成果的问世。

冯其庸先生的研究领域还经历了由文学研究、戏曲研究、红学研究，到历史研究、文化研究、书画研究的跨越与拓展。他在十赴新疆的过程中展开的历史文化大考察，开辟了他学术领域的新天地。读他的《西域纪行》和《瀚海劫尘》，可以体会到他考察时的阔朗心境和飞扬的神思。与学界的好友论学，是冯其庸先生的一大乐趣。在与启功、刘海粟、朱屺瞻、谢稚柳、徐邦达、杨仁恺等先生的交流切磋中，他进一步拓展了书法和绘画研究的新境界。对此，他的《瓜饭集》中有很多深情而有趣的记述。

五

体味冯其庸先生的学术品格，不能不体味含蕴其中的诗人禀赋和诗人气质。读他的学术著作、文章，总能感觉到诗情的流露与灵感的跃动。

比如，他在《论程甲本问世的历史意义》一文中就有这样一段散文诗一般的论述："因为曹雪芹实在太过崇高了，所以后四十回难以比肩。但是如果拿后四十回与后来的众多续书来比，它仍然是众多续书中的一座高峰。譬如华山，曹雪芹的前八十回如果是东峰、南峰、西峰这太华三峰的话，那么后四十回就是北峰。从山下走到北峰已经是十分艰险了，俯瞰周围也已经是群峰罗列了，但是再仰望三峰，依然是云雾缭绕，高不可攀。所以后四十回自有它不可磨灭的价值。"还比如，他在《千古文章未尽才》中写道："曹雪芹的《红楼梦》是一部伟大的现实主义巨著，他精确地反映了我国清代康、乾时期的社会历史面貌，塑造了栩栩如生的典型形象。特别要指出的是它比欧洲最早的现实主义大师司汤达（1783—1842）、福楼拜（1821—1880）要早出整整一个世纪，也就是说，世界文学史上由

作家创作的现实主义文艺的强烈光芒,是由东方的中国遥遥领先地放射出来的。"在他的著作文章里,时常可以看到系统的考据、严谨的论辩与饱满的热情完美地结合在一起,使人感觉到这是一种"含着微笑的阐说",是一种"心与心的交流"。

冯其庸先生很小的时候就开始作诗填词了,以后虽然以学术研究为主业,但从未终止过诗词创作。他的有些诗其实就是在形象地述说他的学者识见、史家情怀。比如,他在发现吴梅村墓后所做的诗中写道"天荒地老一诗翁,独立苍茫哭路穷。千古艰难惟一死,伤心岂独属娄东。"又比如他在海南岛游览苏东坡流放地所做的《儋州东坡歌》中说:"东坡与我两庚辰,公去我来九百春。公到儋州遭贬谪,我来中和吊灵均。至今黎民怀故德,堂上犹奉先生神。先生去今一千载,四海长拜老逐臣。人生在德不在力,力有尽时德无垠。寄意天下涛涛者,来拜儋州一真人。"再比如,他在鉴定俄藏《石头记》抄本时所做的诗中说:"世事从来假复真。大千俱是梦中人。一灯如豆抛红泪,百口飘零系紫城。宝玉通灵归故国,奇书不胫出都门。小生也是多情者,白酒三杯吊旧村。"

六

在冯其庸先生的精神世界里,学术研究与艺术创作始终是相通相融的。他研究诗词文章,也从事诗词文章的写作;他研究书法绘画,也从事书法绘画的创作。将学术研究的所得付诸于艺术创作,再将艺术创作的所悟作用于学术研究,如此循环往复,以致形成独具特色的大家风范。

中国文化向有圆通和融的特质,冯其庸先生对此理解甚深,并掌控自如。诚如《冯其庸传》所述"除了专业学问以外,对于传统文化的方方面面,如古典戏曲、古典园林、紫砂工艺、汉代画像、绘画书法篆刻等等,他都广泛涉猎,并且不是一般性的了解,而是钻研得很深,在传统文化方面具有他那样全面修养的学者是很少的。"冯其庸先生自幼就痴迷于写字画画,以后数十年也一直研习不辍。这在他的《学书自叙》、《学画漫忆》中均有较为详尽的记述。长期的艺术实践,使他的书画作品逐渐形成了自己的独特风格,也使得他对书画之道的理解越来越深刻,技艺越来越精到。以致他对其他书画家的作品的评论,往往一语中的,令人十分信服。

冯其庸先生的诗书画俱佳,已经达至"三绝"的境地。他的诗,境界很开阔,语言畅达,不但奔放苍劲,而且往往流溢着和煦的真趣。他的字,看似随意写来,却是修短合度,平正中可见变化自如,疏朗中愈显意味绵长。他的画,气足而俊逸,意奇而简约,具有浓郁的书卷气和那种轶于象外的风韵依依。他的诗书画是他的情感世界的真实写照,是他的学者情操的形象再现。

总之,我对冯其庸先生的人品学品艺品历来是非常敬仰的,总想有机会来竭力地表达我心中久存的感动,可是,真的动手写起来的时候,方知笔力的拙钝,言不及义,心自惶惶。尽管如此,我依然坚信,冯其庸先生的学术品格和他所创造的学术成就,不但将对我国文化发展的进程产生不可替代的积极影响,还将对有志于学术研究的人们产生言说不尽的启迪和影响。

《红楼梦》韩译时面临的难题

——以"文化空白"为中心

［韩］高旼喜

（韩国翰林大学）

一、引言

崔溶澈、高旼喜共同翻译的《红楼梦》韩译本自 2009 年 7 月出版以来，作为译者之一的笔者，仍持续地为弥补修订韩译本 [①] 中未能解决的遗憾倾注了不小的心力。在此过程中，通过研读中国翻译学界对《红楼梦》翻译的相关批评论文，笔者受益颇多。虽然《红楼梦》的翻译研究的现状，已积累了大量学者的研究成果，但至今这些文章大部分是对 David Hawkes 和 John Minford 共译的 *THE STORY OF THE STONE*（1973—1986）以及杨宪益和戴乃迭共译的 *A DREAM OF RED MANSIONS*（1978—1980）这两部英译本的分析。

对这两部英译本的批评，大体的倾向可看作是集中在如何克服语言与文化差异，及未能克服的遗留问题是什么上，"归化"与"异化"问题成为人们主要争论的焦点。

韩译本也存在"归化"与"异化"问题，虽然语言与文化差异对应的现象与英译本不同，但遗留下来的问题却一点儿也不比英译本少。因此译者参考英译本评论成果，结合自身翻译的经验，对韩译过程中解决起来有困难的问题，客观地给予批判和一一

[①]　以下所称韩译本均指崔溶澈、高旼喜共译的《红楼梦》韩译本。

整理。

若要说翻译《红楼梦》的目的,就是向译入语读者们介绍传达《红楼梦》内在的思想及丰富的中国文化,起到跨文化交流的作用。但是,韩译本仍有一些未能准确传达的文化层面的空白。这可以说是译者最应该攻克的难题,也可以说是一种遗憾。因此,本稿将探讨韩译本中出现的这种"文化空白"现象,以达到修正和弥补的目的,同时也有要将与英译本不同现象向学术界报告之意。与此同时,本稿提出了弥补这类"文化空白"的方案,这些方案可能有不妥之处,但仅作为今后实践时的一个参考。

二、《红楼梦》韩译——以跨文化交流为目的

随着 21 世纪世界全球化时代的到来,我们比以往任何时候都更重视国家和民族之间的疏通。这种疏通,是应当以文化理解为基础的。"第二次世界大战以来,伴随着交通和通信科学技术的飞跃发展,世界正走入信息社会,地球日益'缩小',不同文化背景的人们的交流日益频繁,人类的跨文化交流进入了一个新时代。"① 与这样的社会需求相适应,跨文化交流学(intercultural communication)这门新兴的学科在美国等西方国家应运而生。

在今日人类跨文化交流日益频繁的环境中,为了在不同文化的人际间、群体间、国际间的交流避免误会,进行有效的交流,在人际间建立良好的关系,在群体间增进理解与合作,在国与国之间促进彼此的友好相处,有利于人类的和平与发展,人们需要了解跨文化交流的知识,提高跨文化交流的能力。②

为了了解跨文化交流的知识,提高跨文化交流的能力,双方直接的交流是最好的方法。但是因为这种直接的交流受很多因素影响,我们不得不使用其他各种手段,翻译是其中最有效的交流之路。在不同文化圈之间相互交流的层面上,"翻译是人类跨语言文化的交流活动,是推动人类社会进步的重要手段和途径之一",③ 同时"翻译实际上不仅仅是语言符号之间的转换,而是一种动态的跨文化交际活动(intercultural communications),这一点在学术界应该说已达成了共识"。④

所有文学作品的翻译皆如此,《红楼梦》韩译更是以这种跨文化交流为目的的。具体有以下两点:其一《红楼梦》的"中国百科全书"的特质,使得这部作品的翻译成为跨文化交流之非常有效的媒介。另一个原因是,中国古典小说最高峰的《红楼梦》竟未被韩国读

① 关世杰《跨文化交流学》,北京大学出版社,1995 年,前言。
② 同上,第 5 页。
③ 冯庆华主编《红译艺坛——〈红楼梦〉翻译艺术研究》,上海外语教育出版社,2004 年,总序第 3 页。
④ 魏芳《翻译策略:译者在特定翻译情景下的选择——〈红楼梦〉两种译本文化内容的翻译策略比较》,刘士聪主编《红楼译评——〈红楼梦〉翻译研究论文集》,南开大学出版社,2004 年,第 116 页。

者广泛认知,从跨文化交流的层面上看,笔者感到传播迫在眉睫。

对作为跨文化交流媒介的《红楼梦》,周汝昌曾言:"每当与西方或外国访问者晤谈时,我总是对他们说:如果你想了解中华民族的文化特点特色,最好的既最有趣又最为捷便(具体、真切、生动)的方法就是去读通了《红楼梦》。……《红楼梦》是我们中华民族的一部古往今来、绝无仅有的'文化小说'。"① 刘梦溪也对《红楼梦》中的文化内容说过"古代文学作品中,没有哪一部有《红楼梦》这样丰盈的文化包容量。我们从《红楼梦》里几乎看到了整个中国文化。特别是我们民族的人文意识和人文传统,可以说尽在其中了。换言之,《红楼梦》作为一种文化现象,它所流露的文化精神,很可以称为整个中华民族的历史文化精神,这方面的内容,今天当然可以而且应该传播。"②

可定义为"文化小说"的《红楼梦》,几乎所有中国文化都融汇于此,通过它,可以很好地理解中华民族的人文意识、人文传统等文化精神。从这一点上看,翻译和介绍《红楼梦》是韩中文化交流最有效的方法。

或许有人会提出"创作于18世纪中叶的《红楼梦》真的具有能够成为21世纪韩国读者跨文化交流疏通的媒体作用吗"?可是《红楼梦》与其他被称作经典的世界名著一样,的确具有能超越时空的价值,依旧存在于中国人的日常生活和思想中。从这个意义上说《红楼梦》当之无愧。

此外,从《红楼梦》还未在韩国被广泛认知这点上来看,通过翻译进行文化交流是非常有必要的。从朝鲜时代开始直到今天,世界上任何一个国家的读者都没有像韩国读者那样接近中国古典小说。但是由于各种原因,韩国读者们对《红楼梦》却非常陌生,甚至书名都很少听过,知道贾宝玉、林黛玉和薛宝钗的人更是少数。因此可以说韩国读者对《红楼梦》的认识比起其他中国古典小说,相对要生疏得多。所以今后应该更加致力于《红楼梦》在韩国的介绍和传播。

就翻译的实质来说,并非是不同语言的转换,而是用不同语言对原作内涵的再现,是翻译与文化传播。所以,翻译工作者素有"文化使者"之称。③ 作为"文化使者"或是"文化中介人"的译者,负有将原作的内容和含义忠实地传达给译文读者的使命和责任,从"传达"的层面上说,原作的内容和含义可以说是一种"信息"。

针对这点,崔永禄在《霍克斯译〈红楼梦〉中倾向性问题的思考》一文写道:"翻译是一个信息传递过程。一部译作总应该说是在原作的基础上产生的。……译者如果不传达原文发出的信息就无所谓翻译。可以大概地说,译作应主要传达原文的三种信息:主题信

① 周汝昌《红楼梦与中华文化》,华艺出版社,1998年,第4页。

② 刘梦溪《传统的误读》,河北教育出版社,1996年,第298页。

③ 李绍年《红楼梦翻译学概说》,《语言与翻译》1995年第2期。

译文中要传达的三种信息中的主题信息,是即使语言与文化不同,作品本身已经具有了超越时空、接受共鸣的价值,因而有信息传达的可能性。艺术信息是作者为了传达主题信息而采用的艺术表现,虽然各民族的艺术形式有所不同,但是根据译者的能力,能够达到完全或类似程度的传达。尽管如此,要将民族固有的文化特征、文化信息完好无损地传达并非易事。可以说翻译工作中,最大的难题正是文化信息的传达。

众所周知,《红楼梦》所包含的文化信息很丰富,强调"《红楼梦》的翻译是文化翻译"②的同时,指出"试看我们《红楼梦》的翻译,这本中国瑰宝《红楼梦》的译文,只要认真研究一下,难道我们不会发现译文中中国文化的损失的确是太多了一些吗"③的中国学者担忧的正是对文化信息无法完全传达。

《红楼梦》的韩译也不能例外,译者为正确地传达这里面的文化信息也是煞费苦心。韩国属于汉字文化圈国家,韩国读者对中国文化的理解相对容易,尽管如此,文化差异的交流实属无法跨越的难关。

交流难导致理解上的不足,几乎接近"空白"的状态,本稿将借用俄罗斯翻译理论家 I.Q.Sorkin 提出的用语"文化空白(cultural blanks)"来表达。

《红楼梦》韩译本基本上是以异化的方式为翻译的原则,必要时也采取归化的方式,对读者可能会难以理解的部分借用脚注或文内注的形式加以说明。但是,为了不妨碍小说阅读的趣味性,尽可能地减少了注释的数量,因而只能任由对中国文化理解的"空白"大量存在。

在下文中,笔者将对《红楼梦》韩译本出现的"文化空白"现象加以阐述,并由此对《红楼梦》翻译中文化信息传达的难点做具体的阐述。

① 刘士聪主编《红楼译评——〈红楼梦〉翻译研究论文集》,第81—82页。崔永禄进一步说:"主题信息包括原文的思想内容、作者的意图和语义效果。这些是翻译最应着重的部分。……艺术信息是作者为实现和加强主题信息所采用的艺术手段,它不能脱离主体信息而单独存在。艺术信息包括篇章结构、句子组织、修辞的运用、词汇的选择等,总之是文本的总体风格,体现着原作的艺术成就。这一般来说是由语言的篇章组织功能实现的。文化信息指原作中体现的民族文化特征,特别是不同于其他民族的语言和文化的独有的特征。……当然,主题信息和艺术信息都与文化信息有关,但它们又各有其不同的方面,如主题信息可以是各种文化共有的主题,如爱情、生与死,对真善美的赞颂和对假丑恶的鞭苔。艺术信息则是作者运用各种艺术手段所达到的效果,不同的语言可有不同的艺术形式,然而会产生相同或相近的效果。……而对于民族的独有的文化特征,则不能再创造或改变,否则就会产生文化信息遗失,对原文的文化也可以说是一种贬损。"
② 左飚《文化翻译的策略及其制约因素以〈红楼梦〉两个全译本对原文本文化信息的处理方式为例》,《上海翻译》2009年第1期。
③ 崔永禄《霍克斯译〈红楼梦〉中倾向性问题的思考》,刘士聪主编《红楼译评——〈红楼梦〉翻译研究论文集》,第90页。

三、《红楼梦》韩译本出现的文化空白现象

文化空白主要是指源语中那些对译入语读者来说不可理解或极易误解的文化信息，它在一定程度上阻碍了跨文化交流的顺利进行。[①] 译入语读者无法理解或容易误解的文化信息，可以通过文化负载词(culturally-loaded-words)的翻译有所了解。文化负载词"指那些在其原始意义或概念意义之上，蕴含丰富的社会文化意义的词语"。[②]《红楼梦》的文化负载词即蕴含中国民族固有的社会文化意义的所有词汇。

本稿中就《红楼梦》内含有的文化负载词聚焦在韩译本中解决起来有困难的文化空白现象，放大分解成"承载了中国文化精髓之文化负载词"和"汉语特有的文化负载词"来阐述。

事实上翻译中语言与文化有着密不可分的关系，可以不必分别论述。但是语言与文化虽有共通的一面又有各自不同的特性，因此分别论述更为妥当。

表现这种文化空白现象的文化负载词的种类和数量之庞大，论文独立成篇也无法完全涉及，本稿考虑到篇幅所限，仅将在韩国语翻译过程中认为是较大难关的文化负载词作为对象进行梳理。

1）承载了中国文化精髓的文化负载词

众所周知，《红楼梦》是中国文化集大成的鸿篇巨著。冯其庸先生和李希凡先生主编的《红楼梦大辞典》[③] 将《红楼梦》里蕴含的中国文化的精髓分为词语典故、服饰、器用、建筑、园林、饮食、医药、称谓、职官、典制、礼俗、岁时、宗教哲理、诗词韵文、戏曲、音乐、游艺、文史人物、地理等方面进行了说明。同时通过"说《红楼梦》是中国文化的百科全书，一点都不为过。……对中国文化研究，尤其是对明清时期的文化研究，《红楼梦》无疑是一个极其重要的资料库"[④] 的见解中，也可见文化小说《红楼梦》的重要性和优点。但是这种优点在《红楼梦》的翻译中反而变成了一个难题。通过翻译将《红楼梦》的所有文化一并完整地表现出来，不能不说是一件困难的事。

《红楼梦》的翻译中对"承载了中国文化精髓的文化负载词"有以下四种翻译的形态。

第一种是无需注释等另外说明的文化负载词的翻译。韩国读者比起西洋文化圈的读者对中国文化及汉字有更高的理解。当受过教育，或在生活中学过，接触过的词汇成为《红楼梦》中的文化负载词时，理解起来并不难。

例如"尧"、"舜"、"孔子"、"孟子"、"则天武后"、"杨贵妃"等文史人物，如"不肖"、"口碑"、"春秋"、"云雨"等词语典故，如"因果"、"阿弥陀佛"、"神仙"、"地狱"、"观音菩

---

① 陈正华《文化空白的翻译》，安徽大学硕士学位论文，2006年。

② 张红艳《试评〈红楼梦〉汉语化负载词的翻译》，《安徽大学学报(哲学社会科学版)》第24卷第4期。

③ 冯其庸、李希凡主编《红楼梦大辞典》，文化艺术出版社，1991年版。

④ 冯庆华主编《红译艺坛——〈红楼梦〉翻译艺术研究》，第480页。

萨"等宗教用语,如《四书》、《中庸》、《大学》等古籍,如"百发百中"、"同病相怜"、"人之常情"、"神出鬼没"等成语就属于这种情况。

第二种是虽与韩国读者有些文化上的差异,但通过注释可以理解的文化负载词的翻译。例如"大比"、"应制"、"义庄"等典制,如"道台"、"巡抚"、"学政"等官职,如"瞀旷"、"离朱"、"吕洞宾"、"娥皇女英"等文史人物,如"偈"、"洞元经"、"符胆"、"暗九"等哲理宗教用语,如"鸡窗"、"吃醋"等词语属于这类。这种文化负载词对韩国读者来说是非常陌生的用语,然而通过注释的方式是可以表达清楚词汇的意思并被充分理解的。

第三种是即使加了注释,仍很难被读者理解的文化负载词或是不加注释直接照搬原文用语,文化含义不易被完全地转达的文化负载词的翻译。后者也包含用释义的形式翻译的情况。例如"汗巾"、"斗篷"、"凤冠"、"霞帔"、"琵琶襟"、"璎珞"、"鹤氅衣"、"深衣"等服饰用语,如"牌坊"、"垂花门"、"月洞门"、"穿堂"、"仪门"、"影壁"等建筑用语,如"元宵"、"南小菜"、"鸽子蛋"、"燕窝汤"、"粽子"、"腊八粥"、"槟榔"等饮食用语,"神签"、"签书"、"内象三爻"、"比肩"、"神马"等哲理宗教用语,如"划拳"、"抢新快"、"打天九"、"灯谜"、"十严"、"二饼"等游艺用语属于这类。像"三千银子"、"三万两"、"五百钱"、"四串钱"、"一吊钱"等钱的单位,也很难估量当时价值几何。

第四种是替换成相应的译入语,其文化含义几乎消失或者大部分消失的文化负载词的翻译。因译者自身对这样的文化负载词的不易把握,可以说这类误译是比较多的。例如"兜肚"、"背心"、"大袄"、"裈"等服饰用语,"炕"、"绣墩"、"交椅"、"拔步床"等器皿用语,"坐床撒帐"等有关风俗的用语,翻译时替换成韩国人穿着或使用的类似的用语,事实上文化含义已消失。

《红楼梦》中频繁出现的颜色词汇,也是翻译时其文化含义大部分消失的文化负载词中的一种。"《红楼梦》是中国历代文学作品中运用颜色最多的一部书。据范干良先生统计,《红楼梦》前八十回中使用颜色词一百五十五种,这些颜色词在作品中出现近一千次(人名、地名中的颜色词按名称每种计一次)。"① 如此丰富的颜色词的色感用韩国语来表现绝非易事。这里既有在颜色词的运用上曹雪芹的过人之技巧,也有中国和韩国在颜色词汇体系上的差异。不仅如此,"各种语言中的颜色词虽然数量有限,但是却反映了不同民族、不同时代人们的文化心理、审美情趣和时代风尚,……我们都清楚地认识到:(1)各种语言中颜色词的光谱界定不完全一致,……(2)颜色词所产生的联想意义因文化系统而异,……因此颜色词翻译具有它本身特殊的性质和难度,需要译者细细推敲,谨慎处理。"②

汉语中颜色词"可以分为三类:本体词、喻体词、合体词。本体词是基本颜色……合体词是在一个颜色词不足以描述一种颜色时,用两个或两个以上的颜色词递加的方式所

---

① 马经义《中国红学概论》(上册),四川大学出版社,2008年,第32页。
② 冯庆华主编《红译艺坛——〈红楼梦〉翻译艺术研究》,第457页。

构成的新词。……喻体词通常以常见的动植物或自然界物体外表的颜色进行类比，以联想方式去描述一种颜色。这种构词方式赋予了颜色词极大的形象性。"[①] 可是，韩国语的颜色词不仅有颜色本身，还有明暗度和鲜明度区分，相比较而言形容词多于名词，此等现象与汉语的颜色词体系有明显的区别。[②] 因此除各国语言共通的基本颜色词之外，合体词及由于文化差异不易联想的喻体词形态的颜色词的翻译要在韩国语中找到对应的颜色词是相对非常难的。

例如《红楼梦》中曹雪芹使用最多的是"红"系词汇，此系中一共出现 39 种红色词汇，例如大红、朱红、银红、猩红、桃红、绛红、水红、嫣红、飞红、石榴红、杏红、海棠红等。[③] 由此可见汉语中的红色系列是如此的多种多样，而韩国语的红色系列颜色词却不多，别无他法，只能在翻译中用色感相近的颜色词来代替。因而读者无法对原文要表达的色彩产生联想，这是很明显的局限，也可以说是文化含义的消失。

如上所述，对"承载了文化精髓的文化负载词"翻译的简单分类中，第三种和第四种凸显出的文化空白现象占据了相当一部分。这些文化空白现象的翻译，成为韩国读者无法充分理解《红楼梦》的绊脚石。

2）汉语特有的文化负载词

有别于其他语言的"汉语特有的文化负载词"是《红楼梦》韩译中又一难题。冯庆华在《红译艺坛——〈红楼梦〉翻译艺术研究》中谈到，《红楼梦》是一部中国语言的百科全书，中国语言的各种成分都能在《红楼梦》里找到。他还将《红楼梦》中能涉及的中国语言的各种成分分为"文体"、"修辞"、"习语"三个方面列举。[④]

事实上要将《红楼梦》中运用的中国语言的各种成分，以及其中包含的全部文化含义正确地翻译出来并非易事，这是由两国语言差异导致的。即便如此，其中有一部分是能被译入语读者理解的，但也有些成分是译入语的语言怎么都无法表达的。对这种因翻译时格外困难而导致文化空白现象的文化负载词，有谐音和双关语、委婉语，还有属于习语的大部分。

---

① 冯庆华主编《红译艺坛——〈红楼梦〉翻译艺术研究》，第 460–461 页。

② 손세모돌《국어색채어연구(韩国语的颜色词研究)》，《한말연구(Korean Language Research)》第 6 号，2006年。

③ 马经义《中国红学概论》(上册)，第 32 页。

④ "《红楼梦》更是一部中国语言的百科全书。中国语言的各种成分都能在《红楼梦》里找到。从文体方面来看，书中有各种题裁，包括叙事体、描述体、对话体、诗体等。其中诗体又包括古体诗、律诗、绝句、即事诗、爱情诗、怀古诗、打油诗、灯谜、联句、骈文、偈、谶语、词、判词、曲、赋、诔、楹联以及楹联式的章回目录名。从修辞方面来看，包括炼字、措词、炼句、语音修辞、语形修辞、语义修辞。从习语方面来看，包括格言、谚语、俗话、成语、惯用语、歇后语、俚语、禁忌词语、粗俗语、诅咒语等。"冯庆华主编《红译艺坛——〈红楼梦〉翻译艺术研究》，第 480 页。

"谐音"指"字词的音相同或相近",[①]这是《红楼梦》中最普遍的语音修饰手段。[②]汉语里同音词、同音字很多,因而可以在创作中运用大量的谐音手法来获得独特的艺术效果。曹雪芹在《红楼梦》中有意利用谐音手法来表达自己的创作思想。首先在第一回表明作者的创作动机当中"甄士隐"、"贾雨村"云云即"真事隐"、"假语村(言)"的谐音。人物的名字也运用了谐音手法,有的隐含了对作品中人物命运的暗示,也有褒贬的意思。例如元春、迎春、探春、惜春的"元、迎、探、惜"是"原应叹息"的谐音,英莲、贾政、卜世仁是"应怜"、"假正"、"不是人"的谐音。

这样的谐音效果对中国人来说是很自然地就理解了,但对不懂汉语的韩国读者来说就难了。虽可以通过脚注进行说明,但对于不懂汉语的人来说还是有局限性的。

双关语的运用也对韩国读者来说是即陌生又不易理解的表达方式。"双关语是一种文字游戏,通过语言中的同音异义或一词多义的现象来制造诙谐的效果。在《红楼梦》的人物对话中,妙趣横生的双关语常常出现,这给译者带来了翻译上的难题,……原文能够引起读者会心一笑的地方,对于其他文化背景中读者来说很可能莫名其妙。"[③]

将通过下面的两个例子来说明双关语翻译之难及韩译本中采取的两种不同的处理方式。

例1:

 (宝玉:)"小耗现形笑道:'我说你们没见过世面,只认得这果子是香芋,却不知盐课林老爷的小姐才是真正的香玉。'"[④](第十九回)

 (보옥):"어린 쥐는 다시 제 모습으로 변하여 '정말 다들 세상 일에는 어두우시군요. 과일 이름이 향우라는 건 알아도 순염어사 임대감님 아가씨가 진짜 향옥 香玉인줄은 모르시는군요.' 했다는 거야."[⑤]

如这里所看到的,中国读者对"香芋"和"香玉"的同音,很自然地就能联想到宝玉和黛玉玩笑的情形而作笑。但是实际上"香芋"与"香玉"的韩国语发音并不同,所以翻译时无法达到与中文相同的效果。虽然笔者在翻译《红楼梦》时,在第一次出现时以文内注的方式作了说明,但无法每次出现都一一给予说明。因此韩国读者很难理解这个双关语,自然想通过双关语来传达给读者的意境,对韩国读者来说,就无从传达了。对这一场面翻

---

① 《现代汉语词典(修订本)》。

② 冯庆华主编《红译艺坛——〈红楼梦〉翻译艺术研究》,第275页。

③ 魏芳《翻译策略:译者在特定翻译情景下的选择——〈红楼梦〉两种译本文化内容的翻译策略比较》,刘士聪主编《红楼译评——〈红楼梦〉翻译研究论文集》,第112页。

④ 中国艺术研究院《红楼梦》研究所校注本《红楼梦》(上册),人民文学出版社,1996年,第267页。

⑤ 崔溶澈、高旼喜共译《红楼梦》第1卷,NANAM出版社,2009年,第435页。

译时的困难不仅存在于韩译中，英译也如此。杨宪益抱着对该场面无法传达的遗憾，在脚注中写道："This is an untranslatable pun. The *yu* in Tai-yu's name has the same sound as *yu* meaning 'taro'."[①]

再举一个双关语翻译的例子。

例2：

> 鸳鸯笑道："鲍二家的，老祖宗又拉上赵二家的。"贾母也笑道："可是，我那里记得什么抱着背着的，……。"[②]（第四十七回）

> 원앙도 웃음을 참지 못하고 얼른 고쳐준다, "포이鮑二의 마누라예요. 노마님은 또 아닌 밤중에 홍두깨라고 웬 조이 마누라를 들먹이세요？", "그렇구나！ 하지만 내가 그 사람이 포이인지 포옹인지 기억이나 할 수 있느냐……."[③]

笔者在翻译此处时对"鲍"和"抱"的双关关系，采取了与例1不同的处理方式。例2这种情况，译者无法在译文中体现原文的双关含义，所以采取了归化的方式，把汉语中的鲍二翻译为"포이"，对应抱着背着翻译为"포옹"。"포옹"一词又有"拥抱"的意思，恰好没有脱离原文大体的文路。虽然这样的处理不能说是最好的，仍不失为为了克服两种语言间的差异而做的一个努力。尽管如此，相当部分的原文中要传达的意思未能传达给译入语读者。

下面要阐述的是委婉语的翻译。"委婉语（euphemism，又名"婉曲"、"婉转"）是一种文化现象，同时渗透于东西方不同的社会生活和语言交际中，是说作者出于忌讳或礼貌，用委婉曲折、含蓄暗示的雅言表达可能会受到听、读者某种程度的怀疑、拒绝甚至厌恶的直率说法的修辞方式。……为适应题旨情境的需要，曹雪芹在《红楼梦》中运用了大量的委婉语，涉及到死亡、丧事、疾病、性、家庭婚配、人际交往等社会生活的各个领域，范围之大之广，令读者目不暇接，增加了语言的含混性，减少了语言的刺激性，成为《红楼梦》语言艺术宝库中引人注目的焦点之一。"[④]

作为《红楼梦》语言艺术宝库中引人注目的焦点之一的委婉语，在翻译时成了无法完整传达语义的难题之一。《红楼梦》中可见的各种委婉语中，以"撒尿"的委婉语为例。一般语词"撒尿"，委婉语称"方便"、"更衣"、"解手"。但是韩国语中缺乏像汉语的婉转的语汇，只能一律译成"소변보다（撒尿之意）"。有的语义存在于一种语言之中，但在另一种

---

① YANG HSIEN-YI and GLADYS YANG, *A DREAM OF RED MANSIONS*, Volume I, Foreign Languages Press, Beijing, 1978, p.283.

② 中国艺术研究院红楼梦研究所校注本《红楼梦》（上册），第632页。

③ 崔溶澈、高旼喜共译《红楼梦》第3卷，第171页。

④ 冯庆华主编《红译艺坛——〈红楼梦〉翻译艺术研究》，第353页。

语言中却不存在。因此不可避免地在译文中留下了无法完整地传达语义的空白。

从语言方面看，最能表现中国民族特征的格言、谚语、俗语、成语、惯用语、歇后语、俚语等习语的翻译，要完整无缺地转达原文意思，也不容易。但是，比起前面谈到的因语音差异而难以弥补空白的谐音和双关语和不存在对应语汇的委婉语而言，某种程度上能够传达大概的意思。部分习语并不需要另加注说明，也可以通过文路理解，不易理解的习语，可以通过加注解或以归化的方式处理，能够增进读者的理解。可以说，因不能完全传达文意而形成的文化空白现象，在习语翻译时某种程度上有所减少。

《红楼梦》翻译中出现的语言层面的文化空白，还可以通过称谓语和方言来管窥。称谓语作为语言交际中不可缺少的组成部分，在许多情况下是传递给对方的第一信息，不同的称谓反映了交际双方的角色身份、社会地位、亲属关系和情感好恶等。语言内外所要表达的许多信息，通过称谓语，我们可以有更深层的理解。[1]《红楼梦》中数百个人物所使用的多种多样的称谓语淋漓尽致地表现出了其丰富多彩、复杂多变的人际关系，因为如实地反映了当时的社会和文化，所以将其翻译成其他语言时想找到确切的对应语是相当困难的。

《红楼梦》中的称谓语在翻译成韩语时有以下三种情况。第一种是完全可以对等翻译；第二种是虽然不对等，但可以找到意义相近的翻译；第三种是根本没有对等翻译。其中第二种和第三种称谓语的翻译有相当大的难度。因为称谓语之外的其他要素可以通过意译或注释的形式来补充不可译的内容，但称谓语是直接对对方进行称呼，要找到适当的对应语来弥补两种语言间的空隙，用其他方法来补充几乎是不可能的。

《红楼梦》韩译本在将《红楼梦》中的称谓语翻译成韩语的时候，基本上是以归化方式为原则，根据情况也采用了异化的方式。如果以异化方式为原则的话，虽然可以将《红楼梦》所表现的中国文化的面貌尽可能地、原封不动地转达给译文读者，但也有一些与韩国文化、语言习惯不符的生硬的表现形式，反而会给译文读者阅读小说带来障碍。因此，当无法找到对等语的时候，笔者选择了虽然和原文略有不同，但却与韩国文化、语言习惯及韩国人的思维方式相符的表达方式进行翻译。[2]《红楼梦》韩译本的称谓语的翻译中，采用上述方式，难免造成语义的流失，这样流失的部分自然就成了空白。

《红楼梦》中穿插的方言，也是翻译上的难题之一。因为方言在原文中更为突出地表现出其强烈的文化色彩，但翻译中所有语汇都是根据词义来找出韩国语相对应的语汇，仅看译文是无法区分出是否是方言的。

"她（《红楼梦》）的语言，以当时被肯定为'官话'的北方话为基础，还广泛吸收了活在

①　潘福燕《从文化的角度谈〈红楼梦〉中称谓语的翻译》，《潍坊学院学报》第 2 卷第 1 期，2002 年 2 月。
②　参看高旼喜《关于〈红楼梦〉韩译本中称谓语的若干问题》，《红楼梦学刊》2009 年第 5 期。

人民群众口头的俚语、俗语以及某些特定地区的方言成分并加以改造。"① 可以说方言是对理解作品的内容和创作背景的一条重要的路径。曹雪芹生活的时代并没有统一规范的共同语,今天的人们从《红楼梦》中读到各种不同的方言并不奇怪,一方面体现了方言语汇交融的特征,一方面也显示出了曹雪芹驾驭语言文字的深厚功力。②

"《红楼梦》语言的地方色彩突出地表现在书中有不少下江官话的语音、词汇、语法现象。这里的'下江官话',具体说来,是指扬州、南京一带的方言。……曹雪芹谙熟下江官话,把它运用到作品中,绝非济北方话之穷,也非个人语言习惯的不自觉地流露,而是有意识地运用达到自己的目的:描述中用方言表现地方色彩;对话中用方言表现人物的相关成长环境、身份、性格、情态等等。"③

如上所述,《红楼梦》中方言占据的比重确实不小,翻译方言的语音和语法之难暂不必说,甚至表现词汇的特征也是相当困难的。对每个方言逐个加注实在是不现实,就算标注了详细的注释,读者不易理解不说,也会对读者阅读带来很大妨碍。

作者有意识运用的方言,在翻译中却无法得以反映,是文化空白现象的典型例子。

四、补偿策略的探索

《红楼梦》韩译过程中,因受上述诸多难题的限制,译者想传达的许多文化信息,并未能完整地翻译出来,就以文化空白的现象残留了下来。这样的文化空白现象,并非只限于韩译本中。受语言与文化差异所致,这是所有的译本都无法避免的问题。

学术界将为了对译文中出现的文化空白现象加以弥补,而产生的做法称之为"补偿"。"翻译转换过程中,当遇到难以直接传译的词句,特别是类似双关语等特殊修辞手法时,译者往往需要借助译入语特有的表现手段,尽力弥补译文语言效果方面的失真与缺损,以使译文达到与原文大体相同的效果,这种翻译过程就是补偿。……上世纪 60—70 年代,翻译理论文献中曾先后出现过 compensation、compensatory、compensate for 等与补偿相关的术语,但界定尚不明确,含义也较为模糊……80 年代初,Wilss 在 *The Science of Translation*:*Problem and Methods* 一书中多次用到'补偿'概念,称其为解决语言内及语言外层面结构差异的手段,其中后者特指文化上的不可传译性。"④

事实上对何为"补偿"这一概念以及"补偿"本身是否有必要的问题,应成为翻译理论或翻译批评深入探讨的课题。而对译文中明显存在的文化空白现象加以弥补是需要

① 卢兴基、高鸣莺《〈红楼梦〉的语言艺术》,语文出版社,1985 年,前言第 2 页。
② 王毅《〈红楼梦〉与江淮方言——兼评"湘方言"说》,《明清小说研究》2007 年第 4 期,第 171 页。
③ 王世华《〈红楼梦〉语言的地方色彩》,《红楼梦学刊》1984 年第 2 辑,第 157—176 页。
④ 马红军《翻译补偿手段的分类与应用——兼评霍克斯〈红楼梦〉英译本的补偿策略》,刘士聪主编《红楼译评——〈红楼梦〉翻译研究论文集》,第 123—124 页。

不断地倾注心力的,因此有强调"补偿"方案探索和实践的必要性。本稿试图将弥补文化空白的所有方案在广义上定义为"补偿"来进行探讨。同时,因不同语言译本的文化空白现象有所不同,所以应该根据不同情形采取不同的方式来进行"补偿",这完全取决于译者的判断。

《红楼梦》韩译本出版后译者不断地研究遗留问题,其中最费心的正是文化空白现象。以下是笔者通过思考,寻找到的对韩译本文化空白现象的补偿策略。①

第一,对认为有必要弥补的文化空白现象部分,可以以追加脚注和文内注的方式处理。韩译本中,如果遇到一定要加以说明的段落和用语的时候,就以文内注的形式进行简单说明,如果需要较长说明的内容,就采取脚注的形式。但是,考虑到《红楼梦》本身是一部小说作品,为了不妨碍那些更重视故事情节的读者,尽可能地减少了脚注与文内注的分量。

但是,出版修订本时,对文化现象的补偿环节,脚注与文内注的范围和分量也需要考虑增加。这里以翻译《尤利西斯》的两位中国翻译家的事例为例。他们对于西方文化的东西尽量如实地介绍,凡是中国人可能不理解的,就加注释说明,于是两个译本中注释就占了相当大的篇幅。②这自然读起来不那么利索,但是在将西方文化向中国读者传达的层面上却贡献很大。

韩译本的修订本中若要扩大脚注与文内注的分量的话,尽最大限度地反映读者的意见也许是比较有效的方法。也就是说,根据年龄或者知识水平的高低将读者分成几组后,把他们认为有必要加说明的部分收集起来。当然,因年龄和学识不同会出现多种多样的结果,甚至有可能出现不必追加注脚注和文内注的意见,但是我想这样的过程在补偿策略的探索和与读者沟通的层面上是值得尝试的。

第二,将文字所难以传达的文化信息,通过视觉加以传达,也不失为一个好办法。例如服饰、器用、建筑、饮食、音乐、游艺等,通过在译文中插入这些文化负载词的相关彩图,以助更好地理解这些文化负载词。事实上这样的文化负载词让中国的读者理解起来也并非是易事,为有助于读者理解,汉语版彩图本已经出版了。这将是韩译本通过彩图补偿文化空白的探索的非常重要的参考资料。

以上海古籍出版社出版的《百家评咏红楼梦(彩图本)》(2007)为例。这本书的编者在谈到出版动机时说:"红楼梦一向享有时代的百科全书的美誉,它在内容上几乎涵盖了当时社会生活的各个层面,尤以涉及各式人物形态、建筑园林、衣饰烹饪、游艺摆设、古玩

---

① 马红军说:"如果从译者在特定文本中所采用的总体补偿策略看,补偿手段还可划分为显性补偿(explicit compensation)与隐性补偿(implicit compensation):前者指明确的注释(包括脚注、尾注、换位注、文内注以及前言、附录等),体现译者的异化翻译倾向;后者指译者充分调动各种译入语手段,对原文加以调整(包括增益、释义、具体化、归化等手段),以求达到读者反应对等,反映出译者总体上的归化翻译策略。"同上,第124页。

② 同上,第86页。

器皿、风俗民情等,而为人津津乐道,传递出极为丰富密集的文化知识信息。然而由于《红楼梦》成书于二百年前的清中叶,书中反映的生活情景和民风习俗,大多数读者看罢只能想象得知。而众多相关的名词术语,今人或一无所知,或所知未详,诚为喜读《红楼梦》的读者一大憾事。因此,经过两年多的酝酿,一年多的艰苦耕耘,我们广事收辑,从数以万计的史料图片中反复遴选,力求不仅图文互补,更让实物自己来说话,以帮助读者全方位地解读《红楼梦》积淀的丰富多彩的历史文化内涵,使读者对书中涉及的文化史知识有直观的感受,而以彩图代替过去的双色图,则必将使读者通过视觉感受而更加悦目赏心。"[①] 以上观点,在通过彩图探索补偿策略必要性的认知上具有较大的意义,也正是笔者所期待的,因此引用了较长的一段话。

第三,可以考虑利用现代社会中日渐普及的电子书(E-book)[②]作为补偿策略的一种。目前,世界出版界将现有的纸质出版物替换成电子书的趋势日益活跃。作为补偿策略的一个环节,若《红楼梦》韩译本的电子书得以出版,将具备这样的系统,读者按下不易理解的文化负载词,相应的图片或影像等即随之出现。若这样的方式能够实现的话,韩国读者将能更快更生动地接受《红楼梦》所包含的文化信息。因此电子书的出版被期待成为跨文化交流最时尚且有效的方法。同时,《红楼梦》韩译本电子书的出版意味着文学与影像媒体的结合,这也符合近年来学术界大趋势,即学际(Interdisciplinary)间的交流、融合、交涉。

以上谈到的三种补偿策略未必马上就能实现。第一种在某种程度上可以在修订本中反映,第二种与第三种的补偿策略,想要实现,恐怕还需要克服很多困难。可是,若想最大程度地弥补文化空白现象,就要考虑以上三点,并且这几个方案有可能成为将来补偿策略中的一部分。

五、小结

在《红楼梦》韩译本出版后,笔者多次被很多中国人提问到,翻译中最难的部分是什么。但是笔者很难对这一提问给出干脆的回答,原因是翻译中遇到的困难太多,难以用一两句话说清。韩译本带着很多尚未解决的难题出版,这对笔者来说是一大憾事。

如所有的译者的心情一样,笔者欲通过翻译《红楼梦》为韩国读者提供一条跨文化交流的通路,但是坦率地讲未能忠实地履行这样的职责。因为《红楼梦》是中国独有的"文备众体"的"奇书",更是中国封建社会的"百科全书",这给翻译带来了相当大的难度。

---

① (清)曹雪芹、高鹗著,脂砚斋等评咏《百家评咏红楼梦(彩图本)》,上海古籍出版社,2007年,第1页"编者的话"。

② 电子书指人们所阅读的数字化出版物,是利用计算机技术将一定的文字、图片、声音、影像等信息,通过数码方式记录在光、电、磁为介质的设备中,需借助特定的设备来读取、复制、传播。

就译者的使命和翻译的困难,刘士聪在《红楼译评——〈红楼梦〉翻译研究论文集》的序文中谈道:"《红楼梦》的译者以及未来的《红楼梦》译者们肩负着一个伟大而艰难的使命,即,通过译文让(英语)读者也能认识到'《红楼梦》是一部'前不见古人,后不见来者'的千古绝唱',是一部'在世界任何别的地方均不存在'的作品。如果我们的译文不能达到这样的境界,那就辜负了这部伟大的作品。"[①] 作为译者之一的笔者,对此深有同感。

带着这样的使命感,笔者在翻译时注意到了因文化差异而无法完整传达的文化信息,在本稿中试着以"文化空白"用语为关键词,对文化负载词的翻译做了整理和分析。又将文化负载词分为"承载了中国文化精髓的文化负载词"与"汉语特有的文化负载词"做了阐述。这样不但能更好地把握文化负载词难译的具体情况,其意义还在于揭示与英译本相异的韩译本特有的现象。同时,文化空白难以弥补的文化负载词,各种成分的比重很大,每一种都足以单独作为课题来研究。本稿受篇幅所限,又因本稿议题并非逐一分析,所以未将其一一深入探讨。笔者将这一问题,当作重要课题,日后将进行深入研究。

本稿的最终目的在于,探索韩译本中出现的文化空白现象的补偿策略。笔者初步提出了增加脚注和文内注、出版彩图本、利用电子书等三种补偿策略的方案。虽然这样的提案不能成为最终弥补韩译本中出现的文化空白现象的方法,但是哪怕能多少弥补一点文化空白,并且向韩国读者多传达一些文化信息就算有所价值了。

另外,非常遗憾的是如何向读者传达几乎不可能弥补的"汉语特有的文化负载词",其补偿策略的探索至今仍很迷茫。这不能不说是留给现在和将来的《红楼梦》译者和《红楼梦》翻译理论研究者的一大难题。

---

① 刘士聪主编《红楼译评——〈红楼梦〉翻译研究论文集》,"序"第4页。

从军事角度研究《红楼梦》开辟红学研究新领域

林建超

（总参谋部办公厅）

今天，国学各领域的专家、学者汇聚一堂，庆祝冯先生从教60周年，探讨国学重大问题，这是国学研究中的一件盛事，也是广大国学研究者分享名家智慧、推进国学研究的一件幸事。能参加这次研讨活动，我感到非常高兴。

冯先生是一代学术大家，60年如一日，苦心耕耘、勤奋执着，组织完成了一系列浩大的学术工程，培养了一大批学术人才，为推动国学研究作出了重要贡献。作为红楼梦学会会长和名誉会长，冯先生在红学研究方面的贡献尤为突出。冯先生自己说，他在这方面主要做了三件事：一是对曹雪芹家世的研究，二是对《石头记》早期抄本的研究，三是对《红楼梦》思想的研究。冯先生研究问题科学、严谨、细致，特别注重实证、实勘、实论，令人感佩和信服。我自己在从事《红楼梦》研究中深刻感受到，冯先生对曹雪芹家世包括曹家以军功出身的研究，不仅对《红楼梦》作者的确定，对《红楼梦》研究中一系列问题的解决，而且对从军事角度研究《红楼梦》也很有启示意义。

《红楼梦》产生在政治、军事一体的封建社会背景下，与中国古代乃至近现代政治文化发展紧密联系，而在政治领域中很重要的一个方面就是军事。《红楼梦》书中不少内容涉及军事典制、军事文化、军事人物、军事活动等各个方面，其他一些问题也不可避免地关联到军事。从军事角度探索考证《红楼梦》有关问题，开启了一个新的研究领域。我在研究中感到，《红楼梦》内容本身与军事的紧密联系，集中表现在以下六个方面：

一是《红楼梦》中宁、荣二府起家于战争和军功。贾家世受恩宠的根基系于开国立朝

的战争。宁、荣二府之所以有"烈火烹油、鲜花着锦之盛",按书中人的说法,"是祖宗九死一生挣下这家业"。第七回焦大和尤氏口中说出的"太爷们"多次征战、出生入死的经历,是贾家军功出身的证明。贾珍、贾赦都是靠"恩荫袭爵",贾政的官还是靠"皇上因恤先臣"赐予的。因祖上军功起家,宁、荣二府的社会关系多为武职世家。为秦可卿送殡的"官宾"有当日与宁、荣二家合称"八公"的镇国公、理国公、齐国公、治国公、修国公、缮国公之孙,忠靖侯史鼎,平原侯、定城侯、襄阳侯、景田侯之孙,及神武将军公子冯紫英等军功世家。迎春许配的孙绍祖家与贾家是世交,"祖上系军官出身,乃当日宁荣府中之门生"。后四十回中的一些内容反映,贾家后人有明显的旗营生活痕迹,如贾府失窃后报告"营官",还要把有关人等送"营里"等等。贾家系军功出身,对书中很多问题的研究和解决具有重要意义。

二是《红楼梦》中一些情节涉及军事组织和军事活动。在当时政治、军事一体化的封建社会环境中,军事是不可回避的社会因素。《红楼梦》在设计故事情节的过程中,涉及不少军事组织及其活动。比如,葫芦庙失火,"军民来救";甄士隐离奔,是因"鼠盗蜂起,官兵剿捕";元妃省亲时,"五城兵备道打扫街道";冯紫英参加铁网山"打围",涉及高级将领的活动;查抄宁国府,是"锦衣府堂官赵老爷"带"锦衣军"前来;宝玉失踪,皇上"着五营各衙门用心寻访"。这些内容所涉的军事组织及其活动,有的是实写,如"五营",有的是虚写,如"锦衣军",有的是虚实结合,如"五城兵备道",但都涉及军事组织的职责、任务及活动特点,这都是需要深入研究搞清楚的。

三是《红楼梦》中一些人员身份涉及军事典章制度。《红楼梦》中的许多重要人物有军职。如王子腾升任九省统制、都检点;贾雨村补授大司马,协理军机,参赞朝政,直接涉及军政决策管理机制;周琼被任命为"镇海统制"、"总制"、"节度",负责海疆平寇,涉及海疆斗争指挥体制;还出现过威镇将军陈瑞文、威远将军马尚、神武将军冯唐、京营游击谢鲸、五城兵马司裘良等;给秦可卿找个当官媳妇的官职,要封贾蓉一个龙禁尉。龙禁尉的职责是什么? 三百龙禁尉的编制如何? 这些都是军事典章制度方面的问题,需要结合史料进行研究考证。

四是《红楼梦》中很多典型语言有丰富的军事文化内涵。《红楼梦》中人物读过兵书的不少,他(她)们经常引用《孙子兵法》和《三十六计》等来说事。比如薛宝钗,她听了小红在背后说了一些话,她当时觉得这时出面可能会惹出麻烦,所以她说"料也躲不及,少不得要使个'金蝉脱壳'的法子。""金蝉脱壳"这是《三十六计》中第二十一计混战计中的一计。还有王熙凤,在面对探春搞改革的时候,对平儿有一段交待:"俗语说'擒贼先擒王'。她如今要作法开端,一定是先拿我开端,倘若她要驳我的事,你可别分辨,你只越恭敬越说驳的是才好。"这句话杜甫的诗里有,也是《三十六计》中的一计。还有林黛玉,她居然能说出"倒是用兵最精的所谓'守如处女,出如脱兔','出其不备'的妙策"。她说的是《孙子兵法》中的话,但与原文略有出入。书中还出现过"指桑骂槐"、"借刀杀人"、"坐山观虎斗"等,这些都是兵书名言。《红楼梦》这一特点甚至引起了国外红学家的关注。波兰学者戈利科夫斯基在 11 年前所著的《〈红楼梦〉中的战略思想与中国传统军事文化》一文中提到,据统计,《红楼梦》有至少 1500 条这样的"军事成语"。

五是《红楼梦》中主体价值取向中包含着军事价值取向。《红楼梦》表现出了早期资本主义萌芽性质的民主思想,突出表现在主人公宝玉对封建社会最高道德的叛逆和挑战。他认为"文死谏,武死战"都不是正死,文死谏必定有昏君,武死战必定动刀兵。他还说:"猛拼一死,也只顾图汗马立名,将来弃国于何地?""那武将不过仗血气之勇,疏谋少略,他自己无能,送了性命,这难道也是不得已?"武将必须争取打胜仗才行,不能随便说武死战,不能说你死了留个清名,国家怎么办? 这实质上是强调武将不能只讲以死尽忠,而应以能夺取作战胜利为目的,这就涉及武德的根本性问题。脂砚斋评曰:"此一段议论文武之死,真真确确的非凡尝可能道者。死时当知大义,千古不灭之论。"

六是《红楼梦》中一些重要人物命运与军事斗争直接相关。最典型的是探春远嫁与海疆军事斗争,以探春远嫁为主线写出了当时海疆军事斗争一个周期的全过程。探春远嫁的提起,与周琼调任"镇海统制"有关;探春远嫁的实现,与贾政外任临近海疆有关;探春推迟回京,与海疆又出事相关;探春随夫家回京,与海疆平定相关。探春从出嫁到回归的过程,与从"海疆有事"到"靖寇班师"的过程,二者完全重合,形成了一个完整的闭环。这是非常独特的构思,值得深入研究。

《红楼梦》对军事问题不是一般涉猎,而是将特有的军事文化要素深深地浸透在整个作品中。从军事角度研究《红楼梦》,开辟了红学研究的新领域,其价值体现在三个方面:

第一,从军事角度的考证对深化《红楼梦》研究有支撑作用。《红楼梦》研究二百年来,对作者、版本、成书问题的研究不断深化。通过对《红楼梦》中军事典制、军事事件、军事术语、军事人物的考证,对于从新的角度研究确定这些问题具有重要参考价值。比如,第一百十九回写道,宝玉失踪后,"皇上降旨,着五营各衙门用心寻访"。通过研究"五营"的来龙去脉,发现清代之前曾经出现的四种"五营"称谓的军事机构,都没有明确的地方治安管理职责,《红楼梦》所提"五营"当为清京师巡捕"五营",而清京师"五营"的完整设置和称谓始于乾隆四十六年,使用"五营"的概念只能是在这之后。这说明,《红楼梦》后四十回的相关内容确实形成于乾隆四十六年之后,说明《梦稿本》之改定时间在 1781 年之后。此外,值得考证的还有:从各种军事职称和军事机构名称,考证其真实存在的可能性及程度;从关于旗营的描述,考证书中人物及作者的八旗生活背景问题;从海疆军事斗争的特点,考证其与清代前期及明代中后期海疆军事斗争的关联;从"五城兵备道"、"五城兵马司",考证当时京都的治安管理机制,等等。这些问题,研究考证的空间很大,难度很大,但具有特殊的价值。

第二,从军事角度的鉴赏可以拓宽《红楼梦》艺术欣赏的空间。《红楼梦》是中国古代社会的一部百科全书,涉及宗教、文化、哲学、政治、军事、经济、道德等各个领域、各个方

面,包含着多种多样的生活内容,并与作者的人生观、价值观、阶级意识、社会理想、文学美学思想等相关,有着极为丰富的多方面社会文化元素。二百年来,对作品中人物形象、情节结构、叙述模式、语言艺术、创作风格、审美价值、主题意蕴等方面的研究中,涌现了一大批出色的成果,但从军事文化的角度赏析这方面还做得不够,相关著述寥寥,这实在是一件憾事。从军事角度研究赏析《红楼梦》是一个新的研究领域,对于释放作品本身含有的能量具有重要意义。

第三,从军事角度的研究有助于发挥《红楼梦》在提高军队软实力中的作用。毛主席说过:"没有文化的军队是愚蠢的军队,而愚蠢的军队是不能战胜敌人的。"文化是军队的软实力的重要组成部分。胡锦涛主席特别强调,要加强军队软实力建设。军事是执行政治任务的工具和手段。我军是完成党的政治任务的武装集团,如果不懂得中国的文化历史和人情世故,就不能很好地理解和完成肩负的任务。毛主席特别要求军队高级干部研究《红楼梦》,说不看《红楼梦》、《三国》和《水浒》,"就不算中国人",并说只看过《三国》和《水浒》而没看过《红楼梦》的,只能算"半个中国人"。我军许多将领都为能坚持看完《红楼梦》,摘掉"半个中国人"的帽子而自豪。毛主席还多次对军队高级将领说,《红楼梦》要看五遍才能有发言权,要读懂《红楼梦》,并由此读懂中国的现实政治。实践证明,我军许多将领达到了毛主席提出的这个要求。

从军事角度研究《红楼梦》是一项开拓性的事业,是一项艰辛的事业。我们要发扬冯先生严谨求实、不畏艰苦的精神,坚持不懈、锲而不舍,站在时代的高度,用发展的眼光,认真求索,在红学研究方面取得更大的收获,把红学研究不断引向深入。

最后,由衷地祝愿冯先生健康长寿,学术青春永驻。祝愿国学研究再出新成果。

红学史上的关键一环

——论近代红学研究

苗怀明

（南京大学文学院）

清末民初，这是《红楼梦》研究史上一个不可忽视的重要发展阶段，也是红学从传统形态到现代形态过渡的一个重要转型期，可谓承前启后，继往开来。相较于胡适、俞平伯等人于 20 世纪 20 年代初开创的新红学，人们通常称这一时期的红学为旧红学。

旧红学既不同于先前以评点、吟咏为代表的传统红学，也不同于日后具有现代学术特性的新红学，它具有其自身的特点和鲜明的时代色彩，是这一时期诸多社会文化因素共同作用的结果。西学东渐与困境反思是这一时期的基本文化语境，受西方人文思潮及文学作品的影响，以梁启超等人提出的小说界革命为标志，小说在这一时期的社会文化地位得到空前的提高，被视作改造国民、再造民魂的文化利器，从文学家族的边缘一下进入中心，打破了原有的诗文独大的文学格局，形成新的文学秩序。这一文学格局和秩序具有不可逆转性，影响深远，直到今天也没再有太大的改变。在这一时期，无论是小说创作还是小说评论，都进入了一个全新的阶段，即人们通常所说的中国文学的现代化进程。

旧红学正是在这种较为复杂的社会文化语境中发展演进的，这是一个渐进的过程。在此期间，新的研究范式还未正式建立，旧的研究范式仍有较大市场，因此这一阶段的红学研究表现出明显的过渡性和杂糅形态，其中既有深深的传统烙印，又有鲜明的时代色彩，传统与现代并存，开明与保守同在，各种红学观点就这样交织杂糅在一起，构成了一道独特的人文风景线。

虽然这一时期作为文学样式的小说的社会文化地位得到空前提高,但时人对先前的小说作品并不满意,往往以西方小说做参照,将其作为迷信愚昧、封建专制的样本和靶子来进行批判,能够得到肯定的只有很少几部小说,《红楼梦》正是其中的一部,仍然受到广泛的赞誉。比如林纾称"中国说部,登峰造极者无若《石头记》。叙人间富贵,感人情盛衰,用笔缜密,著色繁丽,制局精严,观止矣"。[①] 曼殊也认为"《水浒》、《红楼》两书,其在我国小说界中,位置当在第一级"。[②] 其他或称《红楼梦》为"小说中之最佳本也"[③],或称"言情道俗者,则以《红楼梦》为最"。[④] 遣词用语虽然不同,但对《红楼梦》的高度称许则是基本一致的。

以下对这一时期红学发展演进的情况进行简要的介绍和分析:

一、红学研究的新变

受时代学术文化风尚的影响,除大量与先前内容、形式基本相同的评点、评论外,这一时期人们对《红楼梦》的观照角度和表述方式已有了较为明显的变化,评论者们提出了不少新的命题和观点。这主要表现在如下几个方面:

首先,受小说界革命的影响,受严峻政治形势的触动,人们更多地从政治、伦理等角度并结合当时的社会现实来解读《红楼梦》,强调《红楼梦》揭露黑暗、批判现实的社会文化功能,着重挖掘其社会历史方面的意义,因而具有较强的实用功利色彩。这样对小说自身的审美特性就有意无意地淡化或忽略了。这也是当时解读文学作品普遍采用的一个视角,是特定文化语境的产物。从当时人们对《红楼梦》分类归属的确认上就可以看出这一点,比如天僇生(王钟麒)称《红楼梦》为"社会小说"、"种族小说"和"哀情小说",[⑤] 侠人则称《红楼梦》为"政治小说"、"伦理小说"、"社会小说"、"哲学小说"、"道德小说"。[⑥] 叫法虽然有别,但着眼点和看法则大体相同。有人甚至进而提出"必富于哲理思想、种族思想者,始能读此书"。[⑦] 基于这种时代色彩极浓的阅读视角,自然能从作品中读出与先前批点家截然不同的种种新意来,如陈蜕庵就认为《红楼梦》"虽为小说,然其涵义,乃具有大政治家、大哲学家、大理想家之学说,而合于大同之旨。谓为东方《民约论》,犹未知卢梭能无愧色否也"。[⑧] 话虽说得有些夸张,但代表了当时很多人的想法。再如海鸣亦认为"一部《红

① 林纾《孝女耐儿传》序,商务印书馆,1907 年。
② 曼殊《小说丛话》,《新小说》第 1 卷第 8 号(1903 年)。
③ 觚庵《觚庵漫笔》,《小说林》,第 1 卷第 11 期(1908 年)。
④ 邱炜萲《菽园赘谈》卷 3,光绪 23 年(1897)刊行。
⑤ 天僇生《论小说与改良社会之关系》,《月月小说》第 1 年第 9 号(1907 年)。
⑥ 侠人《小说丛话》,《新小说》第 1、2 卷(1902、1903 年)。
⑦ 天僇生《中国三大家小说论赞》,《月月小说》第 2 年第 2 期(1908 年)。
⑧ 陈蜕庵《列〈石头记〉于子部说》,载《陈蜕庵文集》,1914 年。

楼梦》一百二十回,无非痛陈夫妇制度之不良"。^①显然,先前的评点家们是不会提出这一观点的,也不可能有这种认识。这种社会历史角度的解读对后世影响很大,至今仍不乏回应者,成为解读《红楼梦》的一个较为常见的视角,比如毛泽东基本上就是这样来解读《红楼梦》的。对其利弊不可一概而论,需作具体分析。

其次,人们喜欢采用横向比较的方式来谈论《红楼梦》。西方文化的传入为人们提供了一个解读《红楼梦》的新视角,那就是中西文学的比较。这一时期的评论者们多喜欢自觉不自觉地将《红楼梦》置于世界文学的大背景中进行观照。先前的评点家们在评论《红楼梦》时,也采用过比较的方法,但只是局限于纵向的比较,将《红楼梦》与前代文学作品,如《西厢记》、《邯郸梦》、才子佳人小说等进行比较。横向角度的引入使人们对《红楼梦》有了新的认识。在西方小说及文学思想不断传入国内并产生巨大影响的文化语境中,人们会自然而然地立足本土文学来观照异域作品。比如当时就有人将影响甚大的翻译小说《茶花女遗事》比作"外国《红楼梦》"。^②林纾在翻译外国小说时,也时常以中国小说来作比照,^③古代小说在这里是作为批评者的文化背景而存在的。反过来,人们也会借助异域文学来反观本土作品,比如有人将《红楼梦》与《民约论》、《浮士德》进行比较。不管这种比较是否妥当,评论者们从此多了一种观照的视角,这是毫无疑问的。东西方文学互为镜像,各自的特点由此得到彰显。

再次,基本思路、表述方式和刊布流传渠道也发生了明显的改变,从只言片语逐渐向现代论文形式过渡,文章的篇幅加长,谈论方式也从以前的印象式评述转向系统严密的推理论证,论说的色彩增加,逻辑日渐严密。表述形式变化的背后是学人们思维方式的深层变迁,这一变化后来得到教育和学术制度的保障,成为主流,而以评点为代表的传统小说批评则逐渐淡出历史舞台,其后虽时有出现,但已难居主流,不成气候。王国维的《红楼梦评论》即是一篇具有此类性质的红学论文,也是第一篇具有现代学术色彩的文学研究论文,具有开创意义。同时,这一时期的评红文章大多发表在各类报刊上,较之先前的手工刊印速度要快得多,与读者交流更为方便直接,容易营造出一种评论的声势或氛围。

同时需要指出的是,这一时期也是索隐派红学正式发展成型的时期,从以前片言只语的简单猜测向较为系统完整的表述发展,并出现了几部有代表性、影响较大的索隐派红学著作,对后来的红学研究有着深远的影响。索隐式研究代表着人们解读《红楼梦》的另一条思路,同时也是具有深厚文化传统和历史渊源的一条思路。从此,索隐派成为红学研究中一支十分活跃的力量,历经打击而不衰,表现出十分顽强的生命力。从索隐派的产生演进可以反观中国人独特的文学观念和思维方式。

① 海鸣《古今小说评林》,民权出版部,1919 年。
② 松岑《论写情小说于新社会之关系》,《新小说》第 17 号(1905 年)。
③ 参见其《孝女耐儿传序》等文中的论述。

二、王国维和他的《红楼梦评论》

王国维的《红楼梦评论》是中国学术史上一篇具有里程碑意义的文学论文,它代表着红学研究的新突破。该文 1904 年 6 月至 8 月间连载于《教育世界》杂志。这篇论文具有鲜明的时代色彩,与梁启超等人所提倡的小说界革命的内在精神是相通的,同时又显露出作者独特的学术个性。这篇文章的写作与王国维的词曲研究是同时进行的,处于王国维学术研究的第二个时期,即由哲学探讨转入文学研究的时期,其卓然不俗的开拓性研究为中国文学研究开辟了一片新天地,为后学者树立了典范。可惜随着时代形势的变化,王国维的思想观念和学术兴趣也随之发生了重大转变,由文学再转入史学,其文学研究就此戛然而止。否则,以其深厚的学养和过人的见识,在文学研究上本可作出更大更多的贡献。不过,历史是不能假设的,尽管它充满了太多的遗憾。

《红楼梦评论》一文共分五个部分:人生及美术之概观、红楼梦之精神、红楼梦之美学上之价值、红楼梦之伦理学上之价值和余论。其中"美术"一词系当时习用的语汇,有着特定的内涵,大体相当于现在所说的"文学艺术"。

在这篇宏文中,作者借用叔本华的哲学观念来解读《红楼梦》。其理论前提是"生活之本质何?'欲'而已矣。欲之为性无厌,而其原生于不足。不足之状态,'苦痛'是也","人生者如钟表之摆,实往复于苦痛与倦厌之间者也",而且人类的知识和实践"无往而不与生活之欲相关系,即与苦痛相关系"。只有美术能使人"超然于利害之外,而忘物与我之关系","欲者不观,观者不欲"。美术又有优美、壮美和眩惑之分,在中国文学作品中,真正能符合这种超然利害物我标准者只有《红楼梦》。

基于这一前提,作者提出如下几个观点:一、《红楼梦》的主旨在"示此生活此苦痛之由于自造,又示其解脱之道不可不由自己求之者也"。二、"书中真正之解脱,仅贾宝玉、惜春、紫鹃三人耳",其中惜春、紫鹃的解脱是"存于观他人之苦痛",而贾宝玉的解脱则是"存于觉自己之苦痛",是"自然的"、"人类的"、"美术的"、"悲感的"、"壮美的"、"文学的"、"诗歌的"、"小说的",因此"《红楼梦》之主人公所以非惜春、紫娟,而为贾宝玉者也"。三、《红楼梦》"与一切喜剧相反,彻头彻尾之悲剧也",这种悲剧属于那种"剧中之人物之位置及关系而不得不然"的悲剧,是"悲剧中之悲剧"。作品具有"厌世解脱之精神",而且其解脱与"他律的"《桃花扇》不同,《红楼梦》的解脱为"自律的"。《红楼梦》的价值正在于其"大背于吾国人之精神"。四、《红楼梦》的美学价值也符合"伦理学上最高之理想"。五、"索此书中之主人公之为谁"与"作者自写生平"的观点皆是错误的,因为"美术之所写者,非个人之性质,而人类全体之性质也"。正是为此,作者对《红楼梦》给予很高的评价,称其为"自足为我国美术上之唯一大著述"、"绝大著作"。

文章五个部分之间有着较为明确的逻辑关系,即先确立基本理论和批评标准,然后再

谈其与《红楼梦》的契合关系,并从美学、伦理学等角度给予说明,最后对研究状况进行评述,点出将来的研究方向。全文层次分明,说理透彻,从表述方式上看,这是一篇十分规范的学术论文,相对于先前评点家们的片段印象式表达,无疑给人耳目一新之感。

从学术史的角度来看,王国维的《红楼梦评论》在当时无疑具有开拓和典范意义。它将西方哲学理论与中国本土文学结合起来,进行了较为深入的分析和探索,提出了许多值得注意的观点,而且达到了一定的深度。全文论述系统严密,善用比较,视野开阔,比起先前那些直观、印象式的批评,无论是在内容上还是在表述方式上都给人以耳目一新之感。再者,作者从哲学、美学的角度来解读《红楼梦》,与当时政治、伦理式的功利性解读有着明显的不同。对此,王国维有着很清醒的认识:"观近数年之文学,亦不重文学自己之价值,而唯视为政治教育之手段,与哲学无异。如此者,其亵渎哲学与文学之神圣之罪固不可逭,欲求其学说之有价值,安可得也?"① 从这段话可以看出,作者撰写此文似乎还有纠正时弊的用意在。这固然在当时显得有些不合时宜,但大体代表了学术研究的正确方向,也是作者独特学术个性的展示。

需要指出的是,王国维所开创的这种新型红学研究之路在相当长的一段时间内并未得到正面、积极的回应,其意义和价值需要经过一个时间段后才会在总结和追述中逐渐显露出来。毕竟新的学术范式的建立需要一个渐进的过程,确实如他本人所批评的,当时人们的着眼点在政治教育,而不在学术本身,还没有形成一个良好的学术氛围。直到五四新文化运动时期,随着文学研究这门现代学科的建立,人们才逐渐认识到该文的开创意义。但令人遗憾的是,尽管日后由胡适等人所开创的新红学研究建立在较为科学、规范的基础上,但由于研究者对考证的过分看重和强调,王国维创立的研究范式并未得到很好的继承和发扬,甚至被有意无意地淡化或忽视了。直到当下,红学研究仍存在这一问题。经过一个世纪的红学风雨后,再回首反观这段历史,对王国维这位先驱者的开拓精神当会有更深的体会和理解。对《红楼梦》这样一部作者、成书、版本都极其复杂的作品来讲,对有关文献资料的梳理、辨析和考证无疑是十分必要的,这是研究得以深入进行的一个基本前提,但关键的问题是,考证本身并不是研究的最终目的,而只是一种重要的、有效的手段,其目的是为了更好地欣赏、理解作品,注重作品本身的思想文化意蕴和艺术特性才是第一位的。但令人遗憾的是,在具体研究过程中,这种轻重主次关系常常被人为地弄颠倒了。

但也不可否认,这篇文章的观点或论述方式还有不少可议之处。其中最大的缺憾在于作者完全以叔本华的哲学理论来套《红楼梦》,显得有些生硬勉强,未能像后出的《人间词话》那样进行灵活变通。毕竟东西方文学艺术产生的社会文化背景与发展轨迹不同,作品的形态各异,叔本华所谈的痛苦、欲望、解脱、虚无等概念与中国人通常的理解有所不同,曹雪芹的人生观及价值取向与叔本华也有着明显的不同。可以说,叔本华的哲学理论并不完全符合《红楼梦》的创作实际,只能说是部分契合,完全以叔本华的哲学理论来解读

① 王国维《论近年之学术界》,《静安文集》,辽宁教育出版社,1997 年,第 114 页。

《红楼梦》，自然会产生不少抵牾之处。比如以欲望的受阻和自我解脱来解释《红楼梦》主要人物的动机和心态就显得颇为牵强。这种以外国理论来硬套中国小说的做法在当时自有其实验探索的积极意义，但其弊端也很明显，在越来越强调文学研究本土化的今天正受到越来越多的批评。对该文的长处、不足以及形成缘由，叶嘉莹曾有十分精彩详尽的分析和评述，可参看，[①]此不赘述。

王国维的《红楼梦评论》之外，这一时期还有一些颇值得关注的红学文章。比如成之在《小说丛话》一文中，借鉴王国维的悲剧说，对《红楼梦》的主旨作了进一步的发挥，他认为"所谓金陵十二钗者，乃作者取以代表世界上十二种人物者也；十二金钗所受之苦痛，则此十二种人物在世界上所受之苦痛也"，[②]并逐一进行分析。应该说，这一见解尽管缺少充分的立论依据，颇有些牵强处，但它不失为一种别出心裁的切入角度，其对十二金钗独特个性及典型意义的强调，确能给人一些启发。同时，作者还对当时的索隐派提出批评："必欲考《红楼梦》所隐者为何事，其书中之人物为何人，宁非笨伯乎，岂惟《红楼梦》，一切小说皆如此矣。"可见作者对小说的艺术特性有着比较清醒、正确的认识，这在当时是难能可贵的。

季新（汪精卫）的《红楼梦新评》一文也是一篇颇有特色的红学论文。该文刊于《小说海》1915年第1卷第1—2期。作者从作品的题材内容着眼，认为《红楼梦》是"中国之家庭小说"，"描绘中国之家庭，穷形尽相，足与二十四史方驾"。显然他是将该书视作一部解剖中国旧家庭的文学样本，目的在"以科学的真理为鹄，将中国家庭种种之症结，一一指出，庶不负曹雪芹作此书之苦心"。[③]应该说，这种社会文化角度的分析还是很有见地的，具有一定的深度，并带有鲜明的时代色彩。

此外，侠人的《小说丛话》、解弢的《小说话》、张冥飞的《古今小说评林》、海鸣的《古今小说评林》等文章在涉及《红楼梦》时，也不乏精彩之论。这些文章带有化用旧式评点的明显痕迹，还不能算是严格意义上的学术论文，但相比先前以评点为代表的小说批评，已有许多新的变化。这种变化不仅表现在思想观念上，还表现在思维方式、切入角度及研究方法上，代表着中国小说研究的新变。

三、索隐派的盛行

正如上文所言，红学索隐派的形成代表着这一时期红学研究的另一条发展道路，它是中国古代小说批评在新的时代文化语境中所结出的一枚畸形果实。在这一时期，索隐式研究已经由原先只言片语式的简单猜谜发展成较为系统完整的论述，篇幅动辄上万字，甚

---

① 叶嘉莹《王国维及其文学批评》第二编《王国维的文学批评》，河北教育出版社，1997年。

② 成之《小说丛话》，《中华小说界》第1年第3至第8期（1914年）。

③ 季新《红楼梦新评》，《小说海》第1卷第1号（1915年）。

至达到十数万字,形成了一套独特而稳定的索隐式红学研究理论和方法。较之王国维等人的红学研究,索隐派的观点在社会上有着更为广泛的影响,这种状况直到今天仍是如此。这无疑是 20 世纪红学史上一个十分值得关注的现象。

在这一时期的索隐式红学研究中,比较有代表性、影响最大的论著是蔡元培的《石头记索隐》。长期以来,人们一直将蔡元培的红学研究作为靶子进行批评,以彰显胡适等人新红学的正确性。这种观点固然有其合理性,但失之简单化,不利于对中国近现代学术文化思潮的深入理解。蔡元培并非顽固不化的保守者,而是开风气之先的时代领军人物,他何以走上索隐之路,而有着类似文化背景的胡适何以能成为新红学的开创者,这无疑是一个值得深思的问题。其中既有时代文化影响的因素,也是个人学术个性的显露。蔡元培是中国近现代文化学术史上一位具有代表性的重要人物,他曾是前清进士、翰林院编修,后来成为开一代新风的现代教育家、政治家、学者。他顺应历史潮流,从一个典型的传统文人转变为一位新型知识分子。他既保持了传统文人的特色,又具有现代学人的品格,传统与现代,保守与先锋,都在他身上留下了深深的烙印,体现了这一时期过渡转型的特点。就其学术研究而言,也具有这一特点。一方面,他积极汲取西方人文思想,游学德国、法国,主张以美育代宗教,成为中国现代美学的奠基人;另一方面,他又沿袭传统的治学模式,以索隐的方式解读《红楼梦》。从蔡元培的身上,可以看出中国近现代学人面对学术转型的选择,可以看出中国近现代学术发展演进的复杂性与艰巨性。

蔡元培最早研究《红楼梦》当始于光绪二十年(1894),这一年他阅读《郎潜纪闻》、《燕下乡胜录》等书,其中谈及《红楼梦》为明珠家世、十二金钗为纳兰上客的部分对他产生启发,激发了其研究《红楼梦》的兴趣,这是他写作《石头记索隐》的最初动因。后人多以为蔡元培是出于民族思想而撰此书,似乎不确,因为从该书最初的动因、后来的写作经过及他本人的陈述来看,更多的是出于个人的兴趣,他曾说自己喜欢索隐。不过,他也在一定程度上受到当时民族思潮的一些影响,注意挖掘《红楼梦》这方面的内涵。因为没有确切的资料,只能作这样并不确定的推测。

到光绪二十四年(1898)的时候,蔡元培已经写出了一部分:"前曾刺康熙朝士轶事,疏证《石头记》,十得四、五,近又有所闻,杂志左方,用资印证。"[①] 其后,他时断时续地进行写作,其中有不少为入民国后游学法国时所写。后来在张元济等朋友的催促下,决定公开刊布。先是在《小说月报》1916 年第 7 卷第 1—6 期连载,次年 9 月由商务印书馆推出单行本,写作时间前后算起来长达 20 多年。《石头记索隐》一书出版后,很受欢迎,到 1930 年,已再版十次,由此可见其在当时社会中所产生的较大影响。需要说明的是,蔡氏的写作态度是比较严肃认真的,他本人也很看重这部书,即使是在与胡适论战失利后也是如此。该书出版后,他还不断寻找文献材料对该书进行修订,用力甚勤。但由于基本研究方

---

① 蔡元培 1898 年 7 月 27 日日记,中国蔡元培研究会编《蔡元培全集》卷 15 第 187 页,浙江教育出版社,1998 年。

法的偏差,其红学研究与其他索隐派红学家的研究相比并没有太大的差别,未能像王国维的《红楼梦研究》那样带来研究的突破。

《石头记索隐》受《郎潜纪闻》一书的启发,将《红楼梦》视作一部"清康熙朝政治小说",认为"作者持民族主义甚挚,书中本事在吊明之亡,揭清之失,而尤于汉族名士仕清者寓痛惜之意"。由于小说作者"虑触文网,又欲别开生面,特于本事以上加以数层障幕",故需要"阐证本事"。总的来看,蔡氏所阐证的本事并没有多大新意,不过是作品人物某某影射历史人物某某之类,如贾宝玉影射雍礽、林黛玉影射朱竹垞、薛宝钗影射高江村、探春影射徐健庵、王熙凤影射余国柱等。

总观全书,尽管作者写作态度严肃认真,"自以为审慎之至,与随意附会者不同",^① "于所不知则阙之",并总结出一套"三法推求"法,即品行相类法、轶事有征法和姓名相关法,但细究起来,其基本方法无非是比附、谐音或拆字,前两种不过是比附,后一种则为猜谜。比如他认为探春影射徐健庵,其证据是"健庵名乾学,乾卦作☰,故曰三姑娘。健庵以进士第三名及第,通称探花,故名探春。健庵之弟元文入阁,而健庵则否,故谓之庶出"。《红楼梦》第二十七回,探春嘱托贾宝玉买些"朴而不俗、直而不拙的"轻巧玩意儿之事则是影射徐健庵"尝请崇节俭、辨等威,因申衣服之禁,使上下有章"之事。上述引文包含了蔡氏所说的三种方法,读者自不难看出其牵强附会处。

蔡元培的基本前提是错误的,他想把"一切怡红快绿之文,春恨秋悲之迹,皆作二百年前之因话录、旧闻记读",无视作品想象虚构的文学特性,加之方法不当,多为牵强附会,这样得出来的结论也就显得颇为荒唐,是靠不住的。比如他因小说中多用"红"字,遂认为是在影射"朱"字,"朱者,明也,汉也"。因此,贾宝玉的爱红之癖,蕴涵着"以满人而爱汉族文化"的意思。费了这么大劲,拐了那么多弯,才揭出如此谜底,不仅一般读者想不到,恐怕就连作者曹雪芹本人也想不到,只有蔡元培本人清楚。其牵强附会之迹是十分明显的。1921 年,蔡元培受到胡适等人的尖锐批评,蔡、胡之间为此展开了一场论战,结果胡适占了上风。这是红学史上的一个标志性事件,从此胡适等人开创的考证派新红学取代索隐派成为红学研究的主流,索隐派红学此后一直处于边缘状态。

在当时比较有影响的索隐之作还有王梦阮、沈瓶庵二人合写的《红楼梦索隐》。王氏生平不详,待考,沈氏则为中华书局编辑。该书的索隐提要 1914 年曾在《中华小说界》第 1 卷第 6—7 期连载,1916 年由中华书局附载于作品中一起刊行,书前有《序》、《例言》和《提要》,索隐文字则分回分段附在正文之中。该书篇幅较大,有数十万字。作者认为《红楼梦》"大抵为纪事之作,非言情之作,特其事为时忌讳,作者有所不敢言,亦有所不忍言,不得已乃以变例出之",这是他们立论的基本前提。因此,他们要"苦心穿插,逐卷证明"、^②"以注经之

————————

① 蔡元培《石头记索隐第六版自序》,商务印书馆,1922 年。

② 王梦阮、沈瓶庵《红楼梦索隐提要》,中华书局,1916 年。

法注《红楼》，①将《红楼梦》变为"有价值之历史专书"。他们所发掘的真事就是传说中顺治、董小宛的爱情故事，"是书全为清世祖与董鄂妃而作"，"诚千古未有之奇事，史不敢书，此《红楼》一书所由作也"。具体说来，贾宝玉影射顺治皇帝，林黛玉影射董小宛。至于该书所采用的索隐式研究法与蔡元培《石头记索隐》一书大同小异，甚至更为复杂，为自圆其说，更发明出化身、分写、合写之说，这一方法为后来的索隐派广泛采用。总的来看，多为扑风捉影之谈、随意捏合之言，少合情合理、自然切实之论，与其他索隐家相比，不过索隐所得的具体结论不同而已。

不过，《红楼梦索隐》一书在当时很有市场，在很短的时间里就重印了十三次，一时成为畅销书，由此可见其在社会上引起的轰动程度。后来，著名历史学家孟森曾撰《董小宛考》一文，明确指出："顺治八年辛卯正月二日，小宛死。是年小宛为二十八岁，巢民为四十一岁，而清太祖则犹十四岁之童年。盖小宛之年长以倍，谓有入宫邀宠之理乎？"②该文征引大量文献资料，以无可辩驳的历史事实证明顺治、董小宛之间的所谓浪漫爱情故事纯属虚构，并非信史。此后，顺治、董小宛爱情故事说才渐渐偃旗息鼓。

此外，邓狂言的《红楼梦释真》（上海民权出版社1919年版）也是当时一部较有影响的索隐派著作。该书篇幅更巨，约27万字，在《石头记索隐》、《红楼梦索隐》的基础上继续发挥，认为《红楼梦》是一部写种族斗争的小说，是一部"明清兴亡史"。对作者问题也提出新的看法，认为前八十回的作者为吴梅村，后四十回的作者为朱竹垞。与前面二书相比，涉及范围更广，内容也更细致。其牵强附会处也更明显。

需要说明的是，尽管这些索隐派著作面世后曾引起较大的社会反响，但在当时还是有不少头脑清醒之士撰文反对这种以谐音、拆字、猜谜为主要手段的索隐式研究法。比如顾燮光认为《红楼梦索隐》是"附会穿凿"，并从顺治与董小宛年龄的差别来指出这种附会之错误。③张冥飞亦持类似观点，他对《红楼梦索隐》的评价是："牵强附会，武断舞文，为从来所未有，可笑之至也。"④海鸣更是从整体上对这种索隐式研究法进行批评："《红楼梦》是无上上一部言情小说，硬被一般刁钻先生挥洒其考证家之余毒，谓曰暗合某某事。于是顺治帝也，年大将军也，一切鬼鬼怪怪，均欲为宝玉等天仙化人之化身，必置此书于龌龊之地而后快，此真千古恨事也。"⑤

严谨科学的学术探讨与扑风捉影式的猜谜索隐并行，各门各派的红学观点共存，同样都有着自己较为固定的读者群和拥护者，呈现出多元化的发展态势，这正是清末民初这一时期独特的学术文化景观。经过一百多年的酝酿孕育，在众多研究者的参与下，红学逐渐发展成为一门具有现代科学意义的学科。不过，最后的完成还要到五四新文化运动之后。

① 王梦阮、沈瓶庵《红楼梦索隐》例言，中华书局，1916年。
② 孟森《董小宛考》，载《心史丛刊》，辽宁教育出版社，1998年，第174页。
③ 顾燮光《崇埴墨话》，载孔另境《中国小说史料》，上海古籍出版社，1982年，第196—197页。
④ 张冥飞《古今小说评林》，民权出版部，1919年。
⑤ 海鸣《古今小说评林》，民权出版部，1919年。

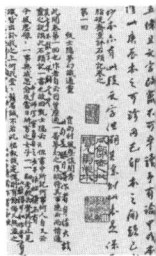

晚清经学与"红学"

——"红学"得名的社会语境分析

张　云

（中国艺术研究院红楼梦研究所）

关于"红学"一词的起源，《慈竹居零墨》、《八旗画录》和《游戏报馆杂咏》分别在不同语境下给予了记载。这三条资料是学界最常引用的，然迄今为止，对于它们的运用几乎都是为了追溯"红学"名称的由来，却很少有人追问为什么时人会把"红学"与"治经"和"谈经济"联系起来。本文无意将红学与经学作全面的联系，也不可能全面讨论这两个属于不同学科领域的专门问题，只想就这三条材料的话语背景，做社会语境的分析，借以辨析、推测士人对待"红学"的态度。通过这些材料，我们可以感受到清末经学的蜕变与衰败，以及时局动荡给士人带来的精神压力，同时我们也可以体会到士人以"红学"替代经学体现出的对学问的执着与留恋。"红学"不仅为他们提供了关于政治的另类阐释，也满足了他们的读书趣味。这些都从一个侧面说明了《红楼梦》内涵的丰富性、多元性、开放性以及红学本身的魅力。

一

均耀《慈竹居零墨》记载：

华亭朱子美先生昌鼎，喜读小说。自言生平所见说部有八百余种，而尤以《红楼梦》最为笃嗜。精理名言，所谈极有心得。时风尚好讲经学，为欺饰世俗计。或问："先生现治何经?"先生曰:"吾之经学,系少三曲者。"或不解所谓。先生曰:"无他。吾所专攻者,盖红学也。"[1]

均耀,即松江雷瑨别号。雷瑨是清光绪十四年(1888)举人,初于扫叶山房做编辑,后效力于《申报》,熟谙掌故,编著甚丰。文中所引朱子美,与他同为松江府人。朱氏为光绪十六年庚寅恩贡,蓝翎五品衔候选直隶州通判,一生好读书,著有《一乐居文稿》、《屯窝诗稿》、《梦昙庵词稿》、《词媛姓氏录》等,其中《屯窝诗稿》是朱氏悼亡之时,仿黛玉葬花,积咏成集的。

引文告诉我们,朱子美所处的时代"好讲经学"并以之为时尚,熟人相见以"先生现治何经"相询问候,足见其风之甚。朱氏幽默地以拆字为戏,称自己专攻的是红学,就是说在他看来对《红楼梦》的研读算得上正经学问。个中原因文中未予交代,但我们从均耀平实的记述中,很容易找到答案。他以"精理名言,所谈极有心得"来评价朱氏对《红楼梦》的研究,而以"为欺饰世俗计"指责那种一窝蜂地群起治经的欺世盗名行为。

这条噱谈,徐珂《清稗类钞·诙谐类》记载得更为详细,在交代背景时他写道:"曹雪芹所撰《红楼梦》一书,风行久矣。士大夫有习之者称为'红学'。而乾、道两朝,则以讲求经学为风尚,朱子美尝讪笑之,谓其穿凿附会,曲学阿世也"。[2]这里不仅以朱子美"讪笑"写出朱氏对"讲求经学"之风的反感,还交代了他鄙视它的原因,是为"穿凿附会,曲学阿世"。

经学若成为人人皆"治"的学问,其学问的水准可想而知,而穿凿附会则是正经学问的大忌。此时的经学不幸落难至此,这显然预示着经学的衰败。经学被"曲学阿世"地"治"入绝境,朱子美选择了远离。那时期研究诸子和佛学的形势正好,他大可潜心于精读诸子或钻研佛学,这些学问同样可彰显其知识和思想,尚列"大道",确实是学问人的不错选择,但他直言自己在治红学,不以"小道乃君子不为"视小说,这种态度恐怕不能草草地发声"朱君乃真人也"就算完事的。在这坦诚、真率的内里应该还有一个观念的东西在。他酷嗜小说,"所见说部有八百余种",他的所见绝非一般的阅读,他对长篇章回,特别是《儒林外史》和《红楼梦》堪称情有独钟。据李汉秋考证,朱昌鼎加入过南汇上海一带的《儒林外史》沙龙,该沙龙以天目山樵(张文虎)为中心,基本活动则是传抄和评骘天目山樵的评批。朱氏用"则仙"、"最不羁生"、"卧读生"等署名在过录了"天一评"的排印本《儒林外史》上加批了一百来条,包括眉批和回末总评。李汉秋认为朱氏的"则仙"评批仅次于卧评、黄评、天评,是《儒林外史》的第四大评批。[3]而同一沙龙的黄小田既评批《儒林外史》又评

① 均耀《慈竹居零墨》,载《文艺杂志》1914年第8期。转引自一粟《红楼梦卷》,中华书局1963年版,第15页。
② 徐珂《清稗类钞》,中华书局1984年版,第1792页。
③ 李汉秋《〈儒林外史〉新发现:拨开云雾见"则仙"》,见《光明日报》2010年5月10日第12版。

批了《红楼梦》,朱氏是否也二书兼批,因材料有限目前尚难确定,但他承认红学为学问应该是真实的。我们可以推想,拥有从容不迫的阅读闲暇和不计功利的经典素养,矜持于学问正途的士人以能够治经研史的才智研读《红楼梦》,自然可以提升红学的学术品位。或许当时抑或此前,高谈红学的文化人已经为红学定下了不俗的基调,致使朱君们愿意引为知音加为同道。

这么个逸事,《慈竹居零墨》和《清稗类钞》分别予以记载,《文艺杂志》这种新兴的传播媒体也予登载。三种载体时间上有跨度,读者对象也不同,加在一起的影响面肯定不小,这于"红学"是颇具广而告之的推广宣传效应的。而经学自来的崇高地位同时被相应地消解了。

如所周知,有清一朝很是重视经学,清政府提倡和掌控双管齐下,经学甚至成为统治者掌控皇权和制定政策的理论依据。清中期以前,满清王朝一直被汉族士大夫视为外来政权,其"合法性"一向是关注的焦点,清统治者遂借助"三统说"[①]和《春秋》公羊学的法律含义来论证其合法性。斯时,在学术界占优势的是讲究训诂考据的汉学,而在政治上占优势的则是讲究义理文章的宋学,今文经学由于君主和高级官员的提倡而高居庙堂得以复兴。原因正如汪晖所指出的那样:"清代今文经学在很大程度上可以视为一种王朝的政治合法性理论,其中既包括了对于清朝合法性的论证,也包含了对于清代政治制度内在矛盾的批评。今文经学是汉人学者对乾隆时代社会问题的回应,也是对于清代开国以来处理内外关系及其秩序观的批判性的总结,这是它把制度、法律和礼仪置于思考中心的根本原因。"[②]当时风尚似有群起而攻《公羊》之势,因为"《公羊》中最引人注目的纲领,就是正统论、华夷观念、内外的分别以及复仇、经权等思想,这在清代中叶以后,都是与隐含在士人心头的焦虑相吻合的。"[③]毫无疑问,经学,做的是关乎政治、思想的大学问,是士人参政议政的资本,对儒者而言它既是精神的寄托亦是生存的必需。

"吾之经学,系少三曲者",玩的是文字游戏,经字繁体写作"經",少却右上方之三曲,即为"红"字。可见,"红学"在得名之初确有游戏的性质,我们在谑笑的时候可以说索隐成为清末民初的红学主流是"胎里带来的热毒",方法上打着明显的经学印记,索隐之痴,是修养、趣味还是技痒或工夫所致,似乎都应该有。撰写过《红楼梦考》的钱静方,于1913

---

① "三统说"亦称"三正说",认为"天之道","终而复始",黑、白、赤三统循环往复。每个朝代都有一"统","统"乃受命于天,旧王朝违背天命,便由一个新王朝"承应天命"来替代。新王朝就必须"改正朔,易服色"以顺天意,那时的"礼乐征伐"也必须按照那一个"统"的定制去实施,夏、商、周三代分别是"黑统"、"白统"、"赤统",也就是说,夏、商、周三代的制度,各有因革损益,不是一成不变的。后来梁启超也借助这一说法来解说康有为变法:"有为所谓改制者,则一种政治革命、社会改造的意味也。故喜言'通三统'。'三统'者,谓夏、商、周三代不同,当随时因革也。"(梁启超《清代学术概论》,上海古籍出版社,1998年版,第79页。)

② 汪晖《现代中国思想的兴起》上卷第二部"帝国与国家",三联书店,2008年版,第551—552页。

③ 李新霖之《春秋公羊传要义》,转引自葛兆光《中国思想史》第二卷《七世纪至十九世纪中国的知识、思想与信仰》,复旦大学出版社,2000年版,第613页注释二。

年至 1915 年连载《小说丛考》，就被称为"虽功止于述，而实较诂经注诗为难，洵古训之所式，多识之所资也"。[①] 这显然是在赞赏他把小说考证作为正经学问来做的态度。

但是，具有崇高地位的经学，在朱子美时代已在显露其被士人嫌弃甚至要抛而弃之的趋势。人人争言经学不免"碎义逃难"，为解经兴盛起来的音韵、训诂，已自立门户；为解释名物制度而转向史学，又继而走向方志、金石，剩下的又过于"识时务"。就是说，经学的式微绝非仅仅因为不三不四者群起介入治经行列而导致的，经学的败落自有其穷途末路的内在理路和外部侵扰的种种原因在。光绪末年的曹元弼认为，经学的败落是由于"道咸间矜奇立异之徒，厌读书而喜盗名，恶郑学之平正通贯，不易穿凿"，"而乐今文学说之零文碎句，所存无几，可借以驰骋胸臆，浸淫不已，遂至于离经畔道，非圣无法"。[②] 一个名叫段复昌的普通经师也曾不无伤感地向后辈叹息："通经所以致用，经学者，万世之圭臬也，天下竞竞，兴言夷务，儒者苟求富贵，必枉道以求合，道术将为天下裂"。[③] 曹氏、段氏所归之咎是否切中要害，本文不论，将曹、段之言与朱子美之行参照对看，似成因果关系，前者恰是后者之因，朱氏愤而远离经学正是缘于曹、段二人指出的诸多劣迹，对于反对"缘词生训"、"守讹传谬"的正经学问家而言，不屑与欺世盗名者为伍而"离经叛道"，也是不得已，段氏痛惜的"道术将为天下裂"难说不与正直士人愤而远离治经相关联。面对世俗的冲击，"为人"的"学者之末"尚不能持有，"为己"的"学者之本"——矜持于治经学的学术思想的自足，就更无从谈起了。因此，我们由此得出经学之前景堪忧的结论当是真实不谬的，或许经学业已从根本上开始了动摇。

二

李放《八旗画录》记载：

> 曹霑，号雪芹，宜从孙。《绘境轩读画记》云"工诗画，为荔轩通政文孙。所著《红楼梦》小说，称古今平话第一。嘉庆时，汉军高进士鹗酷嗜此书，续作四十卷附于后，自号为红楼外史。光绪初，京朝士大夫尤喜读之，自相矜为红学云。惜文献无征，不能详其为人。"[④]

李放是清末民初的画论家，其《八旗画录》收辑了 288 位著名的八旗画家，其中既引录记载曹雪芹资料，说明他是把曹氏列为八旗画家的，从其引用的《绘境轩读画记》评说《红楼梦》为"古今平话第一"可见，《红楼梦》的影响的确很广，曹雪芹能文会画，为多才多艺之人。

---

① 见琐尾生《〈小说丛考〉序言》，《小说月报》第 4 卷第 1 号，1913 年。
② 《古文尚书郑氏注笺释》，《续修四库全书》第 53 册，据复旦大学藏稿本影印，第 454 页。
③ 段复昌《周易补注》卷首程崇信《清故铨选训导段君传》，《续修四库全书》第 39 册影印本，第 481 页。
④ 李放《八旗画录》，后编，卷中，1919 年印本，转引自一粟《红楼梦卷》，第 26 页。

文中毫不吝啬地用"酷嗜"描述的这种对《红楼梦》的喜爱,我们从熟悉的"家置一编"①、"开谈必说"②、"几挥老拳"③的记载中多已得知,自不必赘言。此处关于曹雪芹的记载有误,对于今天的读者来说已是常识,不必细论,值得指出的是,"红学"一词在1875年左右便已流行开了,④我们读此材料自然会首先注意到这个事实。除此之外的相关信息,我们似亦应条分缕析、详加考辨。

在记述曹雪芹的同时李放特别加注记上高鹗一笔,这位高氏以举人身份续写小说还以"红楼外史"自号,在视小说为小道的那个时代,即便谈不上惊世也算得上骇俗,而且高鹗"补作"之后又得中进士,这样跻身于"大道"与"小道"之中,非但未被后世之士耻笑,还因此得以传名,这当是价值观念变动的强烈信号。

举人作红楼书留名者,不仅有"闲且惫"⑤的高鹗还有世家子弟。完成于道光末的二十回书《续红楼梦稿》,作者为张曜孙,他是经学家、常州词派创始人张惠言的侄子,著有《谨言慎好之居诗集》等,道光举人,做过湖北督粮道。

《八旗画录》记道:"光绪初,京朝士大夫尤喜读之,自相矜为红学云。"这种轻松的描述虽很简单,却足以给我们再现士大夫的情趣取向。都中士人把读小说当作韵事、雅事,喜欢读、愿意谈,甚至自相标榜,以红学为学问而自高身价,这说明审美观和价值观的变动亦是普遍现象。与红学有些瓜葛的俞樾,做过翰林院编修、河南学政,他不仅撰写过《群经平议》、《诸子平议》、《古书疑义举例》,也颇为注重小说戏曲,光绪四年完成小说《耳邮》四卷,其《小浮梅闲话》、《右台仙馆笔记》、《茶香室丛钞》等笔记对文学史收罗甚丰,内有关于红学的诸多内容。再如,撰《红楼梦偶评》的张其信,官居户部主事,将《红楼梦》自第一回评至一百二十回,视作冬日家居的"论文"之雅事;作《红楼梦后序》的蔡保东,以中举后"毅然绝意进取,家居授徒"的个性,谈论起文艺来却是"从容竟日"的。⑥这些在在

① 汪堃《寄窝残赘》"红楼梦为谶纬书"曰:"《红楼梦》一书,始于乾隆年间,后遂遍传海内,几于家置一编。"见一粟《红楼梦卷》,第381页。

② 梦痴学人在《红楼说梦》中所引《京师竹枝词》云:"开口不谈《红楼梦》,此公缺典正糊涂。"(一粟《红楼梦卷》,第219页。)得舆《京都竹枝词》道:"做阔全凭鸦片烟,何妨作鬼且神仙。开谈不说《红楼梦》,读尽诗书是枉然。"(一粟《红楼梦卷》,第354页)杨懋建所记竹枝词则为:"开谈不说《红楼梦》,纵读诗书也枉然。"(一粟《红楼梦卷》,第364页)可见此类韵脚不同的竹枝词流传颇广,足见《红楼梦》的脍炙人口。

③ 邹弢《三借庐笔谈》之《许伯谦》记道:许氏尊薛抑林,"己卯春,余与伯谦论此书,一言不合,遂相龃龉,几挥老拳,而毓仙排解之,于是两人誓不共谈《红楼》。"(见一粟《红楼梦卷》,第390页)

④ 红学实际上的存在自然要早得多,如周策纵认为"至迟在苕溪渔隐范锴在嘉庆二十二年(1817年)出版《痴人说梦》时,就算得上真正的'红学'了",见周策纵《红楼梦案——周策纵论红楼梦》,文化艺术出版社,2005年版,第43页;陈维昭则认为"红学的诞生起码可以从1754年脂砚斋重评《石头记》算起,其评点即最早的红学",见陈维昭《红学通史》(上),上海人民出版社,2005年版,第3页。

⑤ 高鹗《红楼梦序》,见一粟《红楼梦卷》,第31页。

⑥ 《红楼梦偶评》和《红楼梦后序》分别参见《红楼梦书录》,上海古籍出版社,1981年版,第183页和185页。

都说明本期文学观念特别是小说观念已经开始了普遍的转变,"视小说太轻的时代"^①宣告终结,虽然还需等待,却也只是时间问题了。

对一般人而言,《红楼梦》是可供消遣的言情小说,对它功能的认定,基本可用古人的看法:一、消遣娱乐;二、表达作者的个人情志;三、提供借鉴与教化。这三点往高里拔也就有史鉴功能上的认知意义吧。现有的材料告诉我们,光绪初年,红学的主流虽仍是评点和题咏,但因为知识精英的加入,学问意识逐渐加强了。有关论述将另文详论。现再回到《八旗画录》上来。

李放认可曹雪芹是《红楼梦》作者,但是"惜文献无征,不能详其为人"。在"知人论世"的传统阅读中,他认为作者问题对解读小说是比较重要的。此前,1904年,王国维在其《红楼梦评论》中业已指出:"作者之姓名(遍考各书,未见曹雪芹何名),与作书之年月,其为读此书者所当知,似更比主人公之姓名为尤要。顾无一人为之考证者,此则大不可解者也。"到了1919年,李放还在"惜不知其详"。1916年,蔡元培只说"作者持民族主义甚挚",不取曹雪芹为作者之说,邓狂言则指吴梅村为作者并把后四十回派给了朱竹垞。这时期关于作者的猜测五花八门,明遗民说占了很大的比重,他们关注作者的目的,不为真正求证"真实",而是要借作者以自重,仰仗作者对于文本的权威性为自己的诠释张本。其中索隐派对小说的解读基本立足点就着落在他们刻意安排的作者身上。也有一些论者,说曹雪芹是某府幕僚的,写小说因其有难言而又不能不言的苦衷,也有说他是一纨绔子弟花重金雇枪手代笔以求名的,更多的是明遗民借以泄愤的说法,不一而足,倒不如李放这样老老实实地"不知为不知"的好。

当然,京朝士大夫"自相矜"是标榜不出一个真正意义上的红学来的。他们阅读的趣味其实也不见得有多高明,或为争林薛之优劣而"几挥老拳",或像俞樾那样以文字传播"明珠家事"之说,都还局限于玩味的层面。从这条材料中我们当能略窥他们对小说的看重,这些必将影响后世对《红楼梦》的重视,哪怕他们留下的只是这些对于人物的品评和小说"本事"的阐释呢。若能从士人的这种嗜红之状态,放大到他们对小说小道的重视,此材料的价值便不止红学之一端了。

三

徐兆玮《游戏报馆杂咏》写道:

说部荒唐遣睡魔,黄车掌录恣搜罗。不谈新学谈红学,谁似蜗庐考索多? 都人士喜

——————————

① 黄人(摩西)《〈小说林〉发刊词》"则以昔之视小说也太轻,而今之视小说又太重也。"见陈平原、夏晓虹编《二十世纪中国小说理论资料》第一卷,北京大学出版社,1989年版,第233页。

谈《石头记》，谓之红学，新政风行，谈红学者改谈经济，康梁事败，谈经济者又改谈红学。戊戌报章述之，以为笑噱。鄙人著《黄车掌录》十卷，于红学颇多创获，惜未遇深于此道者一证之。[①]

徐兆玮于光绪十六年（1890）得中进士，十八年授编修，光绪三十一年（1905）留学日本学法律，辛亥前夕加入同盟会，民国成立后为国会众议院议员，1917年拒曹锟之贿，南归家乡常熟，从此绝意政治。这是位亲历新政和改朝换代者，曾与政治共沉浮，颇具"谈经济"资格，他对时局的记录当较为贴切。

文中小字诗注记述的是时局在大变革、大动荡之时，士人左右于入世和退隐之间无所适从的困境。这种"谈经济"和"谈红学"在不同政治局势下的互换现象，很生动地凸现出士人的情绪波动及由此生发的内心空虚与失落。

事实上，晚清士人的知识和思想早已面临着前所未有的外力冲击了。

本来有识之士对自己的经国济世的才干是颇为自负的，因为这信心来自他们久而习得的经学经验。时至晚清，士人常以谈经论学来议论政事。但这种"讲经学"和"谈经济"的范畴远远超出了他们的经学经验。模糊和混乱的现象背后实际上已经蕴涵着晚清朝野内外秩序的某种松动了，相较于来自殖民主义坚船利炮的逼迫，有识之士对西方知识、思想的被迫了解和选择性接受所带来的强烈诉求，无疑更具冲击力。晚期的大清帝国被迫打开门户之后，关于夷夏、内外乃至国家、民族等概念都需随之改变。主导观念的重构，似乎离不开经学家对儒家经典的重新解释，而关乎政体的改良或革命，今文经学家也是乞灵于儒家经典。康有为撰写《新学伪经考》和《孔子改制考》就是为改革做舆论宣传的。这种大气候下，士人"讲经济"实实在在地就是对民族、国家命运的一种政治投入，至少是一种关切。本来就是政治为第一要义、学术思想为第二义的晚清经学，在官方话语和私人话语中就更加贴近政体、政府和制度。但是经学的知识应对内忧外患的时事政治已是捉襟见肘，理智的开明人士已在有意识地吸取西学知识了，然而，政治是不讲理路的，"康梁事败"，光绪被囚，政局因此大乱。从"谈经济"改谈红学，说明很大一部分士人对经世致用大为灰心，或为避祸自保而远离"匹夫之责"，形式上则从积极入世转而退为隐世，正所谓"循遵养之义，静以观天下"，心系天下是无需置疑的，有道是关心则乱，本不关心何来"改谈"呢。

改谈红学算得上是从政论话语中的一种退出方式。从"讲经济世"到"谈红隐世"，可从一个群体倾向上推见变法失败对国人的打击。但凡事都不可死看，不能行其事于外，"藏"其心于内是谁也拦不住的，更何况国难当头，革新求变是历史的必然呢。时势造化，从经济之论改谈《红楼梦》该别有一番生发。

---

① 徐兆玮《游戏报馆杂咏》，载孙雄《道咸同光四朝史诗一斑录》，光绪三十四年（1908）油印本，下册，转引自一粟《红楼梦卷》，第404页。

但是这种被时风左右的"改谈"行为,"戊戌报章述之,以为笑噱",显然遭遇到了公众舆论的冷眼。不以正眼相看者,善意者,或哄然做一笑而了之,激进者可能得指责这种"躲进小楼"不以国家命运为意的"奴才"行径了。

徐兆玮却不以"谈红学"为耻,他说自己"著《黄车掌录》十卷,于红学颇多创获",这种坦诚,显见其不俗的胆识和气派,同时也表明了他的价值取向。徐氏可算是当时于书无所不读的读者藏书家,其《黄车掌录长编》属读书杂记性质的资料汇编,汇辑了从数百种书报资料上摘记的与61种小说、演义、弹词有关的材料,其中第七卷涉及《红楼梦》的资料有60余则,98面,约三、四万字,材料多出自文人诗文笔记对本事、作者情况和小说在流布过程中的反响等内容的记载,^①可以看成是他本人"谈红学"的成果。他自己表示"惜未遇深于此道者一证之",我们亦深感惋惜,其实那时节报刊杂志没少登载研究《红楼梦》的专论文章,他自己收集的资料还有不少未见于《小说丛考》和《小说考证》的呢,可惜今天藏于常熟市图书馆的《黄车掌录长编》还是手稿,为包括一粟《红楼梦书录》在内的参考资料所未收。

那时所言"新学"一词当有二义,一指王莽新朝时的古文经学,二指"五四"前由西方传入的社会政治学说和自然科学知识等,亦称"西学",徐兆玮文中两义可能都有,并当以后者为主。由"新政风行"和"康梁事败"的语境可知,学习西方制度进行的局部体制改革的"新政",以彻底失败告终,由此造成的社会动荡实实让士人惶恐不安,经世致用的今文经学已没有了市场;古文经学,这种正经以考据见长的大学问亦已无心静做。"不谈新学谈红学",把红学与经学或西学对等看待,以钻研《红楼梦》来满足和安慰自己,这样视红学为"学问"也就成为既不得已而又顺理成章的事了。这偶然之中的必然,预示着"红学"这门"学问"即便不在考据上也当在义理上着力,或许在"改谈红学"的他们看来,红学就是另一种可以议政的经学也未可知。

在对士人所处的政治文化背景稍作了解之后,我们再返观"谈经济的改谈红学"现象,看看他们究竟是如何"谈红学"的。当然今天的我们不可能作全面的考察,关于艺术性方面的研究也并非本文题中应有,只好略去不论。这里只选取带有鲜明的经世致用倾向者稍加介绍,从中感受到的强烈的时代气息似还带有"新学"和"新政"的余温,现在似仍颇有讨论的价值。

梁启超在失去政治地位之后,流亡日本,转而向文学寻求救亡之途,他发动包括小说界革命在内的三界革命,援采西学输入诸如"意境"、"写实"、"理想(浪漫)"等新名词、新概念,以改良旧文学,赋予新小说以空前重大的政治使命,试图借小说以"新民"。改良自需反观传统。在那个时兴"以西例律我国小说"^②的时代,《水浒》、《金瓶梅》、《红楼梦》等

---

① 贾穗《红学史上的首部资料汇编稿——徐兆玮的〈黄车掌录〉》,《红楼梦学刊》1997 年第 4 辑。

② 定一语,出于《小说丛话》,《新小说》第十五号 1905,见陈平原、夏晓虹编《二十世纪中国小说理论资料》第一卷,第 83 页。

生命力旺盛的传统小说便参与了这种交流,在一片质疑、批判旧小说的喧哗声中,我们倒是时时可以听到对《红楼梦》的声声赞许。在肯定其艺术感染力的同时,更多的好评是褒奖其敢于揭露腐朽旧礼教和政治意图鲜明的大胆"反满"的,所以《红楼梦》被标以政治小说、哲学小说、家庭小说、伦理小说等。① 更有借谈《红楼梦》发表其政治主张甚为直白者,如陈蜕撰写《列〈石头记〉于子部说》一文,直接指出:"《石头记》一书,虽为小说,然其涵义,乃具有大政治家、大哲学家、大理想家之学说,而合于大同之旨。谓为东方《民约论》。"说贾宝玉行为因为"不怨"、"不骄"、"不忮"、"不谄"、"能爱"、"不淫"、"不怒"、"不恋","纵观始终,可以为共和国民,可以为共和国务员,可以为共和议员,可以为共和大总统矣。"② 这种直白无异于战地讲演,绝对是借他人酒杯浇胸中块垒。陈蜕表达如此强烈的对"共和"的期盼已是变法失败十多年后的1914年了,清王朝早已被民国取代。

陈蜕的解读,当然属极端的显例,其实,人毕竟是活生生的有义有情的,在任何时候都离不开纯文学的东西来调剂和寄托个人情怀。康梁事败后,邱菽园在其"务为推陈出新,益人利国"而于变法前的5月份在新加坡创办的《天南新报》上,反对慈禧再行"训政",指责清政府严清康梁、罗织党祸。次年更是发表文章说康梁变法不是私事而是四兆国民的公事。③ 正是这位全力维新的华侨在这个动荡的1898年,为其即将刻印的《红楼梦分咏绝句》作序,自道此百咏初作于1895年,原为亡妻旧作而起,不意在1897年夏被"同学辈"将其中若干首广以"示人",并以《红楼梦》分咏"代征题词",当年即有21人"寄题"响应,是年又得16人寄题诗词,另有撰写跋与序的,凑趣的友朋遍及大陆、台湾、日本,④ 其中不乏支持维新的人士。该书并于1899年圆满印行。这种题咏多是品评人物、情节,借以抒发思想感情的,不过,和诗中亦不乏对《红楼梦》勇于讥讽"满公贵族"之"才子笔"的赞赏。⑤

随着时局的变迁,人们在焦虑和紧张中或积极地依旧谈论国事或不得不消极地避开纷乱,都是可以理解的。我们不能作二元的简单思维,依据"新政风行,谈红学者改谈经济;康梁事败,谈经济者又改谈红学"便简单地得出士人离开经学便得去投向红学的结论,但"红学"在此时确实第一次带着学问的标签"宣告"出场,此前的评点和杂记均未得此殊荣,尽管事实上红学在《红楼梦》创作之时就已经出现。这样"自相矜为红学"的范围有多大,我们无从得知,参与者将之视为一种打发时光的消遣方式还是别有慧心另有寄托,他们各占多少比重,当然也是无从得知,我们能知道的是,他们的出发点、立场都是因时因人而异的。

---

① 侠人指出"吾国之小说,莫奇于《红楼梦》,可谓之政治小说,可谓之伦理小说,可谓之哲学小说、道德小说"。《新小说》第十二号1904,见陈平原、夏晓虹编《二十世纪中国小说理论资料》第一卷,第75页。

② 陈蜕《列〈石头记〉于子部说》,见一粟《红楼梦卷》,第269页。

③ 可参见汤志钧《丘菽园与康有为》一文,载《近代史研究》2000年第三期。

④ 参见一粟《红楼梦书录》,第297—300页之"红楼梦分咏绝句"条。

⑤ 一粟《红楼梦卷》,第403页选了《红楼梦分咏绝句》卷首刊出的谢道隆的诗,其诗注有"满洲诸老常以《红楼梦》乃讥国初满相某公之书,屡焚禁之。"由此可见一斑。

四

上引三条材料,有两条把经学和红学作了弃甲选乙似的二元联系,所以有必要加以申述,将这种联系在上述分析所建立的语境之下予以解说、发挥,以彰显本期经学的政治实践带给红学的丰富内蕴。

光绪年间,"办洋务"失败,清朝有识之士强烈地意识到真正的"自强""新政"绝非单纯的"师夷长技以制夷",效法西方体制以改革求富强遂成为颇具影响的社会思潮,敏感的士人从知识到思想、信仰已经受到西学的强烈冲击,经学家却依然不忘从数典祭祖中寻找出路。康有为撰写《春秋万国公法补正表》、《中国律例出于春秋考》等,力图在儒学的基础上综合各种知识为这个时代提供规范与说明,此举可看成是梁启超所谓的"以复古为解放"。[①] 今文学家廖平则以《周礼》为"全球万世法",在戊戌前后不惜改变尊今抑古的经学态度定《周礼》为"大一统"的经典,认为西方入侵恰为"大一统"的实现提供了条件。可见,儒家积淀下的经典随着现实的需要在紧张中不断地被其历史使命催化着——今文学家把当下对政治的种种焦虑一并羼入其经学的解释之中。

变法图强的旗帜上当然地书写着以经学为宗的理论。如康有为就撰写过《新学伪经考》,斥古文经学为"新学"即新莽之学,以"汉学"专指今文经学,意图利用过去今文经学的思想材料以"托古改制",从西汉今文之学说中寻觅变法维新的理论依据。其《孔子改制考》则发挥公羊三世说的理论,把皇权中心论与孔教至尊论结合在一起,以论证孔子作为圣王的改制实践,为其变法张本。康氏这种政治含义极为明确的学说曾得到开明的光绪帝的青睐和支持。

当然,经学大家的专业著作并不是仅仅高居于庙堂之上的"高文典册",老百姓在其生活世界和常识世界里也有他们自己的解法。譬如庄存与将"讥世卿"置于《春秋正辞》的重要位置,虽然他对"世卿"的批判合乎清朝政治的合法性原则,也呼应了康、雍、乾三代皇帝对门户、朋党和贵族阶层的打击、批判和压制,是庄氏政治观的产物,但其在民间的影响或许更在于他对腐败、擅权等现象的批评。按魏源的提示和艾尔曼的研究,[②] 庄存与之说当与和珅之祸有密切的关联。1799 年发生的嘉庆皇帝杀和珅事件"暴露了十八、九世纪交替之际帝国政治肮脏僵化的冰山一角",[③] 所以清人愿意把《红楼梦》解说为"和珅家

---

① 梁启超撰、朱维铮导读《清代学术概论》,上海古籍出版社,1998 年版,第 7 页。

② 魏源为庄存与遗书作序时说:"君在乾隆末,与大学士和珅同朝,郁郁不合,故于《诗》、《易》君子小人进退消长之际,往往发愤慷慨,流连太息,读其书可以悲其志云。"(《武进庄少宗伯遗书序》,见《魏源集》,中华书局,1979 年版,第 238 页。)美国学者艾尔曼认为:"庄存与的经学研究,尤其是其公羊学,很可能是寻找儒学政治语言,创立一个合法批判乾隆晚期政治混乱的尝试。庄存与、阿桂一道反对和珅一事证实了这一点。"(艾尔曼著、赵刚译《经学、政治和宗教——中华帝国晚期常州今文学派研究》,江苏人民出版社,1998 年版,第 76 页。)

③ 朱维铮《从乾隆到嘉庆》,见《音调未定的传统》,辽宁教育出版社,1995 年版,第 147 页。

事说",认为本旨在揭露其糜烂生活。我们知道"明珠家事说"早于此说已流传颇广了,据说还是起于"和珅呈上"乾隆指为"明珠家事也"的,[①] 为什么在和珅倒台后又会出现"和珅家事说"呢?这种解读从世俗的层面说无疑有附会这个震惊朝野之重大事件的用意在。再就是其他"本事说"的讥讽对象也皆为满公贵族,说明糟蹋满人的说法经久不衰,将这种现象看成与经学一般批评现实也未尝不可,此种呼应可以入座于《春秋》学的"讥世卿"层面上。

庚子前后的十几年间,报刊杂志如雨后春笋般创办起来,言论相对有了自由发表的阵地,文学创作和批评也因为传播媒体的便捷而得以空前繁荣。对《红楼梦》为代表的传统小说的评价则基本不出政治意识范畴,以《红楼梦》主旨为反满和持民族主义论者盛行,此现象的出现固然源于史家眼光读小说的传统,其与经学的某种关联亦是不容忽视的。这种关联绝对不只表现在索隐所运用的方法与传统解经方法的相类上,[②] 也不仅仅是研究者个人的索隐癖好所致,还当基于当时索隐的政治倾向与晚清经学所关注的国家体制变革的相合相通中。

如上所述,清代经学始终包含着追随先王典制与尊重历史演变的张力,晚清占主导地位的今文经学试图从夷夏、内外等概念上作"与时俱进"的解说以回应当时的国际局势,显然已不再是清初时以满族为夷的狭隘民族主义观念;维新变法主张"君主立宪"者要立的"君",是支持变法答应学习英国政体的光绪皇帝而不是慈禧控制的清政府。在维新人士的想象中,只要实行了新政,民族与国家就能与列国一同存在于世界的现代秩序中。变法失败后,逃亡日本的梁启超于 1900 年 2 月 10 日的《清议报》上发表感时檄文《少年中国说》,向往的依然是经由变法而得以强大的新中国,这个"少年中国"是相对于老的"帝国"而言的,它的人民朝气蓬勃,有土地安居、有法律可守、有主权可恃。当变法不成、开明的光绪帝被囚之后,维新失去其根本的依傍,在有识之士看来只有起而"革命"推翻满清统治才是拯救民族、保卫国家的更好选择,改革者便很容易地跨越了改革和革命的界限。这个时期"反满"又回到爱国士人的舆论中心,到 1905 年,"驱除鞑虏,恢复中华"已被孙中山解释为"民族主义"。[③] 虽然此期的"反满"已经不是清初明遗民的那个反法了——只反满清这个非正统的政权——而是要推翻封建专制的制度本身。报刊上登载的有关小说理论方面的文论,论及《红楼梦》主旨时常常指为"愤满"、"糟蹋满人"、"骂满",并且立场和态度都更加鲜明和强势。[④] 事实上,反满的最终目的为推翻腐败的清政府建立富强的新国

---

① 见一粟《红楼梦卷》,第 378 页。

② 关于方法的借鉴,刘梦溪在《红学》(文化艺术出版社,1990 年版)第一章"《红楼梦》与红学"中放在"一书以名学的缘由"里,归之于考据学的引入。陈维昭《红学与二十世纪学术思想》(人民文学出版社,2000 年版)第一章"索隐方法与经纬学术传统"中有更为细致的论述。

③ 孙中山在同盟会机关报《民报》的发刊词中第一次提出"三民主义",并分别将它们作了解释,即"民族主义"指"驱除鞑虏,恢复中华","民权主义"指"建立民国","民生主义"指"平均地权"。

④ 以《红楼梦》为"诬蔑我满人"的早已有之,如同治年间有因此禁行此书的。参见梁恭辰《北东园笔录》四编,载一粟《红楼梦卷》,第 366-367 页。

家,不仅梁启超开创的"新文体"以此为神圣使命,甚至时人创作新小说亦有借题发挥的,如吴趼人就用《新石头记》来寄托他实现新中国的志意。[①] 可以说在清末民初以政治意识至上特别是反满论解读《红楼梦》实为平常之举。[②] 本时期出现以索隐方法评批《红楼梦》的热潮自是必然了,篇幅巨大的《红楼梦索隐》、学术态度"审慎"的《石头记索隐》,以及定吴梅村和朱竹垞为《红楼梦》作者的《红楼梦释真》,均深受读者欢迎,可能就在于它们满足了读者的此类阅读心理吧。

或许,治经与治红学,谈经济与谈红学出现在前人的笑谈之中本来就是"宿命"——当然此言亦是笑谈。

从以上的论述中可见晚清经学参与政治生活及其在士人知识结构中所占之分量,我们由此亦可感受到经学在晚清士人政治生活中的意义。在这个语境之下,对《红楼梦》价值和意义的解读便体现出鲜明的时代特色。如前所述变法失败之后梁启超、陈蜕、邱菽园、吴趼人诸君就各有侧重,借解经之法索红楼之隐者更是多之又多,以至形成了索隐这个研究流派,以蔡元培为代表的索隐派成为那个时期影响最为深远者,得胡适为代表的考证学派出现方能与之争锋。

事实上,就内容而言,说晚清红学的政治意识确实与当时的经学有一脉相承的关联未免有牵强之嫌,尽管本文并未师法刘师培结合作家的经学思想考察其文学创作的做法,但就本文的分析来看似乎也难说红学与经学绝无呼应的可能,至少在批评现实的层面上是可以共鸣的。当然笔者无此打破沙锅求索到底的奢望,本文只试图将红学与经学作某种有限意义的联想,通过"红学"得名的社会语境分析以标榜它的"学问"出身,或许有些扬之过高或凿之过深,但是,这就是"红学"的魅力所在,这魅力正得益于《红楼梦》内涵的多元性、丰富性和开放性,其远远大于其他小说的诠释空间为红学提供了宽容性极强的园地。红学,幸也。

① 参见张云《"老少年"的"少年中国"想象》,《红楼梦学刊》2010 年第 1 辑。
② 如平子云:"《红楼梦》一书,系愤懑之作……";昭琴曰:"《红楼梦》为底是专说满人之凭据……";天僇生道:"时则有若曹氏之《红楼梦》。曹氏向居明相国珠邸中,时本朝甫定鼎,其不肖者往往凭借贵族因缘以奸利,贪侈之端乃不可偻指数。曹氏心伤之,有所不敢言、不屑言,而又不忍不言者,则姑诡谲游戏以言之,若有意,若无意。"《红楼梦》正是因被认为"讥刺吾满人"而遭遇禁售;眷秋指出:"则书中暗指当时秘事当无可疑,惜无人能一一证明之耳。"(以上四例,分别见一粟《红楼梦卷》,第 567 页、第 568 页、第 585—586 页、第 597-598 页。)

钱锺书与《红楼梦》

王人恩

（集美大学）

钱锺书先生是学贯中西的一代硕儒,他的著作是包罗丰富的百科全书,这已为中外真学人所公认。当然,客观而言,钱锺书似乎没有一篇专门论述《红楼梦》的文章,我们仅知道他曾为中国社会科学院文学研究所主编、上海古籍出版社出版的《红楼梦研究集刊》题署了刊名,后来又兼任该刊的顾问。然而,我们认为,钱锺书虽不以"红学家"名世,但借用一句钱锺书评论孔颖达的话来评价钱锺书在"红学"方面的贡献,即"红学"史"当留片席之地与"[1]钱锺书! 因为,抛开其《谈艺录》、《七缀集》、《写在人生边上》等著作不论,即就其煌煌大著《管锥编》而言,其中论及《红楼梦》者就有 40 余处之多。他把《红楼梦》置于中国古代广阔而深厚的文化大背景之中,遵循"东海西海,心理攸同;南学北学,道术未裂"[2]的高卓见识,"打通"中西古今,发前人未发之义,辟前人未辟之境,为"红学"的发展作出了独特而可贵的贡献。与此同时,钱锺书为我们探讨《红楼梦》的思想和艺术,提供了不少方法论,值得我们很好地借鉴。

---

① 《管锥编》第一册,中华书局,1979 年 10 月版,第 62 页。
② 《谈艺录·序》,中华书局,1984 年 9 月版。

一、释"僧道合行"

《红楼梦》引人注目地写到了一个癞头和尚和一个跛足道人。前八十回中,这一僧一道共出现了四次,第一次是在大荒山青埂峰的仙境中,书写顽石"自怨自叹,日夜悲号惭愧":

> 一日正当嗟悼之际,俄见一僧一道远远而来,生得骨格不凡,丰神迥异,说说笑笑来至峰下,坐于石边高谈快论。先是说些云山雾海神仙玄幻之事,后便说到红尘中荣华富贵。(第一回)

书只写一僧一道合行谈论,而对其外貌未加着笔。第二次是在甄士隐梦游的太虚幻境中,一僧一道"且行且谈",借以交代了神瑛侍者和绛珠仙草的神话故事。第三次是在甄士隐梦醒之后,来到街前,"看那过会的热闹,方欲进来时":

> 只见那边来了一僧一道:那僧则癞头跣脚,那道则跛足蓬头,疯疯癫癫,挥霍谈笑而至。(第一回)

随之癞头和尚说了一顿"疯话"、"口内念了四句言词",即与跛足道人"同往太虚幻境销号","再不见个踪影了"。对癞僧跛道的精彩描写,当推第二十五回《魇魔法姊弟逢五鬼 红楼梦通灵遇双真》。这里的"双真"即指癞头和尚和跛足道人。书写马道婆受赵姨娘的重托,收了白花花的一堆银子和五百两的欠契,对凤姐和宝玉施行魇魔法。法行之后,凤姐和宝玉被整得胡言乱语、寻死觅活。关键时刻,神奇的癞僧跛道不请自至,敲着木鱼,口中念着"南无解冤孽菩萨":

> 众人举目看时,原来是一个癞头和尚和一个跛足道人。见和尚是怎的模样:
>
> 　鼻如悬胆两眉长,目似明星蓄宝光。
>
> 　破衲芒鞋无住迹,腌臜更有满头疮。
>
> 那道人又是怎生模样:
>
> 　一足高来一足低,浑身带水又拖泥。
>
> 　相逢若问家何处,却在蓬莱弱水西。

癞僧跛道将玉擎在掌上,"又摩弄一回,说了些疯话,……说着回头就走了"。显而易见,僧道合行在《红楼梦》中是很重要的一种文化现象。那么,他的意蕴是什么呢?他与全书主旨有何联系呢?有的论者认为"书中设置的一僧一道,非癞即跛",表明《红楼梦》在"许

多时候是毁僧谤道的"①；有的论者认为乃是"寓愤世不平之气"，"成了人生、社会的批判者，成了全书某种批判精神的人格化体现"。②

那么，究竟如何认识《红楼梦》中僧道合行的寓意呢？钱先生于"僧道杂糅"则中指出：

> 《红楼梦》中癞僧跛道合伙同行，第一回僧曰："到警幻仙子宫中交割"，称"仙"居"宫"，是道教也，而僧甘受使令焉；第二五回僧道同敲木鱼，诵"南无解怨解结菩萨！"，道士尝诵"太乙救苦天尊"耳(参观沈起凤《红心词客传奇·才人福》第一二折)；第二九回清虚观主张道士呵呵笑道："无量寿佛！"，何不曰"南极老寿星"乎？岂作者之败笔耶？抑实写寻常二氏之徒和光无町畦而口滑不检点也？③

钱先生是在论述北齐朱元洪妻子孟阿妃《造老君像》和阙名《姜纂造老君像铭》时说这番话的。他首先指出民间虔事老子求福这一习俗始于汉桓帝，"观《全三国文》卷六魏文帝《禁吏民往老子亭祷祝敕》可知；盖相沿已久"；然而，这两篇遣词运语，却纯出释书；若不细察，拓本上"道君"、"老君"字迹漫漶不清，一般的读者一定会认为造的是佛像而不是道像，而文中的"清信士"、"清信弟子"又一定会被误认为是信佛的"白衣"（俗人）了。因为就连庾信那样"弘雅"的文士也在其诗中"阑入释氏套语；出于俗手之造像文字杂糅混同而言之，更无足怪"。钱先生进而分析了造成这种情况的缘由有二：一是由于当时道士拾掇僧徒牙慧，致使"清信弟子""耳熟而不察其张冠李戴"；一是由于流俗人"妄冀福佑，佞佛诌道，等类齐观，不似真人大德辈之辨宗灭惑、恶紫乱朱"。接着又引《南史》所载夷孙之语，证明"六朝野语涂说已视二氏若通家共事"。要之，僧道二家虽然有时不免相互丑诋，但它们在本质上是"通家共事"，是一家人，道家有时"急忙抱佛脚"，佛家也在一定时期与道家同行、同语、同叹，博闻强记的钱先生引用了李白、杜光庭、陆游的诗文，令人信服地证明"后世《封神传》、《西洋记》、《西游记》等所写僧、道不相师法而相交关，其事从来远矣"。④
佛、道本是一家人，后来的相争相斗不过是"大水淹了龙王庙"而已！这表明钱先生对《红楼梦》的僧道合行是用历史的发展的眼光看待的，他用反问的口气说"岂作者之败笔耶"，显然是"明知而似故问者"（借用钱先生评《天问》语⑤），而乃"实写寻常二氏之徒和光无町畦"者也！钱先生的这种看法的确是超迈前人和今人的，他是把《红楼梦》放在文化历史发展的过程中、放在清代社会现实的氛围中加以考察"僧道合行"的文化意蕴。稍作分析可知，清统治者入主中原以后，虽然统治残酷，但在康熙、雍正、乾隆年间尚无暇顾及、或

不能真正落实以其统治思想统治人民的政策,民间的宗教思想还比较自由。成书于乾隆年间的《红楼梦》即用"写实"的手法道出了当时社会现实中僧道杂糅、亦道亦佛、亦佛亦道的真实情况。陈毓罴先生也敏锐地指出马道婆的故事"反映了清代社会巫蛊之术和'邪教'的盛行,已从民间深入社会上层"。[①]

已故著名红学家俞平伯曾经指出:

> 前面原是双提僧、道的,后来为什么只剩了一个道人,却把那甄士隐给拐跑了呢?这"单提"之笔,分出宾主,极可注意。这开头第一回书,就是一个综合体、糊涂帐,将许多神话传说混在一起,甚至自相矛盾。原说甄士隐是随道人走的,而空空道人却剃了头,一变为情僧,既像《红楼梦》,又像《西游记》,都把道士变为和尚,岂不奇怪! [②]

鄙见以为,钱锺书对"僧道合行"的阐释基本上可以回答俞平伯氏的疑问。

二、"欠泪"与"还泪"

《红楼梦》开篇即用"假语村言"讲了一个"深有趣味"的"欠泪"、"还泪"的故事。癫僧向跛道讲道:

> "只因西方灵河岸上三生石畔,有绛珠草一株,时有赤瑕宫神瑛侍者,日以甘露灌溉,这绛珠草始得久延岁月。后来既受天地精华,复得雨露滋养,遂得脱却草胎木质,得换人形,仅修成个女体,终日游于离恨天外,饥则食蜜青果为膳,渴则饮灌愁海水为汤。只因尚未酬报灌溉之德,故其五内便郁结着一段缠绵不尽之意。恰近日这神瑛侍者凡心偶炽,乘此昌明太平朝世,意欲下凡造历幻缘,已在警幻仙子案前挂了号。警幻亦曾问及,灌溉之情未偿,趁此倒可了结的。那绛珠仙子道:'他是甘露之惠,我并无此水可还。他既下世为人,我也去下世为人,但把我一生所有的眼泪还他,也偿还得过他了。'因此一事,就勾出多少风流冤家来,陪他们去了结此案。"那道人道:"果是罕闻。实未闻有还泪之说。想来这一段故事,比历来风月事故更加琐碎细腻了。"

这个故事虽然"说来好笑",但"竟是千古未闻的罕事",的确"深有趣味"。曹雪芹惯用"假语村言"、"狡狯笔法",是否绛珠仙草(黛玉)和神瑛侍者(宝玉)的"欠泪"、"还泪"的故事真是"千古未闻的罕事"呢?

---

① 陈毓罴《〈红楼梦〉与民间信仰》,见《红楼梦学刊》1995 年第 1 期。
② 俞平伯《评〈好了歌〉》,见《红楼梦学刊》1991 年第 1 期。

钱先生在论梁·王僧孺《与何炯书》时旁征博引地分析了各式各样的哭泣流泪的不同方式和不同目的,如"哀泪"、"谄泪"、"相思泪"、"售奸泪"、"市爱泪"等,他特别对林黛玉的"偿泪债"作了论证:

> 卖哭之用,不输"卖笑",而行泪贿赠泪仪之事,或且多于汤卿谋之"储泪"、林黛玉之"偿泪债"也。孟郊《悼幼子》:"负我十年恩,欠你千行泪",又柳永《忆帝京》:"系我一生心,负你千行泪";词章中言涕泪有逋债,如《红楼梦》第一回、第五回等所谓"还泪"、"欠泪的",似始见此。①

钱先生的论著素以言简意丰、令人咀嚼不已、颇能启人神智著称。这里所引的几行文字包括了丰富的内涵:一、点明"欠泪"之说在中唐时期已为文人所习用,举出孟郊老年丧子而悲痛不已,写诗抒写失子哀伤之情,言幼子之夭辜负了老父的十年养育之恩,致使自己欠下了幼子的千行老泪。当然,中唐诗人白居易《伤唐衢二首》其一有哭悼诗友的诗句:"终去坟前哭,还君一掬泪。"②同样有"还泪"之说,但白居易只不过是打算"终去"而现在还无法去唐衢坟前"还君一掬泪"。既言"还泪","欠泪"不言自明,此"即孔疏所谓'互文相足'"③,故钱先生不引《伤唐衢》诗。孟郊、白居易所言"还泪"都不过是"欠"亲人、友人的男儿之泪,而非女子"欠"男儿的情泪。而钱先生所举柳永《忆帝京》词句正是男人还女人的情泪。苏东坡《雨中花慢》同样如此:"算应负你,枕前珠泪,万点千行。"二、通过追根溯源,钱先生点明《红楼梦》所写"欠泪"、"还泪"的故事渊源有自,它"深有趣味",然而决非无源之水,无本之木,不能视之为"胡言"。这也正好揭明了曹雪芹的学识渊博。三、钱先生把第一回的"还泪"、"欠泪的"故事与第五回的十二支曲中的《枉凝眉》和《收尾·飞鸟各投林》相提并论,颇具宏观眼光。因为《枉凝眉》可谓是十二支曲中的主题曲,它以优美绝伦的语言高度概括出了宝、黛的爱情悲剧,尤其是"想眼中能有多少泪珠儿,怎经得秋流到冬尽,春流到夏"诸句,写出了林黛玉泪尽而逝的悲剧命运,与第一回的"欠泪"、"还泪"故事十分合榫;而《收尾·飞鸟各投林》所说"欠泪的,泪已尽"正是对"还泪"、"欠泪的"美妙故事的总结。四、钱先生的指点告诉读者,"欠泪"、"还泪"之说虽早见于唐宋人的词章之中,成为熟典惯语,然而将其编织成一个美妙动人、与作品主题水乳交融又不可或缺的神话故事,这在《红楼梦》中乃首次出现,由此即可懂得曹雪芹的确是旷世奇才,而《红楼梦》的确是"今古未有之奇文"(脂批)。借用甲戌本脂批来评价钱锺书对"还泪"、"欠泪的"爬梳考镜,即"知眼泪还债者大都作者一人耳。余亦知此意,但不能说得出"。④

---

① 《管锥编》第四册,第 1438 页。

② 《全唐诗》下册,上海古籍出版社,1986 年 10 月版,第 1037 页。

③ 《管锥编增订》,中华书局,1982 年 9 月版,第 6 页。

④ 俞平伯辑《脂砚斋红楼梦辑评》,古典文学出版社,1957 年 2 月版,第 45 页。

三、"意淫"与"自色悟空"

"意淫"一词首见于第五回,是警幻仙姑对宝玉的一个评语。然而,"意淫"的含义究竟作何解释才契合全书主旨和宝玉的个性,似乎红学家们都颇感棘手,难以做出令人信服的阐释。颇具权威性的《红楼梦大辞典》有如下解说:

> 对此不能望文生义,解作意念中的淫欲,而应结合小说的具体描写,看作是对贾宝玉个性特征的一种概括。……可知"意淫"指情意泛滥、痴情,也含有越礼、乖张的意思。因而贾宝玉在闺阁中可为良友,于世道中则未免迂阔,即如鲁迅所说,对少女们"昵而敬之,恐拂其意,爱博而心劳"。
>
> 有的研究者更指出,"意淫"固然有别于"皮肤淫滥",但它并没有否定人欲和情爱。它反对的是封建礼教对儿女痴情的禁锢,要求将两性间的情爱建立在相知同命的基础上。这种关系只有在男性改变对女性的不平等态度、成为"良友"的前提下,才能实现。贾宝玉的个性,就包含这样一种特质。①

有比较才有鉴别。我们再来看看钱先生的解释:

> （伶玄《飞燕外传》)《序》记樊通德语:"夫淫于色,非慧男子不至也。慧则通,通则流,流而不得其防,则百物变态,为沟为壑,无所不往焉。"已开《红楼梦》第二回贾雨村论宝玉:"天地间残忍乖僻之气与聪俊灵秀之气相值,生于公侯富贵之家,则为情痴、情种;又第五回警幻仙子语宝玉:"好色即淫,知情更淫。……我所爱汝者,乃天下古今第一淫人也!"旧日小说、院本金写"才子佳人",而罕及"英雄美人"。《红楼梦》第五回史太君曰:"这些书就是一套子,左不过是佳人才子,最没趣儿!……比如一个男人家,满腹的文章,去做贼";《儒林外史》第二八回季苇萧在扬州入赘尤家,大厅贴朱笺对联:"清风明月常如此;才子佳人信有之",复向鲍廷玺自解曰:"我们风流人物,只要才子佳人会合,一房两房,何足为奇!""才子"者,"满腹文章"之"风流人物",一身兼备"乖僻之气"与"灵秀之气",即通德所谓"淫于色"之"慧男子"尔。明义开宗,其通德钦。……释惠洪《石门文字禅》卷二七《跋达道所蓄伶子于文》,似堪人道,有曰:"通德论'慧男子',殆天下名言。子于有此婢,如摩诘之有天女也!"衲子而赏会在是,"浪子和尚"之号不虚也。……钱谦益《有学集》卷二〇《李缁仲诗序》亦极称通德语,以为深契佛说,且申之曰:"'流'而后返,入道也不远矣";盖即《华严

---

① 《红楼梦大辞典》,文化艺术出版社,1990 年 1 月版,第 16 页。

经》"先以欲钩牵,后令成佛智"之旨(参观《空镜录》卷一一、二一、二四),更类《红楼梦》第一回所谓"自色悟空"矣。①

国学的传承与创新

冯其庸先生从事教学与科研六十周年庆贺学术文集

钱先生首先点出汉代伶玄(字子于)之妾樊通德语已经开导《红楼梦》"残忍乖僻之气与聪俊灵秀之气相值"以及"情痴、情种"的先河——"明义开宗,其通德欤"。换言之,要真正理解"意淫"、"情痴"、"情种"诸语的深刻含义,就不能不对樊通德的名言进行剖析、研究。钱先生将金针度人,点明慧——通——流——防的人格发展轨迹正是"意淫"和"自色悟空"。樊通德似乎认为,一个"淫于色"的男子,必定是一个聪慧的男子;男人聪慧就有可能与女人通奸(此"通"字似应读为《左传·桓十八年》"公会齐侯于泺,遂及文姜如齐,齐侯通焉"之"通");男子与女人通奸就会放荡不羁(此"流"字似应读为《礼记·乐记》"故制《雅》、《颂》之声以道之,使其声足乐而不流"之"流");一旦放荡不羁而不能防止节制,男子就会"变态"。岂不闻"防意如城,守口如瓶"②之谚吗?接着,钱先生又引钱谦益《有学集》的文字证明樊通德的"名言""深契佛说",放荡不羁而最终能迷途知返,由"浪子"、"浪子和尚"变为真正的和尚,"入道也不远矣"。最后,钱先生又引佛典《华严经》"先以欲钩牵,后令成佛智"的名言,印证"自色悟空"的真正含义。

可以看出,钱先生对"意淫"、"情痴"、"情种"和"自色悟空"的阐释是一以贯之、自成系统的。依次认识《红楼梦》的主旨、认识贾宝玉其人,颇有令人顿开茅塞之感。

《红楼梦》的主旨众说纷纭,莫衷一是,但据作者自言,它"大旨谈情";这个"情"字的内涵很广,但儿女之情、世态人情自在其中,因为"开卷即云'风尘怀闺秀',则知作者本意原为记述当日闺友闺情,为非怨世骂时之书矣"。③作者还告诉读者:"自欲将已往所赖天恩祖德,锦衣纨绔之时,饫甘餍肥之日,背父兄教育之恩,负师友规谈之德,以至今日一技无成、半生潦倒之罪,编述一集,以告天下人"(第一回)。曹雪芹的这段"忏悔"与钱先生所揭示的樊通德所言"慧——通——流——防"的人格发展轨迹是何等的相似!"深契佛说"可谓是对《红楼梦》的一种精辟概括。

贾宝玉的确是集"乖僻之气"与"灵秀之气"于一身的"浪子和尚"。他"行为偏僻性乖张","但其聪明乖觉处,百个不及他一个","天分高明,性情颖慧";秦可卿房中梦游太虚幻境后的遗精,紧接着与袭人的"初试云雨情","扭股糖似的粘在"鸳鸯身上要吃她嘴上的胭脂以及与碧痕关在同一间房"足有两三个时辰"一块洗澡等等,岂非"浪子"?岂非"通"?岂非"流"?他与黛玉相知相爱,与晴雯真情相处,遍享荣华富贵却历尽情海悲欢,在万念俱灰之时毅然"撒手悬崖",弃红尘而为僧,写完了一部自传性的《情僧录》,这一切

① 《管锥编》第三册,第965—966页。
② 唐道世《诸经要集》九《择交》、《惩过》引《维摩经》。
③ 《脂砚斋甲戌抄阅再评石头记》"凡例"。

岂非"防"？岂非"先以欲钩牵，后令成佛智"？岂非"因空见色，由色生情，传情入色，自色悟空"？因此可以认为，贾宝玉是一个具有多重性格的复杂人物，"说不得贤，说不得愚，说不得不肖，说不得善，说不得恶，说不得正大光明，说不得混帐无赖，说不得聪明才俊，说不得庸俗平凡，说不得好色好淫，说不得情痴情种"（脂批），"乖僻之气"与"灵秀之气"只不过是他性格中的重要组成部分而已，借用钱先生评项羽性格之语，即宝玉的多重性格"皆若相反相违；而即具在宝玉一人之身，有似两手分书、一喉异曲，则又莫不同条共贯，科以心学性理，犁然有当"。① 正因人们不能像钱先生那样"颇采'二西'之书，以供三隅之反"，② 遍观佛经，深通佛理，探求不到宝玉性格中的复杂特征，所以多年来始终难以对宝玉的形象做出较切合作品实际、作者创作主旨的阐释。相形之下，《红楼梦大辞典》解释"意淫"时只说对了一部分："是对贾宝玉个性特征的一种概括"。

四、"水月镜花"之喻与黛玉的"感伤"、"病三分"

《红楼梦》名曲《枉凝眉》中有写宝、黛二人的名句："一个枉自嗟呀，一个空劳牵挂，一个是水中月，一个是镜中花。"以形象的比喻道出了宝、黛的爱情悲剧。

钱锺书雅爱谈月，尤其是释水月之喻以证成其"比喻有两柄而复具多边"③ 的著名论断，令读者眼界大开。他指出：

> 水中映月之喻常见释书，示不可捉溺也。然而喻至道于水月，乃叹其玄妙，喻浮世于水月，则斥其虚妄，誉与毁区以别焉。④

同是水月之喻，或誉或扬，或毁或抑。前者举晋·释慧远《鸠摩罗什法师大乘大义》卷上喻"法身同化"例："如镜中像、水中月，见如有色，而无触等，则非色也"；后者仍举慧远喻"幻化梦响"例："镜像、水月，但诳心眼"。不仅如此，细加分析，水月之喻还可分为"心眼之赞词"和"心痒之恨词"两柄：

> 《全唐文》卷三五〇李白《志公画赞》："水中之月，了不可取"；又卷七一五韦处厚《大义禅师碑铭》记尸利禅师答顺宗："佛犹水中月，可见不可取"；施肩吾《听南僧说偈词》："惠风吹尽六条尘，清净水中初见月。"超妙而不可即也，犹云"仰之弥高，瞻之在前，忽焉在后"，或"高山仰止，虽不能至，心向往之"，是为心服之赞词。李涉《送

① 《管锥编》第一册，第275页。
② 《谈艺录·序》。
③ 《管锥编》第一册，第39页。
④ 同上，第37页。

妻入道》："纵使空门再相见，还如秋月水中看"；黄庭坚《沁园春》："镜里拈花，水中捉月，觑着无由得近伊"；《红楼梦》第五回仙曲《枉凝眸》："一个枉自嗟讶，一个空劳牵挂，一个是水中月，一个是镜中花。"点化禅藻，发抒绮思，则撩逗而不可即也，犹云"甜糖抹在鼻子上，只教他舔不着"（《水浒》第二四回），或"鼻凹儿里砂糖水，心窝里苏合油，话不着空把人拖逗"（《北宫词纪外集》卷三杨慎《思情》），是为心痒之恨词。[①]

《红楼梦》"深契佛说"，《枉凝眸》仙曲自然"点化禅藻，发抒绮思"。钱先生引出诸多例证说明《枉凝眸》乃宝、黛"心痒之恨词"；由于"心痒"（"管不住心"）始有"恨"（"兼训怅惘、怫懑"[②]），所以"水中月"、"镜中花"只不过是"空空"、"无无之境"。"水中月"、"镜中花"看得见而不可捉取，正是"若说没奇缘，今生偏又遇见着他；若说有奇缘，如何心事终虚化"。宝黛相爱一场而无缘结为伉俪，一个"撒手悬崖"，一个"泪尽而逝"。黛玉因父母双亡而寄居贾府，她孤高自许，目下无尘，虽然也锦衣玉食，然而不免见月伤情，见花落泪，多愁善感是她个性中的重要组成部分。对此，钱先生也有一段精彩的论述：

> 王嘉《拾遗记》卷九石崇爱婢翔风答崇曰："生爱死离，不如无爱"；张祖廉辑龚自珍《定盦遗著·与吴虹生书》之一二："但遇而不合，镜中徒添数茎华发，集中徒添数首惆怅诗，供读者回肠荡气。虹生亦无乐乎闻有此遇也"；《红楼梦》第三一回黛玉谓："聚时欢喜，散时岂不冷清？既生冷清，则生伤感，所以不如倒是不聚的好"；胥其旨矣。[③]

钱先生是在论述阮瑀《止欲赋》时道出"思极求通梦"、"梦见不真而又匆促，故怏怏有虚愿未酬之恨；真相见矣，而匆促板障，未得遂心所欲，则复怏怏起脱空如梦之嗟"以及"梦见争如不梦，梦了终醒、不如不梦"等常见的文学母题后连带论及林黛玉的前番话的。黛玉唯宝玉是爱，然而寄人篱下的生活和父母的双双下世，以及他人家的团聚和欢声笑语，都令她的心灵为之伤感和悲凉，她有时特别想与众姐妹、与宝玉欢天喜地地聚在一起，以排遣自己的内心苦闷和无奈，但更多的时候却有一种众里身单的感受，有如"在群众欢笑之中，常如登高四望，但见莽苍大野，荒墟废垅，怅坐寂默，不能自解"[④]，因此愿意独处一隅、自悲自怜。这一切也正是她情之深、情之至的表现。而宝玉却是"只愿常聚，生怕一时散了添悲；那花只愿常开，生怕一时谢了没趣"，与黛玉的"喜散不喜聚"形成鲜明的反差，陪伴黛玉终身的是她的泪水，是"病三分"，借以消愁遣闷的则是填写诗词——"集中徒添数首惆怅诗"。钱先生分析了黛玉的多愁善感之后，又指出黛玉"娇袭一身之病"、"具才

① 《管锥编》第一册，第 38 页。
② 同上，第 1056 页。
③ 同上，第 1043 页。
④ 杜牧《上宰相求湖州第二启》，见《全唐文》第 753 卷，上海古籍出版社，1990 年 12 月。

与貌而善病、短命"这一特征屡见于中西文化典籍中。他首先指出明末著名才女冯小青的"瘦影自临秋水照,卿须怜我我怜卿"两句诗为"当时传颂",进而指出:"后来《红楼梦》第八九回称引之以伤黛玉。明季艳说小青,作传者重叠,以至演为话本,谱入院本,几成'佳人薄命'之样本,……及夫《红楼梦》大行,黛玉不膏代兴,青让于黛,双木起而二马废矣。欧洲十九世纪末诗文中'脆弱女郎'一类型,具才与貌而善病短命;采风论世,颇可参验异同焉。"[1]在钱先生看来,如黛玉这样的多愁善感、有才有貌而善病短命的女子几乎在中西文学作品中成了一种类型,欧洲有"脆弱女郎",明、清有"薄命佳人"冯小青、林黛玉。确如钱先生所言,冯小青在明末影响颇大,几乎各种文学体裁都敷演过冯小青的故事,就连日本汉学家森槐南也写有优美动人的《补春天传奇》剧本,其"情词旖旎,丰致缠绵,雅韵初流,愁心欲绝",敷写了冯小青在阳间"春情"未能满足、含恨而殁而在阴曹得以补偿人世之憾的动人故事。[2]但《红楼梦》问世后,黛玉的故事就取代了冯小青的故事,这也正好说明《红楼梦》的影响之大。钱先生后来又补充指出:"十九世纪法国浪漫主义以妇女瘦弱为美,有如《红楼梦》写黛玉'娇袭一身之病'者。圣佩韦记生理学家观风辨俗云:'娇弱妇女已夺丰艳妇女之席;动止懒情,容颜苍白,声价愈高。'维尼日记言一妇为己所酷爱,美中不足者,伊人生平无病;妇女有疾病,则益觉其饶风韵、增姿媚。此两名家所言,大类吾国冯小青'瘦影'、林黛玉'病三分'而发;龚自珍《瘿词》之'玉树坚牢不病身,耻为娇喘与轻颦',则扫而空之矣。"[3]如此纵横开阖的深入比较分析,对开阔我们的视野,认识黛玉其人实在是大有裨益。

五、宝玉之"焚花散麝"与"眼泪流成大河"

《红楼梦》第二十一回写宝玉一大早受了黛玉、湘云、袭人、宝钗的冷遇嘲讽,"至晚饭后,宝玉因吃了两杯酒,眼饧耳热之际,若往日则有袭人等大家喜笑有兴,今日却冷冷清清的一人对灯,好没兴趣"。看了一阵《庄子·胠箧》而"意趣洋洋,趁着酒兴,不禁提笔续曰":

> 焚花散麝,而闺阁始人含其劝矣;戕宝钗之仙姿,灰黛玉之灵窍,丧减情意,而闺阁之美恶始相类矣。彼含其劝,则无参商之虞矣;戕其仙姿,无恋爱之心矣;灰其灵窍,无才思之情矣。彼钗、玉、花、麝者,皆张其罗而穴其隧,所以迷眩缠陷天下者也。

"续毕,掷笔就寝"。次日,黛玉看到宝玉所续,"不觉又气又笑,不禁也提笔续书一绝云":

① 《管锥编》第二册,第753—754页。
② 参见拙作《双木起而二马废——试论林黛玉形象对冯小青的继承和超越》,《明清小说研究》2003年第4期。
③ 《管锥编》第五册,第194页。

无端弄笔是何人？作践南华《庄子因》。

不悔自己无见识，却将丑语怪他人！

钱先生在论及《老子》王弼注时涉及《红楼梦》中的上述描述。他指出：《老子》"吾所以有大患者，为吾有身；及吾无身，吾有何患"诸句包涵有三层意义，其第二层即"于吾身损之又损，减有而使近无，则吾鲜患而无所患"。他先引《庄子·山木》："少君之费，寡君之欲，虽无粮而乃足。"然后精辟地指出："禁欲苦行，都本此旨。心为形役，性与物移，故明心保性者，以身为入道进德之大障。憎厌形骸，甚于桎梏，克欲遏情，庶几解脱；神秘宗至以清净戒体为天人合一之梯阶。"① 钱先生举出中外十余例材料，尤其是宗教方面的材料佐证了上述论点，又进而指出："中欲外邪，交扇互长，扃中以便绝外，绝外浸成厌世，仇身而遂仇物。《红楼梦》二一回宝玉酒后读《庄子·胠箧》，提笔增广之，欲'焚花散麝'，'戕钗灰黛'，俾'闺阁之美恶始相类'而'无恋爱之心'，正是此旨。黛玉作绝句讥之曰：'不悔自家无见识，却将丑语诋他人！'诚哉其'无见识'！凡仇身绝物，以扃闭为入道进德之门者，胥于心之必连身、神之必系形，不识无见也。"②

　　贾宝玉所续《庄子·胠箧》一段文字重在抨击当时统治阶级剥削、压迫百姓的强盗本质，发挥道家"绝圣弃智"的思想，认为"圣"、"智"乃是祸乱天下的根源。而宝玉之续虽是"趁着酒兴"之作，然而"醉翁之意不在酒"，而在于厌恶自己所处的纷扰烦闷的环境也。就本回书而言，宝玉受到了宝钗、黛玉、袭人、湘云的冷淡，先是宝玉求湘云为他梳头，发现宝玉头上的珍珠少了一颗，黛玉冷笑道："也不知是真丢了，也不知是给了人镶什么戴去了。"又是湘云对宝玉欲吃胭脂的举动不满，说道："这不长进的毛病儿，多早晚才改过！"再是宝钗来宝玉房中，一见宝玉来了，立即不搭话走人。还有袭人、麝月对宝玉不理不睬，话里带刺，等等。就宝玉自身而论，父亲贾政严厉诃责，要他读书仕进以光耀门楣，宝钗、湘云、袭人屡屡劝励他多读儒家之书，以求支撑门户等等。这一切使本来就"愚顽怕读文章"、"那管世人诽谤"的他烦恼至极，故翻看庄子而作续笔。钱先生认为："男女为人生大欲，修道者尤思塞源除根。"如宝玉者，"喜欢在内帏厮混"，为湘云盖被，吃丫头嘴上胭脂，尽力以求接近黛玉，本来自己既管不住身，又管不住心，"不晓反检内心，而迷削外色，故根色虽绝，染爱愈增"。③ 难怪黛玉说他"无见识"！钱先生为我们溯源旁求、中西印证，对我们理解宝玉续《庄子·胠箧》时的心态作出了全面深刻的揭示。

　　"眼泪流成大河"一语出自《红楼梦》第三十六回，宝玉向袭人谈论人之死亡，道出了

---

① 《管锥编》第二册，第428页。

② 同上，第430页。

③ 《高僧传》二集卷三七《遗身篇·论》。

"文死谏，武死谏"乃"皆非正死"的"疯话"，他说："可知那些死的都是沽名，并不知大义。比如我此时若果有造化，该死于此时的，趁你们在，我就死了，再能够你们哭我的眼泪流成大河，把我的尸首漂起来，送到那鸦雀不到的幽僻之处，随风化了，自此再不要托生为人，就是我死的得时了。"

钱先生在论述《太平广记》时同样是"高瞻周览"：

> 《麒麟客》（出《续玄怪录》）主人曰："经六七劫，乃证此身；回视委骸，积如山岳；四大海水，半是吾宿世父母妻子别泣之泪。"按本于释书轮回习语，如《佛说大意经》："我自念前后受身生死坏败，积其骨过于须弥山，其血流、五河四海未足以喻"；《大般涅盘经·光明遍照高贵德王菩萨品》第一〇之二："一一众生一劫之中所积身骨，如王舍城毗富罗山。……父母兄弟妻子眷属命终哭泣，所出目泪，多四大海"；《宏明集》卷八释玄光《辨惑论》："大地丘山莫非我故尘，苍海晶漫皆是我泪血"；寒山诗："积骨如毗富，别泪如海肆"。吾国词章则以此二意道生世苦辛，不及多生宿世。前意如刘驾《古出塞》："坐怨塞上山，低于沙中骨"；后意尤多，如古乐府《华山畿》："相送劳劳渚，长江不应满，是侬泪成许"；李群玉《感兴》："天边无书来，相思泪成海"；聂夷中《劝酒》第二首："但恐别离泪，自成苦水河"；贯休《古离别》："只恐长江水，尽是儿女泪"；《花草粹编》卷八韩师厚《御街行》："若将愁泪还做水，算几个黄天荡！"以至《红楼梦》第三六回宝玉云："如今趁你们在，我就死了，再能够你们哭的眼泪流成大河，把我的尸首漂起来。"套语相沿，偶加渲染，勿须多举。①

钱先生点明"别泪如河"、"别泪如海"的意象出于佛典，唐以后的文人屡屡驱遣套用。但《红楼梦》在继承的基础上却有创新。钱先生仅引至"眼泪流成大河，把我的尸首漂起来"，后面的文字已见前文所引，且要"泪河飘尸"；古代诗文仅叙离愁生别之情，而贾宝玉却由别泪言及死亡，使其悲剧色彩更加浓郁，显示出宝玉的精神空虚、意欲超脱之感，厌世思想自不难感知。古代诗文所言"别泪成河"乃人生缺憾，还成为文学创作的永恒主题，大有"梁园虽好"、"终须一别"、愁肠九回而无可奈何的凄伤之感，而宝玉的"泪河飘尸"却视死为一种解脱，视能得到女儿们的眼泪为幸事，其包含的宗教色彩十分明显，也符合神瑛侍者下世为人而作"情痴"、"情种"，最后"弃而为僧"性格、心理发展历程。经过钱先生的指点，我们对宝玉的形象不是更能理解得全面一些吗？"读者明眼，庶几不负作者苦心"②啊！

---

① 《管锥编》第二册，第667—668页。

② 《管锥编》第一册，第180页。

六、对王国维"悲剧之悲剧"说的批评

《红楼梦评论》是王国维运用西方哲学、美学观点进行文学评论的一篇宏文,全文一万多字,分析缜密,气势恢宏,提出了不少独特的见解,为红学研究开辟了一个新局面。因为从哲学、美学的高度审视《红楼梦》的丰富内涵和审美价值,这在王国维之前是极少见的。然而,《红楼梦评论》正因为是王国维运用西方哲学、美学观点评价中国古代小说的第一次尝试,又以叔本华唯意志论和悲观主义的美学思想作为立脚之地,在不少地方照搬叔本华的理论来硬套《红楼梦》,所以,《红楼梦评论》存在着所谓的"硬伤"。

钱先生是在评论王国维诗时对《红楼梦评论》所提出的宝、黛爱情是"悲剧之悲剧"的结论进行了详尽的分析批评。钱先生指出:

> 王氏于叔本华著作,口沫手胝,《红楼梦评论》中反复称述,据其说以断言《红楼梦》为"悲剧之悲剧"。贾母惩黛玉之孤僻而信金玉之邪说也;王夫人亲于薛氏、凤姐而忌黛玉之才慧也;袭人虑不容于寡妻也;宝玉畏不得于大母也;由此种种原因,而木石遂不得不离也。洵持之有故矣。然似于叔本华之道未尽,于其理未彻也。苟尽其道而彻其理,则当知木石因缘,徼幸成就,喜将变忧,佳耦始者或以怨耦终;遥闻声而相思相慕,习进前而渐疏渐厌,花红初无几日,月满不得连宵,好事徒成虚话,含饴还同嚼蜡。此亦如王氏所谓"无蛇蝎之人物、非常之变故行于其间,不过通常之人情、通常之境遇为之"而已。[①]

要真正理解钱先生这段文字的内涵,就必须对叔本华的"愿欲说"作些勾稽,然后再看王国维是如何"作法自毙"的。

叔本华"愿欲说"的核心论点是:人的欲望永远不会满足,一个欲望满足后又有新的欲望和痛苦,钱先生译文是这样的:"快乐出乎欲愿。欲愿者、欠缺而有所求也。欲餍愿偿,乐即随减。故喜乐之本乃亏也,非盈也。愿足意快,为时无几,而怏怏复未足矣,忽忽又不乐矣,新添苦恼或厌怠、妄想,百无聊赖矣。艺术与世事人生如明镜写形,诗歌尤得真相,可以征验焉。"[②]钱先生进而分析考察了叔本华"愿欲说"的理论来源主要有二,一是印度佛教哲学对其影响甚大,如《大智度论》卷十九《释初品中三十七品》即云:"是身实苦,新苦为乐,故苦为苦。如初坐时乐,久则生苦,初行立卧为乐,久亦为苦。"又卷二十三《释初品中十想》亦云:"众极由作生,初乐后则苦。"二是西方古代文论对其影响甚大,钱先生又举出了

---

① 《谈艺录》,第349页。
② 同上,第349页。

古罗马大诗人卢克来修论人生难足和黑格尔、魏利、康德以及十九世纪名小说《包法利夫人》中的例证,证明"愿欲说"并非新的理论,"叔本华横说竖说,明诏大号耳",仔细地洞察出叔本华的狡黠。钱先生还举出我国古代典籍中的例证说明叔本华的"愿欲说"其实早在我国就已有之,一例是嵇康的《答难养生论》:"又饥飡者,于将获所欲,则悦情注心。饱满之后,释然疏之,或有厌恶。"一例是史震林《华阳散稿》卷上《记天荒》:"当境厌境,离境羡境。"

　　王国维基本上照搬了叔本华的理论,对"愿欲说"本身,钱先生并未全面否定;而对王国维的"作法自毙",钱先生却给了深刻中肯的批评。王国维既然认为《红楼梦》属于"悲剧中之悲剧",就应该充分说明造成悲剧的根源之所在,他只是套用了叔本华把悲剧分三类的模式,硬将《红楼梦》拉入"由于剧中人物之位置及关系而不然者"[①]这第三类悲剧,得出结论:《红楼梦》的宝、黛爱情未能如愿"不过通常之道德,通常之人情,通常之境遇为之而已"[②]。显而易见,王国维的"悲剧之悲剧"说与叔本华的"愿欲说"是相矛盾的:"苟本叔本华之说,则宝、黛良缘虽就,而好逑渐至寇仇,'冤家'终为怨耦,方是'悲剧之悲剧'。"[③]但是,《红楼梦》的收场描写是合情合理的,说它是"彻头彻尾的悲剧"那是不错的,因为宝、黛并未结成夫妻、实现愿望,由亲而疏、渐至寇仇,所以,说是"悲剧之悲剧"岂非与叔本华的"愿欲说"南辕北辙! 钱先生又指出:

　　　　然《红楼梦》现有收场,正亦切事入情,何劳削足适履。王氏附会叔本华以阐释《红楼梦》,不免作法自毙也。盖自叔本华哲学言之,《红楼梦》未能穷理窟而抉道根;而自《红楼梦》小说言之,叔本华空扫万象,敛归一律,尝滴水知大海味,而不屑观海之澜。夫《红楼梦》、佳著也,叔本华哲学、玄谛也;利导则两美可以相得,强合则两贤必至相阨。此非仅《红楼梦》与叔本华哲学为然也。[④]

　　钱先生对王国维"悲剧之悲剧"说的批评可谓鞭辟入里,此前尚未见有人如此发潜阐幽。更为重要的是,钱先生通过这一批评告诫读者要能"参禅贵活,为学知止,要能舍筏登岸,毋如抱梁溺水也",否则就有可能犯与王国维同样的错误。"盖墨守师教,反足为弟子致远造极之障碍也"。[⑤]当然,钱先生对王国维在诸多方面的贡献仍是大加肯定的,即就评论《红楼梦》而言,钱先生对王国维的正确评价还是给予了充分的肯定。例如在强调读书不能"认虚成实"的观点时,钱先生即指出:"王国维《红楼梦评论》第五章:'如谓书中种种境界、种种人物,非局中人不能道,则是《水浒》之作者必为大盗,《三国演义》之作者必

①　古典文学研究资料汇编《红楼梦卷》第一册,中华书局,1980年4月版,第254页。
②　同上。
③　同上,第351页。
④　同上,第351页。
⑤　同上,第515页。

为兵家',语更明快,倘增益曰:'《水浒》之作者必为大盗而亦是淫妇,盖人痼也!'则充类至尽矣。"① 是其是而非其非,令人钦服。

七、对诸种意象和艺术手法的揭示

钱先生在《读〈拉奥孔〉》一文中曾有一段名言:

> 一般"名为"文艺评论史也"实则"是《历代文艺界名人发言纪要》,人物个个有名气,言论常常无实质。倒是诗、词、随笔里,小说、戏曲里,乃至谣谚和训诂里,往往无意中三言两语,说出了精辟的见解,益人神智;把它们演绎出来,对文艺理论很有贡献。②

这一段话可以看作钱先生"演绎""精辟见解"的经验之谈和夫子自道。在对《红楼梦》的"演绎"中,钱先生往往将常人不经意、不重视的"谣谚和训诂"揭示出来,"解难如斧破竹、析义如锯攻木"、"三言两语"而"谈言微中"。现择其要者叙录如下:

1. 晴雯的"水蛇腰"。《红楼梦》第七十四回写绣春囊事件发生后,王善保家的在王夫人面前把晴雯狠狠地告了一状,王夫人问凤姐说:"上次我们跟了老太太进园逛去,有一个水蛇腰、削肩膀、眉眼又有些像你林妹妹的,正在那里骂小丫头。……这丫头想必就是他了。"王夫人还给晴雯扣了几顶帽子——"妖精似的东西"、"狐狸精"、"病西施"、"轻狂样儿"。王夫人对晴雯如许厌恶正表明"色色比人强"的晴雯的美丽出众、风流超群。钱先生由边让《章华台赋》"振华袂以逶迤,若游龙之登云"、傅毅《舞赋》"蜲蛇姌袅,云转飘曶,体如游龙,袖如素婏"、曹植《洛神赋》:"翩若惊鸿,婉若游龙"诸例旁及卞兰《许昌宫赋》、《淮南子·修务训》、张衡《舞赋》,得出认识:"皆言体态之袅娜夭矫,波折柳弯,而取喻于龙蛇,又与西方谈艺冥契。"③ 关于"西方谈艺",钱先生列举出米凯朗杰罗论画特标"蛇状",霍加斯本称蛇形或波形之曲线为"美丽线",席勒判别阴柔也以焰形或蛇形线为"柔妍之属"。钱先生还指出"美人曲线之旨",虽发轫于《诗·陈风·月出》,踵事增华则多见于汉魏之赋。但随着时代的发展和文学的演进,"后世写体态苗条,辄拟诸杨柳","杨柳细腰"即成名言、套语,后来又逐渐以"蛇腰"替代了"柳腰","蛇腰"之喻却是曹雪芹的创获。说晴雯是"水蛇腰",是王夫人对晴雯的贬词,可又是曹雪芹对晴雯的褒语。在外国文学作品中,以蛇喻美女细腰的例子很多,多为赞词;在中国文学作品中,以蛇喻美女细腰的例子却倒少见。王夫人说晴雯乃"水蛇腰",盖以蛇的阴冷、轻佻、容易缠人(男人、宝玉)

---

① 《管锥编》第四册,第1391页。

② 《七缀集》(修订本),上海古籍出版社,1994年8月,第33页。

③ 《管锥编》第三册,第1028页。

之身而生祸害作喻。因为蛇常出没于阴湿之地，"水蛇"更不待言，故有阴冷之性；蛇来无影去无踪，给人以狡猾的印象。《圣经·马太世纪》第三章就说："唯有蛇比田野上一切的活物狡猾。"蛇有毒能致死人命，是恶的象征，它能引诱人走向邪恶——王夫人即有名言："好好的宝玉，倘或叫这小蹄子勾引坏了，那还了得。"（第七十四回）钱先生通过中西对比，既点出了曹雪芹的创新之处，又揭示出中西文化背景的差异。

2. 元春之"骨肉分离，终无意趣"。元妃省亲乃《红楼梦》的大关目。作为一个女人，能成为皇妃似乎是最为荣耀、最为快乐的事了，而元妃省亲的结果却是全家一片哭声，元妃安慰贾母、王夫人道："当日既送我到那不得见人的去处，好容易今日回家娘儿们一会，不说说笑笑，反倒哭起来。一会子我去了，又不知多早晚才来！"说着又哽咽起来。贾政隔帘行参，元春又含泪对贾政说："田舍之家，虽齑盐布帛，终能聚天伦之乐；今虽富贵已极，骨肉各方，然终无意趣！"钱先生引元妃之语前指出，"宫怨诗赋多写待临望幸之怀，如司马相如《长门赋》、唐玄宗江妃《楼东赋》等，其尤著者"。窃以为，元稹《行宫》"白头宫女在，闲坐说玄宗"，乃诗中尤著者，"语少意足，有无穷之味"（洪迈《容斋随笔》卷二）。而元春哀叹"骨肉各方，终无意趣"反"待临望幸"之道而行之，钱锺书指出这种意象渊源有自：

> 左九嫔《离思赋》："生蓬户之侧陋兮，……谬忝侧于紫庐。……悼今日之乖隔兮，奄与家为参辰。岂相去之云远兮，曾不盈乎数寻；何宫禁之清切兮，俗瞻睹而莫因！仰行云以欷歔兮，涕流射而沾巾。……乱曰：骨肉至亲，化为他人，永长辞兮！"……左芬不以侍至尊为荣，而以隔"至亲"为恨，可谓有志，即就文论，亦能"生迹"而不"循迹"矣（语本《淮南子·说山训》）。①

而元春"垂泪呜咽"、"虽不忍别，奈皇家规矩错不得的，只得忍心上舆去了"云云，即《离思赋》所谓"忝侧紫庐"、"相去不远"、"宫禁清切"、"骨肉长辞"，"词章中宣达此段情境，莫早于左赋者"②。抉发文意，足可成为金科玉律。

3. 贾瑞之"我再坐一坐儿——好狠心的嫂子。"贾瑞"癞蛤蟆想天鹅肉吃"（第十一回平儿语），打起了"辣子"王熙凤的主意。王熙凤要让贾瑞知道她的手段，遂"毒设相思局"。贾瑞急切切地前来"请安说话"，王熙凤先是"快请进来"，并着意打扮了一番，贾瑞一见差点儿"酥倒"。在阿凤的句句挑逗、引君入彀的谈笑中，贾瑞高兴至极，动手动脚起来。王熙凤笑道："你该走了。"贾瑞说："我再坐一坐儿。——好狠心的嫂子。"而阿凤让他"起了更"在"西边穿堂儿"那里等她。

---

① 《管锥编》第三册，第 1103 页。

② 同上。

钱先生在论张衡《南都赋》时指出"宾主去留"有几种情状：一是"客赋醉言归，主称露未晞"，客欲归而主挽留。二是"或有辞而未去，或有去而不辞"（汤显祖《秦淮可游赋》），言离去而仍不走，不言去而不辞而去。三是"佯谓公勿渡，隐窥王不留"（张谦益《絸斋诗谈》卷七引失名氏诗），主言"再坐一坐儿"，其实客人知道主人不愿留，俗谚"下雨天，留客天，天留人不留"，或可比勘。而第四种情状正是《红楼梦》所写阿凤、贾瑞的对话，故钱先生点出"别是一情状也"。阿凤所言之"该"乃"外交辞令"，驱赶与厌恶之意并存，而辅之以"笑"，正可见出阿凤之"手段"；贾瑞却是"乐而忘返"、"欢娱嫌夜短"，"人间天上日月迟速不同"，似乎身在仙界，"坐一坐儿"时间越长越好，故不愿离去。"宾主去留"情状，大致不出上述四种，发掘世态人情，令人警戒而解颐！钱先生特别拈出阿凤、贾瑞的"别一情状"不仅有助于人们读《红楼梦》，更有助于人们认识人情世态。钱先生读书之细、知世之深，于此可见一斑。

顺便指出：贾瑞所言"好狠心的嫂子"之"狠心"，似乎是钱先生所谓"中外古文皆有一字反训之例"；"宋词、元曲以来，'可憎才'、'冤家'遂成词章中称所欢套语"。[1] 贾瑞之"狠心"，兼具怪怨、爱怜两义，怪怨阿凤催他离去，爱怜阿凤对他有意。红楼梦研究所新校注本于"我再坐一坐儿"后用一破折号，颇为恰当和传神！

4. 驳护花主人"凡歇落处每用吃饭"说。《红楼梦》研究派别之一——评点派中有一重要人物王希廉，字雪香，号"护花主人"，道光十二年（1832）刊出《新评绣像红楼梦全传》，上面有护花主人的评点，计有《护花主人批序》、《红楼梦总评》、《红楼梦分评》。由于王雪香的评点本问世较早，流传亦广，故影响较大。其评虽间有真知灼见，然亦有"索隐"、"附会"之嫌。钱先生在论述《左传·昭公二十八年》魏子引当时谚语"惟食忘忧"时对王希廉评点有如下驳议：

> 《红楼梦》"凡歇落处每用吃饭"，护花主人于卷首《读法》中说之以为"大道存焉"，着语迂腐，实则其意只谓此虽日常小节，乃生命所须，饮食之欲更大于男女之欲耳。[2]

钱先生的这节文字与恩格斯的如下名言完全相通："人们首先必须吃、喝、住、穿，然后才能

---

① 参见《管锥编》第三册，第1055—1059页。钱先生引《说郛》卷七蒋津《苇航纪谈》云："作词者流多用'冤家'为事，……《烟花记》有云：'冤家'之说有六：情深意浓，彼此牵系，宁有死耳，不怀异心，此所谓'冤家'者一也；两情相有，阻隔万端，心想魂飞，寝食俱废，此所谓'冤家'者二也；长亭短亭，临歧分袂，黯然销魂，悲泣良苦，此所谓'冤家'者三也；山遥水远，鱼雁无凭，梦寐相思，柔肠寸断，此所谓'冤家'者四也；怜新弃旧，辜恩负义，恨切惆怅，怨深刻骨，此所谓'冤家'者五也；一生一死，触景悲伤，抱恨成疾，殆与俱逝，此所谓'冤家'者六也。"
② 《管锥编》第一册，第240页。

国学的传承与创新

冯其庸先生从事教学与科研六十周年庆贺学术文集

从事政治、科学、艺术、宗教等等。"① 吃饭乃人生第一需要,吃饭就是吃饭,有何"大道"存于其间? 钱先生于细微处道出简单的真理,是对"旧红学"、"索隐"、"评点"的严肃批评,令人叫绝!

5. 不尽信书。《孟子·尽心篇》下有名言:"尽信《书》,则不如无《书》。"这种怀疑精神对后世善于读书的学人影响很大。

钱先生则对孟子的观点进行了革命性的改造:"顾尽信书,固不如无书,而尽不信书,则又如无书,各堕一边;不尽信书,斯为中道尔。"② 因此,钱先生的"不尽信书"颇具辩证法,在他的全部著作中,都切实贯彻着这一读书治学的法则。在论及《红楼梦》时,钱先生很好地运用了"不尽信书"的法则。请看数例:

> 《红楼梦》第五回写秦氏房中陈设,有武则天曾照之宝镜、安禄山尝掷之木瓜、经西施浣之纱衾、被红娘抱之鸳枕等等。倘据此以为作者乃言古植至晋而移、古物入清犹用,叹有神助,或斥其鬼话,则犹"丞相非在梦中,君自在梦中耳"耳。③

《红楼梦》本来是小说,允许且必须虚构铺张,如认虚成实,或谓其荒谬,岂非痴人说梦?

> 盖文词有虚而非伪、诚而不实者。语之虚实与语之诚伪,相连而不相等,一而二焉。是以文而无害,夸或非诬……《红楼梦》第一回大书特书曰"假语村言",岂可同之于"诳语村言"哉? ④

《红楼梦》的作者的确把自己家族的真实历史和自己的亲见亲闻写进了小说中,这是其"诚"的一面;但是,《红楼梦》决不是作者及其家世的"实录"和"招供",因此不能把小说当作作者自传去加以"索引",这是其"虚"的一面。"虚"乃文学作品的特质之一,一定要有虚构和想象;"实"乃来源于当时的社会现实,不无一定的现实依据,脂批就多次指出《红楼梦》所写乃作者和批者亲身经历之事,即为明证。"索隐派"的致命伤即"认虚成实",从而完全违背了文学创作的规律。

> 后世词章中时代错乱,贻人口实,元曲为尤。……夫院本、小说正类诸子、词赋,并属"寓言"、"假设"。既"明其为戏",于斯类节目读者未必吹求,作者无须拘泥;即如《红楼梦》第四〇回探春房中挂唐"颜鲁公墨迹"五言对联,虽患《红楼》梦呓症者

① 《马克思恩格斯选集》第三卷,第 574 页。
② 《管锥编》第一册,第 98 页。
③ 同上,第 98 页。
④ 同上,第 96—97 页。

亦未尝考究此古董之真伪。倘作者斤斤典则,介介纤微,自负谨严,力矫率滥,却顾此失彼,支左绌右,则非任心漫与,而为无知失察,反授人以柄。譬如毛宗岗《古本三国演义》谳能削去"俗本"之汉人七言律绝,而仍强汉人赋七言歌行(参观《太平广记》卷论《嵩岳嫁女》),徒资笑枋,无异陆机评点苏轼《赤壁赋》(姚旅《露书》卷五)、米芾书申涵光《铜雀台怀古诗》(刘廷玑《在园杂志》卷一)、王羲之书苏轼《赤壁赋》(《官场现行记》第四二回)、仇英画《红楼梦》故事(《二十年目睹之怪现状》三六回)等话把矣。①

"关公战秦琼"是文学作品中常见的现象。如果清末民国初的"索隐派"大家能读到钱先生的这一节文字,是否会"为学知止"呢?

综上所述,钱锺书先生在"红学"领域的贡献是巨大的。我们仅举出了部分文字,难免有挂一漏万、郢书燕说之处。但我们相信,随着"红学"研究的深入拓展,必将有高明者对钱先生在"红学"史上的地位作出更为恰当的评价,他对《红楼梦》的真知灼见必将为人们所更加青睐。

---

① 《管锥编》第四册,第 1299、1302 页。

二、历代集部辑论与文学建构

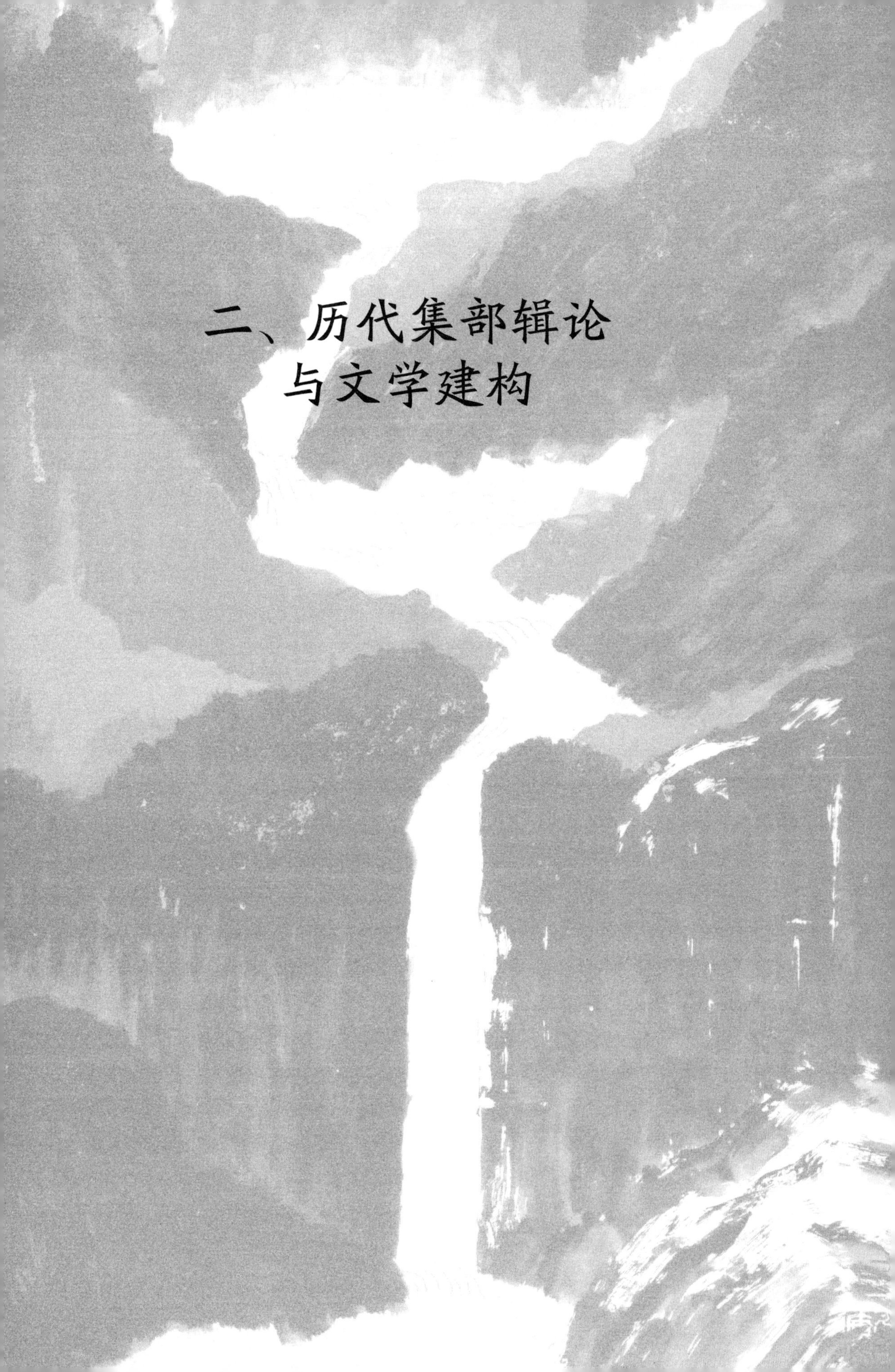

集部编修与中国文学文献学研究

傅璇琮

（中国人民大学国学院）

集部编目的创立与进展，与中国文学创作和文献研究密切相关。集部又属于目录学研究的范围，而目录学的研究，确又须通晓并结合社会政治、经济、文化背景与学术轨迹。因此本文拟就我曾从事的三个项目，即于 20 世纪 90 年代以来，先后参与主编之《续修四库全书》、《中国古代诗文名著提要》、《宋才子传笺证》，以集部的编修与古籍目录学、文学文献学相结合，述及集部与中国文学研究、文献学研究、作家群体研究等，希望有助于集部学术史的理论探索。

一

目录学与文化学术的发展是密切相联的，书籍分类又具有辨章学术、考镜源流的功能。清代著名版本目录学家章学诚以两汉之刘向、刘歆父子为例，明确提出："部次条别，将以辨章学术、考镜源流，非深明于道术精微、群言得失之故者，不足与此。"（《校雠通义》卷一《叙》）

刘向、刘歆父子广泛辑集并精细校勘朝中所藏群书，撰成中国古代第一部系统目录，分六大类，其中"诗赋略"即其中独立一类，分屈原赋之属、陆贾赋之属、孙卿赋之属，及杂赋、诗歌，可以说是自先秦至西汉诗赋创作实践的一次创设性总结，也反映了当时的学术思想体系和流派。后西晋时荀勖编《晋中经簿》，在分类和著录上又作了适当的改革，将"六略"分为"四部"，即甲、乙、丙、丁，而丁部主要即为诗赋、图赞等。梁阮孝绪《七录序》曾

概括总结魏晋时期四部分类产生的情况，认为之所以能分为四部，即因"魏晋之世，文籍愈广"。诗赋之丁部独立编目，并为集部之先声，确反映东汉、魏晋诗文创作的繁荣发展与丰硕成果。又如，丁部中收有《诸葛亮集》，可见编目时范围和数量有不少扩大与进展。

唐初所编之官修史书《隋书》，其《经籍志》在四分法方面更往前推进，明确将丁部定名为集部，分楚辞、别集、总集三类。这就一直延续至清修《四库全书》。

四部分类体系至《四库全书》逐步趋于成熟，其经史子集各细有分类，集部中除传统的楚辞类、别集类、总集类外，另增有诗文评类、词曲类。集部中将文史类改编为诗文评类，确反映清人对文艺理论著作之范畴与作用有新的认识。又，《遂初堂书目》集部已列有杂曲类，《直斋书录解题》、《文献通考·经籍考》列有歌词类，《四库全书总目》则于词曲类中更设有词集、词选、词话、词谱词韵、南北曲，可见其对词作与词话等关注甚细，对词学发展有新的认识。

20世纪90年代编纂的《续修四库全书》，集部之设类，则较清修《四库全书》有较大的改进。《续修四库全书》由中国出版工作者协会与上海古籍出版社合作筹办，邀约我与目录学前辈顾廷龙先生共任主编，组建有二十几位学者参与的编委会。此书于1994年至2001年编纂、出版，并于2002年获全国优秀图书特殊荣誉奖。《续修四库全书》收录范围，包括两个部分，一是补辑乾隆以前有价值而为《四库全书》所未收的著述，二是系统辑集乾隆时期至民国元年（1912）各类有代表的著作，共收书五千三百余种，为《四库全书》所收书的一倍半，可以说是继18世纪清朝编修《四库全书》之后，又一次在全国范围对中国古典文献进行较大规模的清理与汇集。

《续修四库全书》于各类辑集及分类、设目，均有新的进展，现择要阐述集部。

《四库全书》为清朝官修之书，清廷对明代诗文别集的处理上，有所偏见，收取不多，以致多数明集列入存目。又《四库全书》为乾隆中期时所编，由于编制体例所定时限，乾隆时人之诗文集即不收，故当时名家如纪昀、戴震、钱大昕、赵翼等集都未辑入。《续修四库全书》在这方面有极大补正，从撰人的角度看，集部各类涉及有名有姓的作者有一千一百余人，其中明、清两代则有九百余人，约占总数的75%。如以别集为例，明清即有约五百人，超过70%，其中清代有三百五十余人。《续修四库全书》于"凡例"中即明确提出："冀为中国传统学术最后二百年之发展理清脉络。"这也可以说是《四库全书》修成后将近二百年间学术文化发展进行一次新的归纳和总结。

又如集部中之楚辞类，《续修四库全书》所收，其中五种是乾隆以前，而《四库全书》未收的，即宋钱杲之《离骚集传》、明陆时雍《楚辞疏》、明陈玉《楚辞笺注》、明周拱辰《离骚草木史》、清王夫之《楚辞通释》；另有五种为乾隆时及乾隆以后的，即戴震《屈原赋注》、陈本礼《屈辞精义》、胡文英《屈赋指掌》、王闿运《楚辞阐》、马其昶《屈赋微》。这也是接续宋洪兴祖《楚辞补注》、朱熹《楚辞集注》以来的楚辞学传统，代表楚辞学研究的新成就。

在版本选择方面，《续修四库全书》较《四库全书》也有所进展。如《四库全书》别集类著录唐王绩《东皋子集》三卷,《四库全书总目提要》中引及《新唐书·艺文志》、《直斋书录解题》等,谓原为五卷,乃其友人吕才所编,而今本实止三卷。殊不知五卷本的王绩集实存于世,国家图书馆即藏有《王无功文集》五卷,系清陈氏晚晴轩抄本,书前有吕才序,为清修《四库》时所未及见的。又如与明代戏曲家极有关系的梅鼎祚集,《四库全书总目》于存目中仅著录《梅禹金集》二十卷,有诗无文。实则北京大学图书馆、中国科学院图书馆、山西大学图书馆均藏有梅氏《鹿裘石室集》六十五卷,明天启三年刻本,为其诗文全集。《续修四库全书》即收有此书。又如《四库全书》已收有宋《范文正公集》二十卷,为清康熙刻本,《续修四库全书》亦收有此二十卷本,但并非简单重复,所收为国家图书馆所藏北宋刻本。这也是《续修四库全书》重视版本学术意义之一例。

《续修四库全书》集部共分八类,即楚辞类、别集类、总集类、诗文评类、词类、曲类、戏剧类、小说类。其中戏剧类和小说类,作为大型丛书的设计类目,其做法本身确有开创意义。清时编修《四库全书》,受正统观念的局限,一些被视为小道的有价值的民间文学创作及戏曲、小说是被排除在外的。编纂《续修四库全书》时,注意到传统编目时在子部设小说家类,即依旧说收录"近史"、"似子"的杂书、异闻、琐语、谐谑之属,而在集部则新设小说类,收录虚拟故事的传奇、话本和通俗小说,即纠正《四库全书》的偏见,补其空白。这也可以说是古籍目录学发展的必经趋势,是学科建设缜密化的体现。

还可一提的是,将传奇、话本与通俗小说设置于何部,在当代目录学一些代表性著作中仍有分歧。如在20世纪七、八十年代启动编纂的《中国善本古籍书目》(顾廷龙主编),将上述的这几类小说仍列于子部,只不过将小说家类改为小说类,下设笔记、短篇、长篇。后北京图书馆(即现为国家图书馆)所编该馆所藏的善本书目,则列于集部,新增小说类。而当前由古籍整理出版规划领导小组筹办的《中国古籍总目》,南京图书馆分工编纂的子部总目,则沿袭《中国善本古籍书目》,将长篇、短篇小说仍列于子部。我作为《中国古籍总目》的主编之一,曾数次对此提出修改意见,期待妥善商议、统一改定。由此也可见,《续修四库全书》完善了传统的四部分类法,提高了古籍目录学研究的现代学科意识,是一种学术探讨的成功尝试。

《四库全书》视戏曲为"俳优",置若罔闻,王国维于《宋元戏曲考·序》中已特有批驳,认为"而为此等,大率不学之徒","遂使一代文献,郁湮沉晦者,且数百年"。这次《续修四库全书》就专列戏剧类,专收杂剧和传奇,并包括两者的总集和选本。不过现代所编的古籍书目,于此仍还可一提,即《北京图书馆古籍善本书目》于集部曲类下设十一个子目,把杂剧、传奇与散曲合为一类,《续修四库全书》则于戏剧类收有杂剧、传奇,另设曲类,收录诸宫调、散曲、弹词之属。这应当也是古籍目录学的科学性一例。

传统目录学历来提倡"辨章学术,考镜源流",因此据前所述,《续修四库全书》在编纂过程中,确极关注吸收前人的目录学研究新成果,又十分重视以现代的眼光审视图书的科学分类,促进目录学研究的创新和发展。

二

　　20 世纪 90 年代初,我曾任国家古籍整理出版规划小组秘书长,当时受小组组长、南京大学原校长匡亚明先生委托,计划筹编《中国古籍总目提要》。这一工程包含两个部分,一是编纂现存古籍总目录,二是对今存古籍著作撰写提要。由于提要乃面向总目,工作量过大,当时就先择要选几类。集部方面,我当时约南京师范大学郁贤皓教授筹编《唐五代诗文别集提要》,上海大学刘德重教授筹编《诗文评著作提要》。其后因匡亚明先生于 1997 年冬去世,古籍总目工程中停,后郁贤皓、刘德重教授与我商议,即由我筹划另一个项目,名为《中国古代诗文名著提要》。于是自本世纪初起,组约多位学者,从当前学术发展的高度,充分吸收前人和现代的研究成果,选择古代有价值、有代表性的诗文别集和诗文评著作,以提要体裁,一一加以介绍和评议。经过几年勤劳编撰,终于完成,于 2009 年由河北教育出版社出版。全书共分五卷,即汉唐五代卷、宋代卷、金元卷、明清卷、诗文评卷,由郁贤皓、祝尚书、查洪德、马亚中、刘德重等五位学者各任分卷主编。

　　目录著作,一般分书目和提要,提要即自西汉刘向《别录》开始,当时称为"叙录"。"叙录"的内容,除著录书名、篇目和雠校原委外,主要是记述著者生平,说明书名含义及书之性质,考辨书之真伪,论述其价值与学术源流。这可以说是我国目录学中"辨章学术,考镜源流"优良传统的开端。也正因为此,20 世纪著名史学家范文澜在其《中国通史简编》第二编中,就将刘向《别录》与司马迁《史记》并提,认为"在史学史上是辉煌的成就"。

　　但此后很长时期,官修的正史《经籍志》、《艺文志》,有时仅有一两句小注,并未有《别录》体例的提要。自南宋晁公武撰《郡斋读书志》起,至明代一些私人藏书目录,则连续出现提要,但大致也较简略,并只偏重于版本著录。真正从学术角度为经史子集四部传统典籍作提要的,是清乾隆时由纪昀主持的《四库全书总目提要》,将义理与考据相结合,对各书考订其异同,辨别其得失。故清张之洞给予极高评价,认为:"将《四库全书总目提要》读一过,即略知学术门径矣。"(见其所著《輶轩语》)即使如近现代学者余嘉锡对《四库提要》中的缺失多加指正,但他在所著《四库提要辩证》一书的序录中,仍明确自承:"余之略知学问门径,实受《提要》之赐。"近二十余年来,我们古典文学界则又从学术史的角度,探讨《四库提要》的文学观念流变与理论批评原则。如有认为《四库全书》对杜甫诗集的选录及评论,是清中叶对杜诗学的一次总结和检讨;也有从历朝词籍提要中探索当时学者对词的发展规律及词学思想、词学风格的认识;更有一些论著,就文体学对《四库提要》作系统的评述。因此这次将古代有代表性的诗文集与诗文评著作,以提要的形式予以系统的记述与评议,这一方面可以体现当前古典文学研究者思路的开拓,另一方面也可如实反映提要这种体裁已超越目录学的传统框架,成为文学研究、史学研究、哲学研究等既扎实而又充分表达理论观念的一种方式。

　　我们这套《名著提要》所著录的,起自两汉,讫至清代后期,近 2000 种,这确远远超越

《四库全书》这一门类所收。《四库全书》收别集961种，诗文评64种。再就具体而言，《四库全书》于两汉部分仅著录3种，魏晋南北朝部分13种，而我们这次收录者，两汉13种，魏晋南北朝50种，应当说更能反映两汉魏晋南北朝诗文制作的实际情况。又如古代诗文别集，历朝有不少校注、评议本，我们这次所谓"诗文名著"，既选取在文学史上具有一定地位与影响的作家本身著作，还著录价值较高、有历史意义的评注本。这方面也可补《四库全书》之不足。如《四库全书》收陶渊明集，仅1种，且非注本，我们即收录陶集注本7种。唐代更为突出，《四库全书》所收名家注本，李白集2种，杜甫集5种，韩愈集6种，李商隐集3种；我们这次所收，李白集7种，杜甫集22种，韩愈集11种，李商隐集18种。提要对这些注本，都有具体考述、评议。应当说，这也为学术史研究提供了重要史料。

其他朝代也有类似情况者，可以注意的还有诗文评部分。《四库全书》于诗文评类，收64种，而这次的诗文评卷，则收有670种，竟为《四库全书》所收之十倍，充分反映了我们当代诗文评研究的成果。其中如金元时，《四库全书》仅收4种，且皆为文话，无诗话，这次就收有35种，其中有中国本土已无传本自日本所藏补辑的。明代，《四库全书》也仅收6种，这次收有142种，清代更多。且现在著录的明清诗话提要，颇有一种特色，即选辑相当数量记述地方诗歌创作的诗话，现即举数例，如明时有《豫章诗话》、《蜀中诗话》，清时有《西江诗话》、《全闽诗话》、《全浙诗话》；有些还记述县镇地区的，如明熊递《清江诗话》记江西樟树镇，清吴文晖《澉浦诗话》记浙江海盐县。这当有助于地域文化的研究。明清诗话，还有记女性诗作诗风的，这也很有社会特色。如明田艺蘅《诗女史》，清沈宝善《名媛诗话》，各记有先秦至明清女性诗人数百人。有些记女性诗人，还与地区、种族结合，如清梁章钜《闽川闺秀诗话》、法式善《八旗诗话》等。

再以清代部分而论，清时修《四库全书》，据其编纂凡例，不收乾隆时著作，故所收清初文人别集，仅37种，而我们这次列于清代，为200多种，可以说是有利于具体了解有清一代诗文制作的全程。

明清卷选录的著作，并不仅着眼于其诗文长处，还着意于其小说、戏曲成就。如明李昌祺《运甓漫稿》，《提要》除引用朱彝尊《静志居诗话》评议其诗外，还记其有著名文言小说《剪灯余话》、《月夜弹琴记》等。又如《四库全书》未收的《敬修堂诗集》著者清初查继佐，著有《续西厢记》杂剧，及《三报恩》、《非非想》等5种传奇。金人瑞《沉吟楼诗选》，虽仅1卷，却收有诗384首，他还曾批点《西厢记》、《水浒传》，并将《水浒传》120回删编为70回，为人所称。李渔有诗文集《笠翁一家言》52卷，实则他还有戏曲、小说创作及戏曲理论，20世纪学者名家孙楷第曾为其《十二楼》作序，称其该篇小说为清代第一。又董说有《丰草堂诗集》11卷，他另有小说《西游补》，鲁迅《中国小说史略》对其评价甚高，称"殊非同时作手所敢望也"。明清卷能将戏曲、小说著者的诗文集也予著录，确能体现明清文学多样式发展的特色。

关于著作编集、版本传刻，《提要》纠正前人及当代之误者不少，各卷都有，这当也是这套书的学术特色。限于篇幅，这里只略举数例，供学者参阅。如唐人殷尧藩集，明胡震亨《唐

集部编修与中国文学文献学研究

音癸籤》卷一一三著录为一卷,诗 87 首,为胡之友人所编。此次提要则详加考索,指出此集中有其他唐人所作的(如韦应物、姚合),非殷尧藩诗,另又为宋元人所作,见于宋王柏,元虞集、萨都剌,明史谨、吴宗伯等文集。又如南宋后期曹彦约《昌谷集》,后佚,清修《四库全书》时据《永乐大典》辑成 22 卷,本书提要则考《四库全书》本辑录之《偶成》七言绝句 21 首,实为另一宋人杨简所作(见其《慈湖先生遗书》卷六)。

三

这里我再介绍一下正在编撰的《宋才子传笺证》。

元朝时辛文房撰有《唐才子传》共十卷,为唐代诗文作家立专传 278 人。从书中的记述看来,作者确实翻阅、参考了不少史书、文集,及笔记、小说,采集了不少珍贵材料。即以所载进士登第的年份来说,不仅为查考诗人的仕历提供可靠的线索,而且其本身也成为唐代科举史研究不可缺少的材料,清代著名学者徐松在他的《登科记考》中就以辛氏此书作为重要的依据。辛文房的文笔也颇秀润隽洁,摹拟《世说新语》,颇能得其情韵。鲁迅先生曾应当时报刊要求,开列学习中国文学书目,所举 12 种,《唐才子传》列为首位。这部书一直为唐诗研究者所重视,是不难理解的。但书中所述及所引用的材料,也有疏误,缺失之处不少。可惜的是,20 世纪现代一些唐诗研究者,甚至一些唐代文学史教科书,在引用此书时,未加复核,往往把书中的错误记载作为论证的依据。

正因此,我于 20 世纪 80 年代,与二十几位学者合作,对此书作校笺工作,除了对流传的版本作系统辑集、校勘外,主要为笺证,分三个方面,即:一、探索材料出处,二、纠正记事错误,三、补考原书未备的重要事迹。我们希望借此对唐五代诗人作全面的生平考证,以笺证的方式,科学地集中和概括作家生平事迹研究的线索,希望以此作为有唐一代诗人事迹的材料库。《唐才子传校笺》全书共四册,于 1987 年至 1990 年冬陆续印出(中华书局),后于 1991 年获得国家新闻出版署评定的首届中国优秀古籍整理著作二等奖。

我于 20 世纪五、六十年代,曾做过宋代文学的文献资料辑集工作,对宋代文学研究已甚有情结。又于 80 年代撰写并出版《唐代科举与文学》后,与浙江大学古籍所龚延明教授协议、合作,编撰《宋登科记考》,历经十年,于 2009 年由江苏教育出版社出版。如此,也就在《唐才子传校笺》出版后,即本世纪初期,与好几位宋代文学研究专家商议,编撰《宋才子传笺证》。宋代诗、文、词作家,数量要比唐代多,对后世影响也大,其生平事迹、文学活动等材料也甚繁富。但长时期以来,对宋代文人传记未有系统的考述,现在作《宋才子传笺证》,即拟基本囊括两宋时期各有成就的作家,这对于全面了解宋代的文学生态和士人精神面貌,当甚有学术意义。

此书分列为五卷,即北宋前期卷、北宋后期卷、南宋前期卷、南宋后期卷、词人卷,依次由祝尚书、张剑、辛更儒、程章灿、王兆鹏五位名家担任分卷主编。现在全书共收有近 400

位宋代作家,约有 350 万字,就已大大超过《唐才子传校笺》。这一项目于今年内即可完成。

中国社科院文学所张剑研究员近期草拟北宋后期卷之"前言",述及该卷收有 80 人,辑集的范围极广,除了甚有声誉的苏门文人、江西诗派外,还有湛深经术、练达事务的范祖禹;为人至刚,古诗疏朴,有唐代元结、孟郊之风的郑侠;孤行寡合、文辞雄伟的陈辅;志在学术,著述等身,又精擅七律的陆佃;主张诗须有"余味",而好论人短长的魏泰;性格特立独行、文风雅健沉雄的晁说之;下笔造语不肯蹈落前人的李新;长期侍从宫闱,深得代言之体的慕容彦逢;诗风有李白之豪狂和李贺之奇诡的欧阳澈;文采风流如晋宋人物的张□;养气自安,诗文风格多样的朱翌、范浚等。其"前言"有总结性的概括:"这种有意味的发现,提醒我们,中国文学史发展的实际图景,也许远比我们想象得复杂和丰富。《宋才子传笺证》有针对性地对传主生平交游、政功著述、才情气质、知识结构、家族背景、人生信念等做个案梳理,不仅极大地丰富了可以开发的文采和文化知识资源,而且个案的积累必将使全局的面貌越来越清晰可见,宋代文学和文化的整体风貌、生命过程和总体精神也可望得到更为生动、深刻和多元的呈现。"

《宋才子传笺证》这次不仅所辑文学家人数多,范围广,且考证精细,不仅注意吸收当代成果,并力求推陈出新,纠正过去史书及当代文献研究的疏失。限于篇幅,现据北宋后期卷,举陆佃、黄裳、李正民三例,谨供参考。

陆佃,《宋史》本传云:"安石卒,佃率诸生供佛,哭而祭之,识者嘉其无向背。迁吏部侍郎,以修撰《神宗实录》,徙礼部。"传笺据《续资治通鉴长编》,考出佃迁吏部侍郎在元丰八年(1085)十二月,王安石元祐元年(1086)四月卒,而佃二月已为《实录》修撰官,七月徙礼部侍郎,本传叙事颠倒错乱。

黄裳,陈振孙《直斋书录解题》称其"元丰二年进士第一人";吴文治《中国文学史大事年表》称"元丰二年三月","试特奏名进士黄裳登进士第"。传笺据黄裳《演山集》及《宋登科记考》等史料,考出黄裳登第于元丰五年。又考出《全宋文》据《宋稗类钞》补录黄裳《状元及第谢启》之佚文实出自黄裳《谢赐燕表》,陆心源《宋史翼》中所云黄裳《游仙记》实即《游山院记》之讹。传笺还细考出《黄公神道碑》述哲宗朝之仕履"秘书省校书郎、大宗正丞、尚书考功员外郎、起居舍人、太常少卿"一段疏略颠倒处。

李正民,《宋史》无传,行历未详。论者皆据其《大隐集》中所收《知湖州到任谢表》、《知洪州到任谢表》、《知温州到任谢表》、《知婺州到任谢表》诸表,断定其曾知此数州,自四库馆臣,直至今人编《全宋诗》、《全宋文》、《中国文学家大辞典·宋代卷》,对此多无异议。传笺细绎诸表内容,并据《建炎以来系年要录》等史料,考出此数表皆为李光撰或正民代李光撰,正民从未知湖州、洪州、温州、婺州。

另,此次《宋才子传笺证》专列有词人卷,因词是宋代文学的特出文体,传统上以宋词与唐诗并称。两宋词人众多,此次除少数以诗文词并称的大家如苏轼、黄庭坚等统列于各时段分卷,其他如晏殊、柳永、李清照、辛弃疾等则专列于词人卷。这次词人卷也收有 80

家，其中不少也是当代研究者未甚关注，其生平事迹仍少有人留意考察。如苏庠，是宋南渡前后著名的隐士词人，苏轼曾称誉他的《清江曲》可与李白媲美，由此知名。当时"天下士无问识与不识，皆高其节，好事者往往图其形以相赠遗"（《京口耆旧传》卷四）。这次词人卷即第一次对其生平事迹作详细的考察。又如曹冠，有《燕喜词》传世，因曾为秦桧门客，教授其子孙，秦桧死后不为世所容，先是被革去科名，再度及第后又长期被放斥用。词人卷则详征载籍，系统考察其跌宕起伏的人生，从中可以窥见南宋士人命运与政治的关系。又如杨炎正，时与辛弃疾唱和，有《西樵语业》传世，此前词学史和相关词学研究中，罕有道及其人其事者，本卷是首次考述其一生行事。其他如刘仙伦、郭应祥、孙惟信和许棐等人，正史皆无传，这次即勾沉排比稀见材料，首次描划出其人生行迹之大略。《宋才子传笺证》之词人卷，可以说是两宋词人生平事迹与词作流传的系统汇考。

另还值得一提的是，《宋才子传笺证》除了收诗人、词人、散文作家外，对以诗话著作传世的著者也特以立传，这较《唐才子传》是一大拓展。诗话著作虽然大都带有记事成分，但从根本上说，它是诗歌理论批评的一种重要形式，而且在实际上也起了推进宋代诗歌发展的重要作用。为诗话著者立传，也反映了对诗歌理论批评著作的认可和重视。这次，我约请上海大学刘德重教授联系有关学者，统筹为魏庆之、吴沆等十五人立传，请四川大学陈应鸾教授独自为魏泰、蔡絛、许𫖮、黄彻、胡仔、张戒、计有功、张表臣八人撰传。刘德重教授曾提议，郭绍虞先生的《宋诗话考》是我国现代宋诗话考述的代表作，但此书重在对诗话著作的考证，对诗话著者所考较为简略。这次《宋才子传笺证》重在为诗话著者立传，对传主的生平事迹材料广搜博采，详为考证，则可进一步了解诗话本身的意旨，较《宋诗话考》有较大进展。对诗话著作不乏新的发现，其间又纠正过去之疏误，如曾慥，过去多将"温陵曾慥"与"南丰曾慥"混为一谈，此次曾慥传笺证，则详作辨正。

陈应鸾教授所作八传，确显示其辩证之功。如魏泰至豫章，与黄庭坚以诗唱和的时间，宋代史容《山谷外集诗注》次于神宗元丰三年（1080），黄《山谷年谱》列于哲宗元祐八年（1093），此次所作笺证，则据黄庭坚和答魏泰诗中的内证，考订黄为是，史容为非。关于章惇为相，欲官魏泰的时间，廖道南《楚记》卷四七未载具体时间，王圻《续文献通考》卷一八〇谓在"崇观间"。这次则据《宋宰辅编年录》、《皇宋十朝纲要》等书，考订章惇为相的时间是哲宗绍圣元年（1094）四月至哲宗元符三年（1100）九月辛未，从而纠正王圻之误。又如关于蔡絛之生年，学界从无考证，这次陈应鸾教授根据宋代汪应辰《题蔡絛诉神文》，结合《宋宰辅编年录》及古代守孝制度，考证出生年范围在哲宗绍圣年间。关于《西清诗话》之作者，《宋会要辑稿·职官六九》、《皇宋十朝纲要》卷一八、《独醒杂志》卷二均谓蔡絛撰，而《能改斋漫录》卷一〇、《直斋书录解题》卷二二则谓"蔡絛使其客为之也"。郭绍虞《宋诗话考》引用《直斋书录解题》，似信其说。此次笺证，则通过该诗话之内证，确定必为蔡絛所作，非其门下客所为。《宋才子传笺证》此次能对传存的宋诗话著者二三十人详作考索，这当也是宋代文学的文献学研究拓展性之作。

从历代集部形成看文学观念的建构

袁济喜　黎　臻

（中国人民大学国学院）

　　中国在源远流长的学术发展过程中,形成了以按传统的经、史、子、集四部来区分学术的思路与特点,从汉志到隋志,再到四库的编修,体现出中国传统学术的这种内在经脉,不同于西方以文史哲来分类的学术思路。中国固有的文学观念,大多蕴藏在集部形态之中,通过对于历代集部编著的探索,可以跳出欧美文学观念的樊笼,从中国自有的文学精神与形态来建构当代文学观念,纠正文学理论研究中的偏颇,回归中国学术的原始形态,这是中国文学的重要建构途径。

　　关于集部的区分,目录学家对文学的看法也会因时代的不同而不同。古籍目录集部先后经历了从诗赋略—文翰志—文集录—集的演进轨迹,确定了文学类目发展变化的基本类型,使得中国古典文学逐渐从自发向自觉独立的方向发展。从《汉书·艺文志》、《隋书·经籍志》,再到《四库全书总目》收录的文献来看,集部文献的发展,基本上呈直线上升趋势。《四库全书总目》是在广泛收集群书《四库全书》基础上编纂而成,《总目》集部提要的编辑水平非其他一般目录可比,其集部分为楚辞类、别集类、总集类、诗文评类、词曲类等五大类,对现代文学观念的建构起了重大作用。

　　纵观现代关于集部与文学关系的研究,它的发展有很明显的阶段性特征,可以划分为四个时期:

　　第一个时期是20世纪70年代。这一阶段关于《总目》集部的专门研究很少,大陆地区的《总目》研究还没有把目光聚焦到集部,专门的集部研究基本上几乎是一片空白。此

时港台、国外专门针对集部的研究也非常有限,值得一提的如刘兆佑《四库全书总目提要元人别集补正》(上、下)(《"中央图书馆"馆刊》新第九卷第 1 期、第 2 期,1976 年 6 月,1976 年 12 月)、近藤光南《四库全书总目提要叙译注》(集部)(土曜谈话会,1972 年)。总的来说,这个时期关于集部与文学的细化研究还没有充分展开。

第二个时期是 20 世纪 80 年代。这个时期距离上个时期只有短短的 10 年,但是《总目》集部的研究却有了较大的发展,比较有代表性的如张宏生《从四库提要看纪昀的散文观》(《中国古典文学论丛》第 2 辑,北京人民出版社,1985 年)、龚斌《读四库全书总目提要别集类札记》(《文献》第 13 辑,1982 年 9 月)、何新文《略谈四库全书总目中的文学目录——兼及中国古代文学目录的某些特点》(《湖北大学学报》1989 年第 3 期)。他们的研究视域既有宏观的文体观念研究、集部和文学史的交叉研究,也有微观的部类札记研究,无论是研究方法,还是研究成果都可圈可点。此时港台、国外专门针对《总目》集部的研究也进一步走向深入,如王颂梅、叶永芳《四库提要诗文评类之文学观》(《东吴大学中国文学系系刊》第 7 期,1981 年 5 月)、李孟晋《四库著录唐人别集二十种提要考订》(香港新亚研究所 1987 年博士论文)、近藤光南《四库全书总目提要唐诗集研究》(东京研文社,1984 年)等,开始有了更具体的研究。

第三个时期是 20 世纪 90 年代。这个时期《总目》集部的研究向多元化发展,研究的视角更加广泛,取得的成果也更为多样,如沈治宏《〈四库全书总目〉集部著录图书失误原因析》(《图书馆工作与研究》1991 年第 2 期)据各书序跋和有关资料作了考证,发现《总目》在著录图书方面存在不少失误,并将其原因概括为 11 条。沈治宏继此之后又撰写了《〈四库全书总目〉经部著录图书的若干失误及其原因》(《河北科技图苑》1992 年第 3 期),用功可谓勤矣。除此而外,他还撰写了《四库全书集部存目研究》(《北京大学学报》1997 年第 5 期)对集部存目的情况、存目的原因及存目的价值进行了深入研究,这也是前人所未涉及的研究领域。另外,成林《试论〈四库提要〉的文学批评方法》(《南京大学学报》1998 年第 1 期)将散见在《四库提要》中的文学批评资料加以归纳分析,提炼相互比较、知人论世、引证成说、追源溯流等几种《四库提要》中最为常见的文学批评方法,并结合具体事例,对这些方法的使用进行了剖析;作者还进一步指出《四库提要》的文学批评体现了客观的学术态度,而《总目》对这些批评方法的融会贯通的运用,也显示了清代学术集大成的特色。这篇文章立足于具体的提要,通过综合分析,达到了一定的理论分析水平。还有一些写得很成功的论文,如祝尚书《四库宋集提要纠误》(《宋代文化研究》第四辑,四川大学出版社,1994 年版)、李金善《楚辞学史的滥觞——〈四库全书总目〉之楚辞论》(《河北大学学报》1999 年第 1 期)、吴承学《论〈四库全书总目〉在诗文评研究史上的贡献》《文学评论》1998 年第 6 期)、杨有山《试论〈四库全书总目〉的文学批评》(《南京大学学报》1998 年第 4 期)等,涉及到《总目》集部纠误、楚辞研究、诗文评研究、文学批评研究等内容,研究的视域较上个时期有了进一步拓展,标志着《总目》集部的研究也有了进一步的发展。

第四个时期是 21 世纪至今。这个时期《总目》集部的研究呈现出繁荣的态势。如郭丹《四库全书总目提要中的楚辞批评》(《漳州师范学院学报》2007 年第 3 期)、徐大军《〈四库全书总目〉总集类存目订补》(《图书馆理论与实践》2007 年第 4 期)、刘贵华《论〈四库全书总目〉中的词学思想》(《洛阳师范学院学报》2005 年第 3 期)、冯淑然、艾洪涛《论〈四库全书总目〉的词体美学观》(《河北大学学报》2006 年第 3 期)等,其他还如朱则杰、于景祥、郑明璋、李剑亮、屈光等,都对集部某些问题进行了专门的研究。这个时期,还有一些学者针对集部进行深入研究,发表了一系列的论文:如杨有山撰写了《试论〈四库全书总目〉的文学批评》(《南京大学学报》1998 年第 4 期)、《论〈四库全书总目〉的文体研究)(《南阳师范学院学报》2002 年第 6 期)、《试论〈四库全书总目〉的文学史研究》(《信阳师范学院学报》2003 年第 4 期)、《试论〈四库全书总目〉的文学批评观念》(《江汉论坛》2003 年第 4 期);孙纪文也在《总目》集部研究上颇有创构,先后发表了《〈四库全书总目〉对本朝诗歌的批评》(《宁夏社会科学》2005 年第 3 期)、《〈四库全书总目〉对历代诗歌的批评》(《内蒙古社会科学》2005 年第 5 期)、《〈四库全书总目〉在诗歌批评史上的价值》(《固原师专学报》2005 年第 5 期)、《〈四库全书总目〉文学批评的话语分析》(《江西社会科学》2007 年第 7 期);张传峰也有系列之作诞生,如《〈四库全书总目〉诗学批评与纪昀诗学》(《北方论丛》2006 年第 6 期)、《〈四库全书总目〉诗学批评与王渔洋诗学》(《苏州大学学报》2007 年第 2 期)、《论〈四库全书总目〉的唐诗史观》(《浙江社会科学》2007 年第 4 期)、《〈四库全书总目〉学术思想研究》(学林出版社,2007 年)。另一方面,研究的视角较以前也有了进一步的扩展,关于集部的研究也更趋完善。如柳燕的博士论文《〈四库全书总目〉集部研究》对各个部类进行了深入系统的研究。可以说,这个时期的研究涉及到纠误、楚辞批评、别集概念、诗学批评的特点及价值、词学批评、文体研究、文学史研究、文学批评观念等问题,关于集部的研究进一步向细化、深入发展。

关于集部与文学研究的历史,尽管取得了一定的成绩,但是也还存在许多不足:其一,关于集部各部类对文学建构的研究还不够系统、深入。虽然关于集部各个部类前人研究都有涉及,但是没有针对每一个部类进行更系统的研究。其二,关于集部各类所表现出的《总目》编辑思想、批评观念探讨得不够,也需要在综合相关提要的基础上,作进一步的挖掘。总之,综合《四库全书总目》集部总序、部类小序以及众多独立的解题文字,总结《四库全书总目》对各个部类总体的批评和认识,通过对现代西学的文学概念与传统集部观念与标准的会通比较,将有利于推进集部研究走向深入。

一

中国传统学术自隋代后分为经、史、子、集,可以对应于现代学科意义上的文史哲。其中经部与子部大致相当于哲学学科,而史部相当于历史学科,集部则相当于文学学科。关

于集部之"集"的意思，《说文》释集为："集，群鸟在木上也。"雧，古同"集"，群鸟落于木上。隹，甲骨文字形，象鸟形。《说文》："鸟之短尾之总名也。"与"鸟"同源。从人类主体精神活动角度来说，集者，并不是简单地汇集，而是再创造的过程，文学创作源于生活，高于生活；集部之"集"大多是个性化的文学创作与文学评论，而经史子则是传述性与逻辑性的写作。

集部从图书分类角度来说，是从《汉书·艺文志》的"诗赋略"演变而来的。《汉书·艺文志》是在刘歆《七略》的基础上剪裁而成的。西汉成帝时期，朝廷派刘歆的父亲刘向主持校雠国家藏书。刘向在每校完一部书后，便写一篇叙录，概述这本书的情况。此后又将这些叙录集在一起编成一本书，但工作尚未完成就去世了，于是朝廷又任命他的小儿子刘歆继续校书。刘歆最终完成工作，编制目录《七略》，将所有的书分成六类，即六艺、诸子、诗赋、兵书、方技、术数，然后再加上一个总论，共七个部分。班固依次加以剪裁，补充扬雄、刘歆等几个人的目录，便成了《汉书·艺文志》。《隋书·经籍志》集部叙录说，"班固有诗赋略，凡五种，今引而伸之，合为三种，谓之集部。"可见，集部是从这《七略》的"诗赋略"演化而来的，从班固对于《诗赋略》的评价之中，我们可以看到其中蕴藏的文学观念：

> 传曰："不歌而诵谓之赋，登高能赋可以为大夫。"言感物造耑，材知深美，可与图事，故可以为列大夫也。古者诸侯卿大夫交接邻国，以微言相感，当揖让之时，必称《诗》以谕其志，盖以别贤不肖而观盛衰焉。故孔子曰"不学《诗》，无以言"也。春秋之后，周道浸坏，聘问歌咏不行于列国，学《诗》之士逸在布衣，而贤人失志之赋作矣。大儒孙卿及楚臣屈原离谗忧国，皆作赋以风，咸有恻隐古诗之义。其后宋玉、唐勒，汉兴，枚乘、司马相如，下及扬子云，竞为侈丽闳衍之词，没其风谕之义。是以扬子悔之，曰："诗人之赋丽以则，辞人之赋丽以淫。如孔氏之门人用赋也，则贾谊登堂，相如入室矣，如其不用何！"自孝武立乐府而采歌谣，于是有代赵之讴，秦楚之风，皆感于哀乐，缘事而发，亦可以观风俗，知薄厚云。序诗赋为五种。

班固的诗赋略以楚辞类作品为主，同时包含乐府诗。他强调以楚辞为主体的赋本是从《诗》三百篇衍变而来，最初是士大夫登高能赋、揖让相交之时所用。到了后来，诗道式微，贤人失志之赋生焉，成为吟咏情性的产物，班固所谓"大儒孙卿及楚臣屈原离谗忧国，皆作赋以风，咸有恻隐古诗之义"，实际上也指明了诗赋是个体发愤而作的产物，特别是乐府诗为感于哀乐、缘事而发的作品。这样也就点出了"诗赋略"蕴含着中国人最基本的文学生成观念，即个体遭际与发而为诗的结合。班固的《汉书·艺文志》以儒家六艺略为本，《诗经》则被放到《六艺略》之中。从我们今天来看，《诗经》中的许多内容是应当列入集部的文学范畴之中的。班固自己也是这样界定的："《汉书·艺

文志·六艺略·诗经》:"《书》曰:'诗言志,歌咏言。'故哀乐之心感,而歌咏之声发。诵其言谓之诗,咏其声谓之歌。故古有采诗之官,王者所以观风俗,知得失,自考正也。孔子纯取周诗,上采殷,下取鲁,凡三百五篇,遭秦而全者,以其讽诵,不独在竹帛故也。汉兴,鲁申公为《诗》训故,而齐辕固、燕韩生皆为之传。或取《春秋》,采杂说,咸非其本义。与不得已,鲁最为近之。三家皆列于学官。又有毛公之学,自谓子夏所传,而河间献王好之,未得立。"照班固看来,《诗》与乐府一样,最初也是"哀乐之心感,而歌咏之声发"的产物,不同的是乐府没有经过圣人整理与传述,而《诗》通过采风与孔子的整理删定,再加上汉初儒生的传述,特别是经过汉武帝立五经博士,于是形成为经典。不过,依照现代文学观念来看,《诗经》与赋体以及乐府都是言志缘情的文学作品。但我们也不应否定,在古代,经学担当了意识形态与信仰系统的构建,所以《诗》作为六艺之首,高于赋与乐府的地位也是可以理解的。班固的诗学观念,继承了中国传统的诗学观念,即诗是言志缘情的产物,是主体论的诗学;而西方的诗学则强调诗的模仿,亚里士多德在《诗学》中提出:"既然悲剧是对于一般人好的摹仿,诗人就应该向优秀的肖像画家学习,他们画出一个人的特殊面貌,求其相似而又比原来的人更美。"[①] 相对而言,中国固有文学观念更富有人文蕴涵。

由此,我们观察"诗赋略"所分五类著录情况,各家都是比较纯粹的诗赋而已,基本上奠定了集部偏向文学的图书分类标准,同时由图书分类向学术分类衍生。在图书分类表层后面,深藏着人文精神。这种演化成为六朝后的集部形态,强化了其中的文学蕴含。但这种突破,却是在汉魏之际的时代嬗变之中。

首先,我们可以从目录形态上入手,来考察这一衍变。四部分类法起源,一般可以追溯到西晋荀勖的《中经新簿》。《中经新簿》将所有的书籍分为四类:一为甲部,有六艺及小学等书;二为乙部,有古诸子家、近世子家、兵书、兵家、术数;三为丙部,为史记旧事、皇览簿、杂事;四为丁部,为诗赋、图赞、汲冢书。将六类约为四类是目录学史上的一次飞跃,比较《七略》和《新簿》,我们发现最大的变化便是史部从"六艺"的附庸中独立出来,但它仍未居于诸子之前。而诸子与史部在四部中位置的调整要到东晋时代李充才完成,东晋时期,经李充将乙、丙两部调换之后,成为定例为后世目录学所遵从,但就目录学史而言,东晋南朝时期仍是七部与四部并行的时代。这一时期出现了很多目录学著作,就现存的资料来看,王俭和阮孝绪的著作最有名,最能反映目录学发展的过程。王俭由宋入齐,他曾经编过《宋元徽元年四部书目录》和《七志》两种著作,前者遵四部新法,后者循七分旧法。阮孝绪要晚一些,主要活动于梁代,其所编目录学著作为《七录》,其名虽旧,其实很新。我们就通过下列简表来比较这两种目录中所反映的变化,尤其是对集部的处理:

---

① 《诗学》,人民文学出版社,1962 年版,第 101 页。

	王俭《七志》	阮孝绪《七录》
一	经典志：纪六艺小学史记杂传	经典录：《易》、《尚书》、《诗》、《礼》、《乐》、《春秋》、《论语》、《孝经》、小学九种
二	诸子志：纪古今诸子	经传录：国史、注历、旧事、职官、仪典、法制、伪史、杂传、鬼神、土地、谱状、簿录十二部
三	文翰志：纪诗赋	子兵录：儒、道、阴阳、法、名、墨、纵横、杂、农、小说、兵家十一部
四	军书志：纪兵书	文集录：楚辞、别集、总集、杂文四部
五	阴阳志：纪阴阳图纬	术技录：天文、谶纬、历算、五行、小筮、杂占、刑法、医经、经方、杂艺十部
六	术艺志：纪方技	佛法录：戒律、禅定、智慧、疑似、论记五部
七	图谱志：纪地域及图书（附录：佛经录、道经录）	仙道录：经戒、服饵、房中、符图

从上表的比较中，我们可以发现王俭之"文翰志"较之荀勖《中经新簿》更为纯粹，但这种纯粹似非基于别集观念的更新，而是继承《七略》"诗赋略"而来。但改为"文翰志"显然有包括其他文体的意思，这一点又被阮孝绪所继承。阮孝绪吸纳了新的学术观念，他虽遵循《七略》的传统，但却促成了四部格局的最终定型。阮孝绪《七录》"文集录"内的分部问题，这种分部调整了自《七略》以来登录文翰的方式，将集部分为楚辞、别集、总集与杂文四部，奠定了后世集部分类类型。这不仅是图书分类的进步，同时更有其背后的时代意义与人文价值。

首先，他将《楚辞》独立出来。这是集部中文学观念摆脱传统"七略"思路、走向自身独立的重要一步。在此之前，《楚辞》在目录学上的反映并不是以整体面目显现的，《七略》的"诗赋略"按照"以人类文"的方式著录，《楚辞》所收诸人的作品，除了东汉时期的拟作，都是系于各人名下的。这种状况直到荀勖《中经新簿》、王俭《七志》还是如此，在前面我们业已指出。《楚辞》之独立与文学价值的厘定有着密切的关系。在汉代，屈原的作品，尤其是《离骚》已经享有崇高的地位，并被尊崇为"经"，从刘安、司马迁、班固、王逸的一系列褒贬争讼中我们可以充分地感受到这一点。尤其是通过这场争论，奠定了楚辞乃纯文学的基本价值观念，其中司马迁虽然是史家，但他通过对于屈原人格的肯定与评价，指出了屈原作品的文学价值与意义。司马迁在论述屈原的事迹与创作时，依据自己的人生体验来评价屈原。在《史记·屈原列传》中，司马迁在叙说了屈原的遭际之后，发表议论："屈平疾王听之不聪也，谗谄之蔽明也，邪曲之害公也，方正之不容也，故忧愁幽思而作离骚。离骚者，犹离忧也。夫天者，人之始也；父母者，人之本也。人穷则反本，故劳苦倦极，未尝不呼天也；疾痛惨怛，未尝不呼父母也。"司马迁将屈原创作《离骚》与人的天性相联系，认为人之疾痛惨怛必然呼天喊地，形诸诗咏，这是天然不可移易的。从这种天道自然而人

性亦自然的思想出发,司马迁勇于打破儒家的"思无邪"的观念,认为屈原《离骚》中的怨愤是符合人性的,无可厚非的,他说:

> 屈平正道直行,竭忠尽智以事其君,谗人间之,可谓穷矣。信而见疑,忠而被谤,能无怨乎? 屈平之作离骚,盖自怨生也。《国风》好色而不淫,《小雅》怨诽而不乱,若《离骚》者,可谓兼之矣。上称帝喾,下道齐桓,中述汤武,以刺世事,明道德之广崇,治乱之条贯,靡不毕见。其文约,其辞微,其志洁,其行廉,其称文小而其指极大,举类迩而见义远。其志洁,故其称物芳。其行廉,故死而不容自疏。濯淖汙泥之中,蝉蜕于浊秽,以浮游尘埃之外,不获世之滋垢,皭然泥而不滓者也。推此志也,虽与日月争光可也。

司马迁在这里对孔子"诗可以怨"的思想作了进一步的发挥,他认为屈原正道直行而受到小人的谗毁发而为《离骚》,具有最美的价值,是产生深挚感人艺术魅力的前提,司马迁将道家的情性自然与孔子的"诗可以怨"的观念融合了。而后来班固对司马迁的指责,反过头来说明了司马迁对屈原《离骚》加以肯定的正确性。司马迁对于屈原与作品的评价,奠定了中国古代文学观念中最有价值的三点:一、优秀的文学作品源于个体的人生遭际,真正的作品来源于作家的个体生命写照;二、这类作品敢于"以刺世事",是诗可以怨的产物;三、这类作品因此而获得情采并茂、与日月争光的审美价值。而班固《离骚经序》,也正是从批评屈原人品出发进而批评《离骚》存在不足的。[①] 距离阮孝绪时代不远的文学批评家刘勰,总结了两汉的楚辞观念,对《楚辞》学作了充分地研究和论述,他说:

> 固知《楚辞》者,体宪于三代,而风杂于战国,乃《雅》《颂》之博徒,而词赋之英杰也。观其骨鲠所树,肌肤所附,虽取熔经意,亦自铸伟辞。故《骚经》《九章》,朗丽以哀志;《九歌》《九辨》,绮靡以伤情;《远游》《天问》,瑰诡而慧巧;《招魂》《大招》,耀艳而深华;《卜居》标放言之致,《渔父》寄独往之才。故能气往轹古,辞来切今,惊采绝艳,难与并能矣。

刘勰在这里总结两汉文士关于《楚辞》的争论意见,对于其中的人格精神与文华词采,以及后世的影响作了极高的评价,"其衣被词人,非一代也。"《辨骚篇》乃是"文之枢纽"中的最后一篇,此前都是原道、宗经之类的,表明儒家之道具有崇高的神圣性和普遍性,但由天道向文道的转变则是《楚辞》这样的作品实现的,换句话说,《楚辞》是由普遍向具体转变的桥梁。除此之外,它还是文体嬗变的桥梁,因为在《诠赋篇》中,刘勰则认为:"然则赋也者,受命于诗人,而拓宇于《楚辞》也。"在刘勰看来,《楚辞》是《诗经》融入新质后的变体,

---

① 参见笔者所著《新编中国文学批评发展史》(第二版),中国人民大学出版社,2010年版,第69页。

《隋书·经籍志》楚辞类叙录仍承刘勰的看法，可见这种观念在整个南朝具有代表性。在这一观念的定位中，《楚辞》当然有别于一般的诗赋，故应当单列独立。因此，集部中楚辞类的独立，即是文学观念自立的标志。这也说明集部的观念更新与分类的衍变，一直蕴含着丰富的人文思想，进而推及图书目录的划分。由于西方学科的人为划分，现在文献学和图书馆学与文学别为他科，造成其中内在联系的中断，这是甚为可惜的。

二

其次我们再来考察别集、总集以及诗文评中的文学观念问题。文学独立，辞赋篇章能够表现一个人的个性和气质，那么它就有传之后世的价值。既然如此，那么个人的别集自然也就当具有"一家之言"的品性。这种意识开始体现在曹丕为建安七子编集，以及曹植编选自己的选集《前录》中。《四库提要》说："集始于东汉。荀况诸集，后人追题也。其自制名者，则始张融《玉海集》。其区分帙，则江淹有《前集》，有《后集》。梁武帝有诗赋集，有文集，有别集；梁元帝有集，有小集；谢朓有集，有逸集；与王筠之一官一集，沈约之正集百卷，又别选集略三十卷者，其体例均始于齐梁。盖集之盛，自是始也。"这一看法，偏重于图书目录的划分。其实，倒是更早的《隋志》说得清楚一些，全面一些。《隋书·经籍志》别集类小序说：

> 别集之名，盖汉东京之所创也。自灵均（屈原）已降，属文之士众矣，然其志尚不同，风流殊别。后之君子，欲观其体势，而见其心灵，故别聚焉，名之为集。辞人景慕，并自记载，以成书部。亦代迁徙，亦颇遗教。其高唱绝俗者，略皆具存。今依其先后，次之于此。

《隋志》强调别集之名，始于东汉所创，是文士心灵世界的集聚，志尚不同，情性有别，发而为文，集聚流传，自然形成了别集。其中强调别集的心灵学蕴涵，这可以说是至关重要的关于文学观念之重估。

不过，《隋志》笼统地说别集始于后汉，更确切地说来，应当是东汉末年。集部的盛行，是与汉末时代与人生状况密切相关的，这一点在别集中看得最为清楚。别者，别出心裁、匠心独运之意，也就是诗以言志、文以气为主的意思。以曹操与建安七子为代表的建安文学，深感于汉末以来的社会动乱与民生的痛苦，渴望在动荡的年岁中建功立业，故而建安文学以反映动乱、抒写怀抱为特点，感物兴想成为这个时期文学创作的基本特色。曹丕《与朝歌令吴质书》云："白日既匿，继以朗月，同乘并载，以游后园，舆轮初动，参从无声，清风夜起，悲笳微吟，乐往哀来，怆然伤怀。余顾而言，斯乐难常，足下之徒，咸以为然。今果分别，各在一方。"这篇文章谈到了曹丕作为建安文学领袖人物与建安七子深相交纳、共同

为文的感人情景。当时的文人生当动乱年代，性命不测，常怀人生苦短，建功立业与人命不永的悲剧意识，使得他们对人生与宇宙有着深深的感慨，在创作上率兴而为，不事雕饰。《文心雕龙·时序》中谈到这一时期文人的创作风尚："傲雅觞豆之前，雍容衽席之上，洒笔以成酣歌，和墨以藉谈笑。"在建安文人的自叙中，我们也可以明显地见到这类感兴为诗的句子。如曹植《赠徐幹》云："慷慨有悲心，兴文自成篇。"应瑒《公宴诗》："辨论释郁结，援笔兴文章。"可以说，当时建安文人是自觉地以兴作文。曹丕《典论·论文》中论述："今之文人：鲁国孔文举、广陵陈琳孔璋、山阳王粲仲宣、北海徐幹伟长、陈留阮瑀元瑜、汝南应瑒德琏、东平刘桢公干，斯七子者，于学无所遗，于辞无所假，咸自以骋骥騄于千里，仰齐足而并驰。以此相服，亦良难矣！盖君子审己以度人，故能免于斯累，而作论文。"曹丕指出："文以气为主，气之清浊有体，不可力强而致。"认为作家的个性气质是构成作品的本体，这种气质先天生成，不可移易，作家驰骋才华便是这种气的体现。因此，他推崇作家的创作个性。《三国志·魏志·陈思王传》注引《典略》中的曹植《与杨德祖书》："然今世作者，可略而言也。昔仲宣独步于汉南，孔璋鹰扬于河朔，伟长擅名于青土，公幹振藻于海隅，德琏发迹于大魏，足下高视于上京。当此之时，人人自谓握灵蛇之珠，家家自谓抱荆山之玉也。吾王于是设天网以该之，顿八纮以掩之，今尽集兹国矣。"曹植也指出了当时的文士踊跃创作的状况。就连梁代的钟嵘《诗品序》也曾比较两汉与建安文学的情况："自王、扬、枚、马之徒，词赋竞爽，而吟咏靡闻。从李都尉迄班婕妤，将百年间，有妇人焉，一人而已。诗人之风，顿已缺丧。东京二百载中，惟有班固《咏史》，质木无文。降及建安，曹公父子笃好斯文，平原兄弟郁为文栋，刘桢、王粲为其羽翼。次有攀龙托凤，自致于属车者，盖将百计。彬彬之盛，大备于时矣。"在这种文化氛围之中，曹植最早为自己编辑了诗集《前录》，并写了《前录序》：

> 故君子之作也，俨乎若高山，勃乎若浮云，质素也如秋蓬，摛藻也如春葩，氾乎洋洋，光乎皜皜，与雅颂争流可也。余少而好赋，其所尚也，雅好慷慨，所著繁多。虽触类而作，然芜秽者众，故删定别撰，为前录七十八篇。

这一段话可以视为汉魏文士自觉为集的宣言，对于认识集部何以在汉魏之际的兴起，可以作为有力的证据。曹植死后，魏明帝又命人将曹植的文章编为集子，其形态与规模，于今皆不可考。但我们确实可以从中看到别集孕育的过程，也是文学创作与文学批评自觉的年代。《三国志》说曹丕当年曾经征求过孔融的文章编为一集，后来在建安七子中的几个人去世后，又将他们的文章收罗，裒为文集，这大概就是目前所见最早的关于别集编纂的资料。到了梁元帝萧绎《金楼子·立言》中论及别集时说："诸子兴于战国，文集盛于二汉，至家家有制，人人有集。其美者足以叙情志，敦风俗；其弊者只以烦简牍，疲后生。往者既积，来者未已。翘足志学，白首不遍。或昔之所重今反轻，今之所重，古之所贱。嗟我后生

博达之士,有能品藻异同,删整芜秽,使卷无瑕玷,览无遗功,可谓学矣。"这可以说是道出了当时的实情。

至于总集,《隋书·经籍志》总集类叙录曰:"总集者,以建安之后,辞赋转繁,众家之集,日以滋广,晋代挚虞,苦览者之劳倦,于是采摘孔翠,芟剪繁芜,自诗赋下,各为条贯,合而编之,谓为《流别》。是后文集总钞,作者继轨,属辞之士,以为覃奥,而取则焉。今次其前后,并解释评论,总于此篇。"其所言盖无虚语,自挚虞而下至阮氏编《七录》之时,此种书籍部帙颇繁,体例也已成熟,故可独立单列,无须更加演绎。但这种编修的过程同样也是有着创造的因素在内的。《文选序》中提出了总集的编纂也是体现出这样的自觉:"若其赞论之综缉辞采,序述之错比文华,事出于沉思,义归乎翰藻。故与夫篇什杂而集之。远自周室,迄于圣代,都为三十卷,名曰《文选》云耳。"至唐初编纂《隋书·经籍志》时,文献分类大大简化整齐,最终形成了四部的最初规模。与此同时,甲、乙、丙、丁之谓也正式更名为经、史、子、集。

我们再来看集部中的诗文评,因为这一类与文学观念的关系更为密切,所以我们在这里不妨多作一些论述。四库馆臣曰:

> 文章莫盛于两汉,浑浑灏灏,文成法立。无格律之可拘,建安、黄初,体裁渐备,故论文之说出焉,《典论》其首也。其勒为一书,传于今者,则断自刘勰、钟嵘。勰究文体之源流,而评其工拙;嵘第作者之甲乙,而溯厥师承,为例各殊。至皎然《诗式》,备陈法律,孟棨《本事诗》,旁采故实,刘攽《中山诗话》、欧阳修《六一诗话》,又体兼说部,后所论著,不出此五例中矣。宋明两代均好为议论,所撰尤繁,虽宋人务求深解多穿凿之词,明人喜作高谈多虚骄之论。然汰除糟粕,采撷菁英,每足以考证旧闻,触发新意,《隋志》附总集之内,《唐书》以下则并于集部之末,别立此门,岂非以其讨论瑕瑜,别裁真伪,博参广考,亦有裨于文章欤?

这一段话大致说明了两个方面的问题,一是诗文评的历史以及其在目录中的部次;其二为诗文评的五种体例。下面我们一一略加分疏,详其梗概。

诗文评兴起乃是因为文学创作的繁荣,其次是总结文学创作的经验,而且一旦创作经验被总结出来以后,就有了很多规矩。刘勰是南朝人,他写《文心雕龙》就是通过选文定篇的方式,为人提供一套范例。《文心雕龙》的《序志》中说:"详观近代之论文者多矣:至如魏文述典,陈思序书,应玚文论,陆机《文赋》,仲治《流别》,弘范《翰林》,各照隅隙,鲜观衢路;或臧否当时之才,或铨品前修之文,或泛举雅俗之旨,或撮题篇章之意。魏典密而不周,陈书辩而无当,应论华而疏略,陆赋巧而碎乱,《流别》精而少功,《翰林》浅而寡要。又君山、公幹之徒,吉甫、士龙之辈,泛议文意,往往间出,并未能振叶以寻根,观澜而索源。不述先哲之诰,无益后生之虑。盖《文心》之作也,本乎道,师乎圣,体乎经,酌乎纬,变乎骚:文之

枢纽,亦云极矣。若乃论文叙笔,则囿别区分;原始以表末,释名以章义,选文以定篇,敷理以举统:上篇以上,纲领明矣。至于剖情析采,笼圈条贯,摛《神》、《性》,图《风》、《势》,苞《会》、《通》,阅《声》、《字》,崇替于《时序》,褒贬于《才略》,怊怅于《知音》,耿介于《程器》,长怀《序志》,以驭群篇:下篇以下,毛目显矣。位理定名,彰乎大衍之数,其为文用,四十九篇而已。"所以诗文评著作文献要断自《文心雕龙》和《诗品》,但在隋唐以前,这类独立著作尚不多见,目录上的文献分类不仅要考虑到学术思想,还要兼顾实际的操作,尤其要考虑到文献的部帙。部帙微小,别制门类,似有琐碎之嫌。因此,《隋志》将诗文评著录在"总集"之下。这样也是情有可原的,因为总集往往也是文学批评文献的一种重要载体,如挚虞的《文章流别》以及梁代编选的《昭明文选》,其序论的价值不用多说自然有文学批评史上的意义。唐宋以下,诗格、诗话类的作品增长很快,于是目录上有了"文史类",明人好议论,也好标榜,所以诗话类的著作也很多,这样最终就形成了《四库全书》中的"诗文评"。

但古代的诗文评这一类仍不能被看作是文学批评的代名词。诗文评要复杂得多,四库馆臣认为从体裁类型上看应该分为五种,在今天看来似为四种:一是以刘勰《文心雕龙》为代表的文体研究派;二是以钟嵘《诗品》为代表的艺术评论派;三是以皎然《诗式》为代表的诗格;四是以欧阳修《六一诗话》为代表的诗话。这四种前二种似较明确,皎然《诗式》专讲怎样作诗以及诗中的规矩,在他之前此类作品可能很多,现在流传的日僧空海《文镜秘府论》便保留了南朝至隋唐的有关议论。这种类型在唐以后也不少,如今人张伯伟整理的《五代诗格》,不过随着历史的演进这类议论则慢慢与诗话合流了。朱自清先生指出:"诗文评的系统的著作,我们有《诗品》和《文心雕龙》,都作于梁代。可是一向只附在'总集'类的末尾,宋代才另立'文史'类来容纳这些书。这'文史'类后来演变为'诗文评'类。著录表示有地位,自成一类表示有独立的地位;这反映着各类文学本身如何发展,并如何获得一般的承认。"[1]这种说法是很有说服力的,但其中仍藏有古代学术观念向现代学术观念的艰难转变。我们以西方文艺学的基本范畴来规范中国传统的诗文评,难免有所扞格,但毫无疑问,这种矛盾有利于我们把握各自特有的内涵。下面我们就此稍作述略。

首先,从学科性质来说,西方的文学批评史包涵在文艺学体系之内的,这一点韦勒克的名著《文学理论》已经做了详细的说明,而文艺学本身就是一个复杂的体系,在这一体系内也有各种潮流,但有一点是相当明确的,即文学理论、文学史和文学批评各有所职。如果按这种方式来梳理诗文评之内容,那么诗文评中的一些内容可能是无法顾及到,而又有一些内容则仍不够。前辈学者如陈钟凡、罗根泽等先生认为,西方文艺学所说的狭义的文学批评并不完全适合中国,中国传统的文学批评是广义的文学批评,按中国传统的诗文评,应当涵括文学创作、文学批评诸方面的学问。尤其是前一点讨论诗文创作的技法、方

---

[1] 《诗言志辨序》,《朱自清古典文学论文集》(上),上海古籍出版社,1981年版,第187—188页。

法占了古代文学批评著作的大部分内容,另外有些诗话还充当了选本的功能,这就与文集相当接近了,如《诗话总龟》、《苕溪渔隐丛话》等。

其次,中西文学批评的侧重对象是不一样的。西方文学批评的理论思潮与其哲学有着密切的关系,哲学思想的变动很快能够在其他临近学科的研究中得到反映。但这种交互的关系跟中国古代哲学与文学的交融关系不同。按照西方比较经典的"文学四要素"说的构成来看,他们把文学看成一个自在的事物并对之作全方位的关照,因所关注的重点不同而体现出不同的特点,如关注外部对文学的影响的,比较有名的是丹纳以及我们熟悉的马克思的观点;反对他们的则强调内部研究,关注文本的则有文本细读说,有结构主义,这一派反对那种将外部的研究视为文学研究的全部的观点,比较有名的学者恐怕就是大家熟悉的韦勒克借鉴波兰哲学家的一种现象学的阐释模式,将文学分为四个层面,即声音层面、意义单元、意象和隐喻以及存在于象征和象征体系中的作品的特殊"世界"或者说"诗的神话"(刘若愚《韦勒克与他的文学理论》)。从阅读角度切入的则是尧斯的接受美学,重点考察读者的阅读反映。他们给我们的感觉就是研究进行的相当客观,思维也很缜密。中国古代的文学批评喜欢在天人模式中确定文学的根本意义,南朝刘勰有原道、徵圣、宗经说,一路下来无非是要说明文章源于道体,中国古代文学批评的核心总是围绕在"风雅比兴"上的,关心的是世道人心。与西方比起来,这种偏向似乎不是纯粹的研究,确实如此,但正是这种非常热切的关注也铸造了中国古代以至于现在还在影响我们的精神价值。

第三,在此我们要说的是诗文评并不是文学批评的全部内容。在中国历史上,一个明显的事实,便是对中国古代文论的精神蕴涵产生直接而巨大影响的,是老庄和禅宗,它们表面不谈文艺,甚至反对美文,然而由于他们对于中国古代文论的影响,比具体的诗格诗法之类要深远得多。因此,中国古代文论就其精神价值的特点与属性而言,更接近于哲学文论而不是文学文论。换句话说,文学文论是其表层的形而下之器,而哲学文论才是其深层的灵奥,若忽略了这一点,而只在文献考辨与整理上下功夫,做得再好,也无法登堂入室。因此,研究中国文学批评史首先要从古代文化的一体性去加以思考,注重从中国传统文化的哲学与伦理层面去下工夫,而不能局限于西方文化本位的视角与方法。既然如此,那么中国古代哲学对于我们来说恐怕就不是思路借鉴这么简单了。所以研究中国古代文论的起点其实不是文学,而是哲学,研究古代文论的视野也不单是文学世界,而是中国古代文化的整个体系。当然,这里的意思并不是在主张取消学科的界限,而是强调一直研究取径和关照视野。

中国文学批评史现代学科意义上的建构,是从 20 世纪 20 年代日本学者铃木虎雄出版的《支那诗论史》开始的,它说明中国古典形态的文学批评有赖于西方现代学术文化的整合,中国文学批评的现代建构是中西文化综合的产物。1927 年,陈钟凡最早出版了中国人自己写的《中国文学批评史》,标志着中国文学批评史现代学科的草创初辟。嗣后,又陆续出版了郭绍虞、罗根泽、方孝岳、刘大杰、朱东润等先生的《中国文学批评史》。建国后,

特别是改革开放的新时期,出版了敏泽、张少康等独著,王运熙、蔡钟翔等人主编的中国文学批评史方面的著作,他们在前人的基础上踵事增华,推进了中国文学批评史的研究工作与学科建设。从学科的名称来说,西方文艺学一般分成"文学理论"、"文学史"、"文学批评"三个部分,这是从西方既有的文化传统去划分的,因而陈钟凡、罗根泽等先生认为,西方文艺学所说的狭义的文学批评并不完全适合中国,中国传统的文学批评是广义的文学批评,按中国传统的诗文评范畴,应当是涵括文学创作、文学批评诸方面的学问。后来出版的一些同类著作就用了"中国文学理论批评史"的名称。我们认为,这种说法是有一定道理的。但是中国古代的文学批评范畴,更能彰显中国古代文学批评通过文学评论来阐释原理的特点,是中国文学批评关注人文性、现实性精神的生动体现,因此,用"中国文学批评"来指称包括"文学理论"、"文学批评"在内的中国古代至现代的文艺学,似乎更能体现中国文学批评的民族文化特征。从学科内涵来说,我们所说的中国文学批评发展史,是指中国古代至现代的文学批评产生与演变的历史,它是现代的人们运用西方学术观念对于中国原生态的文学批评史所作的梳理与阐释,也是中西文化有机融合的产物。

最后,我们再来看集部中的词曲类。在中国古代社会,词曲的地位向来低下,"词、曲二体在文章、技艺之间。厥品颇卑,作者弗贵,特才华之士以绮语相高耳。然三百篇变而古诗,古诗变而近体,近体变而词,词变而曲,层累而降,莫知其然。究厥源流,实亦乐府之余音,风人之末派。其于文苑,同属附庸,亦未可全斥为俳优也。今酌取往例,附之篇终。词、曲两家又略分甲乙。词为五类:曰别集,曰总集,曰词话,曰词谱、词韵。曲则惟录品题论断之词,及《中原音韵》,而曲文则不录焉。"虽然词、曲与《诗三百》同样是源流之别,但其地位仍不能得到承认。这里当是贵古贱今的思想在干扰。然而就其分类的思想而言,词分五类,曲存二种,又是对整个集部分类具体而微的模仿。但正如朱自清先生在《诗言志辨序》中所言:"小说、词曲、诗文评,我们的传统里,地位都在诗文之下,俗文学除一部分歌谣归入诗里以外,可以说是没有地位。西方文化输入了新的文学意念,加上新文学的创作,小说、词曲、诗文评,才得升了格,跟诗歌和散文平等,都成了正统文学。"[①]这可以说透了词曲类在集部中的文学意义的复活过程。

通过上面的考察,我们可以看出,集部的发展与划分,体现出鲜明的中国学术的理念与文化一体性的特点。对于现代西方学术与教育体制下的文学学科定义,有着比照与修改的意义。它有这样几个值得今天我们建构文学理念与学科的意义价值:一、集部是在中国传统学术的总体性框架下形成的图书分类,延伸到学科意义上的分类,它与经学、史学、子学,即现代学科意义上的哲学与史学有着千丝万缕的联系。二、集部中的文学作品的创作,体现出一种原创性的精神与情感活动,重在言志缘情,通过个体之气而得以生成。集部的第一类是楚辞类。楚辞以强烈的抒情与想象的特点,有着鲜明的个人体验之色彩在

---

① 《诗言志辨序》,《朱自清古典文学论文集》(上),上海古籍出版社,2009 年,第 188 页。

内。别集是个人写作，随着汉末建安文学思潮的澎湃汹涌而得以繁荣，它以气为主。总集实质是在别集的基础之上形成的。三、集部中的文章创作又是很重视文体特点的，是在成熟的文体形式美的基础之上写作的，曹丕《典论·论文》云："夫文本同而末异，盖奏议宜雅，书论宜理，铭诔尚实，诗赋欲丽。此四科不同，故能之者偏也，唯通才能备其体。"《文选》中提出文学不能选圣人的经典，"事出于沉思，义归乎翰藻"。六朝时提出的文笔之辨也是着眼于文学与非文学文体上的根本标志。四、集部发展至后来，将诗文评与文学创作进行区别，作为集部中的单独一类，从而标志着文学理论批评的成熟。古代诗文评有着中国文学批评特色，不脱离具体作品的品评，随着文学史的发展而得以成长。至清朝乾隆年间纂修《四库全书》，传统的目录学思想在纂修的过程中得到了集中的反映，集部类除了《隋书·经籍志》所列类别之外，尚有"诗文评类"和"词曲类"。诗文评"《隋志》附总集之内，《唐书》以下，则并于集部之末别立此门"。传统的诗文评近代以来受到"五四"之后的西方文学理论的滋润，范围与蕴涵进一步拓展，形成了新文学价值观念与理论方法。

历代集部体现出中国固有的文化与文明源渊，博大精深，可以继往而开来，但是在中国现代以来，由于西方文学形态与理论观念的强势以及人为的偏颇，造成现代中国文学观念建构脱离传统文学，文学观念与文学事业的全般西化造成了严重的后果，使中国当前的文学事业陷于精神危机之中，而与文学相关的审美教育，学校的语文教育更是出现了削足适履、明珠暗投的现象，如果不能使传统的文学遗产与现代文学建构相融会，则中国的文学与教育事业将面临着裂变的现实，而现代化的文明与文化事业则无从谈起。对于传统的集部重编与研究，可以打破与纠正现代以来西方文学理念对于中国传统文学资源的覆盖与垄断，合理而科学地研究与开发中国传统文学的资源，使集部中蕴涵的人文精神与文学之美得以充分地开发与利用，将现代文学学科与传统的集部资源融会贯通，激活集部中的人文精神与审美精神，使其中的的传统文化资源融入现代文学学科建设之中。特别是在语文教育领域，可以改变语文教育的西方文学与语言学理念的一统天下。在教学法方面，弘扬与传承中国古代语文教育中的重视神气音节与精神人格的教育，培养高尚人格的传统，使现代中国的语文教育走出长期重视语言与写作技巧、轻视精神人格与汉语固有审美教育特点的困境，焕发出新的生机，将是一项有重大意义的工程。

再从集的编修来说，现代出版对于以往集部作品的编修虽然不少，但是要么完全回到前人的集部模式与体例中去，要么完全依照现代西方的文学理念与模式来裁剪传统的集部作品，将作品弄成现代西化文学模版的产品，替西学打工，特别是各种语文教材与读本，基本上是以西学的思想内容与艺术形式两分法来解读作品，教育生徒，集部中丰富的民族文化蕴涵与特色荡然无存，甚为可惜。还有对于集部中的理论批评部分的诗文评的解读与研究，也是西方文论为本的解读，《文心雕龙》与《薑斋诗话》等成为西式文艺理论的注脚，自身的理论价值与文化蕴涵被弃置不顾了。因此，我们在重编历代集部时，特别要注重与以往简单化的以西释中区别开来，尽量走出这种思路，借鉴近代梁启超、王国维与陈寅恪等人的思路与方法,从汇通中西的角度与思路去解读与评注历代集部中的精华,通过对于历代集部精华的重修与再读,为传统集部与现代文学建构提供样本,铺平道路。

中国当代文化出现的断裂与再造的问题显得尤为突出。其中突出的表现便是在中国现代化的进程中,由于各种因素的影响,加上内忧外患的干扰,传统文化与学术在 20 世纪初产生了严重的断裂,集部作为从目录学上设定的中国古代文学作品,其内在的文化精神与民族文化基础受到全盘西化过程的割裂,致使集部无法与现代文学学科相接轨,传统集部中丰富的人文蕴涵、民族精神、审美价值、文体观念、言说方式、文字音韵之美被废除不用,使学生无法接触与体会中国传统文学的个性魅力与情采神韵。同时,西方人文学说,特别是文学理论与美学观念,并未真正融入中国现代的文学建构中,两者是完全脱节的。因此,近年来,许多学者一再呼吁中国的文学理论要与传统文学理论相融合,改变这种失语症,特别是中国目前的语文教育,套用西方语文教育理念与教学方法,不顾汉语的特点与中国传统的文学审美心理,即使选了许多中国古代文学名篇,但是由于文学理念的模糊与汉语修养的缺失,也无法对此进行正确的解读与讲授。所以在教学与研究中,以传统的集部为代表的优秀古典文学传统如何与现代文学建构进行融会贯通,便是至关重要的。

"诗文评"和当代文学理论的区别及联系

胡　海

（河北大学文学院）

　　《四库全书》集部是中国传统文学形态的集成，而诗文评类也就是中国古代"文学理论"形态的集成。传统形态是相对现代形态而言，诗文评在《总目》中亦称"论文之说"，可以简称"文说"，老舍的《文学概论讲义》中即有"中国历代文说"二讲。"论文之说"亦可简称"文论"，"古代文论"这一说法即是由此而来。当代"文学理论"亦常常简称为"文论"，这样就很容易通过字面过渡而将古代诗文评或论文之说与当代文学理论等量齐观。

　　那么，诗文评和当代文学理论是什么关系呢？这固然需要结合诗文评类文献本身的解读，不过，《四库全书总目》可以帮助我们总体把握、抓住大要。清代中叶，中国古代文学观念已经比较成熟、定型。《四库全书总目》对诗文评类著作有核心提示，由此可见古代"文学理论"的基本观念，而《总目提要》的撰写者对著作和作者的评析，以及《总目》对文献的选取和编排，也体现着中国古代有代表性的文学观念。

一、诗文评内容分类说明

　　集部诗文评类著作，看似包括诗论和文论两类，表明诗体和文体已经区分开了，但是《总目提要》又将两者统称为"论文之说"，表明"文"还保留了泛指一切"文"的广义。事实上，有10余种从题目看来是论文的著作，实际上是泛论一切文体，如刘勰的《文心雕龙》、任昉的《文章缘起》、陈骙的《文则》、陈绎曾的《文筌》、朱荃宰的《文通》、王文禄的《文

脉》等。

　　集部诗文评中专门谈文章的著作不多,约 16 篇,其中谈如何写文章的 5 种,论及科举之文、经义之文,如李耆卿的《文章精义》、陈绎曾的《文说》、倪士毅的《作义要诀》。有辑录古人论文言论的 5 种,如单宇的《菊坡丛话》,王铚的《四六话》、洪迈的《容斋四六丛谈》专谈四六体,可见在强调"明道"的"散文"观念之下,骈文—美文观念仍然在发展。

　　在 70 余种诗论中,有 10 余种名为诗话,但也论及其他文体,如杨万里的《诚斋诗话》、陈师道的《后山诗话》、王士禛《渔洋诗话》,表明诗也并未脱离属于"文"的观念。

　　诗论中有整体谈诗的,以严羽的《沧浪诗话》为代表。有的诗论专门讨论某一诗人,如蔡梦弼的《草堂诗话》、林越的《少陵诗格》、方深道《老杜诗评》、陈秀民的《东坡诗话》。这相当于当代文学理论中的作家论。有些书籍专门从格律、形式、创作技法等角度论诗的,如魏庆之的《诗人玉屑》、李东阳的《怀麓堂诗话》、杨载的《诗法家数》,相当于创作论。许顗《彦周诗话》、葛立方的《韵语阳秋》、黄彻的《碧溪诗话》则更注重探讨诗的内涵和作用,相当于作品论。有 10 余种整理前人诗话的著作,如胡应麟的《诗薮》。这表明诗论已经自成一个理论系列,相当于今天的批评论或批评史。赵执信的《声调谱》、范德机的《木天禁语》、《诗学禁脔》专论声韵格律,王构的《修辞鉴衡》则是修辞学著作,修辞学著作和谈技法的著作很难截然区分。

　　集部诗文评类著作和今天的文学理论有很大差别。总的来说,就是将诗和文都当作"文章"。大多数著者都是一般地论"文",并未去关注文体的特性,因此诗论也比较少关注诗的特性,也就是谈不上对特性进行理论概括。《总目》提要不仅不关注文体特性,而且对于诗文之外的文体还有所轻视。比如评论许顗的《彦周诗话》:"其他杂以神怪梦幻,更不免体近小说。然论其大致,瑕少瑜多,在宋人诗话之中,犹善本也。"将"体近小说"看作是"瑕疵"。可见清代中叶的主流文学观念也还是强调"道",沿袭刘勰以"文"为"道之文"、韩愈以明道为本的观念。

二、集部诗文评不包括词曲类的原因

　　集部"诗文评"不包括小说理论,固然可以认为是小说还未成为一个而独立的文体,缺少理论反映与总结,但是不包括词曲论,那就不好理解了。因为既然文论著作中有论一切文的,而词曲也是文,那么就不应该被排斥于诗文评之外。同时,《总目》将诗文评和作品集分开,词曲类却将作品集和词曲理论、批评合排,编排标准就不统一了。究其原因,还是因为"文"乃"道之文",而词曲则是与青楼、勾栏有关的"淫词艳曲"。

　　诗文评的主导观念是明道经世,因此,对于那些在今天被视为"纯文学"的文体是很不重视的,这在《总目》词曲类中有一段文字明确载明:

自五代至宋,诗降而为词。自宋至元,词降而为曲。文人学士,往往以是擅长。如关汉卿、马致远、郑德辉、宫大用之类,皆藉以知名于世。可谓散精神于无用。然其抒情写景,亦时能得乐府之遗。小道可观,遂亦不能尽废。可久之词。太和正音称其如瑶天笙鹤,既清且新,华而不艳,有不食烟火气。又谓其如披太华之天风,招蓬莱之海月。今观所作,遣词命意,实能脱其尘蹊。故虽非文章之正轨,附存其目,以见一代风尚之所在焉。①

"诗"这种文体,由于汉儒将《诗三百》立为经,因此一直是"文章正轨"。在诗文二分的格局下,词曲似乎可以纳入诗体,但是因为这两种新文体很不符合《文心雕龙》所谓"道之文"的要求。唐代的格律诗将形式追求上升到一个新的阶段,但诗在内容上讲究雅正的。诗有个人抒泄消遣的功能,也可以"发乎情而止乎礼"。词曲则具有传播性,兼具小说(故事)和词曲特征的杂剧更适应大众要求。诗文是"文章正轨",词曲自然不能与之同列,所以在《四库全书总目》中,"诗文评"类和词曲类是分开的。

小说不是文章正轨,这样的观念由来已久。《汉书·艺文志》中所谓"小说家言",用词本身就表明了轻视的态度。六朝志怪小说相当发达,但刘勰也没有将其作为一种文体专门探讨,而只是在《谐隐》和《诸子》中略有涉及。后人大多认为刘勰轻视"小说",按刘勰"唯务折衷"的通达思维,这应该不全是他本人的主观倾向,其中也有一些客观因素,这些因素主要是"小说家言"很杂,与历史、记人记事文章不好区分,在明道经世观念一元化、没有"游戏说"与之分庭抗礼的情况下,也无从归纳它们的共性。在《隋唐嘉话》之首,作者自述说:"余自髫卯之年,便多闻往说,不足备之大典,故系之小说之末。"②还是同样的态度。因此,集部诗文评轻视小说也就是必然的了。《四库全书总目》中,作为小说雏形的志怪、话本、传奇之类,散见于子部小说类和杂家类,还有史部的杂史类。一个"杂"字,表明了"小说"仍处于小道的地位。后人沿袭了"小说"这一笼统的名称,逐渐淡化小说非大道的意味,至梁启超认为"小说是文学之至上者",就导致它的本义完全被后人遗忘了。

三、诗文评和文学理论的联系

虽然诗文评和文学理论不能等量齐观,但是也有内在联系:其一,诗文评中许多著作是论广义的"文",也就是论一切文,因此是阐明了文学的共性、一般价值、一般原则和规律。其二,诗毕竟不同于文,诗文之分本身就是纯文学和一般文章相区分的开始。因此,诗论中还是大量揭示了纯文学特性,当代文学理论的基本问题和观念在其中几乎都出现

---

① [清]永瑢等撰《四库全书总目》,中华书局,1965年版,第1835—1836页。

② [唐]刘餗《隋唐嘉话》,中华书局,1979年版,第1页。

了。集部诗文评以一切文为对象的文论著作也在很多方面触及文学特性。可以说,中国古代诗文评或"论文之说"几乎全部与现代文学理论有关。我们可以从中提取出一般文章学、语言理论和艺术理论,这些内容也和文学理论相关。

由于诗文评和当代文学理论的对象有所区别,因此,古代文论研究应该注重史料的客观清理,避免将古代诗文评简单转化为纯文学理论,不必亦步亦趋于当代文学理论,也不必刻意追求当代意义和价值。但是,我们也要充分把握新的理论与方法,这样,就会自然而然地在古代文论文献的解读中将诗文评与当代文学理论联系起来,整理的过程自然就会包含创新,自然就是在参与当代文学理论建构。从当代文学问题出发,对古代文论进行六经注我式的阐发,虽然也是其意义的,只是容易有失学术规范。而对整个当代文艺学有通识性的掌握,在此基础上进行古代诗文评研究,则是比较理想的方式。

但是,诗文评和文学理论的联系给予我们更大的启示是,《四库全书总目提要》作者固然忽视文学特性,轻视纯文学,片面强调明道经世的共性和一般社会功能,我们今天的文学理论,是不是就要矫枉过正地强调特性而忽略共性呢?我们认为,不必担心文学缺乏审美特性,理论家们曾经反对的只是比较极端的政教观念或者比较偏颇的文艺方针政策而已,而又不便直接表述,所以借审美特性来论说。对于文学,强调明道经世比强调审美特性更为重要,这是因为,爱美之心人皆有之,柏拉图说诗迎合人性中低劣的部分,也就是非理性的部分,甚至是庸俗、低级趣味。孔子也说,"吾未见好德如好色者也"。文学总是比较容易迎合人心中感性的层面。正常情况下,我们更应该强调文学的思想性和社会功能,如果没有政策管制和理论家们的强调,那么文学的品味就会江河日下。至于文学的审美价值和娱乐性,虽然也受政策、制度、资金、技术等影响,但主要作者的态度、能力、技巧问题,也和读者的心理、兴趣有关,无须理论家们过多操心。因此,审美特性恰恰是无须刻意强调的。文学理论应该揭示文学特性,但是并非要矫枉过正地强调特性。

海外现存集部汉籍与中国文学研究

——以日本现存汉籍为中心

黄仁生

（复旦大学中国古代文学研究中心）

一、引言

从现代学科设置的视角来看,在具有悠久传统的四部分类[①]文献中,经部与史部仅包含少量可以归入文学的著作,[②]而子部则因采录小说家类著述而使文学作品所占比例有所提高,唯有集部堪称古典文学的渊薮,其中汇集的总集类、别集类、诗文评类、词曲类著述,[③]虽非全为文学著作,但实已囊括源远流长的历代诗赋、散文和后来兴起的词、曲(包括

---

① 按四部分类法,始于西晋荀勖撰《晋中经簿》,称甲乙丙丁四部,但将子部排在史部之前。至东晋李充撰《晋元帝书目》,重分四部,以五经为甲部,史记为乙部,诸子为丙部,诗赋为丁部,而经、史、子、集之次始定。唐初编纂《隋书·经籍志》时,采李充分类法,而将四部径称为经史子集,部下分类,凡四十类。其后随着时代的发展和文献的不断增加,四部分类法在沿用的过程中也有所调整,至清代编纂《四库全书总目》而趋于成熟和完善,在经史子集四部的总体框架下,分为四十四类,且在有些类下增析了三级类目。后来张之洞《书目答问》和上海古籍出版社出版的《中国古籍善本书目》等书,虽采用经、史、子、集、丛书五部分类体系,实是从原来的子部中将杂家类杂编之属抽出来,别立为"丛书部",而丛书部的排列往往仍以经、史、子、集为次序。

② 经部有《诗经》自不必说;史部则稍微复杂一些,除了史传文学(如正史中的《史记》、杂史中的《吴越春秋》等著作中一些文学性较强的人物传记等),还有一些收入地理类的杂记、游记(如《徐霞客游记》)等著述中也有不少篇章可视为文学作品。

③ 《隋书·经籍志》在集部列有楚辞、别集、总集三类,《四库全书总目》在集部列有楚辞、别集、总集、诗文评、词曲五类,因楚辞类著作甚少,且也可列入总集类或诗文评类,本文从略。

戏曲和散曲）等文体之创作与批评。因此,在现代学术体系形成之前所产生的汉籍中,集部文献实为中国文学研究领域最重要的研究对象是毋庸置疑的。

历史进入现代以来,为适应学术发展的新趋势,学术界借鉴西方学术体系而在图书馆系统普遍采用了新的图书分类法,但这种新的分类法并不适用于古代文献的分类,因而四部分类法仍然在传统学术领域内继续使用。这样新旧两种文献分类法并存的格局,一方面意味着四部分类法所赖以建立的文献生产的历史已经或正在走向终结,且不说经部滋生的土壤不复存在,即使现代以来创作的诗词散文,似乎也不宜再归入集部(尽管就某一部现当代创作的诗文集而言,仍可称为总集或别集);一方面昭示着浩如烟海的历代四部文献的整理与研究亟待加强,因为这项特大工程既具有抢救文化遗产的意义,也可为新时代的文化建设提供经验与教训。

众所周知,四部分类法作为一个目录学的理论框架,主要运用于编制图书目录和编纂大型丛书,其目的既为便于文献资料的保存和查找,也通过分门别类来考察学术源流,进而推进相关的学术研究。这种理论与实践在古代文献不断生产和传播的漫长时代,曾取得过丰硕的成果。如就综合性目录的编制和大型丛书的编纂而言,我们不妨举清代的《千顷堂书目》和《四库全书》为例,前者是黄虞稷根据自家的藏书而编制的一份书目,按经、史、子、集四部五十一类排列,总共收录明人著作 15408 种,附载宋、辽、金、元著作 2420 种,凡 17828 种,稍后编修的《明史·艺文志》就是以此为基础扩充而成;后者为官修巨制,是根据内府藏书和从全国采进的图书,按经、史、子、集誊录入库 3461 种,另将 6973 种存目,而与此同时编成的《四库全书总目》则是一部具有重要学术价值的解题目录,总共著录历代著作 10254 种;而且无论《千顷堂书目》,还是《四库全书》或《四库全书总目》,其中所收集部著作都占有相当大的比例(《千顷堂书目》著录集部书 7371 种,占总数的 42%;《四库全书总目》著录集部书 3092 种,占总数的 30%)。至于集部著作的编刊,则无论别集和总集,皆不可胜数,其中尤以宋代李昉等编《文苑英华》(1000 卷)、明代胡震亨编《唐音统签》(1033 卷)、清代黄宗羲等编《明文海》(482 卷)、曹寅等编《全唐诗》(900 卷)、董诰等编《全唐文》(1000 卷)、严可均编《全上古三代秦汉三国六朝文》(746 卷)等总集规模较大,影响深远。

从常理来说,现代以来由于四部文献不再生产但将永久传播,学术界本应怀着虔敬之心,对这宗巨大而珍贵的文化遗产进行全面的搜集、整理和研究,但在近百年间,由于受时风的影响而对古典文献的认识悬殊,各个时期所取得的成果颇不平衡。如关于综合性大型丛书的编刊,现代具有一定规模的仅有《四部丛刊》(收书 477 种)、《四部备要》(收书 336 种)和《丛书集成》,[①] 而近二十年间则以影印出版方式推出了"四库系列丛书",包括

---

① 按王云五主编的《丛书集成》,汇集宋代至清代丛书 100 部,含子目 6000 余种,删其重复后约 4000 种,计划分装为 4000 册,从 1935 年开始由商务印书馆印行,但在推出 3467 册(收书 3067 种)后因抗战爆发而中止。后来中华书局将已出部分于 1985 年重印,另将未出的 533 册(收书 1015 种)补齐,合称《初编》。

《四库全书存目丛书》收录 4508 种（其中集部 1435 种）、《四库禁毁书丛刊》收录 924 种（其中集部 569 种）、《四库未收书辑刊》收录 1328 种（其中集部 513 种）、《续修四库全书》收录 5213 种（其中集部 1378 种[①]），皆为鸿篇巨制，如果将这四种书汇总统计，集部所占比例达 33%，已明显高于《四库全书》。[②] 又如关于集部一些颇有影响的总集类图书，1911—1949 年的近四十年间，尚有陈田编《明诗纪事》，陈衍编《辽诗纪事》、《金诗纪事》、《元诗纪事》、《近代诗钞》，徐世昌编《晚晴簃诗汇》，吴闿生编《晚清四十家诗钞》，陈诗编《皖雅初集》，胡朴安编《南社丛选》，丁福保编《汉魏六朝名家集初刻》、《全汉三国晋南北朝诗》，朱孝臧编《彊村丛书》，吴昌绥编《影刊宋金元明本词》，唐圭璋编《词话丛编》、《全宋词》，赵尊岳编《明词汇刊》，陈乃乾编《清名家词》，王季烈编《孤本元明杂剧》，刘世珩编《暖红室汇刻传奇》，吴梅编《奢摩他室曲丛》，郑振铎编《清人杂剧》等书出版；建国后第一个三十年间，则仅有陈述编《全辽文》，唐圭璋编《全金元词》，叶恭绰编《全清词钞》，郑振铎等编《古本戏曲丛刊》，中国戏曲研究院编《中国古典戏曲论著集成》，隋树森编《元曲选外编》、《全元散曲》等书出版，另有逯钦立编《先秦汉魏晋南北朝诗》定稿于 1964 年，但至 1983 年才刊行；而近三十余年间编刊的同类书明显增多，如张璋等编《全唐五代词》，吴文治等编《宋诗话全编》、《辽金元诗话全编》、《明诗话全编》，薛兆瑞等编《全金诗》，王季思等编《全元戏曲》，饶宗颐等编《全明词》，谢伯阳编《全明散曲》，凌景埏等编《全清散曲》，郭绍虞等编《清诗话续编》，王水照等编《历代文话》，俞为民等编《历代曲话汇编》，而周绍良等编《全唐文新编》（22 册），傅璇琮等编《全宋诗》（72 册），曾枣庄等编《全宋文》（366 册），李修生等编《全元文》（60 册），钱仲联等编《清诗纪事》（22 册），南开大学古籍所编《清文海》（105 册），中国人民大学和北京大学合编《清代诗文集汇编》（800 册）等书，则皆具有一定规模。

综观近百年来中国整理和研究古典文献的历史，现当代学者在方法与思路上固然或多或少地继承发扬了古代学者的优良传统，但由于时代变迁的种种原因，在实际进程中，既有愧对祖宗的失误和教训，也有超越古人的创获和经验。前者不仅表现在历次战争与文革动乱曾造成不少古籍的损毁、流失以及整理、研究工作的停滞，而且即使在和平时期，也由于观念的变化，曾导致不少人对于古籍整理与研究持冷漠乃至轻视的态度，甚至有些图书管理机构已经丧失为读者服务的诚意，而是想方设法利用古籍向读者漫天要价；后者主要表现在两个方面：一是随着科学技术的进步，图书馆、出版社和学术机构已经将计算机、互联网、数码摄影等相关技术运用于古籍的管理、检索、复制、出版和研究，上述规模巨大的"四库系列丛书"和《清代诗文集汇编》等皆因采取影印出版方式，不仅从搜集资料到

---

① 《续修四库全书》虽然按经史子集编排，但其集部已收入 33 种小说。

② 除"四库系列丛书"以外，书目文献出版社出版的《北京图书馆古籍珍本丛刊》也具有一定规模，全套 120 册，收书 462 种，按经史子集编排。

编辑刊行的速度大大加快，而且可以真实地保存原书面貌，尤其是现在的研究者可以利用电子版的《四库全书》等书，弹指间就能检索到所需要的篇章，这是古人所无法比拟的；二是在社会开放的背景下，有中国参与的国际学术交流曾先后两度得以持续进行，[①]具有国际眼光的学者已从海外现存的大量汉籍中发现、引进了一批稀见的文献资料，对于当时的古籍整理、出版和研究工作产生过积极作用，甚至在一定程度上引导过某些领域或专题研究中的学术潮流。不过，就中国文学领域而言，由于受西方文学观念的影响，20 世纪初至1937 年间的先驱者们在海外搜集中国古籍时，首先重视的是子部的小说，其次是集部的词曲，而对于存量巨大的诗文集则因为涉嫌"妖魔"而关注者稀；改革开放以来，小说虽然仍受重视，但自安平秋等编《古本小说集成》[②]出版以后，可供搜寻补充的空间已经不大，因而海外现存以诗文集为主体的大量集部汉籍也逐渐引起了有识之士的关注，他们结合各自承担的项目在一定范围内对相关文献展开了调查、搜集、整理和研究的工作，并且已经取得了可喜的成就。[③]这种"别求古籍于异邦"的思路，虽然清末已有杨守敬、黎庶昌等人做过尝试，但直到现代一批先驱者和新时期以来诸多后继者的反复实践，才真正在学术研究中发挥重要作用。

今天，中国人民大学国学院邀集同行专家讨论集部文献与中国文学研究，其论题本来也应包括海外集部汉籍在内，兹事虽体大，却是一个具有战略眼光、真正有可能推动和拓展中国文学研究的重要学术思路。但如果要将这一问题引向深入，中外学者在重点关注中国古代编刊而现在尚保存于海外的集部典籍时，还有必要探讨这些著作在海外传播的过程和影响。因此，本文所说的海外汉籍实际包括如下品种：一是由中国传入的汉文刻本和汉文抄本（其作者大多皆为中国人），二是由邻国传入的汉文刻本和汉文抄本（其作者既有中国人，也有邻国人；其版本既有中国刻本和中国抄本，也有邻国刻本和邻国抄本），三是在受容国刊刻或抄写的汉文典籍（其作者既有本国人，也有中国人或邻国人）。此外，在研究过程中，一方面还有必要参考这些汉籍文本在传播过程中的背景资料及相关的研究成果（包括受容国学者用本国文字撰写的相关著作），一方面还可能需要利用中外现存与之相关的各种文献资料和研究成果。因此，"海外现存集部汉籍与中国文学研究"实际上是一项浩大的系统工程，必须由中外学术界、出版界、图书管理机构密切配合，通力合作，并且经过长期努力奋斗，才能真正赋予环球汉籍以蓬勃的生命力，进而促使各相关学科或相关专题的研究取得突破式的发展。

[①] 在 1937 年至 1978 年之间，中国大陆学者很少有机会参与国际学术交流，但台湾和港澳学者在 1950 年代至1970 年代仍可参与国际学术交流。本文所谓两度是就大陆学者而言，分别指抗战爆发以前和改革开放以来。

[②] 该书已出版五辑，凡 693 册，收书 428 种。另外，还有一批颇多淫秽描写的作品，已全部编入第六辑中，尚未出版。

[③] 参见拙文《论中日汉籍的古今交流》，收入《风起云扬——首届南京大学域外汉籍研究国际学术研讨会论文集》，中华书局，2009 年。

鉴于海外现存汉籍数量巨大，分布甚广，作为个体研究者来说，可以出访的国别、时间和能够经眼的汉籍毕竟有限，如果停留在笼统地讨论海外现存集部汉籍的调查、整理与研究，一般难以走向深入，也难以得其要领。而日本作为中国以外收藏汉籍的第一大宝库，其现存汉籍的品种之丰富，数量之巨大，版本之精善，皆令世界学人瞩目。因而本文拟以笔者关注过的日本现存集部汉集（尤其是颇多经眼过的明代诗文集）为中心，就其与中国文学研究相关的几个问题提出来加以讨论，并以此向各位前辈和同行请教。

二、关于海外现存集部汉籍的调查与考证

凡有意调查、整理和研究海外汉籍的学者，首先应对中国现存古籍的状况有所了解。目前可以利用的权威著作是 1978 年开始调查至 1996 年才出齐的《中国古籍善本书目》（全九册），全书按经、史、子、集、丛书五部排列，著录国内 781 个单位收藏的善本书 6 万多种（其中集部约 23000 种，编为 3 册），凡 13 万余部，已为传统学科各领域的学者提供了极大的方便。笔者在日本、韩国搜寻汉籍时，一直将该书集部的相关部分带在身边，以便随时核查版本信息，进而确认所访机构藏本的文献价值。但该书仍不尽如人意，撇开有些学者指出的甄别善本的标准不一和少数著录失误不谈，主要的缺陷有三：一是不收普通古籍，二是未收台港澳古籍，三是没有关注国外现存的中国古籍。好在从 1992 开始启动的更大规模的工程——《中国古籍总目》的调查、编纂工作已经于 2009 年 6 月完成，并且稍后不久就印出了其中的"丛书部"二册和"史部"八册，只是"经部"、"子部"、"集部"还在印制过程中，估计在不长的时间内即可见到全璧。据"丛书部"和"史部"卷首所载编纂委员会《前言》介绍，《中国古籍总目》著录了中国大陆和港澳台地区主要图书馆及部分海外图书馆收藏的中国汉文古籍书目，其总数约 20 万种，但没有提及各部书目的数量。又关于大陆以外的汉籍，《前言》作了如下说明："现存中国古籍的总目录，理应反映全球收藏的中国古籍信息，限于人力物力，此项工作目前尚处于起步阶段。《中国古籍总目》已利用知见的港澳台地区及日本、韩国、北美、西欧等地图书馆古籍收藏目录，采录大陆图书馆未见著录的古籍品种，并为稀见品种增补了海外收藏机构名称。"从中不难看出，该书正是为了适应全球汉籍整理和研究的需要才采取了这种"起步阶段"的编纂方式，但要真正"反映全球收藏的中国古籍信息"，尚有待于中外学者（尤其是青年才俊）长期进行经眼式的调查，并就相关问题进行考证。

清代王鸣盛关于"目录之学，学中第一紧要事，必从此问涂，方能得其门而入"一段名言，学术界早已耳熟能详，上举二部关于中国古籍目录的巨制理应成为从事国际汉籍研究的入门向导，但在近代以来兴起的国际汉学影响下，各国学者在对部分国家现存汉籍进行考察、整理、研究过程中所形成的方法和成果（包括研究论著和各类汉籍目录），也同样值得重视。相对于欧美汉学而言，日本近代汉学家更注重利用收藏丰富的汉文资料，在

传统学科领域的若干具体问题上做深入细致的研究,并与中国学术界保持着联系,互相影响。例如,澁江全善、森立之等编《经籍访古志》(1885 年初版)、岛田翰撰《古文旧书考》(1905 年初版,后更名《汉籍善本考》)两部名著,后来又分别于 1915 年和 1916 年在中国出版,因而在日中学术界都曾产生过深远的影响。其后,日本汉学界一直都很重视目录学或书志学的研究,例如,内藤湖南的《支那目录学》就是 1926 年在京都大学的讲稿,后由学生神田喜一郎整理出版,而《神田喜一郎全集》中的《中国における印刷术の起源について》等显然是受了老师的影响而作,内藤的另一位学生仓石武四郎到了晚年也撰有《目录学》一书。① 而对汉籍研究卓有成就的长泽规矩也 1926 年进入东京大学大学院后,所拟定的研究题目就是《支那文学的书志学研究》。1933 年日本《书志学》杂志创刊后,他成为主要作者之一,曾发表许多关于书志的论文。他一生的研究领域以汉文学② 和文献学为主,其书志学著作甚多,大致可以分为三类:一是论述类的,主要有《和汉书の印刷とその历史》(1952)、《书志学序说》(1960)、《版本の鉴定》(1960)、《和汉古书分类法》(1962)、《日本书志学史》(1963)、《汉籍整理法》(1974)等;二是目录编制类的,主要有《静庵汉籍解题长编》(1970)、《和刻本汉籍分类目录》(1976)与《和刻本汉籍分类目录补正》(1980)、《图书学参考图录》(1973—1977)、《未刊诸文库古书分类目录》(1977—1987);另外,他还主持或参与了日本几十家图书机构藏书目录或善本目录的编制工作,例如,《足利学校秘本书目》(1933)、《图书寮宋本书影》(1936)、《内阁文库汉籍分类目录》(1956)、《日光山慈眼堂书库现存汉籍分类目录》(1961)、《日本书目大成》(1979,与阿部隆一合编)等;三是从 1972 年起连续出版了汉籍整理类著作十余种,如《和刻本汉籍随笔集》(1972—1978)、《和刻本汉诗集成》(1974—1979)、《和刻本汉籍文集》(1977—1979)等。③

关于日本全国性的大型书目,则当以《国书总目录》和《古典籍综合目录》为代表。前者由辻善之助主编,全书正文八卷(另有索引一卷),收录从上古至庆应三年(1867)之间日本人撰著、翻译、编纂、注释的各类书目 50 万部,由岩波书店于 1963—1976 年初版,1989—1991 年又推出补订版。后者由国文学研究资料馆编,实可视为前者的续编,是根据《国书总目录》初版以后各藏书机构的书目汇编而成,编纂原则也与前书一致,收录 43000余部,1990 年由岩波书店出版。这两种书目虽然兼收日文、汉文、英文书籍,但汉文古籍占有相当大的比重,因而也成为研究日本国学(包括日本汉文学)的入门向导。近年来,国文学研究资料馆又将《国书总目录》和《古典籍综合目录》两书的内容合编为数据库《日本

---

① 近些年来,则以清水茂撰《中国目录学》(1991)传播甚广。

② 长泽在汉文学领域的研究成果也甚丰,著作有《支那文艺史概论》(1951)、《支那文学概论》(1951)、《汉文学概说》(1952)等,另外,还参与《日本汉文学史》一书的补订工作(该书为冈田正之原著,1929 年由共立社初版;1954 年由吉川弘文馆出版时,署名为冈田正之著,山岸德平,长泽规矩也补)。

③ 参见李庆《日本汉学史》,上海外语教育出版社,2002—2004 年。

古典籍综合目录》,另外还增入了这两种目录出版以后的调查内容,读者可以随时上网在线查阅。①

关于日本现存中国诗文集的书目,则以吉田寅、棚田直彦编《日本现存宋人文集目录》(1972),山根幸夫等编《日本现存元人文集目录》(1970)、《增订日本现存明人文集目录》(1978)(以上三书皆由东京汲古书院出版),西村元照编《日本现存清人文集目录》(1972,京都大学东洋史研究会),颇为研究中国文学的各国学者所重视。不过,这些书实际上都是根据各图书机构的目录汇总编纂而成,因为没有对原书进行普查和考证,其中难免会存在错误和遗漏。2000年至2001年我在早稻田大学任访问学者时,山根先生曾赠送《日本现存元人文集目录》和《增订日本现存明人文集目录》各一册,为我当时调查元明文集提供了很大的方便,但经过追踪考察后,发现这类目录也存在一定的缺陷和遗漏。例如,《增订日本现存明人文集目录》虽以收录线装古籍书目为主,却收录了诸如《四库全书珍本文库》、《四部丛刊》、《清代禁毁书丛刊》、《中华文史丛书》、《中国史学丛书》、《中国文学珍本丛书》、《明季史料集珍》、《明人文集丛刊》、《明代艺术家集汇刊》、《明代艺术家集汇刊续编》、《明代论著丛刊》、《历代画家诗文集》等现当代出版的丛书中的文集,如果按照这个体例,近二十年中国影印出版的大型丛书已有多种(详见上文),这些书在日本的某些图书馆也可以找到,其中可以补入的明人文集当数以百计。又如,《增订日本现存明人文集目录》根据东京大学东洋文化研究所藏书目录,收录了曾熙丙《贻谷堂诗》一卷和范国录《十山楼稿》一卷,这两卷实际上分别出自《福州曾氏十二世诗略》、《通州范氏十二世诗略》两书,但未注明是何时版本。我跟踪访查,方知分别为曾克崐、范当世编,皆为当代排印本,于1966年8月在香港出版,甚至连出版社的名称也没有,所录皆为其历代祖宗之诗,但未注明出处。如果按照这个体例,则凡日本从中国采购的现当代整理出版的明人文集,皆应列入这个目录。又如,《增订日本现存明人文集目录》根据《改订内阁文库汉籍目录》(1971),收录了江户钞本《梦观集》六卷和明初刻本《覆瓿集》二十四卷、《拾遗》二卷,分别著录为元释大奎和明朱同撰,实皆照抄原目录之误,应分别为释守仁和刘基撰。此外,山根先生当时所依据的主要是宫内厅书陵部、国立国会图书馆、内阁文库、静嘉堂文库、尊经阁文库、东洋文库、蓬左文库、东京大学东洋文化研究所、京都大学人文科学研究所、京都大学文学部等十大机构的藏书目录,其他大学图书馆和文库甚至一些寺庙的藏书皆未涉及,难免有遗漏,即以这十家机构而言,近三十余年又可能整理发现或采购了新的线装古籍,例如,国会图书馆现藏有苏惟霖的《两淮集》五卷,《增订日本现存明人文集目录》未予收录,是山根先生当时抄漏了,还是国会图书馆后来新增的,尚有待考证。由此可见,即使由著名学者山根幸夫先生编纂、在学术界长期享有盛誉的《增订日本现存明人文集目录》,由于时过境迁,也有待重新增补和完善。

---

① 另外,日本学者还编有《日本所藏中文古籍数据库》,读者也可以上网检索日本国内各藏书机构现存汉籍。

以上所述皆为日本学者在汉籍领域的研究状况，且限于篇幅，其成果也难以一一列举。这里有必要特别介绍一下中国学者严绍璗在该领域的坚韧毅力和卓越成就，从1985年开始，他曾三十度进出日本，追踪这个狭长岛国上现存汉籍善本书的踪迹，历二十年而不辍，其成果主要体现在《日藏汉籍善本书录》（中华书局，2007）中，[①] 全书以十六开本装为三大册，凡三百余万字，按经、史、子、集排列，著录历代传入日本而至今尚存的汉籍善本书一万余种，其数量之多，超过以往任何一部同类著作，且其中部分书目"正题"之下以"附录"方式记录了该书相关的信息，对有的读者可能颇有参考价值。但从该书大多数书目不记行款版式，可知作者对这些书并未经眼，仍是从藏书机构的目录转抄而来，因而读者使用时应小心谨慎，如果原目录记载有误，则难免会以讹传讹。例如，上文提到的江户钞本《梦观集》六卷和明初刻本《覆瓿集》二十四卷、《拾遗》二卷，《改订内阁文库汉籍目录》分别误署为元释大奎和明朱同撰，我在《日本现藏稀见元明文集考证与提要》中曾做过详细考证，已分别改正为释守仁和刘基撰。严书著录二书时虽然加了"按语"或"附录"，但因未查阅原书而仍然因袭了原目录的错误。当然，偶尔有疏误并不影响这部大著的价值，我这里举以为例，只是为了说明，在依据目录追踪海外现存汉籍时，不仅应调查过目，而且有必要查阅内容，进行相关的考证。

在日本汉籍研究持续进行并不断推出新成果的背景下，学术界也开始关注韩国、越南的现存汉籍。例如，1968年大韩民国国会图书馆推出了《韩国古书综合目录》，1982年汉城大学出版了《奎章阁图书中国本综合目录》，1991年台湾文史哲出版社印行了朴现圭编《台湾公藏韩国古书籍联合目录》等；又如，1984年河内汉喃研究院与法国远东学院合作编写《越南汉喃遗产目录》，著录两院现存汉喃著作5000余种，1993年由越南社会科学出版社出版。尤其是进入21世纪以来，随着世界一体化进程的提速和国际学术交流的常态化，有关加强环球汉籍暨汉文化整体研究的呼声持续高涨，相应的基本文献资料和学术成果也相继推出。如刘春银、王小盾、陈义主编《越南汉喃文献目录提要》（上下册），刘春银、林庆彰、陈义主编《越南汉喃文献目录提要补遗》（上下册），先后于2002年和2004年在台湾出版，张伯伟编《朝鲜时代书目丛刊》（九册，收录书目类著作26种）于2004年10月由中华书局出版，全寅初编《韩国所藏中国古籍总目》（全六册）于2005年6月由韩国学古房出版。但到目前为止，还没有《日本现存汉籍总目》、《日本现存中国古籍总目》或《日

---

① 按严绍璗所撰与日本相关的著作还有《日本的中国学家》（中国社会科学出版社，1980）、《中日古代文学关系史稿》（湖南文艺出版社，1987）、《中国文学在日本》（与王晓平合撰，花城出版社，1990）、《日本中国学史》第一卷（江西人民出版社，1991）、《汉籍在日本的流布研究》（江苏古籍出版社，1992）、《中国文化在日本》（新华出版社，1994）、《中国与东北亚文化交流志》（与刘渤合著，上海人民出版社，1999）、《日本藏汉籍珍本追踪纪实》（上海古籍出版社，2005）等，这里仅举其在该领域的代表作。另有《日本藏宋人文集善本钩沉》（杭州大学出版社，1996）一书，他曾自称是《日藏汉籍善本书录》的阶段性成果，其内容大多已收入后书之中，但后书不收丛书，前书中因有《宋人编丛书》（P285—P320）而仍有存在的价值。

本现存中国集部古籍总目》一类的著作问世。如果今后有学者打算编纂这类书,我建议把时间限定在现代以前,即只收录线装古籍刻本或抄本。为保证信息的准确性,这项工程最好能建立在逐一普查的基础上。与此同时,如果有学者能对各书的作者、版式、序跋、题记、藏书印和基本内容进行记录、考证和提要,进而写出诸如《日本现存汉籍叙录》、《日本现存中国古籍叙录》或《日本现存中国集部古籍叙录》一类著作^①与之配套出版,则功莫大焉。

三、关于中国集部古籍在海外的传播与影响

从文学研究的视角来看,我们对于海外现存中国集部古籍的认识,不应只停在它的文献价值甚至文物价值上,而更应重视这些文学典籍在海外(尤其是亚洲邻国)传播过程中所发生的影响和意义。以往学术界在该领域所取得的成果,主要有三个方面与此相关:

首先是关于中外文学交流(关系)的研究。从宏观整体上展开论述的,有严绍璗《中日古代文学关系史稿》(湖南文艺出版社,1987)、王晓平《近代中日文学交流史稿》(湖南文艺出版社,1987)、李岩《中韩文学关系史论》(中国社会科学出版社,2003)、周发祥主编《中外文学交流史》(湖南教育出版社,1999)、孟昭毅《东方文学交流史》(天津人民出版社,2001)等,其中或多或少地涉及到中国集部古籍在国外的传播与影响;就某一文类进行中观论述的,如有关诗话东传研究的成果就可圈可点,专著有许世旭《韩中诗话渊源考》(黎明文化事业公司,1979)、赵钟业《中日韩诗话比较研究》(学海出版社,1984)、全英兰《韩国诗话中有关杜甫及其作品之研究》(文史哲出版社,1990),而尤以张伯伟《清代诗话东传略论稿》(中华书局,2007)围绕清诗话在朝鲜半岛、日本的传播与影响进行考证和论述,堪称这类(指中国集部典籍在海外的传播与影响)研究的新范式;至于就某位作家及其作品进行专题研究的,则不胜枚举,如李立信《杜诗流传韩国考》(文史哲出版社,1991)等。

其次是关于中外汉籍交流的研究。如日本大庭脩的《江户时代における中国文化受容の研究》(1984),首次就江户时代的汉籍输入及其对日本文化的影响做了开创性的系统研究,曾在国际学术界引起强烈反响,1997年中华书局以《江户时代日中秘话》为书名出版了该书中译简易读本,1998年杭州大学出版社以《江户时代中国典籍流播日本之研究》为题出版了该著中文全译本。中国学者如严绍璗著有《汉籍在日本的流布研究》(江苏古籍出版社,1992)、《日本藏汉籍珍本追踪纪实》(上海古籍出版社,2005)等;王勇主编有《中国典籍在日本的流传与影响》(论文集)、《中日汉籍交流史论》(论文集)、《中日"书籍之路"研究》(论文集)、《中国馆藏和刻本汉籍书目》、《中国馆藏日人撰汉文书目》

---

① 附带说一句,祝尚书撰《宋人别集叙录》(中华书局,1999)、《宋人总集叙录》(中华书局,2004),不仅著录一代文集的现存状况,而且考叙其版本源流,是集部文献研究领域颇值得重视的一种范式,如能运用于海外现存集部汉籍的研究,则将推动世界汉籍与汉文学的研究。

等。另有刘玉珺《越南汉喃古籍的文献学研究》(中华书局,2007),其中也论及中越书籍的交流。

再次是关于世界汉学史的研究。较早的著作是关于日本汉学的研究,如牧野谦次郎《日本汉学史》(世界堂,1928)、水田纪久等《日本汉学》(1968)、严绍璗《日本中国学史》第一卷(江西人民出版社,1991)、李庆《日本汉学史》(上海外语教育出版社,2002—2006)等。随后关于世界汉学史的写作似有升温的势头,相继有何寅《国外汉学史》(上海外语教育出版社,2006)、熊文华《英国汉学史》(学苑出版社,2007)、李明滨《俄罗斯汉学史》(大象出版社,2008)、张西平《欧洲早期汉学史》(中华书局,2009)、许光华《法国汉学史》(学苑出版社,2009)、刘顺利《朝鲜半岛汉学史》(学苑出版社,2009)等陆续推出,各书中都或多或少论及海外汉文学的研究。

这些成果都非常重要,但除了少数几种著作(如关于诗话、杜诗的考论)以外,大多还属于宏观层面的粗线条论述,其中规模最大的是李庆的《日本汉学史》,全书五卷,所论固然具体而微,但他是从1867年开始说起的,实为“日本近代以来的汉学史”。如果要将中国集部古籍在海外(尤其是亚洲邻国)的传播与影响这一课题深入下去,有必要进行中观的甚至微观的具体研究。我这里仍拟以明人文集在日本的传播与影响为例,来谈谈我的一些思考。除了因为我曾就此论题做过初步考察,相对比较熟悉以外,更重要的是因为明代诗文对日本汉诗文的影响有其特殊的意义。众所周知,唐宋诗文东传到日本以后,就已开始了日本汉诗文创作的历史,甚至五山汉诗文也比较兴盛,但唯有明代诗文传播到日本后,竟促使江户汉诗文出现过空前绝后的繁荣,尤其是其间曾先后形成了两个与明代诗文相对应的流派,这在世界文学史上都是极为少见的现象。

本来明代七子派和公安派的著作都较早就相继传入了日本,如林罗山、那波活所就曾提及或称扬过李攀龙和王世贞等人的著作或主张,永田善斋、柳川震泽皆论及明代嘉隆七才子,而深草元政(1623—1668)与陈元赟(1587—1671)于万治、宽文年间就因共赏袁中郎而相互唱和,曾合著《元元唱和集》,于宽文三年(1663)刊行,成为日本最早接受公安派影响的成果。由于元政在当时有“诗豪”之称,① 随着《元元唱和集》二卷和他的别集《草山集》三十卷的广泛传播,以袁宏道为代表的公安派也逐渐为日本更多的汉诗文作家所知。为适应读者的需要,京都茨木多左卫门、梅村弥右卫门和小岛市右卫门终于在元禄九年(1696)十月推出了和刻本《梨云馆类定袁中郎全集》二十四卷。

但从永宝二年(1705,康熙四十四年)开始,年届四十的儒学者荻生徂徕(1666—1728)明确打出了倡导古文辞的旗号,文风随之一变。前后七子的文集从此风行日本,尤其是李攀龙、王世贞极受推崇,徂徕曾亲自编撰《四大家隽》、《沧溟七绝三百首解》、《弇州七绝解》,其高弟服部南郭用日文注解托名李攀龙编的《唐诗选》,皆成为文士们学习汉诗

---

① 参见江村绶《日本诗史》卷三。

文的入门书。徂徕五十岁时曾说:"予倡古文辞于关以东者十年,海内喁然向风,豪杰之士往往裹粮以至者,西薄大海之滨。"(《徂徕集》卷十一《赠于季子序》)从徂徕四十岁标举古文辞至六十三岁逝世的二十多年间,入门弟子达百余人,其中太宰春台、服部南郭、安藤东野、山县周南、平野金华、高野南亭、宇佐美潜水、山井昆仑等最为著名,时称"萱园八子";加之这些弟子又收徒授学,古文辞于是风靡天下。故俞樾称:"东国之诗,至徂徕而一变。盖徂徕提倡古学,而服部南郭又从而张之,于是家有沧溟之集,人抱弇州之书,愈唱愈高,洋洋乎盈耳矣。"

在这种背景下,公安派也难免会受到批评,如荻生徂徕就曾告诫弟子"如其宋元及明袁中郎、徐文长、钟伯敬诸家,慎莫学其一语片言"。[①]但后来批判古文辞派的呼声高涨时,山本北山(1752—1812)于诗文推崇袁宏道的清新性灵,反对模拟剽窃,公安派又受到了重视。如他在天明三年(1783)所撰《作诗志彀》中说:"大凡王、李之后,诸豪杰欲放胆张眼成家者,虽不胜枚举,然不能出中郎清新性灵之外超乎其上者,何也? 清新性灵四字,乃诗道之命脉。若非模拟剽窃,必清新性灵;若非清新性灵,即模拟剽窃。故以于麟、中郎二人可分诗道之一大鸿沟。其余数子之碌碌,徒宋襄、徐偃之霸。今本邦之诗人,受于麟、南郭之毒不啻一日,故开口便不堪陈烂腐臭。苟欲矫此弊,当为中郎之所为。为中郎之所为,非模拟剽窃中郎之诗,而为中郎之不模拟剽袭也。"和刻本《袁中郎先生尺牍》二卷就是在这种背景下由宫川德、鸟居吉人删校刊行的(1781)。

此外,还有必要特地介绍一下袁宏道的《瓶史》,它不仅在日本一再翻刻,传播甚广,而且还对日本的插花艺术产生过深远影响。该著最初是作为《袁中郎全集》中的一卷而传入日本并引起关注的,如元政在《覆元赞书》中谈到读《袁中郎全集》的心得时,就已指出"《瓶史》风流,可想见其人"(《草山集》卷三)。但直到元禄九年(1696)以后,随着和刻本《梨云馆类定袁中郎全集》的传播才广为人知。尤其自井上金峨(1732—1784)至山本北山等人持续掀起反古文辞派的浪潮时,不仅袁宏道的文学主张和诗文作品颇受推崇,而且其《瓶史》也受到了前所未有的重视。著名花道家望月义想(1722—1804)就是在这种文化氛围中从爱读《袁中郎全集》发展到醉心于《瓶史》,并运用《瓶史》的理论而创立了独具特色的插花艺术风格——人称"袁中郎流"或"宏道流"。天明元年(1781),望月义想曾将《瓶史》加以校订后重刻单行,并撰《瓶史序》曰:"予因有花癖,会获此史,始知花林之有《春秋》,乃又得知无人而不可为,无处而不可娱,不贪不争,居之无祸,只在瓶花,遂从事于斯。……我但私此一篇,欲与诸同好者共焉,乃别举绣梓,惟希人之易玩而已。"可见他与"诸同好者"这时已把《瓶史》作为插花艺术的理论来学习并付诸实践。受望月义想影

---

① 引自《徂徕集》卷十九《译文筌蹄题言十则》。据徂徕门人山县周南《学馆功令》一文说:"昔者我徂徕先生年方四十,始修古文辞。"其四十岁为永宝二年(1705),而《译文筌蹄》一书写成于正德元年(1711),可见徂徕在研读前后七子著作的同时,也可能读过袁宏道等人的诗文集。

响,其弟子也对《瓶史》做过深入钻研,如原溪崖、山和井撰有《瓶史述要》一书,望月义想为之撰序曰:"余虽不才,亦好玩此技,作花隐已有经年,然余性愚且有僻,不得彼君子所玩之术,只是一头好读宏道之《瓶史》。至于插花,亦专以《瓶史》为准,渐学其风,自然与世之君子之风不同。从余游者将余之插花称之为宏道流,余也晓之,任其称。"他的高足桐谷鸟习稍后又撰有《瓶史国字解》四卷,刊行于文化六年(1809)七月,其书以日语来注释《瓶史》,旨在有助于日本读者更好地理解原文。当然,这种对于《瓶史》的重视以及"宏道流"的盛行,并未随着江户时代的结束而中止。例如,兵库大村纯道于明治十四年一月还重刻过《瓶史》,而作为日本插花艺术一支的"宏道流"至今尚有影响。

由上述个案可知,我们研究中国集部典籍在海外(尤其是亚洲邻国)的传播与影响,不仅要关注某些重要文集从传入到翻刻、注解、研究的过程,而且更应重视受容国作家主动仿效而写作的汉诗文——这才是真正深入骨髓的影响。

四、关于海外现存集部汉籍的整理与研究

近代以来,西方汉学虽然在国际上影响颇大,但就对中国以外现存集部汉籍的整理与研究而言,日本无疑是一座重镇,其学风与成果皆令世人瞩目。

早在江户时期,汉学家江村绥(1713—1788)就曾撰有《日本诗选》、《日本诗史》等,市河宽斋(1749—1820)则既编有《日本诗纪》(收录日本古代 420 位诗人的 3800 多首汉诗),又辑成《全唐诗逸》(补辑了《全唐诗》失收的 72 首诗和 279 个残句,后来传入中国,被收入《知不足斋丛书》第三十集),这种编集诗选与撰写诗史同时进行、整理日本古籍与中国古籍并重的学术格局,在明治维新以后似乎并未发生大的改变。随着末松谦澄《支那古文学略史》(1882),儿岛献吉郎《支那古文学》(1891)、《文学小史》(1894)、《支那大文学史·古代篇》(1909)和《支那文学史纲》(1912),藤田丰八《支那文学史》(1895—1897)、古城贞吉《支那文学史》(1897)、大町桂月等《支那文学大纲》(1897—1900)、笹川种郎《支那文学史》(1898)、中根淑《支那文学史要》(1900)、久保天随《支那文学史》(1903)、高濑武次郎《支那文学史》(1907)等著作相继出版,中国学者受其影响,在 20 世纪初也开始采用近代学术方式撰写文学史。例如,曾毅于 1915 年出版的《中国文学史》颇有影响,实是以儿岛献吉郎《支那文学史纲》为蓝本而改编的。

也恰好就在世界上第一部"中国文学史"(指末松谦澄《支那古文学略史》)出版的当年(1882),陈曼寿在日旅次中编成了《日本同人诗选》(收录 62 人的 599 首诗),[①] 而俞樾应岸田国华之请,也于这年开始编纂《东瀛诗选》(次年 1 月编成,收录江户时代 548 人的

---

① 参见蔡毅《陈曼寿与〈日本同人诗选〉——第一部中国人编辑的日本汉诗集》,原载《中国诗学》第 5 辑(南京大学出版社,1997),后收入他的论文集《日本汉诗论稿》(中华书局,2007)。

5297首诗），并摘编《东瀛诗纪》，这可看作近代中国学人参与整理日本汉诗的开始。随后日本学者也整理出版了大量的集部汉籍，如池田四郎次郎编《日本诗话丛书》10册（东京文会堂书店，1920—1922），吉川弘文馆出版的《日本随笔大成》105册（正编、续编、别卷，1923年开始出版），高木市之助等编《日本古典文学大系》102册（岩波书店，1957—1978）、相良亨编《近世儒家文集集成》16卷（ぺりかん社，1985—2000），富士川英郎、松下忠、佐野正巳合编的《词华集·日本汉诗》全十一卷（1983—1984）、《诗集·日本汉诗》全二十卷（1985—1990）、《纪行·日本汉诗》全十一卷（1991—1984，三书皆由东京汲古书院出版），日野龙夫等编《江户诗人选集》十卷（岩波书店，1990—1993），佐竹昭广等编《新日本古典文学大系》106册（岩波书店，1989—2005），中野三敏等编《新日本古典文学大系·明治编》32册（岩波书店，2001—2010）等，皆具有一定规模。与此进程同步，相关的研究工作也持续展开，其中以《日本汉文学史》为书名的著作就有芳贺矢一（1928）、冈田正之（1929年初版，1954年改订版）、冈井慎悟（1934）、猪口笃志（1984）等分别在不同时期撰写的若干种，其他书名略异，但仍然属于这个系列的有安井小太郎《日本汉文学史稿》（附于其《日本儒学史》之后，1939），菅谷军次郎《日本汉诗史》（1941）、户田浩晓《日本汉文学通史》（1957）、神田喜一郎《日本の汉文学》（1959）和《日本填词史话》（1965—1967）、川口久雄《平安朝日本汉文学史の研究》（1959—1961）和《平安朝の汉文学》（1981）、绪方惟精《日本汉文学史讲义》（1961）、市川本太郎《日本汉文学史概说》（1969）、猪口笃志《日本汉诗》（1972）和《日本汉诗鉴赏辞典》（1980）、金原理《平安朝汉诗文の研究》（1981）、中村真一郎《江户汉诗》（1985）、近藤春雄《日本汉文学大事典》（1985）、山岸德平《近世汉文学史》（1987）、水田纪久《近世日本汉文学史论考》（1987）、内野熊一郎《日本汉文学研究》（1991）、三甫叶《明治汉文学史》（1998）等。另外，中日邦交正常化以后，中国有些学者也参与了日本汉诗文的研究，成果有肖瑞峰《日本汉诗发展史》第一卷（吉林大学出版社，1992）、马歌东《日本汉诗溯源比较研究》（中国社会科学出版社，2004）、高文汉《日本近代汉文学》（宁夏人民出版社，2005）、蔡毅《日本汉诗论稿》（中华书局，2007）、吴雨平《橘与枳：日本汉诗的文体学研究》（中国社会科学出版社，2008）、陈福康《日本汉文学史》（上海外语教育出版社，2011）等。

　　日本学者在中国文学典籍的整理方面主要以三种方式展开，首先是为便于日本初学者学习而提供的翻译文本，如国民文库刊行会《国译汉文大成》（正编40册，续编48册）、明治书院《新释汉文大系》（120册，1960—约2012）、集英社《全释汉文大系》（33册，1973—1980）、东洋文化协会《全译中国文学大系》（104册）等，这从日本学者的角度看，也是对于中国文学古籍的一种整理和出版，但若换一个角度，则可看作是中国文学古籍在海外传播的一种方式。其次是为学术界提供的研究文本，如朝日新闻社《新订中国古典选》21册（1965—1969）、田中谦二编《中国古典文学大系》60卷（平凡社，1967—1975）等具有一定规模。再次是选注本，如吉川幸次郎、小川环树等编《中国诗人选集》一集、二集，

国学的传承与创新

冯其庸先生从事教学与科研六十周年庆贺学术文集

1950 年代至 1960 年代由岩波书店持续出版,在日本汉学界影响深远,其所选中国历代诗人的作品用汉文,选编者的注释和评述用日文,甚至有些关于中国诗歌研究的专著(日本学者用日文撰写的)也收入这套丛书中,因而出自名家之手的《中国诗人选集》实际上已是整理与研究的结合体,在当时具有引导潮流的意义。

尽管从文献资料的整理与解读入手,一直是日本汉学的传统,但在中国文学领域,日本学者的论述性成果与影响,明显大于他们在文献整理方面的实际作为。首先是宏观论述,上述开风气之先的一批中国文学史著作推出后,这个传统一直在延续,如盐谷温《支那文学概论讲话》(1919)、青木正儿《支那文学概说》(1935 年东京弘文堂初版,1938 上海开明书店以《中国文学概说》为书名出中文译本)、长泽规矩也《支那文学概观》(1951)、仓石武四郎《中国文学史》(1956)、铃木修次等编《文学史》(1968,后来的中文译本更名为《中国文学史》)、狩野直喜《支那文学史》(1970)、吉川幸次郎《中国文学史》(1974,1987 年出版中文译本)、内田泉之助《中国文学史》(1956)、白川静《中国の古代文学》(1976)、前野直彬《中国文学史》(1975,侧重于资料)和《中国文学序说》(1982)、高桥和巳《中国文学论》(《高桥和巳全集》第 15—16 卷,1977—1980)、岩城秀夫《中国文学概论》(1995)等,可看作各个时期的代表作;其次是断代文学史、分体文学史、文学批评史的写作,如铃木虎雄《赋史大要》(1936),纲祐次《中国中世文学研究》(1960),吉川幸次郎《中国散文论》(1949)、《宋诗概说》(1962)、《元明诗概说》(1963)、《中国诗史》(1967)、森野繁夫《六朝诗の研究》(1976),林田慎之助《中国中世文学评论史》(1979),船津富彦《中国诗话の研究》(1976)、《唐宋文学论》(1986)、《明清文学论》(1993),桥本循《中国文学思想管见》(1982),兴膳宏《中国の文学理论》(1988),目加田诚《中国の文艺思想》(1991),青山宏《唐宋词研究》(1991)、松浦友久《中国诗歌原论》(1986,中文译本改题《中国诗歌原理》)、福井佳夫《六朝美文学序说》(1998)等,这些代表作不仅是日本相关专业学生的必读书,而且已有不少被介绍到中国,对中国古代文学相关领域的研究也产生过一定的影响。再次就是大量的专题研究、作家作品研究之类的著作,因为不胜枚举,就干脆一律从略吧。

日本汉文学领域能在 20 世纪相当长的时期内保持文献整理与理论研究兼顾、中国文学与日本汉文学并重的格局,与一些领头人功底深厚、视野广阔密切相关。例如,吉川幸次郎本是文学史家,却自称"我是文献者",他的成果不仅涉及中国文学诸领域,而且撰有《仁斋、徂徕、宣长》(1975)一书,对江户儒学也有深入研究。长泽规矩也一生以目录学名世,但却既有多部研究中国文学的著作,也有多部研究日本汉文学的著作,并参与了大量古籍的整理工作。

韩国的汉学起步虽晚,但颇有后来居上之势。近几十年不仅在汉文学研究方面颇有建树,而且在集部汉籍的搜集、整理方面成果突出。如韩国民族文化推进会编纂的大型丛书《韩国文集丛刊》,皆精选底本,并施以标点,1990—2005 年出版正编 350 册(另附解题

7册、索引8册),收录公元9世纪至19世纪朝鲜人用汉文写作的著作663种,其续编拟出150册,收录汉籍600余种,也在陆续刊行之中,预计2012年全部告竣;景仁文化社1999年影印出版了《韩国历代文集丛书》,总共3000册,堪称目前较为完备的朝鲜集部汉籍集成;东国大学校出版部出版了林基中编《燕行录全集》100册,收录500余种从1200年到1800年之间的燕行记录。①

上面主要就日本和韩国现存集部汉籍的整理与研究做了一些考察,那么,作为中国的学者,应如何参与海外集部汉籍的整理与研究,才有利于推动中国文学研究呢? 一般说来,如果获得了出国交流的机会,不同的学者会根据各自以往关注的领域或正在进行的项目而采取不同的方针。

这里首先仍以我关注过的日本现存明人文集为例。我以前因一直关注公安派的研究,1997年就整理出版了《江盈科集》,所以我上次在早稻田大学访学时,就格外关注日本现存公安派作家的相关资料,不仅查阅了公安派主要作家的所有文集,而且不放过与之有密切交往的作家的文集。例如,我在内阁文库查阅钱希言的《松枢十九山》(明万历刻本)时,就从中发现了江盈科所撰《钱简栖先生集序》一篇和致钱希言的书信两篇以及钱希言为江盈科撰写的《明四川提学佥事进之江公墓志铭》,这些珍贵的资料我已收入了2008年版《江盈科集》(增订本)中。另外,在东京各文库遍查了公安三袁兄弟的所有文集之后,我新发现了袁中郎、袁小修各十万字的原文,是钱伯城先生整理的《袁宏道集笺校》、《珂雪斋集》所未收入的,因此,我回国后决定重新整理《袁中郎全集笺证》和《袁小修全集笺校》,曾得到全国高校古委会的支持。这是就个人研究需要而利用日本现存明人文集的个案,属于小打小闹的一类。但上次到日本访学,我的主要任务是奉章培恒先生之命,为《全明诗》、《全明文》的编纂而对日本现存明人文集进行普查,并结合中国已有的明人文集,重点考察那些稀见的明人文集。我当时确定的所谓“稀见”的含义,实际上是就中国大陆而言:一是指中国已佚(含刻本抄本)而天壤间仅见于日本的孤本明集;二是包括日本人或朝鲜人刊刻、抄写的明集而原书在中国已不传于世者;三是除了日本以外,虽然还可在其他国家或中国台湾见到,但大陆学者既不清楚也无法利用的明集(含刻本、抄本、写真本)。因为山根幸夫先生同时送给我他编的《日本现存元人文集目录》和《增订日本现存明人文集目录》二书,加之我多年来也一直关注元代文学,在充分利用早稻田大学中央图书馆所藏日本各文库汉籍目录进行普查,并通过与《中国古籍善本书目》比较后,发现日本现藏元人文集并不太多,其中却有一些稀世珍本,因而我决定对日本现藏稀见元明文集进行逐一查阅和考证。那是永远值得回忆的一年,我长期往返于内阁文库、宫内厅书陵部、东洋文库、东京大学东洋文化研究所、静嘉堂文库、国立国会图书馆、尊经阁文库和早稻田大学中央图书馆等

---

① 附带说一句,受其影响,复旦大学文史研究院和越南汉喃研究院也合编了《越南汉文燕行文献集成》,收录相关文献79种,已于2010年5月由复旦大学出版社影印出版,凡25册。

八家藏书机构之间，每次翻阅的基本上都是珍贵的善本书，白天只准许用铅笔做笔记，晚上和周末再输入电脑，回国以后仍继续进行考证和撰写提要，最后以《日本现藏稀见元明文集考证与提要》为书名于2004年由岳麓书社出版。这是结合个人兴趣和集体项目而利用日本现存元明文集为古籍整理做准备而进行研究的个案，其视野与规模较前者已大为扩展。

今天，中国人民大学为庆祝国学院成立五周年而举办国际学术会议，把"集部与中国文学"作为学术前沿问题来展开讨论，筹备方显然是站在学科建设的高度来对集部文献加以审视，并由此重新认识它对于中国文学研究的意义。一般说来，如果仅仅从个人研究出发，国内收藏的集部文献大致也能满足各自的研究需要，即使知道有一个尚存海外的孤本不能利用，"暂付阙如"也无可厚非。但目前政治上追求和平、经济上谋求互利多赢、学术教育领域提倡交流协作的国际环境，为我们提供了重新认识、了解海外现存汉籍的大好机遇。因为这是一个务虚的学术讨论会，首先是要敢想，至于能否实施，则将由决策者在适当的时候做适当的抉择。所以，我最后还不揣冒昧地提三点建议或者设想：

一、早在1930年代，郑振铎曾在上海生活书店主编出版《世界文库》，这是一个很宏伟、很有吸引力的出版构想，但实际上推出的只是一些世界名著选读，且由于种种原因出了几十册就中止了。到了七十多年以后的今天，国际环境已远远好于郑振铎的时代，我认为重续旧梦的时机正在临近，但必须有中国的权威学术机构和有话语权的学者出面，联合中日韩等国相关的学术机构，组织有志于汉籍研究的学者，合作编纂出版《世界汉籍总目》和《世界汉籍文库》，既为抢救文化遗产以造福于子孙后代，也为振兴汉文化整体研究而导夫先路。这一工作当然可以先从各国分头做起，待进行到一定程度，合起来就构成了《世界汉籍总目》和《世界汉籍文库》。

二、把近期需要与长远目标结合起来。上述思路固然带有理想的成分，可能需要经过长期甚至几代人的努力才有可能实现，因而近期一方面对海外现存汉籍进行调查、考证、编目乃至撰写提要，一方面根据中国学术建设的需要，继续以影印方式出版海外现存稀见中国古籍（尤其是集部古籍），而对于别集的整理，则应尽可能收齐全球范围内的相关古籍，否则，宁可暂时搁置。

三、既然亚洲各国现存汉籍如此丰富，欧美各国收藏的汉籍也不少，如果要对世界汉籍和汉文化整体进行研究，必须要后继有人。因而在国际之间加强合作，共同培养从事汉籍整理和汉文化研究的研究生，不仅是必要的，而且是可行的。这种培养方式不仅有利于提高研究生的外语水平，而且可以充分利用其他国家现存的汉籍进行学术研究。如果能在这个专业领域建立起一种交流机制，则可望提高本专业研究生的整体素质，继而有利于将来在世界汉籍和汉文化整体研究领域开展国际合作。

（作者附记：本文在写作和修改过程中，日本九州大学博士研究生奥野新太郎曾帮助核查或补充日本学者的相关成果，特致谢忱。）

以国学治骚的是非得失

——章太炎、刘师培楚辞研究的历史反思

李炳海

（中国人民大学文学院）

　　国学涉及的范围甚广,覆盖经、史、子、集四部。在集部论著中,以诗文集居多,文学作品所占比例甚大。国学与集部的关系,很大程度上可归结为国学与文学的关系。而国学与文学的关系,乃是在国学体系内部整体与局部、普遍与特殊的关系。

　　《隋书·经籍志》是首部按照经、史、子、集四部叙录古代典籍的正史,其中排在集部首栏的是五部楚辞著作,楚辞为集部之首。近代对楚辞的国学解析始于20世纪之初,章太炎、刘师培在这方面作了开拓性的工作。章太炎的《国故论衡》是近代国学的经典之作,其《中卷》便是《文学七篇》,文学被纳入国学体系。刘师培所构建的国学体系更为庞大,其中的《经学教科书》就涉及到文学,而其中的《文说》则在体例上模仿《文心雕龙》,专门论述文学的相关问题。章太炎、刘师培是20世纪初比肩而立的两位国学大师,同时又都有以国学诠释楚辞的研究实践。对此进行回顾反思,总结其中的是非得失,或许有益于当前国学与中国古代文学研究的良性互动,在研究的理念、规则、体系等方面有借鉴和启示作用。

一、国学的小学基础与治骚

　　章太炎《国故论衡》上卷是《小学十篇》,他把小学作为国学的基础看待,并且运用自己在小学方面的精深造诣,解读古代文学典籍。章氏对楚辞没有作系统地诠释,只是在具体案例中时有涉及。通过对具体案例的解决，把楚辞研究向前推进了一步，使之更加深入，是以小学解骚的成功范例。他在《訄书·官统》中写道：

> 屈原称其君曰"灵修"，此非诡辞也。古铜器以"灵修"为"令终"。而《楚辞》传自淮南，（楚辞传本非一，然淮南王安为《离骚传》，则知是本出于淮南。）以父讳更"长"曰"修"，其本令长也。秦之县，万户以上为令，减万户为长。此其名本诸近古。楚相曰"令尹"，上比国君；（尹即古君字。故《左传春秋》"君氏"，《公羊》作"尹氏"。上世家族政体，君父同尊。父从又持杖，君亦从又持杖。《丧服传》曰："杖者，爵也。"）其君曰"令长"，下比百僚。（楚官有"莫敖"，其君早殇及弑者亦曰"某敖"。敖本酋豪字，犹西旅献豪，今作"獒"也。此亦君号同臣之一事。）南国之法章，君臣犹以官位辨高下，故参用亲羁而无世卿。①

以上考证对于楚辞研究一直悬而未决的三个问题给出了确切的回答，即：屈原作品中反复出现的"灵修"指的是什么？楚国的相为什么称为令尹？为什么楚国早殇及被弑之君，还有贵族之家的称谓都有"敖"字？这三个问题对于楚辞研究至关重要，千百年来成为许多学者无法逾越的障碍。章氏的论述则使这些疑难问题焕然冰释，并且是运用一以贯之方法解决连环难题。章氏早年师事清末著名学者俞樾，研读于杭州诂经精舍。章氏颇得俞樾的真传，在学统上承戴震、段玉裁、高邮王氏父子一脉，并且有所超越。上面列举的考辨兼顾词语音、形、义三个方面，有音训、有形训、也有义训，正因为如此，显得立论坚牢，经得起反复推敲。从小学入手解读楚辞，章氏虽然涉及的案例有限，却是开20世纪楚辞研究风气之先。整个20世纪真正推动楚辞研究深化的力作，无不以扎实的小学功底为支撑。

刘师培有深厚的家学渊源，1919年初与黄侃、马叙伦、梁漱溟等人成立"国故月刊"社，成为国粹派。刘师培亦致力于经学考辨、古义钩沉，然而，他采用传统小学的方法训诂楚辞，做得并不成功。

刘师培采用小学的训诂方法，特别关注的是文字的声韵。他的《文说》专列《和声》一节，对《诗经》、楚辞等作品从声韵方面进行探讨。这种抛开字形而过分倚重声训的方法，本身就带有很大风险。

刘氏进行声训的一个基本概念，就是双声叠韵之字不能拆解开来进行训诂。他在《古文疑义举例补》一文中明确提出这种看法，并且专设"两字并列系双声叠韵之字而后人分析解之之例"一栏，集中对一系列双声叠韵词进行辨析。刘氏所提出的双声叠韵词语不能拆解的观点，在学术界影响很大，成为一个世纪以来被人们普遍恪守的金科玉律，当今的

① 《章太炎全集》（三），上海人民出版社，1984年版，第255页。

语言学、古汉语及古代文学诸领域，仍然遵循着这个规则。谁如果对双声叠韵词拆解开来进行训诂，就会被视为触犯学术禁区，也很少有人去冒这个风险。

刘氏提出这个观点，首先针对《毛诗》发难，他写道：

> 《诗·关雎》篇云："窈窕淑女，君子好逑。"《毛传》云："善心曰窈，善容曰窕。"案：窈窕二字，乃叠韵之表象者也。以善心善容分训之，未免迂拘。《毛传》解诗，类此者甚多，学者不必笃信也。①

《关雎》是《诗经》的首篇，刘氏以这首诗的训诂为例，用以表明自己的观点，自然会产生很大的影响。不过，刘氏所引"善心曰窈，善容曰窕"，并不是《毛传》的话语，而是陆德明《经典释文》援引王肃对《关雎》所作的解释，王肃对窈窕所下的定义则取自扬雄的《方言》。问题的关键是窈窕一词是否可以拆解开来？这个问题在清代国学大家那里没有出现争议，经常拆解开来加以训释。《说文解字·穴部》："窈，深远也。""窕，深肆极也。"段玉裁注：

> 《周南·毛传》曰："窈窕，幽闲也。"以幽释窈，以闲释窕。《方言》曰："美心为窈，美状为窕。"②

冯其庸先生从事教学与科研六十周年庆贺学术文集

段玉裁赞同《毛传》对窈窕分开训释的做法，他还列举大量例句证明，"凡此皆可证窕之训宽肆"。段玉裁是正统的古文字学家，他认为窈窕作为叠韵之字，可以而且应该拆解开来分别加以训释，二者各有自己的含义。陈奂是清代治《诗经》卓越者，他认为对窈窕一词的解释"浑言析言，义并相通"，③对窈窕一词可以作总体概括的解释，也可以拆开进行训释，认为这个词组并非不可拆。王先谦的《诗三家义集疏》是集大成之作。王先谦综合诸家之说，对窈窕一词作了如下解释："析言则'窈''窕'义分，浑言之但曰'好'也。"④王先谦的解释极其精当。窈窕一词浑沦而言只能释为美好，拆解开来则可以释为幽静闲雅，或曰端庄大方。

综上所述，从段玉裁、陈奂，再到王先谦，清代几位具有代表性的国学权威都认为窈窕作为叠韵词可以拆解开来训释，并未提出双声叠韵之字不可拆分的观点。刘师培所继承的清人马瑞辰在《毛诗传笺通释》中经常采用的方法，不过马瑞辰也未明确提出双声叠韵字不可拆解的看法。

刘师培认为双声叠韵字不能拆解，并运用这个理论训释楚辞，他在《古书疑义举例补》中写道：

---

① 《刘师培全集》（一），中共中央党校出版社，1997 年版，第 414 页。
② 段玉裁《说文解字注》，上海古籍出版社，1981 年版，第 346 页。
③ 陈奂《诗毛氏传疏》，中国书店，1984 年据漱芳斋 1851 年版影印本。
④ 王先谦《诗三家义集疏》，中华书局，1987 年版，第 10 页。

《楚辞·离骚经》云:"曾歔欷余郁邑兮",王逸注云:"郁邑,忧也。"均与《左传》之"郁湮"同意。"郁湮"二字为双声,且系表象之词,以滞塞之义训之,固亦可通,惟不当分训某字为滞,某字为塞耳。[①]

刘氏的主张很明确,《离骚》中的"郁邑",《左传·昭公二十九年》的"郁湮",二者意义相通,并且都是双声,不能拆解开来训释。这样一来,《离骚》中出现两次的"郁邑"之语,只能训为忧、训为滞塞,而不能对两个字分别加以解释。

双声叠韵词可以拆解开来进行训释,这在清代国学大家那里是通例。刘氏否认这类词语具有可拆解性,势必影响词义训诂的深入。对于窈窕一词,如不拆解开来进行解释,只能释为美好。拆解开来,则为幽静闲雅之义,显得更加具体。再看《离骚》中出现的"郁邑"一词,如果拆解开来分别加以解释,同样会更加确切、具体。《说文解字·鬯部》:"郁,芳艸也,十叶为贯,筑以煮之为郁,从臼、缶、冖、鬯。"段玉裁注:

臼,叉手也。缶,瓦器。冖,覆也。……叉手筑之令靡,乃盛之缶而覆之,封固以幽之,则其气畅达。此会意之旨也。[②]

郁,繁体是会意字,其构形所表示的,是把郁金香捣碎封闭在瓦器中,以保持它的芳香。这种构形表示的是充塞、封闭之义。再看邑字,《说文解字·邑部》:"邑,国也,从口……从卪。"[③]"口,象都城四周之建筑",卪,"以示其中居住之人"。[④]邑字的本义是人居住在城墙之内,用城墙把居民围起来,用以保护其安全。由此而来,邑字也有封闭、充塞之义。《离骚》中的郁邑,是两个同义词而组成的双声词,拆解开来训释,皆可得闭塞不通之义。显然,这种解释较之王逸训为"忧也"更为具体、确切。郁邑确实指的是忧,但是忧愁有多种类型,屈原在《离骚》中所说的郁邑,指的是闭塞不通之忧,而不是其他类型的忧。

把双声叠韵词定为不可拆解的固定结构,严重地阻碍对这类词语训诂的深入,成为一个世纪以来训诂学的拦路虎。而这个障碍是人为设置的,并不符合双声叠韵词本身的规律。当然,随着时间的推移,由于双声叠韵所用的通假过多,后代有些双声叠韵确实无法拆解,也不应该进行拆解。但是,古代早期的情况并非如此,《诗经》、楚辞所属的先秦时期,这类词语的拆解不应成为禁忌。

刘师培以小学的方法解楚辞过分倚重声训,出现的另一个弊端是通假的泛化,不该通

---

① 《刘师培全集》(一),第414页。
② 段玉裁《说文解字注》,第217页。
③ 同上,第283页。
④ 赵诚《甲骨文简明词典——卜辞分类读本》,中华书局,1996年版,第216页。

假的也按通假进行处理。他在《古文疑义通例补》中写道：

> 扬雄《方言》云："娥嬴，好也。秦、晋之间，凡好而轻者谓之娥，自关而东，河济之间谓之媌。"郭注云："今关西亦呼好为媌。"又《说文》云："媌，目里好也。"《列子·周穆王》篇云："简郑、卫之处子，娥媌靡曼者。"张湛注云："娥媌，姣好也。"是娥媌二字，为形容貌美之词。《诗·卫风·硕人》云："蝼首娥眉"，娥眉蝼首，非并列之词也。蛾眉二字，即系娥媌之异文，眉媌又一声之转，所以形容女首之美也。《楚辞·离骚经》云："众女嫉予之蛾眉兮"，蛾，或作娥。王逸注训为好貌，则亦以娥媌之义解蛾眉矣。又景差《大招》云："蛾眉曼兮"，扬雄赋云："虑妃曾不能施其蛾眉"，均与《离骚经》蛾眉之义同。至于魏晋之时，始以眉为眉目之眉。[①]

刘氏旁征博引，用以证明《诗经》、楚辞中的蛾眉指的是娥媌，其中所引扬雄之语实是司马相如《大人赋》中的句子。刘氏把古音通假泛化，此为典型案例，陆侃如、冯沅君的《中国诗史》已经指出其牵强讹误。《诗经·卫风·硕人》的"蝼首蛾眉"，本是两个偏正词组相并列，用以形容庄姜的美貌，意谓蝉那样的宽额，蚕蛾般细长的眉毛。楚辞中出现的蛾眉，均取此义。刘氏为了训蛾眉为娥媌，采用的是析言破句的手法，对原有诗句的结构进行颠覆，实不足取。这种以通假训释的结果，是把诗句原有的形象性、美感都稀释淡化，蚕蛾般的眉毛变成笼统的"姣好"、"美好"之义。至于刘氏称"至于魏晋之时，始以眉为眉目之眉"，更是实属臆断。刘氏有深厚的家学渊源，其曾祖父刘淇、祖父刘毓崧、伯父刘寿曾都是乾嘉学派的著名学者，且以三代相续共注《左氏春秋传》而成为美谈。刘师培本人亦对《左传》用力颇深，章太炎对《左传》所作训释与刘氏切磋颇多。《左传·昭公二十六年》记载齐鲁炊鼻之战，对于齐国将领陈武子的描写就有"白皙鬒须眉"之语，意谓肤色白而胡须、眉毛黑且密。眉，显然指眉毛。除此之外，《诗经·豳风·七月》中的"眉寿"，《庄子·庚桑楚》篇、《韩非子·用人》篇的"眉睫"，其中的"眉"字，无一不是指眉毛。至于《汉书·张敞传》所载张敞为妇画眉的故事，更是广为流传的趣闻。

通假的泛化，清人已经开其肇端，刘师培承其余绪而已。近百年来，采用小学方法解读楚辞及其他文学典籍者，滥用通假成为一个公害，这种风气至今仍在学界蔓延，并且有愈演愈烈之势。刘氏在这方面已有的前车之鉴，应该发挥出它的警示作用。

二、国学的宏通视野与治骚

国学覆盖经、史、子、集各部，涉及的领域非常广阔。章太炎、刘师培作为国学大家，在

---

① 《刘师培全集》（一），第415页。

研治楚辞过程中都有宏阔的视野，能够把触角伸展到楚辞之外，而不是就骚论骚。

研治楚辞的一个难点是名物考证，许多名物从楚辞本身无法找到答案，须要到国学的其他领域去进行印证、比照。章太炎对《离骚》中蹇脩一词所作的考证，就是以经治骚的一个成功例证。他在《蓟汉闲话》中写道：

> 《楚辞·离骚》："吾令丰隆乘云兮，求宓妃之所在。解佩纕以结言兮，吾令蹇脩以为理。"注："蹇脩，伏羲氏之臣也。"案上古人物，略具古今人表，不见有蹇脩者。此盖以上有宓妃，故附会此言耳。今谓蹇脩为理者，谓以声乐为使。如《司马相如传》所谓以琴心挑之。《释乐》徒鼓钟谓之脩，徒鼓磬谓之蹇，则此蹇脩之义也。古人知音者多，荷蒉野人闻击磬而叹有心。钟磬可以喻意明矣。[①]

章氏首先采用以史证骚的方式推倒王逸注，《汉书·古今人表》不见蹇脩之名，王逸注无法落实。释蹇脩为声乐最有力的证据是《尔雅·释乐》的记载，这个证据非常坚牢，无懈可击。郝懿行的《尔雅义疏》是解释这部字书的扛鼎之作，尽管他对《释乐》的上述记载作了充分的辨析，却没有和《离骚》的蹇脩联系在一起，可谓失之交臂。章氏则是独具慧眼，以《尔雅·释乐》解骚，解决了两千年来的一个悬案。他还援引《论语·宪问》有关"子击磬于卫，有荷蒉而过孔氏之门者"的记载，以及司马相如对卓文君以琴声相诱的故事，继续以经证骚、以史证骚。章氏所得出的这个结论，得到楚辞学者的赞誉。姜亮夫称"此说最为有致"，[②]他虽然对《尔雅·释乐》的记载持怀疑态度，又对蹇脩以通假释之，但他仍承认章氏之说的高明。汤炳正系章氏关门弟子，他对其先师此说确信不疑，并在《屈赋修辞举隅》中加以重申：

> 先生根据《尔雅·释乐》释"蹇脩"为钟磬乐声。以屈赋修辞的"拟人"惯例来看，当为不易之论。[③]

章氏师生所作的认定，实是以国学治骚的一大创获，遗憾的是他们的结论未能得到广泛传播，知之者较少。

章氏生活在欧风东渐的清末民初，这位国学大师能够放眼世界，把视野伸展到更为广阔的领域。他在《订文》中写道：

① 《章太炎全集》（五），第113页。

② 姜亮夫《楚辞通故》，云南人民出版社，2000年版，第717页。

③ 汤炳正《屈赋新探》，齐鲁书社，1984年版，第331页。

吾闻斯宾塞尔之言曰：有言语，然后有文字；文字与绘画，故非有二也，皆昉乎营造宫室而有斯制；营造之始，则昉乎神治，有神治，然后有王治。故曰："五世之庙，可以观怪。"禹之铸鼎而为螭魅，屈原之观楚庙而作《天问》，古之中国尝有是矣。①

章氏上述文字是把文学与绘画相沟通。禹铸九鼎的传说见于《左传·宣公三年》和《墨子·耕柱》篇，他把这个传说与楚国宗庙的壁画相联系，用以解说《天问》的创作缘起，是以史证骚。他还把《天问》是屈原呵壁而作这个案例放到古代世界文化背景下加以观照，并援引斯宾塞的说法作为理论依据。这种解骚方式已经冲破传统的国学樊篱，开启后来兴起的比较文学的先河。

刘师培治学追溯源流，重在条贯，他以国学治骚，宏通之论犹多，集中体现在《文说·宗骚》篇。

第一，他把楚辞的源头追溯到六经。称楚辞是"《易》教之支流"、"《书》教之微言"、"《诗》教之正传"、"《礼》教之遗制"、"《乐》教之遗意"。② 六经为源，楚辞为流，所持的是传统的国学观念。

第二，他指出楚辞在思想倾向和文体风格上的兼容并包属性。针对具体作品，分别作出结论："其源出于儒家"、"其源出于道家"、"其源出于墨家"、"其词近于纵横家"、"其旨流为法家"、"其说近于小说家"，最后得出结论："是知《楚辞》一书，隐括众体。"③ 道出了楚辞的丰富性、复杂性。

第三，肯定楚辞的艺术原型作用。他列举汉代众多辞赋作品，分别和先秦楚辞的具体篇目挂钩，指出先秦楚辞是后代同类作品的生成母体，归属于屈原、宋玉名下的楚辞作品，都作为艺术原型看待，并且指出："渊源有自，岂可诬乎？"④

第四，指出楚辞的多方面价值，以及研治楚辞的多种方法和路数。针对先秦楚辞的不同篇目，分别下以各异的断语："此则有资于读史"、"此则有资于考地"、"亦复有资于多识"，"此则考名物者所当稽也"、"此又训诂者所当辨也"。⑤ 后来兴起的文化学研究方法，和刘氏所倡多有类似。

刘氏上述宏论，远承刘勰《文心雕龙·辨骚》，近绍清代阮元、章学诚的余绪。他本人也称："阮氏《文言说》所言，诚不诬矣。"⑥ 在以国学治骚构建体系方面，刘氏奠定了基本的框架。近百年的楚辞研究，虽然门派众多，路数亦大相径庭，但在总体框架方面，对于刘师

---

① 《章太炎全集》（三），第45页。
② 《刘师培全集》（二），第79页。
③ 同上，第80页。
④ 同上，第83页。
⑤ 同上，第80页。
⑥ 同上，第84页。

培并没有太多的超越。

章太炎、刘师培均以国学宏通的视野研治楚辞,但在路数上迥然有别,对后来楚辞研究产生的影响也存在明显的差异。

章氏治学缜密,他以宏通的视野研治楚辞,亦以实证为基础。章氏治学的重点在《诗经》、《左传》及先秦诸子,对于楚辞没有投入太多精力,没有形成自己的体系。即使章氏专攻楚辞,依其学术风格推断,要建立自己的体系不是没有可能,但要经历艰难的历程。这种体系的建立,采取的是披沙拣金、集腋成裘的方式,是以实证为基础,不是一朝一夕所能成就。纵观百年来楚辞研究,按照章氏的路数、方法建立楚辞研究体系,20 世纪 30 年代始见雏形,游国恩、刘永济可视为这方面的代表,但与章氏治学风格亦有较大差异。到了 20 世纪 50、80 年代,朱季海的《楚辞解故》、汤炳正的《屈赋新探》等著作,才使得章氏之学在楚辞领域得到发扬光大。多数楚辞学者没有选择章氏治学之路,因为它充满艰辛,而且无法速成。

刘师培奠定了近代楚辞研究的基本框架,已经初步完成体系的构建,有开创之功。但是,其论述流于表面,有浮泛之弊。近百年来的楚辞研究,论述多于实证,多数人继承的是刘氏的传统。尤其是 20 世纪后二十年,构建楚辞研究的体系、框架成为一门显学。至于真正称得精深、能够推动楚辞研究深入的力作,则是寥若晨星。尚空论而乏实证,重体系建构而忽视个案梳理,成为楚辞研究的顽症。

治国学要有宏通的视野,仅限于楚辞的纯文学研究固然有其价值,却很难有大的突破。有鉴于此,闻一多、姜亮夫等楚辞学者皆以宏通的视野研治楚辞,在这个流派的学者身上既可以见到章氏实证之学的遗风,同时也不乏刘师培构建体系的投影,他们的著述也是瑕瑜互见,信实与虚妄并存。当然,国学的宏通视野是治楚辞者所必需,关键是以怎样的方法付诸实践。作为前者而言,也就是如何进行学科整合,以微观和宏观有机结合的方式进行跨学科研究。

三、国学的经世致用与治骚

国学的核心是经学,而经学是中国古代主流意识形态,是居于统治地位的思想,特别强调经世致用。从这个意义上说,国学也承担着经世致用的责任。如何处理好国学的经世致用与楚辞研究的关系,在对楚文化属性的认定上,章太炎和刘师培呈现出相反的取向。

楚辞是楚文化的产物,对楚文化的定性、定位,直接关系到对先秦楚辞的评价,也涉及到国学的经世致用与楚辞研究的关系。

章太炎对楚文化的定位甚高,把它说成是先秦到秦汉时期的主流文化,这种观点主要反映在他所著的《检论》中。其中《诗终始论》写道:

上古帝王自西极来,唯黄帝迁徙往来无常处。……其他大人所居,悉营南服,偏北亦以河水为限。①

文中所列举的大人,包括传说中的伏羲、少皞、神农、颛顼、帝喾,把他们说成是活动在黄河以南的人物,以此证明南方是传说时代华夏文化的中心地带。

谈到周代的疆域,文中称:"归周之国,二分皆在南部。"②谈到诗歌传统,文中写道:"《诗》始周、召,以为复牺、农、顼、喾南方之化,而桄之也。是故十五国风,不见荆、楚。楚者,《周南》、《召南》之声也,已在正风中矣。"③《诗经·国风》排在前面的是《周南》、《召南》,章氏以此为根据,把这种编排说成是史前传说时代南方文化中心地位的光复和发扬,而作为正风代表的《周南》、《召南》则是楚文化的产物,这就把《诗经》时代的楚文化再次置于正宗地位。

章氏还进一步从所属族类上论证楚夏同族。《方言》中写道:"质验之以水,沔、汉之川,下流入荆州,而命之曰夏水,其国曰楚。若然,夏楚者,同音而互称。"④章氏从多方面论证夏、楚同源同族,此为其中一项。既然确认楚、夏同族,于是,把楚文化说成华夏文化的正宗、主流也就有了更充分的理由。文中还进一步指出:"南音独进化完具","齐州之音,以夏楚为正","故二雅者,夏楚之谓也"。⑤章氏从族属、语音、诗歌等各方面确认楚文化的正统和主流地位,可以说是全方位地张楚。

章氏把楚文化说成华夏文化的中心和主流,因此,在解读先秦诗歌过程中往往以楚文化为中心线索。《史记·殷本纪》记载:"九侯有好女,入之纣。九侯女不喜淫,纣怒,杀之,而醢九侯。"裴骃《集解》:"徐广曰:'一作鬼侯',邺县有九侯城。"张守节《正义》:"《括地志》云:'相州滏阳县西南五十里有九侯城,亦名鬼侯城,盖殷时九侯城也。'"⑥古注言之凿凿,殷商后期的九侯,又称鬼侯的遗址在今河北临漳附近,和当时的殷都相距不远。章氏则称:"古鬼、夔,归同声。鬼方,殆即夔子地。"⑦他认为献女于纣的鬼侯就是夔子国的君主,又称九侯。夔子国位于楚地,按章氏说法,殷纣王是在接受夔子国君主所献之女以后,因为九侯女不肯放荡淫乐,故父女皆遭杀身之祸。对《诗经·国风》排在前面的《关雎》、《葛覃》、《卷耳》,章氏都以九侯女被杀一事加以解说。他在《关雎故言》中还写道:

---

① 《章太炎全集》(三),第 396 页。
② 同上,第 396 页。
③ 同上,第 397 页。
④ 同上,第 204 页。
⑤ 同上,第 204 页。
⑥ 司马迁《史记》,中华书局,1982 年版,第 107 页。
⑦ 《章太炎全集》(三),第 394 页。

又自鬼侯女不见容，三公由是脯醢幽囚。纣辛踣殷，而周王业遂隆。录诗《国风》之端，见微知著，其是之谓也。下逮《楚辞·招魂》犹以九侯淑女为称，知其风流著于南国，远矣。[1]

《楚辞·招魂》云："九侯淑女，多迅众些。"王逸注云："言复有九国诸侯好善之女"，洪兴祖补注："九侯，谓九服之诸侯也。"[2]《招魂》这两句诗渲染宫中美女众多，九侯指多个地域的君主。而按照章氏说法，九侯之女本指出自楚地而被殷纣王杀害的那位不幸的女子，这里则指像她那样有美德懿行的善女，《招魂》是楚人之作，取材又以楚地的女性为原型。

章氏在论述楚文化过程中，表现出明显的张楚倾向。他称"《诗》之张楚"，实际是他本人在张楚。他对《关雎》等三首诗的解释，以鬼侯女被杀一事相附会，其牵强程度远远超过历史上的古文经学。所幸他对楚辞涉及较少，否则，这种张楚倾向对楚辞不知会作出怎样的解说。

章氏的张楚之论首见于《訄书》重订本的《方言》，而《訄书》初刻本没有这方面的论述。《訄书》重订本初刊于1904年6月，在此前一年，章太炎与《革命军》作者邹容因从事反清活动而同入上海西牢。《訄书》的重订是作者从事反清活动期间完成的，增入了张楚的内容。章氏张楚之言集中见于《检论》，这部书完成于1915年或稍前，是对《訄书》再次增删而成，当时辛亥革命已经取得胜利进入民国阶段。章氏的张楚之论分别撰写于辛亥革命前后，这场革命兴起于南方，武昌起义就在楚地。章氏的张楚之论，与辛亥革命、武昌起义的背景密不可分，也是他一次经世致用国学理念的学术实践。不过，就学术价值而言，这种实践是失败的，政治功用扭曲了学术探讨，以致于失去规范，所带来的是章氏之学的瑕疵。近代以学术附会政治的风气，在此已初露端倪。至于因为张楚而在学术上出现的谬误，当时刘师培就已指出，他在《南北文学不同论》中写道："余杭章氏谓'夏音即楚音'。不知夏音乃华夏之音。……不得以楚有夏水，而夏楚音近，遂以夏音即楚音也。章说非是。"[3]刘氏的批评是有道理的，还要进一步指出的是，楚地有夏水，可能是因为水从西部向东流而得名，夏者，西方之谓，而不专指夏族。夏，古训为大，夏水也可能因为水势浩大而得名。

刘师培同样秉持经世致用的国学理念，几度偃蹇于政治漩涡而幸免于难。不过，这位国学大家研读楚辞倒是颇为超脱，他也论述南北文化的差异，却没有出现章氏的弊病。刘氏论南北文化及文学的差异，集中见于《南北文学不同论》，文中写道：

大抵北方之地，土厚水深，民生其间，多尚实际；南方之地，水势浩洋，民生其间，

① 《章太炎全集》（三），第395页。
② 洪兴祖《楚辞补注》，中华书局，1983年版，第205页。
③ 《刘师培全集》（一），第557页。

多尚虚无。民崇实际，故所著之文不外记事、析理二端；民尚虚无，故所作之文或为言志、抒情之体。①

刘师培抛开历史、政治等社会因素，而纯从自然生态的角度论述南北民性的差异，把陆缘文化、水缘文化分别与民性崇尚的实与虚相对应。他对楚辞所作的观照，就是置于这样的文化背景之下。文中继续写道：

> 故二《南》之诗，感物兴怀，引辞表旨，譬物连类，比兴二体，厥制益繁，构造虚词，不标实迹，与二《雅》迥殊。至于哀窈窕而思贤才，咏汉广而思游女，屈宋之作于此起源。②

刘氏把《诗经》的《周南》、《召南》纳入南方文学系统，指出它的尚虚体现在言志抒情和频繁运用比兴，这是先秦楚辞直接的文学源头。刘氏之论为后来的楚辞学者所继承，并写入多部文学史著作。

《南北文学不同论》还有专论屈原的段落：

> 屈平之文，音涉哀思，矢耿介，慕灵修，芳草美人，托词喻物，志洁行芳，符于二《南》之比兴，（观《离骚经》、《九章》诸篇，皆以虚词喻实义，与二《雅》殊。）而叙事纪游，遗尘超物，荒唐谲怪，复与庄、列相同。……南方之文，此其选矣。③

刘氏把对楚辞的尚虚之风的考察深入到词汇的运用，并把屈原作品与属于南方作品的《庄子》、《列子》相沟通，使这类作品成为一个系列。

刘师培此文写于章太炎《訄书》重订本刊行之后，故在文中对章氏提出的夏音即楚音的观点予以反驳。刘氏《南北文学不同论》与王国维《屈子文学之精神》，堪称近代论南北文学的双璧，得到学术界的普遍认可，成为学术经典。章太炎和刘师培同是在20世纪初叶论述南北文学的差异，由于取向不同，所产生的影响也大相径庭。这个事实向人们昭示，国学经世致用理念在学术研究中的真正实现，往往不是直接的、切近的，而是间接的、长远的。学术研究中急功近利地追求国学的经世致用，往往欲速不达，甚至适得其反。而那种间接、长远的实现方式，人们又每每因"王道迂阔而莫为"。其中的是非成败，值得当代学人深思。

---

① 《刘师培全集》（一），第557页。
② 同上。
③ 同上。

集部与清代戏曲研究

——以郑由熙《晚学斋集》为例

朱万曙

（安徽大学文学院）

近年来的中国古代戏曲研究,在元代杂剧领域,由于新资料的发现越来越困难,几无斩获,研究者们遂转向明清两代戏曲,尤其是清代戏曲。有清一代267年,戏曲史待填补的空白甚多,研究者们有对曲家的考证,有对剧目的挖掘和清理,也有分具体时期的细致的描述,多所揭示。其中,周妙中的《清代戏曲史》、陆萼庭的《清代戏曲家丛考》、邓长风的《明清戏曲家考略》以及"续编"、"三编"等最见开拓之功。但是,有清一代曲家太多,曲史复杂,所发掘出来的剧目、曲家也罢,曲史脉络轨迹也罢,离应有的广度和深度还差距甚远。以曲家而论,清代曲家有一个较之前代很显著的特点,他们大多除了创作戏曲以自娱外,更多地将自己的文情才志扩展到诗、词、文各个领域,且多有诗文集留存。因此,就需要我们以更大的耐心阅读他们的集子,从而才能真正了解他们创作戏曲的动机和过程,把握其作品的内在意蕴。

清代曲家郑由熙,字晓涵,一字伯庸,号啸岚,又号坚庵。周妙中先生的《清代戏曲史》对其有介绍,[①]《中国曲学大辞典》也将他列为条目,并介绍了他的三部戏曲作品;邓长风

---

① 见周妙中《清代戏曲史》,中州古籍出版社,1987年版,第339页。

《明清戏曲家考略续编》则对其生卒年进行了辨析。[①] 按说,对这位曲家的"了解"已经相当深入、详细了。然而,笔者阅读藏于安徽省图书馆的郑氏《晚学斋集》后,发现还有不少的问题有待深入乃至澄清。由此,涉及到另外一个话题,即集部与戏曲的关系。没有对一个曲家留存的集子认真阅读和研究,对其戏曲创作的动机、过程和内在意蕴的把握,难免仍然停留在表层。

郑氏《晚学斋集》为清光绪靖安县重刊本,计收:《晚学斋诗初集》二卷、《晚学斋诗二集》十二卷、《晚学斋诗续集》一卷、《晚学斋文集》二卷、《莲漪词》二卷、《暗香楼乐府》三卷(即戏曲三种)、《晚学斋外集》四卷,共五种二十六卷。以该集为基本文献,我们可以探讨以下几个问题。

一、郑由熙生平补正

郑由熙的生卒年,周妙中在《清代戏曲史》定其生年为道光七年(1827)左右,卒年为光绪戊戌(1898)以后,《中国曲学大辞典》定为"约1830—1897年后"。邓长风《明清戏曲家考略续编》从郑氏《晚学斋集》中找出其《生日感怀》一诗,该诗作于己卯(1879),此诗又为其50岁生日所作,故推知其生年当为道光十年(1830)。[②]

邓长风未录郑由熙《生日感怀》原诗,今从安徽省图书馆所藏《晚学斋诗二集》卷一抄录此诗:"已过五十回生日,上寿谁能到百年?子敬桃根聊复尔,景升豚犬尚茫然。浮名何用千金帚,奢愿无多二顷田。舣櫂鄱湖烟水里,有人烧烛画堂前。"按:郑由熙诗集有编年,在此诗之前的《东湖柳为玉珊作》注明时间为"己卯",故知其《生日感怀》为该年所作;又诗的第一句即称"已过五十回生日",故知此诗为其50岁生日所作,其生年为道光十年(1830)无疑。邓长风氏说为是。

关于其卒年,邓长风氏称其《晚学斋诗续集》补刻于己亥(1899),故知其卒年当在此年之后。但笔者所寓目安徽省图书馆之《晚学斋集》,《晚学斋诗续集》附刻于《晚学斋诗二集》,前有郑由熙写于光绪戊戌二十四年(1898)的序言,未看到补刻于己亥的信息。故郑由熙卒于光绪戊戌(1898)后是比较稳妥的说法。

《晚学斋集》中尚有诸多郑氏之生平的信息。《中国曲学大辞典》介绍其生平说:"清同治优贡,以军功保举知县,历署江西瑞金、新昌诸县,补靖安知县。"其仕宦经历在集中有清楚的反映。

据同治丙寅冯誉骢所作《晚学斋诗集》序,郑由熙"少习为诗,慨然慕夫以诗鸣者,然

① 郭英德《明清传奇综录》《附录一·传奇蜕变期现存作品简目(清道光元年至宣统三年,1821—1911)》列有郑由熙的三部传奇作品。河北教育出版社,1993年版。
② 见邓长风《明清戏曲家考略续编》,上海古籍出版社,1997年版,第184页。

试于有司,屡踬不得跻馆阁,鸣国家之盛"。这说明他在科举考试中一直不顺利。

据光绪戊戌春二月郑由熙于靖安官廨为《晚学斋诗二集》所作的自序:"迨癸丑粤寇犯金陵,急尽室归黄山,伏处十年,遭屯构患,感愤渐有著录,初未示人,庚申郡陷,仓皇出走,为信州宾客。……无何,杖策军门,渐矛磨盾,又复身行万里,浮海观澜,遍游闽越燕齐,重到大江南北,徜徉山水。"癸丑为咸丰三年(1853),这一年太平军攻占南京,他回到黄山(徽州);庚申为咸丰十年(1860),该年徽州亦被攻占,他躲避到信州(今江西上饶),此后,又游历了大江南北的诸多地方。

《晚学斋文集》之《五十二砚碑记》:"岁乙亥山左蒋先生蕉林来守吉州(今江西吉安),时余奉檄缉泰和私盐,常谒见先生……"可知郑氏在任知县以前,曾经在江西泰和县做过搜缉私盐的差使,时为光绪元年(乙亥,1875)。

喻震孟所作《晚学斋二集》序称:"歙县郑晓涵先生以知县需次南昌者二十余年,前后两权剧邑,皆甫及期而去。"此所谓"两权剧邑"的时间和地点,当为光绪七年知瑞金县和光绪十一年知新昌县。《晚学斋二集》辛巳年,有《奉檄权瑞金宰秀峰赠诗次韵留别》诗一首;又《晚学斋文集》有《豁斋记》,内称"光绪辛巳春,余奉檄视瑞金县事"。辛巳为光绪七年(1881),是年他任瑞金县令。《晚学斋二集》乙酉年,有《别新昌》"作宰山水县,灵秀久钟毓……不才忝剧邑,窃位但苟禄"句。乙酉年为光绪十一年(1885),是年他当任新昌县令,此诗为他离任时作。

《晚学斋诗续集》卷之一有《初春之靖安任涂埠舟次寄梓侪雯山》:"七十衰颜定似僧。"若"七十"之数为实数,则其赴靖安任为光绪二十五年(己亥,1899)。其《晚学斋诗初集》《涟漪词》均署"光绪戊戌夏庄靖安县署重刊";其《晚学斋诗二集》、《晚学斋文集》均署"光绪戊戌仲夏刊于靖安衙斋"。光绪戊戌为光绪二十四年(1898),可知此时他仍然在靖安县令任上。

二、郑由熙戏曲创作的当代属性和地域色彩

郑由熙共创作传奇三种,分别为《木樨香》、《雾中人》、《雁鸣霜》,总名为《暗香楼乐府》。三剧的创作时间,《雾中人》卷首有绩溪程秉铦写于光绪庚辰(1880)年的小序;郑由熙在《木樨香》卷首的自序所署时间为光绪戊子(1888);《雁鸣霜》卷首刘光焕序署时间为光绪己丑(1889),但郑由熙自序时间为光绪戊子。

古代戏曲作品的取材,往往本于前代历史,或杂取野史笔记、稗史小说之记载。以当时事件为题材者相对较少,故而如《鸣凤记》、《清忠谱》等作品在取材上的当时性特别引人注目。郑由熙一共创作戏曲作品三种,两种都取材于当时所发生的事件,同样值得我们关注。再有,戏曲作家的创作往往都带有或隐或显的地域色彩,但由于大多作家都明白戏曲创作必须虚构的道理,所以大多数作品的地域色彩是比较隐蔽的。郑由熙的两部取材

于当时事件的作品却明确写出他的家乡——徽州——这一事件发生地,呈现出强烈的当地人写当地事的创作指向。而这一创作的当时属性和地域色彩,复可在其《晚学斋集》中得到详细的信息。

三部作品中,《雁鸣霜》的本事尽管也有文人记载,但离作者生活年代比较久远,或许是双卿故事触动了郑氏内心的某根琴弦,他抽笔为曲。该剧共八出,卷首有刘光焕写于光绪己丑冬月的序言、郑由熙写于光绪戊子的自序,复有许善长所撰〔惜黄花慢〕《依曲中双卿韵》之题辞以及郑由熙的依前调的和作,再有节录自许善长《谈麈》的《双卿事略》。剧情大概为:丹阳贺双卿为一农家女,但生性喜读书作诗作词。她嫁给绡山农家子周全,忍受着耕稼之苦,却无丝毫怨言,稍有空闲,就在树叶上粉笔写作诗词。一个叫闻人璧的书生知道她的事迹后,为之作《浣衣图》,其夫人让使女将图送与双卿,并索要诗句。双卿不得已回诗并赠数首树叶上的诗作,闻生夫妇细加品赏,并抄写收藏。

贺双卿的故事在清代流传甚广。作品名为《雁鸣霜》,实以双卿的一首〔惜黄花慢〕《孤雁词》为戏胆。词云:"碧尽遥天,但暮霞散绮,碎剪红鲜。听时愁近,望时怕远,孤鸿一个,去向谁边。素霜已冷芦花渚,更休猜鸥鹭相怜。暗自眠,凤凰纵好,宁是姻缘。凄凉。劝你无言,趁一沙半水,且度流年。稻粱初尽,网罗正苦,梦魂易警,几处寒烟。断肠可似婵娟意,寸心里多少缠绵。夜未闲,倦飞便宿平田。"作者在自序中则明确表示要为双卿鸣不平,他说:"若双卿者,庶几可以鸣。乃所为诗词,皆粉书于叶,虽鸣而不欲人之闻其鸣,闻者辄咨嗟太息,若不得不为之鸣。……余非能鸣者,然好为人鸣,与诸子同爱掇拾其事,谱为《雁鸣霜》院本,琐琐然为之鸣。"

《雾中人》、《木樨香》则完全取材于作者当时所发生的事件。

《雾中人》十六出。其剧情大致为:书生庾信怀因避乱从金陵回到原籍徽州,驻守徽州的龚常本来定计"恃群山为保障,藉众志以成城",四乡团练也都积极响应。但是,朝廷忽然免去龚常职务,让晋询代替,晋询刚愎自负,接任后认为"守险不如守城",命令"以前守险之兵撤归各营调遣",四乡团练也尽行解散。不久,太平军轻易攻占徽州府城,庾信怀一家和其他难民躲入黄山曹竹寺内。太平军侦知寺中藏有诸多富户,前来包围捉拿,恰逢大雾,庾信怀一家趁机逃脱。

本剧所写为作者亲历之事。其《晚学斋诗初集》有《雾雪行》一诗,诗前小引交代:"庚申秋,尽室避乱山中,数徙至曹竹岭寺,寺僧多田,流民就食者众,贼利其赀。十二月十五日黎明冒雪至,仓皇出走,忽大雾漫空,贼若无睹,乃脱于难。"原诗这样写道:

> 冬十二月望日雪,空山无人鸟飞绝。羔裘为笠狐裘裘,非兽非人贼行捷。角声呜呜动地来,雪地斑斑杀人血。仆姬仓皇走相告,佛殿前廊贼先到。后院门通小邬山,匿迹消声戒呼噪。雪深一尺行不得,贼能攫人蹑人迹。老幼逶巡疾复徐,峰回路转妖氛逼。漫空大雾米东南,回头不见山前庵。前路光明后路暗,将无佛现空中昙。尽室

流离乱山里,逃得一生濒九死。薄德何由格上苍,好生从古昭天理。雨师风伯列星辰,滕六巽二天仙人。不知上界谁司雾,岁岁年年酬雾神。

剧中所写龚常离职和晋询误军之事,当据史敷陈。《民国歙县志》卷二记载:咸丰五年五月,张芾来筹防。芾曾任江西巡抚,被议革职,至是何桂清请以芾办理徽州防务,廷议允之,芾来徽驻郡城。八月,在籍编修宋梦兰(歙北屯田人)督办皖南团练事宜,而皖南道李元度来接徽防。李元度十六日督队入城,张芾于二十六日去郡。太平军李世贤攻徽州,李元度弃城走,出南门,奔开化,濒行纵火城市,经琳村亦付一炬,冀缓敌军蹑击,于是府县俱陷。

该剧的主题并不集中。一方面是写自己一家能够在险中凭借大雾脱难的经历,一方面又对晋询"守险不如守城"军事策略导致徽州府城失陷予以谴责;还有对太平军进行丑化,如将其首领起名为"倡王"、"优王",把他们写成烧杀抢掠的流氓。对于险中脱难的经历,作品则添加了《佛现》一出戏,将忽降大雾归因于观音菩萨显灵保佑,又淡化了战争给百姓带来磨难痛苦的批判意义。不过,因为是写本人经历,本剧在场景和曲词方面都有可以称道之处,如第九出《警楼》,写庾信怀自外地归来,在路途唱的一支〔好事近〕:

> 双桨划玻璃,数游鱼欲下垂丝。几株乌柏,渐有些儿红意,江湄谁向蓬窗倚。笛暮惊起,竹外禽啼,更怜他青青似滴。试偷取远山黛色,归画双眉。

将徽州的山景水景描写得富有诗意,同时也表达出庾信怀即将回家的喜悦心情。又如《雾脱》一出,庾信怀在全家雾中脱难后,和家人唱的一支〔皂角儿〕:

> (外)喘吁吁魂儿乱飏,战兢兢身儿乱晃。(老旦)这壁厢呼儿唤娘,那壁厢穿喉绝吭。(旦)猛可的上刀山、走剑树、足银铛,算都是阴曹模样。(小生)呼吸存亡,形神沮丧,恰比似脱胎换骨,尸解非僵。

这段唱词把他们脱难后的惊魂未定的心情和神情都表达得细致准确。为本剧作评点的志道人在此曲眉批说:"络绎奔赴,到底不懈,诗文俱重结尾,故末折加倍写得酣畅淋漓。"

《木樨香》共十出,写知县廉骥元初任歙县,太平军即攻至徽州,统兵观察率兵出城迎敌,致使城内空虚。太平军癫蛤蟆与假古董率三千兵马前后夹攻,歙县屏障樺根岭失守;廉骥元到四乡劝募,却见城中百姓纷纷逃匿乡间,所遇见的读书人、工贾均不愿随他守城,他感到大势已去,回到衙中,他修下公文家书,让苍头送走,然后在院中桂花树上自缢殉节。

本剧为据实敷陈之作。《民国歙县志》卷二《官司志·名宦》载："廉骥元,字惺斋,宁河人,举人。咸丰四年任歙县,时太平军将逼徽境,骥元抚循百姓,弹压兵勇,修堞积谷,为固守计。五年二月,太平军踞岩镇,城民逃散。骥元出署巡视,劝登埤,无应者,遂具衣冠,自经于县署后堂桂树下,遗书言守土无状,城亡与亡未足塞责云。事闻,赠恤如例。歙人囚骥元死后桂树非时盛花,异香远播,争作诗词传之。"卷三《武备志·兵事》载:"(咸丰)五年二月,太平军犯徽州兵备道,徐荣战死,府城陷,歙县知县廉骥元死之。"

对农民起义的敌视,是该剧思想上的重大缺陷。但是,作为一部戏曲作品看,它是比较成功的。其一,是情节紧凑集中。作者选择了廉骥元就任知县而太平军又攻占在即的时间段,集中表现廉骥元在面临城不能守的的情形下的性格表现。其次,对廉骥元形象的塑造非常成功。在大敌当前的情形下,廉骥元知其不可为而为之,他四处招募守城义士,城陷之后,他在桂花树上自经而死。他的行为,完全是观念支配的结果。作品第八出《殉桂》写了他和苍头的一段对话,苍头说:"与城存亡,乃书呆子做的事。老爷顾了虚名,何益实际?"廉骥元回答道:"你哪里知道,古近来圣贤豪杰以及忠孝节义大有为之事,全仗这点呆气做成。若大乾坤,不是几个呆子撑住,那天早掉下来了。"他唱道:"诗书读什么,担负纲常大。瘦怯书生要把乾坤荷。"作品还通过一个细节对廉骥元的忠烈加以赞美,癞蛤蟆等进县衙打掠,知道廉骥元自经桂树,被其气节感动,让手下抬一口好棺木来,将其尸体装殓,并称赞道:"我赖皮打了几年江山,像这样的官百中无一。若个个像他,这江山就打不成了。为此敬重他,叫天下人晓得有公是公非,作贼的也是替天行道。叹如今傀儡场,像这个官儿现了**宰官身返天上**。"

郑由熙在本剧序言中说:"《木樨香》纪实也。岂云表忠烈、扬清芬哉!夫事必逆料其可而后为之,则天下无可为之事。孔行道德,孟行仁义,岂不知春秋战国为争凌攘夺之天下,乃惶惶然而行之,侃侃焉言之,盖尽其所当为,不以显晦沮也。……廉公下车伊始,即谆谆以团练召士民,议未定而贼至,犹复出郭门躬自劝勉,非迂也,以为其许我也,则侥幸于万一,以能保我土地人民;其不许也,然后身之存亡,惟城是与,不敢仅以一死告罪于有司也,是则我公之志也。"郑由熙在咸丰四年(乙卯,1855)还写了一首《木樨香曲为邑侯星瞻廉公骥元作》诗,对廉骥元死节之事加以记录和赞美:

> (公宰吾歙之明年三月,粤贼犯郡,力尽援绝,城不守。署有桂花树,自经死,贼退,花盛开。予从郡人士祭其灵,并挽以诗)
>
> 君不见象山史氏开秋花,忽变玉树为丹葩。又不见淮南佳种产岩谷,八公才士应运出。寻常瑞应非奇徵,不及我公忠诚动草木。父老且勿悲,士女且勿哭,我歌木樨香一曲。(一解)妖氛突炽旄头星,烽烟无堠车无軥。士卒如梦初叫醒,兵不足,壮丁续。壮丁者谁发半秃。阵马权当耕牛骑,有米有钱军中嬉。(二解)里魁应募夜郎大,寇来逻营兵不在。道路拾遗半军械,壮丁壮丁甚矣备。(三解)元戎十乘先启行,孤城都大

公能当。鼓？如雷旌旗张,燎火烛天日月光。(四解)全军皆墨贼氛逼,十里五里侦探疾。我寡贼多,公无奈何;行三十里,求援赤子;耕者尔来,耰锄是抵;负者尔来,制梃可使;居者尔来,揭竿而起。谆谆藐藐,行行止止。岂无天良,所惜者死。(五解)登陴四望,肝肠寸断;乃升公堂,乃召隶卒;斋印邻封,鉴前车覆;望阙再拜,顿首出血。城不克全,贼不克灭;臣贼当诛,死有余辜。抚桂花树,自经于署。忠魂能香,秋花春芳。(六解)天欲斯人传不朽,直把清明当重九。广寒分与十分秋,杏艳桃娇一齐丑。寇虽不仁,畏公如神,谓公亦犹人,胡不明哲以保身。越十日贼行乱平,公颜如生,花香满城。(七解)噫嘻乎！枝上花,腔中血,地下冤,天上雪,苍苍冥冥表忠烈,青史无权笔如铁。(八解)

就《民国歙县志》记载以及郑氏诗作中的描写看,廉骧元殉节后桂树确实开花,秋花春放,终为奇异,所以,作品专列《散花》一出,写氤氲天使有感于廉骧元之忠节,请恒娥仙子施法,让廉骧元殉节的桂树大放奇花。作品最后一出《香祭》写司徒裔等及南乡、东乡绅士进城祭奠廉骧元,衙中桂花盛开。"秋花春放人惊骇,那知他感动神灵道理该。"进一步对廉骧元殉节的行为加以赞美。

郑由熙的戏曲创作带有浓厚的文人意味。其三部作品有两部都涉及到太平天国攻占徽州的史实,作者对太平天国的态度完全是责难乃至诋毁的。但是,客观看待他的创作,首先它们具有认识价值,让我们了解到在太平天国的战火蔓延各处之际,包括作者在内的众多百姓在战乱中的生存状态,以及各种人物在这个特殊时期的不同表现。其次,就戏曲史而言,他的创作是整个清代戏曲创作的一个组成部分,作为一个传统文人和地方循吏,他的创作为我们提供了独自的社会和文化信息。再次,由于郑氏具有较高的文学修养,其戏曲创作也表现了一定的风格个性,达到了一定的艺术水准,尽管对其内容尚可讨论和批评,但它们的审美价值却是不应该忽略的。

三、郑由熙的诗词及其与戏曲创作的关联

郑由熙除了戏曲创作外,有大量的诗词创作。其《晚学斋诗初集》编年自癸丑(咸丰三年,1855)至戊寅(光绪四年,1878),收古近体诗247首附二首;《晚学斋诗二集》编年自庚辰(光绪六年,1880)至丙申(光绪二十二年,1896),收947首附31首。《晚学斋诗续集》收诗50首,《涟漪词》收词作100首。

由于是个人自行编定刊刻的诗文集,且按年编集,这些诗词不仅完整,也保留了大量的个人行踪、生活、宦游的信息。在创作思想上,郑氏于光绪戊戌春二月为《晚学斋诗二集》所作的《叙》有明确的表达:"沧浪以禅喻诗,谓学者须从最上乘悟第一义;又谓盛唐诸人惟在兴趣,如羚羊挂角,无迹可求。识论卓越,诗旨大备。吾谓此为诗人言诗也。夫古之

人不得已于中湮郁塞,而后发为文章,山川草木之奇,治乱兴衰之故,俯仰今古,吐纳方寸,写心于声,如鸣禽之喈喈于春,砌虫之切切于秋,时为之,禽与虫不自知也。岂暇课虚叩寂,求合于作者之林哉!"在他看来,严羽的以禅喻诗说固然识论卓越,但真正的诗歌,乃是言为心声,诗发于心。因为"不得已于中湮郁塞",才"发为文章"。在《晚学斋诗续集》卷首,他还说:"诗以兴到为工。兴视境为转移,所处非诗境,虽寻题觅句,兴于何有!"也因此,郑氏的诗歌大多表现出"有感而发"的感情意味。或对自己坎坷不遇感慨万分,或对漂泊困顿的愁苦叹息,或在迁转旅途中对明山秀水的偶然惊喜,或对朋友亲情的细腻感受。

值得肯定的是,郑氏也有部分诗作表达了对战乱时期民生多艰的关注和叹息,例如《初集》卷一《无米谣》:

（"有米无米,饿死老弟",亦童谣也。贼据城久,民死于饿者半与。爰衍其意为篇)
无米年无米,阿兄逃,阿弟死,逃者存亡未可知,死者之肉充人饥。道旁老妪哭且诉,釜中胡为烹吾儿。老妪老妪尔勿哭,明日尔死烹尔肉。(一解)有米有米,春声如雷,贼食米饱,马食米肥。马鸣萧萧居大厦,难民不如贼中马。(二解)有米食粟,无米食糠。糠难下咽为羹汤,杂以青草草半黄。饥谨刀兵天不忍,山头剐出观音粉。(三解)前村后村,短发鬅鬙。有米有米,一金一升。有金不敢下山买,山下蠕蠕长发夥,抱金而亡吁可怜,有明至今五百年。(相传明初有形家言徽人五百年后抱金而亡。四解)

又如同卷《米珠谣》:

（皖浙米贵于珠,流亡至信州者络绎,惨于闻见,因成是谣)
贫妇牵儿上街市,褴褛衣裳旧罗绮。女红一日钱半百,买米盈盂杂糠秕。但供儿饱娘忍饥,儿啼不忍止勿炊。道旁携手各呜咽,嫁奁归取明珠遗。一颗明珠一升米,赧颜致辞齿羞启。市侩仰视置不理,何物药笼抛薏苡。明珠虽好煮不熟,金屋女郎抱珠死。

对于郑氏之词,其同乡汪宗沂在《涟漪词》卷首序言中评价说:"意内言外,令人味之不尽,比如是而后可作金荃艳体也。"而常州词派的谭献则评价说:"屈搏象之力,抽剥茧之思,芳草未歇,独鹤与飞,词境似之。然而迈往不屑之韵,往往迈之言外。侧闻晓涵先生闳达大雅,而珠玉咳唾,乃触物仜兴;倚声之学,出入辛姜。抑亦神龙下宿,藕丝孔矣。"

《晚学斋集》中有一些关于戏曲的诗歌,如庚寅年(1890)有《又题牡丹亭寻梦图》诗:"阳春曲调绕梁高,妙笔临川托兴豪。秋水南华庄叟梦,美人香草楚臣骚。牡丹亭在花飞雨,鸿雪痕消径剪蒿。太守政成寻韵事,洛神写照为添毫。"

他和同时的戏曲家许善长过从密切。特别是在戏曲方面,他请许善长为自己的作品

题序,而对许善长的作品,他则用诗的形式表达自己的感受:

卷六有《题许季仁观察(善长)灵娲石院本》:"屚雨愁风碧空破,补天不牢石飞堕。堕地化为形影神,妍者媸者态逼真。为忠为孝为节操,衣冠罕此巾帼伦。词人亦具造化手,甄陶松烟入廆臼。故是坡老操铜琶,肯逐耆卿歌杨柳。米颠拜石石不乐,先生写石石能活。乾坤撑拄完坚贞,不是人间抟土人。"

卷六有《又题茯苓仙院本》:"文人狡狯神通耳,泼墨何殊仙掷米。掷米成砂墨为雨,落纸烟云欲冲举。平原太守去不还,玉泉樵子留人间。前后文章藏石室,千秋盛业麻姑山。我今疾不乞松根,药养亦不倩背上搔。愿从陈尉去驱鬼,差免随人如桔槔。"

卷六有《又题神山引院本》:"神仙寂无为,有时尚声气。所亲住蓬莱,凡骨亦妩媚。佳丽再世药长生,琴弦谱出求凰声。虚舟瞬息万千里,子高归自芙蓉城。为写新词上瑶瑟,如见仙人好颜色。安得胡饼恣豪啖,免被饥驱走阡陌。丈夫意气殊不凡,破浪当如马脱衔。鸿毛遇顺等闲耳,肯借湘裙作布帆?"

上述三种作品均为许善长所创作,《茯苓仙》、《神山引》为传奇,《灵娲石》为十二种短剧之合称。许氏亦在江西为官,为建昌、信州知府,故二人得有密切交往,且就共同的曲学兴趣有不少笔墨来往。

就郑由熙的诗词看,和他的戏曲创作的关联点有三:一是他关心时事、关注民生的思想,这在《无米谣》、《米珠谣》等诗作中能够见出踪迹,在同一题材既有诗歌表达,也有戏曲表现上的充分显示。二是他的诗歌观以及词学造诣,使他的戏曲创作在审美上达到了较高的水平,前文所引《雾中人》之《警楼》、《雾脱》的曲词和造境均可说明。三是对戏曲创作的兴趣,其对《牡丹亭寻梦图》的题咏,和戏曲家许善长的过从以及为其三种作品的题词,都显示了他本人操笔为曲的必然性。

要之,就戏曲研究而言,如果仅仅停留于作品的审美鉴赏层面,也许不需要太多的背景资料,甚或借助西方的文学理论(如俄国形式主义文学理论)即可对一部作品进行详细的分析和品鉴。但是,如果要对一部作品的内在意蕴做出切近作者原意的理解,要对一个作家的创作特点得到切近实际的认知,必须寻找出所有能够找到的关于该作家和作品的各种信息,从而接近作家、接近作品。对于清代戏曲而言,由于作家的诗文集保留得比较完整和丰富,因而为我们这种研究旨趣提供了可能。本文以郑由熙的诗文集和他的戏曲创作的关联为例,说明的正是这个看法。处在浮躁的二十一世纪,我们很容易被逼迫着去从事一代戏曲史的"宏观建构",或者借助一个理论学说来审视戏曲作家和作品。我不否认那也是一种学术研究的路径,也有开启学术心智的价值。但我更认为只有通过对一个作家从戏曲作品到整个集子的扎扎实实的阅读和比较,我们对每个戏曲家及其创作的理解才能够逼近历史的"真相",从而完成清代戏曲的知识谱系的建构。

贾至中书制诰与唐代古文运动

鞠　岩

（中国海洋大学文学与新闻传播学院）

　　贾至是唐代古文运动的先驱者之一。中唐古文家独孤及在论及唐开国以后文风变化时说："则天太后时，陈子昂以雅易郑，圆者浸而向方。天宝中，公（李华）与兰陵萧茂挺、长乐贾幼几勃焉复起，振中古之风，以宏文德。"①独孤及的学生梁肃认为："唐有天下几二百载，而文章三变：初则广汉陈子昂以风雅革浮侈；次则燕国张公说以宏茂广波澜；天宝已还，则李员外、萧功曹、贾常侍、独孤常州比肩而出，故其道日炽。"②李舟《独孤常州集序》也说："天后朝，广汉陈子昂，独沂颓波，以趣清源。自兹作者，稍稍而出。……兰陵萧茂挺、赵郡李遐叔、长乐贾幼几，泊所知河南独孤至之，皆宪章六艺，能探古人述作之旨。"③可见在当时人眼中，贾至是继陈子昂、张说之后，与李华、萧颖士、独孤及并起而变革文风的重要人物。贾至在当时最负盛名、现今留存最多的作品便是他任知制诰及中书舍人期间所撰写的各类制诰文，但是，目前为止学界关于贾至文的论述却并未触及此

---

① 独孤及《毗陵集》卷一三《检校尚书吏部员外郎赵郡李公中集序》，台北：台湾商务印书馆 1979 年影印《四部丛刊正编》第 33 册，第 83 页。
② 《全唐文》卷五一八《补阙李君前集序》，中华书局 1983 年影印本，第 5261 页。
③ 《全唐文》卷四四三，第 4520 页。

类文字。① 本文拟考查贾至在中书制诰方面所做出的革新与努力,进而探讨其对唐代古文运动的贡献。

一、贾至任中书舍人与其古文创作之关系

唐代古文运动从一开始便与现实政治密切相关。武则天时,面对民生疲敝、酷吏横行的社会现状,陈子昂上奏了一系列论事书疏,以救时济世为目的,内容涉及纳谏、任贤、息兵、安边、利民、减刑等国家政治的方方面面,皆指陈时弊,透析政事。其中不少奏议书疏以散体写成而间有骈句,明白晓畅,疏朴近古。散体形式的采用,主要是为了明白确切地表达政治见解,文体形式服务于政治功利目的。

与此类似,在盛唐社会由盛转衰的过程中,李华、萧颖士、贾至、独孤及等人先后走上文坛,提倡古文,力图挽救时弊。

贾至秉持传统的儒家思想,积极提倡儒学复兴。早在作于天宝年间的《旌儒庙碑》中,就已鲜明地表达了崇儒的思想:"向使天下既定,(秦皇)守正崇儒,遵六经之谟训,用三代之文质,则黄轩盛美,汤武宏业不若也。"认为秦朝覆灭,根本原因在于不用儒术。广德元年(763)六月,礼部侍郎杨绾上疏请更改贡举法,贾至作《议杨绾条奏贡举疏》附和之:"今试学者以帖字为精通,而不穷旨义,岂能知迁怒贰过之道乎?考文者以声病为是非,而惟择浮艳,岂能知移风易俗化天下之事乎?……向使礼让之道宏,仁义之风著,则忠臣孝子,比屋可封,逆节不得而萌也,人心不得而摇也。"以倡导儒学为杜绝祸乱之良药。独孤及《祭贾尚书文》说他"综核微言,揭厉孔门。匪究枝叶,必探本根。……誓将以儒,训齐斯民"。② 可见,复兴儒学、经世济民是贾至道一以贯之的政治理想。

与此相应,贾至的文学观念便是以宗经为旨归,注重文章的教化作用,反对绮靡文风。《工部侍郎李公集序》云:"唐、虞赓歌,殷、周雅颂,美文之盛也。……仲尼删《诗》、述《易》、作《春秋》,而叙帝王之书,三代文章,炳然可观。洎骚人怨靡,扬、马诡丽,班、张、崔、蔡、曹、王、潘、陆,扬波扇飙,大变风雅,宋、齐、梁、隋,荡而不返。"他以三代五经之文为典范,以儒家经典为绝对标准,从而否定楚骚、汉赋以及六朝文风,宗经思想极为鲜明。

贾至一生曾两度任中书舍人。天宝末,为起居舍人、知制诰,安史之乱起,随玄宗幸蜀,

① 例如郭预衡《中国散文史》中(上海古籍出版社 1993 年版,第 122—125 页)、乔象锺、陈铁民主编《唐代文学史》上(人民文学出版社 1995 年版,第 513—514 页)、赵殷尚《唐代古文运动先驱者及其散文研究:以萧颖士、李华、贾至、元结为主》(台湾清华大学学位论文,吕正惠指导,2003 年)等评价贾至文,皆未论及其制诰文;沈文君《贾至研究》(陕西人民教育出版社 1998 年版)将贾至文编年,也未有相关论述。
② 《毗陵集》卷二〇,第 124 页。

迁中书舍人^①，后任职于肃宗朝，于乾元元年（758）春出为汝州刺史，二年（759）秋，再贬岳州司马^②。宝应元年（762）四月，代宗即位，召还，复为中书舍人，二年（763）迁尚书左丞。

唐代中书舍人享有很高的政治声望与文学声誉。杜佑《通典》卷二一《职官》三"中书舍人"条云："自永淳已来，天下文章道盛，台阁髦彦，无不以文章达。故中书舍人为文士之极任，朝廷之盛选，诸官莫比焉。"^③这是一个既以文采名世又与现实政治密切相关的士人群体。

贾至初任中书舍人期间，正值安史叛乱，巨大的社会灾难激发了贾至的政治热情，他所一贯秉持的儒家思想和文学观念，使他积极地参与政治，提倡儒学复兴，推广古文写作。下面围绕贾至第一次任中书舍人期间所参与的几大政治事件，探讨他任中书舍人与古文创作之间的关系。

1. 为玄宗撰写制置天下之诏

安史乱起，玄宗幸蜀，于普安郡发布诏书，命太子及诸王分镇天下。《旧唐书》卷九《玄宗本纪》天宝十五载（756）秋七月："甲子，次普安郡。……丁卯，诏以皇太子讳（亨）充天下兵马元帅……"^④按此诏文实出于贾至之手，即《全唐文》卷三六六《玄宗幸普安郡制》，《旧纪》所引乃该文大要^⑤。

起草和进画制敕是唐代中书舍人的主要职责之一。《唐六典》卷九中书舍人之职条云："凡诏旨、制敕及玺书、册命，皆按典故起草进画；既下，则署而行之。"^⑥此制文即贾至履行中书舍人起草制敕之职权而撰写。

《玄宗幸普安郡制》以玄宗的口吻，先叙有唐历代先皇之丕烈，又略述即位五十年来，天下承平之景象；接下来对安史之乱的发生躬自切责，最后命诸皇子分镇四方，殄灭贼寇，并提出训诫。这篇制文实际上是贾至代玄宗所拟的罪己诏，其中无疑也包含着贾至自己的观点。"愧无帝尧之圣德，而有寄体之不明。致令贼臣，内外为患。蔽朕耳目，远朕忠良。"这是对玄宗晚年任用奸臣、酿成祸乱的指责。"倾覆我河洛，扰乱我崤函。使衣冠奔走于草莽，黎庶狼狈于锋镝。"这是对安史叛军乱我华夏、涂炭生灵的控诉。"伊朕薄德，不能守厥位，贻祸海内，负兹苍生。是用罪己责躬，痛寐战灼。上愧乎天地，下愧乎庶人；外愧乎四海，内愧乎九族。"则是代玄宗表达忏悔之意。皇帝如此地下诏罪己，在唐代还是首例，实属不易。

---

① 贾至任起居舍人、知制诰以及迁中书舍人之时间，史书记载颇不一致，此据傅璇琮先生的推断。见傅璇琮主编《唐才子传校笺》卷三《贾至传》，傅璇琮笺，中华书局1987年版，第483—484页。

② 傅璇琮《唐代诗人丛考·贾至考》，中华书局2003年版，第192—197页。

③ 杜佑《通典》，中华书局1988年版，第564页。

④ 《旧唐书》，中华书局1975年版，第233—234页。

⑤ 此文又见《唐大诏令集》卷三六，题为《命三王制》，篇末注时为至德元载（756）七月十五日，与《旧纪》时间吻合。

⑥ 《唐六典》，中华书局1992年版，第276页。

在国家危亡之际，此诏文确能兴起人心，“及闻是诏，远近相庆，咸思效忠于兴复”。[①]

李舟《独孤常州集序》说：“贾(至)为玄宗巡蜀分命之诏，历历如西汉时文。”[②] 所谓“历历如西汉时文”，有两层含义：内容上，以儒家思想为宗旨，代皇帝罪己责躬，有如西汉时皇帝所下罪己诏；形式上，不纯用骈体，引入散句，骈散间行，气体朴厚，有如西汉时骈散杂糅的文体。

2. 肃宗于灵武即位，贾至为玄宗撰写传位诏令，并充当册礼使判官

《旧唐书》卷一九〇中《文苑中・贾曾传》附《贾至传》载：“禄山之乱，从上皇幸蜀。时肃宗即位于灵武，上皇遣至为传位册文，上皇览之叹曰：‘昔先帝逊位于朕，册文则卿之先父所为。今朕以神器大宝付储君，卿又当演诰。累朝盛典，出卿父子之手，可谓难矣。’至伏于御前，呜咽感涕。”卷一〇八《韦见素传》：“命见素与宰臣房琯赍传国宝玉册奉使灵武，宣传诏命，便行册礼。……仍以见素子谔及中书舍人贾至充册礼使判官。”玄宗派宰相韦见素、房琯等至灵武，宣诏命，行册礼，贾至充册礼使判官。传位诏令也出于贾至之手，即《唐大诏令集》卷三〇《明皇令肃宗即位诏》[③]。

一般认为，翰林学士出现之后，即侵夺了中书舍人的部分草诏权，专掌较为重要的“内制”，中书舍人仅起草“外制”。但从贾至的情况来看，事实恐怕并非如此。《玄宗幸普安郡制》、《明皇令肃宗即位诏》皆属最重要之“内制”，都是贾至以中书舍人的身份撰写的。且跟随玄宗幸蜀的大臣之中，尚有翰林学士裴世淹[④]，而玄宗并未命他撰制，可见此时中书舍人的政治地位要高于翰林学士，其草“内制”之权尚未被翰林学士所侵夺。傅璇琮先生已经指出：“唐朝前期，一些重要制诰册文，不一定非出于翰林学士之手。”[⑤]“在玄、肃两朝，中书舍人，其政治声望与文学声誉，是大大超过这一时期的翰林学士的。”[⑥] 印证以贾至的制诰文，确实如此。

《明皇令肃宗即位诏》云：“禅让之礼，圣贤高躅。前代明主，非不慕之，皆享祚短促而不暇也。唯唐虞灵长，能擅厥美，俱革命易姓，宗庙失尊，非一其心万古不易之道也。朕之传位，有异《虞典》，不改旧物，其命维新，奉禋祀于祖宗，继雍熙于宇宙。”古朴典雅，不失王言大体。与作于一个月之前的《玄宗幸普安郡制》相比，此诏文在形式上进一步散化，以散句为主，间杂部分骈句。这两篇制词在当时都是要“布告亿兆，咸使闻知”的重要诏命，贾至大胆地运用骈散结合甚至是以散为主的文体形式，其在当时的影响是非常巨大的。

① 《旧唐书》，第 234 页。

② 《全唐文》卷四四三，第 4520 页。

③ 《全唐文》卷三六七尚有《肃宗皇帝即位册文》，列贾至名下，沈文君认为此文乃徐浩所作，贾至所撰诏令实为《明皇令肃宗即位诏》。见沈文君《贾至研究》，第 43—45、51—52 页。按沈说是。

④ 参见傅璇琮《唐翰林学士传论・裴世淹传》，辽海出版社 2005 年版。

⑤ 傅璇琮《唐翰林学士传论・裴世淹传》，第 221 页。

⑥ 傅璇琮《唐玄肃两朝翰林学士考论》，《文学遗产》2000 年第 4 期。

3. 封驳肃宗放免王去荣之诏令

《新唐书》卷一一九《贾曾传》附《贾至传》云:"至德中,将军王去荣杀富平令杜徽,肃宗新得陕,且惜去荣材,诏贷死,以流人使自效。至谏曰……"① 所引贾至谏文即《论王去荣打杀本部县令表》之节录。《册府元龟》卷四六九《台省部·封驳》云:"至德二年六月,将军王玄(按当从《新传》及《全唐文》作"去")荣杀本县令杜徽,罪合死,肃宗以其能修守备之器,特放免,令于河东承光军效力。至上封事执之。"② 这说明贾至曾封还肃宗拟放免王去荣的诏敕。

唐制,门下省给事中有权封还制敕。张国刚先生据《白居易集》卷六〇《论左降独孤朗等状》指出,中书舍人也有权封还词头,在白居易时已是如此了③。但据贾至此举,可知中书舍人此时已有封还词头的职权。

《论王去荣打杀本部县令表》从儒家思想出发,援引儒家经典,侃侃而谈,末云:"若曰且贷去荣,而诛将来之犯者,则是法令不一,而招罪人也,今惜一去荣之才,而杀十倍去荣之才者,不亦其伤益多乎? 夫去荣,乱逆之人也,焉有逆于此,顺于彼,乱富平而治于陕郡,悖于县尹而不悖于君乎?"形式上完全采用散体,质朴平易,明白如话,说理也更加简洁透彻。初唐陈子昂在奏议书疏的文体改革方面贡献突出,但他的奏议并非完全的散体,尚夹有不少骈句,且所作表文仍属骈俪。而贾至此表则为彻头彻尾之散体,故而在文体改革方面,较之陈子昂又前进了一步。

从现存贾至文来看,早期所作《微子庙碑颂》、《虔子贱碑颂》、《送李兵曹往江外序》、《陕州铁牛碑颂》、《旌儒庙碑》等皆为骈体。安史之乱爆发,贾至积极参与政治,并利用中书舍人掌书诰命的职权,撰写散体制诰,提倡文体复古,以期达到儒学复兴的目的。此后所作表、疏、序等也大多骈散间行或纯用散体。虽然贾至文现今留存不多,但其在安史之乱前后文风的变化还是明显的。

二、贾至对制诰文的初步改革

唐前期以中书舍人专掌制敕,"开元初,以它官掌诏敕册命,谓之'兼知制诰'"。④ 本文所谓"中书制诰",乃是沿用此类文体的传统名称,并不仅局限于制、诰,而是指在中书舍人或知制诰的职限之内所撰写的各类制敕,包括各种诏令、册文、任官敕书、赐书等。

贾至文,《全唐文》编为三卷(卷三六六——三六八),计92篇。岑仲勉先生指出其中

① 《新唐书》,中华书局 1975 年版,第 4298 页。

② 《册府元龟》,中华书局 1960 年影印本,第 5586 页。

③ 张国刚《唐代官制》,三秦出版社 1987 年版,第 25——26 页。

④ 《新唐书》卷四七《百官志》"中书省中书舍人"条,第 1211 页。

三篇制文属误收^①，沈文君《贾至研究》考出 1 篇误收文^②，傅璇琮先生又指出《授董晋殿中侍御史制》非贾至所作^③。此外，《唐文拾遗》录文 1 篇；《唐大诏令集》中尚有 4 篇为《全唐文》所未收。则是贾至文现存 92 篇，其中中书制诰 76 篇。

说起制诰文，现今的学者们大多认为其千篇一律，满纸虚言，无甚文学价值。但在唐人眼中却并非如此。唐代特重"王言"，讲求文采，文人也以"掌书王命"为荣。因善拟制诰而被誉为"大手笔"者代不乏人。初唐有颜师古、岑文本、李峤、崔融等。《旧唐书》卷七三《颜师古传》："于时军国多务，凡有制诰，皆成其手。师古达于政理，册奏之上，时无及者。"卷七〇《岑文本传》："文本所草诏诰，或众务繁凑，即命书僮六七人随口并写，须臾悉成，亦殆尽其妙。"卷九四《李峤传》："则天深加接待，朝廷每有大手笔，皆特令峤为之。"盛唐时以制诰著称于世者更是接续不断，《旧唐书》卷一九〇《文苑中·许景先传》："自开元初，景先与中书舍人齐澣、王丘、韩休、张九龄掌知制诰，以文翰见称。"同卷《孙逖传》："议者以为自开元已来，苏颋、齐澣、苏晋、贾曾、韩休、许景先及逖，为王言之最。"《唐诗纪事》卷一七："唐人咸推（苑）咸为文诰之最。"^④中唐以后，则有杨炎、常衮、令狐楚、李德裕、钱珝等人。《新唐书》卷一四五《杨炎传》："（常）衮长于除书，而炎善德音，自开元后言制诰者，称'常杨'云。"卷一六六《令狐楚传》："其为文，于笺奏制令尤善，每一篇成，人皆传讽。"《旧唐书》卷一七四《李德裕传》："禁中书诏，大手笔多诏德裕草之。"唐人对"大手笔"所撰制诰的文学性也有很高评价，白居易《冯宿除兵部郎中知制诰制》云："吾闻武德暨开元中，有颜师古、陈叔达、苏颋称大手笔，掌书王命。故一朝言语，焕成文章。"^⑤李德裕《文章论》云："近世诰命，唯苏廷硕叙事之外，自为文章，才实有馀，用之不竭。"^⑥钱珝《舟中录序》云："夫体正而有伦，辞约而居要，始终明白，兹所以为诰也。国朝声名辞臣，率能由是而作。"^⑦可见制诰文在唐代文人心目中的地位。

有学者指出，西汉的制诏中就已有骈体出现^⑧。经过东汉和魏晋的发展，到南北朝，骈文已完全占领了朝廷制敕的阵地。唐代也是如此，制诰文大多用骈体写就，以上所列"大手笔"都是骈体制诰的能手。安史之乱前后，古文运动先驱李华、萧颖士、贾至、独孤及等人提倡文体复古，并在书、序、记等文体上取得了一定的成就。他们中唯贾至有机会代拟王言，贾至依据他宗经复古的文学思想，对制诰文进行初步改革，并取得一定成就。其改革包括三个方面：

其一，内容上，以儒家思想充实制诰文，从而实现教化天下的目的。中书舍人代拟王

---

① 岑仲勉《读全唐文札记》，见《唐人行第录（外三种）》，中华书局 2004 年版，第 302—303 页。

② 沈文君《贾至研究》，第 43—45 页。

③ 傅璇琮《唐翰林学士传论·董晋传》，第 226—227 页。

④ 计有功《唐诗纪事》，中华书局上海编辑所 1965 年版，第 258 页。

⑤ 朱金城《白居易集笺校》卷四八，上海古籍出版社 1988 年版，第 2877 页。

⑥ 傅璇琮、周建国《李德裕文集校笺》外集卷三，河北教育出版社 2000 年版，第 672 页。

⑦ 《全唐文》卷八三六，第 8806 页。

⑧ 罗宗强《隋唐五代文学思想史》，中华书局 1999 年版，第 165—166 页。

言,所撰制诰是以皇帝身份向臣民发布的政命,是宣扬儒家教化的极佳媒介。贾至积极地利用了这一媒介,在制诰中不遗余力地宣扬儒家思想。《玄宗幸普安郡制》云:"咨尔元子等,敬听朕命:谨恭祗敬,以见师傅;端庄简肃,以莅众官;慈恤惠爱,以养百姓;忠恕哀敬,以折庶狱;色不可犯,以临军政;犯而必恕,以纳忠规。"《册汉中王瑀等文》:"夫王侯之体,则以任能从谏为本,亲贤仗信为则,好问乐善为心,安仁容众为节。"《诏天下搜贤俊制》:"缅惟尧舜求贤之意,周公吐握之义,思欲广进髦义,辅宁邦家。"《授房琯刑部尚书制》:"蛮夷猾夏,舜命皋陶作士,茂功迈德,黎民怀之。周官大司寇,亦以五刑纠万民之命,邦典定诸侯之狱。明德慎罚,先王至理。"《授畅璀谏议大夫制》:"为川者决之使导,为臣者宣之使言。故尧有敢谏之鼓,诽谤之木,此其所以圣也。楚灵称凡百箴谏,吾尽知之,无怫吾虑,此其所以败也。"其所宣扬的儒家观念,内容相当丰富,包括对人君、诸王、大臣等的各方面要求,是治理国家的基本准则。当然,类似的言语在之前的制诰文中也时常出现,但贾至制诰的儒家思想尤其突出,且大多于制文开头以散化句式表述之,与语言形式方面的改革相结合。这显然是有意识地利用制诰这一媒介来宣扬儒家政治观念。

其二,语言形式上,部分作品打破骈俪,引进散句。虽然贾至的大部分制诰文仍为骈体,但有一定数量的制诰能够引散入骈,实现了一定程度的骈文散化。现今有制诰文留存的唐代王言能手,贾至之前有岑文本、许敬宗、李迥秀、张说、李峤、苏颋、沈佺期、韩休、王丘、贾曾、郑少微、徐安贞、孙逖等,贾至同时有徐浩、潘炎,他们所撰制词,绝大多数为骈体。现举"大手笔"苏颋的代表作《授张说中书令制》为例:

> 咸有其德,委廊庙之元宰;知无不为,归披垣之成务。银青光禄大夫检校中书令上柱国燕国公张说,含和育粹,特表人师;悬解精通,见期王佐。立言布文武之用,定策励忠公之典。才冠代而不有,功至大而若虚。自顷宏益时政,发挥王道,万事必理,一心从义。以观其独,伯起慎于四知;常得其贞,叔敖谨于三省。故能深而不竭,久而弥芳。宣大号于紫宸,润昌图于清禁。

贾至《授郭子仪兵马副元帅制》:

> 昔伊尹与汤合,傅说与高宗合,尚父与周合,故哲后良臣,莫不至合。非贤不义,有开必先,久大之业也。公上略宏才,惇信明谊,受我旄钺,辑宁区夏。典器铭勋,高视前古。实邦家之杰,岂独为予;社稷之卫,可独弼予。节制咨谋,安危斯属,惧朕之不称也。

苏颋文为标准的四六,句式整齐,用典精工,词理典赡,淳雅雍容,诚为骈体制文之佳构。与其明显不同的是,贾至文以散句为主,间杂骈句,文句也不仅限于四字、六字,已不能称之为骈体,更非四六骈俪。类似的例子还有《授韦陟文部尚书制》、《授卢正己工部尚书河南尹东都留守制》、《授畅璀谏议大夫制》、《玄宗幸普安郡制》、《诫示诸道制》、《收葬阵亡将士及慰问其家口敕》等,虽然为数不多,但确是可贵的贡献。

值得指出的是,之前张九龄所撰写的部分敕书,如《敕安西副大都护王斛斯书》、《敕幽州节度张守珪书》、《敕契丹都督泥礼书》、《敕渤海王大武艺书》等,也有很大程度的散化倾向,但这种散化现象仅存在于少量告诫边将和宣示四夷的敕书之中,可能出于特殊的政治需要,不应看作文风的刻意改革,张九龄现存的绝大部分制敕仍为骈体。

其三,风格上,力求典雅纯厚,模仿西汉乃至三代文风。贾至有鲜明的宗经思想,为文自然以儒家经典为准则,力图复古。最典型的就是前文已引的《玄宗幸普安郡制》和《明皇令肃宗即位诏》,诏文骈散间行,甚至以散句居多,骈句也写得朴实平易,明白晓畅,较少用典,同时又不失王言之体典雅雍容的气度,从而形成古朴雅正的文风。皇甫湜《谕业》说:"贾常侍之文,如高冠华簪,曳裾鸣玉,立于廊庙,非法不言,可以望为羽仪,资以道义。"[①] 指的正是贾至制诰文典雅纯厚的风格特征。

当然,贾至对制诰文只进行了初步改革,现存散体化制诰的数量也不多。我们不妨做一个简单的比较。韩愈仅存《除崔群户部侍郎制》一篇制诰[②],作于元和十年(815),时任考功郎中知制诰。身为古文运动领袖的韩愈,所撰制文却系严整的四六骈俪,可见以骈体撰写制诰的传统是多么强大,更可见早于韩愈近一百年的贾至进行制诰改革是多么不易。如果考虑到贾至文集散佚严重,现今所见仅及原来的十之一二,我们应该重新审视贾至此类制诰文的数量及其文体革新意义。

三、贾至制诰文改革对唐代古文运动的影响

贾至与李华、萧颖士、独孤及等古文运动先驱交游密切,相互影响,此点已为不少学者指出,这里不再重复。虽然现今没有任何资料表明贾至曾收过弟子,但独孤及《祭贾尚书文》说:"文章陵夷,郑声夺伦。兄于其中,振三代风。复雕为朴,正始是崇。学者归仁,如川朝宗。六义炳焉,自兄中兴。"[③] 可能略有夸张,但大致上还是符合实情的。因为在当时,代拟王言的制诰要"布告亿兆,咸使闻知",故而影响极大,这是文体文风自上而下施加影响的重要渠道。贾至所作制诰,凡是涉及重大政治事件、有广泛影响的,大都采用散体或骈散结合的形式,可见是有意识地将此作为文体复古的手段。因此,他对制诰文进行的复古改革,其影响或许并不在广收门徒的萧颖士、李华之下。本文开头所引独孤及、梁肃和李舟的论述,足

---

① 皇甫湜《皇甫持正文集》卷一,台湾商务印书馆 1979 年影印《四部丛刊正编》第 35 册,第 5 页。

② 马其昶《韩昌黎文集校注》文外集上卷,上海古籍出版社 1987 年版,第 686 页。

③ 《毗陵集》卷二〇,第 124 页。

以证明在当时人眼中,贾至是继陈子昂、张说之后,与李华、萧颖士、独孤及等并起而变革文风的重要人物。在他们的号召下,"文士驰骛,飙扇波委,二十年间,学者稍厌折杨、皇华而窥咸池之音者什五六"。[①]这是贾至制诰文改革对当时文风造成广泛影响的有力证据。

贾至的改革显然对其后制诰文写作产生了一定影响。虽然制诰仍以骈体为宗,但还是有一些篇什留下了散化的烙印。例如代宗朝翰林学士、中书舍人常衮所作制文多为骈体,但《大赦京畿三辅制》一篇却颇为不同:"顷者鱼朝恩凤有功勋,委之戎事,而征求黎庶,空竭闾阎。加之广有贸易,夺人贿利;京城之内,擅致刑狱;恣行忍虐,幽执无辜;……恶稔衅盈,自婴沈痼。"[②]揭发鱼朝恩的种种罪行,包含着作者个人的爱憎,有异于一般的例行公文;虽句式整齐,但文辞质朴,并非骈体。与常衮齐名的中书舍人杨炎,现今留存的几篇制文之中,《谕梁崇义诏》即采用骈散结合的形式。

德宗朝翰林学士陆贽对骈体公文进行了散化改造。朱泚之乱中,德宗出幸奉天,于兴元元年(784)正月颁布《奉天改元大赦制》,制文即出于陆贽之手。此文写作背景与贾至《玄宗幸普安郡制》类似,其主旨是开诚罪己,以德宗的口吻自责:"长于深宫之中,暗于经国之务";"不知稼穑之艰难,不察征戍之劳苦";"天谴于上而朕不悟,人怨于下而朕不知";"上辱于祖宗,下负于黎庶";"朕实不君,人则何罪"。[③]坦率恳切,感人至深。这是继《玄宗幸普安郡制》之后,唐代帝王所发布的又一篇罪己诏。它们都由掌诰命的文臣来起草,其精神实质是一脉相承的。陆贽制文代皇帝自责之深,几乎到了无以复加的程度,因此诏书下达之后,"虽武夫悍卒,无不挥涕感激"[④]。叛乱得以平息,实有赖于此。此制文虽为骈体,但不隶事用典,不加藻饰,以浅近平实之语言曲尽议论,可称为散化之骈体。陆贽的其他制诰、奏议等公文大都用此体写成。这种文体既有骈文之优美,复具散文之流畅,虽未突破骈文的范围,但其散化的精神是与贾至一脉相承的。

直到韩、柳所倡导的古文运动蔚然兴起之时,制诰文的阵地仍然被骈文所占据。元和十五年(820)五月,元稹迁祠部郎中、知制诰,开始改革制诰,"变诏书体,务纯厚明切,盛传一时"[⑤]。十二月,白居易迁主客郎中、知制诰,响应元稹的号召,也以散体撰写制诰。长庆元年(821)二月,元稹迁中书舍人、翰林承旨学士,十月,白居易转中书舍人,继续推行制诰改革。此间,他们写出了一系列散体单行、古朴晓畅的制诰文,取得了极大的成功。元、白二人用真正的散体来撰写制诰,且数量可观,这是唐代古文运动的一项重要成果,而贾至可以说是元白制诰改革的先驱。

① 《毗陵集》卷一三《检校尚书吏部员外郎赵郡李公中集序》,第83页。

② 《全唐文》卷四一五,第4249页。

③ 《陆贽集》卷一,中华书局2006年版,第2—7页。

④ 《旧唐书》卷一三九《陆贽传》,第3792页。

⑤ 《新唐书》卷一七四《元稹传》,第5228页。

论古代小说中的归乡之旅

李萌昀

（中国人民大学国学院）

在中国诗歌史上，歌咏望乡、思乡、归乡的作品蔚为大观。出于传统深厚的乡土情结，也出于旅途中的坎坷际遇，诗人们在不知不觉中将故乡塑造为与旅途相对立的理想空间："露从今夜白，月是故乡明。"（杜甫《月夜忆舍弟》）似乎只要回到故乡，一切问题、一切痛苦都会得到解决："思悠悠，恨悠悠，恨到归时方始休。"（白居易《长相思》）在思乡情切的诗人眼中，归乡是一件非常容易的事情，距离的遥远、路途的艰难都变得微不足道："谁谓河广？曾不容刀。谁谓宋远？曾不崇朝。"（《诗经·卫风·河广》）相比之下，古代的小说家们虽然对乡土情怀保持相当的尊重，实际上却通过人物的各种遭遇向读者展示了归乡之旅的复杂性，迫使读者思考：故乡是否真的如此值得期待？本文试图通过对古代小说中的归乡故事的梳理，反思归乡在中国文化传统中的含义，并对小说研究与思想史研究相结合的可能性与方法论加以探索。

中国文化传统通常将故乡与家庭紧密联系在一起，因此，故乡亦称家乡，指一个人的家庭世代居住的地方。无论"居"还是"游"，人的家庭身份以及随之而来的责任始终影响着人的行动。由此，人的内心时常存在两种情绪：一方面，害怕孤独和颠沛流离，依赖于家庭提供的安全感和归属感；另一方面，厌恶身份与责任的束缚，渴望精神与身体的双重自由。这两种情绪的冲突和纠结提供了解读古代小说中的归乡之旅的基本线索。

一、"居"与"游"的选择

在归乡之旅开始之前,旅行者要再次面对"居"与"游"的选择。与此相关的是古代小说中以误入仙境为题材的系列故事,如《幽明录·刘晨阮肇》、《搜神后记·袁相根硕》、《博异志·白幽求》、《传奇·元柳二公》、《二刻拍案惊奇》卷三七《叠居奇程客得助 三救厄海神显灵》等。此类故事大多具有道教背景。主人公由于某种机缘误入仙境,与仙人相识。本来,他们可以永远留居仙境、享受精神和肉体的绝对自由,但是却被归乡的冲动所苦:刘晨、阮肇闻"百鸟啼鸣,更怀悲思,求归甚苦";袁相、根硕因思念故乡而"潜去归路";白幽求闻得仙人为自己在仙境安排职位时,第一反应居然是"恓惶","拜乞却归故乡";程宰在海神的帮助下"囊中幸已丰富,未免思念故乡起来"。此时,主人公对归乡的选择是出于本能,是深藏在文化血脉中的乡土情结起作用的结果。他并不知道,一旦选择归乡,便意味着从绝对自由中的永恒坠落。或早或晚,主人公意识到了归乡的后果:在《袁相根硕》中,主人公只是"怅然而已";白幽求则望着仙人远去的背景"悔恨恸哭";程宰的表现最为激烈,"大声号恸,自悔失言,恨不得将身投地,将头撞壁"。在这些故事中,虽然主人公均选择了归乡,但是其选择之后的遗憾和悔恨大大抵消了此种选择的自明性和道德优越感。归乡的价值变得暧昧不清。更重要的是,在故事的结尾,主人公重新出发寻找仙境,弥补之前的遗憾。归乡之选择的正确性被进一步否定,绝对自由似乎才是永恒的归依。不过,这些结尾均非实写,要么语焉不详,要么是暗示或推想,只能被看成是对归乡后的主人公的想象性安慰,而非对失去之自由的现实性弥补。

以上故事体现了人们对归乡之态度的复杂性。不过,无论人们如何渴望自由、逃避责任,家庭的召唤在伦理上依然是不可抗拒的。明代通俗小说中有著名的王原寻父系列故事,如《西湖二集》卷三十一《忠孝萃一门》入话、《石点头》卷三《王本立天涯求父》、《型世言》第九回《避豪恶懦夫远窜 感梦兆孝子逢亲》等。对于万里寻亲型故事,研究者多以孝子为中心展开探讨,本文的着眼点则是那位逃离家园的父亲。故事分两段,前一段写王原之父苦于里役,抛妻弃子、远走他乡;后一段写王原走遍天涯,寻找生父。这一故事非常典型地体现出旅行者在家庭责任和个人自由之间的挣扎。以《石点头》卷三《王本立天涯求父》为例。王原之父王珣"因有这几亩薄产,报充了里役",不但银钱耗费许多,且受棒责。某一年,"征比一日紧一日",王珣"左思右想,猛然动了一个念头",决定"撇却故乡,别寻活计"。虽然王珣在动此念时马上想到了自己对妻儿的责任,但立刻自我开解道:"抛妻弃子,也是命中注定。事已如此,也顾他不得了。"第二天一早,王珣向妻子说明了远走他乡的计划。妻子张氏尖锐地指出:"你男子汉躲过,留下我女流之辈,拖着乳臭孩儿,反去撑立门房,当役承差,岂不是笑话?"王珣不为所动,因为一家之主的身份与责任已经让他身心俱疲。临走之前,他没有说任何期待重聚的话语,反而对妻子说:"从此夫妇之情,一笔都勾,

冯其庸先生从事教学与科研六十周年庆贺学术文集

你也不须记挂着我。"对儿子说："此后你的寿夭穷通，我都不能知了。就是我的死活存亡，你也无由晓得。"① 显然，他已经决心彻底抛弃丈夫和父亲的身份、断绝与这个家庭的联系。

本来，在通讯落后的古代，王珣的愿望是不难实现的。然而他没有想到的是，作为一个厌恶家庭与责任的父亲，他却有一个极端重视家庭与责任的儿子。王原十六岁出门寻父，临行前宣称："若寻得着，归期有日；倘若寻不着，愿死天涯，决不归来。"② 换句话说，他以死为誓，一定要使逃脱的父亲重新回归家庭伦理之中。经过长时间的跋涉，王原终于如愿在一座寺庙中找到了父亲。此时，归乡与否的选择摆在了王珣面前：

> 昔时为避差役，魆地离家，既不得为好汉，撇下妻子，孤苦伶仃，抚养儿子成人，又累他东寻西觅，历尽饥寒，方得相会，纵然妻子思量我，我何颜再见江东父老。况我世缘久断，岂可反入热闹场中。不可不可。③

在王珣看来，如果同意归乡，那么自己就必须重新面对二十多年前的那次选择，且必须承认自己是错误的。这便意味着，这些年的自由全部失去了意义。关键是，虽然已经过去了很多年，他仍然不能说服自己相信，从前的离家是正确的（"不得为好汉"）。他仍在家庭与自由之间纠缠。当这一选择再次摆在他面前时，他心乱如麻，只能硬起心肠拒绝。然而，他的拒绝在孝子以死相逼的强大伦理力量面前显得无比软弱。寺里的师父法林和尚说："昔年之出，既非丈夫；今日不归，尤为薄幸。你身不足惜，这孝顺儿子不可辜负。天作之合，非人力也。"④ 师父的这番话无情地否定了他的一切挣扎和努力。他终于向儿子所代表的伦理力量屈服，放弃自己的自由，重新回归家庭的罗网。

另外一个典型例子是清文康《儿女英雄传》。此书为读者津津乐道的通常是侠女何玉凤（十三妹）在书生安骥旅途遇险时拔刀相助的情节。然而，从全局看，这部分内容只是下文安骥之父安学海收服何玉凤、令其还乡并与安骥完婚的铺垫。前者在篇幅上不足全书的四分之一，后者则接近一半。实际上，此书的重点正是描写家庭伦理对旅行冲动的规训，用书中人物的话说，就是"还乡"与"流落"之间的斗争。⑤ 代表旅行冲动的是何玉凤，为报父仇而欲远走天涯；代表家庭伦理的是安学海，为使何玉凤有个好的归宿而竭力鼓动其还乡。为了达到这个目的，安学海精心设计了一个完整的计划，不但动用了己方的所有人员，而且将原本支持何玉凤的邓九公等人一一拉拢过来。小说家使用了大量神魔小说中

① 天然痴叟《石点头》，江苏古籍出版社，1994 年，第 52—53 页。

② 同上，第 64 页。

③ 同上，第 73 页。

④ 同上，第 74 页。

⑤ 文康《儿女英雄传》第十六回："安老爷道：'姑奶奶怎的没话？难道你舍不得你那世妹还乡不成？'褚大娘子道：'他这样的还乡，不强似他乡流落，岂有不愿之理？……'"人民文学出版社，1983 年。

的意象以形容双方之间的激烈冲突,如第十六回云:"安老爷义结邓九公……为的是先收服了十三妹这条孽龙,使他得水安身。"又云:"且等我先收伏了这个贯索奴,作个引线,不怕那条孽龙不弭耳受教。"① 回末诗云:"整顿金笼关玉凤,安排宝钵咒神龙。"② "孽龙"的典故出自《西游记》第八回与第十五回,观音菩萨救下犯法将诛的"孽龙",令其化为白马,成为唐僧的脚力。小说家在此以"孽龙"称呼十三妹,有两层意思:首先,龙性难驯,突出了十三妹对自由的坚持;第二,对于担负家庭责任的人来说,自由是一种罪孽。因此,安学海出于对她的爱护,决心如观音菩萨救助白龙马一般,让她"得水安身"。"水"、"金笼"、"宝钵"象征着为她安排的安身之所,即家庭伦理中的位置,然而"收服"、"受教"、"关"、"咒"一系列动词则透露出此种"理想"安排的强制性。第十九回,在安学海劝说何玉凤还乡的关键时刻,小说家更是连用四个神魔典故,突出了"劝说"行为背后的征服色彩:"好安老爷! 真是从来说的:有八卦相生,就有五行相克;有个支巫祁,便有个神禹的金锁;有个九子魔母,便有个如来佛的宝钵;有个孙悟空,便有个唐一行的紧箍儿咒。"③

安学海虽然手无缚鸡之力,但是却有着缜密的心思、强大的口才,更重要的是,他依靠的是不容置疑的"家庭至上"的伦理力量。何玉凤虽然号称侠女,但却并非《水浒传》中那种逃离了家族秩序的豪侠,重孝道、重后嗣等家庭意识形态仍然在无形中影响着她。安学海看准这一点,有条不紊地安排了重重攻势。首先,安学海将仇人的死讯告诉了何玉凤,消除了其旅行的合法性基础(为父报仇);然后,提醒何玉凤她担负着安葬双亲的责任,并以提供坟园为理由,诱使其与大家一起还乡;最后,以延续家族香火为理由,迫使何玉凤与安骥完婚。在此过程中,有两个场景特别值得一提。第十八回,何玉凤得知仇人已死,因而万念俱灰、试图自杀。安学海为打消她的求死之心,故意激她道:

> 他虽然大仇已报,大事已完,可怜上无父母,中无兄弟,往下就连个着己的仆妇丫鬟也不在跟前;况又独处空山,飘流异地,举头看看,那一块云是他的天? 低头看看,那撮土是他的地? 这才叫作"一身伴影,四海无家"。凭他怎样的胸襟本领,到底是个女孩儿家,便说眼前靠了九公你合大娘子这萍水相逢的师生姊妹,将来他叶落归根,怎生是个结果? ④

在这番叙述中,女性旅行者的前途一片黯淡,其根源恰在于从家庭秩序中的脱离所导致的了无依靠:无父母,无兄弟,无仆妇丫鬟,无天,无地,无家,无结果。何玉凤听了这番话,"字字打到自己心坎儿里,且是打了一个双关儿透",埋下了她回归家庭的因缘。最终

---

① 文康《儿女英雄传》,第 257、262 页。
② 同上,第 276 页。
③ 同上,第 337 页。
④ 同上,第 321 页。

使何玉凤完全屈服的是张金凤在安学海的安排下说出的另外一席话。第二十六回,张金凤向何玉凤揭开谜底:

> 姐姐你在黑风岗能仁寺救了他儿子性命,保了他安家一脉香烟,因此我公婆以德报德,也想续你何家一脉香烟,才给叔父、婶母立这祠堂,叫你家永奉祭祀。讲到永奉祭祀,无论姐姐你怎样的本领,怎样的孝心,这事可不是一个女孩儿作的来的,所以才不许你守志终身,一定要你出阁成礼,图个安身立命。……再要讲到日后,实指望娶你过去,将来抱个娃娃,子再生孙,孙又生子,绵绵瓜瓞,世代相传,奉祀这座祠堂,才是我公婆的心思。才算姐姐你的孝顺,成全你作个儿女英雄。[1]

对于内心仍坚守孝道的女子来说,延续香烟的理由是无法驳斥的。张金凤以不亚于安学海的口才,描绘出一幅家族绵延的史诗图景。"绵绵瓜瓞,世代相传"的许诺在无限的时间和空间中为父母的生命、也为自己的生命赋予了意义。与此相比,浪迹天涯的理想又算得了什么? 青灯古佛的愿望又算得了什么? 何玉凤"莲步细碎的赶到安太太跟前","把太太的腰胯抱往",叫了声:"我那嫡嫡亲亲的娘啊!"此回回末诗有云:"一个圈儿跳不出。"[2] 以这声称呼为标志,何玉凤重新回到家庭关系之中,彻底放弃了旅行冲动。

二、归乡的资格

经过一番辛苦的斗争,对家庭的依恋终于战胜了对自由的渴望,旅行者决心踏上归乡的旅程。此时他会发现,所谓"谁谓河广,曾不容刀"只是诗人的天真想象。家乡山河遥远,"归去来兮"需要付出极大的努力。先从《集异记·裴珙》与《纂异记·陈季卿》谈起。这两则故事展示了小说家对归乡方式的华丽想象。前者叙主人公裴珙从郑州西归洛阳,试图赶在端午节当天抵家团聚。然而,由于坐骑蹇劣,行速缓慢。裴珙忽见"有乘马而牵一马者,步骤极骏",于是向其提出借力的请求,"上马挥鞭而骛,俄顷至上东门"。归家后却发现,无论他如何招呼,无人注意到他的归来。原来,他误乘鬼马,抵家的只是生魂,却把躯壳留在了原处。小说中最为精彩的是裴珙生魂抵家后的场景:

> 入门,方见其亲与珙之弟妹张灯会食。珙乃前拜,曾莫顾瞻,因附阶高语曰:"珙自外至。"固又不闻。珙即大呼弟妹之名字,亦无应者,笑言自若。珙心神怵惑,因又极叫,皆亦不知。但见其亲顾谓卑小曰:"珙在何处,那今日不至耶?"遂泣下,而坐者

---

① 文康《儿女英雄传》,第488页。

② 同上,491页。

皆泣。珽私怯曰："吾岂为异物耶？何其幽显之隔如此哉？"[①]

此故事的背景是端午节,从上引场景看,对唐人来说,端午是一个合家团圆的节庆。主人公回家的急切心情是造成富于戏剧性的"生魂出窍"的根本原因,也是解读此故事的基本前提。错过节庆时的合家团聚是一件令人痛苦的事情,然而更大的痛苦则是家人近在眼前却无法交谈。小说家精心营造了这样一个悲剧性的场景:见家人"张灯会食"而不能参与,呼弟妹之名"亦无应者",见亲人替自己担心哭泣却无法开解。此种身为"异物"之感与思亲的急切心情相碰撞,产生打动人心的悲剧力量。

《纂异记·陈季卿》的主人公"家于"江南,因科举无成,"羁栖辇下"十年。一日,于青龙寺东壁上见《寰瀛图》一幅:

> 季卿乃寻江南路,因长叹曰："得自谓泛于河,游于洛,泳于淮,济于江,达于家,亦不悔无成而归。"

"寰瀛"即天下,《寰瀛图》即当时的全国地图。面对墙壁上的疆域,主人公像所有久客在外的游子一般开始寻找故乡的位置,继而生发出浓重的乡愁:如果有一叶小舟,那么便可沿着河、洛、淮、江的路线抵达家中,"无成而归"有什么要紧呢? 时有"终南山翁"在场,笑曰："此不难致。"于是,主人公的奇幻之旅开始了:

> 乃命僧童折阶前一竹叶,作叶舟,置图中渭水之上,曰："公但注目于此舟,则如公向来所愿耳。然至家,慎勿久留。"季卿熟视久之,稍觉渭水波浪,一叶渐大,席帆既张,恍然若登舟。始自渭及河,维舟于禅窟兰若……明日,次潼关,登岸……自陕东,凡所经历,一如前愿。旬余至家,妻子兄弟,拜迎于门。[②]

折叶成舟的神异情节是对旅行者之归乡想象的写实化表现。事实上,每个游子都曾有与主人公一样的经历:在地图面前"熟视久之",恍惚间,便仿佛亲身回到了魂牵梦萦的故乡。身归故乡虽然困难,但是神游故乡却是易事。既然故乡遥远,那便以地图上的旅行聊慰思乡之情吧。

生人鬼马与折叶成舟都是对归乡方式的想象。然而,在旅行者为归乡所做的诸种努力中,具体的旅行方式相对来说是不那么重要的一项。因为,在决定归乡之后和实际出发之前,还有更为重要的一个环节需要面对,即归乡资格的确认:在艰难时世之

---

① 薛用弱《集异记》,《博异志·集异记》,中华书局,1980 年,第 4 页。
② 李昉等编《太平广记》第 7 册,中华书局,1961 年,第 462——463 页。

中,谁可以获得归乡的机会? 谁必须为此做出牺牲? 此类题材的代表作品是《醒世恒言》卷十九《白玉娘忍苦成夫》和《石点头》卷十一《江都府孝妇屠身》。对于归乡资格的问题,这两部作品做出了同样的回答:丈夫有着归乡的优先权利,妻子必须为此做出牺牲。

《白玉娘忍苦成夫》的背景是宋末元初的乱世。程万里出身宋朝官宦世家,因"直言触忤时宰",单身出亡,却在路上被元兵掳至兴元府(汉中),成为元将张万户的家奴,得同样被掳来的白玉娘为妻。虽然身在异乡,程万里心中始终怀着逃亡的念头。对他来说,逃亡需要两个条件。首先是树立逃亡的信念,然后是摆脱妻子的羁绊。如回目所示,白玉娘以极大的勇气,忍受了巨大的痛苦,成就了丈夫的逃亡。结婚第三天,白玉娘见到丈夫在房中"自悲自叹",立刻察觉到其逃亡的渴望,于是不顾嫌疑地向丈夫建议:"何不觅便逃归,图个显祖扬宗,却甘心在此,为人奴仆! 岂能得个出头的日子! "然而,她的坦诚并未获得丈夫的信任,反疑心"是张万户教他来试我"。[①]白玉娘两次建议,程万里两次揭发,导致了白玉娘被张万户发卖。至此,程万里才相信妻子的真诚,然而悔之晚矣。由于妻子的牺牲,丈夫不但坚定了逃亡的信念,而且避免了感情的羁绊,最终实现了逃亡的计划。白玉娘虽然与程万里仅仅成婚六天,但却心甘情愿地为其做出巨大牺牲,因为在"三纲五常"的伦理体系中,这是理所应当的。回前有《西江月》词云:"神仙迁怪总虚浮,只有纲常不朽。"在这一故事中,旅行作为一种社会行为,成为"夫为妻纲"的典型注解。

不过,《白玉娘忍苦成夫》对旅行伦理的展现显得相对空洞,丈夫与妻子在归乡问题上并没有形成直接的竞争关系,最终的结局仍算圆满。相比之下,《江都府孝妇屠身》将夫妻二人置入一个"你死我活"的背景之中,深刻体现出旅行伦理的残酷。小说写周迪与宗氏夫妻二人出外经商,遭遇兵乱,被困扬州城中。等到乱平,二人却因缺少食物和盘缠,无力还乡,因而发生了一段惊心动魄的对话:

> 周迪说道:"母亲只指望我夫妻在外,经营一年两载,挣得些利息,生一个儿子。那知今日到死在这个地方,可不是老娘陷害了我两口儿性命! "说罢大哭。宗二娘却冷笑道:"随你今日哭到明日,明日哭到后日,也不能勾夫妇双还了。我想古人左伯桃,羊角哀,到冻饿极处,毕竟死了一个,救了一个。如今市上杀人卖肉,好歹也值两串钱。或是你卖了我,将钱作路费,归养母亲。或是我卖了你,将钱作路费,归养婆婆。只此便是从长计较,但凭你自家主张。"[②]

小说家将二人置入一个无论如何"不能够夫妇双还"的死局:一方的还乡必须以

① 冯梦龙《醒世恒言》,人民文学出版社,1956 年,第 398 页。
② 天然痴叟《石点头》,第 249 页。

另一方的死亡为代价。按照传统伦理，夫强妻弱，夫贵妻贱，丈夫具有还乡的优先权，妻子应该为丈夫做出牺牲。然而，小说家的高明之处在于，在承认伦理层面上的夫强妻弱的前提下，将夫妻二人的现实性格设计成妻强夫弱，避免了小说沦为意识形态的简单图解，且增强了故事的戏剧性和悲剧性。因此，宗氏此时虽然已经决定卖身屠市，却故意对丈夫说：谁生谁死，"但凭你自家主张"。揣摩宗氏的心态，不外乎两种可能。第一，希望丈夫显示赴死的意愿，那么自家的牺牲便可获得安慰。但是，多年夫妻，宗氏不可能不知道丈夫的软弱和胆怯。因此，宗氏此举更多是出于一种恶作剧的冲动。果然不出她所料：

> 周迪见说要杀身卖钱，满身肉都跳起来，摇手道："这个使不得。"宗二娘笑道："你若不情愿，只怕双双饿死，白白送与人饱了肚皮。不如卖了一个，落了两串钱，还留了一个归去。"周迪吟沉不答。宗二娘见他贪生怕死，催促道："或长或短，快定出个主意么。"周迪道："教我也没奈何。"宗二娘道："既如此，留我在此，你自归去何如？"周迪吃一惊道："你怎生便住得？"宗二娘道："你怎生便去得？"周迪会了此意，叹一声道："我便死，我便死。"说罢，身子要走不走，终是舍不得性命。宗二娘看了这个模样，将手一把扯住他袖子道："你自在这里收拾行李，待我到市上去讲价。"说罢，往外便走。[1]

如果周迪此时慨然决心赴死，那么宗氏自然会加以阻止并以身相替，因为她强势归强势，仍然是传统伦理的信奉者。但是，周迪意料之中的胆怯表现仍然让宗氏十分失望，她选择让这个恶作剧进行下去：首先，运用自己在夫妻关系中一贯的强势，逼迫周迪说出"我便死"的违心之言；然后，假称去市上讲价，自己来到屠市卖身。在回家将卖身钱交付周迪时，宗氏仍然不肯说破："这是你老娘卖儿子的钱，好歹你到市上走一遭，我便将此做了盘缠，归去探望婆婆。"吓得周迪"魂不附体，脸色就如纸灰一般，欲待应答一句，怎奈喉间气结住了，把颈伸了三四伸，吐不得一个字，黄豆大的泪珠流水淌出来"。[2] 直到亲眼看见宗氏被屠戮后的尸体，周迪方才得知真相。宗氏恶作剧式的献身透露出其心态的复杂性：一方面，出于对伦理的信仰和坚持，她愿意为丈夫的还乡牺牲生命；另一方面，丈夫的贪生怕死又使她牺牲心有不甘，甚至产生怀疑。于是，她偏执地将恶作剧进行到底，以小小的恐吓对丈夫进行了有限的报复，表达出了自己的不满。这篇小说的主旨虽然仍是对旅行伦理的宣扬，但其独特的情节展开方式却在客观上对主旨构成了质疑和解构：为了丈夫的归乡，妻子的牺牲是否真的是天经地义？

---

[1] 天然痴叟《石点头》，第249页。

[2] 同上，第250页。

三、来自故乡的危险

至此,旅行者不但下定了归乡的决心,而且确认了归乡的资格。经过艰苦跋涉,故乡近在眼前了。当他张开双臂,准备迎接亲人的拥抱时,他却遭遇了一双双充满敌意的眼睛;新的危险正在悄然临近。贺知章的《回乡偶书》精确地捕捉到了旅行者初抵故乡时的尴尬:"少小离家老大回,乡音无改鬓毛衰。儿童相见不相识,笑问客从何处来。"正如旅行不但是对日常空间的出离,而且是对家庭的出离一样,归乡不只是回归熟悉的空间,而且是回归熟悉的家庭关系。然而,由于离家日久,旅行者与家庭已经相互变得陌生;从抵家到被接纳,还有很多道关口。

首先,家庭需要对旅行者进行身份和伦理上的审查,判断其是否有资格重新成为家庭的一员。《古今小说》卷二十八《李秀卿义结黄贞女》是一个关于身份的失去与找回的故事。其中,离乡与归乡是身份转换的两个关键性情节。故事写商人黄老实在妻子死后,由于不放心小女儿善聪独自在家,决定将其假充男子带在身边。离乡之后,善聪获得了新的身份,包括:新的性别(男子)、新的名字(张胜)、新的亲属关系(外甥)、新的职业(经商)。黄老实死后,张胜无力扶柩回乡,便与隔壁客房的青年商人李秀卿结为异姓兄弟,同食同卧、共同营生。九年之后,张胜长大,决定扶柩回乡,顺便找回自己失落已久的身份。家乡尚有早已出嫁的姐姐道聪,代表着她的家庭。如欲找回失去的身份,就必须获得家庭的认可。见到姐姐之后,张胜坦言自己是其妹妹善聪。道聪虽然表示相信,但却立即从伦理角度提出质问:"你同个男子合伙营生,男女相处许多年,一定配为夫妇了。自古明人不做暗事,何不带顶髻儿?还好看相。怎般乔打扮回来,不雌不雄,好不羞耻人!"这是家庭对张胜的一次重要审查。如欲被家庭接受,那就必须证明自己在伦理上毫无瑕疵,有资格重新成为这个家庭的一员。于是,张胜接受了一个颇具侮辱性的测试:

> 张胜道:"不欺姐姐,奴家至今,还是童身,岂敢行苟且之事,玷辱门风。"道聪不信,引入密室验之。你说怎么验法?用细细干灰铺放徐桶之内,却教女子解了下衣,坐于桶上。用绵纸条栖入鼻中,要他打喷嚏。若是破身的,上气泄,下气亦泄,干灰必然吹动;若是童身,其灰如旧。朝廷选妃,都用此法,道聪生长京师,岂有不知?当时试那妹子,果是未破的童身。于是姊妹两人,抱头而哭。道聪慌忙开箱,取出自家裙袄,安排妹子香汤沐浴,教他更换衣服。妹子道:"不欺姐姐,我自从出去,未曾解衣露体。今日见了姐姐,方才放心耳。"那一晚,张二哥回家,老婆打发在外厢安歇。姊妹两人,同被而卧,各诉衷肠,整整的叙了一夜说话,眼也不曾合缝。次日起身,黄善聪梳妆打扮起来,别自一个模样。与姐夫姐姐重新叙礼。[1]

---

[1] 冯梦龙《喻世明言》,人民文学出版社,1958年,第452页。

只有在确认妹妹童身未破之后,道聪方才与她"抱头而哭",并安排妹妹沐浴、更衣。这一系列具有仪式意味的行动代表着家庭对旅行者的重新接纳。值得注意的是,测试之前与之后,小说家对主人公的指称从"张胜"变为"黄善聪",恰恰象征着其身份转换的正式完成。黄善聪对失而复得的身份极其珍惜,甚至到了偏执的地步:不但在与李秀卿重聚时严守男女大防,而且为了证明之前并无私情,严词拒绝了李秀卿的提亲。归来者在伦理问题上的如履薄冰从另一个角度证明了被家庭重新接纳的艰难。

另一类例子是妓女从良题材的故事。妓女可以被看作一种特殊的旅行者。与从空间上回归故乡相比,她们更看重从伦理上回归家庭。因此,她们的从良之旅可以被看成是归乡之旅的一种特殊形式。一旦被家庭接纳,她们会如黄善聪一般极端偏执地守护失而复得的身份,因为她们比任何人都更清楚漂泊之苦。在唐传奇《李娃传》中,李娃凭借其对荥阳生的帮助获得了其父的认可。归乡之后,"岁时伏腊,妇道甚修,治家严整,极为亲所眷"。生父母殁后,"持孝甚至",感了灵芝、白燕等瑞相。[1]《警世通言》卷三十二中的杜十娘则远没有李娃那般幸运。虽然与心上人一道踏上了归乡之旅,然而对方却一直对其妓女身份暗自耿耿。恶徒孙富趁机进言说:"若挈之同归,愈增尊大人之怒。……若为妾而触父,因妓而弃家,海内必以兄为浮浪不经之人。异日妻不以为夫,弟不以为兄,同袍不以为友,兄何以立于天地之间?"[2]李甲深以为然。在他们看来,妓女与家庭是完全互斥的,不但她们无法通过家庭的审查,且会导致男子与家庭的决裂,从而永远沦为漂泊者。出于对被家庭拒斥的恐惧,李甲暗地里将杜十娘出卖于孙富,决定独自归乡。杜十娘苦苦经营的归乡之旅以失败告终。

来自家庭的伦理审查是旅行者归乡之后将要遭遇的困难之中较为无害的一个。更危险的是,在某些情况下,家庭在旅行者缺席期间已经形成了新的稳定结构;旅行者的归来势必招致新结构的既得利益者的嫉恨,有时甚至会引来杀身之祸。最典型的例子是留守妇人的私情故事:男子久不在家,妇人因与旁人通奸;男子归后,奸夫淫妇为求长久,设法将其谋杀。如《搜神后记》有"乌龙救主"条:

> 会稽句章民张然,滞役在都,经年不得归。家有少妇,无子,唯与一奴守舍,奴遂与妇私通。然素在都养一犬,甚快,名"乌龙",常以自随。后假归,奴与妇谋,欲杀然。盛作饮食,共坐下食。妇语然:"与君当大别离,君可彊啖。"未得啖,奴已当户依,张弓栝箭拔刀,须然食毕。然涕泣不能食,以盘中肉及饭掷狗,祝曰:"养汝经年,吾当将死。汝能救我否?"狗得食不啖,唯注睛舐唇视奴,然亦觉之。奴催食转急,然决计,拍膝大唤曰:"乌龙!与手!"狗应声荡奴,奴失刀仆倒地,狗遂咋其阴,然因取刀杀

---

① 汪辟疆校录《唐人小说》,上海古籍出版社,1978 年,第 105 页。

② 冯梦龙《警世通言》,人民文学出版社,1956 年,第 514 页。

奴。以妻付县,杀之。①

在亲夫将被谋杀之时,妇人表现得极为冷漠。与久滞于役的亲夫相比,朝夕相处的奸夫才是真正的家人。既然日常的"小别离"已经磨尽了夫妻的感情,那么"大别离"又有什么不同呢?此类故事在通俗小说中也颇为常见,主角多为长期在外的行商。如《珍珠舶》卷一,赵相出外经商,将家事托付蒋云。后者趁其不在,先后与其母、其妻勾搭成奸。赵相归后,察觉了诸人的奸情。为了逃避惩罚,蒋云与王氏先发制人地将赵相告至县衙,险些使其死于公堂。又如《百家公案》第八回《判奸夫误杀其妇》,梅生经商归来当晚,其妻被杀。梅生因而被告上公堂。包公判断:"汝去六年不归,汝妻少貌,必有奸夫。想是奸夫起情造意,要谋杀汝。"后来果然捕得奸夫一名,"本意欲杀其夫,不知误伤其妻"。②不过,从上述故事也可以看出,旅行者在与敌对者的斗争中并非绝对的弱势,因为伦理站在他的一方。

私情故事之外尚有争产故事,虽然在数量上相对较少,其反映的问题实际上更加普遍:旅行者与家人的财产纠纷。代表作品是宋元话本中的《合同文字记》,后被凌濛初改编为《拍案惊奇》卷三十三《张员外义抚螟蛉子　包龙图智赚合同文》。《合同文字记》写汴梁城外有刘氏兄弟二人,某年饥荒,刘二携妻儿赴外地趁熟。临行前,二人将老家财产立为两纸合同文字,作为回归时的凭据。后来,刘大续弦王氏,带前夫之子来家,时常自思:"我丈夫老刘有个兄弟,和侄儿趁熟去,倘若还乡来时,那里发付我孩儿?"③十五年后,刘二夫妇客死异乡,其子安住果真携父母骨殖与合同文字归乡。显然,与王氏之子相比,安住拥有刘氏家产的优先继承权。为了保护自己孩子的继承权,王氏唆使刘大拒不承认安住的身份。《拍案惊奇》对此段情节的改写颇为精彩。刘大之妻先假装与侄儿相认,骗得合同文字藏起;之后不但翻脸不认,而且用杆棒残忍地打破侄儿的头颅。后来幸亏包龙图设计将合同文字赚出,安住的身份与财产继承权方才得到确认。此故事展现出旅行者和家人在财产争夺上的残酷与激烈。凌濛初在结尾称,此故事的创作目的是"奉戒世人,切不可为着区区财产,伤了天性之恩"。④也就是说,正因为世人大多热衷财产争夺而不顾"天性之恩",才促使小说家创作此故事以为劝诫。面对家人手中的杆棒,旅行者发现,故乡已经变得比异乡更加陌生。

四、作为故乡的异乡

既然归乡之路坎坷漫长,故乡也变得危险陌生,对旅行者来说,留居异乡未尝不是一

①　李剑国《新辑搜神记·新辑搜神后记》,中华书局,2007年,第550页。

②　安遇时《包龙图判百家公案》,《古本小说集成》影印与畊堂本,上海古籍出版社,第58、59页。

③　程毅中《宋元小说家话本集》,齐鲁书社,2000年,第346页。

④　凌濛初《拍案惊奇》,人民文学出版社,1991年,第581页。

个更好的选择。尤其在家国沦陷、归乡的希望彻底断绝的时候，旅行者只能在异乡安住，并将异乡作为故乡来经营——此时，这种经营行为本身就具有了归乡的性质。将异乡经营为故乡的第一种方式是空间上的复制。客居异乡的旅行者常常会下意识地在异乡寻找故乡的影子：风景、建筑、风俗、时令……然而，最相似的地方恰恰是最不似的地方，因为从对比中旅行者更容易发现其中的差异。以《古今小说》卷二十四《杨思温燕山逢故人》为例。杨思温本是东京人，因靖康之变而流落燕山。燕山在城市布局与风俗上均效仿东京："每年燕山市井，如东京制造，到己酉岁方成次第。当年那燕山装那鳌山，也赏元宵，士大夫百姓皆得观看。"①但是，风俗上的相似性引来的却只是小说家的嘲讽：

> 那燕山元宵却如何：虽居北地，也重元宵。未闻鼓乐喧天，只听胡笳聒耳。家家点起，应无陆地金莲；处处安排，那得玉梅雪柳？小番鬓边挑大蒜，歧婆头上带生葱。汉儿谁负一张琴，女们尽敲三棒鼓。②

因此，当姨夫邀杨思温看灯时，他回答说："看了东京的元宵，如何看得此间元宵？"③后来，虽勉强上街游赏，却依然情绪索然。模仿大相国寺的悯忠寺、模仿樊楼的秦楼，都不能引起他的兴趣；只有在邂逅旧日大相国寺的行者、旧日樊楼的过卖以及"未改宣和妆束"的妇人时，他才感到欢喜。这恰恰说明，可以给人故乡的安慰的并非空间上的复制，而是熟悉的人际关系。

在《醒世恒言》卷三《卖油郎独占花魁》中，主人公正是通过对故乡之人际关系的寻找和经营，而将异乡转变为故乡的。靖康之变时，秦重的父亲带着他从汴梁逃难至临安，后将他卖与朱十老为嗣。虽然秦重被当时只有十三岁，却始终记挂着自己的父亲。被养父逐出之后，他便将寻找父亲作为自己的第一个生活目标，"把盛油的桶儿，一面大大写个秦字，一面写汴梁二字"。④这副写着故乡名字的油桶是秦重的旗帜，清晰地表示出其重建家园的意愿，也是解读此故事的关键。不久，秦重恋上名妓莘瑶琴，将其树立为自己的第二个生活目标，一个重要原因便是莘瑶琴的同乡身份起："秦重听得说是汴京人，触了个乡里之念，心中更有一倍光景。"⑤莘瑶琴的双亲同样流落临安，听说秦重也是汴京人，前来投奔。"乡人见乡人，不觉感伤"，秦重立刻留下他们，"只当个乡亲相处"。⑥最后，秦重往天竺寺送油，他的父亲见到了油桶上的"秦"和"汴梁"字样，与他相认。通观全篇，汴梁

① 冯梦龙《喻世明言》，第 133 页。
② 同上，第 132 页。
③ 同上，第 133 页。
④ 同上，第 50 页。
⑤ 同上，第 52 页。
⑥ 同上，第 65 页。

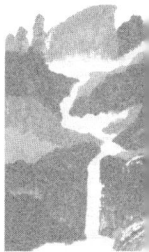

乡谊是情节发展的核心线索。凭借对乡谊的尊重和经营,以秦重为中心,来自汴梁的两户人家在临安重聚、扎根、日益兴盛:"不上一年,把家业挣得花锦般相似,驱奴使婢,甚有气象。……秦重和莘氏,夫妻偕老,生下两孩儿,俱读书成名。"[①] 既然故乡已经不能复返,那么就在异乡重建家园吧。在这个语境下,"直把杭州作汴州"有了其积极的意义。

　　至此,本文梳理了古代小说中以归乡为题材的旅行故事,分析了归乡所引发的矛盾冲突及其思想含义。虽然古典诗歌是表达归乡主题的主流文体,但是,作为士大夫阶层之思想趣味的载体,古典诗歌在历史演进中形成了某些固定的写作模式和关注焦点;与之相比,作为一直保持着鲜明的民间趣味和底层视角的虚构叙事文体,通俗小说反而具有了反思归乡之复杂性的可能,构成了与古典诗歌迥异的文学景观,也为思想史研究提供了重要线索。阅读以上故事之后,我们必须面对这样一个问题:安土重迁是否真的是中国思想的主流?

---

① 冯梦龙《醒世恒言》,第 75、77 页。

老子究竟在说什么？

程水金

（南昌大学国学研究院）

一、导言

《老子》一书，历来学人发表了不少意见。魏晋之际，玄风大畅，王弼、何晏之徒以《易》理通《老》《庄》。南北朝之时，内学趋盛，鸠摩罗什、梁武帝之辈，依佛法以说老子。唐宋二代，儒释道三教并立，或强儒学以论《老子》，或牵佛理以合《道德》。明代禅宗与心学并竞，依禅机而参老说者，亦不乏其人。晚清以降，海禁大开，西学东渐，援西人之说以解道家鼻祖，更是一时风会所致。随着学术思潮的屡屡变迁，学人不断转换读书视角，此势所必然，无可厚非。但是，如何解读《老子》是一事，《老子》说的什么又是一事，阐释与被阐释，二者不能混为一谈，这也是不言而喻的。

当然，《老子》究竟说什么？的确是见仁见智。唐代学者王真说《道德经》五千言"未尝有一章不属意于兵"。这种"老子兵家论"，当代也不乏学者认同。有人说，"《德经》是直接论述军事战略战术并通过总结战争规律而引申出社会历史观和人生观"；"《道经》则是对兵略兵法思想给予理论上的概括并提高到宇宙论和世界观上给予论证"。还有人说，《老子》一书，是"把兵家的军事斗争上升为政治层次的'君人南面术'"，是由军事哲学上升为政治哲学。至于以西方的学术话语阐释《老子》之"道"，当代学者尤其擅长。冯友兰释老子之"道"为"精气"，所以认为老子哲学是唯物的；关锋释老子之"道"为"绝对精神"，因此认为老子哲学是唯心的。任继愈则徘徊于唯物与唯心之间，取折中调和之说。近年来，

受海外新儒学的影响,对老子思想体系的阐释,又出现了新的动向。如徐复观说:"老学的动机与目的,并不在于宇宙论的建立,而依然是由人生的要求,逐步向上面推求,推求到作为宇宙根源的处所,以作为人生安顿之地。因此,道家的宇宙论,可以说是他的人生哲学的副产物。"陈鼓应说:"老子的整个哲学系统的发展,可以说是由宇宙论伸展到人生论,再由人生论延伸到政治论。"虽然徐、陈二氏的解释路径相反,但话语根据与学术思理却毫无二致。

学术思潮的变迁导致观点的时代差异,自是必然之事。而时代与学养大致相同或相近的读者,因为阅读目的与阅读兴趣的不同,其所见与所思也大不相同,这也是理所当然的。因此,我们决不能把魏晋以来的各家之说作为评判《老子》思想的最后依据,即使是所谓河上公《老子》注甚至韩非《解老》、《喻老》,也概莫能外。当然,由此也产生新的问题:"经典阐释究竟有没有客观性?"如果有,为什么同一个《老子》,历来各家解说如此不同?如果没有,追问"老子究竟在说什么",就是个毫无意义的"假问题"。

然而,如果我们不能否认这样的事实,则"经典阐释有没有客观性"的问题根本就不是问题了:在"一千个读者的一千个哈姆莱特"之中,总有一个"读者的哈姆莱特"与"作者的哈姆莱特"是最为接近的。关键在于:这个"最为接近的"是如何"接近"的! 因此,经典的阐释与解读,在众多的方法与路径之中,必然存在着一个最准确的理解方法与最直接的通往路径。

因此,追问"老子究竟在说什么",不仅可能,而且应该。

二、"道可道"的历史误读

清人张之洞说:"由小学入经学,其经学可信。"离开了传统的文字、音韵、训诂等小学方法,脱离了经典产生的初始背景,任何解读,都只能是瞎说一气。然而,最惊人、最可笑的解读错误莫过于老子的"道可道,非常道"。

现在流行的各家《老子》注本,无论是出自名家之手,还是一般学者所为,解释《道经》第一章"道可道,非常道;名可名,非常名",总是不假思索地说:"可以言说的道,不是永恒的道;可以指称的名,不是永恒的名。"但从未有人深究这种解释是否符合老子本意。

关于语言的功能与性质,无论是中国古代的言意论,还是西方现代的语言学,其看法大抵一致:凡是可以用现行的语言词汇来表达的对象,都是概括抽象、固定不变的;而变动不居、稍纵即逝的情绪或意念,是难以用言词表达的,刘勰所谓"意翻空而易奇,言征实而难巧",说的就是这个道理。如果按照流行的各家《老子》注释:"永恒不变的,不能言说;变动不居的,可以言说",那么老子这几句话,不仅有悖于古今中外的语言理论,也与语言表达的一切事实冰炭不容。因此,根据语言的功能与性质,这种流行的理解,决不能成立。

再则,就先秦诸子的立说实际而言,钱穆《老庄通论·自序》中有一段话值得注意。钱

氏说："先秦诸子著书，必各有其书所特创专用之新字与新语，此正为一家思想独特精神所寄。以近代语说之，此即某一家思想所特用之专门术语也。惟为中国文字体制所限，故其所用字语，亦若惯常习见。然此一家之使用此字此语，则实别有其特殊之涵义，不得以惯常字义说之。"钱氏之说，无疑是正确的，对于老子而言，尤其合适。老子说：

> 有物混成，先天地生，寂呵寥呵，独立而不改，可以为天地母。吾未知其名也，字之曰道。（《帛书老子》二十五章）

这说明老子之"道"，正是老子不同于别家的思想新创，因"未知其名"，先配其"字"曰"道"，且"强为之名曰大"。道家之所以称为"道家"，实在得名于老子"所特创专用"的"道"这个"新字与新语"。然而，不无遗憾的是，钱氏虽然见及于此，但并没有把这一见解落实到他的老子解说，仍然狃于王弼以来的传统理解而失之交臂。

划破历史坚冰的是自谓"放于域外三十余年，以一九七九年归国"的徐梵澄。徐氏著《老子臆解》，根据马王堆帛书本句末两个"也"字，并运用《石鼓文》与《云梦秦简》的材料，将两"可"字破读为"何"，从而读"道可道"、"名可名"为两疑问句："道，何道耶？""名，何名耶？"按"也"字读作疑问语气，古书例证甚多。"可"破读为"何"，杨伯峻在《中国语文》曾有专文发明，可成定论。而在徐梵澄与杨伯峻所举之例以外，还有更为重要的《老子》内证。荆门郭店《简书老子》乙组抄有今本《老子》第二十章："唯与呵，相去若何？美与恶，相去何若？人之所畏，亦不可以不畏人。"其中"呵"、"何"、"可"三字一律写作"可"，足证徐氏的慧眼卓识！

徐氏的解释，可谓石破天惊，横扫千年薈薈。然而，徐氏将下文"非恒道也"、"非恒名也"二句，也同样作疑问句处理，并解释说："道，本无可名言者，然不得不藉名言以说道也。此《老子》一书之所为作也。始以问曰：'此道也，何道耶？非恒常之道耶？'又问曰：'此名也，何名耶？非恒常之名耶？'——是谓非于恒常之道外别立一道；非于恒常之名外别立一名。"显然，徐氏仍然没有走出传统阴影，前进一步又后退一步，重新回到了原来的起点。

尽管徐氏最终没有突破传统理解的思维硬壳，但毕竟在坚冰上划了一道裂痕。如果把钱氏的见解与徐氏的破读结合起来，将会产生什么样的结果呢？我想，倘若如此，那么老子原文就应该这样来读：

> 道，何道也？非恒道也。

老子以设问的语气提醒人们说：我所说的那个"道"，是个什么"道"呢？（道，何道也？）接下来，他本来应该正面论证那个"道"是什么，但那个"道"是他新创的一种思想，无法用现有的概念与语词加以正面论证。因此,他就以一个否定性的陈述作答:不是人们平常所习见习闻的道路之"道"或"天道"之"道"(非恒道也)。这样,老子便将人们的思维引向了一个新的领域。但是,既然那个"道"不是人们平常所习见习闻的道路之"道"或"天道"之"道",那么,为什么要用这个日常习见习闻的"道"去指称它呢?为此,老子又以诘难的口吻说:我所说的"道"这个"名",究竟指称的是什么呢?(名,何名也?)当然,这仍然是无法正面回答的。他只好又说:我所说的"道"这个"名",不是指人们寻常习见习闻的这"道"那"道"之"名"(非恒名也)。再一次将人们的思路与常识隔离。这就是说:老子所使用的"道"这个"名",是旧瓶装新酒,不能按原来的意义去理解这个"名"的内涵了。

由此看来,老子这几句话,根本不是历来注家所理解的那样,以为老子是在说"'道'可不可以言说",而是要通过否定"那个'道'不是什么"来引导人们去思考"那个'道'应该是什么"。

三、《道经》首章串讲

由此可知,《道经》首章就是老子开宗明义揭示其专用概念之特殊内涵的重要章节,因而也是理解《老子》全书思想脉络的关键所在。由于年代久远,通行本《老子》在流传过程中多所改易:一是省略语气词,二是避讳改字,三是追求整饬化效果而将散句改成偶句。加之,历来注家曲解了老子的言说意图,将本意为"'道'是什么"错读为"'道'可不可以言说",严重误导了理解路径,致使老子的言说本意终古无由究诘。因此,重新清理《道经》首章的理论内涵,对于理解《老子》全书,至关重要。现将王弼本与马王堆帛书本,各依文意施以现代标点,抄录如下,以资勘校:

王弼本:道可道,非常道;名可名,非常名。无名天地之始,有名万物之母。故常无欲,以观其妙;常有欲,以观其徼。此两者同出而异名,同谓之玄,玄之又玄,众妙之门。

帛书本:道,可(何)道也?非恒道也。名,可(何)名也?非恒名也。无名,万物之始也;有名,万物之母也。故恒无欲也,以观其眇;恒有欲也,以观其所噭。两者同出,异名同谓,玄之又玄,众眇之门。

如前所述,本章开头的两问两答,说明老子所用之"道",是个旧瓶装新酒的特殊概念,不能按既有的常识去理解它的内涵。究竟应该怎样理解这个"道"的特殊内涵,这就是下文必须解决的问题。于是老子随文立义,就近取证,因提到"道"的名称,遂以"名"的从"无"到"有"为例,说明"道"的涵义。

众所周知,"万物"并不是一开始就有"名"的,总是有一个从"无名"到"有名"的过程。可以说,这是无需证明的常识。而且"有名"之前,是"无名"的过程;"有名"之后,又产生一个新的过程,所以说"无名,万物之始也;有名,万物之母也"。"母",与"始"意义相近,是新的"始"。然而,无论是以前"无名"的过程,还是以后"有名"的新过程,它们都是

属于"万物"始生以来的总过程。这就是说,如果不考虑"无名"与"有名"的前后差别,那么,这个"万物"的总过程也就是没有任何差异而具有绝对同一性的总过程。也因此,如果人们不把思维固着在这个总过程的某一点上时,那么就可以体悟到,这个总过程是一个绵长渺远并连续不断的过程;如果人们把思维固着在这个总过程的某一点上时,那么这个总过程就会被人们的思维分割成无数的段落甚至是无数的点。这就是老子所谓"无欲"、"有欲"以及"观其眇"、"观其所噭"的确切意涵。所以老子接着说:

故恒无欲也,以观其眇;恒有欲也,以观其所噭。

"欲",即欲望、欲求,引申为目的、目标。因而"无欲"就是不把思维固着在某一个目标上。"眇",远也,与"眺"即"远视"的意义也相同。"故"字承接上文。"其"指代"万物"从"无名"到"有名"所构成的绵长无间的总过程。所以,如果不把思维固着在这个过程中某个具体的目标,我们就可以观察与思维它的全过程,这就是"恒无欲也,以观其眇"。帛书本"噭"字既可读为通行本"徼"字的通假,也可以作如字读。读为"徼",解为"边界"、"要求"、"归止"等义。作如字读,意为"呼",与"叫"字音义相同。总之,"所徼"或"所噭"与"有欲"相应,意即思维("欲")"所追寻之处"或"所归止之处"或"所指称之处"(可见"所"字决不可遗漏)。也就是说,如果我们把思维锁定在这个总过程的某一个具体的目标上(这个目标可能是一个段落,也可以是一个小点),那么,我们就可以详细观察或者具体研究我们所要观察、所要研究的那个具体目标,这就是"恒有欲也,以观其所噭"。

举例来说,如果我宣称:"我是研究中国历史的。"这就意味着,我所研究的对象,是包括以当下为起点直到很久很久以前我们所能够知道的中国的全部历史,宏观地考察它全部的运演轨迹与流变历程。如果我宣称:"我是研究秦汉史的。"这就意味着,我的研究对象仅仅是漫长的中国历史中关于"秦汉"这一段的历史。当然还可以改变我的"欲"即缩小我的研究目标,说"我研究汉武帝时代的历史",则我锁定的研究对象就只是汉武帝时代的历史。甚至还可以进一步缩小目标,说"我研究巫蛊之祸,"则我锁定的研究对象就仅仅是汉武帝时代一段小小的宫廷争斗史。

然而,无论是有目标还是无目标("欲"),无论是依其渺远绵长的整体过程作宏观考察("观其眇"),还是根据被思维分割成无数的段落或小点作分别的微观研究("观其所噭"),二者都存在于同一个过程。这个"道",就是这么"冥默无有",就是这么玄妙而又玄妙的东西。说起来似乎不可思议,听起来也难以捉摸。但是,一旦你拥有了这个思想观念或思维方法,你就会运用它去认识万事万物极其微妙的演化过程。因此,老子最后总结说:

两者同出,异名同谓,玄之又玄,众妙之门。

"两者同出"，既指"无名"与"有名"出于同一个"万物"；也指"无欲"与"有欲"出于同一个"观"的主体；同时也指"眇"与"徼"出于同一个"观"的对象。因此，所谓"有欲"、"无欲"，所谓"观眇"、"观徼"，实在是由"道"的内涵——时间序列或过程的性质——所引出的方法论问题，而与所谓嗜欲或欲望的道德品行之义无关，更与吐纳导引之徒的长生久视之说无涉。

四、时间序列："道"的理论意涵

虽然《道经》首章揭示了"道"的基本内涵——时间序列或过程的性质及其主要功能，但作为一个旧瓶装新酒的特殊概念，人们不一定能很容易地理解与接受。况且老子心目中存想的那个作为时间序列或过程的"道"，其性质也并非如此单一，而是具有较复杂的思想体系；其功能的产生与实现也决非如此直接，尚有更为复杂的思想环节。为此，老子必须反复描述并多方形容"道"的性状，借以揭示它的思想本质。

由于老子开宗明义，用"名"的从"无"到"有"为例，阐明"道"的基本内涵就是一个时间序列或者过程；虽然人的思维可以按其需要把它进行分割，但这个时间序列或者过程本身是没有间断的。既然"道"是一个时间序列或过程，那么，其最为基本的性质就与流逝的时光性质完全一样，具有一维性与不可逆转性。当然，这种一维性与不可逆转性，也是老子之所以把它"名"之为"道"的根本原因。因为，"道"这个命名本身，也是从人们日常生活所熟悉的事物中选取的一个十分贴近的喻象。

"道"字在金文中的写法，是在"行"字中间上边画一个"首"，下边画一个"止"（战国俗体字简化成"行"字中夹一"人"字）。从"首"表方向，从"止"表人足，从"行"表道路，是由三个意符组成的会意字，意即按照一定的方向迈进。后来，又由带有明显方向性的前进动作转生为通往一定目的地之道路的名词性意义。因此，许慎《说文解字》说：

> 道，一达谓之道，从辵首。道，人所行也（见段玉裁《说文解字注》）。

所谓"一达"，即一维延伸、别无歧途之意，与"四达谓之衢"、"九达谓之逵"的交错歧出迥然不同。因此，道路之"道"在古人心目中具有方向性与惟一性特征，之所以简化为"从辵首"而不采用战国俗体的简化写法，也仍然是要保留方向性与惟一性的意涵。而这种方向性与惟一性正好可作为时光与过程之流动性及其一维性的形象比喻。

既然"道"的基本意涵是时间序列或者过程，与流逝的时光性质相同，具有绝对的一维性与不可逆转性，那么，取喻于不舍昼夜、无所止息的流水，无疑是最为直观的。因此，老子说：

道冲，而用之有弗盈也。渊呵，似万物之宗。（《帛书》四）

"道冲"之"冲"，各家注释皆以为"盅"字之借，与四十五章"大盈若冲"同训为"空"。其实，"道冲"之"冲"，并非假借，应作如字读。《说文》："冲，涌摇也。"而"渊呵，似万物之宗"，与《帛书》二十五章"有物混成"一样，也是以水为喻。《说文》："混，丰流也。"《广雅·释诂》："然，成也。""有物混成"，就是"有物混然"，也就是说，"道"这个东西就像丰沛的河水，奔流不息。而《帛书》二十四也说："道汜呵，其可左右。"《说文》："汜，滥也。"可见"冲"、"渊"、"混"、"汜"，皆取水的丰沛奔流为喻。以水的奔流，以喻时光之流逝，说明过程的一维性，乃由老子开其端绪。郭店楚墓竹简《太一生水》中"太一生水"或"太一藏于水"的命题，正是老子这一喻象的引申与发展。而今语所谓"水道"，与所谓"时间长河"，其思路亦无二致。

"道"不仅具有一维性与不可逆转性，而且具有永恒性，亦如水之奔流，既不舍昼夜无所止息，也取之不尽用之不竭。所以老子又形容"道"：

绵绵呵其若存，用之不勤。（《帛书》六）

用之不可既也。（《帛书》三十五）

"绵绵"，微细不断之貌；"勤"，尽也；"既"，亦尽也。"道"是个绵绵无尽的永恒流程，如同滚滚奔腾的流水，既不舍昼夜、无所止息，亦不会满溢、不会干涸，取之不尽、用之不竭。

"道"既是一个时间序列或者过程，与时光的性质相同；但老子以水为喻，又恐人误以为"道"是个实体。因此，老子必须进一步规定"道"的非物质性。因为"道"与时光一样，是一个非物质性的永恒存在。老子说：

视之而弗见，名之曰微；听之而弗闻，名之曰希；捪之而弗得，名之曰夷。三者不可致诘，故混而为一。一者，其上不皦，其下不昧，寻寻呵不可名也，复归于无物。是谓无状之状，无物之象，是谓忽恍。随而不见其后，迎而不见其首。（《帛书》十四）

这是老子对"道"的性状最为集中的描述。"道"是个时间序列或者过程，与时光一样，不是物质性实体，就像不能用感知空间的方式去感知时间一样，不能用对物体的感知方式去感知"道"。"视而不见"，"听而不闻"，"捪而不得"，所谓"三者不可致诘，故混而为一"，即"三者"不可分离，其笼统的属性就是无形、无声、无质，但它又是日以继夜、夜以继日永恒流转与不断推移，所以说"一者，其上不皦，其下不昧"。"上"与前同义，"上"、"下"即前、后。"其上不皦，其下不昧"，犹言其先不明，其后不暗。皦昧明暗，永远赓续相承，永无间断。因此，它是"寻寻（绳绳）""不可名"之"一者"《帛书》"寻寻"，通行本作"绳绳"，河上公注：

"绳绳者,动行无穷极也。"而"无状之状,无物之象,是谓忽恍",正是对时光最为贴切的描述。为了把握时间之进程,人们发明了白天所用的日晷与夜间所用的滴漏,变"无状之状,无物之象"为"有状之状,有物之象";通过有形、有声、有质来把握无形、无声、无质。

"道"不仅是非物质性的永恒存在,而且也与时光的流逝一样,是循环往复永恒运动的存在。既然"道"是"寻寻(绳绳)""不可名"之"一者",则"其上""其下"便只能是"其先""其后"。"其先不皦,其后不昧",就是"皦""昧"相随,明暗相续,无所止息。这样"道"的运动,如同时光推移一样,也是阴阳对转,昼夜循环,反复回归。当然,这只是时光运动或"道"的运动的小循环。除此之外,"道"的运动还有大循环。老子说:

> 有物混成,先天地生,寂呵寥呵,独立而不改,可以为天地母。吾未知其名也,字之曰道。吾强为之名曰大,大曰逝,逝曰远,远曰反。(《帛书老子》二十五)

这段文字,通行本"独立而不改"为对文偶句,作"独立而不改,周行而不殆"。《帛书》甲、乙二种以及郭店楚简《老子》甲组皆无偶句,足证"周行而不殆"为后人所增。不过,此句虽为后人所增,但并非无理,乃因下文"曰大""曰逝""曰远""曰反"之意而补入。"道""逝"而"远","远"而后"反","反"而后再"逝",再"逝"而后再"远",再"远"而后又"反",如此循环往复以至于无穷,岂不是"周行不殆"么?"远""反"周行不殆,相对于"皦""昧""寻寻"相续的小循环而言,就是大循环。当然,无论小循环还是大循环,它们的共同特征都是"反"。因此,老子说:

> 反也者,道之动也。(《帛书老子》四十一)

不难想象,这皦昧寻寻相续的小循环就是夜以继日、日以继夜的循环往复;而这远反周行不殆的大循环便是冬去春来、春来冬去的周而复始。也不难想象,正是皦昧寻寻相续的小循环形成了远反周行不殆的大循环。因此,"反也者,道之动也",正是建立在无限小循环基础上的无限大循环。而正是因为这种无限小循环所构成的无限大循环,所以"道"也就是无始无终的,往前看,不知它从哪里开始,往后看,也不知它在哪里结束,所以说:"随而不见其后,迎而不见其首。"

到此为止,我们由老子对"道"的性状描述,可以领略到:老子之所谓"道",大抵是从天文历象之学移借而来的概念。而且,老子从天文历象之学移借"道"这个概念来表达他的新思想,也并非完全不可能。因为老子的史官身份,很容易使他从天文星历的推步现象产生某种哲学思想。

周代史官的职责,一方面是"掌官书以赞治",以其"藏书、作书、读书"的职司,佐助王朝包括丧葬、祭祀、册命、诏诰在内的日常政治事务;另一方面,观察天象,推步阴阳,制订历

法,协助王朝"颁朔",也是周代史官的重要职能。太史公司马谈说:"余先,周室之太史也,自上世显功名于虞夏,典天官事。"而司马迁《报任少卿书》也说:"文史星历,近乎卜祝之间。"由此可见,"文史星历"、"典天官事"的史官职掌,自周至汉,因仍不改。老子身为周王朝的"柱下史",周代史官的这两种职能,当然也是老子的基本职业技能。由于"掌官书以赞治",老子对周代的一应典章文物及其礼乐文明的内在本质了如指掌;由于熟知天文历象与阴阳推步,老子对天道循环往复与阴阳周而复始的运行规律亦必心知其意。

因此,老子之"道"的基本意涵,就是永恒流逝的时光。也因此,"一者,其上不皦,其下不昧,寻寻呵不可名也",描摹时光阴阳对转的性质;"无状之状,无物之象,是谓忽恍。随而不见其后,迎而不见其首",形容时光空寂无端的状态。阴阳对转而又无始无终亦无断,空寂无端而又无形无声亦无质,这永恒流逝而空寂无端的时光就是"道",这空寂无端而永恒流逝的时光就是"一"。所以"道"就是"一","一"就是"道"。"一"也就是"道"的别名。

五、时间与万物:"道"与"物"的关系

综合老子对"道"的性状描述,归纳起来就是"一"。这个"一",也就是既阴阳相续,绵长无尽,又周而复始,无限循环;既无形无声无质,又无断无始无终之一维永恒性的"一"。由"一"的这种性质与状态,我们可以确信:老子之"道"的准确意涵就是时间。而老子对"道""物"关系的描述,也就是论证时间与万物的关系。

老子认为,时间先于天地万物而存在。老子说:

> 湛呵似或存,吾不知其谁之子也,象帝之先。(《帛书老子》四)
> 有物混成,先天地生,寂呵寥呵,独立而不改,可以为天地母。吾未知其名也,字之曰道。(《帛书老子》二十五)

"吾不知其谁之子",在时间之前还有什么,不知道!空寂无声、周行不殆的时间流程,在天地形成之前,它就这样存在着。因此,"先天地生","为天地母",都是说时间对于万物的初始性。甚至上帝也产生在时间之后,所以说"象帝之先"。

"时间先于天地万物而存在",这一命题的逻辑换位,当然就是"天地万物皆在时间之中发生"。因此,老子在这一命题的形式之下,展开"道""物"关系的玄思。

(一)老子将"天地万物皆在时间之中发生",直接表述为"道生物"。老子说:

> 谷神不死,是谓玄牝,玄牝之门,是谓天地之根。(《帛书老子》六)
> 道生一,一生二,二生三,三生万物。万物负阴而抱阳,冲气以为和。(《帛书老子》四十二)

空寂谓之"谷",不测谓之"神",空寂永恒无端的时间流程,就像一个深远不测的母性生殖器,天地万物都从那里降生。故说"玄牝之门,是谓天地之根"。然而,时间并非实体,它不可能直接产生万物。老子将"天地万物皆在时间之中发生"直接表述为"道生物",似乎偷换了命题。不过,假如我们把"天地万物皆在时间之中发生"表述为"天地万物的产生皆需要时间"或者"天地万物皆是时间的产物",那么,老子把"天地万物在时间之中发生"直接表述为"道生万物",也就并非没有道理。因为"天地万物皆在时间之中发生","天地万物的产生皆需要时间"或者"天地万物皆是时间的产物",这三个命题,在一定限度之内是可以互换的。

（二）老子将"天地万物皆在时间之中发生"表述为"道涵容物"。老子说：

> 渊呵,似万物之宗。(《帛书老子》四)
>
> 道之物,唯恍唯惚。惚呵恍呵,中有象呵；恍呵惚呵,中有物呵。窈呵冥呵,其中有情呵。其情甚真,其中有信。(《帛书老子》二十一)
>
> 天地相合,以雨甘露,民莫之令而自均焉。
>
> 譬道之在天下也,犹小谷之与江海也。(《帛书老子》三十二)
>
> 道氾呵,其可(何)左右也？(《帛书老子》三十四)

万物皆在时间之中发生,也就体现为"道"对于万物的涵盖包容性。所以老子以渊深、宽泛、博普之事物诸如渊水、江海、泛流、甘露等,形容比拟"道"的无所不容,无所不覆。但这种涵盖包容并非主宰、统辖与占有,而是任其自然。因此,老子说：

> 生之畜之,生而弗有,长而弗宰也,是谓玄德。(《帛书老子》十)
>
> 道生之,畜之,长之,育之,亭之,毒之,养之,覆之。生而弗有,为而弗恃,长而弗宰,是谓玄德。(《帛书老子》五十一)

"生而弗有,为而弗恃,长而弗宰",都是说"道"涵容万物,而万物自生自长。这就是"玄德"。即使是四十二章"道生一,一生二"云云,老子在说了"道"依次而"生万物"之后,又说"万物负阴而抱阳,冲气以为和",仍然是强调：万物在时间的涵容覆盖之下,背阴而向阳,充盈天地之气,调和雨露之养,自然而自在地生长发育。既然"道"对于万物的容纳与涵盖无所不包,那么它对于万物当然也就细大不捐,无所简择。因此,老子特别强调"道"之"无欲"：

> 万物归焉而弗为主,则恒无欲也,可名于小。万物归焉而弗为主,可名于大。(《帛书老子》三十四)

历来对这章经文的解释繁然淆乱,皆不得其义。其实,"无欲"即无所简择。时间对于万物皆是公平的,小大精粗,长短寿夭,媸妍好丑,无不为时间所覆。而且,只要它们是彼此并世而存,无论它们存在的空间状态如何,它们无不归并于同一时间序列,亦即它们无不共同拥有同一段光阴。时间并不因任何原因而把它们排斥在外,所以说"恒无欲也,可名于小",亦"可名于大"。又,上引《帛书》二十五章"独立而不改",《帛书》甲本残损,乙本"改"字写作"玉"字边着一"亥"字。郭店《简书老子》甲组写作"亥"。有学者认为,王弼本写作"改"恐是误字,或为"垓"字之假,"垓"有"界限、界域、边际"之义。"不亥"疑解为"不受界限",乃无边无际之意。如果"亥"、"玉字边着一亥字"、"改"果为"垓"字之假借,那么它正是描述时间之无所不覆的特性。

(三)老子"天地万物皆在时间之中发生"这一命题,在"道"与"物"的关系上,还包含一个重要的子命题,即"物随道化"。老子说:"天下之物生于有,有生于无。"(《帛书老子》四十一)这一从"无"到"有"的生成过程,正与从"无名"到"有名"的发生过程相同,都必须在时间序列之中方可得以实现。因此,时间不断推移,万物也随之不断地生灭与转化。老子说:

> 孔德之容,唯道是从。道之物,唯恍唯惚。惚呵恍呵,中有象呵;恍呵惚呵,中有物呵。窈呵冥呵,其中有情呵。其情甚真,其中有信。自今及古,其名不去,以顺众父。吾何以知众父之然也?以此。(《帛书老子》二十一)

老子拈出一个"德"字,表示"物随道化",最为贴切。"德"字甲骨文中屡见,从彳从省;省,视也。但此"视"是有方向性的,"目"上三条前伸的直线正为目光方向性的示意,所以学者认为,"德"字的初义就是"行而视之",即"循"的本字,用现代语言来说,就是"边走边看"。后来加上"心"旁引申衍化为观念性意义的"德",也有省去"彳"作"悳"或"惪"。"德""循"二字,古音为阴阳对转,义可相通。"孔德之容,唯道是从","容"与"搈"相通,"搈"者,动也。言大德之动,惟从乎道也。所以"循道"就是"德"。《管子·心术上》说:"德者,道之舍。物得以生……故德者,得也。得也者,其谓所得以然也。"此言"道"与"德"的关系,正是"孔德之容,唯道是从"的确诂。因此,"物随道化"便是"德","德"便是"道"在物中的印痕。所以老子接着描述"道之物"即"道中之物"的状态说,万物皆在时间序列之中不断变化;这种变化,虽然并不明显,难于觉察,但这变化一定是存在的。所谓"惚呵恍呵"、"恍呵惚呵","中有象呵"、"中有物呵",就是这个意思。当然,这种变化也是悄无声息、无所听闻的,但它也一定有所表征。正如树中的年轮,虽然人们并不能觉察到树的生长,但它确实是在一天天地长大变粗。随着生长年岁的一年一年增加,其年轮也就一圈一圈地增多扩大。所以老子又说:"窈呵冥呵,其中有情呵。其情甚真,其中有信。""情",实也;"信",验也。而且,万物在时间序列之中不断地长成转化,只要时间存在,生成转化便永无止境。

时间与变化的关系，康德曾经有过很好的表述。康德说：如果"以后再也不会有时间存在了"这句话不是毫无意义，这就"必定意味着以后将不会再有任何变化。因为假如世界上仍有变化，那么也就会有时间，因为变化是只能在时间之内发生的；而没有时间这一假设，变化就是完全不可思议的"（《历史理性批判文集·万物的终结》）。而在老子，时间与变化的关系就被表述为"道"与"德"的关系。"道"之永恒，"德"亦如此。因此，老子说："自古及今，其名不去，以顺众父。吾何以知其然？以此。""顺"，循也。"众父"之"父"，注家皆训为"始"。按"父"与"阜"通。且"阜"为"高厚"，"父"为"高尊"，则义亦相通。"阜"还可训"大"、"多"、"长"、"积"。准此，"以顺众父"，也就是以"德从道动"之理，推求万物生成发展的过程。"吾何以知众父之然也？以此。"也就是说：我凭什么知道万物之所以成为现在这种"长"、"大"、"多"、"积"的状态的呢？就是根据"孔德之容，唯道是从"——"物随道化"这个大道理。这既是老子"闭门塞兑"崇尚理性而轻视经验的认识论根源，也是老子历史哲学的理论基础。

六、时间与物性："道"与"德"的关系

"孔德之容，唯道是从"，空寂永恒无端的时间流程，投射着天地万物生成转化的过程；因而空寂无端涵容万物之"道"就以"物"为"舍"而落实到"物"中之"德"。这个"物"中之"德"，也就是万物在时光流程中不断形成的品格与德性。于是，涵容覆盖之"道"便以"德"为中介，过渡到物中之"道"。这种"物中之道"或曰"德"，只是"道"的体现，而非"道"的本身。虽然这一过渡在逻辑上是顺理成章的，但正是有了这一过渡，老子"道"的学说，便产生了重大的思想飞跃，进入了形上学的轨辙，从而开拓了更为广阔的理论空间。

第一，通过"德"而内化于"物"的"道"，具有"物"的内在法则性，是"物"之为"物"的内在根据。它自存于"物"，又作用于"物"。因为"物"是在时间之中由变化而产生的，又因变化而形成其个性。因此，正是这种通过"德"内化于物的"道"，使各物显出一本万殊的个性特征，也就是显示出互不雷同的体和用。老子说：

> 道生之，德畜之，物刑之而器成之。是以万物尊道而贵德。道之尊也，德之贵也，
> 夫莫之爵也，而恒自然也。（《帛书老子》五十一）

这里有几点值得注意：首先，"道生之，德畜之"，"道"与"德"的不同作用，使"物刑（形）之而器成之"。也就是说，"物"或"器"是在时间过程中不断地生成演变，最终各自形成了自己独特的体和用；这种独特的体和用，就是"德"。反之也可以说，"器""物"之"德"（体和用）就是在"道"的作用之下形成的，它是"道"的体现，而又非"道"的本身。其次，既

然"道"通过"德"内化于"物"于"器",它们便是"物之德"或"器之道"。倘"物"无此"德","器"无此"道",则"物"非此"物","器"亦非此"器"。这便是"道"或"德"对"器"或"物"的规定与规范,所以老子说"是以万物尊道而贵德"。但是,这种规定与规范,又皆为此"物"此"器"之自然禀赋,非由任何外力所加。因此,老子强调:"道之尊也,德之贵也,夫莫之爵也,而恒自然也。"

以"德"为中介内化于"物"的"物中之道",与涵盖包容兼覆天地万物的"渊汜之道"有着本质的差异。内化于"物"的"物中之道",对于"物"具有规定与规范的性质,而涵盖包容兼覆天下万物的"渊汜之道",对于"物"则是"生而弗有,为而弗恃,长而不宰"。前者,对于"物"是"有所为",而后者对于"物"则是"无所为"。这两种不同性质的"道",在老子思想体系中是有所区别的。他把内化于"物"的"物中之道"称为"朴"。老子说:

> 朴散则为器,圣人用则为官长,夫大制无割。(《帛书老子》二十八)
> 道恒无名,朴,虽小,而天下弗敢臣。(《帛书老子》三十二,郭店《简书老子》甲组
> 作"虽微,天地弗敢臣")

"朴",是作器的原材料,"朴散则为器",即"道"内化为"器中之道"而形成"物中之德"。"物"各有其"德",也就是"物"各有不同的体和用,故"圣人用则为官长"。"用"者,因也;因其"德"而用,也就无需剪裁,所以大匠因材而用,无需斧凿,这就是所谓"大制无割"。

"器中之道"或"物中之德"是事物的内在法则与自然禀赋,是此"物"此"器"之为此"物"此"器"的内在根据,不为任何外在力量所左右。天下万物依其"道"和"德"自成自化,"天下弗敢臣",亦"莫之爵"。因此,老子为了强调这种内化于"物"的"物中之道"对于"物"的规定性与规范性,他把这种"物中之道"称之为"一"。此"一"与"一者,其上不皦,其下不昧"的"一",正如"道"与"德"的异同关系一样,是既相同而又有所不同,此"一",是"物"所"得"之"一"。所以老子说:

> 昔之得一者,天得一以清,地得一以宁,神得一以灵,谷得一以盈,侯王得一以为
> 天下正。其致也,谓天毋已清将恐裂,地毋已宁将恐发(废),神毋已灵将恐歇,谷毋已
> 盈将恐竭,侯王毋已贵以高将恐蹶。(《帛书老子》三十九)

天有天之"道",故天清;天无天之"道",则天不可清;天不可清,则天裂。其他如地,如神,如谷,如侯王,皆以此类推。老子之所以把这种内化于"物"的"物中之道"称为"一",就在于强调它作为此"物"此"器"之内在法则的惟一性。所谓"得一",即是"循道",也就是以"德"为中介内化于"物"的"物中之道"。

由于"物中之德"或"器中之道"有使"物形之而器成之"的法则性、规定性,这个"物

中之道"就不是"无为"而是"有为"。它与"渊氾之道""生而不有,为而不恃,长而不宰"的涵容放任大异其趣。因此,在老子的表述中就形成了两个截然不同的命题。老子一方面说:

> ［为］学者日益,为道者日损。损之又损,以至亡为也。亡为而亡不为。(郭店《简书老子》乙组）

这是"道"的第一命题。"亡(无)为而亡(无)不为",是就"物中之道"而言的。另一方面,老子又说:

> 上德无为而无以为也。(《帛书老子》三十八)

这是"道"的第二命题。"上德"就是"孔德","孔德之容,唯道是从",故"上德"就是"道"。"道无为而无以为",是就涵容放任之"渊氾之道"而言的。这两个命题,在老子的政治哲学与道德哲学中,有着不同的理论意义。因篇幅所限,这里不能展开。

第二,通过"德"内化于"物"的"道",不仅具有"物形之而器成之"的内在法则性,而且还是万事万物运动发展的内在规律性。前者乃此物之所以为此物的"此在性",后者则是此物将不是此物的"变异性"。

"玄德深矣,远矣,与物反也,乃至大顺。"(《帛书老子》六十五)"顺",循也。"大顺"就是"与物反";而"反也者,道之动也"。故"大顺"于"道"就是"玄德"。我们知道,"道"的运动是以无限的小循环积累而成的无限的大循环。因此,"大顺"于"道"的所谓"玄德",也就是"物"之"反",也存在着两种不同的运动形式。

第一种形式是小循环。表现于"物"就是事物的对立面相互克服与不断转化。老子说:

> 致虚极也,守静笃也,万物旁作,吾以观其复也。(《帛书老子》十六)

这几句经文,郭店《简书老子》甲组写作:

> 至虚,亘(恒)也;兽(守)中,笃也。万物方作,居以须复也。

《帛书》四句连贯一气,而《简书》则分为二层。"至虚,亘(恒)也"与"兽(守)中,笃也"是同一层次的两个并列句,"万物方作,居以须复也",则是这两个并列句的总结。"恒",是古代与月象有关的专门术语。《小雅·天保》"如月之恒",毛传:"恒,弦。"郑玄笺:"月上弦而就盈。"据此,"至虚,亘(恒)也",意思是虚而至极则转盈,如同月由至亏之弦月而复盈

满之望月(此老子"道"论受天文历象影响之又一证)。"守中"之"中",当是"盅"字之省,郭店《简书老子》乙组有"大涅(盈)若中(盅)",正是"中"借为"盅"的确切证据。《说文》:"盅,器虚也。""笃","坚实"之意。《广雅·释诂》:"守,久也。"则"守中,笃也",即久虚必实之意。至亏必盈,久虚必实,故"万物方作,居以须复也"。"方者,未至之辞",则"方"即"始"、"将"之意。"居",安也;"须",待也;"复",反也。意即万物始兴,安居以待其返。又,老子说:

> 祸,福之所倚;福,祸之所伏,孰知其极?其无正也,正复为奇,善复为妖,人之迷也,其日固久矣。(《帛书老子》五十八)

祸福相倚,正奇互变,善妖复逆,永无休止。在老子看来,这些对立面互相克服与不断转化是不需要任何条件的,正如白昼之"皦"必变为黑夜之"昧",亦如弦月之亏必转为望月之盈一样,乃时势所必然。因此,老子说:

> 有无之相生也,难易之相成也,长短之相形也,高下之相盈也,音声之相和也,先后之相随,恒也。(《帛书老子》二)

《帛书》甲、乙二本皆是如此:前五句句式相同,而后一句"先后之相随,恒也",则句式有别。通行本为六句四字排偶句,而"相形"作"相较","相盈"作"相倾","先后"作"前后",但无"恒也"二字。细按《帛书》文意,前五句铺陈事物之对立面或差异性是互相依存的,而后一句则是强调所有这些对立面或差异性皆有"先后相随"、彼此转化的规律性("恒也")。或先"有"而后"无",或先"无"而后"有";或先"难"而后"易",或先"易"而后"难"。至于"音"之与"声",虽无相反之义,但也有单杂之别。《礼记·乐记》"感物而动,故形于声;声相应,故生变;变成方,谓之音",又贾公彦《周礼注疏》引《乐记》说:"单出曰声,杂比曰音。"则"音"与"声"有别,故亦有"应"有"变"。由此可见,老子固然知道对立面或差异性的相互依存,而他更注重这些对立面与差异性的无条件转化。故老子又反复申述其义:

> 曲则全,枉则正,洼则盈,敝则新,少则得,多则惑。(《帛书老子》二十三)
> 物或益之而损,损之而益。(《帛书老子》四十二)

  第二种形式是大循环。老子所谓"玄德"即"物"之"反"的大循环,表现于"物",就是所谓"复命"。老子说:

> 致虚极也,守静笃也,万物旁作,吾以观其复也。天物芸芸,各复归于其根。归根曰

静;静,是谓复命。复命,常也。知常,明也;不知常,妄,妄作凶。(《帛书老子》十六)

郭店《简书老子》甲本与此不同,见于上述。《帛书》之意,似乎更强调"物极必反"的大循环。"虚""静"已极,必至于"万物旁(并)作"的喧嚣与腾跃,但"万物旁(并)作"的喧嚣与腾跃之后必"复"归于"虚""静"。故老子总结说:"天物芸芸,各复归于其根。归根曰静;静,是谓复命。"意思就是说,自然万物虽然在春天万类竞蕃,花重叶茂,但在一阵喧嚣与繁荣之后,秋风一过,便飘红坠绿,落叶归根,重新回复到它们枝丫横空,寂静无声的生命起点之处。因此,所谓"归根",所谓"复命",也就是"道"之"大""逝""远""反"的循环过程,而这正是"物"的大循环。又,郭店《简书》甲组抄作"天道员员,各复其堇(根)",如果《简书》的"道"字不是笔误的话,则"物"之"各复其堇(根)",恰如"天道"之循环无端,往而必复。

由此可见,在"物随道化"的思想前提下,"道"以"德"为中介,与天下万物发生关系。一方面,"德"是"道"在"物"中的体现,是"物形之而器成之"的内在根据,它使万物各显其互不雷同的体和用;另一方面,"德"又随着"道"循环运转,变动不居。老子的历史哲学及其道德哲学中之所以有"上德"、"下德"以及其他形式(如"仁"、"义")之"德"的区别,其理论根据就在于此。

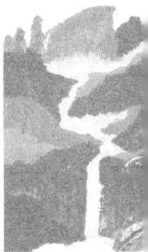

七、变化与对策:"道"与"用"的关系

"孔德之容,唯道是从",由于老子深信"大德之动,唯从乎道"亦即"物随道化"之理,因此,老子在认识论上便表现为崇尚理性与智慧而轻视感官与经验。老子说:

> 天下有始,以为天下母。既得其母,以知其子;既知其子,复守其母,没身不殆。塞其兑,闭其门,终身不勤。启其兑,济其事,终身不救。(《帛书老子》五十二)

"道"的运动无非是由小循环构成大循环,因而"物"的发展与变化也是有规律可寻的。以"物随道化"的理性作为指导,控其首而推其末,缘其果而溯其因,原始以要终,见微而知著,则不必亲历而目验,也不需劳神而费力,就可以预知事态的发展趋势;也不必等到潜在完全实现,就可以洞见必然的后果。譬如由不择手段地追求效益,必然导致暴殄天物、道德沦丧。这就是"玄之又玄,众眇之门"的理性与智慧!因此,老子说"塞其兑,闭其门,终身不勤"。意即无需打开感官通道,仅凭理智就能推知事态的发展。否则,"启其兑,济其事,终身不救",终身勤苦却劳而无功。"终身不救",郭店《简书》乙组作"终身不逯"。《玉篇》:"逯,来也,至也。"则"终身不救"或"终身不逯",即终身不达之意。因此,老子说:

> 不出其户,以知天下,不窥于牖,以知天道。其出弥远,其知弥少。是以圣人不行

而知,不见而明,弗为而成。(《帛书老子》四十七)

老子认为,"道"是"母","德"是"子",倘能"得其母","知其子",控御了"物"之"复"与"反"的规律,则不劳远行亲历,天下之物理尽得。孟子说:"天之高也,星辰之远也,苟求其故,千岁之日至,可坐而至也。"(《孟子·离娄下》)此与老子不出户牖而知天道之意略同。当然,"可坐而至",并不意味着"塞其兑,闭其门",甚至扬言"其出弥远,其知弥少",则更陷入了唯理论的泥沼。不过,值得注意的是,老子崇尚理性,却又反对"前识",似乎自相矛盾。老子说:

前识者,道之华也,愚之首也。是以大丈夫居其厚而不居其薄,居其实而不居其华。故去彼而取此。(《帛书老子》三十八)

《韩非子·解老》说:"先物行,先理动,之谓前识。前识者,无缘而忘(妄)意度也。"据此,则所谓"前识",是毫无根据的("无缘")胡乱猜测。而这根据("缘"),就是"孔德之容,唯道是从"即"物随道化"之理。而"前识"则表面看来是崇尚理性,其实不过是妄用理性而导致非理性甚至反理性。因此,"前识"是"道之华",非"道"之"实",即"道"之皮毛,似"道"而非"道"。"大丈夫居其厚不居其薄,居其实而不居其华",归根到底,老子仍然是崇尚理性,甚至有摈弃感官知觉,轻视经验知识之嫌。

由于老子深信"物随道化"之理,认为一切对立与差异,皆在时间长河的冲刷之下无条件地消融与转化,"道"之于"物",是"挫其锐,解其纷",终而至于"和其光,同其尘"(《帛书老子》四),纷然解散,悄无声息。也就是说,万物之发展演变,皆始而弱,继而强,终而亡。这样,就人事而言,便因此而有两类可能的安排与处置方式以及四种不同的对策。

第一种对策是"守柔",这是为弱者设计的。所谓"守柔",就是因循时势,坐以待变,老子称之为"居以须复"。因为"至虚,亘(恒)也,守(久)中,笃也",时间将会改变一切,它会使亏者变盈,虚者变实。同理,它也会使"美"者变"丑","善"者变"恶"。所谓"天下皆知美之为美,恶已;皆知善,斯不善矣"(《帛书老子》二),即是其意。准此,时间也会使强者变弱,弱者变强。因此,处于弱势者只要虚静无为,坐以待变,终究会强大起来。这就是"复命","复命"便是"常"。因此,老子教导弱者"袭常":

见小曰明,守柔曰强,用其光,复归其明,毋遗身殃,是谓袭常。(《帛书老子》五十二)

能正视自己的弱小,便不会轻举妄动;能安于暂时的柔脆,将会转弱为强。如同因其弱光而必趋于明亮,这就不会给自己带来祸殃。因此,所谓"袭常","因"其"常"也,即《简书老子》所谓"居以须复"。有学者解释为"坐待其复",深得老子之心。

第二种对策便是"持弱",这是为强者设计的。虽然"物随道化",万物终将归于消亡,但只要强者不忘持弱,贵柔,谦退,"葆此道不欲盈是以能敝而不成"(《帛书老子》十五),那么,强者便可以相对地久为强大,以至于"没身不殆"。因此,老子告诫强者"知常":

知常容,容乃公,公乃王,王乃天,天乃道,道乃久,没身不殆。(《帛书老子》十六)

这段文字,历来注家,言人人殊,姑置无论。今按:《说文》:"容,盛也。"又《周易·临·象传》:"泽上有地,临。君子以教思无穷,容保民无疆。"孔颖达说:"容,谓容受也。保安其民无有疆境,象地之阔远,故无疆也。"《说文》:"公,平分也,从八厶,八犹背也。"故贾谊《新书·道术》说:"兼覆无私谓之公,反公为私。"又《广雅·释诂》:"王,大也。"据上述诸字诂训,则"容"即是"地","公"即是"天","王"即是"大"。老子说:"道大,天大,地大,王亦大。"又说:"人法地,地法天,天法道,道法自然。"(《帛书老子》二十五)故"知常容,容乃公"云云,意即强者若"知常",便是法地之大;法地之大,便是法天之大;法天之大,便是法王之大。而大便是王,王便是天,天便是道,道便是久。如此便长盛不衰,永无消歇坏败。反之,如果强大者一味逞强使气,便是不合于"道"("不道"):

知和曰常,知常曰明;益生曰祥,心使气曰强;物壮则老,谓之不道。不道蚤已。(《帛书老子》五十五)

所谓"益生",就是"殖而盈之";所谓"使气",就是"揣而锐之";但"殖而盈之,不若其已,揣而锐之,不可长葆"(《帛书老子》九)。因为,"物壮则老,谓之不道"。"不道"就是促使衰老与死亡早日到来。"祥"者,妖也。"强"者,"强死"之意,非"守柔曰强"之"强"。《左传》文公十三年"三君皆将强死",孔颖达说:"强,健也,无病而死。"所以说"不道蚤已","蚤"通早,"已",止也。

由此可见,同样是"常",对于弱者而言,"复命"是"常";故老子告诫弱者"守柔"、"见小",等待"复命",这就是"袭常"。"袭"者,因也。对于强者而言,则"知和曰常","和",即《礼记·乐记》"其声和以柔"之"和",轻柔和缓之谓也。老子告诫强者"知常",即是"知和"。"知和"就是不"益生",不"使气"之谓也。当然,无论是弱者还是强者,"知常曰明","不知常"便是"妄","妄作凶"(《帛书老子》十六)。而"常"就是"道"的循环规律。"知常"便是掌握规律,运用规律。明白了这一点,则老子说:

弱也者,道之用也。(《帛书老子》四十一)

个中奥妙,也就不难知道了。因为,"道"之大"用",就在于守弱、持弱;弱者守弱,强者持

弱,则"为道者"各有所"有",并行而不悖!

不过,上述两种对策,是老子的"道之用"对于行为主体的安排与设计。此外,老子的"道之用",尚有对于行为对象即客体的处置方式。当然,对于行为客体的处置方式也有两种可能的对策:

一是"为弱",这是对于弱者对象的处置方式。老子说:

> 其安也,易持也;其未兆也,易谋也;其脆也,易破也。其微也,易散也。为之于其未有也,治之于其未乱也。合抱之木,生于毫末。九层之台,作于蔂土。百仞之高,始于足下。(《帛书老子》六十四)

郭店《简书老子》文字与此小异,意义相同。"道"的运动是循环往复,事物的发展也是小大更迭,强弱互变。故"合抱之木,生于毫末",这是大前提。而"其安也,易持也;其未兆也,易谋也",亦即"图难乎其易,为大乎其细"(《帛书老子》六十三),这是小前提。因此,"为之于其未有也,治之于其未乱也",就是在事态之"易"时、"细"时、"脆"时、"微"时进行处置。故所谓"为弱",就是"早图",亦即消灭在萌芽状态,犹《左传》隐公元年祭仲所谓"无使滋蔓,蔓,难图也"之意。

另一种可能的对策是"使弱",这是对于强者的处置方式。老子说:

> 将欲翕之,必固张之;将欲弱之,必固强之;将欲去之,必固举之;将欲夺之,必固予之。是谓微明。柔弱胜强。鱼不可脱于渊,国[之]利器不可以示人。(《帛书老子》三十六)

本节文字,宋代范应元《老子道德经古本集注》曾力辩非为老子权谋之术。范氏说:"或者以此数句为权谋之术,非也。圣人见造化消息盈虚之运如此,乃知常胜之道是柔弱也。盖物至于壮则老矣。"明人王纯甫也说:"将欲云者,将然之辞也。必固云者,已然之辞也。造化有消息盈虚之运,人事有吉凶倚伏之理。故物之将欲如彼者,必其已尝如此者也。将然者虽未形,已然者则可见。能据其已然而逆睹其将然,则虽若幽隐,而实至明白矣。"近人高亨《重订老子正诂》也引范、王二氏之说为同调,说:"此诸句言天道也。或据此斥老子为阴谋家,非也。"今按:本节文字,老子明言"柔弱胜强",岂能视而不见!细味老子文意,这种使强者变弱的方式,正是使强者"持强"(保持强大)的反面。强者"持强"(保持强大)的方式是"葆此道不欲盈"。因此,使强者变弱的方式便是使之"盈"。所以说:"将欲翕之,必固张之;将欲弱之,必固强之;将欲去之,必固举之;将欲夺之,必固予之。"因为,无论是"持强"还是"持弱",道理只是同一个——"盖物至于壮则老矣"。只不过其运用的方式与对象不同而已。应该说,这是老子"弱也者,道之用也"这一命题中应有之义,用不着为老子辩护，也用不着替老子遮掩。当然，如果说老子强调"无为"，不可能用积极的方式"使弱"，但可以说是"待弱"。因此，无论是"使弱"还是"待弱"，都是对强者的处置方式。而这种"使弱"或"待弱"，很难说不是"权谋之术"。

由此可见，老子所谓"弱也者，道之用也"，具有主客两个方面的安排或处置方式，并且在主体与客体两类安排处置方式中，又分别有对于强者与弱者的不同对策。如果说对于主体的安排与处置是"正"，那么，对于客体的处置方式便是"奇"。而"正"、"奇"两种方式，各有各的用途。故老子说：

> 以正治国，以奇用兵，以无事取天下。(《帛书老子》五十七)

可见"守弱"或"持弱"是国家内部行政事务中的施政举措；"使弱"或"待弱"是用于对外战争或泛指一切铲除性行为。因此，无论是"正"还是"奇"，无论是处强还是处弱，老子"弱也者，道之用也"的理论展开，便是他的政治哲学。不过，老子如此强调"弱"的哲学，说明老子的肩臂上始终没有摘去那枚隐士的徽章！

八、并未结束的结语

综上所述，由于老子"道"论，是由古代天文历象之学即所谓"天道"学说衍变而来，因此，老子的"道—德"学说，首先是关于时间与变化的哲学。"道"是变化的依据，"德"既是变化的过程，又是变化的显现，并且"道"又以"德"为中介过渡到"物"中之"道"，因此，"道"与"物"的关系，也就是时间与万物生成发展的关系。时间是塑铸万物的机器，它赋予它们以生机与品格；又在它不断运行的过程之中，把它们碾得粉碎。一切皆在时间之中发生，一切皆在时间之中转化，一切又皆在时间之中消亡。发生—转化—消亡，这就是法则；不断反复地发生—转化—消亡，这便是规律。法则指向每个个体，同时也是此物之所以为此物的"此在性"；而规律则指向群体与族类，同时也是此物将不是此物的"变异性"。当然，规律与法则本身，也必须在时间之中显现，也必须由时间加以检证才得以被确认。而人们对于规律的运用，也无非是把握时机或者等待时机，如此而已。当然，老子不遗余力地突出强调"弱也者，道之用也"，是与老子从史官而入于隐者的人生际遇及其思想行踪密切相关的。

老子"道"论的逻辑展开，便构成了老子的历史哲学及其两翼——政治哲学与道德学说，限于篇幅，本文不能展开论述。有兴趣的读者，可参阅拙著《中国早期文化意识的嬗变》第二卷第十三章《老子：思考古今存亡之道的隐者》之第四节《历史与文明的二律背反——老子的历史哲学与文化史观》、第五节《人文对峙的历史困境——老子的政治学说及其道德哲学》。

《诗经·鄘风·君子偕老》献疑

吴 洋

（中国人民大学国学院）

《诗经·鄘风》中有《君子偕老》一诗：

> 君子偕老，副笄六珈。委委佗佗，如山如河。象服是宜，子之不淑，云如之何？
> 玼兮玼兮！其之翟也。鬒发如云，不屑髢也。玉之瑱也，象之揥也，扬且之皙也。
> 胡然而天也？胡然而帝也？
> 瑳兮瑳兮！其之展也。蒙彼绉絺，是绁袢也。子之清扬，扬且之颜也。展如之人兮，
> 邦之媛也。[①]

对于"君子偕老，副笄六珈"一句，毛《传》解释说："能与君子俱老，乃宜居尊位，服盛服也。"孔《疏》因之，后世注家也多默从此说，极少异议。清人方玉润在《诗经原始》中说："诗全篇极力摹写服饰之盛，而发端一语忽提'君子偕老'，几与下文词义不相连属。诸儒虽多方为之解说，终觉勉强难安，非的然不易理也。岂知全诗题眼即在此句，贞淫褒贬，悉具其中……"[②] 方玉润显然已经意识到"君子偕老，副笄六珈"这句话有些问题，但他仍然

---

① ［清］阮元校刻《十三经注疏·毛诗正义》（清嘉庆刊本），中华书局 2009 年 10 月年一版第 660 至 663 页。以下所引《诗经》的内容均见此书。

② ［清］方玉润《诗经原始》，中华书局 1986 年 2 月第一版，第 157 页。

提出"诗眼"的说法进行回护。今人陈子展先生在《诗三百解题》中引王照圆《诗说》:"君子偕老,忽然凭空下此一语,上无缘起,下无连缀,乃所谓声罪致讨,义正词严,是《春秋》笔法。"① "上无缘起,下无连缀"正是此句症结所在,不论说者如何解释,"君子偕老,副笄六珈"一句实在是过于突兀。

"君子偕老"依毛《传》解为"与君子俱老"并无不妥,只是考察先秦古籍中作"俱"义解的"偕"字的用法,基本上有两种形式,一是"与……偕",用连词"与"连接相距较远的相偕的双方,紧跟在"与"后面的是相偕的对象,如:

《诗经·邶风·击鼓》"死生契阔,与子成说。执子之手,与子偕老",而"与子偕老"的主体为"我",出现在前面的诗句中:"从孙子仲,平陈与宋。不我以归,忧心有忡";

《诗经·卫风·氓》"及尔偕老,老使我怨",郑笺:"及,与也",偕老的主体为"我",与"尔"不在同一句中;

《诗经·郑风·女曰鸡鸣》"宜言饮酒,与子偕老",偕老的主体为"女",出现在第一句"女曰鸡鸣";

《诗经·郑风·野有蔓草》"邂逅相遇,与子偕臧",相偕的主体为"我",出现在前面:"邂逅相遇,适我愿兮";

《诗经·秦风·无衣》"王于兴师,修我矛戟,与子偕作"、"王于兴师,修我甲兵,与子偕行",相偕的主体为"我",与"子"不同句;

《周易·乾卦·文言》"终日乾乾,与时偕行"、"亢龙有悔,与时偕极",前者所说"与时偕行"的主体是爻辞:"九三,君子终日乾乾,夕惕若厉,无咎"中的"君子",后者所说"与时偕极"的主体则是"亢龙";

《左传·庄公七年》"星陨如雨,与雨偕也",相偕的"星"与"雨"不同句;

《左传·僖公二十四年》"其母曰:'能如是乎?与女偕隐'","母"与"女"不同句。②

另一种情况则不用连词"与",而是将相"偕"的双方在同一句中举出,如:

《诗经·魏风·陟岵》"兄曰:'嗟!予弟行役,夙夜必偕'",清人马瑞辰在《毛诗传笺通释》中说:"《传》训偕为俱者,谓行役必兼夙夜,犹上章'无已'、'无寐',皆兼夙夜言之也。"③

《诗经·小雅·杕杜》"卜筮偕止,会言近止,征夫迩止",郑《笺》曰:"或卜之、或筮之,俱占之。"

由此可以看出,在使用作"俱"解的"偕"的时候,必须要交待出相偕的双方,而这也与"偕(俱)"的语法意义相符合。如果相偕的双方距离较远(不是处于同一句中),"与"字是

① 陈子展《诗三百解题》,复旦大学出版社 2001 年 10 月第一版,第 162 页。

② 以上所引见清阮元校刻《十三经注疏·春秋左传正义》(清嘉庆刊本)第 383、3944 页。

③ [清]马瑞辰《毛诗传笺通释》,中华书局 1989 年 3 月第一版,第 326 页。

必不可少的连接和过渡，紧跟在"与"字后面的是相偕的对象。

我们看到《君子偕老》一诗通篇都在描述一位女子的服饰与容貌，偕老的主体应当就是指这位女子，也即诗中"子之不淑"、"子之清扬"的"子"，而偕老的对象就是"君子偕老"中的"君子"。但是在"君子偕老"一句中并没有使用"与"字，可能的原因有下面几点：

第一，"君子偕老"与上面所举的"夙夜必偕"、"卜筮偕止"的情况类似，相偕的双方出现在了同一句中，也就是"君子"一词既代表了"君子"，同时也代表了"子"。如果这样，那么"君子"一词将被拆成"君"与"子"两个词，或者将"子"合并到"君子"当中。然而这种情况在典籍中是没有前例的，这种假设应当可以排除。

第二，考察《诗经》中"与……偕"的用例，可以发现"与"后面和主体相偕的对象往往用单音词来表述，如"与子偕老"、"与子偕臧"、"与子偕作"等的"子"，"与时偕行"、"与时偕极"的"时"，"与雨偕也"的"雨"，"与女偕隐"的"女"。而在"君子偕老"中偕老的对象"君子"是一个复音词，也许诗作者出于对句式和节奏的考虑，从而将"与"字省略。在《诗经》中，这种假设并不是没有可能，但是正如方玉润所说"君子偕老"一句"几与下文词义不相连属"，从"君子偕老"到"副笄六珈"，这中间总是缺少过渡。如果没有其他的推论，我们将很难承认这个假设。

第三，我认为最有可能的情况是《君子偕老》是一篇有脱文、倒文的残诗（宋人王质在《诗总闻》中说："此诗虽句读不伦，颇似有轶或误。"①

关于脱文。我认为在"君子偕老"和"副笄六珈"之间，脱掉了一句诗。它一方面承接"君子偕老"，交待出与"君子"偕老的主体——"子"；另一方面又连接"副笄六珈"，对"子"的美貌有一个概括性的描述；同时诗句的最后一个字还必须是"歌"部字，因为它处于大停顿处，必须与本章的其他诗句押韵。王力先生在《诗经韵读》中对《君子偕老》的分析是：第一章，韵尾为珈、佗、河、宜、何，歌部；第二章，韵尾为翟、髢、揥、晳、帝，锡部另外"瑱"与"天"协，真部；第三章，韵尾为展、袢、颜、媛，元部。② 可以看到，三章诗都是一韵到底，中间没有换韵。而"君子偕老"的"老"属于"幽"部，与"歌"部字不能相押，因此"君子偕老"不能处于大停顿处，如果存在脱文，只能是在"君子偕老"的后面而不能是前面。同时，这句诗还应该能够解决"君子偕老"一句在语法上的缺陷。因为这句脱文的存在，可以使我们更加放心的承认诗作者在"君子偕老"一句中省略了"与"字。

关于倒文。由于我们推测在"君子偕老"之后存在着脱文，这使得"副笄六珈"成为一个单句。而在这章诗中还存在着另外一个单句"象服是宜"。"副笄六珈"，叙其头饰，"象服是宜"，述其衣装，正相连属。后面诗句又云："委委佗佗，如山如河。"孔《疏》引孙炎的话说："委委，行之美。佗佗，长之美。"（吴案，王先谦在《诗三家义集疏》中说："'委委佗

① ［宋］王质《诗总闻》卷三，文渊阁《四库全书》本。
② 参见王力《诗经韵读》，中国人民大学出版社 2004 年 11 月第一版，第 161 至 162 页。

佗'四字,不宜分释。"① 于省吾先生在《泽螺居诗经新证》中指出"委委佗佗"应该读为"委佗委佗"。② 而胡平生、韩自强二先生在他们的《阜阳汉简诗经研究》中对于省吾先生的说法进行了驳正,并举《灵枢经》证明"委委"、"佗佗"在古代典籍中有单用之例,笔者认为胡、韩二先生之说可从 ③ 宋人杨简在《慈湖诗传》中说:"委委者,首饰所加重积欤? 佗佗,积而高欤? 其高如山,其状之委曲旋环者如河。"④(案,杨简依照《诗经》原文作解,以为"如山如河"皆指头饰而言,与下面所述有所不同)我认为"委委佗佗,如山如河"正是进一步形容"子"的头饰和衣装之美。所谓"委委,行之美",应指"副笄六珈"而言,虽然我们无法知道"副笄六珈"的确切形制,但是根据郑《笺》:"珈之言加也。副,既笄而加饰,如今之步摇上饰,古之制,所有未闻"。刘熙在《释名》中也说:"王后首饰曰副。副,覆也,以覆首也。亦言副,贰也,兼用众物成其饰也。步摇上有垂珠,步则摇也",则这种头饰大概像汉代之步摇应该比较可信,由于这种首饰"上有垂珠,步则摇也",⑤ 所以才有"委委"之美,如此繁复的头饰必然使头部显得或高耸或富丽,因此才有"如山"之赞叹。而"象服是宜"乃谓女子身材美好很适合穿这种华丽的礼服,因此才有"佗佗"之美,而河水的宛转曲折正像女子身材的婀娜窈窕,因此才有"如河"之感慨。

通过上面的分析,我们推断《君子偕老》的第一章或许应该是这样:

> 君子偕老,□□□□。副笄六珈,象服是宜。委委佗佗,如山如河。子之不淑,云如之何?

虽然由于没有版本的依据和更加可靠的其他材料,我的推论只能停留在这种假设的阶段,但是我相信它合理的部分应该能够对诗篇的理解有所启发。

（右侧竖排）历代集部辑论与文学建构

《诗经·鄘风·君子偕老》献疑

---

① [清]王先谦《诗三家义集疏》,中华书局 1987 年第一版,第 223 页。
② 于省吾《泽螺居诗经新证》,中华书局 2009 年 4 月第一版。
③ 《阜阳汉简诗经研究》,上海古籍出版社,1988 年 5 月第一版,第 41 至 42 页。)
④ 宋杨简《慈湖诗传》卷四,文渊阁《四库全书》本。
⑤ [东汉]刘熙撰、[清]毕沅疏证,王先谦补,祝敏彻、孙玉文点校《释名疏证补》卷四《释首饰》,中华书局 2008 年 6 月第一版,第 160 页。

唐人墓志盖题诗考论 *

梁海燕

（中国人民大学国学院）

　　唐人在墓志盖面上题刻诗句的现象,近年来始受关注 ①。2008 年 12 月,笔者曾在河北正定县的文物收藏店发现十多方刻有诗句的唐五代时期的墓志盖。上面所刻诗句,有些可以用来校证陕西碑林博物馆所藏墓志盖之题诗,然多数作品为学界新见。这些唐诗文物资料,不仅具有拾遗补阙的文献价值,也为后人直观展示了唐五代民间丧葬礼俗中的诗歌文化形态,是我们了解唐五代民间诗歌的珍贵标本。下面,笔者先利用所寓目的墓志盖文物资料,对此前学界公布的唐人墓志盖题诗重新予以校证,使这部分唐诗资料更加完备。在此基础上,对这些墓志盖题诗的艺术特点进行分析,揭示此类文献的发现对于研究唐代民间诗歌文化的重要意义。

一

　　利用文献简称及出处如下:

　　挽歌: 陈忠凯、张婷《西安碑林新藏唐—宋墓志盖上的挽歌》,后附墓志盖图版。李均

---

　　* 基金项目:教育部人文社科青年项目 “唐代民间俗体诗的文本整理及诗学研究”(10YJCZH081)。

① 2007 年 11 月《出土文献研究》第八辑刊载陈忠凯、张婷合撰《西安碑林新藏唐—宋墓志盖上的挽歌》,最早披露唐人于墓志盖上题刻诗句的现象。2009 年第 3 期《浙江大学学报》发表胡可先《墓志新辑唐代挽歌考论》,辑录唐人墓志盖题诗 17 首。

明主编《出土文献研究》第八辑,上海古籍出版社,2007 年 11 月。

丛考:金程宇《稀见唐宋文献丛考》第 204 页"新见唐人志盖题诗",中华书局,2009 年 4 月。

胡文:胡可先《墓志新辑唐代挽歌考论》,《浙江大学学报》2009 年 3 期。

山西卷:张希舜主编《隋唐五代墓志汇编·山西卷》,天津古籍出版社,1991 年。

北京卷:张宁等主编《隋唐五代墓志汇编·北京卷(附辽宁卷)》,天津古籍出版社,1991 年。

碑林:赵力光《西安碑林博物馆新藏墓志汇编》,北京,线装书局,2007 年。

施拓:河北省正定县三义厚古玩店施荣珍所拓带题诗墓志盖[①]。笔者对现有拓片作了编号,图版见本文附录。

1. 剑镜匣晴春[1],哀歌踏路尘。名镌秋石上[2],夜月照孤坟。

[1]晴:《挽歌》图五题"两剑匣青春"。施拓图四此字作"情"。[2]秋:施拓图四此字作"金"。

录文据《挽歌》图一《李神及妻郭氏墓志》。墓主葬于唐开元二十三年(735)十二月二十九日。盖题"唐故李府君夫人墓志"。施拓图四盖题"唐故申府君夫人墓志",下葬年代不详。

2. 阴风吹残阳[1],苍苍度秋水[2]。车马却归城,孤坟月明里。

[1]残:"胡文"、《碑林》皆阙。[2]苍苍:《碑林》作"仓仓"。此诗《挽歌》本作"孤坟月明里,阴风吹残阳。苍苍度秋水,车马却归城"。句序有误。

录文据《挽歌》图二《张国清及妻杜氏墓志》。夫妻合祔于唐咸通十二年(871)七月十一日。盖题"大唐故张府君墓志铭",周匝刻诗。

3. 人生渝若风,暂有的归空。生死罕相逢,苦月夜朦胧。

西安碑林新藏,录文据《挽歌》,未见图版。题为《郑宝贵墓志》,墓主葬于唐龙纪元年(889)八月十三日。盖题"大唐故郑府君墓志铭"。

4. 阴风吹黄蒿,挽歌渡西(溪)水[1]。车马却归城,孤坟月明里[2]。

[1]西:《挽歌》、《丛考》、"胡文"皆未校。施拓图一作"青"。[2]后两句《挽歌》图四本作"孤坟月明里,车马却归城"。

录文据《挽歌》图四,校以施拓图一。《挽歌》图四盖题"唐故府君夫人墓志铭",年代不详,周匝刻诗。施拓图一盖题"大唐故郭府君墓志铭"。按:此诗为于鹄之《古挽歌》[②],载《文苑

① 施荣珍个人收藏唐代墓志盖约八十套,部分志盖未及拓下。

② 金程宇《稀见唐宋文献丛考》(中华书局,2009 年 4 月版)书中也指出该诗为于鹄所作。书中"新见唐人志盖题诗"所披露的六首唐诗同样是根据西安碑林博物馆收藏的带题诗唐人墓志盖。

431

英华》卷二一一、《全唐诗》卷三一〇于鹄名下,曰:"阴风吹黄蒿,挽歌渡秋水。车马却归城,孤坟月明里。"于鹄为大历、贞元间人,有《古挽歌》四首。《乐府诗集》卷二七著录于鹄《挽歌》两首,其一即此诗。

·

5. 两剑匣青春[1],哀歌踏路尘。风悲陇头树,月吊(一作照)下泉人[2]。

[1]两:《丛考》作"雨",误。[2]吊:施荣珍藏《唐故府君夫人墓志铭》志盖题诗此字作"照"。

录文据《挽歌》图五。盖题"唐故李公夫人墓志铭"。年代不详。周匝题诗。环刻八卦字符。

6. 篆石记文清[1],悲风落泪溋(盈)[2]。哀哀传孝道,故显万年名。

[1]记:《碑林》图版319、357作"继"。[2]落:施拓《唐故万府君夫人之铭》志盖此字作"乐",同音讹字。溋:《挽歌》、《丛考》皆校作"温",误。"溋"当是"盈"的民间书写形式,如第10首书"血"作"洫"。

录文据《挽歌》图六。盖题"大唐故夫人墓志之铭",年代不详。施拓图七《唐故刘府君夫人志铭》与此诗全同。又《碑林》图版334《李公素妻王氏墓志》盖面也题此诗,墓主咸通十五年(874)八月十日葬。

7. 篆石继文清,悲风落泪盈。礼泉彰孝道,幽壤万年名。

[1]风:《碑林》图版357《任君妻赵氏墓志盖》作"凉"。然施拓《唐故万府君夫人之铭》志盖、《唐故种府君墓志之铭》志盖,此字均作"风"。

录文据《碑林》图版319《任素妻李氏墓志》志盖。墓主葬咸通三年(862)十月十四日。

8. 阴风吹黄蒿[1],苍苍渡春水[2]。贯哭恸哀声,孤坟月明里。

[1]首句施拓图六作"春风吹白杨"。[2]春水:施拓图六作"秋水"。

录文据《山西卷》162页图版《张怀清妻石氏墓志》。墓主葬于唐大中九年(855)二月二十三日。盖题"清河郡张府君夫人武威郡石氏墓志铭"。施拓图六盖题"唐故刘公夫人墓志铭",年代不详。

9. 哀歌:片玉琢琼文[1],用旌亡者神。云埋千陌塚[2],松镶九泉人[3]。

[1]文:《挽歌》作"丈",误。[2]塚:"胡文"作"冢"。[3]镶:"胡文"作"锁"。

录文据《山西卷》174页图版《张免及妻唐氏合祔墓志》。墓主葬于唐中和三年(883)二月二十九日。"张君之志"四字篆书,分居盖面四角。盖中心题"哀歌",楷书。

10. 坟树草欺(萋)斜日落[1],断洪(鸿)飞处西风愁[2]。云连乐惨哀声发,苦痛人和洫

泪流。

[1]欺:《挽歌》、"胡文"皆未校。斜:《挽歌》、"胡文"作"那",误。[2]洪:《挽歌》、"胡文"未校。西风:《挽歌》空阙,"胡文"作"长兄",误。

录文据《山西卷》185页图版《李行恭及妻陈氏合祔墓志》。墓主葬于后晋开运三年(946)十二月二十三日。盖题"晋故李府君夫人墓志"。周匝题诗。

11. 三代幽儿(?)葬此园[1],神灵潜隐车光烟(?)[2]。□□□流黄泉下,万古千秋□□坟。

[1]儿:图版不清,疑为"儿"字。[2]烟:图版不清,疑为"烟"字。此诗残损严重。

此诗首次披露。录文据《北京卷》(第三册)173页图版《王君妻田氏墓志》,盖面有磨损。墓主葬五代后汉乾祐二年(949)。原石现藏山西省榆社县化石博物馆。盖题"汉故秦国太夫人墓志"。周匝题诗。

12. 明神无所鉴,贞良命不延。送终从此隔,号恸别坟前。

录文据《碑林》图版231《郭远墓志盖》。盖题"大唐故郭府君墓志铭",周匝刻诗。墓主葬于贞元十五年(799)十一月二十日。

13. 阴风吹白阳(杨)[1],苍苍度秋水。冠哭送泉声[2],孤坟月明里。

[1]阳:"胡文"、《碑林》未校。[2]泉:《碑林》校作"哀",误。

录文据《碑林》图版318《刘让墓志盖》。盖题"大唐故刘府君墓志铭"。墓主葬于咸通三年(862)八月二日。

14. 儿女□(恸)声哀[1],玄堂更不开。秋风悲垅树,明月照坟台[2]。

[1]阙字:据施拓图十《唐故李府君墓志之铭》此字作"恸"。[2]坟:施拓图十作"玄"

录文据《碑林》图版325《孙昊及妻关氏墓志》。盖题"唐故孙府君夫人之铭"。墓主葬于咸通十一年(870)九月二十一日。

15. 洒泪别离居,孤坟恨有余。铭松春石上,残叶半凋疏。

录文据《碑林》图版332《青陟霞及妻万氏墓志》。墓主葬于咸通十五年(874)二月七日。盖题"唐故青府君夫人志铭"。

16. 冥寞夫人路,哀哥(歌)是宋钟(送终)。目玄(眩)寒树影,声散叫长空。

录文据《碑林》图版356《宋佛进墓志盖》。盖题"唐故宋府君墓志铭记"。墓主葬于天祐三年(906)十月二十九日。

17. 残月照幽坟,愁凝翠岱云。泪流何是痛,肠断复销魂。

录文据《碑林》图版 367《裴简墓志盖》。盖题"大周故裴府君墓志铭"墓志盖。墓主葬于后周显德二年(955)十一月八日。

18. 父子恩情重,念汝少年倾。一送交(郊)荒外,何时再睹形。

录文据施拓图二。志盖中心题"唐故元君白氏墓志之铭"。

19. 逝水东流急,星飞电忽光。奄丧悲年早,永别与天长。

此诗首次披露。录文据施拓图三。志盖中心题"大唐故夫人墓志之铭"。

20. 松柏韵增哀,烟云愁自结。灵车逝不回,泣慕徒鸣咽。

此诗首次披露。录文据施拓图五。志盖中心题"唐故焦府君墓志之铭"。

21. 白玉奄(掩)泉台,千秋无复开。魂名何处去,空遗后人哀。

此诗首次披露。录文据施拓图八。志盖中心题"唐故王府君夫人墓志"。此诗见刻于数方墓志盖面。施拓《唐故胡府君夫人墓志》志盖上题诗"奄"即作"掩"。

22. 生前名行契,殁后与谁论。一剑归长夜,人间去主(住)分。

此诗首次披露。录文据施拓图九。志盖中心题"大唐故袁府君墓志铭"。

23. 杳杳归长夜,冥冥□垅丘。德风雕万载,松柏对千秋。

此诗首次披露。录文据施藏《唐故府君王夫人志铭》原石抄录,无拓片。

24. 岭上卷舒云势捺,桥边鸣咽水声愁。人生到此浑如梦,一掩泉台万事休。

此诗首次披露。此诗据施藏《大周故裴府君墓志铭》原石抄录,无拓片。

二

一般情况下,墓志盖的功能是简洁地表明死者生前的职位及生活朝代,常题作"故某朝(或某官)某君墓志铭",周边或刻生肖、花纹、八卦符号,起装饰点缀作用。就目前学界所见,在墓志盖面上题刻诗句,是唐代始有的现象。上述墓志盖题诗作为哀祭挽诗的特征十分明显。句中所用词汇、意象常见于唐代墓志铭文,如用"镜剑"、"两剑"喻夫妇,以"阴风"、"黄蒿"、"孤坟"、"明月"、"松柏"、"烟云"等摹状坟场。而在《张兔及妻唐氏合祔墓志》的墓志盖上,那首题名为《哀歌》的五言诗刻在了盖面中间,"张君之志"四字篆书却分居盖面四角。这提醒我们，唐人在墓志盖四周题刻"哀歌"的心理寄托，绝非等同于一般的刻绘花草纹饰、八卦符号等行为。也就是说，墓志盖面四周刻绘的诗句，除用为装饰外，还有着更深刻的社会文化内涵。

祭悼亡人、寄托哀思是这些墓志盖题诗的主要文体功能。"阴风吹黄蒿"诗，情景浑然，高古通俗。蒿草漫漫，阴风凄凄，此情此境，令亡魂畏惧，生者难安。而亲人之牵念，正如笼罩孤坟的缕缕清光，无尽绵长。再如"冠哭送泉声，孤坟月明里"。"名镌秋石上，夜月照孤坟。""风悲陇头树，月吊下泉人。""秋风悲垅树，明月照玄台。"抒情视角接近，诗篇营造的情境氛围如出一辙。或有因爱生怨、责问上苍的，曰："明神无所鉴，贞良命不延。送终从此隔，号恸别坟前。"或有直抒胸臆，慷慨陈怀的，曰："白玉奄（掩）泉台，千秋无复开。魂名何处去，空遣后人哀。"又有感悟生死茫茫、不能释怀的，曰："人生渝若风，暂有的归空。生死罕相逢，苦月夜朦胧。"字字离情，句句哀声，蕴涵着生人对于亡者深深的依恋。抒写生死离别之痛，正是此类哀挽诗承担的主要诗学任务。随着墓志盖埋入土中，刻于墓志盖面的这些挽诗也将生者对死者的哀悼、怀恋封藏于墓门之内，守望、陪伴着九泉下的亡魂。

除此之外，人们也往往通过颂扬亡者彰显忆念之情。不过，对于芸芸众生而言，既没有可歌可泣的义举，也缺乏卓著不朽的战功，那些惊天动地的伟业与他们更有距离，那么，如何铭记一位自己身边的普通人呢？从上述墓志盖题诗来看，孝道、德义是人们审视较多的一个角度。如第6诗、第7诗，一云"哀哀传孝道，故显万年名"，一云"礼泉彰孝道，幽境万年名"。第9首《哀歌》："片玉琢琼文，用旌亡者神。云埋千陌塚，松镳九泉人。"玉石铭刻其霄云之志，青松标举其巍然之德，身形虽灭，声名永存，此足以告慰亡灵。当然，这里面不排除有夸大之嫌，但道德方面的东西最难以量化，只要我们有歌颂的意愿，对象就是最广泛的。"生前名行契，殁后与谁论。""德风雕万载，松柏对千秋。"此类诗句，都是就这个方面立意。其所彰显的思想意义，不仅是对亡者最好的安慰，也是对生者莫大的激励。

上述墓志盖题诗，多数为生者哀挽亡者所作，但也有例外。如："洒泪别离居，孤坟恨有余。铭松春石上，残叶半凋疏。"此诗以亡者口吻道出，是一篇自挽诗。首句述其与生前居所告别后，只能独宿孤坟。无独有偶，笔者在《唐代墓志汇编·续集》看到一篇墓志铭文。铭文前十二句为四言，末四句换用五言，曰："悲伤辞旧室，哀痛宿新坟。野云朝作□（伴？），孤月夜为邻。"[1] 这段五言四句的铭文，艺术手法与墓志盖上的"洒泪别离居"诗非常接近。此类自挽诗，溯其远源，当自晋陶渊明的《挽歌》三首。不过，唐五代的墓志铭文，绝大多数用肃穆端庄的四言体或四六骈体，或用长于抒情的骚体形式，五言诗不多，七言诗更少。胡可先《墓志新辑唐代挽歌考论》文中提到的惟——例唐人墓志自挽诗："三乐道常，九思不惑。六极幸免，百行惭德。四大无有大患息，一丘乐化永无极。"[2] 其实是四、

---

[1] 周绍良主编《唐代墓志汇编·续集》，上海古籍出版社，2001年，第1017页。

[2] 赵君平、赵文成《河洛墓刻拾零》，北京图书馆出版社，2007年，第611页。

历代集部辑论与文学建构

唐人墓志盖题诗考论

七言结合的韵语铭词。而上述墓志盖题诗,全为五、七言的绝句体,众所周知,此乃唐代民间最流行的诗歌样式。显然,墓志盖面上的题诗,与魏晋以来逐渐发达的墓志铭文的创作没有必然联系。不过,对照赵力光《西安碑林博物馆新藏墓志汇编》所载碑志铭文,笔者发现:虽然墓志盖题诗与碑志铭文的生成并非同一文体系统,但唐代有些碑铭文还是吸纳了少量与墓志盖面所刻诗句相类的挽歌诗句。前述"悲伤辞旧室"诗即为一证。再如,《唐故吕府君夫人张氏墓志铭》铭文中有这样的句子:"富贵荣华府君墓,孝感夫人田宅住。日月圆明照此间,万古千秋安隐处。"① 《唐故天兴观主太原郭府君墓志铭》铭文又曰:"父兮母兮生我身,不惮劬劳受苦辛。秋风明月坟边照,一闭松门经几春。"② 令人惊奇的是,此诗又赫然题写在同书所载《郑朝尚及妻栗氏墓志》之赞词中 ③,只字未改。这些七言四句的铭词,语词通俗,立意、风格与墓志盖面所刻诗句十分接近,俱为民间广为流传的俗语诗句。由之看来,唐人于墓志盖面上刻绘诗句现象的发生,其实是唐代诗歌文化的整体发达及在民间形成普及之势的一种状态折射。

挽歌作为丧葬礼仪的组成部分,起源甚早,送葬时由亲人扶灵车吟诵歌唱。唐代挽歌已用作诗体。从上述墓志盖题诗来看,盖面上题刻什么内容的诗句,视悼亡者与墓主人的关系而定。有些挽诗的使用场合较宽,如"阴风吹黄蒿"诗,有些挽诗有特定的应用场合,如"剑镜匣晴(青)春"诗(《李神及妻郭氏墓志》)、"两剑匣青春"诗(《唐故李公夫人墓志铭》),必须用于夫妻合葬的情况。如果夫妇一人先亡,则铭文多云"镜鸾孤掩""匣剑单沉"、"双鸳泛水,一剑先沉"、"孤鸾舞镜,独鹤栖林"等。故而,在《大唐故袁府君墓志铭》志盖题诗中出现了"一剑归长夜"的句子。"儿女恸声哀,玄堂更不开"一诗,显然是子女悼念先辈的。而那首"父子恩情重,念汝少年倾。一送交(郊)荒外,何时再睹形"诗,显然是一位父亲在哀挽不幸夭折的幼年子女。在施荣珍所藏唐人墓志中有一方《唐故张儿墓志》(志盖题"唐故会稽康张儿志铭"),序文首曰:"亡者龆龀之年,未名,而小字曰张儿。"铭文为其父所撰,末附三首铭词,其三曰:"自从尔归太夜,痛缠心不可抑,触绪有感,杳冥无迹。□荒原兮泪沾臆,念尔□环兮无终极。"这首墓铭词,与"父子恩情重"诗,正可视为同一情感的雅、俗两体表达。奇怪的是,题"父子恩情重"诗的志盖中心却刻着"唐故元君白氏墓志之铭",由于目前尚未找到与之相匹配的墓志,墓主人身份尚难确定,但"元君白氏"似乎不当是少年亡人。依照墓志盖题名的书写常规,似是"元君"与其妻"白氏"之合葬茔。果真如此的话,在"元君白氏"墓志盖上刻写"父子恩情重"这样的挽诗显然非常不适宜。这一错位现象表明:这些墓志盖题诗确为民间社会广为流传的哀祭诗,制作墓志碑体的石匠刻工并非诗作的原始作者;墓志盖题诗独立于墓志铭文甚至碑文中的韵语铭词,是整体

---

① 赵力光《西安碑林博物馆新藏墓志汇编》,线装书局,2007 年,第 734 页。
② 赵力光《西安碑林博物馆新藏墓志汇编》,第 595 页。
③ 赵力光《西安碑林博物馆新藏墓志汇编》,第 620 页。

发达的唐诗题材系统在民间社会的一个分支形态。上述诗篇虽然体制短小，但异体字、简体俗字、同音讹误现象并不鲜见。与之对应的墓志铭并其序文，刻写却少有错误，文辞也较典雅。对这一现象合理的解释只能是，这些墓主人生前虽为平民，但其家人还是会尽量请文化水平较高的人士撰写墓志铭。刻工依照墓铭文稿进行雕刻，误书机率自然小很多。而墓志盖面所刻诗句，并非墓铭文稿原有，刻工凭借个人记忆或民间抄本进行雕刻，讹误机率自然就高。如在上述 24 首唐人墓志盖题诗中，第 2、4、8、13 首乃中唐诗人于鹄《古挽歌》的不同流传版本。其余题诗作者均不可考。我们相信，除去这四篇题诗外，应该还有本为文人创作，流入民间后失去作者姓名的。何况题刻在墓志盖面的诗歌，其所承担的意义功能几首无关其著作权问题，流传过程中遭受不同程度篡改的情况更易发生。如第 6 诗与第 7 诗，两诗后半不同，两种文本在当时却都很流行。孰为原本，孰为衍生本，这个问题已不甚重要。

仔细阅读上述题诗，我们还发现，有些挽诗中有表示季候、节令的字词，可根据出丧时的实际时令进行改换。如西安碑林博物馆入藏之《张国清及妻杜氏墓志》，铭文落款为"唐咸通十二年七月十一日"，时已入秋，故其志盖题诗："阴风吹残阳，苍苍度（渡）秋水。"而《张怀清妻石氏墓志》，铭文落款为"唐大中九年二月二十三日"，志盖刻诗则为"阴风吹黄蒿，苍苍渡春水。"此外，笔者在正宗县墨香阁店铺曾见两幅唐人带挽诗墓志盖拓片，两首挽诗仅有一字之差，一作"仲冬节"，一为"孟冬节"，其余文字全同。显然是根据送葬的时令将同一挽诗的个别字词作了调整。

在墓志盖面上题刻诗句的现象至宋代仍然保留。西安碑林博物馆藏《韩延超及妻王氏墓志》盖面刻诗："肠断恨难穷，□驰远送终。人回何所託，空卷夕旸风。"[1]《大宋故申府君墓志铭》盖面刻诗："寂寂起新坟，冥冥对墓（暮）云。四时鸣噎（咽）雁，明月夜为怜（邻）。"[2]《大宋故牛府君墓志铭》盖面刻诗："四面悲风起，吹云南北飞。孤坟荒草里，月照独巍巍。"[3]施荣珍女士藏两方墓志盖，一方中心题"大宋故菀府君墓志铭"，周匝刻诗："四面悲风起，也（野）云南北飞。孤坟荒草里，月照独为□（巍巍）。"（施拓图十一）；另一方墓志盖题"大宋故兰府君墓志铭"，周匝刻诗："切切悲风动，哀哀欲断肠。交亲无所託，月照寂寞乡。"（施拓图十二）经进一步考证，这些墓志盖多出自唐宋时期的潞州上党郡一带，也就是今天山西晋东南地区。完整出土的话，每一墓志盖应有与之相配套的墓志铭，上述题诗墓志盖有的可以找到墓志铭文，西安碑林博物馆的研究人员经考察后指出："据志文记载，墓主人所在地（籍贯或迁徙地）大多为唐之潞州，或称上党郡，即今山西晋东南地区。"[4]施荣珍女士的藏品，同样具有碑林博物馆研究员所提及的"墓志盖中部又常见雕塑

① 图版见《挽歌》图三、《碑林》图版 373。墓主葬宋淳化三年（992）十一月十三日，盖题"大宋故韩府君墓志铭"。
② 录文据《挽歌》图七。墓主下葬具体时间不详。
③ 《碑林》图版 374《牛进墓志》，盖题《大宋故牛府君墓志铭》。葬宋至道元年（995）十一月二十四日。
④ 陈忠凯、张婷《西安碑林新藏唐—宋墓志盖上的挽歌》，《出土文献研究》第八辑，第 298 页。

或阴刻铺首这些特点"。在施女士的碑志藏品中,与上述墓志盖同一时间入藏的墓志铭的铭文所记载的墓主人生前所在地同样多为潞州或上党地区,[①] 这与碑林博物馆研究人员的结论恰好吻合。如下所示:

《唐故处士崔府君墓志铭并序》:"清河武城人,其祖从官上党,子孙遂家焉。今为潞州。"

《唐故秦州县令景公墓志铭》:"两河懿族,上党高门。"

《大周故散官晋府君墓志铭并序》:"君讳明,字师替,潞州上党人。"

《大周秦君墓志铭》:"潞州壶关县人也。"[②]

《唐李㲀墓志铭》:"君讳㲀,字弘度,潞州上党人也。"

《大唐故部戎尉张公墓志铭并序》:"公讳元方,南阳西鄂人也,高祖上党中正,因家焉。"

《唐故处士逯府君墓志铭并序》:"河内人也,远祖因官上党,今为长子人矣。"[③]

《唐故昭武校尉秦府君墓志铭并序》:"天水郡人也,继颛顼之雄宗,承襄王之茂族。因官上党,锡土分宗,封树成坟,乃家潞邑,遂居潞川乡求善村焉。"[④]

《唐故关府君张夫人墓志铭》:"其先昌邑人也,……上党家矣。"

《唐李君墓志铭》:"陇西城纪人也,……十代祖嵩,汉旧威将军西羌校尉散骑常侍,食采上党之屯留,因家此焉。"[⑤]

上述墓志铭文中记载的墓主人卒年,自初唐至晚唐以及唐末五代时期的都有。墓主人的身份,带官职的占小部分,大部分是平民或不入仕途者。显然,施荣珍收藏的这些唐人墓志及其墓志盖,与西安碑林博物馆员报道的带题诗墓志盖来源地基本相同。上述24首唐人墓志盖题诗,准确地说,乃是唐五代时期在潞州地区(或称上党郡)流传的与当地民间的丧葬礼俗相结合的哀祭挽诗,是唐五代民间诗歌文化的珍贵标本。

在中国古代文学史上,通俗文体不受重视,民间诗学资料更复难求。上述带题诗墓志盖的发现,对于我们研究唐五代民间诗歌的传播形态、艺术功能、文化意蕴等,都有着极为重要的意义。由此,我们揭晓了唐代民间诗歌的另一种功能形态。如果说长沙窑瓷器题诗主要体现了湘江流域与商业营销结合的民间诗歌形态,敦煌民间通俗诗主要体现了西域敦煌地区与寺院文化教育结合的诗歌形态。而出土于潞州、上党地区的唐人墓志盖哀挽诗歌则体现了与该地区丧葬礼俗结合的诗歌文化形态。这些不同形态的实物也启示我

---

① 施荣珍现收藏唐代墓志铭与墓志盖各约八十种,其购置之初,墓志盖与墓志铭应该是配套的,可惜现在已散乱,只能据现有之墓志铭拓片对墓主人的生前所在地加以考察。

② 壶关,即今山西省长治市壶关县。

③ 长子,即今山西省长治市长子县。

④ 今长治市壶关县有小逢善村,或即唐之求善村。

⑤ 屯留,即今山西省长治市屯留县。

们,唐代民间诗歌的生存样态,不仅是多样化的,同时具有鲜明的地域文化特色。

附:施荣珍藏唐五代墓志盖拓片图版十二方:

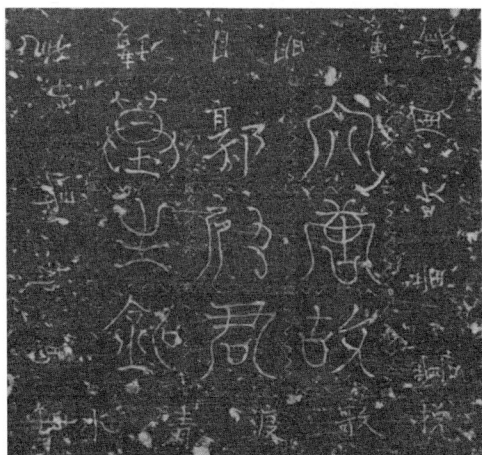

一

二

三

四

五

六

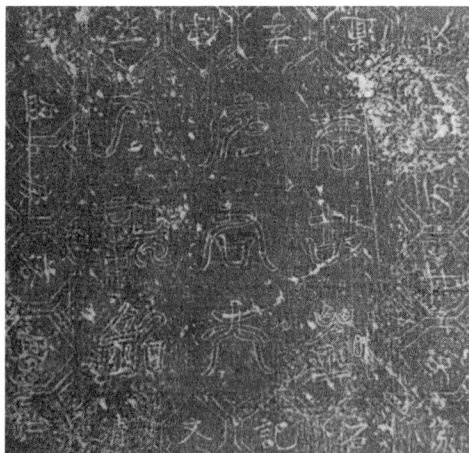

七

八

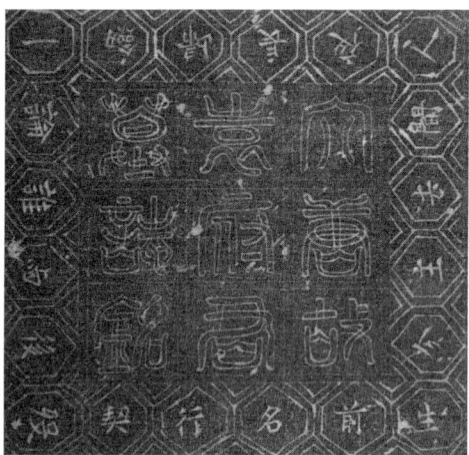

九

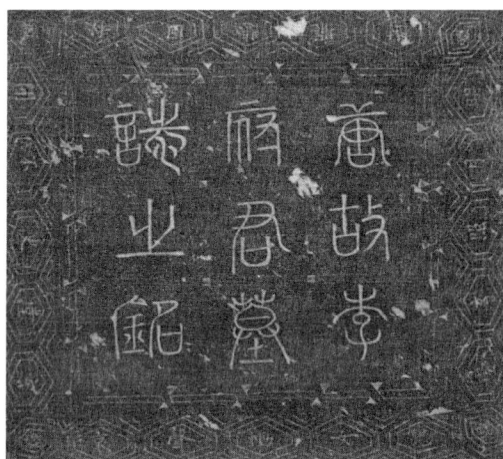

十

十一

十二

骆宾王"对策文"相关问题考辨

陈 飞

（广东外语外贸大学）

《全唐文》收有骆宾王《对策文三道》，[①] 问对俱全，篇章齐整，可称"完璧"。由于唐代试策文散佚、残缺严重，传世甚少，完篇尤为难得，故愈显其珍贵。然而学者对此关注不够，专门而深入的研究尤少，以致诸多问题尚不能详明。本文拟就几个相关问题稍作探讨，主要涉及其制作时间、所属科目、骆氏是否以此及第以及后世载记（如《登科记考》）何以阙如等问题。

一

关于骆宾王《对策文三道》的标题，须稍加说明。按唐代试策体制，一篇完整的试策文是由规定道（条）数的"策问文"与"对策文"（"题目"的情况比较复杂，暂置不论）共同构成的统一体。通常情况下，"策问文"和"对策文"的制作者各有其人。所谓通常情况，主要是指"官试"策，即由中央或地方官府举行的试策，其"策问文"一般由"主司"制作，制举常由皇帝（或以其名义）"亲问"。即便是"私试"（举子私下进行的模拟性考试），其"策问文"和"对策文"之作者亦应有别。只有在"自试"（自我测试）情况下，二者才会出自同

---

① ［清］董诰等编《全唐文》卷一九七《骆宾王》一《对策文三道》，中华书局 1983 年版。陈飞按：全文附录于后，文字由繁体转换为简体，标点符号及各道序号，均为录者所加。

一人之手。据此可知,诸本所题之骆宾王《对策文三道》,既是"策问文"与"对策文"相应且俱全,则不应仅题作"对策文";且在考实之前,亦不应尽属骆氏。因此径以《对策文三道》作标题,有失全面和确当。本文为了表述和理解上的准确与方便,将其策问和对策分别称作"策问文"和"对策文",统称则曰"试策文"。

二

唐代"以文取士","策"是其最为重要而经常的试项,有时甚至是唯一试项。故唐人所作试策文数量,当有惊人之巨大,惜乎早已散失殆尽。幸赖宋人李昉等《文苑英华》(以下简称《英华》)收录,未至泯绝,可谓居功至伟;而系年考录,当推清人徐松之《登科记考》(以下简称《记考》)为精赡。然而两书于骆氏之试策文均无载记,后世有关《英华》和《记考》的"补正"之类,似亦未及。

《英华》所收唐人策文,本非全编,所以失收,盖因其散佚莫见,这并不意外。而《记考》的阙载,则有些费解。因为收有此三道试策文的骆宾王文集,明代已有注本传世,并为《四库全书》所收。① 而且在《记考》以前,已有多种骆集刻本传世。尤其是此三道试策文为《全唐文》所收,徐松既是"《全唐文》馆"的提调兼总纂,其《记考》及《唐两京城坊考》等著作之完成,亦系利用其资料之便,而且《记考》的成书尚在《全唐文》之后。然而《记考》于此三道试策文既没有载录,也没有关于骆宾王应试对策和及第与否等问题的考证。徐氏的著述向以资料翔实、稽考细致见长,《记考》尤为记录和考辨唐代科举制度事迹及文献材料之专著,学者称其博精,故其于骆氏之对策无载无考,或许另有原因。

三

关于骆宾王试策文的制作时间,说者不一。陈熙晋《骆临海集笺注》(以下简称《陈注》)云:"《新书·文艺传》:王勃,字子安,绛州龙门人。麟德初,刘祥道巡行关内,勃上书自陈,祥道表于朝。对策高第。年未及冠,授朝散郎。数献颂阙下,沛王召署府修撰。按临海有《上司列太常伯启》,即祥道也。对策当在其时。"② 杨柳、骆祥发《骆宾王评传》(以

---

① [清]纪昀等《四库全书总目》卷一四九《集部》之《别集类》二云:"《骆丞集》四卷(副都御使黄登贤家藏本),唐骆宾王撰。《唐书·文苑传》称:中宗时,诏求其文,得百余篇,命郗云卿编次之。……其集《新》、《旧唐书》皆作十卷。宋《艺文志》又载有《百道判》三卷,今并散佚。此本四卷,盖后人所裒辑,其注则明给事中颜文选所作,援引疎舛,殆无可取。以文选之外别无注本,而其中亦尚有一二可采者,故姑并录之,以备参考焉。"中华书局1965年版。陈飞按:此《总目》提要文与《四库全书》所收《骆丞集》卷前之提要文详略稍异,括号内原为《总目》题下双行小注。

② [清]陈熙晋《骆临海集笺注》卷九《对策文三道》,上海古籍出版社1985年版。陈飞按:其文原为旧式句读,今改作新式标点。

下简称《评传》）云："麟德初，王勃上书刘祥道，自陈政见，得到刘祥道的极大赞赏，于是表于朝，对策高第，年未及冠而授朝散郎，考核的办法，也是试策。骆宾王的文集中现存有《对策文》三道，大概就是这次应举之作。"[1] 按古人谓"初"一般约为元年，则上两说前后相沿，是谓骆宾王参加考试及其对策文之作约在麟德元年（664）。然而《评传》又于所附《骆宾王简谱》之乾封二年（667）下云："不久即得当道举荐，赴京对策中式，授奉礼郎，结束闲居生活。"[2] 则其时与前说稍有出入，其事亦未必确实。张志烈《初唐四杰年谱》（以下省称《张谱》）于乾封元年（666）云："骆宾王约三十二岁。应举及第，拜奉礼郎，为东台详正学士。"其下考云："骆集中今存《对策文三道》，其最后一道对策有云：'当今乘六御天，得一居帝，翘车猎彦，束帛旌贤。故丛桂幽人，罢韬真于文豹；青莲江使，自裂兆于非熊。'知必为应岳牧举时对策。"[3] 是确定骆氏"应岳牧举"[4]而对策及第在乾封元年。这样便有麟德元年、乾封元年、乾封二年三说。

麟德元年说，系出《新唐书·王勃传》所载："麟德初，刘祥道巡行关内，勃上书自陈，祥道表于朝，对策高第。年未及冠，授朝散郎。数献颂阙下。沛王闻其名，召署府修撰。"[5] 此说的逻辑是：既然王勃、骆宾王都有书（启）上刘祥道，而王勃获得表荐并对策高第，那么骆宾王也应获得举荐而对策及第。此"逻辑"虽然不够严密，缺乏力证，然不失为一种推考思路。

问题的前提和关键，在于王勃"上书自陈"及"对策高第"的具体时间，此与刘祥道密切相关。《旧唐书·高宗纪》载：

> （龙朔三年八月）戊申，诏百僚极言正谏。命司元太常伯窦德玄、司刑太常伯刘祥道等九人为持节大使，分行天下。仍令内外官五品已上各举所知。冬十月丙申，绛州麟见于介山。丙午含元殿前麟趾见。……十二月庚子，诏改来年正月一日为麟德元年。……（麟德元年八月）戊子，兼司列太常伯、检校沛王府长史、城阳县侯刘祥道兼右相。……十二月丙戌，杀西台侍郎上官仪。戊子，庶人忠坐与仪交通，赐死。丙戌，杀西台侍郎上官仪。戊子，庶人忠坐与仪交通，赐死。右相城阳县侯刘祥道为司礼太常伯。[6]

又《旧唐书·刘祥道传》载：

---

[1] 杨柳、骆祥发《骆宾王评传》，北京出版社 1987 年版，第 92 页。

[2] 《骆宾王评传》，第 383 页。

[3] 张志烈《初唐四杰年谱》，巴蜀书社 1993 年版，第 100 页。

[4] 关于唐代的"岳牧举"，笔者已另文讨论，兹不多及。此处的"岳牧举"不应作为科目理解。

[5] ［宋］欧阳修等《新唐书》二〇一《文艺传》上《王勃传》。中华书局，1975 年版。

[6] ［后晋］刘昫等《旧唐书》卷四《高宗纪》上，中华书局 1975 年版。

龙朔元年,权检校蒲州刺史。三年,兼检校雍州长史,俄迁右相。祥道性谨慎,既居宰相,深怀忧惧。数自陈老疾,请退就闲职。俄转司礼太常伯,罢知政事。麟德二年,将有事于泰山。有司议依旧礼,皆以太常卿为亚献,光禄卿为终献。祥道驳曰……高宗从其议,竟以司徒徐王元礼为亚献,祥道为终献。事毕,进爵广平郡公。乾封元年,又上表乞骸骨,优制加金紫光禄大夫,听致仕。其年卒,年七十一。①

由此可知,刘祥道于龙朔三年(663)八月以司刑太常伯(刑部尚书)为持节大使"分行天下",其"巡行关内"或许与其尚"兼检校雍州长史"有关;至麟德元年八月兼右相,其时已"兼司列太常伯(吏部尚书)",即兼司列在兼右相之前;至同年十二月罢相,改任司礼太常伯(礼部尚书),一年多的时间里职任几经变迁。《王勃集》中有《上刘右相书》,当是呈于已兼"右相"的刘祥道,而非呈于尚为"巡行大使"的刘祥道。亦即王勃向右相刘祥道"上书自陈"的时间,应在麟德元年八月至十二月之间。

进而应当分别的是:王勃上书的时间并不等于其及第的时间,这是因为,从其"上书自陈",至刘祥道"表于朝",进至王勃的"对策高第",不会立即完成,中间必经一定的过程、环节和形式:"表于朝"只是举荐,"对策"是考试,"高第"则是录取,皆须要一定的时间,还须一定的"机缘"——此与封禅泰山相关。《册府元龟》载:

> 麟德元年七月,丁未朔,诏:宜以三年正月,式遵故实,有事于岱宗。所司详求茂典,以从折衷;其诸州都督、刺史,以二年十二月便集岳下;诸王十月集东都;缘边州府襟要之处,不在集限;天下诸州,明扬才彦,或销声幽薮,或藏器下僚,并随岳牧举送。②

所谓"有事于岱宗"即为封禅泰山。此诏发于麟德元年七月,其事则定于麟德三年正月。诏中除要求"所司"制定典礼仪制外,还规定了各类人员集中的时间和地点,其中就包括诸州所举"才彦"。然则诸州举才、天子选贤,正是这次封禅大典的相伴(也是惯例)活动之一。王勃向刘祥道"上书自陈"以及刘祥道的"表于朝",应是对这次封禅举才诏令的响应。王勃《上刘右相书》中有"伏见皇明远烛,帝采遐宣。张乐岱郊,腾勋社首。征廉察孝,瑶坛虚不次之阶;署行议年,璇检动非常之诏,天下可谓幸甚矣"③等语,可证其确与高宗封禅举

---

① 《旧唐书》卷八一《刘祥道传》。

② [宋]王钦若等《册府元龟》卷三六《帝王部》之《封禅》二。陈飞按《唐会要》卷七《封禅》载此诏略同,唯"举送"作"举选"。其卷下原有小注云:"原阙,今照《四库全书》本增补。"所录文后小注云:"《册府元龟》。"中华书局 1955 年 1 版。

③ [清]蒋清翊《王子安集注》卷五《上刘右相书》,上海古籍出版社 1995 年版。陈飞按:"张乐岱郊"、"腾勋社首"即谓封泰山、禅社首;"征廉察孝"、"署行议年"即谓天子诏举人才。详见蒋注。

贤密切相关。

诏文要求,诸州所举"才彦"应随其"岳牧"于麟德二年十二月"集岳下",如上所述,王勃也应在其列。① 但此时的"才彦"还只能说是某种类型人才的"候选人",尚非通过"对策"考试而被录取的"当选人"。其"对策"考试则要到封禅之后才能举行,其结果亦须在考试之后才能产生。虽然目前还没有关于这次"对策"考试的直接证据材料,但可从先例和后例中得到参证。先例如太宗贞观二十一年诏,② 其事虽未行,但其封禅而伴有举贤则为诏令明文;后例如玄宗开元十三年的封禅,《通典》载:

> （开元）十有三年,敬若天意,四海晏然,封祀岱岳,谢成于天。子孙百禄,苍生受福。庚寅,祀昊天上帝于山上封台之前坛,高祖神尧皇帝配享焉。辛卯,享皇地祇于社首之泰折坛,睿宗大圣真皇帝配。壬申,上御朝觐之帐殿,大备陈布,文武百僚、二王后、孔子后、诸方朝集使、岳牧举贤良,咸在位。③

玄宗"御朝觐之帐殿"所接见的各界各方人士中,有"岳牧举贤良",此即诸州都督、刺史所举之人才。此次"举贤良"未见于诏令明文,可能系其文已佚失,也可能是依例而行,无须言及。这里值得注意的是,当玄宗接见时,这些"贤良"尚未经过考试,其考试则是在封禅之后。《册府元龟·贡举部》载:

> （开元）十四年七月癸巳,上御雒城南门楼,亲试岳牧举人及东封献赋颂人,命太官置食赐物有差。④

这里的"东封"即为开元十三年的泰山封禅,这里的"岳牧举人"即玄宗所接见之"贤良"。

---

① 王勃《上李常伯启》有"谨凭斯义,辄上《宸游东岳颂》一首。"其启已佚,蒋注即引高宗封禅泰山以实之。详见《王泰子安集注》卷四。若属实,则王勃可能确已随至泰山。

② ［宋］王溥《唐会要》卷七《封禅》载:"贞观二十一年正月丁酉诏曰:'……可以贞观二十二载仲春之月,式遵故实,有事于泰山。诸内外具僚,岳牧卿士,既相敦喻,将事告成。各罄乃心,无亏政道,恪居职务,以协时雍。所司宜与缙绅先生,载笔圆冠之士,详求通典,裁其折中,深加严敬,称朕意焉。仍令天下诸州,明扬侧陋,其有学艺优洽,文蔚翰林,政术昭明,才膺国器者,并宜总集泰山。庶令作赋掷金,不韫天庭之掞;被褐怀玉,无溺屠钓之间。务得英奇,当加不次也。'"中华书局《丛书集成初编》聚珍版排印本 1955 年版。陈飞按:文后小注云:"《册府元龟》。"

③ ［唐］杜佑《通典》卷五四《礼》十四《吉》十三《封禅》。中华书局王文锦等点校本,1988 年版。陈飞按:"壬申"疑误。《旧唐书》卷二三《礼仪志》三载:"壬辰,玄宗御朝觐之帐殿,大备陈布。文武百僚,二王后,孔子后,诸方朝集使,岳牧举贤良及儒生文士上赋颂者,戎狄夷蛮羌胡朝献之国,突厥颉利发,契丹、奚等王,大食、谢䫻、五天十姓,昆仑、日本、新罗,靺鞨之侍子及使,内臣之番,高丽朝鲜王,百济带方王,十姓摩阿史那兴昔可汗,三十姓左右贤王,日南、西竺、凿齿、雕题、牂牁、乌浒之酋长,咸在位。"

④ 《册府元龟》卷六四三《贡举部》之《考试》。

玄宗于开元十三年十一月十日、十一日举行封禅,十二日接受朝觐,[①] 而"亲试"则在十四年七月,前后相距半年多。从玄宗的临轩、亲试、置食、赐物以及试后的"处分"等情况看,整个过程与通常的制举(选)大同小异,实际上就是一次制举,只是因为与封禅相关而显得有些特别罢了。

玄宗的封禅举贤虽是在高宗之后,但其典礼制度大抵遵依高宗,玄宗也有"遂奉遵高祖、太宗之业,宪章乾封之典"[②] 的表白。所谓"乾封之典",就是指高宗麟德三年(封禅后即改元乾封)封禅泰山之典礼仪制。可见高、玄二宗的封禅举贤,具有制度上的传承性。参此可知,高宗的封禅举贤,其考试也应在其封禅之后举行。《旧唐书·高宗纪》载:"麟德三年春正月戊辰(初一)朔,车驾至泰山顿。是日亲祀昊天上帝于封祀坛,以高祖、太宗配飨。己巳(初二),帝升山行封禅之礼。庚午(初三),禅于社首,祭皇地祇,以太穆太皇太后、文德皇太后配飨;皇后为亚献,越国太妃燕氏为终献。辛未(初四),御降禅坛。壬申(初五),御朝觐坛受朝贺。改麟德三年为乾封元年。"[③] 将此与玄宗封禅两相对照,除了时间、人物有所不同之外,其仪制与节目大抵无异。封禅后,高宗又到曲阜拜祭孔子,到亳州拜谒老子,然后到东都,直到四月才回到京师长安。考虑到鞍马劳顿、人员休整、急务处理等情况,高宗封禅所举"才彦"的考试,不大可能在乾封元年四月以前举行。也就是说,王勃的"对策"及其"高第",很可能是在乾封元年四月以后。

综上可知,王勃从"上书自陈"到"对策高第",时间跨度为麟德元年八月至乾封元年四月以后,前后约三年。整个"事件"有三个主要环节:即王勃上书、刘祥道表荐、天子策试并取第,三者事由不同,事主不同,时间也不同,应分别对待,不能混为一谈。简言之,王勃的"对策高第"应是在乾封元年。

四

这样的"分别对待"也适用于骆宾王。骆氏固然也曾像王勃一样上书刘祥道,但二者的上书时间并非同时。骆集中有《上司列太常伯启》。陈熙晋笺注云:"案:启中'赤

---

① [宋]司马光《资治通鉴》卷二一二《唐纪》二十八载:(开元十三年)十一月,丙戌,至泰山下。己丑,上备法驾,至山下,御马登山。留从官于谷口,独与宰相及祠官俱登,仪卫环列于山下百余里。上问礼部侍郎贺知章曰:'前代玉牒之文,何故秘之?'对曰:'或密求神仙,故不欲人见。'上曰:'吾为苍生祈福耳。'乃出玉牒,宣示群臣。庚寅,上祀昊天上帝于山上,群臣祀五帝百神于山下之坛;其余仿乾封故事。辛卯,祭皇地祇于社首。壬辰,上御帐殿,受朝觐,赦天下,封泰山神为天齐王,礼秩加三公一等。"中华书局。1956年1版。陈飞按:日期据陈垣《二十史朔闰表》,中华书局1962年版。

② 详见[宋]宋敏求《唐大诏令集》卷六六《典礼》之《封禅》之《开元十三年东封赦书》,中华书局2008年版。

③ 《旧唐书》卷五《高宗纪》下。陈飞按:括号内日期,据陈垣《二十史朔闰表》。

文'、'荐祉'云云,此司列太常伯,当是刘姓。"①进而断定此刘姓者即为刘祥道。又引两《唐书》高纪、本传及王勃《上刘右相书》等,认为:"临海此启,盖上于麟德初也。时刘祥道以太常伯兼右相,故称太常伯,亦称右相云。"②其说虽是,然尚欠准确。刘祥道以太常伯兼右相,此在后世或可任称其一,然在当时,右相高于太常伯,受启者尊于上启者,故所上启文当以称右相为得体,如王勃上书所称右相然。骆宾王上启亦须"得体",故其称"太常伯"而不称"右相",当是其时刘祥道仅兼司列太常伯而尚未兼右相。《旧唐书·高宗纪》载:"(龙朔三年正月)乙丑,司列太常伯李义府为右相。……夏四月乙丑,右相李义府下狱。戊子,李义府除名,配流巂州。"③《旧唐书·李义府传》云:"龙朔元年,丁母忧去职。二年,起复为司列太常伯、同东西台三品。……三年,迁右相,殷王府长史仍知选事并如故。……于是右金吾仓曹参军杨行颖表言义府罪状,制下司刑太常伯刘祥道与侍御详刑对推其事,仍令司空李勣监焉。按皆有实,乃下制曰:'……可除名长流巂州……'乾封元年,大赦,长流人不许还,义府忧愤发疾卒,年五十余。"④可知李义府任司列太常伯、右相在刘祥道之前,龙朔三年四月下狱,其职自当免去。其时刘祥道尚任司刑太常伯;至其年八月仍以司刑太常伯"巡行关内";至来年亦即麟德元年八月兼右相时,则已然兼任司列太常伯了。这样看来,刘祥道(兼任右相之前)兼任司列太常伯当在龙朔三年四月至麟德元年八月之间。骆宾王的《上司列太常伯启》应即上于此时。

又据唐代铨选制度,每年十月"冬集",进入选限。其时相关部门(如吏部、礼部、兵部)的长官如尚书、侍郎等须主持其事。故刘祥道的"巡行关内"应在当年的十月前后归京,其兼任司列太常伯则应在其归京之后。唐代铨选,一般于十一月"锁曹"、"锁铨",至来年二三月间"开铨",其间选事繁忙且机密,主其事者不便与人交通。⑤因此骆宾王的上启,应待铨选结束,其时约在麟德元年三月之后。

骆氏启中有"幸属乾坤贞观,乌兔光华。嵩山动万岁之声,德水应千年之色。虽无为光宅,欣预比屋之封;而有道贫贱,耻作归田之赋"等语,显系因封禅而发,由此可进一步推知其上启时间,应在高宗封禅诏发布之后,刘祥道兼任右相之前,亦即麟德元年七月丁未(一日)至八月戊子(十三日)之间。

① 详见《骆临海集笺注》卷七《上司列太常伯启》题下笺注。陈飞按:启云:"……伏惟太常伯公,仪天耸构,横九霄而拓基;浸地开源,控四纪而疏派。自赤文荐祉,曲阜分帝子之灵;紫气浮仙,涵谷诞真人之秀。本支百代,君子万年……"即陈熙晋以为系指刘姓者。
② 《骆临海集笺注》卷七《上司列太常伯启》。
③ 《旧唐书》卷四《高宗纪》上。
④ 《旧唐书》卷八二《李义府传》。
⑤ 关于唐代铨选制度,参见王勋成《唐代铨选与文学》,中华书局 2001 年版。

五

至于骆宾王上启之后刘祥道是否也像对待王勃一样而"表于朝"？骆宾王是否获得举荐而参加封禅大典？以及骆氏是否参加对策考试而及第？这些问题因缺乏直接证据而难以确断，已有的说法多是据王勃而作的间接推测。因此关于骆氏试策文的其他相关问题，仍须从王勃的"对策高第"说起。

关于所属科目问题。上引高宗麟德元年封禅诏云："……天下诸州，明扬才彦，或销声幽薮，或藏器下僚，并随岳牧举送。"① 根据唐代制举的通例，这里的"销声幽薮"、"藏器下僚"即有"科目"的性质，然为"制目"。② 据《册府元龟·科目》载："龙朔三年八月，诏内外官五品以上各举岩薮幽素之士。"③ 其中的"岩薮幽素"亦属"制目"。又载："乾封元年：幽素科（苏瑰、解琬、苗神客、格辅元、徐昭、刘讷言、崔谷神及第）。"④ 此"幽素科"则为"试目"和"第目"。然则，此"幽素科"正与高宗封禅诏中两个制目之一的"销声幽薮"相应合，前者正是后者在考试和发榜时的缩写或简称。由此可知，高宗于封禅后亦即乾封元年确曾举行过制举考试，但仅"销声幽薮"有人及第，而"藏器下僚"却无其人——这只是目前可见文献所记载的情况，未必完全符合实际。王勃"对策高第"的科目，应即属此"幽素科"。《记考》将王勃列名于乾封元年"幽素科"之及第者中，是正确的。

值得注意的是，"销声幽薮"和"藏器下僚"所指示的人才对象（类型）是有所分别的：大抵前者主要是指有才无名的"草野"之士，属尚未入仕者；后者主要是指有器干的下层官吏，属已入仕途者，二者分属不同的层级。将其同诏并举，亦属唐代制举体制的常例——唐代制举往往同时向两个层级开放：一是未有出身的"白身人"；一是已有出身或前资的在籍者。前者属"举人"范畴，后者属"选人"范畴。故所谓"制举"实际上也包含"制选"。所以高宗诏中两个"制目"所面向对象的两个层级，与通常制举所面向对象的两个层级正相合，大抵覆盖了所有的下层人才，这也体现了天子封禅及选才的恩泽广被。

然则高宗封禅诏中两个"制目"既有差别，在具体考试和录取时也应有所不同。当时（乾封元年）王勃只有十七岁，尚未入仕，归入"销声幽薮"科亦即"幽素科"可谓理所当然；而骆宾王其时已经三十二岁，⑤ 且有多年任职资历——自显庆三年至麟德元年，任道王府

---

① 《册府元龟》卷三六《帝王部》之《封禅》二。

② 唐代制举的科目亦颇复杂，大抵列举于诏制中的为"制目"；落实于考试中的为"试目"，标示于榜单上的为"第目"。详见拙著《唐代试策考述》第七章《制举试策》，中华书局 2002 年版。

③ 《册府元龟》卷六四五《贡举部》之《科目》。

④ 《册府元龟》卷六四五《贡举部》之《科目》。陈飞按：括号内原文双行小注。《唐会要》卷七六《贡举》中《制科举》载："乾封元年，幽素科，苏瑰、解琬、苗神客、格辅元、徐昭、刘讷言、崔谷神及第。"

⑤ 陈飞按：关于骆宾王的生年，说者不一，兹取张志烈《初唐四杰年谱》贞观九年（635）说，骆氏及王勃有关事迹系年，亦参该书。

属官,确属"下僚"且长期不调。因此,如果骆氏确实参加考试并及第的话,则应归入"藏器下僚"科,而不应与王勃同属一个科目。

然而迄今尚未见有关骆氏应试、及第及其所属科目的直接载记,推测起来约有几种可能:一是骆氏参加了考试并及第,但文献没有记载或记载失传;二是骆氏虽参加考试但并未及第,不在文献记载之"例";三是骆氏原本就没有参加考试,也就不会及第,文献自然也不会有记载。若属前二者,其试策文就应与这次考试有关,也许就是其考试之作;若属后者,则其试策文便应与这次考试无关,其制作之由,当另作探寻。

六

诸多迹象显示,骆宾王很可能并没有参加乾封元年的制举考试,其试策文亦应别有所属。这些迹象约略有:

其一,文献无载。虽说历史人物和事件以种种原因而"文献无载"乃属常情,但骆宾王非同"常人",既以"四杰"而名满天下,又以"檄武"而震动朝野,是集当时之"焦点"、"热点"与"敏感点"于一身之人物;而应试及第,又为当日之"盛事",为时人所重尚,理应加倍关注。故骆氏若确曾及第,于情于理,不应无载。况且,王勃的"对策高第"能够得到记载,与王勃同科及第的苏瑰、解琬、苗神客、格辅元、徐昭、刘讷言、崔谷神等人也能够得到记载,说明文献关于此次制举考试的记载及保存相对较完整,骆氏若确有其实,不应独在缺失之列。故其之所以"榜上无名",很可能是因其原本就未曾参加这次考试,或者参试而未获及第。

其二,体制不符。骆氏试策文的形式体制与通常的制举试策文不尽相符。唐代取士各科试策在形式体制上往往有其特定的要求或惯例,就制举试策文的形式体制而言,其最显著的一点,就是必须始终在"君—臣"语境下进行问对,由此带来诸多形式体制性特征。笔者对此已有所论述,[①] 兹不备举,仅就骆氏试策文与制举试策文的明显差异略举几点。一是策问部分:由于制举是以天子的名义举行的,故其策问也是由天子"亲策"的,因而在形式上带有明显"君体"的标志性特征。如"称制辞",即称道天子之辞,以提示其下的发问出自皇帝,具有诏制性质。通常是紧承"起问辞"("问")之后,称"朕闻"、"皇帝若曰"之类。又如"促对语",即在提问之后,还有敦促回答之语。由于制举是天子"问政"于贤能,故其促对语多是以皇帝姿态表达其虚怀礼贤、优容直言、尽可直书无隐等意思,如云"朕将亲览"、"匡朕之寡昧,拯时之艰灾。毕志直书,无有所隐"之类,显得雍容而隆重。凡此,不论是在姿态、口吻以及风格等方面,皆有可以识别其为制举策问的明显特征,而且也是进士、明经等非制举策问所没有、也不当有的特征。然而,在骆氏所对三道策问文中,无一具有制举策问之特征,不仅没有合乎"君体"的称制辞、促对语之类,而且口吻直率,风格

---

① 详见拙文《唐代试策的形式体制——以制举策文为例》,载《文学遗产》2006 年第 6 期。

简易，与制举策问大异其趣。二是对策部分：与策问相对应，制举的对策文也要有其"臣体"的标志性特征。如"承制辞"，即在"起对辞"（"对"）之后，往往要用"臣闻"、"臣曰"、"臣伏见"、"伏惟陛下"之类辞语接过，以显示以下的回答是为"臣"者奉"君"旨而行。又如"述制辞"，即在回答之前或之中，经常使用"制策曰"、"臣伏见"之类的辞语，以复述策问原文或大意，亦有提示"臣体"作用。又如"祈纳语"，即在回答完毕之后，还要说一些话，用以强调其对答的无私、正确和可行，并祈求皇帝采纳，如云"伏惟陛下慎而思之，勤而行之，则太平之风，大同之俗，可从容而驯致矣"之类。凡此，不论是在姿态、口吻还是风格上，皆有可以识别其为制举对策的明显特征，而且也是进士、明经等非制举对策所没有、也不当有的特征。然而骆氏的三道对策文，无一具备这些特征。总之，从骆氏试策文的形式体制来看，显然不类制举考试之作。

其三，内容不合。骆氏试策文在"内容"上，也有些"不合时宜"。所谓"时宜"，主要是指高宗的封禅泰山。封禅是古代帝王之盛事大典，其本意是向上帝和祖先报告其政治成功。[1] 后世皇帝热衷于此，除了"告成"以外还有"求仙"等私心。在正统的儒家思想观念里，"告成"事关天下国家，既是公开的也是值得称颂的；而"求仙"等则多出于私欲，是隐秘的也是应致微词的。[2] 然而举行封禅的皇帝莫不以圣明自居，喜听称颂而恶闻微词。故当封禅大典举行之际，只有歌功颂德才合乎"时宜"，也只有"请（封禅）"、"上（赋颂）"之类才称"识趣"和"得体"。然而骆宾王的试策文似乎与此异趣，尤其是其第一道，以"游魂"、"羽客"为问答，不仅没有歌颂"成功"，反而大谈神鬼虚妄之类，显然与封禅（所要求）的喜庆吉祥氛围有所不合。其对策用"斯皆实录，谅匪虚谈"作结，对前述所有荒诞不经之说不仅未加驳斥，反而有"坐实"之意。这样的对策若非"别有用心"，则实在算不上高明。实际上，高宗的这次封禅，主要是应皇后武则天之请，若论其政治，本无"成功"可告。故其封禅的真实动机，在高宗不无寻仙求药之意，在武后则有固权示威之心，二者皆属"私心"，不便道破。而骆氏的试策文，或许确有"影射"和"讽谏"之意。其第二道有"当今海内乂安，天下乐业"之语，看似歌颂太平，但紧接着又说"士食旧德，农服先畴"，则归功于前朝（太宗），先扬后抑，明褒暗贬。随后又说"自可孙宏献书，以待公车之制；王丹载酒，时慰田家之劳"，与所问"四民之业"之主题也有些"答非所问"。第三道问人才，主要是问如何解决人

---

① 《通典》卷五四《礼》十四《沿革》十四《吉礼》十三《封禅》云："古者帝王之兴，每易姓而起，以致太平，必封乎泰山，所以告成功也。《礼》云：'因名山升中于天。'（封禅必于泰山者，万物交代之处，封增其高，顺其类也。升，上也。中，成也。刻石纪号，著己功绩）封讫，而禅梁甫，亦以告太平也。（封禅者，高厚之道也。封土于山，而禅祭于地。天以高为尊，地以厚为德。增泰山之高以报天，厚梁甫之阶以报地。明天之所命，功成事就，有益于天地，若天地之更高厚然。梁甫者，泰山之支山卑下者也。能以其道配成高德，故禅梁甫亦以告太平也）陈飞按：括号内为原文之小注。

② 《旧唐书》卷二三《礼仪志》三载："玄宗（封禅后）制《纪太山铭》，御书勒于山顶石壁之上。其辞曰：'……古封太山，七十二君，或禅亭亭，或禅云云。其迹不见，其名可闻，祇遹文祖，光昭旧勋。方士虚诞，儒书不足，佚后求仙，诬神检玉。秦灾风雨，汉污编录，德未合天，或承之辱。道在观政，名非从欲，铭心绝岩，播告群岳。'"

尽其才与条件限制之间的矛盾,骆氏的对策则围绕遇与不遇展开,将其归之于"运会"、"天时",并直接联系到本人,云:"某谈乏二龙,识迷三豕,徒以钻木轻焰,仰升扶而耀辉,化草余光,对含桂而炫彩。回皇如失,俯仰多惭。"这段话显得有些别样,与试策文的旨趣和体例不甚相合,颇似上书(启)之类。而且一味自卑自惭,无一言彰显自己的才能,似乎对方很了解自己。特别是以"某"自称,在必须严守"君—臣"之体的制举试策中,有其不合体例。

骆宾王试策文之所以会有如此之多的不"得体",应非偶然,原因可能很多,但绝不会是由于骆氏不擅此道,其根本原因应在于:骆氏的试策文很可能并非其应试制举之作,亦即不是制举试策文。若此推论成立,不仅所有的不"得体"可以得到解释,而且已有的关于骆氏参加制举考试、对策、及第及其时间(乾封元年)等说法皆应存疑,未可定论。

然则,骆氏的试策文究竟属于何科?作于何时?骆氏是否参加考试?是否及第?这些问题虽然目前尚难确定,但推想起来,约有几种可能:一是应试之作,骆氏参加了考试,但所试为非制举类科目(如进士、明经),可能及第也可能未及第。从保存下来的唐代试策文来看,大多为省试及第之作,但也不排除地方官试之作和未及第之作,而骆氏的试策文在形态上更接近进士试策;二是为模拟之作,即骆氏为应试而作的"私试"、"自试"之类作品;三是"投献"之作,骆氏为求赏荐,作文上于当道达人,如同"上书"、"行卷"之类,此策文亦为其一,而与具体的考试没有直接联系。从骆氏对策文"某⋯⋯"的表达来看,这样的用意确很明显。这些可能虽属推测,未可定论,但亦可间接得到参证。

其四,问对一人。骆宾王试策文(包括策问文和对策文)的命意和用典,往往与骆氏的其他作品相近或重复,这表明其策问文与对策文可能同出骆氏一人之手。如"魂"在骆氏作品中多次出现,可以说是其常用意象。其试策文第一道策问中的"岱岳游魂",不仅与此常用意象相一致,而且还有"重复"使用的情况,如在《为齐州父老请陪封禅表》云:"傥允微诚,许陪大礼,则梦琼余息,仰仙阙以交欢;就木残魂,游岱宗而载跃。"《骆临海集笺注》云:"'岱岳游魂',见《表》。"[1] 即指上表。又如"化",在骆氏作品也是多次出现,其第一道策问中的"恒化"既与其惯常用法相一致,而且也有"重复"使用。其《与博昌父老书》云:"虽蒙庄一指,殆先觉于劳生;秦佚三号,讵忘情于恒化?"其"恒化"表达及用典与第一道策问之"恒化"完全相同。[2] 其他如:第一道策问中的"佳城",《骆临海集笺注》云:"见《挽歌》"(即《乐大夫挽歌诗五首》);"瀛洲",《骆临海集笺注》云:"见《王灵妃诗》'三山'注。"(即《代女道士王灵妃赠道士李荣》诗);"鹤䇶",《骆临海集笺注》云:"用王子乔事,并见《王灵妃诗》";"弃杖成龙",《骆临海集笺注》云:"弃杖,见《王灵妃诗》。"[3] 此命意及典故亦见于《出石门》诗:"暂策为龙杖,何处得神仙。"[4] 此外,"虞翻"亦见于《上李少常启》

---

① 详见《骆临海集笺注》卷九《对策文三道》。

② 同上。

③ 同上。

④ 详见《骆临海集笺注》卷二《出石门》。

之"片善必甄,挹虞翻于东箭;一言可纪,许顾荣以南金"① 以及《上齐州张司马启》之"片善必甄,揖虞翻于东箭;一言可纪,许顾荣以南金"。② 二者仅一字之差。而"衔恩结草",亦见于《上瑕邱韦明府启》之"殒首三泉,犹希结草"。③ 如此之多的义近和典同,虽在所难免,但在骆氏作品中大量反复地出现,并形成取义、意象和风格上的高度一致,表明此为骆氏所特有,而非偶然之巧合。由此可知骆氏试策文的策问和对策可能皆系骆氏所作,然则,如前所言,在严格的官试试策文中,策问文和对策文的作者各有其人,不应为同一人;而二者同出一人之手的情况,只能在"私试"、"自试"或"拟作"中出现,而骆氏的试策文很有可能就是这样的自试或模拟之作。这一推测如果成立,则所有以骆氏试策文为官试之作为基础的论断,便都须要重新审视。也就是说,骆氏不仅可能没有参加乾封元年的制举考试,甚至也可能没有参加其他官方考试(或参加考试但未获及第)。

其五,未获举荐。骆宾王之所以没有参加乾封元年的制举考试,很可能系因没能获得举荐。唐代的制举,往往将在职高官的举荐作为士子获得参试资格的必要条件,而骆宾王为此而写的求荐之作,亦非只有《上司列太常伯启》一篇,还有《上李少常伯启》、④《上兖州刺史启》⑤ 等,可见其所求非止一人,而且是苦求不得。骆宾王原为道王府属官,在正常情况下,道王为最合适之举主,骆氏亦应首求于道王。不巧的是道王于麟德元年四月薨于卫州刺史任上,⑥ 宾王不得不转求他人,但效果似乎并不理想。这在其作品中屡有透露,如写于上元年间的《上吏部裴侍郎书》中云:"宾王一艺罕称,十年不调。进寡金、张之援,退无毛、薛之游。亦何尝献策干时,高谈王霸,衒材扬己,历抵公卿? 不汲汲于荣名,不戚戚于卑位,盖养亲故也,岂谋身之道哉?"⑦ "一艺罕称",是说学业无成。而古人的学业成否,往往以能否以学业致禄位而论;"十年不调",是说其职级在官方的铨选中长期得不到晋升;"进寡金、张之援;退无毛、薛之游",是说自己没有强有力的知己者为之援引提携;"亦何尝献策干时,高谈王霸,衒材扬己,历抵公卿",是说自己既未曾向当局者献计献策,也未曾向当道者炫耀才能;"不汲汲于荣名,不戚戚于卑位,盖养亲故也,岂谋身之道哉",是说自己这样不积极追求功名利禄,虽不合谋身之道,但有情可原:为了侍奉老母。总之都是在表明自己一直低位卑微,不曾得意。

这里尤其值得注意的是"一艺罕称"、"亦何尝献策干时,高谈王霸"等表述的"言下之意"。唐人所谓"艺",往往与"举业"有关,故"一艺罕称"实际可能是指自己未能通过任

---

① 详见《骆临海集笺注》卷七《上李少常伯启》。
② 详见《骆临海集笺注》卷七《上齐州张司马启》。
③ 详见《骆临海集笺注》卷八《上瑕丘韦明府启》。
④ 《骆临海集笺注》卷七。陈飞按:陈熙晋笺注云:"此启疑亦上于麟德元年封泰山时也。"以为此司列少常伯(吏部侍郎)为李敬玄,张志烈《初唐四杰年谱》则以为是李安期。然则少常伯不止一人,未详孰是,存以待考。
⑤ 详见《骆临海集笺注》卷七。
⑥ 事见《旧唐书》卷四《高宗纪》上、《旧唐书》卷六四《高祖二十二子列传》之《道王元庆传》。
⑦ 详见《骆临海集笺注》卷八。

何一种常科考试；唐人所谓"献策干时"、"高谈王霸"，则往往与制举相关。因为天子下制举贤，不仅要得到"非常之材"，而且要得到"非常之策"，故其考试通常只有试策一项，所试多为"王霸大略"，甚至经常将"王霸"之类悬为科目。[①] 因此骆宾王说自己未曾"献策干时"、"高谈王霸"，实际可能是指自己未曾参加制举考试。其之所以未能参加制举考试，则是由于没有得到强有力的举荐和援引，这也意味着此前他的多次上书（启）求荐并没有奏效。由此可知刘祥道、李敬玄（或李安期）以及兖州刺史等人，并没有举荐骆宾王。这让骆宾王"耿耿于怀"，不止一次表达过类似的意思。[②]

至于骆宾王未能获得举荐的原因，应该是多样且复杂的，但也不难推想其大概。如果将其与王勃稍作比较，更易明了。骆、王同为"四杰"成员，二人的才调应不相上下，而且在"麟德初"前后，骆氏已届而立，而王勃尚未及冠。故若论当时的"文名"影响，骆氏应高于王勃，故二人一获荐一未获荐，与其才能高低关系不大，而应别有原因。其较为关键者，或许与骆宾王任职道王府多年的"背景"有关，因为此时武则天已渐得势，并有排斥李唐宗室的倾向；而况道王已薨，无人为宾王作"主"。故骆氏的"背景"与"文名"反而成为不利因素。而王勃此时尚属"白身"，没有复杂而"敏感"的人事和政治"背景"，加以年少而有"文名"，故为当道所乐于举荐。在唐代"坐举"[③] 制度下，谁都愿意举荐一个及第可能性更大的对象，而不是相反。事实上，骆宾王的这种"背景"，不仅影响到他的仕途沉浮，而且也影响到他的政治态度和立场倾向，甚至他最后追随徐敬业讨武，或许也与此不无关系。另外，骆氏性格、思想中的"不羁"、"虚诞"[④] 等因素，也是影响其人生道路及命运的重要因素。这些不在本文讨论范围，此处就不多及了。

归拢以上论述，约略可得出以下几点推论：

一、虽然骆宾王和王勃都曾上书刘祥道，且王勃获得举荐并对策高第，但并不能由此断定骆宾王也获得举荐并对策及第。

二、麟德三年与封禅相伴的举才活动，其实际考试是在乾封元年，属制举，王勃所及

---

① 此类涵义的制举科目甚多，如《唐会要》卷七六《制科举》载有：幽素科、岳牧科、临难不顾询节宁邦科、长才广度沉迹下僚科、绝伦科、龚黄科、才鹰管乐科、才堪经邦科、文经邦国科、寄以宣风则能兴化变俗科、道侔伊吕科、直言极谏科、哲人奇士逸伦屠钓科、将帅科、武足安边科、高才沉沦草泽自举科、王霸科、智谋将帅科、贤良方正能直言极谏科、军谋越众科、博通坟典达于教化科、识洞韬略堪任将相科、军谋宏远堪将帅科等等。

② 诸如《上吏部裴侍郎〈帝京篇〉并启》、《上李少常伯启》等作。

③ 唐代官员举荐贤才，既是职责要求，也是法律义务，有才不举及举非其人，不仅属失职，甚至受罪罚。[唐]长孙无忌等《唐律疏议笺解》卷九《职制》门有《贡举非其人》条，云："诸贡举非其人及应贡举而不贡举者，一人徒一年，二人加一等，罪止徒三年。"《疏》云："议曰：依令诸州岁别贡人，若别敕令举及国子诸馆年常送省者为举人，皆取方正清循，名行相副。若德行无闻，妄相推荐，或才堪利用蔽而不举者，一人徒一年，二人加一等，罪止徒三年。"律又云："若考校、课试而不以实及选官乖于举状，以故不称职者，减一等。"《疏》云："议曰……亦减'贡举非其人'罪一等。"中华书局刘文俊笺解本，1996年版。

④ 《骆临海集笺注》卷一《夏日游德州赠高四》诗《序》云："仆少负不羁，长逾虚诞。读书颇存涉猎，学剑不待穷工。进不能矫翰龙云，退不能栖神豹雾。抚循诸己，深觉劳生……"

第之"幽素科"为其目；但骆宾王如果参加考试且及第，应属"藏器下僚科"。

三、骆宾王很可能因未获举荐而没有参加乾封元年的制举考试，故亦不可能与王勃同科及第。

四、骆宾王试策文在形式上既与通常的制举试策不符，在内容上也与当局的封禅"时宜"不合，故应非制举官试之作，很可能是私试性模拟之作或投献之作。

五、骆宾王之未获举荐，主要不是由于其"才能"，很可能是因其"背景"。

最后，《记考》之不载骆氏试策文，或许有鉴于其非官试及第之作，[①]或许是偶尔的疏失。若属前者，则《记考》可为本文作一参证；若属后者，则本文可补《记考》之一失。

附录：

对策文三道

骆宾王

第一道

问：岱岳游魂，入佳城而怛化；瀛洲羽客，竦鹤辔而轻举。虽则备于缣素，昭晰可观，求诸耳目，虚无罕验。弃杖成龙，有异虞翻之旨；衔恩结草，宁符宗岱之言？二者何从？尔其扬搉。

对：遐观素论，眇觌元风。惟鬼惟仙，难究难测。至夫滕公长往，佳城开白日之征；洪崖不归，层邱控紫云之盖。或崇成苍狗，自是赵王之神；道叶赤龙，爰通陆安之冶。玉垒变苌宏之血，金阙化浮邱之灵。固能目睹桑田，来作西王之使；魂游蒿里，还为北帝之臣。然而将圣生邹，本忘情于语怪；多材封鲁，亦默论于通仙。洎乎大义既乖，斯文将坠。于是八儒三墨之道，异轸分驰；九流百家之文，殊途竞爽。语仙则有无交战，语鬼则虚实相纷。遂使结草抗军，爰乖宗岱之论；化竹游水，有异虞翻之言。然而博访古诗，缅寻囊册。狥其浮说，徒有奔竞之谈；求诸至言，抑匪通经之旨。何则？高明瞰室，已着六爻之文；太虚游形，式编三洞之箓。故齐君出猎，遇豕啼于贝邱；周嗣登仙，游鹤轩于洛浦。况乎干宝硕德，已辑搜神之书；刘向通儒，非无列仙之传。斯皆实录，谅匪虚谈。谨对。

第二道

问：士农工商，四民各业，废一不可，取譬五材。而阙里致言，鄙于学稼；漆园起论，爰称绝机。岂先圣垂文，义有优劣？将随方设教，理或变通者哉？汝其矢陈，用启前惑。

---

① 《记考》卷首《凡例》云："今录其关省试者，府州试故从略。"然其所录试策文，亦有府州之试者，如杜甫《乾元元年华州试进士策问五首》、元结永泰二年通州《问进士》五道等，唯"私试"之作不见收载，或亦为其体例。

对：出震登皇，垂衣裳而驭篆；乘乾践帝，顺舒惨而字氓。莫不列九土以开疆，因四人而安业。故农为政本，两汉举力田之勤；财用聚人，九市列惟金之利。陟龙门而就日，入仕弹冠；断蝉翼以成风，追工运斧。咸用因人成事，随利济时。盖五帝通规，三王茂范。然则泣麟上圣，训三千以领徒；梦蝶幽人，抟九万以齐物。欲使邱门志学，折以问农之言；汉渚绝机，抒以灌园之巧。斯乃变通权数，趋舍适宜。当今海内乂安，天下乐业，士食旧德，农服先畴。自可孙宏献书，以待公车之制；王丹载酒，时慰田家之劳。谨对。

第三道

问：四十强仕，七十悬车，著在格言，存诸甲令。然则颜驷韫价，殆乎白首；和尊播美，始自韶年。欲使滋泉之彦必臻，洛阳之才无舍，则堤防或爽，襟带徒施。其道如何？伫闻嘉答。

对：窃闻大人有作，义伫良材；贞士徇名，理资明主。是知君必待士，士必待君。故使飞龙在天，圣智有贤明之佐；巨鱼纵壑，元后得唐虞之臣。然则否泰或爽，材运难并。岁渐悬车，尚牧淄原之豕；年甫志学，且珥汉庭之貂。是知因藉时来，和君播元韶之俊；当其未遇，颜生致白首之勤。语其古今，稽之运会，虽则人事，抑亦天时。当今乘六御天，得一居帝，翘车猎彦，束帛旌贤。故丛桂幽人，罢韬真于文豹；青莲江使，自裂兆于非熊。岂止洛阳之才，来仪汉国，滋泉之叟，降止周朝而已哉？某谈乏二龙，识迷三豕，徒以钻木轻焰，仰升扶而耀辉，化草余光，对含桂而炫彩。回皇如失，俯仰多惭。谨对。

"以诗为词"辨

诸葛忆兵

（中国人民大学国学院）

　　"以诗为词"是宋人对苏轼词创新的一个综合评价。苏轼何以能够"以诗为词"，"以诗为词"的具体内涵有哪些，"以诗为词"之得失及在词史上的地位，乃至宋代其他词人"以诗为词"之作为，学者讨论已多。然关于如何理解"以诗为词"，往往众说纷纭，笔者以往在《北宋词史》中涉及此话题，也难免人云亦云。且讨论时常限于苏轼或某一词人之创作，缺乏足够的词史宏观之观照。对这样一个影响词史发展的重大命题，有必要重新进行正本清源之辨析。在正本清源辨析前提下，"以诗为词"创作之特征、得失、地位，才能够得到科学之认识。

一、"以诗为词"之涵义

　　关于宋人理解的"以诗为词"之涵义，今天学术界的讨论是相当混乱的。或曰：二者区别之根本在音乐一项；或曰："以诗为词"的核心是"诗人句法"；[1] 或者干脆否定"以诗为词"的命题意义。[2] 如此以来，辨明"以诗为词"之涵义，则为首要任务。对"以诗为词"正本清源之辨析，首先是一个文体学的问题，即诗与词有何不同文体特点？人们在使用"以诗为词"概念时，具体涉及到哪些诗的文体特征在填词过程中得到体现？其间，"以诗

---

[1]　孙维城《宋韵》，安徽大学出版社，2002年，第128页。

[2]　崔海正《东坡词研究》，山东大学出版社，1992年，第5—21页。

为词"最重要的特征是什么? 明了上述命题,方能纲举目张,把握"以诗为词"之实质。

1. 诗词之辨质疑: 合燕乐歌唱

唐宋词是配合燕乐歌唱的歌辞,词为音乐文学,音乐是词体的重要特征之一。这样的观点已经得到专业学者的一致认同。所以,许多学者就从是否合燕乐歌唱来辨别词与诗之不同。当代学者对此有非常明确的辨析:"'诗'、'词'之间的区别从根本说来仅在音律一项。就词与徒诗来说,在于合不合乐,就词与其他合乐诗(如乐府)来说,在于合什么乐。"[①] 学者发现仅以是否合乐作为诗与词的区分界线并不科学,因为《诗经》、汉乐府等大量诗歌皆合乐可歌,于是特别提出"合什么乐"的问题。唐宋词是合燕乐歌唱的,燕乐形成于隋唐之际,如此,就将唐宋词与先前合乐诗区分开来了。上述观点在当今学界甚为流行,可称之为"主流观点"。

但是,问题并不是这么简单。

其一,唐代有大量的合乐之诗,称之为"声诗"。唐人"旗亭唱诗"的故事传播遐迩。李清照《词论》云:"乐府、声诗并著,最盛于唐开元、天宝间。"任半塘《唐声诗》夹注云:"揣原意:'乐府'指长短句词,'声诗'指唐代诗歌,二者同时并著。"[②] 有相当部分唐诗合乐歌唱,所合之乐即为隋唐时期流行的燕乐,这样的学术观点已经得到学界的一致认同。如果以合燕乐与否作为诗体与词体的分界线,那么,"唐声诗"归入哪一文体呢? "唐声诗"是诗,而不是词,这一点相当明确。

其二,宋室南渡之后,大量歌谱不断流失乃至失传。南宋词人所创作的部分词作当时就已经不能歌唱,只是成为案头欣赏的作品。这一客观事实也已经得到学界的一致认同。龙榆生云:"词所依的曲调,发展到了南宋,渐渐僵化了。……已到了奄奄一息的地步。"[③] 施议对不同意龙榆生的观点,订正说:"词在南宋仍有其合乐歌唱的条件。"[④] 施议对的订正,其前提是承认南宋相当部分词作不能歌唱,只是认为龙榆生夸大事实了。再读南宋人的自述。张炎《国香序》云:"沈梅娇,杭妓也,忽于京都见之。把酒相劳苦,犹能歌周清真《意难忘》、《台城路》二曲,因嘱余记其事。"[⑤] 此序明言,南宋时周邦彦词之曲谱大量失传,能歌唱二首周词之歌妓,已经是凤毛麟角,值得特别一记。南宋方千里、杨泽民等和周邦彦词,亦步亦趋,其所作自然不可歌。张炎《西子妆慢序》云:"吴梦窗自制此曲,余喜其声调妍雅,久欲述之而未能。甲午春,寓罗江,与罗景良野游江上。绿荫芳草,景况离离,因填此解。惜旧谱零落,不能倚声而歌也。"[⑥] 可见,张炎所填这首《西子妆慢》是"不能倚声

---

① 刘石《试论"以诗为词"的判断标准》,《词学》第 12 辑,华东师范大学出版社,2000 年,第 24 页。

② 任半塘《唐声诗》上册,上海古籍出版社,2006 年,第 8 页。

③ 龙榆生《词曲概论》,上海古籍出版社,1980 年,第 10—11 页。

④ 施议对《词与音乐关系研究》,中国社会科学出版社,1985 年,第 96 页。

⑤ 唐圭璋编《全宋词》第 5 册,中华书局,1980 年,第 3465 页。

⑥ 唐圭璋编《全宋词》,第 3475 页。

而歌"的。现将张炎《西子妆慢》引述如下：

> 白浪摇天，青荫涨地，一片野怀幽意。杨花点点是春心，替风前万花吹泪。遥岑寸碧，有谁识朝来清气？自沉吟，甚流光轻掷，繁华如此！　斜阳外，隐约孤舟，隔坞闲门闭。渔舟何似莫归来，想桃源、路通人世。危桥静倚，千年事、都消一醉。谩依依，愁落鹃声万里。

如果以是否合乐歌唱作为诗体与词体的分界线，南宋"不能倚声而歌"之词作归入哪一文体呢？南宋诸多"不能倚声而歌"之词，属于词体，而非诗体，此一事实也不会有任何学者质疑。而且，完全没有学者用"以诗为词"来评价方千里、杨泽民、张炎"不能倚声而歌"之词作。

回到苏轼词之讨论，能否合乐及是否合燕乐，同样不可以成为"以诗为词"的划分标准。苏轼绝大多数词能歌，前人论之甚详。沈祖棻云："苏轼对词乐具有相当修养，他的词在当时是传唱人口的。"[1] 即使苏轼"以诗为词"之作，亦依然能歌。陆游《老学庵笔记》云："公非不能歌，但豪放，不喜剪裁以就声律耳。试取东坡诸词歌之，曲终，觉天风海雨逼人。"[2] 苏轼有"天风海雨"逼人气势的豪放词，配合燕乐能歌，当为不争之事实。这不妨碍宋人对此类词作"以诗为词"的评价。宋人更多的时候是批评苏轼词"不协音律"，很多学者据此认为苏轼词"不能歌"。王小盾说："他们便把格律和音乐这两个不同的概念混为一谈。"[3] 总之，将"能否合乐及是否合燕乐"作为"以诗为词"的划分标准，"忽视了近体诗和长短句同样可以纳入曲子歌唱的事实，以及宋以后词往往脱离音乐而成为案头之作的事实（按：南宋已有此种创作现象）"。[4]

综上所述，诗体与词体在是否合燕乐歌唱这一问题上应当作如下归纳：大部分唐宋词可以合燕乐歌唱，大部分唐近体诗不可以合燕乐歌唱。合燕乐歌唱不能作为诗体与词体区分的根本标准。

2. 诗词之辨实质：教化与娱乐

批评了"主流观点"的不科学性之后，那么，诗词之辨的关键何在？

关于诗词之辨，前人又有另一非常流行的观点：诗言志，词言情。言情之情，指向狭义的男女之艳情，故词又被目之为"艳词"。诗言志，其功能目的为政治教化；词言情，其功能目的为声色娱乐。诗体、词体，判然有别。

---

[1]　沈祖棻《苏轼与词乐》，见《宋词赏析》，中华书局，2008 年，第 285 页。

[2]　唐圭璋编《词话丛编》第 2 册，中华书局，1986 年，第 1176 页。按中华书局 1997 年版《老学庵笔记》单行本卷五所载这段话，少"试取东坡诸词歌之，曲终，觉天风海雨逼人"一句。

[3]　王小盾《隋唐五代燕乐杂言歌辞研究》，中华书局，1996 年，第 2 页。

[4]　同上，第 2 页。

《尚书·舜典》云："诗言志,歌永言,声依永,律和声,八音克谐,无相夺伦,神人以和。"为古典诗歌之创作定下基调,被后人奉为圭臬。于是,作为文学体裁之一的诗歌,被剥夺了文学的独立性,依附于现实社会和政治,成为统治者教化民众的工具。《诗经》作为儒家经典著作之一,在儒者眼中不是文学读本,而是政治和社会教科书。所以,"兴于诗,立于礼,成于乐"(《论语·泰伯》)。孔子教育子弟说:"小子!何莫学夫诗?诗,可以兴,可以观,可以群,可以怨。迩之事父,远之事君。多识于鸟兽草木之名。"(《论语·阳货》)换言之,"诗三百,一言以蔽之,曰'思无邪'"(《论语·为政》)。《诗大序》对"诗言志"有了更加具体的解释和要求:"诗者,志之所之也。在心为志,发言为诗。……故正得失,动天地,感鬼神,莫近于诗。先王以是经夫妇,成孝敬,厚人伦,美教化,移风俗。"

从这样的立场读解《诗经》,《诗经》中大量抒写男女情爱的篇章便被后世儒者生拉硬扯得面目全非。《关雎》篇,乃"周之文王生有圣德,又得圣女姒氏以为之配。宫中之人,于其始至,见其有幽闲贞静之德,故做是诗"①。《汉广》篇,乃"文王之化,自近而远,先及于江汉之间,而有以变其淫乱之俗。故其出游之女,人望而见之,而知其端庄静一,非复前日之可求矣"②。对一些实在无法歪曲解说的情爱诗,儒家学者便直接加以拒斥。如斥《静女》篇为"淫奔期会之诗",《将仲子》篇为"淫奔者之辞",《溱洧》篇为"淫奔者自叙之辞"等等(均见朱熹《诗集传》)。牵强附会,或干脆呵斥,强调"男女授受不亲"。儒家学派在"诗言志"的大前提下,又为诗歌创作划出一块禁区:诗歌创作不许谈论情爱,不许涉及男女情欲!诗歌抒写男女情爱的娱乐功能被彻底取消。因此,中国古代文人诗歌,没有描写男女情爱的传统,只有偶尔零星之作。③

"词为艳科"。燕乐乃隋唐之际人们在歌舞酒宴娱乐场所演奏的音乐,又有歌词配合其演唱。在这样灯红酒绿、歌舞寻欢的娱乐场所,让歌妓舞女们演唱一些什么样内容的歌曲呢?是否可以让她们板着面孔唱"朱门酒肉臭,路有冻死骨"?或者让她们扯开喉咙唱"天生我才必有用,千金散尽还复来"?这一切显然都与眼前寻欢作乐的歌舞场面不谐调,大煞风景。于是,歌唱一些男女相恋相思的"艳词",歌妓们装做出娇媚慵懒的情态,那是最吻合眼前情景的。"艳词"的题材取向是由其流传的场所和娱乐功能决定的。故张炎云:"簸弄风月,陶写性情,词婉于诗。盖声出于莺吭燕舌间,稍近乎情可也。"④ 词言情,就是基于这样的立场对词体的读解。南宋人甚至对歌词所言之情有如此具体的说明:"唐宋以来词人多矣,其词主乎淫,谓不淫非词也。"⑤ 所谓的"淫",就是被儒家学者严厉排斥的男女之情。

宋人明确意识到此种诗体与词体根本区别之所在。"以诗为词"是推尊词体的一种作

---

① 朱熹《诗集传》,上海古籍出版社,1980年,第1页。

② 同上,第6页。

③ 参见诸葛忆兵《性爱描写与词体的兴起》,《文学评论》(北京)2004年第3期,第162—166页。

④ 张炎《词源》卷下,唐圭璋编《词话丛编》第1册,中华书局,1986年,第263页。

⑤ 汪莘《方壶诗余自序》,金启华等编《唐宋词集序跋汇编》,江苏教育出版社,1990年,第227页。

为,所以,从理论上宋人就会论证诗词同体,以证明词体应有的地位。北宋黄裳为自己词集作序,就以"风雅颂赋比兴"六义比拟,云:"六者圣人特统以义而为之名,苟非义之所在,圣人之所删焉。故予之词清淡而正,悦人之听者鲜,乃序以为说。"[①] 南宋胡寅《酒边集序》更加清楚地论证说:"词曲者,古乐府之末造也;古乐府者,诗之旁行也。诗出于《离骚》楚辞,而骚词者,变风变雅之怨而迫、哀而伤者也。其发乎情则同,而止乎礼义则异。名曰曲,以其曲尽人情耳。……及眉山苏氏,一洗绮罗香泽之态,摆脱绸缪宛转之度,使人登高望远,举首高歌,而逸怀浩气,超然乎尘垢之外。于是《花间》为皂隶,而柳氏为舆台矣!"[②] 胡寅论说煞费苦心。既要强调词曲的特征,又要与骚雅诗体相联系,以推尊词体,为下文盛赞苏轼"以诗为词"作为铺垫。宋人试图模糊"诗言志、词言情"的文体分界线,正好从一个相反的角度说明了宋人对诗体与词体区分的理解。

或曰:诗词之辨亦在风格。苏轼词以诗歌风格入词,开创豪放一派,此为"以诗为词"之一端。此说言之有据。诗庄词媚,文体不同,风格迥异。然而,推究苏轼词风之变异,问题将重新回到苏轼词之取材及歌词创作意图、功能之改变这一根本点上。脱离灯红酒绿的创作环境,摆脱歌舞酒宴的传播场所,改变男欢女爱的娱乐功能,歌词取材和功能向诗歌看齐,其词风必然发生变化。作品的风格是与其所描写的题材、所抒发的情感相一致的,即:诗词风格之辨,最终落实到题材和功能的层面上。

南宋孙奕云:"苏子瞻词如诗,秦少游诗如词。"[③] 这种说法在宋代非常流行,在宋人讨论歌词时多处可见。[④] 以秦观创作为对比项,诗体与词体的区分就非常明显。这里指的不是秦观诗能合燕乐歌唱,而是指秦观创作的"女郎诗"。元好问说:"有情芍药含春泪,无力蔷薇卧晓枝。拈出退之山石句,始知渠是女郎诗。"[⑤] 秦观部分诗题材似词,故有"女郎诗"之评价。南宋汤衡对此有过更加详尽的论说:"昔东坡见少游《上巳游金明池》诗,有'帘幕千家锦绣垂'之句,曰:学士又入小石调矣。世人不察,便谓其诗似词。不知坡之此言,盖有深意。夫镂玉雕琼,裁花剪叶,唐末诗人非不美也,然粉泽之工,反累正气。东坡虑其不幸而溺乎彼,故援而止之,惟恐不及。其后元祐诸公,嬉弄乐府,寓以诗人句法,无一毫浮靡之气,实自东坡发之也。"[⑥] 汤衡此处诗词分界或混同之大段讨论,与音乐完全没有关联。宋人诗体、词体对举,或云"以诗为词",或云"诗如词",皆指其不同创作功能而言,涵义相当明确。

① 黄裳《演山居士新词序》,金启华等编《唐宋词集序跋汇编》,第 38 页。

② 胡寅《酒边集序》,金启华等编《唐宋词集序跋汇编》,第 117 页。

③ 孙奕《示儿编》卷一六,薛瑞生笺证《东坡词编年笺证》,三秦出版社,1998 年,第 740 页。

④ 《吕圣求词序》"世谓少游诗似曲,子瞻曲似诗。"《燕喜词序》"议者曰:少游诗似曲,东坡曲似诗。"《于湖先生雅词序》"苏子瞻词如诗,秦少游词如词。"金启华等编《唐宋词集序跋汇编》,第 128、150、165 页。

⑤ 元好问《论诗三十首》之二十四,《元好问全集》,山西人民出版社,1990 年,第 339 页。

⑥ 汤衡《张紫微雅词序》,金启华等编《唐宋词集序跋汇编》,第 164 页。

二、"以诗为词"之演进及得失

辨明诗言志之教化和词言情之娱乐为诗体与词体根本区别之所在,而后可以梳理"以诗为词"的发展演变历程,明确"以诗为词"在歌词发展史上的得失和地位。

1. 词体之形成

隋唐之际燕乐趋于成熟,配合其歌唱的曲子词随之出现。王重民《敦煌曲子词集》收录作品 161 首,集中表现了曲子词的初始风貌。王重民《敦煌曲子词集·叙录》一段话被后来学者反复引用,以证实曲子词最初取材之宽泛,及最初词体与诗体之趋同。王曰:

> 今兹所获,有边客游子之呻吟,忠臣义士之壮语,隐君子之怡情悦志;少年学子之热望与失望,以及佛子之赞颂,医生之歌诀,莫不入调。其言闺情与花柳者,尚不及半。[①]

此一阶段,是曲子词的初创期,词体尚未独立,与诗体混淆是一种必然的现象。任何一种文体初始阶段都有过与其他文体混淆、文体特征不明显的过程。针对这一阶段的曲子词创作,不可以使用"以诗为词"的概念。因为,"以诗为词"是指词体成熟独立之后,接受诗体的影响而在创作中产生的变异现象。词体尚未从诗体中独立出来,遑论"以诗为词"?

以往学者反复引用王重民这段话,往往是为了说明曲子词在民间或在初始期是有着开阔的题材取向的,与诗歌并无二致。只是到了后来文人手中,才逐渐演变而形成委婉隐约叙说艳情的创作特征。此说是对词体之形成的重大误解。如前所言,词体特征之形成是由其传播场所、演唱环境、娱乐功能所决定,无论是在民间持续发展还是到了文人手中,走向委婉叙说艳情是歌词的必然创作趋势。即以敦煌曲子词为例,在敦煌曲子词中写得最好、最多的依然是言男女情爱的作品。如果将《敦煌曲子词集》做一次分类归纳,就能发现言闺情花柳的作品占三分之一以上,所占比例最大。这类作品在敦煌曲子词中也写得最为生动活泼,艺术成就最高。如《抛球乐》(珠泪纷纷湿绮罗,少年公子负恩多。当初姊妹分明道,莫把真心过与他。仔细思量着,淡薄知闻解好磨)、《望江南》(天上月,遥望似一团银。夜久更阑风渐紧,为奴吹散月边云,照见负心人)之类,深受后人喜爱。初始阶段的曲子词创作,已经明确表现为走向艳情的趋势。

唐代的《云谣集》是现存最早的曲子词集,录词 30 首,创作主体已经转移为乐工歌妓,作品题材也就集中到"艳情"方面。"除了第二十四首《拜新月》(国泰时清晏)系歌颂唐王朝海内升平天子万岁,第十三首《喜秋天》感慨人生短促、大自然更替无情之外,余

① 王重民辑《敦煌曲子词集》,商务印书馆,1954 年,第 8 页。

二十八首词都与女性有关,或者出于女性之口吻,或者直接以女性为描写对象。"① 这些"艳情"之作大体有三种类型:"征妇之怨","女性姿色","求欢与失恋"。② 至《云谣集》,词体特征初步形成。

中唐文人刘禹锡、白居易、张志和等亦填词,然拘泥于儒家之"诗教",其词或写江南风光,或叙隐逸之志,与艳情无关。这样的创作不符合歌词的发展趋势,无助于词体特征之形成,故中唐文人歌词之创作便异常冷清萧条,唐代极少追随者。

唐末五代之《花间词》,收录18位词人的作品500首,男女艳情几乎成为惟一的话题。"春梦正关情,镜中蝉鬓轻","门外草萋萋,送君闻马嘶"(温庭筠《菩萨蛮》)之送别相思,"深夜归来长酩酊,扶入流苏犹未醒"(韦庄《天仙子》),"眼看惟恐化,魂荡欲相随"(牛峤《女冠子》)之宿妓放荡,几乎构成一部《花间集》。词中女子在性爱方面甚至大胆到"妾拟将身嫁与,一生休。纵被无情弃,不能羞"(韦庄《思帝乡》)的地步。欧阳炯《花间词序》云:

> 镂金雕琼,拟化工而回巧;裁花剪叶,夺春艳以争鲜。……则有绮筵公子,绣幌佳人,递叶叶之花笺,文抽丽锦;举纤纤之玉指,拍按香檀。不无清绝之词,用助娇娆之态。自南朝之宫体,扇北里之娼风,何止言之不文,所谓秀而不实。有唐以降,率土之滨,家家之香径春风,宁寻越艳;处处之红楼夜月,自锁嫦娥。③

欧阳炯将"花间词"的题材取向、创作环境、作品功能叙说得清清楚楚。花前月下,浅斟低唱,娱乐遣兴,与歌词创作相伴随。稍后于"花间词"之南唐词人,承续"花间"作风,充分发挥歌词的娱乐功能。陈世修《阳春集序》云:"公以金陵盛时,内外无事,朋僚亲旧,或当宴集,多运藻思为乐府新词,俾歌者倚丝竹而歌之,所以娱宾而遣兴也。"④ 至此,歌词艳情之取材、委婉之叙说、娱乐之作用等词体特征最终形成,词体基本上独立于诗体。

2. "以诗为词"之启端

词体一经独立,文体间的相互作用也就开始了。换言之,晚唐五代词体完全成熟,词体特征得以确立,"以诗为词"的创作随之发生。最为典型的是体现在冯延巳、李煜的部分词作中。南唐国势倾危,君臣预感到国家必然灭亡的末日一天天临近,内心深处有摆脱不了的没落感和危机感。于是,他们便在歌舞酒宴之中寻求精神的寄托和暂时的逃避。这种沉重的没落感和危机感渗透到词作中,就使作品具有了士大夫的身世家国的感慨,与"诗言志"的传统暗合。冯煦评价冯延巳词云:"俯仰身世,所怀万端,缪悠其辞,若显若晦,揆

---

① 萧鹏《群体的选择——唐宋人选词与词选通论》,文津出版社,1992年,第71页。

② 同上,第71页。

③ 欧阳炯《花间集序》,李一氓校《花间集校》,人民文学出版社,1981年,第1页。

④ 陈世修《阳春集序》,金启华等编《唐宋词集序跋汇编》,江苏教育出版社,1990年,第8页。

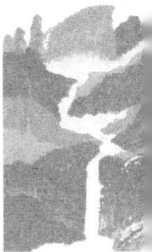

之六义,比兴为多。"①明确将冯词比拟诗歌,从比兴言志的角度加以评说。李煜入宋之后的词作,肆意抒写身世家国之感,完全走出"艳情"范围,诗词同调。王国维就是从这样的角度认识冯延巳和李煜的这部分词作,云:"冯正中虽不失五代风格,而堂庑特大,开北宋一代风气。"又云:"词至李后主而眼界始大,感慨遂深,遂变伶工之词而为士大夫之词。"②所谓"堂庑特大"、"眼界始大"、"为士大夫之词",皆指冯、李词作于艳情之外别有寄寓,向诗歌靠拢。冯、李词作有此成绩,皆因身世背景使之然,非有意"以诗为词"。

北宋建国,大力弘扬儒家伦理道德准则,通过学校、科举等多种途径推广儒家思想教育,建立新一代的士风。士风的转变直接影响到文风的转移。戴复古总结说:"本朝师古学,六经为世用。诸公相羽翼,文章还正统。"③北宋初年士风、文风的改变,"文章还正统"之创作风气的逐渐形成,非常不利于"主乎淫"之歌词创作。文人们自然地摒弃淫乐享受之表述,追求言志咏怀之表达,在创作中形成新的潮流。翻检《全宋词》,宋初约八十余年时间里,有作品留存的词人一共 11 位,保留至今的词作共 34 首。④其中,写艳情的只有 8 首。其他则涉及仕途感慨、景物描写、游乐宴席、感伤时光流逝、颂圣等等,与诗歌取材相同。这与"花间词"一边倒的艳情创作倾向形成鲜明对比,反而与中唐张志和、白居易等人的创作情况近似。宋初八十余年之词坛创作,堪称"以诗为词"占据主流的创作时期。这是由社会风尚、政治环境、文坛风气所造成的。文人们已经失去了创作歌词的兴趣,偶尔为之,亦将词体等同于诗体,下意识地采用"以诗为词"的创作手段。歌词脱离艳情,失去其文体特征,宋人称之为非"当行本色",其创作必然走向萧条。王灼云:"国初平一宇内,法度礼乐,浸复全盛。而士大夫乐章顿衰于前日,此尤可怪。"⑤从词体失去特征、"以诗为词"的角度,可以合理解释"此尤可怪"的创作现象。

晏、欧登上词坛之际,宋词创作进入新的全盛期。其标志是歌词重新走回歌舞酒宴,重新歌唱男女艳情,娱乐功能被重新强化,所谓"一曲新词酒一杯"、"酒宴歌席莫辞频"(晏殊《浣溪沙》)。晏、欧率意作词,不经意间士大夫的胸襟怀抱亦流露于歌词之中,欧阳修表现尤为突出。论者皆指出晏、欧词承继冯延巳而来。刘熙载云:"冯延巳词,晏同叔得其俊,欧阳永叔得其深。"⑥即与三者歌词中之胸襟怀抱相关。所以,晏、欧之创作,虽然在恢复歌词创作传统方面居功甚伟,但是亦不排斥"以诗为词"。李清照《词论》将晏、欧与苏轼相提并论,称他们词作为"句读不葺之诗",就是基于对他们三人部分"以诗为词"之作的理解。

① 冯煦《阳春集序》,金启华等编《唐宋词集序跋汇编》,第 8 页。
② 王国维《人间词话》,齐鲁书社,1982 年,第 10、93 页。
③ 戴复古《谢东倅包宏父三首癸卯夏》其一,傅璇琮等主编《全宋诗》,北京大学出版社,1998 年,第 33460 页。
④ 参见诸葛忆兵《宋初词坛萧条探因》,《文学遗产》(北京)2009 年第 2 期,第 141—144 页。
⑤ 王灼《碧鸡漫志》卷二,巴蜀书社,2000 年,第 32 页。
⑥ 刘熙载《艺概》卷四,上海古籍出版社,1978 年,第 107 页。

3. 苏轼之"以诗为词"

苏轼登上词坛,带来了更多的创新之作,对词体形成更大的冲击。苏轼在词坛上的创新作为,可以归纳为"以诗为词"。换言之,"以诗为词"之创作进入了全新的阶段。

苏轼为人为文,皆洒脱自然,不拘泥于常规。其《答谢民师书》倡导创作时"大略如行云流水,初无定质,但行于所当行,常止于不可不止,文理自然,姿态横生。"① 清许昂霄《词综偶评》故云:"东坡自评其文云:'如万斛泉源,不择地皆可出。'唯词亦然。"② 这种自然畅达的创作态度表现到歌词创作之中,就出现了"以诗为词"之有意识的作为。苏轼《答陈季常》云:"又惠新词,句句警拔,诗人之雄,非小词也。但豪放太过,恐造物者不容人如此快活。"③《与蔡景繁》云:"颁示新词,此古人长短句诗也,得之惊喜。"④ 即:苏轼非常欣赏友人"以诗为词"之作。《与鲜于子骏》云:"近却颇作小词,虽无柳七郎风味,亦自是一家。呵呵!数日前,猎于郊外,所获颇多。作得一阕,令东州壮士抵掌顿足而歌之,吹笛击鼓以为节,颇壮观也。"⑤ 即苏轼对自己"以诗为词"之作亦颇为自得。信中所言"壮观"之词,乃《江城子·密州出猎》。故南宋俞文豹《吹剑录》记载一段广为流传的趣事:

> 东坡在玉堂日,有幕士善歌,因问:"我词何如柳七?"对曰:"柳郎中词,只合十七八女郎,执红牙板,歌'杨柳外晓风残月'。学士词,须关西大汉,铜琵琶、铁绰板,唱'大江东去'。"东坡为之绝倒。⑥

由此可见,苏轼填词时时以柳永为靶子,融诗体于词体,努力追求一种新的审美风格。于是,苏轼词叙说报国志向和仕途风波险恶、关心民生疾苦、袒露人生旅程中种种复杂心态、诉说亲朋好友之真情。诗歌能够触及的题材,在苏轼笔下皆可入词。刘熙载评价云:"东坡词颇似老杜诗,以其无意不可入,无事不可言也。"⑦ 诗言志,词亦言志。在这个意义上,诗词同体,"以诗为词"的作风得到了大张旗鼓的确立。

苏轼对歌词做如此大刀阔斧的变革,在当时就理所当然地引起广泛的关注。对苏轼词"以诗为词"的综合评价是与苏轼同时代的论者提出的。最先提出这种批评的是苏轼门生陈师道:"退之以文为诗,子瞻以诗为词,如教坊雷大使之舞,虽极天下之工,要非本色。"

---

① 苏轼《苏轼文集》第4册,中华书局,1996年,第1418页。

② 许昂霄《词综偶评》,唐圭璋编《词话丛编》第2册,第1575页。

③ 苏轼《苏轼文集》第4册,第1569页。

④ 同上书,第1662页。

⑤ 同上书,第1560页。

⑥ 《历代词话》卷五,唐圭璋编《词话丛编》第2册,第1175页。

⑦ 刘熙载《艺概》卷四,第108页。

（胡仔《渔隐丛话》前集卷四九引《后山诗话》）陈师道的观点，获得时人及后人的广泛认同。如李清照《词论》云："至晏元献、欧阳永叔、苏子瞻，学际天人，作为小歌词，直如酌蠡水于大海。然皆句读不葺之诗尔，又往往不协音律。"彭乘云："子瞻尝自言平生有三不如人，谓著棋、吃酒、唱曲也。然三者亦何用如人？子瞻之词虽工，而多不入腔，正以不能唱曲耳。"①

与苏轼同时代的词人、词论家，多数对苏轼的作为持批评态度。他们批评的依据就是词体不同于诗体，二者不应该混淆。李清照《词论》在批评了柳永、晏殊、欧阳修、苏轼等人后云："乃知别是一家，知之者少。"所谓"别是一家"，即谓词需始终保持"本色"，不仅合乎音律，而且不同于诗和文，别具一格。苏轼门生李之仪亦云："长短句于遣词中最为难工，自有一种风格。稍不如格，便觉龃龉。"②苏轼词不合"本色"、"别是一家"、"自有一种风格"之审美要求，故导致北宋诸多词人、学者的批评。

北宋亦有为苏轼"以诗为词"辩护的声音。赵令畤转引黄庭坚语，云："东坡居士词，世所见者数百首。或谓与音律小不谐，居士词横放杰出，自是曲子缚不住者。"③南宋以后，半壁江山沦陷的家国巨大变化逼迫歌词走出风花雪月的象牙塔，将目光投向更为开阔的社会现实，苏轼"以诗为词"的作为因此得到越来越多的肯定。王灼干脆认为诗词同体，不必强为区分，云："东坡先生以文章余事作诗，溢而作词曲，高处出神入天，平处尚临镜笑春，不顾侪辈。或曰：长短句中诗也。为此论者，乃是遭柳永野狐涎之毒。诗与乐府同出，岂当分异？"由此，王灼大力肯定说："东坡先生非心醉于音律者，偶尔作歌，指出向上一路，新天下耳目，弄笔者始知自振。"④刘辰翁《辛稼轩词序》亦云："词至东坡，倾荡磊落，如诗如文，如天地奇观，岂与群儿雌声学语较工拙。"⑤辛派爱国词人，标举"以诗为词"之大旗，在宋词发展史上留下浓重一笔，其成就早就为人们所熟知。换言之，"以诗为词"拓宽歌词表现范围，成就歌词新的审美风格，对歌词发展作出巨大贡献。

"以诗为词"之弊端，南宋人已有所言及。沈义父云："近世作词者，不晓音律，乃故为豪放不羁之语，遂借东坡、稼轩诸贤自诿。"⑥后人对此有更深刻的认识。明王世贞云："以气概属词，词所以亡也。"⑦理由非常简单，淡化或取消文体的独立性，该文体存在的意义同时被淡化或取消，即"以诗为词"是一双刃剑，从文体学的角度考察，"以诗为词"功过并存。

---

① 彭乘《墨客挥犀》卷四，中华书局，2002 年，第 324 页。
② 李之仪《跋吴思道小词》，金启华等编《唐宋词集序跋汇编》，第 36 页。
③ 赵令畤《侯鲭录》卷八，中华书局，2002 年，第 205 页。又，此条材料南宋吴曾《能改斋漫录》卷一六转引时，称其为晁补之语，语意大致相同。
④ 王灼《碧鸡漫志》卷二，第 34 页、第 37 页。
⑤ 刘辰翁《辛稼轩词序》，金启华等编《唐宋词集序跋汇编》，第 173 页。
⑥ 沈义父《乐府指迷》，唐圭璋编《词话丛编》第 1 册，第 282 页。
⑦ 王世贞《艺苑厄言》，唐圭璋编《词话丛编》第 1 册，第 393 页。

王国维旧藏善本词曲书籍的去向

黄仕忠

（中山大学中国古文献研究所）

王国维（1877—1927），字静安，号观堂，浙江海宁人，清末诸生。1911 年随罗振玉流亡日本，1916 年初从日本回国后，在上海仓圣明智大学编撰《学术丛编》杂志，1925 年以后担任清华大学研究院导师。1927 年 6 月 2 日自沉于颐和园昆明湖，年仅五十一。在二十余年的学术生涯中，他先后涉及词学、曲学、史学、历史地理学、古文字学等多个领域，均卓有建树。

戏曲研究，是王国维在 1907—1913 年间所进行的学术研究的主要部分，期间编著有《曲录》六卷（1908）、《戏曲考原》一卷（1909）、《宋大曲考》一卷（1909）、《优语录》二卷（1909），《曲调源流表》一卷（1909）、《录鬼簿校注》（1910）、《古剧脚色考》一卷（1911）、《宋元戏曲史》（1913）等，这些著述为中国戏曲史这门学科的发展奠定了基础。

王国维以实证方式研究戏曲，首重文献。他居风气之先，收罗了大量的曲籍，而且手自抄录批校，故其中不乏精心抄录批校跋识之本。故他在撰写《宋元戏曲史》时称："凡诸材料，皆余所搜集。"但王国维去世时，平生所集词曲善本多不存于家，其最后下落亦不甚明了。

王国维的助手赵万里在《王静安先生年谱》（1928）中说："先生手校书之存沪上者，尚有数十种。其校书年月，与其他行事之未详者，当续行补入，以俟写定。"[1]

赵万里在《王静安先生手校手批书目》（1928）中又说："先生于词曲各书，亦多有校

---

[1] 《国学论丛》第一卷第三号，1928 年 3 月。

勘。如《元曲选》，则校以《雍熙乐府》，《乐章集》则校以宋椠。因原书早归上虞罗氏，今多不知流归何氏，未见原书，故未收入，至为憾也。"[1]

也就是说，王国维手校的词曲书籍中，"有数十种""早归上虞罗氏"，后则"不知流归何氏"，下落不明。

那么，王国维批校的词曲书籍为什么会归于上虞罗氏的呢？

据王国维《丙辰（1916）日记》记载，在他离开日本归国的前一天，即正月初二日，记云：

> 自辛亥十月寓居京都，至是已五度岁，实计在京都已四岁余。此四年中生活，在一生中最为简单，惟学问则变化滋甚。客中书籍无多，而大云书库之书，殆与取诸宫中无异，若至沪后则借书綦难。海上藏书推王雪澄方伯为巨擘，然方伯笃老，凡取携书籍皆躬为之，是讵可以屡烦耶？此次临行购得《太平御览》、《戴氏遗书》残本，复从韫公（罗振玉）乞得复本书若干部，而以词曲书赠韫公。盖近日不为此学已数年矣。

据此可知，1916年旧历正月，王国维离开京都赴上海任职之时，罗振玉择其"大云书库"藏书中的复本相赠，王国维则以所藏"词曲书"作为回馈。故赵万里在《王静安先生年谱》中说，在得到罗氏赠书的同时，王国维"亦以所藏词曲诸善本报之，盖兼以答此数年之厚惠"。罗振玉在《海宁王忠悫公传》中也说："公先予三年返国，予割藏书十之一赠之。"罗氏大云书库藏书号称五十万卷，则所赠达五万卷之多。赠书一事，罗氏后人也每有提及，以表明罗氏对王国维的恩惠，只是王国维同时"以词曲书赠韫公"一语，则不甚受人注意。

王国维在京都前后五年（1911年11月—1916年3月），其中在1912年底、1913年初，用三个月时间，完成了《宋元戏曲史》的撰述。此后，其学术转向史地及古文字研究，而且再未涉及戏曲这个领域。在京都时，王国维可以方便地利用大云书库及京都大学藏书，其文史研究，进展神速。后因生计问题，不得不先行回国，任职于上海仓圣明智大学。当时所担心的是在上海时资料利用不便，所以"从韫公乞得复本书若干部"。罗振玉慨然将其藏书中的复本相赠，但以王国维的性格，自不肯完全无偿接受，故亦思有以报之。因为王国维本人已经无意继续从事词曲研究，而书籍本身有其价值，所以将所藏"词曲书"送给了罗振玉，以作为回馈。在总册数上自以罗氏所赠为多，但罗氏所赠者，均为"复本"；王国维回赠的数量虽然不过"数十种"，却都是"善本"。当然，在1916年，王国维已经完全放弃了词曲研究，因而将"多余"之书以作回赠，也是合适的。两人谊属知交，原不会有过多的计较。

这里，王国维自记是"以词曲书赠韫公"，赵万里则称"以所藏词曲诸善本报之"，两人所说的是同一事实。只是王国维说得极为平淡，这符合其性格行事；而赵万里则特别点出

---

[1] 《国学论丛》第一卷第三号，1928年3月。

是"善本",意在表明王国维所回赠的原非寻常之物。

如上所说,王国维启程回国前,在获得赠书的同时,也即"以词曲书赠韫公"。罗振玉晚王国维晚三年才回国,他应是将这些词曲书籍交给了罗振玉在上海的四弟罗振常。① 由于这些书籍"早归上虞罗氏",一直存放在"沪上",故王国维去世时,在北京的赵万里未能获见。

罗振常(1875—1942),字子敬。他在罗氏家族中,擅长经营。而古董字画及书籍的买卖,原是罗氏家族共同的生意。罗振玉本人学术与书籍出版兼顾,具体的经营与销售,主要是通过罗振常。罗振常在上海汉口路开设有书店"蟫隐庐"。罗振常年龄小王国维两岁,两人年岁相若,交往密切。王国维曾以《词录》手稿,交付罗振常。另据王国维《丙辰日记》记载,王国维在1916年归国居于上海时,经常出入于蟫隐庐看书购书,或访罗振常,以作"闲谈"。②

也就是说,1916年之后,王国维送给罗振玉的词曲书籍,一直存放在罗振常那里。这些书籍已经成为罗家的私产,外人想要利用,自是不便。但当1928年初,这些原来归于罗家的王国维手校书籍,据赵万里说,已经是"多不知流归何氏"了。

何以如此?原因是罗振常在1927年夏日之后,将王国维所赠的这批书籍标价出售了。

王国维手校及旧藏的数十种"词曲书"从罗氏手中散出,与王国维去世相关。

1927年6月2日,王国维作遗书谓"五十之年,只欠一死。经此世变,义无再辱",遂投颐和园昆明湖自尽,一时学界震动。而其后事及遗孀子女的生计,也大令师友关心。

正是在这一背景下,罗振常开始整理从王国维处得到的这批词曲书,为之撰写识语,或加浮签,公开出售。其中大部分流往东瀛,为日本学者个人与学术机构购藏。

大谷大学藏有明末朱墨套印本《西厢记》一种,上有"王国维"印,其第四册有内藤湖南识语:"丁卯六月,王忠悫公自沉殉节,沪上蟫隐主人售其旧藏以充恤孤之资。予因购获此书,永为纪念。九月由沪上到。炳卿。"

内藤湖南字炳卿。据此识语,因知当时罗振常将王国维旧藏书籍公开出售,并号称"以充恤孤之资"。而王国维的旧藏为何竟由罗氏出售,如果不了解前文赠书之由,恐不易明白。

又,罗振常虽然在向日本学者售书时表示会将出售所得,用来抚恤王氏亲属,但观王国维子女的回忆文字,完全没有收到此类款项的记述,所以这些款项的去向,也值得一议。

罗振玉与王国维谊兼师友,且为姻亲。王国维去世前一年,长子潜明病故,其媳为罗振玉三女孝纯,因与婆母有隙,竟归罗家。在处理后事过程中,罗振玉护女心切,王国维则

---

① 周一平曾推测王国维直接将其手校书籍交给罗振常,"不仅是为了请他校补,而且是打算请他出版",笔者认为这种说法是不能存立的。见周一平《〈王国维手钞手校词曲书二十五种〉读后》,载《王国维学术研究论集》第二辑,华东师范大学出版社,1987年版,第369页。

② 如《丙辰日记》记正月初八日"出至蟫隐庐书铺";初九日"坐电车至三马路蟫隐庐,与敬公(罗振常)闲谈至晚十时归";十二日"午后出至蟫隐庐";十四日"至蟫隐庐";十八日"午后二时出,过蟫隐"。

因丧子之痛，心绪亦未佳，两人在协商中有未谐之处，遂使三十年师友，反目绝交。后王国维赴水而死，罗振玉深表愧悔，亦思有以弥补。据其自述："予即醵金恤其孤嫠，复以一岁之力，订其遗著之未刊及属草未竟者，编为《海宁王忠悫公遗书》，由公同学为集资印行。"（《集蓼编》）可知当时确有"醵金恤其孤嫠"的举措。但在当时，王国维的家人似乎并没有（可能也不愿意）收到这种救恤款，故未见其遗孀与子女提及。所以罗振玉所做的事情，大约是把所筹集的费用，用作出版王国维遗著的开支，而以版税归其家属。也就是说，罗振常出售王国维旧藏词曲书之所得，可能主要花费在王国维遗书的出版上了。

王国维旧藏的这些词曲书籍，此时实是罗家的私产。但罗振常公开出售时，号称"充恤孤之资"，在日本的王国维知交与后学，因敬重静安之学术，并重其交谊，遂多越洋认购，以作纪念。据笔者所知，有王国维的旧友内藤湖南、狩野直喜、铃木虎雄，学生神田喜一郎，京都大学后学仓石武四郎、吉川幸次郎，戏曲研究者久保天随，以及京都大学、东洋文库等公私机构。于今检视，均属孤本或稀见之本，故赵万里说"以所藏词曲诸善本报之"，属于事实。这是较晚从中国学者手中流徙日本的最重要的一批戏曲文献。

王国维赠予罗氏的"词曲诸善本"，现在虽然已经难以知晓其全体面目，但通过现存日本之王国维词曲旧藏，尚可考见其大概。

兹举笔者在日本各图书馆所见钤有"王国维印"者，并参酌近人著录，胪列如下：

宣德原刊本《周宪王乐府三种》三册、明文林阁刊《绣像传奇十种》二十四册。此两种今藏京都大学文学部图书馆。笔者核对该馆的图书入库纪录本，该书于 1927 年 12 月 15 日入藏，注明系直接从上海蟫隐庐购入。后京都大学曾据此版本影印过一次。

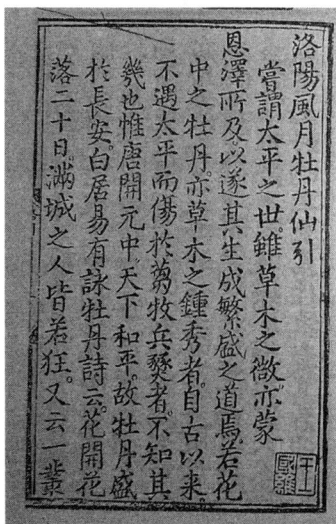

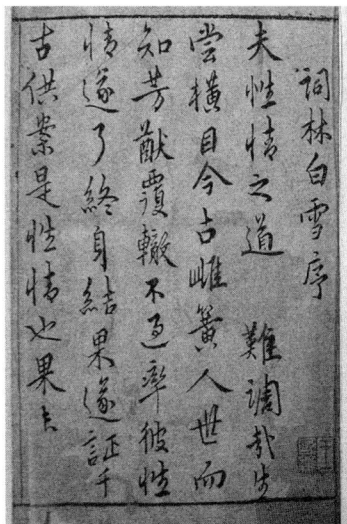

清代精钞本《西堂曲掖》四册，铃木虎雄旧藏，于 1956 年 3 月归京都大学文学部。[①]

① 唯此本无"王国维印"，今据青木正儿《中国近世戏曲史》附录"备考"所注。

明广庆堂刊《折桂记》二册,吉川幸次郎购藏,后归京大文学部。

明继志斋刊《重校窃符记》二册、明万历刊《玉茗堂重校音释昙花记》二册,此两种系神田喜一郎购藏,今归大谷大学。

明末朱墨套印本《西厢记》四册,内藤湖南购藏,有识语见前文所引;后赠神田喜一郎,今亦归大谷大学。

明继志斋刊《重校紫钗记》四册、唐振吾刊《镌新编出像南柯梦记》四册,久保天随购藏,后经神田喜一郎归大谷大学。

万历刊《词林白雪》六册,仓石武四郎购藏,今归东京大学东洋文化研究所。

从上述情况看,学者个人所购藏者,多为单种,册数最多不过四册,单价相对较低,也可知确为购作纪念而已。

而最集中的一批,达二十五种,1928 年 7 月,经日本的文求堂书店,由东洋文库收购。[①] 这一批书籍,当时铅印有一份书目,青木正儿将所得这一书目,连同王国维遗像、遗书、报道王国维死讯的报纸,一并重装于王国维在 1912 年手赠给他的《曲录》内。青木的戏曲相关藏书今归名古屋大学文学部,此重装本也在其中;但其中无罕见曲籍,也未发现王国维旧藏之书。如果不是青木正儿个人未曾认购,即意味着其藏曲的精华部分,并未售给名古屋。此目录题作"海宁王静庵国维手抄手校词曲书目",一叶,铅字排印,内录有王国维手抄手校词曲共二十五部,二百四十册。此份书目恐即罗振常印制的求售目录。据此,罗振常当是将王国维所赠书籍,分批出售的。

东洋文库所藏,有二十种为词籍,另含戏曲相关书籍五种:

《元曲选》一百册,明万历刊本,王国维句断、校录,并附识语;

"明剧七种"六册,有两种为王国维影钞,并有题识;[②]

《录鬼簿》二卷,王国维手校本,有跋;

《曲品》三卷附《新传奇品》一卷一册,王国维手抄并跋;

《雍熙乐府》二十册,明嘉靖十九年序刊本,有王国维识语。

以上藏本,大多有罗振常识语或浮签,如"明剧七种"之《新编吕洞宾花月神仙会》卷末记:"此种乃忠悫手自影写,丁卯(1927)仲夏,上虞罗振常志。"并有"罗振常读书记"印。这类批跋,主要是说明属于王国维的手泽,用来表明其价值。当是 1927 年夏日,这批书籍

① 东洋文库所藏部分,参见榎一雄《王国维手钞手校词曲书二十五种》一文,初载于《东洋文库书报》1976 第八号(1977 年 3 月出版),后译载于《王国维学术研究论集》第三辑,华东师范大学出版社,1990 年版,第 313—338 页。

② 迁直四郎编《汉籍分类目录—集部—东洋文库之部》(同文库发行,1967 年),著录此书作"杂剧七种。清王国维辑。宣统元年王国维据善本书室藏明钞本手钞。"按此说不确。七种中,有六种为周宪王所撰,所据底本为周藩原刊本;仅《吴起敌秦》一种是据明钞本抄录的。该剧末页有识语云"宣统改元夏五,过录钱唐丁氏善本书室明钞本。此本见钱遵王也是园书目,曲文恶劣,殆优伶所编,以系旧本,故钞存之。国维。"而王国维本人手钞的,也只是《新编吕洞宾花月神仙会》、《新编张天师明断辰勾月》两种。

待沽之时所为。

也有原本有欠完备,而加以补钞者。如王国维手校本《录鬼簿》,罗振常跋:"丁卯(1927)孟夏,以大云书库藏旧抄尤贞起本校一过,知艺风虽以影钞尤本寄示,观堂未及校也。罗振常记。"("振常手校"印)"尤本有序,为此本所无,别录之。"观东洋文文库所藏此本,首页序文笔迹不同,实系罗氏据王国维旧藏之尤贞起本影钞本补录。

王国维的旧友、后学所购多是单种曲籍,每种二册至六册左右,多是明代刊本,其价格当不是很贵,个人财力能够承受。而东洋文库在1928年从文求堂购得二十五种词曲书籍,是因为这部分书籍多系稿钞本,或施有标点,数量庞大,其价钱当是不菲,故须是财团文库,才有这样的财力来购买。

东洋文库收购的这批王国维批识本在1977年被披露之后,周一平曾怀疑其中有些书并非王国维所藏,亦非王国维手抄,而是罗振常作伪以卖钱,因为"真假混杂以卖大价钱历来是古董商、书商的惯技",并以问询罗振玉的女婿周子美(延年)所得之语为证。据周子美说,王国维卒后,儿子不攻文史,继配夫人不甚识字,王家有些书交罗振常蟫隐庐出售,而罗振常曾将不是王国维的藏书也盖上王国维的印记。[①] 按:此说罅漏甚多。因为王国维死后,王家与罗家几无来往,不存在托罗振常卖书的事情。而后人因为不明王国维将善本词曲书籍送给罗振玉的具体情况,且对罗振玉的人品有异议,遂多怀疑罗氏所售之称出于王氏旧藏者,属于伪托。实有欠公允,不足为凭。

笔者还可以举出相反的例证。如前所举,《西堂曲腋六种》,铃木虎雄旧藏,笔者在京都大学检阅原书时,并未发现有王国维藏章,故最初并不把这种精钞本作为王国维旧藏。后见青木正儿《中国近世戏曲史》附录列有《西堂曲腋六种》一种,其"备考"内注:"王国维氏旧藏有钞本,今归吾师铃木虎雄先生所有。"因知出自静安旧藏。若周一平的怀疑属实,则此种《西堂曲腋》也应当钤有"王国维印";今此种并没有王国维的印记,但仍然作为王国维旧藏出售,说明罗振常并没有作伪,周一平的说法完全不能成立。

王国维旧藏的这些书籍虽然公开出售,但似未见中国学者认购的记载。可能是精明的罗振常,觉得面向日本学者,更易于求得善价,同时也是避免国人问及售书所得款项的具体归向而带来尴尬吧。

但归于罗家的这些王国维旧藏,似并未全部出售。据近人提及及笔者所见,应还有以下数种:

清曹栋亭刻本《录鬼簿》

内有王国维校语及识语,一云:"宣统二年八月,复影钞得江阴缪氏藏国初尤贞起手钞本,知此本即从尤钞出,而易其行款,殊非佳刻。若尤钞与明季钞本,则各有佳处,不能相掩也。冬十一月,病眼无聊,记此。"后来罗振玉辑《海宁王忠悫公遗书》第四集,即据此本

① 周一平《〈王国维手钞手校词曲书二十五种〉读后》,见《王国维学术研究论集》第二辑,第371页。

排印,题作《录鬼簿校注》。此书今藏于辽宁省图书馆,有"罗邨旧农"、"继祖之印"、"东北图书馆所藏善本"等印,[①] 可知此书当年罗氏未曾出售,而是由罗振玉之孙罗继祖传藏,直到 1950 年代,时居东北的罗继祖迫于生计,才售予东北图书馆,今则藏于辽宁图书馆古籍部。或有论者质疑罗氏整理的《录鬼簿校注》底本选择不善,我请学生张禹将此本与东洋文库藏本作了比较。因知王国维在 1908—1910 年间,得到多个版本的《录鬼簿》,1910 年 2 月,以亲笔过录的明钞本为底本,校以楝亭刻本;随后又以楝亭刻本为底本,校以明钞本,"校勘既竟,并以《太和正音谱》、《元曲选》覆校一过,居然善本矣"。但王国维本人并没有作《录鬼簿校注》的打算,以上工作只是其戏曲研究的需要,所以分别以两个不同系统的版本为底本,以作出比较,并将比勘的内容,批校于书上而已。比较而言,楝亭本刊印时经过精校,所需校改的字少,罗振玉取以为排印本的底本,是合适的。

影钞尤贞起钞本《录鬼簿》

内有罗振常识语:"此本王观堂以五十金得之董绶经。观堂有《录鬼簿》校本,刊之《观堂遗书》中,所据以校订者有数本,此为其一。罗振常记。"并有"罗振常读书记"印。有浮签,书"录鬼簿一本",下有罗振常题识:"此签观堂所书。"书内有"王国维"印。罗振常撰此识语,最初目的当是为了出售。此书曾入《蟫隐庐旧本书目》,今归国家图书馆。[②]

《盛明杂剧》

狩野直喜在 1910 年秋在北京拜见王国维,对王国维拥有《盛明杂剧》等曲籍甚是羡慕。王国维自谓"己酉冬日,得此书之于厂肆"(《盛明杂剧初集》跋)。己酉为 1909 年。今不详归于何处。

另检索国家图书馆所藏,内有王国维抄并跋者,尚有以下诸种:

南唐二主词一卷(清光绪三十四年王国维抄本,王国维跋)

柳屯田乐章集三卷(清宣统元年吴氏双照楼抄本,王国维校并跋)

片玉集十卷(清宣统元年吴氏甘遯邨居抄本,王国维校并跋)

聊复集一卷(王国维辑,稿本)

后村别调补一卷(王国维抄本,王国维跋)

玉斗山人词一卷(吴昌绶抄本,朱祖谋校,吴昌绶王国维跋)

重校拜月亭记二卷(明德寿堂刻本,王国维跋)

以上所录,末二种未必属王国维旧藏。前六种是否曾归罗氏,则尚需进一步验证。

笔者尝在异国摩挲王国维的手迹,见其以谨严的楷书抄写的剧本、曲目,二色三色的

---

① 王钢《录鬼簿三种校注》(中州古籍出版社,1991 年版)第 242 页、282 页披露了这个信息。我请学生张禹在辽宁图书馆古籍部访得了这个批校本的复制本。

② 同上书,第 243 页。王钢又谓"传云罗氏多作伪,疑此题签及王国维亦出伪造,而原书实与王氏无关也。"则显是受前举周一平之说的影响,以致疑之过度。参见同书第 272 页。又,此书如何转归原北京图书馆,不详。疑亦由罗继祖转藏,1950 年代,并部分王国维书信等,一起售给北图。

批校,以及因续有所得而增至再三的题识,遥想百年前静安先生独自致力于戏曲研究的情状,体会"凡诸材料,皆余所搜集"所包蕴的言外之意,仰望"欲学术之发达,必视学术为目的,而不可视为手段而后可"的高远境界,感慨系之。因作此小文,略述王国维旧藏词曲"诸善本"的归属,以表纪念。

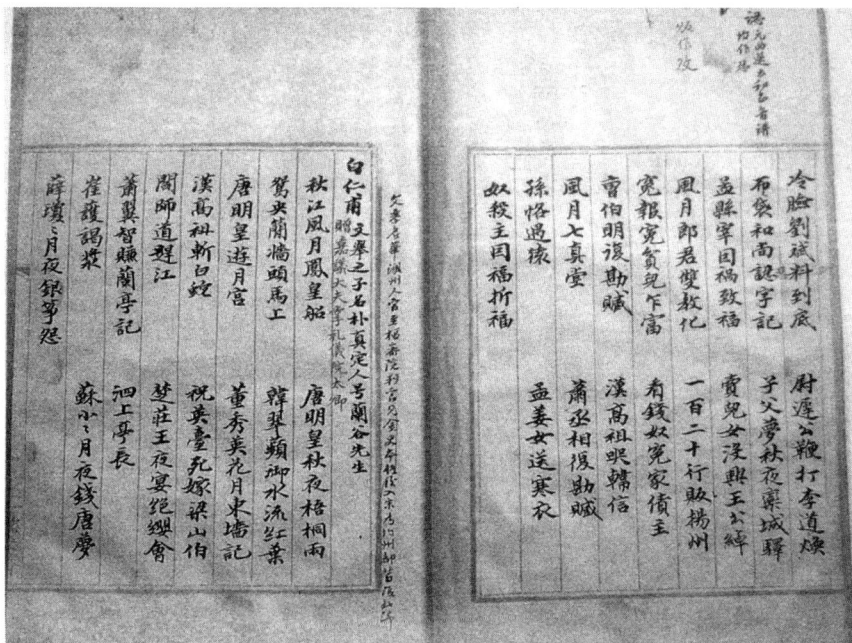

明钞过录本《录鬼簿》书影

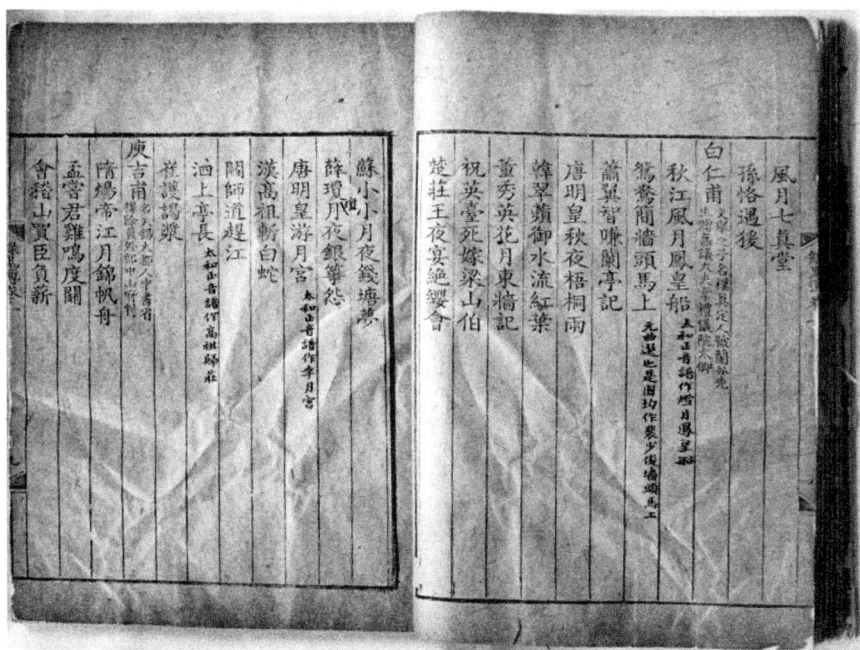

栋亭本《录鬼簿》书影

面向"存在"之思

—— 中国古代文论意义阐释的生存论维度

张 明

（曲阜师范大学文学院）

　　毋庸置疑,融会中西古今,建设有中国特色的当代文论,从而形成足以与西方文论平等对话的话语系统——这代表了许多学者的心声和美好愿望,而不少学者也的确为之付出了很大的努力。然而客观地讲,时至今日,关于古代文论的转化问题,尽管有各式各样有益的尝试,但并没有真正得到圆满的解决。那么,问题的症结究竟在哪里呢? 在笔者看来,问题的关键就在于,我们当代的很多研究者仍然是以西方学术的思维模式和套路来考察、审视中国文论,并试图以西方的形而上学和逻各斯中心主义来阐释、演绎中国古代文论,这样的做法不仅不可能使中国文论形成一套自己独立的话语系统,并从"失语"状态当中走出来,而且它还可能是扼杀中国古代文论的生命力,从而使其进一步从"失语"走向"无语"的罪魁祸首。

　　这并非耸人听闻。众所周知,人生活的世界不只是一个知识的世界,更是一个充满价值与意义的世界。但自柏拉图以来,一直有着知识论传统的西方文论,在提供了数量庞大的体系、概念、范畴的同时,却又无情地将价值与意义加以消解,这就使得西方文论在阐释现实时缺少了一个重要维度——"生存论"[①]。对此,熟谙西方文化的当代学者俞吾金曾经

---

　① 这里的"生存论"一方面是要探讨如何把所有抽象的、超越于生存世界之上的形而上问题都还原到生活之流中来,并让它们在生成中显现其意义;另一方面则要重点探讨如何实现存在者在现实生存境域中的超越,并通过这种超越获得生命自由,直至进入一种高度审美化的理想生存状态——"诗化生存"之中。

一针见血地指出："二千多年来,西方文化一直在知识论哲学的旧靴子中打转。知识论哲学规约着人们的伦理观念,影响着人们的审美情趣,把整个文化生活淹没在抽象的概念之中。主要是借助于上世纪和本世纪少数伟大的思想家的卓越洞察和批判力,西方文化才得以从知识论哲学窠臼中超拔出来,进入到一个崭新的世界,即寻求意义的世界。"[①] 既然整个西方文化都是在 20 世纪以后才从知识论的旋涡中超拔出来并开始探寻意义世界征程的,那么,作为西方文化重要组成部分的西方文论当然也不例外。

而与西方文论的这种"知识论"倾向相反,中国古代文论恰恰就是建立在"生存论"基础之上的,它在探索人的生存智慧和生存方式方面都提供了绝无仅有的价值。但不幸的是,这种传统在近现代受到了西方知识理性的颠覆,产生了断裂,走上了另一条理路。所以有学者认为:"将古代文论知识化是 20 世纪古代文论研究的最大失误。毫无疑问,中国古代文论是一个丰富、多维的意义系统,然而却不是现代意义(西方意义)上的知识体系,它那种独特的言说方式蕴含着极为丰富的体验与难于传达的审美趣味。"[②] 这是很有道理的。因此,如果我们现在再用西方的眼光去审视中国古代文论的话,必然会使中国文论在"失语"的道路上越走越远。从这个意义上讲,中国古代文论的"失语症"就不单纯是无法在世界上发出自己声音的问题,而是从根本上产生了文化断裂,失掉了中国传统文化血脉的问题。正像一些研究者所指出的那样:"汉语学界的学者对中国文化与文化在'话语学'层面的内涵非常重视,而对它在'存在论'意义上的内涵认识则相当不足。实际上,中国文化与文论的'失语症'绝不仅仅是一个'自身传统话语丢失'或'在世界文论界没有自己的声音'这样一个'文化身份'和'话语权力'的问题,而是一个本世纪以来汉语学文化与文论由于从'存在论'传统转向'知识论'模式而无法言说我们的生存真相和通达特性意义的问题。"[③] 由此可见,中国古代文论能不能走出"失语"甚至"无语"的状态,关键就在于能否给它一个恰当的理论定位,并充分彰显出它独特的精神价值来。

那么,又该如何给中国古代文论来定位呢? 笔者认为,从根本上说,中国古代文论与西方文论不同,它不是一门关于文学创作、文学欣赏技术、技巧的学问,不是作为文学创作及欣赏的指导原则而存在的,而是对文学的一种诗性文化研究,它所关注的终极目标是人、人的生命以及人的价值追求等,所以我们不应该仅仅将中国文论看成是一种针对话语符号的言说,而更应该将它看成是一种面向"存在"的"诗"之思。换句话说,中国古代文论的根本意义并不在于诗文本身,而是通过对诗文的谈论,来挖掘出蕴含其中的"诗性存在",从而使其成为一种意义的展示。这样一来,中国古代文学与文论便拥有了共同的价值取向,彼此都是中国诗性文化的基本组成部分,前者是对这一文化的展示和透视,而后

① 俞吾金《超越知识论》,载《复旦学报》1989 年第 4 期。
② 李春青《20 世纪中国古代文论研究的意义与方法反思》,载《东岳论丛》2006 年第 1 期。
③ 支宇《对近年来关于"失语症"讨论的再讨论》,载《中外文化与文论》第 8 辑,四川教育出版社,2001 年版。

者是对这一文化的探索和开采,二者殊途同归,其意义都在于弘扬人文精神与加强人文关怀,区别只在于文学是以感性的方式让我们体验到"诗性存在"的奥秘,而文论则借助于对艺术的谈论来让我们领悟这种奥秘。由此可见,研究中国古代文论的意义,最终取决于人们是否把它作为一种精神现象和观念存在的诗性世界来看待。循此思路加以考量的话,中国古代文论所具有的独特价值也就非常明显了。

众所周知,中国古代文论植根于中国古代文化丰厚而独特的土壤之中,体现着中国人对于人生特有的领悟、体味和理解。恰如冯友兰先生所言:"中国文化有一个特点,就是对人的评价很高。人在宇宙中间占了很高的地位,人为万物之灵。……中国的文化讲的是'人学',着重的是人。"[1] 所以,中国古代文论的实质是为了探寻如何使人们的生活与生存更加艺术化、审美化,它是从一个特殊的层面、特殊的角度来体现中国人关于生命及人生的思考和不断努力解决人生根本问题的精神,体现着中国人对于人的生存意义、存在价值与人生境界的思考和追寻。这一特质深契于中国文化的根本精神,从这个意义上说,中国古代文论可以说是中国人对生命存在的"诗性之思",具体体现在如下几个方面:

(一)人生境界的超越与升华——中国古代文论对生命意义的追问与探寻

中国古代文学思想总是与人学思想有着血脉相关的联系,因为中国文化特征是"在人的具体生命的心、性中,发掘出艺术的根源,把握到精神自由解放的关键"。[2] 所以,中国古代文论一开始就具有一种生命化倾向,它以人为中心,基于对人的生存意义、人格价值和人生境界的探寻和追求,旨在说明人应当有什么样的精神境界,怎样才能达到这种精神境界,因此,中国古代文论极为重视人生并落实于人生。这一点无论儒家,还是道家都有鲜明体现,他们都把对人与人生的探索放在首位,其他一切问题都是为了解决人的问题而展开的。应该说,这种人生哲学是中国古代文论及美学的理论基础。正因为此,中国古代文论才对人在天地间的地位、人的道德精神、人的心灵世界、人的情感体验等方面的问题进行深入思考、探索的基础之上,形成了独具特色的文学思想与审美观念。

首先,以"仁学"为核心的原始儒家思想,构成儒家文论的哲学基础。儒家于天人之际,其思考的落脚点是人,是现世人生。因此,儒道也即人道,仁学也即人学,建立于仁学基础之上的儒家文论极富人学内涵。这种文与美根源于人、人心、人的义理、道德的思想决定了中国古代文论及美学极为重视主体心理结构中的人格因素。

道家文论虽然将"道"视为最高境界,但"道"不过是人的安身立命的最终依据的设定而已,一个人如果能体道、观道、游道,便可以使自己的现实生命获得安顿,转化为艺术化的人生。由道家思想的影响所及,中国古代文论极为关注人如何于现实人生中使自己得

---

[1] 冯友兰《中国哲学的特质》,引自《论中国传统文化》,北京三联书店,1988 年版,第 130—134 页。

[2] 徐复观《中国艺术精神》自叙,春风文艺出版社,1987 年版,第 40—42 页。

以超拔,使人能突破、超越人的现世有限性、束缚性,将人的精神生命向上拓展,提升人的生命存在。受此影响,中国的文学创作追求人生的自由审美极境,向往、追求艺术化的人生存在——诗意地栖居。

由此,中国古代文论发展出了境界论,认为文学之美实际上是一种人生与审美有机统一的理想境界。人生境界反映着人在寻求自身安身立命之所的过程中所形成的精神状态,而文学活动则通过澄心静虑,直观感悟人生真谛,获得审美至境。从这个意义上说,中国古代的文学创造论、审美境界论与中国传统的人生境界论是趋于合一的,最高的艺术境界、审美境界即是一种人生境界,是心灵的超越与升华。超越,是对物欲的狭隘性与片面性的超越;升华,是心灵超越物欲后达到与对象世界在本真状态中的融合过程及融合中的感悟。

或许也正是这个原因,中国古代文论尤其重视生命体验。体验的意义在于通过对有限的现实时空的超越而获得一种永恒、无限的心灵自由与高蹈,而审美体验从根本上说是生命体验的最高存在方式,是生命意义的瞬间感悟。中国古代文论正是在体验、关注和思考人的存在价值与生命意义的过程中生成并建构起来的,它要求审美主体由审美对象的外部形式的体味,深入到内部实质的领悟,并最终沉潜于深层生命意蕴的感悟,从而获得心灵的解放与自由。同时,也正是由于中国古代文论强调审美体验活动对心灵超越与自由的追求,强调心与物、情与景、神与形、意与象的浑然一体,也就形成了一系列具有中国特色的范畴,如虚静、神游、滋味、意境、风骨等,而这些概念、范畴又直接或间接表达着主体对某种人格理想和境界的追求。

(二)审美人格的塑造与追求——中国古代文论主体人格理想的根本体现

中国古代文论对于人生境界与审美境界的追求,具体体现为一种理想人格的追求。这种追求因其超越利害关系的束缚而使心灵返朴归真,进入生命的澄明之境,从而升华为一种审美人格。

儒家把个体的人格价值看得极高、极重,对于儒家而言,"志意修则骄富贵,道义重则轻王公,内省而外物轻矣"(《荀子·修身》)。内在道德品格的建构,使其超越了外在的富贵、权势、物欲而体现为一种高尚的理想人格。孔子有"饭疏食、饮水,曲肱而枕之,乐亦在其中矣。不义而富且贵,于我如浮云"(《论语·述而》)的言志,又有对弟子的极力褒赞:"贤哉,回也! 一箪食,一瓢饮,在陋巷,人不堪其忧,回也不改其乐。贤哉,回也! "(《论语·雍也》)显然,这既是一种日常人格达到极致时的体现,同时也是一种最高审美人格的升华。而当这种日常人格与审美人格发展到宋明理学那里时,便建构出一整套关于"孔颜乐处"的理想人格理论来,对后世产生了深远的影响。

道家所追求的人格理想则是"人貌而天虚"(《庄子·田子方》)。虚者,心也。也即是说,具有人的形貌却负载着天之心、天之精神,这样的人格才是道家的理想人格。因而,法天贵真,回归天地之境,彻底解脱了人世之累的"真人",得道、体道之人,便构成了道家的

人格理想。

(三)诗意地栖居与生存——中国古代文论对生存理想的终极建构

中国古代文论十分关注人如何从现世生存的此在状态中,现实地向审美的生存、诗意地栖居状态生成,而艺术则构成了这种审美生成的重要中介与途径,甚至可以说,艺术本身也已成为了审美生存的一个不可或缺的组成部分。

中国古代文论中对这种向诗意地栖居生成的关注与追求,现实地展开为两个基本向度:一方面,"中国古代知识分子,与他们生存的时代的最显著力量——政治——之间,历来有一种紧张状态。此种紧张状态,遂造成古代自屈、陶、李、杜以来无数诗人现实生命的坎陷与心理人格的焦虑。"[①]因而发展出或者将个人不幸与家国忧思汇融一体,以诗发愤抒情;或者以诗排解内在心灵焦灼,安顿生命,从而诗(艺术)成为趋向诗性生存的重要方式。另一方面,在人性的发展、人格的培育与建构历程中,艺术又成为人生现实地超拔为诗性栖居的重要构成部分,所谓"兴于诗"、"成于乐"(《论语·泰伯》)、"游于艺"(《论语·述而》)这种诗意栖居的向往与追求,不仅是中国传统文化中感性个体的审美趣味与审美理想的体现,而且也是文化知识群体共同的心声,从晋代的兰亭之会到宋代苏轼及苏门四学士等的西园雅集,都十分集中地体现了这一点。因此可以说,在中国古代文论那里,文学艺术从根本上而言是为思考、解决如何实现人生的诗化、审美化的重要手段与方式,艺术也因此成为超越死亡,走向不朽的途径,如曹丕所言:"年寿有时而尽,荣乐止乎其身,二者必至之常期,未若文章之无穷。……不托良史之辞,不假飞驰之势,而声名自传于后。"(曹丕《典论·论文》)

如果再进一步深究的话,通过艺术可以使个体的生命获得永恒的价值依据便是中国传统的"天人合一"思想。在中国古代文论及美学中,不论是儒家还是道家都十分强调"天人合一",尽管两家对此的解释不尽相同,但总结起来,儒道两家所说的这种"天人合一"的境界,说到底其实都是讲一种符合自然而又超越自然的高度自由的境界,而这种自由境界同时又融合了人生与审美两个维度。也正是基于这样一种价值指向,中国文人才会始终强调文学艺术和审美的根本功能不是对外部客观规律的认识,不是宗教的附庸或手段,而是促进人格完善,达到人与自然、个体与社会和谐发展,并最终获得生命自由所必不可少的东西。换言之,中国古人追求的所谓心灵超越与自由实际上是对自然、人生之道领悟的结果,而艺术恰恰是这种领悟的最好表征。所以艺术在中国文人那里,就是沟通"天"与"人"的一座桥梁。这样一来,中国人所追求的"天人合一"境界(集中体现在艺术领域中),并不是像西方宗教艺术那样建立在否定人的自然生命,到所谓超自然的天堂中去寻求永恒的基础之上的,而是以充分肯定人生价值与意义,始终不脱离现实人生,在现世中求得

---

① 胡晓明《中国诗学之精神》,江西人民出版社,1990年版,第135页。

不朽为旨归的。这种追求从更高的层次上来看，恰恰表达了中国古代文人对人生的诗性领悟，标示出他们对理想人生境界与审美生存方式的向往和追求。这一点也就决定了我们今天再回过头去研究中国古代文论及美学时，就不能仅仅看到它们所提出来的几个概念和范畴，而是要透过这样一些抽象的"死物"回复到生活本身去，将其还原成活生生的精神生命存在，从而揭示出中国古人审美批评中所蕴含的人生意味以及他们在人生追求中所体现出的审美化倾向。一言以蔽之，我们在研究中国古人的文学观念、审美观念时，必须要充分注意到、并努力开掘其中所蕴含的丰富的人文精神。

由此可见，中国古代文论是基于对人的生存意义、向度、价值、方式以及人生境界等诸问题的探索、体验、追求、领悟而建构起来的，突出地体现为人生的审美化、诗化，同时将艺术生命化、人化。中国文论的这一思想特质使得它对于当代审美文化、社会人生仍具有重要的实践意义。这是因为"人文思想所指向的，常常是人自身的存在问题，人生在世总会遇到焦虑、紧张、恐惧、困惑，始终缠绕着人心。人怎么样生存是自古至今人们思考的老话题，古代人的思考并不一定比现代人的思考浅陋或简单"。[①] 文学与审美思想也同样如此，人生所面临的一些根本性问题，并不随时代、环境的转移而消逝。特别是在当前物质文明高度发展的同时，如何保持精神文明的高度发展，如何解决中国人自身在当代文化境遇中所遭遇到的精神矛盾、人生困惑与信仰危机，中国古代文论的许多思想，并未失去有效性，仍有重要的借鉴价值和指导意义。

总之，中国古代文论作为中国传统文化精神的浓缩与精华，其存在的价值就不仅仅在于为我们提供了诸多重要的概念、范畴以及独特的知识体系，更重要的是它保存下来了中国古人的价值追求、人生旨趣与生存智慧，而这正是我们研究中国古代文论的根本意义所在。之所以这样讲，是因为一方面这是今人进入古人精神世界的有效方式，只有在此基础上，理解古代文论话语的真实含义及实现古代文论的当代意义生成才是可能的；另一方面这也为今人追求合理的价值观念与人生旨趣、建构恰当的生存方式，提供了可资借鉴的文化资源。因此，中国古代文论研究的目的绝不是考古式发掘，而是为了延续中华民族生存智慧、传承中国文化精神。那种将中国古代文论视为无生命的死物、作纯理性研究的做法，只会使古代文论越来越远离我们的现实生活，并最终使之成为一种永远尘封的历史纪念物。所以笔者认为，只有进入到古人的心灵世界中，在与古人的精神际遇与碰面中，对中国古代文论作出富有生意的开掘，将其优秀的文化传统融入到当代人的血液中，从而切实地实现传统文化向现实的精神传承，才是我们研究中国古代文论的根基所在。

① 葛兆光《中国禅思想史·导言》，北京大学出版社，1995年版，第3页。

齐梁文学"新变"杂议

涂光社

（辽宁大学文学院）

　　文学史家和古文论研究者很早就觉察和议论过齐梁文学的"新变"思潮,然而有一些材料仍值得细究,以求能够确切了解其得失所在和那个特殊时代的文学精神。

　　对于"新变",当时的"能文"者自得之情常常溢于言辞,诗文的纂集者则准此取舍采录,评说者则既有赞赏鼓吹,也不乏理论上的归纳总结。

一、从萧统的"踵事增华,变本加厉"说起

　　萧统自幼"觳核坟史,渔猎词林",[①] 所主持编定《英华集》二十卷和《文选》三十卷流存至今。说到他的文学观念和《文选》编选标准,最受学者重视的是《文选序》中"事出于沉思,义归于翰藻"一语;而对此前所谓"踵其事而增华,变其本而加厉"的理解则欠充分。大抵"事出于沉思,义归于翰藻"已触及文章的创意和表述上的特征;而倡言"变本"对于重根本、重承传的国人来说未免惊世骇俗。"变本加厉"后人难道不是多用为贬义吗?

　　萧统认为古今虽无大轩轾,但总体上是今胜于古的。《文选序》说:

　　　　式观元始,眇觌玄风,冬穴夏巢之时,茹毛饮血之世,世质民淳,斯文未作。逮乎

---

① 《答晋安王书》,《全梁文》卷二十。

伏羲氏之王天下也,始画八卦,造书契,以代结绳之政,由是文籍生焉。《易》曰:"观乎天文,以察时变;观乎人文,以化成天下。"文之时义,远矣哉!若夫椎轮为大辂之始,大辂宁有椎轮之质,增冰为积水所成,积水曾微增冰之凛,何哉?盖踵其事而增华,变其本而加厉;物既有之,文亦宜然;随时变改,难可详悉。

作者纵观古今,从文字出现取代结绳记事说起,追叙文章写作的发生发展过程,以为与人类文化、社会生产历史进步一样日新月异,总在与时俱进地发展变化中。"物既有之,文亦宜然"明谓文学与社会历史文化发展"随时变改"的一致性。"难可详悉"属作者谦辞,也多少显示出那个时代新变的丰富性。其后说到体式和内容的多样化,也赞许"作者之致,不可胜载"!

萧统的文学发展观合乎那个时代的主流,之前晋葛洪就有类似见解:

> 且夫古者事事醇素,今则莫不雕饰,时移世改,理自然也。至于鬺锦丽而且坚,未可谓之减于蓑衣;辎軿妍而又牢,未可谓之不及椎车也。……若舟车之代步涉,文墨之改结绳,诸后作而善于前事,其功业相次千万者,不可复缕举也。世人皆知之,快于曩矣,何以独文章不及古邪?(《抱朴子·钧世》)

"文之时义远矣哉"表明,编者对"文"的意义有了更充分的了解,盛赞其不朽价值。"踵事增华,变本加厉"是针对整个文学发展趋势说的,当也关乎《文选》所有作品的采录取舍!若不弄清萧统所谓"本"所指为何,主张如何去"变本加厉",就不可能全面了解萧统的文学观念和《文选》的采录标准。

"本"与"末"对应,在文论中通常指为文的指导思想与艺术形式、技巧;就具体作品说,末指作家所用艺术手段和作品的外在形式,其所本为作家抒写的情志和文章的题材内容、体式规范。《典论·论文》说:"文本同而末异,盖奏议宜雅,书论宜理,铭诔尚实,诗赋欲丽。此四科不同,故能之者偏也,唯通才能备其体。"其"本"大抵指为文之宗旨,"末"是与体裁相适应的风格。曹丕认为文章"本同",萧统主张"变本",其差别令人深思!

萧统的"变本加厉"毫无贬义,只能说是对文学大变革的鼓吹。"变本"既指对传统思想宗旨和经典规范的超越,也指对传统题材、体式和内容(为形式所本)的变更。"变"不等于完全背离或否定,却有视角、领域的转移、拓展和意识、观念、标准的更新。"加厉"是着力更重,开掘更深广、更充分,追求更多的努力。既出于对新变累累硕果的经验总结,也在对未来艺术创造作大声疾呼。

声言不载经书和子、史,理由是经乃圣人之作,不可芟夷剪截;子书则"以立意为宗,不以能文为本";"记事之史,系年之书所以褒贬是非,纪别异同,方之篇翰,亦已不同"。萧统按自己认定的标准择录文章,史书中只有一些"赞论序述"例外:"若其赞论之综缉辞采,

序述之错比文华,事出于沉思,义归乎翰藻,故与夫篇什杂而集之。"

"综缉辞采"、"错比文华",文采富赡之谓也。"事出于沉思,义归乎翰藻"指其"事义"出于有创意的艺术构想,并付诸美的文辞去表现。此数语诚可窥其文学观与文章写作追求之一斑,但毕竟只是在言及史传"赞论"、"序述"一类文章入选标准时提出来的。

在先秦,《诗经》有"三百篇"以及"篇什"之称,"章"原指诗歌、乐曲的章节段落。"翰"者,文笔之谓也。可见有别于子、史的"篇章"、"篇翰"(包括稍后"义归于翰藻"的"翰藻")都指美文(诸如诗赋之类艺术性强的文辞)。不过,从《文选》作品的采录以及推崇陶渊明诗文看,萧统的文学观虽不违时代主流,"文"与"翰藻"自有藻饰、声韵、骈俪、比兴、用事和章法等讲究,但并不与繁文丽辞等同。与不取经诰子史联系,可知说"义归于翰藻",意在将"文"与论道说理以及记实的文字相区别。

"沉思"即深沉的思维;表明萧统意识到文章生成于创造性的思维。"踵事增华"的要求意谓写作不能满足于忠实于事物属性和表象的描摹,而是要开掘、增附其精神内涵和美的含蕴以及作者独特的感受和理解;须用美的语言和造艺的方法进行描绘、展示,而非义理、事例单纯的陈述、罗列,道出了文学作为一门艺术的特点。

萧统为陶渊明作品编集,自言"余素爱其文,不能释手,尚想其德,恨不同时"(《陶渊明集序》),是其最早的知音。《文选》录陶行旅诗一首、挽歌一首、拟古诗一首、杂诗二首和《归去来辞》。有人曾对其选录太少与陶公在文学史上的地位不相称而有微词。其实作为最早高度赞赏陶氏文学成就的人,已高出同时代的批评家、理论家很多了。就陶渊明的价值发现这一点说,较论文心不及陶的刘勰与列其诗为中品的钟嵘,萧统无疑更有见识。陶诗的平淡自然、浑朴淳厚并不合时风,除了艺术鉴赏力不同凡响而外,也见得出萧统心怀的博大、对个性的尊重。他以从容之笔写陶公之宽容,也略见其学术思想的宽容。《陶渊明集序》谓陶"语时事则指而可想,论怀抱则旷而且真"可谓知言。说他"辞采精拔,跌宕昭彰","抑扬爽朗",则知陶渊明诗文的"辞采"自成一格,其境界非当时其他文人所能达致。

《陶渊明集序》中说:

> 夫自炫自媒者,士女之丑行;不忮不求者,明达之用心。是以圣人韬光,贤人遁世,其故何也? 含德之至,莫逾于道;亲己之切,无重于身。故道存而身安,道亡而身害。处百龄之内,居一世之中,倏忽比之白驹,寄寓谓之逆旅。宜乎与大块而盈虚,随中和而任放,岂能戚戚劳于忧畏,汲汲役于人间哉! 齐讴赵女之娱,八珍九鼎之食,结驷连骑之荣,侈袂执圭之贵,乐既乐矣,忧亦随之。何倚伏之难量,亦庆吊之相及。智者贤人居之甚履薄冰,愚夫贪士竞之若泄尾闾。玉之在山,以见珍而终破;兰之生谷,虽无人而自芳。故庄周垂钓于濠,伯成躬耕于野,或货海东之药草,或纺江南之落毛。譬彼鹓雏,岂竞鸢鸱之肉;犹斯杂县,宁劳文仲之牲。至于子常、宁喜之伦,苏秦、卫鞅

之匹,死之而不疑,甘之而不悔。主父偃"生不五鼎食,死则五鼎烹"。卒如其言,岂不痛哉!又楚子观周,受折于孙满;霍侯骖乘,祸起于负芒。饕餮之徒,其流甚从。唐尧四海之主,而有汾阳之心;子晋天下之储,而有洛滨之志。轻之若脱屣,视之若鸿毛,而况于他人乎?是以至人达士,因以晦迹。或怀厘而谒帝,或被褐而负薪。鼓枻清潭,弃机汉曲,情不在于众事,寄众事以忘情者也。

　　有疑陶渊明诗篇篇有酒,吾观其意不在酒,亦寄酒为迹者也。其文章不群,辞彩精拔,跌宕昭彰,独超众类,抑扬爽朗,莫之与京。横素波而傍流,干青云而直上。语时事则指而可想,论怀抱则旷而且真。加以贞志不休,安道苦节,不以躬耕为耻,不以无财为病。自非大贤笃志,与道汗隆,孰能如此乎?余素爱其文,不能释手,尚想其德,恨不同时,故加搜校,粗为区目。白璧微瑕,惟在《闲情》一赋,扬雄所谓"劝百而讽一"者乎?卒无讽谏,何足摇其笔端?惜哉!无是可也。并粗点定其传,编之于录。尝谓有能观渊明之文者,驰竞之情遣,鄙吝之意祛,贪夫可以廉,懦夫可以立,岂止仁义可蹈,抑乃爵禄可辞,不必旁游太华,远求柱史;此亦有助于风教也。

受到号召"变本加厉"的萧统青睐,那么何为陶公诗文所"本",其"变"又在何处?

　　若从思想宗旨上看,《集序》激赏陶渊明"韬光""遁世"的情怀,坦露出对老庄的崇奉。首段不足五百的文字中,"含德之至,莫逾于道;亲己之切,无重于身。故道存而身安,道亡而身害。处百龄之内,居一世之中,倏忽比之白驹,寄寓谓之逆旅。宜乎与大块而盈虚,随中和而任放,岂能戚戚劳于忧畏,汲汲役于人间哉!""何倚伏之难量,亦庆吊之相及。智者贤人居之甚履薄冰,愚夫贪士竞之若泄尾闾。……故庄周垂钓于濠,伯成躬耕于野,或货海东之药草,或纺江南之落毛。譬彼鹓雏,岂竞鸢鸱之肉;……唐尧四海之主,而有汾阳之心;子晋天下之储,而有洛滨之志。轻之若脱屣,视之若鸿毛,而况于他人乎?是以至人达士,因以晦迹。……"几乎皆出自《庄子》。

　　从题材内容和体式规范上看,陶诗所"本"亦有所变!既非讽谏美刺为民请命,亦无建功立业的壮志豪情。尽管崇尚自然,但陶渊明的田园诗迥异于其前(东晋)的玄言诗(有的玄言诗也有一些山水描写),也有别于稍后(宋齐)兴盛一时的山水诗(谢灵运"名章迥句,处处间起"的山水诗时杂玄、佛语……)。《集序》说"其文章不群"、"独超众类"和"莫之与京(京,高大)",推尊其成就难与比肩,也赞许其独特的艺术个性。能自成一体,开田园一派,为宗为祖,诚然"变本"之范例。

　　还想说说《陶集》中唯一被萧统批评,也曾为人诟病的"白璧微瑕":《闲情赋》一向被冷落。即使是现代,有的陶渊明研究著述仍然对它不置一词。

　　作者在序中说此赋之作效法张衡《定情赋》和蔡邕《静情赋》,"始则荡以思虑,而终归闲正。将以抑流宕之邪心,谅有助于讽谏"。但其中主要抒写的是作者对异性偶像炽烈的情爱和相思。随后虽有追寻无着的惆怅和对情思归正持诚的收敛,却未必能抑止"流宕之

邪心"，也难说"有助于讽谏"，更不像屈原那样以倾慕美人去象征对明主或美政的企望。

赋的前一部分对女子德容志趣极尽赞美，随即是一段在古代足以惊世骇俗的表白：

> 愿在衣而为领，承华首之余芳；悲罗襟之宵离，怨秋夜之未央。愿在裳而为带，束窈窕之纤身；嗟温凉之异气，或脱故而服新。愿在发而为泽，刷玄鬓于颓肩；悲佳人之屡沐，从白水以枯煎。愿在眉而为黛，随瞻视以闲扬；悲脂粉之尚鲜，或取毁于华妆。愿在莞而为席，安弱体于三秋；悲文茵之代御，方经年而见求。愿在丝而为履，附素足以周旋；悲行止之有节，空委弃于床前。愿在昼而为影，常依形而西东；悲高树之多荫，慨有时而不同。愿在夜而为烛，照玉容于两楹；悲扶桑之舒光，奄灭景而藏明。愿在竹而为扇，含凄飙于柔握；悲白露之晨零，顾襟袖以缅邈。愿在木而为桐，作膝上之鸣琴；悲极乐以哀来，终推我而辍音。……

这十个"愿在……而为……"表述作者甘愿屈己以求亲近，未得而先患失，写男子相思之真挚、热切、痴迷、缠绵在古代堪称绝唱。如此抒写很像某些西方或中国近现代的情诗，然而它却出现在一千六百年前的中国，出现在陶渊明笔下！不仅士大夫文人的作品罕有其匹，与《诗经》、乐府民歌中的情诗相比也是独具特色。古代文人能接受和赞赏陶氏的静穆澹泊和萧散，却不能或不敢认可如此痴诚的表白。当代学者自然不会赞同这种观念和态度，但迄今为止也还停留于肯定陶渊明对纯洁爱情的追求，以及描写坦诚大胆和淋漓尽致之上。

《闲情赋》反复陈述追慕一位女子的缠绵情思，诚难被时人认可，萧统这方面的倾向也同样保守，故云在陶集是"白璧微瑕"。不过评说中上联汉赋，以为是陶公未变"劝百讽一"的流弊所致，是责其当变而未变，将那些有"瑕疵"的描写全当作托喻之辞，唯嫌其"劝"（鼓励、劝诱）上过分而"讽"（谏刺）太少而已。

陶渊明诗文的题材内容和风格在东晋南朝并非主流，当时不是很受推崇。后来被尊为魏晋南北朝（甚至于整个汉魏六朝）时期最伟大的诗人，恐怕萧统也始料未及。但萧统无疑是使陶渊明著述得到很好保存并予高度评价的第一人。

二、以"能文"自得、求"新变"成风

鲁迅先生曾说，这是一个"为艺术而艺术"的时代。罗宗强先生说："自总趋势而言，魏晋南北朝的整个发展过程，就是文学的艺术特质逐步被发现和发挥的过程。"[①]

齐梁文人写作常有一种"新变"的自觉：如《南齐书·陆厥传》说"（厥）五言诗体甚新奇。"《南史·徐摛传》说："（摛）属文好为新变，不拘旧体。……摛文体既别，春坊尽学

① 《魏晋南北朝文学思想史》引言，中华书局，1996年版，第8页。

之，'宫体'之号自斯而始。"《隋书·文学传序》批评说："梁自大同之后，雅道沦缺，渐乘典则，争驰新巧。"清代贺贻孙《诗筏》云："南朝齐、梁以后，帝王务以新词相竞，而梁氏一家，不减曹家父子兄弟，所恨体气卑弱耳。武帝以文学与谢朓、沈约辈为齐竟陵王八友，著作宏富，固自天授。而简文艳情丽藻，在明远、玄晖之间，沈约任昉诸臣，皆所不及。武帝以东阿拟之，信不虚也。梁元帝及昭明统、武陵纪、邵陵纶，亦自奕奕……"刘师培亦云："梁代宫体，别为新变也。"①

萧子显《南齐书·文学传论》说："文章者，盖情性之风标，神明之吕律也。蕴思含毫，游心内运，放言落纸，气韵天成。莫不禀以生灵，迁乎爱嗜。机见殊门，赏悟纷杂。若子桓之品藻人才，仲洽之区判文体，陆机辨于《文赋》，李充论于《翰林》，张际摘句褒贬，颜延图写情兴，各任怀抱，共为权衡。属文之道，事出神思，感召无象，变化不穷。俱五声之音响，而出言异句；等万物之情状，而下笔殊形。……五言之制，独秀众品。习玩为理，事久则渎。在乎文章，弥患凡旧；若无新变，不能代雄。……"难得的是论文章充满对自然情灵智慧个性生命创造力的尊重。"若无新变，不能代雄"的警语强调，只有不断新变才有一代胜过一代的进步，各个时代才能以自己的独特建树称雄于史！

它们与萧统号召"踵事增华，变本加厉"、"随时变改"，萧纲激赏"新致英奇"一起，都体现出创新意识的强化，是时代的呼声。求"新变"的意义毋庸置疑，文章写作所以称为"创作"，就因为只有写出超越前人与众不同的东西，才有其创造价值。

"永明体"的出现和沈约等人的作为也可印证齐梁的"新变"潮。

《南齐书·陆厥传》云："永明末盛为文章。吴兴沈约、陈郡谢朓、琅琊王融以气类相推毂。汝南周颙善识声韵。约等文皆用宫商，以平上去入为四声，以此制韵，不可增减，世呼为'永明体'。"《梁书·庾肩吾传》也说："齐永明中，文士王融、谢朓、沈约文章始用四声，以为新变，至是转拘声韵，弥尚丽靡，复逾于往时。""永明体"的格律虽非最后定型的"近体"格律，却是中国古代诗歌格律化进程中一个重要标志，为律诗升堂入室铺就的阶石。讲究声律的"永明体"诗除全为五言外，与后来的"近体"律诗的主要区别在于句法：多以六句或十句、十二句成一篇章，而律诗以八句为常（此外尚有句数不限的排律和截取两联四句的绝句）；其次是虽重对仗却不以"失粘"为病。

沈约颇以声律上的发现自得，曾撰《四声谱》，以为"在昔词人累千载而不悟，而独得胸襟，穷其妙旨"（见佚文），自谓是入神之作。其《宋书·志》三卷，有两卷著录了之前各朝乐府诗。如录汉《古辞》、《鼓吹铙歌》和魏之三祖等人所制乐府诗，令后人得窥原貌，有了著录和研读之依据。《梁书》本传载约著录《宋文章志》三十卷（已佚），当是刘宋文章的总集。《宋书·谢灵运传论》中亦时见其进步的文学史观，如："虽虞夏以前，遗文不睹，禀气怀灵，理无或异；然则歌咏所兴，宜自生民所始。"认为自有人类以来就有文学活动，文

学艺术是人类生命灵慧（"禀气怀灵"）的外现和物化。说到东汉张衡革除"芜音累气"时则言"文以情变"，道出张衡抒情赋创作的积极意义，以为三曹成就的取得在于"以情纬文，以文被质"，肯定诗歌抒情功能和注重词采的效果。"相如巧为形似之言，班固长于情理之说，子建、仲宣以气质为体，并标能擅美，独映当时"是重视作家文学个性的评论，"以气质为体"凸显了建安文学创作主体精神张扬、"梗概多气"的特征。《传论》言及写作摹习的楷模时说："原其飚流所始，莫不同祖《风》《骚》。"《诗经·国风》和屈原《离骚》，在今人看来不仅是先秦典型的文学作品，也算中国古代文学两种主流风格的发端。沈约论诗赋不奉五经为宗，却标举《风》《骚》为"祖"，显见对文学与非文学的区别有明确认识。作为被纳入经典中的《风》诗之变体，后起的屈《骚》得并列为"祖"，也不无以变求发展、方有望再登高峰的启示。

重新变的另一表现就是人们更广泛地、对以往不甚重视（经史子和主流诗赋以外）的文学史料进行搜集、整理录存和评价。当然这无疑也有助于认识判断和印证历代文学新变的创获价值。

萧统首次以文学标准选编前人作品总集《文选》，并辑录了《陶渊明集》。萧纲也与一重要的诗歌结集分不开。题为陈徐陵编著的《玉台新咏》也是我国古代一部重要的诗歌总集。唐人刘肃说："梁简文帝为太子，好作艳诗，境内化之。浸以成俗，谓之宫体。晚年改作，追之不及，乃令徐陵撰《玉台集》以大其体。"[①]《玉台新咏》中称萧纲为皇太子，收其诗109首。称梁元帝萧绎为湘东王，可知其编成时代大致在梁末武帝尚在位之时。徐陵在《序》中说："撰录艳歌，凡为十卷。"明胡应麟《诗薮·外编》卷二说："《玉台》但辑闺房一体。""辑闺房一体"可知是古代女性文学的结集，萧纲要求徐陵"大其体"，欲扩大"宫体"范围、提升其影响。集中《古诗》、《古乐府诗》、《饮马长城窟行》、《古诗为焦仲卿妻作》等优秀作品，从不同层面反映了那个时代妇女的生活、感情和相关的社会问题。称"新咏"者，所录多新作或新受关注之作；题材"集闺房一体"也有一定首创意义。《文选》、《陶渊明集》和《玉台新咏》可以说分别是前人总集、一家之集和一体之集的代表。

萧纲、萧绎也是各自文人集团的核心人物，其文学实践和理论批评都很有代表性。萧氏兄弟立论角度不尽一致，见解未必齐一，但在主张"新变"上是相同的。学界这方面的评介已较充分，故述之从简，仅就尚可一论处作必要的申说。

萧纲在《与湘东王书》中要求拒"懦钝"，弃"浮疏"，反"阐缓"，强化文章的表现力。鄙薄模拟前代非文学性典籍中的文章，认为它们"既殊比兴，正背风骚"，有违诗文"吟咏情性"的根本。子史与诗赋何止是文体的不同，"良史之才"与能为"篇什之美"的文士才情也不一样。对"当世之作"则多溢美之辞："至如谢朓、沈约之诗，任昉、陆倕之笔，斯实文章之冠冕，述作之楷模；张士简之赋，周升逸之辨，亦成佳手，难可复遇。文章未坠，必有

---

① 见《大唐新语》卷三。

英绝领袖之者,非弟而谁?"在《答新渝侯和诗书》中说萧暎"性情卓绝,新致英奇",对他的三首和诗个性的卓异处和情致上的拓展、创新给予赞赏。

其《诫当阳公大心书》云:"立身之道与文章异。立身先须谨重,文章且须放荡。"此语曾广受责难。王运熙、杨明的《魏晋南北朝文学批评史》正确地指出:"'放荡'一语,乃不受束缚之意。"本文以下再稍作诠解,补充几个运用"放荡"的实例以证之:

萧纲在此处是说写文章可以任性率情,与"立身"各有所取,并非水火不容。"且须放荡"包含着对个性和自然情感的尊重,是一种对率真天性的宽容和追求。汉魏六朝时"放荡"大抵是不守礼法、纵逸不拘、率性任情的意思,与其后常指的淫荡纵欲有别。如《汉书·东方朔传》:"久之,朔上书陈农战强国之计,因自讼独不得大官,欲求试用其言,专商鞅、韩非之语也。指意放荡,颇复诙谐,辞数万言,终不见用。"《三国志·魏志·武帝纪》:"太祖少机警,有权数而任侠放荡,不治行业,故世人未之奇也。"《三国志·魏志·阮瑀(附子籍)传》:"瑀子籍,才藻艳逸,而倜傥放荡。行己寡欲,以庄周为模则,官至步兵校尉。"《晋书·裴秀(附子頠)传》:"頠深患时俗放荡,不尊儒术。何晏、阮籍素有高名于世,口谈浮虚,不遵礼法,尸禄耽宠,仕不事事。"直至唐代,"放荡"在六朝的用义仍见保留,如杜甫《壮游》一诗中就有"放荡齐赵间,裘马颇清狂"之句。以上的"放荡"者中不乏文学大家。东方朔以其诙谐"大隐于朝",曹操有广招"不仁不义而有治国用兵之术者"的求贤令,阮籍则以"自然"对抗"名教",他们都不为儒术和礼制成法羁绊,又是文学上个性鲜明独特、率性任情的名家。杜甫"放荡"之实,也无非"春歌丛台上,冬猎青丘旁。呼鹰皂枥林,逐兽云雪冈"之类。萧纲明言是与"立身须谨慎"并行不悖的文章之"放荡",除了指不受名教成法束缚的文学情性之外还能是什么呢?萧纲的"文章且须放荡"主张在创作中摆脱礼法束缚,须有率性任情之自然,是对文学本质特征的一种理解。将"文章"与"立身"分离表明,萧纲意识到文学独立于学术,也独立于政教(即使它可能、也应发挥一定的陶冶人们情灵、塑造精神品格的审美教育作用),是一种特殊的意识形态。

以"变本加厉"的角度观之,"立身之道"当属"本","放荡"与所"本"的相异是文章"变本"所致,当出于有时代特征的新文学观念。因此可以说魏晋南北朝确系一个"文学脱离政教之用的时期"。[①]与此相关的还有一个有关宫体诗的历史"公案",萧纲因此屡受指斥。下面笔者也简析一首宫体诗的代表作《咏内人昼眠》,试予澄清:

> 北窗聊就枕,南檐日未斜。攀钩落绮障,插捩举琵琶。梦笑开娇靥,眠鬟压落花。簟文生玉腕,香汗浸红纱。夫婿恒相伴,莫误是倡家。

"内人"指妻室,作者写妻子午睡的容貌姿态,"梦笑开娇靥"、"簟文生玉腕"可谓观察细致

---

① 罗宗强《魏晋南北朝文学思想史·后记》,中华书局,1996年版,第478页。

笔触生动。家庭生活中一个小场景的描述,没有多少思想认识和教化方面的意义,所写对妻子的怜爱也不出人之常情。有人认为"簟文生玉腕,香汗浸红纱"语涉色情、淫秽,显然责之过苛。被当作色情文学铁证的是最后"莫误是倡家"一句。无论妻子睡醒后的回答,还是假设与梦中妻子的对话,其中确有某种性暗示,但不过是夫妻间戏谑之语而已。该诗屡遭文学史论者的鞭挞,如说:"这种放荡的描写,外面掩饰着一层美丽辞藻的外衣,内面包含着极其腐烂的灵魂。"[①] 宫体写宫院闲情,多为消遣游戏,格调不高、意义不大。但闲情未必不能入诗,宫体不必为放纵色情,既可与萧纲"文章且须放荡"的主张相印证,也与萧绎的"情灵摇荡"说不无内在联系。

有一个问题值得思考:为何"新变"会形成一代思潮?

"新变"成为风气首先与文学观念的演进有关。作为文学进入自觉时代的标志,曹丕《典论·论文》的"文以气为主,气之清浊有体,不可力强而致"道出了文学艺术的个性化特点,而"诗赋欲丽"和稍后陆机《文赋》的"诗缘情而绮靡,赋体物而浏亮"点明文章必有美,其生成以情为依据的本质特征。刘勰也说:"圣贤书辞,总称文章,非采而何?"齐梁文学在"新变"上近乎狂热的追求,正是进入自觉时代以来文学意识进一步强化的表现。"能文"者溢于言表的自得之情,出于他们对文学特质、艺术规律、表现手段的发现和把握,以及对文学非凡价值和重大意义的认识。这种自信与自豪与"新变"的追求是相互促进的。

建安以来的诗人作家以极大的热情拓展文学表现的领域和对象,以诗歌为例:建安时代的题咏时事,抒发身世乱离的感慨和建功立业的抱负;曹操《龟虽寿》的山海与日月星汉、阮籍的咏怀、潘岳的悼亡、左思的咏史以及傅玄的妇女诗、张协的咏物诗、郭璞的游仙诗、陶渊明的田园诗、宋齐的山水诗……都有创获,即使颇受非议的玄言诗、宫体诗,也可视为一种不成功的尝试。此外,一切物象几乎都成为赋的描写对象;记叙士人生活情趣的轶事小说和讲述神异宣扬教义的志怪小说也登上文坛,都是文学题材内容空前丰富的表征。

萧纲《答张缵谢示集书》具体地描绘了一些可纳入文学表现的内容:"至如春庭落景,转蕙承风;秋雨且晴,檐梧初下;浮云生野,明月入楼。时命亲宾,乍动严驾;车渠屡酌,鹦鹉骤倾。伊昔三边,久留四战;胡雾连天,征旗拂日;时闻坞笛,遥听塞笳;或乡思凄然,或雄心愤薄。是以沉吟短翰,补缀庸音,寓目写心,因事而作。"钟嵘《诗品序》也说:"若乃春风春鸟,秋月秋蝉,夏云暑雨,冬月祁寒,斯四候之感诸诗者也。嘉会寄诗以亲,离群托诗以怨。至于楚臣去境,汉妾辞宫,或骨横朔野,或魂逐飞蓬;或负戈外戍,杀气雄边;塞客衣单,孀闺泪尽;又士有解佩出朝,一去忘返;女有扬娥入宠,再盼倾国:凡斯种种,感荡心灵,非陈诗何以展其义,非长歌何以骋其情?"皆淋漓尽致地道出自然景物、社会生活对创作的影响,其"寓目写心,因事而作"以及外部事物"感荡心灵"不得不以"陈诗、长歌""展其义、骋其情"之语也与刘勰的"情以物迁,辞以情发"等论有吻合处。

---

① 刘大杰《中国文学发展史》(上),上海古籍出版社 1983 年版,第 305 页。

南朝有"文""笔"之辨。萧绎在《金楼子·立言》中所说的"古之文笔,今之文笔,其源又异",透露出文学观念有演进的过程。他认为"吟咏风谣,流连哀思者谓之文","至如文者,惟须绮縠纷披,宫徵靡曼,唇吻遒会,情灵摇荡"。对"文"明确和具体的要求中"吟咏风谣,流连哀思"既有对接受民间歌谣滋养的认可,也有对"哀"情审美价值的肯定,更要求写出被人传唱、让人流连,无论作者还是诵读者都会为之深深动情的作品。"绮縠纷披,宫徵靡曼,唇吻遒会,情灵摇荡"指美伦美奂、温婉轻柔、音响悦耳,能深契人心引起共鸣的文章,于是与非文学性的述作划清了界限。

重视文学艺术率性娱情的一面以及对物态之美的感受和描摹,是当时文学观念和艺术精神的一个重要侧面。追求细腻温婉的柔性美出于对文学的新认识,有对文学艺术特质再发现的意味,也体现出南朝文学的时代特征。萧绎曾在《内典碑铭集林序》中介绍了文学批评视角、理路和准绳与时俱进的变更:

> 夫世代亟改,论文之理非一;时事推移,属词之体或异。但繁则伤弱,率则恨省,存华则失体,从实则无味。或引事虽博,其意犹同;或新意虽奇,无所倚约。或首尾伦帖,事似牵课;或翻复博涉,体制不工。能使艳而不华,质而不野;博而不繁,省而不率;文而有质,约而能润;事随意转,理逐言深,所谓菁华,无以间也。

齐梁文学的"新变"虽不限于形式(如题材内容的扩大和变化),却难免偏重形式之嫌。从正面说,这表明作家认识到文学的一个基本特点:以语言为媒介的艺术。魏晋南北朝时期文学的自觉推动了在汉语形式美规律的上探索与发现,用于写作实践(如诗赋中声韵、对偶的运用)也能使艺术表现力有所提高。然而,往往被齐梁文人轻忽的是:形式美必须以内质的美为依据;藻采的繁富柔靡、四六句式的整饬未必有助于提升写作的艺术境界,构词的诡异、章法的奇谲大多有违形式美的规律。

三、刘勰相关的理论总结

齐梁的理论批评家对这一时期文学领域艺术规律上的探索、发现以及创作的"新变"所作的肯定、赞赏大大多于质疑。"今胜于古"论显示出一种与崇古宗经传统不同的变革精神,其中确有一种文学自觉时代由不断拓出新领域带来的自信心和自豪感。然而,无论沈约对声律的发现、讲究音韵的自得,萧子显"若无新变,不能代雄"和萧统的"踵事增华,变本加厉"的号召,还是萧纲、萧绎的倡导、推动,大多对"新变"只有鼓吹而无批评。这正是他们编集有成、写作上有所创获但成就有限、且存流弊的一个重要原因。

以往的"新变"是否都成功呢? 辞采的繁富、个性的张扬、放纵是否应有正确的方向呢? 传统观念、旧有体式规范是否还有其存在价值? 能否在总结得失成败经验教训的基

础上给"新变"以正确导向呢？回答这些问题正是齐梁文学理论批评的任务。身处热潮中而能作冷静和客观的思考,此为有识的理论批评家应具备的素质。钟嵘即然,他对"新变"有赞赏也有质疑,比如说:"五言居文词之要,是众作之有滋味者也,故云会于流俗。岂不以指事造形,穷情写物,最为详切者邪！"就包含对诗体演变和当时五言主盟诗坛的肯定。他以表现手段论赋比兴而不言讽刺,只说"诗有三义"而非以往的"《诗经》六义"！对时兴的"四声八病",更以其"辨绩细微,专相凌架。故使文多拘忌,伤其真美"有违自然而提出批评。……诚然,钟嵘的批评受限于五言诗一种文体,立论的精深和缜密上也远不及刘勰。

刘勰对"文"的价值和意义有最充分的肯定:《原道》篇有"文之为德也大","言之文也,天地之心哉",夫子"雕琢情性,组织辞令……写天地之辉光,晓生民之耳目","道沿圣以垂文,圣因文而明道"等论。《序志》篇则从"建言"的不得已,最终说到论证"文心"与自己的人生价值和终极追求相联系:"文果载心,余心有寄！"

刘勰年长于萧统,对新变的鼓吹表面上不如萧氏兄弟激切,但更加理性。他同样强调必须以新变求发展、与时俱进,其通观文学发展的历史眼光和严谨的理论思考有助于寻找求变的正确方向,《文心雕龙·通变》篇指出,后世创作既受前代影响,又有必有顺乎潮流的嬗变:"楚之骚文,矩式周人;汉之赋颂,影写楚世;魏之篇制,顾慕汉风;晋之辞章,瞻望魏采。推而论之,则黄唐淳而质,虞夏质而辨,商周丽而雅,楚汉侈而艳,魏晋浅而绮,宋初讹而新。从质及讹,弥近弥澹。何则？竞今疏古,风味(昧)气衰也。"一方面他看到文学流变有走向"侈"、"浅"、"讹"、"澹"的趋势;另一方面又在提示文学传统中确有一脉相承值得恪守和弘扬的东西,这段文字有批判时风的意味,意欲警醒盲目求变的世人。

"文之枢纽"立原道、宗经、徵圣之论,欲从儒家经典中概括出对写作有指导意义的范式法则,如《宗经》篇说:

> 故论说辞序,则《易》统其首;诏策章奏,则《书》发其源;赋颂歌赞,则《诗》立其本;铭诔箴祝,则《礼》总其端;记传盟檄,则《春秋》为根:并穷高以树表,极远以启疆;所以百家腾跃,终入环内。若禀经以制式,酌雅以富言,是即山而铸铜,煮海而为盐者也。故文能宗经,体有"六义":一则情深而不诡,二则风清而不杂,三则事信而不诞,四则义直而不回,五则体约而不芜,六则文丽而不淫。

这段文字的要害在于:文章写作毕竟不同于经典著述,内容范围更为宽泛,有更多方面美的追求。因此刘勰以"六义"对文章的"宗经"作必要和具体的说明。"六义"不妨说是对文章真、善、美的要求,并无一点让诗赋文章接受经学牢笼的味道,显然不变中有其变。

刘勰将"变乎《骚》"纳入"文之枢纽",推出屈《骚》作为文学新变的成功典范。篇题用"辨骚"意在辨明《离骚》与经典的同异和以"奇"求变获得成功的所以然。其"异乎经典"处未必罪不可赦,为"文"原非述经;有"异"或近乎萧统所谓"变本",《辨骚》之"赞"

对屈《骚》极尽褒美似可说明这一点。联系到宗经"六义",可知刘勰对文章写作的具体要求是合乎文学艺术本身特点的。篇中激赏《离骚》的"奇文郁起"和"取镕经意,自铸伟辞";主张后人"酌奇而不失其贞(正),玩华而不坠其实"等论,都可明其宗旨。

《通变》篇精辟地道出变与不变(即继承与变革)辩证的关系,以及"通变"之道:

> 夫设文之体有常,变文之数无方,何以明其然耶?凡诗赋书记,名理相因,此有常之体也;文辞气力,通变则久,此无方之数也。名理有常,体必资于故实;通变无方,数必酌于新声;故能骋无穷之路,饮不竭之源。然绠短者衔渴,足疲者辍途,非文理之数尽,乃通变之术疏耳。

"常"即恒常和相对稳定的规范,指文体的沿袭性和规范性;"名"是文体的名称;"理"是其得为一体之理。"体"是人们从以往的写作实践经验中归纳提炼出来的,故言"必资于故实"。一体的"名理"递相因袭,表现出"有常"的规定性。"无方"是尚无定则、层出不穷的新变,其中包括对"有常"的突破和逾越(成功的新变在获得广泛认可之后又会成为"有常之体"的一部分)。"有常"和"无方"相反相成。所谓"通",就是通晓变化之道(规律),就是对新变的理性把握。在"通"的指导下"变",文学创作的道路宽广、前景无限光明。

《通变》的"赞"总结出"文辞气力,通变则久。变则其久,通则不乏。趋时必果,乘机无怯。望今制奇,参古写法"的新变铁律。

"趋时必果,乘机无怯"是对作家抓住各自时代的机遇果断进行艺术创造大加鼓励。联系到上文大声疾呼"凭情以会通,负气以适变",呼唤作家展示和张扬一己的独特个性与情感、适应不断变化的时代潮流,刘勰鼓吹新变的热情洋溢恍在目前。然而,与其他新变鼓吹者不同的是,他是高度理性的,所论不失严谨。

"望今制奇"指创作适应时代需要、合乎艺术演进趋势的作品。"望今制奇"对传统有所突破、有所创新;"参古定法"则要求借鉴、继承传统中有价值的东西。"望今制奇"必须接受或参照"参古定法"的规范,"参古定法"的目的只在谋求"望今制奇"的成功。

"参古定法"也可以说是对《辨骚》的"取镕经意"、"不失其贞(正)"的补充,强调承传前人成功经验和体式规范(也即"有常之体")的必要性。其他篇中也屡见类似的告诫,《风骨》篇说:"熔铸经典之范,翔集子史之术,洞晓情变,曲昭文体,然后能莩甲新意,雕画奇辞。昭体故意新而不乱,晓变故辞奇而不黩。"要人们"执正以驭奇",而不可"逐奇失正"(《定势》)。

刘勰警示演进中的文学有"从质及讹,弥近弥澹"的趋势,而文风流入"讹诡"和"烦滥"的错误倾向更须拨正,然而也深知唯"新变"才能发展、才有前途。这就是把《辨骚》作为以"奇"求变的成功楷范纳入"文之枢纽",再立《通变》篇详加论证、申述求变宗旨和原则的缘故。

论司空图的"情悟"美学理论

杜道明

（北京语言大学）

　　所谓"情悟"，即因情而悟，是指审美主体的情感意向性对领悟、体验、审美、判断活动有直接影响，情感因素对其审美活动具有决定性意义。晚唐著名诗论家司空图在他的《诗品》中明确提出了"情悟"的命题，这既是他诗论的核心，也是他的主要审美方式。

　　众所周知，司空图诗论美学的基础来自禅宗的顿悟哲学，历来关于《诗品》的争议聚讼，其焦点也在一个"悟"字。由于《诗品》乃以诗论诗之作，对"情悟"之说语焉不详，更由于司空图采用了"比物取象，目击道存"的方式，致使人们难见其庐山真面目而多将其忽略。因此，对司空图的"情悟"理论作一些探索，就显得十分必要。

一、"韵外之致""味外之旨"——"悟"的对象

　　司空图"情悟"理论的提出，是与文学创作和文学理论的发展密切相关的，它是随着人们审美层次的不断提高而产生的。唐代以前，儒家重功利、尚实用的思想影响相对较强，反映在文学创作上就显得板滞、直露而缺乏含蓄之美。如汉代大赋着意铺排，维肖却不维妙；魏晋诗歌情景并出，但质实而乏神韵，因此在文学理论上对韵味的追求也不明显。陆机《文赋》要求"虽离方而遁圆，期穷形而尽相"，刘勰《文心雕龙·物色》也说："自近代以来，文贵形似"，可见当时的文学创作和文学理论是以形似为尚的。钟嵘虽提出"滋味"说，

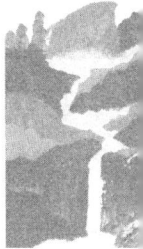

但他又认为"滋味"的产生是由于五言诗"指事造形,穷情写物,最为详切",[①] 虽由陆机的"穷形"变而为"穷情",但仍以"造形""写物"为主,强调的还是直观性的单纯美感。到了唐代,诗歌创作空前繁荣,作品更具含蓄之美,文化的繁荣提高了人们的审美意识,人们也就更加自觉地追求作品复杂的深层美学内涵了。皎然的《诗式》就指出:"两重意以上,皆文外之旨",可说是司空图"韵味"说的先声,是新的审美要求的反映。

司空图在《与李生论诗书》中说:"近而不浮,远而不尽,然后可以言韵外之致耳。"即是说,具有"韵外之致"的优秀诗作,其形象描写总是若隐若现,不即不离,"可望而不可置于眉睫之前",使读者感到寄托无限的深长意象。所谓"韵",当指诗歌的艺术抽象或意境所包孕的意识、韵律、情趣。司空图此处明言"韵外之致",可见它是"韵"之外的曲终余味,也是比"韵"更为深刻的生活"真谛"或"哲理"。如果说是"韵"尚属于审美的浅层效应的话,那么"韵外之致"就属于审美的深层效应了。

关于"味外之旨",司空图有一段名言,他说:"愚以为辨于味,而后可以言诗也。江岭之南,凡足资于适口者,若醯,非不酸也,止于酸而已;若盐,非不咸也,止于咸而已。华之人以充饥而遽辍者,知其酸咸之外,醇美者有所乏耳。……倘复以全美为工,即知味外之旨矣。"[②] 在这段比喻性的论述里,司空图认为,相对于"醯""盐"来说,"酸""咸"本身就是"味",只是这种单一的"味"还不能使人尽兴,原因就在于它们"止于酸","止于咸",而在"酸咸之外"还缺乏一种"醇美"。所谓"醇美",苏轼在《送参寥师》一诗中曾作过很好的说明:"咸酸杂众好,中有至味永","醇美"即兼有众味之长的"全美",亦即"味外之旨"。就优秀诗作而言,其中的每一个艺术形象都可以给人一定的美感,但毕竟还不够味。只有各种形象共同构成一个和谐、浑然整合的意境,才能产生质的飞跃,使人回味无穷,获得更为强烈的美感愉悦。可见这里的审美层次是有高下之分的,借用庄子的话来说,"醯""盐"不过是"物之粗","酸""咸"也只是"物之精",而"醇美"就是"不期精粗"的"道"了。因此,"味外之旨"作为"醇美"之味,在实质上是和"韵外之致"大体相同的,它们都属于诗歌深层的美学内涵,是由单一性向整体性拓展的审美趋向。

如前所说,钟嵘的"滋味"说尚侧重于耳目感官的快适,而司空图的"韵味"说却大大超出了"目击可图"的范围,它已不再要求"贵尚巧似","辞采葱茜",[③] 而是"不著一字,尽得风流"了。[④] 因此,"韵味"说不仅是唐人诗歌创作讲神韵、重情趣的理论总结,而且是在"滋味"说的基础上追求诗歌深层美学内涵的一次空前飞跃。同时,由于"韵外之致""味外之旨"比"滋味"的美感层次更高,更具有形而上的特点,因而也就更难通过耳目感官和一般的联想去捕捉,而只能借助于"比物取象,目击道存"式的神"悟",这正是司空图提出

---

① 《诗品序》。

② 《与李生论诗书》。

③ 钟嵘《诗品》。

④ 《诗品·含蓄》。

"情悟"理论的原因之所在。

二、"情性所至""妙机其微"——"悟"的方式

中国古代的诗学理论很早就认为人的感情是由触物而起的,但同时也认为人并非处于完全被动的状态。人之所以能"感于物而动",[①] 就是由于人已具备潜在的"情",正如刘勰所说:"人禀七情,应物斯感。"[②] 倘若如婴儿内心一片空白,即使感官接触外物,也会触而不动,接而不合,充其量只能得到一些低层次的刺激信号,而不可能产生强烈的感情共鸣。当然,人的感情并非先天就有,而是通过不断"格物",长期积累的感觉信息整合逐渐形成了人的感情定势,当遇到与之相应的外物触动时,就会在一瞬间产生心物感应。中国古代文论中所说的"悟",其实质就是这种心物感应。现代审美心理学认为,艺术审美不同于一般的认识活动,审美过程中虽有感知、理智、想象等因素的参与,但它们都是以情感为中介,间接或潜在地发挥作用的。在一定意义上说,艺术审美就是人的情感与对象美学内涵的感性契合,它离不开以"情"为施功者的"悟"。因此,司空图提出的"情悟"理论实际上已抓住了艺术审美的这一重要特征。

"情悟"的概念是司空图在《诗品·自然》中提出的,杨廷芝的《诗品浅解》认为,"情悟"即"情真开悟"之意,这是深得司空图原意的。笔者认为,司空图所言"情悟"之"情"非指一般意义上的喜怒哀乐而言,联系《诗品》的全貌和司空图的一些主张,"情"至少应包括两方面的内容。其一,是指人对自然界和人类社会长期体察实践所形成的感情定势,其中包括世界观、文化修养、秉性气质以及审美经验和审美趣味等等,它决定一个人对客观事物的基本态度和审美定向。其二,是指诗家在特定环境中特定人格一气质—情绪构成的情感状态,即一时之情。它是以长期形成的感情定势为基础的,但又有很强的个别性、随机性,更容易受到彼时彼地主客观条件的影响和制约,它往往也是"悟"的直接触因和动力。现以《诗品·悲慨》一品为例,我们可以看出"情悟"的这一特点:

> 大风卷水,林木为摧,适苦若死,招憩不来。百岁如流,富贵冷灰,大道日丧,若为雄才。壮士拂剑,浩然弥哀,萧萧落叶,漏雨苍苔。

前四句写自然灾害引起的伤感,中间四句写世风日下引起的悲怨,"悲慨"的基调即大体由这两方面构成。长期的这类感官接触自然会不断撞击"壮士"的心灵,使他逐渐形成了以"悲慨"为主的感情定势。当他接触到"萧萧落叶,漏雨苍苔"这种与心境相应的特定

① 《诗大序》。
② 《文心雕龙·明诗》。

环境时,就很自然地产生了瞬间的共鸣,把风吹落叶、雨滴青苔当作"悲慨"的化身,从中悟出了"悲慨"的象征意味。但是,假如"壮士"的一时之情绪是昂扬而非"悲慨",那么他就有可能看到风吹落叶而产生横扫腐朽的痛快之感,目睹雨滴青苔而激起新机勃发的欢欣之情,而不再可能是"悲慨"了。审美客体的美学内涵是多侧面多层次的,而审美主体由于生活阅历不同,长期形成的思想感情定势和审美趣味也千差万别,加之一时之情的随机性,在领悟客体的美学内涵时也会"对号入座"。正如垂柳这一具体事物,它既可象征哀愁,也可表现生机,还可暗示适应性和生存能力等。有什么情,悟什么理。对同样一首诗,审美能力或"情感"深度不够的读者可能会无动于衷,而审美经验丰富的人和生活阅历复杂的人则会体悟到作品的"韵外之致"、"味外之旨",甚至会悟出诗人自身也未意识到的某种美学意趣。司空图之所以强调"情悟",大概就是因为他通过大量的审美实践,比较清醒地认识到:"情"不仅在很大程度上决定着人的"审"的定势和"悟"的结果,而且影响着审美体验的深度和广度。正如他自己所说:"似有真宰,与之沉浮。"[①]

也许有人会说,"情悟"的概念在《诗品》中仅出现过一次,把它作为司空图诗论的核心恐怕言过其实了。笔者认为,"情悟"的概念在《诗品》中的确仅此一见,但"情悟"却是《诗品》中基本的审美方式。我们判断一个命题是否重要,不应只看它作为概念出现的次数的多寡,更重要的是看它的基本精神在整个理论体系中所处的地位如何。司空图提出的"情悟"说,其基本精神首先在《诗品》中得到了充分的体现。诸如情与景、形与神、实与虚、浓与淡、"不著一字,尽得风流"、"超以象外,得其环中"[②]等论题,无一不体现着"韵外之致"、"味外之旨"的追求,也无一不是通过"情悟"的方式去把握其美感内蕴的。这里仅略举两例以说明之。"实境"一品说:"取语甚直,计思匪深,忽逢幽人,如见道心。……情性所至,妙不自寻,遇之自天,泠然希音。"这就是说,"实境"的美学内涵可遇而不可寻,它不是深思熟虑所得,而完全是自然"悟"出,这"悟"又是"情性所至"的结果,这正是"情悟"说的极好注脚。又如"冲淡"一品所说:"素处以默,妙机其微",孙联奎《诗品臆说》云:"机者,触也,契也。微,微妙。机其微,谓一触即契其微妙也",这显然就是指的"悟"。孙联奎又说:"素处以默,妙已裕矣。以心之妙,触理之妙;以心之妙,触景之妙;此时之妙,乃妙不可言。"这就是说,审美主体必须首先酝酿澄澈自己的思想感情,亦即先使自己的"心""妙"起来,才有可能"触理之妙"、"触景之妙",从而"悟"出"味外之旨",达到"妙不可言"的美感极境。很明显,"素处以默"的过程就是使"心""妙"起来的过程,亦即使"情""真"的过程,而"妙机其微"的过程自然就是"情真开悟"了。

"情悟"的审美方式不仅在《诗品》中一以贯之,而且在司空图的整个诗歌美学中也占有举足轻重的地位。拿"辨味"来说,它一向被认为是司空图诗论的核心,然而它也只是

---

① 《诗品·含蓄》。

② 《诗品·雄浑》。

一种比喻,并且缺乏明确的规定性。"辨味"自然是要"辨"作品所包蕴的"韵外之致","味外之旨",但是如何去"辨"？又以何去"辨"？司空图在这里并未加以说明。根据他的一贯主张,当然不能靠逻辑的理性分析和逻辑的演绎推论,而只能靠主体之"情"与作品之"味"的沟通,靠人的品格与物的品性去沟通体悟。由此可见,所谓"辨味",其实不过是"情悟"的一种通俗化、形象化的表述而已。再如司空图所说:"长于思与境谐,乃诗家之所尚者。"[1]"思与境谐"历来被看作"意境"说的权威命题,笔者认为它也可以说是"情悟"的另一种说法。这里的"思"无疑是指思想感情,亦即"情悟"之"情","境"则指"诗家之景",亦即"象外之象,景外之景。"[2]所谓"谐",并非"思"与"境"的机械拼合,也不仅限于人们常说的"情景交融","谐"的过程其实是对主体固有感情的一次唤起,而且又能动地与"境"中之"情"相融合,从而达到"思"与"境"的融会沟通。用《诗品》的话说,"思与境谐"就是"情性所至"、"妙机其微",亦即孙联奎所说:"以心之妙,触理之妙;以心之妙,触景之妙。"因此,"思与境谐"并不单指作品所达到的艺术水平,它同时也指主体对客体的审美活动。清代王夫之有过"含情而能达,会景而生心,体物而得神"的论断,[3]正是对司空图"思与境谐"和"情悟"说的进一步说明。

通观司空图的诗歌美学,尽管显得扑朔迷离,玄虚奥妙,但仍是有规律可循的。他的一些重要理论原则几乎都以"情悟"为旨归,或与"情悟"有密切关联。就这个意义上说,把"情悟"理论看作司空图诗歌美学体系的核心和网结点是丝毫也不过分的。

三、"不著一字,尽得风流"——"悟"的特点

一个时期以来,司空图的诗论往往被人指责为"神秘主义",看来这主要是针对他的"情悟"理论而发的(尽管不是明言"情悟")。笔者认为,"情悟"理论只不过罩着一层神秘的面纱而已,它在本质上还是符合诗歌审美规律的。结合司空图的有关论述,我们可以看出他的"情悟"方式具有以下几个特点:

一、审美直觉感。在审美趣味上,司空图除了受道家"直观天性"、"得意忘言"的影响之外,对禅宗"不假文字"、"禅灯默照"的领悟方式也是深有体会的。他在《与伏牛长老偈》中说:"推倒我山无一事,莫将文字缚真如,"即其明证。司空图在诗歌美学上的"情悟"之说正是得力于这种领悟方式,以"情悟"一以贯之的《诗品》本身就是贵悟不贵解,只可意会,难以言传的。正如"沉著"一品所说:"如有佳语,大河前横。"郭绍虞先生说:"窃以为'大河前横',当即言语道断之意。"[4]杨振纲《诗品解》引《皋兰课业本原解》也认为:"若

---

① 《与王驾评诗书》。

② 司空图《与极浦书》。

③ 《薑斋诗话》。

④ 《诗品集解》。

落于迹象,涉于言筌,则缠声缚律,不见玲珑透彻之悟。"可见这种"玲珑透彻之悟"是不能依赖概念判断和逻辑推理的,只能靠直觉的体悟和品味。"含蓄"一品的"不著一字,尽得风流",更是千古名句,历来为人所称道。所谓"不著一字"并非无字天书,而是"无一字道着正事",[①] 但所绘之景,所造之象,已将万般"风流"尽含其中。正如翁方纲所说:"不著一字正是谓涵盖万有",[②] 这就要求诗的语言非具有最大限度的象征性和暗示性不可,唯其如此,才可激发读者进行直觉领悟,去"尽得风流",这正体现了以少喻多的直觉表达方式。另一方面,正因诗中"无一字道着正事",所以读者就必须透过言筌穷搜言外的空白区,体味"韵外之致"、"味外之旨",这又恰好暗含了以有知无的直觉审美方式。"不著一字,尽得风流"突出体现了"情悟"的直觉思维特点,这一审美方式在中国古典美学史上成了一条重要的美学原则,其影响是十分深远的,对我们今天的美学也是重要的贡献。

二、自然突发性。"情悟"虽以"情"为"悟"的施功者,却是瓜熟蒂落,水到渠成,乃自然之势。司空图所说"遇之匪深,即之愈稀",[③]"情性所至,妙不自寻。遇之自天,泠然希音",[④]"真予不夺,强得易贫"[⑤] 等等,均是申明此意。正因为是"悟",是感性的契合,所以它是可无心"遇"之,而不可有意"寻"之的,正如司空图本人所说:"神而不知,知而难道",[⑥]"不知所以神而自神"。[⑦] 另一方面,"情悟"又表现为主体在一瞬间的豁然"顿悟",所谓"忽逢幽人,如见道心",就形象地说明了"情悟"的这种突发性。对司空图的"情悟"审美方式,一些论家只强调它的直觉性和自然突发性,却忽视了它不断积累反复实践的另一方面。司空图在《诗品》中反复强调"大用外腓,真体内充。反虚入浑,积健为雄。具备万物,横绝太空",[⑧]"饮真茹强,蓄素守中",[⑨]"真力弥漫,万象在旁",[⑩]"浅深聚散,万取一收"[⑪] 等等,这说明他不仅对瞬间的心物感应有深切体会,而且也十分重视积学、实践、修养、锻炼的功夫。他认为只有真情内蕴,才能有感辄发,若无平日的"渐悟"之功,就不会产生瞬间的"顿悟"之效。这正说明司空图的"情悟"理论闪耀着深沉的理性之光。

三、主观创造性。司空图的"情悟"方式包括两个重要方面:就其"悟"的对象看,是客体的深层美学内涵,亦即"韵外之致"、"味外之旨",它们本身就是形式之外的一种美感

① 孙联奎《诗品臆说》。
② 《神韵论》。
③ 《冲淡》。
④ 《实境》。
⑤ 《自然》。
⑥ 《诗赋赞》。
⑦ 《与李生论诗书》。
⑧ 《雄浑》。
⑨ 《劲健》。
⑩ 《豪放》。
⑪ 《含蓄》。

趣味,当然是审美主体发挥主观能动性,自觉进行"悟"的结果;就"悟"的主体看,是有"情"的人,自然带有强烈的主观色彩,审美主体各以自己独有之"情"去"悟",各自都可以而且应该发挥自己的独创性,为客体作审美意义上的补充。由于"境一而触境之人之心不一",① 所以个中妙趣,伊人自知,正像王夫之《姜斋诗话》所说:"作者用一致之思,读者各以其情而自得。"可见"情悟"既不是对客体的机械反映,也不仅仅是原有审美经验的复现,而是原有之"思"与新生之"境"相"谐"的过程,是一种创造性的审美活动。

总起来看,司空图的"情悟"理论也存在着明显不足:限于当时的科学水平和思维水平,同时也限于《诗品》的体例,司空图还不可能对"情悟"理论作全面的、科学的分析和综合。因此,"情悟"理论主要还是以比喻、象征为手段的经验形态的东西,这就限制了它的理论水平和影响力,但它对中国古典美学审美领域的开拓之功却是不容低估的。传统的偏见没有、也不可能全面估价司空图诗论的贡献,长期以来,人们往往津津乐道于严羽的"妙悟"说,而对司空图的"情悟"说却未予以应有的重视。岂不知"妙悟"说恰恰是脱胎于"情悟"说的,正如清人许印芳在《与王驾评诗书跋》中所指出的:"严沧浪论诗,宗法表圣。"其实严羽"宗法"司空图的,除了追求"兴趣"之外,主要还在于"悟"的审美方式。比之司空图的"情悟"说,严羽的"妙语"说反而在两个方面后退了:首先,"妙悟"说对"情"的重要性认识不足,也没有明确主张要以"情"去"悟",因此带有浓厚的宗教式的虚幻色彩;其次,"妙悟"说对"悟"的能力的培养仅仅限定在"读书穷理"的范围内,显然比司空图"具备万物""万取一收"的主张要狭隘得多。因此,司空图的"情悟"说倒是更应该引起我们的重视。从美学史上看,司空图"情悟"理论的倡导,也标志着中国古代美学思潮的重大转折:在审美理想上,由前期的偏重形神兼备,转向后期偏重神韵趣味;在艺术创作上,由前期的偏重叙事、写实,转向后期的偏重抒情、写意;在审美方式上,由前期的偏重感官验证,转向后期的偏重情感体悟。就这个意义上说,司空图的"情悟"理论无疑具有划时代的意义。这一具有鲜明民族特色的美学遗产,不仅在中国古典美学史上占有重要的地位,而且对于我们今天的文艺创作和欣赏,也仍有一定的借鉴意义,因此,它理应得到我们的公正评价和批判继承。

---

① 叶燮《黄叶村庄诗序》。

谢榛诗论的美学诠解

张　晶

（中国传媒大学艺术研究院）

明代中期的谢榛,在中国古代诗学史上是有独特建树的。也许出于我的偏好,对于这位一生未尝仁宦、且在文坛上深受倾轧的布衣诗人和诗论家,心存一份敬意。在明代的诗学著作中,也许是我的仄陋所致,最能深得吾心的便是谢榛的《四溟诗话》（即《诗家直说》)我甚至不无偏激地认为,从美学的角度看,《四溟诗话》的美学内涵,是远较前后七子其他人的论著更为丰富和现代阐释价值的。本文不拟论述谢榛和"后七子"中其他人的关系,也无意于辨析其在明代诗学谱系中的位置,而是以美学的眼光来抉发谢榛诗论的理论蕴含,以见其可与当代美学思想的相通之处。

《四溟诗话》（《诗家直说》)收入近人丁福保辑《历代诗话续编》四卷,中华书局版;又有宛平的校点本,由人民文学出版社出版;近又读到李庆立先生的《谢榛全集校笺》本,以明代万历年间赵府冰玉堂刻《四溟山人全集》为底本,广搜明清以来有关别集、方志、丛书等,又得赵本未载之诗话34条及《诗家直说自序》一篇,作为补佚,又增一卷。本文所论,仍以《历代诗话续编》本为主,兼及李庆立先生的"全集校笺"本。

一

从审美发生的角度而言,谢榛论诗,最重诗人感兴。感兴当然并非谢榛的创造,而是在中国的诗歌美学中有着古远的渊源的。关于"兴",有若干不同的解释,我则以为宋人李

仲蒙的"触物以起情谓之兴,物动情者也"①一说颇为准确地概括了"兴"的性质,并将"兴"和"赋"、"比"作了清晰的区分。笔者曾在《审美感兴论》中有较为明确的阐说:"在我看来,感兴就是'感于物而兴',指创作主体在客观环境的偶然触发下,在心灵中诞育了艺术境界(如诗中的意境)的心理状态与审美创造方式。感兴是以主体和客体的瞬间融化也即'心物交融'作为前提,以偶然性、随机性为基本特征的。"②这是我对"兴"的基本概括。而我从谢榛的《四溟诗话》中可以看到,谢榛是将"兴"作为诗歌创作的基本因素的,同时,他不仅将"兴"作为诗人产生创作冲动的动因,而且还将"兴"作为诗歌能否达到化境的直接条件。他说:"诗有不立意造句,以兴为主,漫然成篇,此诗之入化也。"③按谢榛的看法,诗歌创作中"以兴为主"的方式,也就是并不刻意为之,而是随机触遇,"漫然成篇",而这正是"诗之入化"的成因。谢榛还认为"诗有四格:曰兴,曰趣,曰意,曰理(卷二)"这四种因素,谢榛毫不含糊地将"兴"置于首位,并举李白的《赠汪伦》中的"桃花潭水深千尺,不及汪伦送我情"为"兴"之显例。谢榛还指出,诗中之兴并非空洞抽象的,而是有着具体的情感内涵的,最为基本的情感类型便是"悲"与"欢"。由兴而起的悲欢之情,成为诗中的主要情感元素。谢榛说:"凡作诗,悲欢皆由乎兴,非兴则造语弗工。欢喜之意有限,悲感之意无穷。欢喜诗,兴中得者虽佳,但宜乎短章;悲感诗,兴中得之更佳,至于千言反复,愈长愈健。熟读李杜全集,方知无处无时而非兴也。"(卷三)谢榛这段论述,以前我们很少加以重视,其实可以理解玩味的东西颇多。谢榛非常推崇李杜,以李杜为诗的最高境界,这一点在《诗话》中是多有表述的,也是继承了宋代严羽在《沧浪诗话》中的思想的。严羽论诗以盛唐为准,而对宋诗则直言诋诃。对于盛诗诸家,并非如以往的成见,认为他是"偏嗜王孟一派"④沧浪论诗,崇尚盛唐境界,是以李杜为最高典范的。如其言:"子美不能为太白之飘逸,太白不能为子美之沉郁。太白梦游天姥吟远别离等,子美不能道;子美北征兵车行垂老别等,太白不能作。论诗以李杜为准,挟天子以令诸侯也。"⑤"少陵诗,宪章汉魏,而取材六朝;至其自得之妙,则前辈所谓集大成也。"⑥谢榛在《四溟诗话》中对诗人的评价,其最为推尊者,亦为李杜。当然,谢榛的评价是自有其角度的。如以"格"和"韵"来论李白杜甫诗云:"《扪虱新话》曰:'诗有格有韵。渊明悠然见南山之句,格高也;康乐池塘生春草之句,韵胜也。'格高似梅花,韵胜似海棠。欲韵胜者易,欲格高者难。兼此二者,惟李杜得之矣。"(卷三)是从格与韵的角度高度评价李杜的,其他尚有多处推崇李杜的赞语。谢榛这里从审美心理的意义上揭示了悲欢之情对于诗歌体式的影响。他认为无论是悲还

① 见[宋]胡寅《斐然集》卷十八《与李叔易书》,中华书局校点本1998年版。
② 张晶《美学的延展》,商务印书馆2006年版,第90页。
③ [明]谢榛《四溟诗话》卷一,见丁福保辑《历代诗话续编》,中华书局排印本1983年版。
④ [清]许印芳跋《沧浪诗话》,见郭绍虞《沧浪诗话校释》附录,人民文学出版社1983版。
⑤ [宋]严羽《沧浪诗话·诗评》。
⑥ 同上。

是欢,都是由诗人与外界事物的触遇感兴中而得,进入诗歌创作之后,便成为与诗歌形式密切融合的审美情感。从人的心理角度来看,谢榛从经验的层面认为,欢喜之意有限,悲感之意无穷,这大致是符合人们的情感体验特征的。落实到诗歌创作中,表现欢喜之情的作品"宜乎短章",而表现悲感之情的篇什,则是"千言反复,愈长愈健"。这在李杜集中可以得到许多验证,如李白之《远别离》、《蜀道难》、《梁甫吟》等,杜甫之《北征》、《自京赴奉先县咏怀五百字》、《奉赠韦左丞丈二十二韵》等。虽然这不能绝对化,但是却对审美情感与形式表现的关系有了更进一步的认识。谢榛还将诗的完美创造及其经典化,与"兴"直接联系,认为"非兴则造语弗工"。如李杜这样的千载诗歌典范,无时无处不是从兴中得来的。"兴"所引发的是诗人的审美情感,故刘勰言"兴"有所谓"兴者,起也","起情故兴体以立"。[①] 很明显,刘勰是以情感的唤起作为"兴"的本义的。唐诗人贾岛更为明确地说:"兴者,情也。谓外感于物,内动于情,情不可遏,谓之兴。"[②] 都指出了兴是唤起诗人的审美情感的。谢榛则一直都是将诗的感兴发生和艺术形式的精美琢炼联系在一起,如其言:"诗以两联为主,起结辅之,浑然一气。或以起句为主,此顺流之势,兴在一时。"(卷二)这就将艺术创作的审美情感和形式之间的关系予以较为中肯的说明。由此我们想到卡西尔的有关论述:"审美的自由并不是不要情感,不是斯多葛式的漠然,而是恰恰相反,它意味着我们的情感生活达到了它的最大强度,而正是在这样的强度中它改变了它的形式。因为在这里我们不再生活在事物的直接的实在之中,而是生活在纯粹的感性形式的世界中。在这个世界,我们所有的感情在其本质和特征上都经历了某种质变过程。情感本身解除了它们的物质重负,我们感受到的是它们的形式和它们的生命而不是它们带来的精神重负。说来也怪,艺术作品的静谧(calmness)乃是动态的静谧而非静态的静谧。艺术使我们看到的是人的灵魂最深沉和最多样化的运动。但是这些运动的形式、韵律、节奏是不能与任何单一情感状态同日而语的。我们在艺术中感受到的不是哪种单纯的或单一的情感性质,而是生命本身的动态过程,是在相反的两极——欢乐与悲伤、希望与恐惧、狂喜与绝望——之间的持续摆动过程。使我们的情感赋有审美形式,也就是把它们变为自由而积极的状态。在艺术家的作品中,情感本身的力量已经成为一种构成力量(formative power)。"[③] 卡西尔这里所论述的艺术审美规律,在诗歌创作中同样表现得很明显也很普遍。谢榛所说的"兴"所唤起的情感,也是一种"相反的两极",如悲欢的"持续摆动过程"。诗人通过对这个过程的形式处理,形成了有机的审美形式,从而成为动态的生命体。谢榛《四溟诗话》多处强调诗歌应该是有机的整体形式,却又是通过感兴而获得的创作契机。

诗之"兴"即感兴,其发生契机是有着偶然的性质的。这一点,此前的感兴之论,也是

① [梁]刘勰《文心雕龙·比兴》。
② [唐]贾岛《二南密旨》,见叶朗主编《中国历代美学文库·隋唐五代卷》下卷,高等教育出版社 2003 年版,第239 页。
③ [德]恩斯特·卡西尔著、甘阳译《人论》,上海译文出版社 1985 年版,第 189 页。

多有表述的。中国古代诗论中多以"触"、"遇"、"适会"等辞语指诗兴之获得,都体现了很明显的偶然性质。晋代孙绰云:"情因所习而迁移,物触所遇则兴感。"①唐代遍照金刚云:"感兴势者,人心至感,心有应说,物色万象,爽然有如感会。"②宋代杨万里云:"大抵诗之作也,兴,上也;赋,次也;庚和,不得已也。然初无意于作是诗,而是物是事,适然触于我,我之意亦适然感乎是物是事,触先焉,感随焉,而是诗出焉,我何与哉?天也。斯之谓兴。"③前面所引李仲蒙对"兴"的界定"触物以起情,谓之兴",也明显地饱含着偶然的意思。谢榛论诗之感兴,一以贯之地强调了它的偶然性契机,而且把它作为创造出出神入化的佳作的必要条件。前面所引的"不立意造句,以兴为主,漫然成篇,此诗之入化也",其理论祁向非常明确。谢榛称赏杜诗云:"子美曰:'细雨荷锄立,江猿入画屏'。此语宛然入画,情景适会,与造物同其妙,非沉思苦索而得之也。"(卷二)对于杜甫这样的名作佳句,谢榛认为是"情景适会"的产物,决非"沉思苦索"、事先立意能够得到的,而这才能臻于"与造物同其妙"的大美之境。他又赞赏杜诗云:"子美《秋野》诗:水深鱼极乐,林茂鸟知归。此适会物情,殊有天趣。"(卷四)又论贾岛名句"独行潭底影"云:"其词意闲雅,必偶然得之,而难以句匹。"(卷四)谢榛还正面论述了作诗的"相因之法",也就是诗人的主体情感和作为客体的外物相遇合的关系,其云:"作诗有相因之法,出于偶然。因所见而得句,转其思而为文。先作而后命题,乃笔下之权衡也。一夕,读《道德经》:'大巧若拙。'巧拙二字,触其心思,遂成《自拙叹》云:出门何所营?萧条掩柴荆。中除不洒扫,积雨霉苔生。感时倚孤仗,屋角鸠正鸣。千拙养气根,一巧丧心萌。巢由亦偶尔,焉知身后名?不尽太古色,天末青山横。'《漫书野语》云:'太古之气浑而厚,中古之风纯而朴。'夫因朴生文,因拙生巧,相因相生,以至今日。其大也无垠,其深也叵测,孰能返朴复拙,以全其真,而老于一邱也邪?"(卷四)这里的"出于偶然",也就是诗的感兴,即主体和客体的相因相生,而由此方能臻于"其大也无垠,其深也叵测"的境界。由于对诗之感兴的全力倡导,谢榛是不满于事前立意、沉思苦索的创作方式的。他认为一流的作品是诗人以真性情与外物偶然晤对的结果,如其评陶诗说:"皇甫湜曰:'陶诗切以事情,便不文尔。'湜非知渊明者。渊明最有性情,使加藻饰,无异鲍谢,何以发真趣于偶尔,寄至味于澹然?"(卷二)他称这种偶然而得的创作契机为"天机":"诗有天机,待时而发,触物而成,虽幽寻苦索,不易得也。如戴石屏'春水渡傍渡,夕阳山外山',属对精确,工非一朝,所谓'尽日觅不得,有时还自来。'"(卷二)这是其感兴诗论的亮点。"天机"虽然并非谢榛的创造,但在他的感兴诗论中,却被赋予了更为深刻的内涵。"天机"最早见于《庄子》,其《大宗师》篇中有:"古之真人,其寝不梦,其觉不忧,其食不甘,其息深深。真人之息以踵,众人之息在喉。屈服者,其嗌言若哇。

---

① 〔晋〕孙绰《三月三日兰亭诗序》,见《全晋文》卷六十。

② 〔唐〕《文镜秘府论·地卷》,见卢盛江校考《文镜秘府论汇校汇考》,中华书局2006年版,第393页。

③ 〔宋〕杨万里《答建康府大军库军门徐达书》,《诚斋集》卷六十七。

其耆欲（即嗜欲）深者，其天机浅。"庄子之意是将"真人"与众人相比，因为众人嗜欲深重，所以天机就浅薄。陈鼓应先生注曰："天机，自然之生机，当指天然的根器。"① 很显然，庄子所说的"天机"，原非是在美学或艺术理论的意义上提出的。魏晋时期的陆机在其文论经典《文赋》中谈及感兴带来的文之神思说："若夫应感之会，通塞之际，来不可遏，去不可止。藏若影灭，行犹响起。方天机之骏利，夫何纷而不理？"可知其是在文学创作的框架中提出"天机"的。"天机"给人的感觉是颇为神秘的，却又是与西方的灵感概念有深刻不同的概念。我认为"天机"是中国古代艺术美学中一个充满生命感的实体性概念。它不是仅存在于审美主体一方的，而是发生于审美主客体在偶然的互感中的，同时，它又是创造出艺术佳作甚至是经典之作的重要条件。宋代哲学家邵雍论诗云："忽忽闲拈笔，时时乐性灵。何尝无对景，未始变忘情。句会飘然得，诗因偶尔成。天机难状处，一点自分明。"② 画家董逌也以"天机"来评画之杰作，如评李伯时画云："伯时于画，天得也，常于笔墨为游戏，不立寸度，放情荡意，遇物则画，初不计妍媸得失。至其成功，则无毫发遗恨。此殆进技乎道，而天机自张者耶？"③ 谢榛以"天机"论诗，是将其作为感兴过程的实体性存在的，而且，它是有待于诗人之性情与外物之触发而生成的。

二

谢榛论诗之感兴，对于艺术创作的审美主客体关系有了更具创造性的阐发，这对于我们更为深入地理解审美活动有很大的启示价值。且读谢榛的这样一段论述："作诗本乎情景，孤不自成，两不相背。凡登高致思，则神交古人，穷乎遐迹，系乎忧乐，此相因偶然，著形于绝迹，振响于无声也。夫情景有异同，模写有难易，诗有二要，莫切于斯者。观者同于外，感则异于内，当自用其力，使内外如一，出入此心而无间也。景乃诗之媒，情乃诗之胚，合而为诗，以数言而统万形，元气浑成，其浩无涯矣。"（卷三）"情景"作为一对范畴，代表艺术创作中的主客体双方，这在中国古典美学中已是渊源颇久的，而到明代，更是形成了稳定的对待关系。谢榛所论，当然是在这种框架之中的，但他对于情景关系没有仅作抽象的、一般性的论述，而是作了深入的发挥，其中多有美学思想上的拓展。概而言之，一是阐明了情景作为审美主客体双方的对待关系，在艺术创作中的情之为情、景之为景，都不能是单独的存在，所谓"孤不自成，两不相背"，缺少了对景的映照，也就不成其为创作意义上的情；同样，如果没有主体的情感投射，作品中的"景"也不可能具有审美价值。谢榛将情景作为诗歌创作最为重要的两个要素，所谓"诗有二要，莫切于斯者"。二是作为审美主体

---

① 陈鼓应《庄子今注今译》，中华书局 1983 年版，第 171 页。

② ［宋］邵雍《闲吟》，《伊川击壤集》卷四。

③ ［宋］董逌《广川画跋》，见于安澜编《画品丛书》，上海人民美术出版社 1982 年版，第 290 页。

和客体,其内涵并非是简单的,而是相当复杂的,因而形成了"独此一家"的对待关系,而非模式化的或者抽象的。诗人"登高致思",并不是仅仅"悲落叶于劲秋,喜柔条于芳春",而是在外在物色的触遇中,引发了历史的、人事的和社会的忧乐之情,其蕴含是特殊而丰富的。三是阐明了这样的美学观念:面对同一个对象,不同的审美主体会产生不尽相同的审美体验,所谓"观则同于外,感则异于内"。四是审美主体有着充分的建构能力,能够以语言文字对进入视野的物色赋形,所谓"著形于无迹,振响于无声"。因为物色的丰富多变和主体情感的复杂,使得诗作有着"与造物同其妙"的浑成境界,而在这其中,又有着情感的主导取向成为统摄杂多外在物色、从而形成作品中一个特殊的而又是完整的境界。歌德曾言:"一个单一的情感将这些部分创造成为一个独特的整体。而这种独特的艺术正是唯一的真正艺术。当它出于内在的、单一的、个别的、独立的情感,对一切异于它的东西全然不管、甚至不知,面向周围的事物起作用时,那么这种艺术不管是粗鄙的蛮性的产物,抑是文明的感性的产物,它都是完整的、活的。"[1]歌德所说的"单一的情感",按我的理解,不是指艺术家情感的一极,而是说统摄情感的意向性。

在另外的一段论述中,谢榛又进一步阐明道:"夫万景七情,合于登眺。若面前列群镜,无应不真,忧喜无两色,偏正惟一心;偏则得其半,正则得其全。镜犹心,光犹神也。思入杳冥,则无我无物,诗之造玄矣哉!"(卷三)这是一种主客不分的状态,也是审美的至高境界。诗人的审美情感对"万景"的渗透和投射,使得作品在呈现一个完整的审美境界中突出了"我"的色彩。黑格尔的论述恰好可以帮助我们理解谢榛这些话的含义,他说:"通过渗透到作品全体而且灌注生气于作品全体的情感,艺术家才能使他的材料及其形状体现他的自我,体现他作为主体的内在的特性。因为有了可以观照的图形,每个内容(意蕴)就能得到外化或外射,成为外在事物;只有情感才能使这种图形与内在自我处于主体的统一。"[2]

谢榛在他的诗论中,多处强调了诗人作为"这一个"的主体存在,而且由此也造就了艺术创作的不同风貌。对于审美主体的修养与独特个性的重视,是与感兴论互相裨补的。在这个方面,前此的感兴论是少有论及的。谢榛论诗歌不同的风格特征说:"作诗譬如江南诸郡造酒,皆以秫米为料,酿成则醇味如一。善饮者历历尝之曰:'此南京酒也,此苏州酒也,此镇江酒也,此金华酒也。'其美虽同,尝之各有甄别,做手不同故尔。"(卷三)谢榛这里的譬喻是说明诗人的主体因素造就了诗的不同韵味,关键在于"做手不同"。谢榛论及诗人的"养气":"自古诗人养气,各有主焉。蕴乎内,著乎外,其隐见异同,人莫之辨也。熟读初唐诸家所作,有雄浑如大海奔涛,秀拔如孤峰峭壁,壮丽如层楼叠阁,古雅如瑶瑟朱弦,老健如朔漠横雕,清逸如九皋鸣鹤,明净如乱山积雪,高远如长空片云,芳润如露蕙春

---

① 引自[英]鲍桑葵著、周煦良译《美学三讲》,上海译文出版社 1983 年版,第 60 页。

② [德]黑格尔著、朱光潜译《美学》第一卷,商务印书馆 1979 年版,第 359 页。

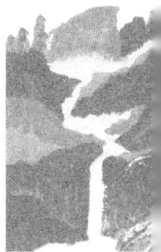

兰,奇绝如鲸波蜃气,此见诸家所养之不同也。"(卷三)谢榛以如此富有诗意的语言所描绘的唐代诗人所形成的不同创作风貌,其成因在于诗人的"养气",也即诗人的主体修养,这种主体修养,既有道德品格方面的,也有审美素质方面的;既有知识积累方面的,也有形式创造方面的,它是一个综合的而又形成了一个属于诗人自我的特殊禀赋与气质。由于多年的修养积淀之差异,便令诗歌创作也体现出充分的审美主体性,"各有主焉",明确地昭示了诗人的主体意识。谢榛还特别强调了诗人的道德修养的重要意义,并指出其作为诗人来说德才相济的关系:"人非雨露,而自泽者,德也;人非金石,而自泽者,名也。心非源泉,而流不竭者,才也;心非鉴光,而照无偏者,神也。非德无以养心,非才无以充其气。心犹舸也,德犹舵也。鸣世之具,惟舸载之;立身之要,惟舵主之。士衡士龙有才而恃,灵运玄晖有才而露。大抵德不胜才,犹泛舸中流,舵师失其所主,鲜不覆矣。"(卷三)谢榛是将"德"即道德修养作为诗歌创作的主体条件的,这里所说的"名",应该是文学方面的成就。"德"以之养心,并成为心灵的主宰。"才"指创作才华,是可以充其文气的。他认为如陆机、陆云、谢灵运、谢朓等,都存在"德不胜才"的问题,因而,其人生和创作都"舵失其主",当然谈不到成为一流的诗人了。"自泽"乃是作为诗人的自我修养、自我造就。这对以"立言"为人生目标的诗人来说,如同船上的舵轮一样重要。由此可以看出,谢榛对于诗歌创作的境界要求是很高的。他并不认为,只要有感兴之机,无论主体条件如何,都能写出经典之作;恰恰是主张作为一个诗人的主体条件是至关重要的,必须是德才相济的长期涵养,方能写出气格高华的作品。谢榛进而强调诗的主体精神:"赋诗要有英雄气象,人不敢道,我则道之;人不肯为,我则为之。厉鬼不能夺其正,利剑不能折其刚。古人制作,各有奇处,观者自当甄别。"(卷四)这时所推崇的"英雄气象",是那种有着"浩然之气"的主体精神,作为诗歌的内在气质,是有着强大的"气场"的,因而展现出鲜明的艺术个性。谢榛论诗以"气格"为价值取向:"诗文以气格为主,繁简勿论。"(卷一)"《余诗录》曰:'文不可无者有四:曰体,曰志,曰气,曰韵。'作诗亦然。体贵正大,志贵高远,气贵雄浑,韵贵隽永。四本之本,非养无以发其真,非悟无以入其妙。"(卷一)所论可以视为其云"气格"这个范畴的内蕴。我们从中也可看出,谢榛所主张的"气格",是与当时盛行的"格调"概念颇有出入的,当然也不同于《金针诗格》一类所言的诗法,而是重在由诗人的主体修养而生成的作品风貌。诗人的修养是以强化其主体性为其宗旨,谢榛又举汉代赋家为例:"汉人作赋,必读万卷书,以养胸次。《离骚》为主,《山海经》、《舆地志》、《尔雅》诸书为辅。又必精出于六书,识所从来,自能作用——千汇万状,出有入无,气贯一篇,意归数语,此长卿所以大过人者。"(卷三)谢榛这里强调了"读万卷书"和"识所从来"的内在关系。

三

对于中国美学的感兴传统来说,人们一般性的理解是,主体方面是受到外物的触动而

产生情感波动,这在一些经典性的论述中是给人以这种很深的烙印的。如《礼记·乐记》中的著名论断:"凡音之起,由人心生也。人心之动,物使之然也。感于物而动,故形于声。"钟嵘《诗品序》中说:"气之动物,物之感人,故摇荡性情,形诸舞咏。"刘勰在《文心雕龙》的《明诗》篇中说:"人禀七情,应物斯感,感物吟志,莫非自然。"诸如此类,都给人以这样的印象:感兴就是主体受到外物的触发而引起情感波动,其间的主要倾向是被动的,而非主动的。实际上,"兴"是在进入艺术创作的框架中而言的,这是具有特定的意义的,离开了艺术创作,"兴"便不是我们所谈论的"兴"。在诗学中,兴虽是指创作的发生契机,但却是指涉已经成为佳作乃至已经成为经典的佳作的发生成因。因而,兴是与诗的审美表现贯通为一的。在这个意义上,我们理解了钟嵘对于"兴"的界定:"文已尽而意有余,兴也。"(《诗品序》)谢榛是将"兴"和诗的至高境界联系在一起的,也即认为,兴是达于化境之诗的前提条件,即他所说的"以兴为主","此诗之入化也"。在此过程中,诗人作为审美主体与外物相触遇,唤起了内心的审美情感,调动自己的平生修养和语言表现功力,从而创作出只可有一、不可有二的佳作。在这中间,诗人作为审美主体的主动构形能力就是非常重要的。在这里,我用德国哲学家卡西尔的一段论述来加以参照说明:"一处风景的自然的美不同于它的美学的美。我可以在一处美丽的风景地区漫步,感受到该地一切天然的妙处,该地温和宜人的空气,绚丽多样的色彩,潺潺的溪流,芬芳的花朵可以让我得到享受。所有这一切给了我一种具体的、独特的而且是十分强烈的快感。但是,这种快感还不是一种审美的经验。审美的经验是以我的心情突然为之一变开始的。我开始用艺术的眼光而不是以单纯参观者的眼光来审视这风景了。我在心中为这风景作了一幅'画'。在这幅画中,这风景的所有特性都原封未动地保留着。这也难怪,因为即使是最丰富、最了不起的想象力也不能凭空造出一个新世界来。但是,艺术家处理自然时,自然的所有要素却都获得了一种新的形式。艺术的想象和思考向我们展示的,不会是僵化的物质的东西或无言的感性属性,而是一个由运动的、活跃的形式构成的世界——是协调的光与影、节奏、旋律、线条与轮廓、图案与图样。所有这一切,都不是用那种被动的方式所能得到的,为了认识、为了观察、感受这些形式,我们就必须建造、制造这些形式。这个动态的方面使那个静态的物质方面有了新的色调,新的意义。我们所有的被动状态于是都变成了主动的活力。"① 卡西尔这里所论的自然与艺术创作之间的关系,非常适合在诗歌创作中的诗人的主体性功能。诗中所呈现的自然,其实已经是经过了诗人创造力"再铸造"后的东西了。谢榛在非常明确地主张,诗歌创作的感兴是在偶然的契机下获得的同时,并没有忽略主体的因素,认为主体在作创作时是大有施为的余地的。这就体现在诗人的审美构形能力方面。关于审美构形,我曾在《再论审美构形》一文中有这样的表述:"在美学范围内,我们指的是在艺术想象基础上借助艺术家主体的独特艺术语言而生成内在的艺术形象的过程。它

---

① [德]恩斯特·卡西尔著、于晓等译《语言与神话》,三联书店1988年版,第197页。

是艺术创作得以物化为作品文本前的最后一个环节,它是相对稳定的和明晰的。"① 这个问题并非笔者心血来潮的产物,而是曾经进入了西方的艺术家和美学家的视野的,如伟大诗人歌德就曾说过:"艺术在其成为美之前,就已经是构形的了,然而在那时候就已经是真实而伟大的艺术,往往比美的艺术本身更真实、更伟大些。原因是,人有一种构形的本性,一旦他的生存变得安定之后,这种本性立刻就活跃起来。"② 歌德所说的"构形",正是从人的审美创造的本性来讲的,也即是艺术品尚未得到物化时便已在头脑中呈现了的。艺术创造中的审美构形与艺术想象的关系非常密切,甚至难分彼此,这也是以往在美学理论中构形问题未能得到彰显出来的原因所在;而实际上,审美构形在逻辑上想象之后的阶段,还是较为不确定的、游移的,也是片断的、局部的,而进入构形阶段,则是进一步定型,而且是以艺术语言为其载体的,也是完整的。黑格尔业已谈到了艺术家的这种能力,他说:"艺术家的这种构造形象的能力不仅是一种认识性的想象力、幻想力和感觉力,而且还是一种实践性的感觉力,即实际完成作品的能力。"③ 这是非常准确的,揭示了艺术创作的构形阶段的定位。黑格尔还将想象与构形加以区分:"因为想象的任务只在于把上述内在的理性化为具体形象和个别现实事物的认识,而不是把它放在普泛命题和观念的形式里去认识。所以艺术家须用从外界吸收来的各种现象的图形,去把在他心里活动着和酝酿着的东西表现出来,他须知道怎样驾驭这些现象的图形,使它们服务于他的目的,它们也因而能把本身真实的东西吸收进去,并且完满地表现出来。"④ 这里所谈到的,正是我们所说的"审美构形"。艺术作品的诞生,仅靠想象是不能完成的,必须通过完整的审美构形才能使作品呱呱落地。谢榛在《四溟诗话》中反复谈论的"浑成无迹"、"浑化",并非是客观物色,而恰恰是诗人内在构形的完整性。他又谈到:"夫能写眼前之景,须半生半熟,方为作手。"(卷三)"半生",在于诗人的创造;"半熟",是自然的影迹。诗的艺术风格,诗歌臻于"与造物同其妙"的至境,都是与诗人的主体因素分不开的。

谢榛对于诗人作为审美主体的要求,还有一个更重要之处,那便是"悟"。这自然是深受宋人严羽的"妙悟"之说影响的。严氏在《沧浪诗话》中"以禅喻诗"的关键之处便是"妙悟":"大抵禅道惟在妙悟,诗道亦在妙悟。且孟襄阳学力下韩退之远甚,而其诗独出退之之上者,一味妙悟而已。惟悟乃为当行,乃为本色。"⑤ "悟"在谢榛这里也同样是其诗学的

---

① 《文艺理论研究》2009 年第 2 期。

② 引自鲍桑葵著、周煦良译《美学三讲》,上海译文出版社 1983 年版,第 59 页。

③ [德]黑格尔著、朱光潜译《美学》第一卷,商务印书馆 1979 年版,第 358—359 页。

④ 同上。

⑤ [宋]严羽《沧浪诗话·诗辨》。

历代集部辑论与文学建构

谢榛诗论的美学诠解

关揆所在。这个"悟"是诗人通过长期的艺术修养和创造实践活动而形成的艺术领悟能力，它对于整体的艺术境界的创造，是至关重要的。美国著名哲学家奥尔德里奇将认识物理空间的知觉方式和把握审美空间的知觉方式加以区别，将前者称为"观察（Observation）"，将后者称为"领悟（Prehension）。"这和我们所说的"悟"是颇为接近的。它使我们通过审美知觉得到一种整体的而又是虚幻的审美境界，如其所言："这种特性在知觉中给事物灌注活力而不是限定事物，这种特性是以领悟方式才能知觉到的，存在于审美空间中的事物的一种外观。"①

"悟"也许不能排除先验的因素，但后天的艺术修为也同样是非常重要的。在谢榛这里，"悟"更多地体现为一种艺术思维能力，而非偶然的"从天而降"。兴的偶然契机之获得，是与"悟"有直接关系的，而"悟"本身却是主体的一种禀赋。谢榛论悟说："其悟如池中见月，清影可掬。若益之以勤，如大海息波，则天光无际。悟不可恃，勤不可间。悟以见心，勤以尽力。此学诗之梯航。当循其所由而极其所至也。"（卷三）可见"悟"是诗人所必有的艺术领悟素质，也是养成诗人的审美主体性的枢机所在。它关乎于诗人能否透彻地把握诗的整体艺术情境的眼光。谢榛下面的话同样是很令人思考的："古人论诗，举其大要。未尝喋喋不休以泄真机，但恐人小其道尔。诗固有定体，人各有悟性。夫有一字之悟，一篇之悟，或由小以扩乎大，因著以入乎微，虽小大不同，至于浑化则一也。或学力未全，而骤欲大之，若登高台而摘星，则廓然无着手处。若能用小而大之之法，当如行深洞中，扪壁尽处，豁然见天，则心有所主，而夺盛唐之髓，追建安古调，殊不难矣。"（卷四）谢榛所讲的"由小而大"的"悟"，主张由细处入手而透过层层关隘，进而领悟诗的整体艺术情境，如"豁然见天"之感。

诗人之悟，以创造臻于妙境的诗作为鹄的，这在《四溟诗话》中是有明确的指向的。谢榛认为，诗之佳作是有内在的生命感的，这种生命感是充溢于作品的整体的，而非流于枝节。好诗应该有完整的、却又是幻象般的艺术境界，如其所言："诗有可解、不可解、不必解，若水月镜花，勿泥其迹可也。"（卷一）这是与严羽诗论中"盛唐诸人唯在兴趣，羚羊挂角，无迹可求。故其妙处，透彻玲珑，不可凑泊，如空中之音，相中之色，水中之月，镜中之象，言有尽而意无穷"（《沧浪诗话·诗辨》）一脉相承的。谢榛还明确将"悟"与诗的虚幻的审美境界联系起来，其言："诗境由悟而入，愈入愈深妙。法存乎仿佛，其迹不可捉，其影不可缚。寄声于寂，非扣而鸣；寓像于空，非写而见。不造大乘者，语之颠末，若矢射石，石而弗透也。沧海深有包含，青莲直无枝蔓。诗法禅机，悟同而道别，专者得之。"②"悟"本来是大乘佛学尤其是禅宗的基本范畴，指对佛性的彻底把握。严羽"以禅喻诗"，将"悟"作为禅学与诗学的共同思维规律，因而，悟进入了中国古典美学，成为一个重要范畴，其中一种

---

① ［美］V·C·奥尔德里奇著、程孟辉译《艺术哲学》，中国社会科学出版社 1986 年版，第 35 页。
② 见李庆立《谢榛全集校笺》之补佚《诗家直说》，江苏古籍出版社 2003 年版，第 1323 页。

内涵,便是包括了诗歌的审美境界的虚幻性,这是"妙悟"后的诗境。但这还是我们对严羽的一种理解而已。及至谢榛,则将诗歌创作的思维特质之"悟",与诗境的虚幻超妙直接联系起来,认为诗境之"深妙"即是"法存乎仿佛,其迹不可捉,其影不可缚"的幻境,这是不同于摹写现实的诗学观念的。

谢榛还提出:"诗有造物,一句不工,则一篇不纯,是造物不完也。造物之妙,悟者得之。譬诸一产婴儿,形体虽具,不可无啼声也。赵王枕易曰:'全篇工致而不流动,则神气索然。'亦造物不完也。"(卷一)所谓"诗有造物",很明显可以看出,指的是诗歌作品内在的鲜活生命,谢榛以婴儿的啼声来譬喻之,可谓绝妙。谢榛又主张诗要有神气:"诗无神气,犹绘日月而无光彩。学李杜者,勿执于字句之间,当率意熟读,久而得之。"(卷二)又引元代诗人范椁语云:"当以神气为主,全篇浑成,无馂钉之迹,唐人间有此法。"(卷二)这是与"诗有造物"的意思相近的,都是主张诗要有内在的生命。谢榛推崇盛唐之诗,也是与严羽的口吻一致的,而且也同于前后七子的文学价值观念。而谢榛对盛唐的推崇,也是在于其浑成无迹、而又如在目前的审美境界。如其所言:"七言绝句,盛唐诸公用韵最严,大历以下,稍有旁出者。作者以盛唐为法。盛唐人突然而起,以韵为主,意到辞工,不假雕饰;或命意得句,以韵发端,浑成无迹,此所以为盛唐也。宋人专重转合,刻意精炼,或难于起句,借用傍韵,牵强成章,此所以为宋也。"(卷一)"唐人或漫然成诗,自有含蓄托讽。此为辞前意,读者谓之有激而作,殊非作者意也。"(卷一)"诗有辞前意、辞后意,唐人兼之,婉而有味,浑而无迹。宋人必先立意,涉于理路,殊无思致。"(卷一)谢榛扬唐抑宋同样也是严羽的腔调,而其标准是主张好诗应有浑成无迹的完整境界。这种境界在谢榛看来应该是一种美的幻境,其云:"凡作诗不宜逼真,如朝行远望,青山佳色,隐然可爱,其烟霞变幻,难于名状,及登临非复奇观,惟片石数树而已。远近所见不同,妙在含糊,方见作手。"(卷三)其实这就是谢榛心目中的上乘之作,谢榛用了非常诗意的语言来描述它,因其呈现给读者的是一幅难以名状的美妙幻境。如果拘泥于实景刻画,反倒是索然无味了。诗人以自然物色作为诗歌创作的材料,并非是亦步亦趋地对其进行写实,而是创造出一个完整的,却又是虚幻的意境,这才是真正的审美对象。严羽的"镜花水月"之喻,所就是这样的诗歌境界。它是具有生命的,活力的,美国的著名哲学家苏珊·朗格从符号学的角度来指出这种幻象性质:"任何一件艺术品都是直接作用于知觉的个别形式,这是一种极其特殊的形式,因为它不仅仅是一种视觉形象——它看上去似乎还具有某种生命的活力,或者说,它似乎具有人类的情感,换言之,虽然它不是一件在实践中被真实应用的事物,然而它传达给人们的却是某种超出了真实的感性材料的东西。"[①]朗格还谈到:"艺术品作为一个整体来说,就是情感的意象。对于这种意象,我们可以称之为艺术符号。这种艺术符号是一种单一的有机结构体,其中的每一个成分都不能离开这个结构体而独立存在,所以单个的成分就不能

---

① [美]苏珊·朗格著、滕守尧译《艺术问题》,中国社会科学出版社1983年版,第124页。

单独地去表现某种情感。——在一件艺术品中,其成分总是和整体形象联系在一起组成一种全新的创造物。"① 诗的意境正是有着这种性质,它是一种整体性的幻境,是诗人以自己的情感向度对自然物色进行"再铸造"的产物。谢榛所说的"不宜逼真",正是对其幻境性质的表达。而进入诗人视界的外在物色,对于诗的审美境界来说,却决非可有可无的,而是作为诗的审美境界的动力因素和材料,在诗人的审美情感的投射和贯通下,造成了充满生命的鲜美的幻境,从而呈现给人们的审美知觉。请看谢榛的这段论述:"今人作诗,忽立许大意思,束之以句则窘,辞不能达,意不能悉。譬如凿池贮青天,则所得不多;举杯收甘露,则被泽不广。此乃内出者有限,所谓'辞前意'也。或造句弗就,勿令疲其神思,且阅书醒心,忽然有得,意随笔生,而兴不可遏,入乎神化,殊非思虑所及。或因字得句,句因韵成,出乎天然,句意双美。若接竹引泉而潺潺之声在耳,登城望海而浩荡之色盈目。此乃外来者无穷,所谓'辞后意'也。"(卷四)所谓"外来者",也就是大千世界进入诗人的创作情境的映像。它当然不能是"照单全收"的,而是通过诗人的情感熔炼整合为一个整体的艺术幻境的。然而,"外来者无穷"却是给诗境提供了深广的源泉。谢榛又说:"诗乃模写情景之具,情融乎内而深且长,景耀乎外而远且大。当知神龙变化之妙,小则入乎微罅,大则腾乎天宇。此惟李杜二老知之。"(卷四)揭示了诗中情景两个要素的丰富性和深刻性。

谢榛非常重视诗的整体审美境界,以感兴为创作的发生机制,而且,认为好诗一定是有着内在的生命感和动态的神气的;但他又特别重视诗中的核心诗句的作用,重视诗人的语言创造功力。在他看来,感兴和功力并非矛盾,而是统一在诗歌创作中的。如他说:"走笔成诗,兴也;琢句入神,力也。句无定工,疵无定处,思得一字妥贴,则两疵复出;及中联惬意,或首或尾又相妨。万转心机,乃成篇什。譬如唐太宗用兵,甫平一僭窃,而复干戈迭起。两献捷,方欲论功,余寇又延国讨。百战始定,归于一统,信不易也。夫一律犹一统也,两联如中原,前后如四边,四边不宁,中原亦不宁矣。思有无形之战,成有不赏之功,子建以词赋为勋绩是也。"(卷三)谢榛高度重视诗的统一和完整的结构,而从自己的创作体验出发,他认为要达到这种统一的和谐,对于诗人来说是殊为不易的,须待"百战始定"。他又主张诗中可以先得警句作为核心,那么,这又如何能够达成"浑成无迹"的境界呢?他说:"凡作诗先得警句,以为发兴之端,全章之主。格由主定,意从客生。若主客同调,方谓之完篇。譬如苏门山深松草堂,具以王琴樽,其中纶巾野服,孙登也。如此主人,庸俗辈不得跻其阶矣。惟竹林七贤,相继而来,高雅如一,则延之上坐,始足其八数尔。"(卷三)诗中的警句,要从感兴中得来,才能真正成为好诗的灵魂!而这种警句并非只是天才的光顾,虽然得之在俄倾,却是平素的积累和修炼的结果。因此谢榛说:"作诗譬如有人日持箕帚,遍于市廛扫沙,簸而拣之,或破钱折簪,碎铜片铁,皆投之于袋,饥则归饭,固不如意,往复不废其业。久而大有所获,非金则银,足赡卒岁之需,此得意在偶然尔。夫好物得之固难,

---

① [美]苏珊·朗格著、滕守尧译《艺术问题》,中国社会科学出版社 1983 年版,第 129 页。

警句尤不易得。扫沙不倦,则好物出;苦心不休,则警句成。"(卷三)谢榛认为诗中警句是平素积累和修炼的结果,但却是在偶然的契机中获得的。这种看法是较为全面和客观的。《四溟诗话》中论佳句、警句之处颇多,如说:"诗以佳句为主。精炼成章,自无败句,所谓'善人在坐,君子俱来'。"(卷二)"诗以一句为主,落于某韵,意随字生,岂必先立意哉?"(卷二)"若得紧要一句,则全篇立成。熟味唐诗,其枢机自见矣。"(卷四)等等。而诗中虽有警句,全篇的"浑成无迹",又是如何达成的呢?谢榛有这样的说法:"未必篇篇从头叙去,如写家书然,毕竟有何警拔?或以一句发端,则随笔意生,顺流直下,浑成无迹。此出于偶然,不多得也。"(卷四)意谓先有了警句为其灵魂,即可挟带全诗顺流而下,成其浑成之作。当然,这还有待于诗人的"妙转心机"。警句的产生决非"先立意"的产物,——"先立意"恰被谢榛所不屑,他对宋诗的挖苦正在于此:"宋人谓作诗贵先立意。李白斗酒百篇,岂先立许多意思而后措词哉?盖意随笔生,不假布置。"(卷一)而警句正因其是从感兴中来,才带着生香活色,也才有了能生成"浑成无迹"的完整诗境的势能。

谢榛诗论颇有美学探究的价值和空间,对我们今天思考美学问题、建构具有民族特色的美学理论体系,可以提供更为深入的思考向度。如他特别重视诗的感兴,却并不认为诗人可以放弃主体的道德和艺术修养,只凭"性灵"就能产生好诗。他不主张诗人的幽思苦索,却又提倡诗的"各有主焉",彰显出深层的艺术个性。他看重作品"浑成无迹"的完整审美境界,却又认诗中的语言琢炼是形成这种境界的不可或缺的要素。诸如此类,对当代的文艺美学建设都是可供深入探讨的思路。抉之剔之,可契我心!

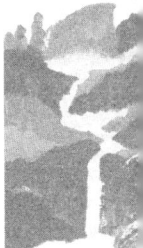

论"清"的审美内涵在唐代诗论中的发展

——以《河岳英灵集》、《中兴间气集》、《诗式》、《二十四诗品》为例

廉水杰

（首都师范大学中国语言文学博士后流动站）

一、引言："清"，一种审美理想的艺术追求

"清"，从六朝开始逐渐成为中国古典文艺批评的核心审美范畴，即由一般的文艺批评概念演化为基本的文艺批评概念，其主要审美内涵，在于追求一种合乎造化（自然）的审美理想。"清"的审美内涵虽在不同的文艺论著中，或侧重从语言特色，或侧重从审美风貌，或侧重从境界品格来体现，但追根究源均发端于先秦以老庄为首的道家哲学所彰显的"自然之道"（所谓"道法自然"）的本体论哲学思想。

在魏晋南北朝，"清"在文学批评中明确成为基本的审美概念。活跃于西晋太康文坛的"二陆"（陆机、陆云）就多次把"清"作为论文品诗的重要术语，如陆机《文赋》论文辞之妙云"清虚以婉约"、论文意之美云"藻思绮合，清丽芊眠"、论文体之别云"箴顿挫而清壮"[1]；陆云的《与兄平原书》也有云"清妙"、"清绝"、"清工"、"清约"、"清利"、"清美"、"清省"、"清新"等[2]，旨在表明无论文辞与文意，都应当精而不繁、约而不芜、淡雅碧澈、透彻玲珑，能整体呈现出一种不见雕琢之痕，不落铅粉之迹的"清"之风韵。其后南朝著名文

---

① 郭绍虞、王文生编选《中国历代文论选》（1），上海古籍出版社2001年版，第171—174页。

② 郁沅、张明高编选《魏晋南北朝文论选》，人民文学出版社1996年版，第159—171页。

论家刘勰与钟嵘，更是把"清"作为构建其批评体系的重要概念，如刘勰《文心雕龙·风骨》篇有"风清骨峻"①之论，这里的"风清"主要指作者的"意气骏爽"，形成文风的"刚健清新"；钟嵘的《诗品》不仅有十七次提到"清"，有所谓的"清巧"、"清润"、"清拔"②等批评概念，而且还明确把"清"上升到一种审美风貌，用"清"的"意象"论诗，如评谢灵运诗"如芙蓉出水"，不言"清"而有"清"味，"清水芙蓉"的意象如在耳目，赋予"清"一种意象美。可见，"清"这一崇尚"自然"之最高品格的审美范畴，在六朝已成为纯粹的审美概念，并缘发出了一系列具体而丰富的审美意蕴。

到了唐代，"清"更是成为文学艺术特别是诗歌批评的审美追求。明代高棅的《唐诗品汇·总叙》云："孟襄阳之清雅"、"钱、郎之清赡"，③意为孟浩然的诗清新淡雅，钱起的诗清淡含蓄。"清"的审美理想成了唐代诗人普遍的艺术信仰。李白称赞谢朓云："中间小谢又清发"，④崇尚"清水出芙蓉，天然去雕饰"（《赠江夏韦太守良宰》）的审美风貌，还在《古风之一》中评述其前的诗歌特征："自从建安来，绮丽不足珍，圣代复元古，垂衣贵清真"；杜甫也云："诗清立意新"、⑤"不薄今人爱古人，清词丽句必为邻"，还赞赏李白诗云："白也诗无敌，飘然思不群。清新庾开府，俊逸鲍参军。"（《春日忆李白》）这两位整体诗风被后世认为迥异的伟大诗人，不约而同地推崇"清真"、"清丽"的审美风貌，激赏清新自然的艺术特征。晚唐司空图的《二十四诗品》⑥专列"清奇"一品，对诗歌"清奇"的审美品格与艺术境界进行了生动形象的描绘，王渔洋在《带经堂诗话》中云："司空表圣作《诗品》，凡二十四，有'冲淡'者，曰：'遇之匪深，即之愈稀。'有谓'自然'者，曰：'俯拾即是，不取诸邻。'有谓'清奇'者，曰：'神出古异，淡不可收。'是品之最上者。"⑦把"清奇"与"冲淡"、"自然"并论，并称《二十四诗品》之"品之最上"。可见，"清奇"在传统诗论中有着重要的地位。

本文以唐代最具代表性的诗学论著《河岳英灵集》、⑧《中兴间气集》、《诗式》、《二十四

---

① ［南朝梁］刘勰著，范文澜注《文心雕龙注》，人民文学出版社1958年版，第514页。
② ［清］何文焕辑《历代诗话》，中华书局1981年版，第22—24页。
③ ［明］高棅编《唐诗品汇》，上海古籍出版社1982年版，第8—9页。
④ ［清］王琦注《李太白全集》，中华书局1977年版，第861页。
⑤ ［清］仇兆鳌注《杜诗详注》，中华书局1979年版，第893页。
⑥ 自1994年秋以来，关于《二十四诗品》的作者问题，学术界展开了讨论。陈尚君、汪涌豪合撰《司空图〈二十四诗品〉辨伪（节要）》（1994年秋中国唐代文学研究会第七届年会），提出《二十四诗品》的作者是明代嘉禾人怀悦。张健撰《〈诗家一指〉的产生时代与作者》（《北京大学学报》1995年第5期）断定，怀悦"其实只是出资刻之而已"。祖保泉、陶礼天合撰《〈诗家一指〉与〈二十四诗品〉作者问题》（《安徽师大学报》1996年第1期）指出"怀悦，只是《诗家一指》的刊行者。"安徽教育出版社1998年12月出版的祖保泉的《司空图诗文研究》（第89—104页），以详尽的考查和分析认为，《二十四诗品》的作者是司空图。本文依祖先生说，仍视《二十四诗品》为司空图所作。下引司空图诗文均据祖保泉、陶礼天笺校的《司空表圣诗文集笺校》（安徽大学出版社2002年版）。
⑦ ［清］王士禛著《带经堂诗话》，人民文学出版社1963年版，第72页。
⑧ 傅璇琮编撰《唐人选唐诗新编》，陕西人民教育出版社1996年版，第107—205页。下引《河岳英灵集》、《中兴间气集》语均据此版本。

诗品》为例,侧重从三个层面,即"清"表现一种"尚于作用"的自然之美,"清"成为一种与"奇"结合的审美意境,"清"作为一种理想人格的审美追求,来综合阐释殷璠、皎然、高仲武、司空图等诗论家对"清"的审美追求,综论"清"作为诗歌批评的重要审美范畴在唐代诗论中的发展。

二、"清":一种"尚于作用"的自然之美

殷璠的诗歌理论,集中体现在其《河岳英灵集》为每个入选诗人所作的评价中,他在总结盛唐诗歌艺术经验的同时,着重探讨诗歌艺术的审美特征,特别强调诗歌艺术的审美意象。如果说"兴象"是他在《河岳英灵集》中首先提出的重要的诗歌审美概念,并以有无"兴象"为标准作为诗歌的艺术品评,那么"清"就是用来表述其诗歌"兴象"的重要的审美特质。"兴象"与殷璠提出的"文有神来、气来、情来"(《河岳英灵集·序》)一致,都指诗歌创作重在传神写照,不但要寄予诗人充沛强烈的情感,还要给人幽远深厚、韵味无穷的美感。《河岳英灵集·序》云:"至如曹刘诗多直语,少切对,或五字并侧,或十字俱平,而逸驾终存。"钟嵘曾在《诗品》中评曹植诗"骨气奇高",论刘桢诗"气过其文,雕润恨少",曹植与刘桢逞才使气,诗歌情感自然真挚,因而"诗多直语",即诗歌风貌自然清新,无雕琢之迹。"诗多直语"与"雕润恨少"相关,殷璠与钟嵘都褒扬了这种以自然为基调进行的诗歌创作。"清"正是殷璠对这种本于自然创作的诗歌进行品评的一种艺术表达。这种表达借"兴象高妙"来体现,如其所选的常建的诗:

> 松峰引天影,石濑清霞文。(《梦太白西峰》)
> 江上调玉琴,一弦清一心。(《江上琴兴》)
> 齐沐清病容,心魂畏灵室。(《闲齐卧疾行药至山馆稍次湖亭二首》)

三句诗通过"天影"、"玉琴"、"心魂"等意象不仅描绘出一种象外之意的诗境,而且形象地传达出"清"之"焕然一新"的内蕴。再如评刘眘虚诗:"情幽兴远,思苦语奇;"论储光羲诗:"格高调逸,趣远情深。""幽"、"逸"都是本于自然而言,不言"清"却有"清"味。追求"兴象"的过程必然肯定"清"的审美理想。殷璠认为诗歌艺术的最高境界是人工与天工的自然契合,其云:"气因律而生,节假律而明,才得律而清焉;""词有刚柔,调有高下,但令词与调合,首末相称,中间不败,便是知音。"特别是评李颀诗时云:

> 颀诗发调既清,修辞亦秀,杂歌咸善,玄理最长。至如《送暨道士》云:"大道本无我,青春长与君。"又《听弹胡笳声》云:"幽音变调忽飘洒,长风吹林雨堕瓦。迸泉飒飒飞木末,野鹿呦呦走堂下。"足可歔欷,震荡心神。惜其伟才,只到黄绶,故其论家,往往高于众作。

李颀诗多吟咏边塞、描绘音乐、寄赠友人之作,邢昉在《唐风定》中云:"音调铿锵,风情澹冶,皆真骨独存,以质胜文,所以高步盛唐,为千秋绝艺。"[①]对李颀诗歌"发调既清,修辞亦秀"的特色进行了恰切诠释。李颀的诗风,属于殷璠在《河岳英灵集·序》中所谓的"雅体","发调既清"主要是指诗歌音调铿锵、风格清雅,能体现诗人的真情实感,能让人"歔欷"、"震荡心神";"修辞亦秀"重在强调清雅的诗风需要清丽的文辞来表现。可见,殷璠对"清"的审美理想的肯定的努力对中唐的高仲武、皎然的诗论都产生了影响。

高仲武在《中兴间气集·序》中明确了选诗的准则:"体状风雅,理致清新。"反观钟嵘《诗品》,古诗因之体出"国风",所以"惊心动魄"、"清音独远";曹植因之"情兼雅怨",所以"体被文质"。高仲武以清丽自然的诗风、动人魂魄的情感为标准来品评诗歌,如评钱起诗云:

> 员外诗,体格新奇,理致清赡。越从登第,挺冠词林。文宗右丞,许以高格,右丞没后,员外为雄。救宋齐之浮游,削梁陈之靡嫚,迥然独立,莫之与群。

钱起的诗歌有"体格新奇"与"理致清赡"的特征,即文风高妙清新,情感淡雅含蓄;既承袭了王维的文风,又自有高格,可称是继王维后的诗坛英豪;不仅挽救了宋齐诗歌的浮游特征,也削弱了梁陈诗歌的靡嫚格调,迥然独立,无人能与之比。王维、孟浩然的清雅诗风,为高仲武所赏,如评朱湾时云:"诗体清远;"评张继时云:"诗体清迥。""体"指诗歌的"体格风貌",高仲武已逐渐把"清"上升到风格的角度来品评,特别是评于良史时云:"诗体清雅,工于形似",侧重人工与天工的艺术融合形成"清"的审美风貌。

到了皎然的《诗式》,[②]这一倾向更为明显。他把"不用事"作为"诗有五格"中的"第一格","不用事"即不靠诗人刻意构思事典,诗的风格天然自成,也就是"发言自高,未有作用"。这里要特别强调一下皎然《诗式》所谓"作用"的涵义。郭绍虞主编的《中国历代文论选》简明扼要以"艺术构思"四字来释"作用";[③]李壮鹰先生阐释说:"作用,释家语,本指用意思惟所造成的意念活动。……皎然所说的'作用',意指文学的创作思惟。"[④]这一解释似比"艺术构思"所包涵的意思要宽泛;徐复观先生极不满"艺术构思"之解,曾专门撰有《皎然〈诗式〉"明作用"试释》一文,以宋人诗话中所谓"体用"的方法(《诗人玉屑》卷十)来解释,认为"作用"就是在作诗时"言用勿言体"(是说应言某事某物所发生的意味、情态、精神、效能,而不要直接说出某事某物的自身,如"弄日鹅黄袅袅垂"以写春柳的情态等),"若用画法相比拟,'言体'约略同于画法中'形似',而'言用'则约略同于画法

① [明]邢昉辑,贵阳邢氏思适斋本,1934年。
② [唐]释皎然著,李壮鹰校注《诗式校注》,齐鲁书社1986年版。
③ 郭绍虞、王文生编选《中国历代文论选》(2),第79页。
④ [唐]释皎然著,李壮鹰校注《诗式校注》,第4页。

中的'传神'"。[1] 近年来仍有学者对此问题进行新的解说。[2] 诸家解释虽都有可取之处,但也少确切精到,其实皎然所谓"作用",就是其后司空图所云的"思与境谐"(《与王驾评诗书》)的艺术思维的工夫,[3] 类似严羽用"妙悟"之释家语来解释诗人的艺术思维,具有艺术直觉的涵义。皎然云的"未见作用"、严羽曰的"未假悟",并非指诗没有"作用"、"妙悟",而是要去人工斧痕。因而,所谓"尚于作用"指诗歌创作要人工胜于天工,要有本于自然而高于自然的美。皎然在论述"取境"时,有一段精辟的描述:

> 诗不假修饰,任其丑朴,但风韵正、天真全,即名上等。予曰:不然。无盐阙容而有德,曷若文王太姒有容而有德乎?又云,不要苦思,苦思则丧自然之质。此亦不然。夫不入虎穴,焉得虎子?取境之时,须至难至险,始见奇句。成篇之后,观其气貌,有似等闲不思而得,此高手也。有时意静神王,佳句纵横,若不可遏,宛若神助。不然,盖由先积精思,因神王而得乎!

皎然以无盐、太姒作比,强调诗歌创作的"修饰"、"苦思",推崇艺术化的自然;只有经诗人精心构思锤炼的诗歌,才具清辞丽句,才有浑然天成的艺术风格。皎然最理想的诗歌审美理想,就是创造一个清丽自然、真思杳冥的艺术境界。这在其所写的《答俞校书冬夜》[4]一诗中有清楚的表述:

> 夜闲禅用精,空界亦清迥。子真仙曹吏,好我如宗炳。一宿睹幽胜,形清烦虑屏。新声殊激楚,丽句同歌郢。遗此感予怀,沉吟忘夕永。月彩散瑶碧,示君禅中境。真思在杳冥,浮念寄形影。遥得四明心,何须蹈岑岭。诗情聊作用,空性唯寂静。若许林下期,看君辞簿领。

"清"新幽胜之境使人形神俊爽,摒却一切世俗烦恼。诗情既殊激楚,丽词实同郢歌,夜月当空,兰天澄碧,空性寂静,思绪杳冥。此既为诗境,亦为禅境,正是皎然最欣赏的诗歌审美境界。[5] 这种审美境界,需"取境之时"经过"苦思"有"奇句"出现,正如诗中所云的"月彩散瑶碧"等句,而这种经过诗人苦思雕琢的"奇句",又要不露"人工之痕",即"天真秀

---

[1] 徐复观《中国文学精神》,上海书店 2004 年版,第 273 页。

[2] 如王守雪《皎然〈诗式〉"作用"论》认为"其涵义指向诗人个人创造力的表现,具体内容则为立意取境的运作"。《烟台大学学报》2003 年第 4 期,第 422 页。

[3] 用王昌龄《诗格》(《吟窗杂录》本,中华书局影印,1997 年)的话说就是指"搜求于象,心入于境,神会于物,因心而得"的工夫,唐人及其后诸如此类的论说多矣,不再赘举。

[4] 《诗式校注》附录三"皎然诗文选录",第 274 页。

[5] 张少康等著《中国文学理论批评发展史》,北京大学出版社 1995 年版,第 341 页。

拔之句,与造化争衡"。他极力推崇谢灵运,正是因为谢诗"为文真于性情,尚于作用,不顾词彩而风流自然"。这与其在"诗有六至"中所云的"至丽而自然"一致,都主张诗歌清丽自然的"清"之审美风貌。

可见,殷璠、高仲武、皎然都有诗歌得"自然之趣"的审美追求,即"尚于作用"后复归于"自然",达到"清"的审美理想。到了晚唐,这种追求在精思与锤炼基础上妙造自然的诗歌审美发展到极致,一般认为是司空图所作的《二十四诗品》,向我们全面地展示了诗歌的艺术风貌。特别是其"清奇"一品,对"清"的品评用形象化的语言作了生动的描绘阐释。

三、"清":一种与"奇"结合的审美意境

诗是语言的精华,是语言艺术化的体现,它传达高妙超然的艺术境界。《二十四诗品》正是用了这种生动形象的语言来描绘诗歌的审美特性。《四库全书总目提要·诗文评类》提到《二十四诗品》时云:"各以韵语十二句体貌之。所列诸体毕备,不主一格。"[①]"清奇"是《二十四诗品》中的一品,是表述诗歌艺术风貌的一种境界:

> 娟娟群松,下有漪流。晴雪满汀,隔溪渔舟。可人如玉,步屧寻幽。载行载止,空碧悠悠。神出古异,淡不可收。如月之曙,如气之秋。

这有两个美的意境,第一个意境:"娟娟群松,下有漪流",清秀的意象表现了清幽的意境;"晴雪满汀,隔溪渔舟",清幽意境中呈现出清丽的意象。这一境界有种极度幽静的空间感。第二个意境:"可人如玉,步屧寻幽,载行载止,空碧悠悠",描绘了清奇的意象;"神出古异,淡不可收,如月之曙,如气之秋",传出了"清奇"意象的"清"之韵致。此一境界有淡泊清爽、飘渺含蓄之感。"群松、漪流、雪、汀、溪、渔舟"等意象都是实景,"可人"为一"虚景","虚实相生"构筑了完整的"清奇"意境。"清"有"清新自然"之意,"奇"似有种一般诗歌难以企及的美。《河岳英灵集》评李白诗云:"至如《蜀道难》等篇,可谓奇之又奇。"评王季友诗云:"季友诗,爱奇务险,远出常情之外。"评岑参诗云:"岑诗语奇体峻,意亦奇造。"《中兴间气集》评郎士元时也有云:"员外河岳英奇,人伦秀异。"可见,"奇"并非"奇诡",而是意味着一种超出流俗的美。皎然在《诗式》中对此有确切的认识,在论述"诗有六迷"时曾批判"以诡怪而为新奇"为作诗的邪途之一;在论述"诗有六至"时,把"至奇而不差"即诗语贵奇而又不要陷于诡怪,作为品诗的重要准则。另外,殷璠在《河岳英灵集》中亦特别欣赏诗歌具有言外之意的诗境。如评王维诗云:"在泉为珠,着壁成绘,一字一句,皆出常境。"评常建诗云:"其旨远,其兴僻,佳句辄来,唯论意表。"所谓"出常境"、"意表",

---

① [清]纪昀总纂《四库全书总目提要·诗文评类》卷一九五,河北人民出版社 2000 年版。

也就是"奇",指诗歌"兴象"所体现出的文字与形象之外的审美境界。所以,"奇"与"清"不但蕴涵着强烈的艺术美感,而且还表现出一种审美意境。"奇"与"清"结合而成"清奇"这一独特的诗歌审美风貌,不但是我国传统诗歌追求纯粹审美的结果,也是意境论成熟圆融的标志。

"清奇"这个抽象的概念被转为具体可感的"意象",引人在审美体验中领悟超俗的诗意,感受超妙的诗境。这种诗境必须有虚实相生的景物、情景交融的诗意、清爽奇妙的"意象"。通过建构"意象"来表现诗歌的艺术风貌,是自钟嵘以来古典诗歌批评的传统。如钟嵘评范云诗时云:"清便宛转,如流风回雪。""流风回雪"是一意象,用以描述"清便宛转"的艺术特征;评丘迟诗时云:"点缀映媚,似落花依草。""落花依草"是一"意象",用以描绘"点缀映媚"的审美风貌。这种批评方法,到了《二十四诗品》已经运用成熟,司空图通过"可人"这一虚的"意象"与"群松、漪流、雪、汀、溪、渔舟"等实的"意象"共同构建出一个纯粹的诗歌艺术境界。所谓"清奇",就是一种诗意清新,诗语新颖,读来使人有新鲜奇妙感受的艺术之"境"。这种诗境传达出的恬淡清幽、物我两忘、自然神丽的艺术特征受以老庄为首的道家哲学思想的影响,这种影响在《二十四诗品》中随处可见。如司空图在《实境》中云:"性情所至,妙不自寻。遇之自天,泠然希音",希冀化于天地;在《高古》中云:"虚伫神素,脱然畦封。黄唐在独,落落元宗",神往上古仙苑;在《典雅》中云:"落花无言,人淡如菊。书之岁华,其曰可读",深味自然人生。在老庄哲学里,"清静无为"是"道"的本质,"清"是"道"本于自然的一种状态:

> 天得一以清。[①](《老子·三十九章》)
> 一清一浊,阴阳调和。[②](《庄子·天运》)
> 天无为以之清,地无为以之宁。(《庄子·至乐》)
> 水之性,不杂则清,莫动则平;郁闭而不流,亦不能清;天德之象也。(《庄子·刻意》)

从崇尚自然的宇宙观出发,道家以"清"为美,"清"在这里已成为与"自然"同源的抽象概念。《二十四诗品·冲淡》云:

> 素处以默,妙机其微。饮之太和,独鹤与飞。犹之惠风,苒苒在衣。阅音修篁,美曰载归。遇之匪深,即之愈稀。脱有形似,握手已违。

---

① 陈鼓应《老子注译及评价》,中华书局 1984 年版。
② 郭庆藩《庄子集释》,中华书局 1961 年版。以下所引《庄子》语均据此版本。

诗人淡泊恬静的性情,超然物外的意趣借助"冲淡"的审美风貌表现的淋漓尽致,"清"之意境呼而即出。《二十四诗品》还将诗歌上升到"神奇"的境界中去玩味,在体现玄妙的创作体验的同时,还有种妙造自然之感。如《自然》云"俱道适往,著手成春";《含蓄》云"不著一字,尽得风流";《精神》云"妙造自然,伊谁与裁";《缜密》云"意象欲生,造化已奇";《实境》云"情性所至,妙不自寻";《流动》云"夫岂可道,假体遗愚"。这些妙不自胜的创作体验已自然上升到一种神奇之境。

"清"逐渐与"奇"结合被发展为诗歌的一种艺术境界,与意境论的成熟及文士们对理想人格的审美追求也有着千丝万缕的联系。

四、"清":一种理想人格的审美追求

黑格尔从"绝对理念"的哲学命题出发,认为"美是理念的感性显现"。[①] 而我国古典诗学则从对作者及艺术作品的感受分析、审美鉴赏中来概括艺术美的基本特征,由感性上升到理性并在理性探索中贯穿着形象性的描述诠释,这也正是唐代殷璠、高仲武、皎然、司空图等人的诗学思想的显著特色。

《河岳英灵集》批评齐梁诗风"理则不足,言常有余,都无兴象,但贵轻艳";赞赏陶翰"诗笔双美","实谓兼之","即多兴象,复备风骨";褒扬刘若虚、孟浩然诸人的诗作,标举"兴"或"兴象"。所谓"兴象",即能唤起"物情之外"、"常情之外"的物象,所谓的"物情之外"、"常情之外"也就是刘勰所谓的"文外之重旨",[②] 与后来司空图所谓"韵外之致"[③]相似,即旨趣深远,有言外之致。殷璠评述常建诗云:"建诗初发通壮,却寻野径,百里之外,方归大道。所以其旨远,其兴僻,佳句辄来,唯论意表。"常建的诗旨趣纵深,有言外之意,殷璠把他列为其所品评的第一位诗人,可谓思深意远。高仲武在《中兴间气集》中云"吟之未终,皎然在目",这与司空图云的"近而不浮,远而不尽"类似,都强调"思与境偕",指诗歌高妙的意象能调动读者的想象,使思想情感与客观景物融合,达到"万物与我为一"之境。皎然的《诗式》论诗重艺术表现,标举"高"与"逸"、"意中之静"与"意中之远",这与司空图的"象外之象,景外之景"已颇为接近。集众说为一体,晚唐的司空图成了这派诗论的集大成者。司空图在《与李生论诗书》中云:

> 文之难,而诗之尤难。……然直致所得,以格自奇。前辈编集,亦不专工于此,矧其下者耶!王右丞、韦苏州澄澹精致,格在其中,岂妨于遒举哉?贾浪仙诚有警句,视

① [德]黑格尔著,朱光潜译《美学》,商务印书馆 1997 年版,第 142 页。
② 《文心雕龙注》,第 632 页。
③ 《司空表圣诗文集笺校》,第 194 页。

其全篇,意思殊馁,大抵附于塞涩,方可致才,亦为体之不备也,矧其下者哉!噫!近而不浮、远而不尽,然后可以言韵外之致耳。……盖绝句之作,本于诣极,此外千变为状,不知所以神而自神也,岂容易哉?今足下之诗,时辈固有难色,倘复以全美为工,即知味外之旨矣。

司空图认为淡远的韵味与澄淡精致的风格是诗歌首要的艺术特征,王维、韦应物的诗因之"澄澹精致"、"趣味澄复"最符合他的艺术理想,他还进而把诗的含蓄蕴藉之美概括为"味外之旨"。诗有蕴藉之美,这就不能不在意境上下工夫,于是其《与极浦书》又提出了"象外之象,景外之景"的艺术要求:

> 戴容州云:"诗家之景,如蓝田日暖,良玉生烟,可望而不可置于眉睫之前也。"象外之象,景外之景,岂容易可谈哉!(司空图《与极浦书》)

"象外之象,景外之景"表明诗歌必须有让人反复品味的具体形象,才能通过具体形象所描绘的有限的"眼前景",传达出超越具体形象的无限意蕴。这就要求诗歌创作时要情景交融,即把诗人的胸中之情借景物抒发出来创造一个蕴有诗人情感的物象,从而达到物我俱忘的艺术境界,也就是司空图在《释怨》里所谓的"至人达观,物我俱遗"。司空图在艺术上追求本真、物我两忘的思想旨趣,直接源于皎然。皎然在《诗式》之"语似用事、义非用事"云:"天真";在"取境"云:"有似等闲不思而得";在"重意诗例"云:"但见性情,不睹文字";在"不用事第一格"中评李陵、苏武时云:"二子天予真性,发言自高,未有作用。"都追寻一种本于自然的理想人格之美,希冀通过这种理想的人格表现出"物我两忘"的诗境。黑格尔说:"在艺术里,感性的东西是经过心灵化了的,而心灵化的东西也借感性化而显现出来。"[①] 正是文士们对诗歌求本求真的艺术追寻,逐渐演变为一种理想人格的审美追求,而这种心灵化的追求更需要诗歌这种感性而形象的艺术形式来表现。殷璠在《河岳英灵集》评李白时云:"白性嗜酒,志不拘检,常林棲十数载,故其为文章,率皆纵逸。"认为李白放任自由的心性成就了其诗文"纵逸"的风格,在诗论中彰显"文如其人"的人文精神。司空图在《李翰林写真赞》中也有云:"水浑而冰,其中莫莹。气澄而幽,万象一镜。擢然[诩]然,傲睨浮云。仰公之格,称公之文。"借助李白的画像把李白仰视浮云的高洁情怀表露无遗。艺术追求上的旨趣淡远、含蓄蕴藉与人格上追求的本真高洁交融在诗论中,使艺术追求与人格信仰完美融合,需要有一种浑然无迹的艺术境界来表述这种审美理想。这种境界不仅要物象俱全、艺术意味浓厚,还要富有哲理感、有一种淡然高洁的心迹,能给人无穷的想象空间。

---

① 黑格尔著,朱光潜译《美学》,第49页。

《二十四诗品》中的各种"风格"应时出现是诗歌审美发展的必然结果。因受以老庄为首的道家哲学思想的影响,《二十四诗品》的各种风格不但有一股自然的"清"味,而且都在追求一种"万物与我为一"的人生至境,如《雄浑》中的"返虚",《庄子·人间世》云:"惟道集虚。"这里说"返虚",即返归于道、归于天地自然的意思;《高古》中的"畸人乘真",《庄子·大宗师》云的"畸人者,畸于人而侔于天"。《庄子·渔父篇》云:"真者所以受于天也,自然不可易也。故圣人法天贵真,不拘于俗。"可作注解,"畸人"即同于天地自然的"真者";《二十四诗品·洗炼》云:"体素储洁,乘月返真",《庄子·刻意篇》也云:"素也者,谓其无所与杂也;纯也者,谓其不亏其神也。能体纯素,谓之真人。"成玄英《疏》曰:"体,悟解也。妙契纯素之理,则所在皆真道也,故可谓之得真道之人也。"[①]"素"乃体道的境界,与"道"契合,惟同于天地自然的"真人"才能体素。因此,在庄子看来,惟"畸人"、"真人"才深处宇宙之道,才能达"清"之境界。"天无为以之清,地无为以之宁",[②]"至道之精,窈窈冥冥;至道之极,昏昏默默。无视无听,抱神以静,形将自正。必静必清,无劳汝形,无劳汝精,乃可以长生"。[③]清,是立于宇宙本源而生发的人生至境,在艺术上是一种至高的审美追求。受老庄思想的影响,再加上意境论的发展成熟,"清"最终成为一种理想人格的审美追寻。

可见,文士们追求啸傲山林的自然状态,着力刻画澄澈清幽的自然美与高洁超俗的人格美,在人格与艺术的交汇中自然有一股"清"象。"清"是人格的至高品位,是精神所达的审美至境,从而演变为纯粹艺术精神的象征。

五、结语:"清"象征纯粹的艺术精神

"清"把心灵化的东西借感性化来显现,在艺术层面升华到理性的角度,在理性层面又通过形象化的语言来表述,"清"的艺术品格和审美内涵在唐代诗论中的不断丰富发展,不仅反映了诗歌纯粹艺术的审美特性,而且也从一个侧面表现了意境论的成熟圆融,使"清"这一审美范畴,逐渐成为对诗歌纯粹艺术精神的一种凝练概括。经过唐代诗论家对"清"的审美范畴的在不同层面上的拓展,对"清"的审美理想进一步的张扬,使"清"在一定程度上成了中国古代的纯粹艺术精神的象征。

宋人张孝祥的《念奴娇·过洞庭》有云:"素月分辉,明河共影,表里俱澄澈。"[④]"表里俱澄澈"可谓玲珑剔透,碧澄清幽,把"清"象征的艺术境界酣畅表达。元代方回有云:"天无云谓之清,水无泥谓之清,风凉谓之清,月皎谓之清。一日之气夜清,四时之气秋清。空

---

① 郭庆藩《庄子集释》,第 547 页。

② 同上,第 612 页。

③ 同上,第 381 页。

④ 王双启著《宋词精赏》,百花文艺出版社 1987 年版,第 200 页。

山大泽,鹤唳龙吟为清,长松茂竹,雪积露凝为清。荒迥之野笛清,寂静之室琴清。"① 方回由自然清明之象入手,把"清"的千般姿态表述得淋漓尽致。明代计成在《园冶·园说》中曾云:"清气觉来几席,凡尘顿远襟怀",② 意味园林建造要有仿自然之形、得自然之趣的"天人合一"的"清"境。清代刘熙载在《艺概·词曲概》中评"黄鲁直跋东坡《卜算子》'缺月挂疏桐'一阕云:'语意高妙,似非吃烟火食人语,非胸中有万卷书,笔下无一点尘俗气,疏能至此!'"曾云:"词之大要,不外厚而清?""清,空诸所有也。"③ 用"清"来描绘词的审美特质,主张艺术创作要达到的一种情性相通、灵气相融的境界。

总之,"清"是纯粹艺术精神的象征,它成为一种源于自然又高于自然的审美理想,不仅体现了中国古典哲学"天人合一"的精神,也折射了中国古典诗学"无我之境"的神韵。

国学的传承与创新

冯其庸先生从事教学与科研六十周年庆贺学术文集

---

① [元]方回《桐江集》卷一《冯伯田诗集序》,上海商务印书馆影钞本。
② [明]计成著,陈植注释《园冶注释》,中国建筑工业出版社 1981 年版,第 44 页。
③ [清]刘熙载著,王气中笺注《艺概笺注》,贵州人民出版社 1980 年版,第 354 页。

论 "狂" 作为美学范畴在中国古代作家论中的体现

陈丽丽

（中国人民大学国学院）

在中国古代文艺理论中，"狂"是个出现频率较高的词语。作为一个审美范畴，"狂"在文学、书法、绘画、音乐、舞蹈等各种门类中都有所体现。就文学而言，早在春秋时期，"狂"便出现在原始文论中，此后，以"狂"为中心所构成的词语，如狂狷、狂简、狂放、清狂、疏狂、狂易、狂怪、狂谲、狂直、狂悖、颠狂、风狂等，在历代文论、诗话、词话、序跋、笔记评论中随处可见：从《论语》的"狂者进取"到宋代《诗话总龟》中的"狂放"门，再到明人"誉起为颠狂"。"狂"逐渐从古代哲学道德范畴扩展到文艺美学范畴，体现在作家气质、作品风格、审美品鉴以及创作过程等诸多方面。众所周知，大凡文学史上举足轻重的人物，如庄子、屈原、阮籍、嵇康、李白、杜甫、苏轼、关汉卿、徐渭、李贽、曹雪芹、龚自珍等，都与"狂"有着一定联系。然而，由于中国传统道德思想和审美观念一直把"中和"作为最高的价值评判标准，因此在漫长的传统社会中，"狂"范畴只是散杂出现在文论家的理论视野中，并没有得到应有的重视。本文通过对古代文论材料的扒梳，来探讨"狂"作为审美范畴在传统作家论中的内涵与表现。

一、"狂"范畴在传统作家论中的体现

纵观中国文学史上的作家，尤其是历代重要作家，大都与"狂"有着或多或少、或隐或显的关系。战国时期的屈原是早期文人的典型代表，班固《离骚序》称其为"贬絜狂狷景

行之士",此后,历代论者对其身上的"狂"多有关注,如:

> (献之)曾谓其所亲曰:"观屈原《离骚》之作,自是狂人,死其宜矣,何足惜也。"①
> 屈原作《离骚》,则托诸美人香草,登阆风,至县圃,以寄其佯狂。②

　　作为我国文学史上成就辉煌的浪漫主义诗人,屈原同时也是性格独特的一位狂者。他忠君爱国,在"举世皆浊我独清,众人皆醉我独醒"的环境中,以"露才扬己"式的狂傲将高洁的人格与恶劣的世俗环境对立起来,通过狂热的情感和丰富的想象,谱写出一首首瑰丽的诗篇。屈原这种"狂狷"型的人格气质成为后世文人的一种范式。从此之后,历代文论中关于作家之"狂"的描述比比皆是:

> 屈灵均、陶渊明皆狂狷之资也。(《赋概》)③
> 灵运……义心时激,发为狂躁,卒与祸遘。(《诗辩坻》)④
> 东坡云:李太白,狂士也。⑤
> (元)结性不谐俗,亦往往迹涉诡激……颇近于古之狂。⑥
> 或以为忠君爱国,或以为傲诞疏狂,一韩愈也。⑦
> 详夫寒山子者,不知何许人也。自古老见之,皆谓贫人风狂之士。⑧
> 潘阆字逍遥,太宗朝人,狂逸不羁,坐事系狱,往往有出尘之语。⑨
> 王逐客(王观)才豪,其新丽处与轻狂处,皆足惊人。⑩
> 苏、辛,词中之狂。⑪
> (李)贽狂悖自恣,而是集所评乃皆在情理中,与所作他书不类。⑫
> 徐青藤一时才人,一时狂士。⑬

① 魏收《魏书》,中华书局,1974年,第1849页。
② 陈良运《中国历代文章学论著选》,百花洲文艺出版社,2003年,第939页。
③ 刘熙载《艺概》,中国书店刻本重印,第7页。
④ 郭绍虞编,富寿荪校点《清诗话续编》,上海古籍出版社,1983年,第33页。
⑤ 魏庆之《诗人玉屑》,上海古籍出版社,1978年,第289页。
⑥ 永瑢《四库全书总目》,中华书局,1965年,第1283页。
⑦ 屠隆《持论》,见《鸿苞集》卷十,明万历三十八年(1610)刻本。
⑧ 项楚《寒山诗注》,中华书局,2000年,第2页。
⑨ 唐圭璋《词话丛编》,中华书局,1986年,第915页。
⑩ 同上书,第83页。
⑪ 同上书,第4250页。
⑫ 永瑢《四库全书总目》,第1750页。
⑬ 郭绍虞编,富寿荪校点《清诗话续编》,第2363页。

自有文学以来，"狂"与文人的关系并不是独立单一的偶然现象，在特定的历史时期，在社会思潮影响下，"狂"甚至成为一代文人作家的集体特征。例如顾起纶《国雅品》记录了许多明代诗坛的人文逸事，其中不乏"狂者"：

> 顾居士仲瑛，声调逸秀，绮缀精密，颇任侠清狂，一时名士李杨诸公，多乐与之游……①

> 桑别驾民怿，狂士也。少有辩才，尝以孟轲自任，目韩愈文为小儿。号自称曰"江南才子"，颇不羁慢世……②

> 李武选应祯，性尚放诞，傲世寡群，日事啸咏，颇以酒为名……③

这些性格狂放的诗人公然被列于"国雅品"中，足见当时社会对"狂"的受容与接纳。"狂"可以说是明代文人身上极为突出的品行特点，清初恽敬《上曹俪笙侍郎书》称："大江南北，以文名天下者，几乎昌狂无理，排溺一世之人，其势力至今未已。"④可见，明清之际凡是具有知名度的文人身上几乎都存在着狂傲之气，而且他们公然认为"吾非狂，谁为狂也"。⑤程羽文在《清闲供》中把"狂"与癖、懒、痴、拙、傲一同视为文人的六种毛病，其中对"狂"的描述是："道旁荷锄，市上悬壶，乌帽泥涂，黄金粪壤，笔落而惊风雨，啸长而天地窄。"⑥表面上看，"狂"是程氏刺约的文人之病，但蚌病成珠，因病生妍，这些文人之病其实早已成为当时社会不同世俗，甚至颇受推崇的一种情致。

"狂"之所以在历代文人身上有突出表现，首先是因为"狂"是一个人极度自信、乃至自负的一种表现。文人、艺术家在各个历史时期通常是文化素质、思想素质较高的一个群体，白居易尝言："天地间有粹灵气焉，万类皆得之，而人居多。就人中，文人得之又居多。"⑦可见文人乃天地之精英，他们大多对自己的才情、气度颇为看重，因此在他们身上自然多了几分狂气。此外，"狂"也是文人们反抗社会、彰显自我的一种方式。钱锺书把文人之"狂"分为"避世之狂"和"忤世之狂"，在他看来，"嵇、阮皆号狂士，然阮乃避世之狂，所以免祸；嵇则忤世之狂，故以招祸"。⑧由于文人通常对外部事物和内心世界的感知相对比较敏锐独特，因而在精神思想和现实生活之间容易产生矛盾冲突。面对这种痛苦，有些文人以怪诞的言行来发泄自己对社会环境的强烈不满，"狂"成为他们展示个性、对抗统治的

① 丁福保《历代诗话续编》，中华书局，1983 年，第 1094 页。

② 同上书，第 1098 页。

③ 同上书，第 1117 页。

④ 陈良运《中国历代文章学论著选》，第 1126 页。

⑤ 陈维崧《俞右吉诗集序》，见《陈迦陵文集》卷一，患立堂刻本。

⑥ 程羽文《刺约六》，见《清闲供》，清道光间吴江沈氏（沈廷镛）世楷堂刻本。

⑦ 周祖谟《隋唐五代文论选》，人民文学出版社，1999 年，第 246 页。

⑧ 钱锺书《管锥编》，中华书局，1986 年，第 1088 页。

一种方法；还有些文人则运用"狂"这种形式使自己从世俗中脱离出来，"狂"成为他们保存自我个性、寻求精神解脱的特殊方式。可见，"狂"不仅是文人反抗社会的表现，同时也是他们迹似任真的机变之道。从精神实质分析，历代的狂放文人，无论是"避世之狂"还是"忤世之狂"，皆以贬损社会、否定现实来高扬自我，在统治阶级及社会世俗的压力下，顽强地以自己的内在世界与客观世界相抗衡。因此"狂"对于文人来说是极度自信的外在表现，是对主体个性的执着追求，是对社会世俗的公然蔑视，同时也是他们在理想与现实发生冲突时进行自我调整，保持个性独立和心灵自由的重要手段。

对于"狂"与文人之间的关系，《四库全书总目》中的一则评论可以给我们更多启示：

> 凤翼才气亚于其弟献翼，故不似献翼之狂诞，而词集亦复少逊。[①]

该评论中提到的张献翼即袁宏道赠诗称"誉起为颠狂"的张幼于，明清文论中有不少关于他颠狂行为的记录，可被视为晚明狂诞文人的典型代表。论者以张氏兄弟做比较，认为凤翼的才气不及献翼，因此不像献翼那样狂诞，但是其词采也比献翼逊色。该评论传达出这样一种信息：在四库馆臣的观念中，才气、狂诞、文学价值是成正比的。正如古人认为"英异宏异者，则罗网乎玄黄之表；其拘束龌龊者，则羁绁于笼中之内"，[②]越是才气超凡的人物，越是不能忍受世俗常规的羁绊，他们常常以"狂"这种异端姿态游离于社会习俗之外。因此在文学史上，天才文人往往会更明显地表现出一种异端的狂怪之气。

二、传统作家论中文人之"狂"的类别

中国文学史中以"狂"冠名的作家随处可见，然而仔细推究，其内在精神及外在表现却差别很大：李白、杜甫是同时代的伟大诗人，皆以"狂"自称，但二人气质风貌截然不同；孔融、祢衡、吴筠、孔珪等汉魏六朝时期的狂傲文人，与苏轼、辛弃疾、刘过等两宋时代的疏狂文人相比，其风格特点也迥然相异；阮籍和徐渭都是行为狂放的文人，然而其内在因素却有心理、病理之分……屠隆曾对狂者进行分类：

> 善狂者心狂而形不狂，不善狂者形狂而心不狂。何以明之？寄情于寥廓之上，放意于万物之外，挥斥八极，傲睨侯王是心狂也；内存宏伟，外示清冲，气和貌庄，非礼不动是形不狂也；毁灭礼法，脱去绳检，呼卢轰饮以为达，散发箕踞以为高，是形狂也；

① 永瑢《四库全书总目》，第 1603 页。
② 葛洪《抱朴子》，见《诸子集成》，中华书局，1954 年，第 182 页。

526

迹类玄超,中婴尘务,遇利欲则气昏,遭祸变则神怖,是心不狂也。①

屠隆从"心"和"形"两方面进行分析:"心狂"指超越社会世俗、寄寓宇宙、睥睨权贵、高蹈于世的思想状态;"形狂"则从外貌入手,指"呼庐轰饮"、"散发箕踞"等,无所顾忌、率性肆意、与社会礼法格格不入的言语行为。比照而言,杜甫显然是典型的"心狂"者,而李白身上则"形狂"更为突出。

对于文人之"狂"而言,由于不同时代的文论者所关注的层面各不相同,不同立场的理论家对其理解也有一定差异,因此呈现出极为复杂的面貌。通过梳理,将传统文人之"狂"大致分为以下几种类型:

1. 病态之"狂"

《说文解字》把"狂"释为"人病",《黄帝内经》中亦多次提到"狂"病。从医学角度来看,狂是一种精神病学方面的疾症,多是心理受到强烈压抑的结果。由于文人通常具有异常敏感的思想心灵,最容易感受到周围环境的动荡迷乱,最易产生人生困惑和精神负担,因此作家、艺术家是最容易与颠狂病发生联系的群体。

徐渭是这种病态文人的代表,袁中郎《徐文长传》称其:

> 晚年愤益深,佯狂益甚。显者至门,或拒不纳,时携钱至酒肆,呼下隶与饮。或自持斧击破其头,血流被面。头骨皆折,揉之有声。或以利锥锥其两耳深入寸余,竟不得死。……石公曰:先生数奇不已,遂为狂疾,狂疾不已,遂为圄圉。古今文人牢骚困苦,未有若先生者也。②

作为一个在创作上很有成就的文人,徐渭曾在《海上生华氏传》中对自己的狂病有所记录,把自己"激于时事"归于疾病所致。徐渭长钉贯耳、出于猜忌砍杀其妻的极端行为,完全超出了正常人的行为心态,显然与狂病有关。从精神分析角度看,疯狂是人类不可避免的一种状态,西方论者对此多有关注。他们认为"狂乱是赎出智慧的代价","不仅没有疯狂的人类存在不能理解,而且如果它不在自身中含有作为自由的极限的疯狂,它将不是一个人类存在"。③超常的精神状态是形成独特艺术样式的一个重要原因,西方人甚至"把艺术的创造归因于发狂的想象"。④对于文学艺术而言,精神变态的作用十分显著,从一定意义上讲,精神变态扩充了意念、情感和思维的丰富性,也带来了艺术风格的多样性。

---

① 屠隆《辩狂》,见《鸿苞集》,卷四四。
② 袁宏道著,钱伯城笺校《袁宏道集笺校》,上海古籍出版社,1981年,第716—717页。
③ 埃德加·莫兰著,陈一壮译《迷失的范式人性研究》,北京大学出版社,1999年,第114页。
④ 米歇尔·福柯著,刘北成、杨远婴译《疯癫与文明》,北京三联书店,1999年,第25页。

袁宏道论及徐渭的创作，称"一切可惊可愕之状，一一皆达之于诗。其胸中又有勃然不可磨灭之气，英雄失路托足无门之悲，故其为诗，如嗔如笑，如水鸣峡，如种出土，如寡妇之夜哭，羁人之寒起"。[①] 这种独特艺术风格与狂病的精神状态之间不能说毫无关系。历史上像徐渭这样明显具有颠狂病症记录的文人并不多，但这种生理、心理皆狂的天才文人，的确是文学史上令人震惊的一种极端审美类型，他们的病态之狂在某种意义上构成了对现实理性的嘲讽愚弄。

2. 进取之"狂"

自从孔子提出"狂者进取"后，"志极高而行不掩"便成为狂者的一种典型气质，屈原、孔融、嵇康、李白、辛弃疾、龚自珍等众多作家都明显具有这一特征。这类文人通常都拥有远大的理想抱负，但往往被排斥于上层政治之外，在他们身上，狂健进取与肆意沉沦、精神自守与行为外放都表现得淋漓尽致。进取心与不得志的尖锐冲突，使他们心灵深处始终激荡着一种激愤情绪，甚至表现出恢宏的反抗意识以及凌驾于权贵之上的不屈精神。例如苏轼论李白：

> 李太白，狂士也，又尝失节于永王璘：此岂济世之人哉？……固已气盖天下矣。使之得志，必不肯附权倖以取容，其肯从君于昏乎？夏侯湛赞东方生云："开济明豁，包含宏大。陵轹卿相，嘲哂豪杰。笼罩靡前，蹈藉贵势。出不休显，贱不忧戚。戏万乘如僚友，视俦列如草芥。雄节迈伦，高气盖世。可谓拔乎其萃，游方之外者也。"吾于太白亦云。[②]

在苏轼眼中，李白是一个标准的"狂士"，他"气盖天下"、"陵轹卿相"、"笼罩靡前，蹈藉贵势"。这种傲岸豪迈的狂放气概，与其"大鹏一日同风起，搏摇直上九万里"（《上李邕》）的宏伟志向密不可分。李白政治生涯短暂坎坷，尽管他一生多隐居、漫游，但强烈的进取意识却始终未曾泯灭。

类似李白这样富于进取心的文人狂士在文论中还有记载，如：

> 《西清诗话》云："华州狂子张元，天圣间坐累终身，每托兴吟咏，如《雪诗》：'战退玉龙三百万，败鳞残甲满空飞。'《咏白鹰》云：'有心待搦月中兔，更向白云头上飞。'怪诵类是。后窜夏国，教元昊为边患。朝廷方厌兵，时韩魏公抚陕右，书生姚嗣宗献《崆峒山诗》，有云：'踏碎贺兰石，扫清西海尘，布衣能办此，可惜作穷鳞。'顾谓僚属曰：

① 袁宏道著，钱伯城笺校《袁宏道集笺校》，第716页。
② 魏庆之《诗人玉屑》，第289页。

528

'此人若不收拾，又一张元矣。'因表荐官之。"[1]

在狂子张元寄托心性的诗歌中，"战玉龙"、"搦月兔"等语言大胆夸张，充满狂放不屈、不畏权贵的政治豪情，后来他逃至夏国挑起边患，引起统治者极度恐惧。当书生姚嗣宗献诗表现出凌驾于政治之上的狂放豪情时，统治者引以为戒，马上举荐为官。可见封建统治者对文人思想及作品中的进取之"狂"，尤其是带有政治色彩的"狂"十分忌惮，这正可以从一个侧面反映出"狂者进取"的价值意义所在。

3. 放浪之"狂"

无论哪一时期的"狂"，都或多或少地映射出文人对统治阶级和社会环境的不满以及两者间的矛盾冲突。一些才华横溢、志向高远的文人壮志难酬或仕途失意时，往往收敛起积极进取之心，在现实社会的罗网缝隙中以一种寄情山林、纵情酒色、肆意放任的方式来排遣烦恼、舒展身心。从竹林七贤到白居易、杜牧，再到柳永、关汉卿……尽管这些文人并不能完全摆脱个人与封建正统之间的矛盾对立，但他们把自己的思想心灵转向庙堂之外，要么林泉野逸、纵酒任诞，要么在歌舞声色中尽情放浪，通过风流游荡来解脱人生苦闷，并以此展示自我个性，寻找精神平衡。客观地说，放浪之"狂"是文人们调和矛盾、避世保身的一种手段。

柳永是一个典型例子。叶梦得《避暑录话》云："（永）为举子时，狂游狭邪，善为歌词，教坊乐工每得新腔，必求永为词，始行于世。"[2]柳永一生沉湎于歌酒罗绮中，他这种"日与儇子纵游娼馆酒楼间，无复检约"的放荡行为，既有追求身心自由的个性意识，又有深奥曲折的韬晦倾向。柳永在"偶失龙头望"后将社会正统的人生价值观抛置脑后，而把自在无拘的秦楼楚馆作为人生归宿，甚至公然宣称"忍把浮名，换了浅斟低唱"，表现出非同一般的离经叛道精神和反抗传统价值的超人胆量。在他看来，只有青楼放纵、歌酒享乐才是人生乐事，只有个性自由、心灵舒展才有生命价值。这种纵欲型的狂放，实际上是以极端的、趋于病态的生活方式去对抗封建正统观念及价值原则。

无论是寄情山林、耽于酒筵，还是纵情声色，这种"狂游狭邪"式的放浪生活，大都是文人在"狂者进取"而不得的情况下形成的一种新型人格模式和价值取向。"狂游狭邪"充满了对传统社会规范及价值观念的蔑视，是一种独特的"狂"现象。

文人的"病态之狂"、"进取之狂"和"放浪之狂"并不是互相对立互相排斥的气质行为，它们可以分别体现在不同的文人身上，也可以综合地表现在一个文人身上，苏东坡便是"进取之狂"与"放浪之狂"互相结合的典型。无论是"志极高而行不掩"的进取之狂，

① 胡仔编，廖德明校点《苕溪渔隐丛话前集》，人民文学出版社，1962年，第372页。
② 孙克强《唐宋人词话》，河南文艺出版社，1999年，第121页。

还是寄情林泉、纵情酒色、狂游狎邪的放浪之狂,归根到底,都是对礼教束缚、社会陈规的大胆突破,是文人对自我人生价值的充分肯定。

三、传统文论中文人之"狂"的双重标准

古典文论中关于作家之狂的论述相当多,但褒贬各异,例如齐己诗曰"长吉才狂太白颠,二公文阵势横前"(《谢荆幕孙郎中见示〈乐府歌集〉二十八字》),把李贺、李白的颠狂风范与其作品气势联系起来,并把二人视为后来文人的楷模。再如萨都剌"四海知名李白狂",李东阳"恨杀多情杜老狂"等诗句中所涉及的诗人之"狂",显然都带有褒扬色彩。然而在另一些评论中,"狂"则带有批判意味,如:

> 易安自恃其才,藐视一切,语本不足存。第以一妇人能开此大口,其妄不待言,其狂亦不可及也。[1]
>
> 东坡一派,无人能继,稼轩同时,则有张、陆、刘、蒋辈,后起则有遗山、迦陵、板桥、心余辈。然愈学稼轩,去稼轩愈远,稼轩自有真耳。不得其本,徒逐其末,以狂呼叫嚣为稼轩,亦诬稼轩甚矣。[2]
>
> 然于近世文人病痛,多能言之。其最粗者如袁中郎等,乃卑薄派,聪明交游客能之;徐文长等乃琐异派,风狂才子能之……[3]

李清照是宋代词坛上一位女杰,她才情出众、见识超凡,作品成就不让须眉,然而被论者评为"妄不待言","狂亦不可及"。此处清照之"狂"与齐己诗中长吉之"狂"都与才气密不可分,然而褒贬态度却明显不同。东坡、稼轩等豪放词自有一种狂放气韵,陈廷焯对稼轩词颇为欣赏,然而却把后人所学习模仿的豪放风格视为"狂呼叫嚣",加以排斥;恽敬更是把徐渭一类的"风狂才子"称为"琐异派",并当作文人之病痛。

文人之"狂"之所以在文论中有不同表述,其主要原因是由于论者没有把道德标准与美学标准区分开来。就文学理论而言,由于中国传统文论是个相对开放的体系,它对文学本体的观照往往与政治教化、哲学思想、伦理道德等交织在一起,因而中国传统美学范畴有很多是从哲学范畴、伦理学范畴及一般语词中分化出来的,这种分化始终未完成。即便是看来毫无疑问的美学范畴,或者是在谈论艺术的场合出现,也不一定是真正的美学范畴。[4] "狂"范畴便是如此。它最早出现在哲学领域,张岱年先生《中国古典哲学概念范畴

① 孙克强《唐宋人词话》,河南文艺出版社,1999 年,第 413 页。
② 唐圭璋《词话丛编》,第 3962 页。
③ 恽敬《与舒白香》,见王运熙、顾易生、王镇远、邬国平编《清代文论选》,人民文学出版社,1999 年,第 667 页。
④ 成复旺《中国美学范畴辞典》,中国人民大学出版社,1995 年,第 8 页。

要论》一书把"狂"、"狷"组合起来,作为"中庸"的对偶概念纳入到中国古代哲学范畴总体系的"人道范畴"中。因而从社会角度看,"狂"是一种非正常的超越常规的行为方式,它以一种任性肆意的言行来表示对正统价值观念的反叛与破坏,具有鲜明的道德批判色彩。在道德领域中,"狂"往往是离经叛道、不合社会大众行为规范的极端表现,通常处于被谴责、被排斥的地位;然而在审美领域中,"狂"是不带贬义色彩的,它被用来表示一种放纵不拘、率性自由、傲然独立的气度风貌。

在传统文学批评中,艺术风格与作家气质之间并没有很明确的区分,作家的行为气质与品性道德也经常混为一谈,因此历代文论提到作家之"狂",常常是思想道德与气质风格不分、社会意义与审美价值交融,呈现出复杂多样的面貌。如《石园诗话》评价贾岛:

> 元和中诗尚轻浅,岛独变格入僻,以矫艳俗。……然性狂行薄,人皆恶其逊,以致见于致政;举场十恶之目,名由自败,要不仅《裴晋公池亭》诗为得谤之端也,文公之赏,出于爱才之诚,而略于其行。[1]

论者在肯定贾岛诗"以矫艳俗"的同时又指出其"性狂行薄",这里的"狂"显然指品行德性上的肆意任性,具有道德批判作用,明显带有贬义。同样是用来评论人物,"狂"亦另有所指:

> 老聃濡弱,以退为进;庄周诞慢,游方之外;杨朱贵生,毫末不捐。故老流于深刻,庄蔽于狂荡,杨局于卑陬。[2]

此处的"狂荡"指的是庄周那种诞慢、游于方外的思想气质和行为特点,它与老子的深刻、杨朱的卑陬一样,是种处世状态,丝毫没有涉及道德批判。具体而言,"狂"范畴之所以在作家论中具有双重标准,是由于它用在作家身上既指品性道德又指气质类型:当它偏指文人品德时,论者多从社会道德立场出发,通常予以批判排斥,贬义色彩强烈;当"狂"用于气质风格时,则表示一种洒脱不羁、任性自由的思想行为,具有美学意识,论者态度多为欣赏肯定,其感情色彩为中性或褒义。

总体来看,"狂"是文人尤其是天才文人不可或缺的一种独特气质,充满着傲岸不屈的人性美,它是文人在个性上的独立张扬,在行为上的越矩放纵,是他们不同于世俗浊流的精神外现。历代作家之"狂",大多充溢着叛逆精神和超越意识,虽然对于正统社会来说是一种异端,但是却滋养了无数才华横溢而又不得志的失意文人。

---

① 郭绍虞《清诗话续编》,第 1762 页。
② 胡应麟《九流绪论上》,见《少室山房笔丛》卷十一,新安吴勉学万历三十四年(1600)刻本。

宋元时期四川地区文集价值管窥

——《西南文学文献》(第二编)综述

徐希平

(西南民族大学)

　　2003 年,本人主编出版《西南文学文献》(正编),[①] 按照其总体体例,从客观实际出发,不以省区分类,采取直接按年代顺序排列的办法,从汉魏迄明清一以贯之。按作家的成就与影响以及各地区兼顾等因素予以选择收录,共收集川、滇、黔、渝等数省古代作家文集 52 种(含存目 3 种),展现出古代西南文学别集的大致概貌。此次续编,限于篇幅和具体情形,只能调整选择角度。西南文学文献存佚情况较为复杂,明清以前别集现存总量有限,并主要集中在巴蜀地区,其后则遍布西南各省,数目剧增。巴蜀作家文集在唐代以前的数量也较少,基本上已为正编所收录。迄于两宋时期,文化学术达到高潮,如陈寅恪先生所言,"华夏文明之文化,历数千年之演变,造极于赵宋之世。"[②] 而文学形式的多样性和整体繁荣发展正是宋代文化高度发达的重要标志。北宋中叶的诗文革新使传统文体获得新的发展动力,而诗词分立又使曲子词异军突起,蔚为大观,成为一代文学的代表。而文化巨人苏轼的出现则代表了宋代文学与文化的最高成就,影响整个宋代文坛。四川也成为当时之文学文化中心。以三苏为标志,巴蜀地区文化亦达到新的高峰,名家辈出。仅眉州一地,宋代登第者逾 800 人,文化底蕴十分深厚,涌现出大量诗人骚客,引得大诗人陆游发出"孕奇

---

① 《中国西南文献丛书·西南文学文献》,兰州大学出版社,2004 年版。

② 陈寅恪《宋史职官志考证序》,《金明馆丛稿二编》,上海古籍出版社 1980 年版,第 145 页。

蓄秀当此地,郁然千载诗书城"(《眉州披风榭拜东坡先生遗像》)的由衷赞叹。宋代四川诗文作家有作品传世者达数百人,如魏野、陈尧佐、苏易简、苏舜钦、范镇、文同、王圭、范祖禹、苏过、张孝祥、韩驹、冯时行、魏了翁、李心传、家铉翁等,诗词文创作成绩斐然,享誉文坛。现存文集亦达数十家。正编已收入的约二十家,故此次予以相对集中收录,从一个侧面展示西南文学概况,同时,先将宋元时期文献逐步收录相对完整后,亦便于以后再行编录明清文学文献时可按地区平行选录。

基于这样的考虑,此次续编为四川文学文献专集,收录宋元时期四川作家文集 7 种。下面依照选录顺序将续编相关作家及文献概况简介如下。

吕陶(1028—1104),字元钧,号净德,眉州彭山(今属四川)人(一说成都人)。仁宗皇祐进士,官铜梁、寿阳令,太原府判官。神宗熙宁三年(1070)又举制科,改蜀州通判,迁知彭州。因反对榷茶,贬监怀安商税。哲宗即位,起知广安军,召为司门郎中,擢殿中侍御史,迁左司谏。元祐二年(1087),出为梓州、成都路转运副使。七年,复入为起居舍人,迁中书舍人,进给事中。哲宗亲政,出知陈州,徙河阳、潞州。绍圣三年(1096)坐元祐党籍谪提举潭州南岳庙。徽宗即位,起知梓州。崇宁元年(1102)致仕。《宋史》卷三四六、《东都事略》卷九七有传。《宋史·艺文志》著录《净德集》六十卷,已佚。清四库馆臣据《永乐大典》所录,辑为三十八卷,清武英殿聚珍版,光绪二十五年广雅书局重刊,前有乾隆三十九年(1774)甲午仲夏御题序,乾隆四十二年七月陆锡熊、纪昀、杨昌霖等校勘上表,每卷末署攸县文星辉初校,南海廖廷相复校,卷一至卷二十八为奏状杂著等,卷二十九至三十八为各体诗歌,成都马骐原序谓"诸孙出其家集,使著于世云"。

吕陶作为蜀人,有许多描写四川风物的作品,如《金竹》诗序:"渠江有竹,其色深黄,里人目为金竹。"诗中写道:"修竹已可爱,况复如黄金。天地与正色,霜雪坚比心。云芝生有节,栗玉种成林。回首渭川远,山间绕翠阴。"赞美故乡修竹,亦透出自身性情与品格。

韩驹(?—1135),北宋末南宋初江西诗派诗人。字子苍,号牟阳,学者称他陵阳先生。陵阳仙井(今四川井研)人。尝在许下从苏辙学。徽宗政和初,因献颂得官,召试舍人院,赐进士出身,任秘书省正字。贬官监华州(今陕西华县)蒲城县市易务。后知洪州分宁(今江西修水)县,又召为著作郎。宣和五年(1123)被任命为秘书少监,次年升中书舍人兼修国史。高宗绍兴元年(1131),知江州(今江西九江)。绍兴五年,卒于抚州。有《陵阳集》四卷传世。《宋史》卷四四五有传。此以影印文渊阁《四库全书》本为底本。

韩驹早年的诗,苏辙称为似储光羲,他因此得名。后来的诗,刘克庄说他"有磨淬剪裁之功,终身改窜不已,有已写寄人数年,而追取更易一两字者,故所作少而善"(《后村先生大全集》卷九五)。韩驹生活于动乱之际,有的诗作流露出旧京之思,如《送子文待制归蜀》、《次韵吉父曾园梅花》等,感情较为真挚深沉。他善于用典,很少堆砌,如《夜泊宁陵》、《登赤壁矶》、《送张右丞赴召》等都是锻造精练的作品。他的诗"密栗以幽,意味老淡,直欲别作一家。紫微(吕本中)引之入江西派,驹不乐也"(《宋诗钞·陵阳诗钞》)。

唐庚（1070—1120），北宋诗人。字子西，人称鲁国先生。眉州丹棱（今属四川）唐河乡人。哲宗绍圣进士（清光绪《丹棱县志》卷六），徽宗大观中为宗子博士。经宰相张商英推荐，授提举京畿常平。商英罢相，庚亦被贬，谪居惠州。后遇赦北归，复官承议郎，提举上清太平宫。后于返蜀道中病逝。作《眉山唐先生集》（文渊阁本《四库全书》本），分为诗集十卷，文集十二卷。此据《四部丛刊》三编集部，上海涵芬楼影印闽侯龚氏大通楼藏旧抄本，原书页心高18厘米，宽14厘米，共30卷。其中古近体诗约12卷，赋文杂著18卷。前有宣和四年（1122）五月一日奉议郎太府寺丞郑总叙、宣和四年六月其弟唐庾序、宣和四年八月十五日吕荣义序，后有绍兴二十一年（1151）仲冬郑康佐跋、绍兴己卯岁立春日其子唐文若书、末尾附张元济跋及所撰校勘记一卷。

　　唐庚与苏轼为小同乡，贬所又同为惠州，兼之文采风流，当时有"小东坡"之称。但唐庚为诗，重推敲锤炼，近于苦吟，与苏轼的放笔快意不同。他曾说"作诗甚苦，悲吟累日"，往往反复修改数四，"然后成篇"（《自说》），但他能"刻意锻炼而不失气格"（《四库全书总目》）。其诗简练精悍，工于属对，巧于用事，且多新意，不沿袭前人。如《醉眠》：

　　　　山静似太古，日长如小年。余花犹可醉，好鸟不妨眠。
　　　　世味门常掩，时光簟已便。梦中频得句，拈笔又忘筌。

又如《春日郊外》：

　　　　城中未省有春光，城外榆槐已半黄。山好更宜余积雪，水生看欲倒垂杨。
　　　　莺边日暖如人语，草际风来作药香。疑此江头有佳句，为君寻取却茫茫。

以及"草青仍过雨，山紫更斜阳"（《栖禅暮归书所见》）等，皆为世所赞赏。写人的《张求》诗曰：

　　　　张求一老兵，著帽如破斗。卖卜益昌市，性命寄杯酒。
　　　　骑马好事久，金钱投瓮牖。一语不假借，意自有臧否。
　　　　鸡肋巧安拳，未省怕嗔殴。坐此益寒酸，饿理将入口。
　　　　未死且强项，那暇顾炙手。士节久凋丧，舐痔甜不呕。
　　　　求岂知道者，议论无所苟。吾宁从之游，聊以激衰朽。

内涵丰富，耐人寻味。

　　宋刘克庄说："子西诗文皆高，不独诗也。其出稍晚，使及坡门，当不在秦（观）、晁（补之）之下。"（《后村诗话》）不足之处，在于稍乏变化，炼字琢句也间有弄巧成拙处。虽学东

坡,其成就则不可同日而语。其文长于议论,所作如《名治》、《察言》、《悯俗》、《存旧》、《正友》、《议赏》诸篇,亦颇为时人所称。

王灼,字晦叔,号颐堂,四川遂宁人。生卒年不详,据考证可能生于北宋神宗元丰四年(1081),卒于南宋高宗绍兴三十年(1160)前后,享年约八十岁。灼出生贫寒,青年时代曾到成都求学,后往京师应试,虽学识渊博却举场失意,终未入仕,只得流落江南寄人幕下,作舞文弄墨的吏师。晚年闲居成都和遂宁,潜心著述,成为宋代有名的学者。据有关史料记载,他的著作有《颐堂文集》五十七卷、《周书音训》十二卷以及《疏食谱》等,但已大部佚散,现存的仅有《颐堂先生文集》和《碧鸡漫志》各五卷,《颐堂词》和《糖霜谱》各一卷,另有佚文十二篇。其成就巨大,被后人誉为宋代著名的科学家、文学家、音乐家。王灼的著述涉及诸多领域,在我国文学、音乐、戏曲和科技史上占有一定的地位。《碧鸡漫志》论述了上古至唐代歌曲的演变,考证了唐乐曲得名的原由及其与宋词的关系,品评了北宋词人的风格流派,是从音乐方面研究词调的重要资料。王灼《颐堂词》已于正编收录,此次收录《颐堂先生文集》,有《四部丛刊》三编集部和续古逸丛书本,均为张元济上海涵芬楼借江南图书馆藏宋本影印,此据《四部丛刊》本。原书板高20厘米,宽14厘米,共5卷,含古赋1卷(5篇)、古诗3卷(92首)、近体诗1卷(39首),各卷卷目下均署侄傅编,卷一末页署乾道壬辰(1172)六月王抚干宅谨记,可知其为今见编撰最早之本,最后有八千卷楼主人丁丙于光绪十六年庚寅(1890)九月跋语,称光绪丙戌(1886)犹子丁立诚得之于袁漱六后人处,疑其为钱曾旧物,则此书由八千卷楼归江南图书馆。

王灼诗多有咏物之作,如《露香亭》:

> 北渚一帝子,洛川一宓妃。池有千种莲,平生所见稀。
> 纤秾多态度,红白争光辉。我来亭上饮,夜久未忍归。
> 翁家采香人,但爱香满衣。岂知清露湿,团荷泻珠玑。

还有许多描写四川及故乡遂宁风物,如《次昭觉圆老韵》、《往成都八客栈饮得同字》、《游云灵观》、《游灵泉呈性老》、《再游云灵》,表现对故乡名胜的熟悉和喜爱。集中似乎不少唱和次韵之作,可见其交往广泛。

张浚(1097—1164),字德远,汉州绵竹(今属四川)人。唐代名相曲江张九龄弟弟张九皋之后裔,南宋名相和抗金统帅。徽宗政和八年(1118)进士,调山南府士曹参军。宋高宗初立,升为礼部侍郎。高宗建炎、绍兴间,历枢密院编修官、侍御史、知枢密院事,提出经营川陕的建议,出任川陕宣抚处置使、尚书右仆射同中书门下平章事兼知枢密院事都督诸路军马。绍兴四年(1134),被召至临安,后谪居福州。五年,出任宰相,督岳飞镇压杨幺起义。七年,刘光世部将郦琼叛降伪齐,张浚因而罢相,从此谪居二十余年,仍上疏反对和议。宋孝宗时封为魏国公。隆兴元年(1163)任枢密使,都督江淮军马渡淮北伐。旋即溃败,再次罢官,不久即死,谥忠献。

张浚为著名抗金领袖,著有《紫岩易传》等,近人辑有《张魏公集》。事见朱熹《晦庵集》卷九五《少师保信军节度使魏国公致仕赠太保张公行状》、《诚斋集》卷一一六《张魏公传》、《宋史》卷三六一有传。

《张魏公集》,民国十九年四川绵竹刻本,首有民国十年十一月绵竹后学黄尚毅题诗代序,云:"戴天不共忍言和,王业偏安独枕戈。放逐南荒成易传,长驱北伐送诗歌。武侯鱼水君臣契,儒将箕裘父子多。大集一家光日月,抗行嘉祐与东坡。"末有又有黄尚毅跋文,集前载有乾道三年十月朱熹撰行状。

张浚处在金人入侵,南宋偏安的年代,作为朝廷重臣,极力主张抵抗,图谋恢复北方被金人侵占的土地,一贯反对和议。虽然一生颇多争议,但其报国忠心却是无法否认的。他的诗表达了对阻碍抗金北伐势力的愤懑和无奈,慨叹"群凶用事人心去,大义重新天意回。解使中原无左衽,斯文千古未尘埃"(《诗一首》)。在《李伯纪丞相挽诗二首》中诗人写道:

> 十相从明主,唯公望最隆。召周虽异迹,李郭本心同。
> 未遇升天药,空余济世功。薰风歌吹咽,泪尽古城东。

> 苍苍安可料,旧德奄重泉。痛为黎民惜,谁扶大厦颠。
> 英风摩日月,正气返山川。丙午功勋在,丰碑万口传。

忧心国事、救民水火之思想和心志表露无遗。

史尧弼(1118—1157后不久),字唐英,世称莲峰先生,眉州(今四川眉山)人。生于宋徽宗重和元年(依浩然斋雅谈少于李焘四岁推算),卒于绍兴二十七年以后不久,年在四十岁以外。幼年即以文学知名,年十四预眉州乡举,李焘第一,尧弼第二。赴鹿鸣宴,犹著粉红裙。太守命分韵赋诗,尧弼得建字,援笔立成云:"四岁尚少房玄龄,七步未饶曹子建。"高宗绍兴十一年(1141)四川类试下第,遂东西游,入潭帅张浚幕,以《古乐府》、《洪范》等论往见,张浚谓其大类东坡,留馆于潭。明年,湖南漕试第一,是科张栻第二,遂与张栻交。绍兴二十七年(1157)与弟尧文同登进士。未授官而卒。尧弼著有《莲峰集》三十卷,已佚。清四库馆臣自《永乐大典》辑为十卷。事见本集卷首宋任清全序、《浩然斋雅谈》卷中。史尧弼诗,此以影印文渊阁《四库全书·莲峰集》为底本。

明焦竑《国史经籍志》谓史尧弼诗"纵横排宕,摆脱常规",文亦明白晓畅。如其《泛舟回邑次韵》:"人言佳句有风流,不羡骚人赋远游。坐遣目前无限意,笔端风起白苹洲。"

再如其《离临安道中有作》:"拂袖归与喜欲奔,回瞻不觉鼻含辛。有情犹作迟迟去,何事空余咄咄频。颍水旧来堪洗耳,西风当日苦多尘。人间触处皆宜隐,不必桃源始问津。"诗风清新,充满自信。此外如《赠友人》"青天自不憎白眼,好在宗之快举觞"《春晚饮西

湖上归借榻吴山睡起偶作》："苍山为鬓水为鉴，烟幕霓裳秀而绮。""兴酣剧饮醉如泥，妄意将湖比西子。""梦魂依旧过西湖，潮怒殷床惊不起。"等均甚近于东坡，则可见张浚之言不虚。

邓文原(1258—1328)，字善之，一字匪石，人称素履先生，四川绵州(今绵阳)人，其父早年避兵入杭，或称杭州人。又因绵州古属巴西郡，人称邓文原为"邓巴西"。文原年十五，通春秋，在宋时以流寓试浙西转运司，魁四川士，至元间，行中书省辟为杭州路儒学正。大德间，调崇德州学教授，擢应奉翰林文字，升修撰。至大三年，出授江浙儒学提举。皇庆元年，召为国子司业。科举制行，文原校文江浙，虑士守旧习，大书朱子《贡举私议》揭于门。延祐四年，升翰林待制，出佥江南浙西道廉访司事，移江东。至治二年，召为集贤直学士，兼国子祭酒。泰定元年，以疾乞致仕归，致和元年卒，年七十一，制赠江浙行省参知政事，谥文肃。所著有《读易类编》、《内制集》、《素履斋稿》。今仅存《巴西文集》一卷。

邓文原博学善书，青年时就与赵孟頫定交，被赵孟頫称为"畏友"，两人感情至深。其文学成就亦较高，作风温醇典雅，如义乌黄溍曰："公为文精深典雅，温润而有体，确实而有徵，诗尤简古而丽逸。"句章任士林曰："善之浑厚以和，沉潜以润，如清球在悬，明珠在乘。当大德、延祐之世，承平日久，善之与袁伯长、贡仲章辈振兴文教，四海之士，望风景附，王士熙、冯思温名位为最显，亦皆出善之之门。文章之柄悉归焉，其盛事可想见也。"兹录其五言律诗《伯夷颂》：

> 先哲吾师表，斯文古鼎铭。义形扣马谏，书胜换鹅经。故事征皇祐，乡祠谒仲丁。登堂睹遗墨，山雨飒英灵。
>
> 心田垂世远，手泽历年殊。谁购山阴序，真还合浦珠。身惟名不朽，书与道同符。诸老珍题在，犹堪立懦夫。

其诗歌风格由此可见。但《巴西文集》所收录基本为文章，其中常见的一类为墓志铭，具有较高文史价值，另有一些文集序，如《熊西父瞿梧集序》、《送黄可玉炼师还龙虎山宴集序》等。

《西南文学文献》(第二编)[①] 受丛书整体规模、版本搜求等因素之影响，再加本人水平所限，辑录不尽如人意，如有的版本原有缺页，无法补齐，留下遗憾，只能保持原貌；或版本源流考订疏误，敬祈方家赐正。四川大学古籍研究所周斌先生为本书提供版本资料，特致谢忱。

① 《中国西南文献丛书·西南文学文献》(二编)，学苑出版社，2009年版。

顾羡季先生古典文学研究述略

谷曙光

（中国人民大学国学院）

《庄子·逍遥游》云："名者,实之宾也。"意谓有名必有实,其实不尽然。纵目古今,不少人是"盛名之下,其实难副",亦即名过其实;反过来说,也有些人是实过其名,在某一方面有真才学而湮没无闻,这无疑是令人非常惋惜的。我们现在要谈的顾随先生大约属于实过其名的代表。先引一段张中行先生对顾随的评价:"学术的造诣,世间稀有。古今中外,无所不通。单说诗、词、曲,无论是讲别人的,还是写自己的,都成家,而且是大家。也无妨想想,今可以不说,上溯到五四以来,有几个人有这样的水平?"[1] 按照今之标准,称顾随为"国学大师",殆无疑义。然而,目下不少爱好甚至研究古典文学的人听到顾随的名字已很陌生,遑论其他? 对于这样淹博专精的学者,学术史自有一席之位,当然不应忽视。

一

顾随(1897—1960),河北清河人。原名顾宝随,字羡季,别号苦水,晚号驼庵。祖、父两代秀才,先生幼承庭训,就学家塾。1915 年至天津求学,考入北洋大学,两年后转入北京大学英文系,1920 年毕业,此后一生执教并从事文学创作与学术研究。先生最初在河北、

---

① 张中行《齐一变,至于鲁,鲁一变,至于道》,载《顾随先生百年诞辰纪念文集》,河北大学出版社,1999 年,第20 页。

山东各地中学教授国文、英语等课,不久赴天津,在天津女子师范学院任教。后又转赴北京,长期执教于燕京大学和辅仁大学,并曾在北平大学、中法大学、北京大学、中国大学、北京师范大学等高校授课。解放后一度担任辅仁大学中文系主任。旋赴天津,施教于天津师范学院中文系(河北大学前身),1960 年在天津病逝。

顾随先生毕生从事古典文学、佛经文学及书法艺术等的研究讲授,并花费相当精力在文学创作上。先生功底湛深,思致活泼,在多个领域都卓然成家,被誉为文学家、艺术家、教育家和学者。

作为文学家、艺术家的顾随——他是中国现代文坛上一位卓然特立的诗人、作家。他的第一本旧体词集刊行于 1927 年,此后有旧体诗词集六种、杂剧集三种问世。先生的诗、词、曲创作在 20 世纪三四十年代都有一定的影响。先生存诗百余首,而更为倾心的则是词的创作,前后三十余年,共写词五百余首。吴宓先生在《空轩诗话》中说:"顾随君所为词,能以新材料入旧格律,戛戛独造。"① 俞平伯先生在给顾随《积木词》所撰序言中评价说:"若夫羡季之词则所谓不托飞驰之势,而芬烈自永于后者。"② 迄今为止,先生大约是中国文学史上最后一位创作杂剧的作家。先生所写乃从形式到语言都原汁原味的"正宗杂剧"。此外,尚有带着浓厚乡土气息、传统风致的中篇小说和风格多样的短篇小说以及情思丰沛的散文多种行世。先生又精于书法艺术,师承沈尹默先生,草楷皆工,颇得晋唐风范而自成一家。北京师范大学 1997 年举办过他的书法作品展览,出版《顾随先生书同州圣教序》与《顾随临帖四种》。

作为教育家的顾随——他是一位桃李满天下的教授、教育家。自 1920 年以后,他先从事中学的国文、外文教学,1929 年起先后在燕京大学、北京大学、辅仁大学、北京师范大学等多所大学任中国古典文学教授。一生执教四十年整,以他的学识、修养、心血、品格、境界登堂传法,讲学树人。先生的讲堂最能"叫座",先生的讲授最富有艺术家的魅力。周汝昌先生说:"顾先生一上台,那是怎样一番气氛,怎样一个境界?那真是一个大艺术家、大师,他一到讲堂上,全副精神投入,就像一个好角儿登台,就是一个大艺术家,具有那样的魅力。"③ 我的老师吴小如先生曾多次谈及顾随先生。吴先生在上世纪 40 年代旁听过顾随先生的课,至今记忆犹新。吴先生回忆,顾随先生上课,首谈天气,次谈自己身体,然后从京剧大师谭鑫培、杨小楼步入正题——辛稼轩词。整堂课讲辛词最精彩处即在"以健笔写柔情"一句,先生以大字板书。先生弟子有很多早已是享誉海内外的专家、学者,叶嘉莹、周汝昌、史树青、郭预衡、黄宗江等便是其中的突出代表。

作为学者的顾随——他又是一位有独见卓识的学者、研究家。他幼承庭训,奠定了坚

---

① 转引自顾之京《记先父顾随的一生》,载《顾随先生百年诞辰纪念文集》,第 378 页。

② 同上。

③ 周汝昌《怀念先师顾随先生》,载《顾随先生百年诞辰纪念文集》,第 204 页。

实的传统文学功底,大学期间得到著名教育家蔡元培的指教,专修西洋文学与文艺理论,后对禅学亦有精深的研究。古今中外、文史禅理,兼容博采,融会贯通,形成了自己独特的治学道路与风格,从而能在学术研究上见人所未能见,发人所未能发。生前有《稼轩词说》、《东坡词说》等多种著作问世。先生生前不愿以专家学者的身分名世,独执著于做一个诗人、作家,故而研究著述较少刊行,以致十年动乱中惨遭毁弃。20世纪80年代后经过多方搜集,已出版《顾随文集》、《顾羡季先生诗词讲记》、《顾随:诗文丛札》等。河北教育出版社2000年出版的《顾随全集》(四卷本)是迄今为止搜集最为全备的顾随作品集。

二

顾随先生早期虽以创作为主,不以学者面目示人,但是先生的学术积淀是极为深厚的,他到中年以后才发而著述,其学术成就集中体现在古典文学研究领域。

先生存世的古典文学研究著述大抵已收入《顾随全集》,[①] 这是我们今天据以探究、评介先生学术成就的第一手资料。应该指出的是,顾随先生的著述留存下来的也就是当日的十之二、三,大部分都在文革期间散佚损毁了。学者与学者不同,有的人特别注意保存文稿,希望流传后世,像胡适,连他的日记与信件都是预备以后编入《全集》的;而有的学者则格外爱惜羽毛,述而不作,以述为作,黄季刚满腹经纶,预备50岁开始著述立说,可偏偏在50岁故去。顾随先生的情况有类于此。他也有"名士气",文稿写完往往搁置一边,并不谋求发表;或送给自己的朋友、学生,自己都很少留存。今之《顾随全集》辑得先生各类文稿及书信日记一百五十余万言,洵非易事,这是在先生亲属、众多门弟子及后学的多方努力下才得有此规模的。窃以为,对待《顾随全集》的态度应与一般学者的学术著作有别。普通学术著作大多是知识性、理论性的纯客观记述,而先生的作品则基本是源于知识却超越知识之上的一种心灵、智慧和修养的升华。我们应以一种积学深思的态度去研读先生的作品,并真有所体悟,则无论在为学为人方面都将受益匪浅。叶嘉莹先生在半生流离辗转中,一直将当年听先生讲课的笔记随身携带,视为珍宝,惟恐丢失。叶先生固然是爱师,但这也从一个侧面反映出顾随先生学术成果的珍贵价值。

顾随先生治学是有其独立不迁的学术理念的,他常把学文与学道、作诗与做人相提并论。先生一向主张"文道结合",认为著空文于道德文章无裨益,又主张"修辞立其诚",以为不诚无物。先生生平最服膺的格言是:"自开'新境界',何必似'花间'","丈夫自有冲天志,不向如来行处行","先生觅句不寻常,一字一平章。只望保留面目,更非别有心肠"。由此可知,见人所未见、发人所未发乃先生治学的第一要义。他不但以此要求自己,而且

---

① 河北教育出版社2001年版。据张清华先生见告,新找到一批顾随致周汝昌的信札,另有其他的发现。近年,顾随女公子正致力于重编全集。

将之鼓励自己的学生。在1946年7月13日他给弟子叶嘉莹写的一封信中说：

> 年来足下听不佞讲文最勤，所得亦最多。然不佞却并不希望足下能为苦水传法弟子而已。假使苦水有法可传，则截至今日，凡所有法，足下已尽得之。此语在不佞为非夸，而对足下亦非过誉。不佞之望于足下者，在于不佞法外，别有开发，能自建树，成为南岳下之马祖；而不愿足下成为孔门之曾参也。①

先生对自己的高足用意殷殷，而"别有开发，能自建树"既是先生对弟子的勉励，亦可视为先生治学理念的"夫子自道"。

就古典文学论，先生涉足的研究范围极其广泛。这不但可从先生的著作中看出，还可从先生开设的课程名目窥得一二。先生一生开设讲授过的课程有《诗经》、《楚辞》、《文选》、《唐宋诗》、《词选》、《曲选》、《文赋》、《论语》、《中庸》、《中国文学批评》、《中国古典戏曲》、《中国小说史》、《佛典翻译文学》等十余门。不难看出，先生是通才，从孔夫子到鲁迅，先秦至近代各段、各体文学都可胜任。这和今天的古典文学教授者如"铁路警察"般的各管一段、其余不计是不可同日而语的。

先生在古典文学研究领域既是"通才"，其研究涉猎范围必极其广泛。先生最先关注的是元曲，早年作了大量的元曲辑逸、考证、校勘工作。可惜原有的《元明清戏曲史》、《元明清戏曲选》如今只余残篇断语。此外尚有《元曲方言考》、《夜漫漫斋读曲记》、《元明残剧八种》、《论关汉卿〈诈妮子调风月〉杂剧》等十余篇短论存世。吴晓铃先生说："顾先生是现代进行元曲研究较早的一位，他的研究为后来者开了路，奠了基。"②

进入20世纪40年代，顾随先生由曲转而研究词、诗歌、古典文艺理论及佛学等。先生一生用力最勤的是长短句的研究与创作。在先生生平著述中，《东坡词说》、《稼轩词说》是具有浓厚独创特色与重要代表意义的"压卷之作"。他写"词说"，完全摆脱传统束缚，借鉴了独具一格的佛经语录体。我们细心研读体味其中行文说理的独特语词和方式，就会发现其最精要处即在阐发一家之言。两部词说除自序、前言等总论外，分别析论东坡词十五首、稼轩词二十首，从词作者之感发与阅读者之领悟两方面独抒一己之新见。词说一出，一新天下人耳目。

先生在诗歌研究方面的著述最富。由叶嘉莹先生当年听课笔记整理的《驼庵诗话》语简练而理精深，散金碎玉，弥足珍贵，抵得上一部精要的诗史。此外，谈《诗经》、曹操、李杜、小李杜、李贺、宋诗等的单篇论文及讲演稿都极精彩，值得反复批诵，细加涵泳。除了这种属于文学史上作家作品研究的著述外，先生还有在宏观上对诗学意义、本质的思辨探究，

---

① 《顾随全集·书信日记卷》，河北教育出版社，2000年，第489页。
② 见顾之京《记先父顾随的一生》，第381页。

《关于诗》、《诗词散论》、《知·觉·情》等都是先生多年殚精竭虑研讨诗学的心血结晶。先生又极为重视古典诗词的朗诵艺术，有《朗诵了杜甫〈自京赴奉先县咏怀五百字〉以后写给中文系三年级同学的一封公开信》详论诗歌朗诵之重要。

古典文艺理论方面，先生于古人最服膺陆机、刘勰，于今人则以不曾拜在王国维门下为憾。先生原有《〈人间词话〉笺义》、《文赋》讲义等，今皆不知下落。所幸根据叶嘉莹先生当年听课笔记整理了《文赋》十一讲等，得以略窥先生文论方面的妙理高论于一斑。

先生在佛学上的造诣亦称精深。他研读了大量佛教典籍，认为中国古代文学、绘画、雕塑、音乐乃至整个古典艺术，都受到佛教的很大影响；研治古代文学史、艺术史、哲学史，决不可轻轻放过佛教。实则先生并非虔诚之佛教信徒，他之钻研佛教，乃是为深入研究中国文学作学术的积累准备。先生之治禅学，主要还是从文学的角度来研治的；换言之，是运用禅宗的精神、境界、表现方法等来解说古代韵文。这在当时尤具开创意义。1947 年，他应杂志之约写了一部十二章的谈禅大作《揣籥录》，张中行先生评价："他是用散文、用杂文、用谈家常的形式说了难明之理，难见之境"，"禅理是深奥的枯燥的，可是他结合着古代诗文的研究，写得生动流丽"。[①] 先生表面在谈禅，实则已将禅理与文理打通。新中国成立后，先生在学校开设"佛典翻译文学课"，这在当时大约也是"独此一家，别无分号"的。先生认为佛教对文学的影响是积极的。佛极善于说故事，那壮彩、那奇丽，只有《天方夜谭》堪与媲美。于是先生选取了佛经中有文学意味的作品，分为说理之部、叙事之部、偈颂之部加以介绍。这门课的讲稿幸而保存下来，今日视之，选文注释允称精当。关于佛教与文学之关系，在目下已成学术界一大热门；但在彼时，先生则有草创发凡的性质，其筚路蓝缕之功固不可忽略也。

此外，先生还有论述古代散文、古典小说和鲁迅等方面的研究文章多篇。这些文章都属没有"八股气"、"讲章气"、"刺绣气"[②]（张中行先生语）的真知灼见，虽然时过境迁，但仍具有较高的学术参考价值。

三

先生毕生的治学理念和治学范围已略如上文所述。先生以其深厚渊博的学识、敏捷超卓的感悟力在古典文学研究领域成一代名家，其治学的个性特点尤其值得总结探究。优秀的诗人都具有独特的风格特征，而高明的学者也应不失自己的学术品格，先生的学术研究是打上了鲜明的个人印记的。

首先，先生最擅感悟，"感"字当头，能将自己诗人气质的卓颖艺术敏感，运用于文学作

---

① 张中行《纪念顾羡季先生》，载《顾随先生百年诞辰纪念文集》，第 238 页。
② 参看张中行《先生之风山高水长》，载《顾随先生百年诞辰纪念文集》，第 76 页。

品的具体分析之中；而这种分析又往往参透了深邃的艺术哲理，使读者品味再三，仍觉余味不尽。文学研究毕竟不同于哲学、历史，叶嘉莹先生一再慨叹其师艺术感悟力的超卓：

> 先生对诗词的感受之锐，体会之深，其灵思睿智，就我平生阅读交往之所接触者而言，实更无一人可相伦比。①

> 先生之讲课则是纯以感发为主，全任神行，一空依傍。是我平生所接触过的讲授诗歌最能得其神髓，而且也最富启发性的一位非常难得的好教师。②

> 昔禅宗说法有所谓"不立文字、见性成佛"之言，诗人论诗亦有所谓"不涉理路，不落言筌"之语，先生之说诗，其风格亦颇有类于是。③

> 先生所讲授的乃是他自己以其博学、锐感、深思、以及其丰富的阅读和创作之经验所体会和掌握到诗歌中真正的精华妙义之所在，并且更能将之用多种之譬喻，做最为细致和最为深入的传达。④

上述评价绝非过誉之辞，所以不惮其烦地引用，是因为叶先生的评价太精彩了，确实抉出了其师治学的真精神。

前文提到的《东坡词说》、《稼轩词说》系姐妹篇，说东坡一篇深婉，而说稼轩者精警。先生高足周汝昌认为："先生之《词说》，视静安之《词话》，其所包容触发，无论自高度、广度而言，抑或自深度、精度而论，皆超越远甚。"⑤《词说》、《词话》之优劣可以姑置不论，此处关注的是，《词说》体现的先生对诗词艺术的极敏锐之感受和极深刻之理解。姑录先生说辛稼轩《水龙吟·登建康赏心亭》的一段：

> 千古骚人志士，定是登高远望不得。登了望了，总不免泄漏消息，光芒四射。不见阮嗣宗口不臧否人物，一登广武原，便说："时无英雄，遂使竖子成名。"陈伯玉不乐居职，壮年乞归，亦像煞恬退。一登幽州台，便写出"念天地之悠悠，独怆然而涕下"。况此眼界极高、心肠极热之山东老兵乎哉？

> 此《水龙吟》一章，各家词选录稼轩词者，都不曾漏去。读者太半喜他"落日楼头"以下七个短句，二十七个字，一气转折，沉郁顿挫，长人意气。但试问此"登临意"究是何意？此意又从何而来？倘若于此含胡下去，则此七句二十七字便成无根之木、无源之水，与彼大言欺世之流，又有何区别？何不向开端两句会去？此正与阮嗣宗登广武

① 叶嘉莹《顾随诗文丛论》序言，天津人民出版社，1997 年，第 1 页。
② 叶嘉莹《谈羡季先生对古典诗歌之教学与创作》，载《顾随先生百年诞辰纪念文集》，第 33 页。
③ 同上。
④ 同上。
⑤ 周汝昌《苏辛词说小引》，载《顾随先生百年诞辰纪念文集》，第 76 页。

原、陈伯玉登幽州台一样气概、一样心胸也。而且"千里清秋","水随天去",浩浩荡荡,苍苍茫茫,一时小我,混合自然,却又抵拄枝梧,格格不入,莫只作开扩心胸看去。李义山诗曰:"花明柳暗绕天愁,上尽层楼更上楼。欲问孤鸿向何处?不知身世自悠悠。"与稼轩此词,虽然花开两朵,正是水出一源。此处参透,下面"意"字自然会得。好笑学语之流,操觚握笔,动即曰无人知,没人晓,只是你自己胸中没分晓。试问有甚底可知可晓?即使有人知得晓得了,又有甚么要紧?偏偏要说无人知,没人晓,真乃痴人说梦也。前片中"遥岑"三句,大是败阙。后片中用张翰事,用刘先主事,用桓温语,意只是说,欲归又归不得,不归亦是空度流年。但总不能浑融无迹。到结尾处"红巾翠袖,揾英雄泪",更是忒煞作态。若说责备贤者,苦水词说并非《春秋》,若说小德出入,正好放过。①

读后是否有一新耳目的感觉?与我们向来熟悉的鉴赏、解析类文章截然不同,没有时代背景、家世生平的介绍,更没有思想性、艺术性等陈词滥调的分析,先生阐发的纯粹是一位诗人的灵心慧感,先生要把自己体会最深、最有心得的东西贡献出来。先生认为开头两句意境深粹,与阮籍登广武原、陈子昂登幽州台一样有混合自然的气概心胸。"落日楼头"以下七个短句好就好在承接上文,能"一气转折,沉郁顿挫,长人意气"。还有,先生对辛词绝不一味说好,而是明确表示了对"遥岑"三句和用典的不以为然。盖"遥岑"三句语言有拼凑用力的痕迹,而刻意堆砌典故也在一定程度上影响了其艺境,难以做到艺术上的浑融无迹。

随手拈出《驼庵诗话》中的数条论析:

> 诗根本不是教训人的,只是在感动人,是"推"是"化"。《花间集》有句:"换我心为你心,始知相忆深"。实则"换他心为我心"、"换天下心为我心"始可。②

> 平常人写凄凉多用暗淡颜色,不用鲜明颜色。能用鲜明调子去写暗淡的情绪是以天地之心为心——只有天地能以鲜明调子写暗淡情绪。如秋色是红、是黄。③

> 作短诗应有经济手腕。诗短而有余味,所谓"美酒饮教微醉后,好花看到半开时。"凡事留有余味是中国人常情。④

> 而陶有的诗其"崛"不下于杜甫,如"且共欢此饮,吾驾不可回。"《饮酒》九。然此为平凡之伟大,念来有劲。常人多仅了解"悠然现南山",非真了解。⑤

---

① 《稼轩词说》,载《顾随全集·著述卷》,第20页。
② 《驼庵诗话》,载《顾随全集·讲录卷》,第4页。
③ 同上,第20页。
④ 同上,第21页。
⑤ 同上,第83页。

长吉幻想极丰富，可惜二十七岁卒。其幻想不能与屈原比，盖乃空中楼阁，内中空洞。①

放翁诚实，看到就写，感到就写，想到就写，故其诗最多，方面最广，不单调。初读觉得清新，但不禁咀嚼，久读则淡而无味。②

中国咏梅名句是"疏影横斜水清浅，暗香浮动月黄昏"（林逋《山园小梅》），此二句甚有名而实不甚高。此两句似鬼非人，太清太高了便不是人，不是仙便是鬼，人是有血有肉有力有气的。③

上述几条材料，有的与向来的定论唱反调，有的指出大作家艺术特征中被忽略的一面，还有的用感性化的诗词艺术本身阐释了深刻难明的诗学原理。先生这种感发式研究是最能瀋发灵源、溉沃智府的，它往往是学者在思接千载、视通万里的学术思考中的智慧火花的瞬间闪现，弥足珍贵而历久仍新。

其次，先生独具特色的研究特点还体现在特别重视创作，能把文学创作与学术研究很好地结合起来。先生一生既从事创作又从事研究，他认为没有艺术实践的人研究作家作品总是隔了一层；而搞些创作，有艺术实践则可以晓得此中甘苦，体会作家的创作心态与创作过程。程千帆先生也主张从事文学研究的人应具备创作经验："一位从来没有做过诗或其他创作经验的人侈谈诗歌艺术，不说外行话，很难。"诚哉斯言！研究作家作品、进行艺术分析，如果没有艺术实践，难免如雾里看花，隔靴搔痒。

先生是中国现代文坛上一位卓然特立的诗人、作家。他有做诗人、作家的强烈愿望，而不愿仅以学者身份闻名。先生一生的文学创作，几乎涵盖文学的所有门类，以旧体诗、词、曲为主，而兼及小说和散文的创作。关于先生文学创作方面的成就，先生高足叶嘉莹已撰鸿文多篇予以介绍。以先生最为着力的词作论，具有相当高的思想性与艺术性。叶嘉莹将先生词作的思想性归纳为：往往含有对时事之感怀及喻托；表现出一种对于苦难之担荷及战斗的精神；富于哲理之思致。④先生一生经历晚清、民国、抗战、新中国几个阶段，阅人阅事无数；但是发而为创作，则始终保有一颗赤子之心、怜悯之心。换言之，先生是性情中人；以先生的真性情去研究屈原、杜甫这些文学史上的大家，显然更能感同身受，对古人怀有一种了解之同情。就词作艺术而言，先生较多吸收借鉴了辛弃疾、欧阳修、晏殊、柳永、周邦彦等人的词风，更做了很多的和韵之作。先生对词坛大家的研习不但对自己填词有深刻影响，更对后来研究这些词人奠定了良好的基础。

创作与研究唇齿相依，本是相辅相成的关系，精通创作者必更能从作者的角度体味创作

---

① 《驼庵诗话》，载《顾随全集·讲录卷》，第100页。
② 同上，第113页。
③ 同上，第57页。
④ 此段参看叶嘉莹《谈羡季先生对古典诗歌之教学与创作》，载《顾随先生百年诞辰纪念文集》，第31页。

之艰辛和作品之思想内蕴,而研究的深入又为提高创作水平提供了理论依据和艺术反思。

再次,先生成功的一个重要原因在于对古今中外文学理论有精深的研究,并在此基础上进行作品的横向、纵向比较研究。在文艺思想上,先生最早研究小泉八云并受其影响,大学时接触了尼采、易卜生、克鲁泡特金等人的学说思想,喜欢王尔德、鲍特莱尔、安特列夫的作品;而中国古代的文学理论推崇的是曹丕、陆机、刘勰直到王国维。先生认为文学现象从来不是孤立的,良好的理论素养和大量阅读古今中外的文学作品使得他的研究触类旁通,游刃有余。吴晓铃回忆,当年听顾先生讲元曲,曾以莎士比亚《罗密欧与朱丽叶》和关汉卿《窦娥冤》进行比较,而这种比较研究是贯穿他的一生的。

先生认为中西戏剧颇有差异,中国戏曲大多以表演故事及取悦观众为主,极少如西洋戏剧之富于深刻高远之哲思,这和王国维的观念一脉相承。西洋文学艺术中有所谓秀雅美和雄伟美的对比,先生认为秀雅即阴柔,属女性的,即王静安所说之优美;雄伟显阳刚,属男性,如王氏所言之壮美。先生更指出,有时秀雅美和雄伟美可以很好结合在一起。如杜甫的名句"国破山河在,城春草木深",就在雄伟中有秀雅,壮美中有优美;《塞下曲》之"骏马似风飚"、"弯弓辞汉月"亦雄伟中有秀雅,秀雅中见雄伟,是为文学中的"完全境界"。李白《宫中行乐词》"只愁歌舞散,化作彩云飞",美则美矣,但纯属秀雅一途,绮丽而不足珍。先生还对屈原《离骚》和杜甫《自京赴奉先县咏怀五百字》作过极精辟之比较研究。屈赋"长太息以掩涕兮,哀民生之多艰"与杜诗"穷年忧黎元,叹息肠内热"、"众皆竞进以贪婪兮,凭不厌乎求索"与"顾惟蝼蚁辈,但自求其穴",文字上颇相似,但这并非出乎杜甫的模仿,而是因为两人的客观环境巧合、主观情感也相类。即便如此,因为两人生活的历史阶段不同,屈赋与杜诗还是有着根本的区别。先生指出,屈原时代君权未发展到极权程度,他表情达意的语言较老杜限度宽些、大些,他攻击权贵乃至君王的言辞相当激烈;而老杜晚于屈原千载,君权已发展到极致,他表达自己的义愤就显得沉郁含蓄。天宝时玄宗已昏愦不堪,而老杜尚美之曰"圣人"、"尧舜",甚至比杨国忠为卫青、霍去病;其时庙堂上尽皆群小,老杜则讳谓"多士盈朝廷,仁者宜战栗"。先生又进而就两人创作方法相互比较,说《离骚》富于浪漫主义幻想色彩,《咏怀》则是古典现实主义的。幻想可使作者上天下地,驰骋自由,现实主义则不能畅所欲言。总之,杜诗与屈赋彼此面貌各异而精神相通,都对黑暗现实发出了抗争。

先生妙语连珠,最擅拿古今中外的诗人相比较。说曹操是英雄中的诗人,而老杜是诗人中的英雄。曹操、曹植父子虽含蓄稍差,而真正做到了发皇的地步。老曹是发皇于力,子建是发皇于美。老曹以思想、精神沾溉后人,而子建以修辞沾溉后人。子建作风华丽,华丽诉诸眼官视觉。先生笔锋一转,又以左拉比子建:左拉有眼官的盛筵,但与子建不同;子建所见者是"物象",而左拉所见者为人生。物象是外表,人生是内相。所见为外表,故所写者浮浅;所见是内相,故所写者深刻。

除了上面所谈的三点较为关键外,先生对文献考据亦不忽视。先生最长于灵心妙悟,

或以为先生不重考据,此又不然。他相当看重考据,但又从不为考据而考据,考据是为具体研究服务的。先生曾说,陆游"文章本天成,妙手偶得之"非不对,但害人不浅。"妙手偶得",必先"妙手"而后才能"偶得";而"手"何以能"妙"?只能靠劳动。陶渊明"采菊东篱下,悠然见南山",人或以为此句乃抬头而见南山就轻而易举地写出来了,其实绝对地不然。此决非偶然兴到(机缘凑泊)之作;盖人与南山在平日就已物我两浑,精神融洽。有平时的酝酿功夫,适于此时一发之耳。素日已得其神理,偶然一发,此盖其酝酿之功也。这真是知甘苦之言。

先生早年的学术研究就是从对元曲的辑佚校勘开始的,今存少数几篇文献方面的论文如《元王元鼎[商调·河西后庭花]套校释》、《元明残剧八种(辑佚校勘)》等无论校、释,还是附加按语都很精当,可知他是精熟于传统的考据之学的。上世纪 50 年代后期,学术界"左"的空气开始抬头,先生在授课研究中仍借助考据来阐明观点,以致被某些人讥为"摆破烂摊子",而先生依然坚持学术研究的科学精神,不趋时,不为所动。

概而言之,顾随先生的古典文学研究是具有鲜明个性的学术活动,他的论著数量在现当代学者中肯定不算丰硕,但是其学术质量却是第一流的。更为重要的是,他在奉献出一批卓越研究成果的同时,还为后学提供了富于启迪意义的研究方法和思路。

四

先生不但最擅感悟,精熟于传统的义理、考据、辞章,而且较早地借鉴了西方文艺理论来研治古代诗文,因而能在治学的宏观、微观思辨方面站在时代的前列,以其新颖而有前瞻性的创见引导和启发后代学人。

时下的古典文学研究侈言"创新",多套用西方时髦理论,学术成果则往往厚厚一大册,几十万字不在话下。笔者认为,学术成果的"批量问世",固然是今之"学术昌明",但也不可避免地存在大量的学术泡沫。面对日益浮躁的学风,我们尤其需要提倡顾随先生这种没有水分的"学术干货"。先生的研究从不好大喜功,从不曲学阿世。在毕生的学术研究中,就是老老实实地耕耘,有一分心得就贡献一分,先生不言"创新"而新意自在其中。在这种朴实的学风下,先生取得的超越前贤的独创性见解所在多有。

譬如,先生论诗之品格本性,以为她是女性,偏于阴柔、优美。中国诗多自此路发展,直至六朝。至杜甫已变,尚不太明显;到中唐韩愈则变为男性,阳刚、壮美。先生戏谓唐宋诗转变之枢纽即在韩愈"芭蕉叶大栀子肥"一句。这真是绝佳的譬喻。顺着阴柔走,是诗的本格,然而走的太久,不免烂熟、腐败,或失之纤弱。晚唐宋初诗即有此弊。故而先生主张"唐情宋思",即用宋人锻炼字句的功夫写唐人优美之情调。前人论诗动辄将唐宋判为泾渭,恐据事实较远,实则唐中有宋,宋中见唐,差别没有想象得那么远。先生的"唐情宋思"论显然更为通脱,值得今之学界深入思考。先生一再强调,诗歌的主旨在于使人感动,

诗人首先应具有推己及人、推己及物的心理,然后才能谈到多情锐感之诗心。先生以为伟大诗人须有将小我化为大我的精神,而其途径则有两端:一是对广大人世的关怀,如杜甫《登楼》之"花近高楼伤客心,万方多难此登临";另一是对大自然的融入,如陶渊明《饮酒》之"采菊东篱下,悠然见南山"。这又是借助古诗中的名句形象阐明了有关诗学理论的问题。

先生论词,独标"高致"之说,认为其含义可兼境界与神韵于一身。神韵者,人之精神不死者为神,人之意致无尽者为韵。故诗词文章,首须具有生命,尔后济之以修养。韵即高度文化修养之表现于其外者;而神则其不可磨灭而蕴于内者。至于境界,盖凡时与空之交会,辄一境生焉,而人处其间,适逢其会,而有所感受,感而写之,斯即所谓境界。人之品格气质、学识襟怀,必有浅有深,有高有下,由斯而文艺作品之深浅高下判然分明。循此言之,先生所标举之"高致"乃"吾华族之高度才情、高度文化、高度修养之一种表现是也"。对于文学家而言,"高致"是先生对诗人、词人最高级之要求。

关于文学语言,先生认为中国文字可表现两种风致:夷犹与锤炼。夷犹在使力与不使力之间,宛若凫在水中之优游自得。韵文中的《楚辞·九歌》(嫋嫋兮秋风,洞庭波兮木叶下)、散文中的《左传》、《庄子》,表现夷犹的风致最好,前无古人,后无来者。锤炼,刘勰《文心雕龙》云:"锤字坚而难移,结响凝而不滞。""锤"字易死于句下,故应以"不滞"救其失。先生举杜诗"星垂平野阔,月涌大江流"为例,说"垂"、"阔"二字真用力得来。夷犹与锤炼的主要区别即在弹性之有无。王维诗"漠漠水田飞白鹭,阴阴夏木啭黄鹂",原用六朝人"水田飞白鹭,夏木啭黄鹂",但后者何其死,前者何其活,一望而知。

先生论诗文慧眼独具,对名家大家都能独立思考,既见其长,又见其短。譬如论李白,先生既肯定太白的"高致"、"有豪气"、"有英气",也指出"豪气不可靠",李白幻想并无根,只是美,唯美,与屈原不同。对于前人评价颇好的一些古体诗,如《春日醉起言志》、《远离别》等,先生都能提出不同见解,堪称别开生面。可见他对文学史上的伟大作家也不是一味说好,而是有自己独立不迁的艺术标准。先生的论小李杜,说他"重义山、轻牧之",义山可谓全才,小杜可谓'半边俏'。盖义山集中五七言、古今体中皆有好诗,而樊川只有七律、七绝写得好。先生虽爱义山,但看法又极为通脱思辨,他一面说李义山是最能将日常生活加上梦的朦胧美的诗人、义山诗最大成功是将日常生活美化成诗;一面又感叹此非诗的最高境界,诗人老这样下去就完了,西昆体学义山失败了。先生说李商隐的好处与弊端都一针见血,套用严羽论江西诗派的话是"真取心肝刽子手"。

先生的《〈文赋〉十一讲》是讲授中国文学批评史上陆机文论的系统讲稿。在这里面,既可看出先生旧学功底的扎实,新解胜义亦层出不穷。先生是把字词疏解、文句串讲与理论阐发揉在一起讲授的。对于五臣之注文,先生取其精辟处予以绍介,而更多的还是阐述一己之新见。先生不仅是就事论事,而且能上下古今、东西中外,广为援引。《论语》、《老子》、唐诗、《水浒》、《西厢》,乃至佛经、希腊史诗、但丁《神曲》、歌德《浮士德》等皆成先生

譬喻、比较、引申、发挥观点的绝佳材料。如第六讲以佛法喻文法："佛家讲戒、定、慧。余取其二：由戒生慧。如太史公之写《史记》，屈原之写《离骚》，看似横冲直撞，其实是层次分明。我们要从有法之法得到无法之法，由无法之法看出有法之法。如此虽不能得大自在，而至少可得大受用。"①不仅譬喻惬当，而且阐发内涵富含哲理意味。读此等文字犹如听佛祖说法，讲到精彩处，天女散花，鸾凤齐鸣，而如来坐在中间拈花微笑，听法者亦精神贯注，若有所悟。

一言以蔽之，顾随先生的古典文学研究就是阐发一己之心得。他从不人云亦云，搞大路货的东西，先生乃是以其博学、锐感、深思、妙悟，再加上丰富的阅读和创作经验，来研究古典文学中的真正精华妙义之所在，而且能用极富于个性特色的语言，做细致深入的表述传达。古往今来学者夥矣，而做学问能有气象境界的则不多。顾随先生做学问是有自己的气象境界的。他是读万卷书，参透万卷书，再抛却万卷书，与天、地、人俱化，进入一种高妙的艺术境界。

上世纪 20 年代，顾随先生尚在青春，有一次生重病，自拟挽联云："昔为书生，今为书死；人患才少，我患才多。"②带有玩笑戏谑性质，当时一班友人也笑他有"狂气"，今日视之，概括他一生的才智也未为不可。先生全集虽已出版，但印数较少，似乎流传还不够广远。窃以为，先生的卓越成就与今日被重视的程度是不成比例的，至于系统整理研究先生在各个领域成就的工作还根本谈不到，拙文愿作一块引玉之砖，引发学术界更多关注顾随先生，把"顾随研究"这一课题深入进行下去。③

———————

① 载《顾随全集·讲录卷》，第 279 页。

② 冯至《怀念羡季》，载《顾随先生百年诞辰纪念文集》，第 6 页。

③ 现在《顾随年谱》已经出版。顾随先生的论文、讲义多次再版、重编，印刷量颇多，阅读者日广。客观说，顾随先生已得到应有的重视。

回归《史记》本文，探讨项羽身死之地

李广柏

（华中师范大学文学院）

小　引

项羽"乌江自刎"的故事，在我国已流传千百年之久，读书人大抵都熟知。现代学者撰写的秦汉史和中国通史，几乎都写到项羽乌江自刎的结局，只有极少数著作是例外。范文澜所著《中国通史》，关于项羽的结局写的是："前二〇二年，垓下决战，项羽败死。"其前后叙述中未提及"乌江"。[①] 欧美学者撰写的《剑桥中国史》，是这样写的："最后阶段的斗争在今安徽省的垓下展开，刘邦的军队在那里成功地包围了项羽。《史记》以形象而生动的文字叙述了项羽成功地突破刘邦的战线逃跑的过程，最后他只带了 28 名追随者，接着非常英勇地自杀了。"[②]

1985 年 2 月 13 日《光明日报》的《史学》栏发表安徽定远县中学老师计正山先生的文章，题为《项羽究竟死于何地？》，文章提出："项羽乃欲东渡乌江为民间传闻，"司马迁借以完善项羽的英雄形象，"项羽真正的殉难地不在乌江而是东城，即今安徽定远东南（距

---

① 范文澜《中国通史》第二册，人民出版社，1979 年，第 32 页。

② ［英］崔瑞德、鲁惟一编，杨品泉、张书生等译《剑桥中国秦汉史》，中国社会科学出版社，2006 年，第 113 页。此书原为剑桥大学出版社 1986 年出版。

乌江约三百里)。"这篇一千多字的文章,很多史学专业方面的人士未予重视,但引起了冯其庸先生的注意。冯先生为此三次前往安徽,调查历史上的垓下、东城、乌江等地的方位、地形及各地间的距离。他将实地调查的收获与种种史料结合起来进行分析推断,写出二万多字的《项羽不死于乌江考》,发表于《中华文史论丛》2007年第2期和《艺衡》第二辑。

冯先生的文章,首先一一列出《史记》中关于项羽死于东城的明确记载,并指出,全部《史记》没有一处说项羽死于乌江的。这是从《史记》书中得到的基本事实。冯先生通过实地考察自垓下到东城再到乌江的路程,也确信项羽垓下突围那一天到不了离东城尚有二百四十里的乌江。对于流行的"乌江自刎"之说,冯先生认为,那是因为后人误解了《项羽本纪》里"项王乃欲东渡乌江"那段文字。冯先生说,《项羽本纪》末尾那段文字可能有错简,容易引起误解,"但只要认真研读《史记》对这一问题的相关记载,就可以看到,项羽'身死东城'是无可怀疑的,在《史记》本身找不出一点与此矛盾的地方,""《史记》里确实不存在乌江自刎之说。"①

冯先生的文章发表以后,受到学界的好评。当然,质疑一个传统看法,必定会引来不同的意见,甚至激烈反对的意见。争论,有利于是非的明朗化和学术的进步。冯先生也在文章中说了:"我这是一个尝试,未必正确,写出来欲以求教而已。"②冯先生虽然九十高龄,但愿意跟大家切磋,欢迎人们提出不同意见。

2008年,安徽和县项羽与乌江文化研究室为维护"乌江自刎"说,编印了一本书,名为《一个不容置疑的史实》。这本书的第一篇文章是袁传璋先生所作。最近,袁传璋先生在《文史哲》2010年第2期发表文章,指责冯先生不明"句法"、"史法","纯属凭虚造说","学风"与"学术品性""失正";又指责卞孝萱先生及《中国文化报》、《光明日报》"一片溢美之词",误导读者。袁先生那个咄咄口气,好像他早已获得了"真知"。可是,细读袁先生的文章,看出他对于讨论的问题并没有深入的了解与研究。袁先生认定项羽是在乌江渡口自刎的,而他用以支持这个论点的证据,都是唐宋以后的人抄来抄去的文字;此外就是一些想象之词加上对《史记》本文的曲解。我有几位同事读到袁先生的文章,甚为诧异,怂恿我写文章参与争论。我喜欢考证和推理,听了同事们的意见和建议,就不揣冒昧了。

讨论项羽身死之地,我觉得先要明确各种史料的不同价值。目前,我们还没有发现直接反映项羽之死的地下文物资料和地上遗存,司马迁当年记叙项羽身死之地所依据的文献及口头资料也荡然无存。我们讨论项羽身死之地,所能依据的原本史料就只有《史记》了。《史记》是一部信史。我们的研讨工作,就是要通过《史记》努力接近历史真相。至于《史记》以后一代一代的复述、诠释、艺文等等资料,在项羽之死的问题上,其价值不能与《史

① 冯其庸《项羽不死于乌江考》,《中华文史论丛》总第86辑,上海古籍出版社,2007年,第250、261、269—270页。

② 同上书,第270页。

记》相提并论。谭其骧先生在论述历史地理研究中如何正确对待历史文献资料时，就告诫学人不要轻信前人对古代文献资料所作的解释，不要贸然把前人记载的传说当作真实史料看待。谭其骧先生说：

> 不要把传说当作真实史料。有些文献资料来源于民间传说。尽管传说一经用文字记录下来也就是文献资料了，但事实上传说往往并不反映历史真实，我们做研究工作不能贸然把这种资料当作真实史料看待。
>
> ……
>
> 不要轻信前人对古代文献资料所作的解释。……由于古人行文极为简练，后代的注疏家和研究者对这些文献所作的解释，难免没有误会、走样之处。所以我们处理这些文献资料，就该把古书原文和后人注释分别对待，不能混为一谈；不应该盲从过去那些注疏家和研究者的解释，应该凭藉我们自己所掌握的历史知识和地理知识，运用科学方法去正确理解判断这些资料所反映的古代地理情况。[①]

谭其骧先生这些话讲得多么好啊！凡是关注项羽身死之地的学人都要明白，研究历史地理问题，应该利用第一手史料和原本史料，不要找几条靠不住的"解释"或传说，就以为得到了"真知"。袁传璋先生用唐宋以后直到清朝的人抄来抄去的文字，来支持自己的论点，如果他那也算"史料"，至多也只能算是第四手、第五手、第六手的"史料"。说实在的，袁先生引的那些材料，冯先生都看过，笔者也看过，只是不肯轻信而已。章太炎、胡适曾经把考证比作法庭上打官司。法庭上的辩论、判决，处处要以事实为根据。第四、第五、第六手的材料，还有想象加抒情的言词，不足为据。因此，我要强调一下，如果真想探讨项羽身死之地，必须回归《史记》本文。

《史记》记项羽之死

《史记》多次明确记载项羽死于东城。冯先生的文章一一列举了出来。袁传璋先生却反复地讲："冯其庸教授引据《项羽本纪·太史公曰》称项羽'身死东城'，以否定《项纪》正文项羽于乌江自刎的记叙。"[②]如果读者没有看到冯先生的文章，只看到袁传璋先生的文章，便会以为冯先生仅仅凭《项羽本纪》"太史公曰"的"身死东城"那一句话，就作出了"项羽不死于乌江"的结论。但是袁先生把冯其庸先生的主要论据窜改了。众所周知，在学术

---

① 谭其骧《在历史地理研究中如何正确对待历史文献资料》，上海《学术月刊》1982年11月号，第4—5页。

② 袁传璋《项羽死于乌江考》，《淮阴师范学院学报》2008年第2期，第214页。袁传璋《〈项羽不死于乌江考〉研究方法平议》，《文史哲》2010年第2期，第107、108页。

争论中,有意窜改对方的论点论据以便于自己进行批驳,是不道德的。为了阐明事实真相,我这里把冯先生已经列举过的《史记》中关于项羽死于东城的明确记载,再抄录出来。

《史记》卷八《高祖本纪》:"使骑将灌婴追杀项羽东城。"[①]

《史记》卷九五《樊郦滕灌列传》(樊哙、郦商、滕公、灌婴合传):"项籍败垓下去也,婴以御史大夫受诏将车骑别追项籍至东城,破之。"[②]

《史记》卷七《项羽本纪》:

> 项王军壁垓下,兵少食尽,汉军及诸侯兵围之数重。夜闻汉军四面皆楚歌,项王乃大惊,曰:"汉皆已得楚乎?是何楚人之多也!"项王则夜起,饮帐中。有美人名虞,常幸从;骏马名骓,常骑之。于是项王乃悲歌慷慨,自为诗曰:"力拔山兮气盖世,时不利兮骓不逝。骓不逝兮可奈何,虞兮虞兮奈若何!"歌数阕,美人和之。项王泣数行下,左右皆泣,莫能仰视。
>
> 于是项王乃上马骑,麾下壮士骑从者八百馀人,直夜溃围南出,驰走。平明,汉军乃觉之,令骑将灌婴以五千骑追之。项王渡淮,骑能属者百馀人耳。项王至阴陵,迷失道,问一田父,田父绐曰"左"。左,乃陷大泽中。以故汉追及之。项王乃复引兵而东,至东城,乃有二十八骑。汉骑追者数千人。项王自度不得脱,谓其骑曰:"吾起兵至今八岁矣,身七十馀战,所当者破,所击者服,未尝败北,遂霸有天下。然今卒困于此,此天之亡我,非战之罪也。今日固决死,愿为诸君快战,必三胜之,为诸君溃围,斩将,刈旗,令诸君知天亡我,非战之罪也。"乃分其骑以为四队,四向。汉军围之数重。项王谓其骑曰:"吾为公取彼一将。"令四面骑驰下,期山东为三处。于是项王大呼驰下,汉军皆披靡,遂斩汉一将。是时,赤泉侯为骑将,追项王,项王瞋目而叱之,赤泉侯人马俱惊,辟易数里。与其骑会为三处。汉军不知项王所在,乃分军为三,复围之。项王乃驰,复斩汉一都尉,杀数十百人,复聚其骑,亡其两骑耳。乃谓其骑曰:"何如?"骑皆伏曰:"如大王言。"
>
> 于是项王乃欲东渡乌江。乌江亭长檥船待,谓项王曰:"江东虽小,地方千里,众数十万人,亦足王也。愿大王急渡。今独臣有船,汉军至,无以渡。"项王笑曰:"天之亡我,我何渡为!且籍与江东子弟八千人渡江而西,今无一人还,纵江东父兄怜而王我,我何面目见之?纵彼不言,籍独不愧于心乎?"乃谓亭长曰:"吾知公长者。吾骑此马五岁,所当无敌,尝一日行千里,不忍杀之,以赐公。"乃令骑皆下马步行,持短兵接战。独籍所杀汉军数百人。项王身亦被十馀创。顾见汉骑司马吕马童,曰:"若非吾故人乎?"马童面之,指王翳曰:"此项王也。"项王乃曰:"吾闻汉购我头千金,邑万

---

① 司马迁《史记》卷八,中华书局,1982年,第378—379页。

② 同上书卷九五,第2671页。

户，吾为若德。"乃自刎而死。王翳取其头，馀骑相蹂践争项王，相杀者数十人。最其后，郎中骑杨喜，骑司马吕马童，郎中吕胜、杨武各得其一体。五人共会其体，皆是。故分其地为五：封吕马童为中水侯，封王翳为杜衍侯，封杨喜为赤泉侯，封杨武为吴防侯，封吕胜为涅阳侯。

…………

太史公曰：吾闻之周生曰"舜目盖重瞳子"，又闻项羽亦重瞳子。羽岂其苗裔邪？何兴之暴也！夫秦失其政，陈涉首难，豪杰蜂起，相与并争，不可胜数。然羽非有尺寸，乘势起陇亩之中，三年，遂将五诸侯灭秦，分裂天下而封王侯，政由羽出，号为霸王，位虽不终，近古以来未尝有也。及羽背关怀楚，放逐义帝而自立，怨王侯叛己，难矣。自矜功伐，奋其私智而不师古，谓霸王之业，欲以力征经营天下，五年卒亡其国，身死东城，尚不觉寤，而不自责，过矣。乃引"天亡我，非用兵之罪也"，岂不谬哉！①

《史记》卷十八《高祖功臣侯者年表》：

魏其（周定），以舍人从沛，以郎中入汉，为周信侯，定三秦，迁为郎中骑将，破籍东城，侯，千户。

高陵（王周），以骑司马，汉王元年从起废丘，以都尉破田横、龙且，追籍至东城，以将军击布，九百户。②

另外，灌婴部下抢得项羽肢体的五人，即王翳、吕马童、杨喜、杨武、吕胜，皆赐爵列侯，在《高祖功臣侯者年表》中注明"击斩项羽"、"共斩项羽"或"从灌婴共斩项羽"。《樊郦滕灌列传》记他们随从灌婴"追项籍至东城，破之"，"共斩项籍"。这五人"共斩项羽"的地点自然是在东城。

以上是《史记》中有关项羽之死的文字。从《高祖本纪》、《樊郦滕灌列传》，到《高祖功臣侯者年表》，一再地明确记载项羽死于东城。特别是《项羽本纪》写了乌江亭长与项羽对话之后的悲壮场面，紧接着的"太史公曰"，仍然称项羽"身死东城，尚不觉寤"。全部《史记》对于项羽身死之地，没有异词。

项羽死于东城，是确定无疑的。

那后世为什么又流行"乌江说"呢？"乌江说"唯一的依据，是《项羽本纪》最后"项王乃欲东渡乌江，乌江亭长檥船待"两句记叙以及乌江亭长同项羽的对话。这一段文字究竟是否表明项羽死于乌江，就要进行具体分析了。

―――――――――――――――

① 司马迁《史记》卷七，中华书局，1982年，第333—339页。

② 同上书卷十八，第916、967—968页。

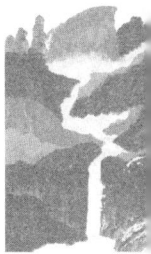

"项王乃欲东渡乌江,乌江亭长檥船待"十五个字,加上乌江亭长同项羽的对话,或许容易理解为项羽到了乌江而临江不渡;但认真细心地推敲,这一段文字并没有说项羽到了乌江。再联系前后文看,项羽那一天是到不了乌江的。如果研究者去事件发生地作一番实地考察,就会完全明白,项羽不是死于乌江。历史上流行的"乌江说",追根溯源,确是出于对"项王乃欲东渡乌江"一段文字的误读。

班固对项羽死于东城的认同

《史记》关于项羽死于东城的记载,班固完全认同而没有异议。《汉书》的《高帝纪》记曰:

> 五年……十二月围羽垓下。羽夜闻汉军四面皆楚歌,知尽得楚地,羽与数百骑走,是以兵大败。灌婴追斩项羽东城,楚地悉定。[①]

《汉书》卷四十一《樊郦滕灌傅靳周传》记曰:

> 项籍败垓下去也,婴以御史大夫将车骑别追项籍至东城,破之,所将卒五人共斩项籍,皆赐爵列侯。降左右司马各一人,卒万二千人,尽得其军将吏。下东城、历阳,度江,破吴郡长吴下,得吴守,遂定吴、豫章、会稽郡。[②]

《汉书》卷十六《高惠高后文功臣表》:

> 魏其严侯周止,以舍人从起沛,以郎中入汉,为周信侯,定三秦,以为骑郎将,破项籍东城,侯,千户。
> 高陵圉侯王虞人,以骑司马,汉王元年从起废丘,以都尉破田横、龙且,追籍至东城,以将军击布,侯,九百户。[③]

灌婴部下因抢到项羽肢体而封侯的五人,在《汉书》的《高惠高后文功臣表》亦如《史记》的《高祖功臣侯者年表》,注明其"共斩项羽"、"共击斩项羽"或"从灌婴共斩项羽"。不言而喻,他们都是随从灌婴"追项籍至东城"所立之功。

《汉书》卷三十一《陈胜项籍传》关于项羽末路的一段文字:

---

① 《二十五史》,上海古籍出版社、上海书店,1987年,第373页。
② 同上书,第561页。
③ 同上书,第421、426页。

羽壁垓下,军少食尽。汉帅诸侯兵围之数重。羽夜闻汉军四面皆楚歌,乃惊曰:"汉皆已得楚乎?是何楚人多也!"起饮帐中。有美人姓虞氏,常幸从;骏马名骓,常骑。乃悲歌慷慨,自为歌诗曰:"力拔山兮气盖世,时不利兮骓不逝。骓不逝兮可奈何,虞兮虞兮奈若何!"歌数曲,美人和之。羽泣下数行,左右皆泣,莫能仰视。

于是羽遂上马,戏下骑从者八百馀人,夜直溃围南出驰。平明,汉军乃觉之,令骑将灌婴以五千骑追羽。羽渡淮,骑能属者百馀人。羽至阴陵,迷失道,问一田父,田父绐曰"左"。左,乃陷大泽中。以故汉追及之。羽复引而东,至东城,乃有二十八骑。追者数千,羽自度不得脱,谓其骑曰:"吾起兵至今八岁矣,身七十馀战,所当者破,所击者服,未尝败北,遂伯有天下。然今卒困于此,此天之亡我,非战之罪也。今日固决死,愿为诸军决战,必三胜,斩将,艾旗,乃后死,使诸君知我非用兵罪,天亡我也。"于是引其骑因四隤山而为圜陈外向。汉骑围之数重。羽谓其骑曰:"吾为公取彼一将。"令四面骑驰下,期山东为三处。于是羽大呼驰下,汉军皆披靡,遂杀汉一将。是时,杨喜为郎骑,追羽,羽还叱之,喜人马俱惊,辟易数里。与其骑会三处。汉军不知羽所居,分军为三,复围之。羽乃驰,复斩汉一都尉,杀数十百人。复聚其骑,亡两骑。乃谓骑曰:"何如?"骑皆服曰:"如大王言。"

于是羽遂引东,欲渡乌江。乌江亭长檥船待,谓羽曰:"江东虽小,地方千里,众数十万,亦足王也。愿大王急渡。今独臣有船,汉军至,亡以渡。"羽笑曰:"乃天亡我,何渡为!且籍与江东子弟八千人渡而西,今亡一人还,纵江东父兄怜而王我,我何面目见之哉?纵彼不言,籍独不愧于心乎?"谓亭长曰:"吾知公长者也,吾骑此马五岁,所当亡敌,尝一日千里,吾不忍杀,以赐公。"乃令骑皆去马,步持短兵接战。羽独所杀汉军数百人。羽亦被十馀创。顾见汉骑司马吕马童,曰:"若非吾故人乎?"马童面之,指王翳曰:"此项王也。"羽乃曰:"吾闻汉购我头千金,邑万户,吾为公得。"乃自刭。王翳取其头,乱相蹂蹸争羽相杀者数十人。最后,杨喜、吕马童,郎中吕胜、杨武,各得其一体。故分其地以封五人,皆为列侯。

…………

赞曰:……周生亦有言,"舜盖重童子",项羽又重童子,岂其苗裔邪?何其兴之暴也!夫秦失其政,陈涉首难,豪杰蜂起,相与并争,不可胜数。然羽非有尺寸,乘势拔起陇亩之中,三年,遂将五诸侯兵灭秦,分裂天下而威海内,封立王侯,政繇羽出,号为伯王,位虽不终,近古以来未尝有也。及羽背关怀楚,放逐义帝,而怨王侯畔己,难矣。自矜功伐,奋其私智而不师古,始霸王之国,欲以力征经营天下,五年卒亡其国。身死东城,尚不觉寤,不自责过失,乃引"天亡我,非用兵之罪也",岂不谬哉![①]

---

① 《二十五史》,上海古籍出版社、上海书店,1987年,第537—538页。

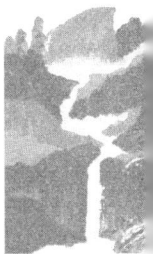

班固纂修《汉书》时，凡《史记》已经写了的，即采用《史记》的文字，但有所剪裁、调整、改易；班固认为《史记》原文有不足或不妥的，俱适当订补。如《史记》在《高祖本纪》之后，接以《吕后本纪》，中间没有《惠帝本纪》；班固考虑到惠帝是帝位的继承者，在《汉书》中增设了《惠帝纪》。《史记》中，没有专门为张骞立传；班固将《史记》的《大宛列传》加以改易、补充，成《张骞李广利传》。《史记》设《项羽本纪》；《汉书》将项羽编入"列传"，与陈胜合传。《项羽本纪》里某些详写的史实，包括鸿门宴那样的精彩描写，在《汉书》里移进了《高帝纪》。《史记》的《高祖本纪》记刘邦"为泗水亭长"，《樊郦滕灌列传》记刘邦任亭长的是"泗上亭"，有一字之差。《汉书》的《高帝纪》和《樊郦滕灌傅靳周传》统一称这个亭为"泗上亭"。《史记·项羽本纪》记项羽"有美人名虞"；《汉书·陈胜项籍传》记"有美人姓虞氏"。《史记·项羽本纪》中有称"项王"的，《汉书》一律改为"羽"。《史记·项羽本纪》记项羽火烧咸阳以后欲东归，有人劝他留在关中，项羽却说"富贵不还乡，如衣锦夜行"，这个人背地里议论："人言楚人沐猴而冠耳，果然。"项羽得知，就把这个人杀了。《史记》只称此人为"说者"，《汉书·陈胜项籍传》记这位"说者"为"韩生"。我们如果将《史记》的《高祖本纪》、《项羽本纪》、《陈涉世家》、《樊郦滕灌列传》、《高祖功臣侯者年表》，同《汉书》中的《高帝纪》、《陈胜项籍传》、《樊郦滕灌傅靳周传》、《高惠高后文功臣表》，仔细加以对比，可以看到字句上有不少的出入。值得我们深思的是，《史记》关于项羽死于东城的多次记载，班固一个不漏地照原样写在《汉书》里，甚至"太史公曰"的"身死东城，尚不觉寤"，也变成他班固的"赞"。笔者在《汉书》中没有发现关于项羽身死之地还有另外的说法。

按袁传璋先生的解释，《史记》写项羽死于东城的文字，文义不足。班固如果也有袁先生这种想法，那应该会在《汉书》的有关部分添加字句以"足义"。可是，班固没有这么做。班固完全认同《史记》关于项羽死于东城的记叙。

后世的误读、臆改与讹传

《史记》、《汉书》只说项羽"欲东渡乌江"，没有说项羽到达乌江。后世流行"乌江自刎"说，皆因错会《史记》、《汉书》本文的意思，以为项羽那天奔到了乌江边而后自刎。据现存文献考索，这种误解，始于东汉末年的荀悦。荀悦生于东汉建和二年（148），卒于建安十四年（209）。他奉献帝"抄撰《汉书》，略举其要"的诏命，撰成编年体史书《汉纪》三十卷。其卷三关于项羽垓下突围的记叙是：

> 五年……十有二月，诸侯皆会垓下，围项羽数重。夜闻汉军四面皆作楚歌，羽惊曰："汉已尽得楚乎？是何楚人歌之多也！"夜起饮帐中，有美人曰虞姬，有骏马曰骓。羽乃慷慨悲歌曰："力拔山兮气盖世，时不利兮骓不逝。骓不逝兮可奈何，虞兮虞兮奈若

何！"羽遂上马，从八百馀骑，直夜溃围南出。平明，汉军乃觉之，命骑将灌婴以五千骑追羽。羽至阴陵，迷失道路，汉军追及之。至东城，乃有二十八骑。追者数千。羽谓其骑曰："吾起兵八岁矣，身经九十馀战，所当者破，未尝败。今困于此，固天亡我，非战之罪也。今日固决死，愿为诸军决战。"于是引其骑因四隤山为圆阵。汉军围之数重。羽谓其骑曰："吾为公取彼一将。"于是羽大呼驰下，汉军皆披靡，遂取汉一将。骑将杨喜追羽，羽还叱，喜人马俱惊，辟易数里。羽分其骑为三处，汉军不知羽所在，分军为三处，复围之。羽乃驰击汉军，复取一都尉，杀百人。羽复聚其骑，亡两骑。于是羽引军东至乌江，亭长曰："江东虽小，地方千里，众数十万，亦足以王也。愿大王急渡。今独臣有船，汉军至，无以渡。"羽曰："籍与江东子弟八千人渡江而西，今无一人还者，纵江东父兄怜而王我，我何面目见之哉？吾知公长者也。吾骑此马五岁，常以一日行千里，吾不忍杀之，以赐公。"乃令骑皆去其马，短兵接战，复杀汉军百人。羽亦被十馀创，乃自刭而死。……本传曰："羽背关怀楚，放逐义帝，自矜功伐，而不师古，霸王之业，始欲以力征经营天下，五年卒亡，身死东城，尚不觉悟，以为非己之罪，岂过哉！"[①]

《史记》写的是"项王乃欲东渡乌江"，《汉书》写的是"羽遂引东，欲渡乌江"；荀悦却改为"羽引军东至乌江"，接以亭长的"愿大王急渡"等语。"东至乌江"就是到达了乌江。这是对《史记》、《汉书》本文的重大改窜。同时，荀悦又把项羽自刭前独"杀汉军数百人"，改为"杀汉军百人"；荀悦觉察到了如果项羽那天到达乌江，又独杀汉军数百人，时间上有矛盾。

顾炎武曾经批评《汉纪》："荀悦《汉纪》，改纪、表、志、传为编年，其叙事处，索然无复意味，间或首尾不备。其小有不同，皆以班书为长，惟一二条可采者。"[②]荀悦奉旨"抄撰汉书"，他将项羽"欲东渡乌江"改为"东至乌江"，不仅违背了《史记》、《汉书》的本义，也开启了后世"乌江自刭"之说。西晋虞溥的《江表传》中出现"项羽败至乌江"一语。[③]项羽败至乌江而自刭的说法，渐渐流行。大约唐朝的时候，乌江县的江边修建了霸王祠，指为项羽自刭之地，骚人墨客多有凭吊吟叹者，于是项羽"乌江自刭"一说，又衍生出诗文、辞赋乃至戏曲。这距项羽之死已经千年以上了。用文学和民俗学的眼光看，这些艺文作品以及由传说形成的所谓"遗迹"，都有相当的价值，应当永久地存在；而以考据的眼光看，它们都不能作为论证项羽身死之地的"史料"。和县项羽与乌江文化研究室编印的书中，多位作者把霸王祠及相关诗文作为项羽死于乌江的证据，而且"不容置疑"，笔者觉得好笑。

① 《两汉纪》（上），中华书局，2002年，第35—37页。

② 顾炎武著、陈垣校注《日知录校注》（下），安徽大学出版社，2007年，第1442—1443页。

③ 虞溥为西晋人，《晋书》卷八十二有传。所著《江表传》已佚，其"项羽败至乌江"一语见《史记正义》引《括地志》之转述，《史记》卷七，中华书局，1982年，第335页。

最近,几家电视台正在热播历史剧《杨贵妃秘史》,颇有新意,如果五百年后中国再出一个袁传璋教授,说不定要把这部电视剧作为考证杨贵妃生平的"史料"呢!

"乃欲东渡乌江"——未到乌江

"乌江自刎"说的唯一根据,是《史记·项羽本纪》中"项王乃欲东渡乌江,乌江亭长檥船待"两句记叙以及乌江亭长同项羽的对话。现在我们依次加以分析,看"乌江自刎"一说能否成立,看这种说法是不是出于对《史记》本文的误读。

《史记》写项羽从大泽中脱身,"引兵而东,至东城,乃有二十八骑",而追上来的汉军骑兵有数千人。项羽估计自己逃不脱了,为了表明"此天之亡我,非战之罪也",项羽将其人马分作四队,冲入敌阵,他亲自斩汉军的一将。项羽的人冲出来以后,分三处汇合在山的东面。汉军不晓得项羽在哪一处,便将人马分成三部分把项羽的三处人马都围起来。项羽带领大家再向汉军冲杀,他又斩杀汉军的一都尉,还杀死汉兵数十百人。当项羽重新聚集自己的部下时,只剩下二十六名骑兵了。这时候,项羽"乃欲东渡乌江"。"欲"的意思是"想要";"东"为名词活用,意思是"往东";"渡"是渡过,从此岸到彼岸。对于这句话,冯先生有很确当的解释:

> 《项羽本纪》的这句话,是意向性的话,是想东渡乌江,而不是已经到了乌江。一个"欲"字,充分说明了它的意向性和它的未遂性,这是一。其次是"东渡"这个词,既具有方向性,又有距离感。"东"字表明乌江在东城的东面,而且含有一定的距离(据安徽省交通部门提供的资料,东城离乌江还有二百四十华里)。如果说项羽已经到了乌江渡口,而且渡船已在等待,项羽是站在乌江岸边,那就不是"欲东渡"的问题,而是立刻上渡船的问题了。[①]

冯先生的解释符合《史记》本义与地理实际。"欲"是《史记》的常用字。楚汉鸿沟之约以后,《项羽本纪》写"汉欲西归",《高祖本纪》写"汉王欲引而西归"。两次用"欲",不表示汉军有向西的行动。随后张良、陈平献计,刘邦立即发兵袭击东去的楚军。项羽"乃欲东渡乌江",也是"欲"而已,表示项羽未到乌江,离乌江还远呢。如果项羽从东城奔到了乌江边,或接近了乌江,就不能用"乃欲东"(便想要往东去)。已经到了乌江边,或接近了乌江,还说什么"乃欲东"!

关在书斋里研读《史记》,以为乌江离东城很近,项羽想着想着就到了乌江。这是许多读书人相信"乌江自刎"说的原因之一。现在我们讨论项羽垓下突围后是否到了乌江,有

---

① 冯其庸《项羽不死于乌江考》,《中华文史论丛》总第 86 辑,上海古籍出版社,2007 年,第 250—251 页。

必要弄清楚乌江在哪里。今年四月中旬,深圳创维公司总裁杨东文先生支持我的研究工作,陪我一起察看了自芜湖以下的长江两岸,又驱车北上,经全椒、滁州,到定远,过淮河,到固镇、灵璧,察看了当年项羽自垓下南逃所经之地的地形地势,并看了垓下、东城的遗址。经过实地考察,我心里就有数了。

近世多有学人认为乌江是指安徽和县的乌江浦。日本学者泷川资言的《史记会注考证》,在"项王乃欲东渡乌江"句下"考证":"安徽和州有乌江浦,在乌江故县东。"[①]这隐约地说"乌江"指乌江浦。王伯祥先生《史记选》的注是:"乌江即今安徽省和县东北四十里江岸的乌江浦。"[②]这就明确地说"乌江"是指乌江浦。长期作为高等学校教材的《中国历代文学作品选》上编第二册,对"项王乃欲东渡乌江"的注是:"乌江,今安徽省和县东北四十里长江岸的乌江浦。"仅仅在王伯祥注的"江岸"前加个"长"字,把"即"改成逗号。

乌江浦之名,始见于唐代李吉甫编撰的《元和郡县图志》。《资治通鉴》的胡三省注提到过"乌江浦",胡三省的根据也是《元和郡县图志》。《元和郡县图志》成书于元和八年(813)。其"和州乌江县"条下记云:"乌江浦,在县东四里,即亭长舣船之处。"[③]按古人行文习惯,"在县东四里"是指在县城(县治所在)东边四里。乌江县一带的长江是斜北行,"县东四里"恰恰在长江岸边。历史上以"浦"为名的,或为水边,或为河口(河流注入江海的入口处),或为小河汊、小水泊。《元和郡县图志》说乌江浦是"亭长舣船之处",那它就是江边某处,或许是个渡口(渡头)。把"乌江"解释为乌江浦,"欲东渡乌江"的意思就是想东去从乌江渡过大江。这样讲,语意很别扭,而且把"乌江"当作动词"渡"的补语,文法上也讲不通。再者,把"乌江"解释为乌江浦,其依据是孤证,而且是出于项羽死后一千年的文献中。通常情况下,"孤证不为定说"。

"渡",同样是《史记》的常用字。《项羽本纪》里有"项梁乃以八千人渡江而西","项梁渡淮","项王渡淮","汉王则引兵渡河,复取成皋",章邯"乃渡河击赵","秦始皇游会稽,渡浙江",等等。《项羽本纪》一篇这样用"渡"十多次。"渡"后面带着"江"、"河"、"淮"等名词,意思是渡过江,渡过河,渡过淮水。"江"、"河"、"淮"等名词是动词"渡"的宾语。"东渡乌江"应该也是这样,意思是渡过名为"乌江"的那条江。"乌江"是动词"渡"的宾语,不是补语。乌江亭长对项羽说,"愿大王急渡"、"汉军至,无以渡"。两个"渡"字后面的宾语省略了,被省略的宾语也是"乌江"。 这里两个"渡"字后面省略的成分只能是宾语,不

---

① [日]泷川资言《史记会注考证》卷七,文学古籍刊行社,1955年影印本,第71页。

② 王伯祥《史记选》,人民文学出版社,1957年,第63页。

③ 李吉甫《元和郡县图志》(下),中华书局,2005年,第1078页。按:流传下来的《元和郡县图志》,淮南道等部分已缺佚,中华书局版《元和郡县图志》的"乌江浦"一条,是缪荃孙从南宋王象之所著《舆地纪胜》的引文中辑录出来的。据笔者查考,《舆地纪胜》的引文是:"乌江浦——《元和郡县志》:在乌江县东四里,即亭长舣船之处。"缪荃孙辑录时在文字上稍有变动。《舆地纪胜》的引文"亭长舣船之处",《史记·项羽本纪》原作"檥船",不知《元和郡县图志》本来是作"檥船"还是作"舣船"。

可能是补语。这也再次表明"渡乌江"的"乌江",是动词"渡"的宾语。

《史记》中有"南渡平阴津,至洛阳"（《高祖本纪》）,"渡白马津"（《高祖本纪》）,"下修武,渡围津"（《曹相国世家》）等句子。[①] 通常人们都把"津"解释为渡口（渡头）,或许有学者以这几个句子为例,来证明"渡乌江"的"乌江"是个渡口。笔者以为,这几个例子,是不能证明"乌江"是个渡口的。《史记》中的"平阴津"、"白马津"、"围津"等"津",实际上都是动词"渡"的宾语,不是补语。根据《说文》、《水经注》等书对"津"的解释和记述来体会,"津"是江河上从此岸到彼岸的水路,不是指岸边的一个渡口（渡头）。[②] 所以"平阴津"、"白马津"、"围津"等能够用在动词"渡"之后,表示渡过这个津。这几个"津"作动词"渡"的宾语,同"乌江"作"渡"的宾语,文法性质上是一样的。

如果"乌江"作为江边某一处地名或一个渡口的名字,直接与动词"渡"相连接,"渡乌江"只能解释为"从乌江（浦）渡过大江"。推敲一下,这样的意思应该写成"从乌江（浦）渡",才明白通畅。如《史记·高祖本纪》记汉二年三月"汉王从临晋渡"（从临晋渡河）。[③] 据颜师古的《汉书》注,临晋"居河之西滨"。[④] 司马迁不写成"渡临晋",也不写成"渡于临晋",而写为"从临晋渡",是有道理的。司马迁写"渡乌江",不写成"从乌江渡",也是有他的道理的。细细咀嚼一下"项王乃欲东渡乌江"全句,必须将"渡"字后面的"乌江"解释为河流（江、河、川等）的名字,才显得自然合理,又合文法。

简言之,项羽"乃欲东渡"的"乌江",必是河流的名字,而"乌江"作为河流的名字,那肯定不是一条小河。亭长的船把项羽送走了,乌江便可以拦住数千汉兵。这当然不是一条小河。这一天早晨汉军数千骑兵从垓下出发,渡过淮河,在阴陵附近追上了项羽。淮河已顺利渡过了,能阻拦数千汉兵的乌江,必定是比淮河更大的江河。江淮丘陵地区稍大的河流只有池河和滁河,河道浅而窄,拦不住数千汉兵。再者,亭长说,渡过了乌江,就是"地方千里,众数十万人,亦足王也"的江东;项羽不肯渡江,也是无颜见江东父老。亭长和项羽两人的对话,表明乌江是江东、江西的分界。淮河以南,比淮河更大的江河,又在古代作江东、江西分界的,就是长江,具体地说,是长江自芜湖以下斜北行的那一段。顾炎武《日知录》里面说:

> 考之六朝以前,其称江西者,并在秦郡、历阳、庐江之境。盖大江自历阳斜北下京口,故有东西之名。《史记·项羽本纪》:"江西皆反。"……今之所谓江北,昔之所谓

---

① 司马迁《史记》卷八,卷五十四,中华书局,1982 年,第 370、374、2025 页。

② 《说文》:"津,水渡也。"（上海古籍出版社影印《说文解字注》,第 555 页）《水经注》:"津,河济名也。""自黄河泛舟而渡者,皆为津也。""河水又东北流,径四渎津,津西侧岸临河有四渎祠,东对四渎口。"（中华书局,2008 年《水经注校证》第 142、143 页）关于"津"的词义,这里约略说之。如有必要,将另撰文详论。

③ 司马迁《史记》卷八,中华书局,1982 年,第 370 页。

④ 《二十五史》,上海古籍出版社、上海书店,1987 年,第 371 页。

江西也。故晋《地理志》以庐江九江,自合肥以北至寿春,皆谓之江西。今人以江、饶、洪、吉诸州为江西,是因唐贞观十年分天下为十道,其八曰江南道;开元二十一年,又分天下为十五道,而江南为东西二道,江南东道理苏州,江南西道理洪州,后人省文,但称江东、江西尔。①

历阳,今安徽和县。秦郡,今南京市六合区。《项羽本纪》中,亭长和项羽两人把乌江视为江东、江西的分界,那乌江当然就是长江自芜湖以下斜北行的那一段。

古人大致上把长江自芜湖以下斜北行的那一段,称为"乌江"。这是有历史文献资料作为佐证的。

其一,《三国志·魏书·诸夏侯曹传》写曹仁:

> 仁与徐晃攻破邵,遂入襄阳,使将军高迁等徙汉南附化民于汉北,文帝遣使即拜仁大将军。又诏仁移屯临颍,迁大司马,复督诸军据乌江,还屯合肥。黄初四年薨,谥曰忠侯。②

据《三国志·魏书·文帝纪》记载,黄初二年四月"以车骑将军曹仁为大将军",同年十一月"以大将军曹仁为大司马"。③黄初三年十月,"孙权复叛","帝(曹丕)自许昌南征,诸军兵并进,权临江据守"。④黄初四年初因瘟疫流行,魏国撤回各路军兵。三月八日曹丕返回洛阳。黄初四年三月十九日(丁未)曹仁死。⑤从黄初三年十月开始的魏、吴之间的这次战争,是曹丕称帝以后魏、吴之间的第一场战争,也是曹仁任大司马到去世的一年多时间里魏、吴间唯一的一次战争。关于这场战争,裴松之注引《魏书》所载曹丕丙午诏书云:

> 孙权残害民物,朕以寇不可长,故分命猛将三道并征。今征东诸军与权党吕范等水战,则斩首四万,获船万艘。大司马据守濡须,其所禽获亦以万数。中军、征南,攻围江陵,左将军张郃等舳舻直渡,击其南渚,贼赴水溺死者数千人……⑥

诏书中说大司马曹仁"据守濡须"。又,《三国志·吴书·吴主传》写到这场战争,也称"曹

① 顾炎武著、陈垣校注《日知录校注》(下)卷三十一,安徽大学出版社,2007年,第1744—1745页。
② 陈寿《三国志》卷九,中华书局,1985年,第276页。
③ 同上书卷二,第78页。书中记"己卯,以大将军曹仁为大司马",经推算,己卯为十一月十三。
④ 同上书,第82页。"帝",指魏文帝曹丕。括号内的字为引者注。
⑤ 同上书,第82页。
⑥ 同上书,第82—83页。

仁出濡须"。① 历史上有濡须山,有濡须水。濡须水是巢湖通往长江的水道,江对岸是芜湖。《元和郡县图志》"淮南道和州含山县"下记云:"濡须山,在县(指含山县——引者注)西南七十五里。""濡须水,源出巢县西巢湖,亦谓之马尾沟,东流经亚父山,又东南流注于江。"② 巢县,今为安徽省巢湖市,东边是含山县。古代这一带江面辽阔。曹仁统领的大军"据守濡须",也就是抵近长江西岸。而《三国志·诸夏侯曹传》写曹仁"督诸军据乌江"。这可见濡须、芜湖这一带的长江,古人称为乌江。《三国志》记同一个战场的敌对两军,孙权是"临江据守",曹仁是"督诸军据乌江",那么,"乌江"与"江"自然都是指那一段长江。濡须水是条小河,那一带除长江外,再没有另外可以"据"的大江了。陈寿撰写《三国志》,有关魏国和吴国的史料,主要依据先已成书的《魏书》、《吴书》和《魏略》。一定是已有的史料中记曹仁"督诸军据乌江",陈寿才能记下这么一笔。

其二,《元和郡县图志》卷二十八"江南道宣州当涂县"下记载:

> 采石戍,在县西北三十五里。西接乌江,北连建业,城在牛渚山上,与和州横江渡相对。隋师伐陈,贺若弼从此渡。隋平陈置镇,贞观初改镇为戍。③

戍是防卫用的营垒、城堡。牛渚,即牛渚山,在今天马鞍山市的长江边,山脚突入长江的部分叫采石矶。江对岸是和县(历阳)。此采石戍,在长江右岸,因西端在长江边而称"西接乌江"。这可见历史上把牛渚这一带的长江称为乌江。

又,裴骃的《史记集解》对"乌江"注:"瓒曰:在牛渚。"④ 裴骃是裴松之的儿子,南朝刘宋时期的人。这位称为"瓒"的,据颜师古说,是晋初人。⑤ 现存的关于"项王乃欲东渡乌江"的旧注,这算是最早的了。这个"在牛渚"的注,同《元和郡县图志》记采石戍时所说的"乌江",是一致的,也是表示牛渚、和县(历阳)地段的长江叫乌江。

事实上,马鞍山一带的老百姓,长期把牛渚、和县地段的长江称为乌江。民间传说,项羽不肯渡乌江,乌江亭长将项羽的乌骓马渡至对岸,乌骓上岸后思念主人,翻滚自戕,马鞍落地化为一山,即马鞍山。这同传说项羽自刎于今乌江镇江边,地点又不一样。传说,自然不能当真,但能说明那个地方的老百姓把牛渚、和县一带的长江视为乌江。

其三,《水经注》的相关记载。张守节《史记正义》在"项王乃欲东渡乌江"句下注:

① 陈寿《三国志》卷四十七,中华书局,1985 年,第 1125 页。
② 李吉甫《元和郡县图志》(下),中华书局,2005 年,第 1078 页。此处所引两条也是缪荃孙从其他书中辑录出来的。
③ 李吉甫《元和郡县图志》(下),中华书局,2005 年,第 684 页。
④ 司马迁《史记》卷七,中华书局,1982 年,第 336 页。
⑤ 颜师古《前汉书叙例》,《二十五史》,上海古籍出版社、上海书店,1987 年,第 365 页。

《注水经》云："江水又北,左得黄律口,《汉书》所谓乌江亭长檥船以待项羽,即此也。"[1]

《水经注》的这一条,不见于流传至今的《水经注》。清代殿本《史记》的《史记卷七考证》于此引文下注云："此条今本《水经注》无之。"[2]这一部分早已散佚了,幸好有张守节的《史记正义》把这一条保存下来,让我们今天有一个佐证。至于《水经注》记下的黄律口,如今不知道具体在什么地方;但《水经注》的这一段话,很清楚地说乌江亭长檥船之处是在长江边上,而且是在长江向北行的那一段的江边。这段话无疑也就是说,乌江亭长"愿大王急渡"的江,是长江;所谓"乌江",指那里的长江。《水经注》的作者郦道元是南北朝时的北魏人,在现存的历史文献中,他这段话是最早解释乌江亭长檥船之处的。

长江自芜湖以下斜北行的一段,芜湖、濡须处于这一段之首,乌江县(西晋始置,县治在今和县乌江镇)处于这一段的尾部,牛渚、历阳处于这一段的中间。根据以上存在于史籍中的零星文字,我们有理由相信,古人大致上把这一段长江称为乌江。古代由于活动范围和信息资源的限制,人们很难掌握长江的全貌,因而长江的某些部分就有另外的名称,如金沙江、荆江、浔阳江,等等。乌江,也是长江一段的名称。

笔者主张把"乌江"解释为长江的一段(长江自芜湖以下斜北行的那一段),不同意解释为"乌江浦"。但笔者认为,两种解释,还可以继续讨论与探索。重要的是,无论是把"乌江"理解为长江的一段,还是理解为长江边上的泊船处,项羽"乃欲东渡乌江",是想要往东去渡过长江。这是肯定无疑的。

亭长是县吏,"檥船"不是驾船

项羽"乃欲东渡乌江"是心中所想,表示没有到乌江,离乌江还远。那紧接着的乌江亭长与项羽的见面及对话,就不能认为是在长江边上。读者对此可能有所疑惑。如果我们正确了解了"亭长"的身份和职务的性质,了解了"檥船"的词义,便可以明白乌江亭长并不是驾着船在长江边迎候项羽。

袁传璋先生说:"战争时期亭长自必掌控渡江之舟。作为西楚霸王的臣民,得到项王正在四隙山与汉军追骑激战的情报,亭长不难判断项王此番南下必为渡江","于是他将渡船梳在码头期'待'项王迅急登舟。"[3]袁先生这些想象算得上生动而新奇。可惜,考证是凭史料说话,想象之词作不了证据。袁先生若写个电视剧,题名为"亭长在行动",这些想象之词或许能派上用场。

① 司马迁《史记》卷七,中华书局,1982 年,第 336 页。
② 《二十五史》,上海古籍出版社、上海书店,1987 年,第 39 页。
③ 袁传璋《项羽死于乌江考》,《淮阴师范学院学报》2008 年第 2 期,第 216 页。"梳"应作"拢",可能是误排。

《汉书·百官公卿表》写道："大率十里一亭,亭有长;十亭一乡,乡有三老、有秩、啬夫、游徼。"我们过去把亭长理解为村长、保长一类的角色。近年有学者进一步研究文献资料和出土文物,认为秦汉的"亭"不是地方一级行政单位,而是县廷派驻在外负责"禁盗贼"等事的机构,有点类似于现代的派出所。当时基层的行政区域依次是县、乡、里。各个"亭"当然也会有负责的区域,但"亭"不是一个行政区域。"亭长"也不是村长、保长之类的基层行政头目,而是县廷之吏。①笔者以为,这样的看法大致上是符合历史实际的。我们看,《史记·高祖本纪》开头:"高祖,沛丰邑中阳里人。""里"之上并没有某某"亭"。《高祖本纪》记载,刘邦"及壮,试为吏,为泗水亭长,廷中吏无所不狎侮"。又记载,"高祖以亭长为县送徒郦山,徒多道亡"。②从刘邦任亭长时狎侮廷吏及其差事的活动范围来看,亭长不是守着本村本土的基层行政头目;做亭长的人常出入县廷,又外出到很远的地方为县廷办差事。

由于亭长不是守着本村本土的基层行政头目,而是经常出入县廷、外出办差并交际广泛的官吏,这时候又是战乱时期,项羽在东城附近与乌江亭长见面就是合乎情理的事情了。至于他们是什么缘由见的面,见面的具体安排如何,史书上没有说,我们也不必去猜测。史书是记载历史,不是复制历史。历史事件有很多具体过程和细节,史书是记不下来的。司马迁依据文献遗物及遗闻撰写《史记》,史料中的空白,他不可能用想象去填补,因而《史记》中有许多事件的具体过程和细节是没有交代的。

再说"欀船",旧注解说不一。裴骃的《史记集解》引诸家说:

> 应劭曰:"欀,正也。"孟康曰:"欀音蚁,附也,附船着岸也。"如淳曰:"南方人谓整船向岸曰欀。"③

而司马贞的《史记索隐》,又说:

> 欀字,服、应、孟、晋各以意解尔。邹诞生作"漾船",以尚反,刘氏亦有此音。④

司马贞对他之前各种关于"欀"的注释都表示怀疑。他介绍的"邹诞生作'漾船'",也只能算是一说。这可以看出,直到唐代,关于"欀"字还没有确定的解释。

唐宋时的地理书《太平寰宇记》、《舆地纪胜》等把"乌江亭长欀船待",改为"乌江亭长艤船待"。流传下来的《元和郡县图志》,淮南道等部分已缺佚,《舆地纪胜》引录《元和

① 严耕望《中国地方行政制度史——秦汉地方行政制度》,上海世纪出版股份有限公司、上海古籍出版社,2007年,第240页。万昌华《秦汉以来地方行政研究》,齐鲁书社,2010年,第97—99页。
② 司马迁《史记》卷八,中华书局,1982年,第342—343、346—347页。
③ 同上书卷七,第336页。
④ 同上,第336页。"邹诞生",《资治通鉴》胡三省注作"邹诞本"。

郡县图志》的文字也作"亭长艤船待"。又,左思的《蜀都赋》中有"试水客,艤轻舟"一句。李善注中引《项羽本纪》及旧注文字,均作"艤船"。^①好像唐宋时候"檥"和"艤"已经相混。宋朝人编撰的《广韵》,也注明"檥"同"艤"。以后诗文中用"艤舟"、"艤船"的甚多,意思是拢船靠岸。现代学人注释《项羽本纪》,对"檥船"也大都解释为"拢船靠岸"。^②然而,这样的解释在两汉文献中找不到依据。《史记》、《汉书》俱作"檥船",《水经注》的引用也作"檥船"。《说文解字》中有"檥",没有"艤"。

我们对"檥船"的解释,也要回归司马迁、班固的时代,要撇开后人杂乱的解说,直接从古代经典文献入手,探讨"檥船"本来的意义。《说文·木部》:"檥,榦也。""榦,筑墙耑木也。"^③所谓筑墙耑木,是古代筑墙时于夹板两头所立的起固定作用的木柱。段玉裁注:"耑为两头也。假令版长丈,则墙长丈。其两头所植木曰榦。"段玉裁又说:"《释诂》云:'桢、翰、仪,榦也。'许所据《尔雅》作檥也。人仪表曰榦,木所立表亦为榦。其义一也。《史记》'乌江亭长檥船待',檥船者,若今小船两头植篙为系也。"^④段玉裁根据《说文》、《尔雅》等典籍,对"檥船"作出了自己的解释。《史记集解》里诸家中,应劭是东汉人。应劭解"檥"为"正",也是有根据的。因为"榦"有"正"的意思。郝懿行《尔雅义疏》解释说:"按两边立木所以榦正墙体,故榦又训正。《易》'榦父之蛊',《诗》'榦不庭方',虞翻注及《韩诗章句》并云'榦,正也。'"^⑤"榦"训"正",《易·蛊》的"榦父之蛊",意为整顿前人败坏的事业;《诗经·大雅·韩奕》的"榦不庭方",意为安定不朝觐的方国诸侯。"榦"训为"正","檥,榦也",所以"榦"、"檥"都有"正"的意思。"檥"作为"正"讲,就是整理、安顿的意思。"檥船",大体上可以理解为安置着船,备有船。

无论是把"檥船"理解为"若今小船两头植篙为系"者,还是理解为安置着船,备有船,都说明在司马迁、班固的时代,"檥船"并没有在水上驾船靠岸的意思。"亭长檥船待",也就不必解释为亭长驾着船向岸边靠拢迎接项王。

联系前后文看,乌江亭长是在东城附近与项羽见面的。"檥船待",是表示他"备有船"。

联系前后文看,项羽那天到不了乌江

项羽"乃欲东渡乌江,乌江亭长檥船待",表示项羽未到乌江,离乌江还远。如果联系前后文看,项羽垓下突围那一天是到不了乌江的。

① 萧统编,李善注《文选》,上海古籍出版社,1986年,第188页。
② 王伯祥:"亭长,犹里正,当时的乡官。檥音仪,拢船着岸。檥船待,停船等待项王。"《史记选》,人民文学出版社,1957年,第63页。
③ 许慎撰,段玉裁注《说文解字注》,上海古籍出版社,1986年,第253页。
④ 同上。
⑤ 郝懿行《尔雅义疏·释诂下》,中华书局《四部备要》本,第18页。

我们看《史记》所写，项羽从垓下"直夜溃围南出"，渡过淮河，到阴陵，陷进了大泽中。平明从垓下出发的汉骑兵，赶上了项羽。项羽从大泽中脱身，带着人马往东逃，"至东城，乃有二十八骑"，而追上来的汉军骑兵有数千人。项羽估计自己逃不脱了，为了表明"此天之亡我，非战之罪也"，项羽带领大家向汉军冲杀了两次。这两次冲杀、溃围，《史记》紧接在"至东城"之下写的，表示两次冲杀发生在东城附近。两次冲杀中，项羽亲自斩汉军的一将，斩汉军的一都尉，还杀死汉兵数十百人，当项羽重新聚集自己的部下时，只剩下二十六名骑兵了。项羽问"何如"，众人都表示拜服，说"如大王言"。《史记》在此又接着写"于是项王乃欲东渡乌江"。"于是"是个顺接连词，表示后一事紧接着前一事。也就是说，"项王乃欲东渡乌江"，是紧接着两次冲杀、众人都表示拜服之后的。此时，项羽的人马还在东城附近。

长江西岸离东城最近的点在今和县的乌江镇一带。据安徽省交通部门向冯先生提供的资料，乌江镇离东城有二百四十华里。笔者在这条路上，来回看了几次，其地形地势，极不适宜于骑兵奔驰。二百四十里路，不是一想就可能跑到的，也不是想着想着一会儿就到了的，也不是两人短暂对话的时间就能到达的。

项羽在东城附近的第一次冲杀、溃围，《项羽本纪》是这样写的："乃分其骑以为四队，四向。汉军围之数重。项王谓其骑曰：'吾为公取彼一将。'令四面骑驰下，期山东为三处。于是项王大呼驰下，汉军皆披靡，遂斩汉一将。"司马迁没有写项羽把人马聚在小山上，但有"令四面骑驰下，期山东为三处"的句子，表明这次冲杀是从山上往下冲的。班固在《汉书》中补足了文义，写道：

> 于是引其骑因四隤山而为圜陈外向。汉骑围之数重。羽谓其骑曰："吾为公取彼一将。"令四面骑驰下，期山东为三处。于是羽大呼驰下，汉军皆披靡，遂杀汉一将。

四隤山是四面皆为缓坡的小山。颜师古注引孟康的解释："四下隤陁也。"隤陁就是斜坡、缓坡的意思。孟康和颜师古把"四隤山"解释为四下隤陁的山，没有说它是某一个山的名字。中华书局标点本也没有在"四隤山"旁打上山名或地名的标号。《水经注》卷三十（淮水）写道：

> 淮水又东，池水注之。水出东城县，东北流，径东城县故城南。汉以数千骑追羽，羽帅二十八骑引东城，因四隤山斩将而去，即此处也。[①]

郦道元明确地说项羽"因四隤山斩将"的地方，在东城县故城附近。这表明，至少在郦道元

---

① 郦道元著，陈桥驿校证《水经注校证》卷三十，中华书局，2008年，第712页。按：此段文字，《校证》的断句及标点有误，引者重新作了标点。

的时代,人们仍认为项羽"因四隤山"(凭借四下隤陁的山)的冲杀是发生在东城县城附近。

袁传璋先生为证明项羽到达了乌江边而后自刎,提出四隤山是距乌江"不足三十华里"的一座山,项羽由此"片刻可至"乌江。[1] 袁传璋先生的根据,是宋代和清代的几种地理书籍。这几种书籍所著录的四隤山(或四溃山),位置各有不同,袁传璋先生选取离乌江最近的一说,即南宋王象之《舆地纪胜》所记"在乌江县西北三十里"。

我国古代的历史故事在民间流传时,民间常把某某地方附会为历史故事的发生处。因此,谭其骧先生特别告诫学人不要贸然把前人记载的传说当作真实史料看待。四隤山"在乌江县西北三十里"的说法,明显不符合《史记》、《汉书》及《水经注》的记叙,袁先生却深信无疑。尤为好笑的是,袁先生郑重引以为据的文字有这样一句:"今山石上有走马足痕。"项羽当年马蹄的痕迹,到南宋时还留在这座四隤山上!稍明事理的读者,都知道这是传说与附会。

笔者不想在四隤山的问题上过多讨论,我们考察一下从垓下到长江边的路程,便可以明白,项羽垓下突围那一天是到不了长江边的。

从垓下,至东城,有三百多里;从东城到最近的长江边,有二百四十里。淮河以北是平原,淮河以南是山地和丘陵。东城一带和东城以南百多里,山峰绵亘,岗峦起伏,当地百姓有地无三尺平之说。池河绕东城的城南和城东,流向淮河,像一根青藤把东城县城倒挂在那里。池河和长江的支流滁河,是拦在东城与长江之间的两条有名的河流。此外,丘陵岩层间还有许多小河、小溪、小沟壑、小水泊,有的有名字,有的没有名字。项羽在东城冲杀两次以后,凭他尚未耗尽的勇气,当然有可能翻山越岭、涉水蹚河,继续冲杀,所以他还想到往东去渡乌江。但是,处于这种极不适宜骑兵奔驰的地形地势条件,又在数千汉军的围追堵截之中,项羽继续往前冲是非常困难的,是不可能冲杀多远的。笔者在东城遗址附近考察的时候,曾对同行的朋友说:"项羽跑到这个地方,真是走进了绝地。"项羽在穷途末路、"知天亡我"的情况下,放弃东渡乌江的想法,最后作自杀性的一搏。

项羽两次冲杀,亲自斩汉军的一将、一都尉,"杀数十百人"。在同乌江亭长对话后,项羽率二十六骑"弃马步行",作自杀性的拼搏,"独籍所杀汉军数百人","项王身亦被十馀创"。读者算一算,先杀死汉兵数十百人,后杀死汉军数百人,需要多少时间?灌婴所部,是刘邦特别组织的一支骑兵部队,能征惯战,屡屡击败楚军。[2] 这"数十百人"和"数百人"不会站在那里等项羽去杀,他们要拼搏,所以项羽"身亦被十馀创";即使不拼搏,也要骑着马跑,项羽赶着杀,也需要时间。"数十百人","数百人",加起来起码三百人以上。若平均两分钟杀一人,这三百多人杀下来,要超过十个小时。而项羽步战独杀汉兵数百人以后,天还没有黑,因为遇到故人吕马童,彼此都认得出。项羽自刎后,汉军争夺他的尸体,自相残杀,

---

① 袁传璋《项羽死于乌江考》,《淮阴师范学院学报》2008 年第 2 期,第 218 页。
② 司马迁《史记》卷九十五,中华书局,1982 年,第 2668—2670 页。

死数十人。这场争夺也不像是在黑暗中进行的。这样算起来,项羽从垓下溃围南奔,渡淮河,陷大泽,先后与汉军骑兵搏斗,杀汉军一将、一都尉,杀"数十百人"和"数百人",共需时间十多个小时。那他这一天赶路的时间只有两、三个小时或稍多一点时间,大体上也只能走垓下到东城这一段路程。项羽的马"日行千里",古代的一里比后世的一里要短。顾炎武说:"千里之马,亦日驰五六百里耳。"① 两三个小时,三、四个小时,项羽的乌骓只能从垓下跑到东城一带。

项羽那一天是到不了乌江边的,也不可能接近乌江。项羽到不了乌江,也就不存在"乌江自刎"的事。

项羽死于东城

《史记》再三再四再五地明确记载项羽死于东城,这是无可争辩的。经过前面的分析,我们又可以明了,《项羽本纪》关于项羽之死的具体描叙,实际也是表示项羽死在东城。现存的《史记》文本,没有写项羽死于乌江。

"东城"为秦置县,属九江郡。秦以前为楚地。公元前223年,秦军攻占楚国新都寿春,灭楚国。公元前221年,秦统一全国,全面推行郡县制,秦朝在淮河以南、赣江流域以东一片地区,设九江郡,郡治寿春(今安徽寿县)。由于历史文献的缺失,秦朝的九江郡究竟包括哪些县,现在还没有准确的说法;各县的地域范围,更是不得其详。现在基本可以考定是秦九江郡属县的,有:寿春、曲阳、安丰、新淦、锺离、六县、阴陵、东城、历阳、居巢、番阳等。另外,有人认为,全椒、建阳也是秦所置县。② 东城县处于江淮丘陵中部,县城(县治)在池河北侧(今定远县城东南五十里)。历阳县(今和县)在滁河与长江之间,县城濒临大江,对岸即牛渚山,灌婴"下东城、历阳,渡江",应当是从这里渡过长江。

秦朝在江淮地区实行郡县制,不过十来年时间,陈胜、吴广起义,"诸郡县苦秦吏者,皆刑其长吏,杀之以应陈涉"。③ 陈胜起义的当年(公元前209年),陈胜的部属葛婴带兵到了东城。葛婴在东城立襄强为楚王,随后听说陈胜已经称王,葛婴便杀了襄强。公元前207年秦朝灭亡。公元前206年,项羽自立为西楚霸王,领有梁、楚九郡之地;又分封天下诸侯,黥布被封为九江王,领有秦九江郡的大部分地方,王都在六县(今安徽六安市区)。不久,黥布背叛项羽,投奔刘邦,被立为淮南王,黥布所领有的九江地方被楚军占领。垓下决战之前,黥布策动驻守九江地方的楚军背叛项羽,参与垓下围攻项羽的战斗。

随着农民起义和秦朝灭亡,秦朝的郡县官僚行政体制土崩瓦解。各地大小城邑,成为

---

① 顾炎武著,陈垣校注《日知录校注》(下)卷三十二,安徽大学出版社,2007年,第1837页。
② 《中国历史地图集》第二册,中华地图学社,1975年,第7—8页。马非百《秦集史》(下),中华书局,1982年,第630页。
③ 司马迁《史记》卷四十八,中华书局,1982年,第1953页。

乱世英雄们反复争夺的要地。顾炎武说："秦楚之际，兵所出入之途，曲折变化，唯太史公序之如指掌。"① 我们看《陈涉世家》写陈胜、吴广起义：

> 陈胜自立为将军，吴广为都尉。攻大泽乡，收而攻蕲。蕲下，乃令符离人葛婴将兵徇蕲以东。攻铚、酂、苦、柘、谯，皆下之。行收兵。比至陈，车六七百乘，骑千馀，卒数万人。攻陈，陈守令皆不在，独守丞与战谯门中。弗胜，守丞死，乃入据陈。②

陈胜的起义部队，由大泽乡出发，攻蕲，攻铚、酂、苦、柘、谯，直至陈，并攻下陈。蕲、铚、酂、苦、柘、谯、陈，都是秦朝的县名，分别属于泗水郡（或称泗川郡）、砀郡、淮阳郡（或谓当称陈郡）。它们出现在司马迁笔下，都是指县城。司马迁将这些县城联起来，清晰地勾画出陈胜起义之初的军事行动。

司马迁叙述军队的行进与作战，涉及县名，一般是指县城（县治所在），如城阳、濮阳、荥阳、成皋、下邑、陈留、雍丘、外黄、定陶、东阿、下邳、新蔡、固陵、蓝田、巨鹿、沛、巩、砀、薛、邹，等等。"至固陵"，是到达固陵县城。"围巨鹿"，是包围巨鹿县城。"军下邳"，是驻扎在下邳县城。"定陶未下"，是定陶县城没有攻下来。"破秦军濮阳东"，是在濮阳县城的东面击溃秦军。"项梁使沛公及项羽别攻城阳，屠之"，是攻下城阳县城，屠杀城阳县城的军民。

古代"邑外谓之郊"，习惯上说城邑，也包括其城郊；到达某城城郊，即可以称为至某城。《陈涉世家》写陈胜的部队"至陈"，是到了陈县县城附近；后面"攻陈"、"入据陈"才进到城内。《高祖本纪》写刘邦起事之初，派雍齿守丰邑，雍齿背叛，刘邦十分恼怒，率领五六千人从前线"还军丰"，因兵力不足，刘邦请项梁援助，项梁拨给刘邦五千将士，刘邦即"引兵攻丰"，雍齿逃跑。③ 刘邦"还军丰"，是把部队拉回来驻军于丰邑附近；项梁拨给他五千将士以后，才攻进丰邑。这可见"至"某某城之郊，便可以说至。

《史记》涉及"东城"的有：《陈涉世家》写"葛婴至东城，立襄强为楚王"。《项羽本纪》写"项王乃复引兵而东，至东城，乃有二十八骑"；"身死东城，尚不觉寤"。《樊郦滕灌列传》写"婴以御史大夫受诏将车骑别追项籍至东城"，"下东城、历阳"。《高祖本纪》写刘邦"使骑将灌婴追杀项羽东城"。《高祖功臣侯者年表》记魏其"破籍东城"，高陵"追籍至东城"。唐代张守节《史记正义》对"历阳"的注是："和州历阳县，即今州城是也。"对"东城"的注是："县在濠州定远县东南五十五里。"④ 前一条注不考虑历阳县境（一个县的区域），直接以州城为历阳，州城即历阳县城。唐朝和州的州治在历阳县城，州城即县城。

① 顾炎武著，陈垣校注《日知录校注》(下)卷二十六，安徽大学出版社，2007年，第1431页。
② 司马迁《史记》卷四十八，中华书局，1982年，第1952页。按："攻铚、酂、苦、柘、谯"的主语，是陈胜、吴广。
③ 司马迁《史记》卷八，中华书局，1982年，第352页。
④ 司马迁《史记》卷九十五，中华书局，1982年，第2671页。

后一条注,"定远"和"东城"也都是指县城;因为秦朝的东城县和南北朝以后的定远县,在县境上有很大一部分是重叠的。就县城说,东城在定远东南五十五里;就县境说,两者之间没有距离,还重合一部分。从这儿可以看出,张守节认定司马迁所记的"东城"、"历阳",是指东城县城、历阳县城。《史记》各篇的"东城",都是指东城县城。项羽"至东城","身死东城","灌婴追杀项羽东城",——事件发生在东城县城郊外,可以说"至东城","身死东城"。

"乌江说"言不成理

"乌江自刎"说是否可信,过去没有人论证过。冯其庸先生的《项羽不死于乌江考》发表以后,坚信"乌江自刎"说的袁传璋等先生,仓促应对,写出一批辩论文章。袁传璋等先生搜集了不少材料,但这些材料对于项羽身死之地的问题,都是第四手、第五手、第六手的材料;袁传璋等先生的所谓"考"、"平议"、"商榷",也言不成理。

1. 真正"不明太史公的句法"

"乌江说"的唯一依据,是《项羽本纪》最后"项王乃欲东渡乌江,乌江亭长檥船待"十五个字加上乌江亭长同项羽的对话。袁传璋先生既然力挺"乌江自刎"说,那就应当首先对"项王乃欲东渡乌江"一段文字作认真的解析,指出其中哪几句确切表明项羽到了乌江而后自刎。袁先生不能具体、明白地指出来,只是抽象、含糊地说什么"文字显白,毫无歧义","不言而喻"。[①]袁先生蔽于成见,不知自省,反而指责冯先生"不明太史公的句法","没有真正读通《项羽本纪》原文文本"。[②]袁先生说:

> 冯先生之所以有上引的论判,原因盖出于误读太史公"于是项王乃欲东渡乌江"的文本。众所周知,在先秦两汉的典籍中,介词"于"若与动词连用引进处所名词构成介宾结构时,介词"于"经常省略而无损文意。《史记》中这种句法更属常态,例多不备举。
>
> 《项羽本纪》中"于是项王乃欲东渡乌江",完整的句式应为"于是项王乃欲东渡[于]乌江"。在这个文句中,"东渡[于]乌江"即"于乌江东渡"。[③]

袁先生把"东渡乌江"解释为"东渡[于]乌江",或"于乌江东渡",并不能证明项羽那一天

---

① 袁传璋《〈项羽不死于乌江考〉研究方法平议》,《文史哲》2010年第2期,第108页。袁传璋《项羽死于乌江考》,《淮阴师范学院学报》2008年第2期,第215页。

② 同上书,第110、117页。

③ 袁传璋《〈项羽不死于乌江考〉研究方法平议》,《文史哲》2010年第2期,第109页。

到了乌江而后自刎,不过袁先生如此一强调,倒暴露出袁先生自己真正是"不明太史公的句法"。

袁先生应该先问问自己,是否把《史记》的句法搞清楚了。古代汉语中省略"于"而无损文意的,是动词后面带的补语。如"将军战河北,臣战河南",项羽"饮帐中","身死东城","追杀项羽东城",等等。由郭锡良等先生编、王力和林焘校订的《古代汉语》中说:

> 这种表示处所和时间的"于",相当于现代汉语的介词"在"、"到"、"从"等,除"乎"字外,现代汉语书面语言还一直沿用,如"写于北京","成立于一九四九年"。但在古代汉语里,表示处所的"于"字有时可以不出现,让处所名词直接用在谓语动词或动宾词组之后作补语,这是现代汉语书面语言很少用的。[①]

这已经说得很明白了,"于"和处所名词组成的介词结构在动词后面作补语,这个"于"字,有时可以不出现(即"省略"),使处所名词直接连在动词之后。如果处所名词作动词的宾语,直接连在动词后面,就没有省略的问题。换句话说,处所名词作动词的宾语,不是介词结构省略了"于"字而成的。我们读《史记》和其他古典作品,常常看到动词后面带着处所名词,必须分清是补语,还是宾语;只有作补语才可能是省略了"于"的。袁先生看到"乌江"在动词"渡"的后面,就认为一定是省略了"于"字。他以为动词后面带处所名词的,都是省略了"于"的。《史记·樊郦滕灌列传》写灌婴"下东城、历阳,渡江",如果按袁先生的办法加"于"字,变成"下[于]东城、历阳,渡[于]江",并解释为"于东城、历阳下,于江渡",这样别扭,读者还以为是在东城、历阳下面挖隧道过江呢!《项羽本纪》写项羽"闻沛公已破咸阳",按袁先生的办法加"于",变成"已破[于]咸阳",并解释为"已于咸阳破",这就会让读者理解为沛公在咸阳完蛋了。《项羽本纪》中"渡"字后直接带江、河、淮等名词的,共有十多处,都不是省略了"于"的。"孔子登东山而小鲁,登太山而小天下。"[②]"小"是意动用法。如果按袁先生的办法加"于"字,变成"登于东山而小于鲁,登于太山而小于天下",这成什么话!不说古人,就说袁先生自己,平常也会说到"上洗手间"吧,在袁先生,完整的说法是不是"上于洗手间"?

2. 不可信的证据

冯其庸先生的《项羽不死于乌江考》,将《史记》中关于项羽死于东城的多次明确记载,一一列举了出来。袁传璋等先生无法否认项羽死于东城这个基本事实,他们如何维护"乌

① 郭锡良、唐作藩等编《古代汉语》上册,北京出版社,1984 年,第 330 页。
② 《孟子·尽心上》,《四书章句集注》,中华书局,1983 年,第 356 页。

江自刎"说呢？他们的思路是,想方设法证明"乌江"处在"东城"的范围内,把司马迁说的"身死东城",解读为身死于东城的乌江。袁先生的几篇文章就是这样的思路。他说:

> 秦代的乌江亭地属东城县。……司马迁叙写项羽的结局,在《项羽本纪》正文中据事录实为自刎于乌江,而在篇终赞语中正式书为"身死东城",是同篇前后互见足义,体现了太史公严谨的史法。①

我们先来讨论"秦代的乌江亭地属东城县"这个问题。在《史记》中,"乌江亭"只出现一次。既然名为乌江亭,大约是在乌江附近,但它的具体位置,司马迁没有说明。《汉书》也没有指明乌江亭的位置。《后汉书》、《三国志》、《晋书》都没有出现"乌江亭"。晋朝在历阳县以下沿长江划出一狭长地带,设置乌江县。②后来,朝代更迭,州郡频繁变动,而乌江一县的设置长期不变。到明朝初年废乌江县,以乌江县治为乌江镇,隶属和州,相沿下来,即今安徽省和县的乌江镇。③我国古代的郡县主要依山水命名,各地多有以江河为郡县名的,如九江郡、赣州、泗水县、沅江县、蕲水县、溧水县、邗江县、泾县,等等。晋代设置的乌江县,应当是因为濒临乌江而得名。《史记正义》引《括地志》云:"乌江亭即和州乌江县是也。晋初为县。"④这让人觉得乌江县的名称似乎来自于乌江亭。晋朝为乌江县命名,是否考虑过《史记》上的"乌江亭",乌江县是不是乌江亭所在地,从唐以前的文献中找不到依据。《括地志》是唐贞观年间李泰等人所撰,成书于贞观十六年(642)。已散佚。尔后,杜佑的《通典》在"和州乌江县"条下记云:"本乌江亭,汉东城县也。"⑤这又说乌江县原是"汉东城县地"。《通典》成书于唐贞元十七年(801)。稍后,李吉甫的《元和郡县图志》在"和州乌江县"条下记云:"晋太康六年始于东城置乌江县,隶历阳郡。"又记:"乌江浦,在县东四里,即亭长舣船之处。"⑥此后的志书地记将几种说法综合了起来。如《太平寰宇记》卷一百二十四"淮南道和州"下记云:

> 乌江县,东北四十里(指在州治东北四十里——引者),旧十五乡,今四乡。本秦乌江亭,汉东城县地。项羽败于垓下,东走至乌江,亭长舣船待羽处也。⑦

---

① 袁传璋《〈项羽不死于乌江考〉研究方法平议》,《文史哲》2010年第2期,第108页。袁传璋《项羽死于乌江考》,《淮阴师范学院学报》2008年第2期,第214页。
② 《晋书·地理志下》,《二十五史》,上海古籍出版社、上海书店,1987年,第1295页。
③ 今南京市浦口区亦有乌江镇,与和县乌江镇仅驷马河相隔,一桥连接。南京市的乌江镇属于古代乌江县境。
④ 司马迁《史记》卷七,中华书局,1982年,第336页。
⑤ 杜佑《通典》,商务印书馆,1935年,第963页。
⑥ 李吉甫《元和郡县图志》(下),中华书局,2005年,第1077—1078页。此处所引,是缪荃孙从《舆地纪胜》的引文中辑录出来的;《元和郡县图志》原文如何,不得而知。
⑦ 乐史《太平寰宇记》,台北:商务印书馆影印《四库全书》,第470册,第228页。"亭长"之"长"原缺。

这便把乌江亭和亭长舣船之处放在了乌江县(后来的乌江镇),并认为乌江县原为东城县地。这样的说法后来抄录在各种地志书上,流传到现在,为袁传璋等先生所接受。

袁传璋先生为"乌江亭地属东城县"这一说法提出的证据,即出自于《元和郡县图志》、《太平寰宇记》、《舆地纪胜》、《元丰九域志》等。[1] 这几本地志书的成书时间,距项羽之死已千年以上。稍为严谨的学者,都不会拿相距千年以上的文字记录去论证历史问题。袁先生使用"史料",完全没有时代观念,好像"不知有汉,无论魏晋"。

袁先生所谓"秦代的乌江亭地属东城县",其根据是几种地志书在"乌江县"后面记下的"汉东城县地"。照笔者看来,乌江县为"汉东城县地"的说法,肯定是错的。晋朝开始设置的乌江县,不可能占有"汉东城县"的地方。据《汉书·地理志》,西汉的九江郡(汉初为淮南国,武帝时恢复九江郡)包括十五个县:寿春、浚遒、成德、橐皋、阴陵、历阳、当涂、锺离、合肥、东城、博乡、曲阳、建阳、全椒、阜陵。东城县在九江郡偏北,九江郡南部沿江的县依次有阜陵、历阳、全椒、建阳(在今来安县),一县接一县。东城县同长江之间隔着阜陵、历阳、全椒、建阳等县。东汉时,东城、阜陵、历阳、全椒等县仍然保留着,建阳县被撤销并入全椒县。据《后汉书》的《郡国志》和《孝明八王列传》,东汉曾建下邳国,在下邳国存在期间,原九江郡的锺离、当涂、东城、历阳、全椒划归下邳国。东城县同长江之间照旧隔着阜陵、历阳、全椒等县的土地。晋朝的乌江县,属淮南郡。据《晋书·地理志》,晋淮南郡属县有:寿春、成德、下蔡、义城、西曲阳、平阿、历阳、全椒、阜陵、锺离、合肥、浚遒、阴陵、当涂、东城、乌江。这就是说,晋朝设置乌江县,东城县及其以南的阜陵、历阳、全椒三县仍然保留着。阜陵、历阳、全椒三县把东城县与长江远远地隔开,晋朝要在沿江划出一狭长地带设置乌江县,只能从历阳县、全椒等县的地面上划,划不到东城县的地盘。所谓乌江县为"汉东城县地"不过是以讹传讹而已。

《元和郡县图志》记晋朝"于东城置乌江县",是出于纂修者的误解。《元和郡县图志》"濠州定远县"下有关于古迹的一条:

> 东城县故城,在县东南五十里。项羽自阴陵至此,尚有二十八骑,南走至乌江亭。灌婴等追羽,杨喜斩羽于东城,即此地也。[2]

这一条是记定远县境内"东城县故城"这个古迹的,"杨喜斩羽于东城,即此地也"的"此地",当然是指"东城县故城"。然而,前面紧接的是"项羽自阴陵至此""南走至乌江亭",使人读起来不顺畅,甚至产生误解。纂修者之所以这样写,是因为他以为乌江亭在东城县城附近。如果想象乌江亭在东城县城附近,这一条就前后贯通了。《元和郡县图志》两条

---

① 袁传璋《项羽死于乌江考》,《淮阴师范学院学报》2008年第2期,第219页。

② 李吉甫《元和郡县图志》(上),中华书局,2005年,第236—237页。

涉及"东城"的文字,都是基于纂修者以为乌江亭在东城县城附近而写成的。这是误解,但纂修者肯定"杨喜斩羽于东城"是在东城县城,则反映了历史的真相。郦道元认为项羽"因四隤山"的冲杀发生在东城县城附近,《元和郡县图志》纂修者称杨喜斩项羽于东城县城。郦道元和《元和郡县图志》纂修者知道古人行文习惯,很自然地把"至东城"、"追杀项羽东城"理解为东城县城,不像袁传璋先生硬要把"东城"解释为辽阔的"县域"。

袁先生为"乌江地属东城县"一说提出的证据,都是不可信的。令人感到特别奇怪的是,袁先生作为证据的几段引文,说的是"汉东城县地",袁先生却说它们"明确记载""乌江亭原属秦置东城县"。把秦、汉混为一谈。袁先生似乎被乌江呼啸糊涂了,连秦、楚、汉也分别不清。他有几句概括自己基本论点的话:

> 司马迁在叙写项羽的结局时,据事录实为自刎于"乌江",而为了让后人清楚地知道项王最后结局的"乌江"所处的县域,他运用互见法,在作为《项羽本纪》总结的"太史公曰"中,按乌江所属帝国正式的行政区划的县书写为"身死东城"。①

项羽与乌江亭长见面时,秦朝已经灭亡了五年,秦的郡县体制早已瓦解,刘邦还没有称帝,大汉帝国还没有建立,江淮间乃称王称霸者角逐之地。试问袁先生,"乌江所属帝国"是哪个帝国?

3."对《史记》史法的误会"

袁先生力图把司马迁说的"身死东城"解读为死于东城的乌江,但他没有可信的证据和理由。他扯上《史记》的互见法,更是牵强附会。

从宋朝以来,研读《史记》的人,经常说到互见法。《史记》的互见法,是就叙事方法而言,因为同一个历史事件,参与的有多个人,要分散写在各个人的传记里,但一个事件对各个人物的意义不一样,所以写入各个人的传记里就有详略的不同,这样,各篇传记就形成彼此互见、互补的局面。如"鸿门宴",在《项羽本纪》里详写,在《高祖本纪》、《留侯世家》、《樊郦滕灌列传》里,则分别予以略写。作为一部包含众多人物的纪传体史书,这种互见、互补的叙事方法,是巧妙的方法,也是不得不用的方法。如果一个事件在各个人物传记里,都是一样的笔墨,不仅重复、累赘,读者厌烦,也不利于表现人物和思想。《史记》多次写项羽死于东城。袁传璋先生说,《史记》写项羽身死之地,"正式书为'身死东城'","据事录实为自刎于乌江","互见足义","体现了太史公严谨的史法"。这是什么话!难道司马迁记人的死亡之地,要剖成两截分开写,一截正式的,一截非正式的,有必要这样故弄玄虚

---

① 袁传璋《项羽死于乌江考》,《淮阴师范学院学报》2008年第2期,第221页。袁传璋《"项羽不死于乌江说"商榷》,载《一个不容置疑的史实》,和县项羽与乌江文化研究室2008年编印,第32页。

吗？项羽之外，《史记》中有哪个人物的死亡之地是分两截写的？《秦始皇本纪》记秦始皇"崩于沙丘平台"，沙丘是个小地名，司马迁并没有另外按"帝国正式的行政区划的县"书写秦始皇死地。《蒙恬列传》、《李斯列传》均直书"始皇至沙丘崩"，"至沙丘""始皇崩"。[①]后世关于秦始皇死地也没有另外的说法。以秦始皇之尊，都没有按"帝国正式的行政区划的县"书写死地，如果司马迁认为项羽死于乌江，《史记》各篇自然要直书项羽死于乌江，不会书写东城。既然司马迁多次明确记载项羽死于东城，"据事录实"的具体描叙又没有表示死于乌江的意思，那项羽死于东城而不是死于乌江，就是确定的。

袁传璋先生的所谓"正式书写"与"据事录实"的两截"史法"，并不存在于《史记》之中。袁先生想把自己"凭虚造说"的"史法"，强加给《史记》。袁先生指责冯其庸先生"对《史记》史法的误会"，[②]实际上，"误会"《史记》史法的是袁先生自己。袁先生坚信"乌江自刎"说，皆由于对《史记》本文的误读、"误会"，或是蔽于前人的误读、"误会"。愿袁先生三思！

2010 年 9 月 21 日写毕

2012 年 5 月 29 日改订

---

① 司马迁《史记》，中华书局，1982 年，第 264、2548、2567 页。

② 袁传璋《〈项羽不死于乌江考〉研究方法平议》，《文史哲》2010 年第 2 期，第 107 页。

项羽身死之地续考

李广柏

（华中师范大学文学院）

安徽《江淮文史》2012年第2期发表胡中友先生的《项羽垓下溃围南逃乌江路线考》，坚持项羽死于乌江的传统说法。胡先生自称"考订准确"，"澄清了历史是非"，"化解了今人"种种的"疑问"。我拜读之后，颇不以为然，乃冒昧撰此评论，略抒己见，请胡先生及广大读者赐教。

胡先生文章是批评冯其庸先生的《项羽不死于乌江考》的。但是，胡先生并没有如实介绍冯先生的论点、论据。这在学术争论中是不应有的作法。冯其庸先生的长文《项羽不死于乌江考》，一一列出了《史记》关于项羽死于东城的多次明确记载；并指出，全部《史记》没有一处说项羽死于乌江的。冯先生曾实地考察自垓下到东城再到乌江的路程，也确信项羽垓下突围那一天到不了离东城尚有二百四十里的乌江。对于流行的"乌江自刎"之说，冯先生认为，那是因为后人误解了《项羽本记》里"项王乃欲东渡乌江"那段文字，《史记》那一段文字并没有写项羽到达乌江而后自刎。这是冯先生《项羽不死于乌江考》一文的基本内容。冯先生在作出项羽死于东城而非死于乌江的结论以后，思考为什么历代会有人误解"项王乃欲东渡乌江"那段文字。冯先生推测那段文字可能有错简，所以才容易引起误解。司马迁著《史记》，本是写在竹、木简上，经过漫长岁月流传到后世，出现"错简"的情形，当然是可能的。这里，我要着重强调一下：冯先生文章的结论——项羽死于东城而非死于乌江，是依据《史记》记载的史实和实地考察之后作出的。至于说"乃欲东渡乌江"那段文字可能有错简，则是在作出结论之后提出来供读者思考和进一步探讨的问题。冯

先生并不是依据有"错简",来否定项羽死于乌江的。胡中友先生不顾冯先生文章的基本内容,硬说冯先生"全凭臆测"之"错简"来否定项羽死于乌江。不知胡先生是没有过细看冯先生的文章,还是为了自己撰稿的方便,有意曲解冯先生的文章。

项羽"乌江自刎"的故事,在我国流传千百年之久,过去很少有人怀疑它。冯先生的《项羽不死于乌江考》发表以后,学界很多人表示赞同,如王世襄、饶宗颐、姚奠中、卞孝萱诸老先生,都称道冯先生在这个问题上"详征博引"、"考证详确"。

当然,这个问题在学界仍有不同意见,争论是应该的。争论有利于是非的明朗化和学术的进步。真正做学问的人,欢迎争论,也愿意参与争论。近几年,坚持认为项羽死于乌江的先生们,面对《史记》再三再四再五的明确记载,都无法否认项羽死于东城这个基本史实,那他们又如何能维护"乌江自刎"说呢? 袁传璋、施丁、王贵华、呼安泰诸先生的思路是,想方设法证明"乌江"处在"东城县"的范围内,把司马迁说的"身死东城",解读为死于东城县的乌江。如果这样的解读能够成立,那袁传璋、施丁诸先生维护"乌江说"的目的就达到了。笔者曾发表《回归〈史记〉本文,探讨项羽身死之地》,指出把"身死东城"解读为死于东城县的乌江,是没有根据的。不料,坚持"乌江说"的胡中友先生如今又提出:"乌江就是秦末东城"。① 胡先生的意图是,将《史记》多次明确记载的项羽死于东城,直接等同于自己心目中的"死于乌江"。胡先生维护"乌江说"的办法倒很简便,可就是更加悖谬了。

胡中友先生的证据不可信

唐代张守节《史记正义》在《项羽本纪》"项王乃复引兵而东,至东城"句下注:"《括地志》云:'东城县故城在濠州定远县东南五十里。'"《史记正义》在《陈涉世家》"葛婴至东城"句下注:"《括地志》云:'东城故城在濠州定远县东南五十里也。'"《史记正义》又在《樊郦滕灌列传》"追项籍至东城"句下注:"县在濠州定远县东南五十五里。"② 这是学界普遍认为比较准确的注释。胡中友先生则认为,《括地志》的纂成,"距项羽'身死东城'的秦末已 800 多年","其可信性不能不打一个大问号"。③ 胡先生推崇"两度拜相"的李吉甫,一定要以李吉甫的《元和郡县图志》为依据。胡先生在文章中说:

> 《元和郡县图志》载:"乌江县,魏黄初三年,曹仁据乌江以讨吴,晋太康六年始于东城置乌江县,隶历阳郡。"

① 胡中友《项羽垓下溃围南逃乌江路线考》,安徽《江淮文史》2012 年第 2 期,第 133 页。
② 司马迁《史记》卷七、卷四十八、卷九十五,中华书局,1982 年,第 335、1954、2671 页。
③ 胡中友《项羽垓下溃围南逃乌江路线考》,安徽《江淮文史》2012 年第 2 期,第 131 页。柏按:项羽死于公元前 202 年,其时秦朝已灭亡了五年。胡先生说项羽死于秦末,并不准确。

《元和郡县图志》所述，西晋初年开始设置的乌江县，既不是"于东城县"，也不是"于东城境"，而直书"于东城"，表明是在废圮多年的秦末东城城池设置乌江县治。从西晋至今，史籍对乌江记载连续未断。乌江原为秦末东城县旧址，自晋太康六年设县，县级政区断断续续存在 1000 多年。明初废县为镇，直到今天。所以，秦末东城县治就在今乌江镇。

秦末东城至迟在西汉末已废圮。至"晋太康六年"，西晋始于秦末东城故址置乌江县。……根据晋太康六年在东城县旧址设乌江县推论，秦末项羽所过东城位置即在今乌江镇。

秦末东城治于乌江，东城是县，乌江是东城县所辖的亭。……项羽死于乌江与死于东城没有地理矛盾。[①]

胡中友先生以他引述的《元和郡县图志》所载为依据，加以推论，得出"秦末东城治于乌江"、"乌江就是秦末东城"的结论。这就让人有些费解了！既然《括地志》因成书在项羽死后八百多年，"其可信性不能不打一个大问号"，那成书于唐元和八年（西历 813 年）的《元和郡县图志》，成书时间在项羽死后一千多年，其可信性不是更应该打一个大问号吗？看来胡先生是以"自我"作为检验是非的标准。凡符合自己需要的，就可信；否则就"打一个大问号"。

其实，胡中友先生用作证据的一段文字，即他引述的《元和郡县图志》所载"于东城置乌江县"云云，并不见于流传下来的《元和郡县图志》。据考，《元和郡县图志》在宋代以后就缺逸第十九卷（河北道四）、第二十卷（山南道一）、第二十三卷（山南道四）、第二十四卷（淮南道）、第三十五卷（岭南道二）、第三十六卷（岭南道三）。胡先生看到的《元和郡县图志》清光绪六年金陵书局刊本和北京中华书局 1983 年出版的点校本，正文部分都缺这六卷。胡中友先生用作证据的一段文字，在北京中华书局刊印的《元和郡县图志》中，属于卷末附录"阙卷逸文"卷二（淮南道）部分。这一段文字，是近世学者缪荃孙从南宋王象之所著《舆地纪胜》的引文中辑录出来的。

笔者在此要特别说明，王象之著《舆地纪胜》，荟集前代志书记载，不是照录原文，而是作过删改或拼合的，有的删改、拼合不符合原意。这只要拿《元和郡县图志》现存的部分，同《舆地纪胜》对它们的引用加以比较，就可以看得很清楚了。如《元和郡县图志》卷二十五（江南道一）"江阴县"一条：

江阴县：本汉毗陵县之暨阳乡，晋太康二年置暨阳县，梁敬帝置江阴县、郡。隋开

① 胡中友《项羽垓下溃围南逃乌江路线考》，安徽《江淮文史》2012 年第 2 期，第 133、134、138 页。

皇九年罢郡,县属常州。①

《舆地纪胜》卷九(两浙西路):

> 江阴县——秦汉以来为暨阳乡。《元和郡县志》云:晋武太康二年始以暨阳乡置暨阳县。梁敬帝时置江阴郡及江阴县。于此奉梁敬帝为江阴王。隋废江阴郡,以县属常州。②

《舆地纪胜》叙述江阴县沿革,引“《元和郡县志》云”,但没有抄录原文,而在文字上作了改写。

《元和郡县图志》卷二十一(山南道二):

> 长寿县:本汉竟陵县地,宋分置长寿县,理石城,即今县理是也,属竟陵郡。魏文帝大统后,属温州。贞观十七年,于县改置郢州,县属焉,后遂因之。
>
> 汉水,去县十步。
>
> 县城,本古之石城,背山临汉水,吴于此置牙门戍城,羊祜镇荆州,亦置戍焉,即今州理是也。③

《舆地纪胜》卷八十四(京西南路):

> 长寿县——《通典》云:有汉竟陵县故城,在今县南。晋、宋以来为长寿县。《元和郡县志》:本古之石城,吴于此置牙门戍城。羊祜领荆州亦置戍焉。宋分竟陵县置长寿县,理石城,属竟陵郡。《宋志》云:明帝太始六年立苌寿县。《南齐志》竟陵郡下有苌寿县。《图经》云:西魏改苌寿县曰长寿县。《隋志》云:梁置北新州。《元和郡县志》云:魏文帝大统十七年于县置郢州,以县属焉。后遂因之。④

王象之将《元和郡县图志》“长寿县”下的条文,作了拼合、删减,又分在两处引用,不仅语句欠连贯,而且存在较大的讹误。如《元和郡县图志》记长寿县“魏文帝大统后,属温州。

---

① 李吉甫《元和郡县图志》(下),中华书局,2005年,第599页。

② 王象之《舆地纪胜》卷九,《续修四库全书》第584册,上海古籍出版社,2002年,第130页。按:“暨阳”即“溉阳”,《宋书·州郡志》和《南齐书·州郡志》作“暨阳”,《晋书·地理志》作“既阳”。“暨”、“溉”、“既”三字在《广韵》中同属去声未部,“暨”、“溉”两个形声字的声符为“既”。“暨”、“溉”、“既”三字音近而通用。

③ 李吉甫《元和郡县图志》(上),中华书局,2005年,第538页。“理石城”即治石城,“县理”、“州理”,即县治、州治,因避唐高宗李治讳而用“理”。

④ 王象之《舆地纪胜》卷八十四,《续修四库全书》第584册,上海古籍出版社,2002年,第680页。

贞观十七年，于县改置郢州，县属焉”。《舆地纪胜》将这几句变成“魏文帝大统十七年于县置郢州，以县属焉”。魏文帝即北朝西魏文帝(元宝炬)。按《舆地纪胜》的意思，西魏于大统十七年(551)在长寿县设置郢州，以长寿县隶属于郢州。而《元和郡县图志》的本意是：西魏大统以后，长寿县隶属于温州，唐贞观十七年(643)在长寿县设置郢州，长寿县隶属于郢州。查阅《旧唐书·地理志》，在“山南东道”之“长寿县”下有云：“汉竟陵县地，属江夏郡。武德四年于县置郢州。贞观元年废郢州，以长寿属荆州，八年又属温州，十七年又属郢州。”《新唐书·地理志》，在“山南道”之“郢州”下有云：“本竟陵郡，治长寿。贞观元年州废，以长寿隶鄀州。十七年复置，治京山，后还治长寿。”[①]《元和郡县图志》同新旧“唐书”《地理志》基本相符。《舆地纪胜》的文字，与《元和郡县图志》的原意大相径庭，却冠以“《元和郡县志》云”。我们现在还不明白，《舆地纪胜》的“魏文帝大统十七年于县置郢州”，究竟是王象之有意缩简或改写，还是他抄录时漏掉了文字。

又，《元和郡县图志》卷二十一(山南道二)记“均州武当县”的山川，有云：

> 汉水，去县西北四十里，水中有洲，名沧浪洲，即《禹贡》云“又东为沧浪之水”。[②]

《元和郡县图志》的意思是：汉水从武当县城西北四十里流过，水中有沙洲，名叫沧浪洲；汉水流到这里，又称为沧浪水，就是《尚书·禹贡》里面说的“又东为沧浪之水”也。《元和郡县图志》这样叙述沧浪水和沧浪洲，是很准确的。《尚书·禹贡》里说：“嶓冢导漾，东流为汉，又东为沧浪之水，过三澨，至于大别，南入于江。”[③] 这源出嶓冢东南流至大别入江的，就是汉水。“东为沧浪之水”，指汉水的一段。“大别”即今湖北汉阳的龟山。郦道元《水经注》在沔水“过武当县东北”这句经文下注曰：“县西北四十里，汉水中有洲，名为沧浪洲。……余按《尚书·禹贡》言，导漾水，东流为汉，又东为沧浪之水，不言过而言为者，明非他水决入也。盖汉沔水自下有沧浪通称耳。”[④] 郦道元说得很明白，他的说法同《尚书·禹贡》、《元和郡县图志》完全一致。

《舆地纪胜》卷八十五(京西南路)，记述均州武当县的山川景物时，既列出汉水，又列出沧浪水，并引“《元和郡县志》云”分别予以介绍：

> 汉水——《元和郡县志》云：去武当县北四十里，水中有洲，名沧浪洲。
>
> 沧浪水——《元和郡县志》云：在武当县，即《禹贡》“沧浪之水”也。[⑤]

① 《二十五史》，上海古籍出版社、上海书店，1987年，第3670、4241页。

② 李吉甫《元和郡县图志》(上)，中华书局，2005年，第544页。

③ 《尚书·禹贡》，《十三经注疏》，中华书局，1987年影印，第152页。

④ 郦道元著，陈桥驿校证《水经注校证》，中华书局，2008年，第659页。沔水指汉水上游，也作为汉水的通称。

⑤ 王象之《舆地纪胜》卷八十五，《续修四库全书》第584册，上海古籍出版社，2002年，第687页。

按《舆地纪胜》所纪，沧浪水变成了汉水之外的另一条水；同《元和郡县图志》的意思完全相反。王象之对"沧浪水"可能有另外的理解，但他不应该分割、改窜《元和郡县志》及《禹贡》的原文，以适应自己的见解，却又冠以"《元和郡县志》云"。还有，《元和郡县志》说汉水去武当县"西北四十里"，王象之却抄成"县北四十里"，胡里胡涂掉一个"西"字。

以上数例，可以清楚地看出，《舆地纪胜》引用"《元和郡县志》云"，没有保持原貌和原意，它不是一种严格的引用。王象之似乎是边抄边改，又不时掉字。

在《舆地纪胜》卷四十八淮南西路和州部分有"乌江县"的条文：

> 乌江县——在州东北三十五里。《寰宇记》云：本秦乌江亭，汉东城县地。项羽至乌江，乌江亭长舣船待，即此处也。《元和郡县志》云：魏黄初三年，曹仁据乌江以讨吴，晋太康六年始于东城置乌江县，隶历阳郡。①

"乌江县"是西晋初年在历阳县以下沿江地段设置的县。经过朝代更迭、州郡屡次变动，乌江一县的建置长期不变。到明朝初年，废乌江县，以乌江县治为乌江镇，相沿下来，即今安徽省和县的乌江镇。因为《元和郡县图志》卷二十四（淮南道）早已缺失，近世学者缪荃孙看到《舆地纪胜》这里有"《元和郡县志》云"，便将"魏黄初三年"以下几句作为《元和郡县图志》有关"乌江县"的逸文，辑入《元和郡县图志阙卷逸文》之内。胡中友先生从缪荃孙辑录的"阙卷逸文"中，看到"于东城置乌江县"一句，以为这是东城县城就在乌江的证据，殊不知《舆地纪胜》的编纂，距项羽之死已经一千四百多年，其可信性更应该打一个特大的问号！

"魏黄初三年，曹仁据乌江以讨吴，晋太康六年始于东城置乌江县，隶历阳郡。"——这一段文字是《舆地纪胜》的引文，在《元和郡县图志》里相应的文字究竟是什么样子，如今不得而知。我们先看"魏黄初三年，曹仁据乌江以讨吴"这一句，放在"乌江县"之下，就有问题。魏黄初三年，曹丕调集三路兵马大举讨伐东吴。这是曹丕称帝以后魏、吴之间的第一场战争，也是曹仁在黄初年间唯一的一次对吴作战。曹仁当时奉命督中路军由濡须（芜湖对岸）进军。《三国志·魏书》的《文帝纪》、《诸夏侯曹传》，《三国志·吴书》的《吴主传》，以及相关部分的裴松之注，既称曹仁"据守濡须"，又称曹仁"督诸军据乌江"。古人说的"乌江"，是指长江的一段，即长江自芜湖以下斜北行的那一段。黄初三年魏、吴之间的战争，曹仁驻军不在后世的乌江县，而是在濡须一带。换句话说，这不是乌江县所在地的掌故。②

"晋太康六年始于东城置乌江县"一句，更令人生疑。《舆地纪胜》既引"《元和郡县图志》"，说"于东城置乌江县"；又引《寰宇记》（宋代乐史《太平寰宇记》），称乌江县为"汉

① 王象之《舆地纪胜》卷四十八，《续修四库全书》第584册，上海古籍出版社，2002年，第485页。
② 参看《回归〈史记〉本文，探讨项羽身死之地》第九节。

东城县地"。两段引文的内容不一致。"汉东城县地"是说乌江县设置在汉代东城县的地盘上;"于东城置乌江县",可以理解为在东城县境设置乌江县,也可以理解为在东城城池设乌江县治。王象之将"汉东城县地"和"于东城置乌江县"两说并列,不置然否。他究竟什么意思,现在不得而知。或许王象之边抄边改时,以为"于东城置乌江县"的意思是在东城县境置乌江县,同《寰宇记》没有矛盾。也有可能王象之抄录时,在"于东城"和"置乌江县"之间,抄掉了字,他自己没有觉察到。当然,这都是可能性,我们不多猜测,但从王象之将两种说法并列而不置然否的情况看,胡先生把"于东城置乌江县"理解为在"东城城池设置乌江县治",未必符合王象之的想法,更不用说是否符合《元和郡县图志》的原意了。

总之,胡中友先生提出"秦末东城治于乌江"、"乌江就是秦末东城"的说法,证据只有《舆地纪胜》的一句引文。我们作考证的,通常情况下,"孤证不为定说"。胡中友先生提出"秦末东城治于乌江"、"乌江就是秦末东城"的证据,不仅是孤证,而且是出现在事件发生以后一千四百多年的文献中,又是来历不明、含义模糊的一句话。这样的"证据",是不可信的。它根本不能作证据用。

胡先生的文章还引了清代人的著作来支持他的论点,但他所引清人著作说的是"于东城界置乌江县",乌江县本"汉东城县地"。"东城界",即东城县境的意思。[①]"于东城界置乌江县",本"汉东城县地",是说在东城县的地盘上设乌江县。同胡先生讲的"在东城县旧址设乌江县"、在"东城城池设置乌江县治"、"乌江就是秦末东城",意思不相同,不能用以支持胡先生的论点。像这种本"汉东城县地"的说法,并不是到清朝才有的,《舆地纪胜》所引《太平寰宇记》,已有此说。拙作《回归〈史记〉本文,探讨项羽身死之地》,曾经详细论证乌江不可能在东城县的地盘上,东城县境到不了长江边。这个问题,本文后面还会进一步讨论。既然东城县境到不了长江边,东城县城(县治所在)就不可能设在乌江了。

东城县在江淮丘陵中部

长江与淮河之间的丘陵地带,在战国时期,属于楚国。楚考烈王二十二年(公元前241年),因秦军的进逼,楚国迁都寿春(今安徽省寿县)。公元前223年,秦军攻占寿春,灭楚国。公元前221年,秦统一全国,全面推行郡县制。秦朝在淮河以南、赣江流域以东一片地区,设九江郡,郡治寿春。由于历史文献的缺失,秦朝的九江郡究竟包括哪些县,现在还没有准确的说法;各县的地域范围,更是不得其详。现在基本上可以考定为秦九江郡属县的,有:寿春、曲阳、安丰、新淦、锺离、六县、阴陵、东城、历阳、居巢、番阳等。另外,有人认为,全椒、建阳也是秦所置县。

---

① 陈寿《三国志》卷一,中华书局,1985年,第3—4页。《魏书·武帝纪》写曹操为济南相,"国有十馀县,长吏多阿附贵戚,赃污狼藉,于是奏免其八,禁断淫祀,奸宄逃窜,郡界肃然"。"郡界"就是一郡的地方。

东城县处于江淮丘陵中部,县城(县治所在)在池水北侧。——这是依据《史记》、《汉书》的有关记叙及后世史书地志提供的可信史料而得出的结论。

胡中友先生说,"东城位置即在今乌江镇","秦末东城治于乌江"。照胡先生的说法,东城县在长江边上。我们先来讨论东城县是在长江边还是在江淮丘陵中部。

《史记》写项羽从垓下逃至东城:

> 于是项王乃上马骑,麾下壮士骑从者八百馀人,直夜溃围南出,驰走。平明,汉军乃觉之,令骑将灌婴以五千骑追之。项王渡淮,骑能属者百馀人耳。项王至阴陵,迷失道,问一田父,田父绐曰"左"。左,乃陷大泽中。以故汉追及之。项王乃复引兵而东,至东城,乃有二十八骑。汉骑追者数千人。

项羽从垓下溃围南出,渡过淮河,先到达阴陵。阴陵县在淮河以南不远的地方,县城在今定远县城的西北。这是可以肯定的。《水经注》卷三十记云:"淮水又北迳莫邪山西,山南有阴陵县故城。汉高祖五年,项羽自垓下从数百骑,夜驰渡淮至阴陵迷失道,左陷大泽,汉令骑将灌婴以五千骑追及之于斯县者也。"[1] 莫邪山在钟离县境(今为安徽凤阳县),阴陵县城在此山的南边。项羽带着百馀名骑兵,过阴陵以后,陷入大泽中,灌婴带的骑兵追上了他。项羽从大泽里冲出来,向东奔到东城县城附近,仅剩下二十八骑,紧跟上来的汉军骑兵又把他们包围起来了。由于灌婴的数千人马,是刘邦特别组织的骑兵部队,骁勇善战,项羽带领的二十八骑从大泽脱身出来是跑不了多远就会被包围的。所以,从《史记》的描叙可以看出,东城县城离阴陵县城不会很远。换句话说,东城县城是在江淮丘陵中部。

《史记》卷九十五《樊郦滕灌列传》(樊哙、郦商、滕公、灌婴合传)写灌婴率军追杀项羽以后的进军路线:

> 项籍败垓下去也,婴以御史大夫受诏将车骑别追项籍至东城,破之,所将卒五人共斩项籍,皆赐爵列侯。降左右司马各一人,卒万二千人,尽得其军将吏。下东城、历阳。渡江,破吴郡长吴下,得吴守,遂定吴、豫章、会稽郡。

历阳县(今安徽省和县)大体处于滁河与长江之间。历阳县城濒临长江西岸,对岸即著名的牛渚山。汉献帝兴平二年(西历195年),孙策就是从历阳渡江,攻占牛渚山,进而夺取江东诸郡的。[2] 相传秦始皇三十七年东巡,也是从这里渡江,经丹阳至钱塘。[3] 《史记》写

① 郦道元著,陈桥驿校证《水经注校证》卷三十,中华书局,2008年,第709页。

② 陈寿《三国志》卷四十六,中华书局,1985年,第1102—1104页。

③ 李吉甫《元和郡县图志》(下),中华书局,2005年,第683页。按:秦始皇从牛渚渡江一说,源自《越绝书》。据《史记·秦始皇本纪》和《越绝书》,秦始皇东巡会稽是在始皇三十七年,《元和郡县图志》误为"二十七年"。

灌婴追杀项羽以后的进军路线,是由东城到历阳,然后从历阳渡江。这就清楚地表明,东城在历阳的西北,离长江较远,即江淮丘陵的中部。如果东城像胡中友先生说的,也在长江边,那灌婴不就直接从东城过江进攻吴县了吗,何必绕到离吴县更远的历阳去渡江?

西汉初年在秦九江郡一带置淮南国,汉武帝元狩元年(公元前122年)废除淮南国,复置九江郡。据《汉书·地理志》,西汉的九江郡包括十五个县:寿春、浚遒、成德、橐皋、阴陵、历阳、当涂、锺离、合肥、东城、博乡、曲阳、建阳、全椒、阜陵。处于九江郡南部沿江的县依次有历阳、全椒、阜陵、建阳(在今安徽来安县),一县接一县。东城县同长江之间隔着阜陵、历阳、全椒、建阳等县。东城县境到不了长江边。

王莽篡位的短暂时间,改九江郡为延平郡,改阴陵为阴陆,改历阳为明义,改东城为武城。东汉恢复西汉郡县旧名。东汉早期所置九江郡,属县同西汉的九江郡大略相同,建阳县撤销并入了全椒县。明帝永平十五年(72),封刘衍为下邳王。据《后汉书·孝明八王列传》,章帝建初四年(79),"以临淮郡及九江之锺离、当涂、东城、历阳、全椒合十七县益下邳国。帝崩,其年就国。"[①]唐代李贤注:"锺离在今豪州锺离县东;当涂在县西南;东城在定远县东南;历阳,和州县也;全椒,今滁州县也。"刘衍为章帝之兄弟,章帝驾崩,刘衍才赴下邳国就位,传三代,无嗣,建安十二年废除下邳国。胡中友先生多次强调:"东城在西汉末废圮"。这是不确实的。东汉仍有东城县,其周围的锺离、阴陵、寿春、西曲阳(西汉称曲阳)、成德、合肥、浚遒、阜陵、历阳、全椒等仍是西汉的旧县,表明东汉的东城县仍在西汉东城县的位置,只是统属关系发生了变化。东城县同长江之间照旧隔着阜陵、历阳、全椒等县的土地。东汉的东城县境同样到不了长江边。

东汉末年,东吴名将鲁肃是东城人。《三国志·吴书》"鲁肃传"云:

> 鲁肃字子敬,临淮东城人也。生而失父,与祖母居。家富于财,性好施与。尔时天下已乱,肃不治家事,大散财货,摽卖田地,以赈穷弊结士为务,甚得乡邑欢心。……袁术闻其名,就署东城长。肃见术无纲纪,不足与立事,乃携老弱将轻侠少年百馀人,南到居巢就瑜。瑜之东渡,因与同行。[②]

"临淮东城"即临淮郡东城县。下邳国的地盘是由临淮郡加九江郡的五县所构成,下邳国废除以后,恢复临淮郡,所以东城县隶属于临淮郡。居巢在巢湖东侧,当时周瑜为居巢长。鲁肃自东城"南到居巢就瑜",很清楚地表示东城在居巢以北,即江淮丘陵中部。如果像胡中友先生说的,"东城位置即在今乌江镇",那自东城到居巢,是向西走,决不能说"南到居巢"。又,裴松之注引《吴书》曰:"肃体貌魁奇,少有壮节,好为奇计。天下将乱,乃学击剑

① 范晔《后汉书》卷五十,中华书局,2010年,第1674—1675页。
② 陈寿《三国志》卷五十四,中华书局,1985年,第1267页。后面所引裴注亦见于此。

骑射,招聚少年,给其衣食,往来南山中射猎,阴相部勒,讲武习兵。"往来南山中射猎",也表示东城不在长江边。如果像胡中友先生说的,"东城位置即在今乌江镇",怎么会有南山呢?笔者作过实地考察,从乌江镇往南看,是江边漫滩和冲积地,那里没有南山。裴注所引《吴书》还记载,鲁肃率东城子弟投奔周瑜时对大家说:"中国失纲,寇贼横暴,淮、泗间非遗种之地,吾闻江东沃野万里,民富兵强,可以避害,宁肯相随俱至乐土以观时变乎?""中国"指汉王朝的腹心地带。"遗种之地",谓生息繁衍的地方(见《后汉书·窦融列传》李贤注)。鲁肃把"东城"称为"淮、泗间",表明东城县在淮水、泗水流域,也就是江、淮分水线以北。如果像胡中友先生说的,东城在长江边,那就应该称东城为滨江地区,扩大范围说,也应该称为"江淮间"。

东汉末年和三国时期,江淮之间是魏、吴反复争夺的地方。《三国志·魏书·武文世王公传》记,曹邕于黄初二年(221)封淮南公,以九江郡为国,黄初三年进封为淮南王;曹彪于太和六年(232)封楚王,嘉平元年(249)自杀,"国除为淮南郡"。[①]这所谓九江郡、淮南郡、淮南国,不过徒有其名。裴松之注引袁子曰:"魏兴,乘大乱之后,民人损减,不可则以古始,于是封建侯王,皆使寄地空名,而无其实。"我们读《三国志》,可以看到,濡须、居巢、合肥、寿春一线,常是魏、吴攻防的战场;而阴陵、东城、全椒一带似已荒无人烟。《三国志·吴书·吴主传》载,赤壁战后,"曹公恐江滨郡县为权所略,征令内移;民转相惊,自庐江、九江、蕲春、广陵户十余万皆东渡江,江西遂虚,合肥以南惟有皖城"。[②]《宋书·州郡志》关于九江郡(淮南郡)诸县有这样的记述:"三国时江淮为战争之地,其间不居者各数百里,此诸县并在江北淮南,虚其地无复民户。吴平,民各还本,故复立也。"[③]

"复立",就是恢复江淮间诸县的建置。据《晋书·地理志》,晋武帝(司马炎)时,设淮南郡,属县有:寿春、成德、下蔡、义城、西曲阳、平阿、历阳、全椒、阜陵、锺离、合肥、浚遒、阴陵、当涂、东城、乌江。惠帝(司马衷)永兴元年,"分淮南之乌江、历阳二县置历阳郡"。[④]这就是说,晋朝设置了乌江县,而东城县及其周围的锺离、阴陵、西曲阳、浚遒、寿春、成德、合肥、阜陵、历阳、全椒等汉代旧县仍然保留着。阜陵、历阳、全椒等县在东城县东南,把东城县与长江远远地隔开。晋朝要在沿江划出一狭长地带设置乌江县,只能从历阳、全椒等县的地面上划,划不到东城县的地盘。换句话说,自汉到晋的东城县,其县境到不了长江边,晋朝的乌江县不可能设在东城县境。

胡中友先生说,晋初"在东城县旧址设乌江县","乌江就是秦末东城"。照胡先生的说法,可以理解为,晋朝的乌江县覆盖了原来的东城县。而确切的历史事实是,晋朝设置乌江县以后,江淮间仍有东城县。此东城县即秦汉以来的旧县,并没有被乌江县所覆盖。不

---

① 陈寿《三国志》卷二十,中华书局,1985年,第587、591页。后面所引裴注亦见于此。

② 陈寿《三国志》卷四十七,中华书局,1985年,第1118—1119页。

③ 沈约《宋书》卷三十五,《二十五史》,上海古籍出版社、上海书店,1987年,第1751页。

④ 房玄龄等《晋书·地理志》,《二十五史》,上海古籍出版社、上海书店,1987年,第1295、1296页。

仅没有被覆盖,而且两县完全不搭界。这说明,乌江县不是从东城县的地盘上割裂出来的,更不是"在东城县旧址设乌江县",在"东城城池设置乌江县治"。从秦汉到晋初,五百年间东城县及其周围的锺离、阴陵、西曲阳、浚遒、寿春、合肥、成德、阜陵、历阳、全椒等县的建置,一脉相承。我们可以看出,处于江淮丘陵边缘和沿江地带的,是阜陵、历阳、全椒等县,东城县则始终处于江淮丘陵的中部,属于淮河流域。东城县境到不了长江边。

东城县城在池水北

东晋和南北朝时期,江淮间又成为激烈争夺的战场,百姓纷纷渡江避难,秦汉以来一脉相承的诸县建置也被打乱。鲜卑族拓跋氏建立的北魏,曾统一北方,最盛之时版图到达淮南地区。北魏地理学家郦道元在《水经注》"淮水"部分写道:

> 淮水又东,池水注之。水出东城县,东北流,径东城县故城南。汉以数千骑追羽,羽帅二十八骑引东城,因四隤山斩将而去,即此处也。[1]

池水(池河)是淮河的重要支流,由江淮丘陵的中部向东北流入淮河。郦道元明确地说池水流经东城县故城南,而且指出此东城县故城即项羽垓下突围后率二十八骑到达的地方。郦道元著《水经注》,参阅经、史、子、集及各种地记、地图、碑铭、方志,又尽力到各地考察访问,他对池水一带的山川、城池、古迹应该是很了解的。据魏收《魏书·肃宗纪》和《北史》卷二十七"郦道元传",北魏孝明帝孝昌元年(525),徐州刺史元法僧背叛北魏,郦道元奉诏"节度诸军",在涡阳打败元法僧。"道元追讨,多有斩获"。涡阳,今为安徽省涡阳县,在淮水以北不远处。郦道元这次征讨元法僧,到过淮河流域哪些地方,现今不得而知。《水经注》"淮水"部分,对支流"豪水"有这样的描写:"豪水出阴陵县之阳亭北,小屈有石穴,不测所穷,言穴出钟乳,所未详也。"[2]此石穴当为溶洞。郦道元说"不测"石穴之所穷(洞的尽头),又说有人讲"穴出钟乳",自己"所未详也"。这几句描写,表明郦道元到过石穴现场,但没有走进洞中一探。豪水和阴陵离池水不远,郦道元也可能到过池水,见到过池水北侧东城县故城。即使没有到过,既然他"节度诸军"到淮河流域作战,肯定察看过淮河、池水一带的地图、地记,听人介绍过当地山川、遗迹。因此,我们可以认为,《水经注》关于池水流经东城县故城南的记载,是可信的,而且是相当权威的。

南朝梁武帝(萧衍)时期,向北拓展境宇,在西曲阳、阴陵、东城三县地方置定远郡和定

---

[1] 郦道元著,陈桥驿校证《水经注校证》卷三十,中华书局,2008年,第712页。按:此段文字,《校证》的断句及标点有误,引者重新作了标点。

[2] 郦道元著,陈桥驿校证《水经注校证》卷三十,中华书局,2008年,第710页。

远县。这是历史上有定远县建置之始。隋统一后，继续设定远县，属锺离郡。唐朝仍设定远县，属濠州。沿袭下来，即今安徽省定远县。因为唐朝距定远县的初置，不很遥远，所以关于东城县与定远县的关系，唐朝人的说法颇为一致。长孙无忌等人撰著的《隋书·地理志》在"锺离郡定远县"条记云："旧曰东城，梁改曰定远。"[①]李泰在贞观十六年（西历642年）著成的《括地志》中指出："东城县故城在濠州定远县东南五十里。"李贤在《后汉书·孝明八王列传》的注中指出："东城在定远县东南。"此后，杜佑于贞元十七年（西历801年）成书的《通典》卷一百八十一"濠州定远县"条记云："定远：汉曲阳县，在灌曲之阳，故名之；其故城在今县西。又有秦汉东城县在今县东南，逐项羽之处。梁置临淮郡。有古阴陵城，即项羽奔至阴陵失道之所。"[②]这是说，定远县境包括了古代的曲阳、东城、阴陵三县的地方，还有古县城在定远县境内。

比《通典》成书稍晚的《元和郡县图志》，其卷九"濠州定远县"条记云："定远县，本汉东城县地，属九江郡。"又记定远县的古迹有："阴陵县故城，在县西北六十五里，本汉县也。""东城县故城，在县东南五十里。"[③]这里所谓"在县西北六十五里"、"在县东南五十里"，是指在定远县城西北六十五里，在定远县城东南五十里。《括地志》说的"定远县东南五十里"，也是指在定远县城东南五十里。《括地志》和《元和郡县图志》将阴陵县故城、东城县故城作为定远县的古迹收入书中，表明李泰、李吉甫时代，阴陵县城、东城县城还有遗迹在。胡中友先生引《元和郡县图志》以证明"秦末东城治于乌江"，而《括地志》、《元和郡县图志》却清楚地记载：东城县城故址在定远县城东南五十里。这里离乌江远着呢！按现代的计算，从东城县城到长江边，最近的距离也在二百四十里以上。

二十世纪九十年代，安徽省定远县政府部门组织专业人员认真研究、考察，确认定远县城东南五十多里位于池水北的一处古城遗址，为"东城遗址"。遗址内有明显的内外两城的轮廓，成长方形。内城东西一里半，南北一里；外城东西三里，南北二里。遗址内多见饰有细纹的秦砖汉瓦残片。虽然里面没有找到"东城"两个字，但结合文献和实物，推断为"东城遗址"，应该是可信的。1998年，安徽省人民政府在这里立"东城遗址"碑，并列入"安徽省文物保护单位"。

项羽死于东城城郊

《史记》叙述秦汉之际军队的行进与作战，常用城池、聚邑、关隘、山川、沟洫以及东、西、南、北，标记行军路线和战地。其中涉及县名，一般指的都是城邑，即县城（县治所在）。

---

① 《二十五史》，上海古籍出版社、上海书店，1987年，第3360页。
② 杜佑《通典》，商务印书馆1935年，第962页。
③ 李吉甫《元和郡县图志》（上），中华书局，2005年，第236页。

这些县城,用以指明行军和作战的具体地点;是城邑的概念,不是县一级地方行政区域的概念。

我们先看《史记》写陈胜、吴广起义的文字:

> 陈胜自立为将军,吴广为都尉。攻大泽乡,收而攻蕲。蕲下,乃令符离人葛婴将兵徇蕲以东。攻铚、酂、苦、柘、谯,皆下之。行收兵。比至陈,车六七百乘,骑千馀,卒数万人。攻陈,陈守令皆不在,独守丞与战谯门中。弗胜,守丞死,乃入据陈。[①]

陈胜、吴广攻占蕲县境内的大泽乡以后,“收而攻蕲”。“攻蕲”,即攻打蕲县县城(故址在今安徽省宿州南)。“攻”而“下”,当然是城邑。接着令葛婴“将兵徇蕲以东”,是派葛婴向蕲县县城以东进军。陈胜、吴广率部队向西北进军,铚、酂、苦、柘、谯、陈,是秦朝的县名,分别属于泗水郡(或称泗川郡)、砀郡、淮阳郡。这里“攻”而“下之”,或“入据”,当然都是指县城(“陈”又是淮阳郡治)。司马迁将这些县城联贯起来,清晰地勾画出陈胜起义之初的军事行动路线。如果把这些县名,理解为包括各县全境的地方行政区域,那这一段文字就读不通了。

再看《史记·项羽本纪》写项梁的进军路线:

> 项梁自号为武信君。居数月,引兵攻亢父,与齐田荣、司马龙且军救东阿,大破秦军于东阿。……项梁已破东阿下军,遂追秦军。……项梁使沛公及项羽别攻城阳,屠之。西破秦军濮阳东,秦兵收入濮阳。沛公、项羽乃攻定陶。定陶未下,去,西略地至雍丘,大破秦军,斩李由。还攻外黄,外黄未下。
>
> 项梁起东阿,西,比至定陶,再破秦军,项羽等又斩李由,益轻秦,有骄色。……秦果悉起兵益章邯,击楚军,大破之定陶,项梁死。沛公、项羽去外黄,攻陈留,陈留坚守不能下。沛公、项羽相与谋曰:“今项梁军破,士卒恐。”乃与吕臣军俱引兵而东。吕臣军彭城东,项羽军彭城西,沛公军砀。

亢父、东阿、城阳、濮阳、定陶、雍(雍)丘、外黄、陈留、彭城、砀,均为秦置县名。这里都是指县城。被“攻”的,如亢父、定陶、城阳、外黄、陈留等,当然是城邑,即县城。“定陶未下”、“外黄未下”、“陈留坚守不能下”,当然是说定陶县城、外黄县城、陈留县城没有攻下。“攻城阳,屠之”,是攻下城阳县城,屠杀城阳县城的军民;不是说把城阳县全县山野的百姓都杀光。城阳县往西去为濮阳县。“西破秦军濮阳东”,说的是沛公和项羽屠杀城阳县城军民以后再向西进,在濮阳县城的东面击溃秦军。“秦兵收入濮阳”,被打败的秦兵收拢起来退入濮

① 司马迁《史记》卷四十八,中华书局,1982 年,第 1952 页。

阳县城。项梁死后，吕臣"军彭城东"，是驻扎在彭城这个县城的东面；项羽"军彭城西"，是驻扎在彭城这个县城的西面；沛公"军砀"，是驻扎在砀县县城。

再看《史记·项羽本纪》写项羽与刘邦的一场战斗：

> 汉之四年，项王进兵围成皋。汉王逃，独与滕公出成皋北门，渡河走修武，从张耳、韩信军。诸将稍稍得出成皋，从汉王。

"围成皋"，被"围"的当然是城邑，即成皋县城。"汉王逃""出成皋北门"，是从成皋县城北门逃走的。"走修武"，逃到修武县城。

《史记》写秦汉之际的军事行动，涉及的县名，还有雒阳、荥阳、颍阳、襄城、阳城、昆阳、下邑、下邳、新蔡、固陵、睢阳、蓝田、平阳、胡陵、东阳、广陵、巨鹿、沛、徐、宛、京、巩、薛、邹，等等。从上下文看，都是指县城。

古代"邑外谓之郊"，习惯上说城邑，也包括其城郊。到达某城城郊，即可以称为至某城。

《陈涉世家》写陈胜的部队"至陈"，是到了陈县县城附近；后面"攻陈"、"入据陈"才进入城内。

《田儋列传》记田儋死后，"儋弟田荣收儋余兵东走东阿"，"田荣之走东阿，章邯追围之。项梁闻田荣之急，乃引兵击破章邯军东阿下"。① 依据《史记》遣词造句的习惯，"东阿下"即东阿城下。而《项羽本纪》记同一战事则作：项梁"与齐田荣、司马龙且军救东阿，大破秦军于东阿"。后面又写道："项梁已破东阿下军，遂追秦军。"这可见在东阿城下击破秦军，也可以说是在东阿击破秦军。

《高祖本纪》写刘邦起事之初，派雍齿守丰邑，雍齿背叛，刘邦十分恼怒，"引兵攻丰"，不能取胜。后来外出借兵，获得五六千人，便从前线"还军丰"。但仍感兵力不足，刘邦请项梁援助，项梁拨给刘邦五千将士，刘邦即"引兵攻丰"，雍齿逃跑。② 刘邦"还军丰"，是把部队拉回来驻扎于丰邑附近。项梁拨给他五千将士以后，才攻进丰邑。

《项羽本纪》写沛公、项羽"西略地至雕（雍）丘，大破秦军，斩李由"。《高祖本纪》写同一战事则是："沛公与项羽西略地至雍丘之下，与秦军战，大破之，斩李由"。《绛侯周勃世家》写同一战事，亦作"击李由军雍丘下"。③ "至雍丘之下，大破秦军"，是至雍丘城下大破秦军，还没有进城。在《项羽本纪》里则称"至雍丘，大破秦军"。"至雍丘"与"至雍丘下"同义。

① 司马迁《史记》卷九十四，中华书局，1982 年，第 2643—2644 页。
② 司马迁《史记》卷八，中华书局，1982 年，第 351—352 页。
③ 司马迁《史记》卷八、卷五十七，中华书局，1982 年，第 355、2066 页。

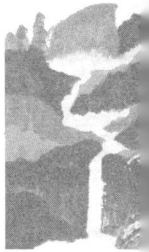

秦将章邯率兵投降项羽以后，因投降的秦士兵背后发怨言，项羽命令黥布、蒲将军"夜击阬秦卒二十余万人新安城南"。这是《项羽本纪》的记载。《高祖本纪》写刘邦在广武阵前数落项羽的十大罪时，第六罪是"诈阬秦子弟新安二十万"。[①] 阬秦降卒于新安城南，也可以说阬秦降卒于新安。

《高祖本纪》记汉高祖十一年，周勃"至马邑，马邑不下，即攻残之"。[②] 马邑为秦置县，属雁门郡。"至马邑"，说的是周勃率领的军队到了马邑县城附近。后面"马邑不下，即攻残之"，才说到攻马邑城。

以上数例可见，"至"某某城之郊，便可以说"至"某城。

司马迁叙述秦汉之际军队的行进与作战，涉及县名，一般都指城邑，即县城（包括城郊）。这是司马迁的笔法，也可以说是他的行文习惯。

《史记》涉及"东城"的有：《陈涉世家》写"葛婴至东城，立襄强为楚王"。《项羽本纪》写"项王乃复引兵而东，至东城，乃有二十八骑"；"身死东城，尚不觉寤"。《樊郦滕灌列传》写"婴以御史大夫受诏将车骑别追项籍至东城，破之，所将卒五人共斩项籍"；"下东城、历阳，渡江"。《高祖本纪》写刘邦"使骑将灌婴追杀项羽东城"。《高祖功臣侯者年表》记魏其"破籍东城"，高陵"追籍至东城"。唐代张守节《史记正义》对"历阳"的注是："和州历阳县，即今州城是也。"对"东城"的注是："县在濠州定远县东南五十五里。"[③] 前一条注不考虑历阳县境，直接以州城为历阳，州城即历阳县城。唐朝和州的州治在历阳县城，州城即县城。后一条注，"定远"和"东城"也都是指县城；因为秦朝的东城县和南北朝以后的定远县，在县境上有很大一部分是重叠的。就县城说，东城在定远东南五十五里；就县境说，两者之间没有距离，还重合一部分。从这儿可以看出，张守节认定司马迁所记的"东城"、"历阳"，是指东城县城、历阳县城。《史记》各篇的"东城"，都是指东城这个县城，即位于江淮丘陵中部池水之畔的城邑；不是指包括东城县全境的地方行政区域。葛婴至东城，是到了东城县城里面。项羽从垓下逃"至东城"，是逃至东城县城附近。灌婴率骑兵"追项籍至东城"，"破籍东城"，"灌婴追杀项羽东城"，表明项羽死于东城县城附近，即东城城郊。项羽死于东城城郊，可以说是"身死东城"。

《史记》没有写项羽死于乌江

《史记》从《高祖本纪》、《樊郦滕灌列传》，到《高祖功臣侯者年表》，再三再四再五地明确记载项羽死于东城。特别是《项羽本纪》写了乌江亭长与项羽对话之后的悲壮场面，

---

① 司马迁《史记》卷七、卷八，中华书局，1982年，第310、376页。

② 司马迁《史记》卷八，中华书局，1982年，第388页。

③ 司马迁《史记》卷九十五，中华书局，1982年，第2671页。

紧接着的"太史公曰",仍然称项羽"身死东城"。全部《史记》对于项羽身死之地,没有异词。《史记》的读者对于项羽死于东城,本不该有什么疑惑,历来之所以流行"乌江自刎"的说法,惟一原因是《项羽本纪》写项羽逃到东城与围上来的汉军冲杀两次之后的一段文字:

> 于是项王乃欲东渡乌江。乌江亭长檥船待,谓项王曰:"江东虽小,地方千里,众数十万人,亦足王也。愿大王急渡。今独臣有船,汉军至,无以渡。"项王笑曰:"天之亡我,我何渡为!且籍与江东子弟八千人渡江而西,今无一人还,纵江东父兄怜而王我,我何面目见之?纵彼不言,籍独不愧于心乎?"乃谓亭长曰:"吾知公长者。吾骑此马五岁,所当无敌,尝一日行千里,不忍杀之,以赐公。"乃令骑皆下马步行,持短兵接战。独籍所杀汉军数百人。项王身亦被十馀创。顾见汉骑司马吕马童,曰:"若非吾故人乎?"马童面之,指王翳曰:"此项王也。"项王乃曰:"吾闻汉购我头千金,邑万户,吾为若德。"乃自刎而死。

"项王乃欲东渡乌江,乌江亭长檥船待"十五个字,加上乌江亭长同项羽的对话,或许容易理解为项羽到了乌江边而后自刎。但认真细心地推敲,这一段文字并没有说项羽到了乌江。再联系前后文看,项羽那一天是到不了乌江的。如果研究者去事件发生地作一番实地考察,就会完全明白,项羽不是死于乌江。

我们看《史记》所写,项羽从垓下突围,逃"至东城,乃有二十八骑",而追上来的汉军骑兵有数千人。项羽估计自己逃不脱了,为了表明"此天之亡我,非战之罪也",项羽带领大家向汉军冲杀了两次。这两次冲杀,溃围,《史记》紧接在"至东城"之下写的,表示两次冲杀发生在东城附近。两次冲杀中,项羽亲自斩汉军的一将,斩汉军的一都尉,还杀死汉兵数十百人,当项羽重新聚集自己的部下时,只剩下二十六名骑兵了。项羽问"何如",众人都佩服他。《史记》在此接着写:"于是项王乃欲东渡乌江"。

"于是"在这里作为顺接连词,表示后一事紧接着前一事。《史记》里面,经常这样用"于是"。如《高祖本纪》写郦食其见刘邦:

> 沛公方踞床,使两女子洗足。郦生不拜,长揖,曰:"足下必欲诛无道秦,不宜踞见长者。"于是沛公起,摄衣谢之,延上坐。

《项羽本纪》写项梁教项羽兵法:

> 项籍少时,学书不成,去学剑,又不成。项梁怒之。籍曰:"书足以记名姓而已。剑一人敌,不足学。学万人敌。"于是项梁乃教籍兵法,籍大喜,略知其意,又不肯竟学。

《留侯世家》写张良劝说刘邦接受刘敬的"都关中"的建议：

> 留侯曰："雒阳虽有此固，其中小，不过数百里，田地薄，四面受敌，此非用武之国也。夫关中左崤函，右陇蜀，沃野千里，南有巴蜀之饶，北有胡苑之利，阻三面而守，独以一面东制诸侯。诸侯安定，河渭漕挽天下，西给京师；诸侯有变，顺流而下，足以委输。此所谓金城千里，天府之国也。刘敬说是也。"于是高帝即日驾，西都关中。^①

从这几个例句可以看到，"于是"连接的前后两部分，后者是紧随着前者而发生的。"于是项王乃欲东渡乌江"，表示项羽在东城两次冲杀、众人都为之拜服之后，接着就想到东去渡过乌江。这时候，项羽的人马在东城附近。

"欲"也是《史记》的常用字，意思为"想要"。我们看看《高祖本纪》的几个"欲"字：

> 于是沛公乃夜引兵从他道还，更旗帜，黎明，围宛城三匝。南阳守欲自刭。其舍人陈恢曰："死未晚也。"乃逾城见沛公，……
>
> （沛公）遂西入咸阳。欲止宫休舍，樊哙、张良谏，乃封秦重宝财物府库，还军霸上。
>
> （鸿沟之约以后）项羽解而东归。汉王欲引而西归。用留侯、陈平计，乃进兵追项羽。^②

以上各句中的"欲"，无论是刘邦，还是南阳守，都只是想想而已，并未行动，随后即改变了想法。项羽"乃欲东渡乌江"，也只是想想而已。

历来不少读者读到"项王乃欲东渡乌江"，"乌江亭长檥船待"，即以为项羽奔到了乌江，乌江亭长驾船在江边迎候。这其实是误读误解。

试想，如果项羽自东城奔到了乌江边，或接近了乌江，《史记》就不能用"乃欲东"（便想要往东去）。已经到了乌江边，或接近了乌江，还什么"欲东"！

关在书斋里研读《史记》的人，以为乌江离东城很近，项羽想着想着就到了乌江。实际上不是那么回事。古人说的"乌江"，是指长江自芜湖以下斜北行的那一段。项羽"欲东渡乌江"，是想东去渡过长江。按现代的计算，从东城到长江边，最近的距离也在二百四十里以上；而且这一带主要是山地和丘陵，尤其是东城附近，山峰绵亘，冈峦起伏，小河、小溪众多。项羽逃到这样的地方，又有数千汉军骑兵的围追堵截，他是不可能冲杀多远的。

《史记》写项羽两次冲杀中，亲自斩汉军的一将、一都尉，"杀数十百人"。在同乌江亭长对话后，项羽和他的二十六骑，弃马步行，作自杀性拼搏，"独籍所杀汉军数百人"，"项

---

① 以上三段引文见中华书局 1982 年版《史记》第 358、295、296、2044 页。

② 司马迁《史记》卷八，中华书局，1982 年，第 359、362、378 页。

王身亦被十馀创"。读者算一算，先杀死汉兵数十百人，后杀死汉军数百人，需要多少时间？灌婴所部，是刘邦特别组织的一支骑兵部队，能征惯战，屡屡击败楚军。这"数十百人"和"数百人"不会站在那里等项羽去杀，他们要拼搏，所以项羽"身亦被十馀创"；即使不拼搏，也要骑着马跑，项羽赶着杀，也需要时间。司马贞《史记索隐》对"数十百人"的注是："此不定数也。自百已下或至八十九十，故云数十百"[①]"数十百人"，"数百人"，加起来，起码三百人以上。若平均两分钟杀一人，这三百多人杀下来，要超过十个小时。而项羽步战独杀汉兵数百人以后，天还没有黑，因为遇到故人吕马童，彼此都认得出。这样算起来，项羽从垓下溃围南奔，渡淮河，陷大泽，先后与汉军骑兵搏斗，杀汉军一将、一都尉，杀"数十百人"和"数百人"，共需时间十多个小时。那他这一天赶路的时间只有两、三个小时或稍多一点时间。笔者实地考察过，从垓下到东城县城有三百多里。项羽的马"日行千里"，古代的一里比后世的一里要短。顾炎武说："千里之马，亦日驰五六百里耳。"[②] 即使项羽和他的二十六骑都是千里马，两、三个小时，或三、四个小时，他们也只能从垓下跑到东城县城一带。项羽那一天是到不了乌江的。

既然项羽那一天到不了乌江，紧接着的"乌江亭长檥船待"及亭长与项羽的对话，就不能认为是在长江边上。读者对此可能有所疑惑。如果我们正确了解了"亭长"的身份和职务的性质，了解了"檥船"的词义，便可以明白乌江亭长并不是驾着船在长江边迎候项羽。

《汉书·百官公卿表》有"十里一亭"、"十亭一乡"的说法。过去人们把亭长理解为村长、保长一类的角色。近年学者们进一步研究文献资料和出土文物，认为秦汉的"亭"不是地方一级行政单位，而是县廷派驻在外负责"禁盗贼"等事的机构，类似于现代的派出所。当时基层的行政区域依次是县、乡、里。各个"亭"当然也会有负责的区域，但"亭"不是一个行政区域。"亭长"也不是守着本村本土的基层行政头目，而是县廷之吏。我们看《史记·高祖本纪》记载刘邦"及壮，试为吏，为泗水亭长，廷中吏无所不狎侮"。又记载，"高祖以亭长为县送徒郦山，徒多道亡。"这可见做亭长的人常出入县廷，交际广泛，又外出到很远的地方为县廷办差事。由于亭长是这样的角色，此时又是战乱时期，项羽在东城附近与乌江亭长见面就是合乎情理的事情了。

再说"檥船"，旧注解说不一。现代学人注释《项羽本纪》，大都认为"檥"同"艤"，把"檥船"解释为"拢船靠岸"。然而，这样的解释在两汉文献中找不到依据。《史记》、《汉书》俱作"檥船"，《水经注》的引用也作"檥船"。《说文·木部》："檥，榦也。"《说文解字》中有"檥"，没有"艤"。段玉裁根据《说文》、《尔雅》等典籍，解释说："《史记》'乌江亭长檥船待'，檥船者，若今小船两头植篙为系也。"[③]《史记集解》引东汉学者应劭的解释："檥，正

---

① 司马迁《史记》卷七，中华书局，1982年，第297页。

② 顾炎武著，陈垣校注《日知录校注》（下）卷三十二，安徽大学出版社，2007年，第1837页。

③ 许慎撰，段玉裁校注《说文解字注》，上海古籍出版社，1986年，第253页。

也。""榦""檥"都是"正"的意思。《易·蛊》的"榦父之蛊",意为整顿前人败坏的事业；《诗经·大雅·韩奕》的"榦不庭方",意为安定不朝觐的方国诸侯。所以"檥"作为"正"讲，就是整理、安顿的意思。"檥船",大体上可以理解为安置着船,备有船。

无论是把"檥船"理解为"若今小船两头植篙为系"者,还是理解为安置着船,备有船,都说明在司马迁、班固的时代,"檥船"并没有在水上驾船靠岸的意思。"亭长檥船待",表示亭长备有船。乌江亭长是在东城附近对项羽讲:"今独臣有船"。

《史记》再三再四再五地明确记载项羽死于东城。这是无可争辩的。经过以上分析,我们可以明了,《项羽本纪》没有写项羽到达乌江。项羽未到乌江,当然就不是死于乌江。袁传璋、胡中友诸先生,坚决否认《项羽本纪》中有"错简"和传说成分。对于这两者的可能性以及现存《史记》文本中是否存在前后抵牾的问题,笔者不想同袁传璋、胡中友诸先生讨论。笔者想说的是,现存的《史记》文本,记载的是项羽死于东城,没有写项羽死于乌江。

2012 年 8 月 17 日写毕

项羽身死之地续考

宋江及其起义军几个关键问题的新探考

李永祜

（中国人民大学文学院）

历史上的宋江及其三十六人起义军的事迹,是后世《水浒传》创作的原型人物和历史素材,因此,对《水浒传》进行研究,撇不开对宋江及其起义军事迹的研究。近半个世纪以来,在这方面的研究上出现了重大的突破。例如,长期争论不休的宋江及其起义军是否投降宋王朝的问题,宋江投降后是否出征方腊的问题,由于北宋末吏部侍郎李若水《捕盗偶成》一诗的发现,[①] 和北宋抗金名臣李纲的《赵忠简公言行录》的发现,[②] 与已有的史料相互印证,宋江投降和征方腊的问题确凿无疑,已成定谳。

但是,对宋江等起义的时间和地点;宋江起义的后期,即从离开京东南下、攻陷淮阳军到最后失败于海州的进取方向和进军路线;宋江征方腊后又遭折可存捕杀的时间和原因等这些关健性的问题,由于史料极少、相互抵牾或语焉不详,又由于研究者对史料理解的不同等复杂原因,迄今难以确定或存在异议。本文拟就以上问题作一些新的探考。

一、宋江起义的地点和时间

在今存的南宋多种史籍中,凡提到宋江之处,均无宋江等起义时间的记述。只是在元

---

① 见马泰来《从李若水的〈捕盗偶成〉论历史上的宋江》,《中华文史论丛》1981 年第 1 期。
② 见李灵年、陈新《宋江征方腊新证》,《文学遗产》1994 年第 3 期。

代脱脱编纂的《宋史·徽宗纪》中才有这样的记述："宣和元年……十二月甲戌,诏京东东路盗贼窃发,令东、西路提刑督捕之。"从宋徽宗十二月甲戌(初二,公历为1120年1月4日)发布的这条诏令来看,所谓京东路盗贼,指的就应是宋江及其起义军;他们起义的时间当然是在十二月甲戌之前的三五个月甚至更早。这是因为,宋江起义规模很小(只有宋江及三十六人)而且他不像方腊那样聚众演讲誓师,立尊号、定年号,旬日之间即聚众十万之众,很快即为官府所知。宋江等是采取了隐蔽、秘密的方式行事,长时间不为地方官府所知,所以《宋史》称其起义是"窃发"。这是宋江起义具体时间无法确定的最主要的原因。另一重要原因是,地方官府的轻视和瞒报。宋江及其部队因为是小股"窃发",官府得知后起初肯定认为是癣疥之疾,不足为患,同时又对上瞒忧不报。① 及至后来宋江闽州跨县事情越闹越大,不得不上报时,已经迁延了很长时间。即令如此,由于宋江起义军的规模确实很小,所以皇帝也只是下令京东、西两路提刑官即省一级主管缉匪捕盗的官员进行捕捉,而未如对待方腊起义军那样,下令派大将出兵征讨。正是这种状况造成了记录宋江起义的具体年月材料的缺失,以致依据南宋私家史籍和宋朝宫廷大量文书档案纂修《宋史》的脱脱,也只好对此一问题付之阙如,只能以皇帝发布捕捉诏令的时间"宣和元年十二月甲戌"作出交代。有鉴于此,所以近代的史学家们在论及宋江起义的时间时,或称在"宣和初年",或称"约于本年(宣和元年)或本年以前"②。

但是,宋江等起义的具体年份仍有探考的余地。

两千多年前的孔老夫子有言:"礼失而求诸野。"③ 这里所说的"礼",是指与古代儒家经典《诗》、《书》、《易》、《乐》、《春秋》并列的另一部经典《礼经》;野,指民间。此句的意思就是《礼经》如有所缺失,可以向民间的书面或口头的记载去探求。孔夫子提出的这一命题是有普遍意义的。这也就是说,民间的记载是保存了不少史料可供探求,以补官方典籍之不足。对宋江起义来说,现在就有一部传世的民间文籍可供探索研究,以补宋代史籍记载之缺失,它就是《大宋宣和遗事》。

《大宋宣和遗事》(以下简称《遗事》)被学术界公认是"宋人旧编,元人增益"之作,④ 是宋代说话艺人讲史话本的一个节略本。不少史学研究者和《水浒传》研究者认为《遗事》是"小说家言"的虚构之作,没有重视考察研究书中所包含的史料。实际上,《遗事》虽是"小说家言",但却有重要的史料价值。首先,它属于说话中"讲史"这一家数(门类),这就决定了它不可能完全虚构。我们看到,作品对历代帝王骄奢淫逸亡国的历史只是概述,而

---

① 瞒报事变为官吏常事,如方腊于宣和二年十月起义,当时朝廷中宦官王黼专政,"恶闻有贼且唆督浙西提点刑狱张苑勿张皇生事,因不敢实奏。"直到十二月皇帝得报后才于二十一日下令宁保军承宣使谭稹征讨。见李埴《皇宋十朝纲要》卷十八及《宋史·童贯传》附《方腊传》。

② 见沈起炜《中国历史大事年表》(古代史类),上海辞书出版社,1983年,第349页。

③ 见《汉书·艺文志》"诸子略序"。

④ 见鲁迅《中国小说史略》及胡士莹《话本小说概论》有关章节。

对宋徽宗一朝,在严重的内忧外患中,君臣上下仍然穷奢极欲、腐败颠顶的描写则是与史实相合或于史有据,例如修万岁山,运太湖石以致民不聊生、呼号于野的描述;金军攻打太原,童贯仓皇逃离的描述;金兵围困汴京,郭京召六甲神兵御敌的闹剧;太学生陈东上书皇帝要求杀蔡京等六贼以谢天下的呼声;金兵围困汴京,强索金银、子女、仪仗、图书的暴行等等,均与当时人所著之《靖康要录》、《靖康纪闻》、《靖康传信录》及其后之《东都事略》、《三朝北盟会编》、《宋史》等史籍相合。其中有些细节的记述,如童贯出征方腊,宋徽宗送行,握贯手曰:"东南事尽付汝,有不得已者,竟以御笔书之。"金兵将犯太原,童贯欲逃归汴京,遭太原守将张孝纯痛斥,童贯狡辩与张对骂的场面等,竟与史籍记载完全相同。[1] 可见《遗事》的讲史部分是摘取当时的官私史籍而来,是可信的。其次,《遗事》中的水浒故事,即"梁山泊聚义始末"部分也包含可信的史料。其中除宋江得九天玄女天书、率三十六将朝拜东岳还愿,朝廷无奈出榜诏谕、张叔夜前来招诱、宋江征方腊有功封节度使等这几处,或属神道虚妄,或表述含混与事实不符,或显系夸张虚构外,[2] 其他部分所叙之事大体上是真实可信的。

我们先看宋江等起义的规模和人员。《遗事》中主要叙述了杨志等十二指使上太行山落草;晁盖等八人上梁山泊落草;董平、索超等四人上梁山泊;宋江率朱仝、李逵等九人上梁山泊。先后共四批,每批少则四人,多者十二人,就其分散状况、人数规模和隐蔽秘密的方式而言,这正是朝廷一再宣称的盗贼"窃发"。[3] 关于起义的人员,除宋江之外,杨志被史籍称为"招安巨寇",他在宣和四年春在童贯所部与辽兵作战时,与另一将领赵明同在种师道的东路军"将选锋军",[4] 而这个赵明在宋江参与征方腊时,与宋江同为刘镇的西路军裨将,受大将王涣统领。[5] 显然,此杨志就是宋江所部的三十六人中的真实人物。史斌(《水浒传》作史进)史籍称作"斌,本宋江之党"。[6] 他在建炎元年(1127)秋重新起事称帝,次年冬兵败被杀。此史斌亦为三十六人的真实人物。史斌或许是受招安后恢复了原名"斌"字,也有可能是改"进"为"斌"。全部三十六人的具体姓名,迄今未发现史籍中有明确的记载。但是《遗事》"梁山泊聚义始末"有宋江及三十六人名单。如果我们拂去笼罩在这

---

① 以上两处分别见《宋史·王黼传》、《宋史·童贯传》。按《宋史》虽编纂于元代,但系据宋代各朝的实录、王偁的《东都事略》等官私史籍修撰而成。

② 节度使盛行于唐代,系总揽一州或数州军政财大权的地方将领的官名,中唐以后往往成为拥兵割据的地方军阀。宋代惩唐代之弊,收回节度使的兵权,只以此名号专作将相及宗室勋戚的荣衔,并不赴任。宋江为一降寇,即使建立军功,也绝不会授此荣衔,这纯属说话人夸张虚构之言。

③ 除《徽宗纪》宣和元年十二月诏令称宋江等起义为"窃发"外,在《宋会要辑稿》中有宣和三年皇帝的诏令,一方面批评近年一些州郡的守令不称职"以致盗贼窃发",另一方面又对张叔夜等三名地方官"能责所部斩捕贼徒,声绩著闻,寇盗屏迹"予以嘉奖,并各进职一等。此张叔夜就是设伏迫降宋江的海州知州。此处所说的"窃发"的盗贼,就是指宋江等人。

④ 见宋徐梦莘《三朝北盟会编》卷四十七转引《靖康小雅》。

⑤ 见清徐松所辑《宋会要辑稿》第一百七十七册"兵"十二。

⑥ 见宋杨仲良《通鉴长编纪事本末》卷一百四十一。

份名单上的神道虚幻色彩,仔细地考察研究,就会发现,此名单也是真实的。众所周知,宋江及其三十六人是被皇帝下令捕捉和又下令招降的,这是无可争议的确凿事实。有关他们的材料在朝廷中都须立案归档,这也是可以肯定的。特别是他们归降后张叔夜必须造册载明他们的姓名(可能也包括绰号)、年龄、籍贯、归降前在其团队中的身份地位等,申报朝廷,呈奏皇帝,以便授予官职,这是当时制度,绝不会缺失。这有张叔夜、宋江同时人李若水《捕盗偶成》中"大书黄纸飞敕来,三十六人同拜爵"之句可以为证。① 另据《宋史·徽宗纪》载,宣和七年二月,京东转运副使李孝昌言:招安群盗张万仙等五万余人。诏:"补官犒赐有差。"三月,知海州钱伯言招降山东寇贾进等十万人。诏:"补官有差"。差即差等,不同的等次。只有奏报列出骨干的名单,犒赐、补官才能体现出差等。这是有力的佐证。宋江等人起义后声东击西,神出鬼没,民间群众只能得知极少的几个头领的姓名,不可能悉数知晓,张叔夜的名单则是逐一核对,据实以报,是准确无误的。值得注意的是,《遗事》的名单除上述宋江、杨志、史斌外,还有几处与史籍相合。一是宋江与其头领(骨干)的人数。宋元两代的许多官私史籍都称"宋江三十六人,"、"三十六人","京东宋江三十六",是不准确的。前辈学者余嘉锡在《宋江三十六人考实》② 中指出:"江以三十六人横行齐魏","'以'者能左右之义,则宋江外当尚有三十六人……则宋江自不在三十六人之内。"余先生的看法是完全正确的。"以"在古汉语中属于介词,"以三十六人",在此处是率领、统率之义。因此,宋江不在三十六人数内是明无疑义的。"江以三十六人横行齐魏"这条材料最早出自王偁的《东都事略·侯蒙传》。《东都事略》成书于南宋初年(1185),是王偁据其父王赏所修撰的北宋历朝实录编成的一部纪传体史书,书中提供的材料自有所本,翔实可靠,所以脱脱主修的《宋史·徽宗纪》基本上原文照录,只有个别字句稍有差异或省略。单就《侯蒙传》而言,所谓"宋江以三十六人"云云,系引自侯蒙上皇帝的奏书之言。侯蒙累官尚书左丞、中书侍郎(相当于副宰相),宋徽宗曾单独面询其对蔡京的看法,并嘱其暗中监视蔡京动向,又有数事让侯蒙单独受旨,他是参与朝廷机要的重臣。后因遭蔡京嫉恨降职知亳州,但仍加"资政殿学士"的高衔。他在朝内时,宋江等起义不久,他能看到地方官的奏折和有关案卷,他出知亳州时也会收到递送的朝报,所以,他的奏书及其所用之词,是第一手的史料,是准确可靠的。将《遗事》名单与王偁、脱脱的提法对照看,《遗事》名单中无宋江的名字,名单后"有一行字写道:'天书付天罡院三十六员猛将,使呼保义宋江为帅'",其后又有叙述:"宋江统率三十六将";"有那元帅姓张名叔夜的……前来招诱宋江和那三十六人归顺朝廷"。这几句也交代得清楚,宋江是三十六人的统率者,他不在三十六人之内。《遗事》的记述与《东都事略》、《宋史》相一致,显示出其真实性的史料价值。

---

① 在《水浒传》第八十五回中写辽邦欧阳侍郎向辽主建议招降宋江军马,辽主欣然同意,说道:"教把众头目的姓名都抄将来,尽数封他官爵。"欧阳侍郎见宋江时也说:"欧某今奉大辽国主(钦命)……便要抄录一百八位头领姓名赴国,照名钦受官爵。"这也可以作为封建时代对归降者申奏名单,以授官职这一制度的佐证。

② 见《余嘉锡论学杂著》下册。

二是最近本人新发现的三十六人中的"第十三将"的史料,可作为《遗事》真实性的新的例证。在《遗事》中,有三次出现"三十六将"的提法:"天罡院三十六员猛将"、"俺三十六员猛将"、"宋江统率三十六将"。这种提法,并不仅仅是对宋江部属骨干数量上的计数,实际上还含有排序称谓之意。在南宋初年抗金名将宗泽之婿左承议郎、知婺州余翱为宗泽撰写的行状中称,靖康元年宗泽"除河北义兵都总管"。当时,"有招安强寇号第十三将首令(领)者,恣横凶暴,不改故态,驰骋市肆间,公命斩之。"① 此条材料记述的是北宋灭亡的前一年即靖康元年(1126)的事情。此时距宋江被杀害仅过去四年,与杨志随种师中抗金失败于山西榆次县在同年,② 而就在次年即建炎元年(1127)秋,"宋江之党"史斌(进)在陕西兴州重新起义。从时间上看是宋江原来的部下仍在活动的时期。从称呼上来看,此人被称为"招安强寇",与杨志被称为"招安巨寇"相同,应该是宋江的部将无疑。据史籍记载,北宋熙宁七年(1074)实行"置将法",开封、河北、京东西置三十六将;河东、秦凤、永兴置四十二将。③ 各将的排序是以军功战绩和武艺高下为准则。宋江所部号称"三十六将",应是仿效朝廷"置将法"而为。我们将此"第十三将"与《遗事》名单中的排序相联系,发现第十三人为豹子头林冲。④ 今本《水浒传》写宋江攻打祝家庄被一丈青追赶危急时,突然林冲驰马来救,小说在此以"满山唤作小张飞"对林冲作了描写;在第七十八回入话赋中又描写称"林冲燕颔虎须,满寨称为翼德"。《水浒传》的这些描写,是施耐庵据南宋初说话艺人的讲说传承而来,⑤ 南宋初的说话艺人把林冲形容得像《三国志平话》中的张飞那样粗犷凶猛,应当是根据人们对传说中的此人的外貌和性格而得来的。现在被宗泽处斩的此"第十三将"性格"恣横凶暴",他被同伙或其他当时人加以凶猛动物"豹子头"的绰号是完全可能的。既然此"第十三将首领"是宋江的部属骨干,其性格又与南宋以来话本中的林冲性格一致,而《遗事》名单中的林冲其排序又是第十三将,那么,被宗泽所斩之"第十三将",他应当就是《遗事》中第十三将豹子头林冲的历史人物原型,至此,林冲作为历史上的真实人物得到了证实,而他的真实存在,反过来又成为《遗事》名单真实性的一条新的佐证。

那么,《遗事》中的三十六人名单究竟由何而来?我认为,极有可能是由朝廷宫内流失在外。北宋靖康元年、二年(1126—1127)金军围攻汴京时,屡次勒令索取宋廷的宝器、文物、图籍等,这在《靖康要录》、《靖康纪闻》、《瓮中人语》等当时的史籍和其后的《三朝北盟会编》、《宋史》等史书中都有详细的记载。《靖康要录》还记载,在靖康二年二月十七

---

① 见宗泽《宗忠简集》卷七《遗事》。

② 宋江被杀害一事见后论。

③ 见《宋史·兵志二》。

④ 元杂剧《还牢末》中李逵自称是第十三个头领;《三虎下山》中花荣自称是第十三个头领,这都是据民间口头传说而来的讹误,不足为据。

⑤ 施耐庵与前辈艺人的继承关系及其本人对《水浒传》成书的贡献,见《菏泽学院学报》2011年第3期拙文《施耐庵和罗贯中对〈水浒传〉成书的贡献》。

日,金军差官"抄劄"徽宗所居之龙德宫、宁德宫巨额金银,并劫持徽、钦二帝北去以后,"兵民潜入宫禁龙德宫盗物,而上皇之服御满市"。在宋廷崩溃,社会秩序混乱的情势下,张叔夜奏报的宋江及三十六人名单,有可能在金军掠去的图书文籍中散出;也有可能被管理文档案牍的宫廷一般官员私自携出;更有可能是在市民盗窃龙德宫物品时连带取出,流失民间,被辗转传抄,以致少数人名前后不一,但作为整体文件是可信的。

我们次看起义的地点。宋江等人起义,由于是"窃发",不但人员分散,地点也不一,但大的范围是确定的。《宋史》中《张叔夜传》和《侯蒙传》分别记载"宋江起河朔","江以三十六人横行齐魏"。"河朔"古代泛指黄河以北之地区,唐宋时主要指今河北南部与河南北部黄河以北地区。例如宋代岳飞系汤阴人,他自称"河朔岳飞";《宋史·刘挚传》云:"嘉祐中,刘挚任南宫令,与信都(今河北冀州市)令李冲,清河令黄莘皆以治行闻,人称'河朔三令'"。齐,即齐州,指今济南市及其周边地区;魏,即魏郡,今河北大名市地区,也正是河朔地区。《遗事》记载杨志因命案被发配卫州,卫州即今河南卫辉市,也位于河朔地区。李俊义、孙立等在汴京以北黄河岸边杀了防送公人,与杨志一行十二人到山西太行山落草。如果他们的作案是在黄河北岸,且所经行的既是卫州辖境,他们的起事就是在河朔地区。晁盖等八人的起事,发生在南洛县。"南洛"应为"南乐","洛"、"乐"音近易淆,当为传写之误。南乐县在北宋宣和间属河北路大名府(即当时的北京),也处于河朔地区。它北距大名府四十华里,由大名至汴京有一条经南乐县境的古道。《遗事》称晁盖等打劫的具体地点为五花营。许多研究者都以为此地点只不过是说话人"顷刻间捏合",随口虚构而已。其实不然,不但南乐县是真实存在,五花营也确有其地。查光绪癸卯(1903)《南乐县志》①,有三处记载五花营:卷一《地理·古社·北七社》:"五花营(十五里)"。②卷一《地理·古迹》:"五花营,在县北十八里。唐河北五镇尝会兵于此,故名,后人因其壁垒,聚居成镇(旧志),今村名仍呼之。"另有县境图,标明在县城西北有五花营村名,在村西约二里有西南流向东北的河流,两岸有宽阔的大堤名"金堤"。县志《地理·山川·金堤》云:"在县西十里,南起荥阳,北抵千乘海口,长千余里,境内遗址尚存者在宋时马颊河故道左右(改录旧志)。"这些记载表明,五花营村是自唐宋至清末千余年的古老村庄;五花营旁有堤岸也是确凿的历史事实。而堤岸上广植树木则是古人的风尚习俗。《遗事》称晁盖等在五花营起事,这是据实而记,而且连写马县尉等"行到五花营堤上田地里,见路旁垂柳掩映,修竹萧森"这样的景色,也有真实的依据。南乐县、五花营、大堤这些真实的地点、景物,再次显示出《遗事》的史料价值;③同时也证实晁盖等人的起事地点就在河朔,与史书完全相合。

---

① 该县志由时任知县施有方及李云峰等纂修。据李云峰序中云,该县修志"始创于明嘉靖丁酉(1537),迄国朝康熙辛卯(1711)",此光绪志系据康熙志而续修。

② 该县志于每村镇后均注明距县城之里数。

③ 《遗事》为何对晁盖等人起事地点的记述如此确切、真实,这与南宋初第一代北方南迁杭州的说话艺人直接相关。此一问题将另外论述。

《遗事》还记述了另外两批即董平、索超等四人和宋江、朱仝等九人在郓城县的起事。董平等未曾负人命或财宝案件，是由宋江推荐前去梁山泊，影响不大，但这种悄悄上山，正是典型的"窃发"。宋江等人上梁山泊后，其三十六人已基本聚齐，这是以他为名义的起义的最终完成，且很快即攻州掠县，令朝廷震动。这两批起事发生于郓城县，并从梁山泊出击各地，所以被朝廷称为"山东盗宋江"。但由于宋江起义后其本人也肯定率部到过河北，更由于最早起义于河朔的杨志、吴加亮（吴用）等，都成为他的部属，所以作为共主的宋江就被史书称为"起河朔"（《宋史·张叔夜传》）、"横行河朔"（《东都事略·侯蒙传》）、"横行齐魏"（《宋史·侯蒙传》）。这种看法在当时另外的私家文籍中也有记述：当宣和二年春宋江等由淮南至淮阳军（今江苏邳州市）复又"转略京东，径趋沭阳（今江苏东北部沭阳县）"时，《东都事略》称宋江为"淮南盗"，王登之墓志铭称之为"京东剧贼"，两者都是据宋江以前在淮南、京东活动过而用其称。但记述同一件事王登之子王师心的墓志铭却称宋江为"河北剧贼"。显然，这不是据近前宋江的活动地而称，而是据最初众口相传的宋江起义于河朔即河北地区而用其称的。

综合以上的考察分析可以看出：宋江及其三十六人的起义军作为一个整体对待，他们起事的地点的确是在河朔即河北。具体的原始地点一在河北卫州辖境南部，一在河北南乐县五花营，再就是与河朔近在比邻的山东郓城县。

我们三看宋江等人起义的时间。首批杨志等人的起事大约在政和七年之初。杨志等人是被朱勔派遣前往太湖押运花石纲的。朱勔为媚上，最初只不过每年进贡花石两三次，每次"五七品"而已，"至政和中始极盛，舳舻相衔于淮汴，号'花石纲'"。搜括花石达到顶峰的是政和六七年间，当时徽宗正式下诏发运花石，令朱勔、王永从等六人掌其事，而独授朱勔以"节钺"。集中了朝廷掌控的船只二千余艘，派大量广济河的士兵作"輓士"即纤夫，并设立四指挥。其时得到一巨石"高四丈，载以巨舰，役夫数千人"。统治者又感到如此庞大的搬运队伍缺乏调度押运人员，于是又"增置作牵驾人"。[①] 朱勔既被授予"节钺"，就有便宜行事的特权，杨志、李进义等十二指（挥）使，极有可能是朱勔专擅任命的大批指挥押运花石纲人员中的一小部分，他们是押运花石纲事毕之后起事的，应当就在政和七年年初。

《遗事》中说晁盖等是在宣和二年五月劫取了梁师宝的财宝，这个年份可能是口传或笔传造成的错误。史书记载，在宣和元年十二月初朝廷即下令捕捉宋江等京东盗，同月又明令"招抚山东盗宋江"，而且二年春夏间宋江等正剽掠于京东的单、濮地区，晁盖等人何以此时方起事？实际上晁盖等人的起义早已发生在两年之前。《遗事》中写宋江上山后吴（用）加亮向宋江转述晁盖的话道："是晁盖哥哥临终时分道与我：'从正（政）和年间，朝东岳烧香，得一梦，见寨中会中合得三十六数，若果应数，须是助行忠义，卫护国家。'"可以看

冯其庸先生从事教学与科研六十周年庆贺学术文集

---

① 见《宋史·朱勔传》，杨仲良《皇宋通鉴长编记事本末》卷一二八"花石纲"条，及《续资治通鉴》（四库全书存目本）卷十五。

出，当晁盖讲这番话回顾政和年间往事时，他们已度过了政和年间，而进入了宣和年间，而且既然政和间已有了山寨，当然就是已经起事上山。其时间应是与杨志等人同年而稍后即政和七年五月。宋徽宗的年号，政和七年之后经重和元年（1118）又改元宣和，宋江应当是在宣和元年秋冬间才上梁山泊。这里有一个疑问；为什么晁盖等上山一两年未被官府发现，而宋江上山仅几个月就遭朝廷下令捕捉？我以为，这可能与晁盖等劫得大批珍宝后恃财蛰伏及关注修建山寨营垒有关，也可能与他韬略不足，缩手缩脚有关，更或许两者兼而有之。而宋江则不然，按同时人兵部尚书赵期的看法，他是个"剽悍猖贼"；[1] 按元中期人陈泰的记述，其性格是"勇悍狂侠"。[2] 所以他上山之后即率领三十六人先是"横行齐魏"，"出入青、齐、单、濮间"，继而又"转略十郡"，引起朝廷震动。清初著名的史地学家顾祖禹，在其著作中谈到梁山时提出："宋政和中，盗宋江保据于此，其下即梁山泊也。"[3] 顾祖禹治学精审谨严，为世人称道，他的论断必有所据而为我们所未见，或者顾祖禹这是将宋江及其三十六人作为一个整体，从其活动根据地上肯定了水泊梁山，又从其起义的最早时间上肯定了在政和年间，而未必是肯定宋江本人在政和年间上山，这同样是正确的。

二、宋江起义军后期的进取方向和进军路线

宋江等起于河朔，横行齐魏，出入青、齐、单、濮间，其早期和中期被称为"河北剧贼"、"山东盗"、"京东盗"。这两个时期其大的进取方向和行军路线，基本上是明确的，研究者不存在大的争议。但是对宋江起义军的后期即离开京东路之后，其在淮南的活动和进取方向，史料近乎空白，而进犯淮阳之后其进军路线，研究者分歧甚大。

在探讨这一问题之前，我们须先要弄清宋江究竟是何时离开京东路进入淮南的。由于史籍对此并无记载，我们只能从朝廷对有关官员调动的史料中寻找宋江军的行踪。据方勺《泊宅编》卷五记载，宣和二年十一月初七日，[4]"歙守天章阁待制曾孝蕴，以京东盗宋江等出入青、齐、单、濮间，有旨移知青社。"青社即指京东青州。由此可见，宋江军此时正横行于青、齐之间，迫使朝廷调曾至青州应急。当曾孝蕴奉旨北上，尚在赴青州途中时，据李埴《皇宋十朝纲要》载，朝廷突然又于十一月二十八日下令其改知睦州。这是因为方腊攻势猛烈，浙西危殆，另一原因是剽掠不定的宋江军的活动区域大约有所转移，应当是在十二月间至晚在月底离开了京东。宋江军离开京东向淮南发展，有如下史料可供探考、研究。

---

① 见李纲《赵忠简公言行录》，载民国丙寅（1926）《五云赵氏宗谱》。

② 见陈泰《所安集遗集·补遗》。

③ 见《读史方舆纪要·东平州》。

④ 按：方勺的原文为十二月初七日，但十一月二十九日方腊攻青溪县，十二初四又攻陷睦州（一说十二月初二），浙西形势危殆，朝廷不可能此时调曾孝蕴至山东青州，当以十一月初七为是。

李焘《续宋编年资治通鉴》(1168 年成书):

> 宣和二年十二月,盗宋江陷淮阳军及京西(此"京西"应是"京东西路"的简称——引者)、河北,至是入海州界,知州张叔夜设方略讨捕,招降之。[①]

王偁《东都事略·徽宗纪》(1185 年成书):

> 宣和三年二月,方腊陷楚州,[②]淮南盗宋江犯阳军,又犯京东、河北,入楚海州界。

李埴《皇宋十朝纲要》(约与《东都事略》同时成书而稍晚):

> 宣和三年二月庚辰,宋江犯淮阳军,又犯京东、河北路,入楚州界,知州张叔夜招抚之,江出降。

脱脱《宋史·徽宗纪》(成书于元代后期):

> 淮南盗宋江等犯淮阳军,遣将讨捕。又犯京东、河北,入楚海州界,命知州张叔夜招降之。

这四条史料记载的是宋江军后期活动同一件事,但它们有同有异,而无论同异,均存在问题,需要梳理厘正。李焘的记载最早,他称宋江军"宣和二年十二月陷淮阳军",从时间上说,可以与宋江离京东南下相衔接,但却无宋江在淮南路主要是楚州活动的记述。海州虽属淮南东路,但地处濒海,非淮南腹心地区,且宋江至海州城外时间很短(可能只三五天)即告失败,不可能被据此而以"淮南盗"相称。宋江在淮南的活动在此记载中是空白,此为一大问题。或许有鉴于此,王偁和李埴在各自的记述中分别改作"入楚海州界"、"入楚州界"。这个变动虽加上了宋江军在楚州的活动,但问题依然存在。宋江败于海州,此为确定无疑之事。但海州与楚州相距较远,既非一地又非楚州辖地。李埴的"入楚州界",是犯了"直把楚州作海州"之误。王偁的"入楚海州界",如将"楚海"中间断开作"入楚、海州界",其意思应是楚州、海州并列,完整地表达应是"入楚州、海州界"。但省去楚后之"州"字,而又与"海州"并列,这种省略是不符合汉语表达习惯的;如"楚海"中间不断开,

---

① 按:李焘的原著名为《续资治通鉴长编》共五百二十卷。今存本徽宗、钦宗两朝佚失。《续宋编年资治通鉴》十五卷,《四库全书》定为"宋刘时举撰"。清初史学家认为当系元代书商将李焘之书缩编后托名刘时举而为,但内容可靠。

② 楚州当为"处州"之误。

作"入楚海州界",表达习惯无问题,但意思变成了"楚之海州界",即海州为楚州的辖地,这又与李埴的记述犯了同样的错误。不要以为古代当时人记当时事不会错误。由于"靖康之变",宋代各朝的大量文籍档案被金人掠走或在战乱中散失,地方州县的志书舆图亦缺失不全,况且李埴父子与王偁等身居南宋国都临安,海州在金人统治之下,楚州在宋金交界之处,他们亦不能亲赴当地考察、核实,出现失误,在所难免。即如此项记载,称"宋江犯淮阳军,又犯京东",竟将淮阳军当作京东路以外之地看待,殊不知早在宋太宗至道三年(997)即将淮阳军划入京东路;宋神宗熙宁七年(1074)又将淮阳军划归京东东路。此为同一记述又一讹误之例。至于脱脱之记述,主要是沿袭王、李之旧,勿庸置议。然而王偁、李埴记述存在的问题并不止一端。从时间上看,从宋江军犯淮阳军的宣和二年二月庚辰即十五日起,二月底或三月初旬投降为止,宋江近千人之众,要在这短短十五至二十天内纵横奔驰于京东、河北、楚州、海州之间数千里的路程,这是绝无可能的。总之,王偁、李埴等三条记载存在着无法圆通的矛盾和问题。当然,研究者对王偁、李埴等人的记载有不同的理解,对问题的认识也是有一个过程的。

上世纪八十年代初,吕乃岩先生的文章可以说是沿着王、李记载所表述的顺序探讨宋江军离京东后进军路线的代表作。[1] 吕文在引列出李焘、王偁、李埴三人的记载及载有宋江军路经沭阳县受挫的王师心墓志后提出:"宋江等南下行进的时间顺序应是犯淮阳军在前,其次是趋沭阳,再次是入楚州,最后在海州失败。"又说:"开始宋江等人可能想通过沭阳去海州,因在沭阳受阻,知当地有所戒备,于是折回泗水,顺流南下楚州,然后由淮河经楚州入海,由海道北上海州。""他们既然是一支水上武装,善于水上活动,可以设想,他们由山东梁山泊进入淮南到海州,始终走的是水路。"这种看法有人赞同,但存在的问题不少。

首先,是吕文回避了宋江犯淮阳之后紧接着"又犯京东、河北路"这样的大行动,而宋江在京东的行动是有史料可证的。宋张守《毗陵集》卷十三《左中奉大夫充秘阁修撰蒋公墓志铭》云:

> 公讳圆,字粹仲,蒋氏。……未几,徙知沂州。宋江啸聚亡命,剽略山东一路,州县大震,吏多逃匿。公独修战守之备,以兵扼其冲。贼不得逞,祈哀假道。公阳然阳应,侦食尽,督兵鏖击,大破之。余众北走龟蒙间,卒投戈请降。或请上其状。公曰:"此郡将职也,何功之有焉?"

这条材料记载宋江军到了沂州,但他们并不是宣和元年河朔初起事后到沂州,因为那时他们出入青、齐、单、濮间,沂州不在其内;同时他们初起事后,锋芒极盛,横行齐魏"官军数万,无敢抗者"。蒋圆系一新上任的州官,所掌之兵不过数百,且又兵将不熟,他怎能"大破"

① 吕乃岩《北宋末宋江起义活动的三个阶段》,《水浒争鸣》第二辑,长江文艺出版社1983年版。

宋江军并迫其余众"投戈请降"呢？实际上这里记述的是宣和三年二月宋江军犯淮阳之后重入京东到了沂州。蒋园墓志还有一段记载说，蒋阻击宋江军后"除开封府少尹，辄乘驿诣阙，陛见赐对。上问宋江事，公敷奏始末，益多其才，时年七十矣。赞贰洁穰，智力不少衰，以治办闻。被旨鞫浙寇方腊毕，赐三品服。"方腊于宣和三年四月被擒，七月押解到东京，八月被斩。既然蒋园阻击宋江军后紧接着就是晋升官职、陛见皇帝、审讯方腊，这就有力地表明，宋江军到沂州确实不在宣和三年之前，而是在宣和三年二月从淮阳军经京东路内地到海州海滨途中发生的事情，这是确定无疑的。与此墓志所载的情况极为相似的是王师心的墓志，而王师心正是在宣和二三年任官沭阳的。

宋汪应辰《文定集》卷二十三《显谟阁学士王公墓志铭》：

> 公讳师心，字与道，世为婺州金华人。登政和八年进士第，授迪功朗、沭阳县尉。时承平久，郡县无备。河北剧贼宋江者，肆行莫之御。既转略京东，径趋沭阳。公独引兵邀击于境上，败之，贼遁去。

这篇墓志所载之事，就是上引吕乃岩先生所言宋江军"犯淮阳在前，其次是趋沭阳，"、"在沭阳受阻"之事。两篇墓志有三处相同：其一是都写宋江军的军事行动；其二是都写的宋江军在京东路和淮南路所辖的州、县境内的活动：一为"剽掠山东一路"，"余众北走龟蒙间"，一为"转略京东，径趋沭阳"；其三是都写了宋江军末路之相：一为"大破之"，"余众……投戈请降"；一为"击于境上，败之，贼遁去。"这些相同点证明宋江军的确在犯淮阳之后既到了沭阳，又到了山东，且进入山东腹地，这是不争的事实。已故余嘉锡先生早年对宋代进士候任补官需时甚长作了详尽考证，他推断王师心"其到沭阳尉任，当在宣和元二年间。"[1]我认为应当是在就任次年，就碰上了宋江军的来犯。这就是说宋江部属在宣和三年春差不多同时到了沂州和沭阳。既然如此，吕乃岩先生所提的宋江军犯淮阳之后"其次是趋沭阳。再次是入楚州，最后在海州失败"的进军路线就难以成立。人们要问："又犯京东（包括沂州）、河北"的大行动哪里去了？其次，宋江军也不会如吕先生所认为的那样，在沭阳受阻后，"返回循水路继续南行，经洪泽湖入淮河，西南行，到达淮南西路的濠州。由濠州折回，顺淮河入楚州，由楚州入海，沿海北上到海州。"因为一者宋江军虽一度以梁山泊为根据地，但善于水上作战的只是其部属的一小部分。他们自河朔起事，横行齐、魏，出入青、齐、单、濮，"官军数万无敢抗者"，靠的就是以轻骑霹雳闪电般的突然袭击，使官军猝不胜防，而绝非在河流港汊稀少的齐魏大地上靠人力划船、拉纤所能奏效。二者，在黄河以南的京东地区和淮水以北地区，南下和东进途中水面辽阔的大湖泊不多，而大运河与淮河的各支流河道大多比较狭窄，且冬春水浅，宋江军无论南下和东进，若在水上航

---

[1] 见《宋江三十六人考实》一文。

行,极易遭夹岸袭击或分段截击而被消灭。与宋江军同时而稍晚几年的时间里就有这样的战例。据抗金名臣李纲的《靖康传信录》卷一载:靖康元年(1126)正月"自五日至八日治防守之具,粗毕,而贼马已抵城,下寨于牟驼冈。……是夕金人攻西水门,以大船数十只顺汴流相继而下,余临城捍御,募敢死士二千人,列布拐子弩。城下大船至,即以长钩摘就岸,投石碎之。又于中流安排权木及运蔡京家山石叠门道间,就水中斩获百余人。"可以断言,如果宋江军始终靠河流进军,必遭金兵同样命运。三者,退一步讲,即使宋江军能极为秘密、隐蔽地在水上进军,且从未遭水上阻击,那么,按吕文所拟定的仅由淮阳到沭阳,再由沭阳折返楚州经所列各地最后抵达海州,粗略计算竟长达一千余公里之遥。[1] 以每日船行三十公里计算需三四十天,再加上在各地的作战、采购、休整等滞留的时间,和吕文所说的"宋江在楚州可能有过一段盘桓",宋江等绝不可能如吕文所云在两个月内到达海州。然而此一情形只不过是一种理论上的假设而已,现实生活中根本无法做到行军消息滴水不漏,毫不受阻,毕竟宋江军不是生活在真空之中。总之,宋江军无论从梁山泊出发到淮阳,还是从淮阳再到沭阳,经过许多曲折最终到达海州的始终在水上进军的路线,实际上是行不通的,而且无法解释"又犯京东、河北"的记述。因而这种看法是不能成立的。

那么宋江离开京东后,其进取方向面向何方?他们又是经过怎样的进军路线到达海州终于失败的?我认为,李焘的《续宋编年资治通鉴》的那条记载是我们探考此一问题的最可靠的依据,虽然他的记载仍有缺失。李焘的记载缺少了宋江等在楚州一带的活动,而宋江军在楚州及其邻近地区的活动,既有民间传说,也有其行踪的书面材料可以为证。其一,宋江同时期人赵期在其文章中有关于宋江是"淮盗",在"淮南"的记述(见下文引文);其二,清方志棠修撰的《桂林方氏宗谱》中的《忠义彦通方公传》中记载方腊、宋江的活动,有"是年(指宣和三年)宋江三十六人猖獗淮甸,未几亦就擒"之句。另据明代《弘治徽州府志》卷八《汪希旦传》载:

> 汪希旦,字周佐,歙人……知泗州,时剧贼宋江横行及濠,濠与泗近,希旦密为守备,贼不敢犯。上嘉之,转朝奉郎,直秘阁。

这几段记载虽见于明清志书,然必由宋代相传而来,应当是可信的。濠州原在凤阳东北十余里,其与以北的泗州和隔洪泽湖相望的楚州(今淮安市)构成一三角区域,均属淮南路,此地区河流湖泊纵横交错,与山东梁山泊地区相似。宋江军既到濠州地区,短时间内可以发挥自己的水上优势,越洪泽湖而袭占楚州,并非难事,李焘或许并非不知传闻,但苦于未见当时官方之书面文牍,以致这位宣称自己著述秉持"宁失之繁,勿失之略"[2]的史学

---

[1] 这是据地图上各地之间的直线距离再加上总数三分之一的实际上的曲折距离而得出的近似数字。

[2] 此语出于李焘《续资治通鉴长编》书成后上宋孝宗的奏状中。今见于《四库提要》之中。

家，也只好付之阙如，且未加予宋江以"淮南盗"之名，显示出其治学实际上是持求真、求信，宁缺勿误的谨严态度。王偁、李埴也未必看到官方的文牍，但他们在沿袭李焘的记载中加入楚州，且王偁并对宋江以"淮南盗"相称，但他们将楚州错放在京东、河北之后，导致按他们表述的宋江的进军路线存在着无法圆通的矛盾和问题。

我们弥补了李焘对宋江军在淮南活动记载的缺失，再根据李焘所载的完整的部分，兹对宋江军后期的进取方向和进军路线，申论如下：宋江军自河朔起义后进入京东，纵横奔袭于青、齐、单、濮广大地区两年以上。为时既久，其剽掠奔袭的特点已为官府知晓和掌握，必加强防堵措施，使其活动受制、受挫。为摆脱逐渐显露的困境，必须开辟新的活动区域，以寻求新的发展机遇。当他们离开京东地区向南方进军时，应当是既依仗自己轻骑奔袭的基本优势，又发挥其少部分人操舟航行之所长，在某些地段水上潜行。当他们从单、濮等地区南进时，或许是轻骑奔袭。自单州至凤阳直线距离约二百公里，实际距离不超过二百五十公里，[①] 按古代"轻骑一日一夜行三百余里（华里）"的速度，[②] 两日夜即可抵达；若宋江军夜行昼伏，四日内即可抵达。宋江军从山东向淮南发展，其前锋及于濠、泗，是否有南入浙西与攻势正烈的方腊起义军联手的意图，值得人们思索。

宋江等原是为摆脱在京东的困境，企图南下寻找新的发展机遇。但他们进入淮南却碰到了始料未及的新困难。一是丧失优势。淮南水系发达，淮南西路即今安徽北部有淮河上游西北东南流向的泗水、沱河、浍河、肥河、涡河、范河、西肥河、颍水等七八条河流；又有洪泽湖、陵子湖、花园湖等多处大小湖泊和沼泽地带，若操舟航行，短时间、少数人可以发挥部分水上优势，但由于部属早非三十六人，可能达近千人之众，难以隐蔽，且航速缓慢，许多河流窄狭水浅，易遭袭击；而擅长奔袭的轻骑，在河网沼泽地带，优势顿减，往昔在京东平原和山路上纵横驰骤之势无法再现，这有北宋军马征方腊情况的记述可以为证；[③] 二是受到朝廷新的防御举措的反制。随着时间迁延，朝廷既已熟悉了宋江军活动的特点，随即实行新的反制举措。据近年发现的宋李纲《赵忠简公言行录》记载，亳州人（今安徽亳州）赵期（系北宋名相赵普之后），宣和二年（1120）任兵部尚书时，宋江正进入淮南。

> "公（赵期）议淮盗（一作泊盗）剽悍猾贼，惟防掠绝饷，始可就擒。乃移檄郡邑，无城者亟筑，无兵者亟募，储粮之场急为置卫。于是县各有城，粮各有卫，淮南、山东各如令，盗有菜色。叔夜（指海州知州张叔夜）一鼓而擒之，实公定计为先也。

坚壁清野、募兵扩军、储粮置卫……赵期提出的这套防御举措极大地阻碍了宋江军的行

---

① 京沪铁路临城至凤阳约为 236 公里，单州与临城都在同一北纬 350 线上，故两地与凤阳之距离相同。

② 见陈寿《诸葛亮传》诸葛亮语。

③ 在《梁谿集》卷六十三"议巡幸第二劄子"中，李纲在议论江南河川众多，气候潮湿，北方兵将难以适应时，举例说："往年方腊起于江浙，朝廷遣西北兵讨之，疾病物故者三之一，而马之存者无几。"

动,使无后方根据地依托的宋江军难以筹集粮饷,"面有菜色",并频遭阻击,屡次受创。本文上引王师心墓志和蒋圆墓志恰恰就是记载了他们南在淮南东路沭阳,北在山东沂州遭阻受创的事实。一个芝麻粒大小的县尉居然敢主动"邀击于境上,败之",迫"贼遁去";一个稍大点的知州拒守关卡要冲之地,就能迫使宋江卑言软词"祈哀假道",趁其"食尽","大破之",并降其溃散的"余众"。宋江军此时一如曹操走华容道一般,昔日"转略十郡,官军莫敢撄其锋"的威风不再,显露出一派穷途末路的败相。

宋江军极可能在楚州停留时,检讨了他们南下后不利的局面,决定回师京东向海外发展。他们在返程中攻"陷淮阳军",应当是补充了粮饷、兵器等之后进入京东。因为是重返京东,所以王偁、李埴、脱脱三位学者一致使用了"又犯"两字。从对宋江军最后奔达海州海滨并"劫巨舟十余,载虏获"的行踪和作为分析看,他们不似意图在京东久留,似有出海远行的模样。他们是否欲经海道南进至浙江登陆与方腊联手,值得进一步探讨。

宋元官私史籍均称宋江军"又犯京东、河北、入楚、海州界"云云。重返京东之后又"入楚",此系时间、地点的误记,本文前已辨正。"河北"即河北路,清武英殿版《宋史·徽宗纪》作"江北",也是错误的。宋代的官私著作谈及地名时,均以行政区划路、府、州、县相提并列。江北为一泛指地域,非行政区划,不能与"京东、海州"并列,此事甚明,宋人绝不会混淆。中华书局1959年点校本改作"河北",甚是。迄今尚未发现宋江军重返河北的具体史料。但从宋江军重返京东后在山东沂州和海州的沭阳出现来看,[①] 证明"又犯京东"、"入海州界"所记属实,则所记之入"河北"也必有依据。宋江既是"剽悍猾贼",其行军作战必定是虚虚实实,诡诈难测。从已有的史料推断,他们离淮阳入京东后,应是分兵三路,即一主一次一虚,以互为疑兵,迷惑敌人,隐蔽意图,掩护主力。北路声言去河北,可能仅派少数士兵护送部分伤病体弱的成员,前往河北民间隐居,而于途中被官军消灭,因其弱小,史籍略而不载。南路派小股先遣部队主要是擅长操舟航行者,径趋沭阳,潜往海滨,劫掠巨舟,为迎接主力,预作准备。中路为宋江军主力,之所以在沂州"祈哀假道",一则确是兵疲粮乏,难以力战;再则欲奔东海,无意恋战,口称"假道",应是实情。因为宋江军"声言将至(海滨)",海州的张叔夜预作了精心策划,宋江军终于中伏而降。宋江"犯淮阳"的时间,王偁和李埴均更改为宣和二年二月,且李埴更具体记为二月的庚辰,即二月十五日,这应当是准确的。宋江在海州投降的时间多家史籍失载,只有王偁的《东都事略·徽宗纪》中云:"宣和三年五月丙申(初三),宋江受擒。"然而这个记载是错误的。因为同年五月三日是皇帝为褒奖张叔夜等三名地方官"捕斩贼徒"(实指宋江军)而下诏令的日子。[②] 古代又无电报、电话等现代化工具,焉能当日投降,千里外的朝廷立即知晓,当日下诏褒奖呢? 王偁的失误在于将下诏之日与宋江投降之日混为一谈。有研究者推测宋江失败可能在四月

---

① 沭阳本为海州辖县,两地直线距离约90公里;沂州距海州直线距离约100公里。
② 见《宋会要辑稿》第一百七十七册兵十二。

间。① 根据上引新发现的《赵忠简公言行录》载，宋江投降后立即被令出征方腊，"师未旬月，贼以俘献"。方腊系宣和三年四月二十六日被俘，宋江参与是役既"未旬月"而告捷，则其到浙西战场时当在四月初旬。宋江于海州归降后，先到汴京授官，再转赴浙西睦州一带，须辗转约一千公里之遥，若以赴战场的急行军速度进发，不出一月即可抵达。从淮阳军至沂州再转向海州，此三地直线距离约 180 公里，实际距离最大不会超过 250 公里。宋江军在二月十五至二月三十这十五六天之内由淮阳经沂州到达海州是完全可能的。因此根据以上考察分析可以确定，宋江海州投降应在二月之末，则其在犯淮阳之后到失败于海州共约十五六日。李埴在其《十朝纲要》中将宋江军最后的活动及投降仅记载于二月之内，而未续记于三月，应当是可信的。

现将以上考证分析再简要归纳如下：宋江军自宣和二军十二月底离开京东直趋淮南，活动于濠州、楚州地区约两月有余，意图向南方发展。但面临各地坚壁清野、筑城卫粮造成的于己不利的困难局面，不得已决策重返京东。回师途中，于宣和三年二月十五日攻陷淮阳，在此补充粮饷后，除派小股部队入河北虚为疑兵外，另分兵两路南经沭阳，北经沂州，剽掠东进，径趋海滨会合，约于二月底，中张叔夜之伏失败于海州。这就是宋江军离开京东后先南下又回师京东东进的发展方向和进军路线。

三、宋江征方腊后被捕获遇害的时间和原因

宋江从征方腊，于史有征，已无疑义。宋江征腊后又被折可存擒捉，见之于折可存墓志铭："方腊之叛，用第四将从军……腊贼就擒，迁武节大夫。班师过国门，奉御笔：'捕草寇宋江'。不逾月，继获，迁武功大夫。"宋江从征方腊后又被折可存捕捉，墓志所记应是可信的。但是，关于宋江被捕捉的时间和原因，研究者还存在不同的理解和看法。

宋江被捕获遇害的时间。李灵年、陈新两先生在《宋江征方腊新证》一文中，② 批评前辈学者余嘉锡先生关于宋江征方腊"史纪之不详耳"的看法时说："余先生分析的缺陷，主要在于他忽略了《东都事略》卷十一《徽宗记》'四月庚寅，童贯以其将辛兴宗与方腊战于青溪，禽之。五月丙申，宋江就禽'，的记载。宣和三年四月庚寅，是四月二十六日，五月丙申是五月初三日，擒方腊和擒宋江前后不过七日。"按李、陈两先生的看法，宋江是在方腊被擒七日之后被擒的。为了加强自己的看法，他们又全文引用了折可存墓志铭，意在突出"腊贼就擒"后折可存"奉御笔捕草寇宋江，不逾月，继获"的事实，以显示《东都事略》所载宋江被擒并非孤证。余先生是否翻阅《东都事略》对宋江被擒的记载有所未及，不得而知。但李、陈两位对此条记载的引用和理解显然是有偏差的。因为，此材料的记述本身即

有讹误。在李、陈二位所引之文前尚有一段话："宣和三年二月,方腊陷楚州。淮南盗宋江陷淮阳军,又犯京东、河北,入楚海州界。"两段合并起来,这才是一项完整的记述。从上下文意看,"五月丙申,宋江就擒",似可指宋江在海州中伏被擒,又可指宋江被折可存所擒,然而两种含义均属错误。

首先,第一种含意误断了宋江被张叔夜擒捉的时间。笔者在上文已经指出,是《东都事略》的作者王偁将宋江被擒之日与皇帝五月三日下诏褒奖张叔夜等三位地方官"斩捕贼寇"的时间混为一谈了。现将诏令完整引出如下:

> 宣和三年五月三日,诏:近缘诸州郡守官,间非其人,以致盗贼窃发。唯徽猷阁待制知海州张权夜、直龙图阁知袭庆府钱伯言、直龙图阁知密州李延熙,能责所部斩捕贼徒,声绩著闻,寇盗屏迹。宜各进职一等,以为诸郡守臣之劝。[①]

海州知州张叔夜、袭庆府即兖州府知府钱伯言、密州知州李延熙,他们的辖区是宋江活动过的区域或被迫归降之地。他们对宋江军的失败做出了贡献,因而受到皇帝的表彰和晋级。诏令中所谓"斩捕贼徒"即宋江等,是此前之事,绝非下诏日之事,此义甚明。我在前文已考证出,宋江之力尽而降,在宣和三年二月底,又于四月初旬抵达浙西,参与摧毁方腊老巢之战。据《皇宋十朝纲要》记载,五月、六月宋江正继续在浙东与方腊余部战斗,[②]他怎能于五月三日被张叔夜擒捉?《东都事略》的作者王偁不知是怎样弄昏了头,竟然作出如此低级的错误判断。

其次,若肯定第二种含意,则错断了宋江征腊之后被捕的时间。由于对此条材料疏于辨析而被误导,李、陈二先生将五月三日当作了宋江征方腊后被折可存擒捉之日,断定"擒方腊和擒宋江,前后不过七日"。实际上,此时宋江和折可存都正在浙东继续征剿方腊余部。李埴《皇宋十朝纲要》卷十八载:

> (宣和三年)六月已亥(初七),姚平仲破贼金像等三十余洞。辛丑(初九),辛兴宗与宋江破上苑洞,姚平仲破贼石峡口。

又据《宋史·杨震传》载:

> 杨震……从折可存讨方腊,自浙东转至三界镇,追袭至黄岩,贼帅吕师囊扼断头之险拒守……可存问计,震请以轻兵缘山背上,凭高鼓噪,发矢石,贼惊走,已复纵火

---

① 见《宋会要辑稿》第一百七十七册兵十二。
② 详见下文。

自卫。震身被重铠,与麾下履火突入,生得师囊及杀首领三十人,进秩五等,还知麟州建宁寨。

宋江在方腊被擒之后,又转至浙东,六月初九与辛兴宗破上苑洞后,史籍再无他继续转战的记载。据《皇宋十朝纲要》载,方腊被擒后,皇帝于闰五月十四日,下诏,令童贯所部大将谭稹留浙,处置"江浙残寇",作为统帅的童贯,大约在当月下旬,班师回朝,于七月戊子(二十六日)在汴京,"俘方腊以献",行程历两月之久。宋江大约就是在破上苑洞后与辛兴宗等将领在七八月之交回到汴京的。折可存在《宋史》无传,只是在上引杨震传中有他的踪迹。范圭所作的墓志铭称折可存早年"充经略司准备差使","宣和初年,王师伐夏,公有斩获绩。"据此可知,折可存政和年间曾任职于陕西经略使童贯部下,参加了宣和元年四月大破夏人之战,立有战功:童贯统帅的鄜延、环庆、秦凤等五路兵马被称为"陕西兵"、"关右兵"。当方腊起事时,这些"陕西劲兵,多聚辇下(汴京)"。他们在陕军将领刘光世、杨惟忠等率领下,于二月间先后到达浙西战场,折可存应在此大军行列。方腊被擒后,其余部仍在浙东活动,且声势不减。仙居人吕师囊为方腊悍将,活动于浙东仙居、临海、黄岩一带。宋江所破之上苑洞,可能即在仙居县境。吕师囊自石峡口败走,奔至黄岩县,折可存追袭而至,生擒吕师囊。整个征方腊之战至此全部结束,时间是宣和四年三月。黄岩断头险处生擒吕师囊之战,《杨震传》未记时间。《宋史·童贯传》所附之《方腊传》云:"四年三月,余党悉平。"方勺的《泊宅编》在方腊被擒后记云:"余党走衢、婺……台州仙居人吕师囊,方岩山贼陈十四公等皆起兵,略温、台诸县。四年三月讨平之。"两书所记均同。以上史实表明,宋江绝不可能在宣和三年四月二十六日方腊被擒后之第七日即被擒捉于折可存之手,宋江的被擒在折可存班师之后。折可存于宣和四年三月荡平吕师囊后班师北上。其部队经历的时间应与童贯相类,约于五月底抵达汴京。折可存甫抵"国门"汴京,即奉诏捕捉宋江,"不逾月,继获",这样,宋江被捕的时间当在六月的下旬。这才是宋江被折可存捕获和遇害的真正时间。

宋江被捕和遇害的原因。李、陈两先生认为宋江的被捕和遇害是朝廷的预谋。他们的文章说:"宋江回师过程中出乎常情地受到预谋的伏击,在这种情况下,除了束手就缚,不可能有别的结果。"又说:"宋江作为朝廷蓄意要消灭的渠魁,自难幸免。""折可存其人,应该是预谋埋伏对付宋江等人的主事者。"对于宋江被捕的原因,他们认为是"朝廷始终把宋江视为心腹大患"。是的"免死狗烹,鸟尽弓藏",事定后杀戮功臣,这是封建设社会最高统治者维护、巩固自己权力常用的手段;认为归降者心怀异志,不可信任,应加铲除,这也是他们常有的心态。但是,对一般情况的概括,代替不了对个案的具体分析。如果我们联系宋江的具体情况和仔细阅读折可存墓志的有关记述,就会发现,事情并非如李、陈文章所言,是朝廷预谋加害在前,而是宋江复叛在前,朝廷下令捕捉在后。

本文前面已考证出,宋江是约于宣和三年七八月之交回到汴京的,此时折可存正在浙

东追剿方腊残部，他不能是此时"预谋埋伏的主事者"，宋江也不可能于此时回师汴京途中"受到预谋的伏击"。此其一。其二，折可存是在到达"国门"时而非刚班师时接到捕捉的诏令，这表明其事先并不知情，未曾预谋。其三，诏令命折"捕草寇宋江"。对已归降且又征腊有功的将领复称之为"寇"，表明宋江已然复叛；折受命"不逾月"，即将近一月才将宋江捕获，除表明宋江复叛在前，朝廷镇压在后外，还意味着宋江仍有较强的实力，或许其部队多数都参与了其事。宋江及其部众在被捕后未有下文，以常理而论，统治者对降而复叛者必然恨之入骨。宋江等不会像方腊那样被俘以献君，而应当是被捕后立即就地正法。早先威震朝野，降后立有大功，复叛后又被捕杀，其人其事对朝廷而言既不体面也不光彩。所以统治者也就讳言、讳载。总之，宋江的被捕，不是诱杀，不是蓄谋伏击，而是叛变后遭受镇压。

关于宋江复叛的原因，迄今尚未发现有新材料可以作为探讨的依据。但在这里运用社会学和政治心理学对统治者和宋江进行具体分析，都是适用的。就宋江而言，其为人"勇悍狂侠"，被称为"剽悍猾贼"。原本率众啸聚山林水泊，"转略十郡，官军莫敢撄其锋"，实为一无冕之王，在海州力尽而降，乃不得已所为。归降后为朝廷效忠到底恐亦非其本志。倘朝廷及文官武将待之以诚，遇之以礼，其心志未尝不可以转变，无奈从皇帝至臣下的群体性的歧视、猜忌心理，甚至可能做出的人前背后指桑骂槐的行为，都将使桀骜不驯的宋江及其所部无可容忍。就统治者而言，当其需归降者效命时，可以放手容其拼搏，事成后则严加防范戒备。对方反象未露时，忍而不发，一旦生变，则坚决扑灭，毫不容情。至于固有的歧视、卑视心理，则流露始终，难以改变。以杨志而言，他在宣和四年六月间，随童贯北上抗辽，在右路军"将选锋军"。"将选锋军"原是宋江在征方腊时之职，[1] 宋江未随童贯北伐，由杨志出任此职，可证杨志忠于朝廷，并未参与宋江之复叛。然而谣传杨志在榆次县贻误军机后，被当时人《靖康小雅》的作者仍称之为"招安巨寇"，而不以失机之罪称名道姓。另有"第十三将首领"林冲者，当是与杨志同在选锋军，也未参与宋江复叛，其于选锋军溃败后散落民间。"靖康之变"后参加抗金，为河北义兵都总管宗泽收容，因性格暴烈，横行街市被宗泽斩首，亦被宗泽称之为"招安强寇"，[2] 而未就事论罪相称。由此可见统治者对受招安者歧视、卑视心理这之一斑。此两方相互戒备，相互猜忌，日积月累，蕴酿既久，必生巨变。看来，调军北征是生变的导火线。据《宋史·徽宗纪》载：宣和四年三月，金人密约宋朝对辽夹攻。朝廷派童贯为河北、河东路宣抚使率军屯边以备。五月，童贯率大军十五万至河间府。童贯所率之军包括宋江军在内的原征方腊大军。当调令下达时，宋江必借故百般拖延，宋江的部将亦发生分化。杨志、林冲受命前往，史斌（进）则可能以回乡守边为由，借机金蝉脱壳回陕西而去。另外一部分将领则与宋江密谋相机起事。当童贯

---

① 见李纲《赵忠简公言行录》："再议睦寇，则以寇贼攻寇贼，表宋江为先锋。"
② 宗泽诛杀林冲事件虽为范圭之文所叙，但范圭得之于宗泽口述应无疑义。

大军在河北白沟前线与辽军对峙和激战时,宋江等则乘机举事。此时京城防守空虚,朝廷于是急令班师过国门之折可存所部予以镇压。这就是笔者根据已有的史料并运用社会学、政治心理学对宋江被捕、被害原因所作出的推断,这一推断,或许不至离实际太远。

最后,在这里需要谈一下所谓两个宋江问题。有研究者认为折可存捕捉的宋江不是"起自河朔"的宋江,而是另一宋江。理由是同姓名的人很多;此处被捕捉的是"草寇宋江",三十六人魁首的宋江规模、影响很大,似不应该称为"草寇"。我认为这些理由不足以推翻现有的结论。首先,虽然同时代同姓名的人所在多有,但在有关宋江的官私史籍中未有另一宋江的记载,仅凭存在同姓名的可能就断定为两个宋江,难以令人信服。其次,宋江等人的活动,影响虽然很大,但其复叛后重新落草,统治者仍以"草寇"相称,可以说是名实相副,这一称呼正反映了他们对宋江藐视的心理状态。其三,从折可存受重奖,反证并非一般草寇。折可存捕获宋江成功后,被从武节大夫连升三级,一跃擢升为武功大夫(大夫官阶之首级),由此可见统治者对折可存歼厥魁首功绩的重视,这也反证了若所歼之宋江为一般土寇毛贼,绝不会获此重奖。

宋江起义在历史上本是一次小规模的事件,但其能量和影响被当时朝野和后世过度放大。由于当时官方和私人对此事件或记载缺失;或记载过简,语焉不详;或各家之记载互有出入,甚至相互抵牾,这就使对一些关健性的问题的探考和研究如理棼求丝,步履维艰。本文实为抛砖之举,希望研究者更多关注此一问题,以使我们的认识不断深化。

2011.8.14 完稿

2012.8.5 五改

2012.11.13 六改

国学的传承与创新

冯其庸先生从事教学与科研六十周年庆贺学术文集

施耐庵和罗贯中对《水浒传》成书的贡献

李永祜

（中国人民大学文学院）

　　远在明代弘治年间，《水浒传》的版本就以"施耐庵的本，罗贯中编次"这种两人并列题署的方式出现在社会上。[①] 至嘉靖年间，著名学者郎瑛就这种题署肯定了罗贯中所依据的本子，除"施耐庵的本"之外，还有元人的水浒杂剧，罗是"因而增益编成之耳。"[②] 郎瑛在这里实际上是断定《水浒传》是在施耐庵创作出他的"的本"之后，罗贯中又"增益编成"的。在嘉、万期间又出现了题署为"施耐庵集撰，罗贯中纂修"的《忠义水浒传》（即郑振铎原藏残本）、天都外臣序本和袁无涯刊本，它们都认定施、罗是并列作者；同时期的思想家李卓吾也称《水浒传》的作者是"施罗二公"。[③] 这期间，虽然也有文人或《水浒传》版本认定作者或施或罗只有一人，然而主流的看法是作者为施、罗两人。近百年以来，我国出版界业者一直将施、罗并列为作者。《水浒传》研究者多数也有此共识。明确肯定施耐庵、罗贯中对《水浒传》的著作权，这是本文进行论述的前提。

　　那么施耐庵、罗贯中作为《水浒传》的两位作者，他们各自对《水浒传》的成书做了怎样的贡献呢？由于史料的缺乏，这方面的研究、探索仍然处于薄弱的状态。近一二十年以来，出现了几篇研究这方面问题的文章。如前辈学者罗尔纲先生认为，《水浒传》从开篇

---

① 见李永祜《〈水浒〉成书"嘉靖说"质疑之二》对此问题的考证，文载《水浒争鸣》第五辑，武汉大学出版社，1987年。

② 见《七修类稿》。

③ 见《忠义水浒传叙》。

到英雄大聚义为止,是罗贯中的原本,"从七十回后半起,却是明朝宣德、正统后的人续加的。"① 王利器先生认为,《水浒传》是由"施、罗通力合作",据"梁山泊系统本","太行山系统本"和施耐庵的"的本"三部分编纂而成的。② 吕乃岩先生则认为,《水浒传》"前半为施耐庵原作,后半为罗贯中续作",其思想倾向前后相矛盾。③ 这几篇文章在对《水浒传》作者的认定上存在分歧,在施、罗对本书所作的工作的看法上,分歧更大,相同的是他们都是从施、罗与本书大的板块的关系上作了探讨。

我认为,对施、罗在《水浒传》成书上所做的工作进行深入研究,只从大板块着眼是不够的,还要再前进一步,向人物、情节等较为纵深之处用力,这样才能使我们对施、罗在成书上贡献有较为清晰的认识和实在感。当然,在目前难以发现新史料的情况下,要做到这一点是困难的。笔者十余年前曾形成一个想法,即"比较有希望的方法是,把对已有的史料的咀嚼消化与从作品本身寻找内证结合起来进行综合性的研究、探索,这样,也许能使我们的认识推向前进。"④ 现在,我仍然坚持这一想法。下面谨将对此问题的看法公诸同好,以求指正。

施耐庵的贡献:集大成与再创作

施耐庵是《水浒传》成书的开创者、奠基者,在谈论施耐庵对《水浒传》成书的贡献时,必须首先对施耐庵的生平,施耐庵的前辈先贤在南北两地各自创作的水浒故事成果做一番探讨和论述。

施耐庵生平推测。施耐庵是否实有其人? 他究竟生活在哪个朝代? 最早明确记述施耐庵生活朝代的是明代的胡应麟,他说"元人武林施某……"⑤ 同时人李卓吾及稍后的金圣叹、周亮工、盛于斯也持相同的看法。他们的看法虽然不是确凿史料,主要是来自故老传闻,但绝非空穴来风,如胡适所谓施耐庵是"乌有先生"即无此人,"是一个假托的名字"云云。即令真是托名(化名)而为,托名者即作者,即实实在在的人。半个世纪以来,许多研究者从《水浒传》中的地名、官制、称谓、民俗、语言等各个角度考证了作品成书于元末明初,因而断定施耐庵与罗贯中为元末明初人。近些年来,有研究者认为署名耐庵的宋代《靖康稗史》的编者,与《水浒传》的作者施耐庵是同一人。主要理由一是署名耐庵的人所写的小序是在"咸淳丁卯"年,即宋度宗咸淳三年(1267),他应当是主要生活于元代的人,与明人所说的元人施耐庵相合;二是这个编辑北宋亡国史料的耐庵"对前朝皇帝失国深

① 见《水浒真义考》,《文史》1983 年第 15 辑。

② 见《水浒全传是怎样纂修的?》,《文学评论》1982 年第 3 期。

③ 见《试说罗贯中续〈水浒〉》,《北京大学学报》2008 年第 2 期。

④ 见中华出局 1997 年 8 月新点校版《水浒传》"前言"。

⑤ 见《少室山房笔丛》。

感痛心,"因此他集撰《水浒传》和《靖康稗史》在内容上相通相近,"创作精神上也十分一致。"① 我认为耐庵与施耐庵为一人的可能性虽然不能排除,但目前的论证尚缺乏说服力。因为与杭州说话艺人关系密切的耐庵,若在咸淳三年编成了《靖康稗史》这部令人震撼的亡国痛史之书,他就应当是艺人圈内的知名人士,但何以同在杭州,熟习当时艺人,于咸淳十年(1274)编成《梦梁录》的吴自牧在书中只字未提耐庵其人? 如研究者所云,耐庵在入元后又编成《水浒传》,那么何以在宋末同时期也身居杭州,对宋末杭城人文典故如数家珍般熟悉的周密,在其约编著于1298年即入元已经二十二年的《武林旧事》中,② 罗列出包括书会才人六名、说话艺人九十二名在内的"诸色伎艺人"员共达507人之多,却对编出煌煌巨著《水浒传》的耐庵毫无所知,不著一字? 这是难以解释得通的。此耐庵非施耐庵,亦非说话艺人圈中人,应当是可以断定的。

我认为《水浒传》的作者施耐庵应当是出身于说话艺人世家的子弟,他自幼即得父师前辈口耳相传,受说话艺术的内容和氛围的熏陶,熟习和热爱说话行业,掌握了大量"古话"和"新话",具有较广博的历史和社会生活的知识,怀有传承说话艺术的强烈使命感。当杭州陷落,南宋灭亡时,他大概是一名十岁左右的少年。朝代兴亡的巨变,说话行业的骤然衰落乃至消失,③ 使施耐庵无法再登台传承父业,于是他决心运用手中之笔,将最受社会民众欢迎的水浒故事尽力搜集并重新创作成长篇巨著贡献于社会。在今传本《水浒传》第七十四回张清归降宋江后,书中写道:"昔日老郎有一篇言语赞张清云……"在第九十回写宋江拟进攻杭州,先派张横、阮小七等带水手往钱塘江进城,接着写道:"看官听说,这回话都是散沙一般,先人书会流传,一个个都要说到……"。此处交代的"昔日老郎有一篇言语"、"先人书会流传",这显然是作为晚生后辈的施耐庵集撰《水浒传》时自然而然留下的口气。中国的艺人自古代至近代,都讲究从艺的辈分,有许多是世代传承的艺术世家。在南宋的艺人中,据《武林旧事》记载的"庵"字辈的说经艺人有余信庵、啸庵、借庵、保庵、戴悦庵、息庵、戴忻庵七人;小说艺人有俞住庵、陈可庵两人。其中戴悦庵、戴忻庵不仅同姓,而且字的偏旁、字义完全相同,两人应是同母或同宗兄弟。周密所记述的这个名单,都是宋末已成年且成名的艺人,施耐庵应是"庵"字辈中最年幼者,当时尚为一十岁左右的学艺少年,其名字当然不被列入,且入元后也失去了登台献艺的条件,不为人知,周密也无

---

① 黄霖《宋末元初人施耐庵及'施耐庵的本'》,《复旦学报》1982年第2期;崔文印《靖康稗史》前言,中华出局1988年出版。所引系黄霖之文。

② 南宋末帝赵昺虽于1279年死亡,南宋灭亡,但1276年元军已入杭州,少帝赵㬎投降并被驱北迁,此时杭州及浙江全境已经入元。

③ 南宋皇帝和皇太后的投降,使元军和平进入杭州。朝廷宫禁宗庙遭受劫掠,皇帝宗室、朝廷大臣及宫廷内侍等被勒令北上,国都的地位不复存在,造成人心惊惶不安。元仇远在《稗史》中记述:"戴帅初云:至元丙子,北兵入杭,庙朝为墟。有金姓者世为伶官,流离无所归。"(见明陶宗仪编《说郛》卷二十一)伎艺人员四散,以至整个行业迅速消失,这就是当时的真实情况。宋亡后除《武林旧事》回忆往昔的盛况外,再无任何文字记载杭州的勾栏瓦舍和各色伎艺人员的现实状况,也可以作为此一行业消失的反证。

从补入。有意义的是小说艺人中还有一位名施圭者，周密注称"御前"，全称应为"御前供奉"，即在皇帝跟前应承讲小说之人。据史料记载，南宋首位皇帝高宗喜听说话，他罗致了一批艺人为他讲史、讲经、讲小说。[①]南宋晚期时理宗的晚年也有一批说话人在宫廷讲说。最著名的就是讲史的王六大夫，他离开宫廷后在咸淳年间（1265—1274）"敷演《复华篇》及中兴名将传，听者纷纷。"[②]这位施圭应当是与王六大夫同在理宗"御前"的说话人。[③]施圭与施耐庵极有可能是父子关系。《水浒传》中有一处描写和新发现的一条史料，使我产生了这种推测。《水浒传》除对社会下层尤其是市井细民的生活极为熟悉之外，对皇帝宫廷亦不陌生，特别是后半部分，对皇帝的宫殿、侍卫（金枪班、银枪班）、皇帝起居之处所、宫禁的出入制度等，都有所描写。说话艺人和施耐庵可以通过资料和人们的传说得知上述皇帝和宫禁的一些情况，再加以想象进行描写，但有的描写非身临其境、亲眼所见者莫办。例如作品第七十二回写柴进潜入宫禁，在睿思殿中除看到文房四宝等物品外，还看到一架素面屏风，正面"画着山河社稷混一之图"，背面"御书四大寇姓名：山东宋江、淮西王庆、河北田虎、江南方腊。"把田虎、王庆两人与宋江、方腊并列题写在屏风上，这自然是虚构，因为到现在为止，我们还未在史籍中发现田、王起义的记载。但南宋皇宫大殿屏风上题写军国大政事项，确有其事。据南宋《咸淳临安府志》卷一记载：杭州皇宫中有选德殿，系宋孝宗所建之射殿。"御座后有大屏，分画诸道，列监司、郡守为两行，各标职位姓名，又图华夷疆域于屏风阴，诏学士臣周必大为记并书。"显然，《水浒传》描写的屏风和题记是据此而模仿的。皇帝起居和处理政事的宫殿，非但普通艺人无法接近，即令一般臣子也不能进入，[④]只有朝廷重臣和内侍人员才能进出，而施圭作为御前供奉，他是有机会进入并目睹其中的陈设的。施耐庵从其父亲施圭或同为"御前"的任辩、叶茂等前辈那里听闻而来并模仿写入《水浒传》中，乃是自在情理中的事情。所以，依据这处描写和史料，对施耐庵与施圭的父子关系作出推测，似乎是合理的。

施耐庵入元后，在元朝前期即他的中年约四十岁至五十岁时，集撰而成《水浒传》，但这时周密已经谢世多年（周卒于1308年），再也无人像周密那样热心搜集和宣扬说话艺人及相关的话本小说等事情，施耐庵也就难以为人们知晓。

南宋、元初水浒故事的创作成果。在施耐庵之前，水浒故事在南宋首都临安府即今杭州流行已达百年之久。当抗金名将杨存中于宋高宗绍兴十五年（1145）左右在杭州修建勾栏瓦舍后，[⑤]大批北方主要是今河南、山东、河北地区的民间说话艺术等各色伎艺人员都纷

---

① 见杨维桢《东维子文集》卷六，《送朱女士桂英野史序》。

② 见吴自牧《梦粱录》卷二十"小说讲经史"。

③ 据周密《武林旧事》载，与施圭同为御前的小说人还有任辩、叶茂、方瑞、刘和四人。

④ 编纂《咸淳临安志》的潜说友，时任中奉大夫、权户部尚书、知临安府，是正四品的高官，他在记述临安宫殿前有一段按语："内廷事秘，臣不能详知，今记大略如下……。"由此可见宫禁之严，非一般人所能入内目睹。

⑤ 见《咸淳临安志》卷十九"瓦子"，及《梦粱录》卷十九"瓦舍"。

纷南迁杭州,在勾栏瓦舍内落地从业,登台演出。大约在他们南迁献艺的十年左右即绍兴二十五年(1155)前后,创作出了名为"石头孙立"、"青面兽"、"花和尚"、"武行者"的四个水浒人物的单传,这四个刊载于罗烨《醉翁谈录》中的人物名目,被研究者一致认定就是后来《水浒传》中的病尉迟孙立、青面兽杨志、花和尚鲁智深、行者武松的早期形象。当时这几个人物是列入小说家数"公案"、"朴刀"、"杆棒"三个子项目中分别讲说的,他们彼此之间并无多少关联。这四人应当是被艺人讲说最早的一批人物,其后会有更多的人物被不同的说话人单独讲说,可惜未被记载下来。在四人单传之后,大致在南宋后期宋理宗年间(1225—1264)出现了《宣和遗事》一书。这是一部说话艺人讲史话本的节略。这部书刊行的时间虽晚,但其讲说的时间则在南宋前期,特别是其中描述宋江等三十六人起义大故事的梁山泊聚义本末部分,就其中记述的时间、地点、细节描写详北略南等因素来看,当是与四人单传一样,也是由自北南迁杭州的第一代说话艺人所创作。其时间约与四人单传同时而稍晚。① 《宣和遗事》的梁山泊聚义本末部分(以下简用《宣和遗事》书名,均指梁山泊聚义本末部分),主要描写了自杨志等十二指使失陷花石纲,杀死防送公人上太行山落草开始的个人起义、几批小群体起义到以宋江首的三十六人在梁山泊大聚义,及大聚义以后分路进攻各地,朝廷无奈只得招降,宋江等归顺后被分派"诸路巡检使",再后因"平方腊有功,封节度使"的全过程。这个聚义本末具有完整的故事框架,清晰的线索结构,明显的忠义思想倾向,在语言词语上也显露出南北文化交流的征象,它是宋江等三十六人的一些小的水浒故事第一次结合在一起构成的综合性大故事。如果说"石头孙立"等四人单传是水浒故事的先导,那么《宣和遗事》就是水浒故事发展丰富的一座里程碑。

在施耐庵中青年时期,出现了宋亡元兴全国重新统一,南北文化再次交流的新局面。一方面大批文人学士北上应征、应试、为官,杭州讲说水浒故事的信息会被他们带到北方;他们也可在北方获知水浒人物的事迹。如陆友、袁桷、陈泰三人就是在北上为官途经梁山泊时留下了他们观览或考察的诗文,其中陈泰所记述的宋江及其妻子的传说尤为珍贵。② 另方面,北方的杂剧作家如关汉卿、白朴、马致远等也纷纷南下游历、定居或做官。关汉卿、尚仲贤、王伯成、石君宝的杂剧被在杭州刊刻;③ 关、白、马等人的散曲在元前期也被建阳书坊选刊。④ 早在元朝建立之前约十三世纪中期,关汉卿的杂剧中就出现了水浒故事中的"梁山泊"、"蓼儿洼"等地名和王矮虎、一丈青等人名。同时的杨显之、高文秀及稍后的康进之、李文蔚、红字李二等人则创作了大批水浒杂剧。其中出生和生活于梁山泊核心地区东平的高文秀一人就创作出了九种。在这些水浒戏中出场的有宋江、李逵、燕青、刘唐、史进等十余人,基本上不出三十六人的范围,但出现了三十六大伙、七十二小伙的提法;山东、郓

---

① 这一问题当另文论列。
② 见陈泰《所安集遗集·补遗》。
③ 见《元刊杂剧三十种》。
④ 见《朝野新声太平乐府》、《乐府新编阳春白雪》、《梨园按试乐府新声》。

城、梁山泊、水浒寨、呼保义、及时雨、宋江等这些主题词或关键词语也已完全具备。在高文秀的《双献功》剧本中，还有"寨名水浒，泊号梁山。纵横河港一千条，四下方圆八里……"的描写，把梁山泊辽阔的地理环境和水浒寨千军万马的威武声势描写得生动、形象。宋江在作品中只是引场之人，李逵是主要的角色，也是一个性格多侧面、多色调的喜剧性人物。有《黑旋风负荆》、《双献功》、《乔教学》、《乔断案》等剧目。武松是水浒杂剧中另一主角人物，有《武松打虎》、《双献头武松大根仇》等剧目。四人单传、《宣和遗事》和北杂剧中水浒故事的人物情节、关键词语、山寨环境描写等这些前人创造的成果，都是可供施耐庵和罗贯中充分吸收和借鉴的宝藏。

施耐庵的集大成和再创作。施耐庵对《水浒传》成书的最大贡献在于他既是前人所创水浒故事精华部分的集大成者，又是对前人成果善于加工锤炼的再创作者。明代的几个《水浒传》版本均题署作施耐庵"集撰"，使用这一词语是很准确的。

当施耐庵搜集到前人创作的大量成果要新创一部长篇巨著时，他必然要对这些丰富而又庞杂甚至有的互相抵牾的资源进行咀嚼、消化，反复构思，在明晰的主旨观照下，确定框架结构、人物形象和情节脉络等方面的设置和趋向，然后才能动笔构建一部完整、和谐的作品。尤其是在人物形象的加工和安排上，如何既吸取、保留前人成果的精华，又使之服从于自己的构思；既保持人物故事的完整性，又使他们彼此之间的过渡、衔接合理自然；既使主要人物得到充分刻画，形象鲜明，性格突出，又使次要人物不失简略、苍白而具有特色等等，这是施耐庵必须殚精竭虑、呕心沥血才能完成的一项工程。他的这种"集撰"的辛劳和艰苦，绝不比个人独力创作轻松。下面就框架结构、人物形象、集撰的回数、征方腊部分等问题谈一些探索性的看法。

采用《宣和遗事》的框架结构。《宣和遗事》整个大故事中的各路人马分散、分批起义上山——宋江及三十六人大聚义——结盟排座次——向各地猛烈进击——归降后征方腊——封官晋爵，这样的发展态势，显示出它是一种多线向中心点集中，再以一人为主，共同形成一条主线向前推进的多线与主线相结合并具有一定开放性的框架结构。这种结构有其优长之处：一是便于容纳、安排众多人物的活动或作出调整；二是便于在故事部分的或整体的进展显示出阶段性时，组织故事情节的高潮。施耐庵采用了这一框架结构，以宋江为中心和主线，以杨志、晁盖、武松等个人和小群体为支柱，将一部分人物插入其间；又将宋江被发配的地点推远，将其活动的时间和空间扩大，再安排另一部分人物在其途程中出现，使全书所描写的大小人物故事由分散到集中，由白龙庙小聚义到梁山泊大聚义，如群鸟归林、百川入海，一直到平方腊成功受封，高潮迭起，圆满结束。可以说，《水浒传》在艺术上的成功，与所采取的这一结构是不无关系的。

对人物形象的加工和锤炼。从四人单传到《宣和遗事》再到施耐庵青少年时，在长达百年之久的时间里，南宋说话艺人是在自由竞争的局面下进行创作和演出的。宋江及三十六个人物或被立单传，或被作群像，大都得到了刻画。重要人物或他们的故事，也许

不止一人在讲说。前人的成果有的成熟,有的不足,甚至会出现对同一人、同一事重复或牴牾的描写。面对复杂的情况,施耐庵显然会下一番留、删、并、创的加工、锤炼的工夫。由于缺乏史料,我们只能根据《宣和遗事》的描写和《水浒传》存在的一些线索、内证做一些探讨。

宋江是《宣和遗事》中的中心人物,施耐庵对有关宋江的描写有取有舍。他采取了宋江私放晁盖、杀阎婆惜、得九天玄女天书等情节,舍弃了宋江直接上梁山的描写,吸取了元杂剧发配江州的提示,但又未写直接发配江州,而是描写宋江杀惜后,先后逃亡至柴进庄上、白虎山、清风寨三地避难,回籍奔丧被拘捕发配江州,途径梁山拒绝入伙,执意至江州服刑,又经历许多风险到江州后,却醉吟反诗,被问斩法场,又经晁盖率众解救,这才"死心塌地"上了梁山。发配的地点推远,活动时间加长,空间扩大,这使《宣和遗事》原有的开放性结构容量倍增,既便于安排三十六人的出场,还无意中为后人增入七十二人预留了空间。同时,曲折的经历又使故事情节起伏宕荡,摇曳多姿,令人惊心动魄。

历史人物的宋江,按同时期抗金名臣李纲的记述是个"剽悍猾贼";[1] 按元中期人陈泰的记述,其性格是"勇悍狂侠"。[2] 这就是说,宋江是一个勇悍狡黠、桀骜不驯又敦重侠义的人物。但从《宣和遗事》起,就在他性格中注入了忠君的因素。南宋前期是中原地区抗金斗争如火如荼的年代,民间抗金义军都以"忠义"、杀敌报国相号召,许多义军也接受了南宋朝廷的招抚,共同抗金。宋元又是宣扬忠孝节义的程朱理学流行的时代,民间说话艺人包括施耐庵在内的人们,不可能不受形势趋向的影响。我们虽不能确指施耐庵怎样改塑了宋江的思想面貌,但是,宋江从"剽悍猾贼"被改塑成信奉儒家教条,具有宽厚温和性格的人物,主要是由施耐庵笔下开始,这大概是符合实际的。

武松是三十六人中民间传说最丰富,也是说话人、元杂剧讲说和表现最充分、最完整的人物之一。《水浒传》中武松的故事整整十回。被称为"武十回"。这十回故事首尾完整,一气呵成,极有可能是"武行者"单传原本即有良好的基础,比较成熟,在其后又经几代艺人的不断润色、锤炼,臻于完美,施耐庵原状编入,未作改动。故事的行文中保存有较多的说话人口气、较多的山东方言词语,可以作为佐证;另外还有两个重要的内证:一是奇长的篇幅,二是施或罗拟作断章的字样。今本《水浒传》,每回六七千字者共二十一回,七八千字者共二十七回,其余回目少者四五千字,多者超过万字,平均在八千字左右。唯独西门庆偷情部分的第二十四回为一万八千余字,第二十五回为近一万六千字。虽然说话艺人不能像后世的作家独力创作那样,易于控制回目的字数,总有悬殊之处,但像这两回的字数竟然超出字数中等者二倍、字数少者四五倍以上,这种特异的情况,正是说话人为自己所镕铸的丰富的故事情节所激动,滔滔讲来,欲罢不能的自然留存,也正是有鉴于

---

① 李纲《赵忠简公言行录》,载民国丙寅(1926),《五云赵氏宗谱》。
② 陈泰《所安集遗集·补遗》。

此种极端的字数悬殊，《水浒传》的集撰者施耐庵(也或许是罗贯中)才拟重分章回，欲使字数稍加均衡。在第二十四回郓哥将出场时，写下了"断章句"三字，作为重分章回的标志。或许是反复考虑后总感不妥，又放弃了原先的想法，但又未将"断章句"三字抹去，仍留在手稿上，而后来板刻工人未能领会，误作为正文刻出，代代沿袭，以迄于今。然而这恰恰成为"武十回"故事话本原貌的确凿内证。

杨志是史籍明载的宋江部下三十六人中仅有的两人之一。宋江参与平方腊时，属刘镇的西路军，与赵明、赵许受王涣统领。[1] 当宣和四年春朝廷派遣童贯为"陕西、河东、河北路宣抚使"率兵巡边时，杨志与赵明属种师道的东路军，"将选锋军"，[2] 并仍然被称为"招安巨寇"。[3] 由武松单传丰富完整推测，杨志等其他有单传人物也应如此。按《宣和遗事》的描写，押运花石纲等候孙立、卖刀杀人、率众上太行山落草是他的事迹经历的重要内容。据《水浒传》第十二回杨志对王伦介绍，自己"留落在此关西"，也就是说，他在关西即陕西还有一番遭际。这两部分的遭际或许就是"青面兽"单传的基本内容。他在《水浒传》中，前一部分遭际只有简单的追述，后一部分更是一语带过，重点在于描写杨志押运生辰纲的故事。杨志从押运花石纲转变成押运生辰纲；生辰纲被劫的地点从《宣和遗事》中的河北大名府南洛(乐)县五花营转变成山东济州郓城县黄泥冈，向梁山泊靠拢，这是从《宣和遗事》以后说话艺人作出的改变。《水浒传》中生辰纲故事结末称"这个唤作智取生辰纲"，这种说话人的口吻证明了这是施耐庵所采取的前辈艺人的篇章。也许正是因为尊重人物、地点向山东转移、向梁山泊靠拢这种趋势，施耐庵删节、虚化了杨志花石纲的故事和关西的故事。

另一个有单传的花和尚鲁智深，在《宣和遗事》中是最后单独上梁山泊的，其生平遭遇原本也相当丰富精彩，但又与其他三十五人未发生纠葛。今本《水浒传》中的"拳打镇关西"、"大闹五台山"、"火烧瓦罐寺"、"倒拔垂杨柳"等故事，应当就是其单传中的内容，为施耐庵所采取，其上梁山泊的情节必与今本不同，而为施耐庵舍弃。今本与林冲的纠葛，当为罗贯中所撰(详后论)。

有个人单传的石头孙立，其故事虽也丰富，但应当是只限于与花石纲有关的内容，《宣和遗事》中他的故事有所描写。但在《水浒传》中孙立只有在登州为官的小情节和入祝家庄卧底的故事，有关花石纲的经历，毫无踪影，这应当是施耐庵为突出梁山泊故事中心而作出的大幅删节。

史进是史籍明载宋江部下的另一个人物。南宋李心传《建炎以来系年要录》云："建炎元年秋七月，贼史斌据兴州，僭号称帝。斌本宋江之党。""建炎二年十一月……吴玠袭

---

① 宋杨仲良《通鉴长编纪事本末》卷一百四十一。

② 清徐松辑《宋会要辑稿》第一百七十七册"兵"十二。

③ 宋徐华《三朝北盟会编》卷四十七转引《靖康小雅》。

叛贼史斌,斩之。"这个史斌就是史进。有研究者怀疑"斌"、"进"因音近而淆,^① 我认为更大可能的是受招安后恢复原名"斌"字,也或许是改"进"为"斌"。史进在《宣和遗事》中未有对其事迹的提示,但排名却是三十六将的第五位,他一定是个有非凡本领和贡献的人物。或许是四人单传之后另有单传的人物。从现有的资料和《水浒传》中的一些线索看,他的经历丰富而又复杂。《水浒传》第六十九回写史进自称"小弟旧在东平府时,与院子里一个娼妓有染,"他愿潜入城中,与宋江攻城"里应外合"。在元代李致远的杂剧《大妇小妻还牢末》中,写明史进是东平府"衙门中为五衙都首领"。这两条线索透露出在东平府有史进活动的民间传说。另外在《水浒传》第七十八回回前赋中有"跃洪波,迎雪浪,混江龙与九纹龙"之句,形容史进与水军头领李俊一样,也是劈波斩浪的水中高手。根据以上线索,我们可以勾画出史进经历的大体轮廓:史进是关西人(或许即华州人),青少年时因故流落山东梁山泊地区。在多年的社会闯荡生活中,他丰富了人生阅历,结交了许多英雄好汉,练就了一身武功和游水凫渡的本领,在机遇来临时,他跻身东平府衙,并做了"五衙都首领"。他与宋江相识相交,暗中互通声气。在宋江送其他人上梁山泊的过程中,他都曾暗中尽力相助,在宋江因杀阎婆惜案发被缉捕时,他在东平府也立脚不住,只好随宋江同上梁山泊。宋江上山时带领九人前往,有四人未列姓名,史进、武松当是在这四人之中。宋江为朝廷镇压方腊起义军之后,最高统治集团对宋江所部心存忌惮,或许有借派童贯率师守边之名,将这支人马分散的动议。史进很可能乘机提出回关中故里守边效力的愿望,实则是金蝉脱壳之举。他对统治者的歧视、排挤早就心存怨恨,故于宋徽宗父子被金人掳去,北宋灭亡之后仅四个月即建炎元年(1127)秋七月,即乘时重新起义。史进的这番经历或许在《宣和遗事》之后被说话艺人编演成话本故事,施耐庵加以整理,收进他的"集撰"本中。^② 从第七十八回载有"跃洪波、迎雪浪、混江龙与九纹龙"之句的入话赋中只有"三十六员英勇将"而无"七十二地地煞"的提法,而且所列名字也均在三十六人之内,可以断定,此赋当作于水浒故事尚处于三十六人的阶段,出于施耐庵手笔,此赋也可以作为施耐庵集撰包括史进在内的水浒故事的内证。但在今本《水浒传》中史进在东平府活动的故事全然不提,这当是罗贯中编纂本书时删落。

征方腊部分的再创作。施耐庵在"集撰"《水浒传》的过程中,征方腊部分是他加工再创作用力最多的部分。从《宣和遗事》中看,本应是重头戏的此一部分却寥寥数语带过,令人推想,其缺乏充实的话本基础。这是因为北方南迁杭州的艺人,他们的第一、二代并不了解征方腊之战的情况,更不了解浙西的地理民情,短时间内所做的一些访问采集,也难如人意。其后至南宋末淳祐至咸淳年间,本地成长起来的艺人讲说此部分故事,内容充

---

^①　见余嘉锡《余嘉锡论学杂著》"宋江三十六人考"篇。

^②　施耐庵"的本"收入的史进故事,当止于征方腊成功,不会有史进于陕西兴州重新起义之事,正如杨志的故事止于征方腊而不见其后宣和四年从童贯征辽之事一样。

实,得手应心,但系各自编撰,头绪纷杂,歧异较多,是施耐庵大力整合出了这一部分。《水浒传》第九十四回写宋江攻克秀州后,与吴用商议进军杭州时,书中有一段插话:"看官听说,这回话都是散沙一般。先人书会留传,一个个都要说到,只是难做一时说,慢慢敷演关目,下来便见。"这番话像是南宋中后期说话人的口吻,但更像是集撰者施耐庵所作的交代。"散沙一般",是说故事的回段杂多,头绪散乱。"慢慢敷演",道出了他对"先人书会留传"之作,所花费的整理的功夫。此为内证之一。内证之二是地理描述的准确。小说中描写宋江、卢俊义在毗陵即今常州分东西两路向睦州进军,路途所经行或停驻的城邑、村落、山川、关卡乃至桥梁、祠庙之类均与实际情况相符,相当准确,这固然与家乡杭州地区的说话艺人的地利优势有关,但如此准确程度,须更是一位亲身走过这条征战路线而且又是一位执著艺术创作,决心将所见所识落实成文字并最后变为书籍的人才能做到,这个人就是钱塘人施耐庵。内证之三是语言文字上的特征。以常理而论,南宋中后期的说话艺人,其辈分、年代距南宋初期迁杭艺人越远,他们在讲说中能传承的北方主要是山东的方言词语就越少,同时会更多地运用一些吴语方言词语。在征方腊这部分故事中,正是如此。这里面有较多的吴语词语,而几乎看不到山东方言词语;同时,话本的气息较之"武十回"、"宋十回"等部分有所减弱,这种状况与作家的独力创作类似,因此使我们有理由推断,施耐庵对此一部分加工改写的成分最重。

施耐庵集撰本的回目数量。施耐庵的集撰本共有多少回目,这是一个人们感兴趣的问题。要探索这一问题,一个简便切实的方法是先确定集撰本在何处开篇和结尾。现在作品中有内在的线索和证据供我们考察。在今本《水浒传》第四十五回评论和尚于"色情最紧"时交代说:"说这句话,这上三卷书中所说潘、驴、邓、小、闲,惟有和尚第一闲。"原来小说在第二十四回描绘西门庆要求王婆帮忙勾搭潘金莲时,王婆曾说过:"要五件事俱全……此五件,唤作潘、驴、邓、小、闲。"研究者都知道,明刻百回本《水浒传》,除高儒《百川书志》著录的"施耐庵的本,罗贯中编次"的版本为百回百卷本外,其他见于著录和记述的均为百回二十卷(册),即每卷五回。这个"上三卷"无论作开头三卷或紧接四十五回之前的三卷理解,与百回百卷本完全不能对应,这是明白无误的。若与百回二十卷本对照看,头三卷只十五回;而四十五回之前的三卷是第三十——第四十四回,第二十四回也不在其中。总之,它与百卷百回本和二十卷百回本都不相对应,也就是说王婆的教唆之言都不在这两种分卷本的第二十四回中。可见这个"上三卷"不是对今存百回本而言,而是针对另一版本。这个版本应当就是施耐庵的"集撰本"。本文前面讲过,花石纲的故事原本分量极重,最早的个人单传仅仅四人就有孙立、杨志两人属于此故事之中。到《宣和遗事》中发展成为杨志、李进义等十二指使押运花石纲。但是,花石纲故事的思想倾向是与《宣和遗事》中包括起义者大聚义最终又接受招安、效忠朝廷、平定方腊显示出来的忠义思想倾向相互矛盾冲突的。因为北宋末被称为六大奸臣贼子之一的朱勔为奉承宋徽宗穷奢极欲,在江浙大肆搜劫奇石名花,造成百姓倾家荡产、家破人亡,直接导致了方腊起义。南宋初

的说话艺人不会肯定统治者的横征暴敛和押运者的作为,那样就违背了民心民意。他们必然是抨击统治者的暴行,肯定被压迫者包括方腊在内的人民反抗。施耐庵是接受了《宣和遗事》的整体框架和基本思想倾向的,但若在整个新集撰的大故事中保留花石纲故事,则必然使宋江征方腊失去了正义性,陷于自相矛盾的困境。为了摆脱此一困境,施耐庵就不能不忍痛舍弃了《遗事》中的花石纲的故事。在自己的集撰本中,除对杨志的经历提示一二句与花石纲的关系外,对卢(李)进义、林冲、花荣、王雄、柴进、张青、徐宁、李应、穆横、关胜十人与花石纲的关系只字不提,甚至还将以花石纲为名的"石头孙立",排除出三十六人之列,而且对方腊起义的原因也不作交待。在《宣和遗事》中,去掉了杨志等花石纲的故事,则智取生辰纲的故事就成了整个大故事的开端。我们再回到今本《水浒传》试做对照看:如果以第十五回七星聚义智取生辰纲作为第一回,则到第二十九回共十五回,正合三卷之数,王婆的教唆就在第二卷第十回(即今本第二十四回),由此可见,说话人插叙交代的"这上三卷书",针对的并非今传百回本,而是以劫取生辰纲为开篇的施耐庵的集撰本。"这上三卷书"的插叙交代,是确凿可靠的内证。当然,按照宋元话本的体制,在七星聚义之前,还应当有"艳"、"摊头"、"致语"之类的韵语、妖异小故事作为开篇的铺垫,但因缺乏依据,我们就无从具体推测了。"上三卷"这个内证的发现的意义,不但在于由此可进一步考证出"集撰本"的回数,而且还可以确认,"七星聚义"之前的部分并非施耐庵"集撰",乃是罗贯中"纂修",下文将加以论列。

集撰本的开端既已确定,我们再探讨一下结尾。施耐庵既已接受《宣和遗事》的整体框架,那么其集撰本也必以平方腊成功,封官拜爵的大团圆结局告终,也就是说应当到今本"宋公明衣锦还乡"为止,而没有宋江、卢俊义等被毒死,宋徽宗梦游蓼儿洼等情节。这个判断,还另有今本《水浒传》中的内证为依据的。第七十八回那首长篇入话赋,开头先借用高文秀的杂剧《双献功》描绘水泊梁山泊广袤的地理形势和军马营寨的雄壮声威;接下来用了大量文字对三十六人的性情、本领、外貌作了概括,最后赞扬了这支起义军纵横大江南北,击败朝廷大军,又立下"施恩报国"、"杀辽兵"、"擒方腊"的战绩,用"千年事迹载皇朝,万古清名标史记"两句,歌颂了他们彪炳千古的奇功大勋。显然,这篇赞颂宋江等三十六人而不是一百零八人的战斗历程和巨大功勋的入话赋,是施耐庵为自己集撰的整部作品结尾处的封卷之作,把它放在一败高俅的第七十八回之前是位置的错乱,绝非施耐庵所为。然而这篇封卷之作,却根本未提宋江被毒而死之事,反而在赋之后又加诗一首:"去时三十六,回来十八双。纵横千万里,谈笑却还乡。"这又明明白白地告诉人们,起义人员一个不缺,全书的确是一个封官拜爵、衣锦还乡的大团圆的结局。这是内证之一。其次第八十一回入话诗。这首诗也是对宋江起义军事迹的概括,似乎也是放在书末的封卷之作。但诗中提明的是"百单八位尽英雄"而不是三十六位,可知它不应是施耐庵而应是纂修者罗贯中之作。但诗中除"雁行零落悲秋风"是写宋江等征方腊死伤惨重的悲伤清冷的气氛外,也无一句提及宋江被毒死的悲剧。罗贯中纂修《水浒传》,其构思应当是有一个

几经反复过程的,不会是一次完成。这首诗或许是他未确定改变大团圆结局时,仿施耐庵的封卷赋而撰作的,因此在内容和语言风格上与施作十分一致。如果将今本《水浒传》第一百回悲剧结局的入话词"满庭芳"中的"堪当朝谗佞,不识男儿定乱,诳主降灾殃"和封卷诗中的"煞曜罡星今已矣,谗臣贼子尚依然。早知鸩毒埋黄壤,学取鸱夷泛钓船。"这些词句与上引两首赋诗的词句相对照,那就更能证明集撰本不是悲剧结局的这种判断是真切的、符合实际的。

施耐庵集撰本的开篇和结尾之处既已确定,我们在下文将要论及,征辽八回也非其撰作,那么由今本第十五回到第九十九回共八十五回,减去疑似罗贯中所作的"两赢童贯"、"三败高俅"、"关胜大战呼延灼"那六回,再减去征辽八回,共余七十一回,这大体就是施耐庵集撰本回目的数量,误差不会超过五回。①

施耐庵的集撰本保存了前人水浒话本最精彩的部分,人物个性鲜明,结构完整紧凑,情节丰富多彩,语言生动传神。此书一经问世,即受到广大读者的欢迎,在当时诸多版本中被刻书业者称誉为"施耐庵的本",此称号自元代一直流传至明嘉靖初年达二百数十年之久。但是,施耐庵集撰本的这个接受招安、报国效忠、封官晋爵的大团圆的结局,实在是迎合一般社会民众的平庸俗套,并不高明。而打破这种俗套的则是罗贯中。

罗贯中的贡献:"乱自上作"的开篇和悲剧性的结局

罗贯中是《水浒传》成书的最后加工者和定稿者。罗贯中生活于元末明初。贾仲明《录鬼薄续编》中所撰写的罗贯中小传;王圻据元人和明初人的资料所辑的《稗史汇编》将罗贯中与元代中后期的名医葛可久并列在一起,这都是罗贯中生活年代的可靠史料。对罗贯中的籍贯,目前主要有山西太原说、山东东平说两种。我认为,东平说仅是一项单薄的孤证,并不足以动摇太原说的地位,对此问题,当另文论列。

在明代嘉靖、万历间不少书目和《水浒传》版本中,称罗贯中为"编次"者、"纂修"者。半个多世纪以来,学术界对罗贯中参与加工修改《水浒传》,是《水浒传》的最后定稿成书者认识一致。近二十多年来,对此问题的研究更有了重大进展。已故前辈专家罗尔纲先生和北京大学吕乃岩教授,分别在上世纪八十年代初和前两年分别撰文,将《水浒传》与传为罗贯中所作的《三遂平妖传》、《残唐五代史演义》对勘,发现《水浒传》有十数回的回前、回末、回中的诗词赞语、结句及对人物外貌装束和活动等描写,与后两书相关部分完全

---

① 按宋元话本的体制。"集撰本"的开篇之前应先有称为"艳"或"灯花婆婆"的表现新奇或神灵鬼怪故事的内容作为前置篇章。又,我们所参照计算的今本中间部分,罗贯中插入了七十二地煞的事迹,也占了相当篇幅,这些因素都会造成误差。

或大部相同。[①] 其相同者，涉及后两书分别达 16 处和 8 处之多。如此大量相同，绝非不同作者之间的抄袭行为，而是罗贯中在纂修《水浒传》时自然地、本能地对自己早期作品的使用。所发现的这些相同之处，是罗贯中纂修《水浒传》的确凿内证。

罗贯中纂修《水浒传》最大的贡献，是对施耐庵集撰本的总体思想倾向进行了改造和提高，这主要体现在他新设计的《水浒传》开篇写"乱自上作"和终篇写宋江的悲剧结局上。被称为"有志图王者"的罗贯中，[②] 是一位有深邃历史眼光和生活洞察力的人物。他根据自己对历史的认识和对现实生活的深切感受，在《三国志通俗演义》中描写东汉末年由于桓、灵二帝宠信宦官和宫廷的内斗，导致天下大乱；在《残唐五代演义》中描写唐末"朝廷昏乱，谗臣当道，有钱重任，无钱不用。因此，曹州反了王仙芝，濮州反了王君长。"在《三遂平妖传》中，揭露了贝州知州搜刮民财，盘剥兵丁，以致引起王则率众起义。在罗贯中看来，最高统治者、地方官吏即当时社会的统治阶级的暴虐、昏聩、腐败是致乱之源。罗贯中的这种认识，在《水浒传》中用生活画面和艺术形象表现得比上述三部小说更为集中、突出和精彩。

"乱自上作"的开篇。在小说的开篇，罗贯中先写皇帝钦差洪太尉在龙虎山刚愎专横，威逼道众打开伏魔大殿和锁魔地穴，结果是"本为禳灾却惹灾"，放走了百十个天上魔君，造成人间后世的战乱。在以此虚幻故事作了引子和象征铺垫以后，作者转写人间现实，他把笔锋上指，描写一个身为"浮浪破落户子弟"的高俅，与另一个一派"浮浪子弟门风"的皇帝，两人臭味相投，成为畸形的君臣关系后随即发生的荒唐、血腥的事件：小人得志的高俅立即作威作福，挟嫌报复，辱骂威胁忠于职守、老实安分的禁军教头王进，迫使王进与老母千里逃亡，流落关西。接下来又描写迫害林冲的血腥事件。高衙内仗依仗高俅的权势，先是调戏林冲的妻子，继而设计企图奸占，再进而父子与帮凶密谋诬陷行刺，指使官府判罪发配，贿嘱公差途中加害，最后则直接派遣帮凶鹰犬火烧草料场，企图将林焚尸灭迹。在这步步紧逼、变本加厉的迫害中，造成了本来安分守己，有一个美满家庭的林冲妻离子散、家破人亡的大悲剧。同时高俅每一步的迫害，都在削弱、破坏着林冲对封建王朝的依恋和幻想，而最后火烧草料场的阴险毒辣的手段则击碎了林冲最后一丝幻想，使他忍无可忍，他积蓄已久的满腔仇恨，终于像火山爆发那样不可抑止，他挺身而起手刃高俅的鹰犬和官府的公差，与封建统治集团彻底决裂，走上了造反上山的道路。罗贯中用生活形象揭示了"乱自上作"、封建统治者是致乱之源的社会本质，同时也艺术地真实地描写出了林冲被步步紧逼，走投无路，不得不造反上山的血泪图景。可以说，没有罗贯中对封建社会的深刻

[①] 见罗尔纲《从罗贯中〈三遂平妖传〉看〈水浒传〉著者和原本问题》，1984 年《学术月刊》第 10 期。吕乃岩《试说罗贯中续〈水浒〉》，北京大学学报 2008 年第 2 期。笔者也发现，《水浒传》武松打虎一回描写老虎的那首古风"景阳冈头风正狂，万里阴云霾日光……"与《残唐五代史演义》卷二李存孝打虎那首古风完全相同，这是两书为同一作者的又一内证。

[②] 王圻《稗史汇编》卷一百三"文史门·杂书类·院本"。

认识,就没有《水浒传》宋徽宗、高俅乱自上作的故事和林冲的血泪悲剧,也就没有后世概括出的远远超出了《水浒传》本身意义的"官逼民反"、[①]"逼上梁山"这样震撼人心的社会性口号。

悲剧结局的终篇。从《宣和遗事》到施耐庵"集撰"本,水浒故事一直是起义——投降——平方腊——封官晋爵的大团结的结局。这种结局固然与宋金对峙、中原广大地区抗金忠义军纷纷归附宋王朝共同抗金的、"尊王攘夷"的爱国思想密切相关,也与民族压迫有关。但是,这种结局掩盖了最高统治集团中当权者残忍罪恶的一面,制造了人们对他们的幻想;同时,在艺术上也平俗无奇。罗贯中则独辟蹊径,别开生面,改写成投降建功后竟出现了被残酷杀害的悲剧结局。为使宋江政治方向向投降转折符合性格逻辑和生活逻辑,真实可信,罗贯中调动了各种艺术手段进行描绘。他对宋江在施耐庵笔下已经涂有的儒家训条色彩更进一步大力强化,把宋江塑造成是"自幼曾攻经史",身受儒家"天理父教"思想熏陶,满脑子忠孝节义,向往建功立业,名垂青史而又宽厚温和的人物。这就为宋江上山前后宣扬的受招安言论,特别是在大聚义、大胜利的高潮中正式提出受招安的主张和追求招安的大动作、大步骤敷设了内在的思想根据,使人感到他在胜利高潮中政治、军事方向的根本转折,合情合理,势在必行,而不是不可思议之事。同样,罗贯中描写在梁山起义军内部存在着强烈反对、抵制宋江的主张和行动的反招安斗争,以及每次斗争都被宋江以"改邪归正"的道理,誓不相负的义气,主帅的权威甚至个人自刎相威胁压制下去的结果,也是符合彼时的生活逻辑,真实可信的。

罗贯中写宋江力排众议,执意招安,死心塌地为朝廷效忠到底。宋江没有认真参悟智真长老和罗真人的偈语、真言对悲剧命运的警示。他自幼攻读经史却把"飞鸟尽,良弓藏;狡兔死,走狗烹;敌国破,谋臣亡"这世代相传的古训和群众相传的"太平本是将军定,不许将军见太平"的格言都置之脑后。他对吴用的忠告以"纵使宋朝负我,我忠心不负宋朝"回答。甚至自知饮入奸臣的毒酒将死之际,仍然高喊"宁可朝廷负我,我忠心不负朝廷"。可以说他对朝廷效忠达到了痴迷的地步。罗贯中这样写,其立意就是要把宋江塑造成对朝廷效忠到底、至死不变的忠臣良将,所以让他的言行遵循其既定的思想性格逻辑发展到极致。其目的却并非为塑造忠良而塑造忠良。罗贯中在为《水浒传》写的终篇诗中有两句是:"不须出处求真迹,且喜忠良作话头。"他是要以自己塑造的这个忠良人物为"话头"即话题,暴露封建统治者的残忍、毒辣的本性、本质,并以触目惊心、鲜血淋漓的事实,为人们总结忠臣良将与最高统治集团相互关系上的沉痛教训:封建统治者阴险毒辣,不可信赖;痴

---

① 有研究者认为,林冲身为"八十万禁军数头",他是官,不是民,他受高俅迫害,不能称为"官逼民反"。这是一种误解。林冲虽然因为他的高超武艺和职务有较高的社会地位,受人尊敬,但"禁军数头"这个职务不在宋朝的官制系列之中,它没有任何品级。在宋朝下等县的芝麻粒大的小官县丞、县尉都是从九品,无品级的林冲比他们要低得多。他实际上是教授禁军的一名武功师,与柴进庄上的洪教头一样,都是民而不是官。他被高俅迫害造反,就是官逼民反。

心功名富贵凶多吉少；对最高统治者效忠致底难免发生悲剧。这个悲剧结局与作品开篇的"乱自上作"一脉相承而来。它极大地深化了作品的思想意义，提高了作品的社会认识价值，在艺术上具有强烈的震撼警示人心的力量。

罗贯中对几个人物的改塑和加工。早在半个世纪之前，前辈学者聂绀弩先生曾提出：《水浒传》以前的差不多十三回，都可能是后加的。"王进、高俅、林冲都是后人加的，与《水浒》无关。"[①]聂先生苦于未找到证据，仅仅是一种推测。本文在前面对书中的内证"上三卷"的考证，已证实了《水浒传》前十四回的确不是施耐庵集撰本原有的，而是罗贯中新编撰的。

《宣和遗事》中，林冲是押运花石纲的十二指使之一，话本中不可能对他单独作出多少描写；鲁智深的个人单传内容相当丰富，但在《宣和遗事》中他是最后上山，与林冲并无纠葛。鲁智深在施耐庵的集撰本中很可能如《宣和遗事》一样，仍然是在后期即宋江闹江州后才上山。罗贯中在纂修《水浒传》时，将鲁智深置于小说开篇之后，先对他的"拳打镇关西"、"大闹五台山"等关西故事作了充分描写，然后将其引入东京，与林冲的遭遇纠结在一起。又两次撰作了智真长老赠鲁智深的"偈言"。这巧妙的笔墨不仅暗示了鲁智深的一生遭遇和命运，而且使林、鲁的关系似生活原态，避免了刻意安排之感。鲁智深是个敢打天下不平事，不受任何清规戒律约束，不迷信任何权威的热血侠肠式的人物。罗贯中看中的就是这个人物的鲜明个性特色，以与林冲的性格造成强烈的对比。林冲的性格是经过罗贯中重新塑造了的。我现在已发现了林冲人物原型的史料。在南宋初年抗金名将宗泽之婿左承议郎、知婺州余翱为宗泽撰写的行状中称，靖康元年宗泽"除河北义兵都总管"，当时

"有招安强寇号第十三将首令（领）者，恣横凶暴，不改故态，驰骋市肆间，公命斩之。"[②]

这条材料记述的是北宋灭亡的前一年即靖康元年（1126）的事情，此时距之前宣和三年（1121）夏宋江参与征讨方腊余部仅仅五年；距"招安巨寇"杨志随童贯、种师道征辽，失败于河北白沟仅仅四年。而就在次年即建炎元年（1127）秋，"宋江之党"的史斌（进），在陕西兴州重新起义。从时间上看，是宋江原来的部下仍然在活动的时段。从称呼上来看，此人被称"招安强寇"与杨志被称为"招安巨寇"相同，应该是宋江的部下无疑。而"号第十三将"这种序号，在北宋末被招安的部队中为宋江部属所独有。据《宣和遗事》载，宋江的部下称"三十六将"，这应是宋江仿效北宋的"置将法"给自己的部属三十六人排的序号。[③]在三十六将中，第十三将恰恰就是"豹子头林冲"。[④]这个历史上的人物林冲就是因

---

① 《〈水浒〉的思想性和艺术性是逐渐提高的》，《人民文学》1954年5月号。
② 见宗泽《宗忠简集》卷七"遗事"。
③ 关于此一问题，拟另撰文论列。
④ 元杂剧《还牢末》中李逵自称是第十三头领，《三虎下山》中花荣自称是第十三个头领，这都是据民间口头传说而来的讹误，不足为据。

为性格"恣横凶暴",再加上外貌粗犷,所以得了个凶猛动物的绰号"豹子头"。在施耐庵的笔下,林冲大概是作为一名横枪跃马、冲锋陷阵的猛将形象出现的。今本《水浒传》的三打祝家庄部分是施耐庵集撰本原有的。在两打祝家庄宋江被一丈青追赶危急时,突然林冲驰马来救,小说在此有一首西江月词对林冲作了描写,末两句是:"满山唤作小张飞,豹子头林冲便是"。第七十八回入话赋又描写称"林冲燕颔虎须,满寨称为翼德。"把林冲的外貌、性格形容得像《三国志平话》中的张飞那样,显然这与余翔记述的"恣横凶暴"的林冲是一致的。但是,这样性格的人物不可能逆来顺受,不符合罗贯中通过一个弱者被一再迫害,导致家破人亡血泪悲剧,从而揭露"乱自上作"罪恶这一艺术构思。因此,罗贯中对原型人物林冲的性格作了改写和重塑,将他塑造成既有英雄敢于反抗压迫的一面,又有不到最后关头对强暴迫害逆来顺受、隐忍软弱的一面。这样的性格又恰与无畏无惧、敢怒敢打的鲁智深一急躁一沉着,一火暴一隐忍,对照鲜明,相映成辉。罗贯中深知我国历来哀其不幸,痛其不争和怒其不武的同情弱者的民族心理。他越是写林冲在强暴凶横面前软弱屈辱,就越是能激发人们对林冲的哀伤、怜悯,同时也就越能激起人们对迫害者的愤怒;当林冲最后挺身而起,手刃仇敌时,人们又感到无比快意。毫无疑问,罗贯中是成功的。

罗贯中在写鲁智深与林冲的纠葛之前,先改写了史进的故事。他删去了史进在东平府的经历,侧重描写他在家乡华阴县的活动,对这个原本重要的人物作出了交代。罗贯中接受了施耐庵对杨志故事的处理,他将史、鲁、杨这三个关西人士的生平遭遇集拢、拉近,使其紧靠在一起,固然表现了对全书的描写重心东移、向梁山泊集中的艺术构思尊重的态度,但这种与权奸高俅和大贪官梁中书直接间接挂钩的安排也仍然与"乱自上作"的总体思想倾向紧密相关。

描写战争的高手。"有志图王"的罗贯中,对古代排兵布阵的战争作过研究,描写战争是他的强项。《三国志通俗演义》、《残唐五代史演义》就是最好的证明。在《水浒传》的"两赢童贯"中,有宋江摆九宫八卦阵与征辽部分中的宋江摆九宫八卦阵可以相互印证,出自罗贯中一人之手。在《水浒传》中还有一段对名马的描写,更是确凿的内证。第六十四回关胜要骑马出战,作品描写道:"那匹马,头至尾长一丈,蹄至脊高八尺;浑身上下,没有一根杂毛,纯是火炭般赤。"再看《三国志通俗演义》在董卓派李肃赠吕布赤兔马时的描写:"那马浑身上下火炭般赤,无半根杂毛;从头至尾长一丈,从蹄至项鬃高八尺。"这两段描写除次序有所颠倒外,字句完全相同。在相传为罗贯中所作的《残唐五代史演义》第三十四回中朱温献给李英良马一匹,其描写的字句也与上述两书完全相同"那马身上火炭般赤,无半根杂毛;头至尾长一丈,蹄带项鬃高八尺"。可以断定,描写名马和布阵作战的"两赢童贯"、"三败高俅"和关胜大战呼延灼等这些篇章是由罗贯中新写或改写的。

其他贡献。罗贯中对《水浒传》成书的其他贡献,还表现在人物数量的扩大和诗词的创作上。他在对《水浒传》的再创作和最后定稿的过程中,创作了大批人物形象,主要是将水浒起义军的头领由三十六人扩展到一百零八人,并将原有的三十六人和新增的七十二

人，称作"三十六天罡、七十二地煞"。这大批新创作出的人物，主要被分散穿插安排在从宋江出场到白龙庙小聚义和由此而到梁山泊大聚义这两个阶段中。这些新塑造的人物，丰富了《水浒传》人物的群像，拓展了表现社会生活的广度和深度。虽然这些人物在性格特色和形象丰满上不能与三十六人相提并列，但是其中也不乏佼佼者。如孙二娘处事豪爽果断和热情细致；顾大嫂的热诚侠义和诚挚善良；解珍、解宝二兄弟在与土豪毛太公的斗争中的正义感和控制情绪的分寸感等，都表现得有声有色，给人留下深刻的印象。罗贯中又是一位诗词创作的能手。在《水浒传》中现已确知由罗贯中自己创作的诗词达二十五首之多，另有第七十八回入话赋，由施耐庵原作，而经罗贯中增加和修改了少量字句。至于罗贯中修改过的和虽由他创作而不能确认的诗词，当亦不在少数。这些诗词是塑造人物的必要补充，应予肯定。据《录鬼簿续编》作者贾仲明记述，罗贯中还擅长创作"隐语"。隐语即谜语式的语言组合。《水浒传》中智真长老、罗真人、九天玄女的偈语、法言、法旨，就是藏而不露的隐语，它们是罗贯中的创作。这些隐语暗示了某些人物的遭遇和命运，为作品增添了神秘气氛，客观上为今人的研究提供了线索。

征辽的作者问题。征辽部分何时何人所作，历来分歧甚大。明代李卓吾称："施罗二公身在元，心在宋，虽生元日，实愤宋事。是故愤二帝之北狩，故称大破辽以泄其愤……"。[①]这话实际上是认定征辽为施、罗所作。与李卓吾同时而稍晚的袁无涯则宣称，是嘉靖间的郭武定本"去王田而加辽国"。[②]近代胡适、李玄伯相信袁无涯的说法。[③]郑振铎认为系嘉靖间增入，理由与袁无涯有别。[④]罗尔纲断定系"明朝宣德、正统以后的人所续加。[⑤]鲁迅疑征辽起于明以前，也许在南宋末年。游国恩主编的《中国文学史》认为"在祖本里应该已经有征辽的故事。"[⑥]

根据对已掌握的资料的考察研究，我认为征辽并非明代中后期人所续加，而是出自罗贯中之手。在上文中笔者已经考证出《水浒传》第十五回之前为罗贯中所编，鲁智深等人物的经历遭遇系罗贯中改写和安排。现在我们再看，当智真长老打发鲁智深去东京安顿时，小说第四回末的结语就出现了"这人笑挥禅杖……直教名驰塞北三千里，证果江南第一州"之句。"名驰塞北"即征辽一事，"证果江南"即征腊一事。可见在罗贯中的构思中，征辽、征腊是鲁智深经历的重要关节。当然，罗贯中的构思并非一次完成。最初他为鲁智深的安排是"遇林而兴"，"遇江而止"。随着他对《水浒传》再创作中暴露和批判最高统治集团黑暗、残忍的开篇"乱自上作"和终篇悲剧结局的总体构思的成熟，他补入了征辽故

① 见《焚书》卷三《忠义水浒传叙》。
② 见百二十回《忠义水浒全书发凡》。
③ 见《中国章回小说考证·百二十回本忠义水浒传序》，上海书店，1979 年。
④ 见《插图本中国文学文》，《讲史与英雄传奇》及 1953 年版《水浒传传序》。
⑤ 见《水浒传真义考》，《文史》1983 年第 15 辑。
⑥ 见《中国文学史》第四册，第二章《水浒传》，人民文学出版社，1979 年。

事,对鲁智深的经历不再是"遇江而止",于是就有了第四回结尾的那两句隐示和智真长老再赠终身受用的四句偈言:"逢夏而擒,遇腊而执,听潮而圆,见信而寂。"同时,征辽、征腊成为并提并举贯穿全书的关键词句。如九天玄女给宋江的法旨:"北幽南至睦,两处见奇功";第五十一四回回前诗有"施功紫塞辽兵退,报国清溪方腊亡"之句;第七十八回原为施耐庵所作的回前赋中罗改写或新增了"施恩报国,幽州城下杀辽兵;仗义兴师,清溪洞里擒方腊。"第八十一回在罗早先所作的回前诗中有"二十四阵破辽国,大小诸将皆成功;清溪洞里擒方腊,雁行零落悲秋风"之句;第一百回回前词有"扫清辽国转名香,奉诏南收方腊"之句;在同回回末则是借用并改写了南宋中期诗人叶绍翁凭吊杭州西湖岳飞坟墓的七律诗作为小说全书终篇的结尾诗,诗中再次将征辽、征腊并举:"一心报国摧锋日,百战擒辽破腊年。"[①] 这些诗词语句将征辽部分与聚义、征腊两部分紧密胶合在一起,成为一个整体,这就是游国恩诸先生得出征辽为祖本原有的依据。

除袁无涯外,征辽原有和征辽续加两种现点均强调宋元明三代民族压迫、民族斗争的严重形势是征辽故事纳入《水浒传》的动因。这一观点是正确的,但却忽视了从作者创作意图和作品基本思想倾面方面去进行考察。我们在上文已经指出,罗贯中对施耐庵集撰本加工再创作时,既进一步强化了宋江的忠君思想,又通过描写"乱自上作"和宋江的悲剧结局,确立了揭露和批判最高统治集团罪恶的基本思想倾向。征辽的部分无疑是与罗贯中的创作意图相一致的。请看,宋江对辽使的劝降毫不动摇。辽使提出的:"将军纵使赤心报国,建大功勋,回到朝廷,反坐罪犯"的策反理由是具有充分现实性的,并非危言耸听,宋江也心知肚明,但他坚定地表示:"纵使朝廷负我,我忠心不负朝廷,""吾辈当忠心报国,有死而已!"宋江坚持了誓死报国的爱国思想和民族大义。这与九天玄女所嘱的"忠心报国"的法旨,宋江在追求招安的过程中一再表示的"中心愿平虏,保民安国,""同心报国,竭力施功"的思想一脉相承,而且更加强烈。心怀誓死报国决心的宋江,征方腊已厥功至伟;征辽大胜,辽邦归降,又立奇功一件,但虽在两处立下奇功大勋,仍遭皇帝纵容之奸臣的毒手,饮恨而死,其暴露和批判统治者罪恶的效果顿然倍增,这是罗贯中所预期的。所以,征辽部分出自罗贯中之手,是理之必然。

断定征辽部分为罗贯中手笔的最重要的依据是从小说中发现了确凿的内证。本文在前面提到研究者将《水浒传》与《三遂平妖传》、(以下简称《平妖传》)《残唐五代史演义》(以下简称《五代史》)对勘,从一大批诗词赞语和有大量具体描写的完全相同,证明了作者同为罗贯中一人。其实,这种情况在《水浒传》征辽部分也同样存在。在第八十三回中,有两处描写大将出战亮相时的装束打扮与《五代史》相同。其一,《水浒传》大辽战将阿里奇

---

① 叶绍翁为南宋宁宗、理宗时期人。宁宗末年曾在临安朝廷中为官。周密《武林旧事》卷五记载其《岳王墓诗》云:"万古知心只老天,英雄堪恨亦堪怜。如公少缓须臾死,此寇安能八十年? 漠漠凝尘空偃月,堂堂遗像在凌烟。早知埋骨西湖路,学取鸱夷理钓船"。此诗又见陶宗仪《南村辍耕录》卷二"岳鄂王"及田汝成《西湖游览志》卷九。个别字词与周密所记稍异。

的装扮：

> 戴一顶三叉紫金冠，冠口内拴两根雉尾。穿一领衬甲白罗袍，袍背上绣三个凤凰。披一副连环镔铁铠，系一条嵌宝狮蛮带，着一对云根鹰爪靴，挂一条护项销金帕，带一张雀画铁胎弓，悬一壶雕翎钑子箭。手搭梨花点钢枪，坐骑银花拳花马。

《五代史》第三十回高思继的装扮：

> 戴一顶三叉紫金冠，冠口内拴两根雉尾。穿一领衬甲白罗袍，袍背上绣三个凤凰。披一副连环镔铁铠，系一条嵌宝狮蛮带，着一对云根鹰爪靴，挂一条护项销金帕，带一张雀画铁胎弓，悬一壶雕翎钑子箭。左手执一面金兽面防牌，背插飞刀二十四把，右手使一条浑铁点钢枪，坐下一匹银色梅花马。

其二《水浒传》同回，耶律国珍、耶律国宝俩兄弟的装扮：

> 头戴妆金嵌宝三叉紫金冠，身披锦边珠嵌锁子黄金铠。身上猩猩血染战红袍，袍上斑斑锦织金翅雕。腰系白玉带，背插虎头牌。左边袋内插雕弓，右边壶中攒硬箭。手中搭丈二沉绿枪，坐下骑九尺银鬃马。

《五代史》黄巢之弟黄圭的装扮：

> 头戴嵌宝三凤紫金冠，身披嵌珠锁子黄金甲，衬着那猩猩血染绛红袍，袍上斑斑锦织金翅雕。腰系白玉带，背插虎头牌。左边袋内插雕弓，右手壶中攒硬箭。手中握丈二一杆枪，坐下赤兔红鬃马。

以上辽国三将的两种装扮与《五代史》两种装扮是相同的，显然是由后者那里转用过来的。再看《水浒传》第八十七回辽将兀颜延寿的装扮：

> 头戴一项三叉如意紫金冠，穿一件蜀锦团花白银铠，是穿四缝鹰嘴抹绿靴，腰系双环龙角黄鞓带。虬螭吞首打将鞭，霜雪裁锋杀人剑。左悬金画宝雕弓，右插银嵌狼牙箭。使一支画杆方天钱，骑一匹铁脚枣骝马。

这番描写虽不完全与上述《五代史》两将的装扮相同，但其描写的层次、部位及使用的词语与对两将的描写一致，显然，这是为避免雷同作出的变通。

此外,在第八十八回中写宋江在梦境中所见的九天玄女居住的宫殿的装饰特色,如金钉朱户、碧瓦重檐、帘卷虾须、窗横龟背等这些词句不仅与第四十二回宋江初梦九天玄女之所见相同,而且与《三遂平妖传》第七回卜吉下井后所见圣姑姑的洞府相同。

以上这些相同之处绝非偶然巧合,而是同一作者罗贯中为省时省力,将另外两部作品中的描写借用到征辽部分所发生的很自然的行为。也不能认为这是罗贯中以外的后续书者模仿《五代史》、《平妖传》而为。因为万历初年福建书商插增的田、王二传见不到任何模仿,而最大的后续者袁无涯之流大量扩展的田、王二传中,我们也看不到有任何模仿上述两书的描写,他们何以唯独在征辽部分做出模仿两书的描写?这是无法解释的。总之,所发现的内证,使我们可以确信,征辽部分出自罗贯中手笔。

需要说明的是,断定征辽出自罗贯中手笔,并不意味着我们认为罗贯中是征辽故事的初创者,初创者另有其人。从语言文字风格上看,征辽部分不但与武十回、宋十回等话本基础厚实的部分不同,也与罗贯中用笔墨最多的《水浒传》前十几回、及罗独力创作的《残唐五代史演义》有别。同样写战争,《五代史》对话多,行动多,语句短促,事情进展变化极快,显得匆促。征辽则对话或叙述语言沉稳、从容,事情进展节奏有张有弛,与征方腊部分更为接近。鲁迅早年提出:"破辽故事虑亦非始作于明,宋代外敌凭陵,国政弛废,转思草泽,盖亦人情,故或造野语以自慰。复多异说,不能合符……"[1]鲁迅的看法是很有见地的。我认为这位初创者,应当是宋末元初稍晚于施耐庵的一位文人。他明知历史上的童贯率包括宋江余部(杨志所统领的选锋军)在内的十余万大军与辽军大战以惨败而告终,却仍然编撰了一个宋江二十四阵"大破辽以泄其愤"的故事,而正是这个爱国思想、民族感情鲜明的故事,与罗贯中的创作意图相契合,被罗拿来进行了加工再创作,定型为今本的面貌。

这位初创者极有可能是杭州人,至少也是江南的浙赣地区的人氏。因为征辽部分出现了浙赣地区独有而北方所无的名词:城子。第八十四回写宋江军在檀州大败辽军,作者写道:"关胜、林冲要抢城子"。第八十七回写辽将兀颜延寿攻打宋江的九宫八卦阵时,"心中暗想:阵里哪得这等城子?"此名词在《水浒传》其他部分出现五次:"昨夜引人马来打城子"(第三十四回);"因此我等兄弟两个去打城子"(第五十八回);"打你城子"。(第六十三回);"这城子方圆八十里"(第九十五回);"原来杭州城子乃钱王建都"(同上)。这都是属于施耐庵集撰的部分。另外宋末民族英雄、江西庐陵人文天祥,在其《指南录》记述在真州(今江苏仪征)遭遇凶险时,多次云:"迳来投奔城子","早食后看城子"。罗贯中为北方人,他不会使用自己不习惯的名词。此为证据之一。证据之二是地理的错乱。宋辽对峙以今河北中部白沟为界。宋军北进的白沟北侧,雄县、霸州首当其冲。然而号称"北地最熟"的段景柱却说"檀州最近"。于是宋江的部队竟从河北南部似空降一般,通行无阻

---

[1] 见《中国小说史略》第十五讲,"元明传来之讲史(下)。

地先攻克燕京北的檀州即今北京市密云县,再分兵攻打附近的平峪(应为谷)县、玉田县;然后部队似乎又空运般到了河北中部再调头北攻益津关,占领霸州、文安县,最后攻占幽州,进入燕京。这个忽北忽南的进军路线,错乱得实在太荒唐。又如,燕京是幽州的首府,本是一地也误为两地。这种荒唐可笑地理错乱,绝不是自号"湖海散人",走南闯北、在《平妖传》、《五代史》尤其是在《三国志通俗演义》中描写过大量发生在河北境内的战争和大批如刘备、张飞、赵云、袁绍等河北籍人物的罗贯中能犯的低级错误。这种错误发生在这位远离河北数千里之遥的南方初创者笔下,倒是完全可以理解的。当然,作为《水浒传》最后的定稿者罗贯中的加工再创作,并不是天衣无缝、了无瑕疵的。正如他对施耐庵的集撰本的纂修留下了许多纰漏、矛盾和应删未删之文那样,征辽的地理错乱、已改为十阵却仍保留"二十四阵破辽国"之句也属同类问题,尽管这些问题为我们今人的研究意外地提供了线索和内证。

施耐庵和罗贯中是宋元时期杰出的作家,是中国古代长篇小说的开创者和奠基者。出身说话世家的施耐庵通晓说话艺术的奥秘,谙熟社会下层市井细民的人情风貌;"有志图王"的罗贯中,有深邃的历史眼光,研究并熟悉古代排兵布阵的军事艺术。他们以各自的优势投入了对水浒故事的加工再创作中,在尊重前人创造成果的基础上,做出了新的巨大的贡献,共同造就成《水浒传》这部彪炳千古的杰出作品。我们今人对这份宝贵的文化遗产,应当珍惜它,爱护它,正确地阐释其思想价值和艺术价值,而不应当逐一时的思潮趋向或凭个人的情绪化倾向歪曲它、诋毁它,甚至全盘否定它,去重复历史上的恶性循环。

2011 年 3 月完稿

4 月初修改

2012 年 8 月初再修改

国学的传承与创新

冯其庸先生从事教学与科研六十周年庆贺学术文集

中国人民大学国学院 主编

下 册

上海古籍出版社

三、近现代国学的回顾
与国学学科建设

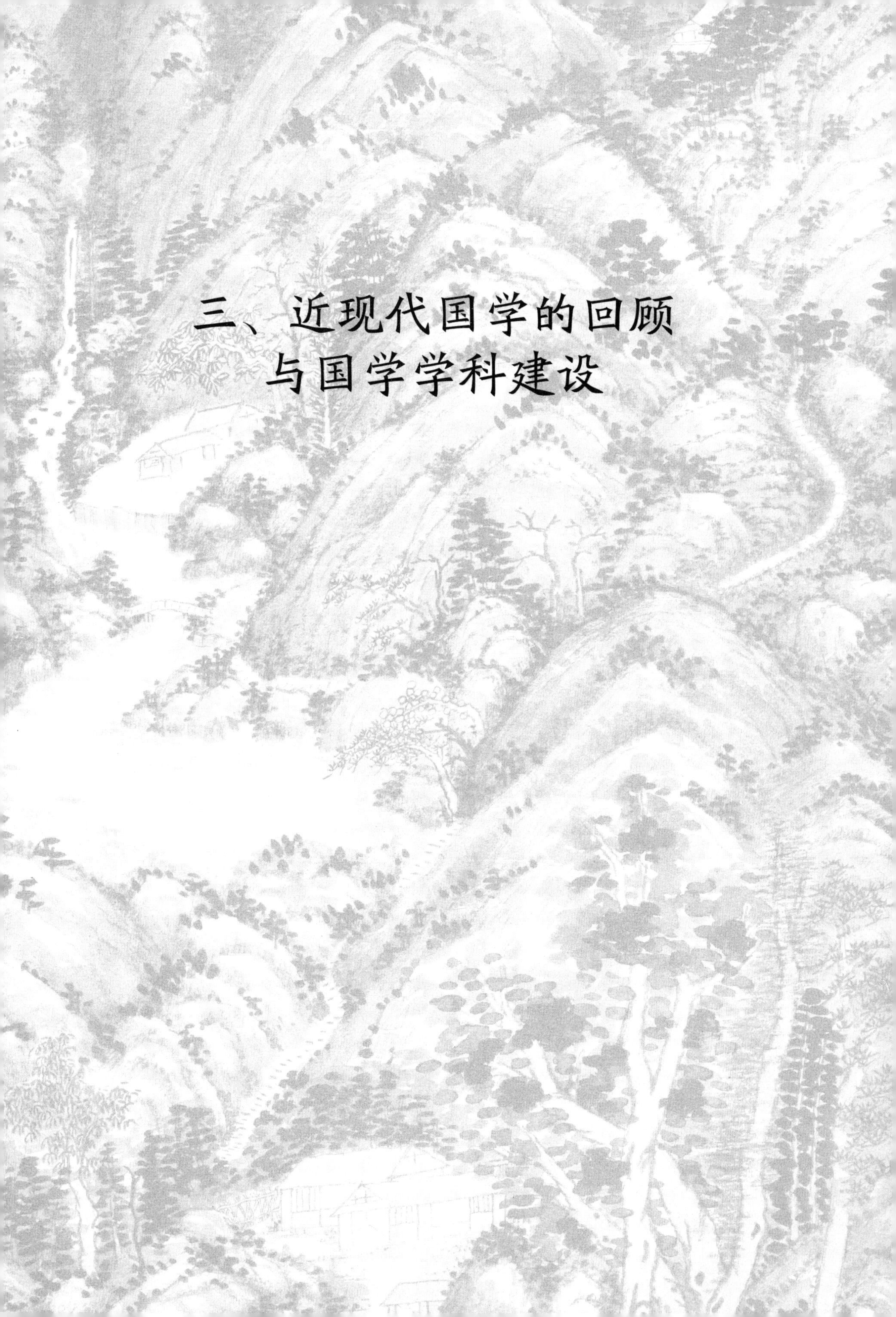

"国学"：国家认同与学科反思

干春松

（中国人民大学哲学院）

国学在中国古代是指设在京师的教育管理机构和高等学府，而近代以来为学人们所关注的国学则主要是指中国传统的学术文化和价值体系。其概念和最初的内涵来自日本的国粹运动，目的是要处理在西方思想文化和生产方式的冲击下，本国思想文化和价值体系的地位和作用的问题。很显然，"国学"这个词的引入带有弱势文化的防御性特点。

从国学思潮的发展历史来看，自晚清国粹派、章太炎到 20 世纪 20 年代开始的"整理国故"运动，一直到 20 世纪末 21 世纪初的"国学热"，不同的阶段对于"国学"的意义和内涵的理解差异巨大。在见仁见智的各类见解纷争中，国学"运动"和国学研究贯穿着两条基本的线索，其一是国家意识的确立和民族精神的重建；其二是对近代以来所逐渐形成的研究传统文化的学术（科）体系的接受和反思。

本文将以此为脉络来梳理"国学"所蕴涵的复杂的理论和思想文化问题，并分析当下"国学热"出现的内在原因和可能的发展方向。

一、"国学"与国家认同的迁移

所谓"国学"，其最重要的立足点在于"国"，也就是与别的国家相对待的"本国"，这在当下已属无可赘述之常识，而在海禁初开的 19 世纪后期，乃是一问题的焦点。原因在于当时的国人并无现代意义上的国家观念。

现代意义上的民族国家(nation-state)^①体系是在罗马帝国解体后在西欧形成,并随着西欧资本主义的发展而不断确立的国与国之间的关系格局。资本主义生产方式所带来的政治、经济和军事等基本社会生产方式和组织理念的变化,形成了以国家间的劳动分工为特征的经济体系。资本的逐利驱动推动了西欧国家在全球范围的殖民活动,将民族国家体系扩张到世界各地,它冲击了建立在血缘和地缘基础上的传统政治体系,中国便是在这样的背景下被拖入民族国家的建构进程中。

"中国"之名由来已久,但是,一直以来并不是"国家"的名称,"中国"不仅标志着地理上的世界中心,还意味着文明和教化的先进。而中国与周边国家的关系是以"宗主国对藩邦"为基本架构和以"怀柔对朝贡"为机能的世界体系和秩序。^②虽然,作为一个王朝国家,中国一直以具体的朝代作为国家的名称,但是,"中国"一直是我们的共同的价值认同。

然而,秉承这样的观念的清王朝却必须面对一个全新的挑战,即西方世界新形成的民族国家体系对于清帝国的宗藩体系的冲击。不仅如此,由于军事竞争的失败,曾经自以为是天下共主的中华帝国突然发现,在一系列不平等条约之后所形成的"治外法权"和租界等损害国家主权的局面下,中国的独立性被局部剥夺。所以在优胜劣汰的进化观念的刺激下,建立民族国家成为争取经济自由和文化独立的重要手段。这样,建立在宗法基础上的政治法律体系和以文化价值为基础的天下国家观念,逐步为追求独立的民族国家的理想所取代。这样的变化说明了中国已经不能仅仅通过易服色、改正朔这样的传统手段,在内部关系的调整中确立权力的合法性,而是必须通过厘定外部世界的主权关系,来界定自己的合法性。

由此,国家意识的强调既符合社会进化的公理,也是抵御外敌的思想资源。杨度认为在强权的时代,须以国家思想才能抵抗外国的侵凌,因此主张抛弃天下主义和家族主义,提倡国家主义。^③梁启超认为天下一统的观念虽然是崇高的道德,但并不切合中国的实际,在当下,国家才是忠诚的最高点。^④由天下观念向国家意识的转变是近代中国人对于世界秩序认识的重大转变,这样的转变在近代国学的最初倡导者章太炎和国粹派那里有十分明确的表达。

在章太炎看来,对于国家的确认并不具有什么崇高的意义,而是在一个以国家为基本

冯其庸先生从事教学与科研六十周年庆贺学术文集

---

① 国家广义地说可以指一切治权独立的政治共同体,但本文一般指的是民族国家,它意含治权独立的政治性格和民族统一的文化意味。而民族的含义主要是"国族"。参见江宜桦《自由主义、民族主义与国家认同》,台北:扬智文化事业股份有限公司,1998 年,第 6 页。

② 参见王中江《近代中国思维方式演变的趋势》,四川人民出版社,2008 年,第 371 页。

③ 杨度《金铁主义说》、《论国家主义与家族主义的区别》,刘晴波主编《杨度集》,湖南人民出版社,1986 年,第 213—397、529—533 页。

④ 梁启超《新民说》,李华兴等编《梁启超选集》,上海人民出版社,1984 年,第 218 页。

单位的世界格局中,国家成为一个"不得不然"的存在。他说:"今之建国,由他国之外铄我耳;他国一日不解散,则吾国不得不牵帅以自存。"① 在这样的背景下,确立国家意识,构建国家认同成为国学的使命。

一般来说,国家认同是一个含有多重意义的体系,大致可以分为三类,即"族群血缘关系"、"历史文化传统"与"政治社会经济体制",即所谓的"族群认同"、"文化认同"与"制度认同"。② 在经历大变局的近代学者那里,他们建立国家认同的资源也因政治和文化立场的差异各有不同。比如以孙中山等为代表的革命派主要强调族群和血缘关系,试图通过民族革命来推翻清朝的政治、社会、经济体制。康有为则偏向于制度认同,主张改良。但是,更多的情况是这三方面的资源兼取,因为国家建构的过程,并不是对于传统的政治、文化和历史的简单回忆,而是一个重构的过程,也就是通过对于历史的重新理解和整理来凸显民族历史中积极的和符合当下形势的部分。

现代意义上的国家意识的重构过程,也就是近代国学的建立过程。晚清国粹派的代表人物之一邓实说:"国学者何? 一国所自有之学也。有地而人生其上,因以成国焉,有其国者有其学。学也者,学其一国之学以为国用,而自治其一国者也。"③ 这段文字十分强调"学"之产生和应用与"国家"之间的关系,与中国传统学术以天下为指向的普遍主义的态度已大不相同。他们进一步认定国学之存在是国家存在的基础:"国有学,则虽亡而复兴;国无学,则一亡而永亡。何者? 盖国有学则国亡而学不亡,学不亡则国犹可再造;国无学则国亡而学亡,学亡而国之亡遂终古矣。"④

"国粹"一词虽由日本传入,但对于"粹"的强调明确表征出选择、重构传统资源的意图。国粹派的一个重要论题就是区分"国学"和"君学",他们认为不以学术之真伪为标准,而以功名利禄作为指向的学问是"君学"而不是"国学",他们批评"君学"的一个重要原因在于他们认为"君学"使人们只知道有朝代和帝王,而不知道有国家。他们指出孔子的思想到汉代已经与君权结为一体,所以,一方面由政治专制而达成学术专制,制约别的学派的思想发展,同时也使儒学自身趋向僵化。所以,国粹派的精神领袖章太炎说:"为甚提倡国粹? 不是要人尊信孔教,只是要人爱惜我们汉种的历史。这个历史,是就广义说的,其中可以分为三项:一是语言文字,二是典章制度,三是人物事迹。"⑤ 其目的是要反对欧化主义者认为中国百事不如人的心理,要"用国粹激动种性,增进爱国的热肠"。国粹派经常使用"国魂"的说法,强调要融汇中西,重铸国魂。

如前所述,近代中国国家意识确立的原因主要并不来自于中国社会发展的内在要求,

① 章太炎《国家论》,汤志钧编《章太炎政论集》上卷,中华书局,1977 年,第 368 页。
② 江宜桦《自由主义、民族主义与国家认同》,第 15 页。
③ 邓实《国学讲习记》,《国粹学报》第 2 年第 19 期,1906 年。
④ 许守微《论国粹无阻于欧化》,《国粹学报》第 1 年第 7 期,1905 年。
⑤ 章太炎《东京留学生欢迎会演说辞》,汤志钧编《章太炎政论选集》上卷,第 276 页。

而是来自西方政治和军事的侵凌,也正因为如此,国家认同所要面对的最大的挑战是如何对待西方的政教体系和文化价值的问题。

伴随着工业社会和资本主义经济模式的发展而形成的民族国家体系,在其形成之时,就存在着以欧美为中心和以其他地区为边缘的差序格局。欧洲资本主义国家依靠军事和行政组织能力,通过不断扩张的方式来推进其市场的逻辑,把中国这样的处于市场边缘的国家置于两难的困境。一方面,以寻求国家独立为目的的追求富强的冲动,需要我们接受新的生产组织方式和以市场为导向的机制来适应社会生产方式的变化,因为依靠传统的方式已经难以维持国家的主权和保持竞争力;另一方面,要通过承续传统的符号体系来激发国民的凝聚力和创造力。更为深层的问题在于,这时的东西文化之争,并不完全是一个文化认同的问题,而是一种以世界市场为基础的新的生产方式对于农耕社会的挑战,也是建立在平等基础上的社会组织方式对于血缘和家族制度基础上的中国社会的挑战。

所以从国粹派开始的国学研究者,一直在申辩提倡国学并不是要阻碍欧化。国粹派提出文化发展需要中西互通,他们所要反对的是两种极端的倾向:一是"醉心欧化",认为中国万事不如人;另一种就是"盲信己国",依然以夷夏的观念来看待外国。而国粹派所提倡的是以中国为本位的兼收并取的态度。

1912 年中华民国成立,模仿西方政体而建立新体制并没有带来预想中的社会繁荣,反而是在新的市场机制下乡村社会的破产和在新旧转移过程中国民道德的崩溃。面对这样的社会现状,一部分人将道德的崩溃视为制度变革的失误,试图通过提倡传统价值来重建社会道德系统。而在以陈独秀和胡适等为代表的新文化运动的提倡者看来,现代中国落后的根源在于传统中国建立在专制和迷信基础上的文化观念,而观念落后的基础则是以自然经济为主要特征的传统的生产方式,因此面对新的世界政治和经济的发展阶段,以儒家为代表的思想文化已经成为中国发展的阻碍性力量。很显然民国初年袁世凯和张勋等政治人物通过假借传统文化来装点他们的政治行为和康有为、严复等人对于新的共和政体的批评,都导向了启蒙运动以一种激烈的反传统的方式来展开。

而吊诡的是,1920 年代以后,一向以反传统形态出现的新文化运动出现分化,一部分人转入"整理国故",并将之纳入新思潮,引发了新文化运动内部的质疑。

"国故"这个词本是章太炎对于传统中国学术的称呼,用以取代"国粹"这个带有价值评判色彩的名称,但是章太炎的立场是明确的,中国的精神存在于中国的历史和典章制度中。而启蒙思想的倡导者毛子水、胡适和傅斯年等人在沿用"国故"这个词的时候,则是试图通过整理国故的过程,来宣扬"科学"精神,批评一部分人对于国故的追慕心态,从而"再造文明"。

胡适给"国故"下了这样的定义:"中国一切过去的文化历史,都是我们的'国故',研

究这一切过去的文化历史的学问,就是'国故学',省称'国学'。"① 胡适在这篇文章中认为,"国故"这个名称最为妥当,因为其中立,不含褒贬,所以他不愿意用"国粹"之类的词。在这篇文章中,胡适特别强调国学的研究方法,所以他反对康有为将儒家孔教化的做法,也并不认为古文古诗的保存就是国学,而是强调一种系统的整理。面对着新文化阵营的质疑,胡适的解释虽然多有变化,但是其基调则是认为,"故"可以理解为"过去"、"死亡"。他在 1928 年回答一个人的来信时,甚至把"整理国故"比喻成"打鬼",就是要让人知道"国故"也就"不过如此"。②

这个时期的"国学热",获得广泛的体制性的支持,比如北京大学研究所国学门在 1921 年创建;1923 年 4 月,东南大学国文系议决设立国学院,并制定了系统整理国学的计划书;1925 年清华国学研究院成立;1926 年厦门大学国学院成立。

与晚清国粹派的国学观比较,这个时期的国学讨论出现了一些重要的转折。首先,中华民国建立之后,现代民族国家的建立已经成为事实。由此,"国学"研究者的思考重心逐渐从国家意识的确立转变为对于什么是现代中国的讨论,即要关注什么样的思想能够成为民族国家体系下中国的立国之本。对此,不同学者的认识尖锐对立。有人认为中国之为中国主要在于历史文化和经典传承。启蒙派的学者则认为中国的精神不在经典之中,而是存在于民众的生活世界中。北京大学研究院国学门侧重于民间歌谣的收集和习俗的调查,即意在于此。更为关键的是,他们认定科学所代表的普遍意义的公理超越了国家之间的区域局限而成为民族精神的向度,从而解构了传统价值与民族精神之间的血缘性、地域性联系。在这样的改变中,国恰好成为公理的对立面。何炳松说:"国学的国字,显然表现出一种狭小的国家主义精神。这不但违反我国先贤所主张的'大道之行也,天下为公'这种大同精神,而且亦违反西洋学者所主张的'知识无国界'那种学术公开的精神。"③

作为这个时期国学研究的代表人物的顾颉刚等人对于历史的态度的转变,有人认为是"革命性"的,"大概在 1920 年至 1930 年,中国一群领导性的史学家不约而同地提出新的反省,他们对史料的态度有一个革命性的变化。这些人包括胡适、傅斯年、顾颉刚、李济等。他们的文字分散各处,如果稍加比辑,可以发现一个认识论上的改变。首先,对这一代人而言,传统的权威已经几乎倒塌了,所以六经在他们看来都只是史料了——是供人研究的材料,而不是让人寻求治国平天下大道理之所在。在这个前提下,他们同时也提倡一种历史发展的观点,也就是平等看待每一时代学术思想材料的价值,不再以为只有那最高点才有价值。"④

傅斯年开始筹建中山大学语言历史研究所的时候,就是要把语言和历史从传统的学

① 胡适《〈国学季刊〉发刊宣言》,《胡适全集》第 2 卷,安徽教育出版社,2003 年,第 7 页。
② 胡适《整理国故与"打鬼"》,《胡适全集》第 3 卷,第 147 页。
③ 何炳松《论所谓"国学"》,《小说月报》20 卷 1 号,1929 年 1 月。
④ 王汎森《什么可以成为历史证据》,载氏著《中国近代思想与学术的系谱》,河北教育出版社,2001 年,第 348 页。

术谱系中"解放"出来,在科学公理面前,地域的差异对于国家认同的意义被看作是一种固步自封,因此,连"国故"这个概念也成为他攻击的目标。他认为要建立一种真正的"科学"的态度,必须将"国故"的概念也抛弃。

由此可见,从晚清的国粹派到1920年代以后的国学研究,虽然多样化的立场之间争论激烈,但总的趋势则是循着由以提振民族精神、确立国家意识到强调以科学和民主为核心的新的民族精神的建设的转变。这样的转变的动力来自于国学研究者所面对的问题发生了由寻求独立自主的民族国家到建设富强的国家、改变国民特质的转变。而1930年代之后面对日本的侵略,民族主义再度兴起。

在随后的很长一段时间里,传统资源长期被贬斥,国学研究也被置于"批判"甚至"破除"的境地;一直到1980年代文化热的时候,传统文化和现代化关系才再度被重视,自1990年代中期开始,国学研究再度兴起,并到21世纪初成为热点。

新世纪的"国学热",所要面对的则是全球化的深化所带来的国际关系形态的进一步变化。"在现代性向后现代性的跃进中,一系列新特点界定着国家内部秩序,而新的超国家秩序同那些特点有着明显的对应关系。……这种对应关系并非'由内及外',以内部秩序推演出国际体系,而是'由外及内',以超国家秩序推演出国家内部的法律体系。"[1]这种由外及内的秩序体系最典型的表现是联合国宪章及国际法在解决国际纷争、维护世界和平、保障国家之间的平等诸方面担负的某些作用,所以国家的重要性相对减弱,区域组织和国际组织取代了国家的某些功能。同时,全球化还使国家的经济自主性在一定程度上减弱,在这样的背景下,民族认同和国家认同之间的关系发生了一些疏离。

看上去有些矛盾的是,全球化也从另一方面强化着民族国家的认同。因为全球化过程所形成的不平等的经济和政治秩序对于弱势国家是一个挑战,中国作为一个有着独特的文化价值体系的新兴的经济体,内在地要求对世界秩序的和谐承担起应有的责任,并试图为重建世界秩序提供有益的价值支撑。这样,建立在鲜明的中国意识基础上,有更强烈的责任意识成为国学研究的主要议题。我们可以看到,夹杂着读经、儒学复兴、文化本土性等复杂议题的国学热,虽然有时体现出激烈的民族主义色彩,但是这样的意识与其说是对中国本位的强调,毋宁说是对于国际间秩序的批判性视野,表达了中国想真正成为世界重要成员的渴望。

1978年之后,中国进行着由经济体制改革导引的全方位的社会变革,思想文化也进一步开放,对于中国特色社会主义的强调和"中华民族的伟大复兴"的目标的确立,体现出民族文化已然成为解释中国政策的文化背景和呈现中国未来方向的重要基础之一。基于此,国学研究对于增强民族凝聚力和文化自信心,乃至国家软实力的建设都可以发挥重要的作用。

---

[1] 麦克尔·哈特、安东尼奥·奈格里《帝国》,杨建国、范一亭译,江苏人民出版社,2008年,第17页。

二、"国学"与"科学"、"学科"

　　"国学"虽立足于"国",但"学"是其载体,无论是国家认同还是民族精神的重构,这些使命都是要通过对于传统思想学术的不同呈现方式来体现的。

　　国学的具体内涵就是中国传统的学术。在中国面对现代性的挑战的时候,中国传统的知识体系也不可能独善其身。现代化运动打破了古代社会的有机整体结构,取而代之以经过分化的经济体制和管理体制。根据马克斯·韦伯的理论,现代化运动是社会理性化和世俗化过程,它以理性化发展打破了传统社会基本理性的统一性,对于思想学术而言,一个最大的变化就是适应生产、分工发展而逐渐形成的专业化学科体系的建立,"多元学科的创立乃基于这样一个信念:由于现实被合理地分成了一些不同的知识群,因此系统化研究便要求研究者掌握专门的技能,并借助于这些技能去集中应对多种多样、各自独立的现实领域。"[1]

　　以科举为典型特征的中国古代教育制度,虽然是一种世俗性的教育方式,但是并非是专业性技能教育,所以传统的中国学术体系,在中国进入现代化的进程之后,必然要面对日渐专业化的过程。鸦片战争失败之后,人们对于绵延千年的科举制度的批评主要集中于其选拔的人才难以"经世",不能使中国在竞争中立于不败之地。我们可以发现,虽然晚清改革无论从理念到方法见仁见智,甚至绝然对立,但是对于改变教育制度、采纳西方的学术分科观念却是空前的一致。康有为、张之洞、严复、梁启超、张百熙等均接受西方的学术分科体系,并开始提出各自的分科方案。

　　1898年,严复发表文章《论治学治事宜分二途》,指出传统中国的学校只有做官治事一途,所以难以适应分工日益细密的社会需要,"国愈开化,这分工愈密,学问政治,至大之工,奈何其不分哉!"所以要把治学和治事分开。[2] 稍后在知识界影响巨大的杜亚泉也说,国家之间的竞争其实是职业(产业)之间的竞争,而专业化则是增强产业竞争力的关键。[3]

　　专业化所要求的知识系统的分化是中国传统的教育和学科体系所不能提供的,这样的认识始终体现在"国学"的发展实践中,晚清的国粹派区分"国学"与"君学"就是试图确认学术的独立性,而他们所预备设立的"国粹学堂",学制三年,科目包括经学、文字学、伦理学、心性学、哲学、宗教学、政法学、实业学、社会学、史学、典制学、考古学、地舆学、历数学、博物学、文章学、音乐、图画、书法、翻译等,形式上与旧学已经大不相同。虽然所学内容均来自中国传统的学术资源,但显然已经借鉴西方的学科体制进行了新的分类。最早进行国学讲习活动的章太炎,也是新的学科分类的实践者。1906年,章太炎在日本主编

---

①　华勒斯坦等《开放社会科学》,刘锋译,三联书店,1997年,第9页。
②　王栻编《严复集》第一册,中华书局,1986年,第89页。
③　杜亚泉《〈亚泉杂志〉序》,《亚泉杂志》第1期,1900年11月。

同盟会机关报《民报》，曾经刊登《国学振兴社广告》，谓国学讲授内容为："一、诸子学；二、文史学；三、制度学；四、内典学；五、宋明理学；六、中国历史。"这里对于"国学"内容的设置，与传统的经、史、子、集的分类方式有根本的差异，最明显的是没有了作为传统知识的价值基础的经学。

另一国学代表人物刘师培也从社会分工来论证以分科方式整理中国传统知识体系的必然性："野蛮之民，所具之能甚简，及世界进化，则所具之能亦日多。惟所具之能甚简，故所业亦必简单；惟其所具之能日多，所业亦归复杂。如古之商人，不必知书，古之士人，不必习武；今则文明各国，商必知学，士必服兵，而农人亦需入学；非所治之业由简而繁之证乎？今行此法，使人民于所治职业，由简而繁，正与社会进化之公例相合。且古代之学，均分科而治；今则无论何国，人民于未冠之前，均习普通科学。夫普通之科学，既尽人而能知，则普通之职业，亦必尽人而能为。既尽人而能为，则智识愈备，能力日增。"[1]

由传统的整合式的、以人文思想为核心的知识体系向现代的分科式的、以科学思想为特性的分科方式变化，从价值上，本身就是要推翻传统的宗教性的劝慰。代之以自然科学和社会科学来对应原先为神学和经学垄断的知识领域。说到底，现代学术的产生是因为人们相信可以通过某种可以验证的方式发展出一种系统的世俗的知识，在这样的转变中，中国原有的以经学为核心的知识体系便要经受"理性化"的洗礼。

在经验性知识的对照之下，传统的体会式的经学思维便显得缺乏可验证的方法的支持。实证化的科学成为建立普遍性原则的基础。在这样的要求之下，传统学术缺乏规则和可验证性的特性就成为一种方法上的"缺陷"。刘师培十分重视"方法"对于学术的意义，他认为传统的学术缺乏纯用理论之规则，比如，中国论文法之书没有上乘之作，他甚至认为中国无一人知国文。

但是，在引入新的方法之后，内在的问题也随之产生。传统的国学所提供的是关于宇宙、社会和人生的整体性思考，它既包含可验证的理性知识，也包含价值性的信念。当我们开始接受科学公理来取代以前的"天理"的时候，我们需要接受新的学科体系和实证方法。但是新学科则导致中国传统思想的意义系统被分解，而最终难以凸显自身的独特性。比如，当中国传统的经典系统被归入哲学、历史和文学等不同的学科之后，这些西方化的学科方式完全剥离了经典的语境，经典原先所承载的意义和价值便难以呈现。这样的矛盾在20世纪20年代被进一步激化。有人因忧虑中国价值的解体而拒绝新的学科，而有人则想通过学科的变革而完全否定原有的价值系统。

的确，学科变革的背后是价值的重构。西方文化的出现解构了中国固有的天下国家观念，并将中国带入了现代化的进程之中。为了理解这个新的世界秩序，便需要寻找一种新的"共同语言"，这个语言便是"科学"。在人们的观念中，科学因为其客观性和普遍性，

① 刘师培《人类均力说》，李妙根编、朱维铮校《刘师培辛亥前文选》，三联书店，1998年，第111—112页。

很大程度上甚至体现了"公理"："是故科学定理，以人类为公。人惟于此有所浸润，而后服从公理之心切。"这可以避免把"私见"看作"公理"，或者根本不承认有公理存在的错误认识，从而"社会团合之力强"。①

在许多人眼里，科学代表着最大的普遍性，其"公理"性特质意味着中西学术之间所揭示的并不是不同的真理，至多是真理的不同面向而已。因此，有人断言，学不应分中西，差别只是"广狭疏密"。王国维在给《国学丛刊》写的序言中说："世界学问，不出科学、史学、文学，故中国之学，西国类皆有之；西国之学，我国亦类皆有之。所异者，广狭疏密耳。……且居今日之世，讲今日之学，未有西学不兴，而中学能兴者；亦未有中学不兴，西学能兴者。"他认为学问之事之所以为古今中西所重视，主要是因为其提振道德和利用厚生，"非徒一国之名誉与光辉而已。"②

在政治立场上趋于保守的刘师培、王国维，在学术立场上却相对激进，他们与后来的科学主义者有一种逻辑上的承继关系。在胡适看来，他所提倡的"整理国故"的运动，不过是他的"大胆假设、小心求证"的科学方法的一种运用。他说自己做的关于《红楼梦》等小说和古史考证的文字，"都只是思想学问的方法的一些例子。在这些文字里，我要读者学得一点科学精神，一点科学态度，一点科学方法。科学精神在于寻求事实，寻求真理。科学态度在于撇开成见，搁起感情，只认得事实，只跟着证据走。"③

所以，"整理国故"运动表面上看是新文化运动的一种收缩，实际上代表着启蒙派人士对于科学方法的自信，他们试图通过科学方法的整理来证明先前国粹派和守旧派固守传统文化价值的错误。站在"公理"的基点上，他们认定中西之间的并非是一种建立在地域基础上的不同，而是他们是属于不同时代的知识体系。

虽然钱玄同和顾颉刚等人都是以传统学术作为他们的研究重点，但是，他们所发扬的"疑古"精神，所要解构的则是沉淀在历史文化之上的文化价值理想，所以他们自觉地要与晚清的国粹派，甚至章太炎式的国学划清界限。顾颉刚说："至于老学究们所说的国学，他们要把过去的文化作为现代人的生活规律，要把古圣贤遗言看做'国粹'而强迫青年们去服从，他们的眼光全注在应用上，他们原是梦想不到什么叫做研究的，当然说不到科学。"④

资本主义的内在矛盾在第一次世界大战时被集中展现出来之后，科学主义及其所关联的全盘西化的思潮在中国同时受到了来自传统和同样是西方背景的知识群体的批评。首先是梁漱溟以文化的不同路向的方式来阐发东西文化的发展前景，后来又有胡适与张君劢之间关于"科学与人生观"的争论，核心是科学是否对于价值领域仍然有效。而以吴宓和梅光迪等人为代表的学衡派，则从白璧德的人文主义来批评科学主义和浪漫主义，认为新的文明

① 唐钺《科学与德行》，《科学》月刊第 3 卷第 4 期，1917 年 4 月。
② 王国维《〈国学丛刊〉序》，《王国维经典文存》，上海大学出版社，2003 年，第 259—261 页。
③ 胡适《介绍我自己的思想》，《胡适论学近著》，山东人民出版社，1998 年，第 507 页。
④ 顾颉刚《一九二六年始刊词》，《北京大学研究所国学门周刊》2 卷 13 期，1926 年 1 月。

应该是兼取中西之长："则今欲造成中国之新文化,自当兼取中西文明之精华,而熔铸之,贯通之。吾国古今之学术德教,文艺典章,皆当研究之、保存之、昌明之、发挥而光大之。而西洋古今之学术德教,文艺典章,亦当研究之、吸取之、译述之、了解而受用之。"[①]

从 1920 年代激进和保守之间的争议通过无数次全社会的辩论而沉淀为重要的思想模式,这些看上去有些非此即彼的矛盾冲突局面是由近代知识阶层的内在困境所造成的。就科学主义的立场来说,一方面他们都是民族国家的坚定的支持者,希望有一个富强的中国,另一方面他们却坚信要实现中国的富强必须舍弃自己的文化。这就出现了国学大师反国学的奇怪现象。就保守主义者而言,他们坚信中国传统资源的重要性,但是他们同样认定民主和科学是中国必须接受的,所以他们的重心在于论证民主和科学为中国文化所本有。

作为面对西方学术体系的挑战的一种回应,国学的观念呈现出这样内在的矛盾:一方面,国学是中国现代学术体系完善之前一种对于西方学术分类方式的吸收和借鉴;另一方面,出于对文明存续的忧虑,国学又是对学术本土性的强调,试图通过强化本国价值和外来价值之间的差异来确立其存在的必要性。在这样的矛盾中,中西文化的差异在有的人那里被看作是新、旧或进步、落后的差异;在另一部分的人看来则是文化类型的不同,并不能简单以进步、落后视之。我们经常可以看到的情况则是有些学者两种立场共持。

与思想文化领域的"国学热"相比,20 世纪末 21 世纪初的"国学热",其学科反思的力度也毫不逊色,国学的提出对应的问题是现代的学科分类系统和由西方学术术语所构建的学术体系对于理解传统中国思想的困难,从 1990 年代开始,文学等学科开始了对于学科本身的反思。近年来哲学界所开展的对于中国哲学"合法性"问题的讨论,重点也是对于学科规范的反思,侧重探讨用外来的范畴体系和哲学观念来整理中国哲学的穿凿附会。

但是,国学学科化并不是解决学科分割和意义系统丧失的有效途径,因为,将边界不明的国学引入到学科体制的讨论,或者作为现行学科的一种纠偏机制,效果可能恰好相反。因为国学研究中本身包含着解构传统意义的向度,例如,1920 年代在科学主义立场下的国学研究,其根本目的恰好是要说明传统的价值观应退出中国人的生活,并批评人们对于古学的留恋。

如果一定要为禁锢于学科局限的古典研究寻找一种补偿机制,那么已经有悠久历史的"古典学"[②] 可能是最为合适的学科方案,这样可以有效地过滤沉淀在"国学"上的"意识形态"和"非科学"影子,使其形成一种学术性的机制。

---

① 吴宓《论新文化运动》,孙尚扬编《国故新知论——学衡派文化论著辑要》,中国广播电视出版社,1995 年,第88 页。

② 在西方的学术体制下,古典学家"试图创立一门独立于哲学(和神学)的学科,在此过程中,他们将自己的研究对象规定为各类文学、艺术和历史的结合"。(华勒斯坦等:《开放社会科学》,第 25 页)创立中国式的古典学可以有效地还原经典的文化价值,并探索经典文化对于现代的意义。值得注意的是中国人民大学国学院的英文名称即是 School of Chinese Classics,意为中国经典学院。

三、"国学热"和超越国学

19世纪,一度发展滞后的日耳曼地区就出现了强调不同国家的"特殊性",拒绝采用英法等国学科区分标准的"国家学",但最终在20世纪初消失。在中国也一样,国学最初的出现一方面是要提振民族自信,但同时也是对西方学科的抵触性反应。因此,许多国学大师均认为提出国学是一种权宜之计。最为典型的国学大师章太炎、钱穆等人,也均认为国学这一概念在最终意义上并不成立。钱穆先生在《国学概论》便认定"学术本无国界。国学一名,前既无承,将来恐不立,特为一时代的名词"。的确,对于"国"的强调,无论是基于建立民族国家、提振国民信心的角度,还是强调文化的本土性的角度,均是弱势国家和弱势文化的防御心理的反映。

民族精神的建立和民族复兴的理想是建立国家认同的基础,国学的意义非可等闲视之。我们需要从文化的传统中发掘和继承符合人类发展规律和丰富民族精神的积极内涵,为民族复兴提供精神动力。但是,国学也不应该成为拒绝吸收别的人类文明的借口。

就学科意义来说,国学作为一个与国外学术相对的概念,并不是一个自足的范畴,而是一个依靠对象参照来凸显自己的特点的名称,因此对象和方法均十分含混。从国学发展的历史看,同样的国学研究者可以是传统价值的支持者,也可以是传统价值的批判者。因此,马一浮先生说,国学这词虽然已为大家所习用,其实并不恰当。"照旧时用国学为名者,即是国立大学之称。今人以吾国固有的学术名为国学,意思是对于外国学术之谓。此名依他起,严格说来,本不可用。今为随顺时人语,故暂不改立名目。然即依固有学术为解,所含之义亦太觉广泛笼统,使人闻之,不知所指为何种学术。"①

的确,当下国学概念的混乱,其根本原因即在于此,有人说国学就是中国传统学术的总称;有人说国学就是儒学;也有人说,国学主要指意识形态层面的传统思想文化。这都有道理,但都不足给国学以恰当的规定性。

所以,当我们回顾国学发展的历史,反思当下的国学热的时候,应该承认,"国学热"的出现是全球化和多元化矛盾在中国当下的一个体现,同时也是中国当下政治合法性和道德重建的内在需要的体现,有它的合理性。同时在学科意义上,国学可以让我们清醒地认识到现代的学科分类对于解释传统的学术资源时的困难。

我认为,国学的最佳定位是作为一种批判性的视角,让我们意识到学术传统的独特性和中国自身价值立场的重要性,但这并不意味着必须拒绝西方的学科体系才能有效地延续本土文化的精神。从科学和人文应得到有机的结合,文化认同应由强化族群转化为强调人类解放这样的角度来看,强调国学目的则应当是要超越国学。

---

① 马一浮著,虞万里校点《马一浮集》第一册,浙江古籍出版社、浙江教育出版社,1996年,第9页。

国学院体制与现代中国学术的知识构成

——现代学术的知识范型研究之一

贺昌盛

（厦门大学中文系）

近代中国的社会政治面貌发生了巨大的变化,但其根本原因首先应当归结到思想与知识的层次上所发生的转移与跨跃。这种转移与跨跃一方面是基于对传统思想有限性的深刻反思,由此所引发的是传统学术的一系列范畴性的内部转变;另一方面也是基于以西方知识体系为参照的对于知识本身的重新整合。正是因为有了这种范畴性的知识整合,才最终逐步形成了有着全新面貌的现代中国学术。此外,学术研究者的身份也由传统意义上的"政—学"合一的"士",转变成为了相对单纯的以承继和传播"知识与思想"为主要目的的"知识分子"。这一变化的表层结果就是具有现代意味的"知识(者)集合体"——"国学院"的出现,而其深层的结果则是知识本身的服务对象的转移——知识资源已不再是当政者的专有品,而成为了全体国民所共同拥有的思想平台,也因此,"知识"本身才不再是传统"士人"的专利或进阶工具,而日渐成为了现代知识分子真正展开其"思想"与"学术"研究的核心载体。本文以"国学院"的组织结构与知识系统为主要考察对象,具体分析现代中国学术在知识构成上的变化及其潜在的根本原因。

一、晚清学术的知识趋向

传统中国的学术研究有其特定的思想背景与学术谱系(Scholarly genealogy)。如果从

汉武帝设置五经博士（建元五年，即公元前136年）算起，到1912年中华民国临时政府宣布"废止读经"为止，历时两千余年的"经学"一直是作为中国传统学术的核心而独立存在的。它从根本上规定了中国学术的特定"知识"范型，并深刻影响着传统中国的政治思想、学术规范、知识形态以及民族的文化心理与思维模式。但无论是官学还是私学，在清代中叶以前，其学术本身"政—学"一体的结构模式基本上没有根本性的变化。有学者曾指出，如果说中国近代史上真有所谓"近三千年未有之大变局"的话，我们就必须承认这个"变局"其实早在18世纪末19世纪初就开始了，最明显的表征之一就是，长期占据学界主流话语地位的汉学在道光之际的分化和衰落——今文经学的异军渐起和汉宋调和说的勃兴。但从实质上讲，这场"变局"的真正目的仍旧是为了挽救当时"知识与道德、知识与社会断裂的危机"。①

传统中国的学术研究基本上是围绕着对于既有思想的阐发（"知识增殖"）以及对于核心范畴（天、人、道、器、体、用、礼、仁等）的辨析（"知识清理"）而逐步建立起来的，相对于纯粹的"思想"而言，由那些核心范畴所构建起来的"知识体系"本身并不具有实际的独立地位；而当以知识为基础的"思想"被始终放置在"实践"层面上的时候，对于"知识"本身的探求——"学问"，也就被打上了浓厚的"实用"色彩。尤其是在内忧外患的近代中国，这一特点更为突出，如顾炎武所称："凡文之不关乎六经之旨、当世之务，一切不为"；"君子之为学也，以明道也，以救世也。"② 这种情形甚至一直持续到民国初年。"学以致用"的思维模式一方面划定了学术的界限与一般路向，另一方面却也为域外学术的引进及学术自身的"知识更新"提供了契机。

晚清学术思想的深刻变化无疑首先来自于由"西学"引进所带来的巨大的"知识"冲击。撇开基督教或佛教在中土的传播，真正主动地对域外的"知识"加以引进的活动应当追溯到明代的徐光启、李之藻等人的译述。当然，那个时代的"知识"引进还未能被纳入到"学术"研究的范畴，其在中国传统的学术框架内并不占有一席之地。至晚清时代，这种情形则发生了重大的变化，传统的"经史之学"一度遭到了强烈的拒弃，而"经世之学"与"西学致用"的观念得到了普遍的张扬。从某种程度上说，这一变化应当与曾国藩在"义理、考据、辞章"之外增设"经济（经世济用）"一门关系甚大，对于学术的"经济"功能的强调实际上把传统"士人"以"学术"的方式为权力体制寻找依据的责任，逐步扩大到了直接参与和巩固权力体制运作的实践范围，这种积极推行"学术实用"的思路无疑深刻地影响着学术研究者对于"知识"选择的偏向。比如，甲午之前传入中土的法政诸学，除"格致"以外影响甚微；但在甲午之后，法政诸学的地位陡然上升，"西政"学说备受关注，而"格致"反而退居次要地位。③ 这与清代中叶以后日渐加剧的生存危机有关，也与梁启超所阐述的从

---

① 王汎森《中国近代思想与学术的系谱》，河北教育出版社，2001年，第24页。
② 顾炎武《与人书二十五》，《顾亭林诗文集》，中华书局，1983年，第91、98页。
③ 左玉河《从四部之学到七科之学——学术分科与近代中国知识系统之创建》，上海书店，2004年，第239页。

"器物"到"制度"再到"文化"的变化是相吻合的。但从总体上看,晚清时代对于"西学"的引进仍旧是沿着"学以致用"的基本理路而逐步展开的。梁启超认为,有清一代对于西学的引进,"不以学问为目的而以为手段。""盖如久处灾区之民,草根木皮,冻雀腐鼠,罔不甘之,朵颐大嚼,其能消化与否不问,能无召病与否更不问也,而亦实无卫生良品足以为代。"① 以"致用"为前提的结果就是,"知识"本身被迅速导向了实践而始终无法聚结成为"思想"与"学术"的独立平台,更有甚者,则是把"知识"直接当作了为自身捞取功名和实利的终极快捷方式。

晚清对于西学的引进大致历经了"西学中源"、"中体西用"和"废中立西"这样三个大的阶段。所谓"西学中源"主要是为了在"中学"的"知识"结构框架内为"西学"寻找到某种得以立足的合理依据,事实上,"西学中源"的理念在清初已经初露端倪。甲午以后,此种理念广为流行,以王仁俊编撰的《格致古微》及其"续论"、"余论"为代表的一系列书刊,是这一理念最为集中的总结与强化。"格致古微"系列可以看作是一次空前广泛的以"以中纳西"为目的的"知识整合"活动,它在相当长的一段时期内,使学术研究的基本思路限定在了传统学术的知识框架之内,"西学"的知识序列仅仅只是作为"中学"的旁支而存在的。至康有为的万木草堂时代,其"儒学四门(义理、考据、经世和文字)"的学术配置中,西学仍处于次要的地位。比如西方哲学只能隶属于"义理",西方的史学、地理学、数学与格致学则被纳入了"考据"的范畴等。而所谓"中体西用",按照张之洞的意见,即指中国传统的经史之学仍当被奉为根本之学(本体),而西方的政艺之学则只能致用。京师大学堂初立之时所确定的办学宗旨就是:"中国京师并立大学,自应以中学为主,西学为辅;中学为体,西学为用;中学有未备者,以西学辅之,中学其失传者,以西学还之。以中学包罗西学,不能以西学凌驾中学,此是立学宗旨。日后分科设教,及推广各省,一切均应抱定此意,千变万化,语不离宗,至办理章程,有必应变通尽利者,亦不得拘泥迹象,局守成规,致失因时制宜之妙。"② 强行将一种有着自身科学逻辑与结构配置的"西学"学科体系,分解、重组并纳入到另一种非科学结构的知识系统之中,其结果,知识的不断增殖与系统容量有限性之间的矛盾就必然会造成既有结构系统的膨胀、孪变和最终的瓦解,"中学"的知识配置标准因此也不得不被已尊为"新学"的"西学"知识分类系统与学科体系所取代。

对于"中体西用"的立学宗旨,严复的看法则迥然有异,他认为:"体用者,即一物而言之也。有牛之体,则有负重之用;有马之体,则有致远之用。未闻以牛为体,以马为用者也。中西学之为异也,如其种人之面目然,不可强谓似也。故中学有中学之体用,西学有西学之体用,分之则并立,合之则两亡。"③ 由此,严复断言:"西学既日兴,则中学固日废,吾观今日

① 梁启超《清代学术概论》,上海世纪出版集团,2005 年,第 82 页。
② 孙家鼐《议覆开办京师大学堂折》,《戊戌变法》(二),上海人民出版社,1961 年,第 426 页。
③ 严复《与〈外交报〉主人论教育书》,王栻编《严复集》(第 3 册),中华书局,1986 年,第 559 页。

之世变,中学之废,殆无可逃。"① "废中立西"首先意味着学术研究的知识体系本身发生了深刻的裂变,而对于西学整体知识结构的重新认识也成为了学术资源配置所必须解决的首要问题。梁启超曾根据"形而上"与"形而下"的分类标准,将西方学术归并为两大知识系统:"学问之种类极繁,要可分为二端:其一,形而上学,即政治学、生计学、群学等是也;其二,形而下学,即质学、化学、天文学、地质学、全体学、动物学、植物学等是也。吾因近人通行名义,举凡属于形而下学皆谓之格致。"② 这里所谓的"形而上学",具体是指社会科学诸学科门类;所谓"形而下学",即是近代自然科学诸学科门类。尽管这种分类仍然带有"以中纳西"的痕迹,但作为基本范畴的"形而上"或"形而下",其内涵与外延已经明显发生了根本性的转移。

真正开始完全以西学的知识分类标准来划分学术门类的当属蔡元培。早在1901年,蔡元培就在甄辨中西学术知识系统异同的基础上,将新立学堂的学科配置划分为五门,计"经学(含伦理、政事)"、"史学(含地政、国政)"、"词学"(含论说、诗歌及英语)、"算学"(含初等代数与几何)和"物理学"(含生理学、地质学、动植物学、化学及相关试验)。③ 蔡元培的学科划分虽然仍旧沿用了"经"、"史"、"词"、"算"等中国传统学术的基本范畴,但其所涵盖的内容已经远远超出了传统学术的既定范围,已非中国旧学之内涵。同年10月,蔡元培在《学堂教科论》一文中,又以日本学者井上甫水的学科分类法为基本标准,将学术系统划分为三大门类,即有形理学、无形理学(亦称有象哲学)和哲学(亦称无象哲学或实体哲学)。以无形理学一科为例,其系统结构可表述如下:④

表1 蔡元培《学堂教科论》(1901)的学科配置设计

无形理学																	
名学		群学	政事							文学					道学		
辞学	译学	伦理↓国际私法	政学↓宪法、行政	法学↓民法、刑法、诉讼法	计学↓财政、农政、工政、商政	教育学	地政学	史记学	兵学↓陆军水军外交	音乐学	诗歌骈文	图画	书法	小说	哲学	宗教学	心理学

① 严复《〈英文汉诂〉卮言》,王栻编《严复集》(第1册),中华书局,1986年,第154页。
② 梁启超《格致学沿革考略》,《饮冰室合集·文集之十一》,中华书局,1989年影印1936年版。
③ 蔡元培《拟绍兴东湖二级学堂章程》,高平叔编《蔡元培全集》(第1卷),中华书局,1984年,第130页。
④ 蔡元培《学堂教科论》,高平叔编《蔡元培全集》(第1卷),第143、146页。

由表 1 不难看出，蔡元培的学科设置不仅完全摆脱了中国传统知识系统的既有结构框架，而且已经开始尝试以"西学"的知识体系来包容"中学"的一般知识范畴了。这种知识系统的全面转换首先得力于对西学知识构成的科学依据及其内在逻辑关系的认同。蔡元培解释说："是故《书》为历史学，《春秋》为政治学，《礼》为伦理学，《乐》为美术学，《诗》亦美术学。而兴观群怨，事父事君，以至多识鸟兽草木之名，则赅心理、伦理及理学，皆道学专科也。《易》如今之纯正哲学，则通科也。"[1] 知识系统的全面转换无疑实现了中国学术史上的一次知识论意义上的空前革命。顾颉刚在民初回顾这段知识转型的历史时就曾说："旧时士夫之学，动称经、史、词、章。此其所谓统系乃经籍之统系，非科学之统系也。惟其不明于科学之统系，故鄙视比较会合之事，以为浅人之见，各守其家学之壁垒而不肯察事物之会通。"[2] 以科学为依据的知识体系的确立不仅彻底摧毁了传统学术赖以生存的根基，而且为全新的现代中国学术寻找到了相对稳定的知识生长点，而最能显示这一生长点的具体面貌的就是作为"知识（者）集合体"的大学"国学院"的出现。

二、"国学院"的出现与"知识"的全面整合

1912 年 10 月，民国临时政府教育部颁布了由蔡元培直接参与制定的《大学令》，对大学的办学宗旨及学科设置做了具体的原则性规定。其首条即："大学以教授高深学术，养成硕学闳材，应国家需要为宗旨。"余下规定，大学取消经学科，分设文、理、法、商、医、农、工等七科，其中又详细分列了各科所涵盖的具体门类，并明确指出："大学以文、理二科为主。""大学为研究学术之蕴奥，设大学院。"[3] 在京师大学堂时代，学堂课程还只是被简单地分为一般科目与专门科目，其中，作为必修学科的一般科目中分设的仍旧是经学、理学、诸子学等。直到 1909 年成立分科大学并设立经科（含毛诗门、周礼门、左传门），传统经学的核心地位才逐步下降，成为与文、工、商、农、法政、格致诸科并列的科目。从这个角度来看，《大学令》对于"七科"的明确设定就具有了划时代的意义，它标志着以"四部"（经、史、子、集）分类为基本知识结构的传统学术最终走向了解体和重组，由此才形成了具有现代学科性质的"七科"知识系统。[4] 但也应当看到，传统学术的知识系统虽然从表面上终于实现了向现代知识系统的转换，但这种转换本身却隐藏着巨大的裂痕与学术危机。一方面，"七科"的划分是对西方学科体制的强行移植，它并不是中国传统学术自身合逻辑的发展生成的产物，这就势必使传统学术研究的具体范畴只能被"嵌入"到新的知识系统之中，并被重新赋予了属于异质的知识范畴的解释内涵，这就必然使分属各自知识系统的范

---

① 蔡元培《学堂教科论》，高平叔编《蔡元培全集》（第 1 卷），第 143、146 页。

② 顾颉刚《古史辨》第 1 册自序，第 31—32 页，朴社 1930 年版。

③ 朱有瓛主编《中国近代学制史料》（第 3 辑）（下），华东师范大学出版社，1987 年，第 3 页。

④ 参左玉河《从四部之学到七科之学——学术分科与近代中国知识系统之创建》，上海书店出版社，2004 年。

畴概念在被强行"对接"之时很容易发生错位和混乱（由此产生了不同时期不同学术领域对其基本概念术语的反复不断的重新辨析）；而另一方面，传统学术的知识系统本身仍将具有强大的惯性，这种潜在的惯性同样会暗中左右和引导"西学"未来的发展路向，它不是使"西学"朝着其自身严格的科学方向前行，而是力求借助于"西学"的既有成果来强化和巩固传统学术自身作为具有独特意义的"民族学术"的巨大影响力（由此形成了不同时期不同形态的"国学"、"儒学"、"读经"等不断的"复兴"）。而这两方面的潜在矛盾也正是使后来"国学院"的学术研究始终显得困难重重的根本原因。

事实上，早在蔡元培着手全面革新大学的学科体制之时，就已经察觉到了中西学术各自知识系统之间的深刻矛盾。蔡元培虽然明确表示："吾国今日之大学，乃直取欧洲大学之制而模仿之，并不自古之太学演化而成也，"[①] 但对当时以征引外来"新词"观念为时髦及"海归派"人士极力鼓吹其相应国家文化的诸种现象却深恶痛绝，他甚至表示宁愿在中国传统中去寻找可与德国大学观念相互发明和印证的思想资源。[②] 其间已经透露出了这样的一种信息：蔡元培既不希望中国大学的学术研究重新回到传统学术的老路；同时更不希望中国的大学成为单纯贩卖西学知识的西式大学的摹版或附庸。他之所谓"兼容并包"与"思想自由"恰恰是对大学内在的自由学术精神的刻意强调。换言之，在他看来，现代大学必须为一切学术与思想预留相当的生存空间，只有这样才会长久地保持学术与思想发展的活力。而这一"宽容"的办学取向被直接应用到了他对于"国学院"的改造及对于现代中国学术的积极推进之上。

北大研究所的国学门始建于 1921 年年底，这是中国现代大学中最早以欧美研究机构的模式为参照建立起来的专门性质的国学研究院所。蔡元培任职北大校长之前，北大的学术研究大体可分为两个阶段：自开办至 1911 年，主要贯彻的是"中体西用"的学术原则，其"中学"研究带有明显的传统"国学"的性质；而 1911 年到 1917 年，随着学科体制的根本革新，"国学"研究也逐步淡出了学术的舞台。这种变化事实上昭示着，有着两千多年历史的汉学研究很有可能从此彻底被西学所取代，而要使中国的大学不沦落为西方的附庸，唯一的途径仍然必须从传统学术本身去做文章，用沈兼士的话讲就是以"国学"为比"于世界学术界中争一立脚步地"。[③] 也正是在这样的特定历史背景中，力倡西学的新式人物胡适才出人意料地提出了"整理国故"的口号。单就当时中国学术所处的困境而言，胡适的这种以吸纳欧美学术方法为先导、重立规范以创出"国学"新路的学术取向无疑带来了全新的启发。此前中国大学学科门类的变化，不仅仅是体制转变或学科归并的简单问题，而是一种知识系统向另一种知识系统过渡和转换的问题。这种转换的核心在于，如何才

---

① 高平叔编《蔡元培教育论著选》，人民教育出版社，1991 年，第 571 页。

② 陈洪捷《德国古典大学观及其对中国大学的影响》，北京大学出版社，2002 年，第 160 页。

③ 沈兼士《筹划北京大学研究所国学门经费建议书》，《沈兼士学术论文集》，中华书局，1986 年，364 页。

能寻找到两种异质的知识系统之间的对接点,或者说,如何才能合理地将传统的知识范畴重新整合进新的知识系统以适应时代与学术自身的发展需要。由此,"整理国故"才成为了北大国学门的基本学术定位。

1917 年初,蔡元培任北大校长后,即着手改革北大学制,同年制定《北京大学研究所简章》。1919 年,北大废文、理、法科之名并改门为系(设 14 个系)。次年,蔡元培又在一系列章程、提案中规定,应设国学、外国文学、自然科学和社会科学研究所。1922 年 12 月,北大的学校评议会第三次会议公布了《国立北京大学研究所组织大纲》,正式确定了预科、本科、研究所三级的学制方式,其中研究所下设四门,而真正具体落实的则是国学门。研究所国学门委员会委员长由蔡元培兼任,委员计有顾孟余、沈兼士、胡适(哲学系主任)、马裕藻(国文系主任)、钱玄同、李大钊、朱希祖(史学系主任)、周作人等,沈兼士任国学门主任,李大钊任教务长和图书馆主任。受聘为国学门导师的有王国维、陈垣、钢和泰、伊凤阁、陈寅恪等。具体学科设置表述如下:[①]

表2　北京大学研究所(1922)的学科设置

国立北京大学研究所						
自然科学门	社会科学门	国学门				外国文学门
……	……	文学	史学	哲学	语言学	考古学	……

从由马叙伦起草的"国学"研究计划来看,北大国学门的主要任务被划分为两个方面:一是系统整理各类学术资料;二是研治传统学术,由此两方面入手全面清理传统的文化遗产。[②] 国学门的专刊《国学季刊》的编辑略例则规定:"本刊虽以国学为范围,但与国学相关之各种科学,如东方古语言学、比较语言学、印度宗教及哲学,亦予以相当之地位。"[③] 可见,国学门初立时对于"国学"的基本定位其实是相当宽泛的,它不仅容纳了传统"中学"的既有学术内容,而且对"西学"的研究预留了很大的空间。此时的"国学"几乎可以看作是"学术"本身的代名词,胡适对此的解释是:"'国学'在我们的心眼里,只是'国故学'的缩写。中国的一切过去的文化历史,都是我们的'国故';研究这一切过去的历史文化的学问,就是'国故学',省称为'国学'。'国故'这个名词,最为妥当;因为他是一个中立的名词,不含褒贬的意义。'国故'包含'国粹';但他又包含'国渣'。我们若不了解'国渣',如何懂得'国粹'?"[④] 胡适的解释显然与章太炎等人的"国粹"或"国故"有着显著的区别,不过,这一解释虽然在表面上有其合理的逻辑,但其在内涵与外延上的过于宽泛反而使"国学"本身的面目愈加模糊,而由此引来一系列的关于"何谓国学"的广泛争论也就

①　梁柱《蔡元培与北京大学》,北京大学出版社,1996 年,第 62 页。
②　马叙伦《北京大学研究所整理国学计画》,《新教育》第 3 卷第 4 期,1921 年。
③　《北京大学史料》(第二卷),北京大学出版社,1998 年,第 214 页。
④　胡适《〈国学季刊〉发刊宣言》,《胡适文存二集》,黄山书社,1996 年,第 6 页。

在所难免了。①

民初的国学研究一直处于混杂的状态，既有王国维那样的"真的国学家"，也有顾颉刚式的"国故新手"。国学门初创，虽然已经基本完成了知识体系上的范型转换，但这只是属于知识设计上的观念转换，对于知识的具体承载者即知识分子个体来说，两种知识系统之间的裂缝却依旧存在。知识系统的全面整合必须依赖于知识分子本身的知识构成，而身处巨变时代的知识分子对于"知识"的选择也不可能有一个统一的标准，更何况他们所面对的是两个庞大到几乎超出其想象的知识体系（且西学知识系统本身如英、德、法、美等之间也会有各自不同的细微差异）。东南大学的《史地学报》在介绍北大《国学季刊》时就曾评价说："国学之为名，本难确定其义。在世界地位言之，即中国学。分析为言，则中国原有学术，本可分隶各种学科，惟故籍浩博，多须为大规模之整理；而整理之业，尤以历史为重要；而研究之中，莫不须用历史的眼光。"② 如此情形，要真正实现以"知识（者）集合体"的方式，借助群体的力量从根本上彻底完成现代中国学术的"知识转型"，确乎是件遥远而漫长的事情。有学者指出，将中国学术完全纳入近代学科体系及知识系统本身就是非常复杂的过程，接纳西方学科体制，仅仅是将中学纳入西式学术体系的开始。中国传统学术体系及其知识系统，要完全纳入近代西方分科式的学科体系和知识系统之中，必须用近代分科原则及知识分类系统，按照近代科学方法对中国学术体系进行肢解和重新整合，对中国四部名目下的古代典籍进行重新类分。这项工程，其实就是广义上的"整理国故"。③

20 世纪 20 年代，如何"整理国故"的问题是国内各大学文科学者普遍关注的焦点，北大国学门初期的工作基本上处于资料收集与整理的阶段，其实际的研究工作并没有完全展开，个中原因恐怕与知识整合的无法完全实现关系很大。胡适就曾对国学门初期的研究工作下过这样的断语：作为新式的现代大学，北大一直是"开风气则有余，创造学术则不足"；④ 整体的研究工作占 99% 的依旧属于稗贩，由此希望"北大早早脱离稗贩学术的时代而早早进入创造学术的时代"。⑤

继北大国学门以后，整个 20 年代，国内较为知名的大学几乎都先后开办了国学院。国学研究专门院所的大量涌现，一方面使得协调东西方知识系统的学术理念得到了真正的落实，另一方面，其实也意味着"知识"本身的分流。如果说要彻底解决传统学术与西学知识体系的矛盾绝非一时一地所能完成的话，那么，以学者自身既有的知识素养分科而治以期各个有其侧重和突破，却不失为一种相对可行的策略。事实上，20 年代以后国内大学

---

① 参罗志田《国家与学术：清季民初关于"国学"的思想论争》，三联书店，2003 年，第 307—358 页。

② 东南大学《史地学报》第 2 卷第 4 号，1923 年，第 139 页。

③ 左玉河《中西学术配置与中国近代知识系统的创建》，中国社会科学院近代史研究所《青年学术论坛（2003 年卷）》，社会科学文献出版社，2005 年。

④ 《教务长胡适之先生的演说》（陈政记录），《北京大学日刊》第 1138 号，1922 年 12 月 23 日。

⑤ 《回顾与反省》，《北京大学日刊》第 1136 号，1922 年 12 月 17 日。

在学科设置上的日趋"精细化",其本身就是一种"知识"分流的具体表现。

三、"国学院"的勃兴与"知识"的分流

现有资料表明,20世纪20年代称得上是"国学院"勃兴的黄金时代。除北大国学门以外,在这一时期及稍后成立的国学院所计有:清华国学研究院(1925—1929)、厦门大学国学院(1926—1927)、国立中山大学语言历史研究所(1928—1931)、燕京大学国学研究所(1928—1932)、齐鲁大学国学研究所(1930)、金陵大学中国文化研究所(1931),以及中央研究院下设在广州的历史语言研究所(1928)、地方性的国立北平研究院(1929)等等。各地的国学研究院所虽然在建制和管理上对北大的国学门体制有所借鉴,但在具体的学科配置与学术取向上却各有差异。以清华为例,与北大国学门相比,清华国学研究院虽然参考的是北大国学门的学科体例,但它在此基础上另行制订了更为严格的制度。教授专设,分组不以学科为限而以教授个人为主,且注重各项专题的研究。授课也相当自由,除必修课程外,经、史、小学、治学方法、研究心得、宏论微查等等尽随导师自行安排。[①]而其他各地国学院的"国学"研究虽多数也都依循西学系统划分出了语言文字、文、哲、史、考古、宗教及美术等具体的门类,但从总体上看,各地研究院所已基本不再以某种相对统一的学术理念(比如载籍、考古或立论等)来展开其国学研究,而是充分扬学者自身的知识所长,在各自具体的研究领域深入拓展。这一点可以看作是后继的国学研究与北大时期的重要区别。

作为"知识(者)集合体"的"国学院",其功能首先就是对于"知识"本身的整合。在西学的强势压力之下所发生的知识与学术范型的转换始终必须接受传统知识系统的延续所带来的牵制,其间巨大的张力是制约近现代中国学术与知识转型的最为核心的因素。与此同时,近代西方的学科体系与知识构成同样也随着社会分工的日益精细与知识分类的不断增殖而发生着不断的调整与重组,这就必然会进一步加剧现代中国学术与知识范型转换的复杂性。它从根本上也决定了"国学院"形式的全面知识整合模式最终必须过渡到知识的分科转化的新的模式上去。而在这一过程中,以"私立"性质出现的厦门大学国学院就不能不引起特别的关注。

厦门大学国学院存在的时间相对比较短暂,一般认为,这是当时国内国学院研究模式上的一次失败的尝试,加之其内部文理、新旧等各派的纷争,使得其几乎刚一出现就遭遇了夭折的命运。但事实上,这次短暂的尝试恰恰是现代中国学术最终形成"知识"分流格局的一个重要的转折点。

厦门大学国学院的学术班底,基本上是北大国学门的延续。但厦大国学院的发端却并非由北大学人南迁开始。早在1925年底国内各式研究院尚属稀有之时,陈嘉庚

---

① 参孙敦恒《清华国学研究院史话》,清华大学出版社,2002年。

就已委托时任校长的林文庆筹备组建国学研究院。据《厦门大学国学研究院组织大纲》可知,厦大国学院的主旨是为了"研究中国固有文化",其研究目标除了"从书本上搜求古今书籍或国外佚书秘籍及金石骨甲木简文字为考证之资料",也要求"从实际上采集中国历史或有史以前之器物或图绘影拓之本及属于自然科学之种种实物为整理之资料",且后者的地位要高于前者。在学科体制上,国学院分设了非常具体的 14 个小组,[①] 详列如下:

表3　厦门大学国学院（1926）的学科配置

厦门大学国学院													
历史古物	博物 ↓ 动物 植物 矿物	社会调查 ↓ 礼俗方言等	医药	天算	地学	美术 ↓ 建筑雕刻 瓷陶漆器 音乐图绘 塑像绣织 书法	哲学	文学	经济	法政	教育	神教	闽南文化研究

对照北大国学门的学科设置(表 2)来看,厦大国学院的学科包容度与清晰度明显要大得多。它不仅相对淡化了"国学"作为特定范畴的既有内涵,而且明确地将理科直接纳入并参与到国学院的组织结构之中,大有凡国人所从事研究之学即为"国学"的意味。实际上,这种逐步趋于精细化的"知识设计"并不是为了以扩大"国学"外延的方式回避"国学"在学科定位问题上的矛盾与尴尬,而恰恰是为了通过"知识"的分流从整体上彻底瓦解传统学术的知识系统,进而在新的知识体系结构中为传统的知识资源寻找尽可能合理的学术定位与知识生长点。换言之,随着现代社会体制形态的变化,"知识"本身始终都处在不断增殖的"动态"系统之中,而中国传统的知识体系除了其内部的重心偶有转移以外,基本上属于一种"静态"的结构系统。学术方法上的更新(如实证)固然能够使传统的知识获得某种新的解释,但知识本身的静态特性实际并没有得到改变,或者说,无论何种新的解释,其最终仍旧需要被还原到既有的知识系统之中去;新的解释只是既有知识的增殖,传统知识资源所存留的活力依旧未能被激发出来。"整理国故"运动一直受到新旧、内外各派的夹攻,其核心原因可能就在此。从这个意义上讲,厦大国学院的学科设置其实已经为"国学"研究的深入展开铺设了一个比北大国学门更为理想的学术平台。

然而,遗憾的是,由于种种非学术因素的参与,厦大国学院的这一知识设计最终流产。国学院成立之初,由林语堂出面召集了一批当时颇具实力的学者加入,除了鲁迅以外,计有沈兼士、顾颉刚、罗常培、张颐、张星烺、陈万里、孙伏园、章廷谦、潘家洵、容肇祖等。[②] 这

① 《厦门大学国学研究院组织大纲》,《厦门大学周刊》第 134、135 期,1926 年 1 月 2、9 日。

② 《新聘教职员略历》,《厦门大学周刊》第 156、157 期,1926 年 9 月 25 日、10 月 2 日。

批学者各自的研究涉及经学、史学、语言学、哲学、中西交通史、考古学及编辑学等相当广泛的领域，以至于常常会使人误以为这是北大国学门的再现。学术研究的地域迁徙除了有助于基本学术理念与知识范型的广泛传播以外，另一层意义则在于对既成学术体制系统的突破与重组。北大自京师大学堂开始，其学术根基首先是传统的"中学"及其知识序列，即使学科名目已被更换，其治学理路却并无根本的变化。比如学科范畴上的基本对应：

义理——哲学——新儒学

考据——史学、考古——国故整理

词章——语言学、文学——文字学与文学（史）研究

经济——一般社会科学与自然科学研究

这意味着此一时期的国学研究其实并未完全脱却"中学"知识系统的窠臼，胡适在北大国学门成立之初草拟的《〈国学季刊〉发刊宣言》中对于清学的暧昧态度及对国学范畴解释上的含混也是一个极好的证明。整个 20 年代北大国学门的学术方向实际也基本上是由章太炎一门的弟子所主导的，[①] 即使有蔡元培的大力改造，传统的知识结构与学术谱系的强大学术影响力仍然存在。它甚至往往容易引发学术之外的管理体制与人事结构上的重重矛盾，学术研讨与学者各自的知识及情感取向被纠缠在一起。有着这样一种深层的原因，撇开个人的恩怨及学潮、经费等外在的因素不谈，北大学人的南迁虽然为厦大国学院带来了短暂的繁荣，却也并没有真正突破其既有学术体制系统的制约，因而也最终导致了国学院本身的必然瓦解。这其实也进一步说明，以"国学院"这种"集合体"形式来迅速完成现代学术的知识整合，确乎并非是学术本身的最佳选择。

进入现代社会以后的中国学术研究，其面貌与晚清已经有了很大的不同，但如果具体分析起来则不难发现，真正在学术上卓有建树的，多数都属于个人在自身知识领域的某种突破，而非依靠"集合体"的力量去完成的。《古史辨》的出现算得是一种特例。个人的学术研究有其知识结构自身的知识调节功能，这种调节功能本身就是最好的激发知识活力的潜在动因，但将它用于"集合体"之中则未必能充分发挥其积极的效用，这其实也是学术本身从"通识"到"专才"的转换。清华国学研究院虽然存时同样比较短暂，其所取得的成就与坚实的学术根基却是令人瞩目的。究其原因，尚个体而轻群力也许才是真正的奥妙所在。某种程度上说，这其实才是真正的学术自由。厦大国学院解体以后，所属人等基本都分散到了国内各地的研究院所，其个人的学术研究不仅愈见成绩，由个人的学术理念所建构起来的研究模式同时也带动了各自相关学科的研究，并且同样成绩斐然。这也许是"国学院"解体的遗憾产生的"知识"分流所带来的现代中国学术的某种意外收获，但也正是这种意外的收获才值得我们对"国学院"体制本身做更为深刻的反思。

---

① 陈以爱《中国现代学术研究机构的兴起——以北京大学研究所国学门为中心的探讨》，江西教育出版社，2002年，第82—84页。

现代中国国学教育机构研究

熊贤君

（深圳大学师范学院）

自洋务运动兴起以来，西学得到强力推进，国学日渐式微。一批感时忧世、学贯中西、通古达今之士，力图通过精研国学，宏扬国粹，增强国人自信心，增进国家"软实力"，以振衰起微，使中华在东方崛起。于是，他们或者奔走呼号，建立起学教育研究机构，以培养国学教育研究人才；或者精心从事国学研究工作，使国粹光大发扬。

一、现代独立国学教育机构的创设

国学的内容十分广泛，主要包括经学、诸子学、小学（语言、文字、音韵、训诂等）、哲学、文学、史学、宗教等。一般说来，近代以前的从朝廷到州县的国子监，府、州、县学和亦官亦私的书院，均可称之为"国学"。鸦片战争后，特别是洋务运动之后这种"凡学皆国学"的局面被打破。同治元年（1862），京师同文馆设立，这是近代中国第一所新型学校，它以培养"通舌之人"为职志，此后，全国各地传播西学的新型学堂如同雨后春笋般涌现。光绪三十一年（1905），废科举，兴学堂，西学炙手可热，而国学无不令士子鄙夷。叶圣陶对这一现象描述说："小学生读外国语，在上海是很通行的，最简陋的'弄堂学校'里也列有英语的科目。……他们艳羡那些'洋行买办江白度'，以为'江白度'的条件是能说外国语，便奉外国语为绝顶重要的科目，父诏其子，师勉其弟，'你要用心把外国语读通才好啊，否则便不能伺候你的外国主人'。""他们的动机都由于兵法上所谓'知己知彼'么？我们不甚

相信。至少有一小部分存着预备伺候外国主人的想头吧。"对中国文化一无所知,外语学得顶呱呱,顶好的结果就是多培养几个"江白度"。[1] 长此以往,非但是亡国,还要亡文化。文化亡了,国也就万劫不复了。

西学泛滥,国学尴尬的严重性早已为清末洋务派大员们所认识。这些倡办新学堂的官绅们本自西学出身,既为新学堂强劲发展而庆幸,也为国粹的冷落而忧虑。他们终于设计了两全之策,设立存古学堂以维国学。张之洞所拟的《存古学堂章程》明确指出:"存古学堂重在保存国粹,且养成传习中学之师。"[2] 四川援武昌存古学堂之例创建的四川存古学堂,其宗旨系"所以保存国学,俾此后中学以上师资不缺,并为升入大学或儒学院提供生源"。所开设的课程"以理学、经学、史学、词章为主课,兼习地理、算学,其余学科容后补设,免致博而不专"。[3] 这当是近代中国最早的"国学"专修学校开办章程。

(一)"四川国专"的嬗变

因为四川、湖北、江苏等地存古学堂生不逢时,建立后时势动荡,清祚终废,多数存古学堂与清廷一同寿终正寝。唯四川存古学堂因为四川都督尹昌衡以整理四川文献、搜集国史文征、编写光复史为由,于1912年元月将枢密院改组为国学院。这是民国建立后创建的第一个国学教育机构。四川国学院"以研究国学,发扬国粹,沟通今古,切于实用为宗旨",聘请当时名宿18人为院事,吴之英为院正,刘师培为院副,下设院员8人,楼黎然、曾学传、廖平、曾瀛、李尧勋、杨赞襄、谢无量、释圆乘受聘。四川国学院之设,结束了原四川存古学堂诸生思想纷扰不居的局面。所办之事体主要有七:一、编辑杂志;二、审定乡土志;三、搜访乡贤遗书;四、续修通志;五、编纂一省光复史;六、校订重要书籍;七、设立国学学校。[4] 由此看来,四川国学院不但本身是国学教育和研究机构,还是一个推广国学教育的机构,其职能的第七项说明负有"设立国学学校"之责。

因为存古学堂系清代旧名,颇不合时宜,便改存古学堂为"国学馆",附设在国学院中,院中挂着一个小牌子,而对外仍是国学院名,因而一般人士只知有国学院,而知存古学堂改附于院为国学馆者鲜。

四川国学院当年秋季招收新生一班,资格比存古学堂稍宽,自行报考,或官署及有名望学者来书推荐,随到随考。首期先后共取50多人,注册时再加甄别,分为新甲、新乙两班,以有别于存古旧班。其中新甲18人,同存古旧班合班授课,新乙30余人,另辟一班教授,实为有别于学业程度不同的变通之举。但1913年上期发生人事变故,谢无量因病离院,廖平赴全国读音统一会。期末考试后,存古班学生修业年限已届三年,均要求如期毕

业,无人愿意留院继续深造。院正吴之英已回名山,刘师培返江苏仪征,院正改由成都庚寅进士、学部郎中曾培署理。为平息旧班情绪,国学院许存古班毕业。与存古班合课的新甲班谓同一班级,亦同时离校。而新乙班亦谓同一年级,亦全部离去。廖平回四川见国学院惨象,乃函知招回新乙10人,另招新生一班,改学制为5年,前两年为预科,后三年为正科,聘曾培为正式院正。但本期届满,曾培坚辞院职,国学院不得不宣告关闭。

国学院在1913年告终,次年春国学馆改名为"国学学校",由四川民政公署照会廖平任校长(1917年下期由宋育仁接任)。春季招生一班,资格取中学毕业者,学制仍定为5年。所开设的课程有声韵、地理、史学、经学、国文、词章、修身、哲学等。

1918年,国学学校遵教育部令,改名为"四川省立国学专门学校",校长仍为廖平。春季始业,招收中学毕业生,同等学力不得超过3/10。学制4年,预科1年,正科3年,每年招生一班,办文、哲两科。1923年,骆成骧接主校政,开设教育学、心理学、《仪礼》、词章、《左传》、伦理、论理、经学通论、小学、史学等。1926年暑期,骆成骧校长疾卒,教育厅派蔡锡保继任校长。教员阵容基本没有变,只是增聘法国留学生李哲生讲授西洋哲学、支那内学院刘恒如讲授印度哲学、江安朱青长讲授词、成都龚圣予教昆曲。

1928年,全国刮起了"改大"之风,"四川省立国学专门学校,于本年秋季则改为'公立四川大学中国文学院'。"[①]

(二)"无锡国专"的创设

无锡国学专修馆创办于1920年,由前清进士、曾任署理农工商部尚书、交通部上海工业专门学校监督(校长)唐文治所创。由署理尚书到专门学校校长,这是唐文治人生第一大"拐点";由专门学校校长到国学专修馆主持,是他第二个"拐点"。在这两"拐点"上他做出了人生最重要的选择。他义无反顾地作出这选择,与各种因素密切相关。一是光绪二十八年(1902)5月,英王爱惠在伦敦举行加冕礼,清廷派载振为专使前往道贺,唐文治以参赞衔随同前往。其间,他考察了各处学校和英京藏书楼。他意识到,办学兴教是国家崛起的唯一出路;二是有一次回太仓途中,天刚蒙蒙亮,船靠码头,他隐隐约约听到某人说,某某穷困得生活无以为继,将老婆卖了40元,最后到手只有20元,线人拿走20元。他认为"正人心"是当务之急;三是沸沸扬扬旷日持久的国学地位与作用的大讨论。许守敬指出:"国有学则虽亡而复兴,国无学则一亡而永亡。何者?盖国有学则国亡而学不亡,学不亡则国犹可再造;国无学则国亡而学亡,学亡则国之亡遂终古矣。……以学救国救天下,名岂必在一时,功岂必在一世哉!"[②]国学大师章太炎明确指出:"夫国学者,国家所以成立之源泉也。吾闻处竞争之世,徒恃国学固不足立国矣,而吾未闻国学不兴而能自立者

① 何域凡《存古学堂嬗变记》,《四川文史资料选辑》第32辑,第164—165页。

② 许守微《论国粹无阻于欧化》,《国粹学报》第1年第7号,1905年8月20日。

也。吾闻有国亡而国学不亡者矣,而吾未闻国学先亡而仍立者也。故今日国学之无人兴起,即将影响于国家之存灭,是不亦视前世尤为岌岌乎!……国学之不知,未有可与言爱国者也。知国学者,未有能诋为无用者也。"[1]

1920年,唐文治目疾加深,辞去上海工业专门学校校长职务,回到无锡寓所。时浙人施省之发起开办无锡国学专修馆,请唐文治为馆长,授徒讲学。唐文治欣然应允,乃定讲学宗旨:"以救正人心,复兴中国文化,发扬民族精神为本。"[2]国学专修馆在无锡、上海、南京三地招收学生,前来报名应试者近千人,正取生仅24名,备取生6名。后规模扩大,将专修馆更名为无锡国学专门学院。1929年复更名为无锡国学专修学校。唐文治先后聘请海内名流如陈石遗、钱基博、顾实、陈鼎忠、冯振、王遽常、吕思勉、周谷城、周予同、蔡尚思、张世禄、朱东润、夏承焘等为教授,还请章太炎等名流来校讲学。所开设的课程分必修课和选修课两种,必修课主要有散文选、国学概论、文字学、韵文选、文学史、中国文化史、哲学概论、中国哲学史、西洋文学史等。选修课主要有《文史通义》、《论语》、《孟子》、要籍解题、性理学、《昭明文选》等。

唐文治主持无锡国学专修学校的成绩有目共睹。国际联盟教育考察团代表唐克尔·培根参观后发出这样的感慨:"我们来中国看过很多学校,读的是洋装书,用的是洋笔,充满洋气。这里才看到纯粹中国文化的学校,才看到线装书和毛笔杆。"并予以高度评价:"贵校为研究'国学'之最高学府,负有保存固有文化之责,与普通学校之使命不同。"甚至说无锡国专"是纯粹中国化的学校,中国的固有文化仅赖此校一线维持"。[3]

(三)其他独立国学教育机构

继四川国专和无锡国专成功开办后,特别是国际联盟教育考察团对无锡国专褒奖有加的报告书《中国教育之改进》公开出版后,又有一些独立的国学教育机构问世。

河南河洛国学专修馆。河洛国学专修馆于1933年春在洛阳老城集道街创办。学董有刘雪亚、张钫、李筱兰等。聘请许鼎臣任馆长(后由杨思温继任),主讲有周维新、阎永仁、叶连三等,均为清末举人。许鼎臣谈经说道,时人推为"中州儒宗"。周维新是洛阳有名的书法家,虽苍颜皓发,但步履蹇铄,每日助临鹅池,披修勤勉,从不惜分秒。阎永仁须眉霜白,少年中举,曾游学日本,学贯中西,他主讲《周易》、《近思录》,兼训小学篆刻,诚为多才多艺之人。他的讲学,吸引来了政界、军界要员来听讲。而叶连三的讲学,泛经涉史,纵论诸子百家,善于钩玄阐微,捉影刻形,时人谓:"听叶老先生一席课,可以打开自修万卷书窗。"[4]"七七事变"后,洛阳遭日机轰炸,河洛国学专修馆解散。

---

[1] 章太炎《国学讲习会序》,《民报》第7号,1906年9月,总第1062页。

[2] 陈其昌《唐文治与国学专修馆》,《江苏文史资料选辑》第11辑,江苏人民出版社,1983年,第171页。

[3] 国际联盟教育考察团《教育之改进》,国立编译馆,1932年,第172页。

[4] 杨文正《记河洛国学专修馆》,《洛阳文史资料》第1辑,1985年12月,第118页。

私立福建国学专修学校。该校的前身是福建经学会。经学会建于何时？准确的时间已经不得而知，但大致可以知道是在1916年之后。1916年，袁世凯在北京设立经学院，并颁令中小学校增加读经课程，并通饬"各省得遵照教育纲要设立经会，以收罗年长宿学经生、冀以养成中小学经学教员及为其升入经学院作预备之培养为宗旨"。[①] 福建省遂以前清福建提学署为经学会会所设立经学会。公举同治十三年甲戌进士吴征鳌为会长、光绪二年丙子举人吴曾祺为副会长；以光绪二十九年癸卯进士、翰林院编修于君彦和光绪十七年辛卯举人梁孝熊为监学。招收福建九府二州中等以上学校毕业秀异者。学制3年，春季开学，课以攻经考史之学。入居学舍者40人，谓之专修科，月给全膳；不入居学舍者，也有40人，谓之听讲科，考课给以午膳。学生待遇颇为优厚，"除每月所授各科作札记外，于月终时由会长点名扃门而试之，由副会长吴曾祺评定甲乙，颁给奖金：专修科甲等5名（各8元），乙等10名（各6元），丙等20名（各4元），丁等不给奖；听讲科甲等5名（各4元），乙等10名（各2元），丙等、丁等不给奖。"此外，专修科与听讲科又互有升降规定，"另提10元为每月词章奖金；甲等1元，乙等600文，丙等400文，由词章教授陈海梅评定。"[②]

1926年12月，福建军队需费孔亟，当局决定将经学会经费挪作军费，下令停办经学会。经学会校友和学生集会，推选代表向各有关部门请愿，结果是将福建经学会更名为"私立福建国学专修学校"，设董事会，推郑定菁为董事长，校长仍由吴曾祺担任。国学专修学校下设附中，所有学生全部征收学费，"自此以后即以学费为校费了。"大约在1929年到1930年春，福建省教育厅谓学校以"国学专修"为名，不在教育部颁章程规定之内，除最高一级班予以高级中学毕业文凭使之升学外，其余均转到其他学校相应年级就读，福建私立国学专修学校就此划上了句号。

章氏国学讲习会。这是国学大师章太炎于1935年9月创办的国学传承机构。[③] 此前国学大师康有为也曾在上海创办了"天游学院"，但应者寥寥。[④] 章氏国学讲习会设在苏州，"以研究固有文化，造就国学人才为宗旨。"可能因为有朱希祖、汪东、孙世扬、诸祖耿、潘承弼等学界名流出任讲师壮大教师阵容，讲习会可谓"盛况空前"。一时间，人们谓国学复兴希望大增。

河南新安县国学专修馆。这是一所名不见经传的国学教育机构，创办于何年，不得而

---

① 林志銮《福建经学会概略》，福建省政协文史资料委员会编《福建文史资料选编》第1卷《教育编》，福建人民出版社，2000年，第51页。

② 林志銮《福建经学会概略》，《福建文史资料选编》第1卷《教育编》，第52—53页。

③ 讲习会发起人有朱希祖、钱玄同、黄侃、汪东、吴承仕、马裕藻、潘承弼等。赞助人有段祺瑞、宋哲元、马相伯、吴佩孚、李根源、冯玉祥、陈陶遗、黄炎培、蒋维乔等。蒋介石也给讲习会"私人馈赠"了一笔不小的办学经费。

④ 康有为原本准备开办一所正规的大学，但因经费无着，便于1926年改在上海愚园路自家住宅内办天游学院。天游学院很难说是国学传承机构，可能国学是其主要内容。其旨趣是"研究天地人物之理，为天下国家之用"，大致属于哲学教育研究机构。招生广告登出后，报名者二三十人而已。康有为自我解嘲："上海各大学人数动辄千百，我院只有二三十人并不为少。耶稣有门徒十二人，尚有一匪徒在内。今其教遍于天下，岂在多乎。"

知。而终止于何时，根据有关资料推测，可能在河南孟县沦陷之后。曾入专修馆肄习的刘铭勋回忆："1937年秒，先生（国学教师杨仁庵，河南孟县人）辞归。日寇陷孟县。新安乡先生辈惊闻杨先生为日寇逼任该县维持会长，不屈，绝食殉国。"[1] 新安县国学专修馆可能因此关闭。

刘铭勋是1935年春就读于新安县国学专修馆的。这意味着该馆至迟创办于1935年春。所开设的课程，"除稍涉及数、理、史、地各科外，专攻经书，并习古文、近体诗等。"[2] 学生共有50多人，名额常在30人左右。

四川私立尊经国学专科学校。尊经国专原是四川三台东北大学在抗战胜利后组成的"草堂国学专科学校"。[3] 1946年，蒙文通将草堂国专迁到成都。为了继承清朝同治、光绪时"尊经书院"的传统，更名为"私立尊经国学专科学校"。

蒙文通订定了尊经国专的宗旨——在经、史、文、哲方面与川大、华大的相关学科抗衡。他在尊经国专1949年6月的毕业典礼上公开宣言："川大、华大那么多教员，他们够得上是教授吗？他们能写出几篇像样的学术论文吗？我们学校的李英华先生、刘雨涛先生他们就能写出几篇像样的学术论文，他们就可以教大学。"[4] 他聘请了一批有一定知名度的教师来尊经国专执教。戴执礼和文百川讲授基本国文，冯汉镛讲授中国近代史，萧萐父讲授西洋哲学史，吴天墀讲授四川近现代史，李英华讲授中国历史，蒙季甫讲授经学、史学，刘雨涛讲授哲学概论、普通逻辑学和宋明理学。学生均为20多岁的青年，其中男生约占2/3，女生约占1/3。

解放后，尊经国专因为没有基础，自动解散。尚未毕业者，由学校发给转学证，转入川大、华大相关学科继续学习。

昭明国学专科学校。1946年，72岁高龄的安徽学院教授李辛白，决心创办一所国学专科学校，"让学生攻读文史，承继我国优秀文化遗产。"[5] 因为他定居在贵池，此地是南朝昭明太子萧统招聚文学之士，编辑《文选》之地，故他将所创办的国学专科学校以"昭明"名之。

昭明国专校董会有程演生、许世英、高寿恒、施今墨、刘启瑞、李辛白等。许世英任董事长，程演生兼校长，李辛白任副校长。首届学生共150余人，均为高中毕业生和同等学力者，共分3个班，学制3年。学生主要来自浣江当涂、青阳、繁昌、贵池、巢县、桐城、庐江、无为等县。另有大约50人的预科班一班，均为贵池当地初中毕业生。入学考试分两种，

---

① 刘铭勋《回忆国学教师杨仁庵》，《河南文史资料》第20辑，河南省政协文史办公室，1986年，第40页。

② 刘铭勋《回忆国学教师杨仁庵》，《河南文史资料》第20辑，第39页。

③ "三台"是唐代东川节度使治所。杜甫曾流寓此地，故三台也有杜甫草堂。所以三台的国学专科学校也以"草堂"名之。

④ 刘雨涛《我所知道的私立尊经国学专科学校》，《蜀学》第2辑，巴蜀书社，2007年，第33页。

⑤ 呼益频《李辛白创办昭明国学专科学校》，张召奎等主编《教坛古今》，安徽人民出版社，1999年，第219页。

一是笔试,一是口试。笔试又一分为二,其一为融内容、结构及字、词、句于一体的作文考试;其二为文史常识考试。主要课程有经、史、子、集和诗、词、歌、赋等。

昭明国专于1950年停办。在校的100余名学生一部分分遣到江苏无锡国学专科学校学习,一部分分遣到安徽学院学习。

由于时局动荡,很少有地方史志资料有完整的记载,这给研究带来诸多困难。独立的国学教育机构难以有准确的统计数据,国学教育的具体实施、管理的具体情形,亦甚难言其详。不过,仅就这些国学教育机构的实施情况来看,大致可以窥见其端倪。第一,创办者对国学教育的功能有极高的估价,以为国学教育关系到国家的长治久安。第二,为了生存,为了招徕生员,课程设置上不得不曲意逢迎学生,教学内容已经跨出了国学的范围。第三,创办者或发起人、主持人大多有旧学情结,或者有进士、举人功名,或者虽接受的是旧教育,但有留学东洋或西洋经历,对传统文化情有独钟。第四,由于学生毕业没有对口的用武之地,不便于学生择业,因此国学教育机构多在新中国成立前后解散。

二、国立大学的国学教育机构

独立的国学教育机构的开办虽然遭遇尴尬,但并不代表社会,特别是学术界对国学的态度的冷漠与不屑一顾,相反,学术界对国学及其人才培养不但高度关注,而且付诸了实际行动。如果说让学人自发进行国学研究和国学人才培养对社会的影响力是杯水车薪的话,那么,现代高等学校已经由自发转向自觉,其重要表征是国学研究机构的设立。

现代中国第一个国学研究机构当推北京大学研究所国学门。蔡元培1912年担任南京临时政府教育部教育总长后,将经学分析到哲学、国文、史学、政治诸部门,实际上取消了经学。将近10年后的1921年11月28日,他向北京大学评议会提出《北大研究所组织大纲提案》,获得通过。次年1月,研究所国学门正式成立,他自己担任委员会委员长。委员包括顾孟余、沈兼士、李大钊、马裕藻、朱希祖、胡适、钱玄同、周作人等。另聘请王国维、陈垣、陈寅恪等为研究所导师。研究方向集中在考古研究、歌谣研究、风俗调查、明清档案整理、方言调查等若干很有发展前景的新学科。1932年,研究所国学门改称研究院文史部,1934年又更名为研究院文科研究所。后学校辗转湖南长沙、云南昆明办学,抗战胜利后北归,文科研究所依然是北京大学学术实力最为雄厚的"金字招牌"。[①]

研究所国学门成立后,随即招收研究生。招收条件和方式是:"凡本校毕业生有专门研究之志愿及能力者,未毕业之学生及校外学者曾作特别研究已有成绩者,皆可随时到本学门登录室报名,填写研究项目,有著作者并送交著作,一并由本学门委员会审

---

① 陈平原《老北大的故事》,江苏文艺出版社,1998年,第92页。

定；其审查结果合格者，得领研究证到研究所研究。"① 郑天挺、容庚、冯淑兰、罗庸、商承祚、张煦、魏建功等都是这个时期的研究生。研究生的培养也是独树一帜的，基本上是放任自由的，研究题目、研究方向和范围，完全由教授自由选定，指导上也没有严格的责任制。

蔡元培在《我在北京大学的经历》中说："北大关于文学、哲学等学系，本来有若干基本教员，自从胡适之君到校后，声应气求，又引进了多数的同志，所以兴会较高一点。"② 北京大学的登高而呼且成功实践，唤起了国立诸高等学校挽救中国文化的责任感，同时各校对北大国学门取得的成绩有所垂涎，因而，国立大学国学教育和研究机构蜂拥而起，互不示弱，各不相让，直至互挖人才。无论怎样，国学教育和研究的生态是大大优于前了。

下面是国立高等学校设立国学教育和研究机构的情况：

学校及国学教育机构名称	设立时间	教师队伍状况	课程设置	备　注
东南大学国学院	1924	顾实、柳诒徵、刘伯明、吴宓、汤用彤、王伯沆、黄侃、钱基博、方东美、蒋维乔、梅光迪等	希腊学术、罗马学术、本国学术	计划设科学部、典籍部、诗文部，但未予实施。
清华国学研究院	1925	初为王国维、梁启超、赵元任、陈寅恪、李济	小学、中国文学史、经学、中国哲学史、宋元明学术史、诸子、中国史、儒家哲学、中国上古史、史学研究法、清代学术史、金石学、中国人种考、东西交通史、中国佛教史、目录学（以上均为范围）	1927 年，王国维自沉后，国学院导师只剩陈寅恪一人。当年 10—11 月，吴宓的挚友大学部教授朱君毅到厦门大学，研究院学生有的退学。梁启超准备请章太炎，遭拒。1928 年，梁启超辞职，赵元任任课极少，国学院已经甚不景气了。
厦门大学国学研究院	1926	林语堂、沈兼士任总秘书兼主任；研究教授周树人、顾颉刚、张星烺；考古学导师林万里；陈列部干事黄坚；编辑部干事孙伏园；出版部干事章廷谦；图书部干事陈乃乾；英文编辑潘家洵、编辑容肇祖、丁山、林景良、王肇鼎等	分设历史古物、博物、社会调查（礼俗、方言等）、医药、天算、地学、美术（建筑、雕刻、瓷陶漆器、音乐、图绘、塑像、绣织、书法）、哲学、文学、经济、法政、教育、神教、闽南文化研究等 14 组	筹备总委员会由林文庆任主席，委员有教育系主任孙贵定、预科主任徐声金、商科主任陈灿、文科及法科主任黄开宗、理科主任刘树杞、植物系主任钟心煊，理科还有秉志，文科有毛常、王振先、涂开舆、陈定谟、缪子才、龚悌庵，外籍教师戴密微。

---

① 萧超然等编著《北京大学校史》（增订本），北京大学出版社，1988 年，第 224 页。
② 高平叔编《蔡元培全集》第 6 卷，中华书局，1988 年，第 354 页。

学校及国学教育机构名称	设立时间	教师队伍状况	课程设置	备　注
中山大学语言历史学研究所	1927	首任所长傅斯年,聘定教授有马衡、陈垣、赵元任、顾颉刚、商承祚、珂罗倔伦、史禄国等	曾与教育研究所联合开办民俗传习班,课程有《民俗学概论》、《整理传说的方法》、《关于中国风俗材料书籍的介绍》、《搜集风俗材料的方法》、《殷周时代风俗断片》、《歌谣概论》等	下设有民俗学会、考古学会、语言学会、历史学会。
武汉大学大学院	1927			大学院相当于研究院,在没有毕业生前暂不设立。
山东大学中文系	1932		必修课:国文、名著选读、文字学、中国文学史、先秦文、音韵学、诗学概论、中国小说史、汉魏六朝文、词学概论、目录学、中国文学批评史、戏曲概论、唐宋以降文等	

　　国立大学内设国学教育研究机构的情形有较大区别,以前的一些研究者可能有所疏忽。东南大学的国学教育研究机构实际没有设立起来,尽管计划大纲都已经拟定,但并未得到实施,实际上是胎死腹中。[①] 不过,东南大学毕竟是"学衡派"[②]重镇,聚集着一大批国学大师,有着浓郁的国学教育和研究氛围。因此,尽管东南大学国学院研究计划并未实施,但是其国文系本科课程设置不仅与一些大学国学教育研究机构相比毫不逊色,而且专门

①　1926 年秋,东南大学各科知名教授孙洪芬、胡先骕、王琎、秉志、张子高、陈桢、陈焕镛、邹秉文、张景钺、陆志韦、陈鹤琴、廖世承、戴芳澜等 20 余人联名提出《创办大学研究院案》。提案列举了国内外各主要大学设立研究院的情况,创办大学研究院的必要性,以及东南大学创办大学研究院的条件。一致认为东南大学"各系于仪器、设备、师资、学力四者,能设立研究科者则设立,不必强同,宁缺勿滥"。而且起草了组织法和章程:"文、理、教育、农、商五科合立一研究院";"研究院研究生如欲获硕士学位","必先在本校大学本科毕业,或在其他大学毕业而经本系教授会认可,""能作通顺流畅之英文,与阅读参考德文或法文专科书籍,""必须在研究院从事二学期以上之研究,""对于所研究之题目,必须作一优良论文,表明其有独立之能力,而于人类学术上有明确之贡献"等。研究生毕业得称文科硕士(M.A.)、理科硕士(M.S.)或农科硕士(M.S.A.)。东南大学组织专人制定了《大学研究院组织》和《研究院简章》,并于当年 11 月 9 日教会修改通过。经过教授们的努力,筹备东南大学研究院的工作基本就绪。但由于战事不断,社会动荡,经费无着,东南大学研究院最终还是未能招生授徒(王德滋主编《南京大学百年史》,南京大学出版社,2002 年,第 94—95 页)。

②　《学衡》主将如吴宓、梅光迪、汤用彤、刘伯明、柳诒徵、胡先骕等人对西学有着深刻的认识,主张对于西学要明其本源,察其流变,融会贯通,审慎选择,因此"学衡"始终不认同以北京为大本营的新变化运动,人称"学衡派"。

化程度要高出许多。如浏览东南大学国文系本科必修学程、自选学程及研究科目表,便不难得出此结论。①

国文系本科必修学程

学　程	学　分	学　程	学　分
群经通论	3	诸子通论	3
史传通论	3	典籍总略	3
散文(经典解诂)	2	散文(学术思想)	2
散文(传记)	2	散文(书牍杂文)	2
古今诗选	3	历代赋选	3
词选	3	典选	3
小学选	2		

东南大学国文系学生的课程除必修课基本上纯属国学的内容,选修课程更是如此。

国文系供辅系学生自选之学程

学　程	学　分	学　程	学　分
文字学	3	声韵学	3
训诂学	2	文章学	2
诗赋通论	3	词学通论	3
历代文评	3		

东南大学国文系学生还有规定必须完成的国学研究学分,国文系还规定了研究科目。这些科目更是"正宗"的国学课题。

国文系之研究科目（学分临时间酌定）

三礼文	春秋三传文	论语文
群经文	国策文	史记文
汉书文	三国志文	晋书宋书文
老子文	庄子文	墨子文
孟子文	荀子文	韩非子文
吕子文	周秦诸子文	贾谊文
淮南子文	杨雄文	曹植文
陆机文	汉魏名家文	六朝文
韩愈文	柳宗元文	唐宋名家文
文选派之文	唐宋八大家之文	诗经
楚辞	汉魏乐府	建安七子文
阮嗣宗诗	陶渊明诗	谢康乐诗
杜子美诗	文选派之诗	李太白诗
元明清名家诗	唐宋名家诗	江西派诗
南宋人词	唐五代诗	北宋人词
本国人论东西洋各国文	宋元以来名曲	宋以后小说
特别研究等	外国人研究中国文学之情形	

---

① 参见朱斐主编《东南大学校史》第1卷,东南大学出版社,1991年,第138—139页。

国学的传承与创新

冯其庸先生从事教学与科研六十周年庆贺学术文集

根据以上东南大学国文系学生必修课和选修课、研究科目来看,国文系较好地贯彻了"学衡派"的教育研究方针与宗旨。《学衡》创刊于1922年1月1日,创办人多系东南大学国文系教授。《学衡》第一篇《简章》指出该刊宗旨为:"论究学术,阐求真理,昌明国粹,融化新知,以中正之眼光,行批评之职事,无偏无党,不激不随。"在新文化运动及各种西方思潮盛行之际,《学衡》的创刊宗旨已表明此一刊物既不想过分守旧,亦不愿随俗偏激。梅光迪曾自述创办《学衡》旨在"以阐扬旧学,灌输新知为职志,对于一切流行偏激之主张,时施针砭"。在新旧交替之际,这种理念颇合中庸之道。国文系的国学教育与研究,恪守着《学衡》每期首页所附"弁言"。该"弁言"揭示《学衡》的出版目的系基于下列"四义":"一、诵述中西先哲之精言以翼学。二、解析世宙名著之共性以忧思。三、籀绎之作必趋雅念音以崇文。四、平心而言不事谩骂以培俗。"① 国文系的国学教育与研究,除昌明国粹与灌输新知外,还强调养成学生不趋众好、追求真理的独立人格。

与东南大学情形有些类似的是山东大学。山东大学没有设立冠以"国学"的教育研究机构,而是以传统的"中文系"名之,但仍然承担着一定的传承国学培养国学人才的责任。从1932年国立山东大学中文系所开设的必修课和选修课中便可以清楚地看出这一意向。其必修课有:国文、名著选读、文字学、中国文学史、先秦文、音韵学、诗学概论、中国小说史、汉魏六朝文、词学概论、目录学、中国文学批评史、戏曲概论、唐宋以降文。选修课有:中国学术史概要、毛诗学、楚辞学、赋学、乐府诗研究、说文研究、古器物学、音韵学史、经史子专书研究、中国古代神话、古文字学、唐宋诗、汉魏六朝诗、诗词文家专集。② 这些课程对于中文系的本科生而言,"国学"特点已经十分鲜明了。

中山大学的国学教育机构亦不以"国学"名之,而是以"语言历史学研究所"称之,但从建所初期的师资队伍和人才培养情况来看,它的国学教育与研究的方向也是非常明确的。该所成立时便宣布:"本研究所以作语言与历史之科学的研究,并以造成此项人才为宗旨。"③ 语言历史学研究所下设民俗学会、考古学会、语言学会、历史学会四个机构,也突出了国学教育与研究的特色。其民俗学会由顾颉刚、钟敬文、容肇祖等发起,容肇祖任主席。会员除该所教职员15人外,还有校外学者18人。民俗学会规定:"以调查搜集及研究本国之各地方各种族之民俗为宗旨。一切关于民间之风俗习惯、信仰、思想、行为、艺术等,皆在调查、搜集、研究之列。"④

语言历史学研究所成立后不久,民俗学会与教育研究所联合开办民俗学传习班。传习班分别由何思敬讲民俗学概论,庄泽宣讲民间文学与教育,汪敬熙讲心理学与民俗学,崔载阳讲民俗心理,刘奇峰讲希腊的神话,顾颉刚讲整理传说的方法,马太玄讲

---

① 王德滋主编《南京大学百年史》,第105页。
② 《山东大学百年史》编委会编《山东大学百年史》,山东大学出版社,2001年,第80页。
③ 《国立中山大学语言历史学研究所概览》,1930年,第16页。
④ 《国立中山大学语言历史学研究所概览》,第90页。

中印民间故事的比较、关于中国风俗材料书籍的介绍,陈锡襄讲搜集风俗材料的方法,容肇祖讲北大歌谣研究会及风俗调查经过,余永梁讲殷周时代风俗断片,钟敬文讲歌谣概论等课程。1928 年 3 月 27 日,该所公布了《民俗学传习班招生章程》。1928 年 4 月 23 日,民俗学传习班开始上课,共有学生 22 名。[①] 民俗学传习班的开办,象征着中山大学语言历史学研究所的国学教育深入化,是国学教育与研究新方向开辟的又一个尝试。

厦门大学校长林文庆本来想在国学教育和研究方面有所作为,延揽了一批国内一流的国学人才,岂料与此同时也就招徕学者之间的人事是非彼此攻讦。也许是这个原因,厦门大学国学研究院所开设的课程,却比某些大学中文系所开出的国学课程还要离谱得多,远远没有形成国学特色。厦门大学国学研究院延揽人才方面留给后人太多的经验教训,强手如林对学科发展未必会产生正比例效应。

三、教会大学的国学教育机构

北京大学研究所国学门的成功开办,也使部分教会大学效仿。北京大学国学门成立后,清华大学紧随其后,而其后三年燕京大学亦建立国学研究所。燕京大学国学研究所之设,与校长司徒雷登、刘廷芳、洪业有着密切的关系。司徒雷登任燕京大学校长后,在对燕京大学进行"中国化"改造的同时,也没有忽视推进燕京大学的"国际化"。这"两化"的推进,与具有 70 余年历史的哈佛燕京学社有着直接的关系。司徒雷登在美国为燕京大学筹款时,说服了美国铝业大王查尔斯·霍尔的遗产执行人将燕京大学列为霍尔遗产的受益方,使燕京大学得到 150 万美元的资助。燕京大学与哈佛大学签署的合作协议将对中国文学、艺术、历史、语言、哲学和宗教史的研究作为首选的课题,并将传播和保存中国文化定为开展研究的目的。[②]1928 年 2 月 10 日燕京大学成立了国学研究所,特别聘请著名史学家陈垣出任研究所所长,聘请了吴雷川、容庚、顾颉刚、黄子通、许地山、郭绍虞、张星烺、钱玄同、钱穆、沈士远、沈兼士、顾随、董璠等国内外驰名的国学大师任教和研究。为加强对学术研究的领导,燕京学社组成了一个 5 人的学术委员会,委员还有洪业、傅晨光、法国著名汉学家伯希和,以及哈佛大学哈佛燕京学社主任叶理绥。

洪业也是燕京大学国学研究所的有功之臣。他于 1928 年受哈佛大学的聘请,赴美讲授中国历史,还参与过燕京学社的创办工作。1930 年后,为了推动国学研究的发展,他在燕京学社创立了引得编纂处,意欲将浩如烟海的中国古籍逐一做出索引,以为人们研究提

---

① 《国立中山大学语言历史学研究所概览》,1930 年,第 58—61 页。

② 郝平《无奈的结局——司徒雷登与中国》,北京大学出版社,2002 年,第 145—146 页。

供方便。[1]

燕京大学国文系、历史系和燕京学社国学研究所相关教授基本上是两块牌子一套人马。与其他大学的课程设置相比,燕京大学国文系的课程设置有三个特点:第一,古典文学与现代文学相得益彰;第二,在众多名师的共同努力下开设了许多选修课程,"其种类之多,内容之精彩,令燕大的学子们大饱耳福";[2] 第三,东西文化相互融合。容庚开设了"说文解字研究",著名小学家刘盼遂开设"音韵学"、"汉魏乐府"、"三礼"、"诸子"、"汉书"、"诗经",著名中国文学批评史专家郭绍虞讲授"文学批判史"、"中国文学史",著名书法家、诗人沈尹默讲授"诗学",董璠讲"魏晋诗歌",刘节讲"经学",陆侃如讲"小说史",陈寅恪开设了"元白诗",著名红学家吴宓开设了"人文文学"、"《红楼梦》研究"讲座。后来,梁启雄先后开设了"左传"、"史记"、"汉书"、"荀子"、"韩非子"等课程。历史系"最受学生欢迎的由名教授开设的课程有 16 门",[3] 这些包括顾颉刚的"中国上古史研究",王桐龄的"国史鸟瞰"、陈垣的"中国史学目录",张星烺的"宋辽金元史"、"西北史地"、"南洋史地",容庚的"器物学",许地山的"道教史"、"佛教史"、"中国礼俗史",洪业的"历史研究法"、"历史教学法",邓之诚的"中国通史"、"中国名人传记",齐思和的"春秋史"、"战国史"等。

燕京大学是教会大学中唯马首是瞻的学校。燕京大学国学研究所的举动与成就,直接导致部分教会大学仿效,兴起了教会大学内部的国学教育研究热。

继燕京大学设立国学研究所之后,其他教会大学为了推进"中国化"和"国际化"进程,纷纷设立国学教育和研究机构。

教会大学及国学教育机构名称	设立时间	教师队伍状况	课程设置	备　注
辅仁大学文科国文系和史学系		沈兼士、余嘉锡、孙人和、储皖峰、郭家声、赵万里、陆宗达、戴君仁、唐兰、张星烺、陈垣、张鸿翔、刘滋厚、王静如	文字学纲要、文字学史、说文、释名、经学通论、目录、汉魏六朝文、词及词史、庄子研究、骚赋、汉魏六朝诗、唐宋诗、中国戏曲史、校勘学、声韵学纲要、声韵源流、诗三百篇、三礼通论、甲骨钟鼎庙义学;史学课程:秦以前史、宋辽金元史、魏晋南北朝史、中国古学名著选读、金石学等。	这些课程是1936—1937年开设的,曾开办国学专修科。

---

[1] 在以后的近 20 年里,燕京学社先后完成出版了 64 种、81 本的中国古籍引得,内容既涉及了《十三经》、《庄子》、《荀子》、《佛藏》、《道藏》、《宋诗》、《元诗》、《辽金元传记》、《容斋随笔》等中国古代名著,也包括各代历史书籍和小说引得。(郝平《无奈的结局——司徒雷登与中国》,第 147 页)

[2] 郝平《无奈的结局——司徒雷登与中国》,第 153 页。

[3] 同上,第 157 页。

教会大学及国学教育机构名称	设立时间	教师队伍状况	课程设置	备　注
金陵大学中国文化研究所	1929	李小缘、贝德士、陈登元、吕凤子、王钟麟、刘国钧、黄云眉、雷海宗、商承祚、徐益棠、杭立武、汪孔祈、叶季英		此为1933年的材料。
齐鲁大学国学研究所	1930	舒舍予、慈丙如、郝立权、齐树平、周干庭、张锡蝦、张立志、胡道远、范迪瑞、皮松云、赵振元、栾调甫、胡立初、彭翔生、马彦祥、张维华、余天麻、明义士、王献唐	文字学、音韵学、文选、庄子、辞赋选、陆士衡诗、国学大纲、金石研究、古今文选、唐诗选、中国通史、隋唐史、宋元史、清代学术史、名学、墨学、中国沿革地理、中国中迄通论、考古学、社会演化史、族谱学、山东碑刻、人类学、社会学、近世中欧交通史、戏剧理论、文艺思潮、文学概论、乡村工作、经济学、商业组织及管理、家庭社会学、农村社会学、货币与教育、但丁研究、小说作法、西洋哲学史、美学、逻辑学、思考与教育等。	实际上并非独立的研究机构，与文学院的一个教学和研究组织机构无异。
华西协合大学国文系	1926	李培甫、赵少咸、龚向农、林山腴、彭芸生、钟稚珺、陶亮生、庞石帚、杜奉符、郑德坤、陈家骥、朱少滨、李炳英	声韵学、目录学、史传文、孟子、小学、各体文、荀子、中国文学史、中国历史研究法、中国神话之研究、礼记、宋明理学、左传、墨子、中西文化交通史、中国考古学、通史、专史、诗经、文艺评论、庄子、各体诗选。	1932年成立文学院。1931年拟开展中国学研究、中文图书馆和博物馆方面的工作。
岭南大学中国语言文学系		陈受颐、谢扶雅、张长弓、冼玉清	陶飞亚、吴梓明在《基督教大学与国学研究》中指出，岭南大学的中国语言文学系要开42门课，包括在社会科学系中史学也开22门，哲学开8门课，其中国学课占有相当比例。	
福建协和大学国文系、历史系	1928			1928年前福建协和大学设国文历史系、外国语文及教育等系。
华中大学中国文学系	20世纪30年代	韦卓民、游国恩、钱基博、林之棠、阴法鲁、蔡尚思、包鹭宾	中国文学史、中国思想史、文选、楚辞。	

教会大学及国学教育机构名称	设立时间	教师队伍状况	课程设置	备 注
之江大学国文系	抗战前	朱经农、李培恩、顾敦鍒、钟泰、徐昂、夏承焘	词选、唐宋诗选、文心雕龙、文学史、普通文选。	
沪江大学国文系		蒋维乔、蔡尚思、朱维之	中国政治思想史、中国政治史、中国社会思想史、中国社会史。	

教会大学的国学教育研究机构是近现代中国国学教育研究机构的重要组成部分，是推动近现代中国国学教育研究前进的一支重要力量，不仅为弘扬中国传统文化建立了功勋，也为国学的传承培养了一批杰出人才。教会大学的国学教育研究机构在运作方面留给我们许多值得反思的东西。

第一，教会大学对以国学为代表的中国传统文化的地位和作用的认识，颇值得重视。西方传教士李佳白早在 1916 年就指出："一国之精神，必有一国之学术以维系之。故学不可以忘古。"[①] 如果说一个中国学者，诸如梁启超、陈寅恪、陈垣等，不遗余力推动国学研究可能与个人特别爱好和国学情结难以分开的话，那么一个西方传教士所言，则不能不使国人反思。诚然，教会大学内部逐渐转向重视中国文化的教育，从原来"洋气太重"，转向"接受中国情形，切合中国的需要"，使教会大学的学生"于中国文化方面，有深切之了解，于中国文字方面，有纯熟之技能"，以便"影响中国人民生活与思量"。[②]，但是，辅仁大学从章程到课程实施上将国学提高到显赫地位。其章程明确要求学生"对中国固有文化之特长，发扬光大，以增长其民族自信力。……务使习国学者而毋故步自封，读西籍而毋食欧不化，不托空言，斯裨实用，此本院共同一致之所冀图者也"。[③]1928 年 6 月 25 日，金陵大学校长福开森在向学生演讲时告诫说："昔日学生英文程度皆佳，有能任意用英文作文谈话者，然若令其改用中文，则转病不能，是失其为中华民国之国民而不自觉其耻孰甚。望今日之学生毋陷此辙。"[④] 正因为如此，对国学地位和作用认识比较到位的教会大学，国学教育和研究的成绩便蔚为可观。

第二，有独立的国学教育研究机构，方能发挥国学教育独特的功能。近现代中国教会大学除少数设有专门的国学教育研究机构外，大多数并没有从学校、学院、学系中独立出

---

① 李佳白《论新旧教育之兼济》，《李楚才：帝国主义侵华教育史料——教会教育》，教育科学出版社，1987 年，第 533 页。

② 罗炳生《基督教高等教育当前的问题》，《李楚才：帝国主义侵华教育史料——教会教育》，第 150 页。

③ 北京师范大学档案馆藏《私立北平辅仁大学档案》案卷第 21 号。

④ 福开森的演讲，《金大校刊》1928 年 6 月 25 日；转引自南京大学高教所编《金陵大学史料集》，南京大学出版社，1989 年，第 45 页。

来。齐鲁大学的国学所"并非是一个独立的研究机构，除了个别助手之外，几乎包括了文学院的全部教师，国学所实际上成了原来文学院的一个教学和研究的组织机关"。①连在国学教育与研究方面声名大噪的辅仁大学，并没有设立专门的诸如北京大学、清华大学那样的"国学门"、"国学院"之类的机构，类似的情形还有教会大学，如岭南大学、华中大学等。教会大学之重视国学教育与研究，并不是要培养诸如张荫麟、姜亮夫之类的国学教育与研究人才，而是要学生重视中国传统文化，增长对中国传统文化的自信心，提高学生的国学程度，而不是造成一批对西方文明畸重、对本国学术畸轻的人。就这一目标而言，齐鲁大学的目标达到了。1934年的报告书说，"教授已切实讲授研究国学之基本知识"，国学系学生人数增加，其他系选修国学的也较以前增多。②

第三，重视方法革新，重视大师亲登讲台。1934年，金陵大学开设国学特别班，招收研究生。黄侃亲自主讲授课，他开列了一个准备次第讲授的课目表，一共8门，除"说文"、"尔雅"、"广韵"、"文选"及"文心雕龙"之外，还有"唐人经疏释诸经辞例辑述"、"樊南四六评"及《新唐书》列传评文"等从来没有开设过的课，而且每门课都做了简要的说明。例如"樊南四六评"的说明是"樊南四六，上承六代，而声律弥谐，下开宋体，而风格独峻，流弊极少，轨辙易遵"。③金陵大学国学研究班的课程也十分强调基础，1934年，金陵大学文学院曾有毕业同学数十人联名请求该院设立国学研究所，俾获有深造机会，"国内各大学文史哲学系毕业生及国文专修科毕业生而有两年以上教学经验者"。所"增开高等国学课程"，其实并不玄乎，仍然是"中国文学、文字学、史学、哲学四大类"。④对于层次和程度比较高基础比较扎实的大学文史哲专业毕业生，仍开设"基础"课程，重视基础之举措，于兹可见一斑。

教会大学的国学教育与研究也进行了教育方法改革。金陵大学国学研究班的教学与研究方法，"除每周上课外，注意自力研习，学生各认专题导师予以指导"。⑤而且"除导师悉心指导作研究工作外，并请佛学大师欧阳竟无先生作学术讲演，题为《佛法之究竟目的是转依》"。研究生的培养方法，采用专题研究办法，让学生在研究过程研究实践中成长。金陵大学国学研究班规定"研究生认定一题作专题研究"，经史子集，自选一门。学校出资"将研究所得之短篇论文，分小学、史学、文学三种，汇出丛刊"。⑥

第四，创建独特的国学教学管理制度。辅仁大学制订了国学人才培养的宗旨："每系

① 陶飞亚、吴梓明《基督教大学与国学研究》，福建教育出版社，1998年，第204页。
② 齐鲁大学文学院国学研究所1934年报告书，齐档，J19—3—3，第2—9页；转引自陶飞亚、吴梓明《基督教大学与国学研究》，第204页。
③ 程千帆《黄季刚老师逸事》，张宏生、丁帆主编《走近南大》，四川人民出版社，2000年，第146页。
④ 《中国文学系增开高等国学课程，招收国内各大学文史哲学系毕业生》，《金陵大学校刊》128期，1934年6月23日。
⑤ 同上。
⑥ 《国学研究班(第一期)概况》，《金陵大学校刊》第158期，1935年5月20日。

于一、二年级，授以各种基础科目，至三、四年级，即导以自动研究各项专题。对于中国固有文化之特长，发扬光大，以增长其民族自信力。向之所短，则利用科学，救其弊、补其偏，务使习国学而毋故步自封，读西籍而毋食欧不化。不托空言，期裨实用。"为达此目标，辅仁大学从教学制度改革入手，寻求国学人才培养的保障机制。明确要求各系一年级必须开设国学基础课，而且国学名师统统上国学教学第一线。这一特色课程与教学管理制度谓之"大一国学"。辅仁大学的学生按规定都要必修国文课一年，旨在培养学生的国学兴趣，为各自的专业发展奠定扎实基础。有一些理科学生对大一国文不甚重视，陈垣便亲自动员，阐明"理科学生不能单纯依靠中学所学语文，若缺乏较深的国文知识，缺乏文字表达能力，自己的科研成果，就无法通顺地表达出来"的道理。[①] 一方面要求学生端正态度，另一方面陈垣亲自选派教学经验丰富、对国学确有专长、研究有素的教师担任大一国学教师。据曾在辅仁大学肄业的史树青回忆，1941—1946年间，"各系大一国文，都由先生（指陈垣）指定校内教学经验宏富、学有专长教师担任。记得张鸿翔、柴德赓、余逊、周祖谟、启功、牟润孙、苏晋仁诸先生，都曾任课。课本用校内集体编辑的《国文读本》，先生曾亲自担任一个系大一国文，讲授《国文读本》。校长亲自讲授大一国文，引起了全校师生对大一国文的重视。"[②] 陈垣是中外闻名的大学者，也身先士卒，担任大一国学老师。据翁独健回忆："半个世纪以前，1928年，当时我是大学一年级的学生，在课堂上听到陈垣教授甚有感慨地说过这样的话：今天汉学的中心在巴黎，日本人想把它抢到东京，我们要把它夺回北京。"[③] 大师站大一国学讲台，给大一学生岂止是一种鼓舞！

---

① 史树青《励耘书屋问学札记》，陈智超编《励耘书屋问学记》（增订本），生活·读书·新知三联书店，2006年，第206页。

② 同上。

③ 何建明《辅仁国学与陈垣》，章开沅主编《文化传播与教会大学》，湖北教育出版，1996年，第255—256页。又见郑天挺《深切怀念陈援庵先生》，陈智超编《励耘书屋问学记》（增订本），第14页。

国学学科建设面临的几个问题

孙劲松

（武汉大学国学院）

　　"国学"作为一个现代高等教育学科，形成于 20 世纪二三十年代。当时北大国学门、清华国学研究院、燕京大学国学研究所、无锡国专等纷纷成立，之后，由于中国传统学术在"文史哲艺"诸学科分别发展，整体性的国学研究势力渐微。20 世纪 90 年代以来，现代学术呈现出明显的交叉、融合趋势，本来就强调义理、经世、考据、辞章并重，文、史、哲、艺融通的"国学"研究与教学出现了新的热潮。中华民族在政治、经济等方面的崛起，也使社会各界对传统文化由漠视转向推崇，这也为新一轮的高校国学学科复兴创造了较好的外部环境。近十年来，武汉大学、中国人民大学、厦门大学等学校相继挂靠其他一级学科办起了国学本科、硕士、博士专业，还有数十所高校成立了国学研究院或者国学院，对中国传统的经史子集以及学术思想进行综合研究。随着高等学校国学热的兴起，国学一级学科建设逐渐被提上议事日程。笔者认为，"国学"要成为一个正式的现代高等教育学科，还有一些问题需要解决。

一、中国学科建设体制对"国学"等古典学科、交叉学科发展形成障碍

1. 我国的两套学科分类体系

　　我国的学科分类有《中国学科分类国家标准》与《学位授予和人才培养学科目录》两大体系。前者由国家技术监督局发布，后者由国务院学位办和国家教育部发布。《中华人民共

和国学科分类与代码国家标准》2009年5月颁布了修订版,标准号是"GB/T13745-2009",《学科分类与代码国家标准》将学科定义到一、二、三级。《标准》导言中指出:"一级学科之上可归属到科技统计使用的门类,门类不在标准中出现。"《标准》在科技统计中分为自然科学、农业科学、医药科学、工程与技术科学、人文与社会科学5个门类。人文与社会科学门类包含马克思主义、哲学、宗教学、语言学、文学、艺术学、历史学、考古学等19个一级学科。

由国务院学位办与国家教育部发布的《学位授予和人才培养学科目录》,包括《全国普通高等学校本科专业目录》以及《授予博士、硕士学位和培养研究生的学科、专业目录》。目前使用的《授予博士、硕士学位和培养研究生的学科、专业目录》为1997年版,分为哲学、经济学、法学、教育学、文学、历史学等12个学科门类、88个一级学科、381个二级学科。2005年12月,国务院学位办又决定增设马克思主义理论一级学科,暂设置于"法学"门类内,下设5个二级学科。《全国普通高等学校本科专业目录》最新的版本由教育部在2004年颁布,分为学科门类、专业类、专业三个等级,本科目录的学科门类与《授予博士、硕士学位和培养研究生的学科、专业目录》的学科门类相同,"专业类"与《博士、硕士目录》的一级学科相同,专业数量则比《博士、硕士目录》中的二级学科减少很多。

《中华人民共和国学科分类与代码国家标准》与《学位授予和人才培养学科目录》差异较大,这个标准淡化了学科门类的概念,两者在人文与社会科学一级学科数量、分类上都有所不同,比如哲学、宗教学在《学科分类与代码国家标准》同属一级学科,而在《学位授予和人才培养学科目录》中宗教学属于哲学一级学科下面的二级学科。

2.《学科目录》反映了一个与集权式教育管理体制相适应、妨碍交叉新兴学科发展的学科体制

现在国学界所谈论的一级学科申报,基本上是针对国务院学位办与教育部发布的"学位授予和人才培养学科目录",其中重点针对《授予博士、硕士学位和培养研究生的学科、专业目录》中的一级学科。由于《中华人民共和国学科分类与代码国家标准》对于全国重点学科、科学基金申请等缺乏影响,所以,学界对此不太重视。我国的《学位授予和人才培养学科目录》反映的是与政府部门主导高等教育、评估高等教育相适应的一个体制,也是"国学"等传统、新兴交叉学科极力争取进入的一个学科体系。只有进入这个体系,才能更加方便地享受到集权式教育管理体制所分配的各种经济利益、社会名誉。由各级教育行政部门主导的全国及省市级重点学科,各级重点研究基地、硕士博士授予权,全国和地方各类纵向基金的评审,政府各级学术奖的设立等等,都需要以《学科目录》来作为基本的分类标准。在现有体制下,如果一个学科不能进入《学科目录》,就很难获得"重点学科、政府奖励、科学基金"等等,这个学科在国内就很难发展,这是国学等古典综合学科以及现代新兴交叉学科在我国的发展所碰到的瓶颈。

郑永流教授曾在《审批与等级——学术自由的敌人》一文中详细地列举了中国各级

教育、科技主管部门所掌握和控制的审批计划,他指出:"今天,在中国,学术自由的敌人主要不是高压、专制,而是与官僚政治结合在一起的审批学术、等级学术。……请看各类项目、工程、计划、奖励掌握在谁手中——全国哲学社会科学规划办公室:国家社会科学基金项目,其中又分为重点项目、一般项目、青年项目、一般自选项目、青年自选项目。教育部:211 工程;985 工程;教育部人文社会科学基金;青年人文社会科学基金;人文社会科学"十五"规划项目;人文社会科学基地重大项目;教育部跨世纪人才项目;教育部重点项目;高校青年教师奖;优秀青年教师奖励计划;高校骨干教师资助计划;高校博士学科点专项科研基金;高等教育国家级教学成果奖;教育部名师等。还有教育部受托管理的霍英东教育基金、曾宪梓教育基金、邵逸夫项目、长江学者奖励计划等。科技部:……人事部:博士后流动站;留学回国人员各类资助计划;专业人员资助计划,如跨世纪学术和技术带头人、新世纪百千万人才工程(原"百千万人才工程");政府特殊津贴共四大类。除各部外,各省、区、市也有许多名目繁多的项目、工程、计划、奖励,直至各级各类协会、学会、大学、院系,层层设立,级级评审,形成审批网络。"① 学术本是基于自由的创造性活动,无论是爱因斯坦的"相对论"还是马克思的《资本论》,都与各种计划、激励制度无关。中国的审批学术已经成为学术发展的桎梏,而《学科目录》就是集权管理、审批学术的制度保证。中国的集权教育管理体制决定了我国的学科目录体系需要有严格的边界,需要保持长期的稳定性,只有这样才便于操作,便于管理。但是,这必然对于交叉学科的发展,对于学术创造力的提升带来阻碍。

3. 中国《学科目录》还不具备增设"交叉学科门类"的条件,"国学"缺乏最佳的门类归属之地

国际学术界一直把传统古典学科与现代新兴学科都作为交叉学科看待,美国等发达国家就一直把与"国学"相关的"东方学、汉学"纳入交叉学科大类。美国的分类教学计划(Classification of Instructional Programs,简称 CIP)相当于中国的学科专业目录,由美国国家教育统计中心研制,美国教育部发布,目前使用的是 2002 年 4 月颁布的 2000 年最新版。CIP-2000 把"交叉学科"列为第一学科大类,下设交叉学科、文理综合两个学科群,交叉学科群有 21 个学科类,文理综合学科群有 1 个学科类。古典文化产生于学术分科研究之前,每一个古代文明体系都是一部包罗万象的大百科全书。美国 CIP-2000 充分注意到了这一点,将"中世纪与文艺复兴研究"、"古代、古典、东方研究"作为交叉学科来对待,充分尊重欧洲古典文化和东方古典文明的整体性。也就是说,与中国国学非常接近的汉学、东方学、古典学在美国的学科目录中有着非常合适的户口。许多大学设有古典学系、东方学系、汉学系、印度学系,对于东方文明和中国文明作整体研究。

---

① 郑永流《审批与等级——学术自由的敌人》,《法律与生活》2003 年 9 月 18 日。

CIP-2000 学科——交叉学科大类专业目录表（部分）①

交叉学科大类

序号	学科类	专业
1	生物与自然科学	生物与自然科学
8	中世纪与文艺复兴研究	中世纪与文艺复兴研究
9	博物馆学	博物馆学
15	国际/全球研究	国际/全球研究
16	重大灾难与相关研究	重大灾难与相关研究
17	古代、古典、东方研究	古代研究与文明；古典、地中海、东方研究与考古学
18	多文化与多元化研究	多文化与多元化研究
21	其他交叉学科	其他交叉学科

　　CIP-2000 还专门为新兴的交叉学科预留了"其他交叉学科"目录，让传统学科之外生长出来的新学科有户口，这种安排对于学术创新、学科生长具有极大的好处，这也为美国保持科学技术的领先地位提供了制度保证。

　　多年来，很多教育学、自然科学、社会科学的学者根据欧美发达国家的经验，呼吁设立交叉学科门类，给新兴学科合适的发展空间。许为民在《我国研究生教育专业目录的"学科门类"设置质疑》一文中指出："现有的学科专业目录没有设置专门的交叉学科门类，也没有在目录名称中为新兴学科、交叉学科留出发展空间，实际上造成了学科交叉的壁垒和屏障，无法适应人才培养尤其是跨学科研究生培养的需要。对此，许多学者从增加学科门类的角度提出了建议。……希望突破学科分割的藩篱，为交叉学科提供比较广阔的发展空间。"② 刘仲林、程妍在《"交叉学科"学科门类设置研究》一文中指出："学位点的设置，直接和间接地影响着交叉学科的生存与发展。因为学科专业目录是项目申报、科研经费申请、人才培养、成果鉴定、职称评定的'法定'依据，没有学科设置，就意味着被边缘化、业余化的不利地位。例如，等离子体研究一半属于物理学，中国科学院等离子体物理研究所余增亮研究院将等离子体研究与生物学、农学、医药学等领域交叉，开辟了辐射生物学的新领域——'低能重离子生物学'，兴起了一个新的技术学科——'离子束生物工程学'。这一新领域由于其大跨度的交叉性，多年来在课题申报、成果鉴定和人才培养等方面经历了种种困难。放在物理学学科却被认为是研究生物育种的；放在农学学科又被认为是等离子物理学方面的，找不到属于自己的学科专业之'家'。"③

　　许为民、刘仲林、程妍等呼吁建立"交叉学科门类"，但是这些建议与呼吁很难落实。

---

① 转引自许为民《我国研究生教育专业目录的"学科门类"设置质疑》，《科学学研究》2004 年第 3 期。

② 许为民《我国研究生教育专业目录的"学科门类"设置质疑》，《科学学研究》2004 年第 3 期。

③ 刘仲林、程妍《"交叉学科"学科门类设置研究》，《学位与研究生教育》2008 年第 6 期。

其核心问题在于以《学位授予和人才培养学科目录》为代表的"中国学科建设体制"是一个与集权式教育管理体制相适应的体制,其背后所隐藏的管理理念是"管理者本位、官僚体制优先",而不是"学术发展优先"。如果设立"交叉学科门类",面对不断涌现的"新兴学科",有关"重点学科、科学基金"的评审组织如何确立,政府的权威如何体现?有关部门如何深入地介入、管理高等学校的学科建设?如何为自己掌握学科建设资金分配权、各高校学术地位评审权找到依据?

若从管理者的角度出发,以学科管理优先于学科发展,那么学科的边界越清晰、交叉学科越少,越方便管理。但若从学科的角度来考虑,学科体制为交叉学科留下的空间越大,越有利于学科的发展和创新。美国的CPI—2000学科入选的标准是全国高等学校的具体开设情况,只要开设这一学科的高校达到一定的数量,就应该把这一学科纳入《目录》,而中国的《学科目录》是自上而下的,高等学校只有申报权,不管有多少高校开设这一学科,只要主管部门不批准,就没有户口。

我们应该清楚一个基本的事实:中国教育主管部门管理万能、学术管理优先于学术自由的思路不改变,《学科目录》的制定原则及其相应的审批、申报、评估体制就不能也不会改变,高等学校的办学自主权就永远是一句空话。国学等古典学科、新型交叉学科的发展就只能是步履维艰,创新型国家建设与中华文化复兴等就只能停留在蓝图的阶段。

清末学者陈澹然在《迁都建藩议》一文中指出:"不谋万世者,不足谋一时;不谋全局者,不足谋一域。"站在全国学科建设的角度,"国学"学科发展是一个小问题,但是宏观体制若没有变化,"国学"纵使挤进《学科目录》,在文、史、哲门类之下寻求一个栖身之所,也会被不断地评估、申报所异化,变成一个内部分科明晰,便于行政管理的"现代学科",也就失去了我们振兴国学的本怀。当然,我们也不能因为这些问题放弃在现有体制下申办国学一级学科的努力,我们还是应该在理想与现实之间寻求某种妥协,争取进入一级学科目录,获得体制内的发展空间,同时又要防止当前学科体制给学科发展带来的弊端。

二、"国学"之名被商业气息所沾染,此名称也不适应国际学术交流

近一段时间,与一些社会上的朋友初次见面,当谈及"国学"之时,往往会有几种说法:其一:"现在国学的名声可不太好,大师满天飞。"其二:"搞国学的?给我算一卦,看个相吧。"当"国学"在高等学校学科发展中举步维艰的时候,在部分商人、学者乃至宗教人士、民间爱好者的联手推动下,商业化的国学培训已经如火如荼。这种现象对于传播民族传统文化有一定的好处,但也有把国学粗浅化、功利化的危险。中国佛教本来博大精深,但部分民间寺院却沦为求签打卦、烧纸钱的场所,民国时期的太虚法师就曾经痛斥这种"功利化、鬼神化"的佛教,提出建设人生佛教、人间佛教的新理念。"国学"也面临着功利化、粗浅化、巫术化、鬼神化的危险,前不久的重庆"缙云山国学院"事件已经可见一斑。

刘小枫教授在《为什么应该建设中国的古典学》一文中指出："我们应该建立中国的古典学，以取代'五四'以来流行的'国学'。'国学'这个名称其实很难对外沟通：日本、韩国高校都有庞大、扎实的研究中国传统学术的学人，日本称'支那学'，韩国称'中国学'，西方则称'汉学'——如果以'古典学'来命名中国的传统学术，不仅可避免名称上沟通的困难，更重要的是，由此我们得以从中西之争回到古今之争。"刘教授建议设立"古典学"一级学科，"建立中国的'古典学'（Clasical Studies），绝不可与西方主流大学的古典学专业接轨，而是要立足中国古典文明传统、立足以传授古典文明为学业、消弭文史哲分割的本科建制。就我们的教育体制而言，就是要建立作为一级学科的古典学——从名称上讲，当然最好名为'古典文明系'（简称古典系），因为，如尼采所说，古典学的使命就是保养古典文明。在这一学科建制中，中国古典文明（所谓'国学'）与古希腊—罗马文明、犹太—基督教文明和印度文明同为二级学科，尽管各校可以有所侧重。"[①]

由此可见，无论是从区割于商业化国学的角度，还是从国际学术交流的角度，"国学"都应该有一个更"文雅"、更"学理化"的名称。但是，国学能否等同于"中国古典学"，学者们也有不同的看法。章太炎曾将"国学"定义为"中国学术"，中国人民大学国学院的英文名称也源于此。厦门大学刘钊、陈家宁也将"国学"理解为清代以前的中国学术，认为中国古典学是国学的一个分支，专门研究汉代以前的国学。"古典学"（Classics）本来是西方的一个学科概念，它的范围很宽泛，不是一个单一的学科名称，而主要是指研究古希腊、古罗马时期的学问，是古典语文学、古代史、古代哲学等若干相邻学科的总称。古典学在西方具有悠久的传统，直到今日，它在许多国际著名高等学府和研究机构的学科设置中还具有重要地位。有的学者借用这一概念，并赋予它新的含义，用"中国古典学"来指代研究中国上古时期语言学、历史学及哲学等相关诸多学科的总称，即主要研究先秦秦汉时期中国古代文明的学问。这种认识与上文阐释的"古典"含义是相对应的。……"国学"指称中国学术这一说法，已经基本得到认同。从某种意义上说，国学就是研究清代以前（包括清代）中国古代文明的学问。因此，中国古典学可以被看作是国学的一个分支，即研究汉代以前（包括汉代）中国古代文明的学问。"[②]

欧洲和美国的大学，尤其在文理学院里，几乎都有古典学专业。哲学家尼采在24岁的时候就成为巴塞尔大学的古典学教授，1938年生于英国伦敦的诺贝尔物理学奖得主安东尼·莱格特教授本科阶段在牛津大学学习古典学，获得文学学士，而后又获得物理学学士和博士学位，成为量子物理学领域的权威。柏林大学古典学教授维拉莫维茨在《古典学术史》的开篇对古典学的性质和任务作出了如下的定义："古典学术的对象是古希腊罗马文明的本质及其存在的每一个方面。该学科的任务是用学术的方法来复活那个已逝的世

---

① 刘小枫《为什么应该建设中国的古典学》，见于"公法评论网"《刘小枫文集》。

② 刘钊、陈家宁在《论中国古典学的重建》，《厦门大学学报》2007年第1期。

界。"① 由于古罗马、古希腊文明在西方文明史中的重要地位,古典学在欧美学界有着崇高的地位。

中国的"国学"强调文、史、哲、艺的贯通,义理、经世、考据、辞章的一体,这一点与欧洲古典学有着异曲同工之妙。张巍指出:"19 世纪的德国古典学渐渐分成两个阵营。一方面是赫尔曼、里奇尔、拉赫曼等人所代表的以语言文字为研究重心的'语言派',另一方面是伯克、缪勒、雅恩等人所代表的以文化为研究重心的'文化派'。到了 19 世纪后半叶出现了德国古典研究的集大成者维拉莫维茨,试图重新联合这两个阵营,恢复古典学研究的整体性。"② 依笔者的浅见,语言派类似于中国国学考据、辞章的层面,而文化派则更接近于国学的"义理"层面。维拉莫维茨之后的对古典学研究整体性传统的恢复又与义理、考据、辞章并重的国学传统相当。

中国国学一向强调"经世济民"的现实关切,强调其"民族精神家园"的现实作用。同样,西方古典学也不缺乏"经世"的维度。刘小枫认为:"五四新文化运动以来,我们所说的西方文明,实际指的是现代西方文化——近代西方民族国家兴起后冒出来的若干强势国家所代表的'技术文明',但这些现代国家的经典作家无不受古希腊—罗马文明经典的滋养,迄今为止,这些国家的招牌大学中的古典学系实际起着共同的文明纽带作用。不仅如此,当今的强势西方民族国家有意无意高标自己才是西方文明大传统的担纲者,国家在政治上的强势与该国大学中古典学的强势往往同步(请看美国的例子)……"③ 张巍也指出,在古典学正式诞生之先声的 18 世纪后半叶的德国新古典主义,"以古希腊为典范,对古希腊的理想化成为后起的德意志民族文化建构自身的重要手段,以便与当时以法兰西为代表的拉丁文化相抗衡"。④

由此可见,中国国学确实与西方古典学有着较大的可比性。刘钊、陈家宁以西方古典学的研究时代为主,来划分中国古典学的时代,将其定位为汉代以前的国学,有些削足适履。比之于内涵宽泛、不够学理化的"中国学术"这个概念,笔者更加认可刘小枫的观点,可以将中国古典学作为国学——清代以前的中国学术的代名词。但是,鉴于高等学校国学学科已经运用了近百年时间,从 20 世纪 90 年代的高校国学学科复兴至今也有近二十年的时间,笔者也不赞成一下子换掉国学的名字,可以用"中国古典学(国学)"或者"国学(中国古典学)"这个概念,在一定的时期内,将学名与俗名并列使用。高校的教学研究机构还是保留"国学院、所"的名称,在学科专业上,可以较多的使用"中国古典学"的名称。这样,既可以用之区别于民间商业化的国学,也可以与国际古典学界接轨。

但是,在现有体制下,笔者也不赞成刘小枫提出的将中国古典学(国学)与西方古典学、印度古典学都设为古典学的二级学科的建议。欧美国家高校的古典学研究要重于东方学、汉学的研究,作为本国之学的"中国古典学(国学)"在中国高等教育研究之中的地位

---

① 转引自张巍《古典学的基本研究范式》,《中国社会科学报》2010 年 9 月 3 日。

② 张巍《古典学的基本研究范式》,《中国社会科学报》2010 年 9 月 3 日。

③ 刘小枫《为什么应该建设中国的古典学》,见于"公法评论网"《刘小枫文集》。

④ 张巍《古典学的基本研究范式》,《中国社会科学报》2010 年 9 月 3 日。

自然应该重于西方古典学，可以单独申请一级学科。从具体的情况看，国学学科在国内多所高校的办学实践已有多年，一级学科申报工作已经启动，还是应该尽可能在历史学或者哲学门类下面先行设置"中国古典学（国学）"或者"国学（中国古典学）"一级学科，同时积极支持西方古典学的学科发展，将来争取在同一学科门类下再设置"外国古典学"一级学科。如"文学门类"下面设有"中国语言文学"、"外国语言文学"两个一级学科，可资参考。

三、其他问题

除了上述问题之外，在当前的学科申报过程中，国学的一级学科的门类归属与二级学科名目方面也存在很大的争议。依前所述，笔者认为国学最恰当的门类归属是"交叉学科门类"，但是中国的集权教育管理体制不允许设置交叉学科门类，国学只能在"文、史、哲"门类下面寻找归宿。从现在的情况看，归属于历史门类与哲学门类的呼声较高。其实，中国的各类学术评审都是以一、二级学科为基本单位来进行的，就像"新闻学"与"中国语言文学"都属于"文学"门类，但是两者井水不犯河水，学科门类只适用于学位证书的发放。所以，从学科建设的角度，门类归属问题不重要，尊重多数人的意见即可。

国学虽然强调整体性、贯通性，但是在现代学术体系下，面对庞杂的古典文明，进行适当的分科还是有必要的。中国古典学术从内容上分一般有"义理、考据、辞章、经世"四个向度，而从形式上的分类大都参照四库全书的"经、史、子、集"分类法。"义理、考据、辞章、经世"分类法具有较大的兼容性与开放性，汉民族之外的中华各民族文化都可以分类纳入，有效地解决了"经、史、子、集"四部分类法的汉族本位、儒学本位之问题，体现中国国学的多民族、多学派、兼容并包的属性。但是，这一体系也具有明显的劣势，就是分科过于细致，用此方法很难避免文、史、哲分割所带来的削足适履的弊端。当前，中国大陆高校的国学学科建设都是以四库分类法为基础进行增删而成。中国人民大学在国学院设立经学、子学、国史、国文、国艺、小学、中国少数民族与边疆地区文化研究7个二级学科，武汉大学目前在国学博士点下设立经学研究、子学研究、史部典籍研究、集部研究、佛教与道教研究5个研究方向，都是对四部分类法的沿用与增益。

四部分类法偏重于形式，对于学术的实质差异很难涉及。从这一体系出发，很难达成一个公认的结论。比如：中国人民大学将小学从经学分出，武汉大学将"佛教与道教（道家）"从"子学"分出，都各有道理。如果将子部儒学拉出来，并入经学，成"经学与儒学"二级学科，似乎也可以。集部中既有文学的内容，但里面包括的王安石、苏东坡、朱熹等人的文集则囊括了经学、子学、史学的诠释。人大据此不设集部，改设"国文"方向；武大将"集部研究"作为方向，既强调了"国文"研究，又强调了对于历代思想家进行文、史、哲、艺的全面综合研究，也有其优势。笔者认为，在学理上各持己见、难有定论的情况下，应该基于尊重各校国学学科建设实践的基础上，相互协商，达成相对一致的意见，为国学学科建设扫除一些不必要的障碍。

超越国学研究的古典境界

陈　炎

（山东大学）

"国学"，本意是指对于我国固有文化、学术的研究与整理，因而属于古典范畴。然而，随着时代的演进、社会的发展，这一研究和整理的对象虽并未改变，但在研究的态度和整理的方法等方面却可以、也应该达到一种新的境界。当年，胡适在《〈国学季刊〉发刊宣言》中就曾指出："我深信国学的将来，定能远胜国学的过去。"而时至今日，也确有不少学者在积极地探讨所谓"新国学"的问题。

当然了，提出一个新的口号和达到一种新的境界，这之间毕竟还有着相当大的距离。尽管目前在"新国学"这一面宽大而驳杂的旗帜下，聚集了研究传统学术和传统文化的不同人物，然而就其学术背景而言，大约可分成两大派别：一派以光复"乾嘉学统"而自居，一派以延续"三期儒学"为己任。前者注重学术研究的求实精神，可说是现代意义上的"古文经学派"；后者强调学术成果的现实意义，可谓是现代意义上的"今文经学派"。前者在"我注六经"的传统影响下，容易做到"价值中立"，但却很难实现"方法多元"；后者在"六经注我"的传统支配下，容易实现"方法多元"，但却很难做到"价值中立"。

然而在我看来，要超越国学研究的古典境界，也就是说，要使"新国学"成为可能，就必须在自觉继承"乾嘉学统"和"三期儒学"的基础上，同时扬弃"古文经学"和"今文经学"的历史局限，以实现"价值中立"和"方法多元"的真正统一。

一

也许是受康德"批判哲学"的影响,研究西学的人大多能够将"知识"和"价值"这两个东西区分开来,然而在"知行合一"的传统影响下,研究国学的人却常常自觉或不自觉地将二者混为一谈。在正常的情况下,研究哪种文化资源并不意味着对其文化情境和文化价值的认同,这正如研究马克思的人并不一定是马克思主义者,而不研究马克思的人却未必不是马克思主义者一样,其道理并不难理解。然而,研究国学的人却习惯于摆出一副"为天地立心,为生民立命,为往圣继绝学,为万世开太平"的气概,将研究主体与研究对象一损俱损、一荣俱荣地绑在一起。这种现象在所谓"新儒学"的热潮中表现得最为明显。

从时间上看,这期儒学的"复兴"是在东西方文化激烈碰撞、西学思潮席卷东方的历史条件下出现的,因而它的出现本身就适应了部分学者的"本土文化情结",有着强烈的价值倾向。正如景海峰分析的那样:"当代新儒家有着强烈的续统意识,熊十力、梁漱溟、马一浮被他们的弟子称为'现代三圣',便是儒家道统观念的再现,这种自诩为承续慧命的道统观和他们自视甚高而又常怀悲苦的矛盾心境是极为吻合的,徐复观提出的'忧患意识'概念,既是他们对中国文化传统的独特体认,也是他们本身吊影孤形的最好写照。"[1]

从空间上看,"新儒学"的研究中心后来由大陆转向海外,在一些远离中国大陆而又被外来文化严重冲击下的环境里发展起来,这本身就满足着部分学者的"文化归属需要",因而带有着浓厚的情感色彩。正如牟宗三、徐复观、张君劢、唐君毅四人联合发表的《为中国文化敬告世界人士书》中呼吁的那样:"我们首先恳求:中国与世界人士研究中国学术文化者,须肯定中国文化之活的生命之存在。……因为忘了这些,便不能把此过去之历史文化,当做一客观的人类之精神生命之表现。遂在研究时,没有同情,没有敬意,亦不期望此客观的精神生命之表现,能继续发展下去;更不会想到:今日还有真实存在于此历史文化大流中的有血有肉的人,正在努力使此客观的精神生命之表现,继续发展下去,因而对之亦发生一些同情和敬意。"[2]

从严格的学术意义上讲,无论是将一己的民族感情过多地投入到学术活动之中,还是用一元的价值判断来抱揽研究对象之意义的作法,都可能导致研究成果的偏颇和局限。这道理,熟读并且翻译过康德《纯粹理性批判》的牟宗三并非不明白,他说:"观解理性之活动及成果都是非道德的(不是反道德,亦不是超道德)。因此,遂有'道德中立'和'科学之独立性'。"[3]可见,他清楚,所谓"科学之独立性",是以"道德中立"(价值中立)为前提

---

① 封祖盛编《当代新儒家》,"编序",三联书店,1989 年,第 2 页。

② 《当代新儒家》,第 8 页。

③ 《政道与治道》,学生书局,1978 年,第 8 页。

的。但是,如果我们在面对中国文化的研究中,不是以一种冷静的、客观的、"非道德的"态度对待之,而是像牟先生等人所恳求的那样,事先就充满了"同情"与"敬意",那么又如何能得出公允而严肃的学术结论呢? 于是,"新儒家"们在这一点上便陷入了自相矛盾的尴尬境地。牟宗三曾经指出,"第三期儒学"的"文化使命"主要有三点:一是道统之肯定,即维护孔孟所开辟的人生宇宙的本源。二是政统之继续,即认识政体发展的意义,以肯定民主政治的必然性。三是学统之开出,即由民族文化生命转出"知性主体",以融摄希腊传统,确立学术的独立性。但是,在这三点之间,独断性的"道统"本身就有着制约"政统"和"学统"的优先地位,倘若"道统"本身的价值是不容质疑的,所谓"知性主体"的独立地位又将如何体现呢? 正是这种"价值之幕"(value curtain)对事实判断的"扑杀",[1] 使得"新儒学"未能走出"老儒学"有关"仁"与"智"的矛盾误区,而是用"仁"的价值系统来代替"智"的事实判断,用"内圣"的道德哲学来统摄"外王"的政治哲学;[2] 从而陷入用先验的观念形态来预设后验的研究成果,而后验的研究过程又难以推导出先验之观念形态的尴尬局面。

或许有人认为,"国学",或至少是那部分与生活意义密切相关的非考据性的国学研究,应属于人文学科而非社会科学,它本身所涉及的人生价值等问题本身就是非科学的,也是不能用简单的经验认识来加以陈述的。况且,任何人都是社会存在的产物,在面对与人相关的文化问题时,都难以摆脱自己的倾向和情感,因而也就很难做到真正的"价值中立"。然而在我看来,难以摆脱自己的倾向和情感是一回事,极力"恳求"人们在研究中保持"同情"和"敬意"是另外一回事。的确,要在人文学术领域真正做到"价值中立"是很难的,可是不能因为其不容易做到,我们就不去努力了。正如科学家永远也不可能占有真理但却必须不断地追求真理一样,我们的人文学者虽然不容易做到"价值中立"但却必须为此而不断努力。否则的话,我们就很有可能会将人文学术研究变成一种意识形态的鼓动和宣传了。不错,人文学科要涉及人的价值和意义等超验层面的问题,但是对待此类问题仍然应该保持研究而非信仰者的态度。制造信仰是宗教家的事,研究信仰则是人文学者的事。前者是一种意识形态的鼓动和宣传,后者则是针对这一价值系统的判断和分析。可是遗憾的是,"新儒家"的民族使命感往往超出了他们的职业责任心,这就使得他们在很大程度上更接近于前者而非后者了。

从研究者的角度来看,任何一种价值体系的出现都是有其社会和历史根据的,因而也就是相对的、有限的、可分析的。就拿儒家所建构的这套以"仁学"为核心的价值系统来说吧,它的出现就与中国古代以"亚细亚的生产方式"进入文明社会的历史演进形式有着密切的关联。但是信仰者们却常常要把自己所信奉的这套价值系统说成是永恒的、绝对的、不受社会历史条件所制约的,因而是放之四海而皆准的。牟宗三就曾指出:"儒家这个学问,从古到

---

① 参见殷海光《中国文化的展望》,和平出版社,1988 年,第 432、467 页。
② 参见朱学勤《老内圣开不出新外王》,《二十一世纪》1992 年,2 月号。

今,发展了几千年,它代表了一个'常道'——恒常不变的道理。中国人常说'常道',它有两层意义:一是恒常不变,这是纵贯地讲它的不变性;一是普遍于每一个人都能适应的,这是横地讲、广阔地讲它的普遍性,即说明这个道理是普遍于全人类的。"[①]这种价值观念的一味认同,使其怎么可能以一种冷静的、客观的态度来判别和分析他所要"研究"的传统文化呢?

对于真正意义的"研究"来说,保持"价值中立",不仅是必要的,而且是必需的。因为在事实上,任何一种文化形态甚至文化要素的意义和价值都不是纯然客观的、永恒不变的,而是与评价主体的社会环境、社会地位和功用目的密切相关的。稍加分析,我们便会发现,同一种文化现象对于不同时代、不同民族的评价者来说,其价值和意义是有很大差别的,因而是很难用"好"与"不好"这种简单的价值判断来加以概括的。进一步分析,我们还会发现,即使是同一文化形态对于同一评价主体,也会因其复杂的文化要素而呈现出多元并存的价值与意义,因而是很难用"全盘肯定"或"全盘否定"这种简单的价值判断来加以概括的。再进一步分析,我们甚至还会发现,即使是同一文化结构中的同一文化成分,对于同一评价主体来说,也会因其与整个文化体系之间的复杂关系而呈现出双重或多重的价值形态,因而是很难用"精华"或"糟粕"这种简单的价值判断来加以概括的。以中国传统文化中建立在亲子血缘关系基础之上的"孝悌"观念为例,就其所衍生出来的"尊老爱幼"的行为模式而言,显然具有着人道主义的合理意义;就其所衍生出来的"尊卑有序"的人格模式而言,显然又有着削弱人权平等、限制人格自由的历史局限;就其在文化意义上所派生出来的"仁"的心理结构和"礼"的社会规范而言,更是难以用"贡献"与"局限"、"财富"与"包袱"等简单的价值判断来加以概括。说它是"礼仪之邦"的文明精华,并不过分;说它是"吃人礼教"的历史糟粕,也自有道理。更为重要的是,这种同一文化要素的正反两个方面的影响是很难分开的,它们与中国文化结构之间的系统联系也是无法剥离的。说到底,一种文化一旦形成,就是一个整体的有机的生命,而那种企图将这一生命割裂开来、分解开来,然后加以"批判"或"继承"的做法,显然是过于简单、过于机械了。

以这种简单而机械的态度来研究国学,其出发点和落脚点似乎都是要对中国的传统文化作出一种终极性的价值判断或功用阐发:或全盘肯定,或全盘否定,或主张"取其精华,去其糟粕",或倡导"批判性地继承,创造性地转换"……。这样一来,研究就变成了一种主张、一种态度,而经过一百多年来的讨论与争鸣,这种主张和态度的逻辑可能性似乎已经被人们所穷尽了。因此,在新的历史条件下,要想使"国学"研究进入一种"新"的学术形态,问题的关键,不是要采取更新的主张、更新的态度,而恰恰是要放弃这些主张和态度,从而在"价值中立"的前提下,心平气和地对中国传统文化中的各个要素深入地分析,细致地梳理,并在此基础上将其整体结构呈现出来,然后再根据不同的理论模式,深入分析其各个层次、各种要素之间相互制约、相互转换、相互协调的文化功能。这种功能当然

---

① 《当代新儒家》,三联书店,1989 年,第 154 页。

是有价值的,然而其价值却永远是相对的。

　　然而遗憾的是,当今某些颇有影响的国学研究者们并没有自觉地意识到,应该在学术观念上实现对前人的超越。例如,陈来在《"国学热"与传统文化研究的问题》一文中就曾指出:"十年前,冯友兰先生在《孔子研究》创刊号上写了'一点感想',其中说:'五四时期谈中西文化,其重点是对中国文化的消极方面来进行批判;现在再谈中西文化,其重点是要发现中国传统文化的积极方面,有所继承。人们常说,对于古代文化要批判地继承,这是一个程序的两个方面。随着历史的发展,人们有时注重这个方面,有时注重那个方面,所以就显示出一种转化。……一提到继承,就往往被怀疑为'复古',这种怀疑是多余的,因为这个程序还有批判的那一面管住,批判的影响是不会消失的。'在《孔子研究》创刊十年的时候,我们应当说,冯先生的话还未完全过时。"[1] 然而这样一来,新的国学研究也就成了对于传统文化周而复始的重新评价或价值逆反:就其评价的角度和学者的情感而言,这种国学可能是新的;就其研究的方法和理论的层次而言,这种国学仍然是旧的。

　　更令人担忧的是,有些学者甚至自觉或不自觉地用"新国学"来认同所谓"新保守主义"的文化思潮,把认识论意义上的学科建设与价值论意义上的"文化民族主义"搅在一起,将前者看成是后者的理论基础或逻辑前提,从而大谈什么"儒家文化的全球性胜利"、"二十一世纪是中国的世纪"等等。对此,汤一介在《"文化热"与"国学热"》一文中曾冷静地指出:"90年代的'国学研究'热可能有两种走向,一是把中国传统文化放在世界文化发展的总趋势中来考察,另一种可能就是传统文化的研究离开了学术的轨道而意识形态化。"[2] 这后一种研究的态度和方法自然也算不上"新"的了。

二

　　或许正是由于沿袭"宋儒"传统的所谓"第三期儒学"过多地将情感和价值带入知识领域,从而使其研究的成果未免空疏、浮泛,因而其后继者虽然在东亚经济持续发展的历史背景下曾经鼓噪一时,但终于未能在学理上构成稳定的知识增长。于是,进入90年代以来,在学术和非学术之原因的共同驱使下,一种"清理学术话语"、"重建学术规范",直至"回到乾嘉"的口号重新出现了。

　　我们知道,与后来将"宋儒"视为"第二期儒学"并力求加以超越的所谓"第三期儒学"刚好相反,历史上的"乾嘉学派"恰恰是为了反对空谈义理的"宋学"而提倡"汉学"的。皮锡瑞在《经学历史》中曾经指出:"乾隆以后,许郑之学大明,治宋学者已,说经皆主实证,不空谈义理,是为专门汉学。"而章炳麟则将其中的治学方法归纳为六点:"近世经师,皆

────────────

[1] 《孔子研究》1995年第2期。
[2] 《二十一世纪》,1995年,2月号。

取是为法：审名实，一也；重佐证，二也；戒妄牵，三也；守凡例，四也；断感情，五也；汰华辞，六也。"① 从以上六点不难看出，所谓"乾嘉学派"所遵循的，无非是一种"朴学"的考据传统。而这其中的"断感情"一条，则正是为了保障研究成果之客观性所采取的"价值中立"的原则。

由于有了严谨的治学态度，使得"乾嘉学派"在文字、音韵、训诂等方面取得了远超前贤的成就，这一点是世所公认的。然而，是否真像胡适等人所认为的那样，只有这派学术才称得上中国学说中的科学思潮呢？对此，历来有不同的看法。侯外庐指出："'四库全书总目提要'把两千年经学升降，以六字评述：两汉之学，其弊也'拘'；魏晋至唐及宋初，其弊也'杂'；宋庆历至南宋，其弊也'悍'；宋末至元，其弊也'党'；明末之弊也'肆'；而清朝之弊也'琐'。以上六字断语不皆是正确的说法，而清代汉学之'琐'则是事实。著者有概括汉学方法论的四句话，这便是：蔽于古而不知世（古指古籍，世指社会）；蔽于词而不知人（词指'由词通道'之词，人指个性）；有见于实、无见于行（实指其一部分认识方法，行指认识的证验、准绳）；有见于阙、无见于信（阙指对于过去的疑问，信指对于将来的追求）。所以，乾嘉汉学，只有读古书的一定的逻辑要素，但不能说代表科学方法，这是首先应加以了解的。"② 应该看到，文字、音韵、训诂，确实是整理国学资料的基础和前提，然而它并不能代表国学研究的全部内容。而乾嘉学者的历史局限，就在于将考据学的方法看成是国学研究的唯一方法，认为只要考证了古代的名物典章制度，就可以知古人之道、探治乱之源了。戴震云："呜呼，经之至者道也；所以明道者，其词也；所以成词者，未有外小学文字者也。由文字以通乎语言，由语言以通乎古圣贤之心志。"③ 这种"由词通道"的研究途径，不仅只能使经学本身陷入非历史主义的误区，而且必然会排斥国学研究中一切非考据式的方法，其结果，只能局限在语言文字的考辨之中，逐渐显露出其"琐"的弊端了。

"乾嘉学派"的这一局限，显然与当时满清统治者对知识分子压制、提防的文化专制主义政策有关。对此，后来的今文学家魏源曾一语拆穿了乾隆皇帝使大批知识分子"争治汉学，锢天下智慧为无用"的文化策略。当然了，乾嘉学风究竟在多大程度上吸引并影响了当时的知识分子，这在学术界还有着不尽相同的看法；④ 乾嘉学派在文字、音韵、训诂诸方面所取得的成就，也绝不应用"无用"二字来加以抹煞。但是，使相当一批有才华的知识分子陷入"皓首穷经"的考据之中，而不让他们进行更有现实意义的学术探索，这又不能不说是满清王朝日渐落后于世界历史发展速度的原因之一。从这一意义上讲，清王朝的文化策略，虽然在维护短暂的国家利益上是成功的，但是在促进长久的社会发展上却是失败的。关于这一问题，可以作专门的探讨，这里不便展开。本文所关心的是，进入 20 世纪 90

---

① 《太炎文录初编》，上海书店，1992 年，卷一，"说林下"。
② 《中国思想通史》第 5 卷，人民出版社，1956 年，第 417—418 页。
③ 《戴东原集》，商务印书馆，1933 年，卷十，"古经解钩沉序"。
④ 参见艾尔曼《从理学到朴学》，江苏人民出版社，1995 年。

年代以来,随着社会环境的变化和知识分子对自身作用的反思,又有人提出了"回到乾嘉"的口号,这便不能不使人生疑了。

无论是从治学态度上,还是从研究方法上讲,"乾嘉学派"刚好呈现出与"新儒学"完全相反的学术特征。我们知道,当代"新儒学"虽然反对"价值中立",但却并不排斥"方法多元"。这是因为,从历史的学术传统来看,"新儒学"是以"第二期儒学"亦即"宋学"为其发展前提和超越目标的,因而它偏重于义理方面的阐释,也更容易接受"今文经学派"之"六经注我"的治学方式的影响。从现实的学术环境来看,大部分"新儒学"的代表人物,尤其是海外"新儒家",都具有某种程度的西学背景,因而很容易将西学的概念、范畴,乃至理论模式运用到国学的阐释中来。众所周知,熊十力的"新唯实论"不仅脱胎于中土法相宗,而且参照了柏格森的生命哲学和怀特海的过程哲学;而牟宗三用康德哲学来阐释儒家"仁学"的做法,亦是一个明显的例证。与之相反,"乾嘉学派"虽然坚持"价值中立",但却排斥"方法多元"。这是由于,从历史的学术传统来看,"乾嘉学派"恰恰是在反驳"宋学"空谈义理的基础上出现的,因而它以汉代的"古文经学派"为其发展的前提和超越的目标,更注重经典文本的文字研究,更容易接受"我注六经"的学术传统,从而在治学方法上也便难脱"两汉之学,其弊也'拘'"的特点,即严谨有余、开拓不足了。从现实的学术环境来看,由于"乾嘉学派"是在异族统治和闭关锁国的环境下出现的,因而它既有着通过张扬学术传统来维系民族文化的危机意识,又有着无法与外部世界进行学术交流的现实可能,故而只能反躬自省,延续某种单一而纯粹的学术途径。

今天,在一片"寻找本土学术话语"、"重建民族学术规范"的口号声中,这种传统的治学方式又被一些人抬到了垄断的地位。有的人主张,中国的学问只能用中国的方式来研究,否则就可能会陷入一种"洋泾浜"式的尴尬局面。还有人认为,人文的学术只能用人文的方法来研究,因而要清算 80 年代"方法热"所遗留下来的不良影响,从态度和方法上"回到乾嘉"。对此,汤一介曾不无忧虑地指出:"当然对中国传统文化(不仅是中国传统文化,而且应是一切学术研究)作学术上的研究应该有一些规范,例如引用别人的研究成果应该说明,引文应有出处,标点要合乎通常规则,论点要有根据等等,这些是不言而喻的。但是一些所谓'学术规范'却超出了一般'学术规范'的要求,认为只有像乾嘉学派或某西方学派那样才符合学术规范。这里我无意否定乾嘉学派或任何某一西方学派所取得的'规范'模式,而且对乾嘉学派或西方的某一有价值的学派的'规范'我都尊重。但是要用某一家某一派'规范'作普遍的'学术规范'大概是不妥当的。"[①]

这种将"家法"扩大为"学术规范"的不妥之处主要表现在两个方面:首先,作为一种文化的重要组成部分,学术不仅是国家的、民族的,而且是全人类的。我们纵然可以确定一种学术成果的发明权,但却无法限定其解释权和使用权。从理论上讲,除了情感的因素

---

① 《二十一世纪》,1995 年,10 月号。

之外，我们根本不可能找到限定不同民族文化结构和学术观念相互理解和彼此阐发的合法依据；从实践上讲，正是在这种跨越国家和民族的解释和阐发上，一种学术的内涵才会不断丰富，一种文化的意义才会不断升值。其次，人文学术虽然有其自身的研究对象和历史传统，但它并没有足够的理由来排斥自然科学所能给予的启发和帮助。从理论上讲，作为人类的文明成果，人文学科与自然科学之间并不存在着方法论意义上的天然鸿沟；从实践上讲，正是在这种跨越部门和学科之间的启发和渗透之中，人文学科和自然科学之间才能够相互促进、不断繁荣，并呈现出越来越多的学术生长点。卡尔·波普尔就曾指出："在划分（自然）科学与人文科学上费力劳神，长期以来已成为一种风气，而且已经成为一种麻烦。解决问题的方法即猜测与反驳的方法，是这两种科学都采用的。它用于恢复一篇破旧不堪的文本，也用于建立一个放射性学说。"[1] 当然，我并不否认，无论是用西学的方法来治理国学，还是用自然科学的工具来从事人文学术的研究，都曾经出现过牵强附会、生搬硬套之类的失误，事实上，这类失误在任何一种新的学术尝试中都是在所难免的。但是，不能由于出现了探索中的失误，我们就要因噎废食，并以此而获得维护"家法"的神圣权力。

从更为广阔的时代背景上看，应否实现"方法多元"的分歧，不仅发生在"国学"与"西学"、"人文"与"自然"之间，而且发生在"古典"与"现代"之间。在中国，处于传统与现代之间的王国维也曾面临着由西学引进而出现的"新术语爆炸"的历史局面，对此，这位国学基础极深的学者却能清醒地认识到，"新思想之输出，即新语言之输出之意味也"。因而主张："好奇者滥用之，泥古者唾弃之，二者皆非也。"[2] 不仅如此，他还在文本考据的基础上利用出土文物和甲骨文的发现而开创了"二重证据法"，并运用叔本华的悲剧理论来进行《红楼梦》的学术研究。这一切，都已经超出了乾嘉学派的历史局限。在西方，作为"现代科学之父"的爱因斯坦更是明确地指出："经验事实（给科学家）规定的外部条件不允许他在构造概念世界时墨守一种认识论体系，因而被捆住手脚。所以，在体系的认识论者看来，他必定像一个典型的毫无顾忌的机会主义者。"[3] 这种思想更是构成了对传统学术的直接挑战。

在这样一种大的学术背景下，"国学"要想跟上"新"的历史潮流，还能仅仅地固守于"乾嘉传统"吗？

三

对于国学研究之"价值中立"和"方法多元"的上述论证可能会带来如下两个问题：

---

① 《客观知识》，上海译文出版社，1987 年，第 196 页。

② 《王国维文集》，燕山出版社，1997 年，第五册。

③ 希尔普编《爱因斯坦：哲学家—科学家》，1951 年，第 683—684 页。

一方面,当我们阐述了国学研究应该保持"价值中立"的观点以后,或许有人会提出这样的问题:"价值中立"的研究即使是可能的,然而它的社会功用也是值得怀疑的,由于研究者本人都已放弃了主观的价值准则和批评态度,他又如何通过这一研究来引导民众呢?

必须承认,如果我们的论辩双方都要以"引导民众"来作为学术研究的唯一目的,那么这一怀疑确实是有道理的。问题在于,我并不认为国学研究的社会功能就是要"引导民众",我甚至并不认为国学大师们有着"引导民众"的合法权力。在这里,我不得不再一次重申康德有关"纯粹理性"与"实践理性"、科学认识与伦理实践的区别问题。

具体到"国学"问题上,"研究"的目的就是要对于我们的传统文化和学术遗产进行必要的清理并揭示其潜在的结构关系。这种显在的学术材料和潜在的文化结构都是客观的,不依我们的好恶为转移的,唯其如此,它才是有学术价值的。正像伊·拉卡托斯所指出的那样:"一个理论的认识价值与它对人们的心智的影响毫无关系。信仰、虔诚、理解是人类心智的状态,但理论的客观的、科学的价值与创造理论或理解理论的人类心智无关。它的科学价值只取决于这些猜测事实上所得到的客观支持。"[①] 因此,我认为,国学研究的"社会功能"只是在"认识领域"中为人们提供理解传统文化之显在面目和潜在结构的便利条件而已,至于如何利用、改造或更新这些显在的面目和潜在的结构,则不仅对于不同的行为主体有着不同的价值和意义,而且还会使他们付出不同的代价、获得不同的利益。因此,面对同样的传统文化,是全盘肯定,还是全盘否定,抑或是肯定什么、否定什么,这完全是每一个行为主体的自由权力,用不着国学大师来耳提面命、指手划脚。一句话,这已经不再是"认识领域"中的知识问题,而是"实践领域"中的行为问题了。

当然了,每一个国学研究者不仅是认识主体,而且是实践主体,在面对传统文化的社会实践中,他同样有着采取实践立场和选择实践目标的权力。但是,由于这种社会实践与其个人的社会地位和现实利益有着千丝万缕的联系,因而不可能是纯客观的、超功利的,所以他也就没有理由将一己的实践态度披上认识的科学外衣对民众加以"引导"。换言之,尊重每一个实践主体的自由权力,应该成为现代人文学者的职业道德。正是在这一意义上,卡尔·波普尔才指出,是坚持价值判断的一元决定论还是保持价值判断和事实判断的二元并存论,应被看作是区分封闭社会文化与开放社会文化的重要标志。

另一方面,当我们阐述了国学研究应允许"方法多元"的观点之后,另外一些人可能又会产生这样的疑虑,即"方法多元"会不会妨碍知识的增长,导致国学研究中的无政府主义? 其实,妨碍科学的"知识增长",导致研究的"无政府主义"的真正原因,并不在于方法是否多元,而在于方法是否合理。具体说来,笔者虽然同意法伊尔阿本德在《反对方法》和《自由社会中的科学》等著作中对方法无限多元化的提倡,但却并不赞成他由此而引导或

---

① 拉卡托斯《科学研究方法论》,上海译文出版社,1986年,第2页。

暗示出的非理性主义的研究态度。在我们看来,任何研究方法都必然是理性的。所谓理性,广义地讲,就是对各种现象的发生和发展作出一种合乎历史、合乎逻辑的解释(但这并不等于合乎传统)。这些解释也许会随着新材料的发现或新经验的增加而被"证伪"掉,但如卡尔·波普尔所言,这种"证伪"恰恰是知识增长和学术进步的必要环节。如此说来,不仅每一种"猜想"(解释)需要理性,每一种"反驳"(证伪)也需要理性。由于有了理性的保障,才使得人们并没有在多元方法的运用中陷入公说公有理、婆说婆有理的混乱状态,而是使多元的"解释"之间或存在着一种更替性的知识积累、或存在着一种互补性的结构关系。

例如,对于儒、墨、道、法诸家的学术思想,我们可以从"文本"入手来分析其各自的语言内涵,我们也可以从"发生"的角度来分析其各自的社会背景,我们可以从"历时"的顺序来考察它们之间的影响和承继关系,我们也可以从"共时"的立场来考察它们之间的结构与逻辑关系……。这其中每一个角度的切入和每一种方法的运用,都必然会带来一些新的方法,提出一些新的问题,其各自的研究结果并不存在着非此即彼的矛盾关系,而是多元并存的。从认识论的意义上讲,"对象怎样变成人的对象就要取决于对象的性质和与对象性质相适应的(人的)本质力量的性质;因为正是根据这二者之间的关系的具体(特定)性质才可以作出特殊的具体的肯定方式"。[①] 因此,随着人认识世界的方法和角度的不断多样,随着"人的本质力量"的不断丰富,同一个研究对象就可能呈现出越来越多的,乃至无限丰富的学术内容,这也正是学术研究永无止境的真正奥秘。

总之,通过以上分析可以看出,在当今的历史条件下,"国学"研究要想开出一个"新"的局面,既不能简单地因袭"今文经学派"的研究法则,又不能机械地照搬"古文经学派"的学术规范,而应在"价值中立"的立场上学习并扩大"三期儒学"的理论视野,在"方法多元"的前提下继承并发扬"乾嘉学派"的科学精神。只要这样,再加上十倍的热情、百倍的努力,我们才能真正超越国学研究的古典境界。

---

① 马克思《经济学—哲学手稿》,《美学》第 2 辑,第 10 页。

国学之嬗变及现今应有之视点

王　锟

（浙江师范大学法政学院）

　　国学重新引起学术界和民间的广泛关注、学习和研究,本身是值得肯定和支持的文化事件。然而在学习、研究国学之前,首先要问以下问题,即国学何谓? 其内涵为何? 我们应以何种态度与方法研究国学? 兹从历史的脉络和时代的关怀中尝试回答之。

一、"国学"之本义

　　国学是指国家所设立的教育机构和学校。"国学"一词,出于《周礼·周官·乐师》:"掌国学之政,以教国子小舞。"与之相似的还有《周礼·春官·大司乐》:"掌成均之法,以治建国之学政。"这里的"国学",就是指国家的高级教育机构和学校。周代的教育,有国家教育与地方教育之分。地方教育称"乡学",学校类型有"校"、"序"、"庠",设在地方的自治单位"乡"、"遂"之中,并由司徒和遂大夫职掌。国家教育称"国学",设在王城,由乐师、大司乐等官职掌。可见,国学的原义,是指周代中央设在王城的国家教育机构和学校,它与地方的乡学相对。

　　周代国学,又有小学和大学之别。朱子说,在周代,"人生八岁,则自王公以下,至于庶人之子弟,皆入小学,而教之洒扫、应对、进退之节,礼乐、射御、书数之文;及其十有五年,则自天子之元子、众子,以至公、卿、大夫、元士之适子,举凡民之俊秀,皆入大学,而教之以穷理、正心、修己、治人之道。"(《大学章句序》)朱子提到的"小学"和"大学"情况,在清

代考据家孙诒让的《周礼正义》中得到证明。按照《周礼正义》所述,周王国的小学,建在王宫南大门的左边,由师氏职掌。而王国的大学,建在国都之南郊,包括辟雍、上庠、东序、瞽宗和成均五所,由大司乐职掌。小学和大学的学生称为"国子",主要是王太子、王子、公卿大夫之嫡子,他们皆贵族子弟,以与乡学中的平民子弟相区别。子弟八岁入小学,教育内容主要是"六艺"之文和基本的生活规矩。国子十五岁从小学升入大学(大学的国子还包括乡遂所推荐的贤能),在大学里,他们因时因地依次到辟雍、上庠、东序、瞽宗和成均之中学习干戈乐舞、礼仪典书,大约九年之后毕业。大学教育的目标和步骤,按《礼记·学记》记载:"一年视离经辨志,三年视敬业乐群,五年视博习亲师,七年论学取友,谓之小成;九年知类通达,强立而不反,谓之大成。夫然后足以化民易俗,近者悦服,而远者怀之,此大学之道也。"可见,大学教育之道,就是要让贵族子弟获得"修身、齐家、治国、平天下"的才德。在周代,由于大学教育是贵族子弟成才的高级阶段,它承担着为国家培养"修己治人"之才的使命,这使得大学成为周代国学最重要的部分,以至于人们有时把国学与大学教育等同起来。总之,在周代,国学就是国家高级的教育机构和学校;国学中所教的内容,就是作为周代社会政治基干的"礼乐文化";国学培养的目标是成人,即让人有教养并具有治理家国的才能。

周代以降,为了教育王公官僚子弟和平民俊秀,培养人才,各朝代都重视设立国家教育机构和学校。其中,汉代有太学;晋武帝又设国子学,以与原有的太学并立;北齐为国子寺;隋唐宋时国子监下辖太学、四门、国子学;元代设国子学;明、清为国子监,它们都是国家的高级教育机构和学校,秉承了周代国学的职能。如果说,周代国学的教育内容是礼乐文化,那么,周代以后国学教育的内容主要是儒家经典。如汉代太学,主要教授《周易》、《尚书》、《诗经》、《周礼》、《春秋》五经;唐代太学、四门、国子学的生徒要学习《周礼》、《仪礼》、《礼记》、《毛诗》、《春秋》、《左氏传》、《公羊传》、《穀梁传》、《尚书》、《周易》、《孝经》、《论语》等经,闲暇时还可兼习《国语》、《尔雅》;北宋国子监的课程和教材有《诗经》、《尚书》、《周易》、《春秋》、《左氏传》、《公羊传》、《穀梁传》、《周礼》、《仪礼》、《礼记》及孔颖达的《五经正义》等;南宋时国学教材在北宋经书的基础上,还增加了朱子的《四书集注》和《仪礼经传通解》、周敦颐的《太极图说》、张载的《西铭》、程颐的《易传序》和《春秋传序》等。明、清的科举考试以"四书五经"为主,学校的课程和教材也主要是"四书五经",而且"四书"主朱子《集注》;《易》主程颐的《易传》、朱子的《本义》;《书》主蔡氏《传》;《春秋》主《左氏传》、《公羊传》、《穀梁传》;《礼记》主古注等等。

总之,从周秦汉至明清,国家的最高学校名称虽各异,学生所学的课程和教材亦有变化,但它们基本秉承了周代"国学"作为国家教育机构和学校的原义,国学所学的内容为经学,而经学实质上是与周代的"礼乐文化"一脉相承。一句话,在古代,国学就是国家所办的高级教育机构和学府,其教育的核心是以周孔为代表的儒学传统及其文献,其目标是培养修己治人之才。

二、"国学"之嬗变

晚清之际,国学的内涵发生了嬗变,国学不再是指国家的教育机构和学校,而是指中国固有学术文化的总体。晚清国学的嬗变,是在中西文化竞争和冲突中形成的。19世纪中叶,挟裹着军事、经济强势的西方文化进入中国,并冲击着中国固有的文化。由此,古代的"华夷之辨"转变成"中西之辨"。在中西文化的颉颃中,中学处于弱势地位,为了实现富强,使中华民族立于不败之地,以魏源、林则徐、曾国藩、左宗棠等人为代表的洋务派,以及以王韬、郑观应、黄遵宪等人为代表的早期改良派,主张在坚持孔子之道的同时,学习西方的技艺器用,他们的主张后来被提炼为"中学为体,西学为用"之论。其中的"中学",就是指以孔门之学为主的中华固有的学术,它与西方的自然科学、工艺技术、工商法律等知识相对。19世纪末20世纪初,随着国学失去了国家教育体制和科举制的庇护,也随着中西文化冲突进一步加剧,中国文化更加弱势,中国面临亡国灭种的危机。为了保国保种,以章太炎、刘师培代表的国粹派,以"保存国学"、"振兴国学"的口号,发扬传统文化中能增强民族认同感、砥砺民族精神的优秀成分,为"反满革命"服务。章太炎认为,国学是国家成立的根本,国学与国家的命运息息相关、存亡相依。国学亡而国必亡,国学兴而国自立。章太炎把国学视为中国固有的学术文化的总称,具体地讲,包括"经学、史学、哲学、文学"。相对于洋务运动和改良派的"中学",章太炎的国学已无"以孔门之学为主"的强调。而章太炎以"中国固有学术文化的总体"之国学观,或者说以"经学、史学、哲学、文学"为内容的国学观,已被人们普遍接受,成为20世纪直到现在学术界对国学的基本看法。

1919—1929年间,中国学术界曾围绕国学研究的态度和方法、国学书目及研究国学之目的而展开了几次论争,并就这些问题做出某种回答。必须指出,这次国学论争虽发生于20世纪20年代,但其上接于章太炎的国学观,主要包括"国故与科学之争"和"国学书目之争"两个方面。这次论争的产生,与五四新文化运动中的传统与反传统潮流关系密切。1919年,正当五四新文化运动如火如荼展开时,刘师培、黄侃、梁漱溟等人不满于五四反传统派对传统文化的激进态度,他们成立"国故月刊社",创办《国故》月刊,研究国学,并与反传统的《新潮》杂志相对立。1919年,毛子水在《新潮》发表了《国故和科学精神》(注:"国故"即"国学")一文,倡导用科学的精神研究国学。紧接着,张煊在《国故》上发表《驳〈新潮·国故和科学的精神〉篇》一文对其进行批评,国学争论正式开始。在如何研究国学的问题上,争论大致形成了反传统与传统对立的两派。其中反传统派以毛子水、胡适、傅斯年等人为代表,而传统派以张煊、梁漱溟等人为代表。1923年之后,国学论争演变成"国学书目之争"。在国学书目争论中,除以胡适与梁启超的对立为代表外,当时学术思想界的重要人物,如吴稚辉、康有为、鲁迅、钱玄同、陈独秀、郑振铎、郭沫若、陈源、沈雁冰、罗家伦、梁实秋、林语堂等人都参与了讨论。这场争论一直持续到1929年前后,在当时的文化学术界

掉起了国学热潮。下面就国学研究的内容、态度、方法和目的几个方面,具体谈谈这场论争。

关于国学的内容,毛子水最能代表反传统派的看法。他说,国学不只是"四书五经",国学"就是中国古代的学术思想和中国民族过去的历史"。张煊为代表的传统派则继承了章太炎的说法,认为国学是中国"固有之学术"。可见,国学就是中国传统的学术和历史,在这点上两派基本上是一致的。其实,这只是对国学的一个笼统的定义,具体到国学的范围,其中的差异是明显的。毛子水认为,国学的"一部分是中国一段学术思想史的材料",而"大部分是中国民族过去的历史的材料"。四书五经和学术思想史只是国学的一小部分。相反,张煊则强调,学术思想史就是国学的全部。有关国学范围的此种差异,集中体现在胡适和梁启超于1923年所列的国学书目里。胡适开列的"一个最低限度的国学书目",包括了《论语》、《大学》、《中庸》、《孟子》、《周礼》、《孔子集语》、《春秋繁露》、《三侠五义》、《九命奇冤》、《史记探原》、《考信录》、《新学伪经考》等180余种书目,主要是古代文学史、清代疑经疑古的考据文献及部分诸子著作。梁启超强调,国学最突出内容就是"人生哲学"。他不满于胡适的国学书目,也开列了一个国学"最低限度必读书目",包括《四书》、《易经》、《书经》、《诗经》、《礼记》、《左传》、《老子》、《墨子》、《庄子》、《荀子》、《韩非子》、《战国策》、《史记》、《汉书》、《后汉书》、《三国志》、《资治通鉴》(或《通鉴纪事本末》)、《宋元明史纪事本末》、《楚辞》、《文选》、《李太白集》、《杜工部集》、《韩昌黎集》、《柳河东集》、《白香山集》等25种,主要是儒家经典及其相关的史学、文学之书。由于胡适、梁启超在学术思想界的地位和影响,他们的"书目"基本上代表了当时反传统派和传统派视野中的国学范围。可以说,传统派与反传统派,其国学的内容都继承了章太炎的"中国固有学术文化的总体"之国学观,只不过反传统派心目中国学的内容,侧重于古代文学史、史学考据文献及诸子作品;而传统派心目中国学的内容,主要是指影响中国人生活和心理的儒家经典文献。

研究国学要持何种态度?对于国学的态度,就是要回答国学有没有现代的价值、国学是"死的材料"还是"活的材料"的问题。对该问题的回答,反传统派坚持古代与现代二元对立的僵硬观点,认为国学基本上是过去的、死的材料,国学在现代没有或者几乎没有价值。在这方面,毛子水的观点最趋向极端。毛子水要我们必须记着:"我们是我们——是现在时候的人,古人是古人——古代的人。"国学是古人的学问,是过去的、历史的材料,它好比是一具得了奇病而死的"尸体",是对现在没有影响的"死材料"。在今日世界学术上,国学占不了什么重要位置。而胡适、傅斯年的态度相对温和,承认国学里面还是有些许价值的。相反,传统派认为国学不是死的历史材料,国学在现代仍有很大的价值。张煊反对毛子水将古代与现代对立二分,他以历史发展的眼光,指出古代与现代、旧学术与新学术之间的连续性。他反对把国学当作死的材料,认为国学是中国的精神学术(相对西方的"物质文明"),不仅它未死,而且还支配着中国多数人的心理,活在四万万中国人的心中。梁启超在开列国学书目时也明确指出,《论语》、《孟子》是二千年来国人思想的总源泉,这二

书支配着中国人内外生活,其中一部分有益身心的圣哲格言,久已形成我们全社会的共同意识。我们必须不断学习它们,才不至于使我们失为中国人。

国学研究之目的为何? 对待国学的态度与研究国学的目的密切相关。按照反传统派的观点,国学是一堆过去的历史材料,它对现代社会几乎没有价值,那么,人们还为什么研究国学呢? 这就必须回答研究国学的目的问题。毛子水认为,国学研究要达到两个目的:一是理清一段中国的学术史和中国民族的历史,可以在世界学术史上占个位置,以使别人不至于认为中国古代没有历史;二则找出中国学术和历史不发达的病因(即所谓"发扬国丑"),好设法救济它。或者按照胡适的观点,研究国学的目的,"就是从乱七八糟里面寻出一个条理脉络来;从无头无脑里面寻出一个前因后果来;从胡说谬解里面寻出一个真意义来;从武断迷信里面寻出一个价值来"。实际上,胡适大半生所从事的国学研究,其中心目标就是一面用实证方法整理出中国古代文学和哲学的历史,另一面希望清理出先秦名学、乾嘉考据学符合逻辑学和科学实证方法的一点成分。总之,在反传统派看来,国学研究的目的,无非有两点:一方面是整理出一段中国历史和学术史,更重要的方面却是批判传统文化的弊病,整理出几点与西方现代学术相契合的"真价值",以便接引科学精神,在中国"再造"现代文明。然而,传统派研究国学的目的一般很明确,他们相信中国固有学术的道德价值,希望学者熟读儒家经典,并以之修身践履,就不至使自己和中国社会的共同意识相隔阂,也不至使社会道德人心太混乱。

国学研究之方法为何? 对待国学的态度既明,国学研究目的已定,接下来就是如何研究国学了。既然反传统派把国学看作一团混乱而弊病丛生的历史材料,那么研究国学就必须用科学整理和病理分析的方法。毛子水批评章太炎国学研究情绪化"好古"的方法,强调必须用科学的精神来研究国学,此即傅斯年主张的"整理"国学而不是"追慕"国学的方法。胡适认为须用"评判的态度,科学的精神"研究国学,并区分"国粹"和"国渣",定出真价值来。这种"科学的精神",其实无非就是胡适"拿证据"、"小心求证"的新考据学方法;而"评判的态度",就是要以西方现代文明为标准来衡量国学的弊病和某些有价值的成分。相对照,梁启超则提出了国学研究中科学方法和德性学的方法。由于强调国学最突出的是"人生哲学",梁启超认为,孔门人生哲学主要是用内省及躬行的方法,而不是用科学研究得来的。可见,梁启超虽不排除科学的方法,但他主张,以儒家经典为核心的国学主要是用德性学的方法(即内省躬行的方法)。这也是其他传统派所赞成的方法。

三、反思与论衡

人们梳理历史,除满足求知求真的志趣外,重要的是关照现实。以历史为鉴,我们可对当今国学研究之内容、目的、方法做如下论衡。

其一,看重所有中国固有学术文化,却不忘以儒学为主体。国学虽是以经学、文学、史学、哲学为内容的中国固有学术文化之总体,但必须以儒学为主脑。由于中国固有的学术和文化,其内容广泛,包罗万象,古代文学、史学、诸子学、佛学当然是题中应有之义,然而如果要国学真正有益于世道人心,必须有所偏重,即让人熟读儒家经典,贞定儒学的道德和精神价值,体验其中的"活灵魂",并以之作为修身践履之标准,那么,不得不置儒学于中心之地位。

其二,国学研究要学术梳理和价值关怀相统一。国学研究当然要理清中国固有学术文化之脉络及内涵,以便保存中国的历史文化。然而,价值的诉求不可不重视。这既要我们能从传统文化中整理出一些"真价值"、真智慧,以便能"接引"现代、"反思"现代,又要我们发掘传统学术的道德和精神价值,重塑社会共同价值观,挽救道德人心。

其三,国学研究要道问学和尊德性相统一。一方面,研究国学就必须用科学的精神去整理和分析材料,要拿证据、讲事实,以细致的考据工夫去做学问,此谓"道问学"的方法。另一方面,国学最突出的是"人生哲学",要真正使传统道德和精神价值成为"活灵魂",影响人心世道,儒家内省躬行的方法绝不可缺,此谓"尊德性"的方法。可以说,国学是否有生命,国学能否被国人肯定认可,道问学和尊德性相结合的方法,实至为关键!

国学宗旨与道德文章传统

——新世纪"国学"主体自觉的实践课题

韩经太

（北京语言大学）

　　当今之世,经济全球化与文化多元化实际上是同一个世界的正反两面,彼此相倚。值此之时,"中国模式"的经济发展已经取得举世瞩目的成功经验,同时也就生出了基于经济发展模式的文化发展思路的设计问题,于是,继上世纪初百年之后,又一次将"中国"问题的方方面面提上了古今中西交汇冲撞的思想议程,而"国学"问题堪称问题中的问题。这是因为,此一番"国学"讨论,不仅切近于如何办好大学本科"国学"专业这样的具体问题,而且富有事关中华文化复兴的千秋大业,从象牙塔里的学理考辩,以及博物馆里的文献清理,到大学校园的学子教育,以及社区生活的文化引领,涵涉广泛,浸润深微,"国学"平台上万象纷陈。惟其如此,在客观地承认"国学"界说多元多样的同时,我们更需要科学地剖析其如此之缘由,以便穿行在"国学"界说的言论丛林之中而不迷路,不仅不至于迷路,还有可能从中悟出话语丛林的生态特征,从而丰富我们的思想智慧,并"适当其时"地构建我们的"国学"学科理论体系。客观地说,经过学界的认真讨论,问题能够辨明的,大致已经辨明,问题无法说清的,至今依然混沌,彼此异同之间,或求自洽,或求他适,总体呈现出健康的学术态势。然而,这并不意味着问题已然不复存在,深度的探询,仍然在期待之中。本文以为,基于前此讨论而深进一层的"国学"主体自觉,首先需要就自身的思维方式展开辩证和历史的反思,继之需要找到能使思想信念落实为实践行为的实践载体和现实主题。本着如是精神,我们认为,新世纪现代集成意义上的"国学",乃是古今中外关于"中国问

题"研究的学术总和,与此相应,"国学"主体自觉的核心精神,乃是道德文章传统的现代化实践。

一、全球多元文化互倚生态中的"国学"自觉维度与"中国形象"国际化实践中的人学现实主义

"中学"、"西学"对峙的话语模式,由来已久。"中学"投射为国外学者心目中的"中国学"或"汉学"时,这又意味着"国学"与"汉学"的对应。"中学"与"西学"的对峙,其背景实质上是一体两面,一面是晚清"中学为体"还是"西学为体"的争论,另一面则是"西学东渐"以及相应的"向西方寻求真理"的思潮。缘此之故,中西对峙或对应的"国学"从一开始,就是一种开放的"国学"。关于中西之学何者为体,除非涉及到民族主义感情和国家主义立场,否则,这个问题的提出本身就是有问题的,道理很简单,无论从追求真理的角度,还是为自己国家寻求发展空间的角度,任何清醒的思想者都不会简单地以"中""西"划界来作出终极价值的判断,而是或者以实践所证实了的真知为追求目标,或者以是否有利于自身发展为选择标准。简言之,或者以求真为原则,或者以趋利为原则,而当不得不面临"义利之辨"时,即便实践上或可先利而后义,但理念上决不可利益优先而道义滞后。这个道理是必须讲明而且实际上早已讲明了的,而讲明这个道理的文化主体,必然秉有一种超越狭隘民族主义和封闭国家主义的胸怀和眼界,就像当年的马克思主义者说无产阶级的爱国主义总是和国际主义连接在一起那样,在这个意义上的"国学"自觉,恰恰以"国际化"视野和普遍真知探求为内在精神支柱。

回首20世纪初年,王国维《国学丛刊序》就指出:"学之义,不明于天下久矣!今之言学者,有新旧之争,有中西之争,有有用之学与无用之学之争。余正告天下曰:'学无新旧也,无中西也,无有用无用也。凡立此名者,均不学之徒,即学焉而未尝知学者也。'"王国维从人类学术的通约性入手,提出此影响深远的"三无"说,而且是在以"国学"命名的学术刊物上,其启示意义之深远,方今乃见。诚如王国维所言:"中西二学,盛则俱盛,衰则俱衰,风气既开,互相推助。且居今日之世,讲今日之学,未有西学不兴,而中学能兴者;亦未有中学不兴,而西学能兴者。"在如是中西学术共同体的视野里,"国学"被赋予超越本土文化的特性,实际成为国际学术视野里的"国际学"了。也正是这种生成于近百年之前的学术眼光,如今再次提醒我们,必须认识到一个潜藏在"国学"横向界说背后的民族性与世界性的关系问题,究竟如何在新的世界文明历史高度上来重新认识"越是民族的,就越是世界的"这句话,并使与之相反的"越是世界的,就越是民族的"也可以成立呢?王国维提示我们注意的世界学术共同体和通约性问题,一旦作为一种学术规范——决不仅仅是当今学界学术评价体系所倚重的那种指标化的技术规范,而同时也是思想方法的科学规范,那将如何保证"国学"在民族性与世界性的历史关系中,既不会导致思想学术的闭关自守,

也不会导致思想学术的"失语"呢？这其实才是真正应该讨论的问题。

近年来，思想学术界关于"失语"事实的确认和"复语"愿景的规划，以及"去他者化"而复原中国文化历史主体的讨论，无不反映出国人特有的忧患与焦虑。问题在于，"失语"与"复语"之"语"，其为思想语言的生命力，终究表现在价值阐释的普遍有效性和特殊生动性上，譬如中国传统医学"中医"和中国传统绘画"国画"，之所以在百年来的新文化历史时期显现出盛衰不同、荣枯不均的两种命运，最终不妨归结到科学与艺术的本质差异上，除非我们提出两种不同的科学观以及相应的科学方法论体系，否则，中医的前途将无从摆脱西医科学诊断而中医辩证治疗这种中西结合的路径，而身为艺术的国画则不必有此焦虑，凸显个性与本土文化的新世纪创新思潮，将为其提供更为宽阔的发展空间——当然，由于艺术评价失去客观普适标准而带来的主观性，在发展到近乎极端的时候，艺术自身的危机也就不可避免了，但这是后话。就"国学"而言，"中医"的医学哲学与"国画"的艺术哲学是需要整合起来的，而在这一实质上意味着科学与艺术之整合的思想学术深度构建过程中，其"复语"又该如何解决王国维曾经提出的世界共同体的"通约性"问题呢？

与此相关，海外汉学家研究中国问题的"中国学"或"汉学"，其实是国人所谓"国学"的另一面，尽管由于学术眼光与研究方法的不同，"国学"家与"汉学"家之间存在着很大的互补空间，共同的研究对象使他们感到彼此间的"同行"关系。问题的症结恰恰在于，这种"同行"关系的背后，必然存在着王国维自觉到的人类学术的通约性，必然存在着世界学术共同体对普世价值的共同追求。这就意味着，"国学"自觉最终不是一个独立自足的问题，就像离开了世界性无法谈论民族性一样。何况，在多元文化共存的当今世界，也不能将世界学术化简为"中学"、"西学"这对立的两极，除非回归"东风"、"西风"的意识形态冷战。每个国家，每个民族，倘若都以自己本土文化学术为"国学"，则地球村将长满"国学"之林，而作为林间一木的中国"国学"，其所面对的将是整个多元的世界，换言之，恰恰是"国际"。既然如此，"自立于世界民族之林"的"国学"自觉，不可能是"独坐幽篁里，弹琴复长啸。深林人不知，明月来相照"的萧然"独语"，否则，又怎么让更多的人理解我们的思想学术而使"中华文化走出去"?! 亦惟其如此，所谓"中国形象"的"他者化"问题，如果是指"失语"状态下的无法自白，那就是一个真问题，如若是指杜绝"他者"之误解误传，则又大可不必，中华民族应有足够的自信接受各类"他者"的"中国形象"肖像画，不管是写意的还是写实的，也不管是具象的还是抽象的，即便是我们自己的文化"自画像"，也不能强求一致，正面侧面、顶光逆光、剪影素描、何妨百花齐放。"国学"，首先是中国人自己关于自己文化的学问，同时也是"他者"关于"中国问题"的学问，在这个意义上，"他者化"现象丝毫不值得奇怪，只有"他者化"遮蔽了自我于浑然不觉之中，这才是我们应该花大力气去追问的问题。

经济全球化以及伴随而来的"地球村"多元文化互相倚靠的新生态关系，已经一再提醒地球村民，需要在尊重文化多元性的同时，格外注意多元文化互倚的生态规律，参照这一文化生态规律的新世纪"国学"自觉,最需要"同行"间对话讨论式的比较阐释学的思想方式和话语习惯。不言而喻,这意味着"国学"阐释的国际多元化,应该包括"他者"的多元化,也就是在摆脱"西学"中心主义的同时,也要超越"中学"中心主义。同样不言而喻,"自我"的话语影响力,也只能来自于多元交流讨论过程中的思想说服力,而不是其他方面。值此全世界都在关注"中国模式"经济增长经验之际,"中国形象"的国际化,是当今时代赋予"国学"主体的神圣使命,这里不存在可否以及能否担当的问题,只存在如何不负时代重托的问题。但问题中的问题又在于,"国学"国际化背景下的"中国形象"塑造,不仅需要建立在世界学术通约性和人类普世价值观基础上的思想深度,而且需要建立在实践证明基础上的真实可信度,此两者的实践统一,我们可以称之为人学现实主义。

二、大历史通观的"国学"自觉维度
与中国文化精神凝练之际的"民学"批判意识

恩格斯曾说:"黑格尔的思维方式不同于所有其他哲学家的地方,就是他的思维方式有巨大的历史感作基础。"[1] 以此为借鉴,我们的"国学"能否具有那种"通古今之变"的大历史通观的视野和智慧,关键在于能否紧紧把住决定着中华民族历史命运的历史发展症结问题,而把住症结问题的前提,是必须超越一般来说最容易产生的"古为今用"惯性思维之下的"史从论出"。举例来说,建设和谐社会进而构建世界和平,无论从哪个角度来讲都是天经地义的,然而,"如果毫无批判精神和历史眼光,关于中国哲学和谐之道的美好言谈连中国的古代世界都不能解释,遑论改变和指导现在的世界呢?"[2] 一旦将"国学"自觉置于数千年中华文明史的大历史通观视野中,凸显而出的重大历史现象,一是古代时期蒙元征服欧亚建立多元文化的中华王朝,一是近代以来中西文明冲突引发中国社会之大变局,尽管两者所面临的问题有许多差异,但其间异质同构的共同问题尤其值得思考——那就是"强力征服——文化认同"的历史矛盾论。中国历史上,不同于一般性王朝更替的三次历史大变局,其一是秦始皇结束春秋战国时代,其二是蒙元王朝征服欧亚大陆,其三是民国革命结束数千年东方专制主义,开创民主主义革命传统。三次大变局均关乎思想学术,第一次关乎"百家争鸣"与文化同一,第二次关乎"夷夏之别"与"夷夏之变",第三次关乎"中西之争"与"新旧之别",三次之间,更有通观性历史主题,那就是强力征服与文化认同之间的矛盾论。三次之中,发生在近现代之交的"三千年未有之大变局",更是历史大通观的焦点所在,因为当时贤哲关于"国学"的定位,非常鲜明地表现出历史大变革的思想精神指向。

---

① 《马克思恩格斯选集》第四卷,人民出版社,1995年,第42页。

② 赵敦华《向黑格尔学习如何做中国哲学》,《北京大学学报哲学社会科学版》2010年第5期。

清末革新思潮中,邓实、章太炎等人在《国粹学报》上所提倡的作为"君学"对立面的"国学",格外引人注目。如邓实曾针对当时"国学无用"论而说道:"其亦知吾国之古学,固未尝用,而历代所用者,仅君学乎?"[①] 而所谓"古学",则有当时学者所言:"古学之盛,首推周秦。……自汉武罢黜百家,儒定一尊,则古学之涂隘。自宋儒立名道学,举世风靡,则儒学之真晦。"[②] "十五世纪,为欧洲古学复兴之世,而二十世纪,则为亚洲古学复兴之世。"[③] 在这种意义上,当时的"古学复兴论"确实带有中国特色文艺复兴的意味。当然,从学理上辨析,"古学"与"君学"之间似乎缺乏必要的对应性,按照"古学复兴论"者批判"君学"的鲜明立场,其实应该称"古学"为"民学"才是,"古学复兴"就是"民学复兴",就像同盟会创办《民报》,或如国画大师黄宾虹明确提出"君学国画"与"民学国画",中华民族值此三千年未遇之大变局之际,以发扬"民学"而批判"君学"为思想内核的"国学"观,首先是一个不容遮蔽的历史事实,其次更是具有不容抹杀的历史意义。如今再度阐释这种意义,恰值中华民族伟大复兴的新机遇期,就有必要强调:第一,"国学复兴"绝不是"君学复兴",恰恰相反,应该以"民学"启蒙和"君学"批判为核心精神;第二,胡适《〈国学季刊〉发刊宣言》写道:"中国的一切过去的文化历史,都是我们的'国故'。……'国故'包含'国粹';但他又包含'国渣'。我们若不了解'国渣',如何懂得'国粹'?"在这个意义上,"国学"其实是"国故"评判学,而在保护"国粹"的意义上,诚如当时的"民学"思潮投射为新文学的总主题"改造国民性","国学"的焦点问题正是"民学"问题。

需要指出的是,以"民学"为焦点的"国学"问题意识,并不意味着民粹主义。这种生长在三千年未遇之大变局关节点上的"国学"自觉,因其特定的历史走向和价值追求,必然具有对外的开放性和对内的兼容性。对内,自然不会固守儒学主导论,"孔子之学固国学,而诸子之学亦国学也"。"诸子并兴,各有创获","旁逮九流百家,苟有诠明,靡不采撷"。推此理至于极端,"国学"就是中华学术文化之总和,即"中华民族学术文化总代表"。对外,主张以西证中、参验会通,有道是"西学入华,宿儒瞠目,而考其实际,多与诸子相符"。正因为中西学术可以会通互证,诸子百家可以融汇互补,所以,"国学"在价值观念和思维方法上的独立价值,才真正落实到具有特定历史内涵的焦点问题上。也正是在这个意义上,"巨大的历史感"也就正是指那种富有巨大历史感的问题意识。

长期以来,无论学界还是社会,相对忽略了此间潜在的一个问题,那就是"国学"价值论与"国学"文献学的交错纠葛,究其原因,当与 20 世纪前期中国思想文化的巨大变迁有关。就像胡适曾认为乾嘉学派的学术具有科学性,从而使追求科学民主的新文化人居然转向回归清代考据学风一样,新文化运动在遭遇到思想的自由创造与学术的科学实证之

① 邓实《国学无用辨》(原载《国粹学报》第 30 期,1907 年 6 月),《时论选集》第二卷下册,第 632 页。

② 李世由《国粹学报第三周年题辞》,《光绪丁未政艺丛书》,附录,《湖海青镫集》卷上,台北文海出版社影印本,第 2999 页。

③ 邓实《古学复兴论》(原载《国粹学报》第 9 期,1905 年 10 月),《时论选集》第二卷上册,第 57 页。

间的深刻矛盾的时候,未及在理论上给出完整系统的答案,而当时一面存在着实业救国的实学思潮,一面又生出了激进革命的社会思潮,形势已不容学人从容探讨。换言之,当时以"民学"为焦点问题的"国学"自觉,眼看着已被导向了"新民学"那革命的阶级学说的阶级斗争"国学",于是,相对于阶级说"国学"的激进和偏激,"国学"文献学的考据实证越发显得科学可信。在这个特定的意义上,历史大变迁中的"国学"自觉,有一个"民学"价值观转型为阶级分析论的过程,其间又有一个思想激进与文献实证分道扬镳的内在裂变。

有鉴于此,当中华民族历经三十年改革开放而又一次置身历史大变局之中时,"国学"自觉所体现的思想文化主体自觉,无论侧重于文献整理还是思想阐释,都应有一种"巨大的历史感",也就是心中想着中华民族的历史命运,不仅是在世界文明史进步轨迹的参照系里思考中华民族的历史命运,而且是在"民学"精神的导引下思考"国民性"的现代塑造问题,包括哲学的人学思考、政治学的人权学思考和"文学是人学"的思考。特别是当国家高度关注民生问题之际,"国学"研究作为思想创造的特殊力量,理当关注那些具体的民生问题背后的深层问题,以便在探究所以然的思想学术实践中真正切中国家民族思想文化建设的命脉。而要实现上述目标,一个前提性的思想学术课题,则是超越"国学"将现代新文化排除在外——或许是新文化的思想学术自觉外在于"国学"——的思想认识,而真正贯通古今以构建自身"巨大的历史感"。对于新世纪集成性的"国学"历史主体来说,已不仅仅是研究从孔夫子到孙中山,而是研究从孔夫子到邓小平了。这个意义上的"国学",将不再只是中国传统文化的同义语,其典型的表述也不再是"中国文化:传统与现代",而是"中国文化:传统到现代"。

三、现代教育学的"国学"自觉维度
与德性学问间讲求中的"君子"实践品格

自中国人民大学创办国学专业并正式招收大学本科学生,实际上就开始了当代"国学"教育的实践探索。尝试"国学"学科教育与从事国学研究,既有本质的贯通,又有根本的区别,学术研究可以无所不包,唯学者兴趣是从,学子培养却必须得其要领,唯培养目标是从。在这个问题上,"国学"学科的归属,学科基础的确认,都必须与培养目标相对应。惟其如此,当有人说"国学"的基础是"儒学","儒学"的基础是"经学"时,我们相信他至少不是在"国学"教育的意义上讨论问题,因为当代"国学"教育的培养目标想来也不会是培养"经师"。

取决于培养目标的"国学"教育,追根溯源,其称谓肇自西周礼乐制度之所谓"国子"教育与国民教育。《周礼·地官·师氏》:"以三德教国子。"《汉书·礼乐志》:"朝夕习业,以教国子。"自此以后,制度虽有沿革,立意始终如一,有如吕祖谦所言:"设教、受教当知无穷意思,死则为乐祖祭于学校,使天下常不忘,所谓君子以教思无穷者也。盖不特是时

尊师敬长之义,使国之慎终追远、民德归厚,亦是当时有道德者教之入人之深,当时设教有时雨化之者,人自不能已。"吕祖谦所谓"使国之慎终追远、民德归厚",正是"国学"设教、受教的宗旨所在。西周教育分"乡学"与"国学",《周礼·地官·大司徒》:"以乡三物教万民,而宾兴之。一曰六德:知、仁、圣、义、忠、和。二曰六行:孝、友、睦、姻、任、恤。三曰六艺:礼、乐、射、御、书、数。"与此相应,"以三德教国子:一曰全德,以为道本;二曰敏德,以为行奉;三曰孝德,以知逆恶;教三行:一曰孝行,以亲父母;二曰友行,以尊贤良;三曰顺行,以事师长","保氏掌谏王恶,而养国子以道,乃教之六艺:一曰五礼,二曰六乐,三曰五射,四曰五驭,五曰六书,六曰九数;乃教之以六仪:一曰祭祖之容,二曰宾客之容,三曰朝廷之容,四曰丧纪之容,五曰军旅之容,六曰车马之容"。"大司乐掌成均之法,以治建国之学政,而合国之子弟焉。凡有道者、有德者使教焉,死则以为乐祖,祭于瞽宗。以乐德教国子,中和、祗庸、孝友;以乐语教国子,兴道、讽诵、言语;以乐舞教国子,舞《云门》、《大卷》、《大咸》、《大夏》、《大扩》、《大武》。"要之,无论"教万民",还是"教国子",最终是以德性养成为先,同时具有的全面知识的传授,也始终围绕着这种"德性的学问"。

历史真有惊人的相似处。基于中华文明具有道德主义鲜明特色的社会共识,针对当下国人关于世道人心的深度忧患,探究道德文化主体的精神建构问题,显然也是现代教育意义上的"国学"宗旨之所在。而这一新世纪"国学"的实践主题,居然在一定程度上回应着20世纪梁启超在《治国学的两条大路》中的呼声:"我以为研究国学有两条应走的大路:一、文献的学问。应该用客观的科学方法去研究。二、德性的学问。应该用内省的和躬行的方法去研究。"他进而讲道,这一"应用内省及躬行的方法来研究"的"德性的学问","与文献学之应以客观的科学方法研究者绝不同。这可说是国学里头最重要的一部分,人人应当领会的。必走通了这一条路,乃能走上那一条路"。玩味其意,确有以此为本的意味。梁启超当时确有反省"西学"中心主义的思想迹象,缘此或许会有民粹主义情绪的流露,但是,他强调知行合一,强调国民性问题,却是至今仍有启示意义的远见卓识。尽管和梁启超所处的时代相比,中国已经富强起来,但是,在实现民富国强和民主和谐意义上的"以德治国"的实践过程中,"德性的学问"穿透时光而依然是关乎国民根性培养的根本性问题。基于此,本文试图再度强调"实践理性"意义上的"德性的学问"。

为此,儒家先贤"躬行君子"的实践品格,就值得我们深入体味并在现代化的实践中举一反三。《近思录》卷四载明道先生语云:"若不能存养,只是说话。"为了预防道德空谈,处当今之世而重提"存养"课题,就是非常必要的。"存养"者作为具体的道德实践主体,是必然要置身于具体的现实境遇之中的,所以,"存养"者的道德讲求就必然处于各种现实问题的围困之中,而"存养"之所以是一种创造性实践,也就恰恰体现在其直面现实的问题意识上。所以,"实践理性"的现实体现,恰恰就是"问题意识"。

追思先儒道德主义讲求的风范,其典型特征分明就在于强烈的现实问题意识和鲜明的当下实践作风。要充分认识到这一点,首先意味着对"躬行君子"之现在进行时的确认。

孔子所说的"若圣与仁,则吾岂敢"(《论语·述而第七》),未尝不是在强调"躬行"过程的未完成时态,当然,这也恰好是其自觉"躬行君子"的内证。如果说"圣与仁"是先儒所确立的理想人格,那"躬行君子"便意味着始终跋涉在通往"圣与仁"之路上的求索过程。"路漫漫其修远兮,吾将上下而求索",屈原的人格意象中,应有着孔子的影子,那是一个永远"躬行"在路上的形象。如若现在来提议塑造一个新的孔子塑像,笔者的建议就是要突出其精神跋涉者的风貌!"志于道"者,能不永远在"道"上"行行重行行"吗?永远在"道"上的跋涉者所经历的艰难苦辛,需要后来者以"同情之了解"深入体味。我们不仅要关注传统道德文化的承诺是什么,如"皇天无亲,惟德是辅"(《尚书·蔡仲之命》),而且要关注历史的实践究竟证明了什么,如"贤者恒不遇,而不贤者比肩青紫"(韩愈《与崔群书》),毕竟,实践的证明才是检验真理的唯一标准。也就是说,作为现代道德文化讲求者的我们,更需要那种"接着说"的主体自觉,以便在发现相关历史难题的同时,寻找到相应现实问题的症结所在。比如,当今之世,人们痛感诚信稀缺,伪劣言行防不胜防,殊不知,早在先秦时代,类似的现实问题已进入"儒道互补"的思虑空间。如《庄子·杂篇·列御寇》即藉孔子之语曰:"凡人心险于山川,难于知天。天犹有春秋冬夏旦暮之期,人者厚貌深情。故有貌愿而益,有长若不肖,有慎狷而达,有坚而缦,有缓而悍。故其就义若渴者,其去义若热。故君子远使之而观其忠,近使之而观其敬,烦使之而观其能,卒然问焉而观其知,急与之期而观其信,委之以财而观其仁,告之以危而观其节,醉之以酒而观其侧,杂之以处而观其色。九徵至,不肖人得矣。"这种以"九徵"而"观"人的智术,显然是为了解决"贤"与"不肖"之辨识的现实课题,其中提到的"忠"、"敬"等九个范畴,与孔子此前每以"君子……小人……"话语方式所阐释的道德人格规范,分明有着内在的协调互补性。如此"儒道互补"而直面现实问题,正是先贤"躬行君子"之实践品格的生动显现。

中国传统道德文化,设计了修齐治平的系统化实践模式,试图建构个体生活与社会整体有序整合的伦理政治社会。但是,人我之间、家国之间的权界之辨,实质上仍然是无法回避的问题。世间常语也说"忠孝难两全",传统伦理价值观以"孝"为本而逻辑地推出"忠"的道德主义逻辑,从尊重个体权利的现代人文主义立场上来审视,显然是有问题的。而值得注意的是,先贤思虑实际上已经触及到了与此相关的问题领域,比如"以德报怨,何如?"这一问题,原始儒家和道家始祖就都曾直接面对,孔子的态度是:"何以报德?以直报怨,以德报德。"(《论语·宪问第十四》)而老子的态度则是:"和大怨,必有余怨;报怨以德,安可以为善?是以圣人执左契,而不责于人。有德司契,无德司彻。天道无亲,常与善人。"(《老子》七十九章)显而易见,孔、老两家都不赞成"以德报怨"。值此之际,孔子"何以报德"的追问,说明他在思考着道德生活的原则是否真正体现公正的问题,而老子"必有余怨"的担忧,说明他在思考着如何根除心性隐患的问题。时至今日,我们再来跟踪先贤思路,就应该接着思考:"以德报怨"为什么不是中国道德君子的性情讲求?由此跟进,先儒值此而倡导的"以直报怨",道祖值此所主张的"有德司契",是否涵涉普适公正原则和社会契

约理念？循此再进，孔子在"直躬"问题上反对"大义灭亲"而主张"父为子隐，子为父隐"的"隐"（《论语·子路第十三》），是对"隐私权"的保护吗？至于老子之"有德司契，无德司彻"，是否体现了限制权力主体的"不责"原则，或者是一种对人性化管理的期许？总之，先贤如此这般的"躬行"风范，以直面现实难题的现场探讨和深远思虑，开启了中国道德文化传统中最富创意的一面。

道德文化建设始终是一个实践课题，必须面对世道人心的生存现实。道德理想的申说不能替代躬行实践的体验，而实践的课题必然带有实验和探索的性质，那些在人心难测和理想难得之间苦苦探索的道德性灵的苦与乐，是中国道德文化的宝贵财富，即使还来不及被提炼到哲学的高度，即使还不免于困惑和疑虑，也比那些早已被教条化了的道德戒律更有价值。看来，凡志在复兴中华道德文明者，需要去研读一部"躬行君子"的性情铸塑史，此亦所谓以史为鉴。

中国文化的真精神，不仅表述在哲学性的著作里，也存活在史家记述和文学抒写之中，也贯通于哲思、史笔、文辞之间。躬行君子的性情世界是一个兼容形而上哲思与形而下体验的复合世界，是一个既包含了"儒道互补"也包含了"法道互补"，同时还包含了"百代皆行秦政制"之历史现实的综合体。因此，道德文化的观照便是基于特殊群体之历史命运的整体观照，相关的问题以及这些问题的复杂性和艰难性，将因此而凸现出来。和当下现实问题脱节的道德文化讨论，是博物馆话语，其价值自然不容低估，但我们毕竟更需要博物馆外的生活现场话语。进入生活现场，亲身感受当下国人性情的存在状态，自觉塑造国人宁静致远的文明性情，从民族性情的内在生发上培育道德文化的健康生命力，应该说，是一个需要认真对待的现实课题。复兴中华文化，是要复兴那种在传统社会体制里不可能真正兴盛，而只有在新世纪改革开放的大格局中才有可能发扬光大的文明内容。复兴中华文化，意味着改造被历史所利用而异化的传统文化，使其在"返本归真"的过程中也实现自身的脱胎换骨——脱落皮囊，解放性灵。中华文明的历史形态，其有益于世界文明之新创造者，乃在辨析于善恶、义利、真伪之际而躬行不怠的君子德性，因此之故，以上讨论才用"躬行君子"一语来概括。

20世纪20年代，北京大学国学门成立，高举"以科学方法整理国故"的大旗，借"五四"新文化运动之推力，带动国内高校纷起仿效，1923年4月，东南大学国文系议决设立国学院，1925年底，厦门大学也开始筹建国学研究院。与此同时，高校也出现了另一类以清华国学研究院为代表的机构，相对于北大国学门复杂的建制和多功能特征，清华国学研究院则是一个培养高层次人才的教育机构，其《章程》规定："本院以研究高深学术，选成专门人才为宗旨。……其目的专在养成下列两项人才：（一）以著述为毕生事业者；（二）各种学校之国学教师。"其教育内容上的最大特色，是包括"外国语"和"自然科学"，这些都表明清华国学研究院实施的是一种相当正规的研究生学历教育。北大国学门作为科研本位式的学术机构和清华国学研究院作为研究生教育机构之间的两种体制，一度并行，各有所

长,如国学门重心偏于新材料的发掘整理(如民间社会歌谣、风俗、方言等资料的征集、古器物的搜罗、明清档案史料资料的整理等),而国学院主要运用现代学术理念进行传统文化的研究,国学门强调集体协作机制,其利用学会会员向全国各地大规模搜集民谣、民俗资料以及整理明清档案史料的工作,无不体现了这一特点,而国学院则偏重于个人技能训练和自主研究,尤其是"其分组不以学科,而以教授个人为主,期使学员与教授关系异常密切,而学员在此短时期中,于国学根柢及治学方法,均能确有所获"一点,至今仍有现实意义。关键在于,无论北大国学门还是清华国学院,无论偏重研究还是偏重教育,其宗旨均归"学术",而学术背后的时代精神则是"科学"。

值得注意的是,近现代以来以"科学"、"民主"为核心价值观的学术研究,深层里都关联着"国民性"的文学文化主题。1920 年成立的歌谣研究会,体现着北大国学门与学术团体间的密切关系,刘半农在为顾颉刚所编《吴歌甲集》写的序言中说道:"我们研究民歌俗曲,以至于一切民间作品,有种种不同的意趣。归并起来,却不外乎语言、风土、艺术三项。""这语言、风土、艺术三件事,干脆说来,就是民族的灵魂。"[1] 在一个倡导"民学"、呼唤"新民"人格的历史新时代,学人们自然注重从乡土民间发觉民族灵魂塑造的资源,于是,乡土调查、民歌采集便被赋予远远大于文学艺术的重大意义。也正是因为如此,新时代的新学术,恰恰与悠久的"采诗观风"的传统相衔接,只不过,如是国学门中的民俗学调查研究,其旨归民族灵魂改造意识是富有鲜明的批判精神的,最终,自然也就成为对传统"乡学"、"国学"教育之道德学术宗旨的历史批判。

于是要问:我们今天的"国学"教育的培养目标究竟是怎样的? 进一步,更可以具体地问:在培养专门学术人才与实施全面素质教育之间,究竟怎样抉择呢? 此间许多问题,尚未进入世人的话题空间! 在笔者看来,"国学"教育完全可以而且应该同时定位于培养"国学"专门研究人才和养成国民优秀民族文化素质。无论哪种定位,首要问题是教育模式问题。有教育学学者指出,创新性的实质,是"主体对知识经验或者思想材料的高度概括,而后集中而系统的迁移,进行新颖的组合分析,找出新颖的层次和交合点。"并进而指出其因果关系是"概括性越高,则创造性越突出;知识系统性越强,则创造性越突出;减缩性越大,则创造性越突出;迁移性越灵活,则创造性越突出;注意性(灵感的基础)越集中,则创造性越突出。"[2] 从中我们不难再度提炼出一对教育学范畴,那就是高度概括的理性能力与自由迁想的思想灵感,如果说高度概括的能力是哲学科学的,那自由迁想的灵感就是审美艺术的。众所周知,魏晋艺术家顾恺之就提出过"迁想妙得"的命题,而这样一来,教育模式的问题最终可以概括为科学与艺术、哲学与文学的交融。意味深长的是,中国历史上第一位伟大的教育家孔子的教育模式,恰恰是这样的模式,仅举"绘事后素"一例便可领

---

① 刘半农《〈吴歌甲集〉序》,陈子善编《刘半农书话》,浙江人民出版社,1998 年,第 85 页。

② 林崇德《创造性人才特征与教育模式再构》,《新华文摘》2010 年第 17 期,原载《中国教育学刊》2010 年第 6 期。

略其中原理。惟其如此,现代教育模式的实践探索,某种意义上,正是远古经验的再度阐释,此亦"国学"本义之所归。

最后,我想强调的是,"国学"应该被确认为一门事关思想创造的学问。从思想创造的角度出发,"国学"需要在"优秀传统文化"的价值选择和"中国先进文化"的价值标准之间实现思想创造意义上的统一。这自然是一项富有挑战性的思想课题,但却是必须直面的思想课题,否则,将有愧于时代的期盼。既然是思想创造,就不能满足于简单的古义今释,至于通俗化和普及化的工作,尽管必不可缺,毕竟不属于思想创造。既然是思想创造,就不能满足于海量文献的穷尽性搜求和集成式汇集,无论是 20 世纪初期所谓"整理国故",还是 20 世纪后期所谓"古籍整理",都只是"国学"学术建设的基础工程,并不能替代思想理论体系的创造发明。既然是思想创造,就不能满足于重修各类专门史的"修史"规划,国人素来好修史,甚至有"六经皆史"的经典论断,如今站在新的世界文明发展的高度上,宜有新的思想创造意义上的史观史笔,如若新修史著只是旧著的详尽本,至少在思想创造的意义上,将是不足师法的。换言之,既然是思想创造,就需要在"通古今之变"的意义上探询中华民族精神建构的学理根据,就需要在注重"实践的证明是检验真理的唯一标准"的基础上,确认中华民族历史命运的内在规定,就需要探询可以给中国社会发展史上主要现象以合理解释的思想逻辑,如此等等。思想创造的主体是"思想者",这个意义上的"国学"主体,自然应是"思想家"。"思想家"区别于"思想史家"的地方,犹如百年之前王国维关于"哲学史家"与"哲学家"的痛苦思忖,含有思想创造之高难度突破的"思想家",才真正是当今社会热切呼唤中的"国学大师"。"铁肩担道义,妙手著文章",从中国共产主义思想先行者李大钊的慷慨抒怀,追溯到明代文化名人杨继盛遭严嵩杀害临刑前写下的名联"铁肩担道义,辣手著文章",进而追溯到诗人杜甫《偶题》诗句"文章千古事,得失寸心知"。深长的历史追溯过程,正是主体之历史担当与人文素养的积淀过程!

"儒学复兴"的定位与思考

张 践

（中国人民大学继续教育学院）

21 世纪是中国和平崛起的世纪。伴随着中国经济、政治的复兴，在文化领域也出现了一股强劲的"儒学复兴"运动。全国人大通过决议，将清明、端午、中秋等传统节日定为国家法定假日；在中小学教材中，传统文化的内容开始占有越来越大的比重，一些地区的中小学中还开展了国学经典诵读活动；教育部决定，将中国对外的汉语教学中心，一律改成"孔子学院"，到目前为止，已经有三百多所"孔子学院"分布在世界各地，向全世界人民传播中国文化；2008 年奥运会的开幕式上，孔子的三千弟子齐声朗诵"有朋自远方来，不亦乐乎"，将儒学热推向了高潮。那么，在中国人民梦寐以求的现代化逐渐实现之日，为什么会反而出现一种以传统文化为主要内容的儒学复兴运动呢？儒学复兴会不会对当代中国的现代化建设和民主化进程造成负面的影响呢？这一系列问题都需要我们进行儒学研究的学者给予回答，这样才能保证儒学复兴运动健康、顺利发展。

一、儒学复兴引起的"忧虑"

从 20 世纪 90 年代逐渐展开的儒学复兴运动，在思想界引起了一些"忧虑"。"忧虑"首先来自于传统的"马哲"阵营，习惯于意识形态一元化时代的思想家，对于突然将曾经的评判对象变成共处的伙伴十分不习惯，于是"不能以传统国学取代马克思主义的指导地位"、"不能将儒学意识形态化"、"与马克思主义对立只能死路一条"之类的指责不一而

足。这类忧虑集中到一点，就是担心儒学会冲击了马克思主义的"主导"地位。著名的马克思主义哲学家方克立先生认为："用这样的观点来看今日马克思主义与儒学的关系，我认为将其定位为主导意识与支援意识的关系是符合实际的。不是把儒学看成是完全消极过时的负面意识，而是把它的积极内容转化为支援意识，这对社会主义意识形态建设是有利的。"① 也就是说，马克思主义是"主导意识形态"，而儒学则是"支援意识"，两者之间的关系是主导与服从的关系。另一位马克思主义哲学家许全兴教授指出："要区分作为意识形态的'儒学复兴'与作为学术流派的'儒学复兴'，前者决无可能，后者则有可能和需要。"② 他在文章中具体解释说，儒学不能成为社会意识形态，只能成为一种学术流派。在当前形势下，不许儒学意识形态化是马哲阵营的一种"共识"。

另一种"忧虑"来自那些积极推进中国民主化进程的"西学"阵营，长期与"德先生"和"赛先生"为友，使他们对两千多年专制制度及其思想甚为抵触，担心儒学的复兴将会引起封建主义思想的回潮，传统的德治主义观念将会影响国家民主化进程，干扰了依法治国。形成于自然经济时代的儒学，可能会影响青少年对科学知识的尊重，妨碍国人对科学知识的热衷，使中国又回到"两耳不闻窗外事，一心只读圣贤书"的时代。黎鸣先生是这方面的极端主义者，他说："中国孔儒，是中国人同样经过了两千多年的折腾才最终留下的一堆具有完整体系的政治教条，可以说是中国文化中最集中的传统'毒瘤'，正是因为有了它，后来的中国人基本上与人类文化和文明的'真理、真实、真诚'的逻辑的主旋律完全绝了缘，从此，中国人不仅创造不了真正的科学，而且根本就不懂得什么才是人类的真知识、真道德、真伦理。"③ 按照他的看法，儒学只是过时的政治教条，其中没有任何科学真理的成分，只能把人引向愚昧。他又说："我们完全可以这样来设想，如果西方文化从来甚至永远都不与中国人接触的话，将会如何？那么中国人就将永远地都只会惟一坚持孔子及其儒家的'文化'传统到自己的死亡……中国人就将永远都不会知道什么是真正的人人平等、言论自由、思想自由、学术自由、新闻自由、政治参与的自由、人权、宪章、宪政、法治、民主、自由、科学、普世价值，等等等等。"④ 儒家文化将永远停滞在古代社会，其中没有任何民主、自由、人权等普世价值。中国人如果想获得这些"普世价值"，只能乞灵于西方。

对于上述指责，我们不能仅仅看成是无端的挑剔，当从事儒学研究职业的学者尚无法对什么是"精华"、什么是"糟粕"给出一个比较一致的结论时，上述忧虑并非完全无益。笔者当然也没有能力超越群雄，当下就对如此复杂的问题给出现成的答案，只想借此机会，就儒学在当代社会不能干什么和能干什么发表一家之言，以就正于方家。

---

① 方克立《关于马克思主义的三点看法》，《红旗文稿》2009 年第 1 期。

② 许全兴《"儒学复兴"之管见》，《社会科学》2010 年第 4 期。

③ 黎鸣《"活路"与"死路"——西方哲学与中国"孔儒"》，http://blog.sina.com.cn/liming1.

④ 黎鸣《为什么中国人必须下大决心铲除儒家传统？》，http://blog.sina.com.cn/liming1.

二、儒学不应当成为政治意识形态

意识形态是一个可以从哲学、政治学、经济学、社会学等多学科的角度诠释的概念。马克思主义哲学从社会存在与社会意识的关系入手，强调意识形态是对经济基础的反映，并具有为经济基础服务的性质。政治学家则更进一步，从政治体系的角度看待意识形态，"它把意识形态当作一种具有行动取向的信念体系，一种指导和激发政治行为的综合的思想观念"。[①] 也就是说，意识形态是具有明确的指向性的，可以直接指导政治行为的思想观念，可以激发本民族、阶级、阶层、集团所有成员的意志，使他们为着某种共同的目标而努力。在整个社会意识形态体系中，政治意识形态处于绝对主导的地位。其他类型的意识形态，如哲学、宗教、伦理、文艺等，都必须接受它的指导和调节。因为政治意识形态是政治利益最直接的表现者，受到政治权力的直接控制。不同时代的政治权力掌握者，都努力运用自己手中的政治意识形态，通过家庭、学校、传媒、社团、政治符号对全社会的公众进行教化，从而实现"政治社会化"。政治社会化的过程，就是社会个体成员接受政治合法性信念，形成政治文化的过程。

政治权力合法性是政治学的一个重要概念，英国著名政治学家迈克尔·罗斯金等人认为，一个权力要想维持下去，就必须在社会上获得"合法性"，他在《政治科学》一书中指出："合法性是政治科学中最重要的观念之一。它最初含义是指国王有权即位是由于他们的'合法'出身。中世纪以来，合法性的意思增加了，它不再只是指'统治的合法权利'，而且指'统治的心理权利'。现在的合法性意指人们内心的一种态度，这种态度认为政府是合法的和公正的。"[②] 当然，任何政治权力的建立，首先要有一定的暴力基础，但是仅仅依靠暴力维持的政权是难以持久的，因此它必然会运用自己手中的权力在人民心目中树立自己权力的合法性依据。美国当代政治学家莱斯利·里普森认为："面对权力，公民们还有支持或者反对的选择，面对权威，服从则是每个人义不容辞的责任。抵制权力是合法的，抵制权威则是不合法的。如果说权力是赤裸裸的，那么权威就是穿上了合法性外衣的权力。"[③]

在古代中国，自汉武帝"罢黜百家，独尊儒术"以后，儒学就成为历代王朝的合法性基础，也就是说，成为古代国家的政治意识形态，直至清王朝的灭亡。由于儒学的这种特殊作用，使儒学形成了特殊的传播方式，即紧紧地依托于政治权力机构，利用权力作为学术发展的动力。在当代国学复兴、儒学重新获得了合法身份的时候，一些急于恢复中国传统文化的学者，很自然地也想到了简单地照搬古代的经验，仍然在国家的特殊政策下发展。

① 王浦劬主编《政治学原理》，中央广播电视大学出版社，2004年，第211页。
② 迈克尔·罗斯金等著，林震等译《政治科学》，华夏出版社，2001年，第5页。
③ 莱斯利·里普森著，刘晓等译《政治学的重大问题》，华夏出版社，2001年，第58页。

所以恢复儒学"国教"地位,使儒学成为当代政权合法性基础之说,使一些激进的"新儒家"学者,具有了"儒教原教旨主义"的色彩。笔者认为,儒学重新成为政治意识形态在当代中国不仅不可行,而且也不利于儒学自身的发展。

从不可行的角度看,当代中国的社会性质,是由共产党领导的有中国特色的社会主义社会,马克思主义是社会主义社会的唯一合法性基础。所以儒家原教旨主义甫一出笼,立即遭到了马克思主义者的迎头痛击,指出儒家文化只能成为现代化建设事业可资利用的文化资源,但是绝不能允许儒学意识形态化。所谓防止儒学意识形态化,是指不许儒学染指政治权力合法性依据的地位。其实这里所说防止儒学意识形态化一说并不确切,因为儒家无论作用政治、哲学、宗教、伦理、文学中任何一种,在马克思主义的语境中,都属于意识形态的组成部分,马克思在《政治经济学批判》的序言中指出,决定人类社会发展的是两对基本矛盾:生产力与生产关系的矛盾,经济基础与上层建筑的矛盾。"考察这些变革时,必须时刻把下面两者区别开来:一种是生产的经济条件方面所发生的物质的、可以用自然科学的精确性指明的变革,一种是人们借以意识到这种冲突并力求把它克服的那些法律的、政治的、宗教的、艺术的或哲学的,简言之,意识形态的形式。"[1] 显然意识形态包括多方面的内容,儒学无论作为哲学、宗教、伦理、艺术中的哪一种,都应当包含在意识形态范畴之中,说防止儒学意识形态化,实在有悖马克思主义的原理。其实这些作者想要表达的观念是不允许儒学成为国家的政治意识形态。作为政治权力合法性的依据,各种意识形态都有论证的作用,但是最主要的功能,还是由政治意识形态发挥的。古今中外的各种政权,其政治意识形态都是唯一的,但是在政治意识形态之外,也允许其他各种意识形态存在。中国古代儒家取得了"独尊"的地位,但是法家、道家、兵家、佛教、道教等意识形态的元素仍然存在。而当代实行思想自由政策的西方国家也毫不犹豫地宣布,其政治意识形态只有一种。正如亨廷顿所说:"人们常说美国人的特点就是笃信'美国观念'所体现的自由、平等、民主、个人主义、人权、法治和私有财产制这样一些政治原则,由这样的信念团结在一起。……理查德·霍夫斯塔说得最简明扼要:'我们国民幸运,没有几种意识形态,而只有一种。'"[2] 所以有中国学者认为:"在任何国家,作为政权合法性依据的官方意识形态只有一种,这里探讨的主要是作为政治统治工具的官方意识形态。"[3] 因此,在政治意识形态之外存在着其他各种哲学、宗教、伦理、文学的意识形态是必然的。

从儒学自身发展的角度看,成为政治意识形态并非一种学说发展的幸事。古代儒学取得了令其他学说忌妒的"独尊"地位,但是恰恰是这种地位也在很大程度上窒息了儒学

①　《马克思恩格斯选集》第 2 卷,人民出版社,1972 年,第 83 页。
②　塞缪尔·亨廷顿著,程克雄译《我们是谁?》,新华出版社,2005 年,第 41 页。
③　杨光斌主编《政治学导论》,中国人民大学出版社,2000 年,第 74 页。

自身的发展。除了统治阶级利用的特殊原因,就一般政治意识形态的本质属性而言,作为政权合法性的依据,要求其政治意识形态必然是稳定的、相对便于操作的,这样才会出现董仲舒所希望的"上有所持","下知所守","统纪可一而法度可明,民知所从矣"。①但是儒学也因此付出了代价,国教的特殊地位和儒者国民最高阶层的身份,使得汉代以后的儒学失去了先秦儒学的变革、抗争精神,失去了很多自我否定、创新的机会。到了中国帝制社会后期,"科举制"、"八股文"、"四书五经"成了桎梏人们思想的工具,所以谭嗣同才喊出"焚诗书以愚黔首,不如即诗书以愚黔首"。此时似乎除了"打到孔家店",已经几乎没有思想变革之途。

从发展中国家的历史经验看,原教旨主义的路径也不是现代化的通途。在中国进行现代化的艰苦摸索同时,中东的伊斯兰国家、南亚的印度也在进行同样的实验。20世纪60年代以后,这些国家同样遇到了现代化的瓶颈,在强烈的传统宗教影响下,伊斯兰原教旨主义和印度教原教旨主义甚嚣尘上。但是历史的经验证明,尽管是出自轴心时代的古老文明,但是原封不动地照搬照抄,与盲目模仿西方的经验一样不可行。印度、中东国家现代化进程的严重挫折,已经昭示后人原教旨主义的道路不可行。②儒学毕竟诞生于2500多年以前,又经过了2000多年帝制社会思想家的反复注释,今天已经很难确定哪些是孔子的"原旨",哪些是后人的添加。既使全是圣人的原典,直接用来指导21世纪的现代化建设实践,也难免缘木求鱼,南辕北辙。从这种意义上讲,某些崇尚"西学"专家的忧虑并非全是无的放矢,保持对原教旨主义的一定张力也是必要的。

三、儒学应当成为国民文化的终极价值

根据维基百科:"在社会研究中,政治意识形态是一组用来解释社会应当如何运作的观念与原则,并且提供了某些社会秩序的蓝图。政治意识形态大量关注如何划分权力,以及这些权力应该被运用在哪些目的上。"政治意识形态的主要职能是对政治权力的合法性进行论证,直接规定调节各社会利益集团关系的原则,对于社会其他意识形态也有指导作用。但是政治意识形态不需要、也不能够承载其他意识形态的功能,否则就不需要哲学、宗教、伦理、文学等其他意识形态了。

胡锦涛总书记在中国共产党十七大报告指出:"弘扬中华文化,建设中华民族共有的精神家园。"所谓精神家园,笔者以为就是终极价值,除此之外难以做其他解释。什么是终极价值?一般认为就是一个文化体系中最高的、最后的、不证自明的思想依据。例如基督教中的"原罪"和"救赎"、伊斯兰教中的"认主独一"等等。中华文化以儒家为例,"刚健

---

① 《汉书·董仲舒传》。
② 参见拙作《民族宗教关系的社会理论考察》,宗教文化出版社,2009年。

有为"的奋斗精神、"厚德载物"的宽容品格、"仁爱和平"的民族性格、"以人为本"的入世倾向、"以和为贵"的群体和谐意识、"以礼为序"的差等观念、"经世致用"的实践精神、"民贵君轻"的人本意识、"天下为公"的大同理想等等,都是中国文化的终极价值。当代中国出现的国学热、儒学热,就是广大群众在经济复兴的同时,努力追寻终极价值理想,解决"我们是谁"的文化认同运动。

历史上一些迷信权力的狂人,也曾试图利用权力创造一种终极价值,如秦始皇和李斯搞的"以法为教,以吏为师",但实践证明此举只能是短命的。在当代"科学独断论"的影响下,也有人试图用科学的方法为文化体系提供终极价值,但是科学的本性是实证的,价值的本性的是超越的,用科学方法证明出来的终极价值,总是很快就在实践面前露出了马脚。所以终极价值的来源,目前看尚无出马克斯·韦伯所说"先知神启型"和"道德楷模型"两大类型。西方国家走的是"先知神启型"的道路,康德用严谨周密的哲学理论证明,人的思维不能用于"自在之物",故道德伦理只能用实践理性来解决,也就是信仰上帝。在康德以后,西方文化体系中工具理性和价值理性走上了二元化的道路。尽管科学获得了长足的发展,但是基督教信仰仍然是全部文化体系的终极价值。中国经历了春秋战国的思想巨变,再想恢复传统神灵的神圣性已经不可能,中国人沿着孔子、孟子的思想轨迹走上了"道德楷模型"卡里斯玛模式,具体表现就是中国古代社会长期流行的"圣贤崇拜"。《礼记·祭法》:"夫圣王之制祭祀也:法施于民则祀之,以死勤事则祀之,以劳定国则祀之,能御大菑则祀之,能捍大患则祀之。……非此族也,不在祀典。"这实际上是对古代宗教中圣贤崇拜的理性化解释,那些被世代祭祀的圣贤,如神农、燧人、有巢、社稷、烈山、尧、舜、禹、汤、文、武、周公等等,都是因为他们有功于族人,所以世代香火不绝。后代祭祀他们,并非因为他们是何方的神圣,而由于他们是本民族的英雄。这些圣贤的英雄业绩,其实正是整个民族长期实践的结晶,虽然不是出于某某神祇的启示,但是具有与先知预言一样神圣的效力。孔子、老子等先哲在轴心时代写出的经典经过了几千年的历史检验,已经变成了不证自明的公理,可以成为全体国民日常生活的精神指南。

一个民族、一个社会必须根据时代的发展和社会的变迁不断修正自己的前进轨迹,变革社会制度。但是一个民族、一个社会无论如何变化,总会有一些基本的东西不能变,或者说不会变,这样才能保持其特有的民族性,稳定社会。西方国家在文艺复兴时代,对黑暗的中世纪进行了严厉的批判,基督教受到的冲击绝不亚于儒家文化。但是基督教并没有因此消亡,除了少数思想家走上了无神论的道路,大多数思想家则是走向改造基督教,重新诠释基督教的道路。欧美主要发达国家,都走上指导国家政治生活的政治意识形态与指导公民道德生活的终极价值分途的道路。在启蒙运动中激烈批判基督教的思想家卢梭,朦胧地提出了一个大胆设想——建立"公民宗教"(Civil Religion)。他说:"每个公民都应该有一个宗教,他信仰的那种宗教能够使他们热爱自己的责任,这却对国家关系要重

要大。"[1] 在他看来,没有宗教信仰的人,就是一个没有道德的人,一个不遵守法律的人,也就是一个无恶不作的人。所以公民都应当信仰宗教。但是这个宗教不是中世纪那种排他性的基督教,而是经过宣言重建的"公民宗教","公民宗教教条应该简单,条款不多,词句精确,也不必注释。全能的、智慧的、仁慈的、先知而又圣明的神明之存在,未来生命,正直者幸福,坏人遭惩罚,社会契约与法律的神圣性——这些都是正面的教条。反面的教条我只把它限于一条,那就是不宽容。它是属于我们所已经否定过的宗教崇拜的范围之内。"[2] 经过教外启蒙思想家和教内宗教改革家双向努力,"公民宗教"的实践在欧美大多数国家已经基本实现。一方面国家制定宪法规定了政教分离的原则,防止任何宗教再度获得国教的特殊地位,另一方面基督教作为整个欧美政治文化的底色,成为政治权力合法性的文化符号、道德理论的终极依据,对于西方资本主义社会的发展,起到了稳定价值、和谐群体、消解矛盾、提供理想的作用。

当代中国正处于急剧转型、高速发展的时期,我们国家用30年的时间走过了西方国家几百年的历程。但是不可否认,在高速的发展过程中,也出现了一些严重的社会问题,其中社会两极分化、唯利是图、环境污染、资源浪费等问题是任何国家现代化过程中都难以完全避免的;而价值紊乱、诚信缺失、心态冷漠、人伦失范等问题,则是传统文化断裂、社会转型急剧所造成的中国特有问题。儒学的复兴恰恰是对症下药的一剂良方,1948年,德国历史学家雅斯贝斯揭示了"轴心时代"这样一种文化现象。他指出:在经历了史前文明和古代文明以后,在大约公元前800年至公元前200的时间内,在世界范围内出现了一些最不平常的历史事件,以后"直至今日,人类一直靠轴心期所产生、思考和创造的一切而生存。每一次新的飞跃都回顾这一时期,并被它重燃火焰,自那以后,情况就是这样,轴心期潜力的苏醒和对轴心期潜力的回忆,或曰复兴,总是提供了精神动力"。[3] 无论在社会生活还是在个人精神生活层面,经过现代意义诠释的,以儒、释、道为核心的中国传统文化,可以为我们提供足够的文化资源,使我们重建起建设现代化社会的终极价值,稳定社会、平衡精神、和谐家庭、消弭矛盾,这是儒学可能也应当发挥的社会作用。

---

① 卢梭著,州长治译《社会契约论》,载《西方四大政治名著》,天津人民出版社,1998年,第415页。

② 同上,第416页。

③ 雅斯贝斯《历史的起源与目标》,华夏出版社,1989年,第14页。

重新审视"三纲"的历史与现实意义

方朝晖

（清华大学历史系暨思想文化研究所）

一、"三纲"的本义是什么？

近代以来"三纲"（君为臣纲,父为子纲,夫为妻纲）一直被当作是儒家思想的最大糟粕。我在每学期课上一开始向所有的学生提出"您认为'三纲五常'的消极成分是什么？"这一问题,要求每人用一句话来回答。多数学生的回答不外是认为：人为地划分了人与人的等级或不平等关系,把一方（君、父、夫）的权力绝对化,违反了现代平等观念；阻碍了生产力的进步,束缚了人性的自由；有利于维护封建统治,不利于社会变革,等等。这些可以说代表了当今人们对"三纲"的主流看法。这些看法是如何形成的,我没有研究。但基本可以肯定,它形成于近代以后,特别是"五四"新文化运动之后。

然而根据我的研究,这些看法很难在思想史上找到证据。那些明确倡导"三纲"的学者,没有一个主张君臣、父子、夫妇应该是无条件的服从与被服从关系,更无意将他们之间的上下关系绝对化,不能用今天的"君权至上"、"家长制"、"男性中心主义"等术语来概括。汉武帝诏举"贤良方正、直言极谏"之士,董仲舒在上给汉武帝的对策中明确指出"为人君者,正心以正朝廷,正朝廷以正百官,正百官以正万民,正万民以正四方"（《汉书·董仲舒传》）。董仲舒被人们公认为是较早明确提倡三纲的人,然而他明确主张人君"心正"是天下之本。董仲舒说,"王道之三纲,可求于天",然而这只是说"三纲"的道理合乎天理,并没有说君臣、父子、夫妇应该有绝对的等级关系。

那么，"三纲"的本义究竟是什么？让我们来看几段话：

> 子夏对曰："圣人作，为父子君臣，以为纪纲。纪纲既定，天下大定。"（《礼记·乐记》）
>
> "凡物必有合，合必有上，必有下。""君臣、父子、夫妇之义，皆取诸阴阳之义。""王道之三纲，可求于天。"（董仲舒《春秋繁露·基义》）

从这几段话可以看出，"三纲"使人与人的关系有一个基本准则，成为整个社会秩序的来源。但这几段话丝毫没有说"以某某为纲"就是指下对上无条件的服从。那么，"纲"究竟是什么意思呢？《白虎通·三纲六纪》上讲得很明确：

> 何谓纲纪？纲者，张也。纪者，理也。大者为纲，小者为纪。所以张理上下，整齐人道也。人皆怀五常之性，有亲爱之心，是以纲纪为化，若罗网之有纪纲而万目张也。《诗》云："亹亹文王，纲纪四方。"

根据《说文解字》，"纲"本义是提网之总绳，"纪"是罗网之"别丝"（系部）。因此，"纲纪"指的是事物关系中相对的主次轻重之别。《白虎通·三纲六纪》正是从这个意思出发来比喻说明君臣、父子、夫妇关系，并论述道：

> 君臣者，何谓也？君，群也，群下之所归心也。臣者，缠坚也，厉志自坚固也。《春秋传》曰："君处此，臣请归也。"父子者，何谓也？父者，矩也，以法度教子也。子者，孳也，孳孳无已也。故《孝经》曰："父有争子，则身不陷于不义。"夫妇者，何谓也？夫者，扶也，以道扶接也。妇者，服也，以礼屈服也。《昏礼》曰："夫亲脱妇之缨。"

上文中讲到"臣"并没有强调臣的义务是服从，而是说"厉志自坚固"；讲到"子"时，并没有强调子要听父之话，而是引《孝经》称"父有争子，则身不陷于不义"；在讲到"妇"时，虽说妇人"以礼屈服"，却又同时引用《昏礼》"夫亲脱妇之缨"来说明夫以身作则以赢得妇从。可见在古人看来，所谓"以某某为纲"并不是指简单的服从与被服从关系。

如果"三纲"的本义不是指下对上听话或无条件服从，那是什么意思？这里已经很明白，"纲"相当于鱼网之总绳，"以某某为纲"就是"以某某为重"的意思。比如我们今天常说，作为领导集体中的一员，你可以提出强烈批评，或保留个人意见，但对于组织上已经形成的决策，在实践中没有擅自违背的权力。又比如说，在我们的学校里，我们绝对是执行"师为生纲"的。虽然老师的决定或做法可能有不当，学生可提出异议，但在实践中没有轻易违背的权力。

"以某某为纲"确实容易给在上位者滥用权力的机会,甚至带来极为严重的后果。但是在实践中,还是必须这样做。这是因为,任何集体必须有最高决策者,也可以说争议的最后裁决者。如果持不同意见的人可以随意违犯最后决策,集体就会如一盘散沙,无法正常运转下去。从这个角度看,"三纲"实际上是指"从大局出发"的意思。用今天的话来说,"三纲"就是不把"小我"凌驾于"大我"之上。由此我们可以理解,为什么宋明理学家如二程、朱子会说"尽己无欺谓忠"。

二、"三纲"思想产生的历史背景

必须指出,"三纲"这一术语虽然直到西汉才为人使用,但是"三纲"所代表的思想是从孔子开始提倡的,尽管孔子并未使用过"三纲"这一术语:

> 孔子曰:"天下有道,则礼乐征伐自天子出;天下无道,则礼乐征伐自诸侯出。自诸侯出,盖十世希不失矣;自大夫出,五世希不失矣;陪臣执国命,三世希不失矣。天下有道,则政不在大夫。天下有道,则庶人不议。"(《论语·季氏》)
>
> 孔子谓季氏:"八佾舞於庭,是可忍也,孰不可忍也?"(《论语·八佾》)
>
> 三家者以《雍》彻。子曰:"'相维辟公,天子穆穆',奚取於三家之堂?"(《论语·八佾》)

《春秋》严格说来是孔子"三纲"思想的主要代表。朱熹说得很明白:

> 《春秋》大旨,其可见者:诛乱臣,讨贼子,内中国,外夷狄,贵王贱伯而已。(《朱子语类·春秋》)

《春秋》大义后人已多有总结,如"尊王"、"大一统"、"正名分"等。[①] 至于孔子作《春秋》的主要原因,古人已有十分清楚的总结,那就是,春秋时代社会长期动乱不安的主要原因是人欲横流,诸侯、士大夫们野心膨胀,争相以一己私欲凌驾于国家和社会利益之上:

> 世衰道微,邪说暴行有作;臣弑其君者有之,子弑其父者有之。孔子惧,作《春秋》……孔子成《春秋》而乱臣贼子惧矣。(《孟子·滕文公下》)
>
> 上大夫壶遂曰:"昔孔子何为而作《春秋》哉?"太史公曰:"余闻董生曰:'周道衰废,孔子为鲁司寇,诸侯害之,大夫壅之。孔子知言之不用,道之不行也,是非

---

① 参蒋伯潜《十三经概论》,上海古籍出版社,1983 年,第 447—460 页。

二百四十二年之中,以为天下仪表,贬天子,退诸侯,讨大夫,以达王事而已矣。子曰:'我欲载之空言,不如见之于行事之深切著明也。'"(《史记·太史公自序》)

也就是说,孔子的《春秋》是对时代社会问题症结的一种诊断。因此,《春秋》代表了孔子对天下安宁大法的根本认识。这个思想,对于我们理解中华民族在汉代以后的数千年历史上,再也没有出现过类似于春秋战国那样长达五百年的分裂和动乱有极大的帮助。汉代以来,中国历史上最长的一个分裂时期就是魏晋南北朝,它有两个特殊的背景:一是北方少数民族的入侵,二是名教的衰退。和西方历史发展中出现过的"分而不合"相比较,中国古代历史走的是一条"分久必合"的道路。对于中国人来说,"分而不合"意味着战乱,意味着社会秩序的丧失,意味着人民生活在水深火热之中。这无疑有助于我们理解孔子《春秋》大义以及儒家"三纲"思想的历史进步意义:

夫《春秋》,上明三王之道,下辨人事之纪,别嫌疑,明是非,定犹疑,善善恶恶,贤贤贱不肖,存亡国,继绝世,补敝起废,王道之大者也。(《史记·太史公自序》)

《春秋》论十二世之事,人道浃而王道备,法布二百四十二年之中。(董仲舒《春秋繁露·玉杯》)

《春秋》正王道,明大法也。(周敦颐《周子通书》)

三、儒家从来都反对"无条件服从"

上面我们论述了孔子所阐述的"君为臣纲"(尊王)等三纲思想,得到了孟子、董仲舒、司马迁、周敦颐、朱熹等几乎所有重要儒家人物的拥护,在后世儒家史上产生了极为深远的影响。我们有理由说,"三纲"确实是自孔子以来儒家主要的政治思想之一。然而,也有大量的证据表明,儒家宗师们不仅没有将"三纲"解读为"无条件服从",而且有大量关于下对上必须充分发挥谏争作用的论述。

首先,孔、孟共同认为臣对君谏争是其义不容辞的使命:

季子然问:"仲由、冉求可谓大臣与?"子曰:"吾以子为异之问,曾由与求之问。所谓大臣者:以道事君,不可则止。今由与求也,可谓具臣矣。"曰:"然则从之者与?"子曰:"弑父与君,亦不从也。"(《论语·先进》)

孟子曰:"长君之恶,其罪小。逢君之恶,其罪大。今之大夫,皆逢君之恶,故曰:今之大夫,今之诸侯之罪人也。"(《孟子·告子下》)

事亲有隐而无犯,事君有犯而无隐,事师无隐无犯。(《礼记·檀弓上》)

其次,《孝经·谏争章》强调了臣子对君父不可以不争:

> 曾子曰:"敢问子从父之令,可谓孝乎?"
>
> 子曰:"是何言与?是何言与?昔者天子有争臣七人,虽无道,不失其天下。诸侯有争臣五人,虽无道,不失其国。大夫有争臣三人,虽无道,不失其家。士有争友,则身不离于令名。父有争子,则身不陷于不义。故当不义,则子不可以不争于父,臣不可以不争于君。故当不义则争之,从父之令,又焉得为孝乎?"

再次,荀子倡导"从道不从君,从义不从父",并专门讨论了在什么情况下臣子对君父"不可从":

> 从命而利君谓之顺,从命而不利君谓之谄,逆命而利君谓之忠,逆命而不利君谓之篡。……君有过谋过事,将危国家殒社稷之惧也,大臣父子兄弟……有能比知同力,率群臣百吏而相与强君挢君,君虽不安不能不听,遂以解国之大患,除国之大害,成于尊君安国,谓之辅。有能抗君之命,窃君之重,反君之事,以安国之危,除君之辱,功伐足以成国之大利,谓之拂。故谏争辅拂之人,社稷之臣也,国君之宝也,明君之所尊厚也。(《荀子·臣道》)
>
> 从道不从君,从义不从父,人之大行也。……孝子所以不从命有三:从命则亲危,不从命则亲安,孝子不从命乃衷;从命则亲辱,不从命则亲荣,孝子不从命乃义;从命则禽兽,不从命则修饰,孝子不从命乃敬。故可以从而不从,是不子也;未可以从而从,是不衷也。明于从不从之义,而能致恭敬、忠信、端悫以慎行之,则可谓大孝矣。《传》曰:"从道不从君,从义不从父。"此之谓也。(《荀子·子道》)
>
> 荀子云:"从道不从君,从义不从父,人之大行也。"入则孝,出则弟,人之小行也。盖事有不中于道,理有不合于义者,则虽君父有命,有不必从,惟道义所在耳。(孙觉《春秋经解》卷三)

《孟子》中的一段对白也把孟子心目中君臣关系的理想模式表述得一清二楚,即为臣者有时可推翻君位,有时当离之而去:

> 齐宣王问卿。
>
> 孟子曰:"王何卿之问也?"
>
> 王曰:"卿不同乎?"
>
> 曰:"不同。有贵戚之卿,有异姓之卿。"
>
> 王曰:"请问贵戚之卿。"

曰:"君有大过则谏,反复之而不听,则易位。"

王勃然变乎色。

曰:"王勿异也。王问臣,臣不敢不以正对。"

王色定,然后问异姓之卿。曰:"君有过则谏,反复之而不听,则去。"

(《孟子·万章下》)

事实上,在中国历史上,儒家学者们并不仅仅在理论上主张臣对君谏争的责任,而且也往往是这么做的。这样的例子在史书中不胜枚举,兹不赘述。

四、历史进化观是如何误导我们的

20世纪以来阻挠人们正确认识儒家思想的一个背景因素是文化进化论。按照文化进化论的历史观,人类历史呈一单线的进化趋势,朝着越来越文明、进步的方向前进。据此,凡是历史上维护君主制的思想皆是落后、保守的,凡是批判这一制度的行为皆是进步、先进的,因为君主制是一种落后的、与现代民主方向相背的政治制度。由于儒家的三纲思想维护了君权,所以是落后的、保守的,代表了儒家思想中的最大糟粕。然而,如果我们真正从历史的角度看问题,容易发现这一思维方式极其荒唐、错误。我们既然承认在中国古代社会条件下,并不存在建立一个民主国家的可能性,君主制不仅是那个时代或那样社会条件下全世界通用的模式,而且更重要的是,它代表了那个时代维护社会秩序、确保社会安宁、促进生产力发展和人民生活水平提高最有效的制度保障,那么"尊王"和"三纲"的合理性和现实意义毋庸置疑。

设想一下,一千年乃至一万年之后,人类政治制度想必已与今天有了天翻地覆的变化。那时人用那时的标准来衡量我们今天的政治制度,一定认为今天的政治制度是落后的、与历史进步方向不一致的。但是,这是不是意味着今天的人们,凡是维护现实政治制度的人都是落后、保守? 如果我们承认我们今天所实行的政治制度有其现实合理性,就不得不承认,今天用生命来捍卫自己国家的政治制度的人是值得尊敬的,因为他们捍卫了国家的安宁、社会的秩序和人民的利益。这个道理,当然也同样适用于古代。古人维护王权,主张尊王,正是出于对他们那个时代国家稳定、社会秩序和人民利益的关怀,凭什么说他们的思想就是落后、保守甚至反动的? 既然不能以一千年或一万年后那个更好的政治制度模式(谁也不知道它是什么样的)来评判今人的政治立场,同样也不能以今日政治制度的模式来评判孔、孟、董、朱等人的政治立场。

进一步说来,"三纲"思想和具体的政治制度还不是一码事,它仅仅代表人们对于现实关系所应取的态度或立场。从这个角度看,可以说"三纲"思想并没过时。前面已经说过,在今天所有的组织、机构里,在我们的学校、公司或企业里,处处可以看到"三纲"的精神。

尽管人物的身份换了(不一定再用过去那种称谓了),但是由"三纲"所代表的"从大局出发"的精神一点也没变。而且,正是要靠这种精神,才有可能保证一个单位的正常运作,以及国家的安定和社会的秩序。

在中国近代史上不乏这样的例子:某位领导发现上级组织的某个重要决策错了,虽经多次建言,丝毫不起作用。在这种情况下,他并没有违反组织规定,我行我素,或将个人意志凌驾于组织之上,自行其是,而是忍辱负重,坚定地贯彻和执行了上级的决定。这样的行为被我们称为从大局出发,舍小我、成大我。这就已经是"三纲"精神了。同样的例子也适用于其他国家。不妨再设想:美国国务卿受美国总统之命来华谈判,如果他(她)的个人意见与美国总统相左,他(她)是否可以违背总统命令和既定国策,擅自改变做法,自行其是? 显然,他(她)至少在理论上应当遵守美国总统或最高当局经过集体讨论确定下来的国策行事,即使个人有不同意见,可以在政策制定过程中提出建议,但无权在政策已经确定后擅自违背。

如果我们认识到"三纲"思想的精神实质只是从大局出发,也就容易认识到"三纲"是中国未来建立健全民主制度的前提条件之一。这是因为,在民主竞选过程中,各党派之间的竞争极易发展成不顾大局的恶性斗争,导致无止境的政党恶斗甚至整个社会的分裂。这正是今天世界许多实现民主制度的国家或地区已经出现并引起当地人无比忧心的情况。

五、从"三纲"看当代中国文化的深刻危机

多年来,我们已经习惯于把"三纲"解释为"愚忠"。于是也无法理解同样拥护三纲的宋明理学家们为何又主张"尽己无歉之谓忠"(程颐语)。现代以来"三纲"被作为儒家思想"最大糟粕"而遭到广泛批评的现象背后,我们所看到的是中国文化价值的空前沦丧,即中国人日益沉浸于对民主、人权、自由等西方价值观的崇拜中,而不知为何数千年来真正推动中华民族前进的价值是什么;更不知一旦这些价值沦丧了,中国文化也就失去了动力源泉。因此,今天中国文化的最大危机就是失去了方向。

长期以来,我们已习惯于以今天的价值标准去衡量古人,把宗法社会定性为压制个性自由、摧残人格尊严的等级森严的社会,把儒学当成维护帝王专制的工具,于是乎三千年的历史成了漆黑一团,宛如阴暗的地狱。殊不知古时天空与今天一样地蔚蓝,阳光与今天一样地明媚;古人与今人一样有天高地阔的梦想,有浩气如虹的长歌;古时与今天一样,有血性男儿为正义事业前赴后继、舍生忘死,为千千万万人的利益鞠躬尽瘁、死而后已。他们并不像我们想象的那样,总是生活在黑暗无比的专制高压之下,发着痛苦的呻吟;或长期被专制帝王所愚弄,不知道追求自己的性灵自由和精神不朽。一百多年来,对中国古代历史的过度消极评价和严重薄古倾向,是被早已为西方人自己唾弃的社会进化论忽悠

的产物,是被一些脱离历史文化背景的抽象概念误导的结果。它的最大悲剧,就是使我们无法感知与自己祖先精神血脉上的相通处,忘记了我们这个多灾多难的民族数千年来赖以立身的根本,更不知古人的精神世界一点不比我们愚昧落后。

更可悲的是,一百多年来,我们忘记了什么才是真正推动中华民族不断前进的精神动力,什么是使这个民族在苦难中一次又一次站起来的真正力量,什么是使中华民族经过无数次被侵略、占领、瓜分、蹂躏却存活至今的内在秘密。此外,我们也越来越不清楚三千年来无数中华儿女抛头颅、洒热血的精神支柱是什么?为何我们再也感受不到古人身上的体温?为什么我们不再有古人那样壁立千仞的人格和坚如磐石的信念?

如果问什么是中国人最重要的精神品质?你也许举出自强不息、忍辱负重、勤劳朴实、将心比心、善良厚道、老实本分等,但决不可能举出追求自由、平等和人权这些以自我为中心、以个人利益膨胀为特点、很少"反求诸己"的价值。仁、义、忠、信可以成为推动中国社会进步和发展的核心价值,但是民主、自由、人权则不能,原因在于它们可能导致人与人关系的平衡被打破,导致无止境的纷争、仇恨甚至杀戮;当面子被彻底撕破,当人情不复存在,中国人之间是很难相互妥协的,严重时导致社会分裂、解体或剧烈动荡;一旦分裂发生,战争和杀戮少则几十年,多则数百年。这里面的逻辑十分简单,那就是我们无法逾越中国文化的习性。唯其如此,与其提倡抛弃它,不如研究和认识我们在多大程度上受制于它,以及如何对症下药地诊治它。比如,今天我们崇拜的英雄人物,无论是古代还是近代的,包括孙中山、鲁迅在内,都是为他人、为民族而献身的人,而不是什么自由主义者。相反,在西方文化中,真正的英雄往往是那些将个人自由看得比生命还高贵的人。这种差异就是文化习性决定的,同时也说明了个人自由在不同文化中的功能并不一致,也不必强求一致。但这绝不是说,中国人不需要自由、人权和平等,我只是说相对于仁、义、忠、信等来说,它们在中国文化中居于次要的地位。

让我们重新回到"三纲"的本义上来,建立起对中国文化基本价值的正确认知,找回中华民族今后的正确方向。

但开风气不为师

——试论胡适的清代学术史研究

夏长朴

（台湾大学中文系）

一、前言

中国近代学术史上有许多了不起的大师，他们引领风气，开启新的学术研究领域，指引学者新的研究方向，创造了新一代的学术研究。这一类的大师多半具有群众魅力，不仅是当时舆论的宠儿，也是社会风气的领导者，其影响力甚大，往往历数十年而不衰。如康有为（1858—1927）、章炳麟（1869—1936）、梁启超（1873—1929）、胡适（1891—1962）等人都是这类的典范人物，其中又以胡适的影响力为最大，也最值得注意。

胡适的《中国哲学史大纲》（卷上）于1919年2月由商务印书馆出版，当时即令人耳目一新，造成了学界的轰动，产生了建立史学革命的典范（paradigm）作用，[①] 其对中国哲学史或思想史研究的影响之大可以想见。除了哲学史之外，胡适在文学、历史各方面都有杰出的著作与前瞻的观点，冲击着传统文化与学术，带动了一波又一波的改革浪潮，为近现代的中国人文学术开启了新的一页，成就斐然，至今依然极受肯定。

---

① 参见余英时《〈中国哲学史大纲〉与史学革命》，《重寻胡适历程》，广西师范大学出版社，2004年，第221—232页。

比较少为人注意的是，1919—1936年之间，除了中国中古思想史的著述之外，[①]胡适还写作了相当数量有关清代学术史的专书与论文，不仅探讨了清代三百年学术的发展，同时透过这些论述，胡适将他个人对研究方法的关切、研究资料的处理做了具体且深入的阐述，期待带动风气，改变学界传统保守的习气，进而开展出科学的研究方法，促进中国学术的发展。凡此种种，都流露在他有关清代学术的研究之中，用心颇为良苦。

本文之作，用意不在全面检讨胡适的清代学术史研究成果，重点主要集中于胡适如何观察清代学术，如何评价"朴学"，他的观察是否合理，他的评论是否持平。上述的论述若有失衡之处，其原因又是什么，最后再对胡适的观点试做讨论，提出看法。

二、胡适对清代学术的观察

胡适有关清代学术史的著述有下列数种：

1.《清代学者的治学方法》（1919年8月作，《胡适文存》一集，卷2，第383—412页）；

2.《章实斋先生年谱》（1922年1月21日序，商务印书馆出版）；

3. 北京大学《〈国学季刊〉发刊宣言》（1923年1月，《胡适文存》二集，卷1，第1—18页）；

4.《崔述年谱：科学的古史家崔述》（1923年4月，北京大学《国学季刊》第1卷第2期，写至嘉庆二年崔述58岁，此后由赵贞信补完。《胡适选集·年谱》，第1—139页，台北：文星书店，《文星丛刊》108，1966年6月）；

5.《戴东原在中国哲学史上的位置》（1923年12月19日，许啸天编《国故学讨论集》第4集，上海群学社出版，1927年1月；《胡适学术文集·中国哲学史》下册，第1102—1106页）；

6.《费经虞与费密——清学的两个先驱者》（1924年9月17日脱稿，《胡适文存》二集，卷1，第48—90页）；

7.《戴东原的哲学》（1925年8月13日脱稿，原载1925年12月北京大学《国学季刊》第2卷第1期，商务印书馆1927年单行本）；

8.《几个反理学的思想家》（1928年2月7日改定稿，《胡适文存》三集，卷2，第53—107页）；

9.《治学的方法与材料》（1928年9月，《新月》第1卷第9期，《胡适文存》三集，卷2，第109—122页）；

10.《颜李学派的程廷祚》（北京大学《国学季刊》第5卷第3期，1936年4月北平出

---

① 1930—1935年之间，除了撰写《中国中古思想史长编》之外，胡适还撰写了有关道教、禅宗的论文，足见他此时的思想史研究，主要是接续探讨中古思想史。详见胡颂平《胡适之先生年谱长编初稿》（校订本），第2—4册，联经出版事业公司，1983年。

版;《胡适学术文集·中国哲学史》下册,第 1186—1223);

11.《北京大学新印程廷祚〈青溪全集〉序》(天津《益世报·读书周刊》第 51 期,1936年 6 月 4 日;《胡适学术文集·中国哲学史》下册,第 1224—1227);

12.《颜习斋哲学及其与程朱陆王的异同》(1937 年"庐山暑期训练团讲演稿",《文史杂志》,第 1 卷第 8 期,1941 年 7 月 16 日香港出版;《胡适学术文集·中国哲学史》下册,第 1224—1227 页)。

这些著述共同的特色是表彰以往较少为人注意的学者,如章学诚(1738—1801)、崔述(1740—1816),胡适都为他们编辑了年谱;至于程廷祚(1691—1767),则是有意建立颜李学派与戴震学术渊源的关键环节;费经虞(1599—1671)、费密(1625—1701)的讨论,用意在探讨清学的先驱。大致说来,透过对这些学者与相关问题的研究,胡适逐步建构起他对清学的看法。

在上述这些著述中,可以归纳出胡适对清代学术史的几点观察:

(一)清代学术的兴起,来自于对理学的反动

胡适在《几个反理学的思想家》一文中说:

> 五百多年(1050—1600)的理学,到后来只落得一边是支离破碎的迂儒(按:程朱),一边是模糊空虚的玄谈(按:陆王)。到了十七世纪的初年,理学的流弊更明显了。……于是有反理学的运动起来。
>
> 反理学的运动有两方面:
> (1)打倒(破坏)
> 打倒太极图等迷信的理学——黄宗炎、毛奇龄等。
> 打倒谈心说性等等玄谈——费密、颜元等。
> 打倒一切武断的,不近人情的人生观——颜元、戴震、崔述等。
> (2)建设
> 建设求新知识学问的方法——顾炎武、崔述等。
> 建设新哲学——颜元、戴震等。[①]

由此来看,不论清代学术的表现是打倒或是建设,胡适认定,清代学术的出现与发展,基本上来自于对宋明理学的反动。在后来出版的《戴东原的哲学》这部书中,针对上述观点,胡适又做了更进一步的说明,他说:

> 约略说来,当日"反玄学"的运动,在破坏的方面,有两个趋势。一是攻击那谈心

---

① 胡适《几个反理学的思想家》,《胡适文存》三集,卷 2,远东图书公司,1968 年,第 56 页。

说性的玄学；一是攻击那先天象数的玄学。清学的开山祖师顾炎武就兼有这两种趋势。……这两种趋势后来都有第一流人才加入，继续发挥。黄氏兄弟（黄宗羲、黄宗炎）攻击象数之学最力；毛奇龄也很用功；胡渭的《易图明辨》可算是这一方面的集大成。心性的玄学在北方遇着颜元、李塨的痛剿，在南方又遭遇费经虞、费密等人的攻击。阎若璩指出古文《尚书》里"人心惟危，道心惟微；惟精惟一，允执厥中"十六个字是出于《道经》的：这也可算是对那"危微精一"之学放了一枝很厉害的暗箭。但当日的"反玄学"大革命，简单说来，不出两个根本方略：一是证明先天象数之学是出于道士的，一是证明那明心见性之学是出于禅宗的：两者都不是孔门的本色。

反玄学的运动，在破坏的方面居然能够转移风气，使人渐渐地瞧不起宋明的理学。在建设的方面，这个大运动也有两种趋势：一面是注重实用，一面是注重经学，用实用来补救空疏，用经学来代替理学。前者可用颜李学派作代表，后者可用顾炎武等作代表。从颜李学派里产出一种新哲学的基础，从顾炎武以下的经学里产出一种新的做学问的方法。戴东原的哲学便是这两两方面的结婚的产儿。①

胡适指出，清代学术的出现，来自于对五百多年来的宋明理学的反动。这个观察并非他的首创，其实梁启超已曾提出。早在 1920 年，梁启超在《清代学术概论》一书中即曾公开说过："'清代思潮'果何物耶？简单言之：则对于宋明理学之一大反动，而以'复古'为其职志者也。其动机及其内容，皆与欧洲之'文艺复兴'绝相类。"可见胡适的观点并不具有原创性。尽管如此，他也清楚说明了自己接受这个判断的理由，他说："宋以来的理学有几个大毛病：第一，不近人情；第二，与人生没大交涉；第三，气象严厉，意气凌人。"②理学的这些毛病，使得胡适难以忍受，因而他也同意梁氏的这个观察。在梁启超的基础上，胡适有更进一步的观察与分析，他将清儒反理学的运动分为两个方面：消极的方面是打倒（破坏），代表的人物有打倒《太极图》的黄宗炎（1616—1686）、毛奇龄（1623—1716）等；打倒心性玄谈的费密、颜元（1635—1704）等；打倒武断的、不近人情的人生观的颜元、戴震（1723—1777）、崔述等。在积极的建设方面，有建设新研究方法的顾炎武（1613—1682）、崔述等；有建设新哲学的颜元、戴震等人。这种分析的考量，可以看出胡适的观察极为敏锐，也就是在这种思考基础上，胡适同意梁启超的观察，以"反动说"建立起他个人对于清代学术来源的基本看法。

（二）清代学术最大的成就是经学的复兴

在讨论清代学术的发展时，胡适强调，在反理学运动的过程中，除了破坏是最明显的特征之外，相对于破坏的建设也不容小觑。破坏是消极的打倒，建设则是积极的创造。

① 胡适《戴东原的哲学》，《胡适作品集》32，远流出版公司，1986 年，第 1—3 页。
② 胡适《费经虞与费密——清学的两个先驱者》，《胡适文存》二集，卷 1，第 86 页。

清儒在建设方面的具体成果,就是迥异于理学面目的新学术的出现,这就是经学的复兴。他说:

> 当日反玄学的运动之中还有一个最有力而后来成绩最大的趋势,就是经学的复兴。……用"经学"来代替"禅学",这是当日的革命旗号。"经学"并不是清朝独有的学术,但清朝的经学却有独到的长处,可以说是与前代的经学大不相同。汉朝的经学重诂训,明为近古而实多臆说;唐朝的经学重株守,多注"注"而少注经;宋朝的经学重见解,多新义而往往失经的本义。清朝的经学有四个特点:(一)历史的眼光,(二)工具的发明,(三)归纳的研究,(四)证据的注重。因为清朝的经学具有这四种特长,所以他的成绩最大而价值最高。[①]

谈到清代经学,顾炎武是不可忽略的关键人物。明末清初的顾炎武是清代经学复兴的主要功臣,在反对理学上,顾氏有感于王学末流祸国的弊病,对理学展开了最猛烈的攻击,他说:"愚以为理学之名自宋人始有之。古之所谓理学,经学也,非数十年不能通也。……今之所谓理学,禅学也;不取之五经而但资之语录,校诸帖括之文而尤异也。"[②] 因此,顾炎武极力鼓吹用儒家传统的"经学",来取代实质沦为"禅学"的"理学",以回归儒家学术的正途。胡适认为,顾炎武的主张不仅用革命的方式打倒了五百年来的宋明理学,事实上也建设了此下新的学术,这就是经学的复兴。这种学术虽然以"经学"的面目出现,其实大不同于传统的经学。这由于历代经学各有所长,也各有所短:汉代经学重训诂,貌似近古实多臆说;唐代经学重株守,重注疏而忽略经文;宋代经学重见解,新义虽多却违失经文本义。就胡适而言,相较于过去的经学,清代经学有其独到的优点,这就是:历史的眼光、工具的发明、归纳的研究、证据的注重等四个特点。由于这些特点,使得清代经学能独具优势,不仅超越历代,而且成就不凡,合于近代的科学思想。正因清儒治学有这些优势,使得清代经学与以往的经学非常不同,他说:

> 主观的臆说,穿凿的手段,一概不中用了。搜求事实不嫌其博,比较参证不嫌其多,审察证据不嫌其严,归纳引申不嫌其大胆。用这种方法去治古书,真如同新得汽船飞艇,深入不曾开辟的奇境,日有所得而年有所成;才大的可以有创造的发现,而才小的也可以尽一点"襞绩补苴"的微劳。经学竟成了一个有趣味的新世界了!我们必须明白这一层,然后可以明白为什么明朝的第一流人才都做理学,而清朝的经学居然

---

① 胡适《戴东原的哲学》,第8—9页。
② 顾炎武《与施愚山书》,《顾亭林诗文集·亭林文集》卷三,世界书局,1963年,第62页。

可以牢笼无数第一流的人才。①

由于清儒做学问有历史的眼光，又取得前人所没有的治学工具，再加上合乎近代科学的精神与方法，因而在面对传统典籍时，能不预设成见，重视证据，开展出新的观点，发现新的问题；更能以缜密的方法，巨细靡遗的归纳分析，逐步解决问题，从而得出具体可信的结论。这种客观的态度，精密的治学方法，促使清代经学从宋明时代的主观冥想的窠臼解放出来，网罗了许多第一流的人才从事经学研究，也开启了中国经学史上一个最光辉灿烂的时代。

（三）清代学术能超越前人的主要原因，在治学方法的创新与应用

早在 1919 年，胡适正式发表了第一篇有关清代学术的论文——《清代学者的治学方法》，在表彰清代学者研究学问时，使用了迥异于前人的新方法。这种新的研究方法，使得他们在从事研究工作时，能突破前人主观冥想的窠臼，建立起客观可信的论点，创造出前所未有的成绩，从而奠定了清代学术在学术史上屹立不摇的坚实地位。这种崭新的研究方法的出现，主要动机来自于清儒不满意"宋代以来的学者用主观的见解来做考古学问的方法"，② 具体说来，清儒攻击宋儒的不当之方法包括下列几项：

（1）随意改古书的文字。

（2）不懂古音，用后世的音来读古代的韵文，硬改古音为"协音"。

（3）增字解经。例如解"知致"为"致良知"。

（4）望文生义。例如《论语》"君子耻其言而过其行"，本有错误，故"而"字讲不通；宋儒硬解为"耻者，不敢尽之意；过者，欲有余之辞"。却不知道"而"字是"之"字之误。（皇侃本如此）③

胡适并且就这些弊病，分别举例做了说明。④ 正由于清儒不满意宋儒的治学方法过于主观，以意为之，因此自顾炎武开始，针对上述弊病，清儒发展出一套重视证据、避免成见的客观研究方法来。顾炎武曾说："愚以为读九经自考文始，考文自知音始。以至诸子百家之书，亦莫不然。"⑤ 此处所说的"'考文'便是校勘之学，'知音'便是音韵训诂之学。"⑥ 顾氏作《音学五书》，教人从文字声音下手，用证据来考订古音，胡适主张这就是一种科学的研究法。这种方法并非顾氏首创，而是前有所承，来自于明代陈第（1541—1617）的《毛诗古音考》。陈第考证古音，用证据作基础，提出"本证"与"旁证"两种概念，"本证"是以《诗

---

① 胡适《戴东原的哲学》，第 13 页。
② 胡适《清代学者的治学方法》，《胡适文存》一集，卷 2，远东图书公司，1968 年，第 391—392 页。
③ 同上，第 392 页。
④ 同上，卷 2，第 392 页。
⑤ 顾炎武《答李子德书》，《顾亭林诗文集·文集》卷 4，世界书局，1963 年，第 72—77 页。
⑥ 胡适《几个反理学的思想家》，《胡适文存》三集，卷 2，第 53—107 页。

经》证《诗经》，"旁证"是以《易经》、《楚辞》证《诗经》，从而考证出《毛诗》的古音。顾炎武完全采用了陈第的方法，也用"本证"与"旁证"两种概念来考证《诗经》的古音，只不过后出转精，搜集了更丰富的材料，提出了更多的证据。举例而言，陈第考证"服"字古音读"逼"，共举出本证14、旁证10；顾氏作《诗本音》，于"服"字下举出本证17、旁证15。其后，顾炎武作《唐韵正》时，更于"服"字下举出了162个证据。这种重视证据的态度，影响既深且远，到了乾嘉时代的学者如戴震、钱大昕（1728—1804）、段玉裁（1735—1815）、王念孙（1744—1832）、王引之（1766—1834），更是发扬光大，用同样的方法研究音韵学、训诂学，校勘古书，蔚为风气，形成一种新的研究学问的方法。胡适认为，这种方法的基本观念大致如下：

（1）研究古书，并不是不许人有独立的见解，但是每立一种新见解，必须有物观的证据。

（2）汉学家的"证据"完全是"例证"。例证就是举例为证。……

（3）举例作证是归纳的方法。举的例不多，便是类推（Analogy）的证法。举的例多了，便是正当的归纳法（Induction）了。类推与归纳，不过是程度的区别，其实他们的性质是根本相同的。

（4）汉学家的归纳手续不是完全被动的，是很能用"假设"的。这是他们和朱子大不相同之处。他们所以能举例作证，正因为他们观察了一些个体的例之后，脑中先已有了一种假设的通则，然后用这通则包含的例来证同类的例。他们实际上是用个体的例，精神上实在是把这些个体的例所代表的通则，演绎出来。故他们的方法是归纳和演绎同时并用的科学方法。①

简而言之，即探讨问题时，撤除主观的态度，重视证据，采用例证，并且通过归纳的方式，得出一个客观的结论来。除了重视证据、使用归纳的方式之外，胡适特别强调，清代学者归纳的方式并非完全处于被动。事实上他们在观察个别的例证时，已经先产生了一种"假设的通则"，然后运用包含这个通则的例证来推论同类的例子，观察它是否能够将所有同类的例子都解释得清楚满意，这就是演绎的方法了。若是演绎的结果充分满意，原本的"假设的通则"，就成为一条已证实的定理了。胡适认为，清代学者常用的这种研究方法，其实就是科学家常用的方法，针对这种方法，胡适做了一个相当有名的概括："他们用的方法，总括起来，只是两点：（1）大胆的假设，（2）小心的求证。假设不大胆，不能有新发明。证据不充足，不能使人信仰。"② 这可以说是胡适对清代学者研究方法最重要的总结。③ 因

---

① 胡适《清代学者的治学方法》，《胡适文存》一集，卷2，第393—394页。

② 胡适《清代学者的治学方法》，《胡适文存》一集，卷2，第409页。

③ 关于胡适所概括的"大胆的假设，小心的求证"此一治学方法，讨论者颇多，可参看荣瑞和《胡适"大胆假设，小心求证"新探》，《河南师范大学学报》（哲学社会科学版）1987年第2期，第12—15页。

此,清代三百年的治学成绩在音韵学、训诂学、校勘学、考证学、金石学以及史学方面都有傲视前人的成绩,主要原因即在于有上述这样精密的治学方法。

(四)清学的最大问题在受限于研究的对象,因而开展不出现代的科学,也与国计民生毫无关联

尽管胡适对清代三百年学术的研究方法与研究成果相当肯定,赞誉有加,[①]并且认为清代学者的研究方法合于科学,但这只是就中国学术的本身所做的观察。若是放大视野,从人类学术发展的角度来衡量,尤其是与西洋近三百年的自然科学发展相比较,胡适对清代学术的观察就有迥然不同的评价了。

胡适肯定清代三百年学术的研究方法,认为它合于科学方法,与西洋近三百年自然科学的研究方式并无不同,他说:

> 顾炎武、阎若璩的方法,同格利赖(Galileo)、牛顿(Newton)的方法,是一样的:他们都能把他们的学说建筑在证据之上。戴震、钱大昕的方法,同达尔文(Darwin)、柏司德(Pasteur)的方法,也是一样的:他们都能大胆地假设,小心地求证。[②]

既然同一时代的中、西学者,同样讲求客观的证据,都使用同样的科学研究方法,何以会做出不同的研究成果,对人类文明的贡献又有截然不同的表现呢? 这是胡适提出来,也令人深思的一个大问题。

胡适自己的解答很简单:关键在于研究的材料不同。他说:

> 他们的方法是相同的,不过他们的材料完全不同。顾氏、阎氏的材料全是文字的,格利赖一班人的材料全是实物的。文字的材料有限,钻来钻去,总不出这故纸堆的范围;故三百年的中国学术的最大成绩不过是两大部《皇清经解》而已。实物的材料无穷,故用望远镜观天象,而至今还有无穷的天体不曾窥见;用显微镜看微菌,而至今还有无数的微菌不曾寻出。但大行星已添了两座,恒星之数已添到十万万以外了! ……然而我们的学术界还在烂纸堆里翻我们的觔斗! [③]

简而言之,胡适认为清代学者尽管发展出合于科学的研究方法,也做出了相当优秀的

---

① 胡适曾说:"'亭林百诗之风'造成了三百年的朴学。这三百年的成绩有声韵学,训诂学,校勘学,考证学,金石学,史学,其中最精采的部分都可以称为'科学的';其间几个最有成绩的人,如钱大昕、戴震、崔述、王念孙、王引之、严可均,都是科学的学者。我们回顾这三百年的中国学术,自然不能不对这班大师表示极大的敬意。"参见《治学的方法与材料》,《胡适文存》三集,卷2,第111页。

② 胡适《治学的方法与材料》,《胡适文存》三集,卷2,第109—122页。

③ 同上,第115—116页。

研究成果,但是受限于研究对象(材料),将研究的眼光集中在传统的古书上,因此无法如同时西洋的科学家,做出优秀的、有益社会人生的成果来。他说:

> 我们的考证学的方法尽管精密,只因为始终不接近实物的材料,只因为始终不曾走上实验的大路上去,所以我们三百年最高的成绩终不过几部古书的整理,于人生有何益处? 于国家的治乱安危有何裨补? 虽然做学问的人不应该用太狭义的实利主意来批判学术的价值,然而学问若完全抛弃了功用的标准,便会走上很荒谬的路上去,变成枉费精力的废物。这三百年的考证学固然有一部分可算是有价值的史料整理,但其中绝大的部分却完全是枉费心思。①

由于研究对象的不同、研究材料的差异,再加上不注重实验的态度,使得清三百年的学术研究只能局限在传统思想范围内,无法突破藩篱,"绝大部分是枉费心思",自然也开展不出胡适所念兹在兹,时刻不忘的近代自然科学来! 这是他始终引以为憾的恨事,也是他终生难以解开的心结。在这种心境下,尽管他褒扬清代学者治学的方法,许之为"科学方法";也肯定清代学者治学的认真专一,认为"但宜推求,勿为株守",这八个字是清学的真精神。②但在他针对清代学术做出具体的总评时,胡适还是说出了非常严厉的重话,他说:

> 这三百年之中,几乎只有经师,而无思想家;只有校史者,而无史家;只有校注,而无著作。这三句话虽然很重,但我们试除去戴震、章学诚、崔述几个人,就不能不承认这三句话的真实了。……古人说:"鸳鸯绣取从君看,不把金针度与人。"……多数的人只爱看鸳鸯,而不想自己动手去学绣。清朝的学者只是天天一针一针的学绣,始终不肯绣鸳鸯。所以他们尽管辛苦殷勤的做去,而在社会的生活思想上几全不发生影响。他们自以为打倒了宋学,然而全国的学校里读的书仍旧是朱熹的《四书集注》、《诗集传》、《易本义》等书。他们自以为打倒了伪古文《尚书》,然而全国村学堂里的学究仍旧继续用蔡沈的《书集传》。三百年第一流的精力,二千四百三十卷的经解,仍旧不能换朱熹一个人的几部启蒙的小书! 这也可见单靠功力而不重理解的失败了。③

国学的传承与创新

冯其庸先生从事教学与科研六十周年庆贺学术文集

这是胡适对清代三百年学术的总评价。他具体指出清代学术的优点在功力深厚、方法精妙；缺点在不重理解、缺乏整体的认知与系统的贯穿，因而不能有完整的思想与体大思精的著作出现。这正是章学诚所说的："近日学者风气，征实太多，发挥太少，有如蚕食叶而不能抽丝。"[①] 更要紧的是，清代的学术完全脱离了社会民生，与实际的人生完全没有关联，这才是胡适最为关心的一点。

三、对胡适论点的讨论

上面略举四个要点，分别讨论了胡适对清三百年学术的几个看法，这几个看法是否一定正确无误为学界所接受呢？由于观察角度的不同，自然会有不同的意见，见仁见智之处势必所在多有。学术观点未必见得非定于一尊不可，众声喧哗，纷纷扰攘，常常可以见出思想自由、多元并存的可贵。此处谨就胡适所论各点，略抒个人的浅见。

（一）对"清学是理学的反动"论点的讨论

胡适接受梁启超的观点，认定清代学术是理学的反动，以这种论点来解释清代学术的出现，是否足够周延，是否能够清楚解释清学兴起的原因呢？以个人浅见，用一个简单的观点想执简御繁，去解释一个时代思潮兴起的原因，想法过于单纯，几乎不太可能做到。

就在胡适发表这几篇讨论清代学术的文章之后，时在北京大学任教的钱穆在其新作《中国近三百年学术史》中很清楚地提出了不同的看法，他说：

> 明清之际，诸家治学，尚多东林余绪。梨洲（黄宗羲）嗣轨阳明，船山（王夫之）接迹横渠，亭林（顾炎武）于心性不喜深谈，习斋（颜元）则兼斥宋明，然皆有闻于宋明之绪论者也。[②]

又说：

> 言汉学渊源者，必溯诸晚明诸遗老，然其时如夏峰（孙奇逢）、梨洲（黄宗羲）、二曲（李颙）、船山（王夫之）、桴亭（陆世仪）、亭林（顾炎武）、蒿庵（张尔岐）、习斋（颜元），一世魁儒耆硕，靡不寝馈于宋学。继此而降，如恕谷（李塨）、望溪（方苞）、穆堂（李绂）、谢山（全祖望）、乃至慎修（江永）诸人，皆于宋学有甚深契诣，而于时已及乾隆，汉学之名，始稍稍起，而汉学诸家之高下浅深，亦往往视其所得于宋学之高下浅深以为判。[③]

---

① 章学诚《与汪龙庄书》，《章学诚遗书》卷9，文物出版社据壬戌吴兴刘氏嘉业堂刊本影印，1985年，总第82页。

② 钱穆《中国近三百年学术史·自序》，台湾商务印书馆，1990年台十版，第1页。

③ 钱穆《中国近三百年学术史·引论》，第1页。

钱穆虽未明白指斥"反动说"的不是,但从他具体陈述"明清之际,诸家治学,尚多东林余绪"、"言汉学渊源者,必溯诸晚明诸遗老……一世魁儒耆硕,靡不寝馈于宋学"而言,他并不赞成梁启超、胡适以"反动说"来解释清学的兴起。相对于梁、胡的说法,他提出另外一种观察,以晚明诸遗老黄宗羲(1610—1695)、王夫之(1619—1692)、顾炎武、颜元,以及稍后的李塨(1659—1733)、方苞(1668—1749)、李绂(1673—1750)、全祖望(1705—1755)、江永(1681—1762)等人莫不深受宋学影响为例,主张清学的出现,渊源于宋明理学的继续发展。钱穆的论点其实很清楚,他认为学术的发展犹如自然的演进一样,有其内在的脉络,先后相连相承,不能截然划分,判若二事。钱穆的这种观察,其实也是有所本,乾嘉时期的章学诚就曾经说过:

> 通经服古,由博反约,即是朱子之教。一传而为蔡九峰(沈)、黄勉斋(干),再传而为真西山(德秀)、魏鹤山(了翁),三传而为黄东发(震)、王伯厚(应麟)。其后如许白云(谦)、金仁山(履祥)、王会之(柏),直至明初宋潜溪(濂)、王义乌(袆),其后为八股时文中断。至国初而顾亭林(炎武)、黄梨洲(宗羲)、阎百诗(若璩)皆俎豆相承,甚于汉之经师谱系。戴氏亦从此数公入手,而痛斥朱学,此饮水而忘其源也。①

章氏的说法虽系针对戴震反程朱理学而发,就他所论述的学术谱系来看,事实上说明了学术有其传承,后之视前虽有所不同,甚至面目内涵差异颇大,但渊源所自,实历历可数,若以"反动"一语带过,难免与人"抽刀断水"之讥。我们可以说,胡适以"反动说"来解释清学兴起的原因,固然有其道理,但是绝对不够周延;同样,以"内在理路说"来说明清代学术与前一时代学术的关系,也可能出现过于牵扯,难以自圆其说的困境。学术的演进发展是相当复杂的现象,其中有延续,有变化,犹如滚滚长江东逝,但见波涛起伏,后浪推涌前浪,其实前后二者之间实难划分清楚。前后时代的学风尽管有所差异,甚至迥然不同,但二者之间必然有着千丝万缕的关系存在,后来的变化多半在前一阶段已经出现端倪,只是稍微隐密,不易发觉罢了。清代的考证风气虽自顾炎武开风气,但是顾氏之前,明代的学者如胡适所标举的陈第,以及胡适未注意到的钱谦益(1582—1664)等人,其实著作中已有颇多考证之作,而且精密之见所在多有,这是难以一笔带过、忽略不提的。就此而言,胡适以"反动说"来解释清学的兴起,似乎有过于简单化之嫌。

(二)对于"清代学术的最大成就是经学的复兴"的思考

就清代学者在治经的研究精神、研究方法及所做出的成绩而言,清代经学不仅集历代

冯其庸先生从事教学与科研六十周年庆贺学术文集

---

① 章学诚《又与朱少白书》,《章学诚遗书·章氏遗书补遗》,总第 611 页。亦可参看同书第 15—16 页,《文史通义·内篇二·朱陆》。

经学之大成,而且成就亦远在历代经学之上,这是完全可以确定的。[①]所以胡适的评价相当正确。不仅如此,胡适对清代学术的观察确实也远在当时其他学者之上,此处就以清末的皮锡瑞为例,与胡适的观点略做比较,以见胡氏的眼光超卓之处。

皮锡瑞在他所撰的《经学历史》一书中,分中国经学史的发展为十期,除孔子时期为"经学开辟时代"、两汉为"经学极盛时代"、唐代为"经学统一时代"之外,宋代被列为"经学变古时代",元明两朝则为"经学积衰时代",至于清朝,则列为"经学复盛时代"。皮氏认为清代经学之所以复盛,原因有二:"一则明用时文取士,至末年而流弊已甚。……一时才俊之士,痛矫时文之陋,薄今害古,弃虚崇实,挽回风气,幡然一变。王夫之、顾炎武、黄宗羲皆负绝人之姿,为举世不为之学。于是毛奇龄、阎若璩等接踵继起,考订校勘,愈推愈密。斯为近因。"远因则是宋儒之中,朱子之学最为笃实,"王、顾、黄三大儒,皆尝潜心朱学,而加以扩充,开国初汉、宋兼采之派。斯为远因。"[②]由于上述诸儒"实事求是"学风的影响,再则"雍、乾以后,古书渐出,经义大明。惠(栋)、戴(震)诸儒,为汉学大宗,已尽弃宋诠,独标汉帜矣。"[③]这些经师有两项特质,即"传家法"与"守颛门","传家法则有本原,守颛门则无淆杂",[④]这使得他们能继承汉学,开展出经学的新局面,做出前所未有的成绩。这些成绩表现在三个方面,即:辑佚书、精校勘、通小学。辑佚书成果丰硕,汉、唐经师遗说残存者大致略备,增添许多研究材料;精校勘指的是清代校勘名家辈出,刊误订讹,具析疑滞,提供具体可信的资料;通小学则不仅解决古今文字语言差异,有助于解经通古,更因而附庸蔚为大国,从小学发展出文字、音韵、训诂三门独立的学问。综上所云,皮锡瑞因此肯定清代经学的成就远迈前人,地位独特。

从上面的论述可以看出,同样是推崇清代经学,皮氏的观点犹是拘守传统经师窠臼,不脱今古汉宋的门户成见,虽然盛推清儒经学,却受限于既有立场,未能清楚掌握清学的特质。而胡适却极为不同,他明确指出:"清朝的经学有四个特点:(一)历史的眼光,(二)工具的发明,(三)归纳的研究,(四)证据的注重。"透过对四个特点的分析探讨,胡适不仅勾勒出清代学术的特质,同时也将清学与传统经学研究的差异所在凸显出来。皮锡瑞只描述了清代经学的种种现象,却没能说出这种现象背后的所以然,关键因素究竟何在。相较于皮锡瑞说法的含糊不清,胡适则要言不烦地点出清代经学之所以兴盛,所以能远过前代,在于清代学者改变了传统治经的态度,以历史的眼光、客观的态度,注重方法,掌握新的治学工具,所以能做出令人信服的成绩,并且开拓出合乎科学的学风。这种观察,是从未受过近代西洋学术洗礼的皮锡瑞所难以企及的。

①　有关清代学者治经成果的大致表现,可参看梁启超《清代学者整理旧学之总成绩(一)》,《中国近三百学术史》,朱维铮校注《梁启超论清学史二种》,复旦大学出版社,1985年,第294—329页。

②　皮锡瑞著,周予同注释《经学历史》,中华书局,1989年,第299—300页。

③　同上,第313页。

④　同上,第321页。

（三）对"清代学术能超越前人的主要原因，在治学方法的创新与应用"的思考

胡适专论治学方法的《清代学者的治学方法》一文，撰著于 1919 年 8 月至 1921 年 11 月，大部分写于 1919 年至 1920 年之间。较胡适稍晚，梁启超在其 1921 年出版的名著《清代学术概论》一书上，也同样讨论到乾嘉学者治学的学风特色，有下述十项：

> 1. 凡立一义，必凭证据；无证据而以臆度者，在所必摈。2. 选择证据，以古为尚，以汉唐证据难宋明，不以宋明证据难汉唐；据汉魏可以难唐，据汉可以难魏晋，据先秦西汉可以难东汉，以经证经，可以难一切传记。3. 孤证不为定说，其无反证者姑存之，得有续证则渐信之，欲有力之反证则弃之。4. 隐匿证据或曲解证据，皆认为不德。5. 最喜罗列事项之同类者，为比较的研究，而求得其公则。6. 凡采用旧说，必明引之；剿说认为大不德。7. 所见不合，则相辩诘，虽弟子驳难本师，亦所不避；受之者从不以为忤。8. 辩诘以本问题为范围，词旨务笃实温厚，虽不肯枉自己意见，同时仍尊重别人意见；有盛气凌轹，或支离牵涉或影射讥笑者，认为不德。9. 喜专治一业，为"窄而深"的研究。10. 文体贵朴实简絜，最忌"言有枝叶"。①

梁启超所列出的这 10 项特色中，前 4 项都与重视证据有关，第 5 项则显示出他也注意到归纳比较以求通则的现象，6—8 项则是著述道德、讨论辩驳的态度，第 9 项为做学问讲究专精，第 10 项则是写作文章的基本要求。通过与胡适《清代学者的治学方法》的比较，我们可以发现，两人都注意到清代学者治学重视证据、注意归纳比较的特色，也同样举出清儒喜欢做"窄而深"的研究，这是英雄所见略同。不同的是梁启超讨论的范围较广，不限于治学方法，也兼论著作道德、辩驳的态度与论文写作的基本文体。由于两人写作的时间相近，胡适亦曾读过《清代学术概论》的原稿，并且提出过修正意见，②两人之间究竟谁影响谁？实在很难判定。

如果专就治学方法的讨论而言，胡适在观察到清儒注重证据之外，进一步讨论到他们的治学方法经常使用归纳法，并且也注意到清儒在进行归纳时，"很能用'假设'"，甚至于将假设的通则"演绎出来"。就此而言，胡适判断清代学者的治学方法，不仅仅是归纳法，其实是"归纳与演绎同时并用的科学方法"，他以钱大昕考定"古无轻唇音"、"古无舌头舌上之分"、王念孙、王引之父子考定文言虚字，王念孙、段玉裁校勘古书为例，说明清代学者治学用的就是科学方法，进而导出他们的方法就是"大胆的假设，小心的求证"。相较之下，梁启超虽也提及清人重视归纳以求通则的方法，但却没有进一步的申说，殊为可惜。姑且不论胡适的结论是否一定成立，是否论证过程绝无瑕疵，仅就他挖掘问题的深度，勇于创

---

① 梁启超《清代学术概论》，台湾商务印书馆，1985 年，第 77—78 页。

② 参看梁启超《清代学术概论》，第 1 页。

说的治学态度而言,在当时的学术界的确是相当前卫罕见的。

胡适对于治学方法的重视,从他青年时期即已开始,[①] 他的博士论文《先秦名学史》以及以此书为基础所编写的《中国哲学史大纲》(卷上),写作的重点都放置在方法的讨论上。[②] 而胡适研究清代学术时,探讨的对象、关切的问题,着眼点也全在清代学者的治学方法,这一点我们从胡适的《清代学者的治学方法》、《崔述年谱:科学的古史家崔述》、《费经虞与费密——清学的两个先驱者》、《戴东原的哲学》、《几个反理学的思想家》以及《治学的方法与材料》这些著作的内容、讨论的人物以及探讨的问题来观察,无一例外地全都指向治学方法的分析与探讨。不仅如此,胡适本人在研究中国传统小说时,也采取了清代学者研究古书的治学方法,搜集可能掌握到的材料,尊重证据,摒除成见与附会,让证据引导推论,在他脍炙人口的《〈红楼梦〉考证》一文的结语中,他恳切地说:

> 我在这篇文章里,处处想撇开一切先入的成见;处处存一个搜求证据的目的;处处尊重证据,让证据做乡导,引我到相当的结论上去。我的许多结论也许有错误的,——自从我第一次发表这篇考证以来,我已经改正了无数大错误了,——也许有将来发见新证据后即须改正的。但我自信:这种考证的方法,除了《董小宛考》之外,是向来研究《红楼梦》的人不曾用过的。我希望我这一点小贡献,能引起大家研究《红楼梦》的兴趣,能把将来的《红楼梦》研究引上正当的轨道去:打破从前种种穿凿附会的"红学",创造科学方法的《红楼梦》研究![③]

其后在《庐山游记》的结语也说:

> 我为什么要考证《红楼梦》? 在消极方面,我要教人怀疑王梦阮、徐柳泉、蔡子民一班人的谬说。在积极方面,我要教人一个思想学问的方法。我要教人疑而后信,考而后信,有充分证据而后信。
>
> 我为什么要替《水浒传》作五万字的考证? 我为什么要替庐山一个塔作四千字的

---

① 参看胡适口述,唐德刚译注《胡适口述自传》第六章《青年期逐渐领悟的治学方法》,传记文学出版社,1981年,第121—139页。

② 胡适曾在《〈中国古代哲学史〉台北版自记》说:"我这本书的特别立场是要抓住每一位哲人或每一个学派的'名学方法'(逻辑方法,即是知识思考的方法),认为这是哲学史的中心问题。我在第八篇里曾说:'古代本没有甚么名家,无论哪一家的哲学,都有一种为学的方法。这个方法,便是这一家的名学(逻辑)。所以老子要无名,孔子要正名,墨子说言有三表……这都是各家的'名学'。因为家家都有名学,所以没有甚么名家。'这个看法,我认为根本不错。试看近世思想史上,程、朱、陆、王的争论,岂不是一个名学方法的争论? ……所以我这本哲学史在这个基本立场上,在当时颇有开山的作用。可惜后来写中国哲学史的人,很少能够充分了解这个想法。"由此可知,胡适在从事学术研究工作时,最关心的就是研究方法。

③ 胡适《〈红楼梦〉考证》,《胡适文存》一集,卷3,第618页。

考证？我要教人一个思想学问的方法。我要教人知道学问是平等的,思想是一贯的,一部小说同一部圣贤经传有同等的学问上的地位,一个塔的真伪同孙中山的遗嘱的真伪有同等的考虑价值。①

可以看出,胡适之所以强调他要考证《红楼梦》、《水浒传》,为的就是要改变大家的思考模式,通过人人都读的易懂的通俗小说,来教导社会大众打破因循苟且的习性,不要盲从轻信,要学会怀疑;更积极的则是要学会"疑而后信,考而后信,有充分证据而后信"的"思想学问方法"。这种思考方法,主要来自于清代考证之学的影响。

(四)对"清学受限于研究的对象,因而开展不出现代的科学,也与国计民生毫无关连"评价的思考

胡适对于清代学术虽然并不否认其有缺点,②但基本上是持肯定态度的,这由上述的许多论述中再三强调清代学者的治学方法合乎科学可以观察出来。但是1928年发表的《治学的方法与材料》论文,却似乎对他过去赞誉有加,甚至许之为以"科学的方法"治学的清代学者,有了相当负面的批评。问题究竟出在哪里?是胡适的观点有了转变,还是因对象不同而有所斟酌?或者他根本就不以传统学术为然?这是一个相当严肃且值得思考的问题。

不同于此前的一贯强调治学方法的重要,胡适在这篇《治学的方法与材料》中,特别强调治学的方法与治学的材料同样重要。"不但材料规定了学术的范围,材料并且可以大大地影响方法的本身。"③因此他极力凸显研究材料的重要,有时甚至于在方法之上。这种论调和他以往处处强调科学方法,标榜清代学者由于治学方法合于科学的方式,因而能做出超出前人的成绩,的确有很大的差异!也因而造成读者极大的困扰。这种现象出现的原因,可能是有所为而言,用意在改正年轻人某些较为偏差的观念。

我们知道胡适固然大力提倡治学要有方法,尤其是科学的研究方法,长期以来更一直积极鼓吹这个观念。当这种重视方法普遍被接受并且形成风气之后,很自然就会出现一些矫枉过正甚至似是而非的说法,例如"治学问全靠有方法;方法最重要,材料却不很重要。有了精密的方法,什么材料都可以有好成绩。龚同溺可以作科学的分析,《西游记》同《封神演义》可以作科学的研究"④等等。胡适认为这种说法不能说错,但是只能说是"片面的真理",不是完整全面的观察。相同的材料,使用的方法不同,做出来的成果自然不同;若用同样的方法,但在不同的材料上,做出来的成果自然也大不相同,这是极基本的常识。

---

① 胡适《庐山游记》,《胡适文存》三集,卷2,第171页。
② 胡适在1923年1月的《〈国学季刊〉发刊宣言》就曾指出:"这三百年的古学的研究,在今日估计起来,实在还有许多缺点。分开来说,也有三层:一、研究的范围太狭窄了。……二、太注重功力而忽略了理解。……三、缺乏参考比较的材料。"《胡适文存》二集,卷1,第1—18页。
③ 胡适《治学的方法与材料》,《胡适文存》三集,卷2,第116页。
④ 同上,第109页。

可能是因为当时有许多年轻人虽然热心于研究学问,却惑于治学方法至上的风气,因而不了解材料的重要性,只是一味讲究治学方法,因而形成相当偏颇的观念。有鉴于此,胡适虽然极力提倡治学方法,为了避免积非成是,也为了导正这种错误观念,因此在这篇文章中强调治学方法固然重要,研究的材料也重要。若使用相同的科学方法,就有益于国计民生的角度来看,研究自然科学,甚至比研究古书更重要。或许是由于这个缘故,所以胡适刻意贬低清代学者的成就,甚至说出:"我们的考证学的方法尽管精密,只因为始终不曾走上实验的大路上去,所以我们的三百年最高的成绩终不过几部古书的整理,于人生有何益处?于国家的治乱安危有何裨补?……这三百年的考证学固然有一部分可算是有价值的史料整理,但其中绝大的部分却完全是枉费心思"[1] 的话来!这与他当年脍炙人口的名言"研究学术史的人,更当用'为真理而求真理'的标准去批评各家的学术。学问是平等的,发明一个字的古义,与发现一颗恒星,都是一大功绩"[2] 真是相去悬远,不可以道里计!出现这种论调的原因,与其说是胡适的想法有所改变,[3] 不如说他是有所为而言,为了导正偏失而做出的过激之言,可能更为妥当。

尽管如此,胡适在这篇文章中贬低了清代学者的治学成绩却是事实,也无可否认。对于这种现象,笔者的浅见以为,胡适在论述中所作类比其实很有问题,由于比较的对象不妥当,所以才推论出清代学者的研究成果远不如同时代西方学者的结论,这是胡适在进行论证时考虑欠周全所导致的结果,对三百年的清代学者而言,这个评价并不十分公允。以下谨略述个人的看法。

所谓比较,必须在公平合理的条件下进行比较,才是合理的比对。领域不同,研究对象不同,尽管研究方法完全相同,也未必见得就是合理的比较。胡适的中、西学者研究成果不同,对人类贡献相较悬殊的判断,其实颇存在一些问题。

从研究领域来说,胡适所举出的清代三百年的学者,如顾炎武、阎若璩(1636—1704)、戴震、钱大昕、段玉裁、孔广森(1752—1786)、王念孙、王引之等人,他们的研究领域都在传统学术的范围内,研究的对象是人文学。相对于这些中国学者,胡适所举的西洋学者,

① 胡适《治学的方法与材料》,《胡适文存》三集,卷 2,第 119 页。
② 胡适《论国故学——答毛子水》,《胡适文存》一集,卷 2,第 441 页。
③ 周质平在《评胡适的提倡科学与整理国故》一文中,曾主张:"胡适对整理国故的态度,到了 1928 年有了相当的改变,这个改变可以说是从纯粹的'为真理而求真理'的非功利的治学观点,渐渐了解到学术研究与国计民生完全脱节,也有危险与荒谬的可能。"(《胡适丛论》,三民书局,1992 年,第 5 页。)虽然如此,从后来胡适有关清代的论文来看,他所作的依然是与国计民生毫无关联的纸上研究工作,如 1936 年 4 月发表的《颜李学派的程廷祚》(北京大学《国学季刊》第 5 卷第 3 期,1936 年 4 月北平出版);1936 年 6 月发表的《北京大学新印程廷祚〈青溪全集〉序》(天津《益世报·读书周刊》第 51 期,1936 年 6 月 4 日);1937 年在"庐山暑期训练团"讲演的《颜习斋哲学及其与程朱陆王的异同》(《文史杂志》第 1 卷第 8 期,1941 年 7 月 16 日香港出版),都是这类性质的研究,看不出胡适有改变思想的迹象。而晚年全力进行的《水经注》研究,只为了替他的安徽同乡戴震攘夺全祖望、赵一清的公案辨诬,充分展现出他的"历史癖"与"考据癖",更足以证明胡适并没有改变他"故纸堆里讨生活"的研究工作。

如格利赖（Galileo，1564—1642）、牛顿（Sir Isaac Newton，1642—1727）、达尔文（Charles Darwin，1809—1882）、柏司德（Louis Pasteur，1822—1895）等人，这些都是自然科学领域的学者。尽管如胡适所说，中、西学者所使用的方法一样，他们的学说也都建筑在证据之上，但由于研究的材料（对象）不同，因此而有不同的成就。领域不同，研究的对象不同，尽管研究方法相同，所得出的成果不同，这是很正常的。若因此而判断人文研究的表现不如自然科学，人文研究的成果不像自然科学的成果能造福人类，有益于国计民生，那就是极大的偏差了。[①]胡适是不是应以上述清代学者跟同时的西方学者培根（Francis Bacon，1561—1626）、笛卡儿（Rene Descartes，1596-1650）来比较，可能会合理一些呢？

就语言学的领域来说，胡适认为"一个格林姆（Grimm，1785—1863）便抵得许多钱大昕、孔广森的成绩"。又以瑞典学者珂罗倔伦（Bernhard Karlgren，今译高本汉，1889—1978）为例，强调"他几年的成绩，便可以推倒顾炎武以来三百年的中国学者的纸上工夫。"[②]格林姆与珂罗倔伦都是西方著名的语言学家，他们研究语音学，都有西洋语言学的理论做基础，加以有机会研究各地方的方言，所以成就斐然。相较于这些西洋学者，清代的顾炎武、钱大昕、孔广森以及陈澧（1810—1882）等人，他们既缺乏既有的语言学理论做基础，又没有研究方言的机会，可以说研究的方法已经远落人后；加以研究素材除了纸上材料之外，更缺乏近代实验、田野调查的机会，成果表现远落人后，其实并不意外。所以，即使是同领域中、西学者的比较，因为立足点不同，也并不合理。以这种比较来强调"三百年的第一流的聪明才滞销磨在这故纸堆里，还没有什么好成绩"，[③]也不能说是一个公允的评断。

---

① 40多年后，胡适在夏威夷召开的"东西方哲学讨论会"上宣读了他的论文："The Right to Doubt in Ancient Chinese Thought." 其后刊登在《东西方哲学月报》第12卷第4期上（*Philosophy East and West*，Vol.XII，No.4，January，1963，pp.295—300）。此文后由徐高阮译为中文，题目是《中国哲学里的科学精神与方法》。文中胡适对当年在《治学的方法与材料》所做的不合理比较有了较深刻的反省，他说："不止四分之一世纪以前，我曾试提一个历史的解释，做了一个十七世纪中国与欧洲知识领袖的工作的比较年表。……这是一个历史的解释，但是对于十七世纪那些中国大学者有一点欠公平。我那时说，'中国的知识阶级只有文学的训练，所以他们活动的范围只限于书本和文献。'这话是不够的。我应当指出，他们所推敲的那些书乃是对于全民族的道德、宗教、哲学生活有绝大重要性的书。那些大人物觉得抄出这些古书里每一部的真正意义是他们的神圣责任。他们正向白朗宁（Robert Browning）的诗里所写的'文法学者'（Grammarian）。……正因为他们都是专心尽力研究经典大书的人，所以他们不能不把脚跟站稳：他们必须懂得要有证据才可以怀疑，更要有证据才可以解决怀疑。我看这就足够给一件大可注意的事实做一种历史的解释，足够解释那些只运用'书本、文字、文献'的大人物怎么竟能传下来一个科学的传统，冷静而严格的探索的传统，严格的靠证据思想，靠证据研究的传统，大胆的怀疑与小心的求证的传统——一个伟大的科学精神与方法的传统，使我们，当代中国的儿女，在这个近代科学的新世界里不觉得扰迷惑，反能够心安理得。"文载《新时代》第4卷第8、9期，1964年8、9两月出版，请参看。虽然对清儒已有较公正的评断，但仍未承认这种比较的不公允、不合理。王元化则在《胡适的治学方法与国学研究》一文中指出，胡适拿清代考据学者的治学成绩与近代西方自然科学的成就相比较是不妥当的，他说："胡适在这里做了一个不可比的比较：清代没有诞生近代自然科学是事实，但这属于另一问题，倘责之上述那些清代考据学者则是失于一偏的。"文载《读书》1993年第9期，第116—122页。

② 以上引文参看胡适《治学的方法与材料》，《胡适文存》三集，卷2，第120页。

③ 同上，第121页。

四、结语

虽然没有刻意的强调，但对于清代学术的研究，在胡适的著作中确实占着相当的分量。除了《章实斋先生年谱》、《戴东原的哲学》这两部专书之外，其他的单篇论文也不在少数。在这些论著中，最明显的特色是胡适一再强调治学方法的重要。如果连同《中国哲学史大纲》（卷上）一并合计，可以发现胡适在论述治学方法，宣扬他所标榜的科学方法时，所举的具体实例几乎全出于清代三百年之中，而且除了清初的顾炎武、阎若璩之外，其余学者如戴震、钱大昕、段玉裁与王念孙父子等，也都是乾嘉考证之学的代表学者。这种现象显示，虽然并非有意，但极清楚地表示了胡适对乾嘉汉学的重视与极度肯定。

胡适自承："我治中国思想与中国历史的各种著作，都是围绕着'方法'这一观念打转的。'方法'实在主宰了我四十多年来所有的著述。"并且说："从基本上说，我这一点实在得益于杜威的影响。"[1] 虽然如此，但透过上述的讨论之后，我们可以确切地说，在建构他的方法论上，除了他自称受之于杜威的"实验主义"之外，清代学者三百年的研究方法与治学成果，为胡适自身的理论建构提供了最完整的资料来源与具体实例；如果没有这些，胡适能否掌握具体材料，以完成他的理论体系，还是颇可讨论的问题。这一点，我们从上述《清代学者的治学方法》、《戴东原的哲学》以及《治学的方法与材料》的论述内容，即可充分看出。[2]

胡适的学术成就究竟如何？他的学术地位应如何定位？即使到今日，恐怕仍然议论纷纷，难以有一致的结论。但是经过上述的讨论之后，有一点是应该可以确定的，他是中国近代史上第一位提倡方法论的先驱，对治学讲究方法有着难以抹煞的贡献。所谓"但开风气不为师"，应该是实至名归的。

---

① 唐德刚译注《胡适口述自传》，第94页。

② 孔繁曾说："胡适在现代学术史上的贡献，很大部分在他的考据学，而他的考据方法则是直接清代学者而来，清代学者于文字音韵的训诂校勘以及古书的考订辨伪，对他起了示范和启蒙的作用。……他于'朴学'方法论上并没有多大创造，尽管他极力以实用主义方法附会朴学方法，然而他于考证学所作之发明，并非来自实用主义，而是来于'朴学'的启迪。否则胡适便不成其为胡适了。"参见孔著《胡适对清代"朴学"方法的总结与评价》，《文史哲》1989年第3期，第51—56页。

吴宓与清华国学研究院

韩　星

（中国人民大学国学院）

一、吴宓生平事迹简介

吴宓，字雨僧、雨生，笔名余生，1894 年（清光绪二十年）生，陕西省泾阳县人。1917 年 23 岁的吴宓赴美国留学，攻读新闻学，1918 年改读西洋文学。留美 10 年间，吴宓对 19 世纪英国文学尤其是浪漫诗人作品的研究下过相当的功夫，有过不少论著。

1926 年吴宓回国，即受聘在国立东南大学文学院任教授，讲授世界文学史等课程。在东南大学吴宓与梅光迪、柳诒徵一起主编于 1922 年创办的《学衡》杂志，11 年间共出版 79 期，形成了现代文化史上著名的文化保守主义派别——学衡派。这一时期他撰写了《中国的新与旧》《论新文化运动》等论文，采古典主义，抨击新体自由诗，主张维持中国文化遗产的应有价值，尝以中国的白璧德自任。他曾著有《吴宓诗文集》、《空轩诗话》等专著。

吴宓离开东大后到东北大学任教，在清华大学创办国学研究院，到外文系任教授。

1941 年吴宓被教育部聘为首批部聘教授。1943—1944 年吴宓代理西南联大外文系主任，1944 年秋到成都燕京大学任教，1945 年 9 月改任四川大学外文系教授，1946 年 2 月吴宓推辞了浙江大学、河南大学要他出任文学院院长之聘约，到武昌武汉大学任外文系主任，1947 年 1 月起主编《武汉日报·文学副刊》一年。

1949 年国民党败退前夕，台湾大学校长傅斯年邀他去台湾大学任文学院长，他拒绝了，也不接受美国哈佛大学的教授的聘请，他说："父母之邦，不可弃也！"同年广州岭南大

学校长陈序经以文学院院长之位邀他南下,且其好友陈寅恪亦在岭南,女儿则要他去清华大学,而他却于4月底飞到重庆到相辉学院任外语教授,兼任梁漱溟主持的北碚勉仁学院文学教授,入蜀定居。1950年4月两院相继撤消,吴宓到新成立的四川教育学院,9月又随校并入西南师范学院历史系(后到中文系)任教,晚景甚为不佳。

解放后,因他重国学,尊孔孟,用古文写诗词文章,因此说他反今学,反白话文运动,反鲁迅;因他不主张汉字简化、拼音化,说这样不能保存古典文化,因此说他反对文字改革;"文革"期间,他反对废除古典文物书籍,反对打砸抢,反对批孔孟,因此说他反对文化革命,被打成牛鬼蛇神、反动学术权威、顽固不化分子,被罚劳动改造,成为西南师院批斗的大罪人,以种种罪名蹲"牛棚",到平梁劳改。他曾被两个学生抓去陪斗,学生捉住他的双肩飞奔急走,他倒地跌断了两个膝盖,被拖到了批斗现场,从此他成了跛足。腿伤稍好,即令打扫厕所。1971年病重,右目失明,左目白内障严重,就只好让他回重庆养病。1977年吴宓生活已完全不能自理,只好让其胞妹吴须曼领回陕西老家,终于使他得到了一些兄妹深情的照顾和温馨,延至1978年1月17日病逝老家,终年84岁。1981年1月17日,吴宓的骨灰,由吴须曼送至安吴堡,葬在白雪笼罩的嵯峨山下。

吴宓是学贯中西的国学大师,因首倡比较文学研究且富有成果而被尊奉为中国比较文学研究的先驱和奠基人;因执教过多所著名大学且培养了一批又一批杰出人才而被公认为教育家;因对古典名著《红楼梦》独特的感悟、理解和诠释而领有"红学家"的一席之地;因创作了不少尚侠任气又温婉情浓的诗词华章而拥有诗人的桂冠。

二、吴宓的文化观、教育观和学术思想

1917年,吴宓赴美留学,初入弗吉尼亚州立大学研习新闻,继应梅光迪之邀,旋慕白璧德之名,转入哈佛大学师事新人文主义的代表白璧德。后来吴宓的挚友、诗人王荫南烈士在给吴宓的一首长诗中有两句:"吴生(宓)奋臂出西秦,少从白(白璧德)穆(穆尔)传人文(美国新人文主义)",[①]"亲受教于白璧德师及穆尔先生"。[②]吴宓的导师欧文·白璧德(Irving Babbitt)(1865—1933),美国文学评论家,新人文主义的领军人物,毕业于哈佛大学,曾在哈佛大学任教授,讲授法国文学。白璧德是一位比较保守的、具有强烈贵族思想倾向的批评家。他对中国传统文化有浓厚的兴趣,首创新人文主义流派,反对美国当时兴起的浪漫主义、自然主义、新诗歌等文学潮流。他把欧洲文艺复兴以后形成的人道主义与新人文主义区分甚至对立起来:"人道主义主张博爱,人文主义则重选择。"[③]"奉行人文主

---

① 吴宓《悼诗人王荫南烈士》,《泾阳文史资料》第6辑,第11—12页。

② 吴宓《吴宓诗及其诗话》,陕西人民出版社,1992年,第250页。

③ 吴宓译述《白璧德之人文主义》,《学衡》第19期,1923年7月。

义者,注重个人内心之生活;奉行人道主义者,则图谋人类全体之福利与进步,而倡言为社会服务。"① 他批评文艺复兴以来培根倡导的科学主义开启了灭人性近功利的功利主义潮流、卢梭倡导的泛情主义开启了放纵不羁的浪漫主义潮流。19 世纪以来,人类面临人文主义与功利主义及情感主义的激烈冲突。因此,16 世纪以后的西方文化逐渐偏离了古希腊罗马文化的本源,使人类变为"物质之律"的奴隶和工具,造成了人性丧失、道德堕毁、世风颓废。因此,白璧德大声疾呼:现今社会人生欲图生存,必须去功利主义与情感主义而行人文主义,从"物质之律"而进"人事之律"。何谓"人事之律"? 白璧德认为"人事之律"即人要自觉在于"一身德业之完善",也就是人要遵循理性、道德意识,崇尚和平、遵纪、有序、循规、抑制私欲、个性与自由。② 白璧德还把他的文学观扩展到政治、文化、哲学领域,而且从西方社会发展的历史论及中国。他指出:现代西方的发展脱离了西方古典文明,"中国在力求进步时,万不宜效欧西之将盆中小儿随浴水而倾弃之。简言之,虽可力攻形式主义之非,同时必须审慎,保存其伟大之旧文明之精魂也"。③ 白璧德的这些思想文化观主要表现为以下特点,突出人与物有别;主张人性二元论。同时又将这两个基本观点表述为三个方面:一、中庸,视中庸为人生最高的道德哲学,以尊重并倡导古典著作所表现的重理性、守纪律为荣。二、节制,视节制为臻达人性完善境界的通途。三、贤明人物,视少数圣贤为导引多数向上的核心力量。④

在哈佛大学学习期间,白璧德的新人文主义给吴宓以深刻影响,在这里吴宓初步形成了自己的文化观,即将中西旧文明精魂贯通的思想。吴宓在阐释其师说时称:"白璧德先生不涉宗教,不立规训,不取神话,不务玄理,又与佛教不同。……实兼采释迦、耶稣、孔子、亚里士多德四圣之说,而获集其大成。又可谓之为以释迦、耶稣之心,行孔子、亚里士多德之事。"⑤ 所以,他认为"白璧德先生的人文主义学说,应广为传播、发扬光大,并且深为中国学生从师白璧德先生的人数不多引以为憾"。⑥

吴宓师从美国新人文主义批评运动领袖白璧德与穆尔教授,广泛地吸取西方文化与文学,并把中国文化与西方文化相比较,进行独立思考,吸收融合,逐渐形成了自己的文化观。在海外求学时,他与陈寅恪、梅光迪等都深深地意识到,中国学术必将受西方沾溉,非蜕故变新,不足以应无穷之世变。他们批评当时在国内陈独秀、胡适倡导的文化运动甚为偏激,提倡古典主义,反对新文化运动,"更痛感欲融会西方文化,以浚发国人的情思,必须高瞻远瞩,斟酌损益。"也许这就是后来《学衡》杂志维护传统,慎择西学,"论究学术,阐求

---

① 吴宓译《白璧德论民治与领袖》,《学衡》第 32 期,1924 年 8 月。
② 胡先骕译《白璧德中西人文教育说》,《学衡》第 3 期,1922 年 3 月。
③ 同上。
④ 王锦厚《五四新文学与外国文学》,四川大学出版社,1989 年,第 265 页。
⑤ 吴宓译《白璧德论民治与领袖》,《学衡》第 32 期,1924 年 8 月。
⑥ 吴学昭《吴宓与陈寅恪》,清华大学出版社,1992 年,第 21 页。

真理,昌明国粹,融化新知。以中正之眼光,行批评之职事,无偏无堂,不激不随"①主旨的渊源,也是后来他到清华办国学研究院的思想渊源。后来,他在《学衡》上发表了《论新文化运动》,对当时的新文化提出评审和辨正。他在批评新文化运动倡导者介绍西学、吸收西方文化的内容和态度时说道:"今有不赞成该(新文化)运动之所主张者,其人非必反对新学也,非必不欢迎欧美之文化也。……今诚欲输入欧美之真文化,则彼新文化运动之所主张,不可不审查,不可不辨正也。"②批评新文化者在学习、引进西洋文化时"实专取一家之邪说,于西洋之文化,未识其涯略,未取其精髓,万不足代表西洋文化全体之真相"。"其取材,则唯选西洋晚近一家之思想,一派之文章。在西洋已视为糟粕,为毒鸩者,举以代表西洋文化之全体。"③又说:"新文化运动者眩于近代西方之富强,又缺乏正确的历史透视,以致唯新是尚,而不细绎其真正价值。徒知颂扬莫泊桑、托尔斯泰、易卜生为西方智慧之精华,却对希腊与基督教这两大西方文化传统茫无所知。"④如果"以这种态度吸收西方文化,犹如西晋清谈、南唐词曲,终不免导致亡国之祸"。⑤吴宓也有自己的文化志向,他说:"今欲造成中国之新文化,自当兼取中西文明之精华而熔铸之,贯通之。吾国古今之学术、德教、文艺、典章,皆当研究之,保存之,昌明之,发挥而光大之。而西洋古今之学术、德教、文艺、典章,亦当研究之,吸取之,译述之,了解而受用之。若谓材料广博,时力人才有限,则当分别本末轻重、小大精粗,择其尤者,而先为之。"⑥这可以说是一个很宏大的建设中国新文化的纲领之大旨。因此,他在《学衡》杂志"简章"中提出了"昌明国粹,融化新知"宗旨。

在吴宓的文化观中,他坚信中国传统有不可磨灭的价值,而其中最核心的是以孔子为代表的儒学。吴宓对孔子儒学的阐释不是以一个封建士大夫,而是以一个学贯中西的现代知识分子的立场,用世界性的眼光,站在建设中国现代新文化的角度来进行的。吴宓研究了人类文明发展史,指出古希腊苏格拉底和犹太耶稣代表着西方文明;中国孔子和印度释迦牟尼代表着东方文明。这四大文化犹如四根支柱,支撑着世界文明大厦,儒学就是这大厦必不可少的支柱之一。吴宓用自己在世界上许多国家留学、游历的切身体会,来说明中国文化和孔子学说的优点,"宓曾间接承继西洋之道统,而吸收其中心精神。宓持此所得之区区以归,故更能了解中国文化之优点与孔子之崇高中正"。⑦他在《孔子之价值及孔教之精义》一文本着"智慧思考","坚持孔子之学说"来"复申"孔子的价值及其学说的精义的。"孔子的精义又安在耶? 简括言之,则孔子确认人性为二元(善恶、理欲),揭橥执两

① 吴学昭《吴宓与陈寅恪》,清华大学出版社,1992 年,第 28—29 页。
② 吴宓《论新文化运动》、《学衡》第 4 期,1922 年 4 月。
③ 同上。
④ 吴宓《中国的新与旧》、《中国学生》月刊第 16 卷第 2 期。
⑤ 吴宓《论新文化运动》、《学衡》第 4 期,1922 年 4 月。
⑥ 同上。
⑦ 吴宓《吴宓诗集》,商务印书馆,2004 年,第 215 页。

用中为宇宙及人生之正道,以孝为诸种德行之本,而以克己复礼、行忠孝、守中庸为实行道德之方法。"真正的尊孔,应该注重两条途径,一是实行,二是理论。因为"孔子教人,首重躬行实践,今人尊孔的要务",便在"自勉勉人,随时地实行孔子之教"。在理论上,吴宓提出了求得孔教真义的基本方法:"融汇新旧道理,取证中西历史,以批语之态度,思辨之工夫,博考详察,深心体会,造成一贯之学说,洞明全部之真理。"可以看出,吴宓对孔学研究持严谨求实的态度、开阔高远的思路、崇高中正的目的。孔子的真正价值是什么?吴宓引证分析孔子弟子对孔子的评价,并赋予其现代意义,认为"孔子者,理想中最高之人物。其道德智慧,卓绝千古,无人能及之,故称为圣人。圣人者模范人,乃古今人中之第一人也"。孔子是"中国道德理想之所寓,人格标准之所托"。具体地说,孔子本身已成为"中国文化之中心。其前数千年之文化,赖孔子而传;其后数千年之文化,赖孔子而开;无孔子,则无中国文化"。① 这个评价是否过高,可以再讨论。吴宓痛诋当时社会道德沦丧、腐化堕落,而欲把孔子作为道德理想的寄托和人格理想的体现。他说不但一人一家,即一国一族之盛衰灭亡,世界文化之进退,都是以道德水准的高低、大多数人的人格水平为枢机的,并试图通过孔子的道德人格来改良世道人心,这是值得肯定的。

吴宓的文化价值取向体现了儒家文化在现代社会的生命力,在他本人身上也浸润着儒家文化的精髓,特别是儒家的道德人格。正是基于对儒学复兴的信念,早在 20 世纪 30 年代他就立下誓言:"要以维护中国文化道德礼教之精神为己任",② 这甚至成为他一生的文化担当。20 世纪 60 年代,吴宓曾与陈寅恪见了最后一面,两位精神相契、心灵相通的世纪老人仍彼此互勉,"确信中国孔子儒道之正大,有裨于全世界。……我辈本此信仰,故虽危行言殆,但屹立不动,决不从时俗为转移。"③

在文革后期的"批林批孔"运动中,吴宓已经 80 岁了,他不顾年老体衰和个人生命安危,挺身而出反对批孔。他说:"宓不像 ××× 那样,当趋时派。全盘否定孔子。……宓极不赞成。"又说:"没有孔子,中国还在混沌之中。"④ 他还对朋友说:"孔曰成仁,孟曰取义。""孔子乃中华文化之重要象征,为我中华五千年来少有之教育家、思想家,而其最重要者,乃为我中华民族高尚道德之一代宗师。践踏孔子即是践踏中华五千年文化,践踏中华之民族道德传统。我吴陀曼 ⑤ 必须挺身而出,舍生以殉;庶几中华文化、道德之传统不绝如缕,千秋万世得知。瓦缶雷鸣,黄钟犹存;乱草丛生而芝兰犹在也。……"⑥ 据一位西南

①　这句话又见于柳诒徵《中国文化史》一书,当为学衡派的共识。

②　吴学昭《吴宓与陈寅恪》,清华大学出版社,1992 年,第 43 页。

③　同上,第 143 页。

④　胡国强《忆吴宓先生晚年在西南师范大学》,《第一届吴宓学术讨论会论文集》,陕西人民教育出版社,1992 年,第 79 页。

⑤　吴宓的小名——引者注。

⑥　张紫葛《心香泪酒祭吴宓》,广州出版社,1997 年,第 416 页。

师范学院的老师回忆，"文革"后期他在与吴宓的一次交谈中，"提起批林批孔，他显得很激动。仍是坚执成说，认为批林可以，批孔则断然不行。……孔子乃中国文化之根基，国人万世之仪型师表，举世同尊之文化伟人，其道德智慧，高伟卓绝，千古而今，无人可与伦比。如今肆意攻讪毁侮，无异于斩杀中国文化之根基，取消国人立言行事之标准，根本否认道德之存在，如此下去，世不讲仪型廉耻，人兽无分。文明社会何以为继"。[①] 吴宓的这些观点，在今天看来已十分平常，但在当时是一般人闻所未闻，更不是一般人言所敢言的。吴宓之论是立足于他对孔子伟大人格、高尚道德及其学说的真义与价值的深刻理解基础之上的。

吴宓在他的"昌明国粹、融化新知、中西会通、以儒为主、多元整合"的文化观基础上形成他的"人文教育"思想，即"教人之所以为人之道"。[②] 因此，大力倡导"文教中华"、"通才教育"，培养博雅之士，强调对学生的培养不以知识技能的传授为重，而以人格养成和精神境界的陶冶为主；知识的传授也不受专科或专业的限制，而以广博地采纳吸收人类创造的所有思想成果为目标。

他对当时中国教育的西化利弊得失有客观的评价，同时阐释自己的教育理念。1915年夏，他为《清华周刊》第一次临时增刊撰写"引言"，批评当时的"新式教育"存在的诸多弊端，畅论教育的重要功能和清华学校所应肩负的历史使命。文章一开始，描述教育事业的艰巨性说："教育之功，成德达材之事，不綦难哉！不綦难哉！无精神无系统，不足以语于是；毁瓦画墁，不能为良工。为山止篑，不能称完事，教育之成绩，必表里精粗无不到，身心体用无不明。综明核实，贯彻始终，乃有一日之长可言，得寸乃思进尺，持盈以当保素，鉴往追来，求树风声，而淑世俗，其亦艰巨之极者已。"教育为"成德达材之事"，表里身心体用无不应兼到，而西方现代教育只求实用，"无精神无系统"。对于国内的这种东施效颦现象，吴宓评论道："我国之有学校，十余年来事耳。戊戌以后，百事草创，规模不具。厥后形式略备，而实是益缺。办学者籍毕业以求保案，学生则诵讲义以博分类，无师生之情，无学问之希冀。其上者亦只能以文字美术之成绩取声誉于一时。所谓系统精神，遍中国不数觏也。至于前此留学异邦者，或以不谙本国情势，或以未深汉文基础，纵饱西学，而不适用，甚至归来图博升斗，以学问为干禄之具。"吴宓对这种情况深感忧虑，强调清华应该追求新教育的"系统与精神"：

> 而清华学校，以当事诸公坚卓辛勤，筹画多方，独于风雨如晦之中，为有开必先之举。自民国元年四月始业，迄今三载，益求扩张，逐渐进步，毋骄毋缩，毋饰毋惰，学以为己，非以为人。而国内外声誉渐起，所谓新教育之系统与精神者，清华其庶几乎？

---

① 彭应义《一代学人的黄昏剪影》，《红岩》，1999 年第 2 期。
② 《白璧德中西人文教育说》编者按，《学衡》第 3 期，1922 年 3 月。

在他辞退研究院主任不久后,适逢清华建校十五周年,他写了《由个人经验评清华教育之得失》一文,从培养人才的角度评论清华教育的优缺点:优点(毕业学生人人所长)(一)办事能力,(二)公民道德。缺点(毕业学生中虽有之而不多见)(一)渊博之学问,(二)深邃之思想,(三)卓越之识见,(四)奇特之志节。并且分析清华教育的优缺点的根源是因为清华过分模仿美国教育,结果把美国教育的优缺点都移植了过来。美国人的通性是重实际而蔑理想,注重办事,注重实用道德。因为"美国人以重实际而轻理想之故,又以实行民主政治,注重平等之故,其弊则凡百设施,均带有商业性质"。[①] 吴宓在文章中提出了一条合乎理想的受教育途径:自幼先在国内跟从学有专长的教师读十年中国书,然后在圣约翰大学这样英语教学实力强大的学校专攻应用性质的英语两年,二十岁的年龄上出国留学,先在美国短期学习,再在欧洲长期留学,时间共约十二年,最后回国,继续自学和工作。最终培养出来的学生"当好学深思,由广博之知识,以求中正之人生观。凭一己实在之努力,以谋国家社会之改进"。[②]

吴宓随后到清华外文系做主任,参考了美国芝加哥大学和哈佛大学比较文学系的培养方案和课程设置,针对我国的具体情况和需要,制定清华外文系的培养方案和课程设置方案,提出如下五个培养目标:本系课程编制之目的为使学生:(甲)成为博雅之士;(乙)了解西洋文明之精神;(丙)熟读西方文学之名著,谙悉西方思想之潮流,因而在国内教授英、德、法各国语言文字及文学,足以胜任愉快;(丁)创造今日之中国文学;(戊)汇通东西之精神思想而互为介绍传布。有了这样的文化人,就可以完全胜任和满足国内各行各业的职业和教学科研之需要,并且可以"创造今日之中国文学"。吴宓说:"君子,有德之士。"[③] 因此,"博雅之士"可训为"有道德文章的知识分子"。"博雅"教育不仅是办学的宗旨,而且也是一种风格、一种思想、一种体系。知识唯其广博,学问才能精深;抱负唯其远大,志趣才能高雅;学术思想非精深博大,教育不能培养出高洁博雅之通儒。"博"是一种学术境界,"雅"是一种思想境界,"博雅"就是一种人格境界,一种具有高贵的人文品质和素养的书生风骨,是一种"心向往而不能至"的境界。另外一方面,高雅脱俗的言谈举止和气质来自于"汇通东西之精神思想"的学术涵养;通博教育境界需要高雅的志趣来提升。"博"与"雅"互为形质内外,形成一个完整的教育思想体系。可以说培养"博雅之士"浓缩了吴宓及清华外文系全部的教育思想,在当时教育众多教育流派可谓别具一格。在艰难困苦的动荡条件下为我国培养出诸如钱锺书、季羡林、曹禺这样一大批高精尖的各类专门人材。[④]

需要提及的是,吴宓的"博雅"教育理念虽然是到了外文系提出的,实际上这一思想形成于他在国学研究院任主任时。这一教育理念虽然是在外语系提出的,实际上可以成为

---

① 吴宓《由个人经验评清华教育之得失》,《清华周刊》15周年纪念增刊,1926年。

② 同上。

③ 吴宓《文学与人生》,清华大学出版社,1993年,第125页。

④ 陈建中、蔡恒《吴宓的"博雅之士":清华外文系的教育范式》,《社会科学战线》,1997年第1期。

国学研究乃至整个清华的办学指导思想。事实上,吴宓用"博雅"这两个字来概括清华外文系的培养总目标,后来就成为清华的办学宗旨。

在学术思想上,五四新文化运动带来的是中西文化之大碰撞,为了适应,以达到中西融会,必须要通过对"中国固有文化"之精深研究,来予以文化再造,达到继承、发展和弘扬之目的。吴宓历来重视中西会通,所以越是提倡向西方学习,就越是要重视中国传统文化的研究;通过对中西文化兼容并包,精深研究,使之在交融中再造中华文化。后来,吴宓在出版《吴宓诗集》时,专门翻译了法国诗人解尼埃之《创造》诗第181至184行的诗句,以明其志,并将此诗句放在诗集之首页。此诗写道:

采撷远古之花兮,以酿造吾人之蜜;为描画吾侪之感想兮,借古人之色泽;就古人之诗火兮,吾侪之烈炬可以引燃;用新来之俊思兮,成古体之佳篇。[①]

这就非常明白地表达了吴宓的学术文化思想。他研究中西文化,乃是为了"酿造吾人之蜜",为了引燃"吾侪之烈炬",用今天的话说就是"洋为中用"、"古为今用"。这可视为他创办清华国学研究院的主导思想。

吴宓界定国学为广义和狭义:广义的国学举凡科学之方法,西人治学之成绩,都在国学正当的范围之内,如方言学、人种学、梵文等,都应包括在国学之中;狭义的国学指中国学术文化的全体而言。他对于国学概念的界定显示了他确立中国学术主体前提下的开放性,为筹办国学研究院提供了基本的学术基础。

三、清华国学研究院创办的社会背景与动因

近代以来,欧风美雨汹涌东来,西学凭借武力全面东侵,西方文化进入中国后对中国传统文化造成了中国历史上从来没有过的巨大冲击,使中国文化经历了历史上最深刻、最广泛的危机。危机是挑战,也是机遇,是中国传统文化走向近代化的重要契机,是中国传统文化进行转型的契机——这就是促使中国人自我警醒、自我反省,探寻中国文化的出路,迫使中国人由师夷长技而中体西用,融会中西,贯通古今,为中国新时代创造新文化。

清华创办研究院,即是近代中国学术思想发展的内在要求与社会发展的客观需要的体现。20世纪20年代初,新文化运动蓬勃兴起,中国的学术思想出现了"新学"与"旧学"、"西学"与"中学"的激烈论争。这些争论最终都是围绕着中国文化出路的探寻这个主题进行,这就是与中国向何处去相应的中国文化向何处去的问题,是中国传统文化怎样才能实现成功的转型、走上新的发展之路的问题。为了探寻中国文化的出路,近代以来,

① 吴宓《吴宓诗集》,商务印书馆,2004年,第1页。

许多志士仁人、思想家、学者奔走呼号，苦思冥想，实验、实践，形成了多种思想观点和理论体系，多方面、多层次地表现了中国人民的聪明智慧和创造精神。其中教育救国也是当时的重要社会思潮之一，通过教育改革来振兴中华成为当时一些新式知识分子的努力方向。具体到清华学校创办研究院有以下起因：

第一，时值一批有识之士呼吁"振兴国内高等教育"，清华正在筹备改办大学，以提升办学程度。清华成立研究院，招收各科大学毕业生，从事专门研究以实现学术独立，是改办大学的内容之一。

第二，新文化运动期间，胡适等人发起整理国故运动。1921 年，北京大学成立国学研究所，作为具体推动这一运动的机构。东南大学、厦门大学也分别于 1923 年、1926 年设立研究国学机构。为扩大运动的影响及壮大实力，胡适多次建议母校清华创办类似机构。清华国学研究院的成立，北京大学成立国学门，成为 20 世纪 20 年代关于国学的两件大事情。

第三，自清华建校之后，屡被社会指责为"洋奴学校"，忽视中国文化和国情知识的研究。梁启超就曾说："清华学生除研究西学外，当研究国学，盖国学为立国之本，建功立业，尤非国学不为功。"同时，校内很多学生也呼吁学校重视国学。1924 级学生施滉指出："清华本是预备留美学校，所以一向的方针，似乎仅是培养预备留美的人才——能够入美国大学，能够应付美国环境的人才。这是把手段看作目的的错误。"建议学校重视国学应"拟定出洋前必需的国学程度"。

当时，这些校内外的舆论无不影响着学校"改大"的思考。从改变学校以美国马首是瞻的形象着眼，要重视国学；从推进国家教育独立着眼，也要加强国学；从改进和发展国学的研究，也要加强国学。经过多次研讨，学校决定建研究院并先设国学一科。[①] 所谓"改大"是因为中国自近代有大学以来，很长一段时间里几乎全国著名大学的教育主权都掌握在外国人或者外国教会手中。这种状况到了 20 世纪 20 年代中期有了巨大的改变，形成当时在国内风起云涌的"改大潮"。

吴宓在国学院开学演说词《清华开办研究院之旨趣及经过》中论述了为什么开办国学研究院的动因：

> 盖以中国经籍自汉迄今，注释略具。然因材料之未备与方法之未密，不能不有待于后人之补正；又近世所出古代史料，至为伙颐，亦尚待会通细密之研究。其他人事方面，如历代生活之情状，言语之变迁，风俗之沿革，道德、政治、宗教、学艺之盛衰；自然方面，如川河之迁徙，动植物名实之繁殖，前人虽有记录，无不需专门之研究。而此种事业，终非个人及寻常学校之力所能成就。故今开办研究院而专修国学。惟兹所

---

① 以上均见史轩《短暂而辉煌的国学研究院》，《清华人》，2006 年第 5 期。

谓国学者,乃指中国学术文化之全体而言。

这段话很清楚地表述了清华学校筹办国学研究院是在新文化运动的推动下,为了适应当时方兴未艾的文化热,正确对待中西文化的交流与融合;是想通过这一学术机构来培养国学专门人才,通过对"中国固有文化"的精深研究,而使中西文化相互沟通,经过综合、比较与创新,来发扬本国文化,以振兴中华。[①]

在吴宓起草的《研究院章程·缘起》[②] 中他还说:"学问者一无穷之事业也。其在人类,则与人类相始终;在国民,则与一国相始终;在个人,则与其一身相始终。今之施高等教育专门教育者,不过与以必要之预备,示以未来之途径,使之他日得以深造而已。故东西各国大学,于本科之上更设大学院,以为毕业生研究之地。近岁北京大学亦设研究所。本校成立十有余年……故拟同时设立研究院。……要之,学者必致其曲,复观其通,然后足当指导社会昌明文化之任。然此种事业,终非个人及寻常学校之力所能成就,此研究院之设所以不可缓也。"在《研究院发展规划意见书》中吴宓说:"今之国学,紊乱残缺,不绝如线,亟待提倡,以资保存。而发扬光大,固人人能言之矣。然国内提倡国学之机关甚少,而又办理不善,人才缺乏。"[③] 这些都充分说明筹办国学研究院的必要性和紧迫性。

四、清华国学研究院创办的宗旨、目标、经过、成就、影响

1916 年吴宓毕业于清华学校,1917 年赴美留学,初进弗吉尼亚大学,后转入哈佛大学,攻研哲学,并获得硕士学位。与吴宓同在哈佛大学留学的还有陈寅恪和汤用彤。因三人学业成绩超群,被誉为哈佛三杰。吴宓于 1921 年回国,任东南大学教席;1924 年,吴复至东北大学,致力于西方文学的教学与研究,仍兼《学衡》杂志主编。清华学校看重吴氏学识渊博,酷爱中土优秀典籍,以及吴氏会通中西,乃于 1925 年初,聘其到清华学校任教,校长曹云祥请他出任研究院筹备主任,并增聘其为清华大学筹备委员会委员。

清华国学研究院从筹办到吴宓聘任导师和就任主任,再到吴宓因为与校方在办研究院方面的严重分歧而辞职,他在清华研究院主任的岗位上仅仅干了一年余,即使是这样短短的一年时间,吴宓的工作都是从自己的"文教中华"理念出发的,包括他亲自拟就的《研究院章程》也真实地体现他的教育思想。这样的一个章程,也使吴宓本人在中国学术史和高等教育史上留下了不可磨灭的一页。

吴宓在国学院开学演说词《清华开办研究院之旨趣及经过》中把校方的办学宗旨说得

---

① 孙敦恒《吴宓与清华国学研究院》,《第一届吴宓学术讨论会论文集》,陕西人民教育出版社,1992 年,第 65—66 页。

② 《清华周刊》第 360 期,1925 年 10 月 20 日。

③ 吴宓《研究院发展规划意见书》,《清华周刊》第 371 期,1926 年 1 月 17 日。

很清楚,大约三层意思:一是"值兹新旧递嬗之际,国人对于西方文化,宜有精深之研究,然后可以采择适当,融化无碍";二是"中国固有文化各方面(如政治、经济、哲学),须有通彻之了解,然后于今日国计民生,种种重要问题,方可迎刃而解,措置咸宜";三是"为达到上述目的,必须有高深学术机关,为大学毕业及学问已有根基者进修之地,且不必远赴欧美,多耗资财,且所学与国情隔阂。"[①]《研究院章程》[②]对办学宗旨有更简单明确的规定:"研究高深学术,造成专门人才。"研究院"其目的专在培养成下列两项人才:(一)以著述为毕生事业者,(二)各种学校之国学教师"。总之,研究院不是要培养当时流行的普通专门人才,而是要培养对于中外文化有精深研究的高级人才。吴宓设定研究院的地位为:"非清华大学之毕业院(大学院),乃专为研究高深学术之机关"。研究院的性质:(一)研究高深学术;(二)注重个人指导。

吴宓任国学研究院筹委会主任,最主要的工作在于延聘良师。而当时国内国学研究风气"或则陈腐,嫌其过旧;或则偏激,强名曰新;或则但务琐屑之考据;或则徒事浮华之辞章"[③],在吴宓看来皆不足取。因而他拟定清华国学研究院应有两个目标:

第一,整理全部材料,探求各种制度之沿革,溯其渊源,明其因果,以成历史的综合。

第二,探讨其中所含义理,讲明中国先民道德哲理之观念,其对于人生及社会之态度,更取西洋之道德哲理等,以为比较,而有所阐发,以为中国今日民生群治之标准,而造成一中心之学说,以定国是。[④]

这就是要以科学的方法整理国故,并能进而从中阐明义理,以切实有益于当下的政治与人生。如能实现第一个目标,则中国之文明,可以昌明树立于世界;实现第二个目标,则中国对于全世界之迷乱纷争,或可有所贡献。在此思想指导下,国学研究院采取了异于国内其他大学的国学研究之道,即"注意准确精密之方法(即时人所谓科学方法),并取材于欧美学者研究东方语言及中国文化之成绩"。[⑤]

国学研究院对所聘教授讲师的要求是"一、通知中国学术文化之全体,二、具正确精密之科学的治学方法,三、稔悉欧美日本学者研究东方语言及中国文化之成绩"的硕学重望。授课不取讲堂制而采导师制,"注重个人指导",导师予学生以个人接触、亲近讲习之机会。吴宓在清华期间被后人称道的一项主要工作,就是替清华国学院聘请了王国维、梁启超、陈寅恪和赵元任四个国内一流的学者,也就是世人公认的清华四大导师。在"四大"之中,只有赵元任一人怀揣美国哈佛大学博士学位证书,而王、梁、陈等三位,均无博士、硕士头衔,甚至连学士学位也未拿到。梁启超的"文学博士"称号,则是他到了清华国学院任教之

① 《清华周刊》第 351 期,1925 年 9 月 18 日。
② 《清华周刊》第 360 期,1925 年 10 月 20 日。
③ 吴宓《研究院发展规划意见书》,《清华周刊》第 371 期,1926 年 1 月 17 日。
④ 同上。
⑤ 吴宓《清华开办研究院之旨趣及经过》,《清华周刊》第 351 期,1925 年 9 月 18 日。

后由美国耶鲁大学赠予的。

清华国学研究院的组织是一所独立的研究机构,与大学部并没有直接的关系。其教学方面涉及学科包括中国语言、文字学、历史、文学、哲学、音乐以及东方语言。其课程的设置分"普通讲演"和"专题研究"两种。普通演讲即课堂讲授,由各教授就自己的专长和治学心得开课,供诸生必修或选修;如同一课几位教授都有精深研究,可同开此课各讲各的心得见解,任学生自由选一教授从业。专题研究就是由教授个别指导学生进行的课题研究。各教授就自己的专长提出指导范围,然后让各生根据自己的志向、兴趣和学力,自由选定研究题目,选定后不得中途变更。学生可随时向导师请业问难。其教学特点和效果据当时研究院的学生蓝文征回忆:"自十五年秋,陈寅恪先生到院,导师已增至四位,秋季开学,新同学及留院继续研究的同学,共有五十余人,院中充满了蓬勃气象。""研究院的特点,是治学与做人并重。各位先生传业态度的庄严恳挚,诸同学问道心志的诚敬殷切,穆然有鹅湖、鹿洞遗风。每当春秋佳日,随侍诸师,徜徉湖山,俯仰吟啸,无限春风舞雩之乐。"①古之"从师受业,谓之从游",此"游于圣人之门"式的师生之谊,同乐之境,让后辈学子顿生无限倾慕之情。此情此景在今天的大学已成遥远的绝响。

可惜,人情难调,世情难料。不到一年,1925年底校内就国学研究院发展方向出现了不同意见,院内诸教授对研究院发展方针也多有分歧,令吴宓左右为难。经多方协商未果,吴宓只得将自己的意见写成《研究院发展计划意见书》递交校长,并同时附上辞职请求。

在《研究院发展计划意见书》中,吴宓说明他与校方的分歧在于校方要改变研究院的性质,缩小规模,只进行高深的专题研究,不再讲授普通国学;而吴宓一直坚持国学研究院应该一方面注重高深的专题研究,另一方面还要教授普通国学,充分发挥学院教授的知识与才能,为社会培养更多的国学人才。分歧被提交到校务会议,吴宓提交的研究院发展提案被否决。因其理想受挫,吴宓第二天便向校长写了辞呈。曹校长挽留,吴宓又再次辞呈。1926年3月辞呈批准,吴宓便只专任外文系教授了。此后,1927年王国维自沉于颐和园鱼藻轩,1929年梁启超病殁。国学院痛失此二巨擘,人才零落,只得停办。吴宓去职后,校长亲主研究院工作,后由教务长梅贻琦接管。研究院共招学生四期,于1929年结束。清华国学研究院虽然只有短暂的四年,但开创出一股研究国学的新风气,创造了国学高深研究、培养国学高级人才的基本经验,培养了第一流博古通今、会通中西的国学人才。他们毕业后大部分奋斗在教育战线,对于中国传统文化的教学和研究作出了重要贡献。研究院共招生四届,毕业74人,其中徐中舒、姜亮夫、王力、吴其昌、姚名达、高亨、陆侃如、刘节、刘盼遂、谢国桢、贺麟、张荫麟、罗根泽、周传儒、蒋天枢等等,日后都成为我国20世纪人文学术的中坚力量。研究院开创的优良传统,在清华园延续,成为清华英才辈出的一个重要原因。国学研究院的研究和人才培养,及其所开创出的研究国学的新风,是清华建校

---

① 蓝文徵《清华大学国学研究院始末》,台北《清华校友通讯》新32期,1970年4月。

以来在人文教育和研究上取得的重大成就,对我国国学研究产生了极大影响,成为中国现代教育史上的一个奇迹,将永远载入中国现代教育史册。

清华国学研究院是中国现代教育史、学术史上的一个成功典范,对于20世纪中国学术史产生了深远影响。完全可以说,如果没有清华国学院培养出来的大批优秀人才,20世纪的中国教育史、学术史可能要改写。对此北京大学周辅成教授曾说过一段发人深省的话:"试想,如果没有十几年的《学衡》,又没有清华国学研究院培养的一批人才留诸后世,那么,近半世纪中国著名大学的国学水平,将不知降落到何种程度!"① 陕西文史馆馆员蔡恒教授说:"如果没有清华国学研究院,没有它培养出的一大超高质量超高水平的国学专家,以及这些专家的再传弟子,今天整个中国的国学水平,可能不是我们现在见到的这个样子。为此,我们应该庆幸,应该感谢吴宓。"②

五、清华国学研究院对今天国学复兴的启示与意义

清华国学研究院虽然只办了短短的四年,但是取得了很大的成绩,对20世纪中国的国学研究和教育起了重要的历史作用。今天的国学复兴是伴随中华民族的伟大复兴而形成热潮的,许多高等学校都相继建立了国学研究机构和教学机构。怎么通过国学研究机构和教学机构深化国学研究,培养社会需要的国学人才,是目前的重大任务。通过对现代国学发展历史的研究,总结经验,吸取教训,这也是我们今天国学复兴需要做的一项重要工作。清华国学研究院的经验我觉得下面几点值得注意:

首先,清华校长曹云祥的极力推动。曹云祥担任清华学校校长5年多,实现了将清华由一个中等程度的留美预备学校改办为完全大学的计划,将清华学校改组成大学部、留美预备部、研究院三部分。同时,也开始招收大学部学生,分文、理、法三院,并附设研究所。曹云祥能够顺应当时国学复兴的需要,对国学情有独钟,以行政力量在清华推动开办国学研究院。在国学研究院开学致辞中说:"现在中国所谓新教育,大都抄袭欧美各国,欲谋自动,必须本中国文化精神,悉心研究。所以本校同时组织研究院,研究高深之经史哲学。其研究之法,可以利用科学方法,并参加中国考据之法。希望研究院中寻出中国之魂。"③ 他提出国学研究要"寻出中国之魂",即中国文化的精神,这也是当时许多国学研究人物的共同想法。

其次,吴宓以一个人文学者、教育家、社会活动家的身份办国学研究院。吴宓能够把

握当时的社会文化思潮和教育改革趋势,在自己文化观、教育观的基础上办国学研究院,非常注重国学研究院的独立性、自主性。他强调"(1)国学研究院,专以国学为范围,故其性质为独立,而并非清华大学院(即毕业院)。举凡自然科学,社会科学等高深研究,将来或另设各该科研究,或即于大学院中行之,均与国学研究院无关。(2)专门科不可设国学系,普通科毕业学生,欲专修国学各门者(如中国文学,史学,哲学等),即径入国学研究院。按此则国学研究院性质虽属特别,而实与大学沟通。普通科以上所有之国学课程,均归国学研究院专办……"[1] 这就非常清楚地厘清了国学研究院与自然科学、社会科学研究机构的关系,试图给国学在现代高等教育中争得一席之地,强调了国学研究和教学在现代大学中的应有地位。他还批评清华当局欲压缩国学研究院,实际上是在办一种既非国学、又非科学的"四不像"式的研究院。可惜,吴宓的设想没有成为现实,不但清华国学研究院半途而废,后来中国甚至干脆取消了国学在现代大学的建制,使得中国高等教育没有了传承、研究、发展自己本民族学问的"国学"。

第三,吴宓在办国学研究院过程中体现了一个儒者的道德人格、入世精神和担当精神。吴宓曾说过,他的一言一行,都以圣人为榜样。他心目中的圣人是孔子、释迦牟尼、苏格拉底和耶稣基督。他的一生又都在为实践他感受到的道德使命而不断奋斗。在一个人文学者眼中,人活着就是一件极其严肃的事情,他要时刻同道德懈怠的危险不断斗争。这种道德的强制力使吴宓形成了非常刻苦严峻的个性。他的朋友戏称他为"中世之圣僧"、"华之白璧德",而他自诩"东方阿诺德"、"情僧",这些都表明吴宓对自我克制和人格完善的不可遏止的关心。[2] 其实,早在五十多年前就有人这样赞誉他说:"假使二十世纪还有一位 Thomas Carlyle 来写'英雄与英雄崇拜'的话,无疑地,吴先生很有被列入的资格。我们对这一位学者的敬仰,如若为他的思想与学问,毋宁说为他做人的态度。……吴先生学术上、思想上、以及做人的一切主张,我们可以从民十一发刊而至今尚继续出版的《学衡》杂志上窥出一斑。吴先生所耗于这杂志上的精力是难以计量的,这里面的'声光与意义'深深地衬托出一位学者为自己的理想而奋斗的印迹。《学衡》明显的标识是对我国固有文化的拥护及对新文学的抗争,其为一般人所非难,自也意中事。但我们在这里所得的教训不是事实本身的是非,而是吴先生的那种始终不屈的精神。"[3] 1944 年 8 月他五十初度,知友萧公权欣然命笔,作成《雨僧移讲成都赋赠二首》以为寿,诗共二律,兹引第一首如下:"鬓霜剑外乍添丝,守道身严似旧时。移座顾谈心曲语,启囊亲检别来诗。尘劳愧我仍无状,天命知君已不疑。杜陆遐踪今有继,风流儒雅亦吾师。"诗中称他"守道身严"、"风流儒雅"为吴宓形象的写照。

① 吴宓《研究院发展规划意见书》,《清华周刊》第 371 期,1926 年 1 月 17 日。
② 傅宏星《"孤怀卓荦殉道真"——吴宓的文化个性及其历史命运》,《盐都艺术》1999 年第 1 期。
③ 佚名《教授印象记》,《清华暑期周刊》,1934 年。

这些精神气质在办国学研究院过程中起到了积极的作用。组建清华国学院时，吴宓去请王国维。在登门之前，吴对王氏这位清朝遗老的生活、思想、习性专门做了调查研究，计定了周密的对付办法。据《吴宓自编年谱》1925 年记载："宓持清华曹云祥校长聘书恭谒王国维静庵先生，在厅堂上行三鞠躬礼。王先生事后语人，彼以为来者必系西装革履、握手对坐之少年，至是乃知不同，乃决就聘。后又谒梁启超先生，梁先生极乐意前来。"① 正是这种尊师重教、礼贤下士的精神，感动了二位大师。王国维应聘到职后，亦尝对吴宓说："我本不愿意到清华任教，但见你执礼甚恭，大受感动，所以才受聘。"② 1988 年 12 月，周锡光曾访问冯友兰先生，冯友兰先生谈及吴宓时说："雨僧（吴宓）一生，一大贡献是负责筹备建立清华国学研究院，并难得地把王、梁、陈、赵四个人都请到清华任导师，他本可以自任院长的，但只承认是'执行秘书'。这种情况是很少有的，很难得的！"③

第四，研究院能够兼容并包，提倡学术自由，充分发挥各位教师的特长和主动精神。《研究院章程》之六"研究方法"贯穿着学贯中西、洋为中用的追求，能够体现国学研究院的学术精神。如强调"本院略仿旧日书院及英国大学制度：研究之法，注重个人自修，教授专任指导，其分组不以学科，而以教授个人为主，期使学员与教授关系异常密切"；"教授所担任指导之学科范围，由各教授自定。俾可出其平生治学之心得，就所最专精之科目，自由划分，不嫌重复；同一科目。尽可有教授数位并任指导，各为主张。""教授学员当随时切磋问难，砥砺观摩，俾养成敦厚善良之学风，而收浸润熏陶之效。"这样，研究院能够比较充分地发挥教师们的专长，能够就自己有兴趣的、研究有心得的科目开设课程和指导研究生，传授各种新兴的社会科学理论和传统治学方法，对学生博采各家之长提供了可能，从而保证了教学质量。"他们教学中的一个突出特点，是注意到根据学生的不同情况——个人的志向、兴趣和学力进行教学，用现代的话说就是因材施教。"④

第五，国学研究院应该坚持高深的国学研究与普通的国学教育与普及两条腿走路的方针。高深的国学研究是传承文化，为往圣继绝学的需要，而普通的国学教育与普及是知识分子社会责任感、历史使命感的要求。这二者本来是不矛盾的，理想的状态应该是二者紧密结合。当然，对每一个专家、学者来说由于诸多原因可能会尺有所长，寸有所短，各有侧重点。这反映在国学研究院的具体工作中就是如何处理好国学学术研究与国学教学普及的关系，处理好学者与儒者的关系，等等。

---

① 《吴宓自编年谱》，三联书店，1995 年，第 260 页。
② 吴学昭《吴宓与陈寅恪》，清华大学出版社，1992 年，第 30 页。
③ 周锡光《晚年的吴宓先生》，《中国文化》第三期，1991 年 1 月。
④ 孙敦恒《吴宓与清华国学研究院》，《第一届吴宓学术讨论会论文集》，陕西人民教育出版社，1992 年，第 73 页。

结　语

　　20 世纪不断地掀起国学热潮并非偶然,它是中国人民在近代以来的文化危机、反思与选择过程中形成的必然产物,是国人文化自觉意识的表现。遗憾的是,20 世纪中国主导的社会思潮是激进主义反传统和西化思潮,我们的教育、科研体制基本上是对西方的移植和照搬,造成今天现有的学科体系内没有国学的一席之地,没有专门的国学学位,这就直接制约了国学专门人才的培养,与中华民族的复兴,中国文化的复兴趋势显然是不能相应的。像中国这样有着博大精深的历史文化和教育资源的国度,国学教育理所应当在学术和教育中占有中心地位,而不宜再被边缘化,甚至无家可归。

吴宓与清华国学研究院

"自强不息"与"厚德载物"

——张岱年哲学研究点滴

周桂钿

（北京师范大学哲学系）

一、一张字条

1979 年在太原召开第一次中国哲学史的会议，我还是中国社会科学院研究生院的研究生，当时也作为正式代表以论文《王充天论的哲学意义》参加会议。会议期间，我曾到张岱年先生的房间拜访请教。与张先生同住的是年龄更大的吉林大学金景芳先生。这是我第一次见到张先生。太原会议后，要出论文集。负责编辑的人对我的论文有些误解，不想收入这篇论文。我请张先生指正，过了一周，我到北京大学蔚秀园张先生家，他高兴地拉着我的手，一边走一边说，你的这篇文章写得很好，有人来跟我打招呼，说不要支持这篇文章。我不管人事关系，只看文章本身。张先生说着就坐下来，拿起笔写了一张字条："这篇文章写得很好，对于两汉天文学和王充的天文学说作了较深的研究，对于王充天文学说的优缺点进行了分析，论证详明，文笔流畅。希望作者更前进一步，对两汉天文学与哲学的关系作出更广泛的研究。张岱年 80 年 5 月 22 日。"

我没有提出请他写这种评语，连那个意思都没有。他写这个评价，使我感到很意外。那时候，我还是没毕业的硕士研究生，张先生居然不怕得罪熟人来支持我这个小人物。这看似平常，实际上表明一种多么崇高的精神！后来，我还多次请张先生审阅过许多文稿，

再也没有写什么评语了。这说明，他那次写这张字条，是专门针对那个熟人的"招呼"。这不仅是奖掖后进的模范，而且表现出"直道而行"的风格！由于张先生的肯定，我的论文顺利收入山西人民出版社 1981 年 4 月出版的《中国哲学史论》中。

二、是不是"新儒家"

1991 年 9 月 27 日，在国子监纪念孔子的会议上，有张岱年、赵光贤、钟肇鹏、石峻等二十多位先生参加。当时，我和张岱年先生都站着。我问张先生："学术界有人想将您也列入当代新儒家。您有什么看法？"张先生大声说："我不是新儒家！"又指着我说："你也不是新儒家！"我说："我们都是用马克思主义观点方法来研究儒家思想，并不是新儒家。也像宗教研究者不是宗教信徒那样。"张先生同意我的意见，只说了一声"是"。那是什么家呢？有人说，用马克思主义方法研究儒学，可以称为马克思主义新儒学。台湾有的学者认为用西方哲学家的方法研究儒学，称为"新儒家"，如牟宗三用康德与儒学结合研究，形成自己的哲学体系，就被称为"新儒家"。而钱穆不与西方哲学结合，纯粹继承中国传统的儒学，他的家属就不承认他是新儒家。新儒家是有区别的，"马克思主义新儒家"如果也算一个现代中国哲学的学派，那也是极其特殊的学派。

三、关于《周易》

有一次，我到张岱年先生家。张先生告诉我："刚才陈鼓应刚走，他要我支持他的观点。他认为《周易·系辞》是道家的著作。我不赞成。"张先生说我与他（张）的思路一致，认为我应该写文章跟陈鼓应辩论，否定《系辞》是道家的著作。后来，我仔细阅读了陈先生的文章，觉得确实有点牵强附会，就写了文章《道家新成员考辨——兼论〈易·系辞〉不是道家著作》发表在 1993 年第一期《周易研究》上。以后，陈先生送给我他主编的《道家文化研究》第 1—6 册。张岱年先生虽然没有写文章讨论，只是写了"周易经传都是儒家的经典著作"几个字刊在《周易研究》的封二上，算是一种表态。学术界有这类争议，是很正常的。张先生《我喜读的十本书》（《张岱年全集》第八卷，河北人民出版社，第 447 页）列有《论语》、《孟子》、《老子》、《庄子》、《易传》、《史记》、《陶渊明集》、《路德维希·费尔巴哈和德国古典哲学的终结》、《自然辩证法》和《哲学笔记》。《易传》是他喜欢读的。他经常讲的"自强不息"、"厚德载物"就出于《易传》。

1992 年 12 月 9 日，在北京图书馆参加易学讨论会，张政烺、张岱年、朱伯崑、李申等十余人参加，张岱年先生说自己对《易经》内容有 95% 弄不懂。朱伯崑先生说自己对《易经》最多只能弄懂 5%，并且说，就是开头四个字："元亨利贞"，就不知道本意究竟是什么，后人有各种猜测，也不知道哪一种说法正确。张政烺认为卦从数字来，殷商甲骨文中就有八卦重

卦,意思是说重卦不是周文王所作。王国维根据甲骨文对《周易·大壮》"六五,丧羊于易,无悔"中的"易"作出部落名称的解释,有力地推翻了从汉到清的两千年中学者(包括著名学者如朱熹)对此的错误解释。学术界普遍采纳了这一观点。从此可见,《易经》解释的难度之大。就是关于《周易》这个名称的说法也不尽相同,易有六说、三义,也只是后人的猜测,未为确解。现在有些人大胆得很,动不动就说自己解开了《周易》的千古之谜;有的人说悟出《周易》的全部真谛;有的说《周易》的作者就是南宫括。那些人对于历代研究成果不太了解,对王国维的考证结果也不清楚,对许多学术界公认的说法,没有涉及,既不采纳,也不反驳,说明没有掌握全面资料,也没有深入研究,只图轻松,自由发挥,没有根基,天马行空,没有实在的东西,却在那里夸夸其谈。我家存有好几十本研究《周易》的专著,只有十几本是比较扎实的研究成果。《周易》是非常复杂、十分神秘的古代典籍,怎么探讨都是可以的,可以讨论,也允许讨论,不要说我的见解就是唯一正确的,前人都理解错了,别人说的都不对。必须有一些根据,讲出自己的道理。我欣赏杨庆中写的《周易经传研究》。

四、自强不息

张先生对我的帮助尤其多。我准备写一篇什么文章时,常常先到张先生那里谈自己的想法,请他指教,然后才下笔,得到张先生的认可,心里踏实。1985 年我获得美国王安研究院汉学研究奖助金的资助,花两年比较完整的时间研究董仲舒哲学思想。名《董学探微》,1987 年写成,1989 年 1 月出版,2008 年 5 月再版。给王安研究院写推荐信的是张先生,给此书写序的也是张先生。

我在 1988 年出版了《天地奥秘的探索历程》,给张先生送去一本。张先生建议我再写一本《人体奥秘的探索历程》,作为姐妹篇。这个难度,我们估计不足。我买了一些医书,反复阅读,也写过几篇文章发表,20 多年过去了,著作至今未能写出。

"文化大革命"结束以后,张先生写了很多文章,他曾说开放改革以后是学术研究的最好时期。他也正是在这一时期(1983 年)加入中国共产党的,实现了他多年的愿望。我的理解:这一时期社会安定,生活提高,言论比较自由。张先生八十多岁的时候,曾经跟我说:"我站在镜子面前,看到镜子中老态龙钟的样子。我问自己,这个老头就是我吗? 不敢相信。"孔子说自己:"发愤忘食,乐以忘忧,不知老之将至。"(《论语·述而篇》)他也像孔子那样"发愤忘食,乐以忘忧",在不知不觉中渐渐老了。到了耄耋之年,仍然自强不息。"自强不息"不是一句口号,而是张先生一生奉行的生活准则。

五、厚德载物

我的理解,厚德载物,就是恕道,就是宽以待人。张先生认为中国有唯物主义传统,有

学生说没有,他非常生气,但在撰写《中国哲学史方法论发凡》中,他一直正面阐述中国唯物主义传统,没有指名道姓地批驳别人的观点。在学术界,他看到很多自己不同意的观点,也看到很外行的研究方法,也没有在书中点名。例如有些人对过去的哲学家批评很多,以为古代哲学家都是批判的对象。张先生先引恩格斯对黑格尔哲学的评价,然后说出自己的观点:"实际上,对于历史上多数重要的哲学家的学说体系都应这样看,应该充分认识哲学家们在理论思维上的贡献。"(第48页)有些人认为唯物主义是代表农民阶级的利益,农民阶级中产生唯物主义思想,"就都未免是悬空之谈,缺乏事实的根据"(第43页)。对于董仲舒哲学,他希望社会能长治久安,"这不仅是反映了地主阶级的利益,而且也反映了社会的共同利益"(第40页)。这就明确地否定了当时流行的观点:地主阶级的利益与农民阶级的利益是绝对对立的。关于《论语·微子》载孔子说"鸟兽不可与同群"一句,张先生说:"近年有人认为孔子是以'鸟兽'指斥长沮、桀溺,把他们看成鸟兽,这完全是随意曲解,可谓厚诬古人。"(第106页)这里批评很严厉,但也没有点出作者与书名。他的方法论基本上就是运用马克思主义于中国古代哲学的研究之中,是马克思主义与中国传统思想相结合的一种尝试。很多人出版著作,都请张先生写序,或者写书评。张先生的序,汇集起来,在河北人民出版社1996年12月第一版《张岱年全集》第八卷里就有300多页。他还给《中国传统哲学》题写了书名。1996年以后出版的一些著作,也有张先生的序,当然不会收在里面。张先生似乎有求必应。因此,我认为,有张先生序或封面有张先生题字的书,未必都是高水平的学术精品。有些是张先生不得已而为之,我们应该理解。

六、朴素何害

1996年9月17日,在北京大学中国文化研究所召开关于撰写《中国哲学与辩证唯物主义》的座谈会,张岱年先生说:"张载有辩证法,也有唯物主义,而且两者有机地结合在一起,为什么不能说他的哲学是辩证唯物主义的。王夫之也是有辩证法和唯物主义,并且也是有机地结合在一起,就不能称之为辩证唯物主义?为什么都要加上朴素?"这是对整个中国哲学界的质问!

在哲学界,似乎辩证唯物主义是马克思主义哲学的代名词,不许别人染指。有人提出辩证唯物主义是马克思以前就有的,早由资产阶级哲学家提出来过。哲学界讲到中国古代的哲学,只能是朴素的辩证法和朴素的唯物主义,成了一种套话。到底什么叫"朴素"?如何才不朴素?没有人去搞清楚它。真理是一个过程,哲学思想是连续发展的,过去的哲学都是朴素的,现在就不再朴素了?究竟有没有那样一个界限?如果再过二百年,现在的哲学会不会也被划入"朴素"类?过去几千年都是朴素的,先秦的朴素与汉唐的朴素,以及宋明的朴素是不是有区别?有些文章一讲到中国古代的唯物论和辩证法,都不忘记在前面加上"朴素"两字。张岱年先生说:"如是真理,朴素何害?如非真理,纵讲得精微,亦不

过善于诡辩而已。"(《中国哲学大纲·结论》)司马迁说:"非好学深思、心知其意,固难为浅见寡闻道也。"(《史记·五帝本纪》)张先生在《中国哲学大纲》第 66 页引了这一段话,接着说:"我们研究哲学史,应该抱着'好学深思'的正确态度。"现在学术界最大的弊病是"浅见寡闻"者却"急功近利"。有一次张岱年先生提到中国哲学的不足,认为应该吸取西方的分析方法,来补中国哲学的不足。

毛泽东以特殊的身份,讲到中国先秦时代的墨子是中国古代辩证唯物论大家,没有得到学术界的认可。有人提出马克思主义是实践唯物主义,受到抵制与批判,完全是可以预料的。哲学家都只能一个调子,如何有创新?

七、自评

1993 年 1 月 13 日,张岱年先生告诉我,哲学家有三种类型:诗歌型、散文型、戏剧型。中国古代的老子、现代的马一浮、西方的康德、都是诗歌型,特点是浪漫、玄妙,让人费解,深不可测。中国的孔子、西方的黑格尔,是散文型,观点通俗,平淡,似乎很简单,做到却不容易。中国的墨子、梁漱溟和西方的费希特都属于戏剧型,这种哲学家有一些戏剧性的经历。我问张岱年先生:"您属于哪一种类型?"他说:"散文型。"

我问张先生:"您的代表作是哪一本书?"他说:"是《天人简论(人与自然)》。"我又问:"那么,《中国哲学大纲》是什么地位?"他回答:"《中国哲学大纲》是我的研究中国哲学方面的代表作。"《天人简论(人与自然)》收入《张岱年学术论著自选集》(第 265—279 页,首都师范大学出版社 1993 年 10 月出版)。现在这只是一篇文章,没有写成书。所列的小标题有十个:一、天人本至;二、物统事理;三、物源心流;四、永恒两一;五、大化三极;六、知通内外;七、真知三表;八、群己一体;九、人群三事;十、拟议新德。这应该是张先生的"哲学大纲"。这个大纲可以看出张先生深受中国古代的辩证唯物主义哲学的影响,他要用中国古代的哲学概念,综合古代的哲学思想,吸收外来思想,在新时代建构一个新的哲学体系,实际上做的就是综合创新的工作。这个体系就是按辩证唯物主义的方法,利用中国古代的哲学概念,来建构自己的新体系。以后的研究成果,基本上都是在这样观念指导下进行的。

八、最后一次拜访

2004 年 2 月 4 日立春的上午,在张岱年先生 95 高龄的时候,我去拜访他,他已经行动十分艰难。他坐在沙发上,很疲倦的样子。我说:"是否去躺一会儿?"他说:"不,不行。不能躺!"我请教了几个问题,时间约半小时。我要告辞,他要站起来送我。我说不要送,他执意要起来,我去扶他,他不让扶。走路时,颤颤危危。小保姆说他从来不让别人扶。

陈来主编的《不息集》也很好地反映了张先生自强不息的特性。我向张先生问的几个问题：并照了几张照片。一是以前他说自己是马克思主义者，不是新儒家。现在有没有改变看法？他明确回答："没有改变。"二、我认为杰出的哲学史家必定是哲学家。您对此有何看法？他回答："我同意这种看法。"三、您的人生体悟是什么？有什么格言？他回答："前年还能写短文，去年不能写了，还能走出门，今年身体就差了，只能在室内走。90 以后，一年一个样。自强不息，厚德载物。这是我的生活基本原则，也就是格言。"四、养生的体验是什么？他回答："任其自然，不勉强。"亦可见他对于生死，看得很开，既不贪生，也不怕死。五、"中国哲学史方法论，您写过著作。您自己是如何研究的？"他说："冯友兰先生是研究中国哲学史，我研究中国哲学，不是史，是论。"我告诉张岱年先生，今年 61 岁，过两个月就退休了。他很惊奇，接着问我："你有接班人吗？"我回答："有。"他高兴地说："那好！有接班人就好。"我以为这是张先生对我学术的肯定，希望我的治学风格、方法，能够传授下去。我说自己身体很好，虽然退休，还是要研究学术，还是要写点文章的。

「自强不息」与「厚德载物」

经学应该成为独立的学科

彭　林

（清华大学历史系）

最近几年，国内多所大学成立国学院，并且成建制地招收学生。不无尴尬的是，由于在现行的学科体系中没有"国学"门类，故无法授予学生相应的学位，只得转向文史哲各系申请学位。为此，成立国学院的必要性再受社会质疑。这一问题需要深入论证和解决。

一、学科设立的原则

任何国家的学术，最初都是自发形成的，而不是按照某些人设定的学科概念来发展的。不同地理、文化背景下的人们，对于各自面临的自然、社会等问题进行探索，逐渐出现某些热点，吸引了一定的人群，形成了某种研究的逻辑与风格，于是就有了学派。不同的学派之间，经过长时期的争鸣与整合，在高级的层次上形成了内涵更为丰富、理论更加成熟的专门领域，这就是学科。

学科体系是对既有学术领域的归纳，包括历史上存在的与现实中新出现的学术门类。学科体系服务于学术研究。学科体系合理与否，要看它是否全面、客观地反映了学术史的面貌，是否有利于推动学术进步，如若不然，就应该及时加以调整。

我国高校现行的学科体系，是 20 世纪初，在当时"全盘西化"的思潮下，不加分析地从西方引进的。这一体系，在自然科学领域是合理的，因为物质世界具有同一性，可以"拿来"

沿用。但在人文社会科学领域则不然。人文社会科学与自然科学的不同之处在于,它以多元性为基本特色,不同的地域有不同的文化个性。

在过去特定的年代里,中国学者曾经认为,人类文明的发展只有一种途径,西方文明处于这一进程比较高端的位置,其他文明则处在相当落后的位置。西方文明的今天,就是我们的明天,因此,全盘西化是中国文化的必然之路。

但近百年来,越来越多的学者认识到,人类文明的进展并非只有一个模式,西方文化并非人类唯一的选择。中国文化是与西方文化并行不悖的文化,各有特色。中华民族应该走自己的道路,为人类文明提供一种不同于西方文明的社会发展模式。世界文明是多元的,不同的文明从不同角度丰富了人类文明,从某种意义上来说,正是不同文化之间的交流与学习,推动了人类文明的总体进步。近几十年,许多第三世界国家在联合国大会上提出自己的文化诉求,认为文化没有贵贱之分,应该享有同等的尊严。

任何一国的学科体系,首先应该反映自身文化发展的特色,而不是处处套用西方文化,以之作为标准,划分自己的学术文化。中国是文化大国,在学科体系上,理应有自己的印记。随着我国经济的高速发展,社会各界要求回归本位文化,树立文化形象,用中华文化与西方文化作平等的交流的呼声越来越高。鄙见,要走出这一步,现行学科体系的改革应该先行,有关部门要有前瞻性,主动、积极地在高校人文社会科学领域深入调研,提出系统的学科改革方案,以适应形势的发展。

二、经学自古就是独立的学科

在两千多年的中国古代文明中,经学始终是中国学术中最重要的学科门类之一,这是不争的事实。

经学是以儒家经典作为研究对象的学科,最早是五经,唐为九经,到宋朝增益为十三经。经学研究有自己的话语体系,两汉有师法、家法,古文、今文;其后有笺注、正义、读若、读如,等等,并且形成了以文字、音韵、训诂为主体,旨在为解经服务的"小学",学科边界清晰。众所周知,历代的科举考试,无不以经学为主要科目。1905 年,晚清政府废除科举,采用西方教育体制,但在许多学校依然有经学与小学的课程。朱自清撰《经典常谈》,认为对国民进行经典教育依然有必要。

早在两汉,中国学术就萌生了以经、史、子、集四部为大纲的独特的学科体系,这是中国文化自发形成的,反映了本位文化的面貌。到清代修撰《四库全书》,经、史、子、集成为中国传统学术的定式。时至今日,日本有些著名大学的图书馆,依然沿用四部分类法。

经、史、子、集四部,不是并驾齐驱的关系,经学处于主导地位,是领军的学术。儒家经典的主旨是按照道德理性的要求,修身、齐家、治国、平天下,走向天下为公的大同世界。

儒家提倡的道德伦理的学说、礼乐兴邦的理念、仁爱义利的思想等，主导了古代中国思想界的发展方向，并且渗透到了社会的每个层面，无论读过书还是没有读过书的中国人，几乎没有不受其影响。历史上最著名的史家，如司马迁、班固、欧阳修、司马光等，受儒家思想浸润尤深，他们的史著，写谁不写谁，如何褒贬臧否，背后都有儒家的价值体系在左右。历史上的迁客骚人，其作品文风不同，妙趣各异，但大多不脱儒家的人文情怀。可以说，不了解经学，就不能透彻地读懂古代的史著，乃至文学作品。甚至还可以说，不了解经学，就不能真正了解中国文化与中国社会。

既然经学是自古就独立存在的重要学科，我们就不能无视他的存在，就应该在学科体系上给它以应有的位置。当年提出"打倒尊孔读经"，取消经学，有其特殊的历史背景。如今天地反复，那种令人痛心的背景已经不复存在，孔子对于中国文化的贡献，为越来越多的民众所认识。在学术层面，北京每五年举办一次纪念孔子诞生的国际学术研讨会，规模盛大，国家最高层领导必接见与会学者。近几年之中，孔子学院遍布世界各地。凡此皆表明，尊孔，已经不再是问题，上下都认同。读经，社会中近些年累积的共识日益厚重，有些大学将"四书"、"五经"作为必修课，就是最好的例证。既然在尊孔与读经的问题上，上下都在回归理性，尊重前贤，在学科体系上恢复经学的学术地位，就是顺理成章的事情。

三、经学缺失将影响传统学科的发展

经学是传统中国学术的重要支柱，近百年来，这一支柱被抽去之后，中国文化出现了巨大的真空：中国文化没有了价值体系！一个不以宗教立国的社会，两千多年来，究竟靠什么凝聚人心，维护社会的正常秩序？

在学术领域，经学彻底丧失了安身立命之地，大学文科有哲学系、历史系、中文系，就是没有经学系。文、史、哲三系都不开经学课程，《十三经》被放在哲学类的书架上，《尚书》、《仪礼》、《论语》、《孟子》、《孝经》被当成哲学著作，无疑是对当代学术界的无情讥讽，我们还有没有学科常识？

经学的式微，使得原本有血有肉的史学、文学的研究，失去了深层的理论支撑，成为纯技术性的研究。以《说文》为代表的小学类著作，被归到了语言文字类，看似合理，其实违背了作者的本意。读《说文解字序》就可以知道，许慎撰作此书的本意，是为了辨明经义，许慎自己就是"五经无双"的经学家。其后的小学书籍，与经籍的关系密不可分。如今，由于经学衰微，小学不振，能开《说文解字》的中文系少之又少。而在治《说文》的学者中，精通经学的更是稀少，长此以往，将造成学科的萎缩。

由于经学教育的全面缺失，年轻学者对本国文化大多知之甚浅，因而无力与西方学者对话。例如，中国自魏晋开始有"以礼入法"的传统，将经典中的道德伦理与法律密切结合，标本兼治，这是中华法系的重要特色。某青年法学学者到西欧留学，西方学者自夸其法系先进无比，批评中国法系落后，该学者当时无言以对。及至回国后，对中华法系的有关情况作了补课，方知中华法系自有高明之处。类似的情况不解决，中国本位文化就不能真正抬起头、挺起胸来。

近几年，人大国学院向教育部申请"国学"学位被否决，既有苦衷，也有其原因。"国学"是中国学术的总称，范围太大，与既有的史学、文学等学科彼此重叠，分野不清。但申请"经学"的学位，则没有这些困扰，比较容易通过。经学一旦取得学科身份，则可以拉动"国学"的下一步发展，局面才有逐步打开的希望。

经学应该成为独立的学科

"打孔家店"与"打倒孔家店"辨析

马克锋

（中国人民大学历史学院）

从胡适提出"打孔家店"，到随后"打倒孔家店"成为流行口号，对现代中国思想、文化乃至学术等都产生了很大影响。"打孔家店"与"打倒孔家店"尽管只有一字之差，但其中却有质的差别。本文试图对这两个口号的源流做一考辩，并对其中的价值取向和思想理路做一梳理。

一

1921 年 6 月 16 日，胡适给吴虞即将出版的文集作序，第一次提出了"打孔家店"。原文是："我给各位中国少年介绍这位'四川省只手打孔家店'的老英雄——吴又陵先生！"[①] 在这篇 2000 字的序文中，胡适对吴虞给予高度评价说："吴又陵先生是中国思想界的一个清道夫"；"吴先生和我的朋友陈独秀是近年来攻击孔教最有力的两位健将。"[②] 同时，胡适提出了两个重要概念：一个是"孔家店"，有老店和冒牌两种，给儒家思想冠以字号称谓，富有调侃意味；一个是"打"，拿下招牌，即对儒家思想的基本态度。关于"孔家店"的来由，钱玄同指出："孔家店本是由'吾家博士'看《水浒》高兴时，擅替二先生开的，XY 先生（钱玄同笔

---

① 欧阳哲主编《胡适文集》，第 2 卷，北京大学出版社，1999 年，第 610 页。

② 同上，第 608、609 页。

名——引者注）便以为着重点，论得'成篇累牍'，以思想比货物，似乎不怎么恰当。"①

对于胡适提出的"打孔家店"主张，钱玄同予以积极回应。他说："孔家店真是千该打、万该打的东西；因为它是中国混乱思想的大本营。它若不被打倒，则中国人的思想永无清明之一日；穆姑娘（Moral）无法来给我们治内，赛先生（Science）无法来给我们兴学理财，台先生（Democracy）无法来给我们经国惠民。"②钱玄同认为，在打孔家店之前，必须搞清楚两个问题："一、孔家店有'老店'和'冒牌'之分。这两种都应该打；而冒牌的尤其应该大打特打，打得它一败涂地，片甲不留！二、打手却很有问题。简单地说，便是思想行为至少要比冒牌的孔家店里的人们高明一些的才配得做打手。若与他们相等的便不配了。至于孔家店里的老伙计，只配做被打者，绝不配来做打手！"③为什么要打老牌孔家店，理由是："这位孔老板，却是纪元前六世纪到前五世纪的人，所以他的宝号中的货物，无论在当时是否精致、坚固、美丽、适用，到了现在，早已虫蛀、鼠伤、发霉、脱签了，而且那种野蛮笨拙的古老式样，也断不能适用于现代，这是可以断定的。所以把它调查明白了，拿它来摔破，捣烂，好叫大家不能再去用它，这是极应该的。"④也就是说，孔家店无论式样和内容已经远远落后于时代，根本没有继续存在的必要。"至于冒牌的孔家店里的货物，真是光怪陆离，什么都有。例如古文、骈文、八股、试帖、扶乩、求仙、狎优、狎娼……三天三夜也数说不尽"，⑤因此必须狠打。钱玄同作为一个文化激进主义者，主张全盘西化，他用的词语是"全盘受西方化"，特别强调"以科学为基础的现代思想"。因此，他不但反对儒家思想，而且反对所有中国传统思想。他说："此外则孔家店（论老店或冒牌）中的思想固然是昏乱的思想，就是什么李家店、庄家店、韩家店、墨家店、陈家店、许家店中的思想，也与孔家店的同样是昏乱思想，或且过之。"⑥

对于胡适称赞吴虞是"打孔家店的老英雄"，钱玄同给予质疑。他有针对性地指出："那部什么《文录》中'打孔家店'的话，汗漫支离，极无条理；若与胡适、陈独秀、吴敬恒诸人'打孔家店'的议论相较，大有天渊之别。"⑦钱玄同认为，吴虞并不是什么打孔家店的英雄，只不过是孔家店的老伙计，"至于孔家店里的老伙计，只配做被打者，绝不配来做打手！"像胡适、顾颉刚那班整理国故者，才配做打孔家店的打手。他说："近来有些人如胡适、顾颉刚之流，他们都在那儿着手调查该店的货物。调查的结果能否完全发见真相，固然不能预测；但我认他们可以做打真正老牌的孔家店的打手，因为他们自己的思想是很清楚的，

① 刘思源等编《钱玄同文集》，第 2 卷，中国人民大学出版社，1999 年，第 75 页。
② 刘思源等编《钱玄同文集》，第 2 卷，第 58 页。
③ 同上。
④ 同上。
⑤ 同上，第 59 页。
⑥ 同上，第 59—60 页。
⑦ 同上，第 57 页。

他们调查货物的方法是很精密的。"①周作人曾说钱玄同"在新文化运动中间,主张反孔最为激进,而且到后来没有变更的,莫过于他了"。②这种态度和主张,是新文化运动时期矫枉必须过正的典型表现。

胡适提出的"打孔家店"表态,由于他特有的地位、立场和影响,传播甚广,同时也带来非议。对此,胡适在其一生的不同阶段,对此都有解释和辩护。1929年,胡适在批评国民党打压思想自由时指出:"新文化运动的一件大事业就是思想的解放。我们当日批评孔孟,弹劾程朱,反对孔教,否认上帝,为的是要打倒一尊的门户,解放中国的思想,提倡怀疑的态度和批评的精神而已。"③1932年,胡适在《论六经不够作领袖人才的来源》中回应道:"人才之缺乏不自今日始,孔家店之倒也,也不自今日始。满清之倒,岂辛亥一役为之? 辛亥之役乃摧枯拉朽之业。我们打孔家店,及今回想,真同打死老虎,既不能居功,亦不足言罪也! "④1948年,胡适回答后学提问,再次谈到"孔家店"。他说:"关于'孔家店',我向来不主张轻视或武断地抹杀。你看见我的《说儒》篇吗? 那是很重视孔子的历史地位的。但那是冯友兰先生们不会了解的。"胡适还说:"人家说我打倒孔家店,是的;打倒孔家店并不是打倒孔子。孔子的学说,经过两千年,至少有一部分失去了时代性,同时经过了许多误解。30年前,我们的确领导批评孔子。我们批评孔子,是要去掉孔子一尊,是与诸子百家平等。如果不打倒一尊的孔家店,没有法子使思想解放,思想自由。但是62年来,还是继续对孔子佩服,我觉得他这个人,是很了不得的。中外古今像他做到学而不厌、诲人不倦的境界的,不容易看到。"⑤胡适晚年谈到这件公案时,特别声明,"并不要打倒孔家店"。他说:"有许多人认为我是反孔非儒的。在许多方面,我对那经过长期发展的儒教的批判是很严厉的。但是就全体来说,我在我的一切著述上,对孔子和早期的'仲尼之徒'如孟子,都是相当尊崇的。我对十二世纪'新儒学'(Neo-Confucianism)('理学')的开山宗师的朱熹,也是十分崇敬的。"⑥胡适这一系列表白,足以说明胡适所谓的"打孔家店"并不是彻底摧毁和全盘否定儒家文化。

二

著名国学大师梁启超对五四新文化运动中的激烈反传统,一方面表示一定程度的理

---

① 刘思源等编《钱玄同文集》,第2卷,第59页。

② 周作人《钱玄同的复古与反复古》,《文史资料选辑》第94辑。

③ 欧阳哲生编《胡适文集》,第5卷,第579页。

④ 同上,第421页。

⑤ 这段材料见董德福《梁启超与胡适》,220页,注释处是转引自林毓生《中国意识的危机》,贵州人民出版社,1986年,第160页。我查看了林书,没有;又查了胡适相关论著、书信等,还是没有查到出处,在此存疑。

⑥ 欧阳哲生编《胡适文集》,第1卷,第418页。

解,另一方面,又给予批评。他说:"近来有许多新奇偏激的议论,在社会上渐渐有了势力。所以一般人对于儒家哲学,异常怀疑。青年脑筋中,充满了一种反常的思想。如所谓'专打孔家店','线装书应当抛在茅坑里三千年',等等。此种议论,原来可比得一种剧烈性的药品。无论怎样好的学说,经过若干时代以后,总会变质,搀杂许多凝滞腐败的成分在里头。譬诸人身血管变成硬化,渐渐与健康有妨碍。因此,须有些大黄芒硝一类瞑眩之药泻他一泻。所以那些奇论,我也承认他们有相当的功用。但要知道,药到底是药,不能拿来当饭吃。若因为这种议论新奇可喜,便根本把儒家道术的价值抹杀,那便不是求真求善的态度了。"[1]梁启超还从历史、时代、儒学属性、儒学价值、儒学与科学五个方面做了简要分析,提醒时人应该客观审视儒学,不要简单否定,一概打倒。他说:"诚然儒家以外,还有其他各家。儒家哲学,不算中国文化全体;但是若把儒家抽去,中国文化,恐怕没有多少东西了。中华民族之所以存在,因为中国文化存在;而中国文化,离不了儒家。如果要专打孔家店,要把线装书抛在茅坑里三千年,除非认过去现在的中国人完全没有受过文化的洗礼。这话我们肯甘心吗?"[2]梁启超的得意门生张君劢对打倒孔家店给予批评,说:"五四运动以后之'打倒孔家店'、'打倒旧礼教'等口号,是消灭自己的志气而长他人威风的做法。须知新旧文化之并存,犹之佛教输入而并不妨碍孔门人伦之说。欧洲有了耶教,何尝能阻止科学技术民主政治之日兴月盛?"[3]

冯友兰从捍卫儒家思想的角度,对五四新文化运动期间"打孔家店"的主张做了批评。他指出:"民初人要打倒孔家店,打倒'吃人的礼教',对于孝特别攻击。有人将'万恶淫为首'改为万恶孝为首。他们以为,孔家店的人,大概都是特别愚昧底。他们不知道,人是社会的分子,而只将人作为家的分子。孔家店的人又大概都是特别残酷,不讲人道底。他们随意定出了许多规矩,叫人照行,以至许多人为这些规矩牺牲。此即所谓'吃人的礼教'。当成一种社会现象看,民初人这种见解,是中国社会转变在某一阶段内,所应有底现象。但若当成一种思想看,民初人此种见解,是极错误底。""民初人自以为是了不得底聪明,但他们的自以为了不得底聪明,实在是他们的了不得底愚昧。"[4]冯友兰认为,民初人的错误是:"他们不知,人若只有某种生产工具,人只能用某种生产方法;用某种生产方法,只能有某种社会制度;有某种社会制度,只能有某种道德。在以家为本位底社会中,孝当然是一切道德的中心及根本。"[5]

以南京高师—东南大学为主体的"学衡派",对以新文化运动中提出的"打孔家店"主张给予了激烈回应。他们认为,这种对儒学和孔子的态度,是对中国传统文化的肆意攻击

---

① 梁启超《饮冰室合集·专集》一百三,中华书局,1989 年,第 6 页。

② 同上,第 7 页。

③ 张君劢《立国之道》,1938 年,第 274—275 页。

④ 冯友兰《贞元六书》,上册,华东师范大学出版社,1996 年,第 278、279—280 页。

⑤ 冯友兰《贞元六书》,上册,第 280 页。

近现代国学的回顾与国学学科建设

「打孔家店」与「打倒孔家店」辨析

775

和诽谤。学衡派主将吴宓专门撰写文章，回击新文化派，阐明孔子的价值和孔教的精义。他说："自新潮澎湃，孔子乃为人攻击之目标，学者以专打孔家店为号召，侮之曰孔老二，用其轻薄尖刻之笔，遍致底讥。盲从之少年，习焉不察，遂共以孔子为迂腐陈旧之偶像，礼教流毒之罪人，以谤孔为当然，以尊圣如诳病。"[①]学衡派的另一个代表人物柳诒徵也有回应，他认为无论是打倒孔家店还是以孔教号召天下，都是对孔子和儒学的曲解。他说："近年来有所谓专打孔家店呵斥孔老头子者，固无损于孔子毫末，实则自曝其陋劣。然若康有为、陈某某等以孔教号召天下，其庸妄亦与反对孔子者等。真知孔子之学者，必不以最浅陋之宗教方式，欺己欺人，且以诬蔑孔子也。"[②]柳诒徵认为，孔子是中国文化中心的地位决不能动摇。他说："孔子者，中国文化之中心也。无孔子则无中国文化。自孔子以前数千年之文化，赖孔子而传；自孔子以后数千年之文化，赖孔子而开。"[③]又进一步提升了孔子的地位。因此，在新文化运动期间，形成了以北京大学为中心的打孔家店与以东南大学为中心的护孔家店的南北对峙。对此，后者多次津津乐道。比如，郭斌龢回忆说："当举世狂呼打倒孔家店、打倒中国旧文化之日，南高诸人独奋起伸吭与之辩难。曰中国文化决不可打倒，孔子为中国文化之中心，决不可打倒。风雨如晦，鸡鸣不已，南高师生足以当之。"[④]后来有人在此说的基础上继续发挥说："犹忆民国八九年间，当举世狂呼打倒孔家店，打倒中国旧文化之日，本校学衡诸撰者，独奋起与之辩难曰，中国旧文化决不可打倒。孔子为中国文化之中心，决不能打倒。殆其后新说演变而为更荒谬之主张，其不忍数千年之文化，听其沦丧者。又一反其所为，乃大声疾呼：宏扬固有道德，建立本位文化，排斥浪漫思想者。"[⑤]1931年11月2日，也就是"九一八事变"刚刚发生不久，南高学人郭斌龢在《大公报》文学副刊发表《新孔学运动》，认为孔学是中国国魂，积极倡导孔学立国，挽救民族文化危机。其具体内容是：第一，发扬光大孔学中具有永久与普遍性的部分，如忠恕之道、个人节操的养成等等，而铲除受时空间的影响所产生的偶然成分，如繁文缛节易流为虚伪的礼仪，及后人附会的阴阳家言等。第二，应保存有道德意志的天之观念。第三，应积极实行知、仁、勇三达德，提倡儒侠合一、文人带兵的风气。知耻近乎勇、杀身成仁、士可杀不可辱等古训，应尽量宣传，成为全国国民牢不可破的信条。第四，应使孔学想象化、具体化，使得产生新孔学的戏剧、图画、音乐、雕刻等艺术。郭斌龢的主张，得到其南高同仁的响应。但总体而言，其产生的影响并不是很大，主要局限在固有的圈子。

贺麟在其《儒家思想的新开展》一文中，比较系统地阐述了他对五四新文化运动批孔的观点。他说："五四时代的新文化运动，可以说是促进儒家思想新发展的一个大转机。

---

① 吴宓《孔子之价值与孔教之精义》，《大公报》1927年9月22日。
② 柳诒徵《孔学管见》，《国风半月刊》第3号，1932年9月28日。
③ 柳诒徵《中国文化史》，上册，东方出版中心，1988年，第231页。
④ 郭斌龢《南京高等师范学校二十周年纪念之意义》，《国风半月刊》第7卷第2号，1935年9月。
⑤ 马骥程《国立中央大学校史》，国立中央大学学生自治会编印，1944年，第5—6页。

表面上,新文化运动是一个打倒孔家店、推翻儒家思想的一个大运动。但实际上,其促进儒家思想新发展的功绩与重要性,乃远远超过前一时期曾国藩、张之洞等人对儒家的提倡。"贺麟进而指出:"新文化运动的最大贡献在于破坏和扫除儒家的僵化部分的躯壳的形式末节,及束缚个性的传统腐化部分。它并没有打倒孔孟的真精神、真意思、真学术,反而因其洗刷扫除的工夫,使得孔孟程朱的真面目更是显露出来。"① 贺麟对胡适的批评儒学也予以积极评价。他说:"新文化运动的领袖人物,以打倒孔家店相号召的胡适先生,他打倒孔家店的战略,据他英文本《先秦名学史》的宣言,约有两要点:第一,解除传统道德的束缚;第二,提倡一切非儒家的思想,亦即提倡诸子之学。但推翻传统的旧道德,实为建设新儒家的新道德做预备工夫,提倡诸子哲学,正是改造儒家哲学的先驱。用诸子来发挥孔孟,发挥孔孟以吸取诸子的长处,因而形成新的儒家思想。假如儒家思想经不起诸子百家的攻击、竞争、比赛,那也就不成其为儒家思想了。愈反对儒家思想,儒家思想愈是大放光明。"② 贺麟认为,代表中国文化主流的儒学遭到系统批评是在新文化运动,但儒学自身的危机却很早就出现了。他说:"中国近百年的危机,根本上是一个文化的危机。文化上有失调整,就不能应付新的文化局势。中国近代政治军事上的国耻,也许可以说是起于鸦片战争,中国学术文化上的国耻,却早在鸦片战争之前。儒家思想之正式被中国青年们猛烈地反对,虽说是起于新文化运动,但儒家思想的消沉、僵化、无生气,失掉孔孟的真精神和应付新文化需要的无能,却早腐蚀在五四运动以前。儒家思想在中国文化生活上失掉了自主权,丧失了新生命,才是中华民族的最大危机。"③

三

1936 年 9 月,时任中国共产党北方局宣传部长的陈伯达在《读书生活》第 4 卷第 9 期上发表了《哲学的国防动员——〈新哲学者的自己批判和关于新启蒙运动的建议〉》一文,率先倡议开展新启蒙运动。随后,艾思奇、张申府、何干之、胡绳等人起来响应,形成了一场新启蒙运动,主题是继承五四,超越五四,主要是提倡民主与科学,完成五四的未竟之业。"基本纲领,就是:继续并扩大戊戌、辛亥和五四的启蒙运动,反对异民族的奴役,反对礼教,反对独断,反对盲从,破除迷信,唤起广大人民之抗敌和民主的觉醒。"④ 其中涉及对孔子及儒学的态度,"打倒孔家店"作为五四运动的精神被人为强化。陈伯达对此发表了一系列言论,反复强调。他说:"五四时代一批思想界的人物:如'打倒孔家店','反对

---

① 贺麟《文化与人生》,商务印书馆,1996 年,第 5 页。

② 同上,第 5—6 页。

③ 同上,第 5 页。

④ 陈伯达《哲学的国防动员——〈新哲学者的自己批判和关于新启蒙运动的建议〉》,《读书生活》第 4 卷第 9 期,1936 年 9 月。

玄学鬼',在考古学上推翻传统历史的这一切老战士,我们都应该重新考虑和他们进行合作。"又说:"接受五四时代'打倒孔家店'的号召,继续对于中国旧传统思想,旧宗教,作全面的有系统的批判。"① 陈伯达指出:"以《新青年》为首的五四新文化运动,这是中国第一次以群众的姿态,向'中古的'传统思想和外来的文化,公开宣告了反叛。'打倒孔家店','德谟克拉西和赛因斯','提倡白话文'——这是当时新文化运动的中心口号。"② 在这里,陈伯达把"打倒孔家店"视为五四新文化运动的主要精神,并将其列在首位,绝不是信笔一挥,而是有深刻含义的。陈伯达说:"我们的新启蒙运动,是当前文化上的救亡运动,也即是继续戊戌以来启蒙运动的事业。我们的新启蒙运动是五四以来更广阔,而又更深入的第二次新文化运动。五四时代的口号,如'打倒孔家店','德赛二先生'的口号,仍为我们的新启蒙运动所接受,而同时需要新酒装进旧瓶,特别是要多面地具体地和目前的一般救亡运动相联接。这些口号的接受,也就是我们和五四时代的人物合作的要点。"③ 陈伯达在回应学者质疑时说:"在我所有的文章中,关于这点(指文化运动的派别——引者注),我实在采取了审慎的态度。比如关于孔子的问题,我算是强调地指出了孔教的奴役作用,但还是留了与崇信孔子者合作的余地。艾思奇先生在一些文章中关于'孔家店'的态度,我认为是完全正确的。五四时代'打倒孔家店'的口号,在目前应由反独断反礼教反复古的口号表现出来。"④

新启蒙运动的另一个代表人物张申府对五四新文化运动中的两个口号予以质疑,并响亮提出了他对孔子和儒学的主张:"打倒孔家店","救出孔夫子"。张申府说:"今日的新启蒙运动,显然是对历来的一些启蒙运动而言。对于以前的一些启蒙运动,也显然有所不同。比如,就拿五四时代的启蒙运动来看,那时有两个颇似新颖的口号,是'打倒孔家店','德赛二先生'。我认为这两个口号不但不够,亦且不妥。多年的打倒孔家店,也许孔子已经打倒了,但是孔家店的恶流却仍然保留着,漫延着。至于科学与民主,本都是客观的东西,而那时的文人滥调,却把它人格化起来,称什么先生,真无当于道理。至少就我个人而论,我以为对这两口号至少都应下一转语。就是:'打倒孔家店','救出孔夫子';'科学与民主','第一要自主'。"张申府强调指出:"五四时代的启蒙运动,实在不够深入,不够广泛,不够批判。在深入上,在广泛上,在批判上,今日的新启蒙运动都需要多进几步。"⑤ 1940 年到 1942 年,张申府又对他的观点做了重申:"'线装书扔在茅厕里'。羊皮典束之高阁上。人人师心凭臆,各簧鼓其所好。天下从此,四无猖狂。""狂妄者说,'打倒

---

① 陈伯达《哲学的国防动员——〈新哲学者的自己批判和关于新启蒙运动的建议〉》,《读书生活》第 4 卷第 9 期,1936 年 9 月。

② 陈伯达《论新启蒙运动》,《新世纪》第 1 卷第 2 期,1936 年 10 月。

③ 同上。

④ 陈伯达《再论新启蒙运动》,《认识月刊》创刊号,1937 年 6 月。

⑤ 张申府《什么是新启蒙运动》,《实报》第 1 卷第 7 期,1937 年 5 月。

孔家店'。孔家本无店,要打倒那里?我尝纠正说,'救出孔夫子'。仲尼本自在,救也用不着。"① 这时张申府的思想又变化了,认为孔子根本没有必要救,言下之意是孔子思想不朽。

通过上述对历史文献的初步梳理,我们不难发现,"打倒孔家店"确实是从"打孔家店"衍化而来,而且是以讹传讹。比如,陈伯达1937年发表的《论五四新文化运动》一文中,不知是有意还是无意将胡适评价吴虞的话语加以错误引用,将"打孔家店"演绎为"打倒孔家店"。陈伯达说:"吴虞——这位曾被胡适称为'四川省双手打倒孔家店的老英雄',却是最无忌惮地、最勇敢地戳穿了孔教多方面所掩藏的历史污秽。《吴虞文录》——这是五四启蒙运动中中国人民指责孔教罪过之最有力,最精辟的控诉书,而且也是中国数千年来文化史上最珍贵的一种文献。"② 另一个马克思主义历史学家何干之也同样错误引用。他说:"吴虞,胡适之先生叫他做'四川省双手打倒孔家店的老英雄'。他的文笔很质朴,思想很谨严,意志很坚强。他以渊博的知识、严肃的理知、平淡的笔法,来描出儒教的虚伪,揭破旧思想的遗毒。"③ 两个人在其引用中,都明显引错了两个地方:一是将"只手"错引为"双手";一是将"打孔家店"错引为"打倒孔家店"。范文澜也有类似提法:"五四运动'名将'之一的吴虞先生,曾被称为'打倒孔家店'的老英雄。"④ 对此,当代学者王东有一段评论。他说:"细致分析起来,从胡适的原来提法,到陈伯达的后来概括,至少发生了五点微妙变化:一是从一句幽默戏言,变成了理论口号;二是从胡适对吴虞的介绍,变成了胡适本人的主张;三是从五四后期的个别提法,变成五四时代的主要口号;四是从胡适个人的一个说法,变成了整个五四运动的理论纲领;五是从'打孔家店',变成了'打倒孔家店'。"⑤ 陈伯达等人将"打孔家店"衍化为"打倒孔家店",目的是其对中国传统儒学进行系统而彻底地批判有合法思想来源,某种意义上带有中国共产党的思想文化价值认同。如果仅仅把这一变化归结于陈伯达的个人思想或个体认知,既不客观,而且显失公平。

另外,王东认为:"'只手打孔家店'这个提法,经过30、40年代陈伯达等人加工改造,变成了'打倒孔家店'的提法,并开始被曲解夸大为五四新文化运动的纲领性口号。"⑥ 这个论断也只说明了问题的一个方面。其实,按照严格的时间概念,就我目前所看到的资料,最早提出或者说把"打孔家店"衍化为"打倒孔家店"的,并不是陈伯达,而是时任中央大

① 张申府《家常话》,《张申府文集》,第3卷,河北人民出版社,2005年,第363、364页。
② 陈伯达《论五四新文化运动》,《认识月刊》创刊号,1937年6月。
③ 刘炼编《何干之文集》,第2卷,北京出版社,1994年,第69页。
④ 范文澜《中国经学史的演变》,《中国文化》第2卷第2期,1940年。
⑤ 王东《五四新文化运动若干问题辨析》,《哲学动态》1999年第4期。
⑥ 同上。

「打孔家店」与「打倒孔家店」辨析

学教授的郭斌龢。他在 1935 年 9 月发表的一篇文章中提出了"打倒孔家店"这一说法,而且予以随意夸大,在此我们不妨再重复引用一次。他说:"当举世狂呼打倒孔家店、打倒中国旧文化之日,南高诸人独奋起伸吭与之辩难。曰中国文化决不可打倒,孔子为中国文化之中心,决不可打倒。风雨如晦,鸡鸣不已,南高师生足以当之。"[1] 这里需要注意的是,郭斌龢提出"打倒孔家店"概念,并不是他及南高学派的文化主张,而是将其发明权冠之于五四新文化派。我们上文已经指出,以北京大学为核心的新文化派是主张"打孔家店"的,而以东南大学为核心的学衡派是注重护孔家店的,两派旗帜鲜明,明显对立。在当时那个特定时代,"打倒孔家店"不得人心。南高学人将五四新文化运动视之为"打倒孔家店"的重镇,目的显然是树立一个反击的靶子,借以孤立或矮化五四新文化运动,同时提升其在文化界、思想界的地位和影响。

对于孔家店是"打"还是"打倒",长期以来大多数学者没有注意到二者的差别和异同,混用者居多,而且不少人认为两个意思完全相同,没有差别。但是,也有一些学者发现并注意到这一问题。比如,王东教授从文字字义上做了比较分析,指出:"'打'在这里主要是进攻、挑战之意,而'打倒'则是彻底推翻、完全否定之意,二者之间虽是一字之差,却有质与量上的微妙差异,程度上大为不同,不可混淆。"[2] 宋仲福、赵吉惠教授从内容上做了分析,指出:"'打倒孔家店'就是胡适文'打孔家店'一词衍讹而来。但是,一字之差,却反映出对五四新文化运动批孔精神的两种不同的理解和概括。'打孔家店'即是批评儒学;'打倒孔家店'却是全面否定儒学。……'打倒孔家店'这个口号,不是五四新文化运动本身的产物,而是由于历史的误会,后人给新文化运动的附加物。而这个附加物又不能恰如其分地反映这个运动的主要精神,还大大歪曲了它的精神"。[3]

另外,还有一个"孔老二"的问题。所谓"孔老二",即对孔子的贬称。冯友兰说:"新文化运动对于孔丘和儒家思想完全否定,称孔丘为'孔老二',儒家为'孔家店'。当时流行的口号是'打倒孔老二','打倒孔家店'。"[4] 关于"打倒孔家店",上文已经讨论,这里主要谈谈"孔老二"问题。其实,早在 1927 年,吴宓已经提到,新文化运动称孔子为"孔老二"。对此,吴宓深表不满,他说:"自新潮澎湃,孔子乃惟攻击之目标,学者以专打孔家店为号召,侮之曰孔老二,用其轻薄尖刻之笔,遍致底讥。"[5] 吴宓认为,时人称孔子为"孔老二",有侮辱不敬之意,当然也属大逆不道。冯友兰、吴宓所说与事实不符。就我所看到的材料,五四新文化运动时期,大多数学人对孔子还是尊敬的,基本都称其为孔子,如陈独秀、李大钊、胡适,即使反传统特别激烈的钱玄同,也没有在称呼上贬低孔子本人。对孔子名称不

---

[1] 郭斌龢《南京高等师范学校二十周年纪念之意义》,《国风半月刊》第 7 卷第 2 号,1935 年 9 月。

[2] 王东《五四新文化运动若干问题辨析》,《哲学动态》1999 年第 4 期。

[3] 宋仲福、赵吉惠等《儒学在现代中国》,中州古籍出版社,1991 年,第 69、70 页。

[4] 冯友兰《中国现代哲学史》,广东人民出版社,1999 年,第 82 页。

[5] 吴宓《孔子之价值与孔教之精义》,《大公报》1927 年 9 月 22 日。

大尊敬的,只有吴稚晖、鲁迅、吴虞等少数人,如吴稚晖称孔子为"死鬼"、"枯骨",但也是与先秦诸子并列的,并不特意针对孔子。鲁迅、吴虞称孔子为"孔二先生",暗含讥讽,却也基本符合事实,因为孔子在家排行老二,老大名孟皮,字伯尼。至于什么"孔老二"甚至"打倒孔老二"的提法,纯粹是后人强加的,和历史事实相去甚远。

"打孔家店"衍化为"打倒孔家店",基本上反映了中国近代学人对中国文化的三种态度:五四新文化运动的倡导者主张对中国文化中的劣根性及其与现代民主政治和社会生活不适应的部分做深入批判,同时继承其合理精华;五四新文化运动的继承者认为其批评中国文化力度不够,要对中国维护传统做彻底清算,甚至根本否定;五四新文化运动的对立面认为其批评孔子及儒学是对中国文化的大不敬,将其视为对中国文化传统的叛逆。总之,情况比较复杂。但有一点需要强调的是,对孔家店是"打"还是"打倒",明显反映了中国近代不同的价值取向和思想理路。

四川省城尊经书院的经史教育

李晓宇

（四川大学历史文化学院）

古今之分、中西之别，反映在文化教育上的差异不胜枚举，如果一定要说"东海西海，心理攸同；南学北学，道术未裂"，① 则唯有经史之学而已。例如，甘阳在介绍美国大学通识教育的形成时，曾提到："哥伦比亚这一由'史'（指'现代文明'课）和'经'（指'人文经典'课）交互构成的通识教育构架，实际是以后芝加哥等各校通识教育课程体制都贯彻的基本原则。这实际是非常契合我国传统教育的'经—史传统'的，'史'讲的是一个文明的盛衰变化，'经'或经典则是这个文明的最基本智慧结晶亦即科南所谓'传统形成的智慧'。"② 总括而言，"经"为常法，"史"为流变；"经"讲道理，"史"摆事实。古往今来，不通常法、不知流变、不讲道理、不摆事实而能养成学风士气、达成教化者，未之有也。故经史教育，是一切教育的基础前提。从某种意义上说，当今大学教育的诸多弊端，如功利主义、实用主义、专业主义、唯科学主义、唯技术主义，以及唯市场取向的媚俗化教育，归根究底，无不与经史教育的理念和宗旨相抵触。经史教育要求通今博古，功利主义、实用主义、专业主义教育则目光短浅、急功近利；经史教育强调人文关怀，唯科学主义、唯技术主义教育则逞工炫巧、异化人心；经史教育注重典雅高贵，唯市场取向的媚俗化教育则刻意猎奇、

---

① 钱锺书《谈艺录》（补订本）、《序》，中华书局，1994年，第1页。

② 甘阳《大学人文教育的理念、目标与模式》，甘阳、陈来、苏力主编《中国大学的人文教育》，三联书店，2007年，第26页。

粗俗不堪。因此,提倡经史教育,不失为矫正当前教育中各种片面性、局限性痼疾的一剂良方。

但是,今天中国的通识教育或素质教育,几乎是"在没有传统、没有积累和没有经验的条件下从头开始"。[①] 尽管目前国内各大高校竞相开设人文教育的课程,但课程内容大多照搬西方大学的模式设计,生吞活剥,淮橘为枳,像大杂烩、大拼盘一样,毫无端绪和体系可言。其实,中国自古就不乏经史教育的传统,可资借鉴的经验甚多。如果我们追溯当今中国几所著名高校的起源,就不难发现它们的前身都是一些注重经史之学的省会书院,例如,湖南大学的前身是岳麓书院(960),武汉大学的前身是两湖书院(1890)、自强书院(1893),浙江大学的前身是求是书院(1897),而四川大学也不例外,在它的源头上矗立着两座著名的省会书院,一个是锦江书院(1704),一个是尊经书院(1875),其中,以尊经书院的经史之学最为世人所称道。由尊经书院所开启的近代蜀学,与现当代学术传统前后呼应,发挥着承前启后、继往开来的重要影响和作用。如果今天我们欲图复兴大学人文教育,尊经书院的经史教育就是一笔珍贵的历史遗产。

一、八股应试教育的弊病及其补救

尊经书院创建于光绪元年(1875)春,其创建初衷是提倡经史之学,以补救八股应试教育的弊病。四川总督吴棠在为绅民请捐建尊经书院的奏折中谈到创办书院的缘起:"查川省地方,省内向建有锦江书院,省外各府厅州县亦各分建书院,系专课时文,其经义、古学阙焉未讲。是以各属士子能文者多,专经者少,今合省绅民以经学素乏师承,考订亦鲜依据,议于省城另建尊经书院讲习经义,并镌刻经史善本用资考证。"[②] 四川学政张之洞也意识到时文的危害,他说:"举业家每谓经、史、子、集无关时文,方家文字不宜场屋,但读浮滥时墨,展转摹效,此时文体即已甚敝,愈趋愈下,将来必致一书不知,文亦不可为文,人人皆没字碑矣,大为学校之忧也。诸生此时为学、为教,异日身执文柄,普望努力挽回,即是有功世教。"[③] 这就是说,当时四川各地的大小书院均以科举应试为重心,只传授学生八股文的写作技巧,以应付科举考试,而不注重文化素质的培养,尊经书院的创办者们希望以经史之学来挽救八股教育的空疏浅陋。关于八股教育的空疏浅陋、误国误民,以清人徐大椿刺时文(八股文)所论最痛快淋漓:

---

① 甘阳《大学人文教育的理念、目标与模式》,甘阳、陈来、苏力主编《中国大学的人文教育》,第35页。

② 吴棠《奏为四川绅民公请捐建尊经书院并刊刻经史事》(同治十三年七月十八日),中国第一历史档案馆藏:04-01-38-0186-023。

③ 张之洞《輶轩语》卷一,苑书义、孙华峰、李秉新主编《张之洞全集》第十二册,河北人民出版社,1998年,第9800页。

读书人，最不齐；烂时文，烂如泥。国家本为求才计，谁知道变作了欺人技。三句承题，两句破题，便道是圣门高弟。可知道三通、四史是何等文章，汉祖、唐宗是哪一朝皇帝？案头放高头讲章，店里买新科利器；读得来肩背高低，口角嘘唏，甘蔗渣嚼了又嚼，有何滋味？辜负光阴，白白昏迷一世；就教他骗得高官，也是百姓朝廷的晦气。[①]

八股文的诸多弊病，既影响科举制度选拔人才的质量，又严重污染了当时的社会风气，急功近利的浮躁心理在社会上到处弥漫。例如，四川各地书院盛行供祀"文昌帝君"，信徒云集，香火不绝。因为文昌帝君"掌人间禄秩，司科甲权衡"，[②]满足了科举制度下士人们追逐功名的心理需求，所以得到人们的狂热崇奉。又如，四川民俗盛行"题桥之陋"。所谓"题桥之陋"，是指西汉司马相如初离蜀赴长安，曾于成都城北升仙桥题句于桥柱，自述致身通显之志，典出《华阳国志·蜀志》："司马相如初入长安，题市门曰'不乘赤车驷马，不过汝下'也。"[③]原是用来比喻对功名的抱负，但这一出自蜀中的历史典故，却被四川的读书人盲目标举为本地金榜题名、衣锦还乡的优良传统，导致对功名利禄趋之若鹜、不能潜心研究学问的恶劣后果。

尊经书院的创办者和继任者非常反感八股文应试教育及其所导致的社会恶果，如，四川学政张之洞斥刘沅"文昌教""鄙俚拉杂，有如病狂"。[④]尊经山长王闿运也曾针对"题桥之陋"大发议论："文翁教泽未善，务于显明其门生，遂有题桥之陋，不若贵州尹珍、王守仁之正，故黔习犹胜蜀也。"[⑤]所以，与当时四川各地的书院相比，尊经书院订立的学规章程中最旗帜鲜明的一条就是"不课时文"：

诸生问曰："不课时文，何也？"曰："无庸也。"世人应试而不好学，根柢日薄，而《四书》文日益不振。明诏使乡会场加意经策而下无以应，故为此以养其原，以补其不足。若《四书》文大小场用之，各郡县书院课之，诸生无不习者，今复课之，赘也。且月增《四书》文一课，时日精力不能胜也。诸生曰："如此，得不与科名相妨乎？"曰："不然。"根柢深而不工词章者，鲜矣。工一切诗古文辞而不能为举业者，抑又希矣。其于时文，有相资也，无相害也。或自为之可也，或应他书院课为之可也，岂禁之哉？况乎策论诗赋，便考古也；课卷用白折，习书法也。由选拔以至廷试，未有不视古学楷法为进退者也。时文固所习，又益之以诸条，其为科名计，抑亦周矣。[⑥]

① 商衍鎏《清代科举考试述录及有关著作》，百花文艺出版社，2004年，第438页。
② 胡昭曦《四川书院史》，四川大学出版社，2006年，第299页。
③ 任乃强《华阳国志校补图注》，上海古籍出版社，1987年，第152页。
④ 张之洞《輶轩语》卷一，第9777页。
⑤ 王闿运《湘绮楼日记》，岳麓书社，1996年，第820页。
⑥ 张之洞《创建尊经书院记》，《张之洞诗文集》，上海古籍出版社，2008年，第235页。

在张之洞看来,科举时文庸滥恶俗、舍本逐末。八股文最初只是取士的一种手段,既非衡量人才的唯一标准,又非教育的根本目的。片面追求八股应试,导致士人只知应试,不求治学,与《四书》所倡导的儒家精神也是背道而驰的。因此,尊经书院的创建者试图以经史之学来纠正八股文教育的庸滥恶俗、本末倒置,张之洞提出正本清源、以学促考的主张:"根柢深而不工词章者,鲜矣。工一切诗古文辞而不能为举业者,抑又希矣。其于时文,有相资也,无相害也。"此处的"根柢",指的就是经史之学,也就是张之洞在为尊经院生们编撰的治学入门书籍《书目答问》中所说的:"由小学入经学者,其经学可信;由经学入史学者,其史学可信;由经学史学入理学者,其理学可信;以经学史学兼词章者,其词章有用;以经学史学兼经济者,其经济成就远大。"[①] 由此可见,经史之学是一切学问的基础,忽视经史之学的学问皆言而无信,行而不远。

二、尊经书院的课程设置

尊经书院"不试时文及试帖诗,专试经解论赋及古体诗",[②] 实为四川教育界的一个另类。但从全国范围来看,尊经书院的出现并不是一个孤立的现象,而是清代中后期书院教育改革的产物。在尊经书院创建之前,其实已经出现了两座以经史教育著称于世的书院典范——杭州诂经精舍和广州学海堂。尊经书院和这两座新兴省级书院一样,"其创建的目的是以经史实学去救书院坠落为科举附庸的流弊,意在返回传统,推古求新,重振书院事业"。[③] 因此,尊经书院的创建者在学规章程、课程设置方面,曾大量参考和模仿诂经精舍和学海堂的现成经验。正如尊经山长伍肇龄曾回忆道:"院内章程及读书治经之法,皆该大学士(张之洞)手订,条教精密,略如诂经精舍、学海堂规模。"[④]

在课程设置上,尊经书院与诂经精舍、学海堂最大的共同点是传授"古学"。所谓"古学",指科举功令文字如策论、律赋、经义、八股文、试帖诗以外的经史学问。因为科举应试文体是时下流行的文体,通称"时文",经史之学与时文相对,故称"古学"。又因为科举时文空疏浅陋,经史之学则偏重考据实证,比时文切实有用,所以经史之学又称"实学"。但这种经史"实学",不同于清代末期提倡的"新学"。虽然"新学"也是切实有用之学,但偏重于技术手段,如"经济特科",实际上是针对技术人员之考试。[⑤] 而经史"实学"则是弘道之学。二者的区别大致相当于"道"和"术"的区别。

据《诂经精舍志初稿》:"精舍课试,初仅每月一番,'问以十三经、三史疑义,旁及小

---

① 范希曾编《书目答问补正》,上海古籍出版社,1983年,第344页。

② 《芙蓉旧话录》卷二,转引自胡昭曦《四川书院史》,第352页。

③ 陈谷嘉、邓洪波主编《中国书院制度研究》,浙江教育出版社,1997年,第101页、第102页。

④ 苑书义、孙华峰、李秉新主编《张之洞全集》第十二册,第10652页。

⑤ 陈登原《国史旧闻》第三册,中华书局,2000年,第619页。

学、天部、地理、算法、词章,各听搜讨书传条对,以观其识,不用扃试糊名之法'与省城敷文、崇文、紫阳三书院之专肄举子业者异趣。"① 与之相仿,张之洞《创建尊经书院记》开宗明义也提出要"以通经学古课蜀士",② "所课为经、史、小学、辞章,尤重通经。人立日记一册,记每日看书起止及所疑所得。山长五日与诸生一会于讲堂。监院呈日记,山长叩诘而考验之。不中程者有罚。月二课,课四题(经解一、史论一、赋与杂文一、诗一)。"③ 这里提到的人人写日记的学规,是仿照学海堂例:"于所颁日程簿首行注明习某书,以后按日作课,填注簿内。"④ "课卷可备选刻者另钞一册,由学长收存,俟可以成集之日,照《学海堂初集》例选改发刻。"⑤ 尊经书院后来一直延用此学规,直至1898年戊戌变法时期。⑥ 将学生的课艺结集刊刻,尊经书院也模仿了《学海堂集》和《诂经精舍文集》,一共出了四集:《蜀秀集》九卷、《尊经书院初集》十二卷、《尊经书院二集》八卷、《尊经书院课艺三集》八卷。此即《创建尊经书院记》"定志第二"所说:《学海堂》之三集、《诂经精舍文钞》之三编,皆书院诸生所为也,何渠不若彼乎?"⑦

据《张文襄公年谱》记载,尊经书院的创建,有一个重要原因是"省城旧有锦江书院,造就不广"。⑧ 所谓"造就不广",是指教育内容单一,人才类型缺乏多样性。所以尊经书院的教育不囿于某一方面,而是主张"经史、小学、舆地、推步、算术、经济、诗、古文辞,皆学也",提倡院生广泛涉猎各种门类的知识。最初,张之洞等人曾设想"分经学(小学属焉)、史学(舆地属焉)、经济(国朝掌故属焉)、算学(天算属焉)、词章为五门,各延一师,弟子各执一业",但由于所需"经费太巨,不能办也"。⑨

虽然,尊经书院在教育内容上主张"博通",但博通不等于泛滥无边,所以尊经书院同时强调"务本"。"务本"就是以经史之学为根柢:

> 诸生问曰:"术听人择,何为必通经乎?"曰:"有本。"《大学》曰:"物有本末。"《论语》曰:"本立而道生。"圣贤通天下事理言之,谓之本,学人因谓之根柢。凡学之根柢,必在经史。读群书之根柢,在通经;读史之根柢,亦在通经。(或曰:史与经何

① 张鋆《诂经精舍志初稿》,《文澜学报》第二卷,1936年,第34页。
② 张之洞《创建尊经书院记》,《张之洞诗文集》,第226页。
③ 廖幼平《廖季平年谱》,巴蜀书社,1985年,第13页。
④ 林柏桐、陈澧编《学海堂志》,陈澧《陈澧集》第五册,上海古籍出版社,2008年,第639页。
⑤ 林柏桐、陈澧编《学海堂志》,陈澧《陈澧集》第五册,第616页。
⑥ 《蜀学会章程》:"入会者自当习劳致用,每人各具日记一册,每日必有课程,每月册上至少亦须二十日,除会讲专条外,所有私居著述,均归其中。三月无日记者,会讲中所得新义即不送阅。"(《蜀学报》第一册,尊经书局光绪二十四年刻本)
⑦ 张之洞《创建尊经书院记》,《张之洞诗文集》,第227页。
⑧ 胡钧《张文襄公年谱》,《张之洞诗文集》附录五,第578页。
⑨ 张之洞《创建尊经书院记》,《张之洞诗文集》,第228页。

与？不知史学要领在三史，不通经学、小学，未有能通三史者也。）通经之根柢，在通小学。此万古不废之理也。不通小学，其解经皆燕说也。不通经学，其读史不能读表志也。不通经史，其词章之训诂多不安，事实多不审，虽富于词，必俭于理。（不通小学，亦未有能尽通《文选》者也）[1]

但是，历代经史著述汗牛充栋，即使确立了"务本"的教育方针，院生们治学仍然不得要领，不知从何下手，所以又必需"知要"：

> 诸生问曰："经学、小学之书，繁而难纪，异同蜂起，为之奈何？"曰："有要。"使者所撰《輶轩语》、《书目答问》言之矣，犹恐其繁，更约言之。经学必先求诸《学海堂经解》，小学必先求诸段注《说文》，史学必先求诸三史，总计一切学术必先求诸《四库提要》，以此为主，以余为辅，不由此入，必无所得。[2]

从张之洞开列的最精要的书目不难看出，尊经书院的经史教育以考据之学为基础，反对空谈心性，所以经学求诸代表乾嘉汉学最高水平的《学海堂经解》，而非宋明儒的性理之书。又因为"读书须先识字"，所以小学求诸《说文》段注。史学求诸三史，除了前三史为历代正史的典范，可能更因为《史记》、《汉书》、《后汉书》中富含经学内容。《四库提要》的作用则是"辨章学术，考镜源流"，对拓展学生知识面和思想视域，以及将来更深入的学术研究均有好处。尊经书院创办后，根据总督吴棠的提议："入院者人给《五经》一、《释文》一、《史记》一、《文选》一、《史记合评》一。"[3] 这个类似于教材性质的书单包括：《五经》（《相台五经》）93 卷、《释文》（《经典释文》）31 卷、《史记》130 卷、《文选》60 卷，《史记合评》6 卷，合计 320 卷。这是院生人人必备的必读书目，大致相当今天大学课程中的必修课。除此之外，张之洞还进一步建议："更有《国语》、《国策》、《两汉》、《三国》、《说文》（必须兼《检字》）、《历代帝王年表》、《简明目录》，皆成都有版，价值亦廉，诸生节衣缩食，亦须置之。"[4] 这个书目对必读书目起辅助作用，侧重史学的内容，是对《史记》的扩展延伸，《说文》（必须兼《检字》）、《历代帝王年表》、《四库简明目录》则含有工具书性质，有助于院生自学时检索与利用。

---

① 张之洞《创建尊经书院记》，《张之洞诗文集》，第 228 页。
② 同上，第 229 页。
③ 同上。
④ 同上。

三、尊经书院经史教育的特色

概括而言,尊经书院经史教育的特色体现在以下三个方面:

1. 以治学门径为法

古人云:"授人以鱼,不如授人以渔。"尊经书院的经史教育最重治学方法的传授。早在创建之初,张之洞就为四川的学子们编写了两本重要的学术入门参考书:《书目答问》和《輶轩语》。《輶轩语》分"语行"、"语学"、"语文"三篇,着重讲治学的方法,其中的许多经验之谈,对于今天我们研习国学仍有指导意义。《书目答问》是一本目录学著作,这本分门别类开列了 2200 种图书及其版本的长长的书单,表面上看平淡无奇,但实际上却是一本学术奇书,它不仅为初学者"指示治学门径,同时也清晰勾勒了清代学术的概貌。……这本书成书以后不久,就在全国各地以多种版本流传,风靡一时,几乎达到读书人家置一编的程度。近现代诸多学者,均直接间接地受到该书的影响"。[①] 四川总督吴棠读过书稿,赞曰:"此乃真为书,士皆学以律己,从此天下太平矣。"梁启超也回忆:"启超本乡人,蕡不知学,年十一游坊间,得张南皮师之《輶轩语》、《书目答问》,归而读之,始知天地间有所谓学问者。"[②]1939 年 8 月,著名学者刘节在成都访书,仍以得到一本蜀刻《书目答问》为幸事。[③]如果从学术价值这方面来说,恐怕只有邵懿辰《四库简明目录标注》、莫友芝《邵亭知见传本书目》、孙殿起《贩书偶记》堪与《书目答问》比肩。上述三种目录学著作或许比《书目答问》专业性更强一些,但都比《书目答问》晚出,而且在为初学者指示治学门径这一点上,远不如《书目答问》简捷明了。

光绪元年(1875),《书目答问》、《輶轩语》初刻于尊经书院[④],毫无疑问,这对于刚刚建成的尊经书院来说,是一次千载难逢的机遇,新生们比全国任何地方的学者都早一步读到此书。这一醇正、便捷的治学门径,使长期处于落后之中的四川学术终于抢到了一次先机,为此后尊经学术的迅速崛起奠定了牢固的基础。例如,今天通行的范希曾《书目答问补正》中,经部有蒙文通 1930 年的按语十二条,[⑤]是对范希曾补正的补正。由此可见,尊经后学在书目文献方面的实力已遥遥领先于全国其他地方。

2. 以地方文化为常

《诗·小弁》曰:"维桑与梓,必恭敬止。"作为一所地方性的省会书院,尊经书院在教

---

① 范希曾编《书目答问补正》,江苏古籍出版社,2000 年,前言第 1 页。

② 张建安《张之洞传奇》,中国人民大学出版社,2003 年,第 35 页。

③ 刘节《成都之行》(1939 年日记·十),《万象》第 10 卷第 6 期,2008 年 6 月,第 78 页。

④ 黄海明《概述四川尊经书院的刻书》,《四川大学学报》(哲学社会科学版)1992 年第 4 期,第 103 页。

⑤ 赵灿鹏《蒙文通先生〈书目答问补正〉案语拾遗》,四川大学历史文化学院编《蒙文通先生诞辰 110 周年纪念文集》,线装书局,2005 年,第 397 页。

育上的一大特色乃是对四川本地历史文化的关注。下面列表说明尊经课艺中四川经学和史学相关的内容：

类 别	题 目	作 者	出 处
经学	《牧誓》称庸、蜀等国，与《诗·江汉》皆指梁、荆考（周公主徐、荆、扬，召公主梁州分陕，与《书》同）		尊经日课题目（甲午夏季）
	庸、蜀、羌、髳、微、卢、彭、濮会孟津道里考	戴光	《初集》卷一
	《禹贡》梁州疆域考（上下篇）	戴光	《二集》卷一
	拟四川尊经书院释奠仪	岳森	《癸甲襄校录》卷二
	《春秋》见经五十六卒正国名分州考（雍州不见国，王臣旧采也。青州见一州牧、七卒正、二十一连帅、一常叙附庸。梁、冀、兖、徐、荆、扬、豫各连州牧见七，国王后二伯与夷狄附庸不在此列。当就经义推考之，如梁州则梁、巴、庸、郜、崇、夔，荆则随、江、黄、沈、胡、糜、蓼是也）		尊经书院堂课题（甲午四月）
	释蜀（《春秋经》"会蜀"、"盟蜀"无间事，两见蜀，明蜀非一地。会蜀在鲁境，盟蜀地在梁州，会蜀乃约蜀之盟，非一时事。诸侯背晋，与楚畏晋，知因二蜀同名，托以在鲁，如城下之盟，不得已者。连书其事以起匿名，以言秦知在梁州）		尊经书院堂课题（甲午四月）
	蜀中易学先师小传（商瞿始来氏终）		尊经八月堂课题目（二十五日）（光绪二十一年）
	蜀中马（司马相如）、扬（扬雄）为小学之祖说		尊经书院十月课题
史学	蜀中先贤传		尊经书院日课题目
	蜀贤事略（欲肄业诸生搜集先哲言行，考订学术也）	傅守中、童煦章	《蜀学编·凡例》
	李太白为蜀人考（仿柳子厚晋问）		尊经书院堂课题（甲午三月）
	辑录晁（公武）、陈（振孙）、马（端临）三家所收蜀中先哲遗书（并钞叙跋）		尊经书院日课题目
	辑录蜀中先贤文集（隋以前用严氏目录）		尊经书院日课题目
	辑录《四库提要》中蜀中先哲遗书		尊经书院日课题目
	蜀中先哲易经书目提要（四库无者补之，有者再加考证）		尊经八月堂课题目（二十五日）（光绪二十一年）
	拟四川艺文志	吴福连	《初集》卷九
	校《魏鹤山集》		尊经书院日课题目
	蜀本考		尊经书院日课题目
	蜀本中国考	戴光	《二集》卷八
	三巴考	戴光	《二集》卷八

类　别	题　目	作　者	出　处
	乐山县沿革考（宜详考古地志书）		尊经书院堂课题（甲午三月）
	井研县沿革考		尊经书院堂课题（甲午三月）
	汉唐成都故城考	岳森、邓果	《初集》卷十
	唐通土番道路考	苏兆奎	《三集》卷三
	南宋蜀中财赋考（《系年要录》、《朝野杂记》言之甚详，再参考史籍）		尊经堂课题目（乙未四月）

综观上表，尊经书院对巴蜀经史之学的研究，经学上偏重古蜀地理的考证以及蜀地经学的师承。史学的成就主要集中在对蜀中先贤事迹、著述的收集整理、巴蜀史地的考证等。但是，尊经书院对巴蜀经史的关注和重视，并不是意图将巴蜀文化孤立于整个中国文化，相反，四川虽然僻处西南一隅，但文化渊源上和整个中国早已同气连枝，是构成"中国"的一个重要部分，如，《禹贡》九州中的"梁州"、《牧誓》中的"庸、蜀"、《春秋》中的"盟蜀"，都昭示着四川与中国的这种血脉联系。在尊经院生的课艺中，有这样一些题目：《〈禹贡〉梁州疆域考》①、《〈牧誓〉称庸、蜀等国与〈诗·江汉〉皆指梁、荆考》②、《庸、蜀、羌、髳、微、卢、彭、濮会孟津道里考》③、《蜀本中国考》④，难道这仅仅是单纯的名物训诂和考证吗？与其说这是为考据而考据，毋宁说其体现了尊经学人的一种人文关怀：思考和审视巴蜀在中国的历史地位、意义和作用。

3. 以中西会通为权

孟子曰："执中无权，犹执一也。"因时制宜、通权达变是尊经书院经史教育的又一特色。尊经书院建院的二十七年间，正处在中国社会遭遇"数千年来未有之变局"⑤之际，作为一座讲求传统经史之学的书院，如何应对和吸收西方传入的"新学"，是对尊经教育的一场严峻的考验。尤其是到了尊经书院的后期，正值维新运动如火如荼之际，中西文化的冲突与融合达到了前所未有的程度。为了适应维新变法的要求，院中添设了经济课，⑥讲求时务。山长宋育仁又从上海等地采购回大批西学书籍，共计书 103 种，共 1040 本，舆图 3 部，共 18 张。⑦诸如英国李提摩太《时事新论》、博那《四裔编年表》、马恳西《泰西新史揽

---

① 伍肇龄编《尊经书院二集》卷一，光绪十七年尊经书局刻本。

② 廖平《尊经日课题目》（甲午夏季），《六译馆丛书》，民国十年四川存古书局刊本。

③ 王闿运编《尊经书院初集》卷一，光绪十一年尊经书局刻本。

④ 伍肇龄编《尊经书院二集》卷八，光绪十七年尊经书局刻本。

⑤ 李鸿章《筹议海防折》（同治十三年十一月初二日），《李鸿章全集》第 2 册，海南出版社，1997 年，第 825 页。

⑥ 陈谷嘉、邓洪波主编《中国书院史资料》下册，浙江教育出版社，1998 年，第 2483 页。

⑦ 《关于清查宋院长购书种部的来往文件》，四川大学档案馆藏：四川高等学堂档案，卷号 212。

要》、白尔捺《井矿工程》、赫士《声学揭要》、《光学揭要》、蒲陆山《化学分原》、白尔格《汽机新制》、美国惠顿《万国公法》、代那《金石识别》、日本冈本监辅《万国史记》,等等。但是,这些西方"新学"与传统的经史"实学"如何才能构建为一个一以贯之的知识整体,而不至于出现不同知识体系的生硬摩擦或前后断裂? 针对这一问题,与宋育仁交往密切的巴县人潘清荫撰写了有名的《经史之学与西学相为贯通说》。潘清荫从"识字"、"习算"、"绘图"、"立表"、"述政"五个方面论证了中学与西学在内容和方法上相通,最后他主张:

> 因《春秋》书明"予夺"而知《万国公法》有由立,因《周官》询及众庶而知上下议院有由开,因《王制》"元子入学"而知贵胄充伍之非屈尊,因《虞书》"金作赎刑"而知皋人罚锾之非典法,因《史记》之传《货殖》而知商务之足以强国,因《汉纪》之述"代田"而知农事之实可利民,因《唐书》之志"天方"而知景教之自能贸俗,因《宋史》之立"交、会"而知银行之堪以通币。凡若此类,苟明中土之旧规,即可无诧欧洲之殊俗。又况失官而学在四夷,且可参彼之有馀,以佐吾之不逮乎? 然则研经读史者,所宜学尽实功,治期实用,不存自是之见,克收观善之益。如前所举诸门之学,毋论当轴变法与否,皆为经世者所莫能外。若夫沈溺帖括之文,其体裁骫散,不必采源经史,其制又为西学所无,而父若师仍恪奉为造士育贤之准,中之不竞于西,其不以此欤?[①]

由此可见,传统的经史教育不但没有使尊经学人的思想趋于保守僵化,相反,长期的经史教育培养了他们宽广的视野,使他们学会了在比较和会通中"温故而知新",有效促进了西学在四川地区的传播。

四、结语

1706 年,维柯在其著名的演讲《让我们用文教使武功更荣耀使帝国更强盛》中,提出了一个重要的论点:"当一个国家在文教上最为繁荣之时,也就是这个国家在战争荣耀上最为显赫,在统治权力上最为强盛之时。"[②]他的意思是说,昌盛的人文教育,可以赋予一个国家战争和统治的无上光荣。例如,不会有人认为绰号"上帝之鞭"的匈奴王阿提拉(Attila)发动的战争,和苏格拉底的弟子色诺芬发动的战争是毫无区别的。野蛮人挑起的战争,"是由于他们精神的败坏而发动的。匈奴的铁蹄所到之处,恐怖先行,灾祸相伴,紧跟着就是残酷蹂躏。而哲学家在抵抗的同时奔走呼吁,不屈不挠,及至胜利,处处安宁、祥和、宽厚仁慈。前一种战争是人类的灾难,这种战争为的是鲜血和黄金,结果就是烧杀抢掠;

---

① 《渝报》第二册(光绪二十三年十月中旬),渝报馆发行,四川省图书馆藏。
② [意]维柯《维柯论人文教育:大学开学典礼演讲集》,广西师范大学出版社,2005 年,第 78 页。

然而在后一种战争中，人们争的却是建立各种制度秩序，因而为人类所必需。"① 因此，人文教育的兴起，是大国崛起的首要标志。如果一个国家人文教育落后，却又想获得体面而荣耀的国际地位，那么这种"崛起"究竟是在向世界昭示一种文明高尚的信念，还是在大庭广众下暴露自己野蛮丑陋的习性？

今天，中国致力于民族文化的伟大复兴，但最关键的问题是复兴什么？怎么复兴？陈寅恪曰："其真能于思想上自成系统，有所创获者，必须一方面吸收输入外来之学说，一方面不忘本来民族之地位。此二种相反而适相成之态度，乃道教之真精神，新儒家之旧途径，而二千年吾民族与他民族思想接触史之所昭示者也。"② 而深根固柢、通古达变，正是尊经书院的经史教育的对我们今天的启示。

国学的传承与创新

冯其庸先生从事教学与科研六十周年庆贺学术文集

① ［意］维柯《维柯论人文教育：大学开学典礼演讲集》，第 80 页。
② 陈寅恪《冯友兰〈中国哲学史〉下册审查报告》，《金明馆丛稿二编》，三联书店，2001 年，284 页。

重新检讨"国学"的定义

——从胡适的定义谈起

陈壁生

（中国人民大学国学院）

1931 年，"国学"一词风行之际，史学专家钱穆出版《国学概论》，其"弁言"有云："学术本无国界。'国学'一名，前既无承，将来亦恐不立。特为一时代的名词。"[①] 钱氏此书，不像刘师培《国学发微》一样阐述经子之学的流变，不像章太炎的《国学略说》一样讲演小学、经学、史学、诸子、文学，也不像顾荩臣的《国学研究》一样介绍四部之书，而是把"国学概论"写成"学术史"。钱穆作为民国学界旧派代表，对新派的胡适多批评之语。但《国学概论》之理路，与后来写作《现代学术论衡》以"宗教"、"哲学"、"科学"、"史学"分类，则与胡氏在 1922 年写作《〈国学季刊〉发刊宣言》所主张的"整理国故"的旨趣完全相同。钱氏笔涉四部，后来被尊为国学大师，他对"国学"的看法，自然备受重视。只有回头重新检讨胡适对"国学"的定义，才能理解史学颛门名家钱穆对国学"将来亦恐不立"的认识。"国学"一名是否成立，似乎并不重要，而如何看待"国学"一词指向的内容，则关系到中华文教与学统的重建，不可不翻起旧案，重新论而述之。

---

① 钱穆《国学概论》，商务印书馆，2001 年，第 1 页。

一、曾经的国故

"国学"一词,最流行并被广泛接受的定义,当属北大国学门成立之后,胡适为《国学季刊》所写的"发刊宣言"中的定义。胡适说:

> "国学"在我们的心眼里,只是"国故学"的缩写。中国的一切过去的文化历史,都是我们的"国故"。研究这一切过去的文化历史的学问,就是"国故学",省称为"国学"。……我们现在要扩充国学的领域,包括上下三四千年的过去文化,打破一切的门户成见:拿历史的眼光来整统一切,认清了"国故学"的使命是整理中国一切文化历史,便可以把一切狭陋的门户之见都扫空了。[1]

胡适对"国学"下这样的定义,并非完全出于他的个人之见,而是代表北大国学门同仁的共同看法。他在 1922 年 11 月的日记中写到:"作《〈国学季刊〉序言》,约一万多字,颇费周折;这是代表全体的,不由我自由说话,故笔下颇费商量。"[2] "代表全体",指向的主要便是北大文科中势力极大的太炎弟子。[3] 因为章太炎 1910 年在日本印行的《国故论衡》一书的流行,确立了"国故"一词。胡适对"国学"的定义,毫无疑问是兼顾了北大章门的学术取向。

章太炎用"国故",与其古文经学的思想立场密切相关。清代中期,常州学派兴起,今文学经千余年湮没,重新振作。而经学大师廖平以礼制平分今古,使今古文之别如冰炭之明。章氏之古文经学,以六经为国史的源头,甚至以为"史与经本不应分,此乃治经之枢纽,不可不知者也"。[4] 经史混同,实质上是以六经为先王陈迹,孔子只是述而不作,只有编定王官旧学的意义,而无制作素王新法的意义。在这样的经学观念的支配下,四部之书最大的价值,在于提供了国史的源流,而国史的意义,则是塑造了一国种姓的特征,因此,用"国故"一词,足以尽之。但是,章太炎所云的"国史",实质上迥异于后世之"历史学"。"国史"关系一国之兴亡,如章氏所言:"国之有史久远,则亡灭之难。"[5] 古文经学大师之史,实承担着经的责任。国史有激励种姓、鉴明治道等诸种功能,与现代"历史学"之以科学态度求客观知识,大不相同。

经师谈经,旨在致用,而学者论学,意不在兹。胡适把章太炎的"国故"转手为"国学",传统典籍,便从章氏"国故学"视野中的活着的史学,转化为现代学科视野中死去的史料。

---

[1] 胡适《〈国学季刊〉发刊宣言》,《胡适全集》(2),安徽教育出版社,2003 年,第 7 页。

[2] 《胡适全集》(29),第 833 页。

[3] 详见陈以爱《中国现代学术研究机构的兴起——以北大研究所国学门为中心的探讨》(江西教育出版社,2002 年)中的相关论述。

[4] 章太炎《国学略说》,上海文艺出版社,2001 年,第 41 页。

[5] 章太炎《国故论衡》,《中国现代学术经典:章太炎卷》,河北教育出版社,1996 年,第 59 页。

在当时，无论古文经学家章太炎、刘师培，还是受章学诚"六经皆史"说影响的孙德谦、张尔田，或者是现代史家钱穆、吕思勉，都会用"国故"的眼光来看待四部典籍。因为，"史"是他们共同的知识背景。而胡适《〈国学季刊〉发刊宣言》群体，在专用"国故"一词的时候，不知不觉之中，便把国故学变成"史学"，进而变成"史料"。可以说，古文经师与现代史家，只有一墙之隔，只有那些熟谙典籍的经师如章太炎、刘师培他们，才能在经史门墙之间进出自如。但是，也正因为他们没有严经史之壁垒，导致大师末学、弟子门人一旦出经入史，遂以经为史，往而不返，一溃千里。

《〈国学季刊〉发刊宣言》所定义的"国学"，最大的问题在于史学化。而以胡适等人的学术视野而言，史学化无异于史料化。《宣言》的关键词是"历史的眼光"，历史与当下相对应，历史的眼光意味着把历史整体地固化为标本与陈迹，而后以客观、科学的态度对之进行解剖式的整理。事实上，自从引入西方现代学科、以此为基础建立现代学制以来，中国的人文科学的主干——文史哲三科，都是在史学的背景中展开。而在历史的背景中，一切过去的文化历史，都有好有坏，国故之中，有国粹也有国渣，那么，便需要以"科学"的眼光来评判这些国粹国渣。顾颉刚在1926年出版的《北京大学研究所国学门周刊》第2卷第13期《始刊词》中说："国学是什么？是中国的历史，是历史科学中的中国的一部分。研究国学，就是研究历史科学中的中国的一部分，也就是用了科学方法去研究中国历史的材料。"[1] 胡适、顾颉刚所做的，是以历史统领国学，把国学完全纳入史学的视野范围之中，进行史学的研究，所以，他们研究的是业已成为陈迹的"史"，而不是可以指导未来的"学"。这一点，当时的蜀学后劲宋育仁曾有评论。在《评胡适国学季刊宣言书》中，针对胡适说的"国学的方法是要用历史的眼光，来整理一切过去文化的历史。国学的目的，是要做成中国文化史"一语，宋育仁评价道："就此文句所用的史字，是述文化于史，非以史为学。是将文化的陈迹及其应用，载在史上，不是将此史所载的，拿来作文化。要文化进化，就只要在经上讨生活。"[2] 所谓"述文化于史"，只是把以前的文化当作标本，进行描述。而"以史为学"，则是发掘历史中那些对古今共通的问题的探讨，认识古人，也认识自己，所以，必须学有宗主，而学之宗主，即在"经"。可以说，以历史统领国学，实质上是把国学视为与当下生活无关、散乱而必须重新整理的史料。最典型的例子是"中国哲学"的创立。胡适的《中国哲学史大纲》上卷，一举奠定了"中国哲学"的学科基础，嗣后，冯友兰的二卷本《中国哲学史》成为中国哲学史学科典范。学科虽然叫"中国哲学"，但是其内容，却不是"学"，而是"史"，没有"中国哲学"，只有"中国哲学史"。西方著名的哲学史写作，像黑格尔的《哲学史讲演录》、罗素的《西方哲学史》，目的均在于以哲学家的思想，囊括历史的经验，为此后的哲学创造提供基础。而胡适以来的"中国哲学史"写作，并不能为现代生活提供价值

---

① 桑兵等编《近代中国学术思想》，中华书局，2008年，第223页。

② 问琴（宋育仁）《评胡适国学季刊宣言书》，《国学月刊》第16期，第51页。

与智慧,而只是教科书、讲义式的思想铺陈与罗列。更值得提倡的不是以历史统领国学,而是以经统领国学,是为国学提供生命的源头,以此把国学从"史"之陈迹中解放出来,变成当代思想重建与制度重建的资源。

胡适把"国学"历史化,"国学"便不是一个学科,而是以现代学科进行科学研究的材料。每一个学科都必须有学科的研究领域、研究方法。而所谓"中国的一切过去的文化历史",漫无涯际,不成体系。《〈国学季刊〉发刊宣言》中说:"在历史的眼光里,今日民间小儿女唱的歌谣,和《诗三百篇》有同等的位置;民间流传的小说,和高文典册有同等的位置;吴敬梓、曹霑和关汉卿、马东篱和杜甫有同等的位置。"①"过去种种,上自思想学术之大,下至一个字、一支山歌之细,都是历史,都属于国学研究的范围。"②胡适在打开一个新的学术领域,为民间歌谣、文人小说研究正名的同时,也把"国学"的体系扁平化。这些汗漫无边、零散而无系统的材料,自身不能成为体系,而要以西方现成的学科作为标准,来整理传统的材料。因此,他所理想中的国学研究,包括的是民族史、语言文字史、经济史、政治史、国际交通史、思想学术史、宗教史、文艺史、风俗史、制度史,③可以说,因为胡适眼中的"国学"只是一堆未整理的史料,所以他的"国学"定义,导向的不是作为一个独立学科的"国学",而是在历史统领下的西方分科之学。所谓"用系统的整理来部勒国学研究的资料",④事实上就是我们今天的分科之学。正因如此,北大国学门在"国学"的名义下,组织机构可谓别出心裁。国学门原本想设立文字学、文学、哲学、史学、考古学五个研究室,后来变成歌谣研究会、明清史料研究会、考古学会、风俗调查会、方言研究会"五会"。⑤

在北大国学门的影响下,其他的一些学校也成立了国学院或国学研究所,其中名噪一时,影响深远的是清华国学研究院。清华国学研究院的主任吴宓,在《清华开办研究院之旨趣及经过》中说道:"所谓国学者,乃指中国学术文化之全体而言,而研究之道,尤注重正确精密之方法(即时人所谓科学方法),并取材于欧美学者研究东方语言及中国文化之成绩,此又本校研究院之异于国内之研究国学者也。"⑥吴宓的这个定义,明显和胡适是一致的,只是因为研究院四大导师中,像陈寅恪有正统的西方汉学背景。从当年研究院主编的《国学论丛》中的论文可以看出,国学院其实上和历史系没有太大的区别。

胡适把国学的内容看成平等的史料,势必取消"国学"一词的存在必要。当时,一部分学者,对"国故学"的前景,已经有所预见。曹聚仁在《国故学之意义与价值》一文中便说:

---

① 胡适《〈国学季刊〉发刊宣言》,《胡适全集》(2),第8页。
② 同上,第9页。
③ 同上,第13—14页。
④ 同上,第17页。
⑤ 详见陈以爱《中国现代学术研究机构的兴起——以北大研究所国学门为中心的探讨》,第90—92页。
⑥ 吴宓《清华开办研究院之旨趣及经过》,《清华大学史料选编——清华学校时期(1911—1928)》,清华大学出版社,1991年,第374页。

"按之常理,国故一经整理,则分家之势即成。他日由整理国故而成之哲学,教育学,人生哲学,政治学,文学,经济学,史学,自然科学……必自成一系统而与所谓'国故'者完全脱离。"[①] 通过曹聚仁的说法,我们可以看出,胡适心目中那种在历史学统领下的"国学",只是史料范围,必须以现代西方学科对之进行系统整理,而分科之局既成,"国学"便自然消失。"国学"仅仅是中国文教制度西化不彻底时代的过渡产物。正因如此,钱穆才会认为,国学只不过是"一时代的名词",而本身并不成立。到了 20 世纪 40 年代,"国学"一词随着分科之学的建立,自然而然地渐不流行。朱自清在《部颁大学中国文学系科目表商榷》中便说:"民国以来,康、梁以后,时代变了,背景换了,经学已然不成其为学;经学的问题有些变成无意义,有些分别归入哲学、史学、文学。诸子学也分别划归这三者。集部大致归到史学、文学;从前有附庸和大国之分,现在一律平等,集部是升了格了。这中间有一个时期通行'国学'一词,平等地包括经史子集。这只是个过渡的名词,既不能表示历史的实际,也不能表示批评的态度,现在已经不大有人用了。"[②] 这种后果,可以说是理所当然,事所必至。

二、今天的经典

当西方文教制度在中国完全建立,分科之学成为学界主流,各种学科对四部材料的分类化瓜分,把经典世界切割成知识碎片。在当前的文史哲分科方式中研究传统学问,无论从研究对象,还是从研究方法上,都存在着不可解决的问题。在研究对象上,文、史、哲各有自己的领域,而传统文化中大量的内容,都被排除在这些现代学科的领域之外。例如作为经学的《诗经》、三礼,作为价值源头的《春秋公羊传》、《春秋榖梁传》,伟大的注经家如郑玄等等。在研究方法上,分科之学的研究方法,导致今人无法整全性地阅读、理解先秦古书,而整全性的理解先秦古书,乃是理解中华文明传统的核心内容。

因此,要传承中华文明,基本的问题在于,在现行的西方学术分科之外,重建那种能够整全性地理解古书,理解中华文明根源的学术机构,而国学院是一个理所当然的选择。

国学是国之学,不是国故之学。如果说民国时期的"国学"定义导向的是分科之学的格局,那么今天对"国学"的定义导向的是把国学视为一个独立学科;如果说民国时期对国学的研究采取的是"整理国故"的态度,那么今天的国学研究采取的应该是在同情之理解的基础上寻找思想与制度重建的资源;如果说民国时期国学研究强调的是所有史料一概平等,那么今天的国学研究更应该强调按照传统的眼光来看待传统。

胡适对"国学"的定义,根本的弊端,乃在于学无宗主。学无宗主,则一切变成史料,只有靠西方的学科来部勒之。但是,如果回到中国传统的内部视角,可以看到,国学诸书,在

① 曹聚仁《国故学之意义与价值》,许啸天编辑《国故学讨论集》,上海书店,1991 年,第 74 页。
② 《朱自清全集》第 2 卷,江苏教育出版社,1988 年,第 10 页。

价值上并非同等,而是层级分明的。华夏文明的大本大源,最主要在于先秦经、子之学,与两汉史、集之书。国学的核心是经学,旁支是子学与史学。国学教育的中心内容,是以经典尤其是经学文本为中心,对这些文本进行全面的阅读与理解。依《汉书·艺文志》之说:"今异家者各推所长,穷知究虑,以明其指,虽有蔽短,合其要归,亦《六经》之支与流裔。"[①]子学为经学之支流末裔可知。而《艺文志》中,《史记》诸书附在《春秋》之下,足可说明,"此时史籍甚微,未足成类也"。[②]而史类源出经书亦可知。我们把汉以前视为古典时代,把汉以前的经、史、子书视为国学的核心内容,并不妨碍今天对汉以后思想、历史的研究,因为,华夏经学、子学、史学,从本质上来说,都是以汉以前经子著作为核心展开的。学术思想方面,固不待言,从汉至清,汉学与宋学相更替,都是围绕着经部之书进行。历史方面,治国的智慧,变法的依据,无不以经典为源头。每一次思想、制度的创造,都不是凭空而起,都是"文艺复兴"。如果我们把中国过去的一切学问比喻成一棵大树,那么,汉以前的经典便是这棵大树的根系与主干,一朝一代的典章制度、朝纲政务的记载,一人一事的思考与记录,都是这棵大树的分支与花叶。按照胡适定义中的"国学",研究者应该以一种史学的眼光,把它视为死去、风干的标本,用科学、系统的方法,把这棵大树标本进行切割、分类,具体讨论叶脉的纹路、支干的年轮等问题,在这样的研究方法中,一片树叶细微的纹路,与大树躯干的形成自然有同样的研究价值,历史的态度与科学的方法,会把一种鲜活的文明对象化为无生命的、僵化的标本,并将文明不同部分扁平化进行研究。而真正的国学研究,应该把国学还原为一棵生命不息、流动不止的大树。不是对这棵大树的一切部分做一视同仁的研究,而是主要研究它的根系与躯干,不但要研究它的各个部分,更重要的是,探究它如何在流动中获得生生不息的生命,并不断向四面八方生长。

以国学为经典学,则与"国学"一词相对的,不是像美国人研究"美国学",也不是像西方汉学家所说的"汉学"、"中国学"。[③]把"国学"视为等同于"美国学",基本上是西方汉学家浅陋的成见。所谓"美国学",并非一个学科,而是一定的学术研究范围。以现代民族国家视野中的国家疆域为范围来作为学术研究的边界,本身便是非常可笑的。古典文明的意义不在于它有特定的地域边界,适应于某些特殊群体,而在于它具有普适价值。对于一个分崩离析的时代而言,对地方性知识的探究毫无意义,对文明的大本大源的深入探讨,才可能为未来的道路提供方向。今天我们重视华夏古典学术,不在于它能够为现代性的多元化提供一种特别的路径,而在于它作为人类文明的源头,能够为今天反思共同的现代性提供最重要的资源。"国学"与"美国学"之类,乃至西方汉学家的"中国学"、"汉学"在性质上完全不同,就是因为"国学"根本上是华夏文明的古典源头。在古今之争的背景下,古典的存在展现出

---

① 班固《汉书·艺文志》,中华书局,2006年,第1746页。

② 胡应麟《少室山房笔丛》,上海书店,2009年,第17页。

③ 当年北大研究所国学门,英文名称便是"The School of Sinological Research at the National University of Peking",连《国学季刊》,译名也是"The Journal of Sinological Studies"。

一幅与现代生活迥异的思想图景,而今天的华夏族裔则是这幅思想图景的后人。不管是"美国学",还是西方汉学家的"中国学"、"汉学",都只是以地域为基础去研究特定地域的一切文化。古典文明,是国学的灵魂,而"美国学"、"汉学",只研究躯壳。

如果说"国学"与西方某些学术领域有某种相对应的关系,那么最接近的是西方的"古典学"。[①] 但是,"古典学"的研究对象是古希腊、古罗马文明,它与当代西方制度、社会的关联并不紧密。而国学作为一个学科,既是以科学的态度进行研究的对象,又是当下生活的价值远源。或者说,国学之所以异于古典学,在于国学一直活在传统社会中,也活在我们当下的生活中。

三、国学与现代学科

国学的核心是汉以前的经典,那么,国学研究的主体是不带学科眼光的原典研究,国学教育的主体是直接面向经典的原典教育。在现代性背景下,面对学术分科的不断细化,重提"国学",有助于反思现代文教制度,乃至于反思现代政治。

现代分科之学的不断细化,主要与现代社会表层问题的复杂化有关。这种表层问题的复杂化,让我们有必要把当下的人类知识图景切割成边界相对分明的小块,对这些小块进行分析研究。但是,这与其说是理想的学术研究,不如说是正视一个人自身能力局限性的权宜之计。从这些小块,包括文学、政治、经济、法制等出发,追溯它们的古代源头,便形成了文学史、政治史、经济史、法制史等等。但是,不能把权宜之计当作绝对真理。在古典时代,并不存在这样的知识区分,古代人尤其是古典时代的古代人,拥有一个完整的知识图景。要对他们进行研究,除了分科式的研究之外,更有必要以古人的眼光看待古人,也就是以一种整全性的眼光,对古典的知识图景做全景式的探讨。国学研究强调的是对古典文明的一种整全意识,而这种整全意识,只有在原典阅读中才能获得。

直接面向原典,与在学术分科中研究原典是完全不同的。把传统典籍视为材料,用现代学科进行整理的结果,不是国学本身。哲学学科整理出来的内容,是中国哲学史;法学学科整理出来的内容,是中国法学史;文学学科整理出来的内容,是中国文学史;政治学学科整理出来的内容,是中国政治学史。像胡适的《〈国学季刊〉发刊词》所主张的系统整理,通向的是现代学科,而不是整全性的国学。而真正的"国学",强调的是对传统典籍进行整全性而非分科式的研究。比如以国学的眼光研究《论语》,便不是把《论语》当成"哲学",直接摘出《论语》中的只言片语来讨论"孔子仁的思想"、"孔子义的思想",而是把《论语》当成《论语》本身,其做法,即在于以《论语》文本为中心,通过阅读历朝历代对《论语》的各种解释,阅读各种笔记、文集中对《论语》相关内容、话题的探讨,阅读史部中各种引

---

① 中国人民大学国学院便把国学院翻译为"school of Chinese classics"。

用《论语》的内容，来认识《论语》的丰富性与复杂性，更重要的是，以此为基础，来探讨《论语》对塑造华夏政教的意义、华夏文明中的解经术等相关问题。再如以国学的眼光研究《史记》，便不是把《史记》当成中国历史的史料，而是把《史记》当《史记》本身，既可以通过一字一句地阅读《史记》，来了解从黄帝到汉武帝一点一滴的历史，也可以通过司马迁的书法，来探讨司马迁的微言大义。前者需要的是传统文献考订、文字训诂的功夫，后者需要的是经学的眼光。又如以国学的眼光研究《诗经》，便不是把《诗经》当成文学，专门讨论三百篇中的爱情表达、文字描写，而是把《诗经》还原为《诗经》，以《诗经》文本为中心，通过阅读历朝历代的各种经注，来讨论诗学的传承、《诗经》的教化、诗学的意义等问题。

简单来说，对《论语》而言，哲学史所做的是对《论语》思想进行分类的整理，并以西方的各种哲学概念解释之。而国学所做的是对《论语》的字词、解释史、影响力进行分析研究。对《史记》而言，史学所做的是把《史记》当作古史研究的史料进行甄别，研究汉以前历史，而国学所做的是对《史记》进行完整的细读，并以此探讨司马迁"厥协六经异传，整齐百家杂语"[①] 的苦心孤诣等问题。对《诗经》而言，文学史所做的是抛开"经"而言"诗"，讨论三百篇的文学手法，而国学所做研究的是《诗经》除文学部分之外的经学部分。除了《论语》、《史记》、《诗经》外，群经、诸子都存在同样的问题。用现代学科把这些典籍对象化为材料进行研究，与以国学的眼光进行整全性的研究，无论是方法，还是对象，都壁垒分明。用西方现代学术分科对传统典籍进行研究，目的是实现学术研究的中西对接。而强调原典阅读与原典研究，目的在于整全性地认识经典中的思想世界。

学术分科是对已有知识图景的归类，归类的目的在于方便系统化的研究。但是，当归类的结果变成系统知识的碎片化，或者漏掉了已有知识中的一些重要内容，那便必须重新考虑归类的合理性。近百年来，中国文教制度所采用的学科分类，都完全迻译自西方，而没有考虑自己文明的特点。西方现代学科分类应用于西方的知识体系，固然可能合身合体，但机械地移植应用于中华文明，则未免捉襟见肘。那些不能仅仅被学科化解释的经典，会因为仅仅被学科化解释，而被切割成知识碎片，让我们无法看到经典固有的思想系统。而大量中华文明中的重要问题，例如对政治功能的探讨、对好的生活的认识、对美德的讨论、关于政教的经验等等，往往被排除在西方学科的研究视野之外。因此，在西方学科主导的文教制度中，近百年来，尤其是近六十年来，由于书院、讲习会之类的传统讲学机构都不复存在，华夏经典移植没有得到真正系统而深入的研究。一种文明的大本大源的那些经典，如果没有被持续不断地重新诠释，那不啻于让这种文明放弃它自身对时代应负的责任。尤其是在一个全球化的时代，现代性的浪潮席卷中国，我们更有必要回到文明的源头和根部，重新认识我们从哪里来、到哪里去的问题，让古典文明参与重建今天的现代生活与现代政治。

---

① 司马迁《史记·太史公自序》，中华书局，2003 年，第 3319 页。

"历史美学"刍议

——读康德、黑格尔、叔本华美学撰述有感

路新生

（华东师范大学历史学系）

一、引言

自从 20 世纪初王国维、梁启超、蔡元培这样一些学界精英将"美学"（Aesthetik）这门原产于西方隶属于哲学的学科移植进国门，至今已经历了百余年，这对百余年来中国文学艺术的发展给予了巨大的推动。然而，自 1902 年梁启超发表《新史学》启动"史界革命"、拉开了中国史学"近代化"历史进程的序幕以后，百余年间的中国历史学却很少自觉地将自身的建设与美学相联系，学界亦甚少瞩目于相关课题的研究。以下近 80 年来学界对与"历史美学"有关研究成果的极简略概述，也映证了笔者的这一看法：三四十年代张荫麟《历史之美学价值》一文、姜蕴刚《历史艺术论》一书，涉及了"历史美学"之相关内容，可谓开风气之先。惜乎此法在建国后 30 年间戛然而止而少有赓续者。80 年代以前，学界仅有钱锺书《管锥编》、《谈艺录》，周谷城《史学与美学》、《艺术创作的历史地位》，探讨了历史学与文学艺术的关联度问题；"改革开放"后，学界恢复生机，学者们在讨论历史学本质属性时偶有论及"历史艺术论"者，如 80 至 90 年代的李桂海以及 90 年代以来何兆武、陈新、张耕华、李洪岩、朱卫斌、刘爽、王少卿、朱金瑞、周国柱等学者的论文或专著。但总体上看，相关研究基本上还处在对历史学"本体论"或"认识论"——探讨历史学本质属性的

层面,尚未从"目的论"即没有从史学建设的角度涉及引美学入历史学的可能性与必要性的课题,更未见将"历史美学"作为"历史学"下属之独立"二级学科"的理论性阐述。相关研究的冷落反映了学界对于"历史美学"认识上的严重缺失。

百余年间的历史学未能或甚少与美学相互关联,这其中的一个重要原因,是由于近代以来历史学始终是作为救亡图存的政治工具而存在并壮大起来的。急功近利的"工具论"意识,致使人们没有如欣赏美那般的闲情雅致去欣赏历史。但疑问并非不存在,值得一问的首先就是:历史学和美学"井水不犯河水",这究竟是因为历史学与美学原本就不可以因此也就不应该发生关联呢,还是因为我国的史学界基本上就没有想过并且至今也还不曾深切地想到借用美学的慧眼去审视历史和历史学的可行性与重要性呢?柯林武德在谈到黑格尔唯一的那部"史学专著"——《历史哲学》时给予的评价并不高,认为该书"是黑格尔著作整体上的一个不合逻辑的赘疣"。相反,对黑格尔的《美学》他却赞赏有加,认为这部著述是"历史方法上的革命的合法成果"(重点号为笔者所加)。[①] 这似乎表明,从认识论、方法论的层面看,历史学是可以而且应当与美学相结合的。黑格尔在谈到何种"美的艺术"才能够"成为真正的艺术"的条件时指出,"真正的艺术"应当"和宗教与哲学处在同一境界",要能够"成为认识和表现神圣性、人类的最深刻的旨趣以及心灵的最深广的真理的一种方式和手段时,艺术才算尽了它的最高职责"。又说:"美的艺术对于了解哲理和宗教往往是一个钥匙,而且对于许多民族来说,是唯一的钥匙。"[②] 黑氏这段话启发我们的有两点:1. 艺术既然在成为表现"人类的最深刻的旨趣以及心灵的最深广的真理的一种方式和手段"方面应当与宗教、哲学"处在同一境界",那么,美学与宗教、哲学是有关联的。艺术、宗教与哲学都应当成为表现"人类的最深刻的旨趣以及心灵的最深广的真理的一种方式和手段",历史学是不是也应当追求这种"境界"?如若这一判断能够成立,那么历史学也就应当与美学相关联。2. 美学对于了解哲理和宗教"是一个钥匙","而且对于许多民族来说,是唯一的钥匙",黑格尔这里的"许多民族"肯定是代指这些民族的历史。以此,"对于许多民族来说",美学与历史学的关联性也就甚至超过了它和宗教、哲学的关联性。也所以,黑氏在《美学》第一卷中就径以"从历史演绎出艺术的真正概念"作为"艺术美的概念"一节下的一个标题来使用。[③] 黑氏本人的学术实践就已经将美学和历史结合在了一起。实际上,"美"既然是人所独创独享的精神产品,"历史"便毫无疑义是"美"具有最大包容量的宝库,"美学"因此就不能不与"历史学"相关联。倘若我们能够摆脱几千年来不变的"文以载道"工具意识的束缚,带一种审美的情趣和眼光看待那业已逝去的历史场景,这便会对历史进程的领悟产生一种"回响式"的新视角。"它山之石,可以攻玉"。

冯其庸先生从事教学与科研六十周年庆贺学术文集

---

① 柯林武德《历史的思想》,商务印书馆,1997年,第182页。

② 黑格尔《美学》第一卷,第10页。

③ 同上,第69页。

将美学引入历史学,正如将美学引入文学一样,对于历史学特别是史学理论、史学史、史学批评史本身的发展肯定大有裨益,历史学及其上述分支学科或许会因此而拓出一片新天地也未可知。

康德、黑格尔、叔本华既是德国古典哲学代表性思想家,同时也是最重要的西方美学家。三位大家的美学代表作分别是康德的《判断力批判》、黑格尔的《美学》三卷与叔本华的《作为意志和表象的世界》。以这三部巨著为基础,康德、黑格尔、叔本华建立起了博大精深的美学思想体系。读康、黑、叔三氏的美学著述,每能启发我们对于历史学的思考。今试先将平日读康、黑、叔三氏之读书笔记略作排比,申发管见如下,以期引起哲学界、史学界方家的批评指正。

二、"概念"、"理念"与历史的书写

在黑格尔的美学用语中"概念"(Begriff)[①]与"理念"(Idee)[②]不同。在黑格尔看来,"概念"虽然也反映事物的普遍性和本质,但"概念"是片面的、抽象的。只有普遍性与特殊性(例如具体的人与"人"的概念)、本质与现象相统一,成为了具体的客观存在后,"概念"才变为"理念"。显然,在黑格尔的美学理论框架与评判中"理念"高于"概念"。理念虽然是主观理解的,但因为它以抽象概念为基础,而抽象概念又是从具体概念上升而来,因此"理念"也有客观的基础。这就是黑氏所强调的"经验观点和理念观点的统一"。[③]这一美学上具有方法论意义的论述,同时也是历史学以及一切学门治学所应当遵循的一条普遍原则。

普遍性与特殊性的统一,首先涉及"真"的本质问题。黑格尔认为:"美与真是一回事。这就是说,美本身必须是真的。""真,就它是真来说,也存在着。当真在它的这种外在存在中直接呈现于意识,而且它的概念直接和它的外在现象处于统一体时,理念就不仅是真的,而且是美的了。美因此可以下这样的定义:美就是理念的感性呈现。"[④]

上述论断中"存在着"的"真"是前提,没有它也就没有了它以后所有的逻辑推理程序。只是,当这个存在着的"真"还没有进入主体的视野,即在它"直接呈现于意识"以前,它还是一种"外在存在"。只有当人们接触并且意识到这外在之"真"的存在,将其纳入了主体

① Begriff 一词也有译为"总念"者,即指从具体概念经过认识的环节上升而得到的抽象概念。列宁指出,思维从具体的东西(指生动的直观)上升到正确的抽象的东西(即抽象概念)都"不是离开真理,而是接近真理"。读者可以参阅黑格尔《小逻辑》一书中的贺麟《新版序言》,商务印书馆,1980 年。

② Idee 一词是指哲学体系的最高范畴,例如佛教之所谓"无";德谟克利特所谓的"原子"。参阅黑格尔《小逻辑》一书中的贺麟《新版序言》。

③ 黑格尔《美学》第一卷,第 28 页。

④ 同上,第 142 页。

的视野,产生了有关这个"真"的概念,并且这"真"的"概念"和它的"外在现象"相统一了,只有这时,"概念"才上升为"理念","真"也就有了"美"的本质。换言之,在黑格尔看来,感性的"真"必须从"概念"上升为"理念"后它才是美的。他指出:

> 感性的客观的因素在美里并不保留它的独立自在性,而是要把它的存在的直接性取消掉,因为在美里这种感性存在只是看做概念的客观存在与客体性相:这种实在把这种客观存在里的概念体现为它与它的客体性相处于统一体。[①]

这段话比较晦涩,但却很重要。为什么"感性的客观的因素"在美里"并不保留它的独立自在性"?这是因为任何"感性"的、可以"看得见、摸得着"的事物都还必须确实地被"看"或"摸",经过一个"认识"乃至于"理解"的过程。因此可以说,对于事物的认识是主、客体相互作用于人的产物,也因此,"认识"或"理解"就必须借助于"概念"而成其效。"美"也是人的一种认识活动,所以也同样需要借助于概念来体验。但"美"的体验既已经过了"认识",它就被"过滤"或者说"改造"过了,其结果也就不复为客观事物本身,而只是把"这种感性存在""看做概念的客观存在与客体性相"而已。朱光潜举例道:画家"画马所给的不是马的真实存在(不是活的真马),只是马的形象。这形象却还是一种客观存在"。[②]这也就是黑格尔所说的"美"把"感性的客观因素的存在""直接性取消掉"的意思。

黑格尔的表述立刻让我们联想到了历史和历史的"书写"。

历史是客观存在的,史著则是主体(史家)认识客体(历史)的产物。然而,史著一经成书,也就已将历史的存在"取消"掉了。黑格尔有一段诗家论,适可为此说下一注脚,他写道:

> 诗人所给的不是事物本身而只是名词,只是字。在字里个别的东西就变成了一种有普遍性东西,因为字是从概念产生的,所以字就已带有普遍性。我们固然可以说,观念和语言都自然而然地要用名号,要用字,来作为自然存在事物的无穷缩写,但是这里所谓"自然"在性质上是和"妙肖自然"的"自然"直接对立的,是对它加以否定的。[③]

---

① 黑格尔《美学》第一卷,第143页。

② 同上,第143页"注"。

③ 同上,第213页。另,视"史"如"诗",我国古人已先黑格尔近千年而发。刘知幾《史通》已初有此意,谓"夫读古史者,明其章句,皆可咏歌"。"咏歌"需以"章句"为据,以及需明史之"义法",此"义法"在黑格尔则表述为"意蕴"。故钱锺书特申发刘知幾之意,指出:"老生常谈曰'六经皆史',曰'史诗',盖以诗当史,安知刘氏直视史如诗,求诗于史乎?"见《管锥编》第一册,中华书局,1979年,第164页。

804

国学的传承与创新

冯其庸先生从事教学与科研六十周年庆贺学术文集

经由"文字"表达后的自然,其性质当然不同于"妙肖自然"的自然。后者是指"感性的客观的因素"之自然,因此,"文字"中的自然与"妙肖自然"的自然是"直接对立"的,是"对它(按,即"妙肖自然"的自然——笔者)加以否定"的。这里的"对立"和"否定"是指经过文字处理后的自然与"妙肖"的自然相互间的关系:

> 主体要使这些旨趣、目的、意图等发生效力,就要牺牲事物的存在和特性。主体要实现它的决定,就只有把对象消灭掉,或是更动它们,改造它们,这样事物的独立自在性就被剥夺掉了。因为主体要利用它们来为自己服务,把它们作为有用的工具看待,这就是说,对象的本质和目的并不在它本身。①

"文字"是主体思想的结晶,"自然和对象"是客体。文字之于自然和对象,怎样"牺牲事物的存在和特性"? 主体为要实现其目的,为什么"只有把对象消灭掉,或是更动它们,改造它们",从而剥夺"事物的独立自在性"不可? 这个问题可以这样来理解:倘若我们将诗人的眼和脑看作是一张嘴,他将"自然"或者说对象一口"吃掉",是要求这自然、对象为主体服务的。这样,进入诗人眼、脑后的自然、对象的确是被"消灭掉"或是被"更动改造"过的,从而自然和对象的"事物的独立自在性"也就不复存在而被剥夺了。实际上,在对"自然"的运用上,史家与诗人是一致的。如果我们将黑格尔所说的"妙肖自然"的"自然"理解为史实,那么,史家书写的历史也已经不是,也不可能是金戈铁马或血流成河等等的"真历史"了。在史家的笔下,史实被"主体利用来为其服务",史实这个对象因为进入了史家的大脑,因此也是被"消灭掉"或是被"更动"、"改造"过的,其"事物的存在和特性"也因此是被"牺牲"了的。所以,史著留给人们的并不是具有"客体性相"的"真历史",不过是史家的"观念"亦即历史存在的"现象"而已。然而需要特别强调的是,绝不能因为文字或画笔"取消"了历史和马的"感性的客观的因素"便否认历史和马的客观存在性即它们的真实性。因为在黑格尔看来,历史学家是有"职责"的。这职责就是"不外乎把现在和过去发生过的事变和行动收入他的记载之中。并且越是不离开事实就越是真实"。② 无论是史家还是画家,都应当"把这种客观存在里的概念体现为它与它的客体性相处于统一体",亦即必须使史实和马的"客体性相"与它们的"概念"统一起来。因为"普遍的和理性的东西也须和一种具体的感性现象融成一体才行"。③ "凡是真实的东西在本身就是具体的,尽管它有普遍性,它同时还包含主体性和特殊性。"④ "理念和它的表现,即它的具体现实,

------

① 黑格尔《美学》第一卷,第 145 页。
② 黑格尔《历史哲学》,三联书店,1956 年,第 46 页。
③ 黑格尔《美学》第一卷,第 14 页。
④ 同上,第 88 页。

应该配合得彼此完全符合。"① 那么,反映普遍性"理念"的就不是空洞的概念、口号,而是具体的"感性现象"与"现实",这个"具体",在黑格尔的学术语境中与"不真实"相对立。②换言之,即使经过了史家、画家的主观过滤,因此作品中灌注了"史家精神"或"画家意味",产生了感性现象与"现实"的"普遍性",这普遍性也必须以真实为前提。只有达到这一步,"概念"才上升为"理念"。

唯有真实的,才是美的有价值的。"内容必须首先本身是真实和具体的,然后才可以找到真正的美的形象。"③ 艺术作品的意义并不是为了"去实现艺术领域以外的一个自有独立意义的目的",即不是为了道德的教训或其他目的而创作,"艺术的使命在于用感性的形式去显现真实。"④ 这个艺术的宗旨完全可以移用到历史学上来。黑格尔用"感性的形式去显现真实",在历史学中也就表现为用史实去显现真实。虽然叔本华完全看不起黑格尔,⑤ 但黑氏的"求真"论却与叔本华同调。叔氏指出:"如果真实的才是美的,而真理最喜爱的装饰就是不着装饰,那在散文里就已是伟大和优美的思想,其真正价值就更甚于在诗体里同样显得伟大和优美的思想。"⑥

求得事实、事理的"本真",这是人的一种本能,因此它体现着"人性"。我国古人也早已认识到了"求真"的重要性。早在两千多年前,左丘明已在《左传·成公十四年》中提出了史撰的标准:

> 君子曰:《春秋》之称,微而显,志而晦,婉而成章,尽而不污,惩恶而劝善。非圣人孰能修之!

"污",杜预注谓:"曲也,谓直言其事,尽其事实,而不污曲。"《孟子·公孙丑》:"污不至阿其所好。"焦循《孟子正义》:"'污',本作'洿',盖用为'夸'字之假借,夸者,大也。"是故钱锺书在一一引用上文后指出:"不隐不讳而如实得当,周详而无加饰,斯所谓'尽而不污。'"⑦

对于"尽而不污"的追求,实亦即黑格尔所说的"如果把对象作为美的对象来看待,就

---

① 黑格尔《美学》第一卷,第 92 页。
② 同上,第 88 页"注"。
③ 黑格尔《美学》第二卷,《序论》,第 4 页。
④ 黑格尔《美学》第一卷,第 68 页。
⑤ 读者可参阅叔本华《作为意志和表象的世界》,商务印书馆,2007 年。
⑥ 叔本华《论文学》,载《叔本华美学随笔》,上海人民出版社,2004 年,第 46 页。叔本华这里的意思是说,散文的文体"平铺直叙"直截了当,更加接近真实,从而更加美;而诗体讲求格律,形式的局限性可能损害真实,亦即损害美。历史学的文体本质上属于散文文体,最重直率。因此,套用叔本华的表述,历史的叙述的首要目的在追求真亦即追求美。
⑦ 《管锥编》第一册,第 163 页。

要把两种观点统一起来,就要把主体和对象两方面的片面性取消掉"。① 这里,主体的片面性是指主体为其需要而罔顾史实;对象的片面性则表现为过分强调史实而看不到史实的采用本质上离不开主体的判断和选择,这是一个主观的认知过程。两方面的片面性取消了,也就达到了"尽而不污"的境界。

三、"意蕴"与"史义"

每一位画家都有他心目中的"马",因此不同画家笔下的马千姿百态。其中的奥秘就在于画家能够从马的"自然存在"中独家体味出马的"意蕴"。画家作画只是在表现他自己的精神,因此,画"马"归根到底是画"人"。如林风眠所说:"画鸟就在于画鸟像人,画花像少女。其实画鸟只像鸟,那又何必画呢? 拍照好了。"② 史家对于历史的理解同样各各相异。因为史家的主体精神不同,因此表现史家"意蕴"的史著也就形貌径庭。"意蕴"之于画家和史家,其功其用大矣哉!

"意蕴"是美学中的重要概念。关于"意蕴"的美学意义,歌德的说法开黑格尔之先声。他对于"美"的定义是:"古人的最高原则是意蕴,而成功的艺术处理的最高成就就是美。"黑格尔对歌德说作了进一步的发挥,指出:

> 艺术的功用就在使现象的真实意蕴从这种虚幻世界的外形和幻相之中解脱出来,使现象具有更高的由心灵产生的实在。③

"虚幻世界的外形和幻相"是指那尚未经过心灵体味的"生糙"的"原始世界",它在黑格尔看来是"虚幻"的,是"幻相"。这一说法,唯物论者谓为不信,然细细思量,此说亦并非妄语。为什么说"生糙"的"原始世界""虚幻",是"幻相"? 因为这个世界在没有经过人的体验以前它只是一个似乎存在却又不能确"知"其存在的存在,因此是"虚幻",是"幻相"。要表达出此"原始世界"的真实意蕴,必须"知",必须经过"心灵"的提炼。黑格尔说:

> 因为艺术要把被偶然性和外在形状玷污的事物还原到它与它的真正概念的和谐,它就要把现象中凡是不符合这概念的东西一齐抛开,只有通过这种清洗,它才能把理想表现出来。④

---

① 黑格尔《美学》第一卷,第 145 页。
② 张炳清《我所知道的林风眠师》,载 2009 年 9 月 5 日《文汇报》第七版。
③ 黑格尔《美学》第一卷,第 12 页。
④ 同上,第 200 页。

黑格尔这里的"清洗"一词用得很精当。只有经过了人,经过了心灵的"清洗","现象"才能从"虚幻世界的外形和幻相之中解脱出来",也才有"更高的由心灵产生的实在"。所以,黑格尔特别重视人对于外在事物的主观认识。他认为:

> 外在的因素对于我们之所以有价值,并非由于它直接呈现的。我们假定它里面还有一种内在的东西,即一种意蕴,一种灌注生气于外在形状的意蕴。那外在形状的用处就在引导到这意蕴。因为一种可以指引到某一意蕴的现象并不只是代表它自己,不只是代表那外在形状,而是代表另一种东西,就像符号那样,或者说得更清楚一点,就像寓言那样,其中所含的教训就是意蕴。文字也是如此,每个字都指引到一种意蕴,并不因它自身而有价值。①

黑格尔的上述论断对于史学创作和史学理论具有重要的方法论启示意义。"历史",在还没有变成"文字"以前,它也还只是"直接呈现"的"外在因素",它与尚未进入主体视野的自然一样也是"生糙"的。黑格尔认为:"自然物只是直接的,一次的,而人作为心灵却复现他自己。"②黑氏此论中的"自然物",借用到历史学中,可以视之为未经史家理解的历史。历史在还没有被史家"发现"并且认识以前,它"存而不在",还"只是直接的,一次的",而史家在"心灵"中"复现他自己",通过撰史浇灌其胸中之块垒,这时,历史的"一次性"就发生了变化:对于每一个具体认识着的主体——个人、某一位史家而言,历史固然是"一次性"的;但从"横向"上看,对于作为"类"的认识主体——对于"人类"或处于同一时间段中的史家群体;以及从"纵向"上看,对于无数代的人或史家来说,作为"自然物"的历史却又是"永久"的、"无限"的。人人不同,代代不同,甚至今天的史家与明天的史家又不同。因为历史可以在无数的史家和无数代的史家心中引起无数次的诠释,故"一次性"的历史在史家的运用和理解的过程中便获得了永生,历史,从而历史学也就具有了永恒的魅力。所以,"生糙"的历史对于我们之所以有价值"并非由于它直接呈现的",而在于经过史家的认识、理解后变成了"文字",并且能够"引导到这意蕴"。黑氏指出:"艺术理想的本质就在于使外在的事物还原到具有心灵性的事物,因而使外在的现象符合心灵,成为心灵的表现。"因此"理想就是从一大堆个别偶然的东西中所捡回来的现实。"③"在艺术作品里,除掉在本质上与内容相关的并且表现内容的东西之外,就没有什么别的东西了。"④此说似在为历史学立圭臬:史学也必须舍弃那些在本质上与"内容"——即黑格尔所说的"意蕴"无关的一切枝蔓。这样,"在字里个别的东西就变成了一种有普遍性东西",这"普

---

① 黑格尔《美学》第一卷,第 25 页。
② 同上,第 39 页。
③ 同上,第 201 页。
④ 同上,第 123 页。

遍性的东西"就是"意蕴",就是史家心目中的"历史",也就是"史义"。黑格尔说：

> 内容本来是主体的,只是内在的;客体的因素和它相对立,因而产生一种要求,要
> 把主体的变为客体的。这种主体与客体的对立以及取消这种对立的"应该",乃是一
> 个贯穿一切的普遍原则或定性。[①]

这里,黑格尔的"内容"是指"理念"。"理念"是人的产品,因此它只能是"主体"的;
与人相对立的客体也和主体对立着。因为有此对立,所以便产生一种"要把主体的变为客
体的"的要求,即要求通过客体来表现主体。这种主、客体的"对立统一",以及取消其"对
立"而使之"统一",实乃"必须"故为"应该"。这个"贯穿一切的普遍原则或定性",在史
学中即表现为史料原只是待用的材料,它与史家对立着。取消这种对立,就要求通过史料
客体来表现史家主体亦即表达"史义",在运用史料的过程中主、客体的对立消除了,二者
融合了。"史义"基本上可以理解为黑格尔所说的"寓言式"的"教训"。据此,我们可以说
历史学绝非纯粹史实的考订和铺叙,它终究要有"灵魂"的指导,有道德和信仰的"法则"
灌注其间。当然,史义必须依托于具体的史实。如果说"史义"是灵魂,史实则是史魂借以
寄身的"躯壳",正如人的灵魂需寄宿于由四肢、肉身组成的躯壳——这里的四肢、肉身亦
如撰史所规定的发凡起例并据此撰成的史著一样。《史记·太史公自序》引董仲舒语："子
曰：我欲载之空言,不如见之于行事之深切著明也。"司马贞《索引》："孔子言我欲徒立空
言,设褒贬,则不如附见于当时所因之事。人臣有僭侈篡逆,因就此笔削以褒贬,深切著明
而书之,以为将来之诫者也。"这是说,孔子作《春秋》、立褒贬,寄托其"义",是以"事",也
就是以"史"为根据。若不以史事为褒贬的依据,那就是"载之空言"了。而"载之空言",
是"不如见之于行事深切著明"的。

四、"意蕴"、"史义"表达种种

"意蕴"、"史义"的表达方式有种种不同,剖析其间的文野高下,对于历史学的建设有
着现实的指导意义。先来看一段黑格尔的论述,其中蕴含的史学内涵非常丰富,值得玩味。
黑氏指出：人"首先作为自然物而存在,其次他还为自己而存在,关照自己,认识自己,思
考自己,只有通过这种自为的存在,人才是心灵"。人"必须在内心里意识到他自己,意识
到人心中有什么在活动,有什么在动荡和起作用,关照自己,形成对于自己的观念,把思考
发见为本质的东西凝固下来,而且从他本身召唤出来的东西和从外在世界接受过来的东
西之中,都只认出他自己。……在这些外在事物上面刻下他自己内心生活的烙印,而且发

---

① 黑格尔《美学》第一卷,第 123 页。

见他自己的性格在这些外在事物中复现了"。①

　　人"作为自然物而存在",这存在是躯壳与灵魂,肉身和心灵的统一。人具七情六欲,尤其有"心灵"即思考的本能。因为有这本能,所以人"还为自己而存在,关照自己,认识自己,思考自己"。自己的什么值得自己去关照、去认识、去思考? 这就是你的心灵,即需要将你"怎样想"和"想什么"作为审视的对象,将自身的心灵提到灵魂的面前,倾听并评析自身灵魂的叹息,紧紧把持而不稍稍假以辞色,此种境界,实为阳明"致良知"("良知"曰"致",即心灵的内省)中的一个层面,极而言之亦即陈寅恪所表达的"独立之精神,自由之思想"。因为精神独立与否,思想自由还是"奴性"十足? 这都需要精神思想的"自我拷问"。有了"独立之精神,自由之思想",这时人就脱离了"作为自然物而存在"的状态,克服了身上的"动物性",升华为一种"自为的存在",意识到了"心灵"的永恒性。史家撰史,"在内心里意识到他自己,意识到人心中有什么在活动,有什么在动荡和起作用,关照自己,形成对于自己的观念",这种需要与艺术家毫无二致。二千年前太史公在《报任安书》中那一段人们耳熟能详的话就与黑氏的论述灵犀相通,却比黑格尔更加精彩而亲切:

　　　　古者富贵而名摩灭,不可胜记,唯俶傥非常之人称焉。文王拘而演《周易》;仲尼厄而作《春秋》;屈原放逐乃赋《离骚》;左丘失明厥有《国语》;孙子膑脚,《兵法》修列;不韦迁蜀,世传《吕览》;韩非囚秦,《说难》、《孤愤》;《诗》三百篇,大底圣贤发愤之所为作也。此人皆意有郁结,不得通其道,故述往事,思来者。……退而论书策以舒其愤,思垂空文以自见。……

　　　　仆诚以著此书,藏之名山,传之其人,通邑大都,则仆偿前辱之责,虽万被戮,岂有悔哉!

　　马迁受腐刑而不弃世,就因为他心中有一盏明灯,要实现撰写《史记》的伟大目标。然而,马迁如蝼蚁蛆虫般苟活,毕竟是现实逼迫的结果而非自愿的选择,如此奇耻大辱终要在《史记》中有所宣泄。东汉王允始有《史记》为"谤书"一说。② 史公非专为"谤"而作《史记》,若然,则《史记》非"史"矣。然则"司马迁发愤作《史记》百三十篇,先达称为良史之才",③《史记》因愤而有"谤",这并不奇怪。葛洪谓:"其以伯夷居列传之首,以为善而无报也;为《项羽本纪》,以踞高位者非关有德也。及其序屈原、贾谊,词旨抑扬,悲而不伤,亦近代之伟才。"④ 这里,"以为善而无报";"以踞高位者非关有德",类皆《史记》苦心孤诣之所在。钱锺书在点评《史记·伯夷列传》时也指出,马迁"记夷、齐行事甚少,感慨议论居

①　黑格尔《美学》第一卷,第 39 页。
②　《后汉书》卷六○下《蔡邕列传》。
③　《抱朴子》语,转引自《历代名家评史记》,北京师范大学出版社,1986 年,第 5 页。
④　《西京杂记》卷四,转引自《历代名家评史记》,第 5 页。

其泰半,反论赞之宾,为传记之主。马迁牢愁孤愤,如喉鲠之快于一吐,有欲罢而不能者。"[1]

又,高僧慧远在东晋太元中立精舍于庐山,钱谦益《有学集》卷四二《报慈图序赞》称赞慧远以沙门而忠于晋,"整皇纲,扶人极",足"为儒林之大师"。然当时人王应奎《柳南随笔》卷四已讥牧斋此论"盖因晚节既坠,欲借野史亭以自文"。钱锺书引后评道:"信斯言也,有裨于知人论世。其昌言佞佛,亦隐愧丧节耳。"[2]

司马迁、钱谦益撰史,均"把思考发见为本质的东西凝固下来",发为其人之"意蕴"即"史义"。在提炼史义的过程中,二人"从他本身召唤出来的东西和从外在世界接受过来的东西之中,都只认出他自己。……在这些外在事物上面刻下他自己内心生活的烙印,而且发见他自己的性格在这些外在事物中复现了"。这里,从史家"本身召唤出来的东西"盖指作为"人"的史家生存的境遇、阅历、教训、经验以及对于人世的"现实思考"。正如刘勰《文心雕龙》所说:"昔王充著述,制养气之篇,验己而作,岂虚造哉! 夫耳目鼻口,生之役也;心虑言辞,神之用也。"[3] 王充著《养性》论"养气",系其一己体验的"验己而作",并且通过为生存服务的耳目口鼻,即通过外界事物对五官的刺激,有了"心虑"而发为"言辞";而黑格尔所谓"从外在世界接受过来的东西",则可以理解为史家读史时史实、历史的场景对他的"历史刺激"。"艺术家的地位愈高,他也就愈深刻地表现出心情和灵魂的深度。"[4] 史家首先要深刻地理解历史,通过对历史事件和人物的把握将自己融入进去,此是谓"善入";并且使之与"现实"相互碰撞激发史家之思,从而表达出史家本人"心情和灵魂的深度",此是谓"善出"("善入"、"善出"为龚自珍语),结果就产生了一部"熔铸经典之范,翔集子史之术,洞晓情变,曲昭文体,然后能孚甲新意、雕画奇辞"[5] 的史学作品。抚今追昔,览古阅世,洞晓情变,且又明白了作文著史的"体制",这就会产生"新意"。这"新意"就是"意蕴"、"史义",就是表达"意蕴"的"奇辞"。不过,上述马迁因孤愤而有"义"与牧斋之愧节而有"蕴",二者的史义毕竟存在着文野高下的区分:马迁之"义"浸透着人生的血泪与苦难,设身处地,联事比类,令人唏嘘,对马迁心生同情而倍感敬重;而钱锺书看出了牧斋"佞佛亦隐愧丧节耳",一个"愧"字,牧斋那尚未泯灭的"知耻"人性亦在其论的"纸背后"隐隐地透露出来,故对于牧斋之瑕疵,当报一种"同情的理解"。

黑格尔认为:"艺术理想的本质就在于使外在的事物还原到具有心灵性的事物,因而使外在的现象符合心灵,成为心灵的表现。"[6] 但黑格尔又曾经批评艺术创作中那种"只是图解的尝试",使得"一种有实体性的理念"被"勉强粘附到这个对象上面去,作

---

① 《管锥编》第一册,第 306 页。

② 《管锥编》第四册,第 1266 页。

③ 《文心雕龙今译》,中华书局,1986 年,第 372 页。

④ 黑格尔《美学》第一卷,第 35 页。

⑤ 《文心雕龙·风骨》,载《文心雕龙今译》,第 266 页。

⑥ 黑格尔《美学》第一卷,第 201 页。

为这个对象的意义"的做法。①生搬硬套"意蕴",就艺术品来说,这样的作品不合格;就史学作品来看,它同样可以作为一条衡定优劣的绳律。黑格尔为"美"划了一个"禁区",就是:"美不是知解力的抽象品",而是"绝对理念融合在符合它自身的现象中"。②这里,"知解力"是谓"意蕴"、"史义"。若将意蕴、史义单独抽出,使之能够一目了然地"知解",它也就干瘪了,这既违背了美学的原则,同时也是历史学之大忌。因此,黑格尔所说的"融合"二字至关重要。这"融合"的两面,一方面是指"现象"即史实,另一方面是指"理念"即史义,二者应当水乳交融。在黑格尔看来,艺术的特征是"感性观照",而

> 这感性形象化在它的这种显现本身里就有一种较高深的意义,同时却不是超越这感性体现,使概念本身以其普遍性相成为可知觉的,因为正是这概念与个别现象的统一才是美的本质和通过艺术所进行的美的创造的本质。③

倘若借用黑氏对艺术之表述来审视史学的创作,那么,"较高深的意义"的史义,是不能够"使概念本身以其普遍性相成为可知觉的",即是说,史义不能超越史实本身直接跳出来表达。因为:

> 如果把教训的目的看成这样:所表现的内容的普遍性是作为抽象的议论、干燥的感想、普泛的教条直接明说出来的,而不是只是间接地暗寓于具体的艺术形象之中,那么,由于这种割裂,艺术作品之所以成为艺术作品的感性形象就要变成一种附赘悬瘤。④

艺术美的理念,"它一方面具有明确的定性,在本质上成为个别的现实;另一方面,它也是现实的一种个别表现,具有一种定性,使它本身在本质上正好显现这理念。理念和它的表现即它的具体现实,应该配合得彼此完全符合"。⑤这就是黑格尔强调的"概念"与"现象"相互协调的审美原则。而所谓的"协调","就是完满的通体融贯"。⑥那么,如何才能达到"完满的通体融贯"的境界?黑格尔认为:艺术创作必须做到"外在的形式和形状不是和外在的材料分裂开来,或是强使材料机械地迁就本来不是它所能实现的目的,而按其

---

① 黑格尔《美学》第一卷,第 95 页。
② 同上,第 118 页。
③ 同上,第 130 页。
④ 同上,第 63 页。
⑤ 同上,第 92 页。
⑥ 同上,第 146 页。

本质,它是实在本身固有的形式,而现在从实在里表现出来"。① 这里,"外在的形式和形状"可以借用为是指史著的部勒与体例;"外在的材料"则是史料。史料与体例部勒不能"分裂",亦即不能"强使材料机械地迁就本来不是它所能实现的目的"。等到对于这些"技术性"的关节点有了适当的把握,最后需要所考虑的就是"史义"的处理了。黑格尔指出:

> 美的对象里各个部分虽协调成为观念性的统一体,而且把这统一体显现出来。这种谐和一致却必须显现成这样:在它们的相互关系之中,各部分还保留独立自由的形状,这就是说,它们不像一般的概念的各部分,只有观念性的统一,还必须显出另一方面,即独立自在的实在的面貌。②

将这一原则用于史学创作和史学批评,史义同样"不像一般的概念的各部分,只有观念性的统一",即史义不是概念的表达,它是通过"独立自在的实在的面貌",通过活生生的史实"透"出来的。因此,史义应当"暗寓于"具体的史实,意蕴的"统一不是像各部分的差异那样可以直接用感官知觉到,而是一种隐秘的、内在的必然性和协调性"。③

史义不能"直接明说出来"成为教训式的教条,这样才能使史义与史实水乳交融。如果将史实生硬地贴到史义上去,这就是"强使材料机械地迁就本来不是它所能实现的目的"了。艺术品虽不同于自然,如康德所说:"在一个美的艺术作品上我们必须意识到,它是艺术而不是自然。"但康德同时又指出:艺术品"在形式中的合目的性,却必须看起来像是摆脱了有意规则的一切强制,以至于它好像只是自然的一个产物"。④ "自然是美的,如果它看上去同时像是艺术;而艺术只有当我们意识到它是艺术而在我们看来它却又像是自然时,才能被称为美的。"⑤ "所以美的作品里的合目的性,尽管它是有意的,但却不显得是有意的;就是说,美的艺术必须看起来像是自然。""尽管这产品按照规则,一丝不苟,但却并不刻板,也就是不露出有这规则。"⑥ 康德这里的"自然"首先是"天然去雕琢"的自然,在历史学中,史料的运用当以不露斧凿的痕迹者为上乘,更不能"露出"这"规则",让"规则悬于艺术家眼前并将束缚套在他的内心能力之上",如果史家将其史义悬于眼前并且受之束缚,史义就成了"外在"的"附赘悬瘤",它和史实扞格枘凿,本质上互相矛盾,那样的话,史义与史实就成了油水两层皮而互不相容了。缘此也就有了史实与史义的第二层关系,即"概念"或史义还必须是从真实中抽象出来,这样才克服了它的片面性而达到了"理

---

① 黑格尔《美学》第一卷,第146页。
② 同上,第146页。
③ 同上,第163页。
④ 康德《判断力批判》,人民出版社,2002年,第149页。
⑤ 同上,第149页。
⑥ 同上,第150页。

念"的高度。

但值得注意的是,史实与史义油水相分而互不相容,甚至史义并非抽象于真实的历史,而是史家强加于历史的"附赘悬瘤",此种现象在史学史上屡见不鲜,这其中的一个重要原因,是史义本身受到了意识形态的制约而使然,即所谓"风动于上而波震于下"①是也。在这种情况下,"史义"很容易出现僵化或教条化的倾向,试以中国的三位史家为例。例如,朱熹为了强调王权,希望通过对民众施以思想的强心剂来巩固国治,在其史学代表作《通鉴纲目》中贯穿了"夷夏大防"和"正统论"的史义。为体现此义,朱熹无视武则天称帝的史实。唐中宗在位仅一年即被废,但《通鉴纲目》"自二年至于二十一年"用的却都是唐中宗的"嗣圣"年号,目的是体现唐的"正统"在中宗而贬斥武则天改变"唐统"的不合法;崔述有《考信录》,其最重要的史义在于认为上古三代时天子"无传无继",天子无权将政权视为其私产,选择天子即"王"的权力掌握在"民"的手中。只有那些品德高尚,符合民意的人才有资格在民意的拥戴下担任天子即王。为此崔故意夸大部落联盟首领当选过程中其人"有德"的因素,看不到或者说不愿承认其间存在着残酷的流血与争斗。对于《韩非子·说疑》《竹书纪年》这些《考信录》曾经引用过的典籍中的相关史料崔述视而不见,表现出了一种为我所用的实用主义倾向;康有为为变法维新的需要撰《新学伪经考》,他强断所有的古文经学典籍均系刘歆为媚莽篡汉而伪造。②这些例证说明,一旦意识形态"变成教条的壁垒时,它们便开始作为一种思想奴役的体系强加给文学作品或任何形式的个人想象力"。③然而,从艺术家一边看,他"不能凭借自己制造的幻想,而是要从肤浅的'理想'转入现实。在艺术和诗里,从'理想'开始总是很靠不住的,因为艺术家创作所依靠的是生活的富裕,而不是抽象的普泛观念的富裕"。④任何对"真理"的探讨,是不能"从任何一个假定的前提开始,并用支离抽象的理论予以证明"⑤的。就史家来说,正确处理史实与史义的关系是其面临的第一道关隘。这是一个"事实"与"归纳"的关系。没有事实当然不能有归纳,任何历史的结论(所谓普遍的法则即史义)都必须建立在史实的基础之上。而朱熹、崔述、康有为等均因受到了意识形态的影响而有上述事先"假定"的、教条式的"史义","史义""附赘悬瘤"于史著,他们的史著也因此而受到伤害。这种倾向值得史家警惕。

五、"天才"与"庸才"、"撰述"与"记注"

康德、黑格尔均高度重视艺术创作中的"天才"要素,艺术的"天才"在黑格尔、康德的

① 《文心雕龙·时序》,载《文心雕龙今译》,第 396 页。
② 读者可参阅拙文《论治学求真与政治间的背反现象》,载《河北学刊》2009 年第 5 期。
③ J.p. 斯特恩《文学与意识形态》,载《当代西方艺术文化学》,北京大学出版社,1988 年。
④ 黑格尔《美学》第一卷,第 357 页。
⑤ 黑格尔《小逻辑·第二版序言》,载《小逻辑》,商务印书馆,1980 年,第 6 页。

学术用语中特指艺术创造的匠心独运,他们将艺术作品的创作视为一种"天才"的活动,认为独创性是艺术创作中最可宝贵的决定性要素,是艺术的灵魂。我们固不必将这里的"天才"理解为只配少数人独享而拒斥大多数常人的字眼,而当领悟上述思想家强调艺术独创性的良苦用心。

康德指出,天才有一种能力,"有一种把想象力的转瞬即逝的游戏把握住并结合进一个概念中(这概念正因此而是独创的,同时又展示出一条不能从任何先行的原则和榜样中推出来的规则)的能力"。①

康德的这一原则运用于史学,是指史家对于史料的决择取去应当具有见人所不见的能力,从不起眼或被世人忽略的史实中发掘出具有普遍意义即符合史义的人和事。这也正如叔本华所说:"凡是在个别现成事物中只是不完美的,和由于各种规定限制而被削弱了的东西,天才的观察方式却把它提升为那些事物的理念,成为完美的东西。"②

艺术作品以追求"意蕴"为旨归,但也需在形式上遵循规则,康德说:

> 在一切自由的艺术中却都要求有某种强制性的东西,或如人们所说,要求有某种机械作用,没有它,在艺术中必须是自由的并且惟一地给作品以生命的那个精神就会根本不具形体并完全枯萎。③

当然,康德更加重视的是创造性而反对呆板的模仿,认为"天才是与模仿的精神完全对立的。既然学习无非是模仿,那么学习能力(接受力)作为学习能力,这种最大的能耐毕竟不能被看作天才"。④"我们把一些鉴赏作品看作是示范性的,这并不是说,鉴赏似乎可以通过模仿别人而获得。因为鉴赏必须是自己特有的一种能力。凡是模仿一个典范的人,如果他模仿得准确的话,他虽然表现出熟巧,但只有当他能够自己评判这一典范时,他才表现出鉴赏。"⑤对于"那种从来不能超出单纯的学习和模仿"的人,康德称之为"蠢才"。⑥康德此论在中国传统治学中也能找到同调。我国学者将其表述为"识"与"法"的关系。刘熙载《艺概》:

> 叙事要有法,然无识法亦虚;论事要有识,然无法则识亦晦。⑦

---

① 康德《判断力批判》,第 162 页。

② 叔本华《作为意志和表象的世界》,商务印书馆,1982 年,第 271 页。

③ 康德《判断力批判》,第 147 页。

④ 同上,第 158 页。

⑤ 同上,第 68 页。

⑥ 同上,第 158 页。

⑦ 刘熙载《艺概》,上海古籍出版社,1978 年,第 44 页。

"法"即法则,指撰文著史的种种"技术性规定",法则必须遵循,不如此,文家或史家的识见亦无从显现;但"法"毕竟是为"识"服务的。没有"识","法"就"失魂落魄",就"虚"了,也就没有存在的必要了。

黑格尔认为,按照某些"艺术规则"的"指示"作出来的东西"只能是拘泥形式的,机械的",艺术是不可能"随意依样画葫芦,制造出艺术作品来"。因此,艺术的创造需要"天才"。但他同时又指出:

> 艺术家的才能和天才虽然确实包含有自然的因素,这种才能和天才却要靠思考,靠对创造的方式进行思索,靠实际创作中的练习和熟练技巧来培养。一个艺术家必须具有这种熟练技巧,才可以驾驭外在的材料,不至因为它们不听命而受到妨碍。[①]

这一段话强调的是"实际创作中的练习和熟练技巧"。倘若只看重天才的"自然因素",认为艺术作品全是"资禀特异的心灵的制作"、"无须服从普遍规律"则走到了另一个极端,那也是不行的。这就启示我们,匠心独运的"天才"固然可贵,但"规则"也必不可少。二者的完美结合,才成其为优秀的艺术品。王若虚《滹南遗老集》卷三七《文辨》:"或问:'文章有体乎?'曰:'无。'又问:'无体乎?'曰:'有。''然则果何如?'曰:'定体则无,大体则有。'"[②] 按,文之"有体",是谓文有"规则",故不能无视"文体"之约束;然文为心声,自由无所羁绊。若拘执于文体,适如自投牢笼,故又谓文之"无体"。综而言之,是谓"定体则无,大体则有"。

对于史学创作来说,别识心裁是灵魂,然而史学的规则也必须遵循,二者的有机结合才能最终成就史学作品。如史料的考订、选择、编排,组织史料的形式(体裁样式)等等,都有一整套行之有效的做法,是谓史学之"体"或"规则"。拘泥于规则,史学作品毫无生气;但史家的灵魂尚需要一个"躯壳"承载之,这个躯壳就是遵循史学"规则"而撰成的史著。如果不讲规则,那活泼泼的史魂无处依托,只能成为"孤魂野鬼"悬荡在空中。这也就如康德所说的"机械作用":艺术创作倘若离开了"技术性规定","在艺术中必须是自由的并且唯一地给作品以生命的那个精神就会根本不具形体并完全枯萎",这个原则同样适用于史学。

黑格尔指出:模拟"只能是拘泥形式的,机械的。因为这样只关外表的东西只能是机械的,要了解它和应用它,只消有完全空洞的意志力和熟练技巧就行了"。"规则只包括一些含糊的空泛的话",如果规则"能适用的话,它所开的方剂就应该十分明确,不消用什么心灵活动,只要完全按照这些规则所规定的办法去办就行了"。但实际上"艺术创作并不

---

① 黑格尔《美学》第一卷,第35页。
② 转引自钱锺书《管锥编》第三册,第889页。

是按照这些规则而进行的形式的活动。作为心灵的活动，它就必须由它本身生发，把抽象规则无法支配的那些更丰富的内容和范围更广的个别艺术形象拿到心眼前观照"。①

按，倘若只有"意志力"而缺乏"创造力"，矻矻而行的结果却仍然只是模拟而非创作（例如清代乾嘉年间的二三流考订家即如此），因为好的艺术作品是不能"按学来的规矩所达到的那种熟练动作"来完成的。"例如单凭感觉的熟练手腕所达到的那种漫不经心的轻巧操作"，② 这样的作品不是艺术品。"只有通过心灵而且由心灵的创造活动产生出来，艺术作品才成其为艺术作品"，③ 因为"摹仿的熟练所产生的乐趣总是有限的，对于人来说，从自己所创造的东西得到乐趣，就比较更适合于人的身份"④ 那么，史学若拘泥于"程序化"，其弊端正与黑氏批评艺术品完全"按学来的规矩所达到的那种熟练动作"来完成相同。关于"模拟"的问题，刘知幾《史通》已列"模拟篇"批评之，指出：虽然史著之"述者相效，自古而然"，且"史臣注记，其言浩博"，"若不仰范前哲，何以遗厥后来"？⑤ 但同为"模拟"，却有"貌同而心异"与"貌异而心同"之别。其"貌"与"心"，清代浦起龙释为"貌犹文也，心犹实也"。两种模拟，高下大异："貌异而心同者，模拟之上也。"我国历来视古人为楷模，清人浦起龙强调与古人"心同"，是凸显作史者当体味古人之心。只要与古人"心同"，毋须邯郸学步，亦步亦趋，故"貌异"亦无妨；而倘若与古人"心异"，貌虽"同"，学得再像，却仍然有离经叛道之嫌。故此种模拟只是低层次的模仿，有如东施效颦，"弥益其丑"。是谓"貌同而心异者，模拟之下也"。是故刘知幾认为"明识之士""其所拟者非如图画之写真，熔铸之像物，以此而似也。其所以为似者，取其道术相会，义理玄同，若斯而已"。⑥ 浦起龙论谓此"教人学古神似，毋貌似"，可谓中肯之评。下至于章学诚《文史通义》分别"撰述"与"记注"，其论尤深切而著明。实斋指出：

> 古今之载藉，撰述欲其圆而神，记注欲其方以智也。夫智以藏往，神以知来。记注欲往事不忘，撰述欲来者之兴起，故记注藏往似智，而撰述知来拟神也。藏往欲其赅备无遗，故体有一定而其德为方；知来欲其决择去取，故例不拘常而其德为圆。《周官》三百六十，天人官典之故可谓无不备矣。然诸史皆掌记注，而未有撰述之官，则传世行远之业，不可拘于职司，必待其人而后行。非圣哲神明，深知二帝三王精微之极致，不足以与此。……迁史不可为定法，固书因迁之体而为一成之义例，遂为后世不祧之宗焉。三代以下，史才不世出而谨守绳墨。……然而固书本撰述而非记注，则于近方

---

① 黑格尔《美学》第一卷，第34页。
② 同上，第49页。
③ 同上，第49页。
④ 同上，第54页。
⑤ 见《史通通释》卷八《内篇·模拟》，上海古籍出版社，1978年。
⑥ 同上。

近智之中,仍有圆且神者以为之裁制,是以能成家而可以传世行远也。后史失班史之意,而以纪表志传,同于科举之程序,官府之簿书,则于记注撰述,两无所似,而古人著书之宗旨,不可复言矣。①

自迁、固而后史家既无别识心裁,所求者徒在其事其文。惟郑樵稍有志乎求义。②

实斋分别古今载籍为"撰述"、"记注"两大类,其撰述"圆而神"三字之定性,精括之至,实千古不朽之论!"圆"者,首尾难辨,起讫不明,周流灵活之意也。人立身固尚"方"而戒"圆",董仲舒《士不遇赋》:"孰若返身于素业兮,莫随世而轮转。"钱锺书对此下按语谓:"'轮转'喻圆滑。"并谓:"巧宦曲学,媚世苟合;事不究是非,从之若流,言无论当否,应之如响;阿旨取容,希风承窍,此董仲舒赋所斥'随世而轮转'也。"③然喻天拟道,却以"圆"为尚,故"'圆'之事或'吉'或'凶','圆'之词亦有美有刺,不可以不'圆览'者也"。④如《关尹子·一宇》:"以盆为沼,以石为岛,鱼环游之,不知几千万里不穷乎!夫何故?水无源无归。圣人之道,本无首,末无尾,所以应物不穷。"⑤钱锺书赞之谓此"设譬最巧"。⑥又,钱氏《谈艺录·说圆》云:

> 吾国先哲言道体道妙,亦以圆为象,《易》曰:"蓍之德,圆而神。"皇侃《论语义疏·叙》说《论语》名曰:"伦者,轮也。言此书义旨周备,圆转无穷,如车之轮也。"……《南史·王筠传》早载沈约引谢朓语:"好诗流美圆转如弹丸。"尔后此类语意数见。元微之《酬乐天江楼夜吟稹诗》云:"布鼓随椎响,坏泥仰匠圆;"《见韩舍人近律戏赠》云:"玉磬声声彻,金铃个个圆。"白乐天《江楼夜吟元九律诗》云:"冰扣声声冷,珠排字字圆。"裴延翰《樊川文集序》云:"仲舅之文,絜简浑圆。"司空表圣《诗品》云:"若转丸珠。"周草窗《浩然斋雅谈》卷上、元遗山《中州集》卷七皆记兰泉先生张建语,略谓:"作诗不论长篇短韵,须要词理具足,不欠不余。日荷上洒水,散为露珠,大者如豆,小者如粟,细者如尘,一一看之,无不圆成。"⑦

以作文之"方"、"圆"作比较,钱锺书认为:"乃知圆、方即寓轩轾之意",⑧实圆优方劣

---

① 《文史通义·内篇·书教下》,《章学诚遗书》,文物出版社,1985年。
② 《文史通义·内篇·申郑》。
③ 钱锺书《管锥编》第三册,第922页。
④ 同上,第921页。
⑤ 转引自钱锺书《管锥编》第三册,第921页。
⑥ 钱锺书《管锥编》第三册,第921页。
⑦ 《谈艺录》,中华书局,1984年,第112页。
⑧ 同上,第113页。

也。而实斋引《易·系辞上》"蓍之德,圆而神"为说,则其确然以"天道"拟"文道"者。"圆"而有"神","神"者,魂魄、"义法"、别识心裁之谓也,无从寻其起讫首尾之"圆"、"神",实斋之意力戒模仿也;《周官》三百六十,虽备天人官典之故,然"诸史"皆非"传世行远之业"之"其人",盖因其既无创造,陈陈相因,更无别识心裁之史魂贯穿其间之故也。是故谓其皆掌"记注"而未有"撰述"者。衡之于史学史,实斋对"晋隋而下"被列入廿二史之诸"正史"均感不满,认为"学者误承流别,不复辨正其体",虽然"观其表志成规,纪传定体,与马班诸史,未始有殊",但却与马班陈范诸史存在本质上的区别:马班陈范有"别识心裁"贯穿于史间而它史却仅仅是"谨守绳墨"、"误承流别,不辨正体"①的模仿而已。

又,黑格尔在谈到艺术的想象力时认为艺术"有一种本能式的创造力",它"必须与艺术家主体方面的天生气质和天生冲动的形式相适应,这些特质是以无意识的方式起作用的"。②试对比实斋之论:

> 史之大原本乎《春秋》,《春秋》之义昭乎笔削;笔削之义,不仅事具始末,文成规矩已也。以夫子义则窃取之旨观之,固将纲纪天人,推明大道。所以通古今之变而成一家之言者,必有详人之所略,异人之所同,重人之所轻而忽人之所谨。绳墨之所不可得而拘,类例之所不可得而泥。而后微茫杪忽之际,有以独断于一心。及其书之成也,自然可以参天地而质鬼神,契前修而俟后圣,此家学之所以可贵也。③

> 夫子因鲁史而作《春秋》。孟子曰:其事则齐桓、晋文,其文则史,孔子自谓窃取其义焉耳。载笔之士,有志《春秋》之业,固将惟义之求,其事与文所以借为存义之资也。④

按,孔子撰《春秋》,齐桓、晋文之"事"亦即"史"仅其"借用"而已,所要表达的却是孔子"窃取"的一家之言即其"义法",这是孔子的"独断于一心";详人所略,异人所同,重人之所轻而忽人之所谨,固以不拘"绳墨"不泥"类例"为前提。

钱锺书《谈艺录》总结实斋《博约》上、中、下三篇、《说林》、《与周永清论文书》等大旨时指出:"《博约》上、中、下三篇略谓:博闻多识,可以待问,未可以为学,问见功力,学本性情;又引王氏致良知之说;《说林》谓:绝学孤诣,性灵独至;……《与周永清论文书》谓:功力可假,性灵必不可假。"⑤

按,实斋所谓的"性情"、"良知",重视一己之独创;而"绝学孤诣,性灵独至"尤其可

---

① 《文史通义·内篇·申郑》。
② 黑格尔《美学》第一卷,第51页。
③ 《文史通义·内篇四·答客问上》。
④ 《文史通义·内篇四·言公上》。
⑤ 《谈艺录》,第262页。

与上文所引实斋的"微茫杪忽之际,有以独断于一心"之论相发明。综合实斋的说法,实与黑氏关于艺术创作"必须与艺术家主体方面的天生气质和天生冲动的形式相适应,这些特质是以无意识的方式起作用"的看法灵犀相通如出一辙,而实斋明明白白是指史学创作,这就再一次证明了美学对于史学可以而且应当具有的借鉴意义。

六、赘语

"概念"、"理念"、"意蕴"、"独创"等均为美学之重要命题,为康德、黑格尔、叔本华三氏所着意。上文围绕此数命题,就其与历史学的关联度曾稍加论述。然上述命题均尚未触及"人性"这一美学中最关紧要的内容,受篇幅限制本文又不可能全面阐述美学之"人性论"如何运用于历史学中。"茹之不能","喉鲠之快于一吐"而不许,故作"赘语"如下略略申发,并以之与"引言"相呼应。

康德、黑格尔、叔本华三氏均重视美学中的人性问题,而以叔本华之论最为明快。柯林伍德论康德曾指出:"历史研究并不是康德的一个主要兴趣,但是他挑拣出哲学探讨的线索的超人本领,即使在他所知甚少的一个题目上,也能使他发挥出像他在伏尔泰、卢梭和赫德尔这样的作家身上所发现的那些思想路线,并写出了一些新的和有价值的东西。"[1]叔本华的历史学学养很差,但他也有"挑拣出哲学探讨的线索的超人本领"。叔氏超乎同侪处就在于他明确将人性的发掘定位在了历史哲学的核心地位上,指出:

> 但历史哲学所发现的始终是同一样的人性。这同一样的、在各种形式变换中岿然不动的东西就是人的心、脑基本素质。[2]

> 文学艺术
> 把单一、个别的事物展现给我们,但他们所了解并透过其作品想让我们了解到的,却是柏拉图式的理念,整个的种属和类型。……叙述性和戏剧性文学家从生活中提取了个别之物,精确地把它及其个体性描绘出来,并以此表现了整个人类的存在。[3]

"种属和类型"指"人",让人们了解"人"这一"柏拉图式的理念",即通过艺术理解"人"的全部内涵,用"叙述性"和"戏剧性"来"表现整个人类的存在"。叔本华这里提出的是一个"美学"原则。这个美学原则可不可以、应不应当也成为历史学创作的准绳?答案是

---

① 柯林伍德《历史的观念》,商务印书馆,1997年,第147页。
② 叔本华《论历史》,载《叔本华美学随笔》,上海人民出版社,2004年,第35页。
③ 叔本华《论文学》,载《叔本华美学随笔》,第43页。

毫无疑义的：龚自珍《尊史》曾经将人类历史视为一场大"活剧"，那么，用"叙述性"的史笔去表现充满"戏剧性"的历史，了解"整个的种属和类型"即了解"人"，从而"表现整个人类的存在"，这肯定应当成为历史学的根本宗旨。然而，恰恰在这一涉及历史学目的论或者说功用论的要害问题上，历史学之现状却与叔氏所期望者相距甚远甚至大相径庭。

长久以来历史学所呈现的特质，是那种"众人皆醉我独醒"、装腔作势的"宏大叙事"。"趋势"、"规律"充斥其间却独独不见"人"和"人的内在本质"最重要体现之"人性"。以中国史学为例：自 1902 年梁启超发动"史界革命"，百余年来学界对"新史学"曾经给予了过高的评价，而对于"史界革命"带来的严重弊端却少有论及。事实上，梁启超"新史学"以来的百余年间，由于工具意识的决定性影响，改朝换代、历史变迁、战争、政治角斗、"阶级"、"阶层"、"生产关系"等占据了历史学家的绝大部分视野；史家所重或仅局限于对"经济基础"、"上层建筑"特别是对历史发展的"阶段"、"规律"等"表象性"（叔本华语）内容的苦思摩挲，他们的心灵已经基本丧失了如艺术家那种对于"美"和"自由"的湿润的敏感而变得"坚硬"。现在绝少再有史家会去进一步追问如下"历史存在"的价值和意义：善乎？恶乎？爱心、诚实、公正、独立、勇敢、自尊、庄严、精神圆满乎？自私、残暴、奴性、邀宠、谄媚、屈辱、脆弱、虚伪、愚昧、仇恨、精神委顿乎？而上述"人性"要素，则既符合黑格尔所说只有"成为认识和表现神圣性，人类的最深刻的旨趣以及心灵的最深广的真理的一种方式和手段时，艺术才算尽到了它的最高职责"[1] 的"艺术"和"美"的宗旨，同时也应当成为历史学自身的关注重点。康德说："每种具有英勇性质的激情都是在审美上是崇高的。例如愤怒，甚至绝望。"[2] 美学特别重视那些"能够指向高贵的意向"，滋润心田，不"使人心变得干枯"，且终极指向"对我们人格中的人类尊严的敬重"[3] 的内容。这一切也应当为历史学之聚焦点。如果史家缺乏对人之所以为人的深层次追问与求索，离开了对"人性"的把握，何谈对于人类的幸福和苦难的大悲悯？没有这样的"意蕴"，史著是干瘪而没有灵魂的。看现今所谓的"历史"，只剩下一具具无声无色的"空壳"。史著中不见鲜活的"人"，此种弊端，或许在钱穆生活的时代他已有切身的感受。钱穆《中国历史研究法》写道："要研究历史，首先要懂得人。如其不懂得人，不懂得历史人物，亦即无法研究历史。固然也有人脱离了人和人物中心来研究历史的，但其研究所得，将总不会接触到历史之主要中心，这是决然可知的。"[4] 在事业上，人固然"表现出其为一人物，而人物本身，则绝非事业可尽。因此，只凭事业来烘托来照映出一人物，此人物之真之全之身处，则绝不能表现出"。[5] 历史上有无数身处乱世之人，"此人乃能超越乎事业之外，他所表现者，只是赤裸裸地表现了一个人。

① 黑格尔《美学》第一卷，第 10 页。
② 康德《判断力批判》，第 113 页。
③ 同上。
④ 钱穆《中国历史研究法》，三联书店，2001 年，第 94 页。
⑤ 同上，第 97 页。

那种赤裸裸地只是一个人的表现,则是更完全、更伟大、更可贵,更能在历史上引起大作用大影响"。[①] 见"物"不见"人",此亦当钱氏有感而发。当今史著的枯涩干瘪死气沉沉"不忍卒读",其中缘由固然多出,但缺乏"人性关照"肯定是重要原因之一。当下坊间各种"戏说历史"的著述之所以能够大行其道,也与正统历史学缺乏"人性关照"不无关系。而我国史学界却至今未见对此现象作深刻的反思。反观两千年的传统史学,关注人和"人性"正是其源远流长的传统。我们读《后汉书·党锢列传》范滂因"党锢"被捕,其与子诀别时所言:

> 滂……顾其子曰:"吾欲使汝为恶,恶不可为;使汝为善,则我不为恶。"行路闻之,莫不流涕。

范氏之说何其沉痛而沉重!社会昏暗,逼迫正人君子范滂既不屑教子为恶,违滂之本心,又不忍教子为善。因善无善报反有恶报,故若教子为善,适足以因害子而致范滂本人"为恶"。蔚宗此论即全以洞观人性深知社会为本根。故王鸣盛《十七史商榷》谓"蔚宗论赞,以悲凉激壮之笔出之,足以廉顽立懦"。[②] 再看司马光 7 岁听讲《左传》后能复述大意;刘知幾幼年旁听其父为兄长讲授《左传》竟兴味天成,对《左传》的理解也超过了兄长,终于在 11 岁时其父同意为知幾开讲《左传》;万斯同经历亦大体与刘知幾相同。到了当代,例如王国维 16 岁"好"《汉书》;吕思勉居然能三读廿四史,等等。论者或曰:司马光、刘知幾、万斯同、王国维、吕思勉等均为"史家",故其人读史是"分内事"。然"史家"非天生,何以传统史著在司马光等人的"总角童年"时就足以吸引他们?且非史家却如司马光们一样爱读《史记》、《汉书》者,此类例证相信绝非个别而不胜枚举。换言之,传统史学具有巨大的吸引力与"亲和力",这是一个不争的事实。其中的原因何在?我以为,这一定与传统史学扪住了(尽管未能像康德、黑格尔、叔本华那样自觉将其上升到"哲学"或"理论"的高度)"始终是同一样的人性"这一历史学最紧要的"命门"有关。反观现实,当下学界多产的史著中又有哪一部还能够像《史记》、《汉书》、《后汉书》、《资治通鉴》等那样引人入胜,让人流连忘返、兴趣盎然而终生好之不渝?从这个意义上不能不说:梁启超倡"史界革命"引领史界所走的路并非一条"正道",其结果造成了历史学本身的"倒退"而非"进步"。关注"人"和"人性",从人性的角度重新审视历史的跌宕起伏,让一个个历史的亡灵在史家的笔下重新挺立起来,像"人"那样鲜活地站在世人面前,让人们透过历史来理解"人"并且领悟"整个人类的存在",这是历史学义不容辞的职责。忽视乃至于漠视人性,百余年间"新史学"造成的这一弊端,当重新回归传统史学之长并以"历史美学"的理念克服之。

---

① 钱穆《中国历史研究法》,三联书店,2001 年,第 98 页。
② 王鸣盛《十七史商榷》卷三八,上海书店,2005 年,第 267 页。

仁的概念，传统西方与中国的理解

吕　威

（意大利都灵大学）

梁涛教授在《郭店竹简"息"字与孔子仁学》一文里说：

> 孔子创立儒学，同提出仁密切相关，而如何理解仁却一直是有争议的问题。有学者称，"仁构成孔子学说中的一个高难问题"。

西方的汉学家也遇到了同样的问题："对于西方学者来说，仁是什么？一直是个令人费解的谜。"[1] 这让我想起，西方的传统文化中也存在类似"仁"的概念。

要知道意大利诗人但丁（1265—1321）首先是一位"尽心知性"的人，可以说他是当时西方"道统"最杰出的代表。他写作《神曲》的一个目的就是证明他的精神成就，使后人也能够走上正道。自古以来西方这样的人很少。但丁还写过一些谈论传统文化的论文，尤其是关于语言和王道。看了他的书就可以了解西方传统很早就有仁的概念。

在中国，仁德具有一些特点和特征：人之所以为人就是仁，所以说"仁者，人也"；人之所以有生命力和情感也就是仁，所以说"仁，亲也"，"仁，爱也"；人之所以能"止于至善"也是仁，所以仁为德之首。从哲学上讲，仁贯通三才，所以仁是王道所需要的基本条件之一。没有仁，就无法以德王天下。从"内圣"的角度看，没有仁则无法"一以贯之"。无知

---

① 梁涛《郭店竹简与思孟学派》，中国人民大学出版社，2008年，第61页。

亦无德,还算是人吗? 所以"仁"是做人之本。

西方也一样。我说的西方是指过去信仰天主教的西方,因为当时的传统文化保留得既完整又健康,所以我们可以参考当时的文化来做对比和研究。如果以现在的西方文化来对比,则大不一样,因为现代文化与传统文化的差别太大了。比方说,你们想想,在这个现代化的中国,有几个还能"复礼"? 我们现在的生活方式根本不符合这个"礼"。

> 子曰: 一日克己复礼,天下归仁焉。(《论语·颜回》)

中国如此,西方更是如此。在西方可以说已经没几个人懂得"礼"的概念。既然如此,当然可以思考对"仁"的概念是否还能有一个准确的理解。

我为什么这么说? 因为西方人所翻译的"仁",表面看似乎都有一定道理。但是,实际上都缺乏深度,没有触及实质。按照梁涛教授的说法:

> 西方关于"仁"就有 benevolence, love, altruism, kindness, charity, compassion, magnanimity, perfect virtue, goodness, true manhood, manhood at its best, human-heartedness, humaneness, humanity, man-to-man-ness 等不同译法。[①]

上面所提的翻译已经够全了。其实,这些翻译一定程度上都有其道理,但问题的关键在于: 现代语言已经失去了其古意,所以看到了这些翻译时,人们的理解只能停留在比较浮浅的层面或者在"(人伦)道德"(morality)上,缺乏道的内含。之所以如此,就是因为西方的道统早就失传了,西方早就不理解自己的古代传统,因此也就失去了以往语言所表达的深层内涵。因为失传已久,所以文艺复兴时期的人们已经开始把中世纪当成一个"黑暗时代"。为什么呢? 因为当时有影响力的思想家把人当成宇宙的标准。他们忘了本,失去了"内圣外王"之道而竖立了个人主义,又怎么能理解中世纪以天为本的智慧呢?

正因为如此,我们必需用中世纪或者中世纪以前的思想来分析这些重要的理论问题。为了理解古代西方怎么理解"仁德",我们首先要说明什么是"贵族"。这正是但丁的主张。

但丁说到人的根本,就是说,仁德和人道之本。他说人之所以能得到爵位是因为人性里具有所以为贵的本体,人之所以为人就是人之所以为贵。人人都有这个东西,不过是一种可能性而已。

"可能性"、"可能",或者说"能"的概念有三个层次: 第一层次的能,大家都有,可以说是"潜能",像一粒种子。虽然有种子,但不一定都能发芽。在英语里这是 potentiality。

第二层次的能,是已发芽的种子而未成果。虽然还未成果,不过它和潜能不一样,不是不能成果,它一定会成果,只不过时间和条件还不具备,翻译成英语是 virtuality。按照

① 梁涛《郭店竹简与思孟学派》,中国人民大学出版社,2008 年,第 61 页。

王阳明的说法,到了这一步就有了"体",但是还没发挥"用"。虽然是实际的东西,已经成"体"了,但还未明白或者还未彻底明白它的本体和作用。换句话说,这等于已经"入德之门"而"未明明德",或者未"止于至善"。

第三层次的能,是成就、是本能全部发挥作用。用英文讲,它是 effectiveness,"体用"皆全,彻底得道,仁熟德盛而知化。

我们现在可以理解为什么"天地之性,人为贵"。这句话不单属于中国文化,所有的传统都这么说,包括西方和印度在内。

"人为贵"是因为有了"贵性",才有"仁者见之谓之仁"(《周易·系辞上》)的可能。虽然"百姓日用而不知"(同上),不过因为这种潜能,百姓也能学会做人,有了"礼"大家能"学而时习之"。

在这个基础上,按照但丁的说法,真正的"贵族"不是某个富裕而有权力的人,而是能发挥"人之所以为贵"之能。古代的贵族是先证明了有"贵性"而后才得到爵位。在但丁时代(14 世纪初),当时的贵族大部分已经失去了这个特点,所以他对当时的贵族批评得很厉害。请注意:他自己是贵族。

这个"贵性"是人的"Nobility"或者"Gentleness"。这两个概念一般被翻译成"贵族"和"绅士风度"。一个"Gentleman"是一个绅士、一个君子。按照它们的字源和内涵,贵族所以为贵是因为仁,绅士所以为君子是因为德。"德"是仁德,"仁"也就是"德"。按照朱子之意,"仁熟"就等于"德盛"。

刚才所介绍的已经可以证明,但丁所谓的"贵性"就是"仁"。不过还有一点更有意思,那就是:西方文明"博爱精神"的核心也就是"仁"。

要知道但丁承继的是从毕达哥拉斯(Pythagoras,前 575—495)、弗吉尔(Virgil,前 70—19)通过古罗马的贵族一直到他自己没有中断的传统。但丁在《神曲》里用谜语讲古罗马的秘诀。罗马的名字有两个含义:第一是"爱",第二是"不死"。无始无终的"爱"才是"真爱";永恒存在之城才是"神都"、"天堂"、罗马。ROMA(罗马),反过来看是AMOR。"AMOR"是"爱","A-MOR"是"不 - 死"。

罗马的骑士和贵族都向往罗马的理想和精神。这个理想进入了天主教以后就成为了宗教性的"爱"和修性之法。

现在我不能不提耶稣。耶稣的最高且最后的教义就一句话:

　　爱人如己。[①]

但丁说,这个道理既难懂,又难做到。其实,"爱人如己"是几乎不可能的事。因为人

① 《新约》马修(Mt)19,16–19。

们不可能爱杀父者如自己的亲父一样。这么做是完全违背五伦之理。所以但丁说,"话中有话"——必需从另一个角度去理解它的含义。这个含义就是"仁"的概念。

但丁分析这个问题并确认一点:唯一能够理解并做到"爱人如己"的教义在于体会自己的本性,使这个本性起作用而去体会别人的本性。就是说,需要首先照见自己身上和生命中的"贵性"(dignity, nobility),然后彻底了解这个"本性",就可以启动"爱"的作用,而认识到所有的人都具有同样的"本性"。因为这个"仁",这种"本性"是不变的,是"人之所以为人"与"人生之所以为贵"的依据和本体,所以一旦"明了"这个"仁德",就可以说人有了"真爱"的能力。通过自己的"仁爱"爱所有人的"本性",那就是"仁德"的本能。

有学者说,"爱人如己"等于孔子的"夫仁者,己欲立而立人,己欲达而达人"(《论语·雍也》)。这就是"常无欲"而"常有欲"之理。以"常无欲"而达己,以"常有欲"而达人。请问这是不是最大的"爱"?但丁认为是。

这么伟大的"爱"相当于《易经》所说的"与天地参"和"天下之理得而成位乎其中矣"(《周易·系辞上》)。所以《神曲》的最后一句话就是:

L'AMOR che move il sole e l'altre stelle.
那大爱[之能],动太阳及群星。[①]

《荀子·劝学》云:"积善成德,而神明自得,圣心备焉。"这也需要仁德才能做到。这个道理非常符合但丁的思想。但丁所讲的"爱"是"罗马"理想的精神,本身是"永恒而不死"之意,其次是无限而公义的力量,是"大爱"。人须以自信而心诚通达"真知",这样才能与"太初"的本体合而为一,因为"太初"无不善,它是至善之理(Sommo Bene),是万能之神。以其为至善而无所不包之理谓之"上帝"、"至善";以其为万能之神谓之"大爱","无为而无不为"之"能"。但丁在《神曲·天堂》里重复地用各种方式来描述这些问题。不过他介绍的方式会令现代人难以理解,尤其是不习惯神学语言的东方人。所以不妨让我来借用儒家的语言介绍他的观点。[②]

---

① 《神曲·天堂》(第33章,黄国彬译注,外语教学与研究出版社,2009年,第145页)这么翻译:"那大爱,回太阳阿动群星!"

② 在《神曲·天堂》(第26章,第25—39页)里有一段很有意思,不过翻译过来味道就不一样了,所以在这里作为一个例子:"凭借哲学的论据,/凭借从这里降落人间的威灵,/大爱都须复印于我的凡躯。/因为,凭借本身所有的善性,/善端一为人知悉,就会燃点/大爱。善性越多,大爱越光明。/本体外的诸善,只是一道微熹/从它的光辉外射。谁的慧眼/看得出支撑这一论点的真理,/谁的精神就会充满爱忱,/宁弃其他事物而直取该本体。/为我的心智说明这道理的人,/也曾为我揭示那太初之爱。/这种爱,从所有永恒的物质展伸。"原文: Per filosofici argomenti, / E per autorità che quinci scende, / Cotale Amor convien che in me s'imprenti ; Chè'l bene, in quanto ben, come s'intende, / Così accende Amore, e tanto maggio, / Quanto più bontate in sé comprende, / Dunque all'essenza ov'è tanto avvantaggio, / Che ciascun ben che fuor di lei si trova, / Altro non è ch'un lume di suo raggio, / Più che in altra convien che si muova/ La mente, amando, di ciascuna che cerne/ Il vero in cui si fonda questa prova./ Tal vero allo intelletto mio sterne/ Colui che che mi dimostra il primo Amore/ di tutte le sustanze sempiterne.

但丁在《天堂》里介绍"爱"之理与德,先用哲理的语言说明"天命之谓性"与"仁"的关系。这个关系是"继之者善也"。从工夫的角度讲,"积善德"而能"明明德"。天命与仁爱的关系就像太阳作为光明之源和它的光线。光明不变,不一不二,而每一根光线直接射到每一个人的心中,作为人的本性与智慧。既然如此,所有的"真知"不属于"人心"而属于"天心"、"道心"。所以真理是最伟大的"至善",是"大爱"。不过请大家理解,这里的"爱"不是一种"情"而是常道、是盛德、是无上之理。对但丁来说,所谓"上帝"就是形而上的"真理",叫作"至善"(Sommo Bene)。只不过在天主教的领域不能不用宗教的语言,也就是"神学"的语言来讲形而上之理罢了。这个形而上之理的来源很古老,比古罗马和古希腊还早,后来进入了天主教里。

但丁自己对这个问题做出定论:

> 在我堕落地狱受折磨之前,
> "一"是凡间对至善的称呼。①

说这个话的是亚当(Adam),西方所说的第一个人,人类的鼻祖。亚当说:我失位之前,上帝没有"上帝"的名字。作为"至善"之理,名谓"I"。"I"者,一也。当时但丁的一些徒弟就把"I"当成神像而恭敬它。这么做不是宗教的神像而是道理的符号。

不过但丁这么讲"Amor"(爱)之理还不够,他还要说明自己的工夫和信仰。值得注意一点:"格物致知"的工夫自然会积善而明明德,自然会产生"大爱",就是说,"格物致知"能让"仁熟"到"盛德"而"知化",它能起"忠恕"的作用。不过他继续说:

> 于是我继续说:
> 所有牵带人心走向上帝的啮咬奔竞而来,
> 一起造就了我的敬爱。②

---

① 《神曲·天堂》第 26 章,第 133—134 页:Pria ch'i scendessi all'infernale ambascia, / Is'appellava in terra il sommo bene.

② 《神曲·天堂》第 26 章,第 55—66 页:"于是我继续说:所有牵带 / 人心走向上帝的啮咬奔竞 / 而来,一起造就了我的敬爱。/ 因为世界的本性、我的本性、基督为了救我而忍爱的死亡、/ 信众和我一起期待的永宁,/ 加上我刚才提到的启悟炯光,/ 把我从乖戾之爱的大海救出 / 然后安置于公义之爱的岸上。/ 永恒的园丁有一座花园。荫覆 / 全园的绿叶都为我所爱;深浅 / 则看众叶如何获善于上主。"原文:Però ricominciai:Tutti quei morsi/ Che posson far lo cor volger a Dio, / Alla mia caritate son concorsi;/ Chè l'esser del mondo, e l'esser mio, / La morte ch'El sostenne perch'io viva, / E quel che spera ogni fedel com'io, / Con la predetta conoscenza viva, / Tratto m'hanno del mar dell'amor torto, / E del diritto m'han posto alla riva./ Le fronde onde s'infronda tutto l'orto/ dell'ortolano etterno, am'io cotanto, / quanto da Lui a lor di bene è pòrto.

这种"啮咬"是天命的指令：^①一旦"明明德"，心自然明。这是"诚则明"的道理。"咬"者是那个形而上的太阳，被咬的是人心，"咬"的是那个"光线"，是"明德"。

这种悟道不是一种思想的体会而是牵着身体在里头。就是说，"明"等于"体"，"悟道"等于"体道"：这是"身心合一"的成就，所以叫做"明德"、"盛德"。还有："继之者善也"，因为"天命之谓性"，因此"成之者性也"。性之所成就是仁，故"仁者见之谓之仁"。以此观之，"仁"就是"身心合一"的至善之德。这是必然，因为"道也者不可须臾离也"。

我们可以这样试着理解郭店竹简的"息"字。我们如果把"身"字当成动词，那么可以得到两种意思：心作为"格物致知"的主体而能"体"所有一切，则"尽其心"而无所不知，盖尽心则知性，知性则知天矣。这是"明则诚"的工夫，是"仁"由人而知天的"仁能"或者"仁德"。第二种意思是以"身"为主体，则"天所赋为命；物所受为性"，^②然"仁者天下之公，善之本也"，"仁者，天下之正理；失正理则无序而不和"。^③那么这个人所受的"善性"就是"仁"。以其禀于身心而谓之仁。更进一步讲，可以说这个"禀于"、这种"赋受"，就是"身"之用。以此为"诚则明"的依据和可能性。由"人心"而体"道心"，由"道心"而"执中"，心一而已。

能够悟到这个身心合一之理，就是体会"仁"的存在而"入德之门"。"仁熟"到了极点，那么这个"仁"与"天命之谓性"已经合而为一。故"尽其心者"是"仁熟"的工夫；"知其性也"是"止于至善"的成就。"知其性，则知天矣。"

所以但丁说，能够从自己心中所发挥的"真知"到至善之所为，就可以从有生必有死的人心体道，而照见永恒存在的天心。这个天心就在于知性，知性本于仁。^④

因此，谁能知其性，则谁能"王天下"。为什么呢？因为"知其性则知天矣"！一旦仁与至善合一（就是说，体用皆备），那么这样的人就能说"命由我不由天"。他就是主。

"主"是谁？"主"是什么？"主"字就是"王"字上面加上一个灵点。这个灵点就是"知天"的智慧。另一个说法是指"大而无外"的"大道之行，天下为公"的真理。

对这么一个能真正"做主"的人，内圣是必然，外王是可能。

但丁通过西方的说法阐明了"内圣外王"之道，而且还特别注重"仁"的重要性。没有"仁"就不可能有人类。有了人类，仁就在其中作为人的本能或者潜能。没有觉悟仁，就无法修道立德而王天下，因为不仁的人缺乏"人之所以为贵"的本体。这样的人无法当君子，更何况成王！

但丁说，当今有人，不懂仁的人，随意妄动而"如同驴一样活着"（asino vive）。^⑤驴是

---

① 请注意："咬"（morso）与"死"（morte）的拉丁字源是一样：m-r-s：mors, mortis（死）；morsus, morsum（咬）。故"MOR"谓"死、咬"而与"死心"有关。"A"谓否定，故"A-MOR"谓"不死"。心得先死后复活才能"明"、才能"通"。

② 朱子《近思录》卷一。

③ 同上。

④ "人心"是"被动之心"（intelletto passivo），"天心"是"直明之心"（intelletto attivo, intelletto divino）。"天心"如"道心"、"神明"，人以"天心"而能"真知"（vera conoscenza, conoscenza viva）。"真知"是"生知"（conoscenza viva）。

⑤ 但丁《宴会》（Convivio），II-7。

但丁

骑士

愚昧的标志。

《列子·黄帝》有言曰：

> 仰飞伏走，谓之禽兽，而禽兽未必无人心。虽有人心，以状而见疏矣。庖牺氏、女娲氏、神农氏、夏后氏，蛇身人面、牛首虎鼻，此有非人之状，而有圣之德。夏桀、殷纣、鲁桓、楚穆，状貌七窍，皆同于人，而有禽兽之心。

总结一下，可以说但丁是这么理解"仁"的问题：一、人之所以为贵和人之所以为人是至善之理，是人性之本；二、以其本性之至善而知所有人之性，以立己而立人、达己而达人而"爱人如己"，则本性之至善自然能发挥"大爱"的精神、"天下为公"的公义，产生"中庸"、"忠恕"之作用；三、仁之所以为善由至善之理而来，如太阳与其光线——光一而已，故以其"真知之心"而"一以贯之"，则天下为公而无不善矣。

我用儒家的理论解释但丁的哲理，是因为我是在使用中文。如果是使用意大利语或者法语、英语，那么我不会这么讲，我可以直接利用但丁和相关人物的理论体系。不过把这些体系直接翻译成中文的话，恐怕没几个人能听得懂，而且会觉得宗教的味道太重，难以理解。

我今天这么讲是一种试验，我这么做是希望中国人能够明白但丁是什么样的人，他代表了什么样的传统。我想这是第一次有人在中国介绍但丁的精神。在西方也很少有人研究但丁的这一面。他写的著作可以说是西方的遗书，因为当时在意大利文艺复兴即将开始，西方的精神逐步降落到人的小道里面，然后引起了各种斗争和侵略。

最后我还想重复一个问题："身心"谓之"仁"（"㥁"）。"身"也有"体"之意，可以当动词看，所以"身其心"就是"尽其心"、"体其本体"。这样的话，越"尽"越"爱"，这也是"仁"的精神，是仁德所在。以此观之，那么但丁说得没错并可以大声地说：

大哉！"爱人如己"之理也！

829

四、书法与绘画

平生百劫千难后　万象纵横不系留

——读冯其庸教授诗书画有感

杨仁恺

（辽宁博物馆）

我与冯其庸教授相交有年，先是知道他是研究《红楼梦》的著名学者，后来了解到他对历史考古的兴趣很浓，数次进入新疆，古稀之年，犹攀登天山，不避艰险，一往直前，令人钦佩。他的摄影技术超出我们的想象之外，一部精美的图册，系以诗篇，别具风貌。尤其难能可贵的是数十年来他对绘画也很偏爱，常常在百忙中挤出时间挥毫不辍，应手成形。其庸教授真是个多才多艺的大家，朋辈中很少有人能够和他比拟。

《传记文学·文化名人》1997年十二期刊登出叶君远、邓安生两位作者所撰写的《学者·诗人·书画家》一篇长文，对其庸教授七十年来的经历，阐述得十分清晰，重点是对"红学"方面的卓越贡献，以及对甘肃、新疆考古调查历经艰险的情节，描写得极为生动，感人至深。至于诗书画方面，是其庸教授一生学术活动不可分割的一部分，我认为有必要撰文揭橥出来，就教于作者和广大读者。

教授诗才敏捷，音韵铿锵，《传记文学》中已经引用七律和七绝多首，都是在旅途中触景生情而发的，耐人寻味。书法运笔流畅，不受旧法的约束，写出本人的性格，得其三昧。尤其是他的绘画作品，世不多觏，由于受各方友人的多次敦促，要求他举办个人的诗书画展，为了不负各方的盛情美意，他才在百忙之中挤出时间，创作出大量新作。这里用的"新作"一词，含有两个意义：一是新近画出来的作品，一是这许多作品中，有我从来没有见过的，风格多样、题材特殊的山水画和雄鹰、钟馗等作品，大放异彩。山水有水墨和赋色多幅，细看可从中察觉出他的画派的来龙去脉，与传统中某些大家的相通，但却又为他大刀阔斧的水墨和胸中历年蕴藉着的无数丘壑所掩盖，令人只觉得是他自辟蹊径，面目新颖，别具一格。作为一位学人画家来说，实在是值得为之宣扬表彰的。

在许多作品中，有一个共同的特征，就是画幅的面貌不拘泥任何形式，随心所欲，挥洒自如。如画葫芦、葡萄，看似草草，而生意盎然；山水题材更为丰富多彩，令我印象最深的是一堂八尺的四季山水屏幅，气势雄强，墨彩淋漓，四季不同景物，映入眼帘，引人兴起。艺术作品之于观者，所以能激发振奋精神的作用，是无法用语言可以表达的。

画面、自题诗和流畅的书法，三者有机的结合，相互启发，天衣无缝，美在其中矣。应该说是"新文人画"对前人传统的承继和发展。

画幅上分别钤有两方白文篆刻印章，印文为"平生百劫千难后"、"万象纵横不系留"，我以之作为本文标题，对其庸教授的平生及其诗书画艺术的造诣，正好是再恰当不过的概括说明。

顷由海外归来，原约定的交稿日期迫在眉睫，乃勉力草就报命，终难免挂一漏万，未知是否能表达初衷于万一，尚希予以鉴宥。幸甚！幸甚！

在冯其庸九十诗书画展开幕式上的致辞

冯　远

（中国文联）

尊敬的冯其庸先生：

非常高兴参加您老第四次在中国美术馆举办的九十岁诗书画展开幕式,我们大家都熟悉您是当代中国声名远播的著名学者、中国人民大学国学院的名誉院长、中国文字博物馆名誉馆长、中国红楼梦学会的名誉会长、中国汉画学会的名誉会长,也是《红楼梦学刊》的名誉主编。这数十年冯老著作等身,一身兼职众多,还是当代著名的书画艺术家,您的作品在我看来是名副其实的文人画艺术精神的代表,我谨代表中国文学艺术界联合会,对画展的隆重开幕表示热烈的祝贺,并且向九十高龄仍然笔耕不辍的冯其庸先生表示诚挚的敬意。

此次画展的作品有半数以上是冯其庸先生近年所创作的新作品,展出的画作中既有八尺整幅的大幅山水,色彩富丽,而且笔墨、色彩对比强烈,几乎是采用中国画颜料的纯色绘制,也有八尺、六尺整幅的临摹宋元山水的精品,作品中融进了他自己的艺术感受和创新元素,既结构谨严又笔精墨健。作品中还有一幅高约 6 米,宽 2.5 米的嵩阳老柏树,通幅画面就只作了一株古柏,所作古柏据说现在还活在嵩山嵩阳书院,相传汉武帝东巡时候曾经经过这里还观赏过这棵古柏。这里展出的画作中的诗作也是冯老先生新作的,这充分体现了冯老先生诗词歌赋的才华。例如他的题画诗《瞿塘峡》,写道:"十年不到瞿塘峡,梦里常存白盐山。想得雄关高万丈,轻舟飞逝胆犹寒。"又例如他题的巨幅绘画嵩阳古柏:"汉武东巡事已陈,马迁史笔久封尘。嵩阳老柏今犹在,青眼看人万世情。"他在书法作品

中题嘉峪关写道："天下雄关大漠东,西行万里尽沙龙。祁连山色连天白,居塞烽墩接地红。满目关河增感慨,周身风雪识穷通。登楼老去无限意,一笑扬鞭夕照中。"观冯老的作品是有情有景有意境,有光有色也有画境。尤其他今年新创作的《山居图》《听瀑图》《水阁山村图》以及《深山读书图》等等,都体现了他扎实的国学修养、精深的传统绘画研修成果。冯老绘画初学花卉,宗师青藤、白石,后学宋元山水,当然以他的山水画为主。他的西部山水独具西域地貌特色,色彩斑斓,人称"惊彩绝艳"。中国绘画历史上曾有董其昌首创画分南北宗说,今有冯其庸先生的山水画始创西北宗。冯老先生又擅长书法,其书风先宗法二王,以行草名世,又喜作蝇头小楷,擅作榜书。他新近创作的丈八的书法,体现了他雄强遒劲的笔力,此之为中国传统文人画精神绝学的承继者,诗书画皆精而不同凡响。

冯其庸先生以研究《红楼梦》名世,著有重要的学术著作达三十馀种,刚刚出版发行的《瓜饭楼丛稿》,文集十六卷,评批集十卷,辑校集七卷,凡上千万字,数十年青灯黄卷,著述用勤。他研究中国文化历史、古代文学史、戏剧史、艺术史,涉猎宽博。近二十年他又专注研究中国西部历史文化艺术。让我们尤为感动的是他十赴新疆,两度穿越塔克拉玛干大沙漠,三上帕米尔高原,以他83岁的年龄登临四千九百米的高度,这是一般人达不到的。同年又深入罗布泊、楼兰,写下的专业学术论文,产生重要影响。他的治学精神和亲历亲为的执著品格以及学术贡献,成为学界同龄之绝唱,同代人少有能与他比肩者,更是我们年轻一代学习的楷模。文人作诗书画,学者从事山水画创作,古来佳话不绝于缕,今有冯其庸先生以近九十的体躯精神勤奋创作,为谱写大好河山,抒发一位知识分子、文化学者的豪情艺趣,是身体力行地响应党的十七届六中全会精神,繁荣发展文化艺术的实际行动。他以老骥伏枥之精神,以志在千里之抱负,为同辈、为后学、为广大文艺工作者作出了表率。

我们由衷地向冯其庸先生表示敬佩之情和崇敬之意,祝愿冯老的画展圆满成功,祝愿冯其庸先生健康长寿,继续为这个时代留下更多的宝贵财富。

2012 年 7 月 3 日

书画宽堂馀事　翰墨自诉衷肠

——读冯其庸先生绘画有感

孙世昌

（鲁迅美术学院）

　　作为著名学者和"红学"大家的冯其庸先生，早已声名远播；但作为书画家和诗人的冯其庸先生，我却知道得较晚。那是一九八九年时，著名书画鉴定家杨仁恺先生和我院晏少翔教授，受北京、台湾等地一些画家之托，要在沈阳把原北京的"湖社"画会恢复起来，因为杨、晏两位先生年事已高，就由我和辽宁画院书家郭子绪来具体办事跑腿。我在北京文化界名人支持"湖社"复会的签名中，看到有冯其庸先生，那时冯先生身兼中国艺术研究院副院长和中国红学会会长。杨仁恺先生曾对我说"冯先生的书画都好"，我才知道冯其庸先生还是书画家。一九九〇年十月，在鲁迅美术学院美术馆举办了"湖社"复会第一次画展，冯先生拿来一幅整张四尺纸的水墨大写意花卉《枇杷》参展，那是我第一次见到冯其庸先生的书画作品。我记得那幅画以草书笔法画一篮枇杷，上部题"满贮秋色待君来"几个行草大字和冯先生的年款、印章，字的右上钤"宽堂馀事"长方朱文边印，画的左下角钤"瓜饭楼"长方白文押角章。在展厅，我们几位鲁美的教员在冯先生画前边观赏边议论，旁边还有不少学生跟着听。大家共同的感觉是：好久没有见过如此痛快淋漓的大写意作品了，画这样的画，光笔墨好还不行，还必须有深层文化的支撑。当时给我的感觉，冯先生这幅画虽不大，张力却惊人。有徐青藤、齐白石的韵致，但不落言筌；不拘形似，放笔直写，书画贯通一气；笔法劲健，不拘小节，一气抒发，内中流露出一股不羁的豪气，真大家作派。我被冯先生的画震动了，从中领略到诗人、书画家冯其庸的心胸和气度，这幅画令我久久地

837

回味。感觉到此画意不在物,不在形,而在情和意。笔墨受胸中发出的一股逸气驱驶,自然而然地在纸面上流淌,是真正的文人写意画。近来我读《冯其庸文集》时,才知道刘海粟先生在一九八九年到冯先生画室看画时,就已经下过"真正文人画"的判断了。九十年代后期,冯其庸、杨仁恺两位先生被我院聘为"名誉教授",冯先生来我院作过两次学术讲座,我与冯先生接触渐多。再加上冯先生常在我院裱画室装裱作品。我在裱画室看到冯先生画的墨葡萄、墨梅、紫藤、秋瓜、松竹、牡丹等,差不多每幅作品都题有冯先生自作诗,皆有感而发,随手写去。画上除名章、斋号章外,冯先生喜欢钤用多种闲章,其色墨对比,造成画面空实明快的美感,自然形成诗、书、画、印的有机结合。

冯其庸先生最早的绘画老师诸健秋是山水画家。新千年后,冯先生画了大量山水画作品。退休以前,冯先生主要精力在学术研究,又担任领导职务,画画的时间不多,画花卉比画山水来得快捷。退休以后,研究、考察之余,时间较前宽裕,于是旧有山水之好复活了。冯先生自己说过:"结合我的读书和游历,觉山水更能与我的本性合。"[①]乙酉(2005)立秋画《翠微图》自题云:"久蓄五湖之志,乃终不得遂,即以此图见意。"同年画《深山萧寺图卷》自题诗云:"平生出世想,世法同罗网。欲洗嚣尘土,何处得濊荡。画此萧寺图,如听钟磬响……"又,冯先生友人李广柏《贺宽堂八旬大寿》诗也说冯先生"东坡妙手羲之笔,太白豪情五柳魂。"所以我说冯先生内心深处的"五湖之志"、"五柳魂"和"欲洗嚣尘土"的意愿,才是他晚年喜画山水画的根本原因。

冯先生喜拟清初龚贤"黑龚"笔意,如乙酉(2005)画的《深山萧寺图卷》,略拟天津人美收藏的龚贤《山水卷》,龚画浑厚滋润,冯画粗旷苍茫。这件作品是冯先生"登昆仑之巅,为玄奘法师东归明铁盖山口立碑"后,回到北京于病中所画,仿佛还带着西部山川浩浩莽莽的感觉和体验。丁亥(2007)画的《云山烟水图卷》,是从龚贤《溪山无尽图卷》脱化而来,似是而实非,是为冯先生学龚的精心之作。笔墨柔和温雅,湿笔晕染较多,较龚画更为淹润,讲究黑白、虚实的层次距离,因此也较龚画明朗。同年画的《拟龚半千山水册》二十开,画得精心、细微,笔墨沉稳、润泽,属于半临半创之作。《冯其庸山水画集》收入此册,称为"半叶"(南京清凉山有龚贤故居'扫叶楼'),可谓名符其实。冯其庸先生亦喜清初戴本孝的画,乙酉(2005)拟戴本孝《黄山画册》二十二开,冯先生加了二开,是我看到的学戴精品。戴画轻灵精微,冯画浑厚苍茫,这种差异,除了对黄山的感觉不同以外,我看更多的是气质、性情的差异造成的。

从冯其庸先生这些习古之作看,应该说并不是惯常意义上的临,更不是摹,而是"略拟",师其意不在迹象间,假习古而浇铸的是自家心田,表述的是自家衷肠。我看冯先生对五代、宋元诸名家的学习,也大都如此。他的学古,取法乎上,同时,是当作研究课题来对待的。学两宋,悟到了宋画的崇高、伟大、壮丽;学元以后的名家,悟到了文人笔墨情趣,

---

① 《冯其庸文集》卷六《墨缘集》"学画漫忆"。

悟到了画也是禅。他的学古方法如其自述:"予习古人之作,益悟古人之深,其构图用笔,皆师造化所得。予游华山、天山、昆仑诸山,造其巅,探其奇,乃悟五代两宋北派山水皴法之由来也。要之不游名山,不知造化之奇,不知古人之深且奥也;不学古人,不知己之不足也。"① 我理解冯其庸先生所说的"悟古人之深",应该有多个层面的内涵,就绘画本身而言,他的学古实践,是把自己的游历和"知造化之奇",与理解古代山水画家的创作结合起来,触摸到"外师造化,中得心源"的中国画创作规律,其中包括创作主体与真山水神会默化后,所创造的独特章法布局,笔墨表现方法及皴法形式,深入到了中国画艺术语言的创制规律。可见冯其庸先生的学古,带有学者兼书画家的本质特征。目前美术界一些人一鳞半爪地学习传统,与冯先生相比,不在一个层面上。

冯其庸先生本性爱山水,喜游历,学术活动之余,足迹遍大江南北、黄河两岸、华夏五岳、黄山等,以及西部天山、昆仑山、龟兹诸山,可谓饱游饫看。真山真水的滋养,造化之奇对他的刺激和他的感悟,也是他晚年钟情于山水画创作的重要原因。冯先生早年绘画老师诸健秋叫他看他作画,并嘱曰:"看就是学"。后来冯先生将此师教扩而广之,如其所述:"看大自然真景,如看名画,而我读名画,恰如身入名山险峰,而这,又是我对'看就是学'的另一种悟境。"所以冯先生"每作山水,如游名川,如到幽谷,往日所历,都奔赴笔端,任我驱遣。"② 由此可以看出,游历和感受对他山水画创作所起的作用是明显的,是重要的。

近几年以来,冯其庸先生对传统绘画的探索,由清初追踪到宋元。我看到他略拟元代赵孟𫖯、黄公望、王蒙、方从义,宋代范宽、李唐,五代关仝、巨然等名家的作品。九十高龄的冯其庸先生,精力弥满,创造力旺盛,画了不少幅面很大的作品。画面严谨,笔法沉健,山水形象充实,勾皴染点完备,层层积墨,章法布局如北派山水画纵向驰骋,有层峦叠嶂之势。如壬辰(2012)正月画的《翠谷幽居图》轴,近景坡岸高纵,坡上有几棵高大的松树,其势向上冲,直与中景岗峦相接;远景山势向右扭转,气势峻拔,章法上有纵向节节拔高之势;中景曲折,引向谷中几间茅屋,在高纵峻拔的整体格局之中,又增添了幽深之趣。笔墨劲健而温润,有含蓄之致。此画有宋画的严谨、整饬、壮大,又有元人笔墨意趣,合宋元为一炉的创作意向较为鲜明。与《翠谷幽居图》轴同年同月画的《深山读书图》轴,有相似的特点。此图近景亦有高树与中景相接,近景坡石之后,藏着几间房屋及水榭,画出题诗"山斋高卧云林士,茅屋长吟梦蝶翁"之意。屋后有路,蜿蜒曲折,伸展到中部山峦,有曲径通幽之趣。上部岗岭相连,大山堂堂,群峰环峙,正面高峰壁立千仞,颇有峥嵘逼人的气势。整幅画画得较充满,但笔法松活,满而不塞,画面中部山中白云留得巧妙,使整幅实中有虚,亦实亦虚,处理手法颇具功力。除上面两幅以外,《听瀑图》轴、《水阁山村图》轴、《高栖图》轴、《山居图》轴等,都是冯其庸先生九十岁的作品。从画的意境来看,都是冯先

① 见《冯其庸书画集》自序,文物出版社,2005 年。
② 《冯其庸文集》卷六《墨缘集》"学画漫忆"。

生久蓄胸中的"五湖之志""五柳魂"的外化。从创作理念和表现手法来看，与前述"略拟"龚贤、戴本孝、黄公望诸名家有所不同，综合创造的趋势已经明朗，由"拟"到"创"，我以为这是冯其庸先生山水画在九十高龄的重要变化。

进入新世纪前后，冯其庸先生还画了不少以色代墨纯用色彩的新山水画，勾勒也减少，画面简阔明朗，是些类似于花卉没骨法画的写意山水画。其中多为西部山水，也有少量江南山水。特别是近二三年来，冯先生画了不少他称为的"古龟兹山水"，其面貌之新颖，丘壑之奇绝，用色之大胆，色彩纯度之高，前所未有，给我以深刻印象。看到这批山水画，我感觉到冯先生是在着意探索山水画的新样式新表现语言。画西部山水，特别是"古龟兹山水"，以红、土红、赭、紫、橙黄、土黄为主调，辅之以青、绿、深蓝；画内地和江南山水，以青、绿、深蓝为主调，辅之以少量的暖色。

我喜欢冯先生画的"古龟兹山水"，这应当是冯其庸先生自 1986—2005 年十次西行，考察玄奘取经之路学术活动的副产品。如果说冯其庸先生深爱中国传统文化，崇敬玄奘精神，领略西部文化和异地风情，是他画"古龟兹山水"的内部驱动力的话，那么在考察活动中对西部山川，特别是古龟兹山川的异于内地的审美感受，则是他画西部山水、"古龟兹山水"的直接原因。如冯先生在《流沙梦里两昆仑》一文中说："这次南疆之行，更使我的首次西域之游具有了神话般的色彩，那两山夹峙一道崎岖曲折而又尘土蔽天、烈日炎炎的旱沟，我称它是旱三峡。那开都河上玄奘渡头的落日余晖，那龟兹国昭怙厘寺遗址上用白灰写的'女儿国'的字样——这个寺庙现存的遗址，与玄奘法师在《大唐西域记》里的记载还依然符合。龟兹盐水沟古道是玄奘当年的取经之路，两边的奇山异水，使人如入刀山剑林，尤其是路北一望无际的群峰，远看真如万仞刺天。光是库车这一块地方，二十年间，我前后去了六次，我在梦里也常常梦见这片神秘而奇妙的山水。"[1] 对于龟兹山水异样的感受，冯其庸先生后来常常魂牵梦绕。如他八十九岁辛卯（2011）仲秋画的《取经之路龟兹盐水沟群峰雄姿》手卷，题诗云："十年不到龟兹路，梦里常怀绝巇奇。借得案头椽大笔，来图擎碧礧鬼姿。"此卷用朱红、土黄、土红画前面的山峰，峰如刀山剑林，斜向刺向天空，形态奇异，其后用深蓝、石青、湖蓝画群峰相衬托。与此卷冷暖相应的用色方法相似，还有《刺破青天锷未残》横幅，群峰斜向突兀而出，势如剑林，突出了"刺破青天锷未残"的意趣。题诗云："看尽龟兹十万峰，始知五岳也平庸。他年欲作徐霞客，走遍天西再向东。"同样是画取经古道群峰的《问君曾到西天否》横幅，则全用暖调，以润笔用深红和橙黄写群峰，笔法浑劲，气势雄强，画面单纯而有力度。

我看了冯其庸先生这批"古龟兹山水"画，曾这样想：冯先生为什么这样画？是不是古龟兹山水的奇绝，使他"始知五岳也平庸"，就必须用新奇的表现语言？还是因为古龟兹的峰峦本身就是红、黄、紫调的？后来我在文化艺术出版社 1995 年出版的冯其庸先生中

---

[1] 《冯其庸文集》卷二《逝川集》。

国大西部摄影集·西行散记《瀚海劫尘》看到了不少龟兹山水色彩照片,还有冯先生的简短说明,如《连天赤色峰如剑》、《五色山》、《刺破青天锷未残》、《连天赤色》等。对库车一带的山水说明:"此间山水奇特,山分五色,流水清澈,尤以赤色高山为多,其山之皴法更异,在中原断不能见。"五色山"有的是赭红色,有的是浅青色、白色、黄色,经明丽的阳光照耀,显得格外绚丽。""绵亘不绝的赤色大山,有如一座赤色长城,十分壮观和奇丽。"由这些图片和说明来看,冯先生以红、赭、黄为主调,以青、绿为辅的画法,是有现实依据的。冯先生在多次踏访西域时,遇到"有的地方被落日的余辉渲染后发出火焰似的红色,远望好像是地火在燃烧。""我们进入玉门关的时候,刚好遇到太阳下山,那火烧一样通红的落日,把玉门关渲染得像胭脂一样的鲜红,我真正看到了苍山如海、残阳如血的壮丽山河。"[1]由此可见,冯先生这样大胆地用色,也是有亲身实地感受为依托的,他是在用色彩的冲击力强化自己的感受。他的这些古龟兹山水画,都是回到北京以后画的,是他"梦里常怀绝巘奇"的写照。所以他的这批画,不论是章法布局,还是形象处理、色彩运用,都是意象性的,突出的是写其意。

解读冯其庸先生这批"古龟兹山水"画作品,就画论画是无法完整地了解其丰富内涵的。我看过四幅突出画盐水沟玄奘取经古道的作品,还有几幅画古堡雄姿的作品。冯先生一而再,再而三地画古道、古堡,这里面潜藏着他对玄奘取经的献身求真、艰苦实践、坚持不懈精神的崇敬。冯先生不顾年高十次考察西域各地,遍踏南北古道,登天山、昆仑山之巅,跨沙漠、探罗布泊、古楼兰,访古遗址,作为学者,冯其庸先生的求真精神和艰苦实践与玄奘是相通的,他的画里渗透着这种精神和情感,这就使他的这批画有了更为广阔的文化意义。

拜读冯其庸先生的绘画,我深深地感觉到他的画是以他厚实的中国文化根底为基础,以深邃的人文精神为依托,以诗人的情怀为润泽,融入书家的笔法、骨力和画家的眼光与感受能力。这是冯先生的画,无论是水墨和色彩画,都具有大家风范的根本原因。我想这应该对美术界有重要的启示作用。

2012 年 5 月于鲁迅美术学院蕴真堂

---

① 《冯其庸文集》卷二《逝川集》"流沙梦里两昆仑"。

一笑扬鞭夕照中

牛克诚

（中国艺术研究院）

一

冯其庸先生是一位以红学研究而名世的学术大家，因此，人们在欣赏他的作品时就会很自然地想到一个词——"文人画"。然而，大概是由于这个词先天地具有一种上品雅性，它就被太多的舞文弄墨者竞相附庸，曾由董其昌赋予它的褒义，也就在一片滥用之中而渐渐消却。尽管这样，我们却仍然要把"文人画"用在对冯其庸先生作品的鉴赏与评定上。这位以红学研究而名世的学术大家的精彩画作，被人们赞誉为名符其实的"文人画"。

冯其庸先生在其《水墨葡萄》轴上题道："老夫不是丹青手，为有胸中逸气生。"又在《深山萧寺图》卷题："作画实养生之道也。"以画为寄，以书画的方式抒发胸臆；以画为娱，以书画挥写作为一种生活方式——先生的两句诗正表露出文人画家对于书画创作的一个本质态度。因此，他的书画创作是在"抒高隐之幽情，发书卷之雅韵。点笔闲窗，寓怀知己；偶逢合作，庶几古人"（笪重光《画筌》）。其作品就天然地浮动着一种与庸工俗吏迥异的风神，这也就是一直为画史所推崇的"文人气"。

冯其庸先生以"宽堂"为号，也许可用《红楼梦》中所说的"英豪阔大宽宏量"为解，先生不仅在人生境遇上从容达观，在艺术创作上更是气量宏阔。高迈的人格精神支撑起先生作品宽博儒雅的气局，在其沉厚坚实、雅正宏远的作品中所发散出的文人气，就不同于倪云林式的萧条澹泊、荒寒简远，而更近于范宽、沈周式的沉着厚重、雄浑堂正。

南宋赵希鹄在《洞天清禄》中所说的"胸中有万卷书"、"目饱前代奇迹"和"车辙、马迹半天下",虽不特指文人画,但后来董其昌所说的文人画的画外修养也无过于此。因此,"文人画"的"文人"其实并不只是会写点诗文那么简单,它应该承载着全面的学问修养与丰富的人生阅历。

冯其庸先生以红学著述而饮誉海内外,著有《曹雪芹家世新考》、《论庚辰本》、《石头记脂本研究》、《论红楼梦思想》及《梦边集》等专著二十余种,并主编《红楼梦》新校注本、《红楼梦大词典》等,同时在中国文化史、古代文学史、戏曲史、艺术史等方面也卓有建树。广博渊深的学问,培植出先生艺术作品中浓厚的学术气息和深邃的文化内蕴,这并不只是体现在类似于其行草书《文天祥正气歌》中对"形"、"冥"等字的考辨上,它更通过覆盖在其花鸟、山水画中风骨儒雅的书卷气,不经意地但却是无所不在地显露出来。

先生又擅诗词,早年在无锡国专时曾受诗法于钱仲联,而后,又将人生感触融入诗思,其诗作激越昂扬。所写诗词多有感而发,如游当涂采石矶寻太白捉月处而叹"飘零知己绝";为《石头记》甲戌本而"相逢西海一怆然";看到葫芦成熟而追想"六十年前乞食时"……先生又是著名书法家,其书法以欧阳询《九成宫》、《虞恭公》等为入门,继而学习魏碑汉隶及先秦石刻,更后则学行草,于王羲之《圣教序》、《兰亭序》用力最深,并参以右军家书及汉晋简牍,从而以恣肆而不失儒雅的行草书而卓然成家。

吴昌硕曾云:"诗文书画有真意,贵能深造求其通。"因此,与其说"文人画"是诗文后的一种余技,莫如说它是诗文书画间的通融与神会。这也即如王原祁所云:"画法与诗文相通,必有书卷气。"冯先生在《赠韩国李东泉诗》中云"腹有诗书气自馥",这正道出他作品书卷气的由来。

《赠韩国李东泉诗》的下一句是:"笔参造化神始足。"这又表述出冯其庸先生"车辙、马迹半天下"的壮游经历。先生足迹遍布名山大川,在直接的登山临水中而领会山川之性情。特别是在"文革"后,先生十游西域,历昆仑、大漠、居延、黑城、丝路之奇险壮美,并通过与文献的印证,确认玄奘负笈东归之路。"到人之所未到,见人之所未见,其胸中藏有天下奇山异水,故一发而不可收也"(杨仁恺《冯其庸书画集》序)。先生又对传统书画浸染极深,于故宫遍览晋唐宋元名迹,又数次到国内及海外重要博物馆观摩古代遗珍,在实践其启蒙老师诸健秋"看就是学"的教诲过程中而"目饱前代奇迹",因而识见宏远,胸中具上下千古之思;神会画中三昧,腕下具纵横万里之势。

游艺的态度、堂正的品格、渊深的学问、精湛的诗文、娴熟的书法、丰富的游历及深入的习古,这种种的一切综合地塑造出冯其庸先生的"文人"身份,透过这样的身份,我们才又重新看到业已被弄得苍白了的"文人"的原有的厚重底色,从而使我们在当代可以寻找到一位可以与古典大师相比肩的"文人画"代表者。

以"文人"来滋养绘画固然不是当代中国画发展中的唯一取向,但在竞相以玩弄语言来掩盖贫乏的内涵,在整体学养不足而导致绘画精神萎靡的现状中,"文人画"至少可以提

一笑扬鞭夕照中

示出一条由语言而造意境、自体貌以达精神的行进路向,这也即是冯其庸先生书画艺术的当代价值。

二

戴熙《习苦斋画絮》曾谈到画学"三长",谓"识"、"学"、"才",其云:"识到者笔辣,学充者气酣,才裕者神耸。"浑厚的画风固然来自冯其庸先生宽博的气格,然而又何曾不是植根于他充沛的"学"、"识"呢?

只是,如果一个人只是学识,只是诗文,那他充其量不过是个"文人",而与"文人画"家却还尚隔一层。因为清代笪重光在其《画筌》中所说的"时流托士夫气,藏拙欺人",不仅是当时,而且也同样是当代中国画时弊之一。"文人画"固然强调作为文人的综合学养,但这些学养最终还是要浸灌于绘画、并通过绘画语言与形象等表现出来;文人画家要旁通于诗文书法等,但他毕竟不是诗人、书法家或文学家,他最终还是一个通过笔墨来进行视觉形式创造的艺术家。在此方面,文人的书画之"才"便成为更为基本的东西。

冯其庸先生自幼酷爱书画篆刻,抗战胜利后曾考入苏州美专,后因家贫中途辍学,1946年又考入无锡国专,从唐蔚芝、王蘧常、钱宾四、钱仲联诸先生学,受书法于王蘧常。此一时期,冯先生又从无锡名画家诸健秋学习山水。二十世纪五十年代来北京后,先生主要从事教学与学术研究,但对笔墨却须臾未忘。至74岁离休后开始全身心地投入艺术创作。

先生天资颖悟,在几乎是自学的摸索中而会意于笔墨真髓与书画内奥。在他的作品中,山峰的高下起伏、山脉的勾连逶迤、树木的参差错落、水口的远近隐现、屋宇的布置安排,以及枝藤的对比呼应、果叶的虚实疏密等,还有笔墨的迟疾顿挫干湿浓淡、画面各要素间的分寸感、画面整体的神采意象等,都在冯先生自由的驾驭下被处理得恰到好处,特别是在其重彩山水作品中,更反映出他对色彩表现的高度敏感,以及对于重彩与书写的融会能力。而这一切就不是靠着拥有丰厚的学养就可以的,它们乃是冯先生超凡的书画之"才"的充分展现。

先生的书画之才还表现在,与一些藏拙欺人的所谓文人画家只以会画上几笔为能事不同,他竟可以优游从容于"率意"与"工稳"的两种风格之间,从而,他的作品既有"物外风尘"之洒脱,又有"礼乐之和"之沉凝。先生初以青藤白石的花卉为宗,颇能得其神理;又以变化于王右军《圣教序》的行草为其书法之台基。在上世纪七八十年代时,冯先生的书与画酣畅奔放、流动跌宕,那放笔直扫、纵情挥洒的水墨葫芦、葡萄等,活脱脱地映现出一个千杯畅饮、笑看江山的冯其庸先生。

及至近年,冯其庸先生的创作,其题材渐由花卉而山水,其画风渐由率意而工稳。与通常的"由博返约"的过程相反,先生恰恰是从一种简洁而回归一种宽博。先生对于书画如宗教般的痴迷,至少是这一回归的原因之一。冯先生少读玄奘法师传,遂仰之为师,虽

万劫而不灭求学求真求美之心。因此，他才能够以 83 岁高龄而临写关仝《秋山晚翠图》和范宽《溪山行旅图》，二图幅高均在七尺左右。

在如此深怀敬意的学习传统的过程中，"益悟古人之深，其构图用笔，皆师造化所得"（《冯其庸书画集》自序）。此一时期先生的创作，一为拟古山水，一为西部山川。其拟古之作，山容稳重而空灵，云华变幻而流动；笔力扛鼎，墨气沉着，以其笔拙墨重，形成一种醇厚坚实的绘画风格。

北宋郭熙《林泉高致》曾描述过一种笃实而恪勤的创作态度与方式："凡落笔之日，必明窗净几，焚香左右，精笔妙墨，盥手涤砚，如见大宾，必神闲意定，然后为之。……已营之，又彻之，已增之，又润之，一之可矣，又再之，再之可矣，又复。每一图必重复终始，如戒严敌，然后毕。"北宋山水那种厚重沉雄的气象，正是出自这样的精意创作。工稳时期的冯先生正是以宋人式的"如见大宾"的心态去经营山水的，如果说从前他是"解衣般礴"地挥写花卉的话。

这一题材与画风的转变，其实标志了冯其庸先生在治学与治艺上"知见日进于高明，学力日归于平实"（董棨《养素居画学钩沉》）的过程。如果更远地追溯，那么大概可以说，先生在无锡国专及与诸健秋学画时，是其"初求平正"时期；上世纪七八十年代的写意花卉与书法是其"务追险绝"时期；而上世纪九十年代至今的拟古山水，则是其"复归平正"时期。

范玑《过云庐画论》云："士夫气磊落大方，名士气英华秀发。"也许可以用它来分别表述率意与工稳时期冯先生书画作品的精神风貌：前一时期是英华秀发的名士气，后一时期是磊落大方的士夫气。在其率意时期，多用可以尽情挥写的湿笔，在其工稳时期，多用可以积见精微的干墨；在其率意时期，画多不求形似而取意到情适，在其工稳时期，画重形质复注入学识；在其率意时期，笔迹简括，在其工稳时期，笔致趋繁；在其率意时期，用笔多奇峭，在其工稳时期，笔墨见苍劲；在其率意时期，近于禅家之南顿，在其工稳时期，更近禅家之北渐；在其率意时期，更显先生之才情，在其工稳时期，愈见先生之学识……

三

如果说，率意与工稳分别代表着冯先生不同创作时期的绘画风貌，而不同时期的审美心态与创作观念，会使差不多所有的书画家都能形成阶段性的画风，因此，冯先生的优游于率意与工稳也还只是一个通常现象；那么，他以耄耋之年临摹五代北宋巨幅山水，并在此基础上直探古人堂奥，并形成一种蕴涵丰富的"极古"风貌，而竟也是在这同一时期，他又西赴新疆，在壮美的山川中取稿，并在外师造化中得心源的基础上创造出一种重彩的"极新"画风。这种极古、极新的两极并美，也许才是《冯其庸书画集》最为令人惊叹的地方。

冯其庸先生"极新"画风的作品以《金塔寺》、《金塔寺前》、《取经之路》、《祁连秋色》、

845

《古龟兹国山水》、《看尽龟兹十万峰》、《却勒塔格山群峰》等为代表,它们是先生十几次造访西部,将其对西部山川的体悟与情怀诉诸于重彩的一种绘画新样式。与这一时期的《西岳问道图》、《访幽图》、《幽谷飞瀑图》等作品所表现的董、巨风骨与龚、戴意趣不同,这些重彩作品中的勾皴点染几乎完全找不到与古人的对应,它们是对西部山川独特地理风貌的直接表达,其皴法的样本不在前人,而在大地之间。

这是一种没骨重彩的山水画样式。这也是一种在我国山水画史上未曾得以充分展开的绘画样式。被推为这一样式开山宗师的张僧繇并没有画迹留传,但他却一直是后代画家进行没骨山水画创作的一面精神旗帜,至明代晚期"浙派殿军"的蓝瑛正是以"拟张僧繇"或"仿张僧繇"的形式,创作出以《白云红树图》等为代表的一系列重彩没骨山水,并在"武林画派"画家的共同创造下,形成了古典时期没骨山水的创作高峰。此后,重彩没骨山水还一直没有大家出现。

如果从这样一个历史脉络中考察,冯其庸先生的重彩没骨山水是对张僧繇传统的当代阐释,因而他也成为蓝瑛之后没骨山水的一位重要画家。从注重色彩表达,消隐山石轮廓,以及化皴法的线性表达为色彩的块面表现等方面看,冯先生的山水与蓝瑛的具有共同的创作旨趣。

而冯先生作品中那种一如他草书般洒脱、灵动的用笔,使他的作品比蓝瑛的更具写意风神;而先生取诸自然山水并酿自心源的色彩表现,又使其作品比蓝瑛的更为鲜活生动。冯先生的重彩没骨山水以具有跃动感的笔触塑造西部独特的山岩形貌,笔随心遣,当行则行,当止则止,一切似乎都是随意为之,而其实它们都遵循着画面的内在结构与理法。笔形、笔势的调动,虽以山石树木为推移,但以意到形随而表述着穿透自然景物外在形质的生命本质。具有草书笔意的点线铺排,混融在青绿与朱砂的重彩构成之中,在厚重中透露着飞扬的动势与节律。

石涛曾描述过山水画创作中的一种自由状态:"襟含气度,不在山川林木之内,其精神驾驭于山川林木之外。随笔一落,随意一发,自成天蒙。处处通情,处处醒透,处处脱尘而生活,自脱天地牢笼之手归于自然矣。"如果说石涛所言是以墨笔山水为对象,那么,在具有"三矾九染"传统的重彩山水中而可以进行随意而自然的表述,冯先生的作品则提供了极具价值的尝试。

冯其庸先生重彩没骨山水中具有动势的用笔,终归是他对于西部山川激情感受的一种表达形式。就是现在,一谈起与《金塔寺》、《金塔寺前》等创作相关的经历,先生仍禁不住激动之情,仿佛那燃烧般的峰峦就在眼前。这种内心感受,也同样形诸于他的诗文。其《风雪登嘉峪关城楼诗》云:"天下雄关大漠东,西行万里尽沙龙。祁连山色连天白,居塞烽墩接地红。满目山河增感慨,一身风雪识穷通。登楼老去无限意,一笑扬鞭夕照中。"这般具有画面感的诗句,绝不是在书房中苦思就可以创编出来的。

戴熙《习苦斋画絮》云:"画有诗人之笔、词人之笔。高山大河,长松怪石,诗人之笔也。

烟波云岫,路柳垣花,词人之笔也。"无疑,冯其庸先生的西部重彩山水是"诗人之笔"。因而,冯先生笔下的画境就一如其笔下的诗境:雄奇豪放、宏阔大美。

这种"笔境兼夺"的重彩没骨山水也同样是冯其庸先生充沛"才情"的显现,如果说与这种山水处于同一创作时期的拟古山水主要源于他的"学识"滋养的话。而显露于重彩山水的"才情"与此前写意花卉的"才情"也有不同:后者主要是变化传统之能力,前者则主要是由自然景象焕发的艺术创造力。

正是以这样的才情,冯其庸先生在其晚年创造了"极新"的重彩没骨山水,它甚至可以"新"到不见古人;而当他用对古人的无限景仰之情把这种才情略做收敛,就又创作出"极古"的墨笔山水,它甚至可以"古"到消却一切当代痕迹。范玑《过云庐画论》曾云:"文人作画,多有秀韵,乃卷轴之气,发于楮墨间耳;远行之客,放笔多奇,良由经历境界阔也。"如果说范氏在这里所论述的是两种画家类型,那么,在冯先生一人身上,这两种类型竟得到高度统一:他是一位文人,他也是一位远行之客;他在典籍中会晤古人,他在西部风沙中悟对山水。一如我们难以把冯先生定位在学者还是书画家,我们同样不能把他定位在静坐于书斋的文人,还是行走在山川中的诗人。

冯其庸先生的书画作品是一个蕴含着多重品格与风貌的丰富文本。在其内容,诗文与书画共美,花卉与山水竞秀;在其风格,写意与工稳俱擅,拟古与创新并存。然而,比之作品,冯其庸先生本人则是一部更为恢宏磅礴的人生巨著,如果说以往我们对于作为文人、学者的冯其庸先生还约略读出了一点只言片语,那么,对于书画家、诗人的冯其庸先生的解读,则只是刚刚掀开书页。

书法与绘画

一笑扬鞭夕照中

847

万象纵横尽我师

——观《冯其庸书画摄影展》有感

范敬宜

（人民日报社）

在中国文学艺术史上，学者、诗人能书善画者很多，书家、画人能诗善文者也不少。这是世界上独特的文学艺术现象。但是，像我国著名红学家冯其庸先生那样，不但以学术成就蜚声中外，而且在诗、书、画以至摄影领域均各擅胜场，卓然成家的，不说是前无古人，至少是凤毛麟角。

其庸兄是我五十多年前在无锡国学专修学校的同窗，因他长我十岁，我一直以"学长"事之。在学校里，他的国学根底很深，治学刻苦，是位出类拔萃的高材生。毕业以后的数十年间，尽管天各一方，他在学术领域里取得的每一步成功，我都是清楚的，并且为之感奋和骄傲。他不但在红楼梦研究方面获得中外学术界的高度评价，而且对中国文化史、古代文学史、戏曲史、艺术史的研究作出了杰出的贡献。著作等身，为世所重。但是，对他在艺术实践方面的造诣，则是近十多年才有所了解的。特别是看了他考证丝绸之路和玄奘取经之路的大型摄影图册和去年他在上海举行的摄影展览，不禁由衷地发出"大家之才不可方物"的赞叹并写了一首贺诗："校罢红楼梦未赊，霜毫一掷走天涯。纵横十万八千里，谁识史家亦佛家！"

按照中国的文化传统，学者的诗、书、画均被称为"余事"。比如清代的郑板桥，史称"余事艺三绝"。所谓"余事"，乃业余爱好、业余兴趣之意。但是，另一方面，又极看重"学"与"艺"的相通。因为学术与艺术有着密不可分的内在联系。用现代的话说，就是逻辑思维与形象思维的统一。从其庸兄的艺术作品中,我们可以感受到很强的学术气息和深广的文化内涵,或者叫做"书卷气",与一般的诗人、画家、书法家不同。另一方面,在其庸兄的学术著作中,我们又可以感受到一种浓厚的艺术气息和闳中肆外的诗人情怀,与一般"做学问"的学者不同。这种学艺交融的境界,唯有在这两方面都有极高造诣者方能得之。

　　其庸兄达到的这种境界,其外在表现可以概括为"纵横恣肆,挥洒自如"。他治学从艺,最服膺的是苏轼,因此苏轼的豪放在他的书画艺术中处处流露。从传承关系看,他行草师法二王,花卉师法青藤、白阳,山水师法石涛、龚贤,但又无处没有苏轼的灵魂气韵,以及自己的个性。他追求的是海阔天空的胸襟,正是这种胸襟孕育了他的艺术。他的《辛巳岁朝海口游西海岸》一诗,最充分地表达了他的审美观:

　　　　海阔天空信有之。

　　　　茫茫碧浪失边陲。

　　　　欲宽胸次如沧海,

　　　　万象纵横尽我师。

　　如果说,龚自珍的"本无一字是吾师"是一种求索,一种自许,那么冯其庸的"万象纵横尽我师"就是一种回答,一种结论。万象,既是学问,又是造化。

2001 年 3 月 17 日深夜

大笔如椽

——读冯其庸诗·文·书·画

李 松

（北京大学艺术学院）

画家冯其庸以八十三岁高龄，抖擞精神，十赴新疆，三上帕米尔高原，两登喀喇昆仑之巅，寻瓦罕古道，再进古楼兰，探罗布泊，验白龙堆，寻玄奘入关故道。有道是"天山绝顶扪星斗，大漠孤城识汉笺。已过昆仑惊白玉，将登葱岭叹冰天"。（冯其庸题《水墨葡萄》，2000 年）

历来讲"读万卷书，行万里路"，而画家之中，读书破万卷、行路临绝域如冯公者，实不多见。

冯其庸是大学问家，他的作品融诗、文、书、画于一体。对于他，行路也是治学、证史的过程，更是体会造化、感受时代、洞察历史的过程，发之为诗文，形之于书画，皆见哲理，皆见性情，皆是学问。

作为《红楼梦》研究专家、文史学家，冯其庸与美术也有很深的渊源关系：少年时，曾从无锡画家诸健秋学画山水，并研习书法，由欧体转习北魏，再上溯汉隶、石鼓文，草书学王右军，参以汉晋简牍。复从张潮象、顾钦伯学诗词，为后来从事诗文书画打下了坚实的童子功。他曾考入苏州美专，后因家贫辍学。1946 年入无锡唐文治创办的国学专修馆，师从唐文治、王蘧常、钱仲联、朱东润、童书业等前辈学者，由此而奠定终身治学的根基。1954 年，冯其庸三十二岁时，任教于中国人民大学，他初到北京时所作的一幅墨竹图，题"略拟清湘笔意"，画面格局、笔墨功力都已经是很老到的了，但他的绘画成就在当时尚不

为人所深知。20世纪60年代初,曾在中央美术学院讲授文学课,现今不少画家、美术史论学者都曾经是他的学生。冯其庸担任中国艺术研究院领导工作期间,对美术事业是很关心的,并直接领导着中国服装史、汉代画像史艺术等方面的研究工作。

他和画家朱屺瞻、张正宇都是交情很深的老朋友。1986年,他和尹光华合著的《朱屺瞻年谱》是兼具画史与画论价值的著作。年谱特别留意收录了与谱主相关的文人、画家的序跋、诗文,以及探讨画理的文字,生动烘托出画家和其周围文化艺术圈的文采风流。其中如1930年《朱屺瞻画集》出版,年谱中就收录了唐文治、刘海粟、汪亚尘、俞寄凡、王济远、潘玉良、朱古民的序或诗和潘光旦的跋,为当代美术史研究留下有价值的史料。

年谱篇首有冯其庸的序和《读屺瞻老人的画》长文,篇尾《屺瞻老人歌》,分别以理论研究和歌行体对画家生平际遇、理论见解、人品画品、艺术成就作了充满情感的全面概括。朱屺瞻"有笔如椽绘天地,有墨入海戏苍龙",汪洋恣肆的雄阔画风对冯其庸的绘画有一定影响。冯其庸在画跋中曾说过:"借得屺翁椽大笔,来写贯华阁里人。"(题《贯华阁》,2000年)不过那也并非是"借",而是对人生、对艺术的共同感悟,是性情的相互契合。

冯其庸自称"老夫不是丹青手,为有胸中逸气生","一枝秃笔随心写,雨雨风风载满车"。(题《重彩葫芦》,2000年)

味冯其庸的诗、看冯其庸的画,都会令人感受到作者那奔泻而下不能自已的激情。其笔墨雄放而体物的心思则是极细的,这也正是诗人的特点。仔细品读画中形象和诗题,会随着作者心曲起伏,时而激扬,时而沉郁,时而感极而悲。当"文革"中,突闻刘少奇遇害,夜半愤极而作的《墨葡萄图》,比之徐渭"笔底明珠无处卖,闲抛闲掷野藤中"的墨葡萄情感力量远为深厚、远为悲凉。

发自性情,缘于生活情境的触发,形成冯其庸绘画面貌的多样性,或寄情于山川,或物化为花木。有的谨严,有的放逸;有的是瀚墨淋漓的大写意,有的凝结为渴笔枯墨;有的烟波浩渺,有的满纸烟云。由于出自生活的切身感受,不必套用前人程式,也不重复自己。有些画面的处理是按照作者自己的印象画的,如2000年冬所作古龟兹地区《盐水沟群峰》,上部的远山如万笏插天、千剑森列,其画法绝不见于前人,那是由于"看尽龟兹十万峰,始知五岳也平庸",又何必依傍前人皴法!

作于2001年的《青山一发是中原》,追思宋代谪居儋州的苏东坡,用苏东坡《北归诗》意:"杳杳天低鹘没处,青山一发是中原",画面近处从坡头上两棵椰树、两间小屋背后极目远望,是一片荡漾不息的滔滔白浪,推出天际一发青山,那浩荡的浪涛,莫非是诗人、画家相隔千载的相互感应?

冯其庸八十岁前后的作品有两个突出的变化,一是有些作品以浓墨重彩画出、绚烂厚重,令人想起朱屺瞻晚年有着西画影响的画风。不过在冯其庸则主要得之于西域之行的感受。古龟兹地区的却勒塔格山群峰,他就曾一画再画,是对于"其色斑斓,其形奇谲"的色彩记忆之强化。而《金塔寺前》则得自直接写生、以情感受的心得。也有些作品,如《浮

翠烟岚忆江西》的碧翠景象则是昔日居留余江三年的美好回忆。

另一个突出的变化是向传统的回归。他用心研究揣摩五代宋元以迄明清山水画各家的作品，创作了《临关仝秋山晚翠图》、《樵范中立溪山行旅图大略》、拟米家山水的《云山图》、《拟大痴笔意》的山水轴。学习龚贤深厚的层次作《溪山无尽图卷》，"年来独喜龚翁画，万壑千岩得绝幽"。拟诗人、画家戴本孝"轻灵精致之法"创作了十二页黄山名胜册。这些作品大多完成于八十二三岁，作画一如治学，老而弥笃，其刻苦认真的精神，着实令人钦敬。这一时期的作品，除惨淡经营的巨帧之外，有些小幅作品如《山水册页》、《乱头粗服图》等也都是精湛之作。冯其庸在其书画集序言中谈学习传统的体会：

"近年予益悟临古之重要，乃潜心临习五代两宋名家及清初龚、戴之学。予习古人之作，益悟古人之深，其构图用笔，皆师造化所得。予游华山、天山、昆仑诸山，造其巅，探其奇，乃悟五代两宋北派山水皴法之由来也。要之不游名山，不知造化之奇，不知古人之深且奥也；不学古人，不知己之不足也。"以自己的创作实践验证古人的经验，画家循此深入艺术堂奥，也留给后来者以深刻启迪。

写于 2006 年 4 月

一 颗 文 心

——冯其庸书画摄影展读后散记

刘曦林

（中国美术馆）

辛巳（2001年）春暖花开之候，冯其庸书画摄影展在中国美术馆开幕，季羡林、启功、徐邦达、黄苗子、杨仁恺、王蒙诸公纷纷前来祝贺，可谓文坛之盛事。冯其庸原本是研究文化艺术史的学者，更是红学专家，书、画、摄影仅仅是其余事，何以如此轰动京城，颇耐人寻味。

友朋说，冯其庸是跨学科的人，有跨学科的成就。但诸多学科之间又有一种共性，有将这诸学科联系在一起的纽带或桥梁——"文"。此"文"即文化学养，即人文关怀，即文化精神。冯老颇富此文心，他着力研究的曹雪芹及其《红楼梦》都是一部文化大百科，"小说"二字恐难以概之；古人将中国画称之为诗、书、画、印之综合性艺术，谓"画者文之极也"，或称之为"文中之文"，并非不懂得造型艺术的独特性，而是从根上寻求画中之内美，画中之文化品位。也许缘于此，季羡林说冯其庸是"五绝"，已不限于诗、书、画三绝。

冯其庸的书法以行草见长，近年书风益发潇洒雄放，笔锋流走跌宕，折转自如，恍似行云流水，更有一种浩然之气溢于纸外，这恐怕都是胸怀坦荡之自然流露。当然，他于北碑、南帖都下过摹习、研究的苦功，并将古人之点画化为自家之心迹。他尤其注重从文化修养的角度去理解前代书家，并称此为书法'奥区'。他在《学书自叙》中说："书法艺术，到了它的'奥区'到了它的最高境界，必然是自己全部的文化修养、精神境界的自然呈露。"有人问他，何以有书卷气，他说，必须认真读书，书都不读，哪里来的书卷气？书卷气不是香水，书卷气是喷不上去的。这比喻甚为生动，因为颇有些书法家是仅会喷香水的，甚至于

连自己的诗文都吐不出来，又何言"书为心画"，何言"书者散也"？冯老是诗人，时有夜半不寐推敲诗句的跋语，他书写的多是自己的诗，发散倾泻的是自家的肺腑衷肠。如其自书诗："一枝一叶自千秋，风雨纵横入小楼。会与高人期物外，五千年事上心头。"这诗情之激荡的旋律与其书风当同一节奏。

冯其庸自然算不得专业画家，画对于他仅只是学术余事，是调谐情绪的一种精神生活方式，所以，有人称之为真正的"新文人画"。笔者认为，文人画是中国古代因士阶层的存在而出现的特有的文化现象，时过境迁，何谓文人已难界说，这"新文人画"的说法也便不太恰当，于是接受了"学者画"之说。但不管怎样称呼，冯其庸的画是不能用学院派的标准来苛求的，但其画作之真情流淌、随意自然的感染力也绝非一般专业画家可比拟，这原因还是由于内藏了一个"文"字。以前，我知其喜画花卉蔬果而不落俗套。譬如，他倾慕徐渭而多画墨葡萄，情趣却与徐渭不同：徐渭的葡萄是寄寓"笔底明珠无处卖，闲抛闲掷野藤中"的怀才不遇；冯却为其鸣不平，题画诗曰"万劫风飙吹不落，青藤画里卖明珠"，近作《泼墨葡萄》题诗曰："青藤一去有吴庐，传到齐璜道已疏。昨夜山阴大雪后，依稀梦见醉僧书。"分明是藉这艺术符号传达他对徐文长的痴情。正如他在《学画漫忆》中所说："我读徐文长，如饮醇醪，寓在目而醉在心。"在这个层面上笔者更加体会到绘画是一种人生体验的造型性显现。

得近水楼台之便，布展期间我先睹为快。看到他那么多墨笔山水很为之惊讶——为什么他由花卉转向了山水？其实这也是一种"随心"的转换，山水更与其本性相合。其山水有纪游之景，有寄怀之作，与其花卉一样，总是缀满了诗思，如《林下深居得自由》、《独立苍茫自咏诗》、《黄岳归来两袖云》，画题均出自题画诗。就笔墨语汇而言，其山水又有墨笔、重彩两路：墨笔者偏多，潇洒奇峻中有雄厚气韵；重彩者璀璨，仿佛是闪耀于心灵的一片霞光。冯老这批山水新作的推出，是其绘画生涯的重大拓展，亦是对其丹青灵性的再次发现，是画从心出、画与心合的自我实现。由是笔者联想，冯其庸原本是位多才多艺的文化人，只是时间的狭促限制了某些物事的发展，年近八十爆出了山水之灵，待其九十高龄、百岁大寿，说不定又会有什么奇绝的艺事萌生出来。

摄影的展出，可能是冯先生计划之外的事，却无心插柳柳成荫般地丰收了。即如其《自叙》所言："摄影是我学术研究的辅助手段，只想留点资料，根本未敢把它算作艺术，承友人错爱，将它放大并展览，益增汗颜。"说句实在话，其摄影之价值不在光影手法之新奇，乃因闪耀其间的历史文明的光圈。其摄影独一展厅，独一标题——"冯其庸发现·考实玄奘取经之路暨大西部摄影展"。其中摄影为此前十几年间七进新疆及西北诸地考察史迹所得，文化含量远胜一般风光照片，其美不仅在造型，亦在其中内美，其中文化精神。如《明铁盖达坂山口》，那帕米尔高原上普通的山口却是伟大的玄奘法师取经东归入境之古道，事经一千三百五十五年方为冯老这史眼发现。笔者二十几岁时曾两度赴帕米尔高原，竟有眼无珠，这海拔四千七百米处的镜头却偏劳了当年七十六岁的冯老，惭愧之情难以言表。

你说冯先生的摄影是考古摄影、学者摄影吧，却有不少作品分明如抒情诗。如夕照中的嘉峪关剪影，伴有七律一首："天下雄关大漠东，西行万里尽沙龙。祁连山色连天白，居塞烽墩匝地红。满目山河增感慨，一身风雪识穷通。登楼老去无限意，一笑扬鞭夕照中。"好一个"登楼"人，好一声"一笑"，只有将身心融入大西北古文化的人，才有这豪迈的情慨。在专业摄影家中又有几人似冯老多情，有冯老之文心、史眼、诗思！

冯其庸不仅多才多艺，看来还有多种气质素养，起码是既有学者之理性严谨，又有诗人之多情多思；严谨如小楷分毫不失，放达如狂草奔蛇走虺。正如现实中的他，读书作文喜严谨，游山履水好奇险，或者说，当收则收，当放则放。也许那些文化巨匠们待一定火候必有这收放自如的境界，任怎么玩、怎么活，都会有闪光的火花迸发，此即"游于艺"之境界乎！

冯其庸确是跨学科而又有相当成就的一位可敬的师长，其胸怀即宽堂，这诸多文化艺术品类的成绩展示了他丰富的精神生活和高迈的境界。而这多方面成就的底蕴还是那个"文"字，以及他的苦功，才情、功夫、学养缺一不可。"文革"期间，以小楷手抄庚辰本《石头记》，即其苦功之证。作为后学，对其治学精神尤其感佩。概言之，治艺如治学，须读万卷书，行万里路。读书须坐得住，深探其究竟底里；行路则跑得动，须亲接亲知。冯老之西行路线在国内部分已过玄奘，因为有一种"玄奘精神"在支撑着他。笔者曾在新疆工作15个春秋，正值青年时期，往返于内地与喀什，乘火车四天四夜，尚有六天汽车，不胜其苦，想张骞、班超、玄奘西行，真是怀有一线理想与希望的牺牲，充溢着悲剧精神的跋涉。有这求取真经、探本溯源的信念，也才有了这脚踏实地的治学态度。冯先生说："我深敬佩玄奘排除万难的伟大意志力，所以我得出一条启示：不有艰难，何来圣僧？为学若能终身如此，则去道不远矣，为人若能终身如此，则去仁不远矣！"（见冯其庸《瀚海劫尘》自序）冯老之治学精神，为中华文化之奉献精神确感人至深。他有一首诗说："老来壮志未消磨，西望关山意气多。横绝流沙越大漠，昆仑直上意如何。"他今天可能要改写这首诗了，在他的书画摄影展研讨会上，王镛兄提议冯先生沿玄奘之路再继续印度之行，冯老闻此竟欢呼雀跃如孩童，冯老仿佛正壮年也。

画到青藤更着花

——读冯其庸先生的书画

尹光华

（艺术家）

我认识冯其庸先生，已有三十年了。而知道他的大名，则至少在四十年前。当时正读他主编的《历代文选》，知道他是中国人民大学的教授，也是无锡人，与我同乡。此后，又知道他还是个杰出的"红学"家，他写的关于研究传统道德的文章，受到毛泽东主席的赞赏。一九七五年，我因张正宇先生的介绍认识冯先生，才逐渐了解他。他不仅学识渊博，在文学领域里有极高的声誉和造就，还精通戏剧、摄影、文艺评论和散文创作，又好交游，好游历，大江南北，三山五岳，都有他的足迹与朋友，是个古道热肠、求知若渴、才子名士型的学者。而与我趣味相投的是，他还工书法，长绘事，是个真正的文人画家。

听冯先生说，他自幼就喜欢画画，青年时代曾就教于无锡名画家诸健秋先生。崇拜吴昌硕、齐白石，解放后，他到北京中国人民大学任教，结识了许麟庐先生，对齐白石的画更感兴趣，觉得构图与造型都比较简单的大写意画很适合他繁忙的教学、写作生涯，三笔二笔，顷刻立就，乘兴而作，兴尽而止，既消除疲劳，又发泄了胸中块垒，然后抛笔可以继续伏案做他的学问。"老夫不是丹青手，为有胸中逸气生"，他如此说道。

记得"文革"末期，我和无锡的另二位朋友同时收到他寄来的画，是他写作至夜深三点，饮酒薄醉，遥念故乡亲友而作的三幅《葡萄》。在那风雨飘摇的日子里，他用画笔来报告他的平安，寄托他对亲朋的思念。拿着这张浸透了乡情和友谊的薄薄的宣纸，我觉得分量特别的重。

一九七六年，我去北京，在他家看了很多画，其中一幅特别引起我注意。画的也是葡萄，比平时更加恣肆凝重，上面题着两句诗："刘琨死后无奇士，独对荒鸡泪满衣。"他告诉我，这是他听到前国家主席刘少奇被迫害至死的消息后画的，诗中暗藏有刘少奇的名字。当我再回过头去重读这张画时，我顿时发现，那飞溅的墨花和虬结的苍藤之间，正有一种苍凉之气迎面扑来。那题诗虽是信手拈来的古人成句，却恰到好处地抒发了他的慷慨不平之气，又因为隐晦而不至引起政治上的麻烦，让人不得不佩服他的才智和机敏。

十年动乱后，他结识了刘海粟、朱屺瞻、唐云等名画家，在画道上闻见益广而所知益深。政治清明起来，精神束缚少了，他画的题材也逐渐宽泛起来，牡丹、梅竹、扁豆、紫藤以及螃蟹、青蛙等等，偶尔还画山水。用笔纵横矫捷，锋颖毕露，可以明显感受到他激昂豪迈的情怀。以前专画水墨，这时开始用起色彩来，几乎多用原色，单纯明亮，很朴素，却十分雅致。

上世纪九十年代，他从中国艺术研究院领导岗位上离休，作画与出游的机会更多。为考察唐玄奘取经西行之路，他十次赴新疆，度大漠，越冰川，登雪山，探奇历险，御风扪天，胸中浩浩落落，荡涤着的雄奇，笔底又有了新的气象。画的《取经之路》《龟兹国山水》，红绿灿然，古色斑烂，和以前所写江南小景、黄岳烟云，风格大异，用笔则中锋直干，一变以往跳荡转侧的习惯，虽少了一波三折的变化，却多了一份雄直醋畅之气，苍沉朴茂之态。他有一首题画诗这样写道："七上昆仑亦壮哉，万山重叠雪莲开。夕阳西下胭脂色，爽气东来白玉堆。肃立千峰韩帅阵，奔腾万马奚官台。问君曾到西天否，紫岫青峦逐眼来。"这万山奔腾、紫岫翠峦，没有他那样的亲身经历，是谁也不敢想更不敢画的。

因为得山水熏陶，烟云供养，胸中又有万卷书诗，大块文章，加上识见高远，襟怀旷达，很自然地造就了他画中的大气、拙气和书卷之气。所以，读冯其庸的画，不能从细微末节的技法层面去苛求，而应当从境界、格局、气息上去体味；不但要从笔墨之内去赏析，更要从笔墨之外去解读。要了解笔墨之外的东西，知人论画是其一，研读他画上的诗跋更是一种直接的方法。

"论交犹是少年时，垂老相逢鬓已丝。五十年来风兼雨，寒花幸在最高枝。"是他为昆剧名角周传瑛画梅并题的诗句，诗画映发，比兴贴切，虽感慨沉重，但情怀却是激昂的。

"生小青门学种瓜，老来囊笔走天涯。砚田活水无穷乐，画到青藤更着花。庚辰牡丹节，园中牡丹盛开，趁兴作此，以催紫藤着花也。"园里的牡丹盛开了，从江南深山中移植来的藤萝尚未开花，于是画上一幅，想用"砚田活水"催它早发。是幽默也是幽情，是童心也是诗心，读之，就象嚼橄榄一样，有不尽的余甘。

"此玄奘大师当年西天取经所经之古龟兹国盐水沟，此处山形奇突，如浪卷云奔，又如万仞刺天，千剑森列，予奇其山水，十馀年间曾五至其地，仍不尽也。予曾有诗云：看尽龟兹十万峰，始知五岳也平庸。他年欲作徐霞客，走遍天西再向东。"诗文壮美，八十老人的雄心亦同样壮美。果然，在此后数年间，他又四度赴疆，三登帕米尔高原，二上喀剌昆仑山

书法与绘画

画到青藤更着花

857

颠，"走遍天西"，终于印证考察出玄奘取经回归之路，这时他已是八十三岁高龄了。

冯其庸画中象这样可赏可诵的诗跋很多，读这些诗跋，我们的感受决不会简单地停留在画面之上，你会越过画面，想得很远。读这些诗跋，我们在欣赏其文字之美的同时，还能欣赏到他刚柔相济的书法之美。诗、书、画共赏才能真正理解中国文人画，才能真正理解冯其庸的画。

冯先生的书法功力很深，造诣也极高，特别是他的行书，放在当今一流书家中绝不比任何人逊色，论气息论格调，还可能高出一筹。只是书名为文名所掩，还没有受到足够的重视罢了。和画相比，他的书法成熟得相对要早些。他早年崇尚晋人，很多次临摹过二王法帖，后来得到老师王蘧常的指导，加上勤于临池和读帖，悟性又高，六十左右便已形成清隽秀朗、风神潇洒的个人面目。七十后益趋纵放，飞腾绮丽，八面出锋，有一种轩昂跌宕意气风发的神情。八十左右，则渐入雄浑之境，秃管中锋，藏巧于拙，苍中毓秀。而他每一次书风的变化，都明显影响着他画笔的变化。"直将书法演画法"，是中国文人画的一大特点，很多画家琢磨了一辈子都不得要领，而冯其庸一开始便以书入画，并且心手调畅，实在令人羡慕和佩服。

近几年，年至耄耋的冯其庸先生突然象初学者一样，孜孜矻矻地临摹起古画来，他喜欢关仝、范宽画中嵯峨崇高的雄峻气象，喜欢龚贤的苍茫浑厚和戴本孝的润泽清逸，因为都得到山川蒙养，趣味相近，襟怀相通，所以尽管以前他从未临摹过古画，但一入手便抓住了他们的精神气度和苍楚的韵味。其中一幅《橅范中立溪山行旅图大略》竟用了将近一个月的时间，他却乐此不彼，根本不在乎老之已至，还自称："不学古人不知己之不足，不知古人之深且奥也。"正是这种永不知足，自强不息的学者精神，使他在各种学术领域里取得了极高的成就。相信他再度步出古人堂奥的时候，同样会在书画领域里创出一新境界新气象来。

2006 年 5 月于上海

诗情·画意·学识

——读《冯其庸书画集》

王运天

（上海博物馆）

宽堂,著名学者冯其庸教授之号也。

宽堂教授农家出身,自幼聪颖,性好文史、书画,幼时常于农田之闲,刻苦读书。诗词初从无锡张潮象、顾钦伯先生学,画从诸健秋先生学。弱冠考入无锡国学专修学校,受业于当时大儒唐蔚芝(讳文治)先生及王蘧常、钱萼孙、钱穆、顾廷龙、冯振心、朱东润、吴白匋、顾佛影、童书业、张世禄诸先生,并从"江南二仲"王瑗仲、钱仲联先生受诗学,以上诸先生,皆当世名流宿儒,以故宽堂先生于早年即得奠深厚的学业之基,又开日后博学之路。

人民建元,先生应中国人民大学之聘,只身进京,任教于人民大学,先后问学于著名学者郭沫若、唐兰、顾颉刚、胡厚宣、俞平伯、游国恩、钟敬文、王利器、张伯驹、夏承焘、季羡林、徐邦达、启功、侯仁之、李澍、李新诸先生,此宽堂从事文史学术研究之始,不仅问学得正道,且此后硕果累累,从汉魏南北朝唐宋元明文学到"红学",从丝绸之路到唐玄奘取经之路,其研究领域又何其宽也。

宽堂教授重视考据之学,经常外出作实地考察,求取实证,故其文章每有新意,且有纠正前人之误。以故,其足迹遍国内外,仅为考察玄奘取经之路和丝绸之路,就十进新疆,三上帕米尔高原,二登喀喇昆仑山巅之明铁盖达坂(海拔四千七百米)。去年八十三岁高龄,又进入罗布泊、楼兰,并宿营罗布泊、楼兰、龙城等大漠深处共七天,在沙漠连续调查十七天,其豪情壮怀不仅胜过徐霞客,也可能是目前所有进入罗布泊探险、考察人员中年龄最

高者,此亦堪称学术界之佳话也。

宽堂教授在教学、研究之暇,余事书画,常接书画家周怀民、启元白、许麟庐、朱屺瞻、刘海粟、谢稚柳、唐云、白蕉、王瑗仲之清芬,先生常与墨池为伴,治学之外,以书画自遣。

此次"冯其庸书画展"的开幕、《冯其庸书画集》的问世,实际上就是宽堂教授深厚的综合文化素养的展示,这里有很多值得探索、深思的问题。在今日中国经济蓬勃发展之时,在举国上下普遍受西方文化影响之时,宽堂教授却继承传统、继承绝学,同时又结合生活、结合实际,开创出属于他自己的书画风格,书画径路,无疑此次"冯其庸书画展"、《冯其庸书画集》的面世,将如一声惊雷,给当今学术界、书画界带来震动,带来启迪,带来强烈的清新气息。

宽堂教授书画作品的风格可简略概括为"大气磅礴"、"雄奇神秀"。他并不是专业书画家,并不是为创作书画而创作书画,他是以其独特的修养和独特的感受创作书画,请看他三十五年前所书的《正气歌》,以排山倒海之势,挟风云雷电之气,真是大气磅礴,正义凛凛,令人不禁肃然起敬。他自题云:"文文山正气歌,予于困厄时书之,觉天地浩然之气,令人胆壮,今已卅五年,犹不忘当时之厄也。辛巳(2001)夏五宽堂七十又九"(见《冯其庸书画集》,下同,35 页),是作成于浩劫之际,借书寄怀,激扬文字,可见先生当时浩然胸襟。又其丁卯(1987)草书条幅《门外野风开白莲》,其气势贯有"飞流直下三千尺"之意境,笔力之健,可剌犀兕,搏龙象,全以神运,气贯满纸。运笔之遒劲而流畅,吃墨之饱满而兼飞白,令我目醉神摇。(32 页)其题《曹子建墓砖文拓本》,系冯先生作于戊寅(1998),突出了他读万卷书,行万里路,敏于思考之特点,因考证文太长,兹节录三段,藉见其学识。其一云:"一九八六年丙寅,予至东阿鱼山,适曹植墓发,予乃至墓地。墓紧濒黄河,有口可入,墓内已荡然无物。至县文化局乃得见出土物,甚粗陋,此墓砖亦在焉。其文曰'太和七年三月一日壬戌朔十五日丙午,□州刺史奚(侯?)(龙?)遣士朱周等二百人作(垒?)陈王陵,各赐休一百日。''别督郎中王纳司(从?)杨位张顺(?)'按太和为魏明帝曹睿年号,七年二月已改年号为青龙。此砖书七年三月,盖地僻改号尚不及也。又陈思王陵初葬淮阳,淮阳固陈地。予曾两至淮阳考察,陈思故陵尚在,鱼山陈思王陵为遵王意迁葬。今鱼山墓前尚有隋碑可证。按此墓随葬简陋,若无此墓砖文字,几不可认矣。而此墓砖刻字亦简陋至无可再简者。昔年张家湾出土曹雪芹墓石,论者以种种不合为辞,予以否定。然则此墓砖如此简陋,岂能合陈思王之身份,侪辈当更予否定矣。殊不知历史乃生动活泼之事,非可以格式衡一切也。盖历史有常有变,知其常而不知其变,安可论历史哉?执其常而否其变,直如痴人说梦矣。"此题可见先生之史识。其二云:"鱼山陈思王墓极简陋,随葬之器皆为瓦器,一如平民。若非此墓砖刻文,则几不可认矣,是知曹子建才高八斗,位为陈王,而实一楚囚也。此历史之真相,得此墓发而更白。"其三云:"此砖文书体多作楷隶,而其上祖亳县墓所出砖文已多为行草。而其后元康元年砖、马鞍山太元元年之孟府君志皆具楷行之意,是故知汉晋之季,固吾国书体之变革时期也,岂可执一而论哉。"读此三跋,可见

先生治学求真求实之精神，而又旁征博引，融会贯通，则又可知先生胸次之宽也。

宽堂教授作画，由来已久，入京后潜心教育、究研学术，疏于绘事，因此至今闻其文名人多，知其画名人少，此自然之势也。然近年见其画作，皆大为惊异！以其不仅已由早期单纯学白石、青藤之大写意，转而师承黄山画派戴本孝、梅瞿山之焦墨皴法、金陵画派鼻祖龚半千之积墨法，竟又由清而上追宋元，直逼北宋之范宽、关仝，五代之巨然，凛然取法乎上，而又益之以读万卷书、行万里路，于是先生之书画卓然自呈其面貌矣！

读宽堂教授所作的书画，有一股清新之气、一种厚重之感，且更有传统的笔墨神韵，而其设色敷彩，又随题变化，轻重得宜，他的《雪骨冰枝》图，为设色红梅，树干作墨渖腾翻状，肌理清晰，两处点苔，更增千年老桩之感，画人所未到之处，而红梅点缀左右前后，真是枯木逢春。右上题曰："雪骨冰枝驿路边，风风雨雨自年年。天涯为慰伤心客，先报春光到眼前。"亦别具雅致之意。（78页）另一幅《重彩葫芦》，则色彩斑斓，硕果累累，赤橙青蓝，突兀而又谐和，令人目迷五色。其《盐水沟群峰》，水墨山水，以竖点作群峰矗立，画法独创而妙趣无穷。其题记曰："此玄奘大师当年西天取经之古龟兹国盐水沟，此处山行奇突，如浪卷云奔，又如万仞刺天，千剑森列，予奇其山水，十余年间曾五至其地观之，犹不尽也。予曾有诗云：'看尽龟兹十万峰，始知五岳也平庸。他年欲作徐霞客，走遍天西再向东。'"此画经此一题，即增加了画的历史内涵，而又诗画相映，越显出画家的书卷气。（117页）宽堂先生的巨幅山水《青山一发是中原》，是写东坡诗意，画面波涛万顷，右下角是椰树茅屋，意存东坡故居。远处一发青山，海鸥低飞，紧扣东坡"杳杳天低鹘没处，青山一发是中原"诗意。其题记云："东坡于绍圣四年丁丑四月由惠州再谪琼州昌化军，即今海南儋州中和镇，至元符三年庚辰六月内迁，计在海南三年有余，其北归诗云：'余生欲老海南村，帝遣巫阳招我魂。杳杳天低鹘没处，青山一发是中原。'又渡海诗云：'参横斗转欲三更，苦雨终风也解晴。云散月明谁点缀，天容海色本澄清。空余鲁叟乘桴意，粗识轩辕奏乐声。九死南荒吾不恨，兹游奇绝冠平生。'予于去岁庚辰岁暮至海南，距东坡庚辰北归已九百春，予至中和瞻东坡遗迹，不胜低徊俯仰，乃作此图以纪念，工拙固不计也。"又题诗云："东坡与我两庚辰，公去我来九百春。公到儋州遭贬谪，我来中和吊灵均。至今黎民怀故德，堂上犹奉先生神。先生去今一千载，四海长拜老逐臣。人生在德不在力，力有尽时德无垠。寄意天下滔滔者，来拜儋州一真人。""投荒万死一诗翁，欲死先生海狱中。谁识先生心博大，天为穹室海杯盅。南荒蛮俗为吾化，诘屈方音让我通。千载黎民常奉祀，五峰山与大苏公。""太白雄才五柳身，此身只合是孤臣。光风霁月岩岩客，南海归来笔更神。"（129页）。此画构图大胆而新奇，整幅画面都是烟波浩渺的海水，波光涛影，粼粼瑟瑟，令人如见浪动波涌，结合题诗，更见先生诗画功力。

宽堂先生为了探究古人的笔法墨法，又勤奋地临习古人，画册中的《临关仝秋山晚翠图》、《橅范中立溪山行旅图大略》、《秋山问道图》等都是在八十二、八十三岁时所作，且皆是八尺或六尺巨幅，每画一幅，都须经月。其耄耋之年好学如此，我们后生晚辈怎不汗颜宽堂教授不仅能深入传统，登古人之堂奥，而且更能走出传统，自创新径，其所作《却勒塔格山群峰》、《浮翠烟峦忆江西》、《金塔寺前》、《取经之路》、《祁连秋色》、《古龟兹国山水》、《看尽龟兹十万峰》等画幅，均是浓墨重彩，但艳而不俗，艳而有味，艳而有时代气息！这些画法，前无古人，也可以说是从无法到有法，也可以说是自创新径，如《浮翠烟峦忆江西》、《却勒塔格山群峰》、《古龟兹国山水》。这些具有强烈个性、强烈色彩的画，怎么也无法想象，它竟会是出自一位专门研究传统文化的老人手里，可见他年纪虽然老了，但艺术之心却不老，他对艺术仍有像火一般热烈的追求之心。他在《玄奘入境古道》图中题到"唐圣僧玄奘法师于贞观十七年癸卯自印度取经东归，越一年始入国境，时为公元六四四年。其入境山口即今帕米尔高原之明铁盖达坂山口。予于一九九八年八月二十五日中午抵此山口，高四千七百米，时距玄奘入境已一千三百五十四年矣。至此玄奘古道始重彰于世，予乃恭写此图，以纪盛事。己卯岁朝宽堂冯其庸写并记，时年七十又七。"又题云："玄奘大师入境处，即图中右侧山坡，其下古道即瓦罕通道，其后雪山即喀喇昆仑山，图中朱红苔藓之巨石，予曾坐其上摄影，《大唐西域记》中所记之奔穰舍罗，汉译为福舍，应即在此附近。宽堂又记。"（210页）从题记中可以明确见到先生虔信玄奘历尽艰难西行取经之精神，所以他笔下的山水是从真山真水中考察而来，是常人不到之处，故此画具有特殊的意义。

宽堂教授在其《书画集》自序中说："今年（2005，八十三岁）九月二十六日，予将进古楼兰，考楼兰古城遗址，探罗布泊之谜，验白龙堆、龙城之奇，寻玄奘入玉关之古道。至此，则予平生西游之愿足矣。然此行已不及画入本集，当俟之异日。"又在后记里写道："我们从楼兰进入罗布泊，穿过罗布泊湖心，傍晚到楼兰，露宿在楼兰城外，距城仅十步之遥。是夜星月满天，银汉灿烂，面对着矗立在夜空中的楼兰遗迹，佛塔、三间房、依然耸立的房屋木结构、门框等等，使我思接千年，感慨无穷。第二天太阳还未出来，我们就进入楼兰城，跑遍了整个遗址，一直到日落天黑才出城，但是我的思绪似乎仍留在楼兰遗址。第二天日出，我们就再穿罗布泊，茫茫瀚海，四顾无尽，我们从罗布泊最低处穿越，停车环望，无边无际，除了带有凉意的晚风外，只有苍茫、荒凉、浑朴，真是'念天地之悠悠'。此时才让你真正感到宇宙之无尽，个人之渺小！我们于天黑到龙城，这就是《水经注》里所记到的：'龙城，故姜赖之墟，胡之大国也。蒲昌海溢，荡覆其国，城基尚存而至大……余溜风吹，稍成龙行，西面向海，因名龙城。'实际上这是奇特的雅丹地貌，并不是古城。高耸而绵延的雅丹，也确像一条条排列的长龙，它的西面就是已经干涸的罗布泊，当年确是茫茫大海。我们在龙城露宿两宵。考察了土垠、L.E.遗址，即赴白龙堆，经三陇沙入玉门关，到玉门关已经是夕阳如火，照耀得孤立在大漠中的玉门关格外显出它历史的沧桑来。"宽堂先生以八十三岁的高龄作如此壮游，其豪情壮怀真令人钦敬。

拜观宽堂教授书画展，拜读宽堂教授书画集，我胸潮澎湃，给我感悟的方方面面太多

太多了,要学的方方面面也太多太多了,这岂是一个单纯的书画展,也不是一本单纯的书画集,这里又包含着各门类的学问,它给了我非常实在而又明确的努力方向。广博的学问来自于勤学和考察,来自于无止境的追求,来自于昔年艰苦的生活,所以他笔下才能有如此雄伟壮丽的诗文书画! 他的作品必定会受到世人的注目! 更会受到世人的尊敬! 对当代的画坛也必然会产生影响!

我敬祝先生彩笔常新,松寿长青!

2006 年 5 月 2 日

书法与绘画

诗情·画意·学识

书是心迹　画乃性情

——读冯其庸先生书画有感

顾　森

（中国艺术研究院）

每次看冯先生的书画，都有一些新的体会和感受。5月20日，冯先生又将在美术馆举办他第三次个展。前不久喜得先生惠赠已结集成册的出展作品画集。此画册印制之精，几乎无懈可击，可谓独步于当前印刷业。如黄豆般大小的钤印尚能清晰辨识出印文，其精致可想而知。正因为如此，冯先生的书画精神才能被忠实反映出来。敬阅之后，感触尤多。

一

冯先生的书法艺术，不仅仅是书体本身，更主要的是他如何用书法这种形式来表达他的情感。作为有高度文化修养的学者，冯先生的书法不像许多所谓"书法家"多以唐诗宋词、名人警句一类内容作为书材。他的书法作品，基本上是他自己的诗文和许多见解的记录。此其一。其二，冯先生的书法已达很高境界，就像呼吸一样，他的书法可随作者的情绪和心潮起伏跌宕。因此，要体会冯先生的书法之美之妙，在欣赏那些苍劲、潇洒、秀美的书体的同时，内容不能不读。冯先生书法的这种特点，在《曹子建墓砖拓本题跋》（作于戊寅，1998年）、《东晋元康元年蒋之神枢铭》（作于戊寅，1998年）、《曹雪芹墓石精拓本题跋》（作于丙子—丁丑，1996—1997）三件作品上表现得最为集中。首先，这三件作品都是在碑刻拓本上先后题写而成。作品的成型少则一年多则几年。因此，件件作品皆是

思想的积淀和情感的汇综。第二,这几件作品均是以充分调动书法的形式和表达方式为表象,思想感情的尽情发抒为深层内涵。书法安排上,朱与墨、巨与细、长与短、疏与密,相互呼应,错落有致;穿插其间的大小不等、或朱文或白文的多枚闲章,使整幅书法凭添许多活泼与生气。情感发抒上,亦哭亦歌,亦吟亦叹,亦论亦评;五言六言七言,短议长析迭论,不拘一格,任性情之所之。第三,这几件作品都可作为文学作品和学术著作来读。如《曹子建墓砖拓本题跋》一作,既哀陈思王之困穷,又申历史认识之见解,也语书体变化之依据。其中"殊不知历史乃生动活泼之事,非可以格式衡一切也。盖历史有常有变,知其常而不知其变,安可论历史哉?执其常而否其变,真如痴人之说梦也"一段议论,可谓振聋发聩之语。又如《东晋元康元年蒋之神枢铭》一作,再提历史之"常变"观而论书体变迁有序。举安徽亳县东汉末曹氏家族墓,砖刻文字已有行草,及早于永和九年62年的这件西晋元康元年的书体已见楷行之意,态度鲜明指出:"谁道兰亭不是真,元康一砖亦晨星。楷行实比兰亭早,六十年前已报春。"《曹雪芹墓石精拓本题跋》一作诗辞题跋九处,谈治红学中的艰辛,已超出纯研究范畴。尤其对《红楼梦》作者曹雪芹,研究愈深痛惜也愈深。故这件书法作品的内容可概括为三个字:哭雪芹。"哭君身世太凄凉,家破人亡子亦殇。天谴穷愁天太酷,断碑一见断人肠。"又:"草草殓君土一丘,青山无地埋曹侯。谁将八尺干净土,来葬千秋万古愁。"又:"生前受尽凄怆,身后还遭诬妄。真是真非安在,抚石痛泪浪浪。"又:"地下长眠陌年,忽然云破见天。反说种种不合,何如重阋黄泉。"……这些文字读了谁能不动容。当然,以上几件作品是冯先生书法中的特例,他的其他许多书法作品仍然是以常见的形式出现。这些作品可视为纯粹的书法艺术品,都是以书体自身的美和魅力与观众对话。但《曹子建墓砖拓本题跋》等几件作品富有表现力的这种形式,可以称之为书法中的交响乐。没有书法上深厚的功力和内容上的深刻与高品位,没有对二度空间书材安排的经验和位置经营的良好修养与驾驭能力,一般人不会去使用这种难度太大的形式。只要想想一些传世的书画名作,各朝各代有多少名家和收藏家在其上题跋、钤印。这些题跋和钤印共同构成这件作品深厚的文化性。而冯先生则将这一历史连贯的积累形式转换为个人的创作方法,以一己之力来走完历代诸贤递次方能完善的艺术过程。仅此一点,冯先生所付出的心血,以及这几件作品的价值就非同寻常。

二

西汉的《淮南子》在论及画绘之事的特殊性时,认为是"尧、舜之圣不能及","禹、汤之智不能逮"。[①] 至宋代,郭若虚在《图画见闻志》里,进一步将画绘说成是极高雅之人所做

① 《淮南子·修务训》:"夫宋画吴冶,刻刑镂法,乱修曲出,甚为微妙,尧、舜之圣不能及","蔡之幼女,卫之稚质,梱纂组,杂奇彩,抑墨质,扬赤文,禹、汤之智不能逮。"

书法与绘画

书是心迹 画乃性情

865

的极高雅之事。^①执笔作画看来也是一种超凡入圣之举。不过话又说回来，并非执笔作画就能成画家。真正的画手实际上只是两类人。一是画为余事者。一是心画合一者。前者是指画者特有身份、地位形成的特有心态——不以画求名利、谋衣食，进而造成特有的心境，故作画可无拘无束，纯任性情。郭若虚所指亦即此类。历史上的代表是士夫、隐逸画，如晋之戴安道顾长康、唐之李思训王摩诘、五代荆浩巨然、宋之苏东坡米襄阳、元之赵孟頫钱舜举、明之文征明董其昌、清之浙江八大苦瓜石谿四僧者流。后者是指画者制画时状态。这种失小我（现实中人）而得大我（艺术中人）的状态可以存在于任何一种身份或处境中的画家。诚如石涛题《春江图》所云："吾写此纸时，心入春江水。江花为我开，江水为我起。……一笑水云低，开图幻神髓。"以心写春江最后心画合一，当然能得到"开图幻神髓"的艺术"大我"。画为余事者的画，品位高；心画合一者的画，画情浓。能二者得兼，往往是有高度文化修养又是性情中人者。冯先生就是这样一位画手。他的画格调高而雅致，情意浓而天真。若论文人画，冯先生称得上是国内眼下真正的文人画家。

冯先生平素给人的印象是严肃而认真的。但有时在一些轻松的话题中他释怀大笑，那种笑容朴实得像一个老农。读冯先生的学术著作，看到的是前面那一个冯先生；读他的散文随笔，看到的就是后一个冯先生；而读他的书画，冯先生更是一个活生生的、无遮无碍的人。从他的书画中，我们能体察到他的种种情感，他的闲情与激情、诗意与理性、认真与达观、讽劝与感怀、出世与入世……如《牡丹》（作于丁丑，1997 年）一作，题"除日醉后"。看后不能不使人想到杭州净慈寺禅僧居简写他的好友梁楷作画的一句诗："醉后亦复成淋漓。"这"淋漓"二字最能说清这件作品那种朦胧、似与不似之间的画趣。其实这朦胧、似与不似何尝又不是醉后人的那种充满天趣的状态。又如《邻家扁豆过墙来》，画面传达出一种闲适之情和对稼穑园圃之事的喜悦，同时也表现出一种回归田园的满足感，以及对邻里和睦的满足感。再如《红葫芦》，则是对自己早年艰辛生活的回忆和对故人的怀念："老去种瓜只是痴，枝枝叶叶尽相思。瓜红叶老人何在，六十年前乞食时。宽堂八十岁写六十年前旧家景色。物是人非，何处觅当时同饥饿人耶。"这些充满了感情的表达，无论是直白的还是含蓄的，皆充溢在冯先生的画作和题跋里。它们都最能拨动人深处的心弦，使人观后读后感叹唏嘘不已。

三

冯先生在山水画上用力极深。几年前，我因被冯先生所画葫芦所打动，曾开口求他一张葫芦。他说：你应该要我一张山水。我当时未理解他为何要强调山水，只以为是冯先生

---

① 《图画见闻志·论气韵非师》说："窃观自古奇迹，多是轩冕才贤、岩穴之士，依仁游节，探赜钩深，高雅之情，一寄于画。人品既已高矣，气韵不得不高。气韵既已高矣，生动不得不至。所谓神之又神，而能精焉。"

一片好意。因为较之一张葫芦,一张山水更费精力,更费功夫,冯先生也不轻易予人。这几年下来,看冯先生连续不断创作出来的山水,才真正明白他话语的含义。如果花鸟是他用来寄情寓性,山水则是他用来抒发襟怀、映照人生。花鸟能很好反映出冯先生落拓不羁的艺术性格,山水中更能淋漓尽致地表达他各种人生感触。两相比较,他自然更看重后者。在他的山水中,能读到他的山河之思,古往今来之思等等。但最让人感动的,还是他山水中的人生之思。如《深山读易》(作于甲申,2004 年),画的是山水画中常见的题材。都是对一种远离尘嚣、结茅深山、潜心修行的生活的向往。画中题诗:"一生好入名山游,此地宜修读易楼。世上浮名都是假,悬泉飞瀑共清流。"也表明了这样一种心愿。《绿水独钓》(作于甲申,2004 年)一作题诗:"青山绿水对门居,出没风波只打鱼。世上都知鲈味美,哪知风浪险斯如。"这首诗正好可作前一幅画的注解。就像《周易》中六十四卦,卦卦有危机,卦卦有转机。人的生活中也是收益与风险并存。"易"虽然深奥无比,但它那交感(交流)和转化的精神无时无刻不在我们生活中体现。我想,这幅画的题画诗就是送给从商的人或者从政的人,也非常合适。《青山一发是中原》(辛巳,2001 年完成)是一幅近六尺的大画。此作取苏东坡《北归诗》"余生欲老海南村,帝遣巫阳招我魂。杳杳天地鹘没处,青山一发是中原"诗意。构图上守住画幅四边,中间大片空旷,很好地表现了海阔天远之趣,极合东坡原诗意境。具体处理上,又极类似书法作品《曹子建墓砖拓本题跋》,在画面上也是渐次题跋,表达了对贬谪儋州(今海南)的苏东坡的尊崇之情和对人生的感怀。如"太白雄才五柳身,此身只和是孤臣。光风霁月崖崖客,南海归来笔更神。"在涉及世情处,题写道:"人生在德不在力,力有尽时德无垠。寄意天下滔滔者,来拜儋州一真人。"这种表面是劝世的寄语,实际上表达了冯先生对不讲道德一味以强力行事的一种批评和反对。

四

在冯先生的画中,看不到一般画家所倚重的、象征画家个人标志的那些独有的、固定的、明确的风格或笔墨程式,也看不到一般画家视为自己门户的那种对某一题材或内容的专擅且不断重复的现象。冯先生的画一个最大特点就是泛滥各家,转益多师。因此,冯先生的画呈现出来的是一种流动的、形式层出不穷的面貌。他画中唯一恒定不变的,是他的感情。冯先生作画,正如他作书法,并不是为写而写、为画而画。他是要用这些表达形式来记录和释放他的心声。《水墨葡萄》一画题诗曰:"满纸云烟认不真,是藤是葛是荆榛。老夫不是丹青手,为有胸中逸气生。"又题《青山一发是中原》一画:"予于去岁庚辰岁暮至海南,……至中和瞻东坡遗迹……乃作此图以为纪念,工拙故不计也。"正因为他有了这种"为有胸中逸气生"和"工拙故不计也"的超然态度,一般画家最难突破的两层魔障——笔墨和技法,就一点不能约束他了。典型的例子,就是他的一大批以色为墨、色彩绚丽的山水作品。如《浮翠烟峦忆江西》、《金塔寺前》、《祁连秋色》、《古龟兹国山水》等。这些

画图重彩如油画,色彩响亮,艳丽浓烈,气势逼人。在画法上,讲究厚实沉稳、力透纸背,故色彩在画面上一点也不轻浮,有如捶拓上纸,充满了强烈的金石味。这批画,充分体现出冯先生在以一个艺术家身份出现时那种无拘无束,落拓不羁,任意驰骋的艺术性格。当然,冯先生这些重色重彩之作也并非他空穴来风、独出心裁。凡去过上述画中所绘的地方,都有被当地那种丰富的色彩所惊骇、所冲击的感受;都体验过用传统水墨无法传达这一感受的无奈。因此,只有强烈的色彩才能唤起对这些地方的回忆。说到用色,不能不提朱屺瞻、刘海粟这两位已谢世的百岁老画家。他们是在国画中成功地以写意的手法大胆使用重色重彩的大师。而这两位大师正好均是冯先生所敬仰并在他们生前与之成为忘年之交。这两位大师晚年身上那种纵心所欲,"水到无边天作岸,山登极顶我为峰"的气度和气势,影响和引导着许多倾心艺事的人。冯先生与这两位大师生前过往甚密,承传和发扬他们的事业再自然不过。除极浓艳作品外,冯先生又有不少纯用水墨的清雅之作,如《凌云图》(甲申)、《平生一棹江湖趣》(壬午)、《云谷寺》(癸未)、《云山图》、《桃花岩》等。这些有着传统之风的画作,反映了冯先生认真学习古人、学习传统的另一方面。他在略拟龚半千的《谿山无尽图》中题写道:"不学古人,不知古人之深也。"为了知晓古人之深,参悟传统技艺,冯先生认真摹临了上起五代下至清朝一些大师的作品。其结果当然是更增加了作品的传统底蕴和书卷气。

2005年年末,冯先生完成一幅巨作:《深山萧寺图》。这是一件长近四米的巨制。对这幅图的创作过程和心境,冯先生写道:"乙酉八月十五,予登昆仑之巅,为玄奘法师东归明铁盖山口立碑,并系以诗云……予归京后,偶病,因作此图以养心。予以为作画实养心之道也。"又题诗道:"平生出世想,世法同罗网。欲洗嚣尘土,何处得潆荡。画此萧寺图,如听钟磬响。画罢掷笔叹,心事归泱漭。悠悠万古意,化入郁苍苍。天地同一气,浩浩复莽莽。"平静与安宁的生活,这是坎坷一生、劳作一生的老人真实的愿望。但树欲静而风不止,在现今社会里好多事总是由不得自己。我真希望"尘嚣"尽量少地去干扰冯先生,让他能多一些时间安静做他喜欢的事,多一点时间去画画养心;让他能身心愉快、健康长寿。

2006年5月7日于北京惠新北里顾庐

上下求索路漫漫

——记著名红学家冯其庸先生的学书道路

王 磊

（学者）

冯其庸先生是举世知名的红学大家、红楼梦研究会会长、中国艺术研究院副院长。然而，他亦是一名学者型书画家。冯其庸先生从小就喜欢书画篆刻，抗战开始，他才小学五年级，失学在家，除种地外，余下的时间就是读书写字和画画。那时并没有人指点他，全靠自己摸索。

读书方面，在这一段时间，他先后读了《三国演义》、《水浒传》、《西游记》、《聊斋志异》、《夜雨秋灯录》、《唐诗三百首》、《古诗源》、《古文观止》、《古文辞类纂》、《左传》、《论语》、《孟子》、《西厢记》等等。当时是借到什么书就读什么书，既无人指导也不可能有计划，所以读的书也是忽东忽西，各不相关的。对他特别有益的是《水浒》、《西厢》的金批本，还有金圣叹批的才子古文，《三国演义》的毛宗岗评本，《论语》、《孟子》等的详注本以及《唐诗三百首》、《古诗源》的注本。通过这些批本和注本，使他懂得了读书怎样的从识字到谋篇，怎样去揣摩古人的原意。

在书法方面，更没有人对他作指点，只凭他自己的理解和兴趣。当时他想学欧阳询的《九成宫》。恰好借到了这本帖，于是就开始学《九成宫》。连续临了好几年，后来又学《皇甫君碑》，之后又回到了《九成宫》，觉得《九成宫》结体严整，典雅大方。后来又找到了欧阳通的《道因法师碑》、《泉南生墓志铭》等，都进行了临摹。他参悟到通过欧字不同的碑帖来学习他们不同的字体结构、笔法等等，这是有用处的，但要论书法的境界，则还是《九

成宫》高。《九成宫》用笔端庄凝重,含而不露,静而欲动,具有晋唐小楷的神韵而又有开阔庄严的气象,所以《九成宫》一直是他学习字的范本,始终没有离开过。当然为了多方吸收,他又临过北魏的《张猛龙》、《张黑女》、《始平公》,后来还临过《爨龙颜》、《爨宝子》等。

行书冯先生一开始就是临《圣教序》,临了好多年,后来又临《兰亭》。冯先生认为欧体字与王羲之的结体是一致的,学了楷书欧字再学行书王羲之就容易过渡。冯先生认为无论《圣教》或《兰亭》,都是静中有动,行中有楷;单独来看,《圣教序》里就有不少端庄凝重的楷书,《兰亭》也有这种情况。但从整体来看,这些字又上下呼应,前后顾盼,极行云流水之妙。在临《兰亭》的时候,冯先生还用功作双钩,经过几遍,几十遍的双钩,对《兰亭》的字体结构和上下关系就更为清楚了。特别是神龙本《兰亭》是冯承素的双钩本,钩本还残留多处细部未曾填墨,双钩时一处处都在笔下经过,就感到大有接古人謦欬之感。之后,冯先生又见到了流传到日本去的王羲之的《丧乱帖》、《二谢帖》等五帖。冯先生认为这五帖更见神妙,连同王羲之的其他各帖,如《姨母帖》、《初月帖》、《寒切帖》、《平安帖》、《何如帖》、《奉橘帖》、《快雪时晴帖》等等,都是学习王羲之行书的范本。冯先生对《丧乱帖》等五帖尤所心赏,他得到的又是日本珂罗版精印本,所以朝夕观摩,不离左右。1947年冯先生在上海读书,恰值白蕉先生举行书画展,白蕉先生是学王字的大家,尤其是学右军家书一路成就最高,冯先生早已对他仰慕。在画展期间,冯先生拜识了白蕉,并与同学一起为他的画展布置,因而得饱看白蕉先生的王字书法,寻求其用笔起落处,因而悟出从今人学王字的墨迹中寻求学王的门径,并且以此上推,也从古人学王字的墨迹中寻求学王的门径,这样取法就宽,参悟就更多了。特别是冯先生的老师王蘧常先生,是当代的书法大师,日本书法界称他为当代的王羲之。冯先生师事王先生四十年,奉教惟勤,从未间断,冯先生在书法和书学上受教甚多。特别是王老先生在去世前五天,还写了十八封信,后来称《十八帖》送给冯先生,并嘱冯先生亲去上海接受王老的亲授。王老在授予冯先生这部《十八帖》后五天,就不幸逝世了,现在这部《十八帖》已成为当代书法史上的一宝。

冯先生在篆书方面,学过石鼓,也学过李阳冰的《滑台新驿记》、《三坟记》等,在隶书方面,曾学过《张迁》、《曹全》、《衡方》、《孔宙》等碑,还学过《朝侯小子碑》等。冯先生对李北海也是极为推崇的,他的《麓山寺碑》、《云麾将军碑》以行书入碑,笔画转折,特具峰棱,使人有如读《伯远帖》之感。所以,以上两碑,也是冯先生常临常读的作品。

对历代名家的作品,冯先生也特别重视学习和鉴赏,他说一定要让自己的眼界提高,自己的书法才会提高。他常喜欢写黄山谷的一首诗,"瘦藤拄到风烟上,乞与游人眼豁开。不知眼界阔多少,白鸟飞尽青天回。"意思是要能目尽青天,才能使自己的眼界广阔,知道天外有天,避免闭门造车,自以为是。

冯先生对历代书法名作,也是十分重视观摩和学习的,50年代,故宫每年都有历代书画名作展览,每到这时,冯先生总是绝不肯错过这个学习的好机会,因而他也看到了不少稀世珍宝。例如陆机《平复帖》原件,王珣《伯远帖》原件。尤其是《伯远帖》,冯先生特别喜欢，曾多次到故宫去观摩。因为现今流传的王羲之帖，都是后人的摹本，虽然摹得极好，但终非真迹。唯独这个《伯远帖》是真迹原件，其用笔起落，斩绝爽脆，转折处先后笔过搭尚能目验，反复观摩此帖，更有助于领会右军的笔意。冯先生观之不足，还特地到琉璃厂买了新中国成立前印的《雍睦堂帖》，里面收有此帖，且印得较好，以资朝夕观摩。此外，如冯承素本《兰亭》，也即是神龙本《兰亭》，王献之《鸭头丸帖》真迹，都曾多次观摩。细验冯承素本《兰亭》，可证确是唐摹珍宝，帖上贼毫破锋和双钩未填处一一可验，观此钩摹珍本，更似如接右军风采。而王献之的《鸭头丸帖》，绢本墨迹，逸笔草草，一气流转，更见晋人风流洒脱之概。

在墨迹中，对冯先生影响很深的还有苏东坡的《人来得书帖》，此帖真迹展出后，冯先生曾一连去观摩三次，每次总是依依不舍。此帖墨如点漆，宛然如新，精光四射，而用笔之转折流畅，自然随意，可见东坡当时风度。看此帖，又可知古人用纸、用笔、用墨都极精良，故千载而还，依旧入眼如新。后来冯先生买到了建刻本《澄心堂帖》，内有《人来得书帖》的刻本，建刻《澄心堂帖》是名刻，刻工极精，故看此刻本，虽终不如墨迹风采，但在无法经常看到真迹的时候，看看此刻本，也可以慰情于无了。于明清人的书法，冯先生最重黄道周、倪元璐，两公风骨峻嶒，读其书如见其独挽狂澜的气概。明代后期的张瑞图，也是冯先生所重视的一家，当董其昌书风风靡天下之时，张瑞图却以方折之笔，劲峭之姿，独立书坛，实为难得。冯先生常说，可用张瑞图之方拙，以疗董其昌之软媚，所以冯先生亦常看张瑞图的书法。但张瑞图的书法常易过头，形成习气而近于做作，至其高处，实不让前贤。明末清初的王铎，更是冯先生非常心折的古贤。他曾有诗《题孟津王铎书法馆》云："孟津一世雄，六合谁与同。奋彼如椽笔，扫除鄙陋风。偶然有细疵，态势失从容。至若高浑处，登堂北海翁。"王铎的行书，气势雄浑，笔意高古，其小字工楷则宛然晋唐面目。王铎实亦学王羲之而变化者。王铎喜作八尺条幅或丈二条幅，绢本，更有古意，冯先生亦常从王铎研摩其笔法而求古人的笔意。

冯先生小楷学文征明，他用的是文征明的墨迹影本，写得最多的是《离骚经》，也写过《九歌》。早先冯先生藏有仇文合著的《西厢记》。文征明的小楷极为精整，他也曾学过，后来因为工作忙就没有时间写小楷了。到了"文革"时期，一切学术研究都停止了，白天还要接受造反派的批判，到夜里冯先生就用小楷精抄一部《脂砚斋重评石头记》庚辰本，朱墨两色精妙，前后抄了一年，开始是用端庄凝重的晋唐小楷，中间是用秀逸的文征明体，末尾因时间不够，要去干校了，就改用小行书，这部《石头记》抄完，既是重习了小楷书法，也是认真读了一遍《红楼梦》。冯先生抄罢此书感慨很多，他题诗云："红楼抄罢雨丝丝，正是春归花落时。千古文章多血泪，伤心最此断肠词！"

冯先生在学书过程中，亦十分重视收藏碑帖，惜"文革"中失去不少。冯先生认为学书当以真迹为第一。然去古日远，有不少前贤的墨迹早已不存，即使有存者，亦不能随意取观，故追求古人书法，除墨迹外，历代流传的古碑名拓，亦是取法之一途，不能不知。冯

书法与绘画

上下求索路漫漫

871

先生在研究古碑拓本时，还往往追根究底，寻访原石以验看刀笔字口而想象当时的墨书笔迹。他曾到汉中博物馆验看《石门铭》原石，到山东平度验看《郑文公碑》上碑，到掖县验看《郑文公碑》下碑，到曲阜孔庙验看《孔庙碑》，到邹县孟庙验看《莱子侯碑》。特别是近几十年来，地下发掘的古代文书日多，如楼兰残纸、高昌墨迹，以及睡虎地秦墓竹简，银雀山汉简，马王堆帛书种种，最近又有长沙吴简大量出土，对于我们研习中国书法和研究中国书法史来说，是最好的时机。

学习中国书法，除了以上这些方面外，冯先生还特别注意读古诗词和文章，其中尤其是游历名山大川及历史遗迹，在这方面冯先生尤有人所不能及者。天下的名山大部分他都已去过，而且不止一次，如黄山已六上、华山两上、庐山两上、泰山两上、雁荡山、衡山、恒山、嵩山均一上。此外，翻越天山三次，登四千七百米的帕米尔高原一次，到南疆入大沙漠先后共五次。冯先生有诗云："老来壮志未消磨，西望关山意气多。横绝流沙越大漠，昆仑直上意如何？"在库车，即古龟兹国，冯先生曾连续去了三次，也有诗云："看尽龟兹十万峰，始知五岳也平庸。他年欲作徐霞客，走遍天西再向东。"冯先生自己感到这样广阔地域的游历调查，无论是对他做学问、书法、绘画都是有极大帮助的。古人讲究读万卷书、行万里路，对于书画家尤其讲究要"得江山风月之助"，孟子则讲"吾善养吾浩然之气"。冯先生认为游历名山大川和调查历史遗迹，对提高一个人的阅历修养、胸襟气度和精神境界是大有益处的。所以对于一个书画家来说，这种游历更是必不可少的。

冯先生也善于作画，他从小就想学画，抗战胜利那年，他考了苏州美专，但因没有钱，上了两个月只能失学。后来得到名画家诸健秋先生的帮助，经常到诸先生处请教。冯先生原本就喜欢青藤白石，1954年到北京后，更容易看到白石老人的作品，于其他各家的画他也广泛学习，博采众长，所以冯先生的画，可以明显地看到受白石老人的影响但又不是死摹白石，而是根据他自己的兴味来的。刘海粟大师看后，说这是真正的文人画，是诗人、学者兼书画家的画，所以他与众不同，独具风韵。

总之，无论是治学，还是书法、绘画，冯先生都是走着与众不同的路，实际上是他自己摸索出来的路，当然是一条艰苦卓绝但却是成功的路。

今年，冯先生已经是虚龄七十五岁了，他的书法和绘画也已有了广泛的社会影响，不少同志劝他举行个展，他总是觉得水平不够。据知今年9月，他在主持完北京的国际红楼梦研讨会以后，又将去新疆作第六次的沙漠之旅了，对他来说，那真是：

路漫漫其修远兮，吾将上下而求索！

砚田活水无穷乐　为有胸中逸气生

——喜读《冯其庸书画集》

黄　君

（艺术家）

　　宽堂冯其庸先生，当今学界的一代大家。自上世纪五十年以来，历任人民大学教授、中国艺术研究院副院长等，虽然已届耄耋之年，依然兼任中国红楼梦学会名誉会长，中国人民大学国学院院长等职，为中国文化、艺术弘传事业辛勤耕耘不止。

　　冯其庸先生不仅学问文章冠冕一代，而且是诗词书画的名家、大家。5 月 20 日，先生书画展将于中国美术馆开幕，笔者有幸先期拜读由文物出版社出版的四开本豪华精印《冯其庸书画集》，深为先生的诗、书、画艺术而感动，故此不惮浅陋，特撰小文略陈所见，既与天下同道共赏，亦以求教于冯老。

一

　　冯先生书法早播大名于天下。若论其特色，笔者以为首先在其笔法稳健、劲拔而中力弥满。此间代表作如《行书万古一腔七言联》、《文天祥正气歌卷》、《李白梦游天姥吟留别》七条屏等，其笔法的铸铁镕金特色十分明显。先生喜用浓墨，落笔无不中力弥满，直戳纸背，故书作给人以雄健、劲逸的生命张力，即之可以醒神，玩之尤能励志。这是当今书法颇为缺失的大气、纯正之美。先生书法结字修长、颇存欧书遗意，然其笔势翻腾、变化多姿时，往往与王右军精神暗合，典型者如《哭梦苕师八首》等诗稿笺纸、《昨夜黄山大雪飞》画上

873

题诗,于不经意间,流露出深入二王法书的底蕴。

冯先生书法得传承之正脉,海上王蘧常是其数十年陪侍的恩师。瑗翁章草,铸汉镕秦,思接千载,当代一绝。冯先生用笔、用墨乃至书中神韵均颇有瑗翁气象。故其法书健而能逸,稳而多姿,于当今书坛独树一帜。

先生作书具多种面目,行书是其常格,而其楷书,尤其小楷极为精妙。先生有小楷书巨作《瓜饭楼抄庚辰本石头记》一部,此作完成于1968年,全书凡十六册,约70万字,一气贯注,全以精妙小楷书写。行间、书眉处更密密麻麻写满朱笔小楷批注文字。先生一代红学大家,而其小楷手抄的《石头记》可谓学问与法书之双璧,一时文献之冠冕。观其小楷结字略扁平,与其所作偏于修长的行草大异其趣;其笔法真率挺劲,略如行草书;而其分行布白每于严谨程式之中显示其空间把握的巧妙,故页面整体上回荡着一股活泼、流动的气息,这是冯先生手抄《石头记》与一般抄书匠所作相比一个非常重要的特点。要言之,冯先生所抄《石头记》是学问家书卷之气和书家艺术灵气完美结合的产物。此外,《书画集》中有《自作词二首》小幅作品一件,这也是一件极为精妙的小楷代表作。此作略带行书意,浓墨、涩笔,飞白为多,然其点画处处精严,通篇气息朴拙而纯雅,细细展玩,令人神往。

冯先生绘画的气格一如其书法,然就具体形式而言,先生对画的追求恐过于书,故其所作花鸟、梅竹、山水皆备而尤以山水为多。先生早年既入画家诸健秋室,抗战胜利后考入苏州美专,虽长时间不以绘事为业,但以其才高学富,且遍览名山,十赴新疆,三上昆仑,考楼兰古城,探罗布泊之谜,验白龙堆、龙城之奇,寻玄奘入玉关之险道,"看尽龟兹十万峰",滋养胸中浩然奇气,加之"于故宫遍观晋唐宋元名迹,复从周怀民、启功、许麑庐诸先生游,后复交于海上朱屺瞻、刘海粟、谢稚柳、唐云诸老",又"潜心临习五代两宋名家及清初龚、戴之学"(冯先生《自序》),故于山水之作一发而不可收,不仅创作颇多,且愈到老年而境界弥高。《书画集》收录近年所作山水80余幅,或重彩、或泼墨、或乱头粗服、或细腻幽雅,其笔下的奇山异水,多从所历而作,尽写胸中奇气。典型者如《群峰竞秀》写昔年张家界印象,《却勒塔格山群峰》、《祁连秋色》、《取经之路》、《古龟兹国山水》、《明铁盖达坂》、《玄奘入境古道》,都是西行壮游亲身经历的真实写照。这些画作风景奇特,且艺术手法大胆而不拘常格,自出机杼,境界新美。

二

解读冯老山水,不可不读其跋和题画诗作,此中点出先生森罗万象的精神世界,与画相生相益。如甲申(2004年)新秋,先生以80高龄赴新疆考察,临行前,作《凌云图》,此作笔法极其精密传神,山水树木,皆奕奕有生姿,画面层峦叠嶂,直接云天。画上题诗曰:

湖光山色逐人来,烟霭纷纷拨不开。

为欲长天展望眼,凌云直上最高台。

观画已觉凌云直上气势,读诗更解其"欲长天展望眼"的非凡志气。又如《平生一棹江湖气》图,以渴笔作秋山图景,山势逶迤多姿,木石玲珑可爱,气象空明而鲜美。题画诗曰:

木落天清作远游,溪山为我意绸缪。

平生一棹江湖趣,欸乃声声唤白鸥。

读到此诗,很自然想起黄山谷《登快阁》诗:"痴儿了却公家事,快阁东西倚晚晴。落木千山天远大,澄江一道月分明",想到"万里归船弄长笛,此心吾与白鸥盟"的诗人情怀。冯先生此画、此诗、此情、此境,可谓与黄庭坚的心情境界形成千年晤对,隔世知音。

冯先生不少画作,有反复题诗多首者,如《东坡桄榔庵》,三度题诗5首,《青山一发是中原》五度作题跋,题诗三首,《玄奘入境古道图》二次作跋并题诗等。这些画作多寄寓先生深厚的感情,无诗,不足以明志趣,画亦难生奇境。以《东坡桄榔庵》一幅为例,画中桄榔庵系作者崇拜的诗仙苏东坡南海贬谪时的遗迹。辛巳正月,作者特到实地考察,找到了当年东坡居所的踪迹,驰情千载,异常兴奋,乃作图记,三度作跋并赋诗五首以志其慨:

地北天南万里尘,冰天雪地到南垠。

心香一瓣无他意,来拜桄榔庵里人。

天南万里拜苏仙,短碣犹题学士泉。

牛粪西头寻旧路,桄榔庵在古泉边。

谁识天南笠屐翁,词名早播大江东。

琼山有幸来文曲,沧海无心载笔雄。

万死岂逐魑魅意,一生自有吉神通。

乾坤留得诗仙在,拔地参天第一功。

严寒随我到天涯,欲访儋州学士家。

载酒堂前花满树,桄榔庵里尽豆瓜。

中和古集今犹昔,昌化军城一角遮。

砚田活水无穷乐　为有胸中逸气生

875

最是残年东坡老,千难万险意犹赊。

重到中和觅故屯,千年犹有旧鸿痕。
当时遥想东坡老,拽杖吟啸夜打门。

画上题诗,是中国画的优良传统,诗、书、画(还有印)构成三合一的东方艺术,这是我们民族艺术最经典的表现形式。冯其庸先生,不仅书画精妙,其诗艺更是纵横开合,意境高雅,情意纯厚。冯先生诗词乃当今一大家,其所作散见各地刊物者为多,天下共相传诵。笔者编《当代名家诗词集》时尝向先生约稿,先生实因工作太忙,无暇整理、遴选而未能应允。今于《书画集》中得读不少诗作,实在快慰非常。冯老以诗、书、画三绝,故其所作恐时人偏攻一端而不能兼擅者,不能望其项背。纵目当今艺坛,如冯先生这样三艺俱精妙者,暂不可复得,文风衰落如此,想来亦不免生出几分莫名的惆怅。

纵览冯其庸先生诗、书、画之作,始终充盈一种宏阔气象,大气、纯正,笔法干练,绝少拖泥带水,书法结字、章法,绘画构图、设色,奇而不怪,险而弥俊,这是贯穿诸艺的一个鲜明特点。或问冯其庸先生何以至老年却有如此旺盛的艺术创造力?则先生有诗句云:"砚田活水无穷乐","为有胸中逸气生"。前一句分别出自《紫藤》和《水墨葡萄》两幅画上题诗:

生小青门学种瓜,老来橐笔走天涯。
砚田活水无穷乐,画到青藤更著花。

此诗于冯老诗、书、画诸艺颇具解读的意义。正如先生在《书画集·自序》中所谈到的那样,他少年家境困窘,十岁下地耕作,田间农事,无一不能,故解收获之艰辛。这好象源头的活水,始终滋养着他的生命,让他得以自强不息,不畏艰难,乐观向上,并执着追求真、善、美。他虽一生经历许多磨难,然于少年读玄奘法师传,"遂仰之为师,虽万劫而不灭求学求真之心",正是这个原因,冯老离休之后,老而弥壮,志气弥坚,不仅孜孜于学,而且遍历山川,为艺术创作增添巨大的源泉动力,给他的砚田注进源源活水。

《水墨葡萄》另有一题诗云:

满纸烟云认不真,是藤是葛是荆榛。
老夫不是丹青手,为有胸中逸气生。

艺术的精义不离人的本心。历来诗词书画无一不是表达心性之什。冯先生诗、书、画境界超迈,不同凡响,实因其胸中逸气使然,也是他数十年生活积累,广见博识和执着追求的结果。先生自述云："不游名山，不知造化之奇，不知古人深且奥也；不学古人，不知己之不足也。"所以先生之艺术，是以超人智慧深入经典，而又展示现实生活的结果。先生又谓"作画实养生之道也"，(《深山萧寺图卷》题跋)这是他对绘画艺术一种独立、特殊的认知。正是这个原因，先生的每一幅画都能有所寄意，有动于心，形成其诗、书、画珠联璧合，且气格纯正、大气的大家风范，在今日艺坛树起一面具有传统经典意味的旗帜。

2006 年 4 月 16 日晚

书法与绘画

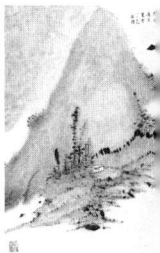

砚田活水无穷乐　为有胸中逸气生

五、西域敦煌
出土文献研究

抒性寄情大西北

——学习冯其庸教授西域诗词的一点体会

柴剑虹

（中华书局）

　　自 20 世纪 80 年代中开始的二十年间，冯其庸教授以古稀、耄耋之年十赴新疆，涉瀚海，访楼兰；追寻玄奘西行东归古道，登达坂，逾古堡，在获取了珍贵的第一手资料、开拓文史研究新天地的同时，也写下了许多瑰丽的西域诗篇。据近期正在编集增订的《冯其庸文集·瓜饭楼诗词草》约略统计，这些写大西北的诗词有近百首，内容几乎遍及西域的山川胜景、古城遗迹、风物人情，堪称当代新西域诗词的典范之作。

　　熟识冯老的朋友都知道，冯老是豪爽、直率的性情中人，他的西域诗作同样文如其人，风格鲜明：抒山水性灵，灵气通篇，栩栩如生；寄西北情愫，豪情满怀，感天动地。试简述笔者初步学习后的一点体会。

　　据冯老自述，他在 14 岁少年时代读了岑参等唐代诗人描写西域风光的边塞诗作，大为惊异，"从此在我的心里就一直存着一个西域"（参见《瓜饭集·〈瀚海劫尘〉序》）。这种心里的梦境萦绕了半个多世纪，终于随着他 1986 年首次新疆之行而逐渐与真实的西域风情完美地融为一体，不断地从他的笔端流出，化为壮美的新诗篇。真是梦里寻她千百回，一旦亲临，如睹仙境，又恍如梦境，"到此几疑身是梦，一声低吟万峰同"（《题画》，2003）。因此，寻梦成真，真景似梦，"廿载辛勤觅梦痕"（《题玄奘法师尼壤以后归路》，2009），又寄情于梦，就成了冯老西域诗词的一个显著特色。他描述新疆考古是"瀚海沧桑觅梦痕"（《赠王炳华》，2002）；身临天池"疑是浮槎到月宫"（《天池》，1986）；题西部摄影集云"天

荒地老梦痕多"（《自题大西部摄影集〈瀚海劫尘〉》，1994）；他居然在天山深处海拔4000米的巴音布鲁克感悟到苏东坡"梦绕千岩冷逼身"的诗境，乃至近年因病体无法再度西行，却仍然梦回西陲："三年病榻卧支离，想到西天惹梦思"（《病榻》，2008），"流沙梦里两昆仑，三上冰峰叩帝阍"（《梦里》，2009）！连画葡萄也在品味着"万里龙沙一梦痕"（《浣溪沙［题设色葡萄］》，2008）。读冯老的西域诗，读者每每会被带进如痴如梦的境界，感受到难以言喻的朦胧之美。

冯老西域诗词的另一个特色是他笔下的西北山水富于灵性，无论是白雪皑皑的博格达冰峰，还是碧波荡漾的天山瑶池；不管是怪石嶙峋、五彩斑斓的龟兹层峦，抑或是历经沧桑的玉门、阳关遗址和交河、高昌、黑水故城，乃至寸草不生、鸟兽绝踪的浩瀚沙漠，他都满怀深情与之对话、交流，倾崇敬之心，诉仰慕之情。仿佛他面对的都是久违的挚友，是可以托付终身的至爱亲朋。在他看来，这山山水水、戈壁大漠，都孕育着生命，都蕴含着灵性，"此去藐姑无太远，他年继马到阆风"（《题画》，2003），"为问苍苍高几许，阆宫尚有未招魂"（《梦里》，2007），上天山，登昆仑，可以结识更多的仙友；"对茫茫瀚海、问苍天，浩劫几千秋"，"我到流沙绝域，觅奘师圣迹"（《八声甘州·赠丁和》），涉流沙，越瀚海，可以沐浴历史风云，聆听前贤心声，充实自己的生命历程。与赋诗同时，冯老还创作了许多幅色彩绚丽的西域山水画，拍摄了上千幅构思奇巧的西域风貌照片，诗、画、影相映成趣。冯老曾有诗句评饶宗颐先生书画云："赋得山川灵秀气，飞来笔下了无尘。"又称赞年轻摄影家丁和的西域作品"终尽把、山川灵秀，珊瑚网收"（《八声甘州·赠丁和》），亦可谓是夫子自道。

"千回百折求真实，不取真经不返程。"（《题玄奘西行》，2006）舍身求法的玄奘精神是激励冯老不顾年迈体衰仍发愿西行，跋涉瀚海、攀登雪原的强大动力。为此，他立下宏愿："纵千难万险，九死不回头。"（《八声甘州·赠丁和》）面对雄伟壮丽的西域山川，他豪情满怀，视罗布泊沙丘、沟壑和高寒缺氧的帕米尔高原为坦途，沐火焰山热浪、白龙堆狂飙为细雨和风，故而"危途险峰，历巉岩，犹似御轻驹"（《八声甘州·赠丁和》）。他的许多西域诗作，都是在千辛万苦的跋涉与千钧一发的探险中吟就的，但篇篇都散发出高亢激昂的乐观情绪，没有一丝一毫的低沉、退缩之意，也没有些许的矫揉造作。"千山万水不辞难，西上疏勒问故关。遥想当年班定远，令人豪气满昆山。"（《到喀什宿疏勒》，1993）我曾经在1995年夏和冯老一同考察拜城的克孜尔石窟，当时因道路不畅，凌晨乘车从吐鲁番出发，颠簸近18个小时，半夜时分才到达克孜尔。第二天清晨，当许多人还在客房酣睡时，冯老已经精神抖擞地在窟前架好相机，专心捕捉却勒塔格山的晨曦旭日了。"满目关河增感慨，遍身风雪识穷通。登楼老去无限意，一笑扬鞭夕阳中。"（《风雪中登嘉峪关城楼感赋》，1990）"老来壮志未消磨，西望关山意气多。横绝流沙逾瀚海，昆仑直上竟如何？"（《拟去喀什，登昆仑山感赋一绝》，1993）他的许多西域诗作，正是这种豪迈气概和乐观精神最生动形象的体现。

冯老对西域山川的一往情深,除了源于他从小就培育起来的对大自然的热爱之外,也来自他对祖国大西北的衷情,来自他对开发大西北重要意义的深刻认识。1986年9月,他第一次到新疆,在新疆大学讲学后去天池游览,到吐鲁番、吉木萨尔、库车参观考察,就建言"开发大西北",坚信"研究我国西部地区的学问——我叫它作西域学——也一定会大发展",乃至萌发了要有较长时间到新疆从事教育工作和文史研究的意愿(参见《瓜饭集·西域纪行》一文)。由于热爱,他对西域山水百看不厌,常看长新,有特别敏锐的感受和鉴赏力。如他第一次到库车,就由衷地感叹:"看尽龟兹十万峰,始知五岳亦平庸。""平生看尽山千万,不及龟兹一片云!"(《题龟兹山水二首》,1986)过了七年再到库车,他又赞许"重来更觉山水妍"(《题龟兹》,1993)。后来,他又从中提炼出神州山川各有风格特色的道理,并用于绘画创作之中:"看尽江湖十万峰,昆仑太白俱不同。名山也忌千人面,卓立风标自为雄。"(《题画》,2008)形象地道出祖国大西北对形成多元一统、和而不同的中华文明的作用是不可低估的。他西行寻积石河源,想到的是"中华文化五千载,要由此水来灌溉"(《积石行》,1991);他赠诗勉励驻守西部的军旅友人要超越汉将霍去病、宋守边关名臣种世衡等,"胸中百万种经略,指上三千汉孔明。华夏中兴逢大势,男儿誓不复平生。"(《赠房峰辉将军》,2000)九年前,冯其庸画展在中国美术馆举办,著名书画家徐邦达先生赋《木兰花慢》词相赠,冯老依原调次韵,下阕即云:"边荒。仰望奘师,寻前踪、誓徜徉。万里尽龙沙,昆仑壁立,古道斜阳。十年七度来往,见汉唐旧业尚相望,千仞振衣欲呼,尽开大漠边疆。"(《木兰花慢·画展》,2001)这也为我们学习和理解冯老的西域诗词提供了一把金钥匙。

(2010年10月8日完稿)

西域敦煌出土文献研究

抒性寄情大西北

乾隆帝西域诗文研究

周　轩

（新疆大学西北少数民族研究中心）

清乾隆帝在统一和治理西域的过程中，写下大量诗文。最终成书于乾隆四十七年（1782）的《钦定皇舆西域图志》收文十六篇、古今体诗三百二十五首。其后他在位十三年，太上皇三年，还有不少有关诗文。这些诗文大体可厘为平定准噶尔、平定大小和卓、哈萨克与布鲁特归附、外藩通使朝贡、土尔扈特归来、西域风物这六个方面的内容。清代新疆历史上最重大的事件，莫过于乾隆帝先后平定天山以北准噶尔部达瓦齐割据政权及阿睦尔撒纳的叛乱、平定天山以南布拉尼敦与霍集占（史称"大小和卓"）的叛乱。清朝经过康雍乾三朝的努力，终于完成了具有深远历史意义和重大现实意义的统一新疆的大业，奠定了近代中国的版图，达到了几千年历史上从未有过的辉煌。尽管是历尽曲折，多有失误，付出沉重的历史代价，但其积极进步意义还是应当给予充分肯定的。在此期间，哈萨克与布鲁特（今柯尔克孜）的归附，是我国多民族国家统一和形成的历史见证。清朝以强大的军事实力为后盾，加以积极的外交斡旋，使周边诸部落支持清朝的平叛，给部落和民众都带来了福音，展现出一幅清朝与中亚友好交往的图景。统一之后十二年，西迁伏尔加河畔近一个半世纪的土尔扈特部毅然归来，是震惊世界的大事件，是可歌可泣的壮举，更是历史上成功处理民族关系的典范。随着社会的稳定、经济的发展，新疆与周边相邻部落的交往呈现出繁荣盛况。乾隆帝关于西域的诗文，与时政密切相关，是他统一和治理西域的文学实录，也是研究他的思想和活动不可缺少的珍贵资料，可补官书与档案的不足，无疑值得我们重视。

一、平定准噶尔

乾隆帝关于准噶尔的诗作,较早的有乾隆十二年(1647)的《宴准噶尔夷使》:"敬承庭训戒嘉兵,底事犁庭夐骇鲸。"(《乾隆御制诗》初集卷三十七)说:我继位以来,敬承皇父的训诫,与准噶尔罢兵停战,究竟为何还是要将其犁庭扫穴、消灭铲除?

从乾隆十年(1745)起,准噶尔部贵族之间为争夺汗位进行了将近十年的争夺残杀,最后是达瓦齐在辉特部贵族阿睦尔撒纳的支持下夺得汗位。继准噶尔部宰桑萨拉尔、都尔伯特部台吉车凌、车凌乌巴什、车凌孟克(史称"三车凌")率部投奔乌里雅苏台(今蒙古扎布哈朗特)清军北路大营之后,与达瓦齐反目成仇的阿睦尔撒纳兵败失利,也率部归顺清朝。准噶尔部骁将玛木特见大势所趋,也毅然投清。乾隆帝在避暑山庄接见、宴请、封赏三车凌和阿睦尔撒纳,多有诗作。在各部纷纷请求出兵讨伐的情况下,乾隆帝决定抓住时机平定准噶尔。但雍正年间的和通泊之败,使满朝大臣余悸尚存,只有大学士傅恒一人赞成出师伊犁。乾隆帝为了完成先辈两朝未竟之志,为了归顺部众的长远安置,力排众议,亲自谋划,命将出征。

乾隆二十年(1755)二月,清军两路出师,北路三万兵出乌里雅苏台,西路二万兵出巴里坤,共马匹七万。阿睦尔撒纳和萨拉尔两副将军各领兵三千为前锋先行。清军所到之处,准噶尔人纷纷闻风归附,师行三月,跋涉千里,兵不血刃地长驱直入。自康熙年间就归顺清朝的哈密、吐鲁番的维吾尔人也随军效力。两路大军四月底会师于博尔塔拉,五月二日抵达伊犁,准噶尔人夹道欢迎。乾隆帝有诗《西师底定伊犁捷音至,诗以述事》云:"乘时

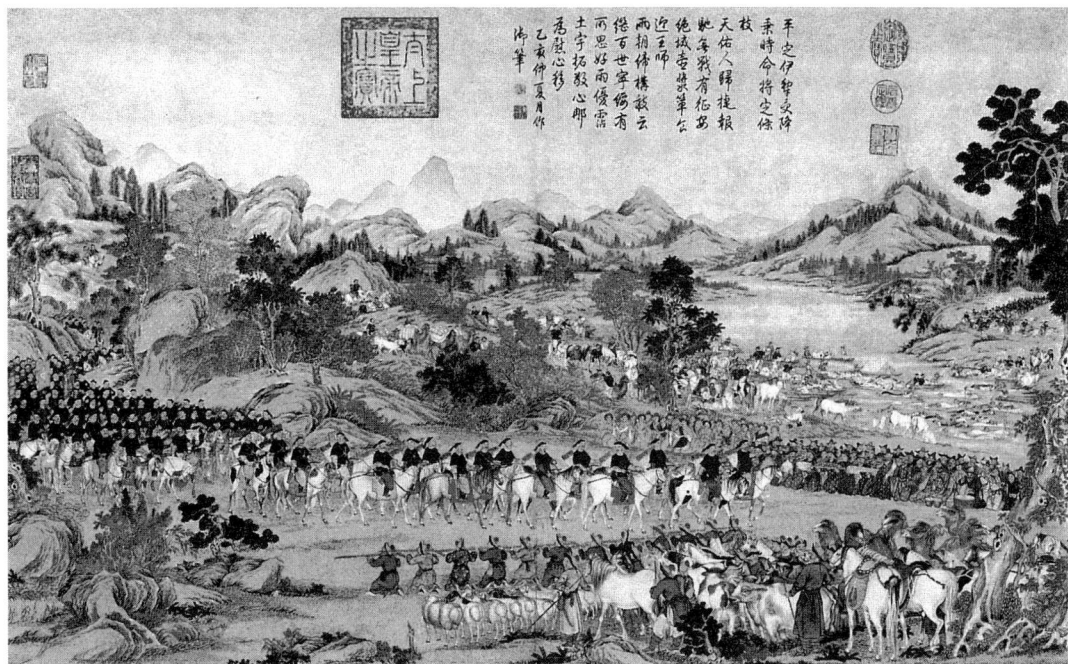

《乾隆西域战图一·平定伊犁受降》

命将定条枝,天佑人归捷报驰。无战有征安绝域,壶浆箪食迎王师(大兵至伊犁,部众持羊酒迎犒者络绎载道,妇孺欢呼,如出水火,自出师以来,无血刃遗镞之劳,敉边扫穴,实古所未有)。两朝缔构敢云继,百世宁绥有所思。好雨优沾土宇拓,敬心那为慰心移。"(《乾隆御制诗》二集卷五十七)

诗中说:我利用伊犁动乱的大好时机命将出征,上天佑助,人心归向,驿马奔驰传来胜利的捷报。虽然有出征,但是没开战就平定了伊犁,受到民众壶浆箪食的载道欢迎。康熙、雍正两朝的经营开创,我敢说可以继承,要为大清江山的百世安宁打下坚固的基石。时雨之师,开疆拓土,我的恭敬之心哪能为心中感到安慰就转移呢?一派豪情,溢于言表。全诗仅用八句,就简明概括了西师平定伊犁这一重大历史事件。述事写景与抒情言志融为一体,情真意切,一气呵成,可说是一首好诗。

达瓦齐率万人退守伊犁西南的格登山,清军争渡伊犁河,追至山下。五月十四日(6月23日)夜,清军前锋将领派出翼长阿玉锡等三巴图鲁率二十二骑前往山头侦察,他们在夜色的掩护下,直捣达瓦齐大营。拍马横矛,搴旗大呼,枪矢并发,声震山谷。达瓦齐所部顿时兵败如山倒,阿玉锡等擒获该部大小首领二十余人,降者六千五百人,清军取得格登山大捷。乾隆帝为此写作《阿玉锡歌》:"阿玉锡者伊何人?准噶尔属司牧臣。其法获罪应剕臂,何不即斩犯厥尊。徒步万里来向化,育之塞外先朝恩。萨拉尔来述其事,云即彼中勇绝伦。持铳迎面未及发,直进手夺无逡巡。召见赐银擢侍卫,即命先驱清漠尘。我师直入定伊犁,达瓦齐聚近万军。鼓其螳臂欲借一,依山据淖为营屯。我两将军重谘议,以此众战玉石焚。庙谟本欲安绝域,挞伐毋乃违皇仁。健卒抡选

《乾隆西域战图二·格登鄂拉斫营》

二十二,曰阿玉锡统其群。曰巴图济尔噶尔,及察哈什副以进。阿玉锡喜曰固当,廿五人气摩青旻。衔枚夜袭觇贼向,如万祖父临儿孙。大声策马入敌垒,厥角披靡相躏奔。降者六千五百骑,阿玉锡手大纛搴。达瓦齐携近千骑,骎走喙息嗟难存。荆轲孟贲一夫勇,徒以藉甚人称论。神勇有如阿玉锡,知方亦复知报恩。今我作歌壮生色,千秋以后斯人闻。"(《乾隆御制诗》二集卷五十七)

达瓦齐落荒而逃,从天山托木尔峰下的木扎特达坂向南逃窜,与随行的七十余人被乌什维吾尔伯克霍集斯遵行清军檄文擒获,缚献清军大营。第一次平准之役胜利结束。乾隆帝宽大为怀,将解押入京的达瓦齐赦免,封为亲王,配以宗室之女,留居京城。

清军初定伊犁后,因该地无粮,大兵不能久留,乾隆帝旋命撤离,留定北将军班第、参赞大臣鄂容安、副将军萨拉尔率五百士兵驻守伊犁。由于力量单薄,孤悬边塞,给了阿睦尔撒纳发动叛乱的机会。

阿睦尔撒纳的降清并非出于真诚,他是想利用清军击败达瓦齐后,自立为汗。清朝大臣中有人持怀疑态度,提出防范意见,却受到乾隆帝的严厉斥责。出师前,投清的原准噶尔部骁将玛木特曾向乾隆帝劝谏说:"阿睦尔撒纳豺狼也,虽降不可往,往必为殃。"但乾隆帝不以为然,反而听信阿睦尔撒纳之言,对玛木特采取不信任的态度。当时准噶尔土崩瓦解已是大势所趋,平准并非缺了阿睦尔撒纳就不行。正是由于乾隆帝过分倚重,所以听不得大臣的意见,将阿睦尔撒纳放虎归山,在伊犁煽动大规模叛乱。班第等率五百士兵边战边退,陷于重围,与鄂容安战败自杀。乾隆帝有《双烈诗》述其事,叹息"临奠例双忠,惜哉泪涌流。初若听我言,宁有今日不。"(《乾隆御制诗》二集卷六十四)何尝不是对两臣没有遵旨行事的薄谴。乾隆帝没有想到的是,他过分倚重的阿睦尔撒纳成了叛首,而他怀疑的玛木特倒成了反对叛乱的不屈烈士。玛木特奋勇突围,杀敌三人,终因久病未愈,不幸被捕。阿睦尔撒纳假意抚慰,劝诱他参加叛乱,被他大义凛然地唾骂,阿睦尔撒纳恼羞成怒,下令将他活活勒死。乾隆帝深为震动,写下《玛木特诗》述其事:"烈士何处无,未可分域乡。录实隐括词,千载流声芳。"(《乾隆御制诗》二集卷六十四)

乾隆帝还有《三巴图鲁歌》,其一是侍卫额纳伸(后写作"额讷慎"),从军在将军班第手下,阿睦尔撒纳发动叛乱之初,单骑闯入敌群,射杀数人,知道事不可为,欲拔刀自刎以期报答君主。其二是原察哈尔总管巴宁阿,出征为领队大臣,变乱时在班第前后护卫突围,奋勇杀敌,并欲随班第自刎。额纳伸和巴宁阿神奇地死而复活,被反对叛乱的宰桑巴桑相救,养伤数月,我军再入伊犁时,他们又回到军旗下。其三是侍卫富锡尔,班第命他携将军之印返回京城,奈何叛贼蜂拥而至。他想到冲出无望,于是将印沉于河中,奋勇杀敌,身受重伤,被好心的伊犁喇嘛相救,得以不死。"嘉我旗人多忠诚,旧风未远垂仪型。愉以为戚留定评,乃至西海扬芳声。"(《乾隆御制诗》二集卷六十四)

《舒布图铠巴图鲁奇彻布歌》:奇彻布曾为宫庭侍卫,从军监督准噶尔的炮兵部队,谁知炮兵部队受阿睦尔撒纳的煽惑叛乱,将他的军帐团团包围,要将他杀害。奇彻布毫无惧

色，从容不迫地拿着弓箭，出帐跨马，声威凛然。叛军叫嚷着凑上前，劝他投降，但随着他的弓弦的声响而接连倒下，不得不后退躲避，依仗着人多势众，又手持长枪大铳向前逼来。奇彻布边战边走，进入一片柳树林得以隐蔽。敌人虽然包围了好几层，但恐怕伤及自己人而无法放铳，持长枪的也轻易不敢进入，进去的就被奇彻布放箭射死，尸体横陈。敌军两千人有两千条心，奇彻布一人气势压倒两千人。天渐渐黑了，敌人向西撤走，奇彻布归来报告了这一特殊功绩。乾隆帝赏金赐爵，酬其辛劳，他不肯宴乐和安享，请求再次从军。舒布图铠巴图鲁这一神勇的称号，奇彻布是理所应当地得到。"荆轲孟贲匹夫豪，日月爝火光应熄。我歌嘉尔岂徒然，勖我八旗永为式。"（《乾隆御制诗》二集卷六十四）诗中说：古时的荆轲、孟贲都是以匹夫之勇被称为英豪，历时两千年岁月声名渐小。我今天歌颂奇彻布，不仅仅是为他一个人，而是为了勉励八旗将士要以他为榜样。后来，奇彻布在深入哈萨克境内追剿准噶尔残匪时阵亡。

阿睦尔撒纳的叛乱使乾隆帝经常夜不能寐，《冬月怀军前十四韵》写道："王师因示讨，义问岂应稽。念彼荷戈者，仍吟击鼓兮。雪山经岨峿，铁甲卧寒凄。为此心常恻，宁能乐独褆。驰书怜驿马，问夜达晨鸡。露布重殷伫，永清绥狄鞮。"（《乾隆御制诗》二集卷五十九）说大军诏示天下，进行征讨，正义之举哪里还有争议？我想到出师官兵正在奋勇进剿，山高路远，爬冰卧雪，为此心生怜悯，不敢独自安乐。驿站马匹日夜奔驰，不断送来军情奏报；我萦怀战事，常常夜不能寐，通宵达旦。真切盼望着捷报早日到来，西域永远安宁。他坐阵京城，指挥着万里之外的平叛战争。《御园即事》云："也识事难期尽善，洗兵志在挽天河。"（《乾隆御制诗》二集卷六十三）说也知世间之事难以尽善尽美，这次出兵进剿就是为了伊犁长久的平安啊！

叛乱给准噶尔各部带来灭顶之灾。乾隆帝在《哀伊犁》诗中描绘："马牛羊食以尽，野无黄独室无粃，疾疫出痘亡者白沙捐。伊犁河流为之赤，竟有血人于牙，以冀旦夕延。王师重入，匍匐归者军门环。"他表示平定之后，"须竭内地力，万里惠穷边"（《乾隆御制诗》二集卷六十四）。

乾隆二十一年（1756）初，清军再次两路出击，三月收复伊犁。追剿中，参赞大臣玉保听说阿睦尔撒纳已被擒获，派人报告，定西将军策楞未辨真伪，立即红旗报捷。乾隆帝非常高兴，宣示军务告竣并封赏诸将，各省督抚亦纷纷奏折祝贺。不料这是假消息，使乾隆帝空欢喜一场，下令将策楞、玉保革职，拿解来京，两人在途中被叛军杀害。阿睦尔撒纳逃入哈萨克，清军侦知仅在二三里外，争欲进击。阿睦尔撒纳又派人哄骗，说哈萨克首领阿布赉赶到后就擒献阿睦尔撒纳。定西将军达尔党阿信以为真，怕与哈萨克失和，制止士兵前进。使阿睦尔撒纳再次逃脱。达尔党阿亦被革职解京。乾隆帝在《西陲》诗中不禁自怨自艾："事顺乏人干，乏人责在谁？"（《乾隆御制诗》二集卷七十五）

是冬，定边右副将军兆惠率部一千五百人从济尔哈朗（今乌苏市四棵树）向东转移，在鄂垒扎拉图突遇叛军大队人马。兆惠且战且退，又遇援兵赶到，打退叛军，得以解围，返回巴里坤军营。乾隆帝有诗《鄂垒扎拉图之战》："以诚驭诈致相轻，哈萨才回谲变生。戊己驻营携少卒，螳螂怒臂阻前程。直何畏曲中宵出，一可当千众贼惊。竟得全师逢接骑，整军复入大功成。"（《乾隆御制诗》三集卷五十三）诗中说：以诚相待，难于对付敌人的欺骗，致使敌人看轻了我们。逃匿的阿睦尔撒纳刚从哈萨克草原返回，伊犁一带就变乱丛生。但叛军想要阻挡，可谓是螳臂挡车，自招失败。平叛是有理和正义，叛乱是邪恶与非正义。正义之师毫无畏惧，半夜突袭，杀得叛军胆战心惊。全部人马遇到援兵接应，得以返回进行休整，后来又继续投入战斗，建立了重大功勋。

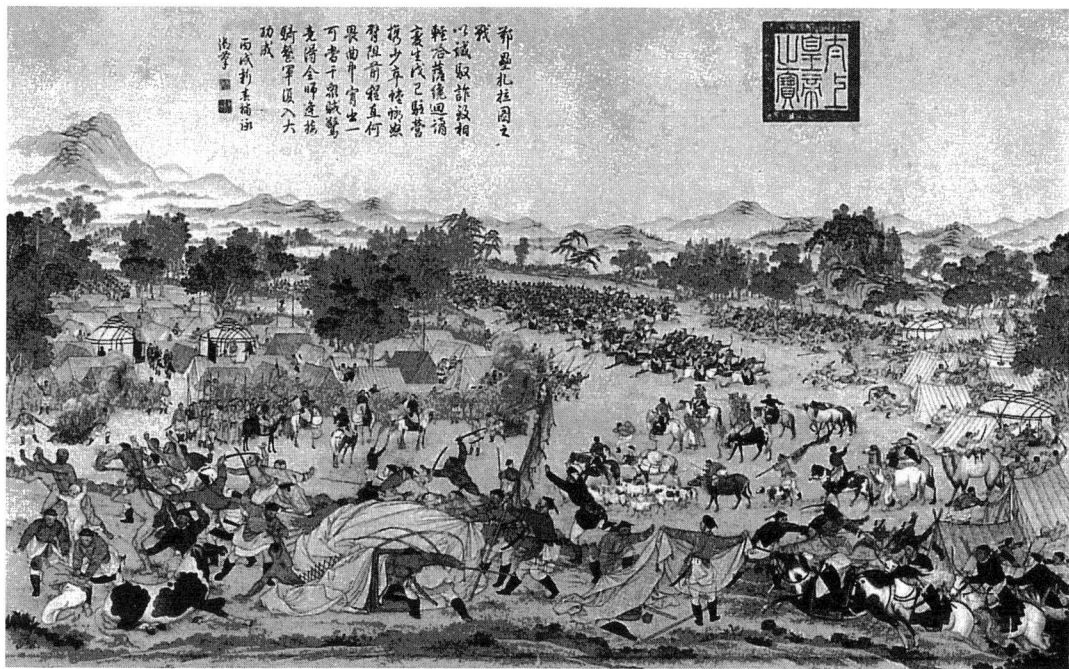

《乾隆西域战图三·鄂垒扎拉图之战》

乾隆二十二年（1757）三月，清军第三次两路出兵，进展顺利。五月底，清军穷追阿睦尔撒纳进入哈萨克境内。大军压境，阿布赉表示归顺，并愿意合作擒拿阿睦尔撒纳。阿睦尔撒纳于七月逃往俄国。乾隆帝命理藩院再三照会，援引条约，要求引渡。阿睦尔撒纳于八月间病死，是年35岁。俄国见其人已死，遂将其尸体运至中俄边界恰克图，交清朝官员验视。乾隆帝有《俄罗斯驿致叛贼阿睦尔撒纳死尸信至，诗以纪事》："联獥善走更工藏，苏对潜逃又北荒。讵识罗叉和约固，献来万里逆尸僵。功如彭宠辽东豕，心是温禺天外狼。遗孽廓清永砥属，持盈益励敬皇皇。"（《乾隆御制诗》二集卷七十五）说阿睦尔撒纳像狡兔一样，擅长逃跑，更擅长躲藏。歇息苏醒后，逃入俄罗斯，死后被送还尸体。难道能说俄罗斯是真心实意守和约吗？平定达瓦齐，不能说阿睦尔撒纳没有功劳。可他就像东汉的彭宠一样，居功自傲，不自量力，狼子野心，贪婪凶残。他的残余势力将被肃清，彻底平定了准噶尔，我要努力保持已成的盛业。

之后清剿残匪，二十三年（1758）三月，在伊犁附近的库陇癸，兆惠率领八十余人，夜袭敌营获胜。乾隆帝有诗《库陇癸之战》："威弧有事射天狼,三穴穷追那许藏。铤险贼人虽鼠窜,捣虚士气正鹰扬。五更直袭屯营寨,两骑先收牧马羊。以少胜多张挞伐,将军诚勇著旗常。"(《乾隆御制诗》三集卷五十三)诗中说:就像威弧射天狼一样,叛贼即使如狡兔有三窟到处躲藏,我也要穷追不放。他们虽然仓皇逃窜,有时也铤而走险负隅顽抗,可我军攻打虚弱之敌士气高昂。战斗在五更时分开始,兆惠派遣侍卫扎延保、投诚的厄鲁特达什车楞二人先收缴了敌人的牧群,使其无法脱逃。这次战斗以少胜多,勇敢的兆惠将军的旗帜引人注目,值得称道。

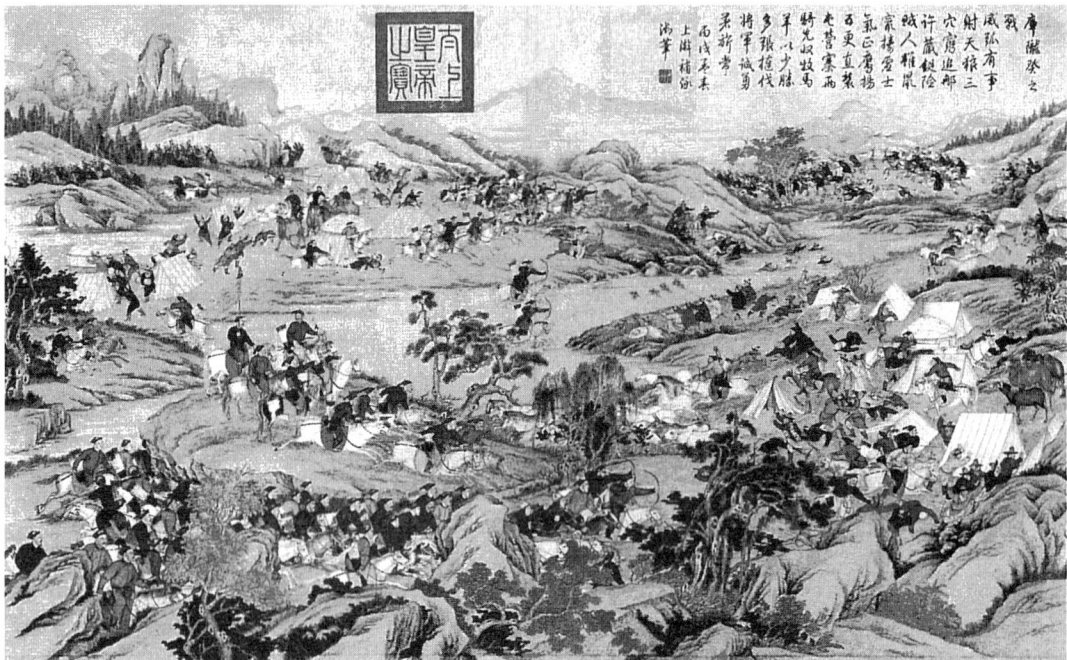

乾隆西域战图四·库陇癸之战》

　　是年春天,清军定北右副将军策布登札布指挥在和落霍澌(今沙湾县乌兰乌苏以西)杀敌近四百。乾隆帝有诗《和落霍澌》："今春我师剿逆夷,首战实和落霍澌。斩将搴旗早报捷,酬劳颁赉已有差。即今生解俘囚至,曰渥赭特宰桑伊。散秩大臣曾授职,乃敢倡乱如鸮鸱。面询彼所致败故,咋舌惟叹天夺其。彼众犹有千余骑,觇知我寡设计奇。辎重远行诱我逐,层层伏贼据险巇。官兵四百始驰至,少骑示弱山之陲。我进彼乃蜂涌集,铳炮如雨循环施。我军曾无一伤者,百灵拥护信有之。冲锋突入矢齐发,贼乃丧胆纷离披。鹿埵陇种各逃命,大鞓大膊张军威。歼彼尸僵近四百,负伤遁者数无訾。是诚天助额手庆,奋勇要亦资人为。问率军者其人谁?超勇亲王家声贻。"(《乾隆御制诗》二集卷八十)

　　诗中说:今春剿逆,首战就在和落霍斯。斩杀敌人将领,拔取敌人旗帜,很快就报捷而来。我对立功将士颁发赏赐,酬其辛劳。现在俘虏渥赭特押解至京,他原是准噶尔宰桑,归顺大清后,授为散秩大臣,没想到竟然带头作乱。我当面问他为什么失败了,他伸着舌头叹息说上天叫他们灭亡。当时他们有六千骑兵，侦察到我军人少，便以辎重车诱我深入，而在险要之处层层埋伏。我军官兵四百骑追逐少量敌骑到了山下，敌人伏兵蜂拥而起，枪炮如雨，轮回施放。相信是各种神灵在佑护，我军竟无一人受伤，冲入敌阵，枪矢并发，敌人崩溃败逃，多被斩杀。歼敌近四百，伤者无数。我为上天佑助而额手称庆，但还要靠人的作战勇敢。想知道率领这支军队获胜的将领是谁吗？他就是继承家族世传声名美誉的超勇亲王额驸策棱之子超勇郡王策布登札布将军！

乾隆西域战图五·和落霍澌之战》

平定达瓦齐之后，乾隆帝于二十年（1755）十月八日公示："御制《平定准噶尔告成太学碑文》，勒石大成殿阼阶前；《平定准噶尔勒铭伊犁碑文》，勒石伊犁东岗；《平定准噶尔勒铭格登山碑文》，勒石格登山上。"（均见《清高宗实录》卷四百九十九）

《平定准噶尔勒铭格登山碑文》记载了格登山大捷的经过，追溯了"汉置都护，唐拜将军"的历史，阐明了平定准噶尔的意义，不仅是汉唐统一与治理西域的继续，还是清朝开始统辖天山南北的标志。《平定准噶尔勒铭伊犁碑文》申明"自今以始，四部我臣，伊犁我宇。"《平定准噶尔告成太学碑文》追溯准噶尔的历史，平定达瓦齐的经过，以其灭亡引为借鉴："且准噶尔一小部落耳，一二有能为之长，而其树也固焉；一二暴失德之长，而其亡也忽焉，朕用是知惧。"说回想准噶尔一个小部落，有为的首领可使之发展壮大，失德的首领却使之迅速败亡，我不禁为之感到触目惊心，警醒告诫自己。

平定阿睦尔撒纳的叛乱之后，乾隆帝在避暑山庄普宁寺立下《平定准噶尔后勒铭伊犁之碑》，申明平叛战争是不得已而为之。伊犁即已归于大清的版图，长治久安和善后事宜的大政方针也已确定。

位于伊犁昭苏县边境的格登碑亭与达瓦齐画像

　　伊犁河北岸原有著名的固尔札庙,在阿睦尔撒纳的叛乱中毁于战火。乾隆帝曾写诗记载此事。考虑到避暑山庄成为蒙古诸部朝拜之地,于是下令在山庄东北的小山上,按照固尔札庙的样式,修建了安远庙,并多次作诗吟咏。

　　对于伊犁和天山北路的开发建设,乾隆帝非常关注并有诗作,如三十七年(1772)的《陕甘总督文绥奏新疆屯田,诗以志事》,三十八年(1773)的《伊犁将军舒赫德奏伊犁客民愿入屯田籍事,诗以志慰》《陕甘总督勒尔谨请于巴里坤设学额,因命建置州府,诗以志事》,四十九年(1784)的《伊犁马牛羊》,五十四年(1789)的《伊犁将军保宁奏伊犁各城户口耕牧情形,诗以志慰》等。

二、平定大小和卓

　　乾隆二十年(1755)五月,清军抵达伊犁,被准噶尔拘禁的大小和卓也获得解救,率当地维吾尔人归顺清朝。大和卓布拉尼敦在清军的护送下返回南疆,在争夺统治权的斗争中取胜。而留在伊犁的小和卓霍集占则参加了阿睦尔撒纳的叛乱,后来也率众逃回南疆,大小和卓兄弟成为新的统治者。乾隆帝原想利用大小和卓的影响,去招抚维吾尔群众,和平统一南疆。大和卓布拉尼敦虽认识利害,而小和卓霍集占过高估计清军进兵的困难,以怨报德,杀害前往招抚的清军副都统阿敏道,并以狂热的宗教进行蛊惑宣传,发动反清叛乱。清朝平定大小和卓叛乱,统一天山以南的战争,是从库车开始的。库车是由吐鲁番进入南疆的要隘,乃兵家必争之地。乾隆二十三年(1758)五月,清军围攻库车。六月首战,即在库车以东六十里的托和鼐(今库车县牙哈乡托克乃村)取得歼敌二千四百人的胜利,乾隆帝七月初接到报捷,作诗《托和鼐行》。

而接下来的库车战事，却是颇多曲折。七月底，乾隆帝接到库车捷报，说斩获敌人众多，并缴获小和卓霍集占的旗帜。赋诗《回纛行》，说接到捷报是既高兴又惋惜，要是能抓到叛乱首恶霍集占就更好了。其实际情况是，小和卓霍集占在托和鼐之战惨败后，只率领八百人进入库车城。坐困围城，外无援兵。这对清军是极好的战机，擒获霍集占，南疆可不战而定。但是，清军统帅雅尔哈善颟顸无能，措置失当。他见库车城坚固，用炮轰击无效果，改用地道攻城，敌人掘一横沟，水淹火攻，使挖地道的数百名清军被淹毙烧死。雅尔哈善不自引咎，把责任全部推到主持挖地道的绿营提督马得胜身上。归顺的库车伯克鄂对进言，霍集占困守孤城，粮尽援绝，必将突围。请在城西鄂根河水浅处，及通向戈壁的北山口，各埋伏兵一千，则可擒获霍集占，但雅尔哈善不予理会。霍集占果然乘夜率四百骑向西突围，防守西门的副都统领队大臣顺德讷不敢发兵，竟然放纵霍集占涉河逃去。

到八月底，清军以八千人围城数月，仅得一座空城，乾隆帝愤懑赋诗《得库车城志事》："我师久围贼库车，歼其援者纷如麻。惟是将军无纪律，卒致窜走彼么么。《军书》之什已志恨，后闻地穴为贼遮。预料将得空城耳，彼贼腹心仍逃他。驿章忽至共披阅，一一如言曾不差。言则不差事则偾，用匪其人愧若何。"（《乾隆御制诗》二集卷八十一）诗中说：我师久围库车城，大量地歼灭了敌人的援兵。可是将军雅尔哈善无能，致使霍集占脱逃。我在《军书》诗中就表示了愤懑，后来所说挖穴攻城失利，就料想将得到的是座空城。军报到了我与大臣传阅，和我预料的一点不差。雅尔哈善败事被我说中了，可我用错了人，是多么惭愧啊！

乾隆帝以劳师糜饷、安坐纵敌，将雅尔哈善以失职罪正法，伊子发往黑龙江充当苦差。副都统领队大臣顺德讷虽然在托和鼐之战中杀敌有功，但纵敌罪重，与提督马德胜被就地正法，伊子发往广东充当苦差。参赞大臣哈宁阿被责令自尽。

库车战事，用将不当，无疑是乾隆帝平定回部之役中的败笔。好在乾隆帝能以反省自身、严明律法迅速扭转了军纪。如他在《开惑论》中所说："至库车之稽绩，实偾辕于逍遥。更将申律，旗鼓一新，遂长驱直入，而功垂成于崇朝。"

雅尔哈善失机后，乾隆帝命定边将军兆惠、副将军富德进军南疆。虽然小和卓霍集占逃出了库车，但清朝的军事实力和平叛的决心，使越来越多的叛众不愿追随大小和卓作乱。九月，在库车被清军占领之后，阿克苏随即投诚。乾隆帝写下《阿克苏城回众投降，诗以纪事》。因霍集斯曾经擒献达瓦齐，所以清朝在平定大小和卓中对他寄予厚望。小和卓霍集占由库车败走乌什，霍集斯定计请其进城，赴宴时乘机擒拿，但未实现。霍集斯随即降清，使清军轻而易举地进驻乌什城，为清军继续征讨大小和卓准备了一个易守难攻的军事基地。乾隆帝有《乌什城酋长霍集斯伯克携回众献城降，诗以纪事》："执渠早是被恩荣，畏逼迁随尚近情。识顺料伊将倒戟，蕲凶匪我愿佳兵。申明昧雉霜严令，叠见牵羊肉袒迎。天佑人归逮底绩，越因兢业凛亏盈。"（《乾隆御制诗》二集卷八十一）

诗中说：霍集斯在格登山之战后曾协助我军擒获达瓦齐而被录功褒赏，继而在大小和

卓的威胁逼迫下附和观望，应当有情可原。进兵南疆之初，我就预料到霍集斯会归顺天朝反戈一击的。他果然是率众投诚，愿意协助平叛。出兵是为了消灭顽凶，而不是我喜好用兵。申明军令如冰霜般严厉，对昏愦失律的前任将军雅尔哈善给予处死，我师西进途中不断有归降者迎于道旁表示归服。上天佑助，人心归向，最终我会完全取胜的，但还是关心着每仗的输赢，为此兢兢业业，不敢懈怠。

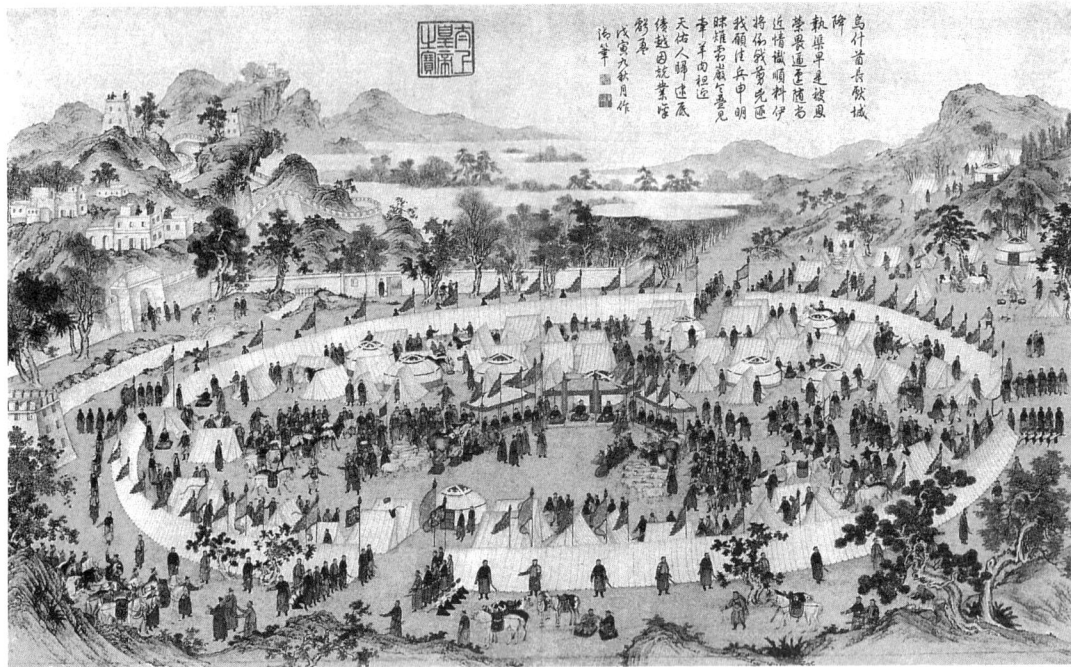

乾隆西域战图六·乌什酋长献城降》

定边将军兆惠在乾隆帝的催促下，只率领八百人匆忙赶到阿克苏，未等军队集结完毕，就带领四千士兵，于十月初进抵叶尔羌（今莎车）城下。小和卓霍集占在此坚壁清野，负隅顽抗，与坐阵喀什噶尔的大和卓作犄角之势。兆惠所部长途跋涉，陷入小和卓霍集占两万叛军的重围之中，浴血奋战，在叶尔羌河畔结营固守（史称"黑水营"）三个月。形势危急，兆惠派遣七人各携告急文书，分两批突围赴阿克苏求援。

乾隆帝有诗《通古斯鲁克之战》以纪念攻伐叶尔羌城之初遇险苦战这件事："两回酋昔困莎车，得地忘恩应翦除。赤翟蜂屯助白翟，侨如狼顾庇荣如。渡河骑率五百耳，背郭贼将二万余。守垒竟同援兵返，忠诚回忆益欷歔。"（《乾隆御制诗》三集卷五十三）诗中说：大小和卓纠众谋逆，据叶尔羌城（古称"莎车"）而反，对如此忘恩负义之徒，应当彻底消灭。虽有喀什噶尔叛贼援助叶尔羌叛贼，但他们还是有所畏惧的。兆惠将军渡河的五百勇士与敌二万进行殊死决战，守卫黑水营垒的将士待援兵到时，突出进攻。忠诚的将士回忆起通古斯鲁克苦战的往事，听者无不为之感叹抽咽。

乾隆西域战图七·通古思鲁克之战》

二十四年（1759）初，清军增援部队由阿克苏星夜奔驰，六日在呼尔满（今巴楚县阿克萨克马热勒乡）与五千之敌激战五天四夜，杀敌千余人。前来助战的大和卓布拉尼敦肋间受伤，与小和卓霍集占各自逃回城中。黑水营得以解围。乾隆帝作《我师》诗纪其事："我师万里外，马力实难继。况深入贼巢，主客势诚异。以此被所围，固守鼓众气。岂忍罪轻进，惟奖勤王事。再三督援师，速进以接济。亦不待督责，敌忾人同励。屈指数居诸，兵应临彼地。争胜在俯仰，所关信非细。中夜不安寝，亟盼佳音至。忽传驿致章，秉烛披衣视。鏖战五日夜，斩将搴旗帜。副将军富德，参赞及军士，同心成巨功，歼贼数千骑。已近将军营，通信卒遣四。顽回百计攻，官军一意备。以此历三月，无恙皆宁谧。相商夹击策，一举期功遂。四月寤寐萦，今朝始庆慰。殷心念众劳，额手感天赐。伫待捷音驰，国朝威远被。"（《乾隆御制诗》二集卷八十四）

诗中说：我军出师万里之外征讨大小和卓，道远马乏，实在是难以及时得到补充，更何况是孤军深入，双方人马悬殊极大。以致兆惠四百余人在叶尔羌城外的黑水被二万之敌包围，筑营固守，士气高昂。我只有奖励他们尽力于王事，哪里忍心怪罪他们轻率冒进？再三下令赶快增援接济，参赞大臣舒赫德从阿克苏率三千五百兵马星夜驰往，副将军富德率三百精兵急行赴援，参赞大臣阿里衮押解千余马匹以济军，军声士气大振，同仇敌忾。我屈指数着日子，援兵应该陆续赶到。这一仗事关重大，取胜应是不成问题的。半夜就醒了，盼望胜利的消息。忽然传来奏报，我披衣而起，在烛光下急切地看起来，此战激烈地进行了五天四夜，将士们同心协力，大获全胜。杀敌千余，有头目多名，缴获大量枪炮和霍集占的旗帜。援兵将到时，兆惠在黑水营听到枪炮声，也率部奋勇冲出杀敌，并派出索伦、维吾尔兵各两名与富德军营联系。他们在黑水营众志成城，一心固守，打退了敌人的百般进攻,得以在三个月内竟然平安无事。现在将领们研究下一步的夹击之策,希望能一举大功告成。四个月来萦绕在我心头的平叛之事常常使我日夜思虑,今天是颇感欣慰。我深切知道这是众将士的辛劳,双手合掌加额感谢上苍。盼望着捷报不断传来,使大清的声威传布远方。

乾隆西域战图八·呼尔满大捷》

还有《黑水行》:"喀喇乌苏者,唐言黑水同。去年我军薄回穴,强弩之末难称雄。筑垒黑水待围解,讵人力也天帡幪。明瑞驰驿逾月到,面询其故悚予衷。蜂蚁张甑数无万,三千余人守从容。窖米济军军气壮,奚肯麦麴山鞠藭。引水灌我我预备,反资众饮用益丰。铳不中人中营树,何至析骸薪材充。著木铳铁获万亿,翻以击贼贼计穷。先是营内所穿井,围将解乃智其中。闻言为之怅,诸臣实鞠躬。既复为之感,天眷信深崇。敬读皇祖实录语所载,曾闻我太宗时,明四总兵来战,正值大雾弥雾雾。敌施火炮树皆毁,都统艾塔往视攻。回奏敌炮止伤树,我兵曾无伤矢弓。匪今伊昔蒙帝佑,觐扬前烈励予冲。讵人力也天帡幪,大清寰海钦皇风。"(《乾隆御制诗》二集卷八十六)

诗中说:喀喇乌苏,汉语黑水之意。去年我军在定边将军兆惠率领下直逼大小和卓的大本营叶尔羌城,长途跋涉,到此呈现强弩之末的衰微之势。于是在黑水结营固守,等待增援解围,哪里只是人的力量,还有上天的佑护。副都统明瑞自叶尔羌乘驿马疾行,一个月后赶回京城,听了他的讲述我肃然起敬。面临着数万敌人的两翼夹击,兆惠率领三千兵马从容应对。筑营掘地时发现大批窖藏粮食,敌人导渠淹我营垒,我预开沟引之入河,且饮水不愁。敌人据高射击,铅丸都打在树上,我军砍木为柴,且得到铅丸,得以反击。先前听说营中打井得水，解围之后才知营内井枯无水。我听了不禁深受感动，更为上天的眷顾而崇敬不已。我曾读《大清实录》记载太宗时，明朝四总兵来攻打我满洲，时值大雾迷蒙，明军的炮火都打在树上而清军无损。显现先列功绩，既靠人力也靠天眷，我大清将完成西域的统一大业。

乾隆西域战图九·黑水解围》

黑水营解围之后，清军撤回阿克苏休整数月。是夏三万兵马，两路出击。定边将军兆惠由乌什进攻喀什噶尔，副将军富德则先往援和阗，再攻打叶尔羌。兆惠率军到达前，大和卓布拉尼敦已于六月二十七日逃离喀什噶尔。乾隆帝有《哈什哈尔回众投诚，诗以纪事》。随后，小和卓霍集占于闰六月二日逃离叶尔羌，两路会合后，由今阿克陶向帕米尔高原西窜。清军紧追不舍，三战三捷。

一为《霍斯库鲁克之战》："回城既定进追凶，双耳山前窜迹逢。贼已六千横据岭，兵才九百仰攻峰。遮回安集延逃路，直蹴拔达山去踪。将卒同心奋敌忾，千秋国史勒勋庸。"（《乾隆御制诗》三集卷五十三）

霍斯库鲁克在今新疆阿克陶县邻近的塔吉克斯坦东北部哈尔古什。诗中说：西域被大小和卓盘踞的叶尔羌、喀什噶尔两大城平定之后，我军开始进击追剿。参赞大臣明瑞挑选的九百骑兵在霍斯库鲁克山（汉语意为双耳山）与敌相遇激战。此地为去安集延、拔达克山的交通要道。敌众六千排列在山上抗拒，我军九百从山下往上进攻。转战三个时辰，斩敌数百，俘获甚多。堵截住大小和卓逃往安集延的道路，直向拔达克山方向跟踪追击。将士一心，同仇敌忾，为国家建立的功勋，将永载史册。

《乾隆西域战图十·霍斯库鲁克之战》

二为《阿尔楚尔之战》："霍斯库鲁遁余魂,合旅穷追玉水源。蕃部勤王随契苾,旗军励志定坚昆。蚩尤所恃依重险,风后宛同握八门。健锐营兵精火器,雪山候作陆浑原。"(《乾隆御制诗》三集卷五十三)

阿尔楚尔即今塔吉克斯坦东北部的阿尔楚尔山。诗中说:惊魂未定的大小和卓从霍

《乾隆西域战图十一·阿尔楚尔之战》

斯库鲁克败逃,在阿尔楚尔山设伏以待。我军追击到古称河源的阿尔楚尔。支援天朝平叛的布鲁特人随军为向导引路,我八旗将士激励平定西域的斗志。大小和卓依赖险要顽抗,敌众我寡,我军副将军富德与参赞大臣明瑞商议,以健锐营火器居中攻坚,左右两翼侧攻支援,结果以三千之众克敌制胜,杀敌千余人。兵力精锐,火力威猛,视雪山如平地,所向无敌。

三为《伊西洱库尔淖尔之战》:"三交三胜武貔雄,黠鼠徒嗟五技穷。一线沿溪进鱼贯,千寻列嶂突蚕丛。游魂釜底虽潜脱,驰檄天边竟定功。蒇事追思临事慎,持盈永以励深衷。"(《乾隆御制诗》三集卷五十三)

伊西洱库尔淖尔即今塔吉克斯坦的雅什库里湖。诗中说:我军在霍斯库鲁克、阿尔楚尔及伊西洱库尔淖尔三战三胜,勇猛如虎,大小和卓虽像狡猾之鼠,可再要伎俩也无济于事了。山路险绝就像李白笔下的《蜀道难》,我军将士沿着只见一线天光的崖底依次前行,在七月十一日抵达伊西洱库尔淖尔,大小和卓在湖畔隘口顽抗,我军分头攻击竖旗招降,敌阵中纷纷来投。大小和卓夺马而逃。釜底游鱼不能久活,我军讨伐大小和卓的檄文发布西域各地,定能成功。在大功告成之际我追思往昔,告诫自己谨慎从事,努力保持已成的盛业。

《乾隆西域战图十二·伊西洱库尔淖尔之战》

大小和卓被拔达克山汗素尔坦沙擒杀。乾隆帝有诗《御午门受俘馘》:"函首霍占来月竁,倾心素坦款天阍。理官淑问宁须试,骠骑穷追实可臧。西海永清武保定,午门三御典昭详。从今更愿无斯事,休养吾民共乐康。"(《乾隆御制诗》三集卷一)

诗中说：小和卓霍集占的首级用匣子装盛来自西域极西之地,拔达克山汗素尔坦沙真心诚意归顺我大清天朝。审判定罪之事由刑部官员办理,我军将士穷追获胜,建树了功勋。西域从此永保安定,西师以来我三次在午门楼举行受俘仪式。愿从此以后再无战争,我大清子民得以休养生息,安乐吉祥。

乾隆西域战图十四·平定回部献俘》

郊迎将士凯旋,乾隆帝有《二月廿七日,郊劳出征将军兆惠、富德及诸将士,礼成纪事》诗二首:"京县郊南亲劳军,圜坛陈藁谢成勋。出师本意聊尝试,奏凯今朝备礼文。释甲韬戈罢征伐,论功行赏策忠勤。膝前抱见询经历,一瞬五年戚以欣。 同心万里那暌违,毕竟欢言赋采薇。勇将归来兼福将,褫衣著得解戎衣。漫称偃武修文日,恐即嬉文恬武机。饮至宁夸畅和乐,持盈益励慎几微。"(《乾隆御制诗》三集卷三)

诗中说:我来到京城南郊,亲自慰劳西师凯旋的将士们,先前已在天坛祭拜,谢天谢地成就我西域统一大业。西师之始,本是偏师尝试,今天礼仪完备庆祝胜利。将士们脱下征衣,收藏兵器,罢兵休战,我要论功行赏以表彰其忠心与勤劳。按国朝旧制,对获胜将领行抱见之礼,并询问征战经历。回想平定准噶尔与大小和卓之役,一晃五年过去了,这期间有多少忧愁与欢乐。又说:西师将士们在万里之外与我同心同德,最终是胜利归来。这其中有勇将兆惠,还有福将富德,他们解下军服,我赏赐给他们华贵的朝服。不可说什么从此就可以停止武备、修明文教了,耽于游乐、轻视武备恐怕不是幸事。我在欢乐中畅饮,同时告诫自己要谨小慎微,保持已成的盛业。

设宴犒劳将士,乾隆帝有《上巳日凯宴成功诸将士》诗八章,其一云:"出劳嘉勋藏礼旋,升平凯宴液池壖。辟疆扫逆诚资众,助顺成功总赖天。策绩林林恩予厚,询劳一一命

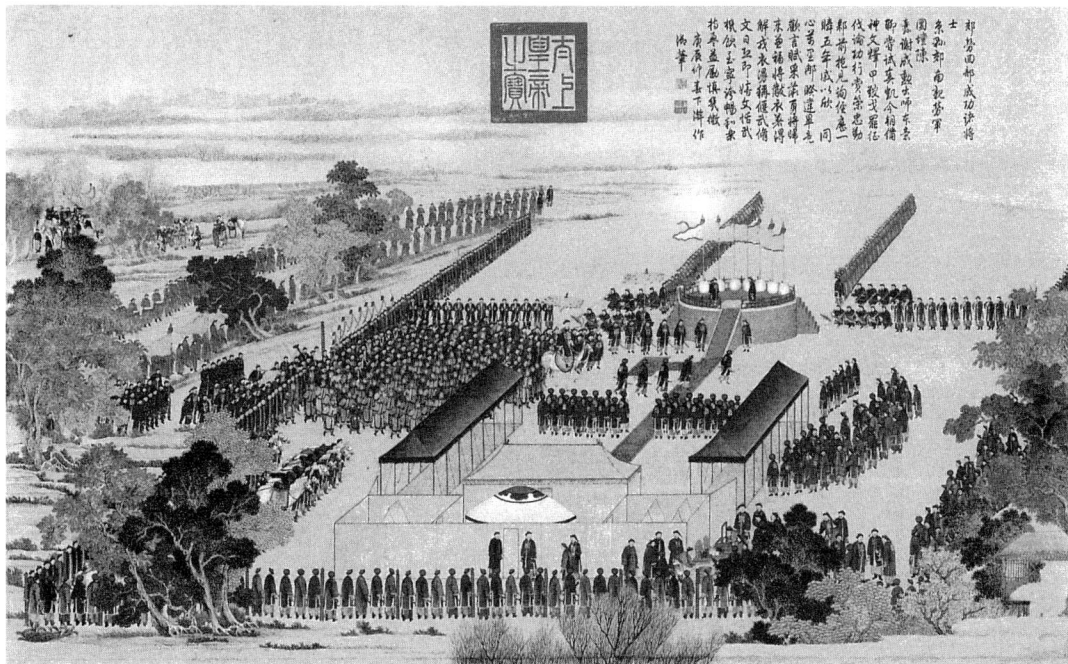

《乾隆西域战图十五·郊劳回部成功诸将士》

来前。宁惟云不重生望,只觉回思越悚然。"说:出师有劳将士获胜,建立功勋而凯旋,我在太液池畔举行庆功宴。扫除叛逆,统一西域,开疆拓土依靠将士之力,还有上天佑助我成就大业。对众多的功臣们要给予优厚奖赏,并逐一询问他们的阵战辛劳。听到他们说的最多的是没想到自己能活着回来,我为他们奋不顾身的忠勇之气而肃然起敬。

其二"日丽风和春未深,奖庸备礼有壬林。试看偃伯灵台上,讵数流觞曲水浔。命预绮筵排伯克,也陈夷乐奏任禁。笑聆蜀技无情者,那觉西悲动乃心。"说:在这风和日丽的三月三,盛大的庆功宴上奖赏功勋,他们接受一次次的祝酒。参加者有维吾尔伯克,也演奏西域乐曲。我看那些来自西域的乐工艺人们,并没有什么悲哀的表情。

其三"圆幕高张榆柳垂,犒筵喜值禊修时。策勋舍爵竟今日,邑武书常允不期。谁拟浯溪泐崖颂,我歌灵夏出车诗。紫光将画凌烟像,穆棣同叨乾贶贻。"说:草地上、榆柳旁搭建着高大宽敞的帐篷,犒劳将士们的庆功宴正值三月三。在今天记功勋于策书之上并授予爵位,还要收藏武器不再使用。有人拟写庆功的碑文,而我再次书写关于西师的诗歌。紫光阁里陈列着功臣们的画像,他们一个个端庄恭敬,共同承受着我的赏赐和封赠。

其四"成功将士锦衣旋,日月光辉军气镝。藉我虎臣典宿卫,笑他杯酒解兵权。八旗子弟心如石,万祀国朝龙荷天。宣看疮瘢犹未愈,能无一体恫瘝连。"说:西师将士成功凯旋,解下甲胄换上精美华贵的礼服,此时天地平和,兵气全消。我正是依靠这些勇武之臣和侍卫,得以成功,怎能像宋太祖赵匡胤那样不放心而杯酒解兵权。我八旗将士心如金石,大清仰仗上天的恩惠。参加庆功宴的三等侍卫绰克图巴图鲁恩特冲锋陷阵,额头受伤还未痊愈,我抚其伤口,感同身受,为之恻然。

其五"柳舒花放正良辰,上日前期福履申。卸甲韬弓尽凫藻,凹睛丰额集鱼鳞。千秋难遇太平宴,百战归来义勇身。独忆储胥宣力者,凯回未见惜斯人。"说:三月三日是良辰,这天是戊申日,象征我大清之福延伸。收藏起弓甲,和睦欢悦,边地之人也人心归向。这是千年难遇的庆贺太平盛世的宴会,功臣们都是身经百战归来的忠勇之臣。我回想起综理军需的大学士黄廷桂因劳累病逝,痛惜在宴会上未能看到他的身影。

其六"敦瓜烝栗允堪怜,二万何期竟拓边。远愧周王兴六月,迟过殷帝克三年。依扬霏雪凡经几,立帜登弧尽陷坚。此日征夫真迓止,皇州春满七条弦。"说:我大清将士西师可谓辛劳艰苦,超出预想的是竟然开拓疆土二万里。我惭愧自己不像周武王那样即位第二年六月即举行征伐演习,西师五年,也不像他那样只用三年时间就推翻了殷商纣王的暴虐统治。我依靠先祖之功,几经严峻考验;西师将士们摇旗呐喊,攻克顽敌阵垒。他们今日归来,京城里春意盎然。

其七"拔达山人献馘归,三军饮至蔼晴晖。劳心幸我纾宵旰,公道凭伊论是非。紫绮朱提颁渥泽,前歌后舞迓鸿禨。欢来忆不同来者,劳爵手持泪暗挥。"说:拔达克山汗素尔坦沙献上小和卓霍集占的首级,归顺我大清,宣告西师胜利结束。将士们畅饮庆贺时,天下太平景象。我为西师宵衣旰食,功过是非要靠谁来给予公正的评说。对立功将士优厚赏赐,以示恩惠;载歌载舞庆贺,迎接吉祥盛世。在欢宴中回想起捐躯西域而不能生还的大臣将弁,我手持酒杯禁不住暗自落泪。自注:"军兴以来,我大臣将弁等咸以荩忱自奋,其间有遇阿逆之叛,如将军公班第、参赞伯鄂容安;遇噶尔藏多尔济等之叛,如宁夏将军

《乾隆西域战图十六·凯宴成功诸将士得诗八章》

和起；而追色楞之逃者，如副都统唐喀禄；误听色拉斯吗唬斯之诈者，如都统满福。至遇回酋和卓木之叛，如副都统阿敏道、前锋统领鄂实、副都统三格、侍卫特通额、总兵高天喜。而奉命在途猝遇乱贼，如将军伯纳穆扎尔，参赞侍郎三泰。其巴图鲁侍卫中之奇彻布、巴凌阿、宁古礼、富锡尔、璊绰尔图等，并能以死勤事，秉节捐躯，虽加恩优予旌恤，而当功成饮至时，回念义烈炳然，尤不胜雪涕云。"

其八"芳节延禧淑气清，禊歌声是凯歌声。元戎允合躬承裦，勇校均教手赐觥。藉众力兹疆地戒，敕予心永奉天行。从来悟得受招理，虔巩流谦慎捧盈。"（《乾隆御制诗》三集卷四）说：在这阳春时节一片祥瑞景象，古来修禊日的宴聚之乐，而今是庆贺西师的凯歌之声。立功的将帅们，我赐以裦服；勇敢的校官们，我亲手赐酒。依靠众将士之力开拓边疆广阔的土地，我告诫自己要奉行天命而行事。从此领悟到接受归降或招安的道理，要更加恭敬虔诚地保持已成的盛业。

乾隆帝在平定大小和卓后，于二十四年（1759）十月以西师成功始末，仿照四子讲德意趣，作长文《开惑论》（《清高宗实录》卷五百九十九）宣示中外。文中的春秋硕儒对西师颇有微词，臻成大夫给予一一反驳和耐心教诲，乾隆帝以信天主人之名召见二人，申明自己眼下只有谨慎和戒惧，没有闲心计较两位夫子的议论短长。

次月，乾隆帝宣布公示将御制《平定回部告成太学碑文》，勒石大成殿阼阶前；《平定回部勒铭叶尔羌碑文》，勒石叶尔羌城；《平定回部勒铭伊西洱库尔淖尔碑文》（均见《清高宗实录》卷六百），勒石伊西洱库尔湖畔，以纪念胜利。《平定回部告成太学碑文》以上天助我的八个方面，论述西师中的大事和意义。《平定回部勒铭叶尔羌碑文》记载大小和卓以怨报德失民心、最终自取灭亡的经过。《平定回部勒铭伊西洱库尔淖尔碑文》（此碑现藏塔什干博物馆）记载平定大小和卓的最后一战，最终大功告成。

为纪念统一西域的胜利，昭告后世，乾隆帝命供奉清廷的外国传教士画家郎世宁（意大利人）、王致诚（法国人）、艾启蒙（波希米亚今捷克人）、安德义（意大利人）绘出《乾隆西域战图》十六幅。

乾隆帝关心统一后天山南部的社会安定与经济发展。如《驻叶尔羌大臣新柱等奏报得雨，诗以志慰》："自古天方艰致雨，今年还比去年优。频逢恺泽滋戈壁，乃觉微凉到火州。笑口于思歌乐利，缠头亚旅事锄耰。辟疆远益勤民远，慰在绥丰逮海陬。"（《乾隆御制诗》三集卷十三）说：西域天山以南自古以来就是干旱少雨之地，可驻叶尔羌（今莎车）大臣新柱等奏报，今年的雨水比去年还要丰沛。戈壁荒漠、农田土地连番受到好雨的滋润，气温凉爽，连火州吐鲁番都有了凉意。民众笑得合不拢嘴，歌唱又是一个丰收年；家家的兄弟及众子弟都操起农具，辛勤耕种。疆土开辟得越远，我尽心致力于民事就得越远，令我感到欣慰的是极远的西域社会安定、农作丰收。

令乾隆帝没有想到的是，由于派驻官员与当地官员的胡作非为，五年之后就爆发了乌什事变。虽然历时半年被镇压下去，但对他的震动极大，进行了一系列整顿，并为《乌什战

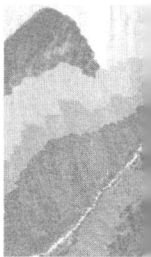

图》补咏诗作六首。

五十六年(1791),乾隆帝作长诗《回疆三十韵》,回顾平叛历史,谈及治理现状。指出:“乌什昔作乱,实缘素诚罪。叶尔羌高朴,鬻玉为私弊。”可见吏治腐败是南疆动乱的一个重要原因。他在诗末告诫说:“三十年安康,方敢言成事。敬以告后人,慎勿生奢志。”(《乾隆御制诗》五集卷六十六)其实对于长治久安来说,无论三十年还是六十年,都是不足挂齿的。乾隆帝在清军初抵伊犁时吟咏“百世宁绥有所思”,值得回味和深思。

三、哈萨克与布鲁特归附

(一)左部哈萨克

乾隆二十二年(1757)六月间,清朝将军兆惠追剿准噶尔叛首阿睦尔撒纳,再此进入哈萨克境内。左部哈萨克首领阿布赉表请归附。次月,乾隆帝下旨封赏,作《哈萨克称臣内属,遣使进贡,诗以纪事》:“深入伊犁靖陆梁,鲸鲵惩逆武维扬。已看颉利成生虏,又报洛那归职方。致马本非如武帝,闭关未得学萧王。更欣愿缚渠魁献,载戢干戈日月光。”(《乾隆御制诗》二集卷七十三)诗中说:我军深入伊犁及哈萨克草原,追剿阿睦尔撒纳等叛首。眼看阿睦尔撒纳就要被生擒俘虏,又传来哈萨克左部阿布赉称臣归附我天朝的喜讯。我不像汉武帝为了获得良马而出师攻伐,也不学那光武帝(称帝前曾封萧王)无力解决边患而闭关。更喜的是阿布赉约定擒献阿睦尔撒纳,停止战事的伊犁又将是日月重光。

当年九月,哈萨克阿布赉使臣赍表入觐行礼,乾隆帝赐宴,命哈萨克使臣等随从参加围猎,并有诗《哈萨克使臣至,令随围猎,并成是什》:“伊古从来化外躅,间关驰使远朝天。不知中土岁月日,乃隔长安万二千。塞野便教预猎喜,山庄旋与锡恩骈。即今行国多天马,附会谁穷太史编。”(《乾隆御制诗》二集卷七十四)诗中说:哈萨克之地是自古以来政令教化所达不到的地方,如今哈萨克使臣崎岖辗转来朝觐。他们不晓得天朝历法的年月日,距我京城有万里之遥。使臣高兴地参加了塞外原野的秋季围猎,我在避暑山庄给予赏赐以示恩惠。哈萨克草原自古出产好马,可谁人能将司马迁《史记》中的有关记载考证清楚呢。

热河(今河北承德)避暑山庄正门

期间还有《万树园宴哈萨克使臣,诗以纪事》:“耀武未烦贰师李,穷源底籍凿空张。”

说：我并未像贰师将军李广利那样炫耀武力，哈萨克与我中央王朝的关系，还应追溯到汉代的张骞通西域。《九月十五日赐哈萨克使臣观灯火》："可识仙庄原月宇，只疑盐泽接星桥。"（《乾隆御制诗》二集卷七十四）说这样美如仙境的园林原来只在想象中的月宫里，疑似遥远的西域盐泽（罗布泊）连接着天上的银河。

后来，二十四年（1759），阿布赍汗派遣其侄苏尔统俄罗斯入觐，乾隆帝有《填仓日命哈萨克人观灯火》："委羽来经五月程，上元盛典值都城。得教饼节观灯火，为示怀柔洽众情。"（《乾隆御制诗》二集卷八十四）说：哈萨克使臣历经五个月的行程，于元宵节十天后来到大清天朝的首都北京城。我让他们参加盛大典礼，赏月品尝月饼观灯火，为的是怀柔远方的哈萨克，建立和谐融洽的感情。

二十五年（1760）九月，《宴哈萨克陪臣作》："哈萨陪臣候起居，优恩锡宴示荣诸。"（《乾隆御制诗》三集卷五）又《哈萨克使至，俾观围》："兼程而进堪喜彼，厚惠以加宁靳予。"（《乾隆御制诗》三集卷八）说：使臣急于拜见我，日夜兼程，以表至诚之意。我认为值得嘉奖，给予丰厚赏赐，表示荣宠，在所不惜。

二十七年（1762）二月，《哈萨克陪臣到，因携观广陵风景》："哈萨朝正贡马频，路遥迟到值南巡。因教驰驿来江国，便挈行春阅绮阗。昔岁观光称使者，今番优赍实陪臣。广陵鄂甯（哈萨克地名）何南北，总我心怀保赤人。"（《乾隆御制诗》三集卷十九）诗中说：哈萨克部使臣在每年正月都来京朝见，频繁地进贡骏马。今年因为路途遥远到京迟了，我已南巡出发。因此命令驿站接送到江南，携带他们领略绮丽的江南风景。记得辛未年（即乾隆十六年，1751），准噶尔使臣曾赶到苏州朝见并观光。今年我在广陵（今江苏扬州）优加赏赐的是来自哈萨克的陪臣。虽然哈萨克与此相隔遥远，可说是天南地北，但不必如此区分。在我的心中总是要加以保护的。

三十四年（1769）又有《哈萨克汗阿布赍遣其子斡里苏尔统来请安，于御园赐宴，因成是什》："未征侍子入朝参，却以输诚叠遣男。不督因之深感慕，无私应与遍包含。笙镛并奏春光畅，金帛优颁恺泽罩。"（《乾隆御制诗》三集卷八十）说：我并未强征哈萨克部遣子来我天朝，可左右哈萨克部为献纳诚心，不断地派遣男儿：右部哈萨克阿卜勒比斯遣子卓尔齐，于今年正月入觐，我令其随来朝的外藩共同赐宴赏赍。今天左部哈萨克阿布赍之子斡里苏尔统也来到北京，特命按例赐宴，以示均以怀柔恩惠之礼相待。他们感念仰慕皇恩是因并未监督，我要以无私之光尽量包含。在春光明媚的圆明园赐宴，东西方的乐器共同演奏美妙的乐曲，赏赐黄金和丝绸，充满欢乐与恩惠。

四十一年（1776）初，《幸西苑接见朝正外藩年班回部哈萨克来使及四川土司头人等之初次觐谒者，即事得句》曰："夹衢左右纷迎接，露冕笑言普拊循。回部更番久依例，内旗札萨旧称宾。土尔扈入朝如雁，哈萨克仰流集鳞。"（《乾隆御制诗》四集卷四十）说：各方使臣列队夹道欢迎我，我头戴便帽笑言抚慰。使臣中有西域回部伯克、内蒙古王公、土尔扈特台吉，还有左部哈萨克阿布赍的使臣。

(二) 右部哈萨克

乾隆二十三年 (1758) 八月间,清军参赞大臣富德追索准噶尔余孽时,平息了哈萨克右部与塔什罕人的争斗。右部首领吐里拜等进表文曰内附。乾隆帝又作《右部哈萨克归化,遣使朝贡,诗以纪事》:"偏师西海剿逋逃,取便恩宣杂种曹。岂谓解纷更释难,匪征首蓿与葡萄。情欣左部荣同被,德惭两阶会偶遭。厚往薄来九经式,持盈保泰一心操。"(《乾隆御制诗》二集卷八十一)诗中说:我军在追剿中,顺便向当地诸部族宣扬天朝恩惠,本来没想到会给他们排解纠纷争斗,也不是为了征取首蓿和葡萄。高兴的是右部哈萨克在左部之后也归附天朝,使我在庆幸之中又感到惭愧。我要认真遵循厚往薄来等治国平天下的九项准则,尽心保持这安定兴盛的局面。

右部哈萨克在归附后即遣使朝觐,当年十月,乾隆帝有《将之盘山,驻跸汤泉行宫作》:"扈行俾识朝家制,大阅兼陈士气豪。"(《乾隆御制诗》二集卷八十二)说右部哈萨克使臣将随从我出行,可以了解天朝礼制;南苑阅兵,更可展示军威雄壮、士气英豪。

同时有《右部哈萨克及塔什罕城回人、布鲁特首领胥来觐谒,恰至山庄,曲宴示恩,点笔成什》:"罢争归化信堪嘉,举踵延颈岂计遐。向日心殷身忘倦,敷天无外总为家。讵期葱岭殊言侣,也厕田盘曲宴加。南苑纡临俾扈驾,视前来者肯教差。"(《乾隆御制诗》二集卷八十二)诗中说:右部哈萨克与塔什罕结束争斗归附天朝,值得称道。他们如葵花向日,翘首东望,不远万里派遣使臣,历时两个月赶来朝觐,使我感到普天之下皆为一家。我哪里想到葱岭之下会有语言各异的同伴,来到盘山(静寄山庄,今天津蓟县西北)应当宴赐有加。再随我去南苑,对他们的优待不会比以前稍差。

三十四年 (1769),乾隆帝就右部哈萨克阿比勒比斯子卓勒齐等来京请安有《上元前二日锡宴外藩,即席得句》:"仰流鳞集贺元正,锡宴欣逢雪后晴。"(《乾隆御制诗》三集卷七十八)说:西域各部人心归向我大清,使臣就像鱼群一样来到北京祝贺新年。我在元宵节前两天设宴款待,正值雪后放晴。

三十八年 (1773) 初有《上元前一日,宴哈萨克波罗特汗陪臣阿克台里克及卓尔齐,即席成什》云:"波罗特兹驰使伻,继汗请命觐都京。底须更置示威重,便可允行奖恪诚。卓尔齐尤习国礼,理藩院引贺新正。厚恩丰宴颁嘉节,柔远旁通万里情。"(《乾隆御制诗》四集卷十)诗中说:哈萨克波罗特继承父亲的汗位后,就派遣陪臣阿克台里克朝拜,去年十一月底从伊犁出发,急驰一个半月,于今年元宵节前抵达京城。我何必表示出威严庄重呢,应当表彰他们的恭敬和忠诚。阿卜勒比斯部王子卓尔齐也要由理藩院官员引导参加明天的元宵活动。我在正大光明殿设宴款待、厚加赏赐,为的是安抚万里之外的哈萨克部众。

五十二年 (1787) 八月,乾隆帝还有《左部哈萨克瓦里苏尔坦遣其弟哈斯木入觐,于山庄万树园锡宴,因成是什》说:"贵山右部使方回,左部今随遣弟来。"(《乾隆御制诗》五集卷三十四)反映了哈萨克左右部争先恐后朝觐的场面。

左右部哈萨克向清朝进献的贡品主要是骏马。乾隆二十四年 (1759) 正月有《哈萨克汗阿布赉之侄俄罗斯苏尔统及其陪臣来朝,诗以纪事》云:"命彼近亲亦台吉,献其方物乃蒲捎(古代骏马名)。"(《乾隆御制诗》二集卷八十四)说:这次哈萨克汗阿布赉派遣其侄俄罗斯苏尔统,向我天朝进献的是该地的特产骏马。

二十九年(1764)三月有《赐赉哈萨克陪臣并携游御园,诗以纪事》:"献马无过聊表愫,同舟真是大联情。"(《乾隆御制诗》三集卷三十八)说哈萨克进献骏马是表达真情,而今我们建立起同舟共济的情意。

二十四年(1759),乾隆帝还就右部哈萨克进献骏马,作《大宛马歌》:"今之哈萨昔大宛,峤山神种古所传。乌孙中阕阻声教,攘为己有曾贡闲。不仁之世再世斩,伊犁万里拓幅员。哈萨布鲁胥向化,无他为赆致敬虔。骏袤汗血实方物,左右部长及可汗。遣其首领远来献,却之失望厚赉还。验骎骟雅类实夥,葡萄牵跪陈墀前。为龙为骦各夭矫,雄恣逸态英且闲。流珠喷玉谁则见,奔霄追电有必然。往者贰师求善种,徒劳数万恶少年。致一二耳犹艳诩,奚称归德开远门。辟疆勤远非本意,人归天与宁可捐。人归天与宁可捐,作歌自警示后昆。"(《乾隆御制诗》二集卷八十三)诗中说:今日的哈萨克是昔日的大宛,在葱岭以西,出产良马自古流传。近世因被准噶尔阻隔,与我天朝未能联系。其马被准噶尔当作贡品来进献。准噶尔残暴统治经历几代就结束了,天朝平定伊犁,版图开拓两万里,哈萨克、布鲁特先后归附,都以进献良马表示敬意和虔诚。我感到若不接受,他们会失望,就以丰厚的赏赐来回报。各种良马实在多,献马使臣阶下一一向我展现:良马雄姿逸态,仰天长嘶、喷吐唾沫,谁曾见过?我想它们一定像周穆王的奔霄骏马一样,风驰电掣。回想汉武帝以李广利为贰师将军,征发数万人伐大宛,为的却是获取良马,还作诗夸耀什么"经万里兮归有德"和"天马徕,开远门"。我可不是这样。拓疆辟地并非我的本意,因为天命所属,人心所向,如果不是这样,我宁肯不要。写下这首诗自我警醒,并告诉后世子孙。

乾隆帝后来作诗《哈萨克马》:"哈萨克马多无万,古称大宛实讹传。"(《乾隆御制诗》四集卷九十一)虽然对哈萨克是昔日大宛做了更正。但还是对哈萨克献马大加赞赏。命清宫画家绘出名画《哈萨克贡马图》。

《哈萨克贡马图》(现藏法国吉美博物馆)

(三)东布鲁特

乾隆二十三年(1758)六月,清朝将军兆惠追剿准噶尔残部,到达东布鲁特地区,即伊

塞克湖、楚河、塔拉斯河一带,派人向他们的头人宣布清朝的政策。东布鲁特以玛木特呼里为首的五部头人表示愿意归属清朝。乾隆帝有《布鲁特称臣内属,遣使诣阙,诗以记事》:"挞伐原因讨逆回,仰流讵意远人徕。旧传勃律两王据,即见坚昆一面摧。厚往薄来风早树,东鹕西鲽道方开。不招不拒敷吾惠,王会何方达九垓。"(《乾隆御制诗》二集卷八十)诗中说:清朝出师的原因是讨伐大小和卓叛乱,出乎意料的是东布鲁特继哈萨克之后竟然也归附而来。唐时西域有大小勃律两个部落,就像今天的东西布鲁特(坚昆为布鲁特祖先在叶尼塞河上游地区时的汉代称呼)。东布鲁特与回部毗连,内附天朝,等于大小和卓断其一臂。该部首领派使臣正在前来朝觐,我将施予丰厚而纳受微薄,他们也会进贡珍异的。我虽不是有意招徕,但来者不拒并施以恩惠。我想象着统一西域之后天山南北各部朝会的盛况,心中充满喜悦。

东布鲁特归附后,首领玛木特呼里年已九十高龄,身体肥胖,行动不便,于是派遣其弟舍尔伯克与头目车里克齐、图鲁起拜、尼沙等人入觐。当年九月,在避暑山庄以北木兰围场的布呼图口受到隆重招待。乾隆帝为纪念此事,取满语会归之意,改其地名为伊绵峪。宴会上还有前任准噶尔总台吉达瓦齐作陪。乾隆帝有诗《布鲁特使臣至,宴赐即席得句》说"新恩恰值伊绵峪,旧识兼逢达瓦齐"(《乾隆御制诗》二集卷八十一)。

《丛薄行诗意图》(局部)

围猎期间,乾隆帝命供奉清廷的意大利画家郎世宁等人绘《丛薄行诗意图》,反映他在山林空场上,骑在马上,由侍卫簇拥着,正在接受索伦勇士献上的小老虎和布鲁特使臣的朝觐。画面左上端有大学士于敏中书写的御制诗《丛薄行》,最后两句:"喜亦讵为万目睹,适有新归化布鲁。"(《乾隆御制诗》二集卷八十一)

到避暑山庄,有《万树园宴布鲁特,即席得句》云:"鳞集仰流鹿食萍,筵开万树洽舆情。"有《万树园赐布鲁特人观灯火》云:"锤峰正挂玉轮盈,合灿烟花惬远情。"(《乾隆御制诗》二集卷八十一)

十一月五日,乾隆帝在南苑阅兵,请哈萨克、布鲁特、塔什罕使臣参观,有《仲冬南苑大阅纪事》云:"便设军容示西域,仁看布

《乾隆帝戎装骑马大阅图》

露靖坚昆。好齐以暇千旃毡。既正还奇万炮喧。风日晴和士挟纩,非予恩也总天恩。"(《乾隆御制诗》二集卷八十二)诗中说:天朝在西域诸部使臣面前展现出威武的军容,我盼望报捷文书传来平定叛乱的好消息。在旌旗的飘拂下,受阅部队严整有序,从容不迫,出人意料的是还有轰鸣的礼炮声。仲冬时节风和日丽,士兵并未感到寒冷,这不是我的恩惠而是上天在眷顾。

此时正是清军在叶尔羌与大小和卓战事吃紧之际,乾隆帝在南苑阅兵,命郎世宁等人在紫禁城西御苑内,绘出《乾隆帝戎装骑马大阅图》(后称"清高宗大阅图"),张挂于南苑行宫。图上乾隆帝英姿勃发,气宇轩昂,身着华贵甲胄,骑在一匹雄健骠悍的骏马上,眉宇中透出一股英雄气概。阅兵为了展示清王朝的实力和军威,给西域诸部使臣留下深刻影响。

(四)西布鲁特

乾隆二十四年(1759)秋,清军追剿大小和卓。额德格纳部落头人阿济比代表西布鲁特部十五个部落上书臣服。于是从伊犁西南伊塞克湖到喀什噶尔西北、浩罕以东帕米尔一带广大布鲁特地区,全部归属清朝管辖。

二十三年(1758)冬,乾隆帝有《赐哈萨克布鲁特等宴,即席得句》云:"乌孙扫净玉门开,受号争先肯后哉。献马不须金马去,右宛今效左宛来。踦前布露相伯仲,罢战康居总厕陪。谁道葡萄经岁久,三巡早各醉芳醨。"(《乾隆御制诗》二集卷八十二)诗中说:平定准噶尔后,从西域通往天朝的道路畅通,哈萨克、布鲁特等部落争先恐后地前来归附,接受

封号。我不像汉武帝那样派遣贰师将军攻伐大宛,左右哈萨克就接踵而来,东西布鲁特也于今秋朝觐返回。塔什罕人曾与哈萨克相互争斗,如今和好同来入觐。我赐宴举杯与使臣们共饮葡萄酒。三巡之后,大家都高兴得有些醉了。

应当指出,阿济比代表西布鲁特部十五个部落上书臣服清朝之前,就有一些西布鲁特上层人士随东布鲁特使臣入觐,并参加南苑阅兵、围猎及避暑山庄的赐宴和观灯火活动。

东西布鲁特向清朝进献的主要是刀具。乾隆二十六年(1761),东布鲁特别部酋长额木尔贝率部归附,次年进贡匕首,由驻喀什噶尔的官员侍郎海明进呈,乾隆帝作《布鲁特额木尔贝所献匕首歌》:"回部大定兴农耕,分驻宣抚留朝卿。其中喀什噶尔城,近外部落严候侦。有布鲁特驰使伻,厥长额木尔贝名。献玉匕首来输诚,佉卢回书仍左行。译出一一伸葵倾,向因路阻凶丑兵。戡逆靖乱今太平,地为王土人王氓。贡物表敬惭菲轻,驿致金阙由海明。开匣尺八居然呈,龙鳞其室楠以赪,玉柄金镂象鼻形。抽看光如波溢青,月芽直芒披电星。封还销铸胥矫情,咸宾用识王道贞。"(《乾隆御制诗》三集卷十七)诗中说:天朝平定大小和卓叛乱后,在天山以南各地派驻大臣宣谕安抚,大兴耕种。其中喀什噶尔大臣还有密切观察境外近边部落的职责。东布鲁特别部首领额木尔贝派遣使者献上玉把匕首表示归顺,译出文书内容说:早有向往思慕之心,因被阻隔而不能。现在叛乱平定,我们也愿作大清的臣民。贡物虽轻,情意恳切,匕首由驻喀什噶尔侍郎海明通过驿站传送呈来。我打开一看,居然有尺八之长,刀鞘是红铜皮上錾刻龙鳞纹,刀把是玉柄象鼻形,带着金丝穗。抽出更是如水波泛着青光,似月牙般闪亮。我若缄封退还或下令销熔就太违背人之常情了。只要施以仁政,端方正直,天下人都会知道的。乾隆帝为此赏赐额木尔贝三品顶戴。

五十三年(1788年),乾隆帝有《伊犁将军保宁奏布鲁特寿妇一百六岁,既赐之貂帛,并诗以纪事》,表现了他敬老的美德,更希望边疆稳定,民众安居乐业。

乾隆帝对哈萨克、布鲁特,尊其宗教,锡封爵号,减轻赋税。其大小头目原职不变,但要由清廷任命,赐以二品至七品顶戴。哈萨克、布鲁特每年要向清廷进献一定数量的马匹,清廷回赠绸缎、布匹、茶叶等物资。靠近伊犁的哈萨克与东布鲁特,由伊犁将军每年派领队大臣前往巡查一次,对整个布鲁特的常年巡查,则由喀什噶尔参赞大臣专管。清朝允许哈萨克、布鲁特回到被准噶尔侵占的原牧地自由放牧,不征收土地税,不强迫其改变原有的风俗习惯。哈萨克与布鲁特在新疆进行贸易,税率比内地商人减少三分之一,以示优待。清朝驻军及官员所需马匹和牛羊,主要由哈萨克、布鲁特供应。使得哈萨克与布鲁特的社会经济,在西域统一于清朝之后得到了很大发展。后来由于历史的原因,哈萨克与布鲁特(今称柯尔克孜)分别成为跨国民族。而乾隆帝关于哈萨克与布鲁特的诗篇,纪实述事,有着鲜明的时代感和深厚的历史感,无疑是我国多民族国家统一和形成的历史见证。

四、外藩通使朝贡

（一）霍罕（后多写为"浩罕"）

时辖安集延、玛尔噶朗、那木干。乾隆二十四年（1759）夏，清军追捕大小和卓，遣侍卫达克塔纳至其地进行外交斡旋，要求协助擒获大小和卓。额尔德尼向乾隆帝进表文，率四城全部归附。

霍罕在归附清朝的次年九月遣使贡马，二十七年（1762）贡白鹰，二十九年（1764）贡白海青。三十五年（1770），额尔德尼卒，其侄纳禄博图袭为伯克，遣使进贡龙泉盘子。乾隆帝都有诗作。

《白鹰歌——霍罕额尔德尼伯克所进，歌以纪事》："受将军檄遮贼魁，设网未入惭雏媒。捧首以降心无乖，方物屡献表宾徕。每教厚往而薄来，九经正义诚昭哉。白鹰今复致鸷材，雪毛金脚刷羽皑。下鞲目不留狼豺，鹘师赤养皆旗回。蒲萄喂肉那可侪，开门揖盗谋非佳。博观今古益凛怀，作歌匪诩荒遐开。"（《乾隆御制诗》三集卷十七）诗中说：霍罕额尔德尼伯克接受我大清兆惠将军的檄文，协助拦截擒获叛乱头目大小和卓。虽说是设计布局张网以待，但因大小和卓未取道霍罕而感到遗憾，遣使进贡表示诚意。拔达克山献上小和卓霍集占的首级，归附大清，心诚不二。而各部不断前来贡献方物。我对各部都是厚往薄来，古来儒家治国平天下的九项准则中不是明确写着怀柔远人吗？贡马之后，霍罕又进贡了白鹰：金色的脚爪整理着霜雪般洁白的羽毛，从臂套上飞出去，双目就容不得豺狼野兽。京师八旗中养鹰鹘的维吾尔人，在维吾尔语中称为"鹘师赤"。西域进贡来的葡萄由我和群臣品尝，而霍罕进贡来的白鹰却要用肉喂养，这是不可相比的，如果开门揖盗那就不是好事了。纵观古今，我更加感到敬畏而慎行，写下这首诗并不是为了夸耀大清声威远抵霍罕。

白鹰历来被视为祥瑞之兆。我们可以从意大利传教士画家郎世宁为白鹰所绘《崇献英芝图》中，想见霍罕所献白鹰的风貌。

乾隆帝《白海青歌》："海东翻飞下海西，变青为白斯更奇。东木西金五行配，各从其色非人为。霍罕部在天山右，其汗名额尔德尼。摅诚通贡致方物，鞲来鸷鸟随译鞮。黄睛玉爪气隽逸，素翘皓羽光陆离。笼育林监昭远服，为之造屋诚无稽。豪腾雄击都弗藉，纯精明洁亶宜题。瑞图越裳漫比拟，写形传

《崇献英芝图》

实宁可遗。写形传实宁可遗，久安永奠殷吾思。”（《乾隆御制诗》三集卷三十九）诗中说：这只海东青竟然来自海西（西域以西），颜色由青变白更令人称奇。五行配属各有对应，各有其色也不是人力所为。远在天山以西的霍罕汗额尔德尼真诚通好，贡献方物，这只海东青随同翻译和养鹰人前来。它双眸金黄，两爪如玉，俊秀飘逸，披一身洁白如玉的羽毛翘立着。我将进贡来的鸷鸟或笼中养育或林中照看，以代表边远之地对天朝的服从，但如《元史》所说的为之建造房屋就没必要了。我不是为其傲然飞腾、英勇搏击，而是只为其纯洁精明而题诗。任人将它与越裳进贡祥瑞之雉来相比，我要郎世宁画出这只白海青的英姿神韵流传后人，永保天下长治久安才是我最为关切的啊！

《咏龙泉盘子》：“古宋龙泉世颇稀，云何外域尚或有。吐鲁番器昔讶看，霍罕包贡今复走。不宝厚往致频来，所嘉彼亦知献寿。质厚色葱弗茅蔑，定窑之下斯抡首。赵家幅员未逮彼，彼何以得故难剖。长言纪实非玩物，更廑深意慎所守。”（《乾隆御制诗》三集卷九十二）诗中说：古代宋朝的龙泉瓷器本来存世就很稀少，不知为什么国外霍罕竟然还有。几年前从吐鲁番带回的龙泉盘子就使我很惊讶，如今霍罕又进贡了一个龙泉盘子。因为天朝实行薄来厚往，所以各地不断派使臣前来，我高兴的是霍罕此次是为我五十九岁生日祝寿而献礼。这个龙泉盘子质地厚而色葱翠，且没有损伤，可说是定窑中的精品。当年北宋的疆域并未到达西域及以西，而这个龙泉盘子何以到达该地实在难以解释。我写下这首诗纪录此事并不是为了玩赏，而是表明自己要更加勤慎地守住祖先留下的基业。

二十八年（1763）二月，乾隆帝有《安集延匕首》：“持短入长不逾尺，应速用近两刃窄。水晶为把月牙直，筠冲插腰豫戒迫。感我厚泽贡弗惜，徒观美理霜雪色。缠绵经冗金错饰，漆龙文鞘偃蹇奕。自来非拟邓遵得，锦袂襓更檀匣袭，用昭绝域兵戈释。”（《乾隆御制诗》三集卷二十八）诗中说：这把不过一尺的短匕首到了我的手中，两刃很窄，应当是近身应急之用。匕首之把如水晶，而刀刃笔直明晃似新月，插在腰间以防不测。安集延人感激我的恩泽，向天朝进贡在所不惜。这把匕首看上去就非常美观，刀刃纹理像霜雪般寒光寒烁。刀把上缠着彩线，而刀刃上用黄金镶嵌花纹，从刻着龙纹的刀鞘里抽出就亮光闪动。我不能像邓遵得那样夸耀，而是将匕首装入剑套，放进檀木匣中收藏，用以昭示西域兵戈止息，各部安宁。

（二）拔达克山（后多写为“巴达克山”）

二十四年（1759）八月，大小和卓败逃进入拔达克山，清军遣使往谕，宣示大小和卓罪状，要求协擒。是时大小和卓抢掠村落，准备继续南逃。拔达克山汗素尔坦沙下令就擒，并派人报告清军。此时邻近部落有准备发兵劫持大小和卓，素尔坦沙因其宗教相同，又担心邻近部落不同意，颇感为难。在清军将领晓以顺逆利害的情况下，下令杀死大小和卓。大和卓尸身被盗，向清廷献上小和卓首级，率其部落十万户与邻近的博洛尔三万户归附清朝。乾隆帝接奏报有《副将军富德奏报，拔达山汗素尔坦沙献逆贼霍集占首级，并以全部纳款称臣信至，诗以志事》：“冞入歼渠逃望风，情知三窟已途穷。嘉兹识早献馘顺，笑彼悔

迟跋扈雄。和众永看两部定,成功速在五年中。天恩如此昭优眷,保泰弥殷慎敕躬。"(《乾隆御制诗》二集卷九十)诗中说:副将军富德率部深入西域追歼望风逃窜的大小和卓及残匪,俗话说狡兔三窟,得免一死,而他们是日暮途穷。拔达克山汗素尔坦沙识时务者为俊杰,献上小和卓霍集占首级,并率部归顺天朝。笑看大小和卓骄横跋扈,猖獗一时,如今被彻底扫荡。西域准噶尔部、回部永远得到了平定,天朝在五年中就完成了统一西域的大业。上天对我如此恩惠眷顾,我要时时警饬己身,保持这安定兴盛的局面。

《乾隆西域战图十三·拔达山汗纳款》

　　二十五年(1760)夏,乾隆帝有诗《拔达克山八骏马歌》:"大宛骏马斯已奇,拔达山骏奇倍之,方隅贵山南以西。献馘称臣诚识时,良骥服皂纳赆随,青骢送喜领群蹄,捷音早共红旗驰(右送喜骢)。坚昆底定我马归,鹏其英鸷色其骐(右坚昆鹏)。洱海一战搴厥旗,获良翻以徕白羲(右洱海骦)。有骙紫电名雅宜,扫尘灭迹追无遗(右紫电骙)。服远在德不在威,阚虎已老兹其妃(右服远骦)。虾蟆一跳丈六齐,掉尾肃肃白玉题(右玉题骏)。呈览按队过荷池,祥霞辉映光配藜(右祥霞骦)。逸足未骋望可知,蹑云底藉鞭棰施(右蹑云骟)。徒观骨格皆英姿,揣称且命儒臣为。天闲调习付有司,待予秋狝徐试骑。譬霍集斯居京师,富贵之更教礼仪。游闉阇兮观玉台,初非求马兴戎麾,销兵从此含生熙。"(《乾隆御制诗》三集卷五)诗中说:大宛的骏马自古以来就著名称奇,而位于大宛以南以西拔达克山的骏马更是加倍胜之。素尔坦沙献上逆贼霍集占首级,向我天朝纳款称臣,可谓识时务。进贡来的主要是八匹骏马。领头的是送喜骢,毛色青白相杂,伴随它的是平定大小和卓报捷的红旗。第二是坚昆鹏,因天朝平定西域而来归,如鹰鹏勇猛强悍,毛色有青黑斑纹。第三是洱海骦,纪念伊西洱库尔淖尔之战拔取了敌方的旗帜,这匹马就像周穆王八骏之一的白

913

羲。第四是紫电辀,身高七尺,飞驰起来转眼了无痕迹,疾如闪电。第五是服远骝,我以德服远而不诉诸武力,古时唐太宗如虎啸的十骏早已衰老,这匹马可以与之匹配。第六是白马玉题骏,像虾蟆一样善跳,摇尾疾速。第七是祥霞骥,排队过荷池时,毛皮犹如吉祥的云霞,油光发亮。第八是蹴云骃,这匹青白相间的杂毛马,不用鞭子抽打就可追云飞驰。八骏个个英姿,我命令文臣们为之诗文与绘画。在上驷院调教驯服,等待木兰秋狝时试骑。就像留居京城的郡王霍集斯,使之富贵,更要教之礼仪。我不是为了获得良马而兴兵的,平定了大小和卓的叛乱,天下从此太平,呈现和悦与吉祥。

郎世宁绘《八骏图》

次年还有《拔达克山汗素尔坦沙贡刀歌》和《咏拔达克山汗素尔坦沙所进斧》。

(三)博洛尔

二十八年(1763)正月,乾隆帝有《博洛尔部沙瑚沙默特伯克所进武器,制匣藏之,并纪是什》:"文列星行光溢涛,切昆璆似断秋毫。于阗西去千余里,那数寻常玉把刀。 齐斧言旋早洗兵,更无拓远祗持盈。集鳞流仰宁当拒,厚往惟嘉底贡诚。"(《乾隆御制诗》三集卷二十七)

诗其一说剑:剑上纹理像群星排列,又似波涛光芒闪耀,其锋刀切昆仑美玉如同秋毫。博洛尔部在于阗以西千里远,《宋史》记载开宝二年,于阗使臣曾进贡了玉把刀。

其二说斧:我早就高举黄钺下令凯旋,西域从此停止了战争。我本无开拓边疆之意,只是想守好祖先的成业。如今西域各地谓如鱼群迎向上流,纷纷归服贡献,我怎能拒绝,只有厚往薄来以嘉奖他们的真诚。

二十九年(1764)六月,乾隆帝作《博洛尔部沙瑚沙默特伯克所献匕首歌》:"风胡欧冶徒传昔,淬锋敛锷术谁核。外域尚斗防暴迫,必佩利器求精饬。博洛小部自守域,近拔达山时被逼。诉之守臣为和息,感恩献此表食德。出匣月芽光奕奕,断蛟龙复传犀革。解纷怀远斯堪式,非同侈诩郑遵得。"(《乾隆御制诗》三集卷四十)诗中说:自古以来就相传春秋时的风胡子、欧冶子精于铸剑,可是锻造淬火、隐匿锋芒的技艺又有谁知道呢?外域之人爱好与盛行争斗,而防欺凌逼迫,必须随身佩带武器,还讲究锐利而美观。博洛尔是一小部落,邻近拔达克山,时常被威逼或强取。该部为此求助我大清驻叶尔羌(今莎车)办事尚书新柱,为之和解平息争端。我派遣使者晓示告诫拔达克山守约管束,归还俘虏,停止争斗。博洛尔部沙瑚沙默特伯克为感受德泽进贡谢恩,其中匕首是该部最珍贵之物。匕首出匣,形状如新月,光亮闪耀。其锋利可杀死蛟龙,刺穿犀牛皮。此事可为排解纷乱或纠纷、安抚边远之人的一个准则或模式,而不像郑遵得那样夸夸其谈,无济于事。

三十四年(1769)正月,乾隆帝还作有《博洛尔部沙瑚沙默特伯克进玉把双匕首,诗以志事》:"戡干西极各安居,表进佉庐弗改初。双器先之宜酌纳,五年贡亦不为疏。球琳把内铁衔定,毹毺室端银镂诸。以短乘长休论彼,薄来厚往益怀予。"(《乾隆御制诗》三集卷七十七)诗中说:战后西域及以西各部安居乐业,博洛尔部上表仍然不改古老的文字,进贡双匕首我应酌情收下。以前该部进献武器,我曾有诗。五年之后再来进贡也不算少。双匕首是美玉镶嵌着刀把,里面还有铁件衔接相连;刀鞘是羊毛织品,还有用银箔刻成的装饰品包裹着。我不论其长短,只想薄来厚往,热情款待。

(四)爱乌罕

即今阿富汗北部,地处巴达克山之西。清乾隆二十七年(1762)遣使贡刀及骏马,次年正月抵京,与清朝建立联系。乾隆帝有诗《爱乌罕刀》:"西蒙奉表驰使伻,献名驹二抒远诚。陪臣乘传达帝京,敬同诸部朝元正。丰飨曲宴皆预令,承筐币帛厚赐行。繄密尔汉感悦并,贡刀可否咨公卿。笑而许之联彼情,长跪百炼双手擎。弯如碧水弓在檠,吊弗适用器则精。上有白气横庚庚,不资磨莹漫理呈。匣庋武库志偃兵,玉关开后通昆瀛。既非招致亦来迎,殷殷予意惟持盈。"(《乾隆御制诗》三集卷二十七)诗中说:爱乌罕向我大清天朝送上表文,派遣使臣密尔汉急驰上路,献与骏马,表示来自远方的真诚。使臣乘坐我驿站的马车兼程,正月新年赶到京城,与各地诸部代表朝拜我。我用丰美的酒食款待,宫中之宴也让他们参加。热情欢迎,厚赐送行。使臣感动喜悦,向大臣咨询可否献上刀具。我笑着答应,为的是联络彼此的感情。于是密尔汉朝堂长跪,双手高举着献上爱乌罕刀。刀光闪亮如水波,还弯如半弓,虽不适用,却制作精良,不用磨治就纹理横布,闪着白光。我下令接受,放入武库收藏,以示兵戈止息,天下太平,大清的声威远达昆仑山和西海。我既非招致,亦欢迎前来,一心想着保持祖先留给我的盛业。

二十八年(1763)正月,乾隆帝有诗《爱乌罕四骏歌》:"天山左右多回部,声教古艰通译鞮。分疆划界各领众,其名不可偻指稽。爱乌罕实土著国,遥在拔达山更西。遣使进表非招致,浮泥蜡纸金字题。先以乘马色不一,嘉诚那责比物齐。使者邮至早赐遣,按程马到怜穿蹄。曰骢超洱菊花簇,度西海忽蹀金堤(右超洱骢)。昂藏之骝若喷玉,用昭徕远房星低(右徕远骝)。有骐有骐生月胢,一形十影耳竹批(月胢骐)。凌昆之骏色正白,不须鞭策行追霓(右凌昆白)。高逾七尺长八尺,为龙——一皆骐骥。于阗董毡四五尺,伯时图画犹

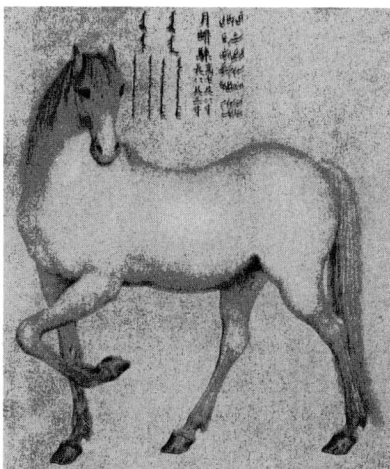

爱乌罕四骏之一月胢骐

艳提。别毛按品予嘉号,永志底贡无乖睽。所幸在此惧在此,太保作训吾将徯。"(《乾隆御制诗》三集卷三十)诗中说:天山南北有许多信奉回教(即伊斯兰教)的部族,声威教化难以到达且主要依靠翻译人员来进行联系。这些部落都划分了各自的疆界,各领其众,至于一些小的部落就不能屈指而数和考证了。爱乌罕人世代定居于此,在拔达克山以西,派遣使臣来进表并非招而使至,表文用的是浡泥国出产的蜡纸,用金字书写。随之进贡的马匹毛色各不相同,表彰其真诚哪能责备其毛色未能划一呢?使臣来信说贡马早早就上路了,山高路遥万里程,怜惜贡马到京时蹄子都流血了。四骏中一是超洱骢,青白色相杂,毛簇如菊花,以其纪念平定大小和卓的最后之役伊西洱库尔淖尔大捷。二是徕远骝,红色黑鬃尾,超群出众,嘶鸣时如同喷洒玉珠,来自远方,凌空飞驰。三是月骢骏,双耳小而尖,犹如被斜削的竹筒,好像来自月宫,展现着各种健美的形态。四是凌昆白,毛色如昆仑之雪一样纯白,不用挥鞭抽打,就自行凌空追赶彩云了。爱乌罕四骏都是高过七尺,身长八尺,匹匹都是良马。回想宋代时,西域于阗首领进贡的五匹马都是四五尺的,神宗就命令画师李公麟(字伯时)为之浓抹妆点画出《五马图》。我对爱乌罕四骏区别毛色,按照品相,分别给以美好的称号,记录爱乌罕倾心朝贡不背离之意。我为此庆幸也同样为此忧惧,将等待太保辅导太子时讲述君王如何治理好天下的道理。

五、土尔扈特归来

乾隆帝关于土尔扈特部的诗文,反映了土尔扈特部东归这一震惊世界的重大事件和清廷接待优抚土尔扈特部的全过程。

(一)欢迎归来,精心接待

乾隆帝关于土尔扈特部的第一首诗是《宴土尔扈特使臣》。1753 年,土尔扈特部汗敦鲁布喇什(阿玉奇之孙),派遣使臣吹札布,冲破沙俄的阻挠,历时三年多到达承德避暑山庄。乾隆二十一年(1756)九月十二日,乾隆帝在避暑山庄万树园接见并宴请吹札布一行,接受他代表部落进献的弓箭袋等贡品,同意他去西藏熬茶拜佛的请求,派遣官员护送,拜谒七世达赖喇嘛。并赋诗:"覆帱谁可殊圆盖,中外由来本一家。彼以诚输此诚惠,无心蜀望更勤遐。"(《乾隆御制诗》二集卷六十五)说:我对土尔扈特部施恩加惠不属例外,因为土尔扈特部原本是由西域迁徙而去的,大清应以一家亲人来相待。土尔扈特部诚心地献纳,我也诚心地施以恩惠。我不是得陇望蜀的贪心之人,但我由此更加地关注远方的土尔扈特部。

随后,乾隆帝又写下《万树园宴都尔伯特亲王伯什阿噶什及土尔扈特使臣吹札布,即席得句》和《万树园赐都尔伯特亲王伯什阿噶什及土尔扈特来使观灯》两首诗作。此时正是平定阿睦尔撒纳叛乱之际,诗中抒发宴请和观灯火的感受,意在显示天朝声威,安定远方。

乾隆帝接见并宴请土尔扈特使臣并不是孤立事件,而是康熙年间图理琛使团、雍正年间满泰使团专程远赴伏尔加河畔慰问土尔扈特部的继续。正是康雍乾三朝的真诚相待,感召漂泊异域近一个半世纪的土尔扈特部,在清朝统一新疆十二年后毅然回归。

乾隆三十六年(1771)六月底,乾隆帝接到东归的土尔扈特部抵达伊犁的奏报,写下《伊犁将军奏土尔扈特汗渥巴锡率全部归顺,诗以志事》,诗赞土尔扈特部"终焉怀故土,遂尔弃殊伦"(《乾隆御制诗》二集卷九十九)的爱国正气。

吹札布进献的黑绒嵌银花弓箭袋(今存中国历史博物馆)

乾隆帝一面精心筹划对土尔扈特部的接待和救助。一面命伊犁将军舒赫德陪同护送渥巴锡、策伯克多尔济、舍楞等部落首领由伊犁起程,赶往承德避暑山庄。并命令沿途各省地方官员做好各种供给。九月八日(1771年10月15日),乾隆帝在木兰围场伊绵峪亲切召见渥巴锡一行,以蒙古语进行交谈,并设盛宴款待。赐渥巴锡等鞍马弓箭,一同围猎。有《土尔扈特汗渥巴锡等至伊绵峪朝谒,诗以纪事》:"通使曾经丙子年,兹徕统部不期然。名编典属非招致,礼肄鸿胪合惠宣。"(《乾隆御制诗》三集卷一百)说:丙子年(即乾隆二十一年,1756年)的时候,土尔扈特汗敦鲁布喇什曾经派遣使臣吹札布向我天朝进贡,现在其子渥巴锡率土尔扈特部落前来归顺,更是未经约定而出乎意料的,我命令理藩院将土尔扈特部首领列入朝谒名单,按照朝中礼制施与恩惠。

接着来到避暑山庄,乾隆帝在万树园连番举行宴会和灯火晚会招待渥巴锡等,有《万树园赐宴土尔扈特汗渥巴锡等,即景成什》:"汗仍其旧号新绥,余各优封五等施。契苾讵徒四百帐,招摇那藉九夷旗。宁馎珍膳饱以德,马湩蚁醪醉不辞。于古为稀今厚幸,天恩祖烈奉惟寅。"(《乾隆御制诗》三集卷一百)诗中说:我对新归顺的土尔扈特部,分封为亲王、郡主、贝勒、贝子、公这五等爵位。仍保留汗王,加封新号,渥巴锡乃旧汗敦鲁布喇什之子,封号为卓里克图汗。除汗王外,策伯克多尔济封为亲王,舍楞、巴木巴尔封为郡王,其他封为贝勒、贝子、公,封爵有别。土尔扈特汗渥巴锡就像唐代贞观年间从热海迁移沙州的契苾何力,不用借助于招徕就主动归顺。我在宴席上热情款待,使他们饱受恩德。这样归顺的事,自古以来都是少见,我遇此可谓大幸。对于上天和祖宗的恩惠,我只有恭敬地承受和尊奉。

以上诗篇,反映了乾隆帝对土尔扈特部的归来,既感到出乎意料,又为事在情理之中感到惊喜;既乐于接纳归顺的土尔扈特部众,也对叛臣舍楞的归降宽容大度;既着眼于边

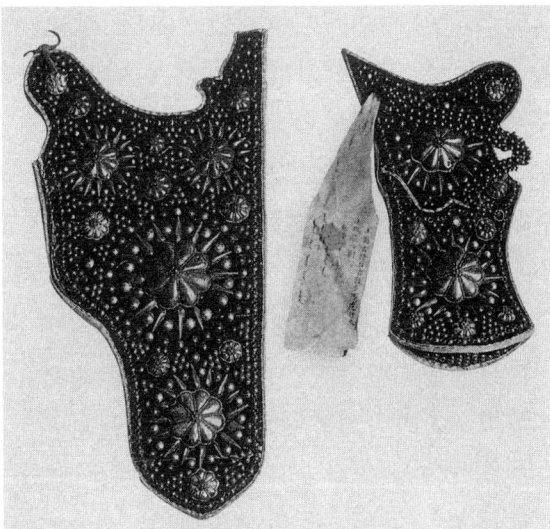

疆的安定,又考虑到与俄罗斯的关系;既把握了大局,又注重了细节。其重视程度非同一般,救助措施快速有力,至今仍然是历史上成功处理民族关系的典范。

(二)树碑立传,传诸后世

乾隆三十六年九月八日(1771年10月15日),"土尔扈特台吉渥巴锡等以归顺入觐,上御行幄受朝,赏顶带冠服有差"(《清高宗实录》卷八百九十二)。同日公布了碑文《御制土尔扈特全部归顺记》、《御制优恤土尔扈特部众记》,还有《御制土尔扈特部纪略》。

《御制土尔扈特全部归顺记》碑文说:最初不恭顺而最终投奔归服,这叫归降;未加征讨而自动前来臣服,这叫归顺。如现在的蒙古土尔扈特部,率领全族部众,断然舍弃异国,不畏艰难险阻跋涉万里归来,真诚地归向天朝,这是归顺而不是归降。自天朝平定天山南北之后,在北疆伊犁大兴屯田,在南疆各地减轻赋税。对边远的哈萨克、布鲁特等部落,则很好地予以安抚,使之成为边疆的屏障。至于更远的安集延、拔达克山之地,则只加封号而不强求臣服。知道满足才不受屈辱,适可而止才不会出现危险。我的想法就是这样的。怎么能把天下所有的地方都归我主宰,都做我的臣仆和属国呢?而今土尔扈特归来,实在是上天的意旨与民众的意愿,是未经约定而又出乎意料地竟然如此,所以不能不记载下来。

土尔扈特部落,原是四卫拉特蒙古之一,后来辗转流落到俄罗斯去了。俄罗斯让他们居住在伏尔加河流域。康熙时期,我皇祖关心他们,特派内阁侍读图理琛等借道俄罗斯前往慰问。如今他们的首领渥巴锡,是他们部落离开中国时的首领阿玉奇的曾孙。由于俄罗斯不断征调他们的战士去打仗,最近又要把渥巴锡的儿子送到莫斯科当人质。而且俄罗斯又是信奉异教(东正教)的,不信喇嘛教,所以渥巴锡和全族台吉秘密策划,带领全族同胞投奔信仰喇嘛教的故土去,脱离异族异教的统治,免除沉重的负担。他们从去年(乾隆三十五年,1770)十一月出发,从伏尔加河经哈萨克草原,绕过巴尔喀什湖以南的大沙漠,到今年六月底,到达伊犁的沙拉伯勒,回到故乡。总共历时八个月,行程一万多里。

因为归来的人中有十多年前设计杀害过我将领的叛逃者舍楞,大臣们担心其中或有诡计,所以议论纷纷。我也不能不对这种说法加以考虑和做些准备。可是经过深思熟虑,我认为单凭舍楞一个人,怎么能鼓动渥巴锡的全部人马呢?况且俄罗斯是个大国,他们既然背弃俄国而来,又在我大清国的边疆骚扰,果真这样,岂不是进退两难,又能到哪里去呢?所以说十有九成是归顺,搞诡计的可能性只能是十有一成吧!后来事实证明果真是归顺。

有人认为最好还是不接受逃往俄罗斯的叛臣,因为担心会引起两国的边境冲突。舍楞原是逃往俄罗斯的我国叛臣,过去我们何尝不一再向俄国交涉,要求他们引渡,可是他们始终没有交还。今天既然土尔扈特部自愿归来,我就用这个话来答复俄国,他们是没有话可说的。而且现在数万缺衣无食的人已经来到边界,要是驱逐他们,他们不抢劫牲畜,靠什么生活?明明知道他们是自愿归来,可是因为怕出事而拒绝接待,这就必须使他们成为流寇,这太说不过去了。土尔扈特人万里跋涉,历时八个月,太疲劳了。我们要是看着他们活活饿死,而吝啬钱财不去救济,这是仁人君子所不忍心做的事,何况我是受命于天统治国家的大清皇帝呢!所以我命令主管大臣发放银两和牲畜,大力救济他们。土尔扈特部众长途跋涉,疲劳冻饿,几乎活不下去了。因此命令舒赫德等拨给部分水草丰美的地方给予安置;还购买大批牛羊粮食,让他们食用;又购置皮衣毡帐,让他们御寒。并且为他们筹划了长远的生计,让他们安居乐业,各得其所。

《御制土尔扈特全部归顺记》玉册

在这篇碑文中,乾隆帝首先区分了归降与归顺的不同,认定土尔扈特是归顺而不是归降。土尔扈特归顺是在清朝统一天山南北、安抚边外部落的形势下,按照上天的意旨与民众的意愿,未经约定而又出乎意料地竟然如此。接着记载土尔扈特西迁历史,该部因不堪忍受压迫而东归。康熙帝始建避暑山庄的目的是为了怀柔边地部众。就接受逃往俄罗斯的叛臣,有人担心引起两国边境冲突的顾虑做了解释。申明救济土尔扈特既是为了安定边疆,也是仁义君主应当做的。

《御制优恤土尔扈特部众记》碑文说:土尔扈特部众刚从伏尔加河出发的时候,有三万三千多户,十六万九千多人。可是他们到达伊犁时,仅仅剩下一半人了。这些远道而来归顺的人,携带妻子儿女,特别诚心实意。他们处境危险,亟需休养生息,身体也都疲惫不堪。既然已经收抚接纳,如果不去帮助解决生活困难,那就等于没有接纳。临时解决生活问题而又不做长远打算,那也等于没有解决他们的生计问题。所以当我听说他们归来,自始至今,这七万之众的土尔扈特人的冻饿贫病情景,经常出现在我的眼前,使我心生恻隐而不安。我夜以继日地精心谋划,下发公文查访,不停地忙碌,弄清了他们的大概情况,发给他们口粮和衣服,分别择地安排居住,对于分给土地发放种子使他们安居乐业、种地放牧这件事,交待由伊犁将军舒赫德负责;从牧群中挑出能繁殖的牛羊让他们饲养这件事,由张家口都统常青负责;发给银两、运送茶叶、购买皮衣等事,由陕甘总督吴达善负责;对于嘉峪关外的监督和管理,则由西安巡抚文绶负责。当时诸位大臣将办理情况先后飞递公文告知伊犁、塔尔巴哈台的察哈尔和厄鲁特蒙古大臣。就近采买马牛羊九万五千五百头,另外从达里冈爱商都达布逊牧群运往的又有十四万头,而哈密、辟展所买的三万头还不算在内。共拨给官茶二万多封,出屯米麦四万一千多石,而他们刚到伊犁时发给临时救济的茶和米等都不在内。在甘肃嘉峪关内外和南疆几个城镇购了羊皮袄五万一千多套,布六万一千多匹,棉花五万九千多斤,毡帐四百多具,而发给仓库贮藏的毡、棉、衣、用具、布匹等不算在内。总计以上各项用银二十万两,而过去的赏赐和宴请费用也不算在内。

他们的首领渥巴锡等人来京朝见时,沿途乘坐驿站的传车和受到免费招待。到了以后都给以赐封爵位(封渥巴锡为乌讷恩素珠克图旧土尔扈特部卓里克图汗,策伯克多尔济为

《御制优恤土尔扈特部众记》玉册

乌讷恩素珠克图旧土尔扈特部布延图亲王、舍楞为青色特奇勒图新土尔扈特部弼里克图郡王，功格［恭格］为巴图色特奇勒图和硕特部图萨图贝勒，默门图为济尔噶尔贝勒，沙喇扣肯为乌察拉尔图贝子，叶勒木丕尔［雅兰丕尔］为阿穆尔灵贵贝子，德尔德什、达木拜扎尔桑为头等台吉，恳泽为四等台吉。没有来的巴木巴尔也封为毕锡呼勒图郡王，旺丹克布腾封为贝子，拜济呼封为公，其他的封为各级台吉）。赏赐礼物（都赐予备鞍的马、弓箭和弓箭袋、黄马褂。并且给渥巴锡和策伯克多尔济以黄绺头，舍楞、功格、默门图、沙喇扣肯紫辔头。汗王都赐给三眼翎，贝勒、贝子双眼翎，其他的都给花翎。另外根据他们的级别，赐给不同等级的礼服）。对于他们前来朝见，还考虑到他们不适宜内地的气候，所以指示边境各台站，让他们经巴里坤后由北道行走，迎来送往，都专派大臣和侍卫一路看护照顾。这些都是为了安抚远道而来的土尔扈特人，使他们不致流离失所。

可能有人认为我这样优待土尔扈特部是不是太过分了，这种认识大概是出于过分吝啬。他们没听说过国家有过这样的先例，无怪乎他们见识狭窄短浅了。过去我皇祖康熙帝时，喀尔喀、土谢图汗等部受到厄鲁特的摧残破坏，率领十万部众归顺大清。皇祖怜悯他们贫穷和困苦，派大臣前去安抚，发放仓库储粮，赈济饥乏，满足食用。同时送去白金、茶、布等供他们生活之用，采买牲畜帮助他们发展生产。结果他们都安居乐业，遵守国家的法令制度，愉快地生活，如今已经八十多年了。在这期间，他们的牲畜日益增多，人口也逐年增长，欢乐愉快，物产丰富，比当时增长了十多倍。他们的汗王、台吉等首领，世代享受爵位和俸禄，忠实地守卫边疆，就像内蒙古首领的称臣效忠一样。长久以来他们的子孙无不感激皇祖恩德之深入人心，使他们能够长期享受和平幸福的生活。我只有体会皇祖之心为我心，效法皇祖的作法办事。这次土尔扈特之归来，他们的穷困艰苦情况与以前喀尔喀一样，所以我在优恤筹划上无不详细周到，在物资方面也不吝啬，从优赈济他们，而且作了长远规划。谁知我为这件事是如何地费心费力啊！无非是希望土尔扈特部众也能像喀尔喀那样安居乐业，遵循法度，勤于畜牧，发展生产，后代子孙不要改变祖辈的忠诚。这样他们也会世代享受爵位和俸禄，永享和平幸福的生活。果真如此，怎么能和今天的喀尔喀不一样呢？

我用以上列举的大概事实，刻石碑于热河和伊犁两地，以便使土尔扈特部从汗王到民众，都能明白我的用心，而且也告诉自今至后管理他们事务的大臣都知道这段历史。

在这篇碑文中，乾隆帝首先就土尔扈特东归付出惨重的代价，心生恻隐而不安，夜以继日地精心谋划，新疆、青海、甘肃、陕西、宁夏、内蒙古等地人民支援土尔扈特的物资有：

马牛羊二十余万头，米麦四万多石，茶叶两万多包，羊皮五万多张，棉布六万多匹，棉花六万斤，及大批毡房，这些物资雪中送炭，及时帮助土尔扈特人民渡过困难，发展生产。他申明如此救助和优待，是为土尔扈特部筹划长远。

此时，仿照西藏布达拉宫样式修建的普陀宗乘之庙在避暑山庄落成，渥巴锡等随同参加盛大法会。乾隆帝特意撰文《土尔扈特全部归顺记》和《优恤土尔扈特部众记》，被刻在庙中树立的两块巨型石碑上，作为永久纪念。

此外，乾隆帝还与渥巴锡长谈，详细了解土尔扈特部落的历史和悲壮的回归经过。写下《土尔扈特部纪略》说：土尔扈特部归顺初来的时候，我曾经为之作诗吟诗，作文记实，都以为该部始于阿玉奇汗。再寻根溯源，因记载简略，只有大致的传说而不可考证。这只是听了被问询的人所说而记录，而不知该部更有远祖，并非始于阿玉奇。等到该部属众都抵达后，得以详细询问，以求确实，重新记录。

《御制土尔扈特全部归顺记》与《御制优恤土尔扈特部众记》巨型石碑

何必要模糊不清，以掩饰我以前诗文中所写的那些不准确的史实呢？

接着记述阿玉奇的世系：阿玉奇之父棚楚克，其祖父书库尔岱青，其曾祖父和鄂尔勒克，其高祖卓立甘鄂尔勒克，高祖之父贝果鄂尔勒克。自贝果鄂尔勒克再往上寻根溯源，实在是年代太久远而无法考证。

记述土尔扈特部的西迁：土尔扈特部迁入俄罗斯，是在阿玉奇的曾祖父和鄂尔勒克与准噶尔部策妄阿拉布坦的祖父巴图尔珲台吉的时候。记述和鄂尔勒克的世系：从贝果鄂尔勒克到和鄂尔勒克都是一子传宗接代。和鄂尔勒克有六个儿子，一个就是书库尔岱青，另外三个没有儿子，其他两个都有子孙，但家势衰微，不足以记载。书库尔岱青有四个儿子，两个断绝了子孙后续。还有一个叫那木策楞，下传四代到巴木巴尔，现今封爵为郡王。还有一个就是棚楚克，下传四代而到渥巴锡，现今封爵为汗王。棚楚克之子阿玉奇，有八个儿子，其中六个没有子孙后续，有一个叫衮札卜的有子孙，现今封爵为亲王的策伯克多尔济，就是他的曾孙。关于土尔扈特的户口人数，已在《优恤土尔扈特部众记》中记载。

（三）吟咏贡物，赞赏诚意

渥巴锡归来时，献上腰刀表示诚意。乾隆帝作诗《七宝刀》吟咏："举族来王脱异疆，解刀虔用贡天阍。"（《乾隆御制诗》四集卷二）说：土尔扈特汗渥巴锡率领整个部族脱离异邦归顺我大清，虔诚地进献了腰刀。策伯克多尔济也献上腰刀表示诚意。乾隆帝又作《银削刀》云："还似问昆吾，斯得所托否？"（《乾隆御制诗》四集卷二）说：我想问一下这把宝刀，你真正想托付的人是我吗？

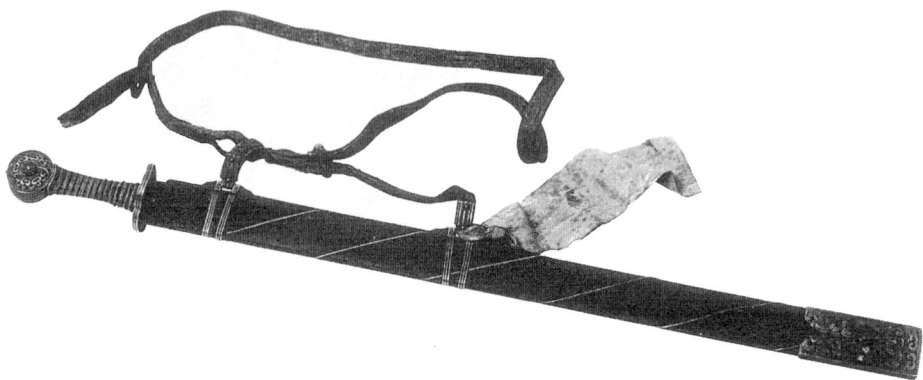

渥巴锡腰刀（今藏北京故宫博物院）

渥巴锡继献上七宝刀之后，一年后又献上金错刀，乾隆帝赋诗《金错刀》："渥巴锡汗新来王，解用为贡表至诚。刀得自彼称精良，珍守历世四叶长。兹归乐土无甲兵，敬备武库一器藏。"（《乾隆御制诗》四集卷十）说：新归顺的土尔扈特汗王渥巴锡，解下这把金错刀贡献给我，极表真心和忠诚。这把精良的金错刀从曾祖阿玉奇汗到他手中，先后珍守了四代。如今回归故土安居乐业，该部落弃武就文确实善良，将这把刀进献，我更加感到应当由宫中武库收藏。如今北京故宫博物院藏有渥巴锡的腰刀，但不知是七宝刀还是金错刀？

策伯克多尔济还献上骏马表示诚意。乾隆帝作诗《宝吉骝》吟咏："归顺新藩贡异骢，远于哈萨路难通。本殊汉帝贰师取，宁数周王八骏同。教育天闲观骥德，竟如土产备车攻。"（《乾隆御制诗》四集卷十六）说：新归顺的土尔扈特部亲王策伯克多尔济进献了一匹来自遥远异国他乡的色尔克斯骏马。哈萨克良马如今已充满宫中马厩，不为少见，而色尔克斯远在哈萨克西北，其马尤为难得。这匹骏马，不似汉武帝时贰师将军李广利伐大宛所得，可以和周穆王的八匹名马相媲美。在宫中养育驯化，观察其本性和品格，我骑乘行围，果然是好马，可以和天朝的马匹一起装备战车。我写诗是为了表彰土尔扈特部的忠诚，在怀柔安抚方面还惭愧自己做得不够完善。并命宫中画家艾启蒙绘图纪念。

乾隆三十八年（1773）八月，贝子沙喇扣肯进献历来被视为祥瑞之兆的白鹰表示诚意。乾隆帝作诗《咏白鹰》："归顺重来入觐班，白鹰为献擎绦环。素翘图瑞百禽表，竦翮凌虚万里间。"（《乾隆御制诗》四集卷十六）说：土尔扈特部归顺后，沙喇扣肯前年随渥巴锡等到避暑山庄朝觐，封为贝子。今年又随台吉博尔哈什哈前来，并献上白鹰，丝带为环系在

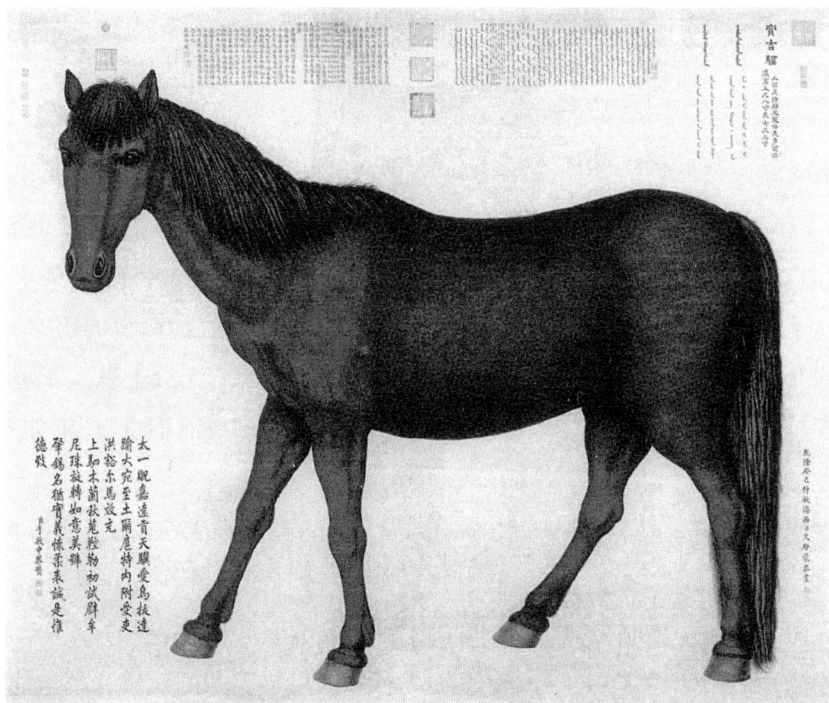

艾启蒙绘《宝吉骝图》

脚上。白鹰素身翘立，俨然一幅可为百鸟表率的祥瑞图画，好像振翅就可以飞上万里长空。

乾隆三十九年（1774）五月间，喀喇沙尔办事大臣阿思哈奉召回京。土尔扈特部汗王渥巴锡亲自送行，并请转呈西洋餐具匙叉匕首，代为请安。乾隆帝赋诗《咏土尔扈特汗渥巴锡所进匙叉匕首》："畏吾都护换回京，渥巴锡汗亲送行。吁以请安忱悃达，先之微物两三呈。有捄堪佐漆几用，无垢都教皮匣盛。岂是大官偏少此，成诗缘识远人诚。"（《乾隆御制诗》四集卷二十三）说：派驻喀喇沙尔办事大臣阿思哈受代回京，渥巴锡汗亲自送行。呼求代为请安，还呈上匙叉匕首。虽然微薄物件，但心意却是真诚。长而曲貌的匙叉匕首可以摆上餐桌，用以叉刺食物进餐，而不是渔具及笒（簪子）之类，个个明亮洁净，都用皮匣盛装。我写下这首诗，不是因为宫中缺少这类餐具，而是看到远在边疆的土尔扈特汗渥巴锡的一片忠诚。

乾隆四十年（1775）正月，策伯克多尔济进献了曾祖阿玉奇汗所用铠甲。乾隆帝有诗《刚甲行，用旧作〈蕃甲行〉韵》："土尔扈特隔罗叉，慕化内向其心坚。山庄宴赉锡爵秩，雁臣岁觐来翩翩。至诚感恩无可献，献此刚甲藏由先。"（《乾隆御制诗》四集卷二十六）说：虽然俄罗斯一直阻隔着我天朝的声威教化，但土尔扈特的向往天朝之心非常坚定。归来后，渥巴锡与策伯克多尔济等在木兰围场拜见我，又在避暑山庄受到赐宴封爵等优待，此后该部首领们每年朝觐成为惯例。我对土尔扈特部从优抚恤，有《优恤土尔扈特部众记》，刻石立碑，传之后世。策伯克多尔济亲王为表示真挚和忠诚，献上了这副珍藏的铠甲。

923

六、西域风物

乾隆帝吟咏西域风物的诗作,较早的见于乾隆八年(1743)的《哈密进瓜至,敬遣诚亲王、和亲王赍供二陵,感而有赋》:"碧玉嘉实当冬熟,珀色琼瓠甘且馥。花门黟面不敢私,厥包累累盛筥篚。山中匹马岂愁疲,年年方物来京师。"(《乾隆御制诗》初集卷十九)

平定达瓦齐之后,侍卫哈青阿从伊犁购买带回维吾尔人掘地而得的历时五百余年的宋代龙泉盘子。乾隆帝作诗《咏龙泉盘子》:"饱识膻浆味,宁无故土思。李陵俨人也,相较不如伊。"(《乾隆御制诗》二集卷六十六)说:李陵留居匈奴而不返,还不如五百年后返回故土的龙泉盘子。

二十三年(1758)六月,乾隆帝就哈密进贡的孔雀,在颐和园赋诗《孔雀开屏》:"三年小尾五年大,花下开屏金翠簇。绛羽映日焕辉辉,圆眼凌风张个个。于禽亦识土产好,菁莪械朴风人藻。盈廷济济固未能,离文猲览惭怀抱。"(《乾隆御制诗》二集卷七十九)他认为禽鸟还是当地所产的为好,就像《诗经》中的吟咏。可惜美丽的西域孔雀未能充满庭院,他看着群臣的咏赞诗文不由得颇感惭愧。

二十四年(1759)八月,乾隆帝就避暑山庄所藏的伊斯兰铜器作诗《咏唐时回铜器》:"迁其重器兹先兆,伫待俘来罢远征。"(《乾隆御制诗》二集卷八十九)说:这件重要器物来到避暑山庄是个好兆头,我等待着大小和卓等叛乱头领被早日擒获,天朝就可以停止远道征伐了。

平定大小和卓的次年初,西域水果就进宫了。乾隆帝有《叶尔羌驿贡石榴、苹果、木瓜

《孔雀开屏图》(今藏北京故宫博物院)

国学的传承与创新

冯其庸先生从事教学与科研六十周年庆贺学术文集

三种,诗以纪事》:"大宛天马早歌来,果品惟三致自回。张协金牙斯漏赋,样舸蒟酱此殊开。讵会燕赵移根往,且共琼瑶包贡来。慎德何须却食物,兢兢敢诩贩章恢。"(《乾隆御制诗》三集卷一)诗中说:汉武帝得大宛良马写有《天马歌》,今天从西域叶尔羌进贡来石榴、苹果、木瓜这三种果品。在宫中品尝甚是惬意,从此西域的果品可以不断进贡而来。我欣赏这些果品好像美玉一样,难道京畿不可以移植栽种吗?为君应注重道德修养,却不应拒绝来自西域的果品。我小心谨慎,但敢于理直气壮地说,能品尝到西域的果品,不正说明我大清的疆域辽阔吗?

二十八年(1763)夏,驻守伊犁的大臣阿桂回京,献上大黑鸟,赤睛黄眼圈,尾部散落白点。对照鸟谱找不到近似的。乾隆帝命郎世宁绘图,并赋诗《鹙鸧尔》说:"鹙鸧尔何出,伊犁沙水浔。"还说"聊将纪殊域,非是宝珍禽。"(《乾隆御制诗》三集卷三十一)申明写诗是为了记载伊犁,而不是特别看重这只珍禽。

这一年,乾隆帝还有《奇石蜜食》诗二首吟咏西域绿葡萄:"服食明垂贡旅羹,菀中初熟绿葡萄。昔同苜蓿原有子,此便离支宁比高。广志徒传三种色,燕歌休诩一杯豪。奇石蜜食宾方物,慎德那辞乾惕劳。 枝叶蝉封献者同,碧琉璃颗独中空。采条移植上林茂,结实颁餐造物功。欲笑酸醁歌太白,直疑崖蜜咏坡翁。本来无子根何托,鸡卵谁先辨岂穷。"(《乾隆御制诗》三集卷三十四)奇石蜜食是维吾尔语对绿葡萄的称谓。诗中说:我曾经品尝的葡萄都是来自西域的贡品,而今皇家园林栽种的绿葡萄成熟了。原来葡萄与苜蓿都是有籽的,三国曹丕将南方荔枝与西域葡萄相比,难道他当年亲眼见过?《太平广志》只记载葡萄有黄、白、黑三种颜色,荆轲慷慨作歌可惜没有西域葡萄酒来助兴。我接受西域的贡物并以礼相待,同时告诫自己注重道德修养,勤奋谨慎,不敢懈怠。又说西域进献来的葡萄藤,都是用土封裹枝条,用薄布包着叶子,可惟独如玉的绿葡萄却是中空无籽。我下令在皇家园林移植,结出果实分给众人品尝,感受天地神灵的造物之功。唐代大诗人李白有诗《襄阳歌》:"遥看汉水鸭头绿,恰似葡萄初酦醅。"当是见过西域葡萄酒。宋代大文豪苏东坡有诗《橄榄》:"待得微甘回齿颊,已输崖蜜十分甜。"他若见了西域葡萄,定会诗兴大发。至于葡萄中空无籽,是如何生根的,如同先有鸡还是先有蛋,这是一个古老而又难以解决的问题。乾隆帝所说的绿葡萄,即今日新疆所称的无核白葡萄。不过无核白葡萄并非无核,只是因其浆果中的种子发育不全,吃起来不觉得有核而已。晾成葡萄干,色香味俱佳。

二十九年(1764)五月,乾隆帝有诗《阿克苏桑椹熟,因成八韵咏事》:"嫩条阿克苏初移,结实仍当夏五时。食椹殊方迁献椹,曰栀《尔雅》讵为栀。只传乌白原恒有,讶见丹红实出奇。诡异宁同尺以计,硕魁真比寸犹欺。迎眸磊落诚轩意,可口甘芳孰朵颐。鲜进凤闱欣远奠,熟颁鹭序沐恩滋。衔残漫拟樱桃消,解热奚劳甘蔗随。分赐莫将容易看,洸洸曾用济王师。"(《乾隆御制诗》三集卷三十九)诗中说:看着阿克苏进贡来的桑椹,我不由得想起每年五月是阿克苏桑椹成熟的时季,给人恩惠的桑椹来自遥远的西域。《诗·鲁

颂·泮水》:"翩彼飞鸮,集于泮林,食我桑椹,怀我好音。"《尔雅》一书对桑葚也有记载。原来传说桑椹只有乌和白两种,当你看到阿克苏丹红的桑椹一定会惊讶称奇。《神异经》说:"东方有桑椹长三尺五寸。"阿克苏的桑椹个大肥硕。果实累累,笑对世人,甘甜可口,供人鼓腮嚼食。山高路远,阿克苏桑椹进宫是很不容易的,分发给上朝的百官品尝。大家含在嘴里,比喻其味如樱桃,似甘蔗。我要告诉百官的是,别小看这小小的桑椹,当年可是平叛大军的干粮啊!

此时距平定大小和卓之乱已经过去了五年,可乾隆帝还是没有忘记,写诗赞美阿克苏的桑椹在统一西域的战争中解决了部分军粮供应的严峻问题。又过了五年,三十四年(1769)五月,乾隆帝又赋诗《桑椹》:"回果种不成,回瓜成即进。惟有移回桑,成椹实繁盛。赤似结珊累,白若穿珠莹。个中具妙理,应是怀音证。"(《乾隆御制诗》三集卷八十二)

乾隆帝还有诗《野马》和《火浣布》,吟咏西域的古老精灵野马和耐火的石棉布。

在西域风物中,乾隆帝吟咏最多的是和阗玉器,有数百首之多。除如意、碗、盘、瓶、壶、尊、觚、屏、瓮外,多为注入历史文化内涵的玉器,如达摩苇渡图、商山四皓图、竹林七贤图、桃源采菊图、渔樵山水图、江城春晓图、应真观泉图、溪桥策杖图、王羲之书扇图、会昌九老图、东坡夜游图、前后赤壁图、米芾拜石图、关山行旅图等,极大地丰富了中国的玉文化。

镌刻在最大玉器上的是《题密勒塔山玉大禹治水图》:"神禹敷土定九州,帝都之地冀州始。冀者近也距三河,其中大河巨擘是。导之虽曰由积石,意在寻源必于尾。雍州九末继昆仑,于斯可识神禹旨。垂四载迹遍寰区,曾至否乎难穷纪。昆仑河源并产玉,大都早见简明语。设曰积石即河源,是实拘墟耳食矣。汉武之言有见哉,昆仑产玉千古美。兹得密勒塔巨材,昆仑宛延干所迤。其高七尺博三尺,卓立如峰之岣嵝。不中尊罍中图画,石渠古轴传治水。装潢边幅失姓名,顾展朱赵难率拟。以为粉本命玉人,宛见劬劳崇伯子。免收执斧同众工,诚感神明助力礱。高山以奠及大川,曰椎曰析曰剔酾。功垂万古德万古,为鱼谁弗钦仰视。画图岁久或湮灭,重器千秋难败毁。作歌敬诰神禹神,毛晃指南诚小耳。然而吾更有后言,是器致之以万里。攻用十年告蒇事,博大悠久称观止。一之为甚可再乎,曰剔曰惭胥在此。无服远德莫漫为,求珍玩物或致否。慎哉长言示奕禩,召伯训当熟读尔。"(《乾隆御制诗》五集卷三十五)

诗中还有六处较长的夹注。我们从"兹得密勒塔巨材"之句,可以知道玉山的原材料采自我国自古以来以产玉著称的新疆和阗(今和田)一带的密勒塔山,属昆仑山的一部分。昆仑山地区包括喀喇昆仑山、昆仑山、阿尔金山和帕米尔高原,环塔里木盆地南缘,西高东低,山势险峻。今天我们所了解的昆仑山地,应当说是比较清晰的,但在古代却是朦胧混杂,迷雾一团。人们认为昆仑山是黄河的发源地,高大雄伟并盛产玉石,于是极大地崇敬,尊为万山之祖。乾隆帝在"昆仑河源并产玉,大都早见简明语"后自注说:"此玉采自密勒塔山,密勒塔者,回语谓枪也,接和阗南境诸山,和阗玉采之水中者,小而润泽。密勒塔所产质较逊,而多巨材。"

清乾隆朝统一新疆之后，社会安定，经济发展，和阗玉得到大规模的开采，每年都有大量玉料运至内地，用大块玉料制作成大型玉雕，北京故宫博物院珍宝馆陈列的"大禹治水图"玉山高224厘米，宽96厘米，重5300多公斤，还有"会昌九老图"、"秋山行旅图"、"丹台春晓图"等玉山和云龙青玉大瓮等，都重达数千斤。

大禹治水玉山及会冒九老图玉山（今藏北京故宫博物院）

关于"大禹治水图"玉山的稿本，是根据清宫内府所藏宋代及以前的《大禹治水图》画轴临仿成的。乾隆帝在"装潢边幅失姓名，顾展朱赵难率拟"后自注："内府所藏《大禹治水图》，轴边幅俱似裁去，故无作者姓名。按《宣和画谱》有晋顾恺之《夏禹治水图》。郭若虚《图画见闻志》有隋展子虔及五代朱简章《禹治水图》。又《王世贞续集》有宋赵伯驹《大禹治水图》。而疑以为非千里能辨似周文矩云云。证之内府所藏恺之《洛神图》、《子虔春游卷》、伯驹《后赤壁图》，笔法俱不似。惟与所弄文矩《圣迹图》有相仿者，其为文矩笔，亦未可知。"可见因画轴无作者姓名，年代也不清楚。虽然考证晋人顾恺之、隋人展子虔、五代朱简章与周文矩、宋人赵伯驹都曾绘过《大禹治水图》，但也不知出自谁的手笔。可以肯定的是最晚不迟于宋。

大禹是久传民间的圣王，他的治水是数千年来人们传颂的伟大功绩，历代帝王都以学尧、舜、禹来标榜自己。乾隆帝把大禹治水这一古老传说雕刻在珍贵的玉石之上，"作歌敬志神禹神"，表示对大禹的崇敬。"功垂万古德万古，为鱼谁弗钦仰视。画图岁久或湮灭，重器千秋难败毁。"他感到大禹治水的功德应当万古流芳，仅仅是图画难以永久保存，刻在玉石之上可以传之千秋万代。

他在诗末自注说："予筹办西师决机,定策克集大功。自底定后三十余年以来,抚绥安辑,整饬怀柔,无不备至。所以新疆各部之人,安乐爱戴,效顺输忱,一家臣仆。每岁春秋采玉供役,受赏踊跃,子来绝无劳怨之状。获此巨珍以传古王圣迹,非耳目华嚣之玩可比也。因即免其每岁春贡之玉,著为令典,以示体恤。后之人思艰图易,抚驭有方,征求无事,慎守旅獒之训,以凝承大宝,庶不负予制器垂裕之深衷耳。"乾隆帝在统一新疆三十年后,抚今追昔,为新疆的历史进步而深感欣慰。他申明刻玉是为了宣传古代圣王的功德,使自己和后来者效仿,而不是玩物丧志,这才是他的良苦用心。

最为人称道的是《咏和阗玉桐荫仕女图》:"相材取碗料,就质琢图形。剩水残山境,桐檐蕉轴庭。女郎相顾问,匠氏运心灵。义重无弃物,赢他泣楚廷。"(《乾隆御制诗》四集卷十三)诗中说:苏州玉工取材于琢碗所剩的一块玉料,根据其质地形状,雕琢出了《桐荫仕女图》。意境如明灭隐现的零散山水,庭院中有桐荫蕉丛和叠石假山,侍女和情郎在倾心交谈。吴工雕成此图可谓匠心独运。时逢盛世,包容无弃,胜过古时卞和在楚国的王廷哭泣。乾隆帝将两个仕女有意解释为仕女与情郎,更添一番兴味。

《桐荫仕女图》(今藏北京故宫博物院)

值得提及的还有通过朝贡和通市交往进入清宫的痕都斯坦玉器。《西域图志》记载痕都斯坦"在拔达克山西南,爱乌罕东。国工治玉,以水磨成器最精,为内地所弗逮。旧于叶尔羌贸易。乾隆二十五年,颁敕书赐物,令通市如故。"痕都斯坦位于古印度西北部,包括今天的巴基斯坦和印巴交界地区。痕都斯坦玉器主要分为盛食物用的器皿和杂器两大类。盛食物用的器皿有碗、盘、杯、壶、盒及罐等,杂器有灯盘、香炉、剑把等。与新疆玉质相同,雕造具有鲜明特点,常用自然花卉果实和动物形象设计器型,器物多雕耳和足,耳或柄一般作枝叶花果形。多追求纯净美,一般没有俏色,但部分玉器镶嵌金银或宝石,呈现典型的阿拉伯装饰风格。雕工与中国玉雕差异较大,由于痕都斯坦玉器设计精美,磨琢圆润,很受乾隆帝的喜爱,进入清宫后,不少在造办处被加刻了年款和乾隆帝的御制诗。

《西域图志》收录乾隆帝吟咏痕都斯坦玉器诗作二十九首(截止到乾隆四十二年,

1777）。其实收录在《乾隆御制诗》中的多达六十首。乾隆帝写诗极尽赞美。如《痕都斯坦白玉杯》："痕都捞玉出河滨，水磨磨成制绝伦。"（《乾隆御制诗》三集卷九十）《咏痕都斯坦玉壶》："缤纷水叶翻，水磨制婴垣。细入毫发理，浑无斧凿痕。"（《乾隆御制诗》三集卷七十七）《咏痕都斯坦玉瓿》："荷柄曲擎一朵花，旁生两蕾致堪拿。"（《乾隆御制诗》三集卷八十八）《咏痕都斯坦玉碗》："西昆率产玉，良匠出痕都。"（《乾隆御制诗》四集卷四）《痕都斯坦玉瓜瓣瓢》："玉瓢一握如瓜瓣，有蒂有叶还有花。"（《乾隆御制诗》四集卷九）《题痕都斯坦玉荷叶洗》："色如截肪薄如纸，西昆玉人巧无比。"（《乾隆御制诗》四集卷二十三）痕都斯坦玉器及乾隆帝的诗作，是清朝与周边部落经济文化友好交往的一个有力实证。

痕都斯坦玉器（今藏台北故宫博物院）

故宫博物院藏敦煌吐鲁番文献述评

王　素

（北京故宫博物院）

　　20 世纪 80 年代以来，由于敦煌吐鲁番学迅速成为一门国际显学，包括中国在内，世界各地的博物馆、图书馆，大都已将所藏敦煌吐鲁番文献陆续整理出版。不仅为研究者提供了新的资料，也为敦煌吐鲁番学的发展提供了新的动力。但由于种种原因，仍有一些收藏单位，尚未对所藏敦煌吐鲁番文献进行系统的整理，出版则更未提上日程。从中国而言，最重要的大概就是北京故宫博物院了。[①] 当然，这并不是说，故宫藏敦煌吐鲁番文献就完全不为学界所知。实际上，从 20 世纪 60 年代以来，关于北京故宫藏敦煌吐鲁番文献，就不断地有零星的研究成果发表。直到近年，譬如新编《故宫博物院藏文物珍品全集》[②]，也还刊布了不少北京故宫藏敦煌吐鲁番文献。只不过都不足以反映北京故宫藏敦煌吐鲁番文献的全貌。北京故宫藏敦煌吐鲁番文献，除一件为 1949 年前旧藏外，均为 1949 年后新藏。新藏来源大致有三：一是收购，一是捐献，一是调拨，基本可分四类，即古籍、文书、写经、墓砖。另外，北京故宫还藏有敦煌吐鲁番文物，均属调拨，基本可分三类，即绘画、雕塑、织物。这里合为七类予以简单述评。

---

①　按：除了北京故宫博物院外，还有首都博物馆，但首都博物馆的目录较北京故宫博物院早出。参阅余欣、王素、荣新江《首都博物馆藏敦煌吐鲁番文献经眼录》，《首都博物馆丛刊》第 18 期，北京燕山出版社，2004 年，第 166—174 页；荣新江、王素、余欣《首都博物馆藏敦煌吐鲁番文献经眼录（续）》，《首都博物馆丛刊》第 21 期，北京燕山出版社，2007 年，第 126—137 页。

②　故宫博物院《故宫博物院藏文物珍品全集》（全 60 卷），商务印书馆（香港）有限公司，1995—2008 年。

（一）古籍

这里所说的古籍,不包括佛经和道经。北京故宫藏敦煌吐鲁番古籍不多。周祖谟先生曾说蒋斧旧藏《唐韵》残卷藏于北京故宫,[①]但我们没有找到。还有一件敦煌土地庙发现的所谓《毛诗注》残卷,一直也都说藏于北京故宫;[②]但经我考证,该残卷应该是《韩诗注》,在北京故宫也没有找到,可能藏于中国国家博物馆。[③]真正属于古籍的,可能只有一件唐代佚名"道教类书"。还有一件在《妙法莲华经》背面写的"黄巢起义记事",过去也被定为古籍。[④]

（二）文书

北京故宫藏敦煌吐鲁番文书也不多。2006年4月21日至5月10日,我们对北京故宫藏敦煌吐鲁番写经进行调研时,对这些文书也进行了考察。最著名的是一件归义军时期的酒帐。[⑤]此外,还有残书信、斋愿文、社司转帖、财产分配帐等。大致均属唐代。惟残斋愿文有题记为:"维大宋太平兴国十年乙酉岁(985)三月廿二日记者。"属于宋初之物。财产分配帐异常残破,根据形制推测,有可能为吐鲁番出土。

（三）写经

北京故宫藏敦煌吐鲁番写经较多,有将近一百件。2006年4月21日至5月10日,我们对这批写经进行过调研,后来也进行过介绍。[⑥]时间最早为北凉安弘嵩供养《大智度论》,其次为北魏延昌二年(513)敦煌镇经生曹法寿写《华严经》,再次为北周建德二年(573)

① 周祖谟《〈唐韵〉残卷(蒋斧旧藏)》,《唐五代韵书集存》,中华书局,1983年,第641—729(图)、912—916页(考释)。

② 沙知《土地庙遗书》,《敦煌学大辞典》,上海辞书出版社,1998年,第17页;许建平《故宫本〈毛诗注〉(小雅巧言、何人斯)》,《敦煌经籍叙录》,中华书局,2006年,第436页。

③ 王素《敦煌土地庙发现的〈诗经注〉残卷——读〈王重民向达所摄敦煌西域文献照片合集〉札记之一》,《敦煌文献·考古·艺术综合研究》——纪念向达先生诞辰110周年国际学术研讨会论文集》,中华书局,2011年,第476—484页。

④ 杨新《唐人书黄巢起义记事墨迹》,原载《文物》1978年第5期,收入同作者《杨新美术论文集》,紫禁城出版社,1994年,第86—93页。另参诸葛计《对黄巢起义记事墨迹内容的质疑》,《文史》第12辑,中华书局,1980年,第77—83页。

⑤ 施安昌《故宫藏有关鞑靼的敦煌酒账初探》,原载《故宫博物院院刊》2000年第3期,收入同作者《善本碑帖论集》,紫禁城出版社,2002年,第338—342页。

⑥ 王素、任昉、孟嗣徽《故宫博物院藏敦煌吐鲁番文献目录》,《敦煌研究》2006年第6期,第173—182页;同作者《故宫博物院藏敦煌吐鲁番文献提要》(写经、文书类),《故宫学刊》第3辑,紫禁城出版社,2007年,第561—581页。

大都督吐知勤明供养《大般涅槃经》。^① 此外大致均属唐代。受到学者关注的有麹氏王国延寿十六年（639）巩达子写《佛说甚深大回向经》^②、唐天宝十二载（753）白鹤观为皇帝敬写《慈善孝子报恩成道经》、^③ 唐咸通十年（869）毛永坚写《贤劫千佛名》^④ 等。

（四）墓砖

这里所说的墓砖，专指黄文弼先生1930年春在吐鲁番考古发掘所获高昌至唐西州时期的墓砖。黄文弼先生此次吐鲁番考古发掘共获墓砖124方，其中仅2方藏于中国国家博物馆，其余122方均藏于北京故宫。过去曾经作为书法作品进行过介绍^⑤。2008年11月27日至12月5日，我们对这批墓砖进行过调研，对其保存现状进行了了解，感觉还有不少工作可做。譬如黄文弼先生初次整理出版的《高昌第二分本　高昌专集》，说明共124方墓砖，只发表了84方墓砖的图版；^⑥ 后来整理出版的《高昌砖集》（增订本），修订为122方墓砖，也只发表了70方墓砖的图版。^⑦ 近年北京故宫整理院藏历代墓志，其中也包括这批墓砖，但也只发表了66方墓砖的图版，且与《高昌第二分本　高昌专集》和《高昌砖集》（增订本）基本重合。^⑧ 其中争议颇大的无纪年《张季宗及夫人宋氏墓表》^⑨，保存完好而图版从未发表。

（五）绘画

北京故宫藏敦煌吐鲁番纸绢画不多。其中敦煌佛画约有10件，包括坐佛像、药师如

---

① 柴溪《由魏晋南北朝的写经看当时的书法》，《文物》1963年第4期，第34页图12、14；池田温《中国古代写本识语集录》，东京大藏出版株式会社，1990年，第102、137页。

② 王素《故宫博物院藏麹氏王国延寿十六年写经》，原载《吐鲁番学研究》2007年第1期（半年刊），第48—50页，收入《中国敦煌吐鲁番学会2008年度理事会议暨"敦煌汉藏佛教艺术与文化学术研讨会"论文集》，陕西出版集团、三秦出版社，2011年，第111—113页。

③ 郑阿财《北京故宫藏敦煌本〈慈善孝子报恩成道经〉考》，《敦煌学》第25辑，2004年，第543—558页。

④ 山口正晃《敦煌本〈贤劫千佛名经〉について》，《敦煌写本研究年报》第3号，2009年，第87、96—97页；王素《加拿大维多利亚美术馆藏敦煌写经与佛画》，《敦煌吐鲁番研究》第12卷，上海古籍出版社，2011年，第269—277页。

⑤ 张铭心《高昌砖书法浅析》，《书法》1991年第6期，第44—45页；同作者《高昌砖书法》，广西师范大学出版社，1993年；张同印《高昌墓表书法》，《隋唐墓志书迹研究》，文物出版社，2003年8月，第51—63页。还有不少，兹不赘举。

⑥ 黄文弼《高昌第二分本　高昌专集》，西北科学考察团丛刊之一，1931年。

⑦ 黄文弼《高昌砖集》（增订本），考古学特刊第二号，中国科学院，1951年。

⑧ 参阅故宫博物院编、郭玉海、方斌主编《故宫博物院藏历代墓志汇编》，紫禁城出版社，2010年7月，第520—655页。

⑨ 王素《吐鲁番出土高昌文献编年》，台北新文丰出版公司，1997年，第128页；同作者《高昌史稿·统治编》，文物出版社，1998年，第256—257页注①；侯灿《吐鲁番出土〈张季宗及夫人宋氏墓表〉考释》，《吐鲁番学研究》2001年第2期，第9—12页；张铭心《吐鲁番出土"且渠封戴墓表"的性质以及无纪年高昌墓砖的年代问题》，《新疆师范大学学报》2006年第2期，第9—17页。还有不少相关论著，兹不赘举。

来像、菩萨坐像、白衣观音像、如意轮观音像等。吐鲁番阿斯塔那墓葬出土伏羲女娲图约有 8 件(包括 20 世纪 60 年代初新疆维吾尔自治区博物馆送到北京故宫修复尚未取走的若干件)。大致均属唐代。其中部分佛画和伏羲女娲图以前曾经进行过介绍。[①]

(六)雕塑

这里所说的雕塑,专指敦煌雕塑。北京故宫藏敦煌雕塑三件,为菩萨、天王、罗汉泥塑头像,是 1955 年至 1956 年在北京故宫举办"敦煌艺术展览"后,经文物局同意留下来的。大致均属唐代。北京故宫对这三件敦煌雕塑十分重视,曾经进行过专门的保护修复。[②]

(七)织物

这里所说的织物,专指吐鲁番阿斯塔那墓葬出土的纺织品。北京故宫藏吐鲁番阿斯塔那墓葬出土的纺织品约有 9 件,包括鹿纹锦、鸳鸯纹锦、小团花锦、骑士纹锦、猪头纹锦、几何瑞花锦、联珠套环团花绮等。大致均属唐代。

我们 2006 年在北京故宫申报了一个"故宫博物院藏敦煌吐鲁番文献"项目,准备用几年时间,将这批敦煌吐鲁番文献和文物分五册全部整理出版。五册分别是:写经编二册(上、下)、墓砖编一册、综合编(古籍、文书、绘画、雕塑、织物)一册、研究编(研究论文)一册。现在时间已经过去了五年,由于种种原因,工作仍在进行中,相信不用等太久,就会与读者见面。

本文为作者"故宫博物院藏敦煌吐鲁番文献"项目成果的一部分,得到北京故宫博物院 2006 年度科研项目经费资助,谨此致谢!

① 孟嗣徽《故宫收藏的敦煌吐鲁番遗画》,国家图书馆善本特藏部敦煌吐鲁番学资料研究中心编《敦煌学国际研讨会论文集》,北京图书馆出版社,2005 年,第 278—279 页;苏进德《敦煌莫高窟唐观音绢画问世经历》,《敦煌研究》2007 年第 6 期,第 64—65 页、图版 18。

② 参阅《文物保护:"院藏三件唐代泥塑保护修复项目"专家验收会在我院召开》,《故宫人》(总第 278 期)2009 年 4 月 25 日第 2 版;《"院藏三件唐代泥塑保护修复项目"召开专家验收会》,《故宫博物院科研工作简报》2009 年第 2 期,第 17—18 页。按:这两篇报导中提到的院藏三件唐代泥塑,均指这三件敦煌菩萨、天王、罗汉泥塑头像。

敦煌吐鲁番学研究新资料

——兼谈中央民族大学收藏吐鲁番出土文书

张铭心

（中央民族大学博物馆）

敦煌学作为国际显学，在国际学术界一直受到高度关注。然而随着新研究资料的缺少，其研究热度也在逐年下降。但作为广义敦煌学概念下的吐鲁番学，却因新资料的不断出现而不断升温。

（一）

吐鲁番学最早是由西方探险家在我国新疆地区的盗掘开始的。

自 19 世纪末，俄国、英国、德国、日本等国先后分别数次到吐鲁番进行探险考察，并行盗掘之事。他们把盗掘来的各类文物带回本国研究出版，其中斯坦因带回英国的吐鲁番出土资料由马伯乐编辑整理，出版了《斯坦因在中亚第三次探险的中国古文书考释》。此书在 20 世纪 30 年代整理完成，但直至 1953 年才在伦敦用法文出版，其内容根据出土地的不同，将文书分为十类，其中六类属于吐鲁番出土。此后陈国灿教授据此重新整理出版了《斯坦因所获吐鲁番文书研究》（武汉大学出版社，1997 年）。格伦威德尔和勒柯克带回德国的吐鲁番出土资料分别被整理编辑成《1902—1903 年在亦都护及其邻近进行考古发掘的报告》（1906 年慕尼黑）、《普鲁士皇家第一次新疆吐鲁番考察队的行程与收获》（《英国皇家亚洲学会会刊》1909 年）、《新疆古代佛教圣地——1906—1907 年在库车、焉耆和吐鲁番的考古记》（1912 年柏林）、《高昌——第一次普鲁士皇家考察队所得新疆吐鲁番古物图录》（1913 年柏林）、《中亚古代晚期佛教文物》（1922—1933 年柏林）等，此后东德曾陆续出版了《吐鲁番文集》。俄国由于缺少相关的研究人员，其带回的吐鲁番出土文物长时间处于秘不示人的状态。二次世界大战前虽然编写发表了部分藏品的目录，但所藏文书内容不得而知。二次大战后，苏联科学院邀请了我国学者郑振铎帮助对其所藏文物进行整理编目，出版了两卷目录性质的书籍，但这也只不到其藏品的三分之一，而其多数又为敦煌文书。日本盗掘的吐鲁番文书，现在分藏于日本（东京国立博物馆、京都的龙谷大学等）、中国（大连旅顺博物馆、上海博物馆等）和韩国国立中央博物馆等地，并分别出版了《西域考古图谱》（1915 年日本）、《新西域记》（1937 年日本）、《西域文化研究》（1958—1963 年日本）、《中国古代籍帐研究》（1979 年日本）、《大谷文书》（1—3 卷，1984—2003 年日本）、《朝鲜总督府博物馆藏大谷光瑞氏搜集西域遗物写真集》（1930 年韩国）、《中央亚细亚美术》（1986 年韩国）、《旅顺博物馆藏西域文书研究》（2007 年中国）等。这一时期，中国学者虽然在清末和民国时代也有过搜集和发掘吐鲁番文物的事情，如王树楠的《新疆访古录》（1911 年），罗振玉的《西域石刻录、后录》（1914 年）和《高昌砖录》（1933 年），黄文弼的《高昌砖集》（1931 年）、《高昌陶集》（1934 年）和《吐鲁番考古记》（1954 年）等，但其中除了黄文弼为有组织的考古发掘外，其他的均为乡人滥挖或散见整理。

由此可知，吐鲁番学研究就像当年"敦煌在中国，敦煌学在日本"的状况一样，也是处于墙内开花墙外结果的状态。在这一历史进程中，中国学者虽然也有一些零星研究，但更侧重于敦煌文书，吐鲁番文书还没有引起更多的关注。

（二）

中华人民共和国成立后，吐鲁番学的命运开始发生转变。

1959 年开始，因配合农业水利建设，由新疆地区的学者为主组成的专业考古发掘队在高昌古城附近的阿斯塔那、哈拉和卓古墓葬群展开了发掘工作。直至 1975 年，前后共进行了 13 次发掘，共清理了 456 座古代墓葬，其中有 203 座墓葬出土了古代文书。与敦煌文书时代多为唐后期至五代宋初的情况不同，吐鲁番文书的时代多为中唐以前，甚至早到前凉时期。这 203 座古墓葬共出土各式官私文书近万片，基本上属于十六国至唐代。我国政府十分重视这一系列考古发现，在 1976 年特地成立了以唐长孺教授为首的"吐鲁番文书整理小组"，前后集中了来自全国各地的专家学者近二十人，对这批文书进行了系统整理，最后编辑出版了《吐鲁番出土文书》（文物出版社，1981—1991 年，1—10 册录文本；1992—1996 年，又将此录文本附加图版，汇集完成了四大册大型图版本，由文物出版社编辑出版）。可以说这一成果是首次以中国学者为中心展开的对吐鲁番出土文书的大规模、

高级别的研究整理。从此,吐鲁番学研究的世界格局出现转变,中国吐鲁番学界开始成为了这一国际显学的中心。

由于吐鲁番文书分散出土于盆地不同地域的寺窟、古墓葬和各类遗址中,所以吐鲁番文书虽经多次盗掘,但没有遭到敦煌文书那样被一锅端的厄运。也因此百余年来,吐鲁番虽然经历了各种盗掘和考古发掘,但吐鲁番这座地下文物宝库总是时不时地带给人们惊喜和忧伤,各类文物仍不断地以各种形式展现在世人眼前。这其中,有各种规模抢救性发掘而出土的文书(《新出吐鲁番文书及其研究》,新疆人民出版社,1997年),也有许多不知具体来源的散藏吐鲁番文书。而经过十余年的沉寂,又一次将吐鲁番学研究推向高潮的,是本世纪初荣新江教授领衔主持的《新获吐鲁番出土文献》(中华书局,2008年)的整理和出版。

《新获吐鲁番出土文献》共收录了文书和墓志在内的约400件出土文献,包括高昌郡时期、阚氏高昌王国时期、麹氏高昌王国时期、唐西州时期四个不同的历史阶段。与此前的吐鲁番出土文献有所不同,首先,这一次文书的出土地除了阿斯塔那、哈拉和卓古墓群外,还有高昌故城东北的巴达木古墓群、鄯善县吐峪沟乡洋海古墓群、吐鲁番市东郊苏公塔东北的木纳尔古墓群及交河故城等处,出土范围大大超出了以往。其中特别是洋海古墓群,如今的发掘只是其中很小的一部分,但其发现已足以让学界惊叹。其次,因出土范围的扩大,文书出现了前所未见的内容,极大地丰富了吐鲁番学的内涵,使吐鲁番学研究上升到了一个新高度。此外这次的整理与研究工作,参加者大都是一些全国各高校和研究机构的高学历、高素质的中青年学者,同时在部分领域还有外国学者参加,体现了21世纪吐鲁番学的时代特征。

随着《新获吐鲁番出土文献》的出版以及一系列新考古发现,国际学术界又一次把目光集中到了吐鲁番。2005年,吐鲁番地区文物局汇集全国乃至世界各国的专家学者,成立了"吐鲁番学研究院",并连续数年举办大型国际学术研讨会和高峰论坛,一个开放的、国际的、全新的吐鲁番学终于回归到了她的起点——吐鲁番。

(三)

令人鼓舞的是,在《新获吐鲁番出土文献》出版后不久,中央民族大学博物馆又征集到了一批吐鲁番出土文书,从而有幸也成为了吐鲁番出土文献的收藏机构之一。

这组文书,是中央民族大学在筹办少数民族古文字陈列馆的过程中收集到的。这组文书一共有13件,其中比较完整的4件,其余均有残缺。根据文书的内容等因素判断,可以肯定是吐鲁番出土的。但具体出土时间和地点不详。这组文书中有年款的6件,最早的是开元十五年(727)的,最晚的是开元十八年(730)的。其余的几件从内容和书体看,也应该是同一时期的。

这 13 件文书的内容可谓多种多样,例如《开元十八年五月老人左阿鼠等牒为修城事》文书,是一件盐城百姓左阿鼠等人呈递给交河县的状式(上行)文书。内容记录的是关于州使命令盐城百姓"修理城塞、门及城上当路剥落处",而百姓不服从命令,因此老人左阿鼠等将此事汇报给上级。文书后部还有上级部门的批文。此文书不仅保存完整,其书法亦有特色。唐代楷书已经十分成熟。然此文书书写略带古拙老辣,尚有魏碑体书法之神气(参见下图)。当我们展玩这幅开元十八年(唐代楷书的代表人物颜真卿此年二十二岁)的书法作品时,一股抚古思今之情油然而生。《开元十八年城主索顺言牒为失火相争事(背面为配役文书)》文书是一件盐城城主索顺言发给交河的状式文书。其内容记述了开元十八年六月某日盐城百姓张阿住等家失火及救火和追究失火责任等事。此文书不但有盐城城主的签名,还有十位老人的联署和交河县回复的批文,为我们研究唐代社会史提供了具体而生动的素材。《十一月十五日交河县帖盐城为入乡巡貌事》是交河县下发给盐城的一件关于"入乡巡貌"的帖式(下行)文书。所谓"入乡巡貌",就是隋唐时期实行的检查户口的"大索貌阅"制度中的一个程序。文书中首先书写了八十名需要被核实户口的人名,然后书写了命令城主于当月十七日"火急点检排比,不得一人前却,中间有在外城逐作等色,仍仰立即差人往追"等内容。这件文书对于我们认识"大索貌阅"在地方的具体实施情况,提供了具体而形象的资料。此外,这组文书中还有"第四团下盐城纳行官仗身钱历"、"交河县帖盐城为纳秋麦事"、"史索方帖为别差百姓事"、"交河县帖盐城为捉馆人焦仕忠等如迟得杖事"等等。

首先,值得注意的是,这 13 件文书中一共有 5 件出现了"盐城"的地名。说明这组文书与盐城关系密切。或许这组文书就是出土于盐城。再通过不同文书中重复出现的人名以及文书年代比较集中等来看,这组文书很可能是同一个墓葬中出土的,或许这个墓葬的主人就是盐城城主。盐城,位于交河南部。据吐鲁番文物局相关人士介绍,这里还没有进行过任何考古发掘,这组文书的发现,应当引起我们对这一地区古代墓葬的重视。其次,吐鲁番出土文书大多是二次利用的文书,而

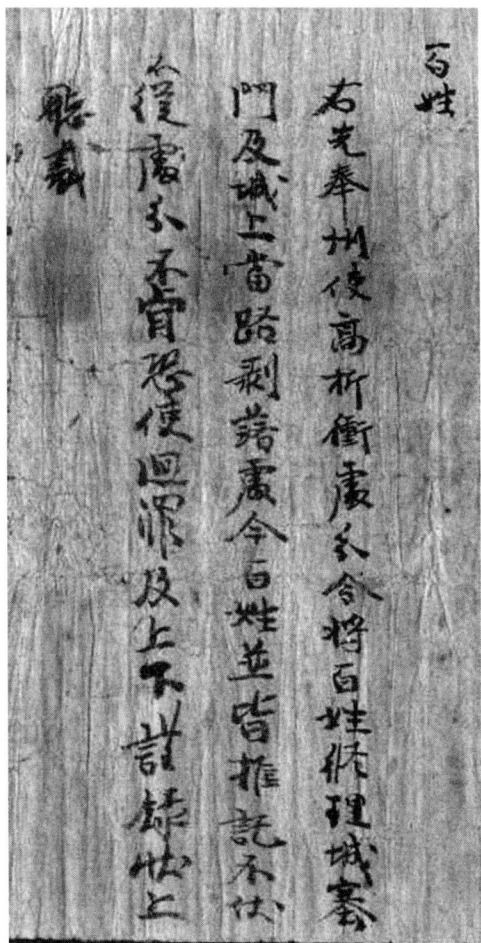

《开元十八年五月老人左阿鼠等牒为修城事》文书局部

这次发现的文书基本上没有二次使用的痕迹,其中多件保存完整,虽有破损,也非人为的。这说明这组文书是有意埋藏保留的,其整体所包含的信息值得深入探讨。第三,这组文书中有些历史信息非常重要。比如关于"入乡巡貌"的内容,应该是我们在所知的出土文献中首次见到的有关"大索貌阅"的信息。第四,由于这批文书大多保存完整,因而对研究唐代文书学具有重要价值。通过这批文书,我们基本上能将此前尚未认识清楚的帖式和状式文书制度给予全面的解读。

可以说,中央民族大学博物馆收藏的这组吐鲁番出土文书,虽然数量不多,但因其形态的完整、内容的特殊,从而成为了百余年来吐鲁番出土文献中不可忽视的一个重要组成内容。我们期待着这批文书能尽快整理发表以飨学界。

也说伊循故址

王炳华

（中国人民大学国学院）

　　冯其庸（宽堂）先生是海内外知名的国学大师，为传承、弘扬祖国优秀文化，奉献了毕生精力。他是好教师，也是大学者，还是诗人、画家、书法家，在红学、史学、佛学、文学等诸多领域卓有成就，这已是人们熟知的事实。我这里要说一说他的西域研究，或许人们对此还知之较少，在这一领域中，宽堂先生实际也是慧眼独具、领导潮流。

　　宽堂先生认为中华民族传统文化博大精深，是建设全人类文明新殿堂时不可或缺的重要基石。而在中华民族传统文化洪流中，边疆少数民族的优秀创造，是不可轻忽的流脉。因此，在建设中国人民大学国学院的文化工程中，他力主在国学院中建制了"西域历史语言研究所"。不止一次听他说，研究西域边疆少数民族历史文化，要识字，读相关古文书，甚至相关死文献，这很要紧。但不能止于此。一定还要在这一基础上前行，剖析、认识、准确把握它们后面更为波澜壮阔的历史文化画卷。宽堂先生崇敬玄奘，为他追求真理虽历万难而不悔、面临生死大限而不惊的无畏精神所折服。在古稀之年后，他多次深入世界屋脊雪岭冰川之中，觅求玄奘自印度返国之途径；宽堂先生坚信，追求历史文化的真谛，不仅要读万卷书，更要行万里路。面对西域历史、地理研究，常苦于记录舛缺、传抄错讹，实地考察，就是更要注意的一环。为此，更在八十二岁高龄时，不避危难，纵穿罗布淖尔荒漠，自阿尔金山麓北入白龙堆，进阿奇克谷地，过三陇沙，入玉门关，求一探汉代楼兰历史风云的变幻，求感受玄奘东返途程之艰难，更体验汉唐健儿们涉沙漠、穿戈壁，筚路蓝缕，开拓、建设祖国西部边疆，虽万难而无悔的奉献精神，吸取其中不朽的历史文化营养。

　　笔者毕生蜗居西域，以考古为业。偶有一地一物之新见，也不免窃窃自以为不凡。但在宽堂先生西域研究视野之笼罩下，大巫小巫，高下立见。也自感得到一种新昭示，步入一个新境界。我想，新的西域历史文化研究，循此前行，当会取得更大的、更能辉耀古今的新精神，建设全新境界的西域古文明。恭逢先生米寿，盛会空前，无以为献，仅取西域伊循小考一纸，略表祝祷之意，是为小引。

　　伊循古城今地，很早就是西域史地研究中存在歧见的一个问题。在20世纪40年代，冯承钧先生为此撰著、刊布了《鄯善事辑》①，全面辑录相关历史文献，勾稽鄯善史资料，评注国内外已见研究成果。也呼应当年沙畹在面对伊循今地时，不能看清楚《水经注》之简文错讹而陷入的迷误②，揭明西汉时的伊循故址，应在若羌县境米兰。这本是一个可以信从的结论。只可惜时间虽已过去70年，伊循故城今地，截至今天，竟仍然是一个没有共识的问题。

　　只是涉及或主要谈伊循，文章就有数十篇。最近，又有于志勇《西汉时期楼兰"伊循城"地望考》，对有关伊循的研究作了近乎全面的梳理，还附以卫星图片，提出伊循就在楼兰古城西北30多公里处的LE。这是该文作者为参加2010年日本奈良女子大学举办的"从天、人、地角度分析探讨居延、额济纳、楼兰"丝绸之路国际研讨会而提交的论文。此文随后也交《新疆文物》刊发③，影响面颇广，但所作结论尚有进一步探讨的余地。因此，就此进行深入一步剖析，仍属必要。

　　伊循，是公元前1世纪西汉楼兰王国政治舞台上凸显出来的一处屯戍中心，西汉以后，即渐渐淡出人们视野。作为当代史，直接叙说了伊循历史、地理背景的，就是《汉书·西域传·鄯善》（《汉书》卷九十六上）。也算是当代记录，与伊循程度不等存在关联的还有《史记·大宛列传》、《汉书·傅介子传》、《汉书·冯奉世传》等。涉及伊循历史、地理的汉代文献，实在是十分有限，就那么几条可以数得清楚的资料。再有就是土垠、悬泉等汉代驿传、仓储遗存出土的与伊循相关、"伊循"两字著录在册的简牍。如果不将汉代以后著录考虑在内，相关资料实在是并不多的。资料既不繁，线索也清楚。自清代徐松以来，关注学者也不能算少。不仅国内学者，也有日本、欧洲学者，都在这一具体问题上参与过讨论，但却总无法求得共识。这一现象，粗看，与西域距离辽远，亲履其地考察不易；古代文献记录十分简单，容留太多的解读空间；后期文献存在错讹等有所关联，但细酌有关分歧，其实远远不是只限于文献的解读，还有对当年楼兰王国的政治现实，如楼兰、鄯善王国地理位置，

---

① 冯承钧《鄯善事辑》，初刊《华北编译馆馆刊》第二卷第10期，后收入《西域南海史地考证论著汇辑》，中华书局，第1—24页，1957年。

② 冯注伊循今地，明确揭示鄯善"东故城应为古之伊循……因《水经注》之错简，致使徐松误解于先，沙畹附会于后，而误以扜泥在东，伊循在西"，指明了伊循今地在今若羌米兰。

③ 于志勇《西汉时期楼兰'伊循城'地望考》，《新疆文物》2010年第1期，第63—74页。

当年西汉、匈奴、楼兰彼此军事政治斗争,楼兰之破灭等不同理解有关。

一

伊循,是楼兰破灭之后,应保卫、新建鄯善的需要而设置的一处屯戍中心。它的出现,与特定时段内楼兰的政治形势密切关联。要准确了解伊循,就必须理清楼兰、鄯善之递变。

公元前77年以前,在罗布淖尔荒原北部,曾存在一个楼兰王国。这是清楚见于《史记》、《汉书》文字记录的。《史记·大宛传》(《史记》卷一百二十三)中说:"……而楼兰、姑师邑有城郭,临盐泽。""楼兰、姑师,小国耳,当空道。"它的具体位置,在《汉书·西域传·鄯善传》(《汉书》卷九十六上)中:"然楼兰国最在东垂,近汉,当白龙堆。"更明晰的揭示楼兰地处西域大地最东陲,傍罗布淖尔湖,近白龙堆,居交通孔道。从敦煌西走进入西域大地,最近的国、城,就是楼兰。上述一系列政治、地理因素,是只有王都在楼兰古城中、位于孔雀河下游三角洲上的楼兰王国才可以相当的。而远在阿尔金山脚下的鄯善都城扜泥,与这一系列地理要素绝对无法关联。

坚持楼兰、鄯善实为一体,政治中心一直就在扜泥的学者们,虽也可以在"鄯善国,本名楼兰,王治扜泥城"(《汉书·西域传·鄯善》)这句可作不同解读的文字中寻得根据,但实际真正支持他们做出这一判定的,是20世纪初在楼兰古城(A. 斯坦因编号为LA)中发现的近20件虽与"楼兰"有关的汉文文书、收件人在"kroraian"(音为楼兰)城中的佉卢文书,但时代都在东汉以后,并没有发现早于东汉的文书、文物。这就与时当西汉前期的楼兰城存在矛盾。但这只是当年考古工作未到位的说明。笔者在《罗布淖尔考古与楼兰鄯善史研究》[①]一文中曾经对此进行过剖析。如楼兰古城城墙构筑工艺十分原始,是一种垛泥堆筑工艺,是比较原始的早于汉—晋西域长史府土坯建筑的风格。与新见克里雅河北部西汉或早于西汉的圆沙古城建筑风格、尼雅新见精绝古城的建筑风格相同,具有地方特色,时代在西汉或西汉以前。其次,在东汉—魏晋西域长史府遗址下,下深一米多处,也可观察到一处叠压其下的文化层。长两米多,最厚处达20厘米。因此,说LA古城绝不存在早于东汉的文化遗存,是并不足以凭信的。东汉班勇出身在西域,深谙西域地理形势。他在东汉朝廷讨论西域大计方针时,曾有过精辟议论[②],将"楼兰"与鄯善区别得十分清楚,楼兰"西当焉耆、龟兹径路","南疆鄯善、于阗心胆"。楼兰和鄯善,是绝不可能同在一处的。

公元前2世纪后期,通西域,反击匈奴侵扰,断其右臂,是西汉王朝的重要战略。实施这一战略,使居于西域东陲、最近汉朝的楼兰,立即处在了汉、匈斗争的第一线。从西汉王

---

① 王炳华《罗布淖尔考古与楼兰鄯善史研究》,《西域文史》第五辑,科学出版社,2010年。

② 《后汉书·班勇传》卷七十七:东汉元初六年(119)"召勇诣朝堂会议……勇上议曰……又宜遣西域长史将五百人屯楼兰(此时,西汉楼兰王国早已不存。后继之鄯善远在阿尔金山下—引者)西当焉耆、龟兹径路,南疆鄯善、于阗心胆"。这表明,楼兰虽已不存,但楼兰城仍为人们所习用,而且它与鄯善是分列南北,并不混同。

朝计,通西域的战略任务,是压倒一切的,在这一过程中,对西域各绿洲城邦,西汉王朝的策略是"可安辑,安辑之;可击,击之"(《汉书·西域传·总叙》)。务求全胜,实现"都护"西域、反制匈奴之目的。面对交通西域的咽喉要地——楼兰,数十年中,一直是"伐谋"为先、"全国"为上。想尽方法、竭尽力量,要使楼兰从传统亲匈奴立场改弦更张,站在西汉王朝一边。不止一次,既让楼兰感受汉王朝的强力,迫其屈服,但又并不直接用军事手段破灭楼兰,不伤楼兰子民,以获其人心。但半个多世纪中,始终未能如愿。楼兰总还是难以摆脱匈奴的控制,与西汉王朝存在距离。

从楼兰角度分析,这一发展有其内在根据。

匈奴对楼兰的政治、军事、文化影响,积有年月,难以轻估。只从军事角度看,匈奴骑兵从伊吾、车师等地进入楼兰,因地域毗连,相当便捷。在骑兵称雄的当年,楼兰军事上实际难以摆脱匈奴的控制。

军事上受制,政治上依附,文化上相通,经济上这时自然也还感受不到汉通西域、开通亚欧交通路线后它可以获取的利益,而且徒增提供粮食、饮水、草料、向导交通的负担①。偶尔,还会遇到汉朝吏卒的盗寇、骚扰。自张骞返回长安,汉"使者相望于道,诸使外国一辈大者数百,少者百余人","一岁中使多者十余,少者五六辈"(《史记·大宛传》),这对蕞尔小国楼兰,确是难荷重负。这一形势下,如何变楼兰大地为通向西域的安全大门,成不留隐患的坦途,是摆在西汉王朝最高统治集团面前最大的一个问题。汉武帝刘彻及后继的昭帝刘弗陵在这一环节上,是有过精彩表现的。虽不显于文字,但西汉王朝深思熟虑,不急不躁、不轻易用兵、注意收民心、全楼兰之国,积五十年未变,是在历史事实中可以触摸的。最后,终于取得了理想的成功。这是值得总结的一章。

自公元前126年张骞西使返国,至公元前77年,经霍光决策、傅介子实施,对楼兰王国用了"斩首"战术②,在不伤楼兰实体,不伤楼兰民心的情况下,最后迁楼兰至扞泥,改国名为鄯善,成功消除了汉通西域的隐忧。

在这50年的时光中,西汉、匈奴、楼兰,曾经有过三次大的较量。冲突、妥协、再冲突,矛盾不断发展,终以西汉王朝全胜而收场。

汉通西域,初始往往是"赍金币帛值数千巨万",费币帛以购食,市驼马方骑用。每至一国,对统治者总是赂遗为先。但这在楼兰,因有匈奴作梗,却往往不能奏功,汉使王恢等还常遭攻击,这导致第一次冲突。在公元前108年,赵破奴率军进攻姑师的过程中,王恢"率轻骑七百人,虏楼兰王"③。楼兰被迫表示要改弦更张,对汉"降服贡献"。但这又立

---

① 《汉书·西域传·鄯善》:"楼兰国最在东垂,近汉,当白龙堆,乏水草,常主发导,负水担粮,送迎汉使,又数为吏卒所寇,惩艾不便与汉通","初,武帝感张骞之言,甘心欲通大宛诸国,使者相望于道,一岁中多至十余辈。楼兰、姑师当道,苦之"。

② 《汉书》卷七十《傅介子传》。

③ 《汉书·鄯善传》、《汉书·傅介子传》。

即遭致匈奴"发兵击之"。汉、匈双方都不能也不会放弃对楼兰的控制,矛盾依旧。变化只是楼兰较前进了一步:"遣一子质匈奴,一子质汉。"希望两面卖好,两面不得罪。如是做,实际两面都不落好,两面都要得罪。这导致第二次大冲突。前104年至前101年,李广利征大宛。匈奴无力正面阻击,但又不甘心西汉成功,采取的办法是"乃遣骑因楼兰候汉使之后过者,欲绝勿通"。这自然不能为西汉容忍,"武帝诏任文便道引兵捕楼兰王,将诣阙,薄责"。楼兰王被带到刘彻面前,没有怕死,而是坦陈苦衷:"小国在大国间,不两属无以自安";如果汉王朝不谅,则"愿徙国人居汉地"(《汉书·鄯善传》)。刘彻理解也欣赏他的直白:"直其言,遣归国。亦因候伺匈奴。"用匈奴之道,还治匈奴之身,匈奴自是不甚、也无法再亲信楼兰。但楼兰出于自身之处境,加之匈奴的传统影响,军事上随时可能到来的匈奴骑兵,并不可能全心投入西汉王朝一边,这才最后导致了第三次冲突。这次是总结了半个世纪中楼兰总难摆脱匈奴影响、王族与匈奴关系密切的实情;而且,数十年中,一次又一次进入长安城的楼兰质子中,汉王朝也已培养了一个亲汉、为楼兰王安归之弟、有资格接位为楼兰王的尉屠耆。尉屠耆自然也十分希望可以返回楼兰接掌大权。内外条件均备,于是,傅介子建言,霍光批准,实施了刺杀楼兰王安归(亦作尝归),扶植亲汉派首领尉屠耆为新王,不伤楼兰实体,迁楼兰国至远离匈奴影响的阿尔金山北麓的完整计划。这一计划如愿成功。于是楼兰被更改国号为鄯善,而孔雀河谷这一交通要隘,直接归在了西汉王朝经营之下,为汉通西域的战略完全扫清了障碍[①]。

认真总结西汉、楼兰50年间在楼兰大地上展开的三次冲突,西汉王朝的策略、战术是完全符合其通西域这一战略方针的。西汉王朝的决策层,深谙《孙子兵法》的要旨,力求取得楼兰人心,实现完胜目标,绝不在楼兰这一战略要地上留下隐患。以西汉之力,取小国楼兰,可以说是举手之劳,并不用费大气力的。汉王朝两执楼兰王,两次放还,做的就是全楼兰子民的工作,也就是"用兵之法,全国为上,破国次之"(《孙子兵法·谋攻篇》)。这样一次又一次妥协,实际是要争取在最合适条件下把握全局,不留隐患,最后终得楼兰如是"全国"而迁之于鄯善。消极转为积极,一个十分依附西汉、也必须依附西汉的新政权,在"南道"上站住了脚跟,并协助开拓南道交通,很快形成了西域大地的新局面。

灭楼兰、立鄯善、屯伊循,鄯善、伊循又必在罗布淖尔荒原之南裔,认清这一点,要从统有罗布淖尔荒原之楼兰国的自然地理形势去求解。

罗布淖尔荒原地域辽阔,但适于垦殖、居住的地带,几乎只有北部的孔雀河水系绿洲,南部若羌河绿洲、若羌绿洲以东的米兰河绿洲。这三处绿洲外,多是沙漠、盐漠、罗布淖尔湖。楼兰旧国据有之孔雀河绿洲,水势大,流程长,绿洲开发早,自新石器时代以来,就是荒原上的经济、文化中心,青铜时代曾发展了别具特色的古墓沟、小河文明。楼兰,顺理成

① 王炳华《居卢訾仓故址研究》,《丝路考古两题》,香港大学饶宗颐学术馆,2010年,第158—198页。

章,自然就奠基在其下游三角洲上 [①]。现在楼兰国灭,要扶植一个远离匈奴影响、亲汉的新王国,只能将其置于荒原南裔、距离在 300 公里外的若羌、米兰。《汉书》明确指出鄯善新城位置在"西通且末七百二十里"处(《汉书·西域传·鄯善》),这一空间距离,就只有若羌河谷的若羌绿洲可以相当,其他任何一处绿洲,都与此无涉,不相关联。

尉屠耆在这一事变中,深知自己大大得罪了楼兰国内原来亲匈奴的一派,所以他向汉王朝提出"身在汉久,今归单弱,而前王有子在,恐为所杀。国中有伊循城,其地肥美,愿汉遣一将屯田积谷,令臣得依其威重"(《汉书·西域传·鄯善》)。只有如此处置,才既可保障尉屠耆的安全,也可以为汉王朝直接控制孔雀河绿洲提供条件。自此以后,不论南道、北道,政治、经济形势均得顺利、迅捷发展,短短十数年中,郑吉成为了"护鄯善以西使者",南道为西汉羁属。随后,公元前 60 年,西域都护得以设立,"西域服从"汉通西域的战略至此基本取得成功,这一历史过程中,在伊循绿洲,西汉王朝先是"遣司马一人,吏士四十人,田伊循以填抚之。其后更置都尉,伊循官署始此矣"(《汉书·西域传·鄯善》)!初始,伊循田官只是一个官秩"六百石"的小司马,不几年后,即升格为官秩为二千石的"都尉"。伊循屯田事业迅捷发展,这自然与"其地肥美"有关,也是适应了丝路交通、西域形势发展的要求。

将楼兰、鄯善、伊循放在公元前 1 世纪前后罗布淖尔荒原上曾经展开的政治风云中去理解,才可能准确把握:"鄯善国,本名楼兰,王治扜泥城"这句话,它的意思是:今天的鄯善国,前身是楼兰,是在楼兰破灭后,才建设了鄯善新城的!

西域辽远,涉足不易。不谙罗布淖尔荒原的地理形势,两千年前的中原文人,坐在书斋记述、认识这片土地上的政治、军事风云,会盲点很多,很难清晰把握其要领。有关楼兰、鄯善短短 12 个字的记录,可以感受到沉淀在其中的行文遣字的含混不清,用笔不明。

《汉书·西域传》中记述的、今天已熟稔于人心的汉代丝路南、北道,实际正是因为有了伊循之屯、鄯善之设,才得以完成、实现的。

伊循之屯,在历史上其功厥伟!这一点,将在后面的考古新收获中,详予申述。

二

对应两汉时期的文献记录,楼兰原在罗布淖尔荒原北部,公元前 77 年,汉杀楼兰王,清除楼兰亲匈奴势力;扶持亲汉一派取得政权,远避匈奴影响,移徙楼兰到鄯善,屯伊循。其变化轨迹,可以说是十分明晰的。

把鄯善、伊循扰得位置不清、线索不明的,是郦道元的《水经注》。

东汉以后,中原大地兵祸连连。三国分列,晋十六国继起,如短剧登场,须臾谢幕。

---

① 侯灿《论楼兰城的发展与衰废》,《中国社会科学》1984 年第 2 期。

南北朝时期,仍然是政局纷扰。边隅西域,同样社会不靖,塔里木绿洲王国,彼此兼并,却消息隔绝,信息难通。三四百年中,见于中原史籍的记录,也就寥寥可数的几条。郦道元有感于资料舛缺,力搜各种可以见到的文献,从史、传到僧人行记,不稍遗缺组织于《水经注》中,希望能成就一件好事,也确实完成了一件值得称道的文化工程,但书中资料纷杂、讹乱,堆集一处,也带来不少新矛盾。这是自清代学者以来,早就注意到的一个问题。冯承钧在撰著《鄯善事辑》时,曾对此有过分析,说:"郦道元《水经注》所录古遗书最多,然多未详其成书年代。而且传抄错讹,经注夹杂,读是篇者竟不辨何者为经,何者为注,何者为注中之注。"[1] 这方面例子不少。涉及伊循者,如《水经注》卷二有文字为"扜泥城,其俗谓之东故城"。这件事曾见于《魏书·西域传》、《魏书·沮渠蒙逊》(卷九十八,列传第八十七)。相关文字为:永和二年(441),"沮渠无讳谋渡流沙,遣(沮渠)安周西击鄯善,鄯善王恐惧若降,会魏使者劝令拒守。安周遂与连战,不能克,退保东城"。沮渠无讳由河西走廊发兵,攻鄯善(今若羌绿洲)不克,退保"东城"。揆诸事理,这一"东城",只能在鄯善以东,近河西走廊处。但在《水经注》中,却将扜泥城与"东故城"混为一处。

关于《水经注》在扜泥、伊循城问题上之舛误,章巽先生也曾有过很具体的剖析。他在仔细校读了《汉书·西域传》、《水经注》相关文字后,发现《水经注》有关文字很不流畅、文意混乱、层次不分明,郦氏绝不会低至如是水平。细经校勘,看清了流传至今各种版本的《水经注·河水注》,明显存在错简。他在《〈水经注〉中的扜泥城和伊循城》[2] 一文中,揭示因《水经注》之错简,才导致鄯善、扜泥、伊循诸城问题上一些混乱,如一说鄯善国治伊循城,二说注宾河流向,先涉伊循,再涉扜泥,似扜泥居伊循之东,再说前已引述之"扜泥城其俗谓之东故城"。混乱明显。这一舛乱,为徐松在《汉书·西域传补注》所承袭,进一步扩大了影响。章巽先生此文,还揭示了斯坦因、藤田丰八等所受之误导。同时,也明确指出了《水经注》之记述,与《北史·西域传》、《新唐书·地理志》、敦煌所见版本不同的两种《沙州都督府图经》均不一致处。揭明扜泥城在西,故址在若羌绿洲,伊循在东,故址在米兰。

理清这些错乱后,《水经注·河水注》与《汉书·西域传》、《新唐书·地理志》即和谐统一、不相抵牾了。章先生的这一校勘功劳,使长时间在伊循、扜泥问题上的分歧,得到合理的统一。关于伊循故址所在这一具体问题,如果只从文献展开讨论,应该说,确实可以就此划上完满的句号了[3]。不意,时隔十多年后,在同一问题上,竟还有不同声音出现。

① 冯承钧《鄯善事辑》,《西域南海史地考证论著汇辑》,第19页。
② 章巽《〈水经注〉中之扜泥城和伊循城》,《中亚学刊》第三辑,中华书局,第71—76页。
③ 上引章文,谈及楼兰。笔者看法不同,已见前文论述,此处不赘。

实际生活中具体展开的诸多事物,是十分复杂的,它会受到当时、当地诸多因素的影响,诸多条件的制约。实际进程,有的可以与形式逻辑相统一;不少也会与形式逻辑之推论南辕北辙,完全不同。这就是现实生活进程难以为形式逻辑所逆料的道理。对此,人们是可以理解的。

老友长泽和俊教授,我们曾有 6 年多时间共同操持过"丝绸之路"新疆境内具体路段的调查,足迹及于塔里木盆地周缘、天山南北、葱岭内外。他在丝绸之路历史研究中,曾多有创见。大学者自然也会有小疏漏,例如,他在伊循故址的分析上,所持之方法、推论,就实在无法让人苟同,他曾据《汉书·冯奉世传》引申出伊循必在汉代丝路北道某处,而必不可能处于丝路"南道"上。为什么?因为冯奉世是送大宛客使出境,而汉至大宛,从形式逻辑计,是必然要走丝路北道的,否则路就不顺,有悖于常理了[①]。因此,长泽和俊推定西汉之伊循,在楼兰故城(LA)东北 40 公里处的土垠,这里曾出土过西汉简牍。于志勇君十分赞赏长泽氏观点,认为"长泽和俊将冯奉世持节使送大宛客经行线路定在北道即楼兰道,甚是";只是不同意将伊循放在土垠,而认为"LE 古城,更有可能是西汉时期的伊循城"[②]。精神实质是认为,冯奉世既送大宛客,必走北道,因此,伊循故址当在北道求之。

这个观点,表面看是相当有道理的,其实却是完全站不住脚,无法令人信从的。

西汉时,出敦煌去大宛(今乌兹别克斯坦共和国费尔干纳盆地),经由楼兰,沿孔雀河谷西行,经天山南麓入疏勒,至大宛,自然是最为顺道、好走的路线,一般情况下,是会作如此选择的。从长泽和俊至于志勇,据此,从形式逻辑出发,判定冯奉世也应这样走,没有错;但是,在做出最后结论前,还必须考虑其他因素,如冯奉世与大宛使臣这时西行,交通安全形势如何(毕竟,安息、大宛使臣入汉,经由这条路,是有过被楼兰劫杀之前例的)?冯奉世与大宛使臣,还负载什么另外的使命没有?其他等等。可以影响具体行走路线的因素,揆诸实际,既可能十分简单,也有可能十分不简单,十分复杂。毕竟,由敦煌西行,进入罗布淖尔地区并继续西行的路线,并非只有一条,可选择的路线是相当多的。因此,只从冯奉世送大宛客西返,经过了伊循,就完全不管汉代史籍中相关伊循的其他文字记录,而径直结论伊循必在丝路北道路线上,就陷入了十分武断、相当片面的境遇之中。这样的结论是否合适,就需要经受其他方面的认真审视。

在罗布淖尔荒原,在西域大地,东来西往,出于特定情势要求,舍弃顺理成章的交通路

① 长泽氏的观点是:"伊修(伊循)城应该在大宛使节往来的丝绸之路某处。而大宛使节一定是自敦煌至楼兰,再西北行至库尔勒,沿北道西进到疏勒,再经过葱岭北部抵达大宛。因此,伊循城一定在这条道路的某处"。转引自《新疆文物》2010 年第 1 期,第 65 页。

② 于志勇《西汉时期楼兰"伊循城"地望考》,《新疆文物》2010 年 1 期,第 66 页。

线,而走上一条匪夷所思、背离常情的路,甚至令人至今难以索解的例子,其实是并不少见的。我们举两个大家比较熟悉的实例,以为说明,助益思考。

其一,可以李柏文书为例。李柏是前凉西域长史,驻节在楼兰。他派信使严参事携密函去焉耆,商量如何共击驻扎在高昌的赵贞。严参事的行进路线自当由孔雀河谷西走,直达焉耆。这样走,路近、道顺。如是行进,可以说是太合情理的一件事;而不走这条路,就十分不合常情。但出于特定需要,李柏之密使竟就不从孔雀河谷西走,而选择了自"北虏"中(也就是敌手赵贞控制下的路)转至焉耆的路。这是在"李柏文书"中清楚说明的事实。至于李柏、严参事为什么决定如是走,自有他们认为充分、合理的根据,这理由至今仍未为我们所觅得。因此,交通路线,应该怎样与实际如何,完全是两回事,不能把"应该怎样"作为历史根据去分析问题。

其二,是稍后法显西走印度的例子。法显出河西走廊已经到了鄯善。顺乎常理,这时他们应该循昆仑山北缘西行,经且末,入精绝,至和田,越喀拉昆仑或帕米尔,进入北印度。而实际他走的路线却是由鄯善北行到了焉耆,又由焉耆穿塔克拉玛干大沙漠,进入和田,再走印度。"在道一月五日,无居民。沙行艰难,所经之苦,人理莫比。"(《法显传》)路线是十分不顺的。但如是走,自然也有法显自己的理由,政治的、宗教的因素都可能影响他的决定,并不能以路线顺不顺为转移。

李柏信使严参事、法显,这两个实例,治西域史者都了解,已近常识。应取之通行路线与实际行进的路线,差得竟那么遥远,遥远得常情绝难理解。

长泽和俊以"应该"怎样走,当成"就是"那样走,再据以分析、引申,得到自己希望的结论,其结论之不足凭信,是十分明白的。

关于冯奉世送"大宛诸国客"(不只是大宛使——引者)返国,经由鄯善一事,时在前65年。那正是西域多事之秋:莎车国内政变,汉封之莎车王万年及汉使奚充国,均为王弟呼屠征所杀。丝路南道受莎车攻击,"从鄯善以西皆不通"。匈奴又一次发兵攻车师城。莎车遣使扬言:"北道诸国已属匈奴矣。"在这一形势下,冯奉世驻伫在伊循,伊循都尉宋将随时提供西域情报,最后因时就势,当机立断,冯奉世矫制征发西域诸国兵,得万五千人,以迅雷不及掩耳之势,平定莎车政变,西域形势立转,"诸国悉平,"冯奉世随后顺利行进,"西至大宛"[①],得不辱使命。

这件事,足以引发思考的因素太多。一是形势不靖,冯奉世必须随机决定最安全的路线;二是所送使臣是一批,大宛使是其中重点。在这样一个形势下,说冯奉世行进路线肯定"应该"如何走,是十分不近情理的。《汉书·冯奉世传》在记述冯的这番平莎车内乱、稳定西域大局的作为时,特别提到"至伊修城(伊循——引者),都尉宋将言,莎车与旁国共攻杀汉所置莎车王万年,并杀汉使者奚充国"。这位伊循屯田都尉宋将,在冯奉世呼风唤

---

① 相关资料,均见《汉书·冯奉世传》卷七十九,列传第四十九。

雨、特立独行、迅捷改变了西域形势的活动中,也是发挥了不小作用的。冯奉世走伊循,而不走其他路线,其背后的消息,于此似乎也可以略见端倪。

不论具体因素有哪些,冯奉世衔命礼送的"大宛诸国客",是经过伊循并在这里见识了一番风雨。我们绝对没有理由就因为冯奉世这一西行路线,就判定伊循必在由楼兰西行之北道上。毕竟,当年伊循是驻有西汉王朝一支部队的屯田重地,也是军事重镇,是西汉王朝吏员可以得到安全庇护的处所,并不单纯只是一处交通驿站。

实际生活(包括历史上的实际生活)是复杂、丰富、多姿多彩的,它的运行轨迹,绝非形式逻辑所能规范,所可局限。我们在面对历史时,也必须将自己的思想放得开阔点,变得复杂点,要深入到当时、当地的矛盾中去,才有可能接近、触摸到历史的真实。

《西汉时期楼兰"伊循城"地望考》利用卫星遥感资料,展现 LE 古城图像,支持论文观点,这是值得肯定、支持、大可仿效的新方法。沙漠广布,地旷人稀,古城古址不少已没入沙漠、荒漠之中,古代河道也会因自然、人为因素而改变流向。这时,利用遥感图像,寻找河川,搜寻古城,进行宏观的历史、地理、环境变化研究,是十分有用的,可收省时省力、便于把握全局之功效。本文虽对 LE 古城为伊循故地持否定观点,但对使用如是方法进行西域古代城镇兴衰研究,却持完全肯定意见,这是一个在西域考古中大有前景、值得利用的好方法。

《西汉时期楼兰"伊循城"地望考》一文,利用卫星图片,参照地面实测资料,联系汉晋时期居延、河西走廊广大地域内已见鄣、塞、城址,进行比较研究,探索共同规律,同样也是一个有积极意义的探索。只是在面对伊循城时,必须注意,它可不一定是按西汉王朝规制而建设的城。尉屠耆在离开长安回楼兰准备鄯善立国事宜时,曾说"国中有伊循城,其地肥美",足见在汉军进入伊循屯田前,伊循城是已经存在了的。因此,希望通过梳理西汉王朝在西北边裔设置之鄣、塞、城的规制,而觅见伊循城的消息,大概也是难收其功的。当然在汉军进驻这片地区后,在西汉王朝统一规划下,在罗布淖尔大地上,新建的校尉城、屯城、都尉城,可能会显示同样的制度,那又是另一个问题了。

四

根据《汉书·西域传》,扜泥必在且末以东 720 汉里处的若羌绿洲上。而在扜泥以东,可以当得"其地肥美"这四个字的,也就只有米兰。这本来早已是西域研究学界许多学者共有的认识。这里结合自然地理、新见考古资料,稍细予以解析,求其深化。

米兰绿洲,确可称"其地肥美"。

20 世纪 50 年代后,在巴音郭勒蒙古自治州境内屯田戍守的是新疆生产建设兵团农二师。师属水利勘察队工程师饶瑞符长期在这片地区从事水土资源勘察,十分熟悉相关资源。米兰河谷绿洲是这片地区水土资源最为富厚的所在。关于这片地区适宜于农业的要素,清楚见于他的著文①。米兰河是源自阿尔金山的独立水系。米兰绿洲地处米兰河口,引水近便。黄土层厚5—15米,以轻壤、沙壤为主,含盐分少,是罗布淖尔、塔里木河流域少见的优质土壤。加之地下水埋藏深,矿化度弱,冬日少风,较温和,是比较理想的适宜于农垦的地带。农二师第36团所以设置在米兰,原因在此。从若羌至米兰空间距离达70公里,中间均为荒漠、盐漠,基本不见人烟。如是地理形势,于扜泥(若羌)以东求"其地肥美"的所在,确实只有米兰绿洲。视米兰绿洲为伊循故址,从自然地理角度分析是切合不悖的。

在米兰绿洲,确有古代屯田遗迹。

在米兰绿洲发现的屯田遗迹,主要指一区大型水利灌溉设施。这一遗存的发现,也是水利工程师饶瑞符的贡献。1965年,他曾手持相关测量图,到了乌鲁木齐,找到考古所李征先生与笔者,希望考古所能从考古专业角度,对相关水利遗迹踏勘、验证,争取进行少量发掘,判定其始建时代。李征对进行这一工作也特别积极,亟望成行。其情其景,至今犹历历在目。十分遗憾的是,我们当时的客观条件根本不可能进行这一野外作业。待后来有可能进入米兰对相关遗迹进行少量试掘时,饶、李二位竟都已先后辞世西行,令人唏嘘。

古代灌溉遗迹主要为一条总干渠,七条支渠、斗渠、毛渠,构成一个相当完整的灌溉渠系。渠引古米兰河水进行浇灌。渠首已毁。总干渠长约8公里,高仍近10米,宽约10～20米。七条支渠,分别长达4～5公里,高近3米。干渠、毛渠也约略可见。依地形自南向北,顺地势展开,双向流水。水头控制良好,干渠线路平直整齐,渠系分布均匀,引水势顺,全灌区均可得水。据测算,灌溉总面积可达4～5万亩。据饶瑞符及其同事现场观察、细算,曾经垦殖的面积估算可能达1.7万亩。他们据地势高程判断,只要将渠道内的积沙完全清除,建好渠首,立即可以古为今用,利用渠道恢复灌溉功能,实现垦种。在这一渠系范围内,他们曾经采集到麦草、麦穗、陶片、一枚五铢钱②。

关于这一灌溉渠系的时代,有过"汉唐时期"、"吐蕃占领期"等多说。

笔者的观点是:目前虽还没有过发掘、清理,没有掌握直接证据,但据已掌握的多种因素分析,最大的可能,它始建在西汉,与伊循屯田存在关联。汉代以后,自然不妨碍其继续使用。理由是:

1. 伊循屯田,见于《汉书》记录,是肯定存在的事实,田官秩为"都尉",规模不小。在西域屯田,没有雨水可依持;人工灌溉,是其首务。这一遗迹可与伊循也就是米兰绿洲历史上最辉煌的屯田篇页彼此联系,相互印证。

2. 这一灌溉渠系之支渠、斗渠遗迹,伸展至米兰绿洲现存的多处佛寺、城堡遗存旁。部分佛寺,斯坦因曾经发掘,大量保存完好的壁画显明具有犍陀罗风格③,可以与贵霜子民

① 饶瑞符《米兰汉唐屯田水利工程查勘:从伊循灌溉系统看汉唐时代屯田建设》,《新疆巴州科技》1981年第1期。

② 同上。

③ 向达译《斯坦因西域考古记》,中华书局,1936年,第82—89页。

东行，佉卢文在精绝、楼兰流行的史实相统一。时代当在东汉以后，公元三、四世纪是其盛期。笔者 20 世纪 80 年代初也曾择其一，略事清理，也见有翼天使（安琪儿）像之遗留。佛寺、城堡保存完好，水渠痕迹至此不见，清楚表明：佛寺、城堡叠压在先前使用的灌溉渠系、垦殖农田之上。因此，灌溉水渠工程，较佛寺年代相对为早，可以确定是东汉以前的遗存。

3. 灌区内曾得汉五铢钱一枚。笔者 1982 年在米兰调查时，同样是在这片地区，见到一件镏金铜卧鹿（采集者为当地农民吴海忠），显具战国、西汉风格，应为匈奴文物遗留 [1]，这些文物可作为辅助资料，帮助于说明这片遗址有可能为汉代遗存。

4. 新见西汉遗存。与上列水利灌溉工程遗存互相发明，1989 年 10 月，笔者与刘文锁、肖小勇再次进入米兰进行考古调查。在米兰吐蕃戍堡东南，距约 2 公里老米兰河北岸台地上发现一区西汉居住遗址。地表沙梁起伏，在两道东西向沙梁间，有几座风蚀土墩，土墩下、洼地上见大量西汉特征文物：大量加砂灰陶片（器表饰细绳纹）、钻孔陶片、陶纺轮、石磨盘、三棱形带铤铁镞、鱼鳞形铁甲片、五铢钱、炼碴、玉石料等，遗物分布在 500×200 米的范围内。五铢钱具有西汉武帝时期特征，与细绳纹灰陶罐、三棱形铁镞、甲片的时代风格一致 [2]。这一发现意义是很重大的。它与西汉王朝组织的伊循屯田活动，也是可以联系认识的。遗憾的是，发现、进入遗址现场时已近傍晚，采集必要标本后，已不可能展开进一步工作，事后也未能再对这一遗址进行深入调查，也未进行试掘。2005 年，笔者与冯其庸先生、荣新江、罗新、朱玉麒、孟宪实诸位教授一道，满怀期望，再访这一遗存。地表文物除陶片外，竟少有所见。印象深刻的三大块玉石料，自然也不知所终，颇以为憾。再一步认识这一遗址的真面目，只能寄希望于发掘了。

米兰绿洲，居扜泥之东，可称"东城"，它是若羌县境离敦煌最近的一处绿洲，正处于自敦煌至若羌绿洲的狭长交通线上。斯坦因得自敦煌藏经洞的唐《沙州图经》，说"鄯善之东一百八十里有屯城，即汉之伊循" [3]。说明唐代士人对自敦煌西行至若羌途中，东距若羌 180 里的"屯城"，即汉之伊循故址，仍然是有明确认识的。自米兰向东，距约 5 公里，至今还屹立一处汉代烽燧——墩力克。林林总总，这许多考古文化细节，都启示我们，汉代伊循当在米兰绿洲之上。文献记录与考古发现可以互相印证。但望今后能组织力量，对相关灌溉渠系遗存展开严谨的考古调查、少量发掘，将相关结论夯得更实，将汉代伊循、楼兰史研究，推进一步。

于志勇《西汉时期楼兰"伊循城"地望考》关注了相关文献，梳理了有关研究结论，所引相关伊循的论述就有数十篇之多，对近年在罗布淖尔荒原上的考古工作新收获，甚至相

---

[1] 王炳华《丝绸之路考古研究》，新疆人民出版社，1993 年，彩图第 13。

[2] 塔克拉玛干沙漠综合考察队考古组《若羌县古代文化遗存考察》，《新疆文物》1990 年第 4 期，第 5—12 页。

[3] 转引自《鄯善事辑》。

关卫星图片资料，都没有放过，用功不可谓不勤，着力不可说不多，但结论却仍难让人信从。这就引发一个问题。在已见之诸多论述中，所据之文献记录，几乎没有一点差异，但解析及进一步的结论却判然有别，问题究竟出在什么地方？笔者以为，其核心在于对楼兰王国的历史地理背景未能准确把握，这直接导致对同一文献的解析产生歧异。因此，矛盾的解决不能只寄希望于文字解读本身，而应结合历史实际、相关考古收获，求解文献记录的真谛。换句话说，伊循既是公元前 77 年为破除匈奴威胁，灭楼兰、立鄯善的关键时刻建设的新城，对其故址的探求，不能脱离当年这一特定的时空背景，不能疏忽当年仍十分强大的匈奴王国的军事威胁。有关伊循故址所产生的歧见，结合这一形势去解读，就可望得到合理的统一；歧误、错讹的晚出文字，如《水经注》相关记述，前贤已有很好辨析，应该得到重视。一些看似有理、实质并不能成立的推论，应予合适的辨明。在米兰绿洲上一些新见的、可帮助认识伊循故址的考古发现，应该受到更好的注意。本文本着如是思路展开，自感稍有新意。希望能为这个分歧得太久的小问题，寻求到一个正确的结论。但个人的视角、认识，总是有局限的。因此，诚望得到批评、指教，以期"伊循"故址研究，会在近一个世纪的争论后取得共识。

2011 年 1 月 19 日

唐代天山东部州府的典和粟特人

荒川正晴

（日本大阪大学）

一、前言

2004 年,在吐鲁番巴达木古墓中发现了两件粟特语的文书断片。其中的一件是钤有官印的唐代正式官文书,它是从天山北面的羁縻州府金满州都督府发往西州都督府的[Cf. 吐鲁番地区文物局 2006, pp.40-41；吉田 2007, pp.49-52]。所以,我们可以知道在天山东部地区的羁縻州府,粟特文被允许用来书写官文书。在此之前,没人知道唐代官文书可以用汉字以外的文字来书写,而这次发现首次证实了唐代官文书中存在用胡语书写的部分。因此尽管在正确理解唐王朝性质的问题上,这是一个值得重视的史实,但是有必要先掌握天山东部地区粟特语被允许使用在唐代官文书上的历史背景。

但是由于被发现的粟特语文书过于残破,所以无法从文本上窥见其详细内容,幸运的是存在着其他与此粟特语文书密切关联的汉文文书。2006 年在吐鲁番收集到的已经公开并题为《龙朔二、三年(662、663)西州都督府案卷为安稽哥逻禄部落事》(以下略称为《西州府案卷》)的文书即为此文书[《新获》下, pp.309-325]。荣新江氏已经对此进行详细研究,并发表了其研究成果[荣 2008]。他指出,此文书涉及龙朔年间(661—663)葛逻禄Qarluq 部落故地送还的一连串相关事件。

笔者在 2007 年夏天跟随科研调查团(代表人为森安孝夫),亲阅了此《西州府案卷》,而在对此文书的理解上,与刚才提及的荣新江氏的研究结果存在一部分的分歧。而且这

同时对理解在天山东部地区活动的粟特人有着密切的关系。

因此,在本文中,笔者将会在重新分析《西州府案卷》官文书性质的基础上,继而探究天山东部地区的粟特语成为唐代官文书语言的历史背景。

二、对汉文葛逻禄文书的再探

上文所提及的巴达木古墓出土的粟特语文书,如后文第四节所述,被认为是时任金满州都督府典的粟特人制作的。当然,任用粟特人为典的事例,不仅发生在游牧部落。在天山东部地区的西州都督府,也有被认为是粟特人的典的存在,先前所提及的《西州府案卷》就是其中一个实例。

然而,在理解这位典所写下的《西州府案卷》的相关部分官文书(按荣新江氏的分类,此部分归属 C 组。以下略称为 C 组文书)的性质问题上,笔者却有着和前述荣新江氏不同的看法。因而,在此先探究此《西州府案卷》C 组文书的性质。

以下,仅根据《新获》中的录文,节录本文在展开议论时所必需的部分[《新获》下,pp.317–321]。

（前　缺）

1. ＿＿＿＿＿＿＿＿＿＿ 哥禄步失达□ ＿＿＿＿＿＿

（中间接続不明）

2. ＿＿＿＿ 府 得□ ＿＿＿＿＿

3. ＿＿＿＿＿＿ 都尚书省 ＿＿＿＿＿

（中　略）

38. ＿＿＿＿＿＿＿＿＿＿

39. ＿＿＿＿＿＿＿＿＿＿

40. ＿＿＿＿＿ 判户曹琛

41. ＿＿＿＿＿＿＿＿ 史□慈达 ＿＿＿＿＿

（一行的空白）

....

42. 西州都督□ ＿＿＿＿＿ 燕然都护府牒壹为领大漠都督府 ＿＿＿＿

43. 部落 ＿＿＿＿＿＿＿＿

44. ＿＿＿＿＿＿＿＿ 上件牒,向金满发遣,其 ＿＿＿＿

45. ＿＿＿＿＿＿＿＿ □状报其部落去年为 ＿＿＿＿＿

46. ＿＿＿＿＿ 并悉向金山,其□□见无□领之处,谨 ＿＿＿

47. ＿＿＿＿＿ 请裁,谨牒

48.	龙朔三年		典康义	
49.	付			

（后　缺）

首先,笔者想先归纳荣新江氏的见解。荣氏通过对 C 组文书的分析,得出了以下结论 [荣 2008, pp.168-169（原载 2007, p.33）]。

①第 1—41 行的原文上钤有朱文"西州都督府之印",第 14、15 和 29、30 两个纸缝的背面,皆有残字押署及骑缝印"西州都督府之印",说明这一部分是西州都督府的牒文。

②缝后的前面两行（第 42—43 行）是①所表示的牒文的抄目,即"西州都督府受领燕然都护府牒为领大漠都督府部落返回原居地事",所指是前面粘贴的文书。

③第 44—49 行是龙朔三年（估计是正月）西州都督府典康义牒,这件牒文很短,大概是说抄目所提到的牒文,也同时发给金满州,目的同样是发遣哥逻禄部落返回金山地区,但可能是因为首领不在,所以请求裁定如何行动。不过此件不是正式文书,没有官印,可能是牒文的留底抄件,或者是草稿。

简而言之,荣新江氏把 C 组文书到第 43 行为止的内容理解为西州都督府的牒文,第 44 行以后的理解为西州都督府典的留底抄件或者是草稿。

对此,笔者却认为到 C 组文书第 41 行,是西州都督府户曹的关式文书[以下简称 I 文书],第 42—48 行应该是典所发出的牒文原件[以下简称 II 文书]。其理由可归纳如下:

第一,笔者主张 I 文书是关式文书的根据,来自于第 40、41 行署名的书写结构以及"西州都督府之印"官印的存在。首先,对于署名,就如荣新江氏所复原的那样,在年月日后采取了以"□□□判户曹珹"为首的三名官员的署名格式①。的确,这样的格式似乎是被牒式文书采用的,但并不代表其使用范围也仅局限于此。实际上,关式文书同样也采用这种署名格式②。

另外,不能忘记的是 I 文书在正文中钤有"西州都督府之印"的事实。虽然这种官文书在正文中钤有"西州都督府之印"的现象,即表示出了它是被西州都护府录事司受理,并在当下钤上州府印然后发送出去的过程。尽管像这样通过录事司钤下了州府印,但是我们必须清楚看到的是,这个 I 文书在之后并没有被送到西州都护府的管外,而是被留在了州府内的事实。而关式文书虽然是指州府或是都护府内部诸曹同仁之间所授受的文书,但也是被钤有州府或是都护府的官印的。这个现象,同样可以从吐鲁番出土的大量西州都护府和安西都护府诸曹制作的关式文书中得到确认。在这些出土的关式文书的正文上,

① 虽然符式文书也是采用三名官员的署名方式的官文书,但是符式是在署名之后记录年月日。Cf. 赤木 2008, p.77.

② 关于关的格式,中村 1996, pp.209-218；李方 2002, pp.324-325；2003, pp.91-93 中有探究。Cf. 赤木 2008, p.77. 雷闻 2010, p.331.

绝大部分都被钤有"西州都护府"或是"安西都护府"的印［Cf. 雷闻 2010, pp.332-335］。其中的一件《唐开元二十一（733）年西州都督府案卷为勘给过所事》［73TAM509：8/8（a），8/16（a），8/14（a），8/21（a），8/15（a），《文书》9, pp.52-53《图文》4, p.282］的记载如下。

1	仓曹
2	<u>安西镇满放归兵孟怀福　贯坊州</u>
3	户曹。得前件人牒称，去开廿年十月七日，从此发行至<u>柳</u>

（中略）

12	关至，准状。谨关。
13	<u>开元廿一年正月廿一日</u>
14	功曹判仓曹　<u>九思</u>　　　　　　<u>府</u>
15	正月廿二日录事　<u>元□</u>　受
	<u>史</u>　<u>氾友</u>
16	功曹摄录事参军　<u>思</u>　付

也就是说，虽然这是西州都督府内的仓曹（第1行所载发件者）发往户曹（第3行开头所记收件者）的文书，但就像可从第15、16行得知的那样，它是经过了录事司之手再被转发的。这就是即使是在西州都督府内部的文书往来中，关式文书同样会被钤有"西州都督府之印"的原因。

由此可知，Ⅰ文书［第1—41行］当是在西州都督府内部往来的关式文书，而从第41行可断定这是户曹发向某曹的文书。因此，荣新江氏的看法便无法成立了。即西州都督府的牒文没有跨越纸缝，连续到C组文书的第43行，而是应以纸缝为界，认为是其他文书［也就是Ⅱ文书］被粘连于后。那么，这个Ⅱ文书又是一件怎样的文书呢？

关于这点，荣新江氏认为第44行以后应是西州都督府典的牒文留底抄件，或者是草稿。首先，在关于认为此文书是西州都督府典的牒文这点上，必须注意到此文书中以"事项名"起写的现象。

牒式文书在开头处基本都明确记录发件者［Cf. 赤木 2008, p.77］，但Ⅱ文书却是以所谓的"事项名"写起的。类似这样的起写格式也可见于其他的牒式文书。像《周长安三年（703）三月括逃使典牒》（大谷2835号，内藤1963, pp.224-236）或者是《唐大历十六年（781）二月柳城杰谢百姓思略牒》［D.v.6Cha.4/S.5864，《斯坦因》pp.540-541，再版 p.312］等就是此类文书。这些牒式文书同样是以"事项名"开始的。它们的共通点是发出这些牒式文件的，都不是隶属于固定机关（官司）的官员。换句话说，《周长安三年《（703）三月括逃使典牒》是被派作地方使职巡回的括逃使的典的阴永所制作，而《唐大历十六年（781）

二月柳城杰谢百姓思略牒》则是拥有唐朝"百姓"头衔的发件者思略,以管理杰谢绿洲的责任人(auva-hamdasta)[①]之一的身份制作的。无论哪个都不是隶属于固定机关(官司)之下的官员。

易言之,此类官员所发出的牒文的通常格式,就是以"事项名"作为开头的。再加上上引两例文书都不是从拥有官印的官司发出的情况来看,本文书没有铃印也就显得非常自然了。也就是说,荣新江氏在前引见解③中的,根据文书中无铃官印一项来判断此文书就是草稿或是留底抄件的见解,是非常不妥当的。那么,这些没有被铃有官印的文书,为何会被收件者当作是正式的官文书而接收呢?在下一节中,笔者将会着重探讨此问题。

如上所述,可以认为Ⅱ文书是从不隶属于固定机关(官司)的典发向西州都督府的牒式文书的原件。而根据此牒式文书中的第47行,可以得知这是上行方向的"谨牒"式文书[②]。

在掌握以上分析成果之后,我们可以把全部C组文书复原如下:

(户曹)

1. □□

　　　　　　　　　　　　　(官)(部落帐

2. ＿＿＿＿＿＿＿ 哥禄步失达□ ＿＿＿＿＿
(某曹。西州都督)　　　(□月□牒称,今年三月

3. □□。□□□□府得□ ＿＿＿＿＿
(□日□府得东)　　　(□□月十八日牒称

4. ＿＿＿＿＿ 都尚书省 ＿＿＿＿＿

(中略)

　　　　　　　　　　(龙朔二年　月　　日)

38. ＿＿＿＿＿＿＿＿＿＿

　　　　　　　　　　　(府□□□)

39. ＿＿＿＿＿

40. 　□□判户曹琭

① 通过探讨于阗语文书,可以知道 auva-hamdasta 是介于萨波 spāta 和叱半之间的官职名 .Cf. 吉田 2006, p.55, pp.146–148. 文欣 2009, p.138–139.另外,文欣氏认为见于汉文文书的"乡头"相当于此处的 auva-hamdasta。Cf. 文欣 2009, pp.138–139. 但是在 auva-hamdasta 时期,思略在汉文文书中的头衔则被写为"百姓"。萨波则是管理着乡规格的绿洲之官员的官职名,在这些绿洲下隶属着复数个村落。叱半则是征收税物的末阶责任者。

② 赤木崇敏氏全盘考察了文书流程,证实了牒式文书中明确区别存在上行的"谨牒"式,以及下行的"故牒"式文书。赤木 2008, pp.77–80。

41.　　　　　　　　　　　　史□慈达

（一行的空白）

··

42. 西州都督□　　　　　　　燕然都护府牒壹为领大漠都督府

43. 部落

（牒）

44. □.　　　　　　　　上件牒,向金满发遣,其

45. 　　　　　　　　□状报其部落去年为

46. 　　　　　　并悉向金山,其□□见无□领之处,谨

47. 　　　　　　　谨裁,谨牒。

　　　　　　　　　　　　　　　　　　　　　　　（牒）

48. 　　　　　　　龙朔三年　　　　　　,典康义□

49. 　　　　　　付

（后　阙）

三、西州都督府的典和粟特人

　　像在上一节探讨过的,我们可以把 C 组文书认为是隶属于非固定机关（官司）的典发向西州都督府的"谨牒"式文书,那么,这个典到底是何种官员呢?

　　唐代的典,一般被认为是隶属于固定机关的吏员,另一方面,被任命为使且拥有"～使"头衔的官员在许多情况下也配属有典[①]。除了前引《周长安三（703）年三月括逃使典牒》（大谷 2835 号）之外,从吐鲁番文书中还可发现有敕慰劳使和典（73TAM221：3,《图文》3,p.315）、检校长行使和典（64TAM36：7［a］,《图文》4,p.14）等例。

　　另外,就像本文所列举的《西州府案卷》一样,可以很容易地找到县官（县丞等）被任命为使被派往远路的例子。姑且罗列如下:

　　①《唐开元十九（731）年康福等领用充料钱物等抄》（73TAM506：4/11 之二,《图文》4,p.403）

　　使西州市马官天山县尉留□,典壹人,兽医壹人,押官壹人,伍日程料。

　　②《唐天宝十载（751）交河郡客使文卷》（2006TZJI：047,《新获》下,p.337）

　　使伊吾县丞刘庭并典一人,九月十一日东到,至廿三日发向西。

[①] 李锦绣氏已经详细探讨了典。李锦绣 1995,pp.348-371. 李氏按照承担职掌的不同,把典分为 9 类。本稿中指出的"～使"随从官员并拥有职衔的典,也归属其一,李氏把此类典命名为"使典"。同书 pp.364-365.

虽然这两件都只是关于使或者是其随行人帐簿的一部分，但根据以上所引记录来看，可以得知天山县尉和伊吾县丞分别被任命为使，从而配属有典的事实。或许在官文书中屡次出现的"官典"，指的就是被任命为使的官和典的组合[①]。

根据以上所述事实，就可以认为制作了以"事项名"起笔的Ⅱ文书的康义，应该就是作为这类使的随员而被派遣过来的。也就是说，Ⅱ文书当是跟随使而来的典发出的送往西州都督府的"谨牒"式文书。另外，根据《西州府案卷》中柳中县丞的"□客师"（C组文书第9行）和"□慈训"（E组文书第10行），在处理哥逻禄部落问题上被充任为奔赴天山北面的"使"的事实，可以判断出这位作为典的康义，应该是和某位公使一起作为使者，被派往天山北部的游牧地区的粟特人。

而且典不仅仅制作文书，实际上他们极有可能为了给收件方传递文书或者是在收件方那里制作并提交文书，从而被派遣到远方。关于后者，先前引用的《周长安三年（703）三月括逃使典牒》就是一个确凿的证据。

此文书是由身为逃括使典的阴永制作并向敦煌县提出的"谨牒"式文书。虽因不知此时的逃括使身在何处，无法确定此文书被制作的时间点，但值得注意的是这个典所提交的牒的中间有被粘连的痕迹，在这粘连部分的背面署有"辩"的名字[内藤1963，p.225]。这就表明了这个"辩"应当是身为敦煌县令的"辩"。也就是说，括逃使的典并不是携带着已经制成的文书来到敦煌县，而是在抵达敦煌县之后，在当地制作并提交了这个"谨牒"式文书的。

关于和充任为使的官员一同被派遣到天山北面的游牧地区的典的活动，可从下面的《唐年次未详[显庆二年（657）～]西州馆典牒》中窥知一二。在此只引用相关部分。

① 73TAM208：23，27　《录》《文书》6，pp.186-187；《写》《图文》3，p.96.
（前略）
（右件）

5　□□料供使人王九言典二人，乌骆子一人，□□□□□□□□

6　□□□□□惣五人食讫。

7　□□□□驴脚壹节　用钱参　　酒陆胜　用钱　　面壹□□□□
　　　　　　　　　　文伍分　　　　　　壹？文

8　□□□□围柴参拾分。

9　□□□□□请赐处月弓赖俟斤等□□□□□□□

────────────────

① 虽然在此不详细论述，但是根据《仪凤三年（678）度支奏抄、同四年金部旨符》中的一条（大津1986，pp.10-11），由凉州府出发的负责运送物资的"官典"就符合这一现象。在《西州府案卷》[B组（二）的第10行]中，也可见此类"官典"的出现[荣2008，p.154]。

（后阙）

② 73TAM208：26,31/1《录》《文书》6, p.185；《写》《图文》3, p.95.

（前阙）

（九言典二人，乌骆子一人）

1 右件料供使人王□□□□□□□

（伍人食讫）

2 典一人，乌骆子一人，惣□□□□。

（牒）

3　今日料如前谨□。

（信贞牒）

4　　三月十八日典　高□□□。

5 记。宜神白。

（日）

6　　十□□。

唐代天山东部州府的典和粟特人

此牒文是位于西州的某馆所提出的供应物品的报告书，通览全文可以发现内容几乎是被连着好几天记录在报告中的。虽然①和②分别上报于不同日期，但对照出现在"右件"之后的被供应者的姓与文书开头处使人的姓的话，可以推测出他们是同一人物。那么，在这个报告中，被供应物品的五人，应当为"王九言典二人，乌骆子一人"和"典一人，乌骆子一人"。也就是说，当时在馆中停留的，是身为使人的王九言和跟随他的典的两人，以及乌骆子一人，另外还有典一人和乌骆子一人①。文中乌骆子的乌骆，已经被判明是古突厥语的 ulaγ 的汉音转写，此职位多由天山东部地区的突厥系游牧部落民担任［Cf. 荒川 1994］。在同一报告中，除了可见①中"处月的弓赖俟斤"之名以外，还可见"首领"等语（73TAM208：24,28,30,《图文》3, p.98）。由此可窥见当时的情况，应是跟随被派遣到吐鲁番北部游牧羁縻州部落的使人的典，在接受乌骆 ulaγ 子送行之后，独自回到了西州都督府，并停留在馆中。

把在哥逻禄部落得到的情报翻译成汉语，并制作成 Ⅱ 文书的康义，应该也是携带文书并亲自提交给西州都督府，或者是在西州府制作并提交了报告书的。在理解了这样的事件背景之后，即使此文书没有被钤有官印，也不会妨碍我们得出 Ⅱ 文书应该是在西州都督府被作为正式官文书而受领的事实。

---

① 如果把所有人都认为是使人王九言的典的话，对于为何被分开记载在典之后的现象，还不能给出很好的解释。另外，如果考虑到此断片文书的整体文字布局，除了如上所推测补充的字之外，很难再有超出如上部分的语句可以被放入这里的空间。《武周天授二年（691）史孙行感残牒》（72TAM230：72,《文书》8, p.151）。

四、天山东部地区的粟特人和典

从吐鲁番文书中可以确认粟特人不仅成为了唐朝的军人,还被吸收为州县的官吏。但是需要注意的是,此类任官并非是拥有官品的官员,而是胥吏等级,特别是除了集中在被称为译语人的翻译之外,还有隶属于典或者州县诸曹司的佐史、府史等吏员的情况[①]。下页之表把见于吐鲁番文书中的拥有粟特姓氏的典稍作整理,以供参考[②]。

拥有典官衔的粟特人一览表

文书名		文书编号	出典
康姓			
典康憧奴	唐西州高昌县范歆进送右果毅仗身钱抄	60TAM337:11/17	《录》《文书》,p.5, p.109;《录·写》《图文》2, p.225
(检校长行使)典康泰	唐给料钱历	64TAM36:7(a)	《录》《文书》8, p.32;《录·写》《图文》4, p.14
典康元	唐北庭都护支度营田使文书	72TAM226:58	《录》《文书》8, p.206;《录·写》《图文》4, p.96
同	唐典康元残牒	72TAM226:59	《录》《文书》8, p.208;《录·写》《图文》4, p.97
同	唐赈田残文书	72TAM226:90	《录》《文书》8, p.229;《录·写》《图文》4, p.105
(西州都督府功曹司)典康龙仁	唐开元二十一年(733)西州都督府案卷为勘给过所事	73TAM509:8/14(a)之3	《录》《文书》9, p.60;《录·写》《图文》4, p.289
同	唐开元二十一年(733)西州都督府案卷为勘给过所事	73TAM509:8/14(a)之4	《录》《文书》9, p.61;《录·写》《图文》4, p.290
(长行坊)典康□	唐天宝十三—十四载(754—755)交河郡长行坊支贮马料文卷/唐天宝十四载(755)申神泉等馆支供(封)大夫帖马食历请处分牒	73TAM5064/32-21	《录》《文书》10, p.239;《录·写》《图文》4, p.547
(某使)典康义	唐龙朔二,三年(662,663)西州都督府案卷为稻哥逻禄部落事(三)	2006TZJ1:101	《录》《新获》下 p.321;《写》《新获》下 p.320

① 除了充任翻译、典或府史、佐史之外,还有一特例,"康玄感"(64TAM29:117,118,《文书》7, p.75)就任西州都护府的诸曹参军之职。

② 已经证实的拥有粟特姓且就任府史、佐史的他例,可见于康姓的"康玄感"(64TAM29:117,118,《文书》7, p.75)、"康登"〔73TAM509:8/4-3(a),《文书》9, p.30〕、"康弘达"〔67TAM380:01(a),《文书》9, p.190〕、"康欢柱"〔73TAM512:10/1,10/2,10/3,10/4,《文书》7, p.126〕,以及拥有安姓的"安进□"〔72TAM188:82(a)/73(a),《文书》8, p.56/同 p.64〕。

	文书名	文书编号	出典
典康才感	唐开元十三年（725）西州未纳征物牒		《录》《考古记》p.66；《籍帐》pp.353；《写》《考古记》图版21图26
安姓			
典安□善	唐残文书之一	73TAM509：19/15（b）	《录》《文书》9, p.148；《图文》4, p.340
曹姓			
典曹仁	唐开元二十一年（733）西州都督府案卷为勘给过所事	73TAM509：8/21（a）之2	《录》《文书》9, p.62；《籍帐》p.367；《录·写》《图文》4, p.292
典曹如珎	唐天宝十载（751）九月典曹如珎牒	2006TZJl：018	《录》《新获》下, p.341；《写》《新获》下, p.340
典曹行	唐敕检校长行使牒	Or.8212/529, Ast. Ⅲ.4.092, Ma272	《录》1953, p.102；《籍帐》p.347；《斯坦因》p.273（再版2004, p.154）；《中亚》1, p.61；《写》1953, pl. ⅩⅧ；《籍帐》p.347；《中亚》1, p.60, 开头彩色图版
典曹必	唐天宝四载（745）高昌县纳税文书	大谷4906	《录》《集成》3, p.61；《籍帐》p.441；《西域》Ⅲ p.82,《西域》Ⅲ p.230, 235《写》《集成》3, 图版28；《西域》Ⅲ, 图版24
典曹英俊	唐天宝五载（746）典曹英俊牒状	大谷8040	《录》《集成》3, pp.218-219,《写》《集成》3, 图版16；《图谱》下, 史料9—1（龟兹出土）
典曹忠顺	唐开元十三年（725）西州未纳征物牒		《录》《籍帐》pp.353；《考古记》p.66；《写》《考古记》图版21图25.
何姓			
（都游弈所）典何承仙	唐开元二十一年（733）西州都督府案卷为勘给过所事	73TAM509：8/14（a）之2	《录》《文书》9, p.59；《录·写》《图文》4, p.288
同	唐开元二十一年（733）西州都督府案卷为勘给过所事	73TAM509：8/15（a）之2	《录》《文书》9, p.68；《录·写》《图文》4, p.295

从表中可知，如果仅就几乎可以断定为粟特人的"康"、"安"姓来看，他们除了被任命为前一节所述的跟随使人的典以外，还担任隶属于机关的典。尽管说是机关中的典，但与隶属于州府司和县司诸曹的府、史和佐、史这样的吏员，还是有很明显的不同的。

比如说，成为西州都督府内的典的"康龙仁"，就是一位对不携带过所而从岸头府界的都游弈所被强制遣返到西州府的人员进行质询的调查官[《唐开元二十一年（733）西州都督府案卷为勘给过所事》[73TAM509：8/8（a），8/16（a），8/14（a），8/21（a），8/15（a），

《文书》9，pp.60–61；《图文》4，p.290）〕。

　　本来典就不见于《大唐六典》和《职官志》（《旧唐书》卷四十四）等所载"州县官员"之列，与律令官制所规定的州县官司各曹配属的府、史或佐、史有所不同。通过吐鲁番文书来看，我们可以发现典是被配属于州府诸曹司以外的馆或者是长行坊、籍坊、杂事司等机构，或者是配属于节度使内的军镇、军营、军仓等军事机构的[1]。这样的特质，使得典不会像府、史或佐、史的人员那样，被限制在一定规格的数额之内，而是被随机应变地配属于州县诸曹司以外的各类机关和使人之下。

　　另外一方面，典也被配置在吐鲁番以北的突厥系游牧羁縻州部落中。例如开元十六年（728）的大谷5840号文书中，就有身为朱耶部落之典的"梁思忠"[2]的名字，以及他所制作的汉文"谨牒"式文书〔内藤1963，p.266〕。正是这些被配属在游牧羁縻州部落的典，制作了从该部落发出的牒（官方报告书）。而本文一开始提及的粟特语官文书，正揭示了当初是用粟特语制作这类牒文，以及粟特人被任用为制作此类文书的典的背景事实。但由于大谷5840文书的存在，进而又证明了用粟特语来书写官文书并没有持续很长时间，汉语继之成为了主要的书写语言。然而，在刚刚接受唐朝支配的时期，粟特语确实是突厥系游牧羁縻州部落用于制作官文书的语言，而且西州都督府也接受了此类语言所书写的文书。

　　本来，无论在吐鲁番还是在天山北部的游牧地区，在接受唐王朝的统治之前，粟特人已经在那里构建起了他们的聚居地，并以此为据点形成了同族间的网络[3]。除了在吐鲁番他们侍奉于麴氏高昌国王左右〔荒川2007〕以外，这些粟特人在天山北部的游牧羁縻州部落则是侍奉于首领irkin（希瑾）的左右〔荒川2008，p.42，47〕。无论是以上哪个地方，粟特人他们都被任命为使节，被派遣到各个地方。特别值得一提的是，在游牧部落中，粟特人被频繁地任命为使节负责人或是使团成员，派遣到麴氏高昌国〔Cf. 荒川2008，pp.45–46〕。另外，广为人知的是，粟特语和粟特文成为了突厥第一可汗国或是西突厥的公用语言、公用文字〔护1976，pp.24–27；吉田1997，p.236〕，由此可推知不拥有本国文字语言的突厥族利用了粟特人担任文书行政的情况〔吉田1997，p.236〕。

　　于是，在理解了以上的背景后，我们可以认为在唐朝一开始支配突厥系游牧诸部落之际，是粟特人担任了典并用粟特语制作了官文书。再加上考虑到唐朝支配以前就被派遣

---

[1]　虽然在这里无法列举全部情况，但目前已经得到证实的是，典被配置于长行坊（《图文》4，421）、籍坊（《图文》3，p.494）、杂事司（《图文》4，p.496）、军镇（《图文》4，pp.93–95/3，409等）、军营（《图文》4，19/4，p.184等）、军仓（《籍帐》，p.468）等。

[2]　至今为止的全部研究都把录文写成"典渠思忠"，但仅从照片判断的话，这里的录文应为"典梁思忠"。《集成》3，p.209。

[3]　对包括天山东部地区的欧亚东部整体地区进行详细分析的，有荣新江1999（再录2001）；Rong2000；荣新江2005。Cf. De la Vaissière 2002，pp.128–153（英译2005，pp.122–147）。另外，森安氏制作的地图对粟特人的聚落整体分布进行了分析，使用起来十分方便。森安2007，pp.110–111。

为使人的粟特人的情形,我们有理由相信,与西州都督府的典一样,羁縻州府部落的粟特人的典也亲自把制作的文书递送到收件方,或者是在收件方那里制作、提交文书。

唐朝正是考虑到了其开始统治之前该地区的"现实"背景,才会在天山东部地区的羁縻州府或是直辖州府吸收并任命粟特人为典,并把它们频繁地派遣到远方[①]。

小 结

以上,在利用古文书学重新探讨《西州府案卷》C组文书的基础上,我们分析了天山东部地区的粟特人和典之间的种种关系,揭示了尽管是在接受唐朝统治的初始阶段,但是粟特语、粟特文字还是被羁縻州府作为发出的官文书的语言、文字的历史背景。

通过对《西州府案卷》C组文书进行古文书学性质的分析,我们知道了不能像以往一样,仅仅根据有无钤有官印,就判断此文书是原件还是留底抄本或是草稿。易言之,单凭文书上没有钤官印,就判断此为留底抄本或是草稿是行不通的。在古文书学的判断标准中,特别重要并需要留意的是:①如同关式文书一样,即使在机关内部部门之间往来的文书上也会有钤有官印的情况;②与此相反,很多时候从机关外部发来的文书会出现没有被钤上官印的情况;③出现②的情况时,需要考虑是谁以何种方式送来此文书等因素。在本文中,笔者正是本着以上的判断标准,并在探究了典这个官职的存在方式的基础上,清晰呈现了C组文书Ⅱ文书中所见的粟特人典的实际情形。也就是说,我们可以认为,这位典跟随着被派往处理葛逻禄故地送还事宜的"使"来到天山北部之后,为了报告相关事宜而又独自回到了西州都督府,并在那里提交了这里所见到的Ⅱ文书。

或许就像先前所述,在接受唐朝支配之前,许多在天山东部地区的粟特人不仅居住于绿洲,也已经定居在游牧部落。而且他们和当地的当权者合作,成为了沟通游牧部落和绿洲国家的中介者,发挥了重要的作用。另外,如果突厥第一可汗国和西突厥使用粟特语、粟特文字作为其公用语言、公用文字的话,那么粟特人在这类突厥族国家中担任文书行政的工作也就变得不足为怪了。

毋庸置疑的是,当我们探讨唐朝在天山东部的统治时,有关粟特人是如何被编入这样的统治体制成为了格外重要的问题。而在唐朝支配下的羁縻州府、直辖州府中,这些粟特人被任命为典,或有时充任为使,就可以看作是参与这种统治体制的具体结果。

在这样的背景之下,羁縻州府采用粟特语、粟特文字制作并发出官文书,而西州都督府也顺理成章地接收并处理这些文书的体制就变得自成一格。而在唐朝长时间羁縻支配

[①] 在吐鲁番文书中,除了被任命为河西市马使的米真之外,目前还没有发现这些粟特人被充任为"使人"的例子[大谷5839文书。Cf. 内藤1963, pp.254-255, 260-261]。而且这位米真并非吐鲁番的粟特人。这或许表明了吐鲁番的粟特人大多数被充任为胥吏的任官情况。

之后,这些行政文书就慢慢变成用汉语、汉字书写制作了。虽然目前无法得知与突厥系游牧部落民接壤的别的地区的官文书书写状况,但是本文所论及的天山东部地区的情况将无疑给此类问题的研究带来新的启示。

省略记号:

《考古记》=黄文弼《吐鲁番考古记(考古学特刊 第三号)》中国科学院,1954 年。

《西域》Ⅲ =《西域文化研究 第三 敦煌吐鲁番社会经济资料(下)》,法藏馆。

《集成》=龙谷大学佛教文化研究所(编),小田义久责任编集《大谷文书集成》1—3,法藏馆,1984、1990、2003 年。

《新获》=荣新江、李肖、孟宪实(主编)《新获吐鲁番出土文献》(上、下),中华书局,2008 年。

《斯坦因》=陈国灿《斯坦因所获吐鲁番文书研究》,武汉大学出版社,1994 年(再版:2004 年,台湾古籍出版)。

(编)《吐鲁番出土文书》1-4,文物出版社,1992—1996 年。

《图谱》=香川默识编《西域考古图谱》下卷,国华社(东京),1915 年。

《图文》=唐长孺(主编),中国文物研究所、新疆维吾尔自治区博物馆、武汉大学历史系

《籍帐》=池田温《中国古代籍帐研究》东京大学出版会,1979 年。

《中亚》=《斯坦因第三次中亚考古所获汉文文献(非佛经部分)》2,上海辞书出版社,2005 年。

《文书》=国家文物局古文献研究室、新疆维吾尔自治区博物馆、武汉大学历史系(编)《吐鲁番出土文书》1—10,文物出版社,1981—1991 年。

参考文献

[日文]

赤木崇敏

2008 《唐代前半期の地方文書行政—トゥルファン文書の檢討を通じて—》《史学雑志》117-11, pp.75—102。

荒川正晴

1994 《トゥルファン出土漢文文書に見える ulaγ について》,《内陸アジア言語の研究》9, pp.1—25 [中譯:《关于吐鲁番出土汉文文书中的 ulaγ》,《出土文献研究》3, 1998, pp.198—211]。

2007 《曲氏高昌国の王権とソグド人》,《福井重雅先生古稀・退職記念論集 古代東アジアの社会と文化》汲古書院, pp.337-362。

2008 《游牧国家とオアシス国家の共生関系—西突厥と曲氏高昌国のケースから—》,

《東洋史研究》67—2, pp.34—68。

荣新江

2008　（西村阳子譯），《新出吐魯番文書に見える唐龍朔年間の哥邏禄部落破散問題》，《内陸アジア言語の研究》13, pp.151-185［原載:《新出吐魯番文書所見唐龍朔年間哥邏禄部落破散問題》，《西域歷史語言研究集刊》1, 科学出版社, 2007 年, pp.13—44]。

大津透

1986　《唐律令国家の予算について——儀鳳三年度支奏抄·四年金部旨符試釈——》《史学雑志》95-12, pp.1-50（改訂再録:同《日唐律令制の財政構造》岩波書店, 2006 年, pp.27—112）。

内藤乾吉

1963　《西域発見唐代官文書の研究》，《中国法制史考證》有斐閣, pp.223—345。

中村裕一

1996　《唐代公文書研究》，汲古書院。

護雅夫

1976　《突厥碑文箚記—突厥第二可汗国における"ナショナリズム"》《東洋史研究》34—4, pp.1—31［再録《古代トルコ民族史研究》2, 山川出版社, 1992, pp.98—132]。

森安孝夫

2007　《シルクロードと唐帝国》，（《興亡の世界史》5），講談社。

吉田豊

1997　《ソグド語資料から見たソグド人の活動件》，《中央ユーラシアの統合》（岩波講座世界歴史 11），岩波書店, pp.227—248。

2006　《コータン出土 8-9 世紀のコータン語世俗文書に關する覚え書き》（神戸市外國語大學研究叢書 38）。

2007　《ソグド人とトルコ人の関系についてのソグド語資料 2 件》《西南アジア研究》67, pp.48-56。

［中文］

雷闻

2010　《关文与唐代地方政府内部的行政运作—以新获吐鲁番文书为中心》，荣新江、李肖、孟宪实（主编）《新获吐鲁番出土文献研究论集》，中国人民大学出版社, pp.319-343（原载《中华文史论丛》2007—4（总 88），pp.123—154）。

吐鲁番地区文物局

2006 《吐鲁番巴达木墓地清理简报》,《吐鲁番学研究》13（2006/1），pp.1—58。

李方

2002 《唐西州行政体制考论》,黑龙江教育出版社。

2003 《唐西州的突厥游奕部落》,周伟洲主编《西北民族论丛》2,中国社会科学出版社,pp.88—104。

李锦绣

1995 《唐代财政史稿(上卷)》第1分册,北京大学出版社。

荣新江

1999 《北朝隋唐粟特人之迁徙及其聚落》,《国学研究》6, pp.27—86（再录：同《中古中国与外来文明》,生活、读书、新知三联书店,2001年,pp.37—110）。

2005 《西域粟特移民聚落补考》,《西域研究》2005年第2期,pp.1—11。

[外文]

De la Vaissière, É.

2002 *Histoire des Marchands Sogdiens.* Paris, Collège de France（trans. by James Ward, *Sogdian Traders: A History* : *HdO. Section eight* : *Central Asia* ; vol. 10, Brill, 2005）。

Maspero, H.

1953 *Les Documents Chinois de la Troisième Expedition de Sir Aurel Stein en Asie Centrale.* London, Trustees of the British Museum.

Rong, Xinjiang（荣新江）

2000 The Migrations and Settlements of the Sogdians in Northern Dynasties, Sui and Tang. *China Archaeology and Art Digest*, vol.4, No.1, pp.

隋唐伊吾史二题*

吴玉贵

（中国社会科学院历史研究所）

伊吾或称伊吾卢,辖境大约相当于今天的新疆哈密地区,自汉代开通西域以来,就一直是内地进入西域的门户,具有重要的战略意义。[1] 隋炀帝经营西域,首先在伊吾设伊吾郡,将控制伊吾作为进入西域的第一步;而唐朝在进入西域之前,也率先在伊吾设立伊州,从而为以后在西域的行动打下了坚实的基础。隋唐两代对伊吾的经营,不仅是古代西域史的重要内容,对深入了解隋唐时代经营西域的历史也具有重要的意义。以下试对隋唐时代经营伊吾的两个基本问题略作探讨,希望得到有关专家的指正。

一、薛世雄筑新伊吾与隋朝设置伊吾郡

隋炀帝在西域设立鄯善、且末和伊吾三郡,由内地统一政权第一次将中原的郡县制度引入西域,是西域历史上的大事件;尤其丝绸之路北道门户伊吾郡的设立,大大影响了当时的西域局势,对于促成阿波系处罗可汗政权的灭亡和西突厥射匮可汗的兴起,都起了重要的作用。但是由于《资治通鉴》的疏失,隋朝在伊吾设郡的基本史实长期没有澄清,影响了人们对这一事件的认识。以下试略作讨论。

---

* 本文为国家社科基金重大项目"中国古代的族群凝聚与国家认同研究"成果之一,项目批准号 10&ZD082。

[1] 参见《后汉书》卷七九《西域传》,中华书局点校本,1965 年,1982 年第 3 次印刷,第 2914 页。

《隋书》卷六五《薛世雄传》:"从帝征吐谷浑,进位通议大夫。世雄性廉谨,凡所行军破敌之处,秋毫无犯,帝由是嘉之。帝尝从容谓群臣曰:'我欲举好人,未知诸君识不?'群臣咸曰:'臣等何能测圣心。'帝曰:'我欲举者薛世雄。'群臣皆称善。帝复曰:'世雄廉正节概,有古人之风。'于是超拜右翊卫将军。岁余,以世雄为玉门道行军大将,与突厥启民可汗连兵击伊吾。师次玉门,启民可汗背约,兵不至,世雄孤军度碛。伊吾初谓隋军不能至,皆不设备,及闻世雄兵已度碛,大惧,请降,诣军门上牛酒。世雄遂于汉旧伊吾城东筑城,号新伊吾,留银青光禄大夫王威,以甲卒千余人戍之而还。天子大悦,进位正议大夫,赐物二千段。"[1]

这是目前所见隋朝经略伊吾的最集中的一段文字。这段文字记载了两件事,一是薛世雄从隋炀帝征讨吐谷浑,进位通议大夫,又因操守廉正,有古人之风,被授为右翊卫将军。二是此后"岁余",薛世雄又担任玉门道行军大将,孤军度碛,在汉代伊吾城以东另筑"新伊吾"城,留兵戍守而还。隋炀帝征讨吐谷浑在大业五年(609)三月至九月之间,[2] 从文字本身分析,薛世雄经略伊吾的事件,无论如何也不应早于大业六年(610)下半年。《资治通鉴》也节录了《隋书》这段资料,但是却将它放在了大业四年之下,并在《考异》中对此特别做了解释,称:

> 世雄击伊吾,《帝纪》无之。本传前有从帝征吐谷浑,后云:"岁余,以世雄为玉门大将,与突厥启民可汗击伊吾。"然则似在大业六、七年也。按:是时启民已卒,伐吐谷浑之岁,伊吾吐屯设献地数千里,恩宠甚厚,隋何故伐之!今移置献地之前。[3]

从《考异》可知,《资治通鉴》对《薛世雄传》时间的改动,并没有文献依据。《考异》列举了两个理由,将《隋书·薛世雄传》经略伊吾的记载,从"似在大业六、七年"前移到了大业四年(608)。一是说《薛世雄传》称,薛世雄本来是计划与突厥启民可汗联兵击伊吾,启民可汗违约不至,所以不得已才孤军度碛。但是此时启民可汗已经去世,不可能在此后即大业六年计划与隋军连兵击伊吾;二是认为,大业五年隋炀帝征讨吐谷浑,到达张掖时,伊吾吐屯设等人曾向炀帝"献西域数千里之地",炀帝大喜,在观风行殿设宴款待高昌王与吐屯设,"蛮夷陪列者三十余国"[4],对伊吾统治者待以优礼,不应该在此后又发兵征伐伊吾。

稽考隋代相关记载,《考异》列举的两条理由都是不能成立的。

首先启民可汗的卒年并不是大业五年。

大业四年,隋炀帝北巡五原,亲幸启民可汗牙帐,《隋书》卷八四《突厥传》在此下载,启民可汗"明年,朝于东都,礼赐益厚。是岁,疾终,上为之废朝三日,立其子咄吉世,是为

① 《隋书》卷六五《薛世雄传》,中华书局点校本,1974年,1983年第2次印刷,第1533—1534页。

② 《隋书》卷三《炀帝纪》,第72—73页。

③ 见《资治通鉴》卷一八一,中华书局点校本,1956年,1976年第4次印刷,第5642页。

④ 《隋书》卷三《炀帝纪》,第73页。

始毕可汗。表请尚公主,诏从其俗"。《资治通鉴》据此将启民可汗卒年置于大业五年^①,上文《考异》所说"是时启民已卒",就是指启民可汗在大业五年就已去世而言。但是从综合隋代相关文献证据来看,《突厥传》有关启民卒年的记载是不可靠的。试分别列举如下:

1.《隋书》卷一五《音乐志》(381页):"(大业)六年,诸夷大献方物。突厥启民以下,皆国主亲来朝贺。"^②

2.《隋书》卷八一《高丽传》(1817页)也记载:"炀帝嗣位,天下全盛,高昌王、突厥启人可汗并亲诣阙贡献,于是征元入朝。元惧,藩礼颇阙。"^③按,高昌王于大业五年六月在张掖谒见炀帝后,随炀帝东返中原,参加了大业六年洛阳的大朝会,所谓"高昌王、突厥启人可汗并亲诣阙贡献",就是指这次朝会。

3.《隋书》卷六○《段文振传》(1459页):"帝幸江都,以文振行江都郡事。文振见高祖时容纳突厥启民居于塞内,妻以公主,赏赐重迭;及大业初;恩泽弥厚。文振以狼子野心,恐为国患,乃上表曰:'……窃见国家容受启民,资其兵食,假以地利……如臣之计,以时喻遣,令出塞外……'时兵曹郎斛斯政专掌兵事,文振知政险薄,不可委以机要,屡言于帝,帝并弗纳。"炀帝幸江都在大业六年三月,段文振上表在此后"行江都郡事"期间,表中特别提到隋炀帝为启民可汗提供兵食之事。

以上三条史料都表明,至少到大业六年为止,启民还没有去世,《突厥传》"是岁"云云,应有语病,不足凭信,《资治通鉴》不应据此将启民卒年定于大业五年。

又,《册府元龟》卷九六七《外臣部·继袭》(11371页):"大(叶)[业]十年,启民朝于东都,是岁疾终,炀帝为之废朝三日,立其子咄吉世,是为始毕可汗。"^④《册府》卷九九九《外臣部·入觐》(11718页)也记载,大业"十年,突厥启民可汗(率)[卒],其子咄(言)[吉]立。[十一年]来朝于东都"^⑤。以上两条记载,可以确证启民可汗卒于隋炀帝大业十年,《资治通鉴》以启民可汗卒于大业五年,《考异》列举的第一条理由显然是不能成立的。

其次,大业五年伊吾吐屯设献地之举,只是在隋军消灭吐谷浑之后,伊吾统治者面对隋朝西进的压力做出的举动。大业初年,西域东部地区是隋朝、阿波系突厥处罗可汗、铁勒、西突厥射匮可汗等各种势力的汇聚之地,形势复杂,变化多端。隋朝势力的向西进展,引起了这一地区格局的大变动,大业五年伊吾献地,不能作为此后不与隋朝发生冲突的根据;至少不能在没有相关证据的情况下,因为伊吾曾在大业五年献地,就将隋朝出兵伊吾放置于大业四年。《考异》列举的第二条理由也是没有说服力的。

① 《资治通鉴》卷一八一"隋炀帝大业五年",第5642页。
② 参见《通典》卷一四六《散乐》,中华书局点校本,1988年,1996年第3次印刷,第1428页。
③ 参见《北史》卷九四《高句丽传》,第3117页。
④ 《宋本册府元龟》,(中华书局影印本,1989年,第3827页。)"大叶"作"大业",据改正。
⑤ 《宋本册府元龟》,第4037页,"率"作"卒","来朝于东都"前有"十一年"三字,据改补。又,"咄言"显是"咄吉"之误,"咄吉"即"咄吉世",避唐讳阙"世"字,此据《隋书》卷八四《突厥传》改。

光启元年写本《沙伊等州地志》、①《元和郡县图志》卷四〇"陇右道伊州"都明确记载，大业六年，隋朝取得伊吾之地，置伊吾郡。由此我们可以确知，伊吾郡设于大业六年，与《薛世雄传》所载大业五年后"岁余"进兵伊吾，在时间上是吻合的，但是隋朝设置伊吾郡与薛世雄进兵伊吾到底有没有关系呢？《沙伊等州地志》载：

> 隋大业六年，于城东买地置伊吾郡。

《太平寰宇记》卷一五三《陇右道·伊州》（2961 页）载：

> 隋遣兵镇焉，遂于旧城东筑城，立为伊吾郡。

而《薛世雄传》则记载"世雄乃于汉故伊吾城东筑城，号新伊吾"，稍加比较可知，《沙伊等州地志》"城东"之"城"，《太平寰宇记》"旧城东"之"旧城"，就是《薛世雄传》"汉故伊吾城东"之"汉故伊吾城"；《沙伊等州地志》、《太平寰宇记》所置之"伊吾郡"，就是《薛世雄传》所筑之"新伊吾"。换言之，薛世雄取伊吾，与隋朝置伊吾郡，就是同一事件。从当时形势来看，隋炀帝大业五年灭吐谷浑，置西海、河源、鄯善、且末四郡，次年，薛世雄夺取伊吾，并留兵屯戍，置伊吾郡，与隋朝势力由东而西渐次推进的顺序也是符合的。不过相关地志中没有提到薛世雄，而《薛世雄传》也没有记载置伊吾郡事，而《资治通鉴》又将薛世雄夺取伊吾事误置于大业四年，遂使同一事件被分系两处，长期没有得到正确的认识。

二、西伊州改名的时间

唐贞观四年，西域伊吾城主石万年率所属七城降唐，唐以其地置西伊州，这是唐朝在西域建立的最早的行政机构。此后不久，唐又将西伊州改称伊州。张广达先生指出："名字上的一字改动表明，唐朝决定改变西伊州的羁縻性质，将该州纳入内地诸州之列。"② 名字的改动是否果真意味着将伊吾由羁縻州纳入内地州县序列姑置不论，③ 西伊州的改名是当时西域历史的重要事件，这一点是确定无疑的。

《旧唐书》卷四〇《地理志》河西道下载（1643 页）：

---

① 郝春文编著《英藏敦煌社会历史文献释录》，社会科学文献出版社，2003 年，第 2 卷，第 174—180 页。
② 《唐灭高昌后的西域形势》，《文书、典籍与西域史地》，广西师范大学出版社，2008 年，第 114 页。
③ 《通典》卷一九一《西戎总序》第 5198 页，在伊吾下明确指出："隋末内属，置伊吾郡。属天下乱，又臣突厥。大唐贞观四年，以颉利破灭，遂举其属七城来降，因列其地为西伊州，同于编户。"据《新唐书》卷四三下《地理志》第 1119 页，记载，羁縻州最显著的特点是"贡赋版籍，多不上户部"，西伊州既"同于编户"，则似乎不应归为羁縻州。

伊州下，隋伊吾郡。隋末，西域杂胡据之。贞观四年，归化，置西伊州。六年，去"西"字。

《新唐书》卷四〇《地理志》陇右道下亦称（1046页）：

伊州伊吾郡，下。本西伊州，贞观六年更名。

据我所见，学术界大都据此将西伊州改名伊州定为贞观六年。[①]《唐会要》保留了以往被忽略的一条重要记载，可以为研究这一问题提供重要线索，具引如下：

汝州，武德初，从隋旧制，为伊州。贞观八年，以西域置伊州，遂改为汝州。[②]

这里说的作为汝州（治今河南临汝）前身的伊州，是在隋开皇初年由隋文帝所建，大业初年，炀帝改制，改称汝州；到武德四年唐太宗平定王世充，又恢复文帝时伊州旧称。所谓"武德初，从隋旧制，为伊州"，[③] 是指恢复隋文帝时的旧制。据此，则西伊州改伊州应在贞观八年，而且与河南道之伊州改称汝州直接相关。又据《旧唐书》卷三八《地理志》：

汝州望，隋襄城郡。武德四年，平王世充，改为伊州，领承休、梁、郏城三县。贞观元年，以废鲁州鲁山县来属。其年，省梁县，仍改承休为梁县。八年，改伊州为汝州，领梁、郏城、鲁山三县。

其他相关史籍如《新唐书》、《元和郡县图志》、《太平寰宇记》等也都将河南道伊州改名汝州的时间定为贞观八年[④]，与上文《唐会要》合。

据上文引证的史料可知，唐贞观四年置西伊州，称"西"是为了与武德四年在河南道所建的伊州相区别；至贞观八年，将河南道的伊州改为汝州，而原来的西伊州也就相应改成了伊州。《旧唐书·地理志》显然是因为字形相近，误将"八年"讹为"六年"，而《新唐书·地理志》又延续了《旧唐书》的错误，遂使今人误以为西伊州改名应在贞观六年。

---

① 如张广达先生上引文、王小甫《唐、吐蕃、大食政治关系史》（北京大学出版社，1992年，第4页）、周伟洲《中国中世西北民族关系研究》（西北大学出版社，1992年，第268页）、薛宗正《安西与北庭》（黑龙江教育出版社，1995年，第20页）、吴玉贵《突厥汗国与隋唐关系史研究》（中国社会科学出版社，1998年，第322页）、王治来《中亚通史（古代卷）》（新疆人民出版社，2004年，第222页）、苗普生、田卫疆主编《新疆史纲》（新疆人民出版社，2004年，第156页）等等，都认为西伊州改名伊州在贞观六年；一些较权威的工具书如《中国大百科全书（中国历史卷）》（中国大百科全书出版社，1995年，第1392页）、《辞海》（上海辞书出版社，2000年，第632页）、《中国历史大辞典》（上海辞书出版社，1996年，第322页）的"伊州"条，也都持此说。
② 《唐会要》卷七〇《州县改制》，上海古籍出版社，1991年，第1481页。
③ 《隋书》卷三〇《地理志》中，第837页。
④ 《新唐书》卷三八《地理志》，第984页；《元和郡县图志》，中华书局，1983年，第165页；《太平寰宇记》卷八，中华书局，2007年，第143页。

"素画"与"塑画"

——再论唐代伊吾祆庙的"素书"

姚崇新

（中山大学人类学系）

一、问题的提出

敦煌写本 S.367《沙州伊州地志》残卷"伊州"条下记载有伊吾县火祆庙的情况：

> 火祆庙中有素书形象无数。有祆主翟槃陁者,高昌未破以前,槃陁因入朝至京,即下祆神。因以利刀刺腹,左右通过,出腹外,截弃其余,以发系其本,手执刀两头,高下绞转。说国家所举百事,皆顺天心,神灵[相]助,无不征验。神没之后,僵卧而倒,气息奄[奄],七日平复如旧。有司奏闻,制授游击将军。[①]

该写本首缺尾存,共存 86 行。尾题"光启元年十二月廿五日,张大庆因灵州安慰使副大夫等来至州,于副使边写得此文书记",因知该写本写于唐光启元年(885)。有关入华祆教情况的传世文献资料十分有限,上引伊吾火祆庙的文字无疑是有关入华祆教传播情况的珍贵记载,加之有明确纪年,所以自发现以来一直受到入华祆教史研究者的重视,但对

---

① 录文据唐耕耦、陆宏基编《敦煌社会经济文献真迹释录》(一),全国图书馆文献缩微复制中心,1990 年,第 40—41 页。

文中"素书"一词的理解至今没有达成一致。

最早对"素书"一词进行分析的是日本学者神田喜一郎。1940 年,他发表《素画に就いて》一文,认为"素书"可能是"素画"之误,因为繁体字"書"、"畫"形近,又因"素"可通"塑",因此认为这里的"素书"就是"素画",而"素画"即"塑画",也就是彩绘塑像。[①] 对于神田的"素书"是"素画"之误的主张,后来学界普遍接受,但对他的"素画"即彩绘塑像的主张则看法不一。1948 年,羽田亨在再版的《西域文化史》中首先认同了神田的观点;[②]1956 年,那波利贞在《祆庙祭祀小考》一文中也支持神田的观点;[③] 同年,魏礼(A.Waley)发表《敦煌伊兰祠庙考》一文,也认为伊吾祆庙的"素画"是"塑"(moulded)与"绘"(painted)的结合[④]。1978 年,饶宗颐先生在《敦煌白画》中特别提及伊吾祆庙的"素书",但认为"素画即白画起样,素画盖为施彩绘之壁画及壤像之初步功夫"。[⑤] 显然,在饶先生看来,素画仅指白描的画样。1988 年,姜伯勤先生在讨论敦煌白画中的粟特神祇时,认为这种白画与伊吾祆庙里的"素书形象"有关。[⑥] 1993 年,姜先生在《论高昌胡天与敦煌祆寺》一文中更直接地认为,伊吾"素书""不是塑像,而是单线平涂绘像"。[⑦] 2006 年,林梅村先生在《高昌火祆教遗迹考》一文中重申神田氏的观点,认为"素画"就是"塑画"。[⑧]最近,张小贵先生发表《唐伊吾祆庙"素书"非塑像辨》一文,专门论述了伊吾祆庙的"素书"问题,认为"'素画',用现代汉语解释,即为素描之画,没有色彩之画。也就是说,唐代伊吾祆庙的'素书',应指该庙中所供祀的祆神素描画像,而不是彩绘塑像"。[⑨] 另外,也有学者出于谨慎起见,对"素书"究竟是指素描画还是彩绘塑像未作结论,如荣新江先生《粟特祆教美术东传过程中的转化》一文在论及伊吾祆庙的"素书"时写道:"学者对这里的'素

---

① 原载《东洋史研究》第 5 卷第 3 号,昭和十五年(1940),此据氏著《神田喜一郎全集》第一卷《东洋学说林》,京都同朋舍,1983 年,第 85—88 页。

② 《西域文化史》初版于 1936 年,1948 年由座右宝刊行会再版。此据羽田亨著、耿世民译《西域文明史概论》(外一种),中华书局,2005 年,第 159 页及第 161 页注[20]。

③ 《史窗》第 10 号,1956 年,第 7 页。

④ A.Waley, "Some References to Iranian Temples in the Tun-huang Region",《台北中研院历史语言研究所集刊》第 28 本上(《庆祝胡适先生 65 岁纪念论文集》),台北,1956 年,第 125 页。

⑤ 饶宗颐《敦煌白画》,《法国远东学院考古学丛刊》第 13 种,巴黎,1978 年,第 3 册;收入氏著《饶宗颐二十世纪学术文集》第八卷《敦煌学》(上),中国人民大学出版社,2009 年再版,第 425 页。

⑥ 姜伯勤《敦煌白画中的粟特神祇》,初载中国敦煌吐鲁番学会编《敦煌吐鲁番学研究论文集》,汉语大辞典出版社,1991 年;收入氏著《敦煌艺术宗教与礼乐文明》,中国社会科学出版社,1996 年,第 193 页;再收入氏著《中国祆教艺术史研究》,生活·读书·新知三联书店,2004 年,第 248 页。

⑦ 原载《世界宗教研究》1993 年第 1 期,后题《高昌胡天祭祀与敦煌祆寺》,收入氏著《敦煌艺术宗教与礼乐文明》第 491 页。另参同氏《高昌敦煌的萨宝制度与胡祆祠》,载氏著《敦煌吐鲁番文书与丝绸之路》,文物出版社,1994 年,第 248 页。

⑧ 《文物》2006 年第 7 期,第 60 页。

⑨ 原载《中华文史论丛》2008 年第 2 期,第 327 页;收入氏著《中古华化祆教考述》第二章《祆神崇拜与唐宋祆神变异》,文物出版社,2010 年,第 72 页。

书'有不同的解释,如果是'素书',则可能是素描的形象;如果是唐代金石文字中常常见到的'素画'的误写,则是彩色塑像了。"①

按"素书"视为"素画"之误是可以成立的,这不仅是因为"书"、"画"二字的繁体形近,容易引起笔误,在古代文献的抄录传刻过程中也有将"素书"误作"素画"的情况,②还因为"素书"在这里文义难通。"素书"在我国古代文献的用例中主要是指写在绢帛丝绸上的文字,与形象无关,所以古人有时又以"尺素"指代书或书信。③所以伊吾祆庙"素书"问题争论的焦点主要在"素画"的性质问题上。综观上述讨论,持彩塑说者的论证还不够充分,没有注意到根据上下文,"素画"可能有多种含义;而持素描画说者也有认识上的误区,如也忽视了"素画"的多种含义,认为仅指素描线画,对敦煌地区的祆画以及粟特地区祆庙中神像的表现形式的理解也存在误区。事实上,真正意义上的白描祆画是罕见的,所以尽管"素画"一词可能有多重含义,但笔者认为,将伊吾祆庙里的"素画"视为彩绘塑像更符合实际。

二、相关字词的用例分析

1. "素"与"画"

按《说文》无"塑"字,"素"在古代文献及石刻史料中有时表"塑"义,故晚出字"塑"自然可通"素","素"表"塑"义时,有时写作"塐"。④在古代文献用例中,当"素"字单独运用于表述造像的语境时,或与"画"、"图"诸字呈对应关系表述时,"素"均作动词"塑像"。敦煌文献、画史及其他碑刻史料均有许多用例。

P.2005《沙州都督府图经》"州学"、"县学"条:

州学。右在城内,在州西三百步。其学院内,东厢有先圣太师庙,堂内有素先圣

① 提交"汉唐之间——文化的互动与交融学术研讨会"论文,北京,2000年,收入氏著《中古中国与外来文明》,生活·读书·新知三联书店,2001年,第308页。

② 如《列仙传》(旧题汉刘向撰,实为汉末方士托名伪作)卷下"女丸"条载:"女丸者,陈市上沽酒妇人也,作酒常美。遇仙人过其家饮酒,以素书五卷为质。丸开视其书,乃养性、交接之术。丸私写其文要,更设房室,纳诸年少,饮美酒,与止宿,行文书之法。"(上海古籍出版社,1990年,第22页)但明《正统道藏》本《列仙传》将这里的"素书"误作"素画"。

③ [汉]蔡邕《蔡中郎文集·外传》载古乐府《饮马长城窟行》:"呼儿烹鲤鱼,中有尺素书。长跪读素书,书上竟何如?"[清]陆心源校,商务印书馆,1937年,第4页)又杜甫有诗云:"耒阳驰尺素,见访荒江渺。"笺曰:"尺素,书也。"([宋]蔡梦弼笺《杜工部草堂诗笺》卷三九,商务印书馆,1936年,第1167页)用例甚多,不备举。

④ "素"与"塑"、"塐"通假,参看《潜研堂金石文跋尾》卷八《青莲寺碑》钱大昕跋文:"碑有'素画弥勒佛'之语。按《说文》无'塑'字,唐宋碑刻或作'塐',亦俗,不若作'素'之为得也。"(《石刻史料新编》第一辑第25册,新文丰出版公司,1982年,第18836页);《金石萃编》卷五三《岱岳观碑》王昶跋文:"'造素象'者,'素'与'塐'、'塑'通用。"(中国书店,影印扫叶山房本,1985年)

及先师颜子之像,春秋二时奠祭。

县学。右在州学西连院,其院中东厢有先圣太师庙,堂内有素先圣及先师颜子之像,春秋二时奠祭。①

可知唐代沙州州学和县学中的先圣太师庙内的孔子、颜子像都是塑的,而同是《沙州都督府图经》"四所杂神"条所记诸杂神形象的表现方式则有所不同:

土地神。右在州南一里,立舍,画神主……
风伯神。右在州西北五十步,立舍,画神主……
雨师神。右在州东二里,立舍,画神主……
祆神。右在州东一里,立舍,画神主。总有廿龛……②

首先需要对这里的"神主"内涵加以说明。"神主"在我国古代早期是指众神之主,③后多指为已故君主、诸侯做的牌位,用木或石制成,置于太庙或诸侯家庙中,用以祭奠凭吊。④其影响下移,后民间亦立神主祭祀死者,尤其是祖先,牌位上书死者姓名或者包括生前官职荣衔等。而上引材料中的"神主",根据上下文,分明是泛指各杂神庙中供奉的神祇,即土地、风伯、雨师诸神以及众祆神,与亡人牌位无涉。由于祆神众多,所以"总有廿龛"。由以上引文可知,这些神祇都是画的,确切地说,是壁画(说详后文)。

又《大唐陇西李府君修功德记》[大历十一年(776)]:

素涅槃像一铺,如意轮菩萨、不空羂索菩萨各一铺。画《报恩》、《天请问》、《普贤菩萨》……等变各一铺。⑤

S.6161+S.3329+S.6973+P.2762《张氏修功德记》(张氏归义军时期):

① 录文据唐耕耦、陆宏基编《敦煌社会经济文献真迹释录》(一),第 12 页。
② 同上书,第 12—13 页。
③ 《尚书注疏》卷八《商书·咸有一德第八》:"皇天弗保,监于万方,启迪有命,眷求一德,俾作神主。"孔传:"天求一德,使伐桀,为天地神祇之主。"《十三经注疏》(标点本)第二册,北京大学出版社,1999 年,第 216 页。"桀"后逗号为笔者所加。则这里的神主,实即众神之主之意。
④ 《后汉书》卷一《光武帝纪上》:"大司徒邓禹入长安,遣府掾奉十一帝神主,纳于高庙。"李贤注:"神主,以木为之,方尺二寸,穿中央,达四方。天子主长尺二寸,诸侯主长一尺。"(中华书局标点本,1965 年,第 28 页)《旧唐书》卷九《玄宗纪下》:"时太庙为贼所焚,权移神主於大内长安殿,上皇谒庙请罪,遂幸兴庆宫。"(中华书局标点本,1975 年,第 235 页)
⑤ 录文据李永宁《敦煌莫高窟碑文录及有关问题》(一),《敦煌研究》1982 年第 2 期,第 65 页。

……是用宏开虚洞，三载功充，廊落精华，正当显敞。龛内素释迦牟尼像并侍从一铺，四壁图诸经变相一十六铺……①

P.4638+P.4640 窦夫子撰《大番故敦煌郡莫高窟阴处士公修功德记》［开成四年（839）］：

龛内素释迦牟尼像并声闻菩萨、神等共七躯，帐门两面画文殊、普贤菩萨并侍从，南墙画《西方净土》、《法花》、《天请问》、《宝（报）恩变》各一铺……②

《历代名画记》卷九《唐朝上》"僧金刚三藏"条：

僧金刚三藏，狮子国人。善西域佛像，运笔持重，非常画可拟。东京广福寺木塔下素像，皆三藏起样。③

唐咸通六年（865）《修中岳庙记》：

……我国家以神之灵，素神之形，俾神之明，福我苍生……④

上列文献中的"素"字只能理解为"塑"，否则文义难通。尤其是在敦煌文献的用例中，"素"与"画"的含义都十分清楚，"素"即"塑"，"画"则多指壁画。《沙州都督府图经》中沙州的州学、县学中供奉的孔子、颜子像是塑像，而土地庙、风伯庙里供奉的"神主"即土地神、风伯神则是绘画，很可能是壁画。而《大唐陇西李府君修功德记》、《张氏修功德记》以及《大番故敦煌郡莫高窟阴处士公修功德记》中反映的是塑像和壁画两种形式并用，塑绘结合正是莫高窟艺术表现的基本形式。一般而言，莫高窟窟内主尊及其胁侍为彩绘塑像，其他壁面多绘壁画。由此可见，文献中"素"作"塑"义的用例十分常见，多作动词用（上列"素像"为名词，余则均为动词），与"画"（或其同义词"图"）形成鲜明对比，当然这里的"画"、"图"也均为动词。

另外，"素"作"塑"解时，碑刻中有时与"雕"字连用，如东魏兴和三年（541）《李仲璇修孔子庙碑》言及造孔子及十哲像云："乃命工人修建容像……雕素十子侍于其侧。"⑤ 这

---

① 录文据郑炳林《敦煌地理文书汇辑校注》，甘肃教育出版社，1989年，第130页。
② 录文据蒋斧编辑《沙州文录》，收入《罗雪堂先生全集》三编第6册，台北文华出版公司，1970年，第2158—2159页。
③ ［唐］张彦远著、俞剑华注释《历代名画记》，上海人民美术出版社，1964年，第186页。
④ 陆增祥《八琼室金石补正》卷七六《唐四十八》，《石刻史料新编》第一辑第7册，第5223页。
⑤ 王昶《金石萃编》卷三一《东魏二》。

种用法开启了后来"雕塑"连用的先河。

既然"素"通"塑"的用例如此普遍,那么当"素"、"画"二字合成为"素画"一词后,完全否定词中的"素"不再有"塑"的涵意,似乎有悖常理。当然,我们不否认,由单字组合成词组后,可能会产生另外的含义,这是常识,但是一词多义汉语中亦属常见。

2."素画"的多重含义

事实上,从用例看,"素画"的含义的确有多重,主要有以下三种:①指白描画或用白描的方式作画,所以在实际用例中有时作名词,有时作动词,以作名词时居多;②通"塑画",指塑绘的图像或用塑绘的方式造像,所以在实际用例中也有时作动词,有时作名词,以作动词时居多;③指"绢画",用例中多作名词。

1)第一种用例

实际用例中,"素画"指白描画或用白描的方式作画的情况很多,但根据上下文来确定其为此种内涵则比较困难。以下用例则能说明问题。

初唐佚名撰《洞玄灵宝三洞奉道科戒营始》卷二《造像品》是有关道教造像规制的十分少见的文字,其中提及道教"真形"造作的十八种方法:

> ……八者织成,九者绣成,十者泥塑,十一者夹纻,十二者素画,十三者壁画,十四者凿龛……①

按"夹纻"也属泥塑范畴,与普通泥塑的区别在于其像中空。其法先塑泥胎,用作脱纱像的内范,像塑成后,脱去内范,使像成为空心体。② 这里既将"素画"与"泥塑"、"夹纻"并列表述,则"素画"不可能指泥塑作品了,只能是白描一类作品。

又唐道宣《四分律删繁补阙行事钞》卷下抄录内律对亡僧遗物的处理规定,其中涉及对亡僧收藏的俗书、素画的处理规定:

> 《毗尼母》云:"经律:先有付嘱处,即付彼,若无付嘱,随能受持者与之,不应分卖也。俗书、素画入重,纸、笔、墨等准入轻,以堪附道法故。"③

这里的"素画"应指素描之类,而非塑像。宋元照撰的《四分律行事钞资持记》同样抄录有内律对亡僧收藏的俗书、素画的处理规定,它为我们提供了佐证。《四分律行事钞资持记》

---

① 《道藏》第24册,文物出版社、上海书店、天津古籍出版社,1988年,第744页。

② 夹纻像的制作工艺,参看王世襄《佛作概述》,原载1963年自刊油印本,收入氏著《锦灰堆——王世襄自选集》(壹卷),三联书店,1999年,第350页。

③ 《大正新修大藏经》(以下简称《大正藏》)卷四○,第115页中。

卷下云："次判书画。俗书,如此方儒道典籍、古今字书等,《仪》云:终非久翫,故舍人僧。素画,《仪》云:异画之属,浮情所忻,终非筌要,宜入常住。"① 文中出现的"素画"一词,根据上下文可清楚地看出是指绘画而非塑像。由"次判书画"一语可知,下文所涉物什主要指亡僧收藏的书籍和绘画两大类,而后文又用"异画之属"指称"素画",则这里的"素画"属绘画无疑,即素描画一类。

2)第二种用例

从有关佛教造像的文字资料看,"素画"大多指塑绘的作品。

唐圆照集《代宗朝赠司空大辨正广智三藏和上表制集》卷六《进兴善寺文殊阁内外功德数表》:

> 大兴善寺文殊镇国阁中,奉勅素画文殊六字菩萨一铺九身,阁内外壁上画文殊大会圣族菩萨一百四身,今并成就。沙门惠胜言:"伏惟宝应元圣文武皇帝陛下,弘文殊事,行普贤愿。……其所画素大圣福田,谨因降诞吉辰,谨奉中使李宪诚具表陈进以闻。"②

这份表文中对长安大兴善寺文殊阁中的造像表述得很具体,将"素画"与"画"并列表述。设想如果这里的"素画"指素描画的话,没必要分开表述,因为无论是素描画还是彩画都是画,这里统用动词"画"即可,所以这里的"素画"当另有所指。很幸运的是,下文提示了它的内涵。"其所画素大圣福田"一句无疑是指上文的诸种造像,但这里却用了"画素"一词来涵盖所有的作品。而"画素"中的"素"只能理解为"塑",所以"画素"的内涵十分清楚,指绘画和塑像两类作品。绘画类的作品当指文殊阁内外壁上所画"文殊大会圣族菩萨一百四身",而塑像类作品只能是指"素画"的"文殊六字菩萨一铺九身"了,所以这里的"素画"="塑画"。

这种表现形式正符合古代寺院的造像传统。一般而言,寺院神殿内的造像往往采用立体(或塑或雕或铸)和壁画(四壁或内外壁)相结合的形式表现。此文殊阁中采用"素画"即塑绘方式的"文殊六字菩萨一铺九身"应是本殿的主尊造像组合,主尊为文殊菩萨。

有了上述实例为证,我们对下列文献及石刻材料中出现的"素画"的判断更有把握一些。隋灌顶《隋天台智者大师别传》引铣法师语云:

> [智者]大师所造有为功德:造寺三十六所;《大藏经》十五藏;亲手度僧一万四千

---

① 《大正藏》卷四〇,第 375 页中。
② 《大正藏》卷五二,第 857 页下—858 页上。

余人；造栴檀、金铜、素画像八十万躯；传弟子三十二人，得法自行不可称数。①

这里栴檀像、金铜像和素画像分别代表了三种立体造像形式：栴檀像代表雕刻型，金铜像代表铸造型，而素画像则代表塑绘型。这三种形式正好代表了立体表现形式的全部，在文中相互呼应，所以这里的"素画"理解为"塑绘"更符合文意。

又唐义净《南海寄归内法传》卷一《受斋规则》提及厨边素画母子形象：

> 佛言："苾刍等住处寺家，日日每设祭食，令汝等充飡。"故西方诸寺，每于门屋处，或在食厨边，素画母形抱一儿子，于其膝下或五或三以表其像。②

"素画"，王邦维先生在《南海寄归内法传校注》中校改为"塑画"，并出校记云："塑，敦本、石本、金本、丽本、大本作'素'。"③有了上述《表制集》的实例为证，我们认为诸本作"素"字是正确的，不必校改为"塑"。

清胡聘之《山右石刻丛编》卷九《龙兴寺造上方阁画法华感应记》：

> 城隍信士共结法华邑，都有二十八人，各持念《法华经》一品。……今时只有六七人共结其志，供应硖石寺春冬二税若科。兼造上方阁一所，并画法华感应事相，及素画弥勒佛。④

尽管钱大昕等学者认为这里的"素画"通"塑画"，但有学者仍认为这里的弥勒佛不当为塑像，"素画"应理解为白描。⑤按这条造像记的表述方式与前揭《进兴善寺文殊阁内外功德数表》的表述方式相同，也将"素画"与"画"并列表述，所以这种情形如同前文对《进兴善寺文殊阁内外功德数表》的表述方式所作的分析一样，只能理解为是对两种表现形式截然不同的形象作品的表述，否则同样没必要作并列表述。所以笔者仍倾向于认为此"素画"应作动词"塑画"解，而前一个"画"应指绘制壁画。阁内的形象有塑有绘，也正符合古代寺院的造像传统。

古代"素画"通"塑画"的用法一直持续到晚近，清道光《广东通志》卷九四《舆地略十二·物产一》记高明县物产云：

西域敦煌出土文献研究

「素画」与「塑画」

---

① 《大正藏》卷五〇，第 197 页下。
② 《大正藏》卷五四，第 209 页中。
③ 中华书局，1995 年，第 50—51 页。
④ 《石刻史料新编》第一辑第 20 册，第 15112 页。
⑤ 张小贵前揭文，第 71 页。

> 朱土出高明,纯赤者,塝画用之。黄而赤者为春牛泥,阳春县解司为土牛之用。[①]

既然"素"与"塝"、"塑"通用,那么这里的"塝画"也可写作"素画"、"塑画"。[②]而从上下文看,这里的"塝画"正是"塑画"之义:云出自高明县的硃土可用作塑春牛、土牛。这里的"塝画"的具体内涵,当指先泥塑牛形,再在泥牛身上敷绘色彩,这正反映了传统彩塑工艺的两大步骤。

当然,"素画"通"塑画"的用法绝不仅限于佛教造像,只是有时要将它们同作为白描画的"素画"中加以区别比较困难。更多情况下,即便结合上下文,也难以判断它究竟是指塑画,还是白描,甚至绢画。但是,这并不妨碍我们得出这样的结论:"素画"在古代文献和碑刻用例中,有时指"塑绘的形象"(名词)或"塑绘形象"(动词),后者的用例更普遍一些。

3)第三种用例

按"素"本有白绢之意,古人既喜欢在绢上书写,如上文所述,称为"素书"或"尺素",而且也喜欢在绢上作画,这使得"素画"又多了一层含义——有时又指用绢作的画,即绢画。长沙马王堆汉墓所出汉代帛画、吐鲁番阿斯塔那古墓所出唐代《伏羲女娲图》绢画,以及敦煌藏经洞保存的数量可观、色彩鲜艳、制作精美的唐五代绢画就是很好的实物见证。当然,从绢画的制作工艺来说,并非所有的绢画都是绘制而成,也有织成的,不过这属于另外一个问题了。

在古代文献中,用"素"(绢)作画的情形不时可见。

南朝徐陵编《玉台新咏》卷五《班婕妤咏扇》:

> 绫扇如团月,出自机中素,画作秦王女,乘鸾向烟雾。[③]

班婕妤的纨扇质地为绢素,画作于扇面。绢上作画显然是我国固有的传统,后来又被佛教吸收。唐金刚智译《大胜金刚佛顶念诵仪轨》所载的画像法就以绢为质:

> 复次说画像法。于黑月房宿,取清净绢素,画大胜明王,戴五佛冠,出现十二臂。[④]

又宋郭若虚《图画见闻志》卷六《近事》"钟馗样"条:

---

① 清道光二年(1822)刻本,第454叶。
② 事实上,嘉庆《大清一统志》卷四四八《肇庆府》"土产"条已径作"塑画":"朱土出高明县,纯赤者塑画用之。"(《四部丛刊续编》本,第9085页)
③ 吴兆宜注,中国书店,1986年,第100页。
④ 《大正藏》卷一九,第410页下。

[黄]筌遂请归私室数日，看之不足，乃别张绢素，画一钟馗，以拇指掐其鬼目。①

绢质较纸质更耐久，故以绢画作画样无疑是更理想的选择。这里黄筌用绢素画的钟馗就是画样，郭若虚称为"钟馗样"。

又明汪应轸《青湖先生文集》卷九《题赵子秩下第归买得画龙虎》：

> 谁将一匹素，画此灵神姿。②

可知以绢素作画的传统一直延续到了晚近。

从上举诸条文献可以看出，古人多习惯将用于作画的绢称为"素"或"绢素"，所以古人将用绢作的画称为"素画"也当在情理之中③。但遗憾的是，欲从目前所见古代文献的"素画"用例中，指认其绢画的性质还有一定的困难，因为我们暂时还很难根据上下文判断出其中某些用例确指绢画。即便如此，从古代以绢作画较为普遍的情形，以及对用于作画的绢的称谓不脱"素"字的情况来看，我们仍然有理由相信，在古代文献的用例中，"素画"指绢画的情况肯定存在。下面所举"素画"的用例，笔者倾向于理解为"绢画"。

宋米芾《画史》载：

> 涟漪蓝氏收晋画《浑天图》，直五尺，素画，不作圜势，别作一小圈，画北斗紫极，亦易于点阅。④

这里的"素画"，饶宗颐先生理解为白描之作，⑤从而肯定了此"素画"不是彩塑，有一定道理，因为文中明言《浑天图》为"晋画"，则此图应为绘画作品。不过，究竟应将其理解为白描画还是绢画，似乎还要再作分析。我们注意到，这里用"尺"为量度单位来讲画幅，从画史文献看，用尺寸讲画幅的一般是指绢画。《历代名画记》卷五《叙历代能画人名》载顾恺之《魏晋胜流画赞》曰："……凡吾所造诸画素，幅皆广二尺三寸，其素丝邪者不可用，久而还正则仪容失。"⑥这里的"画素"俞剑华先生注释为"作画的绢"，⑦极是。所以"幅皆

---

① 邓白注，四川美术出版社，1986 年，第 356 页。

① 邓白注，四川美术出版社，1986 年，第 356 页。

② 《四库全书存目丛书·集部》第 73 册《别集类》，齐鲁书社，1995 年，第 435 页下。

③ 我们目前能看到"绢画"的用例，如[唐]张彦远《历代名画记》卷三《记两京外州寺观画壁·两京寺观等画壁》："资圣寺……北圆塔下李真、尹琳绢画《菩萨》。……兴唐寺……西院……又有吴生、周昉绢画。"（俞剑华注释本，第 62 页）

④ 《文渊阁四库全书》第 813 册《子部·艺术类》，台湾商务印书馆，1988 年，第 22 页。

⑤ 饶宗颐《敦煌白画》（上篇），此据《饶宗颐二十世纪学术文集》第八卷《敦煌学》（上），第 424 页。

⑥ 俞剑华注释本，第 108 页。

⑦ 同上。

广二尺三寸"是针对绢画画幅而言的。由是约可推知,古人习惯于用尺寸讲绢画的画幅。其中原因,当然还是因为古代绢与布的量度单位常用"匹"、"尺"、"寸"等,用例如前文所举"中有尺素书"、"耒阳驰尺素"、"谁将一匹素"等。因此,《浑天图》应理解为绢画为宜。通过上引文献还可以看出,顾恺之常作绢画,说明晋代以绢作画比较流行,这也可以作为晋画《浑天图》为绢画的旁证。

通过以上对单字"素"、"画"以及合成词"素画"在古汉语语境中所具内涵的具体分析,可以肯定,将"素画"单一理解为素描画或白描画显然是不合适的。那么,对伊吾祆庙"素画"的性质的判断就应当有更全面的思考。

三、粟特、敦煌地区祆神形象的表现形式

对伊吾祆庙"素书(画)"性质的理解,自然要关照粟特地区的传统和毗邻的敦煌地区的情况,这两地祆神的具体表现形式对判断伊吾祆庙"素书(画)"的性质有重要参考价值。

1. 粟特地区

一般认为,正统的琐罗亚斯德教是一神教,没有偶像崇拜,而粟特人信奉的祆教是多神教,有偶像崇拜。[①] 所以伊吾、敦煌地区祆庙所奉祆神图像的粉本应来自粟特地区,那么粟特地区祆庙的祆神究竟是如何表现的呢?

从目前所见到的考古资料看,粟特地区祆庙中祆神的表现形式主要有两种:绘画和雕塑。以往学术界对其绘画内容有较深入的研究,[②] 但雕塑部分似乎因为保存情况更差而较少措意,实际上,绘画与雕塑(尤其是泥塑)共同构筑了粟特祆庙的万神殿。

存在于公元5—8世纪的片治肯特(Panjikent)遗址已受到学术界广泛关注,而其中的庙宇建筑遗迹则更受关注。这里我们关心的是庙宇中神像的表现形式,其实庙宇中的神像的表现形式是壁画和塑像的结合。在拜火教的祠庙内,有壁画、有雕塑,如有公元6世纪的壁画场面,画面中头带光环、手托日月的女神形象,可能是娜娜女神;祠庙院内带顶的柱廊墙上饰有雕塑造型,中央通道两侧有壁龛,龛中置有塑像;主厅各有两个放置塑像的大壁龛,这些塑像立在西墙边,一个壁龛中尚保留着塑像的残片。[③] 这些塑像当然是彩塑。

粟特地区祆庙中的壁画、雕塑传统可能来自更古老的中亚(尤其是巴克特里亚的)传统。

在巴克特里亚(Bactria)的达里维尔镇——捷别的古城遗址中有一座长方形的庙宇遗

---

① 参看蔡鸿生《"粟特人在中国"的再研讨》,载陈春声主编《学理与方法:蔡鸿生教授执教中山大学五十周年纪念文集》,香港博士苑出版社,2007年,第11页。

② 较重要的成果可参看 A.M.Belenistkii, B.I.Marshak and M. J. Dresden, *Sogdian Painting. The Pictorial Epic in Oriental Art*, University of California Press, Berkeley·Los Angeles·London, 1981.

③ И. 札巴罗夫、Г. 德列斯维扬斯卡娅著,高永久、张宏莉译《中亚宗教概述》,兰州大学出版社,2002年,第133—135页。

址,年代约公元前 2 世纪—公元 2 世纪,遗址中发现了保存着干净灰烬的祭台,因此这座庙宇可能是祆庙。值得注意的是,在遗址的一些房间的墙壁上还残留有壁画和雕塑,在一座房屋里还有一处雕塑群。壁画中有一位女性造型的头部带有头光,应是一位女神。初步推测,该庙宇的主要人物造型与娜娜女神有关。①

另在巴克特里亚的哈尔察扬发现了另一座大型建筑遗址,时间约公元前 1 世纪下半叶。在遗址房间的所有墙面上都绘有大幅彩画,主通道的墙上以及中央大厅中保留有若干身雕塑,雕塑中既有国王、贵族等世俗形象,也有狮身人面像及女神像。②遗址还发现了设有火坛的小型正方形场所,因此 Б.Я.斯塔维斯基认为,该建筑不是宫殿,而是王朝的庙宇和祭祀场所。③笔者认为,至少部分建筑属祆庙建筑。

这两处早期遗址都留下了拜火教的痕迹,所以至少可以将部分建筑归为祆庙建筑,那么由此可以看出,彼时祆庙中诸神像惯常的表现形式是壁画和塑像。所以,我们将后来粟特地区祆庙中以壁画、雕塑为主的神像的表现手法视为早期中亚传统的延续未尝不可。

2. 敦煌地区

敦煌地区唐五代祆神的表现形式目前所知主要有两种:纸质绘画和彩绘壁画,前者包括学界广泛关注的 P.4518(24)纸质祆神绘画以及赛祆所使用的祆神像(敦煌赛祆活动中常有画纸的支出),后者存在于敦煌祆庙中。

1)敦煌绘画中的祆神形象

P.4518(24)纸画出自敦煌藏经洞,为伯希和收集品,现藏巴黎法国国家图书馆。据姜伯勤先生判断,其年代为曹氏归义军、沙州回鹘及西夏时期,约当 10—11 世纪。④1978 年,饶宗颐先生首先将其刊载于所著《敦煌白画》中,并作如下说明:

> 绘二女相向坐,带间略施浅绛,颜微着赭色,颊涂两晕,余皆白描。一女手执蛇、蝎,侧有一犬伸舌,舌设朱色。一女奉杯盘,盘中有犬。纸本已污损,悬挂之带结尚

P.4518(24) 敦煌祆教绘画(采自饶宗颐《敦煌白画》,第 447 页图四,原题《唐菩萨白画》)

---

① 《中亚宗教概述》,第 85—86 页。

② 同上,第 86—87 页。

③ Б.Я.斯塔维斯基《贵霜巴克特里亚:历史文化问题》,莫斯科,1977 年,第 202—207 页。

④ 姜伯勤《敦煌白画中的粟特神祇》,此据氏著《敦煌艺术宗教与礼乐文明》,第 180 页。

　　关于这幅作品的性质，首先由姜伯勤先生确定为祆教女神像，此后张广达先生和法国学者葛勒耐（F.Grenet）在姜伯勤研究的基础上，对这幅绘画又作了进一步考察。尽管目前学界对绘画中的两位女神身份的认定还没有达成一致意见，但对绘画的祆教性质的认定已没有异议。② 所以这是迄今所见唯——件敦煌祆画实物，其学术价值自不待言。不过值得注意的是，它并不是完全意义上的粟特祆神形象的复制，而应是在粟特祆神粉本的基础上经过了画工的本土化改造，因为女神所戴头冠为当地回鹘式的；所着裙袍为唐式，宽大的云鬓亦属唐式；所托日月以三足乌和桂树作标志，也是典型的中式作法。③

　　这里我们主要关心的是这幅祆画的色彩问题。自饶宗颐先生将其归入"白画"之例后，很多人遂将其视为白描画了，而主张伊吾祆庙"素书（画）"为白描画的学者，自然联想到了敦煌的这幅"白画祆神"，将其视为伊吾祆庙"素书（画）"为白描画的旁证。事实上，这幅"白画"祆神图并非真正意义上的白描画。

　　虽然这幅画的基调是以白描为主，但在人物形象的某些关键部位是有施彩的，只不过色彩较淡。如女神的衣带间略施浅绛，面部微着赭色，颊涂两晕，左侧女神座下的犬的舌部也施朱色等。这些情况饶宗颐先生在上揭 P.4518（24）解题文字中已首先注意到，张广达先生则径称为淡彩线描图，并对敷彩情况有更详细的描述："两者面部皆着赭红色，颊涂浅晕……［狼］舌设朱色……［图左女神］披帛涂有浅赭红色……［图右女神］涂以赭红色的束带置于袍裙之间的左膝之上。"④

　　这种以白描基调为主，施以淡彩的绘画在敦煌绘画中并非孤例，例如：P.4049 墨绘文

①　饶宗颐《敦煌白画》（中篇），第 441 页及第 447 页图四。

②　姜伯勤《敦煌白画中的粟特神祇》，第 179—195 页；同氏《敦煌白画中粟特神祇图像的再考察》，载氏著《中国祆教艺术史研究》，第 249—270 页；Zhang Guangda, "Trois exemples d'influences mazdéennes dans la Chine des Tang", *Etudes chinoises*, XIII. 1-2, 1994, pp.203–219；张广达《祆教对唐代中国之影响三例》，龙巴尔、李学勤主编《法国汉学》第 1 辑（谢和耐先生纪念专号），清华大学出版社，1996 年，第 143—154 页；收入氏著《文本、图像与文化流传》，广西师范大学出版社，2008 年，第 240—249 页；同氏《唐代祆教图像再考——P.4518（24）的图像是否祆教神祇妲厄娜（Daēna）和妲厄娲（Daēva）？》，原载荣新江主编《唐研究》第三卷，北京大学出版社，1997 年，第 1—17 页；收入氏著《文本、图像与文化流传》，第 274—289 页；F.Grenet and Zhang Guangda, "The last Refuge of the Sogdian Religion：Dunhuang in the Ninth and Tenth Centuries", *Bulletin of the Asia Institute*, new series, 10（Studies in Honor of Vladimir A. Livshits），1996, pp. 175—186；Zhang Guangda, "Une représentation iconographique de la Daēna et de la Daēva？ Quelque pistes de réflexion sur les religions venues d'Asie centrale en Chine", *in La Sérinde, Terre d'échanges. XIVes Rencontres de École du Louvre*, Paris：La Documentation française, 2002, pp.191–202.

③　最近，刘惠萍女士对这幅绘画中的中土元素专门进行了分析，尤其考察了日、月图像的中土渊源，参看氏著《图像与文化交流——以 P. 4518（24）之图像为例》，载朱凤玉、汪娟编《张广达先生八十华诞祝寿论文集》，台北新文丰出版公司，2010 年，第 1057—1084 页。

④　张广达《唐代祆教图像再考》，此据《文本、图像与文化流传》，第 274、276—277 页。

殊菩萨像,文殊面部施淡染;P.4074 行脚僧像,主体白描,纸已黝黑,唯略敷彩;P.4518（1）六臂菩萨,主体白描,衣带敷绛、绿两色;P.4518（36）大自在天,主体白描,舌部略施绛色,等等。① 此外,德国柏林国立印度艺术博物馆还藏有一件可能出土于吐鲁番的反映胡人故事的淡彩画残卷（编号 MIKIII520）。② 可见,这种作法在当时的西北地区是有传统的。

淡彩绘画的作法也见于我国古代人物画中,如"明四大家"之一的文徵明所绘《湘君湘夫人图》可视为淡彩人物画的典型代表。此画仿顾恺之画法,人物以朱砂白粉为主调的浅彩设色,表现出女神温柔娟秀的美感。③ 可见这种作法也并非西北地区独创,实源自中原地区的传统。

由于这幅画并非真正意义上的白画,大概是出于谨慎起见,1996 年这幅作品在东京举办的"丝绸之路大美术展"展出时,说明文字中将其称为"淡彩墨画",而没有径称为"白描画"。④ 我们认为,这样的称呼更符合这类特殊的白描画的创作特点。

值得注意的是,这幅画面已污损的纸质祆画上缘原保留着用于悬挂的带纽,姜伯勤先生由是认为它与晚唐五代敦煌地区的赛祆活动有关,⑤ 张广达先生持同样的看法。⑥ 所以这幅画的民俗意义或许已超过了宗教意义,⑦ 但无论如何,我们仍由此得见敦煌祆神的面貌及其特点:是"淡彩墨画",而非纯粹的"白描画"。

那么,时人是否将这类非纯白描的画作也视为"素画"呢? 这是一个需要再思考的问题,至少在没有找到证据以前,将此类特殊的"白描"作品径视为"素画"是不妥当的。

2）敦煌祆庙中的祆神形象

迹象表明,敦煌祆庙里的祆神是以彩绘壁画的形式表现的。

敦煌祆庙明确出现在文献记载中是公元 7 世纪晚期,这些文献当然是指敦煌文书。最早提到敦煌祆庙的是前揭 P.2005《沙州都督府图经》卷三"四所杂神"条:"祆神。右在州东一里。立舍,画神主……。"可知敦煌祆庙里的祆神跟前文提到的"四种杂神"中的另外三种神——土地、风伯、雨师一样,都是画的。一般情况下,在庙宇、石窟里作画,多指壁画。张彦远《历代名画记》卷三《记两京外州寺观画壁》的表述可以作为庙宇作画的参证;前

① 对这些的作品的详细解题,参看饶宗颐《敦煌白画》（中篇）,第 441—443 页。
② 张广达《唐代祆教图像再考》,第 275 页。
③ 作品现藏北京故宫博物院,为文徵明早期人物画杰作。参看《中国大百科全书·美术》（2003 年修订版）第二卷"文徵明"条,中国大百科全书出版社,2003 年,第 863 页。
④ 东京国立博物馆编《シルクロード大美术展》（Grand Exhibition of Silkroad Buddhist Art）,东京读卖新闻社,1996 年,第 162 页图 180 说明文字。
⑤ 姜伯勤《敦煌白画中的粟特神祇》,第 192—193 页。
⑥ 张广达《唐代祆教图像再考》,第 278 页。
⑦ 林悟殊先生认为,敦煌赛祆活动的民俗意义已大大超过了严格的宗教意义,参看氏著《波斯琐罗亚斯德教与古代中国的祆神崇拜》,原载余太山主编《欧亚学刊》第 1 辑,中华书局,1999 年;收入氏著《中古三夷教辨证》,中华书局,2005 年,第 335—338 页。

引《张氏修功德记》记"龛内素释迦牟尼像并侍从一铺,四壁图诸经变相一十六铺",及《大番故敦煌郡莫高窟阴处士公修功德记》记"龛内素释迦牟尼像……帐门两面画文殊、普贤菩萨并侍从,南墙画《西方净土》……各一铺",可以作为石窟作画的参证。由是我们可以初步确定,"四所杂神"庙中所画的"神主"是以壁画的形式表现的。

事实上,将祆画绘制于壁龛中也是粟特地区的传统。受当地更早时期庙宇建筑的影响,在花剌子模及粟特中心区域,在祆庙中开壁龛的做法很普遍,龛中往往置塑像或绘壁画。

如始建于公元3—4世纪的花剌子模库尼亚—亚兹古城遗址,在该建筑的院子里有一个堆满白灰的坑,在邻近院子里,一间房屋的三面墙上有壁龛,中间为砖砌的炉灶。西南墙上的壁龛是梯形的,有多彩壁画的痕迹,另外两面墙上的壁龛中有泥塑人像的痕迹。发掘者认为,这间房屋是举行仪式、拜谒中心壁龛"圣地"的地方,因而院子被赋予了庙宇和圣火祠庙的含义,这是琐罗亚斯德教火祠建筑的一种固有形式。[①] 中心壁龛中应该彩绘着祆教的主神。发掘者既然将这种带有彩绘壁龛的建筑视为祆庙建筑的固有形式,可见这种做法在当地的普遍性。

再如存于公元6—8世纪的位于南粟特山麓地带的切恰克—捷别城堡遗址,在其第二建筑阶段的建筑中,可以看到新祭台在旧祭台对面的西墙上,而且是贴墙的壁龛,饰有小圆柱和壁画。研究者认为,这个祭台很像片治肯特的家庭用圣堂的祭台。[②] 也就是说,它可以看作是家庭用的小型圣火堂。

而在片治肯特,在公、私礼拜空间中,将宗教属性的壁画绘在壁龛内的作法更属常见。[③]

不过,壁画虽以彩绘为主,但从内地的情况看,有时也有白描。《历代名画记》卷三《记两京外州寺观画壁》就多次提到白描画:"慈恩寺……大殿东廊从北第一院,郑虔、毕宏、王维等白画。……龙兴观……北面从西第二门董谔白画。""菩提寺……佛殿壁带间亦有杨廷光白画。"[④] 那么,敦煌祆庙及其他杂神庙里所画的"神主"究竟是彩绘还是白描呢?P.2814V《后唐天成年间(926—929)都头知悬泉镇遏使安进通状稿》为我们提供了重要线索,兹移录如下:

都头知悬泉镇遏使银青光禄大夫检校国子祭酒兼御史大夫上柱国安某乙,乃觇古迹,神庙圮坼,毁坏年深,若不修成其功,恐虑灵祇无效。遂则彩绘诸神,以保河隍

① E.E.涅拉奇齐克《库尼亚—亚兹古城遗址的考古调查》,载《花剌子模民族志学考古调查团丛刊》第2卷,莫斯科,1958年,第375—378页;此据《中亚宗教概述》,第131—132页。

② 《中亚宗教概述》,第139页。

③ 参看 A.M.Marshak（马尔沙克）、V.I.Raspopova（拉斯波波娃）,"Cults communautaires et cults privés en Sogdiane", In *Histoire et culte de l'Asie centrale préislamique. Sources écrites et documents archéologiques*, Paris：CNRS, 1991, pp.187—196.

④ 俞剑华注释本,第61、63页。

永古,贼寇不届于疆场。护塞清宁,戎烟陷灭,潜异境□,乃丰登秀实,万姓謌谣,有思狼心早觉。于时天成□年某月日。

门神、阿娘神、张女郎神、祆祠、□□、九子母神、鹿角将军、中竭单将军、玉女娘子、咤众□将军、斗战将军、行路神、五谷神、主(土)社神、水草神、郎君。[①]

第二段中"祆祠"的"祠"可能是"神"字的误写,因为这段文字中除"祆祠"外,其余均是神名,说明这段文字是神名的罗列,与神庙名无涉。根据上下文,可以肯定,这些神都是指供奉在神庙里的神祇,其中包括祆祠里的祆神。而由"遂则彩绘诸神"一语以及前文对庙宇绘画方式的提示可知,这些供奉在神庙里的神祇应是以彩绘壁画的形式表现的。由是我们推测,"四所杂神"庙中的"神主"像很可能也是以彩绘壁画的形式表现的。

综合以上对目前所见粟特、敦煌两地考古材料及文书资料的综合分析,我们可以有如下认识:粟特地区祆庙中祆神的表现形式以彩绘壁画和彩绘塑像的形式为主,在祆庙建筑结构上,流行壁龛的作法,龛内或置彩塑祆神,或于龛壁彩绘祆神。敦煌地区祆庙中的祆神主要以彩绘壁画的形式表现,在祆庙建筑结构上,也流行壁龛的作法。祆神彩绘于龛壁,这种作法应是承继了粟特地区的传统。敦煌还同时存在用于赛祆场所的纸质淡彩墨画祆神形象,这种形象,如前所言,应是在粟特祆神粉本的基础上经过了画工的本土化改造。

有了以上认识,再回到本文主题,不难发现,如果将伊吾祆庙的"素书(画)"理解为素描或白描的话,其实并不能从粟特或敦煌地区找到有力的旁证——敦煌的纸质淡彩墨画祆神并不是真正意义上的白描画,而粟特地区火庙中主要流行彩绘壁画和彩绘塑像。但如果将其理解为彩绘塑像的话,反而容易找到旁证——如上所言,彩塑是粟特地区祆庙的传统。

四、画、塑自古相通

"画"、"塑"内涵虽然完全不同,但从技艺的角度观察,两者又是自古相通的。所以用"素画"一词来指称彩绘塑像完全符合我国古代的表达习惯,因为它正好能反映我国古代画、塑相通的美术工艺特点。

《历代名画记》卷五《叙历代能画人名》载晋宋之际的戴逵、戴勃、戴颙父子皆善丹青,而又工于雕塑,"范金赋采,动有楷模"。又说"刻画之家"将北齐曹仲达、梁张僧繇、唐吴道子、周昉列为模范:"至今刻画之家列其模范,曰曹、曰张、曰吴、曰周,斯万古不易。"[②]"刻画之家"应是指从事雕塑和绘画的两类艺术家。从戴氏父子融绘画、雕塑之艺于

① 录文据余欣《神道人心:唐宋之际敦煌民生宗教社会史研究》,中华书局,2006 年,第 153—154 页。

② 俞剑华注释本,第 123—125 页。

一身的情况,以及"刻画之家"将曹、张、吴、周列为楷模的情况看,绘画、雕塑两艺有着密切的联系。吴道子和杨惠之便是最好的例子。

唐开元中,吴、杨二人同师张僧繇笔迹,而道子声光独显,惠之遂发愤专肆塑作,能夺僧繇画相,终与道子齐名。故时人有"道子画,惠之塑,夺得僧繇神笔路"的佳话。[①]

画、塑相通,古今未变。我国民间至今还流传着"画匠改塑,黄酒改醋"的说法,意思是画工改为塑工,就像黄酒改酿为醋那样方便。[②] 由于画、塑关系密切,文献中在涉及这两种工艺之事时,往往"画素(塑)"并称。如《唐六典》载隋太府寺左尚令兼掌"骨角画素刻镂"之事;[③] 元代有专门记载画塑工艺的著作,名《元代画塑记》,[④] 等等。所以,出现"素(塑)画"并称亦属自然。不过,"画素(塑)"一词强调的是画与素(塑)两种不同的工艺,而"素(塑)画"一词则更多含示了彩塑的工艺流程特点——先素(塑)后画。

宋濂《重塈释迦文佛卧像碑铭》:"法师乃戒抟土之工,斫嘉木为骨胳,承以高座,塈卧像其上,涂以五色,覆以缁衾。"[⑤] 这几句话将彩塑的工艺流程交代得十分清楚:先找来彩塑之工匠("抟土之工"),工匠先制作好木胎("斫嘉木为骨胳"),再在木胎上泥塑成形("塈卧像其上"),最后在塑像上涂绘颜色("涂以五色")。至于又在塑像上加盖彩色丝被("覆以缁衾"),主要是针对这身涅槃佛而作,并不是一般彩塑所必须的步骤。所以彩塑最重要的步骤只有两个:先泥塑成形,再在塑像上涂绘色彩。可见,"素(塑)画"一词正好准确地反映出古代彩塑的工艺流程特点。

结　论

唐代伊吾祆庙"素书"的性质问题是学术界一桩长期的公案。本文从分析古汉语中"素画"一词的含义入手,对伊吾祆庙的"素画"所指进行了分析。从古代文献的用例看,"素画"有三种含义:白描画、彩绘塑像和绢画,因而以往论者将"素画"单一理解为白描画有失偏颇,由此出发来观察伊吾祆庙"素书"的性质自然也难免偏颇。那么伊吾祆庙的"素画"究竟何所指?本文认为,如果将其理解为白描画的话,在粟特本土和敦煌地区并不能找到相关旁证:粟特地区祆庙祆神的表现形式是壁龛、彩绘壁画与彩塑的结合,这是当地长期的传统;而敦煌地区祆庙祆神的表现形式是壁龛与彩绘壁画的结合,这符合粟特地区的传统;而那件备受关注的用于敦煌赛祆活动中的纸质祆教女神图像(P.4518/24)也并不是真正意义上的白描画,准确地说,应该称为淡彩墨画。相反,如果我们将其理解为彩塑的话,

冯其庸先生从事教学与科研六十周年庆贺学术文集

① [宋]刘道醇《五代名画补遗·塑作门第六》,《文渊阁四库全书》第 812 册《子部·艺术类》,第 442 页。

② 王世襄《佛作概述》,第 346 页。

③ [唐]李林甫《大唐六典》卷二二《少府军器监》"左尚署"条,三秦出版社,1991 年,第 408 页上。

④ 佚名氏撰,人民美术出版社,1964 年。

⑤ [明]宋濂《宋学士文集》卷五七(《芝园后集》卷七),商务印书馆,1937 年,第 945 页。

不仅能与粟特地区的传统遥相呼应，而且也能与近邻敦煌地区发达的彩塑声息相通。而且，"素画"作"彩塑"解时，也完全符合我国古代画、塑相通的传统，"素画"一词正好准确地反映出我国古代彩塑的工艺流程特点，因此从工艺传统的角度理解也没有任何障碍。因此，本文仍倾向于日本学者初始的观点，伊吾祆庙的"素画"应是彩绘塑像，而不是白描画。

由此也可以看出，壁龛、壁画、彩塑等粟特地区祆庙的传统因素是同时出现在我国境内的祆庙中的（当然，具体到某一祆庙，这些元素未必都齐备，如敦煌祆庙中有壁龛、壁画，而伊吾祆庙中则为彩塑），亦即祆神的平面表现形式（壁画）和立体表现形式（塑像，即"偶"）在我国应是同时出现的，二者似乎没有时间差，更不存在一个前后递变的过程。我们从唐伊吾祆庙的彩塑祆神身上，似乎看到了五代人范质在一座祆庙所见到的"土偶短鬼"的影子。[1]

附识：本文初稿于 2010 年 10 月 17 日在"国学前沿问题研究暨冯其庸先生从教六十周年国际学术研讨会"上宣读，得到与会学者赵和平、辛德勇、史睿诸先生的热心指教，受益匪浅，谨致谢忱！

---

[1] 范质于祆庙见到"土偶短鬼"的故事，见［宋］邵伯温《邵氏闻见录》卷七："［范质］一日坐封丘巷茶肆中，有人貌怪陋，前揖曰：'相公无虑。'时暑中，公所执扇偶书'大暑去酷吏，清风来故人'诗二句。其人曰：'世之酷吏冤狱，何止如大暑也，公他日当深究此弊。'因携其扇去。公惘然久之，后至祆庙后门，见一土偶短鬼，其貌肖茶肆中见者，扇亦在其手中，公心疑言。乱定，周祖物色得公，遂至大用。"（李剑雄、刘德权点校，中华书局，1983 年，第 62 页）这里所谓的"土偶短鬼"，显然是指祆庙里的泥塑祆神像。

中古时期西域东部"同姓为婚"案例研究

李 方

（中国社会科学院中国边疆史地研究中心）

婚姻是人类存在的根本,婚姻制度是人类社会的基本制度。《礼记·郊特牲》所谓:"天地合而后万物兴焉,夫昏礼万世之始也。"《礼记·哀公问》所谓:"孔子曰:天地不合,万物不生,大昏万世之嗣也。"说明古人皆将婚姻、婚姻制度视为万世之源。《周易·序卦》所谓:"有男女,然后有夫妇;有夫妇,然后有父子;有父子,然后有君臣;有君臣,然后有上下;有上下,然后礼义有所错。"则更明确说明了婚姻与人类社会发展及国家统治秩序的关系,婚姻是人类社会发展和国家统治秩序的基础。

我国古代婚姻制度有一项基本法则,就是"同姓不婚"。这个基本法则从周朝至清代,几千年来奉行不替。《礼记·曲礼上》"取妻不取同姓,故买妾不知其姓,卜之",就记载了这个古代婚姻制度。而《周礼》所谓"虽百世,婚姻不得通,周道然也",则明确说明这个制度在周朝已经盛行。陈顾远先生对中国古代婚姻制度有深入的研究,他说:"同姓不婚实是周朝一代婚制上顶厉害的限制","简直变成通常的礼法"。[①] 我们看到,后世帝王也都承认周代同姓不婚的规定,并以此作为本朝婚姻制度的根据和基本规定。比如北魏孝文帝诏曰:"夏殷不嫌一族之婚,周世始绝同姓之娶。皇运初基,未遑厘改,自今悉行禁绝。有犯者以不道论。"

---

① 氏著《中国古代婚姻史》,商务印书馆《万有文库》第一二集简编五百种,第32页。陈顾远先生对我国古代婚姻制度进行过全面考察,他认为中国古代婚姻制度中就普通方面而言,婚姻的限制最重要的约有四种:一是近亲不婚,二是同姓不婚,三是母党不婚,四是仇雠不婚。

孝文帝认为周朝已禁止同姓为婚,并承认北魏初期未遵遵行这项制度,而强调今后"悉行禁绝"同姓为婚,违犯者将"以不道论"给予处罚。《周书》卷六《武帝本纪》:"建德六年(577)六月丁卯,诏曰:同姓百世,婚姻不通,盖惟重别,周道然也。而娶妻买妾,有纳母氏之族,虽曰异宗,犹为混杂。自今以后,悉不得娶母同姓以为妾。其已定未成者,即令改聘。"北周武帝也重申周朝同姓不婚的规定,并扩展到"不得娶母同姓以为妾"。唐代以后,历代中央王朝的法律文献保存流传下来,从而使我们在文献上清楚地看到了"同姓不婚"的法律条文。《唐律疏议·户婚律》载:"诸同姓为婚者,各徒二年,缌麻以上,以奸论。"唐律不仅明文规定禁止同姓为婚,而且颁布了违者的处罚条令:"各徒二年","缌麻以上,以奸论"。这是比北魏孝文帝诏所谓"以不道论"惩处违禁者更为具体的刑法条文。而《明律·户婚律》则载:"凡同姓为婚者,各杖六十,离异。"其禁止同姓为婚的规定与前朝基本相同,但将唐朝的"各徒二年"改为"各杖六十"的刑法,此外,又增加了强制解除婚姻的法律条文:"离异。"这是比北周更为严格的禁令,北周"其已定未成者,即令改聘",只强求解除已定婚而未成婚的娶母同姓为妾者的婚约,而未强求解除已成婚者的婚姻。《清律·户婚律》则与明律完全相同:"凡同姓为婚者,各杖六十,离异。"进入近现代以后,中华民国、中华人民共和国的民法和刑法已取消了同姓为婚的禁令,但民间中还不同程度地保留着这种习俗的残余。

中古时期西域东部是一个以汉族为主的多民族居住地区,这里自西汉、东汉设高昌壁、高昌垒,前凉、后凉、北凉、西凉设郡县,唐代置州县,都在中央王朝或河西地方政权的统治之下,唐前的高昌国(公元460年建立,640年唐灭之)虽然是独立王国,但汉族是该王国的主体民族,王国实行的各种制度也基本上是效仿中原王朝的。那么,中古时期这里的婚姻状况如何呢? 是否同样实行同姓不婚的礼法习俗或法律制度呢? 是否还存在一些个别例外呢? 法律政策是否有所变通呢? 这些问题涉及该地区古代社会生活的基本问题,同时还涉及该地区与中原文明的关系问题,因此,笔者拟专门进行讨论。由于现存传世材料对这些问题的记载较少,而出土文献中有一些相关资料,因此,笔者拟主要根据出土文献对这些问题进行考察。

从现有材料来看,中古时期西域东部大体上实行了同姓不婚的婚姻制度,但是,也有个别材料显示了相反的现象。本文拟专门讨论这个相反的现象,即个别同姓为婚的现象,并希冀对此给予合理的解释。[①]

一、中古时期西域东部同姓为婚的案例

中古时期西域东部有关同姓为婚的材料不多,目前仅见高昌国时代有4例,唐代有4

① 由于中古时期统治过西域东部的王朝或政权有魏、晋、前凉、前秦、后凉、西凉、北凉、阚、张、马、麹高昌国、隋、唐等,这些王朝或政权或多或少有一些同姓不婚的材料,而且有的材料还比较多,对这些材料不展开充分讨论就不足以充分说明这个问题,因此,笔者拟另文专门讨论这个问题。

例。先看高昌国时期的材料。

《高昌延和三年（604）赵荣宗妻赵氏墓表》载："延和三年□□（甲子）岁，九月朔甲午，□（二）日乙未。镇西府□□参军赵荣宗妻□氏，春秋八十有□，赵氏之墓表。"[①] 延和三年（604）为麹氏高昌国时期。标题称"赵荣宗妻赵氏墓表"，即认为赵荣宗的妻子亦姓赵氏。非常遗憾的是，本墓表"赵荣宗之妻□氏"其妻的姓氏模糊不清，不能辨识，整理者之所以判断赵荣宗之妻姓"赵"，推测主要根据的是最后"赵氏之墓表"的文字。综合全文之意，并按墓表、墓志的习惯表达法来考虑，我们认为这个判断是合理的。然则这是我们目前所见到的高昌国时期的一件同姓为婚的材料。

需要说明的是，赵荣宗之妻是否姓赵？学术界有不同的记载和看法。张铭心先生对此有集中说明和探讨。他说："《高昌陶集》著录为赵荣宗妻马氏墓表，《高昌砖集》著录为赵荣宗妻赵氏墓表。墓表录文有'赵荣宗妻□氏'，其中的'□'是否为'马'？如果'□'是'赵'字，那么此赵氏似是从夫姓，而不应是同姓而婚。从夫姓的墓砖在《延昌四年（558）麹那妻白阿度女麹氏墓表》中也有所见。但赵荣宗已于延昌十三年（573）死亡，墓表中的'赵氏'也很可能是指赵荣宗。其根据可以参考《贞观十五年（641）任阿悦妻刘氏墓表》。如此，'□'之文字很可能是'马'字。此外，《高昌陶集》是发掘报告，其记录应是原始记录，而《高昌砖集》应是后期整理。所以，《高昌陶集》的记录应更为可信。"[②] 笔者认为他的说法是有道理的。大家都认识到西域东部主要实行的是同姓不婚的婚姻制度，从而对同姓为婚的案例持怀疑态度，怀疑是否从夫姓？恰恰墓志中也有个别从夫姓的例子，如上举《贞观十五年（641）任阿悦妻刘氏墓表》："贞观十五年二月朔壬辰廿三日甲寅，交河县民镇西府内将任阿悦妻刘，春秋六十有三，以虬轿灵殡葬斯墓。任氏之墓表。"（张铭心先生在此录文后书道："不知妻刘氏的墓表为何最后书写'任氏之墓表'而不是'刘氏之墓表'？"）尤其在墓表赵荣宗之妻的姓字模糊不清，而原始记录者记作"马氏"的情况下，这种疑问就更加深了。不过，笔者觉得，毕竟中古时期该地绝大多数墓表、墓志反映的是不从夫姓的风俗习惯，在赵荣宗之妻姓字模糊不清（查图版确实如此），而最后书作"赵氏之墓表"的情况下，还是尊重原文为好，或者说，还是不排除夫妻同姓的可能性为好。另外，麹那妻墓表似乎也不能视为从夫姓的案例（详下）。

还有一点需要说明的是，赵荣宗还有一位韩姓夫人，《高昌内干将赵荣宗夫人韩氏墓表》载："建昌元年乙亥岁，正月朔壬午十二日水巳，镇西府侍内干将赵荣宗夫人韩氏，春

① 《吐鲁番出土墓志砖志集注》，巴蜀书社，2003年，图版119、文第249页。按，方框表示不能辨识之字，括号里的字原为整理者对所不识字的推测补充，并以方框内加字的方式标示，但本文为了方便打印，改为方框后加括号及字。特此说明。

② 张铭心先生《高昌墓砖资料整理与考证》电子版，未刊稿。此稿有关吐鲁番出土墓志的录文、相关论著考索及作者相关研究，给笔者提供了很多方便和启发，谨此致谢。

秋六十有七,寝疾卒,赵氏妻墓表。"^①这位韩夫人建昌元年(555)正月十二日卒,笔者认为应是赵荣宗的前妻,而上举赵氏应是赵荣宗的后妻。之所以如是说的根据是,在这两位夫人墓表出土地点新疆雅尔湖古墓,还出土了赵荣宗本人的墓表:《高昌延昌十三年(573)赵荣宗墓表》。^②综合这三方墓表可知,建昌元年(555)妻韩氏67岁卒时,赵荣宗约62岁,18年后即延昌十三年(573)赵荣宗卒时80岁,而妻赵氏约49岁(据延和三年(604)妻赵氏卒时80岁推算),因此,说韩氏是赵荣宗的前妻,赵氏是赵荣宗的后妻是可以成立的。

笔者认为,上举麹那夫妻可能是高昌国另一对同姓为婚的案例。《高昌建昌四年(558)麹那妻阿度墓表》载:"建昌四年戊寅岁,二月甲子朔十六日戊寅。兵曹司马麹那妻,丧于交河城西白,字阿度女麹氏之墓表。"此录文及标点根据的是侯灿、吴美琳先生所著《吐鲁番出土墓志砖志集注》(巴蜀书社,2003年,图版25、文第67页)。而穆舜英、王炳华主编《隋唐五代墓志汇编·新疆卷》(简称《新疆卷》)^③录文和标题作"麹那妻白阿度女麹氏墓表"。麹那妻究竟姓"白"还是"麹"含混不清。侯灿、吴美琳先生说:"《新疆卷》定名为《麹那妻白阿度女麹氏墓表》,既不确切,又不通顺。'白'字,按表文应断在上句,是一个表方位的'北'字的别字。"(同上举书第67页)。张铭心先生录文标题同《新疆卷》,说:"高昌墓砖中的夫人姓氏,多是使用本家姓。本墓表中第四行的'白'可能是阿度女本家的姓。但施新荣氏将'白'释为'北'("施新荣2001"54),^④似是更可以接受的解释。"即认为麹那妻可能姓"白",非常审慎。笔者认为,侯灿等先生将"白"字释为方位词是对的,不过,将麹那妻称作"阿度"则是不完整的,应称作"阿度女"(这一点《新疆卷》和张铭心先生录文标题是对的)。笔者认为,按照当地墓表的习惯表达法,即墓表末"某氏之墓表"之某氏指墓主,以此来推论本墓表末"麹氏之墓表"之"麹氏",应指墓主"阿度女"。也就是说,麹那妻"阿度女"应姓"麹"氏。诸位先生未明说"阿度女"姓"麹"(侯灿先生未按"赵荣宗妻赵氏墓表"的推断方法推断麹那妻的姓氏),实在是一种非常审慎的态度。虽然笔者也觉得审慎为好,甚至觉得实际情况也可能并非麹氏指阿度女,而是指麹那,但是,笔者认为,既然要按墓表的习惯表达法和文字逻辑来进行判断,那就要贯彻到底,不能半途而废,这是方法论决定了的,即使有错,也错在墓表作者表达不规范,误导了读者。如果不按墓表的习惯表达法和文字逻辑进行判断,则显得太随意了,从而可能忽略了另一种可能性的存在。因此,我们按照墓表习惯表达法和文字逻辑说,"阿度女"有可能姓"麹",麹那夫妻

---

① 《吐鲁番出土墓志砖志集注》,巴蜀书社,2003年,图版20、文第57页。

② 《高昌延昌十三年(573)赵荣宗墓表》:"延昌十三年水巳岁,二月朔丁酉十六日壬子,今补抚军府主簿,复为内干将,更迁为内行参军,癀疾于交河岸上,春秋八十。字宗荣,赵氏之墓表。"载《吐鲁番出土墓志砖志集注》,第122页,图版53。

③ 天津古籍出版社,1991年。

④ 《也谈高昌麹氏之郡望——与王素先生商榷》,《西域研究》2001年第3期。

有可能是高昌国另一对同姓为婚的案例。

再看唐代时期的材料。

吐鲁番阿斯塔那 15 号墓所出《唐何延相等家口籍》有 3 对同姓为婚的例子。其略载：

（一）

15 龙朱主年卅五　妻康年廿

16 张容得年廿五　母张年六十　妻张年十□

（后略）

（二）

6 石本宁年廿二　妻安年十六

7 龙德相年卅　母龙年六十　妻索

（后略）①

在这件唐代家口籍里，第一片同姓通婚的信息是 16 行的张容得家，其妻为张氏，其母亦为张氏。这就是说，张容得夫妻及张容得的父母皆为同姓结婚。第二片是第 7 行的龙德相家，龙德相之妻为索氏，其母为龙氏。这就是说，龙德相夫妻是异姓通婚，而其父母是同姓通婚。

这件文书的时间不详，但本墓出有 16 件文书，其中 3 件为高昌国时代，13 件为唐代。本墓墓解称："本墓为夫妇合葬墓，盗扰严重。出《丁酉岁唐幢海妻墓碑》一方，另出阙名衣物疏一件，考证应属唐幢海。其尸上所出文书，已有唐贞观十五年（641），可知唐必葬于是年之后。唐妻墓碑仅有干支丁酉，距贞观最近之丁酉，为唐贞观十一年（637），即麹氏高昌延寿十四年。所出文书兼有麹氏高昌及唐代。其有纪年文书最早为高昌延寿十三年（公元 636 年），最晚为唐贞观十五年。"② 据此推断，本件文书当距贞观十五年不远。我们知道，唐贞观十四年（640）八月刚灭高昌国建西州，故本件距高昌国时代亦不远。这件家口籍载张容得母张氏年六十，而未及其父，是其父当已去世。据其母年龄推断，其父母应在高昌国时代结为夫妻。张容得年廿五，其妻张氏年十□，二人的结合有可能在高昌国时代，也有可能在入唐以后。由于张容得夫妻年龄尚小，主要生活时期在唐代，所以，我们仅将其父母列为高昌国时代的同姓为婚案例。这就是说，除了上举高昌国时代的材料之外，我们在唐代材料中也发现了高昌国时期的同姓结婚案例。龙德相户的情况与张容得户相似，未及其父，而云其母年六十。其父母也应是高昌国时期的同姓结婚者。至此，我们发现了

---

① 《吐鲁番出土文书》第 4 册，第 53—56 页。又，宋晓梅《高昌国——公元五至七世纪丝绸之路上的一个移民小社会》，中国社会科学出版社，2003 年，第 356 页引作"张客得"、其妻姓"左"，有误。

② 《吐鲁番出土文书》第 4 册，第 31 页。

4 例高昌国时代同姓结婚的案例,1 例唐代同姓为婚的案例。

按龙姓是西域焉耆国王族之姓。《晋书》卷九八《四夷传》"焉耆"条载:"武帝太康中 (280—290),其王龙安遣子入侍。"龙氏夫妻应是西域焉耆人,而迁居高昌国者。中古时 期焉耆与高昌地区有频繁的来往已见于史籍,此处不赘述。

《唐神龙元年(705)康富多夫人康氏墓志》也记载了康富多与其夫人康氏为同姓:"盖 闻灵要,率周是称,六合坤仪之际,斯异发华以覆,祭昭于家檀,休明者刚宅。是以今日,康 富多夫人康氏,以十月廿四日亥时崩愕。栖宿之情无之有也。已取其月卅日卯时,葬于邦 东荒野,造□墓然。以龙輤既动,犹子竭情。僻踊啼悲,哽咽不返。但以久冥幽闇,载出无期。 故述其文,已明后矣也。神龙元年十月卅日墓铭。"① 大谷文书 2372、2375 中也有康富多的 信息,但仅载其为佃人有租地、种粟等内容,而无婚姻的内容,略而不录,详可见池田温先 生所著《中国古代籍帐制度研究》。②

白须净真先生指出:"他(康富多)至少在 5 个地方租过土地。像上述诸例保存有墓志 的人那样,这样的租佃事实上是新兴阶层的一种经济生活形态。康富多姓康,并且娶同姓 的女子康氏为妻,可知不是汉族而是粟特人。这种生活方式应是定居西州很久的人家的 情形。从事租佃活动,妻子使用这种汉文的墓志,将他归入新兴阶层的行列应当没有什么 问题。比照望族张无价的名字'无价'一样,叫'富多'这样的名字,洋溢着新兴阶层的思 想意识。"③ 池田温在《吐鲁番汉文书所见的外族》中则说:"唐代户婚律中以徒二年的刑法 禁止同姓结婚,而康富多夫人康氏墓志,显示了外族未被汉风同化的实情。"④ 我们赞同上 述学者视康富多夫妻为粟特人的观点。至于该夫妻同姓为婚是否未被汉风同化的问题则 留待下面讨论。

笔者认为阿斯塔那 506 号墓所出《唐乾元二年(759)康奴子卖牛契》中也有唐代夫妻 同姓的例子,举如下:

1　　　驾车咽(牰)牷牛[　　　]年捌岁

2　乾元元贰年正月十日,交用钱

3　叁阡伍伯文,于康奴子边买取前件牛。

4　其钱及牛,即立契日给交相分付。如

5　立契已后,在路有人寒盗认识者,一仰

---

① 《吐鲁番出土墓志砖志集注》,图版 308、文第 623 页。

② 《周天授二(691)年西州高昌县诸堰头等申青苗亩数佃人牒》,池田温《中国古代籍帐制度研究》,东京大学东 洋文化研究所,1979 年,第 325—327 页。

③ 白须净真《吐鲁番社会——新兴庶民层的成长与名族的没落》,《魏晋南北朝隋唐时代的基本问题》,汲古书 院,1997 年,第 160—161 页;柳洪亮译文载《西域研究》1999 年第 4 期。

④ 池田温《吐鲁番汉文书所见的外族》,《丝绸之路月刊》第 4 卷 2 号,1978 年 2 月,第 15 页。

6 牛主康奴子知,不□□□□。恐人无

7 信,故立此契为□。

8 　钱主□

9 　牛主康□子年五十二

10 　保人妻康年册八

11 　保人□忠感年卅

12 　□□曹庭年廿四

13 　□契人高元定①

这件文书乍看似乎无同姓夫妻的信息,但是笔者认为,卖牛者康奴子(第9行"牛主康□子"所缺字应为"奴"字)的两位保人中,一位"保人妻康"应是康奴子之妻,一位"保人□忠感"应是康奴子之子("保人"后所缺字应为"男"字)。曹庭的身份因前二字残而不详,也可能是保人,也可能是见证人或其他。高元定则是立契人。因为"妻康氏"在契约中出现,必定与契约中的人有关,才能省略"某某人之妻"的称呼,否则就不能确指了。而担保所卖牛是自家财产,卖牛者之妻是能担负这个责任的,其子也能担负这个责任。相反,钱主家妻不可能担保所卖牛来路是否正当,曹庭、高元定之妻如担保则必须在其夫名后签署,否则不能明确是何人之妻。从年龄上来看,说康康联姻也相符:康奴子五十二岁,康氏四十八岁,忠感三十岁,正好是夫妻、父子的家庭结构。另外,在契约中省略"某某人"之妻的称呼,及家人做保人的例子,我们在同墓所出《唐乾元二年(公元759年)赵小相立限纳负浆钱牒》中也能看到,举如下:

1 □小相并妻左负阎庭浆六石,今平章取壹阡伍伯文

2 陆伯文限今月十八日纳,叁伯文限二月十五日纳,

3 陆伯限伍月十日纳。右缘家细累,请立限,请于此输纳,不向交河县。

4 　右件通三限如前,如违一限,请夫妇

5 　各决十下。如东西逃避,一仰妻翁代纳。

6 牒件状如前。谨牒。

7 　　　乾元贰年正月　日负浆人赵小相牒

8 　　　　妻左年卅

9 　　　保人妻翁左义琛年六十②

① 《吐鲁番出土文书》第10册,第241页。第2行"年"后有注,谓"乾元元贰年:'贰'上衍一'元'字。"

② 《吐鲁番出土文书》第10册,第243页。

在这件文书里,赵小相与左氏是夫妻,左氏与左义琛是父女,而契约中所谓"右件通三限如前,如违一限,请夫妇各决十下。如东西逃避,一仰妻翁代纳","保人妻翁左义琛年六十",说明左义琛就在为其女儿、女婿做担保,保证赵小相夫妻如在规定的三次交纳时限中违限不纳欠款而逃避时,由妻翁左义琛代纳欠款。这里的"保人妻翁"前也省略了"某某人"的称呼,而且也是由家人做担保。这两件契约同出一墓,时间、地点都接近,契约中的称呼用语也一致,两件契约有异曲同工之效。对照两件契约,可以说明,上件牛主康奴子之妻就是康氏,这是唐代又一对同姓为婚的例子。从姓康和同姓为婚的情况看,康奴子夫妻也应是粟特人,不过入唐时间已久,这件文书的时间据第 2 行,知为乾元二年(759),该地在唐朝的统治下已有一百余年,康奴子的名字已有汉化的痕迹。

阿斯塔那 150 号墓所出《唐庭州西海县横管状为七德寺僧妄理人事》亦有一条同姓为婚的例子,举如下:

1 西海县横管　　　状上
2 　　　　本县百姓故竹伯良妻竹慈心妄理人西州七德寺僧惠宽法允(后缺)[1]

这件文书载唐庭州西海县有百姓"竹伯良妻竹慈心"。夫妻二人皆姓竹,是为同姓结婚。整理者在本件文书题解中称:《新唐书·地理志》记宝应元年(762)置西海县。又阿斯塔那 509 号墓所出《唐宝应元年(762)五月西州使榜与此事有关,故本件年代应亦相当。按竹姓是天竺之姓,中原汉族虽然也有竹姓,但西域竹姓一般多是天竺的后裔而移居此地者。天竺盛行佛教,竹伯良妻竹慈心之名"慈心",有浓厚的佛教色彩。尤其是二人同姓为婚,更有外来的痕迹。

以上我们见到中古时期西域东部有 8 对同姓为婚的例子,[2] 高昌国时代有 4 例:赵荣宗及妻赵氏、麹那及妻麹氏、张容得父及母张氏、龙德相父及母龙氏(前 2 对既存在夫妻同姓的可能性,也存在夫妻不同姓的可能性,姑且如是称之);唐代有 4 例:张容得及妻张氏、康富多及妻康氏、康奴子及妻康氏、竹伯良及妻竹慈心。而这 8 对同姓为婚的夫妻中,4 对应是汉人,4 对应是外来或本地的少数民族后裔。可以肯定的是,中古时期西域东部绝对不止这 8 对同姓结婚的夫妻,同时也可以肯定的是,这种同姓为婚的数量大大少于同姓不婚的数量,处于非主流状态。如何看待同姓为婚的现象? 中古时期西域东部出现这种现象的原因何在? 这是我们下面要讨论的问题。

---

① 《吐鲁番出土文书》第 9 册,第 152 页。
② 陕西博物馆藏《米继芬墓志》载米继芬配偶为"夫人米氏","其先西域米国人"(转引自蔡鸿生《唐代九姓胡与突厥文化》,中华书局,1998 年,第 24 页),也提供了粟特同姓为婚之例,但由于米继芬夫妻并不生活在西域东部,故不列入本文。

二、中古时期西域东部同姓为婚原因探究

前面我们在讨论康富多案例时曾经指出,池田温先生认为:"唐代户婚律中以徒二年的刑法禁止同姓结婚,而康富多夫人康氏墓志,显示了外族未被汉风同化的实情。"池田先生的观点是正确的,因为从总的来说,外来少数民族同姓为婚的现象说到底终究是未被汉风同化的表现,如果完全融合到汉族之中了,情况会有所不同。不过,上面我们看到,在同姓为婚的案例中,不仅有所谓外族,还有赵赵、麹麹、张张等汉姓夫妻,这些人不能说都是"未被汉风同化"吧? 因此,我们认为还应有其他原因,还应该作深入的分析。在讨论这些原因时,我们首先要排除该地区未普遍推行同姓不婚的华夏习俗的可能性,因为前面我们已经说明了同姓不婚是该地区的主流现象。

笔者认为,该地区中古时期同姓为婚的原因起码还应有两个:一个是,在任何社会里,任何事情都不可能是绝对的,会有例外,婚姻制度也不例外;另一个是,少数民族的取姓方式不同于汉族,其姓氏代表的是同部落或同国家(地方政权),而不是同宗族或同血统,这种差别对同姓不婚法律制度的施行有影响。下面略而论之。

(一)一种婚姻制度或习俗在社会中不可能是绝对实行的,总会有例外

同姓不婚的法则虽然从周朝至清朝被广泛实行,但即使是在中原地区,也屡有违背的现象。清人赵翼对此很有研究。他指出:"同姓为婚,莫如春秋时最多。"[①] 然后列举了鲁昭公娶吴同姓,谓之吴孟子等等一连串事实加以证明。接下来说:"此皆春秋时乱俗也。汉以后此事渐少。"但是,在王莽时期,他又指出:"王莽以姚、妫、陈、田、王氏皆黄虞后,与己同姓,令元城王氏不得与四姓相嫁娶。然王诉传,诉孙咸有女为王莽妻,号宜春氏。注张晏曰:莽讳娶同姓,故以侯邑为氏。师古曰:莽以己与咸得姓不同,祖宗各别,故娶之。"是王莽贵为一国之君,令国人不得娶同姓之女,而自己却娶同姓王咸之女为妻。他又说:"《白孔六帖》,魏司空王基,当世大儒,而为子纳司空王沉女,以姓同而源异也。"是魏司空王基作为当世大儒,应该深懂礼法,却为其子纳同姓王沉之女。他还说:"《晋书》载记,刘聪欲纳太保刘殷女,以问刘景等,皆曰:太保乃周刘康公之后,与圣氏本源既异,纳之为允。李弘亦引王基为子娶王沉女为证,遂纳之。刘曜妻刘氏将死,谓曜曰:妾叔父皑女芳有德色,愿备后宫。曜乃娶皑女为皇后。"是刘聪、刘曜身为匈奴后裔,崇尚中原文明,入主中原后,取国名为汉,取法于中原礼制,但仍娶同姓之女为妻。中原尚且如此,国君、大臣尚且如此,西域边疆地区草民偶有违之者,又何足诧异哉!

---

① 《陔余丛考》卷 31 "同姓为婚",中华书局,1963 年,第 646—647 页。下同不注。

国学的传承与创新

冯其庸先生从事教学与科研六十周年庆贺学术文集

（二）少数民族的姓氏并不代表同宗族、同血统，而代表同部落、同国家（地方政权），这种取姓方式与汉族不同，对同姓不婚的婚姻法律制度的实施有影响

我们知道，在西域这个地方少数民族接受了汉文化以后才有姓氏，而这个姓氏往往以其国名或其国王族之姓为根据。如康国人姓康，安国人姓安，曹国人姓曹，米国人姓米，天竺人姓竺，月氏人姓支，吐火罗人姓罗，而西域本土人则以其国王族之姓为其族属标志，如车师人姓车，龟兹人以其王白（帛）姓为标志，焉耆人以其王龙姓为标志，疏勒人以其王裴姓为标志，鄯善人以其首领鄯姓为标志，等等。既然如此，这种姓氏就不代表同宗族和同血统（虽然其中肯定也有同宗族同血统的人），而代表同部落或同国家（地方政权）。而华夏同姓不婚的规定，主要还在于限制同宗族同血统人之间的通婚。如上举王莽娶王咸之女为妻，"师古曰：莽以己与咸得姓不同，祖宗各别，故娶之"。是王莽以自家与王咸同姓但不同宗族，可以不受同姓不婚的限制，而娶王咸之女。王基娶王沉之女为儿媳，也认为"以姓同而源异也"。刘聪、刘曜娶同姓刘氏，大臣们也认为"与圣氏本源既异，纳之为允。"都认为同姓不同宗族，可以不受同姓不婚的限制。清人赵翼虽然讥讽王莽"然虽不同宗，终属同姓也"，批判"若王基王沉究属同姓，非礼也"，但对刘聪、刘曜娶同姓刘氏也是持赞同意见的："按聪与曜皆匈奴后，其娶刘氏本非同宗。"可见即使是最严厉的正统儒家学者，对于非同宗族同血统的少数民族与汉族的同姓为婚，也是赞同的。

陈顾远先生说，限制同姓为婚的基础观念不外乎四种：一种是宗族观念（"周道重视宗族过甚，只要是姓同，一百世也是不能通婚的"）；一种是生理观念（"古人虽不知生物学，而实有这个意思。《诗经》注上说得有，'振振公姓，天地之化，专则不生，两则生'"）；一种是伦常观念（《白虎通》："不娶同姓者重人伦，防淫佚，耻与禽兽同也"）；一种是利害观念（《国语》司空季子曰："娶妻避其同姓，畏灾乱也"）。而认为生理"这种观念实在是限制同姓结婚底最大理由，既就在现时更是有存在底价值。"其根据除了上举《诗经》注之外，还有《白虎通》："不娶同姓者何法？法五行，异类乃相生也。"《左传》僖二十三郑叔詹："男女同姓，其生不繁。"《左传》昭元：公孙侨曰："同姓其生不殖。……男女辨姓，礼之大司也。"《国语·晋语》："同姓不昏，惧不殖也。"可见古人制定同姓不婚的礼法主要还是基于"子孙繁衍"的考虑。陈顾远先生还特别指出，不同宗族是不必限制同姓为婚的："不过要明白，古代所叫做的同姓，都是有宗可考，不像后世无宗可考而有的同姓，那么血统相差既不很远，通起婚来，当然影响于生殖，若后世底同姓不宗地的，也要这样做，却又未免泥古！"[1] 董家遵先生亦说："何以古来大多数的人士都谨守着'同姓不婚'的规定呢？……封建社会的特征，是自然经济占了主要地位，人民生活于自给自足的环境中，安土重迁，老死不相往来，实为封建农村的写照。加以当时交通不便，商业简单，农民束缚于土地，大部分农村聚族而居。他们的活动范围极狭而亲很少与外人接触。……人们遇到的只有同

---

① 《中国古代婚姻史》，第32—39 页。

宗的同姓,很少异族的同姓。所以同姓不婚在当时环境中,却能发挥了禁止同宗通婚的功用。……限制同姓为婚就等于禁止同族为婚。……所以久不衰。"① 可见同姓有两种不同的情况,"同姓不婚"应以是否同宗族同血统为标准而区别对待。那么,对于汉族尚且如此,对于取姓不同于汉族的少数民族,则更应如此吧。这或许就是中古时期西域东部存在少数民族同姓为婚现象的深层原因吧。曾我部静雄先生说,中国的姓,从魏、晋、南北朝到隋、唐有两种意味,"表示血统的姓的场合则同姓不婚;表示血统的阶级的姓则可以同姓为婚"。② 也注意到同姓有两种内涵,这两种同姓在婚姻制度中所受待遇不同,一种可以同姓为婚,一种不能同姓为婚。

当然,必须指出来的是,我们所说的两种同姓在同姓不婚的婚姻制度中的两种待遇并没有写进法律条文,但是,从上述历史来看,它们是被社会所承认了的,或者说是被社会所默认了的。对此或许我们可以称之为社会的潜规则。

总之,中古时期西域东部出现同姓为婚现象的原因有多种,这种现象虽然与中原文化、中央法制规定有不协调的地方,但是,又与中原文明、中央法制的潜规则有相通之处,因此,也仍然可以视之为中原文明的产物。

后 记

这篇论文2010年10月在人民大学举办的"国学前沿问题研究暨冯其庸先生从教60周年国际学术研讨会"上宣读后引起讨论。荣新江先生说,祆教主张亲属通婚,是否应该从这个方面考虑问题? 笔者认为这个问题提得很好,促使我们从多视角考虑问题。不过,笔者认为,祆教主张亲属通婚不应该是西域东部同姓为婚的主要原因。因为:

第一,从以上我们发现的8对同姓为婚的例子来看,信奉祆教的粟特人同姓为婚的案例不多,仅2对(康富多及妻康氏、康奴子及妻康氏),约占同姓为婚案例的25%,是这类婚姻的少数。

第二,从这两对粟特同姓为婚人的名字来看,一个叫康富多,一个叫康奴子(两位妻子未留下名字),汉化程度是比较高的。白须净真先生说:"他(康富多)至少在5个地方租过土地。……这样的租佃事实上是新兴阶层的一种经济生活形态。……这种生活方式应是定居西州很久的人家的情形。"非常中肯。康富多以典型的汉文化意蕴的"富多"为名,又从事多种租佃活动,妻子死后还使用汉文墓志,都说明他们在西州生活了很长时间,汉化程度很高。康富多的夫人康氏墓志写在唐神龙元年(705),唐朝统治该地已有55年,而

冯其庸先生从事教学与科研六十周年庆贺学术文集

① 《中国古代婚姻史研究》,广东人民出版社,1995年,第194—195页。
② 《关于日中的同姓不婚》,载其著《以律令为中心日中关系史研究》,吉川弘文馆昭和四十三年初版、四十五年再版,第549—550页。

康奴子生活在乾元二年(759)前后,此地在唐朝统治下时间更久,已有一百余年,康奴子的名字及其契约形式说明他们受汉化的影响也很深。汉化较深就意味着胡化较浅。他们同姓为婚虽然不能排除本族习俗影响的可能性,但是,也有可能是汉文化圈内非主流汉文化因素的影响所致(如同其他地区或本地区汉姓同姓为婚的案例)。

第三,相比较而言,西域东部的粟特人的婚姻更多的是异族通婚,笔者曾经研究过这类婚姻。笔者从出土文书和传世文献中发现中古时期西域东部19个有异族通婚现象的家庭,这19个家庭中有28对婚姻关系(包括父母、儿子媳妇、夫妻、夫妾),其中有20对为异族通婚。而这20对异族通婚中,约10对为粟特人与汉族通婚,1对为粟特人与西域焉耆龙姓结婚。粟特人异族通婚约占这类婚姻的55%,如果"翟"姓不是粟特胡而是汉族的话,那么,粟特人与异族通婚则有13对,约占异族通婚的65%。详见拙作《唐代西域东部异族通婚考论》。[①]需要补充的是,斯坦因所获文书中还有一例汉族与粟特人通婚的例子,[②]上举论文中未能纳入,如此,则上述比例应分别为57%、67%。如果将粟特人异族通婚与同姓为婚相比较的话,则异族通婚大约是同姓为婚的6倍或更多(2对同姓为婚,12对或14对异族通婚)。[③]这里还没有将粟特人异姓通婚(如康与安、米与史,等等)计算在内,如果将这类婚姻计算在内,粟特人异姓通婚(包括异族通婚)比同姓结婚多的倍数将更高。这都说明,仅仅从信奉祆教的粟特习俗即亲属通婚来考虑西域东部同姓为婚的问题,是远远不够的,甚至可以说,未涉及问题的根本。

第四,粟特人本身并非完全实行亲属通婚。林悟殊先生说:"根据学者对《阿维斯陀经》及帕拉维文经典的研究,古代琐罗亚斯德教是主张近亲结婚的,即双亲和子女结婚,兄弟姊妹自行通婚。血缘婚姻,作为一种习俗,是原始社会的遗存,是愚昧无知的产物……但在琐罗亚斯德教中,是被作为教条提倡。"他认为,"如此提倡的目的,恐怕是为了保持教团的永久统一和纯洁"。[④]祆教主张亲属通婚,在其他史书中也有记载,不赘举。但是,经过数百年的发展,[⑤]社会现象应该有所变化,或更加多样化、复杂化。蔡鸿生先生对粟特

---

① 《唐代西域东部异族通婚考论》,载《民族社会学研究通讯》56期(2009年10月10日)、《吐鲁番学研究》2009年第2期。

② 《斯坦因所获吐鲁番文书》第417页载高昌古城遗址所出《唐西州高昌县永和坊百姓张山振文书》:

    1 花户令狐口[

    2 永和坊百姓张山振[   ]妻史什娘口[

这里即有张山振及其妻史什娘。题解称:"本件'永和坊',又见于新编阿斯塔那20墓《唐西州高昌县诸坊杂物牒》,《吐鲁番出土文书》第7册380页,知为高昌县文书。"

③ 即使这些人中有的人因文书残缺或其他原因,不能确认为粟特人,粟特人异族通婚比同姓为婚的比例高也是不可否认的。

④ 《波斯拜火教与古代中国》,新文丰出版公司,1995年,第73页。

⑤ 林悟殊先生说,有的史书记载《阿维斯陀经》在公元前4世纪前已存在,有的学者认为,上古波斯的宗教著作都是口传而已,也许直到公元5世纪,才付诸文字。他认为,"无论如何,《阿维斯陀经》是在萨珊波斯时期(公元二二四—六五一年),琐罗亚斯德教重被尊为国教,臻于全盛时,才大规模编纂的。"引同上书,第23—24页。

九姓胡的婚姻有深入的研究。他根据穆格山出土粟特文书 Nov.3 和 Nov.4 一份订于康国王突昏十年（710）的婚约（缔约地点在"律堂"，有五名证人在场，正文除规定夫妻各应承担的责任外，还另立两种条款等等记载），说："按康国王突昏十年（710），即唐睿宗景云元年，当时康国上层社会的婚姻生活，既然已经具有相当完备的法律形态，那么，年代在此之后的慧超《往五天竺国传》（开元中期）出杜环《经行记》（天宝中期），其中所说'极恶风俗，婚姻交杂，纳母及姊妹为妻'，'蒸报于诸夷狄中最甚'之类的血缘群婚残迹，就只能看作是中亚两河流域婚姻制度发展不平衡在唐人行纪中的反映，而不应当用它来概括唐代九姓胡婚俗的全貌。"[①] 这个论断是正确的。

会议休息期间，游自勇先生也曾问笔者，文书中出现的同姓，是否有子随母姓的可能性？笔者觉得这个问题提得也很好，回答说，在吐鲁番出土文书中，一般都是子承父姓。比如哈拉和卓 1 号墓所出《唐西州高沙弥等户家口籍》所载：

6　户主何兔仁年五十五　妻安年卅二
7　　　　　男海隆年六岁 [②]

何兔仁的儿子肯定随父姓而为何海隆，不会随母姓而为安海隆。

总之，笔者非常感谢这些学者围绕本文提出的意见和观点。正是他们促使笔者在后记中谈到了本应该在正文中谈而未谈的问题（由于提交会议论文很仓促，笔者对这些问题虽已有研究或考虑，但却未来得及在文章中展开），从而完善了本文，深化了课题，并且促使笔者准备另写一篇论文，专门讨论相关问题。谨此致以深深的谢忱！

冯其庸先生从事教学与科研六十周年庆贺学术文集

---

① 《唐代九姓胡与突厥文化》，中华书局，1998 年，第 24 页。
② 《吐鲁番出土文书》第 4 册，第 12—13 页。

松柏汉墓53号木牍考

——以成年男女性别比例失调为中心

韩树峰

（中国人民大学历史学院）

2004年底，荆州博物馆对荆州区纪南镇松柏村一号汉墓进行抢救性发掘，出土木牍63枚，其中6枚无字，31枚单面墨书文字，26枚双面墨书文字，主要内容为遣书、各种簿册以及牒书。35号木牍是南郡各县免老、新傅、罢癃的统计簿册，释文已经公布。[1] 最近，该馆又公布了47、48、53、57号等四枚木牍的照片，[2] 其中53号木牍系南郡所辖7县、3侯国使大男、大女、小男、小女等各种人口的统计数字，彭浩、胡平生两位先生分别对该木牍进行了释读[3]。在个别字的释读上，两家释文有所不同，细读之下，均不无疑问。除此而外，该木牍的年代及其所反映的男女比例失调问题也有值得探讨之处。本文以该木牍内容为主，并结合其他资料，对这两个问题尝试做出解释，以供学界参考。

一、释文之疑

53号木牍对江陵等7县、3侯国的人口，按性别、身份分类统计，并对复除人数加以记

---

① 荆州博物馆《湖北荆州纪南松柏汉墓发掘简报》，《文物》2008年第4期。

② 荆州博物馆编《荆州重要考古发现》，文物出版社，2009年，第210—211页。

③ 彭浩《读松柏出土的西汉木牍（三）》，简帛网（http：//www.bsm.org.cn）2009年4月11日；胡平生《松柏汉简五三号木牍释解》，简帛网2009年4月12日。

载。胡平生先生释文如下：[①]

江陵：使大男四千七百廿一人，大女六千七百六十一人，小男五千三百一十五人，小女二千九百卅八人。·凡口万九千七百卅五人。死大男八百卅九人，死大女二百八十九人，死小（1）男四百卌三人，死小女三百六十八人，死口千九百卅九人，其千五百卌七人死越。（2）

宜成：使大男四千六百七十二人，大女七千六百九十五人，小男六千四百五十四人，小女三千九百卅八人。【·】凡口二万二千七百五十九人，其廿九人复，二百卅四人派中。（3）

临沮：使大男二千三百六十人，大女四千廿六人，小男二千四百一十一人，小女千九百七人。死大男一人。【·】凡【……】（4）

安陆：使大男四百七十五人，大女八百一十八人，小男五百五十八人，小女三百六十九人。·凡口二千二百廿人，其二百廿九人复。（5）

沙羡：使大男五百八十五人，大女九百五十九人，小男六百七十二人，小女四百卅五人。·凡口二千六百六十一人，其八人复。（6）

州陵：使大男三百九十三人，大女六百卅四人，小男六百七十六人，小女三百八十八人。·凡口二千九十一人，其卅九人复。（7）

显陵：使大男三百卅二人，大女六百一十一人，小男三百九十五人，小女二百六十人。【·】凡口千六百八十人复。（8）

便侯国：使大男千七百八十一人，大女二千九百九十四人，小男千九百卅二人，小女千七百卅人。【·】凡口八千四百卅七人，其十六人复。（9）

邵侯国：使大男三千六百廿四人，大女五千六百六十四人，小男五千一百六十人，小女三千四百八十九人。【·】凡口万七千九百卅七人，其千三百五十二复。（10）

襄平侯中卢：使大男千四百九人，大女二千四百七十八人，小男千七百五十一人，小女千七十人。【·】凡口六千七百八人，其百廿三人复。（11）

彭浩先生将第6行中的"凡口二千六百六十一人"释为"凡口二千六百六十二"，认为是书写者将"一"误写为"二"。仔细辨认，"一"下尚有一笔。按木牍中"人"字的书写方式，如第一笔漶漫不清，所余之笔很像"一"字。与"一"相邻，也就易读为"二"了。而且木牍记载总人口的方式，均为"凡口……人"，就此而言，似乎胡文的释读也是正确的。

两释文最大的不同，在于对1、2、3、4行中的"死"字释读。彭文释"死"为"延"，第2行最后一"死"字释为"外"，认为"延大男"、"延大女"、"延小男"、"延小女"指来自外地的移民，"外越"则是移民中的越人，在移民中单独统计。从江陵县人口总数考虑，这样释读似乎没有问题。江陵本地居民"凡口万九千七百三十五人"，"延口千九百卅九人"，总

---

① 释文中的阿拉伯数字代表原牍文的行数。

计 21,674 人。同墓出土的《南郡元年户口簿》载江陵户口二万一千余人，[①] 两个数字基本接近。但是，从记载方式看，不无疑问。我们知道，按性别、年龄统计当地人口，主要是为征收赋税、征发徭役提供依据。边远地区的蛮夷在赋役方面不同于汉族。西汉时期，与南郡相邻的武陵郡蛮人依据年龄向政府缴纳賨布，即"大人输布一匹，小口二丈"，[②] 除此而外，似乎没有徭役的负担。越人对政府负有的义务，大概与蛮人相近。牍文对主体为越人的移民统计大小，是为了赋税之征，这是必要的，但越人不服徭役，区分性别就没有太大必要了，毕竟性别主要关涉徭役。江陵县的移民单独统计，不与当地土著相混，而移民统计完毕后，又将越人从移民中单独剥离出来，再次进行统计。这种统计方式似乎稍嫌繁杂，是否有此必要令人怀疑。另外，江陵一县移民几乎占总人口的 9%，而临沮县仅有一人移入，其他各县、侯国则一人未见，这种现象也令人感到困惑。因此，是否释为"延"、"外"，或者即使"延"、"外"正确，但是否解作"迁移"、"外粤"，也许还有再考虑的余地。

胡文释为"死"，单从"死大男"、"死大女"、"死小男"、"死小女"、"死越"角度理解，没有问题。但仔细推敲，有诸多不合情理之处。胡平生先生推测，"死越"的 1547 人或者系赴越作战而死，或者遭越人入侵而亡。历史上是否有过这次赴越作战并不能确定，即使存在，那么何以有如此之多的小男、小女死亡？小男也许还可以理解，众多小女被征从军并战死沙场，就有点难以索解了，毕竟汉代尚未见到征调小女入伍之例。如果是遭到了越人入侵，从地理位置看，入侵者是南越国的可能性居大。南郡南有长沙、桂阳，西南有武陵与南越相隔，[③] 越人要跨越这些地区，直取江陵的可能性不大，即使偷袭成功，其目的也无法得到解释。如果是占领桂阳等地区后，北上至江陵，那就不是一般规模的军事行动了，史籍不应漏载。况且大规模军事行动也不会不殃及南郡境内的其他地区，令人奇怪的是，临沮县仅死亡一人，还难以确定是否与越人入侵有关，而另外八个县和侯国甚至没有一人"死越"。江陵人口死亡率也不无疑问。江陵死亡总人口 1,939 人，扣除"死越"的 1,547 人，另外 392 人应属正常死亡。江陵总人口 19,735 人，则正常死亡者约占总人口的 20‰。与现代人口死亡率相比，这一数字显然过高，这或者还可以从社会发展阶段不同，人口再生产类型不同方面加以解释。[④] 但按同墓出土的 48 号木牍《二年西乡户口簿》，[⑤] 西乡总人

---

① 《南郡元年户口簿》释文、照片均未见，此数字来自彭浩《读松柏出土的西汉木牍（二）》，简帛网 2009 年 4 月 4 日。

② 《后汉书》卷八六《南蛮传》，中华书局，1965 年，第 2831 页。

③ 按《汉书》卷二八《地理志（上）》、同卷《地理志（下）》，武陵郡、桂阳郡及长沙国在高帝时已经设立。

④ 据国家统计局 2008 年发布的人口调查，自 1978 年至 2007 年的 30 年间，中国人口死亡率最低为 6.25‰（1978 年），最高为 6.93‰（2007 年），见《中国人口统计年鉴（2008）》，中国统计出版社，2008 年。人口学家认为，人类历史上有过三种人口再生产类型，高出生率、高死亡率的原始人口再生产类型与采集、狩猎社会相对应，高出生率、较高死亡率的传统人口再生产类型与农业社会相适应，低出生率、低死亡率的现代人口再生产类型与工业社会相适应。

⑤ 释文见彭浩《读松柏出土的西汉木牍（二）》，简帛网 2009 年 4 月 4 日。

口 4,373 人,"耗口"即死亡人口 43 人,死亡率为 9.8‰。与这一数字相比,江陵死亡率多出一倍有余,这就不能视为正常了。除江陵而外,临沮县仅"死大男一人",死亡率又未免太低,而其他各县、侯国甚至没有一例死亡的记载,死亡率为零,这显然是不可能的。当然,也不能认为,其他各县、侯国未记死亡人数是由于记录者的疏忽,最大可能是,上述人口不是死亡者,而是其他人口。这些人口到底性质如何?目前还无法了解,但按照胡文释读,存在着上述无法解决的矛盾。

彭、胡两文对各自的释读做出了解释,但均没有令人信服的证据,推测性质居多。究竟如何释读,就目前资料而言,似乎难有定论。本文提出疑问,意在表明,目前释文尚有继续探讨的余地。

第 4 行漏记总人口及复除人数,此点胡平生先生已经提出。除此之外,第 8 行漏记了复除人数。按牍文所记,似乎 1,608 人得到复除,但显陵县使大男、大女及小男、小女各项相加,总人数恰为 1,608 人,这些人不可能性全部得到复除。按记载格式,"凡……人"是对该地人口的总计,并非复除人数,"复"前漏记了"其……人",并非如彭文所言,"复"下有脱文。

二、木牍年代推测

53 号木牍中的 7 县、3 侯国分别为:江陵、宜成、临沮、安陆、沙羡、州陵、显陵、便侯国、邔侯国、襄平侯中卢。35 号木牍系对南郡所辖县、侯国免老、新傅、罢癃等人口的统计,共 13 县、4 侯国,在三种人口分类统计中,所载各县、侯国名称完全相同,且顺序一致,这些县、侯国应该就是当时南郡所辖的全部,按木牍所列,分别为:巫、秭归、夷道、夷陵、醴阳、孱陵、州陵、沙羡、安陆、宜成、临沮、显陵、江陵、襄平侯、邔侯、便侯、轪侯。[①] 两相对照,可以发现,53 号木牍所缺恰为 35 号木牍的前 7 县及最后一个侯国,按公布的 53 号木牍照片,牍文前后均无空隙,因此,所缺县、侯国并非漏记,而是分别记在了另外的木牍上。

53 号木牍统计簿形成于何时呢?刘瑞先生曾对 35 号木牍文书进行断代,根据轪侯国设立时间为惠帝二年(前 193),邔侯除国在武帝元鼎元年(前 116),推定该木牍形成于前 193—前 116 年。又据南郡从高祖至景帝年间两次改名临江郡及在此期间临江王国的设置情况,推断木牍的时代有三个可能:a.孝惠二年至景帝二年(前 193—前 155);b.景帝四年至景帝七年(前 153—前 150);c.景帝中二年至元狩二年(前 148—前 121)。[②] 53 号木牍与 35 号木牍同出一墓,应属同时代的南郡管辖,故可依刘文标准推断,上限定为惠

---

① 按《汉书》卷二八《地理志(上)》,南郡下辖江陵、临沮、夷陵、华容、宜城、郢、邔、当阳、中卢、枝江、襄阳、编、秭归、夷道、州陵、若、巫、高成,共十八县,与木牍所载差异颇大,且较牍文多一县。相关研究可参刘瑞《武帝早期的南郡政区》,《中国历史地理论丛》第 24 卷第 1 辑。

② 刘瑞《武帝早期的南郡政区》,《中国历史地理论丛》第 24 卷第 1 辑。

帝二年,下限定为武帝元狩二年。刘文根据一号汉墓大体在元光到元鼎年间(前134—前116),进一步断定35号木牍为元光、元朔、元狩年间(前134—前115)的文书。但是,这一推测在逻辑上显然存在问题。墓中之物只会早于或等于墓葬年代,一般不会晚于墓葬年代,据此只能推测35号木牍下限大概在元光至元狩年间,而无法判定其上限。所以,根据35号木牍的情况可以推测,53号木牍产生于惠帝二年至武帝元鼎年间。

据发掘简报,墓主周偃的升迁记录及升调文书介于景帝前元三年(前154)至武帝元光二年(前133),最高职务为元光二年八月担任的南平尉。彭浩先生云:"从墓中出土的简牍内容看,不少是南郡的各种统计簿册,似乎提示周偃曾在南郡守府中任职,经办过这类文件。第47、53号木牍都是南郡的统计簿册,估计形成的时间大致在周偃任南平尉(元光二年,前133)之后,或在武帝元光年间。""结合前述墓主的经历,可以判断,这份文书(笔者按:指53号木牍)应当是西汉武帝初年的抄件。"① 即将53号木牍定为元光年间的文书。周偃曾任南平尉,南平县辖于桂阳,不辖于南郡。墓主仕途至南平尉戛然而止,似乎初任南平尉就去世了,那么他在南郡任职也只能在就任南平尉即元光二年八月之前。如果这些南郡簿册确系墓主在南郡任内所录,则其年代恰与彭文所断相反,肯定早于元光二年,而不会更晚。

根据53号木牍所记户口数,还可进一步推测其年代。《汉书》卷二八《地理志(上)》记西汉平帝时期南郡领户125,579,口718,540。按53号木牍所载各类人口数字,当时7县、3侯国总人口为94,870人。如果将35号木牍中的各类人口计入(说详下),总口数为100,513人。53号木牍所载并非南郡全部,尚缺6县、1侯国的人口,但即使计入这些人口,并按最大化估计,当时南郡所领超过20万的可能性不大,远比汉末为少。53号木牍未记各县、侯国户数,《南郡元年户口簿》记江陵户数为五千五百余户,即使其余16个县、侯国均按此数计,南郡领户也不过九万余。江陵人口两万余,宜成两万二千余,邧侯国一万七千余,与江陵相当,临沮才过万,其余均在万人以下,安陆、沙羡、州陵三县仅两千余人,显陵县甚至只有1,608人。可见,江陵在南郡属人口大县,多数县、侯国所领户数远低于江陵,因此,当时南郡实际所领户数肯定远低于9万,较西汉末的十二余万户数相差甚大。《地理志》所载为平帝元始二年(2)的户口数,武帝时期自然较此为少。但是,自汉初至武帝时期,人口增长迅猛,据研究,武帝元光元年(前134)人口已经达到3,600万。② 西汉末年,南郡人口占全国总人口的1.25%,如以此计算,元光元年南郡人口应为45万。③ 当然,不同时期南郡人口增长率未必相同,也许元光以后较高,但假如按20万人计算,

---

① 参彭浩《读松柏出土的西汉木牍(一)》,简帛网2009年3月31日,《读松柏出土的西汉木牍(二)》,简帛网2009年4月4日。

② 据葛剑雄研究,从西汉初(前202年)至武帝元光元年(前134年),是西汉人口高增长时期,平均增长率约10—12‰,总人口约3,600万。参其《西汉人口地理》,人民出版社,1986年,第83页。

③ 按《汉书·地理志》,西汉末年总人口为59,594,974人。

到元始二年增至 718,540 人,135 年内平均年人口增长率应为 9.5‰,这是绝无可能达到的。[①] 因此,南郡在元光元年的人口不会只有区区 20 万。

又按《地理志》,汉末南郡所领之县为:江陵、临沮、夷陵、华容、宜城、郢、邵、当阳、中卢、枝江、襄阳、编、秭归、夷道、州陵、若、巫、高成,其中华容、郢、当阳、枝江、若、编、襄阳、高成八县木牍未见。据研究,前五县"处于被武帝早期南郡属县排序规律中外围属县的包围之内",即实际隶属于早期南郡,只是未设县而已。编县即木牍中的便侯国。[②] 只有襄阳、高成两县可能不在早期南郡管辖范围之内。[③] 早期南郡所领的醴阳、显陵、轪侯国、孱陵、安陆、沙羡,均不见于汉末南郡属县,后 3 县在汉末分属武陵、江夏两郡,同时,早期南郡还领有当时可能未设县,而在汉末隶属江夏郡的云杜、竟陵二县。[④] 这意味着木牍中的南郡实际至少领有 24 个县级单位。木牍中的南郡所辖地域既较汉末为广,而所领人口最多只有 20 万,令人不禁怀疑,53 号木牍记载的人口数字并非元光元年的数字,也有可能是元光元年以前南郡所辖各县、侯国的人口数。

如果各种统计簿册确系周偃所录,则其形成时间只能在周偃任职南郡即景帝前元三年(前 154)至武帝元光二年(前 133)期间。研究者推测,由于周偃在建元元年(前 140)任西乡有秩啬夫,故《西乡二年户口簿》中的"二年"有两种可能,"即武帝建元二年或元光二年,似以武帝建元二年可能性最大。"[⑤] 这一判断比较接近事实。但是,《南郡元年户口簿》中的"元年"却未必指建元元年或元光元年,因为其所记载的江陵五千五百户、两万一千余人的户口数,与元光元年应有的户口数差距过大。因此,这里的元年很可能是景帝中元元年(前 149)或景帝后元元年(前 143)。53 号木牍未记江陵县户数,口数为 21,674,与《南郡元年户口簿》所载两万一千余人基本一致,可以认定,两者属同一年代或差相前后的人口统计,[⑥] 即 53 号木牍的统计数字可能亦形成于景帝中元元年或后元元年前后。如上所论,西汉前期的户口数在武帝元光元年达至顶峰,而 53 号木牍所载南郡 7 县、3 侯国口数距离元光元年口数尚有较大差距,定其为距离元光元年稍远的中元元年或其前后的人口统计数字,或许比较合理。

---

① 葛剑雄认为,自昭帝始元元年(前 86 年)至平帝元始二年(2 年),人口年平均增长率约 7‰,而在此以前的武帝元光二年(前 133 年)至武帝后元二年(前 87 年),总人口呈下降趋势,多年出现零增长或负增长。参上引书第 83 页。综合计算,元光二年至元始二年,年平均增长率约为 3.8‰。参照这一数字,南郡在此期间年平均增长率不会达到 9.5‰。

② 刘瑞《武帝早期的南郡政区》,《中国历史地理论丛》第 24 卷第 1 辑。

③ 参见周振鹤《西汉政区地理》,人民出版社,1987 年,第 124 页;刘瑞《武帝早期的南郡政区》,《中国历史地理论丛》第 24 卷第 1 辑。

④ 参见周振鹤上引书,第 135 页。

⑤ 彭浩《读松柏出土的西汉木牍(二)》。

⑥ 如户口簿中的口数按 21,000 人计,人口增长率为 10‰,三年就可增至 21,674 人。如以 21,500 人计,八个月即达 21,674 人。因此,江陵县两个人口数字的形成年份应当十分接近,甚或是同一年的产物。这也是上文讨论南郡户数时,将 53 号木牍与《南郡元年户口簿》相结合的依据。

总之,根据《南郡元年户口簿》的记年及 53 号木牍所载人口数字,结合《汉书·地理志》,可以谨慎推测,53 木牍并非武帝元光元年的产物,而是形成于景帝中元元年前后。

三、使大男、大女比例失调解

53 号木牍对江陵等县、侯国的人口统计,最引人注目之处是性别比例的失调。失调包含两个方面,即:使大男远少于大女,而与此相反,小男远多于小女。兹据牍文,将各县、侯国男女比例制成下表:

表一　53号木牍性别统计表

县、侯国	身份	男口（人）	女口（人）	男女比例	合计
江　陵	大	4,721	6,761	0.70	11,482
	小	5,315	2,938	1.81	8,253
宜　成	大	4,672	7,695	0.61	12,367
	小	6,454	3,938	1.64	10,392
临　沮	大	2,360	4,026	0.59	6,386
	小	2,411	1,907	1.26	4,318
安　陆	大	475	818	0.58	1,293
	小	558	369	1.51	927
沙　羡	大	585	959	0.61	1,544
	小	672	445	1.51	1,117
州　陵	大	393	634	0.62	1,027
	小	676	388	1.74	1,064
显　陵	大	342	611	0.56	953
	小	395	260	1.52	655
便　侯	大	1,781	2,994	0.59	4,775
	小	1,942	1,730	1.21	3,672
邡　侯	大	3,624	5,664	0.64	9,288
	小	5,160	3,489	1.48	8,649
襄平侯	大	1,409	2,478	0.57	3,887
	小	1,751	1,070	1.64	2,821
总　计	大	20,362	32,640	0.62	53,002
	小	25,334	16,534	1.53	41,868
		45,696	49,174	0.93	94,870

［表注］

1. 资料来源:松柏汉墓 53 号木牍。
2. 大、小:"大"指"使大男"、"大女","小"指"小男"、"小女"。

表中所列比例指 100 名女性所对应的男性。使大男与大女比例最低的为显陵县,仅为 0.56,即使比例最高的江陵县,两者之比也只有 0.70,平均比例为 0.62。小男、小女比例最高的为江陵县,高达 1.81,最低的便侯国,也高达 1.21,平均比例为 1.53。无论使大男、大女之比,还是小男、小女之比,均表现出严重的不平衡,只是两者的比例恰好相反。同墓出土的 48 号木牍《二年西乡户口簿》载西乡大男 991 人,小男 1,045 人,大女 1,695 人,小女 642 人,男女之比分别为 0.58、1.63,失调的严重程度与 53 号木牍基本等同。

西乡小男、小女的比例失调,彭浩认为是当时普遍存在的重男轻女风气导致,这应该有一定道理,因为当时毕竟存在生女不举的社会现象,故其失调在此暂不讨论。至于使大男、大女的失调,彭浩谨慎推测,“似乎与秦汉之际有较多的成年男性死于战乱有关”。刘瑞的解释是,或者与大规模战争有关,或者与大规模迁徙有关。[1] 但是,两人均未进行具体的论证,其解释推测成分居多。从现有资料看,没有任何证据证明,当时当地发生了较大规模的迁徙活动,退一步言,即使存在迁徙,又何以造成成年男性大量减少或成年女性大量增加? 因此,迁徙说只能视作纯粹的推测。大规模战争会导致成年男性急剧减少,这是不净的事实,问题是,木牍形成的年代有无这样的战争发生?

48 号木牍的“二年”,刘瑞认为有景帝前元二年(前 155)、中元二年(前 148)、后元二年(前 142)、武帝建元二年(前 139)四种可能。[2] 彭浩则认为有建元二年、元光二年(前 133)两种可能,周偃于建元元年任西乡有秩啬夫,故前者可能性最大。从墓主的履历看,后者的断代更为接近实际,因为周偃自占功劳文书和“遣书”的形成时间上限在景帝前元三年,因此,户口簿不会形成于景帝前元二年。即使不依彭文的严格断代,宽泛而言,户口簿也只能形成于中元二年至元光二年。而在这 15 年内,战争屈指可数。按《汉书》卷五《景帝纪》记载,景帝中元六年(前 144)六月,匈奴入侵雁门等郡,汉“吏卒战死者二千人”,战争规模称不上巨大;后元二年(前 142)春,匈奴再次入侵雁门,太守冯敬战死,汉朝发车骑材官屯守,进行防御,此后无下文,双方似未再接战。按卷六《武帝纪》,武帝元光二年以前,有过三次出兵,分别是建元三年、建元六年出兵击闽越、元光二年于马邑设伏击匈奴。前两次分别因闽越退兵、投降而撤军,后一次被匈奴发觉,伏击未果,三次出兵均未与敌方有过正面接触。调动过程中也可能造成士兵伤亡,特别是后一次征调规模巨大,不过,这毕竟与作战造成的大量伤亡不可同日而语。史籍也许对某些军事行动未予记载或漏载,但这些军事行动规模不可能很大。可见,景、武时期,战争甚少,即或有之,规模不大,对西乡性别比例失调构不成根本性影响。当然,彭浩所指系秦汉之际的战争,但是,将西乡性别比例失调归因于六十年前的战争,未免缺少说服力。53 号木

---

① 彭浩《读松柏出土的西汉木牍(二)》;刘瑞《松柏汉墓出土〈二年西乡户口簿〉小考》,复旦大学出土文献与古文字研究中心网(http://www.guwenzi.com)2009 年 3 月 28 日。

② 上引刘文无“建元”二字,当漏,据补。

牍时代背景与 48 号木牍相同,战争说、迁徙说既然不适用于 48 号木牍,自然也不适用于 53 号木牍。那么,53 号木牍成年男女比例失调的原因何在呢? 这很可能与当时人口统计的方式有关。

同墓出土的 35 号木牍为《南郡免老簿》、《新傅簿》、《罷癃簿》。彭浩认为:"大男、大女的年龄上限应是《二年律令》规定的免老的年龄,到达免老年龄者,不再承担劳役,另行统计。"刘瑞亦认为,免老、新傅、罷癃等人口不包括在 48 号木牍的人口统计范围之内。这些特殊人口不包括在一般人口统计中的观点无疑是正确的,但所谓"大男、大女的年龄上限应是《二年律令》规定的免老的年龄"这一说法,尚有继续探讨的余地。

汉代规定,免老年龄与爵位挂钩,《二年律令·傅律》:"大夫以上年五十八,不更六十二,簪袅六十三,上造六十四,公士六十五,公卒以下六十六,皆为免老。"[①] 但是,在一般情况下,女性很难得到爵位,按《二年律令·置后律》,因病而亡者,其爵位由嫡子降级继承,无嫡子,以下妻子、偏妻子,其中未涉及女性。只有因公而亡者,女性才可继承爵位,但均排在同一序列的男性之后,例如"无子男以女",而妻子更被排在死者同产之后。[②] 这意味着,正常情况下女性获得爵位的可能微乎其微。如果免老的规定也针对女性,基本上没有任何意义,因此,汉代的免老应为男性,与女性无关。《汉旧仪》记载秦的免老规定云:"秦制二十爵。男子赐爵一级以上,有罪以减,年五十六免。无爵为士伍,年六十乃免者(老)。"[③] 卫宏讲的是秦制,并特意将免老与男子相联系。张荣强先生认为,秦代免役年龄不可能比汉初提前,由此断定,卫宏所述仅涉及"男子",也是汉景帝二年后始有的规定,卫宏所讲的秦代制度,过多地打上了汉代制度的烙印。[④] 也许这里的免老年龄确有错讹,但因为景帝有"天下男子年二十始傅"的规定,就断定卫宏所言男子免老制度为景帝以后制度,未免武断,毕竟两者所言,一为免老,一为傅籍,性质不同。与《二年律令·傅律》结合起来考虑,勿宁认为卫宏所说确是秦制,《二年律令》是对秦制的沿袭,而景帝令则是对其前傅籍规定的改变。退一步言,即使卫宏所言秦制有汉制色彩,也未尝不可以说是汉初制度对他造成了影响。

从《二年律令》与《汉旧仪》的规定看,"免老"对象仅针对男性,不适用于女性。这一点在出土汉简中似乎也能得到某种证明,《居延汉简释文合校》载:"母大女存年六十七用谷二石一斗六升大。"[⑤] 汉初免老年龄界线最高为公卒,66 岁。居延汉简年代在武帝以后,也许此时免老年龄有所变化,但超过 66 岁的可能性不大。但是,存已经 67 岁,却仍称"大女",不称"老女",这似乎意味着,女性本无老的规定,即使到了法律规定的免老界限,仍以

---

① 彭浩、陈伟、工藤元男主编《二年律令与奏谳书》,上海古籍出版社,2007 年,第 231 页。

② 同上书,第 235、236 页。

③ 孙星衍等辑,周天游点校《汉官六种》,中华书局,1990 年,第 85 页。

④ 张荣强《〈二年律令〉与汉代课役身份》,《中国史研究》2005 年第 2 期。

⑤ 谢桂华、李均明、朱国照《居延汉简释文合校》,文物出版社,1987 年,第 421 页。

"大女"称之。① 也就是说,"大女"这一称谓实际包含了老年女性,并非青壮年女性的独有称呼。

下面再看一下 35 号木牍中的免老在总人口中所占的百分比(见表二)。如果将免老人数与 53 号木牍所载县、侯国人口进行比较,州陵、沙羡的免老所占比例最高,但也仅有 3.5%,比例最低者为宜成,仅为 1.0%,平均比例也只有 2.1%。将免老、新簿、罴癃等计入人口基数,② 免老所占比例更低,最高的州陵为 3.3%,最低的仍然是宜成,降至 1% 以下,平均比例为 2.0%。③ 孙吴距离西汉早期有三个多世纪,其老年人口在总人口中所占比例当然不能硬性与此时比拟,但仍具有一定参考价值。据研究者对《长沙走马楼三国吴简·竹简(壹)》中的人口所做统计,老年男女在总人口中所占比例为 10.91%。④ 孙吴老年人比例如此之高,并不正常,但木牍中的免老比例尚不及孙吴的五分之一,每百人中平均只有两个老人,又未免过低,这在任何时代都不太可能。之所以出现这种离奇的数字,是因为 35 号木牍中的免老仅限于男性,没有包括女性。一般情况下,老年女性较男性为多,如果将两者合并计算,当时老年人所占比例约为 5%,这个数字也就基本接近正常情况了。

表二　35号木牍免老比例表

县、侯国	35号木牍			53号木牍	总人口	比例1	比例2
	免老	新傅	罴癃				
江　陵	538	255	363	19,735	20,891	2.7%	2.6%
宜　成	232	546	642	22,759	24,179	1.0%	1.0%
临　沮	331	116	199	10,704	11,350	3.1%	2.9%
安　陆	67	19	28	2,220	2,334	3.0%	2.9%
沙　羡	92	50	51	2,661	2,854	3.5%	3.2%
州　陵	74	15	48	2,091	2,228	3.5%	3.3%
显　陵	20	12	45	1,608	1,685	1.2%	1.2%
便侯国	250	123	307	8,447	9,127	3.0%	2.7%
邟侯国	267	220	275	17,937	18,699	1.5%	1.4%
襄平侯	162	78	218	6,708	7,166	2.4%	2.3%
总计	2,033	1434	2176	94,870	100,513	2.1%	2.0%

［表注］

1. 资料来源:松柏汉墓 35、53 号木牍。

2. 免老比例:1 代表在 53 号木牍所载各县、侯国中所占比例,2 代表在总人口中所占比例。

---

① 杨联陞先生认为,男女 15 岁以上均可称大,老亦涵盖其中,参其《汉代丁中、廪给、米粟、大小石之制》,《中国语文札记——杨联升论文集》,中国人民大学出版社,2006 年,第 1—9 页。按现有简牍,男性年 60 以上者共三例,分别为 60、62、63 岁。按免老规定,公卒免老年龄最高,为 66 岁,第一级爵上造为 64 岁。三例男性均未记爵位,很难认定他们已经达到了政府规定的免老年龄。因此,大男是否包括老男,现在尚难下结论。

② 除以上特殊人口外,据彭浩先生文,尚有《归义簿》,因未见具体内容,此处暂不将其计入。

③ 也许 35、53 号木牍并非同一年代,但相隔不会太远。以此进行的统计,与事实应该不会有太大出入。

④ 于振波《走马楼户籍简性别与年龄结构补论》,《走马楼吴简续探》,台北文津出版社有限公司,2007 年,第 54 页。

国学的传承与创新

冯其庸先生从事教学与科研六十周年庆贺学术文集

值得注意的是,53 号木牍中"使大男"与"大女"的称呼。"大女"前未加"使"字,应该不是记录者的疏忽,当然也不是由于"大男"前用了"使"字,因而在"大女"前有意省略。这种记载方式表明,"使大男"排除了其他大男,而这些大男就是 35 号木牍中的"免老"以及其他特殊男性人口。"大女"是一个更为宽泛的概念,除小女外,无论任何女性均涵盖其中。以下对免老以外的特殊人口进行分析。

新傅人口情况与免老相同,应该全部是男性。《二年律令·傅律》:"不更以下子年廿岁,大夫以上至五大夫子及小爵不更以下至上造年廿二岁,卿以上子及小爵大夫以上年廿四岁,皆傅之。公士、公卒及士五(伍)、司寇、隐官子,皆为士五(伍)。"[1]这个规定与前述免老相似,有爵者及其子傅籍按爵级不同,傅籍年龄也有所不同,爵位与傅籍年龄成正比。如前所述,女子得爵十分困难,假如此条规定亦包括女性,就意味着在同一年龄段,具有相应爵位的男性不必傅籍,而无爵位的女性则必须傅籍,相对而言,必然造成傅籍者女性较多、男性较少的结果。政府勒令傅籍的目的在于徭役之征,依爵傅籍如果也包含女性,必然违背傅籍规定的初衷,因为青壮年男性才是繁重徭役如兵役的主要承担者,女性即使服役,也只是配角而已。所以,按爵傅籍的规定,系针对男性而言,女性不在其中。又,《傅律》规定公士等之子"皆为士五(伍)"。汉魏文献、考古资料中"士伍"甚多,但迄今为止,尚未见一例与女性相关,特别是吴简中的士伍,均为男性,女性未见有贯以士伍之称者。这从另外一个方面证明,傅籍的对象专指男性,与女性无关。到汉景帝前元二年(前 155),这一规定就十分明确了:"令天下男子年二十始傅。"张荣强对此的解释是,仅令男子傅籍即从此时开始,并据此否定《汉旧仪》免老只用于男子的记载。玩味此令,其重点并不在排除女子,专令"男子"傅籍,而是重在表示傅籍年龄的变化。颜师古就把握了这一精神,颜注云:"旧法二十三,今此二十,更为异制也。"张文根据《盐铁论·未通》中御史所云昭帝"二十三始傅",认为二十三傅籍始于昭帝,将其视为景帝之前制度是师古之误。[2]其实,"始"并不表示二十三岁傅籍自昭帝开始,而是说昭帝时二十三岁开始傅籍,昭帝甚至景帝之前存在过同年龄傅籍的规定,与此并不矛盾。景帝"始傅"之"始"意思相同,只是表示景帝时男子傅籍年龄始于二十,并不表示从此开始,女性才不必傅籍。女性不傅籍,汉初就已存在,只是相关规定比较模糊,唯有细细体味,才能有所察觉,景帝令不过将此进一步明确化而已。

女性无免老、不傅籍,在《二年律令·徭律》得到了明确反映:"委输传送,重车、重负日行五十里,空车七十里,徒行八十里。免老、小、未傅者、女子及诸有除者,县道勿敢繇(徭)使。"[3]此处将"女子"与"免老"、"未傅者"并列,意味着"女子"不在"免老"、"未傅者"范围之内。女子无所谓免老,无所谓"傅"与"未傅",因此,律文才将其与免老、小、未傅者

---

① 彭浩、陈伟、工藤元男主编《二年律令与奏谳书》,第 234 页。

② 张荣强《〈二年律令〉与汉代课役身分》,《中国史研究》2005 年第 2 期。

③ 彭浩、陈伟、工藤元男主编《二年律令与奏谳书》,第 248 页。

并列。①

　　特殊人口中的罢癃，情况稍有不同，其中应包含了部分女性。《二年律令·户律》："夫妻皆癃病，及老年七十以上，毋异其子。"夫妻二人身体残疾或有病，则不可以令其子另立户头。《徭律》："诸当行粟，独与若父母居，老如睆老，若其父母罢癃者，皆勿行。金痍、有□病，皆以为罢癃，可事如睆老。其非从军战痍也，作县官四更，不可事，勿事。"②与父母同户，如父母罢癃，则不必服运输之役。可以看出，罢癃不分性别。但是，罢癃人口中，男性肯定多于女性。罢癃主要指身体残疾，除天生残疾外，大多数残疾系意外事故导致。男性或从事家中较重的体力劳动，或外出服役，其遭遇事故致残成为罢癃的概率远大于操持家务的女性。整理小组注"金痍"："兵器利伤。"则"金痍"者，指作战中受伤的士兵，这部分人以罢癃对待。非从军作战受伤者，尽管在服役方面也有照顾，却不能视为罢癃。士兵均为男性，有了这条规定，罢癃人口中，男性无疑会进一步增多。身材矮小者亦按罢癃对待，《傅律》："当傅，高不盈六尺二寸以下，及天乌，皆以为罢癃。"③傅籍目的是为了征发徭役，如傅年已到，但身体羸弱，不堪徭役，年龄规定也就失去了意义，因此，政府又引进身高，以6.2尺作为傅籍的辅助标准。如前所论，女性不傅籍，因此，因身材矮小被视为罢癃者，应该全部为男性。6.2尺亦为秦划分女刑徒大、小的标准，睡虎地秦简《秦律十八种·仓律》："隶臣、城旦高不盈六尺五寸，隶妾、舂高不盈六尺二寸，皆为小。高五尺二寸，皆作之。"④两相对照，很容易认为汉初以身高划分罢癃的规定包含了女性。其实，秦规定刑徒的大、小，主要是为了分配廪食，廪食多少与身高成正比。⑤因此，政府会尽量将身高标准提高。汉代傅籍，主要标准为年龄，身高仅为辅助标准。因此，傅年到达后，只有身材相当矮小者，才可以视为罢癃。也就是说，汉与秦相反，要尽量压低身高标准，以保证达到傅年的百姓大多数能够傅籍。秦汉6.2尺约合今1.43米，作为女性，这个身高当然不高，但似乎还算不上侏儒。假如汉律也针对女性，相当数量的成年女性将无须傅籍。所以，这一规定实际上排除了女性，只是以女性身高作为判定成年男性罢癃与否的标准。身高降低即是罢癃标准的提高，这样，达到傅年的大多数男性必须傅籍，政府控制劳动力的目的将不会因为罢癃的规定而受到太大影响。

　　一般情况下，男性因意外事故成为罢癃的概率较男性为高，而政府视为罢癃的"金痍"

①　张荣强在上引文中引用此条文，认为恰好说明女子需要傅籍。其依据如何，不得而知。

②　同上书，第226、248页。整理小组将"居老"解为"免老"，恐误。"居"当上断，意为与父母同居者，父母达到老或睆老的年龄，可以不必服运粮之役，以便照顾年迈父母。

③　同上书，第234页。

④　睡虎地秦墓竹简整理小组编《睡虎地秦墓竹简》，文物出版社，1978年，第49页。

⑤　《睡虎地秦墓竹简·秦律十八种》同一条文中有相关规定："隶臣妾其从事公，隶臣月禾二石，隶妾一石半；其不从事，勿禀。小城旦、隶臣作者，月禾一石半石；未能作者，月禾一石。小妾、舂作者，月禾一石二斗半斗；未能作者，月禾一石。"（第49页）大、小规定入《仓律》，亦说明主要目的在分配廪食。提高廪食的身高标准，并不会影响刑徒承担劳役，因为凡达五尺二寸的男女刑徒，均要承担劳动任务。

国学的传承与创新

冯其庸先生从事教学与科研六十周年庆贺学术文集

者以及身材矮小者又均为男性,据此可以推断,《罢癃簿》中登记的罢癃人口肯定以男性为主,女性只占其中很少一部分。

将免老、新傅、罢癃等另行统计的人口计入大男之中,大男、大女的比例如表三:

表三　大男、大女比例表

县、侯国	大男			使大男	小计	大女	比例1	比例2	比例3
	免老	新傅	罢癃						
江　陵	538	255	363−X	4,721	5,877−X	6,761+X	0.70	0.87	0.84
宜　成	232	546	642−X	4,672	6,092−X	7,695+X	0.61	0.79	0.74
临　沮	331	116	199−X	2,360	3,006−X	4,026+X	0.59	0.75	0.72
安　陆	67	19	28−X	475	589−X	818+X	0.58	0.72	0.70
沙　羡	92	50	51−X	585	778−X	959+X	0.61	0.81	0.78
州　陵	74	15	48−X	393	530−X	634+X	0.62	0.84	0.79
显　陵	20	12	45−X	342	419−X	611+X	0.56	0.69	0.65
便　侯	250	123	307−X	1,781	2,461−X	2,994+X	0.59	0.82	0.76
邔　侯	267	220	275−X	3,624	4,386−X	5,664+X	0.64	0.77	0.75
襄平侯	162	78	218−X	1,409	1,867−X	2,478+X	0.57	0.75	0.70
总　计	2,033	1,434	2,176−X	20,362	26,005−X	32,640+X	0.62	0.80	0.76

［表注］

1. 资料来源: 松柏汉墓35、53号木牍。

2. X: 表示罢癃人口中未知的女性人口。−X表示在相应人口中减去这些女性,+X表示在相应人口中加入这些女性。

3. 比例: 比例1表示使大男、大女之比; 比例2表示罢癃人口完全按男性计算时,大男、大女之比; 比例3表示罢癃人口中的女性按各县、侯国罢癃人口的1/3计算时,大男、大女之比。

根据比例2,南郡地区大男、大女比例仍处于失调状态,但较之使大男、大女比例的严重失调即比例1有了很大改观。性别比最高的江陵,由过去的0.70上涨到0.87,增长了17个百分点;最低的显陵,由0.56上涨到0.69,增长了13个百分点,平均比例则由0.62上涨到0.80,增长了18个百分点。当然,实际比例要较比例2为低,因为罢癃人口中包含了部分女性,但比例2的统计结果并未将此计入。这些女性人口的确切数字无从了解,我们只知道数量较少。假如按罢癃人口的1/3计,那么大男中须扣除这1/3的女性,大女中加入这些人口,重新计算,得大男、大女比例3,平均比例为0.76,较使大男、大女之比增长了14个百分点。

上述论证使比例失调问题得到较大纠正,但并没有完全解决,毕竟0.76的男女之比也算不上正常。孙吴嘉禾年间,长沙郡临湘县15岁以上的男女平均之比为0.90,较此高出

14个百分点。① 两者的差别，现在还找不到确切的答案；或者因为时空的差异，两者确实比例不同。又或者统计方式有所不同所致，吴简的统计对象为 15 岁以上者，而松柏木牍中的"使大男"究竟从何年龄计起，并不明确。② 不同年龄段的计算，不仅对大男、大女比例造成影响，对小男、小女的比例同样影响巨大。简报中提到的《归义簿》、《见卒簿》、《置吏卒簿》尚未公布，其性质如何，不得而知。也许随着对"使大男"概念的逐渐了解以及同墓其它木牍材料的公布，男女比例失调问题才会得到比较圆满的解决。

附记：本文为国家社科基金项目"简牍文书中的概念称谓与汉唐时期社会变化研究"（批准号：10BZS015）成果之一。

---

① 于振波《走马楼户籍简性别与年龄结构分析》，《走马楼吴简初探》，台北文津出版社，2004 年，第 123 页。于文未对 15 岁以上男女之比做出统计，但列出了各年龄段的男女人数。据此统计，所得比例为 0.90。

② 彭浩认为，使大男、大女指 15 岁以上的男性与女性，见其《读松柏出土的西汉木牍（三）》。这是根据居延汉简中的使男、使女以及此前学界的研究成果而下的结论。但是，毕竟此前没有出现过"使大男"这一概念，"使大男"与此前常说的 7—14 岁的使男是何关系，尚须进一步论证。

悬泉汉简与西域都护

张德芳

（甘肃简牍保护博物馆）

悬泉汉简中有若干简文与匈奴日逐王降汉和西域都护有关，以出土文献和档案实物的形态或者印证了历史的记载，或者提供了更为具体的历史史实，或者纠正了传世文献的传抄讹误，对研究西域史地和西部边疆极为重要。本文拟对上述简文作一些介绍和考述，供有兴趣的同志采择和批评。

所引简文有些作了简单标点，有些过于简单者则保留了原来格式，文后附简影，以备进一步察看。

简一：

神爵二年八月甲戌朔□□车骑将军臣□□谓御史□□　御史大夫☑

制诏御史□□侯□□□敦煌酒泉迎日逐王　如律令☑

为驾一乘传别□载……　　　　　　　　　（Ⅱ90DXT0313③：5）

木牍，残长 14.6 厘米、宽 1.2 厘米，下部残断，简文为日逐王降汉后，皇帝下诏派朝廷官员到敦煌、酒泉予以迎接，车骑将军张安世奉诏并由御史大夫丙吉发给迎降官员的传信，要求沿途各地出具车辆，提供膳宿。简文分上、下两栏，上栏文字基本完整，下栏落款处残缺。《汉书·郑吉传》："神爵中，匈奴乖乱，日逐王先贤掸欲降汉，使人与吉相闻。吉发渠黎、龟兹诸国五万人迎日逐王，口万二千人、小王将十二人随吉至河曲，颇有亡者，吉追斩之,遂将诣京师。汉封日逐王为归德侯。"[1] 日逐王降汉,时在神爵二年,乃西域史和汉匈关系史上之大事。自此后,郑吉并护南北二道,"于是中西域而立莫府,治乌垒城,镇抚诸国,诛伐怀集之。汉之号令班西域矣。"简文印证了这一重大事件,可看到迎接日逐王的一些具体活动。

简二至简三:

广至移十一月谷簿,出粟六斗三升,以食县泉廄佐广德所将助御效谷广利里郭市等七人送日逐王,往来三食,食三升。校广德所将御故禀食县泉而出食解何?

（Ⅰ91DXT0309 ③:167—168）

两简编联一起,编绳尚存。简长 23.2 厘米、宽 0.9 厘米,柽柳。简文记载日逐王路过时,相关人员的迎送活动和报销情况。本来可能是一份较长的简册,但出土时只剩其中的两枚。如上所说,日逐王路过在神爵二年(前 60),简文的记载亦当与此同时。简册是从广至移送悬泉置的一份出谷账簿,悬泉置曾有七人因送日逐王而在广至用饭三次,每次用粟三升,每人共九升,七人用粟六斗三升。广德等人是悬泉置的员工,本该由悬泉置供应他们粮食,而不该由广至来开销。简中侧面记录了日逐王途经各地时一些生动有趣的细节,这是史书所缺漏的。

简四:

神爵二年十一月癸卯朔乙丑,县泉廄佐广德敢言之,爰书:廄御千乘里畸利谨告曰:所使食传马一匹,骓,牡,左剽,□□□□□□高六尺一寸,□□□□送日逐王,乘至冥安病死。即与御张乃始✓□□杂诊:马死身完,毋兵刃木索迹,病死审证之,它如爰书,敢言之。[2]

（87—89DXC:12）

此简于 1987 年至 1989 年文物普查时采自悬泉置遗址。简文本身是一份乘马名籍,其中按常规记载了马的牝牡、烙记、口齿、身高、肥瘦等等,但是马死了,还要记载死因、时间、地点。该简的特殊之处在于马的死因是送日逐王时病死的,而行程是由悬泉而广至、由广至而冥安,最后死在冥安。让我们看到在当时的交通条件下,沿途接送日逐王,人困马乏,多有艰辛。

---

① 《汉书》,中华书局标点本,第 3005 页。
② 本简首见于甘肃省文物考古所编《敦煌汉简》(中华书局,1991 年 6 月版)第 1301 简。本文所引释文有改动。而准确释文以日后红外线释读为准。

简五：

☑守府卒人安远侯遣比胥健

☑者六十四人献马二匹橐他十匹私马

☑名籍畜财匸物　　　　　　　A

☑月辛酉日出时受遮要御郭令

☑来行　　　　　　　　B　　　（Ⅱ90DXT0214③：83）

木牍，残长9.9厘米、宽2.8厘米。松木，上部残断，留残字三行。文意不得连读。简中"六十四人，献马二匹，橐他十匹"当为贡献之物。至于"私马"，可能为中原西去服役之人所带。从三段残文看，这是一份马匹和橐他的名籍。与安远侯郑吉的活动有关。从简背的记载看，上述马匹和橐他由西边的遮要置东行再经悬泉置，由西向东进入内地。简中所谓"比胥健"者，乃《汉书·西域传》之"北胥鞬"也。"僮仆都尉由此罢，匈奴益弱，不得近西域。于是徙屯田，田于北胥鞬。"①《汉书》传抄，形近致误。当以"比"为是。

简六：

五凤三年二月辛亥使都护西域骑都尉

☑远侯吉　　安远侯吉谓敦煌以次为驾当舍　（Ⅱ90DXT0214③：197）

木牍，残长10.5厘米、宽1.8厘米，柽柳。此简为使西域都护骑都尉安远侯郑吉为某人签发的一份通行证，简文残断，事由和持证人都不得而知，但有准确的时间记载，五凤三年二月戊申朔，辛亥为初四日，前55年3月25日。

简七：

使都护安远侯吉上书一封。□□元年十月庚辰日铺时，受遮要□□□□□□□行

　　　　　　　　　　　　　　　　　　　　（Ⅰ90DXT0114③：62）

木简，长23.9厘米、宽0.8厘米，柽柳。此简是安远侯郑吉给朝廷的上书而路过悬泉置的记录。简中"元年"二字前模糊不清，郑吉在西域都护任上12年，从神爵二年至黄龙元年，中经五凤、甘露、黄龙三个元年。而五凤元年十月壬戌朔，无庚辰。甘露元年十月和黄龙元年十月均有庚辰，但此简很可能属于前者，乃甘露元年（前53）之物。其时，长罗侯常惠出使乌孙，西域多事，军书旁午。乌孙公主、长罗侯常惠以及西域都护，频频上书，陈

言利害。此简当与此有关。日餔时，餔通晡，下午申时。按 12 时制，指下午 15∶00—17∶00，按 16 时制，指下午 15∶00—16∶30。遮要置在悬泉置以西 30 千米处，上书从西往东，先经遮要置，再传递到悬泉置，再从悬泉置东传鱼离置。

简八：

出粟五斗二升。以食安远侯副卫司马遣假千人尊，所将送匈奴归义拊类王使十一人，质子三人，凡十三人。人一食，四升，东。 （Ⅱ 90DXT0115 ④∶39）

木简，长 23.7 厘米、宽 0.85 厘米，柽柳。简文为接待过路人员的出粟簿。简中所谓拊类王者当为蒲类王。拊、蒲均为鱼部字，拊为帮母，蒲为并母，帮、并为旁纽。两者音近可通。《汉书·西域传》："至元帝时，复置戊己校尉，屯田车师前王庭。是时匈奴东蒲类王兹力支将人众千七百余人降都护，都护分车师后王之西为乌贪訾离地以处之。"[1] 简中所记乃安远侯郑吉在任西域都护之事，而《汉书西域传》所载乃元帝时事。如果是初元元年（前 48），正值郑吉和第二任都护韩宣换任之际。韩宣未到之前，匈奴东蒲类王兹力支降都护之事，只能由郑吉来处置，如此，简文和史书记载或可联系起来。卫尉八屯有卫司马，简中卫司马乃安远侯之副。千人亦都护属官，尊为人名。假者代理，尚未实授。蒲类地望，在今新疆巴里坤一带。后有蒲类国和蒲类后国，东西相距 160 千米。此蒲类国同匈奴蒲类王是否有关系，不得而知。

简九：

出粟三石。建始五年正月庚申，县泉廏佐霸付敦煌廏佐宋昌，以食迎都护柱马。

（Ⅰ 90DXT0110 ②∶34）

木简，长 22.8 厘米、宽 0.8 厘米，红柳。简文为出粟簿。所出之粟用于迎都护柱马，"都护柱马"之后，当有下文。建始五年正月壬寅朔，庚申为正月十九日，前 28 年 3 月 12 日。建始五年和河平元年的衔接类同于元康五年和神爵元年。建始五年即前 28 年，三月改元河平，一年跨两个年号。悬泉简中有 8 枚建始五年简，而河平元年简 19 枚，共 27 简，当记同一年事。时任都护为廉褒。《汉书》传赞有"廉褒以恩信称"的记载，言其在历任西域都护中堪为比较卓越者。

简十：

☑送都护韩君还。 （Ⅱ 90DXT0111 ①∶269）

---

[1] 《汉书》，第 3874 页。

木牍残片。残长5.5厘米、宽2.7厘米、厚0.5厘米,松木。上部残失,仅留下半段残片。但简上六字清晰如初。韩宣和韩立先后任西域都护。韩宣为郑吉之后第二任,任期在元帝初元元年至初元三年(前48—前46)。韩立在成帝阳朔元年至阳朔三年(前24—前22),相隔20多年。与该简同层出土的纪年简有65枚,除1枚元帝永光纪年外,其余64枚都是成帝以后,阳朔、鸿嘉最多。所以简中之韩君当指后任韩立。简中"送都护韩君还",说明韩立更尽回返,因此,确切年代应是阳朔三年(前22)。该简反映成帝阳朔年间,朝廷对西域的经营活动。

简十一:

出传车三乘,完,送都护麻君千人官属　后□□督传驾一被具皆□☒千人

·建平三年五月癸丑,县泉置佐李□

（Ⅰ90DXT0112②:41）

木牍,残长11厘米、宽1.4厘米,柽柳。上栏竖写一行,下栏并写数行,虫蚀漫漶,隐约可辨。此简是悬泉置派车送西域都护麻君属官的记录,有确切纪年。时当建平三年五月初四日,前4年6月27日。《汉书·傅常郑甘陈段传》赞曰:"自元狩之际,张骞始通西域,至于地节,郑吉建都护之号,讫王莽世,凡十八人,皆以勇略选,然其有功迹者具此。"[①]据《汉书》记载,西域都护有名可考者仅十人。简中之麻君(君为尊称),当可补为第十一名。按黄文弼先生考证,[②]十位西域都护的任职先后和在职时间是:

郑　吉　神爵二年(前60)—宣帝之末(前49)

韩　宣　元帝初元元年(前48)—初元三年(前46)

　　　　初元四年(前45)—建昭二年(前37)9年缺

甘延寿　建昭三年(前36)—建昭五年(前34)

段会宗　竟宁元年(前33)—建始二年(前31)

廉　褒　建始三年(前30)—河平元年(前28)

　　　　河平二年(前27)—河平四年(前25)3年缺

韩　立　阳朔元年(前24)—阳朔三年(前22)

段会宗　阳朔四年(前21)—鸿嘉二年(前19)

　　　　鸿嘉三年(前18)—永始四年(前13)6年缺

郭　舜　元延元年(前12)—元延三年(前10)

　　　　元延四年(前9)—元寿二年(前1)9年缺

① 《汉书》,第3032页。

② 黄文弼《罗布淖尔汉简考释》,载《黄文弼历史考古论集》,文物出版社,1989年,第376—378页。

孙　建　元始元年（1）—元始三年（3）

但　钦　元始四年（4）—始建国五年（13）

李　崇　天凤三年（16）—更始（23年以后）

以上排列中，有四段时间，总共27年，所任都护佚名。用班固的话讲就是"有功迹者具此……其余无称焉"。而18位都护中，除第一任都护郑吉因特殊情况连续任职12年，最后两任但钦和李崇身处王莽之世超期服役外，其余每一届都任期三年，更尽而还。按三年一届，缺名的八位都护只能充满24年。其余三年，将无以归属。必有一人连任两届，不得而知。而此简所谓麻君任期在建平三年间。其间九年中，元延四年（前9）至绥和二年（前7）当有一任，建平元年（前6）至建平三年（前4）当有一任；建平四年（前3）至元寿二年（前1）当有一任。而麻君的任职，当在建平元年至建平三年。如此，麻君可在十名现已留名的西域都护之外，更添一名，庶几可补史之所阙。

简十二：

☑仓啬夫敞付县泉御张博送都护皴车　　（Ⅰ90DXT0110②：5）

木简，残长11.4厘米、宽0.8厘米，柽柳，上部残断。该简的年代可通过悬泉御张博的任职时间加以推断。悬泉简有"入粟二石，鸿嘉四年十一月癸卯，县泉御张博受遮要置啬夫护。"（Ⅱ90DXT0111①：96）鸿嘉四年十一月癸卯朔，癸丑为二十一日，前16年1月1日。另外再从"遮要置啬夫护"看，有"出粟四斗，建平二年四月甲子，遮要置啬夫护，付鱼离□蔡忠"（Ⅱ90DXT0113②：98）。建平二年四月丁巳朔，甲子为初八日，前5年5月14日。前16年至前5年，应该是一个参考的范围。鸿嘉三年至永始四年（前18—前13）这六年中，西域都护缺名，元延四年至元寿二年（前9—前1）的九年中，所任西域都护也未留下名字。上述汉简中的麻君，当在建平元年至建平三年（前6—前4）。如此，该简所指都护，知名者有郭舜，有麻君。还有不知名者。究指哪位都护，终难断定。

简十三：

☑罢都护军候顺。还病中，马医诊治不能偷，即日死。谨与同等

（Ⅰ90DXT0210①：11）

木简，残长13.2厘米、宽1.2厘米。柽柳。上部残断，右侧被削。前六字为上栏，其下17字为下栏，两者不连读，各段意思均有残缺。军候为都护属官。顺，人名。《汉书·百官公卿表》：西域都护有"丞一人，司马、候、千人各二人。"[①]简中军候即西域都护所属之"候"。

---

① 《汉书》，第736页。

前往西域服役的史士更尽回返曰"罢"。此顺者，更尽东返，路过悬泉置。后一段文字记顺之马病，经马医医治"不能偷"，死在了悬泉置。偷通瘉、愈。与此简同出之纪年简，大多在成帝建始(前32)以后，故此简的时代当在西汉晚期，反映西汉晚期朝廷在西域的驻守情况。

简十四：

都护使者移广校益广候□□小□告南乡 （Ⅰ90DXT0110②：35）

木简，长23.4厘米、宽0.8厘米。玉门、中部和宜禾都尉下属之候官，我们已基本清楚，唯阳关都尉下属之候官尚不得而知。酒泉郡北部都尉治偃泉障、东部都尉治东部障，西部都尉治西部障。从已知敦煌和居延的情况看，每个都尉一般下设五个候官。如此，酒泉三个都尉亦应下设十五个左右的候官。悬泉简中，广校、益广两候官，多次出现，而且从传递与接受文件的方位看，其位置在悬泉置以东。另有一简云："益广、广校候部见羌虏，疑为渊泉南籍端□□□。"（92DX11：1）敦煌渊泉与酒泉西部都尉毗邻，而正值籍端水（今疏勒河）由南而北迎面而来，流经冥泽后折西而去。由此判断，广校、益广候官当隶属酒泉西部都尉。而西部都尉治西部障，障有障候，如此，酒泉西部都尉下属之三个候官可以考见矣。此简是都护使者移书广校、益广候官，事由不详。

简十五：

☑□□□国及都护田官罢吏缭愿随使☑ （Ⅱ90DXT0114④：193）

两行，简成坡形，有字两行。残长8厘米、宽1.2厘米。上、下残断，左行字迹已刮落，右行能释者仅12字，但字迹清晰，书体俊美。缭为人名，乃都护下属之田官罢吏，即任职期满的官员。因上下文残缺，简文的完整意思不得而知。但都护之有田官，又增一证据。

简十六：

元始二年二月癸未，西域都护守史猥、司马令史赵严罢诣北军，为驾一封轺传，有

请诏。 （Ⅰ90DXT0112①：58）

木牍，残长13厘米、宽1.5厘米，下部残。简中"守史猥"可能夺一"令"字，当为"守令史猥"。简文为西域都护之两位属官守令史猥、司马令史赵严服役期满，更尽回返北军时，依据诏令为其开具的传信。时当公元2年3月3日。《汉书·百官公卿表》载："中垒校尉掌北军垒门内，外掌西域。"可见戍守西域的军吏同北军属同一个系统，因之西域更罢后，吏卒往往还要回到北军，汉简中多见其例。其时的西域都护当是孙建。此人在袭杀卑爰疐，安辑乌孙大、小昆弥的活动中相当有作为。

简十七：

　　　　入粟十石廪遮要。送都护马十匹√再食。元始二年四月辛卯，遮要佐董彭受县泉

佐孟宪。　　　　　　　　　　　　　　　　　　　　　　（Ⅱ 90DXT0115 ②：120）

　　木简，长 23 厘米、宽 1 厘米，柽柳。存 34 字和 1 个符号。简文从"元始"开始前后两部分字体不同。前者可能早已写好，后一部分或为交接时由另一书手所写。从"入粟"的口气看，此简可能是西部遮要置佐董彭前来领粟时留下的领据，同时记录了为都护送马的内容。时当公元 2 年 5 月 10 日。其时西域都护亦为孙建，在任时间是元始元年至元始三年（1—3）。《西域传》载："哀帝元寿二年，大昆弥伊秩靡与单于并入朝，汉以为荣。至元始中，卑爰疐杀乌日领以自效，汉封为归义侯。两昆弥皆弱，卑爰疐侵陵，都护孙建袭杀之。"[①] 此简内容，当与孙建上述活动有关。

简十八：

　　　　　　　　诏书一封车骑将军印诣都护

　　西诏一封檄二　合檄一酒泉丞印诣大守府　二月戊子日入时鱼离御便以来即时

付遮要

　　　　　　　一檄龙勒守尉业庆印诣贼曹敞　　　　（Ⅱ 90DXT0115 ②：58）

　　木简，长 23.8 厘米、宽 1.4 厘米，松木。简文是一传递诏书和公文的记录。分三栏书写。第一栏一行，总写诏书或檄几封以及传递方向；第二栏三行竖写，分别记录每一文件来自何方，送往何处。第三栏一行，注明交接时间和交接人员。比较典型的公文传递登记。其中有诏书一封，未见用特殊方式专门送达。合檄，即加了封盖的檄书，不同于将内容暴露在外面的板檄。其中龙勒守尉发给贼曹一檄尚有不可解者：简中诏书和檄都是西行文书，由东往西传递。而龙勒在悬泉以西，如是从龙勒发出文件，势不能经悬泉再往西传。可能的情况是，此时的龙勒守尉在外执行公务，其地至少在悬泉以东，有公文发给仍在龙勒的贼曹，而贼曹乃县尉的下属。简中的诏书是由车骑将军加印发给西域都护的。交接手续先由东面的鱼离置置御（车夫）送到悬泉置，而后由悬泉置当即西传送交遮要置。交接三方只留下一个人名，即鱼离御"便"，悬泉、遮要两置的交接人员均未记录，可见记载之随意。与该简同层所出之纪年简 37 枚，均为元帝之后，说明该简的时间不能比此更早。另外可以追寻的一条线索就是鱼离置御便，此人在王莽时出现过，其职务仍在鱼离置担任"御"。"入西板檄一，印章破，诣府。始建国元年二月癸亥，日半食时，佐永受鱼离置御便，即时遣御常臧。"（Ⅱ 90DXT0115 ①：22）御便在此岗位工作了多长时间，不得而知，但大

---

① 《汉书》，第 3910 页。

致年代应在西汉末年到王莽初期。此时的车骑将军,查《汉书·百官公卿表》,元寿元年(前2)"十一月壬午,诸吏光禄大夫韦赏为大司马车骑将军,己丑卒"。任职八天就死了。元寿二年(前1),"安阳侯王舜为车骑将军"。《王莽传》始建国三年(11)"太师王舜自莽篡位后,病悸寝剧,死。"①在任车骑将军12年时间。在此之前,从阳朔三年(前22)到永始二年(前15),王音为大司马车骑将军。中间空缺14年。如果此简的时间在王音任大司马期间,鱼离置置御便即在此岗位工作了20多年。他的工作即负责赶车,又负责传送公文书信,因此在文件交接的登记册上不可能再不出现。所以合理的解释,简文中的车骑将军应该是王舜。该简的时间范围当在元寿二年到始建国三年,即公元前1年到公元11年。此时正是王莽用事,西域动荡,在任都护乃孙建和后来被焉耆所杀的但钦。简文反映王莽用事时中原与朝廷的相互关系。

简十九:

出粟九斗。以食送军监使都护侯还,迎传马五匹,再食,茭一石,东。始建国天凤三年闰月甲申,置佐匡付置廐啬夫展守。 (Ⅱ90DXT0114③:8)

木简,长22厘米、宽1厘米。柽柳。简文三栏,其中第二栏双行。简文是出粟接待过路吏员的记录。出使者为军监,出使目的地为西域都护府,被接待者则是派去西送军监而东返者。时当公元16年6月18日。此时最后一任西域都护李崇新任。因王莽积失恩信,焉耆先叛,杀都护但钦。是年,王莽遣大使五威将王骏、西域都护李崇将戊己校尉出西域。结果王骏败死焉耆,其部下佐帅何封和戊己校尉郭钦抄后路击其老弱而还。"李崇收余士,还保龟兹。数年莽死,崇遂没,西域因绝"。②敦煌马圈湾汉简中,有数百枚关于此次战役的汉简记录,学界亦早有研究成果。新疆曾发现"李崇之印",均为王莽时西域关系的重要材料。此简内容,当与此背景有关。

总之,上述简文涉及了不同任期内的西域都护,对我们开拓视野,丰富认识,进一步把两汉西域的诸多问题引向深入,具有重要意义。

---

① 《汉书》,第4126页。

② 《汉书》,第3927页。

唐代咸亨至仪凤中宫廷写经机构研究

赵和平

（北京理工大学）

　　咸亨元年（670）九月，武则天生母荣国夫人杨氏去世，武则天以"天后"之尊将位于长安休祥坊的杨氏宅舍为太原寺，任命慧立为寺主、道成为上座，调集了一批僧人入住太原寺；同时，任命虞世南之子虞昶为使，少府监掌冶署令向义感为判官，抽调了门下省、弘文馆、秘书省、左春坊等机构的楷书令史担任抄写工作；抽调长安西明寺、大总持寺、大庄严寺等十七所寺院的僧人任校对，开始了至少历时七年的《金刚般若经》和《妙法莲华经》各三千卷的抄写工作。这次"皇家工程"因敦煌藏经洞的发现而为人们所知，最早对这批宫廷写经进行研究的首推日本京都大学教授藤枝晃，他根据当年能见到的 24 号宫廷写经，撰成《敦煌出土的长安宫廷写经》（《塚本（善隆）博士颂寿纪念佛教史学论集》，昭和三十六年（1961）2 月 8 日，第 647—667 页）一文发表，论文对"写经列位"作了说明。然后他推测此项大规模写经事业，大概由玄奘译经时的官方机构进行；其目的是将校订的标准性经文发给各州的官寺；对写经机构的设置和运行也进行了详细的论证。这是国际敦煌学界一篇论述敦煌出土的长安宫廷写经的十分重要的论文。45 年之后，笔者针对这批宫廷写经，先后撰写了《武则天为已逝父母写经发愿文及相关敦煌写卷综合研究》（《敦煌学辑刊》2006 年第 3 期（总第 53 期）第 1—22 页）、《两件高宗、武则天时代"敦煌藏经洞出宫廷写经"辨伪》（《敦煌研究》2006 年第 6 期（总第 100 期）第 146—148 页）、《武则天"御制"〈金刚经序〉及〈妙法莲华经序〉再研究》（2009 年 9 月圣彼得堡国际学术研讨会提交论文，待刊）、《唐代咸亨至仪凤中的长安宫廷写经》（《首届长安佛教国际研讨会论文

集》第三卷,第 319—337 页,陕西师范大学出版总社有限公司,2010 年 9 月)、《慧立卒年推测》(《敦煌文献·考古·艺术综合研究——纪念向达先生诞辰 110 周年国际学术研讨会论文集》第 288—292 页,中华书局,2012 年 12 月)等五篇有关敦煌出长安宫廷写经的论文。

笔者近六七年来一直没有停止对这批宫廷写经的关注和研究,截止到目前,已经取得了"阶段性成果",主要有以下几项。

第一,从已经公布的、分散于世界各地的敦煌所出长安宫廷写经中,检出:

(1)《金刚般若经》共十四个编号,其中四件曾目睹原卷。十四件写本中,S.7236 仅一纸,是武则天为《金刚经》所做序,S.5710 也仅一纸,且下半残去,为武则天撰《序》,其文字与高博 001《金刚般若经》序之内容、行款完全一致。

(2)《妙法莲华经》七卷共四十二个编号:

甲、卷一共见六个编号,其中 P.3788 未见"抄经列位",但在《妙法莲华经》正文前有武则天所做序,故判定其为宫廷写经;又,P.4621 仅存半纸,中国文物研究所藏卷也仅存半纸,但其内容、行款、书风同 P.3788 首部《妙法莲华经序》,故判定这两件也是宫廷抄本。

乙、卷二共见六个编号,其中 S.3094 抄于仪凤二年(677)五月廿一日者为目前所见宫廷写经中时间最晚的一件,太原寺寺主为慧德,笔者推测慧立已卒,前玉华寺寺主慧德调太原寺任寺主,接替慧立(参见《慧立卒年推测》一文)。

丙、卷三共见十个编号,其中上博 030 号及甘博 008 号书手及抄写时间相同,因未目睹原件,对这两件宫廷写经的真实性有疑问。S.5319 写于咸亨二年(671)五月廿二日,是已见宫廷写经中时间最早的一件,其"抄经列位"与其余四十几件"抄经列位"均不同,属特例。

丁、卷四共见六个编号。

戊、卷五共见六个编号,S.084 写于咸亨二年(672)十月十日,上博 018 写于仪凤二年(677)二月十三日,时间跨度为七个年头。

己、卷六共见四个编号。

庚、卷七共见三个编号,Дx.00160 号写卷笔者于 2009 年 9 月在圣彼得堡曾亲自检视过原卷,此号为一残纸,仅余上半截,下半残去,在尾题"《妙法莲华经》卷七"之后,"抄经列位"部分仅余上端一至二字,首行仅余"上元"二字,故判定其为上元某年所抄。

辛、Дx.04930,图版见《俄藏敦煌文献》第 11 册第 361 页。残,仅余一纸的下半截。在"抄经列位"第二行存"十张"二字,考《金刚经》用纸十二张,显然不是《金刚经》;七卷《妙法莲华经》中,只有卷二、卷六用纸为二十张,故"抄经列位"之前所抄经应为卷二或卷六。又,残存末二行,对应"判官"一行末尾作"李[善]德",对应"使"一行末尾作"阎玄道",考已检出的宫廷写经中,上图 032《妙法莲华经》卷一"抄经列位",抄写时间为上元元年(674)十月十日,判官李[善]德、使虞昶;日本书道博物馆写于上元二年(675)三

月廿三日的《金刚经》，判官为李［善］德，使为阎玄道。所以，此卷最早抄写时间应为上元元年十月十日李善德与阎玄道名字同时出现之后。

《妙法莲华经》共有四十二号，其中或有疑伪者，须寻找适当时机检视原卷再做判断。目前共检得《金刚经》、《妙法莲华经》共五十六号。需要说明的是，原李盛铎所藏，今在日本杏雨书屋所藏的六件宫廷写经，日本杏雨书屋在 2010 年刊出的《敦煌秘籍》图版本中已刊出，中文介绍已由北京师范大学历史学院陈涛同学撰文《日本杏雨书屋藏唐代宫廷写经略说》（《中国历史文物》2010 年第 5 期，第 11—16 页，另附六张图版）加以介绍，此文中附有这六件宫廷写经尾部照片图版。

第二，抄写时间，最早者为 S.5319，时间为咸亨二年五月廿二日，最晚者为 S.3094 时间为仪凤二年五月廿一日，即从公元 671—677，跨度为七年，这是此次宫廷写经活动时间的最小值。详情请参阅本文后附表一"《妙》、《金》宫廷写经一览表（以时间先后排列）"。

第三，抄写地点，前述笔者撰成的论文中已判定在长安休祥坊的太原寺，即以后寺额改为西魏国寺（或曰魏国西寺）。

第四，所抄内容为鸠摩罗什译《金刚般若经》一卷和《妙法莲华经》七卷。S.2738 唐代道氤法师撰《御注金刚般若波罗蜜经宣演》卷上中记《金刚经》凡六译，"第一，后秦弘始四年（402），鸠摩罗什法师于长安草堂寺译，十一纸，名舍卫国"。此写本中又记第二菩提流支译十四纸，第三真谛译十五纸，第四达摩笈多译十六纸，第五大唐三藏法师译十八纸，第六义净于圣历二年（699）译十二纸。长安宫廷抄经底本即为鸠摩罗什译本，原经文共十一纸共 5180 字；据高博 001 号写卷，武则天"御制"《金刚般若经序》正文 28 行，加题目一行，共 29 行；而长安宫廷抄经标准为一纸 31 行，行 17 字，故《金刚经序》约占一纸，宫廷写《金刚般若经》共用十二纸。《妙法莲华经》抄经底本为鸠摩罗什译本的增补本，什公译本原只二十七品，后人将南齐法献与达摩摩提译的《妙法莲华经·提婆达多品第十二》及隋阇那崛多译的《观世音菩萨普门品》重颂偈收入鸠摩罗什译本，共有二十八品，长安宫廷抄经所用即为二十八品本。今检《妙法莲华经》宫廷抄本，卷一为武则天"御制"《妙法莲华经序》、序品第一、方便品第二，用纸十八张；卷二为譬喻品第三、信解品第四，用纸二十张；卷三为药草喻品第五、授记品第六、化城喻品第七，用纸十九张；卷四为五百弟子受记品第八、授学无学人记品第九、法师品第十、见宝塔品第十一、提婆达多品第十二、劝持品第十三，用纸廿二张；卷五为安乐行品第十四、从地踊出品第十五、如来寿量品第十六、分别功德品第十七，用纸二十一张；卷六为随喜功德品第十八、法师功德品第十九、常不轻菩萨品第廿、如来神力品第廿一、嘱累品第廿二、药王菩萨本事品第廿三，用纸二十张；卷七为妙音菩萨品第廿四、观世音菩萨普门品第廿五、陀罗尼品第廿六、妙庄严王本事品第廿七、普贤菩萨劝发品第廿八，用纸十七张；七卷二十八品《妙法莲华经》宫廷抄本共用纸一百三十七张。

第五，笔者已据不同抄本，将武则天"御制"《金刚般若经序》及《妙法莲华经序》复原，经修订后的文本见《武则天"御制"〈金刚般若经序〉及〈妙法莲华经序〉再研究》一文。

第六,对咸亨至仪凤中宫廷写经机构的组织及运作进行了初步探讨。

以上六项"阶段性成果"当然未涵盖已完成的五篇论文的全部内容,但却可以说主要收获都已包括在内了。

敦煌所出咸亨至仪凤中的宫廷写经分散在中国各地、世界各地,搜集齐全已属不易,得窥全部原卷可以说是一种"奢望",好在近年来敦煌文献图版本的刊出迅猛发展,绝大多数宫廷写经已经可以看到图版,这为研究这批特殊的经卷带来了新的希望。最近一段时间,笔者将搜集到的五十六号宫廷写经集中到一起,分为若干主题,作成若干表格,一是为清眉目,二是为从中发现问题。本文拟就新制成的"《妙》、《金》宫廷写经一览表(以时间先后排列)"、"《妙》、《金》宫廷写经书手一览表"、"校经僧所在寺院一览表"三份表格,以写经机构为研究中心,作一些较细致的分析。

(一)使

1. 虞昶

S.5319《妙法莲华经》卷三写于咸亨二年(671)五月廿二日,使为"太中大夫行少府少监兼检校将作少匠永兴县开国公虞昶";敦博55《妙法莲华经》卷六写于咸亨三年二月廿一日,使为"太中大夫守工部侍郎永兴县开国公虞昶";S.0312《妙法莲华经》卷四写于咸亨四年九月廿一日,使为"太中大夫守工部侍郎摄兵部侍郎永兴县开国公虞昶";北0623《金刚经》写于咸亨四年十月廿八日,使为"太中大夫兼检校将作少匠永兴县开国公虞昶"(此处"咸亨四年"之"四"疑为"二"之误书);北0653《金刚经》写于咸亨五年四月五日,使为"太中大夫守工部侍郎永兴县开国公虞昶";上图032《妙法莲华经》卷一写于上元元年(674)十月十日,使衔的散、职、爵同北0653,这是虞昶名字最后一次出现。

虞昶乃唐初名臣虞世南之子,据《旧唐书》卷七二《虞世南传》,世南约贞观十二年(638)卒,年八十二,以此上推,虞世南应生于陈永定元年(557),虞昶爵为永兴县公,应是袭爵。虞昶两《唐书》无传,在《旧唐书·虞世南传》后仅有"世南子昶,官至工部侍郎"十个字。若以虞世南五十岁得子虞昶,至咸亨元年时虞昶也已经是六十多岁的老年人了。《新唐书》卷一〇五《来济传》末说:

> 济异母兄恒,上元中,为黄门侍郎、同中书门下三品。父本骁将,而恒、济俱以学行称,相次知政事。时虞世南子昶无才术,历将作少匠,工部侍郎,主工作。许敬宗曰:"护儿儿作相,世南男作匠,文武岂有种耶?"

虞昶自咸亨二年五月廿二日至上元元年十月十日之间的散、职、爵非常清楚,下面从易至

难对此略作分析。

"太中大夫"是文散官，又称本品，从四品上。虞昶任写经使时散官本品一直是从四品上的太中大夫。

"永兴县公"是爵位，"县公"为从二品，虞昶当是袭其父虞世南之爵位。

"少府少监"为少府监的副手，职事官从四品下；"将作少匠"为将作大匠的副手，职事官从四品下；本品高而职事低，在职事前加"行"字；咸亨二年五月时，虞昶任写经使时所带散官本品高于职事官一阶，所以用"行少府少监兼检校将作少匠"，其实际任务是写经使。

"工部侍郎"为尚书省六部之一工部尚书的副手，职事官正四品下；虞昶散官本品低于职事官工部侍郎一阶，所以用"守工部侍郎"。

"摄兵部侍郎"，兵部侍郎为尚书省六部之一兵部尚书的副手，职事官正四品下，虞昶散官本品低于兵部侍郎一阶，前衔中有"守工部侍郎"，又让其兼兵部侍郎，故用"摄"字。

明乎此，笔者对北0623抄经列传中将虞昶的职衔写作"太中大夫兼检校将作少匠"表示怀疑，但在亲见原卷后发生动摇，书手抄写错误的可能性极大。

虞昶名字最后一次出现是上元元年（674）十月十日，其后任者阎玄道最早出现是在上元二年（675）三月廿二日，推测公元674年底或675年初，虞昶卒，所以才用阎玄道接任写经使。正如上文引《旧唐书·虞世南传》中的推测，公元674或675年时，虞昶的年龄大概也应有七十岁左右了，担任工部侍郎、写经使可能是虞昶人生的最后一站。

2. 阎玄道

日本书道博物馆藏写于上元二年（675）三月廿二日的《金刚经》，使为"朝散大夫守上（尚）舍奉御阎玄道"；日本三井八郎右卫门藏写于上元二年十一月廿六日的《妙法莲华经》卷二，使为"朝议郎行太府寺丞阎玄道"，日本京都博物馆藏写于上元二年十二月七日的《妙法莲华经》卷三，使为"朝散大夫守尚舍奉御阎玄道"；此后，直至S.3094号写于仪凤二年（677）五月廿一日的《妙法莲华经》卷二，使仍为"朝散大夫守尚舍奉御阎玄道"。阎玄道的职衔中，只有一件不同，说详下。

阎玄道是什么人呢？正史中并无有关他的记载，但检《旧唐书》卷七七《阎立德传》，"〔立德〕子玄邃，官至司农少卿"；《新唐书》卷七三下《宰相世系表三下》，"〔立德〕子玄邃，司农少卿，泽州刺史"，同表内，阎立本子名克俭，另一子名嘉宾；依中国古人兄弟名字的命名方法，阎玄道中间一字为"玄"，末一字带"辶"，推测其应为阎玄邃的亲兄弟，即阎立德的儿子。

"朝散大夫"是文散官，又称本品，为从五品下；"尚舍奉御"为殿中省服侍皇帝的职事官之一，为从五品上，本品低于职事官品，故中间用一"守"字。从上元二年三月廿二日至仪凤二年五月廿一日，目前所见宫廷写卷中，除一号外，阎玄道的职衔均作"朝散大夫守尚舍奉御"。

日本三井八郎右卫门藏《妙法莲华经》卷二，写于上元二年十一月廿六日，阎玄道的结衔为"朝议郎行太府寺丞"，而与其时间相近的P.2195写于上元二年十月十五日、上博030

写于上元二年十月廿三日、羽 006—19 写于上元二年十月廿八日、京都博《妙法莲华经》卷三写于上元二年十二月七日,阎玄道的结衔都作"朝散大夫守尚舍奉御",三井藏上元二年十一月廿六日写卷作"朝议郎行太府寺丞"与理难通。

朝议郎为文散官,正六品上阶;太府寺丞为职事官,从六品上阶;朝议郎比朝散大夫低一阶,太府寺丞比尚舍奉御低四阶;十月廿八日比十一月廿六日早二十八天;十二月七日比十一月廿六日晚十一天;早二十八天与晚十一天的阎玄道官衔都高于十一月廿六日的结衔,实难解释。按唐制,官吏的品级,无论是散官本品抑或职事官,入五品即入"通贵"之列,必须要"勅授",即皇帝批准,这是官吏级别的一条重要分界线,一个多月之中,散官和职事官如过山车一样的忽上忽下,几乎是不可能的。笔者对此件写本的存伪心存疑虑,但也不排除书手出错的可能,必须亲眼目睹原卷才能下结论。

此稿完成后至 2012 年 11 月看清样,对阎玄道结衔的困惑一直督促我努力寻求合理的解释。2012 年 11 月上旬,笔者撰成《俄藏敦煌宫廷写经初步研究》一文(即刊),发现Дx.04930 阎玄道结衔正作"〔朝议郎〕行太府寺丞。"而三井藏卷的"上元二年"正确解读为"上元元年",则问题可迎刃而解。因为"抄经列位"中有不少写本均有漏、误,"元"字误为"二",或原卷即为"々"(重文符号),则将原"上元二年十一月廿六日"读作"上元元年十一月廿六日",阎玄道初任使时为"朝议郎行太府寺丞",至迟在上元二年三月廿二日之前升为"朝散大夫守尚舍奉御",散官升一阶,职事官升三阶。详细论证可见笔者最新文章。

咸亨至仪凤中宫廷写经的"使",前为虞世南之子虞昶,后为阎立德之子阎玄道。

(二)判官

1. 向义感

S.5319《妙法莲华经》卷三写于咸亨二年五月廿二日,判官为"少府监掌冶署令向义感";慕尼黑个人藏《金刚经》写于咸亨四年三月十一日,判官同 S.5319;北 0623《金刚经》写于咸亨四年十月廿八日,判官为"少府监掌冶署令向义感",这是向义感名字最后一次出现。掌冶署令属少府监,职事官正八品上,属低级官员,判官,就是实际负责工作的官儿。

北 0623 是原刘幼云藏卷,若向义感咸亨四年十月廿八日仍任写经判官,与 S.2573 写于咸亨四年九月十七日的《妙法莲华经》卷二、S.0312 写于咸亨四年九月廿一日的《妙法莲华经》卷四两件写本中判官"司农寺上林署令李[善]德"相矛盾。S.2573、S.0312 几乎不可能是伪卷,推测北 0623 的抄经列位有误。笔者于 2009 年 4 月底,得国家图书馆李际宁先生相助,亲睹原卷,从纸张和书风观察,北 .0623 当属宫廷抄经之一件,但其抄经列位的诸多疑点又无法解释,令笔者十分困惑,书手抄错也是一种可能。

少府监掌冶署令向义感是写经使虞昶的第一位判官,任职时间为二年左右。

2. 李善德

S.2573《妙法莲华经》卷二写于咸亨四年九月十七日，判官是"司农寺上林署令李［善］德"；S.3094《妙法莲华经》卷二与仪凤二年（677）五月廿一日；判官同 S.2573。上林署令属司农寺，职事官从七品下，属低级官员。

李善德，有的写卷省作李德，名字中略去"善"字乃敦煌写卷中习见的现象。李善德任判官前期，写经使为虞昶，后期写经使为阎玄道，他任判官时间至少四年左右。

（三）书手

书手，是宫廷写经的实际抄写者，据笔者统计，目前见到的宫廷写卷中，书手共有四十三人：

1. 门下省群书手八人；赵文审、程待宾、刘大慈、封安昌、申待征、袁元悊、公孙仁约、韩方兴。
2. 弘文馆楷书令史三人：任道、王智菀、成公道。
3. 秘书省楷书四人：贾敬本、孙玄爽、萧元信、田玄徽。
4. 左春坊楷书四人：吴元礼、萧敬、刘玄徽、欧阳玄悊。
5. 群书手十二人：敬海、张崇、蔡义悊、成公敬宾、杨文泰、马元礼、王童举、赵彦伯、赵如璋、郭敬荷、盖知新、盖新（疑与盖知新为同一人）、张昌文。
6. 书手十人：程君度、萧祎、盖新、由吾巨言、裴约、刘弘珪、刘意师、吕思明、张礼、刘俨。
7. 经生三人：郭德、王思谦、田无择。

这四十三名抄写经卷的书手中，门下省群书手、弘文馆楷书令史、秘书省楷书、左春坊楷书共十九人，身份明确，他们是《唐六典》及《旧唐书·职官志》、《新唐书·百官志》、《通典·职官典》诸种唐代职官典所载各机构中专门负责公文抄写的流外官，这一类"令史"熬满年头、考核通过就可以任低级官员，是"政府机构中的最低级公务员"。

群书手、书手二十一人，其身份也应是官方机构中专门负责公文抄写的令史，这由前边十九人有时在写卷中省称为群书手或书手可以证明。

经生三人，其真实身份如何？从抄经列位看，三名经生出现的时间在咸亨二年十月十日、咸亨二年十月十二日、咸亨三年二月廿一日、咸亨三年二月廿五日、咸亨三年三月七日、咸亨三年五月二日，即全部出现在这次抄经活动的初期，笔者怀疑这三位"经生"的身份也应和前述四十人的身份近似，仍属抽调的官方机构中的书令史一类人物。

书手除负责抄写经卷外，抄完后，有的还负有校对之责。十二件《金刚经》有抄经列位的写卷中，从初校至三校均由书手承担，《妙法莲华经》写卷中也有几名书手承担初校至三校之责，但更多的是由各寺院抽调的僧人负责。

（四）校经僧

宫廷写经由书手们抄写完成后，还要初校、二校、三校；《金刚经》的校对由书手们完成，而七卷《妙法莲华经》的初校至三校则主要由长安城内各寺院抽调的僧人们来负责。据笔者统计，目前所见宫廷写经中除太原寺僧外，共出现十七座寺院的三十九名僧人：

1. 大庄严寺（永阳坊半以东）三人：怀福、威表、慧澄。
2. 大总持寺（永阳坊半以西）二人：大道、智安。
3. 化度寺（义宁坊南门之东）一人：法界。
4. 弘福寺（修德坊西北隅）一人：惠伦。
5. 西明寺（延康坊西南隅）七人：怀昶、玄真、法显、怀瓒、思侃、普定、行轨、符轨（疑符轨与行轨为同一人，待考）。
6. 清禅寺（兴庆坊南门之东）一人：疑成。
7. 慈门寺（延庆坊南门之西）二人：怀素、无及。
8. 普光寺（颁政坊南门之东）一人：玄遇。
9. 胜光寺（光德坊西南隅）二人：行礼、惠冲。
10. 经行寺（崇化坊东门之北）四人：仁敬、思忠、归真、思道。
11. 福林寺（安定坊西南隅）三人：智藏、智兴、智彦。
12. 会昌寺（金城坊西南隅）三人：玄福、藏师、儒海。
13. 慧日寺（怀德坊东门之北）一人：义威。
14. 实际寺（太平坊西南隅）三人：道深、文訔、怀恽。
15. 禅林寺（兴庆坊东南隅）一人：慧智。
16. 宝刹寺（崇仁坊北门之东）一人：道善。
17. 醴泉寺（醴泉坊十字街北之西）二人：文璟、玄静。

校经僧共有三十九人，来自十七座寺院。

咸亨至仪凤中的宫廷写经，《金刚经》一卷及《妙法莲华经》七卷各写三千部，就是共抄经二万四千卷。今存《金刚经》十四个编号、《妙法莲华经》四十二号，约占总数的百分之二略强，以现代计量学的抽样调查来说，可以分析其中的普遍性，但仍有局限。

第一，三十九名校经僧来自十七所寺院，其中朱雀街以西十四所，占全部寺院总数的82.35%；朱雀街以东三所，占全部寺院总数的17.65%；以僧人数计，朱雀街以西寺院共出 36 名僧，占总数的 92.3%；朱雀街以东寺院共出 3 名僧，占总数的 7.7%；这可能和太原寺在朱雀街以西有关，校经僧去太原寺相对方便。

第二，西明寺有八人参与校经，这可能与西明寺为高宗时所建皇家大寺，又是玄奘法师当年的译经场所，寺大、人众、水平高的僧人多有关，所以校经僧的人数也多。

第三，校经僧的任务可能属短时间征调，如大庄严寺威表、慧澄所校三件写经的时间是上元三年九月八日、上元三年九月十一日、上年三年九月十八日，此前、此后二僧名都未出现；又如弘福寺惠伦所校二件写经的时间是上元三年十一月廿三日、上元三年十二月廿一日；又如西明寺法显所校二件写经在咸亨二年十月十日、咸亨二年十月十二日；又如西明寺玄真所校二件写经在咸亨四年九月十七日、咸亨四年九月廿一日；又如行轨（符轨？）与怀瓒所校二件写经在咸亨五年（674）八月二日、上元元年（674）九月廿五日；又如清禅寺疑成所校二经在上元三年十一月廿三日、上元三年十二月廿一日；又如普光寺玄遇所校二件写经在上元二年十月廿三日、上元二年十月廿八日；又如经行寺仁敬和思忠二人所校二件写经在咸亨三年二月廿五日、咸亨三年三月七日；又如福林寺僧智彦所校二件写经在咸亨五年（674）八月二日、上元元年（674）九月廿五日；惠日寺义威所校二件写经在上元二年十月十五日、上元三年七月廿八日。以上共涉及八寺13僧，除慧日寺义威两次校经相隔九个月之外，其余七寺12僧校经间隔最长的也不足两月，由此推测，校经僧与书手不同，不具有"职业性"，多属临时抽调性质，"任务"完成后即返回所属寺院。倘若借用上文的计量学方法，目前所见经卷占实际写成经卷二万四千卷的2%，那么，理论计算应该有一千九百名僧人（次）在七年中先后参与了校经工作，推测此项写经的皇家"工程"，应是太原寺主慧立和上座道成呈请长安僧正或长安的功德使之后，用皇家写经名义抽调各寺僧人来校经。

（五）详阅僧

"详阅"由僧人完成，而且是大德之类的高僧。笔者推测，"详阅"的主要职责仍属校对之类，只不过需要对佛经稔熟而已。

笔者目前所见到的四十几件抄经列位中，除两件例外，其余"详阅"列位完全相同，他们是太原寺大德神符、太原寺大德嘉尚、太原寺主慧立、太原寺上座道成。

例外的两件，一件是S.3094号《妙法莲华经》卷二，写于仪凤二年五月廿一日，除太原寺主由慧立变成慧德，其余三人未变。笔者在《慧立卒年推测》一文中已经说过，此时慧立可能已卒，玉华寺主慧德调来任太原寺主。

另外一件是S.5319号《妙法莲华经》卷三，写于咸亨二年五月廿二日，这是目前已知宫廷写经中时间最早的一件，为便于讨论，先按原格式录文如下（原竖行改横行），然后稍加讨论。

咸亨二年五月廿二日书手程君度写

用　麻　纸　十　九　张

装　潢　经　手　王　恭

详　阅　大　德　灵　辩

详　阅　　大　德　嘉　尚

详　阅　　大　德　玄　则

详　阅　　大　德　持　世

详　阅　　大　德　薄　尘

详　阅　　大　德　德　愻

太　原　寺　主　慧　立　监

太　原　寺　上　座　道　成　监

经　生　程　度　初　校

大　总　持　寺　僧　大　道　再　校

大　总　持　寺　僧　智　安　三　校

判官　少府监　掌冶署令　向义感

使太中大夫行少府少监兼检校将作少匠永兴县

开国公虞昶监

这件《妙法莲华经》卷二的抄经列位与四十几件存有抄经列位的宫廷写经均不相同,与其他写卷相比,详阅大德有六名,太原寺主慧立、太原寺上座道成的职责是"监",其余四十几件写卷中二人的职责是"详阅";而此件中六名"详阅大德",在其余四十几件写卷中仅保留嘉尚,另加第四人为大德神符,灵辩、玄则、持世、薄尘、德愻等五人名字均未再次出现。

而 S.084 号《妙法莲华经》卷五的抄经列位是:

咸亨二年十月十日经生郭德写

用　纸　廿　一　张

装　潢　手　解　善　集　装

初　校　经　生　郭　德

再　校　西　明　寺　僧　法　显

三　校　西　明　寺　僧　普　定

详　阅　太　原　寺　大　德　神　符

详　阅　太　原　寺　大　德　嘉　尚

详　阅　太　原　寺　寺　主　慧　立

详　阅　太　原　寺　上　座　道　成

判官　少府监掌　冶署令向义感

使太中大夫行少府少监兼检校将作少匠永兴县开

国公虞昶监

两相比较,差异明显。之所以 S.5319 抄经列位比较特殊,笔者认为,咸亨元年九月武则天

生母杨氏去世,葬礼之后舍长安休祥坊杨氏旧宅为寺,必须经过一定的修整,太原寺的组成及写经机构的设立都需要时间,所以,推测宫廷写经的抄写工作至少得在咸亨二年才能开始,则 S.5319 似应属最早的宫廷写经之一,所以抄经列位没有 S.084 号抄于咸亨二年十月十日的《妙法莲华经》卷五那么规范,反映了抄经工作正处于"磨合"阶段。

(六)装潢

唐代前期,书籍主要是卷轴形式,即将一纸一纸写好的"书",以"卷"为单位,将一卷若干张纸粘连在一起,护首、拖尾、木轴都要齐全,一卷书才算写成。宫廷写经的最后一道工序就是装潢。据《唐六典》所载,弘文馆有"熟纸装潢匠九人"、秘书省有"熟纸匠十人、装潢匠十人",则"装潢(璜)匠"是有技术专长的小吏。

敦煌出宫廷写经中,除写于咸亨二年五月廿二日的 S.5319 号装潢手是"经生王恭"外,其余四十几件均由"装潢手解善集装",解善集有时简写成"解集"。陈涛《日本杏雨书屋藏唐代宫廷写经略说》一文第二章题目为"对两件唐代宫廷写经装潢错误的分析",文中对羽045《妙法莲华经》卷四与羽046《妙法莲华经》卷三的装潢错误进行了分析,他得出结论说:

> 唐代宫廷写经是先由书手书写,之后进行初校、再校、三校,还要有详阅,判官、使也要过目,最后是装潢,每道工序都有专人各司其职。不过,对于宫廷写经的具体运作过程,囿于资料所限,我们仍不十分清楚。然而,这两件写经的装潢错误却蕴含着重要的历史信息,有助于我们深入了解唐代宫廷写经具体运作的相关问题。具体表现在如下方面:
>
> 第一,这两件写经皆为上元三年九月所书,前后相隔十四日,从装潢错误可见,装潢手在装潢过程中,似不是一件件装潢,极有可能是同时批量装潢。倘若是一件件装潢,断然不会出现这样的失误。
>
> 第二,从装潢错误可知,每卷写经的题记,包括书手、装潢手、初校、再校、三校、详阅、判官和使,都是由书手先写上去的,而书手之所以能够事先写这些内容,正说明每卷写经的书手、装潢手、初校、再校、三校、详阅、判官和使都是预先安排好的,已有明确分工。
>
> 第三,说明写经装潢完成之后,并无专人再进行检查。

学如积薪,后来居上;陈涛同志根据羽045和羽046两件宫廷写经的装潢错误推出三点意见很有道理,故本文全文移录。装潢手实乃宫廷写经的最后一道工序也,出现错误也不能被发现,故而,我们应当仔细检查这四十几件宫廷写经中还有没有类似的"失误"。

武则天以天后之尊发愿为已逝父母抄写三千部《妙法莲华经》和《金刚般若经》,这是一次"皇家工程",以《金刚经》每卷用纸十二张,《妙法莲华经》每部用纸一百三十七张,合计一百四十九张,三千部共用纸 149×3000=447000 张,尚不计"兑"、"废"者在内。要完成这项"皇家工程",必须要有人员和物资的保障,有相应的机构来负责、组织和协调。

抄写佛经,涉及僧、俗两方面,先从僧一方说,首先确定将长安休祥坊杨氏旧宅改造为太原寺,调慧立为寺主,道成为上座,同时,也会调集一批僧人充实太原寺。由僧人们负责抄写后经卷的初校、再校、三校及详阅。为此,抽调长安各寺院的僧人轮流到太原寺参加《妙法莲华经》写成后的初校、再校、三校。僧人的参与,推测应由太原寺主慧立、上座道成通过长安僧团的管理机构如僧正等来协调、组织。

因为是专项"皇家工程",专门任命一名具有五品以上散官级别的官员为使,任命一名正八品上、从七品下的官员先后为判官,协助写经使进行写经人员调配、物资供给的保障工作。抄写经卷的书手们来自门下省、弘文馆、秘书省、左春坊等中央机构,是专门抄写公文的楷书手,他们的组织和协调应该归写经使和判官负责。

宫廷写经的用纸,在敦煌所出经卷中非常特殊,是厚潢研光麻纸,抄经题记中称为"麻纸"或"小麻纸",这批纸张也应该是"特供"的。而写经所用笔、墨、砚等也应该由使和判官组织供应。笔者 2010 年 8 月在高台县博物馆见到高博 001 号写卷,发现此卷尾部木轴非常精致,轴头的外侧镶嵌螺钿,此种木轴应该是特别定制的。

整个写经过程,大致如上文陈涛博士所论,"每道工序都有专人负责,各司其职",总负责的自然是写经使。

对敦煌所出唐代咸亨至仪凤中宫廷写经的研究,已进行了五十年,这次抄经活动的来龙去脉已基本清楚,对这次抄经活动中写经机构的运作过程也逐渐清晰,但有不少问题仍然模糊,需要我们继续努力作进一步的探讨。

补记:

在 2010 年 10 月 17 日上午"国学前沿问题研究暨冯其庸先生从教 60 周年"国际学术研讨会上,当笔者宣读完此文后,同组的专家们提出了许多中肯的意见,北京大学荣新江教授说,笔者所引陈涛文中羽 045 和 046 粘接错误也可能是李盛铎在原卷脱落后,重新拼接所导致,装潢手解善集出错的可能性不大。上海古籍出版社府宪展编审说,一般的写经是先将单张纸粘成长卷,打好界栏,然后书写。国家图书馆刘波同志说,敦煌经卷中有先将单张纸粘成长卷,打好界栏,然后书写;也有一纸、一纸的先写好,然后再粘连成卷;这可从纸缝粘连处的界栏曲直,或字迹有否因粘连受到遮蔽作出判断。中国社科院边疆史地研究中心李方研究员说她 1997 年写过一篇与唐前期写经使及判官有关的文章,我后来查到,这篇文章名为《关于〈风峪石经〉中的监护官员——兼谈唐前期写经使及判官》(文载《武则天研究论文集》，山西古籍出版社，1998年11月出版，第230—237页）。

笔者读敦煌写本已三十年，因以世俗文书及写卷为主，看到的多是一张纸写完再粘一张的情况，公文书写尤其如此，有的在纸缝处还要加盖县印或州印（都督府印），以示文件的原始性。陈涛同志的论文提出，羽045、羽046之类的宫廷写经有粘连错误的情形，对笔者检视佛经写卷，尤其是宫廷写经中，也可能出现粘连错误，是非常有益的提醒。它告诉我们，在阅读佛经（道经）写卷时，对粘连问题要分外留心。会后翻检史籍，发现陶宗仪撰《南村辍耕录》（中华书局，1959年出版）卷二九"粘接纸缝法条"中云：

> 王古心先生《笔录》内一则云：方外交青龙镇龙平寺主藏僧永光，字绝照，访予观物斋，时年已八十有四。话次因问光："前代藏经，接缝如一线，岁久不脱，何也？"光云："古法用楮树汁、飞面、白芨末三物调和如粥，以之粘接纸缝，永不脱解，过如胶漆之坚。"先生上海人。

不知《南村辍耕录》中所云"古法"为何代之事，这里给我们提供了一种藏经粘接的配方，唐代是否用这种配方呢？

在会场上质疑问难时，府宪展先生又说，国内某省博物馆藏有数件与本文相同的咸亨至仪凤中的宫廷写经，惜未公布，笔者非常感谢府先生提供的讯息，日后当设法目睹原件，以推进此课题的研究。

在笔者宣读论文时，同时展示了高博001号写卷尾部木轴头的彩色图片，轴头外侧镶嵌螺钿，宁夏考古所所长罗丰研究员说，轴头的白色镶嵌物可能为象牙，绿色的可能为青金石。

学术研讨会，就是要研讨，2010年10月17日上午诸位同行的发言，坚定了我进一步对这批宫廷写经深入研究的信心，这是我要对会场上诸位同行，尤其是要对发言的同行加以感谢的。

最后，为了希望参加会议的诸君更加关心笔者的工作，为了给有兴趣的同行提供更完整的资料，特将本人工作之用的宫廷写本"《金刚经》及《妙法莲华经》基本情况一览表"作为"附录四"刊出。

2010年10月12日初稿

2010年12月18日改定

附录一：《妙》、《金》宫廷写经一览表（以时间先后排列）

文献卷号	抄写时间	卷几	用纸	判官	使
S.5319	咸亨二年（671）五月廿二日	妙三	19	少府监掌冶署令向义感	太中大夫行少府少监兼检校将作少匠永兴县开国公虞昶监
S.084	咸亨二年十月十日	妙五	21	同上	同上
S.3079	咸亨二年十月十二日	妙四	22	同上	同上
敦博 55	咸亨三年（672）二月廿一日	妙六	20	同上	太中大夫守工部侍郎永兴县开国公虞昶
P.4556	咸亨三年二月廿五日	妙二	20	同上	同上
P.2644	咸亨三年二月七日	妙三	19	同上	同上
S.4209	咸亨三年四月十五日	妙三	19	同上	同上
津艺 002（53.5.17）	咸亨三年五月二日	妙四	22	同上	同上
羽 012—7	咸亨三年五月十三日	金	12	同上	同上
S.036	咸亨三年五月十九日	金	12	同上	同上
高博 001	咸亨三年六月七日	金	12（全）	同上	同上
S.4551	咸亨三年八月廿九日	妙四	22	同上	同上
Дх.11013	咸亨四年（673）正月十一日	金	12	同上	同上
大谷大图	咸亨四年二月十一日	金	12	少府监掌冶署令向义感	太中大夫守工部侍郎永兴县开国公虞昶
慕尼黑个人藏	咸亨四年三月十一日	金	12	同上	同上
S.2573	咸亨四年九月十七日	妙二	20	司农寺上林署令李[善]德	太中大夫[守]工部侍郎永兴县开国公虞昶
S.0312	咸亨四年九月廿一日	妙四	22	同上	太中大夫守工部侍郎摄兵部侍郎永兴县开国公虞昶
北 .0623	咸亨四年十月廿八日	金	12（存7纸）	少府监掌冶署令向义感	太中大夫兼检校将作少匠永兴县开国公虞昶
北 .0653	咸亨五年（674）四月五日	金	12（存10纸）	司农寺上林署令李善德	太中大夫守工部侍郎永兴县开国公虞昶
S.0456	咸亨五年八月二日	妙三	19	同上[咸亨至七月底，八月改上元]	同上
S.3348	上元元年（674）九月廿五日	妙六	20	[原卷尾部第7行后残，其内容应同S.0456]	
上图 032（812438）	上元元年十月十日	妙一	18	司农寺上林署令李[善]德	太中大夫守工部侍郎永兴县开国公虞昶

文献卷号	抄写时间	卷几	用纸	判官	使
书道博物馆	上元二年（675）三月廿二日	金	12	司农寺上林署令李善德	朝散大夫守上（尚）舍奉御阎玄道
P.2195	上元二年十月十五日	妙六	20	司农寺上林署令李善德	朝散大夫守上（尚）舍奉御阎玄道
上博030	上元二年十月廿三日	妙三	19	司农寺上林署令李［善］德	同上
羽006—19	上元二年十月廿八日	妙四	22	同上	同上
甘博008	上元二年十月廿三日	（疑）			
三井八郎右卫门	上元二年（675）十一月廿六日	妙二	20	司农寺上林署令李［善］德	朝议郎行太府寺丞阎玄道
京都博	上元二年十二月七日	妙三	19	同上	朝散大夫守尚舍奉御阎玄道
S.513	上元三年（676）闰三月十一日	金	12	司农寺上林署令李善德	朝［散］大夫守上［尚］舍奉御阎玄道
S.2181	上元三年四月十五日	妙二	20	同上	朝散大夫守尚舍奉御阎玄道
上博053（44958）	上元三年四月十九日	妙二	20	同上	朝散大夫守尚舍奉御阎玄道
S.1456	上元三年五月十三日	妙五	21	同上	同上
S.3361	上元三年七月廿八日	妙一	18	同上	同上
S.2637	上元三年八月一日	妙三	19	同上	同上
S.4168	上元三年九月八日	妙三	19	同上	同上
羽045—20	上元三年九月十一日	妙四	22	同上	同上
P.3278	上元三年九月十六［日］	金	12	同上	同上
三井八郎右卫门	上元三年九月十八日	妙七	17	同上	同上
羽046—16	上元三年九月廿五日	妙三	19	同上	同上
北.0637	上元三年十月十日	妙五	21（存15纸）	同上	同上
S.1048	上元三年十一月五日	妙五	21	同上［是年十一月，改元仪凤］	同上
羽009—17	上元三年十一月十三日	妙六	20	同上	同上
S.4353	上元三年十一月廿三日	妙一	18	同上	同上

文献卷号	抄写时间	卷几	用纸	判官	使
S.2956	上元三年十二月廿一日（677年1月30日）	妙七	17	司农寺上林署令李[善]德	朝散大夫守尚舍奉御阎玄道
Дx.00160	上元（以下残）	妙七	[按：此卷抄经列位第一行仅存"上元"二字，不知系于何年，故置于"上元"年号末]		
北.0690	仪凤元年（676）十一月十九日	金	12[存九纸半]	司农寺上林署令李善德	朝散大夫守尚舍奉御阎玄道
羽007—17	仪凤二年（677）正月廿七日	妙五	21	司农寺上林署令李[善]德	同上
上博018（3322）	仪凤二年二月十三日	妙五	20	（此卷存疑待查）	
S.3094	仪凤二年五月廿一日（此卷年代最晚，并且太原寺主由慧立换成慧德）	妙二	20	司农寺上林署令李[善]德	朝散大夫守尚舍奉御阎玄道
Дx.04930	推测此卷应为《妙》二或《妙》六；判官为李[善]德、使为阎玄道；而上元元年十月十日（上博032）判官为李[善]德、使虞昶；上元二年三月廿二日《金》（书道博物馆）判官李善德、使阎玄道；故 Дx.04930 最早不过上元元年十月十日。				

说明：1. S.7236存一纸，S.5710存半纸，与高博001对勘，实是武则天所撰《金刚般若经序》，因脱去抄经列位，无法确定其他信息。

2. P.3788、P.4621及中国文物研究所藏卷，均是武则天所撰《妙法莲华经序》，因脱去抄经列位，无法确定其他信息。以上五个编号，均为宫廷写经，故在表下加以说明。

3. 北.0623，抄经列位中时间为"咸亨四年十月廿八日"，而虞昶结衔作"太中大夫兼检校将作少匠永兴县开国公"，此抄经列位中"太中大夫"之下，"兼"字前脱"行少府少监"五字，而"咸亨四年"中之"四"疑为"二"之误书。

4. 三井八郎右卫门藏"上元二年十一月廿六日"抄《妙法莲华经》卷二，"二"字应为"元"之误，或为"元"之"ヾ"（重文符号）；则此卷末阎玄道的结衔"朝议郎行太府寺丞"与 Дx.04930 之结衔同，俄藏非伪卷，三井写卷中之"上元二年"应为"上元元年"，Дx.04930 写卷也应为上元元年十一月廿六日之后至上元二年三月廿二日之前。

机构	姓名	经名卷几	出现卷号	时间	职责
门下省群书手	赵文审	妙三	S.4209	咸亨三年四月十五日	书手,初校(书手)
同上	程待宾	金	高博 001	咸亨三年六月七日	书手
	程[待]宾	金	北 .0653	咸亨五年四月五日	再校、三校(书手)
门下省群书手	刘大慈	妙四	S.4551	咸亨三年八月廿九日	书手,初校(书手)
门下省群书手	韩方兴	金	Дx.11013	咸亨四年正月十一日	书手
同上	封安昌	妙二	S.2573	咸亨四年九月十七日	书手
	同上	妙四	S.0312	咸亨四年九月廿一日	书手
门下省群书手	申待征	金	北 .0653	咸亨五年四月五日	书手,初校(书手)
门下省群书手	袁元悊	妙六	S.2195	上元二年十月十五日	书手
	同上	妙一	S.3361	上元三年七月廿八日	书手
门下省群书手	公孙仁约	妙三	上博 030	上元二年十月廿三日	书手
	同上	妙三	甘博 008	同上	待考
	公孙仁约	妙四	羽 006—19	上元二年十月廿八日	书手
	公孙[仁]约	金	慕尼黑个人藏	咸亨四年三月十一日	再校、三校(书手)
弘文馆楷书令史	任道	金	慕尼黑个人藏	咸亨四年三月十一日	书手,初校楷书
弘文馆楷书	任道	妙三	S.2637	上元三年八月一日	书手
弘文馆楷书	王智菀	妙一	S.4353	上元三年十一月廿三日	书手
	王智菀	妙七	S.2956	上元三年十二月廿一日	书手
弘文馆楷书	成公道	妙五	S.1048	上元三年一月五日	书手
秘书省楷书	贾敬本	金	书道博物馆	上元二年三月廿二日	书手
秘书省楷书	孙[玄]爽	妙二	上博 053	上元三年四月十九日	书手
秘书省楷书	孙玄爽	妙五	S.1456	上元三年五月十三日	书手
秘书省书手	萧元信	金	北 .0690	仪凤元年十一月十五日	初校、再校、三校
秘书省书手	田玄徽	妙五	羽 007—17	仪凤元年正月廿七日	书手
左春坊楷书	吴[元]礼	金	羽 012—7	咸亨五年五月十三日	书手
	吴元礼	金	S.036	咸亨三年五月十九日	书手
左春坊楷书	萧敬	妙三	S.0456	咸亨五年八月二日	书手
	萧敬	妙六	S.3348	上元元年九月十五日	书手
左春坊楷书	刘玄徽	妙一	上图 032	上元元年十月十日	书手

机构	姓名	经名卷几	出现卷号	时间	职责
左春坊楷书	欧阳玄悊	金	S.513	上元三年闰三月十一日	书手
群书手	敬诲	金	羽012—7	咸亨三年五月十三日	初校,再校,三校
		金	P.3278	上元三年九月十六［日］	初校,再校,三校
群书手	张崇	金	高博001	咸亨三年六月七日	初校,再校,三校
群书手	蔡义悊	金	大谷大图	咸亨四年二月十一日	书手
群书手	成公敬宾	妙二	三井八郎右卫门	上元二(元?)年十一月廿六日	书手
群书手	杨文泰	妙二	S.2181	上元三年四月十五日	书手
群书手	马元礼	妙三	S.4168	上元三年九月八日	书手
		妙四	羽045—20	上元三年九月十一日	书手
		妙七	三井八郎右卫门	上元三年九月十八日	书手
群书手	王童举	妙三	羽046—16	上元三年九月廿五日	书手
		妙五	北.0637	上元三年十月十日	书手
群书手	赵彦伯	妙三	羽046—16	上元三年九月廿五日	初校,再校,三校
		妙五	北.0637	上元三年十月十日	初校,再校,三校
群书手	赵如璋	妙六	羽009—17	上元三年十一月十三日	书手
群书手	郭敬荷	妙六	羽009—17	上元三年十一月十三日	初校,再校,三校
群书手	盖知新	妙五	羽007—17	仪凤二年正月廿七日	初校,再校,三校
(疑)群书手	张昌文	妙五	上博018（3322）	仪凤二年二月十三日	书手
书手	程君度	妙三	S.5319	咸亨二年五月廿二日	初校经生程［君］度・・・・
		金	P.3278	上元三年九月十六日	书手［经生＝书手？］
书手	萧祎	金	S.036	咸亨三年五月十九日	初校,再校,三校
		金	书道博物馆	上元二年三月廿二日	初校,再校,三校
		金	S.513	上元三年闰三月十一日	初校,再校,三校
书手	吕思明	金	Дх.11013	咸亨四年正月十一日	再校
书手	张礼	金	Дх.11013	咸亨四年正月十一日	三校

机构	姓名	经名卷几	出现卷号	时间	职责
书手	盖新（疑与羽007—17之盖知新为同一人？）	金	大谷大图	咸亨四年二月十一日	初校，再校，三校
书手	由吾巨言	金	北.0623	咸亨四年四月廿八日	书手
书手	裴约	金	北.0623	咸亨四年四月廿八日	书手，初校、再校、三校
书手	刘弘珪	金	北.0690	仪凤元年十一月十五日	书手
书手	刘意师	妙二	S.3094	仪凤二年五月廿一日	书手
书手	刘俨	妙二	S.3094	仪凤二年五月廿一日	初校，再校，三校
经生	郭德	妙五	S.084	咸亨二年十月十日	书手，初校
经生	郭德	妙四	S.3079	咸亨二年十月十二日	书手，初校
经生	王思谦	妙六	敦博55	咸亨三年二月廿一日	书手，初校
经生	王思谦	妙二	P.4556	咸亨三年二月廿五日	书手，初校
经生	王[思]谦	妙三	P.2644	咸亨三年三月七日	书手，初校
经生	田无择	妙四	津艺002（53.5.17）	咸亨三年五月二日	书手，初校

说明：1.①门下省群书手8人；②弘文馆楷书令史3人；③秘书省楷书4人；④左春坊楷书4人；⑤群书手12人；⑥书手8人（内盖新与盖知新为同一人）；⑦经生3人；共43人。①②③④共19人，均应为"楷书令史"，即《唐六典》、两唐书《职官志》、《百官志》中之流外官，专门抄写公文，而装潢解善集、王恭也在此流外官之中。

2. 群书手、书手也应是"楷书令史"，只是三名"经生"身份不敢遽定。

附录三：校经僧所在寺院一览表（以笔划为序）

寺院名称	所在长安坊名	僧名	校次	出现卷号	时间	《妙》卷几
大庄严寺 怀福二见 慧澄二见 戚表三见	永阳坊半以东 ［考4/127页］	怀福	初校	S.2573	咸亨四年九月十七日	妙二
		怀福	初校	S.0312	咸亨四年九月廿一日	妙四
		戚表	初校，再校	S.4168	上元三年九月八日	妙三
		慧澄	三校	S.4168	同上	同上
		戚表	初校，再校	羽045—20	上元三年九月十一日	妙四
		慧澄	三校	羽045—20	同上	同上
		戚表	初校，再校，三校	三井八郎右卫门	上元三年九月十八日	妙七
大总持寺	永阳坊半以西 ［考4/127页］	大道	再校	S.5319	咸亨二年五月廿二日.	妙三
		智安	三校	S.5319	同上	同上
化度寺 法界二见	义宁坊南门之东 ［考4/123页］	法界	初校，再校，三校	S.1456	上元三年五月十三日	妙五
				上博053	上元三年四月十九日	妙二
弘福寺 惠伦二见	修德坊西北隅 ［考4/102页］	惠伦	再校、三校	S.4353	上元三年十一月廿三日	妙一
		惠伦	再校、三校	S.2956	上元三年十二月廿一日	妙七
西明寺 玄真二见 法显二见 怀瓒二见	延康坊西南隅 ［考4/109页］ 行轨、符轨疑为一人，待考。	怀昶	三校	上图032	上元元年十月十日	妙一
		玄真	再、三校	S.2573	咸四年九月十七日	妙二
		行轨	再校	S.0456	咸五年八月二日	妙三
		怀瓒	三校	S.0456	同上	同上
		法显	再校	S.3079	咸二年十月十二日	妙四
		思偘	三校	S.3079	同上	同上
		玄真	再校、三校	S.3012	咸四年九月廿一日	妙四
		法显	再校	S.084	咸二年十月十日	妙五
		普定	三校	S.084	咸二年十月十日	妙五
		符轨	再校	S.3348	上元元年九月廿五日	妙六
		怀瓒	三校	S.3348	同上	同上
清禅寺 疑成二见	兴庆坊南门之东 ［考3/82页］	疑成	初校	S.4353	上元三年十一月廿三日	妙一
		疑成	初校	S.2956	上元三年十二月廿一日	妙七
慈门寺	延寿坊南门之西 ［考4/109页］	怀素	初校	上图032	上元元年十月十日	妙一
		无及	初校	S.2637	上元三年八月一日	妙三
普光寺 玄遇二见	颁政坊南门之东 ［考4/104页］	玄遇	初、再、三校	上博030	上元二年十月廿三日	妙三
		玄遇	初、再、三校	羽006—19	上元二年十月廿八日	妙四

寺院名称	所在长安坊名	僧名	校次	出现卷号	时间	《妙》卷几
胜光寺	光德坊西南隅 ［考4/107页］	行礼	再校	S.4551	咸三年八月廿九日	妙四
		惠冲	三校	S.4551	同上	同上
经行寺 仁敬二见 思忠二见	崇化坊东门之北 ［考4/125页］	仁敬	再校	P.4456	咸三年二月廿五日	妙二
		思忠	三校	P.4456	同上	同上
		仁敬	再校	P.2644	咸三年三月七日	妙三
		思忠	三校	P.2644	同上	同上
		归真	再校	敦博55	咸三年二月廿一日	妙六
		思道	三校	同上	同上	同上
福林寺 ［咸亨三年 改福林寺］ 智彦二见	安定坊西南隅 ［考4/114页］	智藏	再校	S.4209	咸亨三年四月十五日	妙三
		智兴	三校	同上	同上	同上
		智彦	初校	S.0456	咸亨五年八月二日	妙三
		智彦	初校	S.3348	上元元年九月廿五日	妙六
会昌寺	金城坊西南隅 ［考4/116页］	玄福	初校	S.2181	上元三年四月十五日	妙二
		藏师	再校	S.2181		
		儒海	三校	S.2181		
慧日寺 义威二见	怀德坊东门之北 ［考4/125页］	义威	初、再、三校	S.3361	上元三年七月廿八日	妙一
		义威	初、再、三校	P.2195	上元二年十月十五日	妙六
实际寺	太平坊西南隅 ［考4/97页］考 作寶际寺	道深	初、再、三校	三井八郎右卫门	上元二年十一月廿六日	妙二
		文誓	初、再、三校	京都博	上元二年十二月七日	妙三
禅林寺	兴庆坊东南隅 ［考3/83页］	慧智	初、再、三校	S.1048	上元三年十一月五日	妙五
寶刹寺	崇仁坊北门之东 ［考3/53页］	道善	再、三校	S.2637	上元三年八月一日	妙三
醴泉寺	醴泉坊十字街北 之西，因出醴泉 名坊、名寺 ［考4/114页］	文璟	再校	津艺002	咸亨三年五月二日	妙四
		玄静	三校	同上	同上	同上

　　说明：《妙》经的校经僧共得39（38？）人，有十二人二见，一人三见。而现存写卷约占二万一千卷的2%。四十件左右，以抽样调查来说稍弱，但也可以找出一些明显特点：

　　①　本表中寺院所在长安坊名，均据徐松《唐两京城坊考》（中华书局，1985年8月出版），"考"即指此书，前一数字为卷数，后一数字为页码。17寺中，清禅寺、禅林寺、宝刹寺在朱雀街东，其余14寺在街西；太原寺在休祥坊。校经僧人所在寺院集中在长安西部（14/17）；东部只有3寺3人（3/39人）。

　　②　西明寺最多，达8（或7）人，可能与玄奘原译场在西明寺有关或寺大人众有关。

　　③　校经僧可能属临时性抽调，如：大庄严寺威表、慧澄三件在上元三年九月八日、九月十一日、九月十八日；弘福寺惠伦在上元三年十一月廿三日、十二月廿一日；西明寺行轨、怀瓒在咸亨五年八月二日、上元元年九月廿五日，法显在咸亨二年十月十日、十月十二日；普光寺玄遇在上元二年十月廿三日、十月廿八日；经行寺仁敬、思忠在咸亨三年二月廿五日、三月七日等，可见校经僧属临时抽调性，集中工作一段，不知是由长安僧正亦或鸿胪寺管理，或者由抄经使与太原寺主、上座共同协商抽调。

　　④　Дх.04930《妙法莲华经》某卷的初校、再校、三校为实际寺僧怀恽。

附录四：1.《金刚经》一览表（已知十四号）

文献卷号	抄写时间	书手	用纸	装潢手	初校	再校	三校	详阅	判官	使
S.7236 "序"不全	不详		存一纸							
S.5710 "序"不全	不详		存半纸							
羽012—7 杏雨书屋	咸亨三年（672）五月十三日	左春坊楷书吴[元]礼	12张 现存七纸	解善集	群书手 敬海	群书手 敬海	群书手 敬海	大原寺大德神符 大原寺大德嘉尚 大原寺主慧立 大原寺上座道成	少府监掌冶 署令向义 感	大中大夫守工部侍郎永兴县开国公虞昶
S.036	咸亨三年（672）五月十九日	左春坊楷书吴元礼	12张	解善集	书手 萧祐	书手 萧祐	书手 萧祐	同上	同上	同上
高博001 目睹	咸亨三年（672）六月七日	门下省群书手程待宾	20张（笔误应为12）今12纸全	解善集	群书手 张崇	群书手 张崇	群手书 张崇	同上	同上	同上
Дх.11013	咸亨四年（673）正月十一日	门下省群书手韩方兴	12张	解[善]集	书手 韩方	书手 吕思明	书手 张礼	同上	同上	同上
大谷大图 池田温"疑"	咸亨四年（673）二月十一日	群书手蔡义悊	12张	解[善]集	书手 盖新	书手 盖新	书手 盖新	同上	同上	同上
慕尼黑个人藏Asianica（F.weller Fest schrift）156页	咸亨四年（673）三月十一日	弘文馆楷书令支任造	12张	解[善]集	楷（初）校楷书·任造	书手 公孙[仁]约	书手 公孙[仁]约	同上	同上	同上
北0623 目睹	咸亨四年（673）十月廿八日	书手由吾巨言	12张 现存七纸	解善集	书手 裴约	书手 裴约	书手 裴约	同上	少府监掌冶 署令向义 感	大中大夫兼检校将作少匠永兴县开国公虞昶

唐代咸亨至仪凤中宫廷写经机构研究

文献卷号	抄写时间	书手	用纸	装潢手	初校	再校	三校	详阅	判官	使
北0653 目睹	咸亨五年（674）四月五日	门下省群书手申待征	12张 现存十纸	解[善]集	书手申[待]征	书手程[待]宾	书手程[待]宾	同上	司农寺上林署令李善德	大中大夫兼检校将作少匠永兴县开国公虞昶
书道博物馆	上元二年（675）三月廿二日	秘书省楷书贾敬本	12张	解善集	书手萧祎	书手萧祎	书手萧祎	同上	同上	朝散大夫守尚舍阁玄道
S.513	上元三年（676）闰三月十一日	左春坊楷书欧阳玄悊	12张	解善集	书手萧祎	书手萧祎	书手萧祎	同上	同上	朝散大夫守（尚）舍阁玄道
P.3278	上元三年（676）九月十八[日]	书手程君度	12张	解[善]集	群书手敌海	群书手敌海	群书手敌海	太原寺大德神符 太原寺大德嘉尚 太原寺主慧立 太原寺上座道成	司农寺上林署令李[善]德	朝散大夫守尚舍阁玄道
北0690 目睹	仪凤元年（676）十一月十五日	书手刘弘珪	12张 现存九张半	解[善]集	秘书省书手萧元信	秘书省书手萧元信	秘书省书手萧元信	同上	司农寺上林署令李善德	同上

说明：1. 已知咸亨至仪凤中《金刚般若波罗蜜经》共有14个编号，其中四件目睹；抄写时间为咸亨三年（672）五月十三日（羽012—7）至仪凤元年（676）十一月十五日（北0690），时间跨度为五年。

2. 书手中明确身份的有左春坊楷书吴元礼，门下省群书手程待宾、弘文馆书令史任道，门下省群书手韩方兴，门下省群书手申待征，秘书省楷书贾敬本，左春坊楷书欧阳玄悊，秘书省书手萧元信，是专门抄写政府公文的"流外官员"，用来抄"两部佛经"。

3. 初校、再校、三校均为"书手"。

4. 在抄经列位中有错字、漏字，以北0623为最，我曾怀疑其伪，见存卷后认为可能是"书手之错误"。

5. S.7236仅一纸，S.5710仅半纸，为残"序"，二件均不知该与哪一件抄本相接？

6. "详阅"四人在十二卷中均相同，可见太原寺高僧大德的职责。

附录四：2.《妙法莲华经》序及卷一（用纸18张，已知六号）

文献卷号	抄写时间	书手	用纸	装潢手	初校	再校	三校	详阅	判官	使
P.3788	首行"序"残十字，据P.2385v可以补足；图后半部残，自"抄写时间"以下信息俟。							但为此次宫廷写经无疑。		
P.4621	残，存下半截十七行，字体、行款格式（含平阙）与P.3788同，因为一纸，其余信息俟。							但为宫廷抄"序"。		
中国文物研究所	残，在十八行，第一行残存"字太师"二字，其余十七行亦好，格式同P.3788；启功定为宫廷写卷，可从。									
P.2385v（参）	在此卷中部，十九行，行二十字，非宫廷抄本，但P.3788所缺十字据此可补足。							此卷将P.3788的平出略为"阙"。		
上图032（812438）	上元元年（674）十月十日	左春坊楷书刘玄徽	18张	解善集	慈门寺僧怀素	禅林寺僧道员	西明寺僧怀琬	太原寺大德神符 太原寺大德嘉尚 太原寺寺主慧立 太原寺上座道成	司农寺上林署令[李善]德	大中大夫守工部侍郎永兴县开国公虞昶监
S.3361	上元元年（674）七月廿八日	门下省书手袁元悫	18张	解善集	慧日寺义威	慧日寺义威	慧日寺义威	同上	司农寺上林署令[李善]德	朝散大夫守尚舍奉御阎玄道监
S.4353	上元三年（676）十一月廿三日	弘文馆楷书王智菀	18张	解善集	清禅寺僧疑成	弘福寺僧惠伦	弘福寺僧惠伦	同上	同上	同上

西域敦煌出土文献研究

唐代咸亨至仪凤中宫廷写经机构研究

冯其庸先生从事教学与科研六十周年庆贺学术文集

附录四：3.《妙法莲华经》卷二（用纸20张，已知六号）

文献卷号	抄写时间	书手	用纸	装潢手	初校	再校	三校	详阅	判官	使
P.4556	咸亨三年(672)二月廿五日	经生王思谦	20张	解[善]集	经生王思谦	经行寺僧仁敬	经行寺僧思忠	大原寺大德嘉尚　大原寺大德神符　大原寺主慧立　大原寺上座道成	少府监掌冶署令 向义感	大中大夫守工部侍郎永兴县开国公虞昶监
S.2573	咸亨四年(673)九月十七日	门下省群书手封安昌	20张	解[善]集	大庄严寺怀福	西明寺僧玄真	西明寺僧玄真	大原寺大德嘉尚　大原寺大德神符　大原寺上座道成　大原寺上座道成	司农寺上林署令 李[善]德	大中大夫[守]工部侍郎永兴县开国公虞昶监
三井八部右卫门	上元二年(675)十一月廿六日	群书手成公敬宾	20张	解善集	实际寺僧道深	实际寺僧道深	实际寺僧道深	大原寺大德嘉尚　大原寺大德神符　大原寺主慧立　大原寺上座道成	司农寺上林署令 李[善]德	使朝议郎行大府寺丞阎玄道监
S.2181	上元三年(676)四月十五日	群书手杨文泰	20张	解[善]集	会昌寺僧玄福	会昌寺僧藏师	会昌寺僧偏海	大原寺大德嘉尚　大原寺大德神符　大原寺主慧立　大原寺上座道成	同上	朝散大夫守尚舍奉御阎玄道监
上博053(44958)	上元三年(676)四月十九日	秘书省楷书孙[玄]爽	20张	解[善]集	化度寺僧法界	化度寺僧法界	化度寺僧法界	同上	同上	同上
S.3094 按：慧立卒，五华寺主慧德接任太原寺主。	仪凤二年(677)五月廿一日	书手刘伊师	21张	解善集	书手刘伊	书手刘伊	书手刘伊	大原寺大德嘉尚　大原寺大德神符　大原寺主慧德　大原寺上座道成	上林署令 李[善]德	朝散大夫守尚舍奉御阎玄道监

说明：S.2573"详阅"误抄两次"大原寺上座道成"，其第一次应为"大原寺主慧立"。

附录四：4.《妙法莲华经》卷三（用纸19张，已知十号，上博030和甘博008要再核纸张、行款等定真伪）

文献卷号	抄写时间	书手	用纸	装潢手	初校	再校	三校	详阅	监	判官	使
S.5319	咸亨三年(672)五月廿二日	书手程君度	麻纸19张	装潢手王恭	经生程[君]度	大总持寺僧大道	大总持寺僧智安	大德灵辩 / 大德嘉尚 / 大德玄则 / 大德持世 / 大德薄尘 / 大德德珍	大原寺主慧立监 / 大原寺上座道成监	少府监掌冶署令向义感	大中大夫行少府少监兼检校将作少匠承兴县开国公虞昶监
P.2644	咸亨三年(672)七月七日	经生王[思]谦	19张(存一纸)	原卷漏书	经生王思谦	经行寺僧仁敬	经行寺僧思忠	大原寺大德神符 / 大原寺大德嘉尚 / 大原寺主慧立 / 大原寺上座道成		同上	大中大夫守工部侍郎永兴县开国公虞昶监
S.4209	咸亨三年(672)四月十五日	门下省群书手赵文审	小麻纸19张	解[善]集	书手赵文审	福林寺僧智藏	福林寺僧智兴	同上		同上	同上
S.0456	咸亨五年(674)八月二日	左春坊楷书萧敬	19张	解[善]集	福林寺僧智彦	西明寺僧行杌	西明寺僧怀赞	同上		司衣寺上林署令李善德	同上
上博030	上元二年(675)十月廿三日	门下省群书手公孙仁约	麻纸19张	解[善]集	普光寺僧玄遇	普光寺僧玄遇	普光寺僧玄遇	同上		司衣寺上林署令李[善]德	朝散大夫守尚舍奉御阎玄道监
☆甘肃博008	上元二年十月廿三日	公孙仁约	（甘肃敦煌文献第4卷56—65页）只余一行"上元二年十月廿三日公孙仁约"写，与上博030关系如何，须再核纸张……）								
京都博	上元二年十二月七日	书手赵玄详	19张	解[善]集	实际寺僧文瓒	实际寺僧文瓒	实际寺僧文瓒	同上		司衣寺上林署令李[善]德	同上
S.2637	上元三年(676)八月一日	弘文馆楷书任道	19张	解善集	慈门寺僧无及	宝利寺僧道善	宝利寺僧道善	同上		司衣寺上林署令李善德	同上
S.4168	上元三年九月八日	群书手马元礼	19张	解善集	大庄严寺僧威表	大庄严寺僧威表	大庄严寺僧惠澄	同上		同上	同上
羽046-16	上元三年九月廿五日	群书手王童举	麻纸19张	解善集	书手赵彦伯	书手赵彦伯	书手赵彦伯	同上		司衣寺上林署令李[善]德	朝散大夫守尚舍奉御阎玄道监

唐代咸亨至仪凤中宫廷写经机构研究

附录四：5.《妙法莲华经》卷四（用纸22张，已知六号）

文献卷号	抄写时间	书手	用纸	装潢手	初校	再校	三校	详阅	判官	使
S.3079	咸亨二年(671)十月十二日	经生郭德	22张	解善集	经生郭德	西明寺僧法显	西明寺僧恩品	太原寺大德神符 太原寺大德嘉尚 太原寺主慧立 太原寺上座道成	少府监掌冶署令向义感	太中大夫行少府少监检校将作少匠永兴县开国公虞昶[监]
津艺002(53.5.17)	咸亨三年(672)五月二日	经生田无择	22张	解[善]集	经生田无择	醴泉寺僧文琮	醴泉寺僧玄静	同上	同上	太中大夫守工部侍郎兴县开国公虞昶监
S.4551	咸亨三年八月廿九日	门下省群书手刘大慈	22张(存17纸)	解善集	书手刘大慈	胜光寺僧行礼	胜光寺僧惠冲	同上	同上	同上
S.0312	咸亨四年(673)九月廿一日	门下省群书手封安昌	22张	解[善]集	大庄严寺僧怀福	西明寺僧玄真	西明寺僧玄真	同上	司农寺上林署令李[善]德	太中大夫守工部侍郎兵部侍郎兴县开国公虞昶监
羽006—19	上元二年(675)十月八日	门下省群书手公孙仁约	22张(存19纸)	解[善]集	普光寺僧玄逷	普光寺僧玄逷	普光寺僧玄逷	同上	同上	朝散大夫守尚舍奉御阎玄道监
羽045—20	上元三年(676)九月十一日	群书手马元礼	22张(存20纸)	解善集	大庄严寺僧威表	大庄严寺僧威表	大庄严寺僧惠澄	太原寺大德神符 太原寺大德嘉尚 太原寺主慧立 太原寺上座道成	司农寺上林署令李[善]德	同上

附录四：6.《妙法莲华经》卷五（用纸21张，存六号，上博018号应存疑）

文献卷号	抄写时间	书手	装潢手	用纸	初校	再校	三校	详阅	判官	使
S.084	咸亨二年(671)十月十日	经生郭德	解善集	21张	经生郭德	西明寺僧法显	西明寺僧善定	大原寺大德神符 大原寺大德嘉尚 大原寺寺主慧立 大原寺上座道成	少府监掌冶署令向义感	大中大夫行少府少监检校将作少匠永兴县开国公虞昶[监]
S.1456	上元三年(676)五月十三日	秘书省楷书孙玄爽	解[善]集	21张	化度寺僧法界	化度寺僧法界	化度寺僧法界	同上	司农寺上林署令李[善]德	朝散大夫守尚舍奉御阎玄道监
北0637目睹	上元三年十月十日	群书手王童率	解善集	21张（存15纸）	群书手赵彦伯	群书手赵彦伯	群书手赵彦伯	同上	同上	同上
S.1048	上元三年十一月五日	弘文馆楷书成公道	解善集	21张	禅林寺僧慧智	禅林寺僧慧智	禅林寺僧慧智	同上	同上	同上
羽007–17	仪凤二年(677)正月廿七日	秘书省书手田玄徽	解善集	21张（存17纸）	群书手盖知新	群书手盖知新	群书手盖知新	同上	同上	同上
上博018(3322)	仪凤二年二月十三日	群书手张昌文		20张						

图版见《上博……文献》第 1 册 176—180 页；启功观题以为唐人写经；
池田温《识语》存疑；还得查核照片，甚至原卷；用纸 20 张也与以上五份文献 21 张不同，故存疑。

附录四：7.《妙法莲华经》卷六（用纸20（1）张，已知四号）

文献卷号	抄写时间	书手	用纸	装潢手	初校	再校	三校	详阅	判官	使
敦博55	咸亨三年（672）二月廿一日	经生王思谦	20张	解善集	经生王思谦	经行寺僧归真	经行寺僧思道	大原寺大德神符 大原寺大德嘉尚 大原寺寺主慧立[上]座 大原寺上座道成	少府监掌冶署令向义感	大中大夫守工部侍郎求兴县开国公虔视监
S.3348	上元元年（674）九月廿五日	左春坊楷书萧敬	20张	解[善]集	福林寺僧智彦	西明寺僧符轨	西明寺僧怀贽	[大原寺大德]嘉尚 大原寺大德神符 大原寺寺主慧立上座 大原寺上座道成	司农寺上林署令李善德	大中大夫守工部侍郎求兴县开国公虔视监
P.2195	上元二年（675）十月十五日	门下省书手袁元悫	20张	解善集	慧日寺义威	慧日寺义威	慧日寺义威	大原寺大德神符 大原寺大德嘉尚 大原寺寺主慧立 大原寺上座道成	司农寺上林署令李[善]德	朝散大夫守尚舍奉御阎玄道监
羽009-17	上元三年（676）十一月十三日	群书手赵如珪	麻纸21张（存17纸）	解善集	群书手郭敬祊	群书手郭敬祊	群书手郭敬祊	同上	同上	同上

说明：S.3348抄写经列位第七行之后残，自"大原寺大德嘉尚"，以下五行据上图032（抄手上元元年十月十日）《妙》卷一之抄经列位补足。

冯其庸先生从事教学与科研六十周年庆贺学术文集

国学的传承与创新

附录四：8.《妙法莲华经》卷七（用纸17张，已知三号）

文献卷号	抄写时间	书手	装潢手	初校	再校	三校	详阅	判官	使
三井八部右卫门	上元三年(676)九月十八日	群书手马元礼	解善集	大庄严寺僧威表	大庄严寺僧威表	大庄严寺僧威表	大原寺大德神符 大原寺大德嘉尚 大原寺主慧立 大原寺上座道成	司农寺上林署令李[善]德	朝散大夫守尚舍奉御阎玄道监
S.2956	上元三年十二月廿一日（677年1月30日，据张培瑜书校定，作676年误。）	弘文馆楷书王智菀	解善集	清禅寺僧疑成	弘福寺僧惠伦	弘福寺僧惠伦	同上	同上	同上
Дx.00160 目睹	上元（以下残）								

此卷下半残失，在"《妙法莲华经》卷七"一行之后，抄经列位只剩上端1～2字，第一行存"上元"二字；第11，12行以后残，不见判官、使的任何一字，但此卷必属宫廷写经无疑。图版见《俄藏敦煌文献》第六册，第106—107页。

附录四：9.《妙法莲华经》（卷二或卷六抄经列位残片）

文献卷号	抄写时间	书手	装潢手	初校	再校	三校	详阅	判官	使
Дx.04930	图版见《俄藏敦煌文献》第11册第361页，Дx.04930号残页。笔者撰有《俄藏三件敦煌宫廷写经初步研究》一文（即刊），对这片残页的抄经列位进行考订，认为此残页应抄于上元二年十月十日之后至上元二年三月廿二日之前，而，Дx.00160《妙》七抄经列位残存"上元"二字，据两号图版反复观察，Дx.04930与Дx.00160很可能为同一件写卷，即，Дx.00160为《妙》七的抄经列位，详细论证可多见笔者上引即刊文，此处不作详论。								

唐代咸亨至仪凤中宫廷写经机构研究

安禄山身世之推测

沈睿文

（北京大学考古文博学院）

长安三年癸卯正月一日（703 年 1 月 22 日）[①]白天,安禄山出生；至德二年正月五日（757 年 1 月 29 日）,安禄山被其子安庆绪与阉侍李猪儿等人合谋弒杀,终年五十五岁。[②]奇怪的是,虽名扬古今中外,但关于安禄山的身世与早年经历,史载却语焉不详。[③]《新唐书》本传载:

> 安禄山,营州柳城胡也,本姓康。母阿史德,为觋,居突厥中,祷子于轧荦山,虏所谓斗战神者,既而妊。及生,有光照穹庐,野兽尽鸣,望气者言其祥,范阳节度使张仁愿遣搜庐帐,欲尽杀之,匿而免。母以神所命,遂字轧荦山。少孤,随母嫁虏将安延偃。开元初,偃携以归国,与将军安道买亡子俱来,得依其家,故道买子安节厚德偃,约两家子为兄弟,乃冒姓安,更名禄山。[④]

---

① 崔明德认为安禄山生于公元 702 年。详所撰《安禄山出生年代考》,《史学月刊》1986 年第 2 期,第 117 页。官桂铨认为崔氏的推算有误,安禄山应出生于公元 703 年。详所撰《安禄山出生于七〇三年》,《史学月刊》1986 年第 4 期,第 39 页。又可参任士英《安禄山生年小考》,《唐史论丛》第四辑,三秦出版社,1988 年,第 177—179 页。按,官桂铨、任士英说当是。

② （唐）姚汝能撰,曾贻芬点校《安禄山事迹》,《开元天宝遗事·安禄山事迹》,中华书局,2006 年,第 108 页。

③ 关于安禄山种族与身世的研究状况,详荣新江《安禄山的种族与宗教信仰》,原载《第三届唐代学术研讨会论文集》,1997 年；此据所撰《中古中国与外来文明》,生活·读书·新知三联书店,2001 年,第 222—223 页。

④ （宋）欧阳修、宋祁《新唐书》卷二二五上,中华书局点校本,1975 年,第 6411 页。

姚汝能①《安禄山事迹》的记载与此大同：

> 安禄山，营州杂种胡也，小名轧荦山。母阿史德氏，为突厥巫，无子，祷轧荦山神，应而生焉。是夜赤光傍照，群兽四鸣，望气者见妖星芒炽落其穹庐。时张韩公使人搜其庐，不获，长幼并杀之。禄山为人藏匿，得免。怪兆奇异不可悉数，其母以为神，遂命名轧荦山焉。突厥呼斗战神为轧荦山。少孤，随母在突厥中。母后嫁胡将军安波注兄延偃。史思明令伪史官官覆一譔（撰）《禄山墓志》云，祖讳逸偃，与此不同。②

《资治通鉴》则更为简略，说：

> 安禄山者，本营州杂胡，初名阿荦山。其母，巫也；父死，母携之再适突厥安延偃。会其部落破散，与延偃兄子思顺俱逃来，故冒姓安氏，名禄山。③

归纳起来，文献所载安禄山童年主要有如下三个方面的内容：

第一，从安禄山出生时，范阳节度使张仁愿遣搜庐帐来看，推测安禄山很可能出生在营州柳城。这应也是文献称之为"营州杂种胡"的缘故。唐人当日习称九姓胡为杂种胡。杂种之目非仅混杂之通义，实专指某一类种族而言也。④具体言之，在唐代文献中出现的带有"胡"字的名词，绝大多数应当是指粟特胡人。⑤据此安禄山很可能是粟特胡。

第二，安禄山少孤，且不知生父何许人也。惟知禄山本姓康，即其生父当为康姓粟特人。其母为阿史德氏，突厥女巫。安禄山是其母阿史德氏向轧荦山神祈祷求子而得的，白天出生后，当夜有妖祥。"赤光傍照，群兽四鸣，望气者见妖星芒炽落其穹庐，怪兆奇异不可悉数"，颇具圣贤帝君降生之神话色彩。其母阿史德氏认为是神的授命，遂以"轧荦山"（或"阿荦山"）为名。"禄山"与"轧荦山"（或"阿荦山"）音同。之所以省去"阿"字，犹如

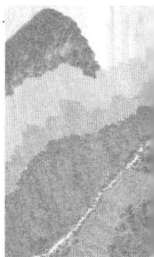

---

① 陈尚君考证姚汝能为唐会昌末乡贡进士，大中后为华阴尉，及与喻坦之游。《安禄山事迹》为其任华阴尉时撰，时距安史之乱已百年左右。详所撰《〈安禄山事迹〉的成书年代》，《中华文史论丛》2008年第2期，第48页。

② 《安禄山事迹》，《开元天宝遗事·安禄山事迹》，第73页。

③ （宋）司马光《资治通鉴》卷二一四，开元二十四年"张守珪使平卢讨击使、左骁卫将军安禄山讨奚、契丹判者"条，中华书局，1956年，第6816页。

④ 陈寅恪《以杜诗证唐史所谓杂种胡之义》，所撰《陈寅恪·金明馆丛稿二编》，生活·读书·新知三联书店，2001年，第57—59页。

⑤ 荣新江认为：广义的胡人是指西北地区的所有外蕃人，而狭义的胡人主要是指伊朗系统的胡人，具体来说，狭义的胡人主要指的是操伊朗语的波斯胡、粟特胡、西域胡（塔里木盆地绿洲王国之人），胡人更狭窄的意思才是指粟特人。详所撰《何谓胡人——隋唐时期胡人族属的自认与他认》，载樊英峰主编《乾陵文化研究》第4辑，三秦出版社，2008年，第3—4页。

"阿罗汉"仅称"罗汉"一般。[①] "轧荦山"一语实为粟特语 roxšan-（rwxsn-rwγšn）的音译，意为"光明、明亮"。[②] 现知"轧荦山"、"禄山"皆为地地道道的粟特名字，从波斯语转入粟特语，从贵族流向民间，其普遍与普通如同另一胡名"槃陁"一般。[③] 因此，根据"光明、明亮"之义，我们只能说在某种程度上反映了安禄山的宗教色彩，如同我们从众多的名为"禄山"的胡人所能得到的判断一样。[④]

既如此，"轧荦山"一词为何又指"斗战神"呢？《安禄山事迹》有言"禄山醉卧，化为一黑猪而龙首"，又载唐玄宗曾"于御座东间为（禄山）设一大金鸡帐"。[⑤] 公野猪为斗战神的化身之一，[⑥] 金鸡应即斯劳沙（Sraosha）的圣禽。由此可知安禄山确被视为斗战神，而这种印象的出现恐怕还是源自现实。即，安禄山自比为斗战神。

战斗力在军队中至关重要，自不待言。对于发动安史之乱的军队而言，尤为如此。安禄山为唐代河北地区的政教、军事领袖，其所辖胡人（化）集团多信奉祆教。面对安史之乱前后之政治态势，安禄山虽曾利用各种宗教团结民众，[⑦] 但以祆教斗战神自比号召军队属自然之理。正是"斗战神"与安禄山的紧密结合，使得"轧荦山"的词义衍生出"斗战神"之意，从而出现了将"roxšan-（rwxsn-rwγšn）"的意义转移为"斗战神"的情况，而恐非突厥语中"斗战神"一义的发音为"轧荦山"。

至此，为何同样名为"禄山"的安禄山出生时却有"赤光傍照"、"妖星芒炽落其穹庐"之光明便可了然。这是因为在祆教中，所谓斗战神之火便是最高级的圣火，[⑧] 且斗战神在《阿维斯陀》中是"最璀璨的灵光"（Bahrâm Yast Ⅰ.3）。[⑨] 在斗战神颂歌《Bahrâm Yast》中，

---

① 陈寅恪《〈三国志·曹冲华佗传〉与佛教故事》，所撰《陈寅恪集·寒柳堂集》，生活·读书·新知三联书店，2001 年，第 179 页。文献中也见有名叫"阿禄山"的粟特人。如，《华严经传记》所记调露二年（680）被冥道误追的雍州万年县人康阿禄山。《华严经传记》为出自康居的京兆崇福寺僧沙门法藏所集，此康阿禄山疑是康国人。详向达《唐代长安与西域文明》，生活·读书·新知三联书店，1987 年，第 16 页。

② 其说引见 Edwin G. Pulleyblank, *The Background of the Rebellion of An Lu—shan*, London, Oxford University Press, 1955, pp.15—16. 对"轧荦山"一词对音的讨论可见：王小甫《拜火教与突厥兴衰——以古代突厥斗战神研究为中心》，《历史研究》2007 年第 1 期，第 24—40 页；钟焓《安禄山等杂胡的内亚文化背景》，《中国史研究》2005 年第 1 期，第 68—69 页。

③ 胡名"禄山"的复现率很高，蔡鸿生曾有梳理。详所撰《唐代九姓胡与突厥文化》，中华书局，1998 年，第 38—39 页。

④ 又如，史思明的本名"窣干"，应当和"轧荦山"一样，是粟特语的音译，其意或许就是玄宗改名的"思明"。吐鲁番出土摩尼教中古波斯文《沙卜拉干》残卷（M506、M7981）中，有 Swc'gyn 一词，意为"燃烧，发光"，很可能是"窣干"的原语。详荣新江《安禄山的种族与宗教信仰》，第 229 页脚注［2］。

⑤ 《安禄山事迹》，《开元天宝遗事·安禄山事迹》，第 77、78 页。

⑥ 王小甫，同上揭文，第 31 页。

⑦ 尤李《〈悯忠寺宝塔颂〉考释——兼论安禄山、史思明宗教信仰的多样性》，《文史》2009 年第 4 期，第 107—132 页。

⑧ Mary Boyce, *Zoroastrians: Their Religious Beliefs and Practices*, London etc., Routledge and Kegan Paul, 1979, PP. XV, 64-65. 王小甫，同上揭文，第 28 页。

⑨ *The Zend-Avesta*, in *Sacred Books of The East*, Part Ⅱ, Edited by Max Müller, Motilal Banarsidass, 1988, pp.232.

便对斗战神化身之一 Varaghna / Vareghna 鸟颂赞道:"斗战神就这样来了,带着马兹达创造的善惠灵光,那马兹达创造的光华。"(Bahrâm Yast Ⅶ.21)[①] 这些跟安禄山出生时所具光明的妖祥恰可勘合。

实际上,安禄山此举与东征的亚历山大帝及罗马皇帝自比为赫拉克利斯[②] 如出一辙。赫拉克利斯为希腊神话世界中英雄之最,亦可谓极具战斗力之神祇。可见,安禄山自命为祆教斗战神之举实承自西土之传统,而该传统在安禄山身上得以体现则与其种族文化不可或分。因此,我们有理由推测安禄山不仅以斗战神自居,甚而戴狮虎皮头盔以斗战神的形貌示人。[③]

第三,在营州出生后,安禄山随母亲北归漠北,其童年是随母亲在突厥部落中度过的,邵说《代郭令公请雪安思顺表》径称之为"牧羊小丑"。[④] "牧羊小丑"一语虽有因政治立场而讥的成分在,但应与安禄山童年的实情相去不远。后阿史德氏嫁安延偃[⑤] 将军,安禄山又随之进入安延偃的族落当中。这个"族落",实即漠北突厥汗国中独立的"胡部"。[⑥] 该胡部破散之后,轧荦山与胡将军安道买、安波注的子辈一起入唐。此后便冒姓安氏,名禄山,此即"安禄山"一名的由来。

何谓"冒姓"?《新唐书》卷一四五《元载传》载:"元载字公辅,凤翔岐山人。父升,本景氏。曹王明妃元氏赐田在扶风,升主其租入,有劳,请于妃,冒为元氏。"[⑦] 可知冒姓便是改易姓氏,则禄山生父断非姓"安",与安延偃并无亲属血缘关系。而在粟特人中间,孩童时的安禄山若仍被叫做"roxšan-(rwxsn-rwγšn)",[⑧] 即仅称小名"轧荦山",而并不称"康"姓,则恐是禄山生父不清所致。

要之,安禄山为"营州杂种胡",出身寒门,童年在突厥部落牧羊。但从他的粟特语名字,特别是他的出生神话来看,他身上更多的是粟特种族特征,[⑨] 且可判断他信奉祆教。安禄山更自称为"斗战神"的化身,以"斗战神"的身份与形貌来号召胡族民众,使之成为安

---

① The Zend-Avesta, in Sacred Books of The East, Part Ⅱ, pp.236—237. 译文采自王小甫,同上揭文,第 26 页。Varaghna / Vareghna 鸟又可为灵光神的化身。详悉 Mary Boyce, Textual Sources for the Studies of Zoroastrianism, Edited and Translated by Mary Boyce, The University of Chicago Press, 1999, P.30. 王小甫,同上揭文,第 25—26 页。

② 邢义田《赫拉克利斯(Heracles)在东方——其形象在古代中亚、印度与中国造型艺术中的流播与变形》,荣新江、李孝聪主编《中外关系史:新史料与新问题》,科学出版社,2004 年,第 19—22 页。

③ 唐代河北地区墓葬所出"赫拉克利斯"镇墓武士俑恐应即当时中土斗战神的形象。此已另文讨论。

④ 邵说《代郭令公请雪安思顺表》,[宋]李昉等编《文苑英华》卷六一九,中华书局,1966 年,第 3210 页下栏。

⑤ "延"、"偃"二字音同。在粟特语中,"延"字作"礼物"解,兼有"荣典、庇佑"之义。详蔡鸿生,同上揭书,第 39—40 页。

⑥ [日]护雅夫《东突厥国家内部におけるソグド人》,载所撰《古代トルコ民族史研究Ⅰ》,山川出版社,1967 年,第 61—93 页。承吴玉贵先生教示,有些突厥的同一部落同时存在于漠南、漠北。谨致谢忱!

⑦ 《新唐书》,第 4711 页。

⑧ 荣新江《安禄山的种族与宗教信仰》,第 226—227 页。

⑨ 荣新江《安禄山的种族与宗教信仰》,第 225 页。

不过,随之而来的也有几个疑问:

第一,便是女巫阿史德祷神得子的行为,与之相关联的便是安禄山生父的不明。但是否其生父确实不明呢? 天宝八载(749),唐玄宗"赐铁券,封柳城郡公。又赠延偃范阳大都督,进禄山东平郡王"。[①]在可以给父亲封官晋爵的时候,安禄山并没将这些荣耀给自己的生父,而给了养父安延偃。此举跟为提高自己出身而追封宗枝前辈、先人的做法迥异,甚而有悖。事实上,正是因为安禄山并不清楚生身父亲具体是谁,故而自然也就无从追封了。换言之,这件事情恰说明安禄山真正的生父并不清楚。

如此之大人物为何生父不明,且没有相关的任何记载? 显然,这跟安禄山营造的出生神话及其动机背道而驰。

第二,阿史德氏携子嫁人,而其新夫君安延偃将军却能不嫌弃。若依汉文化的常理,这种情况恐多难以作解。这里面究竟发生了什么事情? 其中是否有着特殊的民族和宗教文化内涵?

第三,其母阿史德氏为女巫,究竟从事何种宗教事务?

第四,女巫与将军在社会地位上迥异,则阿史德氏是因何机缘、在何场合得以接触、认识安延偃将军的?

此上都需要我们进一步来解答。

显而易见,安禄山的生父问题是解答众多疑问中的一个关键。这又必须从突厥族等游牧民族的婚姻制度谈起。这些游牧民族还保留着早期的群婚制,[②]其中又以收继婚和婚前性自由导致非婚生子的婚俗有特点。从文献记载来看,突厥族亦不例外。

突厥的婚姻制度,集中见于《隋书》和《北史》的本传。《隋书》载:

> 父兄死,子弟妻其群母及嫂。五月中,多杀羊马以祭天。男子好樗蒲,女子踏鞠,饮马酪取醉,歌呼相对。敬鬼神,信巫觋,重兵死而耻病终,大抵与匈奴同俗。[③]

又《北史》载:

> 是日也,男女咸盛服饰,会于葬所。男有悦爱于女者,归即遣人娉问,其父母多不违也。父、兄、伯、叔死,子、弟及侄等妻其后母、世叔母、嫂,唯尊者不得下淫。……[可

① 《新唐书》卷二二五上,第 6414 页。
② "群婚",广义的概念指群内群婚和群外群婚两种形式。狭义的概念仅指群外群婚,即一个群体与另一群体之间的婚姻关系;而群内群婚则称之为杂婚和血缘婚。详郭宏珍《突厥语诸族社会组织研究》,社会科学文献出版社,2008 年,第 35 页。
③ 《隋书》卷八四《突厥传》,第 1864 页。

汗]每岁率诸贵人，祭其先窟。又以五月中旬，集他人水拜祭天神。[①]

文中所谓"父兄死，子弟妻其群母及嫂"、"父、兄、伯、叔死，子、弟及侄等妻其后母、世叔母、嫂"的婚姻制度，即"烝报"，也就是社会学定义的"收继婚"。今知原始突厥语、蒙古语及通古斯语诸族中皆存在烝报习俗。[②] 此外，汉藏语系诸族亦有之。如，北魏历史上著名的邓渊之狱、崔浩国史之狱都是因为直书拓跋鲜卑早期的这些习俗而致的。[③] 足见，烝报的婚俗广泛存在于北胡和西胡诸族之中。其所以出现这种习俗的原因，一是原始群婚的遗风，一是氏族外婚制观念的反映。同时是游牧民族"恶种姓之失"，有着保持本民族或家族生产力量（人力和牲畜）的经济意义。[④]

　　共同的生活环境和生活方式，使得游牧民族在习俗上有很大的共性。从两面环绕黄河中游的黄土高原，大致东起大兴安岭南段，北以长城为界，西抵河湟地区再折向南方，沿着青藏高原东部至达云南西北部。这形成一从东北至西南的边地半月形文化传播带，并呈现出某种文化的同一性。[⑤] 如，除了烝报的婚姻制度之外，丧礼中的"劙面截耳"也长期流行于北胡和西胡各族之间，成为古代亚洲内陆殡葬文化的一大特色，它在空间和时间上的广延性，说明这种胡俗有很强的生命力。[⑥] 据研究，分布于蒙古西部及西临的图瓦、阿尔泰和新疆北部地区的带有斜纹的鹿石，很可能是祭祀活动时留下的创制。[⑦] 这些鹿石的年代相当于中国的商周之际至春秋战国时期，可见劙面习俗在上述地区很早就出现了。[⑧] 不过，从民族学的调查材料来看，这个风俗所波及的范围比上述地区还要大得多。如，涂尔干便给我们详细展示了澳洲土著部落举行该风俗的整个过程，并剖析了其所蕴含的社会学意义。[⑨]

① ［唐］李延寿撰《北史》卷九九《突厥传》，中华书局点校本，1974 年，第 3288 页。

② 冯继钦《我国阿尔泰语系诸族的收继婚述略》，《黑龙江社会科学》1995 年第 1 期，第 59—62 页。

③ 田余庆《拓跋史探》，生活·读书·新知三联书店，2003 年 3 月，第 238 页；周一良《崔浩国史之狱》，所撰《魏晋南北朝史札记》，中华书局，1985 年，第 342—350 页。

④ 周伟洲《唐代党项》，广西师范大学出版社，2006 年，第 17 页；林幹《突厥与回纥史》，内蒙古出版社，2007 年，第 142 页。

⑤ 童恩正《试论我国从东北至西南的边地半月形文化传播带》，文物出版社编辑部编《文物与考古论集》，文物出版社，1986 年，第 17—43 页。

⑥ 蔡鸿生同上揭书，第 24 页。关于该习俗在北胡与西胡的情况，可参潘玲《劙面习俗的渊源和流传》，《西域研究》2006 年第 4 期，100—104 页；那顺布和《论斯基泰劙面习俗的东传及其意义》，《北方文物》1992 年第 4 期，第 67—72 页；雷闻《割耳劙面与刺心剖腹——从敦煌 158 窟北壁涅槃变王子举哀图说起》，《中国典籍与文化》2003 年第 4 期，第 95—104 页；后该文题作《割耳劙面和刺心剖腹——粟特对唐代社会风俗的影响》，载荣新江、张志清主编《从撒马尔干到长安——粟特人在中国的文化遗迹》，北京图书馆出版社，2004 年，第 43—44 页；张庆捷《"劙面截耳与椎心割鼻"图解读》，载《乾陵文化研究》第 4 辑，第 88—89 页；李炳海《劙面风俗文献拾零》，《文献》1990 年第 3 期，第 281—283 页，等等。

⑦ 林沄《中国北方长城地带游牧文化带的形成过程》，《燕京学报》新第 14 期，北京大学出版社，2003 年，第 95—145 页。

⑧ 潘玲《劙面习俗的渊源和流传》，《西域研究》2006 年第 4 期，第 103 页。

⑨ ［英］爱弥儿·涂尔干著，渠东、汲喆译《宗教生活的基本形式》，上海人民出版社，1999 年，第 514—547 页。

实际上，在春秋战国时期，汉族也有烝报的习俗。如《左传》所载"晋侯（晋惠公）燕于贾君（太子申生之妃，惠公之嫂）"，及同书闵公二年所载"共仲（庆父，鲁庄公弟）通于哀姜（庄公夫人），哀姜欲立之"之事便是弟报嫂的例子。由是观之，烝报制度很可能是诸民族早期群婚制的一种形式。

同样地，从文献上来看，婚前性自由以及非婚生子的婚俗也应如此，并非是游牧民族等非汉族独有的婚姻制度。

婚前性自由的习俗，在文献中不见突厥该习俗的直接记载，所幸其"大抵与匈奴同俗"。而匈奴别种的稽胡给我们留下了一些线索。《周书》卷四九《稽胡传》云：

> 稽胡一曰步落稽，盖匈奴别种。……俗号淫秽，处女尤甚。将嫁之夕，方与淫者叙离，夫氏闻之，以多为贵。既嫁之后，颇亦防闲，有犯奸者，随事惩罚。又兄弟死，皆纳其妻。[1]

引文中所谓"俗号淫秽，处女尤甚。将嫁之夕，方与淫者叙离，夫氏闻之，以多为贵"说的便是婚前性自由的习俗。因此可言，匈奴、突厥皆有此风。该习俗跟收继婚、割耳剺面一样，同样存在于多个民族之中，这些民族的青年男女在婚前普遍享有某种程度的性自由，由此而导致了非婚生子习俗的共存。

关于婚前性自由，文献记载最为明确的便是高句丽了。《三国志·魏志》卷三〇《高句丽传》云：

> 其俗作婚姻，言语已定，女家作小屋于大屋后，名婿屋，婿暮至女家户外，自名跪拜，乞得就女宿，如是者再三，女父母乃听使就小屋中宿，傍顿钱帛，至生子已长大，乃将妇归家。其俗淫。[2]

又《后汉书》卷一二〇《高句丽传》云：

> 其俗淫，皆洁净自憙，暮夜辄男女群聚为倡乐。[3]

《梁书》卷五四《高句丽传》云：

> 其俗喜歌儛，国中邑落男女，每夜群聚歌戏。……其俗好淫，男女多相奔诱。[4]

---

[1] ［唐］令狐德棻等撰《周书》，中华书局点校本，1971 年，第 896—897 页。
[2] ［晋］陈寿撰，［宋］裴松之注，陈乃乾校点《三国志》，中华书局，1959 年，第 844 页。
[3] ［南朝宋］范晔《后汉书》，中华书局点校本，1965 年，第 2813 页。
[4] ［唐］姚思廉撰《梁书》，中华书局点校本，1973 年，第 802 页。

《北史》卷九四《高丽传》云：

> 风俗尚淫，不以为愧，俗多游女，夫无常人，夜则男女群聚而戏，无有贵贱之节。有婚嫁，取男女相悦即为之。[①]

高句丽所存在的"其俗好淫，男女多相奔诱"以及"夫无常人"的游女现象，并不与婚姻发生直接关系，是古代北方民族存在较大性自由的生动写照。[②]

又如，鲜卑妇女在婚前也都有某种程度的性自由，《后汉书·鲜卑传》载鲜卑人"唯婚姻先髡头，以季春大会于饶乐水上，饮宴毕，然后配合"。[③] 拓跋什翼犍昭成建国二年（339）令"男女不以礼交皆死，"[④] 恐婚前性自由当在其列。史载乌桓的风俗与鲜卑同，则其妇女婚前多半也是如此。

女真人自寻配偶的习俗也体现着一定的性自由。《三朝北盟会编》载女真人"具婚嫁，富者以牛马为币。贫者则女年及笄，行歌于途，其歌也，乃自叙家世、妇工、容色，以伸求侣之意，听者有未娶欲纳之者，即携而归，其后方具礼，偕女来家，以告父母。贵游子弟及富家儿，日夕饮酒，则率携尊驰马戏饮其地。妇女闻其至，多聚观之，间令侍坐，与之酒则饮，亦有起舞讴歌以侑觞，邂逅相契，调淫往返，即载以归。不为所顾者，至追逐马足，不远数里。"[⑤]

西夏对非婚性行为和非婚生子也相对地宽容。[⑥]《西夏纪事本末》载党项族"凡育女稍长，靡由媒妁，暗有期会，家不之问。情之至者，必相挈奔逸于山岩掩映之处。并首而卧，绅带置头，各悉力紧之，悠忽双毙。一族方率亲属寻焉。见不哭。谓男女之乐，何足悲悼？"[⑦]

上述史料说明，在古代北方诸民族，女子在婚前的确享有一定的性自由，这被视为合乎情理之事，父母不仅不加干涉，甚而还为他们提供性接触的便利，高句丽的"婿屋"就是突出的例证。

实际上，这种男女享有一定程度性自由的习俗同样在汉文化中尚可见孑遗。《周礼·地

① 《北史》，第 3116 页。

② 丛坤《北方民族婚姻伦理初探》，《学习与探索》1993 年第 2 期，第 135 页。

③ 《后汉书》卷一二〇《鲜卑传》，第 2985 页。

④ ［北齐］魏收撰《魏书》卷一一一《刑罚志》，中华书局点校本，1974 年，第 2873 页。

⑤ ［南宋］徐梦莘《三朝北盟会编》，台北大化书局，1977 年，甲 23—甲 24 页。［宋］宇文懋昭撰《大金国志》卷三九《婚姻》载女真人"婚嫁富者，以牛马为币。贫者以女年及笄，行歌于途，其歌也，乃自叙家世、妇工、容色，以伸求侣之意，听者有述娶欲纳之，则携而归"。详崔文印校证《大金国志校证》卷三九《婚姻》，中华书局，1986 年，第 554 页。

⑥ 邵方《西夏婚姻制度的特征——兼论女性在西夏婚姻中的地位》，《宁夏社会科学》2003 年第 5 期，第 83 页；邵方《试论西夏的婚姻制度》，《民族研究》1998 年第 4 期，第 92 页。

⑦ ［清］张鉴《西夏纪事本末》卷一〇，台北文海出版社，1981 年，第 161 页。

官·媒氏》云："仲春之月，令会男女。于是时也，奔者不禁。"对此，江绍原从文化人类学的角度指出：

> 我疑仲春之月，本为荒古男女自由配合之期；其后礼教之防渐起，男女例须秉礼婚嫁，否则不齿于人；唯相传甚久之旧俗，不易立刻消灭，故一届仲春，相悦者辄冲破礼教网罗，群为桑中之会。[①]

信哉此言。郭沫若、闻一多等人进一步认为这是祭祀高禖，与求子相关的活动，其中有性行为。[②] 这反映了汉地在礼教之防起来后，在特殊时日里男女仍可得性自由。此为上古遗俗的孑遗。如，孔子很可能便是叔梁纥与征在祷于尼丘山野合所生。[③]

婚前性自由自然会导致非婚生子的情况。如何对待这些未婚妈妈和私生子？在今天的一些民族地区，仍存在婚前性自由和非婚生子的习俗，可以帮助我们来回答这些问题。该习俗归结起来主要有下面两种情况。[④]

其一，在女儿成年后，便给她举行一个隆重的成年仪式，甚而举行没有新郎的婚礼，并给女儿准备一个单独的帐篷或居室以为结交异性的场所。有些民族，如哈尼族在村寨中甚而还设有专门供青年男女进行社交活动的"公房"、或守田地的"田房"、"尹窝棚"。此后，姑娘便可自由结交禁婚范围之外的男性并与之在自己的帐篷或居室同居、乃至野合。如，西部裕固族[⑤] 女子在"帐房戴头婚"、藏族女子在"戴天头"或"上头礼"之后便可自由如此。前面提到的高句丽"婿屋"的风俗也与此同。

其二，在青少年成年以后，与异性自由交往以及社交活动的群体性增强，公开程度高，特别是在节庆、赛马会、婚嫁、葬礼、祭祀期间，更是男女群体性结交情侣的好时机。各地青年男女聚集在一起，唱歌、跳舞，在情投意合时，青年男子便会瞅准时机，带着姑娘走向无人之处野合。如，青海乐都柳湾六月六的"莲花节"、[⑥] 四川木里县俄亚村纳西族在旧历十二月底或三月初的"米华登格"节、[⑦] 广西贵州的"坡会"或"跳厂"的集会。[⑧] 此外，今

① 江绍原《江绍原民俗学论集》，上海文艺出版社，1998 年，第 200 页。
② 郭沫若《释祖妣》，《郭沫若全集·考古编》第 1 卷，科学出版社，1982 年，第 55—64 页；闻一多《高唐神女传说之分析》，《闻一多全集》第 3 卷，湖北人民出版社，1993 年，第 24—26 页。
③ 徐刚《孔子之道与〈论语〉其书》，北京大学出版社，2009 年，第 20—24 页。
④ 此下两种情况据雷明光《中国少数民族婚姻家庭法律制度研究》（中央民族大学出版社，2009 年，第 82—120 页）归纳总结。
⑤ 裕固族自称"尧乎尔"。在历史上先后有过"黄头回纥"、"撒里畏吾"、"撒里畏兀儿"、"锡喇伟古尔"等称呼，当为回纥后裔。
⑥ 宋兆麟《人祖神话与生育信仰》，载王孝廉等编《神与神话》，台北联经出版事业公司，1988 年，第 235 页。
⑦ 傅亚庶《中国上古祭祀文化》，东北师范大学出版社，1999 年，第 130 页。
⑧ 刘锡蕃《岭表记蛮》，商务印书馆，1935 年，第 84 页。

藏北牧区牧民、[1]锡伯族[2]也还有此风俗,哈尼族的"串姑娘"、藏北牧区的"打狗恋"、"着桑"婚;云南永宁和四川盐源的纳西族所盛行的"阿注"婚也在此列。广东连南瑶族从除夕到正月初三为"放牛出栏",其间成年男女无论婚否均可自由性交,不受习俗所约束。[3]

基此,联系《周礼·地官·媒氏》所言以及参校前引《后汉书·鲜卑传》所载,或可推知突厥在死者会葬处择偶的习俗及其"五月中旬,集他人水拜祭天神"之时多半也是其青年男女的"莲花节"之日。由此,我们也有理由认为婚前性自由以及非婚生子的习俗很可能也是普遍存在于多个民族的早期发展阶段中。

上述两种情况下建立了情侣关系的男子过着"多妻"的生活,女子则过着"多夫"的生活。所生育子女皆归女家所有,随母姓。[4]男方对子女无抚养和教育的义务和权力,这恐怕跟不易确定生父有一定的关系。同时,这种关系所生的子女的地位与婚生子女完全相同,不受歧视。

具体以藏北牧区为例,男子到十七八岁,女子到十六七岁开始结交情侣,不少不同骨系[5]和非亲戚的青年男女在"打狗"时就已发生性关系,使女子在婚前就已生育。[6]血缘关系的松散使他们对于非己出的与自己没有血缘关系的私生子也能同样对待,取得社会的认可。私生子不受社会歧视,则造成私生子的行为同样不受社会的歧视。其表现就是婚前的性自由与婚后的婚外性关系宽松。青年男女恋爱时发生性关系是社会认可的行为,生过私生子的未婚女的婚姻也不受影响,可以和其他人一样结婚。[7]在海西蒙古族、藏族自治州的一些地区,女孩子有了非婚生子女,父母很高兴,求亲者也愿意登门求亲。[8]求婚者也主要选择女子持家的本领和她的容貌,贵族等级则视女子出身的贵贱。至于女子是否保持童贞,则很少在他们考虑之列。这不啻是由来已久的社会现象,更确切地说,已融为他们民族传统的血液了。

前引《后汉书·鲜卑传》载鲜卑人"唯婚姻先髡头,以季春大会于饶乐水上,饮宴毕,然后配合。"注云:饶乐水在今营州北。这说明婚前性自由习俗在该地区的存在。这便给我们一个提示,同为游牧民族的生活地区,唐时营州地区仍有此风当属可能。如此,生活

西域敦煌出土文献研究

安禄山身世之推测

---

① 格勒等编著《藏北牧民——西藏那曲地区社会历史调查》,中国藏学出版社,1993年,第182—183页。

② "锡伯"是其民族自称,汉语有"犀毗"、"师比"、"鲜卑"、"矢比"、"席百"、"锡伯"等不同译音和写法,当为鲜卑族后裔。

③ 宋兆麟同上揭文,第236页。

④ 如,1949年以前,藏、蒙古族妇女中有些人直到老年都没有正式结婚,但却子女满堂。

⑤ 骨系,在藏语中称为"日巴",意指同一祖先的嗣系群。按传统的看法,骨系是"以人身上从顶骨到踝骨的骨头起名。一个骨头的名字,即算是一个血缘系统的传统名字,故称骨系"。详格勒等,同上揭书,第204—205页。

⑥ 李有义《今日的西藏》,天津知识出版社,1951年,第128页。

⑦ 格勒等,同上揭书,第183、215—216页。

⑧ 这种情况也见于其他民族,如鄂伦春族。鄂伦春姑娘在未嫁时与他人发生性关系,夫家并不予追究。有的认为,未婚女生过私生子是身体健康的表现,仍愿意娶她。详赵复兴《鄂伦春研究》,内蒙古出版社,1987年。

在这样的风俗之中,安禄山生母阿史德氏在婚前与异性的自由交往也属自然之事。而安禄山是阿史德氏和某个粟特人私通而生,[①]也就不足为奇了。抑或这是"营州杂种胡"之"杂种"的另一层含义? 而因有此风也是粟特胡(九姓胡)被称为"杂种胡"的一个原因?

综上,安禄山生父不清楚的真正原因,颇疑跟上述民族非婚生子的习俗有关。恐怕这正是在婚前性自由以及非婚生子的婚俗下,易造成只知其母不知其父的真实反映。安禄山神谶的制造者通过"少孤"二字来掩盖此事,即称禄山年幼时,生父便已故去,显然跟神话其出身的动机不可分,而禄山的真实情况又给神话的制造创造条件、提供灵感。进言之,此举跟将其父说成"康"姓粟特人以及其母为阿史德氏同出一辙。

当时,粟特胡人与突厥杂处,民族之间的联姻甚是寻常。康姓为昭武九姓中的首姓、望族,作为昭武九姓之首,康姓与其他"枝庶"相比,尽管同样流寓汉地,但在婚姻生活的范围内,其望族的地位似乎尚未在胡人观念中淡化。[②] 在这种婚前性行为比较混乱的情况下,安禄山将其不明的生父定为康姓,恐也难逃有提高其血统的嫌疑。

立于天宝七载五月廿五日(748 年 6 月 25 日)的《大唐博陵郡北岳恒山封安天王之铭》序云:

> 骠骑大将军外置同正员,兼范阳郡长史、柳城郡太守、平卢节度、支度、营田、陆运、两蕃、四府、河北海运,兼范阳节度、经略、支度、营田副大使、采访处置使,兼御史大夫、上柱国、柳城郡开国伯、常乐安公曰禄山,国之英也。[③]

碑称安禄山为"常乐安公",而不称其为唐时官爵显赫的武威(治姑臧)安氏。此处常乐应为郡望,地在今甘肃安西东南。[④]常乐为郡的时间较短。在北魏、北周立为郡,属瓜州(治敦煌)。隋初改为县。唐武德五年(622)改瓜州为沙州,于常乐县立瓜州。七年,改常乐为晋昌县。[⑤]或以为,从《大唐博陵郡北岳恒山封安天王之铭》上安禄山以常乐为自家的郡望和邵说《代郭令公请雪安思顺表》所云安禄山"本实姓康"来看,其家原本可能是从河西走廊的常乐郡(瓜州)迁徙到突厥地区的康姓粟特人。[⑥]

① 荣新江《安禄山的种族与宗教信仰》,所撰《中古中国与外来文明》,第 224—225 页。
② 蔡鸿生,同上揭书,第 23 页。
③ [清]王昶《金石萃编》卷八八,陕西人民美术出版社据扫叶山房民国十年(1921)石印本影印,1990 年,叶二正面上栏。
④ 唐长孺《跋唐天宝七载封北岳恒山安天王铭》,所撰《山居存稿》,中华书局,1989 年,第 285 页。
⑤ 荣新江《北朝隋唐粟特人之迁徙及其聚落》,原载袁行霈主编《国学研究》第 6 卷,北京大学出版社,1999 年;此据所撰《中古中国与外来文明》,第 59 页。关于常乐的行政沿革,唐长孺综述道:西晋惠帝分敦煌及酒泉二郡置晋昌郡,属凉州;前凉于敦煌置沙州,晋昌为沙州属郡。北魏太武帝废沙州为敦煌镇,晋昌郡亦废。孝明帝改镇为瓜州,分旧晋昌郡为晋昌、常乐二郡。常乐郡领凉兴、广至等四县。北周合四县为凉兴一县,常乐郡只领一县。隋初废郡,改凉兴县为常乐县,直属瓜州。唐初,治敦煌之瓜州,别置瓜州于常乐郡,县改称晋昌,又于广至废县置常乐县。详唐长孺同上揭文,第 285 页。
⑥ 荣新江《何谓胡人——隋唐时期胡人族属的自认与他认》,《乾陵文化研究》第 4 辑,第 3—4 页。

唐代的常乐康氏粟特人,曾巧妙地利用会稽这个地名来作为他们的郡望。会稽、晋昌即唐代的瓜州常乐,称会稽人者,即等于说常乐人。康姓之称会稽人,大多数是安史之乱以后的事。在安史之乱前,本姓康氏的安禄山自称常乐郡望,其他康氏也应当乐意称作常乐人。安史乱后,他们用唐人已经不熟悉的会稽来作为自己的郡望,使人一望就以为他们出自江南高门。[①] 这说明河西走廊的常乐是康氏粟特移民的一个重要聚居点,而且该地望在康氏粟特移民中是最为显赫的。同时从他们以常乐之会稽来行移花接木之道,说明标榜门阀同样成为粟特移民彰显其社会阶层的重要一环。由此视之,出生于营州柳城的安禄山的祖上是否真是同其他康姓粟特人一样是从常乐的会稽迁到中原的,这已经不重要了。因为以此标示门阀的安禄山是绝不会依附武威安氏的。显然,此举又是安禄山提高门第出身的又一安排,而这又是跟前述安禄山斗战神化身以及出生的神异等诸般营造一脉相承的。由此益发映衬出安禄山美化自己“牧羊小丑”出身的机心。

由此观之,前述安禄山的出生神话,一方面掩盖了安禄山不明的生父,跟史书称安禄山为“营州杂种胡”可相互印证,说明安氏确为胡族寒族的出身。另一方面更是给安氏赋予生而有之的神性的威权,这显然跟他属号召、统领粟特胡人是密不可分的。而安禄山生母阿史德氏曾为女巫的经历又给这个神话的包装提供了绝好的条件。

阿史德是突厥汗国中仅次于可汗家族阿史那氏的族姓,历代可汗所娶之可敦多出于此姓。[②] 神话的制造者需要给安禄山找到一些高贵的王家血统,故此把他的母亲说成是阿史德氏。其意恐还有自比为突厥可汗家族之高贵的意味。不过,从安禄山的寒族出身来看,此举终究难逃东施效颦之嫌。

祆教曾广泛流传于粟特人中间,并为突厥国教。安禄山“母阿史德氏,为突厥巫,无子,祷轧荦山神”,如前所言,“轧荦山”一词本为“光明”之义,后因安禄山自喻的缘故又专指祆教斗战神,则可知阿史德氏为祆教徒而非萨满,且其夫安延偃亦当为祆教徒。此乃因宗教信仰,祆教徒只在信徒内部结婚使然。[③]

作为祆教徒的阿史德氏既为突厥巫,那是否便是祆教中的女祭司呢? 显然,答案是否定的。首先,突厥汗国的神职人员,大都是由粟特人充当的。[④] 其次,更为重要的是,祆教教义认为,在月经期间,特别是月经来潮的时候,女人是不洁的。月经几乎被认为是最肮脏的污染,他们认为附在经期妇女身上的恶魔是世上最邪恶的恶魔。女人在经期里要脱下圣带,停止祈祷,被称为“不祈祷者”。而且在此期间,她们还要遵守规定的限制,待在无窗的泥砖制小型建筑中。[⑤] 再次,祆教所有祭司均着白袍、白帽、蓄须,大祭司白袍外饰长

① 荣新江《北朝隋唐粟特人之迁徙及其聚落》,所撰《中古中国与外来文明》,第 60—62 页。

② 荣新江《安禄山的种族与宗教信仰》,所撰《中古中国与外来文明》,第 224—235 页。

③ 龚方震、晏可佳《祆教史》,上海社会科学出版社,1998 年,第 25 页。

④ 荣新江《安禄山的种族与宗教信仰》,所撰《中古中国与外来文明》,第 225 页。

⑤ [英]玛丽·博伊斯著,张小贵、殷小平译《伊朗琐罗亚斯德教村落》,中华书局,2005 年,第 110—111、116 页。

带。如祭司家族连续三代人不再蓄须,着有色服饰,则视为放弃祭司职位。[①] 有了此类规定和禁忌,决定了女性不能担任袄教祭司一职,则阿史德氏为女祭司的可能性为零。但是,除此之外,是否还存在其他可能性呢?

从文献来看,在入唐的袄教祭祀中,鼓舞祭祀是一个不可或缺的环节。如,《朝野佥载》卷三载:"河南府立德坊及南市西坊皆有胡袄神庙,每岁商胡祈福,烹猪羊,琵琶鼓笛,酾歌醉舞。"[②]

又《隋书》卷七《礼仪志》云:

> [后齐]后主末年(576)祭非其鬼,至于躬自鼓儛,以事胡天。邺中遂多淫祀,兹风至今不绝。后周欲招来(徕)西域,又有拜胡天制。皇帝亲焉,其仪并从夷俗,淫僻不可纪也。[③]

这种情景也在玛丽·博伊斯记录的沙里发巴特神祠祭祀中也反复再现。玛丽·博伊斯描述道:

> 虽然沙里发巴特的神祠在年代和特征上都不相同,但是每处神祠都得到既庄严又欢乐的祭祀。当年轻人念诵祷文进行祭祀时,经常有人敲起手鼓,其他人则载歌载舞。欢呼声夹杂着敲打乐器以及拍手的声音,非常热闹,许多老年人也参加进来。当严肃的长者出面,并希望安静地祈祷时,这种场面就会停止。但是不会让人觉得快乐本身是不虔诚的,或者说在圣所不受欢迎。我曾在一处圣山遇到这种情况:年轻人在外面的礼堂唱歌跳舞,一个女孩由于礼节的原因,戴着头巾经过门口,走到里面的圣坛,而她的同伴则高兴地在圣石旁狭窄的空地上跳舞。那些具有不同文化背景的人总是认为这种快乐活动不是礼拜行为,某些帕尔西来访者也尽力劝说神祠守卫者不要允许这种行为。于是,这些尽责的守卫时常进行检查;但是沙里发巴特早已习惯了快乐的礼拜,他们在圣所营造统一庄严气氛的努力收效甚微。[④]

根据文献内证可知,唐时鼓舞以事胡天的女舞者,也可称女巫。《安禄山事迹》卷上云:"潜于诸道商胡兴贩,每岁输异方珍货计百万数。每商至,则禄山胡服坐重床,烧香列珍宝,令百胡侍左右,群胡罗拜于下,邀福于天。禄山盛陈牲牢,诸巫击鼓、歌舞,至暮而散。"[⑤]

---

① 袄教祭司阶层的情况可参龚方震、晏可佳,同上揭书,第321—322页。

② [唐]张鷟撰,赵守俨点校《朝野佥载》,《隋唐嘉话·朝野佥载》,中华书局,1979年,第64页。

③ 《隋书》,第149页。

④ 《伊朗琐罗亚斯德教村落》,第96—97页。

⑤ 《安禄山事迹》,《开元天宝遗事·安禄山事迹》,第83页。

《新唐书·安禄山传》末句作："引见诸贾,陈牺牲,女巫鼓舞于前以自神。"① 估计安禄山生母阿史德氏便是袄教祭祀时鼓舞的舞者,而这就是她被称为女巫的由来。

从文献来看,昭武九姓的将领颇喜欢乐工、伶人。《安禄山事迹》卷下云:"禄山尤致意于乐工,求访颇切,不旬日间,获梨园弟子数百人。"② 又同书云:"[史]思明性好伶人,寝食必置左右,伶人以其残忍皆怨之。"③ 安史二人信仰袄教已为定谳。结合袄教祭祀的形式,推测这些乐工、伶人主要是用于袄教鼓舞祭祀进行奏乐、舞蹈之用。而这从另一个方面也反映了当时的昭武九姓将领中信仰袄教者对举行袄教祭祀的属意和用心。近年境内发现的粟特裔墓葬所见石重床、石堂便多表现有歌舞宴乐的场面,其随葬品中亦多有伎乐俑。如,天水石马坪石棺床墓的随葬品更是以5件坐部乐伎俑为主。④

综上所述,信仰袄教的昭武九姓将领喜用鼓乐祭祀的方式,安延偃将军当也不例外。可能正是在这种场合之下,安延偃将军发现了作为鼓舞女巫的阿史德氏,好感顿生并娶其为妻。因游牧民族有婚前性自由和非婚生子的习俗,所以安延偃对阿史德氏婚前已有一子并不在意。而依照习俗,此刻尚以小名"轧荦山"(roxšan-/rwxsn-rwγšn)称呼的安禄山也就随母到安延偃家了,亦不受歧视。前已述及,安禄山的生父与安延偃并无亲属血缘关系,所以尽可排除安延偃收继婚的可能。显然,阿史德氏的这次婚姻从根本上改变了禄山母子的生活状况,提高了他们的社会地位。

当轧荦山随同其他安姓兄弟进入唐朝领地后,也同其他入唐粟特人一样,把"轧荦山"改成同音而汉语意思更佳的"禄山",⑤ 并冒随养父安延偃之"安"姓。"禄山"虽与"轧荦山"音同,皆为常见的粟特名字——已如前具,但却要比后者文雅得多。此为大家熟知的"安禄山"一名之由来。因为安史之乱,常见的粟特名字"安禄山"也成为一个专有名词了。显然,随母嫁安延偃、后入唐并冒"安"姓的这段生活经历是安禄山难以粉饰的,故后来安禄山也就没有以"康"为姓。更何况其生父并不清楚,所谓父姓"康"原本子虚乌有。

这里还需要指出的是,袄教教典《阿维斯陀经》很强调女人婚前的贞操,称"新郎对新娘第一个最严格的要求,就是要有好的名声,婚前贞洁"(Vendidad XIV,15)。⑥ 故可知非婚生子的习俗原本并非袄教徒之传统,而是突厥等游牧民的习俗。由此亦可窥见袄教进入突厥游牧民与当地习俗相结合而发生的某种变化和宽松。实际上,在离开本土之后,特别是在一个异种文化之中,宗教的生存和传播必须吸纳、顺应当地的主流文化。唯如此,

---

① 《新唐书》卷二二五上,第6414页。

② 《安禄山事迹》,《开元天宝遗事·安禄山事迹》,第106页。

③ 《安禄山事迹》卷下,《开元天宝遗事·安禄山事迹》,第111页。

④ 天水市博物馆《天水市发现隋唐屏风石棺床墓》,《考古》1992年第1期,第46—54页。

⑤ 荣新江《安禄山的种族与宗教信仰》,所撰《中古中国与外来文明》,第226—227页。

⑥ 林悟殊《波斯拜火教与古代中国》,台北新文丰出版公司,1995年,第74—75页。

它方有可能在该地得以持续传续。入传中土的佛教是这样,现在看来祆教也是如此。在丧葬方面,中亚火祆教之所以转而改用纳骨器,便是东伊朗部落天葬与火葬两大葬仪交互影响的结果[①];而到了中国,它的丧葬形式又发生了某些变化。[②] 在婚姻方面,正统的琐罗亚斯德教所实行的族内血亲婚,也是西部伊朗人吸收了异教崇拜强大母亲神的传统而逐渐行于整个琐罗亚斯德社区的。[③] 这种血亲婚具体表现为父女为婚、母子为婚和兄妹为婚等三种形式,虽其教义认为此为"功德和虔诚的善行",但却并非是该教教徒必须遵守之婚姻形式。[④] 而不管从安禄山的姓"康",还是姓"安"来看,皆与"阿史德"无关,则可排除此前阿史德氏的婚姻为族内婚的形式。由此视之,阿史德氏的婚姻状况反映了突厥地区粟特人的某种突厥化,同时也表明突厥地区祆教的突厥化,即某种程度上的本土化。如,对女贞的宽容便是一例,这说明它已经接纳了突厥族婚前性自由以及非婚生子的习俗。帕拉维文经典称通奸是最大的犯罪,比盗窃和抢劫之罪更大。犯通奸者要受到严厉的惩罚;《文迪达德》规定男方要供养女方因通奸而生下的孩子,直至孩子成年(Vendidad ⅩⅤ, 18),如逃避这一责任则是极大的罪恶(Vendidad ⅩⅤ, 11-14)。[⑤] 从安禄山不知生父及其生母阿史德氏对他的抚养来看,显然祆教此禁在突厥中也入乡随俗地发生了变化。2000年5月,西安北郊发现的北周同州萨保、大都督安伽墓也是一典型例证。[⑥] 安伽的后人将他天葬后复以突厥烧葬习俗来安置他的骨骸,[⑦] 此外,在墓葬装饰中多处发现披发的突厥人形象,意在强调安伽生前与突厥的交往。尤其是粟特人和突厥人同时出现在安伽墓门额祆教祭祀图的左、右下角,展现了突厥人对祆教的信仰。[⑧] 安伽虽为宦北周、葬于北周,但某种程度上该墓的这种状况可反映突厥地区粟特祆教与突厥文化的混融与变化。

---

① 相关研究的梳理可参影山悦子《东トルキスタン出土のオッスアリ(ゾロアスター教徒の纳骨器)について》,《オリエント》,40—1:73—89;林悟殊《西安北周安伽墓葬式的再思考》,《考古与文物》2005年第5期,第69—70页;影山悦子《粟特人在龟兹:从考古和图像学角度来研究》,荣新江、华澜、张志清主编《粟特人在中国——历史、考古、语言的新探索》,中华书局,2005年,第191—204页;张小贵《中古华化祆教考述》,文物出版社,2010年,第180—181页。等等。

② 张小贵《胡裔墓葬与入华祆教葬俗》,中山大学人类学系、中国社会科学院边疆考古研究中心《边疆民族考古与民族考古学集刊》第一集,文物出版社,2009年11月,第173—186页;后收入所撰《中古华化祆教考述》,第182—195页。

③ Mary Boyce, *Zoroastrians: Their Religious Lifes and Practices*, p.54.

④ 林悟殊,同上揭书,第73页;龚方震、晏可佳,同上揭书,第18、99、349页;张小贵,同上揭书,第136—140页。

⑤ 林悟殊,同上揭书,第75页。

⑥ 陕西省考古研究所《西安北郊北周安伽墓发掘简报》,《考古与文物》2000年第6期,28—35页;陕西省考古研究所《西安发现的北周安伽墓》2001年第4期,第4—26页;陕西省考古研究所编著《西安北周安伽墓》,文物出版社,2003年。

⑦ 姜伯勤《西安北周萨宝安伽墓图像研究——伊兰文化、突厥文化及其与中原文化的互动与交融》,载所撰《中国祆教艺术史研究》,生活·读书·新知三联书店,2004年,第118页。

⑧ 沈睿文《夷俗并从——安伽墓和北朝烧物葬》,《中国历史文物》2006年第4期,第7—11页。另,关于拜火教与突厥之关系,可参王小甫《拜火教与突厥兴衰——以古代突厥斗战神研究为中心》,第24—40页。

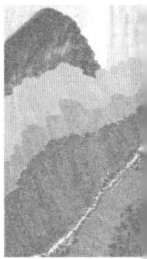

到这里,我们便可知关于安禄山身世及早年经历的史载中实有安禄山刻意营造的受命符瑞的内容,而这又有安禄山自比战斗神的现实来源。如此我们不禁又要问,安禄山为何要费尽心机制造这个神话与现实呢?这恐怕还是跟他在安史之乱期间建国称帝有关。天宝十五载正月,安禄山称雄武皇帝,国号燕,建元圣武。被杀之后,安庆绪还尊其为太上皇。[①] 又《新唐书·张弘靖传》载:

> 长庆初,……[张弘靖]充卢龙节度使。始入幽州,老幼夹道观。……俗谓禄山、思明为"二圣",弘靖惩始乱,欲变其俗,乃发墓毁棺,众滋不悦。
> ……幽冀初效顺,不能因俗制变,故范阳复乱。[②]

唐代俗称天子为圣人。安、史二人俱称帝,故在其统治之下者率以圣人称之,自无足异。所可注意者,穆宗长庆初上距安史称帝时代已六七十年,河朔之地,禄山、思明犹存此尊号,中央政府官员以不能遵循旧俗,而致叛乱。[③]

自古帝王受命而兴,必征引符瑞以表其灵异,而谶纬之说由此兴焉。[④] 最为典型的便是汉代开国之君刘邦的系列神话了,[⑤] 后来的王朝,如北周高祖、隋文帝等等也有之。[⑥] 换言之,安禄山制造神话、符瑞及其现实是跟他在唐朝胡人集团中的绝对号召力分不开的。反过来,这种号召力又使得他得以有条件、乃至于必需营造神话、符瑞与现实。从史载来看,安禄山本人也是迷信谶语之极。如安史乱后,天宝十四载冬天,

> 禄山至巨鹿,欲止,惊曰:"鹿,吾名。"去之沙河,或言如汉高祖不宿柏人以佞贼。[⑦]

因此,我们有理由认为,文献中所载安禄山的诸般符瑞便是来自出身寒门的安禄山在现实生活中为自己称帝制造的政治神话,一如中原王朝统治者所惯用的伎俩。至此便可了然。

---

① 《新唐书》卷二二五上《安禄山传》,第6418、6421页。
② 《新唐书》卷一二七,第4448页。《旧唐书》卷一二九《张弘靖传》同,但无"俗谓禄山、思明为二圣之语"。详中华书局点校本,1975年,第3611—3612页。
③ 陈寅恪《唐代政治史述论稿·统治阶级之氏族及其升降》,载所撰《陈寅恪集·隋唐制度渊源略论稿·唐代政治史述论稿》,生活·读书·新知三联书店,2001年,第219—220页。
④ (清)徐经撰《雅歌堂文集》卷四《书高帝本纪》,载北京师范大学图书馆编《北京师范大学图书馆藏稀见清人别集丛刊》第19册,广西师范大学出版社,2007年,第107页上栏。
⑤ 吕宗力《汉代开国之君神话的建构与语境》,《史学集刊》2010年第2期,第11—18页。
⑥ 王静《大兴城与杨隋代周》,"实践中的唐宋思想、礼仪与制度国际学术研讨会"会议论文集,2010年5月28—30日,第439—453页。
⑦ 《新唐书》卷二二五上《安禄山传》,第6418页。

综理上文,对文献所载安禄山神话,我们可以得出如下结论:

首先,安禄山出身胡族寒门,为"牧羊小丑",是其母的非婚生子,生父不清。为了提高号召力和影响力,遂提高自己的族望,给自己的本姓冠以当时粟特人中最高的康姓,并声称来自康姓最为显赫的郡望,即常乐康姓。同时又将其母冠以阿史德氏,这是突厥的第二望姓。此举恐还有争取突厥民众的意图。所幸天宝八载,他将唐玄宗赐予其祖上的封号给了养父安延偃露出了马脚。

其次,因生父不清,安禄山便又顺势营造其母祷轧荦山神得子的神话。而这恰恰来自安禄山在现实的军政生活中自比为祆教之斗战神,甚而以戴狮虎皮头盔的斗战神形象示人。正是这个缘故,本义为"光明、明亮"的"轧荦山"一语,其词义相应地转为"斗战神"的指代。安禄山为当时胡众的军政领袖,后者惟其马首是瞻。为了更有力地号召以祆教信仰为主体的军队及入唐胡族,安禄山不仅仅制造了上述现实与神话,而且更亲自主持粟特聚落中群胡的祆教祭祀活动,使自己切实成为胡族民众的政教、军事领袖。而其母曾为女巫的身份,又给该神话情节的营造做了绝佳的铺垫。安禄山的生母是祆教祭祀中的鼓舞者,她很可能是在类似的场合邂逅安延偃将军,为安所中意,并与之婚配的。

概言之,在这个神话里,安禄山很好地利用了非婚生子的身份,结合自己的种族文化,根据当时的社会风尚,巧妙地利用祆教斗战神、符瑞来提高家庭出身并神话自己,试图从根本上提高其军政影响力。其中确有安禄山在现实的军政生活中以斗战神自比、乃至形貌为背景。这一切都是安禄山为称帝及燕国大业而刻意营造的政治舆论与神话——恐即"妄宣密旨,假托妖言"[①]之谓,而且从后来事态的发展情况来看,确实收效卓著、影响深远。

附记:

弗雷泽在《金枝》中为我们呈现了一种将宗教掺入巫术的求子仪礼:

> 在巴伯尔群岛,当一个女人想生小孩时,她就请来一个有众多孩子的父亲为她向太阳神尤珀勒罗祈祷。他先用红棉布做一个娃娃,让这女人紧紧抱在怀里,就像正在喂奶似的。然后,他拿来一只鸡,抓着鸡腿举在女人的头上说道:"啊!尤珀勒罗,请享用这只鸡吧!请赐给,请降生一个孩子吧!我恳求您,我哀求您,让一个孩子降生在我手中,坐在我膝上吧!"然后,他问这个女人:"孩子来了吗?"而她回答:"是的,它已经在吸奶了。"在这以后,这个男人把鸡举在她丈夫的头上,口中念念有词进行祈祷。最后,把鸡杀死并将它和一些槟榔叶一起摆在家庭祭坛上。举行完这个仪式,就

---

① 天宝十四载十二月七日(756 年 1 月 13 日),洛阳沦陷之前,唐玄宗颁《亲征安禄山诏》,中有"妄宣密旨,假托妖言"之语。(清)董诰等编《全唐文》卷三三,中华书局影印本,1983 年,第 371 页下栏。

给村里传出话去,说这女人已上床分娩了,她的女友们就来向她贺喜。在这里,这种假装生下了一个孩子的仪式是一种真正的巫术仪礼,用模拟或仿效的办法以图真能生下一个孩子。但为了增加这种仪礼的效力,又加上了祈祷和供献祭品。换言之,就是将宗教掺入巫术,从而加强了巫术。[①]

可供参详。

---

① ［英］詹·乔·弗雷泽着,徐育新等译《金枝——巫术与宗教之研究》,大众文艺出版社,1998年,第23—24页。

王树楠与西域文书的收藏和研究

朱玉麒

（北京大学历史学系暨中国古代史研究中心）

引　言

　　清代新疆建省之后，众多担任要职的官员中，以王树楠在地方文化建设方面的贡献最为突出。王树楠（楠字多作枏、枬，1851—1936），字晋卿，晚号陶庐老人，河北新城人。光绪十二年（1886）进士，光绪三十二年至宣统三年（1906—1911）任新疆布政使（见图1）。在任期间，除了改革币制、创设邮政、兴办实业等一系列使新疆走向近代化的作为之外，他还建立新疆通志局，创修《新疆图志》，为新疆地方文化的发展创立大业。他个人的文化风雅之举，也同样在清末新疆的文坛留下影响，开启了早期西域、敦煌文书的研究。

　　王树楠任职新疆期间，正是西方探险家在新疆从事考察、盗掘方兴未艾的时期，由此导致了库车、吐鲁番、敦煌等地大量文物的出土。其中众多的文书或者通过买卖，或者由吐鲁番等地方官员进贡，流通在乌鲁木齐的官场。王树楠在这一期间经眼和收藏了许多文书，由于其精深的国学修养，使他成为履新文士中最优秀的写本文书研究者。

　　笔者曾撰写《王树楠与敦煌文献的收藏和研究》，提交"敦煌文献、考古、艺术综合研究：纪念向达教授诞辰110周年"国际

图 1　王树楠像（1910 年）（《1910，莫理循中国西北行》，第 174 页）

学术研讨会；^①今兹欣逢"中国人民大学国学院成立五周年庆典暨冯其庸先生从教六十周年国际学术研讨会"召开，因撰就本文，作为前此讨论王树枏与敦煌文书的姊妹篇，提交大会，谨贺冯其庸先生米寿之年暨绛帐甲子之庆。

一、王树枏收藏和研究西域文书的文献

王树枏对西域文书的研究，主要通过题跋和诗文表现出来。其中，目前所知最早的纪年题跋，是在宣统元年十一月五日。②光绪三十二年前往新疆担任布政使的王树枏，作为通省财务、民政的方面大臣，最初的行政事务应该比较繁剧。因此到了他履新的第三个年头，才因为一个特殊的契机，开始了写本文书的收藏和研究。而最晚的题跋，则是在民国二十三年（1934）仲冬，③王树枏时年八十四岁，距离他 1936 年辞世仅两年。可见这一爱好伴随了他的后半生。

（一）以往记载的王树枏西域文书研究

过去，在王树枏大量的题跋真迹还没有公布之前，我们只能够在他撰写的《新疆访古录》（见图 2）和《陶庐诗续集》中读到部分的研读和吟咏文字④。这些内容的大多数可以在《台东区立书道博物馆中村不折旧藏禹域墨书集成》等已经公布的西域文书收藏品中发现；但有一些还没有被发现，可知王树枏题跋的西域文书还有在藏家手中未经公布者。⑤

图 2 《新疆访古录》书影（1919 年）

---

① 朱玉麟《王树枏与敦煌文献的收藏和研究》，《敦煌文献·考古·艺术综合研究—纪念向达先生诞辰 110 周年国际学术召开讨会论文集》，中华书局，2011 年，第 547—590 页。

② 王树枏《北凉写经残卷题跋四》，下 11∶153，《台东区立书道博物馆中村不折旧藏禹域墨书集成》，矶部彰编集，文部科学省科学研究费特定领域研究〈东亚出版文化研究〉总括班，2005 年。以下简称"《中村集成》"，文书标题后的标志，"∶"前为《中村集成》册数和页码，后为文书编号，下同。

③ 王树枏《佛经残卷题跋》，中国国家图书馆藏，编号 BD14915。此初承荣新江教授抄示，刘波学兄代核原卷。近已影印于《国家图书馆藏敦煌遗书》135 册，国家图书馆出版社，2010 年，第 178 页。

④ 王树枏《陶庐诗续集》十一卷，丁巳年（1917）陶庐丛刻刊行本；《新疆访古录》二卷，1919 年上海聚珍仿宋印书局印本。

⑤ 一些题跋如《前凉西域长史李柏书》，当系专门为《新疆访古录》所撰，不一定有附着于文书的题跋存在。

表一　《新疆访古录》与《中村集成》等已公布文书中的王树楠题跋对照表

序号	《新疆访古录》文书名称；卷/页；题跋数	《中村集成》等公布情况（编号）
1	六朝写经残卷；1/9A–12B；10 则	第 1、6 二则未见公布外，均见于《中村集成》（152、153、155、156、160）、中国国家图书馆藏卷（BD14915）、美国国会图书馆藏卷（379064）
2	六朝草书残经；1/12B–13A；1 则	《古典籍下见展观大入札会目录》（1928）
3	前凉西域长史李柏书；1/13A–B；1 则	
4	北凉写经残卷；1/20A–22B；3 则	《中村集成》（161、165、152），第 1 则"枚"字解、第 2 则全文未见公布
5	北凉佛说菩萨藏经残卷；1/22B；1 则	《中村集成》（009）
6	蠕蠕永康五年写经残卷；1/23A–B；1 则	《中村集成》（010）
7	鞠氏所抄三国志韦曜、华覈残传；1/24A；1 则	《中村集成》（141）
8	梁萧伟写摩诃般若蜜经；1/24A–25A；1 则	《中村集成》（014）
9	梁大同元年金刚般若波罗蜜经残卷；1/25A–B；1 则	《中村集成》（025）
10	唐上元二年买马私契；2/11A–B；1 则	
11	唐仪凤二年北馆厨牒；2/11B–12A；1 则	《中村集成》（124）
12	唐武后时写经残卷；2/16A–B；1 则	
13	唐久视元年弥勒上生经残卷；2/16B；1 则	《中村集成》（072）
14	唐天宝解粮残状；2/17B–20B；3 则	《中村集成》（127）
15	畏吾儿残字；2/24A–30A；4 则	《中村集成》（119）；有 3 则
16	元中统元宝交钞；2/30A–32B；3 则	《中村集成》（151）有段永恩藏品题跋
17	元千户残牒；2/32B–33A；1 则	

表二　《陶庐诗续集》与《中村集成》等已公布文书题诗对照表[①]

序号	《陶庐诗续集》诗题；卷/叶	《中村集成》等公布情况（编号）
1	《题刘宝臣大令谟所赠北凉写经残卷》（宣统初元）；5/2A–B	《中村集成》（165）
2	《题六朝画佛残像》（低眉趺坐）；5/4A	《中村集成》（160）
3	《题六朝写经残卷》4 首（蛮触千年、天花飞尽、昙摩智猛、山灵呵护）；5/4A–B	《中村集成》（174）
4	《题素文所藏六朝画像》4 首（西向回头、晋宋风流、佛法随身、荆榛埋没）；5/9A–B	《中村集成》（170）有其二（晋宋风流）
5	《题高昌所得唐人写经残卷》（曾抚晋帖）；5/10B	重庆博物馆藏梁玉书旧藏品（杨铭 1995，42 页；杨铭 2002，354 页[①]）

---

① 杨铭 1995=《杨增新等所藏两件吐鲁番敦煌写经》，《西域研究》1995 年第 2 期，第 42—45 页；杨铭 2002=《重庆市博物馆藏敦煌吐鲁番写经题录》，《敦煌吐鲁番研究》第六卷，北京大学出版社，2002 年，第 353—358 页。

序号	《陶庐诗续集》诗题；卷/叶	《中村集成》等公布情况（编号）
6	《素文所得唐人画佛，仅佛头尚完好，余皆断烂，属题》（高昌古国）；5/11A–B	
7	《题素文六朝写经卷》（六代残经）；5/11B	《中村集成》（166）
8	《题素文六朝写经二首》2首(世外不衫不履，拂纸珠瑶错落)；6/3B	

此外，王树楠所主编的《新疆图志》因为受到体例的限制，没有将西域文书纳入——这也是王树楠要单独出版《新疆访古录》的一个原因。但是《新疆图志》也关注到了西域文书的情况，如在《新疆图志》卷八七《古迹志》中提及："光绪辛丑（二十七年/1901），吐鲁番同知文立山于交河古城中掘得唐开元十年（722）《莲花经》一卷，书法逼近二王。"早期西域文书的发现因为系当地民众和外国探险家盗掘，并不是每件文书都有一个确切的出土时间。王树楠记载光绪二十七年文立山掘得《莲花经》，简短的记录中将出土的时间、地点、人物以及经卷的内容、书写年代和书体风格都给予准确的记录，确实难能可贵。尤其是与我们现在所见大量发现在高昌附近的文书不同，交河古城发现的经卷对于了解唐代交河城的佛教流传情况极有价值。可惜这个经卷至今尚未再度出现。

（二）新近公布的王树楠西域文书题跋

王树楠收藏的大量西域文书及其题跋真迹，在他于辛亥年（1911）返回内地之后，陆续变卖流散，辗转递藏，难窥全貌。直到2005年，曾经大宗收入王树楠等人旧藏西域、敦煌文书的日本收藏家中村不折（1866—1943）的全部写本文书，由矶部彰编集为《台东区立书道博物馆中村不折旧藏禹域墨书集成》，以大型图录的形式，在东京作为非卖品出版（见图3）[1]，王树楠收藏的大量文书及其题跋也因此重光于世。而在此前后，中国和海外其他收藏机构的西域、敦煌文献也陆续公布，其中王树楠的旧藏及题跋也不断出现，与《中村集成》一道，为我们了解早期敦煌、西域文书的递藏与研究提供了可能。

图3 《中村集成》书影（2005年）

就笔者目前所见，在书道博物馆的《中村集成》总共178个编号的中国文书中，王树楠的题跋出现在其中36个编号的38件文书中（35件为卷子装，其余3件为册子装），计题跋86则、题诗8首，可以确认为出自西域的文书有30号，其中有王树楠的题跋75则、诗

---

① 相关介绍，可参棂普晋的书评，载《敦煌吐鲁番研究》第十卷，季羡林、饶宗颐主编，上海古籍出版社，2007年，第414—417页。

西域敦煌出土文献研究   王树楠与西域文书的收藏和研究

歌 8 首^①。此外，美国国会图书馆有梁玉书旧藏 1 卷、王树楠题跋 3 则；日本国立国会图书馆藏 1 卷、题跋 2 则；重庆市博物院藏 1 卷、题诗 1 首；临川书店藏 1 卷、题跋 1 则；长尾雨山旧藏 1 卷、题跋 1 则；中国国家图书馆藏品中又有 3 卷、题跋 5 则。因此从笔者目前有限的知见，王树楠总共为 38 号西域文书撰写了题跋 87 则、诗歌 9 首^②。

二、王树楠西域文书题跋的学术价值

丰富多彩的王树楠西域文书题跋，提供给我们以中国学者对于西域写本的早期认识。综而言之，以下几个方面的学术价值，值得我们注意。

（一）对文书的书法史意义和书法价值认定

对文书的书法史意义和书法价值的认识，是中国学者看待敦煌、西域文献的第一感知，王树楠也不例外。比较敦煌文书而言，他对西域文书尤其表现出从书法角度的偏爱。这其中重要的原因，是西域文书在写本年代上，一直从魏晋延续下来，其中的相当一部分，代表了比敦煌文书更早的东晋南北朝时期书法的实际水平——而那一时代的传世作品，过去只是留下了极少数传为王羲之等人的名迹。西域文书的出现，在王树楠看来，是还原了那一时代的书法现场，他对这种时代书风给予了积极的评价。

目前我们接触到的王树楠关于西域文书的题跋较之敦煌文书要丰富得多，因此可以系统了解作为学者的王树楠，在书法史与书法理论方面深厚的前期积淀：一旦这些文书展现在他面前，有关那一时期书法作品价值的认定便迅速在题跋中体现出来，它们堪称是最早在西域文书上就书法价值作出中肯评价的书论。这些题跋的特点是：

1. 王树楠对西域文书的书法评价，是建立在其对书法史理论的熟稔基础上的。其题跋的重要特点，便是对这些书法作品用系统的古代书论来进行评述和验证。如西域文书中大量佛经书法中住笔重捺的隶书，王树楠揭示了其“科斗笔法”的古意，从书法史的前承后继中给予解说：

> 赵子昂书《急就章》，其捺专用重笔。鲜于枢云：此书不传久矣，非深于书者，未易语也。今是书与此体正同。晋宋之初，科斗古文尚存，故六朝写经多仿科斗笔法，古拙奇诵，姿态横生，惜伯机不及见之。……六朝写经，上接隶楷，下开北魏一派。（《六朝人写经残卷》七，下 25：156）

---

① 其余 6 件（卷）为敦煌文书，有王树楠题跋 11 则，参笔者《王树楠与敦煌文献的收藏和研究》。而王树楠为西域文书的题跋间亦有与原卷不符者，如《北凉写经》十三（下 42—43：161）原有王树楠题跋 4 则，今粘贴于《北凉写经残卷》十九（下 50—53：165）前，不知何时发生之误植。

② 参笔者《王树楠吐鲁番文书题跋笺释》，待刊。

这样的心得多处题写（见图 4），"可以见字体变迁之迹"（《北凉写经残卷》四，下 9：153）成了六朝写经书法的一条义例。

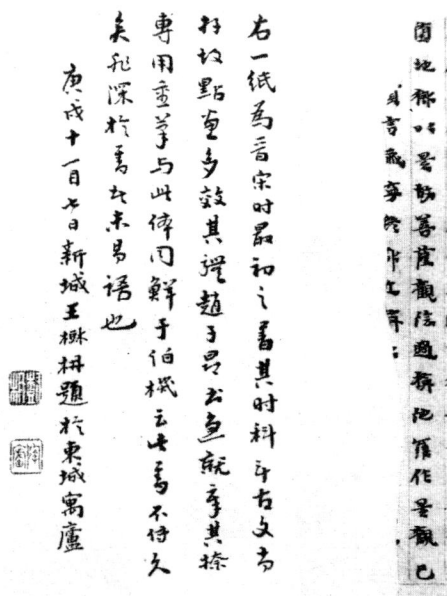

图 4 王树楠《佛经残卷》题跋
（《国家图书馆藏敦煌遗书》135 册，第 176 页）

又如，对于西域文书体现的魏晋书法自然生动的风格，王树楠引用了欧阳修《集古录跋尾》的评语来作描述：

> 欧阳公言："余尝喜览魏晋以来笔墨，或妍或丑，百态横生，披卷发函，烂然在目，使人骤见惊绝。徐而视之，其意态愈无穷尽，故使后世得之，以为奇玩，而想见其人也。"吾于此书亦云。（《北凉写经残卷》四，下 8：153）

同样，对于西域文书中书法笔墨相生的特点，则用了唐人荆浩的画论来做评价：

> 荆浩论画，谓吴道元有笔而无墨，项容有墨而无笔。有笔无墨者，见落笔蹊径，而少自然；有墨无笔者，去斧凿痕，而多变态。是书实兼二者所长，温润遒劲，内含刚柔，正如罗绮娇春，鹔鸿戏沼。（《唐人写经及藏经目录残卷》，下 73：172）

王树楠对这一时期书法的评论，还引用了王充《论衡》[①]、《魏书·刘芳传》[②]、《晋书·卫

恒传》①、《晋书·王羲之传》②、《唐语林》五③、《旧唐书·孔若思传》④、《宣和书谱》⑤、黄庭坚《山谷诗集》⑥、姜夔《续书谱》⑦、《元史·康里巙巙传》⑧、郭宗昌《金石史》⑨的论点，无不准确体现了西域文书的实际与书法史理论的经典描写之间的关联。

2. 王树楠对西域文书书法价值的欣赏，在题跋中还表现为将其与名家、名碑、名帖的并置当中。这种态度，显示了他将这些文书纳入到书法史的行列当中、并且不以书家名望论高下的平等心态。如：

> 其书虽不尽出一手，而体势大半相类，盖宋魏时人真迹，笔意多似钟元长，而纸色、墨色，怡心刮目，疑有佛法呵护。（《北凉写经残卷》十九，下 50：165）
>
> 六朝书法，全出于汉隶，以古拙为妍丽。是卷尤道媚，姿态横生，与钟太傅颇相似。异香活色，千载如新。（《摩诃般若波罗蜜经》卷第十四，上 77：014）
>
> 唐太宗论王右军书云："烟霏雾（露）结，状若断而还连；凤煮（翥）龙蟠，势如斜而反正（直）。玩之不觉其倦，览之莫识其端。"斯书之妙，殆能当之。（《六朝写经残卷》九，下 33：158）
>
> 率更令欧阳询行见古碑，索靖所书，驻马观之，良久而去。数百步复还，下马伫立，疲则布毯坐观，因宿其旁，三日而后去。余自得此书，寝食未尝离左右。公余无事，辄为把玩，穆然如相与晤对于钟王之侧，信可乐也。（《六朝以来写经残卷》八，下 31：157）
>
> 此书若与褚虞欧柳并驱中原，亦犹韩卢之追东郭羧也。（《唐武后时写经残卷》，下 71：171）
>
> 笔姿秀逸，似《灵飞经》。余所得六朝以来写经残字，此为第一。（《六朝以来写经残卷》八，下 29：157）

魏晋隋唐书法的翘楚如钟繇、王羲之、索靖、褚遂良、虞世南、欧阳询、柳公权，名帖如《灵飞经》，都被用来与西域文书做比；而事实上，西域文书确实也为中古时期的书法史提供了难得的丰富史料，现今论及魏晋隋唐书法，也无不以之作为重要的对象立论。

------

① 《六朝以来写经残卷》八，下 28：157；《北凉写经残卷》十二，下 39：160。
② 《妙法莲华经》卷一，重庆博物馆藏；《六朝写经残卷》九，下 33：158。
③ 《六朝以来写经残卷》八，下 31：157。
④ 《北凉写经残卷》一，下 3：152。
⑤ 《佛华严经》第二十八，上 61：013；《六朝写经残卷》十，下 37：159。
⑥ 《写经残片册》，下 112：174。
⑦ 《唐武后时写经残卷》，下 71：171；《唐人写经》残卷，中国国家图书馆藏 BD15158。
⑧ 《六朝以来写经残卷》八，下 26：157；《唐人写经》残卷，中国国家图书馆藏，BD15158。
⑨ 《六朝人写经残卷》七，下 25：156。

3. 王树楠对早期西域文书书法价值的评估,还建立在与时期较晚的魏碑以及敦煌文书的比较中。如:

> 此册残字,亦出鄯善土峪沟。……中有"凉都法静所供养"字,盖亦北凉时真迹也。北凉字体在隶楷之间,古隽有致,北魏诸碑不及也。(《写经残片册》,下 99:174）
>
> 吾观北凉写经,如出一手,在北魏中自为一体。手和笔调,固可贵尚。(《北凉写经残卷》四,下 9:153）
>
> 高昌经卷书法多可宝爱,远出敦煌之上,然破碎断烂,长幅不易得。盖埋没地下千馀年,不似敦煌洞中之庋阁整齐也。(《弥勒上生经》,中 29:072）
>
> 余藩新疆,得六朝写经甚伙。六朝时,高昌诸堡庙宇林立,当时号称佛国。所藏经卷,皆腹地善书人所写,较敦煌石室所出经卷有雅俗之分,而北凉尤盛。(《佛经残卷》,中国国家图书馆藏,BD14915,《国家图书馆藏敦煌遗书》135 册,178 页）
>
> 昔魏刘芳常为诸僧佣写经论,笔迹称善,卷直一缣,岁中能入百余匹。六朝时佛教大行,西域尤盛。故写经卷子多善书者。(《北凉写经残卷》十九,下 50:165）

被书家推崇的魏碑,在王树楠看来,还不如吐鲁番的北凉文书"古隽有致";这与其评骘高昌与敦煌文书书法的高下,建立在时代远近上是一致的。也正是这个原因,对于西域文书中唐代以来的作品,王树楠从书法角度的关注和肯定相对较少;即使肯定,也是那种具有东晋风尚的古韵,如云:"纯是东晋人笔意,虞褚不是过也。"[1] 此外,西域佛经文书的"称善",还被他从宗教信仰的角度给予了分析,同样是符合时代和社会情形的。而同时,书手的来历也被作为品评高昌与敦煌书法的重要原因,无疑也是比较符合两地写本的基本形态的。对于书手的来历和宗教热情导致书法精美的论述,已经接近了今天书法社会学的热门研究范畴,可见王树楠开阔而前卫的研究视野。

4. 王树楠对书法作品的一些贴切比喻,也显示出了他在书论方面深厚的修养。如:

> 此书……得倚刀较尺之妙,洵唐经中之特健药也。(《唐人写经》残卷,中国国家图书馆藏,BD15158）
>
> 此书中之江瑶柱也。(《北魏写经残卷》十六,下 45:162）
>
> 观此书如处毡裘氈服之世,见秦汉以上衣冠,不可谓非眼福。今人之学魏碑者,东坡所谓鹦哥娇耳。(出处同上）
>
> 己酉（1909）、庚戌（1910）之间,谷贵民饥。余檄吐鲁番厅转运仓谷以济民食。王叔平太守既输谷至省,并以出土残经饷余,盖皆六朝以来真迹。余曰:此丰年玉也,

---

[1] 《唐武后时写经残卷》,下 71：171。

乃与荒年谷同时并至,可称双快。(《北凉写经残卷》五,下12:154)

把卷开阖,兰麝氛氲,宜藏之妙楷台中。(《北凉写经残卷》六,下18:155)

书法古逸,在隶楷之间,今之广陵散也。(《佛说菩萨藏经》第一,上49:009)

特健药、江瑶柱、鹦哥娇、丰年玉、妙楷台、广陵散的比喻,都非常生动地反映了作者对西域文书的无上珍惜,以及对世俗书法的不屑一顾。

王树楠的大量比喻中,《世说新语》的引用频率最高,据目前所知的题跋,即多达6处。如:

王戎目山巨源如璞玉浑金,人皆钦其宝,莫能名其器。吾于此书亦云。日夕展玩,但觉奇香拂纸,异彩盈字。(《北凉写经残卷》十九,下51:165)

裴令公乱头粗服皆好。刘太常云:楂梨橘柚,皆有其味。吾常以之评此书。晋卫恒所谓异体同势者也。(《北凉写经残卷》十二,下39:160)

娟娟如初日芙蓉,濯濯如晓风杨柳。真令人看死卫玠。(《唐武后时写经残卷》,下71:171)

这些比喻,是以同一时代的人物风度来形容书法艺术,恰到好处地体现了他对西域文书不修边幅、自然美好的"尚韵"风格的认同。

一些出现在题跋中的评语,如"醇朴"、"古隽"[1]、"隽逸"[2]、"秀逸"[3]、"古逸"[4]、"奇谲"[5]、"自然生动"[6]、"醇正"[7]、"萧洒"[8]等,也都准确地反映了西域文书中代表作品的重要风格,以及王树楠本人的书学倾向。

(二)注重文书的历史文献学考证

王树楠对西域文书的研究,还表现在题跋中根据自己的历史知识储备,对其文本的年代、历史事件、文字进行的精确考证。

1. 对文书的年代做翔实的考订。

对于有年代记载的文书的重视,反映了文书研究者关注其中历史价值的普遍心态。

① 《写经残片册》,下99、112:174。
② 《六朝以来写经残卷》二十,下54:166。
③ 《六朝以来写经残卷》八,下29:157。
④ 《佛说菩萨藏经》第一,上49:009。
⑤ 《佛经残卷》,中国国家图书馆藏,BD14915,《国家图书馆藏敦煌遗书》135册,第178页。
⑥ 《大般涅槃经》卷第卅七,美国国会图书馆藏,379064,居蜜《美国国会图书馆王树楠书藏:古籍、善本、珍品面面观》,《天禄论丛:北美华人东亚图书馆员文集·2010》,广西师范大学出版社,2010年,第24页。
⑦ 《佛说金刚般若波罗蜜经》,上143:025。
⑧ 《妙法莲华经残》卷第十残片,上51:010。

王树楠的题跋多次提到一些有时间、历史人物坐标的文书被收藏者秘藏的情形,如:

> 此卷为曾筱堂司马所贻。筱堂在吐鲁番掘地得六朝以来写经卷子甚伙。其署款有沮渠无讳者,筱堂皆自藏,不以予人。(《六朝以来写经残卷》八,下26:157)
>
> 闻曾君所藏卷子,有北凉敦煌太守沮渠无讳所写供养经,及凉王大沮渠安周所供养经,并有建平年号者。(《北凉写经残卷》四,下11:153))

王树楠本人在利用传统史书对文书年代的考证方面,用功也最为突出。西域早期的文书主要出现在西凉时期,其年号与南朝和北魏之间的关系,是建立书史坐标的关键。这些王朝之间年号、年代的转换,是其题跋首先予以考订的内容。如:

> 案,己巳为宋元嘉六年(429),北魏神䴥二年,北凉沮渠蒙逊之承玄二年也。当时写经卷子多出中国人手,笔致奇谲,大半相类。(《北凉写经残卷》一,下3:152)
>
> 土峪沟所得残经,有署"岁在己丑凉王大且渠安周所供养经,吴客丹扬郡张然祖写,用纸廿六枚"二十九字,己丑为宋元嘉二十六年(449),后魏太平真君十年。时北凉亡已十载,沮渠无讳跳据鄯善,奉表于宋文帝,拜为西夷校尉、凉州刺史、河西王。真君五年,无讳死,弟安周代,屯横截城。彼时佛教盛行,其写经卷子多出此前后百年之间,频年出土者伙矣。署款、字体及纸色,与此皆相类,故定为六朝时物也。(《写经残片册》,下113:174)
>
> 右《莲华经》残卷,末署"永康五年(470)岁在庚戌"。案,《魏书·蠕蠕传》:和平五年,蠕蠕吐贺真死,子予成立,自称永康元年。据此卷,盖予成立二年始建元永康,在魏献文帝之天安元年。推至皇兴四年,岁在庚戌,为蠕蠕永康之五年也(宋泰始六年)。《魏书》概言子予成立,自称永康元年,并未详叙建元之岁。得此可以补史书之缺。是时且渠安周为蠕蠕所灭,立阚伯周为高昌王,高昌遂属蠕蠕,故写经者署蠕蠕年号也。(《妙法莲华经残》卷第十残片,上50—51:010)
>
> 案,《南史·梁宗室列传》,萧伟,字文达,武帝母弟。其封建安王在天监元年,本传与本纪皆同。此经乃天监十一年(512)壬辰所书,壬字缺烂,尚存下一横画可见。《本纪》加镇南将军、江州刺史、建安王伟开府仪同三司,亦在十一年,与此卷署款皆合。至十七年,始改封南平王。《传》言伟"晚年崇信佛理,尤精玄学",观此可见其迷信矣。(《摩诃般若波罗蜜经》卷第十四,上76:014)
>
> 《隋书·经籍志》:初,晋元熙中,新丰沙门智猛策杖西行,到华氏城,得泥洹经及僧祇律。东至高昌,译泥洹为二十卷。……姚苌弘始十年(408),猛本始至长安,译为三十卷。……案,晋元熙元年(419),为蒙逊玄始八年,越十三年,而蒙逊死。是时为宋元嘉九年、魏延和之元年也。姚秦弘始十年,前于元熙十载。是时智猛尚未西行,

西域敦煌出土文献研究

王树楠与西域文书的收藏和研究

长安何由得猛本而驿(译)之?《志》所记恐有舛误。晋元熙中,姚秦已亡二年矣。(《北凉写经残卷》十二,下38:160)

王树楠以上的考证,不仅标记其间的年代换算关系,更重要的,还意在说明西域文书"可以补史书之缺"的纪年价值和史传记载"与此卷署款皆合"的证史价值;甚至在上引最后一则题跋通过北凉写经引发对《隋书·经籍志》所记佛经译本纪年的辩证,更是纠正了史籍记载的错误。而高昌"写经者署蠕蠕年号"的王朝之间的附属关系,也同样在这种考证中得到揭示。

2. 对文书的史实做多方面的发掘。

对于文书所体现的历史史实,王树楠题跋也多有考订,以此来补正传统史籍记载的不足,使之成为历史史料的有机组成部分。如:

> 左系《三国·吴志》韦曜、华覈二传,首尾残断不完。宣统元年,鄯善农人掘地,得之土峪沟。案,元魏之时,高昌王麴嘉好儒术,画鲁哀公问政于孔子像于室,有《毛诗》、《论语》、《孝经》,历代子、史、集,置学官子弟,以相教授。正光元年,又遣使奉表,求借五经、诸史,并请国子助教刘燮以为博士。此盖当时传抄教授之本,卷中又有《论语》"易事而难说"一节,亦同时所抄,的为麴嘉时真迹也。(《三国志·吴志》第二十残卷,中347:141)
>
> 《魏书·高昌传》:昔汉武遣兵西讨,师旅顿敝,其中尤困者,因住焉。熙平之诏亦言:"彼之氓庶,是汉魏遗黎,自晋氏不纲,困难播越,成家立国,世积已久。"盖高昌土客,皆系汉人,故多善书者。卷中令狐岌、董毕狗,皆汉姓也。余所得残经,惟吐鲁番所属最佳。山灵呵护至今,纸墨完好,真希世之宝也。(《北凉写经残卷》一,下3:152)
>
> 案,安西大都护府移治龟兹,在唐显庆二年(657),统于阗、疏勒、碎叶,号四镇。仪凤中,吐蕃陷四镇,都护官废。长寿元年,复置。《新书·官志》云:大都护皆亲王遥领。大都护之政,以副大都护主之。此文当是都护解粮之檄。都护府下之官,有长史一人,录事参军事一人,功曹、仓曹、户曹、兵曹、法曹参军事各一人,参军事三人,录事二人。文中言"史陈明",盖即长史,曰参军、曰录事、曰录事参军,皆与志合。龟兹屡遭兵乱,叛服不常,故长寿后置安西大都护府,以兵三万镇守。征粮筹饷,最为要事。但文残缺,无由考其地耳。(《天宝解粮残檄》,中278:127)

《三国志》在高昌国时期的出现,作者列举了《北史·高昌传》所记载的麴氏高昌时期的文化教育举措、与内地之间的文化交流来作背景说明。吐鲁番文书汉文书法的绝佳表现,作者也通过《魏书·高昌传》反映的中土移民现象来揭示吐鲁番盆地中古汉族社会的

来历。库车文书的解粮檄,则据《唐书》记载的唐代龟兹建制来作解释。以上传世典籍与出土文书的互相印证,可谓相得益彰,无疑是同期而稍后王国维概括的历史学"二重证据法"的具体实践。

在目前所见到的王树楠题跋中,考证史实而引用的史料除上述数种之外,还有《宋书·氏胡列传》、《魏书·蠕蠕传》、《南史·梁宗室列传》和《梁武帝本纪》、《元史》等正史,以及《元和郡县志》、《太平寰宇记》、《西域图志》、徐松《西域水道记》、陶保廉《辛卯侍行记》等。这些典籍在今天,也是西域文书研治者所耳熟能详的引证材料;而在一百年前王树楠的题跋中,以上材料的使用,也几乎没有遗漏,可见其对治史所储备的传统文献的熟悉程度。

3. 对文书所反映的书写制度也给予充分重视。

中古时期官府文书的行用情况,在正史中的反映并不十分清楚,甚至没有详明的例证。西域文书作为一种无意识保留下来的材料,反映了文书载体在社会运作中的实际表现,具有了这一方面的历史文献学功能。这些也在王树楠的题跋中得到表彰。如:

> 右唐武后永昌以后户口单,男女、大小、丁口、生死,一一详载其所授之地亩、段落、方向、旱地、水田、典业、己业,无不分析开列。今则户口与授田分为二事,非古法也。(《吐鲁蕃出土古人墨迹六朝卷》二十三,下 62:169)

> 右牒二纸,宽虑僙尺一尺二寸二分,出土鲁番三堡,皆草书。……此牒当系都督府厨中所需柴酱诸物,下柳中县采供者。都督府官属有录事参军、录事史、市令诸职。牒中府史即史,市司即市令也。所供物件皆具诸主姓名、官属、手押,井井有条,可以考见当时之制。(《北馆牒》,中 273:124)

> 此文当是都护解粮之檄。……文中言"史陈明",盖即长史,曰参军、曰录事、曰录事参军,皆与志合。龟兹屡遭兵乱,叛服不常,故长寿后置安西大都护府,以兵三万镇守。征粮筹饷,最为要事。但文残缺,无由考其地耳。又案,"录事参军"下、"自记"上,当是都护手押,可以见当时之制。(《天宝解粮残檄》,中 278:127)

> 右唐藏经目录残卷,每经若干卷、若干袠,并所用纸数及庋架之处,皆一一详记。惜首尾不完,无由观其大备也。晋时智猛、昙摩罗识、鸠摩罗什、云摩难提、伽提婆、支法、法显辈,争译经典,传之海内。梁武帝总集释氏经典,凡五千四百卷。沙门宝唱始撰经目录。隋开皇元年,普诏营造经像,并官写一切经,置于诸大都邑寺中,又别写藏于秘阁,天下从风而靡。民间佛经多于六经数十百倍。大业时,沙门智果又撰诸经目,分别条贯。相沿至唐,佛教益盛行于世,而高昌尤为释典之渊薮。观此则当日藏经之富,可知也。(《唐人写经及藏经目录残卷》,下 73:172)(见图 5)

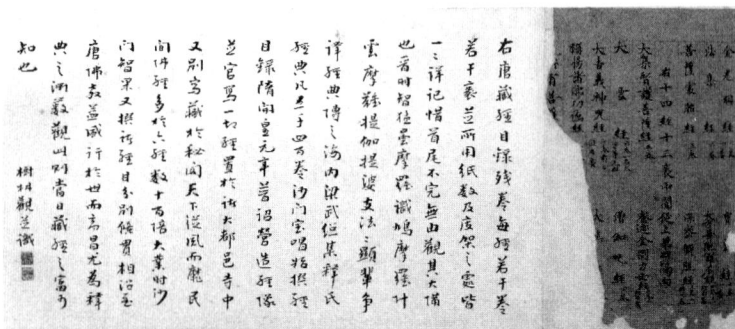

图5 《唐人写经及藏经目录残卷》及王树楠题跋
（《中村集成》，下73∶172）

以上这些集中在唐代文书上的题跋，分别指示了当时的官府户籍、授田、采购、解粮等文书制度，以及释典目录学的价值。

4.对文书的文字学意义，亦予考证。

西域文书的书法价值之外，其异体字的考证，也体现了王树楠对文书的文字学意义的重视。如：

> 宍，古肉字，《吴越春秋》载古孝子《弹歌》："断竹，续竹，飞土，逐肉。"肉，原作宍。《淮南子·原道训》作宍。（《唐武后时写经残卷》，下71∶171）

> 圀，为武后所造国字，范成大《桂海虞衡志》载：大理国间有文书至南边，及商人持其国佛经，题识犹有用武后圀字者。（出处同上）

> 写经人张怵祖，怵即休之异文。《北魏贾思伯碑》："思伯字士怵。"《魏书》《北史》作仕休。《元兴墓志铭》："式述遗怵。"怵亦即休字。晋人草书，休下有一画，故六朝时人书多作怵也。（《北凉写经》十三，下43∶161）

> 此经仏字，即古佛字，宋张子贤言：京口甘露寺铁镬有文"梁天监造仏殿前"。此为六朝时真迹无疑。（《晋唐屑玉杂卷》，下64—69∶170）

总之，王树楠对于西域文书的一跋再跋，虽然长短不一，却不为虚套，多有心得，从历史典籍的广为参稽中，尽可能多方面地研究和发掘了文书的历史文献学价值。

（三）重视胡语文书并对胡语文化一视同仁

王树楠题跋所体现的另一个不凡见识，是他对于胡语文书的重视态度。

在吐鲁番出土的大量文书中，有大量的回鹘文书。王树楠在诸如《畏吾儿经卷残片》（中242—245∶119）的一再题跋，反映了他力求了解古代回鹘文及回鹘文化的努力。如：

> 畏吾儿为西域大国，语言、文字与土耳其同。土耳其文字初体见于《阙特勤碑阴》，后入欧洲，改从阿剌伯字。其遗种之在西域者，服属于畏吾儿，遂用畏吾儿字。元兴，

亦改从畏吾儿，而语言各异。盖蒙古字出于畏吾儿，而满文又出于蒙古。此其源流变迁之迹也。

己酉冬月，俄人马禄福访古乌城，言五大洲识西域畏吾儿字者只有二人，彼其一也。适土鲁番土人掘地得畏吾儿字数纸，余出一纸，丐其翻译俄文，再命周耀昆源由俄文译成汉字。盖其族亦宗佛教者也。

右刻本畏吾儿残字，旁以梵字音注，盖其种人皆读佛书者也。

余初得畏吾儿画像，有身而无首。越数月，吐鲁番人有持出土残经见售者，中有一像首，取而合之，适为一人。天下事凑合之奇，因缘之巧，真有莫之致而致者，数百年残缺之物顿成完璧，岂梦想所能到邪！

以上四则题跋，第一则是王树枏对回鹘文在后世演变过程的总结，大体正确，体现了当时学者对于回鹘语、蒙古语、满语等在文字上变迁沿袭的认识水平。第二则题跋记载了王树枏向前来新疆和甘肃考察的俄国中亚考察队回鹘文专家马禄福（S.Ye.Malov，1880-1957，今多译为马洛夫）请教的情况。原来的题跋之前也确实粘贴着回鹘文宗教经典的马洛夫俄译和周源中译文字（见图6）。第三则题跋则反映了他由回文梵注的双语形式推想其宗教信仰，与历史上回鹘在伊斯兰化之前曾经崇尚佛教也是吻合的。最后的一则题跋，则反映了他在文书收集过程中，为回鹘残文书能够拼凑完璧而欣喜若狂的程度，可见其对即使并不同文、也知之不多的胡语文书及其所体现的民族文化保持了极高的尊敬态度。其他的一些题跋，有讨论畏兀儿人由来的，也反映了他对新疆少数民族历史的关注。

类似的这种考证，还题写在王树枏为西域友人收集的回鹘文经卷中。如辛亥年（1911）

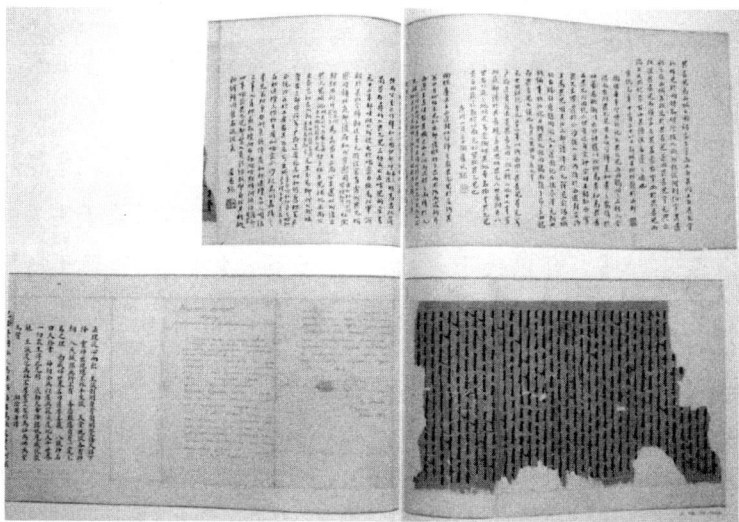

图6 《畏吾儿经卷残片》及王树枏题跋、马洛夫俄译、周源中译书影
（《中村集成》，中 242—243：119）

（四）对文书发掘与流传过程的重视，提供了西域文书的早期流传线索

王树楠的题跋总是详细描述文书的来历——出土时间、地点以及相关的经手人等，虽然他并没有当代考古学的知识，但源于中国传统文献学的常识，也使他对文书的出现情况表现出相当的重视和敏感。这就为我们今天去核查和了解这些文书的早期流传提供了重要的线索。如以下的题跋：

宣统纪元，署鄯善知县刘宝臣谋掘土峪沟古寺遗址，获六朝以来残经墨迹，自中丞以下，分以相赠。星桥中丞、子丹学使罄其所得，悉以归余。（《北凉写经残卷》一，下3:152）

此册残字，亦出鄯善土峪沟。星桥中丞得之，悉以遗余。（《写经残片册》，下99:174）

左系《三国·吴志》韦曜、华覈二传，首尾残断不完。宣统元年，鄯善农人掘地，得之土峪沟。（《三国志吴志》第二十残卷，中347:141）

此卷为吐鲁番厅曾司马炳熿所赠。炳熿字筱堂，好古多文。其在吐鲁番掘土得写经残卷甚伙。……闻曾君所藏卷子，有北凉敦煌太守沮渠无讳所写供养经，及凉王大沮渠安周所供养经，并有建平年号者。此盖同时物也。（《北凉写经残卷》四，下11:153）

此卷为湘乡陈镕皆阜钧客吐鲁番曾炳熿幕时所得。庚戌（1910）十月持以贻余。（《佛说菩萨藏经》第一，上49:009）

己酉、庚戌之间，谷贵民饥。余檄吐鲁番厅转运仓谷以济民食。王叔平太守既输谷至省，并以出土残经饷余，盖皆六朝以来真迹。（《北凉写经残卷五》，下12:154）

吐鲁番二堡农人掘土得古瓶，瓶中藏字一卷，盖唐时寺僧习字日课。（《唐人日课习字卷》，中280:129）

右牒二纸，宽虑傀尺一尺二寸二分，出土鲁番三堡，皆草书。（《北馆牒》，中273:124）

此卷出吐鲁番三堡中，即汉之高昌壁也。农人掘土得之，儿子禹敷邮寄京师。巨六先生见之，爱不释手。仆以天下之物，应与天下人共之，况物聚于所好者耶？展玩

---

① 京都临川书店《洋古书总合目录》Autumn1990，总130期，No.866。

② 中国国家图书馆藏，BD15370。

③ "己酉冬月，俄人马禄福访古乌城，言五大洲识西域畏吾儿字者只有二人，彼其一也。"（《畏吾儿经卷残片》，中242—245：119）"蒙古字全出于畏吾儿。英之博士有专研此学者，然五大洲亦寥寥无几人也。"（《唐人写经卷子》，京都临川书店《洋古书总合目录》Autumn1990，总130期，No.866）。

④ 专门的讨论，参笔者《王树楠的西域胡语文书题跋》，《语言背后的历史·西域古典语言学高峰论坛论文集》，上海古籍出版社，2012年，第128—137页。

数日,因为跋而归之。(《摩诃般若波罗蜜经》卷第十四,上 77:014)

余所藏六朝卷子,凡有年号、人名者,多落于顾巨六、白坚甫之手。缘一时困乏,糊口维艰,割爱出售,不得已之举也。(《佛经残卷》,中国国家图书馆藏,BD14915,《国家图书馆藏敦煌遗书》135 册,178 页)

宣统辛亥三月三日,素文先生出此卷相示。因考定之如此。(《妙法莲华经残》卷第十残片,上 51:010)

辛亥孟夏,积丞出此属题,爰为考订之如此。(《唐人写经卷子》,京都临川书店《洋古书总合目录》Autumn1990,总 130 期,No.866)

辛亥五月将有都门之行,泽堂仁兄出此卷属题。因匆匆考订如右,即希教正。(《贤愚因缘经》残卷,中国国家图书馆藏,BD15370)

以上的记载,使我们知道王树枏题跋的多种文书出自鄯善吐峪沟的佛寺、吐鲁番的三堡和二堡。这些文书的流传,则多由在鄯善、吐鲁番任职的刘谟、曾炳熿、王叔平于宣统年间从当地参与挖掘的民众手中获得。同时搜集这些文书的还有巡抚联奎(星桥中丞)、学使杜彤(子丹学使)、财政监理梁玉书(字素文)、知县段永恩(字积丞)、湘乡陈阜钧(字镕皆)、泽堂(不详,待考)、王禹敷等人。而其文书后来的归属,则多因生计所迫,售归顾鳌(号巨六)、白坚(字坚甫)等人。事实上,今人所知吐鲁番文书早期流传的情况,确也多由王树枏的题跋和综合其题跋而撰写的《新疆访古录》中获得。可见,对于吐鲁番文书出土与发现的历史追踪,王树枏题跋是可靠的第一手资料。

三、王树枏收藏与题跋所反映的清末民初学术面貌

王树枏的西域文书的题跋时期,如前所揭,是从宣统元年(1909)到民国二十三年(1934)。此期的王树枏由新疆布政使任直到归隐京师,经历了时代和人生的剧变。因此,王树枏的收藏和题跋,不仅是他后半生学术生涯的写照,同时也是清末民初这一中国近现代历史时期由边疆到中央的巨大时空跨度中,有关西北地区出土文书发现、流传和研究学术史的缩影。

(一)不断更新的学术研究:写本真迹与《新疆访古录》的比证

就王树枏本人而言,他对于敦煌西域文书的认识,也有一个过程。这一点我们可以从《新疆图志》和《新疆访古录》相关内容的比较中可以看出。

《新疆图志》由王树枏于光绪三十三(1907)开办新疆通志局时发轫,完成于王树枏开缺、逗留于新疆的辛亥年(1911)。[①]《新疆访古录》未见牌记,出版年代不详,但顾燮光的《梦碧簃石言》卷六"新疆稽古录及北凉且渠安周造寺功德刻石"条记载:"新城王先生树枏《新疆

① 蒋小莉《〈新疆图志·建置志〉的成书及版本研究》,《西域文史》第五辑,科学出版社,2010 年,第 160—161 页。

1089

稽古录》一书,附刊于壬子年(1912)北京《中国学报》,惜未刊毕。"小字夹注云:"己未(1919)上海聚珍仿宋局排印单行本。"①可知《新疆访古录》晚至1919年才出版。因此《新疆图志》和《新疆访古录》正好反映了他在新疆和回到京师后两个不同时期的学术视野。

当王树楠在新疆收集这些文书的时候,虽然发现了它们的价值,还是局限于自我的摩娑与欣赏,以及囿于方志的体例限制,我们在其《新疆图志》中无法看到这些文书的记载。他当时对于新疆考古文物的认识,还局限于传统学问中的古迹、金石,因此《凉王大且渠安周造象记》、《唐张怀寂墓志铭》等传统金石学范畴的内容,就被《新疆图志》卷八八、卷八九的《金石志》所收录,而大量无名氏的写本资料,因为以往方志记载的无例可循,则被他放弃。

等他回到内地,这时敦煌吐鲁番文书的研究已经如火如荼,成为专门的学问。一些重要的研究性题跋被他重新整理,以《新疆稽古录》为题发表在《中国学报》上。而当他在1919年活字排印其《新疆访古录》时,则作了更为完整的整理,其中一些题跋的内容,也作了修订,体现了他在当时学界研究的基础上更新自己学术观念和认识的不断进步。

如前引《畏吾儿经卷残片》(中242—245:119)的题跋,尚据马禄甫翻译的回鹘文经卷内容称:"盖其族亦宗佛教者也。"到了后来将这一记载印入《新疆访古录》"畏吾儿残字"条时,就改称:"其教非佛非回,盖亦西域古教也。"②这一改变,无疑是他精研马洛夫译文,发现其与佛教之间的扞格,同时也对学界研究西域诸多夷教信仰的成果影响有关。

又如他在1910年对《北凉写经残卷一》(下3:152)的题跋论及:"案,己巳为宋元嘉六年,北魏神麚二年,北凉沮渠蒙逊之承玄二年也。当时写经卷子多出中国人手,笔致奇谲,大半相类。上接隶体,下开北魏一派,一见而知为北凉书法也。"对于写书人,亦仅提到"卷中令狐岌、董毕狗,皆汉姓也",作出了"盖高昌土客,皆系汉人,故多善书者"的结论。在《新疆访古录》中,则加了"令狐为敦煌巨族"一句。令狐氏为敦煌大姓,王树楠在为敦煌文书中的延昌二年(513)写《摩诃衍经》卷第三十二残卷(上96—101:017)题跋时,已经提及。但在对于吐鲁番文书中的令狐,却没有去深入探究其敦煌出身。回到内地之后,敦煌写卷的研究成果也进入到了他的视野,互相参照,乃有河西敦煌影响到吐鲁番文书书写的更精确论断。

同样,在新疆时期的一些零散的心得和札记,也都通过多年的酝酿之后,在《新疆访古录》中体现出了具有理论性的概括。如:

> 残经多出吐鲁番东乡三堡,及鄯善之土峪沟中,更东西人士掘者数矣。然时掘时现。残经断纸,大半皆六朝及唐人真迹,盎然古趣,如出一手。(《新疆访古录》卷一"六朝写经残卷"条第一则,叶九正至十二背)

① 顾燮光《梦碧簃石言》,王其祎校点,辽宁教育出版社,2001年,第192—193页。
② 《新疆访古录》卷二,叶二四背。

以上的题跋是在经眼众多文书之后,对于吐鲁番文书出土地点和文书性质的一个总结性概括,准确说明了早期吐鲁番文书发掘的集中地域和文书内容。

又如有关文书异体字的研究,在新疆的题跋仅仅是对其中出现的文字做个案的考证,最多也只是概括为"字多别体,盖沿六朝之习"(《妙法莲华经残》卷第十残片,上50-51:010)的评价。到了《新疆访古录》,关于异体字的题跋,宛如长篇论文:

> 六朝人写经多异文别体,而书法奇怪,千卷一律。证之当时石刻,多相符合。盖一时风尚,以异为奇。《颜氏家训》言:"晋宋以来多能书者,故其时俗,递相染尚。所有部帙,楷正可观,不无俗字,非为大损。至梁天监之间,斯风未变。大同之末,讹替滋生。萧子云改易字体,邵陵王颇行伪字。前上为廿,能旁作长之类是也。朝野翕然,以为楷式。画虎不成,多所伤败。尔后坟籍,略不可看。北朝丧乱之馀,书迹鄙陋。加以专辄造字,猥拙甚于江南。乃以百、念为忧,言、反为变,不、用为罢,追、来为归,更、生为苏,先、人为老。如此非一,遍满经传。"江式表云:"皇魏承百王之季,世易风移,文字改变,篆形错谬,隶体失真。俗学鄙习,复加虚巧,谈辩之士,又以意说炫惑于时,难以厘改。"后《周书·赵文深传》:"太祖以隶书纰缪,命文深与黎景熙、沈遐等依《说文》及《字林》,刊定六体,成一万余言,行于世。"盖文字之不同,而人心之好异,莫甚于六朝。自唐时国子监置书学博士,立《说文》、《石经》、《字林》之学,而颜元孙《干禄字书》,张参作《五经文字》,唐元度作《九经字样》,天下之文,始渐归于正矣。毕沅云:字体之变,莫甚于六朝。然其中有用古字处,未可尽非。考《魏书》道武帝天兴四年十二月,集博士、儒生比众经文字,义类相从,凡四万余字,号曰《众文经》。太武帝始光二年三月,初造新字千余,颁之远近,以为楷式。天兴之所集者,经传之所有也。始光之所造者,时俗之所行,而《众文经》之不及收者也。《三国志注》引《会稽典录》,言孙亮时有山阴朱育,依体相类,造作异字千名以上。是别撰之字,自汉而有矣。(《新疆访古录》卷一"六朝写经残卷"条第六则,叶一〇正至十二正)

以上的长篇题跋,由吐鲁番文书在六朝期间的异文别体现象出发,引经据典,说明中国文字史上从汉以来即多造作,晋宋之际递相染尚,唐代以来渐归于正的演变史。对于理解吐鲁番文书的别字现象,就具有了文字学史的观照。

宋小濂在为梁玉书旧藏《妙法莲华经》卷一题跋中谈到:

> 自敦煌石室藏书为法人搜掘以去,国人有所感发,保粹存古之思想用启发达,此亦吾国人心之进步也。[1]

① 杨铭《杨增新等所藏两件吐鲁番敦煌写经》,第43页;同作者《重庆市博物馆藏敦煌吐鲁番写经题录》,第354页。

从王树楠西域文书研究的更新中,也可以看到,清末民初不仅对于这些文书的保护意识逐渐增强,学者的研究也在互相发明中不断进步。正是在这样的一个转型中,让我们看到了王树楠等传统文人知识更新、力争预流的努力。

(二)对西域吐鲁番、库车、和田、罗布泊等地文书的全方位关注

王树楠的西域文书研究,主要对象是众多的吐鲁番文书,但并没有受其收藏的局限,他的文书研究视野,几乎涵盖了今天所知西域文献的各个出土地点①。这种比较研究、综合分析的格局,对于认识中古文书的文献价值和西域在丝绸之路上的历史意义,都是相对更为周全和科学的。

如在《中村集成》中,就有王树楠收藏和题跋的库车汉文文书《天宝解粮残檄》(中278:127)。他为这一难得的文书写了4则题跋,其中一则长达800多字,是迄今所见最早对库车克孜尔尕哈石窟所做的全面而详尽的记录;其他3则题跋,也对这一文书"笔势苍劲,矫若游龙"的非凡书艺、文书发生的唐代安西都护府建制背景、文书的公文写作形制进行了描述(见图7)。

图7 库车汉文文书《天宝解粮残檄》和王树楠题跋(《中村集成》,中278:127)

和田地区的文书,王树楠没有收集到。但是他曾经见到了斯坦因所得和田文书,并将这一文书引用到了他对吐鲁番文书《唐上元二年买马私契》的研究中。该件文书及其题跋今尚未见,但是《新疆访古录》中记录了题跋的内容:

> 往见德人司代恩(笔者按,当系英人斯坦因)在于阗所得建中元年买牛私契,与此契大致相同。此纸出吐鲁番三堡,即唐高昌地。碎叶为唐四镇之一,《唐书》"焉耆都督府"下云:"贞观十八年,灭焉耆置。有碎叶故城。"《旧书》有焉耆而无碎叶,盖一地也。"赵文同交用"下为"帛练"二字,已破烂不完。"边买"乃西方土语,今时犹然。凉州人称马口齿若干,曰"几敦口齿",此云"紫敦六岁",亦此意也。"退上"即"腿上","寒盗"二字亦当时俗语,言人贫寒而为盗者。当日买卖,多以练计。此因保人未集,先立私契,犹今交易先立订也。(《新疆访古录》卷二,叶一一正背)

罗布泊的文书,王树楠也没有得到。但是后来在《新疆访古录》中,专门写了"前凉西

---

① 此外,他对敦煌文书亦有一体的收藏和研究,参笔者《王树楠与敦煌文献的收藏和研究》。

域长史李柏书"一条（卷一，叶一三正背），对光绪二十四年（1898）年橘瑞超在罗布淖尔所得文书的历史史实进行了考证。

（三）清代履新文人的最后雅集

王树楠的西域文书收藏和题跋在当时并非完全的个人行为。如前所述，我们从王树楠题跋文字中，了解到这种收藏是晚清新疆文人的集体雅好；而从《中村集成》影印的文书可见，题跋者也并非王树楠一人，更有其在新疆的同僚下属和归隐京师的同年好友，加入到了这一相互题跋、吟咏的行列当中。那些截至1911年之前的题跋，反映了新疆省会乌鲁木齐在晚清最后的雅集风貌，也体现了那一时期西北地区的文化交往。

在王树楠的题跋中，揭示了从省府官员（巡抚联奎、学使杜彤）到地方官员（同知曾炳熿、知县刘谟）都参与到了文书收藏的风尚中；即使政见不同[1]，在这些收藏活动中，他们仍然保持了密切的接触，互相转赠或者题跋相尚。《中村集成》中的许多文书，既有王树楠受邀为他人品题，亦有王树楠的收藏品邀约他人为自己题跋诗文。在1911年以前的新疆文化圈中，目前所能见到的题跋者还有：

杜彤（1864—1929），字子丹，号仰滋。直隶天津人。光绪十八年（1892）进士。光绪三十二年，任新疆提学使并署布政使。《新疆图志》"纂校衔名·总办局务"有署"新疆提学使臣杜彤"。宣统庚戌（1910）首春，曾为王树楠旧藏文书题签、题跋（《六朝以来写经残卷》八，下26：157）。

潘震（1850—1925），字鹿碛，安徽当涂人。1885年起被派往新疆，在新疆藩台衙门任职，历任库车直隶厅同知、迪化府知府、阿克苏兵备道道台、新疆财政厅厅长等职。庚戌年（1910）为王树楠藏《写经残片册》题诗（下108：174）、《北凉写经》十三（下43：161），梁玉书旧藏《六朝以来写经残卷》二十（下55：166）题诗。

李晋年（1860—1910），字子昭，河北滦南人。清光绪壬寅（1902）科举人，入太学肄业。后任国子助教，外放为新疆镇西、沙雅、墨玉等处知县。《新疆图志》"纂校衔名·协纂"署"新疆候补同知臣李晋年"。宣统二年（1910）六月朔日为王树楠旧藏《北凉写经残卷》十二（下41：160）题写长诗。

周源，字耀昆，湘阴人。早年跋涉入疆，学习俄文，曾任呼图壁县丞、塔城外交官员。己酉（1909）冬月，为王树楠汉文转译马禄福用俄文翻译的回鹘文残卷（《畏吾儿经卷残片》，中243：119）。

赵惟熙（？—1917），字芝珊，一作芝山，号觉园，江西南丰人。光绪十六年（1890）进士。宣统二年曾奉使出关，至乌鲁木齐。曾于当年为梁玉书旧藏敦煌文书《摩诃衍经》卷第三十二残卷（上96—101：017）题写观款，于庚戌、辛亥间为自藏敦煌文书"《大般涅槃经》卷第十四"

---

[1] 王树楠《陶庐老人随年录》，中华书局，2007年，第69—73页。其中记载其与联奎、杜彤、梁玉书在新疆新政建设中，颇多不同意见。

题跋 7 则（今藏北京大学图书馆）；宣统二年（1910）除日为王树楠旧藏吐鲁番文书《佛说菩萨藏经》第一（上 49：009）、《佛说金刚般若波罗蜜经》（上 143：025）各题诗二首（见图 8）。

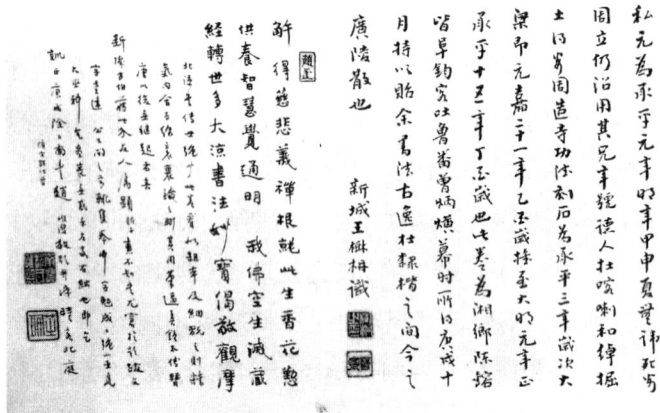

图 8 王树楠、赵惟熙为《佛说菩萨藏经》第一的题跋、题诗
（《中村集成》，上 49：009）

郭鹏，字抟九。《新疆图志》"纂校衔名·协纂"有署"新疆候补知府臣郭鹏"、"总校"有署"新疆候补知县臣郭鹏"，均当即其人。庚戌（1910）为梁素文旧藏《大般涅槃经》卷第卅七题诗二首（藏美国国会图书馆，入藏号 379064。见居蜜《美国国会图书馆王树楠书藏：古籍、善本、珍品面面观》，第 24 页）。

梁玉书，字素文，奉天（今辽宁沈阳）人，光绪末年至新疆，任监理财政官。收集敦煌、吐鲁番文书甚富。王树楠《陶庐诗续集》卷四至卷六多有赠诗。见于书道博物馆、重庆市博物馆、美国国会图书馆等机构的梁玉书旧藏敦煌、吐鲁番文书，其中 9 卷上有王树楠的题跋多达 18 则。梁氏有辛亥（1911）冬为《唐人写经》残卷（中国国家图书馆藏，编号 BD15158）、丙寅（1926）灯节为自藏《北魏写经残卷》十六（下 45：162）题跋。

张培恺，字泽平，黄安（今湖北红安）人。光绪末年，以新疆候补人员任新疆法政学堂教员。宣统三年春，任高等检察厅长，不久，革职。宣统二年冬十二月为梁玉书旧藏敦煌文书"延昌二年（513）写《摩诃衍经》卷第三十二残卷"（上 101：017）题观款、辛亥（1911）六月为《六朝以来写经残卷》二十（下 54：166）题诗。

以上的题跋者，一部分是当时的在任官员，一部分是参与了当时由王树楠主持的《新疆图志》编纂的幕僚[①]，或两种身份兼而有之者。王树楠的同年进士裴景福曾经在《清王晋卿方小荃赠诗合册跋》中提到：

晋老到官，开省志、舆图两局，颇网罗中原文士。案牍之暇，觞咏甚盛。己酉八

① 据《新疆图志》纂校衔名，以上题跋者中，参与方志纂校者有：杜彤、李晋年、郭鹏。

月,余入关 …… 犹记水磨沟公饯,酒阑人散,余徘徊依斗亭上,语晋老曰:"我辈此行,于西域风雅文献,饶有关系。欧风东被,旧学将亡,此会恐不可再得。"因相对太息。①

王树楠及其同僚、友朋的西域文书鉴赏、题跋活动,正是如上所记"案牍之暇"有关"西域风雅"的文化活动。随着1911年王树楠离开新疆、辛亥革命推翻帝制,以王树楠为中心的这一文化风雅之事,为清代新疆的文化活动画上了句号。

此外,经过此地的外国探险家和学者如马达汉(Carl Gustav Mannerheim,1867-1951)②、马洛夫③、伯希和(Paul Pelliot,1878—1945)④ 等,事实上也都参与到了王树楠等人在乌鲁木齐的文化交流活动中。1910年经过乌鲁木齐的澳大利亚人莫理循(George Ernest Morrison,1862—1920),不仅见证了在这里从事《新疆图志》编纂的王树楠的出版情况,⑤ 而且还拍摄到了新疆官员在流放乌鲁木齐的王公载澜(1856—1916)府上聚会的照片(见图9)。载澜同样是敦煌、西域文书的收藏者,正是由于他的赠送卷子,使伯希和有了1907年的敦煌莫高窟之行。

图9　新疆官员在乌鲁木齐水磨沟载澜府上雅集合影,中间左起坐者
第一人为王树楠(《1910,莫理循中国西北行》,第172页)

(四)延续在民国时期的文化劫难——西域文书的聚而复散

与敦煌文书的出现一样,西域文书早期的流传也受到近代海外"探险家"的劫掠,吐鲁

---

① 裴景福《壮陶阁书画录》卷二〇,学苑出版社,2006年影印中华书局聚珍仿宋本,第704页。

② 参马达汉《马达汉西域考察日记》,王家骥译,中国民族摄影艺术出版社,2004年,第260页。

③ 参王树楠为《畏吾儿经卷残片》(中242—245 ：119)、《唐人写经卷子》(京都临川书店《洋古书总合目录》Autumn1990,总130期,No.866)之题跋。

④ 参王楠《伯希和与裴景福的交往:以中法学者有关敦煌藏经洞最初研究为中心》,《敦煌吐鲁番研究》第十一卷,中国敦煌吐鲁番学会等编,上海古籍出版社,2009年,第427—450页。

⑤ 莫理循《一个澳大利亚人在中国》,窦坤译,福建教育出版社,2007年,第233页。

番墓葬与佛寺遗址的大肆挖掘,毫无疑问是这些外来者的推波助澜。[①]朴素的爱国情感,也使王树楠对早期西域文书的外流表示了愤慨和无可奈何的情绪。如:

> 六朝时佛教大行,西域尤盛。故写经卷子多善书者。惜多为西人所得。然地不爱宝,后此出土者,当更不知凡几也。宣统庚戌(1910)二月二十一日,新城王树楠识。(《北凉写经残卷》十九,下50:165)
>
> 高昌佛经得长卷者甚稀,大抵多出古墓中。六朝人率以佛经殉葬。土人掘得者,往往剪碎,零售东西洋游历之士,希得重价。素文此卷虽不完备,殊可贵也。晋卿。庚戌(1910)十二月十二日。(《大般涅槃经》卷第卅七,美国国会图书馆藏,379064,居蜜《美国国会图书馆王树枬书藏:古籍、善本、珍品面面观》,24页。)

这样的情绪在对待敦煌文书的外流方面也已经提到。如:

> 光绪辛丑,千佛洞旁沙崩陷,现一洞,藏经甚伙,铜佛以数千计,皆为土人攫去。法人伯希和游历至此,以贱价购诸民间,捆载而归。今不复多见矣。庚戌(1910)季春七日,新城王树楠识于北庭藩署。(《大般若波罗蜜经》第百六十二,中96:087)

这个消息同样也很快传到内地,蒋芷侪《都门识小录》(1911年)记载:

> 有友自新疆来,为言吐鲁蕃一带,近日发现唐时雷音寺古迹及唐人写经本甚多,开缺藩司王树楠、监理财政官梁玉书等提倡收买,而缠回愚顽,宁售之日本人,不愿售与王、梁,殊可恨也。[②]

因此,王树楠、梁玉书等人的西域文书收藏,就具有了保存国粹的意义。在许多的题跋中,体现了这些履新学人在文书流散过程中得到片纸只字也如获至宝的心情:

> 盖宋魏时墨写真迹,醇朴之气,扑人眉宇。其稍完整者,装池成卷;而零文断纸,贵若碎金。爱之不忍释手,另裱一帙。雪窗展玩,殊有味也。庚戌(1910)元旦,陶庐氏题于北庭州藩署之节爱堂。(《写经残片册》,下112:174)
>
> 余所得北凉残经,虽片纸只字,皆整比成袠,不复计其妍丑。王充《论衡》云:"蕞

---

① 吐鲁番文书的早期流散,简明扼要的历程描述,可参孟宪实、荣新江《吐鲁番学研究:回顾与展望》,《西域研究》2007年第4期,51—62页。

② 蒋芷侪《都门识小录》,转引自荣新江《海外敦煌吐鲁番文献知见录》,江西人民出版社,1996年,第189页。

残满车,不成为道;玉屑满篋,不成为宝。"余即以此为"蕞残玉屑"可乎。宣统庚戌(1910)季春,仲父氏题。(《写经残片册》,下106:174)

余初得出土残经,颇以为伙。再三鞶玩,始广为搜索。虽片纸单字,亦为护惜整理,奉为至宝。转恨所获之少,常觉歉然。盖天下事,惟真知者,能真好之也。陶庐。(《北凉写经残卷》四,下11:153)

余自得此书,寝食未尝离左右。公余无事,辄为把玩,穆然如相与晤对于钟王之侧,信可乐也。陶庐。二月三日。(《六朝以来写经残卷》八,下31:157)

从以上的题跋可知,王树楠是在对文书的认识不断加深的过程中,才开始广为收集的;而"单牍片纸,不啻金玉"这样的典故也被他两次用作题跋[①],表达片纸只字也多所爱惜的情怀,可见其对文书价值的认识高度。

王树楠、梁玉书在新疆和回到内地之初,其对携归的西域文书一直有请友朋欣赏、题跋的活动。这些题跋也都表达了西北文书被捆载海外的趋势中仍有珍宝留存国内的欣慰之情。如:

去岁有东人欲以重价购此卷者,余曰:佛言护此经如护眼目,宁舍身命。君休矣,天下有道,某不与易也。晋卿。(《北凉写经残卷十九》,下51:165)

右回鹘文残经,出吐蕃(吐鲁番),为素文先生获于新疆者。曩见法国人柏希和所得敦煌石室回[鹘]文经卷,如巨篋云。当时购于新疆,论斤计直,柏君乃麇载归于巴黎,至可悯惜。今素文犹得宝此残经,不至同归域外,亦大幸事也。甲寅(1914)五月,惇融并志。(京都临川书店《洋古书总合目录》第130号,No.865-866"回鹘写经残卷")[②]

近见日本所印《法宝留影》,内中村不折所藏甘露元年写经与此卷第二段笔意无毫发异,其为东晋墨宝无疑,吁可宝矣。丙寅(1926)灯节辽滨梁玉书谨识。(《北魏写经残卷》,下45:162)

但是,以上的庆幸其实并没有延续太久。王树楠和梁素文的大量敦煌、西域文书最终还是流散到了海外。处于强邻环伺、国家动荡而民生维艰的时代,使他们不得不变卖"长物"。王树楠收藏和题跋的大量文书,经由顾鳌、白坚之手,流散到日本和美国。梁玉书的收藏也一样未能幸免。如上所载,他在1926年看到中村不折收藏的吐鲁番文书,犹自庆幸中国尚有同类文献,但不久,带有他题跋的这卷《北魏写经残卷》,仍然成了中村不折的囊中之物。

1927年,中村不折在其《禹域出土墨宝书法源流考》的绪言里论及其收藏西域文书的

---

① 见《唐人写经》残卷,中国国家图书馆藏,BD15158;《六朝以来写经残卷》八,下26:157。
② 此段跋文,转引自荣新江《海外敦煌吐鲁番文献知见录》,第191页。

来历时说：

> 余昔志于古代墨迹的钻研，有十余年。然而，身体柔弱，资力匮乏，亲临其地从事搜访，是无论如何也不敢想的。幸而滞留其地方的中国官吏，多将其视为古董来搜集，却不知是可进行深入研究的资料中的奇货。每得机会，便迫其割爱，以至所获数量渐多。其主要有新疆布政使王树楠氏，在驻扎迪化府（乌鲁木齐）十年间，于吐鲁番、鄯善等地收集的出土经卷文书的全部。……①

中村不折不惜巨资收集中国书法墨迹并从事研究的贡献，自不可磨灭，但是说到中国官吏"多将其视为古董来搜集，却不知是可进行深入研究的资料中的奇货"，并且主要还以王树楠作为例证，显然是英雄欺人之语，难称公允。我们今天看王树楠的众多题跋乃至后来撰著《新疆访古录》，多可见其据文书而在书学、历史方面推进研究的杰出贡献；更何况，中村不折《禹域出土墨宝书法源流考》的诸多考证，实际上在很多地方抄录、借鉴了王树楠题跋的研究成果。

王树楠等人的收藏，较之直接从吐鲁番等地售于外人的文书，多了一个在晚清中国曾经聚藏的环节，但最终却在民国年间相继又散出。现在，当我们再读王树楠等人的题跋，并看到这些由他们保存在中国的文书也一样售于外人，是可以想见积贫积弱的国家在文化保护方面给当世士人带来的心灵巨创的。

王树楠收藏和经眼的西域文书，当然要远远超出他题跋的那些。如在《中村集成》中，虽然没有其题跋，通过题签等可以判断为他的旧藏品的，即有编号为088、118、142、147、164、175的文书。而他的文书题跋，也并非完全公布并为我们所掌握。因此，全面清理和研究王树楠以及其他清末民初的学者在西域文书方面的贡献，包括文书流散的过程，还有待于更多资料的公布。本文仅仅是这一研究的引玉之砖而已，期待方家的批评。

本文系2011年度国家社科基金重大项目"清代新疆稀见史料调查与研究"（项目编号：11&ZD095）成果之一。撰写所参考的中村不折所藏西域文书，主要根据《台东区立书道博物馆中村不折旧藏禹域墨书集成》。该书由广中智之博士联络，矶部彰教授于2009年年底寄赠新疆师范大学西域文史研究中心，使笔者能够在王树楠100年前进行敦煌、西域文书鉴赏与题跋的乌鲁木齐从事这一研究。文稿撰成，又蒙荣新江教授抄示、刘波学兄代为核查国家图书馆等处所藏西域文书中的王树楠题跋。以上厚情高谊，谨此致谢。

---

① 中村不折《禹域出土墨宝书法源流考》，东京西东书房，1927年；此处引自李德范中译本，中华书局，2003年，绪言第2页。

《兰亭序》在西域 *

荣新江

（北京大学中国古代史研究中心）

　　宽堂冯其庸先生精通书法，又倡导西域研究；人大国学院推进中国文化研究，且有西域历史语言研究所之设。今欣逢冯先生米寿暨国学院成立五周年之庆，谨撰小文，表示衷心祝贺。

　　笔者曾从官制、行政、文书制度、度量衡制、汉化佛教等方面来讨论中原文化对于阗的影响，也根据当地出土的《尚书孔氏传》、《刘子新论》等抄本，略论中国传统文化的浸染[①]。今以新近所见唐代于阗地区抄写的王羲之《兰亭序》摹本为题，来进一步申论中原文化对西域的影响问题。

一、和田出土《兰亭序》抄本

　　2002 年，笔者与业师张广达先生合撰《圣彼得堡藏和田出土汉文文书考释》，从俄藏敦煌编号（Дx.）的写本中，分辨出一组原本是和田出土的唐代于阗文书，即 Дx.18915—

＊　本文为教育部人文社科重点研究基地北京大学中国古代史研究中心"于阗与敦煌——以国家图书馆藏新出与未刊和阗、敦煌汉文文书为中心"项目（2009JJD770003）成果之一。感谢魏坚、孟宪实、朱玉麒、史睿诸位先生在本文写作中的帮助和指教。

① 荣新江《关于唐宋时期中原文化对于阗影响的几个问题》，北京大学中国传统文化研究中心编《国学研究》第一卷，北京大学出版社，1993 年，第 401—424 页。

Дх.18931 和 Дх.18937—Дх.18942 号，两组中间的 Дх.18932—Дх.18936 号从内容来看是敦煌文书。① 于阗文书后的 Дх.18943-1 是《兰亭序》的抄本，Дх.18943-2 是三个残片，每件存字不多，不成文句。Дх.18945 以下则像是敦煌文书。《兰亭序》的写本纸面撮皱，与和田出土文书的外貌比较接近，而不似一般比较平展的敦煌文书，所以我们判定其为和田出土文书，但因为它与前面刊布的唐朝大历、建中、贞元年间所写的公私文书没有什么内容上的关联，所以没有纳入我们前文的讨论范围。这样做的另一个原因，也是当时对于《兰亭序》这样最为传统的中原文化的代表作是否远播西域于阗地区，尚没有把握。

感谢中国人民大学有关校领导以及博物馆、历史学院、国学院的相关领导和专家的努力和支持，感谢冯其庸先生的大力推动，人民大学博物馆于 2009 年末，从一位收藏家手中获得一批和田出土文书的捐赠，其中有汉文、于阗文、梵文、藏文、粟特文、察合台文等文字书写的典籍和文书。笔者有幸参与其中汉文文书的整理工作，首先引起我们注意的，就是两件写有"永和九年"字样的残片。我们知道，永和九年（353）是东晋年号，在公元 4 世纪中叶的西域王国于阗是不可能使用远在东南地区的东晋年号来作纪年的，而且这种行书的书体也不大可能是当时于阗国流行的字体，从吐鲁番、楼兰出土的西晋至十六国时期的文书中可以看出，当时河西、西域地区流行的书体尚保存较多的隶意。② 因此，这两件存字不多的残纸上的"永和九年"云云，应当是唐人所抄《兰亭序》的文字。这一新发现，为我们确认俄藏敦煌编号写本（Дх.18943-1）为和田地区出土的《兰亭序》抄本，提供了强有力的佐证。

先让我们来看看这三件《兰亭序》抄本的模样：

Дх.18943-1 未见原件，尺寸不明。写本除开头部分的前面和上部完整外，其余部分都已残缺，残存 5 行中的部分文字如下：③（图 1）

图 1　Дх.18943-1《兰亭序》抄本

① 《敦煌吐鲁番研究》第 6 卷，北京大学出版社，2002 年，第 221—241 页；收入张广达、荣新江《于阗史丛考》（增订本），中国人民大学出版社，2008 年，第 267—288 页。
② 参看刘涛《中国书法史·魏晋南北朝卷》，江苏教育出版社，2002 年，第 118—140、365—389 页。
③ 《俄藏敦煌文献》第 17 册，上海古籍出版社，2001 年，第 296 页下栏。

1 永和 ☐
2 于会稽山阴 ☐
3 群贤毕至 ☐
4 ☐山峻领 ☐
5 湍暎带 ☐
　（后缺）

此写本文字紧顶着纸边书写,不像一般的典籍抄本那样留有天头地脚,应当是书法习字的遗存。写本行间间隔均匀,当是临帖的结果。特别值得称道的是,这个《兰亭序》的抄本,文字极其有力,可见所据原本颇佳,而书者也有相当水准。

中国人民大学博物馆藏卷 GXW0112 号仅存开头六字(图 2a),即"永和九年岁癸",不知何故没有继续书写,但写本文字也是顶着页边书写,视其文字大小和纸张的空白长度,其格式也和其他《兰亭序》帖本相同,第一行为 13 字。此残纸的另一面是一件唐朝官文书的尾部(图 2b),存署名、判案文字。《兰亭序》的文字,可能是利用废弃文书作为练字的稿纸,但没有写完而止。从书法上来看,这个书手要较 Д х.18943-1 的书写者相差甚远。

人民大学博物馆藏卷 GXW0017 号应当是一个习字残片,前两行重复写"经"字,后一行有"永和九岁"字样,应当也是《兰亭序》的文字,可惜后面残缺。承史睿先生的提示,我们从国家图书馆新近入藏的和田出土文书中,也找到一件《兰亭序》的习字残片(编号BH3-7v),前面也是"经"字的习字,而且在"经"字之前有"餘"字,"经"字的下面还有"極"、"熱"、"初"等习字。两件可以上下缀合(图 3),作为《兰亭序》的文字,"岁"字可

图 2a　《兰亭序》抄本　　　　图 2b　唐朝官文书尾部　　　　图 3　《兰亭序》抄本缀合图

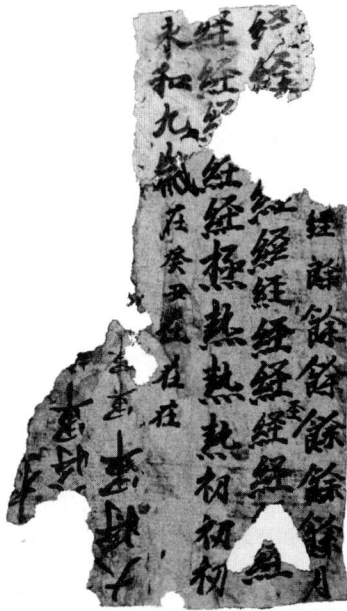

以拼合为完整的一个字,下面尚有"在癸丑"及三个"在"字。后一"在"字显然是误写,所以没有再往下写,留有余白。此外,两残片的另一面都是唐朝粮食帐的残文书,其中的"石"字也可以拼合成一个字。

以上四件文书残片缀合后形成的三个《兰亭序》抄本,虽然只是摹抄或习字之类的文本,谈不上什么书法艺术的高度,但它们出现在和田这样遥远的沙漠绿洲当中,却有着非同小可的意义。

二、《兰亭序》在唐朝的流传

东晋穆帝永和九年三月三日,王羲之与谢安、孙绰、郗昙、支遁等四十一位文人名士,在会稽山阴(今浙江绍兴)的兰亭举行祓禊之礼的集会,与会者饮酒赋诗,汇编成《兰亭集》,王羲之为之作序,即《兰亭序》。据说王羲之当时乘醉意将《序》文书写一纸,精妙绝伦,等到酒醒以后,"他日更书数十百本,无如祓禊所书之者。右军亦自珍爱宝重,此书留付子孙传掌"。[①]

唐天宝初的史官刘餗在他的《隋唐嘉话》卷下中记:

> 王右军《兰亭序》,梁乱出在外,陈天嘉中为僧永所得。至太建中,献之宣帝。隋平陈日,或以献晋王,王不之宝。后僧果从帝借拓。及登极,竟未从索。果师死后,弟子僧辩得之。[②]

但是,萩信雄先生检索了大量有关《兰亭序》的文献,结论是从王羲之时代到唐初编纂《晋书》之前,没有一篇文献提到过《兰亭序》。他推论说,所有关于《兰亭序》的讨论是从《晋书·王羲之传》采录《兰亭序》以后才开始的。[③]

唐太宗的确极其推崇王羲之的书法,在他所撰写的四篇《晋书》的史论中,就有一篇是《王羲之传赞》。[④]《赞》文先是数点张伯英、钟繇、王献之等人书法的弱点,最后极力推崇王羲之书:"所以详察古今,研精篆素,尽善尽美,其惟王逸少乎!"在即位之前,作为秦王的李世民就在大力收集王羲之的书法名迹。登极以后,更是利用国家的力量,把大量王羲之的书法作品网罗到长安宫廷里面,这其中,就有后来越来越有名的《兰亭序》。

关于《兰亭序》之为太宗所得,主要有两种不同的说法,即秦王派萧翼去越州赚取《兰

---

① 何延之《兰亭记》,《法书要录》卷三,人民美术出版社,1984年,第124页。

② 《隋唐嘉话》卷下,中华书局,1979年,第53页。

③ 萩信雄《文献から见た兰亭序の流转》,《墨》第148号(王羲之·兰亭序专号),2001年1·2月号,第48—53页。

④ 《晋书》,中华书局,1974年,第2107—2108页。

亭》和派欧阳询就越州访求得之。刘餗《隋唐嘉话》卷下接着上面的引文记载：

> 太宗为秦王日，见拓本惊喜，乃贵价市大王书《兰亭》，终不至焉。及知在辩师处，使萧翊就越州求得之，以武德四年入秦府。贞观十年，乃拓十本以赐近臣。帝崩，中书令褚遂良奏："《兰亭》先帝所重，不可留。"遂秘于昭陵。[①]

萧翊(即萧翼)赚取《兰亭》的说法在唐朝就广为流传，在刘餗之前，何延之就将此故事敷衍成一篇传奇——《兰亭记》。此文为张彦远《法书要录》全文收入，成为书法史上的"信史"。然而，早在宋代就有人质疑萧翼赚《兰亭》的故事，如赵彦卫《云麓漫钞》即提出这种说法的七点谬误。[②]

宋人钱易《南部新书》卷丁云：

> 《兰亭》者，武德四年欧阳询就越访求得之，始入秦王府。麻道嵩奉教拓两本，一送辩才，一王自收。嵩私拓一本。于时天下草创，秦王虽亲总戎，《兰亭》不离肘腋。及即位，学之不倦。至贞观二十三年，褚遂良请入昭陵。后但得其摹本耳。[③]

此后，元代刘有定《衍极》注、[④] 明代宋濂《跋〈西台御史萧翼赚兰亭图〉后》、[⑤] 清代李慈铭《越缦堂读书记》，[⑥] 都强调为秦王获得《兰亭序》的是欧阳询，而不是萧翼。至于史官刘餗《隋唐嘉话》为何说"萧翊就越州求得之"的问题，据萩信雄先生的考察，他找出三种宋元时代文献所引《隋唐嘉话》的相关处都写成"欧阳询"而非"萧翼"，所以他认为原来的"欧阳询"在后来被改写为"萧翼"了。[⑦] 荒金治氏进一步指出，《全唐文》所收刘餗《兰亭记》和《隋唐嘉话》的文本基本相同，只是"欧阳询"尚未改动，可以证明《隋唐嘉话》的原本就是"使欧阳询就越州求得之"。[⑧] 从当时的历史背景、秦王与欧阳询的关系、后人关于两种说法的文献学考证等方面来看，笔者赞同欧阳询就越州求得的说法。[⑨]

据褚遂良《右军书目》，唐太宗所收《兰亭序》真本，列为贞观内府所藏王羲之行书

① 《隋唐嘉话》卷下，第 54 页。

② 《云麓漫钞》卷六，中华书局，1996 年，第 104 页。

③ 《南部新书》卷丁，中华书局，2002 年，第 50 页。

④ 《衍极》，《历代书法文选》，上海书画出版社，1979 年，第 442 页。

⑤ 《翰苑别集》卷三，《宋濂全集》，浙江古籍出版社，1999 年，第 1006 页。

⑥ 《越缦堂读书记·札记》，上海书店出版社，2000 年，第 1310 页。

⑦ 萩信雄《文献から见た兰亭序の流转》，第 49 页。

⑧ 荒金治《唐初的书法与政治》，北京大学历史系硕士论文，2005 年 6 月，第 35—36 页。

⑨ 有关《兰亭序》入长安的论辩，古今各种演说很多，这里不必赘述。参看以下两书所收相关论文：文物出版社编《兰亭论辨》，文物出版社，1973 年；华人德、白谦慎主编《兰亭论集》，苏州大学出版社，2001 年。

五十八卷二百五十二帖中的第一卷第一帖。太宗命弘文馆拓书人冯承素、汤普彻等用双钩廓填法摹写了一些副本赐给近臣，其中汤普彻曾"窃拓以出，故在外传之"。[①] 现在北京故宫博物馆还收藏有三个摹本，即（一）冯承素摹本，其前后有唐中宗年号"神龙"半字印，故名神龙本（图4）；（二）虞世南摹本，明代董其昌定，因是元代张金界奴进呈给元文宗的，故名张金界奴本；（三）褚遂良摹本，后有米芾题诗，故也有人认为是米芾摹本。[②] 此外，还有据欧阳询临本上石的定武本，因临本曾存定州定武军库中，故名。这些本子的行款章法都完全一致，特别是第4行"崇山"二字写在行间，当是祖述同一个底本。[③]

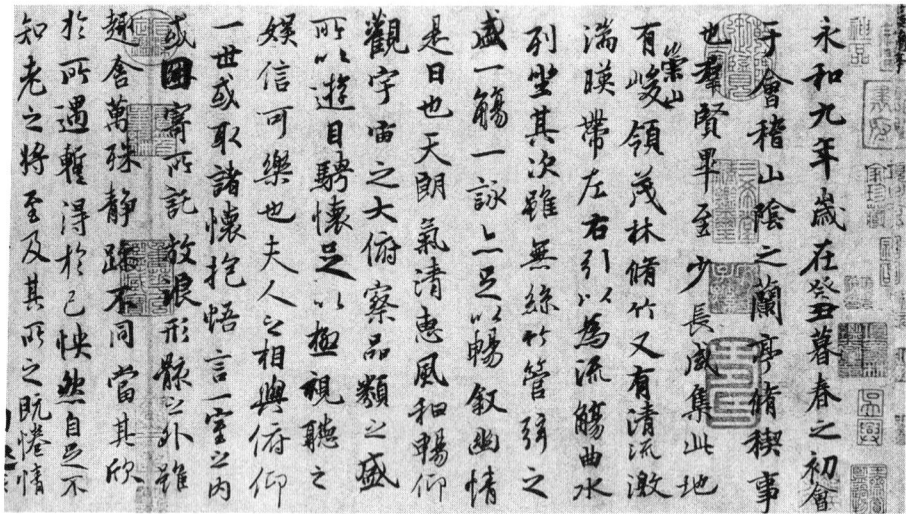

图4　冯承素摹本

我们今天看到的故宫所藏的这些摹本，都出自唐太宗的近臣手笔。至于在外流传的《兰亭序》摹本或拓本，则很少见到，因此有的学者认为王羲之的书法在唐朝民间的流传，不是由于难得一见的《兰亭序》，而是通过怀仁集王羲之字而成的《圣教序》和后来的《永字八法》，《圣教序》中的文字有辑自《兰亭序》者，所以民间是通过《圣教序》碑而习得《兰亭序》书法的。[④]

然而，事实恐非如此。

---

① 《法书要录》卷三，第114、131页。

② 以上三本的精美图版和详细著录解说，见施安昌主编《晋唐五代书法》（故宫博物院文物珍品大系），上海科学技术出版社、香港商务印书馆，2001年，第30—58页。

③ 参看刘涛《中国书法史·魏晋南北朝卷》，199页；朱关田《中国书法史·隋唐五代卷》，江苏教育出版社，1999年，第56—57页。

④ 朱关田《〈兰亭序〉在唐代的影响》，华人德、白谦慎主编《兰亭论集》下编，第318—321页；又收入作者《初果集——朱关田论书文集》，荣宝斋出版社，2008年，第6—11页。

三、《兰亭序》的西渐

《兰亭序》真本虽然已经密封于太宗的昭陵，高宗以后，唐人无缘得见。近臣摹本，"一本尚直钱数万"，[①] 也不是一般人可以见到的。但当时毕竟有人已经将摹本或拓本传出宫外，民间得以转相传习。只是过去关心书法的人留意的主要是水平最高的"神品"以及后世反复的摹本和名家的再创作，很少关心民间的文献遗存。饶宗颐先生独具慧眼，从书法的角度提示了三件敦煌写本《兰亭序》的存在，即 P.2544、P.2622 背、P.3194 背，他将 P.2544 写本按原大尺寸影印收入所编《敦煌书法丛刊》，并在跋语中提示了其他两本的存在。[②]

敦煌写本中的《兰亭序》的存在，有两种可能：一是作为古代文献的抄本，一是作为书法的习字。因此，这三件敦煌本《兰亭序》的功能，还值得仔细分析。

P.2544 的正面是一部诗文集，纸有栏格，依次抄写刘长卿《酒赋》、《锦衣篇》、《汉家篇》、《老人篇》、《老人相问晓叹汉诗》、《龙门赋》、《北邙篇》，然后空两行写《兰亭序》整篇文字，

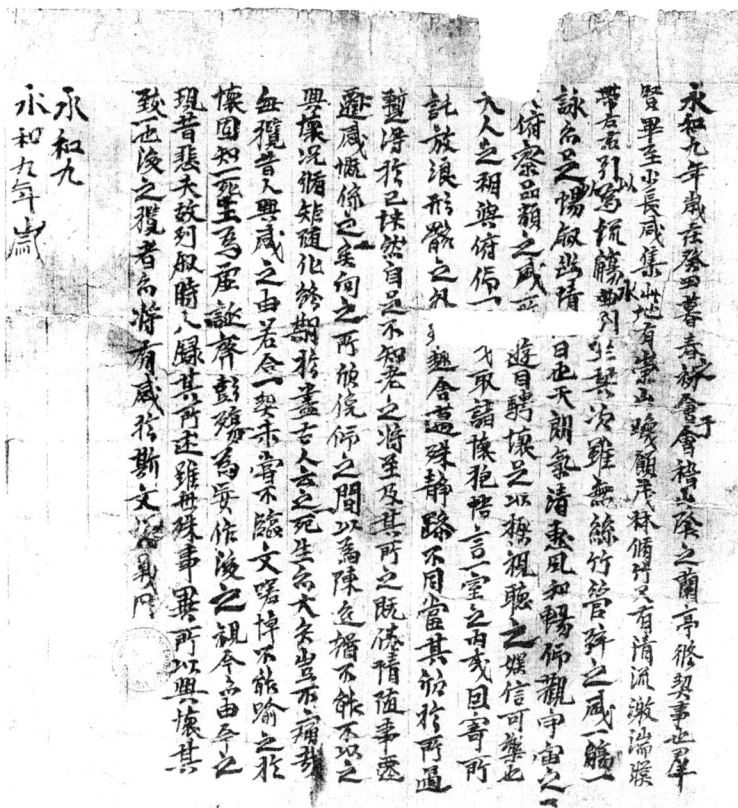

图 5　P.2544

---

① 《法书要录》卷三，第 131 页。

② 饶宗颐编《敦煌书法丛刊》第 1 册，东京二玄社，1983 年；此据其中文增订本《法藏敦煌书苑精华》第 1 册《拓本·碎金》，广东人民出版社，1993 年，第 101—102 页，跋见第 267 页。

计 14 行,但文末接书"文义同",再隔一行写"永和九"即止,次行又写"永和九年岁"而止,均系习字(图 5)。① 徐俊先生曾仔细分析此卷,指出《兰亭序》前的诗文集与 P.4994+S.2049 唐诗丛钞内容及次序基本一致,"《兰亭序》与前诗为一人所抄,但字迹有明显摹写王羲之《兰亭序》帖笔法的痕迹,可断定为临习之作"。② 徐先生深谙书法,对敦煌写本诗歌丛钞有整体关照,他的判断笔者完全赞同,从《兰亭序》文本后的附加文字和隔行重抄《兰亭序》文字的情形来看,其为临习之本无疑。此本写在原有的栏格当中,每行约 24 字,非一般所见《兰亭序》摹本格式,可知其虽然是临习之本,但并没有按照原帖的格式来抄。

P.2622 正面为《吉凶书仪》,尾题"大中十三年(859)四月四日午时写了",然后接着写学郎诗及杂诗五首,卷背有相同笔迹抄写的诗八首,有些只是残句,学者都认为此卷抄者是《书仪》文字中所写题识"此是李文义书记"中的李文义。③ 在纸背第一首残诗句的后

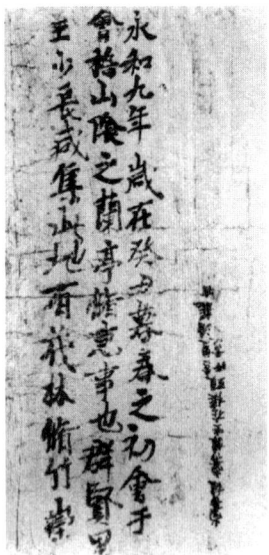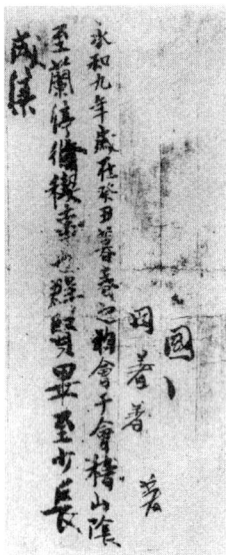

面,抄有三行《兰亭序》的习字(图 6),从"永和九年"开始,但原文"此地有崇山峻岭茂林修竹"一句,误抄作"此地有茂林修竹崇",可能是发现有误,所以戛然而止。此文与正背面《书仪》、诗歌不同,为顶格书写,仍存帖本痕迹,为临帖之作无疑。另外,卷背还有许多杂写、杂画动物、题名等,均为习书的样子,也可帮助我们判断《兰亭序》为临习作品的性质。从《书仪》尾题的年代来看,《兰亭序》习字的书写时间在大中十三年以后的晚唐时期。

P.3194 正面唐写本《论语集解》,尾题"论语卷第四",④ 最后的抄写题记被人用浓墨涂

图 6 P.2622　　　图 7 P.3194

去,今不可识。背面有张通信等状稿及杂写,还有半行藏文,最后倒书《兰亭序》三行(图 7),从"永和九年"到"少长咸集"而止,下有空白未书。⑤ 文字顶格书写,行款与"神龙本"等不同,前两行分别为 18、13 字,"之兰亭"误作"至兰亭",是为习字之作。饶宗颐先生评

---

① 全卷图版,见《法藏敦煌西域文献》第 15 册,上海古籍出版社,2001 年,第 255—258 页,《兰亭序》在第 257 页。

② 徐俊《敦煌诗集残卷辑考》,中华书局,2000 年,第 465 页。

③ 全卷正背图版,见《法藏敦煌西域文献》第 16 册,上海古籍出版社,2001 年,第 315—324 页,《兰亭序》在第 320 页。关于《吉凶书仪》,参看赵和平《敦煌写本书仪研究》,台北新文丰出版公司,1993 年,第 568—601 页;关于诗歌部分,参看徐俊《敦煌诗集残卷辑考》,第 775—779 页,他提到《兰亭序》时,称之为"习字",见第 777 页。

④ 李方《敦煌〈论语集解〉校正》,江苏古籍出版社,1998 年,第 219—329 页取做参校本。

⑤ 全卷正背图版,见《法藏敦煌西域文献》第 22 册,上海古籍出版社,2002 年,第 120—123 页,《兰亭序》见第 123 页。

价此卷书法云"书法甚佳"。[①] 这篇习字的年代,可据张通信状稿略作推测,从内容看,应当是归义军时期的文书。状文是上给某"常侍"的,归义军节度使中称常侍的,先后有867—872年的张淮深、893年的索勋、896—901年的张承奉,[②] 故此状的年代当在这个范围当中,写于其后的《兰亭序》习字,也当在晚唐甚至五代时期。

此外,2010年4月19—24日在日本大阪武田科学振兴财团举办的"第54回杏雨书屋特别展示会"上,陈列有已故著名学者羽田亨旧藏的敦煌文书羽664号。[③] 这是一件学生习字残片,有趣的是正面为王羲之《尚想黄绮帖》的文字,背面则是《兰亭序》的文字(图8),形式都是在纸的上端紧顶着纸边横写原文,每个字写两遍,作为标本,字体较为粗大,下面整行则是学生照着标本的临写,真切地反映了敦煌学生临习王羲之字帖的样子。其中《兰亭序》部分存"和九年岁在癸丑暮春之初会"和"湍暎带左",中间似有纸缝,故文字不够连续。[④]

图8 羽664背《兰亭序》习字

以上四种敦煌《兰亭序》习字写本,从字体和同卷相关文字来看,都是中晚唐甚至五代时期的写本,说明唐朝民间自有《兰亭序》摹本的流传,不仅长安有,而且西渐敦煌,为当地学子习字之资。

今天我们又有幸获得三件唐朝西域于阗地区的《兰亭序》写本。从已经发表的于阗地区官私文书来看,和田地区出土汉文文书的年代大体上是从开元(713—741)到贞元年间(785—805),不过在最近人大博物馆入藏的文书中,我们发现有带武周新字的官文书,所

① 《法藏敦煌书苑精华》第1册《拓本、碎金》,第267页。

② 参看荣新江《归义军史研究》,上海古籍出版社,1996年,第78—84、88—93、131页。

③ 羽664号著录于羽田亨编《敦煌秘笈目录·新增目录》(敦煌写本433—670番),系与其他14中敦煌写本一道,于1941年5月购自某氏。见落合俊典《敦煌秘笈目录(第433号至670号)略考》,《敦煌吐鲁番研究》第7卷,中华书局,2004年,第175页;参看同氏《敦煌秘笈——幻のシルクロード写本を探して》,《华顶短期大学学报》第6号,2002年,第15—19页。

④ 见《第54回杏雨书屋特别展示会"敦煌の典籍と古文书"》图录,大阪杏雨书屋,2010年,第27—28页。

以于阗汉文文书使用的年份,还可以上推到天授元年(690)至神龙元年(705)新字流行的年代,但从整体上看,和田出土《兰亭序》的临本更可能是汉文文书写作最为盛行的8世纪后半叶。

从写本的格式来看,人大博物馆的两件,或则残缺,或则没有写完,无法推断。俄藏的一件,转行与冯承素、虞世南、褚遂良等摹本相近,似乎更接近于宫廷摹本的原貌,较敦煌临本更胜一筹。

自长寿元年(692)十月唐复置安西四镇并发汉军三万人驻守西域以后,中原的官人开始大量进入西域,中原传统文化、官僚体制等也随之流传到于阗等安西四镇地区。从这三件《兰亭序》写本文字的流畅程度看,似乎应当是驻扎当地的唐朝官人或其家人所书,人大博物馆藏 GXW0112 号《兰亭序》写本的正面是官文书,字体颇佳,判案文字更是流利潇洒,或许有利于我们理解《兰亭序》写本的主人。但是,我们也不排除当地胡人所写的可能性。笔者曾注意到唐朝名将哥舒翰的父亲哥舒道元任唐朝安西副都护,驻守于阗,娶于阗王女,生哥舒翰,而"翰好读《左氏春秋传》及《汉书》,疏财重气,士多归之。"[①] 其早年读书的地点应当就在于阗,则像哥舒翰这样能读《左传》和《汉书》的胡人,应当也能写出像出土残片那样水平的《兰亭序》吧。

《兰亭序》于阗摹写的发现具有十分重要的意义,因为《兰亭序》是以书法为载体的中国文化最最根本的范本,是任何一部中国文化史都不能不提的杰作,它在塔里木盆地西南隅的于阗地区传抄流行,无疑是中国传统文化西渐到西域地区的最好印证。

此外,在中国书法史的论著中,李柏文书等早期西域书法的墨迹已经占据了重要的篇幅,但是到了唐代以后,由于传世的法帖、碑刻增加,西域出土的典籍和文书也就很少作为书法材料而被使用和研究了。其实唐代西域不仅有不经意而留下来的书法材料,而且还有像《兰亭序》这样作为书法本身而留存下来的遗篇,值得在中国书法史上大书一笔。

中国书法的西域篇章,更是中国书法研究的缺环,西域地区出土的大量官私文书,也能够揭示唐朝民间书法传习的系统。如果没有唐朝官府大力提倡书法,如果没有唐朝官人考课需考身、言、书、判之规定,唐朝的总体书法水平不会如此之高,也不一定能够烘托出一个又一个伟大的书法家。

2010 年 10 月 10 日完稿,原提交同月 16—17 日中国人民大学国学院成立五周年庆典暨冯其庸先生从教六十周年国际学术研讨会,2011 年 1 月 30 日修订。

冯其庸先生从事教学与科研六十周年庆贺学术文集

---

① 《旧唐书》卷一〇四《哥舒翰传》,中华书局,1976 年,第 3212 页。参看荣新江《关于唐宋时期中原文化对于阗影响的几个问题》,第 416 页;又《〈史记〉与〈汉书〉——吐鲁番出土文献札记之一》,《新疆师范大学学报》2004 年第 1 期,第 41—43 页。

义净与实叉难陀 *

段　晴

（北京大学东方文学中心）

一

义净,中国佛教史上的著名人物。他的事迹,为学者耳熟能详。梁启超依据《宋高僧传》等对他所做概述简短而全面,引文如下:

> 净年十五,便蓄志欲游西域,年三十七乃获成行,初发足至番禺,得同志数十人,及将登舶,余皆退罢。净奋厉孤行,备历艰险,所至之境,皆洞言音,凡遇酋长,俱加礼重,经二十五年,历三十余国,留学那烂陀十年。归时赍得梵本经律论近四百部,合五十万颂,归后从事翻译。[1]

简略回顾义净的事迹,尤其需关注两个重点:

其一是义净的行程。义净往印度留学,去与归皆走的是海路,而且在印度期间,虽传说他曾游历三十余国,[2] 但所周游的范围,似以佛陀行经的地方为主,限于鹫峰、鸡足、鹿

---

* 本文属于教育部人文社科重点研究基地之北京大学东方文学中心的重大项目"丝绸之路的文学与文化交流——新出于阗语及梵语文献研究"(编号 2009JJD770004)之框架。

[1] 梁启超《梁启超全集》之第十三卷《翻译文学与佛典》,第 3775 页。
[2] 《宋高僧传》,《大正藏》第 50 册,第 710 页中栏。

苑、祇林等佛陀圣迹所到之处。这是义净与玄奘以及之前的法显很不一样之处,他对西域不熟悉。于阗、高昌、梵衍那,这些玄奘笔下的西域故国,义净不曾造访。

其二是义净的学识。义净曾留学那烂陀,时日不短。义净对于以那烂陀寺为中心的佛教所教、所学,可以用融会贯通来形容。义净撰写的《南海寄归内法传》有对西方学法的详细描述,书中述及印度传统语法一节,开中国历史首次介绍波你尼语法体系的先河,当时流行的注疏著作,也是他所熟悉的。这看上去蜻蜓点水般的绍介,实则是深入浅出,非深入学习过这些书籍者而不能为也。义净后来译出众多经文,数量可与玄奘相抗衡,并且有"释门之象胥"之誉,这一切表明,义净对于以那烂陀寺为中心的当年印度所流行的佛教经典,是熟悉的。因此他能够赍"梵本经律论近四百部,合五十万颂"而归。而他所携归的那些作品名录,正是那个时代印度佛教正在流行之趋势的最真实的写照。

二

述及实叉难陀,则不能不提《华严》,不能不说武则天营造的译经背景。实叉难陀到达之前,《华严经》已被隆重推出。《华严》一脉,虽先有被尊为云华大师的智俨独专推崇,然而真正使这部经闻达于武则天之耳畔的,是一位祖籍康居的和尚,名曰法藏。法藏的祖上曾是康居国的丞相,祖父来华,父谧皇朝赠左侍中。最初法藏是智俨门下的居士弟子,师从智俨学习佛法,直至公元670年,武则天的生母荣国夫人奄归冥路,已成为皇后的武则天为广树福田,度人为僧,并兴建了太原寺。因此缘故,法藏出家,住太原寺,并开始了讲经生涯。他为武则天讲经,曾得武则天的赏赐。公元672年,武则天捐出自己的脂粉钱,建造了洛阳卢舍那大佛,把她敬奉《华严》的旨趣,照章于天下。

但此时,智俨、法藏宣讲《华严》,使用的仍是东晋时代的译本,即所谓六十卷本。到了法藏的时代,这部大经,不但译文"历年仅乎四百",经文有缺失,以至于"经来未尽之言犹如射地,义有不安之处,颇类窥天,莫究阙遗,强成笺释"。[①] 后来,又有中印度来华僧人地婆诃罗(日照),比埒玄奘而有独立的译场,译出众多佛教典籍。依《大唐大荐福寺故寺主翻经大德法藏和尚传》,日照来华之后,法藏曾配合日照,依梵文六十卷本进行雠校,显验缺如。而这一梵本的来历不详。[②] 这一作为,甚至惊动了唐朝廷。于是法藏等人"寻奉纶旨,与成尘基师等,译出补之。复礼润文,慧智度语,依六帙本为定"。这也就是说,原佛驮跋陀罗的译本,实际上在唐代被校订过。这一事件是否属实,

---

① 这一节参阅《大唐大荐福寺故寺主翻经大德法藏和尚传》,《大正藏》第50册,第280页中栏—282页中栏。

② 原文有"果至圣唐调露之际,有中天竺三藏地婆诃罗(此云日照),赍此梵本来届。藏乃亲共雠校,显验缺如,声闻于天。"《大正藏》第50册,第282页上栏。笔者按:文中"赍此梵本"句,似乎说明,日昭曾携带《华严》六十卷本来华。但是没有其他文献辅助记载,因此恐不可信。

已经不得而知。目前可确定的是,即使经过校订的《华严》仍然不能令武则天满意。崇信《华严》的一脉人系,使武则天确信,东晋流传下来的汉译本《华严》不完整,于阗那里另有大本《华严》。

公元678年,中印度翻经和尚日照故去。又过了几年,于阗僧人提云般若携带百余部梵本来到洛阳。武则天安排他在魏国东寺与法藏等共译经书,并令首先译出华严部类的。遗憾的是,提云般若没在洛阳生活几年,便去世了,仅译出篇幅不长的六部经书。但是,提云般若的译作尤为重要,最能反映古代于阗佛教信仰的真实状况。这六部佛籍中已有四部在现存于阗语佛教典籍中找到了对应版本。将这些内容吻合的典籍比较之后,知他的汉译本,与于阗文本相差无几。这说明,提云真实曾在于阗接受过完整的佛寺教育,学识殊胜。其次,提云来洛阳时,并不知道武则天等尤为崇信《华严》,因此他此番前来,所携带的百余部佛经中,没有《华严》的梵文本。但是,他显然知道什么经籍属于华严部类,首先译出了《大方广佛华严经不思议佛境界分》、《大方广佛花严经修慈分》。提云般若在中土的时间虽短,然而他真正反映出于阗佛教所兴之学。笔者认为,在于阗佛教史上,他的出现最为灿烂,令涉及于阗佛教史的一些现象有据可依。

大约是提云般若的出现,令武则天最终相信,大本《华严》的梵本在于阗。大约又是提云般若的迁化,促使武则天下决心,发使往于阗求访,并请来译人。这个终于让武则天如愿以偿的于阗僧人,正是实叉难陀。

三

义净的归期,在则天后证圣元年(公元695年)乙未仲夏。当他赍梵本经、律、论近四百部等达到洛阳时,天后亲迎于上东门外,诸寺缁伍具幡盖歌乐前导。而在这一年,实叉难陀也与梵本《华严》经箧同臻帝阙开始译经。实叉难陀,代表了于阗佛教所倡所兴。义净西行,去与归都走的是海路,而于阗远在昆仑之北。义净似与于阗无缘。然而在洛阳,他们成为密切的合作者。甄别他们翻译出的佛籍,其实可以看到七世纪后半以及八世纪初期中亚佛教与以那烂陀为中心的印度佛教之间的差异。

提云、实叉所体现的于阗佛教、中亚佛教,与义净所体现的中印度佛教之间,最明显的差异在于华严部类文献。义净携归的梵本佛经,内容囊括经、律、论,数量几近四百部,远远超过提云所赍百余部。而实叉赍多少梵箧而来,没有任何材料曾经述及。但是,大本《华严经》传入中土,却是他的功德。《宋高僧传》有这样一句话,说义净"初与于阗三藏实叉难陀翻华严经,久视之后乃自专译"。这一句原本是对义净的溢美之词,然而却明明白白地昭示出,义净原没有读过《华严》,在他所携归的四百部佛经中,没有这一部经。

依据《宋高僧传》,可以得出涉及二人的时间表,以及所居住的寺院。

	实叉难陀行迹	驻地	义净行迹	驻地
证圣元年（695）	实叉难陀开始翻译《华严经》。	东都大内大遍空寺，洛阳佛授记寺	义净回到洛阳，参加翻译《华严经》。	佛授记寺
久视庚子年（700）	武则天移居颍川三阳宫，诏叉译《大乘入楞伽经》。武则天再次为译经制序。译《文殊授记》等经。前后总出一十九部。	颍川三阳宫、京师清禅寺、洛阳佛授记寺		
起庚子岁至长安癸卯（700—703）			译《金光明最胜王》，《能断金刚般若》，《弥勒成佛》，《一字咒王》，《庄严王陀罗尼》，《长爪梵志》，《根本一切有部毘奈耶》，《尼陀那目得迦》，《百一羯磨摄》，《掌中》，《取因假设》，《六门教授》，及龙树的《劝诫颂》，凡二十部。	洛阳福先寺，长安西明寺
长安四年（公元704）	叉以母氏衰老思归慰觐。表书再上，方俞，勒御史霍嗣光送至于阗	于阗		
和帝神龙元年（705）	有敕再征。	于阗	于东洛内道场译孔雀王经。又于大福先寺出《胜光天子香王菩萨咒》、《一切庄严王经》四部。	东洛内道场，洛阳大福先寺
景龙二年（708）	达于京辇。帝屈万乘之尊，亲迎于开远门外。倾都缁侣备幡幢导引，仍饰青象令乘之入城，敕于大荐福寺安置。	大荐福寺	净随驾归长安。	大荐福寺
景云元年（710）10月12日	右胁累足而终。春秋五十九岁。11月12日火化。同年12月23日，敕使哥舒道元，送其余骸及斯灵舌还归于阗。	大荐福寺	于大荐福寺出《浴像功德经》、《毗奈耶杂事》、《二众戒经》、《唯识宝生所缘释》等二十部。	大荐福寺
景云二年（711）			译《称赞如来功德神咒》等经。	大荐福寺
先天二年（713）			义净卒。春秋七十九，法腊五十九。	大荐福寺

通过这样的对比，一些历史的真实浮出水面。义净带回的梵箧，不但数量多，而且从接受的角度出发，理应得到更多的重视，优先译出，因为义净毕竟如他之前赴印留学的僧人那样，历尽了艰辛，求得了真经。他毕竟是在那烂陀寺经过正统教育，而那里是佛教初

兴的地方。他的梵语发音尤其正宗,能字正腔圆地发二三合声音。连日常起居,也还保持着在那烂陀的习惯,所谓"漉囊涤秽特异常伦"是也。然而,实际上,义净带回的经文没有直接引起武则天的重视。他必须首先听从武则天的旨意。在武则天的安排之下,他住在洛阳佛授记寺,而且在回国的当年,便参加到实叉难陀的译经团队中。洛阳佛授记寺,显然是武则天时代洛阳最主要的翻经院,这里是实叉难陀下榻的地方。把义净安置在佛授记寺,正是为了方便配合实叉难陀译经。

圣历二年(699),《华严》翻译完成。看来此时义净才被允许单独起译场。他搬出佛授记寺,先是在洛阳的福先寺,[①]继而到长安的西明寺开始着手翻译自己带回的经籍,从公元700年到703年,三年期间完成了多部佛籍的翻译,而首先完成的佛籍之一,便有《金光明》。

这期间,实叉难陀的生活,实际上以武则天为中心。武则天明显对实叉难陀的译经更加推崇。译《华严》之初,她令翻译班子进驻大遍空寺,而且亲自为之作序。《华严》翻译完成后,她令实叉难陀随驾而行,令他翻译《大乘入楞伽经》,又亲自为之作序。而义净显然没有得到这样的器重。当义净揣摩着武则天的喜好,于久视元年庚子五月五日翻译完成《入定不定印经》时,先将译出的经文缮写,然后进呈给武则天。此时武则天才作《圣教序》,令他放在经首。武则天对于义净,对于他翻经文所端起的姿态,显然不及对待实叉难陀。长安四年(704),实叉难陀思母心切,反复上书给武则天。武则天大发仁慈心,专门差御史护送他回到于阗。

经过对比,不难看出,武则天更偏好来自于阗、来自中亚的佛教。《华严》、《入楞伽经》是于阗佛教信仰的特色。[②]至于为什么武则天偏向西域,这其中的缘故必然是多方面的,暂时不是笔者探讨的领域。然而,此种有倾向性的选择,恰是在文化交流过程中的推动因素。如此推动的势力,正是佛教从印度的,嬗变为中国佛教的动因之一。

四

经过一番比对,可以明确的是,义净曾与实叉难陀密切合作四年。《华严》译毕,义净独起译场,专翻自己从印度取回的真经。而实叉难陀,则再受武则天的敕诏,开始了《入楞

① 武则天在《大周新翻三藏圣教序》文中明确点出,义净从久视元年起,便已经住在大福先寺。这是一座翻经院。《大正藏》第15册,第706页上栏。
② 《楞伽经》的于阗译本,虽还未得发现,但是在《赞巴斯特》之书等经籍中,有《楞伽经》的段落,说明此经确曾到达过于阗。R. E. Emmerick, "Some verses from the Laṅkāvatārasūtra in Khotanese", *Hommages et Opera Minora volume xii*, *A Green Leaf*, papers in Honour of Professor Jes P. Asmussen, p. 125—133. 在此文中,Emmerick又在一篇晚期于阗语佛教文献中,找到了与梵语《楞伽经》的对应经文。这便是《楞伽经》曾在古代于阗流行的实证。

伽经》的翻译。除了《华严》、《入楞伽经》以外,署名实叉难陀译出的经籍还有:

1. 普贤所说经
2. 如来不思议境界经
3. 如来智德不思议经
4. 大宝积经文殊师利授记会
5. 地藏菩萨本愿经
6. 十善业道经
7. 右绕佛塔功德经
8. 大乘四法经
9. 华严经心陀罗尼
10. 观世音菩萨秘密藏如意轮陀罗尼神咒经
11. 佛说救面然饿鬼陀罗尼神咒经
12. 施燍面饿鬼一切鬼神陀罗尼经要决
13. 甘露陀罗尼咒
14. 妙臂印幢陀罗尼经
15. 百千印陀罗尼经

另有一部《大乘起信论》尚不确定是否为实叉难陀所译出。

上述佛籍,前三部属于《华严》范畴,其中署名实叉难陀译的《大方广如来不思议境界经》,正是提云般若译过的《大方广佛华严经不思议佛境界分》,这一部经已经在于阗语佛教典籍中找到对应版本。[①] 由此可认为,此经的原本,确系提云般若从于阗传入。其余第9—15部经,基本上是陀罗尼,实为禳灾祛病的咒语。截至目前,在已经发现的于阗语佛经文献里,咒语类的不在少数。另外,对于实叉的前任——于阗高僧提云般若,《开元释教录》记载说他"咒术禅门,悉皆谙晓"。[②] 这里所谓"咒术",映射的应是他通晓多部陀罗尼及相应的仪轨。提云译出的六部经,有两部是陀罗尼。实叉译出的其余经籍,除《华严》和《入楞伽经》外,篇幅皆不长。这也与提云所翻佛籍的篇幅相吻合。[③] 由此,从内容,从篇幅,基本上可以断定,实叉翻经所依照的原本,正是提云当年从于阗携来而未及译出者。看来当年实叉难陀在完成了对《华严经》和《入楞伽经》的翻译之后,转而投入对提云般若遗留的梵文写本的翻译,而义净则专注于自己带回的梵文佛籍。

---

① 陈怀宇首先识别出这篇佛经有相应于阗语译本。参阅陈怀宇《英国图书馆藏三件于阗文文书的比定》,樊锦诗、荣新江、林世田主编《敦煌文献·考古·艺术综合研究》,中华书局,2011年,第330—338页。

② 《大正藏》第55册,第565页中栏。

③ 这六部经如下:①华严不思议境界分,②华严修慈分,③大乘智炬陀罗尼经,④诸佛集会陀罗尼经,⑤造像功德经,⑥法界无差别论。这几部经的篇幅都不长。

国学的传承与创新

冯其庸先生从事教学与科研六十周年庆贺学术文集

五

翻开《宋高僧传》实叉难陀那一篇,他的经历引人注目。实叉来华,皆因武则天。公元695年,实叉作为翻经人,与梵语《华严经》同臻洛阳,之后一直受到武则天的特殊照顾,随武则天而动。704年,实叉因怀念年迈的老母,要求还乡,又是武则天特派专使护送他回到于阗。在于阗住了没一年,公元705年,唐中宗颁敕又传至于阗。公元708年,他重回长安,与义净同住一寺中。

真实的历史是鲜活的、生动的。初唐时期,于阗已折服于唐的威灵,有于阗王伏阇信来朝,受拜为右骁卫大将军。垂拱三年,即提云般若为观化上京而到达洛阳时,也有于阗王伏阇雄入朝,武则天曾封他的次子璥为于阗国王。长寿元年(692),有武威军总管王孝杰、阿史那忠节大破吐蕃,克复龟兹、于阗等四镇,[①]那场战役,直打得"贼徒俄溃,如秋风之扫枯叶,类春景之铄薄冰"。[②]这以后武则天发汉兵三万以镇之,赢得了安西四镇的和平,被史学家称作是"西域史上一个重要的转折点"。[③]

唐王朝的作为,深深地烙印在遗留下来的古代于阗文化之中。现存于阗语文书中,反映出唐王朝的管理模式。于阗王国行政使用唐朝的公文格式"牒",[④]于阗人中间流通唐的货币。[⑤]

在这样的历史背景之下,如此雄才伟略的大唐女主,亲派人请走于阗高僧,亲派御史保驾送归于阗,随后她的儿子,做了皇帝的唐中宗再次敕诏。如此鲜活,如此荣耀,又在大唐威灵的氛围之下,难道这样的事件不曾在古代于阗的僧界俗界引起任何反响吗?

还应提出的是另一个问题:实叉难陀历时四年翻译《华严经》,在此期间,他住在洛阳佛授记寺。同是译经成员的义净,也住在这座寺院。佛授记寺,曾经是洛阳的翻经院。四年的时光,两位高僧朝夕相处,共同翻译一部经书。这期间,依照常理,二人之间总有时间相互切磋吧?高僧实叉难陀应会对义净从印度带回的梵箧感兴趣,并以一睹为快。虽然没有任何记载显示二人之间是否融洽,但是从以下事实可以窥见,他们之间还是存在着某种友谊。当实叉再次被敕诏返回长安时,与义净同住大荐福寺。所不同的是,此时义净已经是长安这所大翻经院的寺主,是义净作为寺主接纳了实叉难陀。后来正是在这所寺院里,实叉难陀度过了他最后的时光。

---

① 《旧唐书》卷一九八,《龟兹国》,《于阗国》,中华书局2002年,第5303—5305页。

② 这一节主要参考并转引自余太山主编《西域通史》,中州古籍出版社,1996年,第172页。

③ 余太山主编《西域通史》,中州古籍出版社,1996年,第172页。

④ 关于这一现象,可参阅笔者的文章:《萨波 Vaisa 之牒》,载于《新疆博物馆新获文献》,中华书局,2012年,待刊。

⑤ 斯坦因和田探险所获大量唐代的钱币,详见 Helen Wang, *Money on the Silk Road*, the evidence from Eastern Central Asia to c. AD 800, the British Museum Press, 2004. 书中有斯坦因在和田等地所获钱币的总目录。见这部书的第154—170页。

西域敦煌出土文献研究

义净与实叉难陀

六

《金光明最胜王经》是义净最早译出的作品之一。这部经书,是大乘佛教的重要组成。在所有佛籍中,这部典籍无论从时间和空间衡量,都是流传最为广泛的。它拥有多种语言的译本。《金光明》的最后一部梵文本的抄写,已经进入了 1794 年。① 以昙无谶完成于公元 420 年的译本算起,到最晚一部抄本的完成,此部经籍的流传,竟然长达一千多年。于此,它在佛教信仰的崇高地位,不言而喻。

在汉文版大藏经中,择其要者,《金光明》有三个版本。一是公元五世纪初期由昙无谶译出,二是公元 597 年隋代和尚宝贵集昙无谶本以及真谛等人补译出之章节而成就的《合部金光明经》,第三部便是义净译出的《金光明最胜王经》。②

依 Skjærvø 在核对多种版本后得出的结论,现存于世的《金光明》梵文本的流传,源于两脉,一脉现存尼泊尔,有多部抄本。日本东京大学和京都大学虽然也保存有《金光明》的写本,但日本的写本属于尼泊尔系列。另一脉是中亚写本。中亚写本,是指自 20 世纪初期,斯坦因等西方及日本的探险队在新疆地区发现的梵语《金光明》写本,基本上是残卷,目前分散收藏在英国图书馆、德国勃兰登堡科学院、俄罗斯圣彼得堡、日本龙谷大学。③ 而大谷光瑞探险队在丝路南道找到的写本残叶,则部分保存在中国旅顺博物馆。最近几年,在新疆又陆续出土有零星梵语《金光明》的残叶,收藏在中国国家图书馆以及乌鲁木齐新疆博物馆。④ 这两脉之中,所有发现的中亚写本残卷都要比尼泊尔写本古老得多。欧洲著名学者 Nobel 于 1937 年在 Leipzig 发表的罗马字母转写的精校本,是基于尼泊尔写本中最古老的一部而成就的。然而这一部已是 1500 年前后的抄本,当然,他同时参考了其他更为晚出的尼泊尔写本,以及那时节他所掌握的中亚写本残卷。⑤

《金光明》在早期流传过程中,已经历内容的调整。仅以昙无谶的译本与义净的相比较,便可知,这部作品在几百年中经过了扩充。其实这部经的名称已经清晰地表达出《金光明》有前后版本的差异。依据部分中亚写本,以及部分尼泊尔写本,《金光明》的梵语名称作 *Suvarṇabhāsottama-sūtrendrarāja*,义净的汉译名称《金光明最胜王经》与此最为

---

① P.O.Skjærvø, *This Most Excellent Shine of Gold*, *King of Kings of Sutras*, *the Khotanese Suvarṇabhāsottamasūtra*, [Cambridge, Mass.]: Dept. of Near Eastern Languages and Civilizations, Harvard University, 2004), p. xxxviii. 以下简称 Skjærvø, *Suvarṇabhāsottamasūtra*.

② 以下统一简称《金光明》。

③ 这一节主要参阅 Skjærvø, *Suvarṇabhāsottamasūtra*, xxxii-xl.

④ 两张残叶已经释读并且勘布,见 Ye Shaoyong[叶少勇], "Buddhist Sanskrit Fragments Recently Found in Xinjiang Province[20 fragments]", *Annual Report of the International Research Institute for Advanced Buddhology at Soka University* volume 13, 95—96.

⑤ Skjærvø, *Suvaṇrabhāsottaramasūtra*, xxxii.

接近，但仍有一些差异，关于这些差异，已多有学者论述。^① 笔者推陈出新者，着重于对 uttama 一词的解释。

学者一致的观点，认为各种语言的《金光明》现存版本中，代表原始版本的，应是昙无谶的译本。与昙无谶之译本相应的梵语本没有流传下来。昙无谶的译本，名曰《金光明经》，还原梵语，可以是 *Suvarṇabhāsa-sūtra，不含 uttama 一词。

那么，uttama 一词，究竟是何意义？ Skjærvø 的英译：This Most Excellent Shine of Gold，依此而知，他理解的 uttama 是对"金光明"一词的修饰语，而非针对"经"字。Nobel 当年的德语译名 das Goldglanz-sūtra，则没有译出 uttama。而从义净的译名《金光明最胜王经》，他理解的"最胜"是对"经"的修饰。uttama，梵语最高级形式。同一词汇的比较级是 uttara，曰"上"，曰"后"。从文字出发，汉语习惯表述的"下"，在梵语是"上"，例如唯有"下文"才对应"uttara"。如果说"上文"，则对应 pūrva。uttama 亦如此，表示"最上"，实际表示"最后"。梵语还有 anuttama，以及 anuttara，古译作"无上"，取"后无来者"之寓意。而要从"优"字上升，表示"最好"，则不用这个词，可用 para，或者 parama。所以，上文引 Skjærvø 的英译在理解上有误。Suvarṇabhāsottama 整体是一个典型的梵语持业释复合词，前词"金光"作比喻，所喻之义："如金光一般的最胜众经之王"。义净的译文是正确的，选择了一个贴切的词"最胜"，取最高最上的同义。然而实际上，这个词完全可以译作"最后"，意思是，这部经是最新版本。凡是使用了含 uttama 词的写本，所力图表达的旨意在于，此写本为最新版本。相对于昙无谶的《金光明经》，所有加上了"最胜"的，都是后出的。这与实际情形吻合。依昙无谶，这部经的原始文本之标题，原不含 uttama。

七

所谓中亚写本，以残片居多。然而那些残余文字显示出古老的迹象。一些残片，与昙无谶的译本吻合，与尼泊尔写本一脉的有差异。^② 但是这些古老的中亚写本并非于阗语《金光明》的所缘底本。

在现存全部于阗语佛教典籍当中，所存抄本数量最多的数三种书：其一，《赞巴斯特》之书。这部书显然是多部经的集成。其二，《僧伽咤经》。截止于 2010 年之前，已经发现的属于这部经的写本残片，多达 145 件。笔者在整理新疆博物馆收藏的于阗写本过程中，又发现了多件属于《僧伽咤经》的残纸。其三，即于阗语《金光明最胜王经》。这里用了全称，是因为凡是出现于于阗语写卷中的这部佛籍的名称，全部相当于汉译《金光明最胜王

---

① 关于这些差异，Skjærvø 有翔实的讨论。Skjærvø, *Suvarṇabhāsottamasūtra*, p. lii.

② 承蒙叶少勇告之，由他释读的两片残纸，上面的残余内容与昙无谶的译本相合。Skjærvø 认为，中亚写本残片，显示出两种版本流行的痕迹。Skjærvø, *Suvarṇabhāsottamasūtra*, p. li.

经》。① 于阗语《金光明》的不同抄本，至少已经发现有五部之多。

哈佛大学教授 Skjærvø 是于阗语《金光明》研究的集大成者。他认为，所有于阗语《金光明》残存的写卷，可以分出三个层次。最古老的写卷，以英国图书馆 Or.9609 编号为代表，写于五—六世纪。做出这样的判断，是因为这部分抄本与尼泊尔写本最早的那一部吻合，而不一致的地方，却与昙无谶的译本一致。少部分又只在义净的版本中找到了对应。

第二层次的写卷，被 Skjærvø 称为中古于阗语写卷，是指一些当年斯坦因在哈达里克出土的《金光明》于阗语写卷。他认为这批写卷写于七—八世纪，与上面所谓古写卷比较，差异在于书写字体的不同，以及语言中更多体现新成分。

第三种于阗语《金光明》写卷，曾收藏在敦煌藏经洞，被伯希和带到法国，写卷编号P.3513，所用文字属于晚期于阗语，所覆盖的内容相当义净版本的第四卷，内容与义净版本一致。又有印度事务部图书馆收藏的一件残纸，中期于阗语文字，与藏经洞出《金光明》内容吻合，因此 Skjærvø 认为，藏经洞出的写本虽然所用文字是晚期于阗语的，但并非是九—十世纪时期才完成的翻译。而中期于阗语《金光明》所依据的底本，与义净本一致。②

实际上，针对收藏在俄罗斯圣彼得堡的于阗语写卷，Emmerick 曾指出，于阗语《金光明》内容多于尼泊尔一脉的梵文本，与义净的译本类似。③

中国国家图书馆收藏了两叶于阗语《金光明》。这两张纸叶来自同一部经但是不同抄本的经箧。其中一张纸的内容，刚好是《散脂品》，与义净的版本非常接近。笔者曾经推测，大多数于阗语《金光明》抄本诞生在八—十世纪之间。④

八

1931 年，一个牧人在巴基斯坦北部一座小城镇附近拾柴取暖，意外发现了一座古代的佛塔，几箱梵文写本重见天日。此时第四次在新疆探险受阻的斯坦因刚好来到这里，亲眼目睹了那些写本，并且最早向欧洲学界报告了这一发现。一位克什米尔的大君王随后于1938 年对这片遗址进行了发掘，出土了更多梵文写本。在这众多的写本当中，最著名的莫过于梵文本《法华经》。出土写本的地方在 Naupur 小镇附近，因为它临近巴基斯坦的大城市吉尔吉特（Gilgit），所以那些写本通常被称作吉尔吉特写本。

长期对这批写本进行关注的德国著名教授封辛白（von Hinüber），从一些写本的题记，

① 出于排版不方便之虑，这里省去于阗语原文。详见 Skjærvø, *Suvarṇabhāsottamasūtra*, p. lxi.
② 这一节内容请参阅 Skjærvø, *Suvaraṇbhāsottamasūtra*, p. lxiv-v.
③ R. E. Emmerick & M. I. Vorob'ëva-Desjatovskaja, *Saka Documents Text Volume III*, London, 1995, p. 180.
④ 段晴《新发现的金光明最胜王经》，载于《敦煌吐鲁番研究》第九卷，中华书局，2006 年，第 10 页。

发现了于阗贵族留下的姓名，[①] 从而证明了吉尔吉特和于阗故国之间至少在七世纪中曾有密切交往。[②]

　　吉尔吉特，正是唐史书称之为小勃律的地方。这里曾经流行的佛经，往往可以于阗语佛经文献中找到对应本，例如《僧伽咤经》。最近在新疆博物馆藏于阗语残叶中，笔者发现了《佛说一切功德庄严王经》。这部经的梵文本也保存在吉尔吉特的写本中。二者之间，显然有一定的传承关系，纸的形制，以及行、字数，十分相近。可以看出于阗语本模仿原经的用心。

　　但是，十分奇怪的现象是，在吉尔吉特的梵文写本中，没有《金光明》。由此，基本上可以排除于阗语《金光明》的底本来自吉尔吉特。另外，吉尔吉特写本中著名的《妙法莲华经》却没有于阗语的译本，仅有一颂诗出现在《赞巴斯特之书》的第六章，另有一部很短的缩写本。如何信仰大乘佛教的于阗故地，却独盛行《金光明》，而且这于阗语的《金光明》又与义净的译本趋同一致呢？

　　至此，再回顾实叉难陀与义净的交往，有两则细节值得引起注意：一则是，上文述及，《赞巴斯特之书》的第六章有一颂选自《妙法莲华经》。这一章的内容实际上是从几种佛籍摘录出的片段而凑成。所摘录的语录有来自《金光明》的。已知《赞书》集成于提云般若来神都之前，[③] 更在实叉难陀之前，所以可以断言，身为于阗高僧的实叉难陀早在于阗时已知《金光明》。另一则是，实叉难陀向武则天上书要求返回于阗时，义净已经完成了对《金光明》的翻译。义净从所带回的经书中，先选择此经译出，可知此经在他心目中的重要位置。

　　义净和实叉难陀都了解《金光明》。目前从于阗故地所发现的梵文《金光明》，更偏古，与昙无谶译本接近。这表明实叉难陀所熟悉的《金光明》是个旧版本。当他在洛阳遇到义净，并与他共同译经长达四年时，两位高僧有足够的时间交流，互通各自所熟悉的佛教典籍。这期间，实叉难陀有足够的时间阅读义净的新版《金光明》，甚至可能从义净的梵本而译出了于阗文本《金光明》，因为于阗和尚认为抄写经书是最大的功德。

　　实叉离开洛阳返回于阗的那一年，义净也已经完成了对《金光明》的翻译。接下来发生的事情，是需要想象的。当实叉在武则天特使的陪同下荣归故里时，如此的隆盛曾在于阗僧俗界引起轰动。实叉向于阗僧俗传达了中土有新版《金光明》的信息，而且促成了于

---

①　例如在《宝星陀罗尼经》的题跋部分，书有"妻 āysātikā，母 aspinaśūlāyāṃ"，这些字中含有伊朗语的痕迹，尤其是 śūlāyāSuvarṃ 甚至显示了粟特人的身份。详见 Oskar von Hinüber, *Die Palola Suvarṣāhis—Ihre Steininschriften*, *Inschriften auf Bronzen*, *Handschriftenkolophone und Schutzzauver*, Mainz（Verlag Philipp von Zabern）2004, pp. 21—22.

②　Oska von Hinüber, "Die Bedeutung des Handschritenfundes bei Gilgit", *Kleine Schriften*, *Wiesbaden*（Harrassowitz Verlag）2009, Teil II, p. 679—80.

③　《赞巴斯特之书》的第三章是提云般若译出《大方广佛花严经修慈分》的于阗本。两种文本非常近似，可以依托汉译本而解读于阗语本，由此推知，提云般若来神都前，已经有这部经的于阗语本存在。

阗对《金光明》的供养热情。很难说义净是否把已经翻过的《金光明经》之梵箧赠与实叉难陀，但是于阗故地忽而兴起的对《金光明经》的供养，应是受中土影响所致。

其实不需要再多的细节。在有更古老的中亚《金光明》梵文本存在的情况下，于阗语《金光明》却偏偏显示出与义净译本趋同之现象，已经证明了中原所流行的佛籍对西域地区的影响。义净的译本被翻译成藏文本、回鹘文本，则更加强了中原佛教向西域回流的现象。在所有中国古代少数民族的义净版《金光明》的译本中，于阗语《金光明》最为古老。古代于阗，是大乘佛教向中原流入的最重要的口岸，例如《华严》、《入楞伽经》之源头皆可追溯到那里，在如此之大乘佛教的重镇，也有中原所兴佛教典籍的回流。这才是历史的真实。

这里，不能下任何结论，或者武断地把于阗语文本《金光明》的翻译直接归功于实叉难陀。但是，实叉难陀无疑曾是回流的渠道之一。义净之届，有实叉难陀从西域来，印度佛教和西域佛教圆满汇合于中原。印度佛教之所兴，也通过实叉难陀从中原而传达到于阗。在佛教的传播与发展之途路上，义净与实叉难陀，曾共同合成了金光灿烂的法炬。

利用汉译佛经研究出土胡语佛教文献

——以龟兹语文献中所见《求妙法王》故事为例

荻原裕敏

（中国人民大学国学院西域历史语言研究所）

一、导言

随着佛教向中国传播，印度佛经开始在中国译出。这些汉译佛经在翻译活动的时代，因译出地域与译者、传播地域等方面广泛变化，不仅可以作为中国思想史和语言史的研究材料，对于 19 世纪末以后在中亚出土的梵语和胡语所写佛经之研究也很有用。这不只意味着那些已知的若干译自汉文佛典的写本的文献，例如古代回纥语和粟特语文献，对于不是直接译自汉文的胡语佛典也不例外。如果某部胡语佛经有几个不同时代平行版本，利用这些版本彼此同异之处进行比较研究，可以确定这部胡语佛经在文本发展过程中所处的阶段。本文即以龟兹语佛经中的一段故事为例，说明汉文佛经在研究西域出土胡语文献时能够发挥的作用。

二、龟兹语《求妙法王》故事

TochSprR（*B*）Ⅱ 所出版的龟兹语写本断片 Nr.95,99-102（＝THT95,99-102）讲述的

是《求妙法王》故事。① 关于这个故事的平行版本，Nr.99 之注释提到 *Avadānaśataka* 38 和 *Bodhisattvāvadāna-kalpalatā* 53 是可资参考的文献。这些断片是焉耆地区（*Shorchuk*）所出的其中一部分写本，接在《*Araṇemi* 本生故事》之后。《求妙法王》故事内容如下：有名叫求妙法（*Skt.Subhāṣitagaveṣin*）的王，为了聆听佛陀所说之偈语，牺牲自己的身体，进入大火燃烧的住宅里。② 因陀罗看他这个样子，念佛陀的偈语文给他听。这个故事的龟兹语版本从未有人研究过，也未曾有学者予以翻译。因此在本文中，笔者将这个故事的龟兹语版本与汉译经典的平行异本比较，并讨论龟兹语版本的特色。

三、《求妙法王》故事汉译

在进行比较以前，笔者先将龟兹语《求妙法王》故事译成中文。这些残卷破损比较严重，因此不能复原整个故事。但是，其核心部分，仍然可以跟其他语言的版本比较。文体方面，龟兹语版本采用龟兹语文献里常见的韵文散文交错的文体。值的一提的是 Nr.99a2（=THT99a2）有设定会话之处。有鉴于此，学者已经指出这个写本有可能是剧本。③ 此处从可以推断为这个故事的导论部分的 Nr.95a3 开始翻译。④

［Nr.95］

a3 /// 这样 /// /// 为了佛陀的光荣，努力 ///

4 /// 那样，你们比丘应该全身遵守导师佛陀的指示。那样…… ///

5 /// 比丘遵从佛陀的言说 /// /// 然后，*Guṇasaṃpada* ///

6 /// 名叫 *Subhāṣitagaveṣin*（之人），为了佛陀所说的偈语 ///

b1 ///*Guṇasaṃpada*///

2 /// 昼夜，经常 ///

3-6 ［没有］

［Nr.99］

a1 ///*Subhāṣitagaveṣin* 王很烦恼，他的表情毫无生气。‖ 然后，连进入卧室（？）时，王也穿脏衣服去。

2 ‖ 现在，以下的会话要当作在三十三天的神界所内发生的。‖ 然后，因陀罗担心

---

① Nr.96-98（＝THT96-98）发现于其他地点，但部分内容与 Nr.95 平行。因为目前无法判断是不是属于《求妙法王》故事，在这篇文章里，我不探讨这些残卷。

② Sieg and Siegling（1983）是 Nr.1-116 的再版。但他们未对《求妙法王》故事提供新的情报。冈野（2008）利用 "变容" 的概念，从比较宽广的角度来看《求妙法王》故事在相关佛教故事中的位置。

③ 请参看 Winter（1955），*TochSprR*（*B*）II: 34。

④ 在翻译里，（　）表示推测的部分。

在人界的 *Subhāṣitagaveṣin* 王,

3 对 *Vibhūṣaṇaprabha* 神说：智者呀！你看那个应当为三界所依的 *Subhāṣitagaveṣin*
王。（听）法

4 //// 他坐下。‖ *Vibhūṣaṇaprabha* 神说：诸神的主人呀！到底，谁会让他听闻（佛）
法。‖ 因陀罗（说）：

5 //// 我打算要求他。如果我知道他的想法，我打算念一首偈给他听。‖ 然后，因陀罗
变成夜叉

6 //// 站在 *Subhāṣitagaveṣin* 王面前，恭敬地对王说：大王呀！何故如此悲伤

b1 //// 好像……。然后，王合掌对夜叉说：请听！智者呀！‖ 然后，他说：

2 //// （佛法）令愚闇消失，是所有美德的切实基础，也是（所有美德之）初。佛法

3 //// 现在，我缺少这个。请了解我（的）虚弱是因为这个缘故。1‖ 夜叉说：如果有人
（让你听闻佛法），其代价是什么？

4 ‖ 然后，王以怀着希望的眼光，充满生气的样子，看着夜叉说：请听！没有……

5 //// 然后说 ‖ *Paṇḍarāṅkäññe*（格律名）‖ 没有其他事情比得上自己的生命。请了
解这点，圣者！为了佛法，暂时

6 （在此生中），我不会放弃。‖ 夜叉说：（你是出于）甚么样的愿望（而）想听闻最上
佛法？‖ 王说：无与伦比的……（佛陀的偈）

［Nr.100］

a1 //// （夜叉）说：你拿不出来我向你要求的代价。如果你拿得出来，

2 //// 我会给你听（佛法）。‖ 王说：你有甚么怀疑的事情，实际上看，就是最好的。‖
夜叉说：

3 //// （请下令）盖木造的，跟阿鼻地狱（一样大的），很大的住宅家。若果你（能进去）[①]
这座火焰围绕的

4 //// 令人绝望的，恐怖的火宅里，我（就）给你听佛陀的诗偈。……

5 //// （王）说：老师啊！我会毫不犹豫地进入火宅。…… 如果我先到了火里，我想聆
听佛陀以诗偈（所说的）珍贵教法的愿望就无法实现了吧。

6 请（您在）清净的心情之下，先让我听取（佛）法。‖ 夜叉说：大王，走入火焰是

b1 最困难的事情（？），你一定会骗我。‖ 王微笑说：‖ *Taruṇadivākarne*（格律名）‖

---

① *TochSprR*（*B*）II: 36 Anm.9 认为 *tañiś* 是 *ta*（*ne*）*ñiś* 之误写。Sieg and Siegling（1983: 121 Anm.9）也继承这
个推测。在翻译里，我把 *tañiś* 当作 *tañ*（*ñ*）*iś*，也就是辅音的脱落。但是，我已经指出（Ogihara 2009: 436）龟
兹语里有当副词用的 *ta*。如果我们把这个部分解释为 *ta ñiś*，可以认为这个 *ta* 就是对应于先前的条件子句的
关系词。因此，这个部分不需修正。通常见到的 *tane* 'here' 应该是 *ta* 的处格，而不是 Adams（1999: 278）
所主张的，从代名词 *te* 的处格 tene 派生出来的。而这个 *ta* 可能来自 *taka* "then, certainly"（如上引 276）字
中里面所见到的 *ta* 同样的词素。

那个王在山里最好,好像……

2 /// 忽然跳了上去,冷气从火里出来,水发出……。我不会改变我的主意。因此,

3 /// 请给我听佛陀的佳妙偈语。‖……。或者那样,城中人民出于对王的感情,看周围

4 /// 好像……,他们在地面上仰望。^①……。用那样充满苦恼的语言,无限地 ///

5 ///(然后),变成(夜叉)的因陀罗对王说:大王啊!准备聆听宝贵的佛法吧!(字面义为"聆听佛法的宝物")。‖ 然后,(王)

6 /// 对佛法表示尊敬……,舍弃王家的服饰、夸傲、尊荣,作出合掌,

[Nr.101]

a1 /// 恋慕盈盈地、温柔的、怀着希望的眼神,目不交睫地望着夜叉 ///

2 /// 变成夜叉的因陀罗念出偈语。‖ 应当行善法,///

3 ///(不)应做……,实行善法者,生活(常)幸福,在这个……^②///

4 ///‖ 然后,王听到佛陀的偈语,非常喜悦,偈语的(意味)///

5 /// 这个佛陀的法(教),非常(透彻)地谈论真实,甘美,……,^③ 值得赞美。我到下辈子的时候 ///

6 /// 我得到了听闻佛法的机会。又,为何实践佛法的人(能过上幸福的日子?)///

[Nr.102]

a1 /// 对人行善,以行事不倦之心,努力 ///

2 ///……。实行善法者,在这个世间,以及身故以后 ///

3 /// 若作出杀生等背离十善道种种行为 ///

4 ///…… 可以说是做了善行。还有,如何实行善法。///

5 /// 为了生在……的家族而努力,考虑此事,自己心情的烦恼 ///

6 /// ālik 9^④,轻蔑尊师佛陀,慈悲的 ///

---

① 虽然 *TochSprR*(*B*)II: 37 Anm.1 推测(*lkā*)*t*(*s*)*i*, 但是照片中看不出来〈*s*〉的痕迹。所以在此不采用这种解释。再说, Anm.2 推测 *mänte* 可能是 *mäkte*, 但是一方面 *mänte* 可以认为 *mante* 的古老(Archaic)阶段的语词形式的残存,或者另外有跟在前面的 *ecce* 一起构成复合词的可能性。

② Udv.XXX 5.

③ *TochSprR*(*B*)II: 37 Anm.14 推测在此处所见到的 *nekarṣke* 可能是 *takarṣke* 之误。但其实,这个形式也出现在 B382a1(= THT382a1),而且德国所藏未刊残片 THT1297b3 里也有 ///[*se*]*ste nekärṣkana rekauwna ñi tetemor bodhisat*[*v*]*e*[*n*](*ts*)*e* ///。 这第二个形式应该是形容词的阴形·复数·主格 - 斜格。这个残卷跟据 Peyrot(2008: 223)属于反映出龟兹语里最古老的阶段的 archaic-I。因此,应该设定形容词 *nekarṣke*. Adams(1999: 341)未释此字之义,只提及可能是 *takarṣke* 之误。如果我们可以把这个形容词与 *näk*- "destroy" 相连结,这个形容词也许表示 "胜于一切的"。

④ *TochSprR*(*B*)II: 38 Anm.9 推测(*gok*)*ālik*, 但是, 根据照相, 这个 *ā* 不太像在这个残卷里看到的 *k* 后面的 *ā*. 所以在此, 不用其说。

四、比较研究

1. 其他语言所见平行版本

根据笔者调查,《求妙法王》故事有如下平行异本:

[梵语]

[1]*Avadānaśataka* 38[1]

[汉译]

[1]《根本说一切有部毘奈耶杂事》卷十四

[2]《贤愚经》[2]

[3]《撰集百缘经》卷四[3]

这些平行版本都属于所谓的说一切有部,但从叙事的差异可分成如下两类:

[a]*Avadānaśataka* 38,《根本说一切有部毘奈耶杂事》卷十四

[b]《贤愚经》,《撰集百缘经》卷四

虽然这两类和龟兹语版本有所分别有差异,而个别版本之间也互有差异,比较分析后显示龟兹语版本跟[a]类非常相似。以下,我从几个重点对这两类文献龟兹语版本进行比较[4]。

2. 平行版本之相互比较

由于梵语 *Avadānaśataka* 38 与《根本说一切有部毘奈耶杂事》卷十四在内容上相当一致,本节中择要比较龟兹语版本和汉译佛经中所见的平行版本。

①主角的名字

[龟兹语]: *Subhāṣitagaveṣin-*

---

[1] 关于《撰集百缘经》的梵文版本,请参看 Vaidya(1958:96-99)。梵文《撰集百缘经》属于根本说一切有部,请参看 Hartmann(1985)。

虽然细节上有差异,可以说这个版本跟《根本说一切有部毘奈耶杂事》中所见者基本上一样。关于根本说一切有部律藏中的 *Bodhisattvāvadānakalpalatā* 53 的平行版本,请参看 Panglung(1981:177)。

[2] 《贤愚经》近于说一切有部,尤其是近于根本说一切有部之处,请参看平冈(2005)。《经律异相》卷 31,《大方广佛华严经随疏演义钞》卷 50 亦引用《贤愚经》这段故事。

[3] 关于《撰集百缘经》的翻译年代,以及翻译《撰集百缘经》时参照了《贤愚经》等议题,请参看出本(1995)。

[4] *TochSprR(B)* II: 34 提到 *Bodhisattvāvadānakalpalatā* 53,这个故事只有主角的名字一致,但故事情节相当不同,于此不论。

[1]：求妙法 < *Subhāṣitagaveṣin-*[①]

[2]：昙摩绀 < *dharmakāma-*

[3]：求法 < *Dharmagaveṣin-*

②主角的地位

[龟兹语]：王

[1]：王

[2]：太子

[3]：太子

③因陀罗的化身

[龟兹语]：化身为夜叉

[1]：化身为夜叉

[2]：化身为婆罗门

[3]：化身为婆罗门

④因陀罗要求主角进去的地方

[龟兹语]：火宅

[1]：火坑

[2]：火坑

[3]：火坑

⑤给主角听韵文的时机

[龟兹语]：进去火宅之前[②]

[1]：进去火坑之后[③]

[2]：进去火坑之前

[3]：进去火坑之前

⑥给主角听的偈语

因陀罗念的偈语，[1]版本与龟兹语版本一致。

[龟兹语]：Udv.XXX 5[④]

---

① 《根本说一切有部毗奈耶杂事》中所见的平行版本跟 *Avadānaśataka* 38 基本上是同一个故事。因此，以 *Subhāṣitagaveṣin* 为主角的名字是妥当的。请参看 1125 页注释①。

② 虽然吐火罗 B 语版本里没有留下进去火宅的场面，但是有王对因陀罗说："如果我先到了火里，我想聆听佛陀以诗偈（所说的）珍贵教法的愿望就无法实现了吧。"这样的场面（Nr.100a5）。这个部分对应于[3]里面的"唯愿大师。先为我说。我命傥终。不及闻法。"（T.04, no.200, 220a25-26）。因此，可以判断进去火宅之前。

③ 因陀罗在求妙法王面前的时候，已经让他听了偈语。王恳求他再次让他听偈语。因此，在[1]的故事中，因陀罗念了两次。惟独[1]的版本有因陀罗两次念偈之情节。神念韵文两次。

④ 请参看 Bernhard（1965：393）和《法集要颂经》卷4"乐法乐学行　慎莫行恶法　能善行法者　今世后世乐"（T.04, no.213, 794b2-3）。

dharmaṃ caret sucaritaṃ   nainaṃ duścaritaṃ caret

dharmacārī sukhaṃ śete   asmiṃ loke paratra ca

［1］：常修于善法　　不作诸恶行　　此世及后生　　寤寐常安乐

［2］：常行于慈心　　除去恚害想　　大悲愍众生　　矜伤为雨泪

　　　修行大喜心　　同己所得法　　救护以道意　　乃应菩萨行

［3］：常行于慈心　　除去恚害想　　大悲愍众生　　矜伤为雨泪

　　　修行大悲者　　同己所得法　　救护诸群生　　乃应菩萨行

3. 比较的结果

把比较的结果做成如下列表。跟龟兹语版本一致的用○表示，不一致的则用 × 表示。［1］~［3］表示上述诸平行版本，①~⑥表示比较时采取的论点。

	①	②	③	④	⑤	⑥
［1］	○	○	○	×	×	○
［2］	×	×	×	×	○	×
［3］	×	×	×	×	○	×

从上表可以看出没有与龟兹语版本完全一致的版本，但是［1］与龟兹语版本之一致处比［2］［3］更多。特别是［1］跟龟兹语版本中因陀罗所念的 Udv.XXX 5 一偈互为一致，这点很重要，这可能意味着这两个版本属于相近的系统。[①] 由上所述，可以推测龟兹语《求妙法王》故事近于比［2］［3］更晚近的［1］，而且西域北道所流传的这个故事，其系统与梵语及汉语版本略有不同。

五、龟兹地区的佛教石窟壁画

本文讨论的龟兹语写本是在焉耆地区发现的。同样通行龟兹语的古代龟兹地区还留有克孜尔、库木吐拉、森木塞姆等佛教壁画石窟。佛教壁画的研究阐明这些石窟壁画里也

---

① *TochSprR*（*B*）II: 233 指出在木头沟（Murtuq）发现的 Nr.357a（= THT357a）里也念 Udv.XXX 5 的梵语版本。但是，在这里因陀罗变成婆罗门。这个残卷损伤较严重，没有主角的名字，只说王。因此，这个残卷好像跟本文讨论的在焉耆发现的写本系统不一样。

还有，在库木吐拉（Kumtura）发现的 B368（= THT368）包含因陀罗和走进大火的菩萨的一段故事，可能属于别的故事。

另一方面，英国所藏龟兹语残卷 IOL Toch278b1（= H 150.122b1）里有 /// *gaveṣiṃ l（ā）nt*, Broomhead（1962: 156）构拟为（*subhāṣita*）*gaveṣiṃ l（ā）nt*. 其书 353 页提到的 IOL Toch 115a2（= H 149.327）也有 *subhā[ṣ]-（itagaveṣi*），据目前残留的写本部分来看，暂时无法判断这两个残卷是否属于《求妙法王》故事。

有本文所讨论的故事。就笔者所知描绘这个故事的壁画如下：

克孜尔：第 13、17、38、69、100、114 窟 [①]

克孜尔尕哈：第 11、13 窟 [②]

森木塞姆：第 1、11 窟 [③]

以上所列举的是中国出版的相关研究中所报告的昙摩绀故事壁画。其中我所见到的图版只有两个。但是，主角为了听佛法而身赴炽焰的故事不只出现在龟兹语佛经，也出现在龟兹石窟壁画之中，这个现象表示这段故事在西域北道上佛教，在说吐火罗语地区的地方很受欢迎。

六、结论

本文中笔者对龟兹语《求妙法王》故事进行比较研究，得到如下成果：虽然平行版本中没有与龟兹语版本完全一致者，但是梵文 *Avadānaśataka* 38 及跟梵文本差不多一样的《根本说一切有部毗奈耶杂事》里的平行版本，内容与龟兹语版本对应较良好，特别是这些版本都讲梵文 Udv.XXX 5，这个特色可能表示出彼此的系统相近。而学者认为，梵文 *Avadānaśataka* 38 处于比汉译《撰集百缘经》更晚的阶段。另一方面，在木头沟发现的 Nr.357 里的同一故事也讲述 Udv.XXX 5。虽然这两个写本在不同的地区被发现，但是讲诵的韵文一样。因此，看得出来龟兹语佛教和《根本说一切有部毗奈耶杂事》同样，接受了把这个故事与 Udv.XXX 5 一偈相连属的文本传统。

龟兹语的佛经显示出与根本说一切有部相同的材料，这个结果异于过去把龟兹语佛经单纯联系到说一切有部的一般看法。[④] 最近若干研究已经指出龟兹语的佛经里面也存在着跟根本说一切有部有关系的题材。[⑤] 可以说本文所讨论的《求妙法王》故事也属于这类材料。

另一方面，关于因陀罗的化身，龟兹语佛经可能有夜叉或者婆罗门两个不同的系统。这表明研究龟兹语佛经时一定要考虑佛经在所谓说一切有部里发展演变的过程。我今后也将继续这样的研究，以阐明龟兹语佛经在佛教史中的历史地位。

---

① 总录（2000：293）。关于第 17 窟的壁画，请参看马（2008：112）。

② 总录（2009：95）。图版 12 有第 13 窟的壁画。

③ 丁（1993：365），吴（1993［2006：695］）。总录（2008）没有指出描述这个故事的壁画的存在。不知何故有差异。

④ 只将龟兹语佛经联结到说一切有部代表性著作是 Schmidt（1985）。

⑤ Schaefer（1997），Ogihara（2009a，2009b，forthc.）利用不同部派的汉译律藏等等的平行异本探讨所谓吐火罗佛教的部派问题。

参考书目

ADAMS, Douglas. Q.

1999　*A Dictionary of Tocharian* B. Amsterdam-Atlanta：Rodopi.

BERNHARD, Franz

1965　*Udānavarga.*Band Ⅰ, Einleitung, Beschreibung der Handschriften, Textausgabe, Bibliographie.（Sanskrittexte aus den Turfanfunden. Ⅹ）.Göttingen：Vandenhoeck & Ruprecht.

BROOMHEAD, J. W.

1962　*A textual edition of the British Hoernle, Stein and Weber Kuchean Manuscripts. With transliteration, translation, grammatical commentary and vocabulary*, 2　volumes. Ph.D.Diss.Trinity College, Cambridge.

DEMOTO, Mitsuyo　出本充代

1995　「『撰集百縁経』の訳出年代について」『パーリ学仏教文化学』8：99-108。

HARTMANN, Uwe-Jens

1985　Zur Frage der Schulzugehörigkeit des Avadānaśataka. In：Heinz Bechert（ed.）, *Zur Schulzugehörigkeit von Werken der Hīnayāna-Literatur. Erster Teil（Symposium zur Buddhismusforschung, III, 1*）.Göttingen：Vandenhoeck & Ruprecht, 219-224.

HIRAOKA Satoshi　平岡　聡

2005　「『賢愚経』を構成する説話の部派帰属」『印度学仏教学研究』54-1：187-195.

OGIHARA Hirotoshi 荻原裕敏

2009a　「トカラ語 A《*Puṇyavanta-Jātaka*》に於ける阿含経典の引用について」『東京大学言語学論集』28：133-171.

2009b　*Researches about Vinaya-texts in Tocharian A and B*（unpublished doctoral dissertation. Paris, EPHE）.

forthc.　On some Vinaya-texts in Tocharian B. *Orientalia et Classica*. Papers of the Institute of Oriental and Classical Studies of Russian State University for the Humanities. XXIX.

OKANO, Kiyoshi　岡野　潔

2008　「Avadānakalpalatā 55 章, 91-92 章と Karmaśataka125-126 話 ―Sarvaṃdada, Śibi, Maitrakanyaka の校訂・和訳」『南アジア古典学』3：57-155.

PANGLUNG, Jampa Losang

1981　*Die Erzählstoffe des Mūlasarvāstivāda-Vinaya analysiert auf Grund der tibetischen Übersetzung.* STUDIA PHILOLOGICA BUDDHICA：Monograph Series III. Tokyo：International College for Postgraduate Buddhist Studies.

PEYROT, Michaël

2008　*Variation and Change in Tocharian B*. Amsterdam：Rodopi.

SCHAEFER, Christiane

1997　"*waṣik kälpaṣṣuki*：Zu den westtocharischen Nominalbildungen auf *-uki*".*Tocharian and Indo-European Studies* 7, Reykjavík, 163-176.

SCHMIDT, Klaus T.

1985　"Zur Frage der Schulzugehörigkeit des in tocharischer Sprache überlieferten buddhistischen Schrifttums".In：Heinz Bechert（ed.）, *Zur Schulzugehörigkeit von Werken der Hīnayāna-Literatur. Erster Teil（Symposium zur Buddhismusforschung, III, 1*）, Göttingen：Vandenhoeck & Ruprecht, 275-282.

SIEG, Emil and Wilhelm SIEGLING

1983　*Tocharische Sprachreste: Sprache B. Teil I: Die Texte. Band 1: Fragmente Nr. 1-116 der Berliner Sammlung. Neubearb. und mit einem Kommentar nebst Register versehen von Werner Thomas*. Göttingen：Vandenhoeck & Ruprecht.

T.=*Taisho Tripiṭaka*.

*TochSprR（B）*II = SIEG, Emil and Wilhelm SIEGLING（1953）*Tocharische Sprachreste. Sprache B. Heft 2. Fragmente Nr. 71-633*. Aus dem Nachlass hrsg. von Werner Thomas. Göttingen：Vandenhoeck & Ruprecht.

Udv. = *Udānavarga*.

VAIDYA, P. L.

1958　*Avadāna-śataka*.〈Buddhist Sanskrit Texts, XIX〉.Darbhanga：The Mithila Institute of Post-Graduate Studies and Research in Sanskrit Learning.

WINTER, Werner

1955　Some Aspects of "Tocharian" Drama：Form and Techniques. *Journal of the American Oriental Society*, vol.75-1：26-35。

［中文］

丁明夷

1993　《两处典型的龟兹石窟——森木塞姆与克孜尔尕哈石窟》，新疆龟兹石窟研究所编《龟兹佛教文化研究》，新疆美术摄影出版社：356-378。

马秦

2008　《龟兹造像》，新疆科学技术出版社。

吴涛

1993　［2006］《略述森木塞姆石窟洞窟形制，壁画与布局》，《龟兹文化研究》编辑委员会

国学的传承与创新

冯其庸先生从事教学与科研六十周年庆贺学术文集

编《龟兹文化研究 3》,新疆人民出版社: 691-702。

新疆龟兹石窟研究所

2000 《克孜尔石窟内容总录》,新疆美术摄影出版社。

2008 《森木塞姆石窟内容总录》,文物出版社。

2009 《克孜尔尕哈石窟内容总录》,文物出版社。

［平行版本］

［梵语］

dharmagaveṣī |

buddho bhagavān satkṛto gurukṛto mānitaḥ pūjito rājabhī rājamātrair dhanibhiḥ pauraiḥ śreṣṭhibhiḥ sārthavāhair devair nāgair yakṣair asurair garuḍaiḥ kinnarair mahoragair iti devanāgayakṣāsuragaruḍakinnaramahoragābhyarcito buddho bhagavān jñāto mahāpuṇyo lābhī cīvarapiṇḍapātaśayanāsanaglānapratyayabhaiṣajyapariṣkārāṇām saśrāvakasaṃghaḥ śrāvastyāṃ viharati jetavane 'nāthapiṇḍadasyārāme | ācaritam etad anāthapiṇḍadasya gṛhapateḥ : kalyam evotthāya bhagavato darśanāyopasaṃkramya jetavanaṃ svayaṃ saṃmārṣṭum* | athānyatamena kālena anāthapiṇḍadasya gṛhapateḥ kaścid vyākṣepaḥ samutpannaḥ | tato bhagavān puṇyakāmānāṃ satvānāṃ puṇyatīrthopadarśanārthaṃ svayam eva saṃmārjanīṃ gṛhītvā jetavanaṃ saṃmārṣṭuṃ pravṛttaḥ | bhagavantaṃ dṛṣṭvā mahāśrāvakā api śāradvatīputramaudgalyāyanakāśyapanandarevataprabhṛtayaḥ saṃmārṣṭuṃ pravṛttāḥ | tato jetavanaṃ saha śrāvakaiḥ saṃmṛjya upasthānaśālāṃ praviśya purastād bhikṣusaṃghasya prajñapta evāsane niṣaṇṇaḥ | niṣadya bhagavān bhikṣūn āmantrayate sma : pañceme bhikṣava ānuśaṃsāḥ saṃmārjane | katame pañca? ātmanaś cittaṃ prasīdati | parasya cittaṃ prasīdati | devatānāṃ manaso bhavati prāsādikam* | saṃvartanīyaṃ kuśalamūlam upacinoti | kāyasya ca bhedāt sugatau svargaloke deveṣū {p} apadyate | iti pañcānuśaṃsāḥ saṃmārjane ||

tataś catasraḥ parṣado bhagavataḥ sakāśāt saṃmārjanasyeti pañcānuśaṃsān upaśrutya prasādajātāḥ prītisaumanasyaprasannacittāḥ svasvāsanād utthāya yena bhagavāṃs tenāñjaliṃ pragṛhya bhagavantam etad ūcuḥ : vayaṃ bhagavan bhagavata upasthāpakāḥ sarvaṃ jetavanaṃ sadā saṃmārṣṭum icchāmaḥ | asmākam anugrahaṃ kuru | tato bhagavāṃs tāsāṃ tūṣṇībhāvenādhivāsayati | tatas tāś catasraḥ parṣado bhagavato 'dhivāsanāṃ viditvā saṃmārjanīgṛhītvā sarvaṃ jetavanaṃ saṃmārṣṭuṃ pravṛttāḥ | sarvaṃ jetavanaṃ cārāmamārgaparyantaṃ saṃmārjya bhagavato dharmadeśanāṃ śrotum ekānte niṣaṇṇā ādarayuktāḥ ||

anāthapiṇḍado gṛhapatir api taṃ pradeśam anuprāptaḥ | tena śrutaṃ yathā bhagavatā mahāśrāvakasahāyena svayam eva jetavanaṃ saṃmṛṣṭam iti | bhagavatā deśitān saṃmārjane

pañcānuśaṃsān upaśrutya vipratisārībhūtaḥ iti cintitavān : kimarthaṃ mayā bhagavato vihāre tasmin puṇyakṣetre, yatrādyaivāropitaṃ bījam adyaiva phalaṃ saṃpadyate, svalpasyānantaṃ phalaṃ niṣpadyate, tathāgatasaṃmukhībhūte sarvaśrāvakasaṃvāsite 'tīva manoramabhūmau sarvadevāsuramanuṣyagandharvagaruḍakinnaramahoragāṇāṃ manoharṣāspadībhūte sarvabhūtapretapiśācayakṣarākṣasanārakadrohiṇāṃ anavakāśe sarvamāramārakāyikānāṃ devānāṃ manuṣyāṇāṃ cānavakāśabhuvane bhagnābhibhavajāte rā gadveṣamohamātsaryerṣyāmānaduṣṭasatvānām aviditaprabhāve pāpācārāṇāṃ alabdhāgamane pāpamitrahastagatānāṃ amanāpajāte śraddhāvigatānāṃ tyāgadharmarahitānāṃ adṛṣṭacintitabhāvane duḥśīlānāṃ kuvṛttinām amanogamane dayābhāvavirahitānāṃ krodhināṃ paruṣabhāṣiṇām alabdhaśaraṇe vīryahīnakusīdavṛttināṃ tyaktārambhāśaminām sudūrībhūte dhyānacyutamuṣitasmṛtīnāṃ kudṛṣṭicāriṇāṃ kumārgaprasthitānām andhakārībhūte duṣprajñānāṃ kubuddhilabdhajñānāntarāṇām aprāptāgamanabhāve dātṛṇām atīva manorathakṛte suśīlayuktānāṃ manoramavāse kṣamācāriṇām ādarāgamanalabdhe vīryārabdhānāṃ nityānugamanaprāpte dhyānaratānām ālīnabhuvane prajñādhāriṇāṃ prabodhaprakāśāparityaktakṣetre etādṛśe buddhavikrīḍite vihāre saṃmārṣṭuṃ cittākṣepaḥ kṛtaḥ | na punaḥ kadāpi mayā tathā kṣamaṃ kartum* | iti niścitya punas tasyaitad abhavat : yatra bhagavatā mahāśrāvakasahāyena svayaṃ saṃmārjanaṃ kṛtam*, katham aham asyopari yāsyāmi ?

tato 'nāthapiṇḍado 'patrapamāṇarūpo lajjāparigatahṛdayas tatrāvasthāne sthitaḥ | jānakāḥ pṛcchakā buddhā bhagavantaḥ | tena bhikṣavaḥ pṛṣṭāḥ : ka eṣa iti | bhikṣava ūcuḥ : anāthapiṇḍado bhadanta bhagavato lajjāyamānarūpo 'patrāpyaparigatahṛdayo necchati bhagavataḥ sakāśam atropariṣṭāt pādanyāsenopasaṃkramitum*, yatra nāma bhagavatā mahāśrāvakasahāyena svayaṃ jetavanaṃ saṃmṛṣṭam iti | tatas taṃ bhagavān āha : gṛhapate buddhavacanaṃ ### praveṣṭavyam* | kasmāt ? saddharmagauravā hi buddhā bhagavantaḥ, dharmo hy arhatāṃ gurur iti | tato 'nāthapiṇḍado gāthābhigītena gāyan yena bhagavāṃs tenopasaṃkrāntaḥ | upasaṃkramya bhagavataḥ pādābhivandanaṃ kṛtvā purastād ekānte niṣaṇṇo dharmakathāśravaṇāya | tato bhagavatā dharmyayā kathayā saṃdarśitaḥ samādāpitaḥ samuttejitaḥ saṃpraharṣitaḥ | so 'nekaparyāyeṇa bhagavatā dharmyayā kathayā saṃdarśitaḥ samādāpitaḥ samuttejitaḥ saṃpraharṣitaḥ saṃprakrāntaḥ ‖

tadā bhikṣavaḥ saṃśayajātāḥ sarvasaṃśayacchettāraṃ buddhaṃ bhagavantaṃ papracchuḥ : āścaryaṃ bhadanta yad bhagavān dharme sādarajātaḥ sagauravajāto dharmasyaiva varṇaṃ bhāṣata iti | paśya bhadanta yāvad dharmaratnasyāmī bhājanabhūtāḥ sattvā ādareṇa sarvaṃ jetavanaṃ saṃmārṣṭuṃ pravṛttāḥ , dharmaṃ ca śrotavyaṃ manyanta iti | bhagavān āha : kim atra bhikṣava āścaryaṃ yad idānīṃ tathāgato vigatarāgadveṣamoho

'tha parimukto jātijarāvyādhimaraṇaśokaparidevaduḥkhadaurmanasyopāyāsair dharme
sādarajātaḥ sagauravajāto dharmasyaiva varṇaṃ bhāṣate | yat tu mayā atīte 'dhvani sarāgeṇa
sadveṣeṇa samohenāparimuktena jātijarāvyādhimaraṇaśokaparidevaduḥkhadaurmanasyopā-
yāsair dharmahetoḥ svajīvitasyāpi parityāgaḥ kṛtaḥ | tac chṛṇuta, sādhu ca suṣṭhu ca manasi
kuruta, bhāṣiṣye ‖

bhūtapūrvaṃ bhikṣavo 'tīte 'dhvani vārāṇasyāṃ nagaryāṃ brahmadatto nāma rājā
rājyaṃ kārayati ṛddhaṃ ca sphītaṃ ca kṣemaṃ ca subhikṣaṃ cākīrṇabahujanamanuṣyaṃ ca
praśāntakalikalahaḍimbaḍamaraṃ taskararogāpagataṃ śālīkṣugomahiṣīsaṃpannam akhilam
akaṇṭakam* | ekaputram iva rājyaṃ pālayati | sa ca rājā śrāddho bhadraḥ kalyāṇāśaya
ātmahitaparahitapratipannaḥ kāruṇiko mahātmā dharmakāmaḥ prajāvatsalaḥ sarvapradaḥ
sarvaparityāgī niḥsaṅgaparityāgī ca mahati tyāge vartate | so 'pareṇa samayena devyā
sārdhaṃ krīḍati ramate paricārayati | tasya krīḍato ramamāṇasya paricārayataḥ kālāntareṇa
sā devī sattvavatī saṃvṛttā | dohadaś cāsyāḥ samutpannaḥ : subhāṣitaṃ śṛṇuyām iti | tayā
rājñe niveditam* | rājñā naimittikān āhūya pṛṣṭāḥ | ta ūcuḥ : deva asya sattvasyānubhāva
iti | tatas tena rājā saubhāṣaṇikasyārthe suvarṇapiṭako grāmanagaranigamarāṣṭrarājadhānīṣ-
u paryaṭitaḥ | na ca tat subhāṣitam upalabhyate | yāvat paripūrṇair navabhir māsaiḥ sā devī
prasūtā | dārako jāto 'bhirūpo darśanīyaḥ prāsādiko gauraḥ kanakavarṇaś chatrākāraśirāḥ
pralambabāhur vistīrṇalalāṭa uccaghoṣaḥ saṃgatabhrūs tuṅganāsaḥ sarvāṅgapratyaṅgopetaḥ
| tasya jātau jātimahaṃ kṛtvā nāmadheyaṃ vyavasthāpyate : kiṃ bhavatv asya dārakasya
nāmeti | amātyā ūcuḥ : yasmād ayaṃ dārako 'jāta eva subhāṣitaṃ gaveṣate tasmād bhavatu
dārakasya subhāṣitagaveṣī nāmeti | tasya subhāṣitagaveṣīti nāma kṛtam* | subhāṣitagaveṣī
dārako 'ṣṭābhyo dhātrībhyo datto dvābhyām aṃsadhātrībhyāṃ dvābhyāṃ kṣīradhātrībhyāṃ
dvābhyāṃ krīḍanikābhyāṃ dhātrībhyāṃ dvābhyāṃ maladhātrībhyāṃ dhātrībhyām* | so
'ṣṭābhir dhātrībhir unnīyate vardhyate kṣīreṇa dadhnā navanītena sarpiṣā sarpimaṇḍenānyaiś
cottaptottaptair upakaraṇaviśeṣaiḥ | āśu vardhate hradastham iva paṅkajam* | yadā krameṇa
mahān saṃvṛttas tadāpi subhāṣitaṃ gaveṣate, na ca labhate ‖

sa pitur atyayād rājye pratiṣṭhitaḥ amātyānā {m ā} jñāpayati : subhāṣitena me
grāmaṇyaḥ prayojanam* | gaveṣata me subhāṣitam iti | tatas tair amātyaiḥ sakale jambūdvīpe
hiraṇyapiṭakāḥ subhāṣitahetoḥ saṃdarśitāḥ | na ca subhāṣitam āsāditam* | tatas te rājñe
niveditavantaḥ | tataḥ sa rājā subhāṣitaśravaṇahetor utkaṇṭhati paritapyati ‖

śakrasya devānām indrasyādhastāj jñānadarśanaṃ pravartate | sa paśyati rājānaṃ
subhāṣitaśravaṇahetor vihanyamānam* | tasyaitad abhavat* : yanv ahaṃ rājānaṃ mīmāṃ
seyeti | atha śakro devānām indro guhyakarūpadhārī bhūtvā vikṛtakaracaraṇanayano rājñaḥ
purastād gāthāṃ bhāṣate :

dharmaṃ caret sucaritaṃ nainaṃ duścaritaṃ caret* |

dharmacārī sukhaṃ śete asmiṃl loke paratra ca ‖ 1 ‖ iti ‖

tato rājā vismitotphulladṛṣṭis taṃ guhyakam uvāca : brūhi brūhi guhyaka tāvan me, etāṃ gāthāṃ śroṣyāmīti | tato guhyako rājānam uvāca : yadi yad bravīmi tan me kariṣyasi, evam aham api yad ājñāpayiṣyasi, tat kariṣyāmīti | rājovāca : kim ājñāpayiṣyasīti | guhyaka uvāca : saptāhorātrāṇi khadirakāṣṭhair agnikhadāṃ tāpayitvā tatra yady ātmānam utsrakṣyasi, tatas te 'haṃ punar gāthāṃ vakṣyāmīti | tacchravaṇāc ca rājā prītamanās taṃ guhyakam uvāca : evam astv iti | tato rājñā guhyakaṃ pratijñāyāṃ pratiṣṭhāpya sarvavijite ghaṇṭāvaghoṣaṇaṃ kāritam* saptame divase rājā subhāṣitaśravaṇahetor agnikhadāyām ātmānam utsrakṣyati | ye 'dbhutāni draṣṭukāmāḥ , āgacchantv iti ‖

tato 'nekeṣu prāṇiśatasahasreṣu saṃnipatiteṣu gaganatale cānekeṣu devatāśatasahasreṣu saṃnipatiteṣu bodhisattvasyādhyāśayaśuddhitām avagamyādbhutabhāvaṃ ca draṣṭum ihāvatasthuḥ | atha sa guhyaka ākāśam utpatya bodhisattvam uvāca : kriyatāṃ mahārāja yathā pratijñātam iti | tato rājā jyeṣṭhaṃ kumāraṃ rājye 'bhiṣicya amātyān naigamajānapadāṃś ca kṣamayitvā janakāyaṃ cāśvāsya agnikhadāsamīpam upagamya imāṃ gāthāṃ bhāṣate :

eṣāṅgārakhadā mahābhayakarī jvālārkaraktopamā

dharmārthe prapatāmi niścitamanā niḥsādhvaso jīvite |

eṣā cāgnikhadā bhaviṣyati śubhā puṇyānubhāvān mama

śītā candanapaṅkavāsitajalā padmākulā padminī ‖ 2 ‖

ity uktvā bodhisattvas tasyām agnikhadāyāṃ patitaḥ | patitamātrasya cāsya agnikhadā padminī prādurbhūtā | tataḥ śakro devānām indras tad atyadbhutaṃ devamanuṣyāvarjanakaraṃ prātihāryaṃ dṛṣṭvā yakṣarūpam antardhāpya svarūpeṇa sthitvā gāthāṃ bhāṣate :

dharmaṃ caret sucaritaṃ nainaṃ duścaritaṃ caret* |

dharmacārī sukhaṃ śete loke 'smiṃś ca paratra ‖ 3 ‖ iti ‖

atha bodhisattvena tāṃ gāthām udgṛhītvā suvarṇapatreṣv abhilikhya kṛtsne jambudvīpe grāmanagaranigamarāṣṭrarājadhānīṣu paryaṭitā ‖

bhagavān āha : kiṃ manyadhve bhikṣavo yo 'sau tena kālena tena samayena rājā babhūva, ahaṃ saḥ | tadāpi me subhāṣitaśravaṇahetoḥ svajīvitaṃ parityaktaṃ prāg evedānīm* | tasmāt tarhi bhikṣava evaṃ śikṣitavyam : yad dharmaṃ satkariṣyāmo gurukariṣyāmo mānayiṣyāmaḥ pūjayiṣyāmaḥ | dharmaṃ satkṛtya gurukṛtya mānayitvā pūjayitvopaniśritya vihariṣyāmaḥ | ity evaṃ vo bhikṣavaḥ śikṣitavyam* ‖

idam avocad bhagavān | āttamanasas te bhikṣavo bhagavato bhāṣitam abhyanandan* ‖

《根本说一切有部毘奈耶杂事》卷 14

　　缘处同前。时给孤独长者。每于晨朝往逝多林。礼世尊足礼已扫寺内地。后于一时长者他缘不遑入寺。世尊经行见地不净。起世俗心作如是念。如何令彼帝释天主。从香醉山持箒来至。诸佛常法起世俗心。乃至蚁子咸知佛意。若起出世心声闻独觉尚不了知况余能测。时天帝释既观知已。便作是念。大师何故起世俗心。乃见世尊躬欲扫除逝多林地。既知佛念便诣香醉山中。取五百上妙扫箒轻软如绵。至佛前住。尔时世尊意欲令彼乐福众生。于胜田中植净业故。即自执箒欲扫林中。时舍利子大目乾连大迦摄波阿难陀等。诸大声闻见是事已。悉皆执箒共扫园林。时佛世尊及圣弟子。遍扫除已入食堂中就座而坐。佛告诸苾刍凡扫地者有五胜利。云何为五。一者自心清净。二者令他心净。三者诸天欢喜。四者植端正业。五者命终之后当生天上。后时给孤长者来入林中。闻佛世尊及大弟子。躬自执箒遍扫林中。便作是念。如来大师及诸圣众。躬自执箒扫逝多林。我等云何敢以足蹈。时彼长者情怀愧悚立不敢前。佛知故问诸苾刍曰。立者是谁。苾刍白言。大德。彼是给孤长者。闻佛世尊及大弟子。各亲执箒扫逝多林。情怀愧悚当处而立不敢前行。佛告长者口诵经法当可前行。由佛世尊敬重法故。诸阿罗汉皆尊敬法。长者即诵伽他行诣佛所。礼双足已退坐一面。尔时世尊。为说妙法开示劝导赞励庆喜。是时长者闻法踊跃奉辞而去。时诸苾刍咸皆有疑。请世尊曰。希有大德。自于正法生尊重心赞叹恭敬。佛言今者如来离染瞋痴。远生老死无忧悲苦。具一切智于一切境皆得自在。于法尊重赞叹。正法未为希有。汝等当知我于往昔。具染瞋痴未离生老病死现有忧悲苦恼。为法因缘舍自身命。汝今善听我当为说。乃往古昔婆罗痆斯城中。王名梵授。以法化世。人民炽盛安隐丰乐。广说如余。

　　时梵授王深信正法。禀性贤善自利利他。怜愍一切常行惠施。有大慈悲离染著心。曾无恡惜。后于异时王大夫人忽然有娠。便生异念求闻妙法。夫人白王。王命相师问其所以。彼白王言由大夫人所孕圣胎遂生是念。尔时大王即为求法。便敕大臣盛金满箱。周遍国界奉金求法竟未遂心。月满生子颜容超绝众相具足广说如余。王作是念。此儿端正人所乐观。未生之时已希妙法。宗亲共集与作何名。大臣白言王子未生已希妙法。应与立字名求妙法。王令八母乳养供承广如余说。乃至如莲出水。年渐长大常求妙法竟未遂心。王崩之后自绍王位告诸群臣。卿当为我求于妙法。群臣受敕即持金箱遍赡部内。处处求访无法可得。臣白王言在处遍求无法可得。时求法王不满所愿常怀忧恼。时天帝释观知王心为求法故而怀忧恼。即作是念。王虽如此真伪未知我应往试。遂即变身为大药叉。举手张目形容可畏。至王前立便说颂曰。

　　常修于善法　　不作诸恶行

　　此世及后生　　寤寐常安乐

王闻此颂心大欢喜。告药叉曰仁者当重为我说此伽他。时彼药叉即报王曰。王用我语我

当为说。王曰唯然愿为宣说随意无违。时药叉曰大王若实乐法者。可作火坑。七日七夜烧炭猛焰投身入中。我为重说王闻斯语。倍增欣跃报药叉曰。此不敢违王即宣令遍告国中。我为乐闻妙法。七日之后当入火坑。一切有缘乐希有者可来观我。既宣勅已举国皆知。无量众生至期咸赴。由王重法至诚所感。于虚空中复有无量百千诸天。鼓乐弦歌香花供养庆希有事。重王至诚悉皆来集。时彼药叉七日既满。便升虚空告菩萨曰。所期已至可入火坑。尔时大王遂立太子绍继王位。普召群臣咸乞欢喜。共为辞别渐近火坑。临岸而立即说伽他曰。

如是炎炽大火坑	红焰如日令人怖
我今欢喜投身入	为法曾无悔惧心
今我虽处火坑中	决定当求希有事
愿此福利资舍识	猛火变作妙莲池

尔时大王说伽他已。便自投身入火坑内放身缵下。时大火坑变作莲池清凉可爱。是时菩萨身无亏损。时天帝释见其希有人天归敬。复帝释身即为彼王重说前颂。

常修于善法	不作诸恶行
此世及后生	寤寐常安乐

尔时菩萨受斯颂已。即出池中书之金叶。遍赡部洲城。邑聚落。咸悉告知普令修学。汝等苾刍勿生异念。往时求法王者即我身是。为求法故委弃身命。何况今时于胜妙法不生尊重。是故汝等应当修学。我于妙法恭敬供养尊重赞叹。如是诚心依法而住。自利利人法皆具足。苾刍闻已欢喜奉行。 （T.24，no.1451，266b26-267b29）

《贤愚经》卷1

又复世尊。过去久远无量阿僧只劫。此阎浮提有大国王。名曰梵天王。有太子。字昙摩绀。好乐正法。遣使推求。四方周遍。了不能得。

尔时太子。求法不获。愁闷懊恼。时天帝释。知其至诚。化作婆罗门。来诣宫门。言我知法。谁欲闻者。吾当为说。太子闻之。即出奉迎。接足为礼。将至大殿。敷好床座。请令就坐。合掌白言。唯愿大师。垂愍为说。婆罗门言。学事甚难。追师积久。尔乃得之。云何直尔。便欲得闻。理不可也。太子复言。大师所须。愿见告敕。身及妻子。一皆不惜。婆罗门言。汝今若能作大火坑。令深十丈。满中炽火。自投于中以供养者。吾乃与法。尔时太子。即如其言作大火坑。王及夫人。群臣婇女。闻是语已。不能自宁。咸悉都集。诣太子宫。谏喻太子。晓婆罗门。唯愿慈愍。以我等故。勿令太子投于火坑。若其所须。国城妻子。及与我身。当为给使。婆罗门言。吾不相逼随太子意。能如是者我为说法。不者不说。观其志固。各自默然。尔时大王。即遣使者。乘八万里象。宣告一切阎浮提内。昙摩绀太子。为于法故。却后七日。身投火坑。其欲见者。宜早来会。时诸小王。四远士民。强弱相扶。悉皆云集。诣太子所。长跪合掌。异口同音。白太子言。我等诸臣。

仰凭太子。犹如父母。今若投火。天下丧父。永无所怙。愿愍我曹。莫为一人孤弃一切。尔时太子。语众人言。我于久远生死之中丧身无数。人中为贪更相斩害。天上寿尽失欲忧苦。地狱之中。火烧汤煮。斧锯刀戟。灰河剑树。一日之中。丧身难计。痛彻心髓。不可具陈。饿鬼之中。百毒钻躯。畜生中苦。身供众口。负重食草。苦亦难数。空荷众苦。唐失身命。未曾善心为于法也吾今以此臭秽之身。供养法故。汝等云何复欲却我无上道心。我舍此身。为求佛道。后成佛时。当施汝等五分法身。众人默然。是时太子。立火坑上。白婆罗门。唯愿大师。为我说法。我命傥终。不及闻法。时婆罗门。即便为说此偈。

> 常行于慈心　　除去恚害想
>
> 大悲愍众生　　矜伤为雨泪
>
> 修行大喜心　　同己所得法
>
> 救护以道意　　乃应菩萨行

说是偈已。便欲投火。尔时帝释并梵天王。各捉一手。而复难之。阎浮提内一切生类。赖太子恩。莫不得所。今投火坑。天下丧父。何为自没。孤弃一切。尔时太子。报谢天王及诸臣民。何为遮我无上道心。天及人众。即各默然。辄自并身。投于火坑。天地大动。虚空诸天。同时号哭。泪如盛雨。即时火坑变成花池。太子于中坐莲花台。诸天雨华乃至于膝。尔时梵天大王今父王净饭是。尔时母者今摩耶是。尔时太子昙摩绀者今世尊是。世尊。尔时如是求法。为教众生。今已成满。宜当润彼枯槁之类。云何便欲舍至涅槃不肯说法。

（T.04，no.202，350c12-351b11）

《撰集百缘经》卷4

佛在舍卫国祇树给孤独园。时彼城中。有一长者。名曰须达。禀性仁贤。敬信三宝。日日往诣僧坊精舍。除扫塔寺。又于一时。有诸缘务。值行不在扫彼塔寺。尔时世尊。将大目连。舍利弗。大迦叶等。入其塔中。扫除已竟。却坐一面。为诸比丘说是扫地得五功德。一者自除心垢。二者亦除他垢。三者除去憍慢。四者调伏其心。五者增长功德。得生善处。时须达长者。于其行还。到精舍中。闻佛世尊。为诸比丘。说此扫地所得功德。心怀欢喜。前白佛言。我今闻佛说是扫地五事功德在所行处。如见贤圣在我目前。尔时世尊。告须达言。我所爱敬。一切善法。亦复如是。汝今谛听。吾当为汝分别解说。乃往过去无量世时。波罗奈国王名梵摩达多。正法治化。人民炽盛丰乐无极。时王夫人。自觉有娠。顶上自然。有一宝盖。随其行坐。王召相师。占相夫人。相师觇已。此儿生已。有大福德。必当四方推求索法。于是夫人。足满十月。生一太子。端政殊妙。世所希有。因为立字。名曰求法。年渐长大。心乐道法。即复遣人。赍持珍宝。四方推求。了不能得。涕哭懊恼。不能自宁。精诚感应。震动释宫。不安其所。时天帝释作是念言。我此宫殿。以何因缘。动摇如是。寻自观察。见王太子。求法懊恼。了不能得。是以涕哭。感我宫殿。动摇如是。我今当往试其善心为虚实耶。即便化作一婆罗门。来诣宫门。作是唱言。我

有妙法。谁欲乐闻。我当为说。时王太子。闻使者语。喜不自胜。即出奉迎。接足作礼。将至殿上。敷施好床。请命使坐。合掌白言。唯愿大师。慈哀怜愍。为我解说。时婆罗门。答太子曰。学法甚难。追师积久。乃可得知。今者云何。直欲得闻。理不可尔。时王太子。白大师言。若欲所须。愿见告示。及身妻子。象马珍宝。皆悉备有。终不恪惜。当相供给。婆罗门言。如汝所道。我悉不须。汝今若能作一大坑。令深十丈。盛满中火。自投其身。乃当与法。尔时太子。闻是语已。心怀欢喜。寻作大坑。盛满中火。欲自投身。时王夫人。及诸群臣。寻来抱捉。谏喻太子。晓婆罗门。唯愿大师。慈哀怜愍。为我等故。莫令太子投此火坑。若欲所须。国城珍宝。及以妻子。当相供给。婆罗门言。吾不相逼。随太子意。能如是者。我为说法。时王太子。闻是语已。而作是言。我于旷劫。唐捐身命。未曾有人为我欲说如是妙法。即欲自投。时王夫人。及诸群臣。观其志诚必欲自投。寻即遣使。乘八千里象。宣告一切阎浮提内。诸大臣等。速来集会。诣太子所。合掌谏晓。为我等故。莫投此坑。今为一人。孤弃一切。时王太子。答诸臣言。我于无数生死之中。或在地狱畜生饿鬼。更相杀害。火烧汤煮。饥饿困苦。一日之中。不可称计。痛不可言。唐捐身命。未曾有益为于法也。汝等今者。云何谏我。以此臭身。为求无上菩提道故。舍此身命。誓度众生。出生死海。作是语已。决定欲投。白婆罗门言。唯愿大师。先为我说。我命傥终。不及闻法。时婆罗门。即为太子。而说偈言。

常行于慈心	除去恚害想
大悲愍众生	矜伤为雨泪
修行大悲者	同己所得法
救护诸群生	乃应菩萨行

尔时太子。闻是偈已。喜不自胜。即便投身大火坑中。变成华池。太子于中。坐莲华上。地大震动。雨诸天华。积至于膝。时婆罗门。还复释身。赞太子曰。汝今于此火难之中。为此一偈。不惜身命。为求何愿。太子答曰。我求无上菩提大道。度脱众生。出生死海。尔时帝释。闻是语已。叹未曾有。还诣天上。时梵摩王。及诸群臣。见其太子有是奇特。叹未曾有。莫不欢喜。还将太子。诣于宫中。佛告诸比丘。欲知彼时梵摩王者。今净饭王是。彼时母者。今摩耶是。彼时太子者。则我身是。佛说是求法缘时。有得须陀洹者。斯陀含者。阿那含者。阿罗汉者。有发辟支佛心者。有发无上菩提心者。尔时诸比丘。闻佛所说。欢喜奉行。

（T.04，no.200，219b19-220b16）

《经律异相》卷31

昔阎浮提有王名梵天。王有太子字昙摩绀。深乐正法。帝释化作婆罗门言。我能说法。太子接足礼敬请欲闻之。婆罗门言。我学积久。云何直欲便闻。若能不惜身命及于妻子。入大火坑以见供养者。吾乃与法。太子具如其言。作大火坑。王及夫人婇女。诣宫晓喻婆罗门。乞以国城妻子一为给使。莫令太子投此火中。婆罗门言。吾不相逼随其意耳。但如此者我不为说。王宣令国内却后七日太子烧身。若欲见者至日早来。合国贵贱一时皆集。求哀固请具说如前。太子语众人言。我于久远生死之中丧身无数。人中为贪更相斩害。天上寿尽失欲忧苦。地狱烧煮刀剥解割灰河剑树痛彻心髓。饿鬼之中百毒钻躯。畜生之报身供众口食草负重。持此众苦空生身命。未曾善心为法。今舍臭秽之形以求清胜。汝等云何欲见前却。吾得佛道施汝五分法身。太子便立火坑上。婆罗门曰。

常行于慈心	除去患害想
大悲愍众生	矜伤为雨泪
修行大喜心	同已所得法
拥护以道意	乃应菩萨行

太子闻之便欲投火。时帝释梵王为捉一手。而难之云。阎浮提内一切生类。赖太子恩莫不得所。今若投火天下丧父何为自没孤弃一切。太子谢曰。莫遮我无上道心。身投火坑。天地大动。虚空诸天同时号哭泪如盛雨。时烈火坑变成花池。太子坐莲花台。诸天雨花乃至于膝。梵天王者今净饭是。母者今摩耶夫人是。太子者今世尊是(出贤愚经第一卷)。

（T.53，no.2121，162c24-163a25）

《大方广佛华严经随疏演义钞》卷50

又贤愚经云。又复世尊过去久远无量阿僧只劫。此阎浮提有大国王。名曰梵天王。有太子名曰昙摩绀。好乐正法四方求法。周遍不获愁闷懊恼。帝释化为婆罗门。来诣王所。王请就座为说妙法。婆罗门言。学之甚难。云何便说。太子审问。答言。若能作大火坑令深十丈满中炽火。自投于中为供养者。吾乃与法。太子如教群臣谏喻令愍我等。婆罗门曰。吾不相逼。若不尔者。吾不说法。王知意定令使乘八千里象。宣告一切太子于是却后七日求法入火。诸小王等远近皆集悲哀劝喻。太子告言。我于久远生死之中丧身无数。人中为贪更相残害。天上寿尽失欲忧苦。地狱之中火烧汤煮等。受无量苦未曾为法。吾今以此臭秽之身为法供养。云何止我将欲投火。先请说法。婆罗门为说偈云。常行于慈心。除去患害想。大悲愍众生。矜伤为雨泪。修行于大喜。同已所得法。救护以道意。乃应菩萨行。闻说法已便投火坑。帝释并梵天王。各执一手而叹之言。一切生类赖太子安。何为投火丧他父母。太子答言。为无上道不惜身命。纔投于火火变华池。太子安然坐连华台。诸天雨华没至于膝。尔时梵天王者净饭王是。　　（T.36，no.1736，389c27-390a22）

大谷收藏品中一件龟兹语木简文书之再析

庆昭蓉

（北京大学中国古代史研究中心）

冯其庸先生从事教学与科研六十周年庆贺学术文集

一、吐火罗语文书的初步定义

为了明确吐火罗语世俗文书的指涉范围并予以统计，笔者目前暂时依照古代回鹘语文献研究中通行的分类方式，将吐火罗语文献分为三大类，即典籍、文书与碑铭。其中文书包括宗教文书与世俗文书。前者指具有浓厚信仰意味或宗教概念的文书，例如祈祷文、抄经题记（colophon）等文献。后者包括公文、书信、账簿、契约、凭证等各种类别，不仅指涉与行政、军事有关的官方文书或民间文书，亦包含寺院文书与僧侣的日常书信等等。[①]

在这个定义下，吐火罗 A 语文献中几乎没有世俗文书。仅有的可能例外是两件硕尔楚克出土残纸，它们的内容很难完全解释，但看来像是与寺院有关。[②] 换句话说，目前已知吐火罗语世俗文书几乎都是来自库车以西地区的，以 B 语（龟兹语）写成的文书。因此，研究吐火罗语世俗文书的重点在于 B 语文书。以收藏编号计算，这类材料约在七百号左右，但多半是很小的残片。

[①] 参见《ウイグル文契约文书集成》vol.2:viii-xv; 森安孝夫 2004b:7n.33; Moriyasu2004a: 235 n.10; Moriyasu 2008:127-130。

[②] 即 THT4022 与 THT4023，现藏德国柏林国家图书馆。参见 Malzahn 2007b: 290 n. 48; Ching 2010: 6-7。

二、吐火罗语世俗文书的收藏与分布 ①

80 年代以来,吐火罗语学者曾数次对这类文字材料进行概略统计。较具代表性的是 1986 年施密特(Klaus T. Schmidt)博士对当时已知世俗文书的回顾,以及 1994 年皮诺(Georges-Jean Pinault)教授对这类文献的再次介绍。2007 年玛尔璨(Melanie Malzahn)博士编辑的 *Instrumenta Tocharica* 一书更详细介绍了西方学界所知吐火罗语文献的各种类别及收藏地点,其中也包含世俗文书的若干信息。值得一提的是同书中皮诺相当仔细地介绍了法国国家图书馆中吐火罗语文献的收藏概况,里面提到许多 Douldour-âqour 等遗址发现的世俗文书,总数将近三百号,其内容泰半尚未出版。然而,目前收藏最丰富的机构是德国柏林国家图书馆。该馆所藏约三百五十余号,至今约五分之一已出版。② 英国、俄国、日本等其它地方所藏较少,而中国与日本收藏情况尤不明朗。简略估算起来,当世所知的吐火罗语文献总数将近 8000 号,其中世俗文书约占十分之一强。而世俗文书中,若不计入皮诺 1987 年出版的 130 号伯希和所获通行许可证木简残片,其余已经出版的世俗文书数量极为有限,总数不超过 80 件(其中 62 件即出版于 *TochSprR*(B)II 者)。

2007 年以来,笔者与荻原裕敏博士一直进行吐火罗语世俗文书的调查与研究。我们尽可能调查了法国国家图书馆、德国柏林国家图书馆、柏林亚洲艺术博物馆以及俄国科学院圣彼得堡东方写本研究所等地所藏原件。笔者博士论文(2010)即以这类文献为题,试图突破传统上使用印欧比较语言学研究方法之窠臼,从相关文史知识出发,指出龟兹语世俗文书反映的重要历史议题与研究展望。本文便以大谷收藏品中的一件木简为例,说明在解决语词形式与语言特征之外,吐火罗语世俗文书的解释还牵涉到深厚的历史背景问题。考虑文献的相关历史脉络,一方面有助于厘清一些主观诠释引起的误解,一方面也方便我们理解当时社会的复杂情状。这是学者诠释龟兹语世俗文书时必须谨慎以对的课题。

三、书写媒材的选择: 木简与纸张

我们首先面临的问题是如何判断书写媒材透露的文书信息。众所周知,西域出土了大量古代木简,包括汉文、佉卢文、婆罗谜文、古藏文等各种西域文字写成者。在纸张广泛使用以前,西域常见的书写材料是木材、皮革、纺织品等,而现存收藏品中又以各式木简最为普遍。但是以使用婆罗谜文字书写的龟兹语材料而言,写在木简上的世俗文书在数量上明显比写在纸张上的少。若将 *Instrumenta Tocharica* 所介绍之资料及 TITUS 网站所公

---

① 本节只是一个大略回顾。更详细的介绍请参见 Malzahn 2007、Pinault 2007 与 Ching 2010(尤见页 7-9)。

② 绝大部分出版在 *TochSprR*(B)II。

布的德藏吐火罗语文献予以统计,西方学界已知的龟兹语木简在法国总计208件,[①] 俄国约数十件,[②] 德国约十余件,英国和日本至少各有1件,中国所藏木简数量不清楚。[③]

但材质并非判断写本年代的绝对指标。特别是木材作为书写材料有其实用性:目前在法国、俄国都收藏不少一端打洞的小木片,其上书有简短的龟兹语语句。这类形似标签或便条的木简,相信即使到了纸张通行的年代,仍能在运输、储藏等各种场合派上用场。[④] 另外对于地处偏远,而纸张取得相对困难的地区而言,木材可能还是比较方便低廉的书写材料。换句话说,虽然写在纸张上的龟兹语世俗文书大多写于唐朝征服龟兹以后至9世纪初期,[⑤] 但木简不必然都写于唐治以前。事实上,年代比较确定的木简文书只有伯希和在盐水沟关垒遗址发现的数十枚通行许可证,它们大致写于7世纪初龟兹王苏伐叠统治期间(624—646年)。[⑥] 其余材料往往缺乏年代记述或相关特征,很难给定年代。

四、大谷收藏品 Ot.19.1 及其研究历史

本文介绍的木简,由于最初在《西域考古图谱·西域语文书》一节编号为图版19(1),自西格(Emil Sieg)以来,吐火罗语学界常略称此件文书为 Ot.19.1。[⑦] 1996年,皮诺教授在一场研讨会上首次发表了木简录文。[⑧] 依据皮诺说明,这块木简保存在东京国立博物馆之"资料馆",编号174。一本《目录》上有简单的英文题解,中译为:"12.0 × 19.5cm,厚0.7cm。可能来自库车。"[⑨] 由于木简未得寓目,笔者撰写博士论文时(323—324页),以皮诺转录(transcription)为基础,提供 Ot.19.1 的注释与翻译。2010年10月参加中国人民大学国学院举办的"国学前沿问题暨冯其庸先生从教六十周年(西

① 参见 Pinault2007: 194。

② 玛尔璨(2007a: 91-92)记载圣彼得堡 Strelkov 收集品有79件木简。但笔者2009年实地调查得知,这79件木简多半漫漶,不应一概计为吐火罗语。

③ 国外学者所能掌握的信息一直相当模糊。皮诺(1998b: 12)曾指出近年克孜尔发现一些木简,皆未出版。然而其中有三件应当已为施密特(1997)所出(参见 Malzahn2007a:94-95)。近年《克孜尔石窟内容总录》(2000)刊出其中六只木简照片,已收录于 Ching2010(参见下注)。

④ 笔者与荻原2009年访问龟兹石窟研究院时,参观了克孜尔石窟文物展示厅所陈列的木简。其中多半是将枝条略作削整,书写于削平的一面或两面,侧面树皮仍然保留。这类木简内容与畜牧有关,可能是牧人或寺院司牧者与寺院联络时所用。

⑤ 相关论据参见 Ching2010(尤见134—145页)、Ching *forthcoming* 与 Ching and Ogihara 2010。

⑥ 参见 Pinault1987: 83-85。

⑦ 参见 Pinault1998a: 364; Malzahn 2007a: 93。

⑧ 即 Pinault1998。

⑨ 皮诺文中指出这本《目录》第157页有照片可参考。文中未注书名,而经玉井(2004:95)补充说明,即 *Tokyo-kokuritsu-hakubutsukan Zuhan Mokuroku. Otani Tankentai Shouraihin Hen*(参见文末参考书目)。皮诺教授曾私下对笔者表示,研讨会发表之转录是到博物馆亲睹原件之成果。

域敦煌出土文献研究）学术研讨会"，也以博士论文所述为基础介绍这件木简的相关问题。2012 年，笔者与荻原裕敏有幸获得东京国立博物馆批准，于 3 月 26 日一起前往馆内调查大谷探险队获得的吐火罗语文献竟日，得以从容检阅木简的外观与文字，并对皮诺录文稍作修正。此处转录原则上与皮诺一致，但依照 *TEB* 的转录惯例，对内容予以标点，并将专有名词以大写标示：

1　*Mitrawarddhane* ◆ *Wiryaśānti* ◆ *Aryarakṣite* ◆ *Kalyanamokṣe* ◆ *Aryakoṣe* ◆ *Satyarakṣite* ◆ *Mi-*

2　*trasome* ◆ *Śāntisene* ◆ *Moko Puttawarme* ◆ *Ynaimyāṣṣi ketasa cāneṃ kamānte: yältse*

3　*piś känte.* ◆ *tāyᵃ saṅkāmiññai ketāntse kom pirko[meṃ] Ar[m]okiññe cake sim，o-*

4　*motruññaiṣṣe Yartaññe ckeṣṣe ārte sim，kom kläskomeṃ orotsa newiya sim，*

5　*oṣṣa—lemeṃ Armokiññe ckeṣṣe ārte sim, orotsai newiyai täṅtsi.* ◆

6　　　　　　　　　　　*kāyne ṣotri ṣecaki aṣkār läkāskemane.*

录文注释

saṅkāmiññai: 皮诺录为 *saṅk<r>āmiññai*，即标示 *saṅkāmiññai* 为 *saṅkrāmiññai* "属于僧伽蓝的"一字之脱误。

oṣṣa—lemeṃ: 字中有一涂去之婆罗谜字符。皮诺以 *oṣṣa* [X] *lemeṃ* 表示。观察原件后推测涂去的字符似为 <ṣa>。

pirko[meṃ]: 现在字迹更浅，可录为 *pi*（*r*）[*k*]*o* —

Yartaññe: 皮诺原录为 *Yateññe*。但是仔细观察原件可以发现中间字符实与其他字词中的 <rte> 写法形似（例如 *ārte* 的第二个字符），只是没有上方的元音标记 e，所以可以读为 <rta> 无疑。

kläskomeṃ：据《东京国立博物馆图版目录·大谷探险队将来品篇》图版所示，当时此字开头已经削损，应读成（*k*）*läskomeṃ*。

Pinault 试译（'Tentative translation'，参见 Pinault 1998: 364–365）

　　Mitravarddhana, Vīryaśānti, Āryarakṣita, Kalyāṇamokṣa, Āryakoṣa, Satyarakṣita, Mitrasoma, Śāntisena, Buddhavarman the Elder, [inhabitants] of *Ynaimyā* have received one thousand five hundred *cāne*（of money）for the estate. Of this estate pertaining to the domain of the monastery（*Saṅghārāma*），on the east the boundary is the river Armoki; of the south, the boundary is the arm of the river Yāte, on the west the boundary is the great canal; on the north, the boundary is the arm of the river Armoki up to the great canal inclusively. On the receipt the sign of a lion [is] seen on the reverse.

Pinault 文译之中译 [①]

Mitravarddhana, Vīryaśānti, Āryarakṣita, Kalyāṇamokṣa, Āryakoṣa, Satyarakṣita, Mitrasoma, Śāntisena, 长者 *Buddhavarman, Ynaiymyā* 之［居民］为此地产收取了一千五百 *cāne*（钱）。这块属于僧伽蓝的地产的（范围）：在东，其界为 *Armoki* 河；在南，其界为 *Yāte* （？）河之支流；在西，其界为大水渠；在北，其界为 *Armoki* 河之支流，直抵大水渠。一只狮子的印记见其收据背面。

当时皮诺着重讨论吐火罗语表示方位的语源与空间概念，并与古代突厥语言相比较。[②] 至于此简内容，皮诺仅略提及它应当是文书的末尾部分，开头部分（包括相关日期）大概是写在别的木简上，并认为这件文书显然是件土地买卖契约。

2004 年，玉井达士基于施密特收藏的黑白旧照片以及施密特的转写与翻译提出不同观点。该文并提供了施密特针对自己录文提供的少量注释（即脚注 4-14）。施密特的录文与皮诺仅有些微差异，于此不赘。两人最大的分歧在于一条河流名称的读法——皮诺读为 *yateññe*，而施密特读为 *ya[r]teññe*。玉井沿用施氏转写之际，亦唯独对此提出异议，认为是 *yatoññe*。换言之，三人研拟的河名分别是 *Yāte, Yart* 或 *Yato* 之河。笔者与荻原 2012 年调查原简之后，拟读为 *Yārte* 之河。

玉井和皮诺的分歧主要在于内容诠释。兹引施氏德译与玉井英译，并分别试译为中文：

Die ehrwürdigen（？）[Gemeindemitglieder] Mitravardhana, Vīryaśānti, Āryarakṣita, Kalyāṇamokṣa, Āryakoṣa, Satyarakṣita, Mitrasoma, Śāntisena [und] der alte Buddhavarman haben im [Gemeinde]bezirk（？）1500 Cane's [ein]genommen. Die Grenze dieses Klosterbezirks（？）[ist] im Osten der Fluss A[mo]k, südlich das Wadi（？）des Flusses Yart, im Western der große Strom und im Norden das Wadi（？）des Flusses Armok bis hin zum großen Strom.

Auf einem Stein [befinden sich] als Kennzeichen zurückblickende Löwen.

令人尊敬的(？)[僧团成员] Mitravardhana, Vīryaśānti, Āryarakṣita, Kalyāṇamokṣa, Āryakoṣa, Satyarakṣita, Mitrasoma, Śāntisena [与] 长老 Buddhavarman 取（得）了1500 Cane 到 [僧团] 地区。这区寺院(？)的边界 [是]：东边 A[mo]k 河，南边是 Yart 河

---

① 此处中译沿用原文括号用法，以方括号表示皮诺据文意或英文文法补充的内容。

② 同会中，亚当斯（Adams 1998）则专注于该简出现的龟兹语 *keta* "土地、田土"、*newiya* "水渠" 与 *ārte* "支流" 等语词，试图给予语源学解释。

的河谷 / 河床(？),西边是大溪,北边是 Armok 河的河谷 / 河床(？)直到大溪。

在一块石头上 [可以发现] 回首而望的狮子图案。

笔者案:施密特所插入的 Gemeinde 是多义词,意义涵盖地区、行政区、教区,以及这类区域的全体居民或成员等等。不过在佛学著作中 Gemeinde 通常指僧团。另外施密特将动词 nehmen "拿取、拿到"诠释为 einnehmen "收入",此观点近于皮诺。

玉井英译如下:

Mitravardhana, Vīryaśānti, Āryarakṣita, Kalyāṇamokṣa, Āryakoṣa, Satyarakṣita, Mitrasoma, Śāntisena [and] the Elder Buddhavarman, (these) respectable ones have brought 1500 cānes to the place(of the saṅgha).

The border of this monastery in the east(is)the river Amoki(or Armoki?).

(In)the southern (direction), the border (of the saṅgha)is the arm of the river Yato.

The border(of the saṅgha)in the west is the great stream.

The border(of the saṅgha)in the north is the arm of the river Armoki down to the great stream.

The Symbol on the(landmark)stone(s)(is)lions looking backward.

Mitravardhana, Vīryaśānti, Āryarakṣita, Kalyāṇamokṣa, Āryakoṣa, Satyarakṣita, Mitrasoma, Śāntisena [与] 长老 Buddhavarman,(上述)令人尊敬的人们带来了 1500 cāne 到(僧伽之)地。

这座寺院的东界是 Amoki(或 Armoki?)。

(在)南(方),(僧伽的)边界是 Yato 河的支流。

(僧伽的)西界是大溪。

(僧伽的)北界是 Armoki 的支流,直到大溪。

(界)石上的标记(是)回首而望的狮子。

质言之,玉井认为 Ot.19.1 不是土地买卖契约,而与财物布施及僧伽结界活动有关。他提出三条反对理由,此处扼要叙述如下:[①] 首先,买卖双方人氏以及交易日期均未明载。他怀疑事实是否如同皮诺所推测,亦即该件文书还包括另一块未知木简。其二,玉井认为 sim "界、边界"一词作为佛教语汇(来自梵语 sīmā "界,结界"),对于僧伽的构成与维持非常重要,不应

① 参见玉井 2004: 97-98。

作为世俗交易的对象。他注意到一件汉语—回鹘语双语文书，[①] 其回鹘语内容述及 *sıčısı* "其四至" 之后，以汉语与回鹘语表示四界，而后者曾一度用 *sım* 形容一段地亩之边界。根据森安孝夫与茨默（Peter Zieme）两位教授之观点，该件双语文书不是土地交易或租赁券契，而像是某寺地产记录。[②] 又据玉井所知，回鹘语 *sım* 一向只出现在佛教文献中。其三，玉井指出动词 *kamānte* 并非 "接受、收取"（to receive）之意，它的基本意义是 "带来"（to bring）。

玉井认为，既然古代说吐火罗语地区盛行小乘，应倚重小乘佛教的中心之一，也就是锡兰的当地佛教碑铭，以及巴利语、梵语律藏来判断木简的性质。由于锡兰有许多王公贵族捐赠布施的实证，而且历来佛教学者多认为小乘佛寺中的僧侣不得贸易求利，所以木简 Ot.19.1 之内容应该不涉及商业交易，而与僧伽结界活动有关。尽管玉井指出说吐火罗语地区的部派问题还不能定论，而且中亚地区佛教对 "界" 的概念（*sīmā*，包括僧伽活动的大界与小界）可能与锡兰有别，他仍然认为来自锡兰资料可资借鉴处甚多。要言之，他觉得木简中提到的九或十个人应当都是僧侣。[③] 他们可能组成一个僧团（即 *saṅgha* "僧伽"）并进行巴利经典所示之 *sāmaggī* 集会。于是，玉井推测末行的罕见字 *kāyne* 很可能是指设立结界时用到的界石（详下文），而内容主旨涉及僧团人口的增减、新结界的设置及相关布施。最后玉井结论，"这件文书不是一件契约，而是一件与布施有关的文书。其内容并未提及 1500 *cāne* 的布施者及其用途，但无论如何，我们无法想象僧侣会将他们的结界以此价格出售。" 由此，这件木简究竟是不是一件契约，便成为学术界中一段公案。

五、几点关于木简的新想法

作为博士论文所收文书之一，笔者一直持续在研究这件木简。其切入点可以分为四个方面：木简发现地点、人物身分、金额与货币单位以及文中 *kāyne* 之词义。

木简发现地点

由于这件木简提及古代地名，确定它的发现地点便十分重要。但是《西域考古图谱》与后继相关研究都没有提供详细信息。笔者在留学法国期间，调查《新西域记》等记录也没有获得理想结果，仅在 1903 年 5 月 23 日队员日记中发现到有趣的记载：[④]

---

① 即 Ch/U 6100 + Ch/U 6001，参见 Moriyasu and Zieme 1999: 75-83。

② 见前揭文，76 页。其主要理由是该文书中同一段地亩重复记载了两次。

③ 包含开头的八个人及 *Moko Puttawarme*。至于 *Ynaimyāṣṣi*，玉井认为它亦可视为人名或一种称号。

④ 渡边 1937：339。原文如下：

五月二十三日 土 トングス・バシー　第二日

（前略）废趾の东方に于て一佛室を发掘し、等身の佛菩萨像の首を露はし来る。又金箔の壁片多し。

本日の发掘品中最も注意すべきは、板片に所谓タンギット・キヤラクター（？）を记せるものなり。

五月二十三日　土　通古斯·巴什　第二日

（前略）在遗址以东发掘了一座佛室，[①]露出了等身佛菩萨像的头部。又有很多带有金箔的壁面残片。今日发掘品中最值得注意的，乃是一片上面记有 Tangut Character（？）的木板。

作者渡边缺乏识读中亚文字的专业能力。他在库车地区见到的 Tangut Character 事实上是指流行于塔里木盆地北缘的婆罗谜字体。[②]同日堀贤雄日记亦言：[③]

　　　一如昨日，不是绝对没有收获：也就是粗劣的泥塑人像——很像在库木土拉所得之物——以及一枚长四寸余、宽三寸余的木板，可以认出上面有些古代文字——不知道是佉卢文字还是中亚婆罗谜文字。

笔者未在大谷探险队考察记录中发现其他更加符合 Ot.19.1 外观特征的描述。然而 Ot.19.1 的尺寸与堀日记所述并不完全一致。依日本当时量制，一尺约当30.3cm，一寸约3cm。换算下来，堀氏所描述的木简大小大概是 10×14cm 左右，与 Ot.19.1 木简尺寸 12.0×19.5cm 仍有差异，所以拙撰博士论文（84—85 页）还不敢完全肯定它就是第一次大谷探险队在通谷斯巴什以东佛寺遗址发现的木简。2011 年 7 月承森美智代女士告知，白须净真（1998：203）已经利用京都国立博物馆内部资料等旧年记录，考证这件木简应即上述渡边日记提到的木板。笔者与荻原调查原件时，也在木简背面见到昭和四十三年（1910）以墨笔书写的"トングス·バシー　文字小板"的镶红边白纸签，因此这个问题算是获得解决了。

可惜的是，木简所见诸地名，包括 *Ynaimyā*（意为"在 *Naimyā*[*]"）、*Armoki*[*] 河、"大水渠"以及 *Yārte*[*] 之河，均未见于其他吐火罗语材料。其中固有地名的词源与辞义仍然不明，亦难以利用音韵学方法勾连到汉文资料所见之龟兹地名。目前笔者只能猜测 *Yārte* 一名来自前置词 *y-* "在…之中，在…之处"与 *ārte* "水渠"的结合。要是这个读法没有太大错误，

---

① 据堀贤雄日记（346 页）可知，其址在通古斯巴什故城遗址东墙以外，东南方约半砲台之佛寺遗址，即斯坦因所述位于故城东南东方向约 1 里左右之佛寺遗址。参见 Stein 1928 vol. 2: 809-810; vol. 3: fig 40.

② 渡边 1903 年 5 月 9 日日记（331 页）称格伦威德尔教授一行（即第一次德国探险队）花费一周时间，在库木土拉千佛洞摹写壁画、识读 "Tangut" 文字等等。又 5 月 14 日提及得自库木土拉千佛洞五连洞婆罗谜文字拓本之后，又提到夹杂着 "Tangut（？）" 文字的汉字题刻（336 页）。因此他所说的 "Tangut" 文字可以合理推测为婆罗谜文字。

③ 堀 1962：346。原文如下：得物は昨日の如くに絶無あらず、即ち下等なる泥制の人形——クムトラにて得し如きもの——と、一つの古代文化—— Kharoshiti とも Central Asian Brahmi とも分らぬものなればなり——を認めし長さ四寸余、幅三寸余の板子を得たり。亦参见 Ching 2010: 85.

河名 *Yartaññe* 意思就是"位在水渠的、位在水渠(系统之)中的"。也就是说 *Yārte* 河可能是作为渠道枢轴的一条天然河道,或者一座大型人工河道。

人物身份

皮诺并未详究简上人物身份,而玉井主张他们都是僧侣。玉井没有说明其依据,但可能是基于两方面理由。其一即如上述,也就是玉井认为 *sim* 一词应该只限于佛教场合使用。其二是所有人士都具有梵语形式的典雅名字。就第一点而言, *sim* 在吐火罗语中确实可能专指寺院地界,[①] 但出入寺界之人不见得都是僧侣。进一步来说,这个字眼的出现不必然牵涉到宗教仪式,也可以指示在寺院领地内进行的各种活动。至于第二点,在俗之龟兹人,上至国王、[②] 官员、[③] 下至一般居民,[④] 都可以有梵语形式的名字。所以亦无妨认为这群人不必全是寺中僧侣,还可能包括各种阶级的佛教徒。

Moko 一词之词义使问题更加复杂。[⑤] 向来学者将吐火罗 A 语 *mok*,即表示"年老"、"耆老"之形容词,视为龟兹语 *moko* 的对应语词。[⑥] 另外,龟兹语"拇指" *mokoc*(*e*)* 可能是 *moko* 的派生词。[⑦] 施密特曾猜测俄国圣彼得堡所藏龟兹语世俗文书上的 *Ypoy-moko* 意为德语"Landesmagier(?)",[⑧] 而略译为"国家之法术师"或"国师"。也就是说,他隐约暗示 *moko* 来自伊朗宗教语汇,意义大致为祭司、法师或术士。但笔者以为,世俗文书所见各例 *Ypoy-moko* 的文脉表明,这个词语是指一种高级地方官员,涉及征税与诉讼等事务,其地位大致相当于一州之长官。另一方面,龟兹语寺院文书常出现称为 *Moko* 之人,据其上下文意,是指某类工作人员之领头人物。这类文书甚至几次提及 *kapyāres Moko*,可略译为"'净人'之首领"。[⑨] 因而 *moko* 一字在龟兹文书中更像是指称某群人之中居长领导之人。笔者观点最近也为一篇龟兹—回鹘双语文献(即柏林所藏 U5208)所印证:该文献中与龟兹语 *moko* 一并记载之回鹘语词经荻原读为 *uluy*。此字意为"大;大人、首领",[⑩] 显示

---

① 参见 Ogihara 2009b: 465-467。

② 如苏伐叠(相当于梵语 *Suvarṇadeva*)及苏伐勃驶(相当于梵语 *Suvarṇapuṣpa*)。承列维(Lévi 1913: 321)所言,史载"驶"应为"驶"之讹。

③ 如通行许可证木简 LP 22 所见官员 *Putatatte*(相当于梵语 *Buddhadatta*),参见 Pinault 1987: 92。

④ 如出版于黄文弼(1958)图版柒壹图(2)之《白苏毕梨领屯米状》,其人名相当于梵语 *Supriya*。参见 Ching 2010: 435。

⑤ 此词已在 Ching 2010: 418-423, 470-479; Ching and Ogihara 2010; Ching and Ogihara *forthcoming* 多所讨论,于此从略。

⑥ 参见 *TEB*(II): 127。此外吐火罗 A 语 *mok* 对应到梵语 Skt. *vṛddha-*,意为"长老、耆旧",参见 Ogihara 2009a 与 Ching and Ogihara forthcoming。

⑦ 参见 Adams 1999: 474。

⑧ Schmidt 2001: 161。

⑨ 龟兹语 *kapyāre* 字面与梵语、巴利语等印度语形式约略相当,而词义与汉译"净人"相近,故暂且译为"净人"。但龟兹社会中"净人"似具有多种身分地位,不全为卑微仆役,此点须加注意。

⑩ 参见 Gabain 1950: 347。

moko 意味着头领或长官,而不必然具备宗教之职能。

但问题并未就此解决。*Moko* 词源依然不明,[①] 而且荻原与笔者最近发现的龟兹语人口买卖契约木简 THT4001 契文中提及担任 *Moko* 职务的沙门。从书法、语言、内容等特征来看,这件契约比较古老。该契提及,一位隶属寺院的男性与其妻卖出儿子时,事先获得了 *Moko* 沙门的同意。于是现存龟兹语资料呈现如下景象:在较早的年代,寺院中的 *Moko* 由僧侣担任;而在较晚的时期,尤其是纸质寺帐所反映的唐治时期以降,寺院中的 *Moko* 为俗人。那么对于 Ot.19.1 这件在语言与书法均缺乏明显年代特征的木简而言,文中 *Moko* 究竟是僧人或者俗人?是王公贵族、百姓或寺院依附人口?目前无法排除任何一种可能,然而玉井主张九人皆僧(甚至于十人,参见本书 1146 页注③),看法似嫌武断。

金额与货币单位

正如皮诺当年所释,*cāne* 应指一种钱币。[②] 但玉井不甚认同此说。他认为,此简所见之 *cāne* 与已知货币单位 k_u*śāne*[③] 关系不明。倘使两者为同一字,亦即假设 *cāne* 是 k_u*śāne* 的某种异体,而其原始形式是 *k_ucāne,[④] 那么 k_u*śāne*(或 *k_ucāne*)所示之前缀辅音显然不能与汉语 "钱" 的中古音(EMC dzian)相对应。若 *cāne* 与 k_u*śāne* 是不同语词,那么 *cāne* 便不一定指钱币,可能指某类物品。玉井并引用茨默的意见指出,*cāne* 的词源也许是汉语 "盏"。

近年来这个问题已有所突破。[⑤] 深入调查世俗文书后,拙见以为 *cāne* 确实是货币。尤其是对于书写在纸张上的世俗文书,*cāne* 是其中出现的唯一一种钱币。笔者还注意到龟兹语文书中 k_u*śāne* 只出现在木简上,因而很可能是某个时期以后不再使用的货币单位。与此同时,荻原对 k_u*śāne* 一词提出了词源解释:[⑥]

$$k_u\acute{s}\bar{a}ne < {}^*k_u\acute{s}c\bar{a}ne < {}^*k_u\acute{s}i\text{-}c\bar{a}ne < {}^*k_u\acute{s}i + c\bar{a}ne$$

---

① 目前笔者不否定 *moko* 最初来自伊朗语词的可能性,亦即将其比附于 Avestan *moyu*、Old Persian *magu*、Middle Iranian *moyu* 甚至是汉语 "穆护"。但即便如此,随着佛教在龟兹逐渐兴盛,*moko* 的含义与功能也很可能逐渐发生变化,而成为龟兹社会上的一般词语。

② *cāne* 来自汉语 "钱",这个观点最先由 Naert(1965)所提出。

③ Sieg 1950: 219。

④ 玉井这项推测有其语言学根据:在龟兹语较晚期文献中,关系代词 k_u*se* 常写为 *se*;另一方面,晚期语言或俗语之音韵有 *c* > *ś* 现象。至于汉语,上古至中古时期之间的古代发音尚乏定说,此处暂以蒲立本(Edwin G. Pulleyblank)对早期中古汉语之拟音作为参考。

⑤ 龟兹货币相关问题在 Ching and Ogihara 2010、Ching 2010: 132-134 与 Ching *forthcoming* a 有比较详细的阐述,于此不赘。

⑥ 荻原此说最先引述于笔者 2008 年在一场俄国学术会议上的发表(即 Ching *forthcoming* a)。

其中 *kᵤśi* 可相比于汉语"龟兹"（EMC *kuw-dzi/dzɨ*），而 *cāne* 仍应来自"钱"。若此说无误，那么 *kᵤśāne* 字面上即意谓"龟兹钱"，而 *cāne* 起初可能意指某种中国输入的或中国样式的铜钱。在某个历史时刻，龟兹人创造了 *kᵤśāne* 一词以资区别。

事实上，*cāne* 作为钱币，不只出现在 Ot.19.1，也出现在其他木简上。笔者与荻原在圣彼得堡调查时，甚至发现了一枚未刊残简，其上同时记载金钱（龟兹语 *tinār**，来自佛教梵语 *dīnāra-*）、*cāne* 与 *kᵤśāne* 等货币数额。[①] 依《西域记》所载，龟兹行使"金钱、银钱、小铜钱"之多种通货；[②] 考古及钱币学研究亦显示，库车地区出土的外地输入及自铸钱币具有各种式样。[③] 那么，*kᵤśāne* 与 *cāne* 可能曾经分别用以指称某几类特定货币。也就是说，没有必要假设古代龟兹只有一种钱币，更无须为了认定 *kᵤśāne* 作为一种货币，而排除 *cāne* 作为另一种货币的可能性。

更进一步来看，*cāne* 之所指可能随时代而改变。如上所述，大多数龟兹语木简缺乏明显年代特征。苏伐叠时期木简通行证上未提及款项，很难据以判断龟兹语木简上提到的 *cāne* 究竟是指哪些钱币式样。不过，对于纸质寺帐而言，钱币均简单地称为 *cāne* 而无所区别。因此只能将纸上提及的 *cāne* 视为唐代稳定统治后通行的唐朝制钱，否则应当如 7 世纪吐鲁番汉语文书所见，存在着"银钱"与"铜钱"等区分。

问题在于，龟兹人在某段时期是否曾像 6 世纪后半的高昌人一样，以汉语"钱"指称萨珊银币 *drachm*？就笔者所知，龟兹语世俗文书中尚未出现音韵相似之词。唯一可能有关的证据是一件巫术或医方文献，其中有一重量单位称为 *trākäm*，Adams 推测即为一 *drachm* 重。[④] 但这并不保证市面上也一律将银币称为 *trākäm*。因此客观来说，眼下依然无法决定 Ot.19.1 上的 *cāne* 究竟是指哪一种钱币。

kāyne 之词义

kāyne 这个词语形式尚未见于其他文书。乍看之下它是龟兹语 **kāy* 的单数处格，表示"在 **kāy* 之上、在 **kāy* 之处"等等。皮诺未讨论此字之词源与辞义，便直译为"收据"（receipt），又未说明他认为的"收据"，是否即指他所谓的 Ot.19.1 "契约"本身，或指某件另行写成的文书。

玉井与施密特则各有不同解释。据玉井引述，施密特指出一件未出版法藏龟兹语文书 PK L.C.XXI 上曾出现过 *kāññe ṣotri* 一句。*ṣotri* 义为记号、印记、签署，所以 *kāññe ṣotri* 意味着在 **kāñ* 之上（或在 **kāñ* 之处）的某种记号。联想到龟兹语"石头" *kärweñe** 一词，施密特猜测 *kāññe ṣotri* 也许意为"石头（？）上的记号"；又既然 *kāyne* 形似 *kāññe*，亦可能

---

① 参见 Ching and Ogihara 2010。

② 参见《大唐西域记校注》，54-55 页。

③ 相关研究甚多，参见张平 1999、Thierry 2000 以及 Wang 2004。

④ Adams 1999: 313. 亦参见 Ching and Ogihara 2010。

具有类似意义。

但玉井不认为 *kāyne* 与 *kāññe* 是同一字。他发现一件医方或巫术文献上有一道残句 *epe käñcelleṣṣe kāñ iścemne tse*（*tseku*），[1] 其中出现的 *kāñ* 一词，玉井认为即该词之单数体格。在他看来，这句应当释为"花蕊之 *kāñ* 置于砖中烧炙"，[2] 而其文之 *kāñ* 实在看不出具有"石头"（stone）一义。因此，他一方面认为 *kāy* 确实可能意味着石头或岩石（stone or rock），一方面又认为 *kāñ*（以及施密特所指出的单数处格 *kāññe*）是与 *kāy* 互不相干的其他词语。而综合印度佛教数据与回鹘文书之后，玉井仍将所谓 *kāy* 诠释为界碑。

对于以上争论，吐鲁番出土资料乍看之下可以支持玉井观点。除了已知数种造寺功德碑，[3] 出土文书还出现过"康寺柒顷碑"，[4] 可见高昌国时代某些寺院曾树碑标示地界。不过最近笔者与荻原发展出新的解释。我们调查法藏未刊文献时也注意到了施密特指出的文句。该件残文书看起来像是某种官文书或书信。有鉴于西域出土文书之一般特征，笔者推测文末残句 *kāññe ṣotri* /// 可能与封缄有关。荻原则从语言学观点出发，认为 *kāyne* 很可能如施密特所述，乃是 *kāññe* 的一种晚期或俗语变体。接着，我们又新发现了一个名词形式 *kañe*，出现在前述 THT4001 契末。虽然 *kañe* 所在文句已残，但该契约木简的外观特征使我们推断，它很可能像尼雅佉卢文书一样具有泥封。*kañe* 这个词形还提示其格变化可能与龟兹语 *meñe* "月、月份"相同。[5] 如此一来，*epe käñcelleṣṣe kāñ iścemne tse*（*tseku*）中的 *kāñ* 便可以视为单数斜格。于是 *kāñ* 便不是该句主语，而与处格 *iścemne* "在砖（?）之中"构成词组。所以这道残方可以理解为"或者花蕊在 '*kañe-iścem*' 中烧炙"。[6] 龟兹语 *iścem* 意指砖、瓦或其他粘土成品，[7] 因此 *kañe*（单数处格 *kāññe, kāyne*）便可推测为可供封缄之黏土。于是，Ot.19.1 中的末句不妨理解为"封泥（?）上的印记是回首而望的狮子"。[8]

①　H. 149: 045b1，即 IOL Toch 9b1。

②　转自玉井英译：the *kān* of kiñjala（a medical ingredient）is burned in the brick（Tamai 2004: 101）。其中 *käñcelle* 借自梵语 kiñjala-，意为花药、雄蕊，尤指莲花之蕊。（参见 *MW*: 282a-b；《汉译对照梵和大辞典》页 348b。亦参见 Adams: 149。）

③　相关论著甚多，例如池田 1985。

④　参见《唐贞观十五年（651）西州高昌县赵相□夏田契》（《吐鲁番出土文书》第贰册，第 29 页）。

⑤　即单数体格作 *meñe*、单数斜格作 *meñ*。

⑥　前引玉井译文未译出该方 *epe* "或者"一字。

⑦　参见 Adams 1999: 67。

⑧　我们观察原件后发现木简背面有些许墨痕，应是为了重复使用木简而磨销文字所致。另外背面表面隐约有墨线呈＜丨＞形，似乎暗示封缄时的系绳法。在木简中部略带灰黑色脏污（墨痕？）的木简中央区块，覆盖有些许白粉痕迹，现在还不确定是否为封泥印痕。虽然如此，倘若 Ot.19.1 只是文书后半部，封泥也有可能不在 Ot.19.1，而在与其相对的木简上。

　　　　　　　＊　　　　　＊　　　　　＊

　　至此,本文已从数个方面说明 Ot.19.1 涉及的诠释争议,并尽可能予以厘清,然而文书之解读仍然比较困难。年代特征的缺乏,令人难以决定主事者的僧俗身份及货币价格。而尽管最后一句似乎涉及泥封,但这种手续不限于契约,也用于其他官私文书。

　　但笔者以为,还是有少数迹象显示 Ot.19.1 不像土地买卖契约。首先,玉井第一项质疑是合理的:一件正规的古代契约上面应该明确说明年、月、日及买卖双方等事项。皮诺已经意识到这个问题,从而假设 Ot.19.1 只是契约的后半部。于是另一半未知木简的存在与否,成为双方争执点之一。尽管如此,扣除末行可能指示封缄的语句不论,Ot.19.1 内容并无与前述 THT4001 契约明显相似之处,尤其没有见到明文述及购买(龟兹语根 *käry-*)或出售(*pläṅk-*)之词句,也没有物权保证条款。① 若 Ot.19.1 确实是契约末尾,那么我们至多只能认为列名于第 1~2 行的一群人可能是在座证人之类,而名单之后的语句为契末补充说明。换句话说,目前缺乏充分证据说明这件文书涉及买卖。

　　于是,出现在第二行的动词形式 *kamānte* 便成为解释的关键。*kamānte* 是动词 *pär-* 的过去时第三人称复数。正如玉井指出, *kamānte* 一般并不意味着"接受"。② 但玉井释其为"带来"(to bring)也并不完善。据笔者所见,龟兹语文书所用此词仅意味着"携、持、取"。至于行动方向,即"持来"或"持去",必须依靠上下文判断。有时意味着"持去、取去",③ 有时则应该理解为"持来、取来"。④ 至于 Ot.19.1,其有限文句并未充分表示行动方向。换句话说,不论是皮诺、施密特诠释的"收取",或玉井所主张的"拿来",都带有主观成分。

　　事实上,玉井诠释的根本出发点,也就是所谓"小乘"佛教僧侣及寺院不得从事商业或营利行为的前提,可以说是常年存在于学术界的刻板印象。近年来肖潘(Gregory Schopen)等学者已经指出这类观点蕴含的近代主观想象以及知识分子的理想依托。先不论佛教本初型态如何,据现存律藏来看,不仅所谓"说一切有部"与"根本说一切有部"

---

① 笔者与荻原(*forthcoming*)已探讨木简契约 THT4001 呈现的套语与格式,此处从略。

② *TEB*(Ⅱ):208 释 *pär-* 为 'tragen, nehmen, bringen' 这三个德文动词意义相当丰富而且有所重叠,可略翻为"携带、穿戴;拿取、收取;带来"等等。Adams(1999: 371)则释 *pär-* 为 'bear(away), carry(off); take up; wear',约当于中文"带(走)、拿(去);占用;穿戴"。

③ 例如法国所藏 Douldour-âqour 出土文书 Cp. 33, 35, 38 一系列账簿中频繁出现的动词形式 *kamāte*(过去时第三人称单数)。参见 Ching 2010: 116-119; 153-168; 473-477。

④ 根据一件法国所藏苏巴什出土木简(Pelliot Divers Bois série C 1)记载的谷物出纳数据计算可知,出现在该简 a 面第 3 行的动词形式 *kamāmte*(过去时第一人称复数)意谓"带来、运来"。参见 Ching 2010: 350-352。

等若干小乘部派允许僧侣持有私人产业，允许僧侣进行贸易、借贷等各种经营行为，[①] 锡兰著名大寺 Nāgārjunikoṇḍa 在古代甚至可能曾经自行铸钱，[②] 更遑论邻近吐鲁番等地出土文书明白显示当地寺院与僧侣进行租赁、租佃、借贷、雇佣、买卖等各种活动。所以，即使确如玉井所言，Ot.19.1 中列名之人物皆为僧侣，也不能据此论断木简不能牵涉到营利行为。

进一步来说，笔者并不同意玉井的结论，即认为文书中提及的金额不但具体用途不明，而且和该笔土地没有直接的价格标示关系。若玉井所论为真，那么按照常识——或者依循其思路而考虑印度碑铭格式——应该存在另一块木简叙明布施时机、结界时期或是活动宗旨等事项。那么，玉井的学说亦适用于他自己对皮诺提出的第一项质疑——我们无法得知究竟是否有过另一片木简作为 Ot.19.1 内容文字的上半部。

考虑 Ot.19.1 该笔地产的所在环境可能对探讨这些问题有所帮助。如皮诺所释，若干河道及"大水渠"形成这片土地的边界。虽然面积不详，也无法确证土地所在，仍然很容易想象这段地不会太小，至少应当大到能够介于两条河流的主流与支流之间。那么，倘若在此 cāne 是指某种铜钱，那么它的售价不至如此低廉——先不论质轻而脆的所谓"龟兹小铜钱"，即使是唐代铜钱，1500 个铜钱在 7 世纪后半至 8 世纪的购买力也相当有限。[③] 因此这笔钱标示的更可能是租佃价格、营种收益或其他利益。事实上，要认定 Ot.19.1 是件土地买卖契约，意味着必须将此简所用之 cāne 推断为一种价值较高的货币，比如银钱或金钱。然而对此我们仍然缺乏充足证据，尤其必须证实当地单笔交易即可涉及如此巨量的金银钱——姑不论高昌国内竞相浮夸的陪葬财物疏，这样一笔巨资还难以在当地经济资料里见到。

因此，这件木简也很可能是一种钱物的收入或支出凭证。带着 1500 钱的众人，不论是俗人或者是僧侣，他们所携带的钱财当与某寺地产有关。西域当地出土的丰富文书数据指示这其间还存在各种可能情况。比如说佃农集体交租，或者寺领庄园的盈余缴纳，甚至是寺院庄园经营的投资支出等。在第一种情况下，这一群人还不一定是佃种者本人，亦可能是代寺院四处收租的一群寺院俗众或出外巡逻的僧侣。我们甚至不能排除一种可能性，即这件木简可能记录某笔借贷之偿还，而其中牵涉到寺院地产抵押。

---

① 相关讨论甚多，兹不一一枚举，可参见 Schopen 1997[1991]、2004[2000]、2004[2001] 等多项论文及其专著《大乘仏教兴起时代インドの僧院生活》（2000）。笔者亦从汉译律藏中搜集了经济法相关材料并发展出类似观点，进而指出谢和耐（Jacques Gernet）等学者对于汉译律藏规定之归纳有过度简化与误解之虞。参见 Ching 2010: 17-52; 589-623。

② 参见 Schopen 1997 [1991]: 4-5。

③ 若依据大谷收藏品中一组天宝二年（743）西州市估案记载之练价，天宝十九年（731）当地一名 11 岁胡婢的价格是 16,000~18, 400 文（参见池田 1983: 50。西州物价之相关讨论甚多，较新的讨论可参考 Trombert and de La Vaissière 2007 等著作）。 至于 8 世纪晚期，大历十六年（781）的汉语 - 于阗双语文书 Дx 18926 + SI P 93. 22 + Дx18928 显示一匹野驼价格 16000 文（参见 Kumamoto2001、张广达与荣新江 2002: 232-233）。

六、结论

总而言之,在更多相关证据出现以前,这件文书的性质还不能作最终论断。以现存文书内容来看,它更似是一种收纳或支出凭证,而未见得是契约。作为总结,笔者拟将既有翻译略作修正如下:

Mitrawarddhane、Wiryaśānti、Aryarakṣite、Kalyanamokṣe、Aryakoṣe、Satyarakṣite、Mitrasome、Śāntisene、(以及?)首领 Puttawarme。(上述?)Ynaimyā* 之众人取来(或取去?)地段上的 cāne 钱:一千五百。这块属于僧伽蓝的地段的(范围):在东,其边界为 Armoki* 河;在南,其边界为 Yārte* 河之支流;在西,其边界为大水渠;在北,其边界为 Armoki* 河之支流,直抵大水渠。

封泥(?)上的印记(为)回首而望之狮子。

略语

EMC   Early Middle Chinese。参见 Pulleyblank 1991。

MW   = Monier-Williams 1899.

TEB(II)   *Tocharisches Elementarbuch, Band II* = Thomas 1964.

TITUS   *Thesaurus Indogermanischer Text-und Sprachmaterialien,* Tocharian Manuscripts from the Berlin Turfan Collection, digitized images and texts. 参见 http://titus.fkidg1.uni-frankfurt.de/texte/tocharic/tht.htm.

TochSprR(*B*)II   *Tocharische Sprachreste. Sprache B. Heft 2* = Sieg and Siegling 1953.

参考书目

(中文)

黄文弼《塔里木盆地考古记》,科学出版社,1958 年。

玄奘、辩机原著,季羡林等校注《大唐西域记校注》,中华书局,2000 年。

新疆龟兹石窟研究所《克孜尔石窟内容总录》,新疆美术摄影出版社,2000 年。

张广达、荣新江《圣彼得堡藏和田出土汉文文书考释》,《敦煌吐鲁番研究》6: 221-241,2002 年。

张平《再论龟兹的地方铸币》,《西域研究》1999(1):47-51,1999 年。

中国文物研究所、新疆维吾尔自治区博物馆、武汉大学历史系《吐鲁番出土文书》,文物出版社,1992—1996 年。

（日文）［按五十音顺］

池田温

1983　《口馬行考》，在《中国史・陶瓷史論集：佐久间重男教授退休记念》，燎原书店，第 31—57 页。

1985　《高昌三碑略考》。在三上次男喜寿纪念论文集编集委员会编《三上次男喜寿纪念论文集历史编》，平凡社，第 102—120 页。

荻原云来

1979[1974]　《汉译对照梵和大辞典》，讲谈社。

荻原裕敏

2009a　《トカラ语 A《Puṇyavanta-Jātaka》に于ける阿含经典の引用について》，《东京大学言语学论集》28: 133-171。

グレゴリー・ショパン（Gregory Schopen）着，小谷信千代　译

2000　《大乘仏教兴起时代インドの僧院生活》，春秋社。

东京国立博物馆

1971　《东京国立博物馆图版目录・大谷探检队将来品篇》，东京国立博物馆。

崛贤雄

1962　《崛贤雄西域旅行日记(三)》，在西域文化研究会编，《西域文化研究(五)・中央亚细亚佛教美术》，法藏馆，第 344—354 页。

白须净真

1998　《斎藤茂吉と木下杢太郎の西域仏头—第一次大谷探检队将来のトングスバシ出土仏头—》。《东洋史苑》50・51：187-228。

森安孝夫

2004a　《シルクロード东部における通货—绢・西方银钱・官布から银锭へ》，在森安孝夫编《中央アジア出土文物论丛》，朋友书店，第 1—40 页。

渡边哲信

1937　《西域旅行日记》卷四，在上原芳太郎编《新西域记》，有光社，第 331—353 页。

（西文）

ADAMS, Douglas Q.

1998　On the History and Significance of Some Tocharian B Agricultural Terms. In: Victor H. MAIR（ed.），*The Bronze Age and Early Iron Age Peoples of Eastern Central Asia*（International Conference, Philadelphia, University of Pennsylvania, 19-21.4.1996），Vol. I, 372-378.（*Jounal of Indo-European Studies.* Monograph No. 26）

1999   *A Dictionary of Tocharian B*. Amsterdam: Rodopi.

CHING Chao-jung 庆昭蓉

2010   *Secular documents in Tocharian: Buddhist economy and society in the Kucha region*. Unpublished doctoral thesis. Paris: École Pratique des Hautes Études.

forthc.   On the names of cereals in Tocharian B. Presented as a paper at *The Scientific Conference Dedicated to Centenary since the Beginning of Deciphering of the Tocharian Texts*（Moscow - Saint Petersburg, August 25-27, 2008）[sic!]. To appear in *Studia Orientalia et Classica*.

CHING Chao-jung 庆昭蓉 and OGIHARA Hirotoshi 荻原裕敏

2010   On the Internal Relationships and the Dating of the Tocharian B Monastic Accounts in the Berlin Collection.《内陸アジア言語の研究》25: 75-142.

forthc. a   A Tocharian B sale contract on a wooden tablet. *Journal of Inner Asian Art and Archaeology* 5（2010）.

GABAIN, Annemarie von

1950   *Alttürkische Grammatik*. Leipzig: Otto Harrassowitz.

KUMAMOTO Hiroshi 熊本裕

2001   Sino-Hvatanica Petersburgensia, Part 1. *Manuscripta Orientalia*, 7（1）: 3-9.

MALZAHN, Melanie

2007a   Tocharian Texts and Where to Find them. In: Melanie MALZAHN（ed.）,*Instrumenta Tocharica*, 79-112. Heidelberg: Universitätsverlag Winter.

2007b   The Most Archaic Manuscripts of Tocharian B and the Varieties of the Tocharian B Language. In: Melanie MALZAHN（ed.）, *Instrumenta Tocharica*, 255-297. Heidelberg: Universitätsverlag Winter.

MONIER-WILLIAMS, Monier

1899   *Sanskrit-English Dictionary*. Oxford: Clarendon Press.

MORIYASU Takao 森安孝夫

2004b   From silk, cotton and copper coin to silver. Transition of the currency used by the Uighurs during the period from the 8th to the 14th centuries. In: Desmond DURKIN-MEISTERERNST, Simone-Christiane RASCHMANN, Jens WILKENS, Marianne YALDIZ and Peter ZIEME（eds.）, *Turfan Revisited – The First Century of Research into the Arts and Cultures of the Silk Road*, 228-239. Berlin: Dietrich Reimer Verlag.

2008   Epistolary Formulae of the Old Uighur Letters from Central Asia. *Acta Asiatica* 94: 127-153.

MORIYASU Takao 森安孝夫 and Peter ZIEME

1999   From Chinese to Uighur Documents.《内陸アジア言语の研究》19: 73-102.

NAERT, Pierre

1956   Contacts lexicaux entre le Tokharien et ses voisins non-indoeuropéens II-III. *Orbis* 14: 528-545.

OGIHARA Hirotoshi 荻原裕敏

2009b   *Researches about Vinaya-texts in Tocharian A and B*. Unpublished doctoral thesis. Paris: École Pratique des Haute Études.

PINAULT, Georges-Jean

1987   Épigraphie Koutchéenne, I. Laissez-passer de caravanes, II. Graffites et inscriptions. In: CHAO Huashan, Simone GAULIER, Monique MAILLARD and Georges-Jean PINAULT, *Sites divers de la région de Koutcha*（Mission Paul Pelliot VIII）, 59-196, planches 40-96. Paris: Collège de France.

1994   Aspects du bouddhisme pratiqué au Nord du désert du Taklamakan, d'après les documents tokhariens. In: 福井文雅 FUKUI Fumimasa and Gérard FUSSMAN （eds.）,*Bouddhisme et cultures locales. Quelques cas de réciproques adaptations*. Actes du colloque franco-japonais（Paris, 23-27 septembre 1991）, 85-113. Paris: École Française d' Extrême-Orient.

1998   Tocharian languages and pre-Buddhist culture. In: Victor H. MAIR（ed.）, *The Bronze Age and Early Iron Age Peoples of Eastern Central Asia*（International Conference, Philadelphia, University of Pennsylvania, 19-21.4.1996）, Vol. I, 358-371.

2007   Concordance des manuscrits tokhariens du fonds Pelliot. In: Melanie MALZAHN（ed.）, *Instrumenta Tocharica*, 163-219. Heidelberg: Universitätsverlag Winter.

SCHMIDT, Klaus. T.

1986   Bemerkungen zur westtocharischen Umgangssprache. In: Annemarie ETTER （ed.）*o-o-pe-ro-si, Festschrift für Ernst Risch zum 75. Geburtstag*, 635-649. Berlin: de Gruyter.

1997   Liebe und Sexualität im Spiegel der tocharischen Sprachzeugnisse. In: Michaela OFITSCH（ed.）, *Eros, Liebe und Zuneigung inder Indogermania. Akten des Symposiums zur indo-germanischen Kultur- und Altertumskunde in Graz*（29.-30. September 1994）, 227-262. Graz: Leykam.

2001   Zeitenwende an der Seidenstrasse. Zur Sprachgeschichte des Westtocharischen

nach der Schlacht von To-ho（648 n. Chr.）. In: Luc DEITZ（ed.）*Tempus edax rerum, le bicentenaire de la Bibliothèque nationale de Luxembour*g（*1798-1998*）, 151-162. Luxembourg: Bibliothèque nationale de Luxembourg.

SCHOPEN, Gregory

1997[1991]   Archaeology and Protestand Presuppositions in the Study of Indian Buddhism. In: *Bones, Stones, and Buddhist Monks: Collected Papers on the Archaeology, Epigraphy, and Texts of Monastic Buddhism in India*, 1-22. Originally published in *History of Religion* 31: 1-23.

2004[2000]   The Good Monk and His Money in a Buddhist Monasticism of "the Mahāyāna Period". In: *Buddhist Monks and Business Matters: Still More Papers on Monastic Buddhism in India*, 1-18. Honolulu: University of Hawai'i Press. Originally published in *The Eastern Buddhist* n.s. 32（1）: 85-105.

2004[2001]   Dead Monks and Bad Debts: Some Provisions of a Buddhist Monastic Inheritance Law. In: *op. cit.*, 122-169. Originally published in *Indo-Iranian Journal* 44: 99-148.

SIEG, Emil

1950   Geschäftliche Aufzeichnungen in Tocharisch B aus der Berliner Sammlung. *Miscellanea Academica Berolinensia*, II（2）: 208-23.

SIEG, Emil and Wilhelm SIEGLING

1953   *Tocharische Sprachreste. Sprache B. Heft 2. Fragment Nr. 71-633*. Göttingen: Vandenhoeck & Ruprecht.

Stein, Aurel

1928   *Innermost Asia*, 4 vol. Oxford: Clarendon Press.

TAMAI Tatsushi 玉井达士

2004   On Tocharian Document No. 174 in the Tokyo National Museum.《内陸アジア言语の研究》19: 95-107.

THIERRY, François

2000   Entre Iran et Chine, la circulation monétaire en Sérinde du Ier au IXe siècle. In: Jean-Pierre DRÈGE（ed.）*La Sérinde, terre d'échanges. XIVes Rencontres de l'École de Louvre, 13-15 février 1996,* 121-146. Paris: La Documentation française.

THOMAS, Werner

1964   *Tocharisches Elementarbuch, Band II*. Heidelberg; Carl Winter.

TROMBERT, Éric and Étienne DE LA VAISSIÈRE

2007 Le prix des denrées sur le marché de Turfan en 743. In: J.-P. DRÈGE（ed.），
Études de Dunhuang et Turfan, 1-52. Genève: Droz.

WANG, Helen

2004 *Money on the Silk Road, the evidence from Eastern Central Asia to c. AD 800*.
London: the British Museum Press.

YAMADA Nobuo 山田信夫；edited and revised by ODA Juden 小田寿典, Peter ZIEME,
UMEMURA Hiroshi 梅村坦 and MORIYASU Takao 森安孝夫

1993 《ウイグル文契約文書集成 *Sammlung uigurischer Kontrakte*》, 3 vols. Suita:
Osaka University Press.

　　本文初于 2010 年 12 月 25 日交稿,后来 2011 年夏天幸得森美智代女士指教,得以确定木简出土地点；又有赖荻原裕敏博士安排,于是在 2012 年 3 月 26 日前往东京国立博物馆馆内调查原件,并一起会勘木简录文。在此感谢该馆学艺研究部列品管理课课员柳世莉女士之接待,以及学艺研究部调查研究课东洋室长浅见龙介先生特别拨冗全日陪同协助。此次赴日调查受到北京大学中国古代史研究中心朱玉麒教授与荣新江教授支持,而忝列为 2011 年度国家社科基金重大项目"清代新疆稀见史料调查与研究"（项目编号 11&ZD095）成果之一,谨此致谢。

西
域
敦
煌
出
土
文
献
研
究

大
谷
收
藏
品
中
一
件
龟
兹
语
木
简
文
书
之
再
析

西夏汉文藏传密教仪轨

《依吉祥上乐轮方便智慧双运道玄义卷》读解

——以依"四手印"修"欲乐定"为中心

沈卫荣

（中国人民大学国学院西域历史语言研究所）

一

传为大元帝师八思巴"辑著"的汉译藏传密教仪轨集——《大乘要道密集》中收录了几种西夏时代所传汉文藏传密教文献，其中有《依吉祥上乐轮方便智慧双运道玄义卷》（佑国宝塔弘觉国师沙门慧信录）、《解释道果语录金刚句记》（北山大清凉寺沙门慧忠译、中国大乘玄密帝师传、西番中国法师禅巴集）、[①]《解释道果逐难记》（甘泉大觉圆寂寺沙门宝昌传译）和《新译大手印不共义配教要门》（大巴弥怛铭得哩斡师集、果海密严寺玄照国师沙门惠贤传、果海密严寺沙门惠幢译）等。[②]这几种汉文藏传密教文献不仅篇幅甚大，是《大乘要道密集》中为数不多的长篇中的几个，而且也属于迄今所见最早的汉文藏传密教文献，与我们在黑水城出土文献中所发现的汉文藏传密教文献同一性质。从其内容来看，它们与萨思迦派所传的根本法——道果法（lam'bras）和早期噶举派、萨思迦派所传大手

---

① 此篇也有同时代西夏文译本，见西田龙雄《西夏译佛典目录》No. 76，《道果语录金刚句之解具记》，《西夏文华严经》3，京都大学文学部，1977年，第24页。

② 关于俄藏黑水城西夏文文献中有关大手印法的初步研究参见 Kirill Solonin, "Mahāmudrā Texts in the Tangut Buddhism and the Doctrine of 'No-thought'"，《西域历史语言研究集刊》第二辑，科学出版社，第277—308页。

印法的修法(sgrub thabs)相关,对于我们研究藏传密教于西夏及其随后于元朝传播的历史有极其重要的意义。

仅从这几种汉译藏传密教文献均成书于西夏时代这一事实来看,我们大致可以认为这些文本所依据的藏文原本当出自藏传佛教后弘期初期各派大师之手。可是,由于它们中的大多数没有题跋等透露原作者的身份,要将这些汉文本的藏文原本一一同定实在是一件很不容易做成的事情。而且,这些文本都是由西番上师的西夏弟子们集、传、录、译的,后者直接参与了这些文本的造作过程,它们很有可能并不是一个单一文本的直接翻译,而是经集、传、译、录者之手将多个相关的文本加工合成的。不仅如此,这些文本还大都不完整,通常只是一部长篇仪轨中的一个或几个部分,去头掐尾,令人欲究其来源而无从下手,要从卷帙浩繁的藏传佛教上师的全集中漫无边际地一一找出它们之各部分所依据的藏文原本委实是一件难以一蹴而就的事情。

此外,当时曾经传到西夏的那些藏文密教文本,也可能因为种种原因于西藏本土反而不传了。例如,于宁夏拜寺沟方塔中所发现的西夏文本《吉祥遍至口合本续》所根据的藏文原本是 'Gos lotsāba Khug pa lhas brtsas 的译本,而这个本子在 14 世纪中编定《西藏文大藏经》的时候未被录用,入选的是 'Gos lotsāba Khug pa lhas brtsas 同时代著名译师 'Brog mi lotsāba Śakya ye shes 的译本,于是前者的译本从此就在西藏消失,却以其西夏文翻译的面目传世。[①] 或许正因为如此,迄今为止尚未有人对上述这几部珍贵的西夏汉译藏传密教文献做过认真细致的研究,这无疑是研究藏传佛教于西夏传播之历史的一大不足。换言之,如果我们能够从藏传佛教后弘期初期各派上师相关著作中追根溯源,对这些文本及其所传教法的源流做出较为明确的说明,那么西夏藏传佛教史的研究将向前迈进一大步。

本文即试对《依吉祥上乐轮方便智慧双运道玄义卷》这一文本所传教法,特别是其中的依"四手印"修"欲乐定"之修法的源流、内容,从文献学和历史学的角度作些探讨。

二

顾名思义,《依吉祥上乐轮方便智慧双运道玄义卷》是一部解释依照密乘佛教无上瑜伽部母续《吉祥上乐轮本续》为依据而造的修习方便智慧双运道(即欲乐定,或俗称之所谓"双修法")之甚深密义的仪轨。于迄今所见西夏时代汉译佛教文献中,我们已经发现了几部与《吉祥上乐轮本续》相关的文本,例如在宁夏贺兰山拜寺沟方塔出土文书中有一部被录者定名为《吉祥上乐轮略文等虚空本续》的文献,说修"吉祥形噜割"、"金刚亥母"要门,

---

① 详见沈卫荣《西夏文藏传续典〈吉祥遍至口合本续〉源流、密意考述》(上),《西夏学》第 2 辑,宁夏人民出版社,2007 年,第 90—98 页。

通过修风、脉、明点、六轮，以及"双融"，即双修等法，获证大乐身，显然是一部与上乐本续修法相关的文本。[①] 事实上，这个已经严重残破的文本并非《吉祥上乐轮略文等虚空本续》本身，而当是迦失弥罗班智达智金刚所译《吉祥上乐等虚空本续王》（ *dPal bde mchog nam mkha' dang mnyam pa'i rgyud kyi rgyal po, Srīsambarakhasama tantrarāja-nāma* ）[②] 的一部释论。

此外，在拜寺沟方塔出土文献中还有一篇被录者暂时定名为《修持仪轨》的长篇藏传密教仪轨残本，[③] 它显然也是一部上乐轮修法仪轨，其中细述身、语、意轮修法，详列上乐轮修法的种种密咒。在《俄藏黑水城文献》中，我们见到了一部题为《大集轮□□□声颂一本》的供养上乐中围的长篇仪轨，文中详列敬献给本尊吉祥形噜割和金刚亥母的种种供养和咒偈，与前述拜寺沟出土的那部《修持仪轨》有很多共同之处。[④] 再有，在黑水城出土汉文佛教文献中还有多部《金刚亥母集轮供养次第录》、《集轮法事》等，显然也是同一性质的修习上乐轮的仪轨文书。

另外，在北京国家图书馆善本书特藏中，我们发现了一部题为《新译吉祥饮血王集轮无比修习母一切中最胜上乐集本续显释记》的西夏时代集译法本，署名"释迦比丘庄噉法幢集、讲经律论寂真国师沙门惠照传、皇建延寿寺沙门惠云等奉敕译、皇帝详定"。这是一部诠释《吉祥饮血王集轮无比修习母一切中最胜上乐集本续》的长篇释论中的第三卷，解释该部本续的第四至第九品。所谓《吉祥饮血王集轮无比修习母一切中最胜上乐集本续》当即藏文 *dPal khrag 'thung gi rgyal po 'khor lo sdom par brjod pa rnal 'byor ma bla na med pa thams cad kyi bla ma bde mchog bsdus pa* 的完整翻译，它是今见于《西藏文大藏经》中的《吉祥上乐本续》（ *rGyud kyi rgyal po dpal bde mchog nyung ngu zhes bya ba* ）的一个异译本，曾经 'Gos Khug pa lhas brtsas 和玛尔巴等藏传佛教后弘期著名译师审定，晚近才于印度（尼泊尔）印行出版，所以我们无法在现存藏文大藏经上乐部本续中找到与这部本续名称相应的文本。而这部《显释记》根据的或即是这部未被收入《西藏文大藏经》的《吉祥上乐本续》的异译本。《显释记》所存的这第三卷仅是对《吉祥上乐本续》之第四至第九品的解释，而全本《吉祥上乐本续》共五十一品，可见《显释记》原本部头甚大，已佚者是全本之十之八九。[⑤] 此论之"集"者"释迦比丘庄噉法幢"当指藏传佛教后弘期著名的噶举派上师 Cog ro Chos kyi

国学的传承与创新

冯其庸先生从事教学与科研六十周年庆贺学术文集

---

① 宁夏自治区文物考古所编《拜寺沟西夏方塔》，文物出版社，2005年，第234—258页。

② *bKa' 'gyur*，德格版，续部 No. 415. 拜寺沟西夏方塔出土的那部文本署名"国师知金刚传、［沙］门海照译"。

③ 《拜寺沟西夏方塔》，第217—234页。

④ 俄罗斯科学院东方研究所圣彼得堡分所、中国社会科学院民族研究所、上海古籍出版社编《俄藏黑水城文献》第2卷，上海古籍出版社，1996年，第108—146页。

⑤ 关于上乐部本续和释续类文献及其相互关系的讨论参见 Tsuda, Shinichi, *The Saṃvarodaya-Tantra*, *Selected Chapters*, Tokyo: The Hokuseido Press, 1974, pp. 27-72；David B. Gray, *The Cakrasamvara Tantra: A Study and Annotated Translation*, New York: American Institute of Buddhist Studies, 2007, p. 15.

rgyal mtshan。根据《青史》（*Deb ther sngon po*）的记载，这位庄哝法幢上师于阳土鼠年（1108）出生于朵思麻（mDo smad），卒于火猴年（1176）。曾随 rNgog mDo sde 学习喜金刚和大幻化两部本续密法，造有题为《大宝如意树》（*Rin chen ljong shing*）的解释《喜金刚本续》的释论。他曾三次随捺啰巴的亲传弟子 Mar pa Do pa 修学上乐部密法，还从后者的儿子佛子（Jo sras）那里得到众多秘传之要门。后来，他曾广传上乐修法，还亲造一部上乐根本续之释论。他的传轨后为他的弟子善友国师 'Brom pa 等继承。[①]《青史》中提到的这部庄哝法幢所造的上乐根本续的释论或即当是我们今天所见到的这部《新译吉祥饮血王集轮无比修习母一切中最胜上乐集本续显释记》，而其藏文原本今天却反而无处可寻了。他的弟子 'Brom pa 被称为"国师"，从时间上看，他极有可能曾经是西夏的国师。庄哝法幢所传教法或即是通过他远传至西夏也未可知。

　　有关庄哝法幢上师的生平事迹除了前引《青史》中的这段记载以外我们所知不多，迄今也未见有他的文集传世。但于西夏和随后的元朝，庄哝法幢上师显然曾是一位颇具影响力的藏传密教上师，这或与其出身于朵思麻有关。在上个世纪初于敦煌发现的古代畏兀儿文献中，我们也见到了一部为"释迦比丘大阿阇黎法幢，即 Cog ro Chos kyi rgyal mtshan 原作的作品，题为《四次第道深法要门》，它是元代著名畏兀儿译师萨里都统受西平王阿速歹之命，于至正十年（1350）翻译完成的。[②] 这部《四次第道深法要门》的藏文原本无处可寻，但其内容与萨思迦派始祖公哥宁卜（Sa skya chen po Kun dga' snying po, 1092—1158）所造《四次第道引》（*Rim pa bzhi lam du slong ba*）极其类似，很多段落甚至完全一致，皆是根据《吉祥上乐根本续》的密意，依照捺啰巴上师所传之六法传统而造的以修气、脉、明点为主的中阴、拙火等成就法仪轨。[③]

　　对于庄哝法幢上师所造的这部《四次第道深法要门》与萨思迦派始祖公哥宁卜所造《四次第道引》之间的关系，我们在觉囊派上师公哥卓主（Jo nang rje btsun Kun dga' grol mchog, 1507—1565/66）的著作《百解传承史》（*Khrid brgya'i brgyud pa'i lo rgyus*）中见到了一段非常有趣的记载，其云：

　　　　黑行师四次第似总传 Mal lo［tsāba Blo gros grags pa（十一世纪人）］、Pu hrang lo chung 和 Mar［pa］do［ba Chos kyi dbang phyug（1042—1136）］三人，后如其内容写成《拙火圆满道》，Gung ru 等且造总说四次第、别说种子之大纲。而将种子之事相

① 'Gos gZhon nu dpal, *The Blue Annals*, translated by George Roerik, Part One, New Delhi: Motilal Barnasidass Pub., 1996, pp. 386-387；有关上乐密法于西藏的传承历史参见 *The Blue Annals*, Part one, pp. 380-390.

② P. Zieme und G. Kara, *Ein Uigurisches Totenbuch: Nāropas Lehre in uigurischer Übersetzung von vier tibetischen Traktaten nach der Sammerlhandschrift asu Dunhuang, British Museum Or. 8212（109）*, Budapest: Akadémiai Kiadó,1978, pp. 26-30,79-163.

③ Kun dga' snying po, *Sa skya bka"bum*, Tokyo: Toyo Bunko, 1968, Vol. 2, ff. 141-172.

说为二轮者,乃报告所叙说者也,当知于印度经典中种子只出现四轮之广说。四次第道引,复有 dMar ston Chos kyi rgyal mtshan 所写 Pu rong lo chung 之口传、疟哝法幢所记录的 Mar pa do pa 的讲说和法主大萨思迦所造的《四次第道引》等能够参证的三部。此者,因和捺啰巴的要门一致,故云其甚可信也。如今萨思迦派之诸善友、大修法者皆云四次第乃大危害,视其为一散布恐怖者也,实也非是缘由黑行师之四次第对萨思迦派造成了大危害所致,众所周知之大危害之缘由者,乃早先疟哝法幢自［朵］甘思来［乌思藏］时,其父母、兄弟、乡亲皆以许多金子相嘱托,特别是其母特赠以金条和玉饰作为他求法之资粮。疟哝法幢抵乌思藏之后,居于俺卜罗日久,随侍 Mar do Chos kyi dbang phyug 达十二年之久,听闻与胜乐有关的所有本续和要门,并根据 Mar do 的口传造胜乐本续之释论。此释论后来备受布思端赞赏,誉其为西番所出诸胜乐本续释论中之佼佼者也。甚至法主宗喀巴之释论也不过是它的一个抄本而已。[①] 正当如是因求法而心满意足之时,Mar do 的儿子名佛子虚空光（Jo sras Nam mkha' 'od）者,看到了疟哝法幢手中的金子,并记在心中。他对疟哝法幢说:"你等因得要门而心满意足,然要门之精华乃实修四次第之直授也,你等尚未求得,当将此金子献给上师,而向他求此要门。于是,疟哝法幢设一上好的聚轮,将金条、玉饰均供献于其上,以此求请四次第道引。Mar pa do pa 从其座位上跳将起来,说道:此法之名无人闻之,是谁说与你等所知? 疟哝法幢答云:"是佛子说与我听的。"Mar pa do pa 看了佛子一眼,说道:"贪心的家伙! 难道你的命根是金刚石做的吗? 这可是一个今生势必断腿,但能使此要门不间断地传之后世的缘分。"于是,Mar pa do pa 便将［四次第要门］传于疟哝法幢。说完之后,Mar do 译师即仙逝。为了完成他的超荐法会,佛子穿着儿子的衣服,被匪徒袭击,身中数刀,十一天后仙逝,遂使整个国家蒙上不祥之兆。今日,Mar

---

① 从现存《新译吉祥饮血王集轮无比修习母一切中最胜上乐集本续显释记》残本的内容看,它们与宗喀巴大师所造《瑜伽自在世尊上乐轮修法——大乐光明》（*rNal ' byor gyi dbang phyug lūi pa'i lugs kyi bcom ldan'das'khor lo sdom pa'i sgrub pa'i thabs bde chen gsal ba zhes bya ba bzhugs so*）的内容有诸多相似之处,二者间有明显的传承关系。借助宗喀巴大师的这部求修要门我们可以基本复原疟哝法幢所传的这部吉祥上乐轮求修仪轨。

do 传于疟哽法幢的四次第之传承已经不传,但疟哽法幢所作的事例则历久不衰。[①]

从以上这段有趣的记载中,我们不但弄清楚了疟哽法幢上师所传之《新译吉祥饮血王集轮无比修习母一切中最胜上乐集本续显释记》和《四次第道引》的源流及其它们在藏传佛教史上的重要性,而且也对11、12世纪藏传佛教于藏外地区传播的历史有了更深的了解。于西藏早已不传的《新译吉祥饮血王集轮无比修习母一切中最胜上乐集本续显释记》和《四次第道引》竟然依靠其汉文和回鹘文的译文流传至今,至少部分地再现了这两部代表11世纪藏传密教发展水准的极为重要的藏传密教文献的真实面貌。这无疑是汉、藏、回鹘佛教交流史上的一段值得进一步深入研究的佳话。

还值得一提的是,《依吉祥上乐轮方便智慧双运道玄义卷》和《新译吉祥饮血王集轮无比修习母一切中最胜上乐集本续显释记》当同时在清代宫廷中流传,民国初年罗振玉先生于宣统元年(1909)从内阁大库档案中发现了三种"演撰儿法残卷",其中的两种或就是上述这两部西夏时代汉译的藏传密教文献,而其第三种则是《喜乐金刚空行母网禁略集大

---

① Nag po rim bzhi mal lo pu hrang lo chung mar do gsum spyi babs 'dra ba la phyis gtum mo lam rdzogs nang bzhin bris pa dang/ gung ru sogs kyis rim bzhi spyir bstan/ dpyid thig bye brag tu 'chad ces pa'i sa dpyad mdzad nas/ dpyid thig gi mtshan gzhi 'khor lo gnyis ma zhig ston pa ni gsung bgros 'chugs pa yin te/ dpyid thig rgya gzhung na 'khor lo bzhi 'i rgyas bshad kho na byung bas shes la/ rim bzhi lam slong yang/ dmar chos kyi rgyal mtshan gyis pu rong lo chung gi gsung rgyun bris pa/ cog ro chos rgyal bas mar pa do pa'i gsung bgros ji lta ba'i zin tho/ rje sa skya pa chen pos mdzad pa'i rim bzhi lam slong gsum zhu dag thub pa lta bu yod pa ni nā ro pa'i man ngag tu khungs mthun pa'i yid ches yin gsung ngo// deng sang sa skya pa'i dge bshes chos nyams che che kun nag po rim bzhi gnyan cha che zer 'jigs 'jigs sgrog pa cig yod na'ang/ sa skya pa la nag po rim bzhin la gnyan cha che ba byung ba 'i mtshan gzhi'di yin ni mi 'dug/ yongs su gnyan cha che bar grags pa'i rgyu mtshan ni/ sngon cog ro chos rgyal bas khams nas byon dus pha ma phu nu yul mi'brel yod kun gyis gser mang po bskur/ lhag par ma des gser gyi thur ma g.yu'i phra yod pa zhig chos rgyags la ched kyi bskur nas/ dbus gtsang la byon/ yar 'brog tu yun rin bzhugs/ mar do chos kyi dbang phyug la lo bcu gnyis su dbu sngas sbrel te/ bde mchog dang 'brel ba'i rgyud man ngag ma lus pa gsan/ rgyud la mar do'i gsung bzhin bshad ṭīka kyang mdzad/'di la phyis bu ston gyis bod du byung ba'i bde mchog gi ṭī kka cig la'di bzang gsung bsngags pa dpag med gnang zhing/ rje btsong kha pa'i ṭī kka yang 'di 'i 'theb bshus yin/ de ltar chos kyis thugs tshim pa'i skabs/ mar do'i sras jo sras nam mkha' 'od bya bas cog ro'i phyag gig ser thur de gzigs pas thugs song nas/ cog ro la khyod dag gdams ngag gis sems tshims 'dug ste/ gdmas pa 'i snying po rim bzhi lag tu len pa'i dmar khrid de ma thob 'dug pa/ bla ma la gser thur 'di phul la zhus gsungs pas/ cog ros tshogs 'khor bzang ba cig bshams pa'i steng du gser thur g.yu phra ma de phul nas rim bzhi lam slong dgos zhus pas/ mar pa do pa bzhugs khri 'i steng nas sku 'phar te/ chos 'di'i ming thos pa su yang med pa la khyod la sus bshad gsung/ cog ros bdag la jo sras kyis gsungs zhus pas/ jo sras la spyan sngang mig tu gzigs nas/ rkam chags can khyod srog pa rtsa do rje pha lam las byas pa yin nam/ de tshe zhabs bcad zin kyang phyis gdams pa'i rgyun mi 'chad pa'i rten'brel tsam'dug gsungs nas gnang/ gsungs rjes kho na la mar do lo tsā ba gshegs/ de'i gshegs rdzongs sgrub ched// sras kyi klubs su byon pas chom pos mtshan brdungs byas sku la mtshon phul nas zhag bcu gcig nas gshegs pas rgyal khams kun du gnyan pa'i brdar bzhag par gda'/ da lta ni mar do nas cog ro la brgyud ba'i rim bzhi'i rgyun ni med la cog ros mdzad pa'i dpe ni ma nub par bzhugs so// 见 Kun dga' grol mchog, *Khrid brgya'i brgyud pa'i lo rgyus*, *gDams ngag mdzod*, Vol. 18, pp. 91-93. 上述这个"四次第"的传承实际上与当时《吉祥上乐轮本续》之修法的传承密切相关,其较详细的记载见于《青史》中,见 *The Blue Annals*, pp. 380-390.

密本续》，也即是与《吉祥上乐本续》齐名的藏传密教无上瑜伽部母续《吉祥喜金刚本续》的异译本。①

三

《依吉祥上乐轮方便智慧双运道玄义卷》主要分成三大部分：第一部分即修方便智慧双运道，亦即所谓"欲乐定"（'dod chags chen po'i sbyor ba, rjes su chags pa'i rnal'byor），或谓"大乐等持"、"大喜乐禅定"（bde ba chen po'i snyoms par zhugs pa, bde ba chen po bsgom pa）的仪轨，第二部分则是属于《捺啰六法》（Nā ro chos drug）之一的"拙火定"（Candālī Dhyāna, gtum mo'i me）仪轨，以及与此仪轨相关的"九周拙火剂门"、"治风剂门"、"对治禅定剂门"和"除定障碍剂门"等四个次要的实修仪轨；第三部分题为"十六种要仪"，实际上只有"光明定玄义"、"梦幻定"和"幻身定玄义"三个与"捺啰六法"相关的短篇仪轨。《依吉祥上乐轮方便智慧双运道玄义卷》前两大部分所述的这两个仪轨都非常详备，当是当时藏传密教上师指导行者实修的要门。在这两种仪轨之间插入了一段对"欲乐定"修习的讨论，对凭行手印修欲乐定的正当性引经据典予以详细的阐释，并对"行手印"以外的"法手印"、"记句手印"和"大手印"的修法也作了简单的交待。这部分内容对于读者理解密乘佛教修法及其在整个佛教教法和修行体系中的位置极有帮助。②

由于迄今我们无法找到与这部《依吉祥上乐轮方便智慧双运道玄义卷》相应的藏文原本，我们仅可以根据其所依据的各种原典以及相关的其他同类文本的藏文原本来读解这部文本，以期对这个文本做出正确的句读，并解释文本中出现的许多难解的特殊词汇，然后对这个文本所述仪轨追根溯源，诠释它所描述的这些具体修法及其涵义，以求我们能很好地理解这部难得的西夏时代藏传密续仪轨。本文则先读解《依吉祥上乐轮方便智慧双运道玄义卷》中的第一部分，即修习欲乐定仪轨。

《依吉祥上乐轮方便智慧双运道玄义卷》中的修习欲乐定仪轨依据的显然是被认为是"道果九轮（lam skor dgu）"之一的《因得啰菩提手印道要》（Slob dpon Indrabhūtis mdzad pa'i phyag rgya'i lam skor）。③因得啰菩提，梵文作 Indrabhūti，译言自在慧，据称是公元 7 世纪西印度乌仗那某地的国王。此师依《喜金刚本续》的同分续《智明点续》造论《灌顶

---

①　参见罗千《罗振玉与"演撰儿法"研究》，《上海书评》，2011.11.5；沈卫荣《罗振玉所见"演撰儿法残卷三种"浅释》，《上海书评》，2011.12.24。

②　《依吉祥上乐轮方便智慧双运道玄义卷》，见于元发思巴上师辑著《大乘要道密集》上册，卷 1，台北自由出版社，1962 年，第 1—29 页。

③　Ronald M. Davidson, Tibetan Renaissance: Tantric Buddhism in the Rebirth of Tibetan Culture, New York: Columbia University Press, 2005, p. 194-204。

功德次第》，而其实修即为《手印圆满道》，即所谓《因得啰菩提手印道要》。[①]《因得啰菩提手印道要》与《端必瓦成就同生要一卷》和《大手印无字要一卷》等两部同属"道果九轮"之一的仪轨的汉译本，曾为著名遗老、大学士钱谦益所藏，被后人目为元朝宫廷所传"演揲儿法"的法本。后经其族孙钱曾的述古堂，辗转为今北京国家图书馆所藏。[②]事实上，这三部仪轨均为明代著名译师莎南屹啰所译，与元代宫廷中所传的"演揲儿法"或无直接的关系。[③]但其所传修法显然早在西夏时代就已经作为萨思迦所传道果法的重要组成部分而得到广泛传播了，《依吉祥上乐轮方便智慧双运道玄义卷》包罗了《因得啰菩提手印道要》的基本内容，并增添了更详细的实修指导性的内容。它最后从清代宫廷传出，显然也曾在元、明宫廷中流传过，故元朝宫廷中所修的"演揲儿法"和"秘密大喜乐禅定"或与其中所述修欲乐定和拙火定要门有关。《因得啰菩提手印道要》的汉译本出现于明代，其所用译语与《依吉祥上乐轮方便智慧双运道玄义卷》有较大差异，从中可以看出时代的变化，但其内容则显然相互对应。

　　以下即借助汉、藏两种文字的《因得啰菩提手印道要》，以及其他相关的文本，来读解《依吉祥上乐轮方便智慧双运道玄义卷》中有关修习欲乐定之要门。[④]

夫修习人依凭行印修习而有五门。

　　《依吉祥上乐轮方便智慧双运道玄义卷》依萨思迦道果法之重要修习仪轨《因得啰菩提手印道要》的结构而立，其修习之五门，即如后者所立如下：

　　　　da ni thog mar nyams su blang ba'i thabs bstan pa la lnga/ rig ma dag pa dang/ lus ngag mnyam pa/'dod pa mnyam pa/ byin rlabs mnyam pa/ man ngag gi gnad kyis zin pa'o

　　　　今初明修习之方便，有五：[初、]清净明妃，[二、]身语平等，[三、]所愿平等，[四、]摄受平等，[五、]受要门诀。[⑤]

---

①　绛央钦则旺秋（'Jam dbyangs mkhyen brtse dbang phyug），《宝教道果之概述》（gSung ngag rin po che lam'bras bu dang bcas pa'i hkog phub kyi rnam bzhad las/ gDams ngag byung tshul gyi zin bris gsang chen bstan pa rgyas byed ces bya ba kha'u brag rdzong pa'i bzhed pa ma nor ba ban rgan mkhyen brtse'i nyams len），第8.1—8.2叶，该书收于《萨思迦道果文献丛书》卷14，第1—154页。

②　钱曾《读书敏求记》，；参见陈寅恪《柳如是别传》，生活·读书·新知三联书店，2001年，第811页。

③　参见沈卫荣、安海燕《明代汉译藏传密教文献和西域僧团——兼谈汉藏佛教史研究的语文学方法》，《清华大学学报》2011年第2期，第81—93页。

④　《因得啰菩提手印道要》的汉文译本见于北京国家图书馆善本部藏书，其藏文原本题为 Slob dpon Indrabhūtis mdzad pa'i phyag rgya'i lam skor bzhugs so，见于 Lam'bras slob bshad: The Sa-skya-pa Teachings of the Path and the Fruit, according to the Tshar-pa transmission, Sa-skya Lam'bras Literature Series, Delhi: Jayyed Press, 1983, Vol. 11, pp. 461—479. 以下所引汉文乃笔者参考明代旧译而作之新译文。

⑤　《因得啰菩提手印道要》，Lam'bras slob bshad, vol. 11, p. 462.

《因得啰菩提手印道要》此处未说"依凭行印修习",而仅说修习而已。然整部《因得啰菩提手印道要》说的是依手印而圆满五道,即资粮道、加行道、见道、修道和究竟道。所谓"行手印",藏文原文为 las kyi phyag rgya,对应梵文 karmamūdra,亦译"业印",与"法手印"(chos kyi phyag rgya, dharmamūdra)、"大手印"(phyag rgya chen po, Mahāmūdra)和"记句手印"(dam tshig gi phyag rgya, samayamūdra)合称"四手印"。① 而此处之"行手印"则专指修欲乐定之助伴"明妃"。

一先须清净明母,如前广明。

"清净明母"对应 rig ma dag pa,明代译作"清净明妃"。此处未加详细说明,止曰"如前广明",可见收录入《大乘要道密集》中的这部《依吉祥上乐轮方便智慧双运玄义卷》并不是一个完整的本子,至少此前已经省略了《因得啰菩提手印道要》中所述五义之第一[义]清净明妃部分的具体内容。《因得啰菩提手印道要》详述清净明母(妃)之种类、功德和相好,共有刹生者(gnas las skyes pa)、咒生者(sngags las skye pa)或智生者(ye shes las skyes pa)、种生者(rigs las skyes ma)或俱生母(lhan cig skyes ma)、莲种母(padma can ma)、兽形母(ri dvags can ma)、螺具母(dung can ma)、纹道母(ri mo can ma)等多种。

《大乘要道密集》所录大瑜伽士名称幢师(即萨思迦三祖葛剌思巴监藏)述《密哩斡巴上师道果卷》之《智慧手印性相》一节,专述手印母之种类,对兽形母、螺具母、象形母、纹道母、众相母、莲种母等之形相作了简单的描述。② 其文如下:

稽首上师足

一兽形母者,即生获种,谓兽之上节,即乳充实,兽之下段,即身肥满。兽形之腰,其腰细妙。兽之行动,举步缓徐。兽之观势,睹男子时而目不笑。兽之香味,彼阴门处有麝香味也。《喜金刚》云舞染金刚母、脍母婆罗门,应以方惠法,达理常供养,当兹义焉。二螺具母者,骨麤肉滑,当于脐间有右旋螺纹,身力健大,举步迅速,音声清响而复延长。三象形母者,身肉肥满,诸肢微促,力大目短,两耳大长,身出汗时,最极酚酣,聪睿意实,蜜蜂憎恶,相蜇害也。四纹道母者,肉色微红,当于脐上,有三竖纹,诸肢纤长,其多庆瑞大吉祥相,有是等相,方可用焉。五众相母者,一身而具四行功德,

① 关于"四手印"见龙树造《四手印教诫》(*Phyag rgya bzhi rjes su bstan pa*,或作《四手印决定》*Phyag rgya bzhi gtan la dbab pa*),北京版丹珠尔,No. 3069, rgyud 'grel, vol. mi, 82a1-84b5;以及铭得哩巴(Maitrīpaca. 1007-ca. 1085)的《四手印要门》(*Phyag rgya bzhi'i man ngag*),北京版丹珠尔,No. 3143, *rgyud'grel*, vol. tsi, 231a1-234a6。对"四手印"的详细研究参见 Klaus-Dieter Mathes, "The 'Succession of the Four Seals' (Caturmudrānvaya) Together with Selected Passages from Karopa's Commentary," *Tantric Studies*, Volume 1, Center for Tantric Studies, University of Hamburg, Hamburg, 2008, pp. 89-130.

② 《大乘要道密集》并没有给它以标题,然其相应的藏文原本有标题作 *Shes rab ye shes kyi phyag rgya'i mtshan nyid*,译言:"智慧手印性相"。*Lam'bras slob bshad*, vol. 11, p. 147.

或具三德,或具二德,复有余文所明。牛形母者与象形母体性无殊,莲种母者,即遂所明。今大自在师,依彼而为第四灌依及修道依也。

萨麻巴达迷地。①

Shes rab ye shes kyi phyag rgya'i mtshan nyid ni/ de la ri dvags can ma ni skye bas thob pa ste/ ri dvags kyi stod de/ nu ma mkhrang ba/ ri dvags kyi ro smad de/ smad kyi sha rgyas shing zlum pa/ ri dvags kyi sked pa ste/ phra ba/ de'i'gros te/ dal ba/ de'i lta ltangs te/ skyes pa mthong na mig mi'dzum pa/ de'i dri ste/ dbugs dang nye gnas la gla rtsi'i dri bro ba'o/ dung can ma ni/ spyir rus pa rags/ sha'jam pa/ lte ba'i nang dung g.yas su'khyil ba'i ri mo yod pa/ lus kyi stobs shin tu che zhing myur ba/ skad kyi gdangs che zhing ring pa'o/ glang po can ma ni/ spyir lus kyi sha che zhing yan lag cung zad thung ba/ stobs che ba/ mig thung ba/ rna ba'i shal ring ba/ rdul byung ba'i tshe dri shin tu zhim pa/ khog shes che zhing mdzangs pa/ khyad par du bung ba'i tshogs ldang ba'o/ ri mo can ni/ sha rtsa cung zad dmar ba/ lte ba'i steng na ri mo'greng bu gsum bu khyad par du bsngags so// sna tshogs can ma ni/ de dag las bzhi ka'i yon tan dang ldan pa'am/ gsum mam/ gnyis kyi yon tan dang ldan par gzung ste/ lung gzhan las grags pa'i ba lang can ma zhes bya ba'di'i glang po can ma dang mtshan nyid gcig pa bzhed do// bu mo padma can gyi rigs zhes bya ba rjes su bstan pa ni/ slob dpon'dis dbang bzhi pa'i rten dang lam du bzhed do// samāpatmithī// ②

二身语齐等,谓自及手印刹那间同想佛身,及以语中同诵根本咒及亲心咒等,此依增胜化身摄受齐等。

《因得啰菩提手印道要》所立如下:

/gnyis pa lus ngag mnyam pa ni/ bdag dang rig ma yi dam lha'i nga rgyal brtan pa la/ ngag sngags bzlas pa la brten nas phrin las rnam pa bzhi sgrub nus pa'o/③

二、身语平等者,自及明母同想本尊佛慢,语诵密咒,是故能成就四种事业。

案:"四种事业"('phrin las rnam bzhi)通常指息(zhi ba)、增(rgyas pa)、坏

① 《大乘要道密集》上册,卷二,第13页。名称幢师此处所言:"今大自在师,依彼而为第四灌依及修道依也," 此之所谓"大自在师",当即指因得啰菩提,后者意为"自在慧"。值得一提的是,萨迦班智达于《道果本颂金刚句偈注文殊上师语录·法王教语朱注》(gZhung rdo rje'i tshig rkang gi'grel pa'jam dbyangs bla ma'i gsung sgros ma zhes dmar chos rgyal gyi gsung bzhugs so)中慧灌道部分,于解释手印母种姓时,其分类与性相之相关段落与名称幢所述几乎完全一致。对应汉译文见毕瓦巴原著,萨嘉班智达讲释,法护汉译《道果本颂金刚句偈注》,台北大藏文化出版,1992年,第276页。
② Lam'bras slob bshad, vol. 11, pp. 147—148. 此阙汉译中"《喜金刚》云舞染金刚母、脍母婆罗门,应以方惠法,达理常供养,当兹义焉"一句,后者或为译者增文。
③ 《因得啰菩提手印道要》, Lam'bras slob bshad, vol. 11, p. 467.

（dbang ba）、灭（drag po）。

　　三谓猛母互相摄受宫密，先猛于母莲宫想空，于其空中想一哑字，变成红色八叶莲花，仍具台萼，上严哑字也；后母于猛密杵想空，于其空中想一吽字，变成青色五股杵，尖严吽字，窍穴中想红黑色登字，头向于上，以唵字成珠尖，首以劄字成珠尖，或二种明点，想为吽字，或猛母日月八坛中排列咒句，此依增胜报身摄受也。

　　与"猛母互相摄受宫密"相应者即"摄受平等"，或曰"加持平等"，对此《因得啰菩提手印道要》所立如下：

/gsum pa byin rlabs mnyam pa ni/ /rdo rje dang padma bsnol mar byin gyis brlabs te/sgrub pa pos yum gyi padma e las chos kyi 'byung gnas/ de'i nang du āḥ las padma'dab ma brgyad pa ze'u'brul āḥs mtshan par bskyed la/ sngags kyis brtan par bya/ yum gyis yab kyi rdo rje hūṃ las rdo rje sngon po rtse mo lnga pa hūṃ gis mtshan par bskyed/ oṃ las nor bu/ swā las rin po che'i tog/ /bu gar hūṃ mthing nag mgo thur blta dang/ phaṭ dmar nag mgo gyen blta gnyis rtse sprad par bsgoms la sngags kyis brtan par bya'o/[①]

　　三、摄受平等者，即交互摄受金刚及莲花。修行人想母密莲"夜"字成生法之宫，彼内"哑"字成八叶莲，蕊严"哑"字，以咒令其坚固。母想父之金刚"吽"字成青五股杵，复严"吽"字。又观"唵"字成摩尼珠，"莎"字成宝顶。于穴内想一倒垂深蓝色"吽"字，及一首朝上暗红色"发"字，彼二前缀相会，以咒令其坚固。案：对照这两段相应的文字可知，《玄义卷》中所谓"摄受"即今所称之"加持"（byin rlabs），"猛"即"金刚"、"母"即"莲花"。

　　《吉祥喜金刚集轮甘露泉》中述行者观修喜金刚和无我母要门，其修法与此类同，其云：复次，增想母之密处，成一八叶红色莲花，蕊严哑丑字，念咒，摄受咒曰：唵巴得麻二合素渴引塔啰，麻诃啰引葛素堪苔苔，捯都啰引南苔发葛月说，吽吽，葛哩央二合郭噜朔弥！复次，想自密成一青色五股之杵，复严吽素字，念咒，摄受咒曰：唵斡资啰二合麻诃堆夷二合厦，捯都啰引南苔苔耶葛渴葛目渴夜渴啰素纳引塔，吽吽，葛哩央二合郭噜朔弥！复次，父母作交融行，而发出此"曷曷细细棍都噜斡资啰二合得哩"大乐之声，召请一切诸佛、菩萨，临自面门，至心消镕，从父密出，至母密门，成八明点，其八明点成八字种。[②]

---

① 《因得啰菩提手印道要》，*Lam'bras slob bshad*, vol. 11, p. 467.。

② 持咒沙门莎南屹啰二合集译《吉祥喜金刚集轮甘露泉》，第27—28开，"台北故宫博物院"《佛经附图：藏汉艺术小品》（ *Convergence of Radiance: Tibeto-Chinese Buddhist Scripture Illustrations from the Collection of the National Palace Museum* ），台北，2003年。

1170

四欲乐齐等,谓将入真性,不生一念凡夫染心,应发愿云:"我依斯印,为欲现证俱生智道及究竟菩提,其印愿与猛母同,此即希趣增胜依法身摄受也。"如发愿已,想无数猛母入各身中也。

与"欲乐齐等"相应者即"所愿平等",对此《因得啰菩提手印道要》所立如下:

/bzhi pa'dod pa mnyam pa ni/ tha mal pa'i'dod chags'di nyid lam du byas la/ rim gyis tha mal pa'i'dod chags de nyid snying rje chen pos kun nas bslangs pa'i byang chub kyi sems su bsgyur la/ sems can thams cad kyi don du rdzogs pa'i sangs rgyas thob par bya'o snyam pa ni'dod pa mnyam pa'o//de ltar de dag kyang sku gsum lam du byed ba'i sgrub pa ste/ lus ngag mnyam pa ni sprul sku/ byin rlabs mnyam pa ni longs sku/'dod pa mnyam pa ni chos sku yin no/①

四、所愿平等者,即发此愿:以即彼凡夫之贪欲为道,以大悲心,次第将此凡夫之贪欲转成遍起之菩提心,为利益一切有情,证得正等佛果。此即所愿平等。彼等乃是三身为道之修习,即:身语平等者,即化身;摄受平等者,即报身;所愿平等者,即法身也。

案:此处点明修欲乐定的目的是为了利益一切有情而证佛果,并不是为了满足凡夫之贪欲,是将凡夫之贪欲转为成佛之道路。

五以要门要义任持,有五:一不降明点则不能发乐,故先令降;二不能任持则堕轮回,故须任持;三不能旋返则堕水漏,故须旋返;四不遍身则成疾患,故令须遍身;五最后不护则不获益,故须不损护持。

《因得啰菩提手印道要》与此相应部分所立如下:

lnga pa man ngag gi gnad kyis zin pa la lnga/ byang chub kyi sems kyi thig le dbab pa dang/ gzung zhing bde ba bsgom pa dang/ bzlog pa dang/ khyab par bya ba dang/ mi nyams par bsrung ba'o/②

第五,受要门决,有五:[初、]降菩提心明点,[二、]持[明点]而修乐,[三、]回返,[四、]令[明点]普遍,[五、]护令不失。

《道果延晖集》云:"疏五得要下明生喜,次其有五也。谓若不降点,乐靡能生,故初应降点;既降已不能持,则堕落轮回,故二应持;虽然持住,倘不回返,共水漏失,故三应回。回则难回,若不均匀,还遍于身,则成病疾,故四应均;虽均于身,若不守护,则无利益,故五应护也。"③

---

① 《因得啰菩提手印道要》,*Lam'bras slob bshad*, vol. 11, p. 467—468.
② 同上,p. 468.
③ 《大乘要道密集》上册,卷 1,第 14 页。

案:《依吉祥上乐轮方便智慧双运道玄义卷》和《道果延晖集》此处所云似都为对《因得啰菩提手印道要》"五要门诀"的解释。

此五门要诀乃道果法中慧灌部分有关明点驾驭之共通口诀,广见于诸论中,萨迦班智达于《道果本颂金刚句偈注》中亦结合实际修法逐一进行讲释。[①]

一令降者,将所依清净明母置自面前,远近随意,令彼胜惠,外伏日月,内融风心,方于胜惠口、舌、胸、背、两乳、股间、密宫、足底,以手扪摸,弹指作声,以大欲火,流降明点,增其乐相,作大乐观。二手握拳,交心胸前,翻目上视,斯能护持,于时勿作无二行,切须慎密也。又听其欲乐音声,齅彼龙香,咂唇密味,抱触身等,以此四事亦使欲火炽盛,令降明点,作乐禅观,翻目护持,亦须慎密。依此随生觉受,任运修持,或两相严持,如鳖行势,徐徐系之,空中明点,降至喉中,成十六分半半,存落乃至密宫也。

《因得啰菩提手印道要》与此相应部分所立如下,大意略同,但具体做法差别较大:

/de las dang po kha zas kyi sgo nas lus zungs rgyas par bya ba ni/ sha chen chu ser lan gsum la sogs par bton te bsten pa dang/ chang rnying'jam dang/ sha gsar pa/ 'o ma la ka ra btab pa bstan/ dkyil 'khor chen po'i sbyor bas kyang lus zungs rgyas par bya'o/ /gnyis pa ni/ de nas rim gyis phyag rgya yid kyi yul du bya ba dang/ mig gis mi mthong bar sgras mnyan pa'i yul du bzhag la chags pa'i gtam bya ba dang/ mig gis mthong ba'i yul du blta zhing bsgom pa dang/ phan tshun sbrang rtsi la sogs pa'i ro sbyin zhing bsgom pa dang/ tsum pa dang/'khyud pa dang/ so dang sen mo la sogs pa'i bye brag la bsten te bsgom pa dang/ de nas phyag rgya dang snyoms par'jug pa'i tshul du bsgom pa ni/ byang chub kyi sems dbab pa zhes bya ba yin no/[②]

其初降者,应以饮食之门令体力增长,可服大肉,令黄水出三遍等,次饮妙好陈酒,并食鲜肉,饮加糖之乳,亦应当以大中围之加行,令体力增长。第二,次渐以印为意境,置于目非睹而[能]听彼声音之境,而说媱语;[次]于目可睹之境观而修;[次]互相施密汁等味而观修之;[次]依接吻、拥抱、齿及甲等支行而修;复次,于与印交融行中而观修者,即谓"降菩提心"也。

《道果延晖集》云:"且初降者,有别师云降点之初,预应惯风,风得自在方修此也。今理不须预先惯风,惯风降点,只一时作,以自二手而握成拳,交按心间,斟酌近远云云。至观乐盖如是,故点动乐生,一时齐现,一心观乐,拳交按心翻目云云。至应能密者,意谓忍耐不作媱也。次复听彼媱语等身,次复齅彼龙脑等香,次复尝彼下唇等味。

---

① 参法护译《道果本颂金刚句偈注》,第280—285页。

② 《因得啰菩提手印道要》,*Lam'bras slob bshad*, vol. 11, p. 468.

如兹次第,遍抱身体,乃至习触,以是四次,令欲火火盛云云。^①

二应任持者,以流降故须任持,任持故使增盛,增盛已渐次运返,此三相系属而生起也。今且欲任持菩提心者,明点流降时,依上二手握拳,翻目上视,其修罗门微微放慢,语中力称长声吽字,急提下风,紧闭上息,地角枕胷必不散落。

《因得啰菩提手印道要》与此相应部分所立如下:

/de nas gsum(gnyis)pa gzung zhing bde ba bsgom pa ni/ byang chub kyi sems nor bu'i dbus phab pa de gzung ba'i thabs gsum gyis mi nyams par bya ste/ dang po ni/ mig gnyis steng du drag tu bsgrad pa dang/ lce rkan la sbyar bas gzung/ des ma zin na/ gnyis pa ni/ steng rlung mnan te/'og sgo mar'phul nas/ thig le la shes pa gtan nas bzung na/ ril ba zhabs'tshags kyi dpe dang'dra bas zin par'gyur te/'og gis'gog par byed cing zhes bya ba'i don yin/ des kyang gzung bar dka' na/ gzhu rgyas kyis ni'dod pa gzung/ /zhes bya ba'i don/ phaṭ mgo gyen blta de/ hūṃ mgo thur blta des'dren par bsam zhing/ hūṃ dal la ring ba nyi shu rtsa gcig la sogs pas drang ba bya'o/ /des thig le mi zin mi srid do/^②

复次,第二持之观乐者,菩提心降至珠中,以持彼之三方便不令失却。其初者,将二目紧往上睁,舌贴上颚而执持之;倘或以此不能持,则其第二者,闭按上风,下门上推,心缘明点而执持,则犹漏水瓶之喻而执持,即是上文所说"无灭"之义;若以是犹难持,则[其第三者,]即所说"持彼广弓贪"之义,"发"首朝上,"吽"首朝下,想彼提升,缓而长称念"吽"字二十一遍等而提之。以此,无不持明点之理。案:与"任持"相对应的藏文词汇作 gzung zhing bde ba bsgom pa,译言:"持且观修喜乐"。

斯则四刹那中五境所作尤多故,即众相差别刹那,乐觉受微少故,即初喜智也。然后么㘒及割戈㘒相合已,^③贪欲火令降明点,作乐禅观,翻目护持,亦须慎密,此则对前所作微略故,四刹那中即异熟刹那,乐胜前故,即上喜智也。然上二种降明点及乐力大故,即明点炽盛暖也。复次略寓研磨交媾,即此盛乐无念,如前以贪欲火令降明点,作乐无念禅观,翻目护持,亦转须慎密,则四刹那中,即坏众刹那,以乐无念印饰,即胜喜智也。此明点流动暖于时,明点难任持故,以右手中指捻于右鼻,左鼻引息,按抑上风,然持明点相者,其魑魅道,如麻木厚重,头发竖立,及呵欠流涕,高叫啼哭,便利不禁,或闭不通,凡生如此等持,是能持明点之相也。

① 《大乘要道密集》上册,卷 1,第 14—15 页。
② 《因得啰菩提手印道要》,*Lam'bras slob bshad*, vol. 11, p. 468—469.
③ 么㘒和割戈㘒分别是 bo la 和 ka kko la 的音译,指男阴和女阴。

《因得啰菩提手印道要》与此相应部分所立如下：

’on kyang bde shugs chung ngu ‘gro bas na/ bde ba spel bar bya ba’i phyir dal gyis bsrub par bya ste/ rus sbal’gros kyis ‘phel bar byed/ /ces bya ba’i gzhung gi don yin no/ /gsang gnas khon las lus gzhan du bde ba ma’phel na/ bde ba spel bar bya ba ni/’og rlung cung zad bskum/ mig phye la/ dbugs dal la yun ring par sna bug gnyis nas phyir bus pas/ lus thams cad la bde stong gi ting nge’dzin gyis khyab par’gyur ba ste/ dbugs dbyung ba zhes bya ba’i gzhung gi don yin no/ /des thig le zin pa’i rtags’og sgo bem bem pa dang/ lci yor yor ba dang/ tshub tshub pa dang/ skra rtsa seng seng ba dang/ thur sel dang bshang gci mi’thon pa snyam byed pa dang/ ngu ba dang/ dgod pa dang/ ku co’don pa la sogs pa mi bzod pa byung tsa na bzlog par bya ba ste/[①]

然乐势渐谢，令乐增盛故，当缓搅动，乃颂中所说“龟行势猛增”之义。若唯于密处生乐为增乐者，稍提下风，开其眼目，从二鼻孔向外缓长出风，则空乐禅定遍及全身，乃是颂中所说“出息”之义。以是持明点之验相显现之时则可回也，其验相有：下门麻麻重重近速速也，髪根竖立，觉除下风，及大小便不能通，啼哭、喜笑、出声大叫等不能忍。

《道果延晖集》云：“至可修，盖于五境作务广多，四刹那（kṣaṇa）中，即为第一种种刹那（vicitra），受乐微故，为初喜智（ānanda）焉云云。至能密斯者，比前作务微少，四刹那中，乃为第二异熟刹那（vipāka），乐况前大，为上喜智（paramānanda）矣云云。至其二，四刹那中，乃是第三坏种刹那（vimarda），良由此乐庄严寂故，为离喜喜智（viramānandaānanda）也云云。至难持，以右中指塞右鼻窍，从左吸风紧闭云云。至护焉，如是三喜，即属轮回，爱中摄故，乃成世间有患觉受。尔时明点得持验者，时罗义道云云。[②]

关于“四刹那”和“四喜”的关联，铭得哩巴造《四手印要门》（Caturmudropadeśa，Phyag rgya bzhi’i man ngag）中有简要的说明，其云：

自外所作至增长之究竟者，为种种刹那，初喜也；觉受［自初喜至］大宝之究竟者，乃异熟刹那，上喜也。世尊所云“十六半半明点具”，以四明点之形色而住，二者住于金刚顶之分，二者住于莲花蕊之分，是乃离相刹那（vilakṣaṇa），俱生喜（sahajānanda）也。四分明点皆住于莲花之分者，乃坏种刹那，离喜喜也。

Phyi rol gyi bya ba nas bskyod pa’i mthar thug pa’i bar ni rnam pa sna tshogs pa’i dga’ ba’o/ rin po che’i mthar thug par nyams su myong ba ni rnam par smin pa ste/ mchog dga’o/ bcom ldan’das kyis/ bcu drug phyed phyed thig le’chang/ / zhes bya bas/

---

① 《因得啰菩提手印道要》，Lam’bras slob bshad, vol. 11, p. 469.

② 《大乘要道密集》上册，卷1，第15页。

thig le bzhi'i gzugs kyis bzhugs pa las/ gnyis ni rdo rje rtse mo'i cha la gnas/ gnyis ni phadma'i ze'u'bru'i cha la gnas pa ni mtshan nyid dang bral ba ste/ lhan cig skyes dga'o/ thig le bzhi char padma'i cha la gnas pa ni rnam pa med［nyed］pa ste/ dga' bral lo/[①]

世尊所云"十六半半明点具"句源出于《圣妙吉祥真实名经》第145颂，[②] 梵文原文为 ṣoḍaśārdhārdha bindu dhṛk, dhṛk 为"持"义，整句译言"十六半半持明点"。对于此句经文，后世注家说法不一，如月官释："十六"，谓十六脉瓣。"半"即心（轮）之八脉瓣。第二"半"谓四轮。"明点"，乃为菩提。妙吉祥友释：月明点，乃"十六半半"四半分之余。持于（顶轮，如）发饰，谓"十六半半持明点"。[③] 观诸家注释，大多数依拙火修习之明点燃降或行手印双运修习中明点之运行而释，《四手印要门》显然依从后者。

对"四刹那"和"四喜"之间的相互关联，萨思迦诸祖师有很多的讨论，如三祖名称幢师所造《大乘密藏现证本续摩尼树卷》中对此就有较详细的描述，其云：

刹那行相是云何耶？但此品云：

种种及异熟　坏种离自性　既知四刹那　瑜伽遂得通。

问种种刹那委细行相是云何也？只此品云：

相抱承唼吻　种种为种种　非此知异熟　食噉安乐智
义论而容纳　以是为异熟　离性非前三　舍贪而离贪。

四种刹那四喜时者，唯此中云：

种种时初喜　上喜异熟时　坏种离喜喜　同生喜离性。[④]

虽具引此准的文明，有邪见者遂将"食噉安乐智、义论而容纳"两句之文而谬释曰：坏种刹那为第四喜，此理不然。据《智明点续》云：

相合吻交抱　种种相种种　琳伽合婆伽　是为异熟智　手印是坏种　定当表离性
相合频动、沾触手印，其为第三坏种刹那。[⑤]

① 铭得哩巴造《四手印要门》(*Phyag rgya bzhi'i man ngag*, *Caturmudropadesa*)；详细的讨论参见 Mathes 上揭 2008 年文, pp. 89-90。

② Alex Wayman, *Chanting the Names of Manjusri*, Boston and London: Shambhala, 1985；Ronald M. Davidson, "The Litany of Names of Mañjuśrī: Text and Translation of the Mañjuśrīnāmasaṃgīti." In *Tantric and Taoist Studies in Honour of R. A. Stein*. Brussels: Mélanges Chinois et Bouddhique, vol. XX.

③ 谈锡永《圣妙吉祥真实名经梵本校译》，台北全佛出版社，2008 年，第 331 页；冯伟强、黄基林校译《〈圣妙吉祥真实名经〉释论三种》，台北：全佛出版社，2011。

④ 关于《喜金刚本续》中有关"四喜"、"四刹那"一颂的诠释，参见 Fabrizio Torricelli, "The Tanjur Text of Tilopa's Dohākoṣa", *The Tibet Journal*, Vol. XXII, No. 1, Spring 1997, pp. 48-49。

⑤ 大萨思嘉知宗巴上师造、持咒沙门莎南屹啰译《大乘密藏现证本续摩尼树卷》，《大乘要道密集》下册，卷 3，第 10 页。

skad cig ma nyid gang yin zhe na/ de nyid las/ sna tshogs dang ni rnam smin dang/ rnam nyed de bzhin mtshan nyid bral/ skad cig bzhi ni rab shes pa// de ltar rnal'byor pas shes'gyur// zhes so/ sna tshogs la sogs pa gang yin ji lta bu zhe na/ de nyid las/'khyud dang'o byed la sogs pa/sna tshogs rnam pa sna tshogs bshad// rnam par smin pa de las bzlog/ bde ba'i ye shes za ba nyid/ bdag gi bde ba zos pa yis// gros ni rnam par nyed par brjod/ mtshan nyid bral bag sum las gzhan/ chages dang chags bral rnam par spangs// zhes so// skad cig ma bzhi dang dga' ba bzhi'i dus ni/ sna tshogs dang po dga' ba nyid/ rnam smin la ni mchog dga' nyid/ rnam nyed dga' bral dga' ba nyid/ mtshan bral lhan cig skyes pa nyid// ces so// de ltar brjod kyang lung las/ log par rtog pa'i skye bo dag ni/ bdag gi bde ba zos pa yis/ gros ni rnam par nyed par brjod// ces bya ba nyid kyis rnam par nyed pa bzhi par'byung ngo zhes zer na/ de ni ma yin te/ lung gong ma nyid brtan par bya ba'i phyir ye shes thig le'i rgyud las/'o dang'khyud pa la sogs kyi// sna tshogs dga' ba sna tshogs nyid// bha gar lingga rab sbyor bas/ rnam par smin pa ye shes mchog// phyag rgya nyid la rnam par nyed/ mtshan nyid bral bas nges mtshon bya// zhes gsungs pas bsrub pa dang srub pa'i sbyor bas phyag rgya nyed pa ni rnam par nyed pa zhes bya bag sum par byung bar rigs so//[①]

萨思迦班智达《道果金刚句偈注》中,四刹那之顺序与《大乘密藏现证本续摩尼树卷》一致,《四手印要门》中第三第四刹那顺序与此二者相反。兹将萨思迦班智达之解释录之如下(依法护译):

其第一刹那及"众相刹那"(即上文之种种刹那),与见色等种种事相属,于其时中,一切所生觉受谓"喜智"。

第二"异熟刹那",以波拉及益智二味等分相配,乐如前更增且转更胜,于其时中,一切所生觉受谓"胜喜智"。

第三"揉触刹那",由搅等揉触手印,外离色貌系属之分别,内而生喜,于其时中,一切所生觉受谓"离喜智"。

第四"离相刹那",表相九界净分、性相喜乐二者之不分别,或分别寻思之不分别者,于其时中,一切所生觉受为乐与无犹疑双泯之"俱生智"。[②]

显然,《四手印要门》着重于从明点下降过程中明点本身所处位置之变化次第而分判四喜、四刹那,而《道果金刚句偈注》承《摩尼树卷》着重于从明点下降过程中各阶段之修法(如各种动作)以及相应之觉受而判别四喜四刹那。

① rJe btsun rin po che Grags pa rgyal mtshan, *rGyud kyi mngon par rtogs pa rin po che'i ljon shing shes bya ba bzhugs so*, *rJe btsun grags pa rgyal mtshan gyi bka"bum*, vol. 1, *Sa skya bka"bum* 3, Tokyo: The Toyo Bunko, 1968.

② 萨迦班智达讲释,法护汉译《道果本颂金刚句偈注》,第280—281页。

然后沐浴胜惠肢体令洁净时，预作身语齐等、摄受齐等、欲乐齐等，以令莲杵相合、二脉相合、二明点相合、二风相合，故内发动不二行时，二脉和合、二风和合、二菩提心和合也。由依三种和合俱生喜故，离前三喜妄念，成就空乐双融，即发生回绝拟议之大乐等持，又自己身、语、意三觉受坚固，则触境一切处皆遍也。于时以翻目护持等能慎密者尤为急务，此即四刹那中离相刹那，四喜之中即俱生喜智，亦明点坚固暖也。

　　此云"大乐等持"大概就是《元史》中的所谓"秘密大喜乐禅定"了。《道果延晖集》云："至持住，复次将惠以沐浴等而作洁净，又应具此身语平等、摄受平等、所愿平等。凭下明轨，尔时可寻云云。至是三会，成内交融。内交融时，二脉相合、二风相合、二点相合。由是三合，得生空乐云云。至受定现于自己身语意业。倘或觉固，遍现诸境，遂以云云。"①

三返回者，恐于明点而损耗故，应须返回。此有三种，上根至密宫，中根至杵头，下根至杵根。或离手印已，依六加行而作旋返。一海窍须弥，谓缩腹靠脊也；二捆集泗州，谓力掘四拇指也；三持味合自宫，谓舌拄上腭也；四上拄仰返，谓翻目上视也；此四即身加行。次语加行者，心胸握拳，三称具力吽字，力声长引，向上提捆也。意加行者，先想等持所缘，谓以心吽字，发箭下风力搧弓，语诵吽发字，时以吽字上提发字，以发字上推吽字，此是语意各以加行也。

　　《因得啰菩提手印道要》与此相应部分所立如下：

de'ang slob dpon'di'i dgongs pa ni re zhig byang chub kyi sems dbang gi gnas su btang nas/ de nas'phrog ste/ mas brtan gyi dga' ba bcu drug gi tshul gyis nyams su blang bar bzhed pa yin yang/ rdo rje'i rtse mo nyid nas bzlog kyang btub pas na'gyur ba rnam pa drug gis bzlog par bya ste/ rkang lag gi mthe bong bzhi bskum zhing bcangs pa dang/ lto ba tshig pa la sbyar ba dang/ lce phugs su ldog pa dang/ mig gyen la ldog pa dang/ ngag tu hūṃ ring po'i rjes la hi ka（ki!）ces brjod pa dang/ ting nge'dzin gyi hūṃ gis phraṭ drangs la spyi gtsug tu bskyal bar bya ste/ de'ang ska rags hi kis zhes bya ba'i don yin te/ de'ang byang chub sems kyi lhag ma lus pa srid pas/ lan gnyis nas gsum gyi bar du drang bar bya'o/.②

　　复次，此阿阇梨之密意者，令菩提心降至密处，复还夺取，依下坚十六喜之相而实修，如是开许。然自金刚顶本身而回亦可，即应以六种转势回之，当蜷握手足四拇指，缩腹靠脊，翻舌柱颚，眼目翻上，语称长"吽"，其后遂称"兮屹"，以禅定之"吽"字，提携"发"字，送至顶旋，乃是［颂］所云"带兮屹"之义也。又菩提心有所遗者，以二遍

---

① 《大乘要道密集》上册，卷1，第15页。
② 《因得啰菩提手印道要》，*Lam 'bras slob bshad*, vol. 11, p. 469-470.

至三遍而提之也。

《道果延晖集》云："至第二次离印后恐失落点，故以六转而回护之。夫六转护者，初海粘须弥，即缩腹靠脊；二主宰四洲，即蜷收四肢；三舌安本位，即舌拄上腭；四胜根置上，即翻飞目向上，兹者乃是身之四转也。语一转者，拳交按心，语尽其力，称吽三次也。心一转者，当彼之初，先应备定，谓射吽發箭者，语称吽發，心想吽字，而提發字，往之于上，發字从下，送其吽字。吽發二字，当于金刚珠内观想吽首朝下，發首朝上。吽犹井绳，發似水盟，吽字之绳，引發字之盟也。语意各一通成六转，上来总是降持回也。[①]

四普遍于身者，依四轮次第，遍义不同。初依密言宫要遍脐者，语称曷曷曷曷字，上提谷道，更作繫风带仪，谓以二手从右至左、从左至右而旋掷之；或作木樏仪，谓趺坐，二手置膝，摇身下半也。次以脐间要遍心中，语称侣侣字，更作掷罥索仪，以二手握拳当胸，作展缩势；或二手作缠帛势也。次心间要遍喉中者，紧作吃移势，想于明点运至喉间，便作童子前后左右点头作歌侧俯仰势也。次趋喉间遍至顶上者，于二鼻中频频急作搐香气势，想于明点遍于顶上，更以二手而指于顶，想于明点遍诸脉道也。或提下风而复止息心，想风息入侣帝脉，直至虚空；或想周遍身内，疏通脉道，运于明点，想遍一身。如是频作，其菩提心自遍一身，坚固不失。或欲菩提而坚固者，以二足头倒拄于地，以二足根辅修罗门，[②] 二手执金刚杵及九枣等，向下挽之，金刚杵头使着于地，同前严闭上下风息，语颂唵哑吽字，向后猛顿，臀可着地。依此恒常修习，决不失散菩提之心，则能遍满一身之内。此法不必依行手印，寻常能者大护菩提而资身也。

《因得啰菩提手印道要》与此相应部分所立如下：

de nas khyab par bya bas lus so sor ma bkram na nad la sogs par'gyur bas/ bzhi pa khyab par bya ba ni/ mgo bo sprug pa dang/ ro stod gsig pa dang/ sked pa gcu ba dang/ lag pa g.yob pa dang/ bro'khrab pa dang/'o dod bod pa la sogs pas khyab par bya ba ste/ de ni gnas su bskyal zhes bya ba'i gzhung gi don yin no/[③]

复次，令遍及［身］而于身各处不均者，则成病患等，故其第四，令遍及［身］者，以摇晃头部、抖动上身、扭转腰部、挥舞［二］手、舞跃、悲号等而令遍及［身］。此者乃是颂所云"送本"之义也。

《道果延晖集》云：复次，使令回返均匀。束风带者，二手握拳作莲舞印，遂即从右而展于左，复次从左而展于右，二手向前微低展之，而于左右作引弓势。作掷罥索者，

---

① 《大乘要道密集》上册，卷1，第15页。

② 所谓修罗门即指肛门，藏文作 srin po'i sgo，直译为"罗刹门"。《道果红卷》中有言 srin po'i lam cung zad bsdam，译言"略缩罗刹道"。

③ 《因得啰菩提手印道要》，*Lam'bras slob bshad*, vol. 11, p. 470.

二手握拳,作展缩势。身如杵轮转者,身跏趺坐,二掌覆膝,动转下段。作孩童仪者,前后左右而折头颈。上来诸势不须闭风,但作势分风自然闭。四刹那中,即是第四离自性刹那,四喜之中同生云云。[①]

五不坏护持者,修习之人有发乐盈满等六种失菩提义,若不护者,身生患难,失于等持,于二世中而无,故须要依法一一护之,在道果第四内可知。

《因得啰菩提手印道要》与此相应部分所立如下:

spyi don lnga pa mi nyams par bsrung ba la don brgyad de/ de'ang thig le lus gang bas 'chor ba dang/ rkyen gyis 'chor ba dang/ nad kyis 'chor ba dang/ gdon gyis 'chor ba dang/ spyod lam gyis 'chor ba dang/ kha zas gyis 'chor ba dang/ byin rlabs nyams bas 'chor ba dang/ dam tshig nyams pas 'chor ba'o/

第五总义,守护不令失,有八义:初、明点满身而失,二、因缘而失,三、因病而失,四、因魔而失,五、因径行而失,六、因饮食而失,七、违犯摄受而失,八、触犯三昧而失。[②]

依上修习,功着力则发四喜,有四。一依宫四喜,二依渐四喜,三依所断四喜,四依自体四喜。第一亦二,初依外宫四喜,后依内宫四喜。于中初者,谓于身一二处生乐,即名初喜;于身大半发乐,即是上喜;全身发乐成无念者,即是离喜;触境发生空乐境觉受,即俱生喜。后者有从顶至喉所生觉受,即初喜;从喉至心,即上喜也;从心至脐,即离喜也;从脐至杵尖即俱生喜也。[③]

二依渐四喜者,始从观色乃至相触发生乐者,即初喜;么辢及割戈辢相合时发生之乐,即上喜;暑为研磨交欢时发生之乐,即离喜;三种正和合时发生之乐,即俱生喜也。三依所断四喜者,以初喜智断能持所持分麓妄念,以上喜智舍断计执身自妄念,以离喜智舍断执着手印妄念,以俱生智断前三染着之心,谓前三喜,至此悉为所知障也。四依自体四喜者,安乐觉受小则是初喜,安乐觉受大则即上喜,安乐成无念则离喜,触境觉受空乐无二,即俱生喜也。

《因得啰菩提手印道要》与此相应部分所立如下:

/de ltar goms pa las ni phyag rgya'i dngos grub kyang nyer bar rtogs te/ phyag rgya'i gdams ngag la brten te'bras bu 'thob par 'gyur ba yin no/ /de'ang lam gyi spros

---

① 《大乘要道密集》上册,卷1,第15—16页。

② 《因得啰菩提手印道要》,*Lam 'bras slob bshad*, vol. 11, p. 470.

③ 于《因得啰菩提手印道要》中这四喜被称为"上降四喜",曰:"[明点]自顶降至喉,即是喜所摄四喜;自喉[降]至心间,即是上喜所摄四喜;自心[降]至脐间,即是离喜所摄四喜;自脐[降]至金刚之顶,即是同生所摄四喜。"

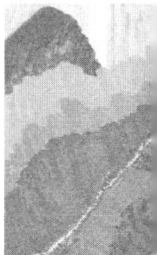

pa（ba）gcad pa'i phyir/ dga' ba sa dang sbyar ba'i rim pa bzhin du brjod na/ mas brtan gyi dga' ba bcu drug gi sngon du/ yas'babs kyi'ga'（dga'）ba bzhi'gro bas na de'ang brjod pa la/ spyi bo nas mgrin pa'i bar du dga' bas bsdus pa'i dga' ba bzhi/ mrgin pa nas snying ga'i bar du mchog dgas bsdus pa'i dga' ba bzhi/ snying ga nas lte ba'i bar du dga' bral gyis bsdus pa'i dga' ba bzhi/ lte ba nas rdo rje'i rtse mo'i bar du lhan skyes kyis bsdus pa'i dga' ba zhi'o/[a]

如是惯习,悟达手印之成就,依手印要获证果位。复为断绮语,若依喜、地相配之次第而说,下坚十六喜之前,上降四喜可为前导,故先说兹。[明点]自顶降至喉,即是喜所摄四喜;自喉[降]至心间,即是上喜所摄四喜;自心[降]至脐间,即是离喜所摄四喜;自脐[降]至金刚之顶,即是同生所摄四喜。

然依此修,非唯获此四喜,兼乃菩提明点、四轮坚积,谓菩提心始从密宫,上至脐中得坚固,则脐色变白,外微凸出,及肤里密致,爪不容掐,亦无发白面皱也。或毒蛇及余猛兽等,不赐毒噬,及为彼之恋养也。或生发微略空乐等持,自身、语、意不随诸境空乐也。显现谓菩提心从脐至心得坚固时,所有肢体,但举其一,众不能屈,俱恢弘力也。或能知天时丰俭、甘泽多寡,及知他心等通,即不起念,自然显现也。或发生中品空乐等持,触境皆现空乐。谓菩提心至喉得坚固时,二肩平满,舌渐广长,能至眉,仍于木舌,能注甘露也。或离饮食,或仍能受用诸天甘露,及诸世间所有珍羞[馐]。及能游艺篇章,随宜演说法也。或生广大空乐等持,于一切圆寂之法,空乐显现,仍了此轮回苦乐等相,历然皆幻有也。谓菩提心从喉至顶得坚固时,享寿千龄,无中夭也,仍获余胜功德,或能现鸟鸾虎豹等微分神通也。或发生大空乐等持,于轮圆诸法,悉了空乐不二矣。[2]

《因得啰菩提手印道要》与此相应部分所立如下:

de'ang lhan skyes kyi lhan skyes kyi dus su ye shes ngos zin nas/ de yun ring du rgyud spyangs pa la brten nas mas brtan gyi dga' ba bcu drug gi mthar sangs rgyas kyis mngon du byed pa yin te/ de'ang rags par brjod na/ lte bar brtan pas dga' ba mngon du bya pa yin te/ de'i rtags kyang lte ba'i dkyil'khor kha dog dkar zhing me long ltar bkra ba dang/'gro ba thams ca kyi yid du'ong ba yin/ snying gar brtan pas dpung pa'phel zhing/ mngon par shes pa lnga'char ba dang/ stobs glang po che brgyas kyang mi thub pa yin no/ / mgrin par brtan pas lce brkyangs na gdong gi dkyil'khor khebs shing khams gsum gyi bdud rtsi la longs spyod nus pa dang tshig gi mchog grub pa yin no/ /spyi

---

① 《因得啰菩提手印道要》,*Lam'bras slob bshad*, vol. 11, p. 473.

② 《依吉祥上乐轮方便智慧双运道玄义卷》,《大乘要道密集》上册,卷一,第4—5页。亦见于《道果延晖集》,《大乘要道密集》上册,卷一,第17—18页。

gtsug tu brtan pas lhan skyes mthar byin te/ sangs rgyas kyis mngon du byas pa yin no/[①]

　　复，同生之同生之时，若以所证智长久调炼［心］续，依此可于下坚十六喜末际证得佛［地位］。若麄说，则坚至脐间，证得喜。其验相者，脐间中围成白色，如镜明亮，合一切众生之意；坚至心间，两肩增盛，得五通智，［其］力百象莫之能御；坚至喉间，若舒舌，则可覆脸盘，能享用三界甘露，证得语辞殊胜；坚至顶旋，同生究竟，证得佛［地］。

问修欲乐定唯托行手印而修耶？为复更有所托之境耶？答通依四印可修欲乐之定。依行手印自他相佛，摄受二根，受四喜乐等，依文可知。

　　下文讨论依行手印、记句手印、法手印和大手印等"四手印"修欲乐定。"四手印"乃无上瑜伽部母续修法之根本，分别与其基、道、果三者对应；并且也与无上瑜伽部父续之次第相应。这里所说"四手印"次第与通常所说不一样，一般的次序是行手印、法手印、大手印和记句手印（ phyag rgya bzhi zhes bya ba ni las kyi phyag rgya dang/ chos kyi phyag rgya dang/ phyag rgya chen po dang/ dam tshig gi phyag rgya'o ）。大手印加其印于其他手印之上，即是说，其他手印都不过是大手印的印象而已。从行手印（明母）升起之智，通常被称为般若智（ prajñā，即智慧 prajñājñāna ），只是真实智之印象。所以，它又必须在法手印这个层面上决定四刹那和四喜。根据法手印要门，四喜之喜乐当证成为空，进而觉悟乐空无二，仅有真实俱生喜，进入大手印的境界。

　　《四手印广释宝藏》（ Phyag rgya bzhi'i rgya cher 'grel pa rin po che'i snying po ）对四手印作如下定义：行者，乐也。手印者，即于此刹那认持［此乐］也。法者，证悟蕴等无生，手印者，依上师之教诫认持［无生］也。大者，乐空无二，手印者，不作意，故持见也。记句者，圆满之义，手印者，依二色身，认持利他也（ las ni bde ba ste/ phyag rgya ni dus kyi sna rtses tshad du'dzin pa'o// chos ni phung po la sogs pa skye med du rtogs pa ste// phyag rgya ni bla ma'i gdams ngag gis tshad du'dzin pa'o// chen po ni bde stong gnyis med de/ phyag rgya ni yid la mi byed pas lta ba'dzin pa'o// dam tshig ni phun sum tshogs pa'i don te/ phyag rgya ni gzugs sku rnam pa gnyis kyis gzhan don tshad du'dzin pa'o ）。[②]

　　同书对行手印又作了如下解释：于彼当观察行手印之自性。行者，与身语意三者平等，意乐者，乃主要也。手印者，乃依上师之要门观察自性也云云。行手印之自性，即俱生也。彼当依其余加行而观察也。加行者，当知为行者也。身［行］者，即眼观、

---

① 《因得啰菩提手印道要》，*Lam'bras slob bshad*, vol. 11, p. 473—474.

② 《四手印广释宝藏》，北京版丹珠尔，no. 3104, *rgyud 'grel*, vol. *mi*, fols. 328b6-8；参见 Mathes 上揭 2008 年文，p. 90.

咂舌、尝彼下唇、接吻、拥抱、扪摸两乳、胳肢挠痒、么粹及割戈粹相合研磨等。语[行]者,说媱语,念金刚咒也。意行者,莲花与金刚互相摄受,具正等觉之意也。彼等者,亦当知为内密之灌顶也。内密之灌顶者,于莲花中觉受异熟刹那之胜喜,[菩提心]依具自觉智之一味自性之力而得回转也(de la las kyi phyag rgya rang gi ngo bo brtag par bya ste/ las ni lus ngag yid gsum mnyam pa ste/ bsam pa ni gtso bo yin la/ phyag rgya ni bla ma'i man ngag gis rang gi ngo bo brtag pa'o/ zhes bya ba la las kyi phyag rgya rang gi ngo bo ni lhan cig skyes pa ste/ der sbyor ba gzhan gyis brtag par bya ste/ sbyor ba ni las su shes par bya'o// de la mig lta ba dang/ lce'jib pa dang/ ma mchu so yis gzung ba dang/'o bya zhing'khyud pa dang/ nu ma mnye ba dang g.ya' sgog pa dang/ ka kko lar bo la bskyod pa ni lus so/ chags pa'i gtam gleng ba dang/ rdo rje'i bzlas pa ni ngag go// rdo rje dang padma'i byin gyis brlab pa dang/ rdzogs pa'i sangs rgyas kyi blo yod pa ni yid kyi las te/ de dag ni gsang ba nang gi dbang la yang shes par bya'o// gsang ba nang gi dbang ni/ rnam par smin pa'i skad cig ma mchog gi dga' ba padmar nyams su myong bar byas la/ rang rig pa'i ye shes dang bcas pa'i ro gcig pa'i de nyid mthus bzlog par bya'o)。[①]

若依记句手印入欲乐定者,自身顿想共观之慢,捵受二根,作不二加行,次第受于四喜,至俱生喜,应入空乐不二之理也。

《四手印次第》(*Phyag rgya bzhi gtan la dbab pa*) 云:"所谓记句手印者,报身和化身相之自性、净妙本性者,大持金刚,为利益有情,现为兮噜葛之相,彼者许为记句手印也。受彼记句手印,观察轮相五智之五种仪轨者,以大圆镜智、平等性智、妙观察智、成所作智、清净法界智、初首加行、最胜王中围、最胜王行、明点瑜伽和细微瑜伽等,修习记句手印轮,此上师将积聚福德也(dam tshig gi phyag rgya zhes bya ba ni longs spyod rdzogs pa dang sprul pa'i sku'i rnam pa'i rang bzhin dang ba'i ngo bo nyid sems can gyi don gyi phyir rdo rje'dzin pa he ru ka'i rnam par spros pa de ni dam tshig gi phyag rgyar'dod do// dam tshig gi phyag rgya de blangs nas'khor ba'i rnam pa ye shes lnga'i cho ga rnam pa lngar yongs su brtag pa ni me long lta bu dang/ mnyam pa nyid dang/ so sor rtog pa dang/ bya ba nan tan dang/ chos kyi dbyings shin tu rnam par dag pa rnams dang// sbyor ba dang po dang/ dkyil'khor rgyal mchog dang/ las rgyal mchog dang/ thig le'i rnal'byor dang/ phra mo'i rnal'byor gyis ni dam tshig gi phyag

---

① 《四手印广释宝藏》,北京版丹珠尔, no. 3104, *rgyud'grel*, vol. *mi*, fols. 328b8-329a4 ;参见 Mathes 上揭 2008 年文, p. 100.

rgya'i 'khor lo bsgom pa'i slob dpon des ni bsod nams tsam byas par'gyur ro)。①

若依法手印入欲乐定者,自身顿成本佛之慢,于脐化轮内层,想八道红脉,外层想六十四道红脉,其轮脐上字头向上,想一红色哑字,然心间法轮内层,想四道红脉,外层想八道红脉,其轮脐上,字头向下,想一白色吽字,然字喉报轮内层,想八道红脉,外层想十六道红脉,其轮脉脐上,字头向上,想一红色哑字。然顶大乐轮内层,想八道红脉,外层想三十二道红脉,其轮脐上,字头向下,想一白色欸字,然四轮中央,如悬线一条,应想阿斡歎帝脉,一道似虚空之色,上尖抵于大乐轮,下尖抵于化轮,其脉至极端,正无有偏斜,其阿斡歎帝脉左畔红色稡罗嘛脉一道,上尖抵于大乐轮,如剪刀续至于喉间报轮中央,复如剪刀续至于心间法轮中央,复如剪刀续至下尖,抵于脐化轮。其阿斡歎帝脉右畔白色稡萨捺脉一道,上尖抵于大乐轮中央,复如剪刀续至喉中报轮中央,复如剪刀续至于心间法轮中央,复如剪刀续至下尖,抵于脐化轮。如是想四轮三道脉已。

　　法手印者,乃法界之自性,离戏论,无分别,无造作、无生。以胜喜为悲心自性之唯一庄严,成方便之本性。相续恒常,乃以俱生自性而与智慧同生且无有区别者,即法手印(chos kyi phyag rgya ni chos kyi dbyings kyi rang bzhin te// spros pa dang bral ba// rtog pa med pa// ma bcod pa// skye ba dang bral ba// snying rje'i rang bzhin mchog gi dga' bas gcig tu mdzes pa// thabs kyi ngo bor gyur pa// rgyun gyis rtag pa nyid// lhan cig skyes pa'i rang bzhin gyis shes rab dang lhan cig pa las'byung ba/ dbyer med pa gang yin pa de ni chos kyi phyag rgya zhes bya'o)。②

　　《四手印广释宝藏》释曰:法者,即蕴、界、生处、缘起和四大种等也。以印加彼等之手者,乃依上师所传要门证悟之俱生智也。彼之性相示为"法界之自性"。法界者,即乐空无二,具遍行之性相(chos ni phung po dang/ khams dang/ skye mched dang// rten cing'brel bar'byung ba dang/'byung ba bzhi ste/ de dag la rgyas'debs pa'i phyag rgya ni bla ma'i zhal las rtogs pa'i lhan cig skyes pa'i ye shes so/ de'i mtshan nyid kyang chos kyi dbyings kyi rang bzhin zhes bya bas bstan te/ chos kyi dbyings ni bde ba dang stong pa gnyis su med pa ste/ kun tu'gro ba'i mtshan nyid can no/)。③

　　对行手印和法手印之差别作如是解:智者,行手印也。相合者,么稡及割戈稡也。由彼所生者,乃依能表表明之所表义也。能示与彼义不同者,乃依上师之要门能示乐

---

① 《四手印次第》,北京版丹珠尔, no. 3069, *rgyud'grel*, vol. *mi*, fols. 84a3-7;参见 Mathes 上揭 2008 年文, p. 127.

② 《四手印次第》,北京版丹珠尔, no. 3069, *rgyud'grel*, vol. *mi*, fols. 83a6-;参见 Mathes 上揭 2008 年文, pp.111,125.

③ 《四手印广释宝藏》,北京版丹珠尔, no. 3104, *rgyud'grel*, vol. *mi*, fols. 339a4-6;参见 Mathes 上揭 2008 年文, p.112.

空之名言共相也。由彼证悟乐空总义相者,法手印也(shes rab ni las kyi phyag rgya ste/ sbyor ba ni bo la dang ka kko la'o// de las byung ba ni mtshon byed kyis mtshon pa'i mtshon par bya ba'i don no// don de dang tha mi dad par ston par byed pa ni bla ma'i man ngag gis bde stong ston par byed pa'i sgra spyi'i rnam pa'o// de las rtogs pa bde stong don spyi rnam pa gang yin pa de ni chos kyi phyag rgya'o//)。[①]

　　法手印与修左、右、中脉的关系,缘自《喜金刚本续》中的一段颂文:辞罗嘛脉具智慧之自性,辞萨捺脉具方便之自性,阿斡(左宁右六)帝脉居中,无能取所取。对此,《四手印广释宝藏》释曰:辞罗嘛者,血脉也。彼等者,乃出自分别智慧之自性脉之猛厉风所生者。十六哑哩[母音]之力住于此脉中,位于左边。自明母觉受乐智者,彼等乃主要者故,即智慧也。自性者,乃具力者也。辞萨捺者,精脉也。方便者(即精),现流也,且以鬼相觉受者也。四十屹哩[辅音]之力住于此脉中,流动于右边,主要觉受彼等如假有白莲(kunda,即精液)般的[四种]喜乐。此意观待勇猛者也。复次,住者,乃乐空之能依也。罪过者,边也。舍离者,离边也。母者,乃功德之生处也。中者,即阿斡(左宁右六)帝脉也。即彼者,不可分之风也。所取者,外也。能取者,内也。完全舍离者,脱离二也。脱离者,乐空不二也,然亦非舍离乐空二者(本身),祇是不住于乐空二边,以二者实无分别故。若如许亦不执故,复离增损,即乃言语无法决定之大手印也。彼[法手印]乃成就胜义之异熟之因和道者也(rkyang ma ni rtsa ste/ khrag'bab pa'o/ de dag ni shes rab'byed pa'i bdag nyid kyi rtsa ba'i las rno ba'i rlung gis byed pa'o//āli bcu drug gi nus pa gnas pa dang/ g.yon na gnas pa dang/ rig ma las bde ba'i ye shes myong ba ni'di dag gtso bor gyur pa'i phyir shes rab bo/ rang bzhin ni nus pa dang bcas pa'o// ro ma ni khu ba'bab pa'o/ thabs ni mngon du rgyu zhing rags pa'i tshul gyis nyams su myong ba'o/ / kā li bzhi bcu'i nus pa gnas pa dang/ g.yas su rgyu ba dang kun rdzob kun da lta bu'i bde ba de dag gis gtso bor myong ba dang/ dpa' bo la rag las pa'i don gyis na'o// yang dag gnas pa ni bde stong gi rten byed pa'o// sdig ni mtha'o// spangs pa ni mtha' dang bral ba'o// ma ni yon tan gyi'byung gnas so/// dbus ni a va dhū tī'o// / nyid ni dbyer mi phyed pa'i rlung ngo// gzung ba ni phyi'o//'dzin pa ni nang ngo// rnam par spangs pa ni gnyis las grol ba'o// grol ba de ni bde ba dang stong pa gnyis su min no// gnyis spangs pa'ang ma yin te/ dbyer mi phyed pa'i phyir mtshungs pa'o/ de tsam du'ang mi'dzin pas na sgro skur dang bral ba'i phyir smra ba'i brdas gtan la dbab par mi nus pa'i phyag rgya chen po ste/ de don dam du grub pa'i rnam par smin pa'i rgyu dang

---

① 《四手印广释宝藏》,北京版丹珠尔,no.3104, *rgyud'grel*, vol. *mi*, fols. 340a6-8 ;参见 Mathes 上揭 2008 年文,p.113.

lam mo//)。[①]

然修习人应提谷道,其脐中化轮中央,红色哑字出炽盛火光,其火炽盛焚尽脐中化轮,展转炽盛至于心间,焚尽法轮,展转炽盛至于喉间,焚尽报轮。展转炽盛至于顶上大乐轮,脉道等悉皆萎悴。以彼火力,炙于白菩提心,自性白色欻字,渐渐流注于喉间报轮,还复如故,如想第一喜乐。至于心间,心间法轮,还复如故,想受第二胜喜乐。至于脐间化轮,还复如故,想受第三极喜乐。然菩提心流注遍身,想受第四俱生大乐。观彼俱生大乐,应入空乐不二定也。

《吉祥喜金刚集轮甘露泉》有云:复次,忆念四轮清净,谓脐化轮,即行手印;心法轮者,即法手印;喉报轮者,三昧手印;顶大乐轮,即大手印。

lte ba sprul pa'i'khor lo las kyi phyag rgya/ snying ga chos kyi'khor lo chos kyi phyag rgya/ mgrin pa longs spyod kyi'khor lo dam tshig gi phyag rgya/ spyi bo bde ba chen po'i'khor lo phyag rgya chen po zhes/'khor lo bzhi'i dag pa dran par bya// [②]

《玄义卷》此处所述依法手印入欲乐定修法与其下文所述拙火定修法基本一致,后者云:说依观三道脉入拙火定。言三道脉者,一中央阿斡宁六帝脉(Avadhūtī),二右畔辣啰[萨]捺脉(Rasanā),三左畔[啰]辣麻捺脉(Lalanā),是名三道脉。或依四轮入拙火定。言四轮者:一、脐化轮,内[具]八道脉,外具六十四道脉;二、心间法轮,内具四道脉,外具八道脉;三、喉中报轮,内具八道脉,外具十六道脉;四、顶上大乐轮,内具八道脉,外具三十二道脉。是名四轮脉道也。或依字种入拙火定。言字种者,脐中观炽盛红色"啰"字,或观炽盛红色"哑"字,是名字种拙火定也。或依焰入拙火定者,焰者,脐中想四指许炽然火焰,或观八指,或观十六指,或三十二指,或腹内观满炽然火也,是名四指焰入拙火定也。或提谷道入拙火定。修习人行、住、坐、卧四威仪中,常提谷道,则生暖气,是名提谷道入拙火定也。

问:此阿斡宁帝脉从何处生耶? 答:于母胎中,父母赤白二种相融成身体时,初脐下成阿斡宁帝脉。其阿斡宁帝脉右畔成辣啰[萨]捺脉,左畔成啰麻[辣]捺脉。此三道脉为祖,脐下结成化轮,脉内层是八道脉,外层六十四道脉;其化轮中央,结成黄色字头,向上梵书"哑"字。心间结成法轮,内层是四道脉,外层是八道脉;其法轮中央,结成白色字头,向下"吽"字。喉中结成报轮,内层是八道脉,外层十六道脉;其报轮中央,结成红色字头,向上"哑"字。顶上结成大乐轮,内层八道脉,外具三十二道脉;其大乐轮中央,结成白色字头,向下"亢欠"字。如是三道脉,及四轮脉成,已渐渐成就手足等一切身分也。其彼身体脊骨内,而有麁阿斡宁帝脉,于内而有细麁阿斡宁帝脉

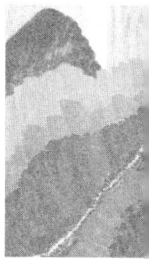

① 《四手印广释宝藏》,北京版丹珠尔,no. 3104, *rgyud'grel*, vol. *mi*, fols. 342a5-b3;参见 Mathes 上揭 2008 年文,pp. 113—114.

② 《吉祥喜金刚集轮甘露泉》上卷,第 43 开。

也。①

若依大手印入欲乐定者,然欲乐定中所生觉受,要须归于空乐不二之理。故今依大手印止息一切妄念,无有织毫忧喜,不思不虑,凝然湛寂,本有空乐无二之理而得相应,即是大手印入欲乐定、归空乐不二之理也。

　　《四手印次第》云:所谓大手印者,乃手印,复大者,故为大手印。无有自性,舍离所知等障,如中秋日之虚空,无有垢尘,成持一切圆满之基,为轮涅同一自性。是乃无所缘之身,大悲心之身,大喜乐唯一之色也。……是故自大手印不可思议之自性,以所谓记句手印,将生最胜之果也,定为大手印无垢之果也(phyag rgya chen po zhes bya ba ni phyag rgya'ang yin la chen po'ang yin pas phyag rgya chen po ste// rang bzhin med pa nyid shes bya ba la sogs pa'i sgrib pa spangs pa// ston ka'i nyi ma phyed kyi nam mkha' ltar dri ma med pa// phun sum tshogs pa mtha' dag 'dzin pa'i gzhir gyur pa//'khor ba dang mya ngan kyi mtha' las 'das pa gcig pa'i rang bzhin/ dmigs pa med pa'i lus/ snying rje chen po'i lus/ bde ba chen po gcig pu'i gzugs so/……de'i phyir phyag rgya chen po bsam gyis mi kyab pa'i rang bzhin las dam tshig gi phyag rgya zhes bya bas mchog gi 'bras bu skye bar 'gyur ro// phyag rgya chen po dri ma med pa'i 'bras bu nges par bstan pa ste// gsum pa'o)。②

　　《大手印无字要》云:所言"手印"者,普印一切实法。言"大"者,其上别无他法。于彼有三:一、因大手印者,即心之法性,二、道大手印者,即是基;三、果大手印者,法身也。夫道之初首,见大手印者,闻离言诠[理]并了悟;修大手印者,即于义学,合喻义;行大手印者,即自生;觉大手印者,即乐空双运。

　　ming gi don cung zad brjod par bya ste/ phyag rgya zhes bya ba ni/ dngos po thams cad la rgyas 'debs pa yin la/ chen po zhes bya ba ni de'i gong na gzhan med pa yin no/ de la gsum/ rgyu phyag rgya chen po ni sems kyi chos nyid/ lam phyag rgya chen po ni bzhi/'bras bu phyag rgya chen po ni chos sku/ lam gyi dang po lta ba phyag rgya chen po ni brjod bral thos shing go ba/ sgom pa phyag rgya chen po ni don la bslab pa dpe don bsre ba/ spyod pa phyag rgya chen po ni shugs 'byung/ nyams phyag rgya chen po ni bde stong zung 'jug yin no/③

　　案:《玄义卷》此处所述大手印之用辞似与《四手印次第》等印藏佛教文献不完全符合,而容易让人想起汉传佛教禅宗文献中的语言风格。例如,传为禅宗祖师菩提达

① 《依吉祥上乐轮方便智慧双运道玄义卷》,《大乘要道密集》上册,卷一,第13—15页。
② 《四手印次第》北京版丹珠尔, no. 3069, *rgyud 'grel*, vol. *mi*, fols. 83b7-84a3 ; 参见 Mathes 上揭 2008 年文, pp. 115—116, 126.
③ Slob dpon ngag dbang grags pa, *Phyag rgya chen bo yi ge med pa*, *Lam 'bras slob bshad*, vol. 11, p. 418.

摩所传最早的禅宗文献《二入四行论》中所云"理入"一段与此所述大手印要理异曲同工，后者云："夫入道多途，要而言之，不出二种，一是理入，二是行入。理入者，谓藉教悟宗。深信含生，同一真性，但为客尘妄想所覆，不能显了。若也，舍妄归真，凝住壁观，无自无他，凡圣等一，坚住不移，更不随于文教，此即与理冥符，无有分别，寂然无为，名为理入。"①

俄藏黑水城文献之中见有一篇标题作《拙火能照无明——风息执着共行之法》的汉译藏传密教文献，为一西夏时代写本。这个文本当也是萨思迦或者噶举派所传之道果法的一种，其中有言"本道与果兼具者（lam 'bras bu dang bcas pa），盖为真实上师恩。上但方便非余义，我今不说是真实。于内胜解所生境，非是语言可宣说。"由此或即可知其与"道果法"之关联。然《拙火能照无明》在解释修习拙火定之功德时提到"若就名言立假名，故得名之大手印。"接着在解释于"意中作"欲乐定，并解释秘密修作之合法性之后又说："圣意所宗大手印，即是自觉光明性。亦是理智不二性，此非言说显示义。若依文字而表示，如来金口之所说。虽自本有解者希，两目专缘与盲等。是方便道离念境，有相身中而学者。妄想习情自止息，烦恼之心渐渐除。无执境界自显彰，此是湛融渐次道。文词之中所撰集，非是众人之境界。悲器人处应保惜，是法器者乃方授。具诸禅境及所宗，或得少分禅境味。"②

今依密教，在家人则依行手印入欲乐定，若出家者依余三印入欲乐定，契于空乐无二之理也。问淫声败德，智者所不行，欲想迷神，圣神之所远离，近障生天，远妨圣道，经论共演，不可具陈。今于密乘何以此法化人之快捷方式、作入理之要真耶？答：如来设教，随机不同。通则皆成妙药，执则无非疮疣，各随所仪，不可执己非彼。又此密乘是转位道（lam'khyer），即以五害烦恼为正而成正觉。亦于此处无上菩提作增胜道。言增胜力者，于大禅定本续（大修习本续、无上瑜伽本续）之中，此毋（母）本续，即为殊胜方便也。前代密栗呬钵师等依此路现身上而证圣果。《胜惠本续》云：下根以贪欲中造着道门而修习者，应当入欲乐定也。其欲乐定有十五门，若修习人依修习，现身必证大手印成就。

同卷《光明定玄义》一节中有云："若弃舍烦恼而修道者是显教道，不舍烦恼而修道者是密教道。今修密教之人，贪嗔痴等一切烦恼返为道者，是大善巧方便也。"③

传为"大巴弥怛铭得哩斡师集"的《新译大手印不共义配教要门》中，对显、密二教的分别作了很权威的解释，其云："原夫真实究竟明满为利益有情演说八万四千法门，欲令显示离于言说昔成无生大手印本源理故，初以方便义随化机演说历位彼岸乘

① 《大正藏》卷48。
② 俄罗斯科学院东方研究所圣彼得堡分所、中国社会科学院民族研究所、上海古籍出版社合编《俄藏黑水城文献》，上海古籍出版社，1996—1998年，第5卷，第252—256页。
③ 《依吉祥上乐轮方便智慧双运道玄义卷》，《大乘要道密集》上册，卷一，第26页。

法,次以决定义随所化机演说共同密乘教法。……后以真心义为利上根堪解脱者,演说不共大手印无比要门。①

在晚近新发现的《依中围轮方便道修大乐定剂门》中有云:捺浪巴师问矿浪巴师云:"贪欲及根本烦恼轮回之固[因!],云何为道?"矿浪巴师荅云:"此有多义,一烦恼如梦幻中,为利众生故,因此作也;二贪欲本空,此诸法相空,空寂能显真空光明也;三依内贪欲为润生因,故留惑修行也。四烦恼色相自性本具能明真如也;五贪欲自性即真空妙有、体性不二,不可思议。由依此五义修道,无过失也。从前因果二乘,是依共义说。②

此处所提到的密栗吪钵当即指萨思迦派所传道果法的祖师、印度八十四成道者之一 Virūpa 上师,他的名字通常译作"密哩斡巴",亦有译作"觅栗瓦巴"的。关于他依密乘转位道即身成佛的故事,最详尽的记载见于萨思迦三世祖葛剌思巴监藏造《印度上师传承史》。③

又准《上乐轮根本续》云:

见之及与触　闻或忆念时　即脱重罪中　即如此无疑

此引《上乐轮根本续》当为《吉祥胜乐略续》(*rGyud kyi rgyal po dpal bde mchog nyung ngu zhes bya ba bzhug so*),全续分为五十一品,此段引文出自第一品:入坛城品(*dkyil 'khor du 'jug pa'i le'u*)。原文为: mthong ba dang ni reg pa dang / thos pa'am ni dran pa yis / sdig pa kun las grol 'gyur ba / de ltar nyid du the tshom med //④

《出现上乐本续》云:

方便非脩习　胜惠亦非脩　方便惠不二　故称名脩习

又彼本续云:

惠方等加行　求上菩提人　即是无此者　身虽在于俗

已系正觉教　了无分别相　是金刚勇识　必是证正觉

此是真持戒　行者上乐毕　决定成四身

《大幻化本续》云:

---

① 《新译大手印不共义配教要门》,《大乘要道密集》下册,卷四,第1—2页。

② 梵国大修习者亚称捺也巴传、智光禅师依西番本汉译《依中围轮方便道修大乐定剂门》,见于辽宁省图书馆藏《演撮儿法三种》,原为罗振玉得自清内库大档中。

③ Grags pa rgyal mtshan, *Bla ma brgyud pa rgya gar pa'i lo rgyus*, *Lam'bras slob bshad: Sa-skya lam'bras literature series*, Vol. 11, pp. 581—593.

④ *bDe mchog nyung ngu*, *bKa' 'gyur*, stog pho brang bris ma, Volume 92, p. 5;《吉祥胜乐略续》的汉译本有宝法称·仁钦曲扎译《(母续续王)胜乐略续》,台北佛教慈慧服务中心,1997年。

无定离苦行　　亦无净斋戒　　恒方便惠等　　喜乐能成就

　　《大幻化本续》藏名为 *sGyu 'phrul chen mo'i rgyud*，全续共三品，引文出自第一品：说成就相品(*dngos grub kyi mtshan ma bstan pa*)。原文为：brtul zhugs med cing dka' thub med / dka' spyod bsnyung ba sdom med par / rtag tu shes rab thabs sogs kyis / rtag tu dga' dang bde bas 'grub //[①]

《密集本续》云：

　　五欲之乐等　　随意而受用

《金刚四座本续》云：

　　所求脩乐者　　已乐断轮回

《喜乐金刚帐本续》及《三莫恒本续》云：

　　腹中悮入毒　　复以毒中取　　以楔而出楔　　以垢中除垢

　　若耳中水入　　以水能令出　　若火所烧时　　以彼火中燸

　　若有贪欲情　　以欲中调伏　　此例禅定者　　正教邪不觧

　　这段文字本于《喜金刚本续》后分第二品，对应的文字为：ji ltar rna bar chu zhugs pa / chu gzhan dag gis'gugs par byed / de bzhin dngos po'i rnam rtog kyang /rnam par nges pas sbyang bar bya /ji ltar 'tshod pas tshig pa yang / me yis kyang ni gdung par bya / de bzhin'dod chags mes'tshig pa /'dod chags me yis gdung bar bya /skye bo mi bzang pa yi las /gang dang gang gis'ching'gyur ba / thabs dang bcas na de nyid kyi / srid pa'i'ching ba las grol'gyur / chags pas'jig rten'ching'gyur ba /'dod chags nyid kyis rnam grol'gyur / bzlog pa'i sgom pa'di nyid ni / sangs rgyas mu stegs kyis mi shes //[②]

　　《拙火能照无明》中解释秘密修之必要性时说：秘密宜应密修作，其深秘密是方便，而我不说是胜宗。如同耳中悮入水，复灌入水方得出。又如腹内悮入毒，即用毒药方得出。犹如以楔而脱楔，亦如垢中能除垢。如要对治一种病，药饵差别要众多。[③]

《喜乐金刚本续》施戒仪云：

　　思念一切诸圆满　　殊胜奉于上明母　　三世界中胜名称

　　脩习中围加行中　　今日应行大乐行　　余方便中不正觉

　　若有愚痴还犯故　　不应获得妙成就

既有如斯胜力，何须却弱者哉？倘若傍倚此门，非理而作，罪大不少。故《能照无明要门》云：

①　*sGyu'phrul chen mo'i rgyud, bKa''gyur*, stog pho brang bris ma, Volume 94, p. 690.

②　*Kye'I rdo rje'i rgyud, bKa''gyur*, stog pho brang bris ma, volume 94, pp. 255—256.

③　《俄藏黑水城文献》第5卷，第255页。

不依正理妄脩行　如是之人坏正法　不晓加行湛融人

不用同席而共居　此乃是为凡俗境　无有功能成过患

由此诸脩秘密者　失方便意成谬作。

此处所引之《能照无明要门》显然就是见于俄藏黑水城文献之中的《拙火能照无明——风息执著共行之法》，后者详说修拙火定所获功德，述解修习大手印法这一胜方便道较之闻思、多闻之种种殊胜之处，然后解释"乐欲执著道之人，现有及欲意中作"，即教导行者如何修习欲乐定，并强调修习欲乐定时当挑选合适的助伴和坚持秘密修作的重要性，再说密乘方便"以毒攻毒"之性质，最后解释大手印禅定之性相与功德。显然，《能照无明要门》所言主题与此所述修习欲乐定和大手印定之正当性和殊胜功德异曲同工，上引这段话即是《能照无明要门》强调选择合适助伴时所说。引文与俄藏黑水城文献中所见同名写本基本一致，仅将"修作"改为"修行"、"同蓆"改为"同席"，此外最后两句前省去了"能以方便加行者，一二之人所达境"两句。①

《令明体性要门》云：

猛虎行步者　野豻不能行　狮子跳踊处　驴跳必致死

有福成甘露　无福乃为毒

案：此之《令明体性要门》与后之《伏妄要门》或均与前述《能照无明要门》一样，乃西夏时代汉译之藏传密教文献，唯它们今已不见于俄藏黑水城文献之中。所谓"要门"者，与藏文 man ngag 一词对应，乃修习藏传秘法仪轨之直授指导。于俄藏黑水城文献中，我们见到一系列"要门"类汉译藏传密教文献，特别是与《捺啰六法》之修习相关的种种要门。毫无疑问，当时曾被汉译的藏传佛教密修要门尚还远不止于今天所能见到的这几种。

若脩习人依斯要门而脩习者，无始至今所积恶业，悉皆消灭。一切福惠，速得圆满。一切障碍，悉能回遣。一切成就，尽皆克获。若依行印不二加行，脩习一次即是依住所，即是增长、究竟禅定，诵咒，广大施食，广大集轮供养，② 广大烧施，即是揟（摄）瓶福足，亲诵忏悔，一切法行，悉皆具足。如是果乘，甚深密法，非器勿传，片成莫受。故《集轮根本本续末乌末怛疏记》云：师若不闭资，若轻受，俱违法式，而受折罚诸空行护法之心，其情甚切。又疏云：持金刚者惜此续观，如取出于自心，如是不思议殊胜法，劫劫生生难逢、难过，今既幸逢，欢喜信受，若有愚人，不信是法，所获罪报，金口亲宣。故《集轮根本本续》云：《吉祥

---

① 《俄藏黑水城文献》第5卷，第252—256页。

② 《俄藏黑水城文献》中有一篇题为《大集轮》的长篇仪轨，集中了供养吉祥上乐轮本尊中围的种种赞颂、密咒和供养等，见《俄藏黑水城文献》第2卷，第108—147页。

形噜葛本续》中于何指教？若不信贫穷，若以罚逼迫，于后永常。而《发起演义记》云：不信其义者，此人决定现世受其贫穷、官事、口舌、一切疾患，直至临终失于正念，死后堕落三涂，受无量苦，世世不能见佛闻法，既有斯报，决应信受。

《伏妄要门》云：

　　　人大及解脱　　此由信心克　　若欲作伏亡　　初学信心法
　　　所觉总集亡　　若人无信心　　白发生不长　　如种火所焦
　　　唯植不生芽

虽然信受，若不信行，终无利益。古德云：万法庄严，不憖无托。欲渡巨海，非舟何倚？若有愿乐之心，而不行愿乐之事，真珠见其果，如绝粮之人，心存百味，于其饥恼，终无济益。当知欲求胜果，必须心事俱行。又云：

　　　能行说为正　　不行何所说　　若说不脩行　　不名为智者

然脩习人依欲乐定而脩习者，能开脉道，能引菩提，自在回转。行人习定，无二真乐，未现前者，伏托行印，即获其乐，令得现前。又诸法自性，本无染净，一切二相，平等无异，似空花水月，正有之处，即是净空显性。万法亦然，触处皆是平实妙理。由存情念，妄生取舍，皆无为理，无使沉溺。苟能正眼开通，法法无谛，一一无非，实际妙理。今以行印有三类机，若上根则托此行印，真实正念，到此不用，回遍菩提。如中根即伏此福德行印，能降能回，等引发生空乐契无为理。下根之人，伏行印时，审观自力，增长坚固，拙火自在，降捉回遍等，而无滞碍者，可作此法，自他获益。不观自力，恣情行非，倘有触犯，难免地狱。如上所说，贵在依行，不可解义，便为脩习者矣。

四

以上对《依吉祥上乐轮方便智慧双运道玄义卷》之第一部分，即依四手印修欲乐定部分的读解，我们或可以得出以下初步的结论：

一，《依吉祥上乐轮方便智慧双运道玄义卷》不是一部《吉祥胜乐本续》的释论，而是以《吉祥胜乐本续》为依据的，修习属于无上瑜伽部母续的欲乐定等仪轨的结集。它当是萨思迦派／噶举派所传"道果法"的一部仪轨集，其中的欲乐定修习要门，根据的完全是属于"道果九轮"之一的《因得啰菩提手印道要》。它在述说"不坏护持"要门时，明言"在道果第四内可知"，在解释修习欲乐定为何不能"非理而作"时，又引用了另一篇"道果法"的要门——《能照无明要门》。这再次说明萨思迦派／噶举派所传的"道果法"当曾经在西夏有过较广泛的传播，当时汉译的属于萨思迦派／噶举派所传"道果法"的文献，当远不止今天我们能在《大乘要道密集》和俄藏黑水城文献中所见到的这几种。

值得一提的是，本文读解之《依吉祥上乐轮方便智慧双运道玄义卷》中的欲乐定，实在也可以视为根据传为大持金刚所传、矼浪巴师（Tilopa）造文之《［胜乐］耳传金刚句

偈》（ *sNyam brgyud rdo rje'i tshig rkang* ），或曰《耳传金刚瑜伽母》（ *sNyan brgyud rdo rje rnal'byor ma* ）中"大喜乐"（ bde ba chen po ）一节演化出来的求修欲乐定要门。《耳传金刚句偈》虽然篇幅短小，但据称包罗了一切胜乐根本续和口传要门之精义和密意，是噶举派所传密法中的一部十分重要的文献。它提纲挈领地开示胜乐修法之主要内容，从成熟道（ smin lam ）、解脱道（ grol lam ）和增（ bskyed rim ）、究（ rdzogs rim ）二观门，至被后人称为捺啰六法（ chos drug ）的瑜伽修习，然后说"大喜乐"（ bde ba chen po ）和"大手印"（ phyag rgya chen po ），最后是密咒道（ gsang sngags lam ）和除障（ gegs bsal ），是一部完整的噶举派修法纲要。其对于噶举派的意义或可与《道果金刚句偈》对于萨思迦派之意义相媲美。其中有关"大喜乐"修法一节原文云：

> 空行秘密道大喜乐者，以年十六至二十五之明母，即莲种母、兽形母、螺具母等等具相手印，即金刚瑜伽母，与具缘士夫如兮噜葛者，无二抱合，以有漏享用无漏，令明点降、持、回返、周遍和处中增长。旋若慈乌，作狮子、大象、孔雀、雌虎、陆龟之势，观四喜、三十二义，示具生智自性无别，一切现有法均显现为无漏喜乐。为密灌手印甘露丸故，当施十六半半四分明点，余四分三［明点］则周遍于诸轮。若散漫、溺于欲望，或为他力和酒精迷醉，则坏失于义，将再堕恶趣。是故当于金刚身取其精髓，此生必成正觉无疑。①

用这段话对照我们前文试图解读的《依吉祥上乐轮方便智慧双运道玄义卷》之修习欲乐定部分则不难看出，所谓"欲乐定"与《耳传金刚句偈》中所说的"大喜乐"实际上是一回事。将"欲乐定"与"大喜乐"相提并论，并对其修法作细致的解读或者可以帮助我们揭开元代宫廷所传"秘密大喜乐禅定"之真相。

二，《依吉祥上乐轮方便智慧双运道玄义卷》或许并不是一部同名的藏文文本的直接翻译，而是作者根据当时流行的许多种汉译萨思迦派／噶举派所传"道果法"文献选集、编著而成的一部新的仪轨集。首先，《依吉祥上乐轮方便智慧双运道玄义卷》题下仅标明为"祐国宝塔弘觉国师沙门慧信录"，而没有像其他大部分文本一样标明传（述）、集、译者的

---

① mkha' 'gro'i gsang lam bde ba chen po ni/ bcu drug nyer lnga'i bar gyi rig ma ni/ padma rid wags dung can la sogs pa/ phyag rgya mtshan ldan rdo rje rnal'byor ma/ skal ldan skyes bu/ he ru ka lta bu/ gnyis med'khril sbyor/ zag bcas zag med rol/ thig le dbab/ bzung/ bzlog/ dgram/gnas su spel/bya rgod bcud la seng ge glang chen dang/ rma bya stag mo rus sbal la sogs bya/ dga' ba bzhi gsum bcu gnyis don la blta/ lhan skyes ye shes rang bzhin dbyer med ston/ snang srid thams cad zag med bde bar'char/ gsang dbang phyag rgya bdud rtsi ril bu'i phyir/ thig le bcu drug phyed phyed bzhi cha sbyin/ bzhi gsum'khor lo dag la dgram par bya/ bag med'dod sred/ gzhan dbang chang gis myos/ don la nyams shing slar yang ngan song ltung/ des na rdo rje'i lus la gnad du bsnun/ thse'dir sangs rgyas ster bar the tshom med/.《耳传金刚句偈》之文本的校正版和英译、讨论详见 Fabrizio Torricelli, "The Tibetan Text of Karṇatantravajrapada," *East and West*, 48（ 1998 ）, pp. 385—423.

名字,故很可能这位录者慧信实际上就是这个文本的作者,是他根据当时所能见到的各种相关的文本集中、编排成为一个修习欲乐定和拙火定的要门。其次,录(作)者于文中所引述的种种经续、要门等,如所引《能照无明要门》中的那个段落,与现见于俄藏黑水城文献中的同名文本中的文字基本一致,看起来是直接引用了这个汉文本,而不像是根据藏文原本作的另一种翻译。还有,《依吉祥上乐轮方便智慧双运道玄义卷》中除了引述《能照无明要门》外,还引述了《令明体性要门》和《伏妄要门》等另外两个要门,它们和《能照无明要门》一样或是当时以汉文传世的两个瑜伽修习要门,故它们也像是被《玄义卷》的作者直接引述,而不是根据原本翻译的。

三,从《依吉祥上乐轮方便智慧双运道玄义卷》这个文本的内容来分析,我们不但可以进一步确认元代蒙古人信仰藏传密教,特别是尊崇萨思迦派/噶举派上师,确实有其很深的西夏背景。[①]《玄义卷》中重点指导的欲乐定显然与元朝宫廷内所传的所谓"秘密大喜乐禅定"是同一性质的修法。而且,我们也可以清楚地认识到西夏时代藏传佛教的流行程度和西夏佛教徒对藏传密教之理解和实践的程度当远远超出我们以往的想象。《玄义卷》中所包括的"欲乐定"、"拙火定"等修法要门,与同样见于《大乘要道密集》中的可以确定是明代翻译的《道果延晖集》中相关内容比较,二者不但在教法传承上属同一体系,而且在修习次第上也难分伯仲。而《玄义卷》中有关密法修习之合理性的讨论既反映了藏传密教于西夏传播时所遭遇的抵抗,对研究西夏时代藏传佛教传播史有特殊的意义,同时也反映了这个文本的作者对佛教显密二宗于理论和实修两方面的异同有了极其明确和深刻的把握,这样的讨论对于研究密乘佛教的定义、修法及其宗教和哲学意义显然具有十分特殊和难得的意义。

本文中部分译文和引文经杨杰同学查证,谨此志谢!

① 参见沈卫荣《初探蒙古接受藏传佛教的西夏背景》,《西域历史语言研究集刊》第一辑,科学出版社,2007年,第273—286页。

西夏汉文藏传密教仪轨《依吉祥上乐轮方便智慧双运道玄义卷》读解

新发现唐史弘泉墓志铭试释

张重艳(河北省社会科学院历史所)

孙继民(河北省社会科学院)

刘宏安(宁夏灵武市文物保管所)

近年宁夏固原市彭阳县与甘肃省交界处出土唐代墓志一通,经辗转流传已藏灵武市文物保管所,志题为《唐故银青光禄大夫检校国子祭酒前武州刺史兼御史中丞史府君墓志铭并序》。志石长、宽各57厘米,厚约8厘米。文字共27行,满行32字,共800余字,大部分文字可识读,现将墓志录文如下:

1 唐故银青光禄大夫、检校国子祭酒、前武州刺史、兼御史中丞史府君墓志铭并序

2 　　　　前渭州军事判官、将仕郎、试太常寺奉礼郎万司南 撰

3 府君讳弘①泉,字应天,其先河□南□人也。始得姓于周文帝。祖仙英,昭义军武锋军使,兼邯

4 郸镇遏使。父行节,昭义马军都知□兵□马使、兼押衙、检校国子祭酒、兼御史中丞。公即中司

5 之孟子也。公幼怀□聪敏□,长负志气,□□外学,滔溺弓毬,既蕴韬钤,兼资雄勇,乃抱志

6 艺,入仕辕门。会昌祸□□臣□□危□,拨乱　中土,　　公举家归国。国赏忠贞,特

7 勅授殿中侍御史,隶于□□□,职曰兵马使,旋充行营左右骁雄使,立功升右职。

会羌部

---

① 墓志中此字字形为左右结构,左弓右口,据秦公辑《碑别字新编》(文物出版社,1985年,第14页),为"弘"字。

8 凭凌，征师剪灭，　公得用焉。坐筹砂垒，展効烽烟，居著深谋，出彰决胜，以功授

9 检校国子祭酒。师还，从麾于回山，值元帅康公大展深谋，请复河湟

10 故地，诏谐之，　　公乃从征于弹筝之西。公智略绝伦，果敢无敌，名高麾下，

11 威峻军前，既统锐师，得申机变，拽长枪，驱短卒，出生入死，举无遗策，生擒莫

12 记，斩首孰多，累功迁侍御史，职曰团使。倒戈未庸，　公居其最，皇恩宠答，授

13 安定典午。改隶于回山，竟以劳能，难掩休绪，寻充司农右巡都知兵马使。踰月，
转左巡。

14 公韬谋之外，尤善劝农，激励慵愚，率成勤涂，川无废地，原绝荒榛，赡国之储，
溢于仓宇。

15 圣上忧边，求良二千石，　公首膺是荐，假骑步都而闻。咸通三年，授渭州刺史。

16 公早通官业，深达吏经，以勤恪为奉公之心，以贞廉为莅事之本。到郡，绥抚疲
羸，除斥

17 弊事。以威德而伏羌戎，以礼义而化聋俗，以廿若而训师徒。殊绩大彰，政闻

18 天听，秩满归阙。朝廷议功，　公居课最。七年，授御史中丞，拜武州刺史，理武之

19 □，无易于渭。罢归，　朝奖将加，欲委旌钺。呜呼！修短前期，俄若霜露。
乾符元年六月

20 廿三日寝疾，终于　帝里，享七十二。　夫人栗氏，先　公十年而归。
公手足四

21 人，令嗣四人，长曰讽，历仕衔庭，位居右职，后　公一岁而谢；仲曰谒，又
曰谟，季曰

22 诏，而杰者雄谟矣。皆奉　公丧，号殒踰制，毁瘠，几不胜任，以乾符四年四月

23 十四日归葬于□之北原乌氏乡，礼也。铭曰：

24 　　太阳明明，一死一生，脩短之分，人莫能更。

25 　　□之北原，南临大川，高崩巍峨，松柏连绵。

26 　　白杨摇摇，悲风切切，今嗣蒿居，始建茔□。

27 　　魂方有归，永安于此，流庆莫穷，保固诸子。

从志文可见，志主史弘泉，字应天，先祖"河南人也"，"始得姓于周文帝"，祖史仙英，官至昭义军武锋军使，兼邯郸镇遏使；父史行节，为昭义马军都知兵马使。史弘泉为史行节长子，[①] 应生于贞元十九年（803），[②] 从第5—9行说他"幼怀聪敏，长负志气，□□外

① 志称"公即中司之孟子也"。"中司"是唐、宋对御史中丞的简称，此处"中司"指代史行节"兼御史中丞"一衔。"孟子"即长子。

② 志称史弘泉死于乾符元年（874），享年72岁，则生年当在贞元十九年（803）。

学,濡溺弓毯,既蕴韬钤,兼资雄易,乃抱志艺,入仕辕门"来看,应是早年习武,在昭义镇当兵入伍。他曾亲历会昌四年(844)昭义军刘稹叛乱事件,并"举家归国","勅授殿中侍御史,隶于□□□,职曰兵马使,旋充行营左右骁雄使,立功升右职",似是任军职于关中京师西北的唐廷中央禁军所属军镇。此后,历经"征师剪灭""羌部"之战,跟随"元帅康公""从征于弹筝之西",咸通三年(862)任渭州刺史,咸通七年(866)任武州刺史,于乾符元年(874)在"帝里"即长安辞世,乾符四年(877)四月归葬于北原乌氏乡。史弘泉出身于藩镇军将之家,最后跻身于唐朝高级官吏,经历曲折。本墓志内容丰富,涉及唐朝中后期史事制度颇多,但其人却不见于史籍记载,因此,非常值得研究。以下拟从四个方面略加考释。

一、史弘泉与固原市郊隋唐史氏家族关系及其粟特人身份推测

墓志出土于宁夏固原市下辖的彭阳县,志主又是姓史,因此,凡是见到墓志的学者自然而然就会联想到其会否与固原南郊著名的隋唐史氏墓志有关系,会否属于固原隋唐"昭武九姓"后裔史氏家族。

我们知道,著名的固原郊区隋唐史氏墓志是1982年至1995年固原西南五公里的羊坊村、小马庄村、王涝坝村发掘9座隋唐墓葬时所出,其中7座墓葬出土有墓志铭,除1座为梁姓(元珍)墓外,其余6座均为史姓墓。据6通史姓墓志记载,墓主均为"昭武九姓"中的史国人后裔,其中隋史射勿与唐史诃耽、史道德、史铁棒为祖孙关系,史索岩与史道德为叔侄关系。史射勿墓志在提及其郡望及姓氏源流时道"平凉平高县人。其先出自西国,曾祖妙尼,祖波波匿,并仕本国,俱为萨宝"。[①] 固原郊区隋唐史氏墓志发现后,以其反映中西文化交流和中原西域汉蕃民族关系史料的珍贵价值,曾引起隋唐史学界和考古学界的瞩目和关注。[②] 史弘泉墓志虽然出土于彭阳县,但也属于固原市,史弘泉是否属于固原郊区隋唐墓葬所见的"昭武九姓"的史氏家族呢?这的确是我们必须首先回答的问题。但根据我们的研究,得出的结论却是否定的回答。理由如下:

---

① 罗丰编著《固原南郊隋唐墓地》,文物出版社,1996年,第565页。
② 相关研究除了罗丰一系列研究之外,还有固原博物馆《宁夏固原唐史道德墓清理简报》(《文物》1985.11)、赵超《对史道德墓志及其族属的一点看法》(《文物》1986.12)、罗丰《也谈史道德族属及相关问题》(《文物》1988.8)、马驰《史道德的族属、籍贯及其后人》(《文物》1991.5)、李鸿宾《史道德族属及中国境内的昭武九姓》(《中央民院学报》1992.3)、又《史道德族属问题再考察》(《庆祝王锺翰先生八十寿辰学术论文集》,辽宁大学,1993年)、邓文宽《史道德墓出西域胡人的天文学考察》(《法门寺论文集》,陕西人民出版社,2000年)。罗丰《固原南郊隋唐史氏墓志考释》(《大陆杂志》90.5、6,1995年),罗丰《固原南郊隋唐墓地》(文物出版社,1996年)发表了这个粟特人墓地的所有材料,可以看出粟特人的多种文化面貌和汉化的情形。中日原州联合考古队编著《唐史道洛墓——原州考古调查报告之一》(东京勉诚,1999年),罗丰《流寓中国的中亚史国人》(《国学研究》7,2000年)。

第一，从史弘泉墓志家世自述来看，看不到他与固原南郊隋唐史氏家族有什么关系。墓志称史弘泉"其先河南人也，始得姓于周文帝"。所谓河南，指以洛阳为中心的河南府，这是史弘泉自述中的郡望所在。所谓"始得姓于周文帝"，应是说其姓氏得自于西魏北周的宇文泰。但宇文泰时期赐姓改姓的基本内容是胡人恢复胡姓和汉人改赐胡姓，无论是恢复胡姓还是改赐胡姓，其特点都是由单姓改为复姓，史弘泉祖先如果真是得姓于周文帝，那一定是复姓。因此，疑墓志所云"始得姓于周文帝"时应为复姓，入隋后始单称为"史"，而墓志语焉不详。由此看来，至少从史氏自述家世看，史弘泉氏自述的郡望应是河南府，得姓始自于西魏北周的宇文泰，但当时不应该称"史"氏。固原南郊史氏墓志追述先祖或称"其先出自西国"（《隋史射勿墓志》），或称"史国王之苗裔也"（《唐史诃耽墓志》），明白无误地与昭武九姓的史国相联系。史弘泉墓志与其相比，至少仅就墓志字面而言，史弘泉的这个郡望和姓氏看不到与固原南郊隋唐史氏家族有关系。

第二，从葬地看，史弘泉与固原南郊隋唐史氏家族不在同地。如上所述，固原南郊史氏墓葬地在 20 世纪 80 年代发掘时位于固原市区西南五公里左右，如今随着市区的扩大和西移，已经很接近市区的南缘，所以现在也称之为南郊隋唐史氏墓葬。固原南郊史氏墓志所述籍贯、居住地和墓地，《隋史射勿墓志》（隋大业五年，609）称是"平凉平高县人（中略）大业五年三月廿四日遘疾薨于私第（中略）葬于平凉郡咸阳乡贤良里"；《唐史道洛墓志铭》（唐显庆三年，658）称是"原州平高人也（中略）以永徽六年正月廿八日遘疾薨于劝善里（中略）"，与夫人康氏于显庆三年十二月二十四日"合葬于原州百达原"；《唐史铁棒墓志铭》（唐咸亨元年，670）称"原州平高县人也（中略）乾封元年八月十三日以疾终于原州平高县劝善里第"；《唐史诃耽墓志铭》（唐总章二年，669）均称"原州平高县人（中略）以总章二年九月二十三日遘疾终于原州平高县劝善里舍"；《唐史索岩墓志铭》（唐麟德元年，664）称"其先建康飞桥人氏。其先因宦，因家原州（中略）显庆元年五月十三日气疾暴增，薨于原州万福里第"；《唐史道德墓志铭》（唐仪凤三年，678）称"其先建康飞桥人氏"，"远祖因宦来徙平高，其后子孙家焉。（中略）以仪凤三年三月十九日遘疾终于原州平高县招集远里私第"。隋代的"平凉"即"平凉郡"，亦即唐代的原州所在。无论是隋代的平凉平高县还是唐代的原州平高县，均即今固原市区所在。同时，史氏家族墓地的发现，既证明史籍记载的平高县即今固原市区所在，也说明史氏家族聚居在平高县城。

史弘泉墓志不是考古发掘所得，入藏灵武市文物保管所之前又几经转手，因此其确切的出土地点不明，只知是彭阳县与甘肃省交界处，而此志又恰好缺乏志主籍贯和葬地的详细材料，我们只有结合目前所知墓志的大概出土地点和墓志铭所述葬地的只言片语来加以推定。墓志称史弘泉"乾符元年六月廿三日寝疾，终于帝里"，"乾符四年四月十四日归葬于□之北原乌氏乡"。"帝里"在这里无疑指唐都长安，说明史弘泉是乾符元年（874）六月死于长安，乾符四年四月"归葬于□之北原乌氏乡"。这里的"□之北原乌氏乡"对于解

读史弘泉葬地很关键,但可惜其中对于判定地望起关键作用的一个字——"之"前一字却残泐了,另外一处有可能是该字的25行"□之北原"也同样残泐了。幸好,这句话还保留了一个很重要的地名"乌氏乡",使得我们推测其葬地有了可能。按乌氏为古地名,秦汉、曹魏、西晋、北魏均置有乌氏县,属安定郡。据《中国历史地图集》,秦代时期的乌氏县,《关中诸郡图》[①]标注于今宁夏固原市之南偏东、泾源县之北偏东和甘肃省平凉市西北之间,六盘山之东和泾水之北,应相当于今宁夏彭阳县、泾源县和甘肃省平凉市三县市接壤一带。两汉、曹魏和西晋时期的乌氏县也同样。是则《中国历史地图集》的编者认为乌氏县在今宁夏彭阳县、泾源县和甘肃省平凉市三县市接壤一带,[②]而这一地点与史弘泉墓志来源于"彭阳县与甘肃省交界处"相吻合,所以,史弘泉的墓地就应在今宁夏彭阳县、泾源县和甘肃省平凉市三县市接壤一带。

确定了史弘泉墓地的大概方位,就可清楚地看出,这一地点与固原史氏家族所在的平高县城仅地图直线距离就有40多公里,因此可以断定,史弘泉家族与固原史氏家族有相当距离,我们看不到二者之间的联系,史弘泉家族与固原史氏家族应无世系关联。

我们说史弘泉与固原史氏家族没有关系,并不等于否定史弘泉与"昭武九姓"有关联,并且认为史弘泉可能具有粟特人的身份背景,这同样有两点理由:一是史弘泉"归葬于□之北原乌氏乡",即今宁夏彭阳县、泾源县和甘肃省平凉市三县市接壤一带,这里虽与固原史氏家族有相当距离,我们见不到二者有世系联系的踪迹,但这里与今固原均属唐代的六胡州所在,而且固原南郊史氏家族墓地也证实此地是昭武九姓分布、活动的地区,因此史弘泉极有昭武九姓史国后裔的嫌疑;二是史弘泉先世"始得姓于周文帝",与固原史氏家族在北周时期的活动有相似之处。《隋史射勿墓志》称其先世:"其先出自西国,曾祖妙尼,祖波波匿,并仕本国,俱为萨宝。父认愁,磋跎年发,舛此宦途。公幼而明敏,风情爽悟,趫悍盖世,勇力绝人。保定四年,从晋荡公东讨。天和元年,从平高公于河东作镇。二年正月,蒙授都督。其年二月,被使,从郯国公征玉壁城。建德五年,又从申国公击破轵关,大蒙优赏。宣政元年,从上柱国齐王宪掩讨稽胡。"从史射勿墓志叙述看,作为粟特人的他在西魏北周时期屡屡征战。史弘泉先世"始得姓于周文帝"也应该与史射勿一样立有战功。史弘泉先世与固原史氏家族在地理上相邻,经历上相似,这也暗示出史弘泉家族可能与固原史氏家族一样,都具有粟特人的身份。当然,这还缺乏直接的证据,只能属于推测。

---

① 中国历史地图集编辑组编辑,中华地图学社出版《中国历史地图集》第二册第5页。

② 对乌氏县地望也有不同的意见,例如《汉书》卷四一《郦商传》有"破章邯别将于乌氏"句,唐颜师古注称:"乌氏,安定县也。"《后汉书》卷一三《隗嚣传》有"望闻乌氏有龙池之山"句,唐李贤注称:"乌氏,县名,属安定郡,故城在今泾州安定县东也。"颜师古和李贤均认为汉代的乌氏县在唐代的泾州安定县,李贤并具体到安定县之东。唐安定县治今甘肃泾川县,位于今平凉市区东南60多公里处,是则颜师古和李贤所认为的乌氏县与《中国历史地图集》所标定的乌氏县相距在100公里左右。今采《中国历史地图集》观点。

二、墓志对昭义军新资料的反映

昭义军属于唐代"中原防遏"型藩镇,由地跨河东与河北两道的泽潞区与邢洺区组成。史弘泉墓志对于唐代昭义军提供的新资料主要反映在两个方面:一是提供了昭义军两个军将的具体材料,二是提供了反映昭义军武锋军使与邯郸镇遏使两职对应关系的材料。

墓志所反映昭义军两个军将的具体材料即3行、4行所记史弘泉祖父史仙英为"昭义军武锋军使兼邯郸镇遏使",父亲史行节为"昭义马军都知兵马使、兼押衙、检校国子祭酒、兼御史中丞"。传世史籍有关昭义军军将的材料很少,近些年来有些学者已经开始注意利用墓志汇集有关材料,例如陈静、马小青《新出唐李进忠墓志考释》一文发现了"昭义军马军军将虞候"一职,[①] 张重艳、杜立晖《新出唐梁谊并夫人墓志铭初释》一文发现有昭义军"左骑射军军虞候"、"左骑射军副兵马使"、"右骑射军副兵马使"等职,[②] 杜立晖、郝良真《唐许太清及夫人墓志铭考释》一文发现有"昭义军故节度军前游弈副使"一职,[③] 陈瑞青《〈唐李荣夫妇墓志铭〉考释》一文发现《唐故昭义征马军百人将云麾将军试殿中监彭城刘君墓志铭并序》有"百人将"和"征马军兵马副使"两职等。[④] 史仙英的昭义军武锋军使兼邯郸镇遏使、史行节的昭义马军都知兵马使两职,无疑丰富了昭义军有关军将的材料,为将来复原昭义军军职系统积累了新的资料。

墓志所反映昭义军武锋军使与邯郸镇遏使两职对应关系,主要是说它揭示了昭义军武锋军使与邯郸镇遏使的关系是一身二职、本职与兼职的问题,这有助于澄清以往史料有关此问题的模糊记载。前几年河北永年临洺关出土有唐代墓志一通,志题为《唐故李公申屠氏夫人墓志铭并序》,称李荣(即志题的李公)"考讳驶,昭义武锋军兵马副使"。李荣死于大中三年,"卜域宅于上党",其夫人申屠氏大中十三年"寝疾终临洺县之私舍",李荣遂于咸通四年"迁枢于临洺县西五里平原"。墓志所记李荣之父李驶"昭义武锋军",陈瑞青《〈唐李荣夫妇墓志铭〉考释》一文曾经涉及,指出"武锋军应当是昭义军下辖的一支军队",墓志所记"是研究昭义军军队番号的重要史料"。当时陈文认为李荣墓志所记是"目前所仅见的关于昭义军军队此番号的记录",现在史弘泉墓志也出现"昭义武锋军",不仅证实了昭义军确实存在武锋军,而且也揭示了昭义军武锋军使与邯郸镇遏使的关系,即昭义军武锋军应是昭义镇镇守于邯郸的军队番号。因为唐代藩镇军根据所属士兵屯驻地点、担负军事任务的不同,大致可分为牙军、牙外兵、外镇兵和州兵数种。外镇兵指设置于藩镇治所州城之外的各州县的军队。长官称镇将,又称镇使、镇遏使、镇遏兵马使、镇遏都知兵

---

① 陈静、马小青《新出唐李进忠墓志考释》,《文物春秋》2006年第2期。

② 张重艳、杜立晖《新出唐梁谊并夫人墓志铭初释》,《文物春秋》2006年第4期。

③ 孙继民主编《河北新发现石刻题记与隋唐史研究》,河北人民出版社,2006年,第111页。

④ 同上,第131页。

马使等,外镇兵直属于藩帅,与当地刺史、县令没有隶属关系。[1] 史仙英既然以"昭义军武锋军使兼邯郸镇遏使",则显然武锋军使和邯郸镇遏使是其一身二职,"武锋军使"体现的是其昭义军的番号及其本职,"邯郸镇遏使"体现的是其镇守的地域及其兼职,这同时也透露出昭义镇武锋军的驻防地点在邯郸。我们知道,昭义镇大体可分为太行山主峰西侧的河东道泽潞区与太行山主峰东侧的河北道邢洺磁区。邯郸只是磁州的属县之一,昭义镇以武锋军使兼邯郸镇遏使驻防邯郸,这是史弘泉墓志给我们提供的新材料,也对研究昭义镇军队驻防制度具有积极的意义。

三、有关大中三年(849)唐朝收复河湟故地
和在当地恢复发展农业生产的情况

　　志文第9—12行记载了志主跟随康公收复河湟故地的战争情况,称:"值元帅康公大展深谋,请复河湟故地,诏谐之,公乃从征于弹筝之西。公智略绝伦,果敢无敌,名高麾下,威峻军前,既统锐师,得申机变,拽长枪,驱短卒,出生入死,举无遗策,生擒莫斩首孰多,累功迁侍御史,职曰团使。""元帅康公",指的是泾州节度使康季荣。"请复河湟故地",指的是收复被吐蕃占据的河西、陇右之地。"河"指黄河,"湟"指湟水,河湟本指湟水与黄河合流处一带地方,这里指的是唐朝安史之乱后被吐蕃趁机强占的河西、陇右之地。因为天宝十四年(755)安史之乱爆发时,唐朝廷为保卫两京,集中力量平叛,曾将河西、陇右等地唐军精兵大规模东调,因而造成了河西、陇右地区兵力空虚,吐蕃趁虚而入,陇右十数州相继陷于吐蕃。8世纪90年代吐蕃势力极盛时期,控制的区域西达葱岭,北至天山,东至今四川西部及甘肃陇山一带。至9世纪40年代,即唐宣宗大中年间,吐蕃进入衰亡期,其统治集团内部矛盾爆发,战争连年不绝,政权逐渐瓦解,这为唐朝收复失地提供了客观条件,康公"请复河湟故地"就是发生在这种背景之下。《资治通鉴》卷二四八大中三年(849)"二月"条所载"吐蕃秦、原、安乐三州及石门等七关来降。以太仆卿陆耽为宣谕使,诏泾原、宁武、凤翔、邠宁、振武皆出兵应接","六月"条所载"泾原节度使康季荣取原州及石门、驿藏、木峡、制胜、六盘、石峡六关","七月"条所载"丁巳,灵武节度使朱叔明聚长乐州。甲子,邠宁节度使张君绪取萧关。甲戌,凤翔节度使李玭取秦州",就是康季荣等收复"河湟故地"的主要内容和其本人参与收复原州及六关等地基本情况。[2] "从征于弹筝之西",指的是志主跟随康季荣参加收复原州及原州七关时曾征战于"弹筝之西"。"弹筝"指弹筝峡,据《元和郡县图志》卷三"关内道原州百泉县"条记载:"泾水,源出县西南泾谷。……又

---

① 关于藩镇军的体制,请参见张国刚《唐代藩镇研究》和《唐代政治制度研究论集》、方积六撰写《中国古代军制史》第五章《隋唐五代军制》。

② 史籍或称"原州及七关",则又加上了邠宁节度使张君绪所收复的萧关。

南流经都卢山，山路之中，常如弹筝之声，故行旅因谓之弹筝峡。"①《中国历史地图集》即将弹筝峡标注于今甘肃平凉西北至宁夏六盘山下之间的泾水上游河谷一线，原州七关即主要分布于弹筝峡以西地区。"公智略绝伦，果敢无敌，名高麾下，威峻军前，既统锐师，得申机变，拽长枪，驱短卒，出生入死，举无遗策，生擒莫斩首孰多"，话说得笼统，但表明史弘泉参加了收复原州七关之战，他也因而"累功迁侍御史，职曰团使"。"团使"当指团练使一职。

墓志有关收复河湟故地战争的记载，最大的价值是提供了此次战争中影响唐朝廷做出决策的一个重要信息，就是康季荣的建议之功，亦即所谓"值元帅康公大展深谋，请复河湟故地，诏谐之"。可见唐朝廷做出收复河湟故地的决策，首先起于康季荣的建议，然后才是"诏谐之"。对于康季荣收复原州七关，两《唐书》、《唐会要》、《册府元龟》、《资治通鉴》等均有记载，也多有提到康季荣奏报吐蕃秦、原、安乐三州及石门等七关来降以及康季荣取原州及六关等事，但均未涉及此次收复之役的谋划者和建议者，而墓志则明确指出是康季荣"深谋"和"请复"，说明康季荣既是收复之役的执行者，还是收复之役的谋划者和建议者，这可以补传世史籍记载的不足。②

志文第12—14行还反映了志主在收复地恢复和发展当地农业的情况。"皇恩宠答，授安定典午，改隶于回山，竟以劳能，难掩休续。寻充司农右巡都知兵马使。踰月，转左巡。公韬谋之外，尤善劝农，激励慵愚，斗成勤涂，川无废地，原绝荒榛，赡国之储，溢于仓宇。""授安定典午"，是说史弘泉被授予泾州司马一职。安定指安定郡，是泾州的别称；典午是"司马"一语的隐语，③安定典午即指泾州司马一职。"改隶于回山"，当指史弘泉被朝廷授予泾州司马一职之后，又改隶于泾原节度使康季荣之下。所谓"回山"，本应指泾州城西回山西王母宫所在（在今甘肃泾川城西约0.5公里处），位于泾、纳二河交汇的三角地带，据《甘肃通志》卷五《山川》"平凉泾州"条云："回中山，在州西北二里，上有王母宫，下临泾水，俗名宫山。"又《甘肃通志》卷二二《古迹》"平凉泾州"条云："王母宫，在州西三里回中山，下临泾水。汉武帝时西王母乘五色云降，因立祠，后改为宫，宋陶毂有记。"而此处所称和第9行"师还，从麾于回山，值元帅康公大展深谋"等语，暗示出泾原节度使康季荣的驻地在泾州城。"寻充司农右巡都知兵马使，踰月，转左巡"，是说志主很快又相继担任了司农右巡都知兵马使和司农左巡都知兵马使。"公韬谋之外，尤善劝农，激励慵愚，率成勤涂，川无废地，原绝荒榛，赡国之储，溢于仓宇"，志文作为谀墓文所说"川无废地，原绝荒

---

① （唐）李吉甫《元和郡县图志》，中华书局，1983年，第60页。

② 康季荣是收复之役的谋划者和建议者，在史籍上没有明确记载，但有间接材料可证。《通鉴》卷二四九大中九年（855）十一月条记载："右威卫大将军康季荣前为泾原节度使，擅用官钱二万缗，事觉，季荣请以家财偿之。上以季荣有开河、湟功，许之。给事中封还敕书，谏官亦上言。十二月，庚辰，贬季荣蔡州长史。"收复河湟故地不只康季荣一人，灵武节度使朱叔明、邠宁节度使张君绪、凤翔节度使李玭诸人也都身与其役，但唐宣宗却念开河湟功而欲特许康季荣以家财抵罪，可见康季荣在收复之役中地位与作用，这可以一定程度上间接证实康季荣并非仅仅战阵之功。

③ 典与司均有执掌之义，十二干支之午即十二属相之马。

榛,赡国之储,溢于仓宇"难免过誉,但史弘泉"尤善劝农,激励慵愚,率成勤涂"应该有一定程度的可信之处。

志文这里描述史弘泉劝农的一段文字,有两点值得注意:一是司农左右巡都知兵马使一职,二是对唐朝廷在收复地采取恢复和发展农业措施情况的具体反映。关于司农左右巡都知兵马使一职,传世史籍不见记载。史籍只记有左右巡使,通常由监察御史充任,例如《新唐书》卷四八《百官志三·御史台》即称监察御史,"开元七年,又诏随仗入阁。分左右巡,纠察违失,左巡知京城内,右巡知京城外,尽雍、洛二州之境,月一代、将晦,即巡刑部、大理、东西徒坊、金吾、县狱。搜狩,则监围,察断绝失禽者。其后,以殿中掌左右巡。寻以务剧,选用京畿县尉。"监察御史充任左右巡使见诸史籍者有《旧唐书》卷一一《代宗纪》大历八年(773)九月"丁亥,贬左巡使、殿中侍御史杨护,以其抑郁谟而不上闻也"。《旧唐书》卷一二《德宗纪》建中三年(782)四月壬午,"杖杀左巡使、殿中侍御史郑詹"。史弘泉墓志中所见的左右巡有两点不同于御史台的左右巡使。第一,其职名前面冠有"司农"二字,应属于司农寺系统;第二,其职名后面缀有"都知兵马使"等字,应属于军事化组织和军职。根据这两点,推测史弘泉所任司农左右巡都知兵马使一职有可能属于司农寺系统主管军屯组织的职官。如《唐六典》卷一九《司农寺》记载:"诸屯。监一人,从七品下;丞二人,从八品下。诸屯。监各掌其屯稼穑;丞为之贰。凡每年定课有差。"《新唐书》卷四八《百官三司农寺》亦载:"诸屯。监一人,从七品下;丞一人,从八品下。掌营种屯田,句会功课及畜产簿帐,以水旱蝝蝗定课。屯主劝率营农,督敛地课。"史弘泉所任司农左右巡都知兵马使有可能就是主管司农寺诸屯中的军屯。无论如何,墓志所记丰富了唐后期司农寺系统的职官资料。

关于对唐朝廷在收复地采取发展农业措施情况的具体反映,就是志文所谓"川无废地,原绝荒榛,赡国之储,溢于仓宇"等语。这实际上也是史弘泉在唐朝廷收复三州七关之后落实唐宣宗鼓励农业生产政策的一个具体成果和体现。唐宣宗在大中三年六月收复三州七关之后,随即于八月颁制,一方面对收复失地的泾原、灵武、凤翔和邠宁四镇将士颁赐奖赏,一方面又提出要求:"其秦、威、原三州及七关侧近,访闻田土肥沃,水草丰美,如百姓能耕垦种莳,五年内不加税赋。五年已后重定户籍,便任为永业。温池盐利,可赡边陲,委度支制置闻奏。凤翔、邠宁、灵武、泾原守镇将士,如能于本成处耕垦营田,即度支给赐牛粮子种,每年量得斛斗,便充军粮,亦不限约定数。三州七关镇守官健,每人给衣粮两分,一分依常年例支给,一分度支加给,仍二年一替换。其家口委长吏切加安存。官健有庄田户籍者,仰州县放免差役。"其中的"凤翔、邠宁、灵武、泾原守镇将士,如能于本成处耕垦营田,即度支给赐牛粮子种,每年量得斛斗,便充军粮,亦不限约定数",实际就是鼓励四镇将士在自己防区内发展农业生产。史弘泉在任职司农左右巡都知兵马使期间所取得的"川无废地,原绝荒榛,赡国之储,溢于仓宇"的成绩,无疑是落实唐宣宗鼓励农业生产政策的一个具体反映。

四、关于史弘泉所任渭州、武州刺史

志文称"圣上忧边,求良二千石,公首膺是荐,假骑步都而闻。咸通三年,授渭州刺史"。史弘泉看来是经荐举出任渭州刺史的,时间在咸通三年(862),受荐时的军职是"骑步都",应是"马步军都知兵马使"的简称。但是唐代后期渭州治所有变迁,史弘泉所任渭州刺史是原治所还是后迁治所,不详。《旧唐书》卷四〇"地理志三陇右道"称:"渭州下:隋陇西郡。武德元年,置渭州。天宝元年改为陇西郡,乾元元年,复为渭州。"这里的渭州治所是襄武,在今甘肃陇西,是唐代渭州的原治所。安史之乱爆发后,随着包括渭州在内的陇右、河西地区被吐蕃占领,渭州也发生了迁移。《新唐书》卷三七《地理志一》关内道:"渭州,元和四年以原州之平凉县置行渭州,广明元年为吐蕃所破,中和四年,泾原节度使张钧表置。凡乾元后所置州皆无郡名,及其季世,所置州县又不列上、中、下之第。"据《新唐书》所记,渭州两次迁治所于平凉,一次是元和四年(809),(《太平寰宇记》卷一五一陇右道渭州:"元和三年,泾原节度使朱忠亮奏移行原州于临泾县,置行渭州于平凉县。")一次是中和四年(884)由泾原节度使张钧表置,前一次似是临时性质,故称在原州之平凉县置"行渭州",后一次则是正式迁治,将原州的平凉县正式改置(亦即"表置")为渭州治所。既然渭州两次迁治所于平凉,则其间也应有一次由平凉回迁至原治所襄武,但两《唐书·地理志》均未记此次回迁。我们推测,行渭州治所回迁襄武应在大中三年(849)八月凤翔节度使李玭奏收复秦州之后,[1] 兰州大学李军博士论文《晚唐中央政府对河陇地区的经营》认为唐朝收复河渭二州在咸通三年(862)之前不久,[2] 由此看来,史弘泉所任渭州刺史应是回迁后的渭州,如果他是在平凉任刺史,应该称"行渭州"。而且,史弘泉所任渭州刺史事,不见于《唐刺史考》,墓志可补此缺。

史弘泉咸通三年(862)任渭州刺史,接着咸通七年(866)又"授御史中丞,拜武州刺史,理武之□,无易于渭"。唐代后期也有两个"武州"。一是唐宣宗在收复被吐蕃占领的萧关后,于大中三年(849)改萧关为武州,此为关内道之武州。《旧唐书》卷一八下《宣宗纪》大中三年(849)六月条:"……康季荣奏收复原州、石门、驿藏、木峡、制胜、六盘、石峡等六关讫。邠宁张君绪奏,今月十三日收复萧关。御史台奏,义成军节度使韦让于怀真坊侵街造屋九间,已令毁拆讫。敕于萧关置武州,改长乐为威州。"《旧唐书》卷三八《地理志一》关内道原州:"萧关:贞观六年,置银州,领突厥降户,寄治于平高县界他楼城。高宗时,于萧关置地犍县。神龙元年,废地犍县,置萧关县。大中五年,置武州。"《新唐书》卷三七

---

① (后晋)刘昫等撰《旧唐书》卷一八下《宣宗纪下》,中华书局,1975年,第623页。

② 2008年兰州大学李军博士论文《晚唐中央政府对河陇地区的经营》,第49页。见互联网:http://epub.cnki.net/grid2008/。

《地理志一》关内道载："武州，中。大中五年以原州之萧关置。中和四年侨治潘原。县一：萧关。"《旧唐书·宣宗纪》称大中三年（849）置武州，《旧唐书·地理志》和《新唐书·地理志》称大中五年置武州，李军博士论文《晚唐中央政府对河陇地区的经营》认为大中五年置武州更可信，[①]可信从。另一个是唐前期即存在、唐后期两度陷于吐蕃的"武州"，为陇右道之"武州"。《旧唐书》卷四〇《地理志三》陇右道："武州下：隋武都郡。武德元年，置武州，领将利、建威、覆津、盘堤四县。贞观元年，省建威入将利。天宝元年，改为武都郡。乾元元年，复为武州。"《新唐书》卷四〇《地理志四》载："阶州武都郡，下。本武州，因没吐蕃，废。大历二年复置为行州，咸通中始得故地，龙纪初遣使招茸之，景福元年更名，治皋兰镇。"以上两武州的关系，大中五年（851）改关内道的萧关为武州应属于行武州的性质，是原陇右道之武州没于吐蕃之后设置的行州，咸通年间唐收复武州故地（即"咸通中始得故地"），又恢复了陇右道武州的建置，景福元年（892）更名为阶州。由此可见，史弘泉咸通七年（866）任武州刺史应是陇右道的武州（属于行武州性质的萧关武州应同时撤销）。史弘泉任武州刺史事同样不见于《唐刺史考》，墓志同样可补此缺。

唐故银青光禄大夫检校国子祭酒前武州刺史兼御史
中丞史府君墓志铭并序

① 2008 年兰州大学李军博士论文《晚唐中央政府对河陇地区的经营》，第 34 页第 6 行。

通过以上考释，可见史弘泉墓志对研究唐代粟特人在河北地区的分布和在藩镇从军情况，揭示昭义镇的军将构成和军队驻防问题，反映大中三年（849）唐朝收复河湟故地和在当地恢复发展农业生产的情况，了解唐代后期渭州、武州的置废问题，都提供了以往所不知的新材料，具有难得的资料价值，可补史籍记载的不足。当然，史弘泉墓志的资料内涵不止以上四点，随着今后对其余内容的解读，相信它对于唐史研究的资料价值还会得到进一步开掘，为人们所认识。

唐念子(禄)墓志铭相关问题考释 *

李鸿宾

（中央民族大学历史文化学院）

　　《考古与文物》2010年第1期发表了马东海的《唐公士念公夫妇墓及墓志考释》（以下简称《墓志考释》）一文，揭橥了又一个非汉人家庭的若干事迹，为研究唐朝北方民族之间的关系增添了新的资料。为此，本文拟在马东海研究的基础上，结合文献史料，对其中若干问题再做讨论，旨在揭示出更多民族关系的信息。不当之处，请读者批评指正。

一

现按照《墓志考释》录文迻转如下：①

大唐故公士念府君墓志铭并序

　　若夫玄黄既辟，清浊乃分，天回地运，海竭山崩，□是物壮则老，人盛亦衰。惟公讳□子，字禄，始迹阴山，远归华壤，代居秦分，锡土为宗，今即高平人也。考□通，唐任武陟郡宰；祖□生，随朝相国、仪同。故知日碑见贤于炎汉，朋考表德于隆唐。斯则卫鹤燕驹，殊年共贵；魏殊赵璧，异代同珍。莫不冠盖连华，簪裙弈叶。□公优游里闬，

---

　　* 本文系"国家社科基金项目（项目号：09BZS038）资助"成果之一。
　　① 原录文句读有误处，本文径改，不具注。

恬淡丘园，虽不得禄，公爵如古。春秋六十有七遘疾，垂拱二年十月十八日，药饵不加，卒于私第。□夫人张氏，南阳西鄂人也。六行既著，四得无愆。春秋八十有五，景龙三年四月廿四日怡然寿终，权殡在堂，景云元年十月八日合葬于拂巅山，礼也。嗣子思泰，□皇朝任左翊卫安善府统军、上柱国，辍甘茹蓼，叩地扪天，想爱敬于生前，尽哀戚于殁后。呜呼！筮三千年之吉兆，考一千岁之神龟，悲土府而长扃，叹石椁而无启。乃为铭曰：

　□劫销巨石，代谢珪章；霜凋翠柳，风吹白杨；临川恸哭，引岭悲伤。其一。神俘启道，灵躬即邃；黄壤既空，玄宫永闷；勒此遗芳，千龄不坠。其二。

二

现从墓志铭中选择如下几个问题进行讨论：

1. "大唐故公士念府君墓志铭并序"所及的念氏族属。

此墓志铭墓主念子（字禄）的姓氏，《墓志考释》认为系出鲜卑吐谷浑后裔而非汉氏。该文称："念姓当即北朝定居金城枹罕（今兰州一带）的鲜卑后裔。"又引《北史·吐谷浑传》说念子就是吐谷浑鲜卑之后裔。今查唐人林宝所撰《元和姓纂》有"念"姓，称："西魏太傅、安定公念贤，代人也；子华，台州刺史。"①宋人邓名世《古今姓氏书辨证》和郑樵《通志》记载，其子念华任刺史不是在台州，而是合州；又加上"望出河南"四字。②这是文献所记念姓比较权威的记述，后世大体上延续了这个说法，如清康熙年间编订的《康熙字典》就说："又姓，西魏太守念贤。"③近人臧励和等于20世纪20年代编辑的《中国人名大辞典》在涉及"念"姓时，列举了念金锁、念常、念华和念贤四人，前二者分别是宋、元人，后二者就沿承了《元和姓纂》等书的记载。④

又《周书》卷一四《念贤传》记载念贤最初参与的武事是北魏末年讨伐卫可孤之战，被授予别将；后受任招抚云州（治今山西祁县西）高车、鲜卑等，被授予假节、平东将军、屯留县伯、大都督、抚军将军、黎阳郡守等职。西魏代北魏前后，又陆续担任车骑将军、右光禄大夫、太仆卿、兼尚书右仆射、东道行台、平恩县伯、瀛州诸军事、骠骑将军、瀛州刺史、第一领民酋长、加散骑常侍、行南兖州事、骠骑大将军、殿中尚书、仪同三司、安定郡公、侍中、开

① 见（唐）林宝撰《元和姓纂》卷九"念"姓条，岑仲勉校记、郁贤皓等整理，中华书局，1994年，第1399页。此条校正"西魏"当作"后周"，"台州"应作"合州"。

② 参见（宋）邓名世撰《古今姓氏书辨证》卷三四"念"姓条，王力平点校，江西人民出版社，2006年，第533页；郑樵《通志》卷二九《氏族五》，中华书局，1987年，第478页。周一良《领民酋长与六州都督》对念贤亦有涉及，原载《历史语言研究所集刊》第20本，此据氏著《魏晋南北朝史论集》，北京大学出版社，1997年，第199页。

③ 参见《康熙字典》"卯集上·心部·四画"，中华书局，1958年，第4页。

④ 参见臧励和等编《中国人名大辞典》，上海书店，1980年，第566页。此处记载念贤、华二人的时代为北周。

府仪同三司。到西魏大统初，又受拜太尉、秦州刺史、加太傅、太师、都督河凉瓜鄯渭洮沙七州诸军事、大将军、河州刺史，还朝后兼录尚书事、都督秦渭原泾四州诸军事、秦州刺史，卒于秦州。①《北史》卷四九《念贤传》与《周书》本传略同，唯独增加了"金城枹罕人也。父求就，以大家子戍武川镇，仍家焉"数字。②

《周书》与《北史》有关念姓的来历是我们推测这个姓氏的族属最早、最直接的资料，③而《元和姓纂》与《古今姓氏书辨证》、《通志》则是唐宋时期人士对这个姓氏的专业性记载，其价值同样不可忽略。就诸文献所提及念氏唯一典型的代表性人物——念贤而论，后三部姓氏作品均称他为"代人"，按照当时文献记载的习惯，所谓"代人"就是鲜卑族系。《魏书·太祖纪》记君臣议定国号一事，群臣称："今国家万世相承，起基云代。臣等以为若取长远，应以代为号。"④群臣所说的"起基云代"，与"魏氏本居朔壤"、"原出朔土"的意思一样，⑤都将云、代地区视为拓跋鲜卑从阴山南下建立政权的因缘之述。王鸣盛《十七史商榷》说："《北史》诸传首辄云某郡某县人，而第二十卷《卫操》等……皆云'代人'，此等不可枚举，皆因《魏书》，盖拓跋氏元从部落，不可言郡县故也。"⑥钱大昕《廿二史考异》亦云："统言之，则为代人，大率皆鲜卑人。"⑦我们据此推测念贤是鲜卑人，应该是合理的。以《周书·念贤传》所记，有两件事与其鲜卑族属的推测最有关系：一是他出仕后不久，即代表朝廷于云州招抚北部高车和鲜卑等部族势力；二是他充任领民酋长的职务。按后一职务蕴示的身份，就是鲜卑部落制的产物，领民酋长由鲜卑人充当是常理，⑧这是比较直接的证据，属于直接推断。而朝廷要他出面与北方高车和鲜卑打交道，与他的民族身份，即他与打交道的鲜卑同属一个民族的优势，是联结在一起的。这条则是间接证明，属于意象推断。

然而，念贤这个鲜卑人的籍贯并不在北部，而是偏南。按照《北史》的说法，他是金城枹罕（今甘肃临夏东北）人，他父亲念求就受任到北部武川镇（今内蒙古武川西）戍守，就在那里安了家。这应当就是林宝《元和姓纂》所说的"代人"的来历。若采纳邓名世的说法，念贤家族的郡望是河南。采取河南为籍贯或郡望的指令，直接源自北魏孝文帝强制汉化的行动。这对我们推断念贤为鲜卑族人又增加了有利的证据。根据这个记载，我们似乎

① 参见《周书》卷一四《念贤传》，中华书局，1971年，第226—227页。
② 参见《北史》卷四九《念贤传》，中华书局，1974年，第1805页。
③ 《墓志考释》对念子族属的推测即据此而来。
④ 见《魏书》卷二《太祖纪》，中华书局，1974年，第32页。
⑤ 见《魏书》卷一一三《官氏志》，第3005、3014页。
⑥ 参见（清）王鸣盛《十七史商榷》卷六八"代人"，黄曙辉点校，上海书店出版社，2005年，第570页。
⑦ 参见（清）钱大昕《廿二史考异》卷三一《北齐书·步大汗萨传》，方诗铭、周殿杰点校，上海古籍出版社，2004年，第517页。高敏认为代人是鲜卑人南迁后的别称，见氏著《跋〈北齐娄叡墓志〉》，同作者《魏晋南北朝史发微》，中华书局，2005年，第332页。
⑧ 参见周一良《领民酋长与六州都督》，《魏晋南北朝史论集》，第190—214页。

可以对念贤家族做如下的推测：他们作为鲜卑人，经过魏孝文帝汉化政策的促动，改籍为河南，从此定居在汉人的核心区。后为加强北部防御，念贤的父亲念求就受政府征派北上武川镇，又落籍在当地，遂成为代人。念求就南下成为河南籍贯的时间是魏孝文帝执政时期，他北上戍守武川，应当是在此后，或北魏后期。念贤主要活动在北魏末年至北周之间，他应当生活在代北地区。

2. 惟公讳□子，字禄，始迹阴山，远归华壤，代居秦分，锡土为宗，今即高平人也。

上面讨论的问题大多与念贤有关，我们基本推定他是鲜卑人。那么，本文议论的主角念子（禄）与念贤有什么关系？根据我们的推测，他与念贤应当属于同族人，即鲜卑族系。为什么做这样的推测？有三个理由：第一，就我们查阅的相关文献记载看，念姓不属汉姓；北朝及北朝以前有关念姓的文献，基本上没有记载，^①唯一留下痕迹的就是《周书》、《北史》。上文的讨论告诉我们，见于史籍记述的就是鲜卑的念姓。念贤的情况是这个样子，同理，念子也应属于鲜卑系。第二，念子的墓志说他家族的活动地区可以追溯到阴山，这是鲜卑拓跋部活动的地区；后来又定居在秦土，这与《北史》念贤的籍贯又牵扯上了关系；到念子本人，他（或他的先人一辈）的家庭又选择到高平（今宁夏固原）。这与念贤家族的南下、北上的迁徙路线似乎也颇多应合，虽然他不像念贤父亲应征北上定居武川那般清晰。第三，念子墓志记述他的父、祖任职之后，以"日䃅见贤于炎汉，朋考表德于隆唐"字样表述，借用《墓志考释》的说法就是——墓志将其祖与汉代匈奴人金日䃅相比，除自诩对朝廷的贡献外，也表明其祖是其他民族。"日䃅见贤于炎汉"比附的是他的祖父，"朋考表德于隆唐"明显说的是他的父亲。

这三条推测，前二者仍旧是意象式的估计，第三条应属直接的显示。因此，本文的墓主念子，与文献记载中的念贤应是同一族属——鲜卑人。但他是否如《墓志考释》所推测的就是鲜卑范畴内的吐谷浑人呢？

《墓志考释》的根据就是念贤家族所在的金城枹罕在吐谷浑活动的范围内，这个记载来自《北史·吐谷浑传》。为清楚起见，我将《墓志考释》征引的记载再详细列出如下：吐谷浑原是辽东鲜卑徒河涉归的儿子，他有一个弟弟若洛廆，兄弟之间因马斗相伤，吐谷浑遂率部众"西附阴山，后假道上陇。……止于枹罕。自枹罕暨甘松，南界昂城、陇涸，从洮水西南极白兰，数千里中，逐水草，庐帐而居，以肉酪为粮"。^②吐谷浑先是奔向阴山，后南下陇地，最后落脚在枹罕，^③形成了以今青海为中心的地域政权。自西晋末至唐高宗龙朔

---

① 具体情况可参见《通志》卷二五至二九《氏族略》的统计，第439—485页。

② 见《北史》卷九六《吐谷浑传》，第3179页。《周书》卷五〇《异域下·吐谷浑传》记载甚略（第912页）。参见《通典》卷一九〇《边防典六·吐谷浑》，王文锦等点校，中华书局，1988年，第5163—5164页；《通志》卷一九五《四夷二·吐谷浑》，第3127—3128页。

③ 吐谷浑南下枹罕的时间，周伟洲认为在西晋永嘉之末。见氏著《吐谷浑史》，广西师范大学出版社，2006年，第6页。

三年(663)为吐蕃所灭,该政权持续的时间前后达300多年,这期间的枹罕恰好就在吐谷浑的控制下。以枹罕为籍贯的非汉人的念姓族属,如《墓志考释》作者所推测的,属鲜卑吐谷浑族系,我是比较认可的。如果这样的推论能够成立,文献中对吐谷浑作为姓氏与念姓的记载如何解释呢? 这是摆在我们面前一个不可回避的问题。

按吐谷浑作为姓氏,《魏书》卷一一三《官氏志》称:"吐谷浑氏,依旧吐谷浑氏。"[①]姚薇元《北朝胡姓考》引述《武昌王妃吐谷浑氏墓志》,证实魏孝文帝改姓之后,吐谷浑仍旧保持原姓。《元和姓纂》、《通志·氏族略五》、《古今姓氏书辨证》等文献都有类似《魏书·官氏志》的记载。[②] 这说明,在北魏孝文帝改变鲜卑姓氏以后,至西魏北周期间,出现了吐谷浑和念氏两个姓氏,其族属则同一,都是吐谷浑人。为什么会有这种现象呢? 目前的文献和材料还不足以回答。但有一点需要我们注意,那就是王仲荦先生所说北魏时期的吐谷浑姓氏"西魏、北周无闻"。[③] 如果事情果真如此,那是否意味着北魏时期的吐谷浑姓氏已被西魏、北周时期的念姓所取代? 抑或这两个姓氏曾经同时存在过一段时间,后来吐谷浑姓氏就逐渐淡出而仅仅保存了念姓呢? 从上面的讨论看,前一种推测似乎更合道理。因为目前所见文献记载念姓最早的例证都是西魏、北周的那位念贤,他之前的例子尚未发现。事情可能是这个样子:北魏的吐谷浑氏,到西魏、北周时期逐渐被念姓所替代,吐谷浑作为一个时期的姓氏结束了,此后流行下来的吐谷浑族属的姓氏就是念姓了,或可说这是文献所能告诉我们的情况。

3. 念子父祖的任职与本人的"恬淡丘园"。

墓志记载念子的祖父(念)生在隋朝曾官至相国、仪同,考(念)通于唐任武陟郡宰。《墓志考释》对此均有考证,本文不再赘言。但就其祖、父的任职,与文献所记均无实际对应,除了祖、父所在的时代信息可信外,充任的职务似有攀附拔高的嫌疑。到念子本人,则"优游里闬,恬淡丘园,虽不得禄,公爵如古"了,这表明,念子已经远离仕途,成为普通的平民百姓。这从念子的墓葬形制也能得到相应的印证。根据《墓志考释》的介绍,念子墓葬只有一个单室,方形,边长3米,无棺床,因遭盗毁,随葬品多少无法搞清,但仅就墓葬构造大小、简单复杂程度而言,念子的墓葬属于平民性质应无疑问。[④]

4. 夫人张氏,南阳西鄂人也。

这里再对念子的夫人做一点探讨,并附及高平与念子家族的汉化问题。

---

① 参见《魏书》卷一一三《官氏志》,中华书局,1974年,第3008页。
② 参见姚薇元《北朝胡姓考》,中华书局,1962年,第80页。北魏以吐谷浑为姓氏的例子,参看王仲荦《蜡华山馆丛稿续编》,山东大学出版社,1995年,第22—23、99—100页。
③ 参见王仲荦《蜡华山馆丛稿续编》,第100页。
④ 根据唐令,"诸百官身亡者,三品以上称薨,五品以上称卒,六品以下达庶人称死",念子的志文对他的去世用"卒"描述,与"死"庶几无差。见(日)仁井田陞著《唐令拾遗》卷三二《丧葬令》,栗劲等编译,长春出版社,1989年,第774页。

作为鲜卑吐谷浑人的念子,其夫人张氏则来自内地南阳西鄂。南阳张氏列在唐初编订的《姓氏录》里,[①]《元和姓纂》、《太平寰宇记》等文献也有记载。[②]尽管张氏作为有影响的大姓在南阳的郡望文献上记载不一(有的载录,有的无记),但张氏是传统的汉姓则毫无疑问。换句话说,念子的夫人是一位汉人女性。这就涉及本文拟讨论的一个核心问题:进入汉地之后非汉人的汉化境遇。

有关周边各地不同民族进入汉地之后与汉人的关系,即民族之间的融合问题,是本人长期关注并试图作比较深入探索的课题。[③]从逻辑的角度看,进入内地(汉地)的外来族群,他们面临的首要问题,是进入到汉文化内部如何与之结合、又如何保有自身文化并延续传统的二者的博弈。我这里所谓的"汉化",是外族进入到汉文化主流之内的倾向。对本文的主角念子家族而言,汉化是他们面临的首要选择,事情很简单:不是汉人进入吐谷浑人的文化圈(否则就应当用"吐谷浑化"称呼),而是吐谷浑人及后裔进入汉文化圈。在汉化过程中如何保持自身传统的文化,二者关系如何处置?是念子这类吐谷浑人进入内地之后的两难抉择。为清楚起见,我们正好可以拿念子家族与高平同地的粟特史氏家族作对比,其中的汉化倾向即可得到鲜明的揭示。

按照志文,念子家族"始迹阴山,远归华壤,代居秦分,锡土为宗,今即高平人也",这很清楚地证明至少到念子这一辈,他的家族就落籍在高平(今宁夏固原)了。而高平一地,恰恰也是粟特史氏家族的聚居地,从墓葬揭示的情况看,念子墓葬位于今固原市(原州区)城北,史氏家族墓葬位于城西南。[④]关于高平即今固原定居的粟特史氏家族的情况,20世纪80年代初,宁夏考古工作者相继发掘了一批墓葬,经过学者们的研究,确定是粟特史氏家族的墓地,最终以罗丰教授所著《固原南郊隋唐墓地》一书的出版为正式结论。[⑤]同在一地,既有吐谷浑后裔,又有粟特后裔,这里应当是唐朝多民族聚居之处。[⑥]就目前文献记述与墓志铭提供的资料看,念子家族的汉化倾向较粟特史氏家

① 参见郑炳林《敦煌地理文书汇辑校注》,甘肃教育出版社,1989年,第345页。

② 参见《元和姓纂》卷五"张"姓条"岑补",第584页;(宋)乐史撰《太平寰宇记》卷一四二《山南东道一·邓州》,王文楚等点校,中华书局,2007年,第2750页。

③ 这里的"民族"、"融合"等都是今人为研究而设定的概念,在历史文献中甚少出现。譬如"民族"的用语及观念,主要是近代西方民族国家之后采用的词语,从西方传出,经日本再影响到中国。此前的汉文史籍基本没有这样的词汇与概念,但并不等于没有民族群体,古人多用文化概括彼此的差异,这与今日"民族"的概念不同。本文所采用的民族词汇,本意指古代族群。因本文的重点是考察念子墓志铭中的若干问题,不专门研究"民族"、"融合"概念,故此不做特别辨证。

④ 参见《墓志考释》内附的念子与史氏家族墓地示意图。

⑤ 参见罗丰《固原南郊隋唐墓地》,文物出版社,1996年。当初发掘这些墓葬之后,由于情况不明,学术界曾经专门就其中的史道德墓志铭里反映的族属问题进行争论,我曾撰写《史道德族属及中国境内的昭武九姓》(《中央民族学院学报》1992年第3期,第54—58页)、《史道德族属问题再考察》(《庆祝王锺翰先生八十寿辰学术论文集》,辽宁大学出版社,1993年,第358—365页)二文,认定史氏系粟特人后裔。

⑥ 薛正昌有专文描述固原境内之多民族情况,参见《唐宋元时期固原境内的民族》,《宁夏社会科学》1998年第1期,第65—70页;参见刘统《唐代羁縻府州研究》,西北大学出版社,1998年,第148、156—157页。

族强烈,念子娶汉人张氏女子为妻,他们的儿子念思泰,充任唐朝左翊卫安善府统军、上柱国,这些都蕴涵着念子家族汉化的进程。从墓地的分布看,念子家族墓地与史氏家族墓葬相隔甚远,似乎表明他们在高平居处的位置也各有分别,粟特史氏家族应属聚族而居,有自己相对封闭的居住场所,念子的家庭是否与汉人杂处而没有聚族单列?这种可能性是存在的。

是什么原因导致同一地区的吐谷浑后裔与粟特后裔汉化倾向出现诸多差异呢?原因可能多种多样,但对一家一户而言,具体的因缘内情才有解释的针对性。可惜,我们在短时间内还无法对念子家族汉化之深入做出确切、合理的猜测。但有一个观点,是我平时考虑的:对那些进入唐朝控制范围内的周边各族而言,迫使他们放弃本民族固有的文化传统,改弦更张接受汉地的主流文化,是他们面临的境遇。因他们居住的方式不同,居处的地区有南北、内外之别,他们走向汉化的畅顺或波折及程度的深浅也有所不同。就粟特人而言,他们进入内地,以个体家族为形式的、特别是充任朝廷官员的后裔,汉化就是他们的必然选择;与此对应,居处在北方农牧交错地带、以聚族而居的那些后裔群体,则顽强地保留着本民族自身的传统文化,不会轻易地进入并融入到汉人的文化圈子里,虽然他们最终的方向是汉化。

吐谷浑人,特别是其后裔,因有魏孝文帝的极端性汉化的举措,加之其种性与汉人无本质之别,他们进入到汉区之后,经过一定时间的磨合与改造,走向汉化的道路较粟特后裔可能要容易得多,尤其进入朝廷为官者的家庭,汉化的趋向更明显。

另一个值得考虑的背景是:吐谷浑政权在唐高宗时期被吐蕃兼并后,其首领"诺曷钵以亲信数千帐来内属,诏左武卫大将军苏定方为安置大使,始徙其部众于灵州之地,置安乐州,以诺曷钵为刺史"。[1] 这只是其首领属下部众于政权灭亡之后进入唐朝控制范围内有序活动的记载,吐谷浑其他部落又陆续进入唐境,先后被唐廷安置在北方灵州(治回乐,今宁夏吴忠)、夏州(治朔方,今陕西靖边白城子)及河西走廊沿线。[2] 念子家族肇迹阴山的族源记忆、流居秦土的印痕、现居高平的当下,其家族流徙变迁的过程,与吐谷浑人上述活动的轨迹,似乎都能合上节拍。首领诺曷钵属众的分布地区,即他被授予刺史的安乐州之地,就在今宁夏中宁县鸣沙乡。[3] 这里处于念子家乡高平之北,念子依此而居,或许与这些吐谷浑人的迁徙留居有某种关联。[4]

念子及其家庭汉化的过程,似可从这样的宏观猜测中得以证实。本文试置此一说。

---

① 参见《旧唐书》卷一九八《西戎·吐谷浑传》,中华书局,1975年,第5300页。
② 参见周伟洲《吐谷浑史》,第157—166页。
③ 同上,第157页。
④ 此文写就后,我又撰写了《慕容曦光夫妇墓志铭反映的若干问题》和《墓志里吐谷浑王族任职押蕃使问题再探》二文,均涉及吐谷浑王族分布灵州等地事宜。前者载《唐史论丛》第14辑,陕西师范大学出版总社有限公司,2012年,第136—157页;后者即刊。

三

本文的写作,是建立在《墓志考释》对念子族属认定以及相关问题判定的基础上,对念子墓志铭里有关的四个问题进行的申论。我以为此文有点新意的地方表现在以下几处:

第一,本文从传世的文献出发,印证了"念"姓不是传统的汉人姓氏,而是北魏时期(具体说是魏孝文帝改姓之后)代北鲜卑姓氏的转化。

第二,结合墓志铭的材料,将代北鲜卑族属与吐谷浑人结合起来,判定"念"姓属于吐谷浑人后裔姓氏。

第三,推测北魏的吐谷浑姓氏到西魏、北周时被念姓所取代,吐谷浑作为姓氏退出历史舞台,念姓遂成为吐谷浑族属的一个表征。

第四,念子家族走向汉化的道路,较之同处一地的粟特人后裔要简单而少波折,这与他们的生活经历有直接关系。

其中前三点是本文讨论的核心,第四点因涉及的问题更复杂,需要参考的文献史籍,特别是今人的研究成果尚待时日,目前只能说是初步触及,限于皮毛。本文今后的讨论空间,应当从这里展开,以求吐谷浑人汉化具体而微的变迁过程,尤其是他们本族意识的保留,唯此揭示之后的抽象与概括,才可能较有深度。

《搜神记》校补

——从国图藏 BD11871 号文书谈起

游自勇

（首都师范大学历史学院）

干宝《搜神记》在流传的过程中，出现了不少异本，最主要的是二十卷本、八卷本和敦煌写本，但均不是干宝原书。1980 年，汪绍楹先生出版了校注本《搜神记》，[①] 成为近三十年来流传最广的整理本。2007 年，李剑国先生广采典籍，推出了新的辑校本，[②] 他在本书《前言》中对于《搜神记》的诸多问题都做出了详细的解说，令人信服。对于敦煌所出句道

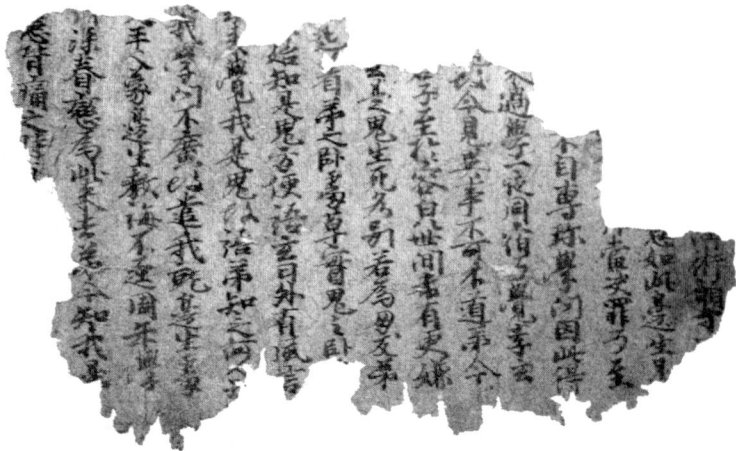

---

① 中华书局，1980 年。

② 李剑国辑校《新辑搜神记》，中华书局，2007 年。

兴《搜神记》，李剑国先生认为与干宝原书没有关系，因此并未作相应整理。而此项工作在敦煌学界一直备受关注，屡有整理校补之作，新近出版的《敦煌小说合集》内收录了迄今为止对于敦煌本《搜神记》最全面的整理和校注。[①] 笔者近年颇留意收集《搜神记》的佚文，对于前辈学者筚路蓝缕、精益求精的成果亦心存敬重之意，本文旨在拾遗补缺，以求正于方家。

一

《敦煌小说合集》共收集敦煌写本《搜神记》8 个写本号，分为三个系统：一以中村不折藏本为代表，明确标注是句道兴撰写的《搜神记》，属同一系统的还有 P.5545、P3156 碎、S.3877 和 P.2656；二是 S.525，篇题《搜神记》，书撰者处残缺；三是 P.5588+S.6022，不存篇题和撰者。其实，除这 8 号外，中国国家图书馆藏敦煌遗书 BD11871 号也是《搜神记》。[②] 根据编者的著录，BD11871 号为一纸，楷书，长 21.5 厘米，高 12.3 厘米，存 15 行，首尾残，上残，属归义军时期写本。编者以之与 S.525 号文书作比较，虽然认为二者行文差异较大，仍然判定其为《搜神记》异本。[③] 这种判断十分正确，本号文书所记乃王子珍故事，从残存的文字来看，它应该属于《敦煌小说合集》所归纳的中村不折本系统。兹校录如下，校记附于录文后：

（前缺）

1 □□□□□□□何术，愿尔一□。"

2 □□□□□□□意如此。"边生[1]

3 □□□□□□□如有□（者），□（法）即当决罪。乃至

4 □□□□□□□不自专。珍学问因此得

5 □□□□□□□来过学。一夜同宿，乃觉李玄

6 □□□□□□□亲故，今见异事，不可不道。弟今

7 □□□□□□□君子。至于[2]容貌，世间希有。更嫌

8 □□□□□□李玄是鬼[3]。生死有别，若为朋友？弟

9 □□□□□□起看[4]，弟之[5]卧处草实，鬼之[6]卧处

10 □□□□□□子珍始知是鬼。方便语玄曰："外有风言，

11 □□□□□□□来觉我是鬼，故语弟知之[7]，何人知

12 □□□□□□□以我学问不广，故遣我就边生[8]处

① 窦怀永、张涌泉汇辑校注《敦煌小说合集》，浙江文艺出版社，2010 年，第 102—215 页。

② 此蒙荣新江、孟宪实先生提示，谨致谢意。

③ 《国家图书馆藏敦煌遗书》第 110 册，"条记目录"，北京图书馆出版社，2009 年，第 35 页。

13　＿＿＿＿＿＿＿＿＿入平人。蒙边生[9]教诲，不径周年，学

14　＿＿＿＿＿＿＿＿＿情深眷恋，为此来去。弟今知我是

15　＿＿＿＿＿＿＿＿＿患背痛之时，直＿＿＿＿＿＿

（后缺）

校记：

[1]"边生"，中村不折藏本作"边先生"。

[2]"于"，中村不折藏本无；S.525作"今"。

[3]"李玄是鬼"，S.525同；中村不折藏本作"弟是死鬼"，疑有脱文，《合集》据S.525拟补"弟是[生人，李玄]死鬼"。

[4]"看"后，中村不折藏本有"之"字。

[5]"之"，中村不折藏本无。

[6]同上。

[7]同上。

[8]"边生"，S.525同；中村不折藏本作"边先生"。

[9]同[1]。

二

李剑国先生在重新辑校《搜神记》时参阅了大量典籍，故其对于诸书所征引之《搜神记》的辨识与校勘也十分精审。然而，挂一漏万，日本所藏唐代佚籍《天地瑞祥志》①中也载有不少《搜神记》的文字，可惜李氏未曾寓目。以下逐一摘出，并就差别较大者出校记于每一条后。

1.《搜神记》曰：蒋子文者，广陵人也。嗜酒好色，死为当（当为）神。曰蒋侯[1]及吴先主之初，其故吏见欠（文）于道，乘白马，执白羽，如平生。见者惊走，文追之，谓曰："我当为此云（土）地之神，以福尔，为我立祠。不尔，将有大咎。"是岁夏，大疫，文又下巫祝："吾将大启私（祐）孙氏，官宜为吾立祠。不尔，使虫入人耳为灾。"孙主以为妖言，禁诸祠之[2]。俄而有小虫如鹿虻，入耳皆死。孙主未之信也。又下巫祝："若不祠我，又以大火[3]为灾。"是岁，火灾大发，一日数十处，火及公宫。及为立庙堂，号钟山为蒋山，以表其露（灵），今建康北蒋山是也。自是灾厉[4]止息，百姓遂大事也。（《天地瑞祥志》卷一四《神》）

---

① 萨守真《天地瑞祥志》，日本尊经阁文库藏钞本，承蒙余欣先生惠赐复印本，谨致谢忱。

本条,《新辑搜神记》(以下简称"李本")列第 71 条(107—108 页)。

校记:

[1]"曰蒋侯",李本及校勘记皆无,疑衍字。

[2]"禁诸祠之",李本无。

[3]"大火",校勘记引《太平广记》同,李本作"火吏"。

[4]"厉",校勘记所引诸本同,李本作"沴"。

2.《搜神记》曰:淮南令(全)椒县有丁新妇者,本丹杨(阳)丁氏女,年十六,适令(全)椒谢家。其姑严酷,<u>使役有里,不如限者</u>[1],便仍笞摇(捶),不可堪处。九月七日自经死。<u>遂有灵,名曰丁姑神</u>[2],向闻于民间,发言于巫祝曰:"念人家妇女,<u>作息不惓</u>[3],使避九月七日,<u>勿用作事,当言息日</u>[4]。"吴平以来,<u>思恋本土</u>[5],以永遐(平)中,九月七日见形,着缥衣,载青盖,从一婢,至牛渚津水求渡。有两男子共乘船捕鱼,仍呼求渡。两男子咲,调<u>上下</u>(弄)之曰:"听我为妇者,当相渡也。"须臾,有一老公,乘船载苇,<u>姬亦求渡</u>[6]。公固出苇半,着船,使渡。姬去,语公曰:"吾是鬼神,非人也。公速还去,必有所见,亦当有所得也。"公还去,见两男子覆死水中。进前数里,有鱼千数跳水边,风夹吹置岸上,公遂弃苇载鱼以归也。姬遂进丹杨(阳)。<u>从两家至摄中逢一男子,男子知不常人</u>,下道避之,姬谓之曰:"疾去。"男子顾见两虎追追,姬后亦周旋。属县人人<u>祠祭,中喻告巫保</u>[7]。江南人皆呼为"丁姑",九月七日不用作事,咸以为息日也。今所在[祠之]。(《天地瑞祥志》卷一四《神》)

本条,李本列第 80 条(123—124 页)。

校记:

[1]"使役有里,不如限者",李本作"每使役,皆有程限,或违顷刻"。

[2]"名曰丁姑神",李本无。

[3]"作息不惓",校勘记引《太平广记》各本作"作息不倦",李本据《太平寰宇记》作"工作不已"。

[4]"勿用作事,当言息日",李本作"勿用作"。

[5]"以来思恋本土",李本作"其女幽魂思乡欲归"。

[6]"姬亦求渡",李本作"姬从索渡"。

[7]本句,李本无。

3.《搜神记》曰:吴先主时,陆敬叔为<u>建安郡</u>[1]。使人伐大禅(樟)树,下数斧,有血出。树断,有物,[人]<u>面</u>[2]狗身,从树中出。敬叔曰:"此名'形(彭)侯'"。<u>乃食之,味如狗也</u>[3]。(《天地瑞祥志》卷一四《物精》)

本条,李本列第 204 条(267 页)。

校记:

[1]"建安郡",李本作"建安太守"。

[2]"面",李本作"头"。

[3]"乃食之,味如狗也",李本作"烹而食之,其味如狗"。

4.《搜神记》曰:高平刘[柔]夜卧,鼠啮其手之中指,乃朱以(以朱)书,书其手腕横文后三寸为"田"字,方一寸[1],使手露卧[2]。其明,有大鼠伏死其手之前也[3]。(《天地瑞祥志》卷一九《鼠》,页卅四 a。)

本条,李本列第 40 条(68 页)

校记:

[1]"一寸",李本作"一寸二分"。

[2]"使手露卧",李本作"使夜露手以卧"。

[3]"其手之前也",李本作"手前"。

5.《搜神记》曰:鲁定公元年秋,有[九]蛇绕柱。占者以为有[1]九世庙不祀,乃立场(炀)宫。(《天地瑞祥志》卷一九《蛇》,页卅九 a)

本条,李本列第 116 条(173 页)

校记:

[1]"占者以为有",李本作"占以为"。

6.《搜神记》曰:颍川荀子家燕生五子,其一正白,以为吉祥系之。郭璞为筮之,不吉。果荀后姝及弟妇产死,伯父丧。(《天地瑞祥志》卷一八《燕》,页二六 b)

本条,李本及汪绍楹校注本均未辑。

除以上 6 条外,尚有 2 条引作《援神记》者。考其内容,"援"当是"搜"之讹,《援神记》当即《搜神记》。续摘如下:

7.《援神记》曰:昔初作履者,妇人员头,男方头。员者,顺之义,盖可以则(别)男女也。大康初,妇人皆方头,与男无别也。履者,人所践而行,下民之象也。(《天地瑞祥志》卷一七《衣服》,页九 b)

本条,李本列第 159 条(218 页),辑作:"昔初作履者,妇人员头,男子方头。员者顺之义,盖作者之意,所以别男女也。履者,所履践而行者也。太康初,妇人皆方头履,言去其从,与男无别。"汪绍楹校注本作:"初作屐者,妇人圆头,男子方头。盖作意欲别男女也。至太康中,妇人皆方头屐,与男无异。此贾后专妒之征也。"李剑国以为汪本是缀合《太平御览》、《晋书·五行志》而成。参校《天地瑞祥志》所引文字,汪本的顺序庶乎更接近原书,可校辑为:"昔初作履者,妇人员头,男子方头。员者,顺之义,盖作者之意,所以别男女也。太康初,妇人皆方头履,言去其从,与男无别也。履者,人所履践而行者,下民之象也。"

8.《搜神记》曰:有云鹤为戈人所射,覆而堕。参以养,创愈而放之。后鹤夜致门外,参执烛视之,鹤衔明珠,□参之也。(《天地瑞祥志》卷一七《玉》,页一六 b)

本条,李本列第 336 条(455 页),辑作:"哙参寓居河内,养母至孝。曾有玄鹤,为戎人所射,穷而归参。参抚视,箭创甚重,于是以膏药摩之。月余渐愈,放而飞之。后数十日间,鹤夜到门外。参秉烛视之,鹤雌雄双至,各衔一明月珠,吐之而去,以报参焉。"与之相比,《天地瑞祥志》所引文字要简略得多,可能是节略所致,故差别较大。

《天地瑞祥志》所引《搜神记》共 8 条,虽然只有 1 条为新见佚文,但其余几条也有校勘价值,尤其是第 2 和第 7 条。如第 2 条末有一长句未见他书引录,第 7 条可以帮助我们调整李剑国辑本的文字顺序,这都体现出了其校勘价值。

除了《天地瑞祥志》外,李剑国先生对曾经寓目的日本《医心方》也有遗漏。《医心方》卷三〇《五肉部第三》"王余鱼"条引《搜神记》云:"昔越王为脍,割鱼而未切,堕半于海中,化鱼,名王余也。"[1] 本条,李本列第 329 条(445 页)。李本所据为《北堂书钞》卷一四五、《太平御览》卷九三八,辑作:"东海名余腹者,昔越王为脍,割而未切,堕半于水内,化为鱼。""东海名余腹者",出自《太平御览》,《北堂书钞》无,《医心方》所引《搜神记》作"王余"。《初学记》引《南越记》:"比目鱼,不比不行。(江东呼为王余。)昔越王为脍,剖而未切,堕落于水,化为鱼。"[2] 文字多有雷同,亦证"王余"为是。可校辑为:"昔越王为脍,割鱼而未切,堕半于海中,化为鱼,名王余也。"

另外,宋代陆佃所撰《埤雅》[3] 内多处引《阴阳自然变化论》、《变化序》等,如下:

《阴阳自然变化论》曰:"骊龙之眸,见百里纤介芥。"又曰:"龙能变水,人能变火。"又曰:"龙不见石,人不见风,鱼不见水,鬼不见地。"(卷一《释鱼·龙》,2 页)

《阴阳自然变化论》曰:"雎鸠不再匹。"(卷七《释鸟·雎鸠》,64 页)

① 丹波康赖撰,赵明山等注释《医心方》,辽宁科学技术出版社,1996 年,第 1232 页。
② 《初学记》卷三〇《鳞介部·鱼·叙事》,中华书局,1962 年,第 742 页。
③ 陆佃著,王敏红校点《埤雅》,浙江大学出版社,2008 年。

《阴阳自然变化论》曰:"鹭目成而受胎,鹤影接而怀卵,鸳鸯交颈,野鹊传枝,物固有是哉!"(卷七《释鸟·鹭》,71页)

《阴阳自然变化论》曰:"螣蛇听而有孕,白鹭视而有胎。"(卷一〇《释虫·螣蛇》,96页)

《变化序》曰:"鹄之为猿,蛇之为鳖。"(卷一〇《释虫·蛇》,96页)

《变化论》曰:"蝙蝠夜值,庚申乃伏。"(卷一〇《释虫·蛾》,100—101页)

小南一郎先生颇怀疑这些文字是《搜神记》"变化篇"的序,[1]此说值得重视。

三

《天地瑞祥志》引书中还有《续搜神记》,亦即《搜神后记》。因李剑国先生另有《新辑搜神后记》,[2]未遽引用此书,故摘录出来,以资校勘。

1.《续搜神记》曰:陈郡谢玉为琅耶内史,在金城。[所在虎]暴,煞人甚众。有一人以小船载年少妇到陆地,而有[虎]搏其少妇。其夫拔刀大唤,欲逐之。先奉事蒋侯,乃唤求救助。如此行十里许,忽有一黑衣人为之向导在前。随之,当复廿里许。及虎入穴,其夫以刀当虎腰斫之断。虎死,其妇活,向晓,曰:"梦一人语之云:'蒋侯使我助汝,知不?'"至家,[杀]猪祠焉。(《天地瑞祥志》卷一四《神》)

本条,汪绍楹先生辑入《搜神记》卷五,李剑国先生以为非《搜神记》文,当出《幽明录》或《志怪》(634页)。据《天地瑞祥志》,实出《搜神后记》。

2.《续搜神记》曰:襄城李顾(颐),其父为人强正[1],不信妖邪。有一宅,由来凶,不可居,居者辄死。父便买居之,多年安吉,子孙昌[炽]。为二千石也,会内外亲戚。酒食既行,李[2]乃言曰:"天下竟有吉凶?此宅由来言凶,自吾居之,多安吉,乃[3]得迁官,鬼为何在也?"语讫如厕,须臾,有一物如卷席大,高五尺许,正白。便还,取刀更往[4]斫之,中断,便化为两人。复横斫之,又成四。便夺取刀,反斫李,煞其子弟,凡姓李必死,唯异姓无他也。(《天地瑞祥志》卷一四《鬼》)

本条,李本列第66条(542—543页)。

校记:

---

① 小南一郎《干宝〈搜神记〉の编纂》(下),《东方学报》第七〇册,1998年,第122—123页。

② 中华书局,2007年。

［1］"强正"，李本无。

［2］"李"，李本作"父"。

［3］"乃"，李本作"又"。

［4］"更往"，李本无。

3.《续搜神》曰：新野庾谨母病，兄弟三人在白日侍。夜[1]燃火，忽见帐带［自卷自舒］。须臾，闻床前狗斗声。举家共见一死人头在地，颈[2]有血，两眼尚动。北[3]园中埋之。明旦往视，两目在土上，又埋，复出。及以缚(砖)着头合埋之，不复出。数日，其母遂亡。(《天地瑞祥志》卷一七《血》，页六)

本条，李本列第48条(524-525页)。

校记：

［1］"夜"，李本作"常"。

［2］"颈"，李本作"头"。

［3］"北"，李本作"后"。

4.《续搜神记》曰：四道王庙与新蔡国接，国家治垣篱，侵之。谢太傅忽梦见一人白说其是四道王，近与蒋文兄弟率数十万众助国，符坚、蒋君位隆重已本非所希，但庙为新蔡所侵，甚为无理。公觉，闻左右，左右云如此。公乃惊，即教令还其所侵，更架屋宇也。(《天地瑞祥志》卷一四《神》)

本条，李本未辑。

5.《续搜神记》曰：谢显之家，义熙七年，忽有砖瓦于空中掷其家，物皆破败如此。积日显之税(祝？)曰："若是善神，当为人作善；若我有犯神事，当告我罪。"卒有砖数百枚。显之大□，乃出，移居之百许日。显往看宅，见一人着朱衣、进贤冠，谓显之曰："君岂能以一食朱惠之！"答云：即举萝饭与之。其自以衣裹之，钱廿八并以与之。临吉，语显之："君可还宅住。"显之便移，遂无复他也。(《天地瑞祥志》卷一四《神》)

本条，李本未辑。

应该说，经过学者们长期的努力，《搜神记》的辑佚工作正在日趋完善，本文只是在前人辑佚的基础上对《搜神记》作一些校补的工作。综合现在的文献整理与研究的成果，我们会发现一个有趣的现象：中古时期敦煌传抄的是句道兴的《搜神记》，未见干宝《搜神记》；而中原地区情况恰好相反，流行的是干宝《搜神记》，不见有句道兴《搜神记》。这种现象目前尚未引起学界的关注，限于学力，笔者也无法提出一种合理的解说，这里只能是先把问题提出来，留待日后再作详细研究。

本文为教育部全国优秀博士学位论文作者专项资金资助项目"鬼与怪——中古中国的信仰与社会"（批准号：200912）、霍英东教育基金会第十二届高等院校青年教师基金基础性研究课题资助项目"占劾妖祥：敦煌吐鲁番文献所见中古中国的物怪研究"（项目编号：121102）、国家社科基金重大项目"英藏敦煌社会历史文献整理与研究"（编号：10&ZD080）的成果之一。

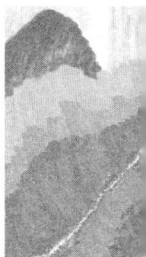

试论《西域图记》的编纂原则和主要内容

李锦绣

（中国社会科学院历史研究所）

　　隋大业初年裴矩撰写的三卷《西域图记》，是西域历史地理领域里程碑式的著作，尤因记载有由敦煌至西海的三条交通路线，长期以来受到重视。[1]但《西域图记》原书已佚，仅存保存在《隋书·裴矩传》、《北史·裴矩传》中的序文。日本学者内田吟风《隋裴矩撰〈西域图记〉遗文纂考》[2]一文，根据《通典》、《太平寰宇记》、《玉海》、《史记正义》等，辑录了除《西域图记序》外的六条遗文，为一窥《西域图记》面貌作出了贡献。笔者曾以《太平广记》卷四三五"马"条《洽闻记》引《图记》为线索，结合《册府元龟》、《唐会要》、《通典》的记载，复原了《西域图记》"吐火罗"条。[3]之后，以《西域图记序》为线索，笔者结合唐、宋、元代文献记载，对裴矩《西域图记》的形式与内容等提己见，指出《西域图记》包括"图"与"记"两部分，"图"是画着国王的庶人的形象图，"记"是在图上的题记，以图为主，故而此书又被记载为《西域图》。《西域图记》，除了记载三

---

①　详见史念海《隋唐时期域外地理的探索及世界认识的再扩大》，《中国历史地理论丛》1988年第2期，第73—110页；余太山《裴矩〈西域图记〉所见敦煌至西海的"三道"》，《西域研究》2005年第4期，第16—24页，收入其著《早期丝绸之路文献研究》，上海人民出版社，2009年，第72—86页。

②　内田吟风《隋裴矩撰〈西域图记〉遗文纂考》，《藤原弘道先生古稀记念史学佛教学论集》，内外印刷株式会社，1973年，第115—128页。

③　李锦绣《〈通典·边防典〉"吐火罗"条史料来源与〈西域图记〉》，《西域研究》2005年第4期，第25—34页。

道的国家外,还记载了吐谷浑、党项等西戎国家。[1]但《西域图记》的复原工作远远没有结束。

从史籍文献中直接辑录是辑佚文献的最基本方法,但《西域图记》的辑考,还需要充分运用隐性史料,即未直接说明取自《西域图记》却是抄录《西域图记》的内容。这需要我们对唐宋西域史籍文献进行全盘梳理,逐一溯源。溯源的基础是对《西域图记》的编纂原则、撰写方针、计程体系有明确理解。因此,本文试图进行这样的尝试,即:根据已复原《西域图记》条文,分析《西域图记》编纂原则、撰写方针、内容构成等,为《西域图记》的进一步复原提供依据。请读者指正。

一、《西域图记》的编纂原则:按交通路线排序

顾名思义,《西域图记》显然是包括"图"与"记"两部分内容。关于《西域图记》的编纂,《隋书》卷六七《裴矩传》引《西域图记序》云:

> 臣既因抚纳,监知关市,寻讨书传,访采胡人,或有所疑,即详众口。依其本国服饰仪形,王及庶人,各显容止,即丹青模写,为《西域图记》,共成三卷,合四十四国。[2]仍别造地图,穷其要害。从西顷以去,北海之南,纵横所亘,将二万里。

据此,可见裴矩的《西域图记》中,有画有西域诸国国王及庶人"容止"的人物图、"穷其要害"的地图两种图。这两种图,显然以"丹青模写"的人物图为主;地图"从西顷以去,北海之南,纵横所亘,将二万里",可能只有一幅。四十四国"王及庶人"图,是主要部分,也被称为《西域图》。每图旁侧的说明文字,即"记",也就是图上的题记。现今遗留的文字是《西域图记》中"记"的部分,本文所考证的正是其"记"的部分的内容。

《西域图记》中的四十四国如何排序?《西域图记》的布局谋篇如何?

中国古代正史《西域传》滥觞于《史记·大宛列传》。《汉书·西域传》确立了正史《西域传》的编写格局,所列五十四国,分为五大部分,基本按照交通路线排序。[3]此后,《后汉书·西域传》、《魏略·西戎传》、《魏书·西域传》、《晋书·西戎传》、《周书·异域传》、《梁书·西北诸戎传》等大体如此,《晋书》以下,略欠严格。易言之,南北朝以前编纂的正史《西域传》,最重交通路线,记述诸国之先后取决于各国在交通路线的位

---

① 李锦绣《〈西域图记〉考》,待刊于 International Journal of Eurasian Studies(《欧亚学刊》国际版),Vol. 1,商务印书馆,2011 年。

② 《北史》卷三八《裴矩传》作"四十五国"。参见《北史》点校本《校勘记》九,中华书局,1983 年,第 1409 页。

③ 详见余太山《〈汉书·西域传下〉要注》,《两汉魏晋南北朝正史西域传要注》,第 152—232 页,尤其见第 219—220 页。

置。① 也正因为如此,《汉书·西域传》以下,首先记叙交通道路。

《西域图记》沿袭了汉魏以来的西域文献编纂体例,即按地理位置,亦即交通路线上的国家顺序排列。这种排序原则裴矩在《西域图记序》中有详细说明,即:

> 发自敦煌,至于西海,凡为三道,各有襟带。北道从伊吾,经蒲类海铁勒部,突厥可汗庭,度北流河水,至拂菻国,达于西海。其中道从高昌,焉耆,龟兹,疏勒,度葱岭,又经钹汗,苏对沙那国,康国,曹国,何国,大、小安国,穆国,至波斯,达于西海。其南道从鄯善,于阗,朱俱波、喝盘陀,度葱岭,又经护密,吐火罗,挹怛,忛延,漕国,至北婆罗门,达于西海。其三道诸国,亦各自有路,南北交通。其东女国、南婆罗门国等,并随其所往,诸处得达。故知伊吾、高昌、鄯善,并西域之门户也。总凑敦煌,是其咽喉之地。

《西域图记》记载了北道从伊吾至拂菻国,达于西海;中道从高昌,至波斯,达于西海;南道从鄯善至北婆罗门,达于西海的道路。《西域图记》即按照这三条路线排列,《序》文所列国家,正是其书每卷内排列顺序。三道主干东西交通路线之外,还有其他国家,即《序》文所谓的“其三道诸国,亦各自有路,南北交通”,对这些国家,如东女国、南婆罗门国等,则采取“并随其所往,诸处得达”的原则,附在相关的与之南北交通的国家之后。这样,既严守按三道排序的原则,又兼顾西域诸国纵横交错的面貌,严谨而有弹性。而《西域图记》的三卷,也是按路线划分,北、中、南三道各一卷。据此可知,《西域图记》严格遵循汉魏以来西域地理著作的编纂原则,体例严整,其布局谋篇,井然有序,是一部填补空白的典范之作,也是自汉以来西域著述集大成的总结之作。

《西域图记序》提到伊吾、铁勒、突厥、拂菻、高昌、焉耆、龟兹、疏勒、钹汗、苏对沙那国、康国、曹国、何国、大安国、小安国、穆国、波斯、鄯善、于阗、朱俱波、喝盘陀、护密、吐火罗、挹怛、忛延、漕国、北婆罗门、[女国]、东女国、南婆罗门国等三十国。这三十个国家应该是《西域图记》记载的主要国家。结合宋元史料,尤其是元代戴表元所著《剡源文集》卷四所载《唐画西域图记》及鲜于枢在《困学斋杂录》中的记述,可知《西域图记》尚记载了吐谷浑、白兰、党项、附国、弥罗国、仁贬欲归国、千碉国等西戎国家,② 再补充《隋书·西域传》在记载诸国里程时提到的“米国”、“史国”、“那色波国”、“乌那曷国”、“劫国”等五国,《通典》卷一九三《边防九·西戎五》的“越底延国”,则可推出四十三国。根据按地理位置和交通路线排序的大原则,似可将《西域图记》分卷及分国推测如下:

① 详见余太山《两汉魏晋南北朝正史“西域传”的体例》,《两汉魏晋南北朝正史西域传研究》,中华书局,2003年,第95—108页。

② 详见拙著《〈西域图记〉考》,待刊于 International Journal of Eurasian Studies(《欧亚学刊》国际版),Vol.1,商务印书馆,2011年。

第一卷——北道：伊吾、铁勒、突厥、拂菻、女国。

第二卷——中道：高昌、焉耆、龟兹、疏勒、钹汗、苏对沙那国、康国、曹国、何国、大安国、小安国、米国、史国、那色波国、乌那曷国、劫国、穆国、波斯。

第三卷——南道：鄯善、于阗、朱俱波、喝盘陀、护密、吐火罗、挹怛、帆延、漕国、北婆罗门、越底延国、东女国、南婆罗门。附：吐谷浑、白兰、党项、附国、弥罗国、伫贬欲归国、千碉国。

不知这样的复原，是否比较接近《西域图记》的本来面貌？

二、《西域图记》已复原的条目

根据内田吟风及笔者的复原，除《西域图记序》外，可明确为《西域图记》的佚文如下：

1. 白山一名阿羯山，常有火及烟，即是出硇砂处。（《通典》卷一九一"龟兹国"条、《太平寰宇记》卷一八二引《隋西域图记》）

2. 其马，乌马、骝马多白耳；白马、骢马多赤耳；黄马、赤马多黑耳。唯耳色别，自余色与常马不异。（《太平寰宇记》卷一八二"大宛国"条引《隋西域图记》，参见《太平御览》卷七九三及《通典》卷一九二）

3. 寺伐城西南百里有一土堆，近边省者皆见堆上有一大城，恒似倒悬。堆上有积雪，人不得上。其王每年杀白马以祭祀此城。又有波悉山，南见一城，号弥遮城，内有一千户。（《太平寰宇记》卷一八二"大宛国"条引《隋西域图记》）

4. 王姓苏色匿，字底失盘陀，积代承袭不绝。（《通典》卷一九二"大宛"条、《史记正义》卷一二三引《隋西域图记》）

5. 钹汗，古渠搜也。（《史记正义》引《西域图记》，见《玉海》卷一六《地理·异国书》）

6. ［盐泽］在西州高昌县东，东南去瓜州一千三百里，并沙碛之地，乏水草，人难行，四面危，道路不可准记，行人唯以人畜骸骨及驼马粪为标验。以其地道路恶，人畜即不约行。曾有人于碛内时闻人唤声，不见形，亦有歌哭声，数失人，瞬息之间不知所在，由此数有死亡。盖魑魅魍魉也。若大雪即不得行。兼有魍魅。以是商贾往来多取伊吾路。（《史记·大宛传》注引《史记正义》，参见《太平寰宇记》卷一五六"西州"条）

7. 吐火罗，都葱岭西五百里，在乌浒河南，即妫水也。与挹怛杂居。胜兵十万人，皆习战。俗奉佛。多男，少妇人，故兄弟通室。妇人五夫，则首饰戴五角，十夫戴十角。男子无兄弟者，则与他人结为昆季，方始得妻，不然终身无妇矣。生子属其长兄。被服、文字与于阗略同。城北有屋数颇梨山，南崖穴中有神马，国人每牧牝马于其侧，时产名驹，皆汗血，多善马。有屋宇，杂以穹庐，着小袖袍，小口袴，大头长裙帽。女子被发为辫。其地与益州邻，尝通同商贾，民慕其利，多往从之，教其书记，为之辞译，稍桀黠矣。其北界即汉西域大宛之地，今属西蕃突厥。南去漕国千七百里，东去瓜州六千七百里。（《通典》

卷一九三"吐火罗"条,参《册府元龟》卷九五八《外臣部·土风三》、《唐会要》卷九九"吐火罗国"、《太平广记》卷四三五"马"条引《洽闻记》、《册府元龟》卷九五八《外臣部·国邑二》)

8. 附国者,蜀郡西北二千余里,即汉之西南夷也。有嘉良夷,即其东部,所居种姓,自相率领,土俗与附国同,言语少殊,不相统一。其人并无姓氏。附国王字宜僧。其国南北八百里,东西千五百里,无城栅,近川谷,傍山险。俗好复雠,故垒石为巢而居,以避其患。其巢高至十丈,每级丈余,以木隔之。基方三四步,巢上方二三步,状似浮屠。于下级开小门,从内上通,夜必闭关,以防盗贼。国有二万余家,号令自王出。嘉良夷政令系之酋帅,重罪死,轻罚牛。人皆轻捷,便击剑,用矛。漆皮为甲,弓长六尺,以竹为弦。妻其群母及嫂。儿弟死,父兄亦纳其妻。好歌舞,鼓簧,吹长笛。有死者,无服制,置尸高床之上,沐浴衣服,被以牟甲,覆以兽皮。子孙不哭,带甲舞剑,而呼云:"我父为鬼所取,我欲报冤杀鬼。"其余亲戚哭三声而止。妇人哭,必以两手掩面。死家杀牛,亲属以猪酒相遗,共饮啖而瘗之。死后十年而大葬。(鲜于枢《困学斋杂录》,参《剡源文集》卷四所载《唐画西域图记》、《隋书·西域传》)

9. (附国)其俗以皮为帽,形圆如钵,或带罞罬。衣多毛毺皮裘,全剥牛脚皮为靴。项系铁锁,手贯铁钏。王与酋帅,金为首饰,胸前悬一金花,径三寸。(《隋书·西域传》,参《剡源文集》卷四所载《唐画西域图记》)

三、《西域图记》的内容

从上引九条及《隋书》卷六七《裴矩传》载《西域图记序》,我们可以将《西域图记》的编纂原则及内容特点概括如下:

1. 首叙该国地理位置,以葱岭为主要参照地,同时以西域的名山、大川为辅助参照系统。

两汉魏晋南北朝以来,有关文献中记载西域诸国地理位置,多以名山大川为参照。《西域图记》也不例外,据复原的佚文,可知其叙述诸国地理位置时,主要参照地是葱岭。如"吐火罗,都葱岭西五百里"。据此,《隋书·西域传》中的"钹汗国,都葱岭之西五百余里","于阗国,都葱岭之北二百余里","漕国,在葱岭之北","女国,在葱岭之南"等句,可能都是《西域图记》中的文字。

已复原的《西域图记》吐火罗条,在"都葱岭西五百里"之后,还补充叙述说"在乌浒河南,即妫水也"。可见《西域图记》在以葱岭为主要地理参照之外,也以西域其他名山和大川为辅助参照地,详细具体描述诸国地理方位。从已复原的吐火罗佚文中,知"乌浒河"或"乌浒水"是《西域图记》描述地理方位的重要参照大川,则《隋书·西域传》中的"乌那曷国,都乌浒水西""穆国,都乌浒河之西"、"挹怛国,都乌浒水南二百余里"等,应该也

是《西域图记》的佚文。

2. 列举该国国名异称或追溯古国名。

据已复原的"钵汗,古渠搜也"句,可知《西域图记》在每国名之后,尽量追溯其隋以前的国名,试图和其他史籍记载衔接。虽然今天看来,这种追溯有些是不准确的。

《太平寰宇记》卷一八一"判汗国"条云:"判汗国,亦名钹汗国。都葱岭西五百余里,盖古之渠搜国也。"此条应与《西域图记》有关。《玉海》卷一六《地理·异国书》记载:《史记正义》云:"《西域图记》:'钵汗,古渠搜也。'"知《西域图记》有"钵汗,古渠搜也"的内容。关于钹汗异名,《通典》卷一九二《边防八·西戎四》"疏勒"条云:

东去龟兹千五百里,西去拨汗国(拨汗一名判汗。)千里。

《隋书·西域传》记载:

钹汗国,都葱岭之西五百余里,古渠搜国也。

综合诸书记载,似可推知《西域图记》原文应为:

钹汗国,亦名(或作"一名")判汗国。都葱岭西五百余里,古渠搜国也。

则知《西域图记》在每一国名之后,还要条列异名、异称,同时追溯隋前文献中对该国的记载。这是《西域图记》的撰写体例,也是其首述每一国时的重要内容。

《通典》卷一九三《边防九·西戎五》云:

渴盘陀,后魏时通焉。亦名汉陀国,亦名渴罗陀国。理葱岭中。

"后魏时通焉",是《通典·边防典》撰写时增加的文字。[①] 但"理葱岭中"以葱岭为地理标志,且"亦名汉陀国,亦名渴罗陀国"也符合《西域图记》列举国名异称的撰写特点,因此推测"渴盘陀,亦名汉陀国,亦名渴罗陀国。治葱岭中",是《西域图记》的佚文。

3. 记录"君长姓族"。

从《西域图记》大宛国"王姓苏色匿,字底失盘陀"、"附国王字宜僧"等文字看,《西域

---

① 参见拙著《〈通典·边防典·西戎〉"西域"部分序说》,《欧亚学刊》第 7 辑,中华书局,2007 年;收入李锦绣、余太山《〈通典〉西域文献要注》,上海人民出版社,2009 年,第 1—56 页。

图记》记载了诸国国王的姓名,采用的是"王姓"某、"字"某的术语。①

《隋书·西域传》多记载了诸国国王的名字,如:

（康国）其王本姓温,月氏人也。旧居祁连山北昭武城,因被匈奴所破,西踰葱岭,遂有其国。支庶各分王,故康国左右诸国并以昭武为姓,示不忘本也。王字代失毕。

安国,汉时安息国也。王姓昭武氏,与康国王同族,字设力登。

石国,其王姓石,名涅。

焉耆国,都白山之南七十里,汉时旧国也。王姓龙,字突骑。

龟兹国,都白山之南百七十里,汉时旧国也。其王姓白,字苏尼咥。

疏勒国,都白山南百余里,汉时旧国也。其王[姓裴]②,字阿弥厥。

于阗国,都葱岭之北二百余里。其王姓王,字卑示闭练。

钹汗国,都葱岭之西五百余里,古渠搜国也。王姓昭武,字阿利柒。

挹怛国,都乌浒水南二百余里,大月氏之种类也……先是国乱,突厥遣通设字诘强领其国。

米国,都那密水西,旧康居之地也。无王。其城主姓昭武,康国王之支庶,字闭拙。

史国,都独莫水南十里,旧康居之地也。其王姓昭武,字逊遮,亦康国王之支庶也。

曹国,都那密水南数里,旧是康居之地也。国无主,康国王令子乌建领之。

何国,都那密水南数里,旧是康居之地也。其王姓昭武,亦康国王之族类,字敦

乌那曷国,都乌浒水西,旧安息之地也。王姓昭武,亦康国种类,字佛食。

穆国,都乌浒河之西,亦安息之故地也,与乌那曷为邻。其王姓昭武,亦康国王之种类也,字阿滥密。

波斯国,都达曷水之西苏蔺城,即条支之故地也。其王字库萨和。

漕国,在葱岭之北,汉时罽宾国也。其王姓昭武,字顺达,康国王之宗族。

女国,在葱岭之南,其国代以女为王。王姓苏毗,字末羯。

以上诸条,均首叙其国方位,或以葱岭,或以乌浒水、那密水、独莫水、达曷水等名川,或以白山等名山为参照。之后,追溯其国旧称,条列国王姓、字,符合《西域图记》的撰写体例,应均因《西域图记》之文。《隋书·西域传》与《西域图记》的密切关系,于此可

① 知不足斋丛书本《困学斋杂录》作"附国王子宜僧",与四库全书本及《隋书·西域传》"附国王字宜僧"、"附国王字宜缯"不同,汤开建《阎立本〈西域图〉在宋元著作中的著录及其史料价值》(载《文史》第31辑,中华书局,1988年,第143—157页)有考释。笔者认为,"僧"、"缯"二字,颇难判断;但根据《西域图记》的撰写体例,"子"字不确,应为"字"。《西域图记》记载诸国国王之名,统一称"字"。

② "姓裴"二字,据《通典》卷一九二《边防八·西戎四》"疏勒"条补。

见一斑。[①]

详细记录诸国国王姓、字,是《西域图记》的独特发明。《旧唐书》卷六三《裴矩传》略云:

> 炀帝遣矩监其事。矩知帝方勤远略,欲吞并夷狄,乃访西域风俗,及山川险易,君长姓族,物产服章,撰《西域图记》三卷,入朝奏之。

可知裴矩撰写的《西域图记》,包括西域风俗、山川险易、君长姓族、物产服章四部分,"君长姓族,物产服章"是《西域图记》的重要内容,诸书多记载裴矩访问西域诸国风俗、山川而撰《西域图记》,如《隋书》卷六七《裴矩传》云:

> 诸商胡至者,矩诱令言其国俗,山川险易,撰《西城图记》三卷,入朝奏之。

《新唐书》卷一〇〇《裴矩传》云:

> 时西域诸国悉至张掖交市,帝令矩护视。矩知帝勤远略,乃访诸商胡国俗,山川险易,撰《西域图记》三篇。

《资治通鉴》卷一八〇"大业三年十月"条云:

> 西域诸胡多至张掖交市,帝使吏部侍郎裴矩掌之。矩知帝好远略,商胡至者,矩诱访诸国山川风俗,王及庶人仪形服饰,撰《西域图记》三卷。

《册府元龟》卷九九〇《外臣部·备御三》云:

> 又西域诸藩,多至张掖,与中国交市。帝令吏部侍郎裴矩掌其事。矩知帝方勤远略,诸商胡至者,矩诱令言其国俗、山川险易,撰《西域图》三卷,入朝奏之。

除《资治通鉴》增加了"王及庶人仪形服饰"之外,余书均只列举了风俗和山川两项。诸书虽省略了"君长姓族,物产服章",但从复原的《西域图记》原文看,"君长姓族,物产服章"

---

① 日本学者白鸟库吉、嶋崎昌等都指出《西域图记》是《隋书·西域传》编纂的重要材料,详见白鸟库吉《大秦国及び拂菻国に就きて》,《白鸟库吉全集·西域史研究(下)》,岩波书店,1971 年,第 125—203 页;嶋崎昌《〈隋书·高昌传〉解说》,《隋唐时代の东トゥルキスターン研究》,东京大学出版会,1977 年,第 311—340 页。任乃强指出《隋书·西域传》"女国"条取自《西域图记》"东女国"条,见其著《隋唐之女国》,原刊《康藏研究月刊》第 6 期,收入《任乃强民族研究论文集》,民族出版社,1990 年,第 212—235 页。

是《西域图记》的重要组成部分。而且,由于"君长姓族"、"王及庶人仪形服饰"是《西域图记》的主要发明,是《西域图记》超越以往西域地理著作的主要特色,更值得重视。记录"君长姓族"、"王及庶人仪形服饰",表明《西域图记》并不仅仅是一部地理著作,而是配合隋炀帝"方勤远略"的政治需要而撰写的著作,是西域诸国的实录。

在《西域图记序》中,裴矩称其撰写时,"既因抚纳,监知关市,寻讨书传,访采胡人,或有所疑,即详众口"。从复原的《西域图记》看,西域"君长姓族"、"王及庶人仪形服饰",当是其向胡人采访的主要内容。

4. 记录诸国大小、都城面积及胜兵数。

复原的《西域图记》"附国"条记载,"其国南北八百里,东西千五百里";"吐火罗国"条记载了其国"胜兵共五万"。上文已论,《隋书·西域传》"钹汗国"条多照抄《西域图记》,因而其"王姓昭武,字阿利柒"之后的"都城方四里"也应是《西域图记》中的内容。因此,可以推测,在国都位置、古名溯源、君长姓族之后,《西域图记》接着记载诸国大小、都城面积及胜兵数。

都城、人口、胜兵是《汉书·西域传》以降,正史《西域传》详为记载的内容,如《汉书·西域传》云:

> 鄯善国,本名楼兰,王治扜泥城,去阳关千六百里,去长安六千一百里。户千五百七十,口万四千一百,胜兵二千九百十二。

《汉书·西域传》记载国都地理方位时,以阳关为参照地;记载诸国位置时,以长安为基准点(详见下论)。《汉书·西域传》详细记录了诸国户口、胜兵数。从已复原的《西域图记》看,裴矩只是记录了诸国方圆、都城面积、胜兵数,似乎没有记载户口数。

5. 详细记载国王及庶人服饰。

关于"王及庶人仪形服饰",《西域图记》"附国"条记载:"其俗以皮为帽,形圆如钵,或带羃䍦。衣多毛毳皮裘,全剥牛脚皮为靴。项系铁锁,手贯铁钏。王与酋帅,金为首饰,胸前悬一金花,径三寸。""吐火罗国"条记载:"着小袖袍,小口袴,大头长裙帽。女子被发为辫。"由于《西域图记》对"王及庶人"有清晰绘画,因而详细、清楚记录其"王及庶人仪形服饰",是《西域图记》的另一主要特点。

《隋书·西域传》记载:

> (吐谷浑)其主以皁为帽,妻戴金花。其器械衣服略与中国同。其王公贵人多戴羃䍦,妇人裙襦辫发,缀以珠贝。

> (康国)其王索发,冠七宝金花,衣绫罗锦绣白叠。其妻有髻,幪以皁巾。丈夫翦发锦袍。

（安国）王坐金驼座,高七八尺。

（女国）王居九层之楼,侍女数百人。

（龟兹）王头系彩带,垂之于后,坐金师子座。

（疏勒）王戴金师子冠。

（于阗）王锦帽,金鼠冠,妻戴金花。其王发不令人见。俗云,若见王发,年必俭。

（镞汗）王坐金羊床,妻戴金花。

（何国）其王坐金羊座。

（乌那曷国）王坐金羊座。

（波斯）王着金花冠,坐金师子座,傅金屑于须上以为饰。衣锦袍,加璎珞于其上。

（漕国）国王戴金鱼头冠,坐金马座。

《通典》卷一九三《边防九·西戎五》云:

（女国）男子皆被发,妇人辫发而萦之。

（越底延国）王及庶人翦发,衣锦袍,不开缝。贫者衣白迭。妇人为髻,衣裙衫,帔长巾。

这些记录隋代西域诸国国王及庶人服饰的文字,应该是来自《西域图记》。只是《隋书·西域传》与《通典》的记述文字比较简单,当是对《西域图记》的节选或概括。

6. 记录诸国风俗、轶闻等。

复原的《西域图记》第2、7、8条均记录了西域诸国的风俗和轶闻,涉及名产(如大宛"其马,乌马、骝马多白耳;白马、骢马多赤耳;黄马、赤马多黑耳。唯耳色别,自余色与常马不异")、风俗(如吐火罗"皆习战。俗奉佛")、婚俗(如吐火罗"多男,少妇人,故兄弟通室。妇人五夫,则首饰载五角,十夫载十角。男子无兄弟者,则与他人结为昆季,方始得妻,不然终身无妇矣。生子属其长兄";附国"妻其群母及嫂。儿弟死,父兄亦纳其妻")、文字(吐火罗"文字与于阗略同")、居住(如吐火罗"有屋宇,杂以穹庐";附国"无城栅,近川谷,傍山险。俗好复仇,故垒石为巢而居,以避其患。其巢高至十丈,每级丈余,以木隔之。基方三四步,巢上方二三步,状似浮屠。于下级开小门,从内上通,夜必闭关,以防盗贼")、法律(如附国"国有二万余家,号令自王出。嘉良夷政令系之酋帅,重罪死,轻罚牛")、兵器(如附国"人皆轻捷,便击剑,用矛。漆皮为甲,弓长六尺,以竹为弦")、音乐(如附国"好歌舞,鼓簧,吹长笛")、葬俗(如附国"有死者,无服制,置尸高床之上,沐浴衣服,被以牟甲,覆以兽皮。子孙不哭,带甲舞剑,而呼云:'我父为鬼所取,我欲报冤杀鬼。'其余亲戚哭三声而止。妇人哭,必以两手掩面。死家杀牛,亲属以猪酒相遗,共饮啖而瘗之。死后十年而大葬")、民风(如吐火罗"其地与益州邻,尝通同商贾,民慕其利,多往从之,教其书记,为之辞

译,稍桀黠矣")等。这些风俗、轶闻的记述,有一定顺序,共同构成《西域图记》的主要内容。上论诸书多记载裴矩"访诸商胡国俗,山川险易",撰《西域图记》,可知"国俗"为《西域图记》的重中之重,占其书的最大篇幅。

7. 记录"山川险易"。

与"国俗"一样,"山川险易"也是《西域图记》的记述重点,因而复原的九条中,有三条涉及名山,如龟兹国"白山一名阿羯山,常有火及烟,即是出硇砂处"、大宛"又有波悉山"、吐火罗"城北有屋数颇梨山,南崖穴中有神马,国人每牧牝马于其侧,时产名驹,皆汗血,多善马"。

值得注意的是,"山川险易"中的"山川"是一个宽泛的概念,并不只限于山和川,还包括湖海、沙漠、交通及诸国名城、名寺等名胜之地,如记录盐泽"并沙碛之地,乏水草,人难行,四面危,道路不可准记,行人唯以人畜骸骨及驼马粪为标验。以其地道路恶,人畜即不约行。曾有人于碛内时闻人唤声,不见形,亦有歌哭声,数失人,瞬息之间不知所在,由此数有死亡。盖魑魅魍魉也。若大雪即不得行。兼有魑魅。以是商贾往来多取伊吾路",涉及了湖泊、沙漠及交通等多项内容。又如记录大宛国"寺伐城西南百里有一土堆,近边省者皆见堆上有一大城,恒似倒悬。堆上有积雪,人不得上。其王每年杀白马以祭祀此城"、波悉山"南见一城,号弥遮城,内有一千户"等,著录了名城或名胜。因此,对《西域图记》记录和描绘的"山川险易",不能仅作简单理解。

8. 记载诸国四至。

四至也是《西域图记》详细记载的内容。如吐火罗国"其北界即汉西域大宛之地,今属西蕃突厥。南去漕国千七百里,东去瓜州六千七百里"。《西域图记》关于四至和里程的记述中,以"瓜州"为基准,这是其另一独特之处,[①] 详见拙文《试论〈西域图记〉的记程系统》,[②] 此处不具论。从已复原的内容看,四至一般是诸国最后的著录项。

以上,我们分析了《西域图记》的著录内容和排列顺序。由于诸国情况不一,这八项内容(国都位置、异称古名、君长姓族、诸国方圆及胜兵、服饰、国俗、山川险易、四至)不一定是每国必记的,但这些事项应是裴矩访问诸国商胡时调查询问的内容。也正因为注重寻访调查,有明确、严格的著录标准,体例严整,《西域图记》才能成为这一领域空前的杰作。

① 关于《西域图记》中的里数,参见余太山《〈隋书·西域传〉的若干问题》,载《新疆师范大学学报》2004年第3期,第50—54页。

② 待刊于《丝瓷之路:古代中外关系史研究》第2辑。

唐洛阳大弘道观考

雷　闻

（中国社会科学院历史研究所）

近些年来，在荣新江先生的倡导之下，唐代长安研究出现了一些新的视角，也开拓了一些新的领域。相比之下，有关东都洛阳的研究要冷清许多，而对洛阳道教宫观的讨论更是寥寥无几。本文即尝试对洛阳最重要的一座道观——大弘道观进行一个初步研究。

之所以选择大弘道观作为个案，首先是因其规模巨大。它位于洛阳宫城之南定鼎门街东第一街，由南往北第五坊——修文坊。与长安的玄都观、景龙观一样，它也尽占一坊之地。当然，更重要的原因在于，它是盛唐时期东都地位最显赫的道观之一，与当时的政治、宗教形势都有密切关系。徐松在《唐两京城坊考》卷五初步列出了一些相关的文献记载，[①] 但极为有限。李建超先生则利用三方新出土的道士墓志略有补充，[②] 可惜仍不全面。本文试对相关材料略加梳理，并讨论几个具体的问题。

一、大弘道观的建立

大弘道观的由来，见于《唐会要》卷五〇《观》的记载："弘道观　尽一坊。地本修仁坊。旧有隋国子学及右屯卫大将军麦铁杖宅。显庆二年（657），尽并一坊为雍王第。王升储后，

---

①　徐松《唐两京城坊考》卷五，中华书局，1985 年，第 148 页。

②　李建超《增订唐两京城坊考》（修订版），三秦出版社，2006 年，第 291—292 页。

永隆元年（680）八月立为观。"① 不过，这段记载错误很多。

首先是坊名，所谓"修仁坊"当作"修文坊"。按宋敏求《长安志》卷一〇列有修仁坊，辛德勇先生早就指出其错误。② 杨鸿年先生亦云："此坊所记坊内建筑与洛阳修文坊全同，疑系《长安志》将洛阳此坊误植于长安。既为洛阳之坊，长安焉能有其位置？或'仁'乃'文'之误耳。《长安志》之所以致误，其源或出于《唐会要》。"③ 事实上，《唐会要》卷五〇《观》在列举著名道观时，往往把两京道观混排，且不加说明，这样就给后人造成一些困扰，如"福唐观"条就是如此，这导致徐松误在《唐两京城坊考》中分别在长安、洛阳两度列出了福唐观，④ 而本条的情形与之类似。

还有一事需要辨析，在《唐两京城坊考》卷五的"清化坊"条下，徐松又列出了一个"弘道观"，注云："有老君像，明皇、肃宗二像侍立。"⑤ 现代研究者对于这个明显的矛盾，似均未加措意。按唐代文献明确记载有玄宗、肃宗二像侍立于老君像之侧者，只有长安的太清宫。据德宗贞元九年（793）成书的《大唐郊祀录》记载："石像大圣祖真容，当宸南面坐，衣以王者衮冕之服，以缯綵珠玉为之，玄宗、肃宗真容侍立于左右，皆衣以通天冠、绛纱袍。（原注：案太清宫初成，诏令工人于太白采白石为真像，后又图列肃宗真容于右，若事生之礼焉。）"⑥ 东都的太微宫与长安太清宫对应，是否也立有类似的石像，史无明文。不过，太微宫位于洛阳的积善坊，与清化坊没有任何关系。之所以在清化坊出现弘道观的记载，或许是因为徐松受到《册府元龟》下面这条材料的误导：

> （天祐二年，905）六月辛卯，太微宫使柳璨奏："前使裴枢充宫使日，权奏请玄元观改为太清观，又别奏在京弘道观为太清宫，至今未有制置。伏以今年十月九日陛下亲事郊礼，先谒圣祖庙，弘道观既未修葺，玄元观又在北山，若车驾出城，礼非便稳。今欲只留北邙山老君庙一所，其玄元观请拆入都城，于清化坊内建置太微宫，则车驾行事得礼。"从之。⑦

可见，唐末弘道观的确曾一度有改为太清宫之议，但并未实行，最后只是在清化坊昭明寺旧址建置了太微宫。徐松很可能是误解了这条材料，才将太清宫关于老君像及玄宗、肃宗石像的材料误植于弘道观，又进一步将弘道观误置于清化坊了（关于弘道观、太微宫与清

---

① 《唐会要》卷五〇《观》，上海古籍出版社，1991年，第1019页。
② 辛德勇《隋唐两京丛考》上篇第十三条"《长安志》所在不明四坊"，三秦出版社，1991年，第42页。
③ 杨鸿年《隋唐两京坊里谱》，上海古籍出版社，1999年，第214页。
④ 参看拙撰《唐长安太清观与〈一切道经音义〉的编纂》，《唐研究》第十五卷，北京大学出版社，2009年，第209—210页。
⑤ 《唐两京城坊考》卷五，172页。
⑥ 《大唐郊祀录》卷九《荐献太清宫》，《大唐开元礼》附，汲古书院，1972年，第788页。
⑦ 《册府元龟》卷五四《帝王部·尚黄老》二，中华书局，1982年，第608页。唯"二年"误作"三年"，参看《旧唐书》卷二〇下《哀帝本纪》，中华书局，1975年，796页。

化坊的相对位置,参见图1)。也就是说,清化坊根本没有出现过一座弘道观。

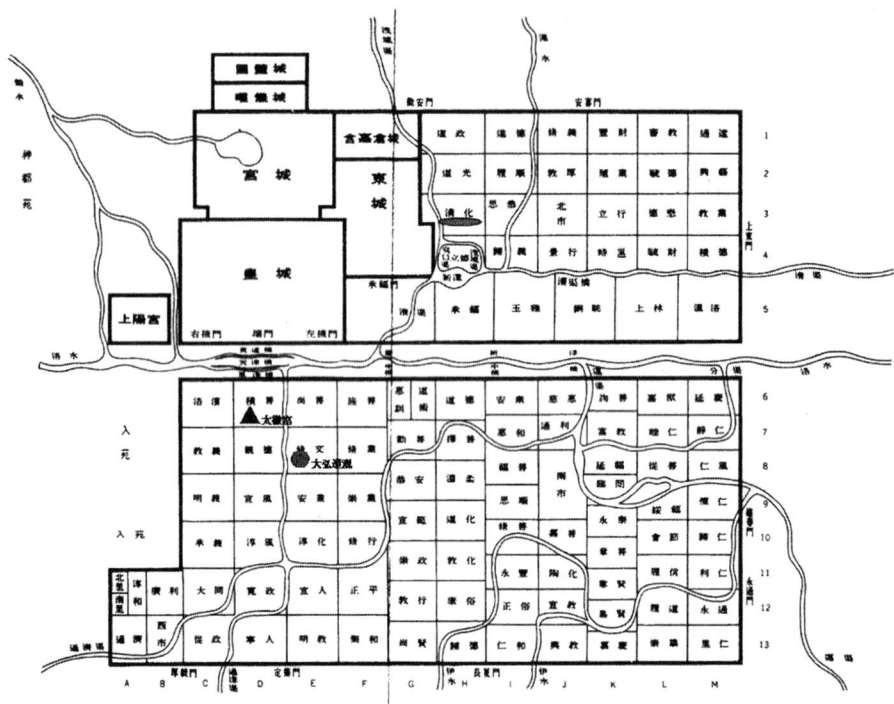

图1 唐洛阳城图

　　其次,《唐会要》记载说显庆二年(657)将一坊并为雍王第,并在其"升储"后立为弘道观。但徐松已指出:"按《会要》,章怀太子于咸亨三年(672)徙封雍王,则显庆时不得有雍王宅也。《河南志》原注误。"所云甚是。

　　更为重要的是,这里的"雍王第"本身就是错误的,因为弘道观的前身应是中宗李显的宅第,而非章怀太子李贤的旧宅。对此,张勋燎、白彬早已据千唐志斋所藏《大唐弘道观主故三洞法师侯尊师(敬忠)志文》(参见图2)中"属和帝永隆二岁,舍其代邸,列以元储,遂置弘道观,有制博召名德。尊师应斯制,居弘道焉"的记载对此进行了辨析。[1] 对志文"永隆二岁"与《唐会要》永隆元年的不同,他们又据圣历二年(699)二月王适撰、司马承祯书的《中岳体玄先生潘尊师碣文》所云:"大帝……又以功德事咨祈景福,乃于太子甲第建弘道之坛,老君寿宫立玄元之观,二名禀于师口,双榜题于御笔",指出其顺序应该是:李哲(李显原名)于永隆元年取代李贤成为太子,遂舍旧宅建立道坛,至第二年正式建为弘道观。[2]

---

① 张勋燎、白彬《三件唐代道教石刻和唐代佛道之争》,收入氏著《中国道教考古》,北京:线装书局,2006年,1839-1841页。这方墓志的录文见周绍良主编、赵超副主编《唐代墓志汇编》开元076号,上海古籍出版社,1992年,第1207—1208页;吴刚主编《全唐文补遗》第二辑,三秦出版社,1995年,第434页。拓本图版见《北京图书馆藏中国历代石刻拓本汇编》第21册,中州古籍出版社,1989年,第95页。

② 《中国道教考古》,1840页。《中岳体玄先生潘尊师碣文》的录文见陈垣编纂,陈智超、曾庆瑛校补《道家金石略》,文物出版社,1988年,第83—85页。图版见北京图书馆金石组编《北京图书馆藏中国历代石刻拓本汇编》第18册,第145页。

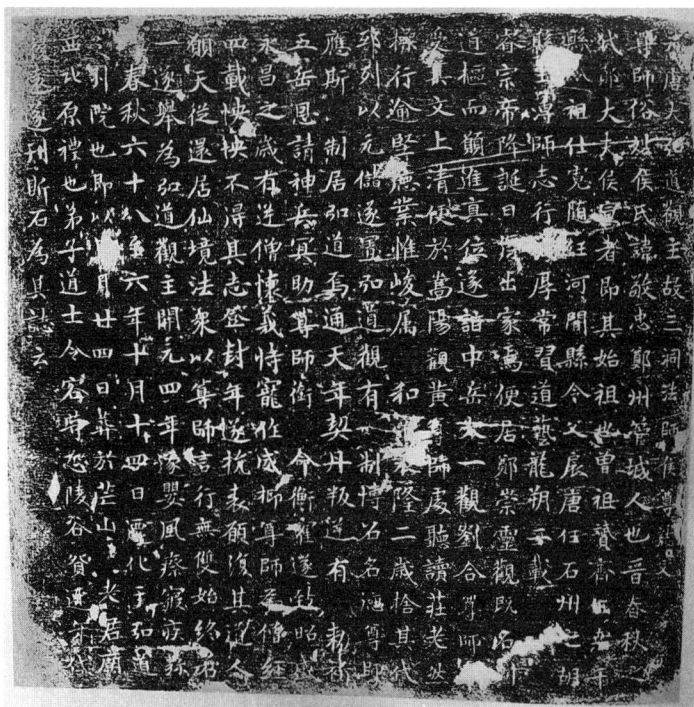

图2　侯敬忠墓志

我们认为这一辨析大体是正确的,据《唐会要》卷四《储君》载:

> 章怀太子贤,高宗第六子。永徽六年正月,封潞王。龙朔元年九月二十日,改封沛王。……(咸亨)三年九月,改名德,徙封雍王。上元二年(675)六月三日,改名贤,册为皇太子。调露二年(680)八月二十日,废为庶人。[①]

白安敦(Antonello Palumbo)先生曾认为,弘道观之设,是在武则天镇压了章怀太子李贤之后,为彰显其胜利而将李贤旧宅改立为观。[②] 这个推测虽不无道理,但与《侯敬忠墓志》"和帝"舍其"代邸"的明确记载不符。和帝即中宗李显,据《唐会要》卷一《帝号》上则记载:"中宗孝和大圣大昭孝皇帝讳显(原注:高宗第七子,母曰则天顺圣皇后武氏),显庆元年十一月五日生。二年二月二日,封周王。仪凤二年十月三日,徙封英王,改名哲。永隆元年八月二十三日,册为皇太子。弘道元年十二月六日,即位。"[③] 按调露二年即永隆元年,这年八月二十日李贤被废。三天之后,英王李哲被立为皇太子,改元为永隆。可见,舍宅为观的

---

① 《唐会要》卷四《储君》,第46—47页。

② Antonello Palumbo, "On the Author and Date of the *Zhenzheng lun* 甄正论 : An Obscure Page in the Struggle between Buddhists and Taoists in Mediaeval China." *Annali dell'Istituto Universitario Orientale - Napoli*, 57 (3-4), 1997, p. 310. 此文承刘屹学兄提示并惠赐电子版,在此谨致谢忱!

③ 《唐会要》卷一《帝号》上,第4页。

并不是章怀太子李贤,而是李哲。《唐会要》所谓"显庆二年,尽并一坊为雍王第","雍王第"或许是"周王第"之误。

从《中岳体玄先生潘尊师碣文》可知,弘道观之名为道门宗师潘师正所起,其牓题更是唐高宗亲笔所书。唐高宗与潘师正的关系极为密切,据《旧唐书》记载,他与武则天曾于调露二年二月驾幸嵩山逍遥谷潘师正的居所,向其问道。[①]事实上,"弘道"始终是高宗心中念兹在兹之事,正是在他的统治时期,唐王朝的崇道活动达到第一个高峰,他在完成道教色彩相当浓厚的封禅大典之后,在全国建立起宫观体系。[②]别有意味的是,高宗平生所用的最后一个年号正是"弘道",在《改元弘道大赦诏》中,还要求"仍令天下诸州置道士观,上州三所,中州二所,下州一所,每观各度七人"。[③]可惜就在改元当天高宗就驾崩了。[④]可以想见,潘师正为这所道观起的名字,一定深得高宗之心。

关于潘师正与弘道观的因缘,在石刻材料中还有一些线索,据王绍宗《大唐中岳隐居太和先生琅耶王征君临终口授铭并序》记载:

> 伊垂拱二岁孟夏四日,悦智寅卯之际,吾六兄同人见疾大渐,惟几将迁冥于未始,委化于伊洛之间,侨居惠和里之官舍。自古有死,于乎哀哉!他日先诰其第七弟绍宗曰:"吾宅性玄乡,保和仁里,寄迹群有,游心太无。乘阳以生,遇阴而灭,物之恒也,汝固知之。吾化后,汝可依道家无为之事,诸子侄行儒教丧纪之迹。吾闻精神者,天之有也;形骸者,地之有也。触处而安,不须择日,单车时服,不俟营为。"绍宗敬奉绪言,不敢失坠。此时沛国桓先生道彦亦在吾兄之侧,因嘘唏而报曰:"此真率之理,道流所尚,有情有信,安敢违之。"其后升真潘先生门徒同族名大通,越中岳而来,自远问疾,知吾兄真命已毕,又申劝曰:"傥或不讳,愿归神中顶石室之中。曩者升真临终,亦令宅彼。况与先师平生居止,宿昔神交,冥期不昧,宜还洞府。"再三敦请,则又从之。[⑤]

可以看出,同样隐居嵩山的太和先生王元宗与潘师正是生平至交,在他临死之际,潘师正的弟子潘大通特意赶来问疾,并建议他迁化之后,与潘师正一样"归神中顶石室之中"。值

---

① 《旧唐书》卷五《高宗本纪》下,第106页。参见《旧唐书》卷一九二《隐逸·潘师正传》,5126页。唐高宗与潘师正的问答,见《道门经法相承次序》,该书共有三卷,收入《道藏》第24册,文物出版社、上海书店、天津古籍出版社,1988年,第782—802页。

② 参见拙著《郊庙之外——隋唐国家祭祀与宗教》,三联书店,2009年,第142—153页。

③ 《全唐文》卷一三,中华书局,1983年,162页。标题中的"弘道",原避清讳作"宏道"。

④ 《旧唐书》卷五《高宗本纪》下,第111—112页。

⑤ 《道家金石略》,第71—72页;《唐代墓志汇编》垂拱022号,第743—744页;亦见《全唐文》卷二〇三,2052页。所录个别文字略异,此处斟酌取定,不再出注。拓本图版见《北京图书馆藏中国历代石刻拓本汇编》第17册,第41页,可惜过于漫漶。

得注意的是,稍前赶来侍疾的还有"沛国桓先生道彦",此人后来担任过大弘道观主,并作为道门代表,参与了神龙初《老子化胡经》存废的争论(详下)。显然,潘师正、王元宗、桓道彦、潘大通等嵩山高道之间有着相当密切的关系,而桓道彦后来出任由潘师正拟名的弘道观主,也可谓是一种缘分。

二、大弘道观与武周革命

在武周代唐的政治变动中,佛教起到了极为重要的宣传作用,武则天在《大周新译大方广佛华严经序》中说:"朕向劫植因,叨承佛记。金山降旨,《大云》之偈先彰;玉宸披祥,《宝雨》之文后及。"说的正是《大云经疏》和《宝雨经》的作用。1976 年,富安敦(Antonino Forte)先生通过对 S.6502 残卷的深入分析,揭示了佛教徒对武周革命的支持,他认为这件文书就是法明等十位僧人于载初元年(690)七月所上的《大云经神皇授记义疏》,乃是武周革命时重要的政治宣传品。[①]

前引《大唐弘道观主故三洞法师侯尊师(敬忠)志文》记载:

> 永昌之岁(689),有逆僧怀义恃宠作威,抑尊师为僧,经四载,怏怏不得其志。登封年(696),遂抗表愿复其道,人愿天从,还居仙境。法众以尊师言行无双,始终若一,遂举为弘道观主。

张勋燎、白彬前引文曾详细分析了侯敬忠的遭遇,并借此讨论了武周时期的佛道斗争。其实,侯敬忠并不是大弘道观唯一一位舍道为僧的人,比他更重要的是时任观主的杜乂:

> 释玄嶷,俗姓杜氏。幼入玄门,才通经法,黄冠之侣推其明哲,出类逸群,号杜乂炼师。方登极箓,为洛都大恒观主。游心《七略》,得理《三玄》。道术之流,推为纲领。天后心崇大法,扬阐释宗。乂悟其食蓼非甘,却行远舍,愿反初服,向佛而归,遂恳求剃落。诏许度之,住佛授记寺,寻为寺都焉。则知在草为英,在禽为雄,信有之矣。续参翻译,悉彼宗之乖谬,知正教之可凭。或问之曰:"子何信佛邪?"嶷曰:"生死飙疾,宜早图之,无令临衢整辔,中流㓐柚乎,有若环车望斗,劾鬼求仙,以此用心,非究尽也。"乃造《甄正论》一部,指斥其失,令归正真,施设主客问答,极为省要焉。嶷不知

① Antonino Forte, *Political Propaganda and Ideology in China at the End of the Seventh Century. Inquiry into the Nature, Authors and Function of the Tunhuang Document S.6502, Followed by an Annotated Translation*. Napoli: Istituto Universitario Orientale, 1976. 此书有修订版: Second Edition, Kyoto: Scuola Italiana di Studi sull'Asia Orientale, 2005.

厥终。①

这里的"大恒观"显为"大弘道观"之误。作为弘道观主，杜乂炼师被"道术之流推为纲领"，他向武则天申请改宗佛教，并著《甄正论》来攻击道教。白安敦推测此书撰于武周政权建立的 690 年十月十六日与薛怀义政治势力达到顶峰的 694 年六月九日之间。② 对于这部书，《开元释教录》卷九解题曰："《甄正论》三卷。右一部三卷，其本见在。沙门释玄嶷，俗姓杜，名乂。先是黄冠，为东都大弘道观主。游心七藉，妙善三玄。黄宗之中，此为纲领。天后心崇大法，弘阐释宗。乂遂归心，请求剃落。诏许度之，住佛授记寺。后为寺都，兼预翻译。悉彼宗之虚诞，知正教之可凭。遂造《甄正论》一部指陈虚伪，主客问答，极为省要。"③ 文字与《宋高僧传》本传极为类似。《甄正论》今天仍然保存在《大藏经》中，④ 成为我们了解当时道教及佛道论争的宝贵材料。

在 S.6502《大云经神皇授记义疏》中有一段："《经》曰：摧伏外道诸邪异见者。圣母神皇教化众生，物莫能测，故令天魔叹仰，外道归诚。白马之度黄冠即其事也。"说的是佛陀向净光天女所做的一个授记：当她于未来成为一国女君时，会"摧伏外道诸邪异见"。富安敦先生早就指出，在《义疏》中，"白马"即指薛怀义，而"黄冠"则很可能就是指杜乂。薛怀义之所以要让道士们改宗佛教，实际上是为了坐实《大云经》的这个说法。富安敦因此推测杜乂改宗佛教的时间可能在 690 年之前，⑤ 而白安敦更推测他出家的第一所寺院就是薛怀义主持的大白马寺，而不是《宋高僧传》本传记载的佛授记寺。⑥

显然，无论是杜乂还是侯敬忠，他们都是在薛怀义的策划下舍道为僧的，目的是为了为武则天以女主身份改朝换代进行舆论宣传。而他们都出自大弘道观，只因它是当时洛阳最重要的道观，由其观主、大德改信佛教，无疑具有强烈的象征意义。

其实，在武周革命过程中，也有一些道教徒积极参与了政治宣传活动，笔者就曾利用石刻材料证明了长安金台观观主马元贞在天授二年（691）初，奉旨往五岳四渎投龙做功德，以宣扬武周革命的正当性。⑦ 然而不可否认的是，在武周政权初期，佛教的功能要比道

---

① 《宋高僧传》卷一七《唐洛京佛授记寺玄嶷传》，中华书局，1987 年，第 414 页。

② Antonello Palumbo, "On the Author and Date of the *Zhenzheng lun* 甄正论", p.314.

③ 《开元释教录》卷九，《大正藏》第 55 册，第 566 页；《贞元新定释教目录》卷一三所载略同，《大正藏》第 55 册。

④ 《大正藏》第 52 册。关于《甄正论》的详细讨论，见 Antonello Palumbo, "On the Author and Date of the *Zhenzheng lun* 甄正论", pp. 305-322.

⑤ Antonino Forte, "The Maitreyist Huaiyi（D.695）and Taoism."《唐研究》第四卷，北京大学出版社，1998 年，第 15—29 页。"The Maitreyist Huaiyi（D.695）and Taoism: Additions and Corrections".《唐研究》第五卷，北京大学出版社，1999 年，第 35—40 页。

⑥ Antonello Palumbo, "On the Author and Date of the *Zhenzheng lun* 甄正论", p.317-318.

⑦ 拙撰《道教徒马元贞与武周革命》，《中国史研究》2004 年第 1 期，第 73—80 页。另参《郊庙之外》，第 153—166 页。

教来得重要。因此,天授二年四月,武则天就"令释教在道法之上,僧尼处道士女冠之前"。[①]可以说,杜乂领导的大弘道观从另一个方面为武周政权作出了贡献,其目的与马元贞毫无二致。

天册万岁元年(695)二月,怀义因过于骄恣而被武则天殴杀。[②] 而武则天本人随着年事增高,信仰也开始发生变化,正如饶宗颐先生所言,武则天晚年常游幸嵩山,求长生,故兴趣向道教转移。[③] 在这样的背景下,被迫为僧的侯敬忠就在次年"抗表愿复其道",重新成为道士,甚至被举为弘道观主,还因"契丹叛逆,有敕祈五岳恩请神兵冥助,尊师衔命衡霍,遂致昭感"。然而,具有经历类似的前观主杜乂(玄嶷)却"不知厥终",这或许是因为他之前在批判道教的道路上走得太远了。

不过,侯敬忠似乎在弘道观主的位置上也没待多久,[④] 因为在著名的《岱岳观碑》上,有这样一条题记:

> 大周圣历元年(698)岁次戊戌腊月癸巳朔贰日甲午,大弘道观主桓道彦、弟子晃自揣奉敕于此东岳设金箓宝斋、河图大醮,漆日行道,两度投龙,遂感庆云参见,用斋醮物,奉为天册金轮圣神皇帝敬造等身老君像壹躯,并贰真人夹侍。[⑤]

可见,此时的观主已经是桓道彦了,也就是前文提到的在嵩山太和先生王元宗榻前问疾的那位"沛国桓先生"。随着万岁登封元年(696)腊月武则天封禅中岳的举行,大弘道观也补充了一些新鲜血液。据开元十五年(727)二月的《大唐大弘道观故常法师(存)墓志铭并序》记载:"属则天升中,度为道士,住弘道观。乃诣南岳桓尊师受洞经秘要、三录五法,又诣西岳王尊师,迁阳平治。至开元四年,擢授本观监斋,兼任法师。"[⑥] 显然,常存正是桓道彦的入室弟子。

作为神都道教界支持武周政权的大本营,大弘道观的道士们经常奉敕到各地为武则天做功德,除了上引圣历元年观主桓道彦奉敕于东岳行道外,长安四年(704)十一月十五

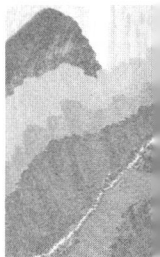

---

① 《旧唐书》卷六《则天皇后本纪》,121 页。

② 《资治通鉴》卷二〇五"天册万岁元年二月"条,北京:中华书局,1956 年,第 6502 页。

③ 饶宗颐《从石刻论武后的宗教信仰》,原刊《中央研究院史语所集刊》第 45 本第 3 分(1974 年),此据《饶宗颐史学论著选》,上海古籍出版社,1993 年,第 504—531 页。

④ 虽然侯敬忠在开元六年去世时早已不是观主了,可墓志仍题作"大唐弘道观主故三洞法师侯尊师志文",显然,这是他曾担任过的最值得夸耀的职务了。

⑤ 录文见《道家金石略》,83 页。此碑的照片和介绍,参见拙著《郊庙之外》图版二、155—170 页;以及 207—210 页的《唐代岳渎投龙表》。

⑥ 录文见周绍良、赵超主编《唐代墓志汇编续集》开元 081 号,上海古籍出版社,2001 年,第 509 页;《全唐文补遗》第六辑,第 409 页。图版见《北京图书馆藏中国历代石刻拓本汇编》第 22 册,第 122 页。

日，大弘道观威仪师邢虚应、阮孝波又于泰山投龙做功德。[①]

神龙政变结束了武周政权，中宗即位。不过，这次政治变动似乎并未影响弘道观的地位。就在神龙元年（705）三月廿八日，大弘道观的法师阮孝波、道士刘思礼等又"奉敕于岱岳观建金箓宝斋，册九人九日九夜行道，并设醮投龙，功德即毕，以本命镇缬等物，奉为皇帝、皇后敬造石玄真万福天尊像一铺。"[②]而观主桓道彦作为道门领袖，更积极参与了当时关于《老子化胡经》的真伪大辩论。据《旧唐书·中宗本纪》载：神龙元年九月壬午，"禁《化胡经》及婚娶之家父母亲亡停丧成礼"。[③]所载过于简略，《宋高僧传》卷一七《唐江陵府法明传》更为详细：

> 释法明，本荆楚人也。博通经论，外善群书，辩给如流，戒范坚正。中宗朝入长安游，访诸高达，适遇诏僧道定夺《化胡成佛经》真伪。时盛集内殿，百官侍听，诸高位龙象抗御黄冠，翻覆未安，艨艟难定。明初不预其选，出场擅美。……则神龙元年也。其年九月十四日下勅曰："仰所在官吏废此伪经，刻石于洛京白马寺，以示将来。"勅曰："朕叨居宝位，惟新阐政，再安宗社，展恭裡之大礼，降雷雨之鸿恩。爰及缁黄，兼申惩劝。如闻天下诸道观皆画《化胡成佛变相》，僧寺亦画玄元之形。两教尊容，二俱不可。制到后，限十日内并须除毁。若故留，仰当处官吏科违勅罪。其《化胡经》累朝明勅禁断，近知在外仍颇流行，自今后，其诸部《化胡经》及诸记录有化胡事，并宜除削，若有蓄者，准勅科罪。"

> 其月，洛京大恒道观主桓道彦等上表固执。勅批曰："朕以匪躬，忝承丕业，虽抚宁多失，而平恕实专。矧夫三圣重光，玄元统序，岂忘老教，偏意释宗？朕志款还淳，情存去伪，理乖事舛者，虽在亲而亦除；义符名当者，虽有怨而必录。顷以万机余暇，略寻三教之文，至于《道德》二篇，妙绝希夷之境。天竺有空二谛，理秘真如之谈，莫不敷畅玄门，阐扬至赜，何假《化胡》之伪，方盛老君之宗？义有差违，文无典故，成佛则四人不同，论弟子则多闻舛互。尹喜既称成佛，已甚凭虚，复云化作阿难，更成乌合。鬼谷、北郭之辈，未践中天；舍利、文殊之伦，妄彰东土。胡汉交杂，年代亦乖。履水而说涅槃，曾无典据；蹈火而谈妙法，有类俳优。诬诈自彰，宁烦缕说。《经》非老君所制，毁之则匪曰孝亏；文是鄙人所谈，除之则更彰先德。来言虽切，理实未安。宜悉朕怀，即断来表。"[④]

据学者研究，唐中宗与佛教的关系非常密切，他自幼就被高宗赐以"佛光王"称号，并得

---

① 《道家金石略》，第 93 页。
② 同上，第 95 页。
③ 《旧唐书》卷七《中宗本纪》，第 140 页。
④ 《宋高僧传》卷一七《唐江陵府法明传》，第 415—416 页。中宗批答又见《全唐文》卷一七，第 203 页。

到高僧玄奘的庇佑。在他复位之后,曾将许多来自荆州地区的僧人召入长安,使之成为支持自己的一种重要力量(法明就是其中之一),在此期间,由他居藩时在长安的府第改立的大崇福寺尤其具有特殊地位。[1] 在这样的背景下,中宗对《化胡经》的态度也就可以理解了。[2] 在这场关于《化胡经》的大辩论中,同样由中宗居藩府第改立的大弘道观之观主桓道彦显然是道教阵营的代表,因此,虽然并不认同他的立场,但中宗还是亲自对其上表进行批答。从"矧夫三圣重光,玄元统序,岂忘老教,偏意释宗"之语来看,他的语气并不严厉,倒很像是在安抚愤愤不平的桓道彦的情绪,这或许从另一个侧面反映了弘道观的地位。

三、唐玄宗与大弘道观

随着武周政权的崩解,大唐王朝的政治中心重新回到了长安。从神龙初到玄宗先天二年(705—713),宫廷政治斗争异常激烈,特别是在唐玄宗与太平公主的斗争中,对立双方都有道教人士的支持。支持太平公主一方的以太清观主史崇玄为首,而高道叶法善则是玄宗的坚定支持者(当时居止于景龙观)。为安抚对手并刺探情报,玄宗下诏由史崇玄为首,组织"两宫学士"和"诸观大德"编纂《一切道经音义》。在参与其事的太清观大德中,就有曾经在武周时期两度主持泰山投龙的大弘道观法师阮孝波,只是当时他已离开洛阳来到长安,成为显赫一时的史崇玄的得力助手了。[3]

然而,虽然国家政治的中央舞台已离开洛阳,一些重要法师也随之移住长安,但是大弘道观依然是东都道教的中心,与政治依然具有千丝万缕的联系,尤其是在唐玄宗的崇道运动中,它也扮演着重要角色。

例如,开元十九年(731)至二十年(732)初,唐玄宗接受高道司马承祯的建议,在五岳建立真君祠,并在青城山建立丈人祠,在庐山建立九天使者庙。这是玄宗崇道活动的重要一环,而弘道观的许多道士积极参与其中。例如,当时的弘道观主张游雾就与长安景龙观大德杨琬一起主持了东岳真君庙的建立,而弘道观的法师张平公也奉敕以"设斋使"的身份来到庐山,与宦官张奉国一起主持了九天使者庙的建立。[4] 在写于开元二十三年(735)的法藏敦煌文书 P.2457《阅紫录仪》的题记(图3)上,我们也可感受到此观与玄

----

[1] 参看孙英刚《长安与荆州之间——唐中宗与佛教》,收入荣新江主编《唐代宗教信仰与社会》,上海辞书出版社,2003年,第125—150页。

[2] 关于唐代前期《老子化胡经》的问题,详见刘屹《唐代道教的"化胡"经说与"道本论"》,收入荣新江主编《唐代宗教信仰与社会》,第84—124页。

[3] 参见拙撰《唐长安太清观与〈一切道经音义〉的编纂》,第217—218页。

[4] 参看拙撰《五岳真君祠与唐代国家祭祀》,荣新江主编《唐代宗教信仰与社会》,上海辞书出版社,2003年,第35—83页。另参《郊庙之外》,第166—200页。

> 阅紫录仪三年一说
>
> 开元廿三年太岁乙亥九月丙辰朔十七
>
> 日丁巳,于河南府大弘道观,
>
> 敕随驾修祈攘保护。功德院奉为
>
> 开元神武皇帝写一切经。用斯福力,保
>
> 国宁民。经生许子颙写。
>
> 　　　修功德院法师蔡茂宗　　初校
>
> 　　　京景龙观上座李崇一　　再校
>
> 　　　使京景龙观大德丁政观三校①

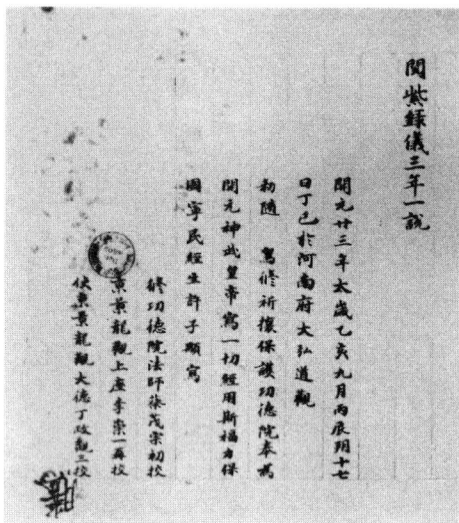

图3　P.2457《阅紫录仪》题记

据《旧唐书·玄宗本纪》载,从开元二十二年八月到二十四年十月,玄宗居住在洛阳。②显然,当他需要在东都举行道教仪式时,首先想到的就是大弘道观。或许我们还可以进一步推测,负责为玄宗写《一切经》的"功德院"就设在弘道观内。

天宝二年(743),唐玄宗的胞妹玉真公主在济源王屋山仙人台建立道坛,来自北岳洞灵宫的胡先生在这里为其晋升法位,大弘道观道士蔡玮特撰《玉真公主朝谒谯郡真源宫受道王屋山仙人台灵坛祥应记》,来纪念仪式中的种种祥瑞。此碑由玄宗御题额,著名书法家萧诚书,奉敕主持建碑的则是与李白过从甚密的长安大昭成观威仪元丹丘。③同年六月,蔡玮又撰写了《唐东京道门威仪使圣真玄元两观主清虚洞府灵都仙台贞元先生张尊师遗烈碑》,碑主张探玄以东都圣真、玄元二观观主的身份协助玉真公主在王屋山经营灵都观,可惜厥功未毕而仙逝。④这两篇重要的碑文均出自蔡玮之手,可见他不仅文采出众,而且深得玉真公主的赏识。

安史之乱中,两京宫观受到重创,杜光庭就说:"寻至二胡猾夏,正教凌迟,两京秘藏,多遇焚烧。上元年中,所收经箓六千余卷。至大历年,申甫先生海内搜访,京师缮写,又及七千卷。"⑤可以想见,作为东都道教的中心,大弘道观在战乱中必然首当其冲。由于资料的限制,对于中晚唐的弘道观及其道士的情况我们几乎一无所知,只是知道它一直存在至

---

① 录文据池田温《中国古代写本识语集录》第843条,东京大学东洋文化研究所,1990年,295页。王卡将本件文书拟名为《太上正一阅紫录仪》,见氏著《敦煌道教文献研究:综述·目录·索引》,中国社会科学出版社,2004年,第219—220页。

② 《旧唐书》卷八《玄宗本纪》上,第201—203页。

③ 《道家金石略》,第139—140页。

④ 同上,第135—137页。

⑤ 杜光庭《无上黄箓大斋后述》,《全唐文》卷九四四,第9810页。

唐末,且一度被宰相裴枢建议改为太清宫,但具体情形已经无从查考了。

四、空间结构与社会功能

如前所述,大弘道观是在中宗被立为皇太子之后,由其旧宅所改。由于材料的限制,我们对其内部构造几乎一无所知,不过可以通过与当时典型的道观建置的比较,来进行一些推测。经过长时间的发展,到了唐代,道教的宫观建设已经积累了丰富的经验,初唐成书的《三洞奉道科戒营始》就对置观有详细介绍,包括天尊殿、讲经堂、说法院、经楼、钟阁、写经坊、烧香院、升遐院、受道院、精思院、骡马坊、车牛坊、俗客坊等等。[①] 从开元二十年初的《九天使者庙碑》来看,该庙至少有精思院、净戒院、经楼、大厨等,[②] 其设计与《三洞奉道科戒营始》的要求非常接近,或许正是唐代前期典型的道观设计模式。

我们推测,大弘道观的空间结构应该也与之相去不远。据前引《常存墓志》记载,他于开元十五年二月二十日"终于精思之本院",而另一位弘道观三洞法师张乘运则"年十五,制补黄冠,隶名河南府济源县奉仙观。上以京华胜地,羽仪藉人,无何,征居弘道精思之院也"。[③] 可见,至少它也有"精思院"。《三洞奉道科戒营始》曰:"科曰:凡精思院,本欲隔碍嚣氛,清净淬秽,须为别院,置之幽静,东西南北,远近阔狭,适时宜便。置天尊殿,入静室炼气处,浴室、药堂,缘师所须,皆为备设,勿使阙少。"[④] 除了"精思院",弘道观当然还有"别院",如《侯敬忠墓志》就说他于开元六年十月十四日"迁化于弘道之别院也"。

弘道观也有壁画,张彦远《历代名画记》所记东都寺观壁画要比长安简略许多,其中佛寺有 11 座,道观则仅有 2 座,即城内的弘道观与城北的老君庙,这也表明了弘道观在洛阳的地位。他记载说:"弘道观,《东封图》是吴画,《两京记》乃云非名手画,误也。"[⑤] 这段话也被徐松引述在《唐两京城坊考》"弘道观"条下,但实际上这个说法是有问题的。按"吴"即指画圣吴道子,而其《东封图》描绘的无疑是开元十三年(725)玄宗封禅东岳之事。关于韦述《两京新记》的成书年代曾有争议,但目前学界一般认为它成书于开元

西域敦煌出土文献研究

唐洛阳大弘道观考

① 《洞玄灵宝三洞奉道科戒营始》卷一《置观品》,《道藏》第 24 册,744-747 页。关于中国中古时期的道观规划,可参看 Livia Kohn, "A Home for the Immortals: The Layout and Development of Medieval Daoist Monasteries," *Acta Orientalia Academiae Scientiarum Hung* 53:1-2(2000): 79-106. 都筑晶子也以《洞玄灵宝三洞奉道科戒营始》及朱法满的《要修科仪戒律钞》为基础,讨论了唐代道观的空间与运作,见氏著《唐代中期的道观——空间·经济·戒律》,收入吉川忠夫编《唐代的道教》,朋友书店,2000 年,第 269—296 页。

② 《太平宫九天使者庙碑》,《全唐文》卷三七三,第 3792—3794 页。

③ 《大唐故东京大弘道观三洞先生张尊师玄宫志铭并序》,《唐代墓志汇编》天宝 016 号,第 1541 页。

④ 《洞玄灵宝三洞奉道科戒营始》卷一《置观品》,第 746 页。

⑤ 张彦远《历代名画记》卷三 "东都寺观等画壁",俞剑华注释,上海人民美术出版社,1964 年,第 74 页。

十年，^① 所以，该书没有记载吴道子所绘的《东封图》是很自然的事情，张彦远的批评并无道理。

目前，唐代道士、女冠的墓志虽然出土不少，但极少能够与墓葬相联系。从我们所见的三方弘道观法师的墓志来看，他们分别葬于洛阳周边的不同地点，如侯敬忠"葬于芒山老君庙西北原"，常存"葬于洛阳城东北三里平原"，而张乘运则"迁神于崇邙西原"。显然弘道观并没有一块共同的墓地，这或许也是当时道观的通例。

虽然大弘道观与高宗末年到玄宗时期的王朝政治有着千丝万缕的关系，但也不能忽视它与民众之间的关系。正如荣新江先生所言，在唐代长安，由王宅变为寺观的现象颇为普遍，它意味着长安城的公共空间的扩大，更与深层的社会变迁密切相关。^② 毫无疑问，弘道观的出现也扩大了洛阳的公共空间，从而与百姓的生活相联系，这方面的材料虽然不多，但也可以找到部分线索。例如，据《唐故朝散大夫滁州别驾萧府君墓志铭并序》记载，志主萧谦"以开元十二年七月十四日寝疾而终，春秋七十有四，权殡于大梁城东"，而其夫人刘氏则"以廿二年七月八日终于东都弘道观，享年六十有六。即以廿三年岁在乙亥九月癸丑朔八日庚申，与别驾府君合祔于河南县平乐乡北邙之平原旧茔"。^③ 一位女性在弘道观去世，这是值得重视的现象。当然，这种情况并非偶然，中晚唐时，有些两京道观甚至开办了旅社，如元和二年（807）《上党苗府君（渭阳）墓志铭》记载志主"以八月一日，卒于洛阳道冲观之姨（旅）舍"；^④《唐故乡贡进士范阳卢府君（辐）墓志铭》亦载："以大中三年（849）二月六日，遘疾奄终于上都永乐坊开元观之旅舍"，^⑤ 可见，中晚唐的一些人的确是在道观开办的旅舍中去世的。

总而言之，大弘道观是唐代洛阳最为重要的官立道观之一，它的盛衰也是两京宫观的一个缩影。张广达先生曾指出："编写寺志也是一项有助于研究唐代佛教的工作，唐代很多著名寺院，如西明寺、大兴善寺、慈恩寺、青龙寺等，都有被编写寺志的可能性，或结集为一部《唐代长安伽蓝记》。"^⑥ 其实，两京一些著名的宫观如玄都观、景龙观、东明观、龙兴观等也都值得进行类似的工作，本文只是一个初步的尝试。

① 参见荣新江、王静《韦述及其〈两京新记〉》，原刊《文献》2004 年第 2 期，第 31—48 页；此据荣新江《隋唐长安：性别、记忆及其他》，三联书店，2009 年，第 203—233 页。

② 荣新江《从王宅到寺观——唐代长安公共空间的扩大与社会变迁》，原刊《基调与变奏：七——二十世纪的中国》1《社会·思想》，政治大学历史系等，2008 年，第 101—117 页；此据氏著《隋唐长安：性别、记忆及其他》，第 115—148 页。

③ 《唐代墓志汇编》开元 420 号，第 1447 页。

④ 《全唐文补遗·千唐志斋新藏专辑》，三秦出版社，2006 年，第 305 页。

⑤ 同上书，第 378 页。

⑥ 张广达《关于唐史研究趋向的几点浅见——〈二十世纪唐研究〉序》，氏著《史家、史学与现代学术》，广西师范大学出版社，2008 年，第 234 页。

附录：大弘道观大事编年

时　间	事　件	备　注
隋代	修文坊，内有国子学及右屯卫大将军麦铁杖宅。	《唐会要》卷五〇《观》："修文坊"原误作"修仁坊"
显庆二年（657）	尽并一坊为周王第。	《唐会要》卷五〇《观》原误作"雍王第"
永隆元年（680）八月	英王李哲册为皇太子，舍其旧宅为弘道坛。	"弘道"为潘师正命名
永隆二年（681）	正式立为大弘道观，"有制博召名德"。侯敬忠进入弘道观。	
垂拱元年（685）前后	张乘运"年十五，制补黄冠，隶名河南府济源县奉仙观。上以京华胜地，羽仪籍人，无何，征居弘道精思之院也"。	时间据《张乘运墓志》所载卒年推算
永昌元年（689）	白马寺主薛怀义强抑侯敬忠为僧。	《侯敬忠墓志》
	弘道观主杜乂恳求剃落，诏许度之，住佛授记寺，更名为玄嶷，后著《甄正论》攻击道教。	《宋高僧传》卷一七《唐洛京佛授记寺玄嶷传》
天册万岁元年（695）二月	薛怀义被处死。	
万岁登封元年（696）	侯敬忠抗表愿复为道士，获准，并被举为弘道观主。稍后因契丹入寇而"衔命衡霍"，为国投龙做功德。	《侯敬忠墓志》
	因则天封禅中岳，常存被度为道士，居弘道观，并拜桓道彦为师。	《常存墓志》
圣历元年（698）腊月二日	大弘道观主桓道彦、弟子晁自揣，奉敕于东岳设斋行道、投龙做功德。	《岱岳观碑》
长安四年（704）十一月十五日	大弘道观威仪师邢虚应、阮孝波奉敕于东岳设斋行道、投龙做功德。	《岱岳观碑》
神龙元年（705）三月廿八日	大弘道观法师阮孝波、道士刘思礼奉敕于东岳设斋行道、投龙做功德。	《岱岳观碑》
神龙元年（705）九月	大弘道观主桓道彦上表论《化胡经》事。	《宋高僧传》卷一七《唐江陵府法明传》
先天元年（712）八月之前	阮孝波离开大弘道观，来到长安，成为太清观大德，并参与《一切道经音义》的编纂。	史崇玄《妙门由起序》，《道藏》第24册，第721—723页
开元四年（716）	常存擢授本观监斋，兼任法师。	《常存墓志》
开元六年（718）十月	侯敬忠卒。	《侯敬忠墓志》
开元十三年（725）	十一月，玄宗封禅泰山。之后，吴道子在大弘道观绘《东封图》壁画。	
开元十五年（727）二月	常存终于弘道观精思院。	《常存墓志》
开元十九年（731）十一月	大弘道观主张游雾与长安景龙观大德杨琬一起，到泰山建立东岳真君庙。	《岱岳观碑》

时　间	事　件	备　注
开元二十年（732）正月二十五日	庐山九天使者庙落成，弘道观法师张平公被任命为"设斋使"。	《九天使者庙碑》
开元二十二年（734）七月八日	滁州别驾萧谦妻刘氏终于弘道观。	《萧谦墓志》
开元二十三年（735）九月十七日	"于河南府大弘道观，敕随驾修祈禳保护。功德院奉为开元神武皇帝写一切经。"	P.2457《阅紫录仪》题记
天宝元年（742）九月十一日	大弘道观三洞先生张乘运卒。	《张乘运墓志》
天宝二年（743）六月	大弘道观法师蔡玮撰《唐东京道门威仪使圣真玄元两观主清虚洞府灵都仙台贞元先生张尊师（探玄）遗烈碑》。	在河南济源县李八庄灵都观内
天宝二年（743）	大弘道观法师蔡玮撰《玉真公主朝谒谯郡真源宫受道王屋山仙人台灵坛祥应记》。	萧诚书，石在河南济源县李八庄灵都观内
天佑二年（905）六月前	宰相裴枢充太微宫使时，奏请将弘道观改为太清宫。	未有制置

论古灵宝经"出者三分"说[*]

刘　屹

（首都师范大学历史学院）

一、问题的提出

元嘉十四年（437），陆修静（406—477）作《灵宝经目序》云：

> 期运既至，大法方隆。但经始兴，未尽显行。十部旧目，出者三分。……顷者以来，经文纷互，似非相乱。或是旧目所载，或自篇章所见，新旧五十五卷。学士宗竟（禀），鲜有甄别。[①]

所谓"期运既至，大法方隆"，指的是公元420年刘宋建立。当时的道教徒认为，随着一个新王朝的开始，一直保存在天宫的元始天尊所传10部36卷灵宝天文，得以重新降临人世。"但经始兴，未尽显行"，是指总数有36卷之多的元始诸经，并没有立刻就全部问世，只有一部分出世，行于人间，其余则仍保留在天宫。"三分"即十分之三。出与未出的比例，大体是3∶7。36卷的3/10，即有10或11卷已出；7/10即25或26卷未出。陆修静是在元始诸经出世后，最早系统地整理和甄别灵宝经真伪的道教大师。他对于灵宝经出世的

---

* 本文为国家社科基金项目（12BZS025）和教育部人文社会科学规划基金项目（12YJA770030）的成果之一。

① 北宋张君房《云笈七签》卷四《道教经法传授部》，此据李永晟点校本，中华书局，2003年，第52页。

说法,应该是最权威和最值得重视的。① 在 437 年,陆修静看到有 55 卷真伪混杂的灵宝经。经他甄别后,认定元始诸经只有十分之三是可信的"已出"真经。"出"与"未出"的区别在于:造作出来的道经被认可为真经并传世的,就是"已出";虽然被造作出来,但其真实性未得陆修静的认可,或者有的根本还没有来得及造作出来,都被视为"未出",只能假托它们仍在天宫保存。而如果被认为是"已出",但却没有被造作出来或实际传世,这样的经典是没有意义的。

到泰始七年(471),陆修静奉敕撰《三洞经书目录》,三洞中的洞玄经就是灵宝经,但此目已佚。据释法琳《辩正论》卷八云:

> 案玄都观道士等所上《一切经目》云:取宋人陆修静所撰之者,依而写送。……洞玄经有三十六卷,其二十一卷,已行于世。其大小劫已下,有十一部,合一十五卷,犹隐天宫。未出。检今经目,并注"见在"。陆修静者,宋明帝时人也。以太始七年,因敕上此经目。②

在陆修静这第二个关于灵宝经的目录中,认为已出 21 卷,未出 15 卷。最晚到北周时,道士们认为最后未出的 15 卷也都成了已出。敦煌本"灵宝经目录"(P.2861.2+P.2256)著录的元始系灵宝经出世情况是:已出 21 卷,未出 15 卷;且正好是"大小劫"已下诸经未出。③ 可见,敦煌本目录关于元始诸经已出、未出情况的记载,与陆氏 471 年目录的记载是相同的。因此,敦煌本灵宝经目录所依据的蓝本,应该是陆氏 471 年的目录,而非其 437 年的目录。

不过,大渊忍尔和柏夷(Stephen R.Bokenkamp)这两位对灵宝经研究作出过重要贡献的先生,都认为陆氏在 437 年和 471 年两个目录中,对于灵宝经卷数的记载是相同的,即都是已出 21 卷,未出 15 卷。他们为此甚至认为《灵宝经目序》的"出者三分"是错误的,

---

① 关于元始诸经出世的时间,学界普遍认为是葛巢甫在公元 400 年左右造构的,但小林正美氏认为元始诸经具有佛教大乘主义的因素,至少应在鸠摩罗什师徒新译大乘经典及其佛学思想传至江南的 420 年左右才可能作成。见氏著《刘宋における灵宝经の形成》,1982 年初刊,收入《六朝道教史研究》,日文 1990 年版;此据李庆中译本,四川人民出版社,2001 年,第 153—155 页。我分析陆修静《灵宝经目序》的相关记载,也得出刘宋建立,才是元始诸经开始传世的"时交运会"之时,详见拙文《古灵宝经出世论——以葛巢甫和陆修静为中心》,《敦煌吐鲁番研究》第 12 卷,上海古籍出版社,2011 年,第 157—178 页。

② 释法琳《辩正论》卷八,《大正藏》52 卷,页 545b。释法琳依据的应是 570 年甄鸾《笑道论》,见释道宣《广弘明集》,《大正藏》52 卷,页 151b。但今本《笑道论》文字反不如《辩正论》详细,故此处引用《辩正论》。

③ 关于 P.2861.2+2256 的研究,主要参见 Ofuchi Ninji(大渊忍尔),"On Ku Ling-pao-ching",*Acta Asiatica*, No.27, 1974, pp.34-56. 此据刘波中译文《论古灵宝经》,《道家文化研究》13 辑,三联书店,1998 年,第 485—506 页。大渊忍尔《道教とその经典》,创文社,1997 年,第 73—218 页。小林正美前揭文,1982 年初刊,此据《六朝道教史研究》,中译本,第 130—145 页。刘屹《敦煌本"灵宝经目录"研究》,《文史》2009 年 2 期,第 49—72 页。

冯其庸先生从事教学与科研六十周年庆贺学术文集

原文应是"出者六分"或"未出者三分"。[①]而小林正美氏则认为"出者三分"不误,437年有 10 或 11 卷已出,471 年才有 21 卷已出。[②]这就形成了古灵宝经研究中一个相持不下的争论。我对此问题的基本看法,首先是认为《云笈七签》作为官方编定的道书,其版本应该是相对可靠的,故不应轻易否定"出者三分"之说。而如果"出者三分"不误,则陆氏两个目录对"已出"卷数的著录就肯定是不同的。其次,从陆修静在《灵宝经目序》中论述古灵宝经出世经过,以及敦煌本灵宝经目录中提到的"伪目"35 卷等角度,论证敦煌本目录依据的主要是陆氏 471 年的目录[③]。

大渊和柏夷之所以认为 437 年的灵宝经就已出 21 卷,主要是因为在 437 年和 471 年两个目录之间,还有一份重要的材料,即陆修静所作的《太上洞玄灵宝授度仪》。陆氏在《授度仪》中说,当时可信的灵宝经共"三十五卷"。而敦煌本目录中说到元始诸经已出和仙公诸经的总数,是"三十二卷真正之文,今为三十五卷,或为三十六卷"。意即 21+11=32 卷真正之文;而在实际传世中,这 32 卷又被分成了 35 卷或 36 卷。大渊和柏夷强调:陆氏在作《授度仪》时认定的 35 卷可信经总数,与敦煌本相同。如果《授度仪》与 471 年目录和敦煌本目录都相同,则 437 年也应该是这种情况。因为《授度仪》的作成时间应该与《灵宝经目序》相去不远。如此,灵宝经从一出世就应是 21 卷;故"出者三分"不能成立。看来,质疑"出者三分"的做法,并没有版本对校和卷数推算的依据。只是因为先认定《授度仪》的可信真经 35 卷之说,与 471 年和敦煌本目录相符;继而为了证成 437 年目录也是如此,才需要改动原文。

我认为,在没有坚实证据的情况下,不宜轻易改写"出者三分"的原文。而"出者三分"之说,也完全符合灵宝经形成过程的阶段性特点。但如果不做正面的解释,也许仍不能抵消对"出者三分"的怀疑。目前要坚持"出者三分"说可信,首先必须要能解释《授度仪》所载可信经卷数带来的困扰。其次,有无可能进一步明确:在 437 年,"出者三分"具体所指的是哪些经典?意即能否从敦煌本目录已出 21 卷中,剥离出截至 437 年已出世的 10 或 11 卷元始诸经?从而也就可以了解还有哪些元始诸经是在 437—471 年间新作出的。这对于探讨古灵宝经,特别是元始诸经系统的形成历史,无疑是一个很有挑战性的课题。本文就想在这两方面做一些初步的努力。

需要说明的是:我的工作都是在前人研究基础上,再加入自己的思考而进行的。前人意见分歧之处,我必须要有所取舍。所舍者,只是其学术观点,并不代表我对其人有任何不敬。但为行文方便,特舍去若干敬语套话。望读者见谅!

---

① 大渊忍尔《道教とその经典》,第 87—88 页。Stephen R. Bokenkamp, *Early Daoist Scriptures* (Berkeley: University of California Press, 1997) pp.396-397,n.17-18.

② 小林正美前揭文,1982 年初刊,此据《六朝道教史研究》,中译本,第 135—136 页。并参氏著《中国の道教》,日文 1998 年版,此据王皓月中译本,齐鲁书社,2010 年,第 249—252 页。

③ 详见拙文《敦煌本"灵宝经目录"研究》,第 64—71 页。

二、"叩窃以来一十七年"

《太上洞玄灵宝授度仪》正文前有《太上洞玄灵宝授度仪表》，以陆修静的口吻向道教的太上众神、玄中大法师等启请，讲述自己为何要编写这部《授度仪》。正文则是征引多部元始和仙公诸经，来规范灵宝经的传授仪式。关于《授度仪》这部书的研究状况，可简述如下：

1964年，大渊氏认为，《授度仪表》与《灵宝经目序》不仅在文意语气上极为相近，且在对灵宝经出世和传布问题的几处细节描述上，有很多共通之处，因此可以相信这两篇都是陆氏的作品。而陆氏在《授度仪》中自称"自从叩窃以来一十七年"，虽然不能指明"叩窃"的具体所指，但《授度仪》的作成时间应该与《灵宝经目序》相去不远，因为二者反映了同一个人对灵宝经非常近似的看法。①1974年，他仍然强调《授度仪》的作成应在437年后不久，因此437年和471年两个目录对灵宝经著录的卷数是相同的。②

1982年，小林氏根据《授度仪》中陆氏自称的"叩窃以来一十七年"句，认为"叩窃"之意是指入道成为道士，《授度仪表》是陆氏成为道士后17年所作。但陆氏何时正式成为道士？史无明文，故小林氏推测说最晚在437年作《灵宝经目序》时，陆氏已是道士了，因此，17年后，大约就是453年。③

1991年，大渊氏还基本认同小林氏关于"叩窃"即"入道"的看法，但却认为小林氏的推算不合理。因为道教中规定十八岁才可正式入道，陆氏生于406年，十八岁时为424年，再加17年，应为440年代前半期。故大渊氏仍认为《授度仪》的作成应该仅比《灵宝经目序》晚几年而已。④

1997年，大渊氏进一步指出，"叩窃"不是指"入道"，而是指领受以灵宝五篇真文为首的灵宝经。但陆氏领受灵宝经的时间，也是史无明文的。大渊氏遂推测在437年之前10年左右，这样陆氏才有可能精研灵宝经并判断真伪。故他推断陆氏叩窃的时间是427年，17年后，是444年，才是《授度仪》作成的时间。⑤

2004年，施舟人（Kristofer Schipper）氏为《道藏通考》所写的《授度仪》解题中，也认同大渊关于《授度仪》载可信真经有35卷之说，与敦煌本目录所反映的陆修静认可真正之文有35卷或36卷说相符。并探讨了陆氏所征引的经典的情况，简述了陆氏所规范的授度仪式过程。尤值重视的是，施舟人指出，今本《授度仪》中出现了"某府某县某观"的字样，

---

① 大渊忍尔《道教史の研究》，冈山大学共济会书籍部，1964年，第269—271页。
② 大渊忍尔《论古灵宝经》，中译文，第493页。
③ 小林正美前揭文，1982年初刊，此据《六朝道教史研究》，中译本，第170页注3。
④ 大渊忍尔《初期の道教》，创文社，1991年，第401页注4。
⑤ 大渊忍尔《道教とその经典》，第69—71页注2。

这应该是经过唐宋时人修改的痕迹。①

2006 年，丸山宏氏根据《授度仪》探讨六朝道教授度仪式的意义与特征，逐一确认陆氏引用经典有哪些，并找出其引文的出处。进而探讨仪节的结构和仪节程序等，揭示出陆修静所建构起来的灵宝经授度仪式，与天师道的授受仪式有很多相通之处。但他基本上没有涉及《授度仪》的成书时间问题。②

2007 年，蒲亨强、彭李玲氏讨论了《授度仪》所载的道教音乐材料。③

2008 年，吕鹏志氏强调了《授度仪》在借用灵宝斋仪程序来建立灵宝授度仪式程序方面的意义，称《授度仪》为道教史上第一部程序详备的传授仪典。④

总之，以上诸位学者关于《授度仪》的讨论，主要从两个方面展开：其一是结合灵宝经形成的历史，用《授度仪》来佐证陆氏 437 年和 471 年两个目录的关系。其二是关注《授度仪》所载的灵宝经传授仪式的仪程问题，查找经典出处，复原仪式程序。在经典形成的时间和经典所载的仪程两个方面，显然前一方面是必须要先解决的问题。

我对《授度仪》的成书时代有一个新的看法，即《授度仪》应该与《灵宝经目序》在同年，即元嘉十四年（437）作成。理由主要有两方面：

第一，两者在对灵宝经的一些基本认识上非常相近，甚至部分用词、语气也都几乎相同。这是大渊氏早在其 1964 年书中就注意到的，并且也是他坚持认为《授度仪》应该与《灵宝经目序》时间比较接近的主要原因。如他指出：两者都表达了陆修静强调自己多年来一直独自致力于探寻灵宝经的玄味奥秘；关于灵宝经流布的经过，两者也都强调当时还只是灵宝经法的"始兴"之际，故灵宝 36 卷还不能全部"显行"，只有一部分"已出"。两者还都说到了当时灵宝经真伪混淆的情况，并都讲到陆修静在甄别真伪灵宝经后，确定了元始诸经和仙公诸经这两组灵宝经的可信卷数，等等。这方面的证据已无需我再增补。大渊氏在随后几十年的研究中，一直认为《灵宝经目序》和《授度仪》的时间应该比较接近。他的这种学术感觉，我认为是正确的。

第二，小林氏和大渊氏之所以分别判断《授度仪》是陆氏 453 年和 444 年所作，其关键就在对"叨窃"一词的理解不同。"叨窃"一词，原义谓不当得而得，也有自谦无才而据有其位之意。⑤ 小林氏和大渊氏两人的理解，都没有强调出这个词的本意，而将"叨窃"理解为入道，或领受具体的《灵宝五篇真文》等，都嫌引申太过。如果从"不当得而得"的意思

① Kristofer Schipper and Franciscus Verellen ed., *The Taoist Canon: A History Companion to the Daozang*, Volume Ⅰ (Chicago & London, The University of Chicago Press, 2004), pp.255-257.

② 丸山宏《陆修静〈太上洞玄灵宝授度仪〉初探》，《第一届道教仙道文化国际研讨会论文集》，高雄，2006 年，第 623—640 页。

③ 蒲亨强、彭李玲《〈太上洞玄灵宝授度仪〉音乐数据研究》，《乐府新声》2007 年 2 期，第 73—77 页。

④ 吕鹏志《唐前道教仪式史纲》，中华书局，2008 年，第 191—192 页。另据书中 291 页，吕氏在 2006 年还有一篇《早期灵宝传授仪——陆修静〈太上洞玄灵宝授度仪〉考论》的演讲稿，我没有看到。

⑤ 《汉语大词典》（缩印本），上海：汉语大词典出版社，1997 年，第 1475 页。

去理解"叨窃",就会有不同的认识。在《授度仪》的登坛告大盟中,出三部八景神官后,有上启文云:

> 臣以有幸,宿世因缘,九天之劫,延及今身。遭遇明运,大法流行,得以秽质,参染灵文上清金书三洞宝经。自叨窃以来,尊仰上法,心希神仙,而精诚浅薄,未能感灵。①

《授度仪》是从当时已有的几种灵宝经中,摘录与授度有关的仪节而成的。这里的上启文,也是每个举行这种仪式的道士都会用到的。这段文字是来自《太上洞玄灵宝赤书玉诀妙经》。其卷下的《元始灵宝五帝醮祭招真玉诀》中有一段启请文云:

> 奉请天真毕,五过上酒、燔香。而自陈启:某以有幸,宿世因缘,九天之劫,转及某身,遭遇明运,道法流行。得以秽身,参染灵文:《五篇赤书》、《五符宝经》。自叨窃以来,尊仰上真,心希神仙。而精诚浅薄,未能感灵。②

《赤书玉诀妙经》中使用"叨窃",表达的意思是:某(道士的自称)自身才疏学浅,身质污秽,本不堪参染灵文。但由自己的宿世因缘所决定,现在又遭逢明运天数,让某得以见到并领受了《五篇赤书》和《五符宝经》等天文宝经。所以,"叨窃"一词,是表示道士自谦的用法,意即某人本不具有获睹天文宝经的资质,但幸运的是赶上了运数早已决定了的灵宝道法流行天下的好时机,故以不才之身,得预灵文的传布和传习。

陆修静在《授度仪表》中云:

> 臣修静依栖至道,翘竚灵文,造次弗忘,幸会有数。顾使草茅之品,获披龙凤之章。妙重尊严,非所堪胜。诚欣诚惧,冰炭于心。自从叨窃以来,一十七年,竭诚尽思,遵奉修研。③

陆修静是在对道教的上真神灵上表,故自称"臣"。他说自己对灵文翘首以盼,自己虽是"草茅之品",却因"幸会有数"而"获披龙凤之章",故自己诚惶诚恐云云。结合《赤书玉诀妙经》中"叨窃"的用法,陆修静在此也是自谦,说自己本来没有资格看到具有最高权威和神性的灵宝天文,但上天自有定数,灵宝天文应运出世。并且出世后传布人间的重任就落在他的身上,自己本不敢以传布灵宝经的恰当人选自居,故有"叨窃"之感。

---

① 《道藏》,文物出版社、上海书店、天津古籍出版社,1988 年影印本,9 册,846 页下栏。
② 《道藏》6 册,202 页下栏。
③ 《道藏》9 册,839 页下栏。

国学的传承与创新

冯其庸先生从事教学与科研六十周年庆贺学术文集

但陆氏的"叨窃"却不是指他自己领受了灵宝经。因为如果"叨窃"是指他领受灵宝经，他必须有自己的老师，通过一定的仪式，才能传授给他这批元始诸经。而陆氏在《授度仪表》中说：

> 考览所受，粗得周遍。……自灵宝导世以来，相传受者，或总度三洞，同坛共盟，精粗糅杂，大小混行。时有单受洞玄，而施用上法，告召错滥，不相主伍。或采拮下道，黄赤之官，降就卑猥，引屈非所，颠倒乱妄，不得体式，乖违冥典，迷误后徒。臣每晨宵叹悯，内疚泣血。既真师渺邈，不可希期。钻求世学，永无其文。①

所谓"考览所受"，似乎说明陆氏是从别人那里接受了这部分灵宝经。但后面陆氏就极言当时灵宝经传授仪程的混乱情况，因为没有灵宝经自己的授度仪程，故当时的道士们胡乱采用各种道派的传授仪式。而仪式混乱的背后，也暗含了经典的真伪不分。这些在陆氏看来，都是亵渎和损害元始诸经神圣性的做法。特别是他明确说"真师渺邈，不可希期"。意即在灵宝经的授受方面，此前并没有可靠的师者和已经确立的规范可依凭，所以陆氏才要自己根据已出诸经，来编写这部《授度仪》，解决传授灵宝经时没有成文可依的缺憾。假如陆氏是从自己老师那里得授灵宝经，他这样说岂不是否定自己的老师？如果自己的传经老师都不可靠，他又怎能让人相信他从老师那里得到的经典是可靠的？因此，陆氏"所受"的诸经，不应是通过某种正式的师徒传授仪式得来的。在元始诸经刚刚行世，经典和仪轨都还不完备的情况下，陆氏所做的就是要建立人们对新出诸经的信心，并创立一套仪式规范。作为规章的初创者，他自己肯定不能是这套齐备的授度规章的亲身实践者。陆氏强调多年来自己总是一个人在研读天文宝经，详辨真伪，也正是因为他并没有身处在正规授度仪式确立起来的时代。

对于陆氏而言，他不能强调自己领受灵宝经的始末，因为既无师徒传授，又无天仙下降，陆氏只能将这些灵宝经归作"应期而出"。这种道经出世的方式也与此前经典问世形式不同。研究灵宝经的学者，大都认为元始诸经是葛巢甫在公元400年左右造作的。但小林氏和我从不同的角度进行研讨，却得出基本相同的结论：元始诸经应该是在420年左右才开始问世的。道教在此时推出元始诸经，就是要宣扬元始诸经具有天文宝经和超越此前一切经教的独尊性质。因此，元始诸经一开始在世间流传，人间的道士无一不有"叨窃"之感。如果"叨窃"是指420年元始诸经开始出世，到437年，正好是17年，这应该不是毫无意义的巧合。

不过，420年的陆修静，年仅14岁。按照大渊氏的看法，《玄都律文》中规定年满18岁才可以入道。入道后才能逐级接受经教。故陆氏最早也要到424年才会接受灵宝经。

---

① 《道藏》9册，839页下栏、840页上栏。

这似乎对我的看法不利。其实，《玄都律文》是对天师道教团的规定，而陆修静却未必是从小就加入天师道。由于材料的缺乏，陆氏早年的好道、入道经历，我们并不很清楚。从南陈马枢《道学传》中陆氏的传记来看，陆氏出身江东士族，"少已习断谷"，"早涉婚宦"，"遗弃妻子"，并在云梦山、庐山等地隐居修道。[①] 陆氏走的是典型的士族子弟修习仙道的传统，而非民间群众团体的天师道传统。如果元始诸经是在 420 年开始出世的，以陆修静当时的年龄，他不可能直接参与造作第一批元始诸经；陆氏也并没有以第一批或第一个元始诸经的领受者自居。所以，"叨窃"固然是"不当得而得"的意思，但如前所述，对于陆修静来说，并不存在何时领受灵宝经的问题，他在此强调的只能是元始诸经出世并被他所知，至今已有 17 年了。

因此，我把"自从叨窃以来，一十七年"，理解为是从元始诸经开始出世后的 17 年，即 437 年。故《授度仪》和《灵宝经目序》应该是陆氏在同一年的作品。陆氏应该先甄别灵宝经的真伪，作成《灵宝经目序》，再依据可信真经作成《授度仪》。

三、"臣据信者，合三十五卷"

陆氏在《授度仪》中讲到可信真经的卷数时说：

> 伏寻灵宝大法，下世度人，玄科旧目，三十六卷。……但正教始兴，天书宝重，大有之蕴，不尽显行。然即今见出元始旧经，并仙公所禀，臣据信者，合三十五卷。根末表里，足相辅成；大乘之体，备用不少。[②]

"正教始兴，不尽显行"的时机点，也是陆氏在《灵宝经目序》中所强调的。因此，《授度仪》和《灵宝经目序》都是在元始诸经刚开始出世不久，还有相当部分经卷属于未出之际作成的。陆氏作《授度仪表》时，认为"元始旧经"和"仙公所禀"这两组灵宝经，经过其甄别后，确定有 35 卷为可信之数。即便先不考虑《授度仪》作成于 437 年的结论，这个 35 卷之数本身，也是值得怀疑的。

在真伪混杂的情况下，被陆氏确定为是真经，与被其定为是"已出"，几乎是同时的事情。经过陆氏的鉴定，经典才能够长久地行世。因而也可以说，可信真经就是已出并传世的经典，已出诸经也就是可信真经。敦煌本灵宝经目录说有"真正之文三十二卷"，即元始诸经已出 21 卷，仙公诸经共 11 卷，两者相加是 32 卷。但因为在传世过程中，元始诸经

① Stephan Peter Bumbacher, *The Fragments of the* Daoxue zhuan: *Critical Edition, Translation and Analysis of a Medieval Collection of Daoist Biographies.* Frankfurt: Peter Lang GmbH, 2000, pp.204-219. 在《道学传》中，除了讲到陆氏为宋明帝建三元斋外，基本没有提及陆氏在灵宝经方面的贡献。
② 《道藏》9 册，839 页下栏。

中有两部经典,从原先各自一卷分成了两卷。这样,元始诸经实际行世时就变成了23卷。仙公诸经中《太上灵宝五符序》有时是2卷,有时是3卷。这才使得"今为"的卷数从32卷变成35或36卷不定,但真正可信的经典,仍然要算32卷,不能认为是35或36卷。相对于36卷元始诸经目录而言,已出的仍然是21卷,不能认为就变成了23卷。换句话说,敦煌本确定的真正可信之经,实际上只有32卷,而非35卷。陆修静讲已出和可信真经时,不应把出世后才析分出来的卷数也计算在内。这是计算灵宝经已出与未出卷数时的一个基本原则。因为不能说实际流传的已是23卷,未出就变成13卷了。还是要作出15卷,才能符合36卷之数。所以,不能只看到《授度仪》与敦煌本都有一个相同的"三十五卷"之数,却忽略这相同卷数背后的不同含义。况且,这样将两个卷数简单等同的处理,也无法解释为何陆修静只说35卷可信,却把"或为三十六卷"之说弃之不顾。

此外,如果坚持35卷可信经之说是可靠的,那么这35卷是怎么得来的?元始诸经部分的21卷已出之经,是到471年也没有改变的事实,所以,仙公诸经要有14卷之多,才会吻合35卷之数。而在471年,陆氏把本不该属于仙公所受的《太上洞玄灵宝五符序》加入仙公新经中,仙公诸经总共才11卷。所以,不能只看到35卷可信之经意味着元始旧经在当时已出21卷,却不顾仙公新经的卷数无法相符的矛盾。

如前所述,在437年,陆修静总计看到了55卷真伪混杂的灵宝经。如果在《授度仪》中就确定有35卷可信之经,则意味着陆氏经过甄别后,只定出了20卷为伪经。这个伪经的卷数是没有任何其他材料可以佐证的。敦煌本目录提到曾有"三十五卷伪目",我认为这个伪目的卷数,就应该是陆氏在437年鉴定真伪的结果。因为一旦经过了陆氏的甄别,36卷元始旧经中哪些已经出世,哪些犹存天宫,就是一目了然的。437—471年之间,有陆修静在把关,道士们也就只能按照陆氏所列出的元始旧经目录来造作新经,而不会再有像437年之前那样多有伪滥的情况出现。陆氏在437年这一次以鉴别真伪为工作的重点,主要意在建立标准。而标准一旦确立,到471年时,鉴别真伪就已不是他的主要任务,而是如何逐一去填充这个标准框架下的空缺。所以,大规模剔除伪经的工作,应该是在437年就完成了。如果敦煌本目录中提到的35卷伪目之数是437年甄别的结果,则《授度仪》这个可信经有35卷的孤证,也就更难以成立了。

显然,《授度仪》的"臣据信者,合三十五卷"之说,除了与敦煌本"今为"的卷数只存在数字上的相同外,无论在具体内涵,还是与其他经卷的关联方面,都有更多解释不通的地方。因此,这个卷数不应该成为怀疑"出者三分"的主要证据。我认为,这个卷数很可能是在《授度仪》成书多年以后,因为元始诸经的卷数已经从最初的"出者三分"增长到21卷,甚至更多,所以陆氏本人到晚年,或是其他后世道士,都有机会用后来较多的卷数来取代早期所记的较少卷数。考虑到今本《授度仪》已有后人加笔的情况,这种可能性是不能排除的。《云笈七签》之所以只收录了《灵宝经目序》而未见《灵宝经目》的具体内容,恐怕也是因为经目的具体内容已经发生了变化,早已不再适用。因而也就没有得到流传保

存。而《序》则关系到元始诸经的出世背景和经过，故得以保留。

以上重新判断了《授度仪》的成书时间，并指出其中可信经有 35 卷之说的可疑之处，目的是为说明，依据《授度仪》中"臣据信者，合三十五卷"的孤证，来质疑《灵宝经目序》中的"出者三分"，是没有多大说服力的。因此，我相信陆氏在 437 年的本意，即元始旧经总共 36 卷，但当时只有"出者三分"；而面对 55 卷真伪混杂的灵宝经，他只认可其中 20 卷为真经。

四、"出者三分"

由于材料的缺失，在此只能对 437 年"出者三分"的具体所指略作初步的探讨。"出者三分"的确定，可以从两个角度去考虑：第一，做加法，即《授度仪》中提到和征引了哪些经典？这些经典一一相加，总卷数如果超出了 10—11 卷，则"出者三分"明显不成立。如果没有超过 10—11 卷，则说明"出者三分"至少没有遇到坚强的反证。第二，做减法，即考察到 471 年为止已出的 21 卷中，有哪些是相对晚出的。一一减去这些有后出迹象的卷数，也可得出最早应出的卷数。但是，在目前的研究状况下，后一种做法需要大量的细致研究，在此不能详细展开。我对此是有一些初步考虑的，可作为提示性意见讲出来，但主要还是要靠做加法。

陆修静在《授度仪表》中云：

> 臣敢以器暧，窃按金黄二箓、明真玉诀、真一自然经诀，准则众圣真人授度之轨，敷三部八景神官，撰集登坛盟誓，为立成仪注。[1]

对照敦煌本灵宝经目录，"金黄二箓"指《洞玄灵宝金箓简文三元威仪自然真经》1 卷和《洞玄灵宝黄箓简文三元威仪自然真经》1 卷。"明真"指《太上灵宝长夜九幽府玉匮明真科》1 卷。"玉诀"指《太上洞玄灵宝赤书玉诀妙经》1 卷。"真一自然经诀"指《太上太极太虚上真人演太上灵宝威仪洞玄真一自然经诀》1 卷。"三部八景"指《太上洞玄灵宝二十四生图三部八景自然神真箓仪》1 卷。共 6 卷。其中"真一自然经诀"属于仙公诸经，不能算在已出的元始诸经之列，故从《授度仪表》中，可得到 4 种 5 卷元始旧经。

陆氏在《授度仪》的正文中征引诸经的内容，此前已有学者作过比对，基本确认了这些引文的出典。但他们都没有进一步考虑到用这些出典来验证"出者三分"的卷数。例如，施舟人认为《授度仪》正文中还引用了《元始五老赤书玉篇真文天书经》2 卷、《太上灵宝诸天内音自然玉字》1 卷。[2] 故这个卷数可增至 6 种 8 卷。丸山宏的贡献是在此基础上，

---

[1] 《道藏》9 册，840 页上栏。
[2] *The Taoist Canon*, pp.255-257.

全面考证出《授度仪》共引用了 14 种元始诸经和仙公诸经，涉及的经卷数是 17 卷。[①]但丸山氏所列的出典中有几点需要注意：

其一，他按照小林氏对古灵宝经"元始系"和"仙公系"的分类来确定两组灵宝经的归类，并按照小林的意见，将现在列入"仙公新经"的《太上洞玄灵宝真文要解上经》，改作是元始系经典。而我认为《真文要解上经》从其神格与内容来看，既不属于典型的元始旧经，也不属于典型的仙公新经。应该是陆修静在无法将其列入元始旧经 36 卷时，才将其归入仙公新经的。

其二，他在所引元始系经典中列出了《元始无量度人上品妙经》，实际上在《授度仪》中只出现了《诸天内音箓》与《度人经》所载的箓文内容有相似性，但这样的内容在《太上灵宝诸天内音自然玉字》也有。况且，丸山氏自己注的出典是《度人经四注》的版本，而非《度人经》本身。故我在此把《度人经》也剔除。这样，丸山氏实际考证出元始诸经也是 6 种 8 卷。

其三，丸山氏认为《授度仪》引用了《洞玄灵宝玉京山步虚经》。这是此经明版《道藏》中的经题，而在敦煌本灵宝经目录所载的"紫微金格目"中，其最初名叫"升玄步虚章"，在六朝时以《太上说太上玄都玉京山经》传世。所谓"升玄步虚章"，最初就是十首步虚词。步虚词之后的有太极真人、张天师等五真人和葛仙公出现的赞、颂、咒等，都是陆氏之后的道士加进去的。[②]这一卷被小林氏认为是三卷从仙公系移入元始系的经典之一。从其神格系统来看，此卷确应原属仙公系经典，后来才被移入元始系来补充未出之缺。《升玄步虚章》最初就是以十首步虚词为主干，这十首步虚词是歌咏太上，即太上大道君的，其来源可能是东晋中期的上清经传统。在将步虚词作成《玉京山步虚经》时，在前面加上了以太上大道君为主神和描绘玉京山仙境等内容，成了最早的《玉京山经》。此时该经是以太上大道君为主神，而没有出现元始天尊的神格。[③]

《授度仪》所引用与今本《洞玄灵宝玉京山步虚经》相关的内容，主要有两段。先是太极五真人赞颂，之后是十首步虚词。而在《玉京山步虚经》中，则是先有步虚词，后有五真人颂。丸山氏将五真人颂的出典注为出自仙公系的《真一自然经诀》，而不是《步虚经》。实际上，《真一自然经诀》最初也只有太极真人及郁罗翘等三真人，而非五真人。从三真人变为五真人的关键，即三天法师张道陵也成为向葛仙公传法的真人之一。将三真人颂变为五真人颂，正应是陆氏之后、隋代之前的道士所为。因此，今本《授度仪》不应说征引了《洞玄灵宝玉京山经》，而五真人颂的内容也不应该是出自六朝本的《玉京山经》或《真一自然经诀》。反倒最有可能是因为陆修静在此用了五真人颂，六朝末和唐写本的《真一自然经诀》和《玉京山步虚经》才加入了这些内容。这样看来，437 年陆修静作《授度仪》时，

① 丸山宏前揭文，2006 年，第 625—627 页。

② 详见拙文《论古灵宝经〈升玄步虚章〉的演变》，Florian C.Reiter ed., *Foundations of Daoist Ritual: A Berlin Symposium*, Harrassowitz Verlag, 2009, pp.189-205.

③ 从六朝至唐宋道教内外征引此经的情况来看，"虚皇大道君"变成"虚皇天尊"或"元始天尊"，至少是唐以后的事情了。

未必征引了《玉京山经》,却的确征引了还未从"章"变为"经"的十首步虚词的内容。因此,暂不将这十首步虚词的内容作为单独的一卷经书看待。

在丸山氏考证的基础上,根据我的归类,《授度仪》征引的仙公系经典有:《太极真人敷灵宝斋戒威仪诸经要诀》、《太上洞玄灵宝真文要解上经》、《太上灵宝威仪洞玄真一自然经诀》、《上清太极隐注玉经宝诀》、《太上洞玄灵宝智慧本愿大戒上品经》、《本行宿缘经》即《太极左仙公请问经》卷下,共6种6卷仙公所传诸经。如果有《请问经》卷下存在,则《请问经》卷上也可认为已经存在,除非能够证明这两卷原本是各自分行,后来才被编排为上下两卷的结构。这样,仙公新经至少有7卷已可在《授度仪》中被直接或间接地看到。换句话说,陆氏作《授度仪》时,已经看到了至少70%的仙公诸经。而反观元始诸经,目前能确认的是8卷,占全部36卷的约22%;少于"出者三分"的比例。这也是正常的,因为在条件尚不具备的情况下,没必要非要确指出剩余的2—3卷元始旧经,来凑够33%的比例。若按此8卷占已出21卷的比例来看,则约是38%。按理说,陆修静眼中元始诸经的重要性,要比仙公新经高得多,但他取用元始诸经和仙公诸经的比例相差如此明显,或可说明在他取材时,元始诸经可供其选择的余地,比仙公诸经小得多。这从一个侧面也反映了仙公诸经应该作成在先,元始旧经不仅作成在后,而且当时也确实只有"出者三分"。

考虑"出者三分"的第二个途径,是做减法,即看哪些经典有明显的线索可以证明是比较晚出的。如前所述,这方面的工作,在此只能算是一种尝试。事实上,我在此并非要断定这些被我减去的经典一定是晚出的,而是要通过比较历来被认为大体同时出世的经典在内容上的异同,来探讨元始诸经分批作成说的可能性。

首先,《太上洞玄灵宝定志通微经》中,天尊与左玄和右玄二真问答时说:"三箓为是金箓、玉箓、黄箓。此并为形外之教。"而在437年,陆修静只承认有金箓简文和黄箓简文两种出世,玉箓简文最早见于征引是在《无上秘要》中。说明将金、玉、黄三箓并称的情况,应该是在437年以后。况且,天尊说这三箓所载道法,都是形外之教,而本经所言的"定志通微"才是比三箓三元更高的教法。这显然是后出的《定志通微经》自诩为比此前的三元、三箓教法要高,否则没有道理在大体同时造作的同一批经书中还要区分道法的高下。

此外,《授度仪》中显然没有谈及灵宝经中相关戒律的内容与授受仪式,而在后来比较完备的道教法位阶梯制度中,法位与戒律、经箓都是配套相应的。领受经箓的同时,也应该有相应的戒律。但包括《定志通微经》的授度仪式,以及《太上洞玄灵宝智慧罪根上品》2卷及《智慧上品大戒》1卷中的戒律,都在《授度仪》中没有被提及。这可能说明陆氏当时还没能参考《定志通微经》和专讲戒律的这3卷。其中《智慧上品大戒》1卷不在21卷之列,而是471年后新出的一卷。① 故可得出至少有3卷很可能是晚出的元始系经典。

除了前述《升玄步虚章》外,《法轮罪福经》和《自然五称符》这两卷,也被小林氏认为原

---

① 详见拙文《古灵宝经"未出一卷"考论》,《中华文史论丛》2010年4期,第81—103页。

属仙公所传,后来被移入元始系,属于已出的 21 卷之列。《自然五称符经》也有授度的仪式,却没有被《授度仪》采用。《法轮罪福经》讲的是太极真人和葛仙公之间的授受,这不符合陆氏强调的元始诸经的特点。这 3 卷或许是在 437 年之后才被作成三部独立的经典,虽然是按照仙公系的观念作成,但却被用来补充元始系之缺。故疑似晚出的卷数可增至 6 卷。

《九天生神章》明显是由几个不同部分组合而成的,其中既有典型的元始旧经特点,也有以大洞、洞玄、洞神为三洞的思想,这与元始旧经强调自己超越众经的独尊性格形成反差。而《诸天灵书度命妙经》中有灵宝经和上清经都可以历经大劫而永存不灭的观念,这与元始诸经出世的最初思想不同。且细究其中关于元始天尊和元始系灵宝经历劫出世的神话,也有较之其他元始诸经向更早的劫期追溯的意图。在《真文度人本行妙经》中有两个主题内容,分别与《赤书玉诀妙经》和《灭度五炼生尸经》相同;很难想象同时而出的经典,会有这么明显重复而又详略不同的内容。《三元品诫经》中元始天尊直接讲三元和三官,有天师道的印记。并提到《明真科文》及《智慧上品》,有可能是在两经之后作成。则疑似晚出之经已有 10 卷。

至此,21 卷已出元始诸经中,至少已有 10 卷可被疑似晚出。剩下的 11 卷是否就是"出者三分"的具体所指? 目前还难下定论。我并不想就此确定这 10 卷一定是 437—471 年间所出,而另外 11 卷一定为 437 年之前所出的"出者三分"。也许今后的研究,可以沿着这样的思路去更多地注意这样两组灵宝经的异同之处。

五、结语

无论是做加法,还是做减法,最理想的结果是前者和后者的结论,能够从正反两方面正相吻合。但依目前的研究状况,要做到这一步还是很难的。只能退而求其次,看是否会有明显的反证出现。事实上,到目前为止,"出者三分"无论是就"三分"这个大概比例,还是就"三分"具体所指的经卷数来说,都还没有遇到明确的反证。依据《授度仪》做加法,至少可以确定出 8 卷左右的元始诸经。按照减法的思路,也有 10 卷左右应该被怀疑是晚出的灵宝经。这两方面的结论目前尚不能完全吻合,却也没有明显抵牾。需要在今后研究中,有针对性地去考察这些经典内容上的关联性,才能最终解决它们出世先后的问题。

总之,我认为,陆修静在 437 年甄别灵宝经时,只确认了 10—11 卷元始旧经为真经。这是古灵宝经在 420 年开始问世后第一个重要的阶段。"出者三分"说,不仅在字面上可靠,而且实际所指的经卷,也完全可以通过进一步的比对来大体确定。

2010 年 3 月初稿

2010 年 12 月定稿

BD09524 唐写本成玄英
《老子道德经义疏》残卷校读记

刘 波

（国家图书馆）

　　中国国家图书馆藏敦煌写本 BD09524（殷 045）号，为古佚《老子》注本。此卷大渊忍尔《敦煌道经：目录编》、王卡《敦煌道教文献研究——综述·目录·索引》未著录，朱大星《敦煌本〈老子〉研究》亦未论及，近由《中国国家图书馆藏敦煌遗书》公布（见第 106 册第 57—60 页），定名为《老子道德经义疏》。

　　《中国国家图书馆藏敦煌遗书》第 106 册所附《条记目录》称，此文献"疏释《老子道德经》，存文从第二十一章到第二十三章。行文时，每章先总括大意，然后将该章文字开为四重，再逐章解释。现知敦煌遗书中没有发现与这种形态相同的《老子》疏释，暂拟此名。与成玄英《老子道德经开题序决义疏》是何关系，待考。"[①] 这一论述疏于考证，此件文献即成玄英《老子道德经开题序决义疏》残卷。

　　《老子》成玄英义疏久佚，强思齐《道德真经玄德纂疏》与署名顾欢的《道德真经注疏》征引其文，蒙文通据之辑为《道德经义疏》。[②] 今此卷所存 63 行 1600 余字，当成《疏》第二十一至二十三章，所存文字与强《疏》所引、顾《疏》所引及蒙辑本略有异同，今将之与正统道藏本强思齐《纂疏》、顾欢《注疏》及蒙辑本对勘，可见传本演变之迹，亦有数事可正道

---

①　《中国国家图书馆藏敦煌遗书》第 106 册，国家图书馆出版社，2009 年，《条记目录》第 12 页。

②　1946 年 5 月四川省立图书馆印行。收入蒙文通《道书辑校十种》，巴蜀书社，2001 年。

藏本、蒙辑本之失。

此卷有墨笔、朱笔校改。朱笔校改墨色较淡,在缩微胶片及影印图录上无法辨认,原卷则清晰可读,今并录之,以见原卷校正过程。

【录文】

1. (上缺)以次前者,前章明(中缺)贵用(下缺)

2. □□此章,旷显此人盛德容猊(貌)。[1] 就此章内,[2]文有四重。

3. 弟一明能证之人契道容猊。[3] 弟二显所证之道非有非无。 弟三明此

4. 圣人以三一为体。 弟四明道无来去而知始终。[4] 弟一明能证之人

5. 契道容猊。 孔德之容,唯道是从。 孔,甚也,大也。容,猊相也。甚大之

6. 德,容猊如何?唯从于道,即是其相。又解容,苞容也。[5]大德妙契,故能□

7. 容,动止施为,[6]独从于道,出处嘿(默)语,[7]皆是道(下缺)

8. 证之道非有非无。 道之为物,唯恍唯惚(下缺)

9. 也,不有而有,虽有不有,[8]不无而无,虽无不无,有无不定,□(下缺)

10. 物者,欲明道不离物,物不离道,道外无物,物外无(下缺)

11. 物,体即物道。亦明悟即物道,[9]迷即道物,道物(下缺)

12. 而异而一,不一而一,而物而道,一而不一,非道非(下缺)

13. 而物故不一一也。 弟三明此圣人以三一为体。 (下缺)

14. 恍惚中有物,惚惚中有象。[10] 中有物,即是神。神,[11]妙物为名(下缺)

15. 非无非有,而有不测之物也。[12]中有象,即是炁(气)。[13]虽复非象□□

16. 为色为象,故是炁(气)也。言道种种变见(现),故不物而物,不象而象□

17. 窈(窈)冥(冥)中有精。[14] 窈冥(冥),深远也。有精即精智也。[15]言道虽窈冥

18. 恍惚而甚有精灵,智照无方,神功不测也。 其(下缺)

19. 言真精无杂,实非虚假,于三一之中(下缺)

20. 是炁色神用之本也。 其中有信。(下缺)

21. 应,信若四时,必无差爽。 弟四明(下缺)

22. 自古及今,其名不去。 时乃有古有今(下缺)

23. 名不去,足显不来,文略故也。 以阅终甫。[16] (下缺)

24. 至道虽复无来无去,亦而去而来,故能览察古今,[17]应(下缺)

25. 吾何以知终甫之然?以此。 假设问也。[18]老君云:吾何以知始

26. 终之事乎?只用此真精纯信之道,恍惚窈(窈)冥(冥)之法,[19]故知之也。

27. 曲则章所以次前者,前章略举孔德容猊(貌),于教未周,故次此章,

28. 重显孔德行能,[20]以为物范。 就此一章,文开四别。[21] 弟一举因地

29. 四行,以示谦和。 弟二明妙体一中,为物楷式。 弟三彰果上四

30. 德,对显前行。 弟四爱(援)引古实,结叹曲全。[22] 弟一举因地

31. 四行,以示谦和。 曲则全。 屈曲随顺,不忤物情,柔弱谦和,全我生道。

32. 故庄云:[23]吾行却曲,无伤吾足。[24]此一句忘违顺。[25] 枉则正。 枉,滥也。体知枉直不二,[26]故

33. 能受于毁谤而不申其怨枉,翻扑正理也。[27]此一句忘毁誉。

34. 窪则盈。 窪,下也。谦卑逊让,退己处下,不与物竞高,[28]故德行盈

35. 满也。此一句忘高下。[29] 弊则新。 弊,辱也。能处鄙恶弊辱而

36. 不贪荣宠,即其德日新也。[30]此一句忘荣辱。[31] 弟二明妙体

37. 一中,为物楷式。 少则得,多则或(惑)。 少者,谓前曲全等行,不见

38. 高下,处一中也。多谓滞于违顺等法,不离二偏也。体一中则得,[32]滞二偏故迷或(惑)也。[33]

39. 是以圣人抱一为天下式。 是以,仍上辞也。抱,守持也。式,法则也。

40. 言圣人持此一中之道,□(轨)辙群生,[33]故为天下修学之楷模也。

41. 弟三彰果上四德,对显前行。 不自是故彰。[34] 自他平等,

42. 不是己非物,故其德显著。[35] 不自见故明。 物我皆空,不见有

43. □身相,故智慧明照也。 不自伐故有功。 伐,取也。虽复亭

44. 毒亿生而刍狗百姓,[36]推功于物,故有大功也。 不自矜故长。

45. 只为推功于物,所以不自矜夸,[37]故德行长远也。[38] 夫唯不争,故天下莫

46. 能与之争。 此即叹美四德之人妙达违顺,[39]谦以自牧,不与

47. 物争,故天下群品无能与不争者争也。 弟四爱引古实,结叹

48. 曲全。 古之所谓曲则全,岂虚语,故成全而归之。

49. 昔人所谓屈曲柔顺以全其道,此语有实,谅非虚言,[40]但能依教修

50. 行,不与物争,则大成全德,惣归于己也。[41] 希言章所以次前

51. 者[42],前章正举曲全四德,令物依修,故次此章,旷明诸行。[43]

52. 就此章内文有四重。 弟一明体教忘言,故能会理。

53. 弟二明执心踪(躁)竟,所以无常。 弟三结成忘言之得。 弟四正

54. 结执教之失。 弟一明体教忘言,故能会理。 希言自然。

55. 希,蔺(简)少也。希言,犹忘言也。自然者,(下缺)

56. 道绝言,言即乖理,唯当忘言遣教,适可(下缺)

57. 心踪竟,所以无常。 飘风不终朝,骤雨不终日。 飘疾之风,

58. □风骤暴之雨,[44]曾不崇朝,何能竟日。譬滞言之士,执教生迷,

59. 妄为踪行,以求速报,既乖至理,不可久长。[45]故取譬飘风,方之骤雨。

60. 日是朝之惣,朝是日之别。别则譬念念新新,[46]惣则喻百年之寿,

61. 通是无常故也。 孰为此? 天地。天地尚不能久,而况于人乎? (下缺)

62. 孰,谁也。假问谁为此风雨,答云是天地(下缺)

63. 风骤雨尚不能久,[况][人][为][蹊][47]

【校记】

[1]旷:正统道藏本强思齐《道德真经玄德纂疏》引成疏、蒙辑本并作"广"。旷、广义通。狼,"貌"俗字,俗书"犬""豸"通用。

[2]章内:蒙辑本作"一章"。

[3]弟:强疏引、正统道藏顾欢《道德真经注疏》引成疏、蒙辑本并作"第"。下同。

[4]明道无来去而知始终:强疏引作"明道无去无来而知始知终"、蒙辑本作"明道无来无去而知始知终",文义无别而文辞略有差异。

[5]苞:强疏引、顾疏引、蒙辑本并作"包"。包、苞字通。

[6]止:顾疏引作"心",形近而讹。

[7]嘿:同"默"。强疏引正作"默"。嘿语,顾疏引作"语嘿",蒙辑本作"语默",义同。

[8]本卷"虽有"后原脱"不有"二字,以朱笔添补于右侧。

[9]顾疏引此句脱"明"字。

[10]恍惚中有物,惚惚中有象:强疏本作"惚兮恍,其中有象,恍兮惚,其中有物";顾疏本作"惚恍中有象,恍惚中有物",恍,与"恍"通。强《疏》引成《疏》,首有经文"恍惚中有象,惚恍中有物。"与此卷"中有象""中有物"互倒。成《疏》此条先释"中有物",后释"中有象",则成疏经文自当以"恍惚中有物,惚惚中有象"为正。蒙辑本与此卷同,极是。

[11]神:顾疏引作"妙",涉下文而误。

[12]而有不测之物也:强疏引、蒙辑本并作"而有而无,故是妙也"。测,原卷墨笔写作"侧",而以朱笔改"忄"为"氵",校正文字。

[13]炁:"气"古字。强疏引作"炁";顾疏引、蒙辑本并作"气"。

[14]窈寘中有精:强疏本作"窈兮冥兮,其中有精"。窈,"窈"俗字,蒙辑本作"窈";寘,"冥"俗字,下文亦作"寘"。

[15]有精即精智也:顾疏引作"有精,智也",脱"即精"二字。

[16]终甫:强疏本、顾疏本经文均作"众甫"。疏文释"甫"为"始",则成疏所用本之经文作"终甫"无疑。蒙辑本作"终甫",甚是。

[17]览察古今:强疏引作"览古察今"。

[18]假设问也:强疏引、蒙辑本作"此假设问也"。

[19]恍惚窈寘:强疏引作"恍恍冥冥"。

[20]孔德行能:强疏引作"孔德之行能"。

[21]强疏引句末有"也"字。

[22]叹:强疏引作"难",误。

[23]疰:强疏引、顾疏引、蒙辑本并作"庄子"。

[24]吾行却曲,无伤吾足:此句出自《庄子·人间世》。

［25］强疏引、顾疏引、蒙辑本句末并有"也"字。

［26］直：顾疏引作"滥"。

［27］扑：强疏引此字空缺，顾疏引作"获"，蒙辑本作"覆"。正理：顾疏引作"正真"。

［28］高：强疏引、蒙辑本无此字；顾疏引作"而"，属下读。

［29］顾疏引脱"下"字。

［30］强疏引脱"日"字。顾疏引、蒙辑本句末无"也"字。

［31］一句：顾疏引作"又"。强疏引、顾疏引、蒙辑本句末并有"也"字。

［32］顾疏引脱"得"字。

［33］迷或：强疏引作"迷惑"；顾疏引、蒙辑本并作"惑"，无"迷"字。

［33］轨辙：强疏引、蒙辑本并作"轨范"。轨，"轨"俗字。

［34］强疏引、顾疏引、蒙辑本"不自是故彰"句并在"不自见故明"句之后，此卷句序与之颠倒。

［35］不是己非物,故其德显著：顾疏引、蒙辑本并作"不是己而非物,故其德行显著"。

［36］亿：顾疏引、蒙辑本并作"羣"。蒭：强疏引、顾疏引、蒙辑本并作"刍"。

［37］顾疏引、蒙辑本并无"所以"二字。

［38］长远：蒙辑本作"长达"。"长远"义长。蒙辑本恐为字误。

［39］即：顾疏引作"则"。

［40］谅：顾疏引作"果"。

［41］惣：顾疏引、蒙辑本作"物"；强疏引作"總"。惣，"总"俗字,顾疏引、蒙辑本因脱偏旁"心"而误作"物"。

［42］次前：强疏引、蒙辑本并作"次前章"，此卷脱"章"字。

［43］旷：强疏引、蒙辑本并作"广"。

［44］"骤暴之雨"前,本卷衍"□风"二字。

［45］既乖至理,不可久长：顾疏引作"既志理不久不长",脱"乖"字。

［46］念念新新：顾疏引、蒙辑本作"念念之新"。此卷"则譬"旁注小字"承",复以朱笔抹去。

［47］人为：顾疏引、蒙辑本作"凡夫而为"。

《中国国家图书馆藏敦煌遗书》判断此卷为唐写本，著录其抄写年代为"7—8世纪"，这是很正确的。通常所说的敦煌唐写本，指唐初至786年敦煌陷蕃之前的写本。安史之乱后，道教衰落，吐蕃时期大力崇佛，道教势力更为式微，道教写经的抄写和传播较为鲜见。敦煌道教兴衰的历史也能佐证此卷的抄写年代当不晚于敦煌陷蕃。此卷背面为吐蕃统治时期抄写的《大乘稻芉经随听疏》，表明此写卷在道教衰落之后沦为废纸，佛教徒利用其背面抄写佛经，这反映了道经在吐蕃时期的流传与再利用状况。成玄英为唐初道士，《义

疏》可能在其贞观五年(631)奉召至京师前后成书,[①]本卷抄写当不早于这一时期。综上所述,这一写卷的抄写年代上距其成书年代最多不过一百五十年,较少经过后人的改编,可能更为接近成《疏》的原貌。

此卷抄写精良,行款整齐,书法规整,复经朱笔校改,应可视为当时较为精善的传本。如校记所列,此卷疏文与蒙辑本及强、顾二《疏》引文多有差异,有的地方可以补正其脱误错讹,其校勘价值不可忽视。详情已具见校记,兹不赘述。

成《疏》虽可从强《疏》、顾《疏》辑得,但成《疏》所据经文与强、顾二《疏》不同。这两种注疏所用经文与成玄英不同,因而经文与疏文扞格的情况所在多有。蒙文通先生考证"《成疏》之经,与唐遂州龙兴观《道德经碑》十同八九,最为相近",成《疏》经文与遂州本有差异者,则均与易州龙兴观《道德经碑》相合,[②]遂以遂州本、易州本合校,校定成《疏》经文。

朱谦之《老子校释》以唐景龙二年易州龙兴观《道德经碑》为底本,遂州龙兴观《道德经碑》久佚;正统《道藏》所收无名氏著《道德真经次解》据遂州本为训,朱谦之《校释》亦以《次解》本为校本。今以 BD09524 所存经文与之对校,可见异同六处:

"唯恍唯惚"句,遂州本"恍"作"悦",下文同。悦、恍字通。"惚恍中有象"句,遂州本"象"作"像",象、像字通。"吾何以知终甫之然"句,遂州本后有"哉"字。"多则或"句,遂州本作"或",或、惑字通。"故天下莫能与之争",遂州本无"之"字。"而况于人乎",遂州本无"乎"字。此六处,半为文字通借,半为虚词有无,均无碍于义理阐发。

与传世其他版本相校,则颇见成《疏》经文之异于他本。"恍惚中有物,惚恍中有象"句,河上公本、王弼本作"忽兮恍兮,其中有像;恍兮忽兮,其中有物",或二句互倒,或"忽"作"惚"。"以阅终甫"句,各本多作"众甫"。"成全而归之"句,各本多作"诚全"。[③]这些异文,足以影响经文之阐释。可证蒙文通所论成《疏》经文与遂州本最为接近这一观点之确凿无误。

"不自是故彰"、"不自见故明"二句前后顺序,诸本多有不同。本卷"不自是故彰"句在"不自见故明"句前,与遂州本合,可见成《疏》经文原本如此。强《疏》、顾《疏》所据经文均以"不自见故明"句在"不自是故彰"句前,系将成《疏》此二条调换顺序,分别系于所释经文下。蒙辑本此二句顺序一依强《疏》、顾《疏》,据此卷与遂州本观之,当有错简,应乙正。此为 BD09524 可补正蒙辑本之例,亦可见其文献价值之一端。

敦煌文献中存有成玄英《注疏》的两个写卷,除此之外尚有 P.2517 一号。P.2517 存文自 59 章末至 81 章,其"卷第五"尾题保留完整,表明《注疏》部分应为五卷。《新唐书》著录成《疏》为七卷,蒙文通考证《开题》自为一卷,《序决义疏》自为一卷,[④]加上《注疏》五卷,恰足七卷之数。以此推之,BD09524 所存文字约当《注疏》卷第二。此卷所存注疏虽不足

① 强昱:《成玄英评估》,南京大学出版社,2006 年,第 19 页。
② 蒙文通:《校理〈老子成玄英疏〉叙录》,见《道书十种辑校》,第 354—355 页。
③ 朱谦之:《老子校释》,中华书局,1984 年,第 88—93 页。
④ 同注③,第 348—349 页。

四章,未及全书 4%,但毕竟保存了部分成《疏》写本,与 P.2517 综合观之,可见成《疏》原貌及其流传状况,颇值得道教史研究者重视。

BD09524 写卷与通常的注疏格式差异较大。此卷各章之间连写,不另起一行;序决、经文、疏文字体一致,不分大小字,疏文亦未双行抄写;前后章节之间、经文与疏文之间均仅留两字空格,以为区隔。通览全卷,经文、疏文书写格式没有什么区别,初读难免有眉目不够清晰之感。P.2517 各章亦连写,但每章前的序决部分及经文大字单行,疏文则小字双行,眉目清晰,便于阅读。二者不同的书写格式,也反映了此书在流传过程中的改编情况,可为书籍史相关问题的探讨提供资料。

读1431年木刻版畏吾体蒙古文佛经序与跋

——兼论古蒙古语语音向近代语音的过渡

乌云毕力格

（中国人民大学国学院）

中国国家图书馆和法国吉美博物馆珍藏着一部明代珍贵的佛教文献，即1431年（明宣宗宣德六年）北京木刻版佛教经卷辑。2011年，中国藏学中心熊文彬、郑堆二先生整理、研究中国国家图书馆藏本，以《诸佛菩萨妙相名号经咒》为书名，由中国藏学出版社影印出版。笔者荣幸受到熊文彬教授之邀，参加该书畏吾体蒙古文的释读工作，有机会接触这部弥足珍贵的明代佛教文献。笔者还利用在德国波恩大学执教之便利，查阅法国吉美博物馆所藏本子的影印本，补充了北京本所残缺的内容。在熊文彬教授的大作中，笔者只发表了国家图书馆藏本所有残缺不全的畏吾体蒙古文文本的释读结果，也即其拉丁文转写，而对文本的语文学研究工作则作为将来的研究课题保留了下来。因为笔者当时身在国外，时间仓促，出书前亦未能校对样文，所以在熊、郑二先生书中的释读和排版都留下了一些遗憾。因此，笔者希望对该佛教经卷辑的畏吾体蒙古文文本进行较为全面的研究。本文即是这项工作的开篇，研究对象为该书的序和跋。

一、关于1431年木刻版佛经的版本流传与畏吾体蒙古文文本的价值

这是一部1431年（宣德六年）木刻版佛经辑本，本无书名，由《前序》、《诸佛菩萨妙相名号经咒》、《一切如来金刚三业最上秘密大教王经诸佛集会三昧法金刚加持王分第七》、

《圣救度佛母二十一种赞经》、《般若波罗蜜多心经》、《金刚般若波罗蜜多经》、《佛说阿弥陀经》、《妙法莲花经观世音菩萨普门品》、《吉祥神咒》、《大佛顶首楞严神咒》、《三十五佛名经》和《后序》等部分组成。

关于该籍的版本和珍藏情况，熊文彬先生已作详细介绍。该佛教经典在中国国家图书馆藏有两部。一部为四卷本，规格为 26.4×17 厘米，版心为 20×14 厘米，封面黄色，经过重装；另一部为两卷本，实际上只是四卷本中的前两卷，规格为 29×17.5 厘米，版心与四卷本相同，封面蓝色，也经过重装。四卷本的页眉和页脚在重装时经过裁剪。两卷本虽为四卷本的前两卷，但分卷不同。二者均出自同一个雕版。除此之外，在法国巴黎的吉美博物馆也珍藏一部两卷本，内容与中国国家图书馆藏两卷本的第一卷完全一致，同属一个版本。[①] 但是，中国国家图书馆四卷本的最后几页残缺不全，其中就包括畏吾体蒙古文的《后序》。吉美博物馆藏本为足本，正可以弥补北京本的缺失。

该部佛经辑本虽然包括十种佛典，但其中只有《前序》、《后序》、《诸佛菩萨妙相名号经咒》、《圣救度佛母二十一种赞经》和《一切如来金刚三业最上秘密大教王经诸佛集会三昧法金刚加持王分第七》五部分为四体合璧。四体是指汉文、兰札体梵文、藏文和畏吾体蒙古文。

本辑所收的各种经卷的成书年代有待考证，但是其序和跋是 15 世纪畏吾体蒙古文不可多得的珍贵资料。迄今为止，蒙元时期畏吾体蒙古文各种文献发现得相对较多，但是从元朝灭亡到 16 世纪末的近一个半世纪中，很少蒙古文文献传世。1431 年的这本书的序和跋，一方面成书时间记载确切，反映着畏吾体蒙古文字形发生变化的较早阶段，对蒙古文文字学研究很有意义；另一方面篇幅较多，内容很丰富，且与汉、梵、藏文合璧，因此对 15 世纪蒙古文语音、词法、句法、翻译等方面的研究都具有相当重要的意义。同时，它又是研究蒙汉、蒙藏文化交流的一部重要文献。

该文献的研究史并不算长。1975 年，海瑟·噶尔美在《早期汉藏艺术》一书中对本书第一次进行介绍和研究，首次发表了汉文序、跋和藏文序的拉丁转写和英译，同时还公布了书中的两幅木刻版画。[②] 次年，德国著名蒙古学专家海西希公布了该文献的部分内容，提出其中一些佛经的蒙古文译文可能是元代所为的观点，并进行了德文翻译。[③] 2006 年，巴图吉日嘎拉和日本学者杨海英在研究内蒙古鄂尔多斯市境内阿尔寨石窟中《圣救度母二十一种礼赞经》时推测，1431 年佛经辑的序和跋也都是元代的。[④] 2011 年，熊文彬先生

① 熊文彬、郑堆《诸佛菩萨妙相名号经咒》，中国藏学出版社，2011 年，第 1—4 页。

② 海瑟·噶尔美（Heather Karmay）著，熊文彬汉译《早期汉藏艺术》（*Early Sino-Tibetan Art*, Warminster, 1975），中国藏学出版社，1994 年，第 121—135 页。

③ W.Heissig : *Zwei mußmatlich mongolische Yüan-Übersetsungen und ihr Nachdruck von 1431*, in : *Zentralasiatische Studien*, 10, 1976, pp.7-39.

④ 巴图吉日嘎拉、杨海英著《阿尔寨石窟》，内蒙古自治区鄂尔多斯市鄂托克旗文物保护管理所、阿尔寨石窟保护研究所，2006 年，第 23 页。他们的这一观点根本无法站住脚，不值一驳。

全文影印中国国家图书馆藏两卷本,介绍该书成书背景和版本收藏情况,从汉藏佛教文化交流的视角,着重研究其版画内容和特点,同时和项目组其他成员一起完成了四体合璧全文的拉丁文转写。这是迄今为止对这部文献所做的最佳的研究成果。令人费解的是,在15世纪蒙古文文献犹如凤毛麟角的情况下,在海西希以后,该典籍的畏吾体蒙古文文本居然一直无人问津。这很可能是因为它被夹杂在一本没有书名的汉文佛教典籍中的缘故。

就文本种类讲,这些畏吾体蒙古文文本可分为音写文本和翻译文本两种。诸佛菩萨心咒、部分佛与菩萨名号是对梵文和藏文的音写,序、跋、部分佛与菩萨名号、二十一救度佛母赞词是翻译性质的。但是,通过《前序》和《后序》的几种文字文本比较发现,序和跋的蒙古文文本实际上是独立的文本,除了佛教名词术语的翻译,整体文本不具备翻译文本性质,具有很大的原创性,因而对当时蒙古文语法和句法的研究具有重要意义。

这批蒙古文文本虽然篇幅不大,但涉及多种语言学分野,研究难度相对大。因作者能力有限,文中或许存在不少问题,敬请学界同仁批评指正。

二、畏吾体蒙古文《前序》

这是全书的序,以汉、兰札体梵文、藏文和畏吾体蒙古文四体写成。蒙古文共3页29行。中国国家图书馆藏本有此《前序》。

因为15世纪上半叶的畏吾体蒙古文文献极少见,笔者为了区分字形和读音,把拉丁文转写分为形写(第一行)和音写(第二行),接下来是行间对译及文本现代汉语全译,最后是注释。字母表借用了亦邻真先生所制表,考虑到用电脑书写和打印的便利,仅将ɉ换成了J,特此说明。

形写、音写、词义汉译

1 TODOQATO BA QADAQATO DARNI NOM SONIN QABDASON

1 dotoḥadu ba qadaḥadu tarni nom sonin qabtasun

| 1 | 内 | 并 | 外 | 咒 | 经 | 奇 | 板 |

2 TOR TAMAQ A COQOLBAI

2 -dur tamaq-a čoḥolbai.

2（寓）版（寓）镂刻

3 TAKONCILAN AIRAKSAN AABIIAS DAN I BOLBASON BOLQAQO IIN TOLA

3 teḥünčilen iregsen abiyas-tan-i bolbasun bolḥaqu-yin tula

| 3 | 如 | 来 | 习气（宾） | 熟 | 使做（属） | 上头 |

4 AIRAČO NOM I TALKARAKOLON AAMIDAN I MAQON I KAKAČO

4 irejü nom-i delgereḫülün amitan-i maḫun-i geḫejü

4 来 教法（宾） 布开　　生灵（宾）恶（宾）摈弃

5 BOIANDOR AOIDORIDON SASIK ON AOIRKASON I TASOLČO

5 buyandur uduridun sesig-ün örgesün-i tasulju

5 善（寓）　引领　　疑（属）刺（宾）断除

6 BODI QODOQ IALAN AOINAMALAKOI CINAR TOR KOIRKAKO IIN

6 bodi qutuq jalan ünemeleküi činar-tur　kürgekü-yin

6 菩提 福　延请　　胜义　本性（寓）使达到（属）

7 TOLA SATKIL AKOSKAČO TODOQATO QADAQATO QOIAR NOM

7 tula sedkil eḫüsgejü dotoḫadu qadaḫadu qoyar nom

7 上头 心　产生　　内　　外　　二　法

8 ON QAQALQ-A BA QADAQATO BILIK BARAMID KIKAD

8 -un qaḫalq-a ba qadaḫadu bilig baramid kiged

8（属）　门　并　外　般若 波罗蜜多 等

9 AOLAN NOM AIQOČA DARAIS I TAMAQALAČO TOIKAMO BORQAN O

9 olan nom niḫuča　tarnis-i　tamaqalaju tügemeü borqan-u

9 多　经　密　咒（复,宾）　刊印　发行　佛（属）

10 SASIN IAKON ADAKAD DALKARAČU AAMIDAN A TOSALAQO IIN

10 šašin jegün eteḫged delgerejü amitan-a tusalaqu-yin

10　法　东　　方　布开　生灵（寓）助（属）

11 SILDAQABAR BODISOK TOIROKSAN SIO SI SAN ČOO

11 šiltaqaḫar　bodisug　törögsen. siu dzi šen jü

11　缘故（造）　菩萨　　生　　修 积 善 住

12 AORIDA KADIRKOD AAQOLA TOR IIIANKIRID AOIKDAKSAN O

12 urida kedirgüd aḫula-dur wiyanggirid ögdegsen-ü

12　先前 灵鹫　　山（寓）　授记　　被给予（属）

13 TOLA NOM TOR AOICIRAČU

13 tula　nom-dur učiraju

13　上头　法（寓）　遇

14 QAQAN O SOO TOR AAMIDAN A TOS A BOLTOQAI KAMAN ARDINI

14 qaḫan-u　su-dur　amitan-a　tus-a　boltuqai keḫen erdini

14 皇帝（属）福荫（寓）生灵（寓）利益　做（祈）说　宝

15 DAR A IIN QORIN NIKEN MAQDAL BA BOSO NOM I AOLAN A

15 dar-a-yin　qorin nigen maqtal-ba busu　nom-i　olan-a

15 佛母（属）　　二十一　　赞　与　其他　经（宾）多（寓）

16 AAQODA TALKARAKOLOKAD SOSOK IIAR AIROKAMO

16 aḩuta delgereḩülüḩed süsüg-iyer irügemeü.

16 　宽　　　布开（使）　　信奉（造）　祝愿

17 TALAKAI IIN AČAN QAQAN QADON TAIQO TAIS I AALDAN OROQ

17 delekei-yin ejen qaḩan qatun taiqu　taits-i altan　　uruq

17 　世间（属）　主　皇帝　皇后　太后　太子　金子　亲

18 IIAR AAMIN NASON AOILČAI BOIAN AINO AAQOI IAKA

18 -iyar amin nasun öljei buyan-inu aqui yeke

18 （造）命　岁　福　泽　　很　大

19 TALAI IIN TOMDA ČOQDAI A BAIIOQSAN AAQOLAS ON

19 dalai-yin dumda čoqtaiy-a baiyuqsan aḩulas-un

19 大海（属）中间　庄严（造）　　在　　山（复，属）

20 QAQAN SOMOR TAQ MATO AASANKKI KALAB ANKABAR AAQO

20 qaḩan sümür taq metü asangki kalab　engkeḩer　aqu

20 皇帝　须弥　山　像　无数　劫　太平（造）　在

21 BOLDOQAI AČIKA AKA AAQA A TAKO KIKAD ALI BA

21 boltuqai ečige eke aq-a deḩü kiged　ali-ba

21 做（祈）父　母兄　弟　等　哪个也

22 ARIL IIAR BOITOČO SASIN NOM IIAR IABOČO

22 eril-iyer　bütüjü šašin nom-iyer　yabuju

22 寻求（造）成　　教法（造）　行走

23 IIRQOQAN IAIAQAN TOR AOILO AORČIN AARBAN NOM IIAR

23 jirquḩan jayaḩan-dur ülü orčin arban nom-iyar

23 六　　　命运（寓）不　轮回　十　法（造）

24 IABOČO SANSAR ON NOIIR AČA SARIN IIRQALANK TO

24 yabuju　sansar-un　　noir-ača　serin① jirqalang-tu

24 行走　生死轮回（属）睡眠（夺）醒　　快活的

---

① 笔者在熊、郑二先生所著《诸佛菩萨妙相名号经咒》一书中，将此三词误读为 oir-ača sain，在此特别更正。中国藏学出版社，2011 年，第 323 页。

25 SOKAWADI AOLOS TOR BAYASQOLANK AORON TOR KOIRKO

25 sukawadi ulus-tur bayasqulang oron-dur kürkü

25 安乐 国(寓) 喜悦 地方(寓) 到达

26 BOLDOQAI

26 boltuqai

26 做(祈)

27 SOIN TII IIRQODOQAR ON SIN QAQAI IIL QABOR ON

27 sön dii jirquduḥar-ün šin qaqai jil qabur-un

27 宣德 第六(属) 辛 猪 年 春(属)

28 AČOS SARA TA IAKA KINKDO BALQASON A AOILCAITO

28 ečüs sara-da yeke gingdü balqasun-a öljeitü

28 末 月份(寓) 大 京都 城(寓) 吉祥的

29 AOIDOR TAKOSKABAI

29 üdür tegüsgebei

29 日子 使完结

汉译与注释

汉译:

刊印内外咒与经[1]于佳板[2]。如来为了让有习气者[3]觉悟而来。为了广布教法,使众生弃恶,引导向善,断除疑虑[4]之刺,求菩提福泽,达到胜义[5],而发善心,刊版印施内外二法之门、外般若波罗蜜多等诸品经咒。因为佛法东传、利益众生的缘故,菩萨生修积善住[6]先前于灵鹫山[7]获得授记[8],遇见教法,[故而]祈愿在皇帝洪福面前利益众生,将二十一宝贝佛母赞及其他诸品经卷广为散施,以信奉做祝福。愿寰宇之主皇帝、皇后、太后、太子[9]黄金家族[10]的生命福泽像大海中庄严耸立的山巅之皇须弥山一样永世[11]安然。愿父母兄弟等所有人[12]梦想成真,遵行教法,不轮回于六命,遵行十善,从生死轮回[13]的睡梦中觉醒,到达幸福安乐世界[14]的喜悦之地。宣德六年辛亥春季月[15]吉日于大京都城[16]完成。

注释:

[1] dotoḥadu ba qadaḥadu tarni nom("内外咒与经"):此处的"内外咒与经"指的是佛教显密二宗及其咒与经。"内"指的是密宗,"外"指的是显宗;"咒"又作"陀罗尼",指密宗咒文,而"经"指的是显宗的经典。一般来说,在佛教里,"内"指佛教,而"外"指佛教以外的其他教法。但此处的"内外"显然不是这样的用法。下文还有"刊版印施内外二法

之门、外般若波罗蜜多等诸品经咒"一句,进一步证明"内外"就是指显密二宗,因为《般若波罗蜜多经》是显宗经典,此处代表了显宗,而"外"显然是与之相对而言的密教。本书梵文序则更加明确地写道:"(遂)二分显密,显(为)《般若波罗蜜多》等诸(经)论,密(为)《首楞严》等诸陀罗尼续。"① "内外"的说法恐怕是蒙古佛教所独有的表述。

[2] sonin qabtasun-dur tamaq-a čoḥolbai("刊版于佳板"): qabtasun,意为"板子",此指制刊版的木板。Sonin,本意为"奇特、特别",这里表示木板质地特别上乘,故译作"佳"。巴图吉日嘎拉、杨海英认为,sonin 为"新"的意思,缺乏根据。tamaq-a 本意是"印章、图章",比如敦煌莫高窟北区出土元代畏吾体蒙古文文献《阿剌忒纳失里令旨》见有 tamqa niš bičig("印押书信")。② 该词在这里当"印版"讲,因为制印版之术与刻印章同,故有此用法。1312 年《入菩提论疏》的跋就有"čaqan suburqatu yeke süme-dür tamaq čoḥolaqaḥulju"("在白塔大寺刊版")一句。③ čoḥol- 有"镂刻、凿空"等意,这里当"镂刻"讲。

[3] texüncilen iregsen abiyas-tan-i bolbasun bolḥaqu-yin tula("如来为了让有习气障者觉悟而来"): teḥünčilen iregsen,译自藏文 De-bzhin gshegs-pa,汉语译为"如来"。1407 年,明朝封西藏噶玛噶举派黑帽系五世活佛却贝桑布(Chos-dpal Bzang-po)为"大宝法王",其原藏文尊号即 De-bzhin gshegs-pa,意即"如来"。本文中的"如来",就是指大宝法王其人。因为却贝桑布系藏传佛教噶玛噶举派活佛,汉文文献一般称之为"哈立麻尚师"或"葛哩麻尚师"(哈立麻、葛哩麻、噶玛均为藏文 karma 异音)。1403 年,明成祖遣使邀请哈立麻尚师赴京,哈立麻尚师于 1407 年春抵达南京,为明太祖朱元璋及其皇后做超度佛事,后赴山西五台山,1408 年启程回藏。这期间,1407 年明朝封哈立麻尚师为"万行具足十方最盛园觉妙智慈善普应佑国演教如来大宝法王西天大善自在佛",简称"大宝法王"。④abiyas-tan,现代蒙古语意为"智者"。但此处是蒙古语佛教术语,与藏文 pag-chags 对应,佛教所谓烦恼在心中接续不断形成的余习,汉语译为"习气"。⑤-tan,蒙古语名词后缀,有"具有……者"之意。abiyas-tan,即具有习气的人,也就是指因没有超脱而心中不断形成烦恼的人。bolbasun bolḥaqu,直译为"使之变熟",也即让人造化、觉悟。Bolbasun 在现代蒙古语里意为"文明",实际上借用了佛教术语。所以,如把这句话根据现代蒙古语理解成"如来为了让智者变成文明而来",就错了。

[4] sesig,又作 sejig,现代蒙古书面语作 sejig。18 世纪时章嘉胡图克图益喜丹必若

① 梵文的序和跋由北京大学萨尔吉教授翻译。萨尔吉教授给笔者慷慨提供了他的未刊稿,在此向萨尔吉先生表示衷心的谢意!
② 敖特根《敦煌莫高窟北区出土畏吾体蒙古文文献研究》,民族出版社,2010 年,第 100、107 页。
③ 道布《回鹘式蒙古文文献汇编》,民族出版社,1983 年,第 182 页。
④ 邓锐龄《〈贤者喜宴〉明永乐尚师哈立麻晋京记事笺证》,《邓锐龄藏族史论文译文集》上册,中国藏学出版社,2004 年。
⑤ 王沂暖主编《佛学词典》,青海民族出版社,1992 年,第 546 页。

美所著藏蒙佛教术语辞典《智慧之源》(Merged γarqu-yin oron)中亦作 sesig，^①可见该词在蒙古语书面语中保留到很晚。与 sesig 对应的藏文为 the tshom，梵文为 vičikitsā。作为佛教术语，sesig 被译为"犹豫"，或"疑"，是七种心识之一，对自境存有二心之染污识，亦为六种根本烦恼之一。

[5] ünemeleküi činar-tur kürgekü（"使达到胜义"）: ünemeleküi činar，对应的藏文为 don-dam-pavi nid，佛教文献中译为"胜义"，"指胜于世间世俗义理之深妙理趣"。^②

[6] siu dzi šen jü（"修积善住"）: 这是汉语"修积善住"的音写。修，八思巴字作 siw，蒙古语读音为 siu，积，集母字，蒙古语读音为 dzi，善，八思巴字作 šen，蒙古语读音仍为 šen，住，八思巴字作 žėu，蒙古语读音为 jü。

[7] kedirgüd aḥula（"灵鹫山"）: 据传是释迦牟尼佛说法圣山，在中印度摩羯陀国都城王舍城附近，位于恒河中游。原文 Gṛdhra-kūṭa，汉译"灵鹫山"。元至正六年(1346)在哈喇和林御制兴元阁碑文畏吾体蒙古文中，该词写作 KANDIRAKOD (kendiregüd)。^③根据汉文《前序》，修积善住的"前世"曾到过印度灵鹫山，结般若胜缘。

[8] wiyanggirid，来自梵文，梵文原文为 vyākriyate。相应的藏文为 lung-bstan。蒙古语一般译作 esi üjegülkü 或音译为 lüngdun，汉语作"授记"，意为佛陀或高僧大德的预言。

[9] taits-i（"太子"）: 太子，八思巴字写作 t'aj tshi，因此，此处的蒙古文 S 应读作 ts。另外，此处的 -i 不是宾语格介词，而是把 taitsi 分开写的形式。

[10] altan uruq（"黄金家族"）: altan，金子，uruq，在《蒙古秘史》和《华夷译语》中音写为"兀鲁黑"，旁译为"子嗣"、"亲"、"子孙"等。这里指明朝的皇族。

[11] 来自梵文 asamkhaya-kalpa。Asamkhaya，无数，kalpa，劫，^④音译为羯腊波、劫波等，古印度一个计算漫长年代的时间单位。asamkhaya-kalpa，汉文音译作阿僧企耶劫，意为无量数，即无数劫，故译为"永世"。

[12] ali-ba（"哪个也"）: ali 是疑问词，意为"哪个"，ba 是小词，意为"也，还有，连"等。Aliba 的原意为"哪个也"，所以在现代蒙古语里变成了"一切、所有"的意思。

[13] sansar（"生死轮回"）: 来自梵文 samsāra。该词在佛教中指生死轮回。现代蒙古语中 sansar 已转义为"天空"。

[14] sukawadi ulus（"安乐世界"）: 该词还见于 1312 年版《入菩提行论疏》中。^⑤梵文 sukhā，意为"安"，sukhāvatī，"安乐世界"，^⑥此指阿弥陀佛所居西方极乐世界。

① 章嘉·益喜丹必若美《智慧之源》(Merged γarqu-yin oron)，民族出版社，2002 年，第 210 页。
② 王沂暖主编《佛学词典》，青海民族出版社，1992 年，第 384 页。
③ 道布《回鹘式蒙古文文献汇编》，民族出版社，1983 年，第 331 页。
④ 林光明等编《梵汉佛教语大辞典》，台北嘉丰出版社，2011 年，第 257 页。
⑤ 道布《回鹘式蒙古文文献汇编》，民族出版社，1983 年，第 164 页。
⑥ 林光明等编《梵汉佛教语大辞典》，台北嘉丰出版社，2011 年，第 1510 页。

［15］sön dii jirquduḥar-ün šin qaqai jil qabur-un ečüs sara-da（"宣德六年辛亥春末月"）：1431 年农历三月。

［16］yeke gingdü balqasun（"大京都城"）：指明朝都城北京。

三、畏吾体蒙古文跋

这是全书的跋，原书作《后序》，同样以汉、兰札体梵文、藏文和畏吾体蒙古文四体写成。蒙古文共 2 页 19 行。中国国家图书馆藏本缺此跋，本文根据巴黎本补。

形写、音写、词义汉译

1 BORQAN NIKOLSKOI BAR AMIDAN A TOSALAMO QORBAN ARDINIS I AIDAKA

1 borqan nigülsküi-ḥer amitan-a tusalamu qurban erdenis-i itege-

1 佛　　慈悲(造)　生灵(寓)　助　　三　宝(复,宾)信

2 BASO ČINDAMANI MATO KOASAL BOIDOYO WČIR QAQALOQCI NOM QORIN

2 ḥesü čindamani metü küsel bütüyü včir qaqaluqči nom, qorin

2　　如意宝　　像　愿　成　金刚　破　　经　二十

3 TABON BORQAN ABIDA IIN NOM QONSAIIM BODISOK ON NOM DAR A

3 tabun burqan, abida-yin nom, qumsim budisug-ün nom, dar-a

3　五　佛　　阿弥陀(属)经　观音　菩萨(属)经　　度母

4 IIN MOARGOL SANKKINK ON NAR A IIN TOQAN BILIK BARAMAD

4 -yin mörgül, sangging-ün ner-e-yin toḥan, bilig baramid,

4 (属)磕头　藏经(属)　名(属)　数　般若波罗蜜多

5 LANKKAI ON DARNI IAKA NIKOLSOQČI TODQOR AARILQOI ČINDAMANI

5 langkai-un tarni, yeke niḥülsüqči, todqur arilqui qurban čindamani

5　楞伽(属)咒　大　慈悲者　　障　除　三　　如意宝

6 IIN QORBAN DARNI AABIDA BORQAN O DARANI KIKAD NOM ODI

6 –yin qurban tarni, abida　burqan-u tarani kiged, nom udi

6　　三　咒　阿弥陀　佛(属)　　咒　等　经(复)

7 BORQAN BIDAN O QAMOQ I AORAN ARQABAR NIKOLASČO IOBALANK ON

7 burqan bidan-u qamuq-i uran　arqaḥar　niḥülsjü jobalang-un

7　佛　咱每(属)　全(宾)巧　计谋(造)　慈悲　苦(属)

1277

8 TALAI AČA KADOLKAN QARANKQO II KAIIOLKAKOI IIN TOLA AOAKLIKA

8 dalai-ača getülgen qarangqu-i keiyülgeküi-yin tula, öglige

8 大海（夺） 渡（使） 黑暗（宾） 照明（属） 上头 施

9 IIN AČAN BI QORIIAN ČIQOLQAČO SOASOK I AOAROSIQOLOQSAN MAQAD KAIIOGSAN I NAKAKARON

9 –yin ejen bi, quriyan čiḥulḥaju süsüg-i orusiḥuluqsan, maqad keiyügsen i negeḥerün

9 （属）主我 收 积 信仰（宾） 存（使） 正 觉（宾） 开启

10 TAKADOS A AAČILAN AČIKA AKA II TOAROKOLOKSAN I SADKIN TNKRI QAČAR

10 deḥedüs-e ačilan ečige eke-yi törüḥülügsen-i sedkin tngri qajar

10 先人（复,寓） 敬 父母（宾） 生（宾） 想 天地

11 I KOINDOLAN ČINK SADKIL IIAR QABDASON TOR TAMAQ A ČOQOLQAČO

11 –i köndülün čing sedkil-iyer qabtasun-dur tamaq-a čoḥolqaju

11 （宾）敬 诚 心（造） 板（寓） 印 镂刻

12 BARAQON IOK ACA BARILDON AIRAKSAN TAI BAO WA ONK ON

12 baraḥun jüg-eče barildun iregsen dai bau fa ong-un

12 西方（夺） 结缘 来 大 宝 法 王（属）

13 KOIRK BA QAMOK BORQAN O KOIRK MAQDAL BA DARANI II

13 körg ba qamuq burqan-u körg maqtal ba tarni-yi

13 像 并 全 佛（属）像 赞 并 咒（宾）

14 AOIKLIKA BOLQAN TOIKAKAMO AOLAN A TOS A BOLDOQAI TAKETO

14 öglige bolḥan tügeḥemü olan-a tus-a boltuqai. deḥedü

14 施舍 做 施散 众人（寓） 利益 做（祈） 上

15 TOIRBAN AACI DAI AIROKAN QORBAN MAQOI IAIAQAN O AAMIDAN I

15 dörben ači-tai irüḥen qurban maḥui jayaḥan-u amitan-i

15 四 恩（共） 祝愿 三 恶 命（属） 生灵（宾）

16 TONILQAKO IIN TOLA KAMAMO AALI BA SADKIKSAN KOISAN

16 tonilqaqu-yin tula keḥemü. ali-ba sedkigsen küsel

16 超度（属）上头 说 哪个也 想 愿望

17 BOIDOKO BOLDOQAI

17 bötökü boltuqai.

17 成 做（祈）

18 SOAN TAI IIRQODOQAR ON SIN QAQAI IIL QABOR ON AČOS

18 sön di jirquduḥar-ün šin qaqai jil qabur-un ečüs

18 宣德   第六（属）辛 猪 年 春（属）末

19 SARA IIN AOILČAITO AOIDOR TOIKABAI

19 sara-yin öljeitü üdür tügebei.

19 月份（属） 吉 日   施

汉译与注释

汉译：

　　佛以慈悲利益众生。若信仰三宝，愿望如同如意宝得以实现。因为我佛慈悲，将一切以妙计超度苦海，照亮黑暗，故此，施主我，修积善住[1]，发正等觉（佛）心[2]，孝敬祖先，念父母生身（之恩），敬天地，将《金刚经》、《二十五佛》、《阿弥陀佛经》、《观音经》、《度母叩拜》、《藏经目录》、《般若波罗蜜多》、《楞伽陀罗尼》、《大悲》、《消灾如意宝三陀罗尼》、《阿弥陀佛陀罗尼》等诸经[3]，以诚心刊板，散施来自西天之大宝法王相[4]、诸佛相赞及陀罗尼。愿为众生以利益。旨在上报四恩，超度三界[5]。祈愿一切如愿以偿。宣德六年岁次辛亥春季月吉日施。

注释：

　　[1] öglige–yin ejen bi, quriyan čiḥulḥaju süsüg-i orusiḥuluqsan（“施主我，修积善住”）：施主修积善住的名字在蒙古文文本中音写了一次（Siu dzi šen jü），译写了一次（Quriyan čiḥulḥaju süsüg-i orusiḥuluqsan）；而梵文文本两次都译写成梵文（sevakūṭasupratiṣṭhata）；藏文则两次都音写汉文（sivu dzi shen ču）。蒙古文对修积善住四个词的翻译比较生硬，据北京大学萨尔吉教授介绍，梵文译文亦很生硬。可见，修积善住是一个汉文的名号。关于修积善住这个人，汉文和梵文序说他是“菩萨戒弟子”，藏文序说“出自菩萨世家”，而蒙古文序说“菩萨生”。所说的“菩萨戒”，是“大乘菩萨所受持之戒律。又作大乘戒、佛性戒、方等戒、千佛大戒。……菩萨戒之内容为三聚净戒，即摄律仪戒、摄善法戒、饶益有情戒等三项，亦即聚集了持律仪、修善法、度众生等三大门之一切佛法，作为禁戒以持守之。菩萨戒涵盖了七众戒，而又超胜一切戒。因此，凡是发菩提心的佛弟子，不论出家、在家，均可受持。《梵网经》云，菩萨戒为诸佛的本源、菩萨的根本，是诸佛子的根本。”①“修积善住”是两组名动结构的词组，“修”是“修行”，“善”是“善法”，与他本人的戒律有关。这说明，梵汉文序中的“菩萨戒弟子”的表述最为贴切。此人的“前世”曾经在印度的灵鹫山参加法会，因此“今世”有缘佛法。

---

① http：//baike.baidu.com/view/50801.htm.

他非常推崇西藏噶玛噶举派的大宝法王,拥有汉文的法号,持菩萨戒,而在蒙古文跋文中自称"施主我修积善住"(仅在蒙古语跋中用第一人称),所有这些令人推测,此人可能是一位元代留住内地的很有印度、西藏佛教背景的蒙古人。据有学者研究,明初在内地曾经有过一些很有名气而汉文化水平极高的蒙古和色目人,[①] 修积善住可能属于这一类的人。

〔2〕maqad keyiügsen i negeḥerün("发正等觉(佛)心"):Maqad 为"正、真"之意;keyiügsen 为"照亮了的",引申义即"觉悟了的";negeḥerün,"开启"之意。这是藏文 yang dag pavi sangs rgyas kyi sems skied(发正等觉佛之心)的蒙古语译文。

〔3〕从"将《金刚经》、《二十五佛》……《阿弥陀佛陀罗尼》等诸经"这一段话,在蒙古文原文中作为强调的宾语,写在补语"因为我佛慈悲……"之前。考虑到汉语句子的通顺,译文将其挪到现在位置上。

〔4〕指前文提到的明朝所封"大宝法王"、西藏噶玛噶举派黑帽系五世活佛却贝桑布。因为施主修积善住是大宝法王的信徒,他在该辑本中《诸佛菩萨妙相名号经》所附菩萨像中还特别为大宝法王创作了一副版画。此处即指这幅画像。

〔5〕dörben ači("四恩")、qurban maḥui jayaḥan("三界"):dörben ači,"四恩"的直译。关于四恩,《心地观经》谓一父母恩,二众生恩,三国王恩,四三宝恩;《释氏要览》谓一父母恩,二师长恩,三国王恩,四三宝恩。qurban maḥui jayaḥan,直译为"三恶命",相当于汉文跋文中的"三有"。关于"三有",《遁麟记》曰:"言三有者,即三界之异名。"三界即欲界、色界、无色界。《智度论》疏界品一曰:"名三有者欲有、色有、无色有。"

四、1431 年当时古蒙古语的一些特点

四体合璧的《前序》之内容互相之间有很大的差别,除了交代刊印本书的目的和刊印施散的施主这两个基本信息外,没有多少共同点。四体合璧的跋则内容比较接近,但也不尽相同,仍各有润色。就蒙古文文本来说,序和跋都没有生硬的译文痕迹,可以视作独立的文本,因而对研究当时蒙古语有很重要的价值。

该蒙古文文本的一些蒙古语词汇的特殊形式和对一些汉字的音写给我们提供了当时蒙古语语音的一些重要信息。

先看看两组特殊形式的蒙古语词汇。

第一组的第一个词是 AOIDORIDON(引领,《前序》第 5 行),读音为 uduridun,第二个词是 AOIČIRAČU(遇见,《前序》第 13 行),读音 učiraju(现在写 učaraju),第三个词为 AOIROSIQOLOQSAN(使存在,《后序》第 9 行),读音为 orusiḥuluqsan。这三个词都是刚元音词,但是,这写词的词首都没有写成 AO 形,而写成了 AOI 形,也就是说,均写成

---

① 萧启庆《元明之际的蒙古色目遗民》,载《内北国而外中国:蒙元史研究》,中华书局,2007 年,第 158—184 页。

为柔元音词。这是为什么呢？

第二组第一个词的字形为 SOSOK（信奉，《前序》第 16 行），读音为 süsüg，是柔元音词；第二词的词形为 IOK（方向，《后序》第 12 行），读音为 jüg，仍为柔元音词。然而，这两个词第一音节的元音都没有写成 OI 形，而写成了 O 形，也即写成为刚元音词了。第三个词的词形为 SOMOR（须弥山，《前序》第 20 行），就词形来看似应读作 sumur。但是根据近代蒙古语文献，该词后来统统被写成为 SOIMBOR，读音 sümbür，可见它一直是一个柔元音词。它也被写成了刚元音词。这些又是为什么呢？

关于第二组特殊形式的词，亦邻真先生曾经作过精辟的论述。他通过与达斡尔、土族、东乡、保安等蒙古语族语言的比较后指出，突厥化以前的原蒙古语可能只有五个元音，即 a, e, i, ŏ（偏中），u，而 a, ŏ 是刚性，e, u 是柔性，i 则中性。古蒙古语 a, è, i-ĭ, ŏ（偏中），u, ö-o, ü-u 的七个元音是适应突厥语音的产物。突厥式的 ö, ü 浸入蒙古语之后引起了蒙古化的回潮，ö 变 o, ü 变 u 的过程很快就发生了。元代的古蒙古语正处在 ö 和 o, ü 和 u 并存阶段。所以，在刚元音词和柔元音词中都有高后元音 u。比如八思巴字中的 kuchun（力量）是柔元音词，ulus（国家）是刚元音词，而这两个词的 u 元音音值并没有什么差别。[1] 亦邻真先生还以 JOB（jöb，正确）和 JOK（jüg，方向）两词为例指出，jöb 的 ö, 实际读音是 ö-o, jüg 的 ü, 实际读音是 ü-u, 都不是前元音，尽管这个词是柔音词，因为元音不属于前列，所以用字便用 O, 而不用 OI。[2] 简单地说，元代古蒙古语中 ö 和 o, ü 和 u 并存，所以 ö 和 o, ü 和 u 经常混淆。这些特殊形式的词的由来就是这样。

了解了第二组特殊形式词出现的原因，也就明白第一组词的问题所在了，即仍然是元音 ö 和 o, u 和 ü 混淆现象的结果。文本中 JOK（jüg）和 SOSOK（süsüg）的存在，说明直到 1431 年，ü 和 u 混淆现象仍然存在，而 AOIDORIDON（uduridun）、AOIČIRAČU（učiraju）、AOIROSIQOLOQSAN（orusiḫuluqsan）等形式的出现则说明，u 和 ü 也在互换，u、ü 的混淆现象普遍存在。

接下来，再通过一些汉字的蒙古语音写情况，看看蒙古语某些元音的读音。

首先是"宣"字。元代八思巴字写作 suèn, uè 的读音近乎蒙古语第六元音的弱读，故其蒙古语音为 sön。元朝管理西藏和全国佛教事务的机构宣政院，元代畏吾体蒙古文里写作 SOINČINK AOIN（sönjing ön），这里的 SOIN 和 AOIN 分别为 sön 和 ön，也都是第六元音的弱读。1431 年文本中，明朝宣宗皇帝的年号"宣德"的"宣"与元代的写法完全一致。其次是"德"字。"德"的汉字读音与现在的 de 音不同，八思巴字写为 dhij。所以，汉字"德"在元代畏吾体蒙古文献里写作 dii 或 di，比如西宁王忻都碑里就用 SI TII（dzi dii）来音写"资

① 亦邻真《畏吾体蒙古文和蒙古语语音》，《内蒙古大学学报》1978 年第 1 期，亦载《亦邻真蒙古学文集》，内蒙古人民出版社，2001 年，第 541—542 页。
② 亦邻真《元朝秘史及其复原》，《元朝秘史·畏吾体蒙古文复原》，内蒙古大学出版社，1987 年，第 95 页。

德大夫"中的"资德"二字。1431年文本把"宣德"音写为 sön dii,与元代写法完全一致。再其次是"善"字。"善"的汉字读音与现在不同,八思巴字作 šen。在写人名号"修积善住"时,"善"字的藏文为 shen,这说明,蒙古文 SAN 的读音和八思巴文标示的那样也是 šen。此外,"大宝法王"的"大王"写作 TAI AONG(dai ong),仍然反映了与它们元代的读音一致的情况。

通过这些例证,我们可以得出这样的重要结论:古蒙古语(有些学者称"中世纪蒙古语")的语音随着时间的推移不断地发生着变化,这是无争的事实,然而,它的变化并不像人们想象的那样迅速。古蒙古语语音的变化,无法以元明两朝的改朝换代来做红线划阶段。1431年的文本显示,直到此时,13、14世纪蒙古语的一些语音特点仍然保留在蒙古高原的一些蒙古方言中。我们不知道1431年文本的语言属于哪一种方言,也不知道当时各方言之间的差距到底如何,但无论如何,该文本已用铁的事实证明,直到1431年,古蒙古语的语音并没有整齐划一地发展到与13、14世纪蒙古语不同的新阶段,刚好相反,至少直到15世纪30年代初,蒙古语语音仍与前两个世纪保持许多一致的特点。

正像亦邻真先生指出的那样,蒙古高原蒙古语突厥化的最终完成,与瓦剌(Oyirad,元代称"斡亦剌惕",明代称"瓦剌",清代称"额鲁特"或"卫拉特")统治蒙古高原同步。在明朝永乐年间,生活在蒙古高原西部的瓦剌势力迅速发展。宣德年间,瓦剌头目脱欢统一了瓦剌及乞儿吉思地区,并东犯蒙古。1430年(宣德五年),脱欢打败东蒙古,扶立脱脱不花为汗(1433—1452),自己实掌朝廷大权,初步统一蒙古诸部。1439年(明英宗正统四年),脱欢死,其子也先袭位,打败东察合台汗国,征服吐鲁番、哈密等地,势力西达中亚的楚河、塔拉斯河一带,一度达锡尔河。1443年(正统八年),又征服沙州、赤斤等卫,设立甘肃行省。脱脱不花汗出征兴安岭以南的兀良哈三卫,迫使其臣服,又出兵经略东部的女真地区。后来,也先和脱脱不花争权,脱脱不花败亡,也先称汗(1453—1454)。也先父子前后控制着整个蒙古地区,其势力西至中亚,东达朝鲜边境。就在此时,突厥化程度相当高的瓦剌方言给东蒙古人的蒙古语带来了极其强烈和深远的影响。就蒙古语语音发展史来讲,蒙古语经过瓦剌化的过程后,15世纪后半叶进入了一个新的阶段,即近代蒙古语阶段。蒙古语七个元音逐渐发展成与现代蒙古语基本一致,这在15世纪下半叶的蒙古文文献中得到充分的证实。只有瓦剌影响不深的蒙古高原东段的科尔沁蒙古方言和兴安岭以南的山阳万户(《明史》称之为"兀良哈等三卫")的兀良哈方言(即清代以后所说的"喀喇沁方言")中还残存一些古代蒙古语元音发音特点,比如在这些方言中第六元音不发达,因而 ö 读 ü,等等。

根据以上情况,1431年的蒙古语文献的序与跋几乎可以被称作古蒙古语的最后一篇书面资料。

蒙古文文本的畏吾体蒙古文还反映了15世纪30年代初畏吾体蒙古文的一些特征。但因篇幅关系,本文暂不涉及该问题。

2011年11月—2012年2月

附图一　畏吾体蒙古文《前序》

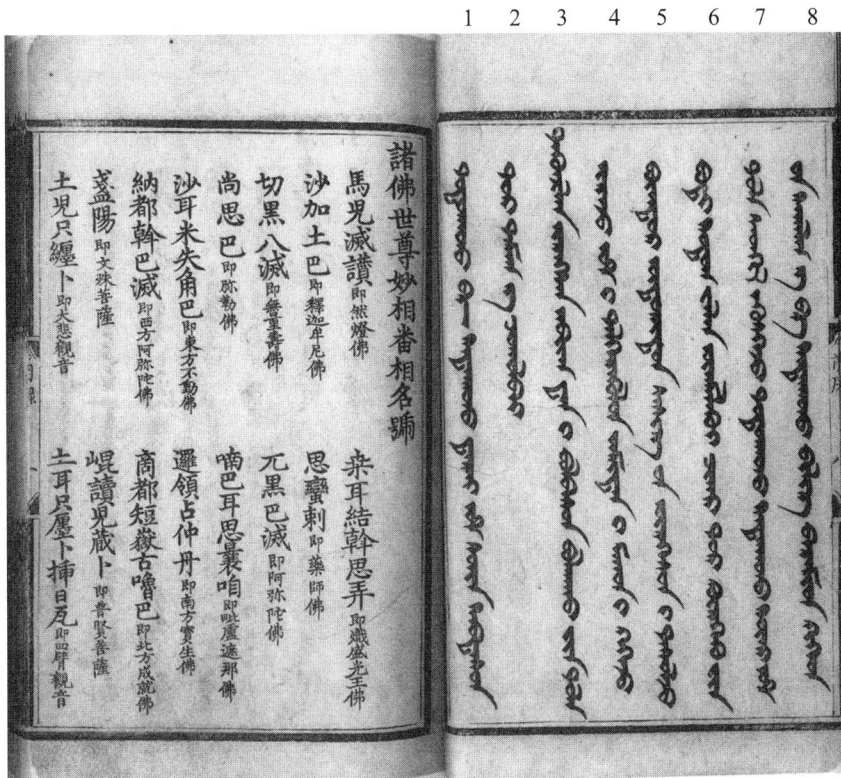

1　2　3　4　5　6　7　8

9　10　11　12　13　14　15　16　17　18　19　20　21　22　23　24

諸佛世尊妙相番相名號

馬兒滅讚　即然燈佛
沙加土巴　即釋迦牟尼佛
切黑八滅　即普賢佛
尚思巴　即彌勒佛
沙耳米失角巴　即東方不動佛
納都斡巴滅　即号阿彌陀佛
戓盎陽　即文殊菩薩
土兒只纏卜　即大悲觀音

桼耳結斡思弄　即藏盛光王佛
思蠻剌　即藥師佛
兀黑巴滅　即阿彌陀佛
喃巴耳思襄咱　即毗盧遮那佛
遷領占仲丹　即南方寶生佛
商都短襖古嚕巴　即北方成就佛
崐讀兒蔵卜　即普賢菩薩
土耳只塵卜挿卜　即眸觀音

读1431年木刻版畏吾体蒙古文佛经序与跋

25　26　　27　28　29

冯其庸先生从事教学与科研六十周年庆贺学术文集

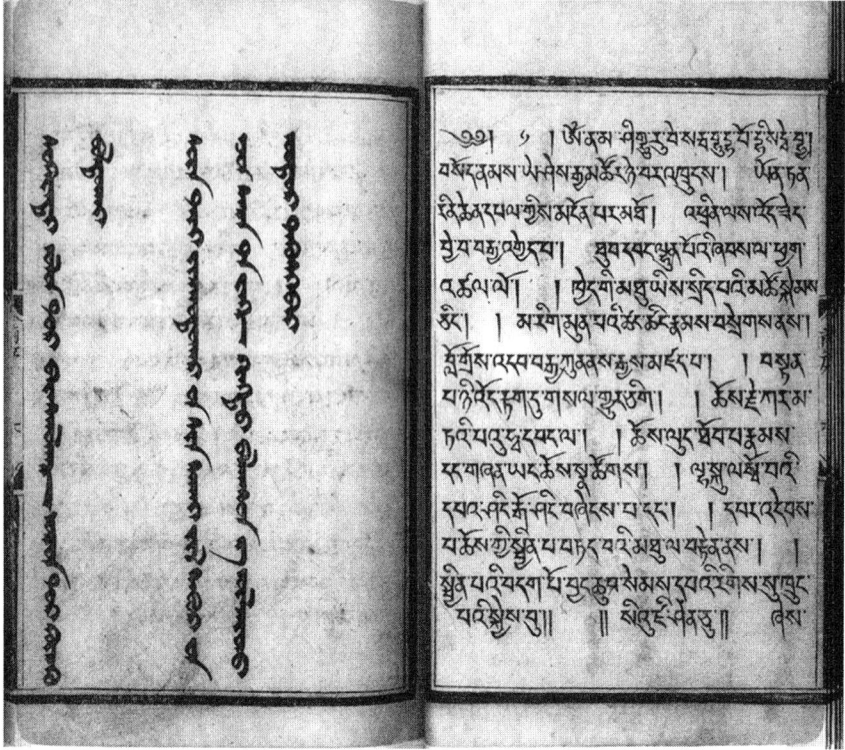

附图二　畏吾体蒙古文《跋》

1　2　3　4　5　6　7　8　9　10　　11　12　13　14　15　16　17　　18　19

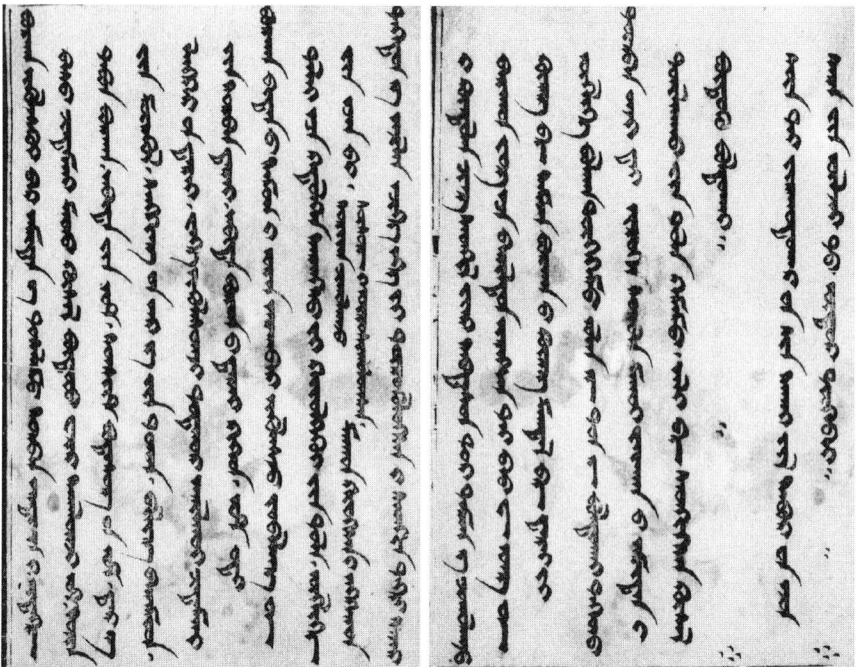

麹文泰与佛教

孟宪实

（中国人民大学国学院）

贞观时期，玄奘法师印度取经，不仅是中国文化史的大事，也是中国佛教史、中印文化交流史的大事。但是，玄奘取经的成功，与麹氏高昌国王麹文泰的支持是分不开的。高昌王的支持，体现在三个方面：高昌王弟的政治身份，高昌国拥有的国际关系和大量的人力物力。[①] 然而，高昌王为什么有兴趣如此大力地支持玄奘呢？总体上说，这既高昌国的佛教信仰有关，也与麹文泰个人的佛教信仰密不可分。试作讨论，敬请方家指教。

一、高昌国的佛教基础

高昌位于丝绸之路的要道，是中原与西域交往的必经之地。"时西戎诸国来朝贡者，皆途径高昌"。[②] 当然，中原前往西域，高昌也是必由之路。高昌的交通地位，不仅决定了高昌在西域的实际影响，也决定了高昌的文化特色。佛教，作为当时的重要文化，正处在在向中原传播的高潮时期，一方面来自西域的僧人不断前往中原，另一方面，中原的僧人也热衷于前往西域取经。高昌位于交通必经之路，佛教自然不会不留下影响。

---

① 参见拙文《麹文泰与玄奘》，载《敦煌吐鲁番研究》第四卷，北京大学出版社，1999年。收入《汉唐文化与高昌历史》，齐鲁书社，2004年，第256—272页。

② 《旧唐书》卷一百九十八《高昌传》，中华书局，1975年，5294页。

高昌从西汉时开始,从最初的屯田据点不断发展,是中原政权经营西域的重要滩头阵地。不管是屯田高昌、柳中还是全面撤回敦煌,高昌作为中央政权的派出机构,不得不紧密依托凉州。于是,进入十六国时期,高昌的戊己校尉不得不面临地方化的选择。公元317年,戊己校尉化作前凉治下的高昌郡,就是最终的一个结果。从此以后,高昌地方深受凉州的影响,在文化上也不得不接受凉州化的事实。

从中原的视角看,凉州处于中原的最西部,佛教传入中国,凉州也成为事实上的第一站。"陇西为佛教自西域来华之要道,传译上有极重要的关系",汤用彤先生在名著《汉魏两晋南北朝佛教史》中,专门辟有"河西之传译",讨论河西在佛教东传过程中的地位。[1]河西佛教,一时之间,发展迅猛,成为中国佛教最繁荣、影响最大的一个地区。

凉州佛教的发达,一是因为当地统治者的重视、提倡和支持。二是因为与西域相接,占地利之先。对此,《魏书·释老志》有言:

> 凉州自张轨后,世信佛教,敦煌地接西域,道俗交得其旧式,村坞相属,多有塔寺。太延中,凉州平,徙其国人于京邑,沙门佛事皆俱东,像教弥增矣。[2]

凉州佛教,主要指十六国时期"五凉"佛教而言。《魏书》所言,也包括了从张轨的前凉到沮渠氏的北凉。太延,是北魏太武帝拓跋焘的年号,太延五年即公元439年,北魏平定北凉,即所谓的"凉州平"。胜利一方的北魏把北凉的精英人物多掠往北魏的首都平城,即所谓的"徙其国人于京邑"。从佛教的角度说,因为北凉的沙门都前往平城,带动了北魏佛教的迅速发展。[3]

自327年开始,前凉张骏征服高昌,把戊己校尉新编成高昌郡以后,高昌就成为凉州的一部分。对比凉州,高昌不仅隶属于凉州,同时还属于西域,所以不仅凉州文化的特色在高昌得到体现,西域与中原联系的便利,让高昌拥有了更多的资源。日本羽溪了谛先生的《西域之佛教》,在上世纪二十年出版,其中已经有高昌佛教的专门章节,对于传世史料中的高昌佛教进行了总结归纳。指出:"据此等史实以观,公元第五世纪之前半,高昌之佛教,固甚发达,且其国沙门复多远赴印度巡礼灵迹,则此国对于佛教之信仰,不可谓不炽热矣"。[4]但是,当时的高昌出土资料多未面世,学界对高昌的历史认识还存在着许多不可避

---

[1] 汤用彤《汉魏两晋南北朝佛教史》,初版1938年,北京大学出版社,1997年,274-279页。

[2] 《魏书》卷《释老志》,中华书局。

[3] 不仅是佛教,因为北凉的文化整体上高于当时的北魏,北凉文化很快就极大地影响了北魏,所以陈寅恪先生论证北魏的文化传统有一重要的方面即北凉文化。陈寅恪先生论述到:"西晋永嘉之乱,中原魏晋以降之文化转移保存于凉州一隅,至北魏取凉州,而河西文化遂输入于魏,其后北魏孝文、宣武两代所制定之典章制度遂深受其影响,故此北魏、北齐之源其中亦有河西之一支派,斯则前人所未深措意,而今日不可不详论者也"。《隋唐制度渊源略论稿》叙论,上海古籍出版社,1982年,2页。

[4] 羽溪了谛《西域之佛教》,贺昌群译,商务印书馆,初版1956年,现在为1999年,第208页。

免的局限。比如,车师与高昌,在未统一以前,一直是两个并存的政治实体。在高昌郡时代,佛教也表现出两套系统。根据陈世良先生的归纳,车师佛教属于胡语系统,而高昌佛教属于汉语系统;车师佛教属于佛教东传的部分,而高昌佛教属于汉地佛教西传的部分;从教派上说车师佛教属于小乘,而高昌佛教属于大乘。从车师佛教到高昌佛教的转变,关键就是北凉余部势力的到达高昌。[①] 正因为如此,高昌的一些佛教现象在时间上则比中原发生迟缓,比如关于佛教寺院的称谓问题等。[②]

当北凉政权被北魏消灭以后,北魏得到了北凉的各个方面的精英及其文化,但是可以肯定的是这些都不是全部。北凉的西部地区还在抵抗,沮渠无讳、沮渠安周是北凉抵抗势力的政治领袖。在北凉的沮渠氏家族中,还有一些重要成员一起西进以躲避北魏的攻击。1972 年在阿斯塔那古墓发现的《且渠封戴墓表》,官为冠军将军,根据侯灿先生的研究,他很可能是北凉最后一任国王沮渠牧犍世子沮渠封坛。[③] 阿斯塔那 383 号墓出土的《北凉承平十六年武宣王沮渠蒙逊夫人彭氏随葬衣物疏》表明,北凉政权创始人沮渠蒙逊的夫人也千里迢迢来到了高昌。沮渠蒙逊的继承人是沮渠牧犍,牧犍的母亲在他继承王位后去世,可能彭氏不是蒙逊的正妻,而是沮渠无讳、安周兄弟的母亲。当蒙逊去世之后,彭氏便随儿子过活,而当沮渠无讳兄弟选择继续抵抗北魏,节节败退来到高昌的时候,彭氏也只能随儿子一同前来。[④] 此外,如官职"龙骧将军、散骑常侍"的张幼达,显然也是这个时期同来高昌的北凉高官。[⑤]

北凉灭亡,北凉余部的核心成员最后转移到了高昌,比高昌郡更高层次的北凉文化也随同这些人员一起转移到了高昌。其中,佛教就是极其重要的组成部分。根据梁慧皎所《高僧传》,沮渠无讳(传中称景环)选择高昌作为抵抗北魏的最终根据地,是在征求了法进意见后进行的。而最后,因为高昌饥荒,法进献身饥民而死。其文如下:

> 释法进,或曰道进,或曰法迎,姓唐,凉州张掖人。幼而精苦习诵,有超迈之德,为沮渠蒙逊所重。逊卒,子景环为胡寇所破。问进曰:"今欲转略高昌,为可剋不"。进曰:"必捷,但忧灾饿耳"。回军即定。后三年景環卒,弟安周续立。是岁饥荒,死者无限。

① 陈世良《从车师佛教到高昌佛教》,《吐鲁番学研究专辑》,敦煌吐鲁番学新疆研究中心、新疆文物编辑部编,1990 年。收入作者《西域佛教研究》,新疆美术摄影出版社,2008 年,第 113—124 页。

② 参见王素《高昌佛祠向佛寺的演变——吐鲁番文书札记(二)》,《学林漫录》十一集,中华书局,1985 年 8 月,第 137—142 页。

③ 侯灿《大凉且渠封戴墓表考释》,刊载于《亚洲文明论丛》,四川人民出版社,1986 年。收入作者《高昌楼兰研究论集》,新疆人民出版社,1990 年,第 99—107 页。

④ 参见柳洪亮《吐鲁番发现北凉武宣王沮渠蒙逊夫人彭氏墓》,刊载《文物》1994 年 9 期。收入作者《新出吐鲁番文书及其研究》,新疆人民出版社,1997 年,第 146—153 页。

⑤ 《大凉张幼达及夫人宋氏墓表》,见侯灿、吴美琳《吐鲁番出土砖誌集注》,巴蜀书社,2003 年,第 10—12 页。侯灿先生在说明中指出,张幼达应该是跟随沮渠无讳、沮渠安周来到高昌的"这批高级官吏之一"。

周既事进，进屡从求乞，以赈贫饿，国蓄稍竭，进不复求。乃净洗浴，取刀盐，至深穷窟饿人所聚之处，次第授以三归。便挂衣钵著树，投身饿者前云："施汝共食"。众虽饥困，犹义不忍受。进即自割肉和盐以啖之。两股肉尽，心闷不能自割。因语饿人云："汝取我皮肉，犹足数日。若王使来，必当将去，但取藏之。"饿者悲悼无能取者。须臾弟子来至，王人复看。举国奔赴号叫相属，因舆之还宫。周敕以三百斛麦以施饿者，别发仓廪以赈贫民。至明晨乃绝。出城北阇维之。烟炎冲天，七日乃歇。尸骸都尽，唯舌不烂。即于其处起塔三层，树碑于右。[①]

对于《高僧传》的这个说法，是不可全信的。背后的玄机在于，法进自杀有另外的政治背景，即当沮渠无讳去世之后，沮渠安周抢夺了无讳儿子乾寿的王位，导致乾寿率人投奔了北魏。[②]

法进不是一般僧人，他是高僧昙无谶的高足，影响巨大。《高僧传》同传记载，当初因为法进投入昙无谶门下名声鹊起，转而追随他的人也有很多，"于是从进受者千有余人"。上引传文也可以证明，在法进来到高昌之时，也有弟子追随而来。法进所代表的一批较高水准的高僧来到高昌，对于推动高昌地方的佛教发展，是理所当然的。法进是张掖人，他的影响所及也应该以河西地区为主。而北凉余部是挟持了敦煌等地的百姓一起来到高昌的，也就是说，法进所影响的社会民众，如今恰好成为高昌的主要居民。法进自杀事件之后，安周不敢怠慢，不仅立刻发粮救助饥民，而且"起塔三层，树碑于右"，隆重纪念法进。安周似乎不去计较法进给自己统治带来的危机，其实是担心如果应对失当，凭借法进的影响力，法进的逝世会成为民众反抗自己的动员令。

凉州地区佛教发达，统治者在政治上的支持、丝绸之路往来僧人的影响，不仅如此，十六国时期凉州地区出身的僧人之多也令人印象深刻。陆庆夫先生作《五凉佛教及其东传》一文，就专门统计过"五凉僧人活动表"以与往来凉州的西域、中土僧人相区别。[③] 而讨论凉州佛教，政治人物的态度、僧人的努力，佛法活动如佛教洞窟和造像的修建，还有译经、写经等等，都有史料可以支持。其实，在这些佛教活动的背景中，题中应有之义是民众的基础。没有民众的基础，以上所有的佛教活动几乎都难以说起。政治人物在佛教历史上常被赋予重要作用，是因为他们拥有政治资源，在通常的意义上具有领袖的功能，对于民众有师范带头作用。僧人是佛教领域的专家，他们的修行甚至神迹，在佛教信仰的宣传中往往会发挥突出作用。但更重要的是民众，因为一个地区的信仰的最终状况是有民众决定的。比如凉州本土僧人的众多，绝对就是民众信仰基础雄厚的具体体现，只有民众的

---

① 《高僧传》，汤用彤校注，中华书局，1992年，第447页。

② 参见笔者《北凉高昌初期的内争索隐—以法进自杀事件为中心》，朱玉麒主编《西域文史》第一辑，科学出版社，2006年12月，第135—143页。

③ 陆庆夫《五凉佛教及其东传》，收入作者《丝绸之路史地研究》，兰州大学出版社，1999年，第243—261页。

积极支持才是社会风气得以存在发展的基础,只有佛教风气浓厚的社会风气里,才会有更多的人选择出家为自己的人生目标。讨论高昌佛教,也应该注意到高昌国民的基本情况。

北凉高层从沮渠蒙逊开始就十分重视佛教,沮渠无讳与高僧法进的关系也是一种证明。安周为法进起塔立碑,也留下的许多遵法重道的证据。根据学者的研究,这些证据可以分为几个部分。第一,佛教译经写经。吐鲁番发现的早期佛经写经,北凉之前的占有很小一部分,多数是北凉及其以后的,而即使早期佛经也多由北凉王族沮渠无讳等携带而来。第二,北凉在高昌留下的佛教建筑和壁画,如著名的吐峪沟的早期佛教洞窟和壁画。第三,石塔以及著名的《安周造寺碑》等与佛教有关的建筑部件等。在这些研究中,贾应逸先生比较重视鸠摩罗什的译经对高昌的影响。[1] 而姚崇新先生的几篇论文则比较全面地揭示了相关问题。[2] 总之,高昌郡时期的高昌佛教是存在的,但是作为后来高昌佛教的基础,则是由北凉余部带到高昌的。北凉余部在高昌建立的王国自称大凉,从政治上把高昌从一郡之地改造成一个小王国,从文化上也极大地提升了高昌,而佛教就是最重要的组成部分。

二、麴氏王室的佛教信仰

麴氏高昌的王室来自金城,什么时候进入西域,记载并不明确。第一代国王麴嘉出现在历史舞台上,是作为马儒的右长史出现的,时间是北魏太和二十一年(497)。几年以后,高昌再次发生政治变动,高昌人"相与杀(马)儒而立(麴)嘉为王",原因是高昌在是否移民北魏境内问题上出现争执,而马儒是主张移民的。[3] 麴嘉在这次政治变动中是受益者,究竟是被动的受益还是有计划地谋取,历史记载简单,我们无从知晓。不过,高昌的历史确实从他开始进入一个比较稳定的时期,从502至640年,虽然是一个小王国,但在当时的动乱背景下,却实实在在成为一个相对长久的政治体。

麴嘉建国之后不久,就派僧人前往内地学习,但姚崇新研究认为,麴氏高昌佛教是从麴坚在位后期进入一个新阶段的。[4] 高昌的佛教基础,上文已经论及,在社会民众基础、僧人专业团队和政治人物支持等方面都有清楚的证明。那么,作为高昌国统治上层的王室,其佛教信仰到底如何,这在诸多方面既是麴文泰佛教问题的一个背景,也是理解他大力支持玄奘的一个重要方面。

---

① 贾应逸《鸠摩罗什译经和北凉时期的高昌佛教》,收入作者《新疆佛教壁画的历史学研究》,中国人民大学出版社,2010年,第317—333页。

② 姚崇新《北凉王族与高昌佛教》,初刊《新疆师范大学学报》1996年第1期,收入作者《中古艺术宗教与西域历史论稿》,商务出版社,2011年,165—182页。姚崇新《试论高昌的佛教与佛教教团》,载《敦煌吐鲁番研究》第四卷,1999年。收入作者《中古艺术宗教与西域历史论稿》,第183—230页。

③《魏书》卷一〇一《高昌传》,中华书局,1974年,第2244页。

④ 姚崇新《试论高昌国的佛教与佛教教团》,见《中古艺术宗教与西域历史论稿》,第215页。

首先,麴氏高昌王室对于佛教支持有力。麴乾固延昌十五年(575)所立《麴斌造寺碑》是件很有说服力的资料。麴宝茂的建昌元年(556)十二月,折冲将军、新兴县令麴斌把四十亩土地僧送给寺院,为了郑重其事,他请高昌王麴宝茂、世子麴乾固,还有高昌国众多高级官员都在契约上署名为证。事情过去近二十年,麴斌的儿子麴亮制作了这个造寺碑,为已经去世的父亲当年的善举作证。碑文正面是一篇歌颂麴斌行为的骈体文,背面是当年订立的捐田契约。① 根据《麴斌造寺碑》,有"宁朔将军、绾曹郎中麴斌者,河州金城郡□□□之从叔也"句,所缺字当为"高昌王"的含义。麴斌作为麴氏高昌王室成员,捐献土地给寺院,具有一定的代表性。而国王、世子和高官都能够在他的捐地契约上署名,最有力地证明了高昌王室对佛教的态度。多年以后,麴斌儿子麴亮继承父亲继续担任新兴县令,他把父亲当年的捐地契约重新刻写到石碑上,不仅仅要纪念父亲的善举,更有继承乃父遗志,继续支持佛教的宣导意图。

正是在麴亮为乃父立碑的时期,也就是麴乾固作为高昌王的时期,现在知道以麴乾固名义抄写的佛经,有多件流传至今。

1. 延昌卅一年(591),高昌王麴乾固写《佛说仁王般若波罗蜜经》卷上。此为原题。池田温先生《中国古代识语集录》,题为《仁王般若波罗蜜经》,取消了"佛说"二字。② 王素《吐鲁番出土高昌文献编年》,依旧用原题,保留"佛说"二字。③ 姚崇新引用此资料,在"仁王"之后括注"护国"二字。④ 此经有两个译本,鸠摩罗什译本名《佛说仁王般若波罗蜜经》,唐朝不空译本名为《仁王护国般若波罗蜜经》,两个译本如今都有流传。⑤ 该经只有两卷八品,篇幅不长。但是,麴乾固这一年十二月十五日抄写的这件佛经一共是"一百五十部"。⑥

2. 某年高昌王写《佛说仁王般若波罗蜜经》。文书原件藏柏林印度艺术博物馆,只有残损的题记部分。在题记部分还有"《仁王经》一百五十部",且其他部分也能与上件一一对应。荣新江先生撰文首次介绍此件文书于国内,认为应该属于延昌卅一年麴乾固写经

---

① 《麴斌造寺碑》摹本,请见黄文弼《吐鲁番考古记》,科学出版社,1958 年,第 51—53 页。研究论文参考马雍《突厥与高昌麴氏王朝始建交考》,原载《向达先生纪念论文集》,新疆人民出版社,1984 年。收入作者《西域史地文物丛考》,文物出版社,1990 年,每 146—153 页;《麴斌造寺碑所反映的高昌土地问题》,原载《文物》1976 年 12 期,收入《西域史地文物丛考》,第 154—162 页。

② 池田温《中国古代识语集录》,东京大学东洋文化研究所,1990 年,第 143—144 页。

③ 王素《吐鲁番出土高昌文献编年》,新文丰出版公司出版,1997 年,第 209 页。

④ 姚崇新《试论高昌国的佛教与佛教教团》,第 218 页。

⑤ 日本大正新修《大藏经》第八册《般若部四》,两个版本俱收,而不空译本之前还保留唐代宗的序言,知道不空的翻译是遵照唐肃宗的遗诏而行。

⑥ 另有一件同名佛经,也为麴乾固所抄写。见荣新江《海外敦煌吐鲁番文献知见录》,江西人民出版社,1996 年,151 页。《知见录》提到赫尔辛基大学图书馆藏有延昌三十一年(591)写经题记,但未言及具体题目。这里根据是姚崇新先生的论文,见姚崇新《试论高昌国的佛教与佛教教团》,218 页。姚崇新此文是其硕士学士学位论文,而指导教师正是荣新江教授,所以他的引证是可以信任的。

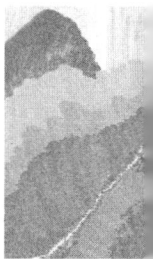

一百五十部之内。① 这个意见可以遵从。

3. 延昌卅三年(593)《仁王经》。《仁王经》是《佛说仁王般若波罗蜜经》简称,而这个写本已经用了这个简称。池田温先生恢复为《仁王般若波罗蜜经》,王素先生恢复写本的固有简称《仁王经》。姚崇新先生则继续使用《仁王护国般若波罗蜜经》。②《仁王经》是一种简称,至少在高昌时代已经有了如此简称。延昌三十一年的麴乾固写经,标题部分写作《佛说仁王般若波罗蜜经》,但题记部分则写作"敬写《仁王经》一百五十部",已经使用《仁王经》这个简称。不过,这次写经的题记残缺过多,看不到此次写经的总数。

1980、1981 年之间,吐鲁番文物局在清理柏孜克里克千佛洞前的塌方土的时候,获取了很多汉文佛经残片。其中有一残片为《佛说仁王般若波罗蜜经》卷下,整理者比对出是该经的第七品《受持品》。③ 对比延昌卅三年抄写的《仁王经》,笔迹很接近。很希望这就是同时抄写的《仁王经》卷下。

4. 延昌卅七年(597)《金光明经》卷三④。这次写经完成于延昌三十七年十月十六日,各家著录引用也无异称。《金光明经》共四卷,为北凉昙无谶翻译,道宣《大唐内典录》卷三有著录。⑤ 因为题记文字残损,不知道这次麴乾固共抄写多少部。

5. 延昌卅七年(597),《守护国界主陀罗尼经》。写经原文已经残损,只有三字"界陀罗",此定名从池田温先生。⑥

6. 延昌卅九年(599),《大品经》卷第十八(《摩诃般若波罗蜜经》)。写经完成于延昌三十九年五月二十三日,题记中称此经又作《八时般若波罗蜜经》,一共写经八部。⑦

7. 延昌卌年(590),《大品经》(《摩诃般若波罗蜜经》)。写经完成于当年的六月九日,高昌王麴乾固"敬写《八时般若波罗蜜经》八部",与上一年同一部经的抄写数量一样。⑧

这些出土文献,能够证明高昌王麴乾固的崇佛活动的一个侧面,因为出土文献的获得具有偶然性,并且只有麴乾固的这些资料集中发现,所以可以反映出麴乾固崇佛的突出表现。现在发现的这些麴乾固写经中,因为有"题记"文字,我们不难看到高昌王写经的动因和许多具体情况。

继承麴乾固王位的麴伯雅也是一位佛教的崇尚者。根据《续高僧传》卷二十五《慧乘传》的记载:"从驾张掖,蕃王毕至。奉敕为高昌王麴氏讲《金光明》,吐言清奇,闻者叹咽。

① 荣新江《柏林印度艺术博物馆藏吐鲁番汉文佛教经典劄记》,《华学》2,中山大学出版社,1996 年,314—317 页。
② 池田温《中国古代写本识语集录》,146 页,图版第 64 号。王素《吐鲁番出土高昌文献编年》211 页。姚崇新用《试论高昌国的佛教与佛教教团》218 页。
③《吐鲁番柏孜克里克石窟出土汉文佛教典籍》,文物出版社,2007 年,第 60 页。
④ 池田温《中国古代写本识语集录》,151 页。
⑤ 收入大正新修《大藏经》第 55 册,255 页。
⑥ 池田温《中国古代写本识语集录》,151 页。
⑦ 同上,152 页。
⑧ 同上,153 页。

曲布发于地,屈乘践焉。"① 麴伯雅对慧乘的恭敬表现,不仅在于慧乘的出色宣讲,也在于麴伯雅对佛教的理解与尊重。而慧乘宣讲的《金光明经》,在麴伯雅父亲的写经中也赫然在列,所以慧乘所讲,很可能是应麴伯雅所请。

麴伯雅的王妃张氏也是一位崇道者,玄奘法师在高昌开讲《仁王般若经》的时候,"太妃已下王及统师大臣等各部别而听"②。麴文泰与玄奘法师结为兄弟,"遂共入道场礼佛,对母张太妃共法师约为兄弟",在道场举行仪式的时候,这位张太妃就是最重要的证明人,也可证明张太妃对于此事的赞同。后来,玄奘法师同意暂留高昌一月讲经,太妃的态度是"太妃甚欢,愿与师长为眷属,代代相度"③。张太妃显然是麴文泰礼敬玄奘的重要支持者。

高昌王室的佛教信仰,构成了麴文泰的佛教信仰基础。因为高昌王麴文泰他对玄奘的大力支持,成就了中国佛教历史上的一件大事,麴文泰因此而获得重要的历史地位。理解麴文泰及其家族对于佛教的信仰,是理解麴文泰支持玄奘取经的关键所在。

三、麴文泰的奉佛

麴文泰的父祖两代,都有鲜明的崇佛证据,这是我们理解麴文泰佛教思想的渊源。他的母亲对于麴文泰的佛教影响,也不能忽略以待。麴氏高昌的佛教,在麴氏王族的带领下,于是呈现出一番繁荣景象。

麴文泰在挽留玄奘留住高昌的时候,说过这样一番话:

> 朕与先王遊大国,从隋帝历东西二京及燕、代、汾、晋之间,多见名僧,心无所慕。自承法师名,身心欢喜,手舞足蹈,拟师至止,受弟子供养以终一身。令一国人皆为师弟子,望师讲授,僧徒虽少,亦有数千,并使执经充师听众。④

麴文泰此言,在于表达自己的虔诚之心,但透露出他游历中原,对于名僧有自己的鉴别能力。有关玄奘的传记,对于玄奘的佛学造诣之高,确实都有认同。麴文泰的佛学认识与史载相似,这说明他自己有良好的佛学修养,对玄奘的崇拜是有佛学基础的。⑤ 这也可以部

---

① 《续高僧传》卷二十五,《高僧传合集》,上海古籍出版社,1991 年 12 月,第 312 页上。
② 慧立、彦悰著《大慈恩寺三藏法师传》,孙毓堂、谢方点校,中华书局,2000 年第一版,21 页。
③ 大慈恩寺三藏法师传》,20 页。
④ 同上,19 页。
⑤ 或以为这段话中"僧徒虽少,亦有数千"是表明高昌当时拥有的佛教僧人数量,如羽溪了谛《西域之佛教》贺昌群翻译,商务印书馆,1999 年,211 页。本文怀疑,此句应与前句联系起来考虑,即"令一国人皆为师弟子"的前提下,僧徒会有数千人。唐灭高昌,所获人口是"户八千四十六,口三万七千七百三十八"(《唐会要》卷九十五《高昌》,上海古籍出版社,1992 年,2016 页),如果真是几千僧人的话,大概要每户一僧或者两户一僧,数字过大,无法想象。

分归因于麹文泰信奉佛教的家族。

麹文泰年号延寿,共十七年(624—640),期间麹文泰王室的写经活动留下了一些珍贵记录,从一个侧面反映了麹文泰的奉佛及其倾向。现在所知,共有如下写经被发现:

1. 延寿四年九月,经生令狐欢写《仁王波若菠萝蜜经》上卷题记。因为有"奏闻奉信"朱印,知属于高昌王麹文泰的写经。①

2. 延寿十四年五月三日,高昌清信女供养《维摩诘经》卷下题记。池田温《中国古代识语集录》题目为《维摩诘经卷下达僧平事沙门法焕题记》。②此题记分行写明"经生令狐欢写 曹法师法慧校 法华斋主大僧平事沙门法焕定",而他们的这些行为,都是受雇于"清信女"。从题记中有文字曰"弟子托生宗胤,长自深宫,赖王父之仁慈,蒙妃母之训诲,重霑法润"。可知,此清信女是当时高昌王麹文泰的女儿。同月日,该清信女的三件同样写经题记被发现,池田温先生怀疑一件可疑。作为王室成员,麹文泰公主的史料价值很高。

3. 高昌法师智序、沙门法焕等校定《金光明经》卷第一题记。此题记,池田温《中国古代识语集录》题为《金光明经卷一大僧平事沙门法焕题记》,这里依据王素定名。③题记残留部分只有三行文字,录文如下:

金光明经卷第一　　　　经生辅文开抄用纸廿二张

　　法师智序　　　三校

　　法华斋主大僧平事沙门法焕定④

本件题记,题记部分所残文字如此,有关供养人的情况一无所知,但是对比上一件,某法师校,而此题记名言是"三校",比上一件似乎更严格。更重要的是"法华斋主大僧平事沙门法焕"的角色依然是"定",即审定之意。法焕可能是当时的高昌佛教领袖,姚崇新认为他是高昌中央僧官。⑤另外,《金光明经》在高昌王室写经中不是第一次出现,麹乾固延昌卅七年(597)就有《金光明经》卷三的写经题记。而麹伯雅时期,也曾在凉州听讲《金光明经》。可见高昌麹氏王室对于《金光明经》一直都有供养。所以,这件写经题记虽然没有写明供养者,但本文怀疑供养人也是王室中人。

① 藤枝晃编《高昌残影》,(京都)法藏馆,1978年(昭和五十三年),64—65页。题记内容为"延寿四丁亥岁九月/经生令狐欢抄。用/纸十九章。崇福寺/法师玄觉覆校/"。池田温《中国古代写本识语集录》,东京大学东洋文化研究所,1990年,181页,题为《仁王般若经卷上经生令狐欢等题记》。这里从王素《吐鲁番出土高昌文献编年》,新文丰(台北),1997年,280页。

② 池田温《中国古代写本识语集录》,183—184页。这里题目从王素《吐鲁番出土高昌文献编年》,305—306页。

③ 王素《吐鲁番出土高昌文献编年》,335页。

④ 池田温《中国古代识语集录》,184页。

⑤ 姚崇新《试论高昌的佛教与佛教教团》,载《敦煌吐鲁番研究》第四卷,1999年。收入作者《中古艺术宗教与西域历史论稿》,第183—230页。

写经是奉佛的表现，在麴氏高昌王室，这是有传统的。但是，麴文泰超越祖先的奉佛举动，是以资助玄奘一事为代表的，没有麴文泰的资助，玄奘到底会取得多大成绩，我们是无从判断的。玄奘受到麴文泰的大力支持，玄奘取经的物质和外部条件，都是麴文泰提供的。玄奘停留高昌，应麴文泰之邀讲《仁王般若经》。玄奘讲经之日，成为高昌的重大事件。《大慈恩寺三藏法师传》记载为：

> 后日，王别张大帐开讲，帐可坐三百余人，太妃已下王及统师大臣等各部别而听。每到讲时，王躬执香炉来迎引。将升法座，王又低跪为蹬，令法师蹑上，日日如此。[①]

参加法会的是高昌的最高统治集团，王妃以下，佛教界的统师，国王大臣都到场聆听。而高昌王麴文泰的表现最重要，不仅持香炉迎接引路，而且以身为蹬，请法师升座。这不仅是对法师的恭敬，更是对佛法的恭敬，也是以身作则为国民敬佛进行导引。

麴文泰对玄奘的支持，以国王的身份而言，不能排除政治的需要，但是从王室多年一贯的奉佛传统来看，也无法否认麴氏家族的佛教信仰是真实存在的。当然，对于后世来说，高昌王室的佛教信仰问题已经无法引起人们的重视，高昌王室的佛教信仰，最多不过是玄奘取经成功的一个注脚而已。

小文写作，缘于1995年陪同冯其庸先生前往新疆进行学术考察。考察结束，撰写一文《唐玄奘与麴文泰》，发表于《敦煌吐鲁番研究》第四卷（1999年）。审稿时有编委提问，为什么麴文泰要如此资助玄奘，当时已经无暇在论文中回答。此文，就是尝试回答十多年前的一个提问。恰逢冯其庸先生从教六十周年纪念与国学院成立五周年纪念国际学术会议举办，提交此文，以示纪念。

① 《大慈恩寺三藏法师传》，21页。

瓜饭楼著作述录

高海英

（商务印书馆）

　　瓜饭楼主冯其庸先生，从 20 世纪 40 年代初开始在无锡报纸上发表诗词和散文，至今已整整 70 年了。这个书目，如果从单篇文章编起，不仅篇幅冗长，而且也需要更长的时间。加上他大部分的剪报、杂志和一部分未发表的学术论文原稿，在"文革"中都已被红卫兵抄走毁掉（见 1966 年 6 月第一次抄家时所留清单），所以如要编著文目，就很难说何时能完成。

　　为此，本编目采取以书编目，以省时间而易于入手。2012 年 1 月，先生的《瓜饭楼丛稿》（以下简称《丛稿》）问世，除总目和年谱外，共 20 种 33 册，如以此为据编目，则比较容易。但这样做，有很大的缺陷，因为《丛稿》为求每册书的页数大体相等，故把多种以前单行的书合于一册，连原有的书名都未能保留。如 2002 年黑龙江教育出版社出版的《论红楼梦思想》，此书已被收入《中国文库》，从红学研究的角度说，近百年的红学史，专论《红楼梦》思想的，至今只此一书，其论点又为红学界、学术界所公认，故此书必须单独存目，不能埋没。又如 1978 年的《论庚辰本》一书，首先在香港《大公报》连载两个月，后由上海文艺出版社出版，不久又重印。此书不仅最早提出"实践是检验真理的唯一标准，除此之外，不能有第二个标准"的理论原则问题，而且开创了《石头记》抄本研究的新天地，揭示了早期《石头记》抄本所蕴藏的历史秘密，为认识《石头记》抄本的历史真相跨出了新的坚实的一步，是红学研究史上的一个里程碑。此书原是单行本，书名自不可埋没，但在《丛稿》中，已无此书名，被合并于《解梦集》。故本编目自应存此原目。诸如此类，尚有多种，不一一缕述。

　　在本编目中，还有一类是先生评批之书，其所批正文是古人之作，而所有批语则是先

生读书研究的学术心得，是属于先生的著作。这种形式，早在我国文学史上存在，如李卓吾之批《水浒》；金圣叹之批《西厢记》、《水浒传》、《古诗》；毛宗岗之批《三国演义》等等，皆独自成书。援此实例，先生所批的书，也自应单独存目。

此外还有先生辑校之书，属于古籍整理校订和重编，也单独存目。如《八家评批红楼梦》，本无此书，此书之成，是由先生辛勤辑录八家散见之作而成，故也必须独立存目。

再次是先生的艺术创作，如大西部摄影集《瀚海劫尘》、《冯其庸书画集》、《冯其庸山水画集》等，也应单独存目。

更次是先生与友人合著之书，也予单独存目，但标明与友人合著。

再有是先生主编的重要著作，也单独存目，并列出参与编著人之名，以存真实。以上诸端，特书于简首，以明体例。

编者谨志　2012 年 8 月 4 日

甲　学术著作（含散文诗词创作）

一、《春草集》

1979 年 10 月上海文艺出版社出版。收录 1959 年到 1965 年的文章。此书在 1965 年即已交稿，1966 年"文化大革命"开始被搁置，经 13 年后才出版。

此书于 1990 年由台湾贯雅出版社再版。先生特为台湾版作《四十年梨园忆旧》长序。2012 年 1 月，青岛出版社出版《瓜饭楼丛稿》收入此书，并增加了 1966 年以后所写的戏剧论评。

二、《梦边集》

1982 年 10 月由陕西人民出版社出版。这是先生第一本红学论集。书中先生首次考证曹雪芹的祖籍是辽宁辽阳而不是河北丰润。所据新发现的有关曹家的第一手资料，由先生亲自调查所得，所以曹雪芹祖籍辽阳说从此被学界确认。此书还收录了先生发现《石头记》己卯本是怡亲王府的抄本的论文，论证确凿，开辟了《石头记》抄本研究的新视野，首次发现了己卯本抄成的历史背景，为《石头记》抄本研究翻开了新的一页。

此书收入《丛稿》时，合并入《解梦集》。

三、《逝川集》

1980 年 5 月陕西人民出版社出版。1985 年第二次印刷。收录了先生关于古典文学研究和论史的文章。

收入《丛稿》时，将有关古典文学的论文析出，编入《文心集》；又增入论史方面的重要论文，成为论史的专集。集中如《玄奘取经东归入境古道考实》、《项羽不死于乌江考》、

《吴梅村墓调查记》、《彻底批判封建道德》等文章,都具有创见。《彻底批判封建道德》一文,曾为毛泽东主席所称赏。《吴梅村墓调查记》,重新考出了淹没已久的吴梅村墓地。先生为此还募资重建吴墓,并为书碑,钱仲联先生为此赋《贺新凉》词以贺。

四、《论庚辰本》

1978 年 4 月上海文艺出版社出版。此书出版前,先在香港《大公报》连载两个月,然后由上海文艺出版社出单行本。1980 年 4 月重印出精装本。冯先生在此书里首先提出"实践是检验真理的唯一标准,除此之外,不能有第二个标准"的重大理论原则,此书更证实了庚辰本是照己卯本抄的,己卯本今已损失将近一半,但其全貌仍可从庚辰本看到,这一点,又是《石头记》抄本研究史上的一项重大突破,为研究曹雪芹《石头记》原本面貌提供了重要线索。

五、《曹雪芹家世新考》

1980 年 7 月上海古籍出版社出版。此书以新发现的《辽东五庆堂曹氏宗谱》为主要史料,经过多次调查,发现了谱载五庆堂祖墓,从而确证了《辽东五庆堂曹氏宗谱》的可信性;并因此详实可靠地考证了曹雪芹的家世,证实了其祖籍确是辽宁辽阳而不是河北丰润。此书更用大量第一手史料,证实了曹家自曹振彦起开始发迹,经曹玺、曹寅两代达到了发达的顶峰,也从曹寅起,经曹颙,到曹頫彻底败落,沦为茫茫白地。读此书有助于对《红楼梦》的理解。

此书有文化艺术出版社 1997 年的再版本,文字较原著字数增加近一倍。2008 年,文化艺术出版社又出三版本,字数增加到 80 万字。2012 年青岛出版社收入《丛稿》时,又重校订定,改为繁体竖排,分为上下两册,并将其中有关专题论文单独析出,另成专书。

六、《秋风集》

1991 年 1 月文化艺术出版社出版,2000 年 8 月印第二版。本书主要是先生的散文集,还有一部分是为友人写的叙言,其中《怀念杨廷福、江辛眉》一文以及《绿杨城廓忆扬州》、《陈从周〈园林谈丛〉叙》等文,都为艺林所称道。2012 年收入《丛稿》时,仍用此名。并增补了《我的母亲》等重要文章。

七、《曹学叙论》

1992 年 10 月光明日报出版社出版。本书是为 1991 年 6 月新加坡召开的"汉学研究之回顾与前瞻"会议而作,重点是叙述近百年来对曹雪芹的专题研究。自有红学以来,也自然涉及对曹雪芹的研究,但历来未对此项研究作系统叙述。本书对曹雪芹研究作了历史的考察和系统的叙述,可称为是一部曹雪芹研究史,至今还仅此一书。本书收入《丛稿》

的《沧桑集》。

八、《墨缘集》

2001年3月黑龙江教育出版社出版。本书叙述回顾了先生与前辈和当代书画家的交往。书中述及二十多位书画界的前辈，还有一批中年画家，最后还论述了中国的壁画研究和汉画研究等专题。收入《丛稿》时仍名《墨缘集》，但增补了不少后来写的文章。

九、《漱石集》

1993年2月岳麓书社出版。本书是先生第二本红学的重要著作，重点是对《石头记》早期抄本的研究，对曹雪芹的研究和对清代评点派红学的研究。收入《丛稿》时仍留原名，但增入后来写的对《石头记》抄本研究的文字。人民文学出版社出版的《石头记脂本研究》一书，也并入此书。而此书中原有论红楼梦及曹雪芹的文字，则分别收入《丛稿》的《解梦集》和《沧桑集》。

一〇、《落叶集》

1997年3月中国社会科学出版社出版。此书是先生学术方面的综合文集。有"文化寻踪篇"，记录先生对新疆等地的文化调查等；有"艺林人物篇"，记录先生与学界前辈如郭沫若、俞平伯等学者的交往；有"小说戏曲篇"，有记述京剧表演艺术家厉慧良、武侠小说作家金庸等的有关文字。收入《丛稿》时，分别辑入有关专集。

一一、《夜雨集》

1999年3月中国友谊出版公司出版。这是一个综合文集，分"谈艺篇"，"论红篇""怀人篇""序跋篇"等四组。"谈艺篇"里的《博学宏通，显幽烛微》是谈启功先生的《论书绝句》的，因为先生是书法家，自小临过不少种碑帖，于启先生论述到的碑帖等问题有深切的体验。他的《论南戏〈张协状元〉与〈琵琶记〉的关系兼论其产生的年代》一文，也是论南戏的独到之作。"论红篇"里的《千古文章未尽才》是论曹雪芹和《红楼梦》的一篇传诵之作。此书所收文章，后来分类编入《丛稿》的有关专集。

一二、《剪烛集》

2002年2月山西人民出版社出版。此书主要是怀念学术界友人前辈之作，如对苏局仙、谢无量、张伯驹、王蘧常、顾廷龙、钱仲联、叶圣陶、俞平伯、赵朴初、陈从周、杨廷福等学界前辈，都有怀念的文章。此书还论述到紫砂艺术大师顾景舟、周桂珍的紫砂艺术，以及有关紫砂文化、茶文化等诸问题。

一三、《论〈红楼梦〉思想》

2002 年 10 月黑龙江教育出版社出版。此书出版后不久即被收入《中国文库》。此书深入研究了从明后期至清乾隆时期社会政治、思想、经济、文化和习俗,并将曹雪芹的思想与当时的历史背景和哲学思潮结合起来,指出《红楼梦》提出了"具有资本主义萌芽性质的初步民主主义的理想",论证了曹雪芹不仅是一位伟大的文学家,同时也是一位富有超前意识的思想家。此书在《丛稿》中收入《解梦集》。

一四、《敝帚集》(冯其庸论红楼梦)

2005 年 5 月文化艺术出版社出版。此书是先生论《红楼梦》的论文选集,包括家世研究、《石头记》早期抄本研究、曹雪芹研究等方面的重要文章。

一五、《蒋鹿潭年谱考略·水云楼诗词辑校》

1986 年 6 月齐鲁书社出版。此书前半是先生的学术著作,后半所附是太平天国时词人蒋鹿潭《水云楼诗词》的辑校本。先生从 1947 年开始研究蒋鹿潭,于 1948 年完成年谱考略初稿。"文化大革命"中此稿被毁,先生又下决心重作,增补了"年谱"考述部分的文字,终于于 1986 年出版。

一六、《文心集》

2012 年 1 月青岛出版社出版。本书从《逝川集》里分出来的一部分研究古典文学的论文和后来写的关于文学研究的论文合成一集。书名是新起的。《中国古代散文发展述论》、《司马迁的人物特写》、《论北宋前期两种不同的词风》等文章都收入本集。

一七、《沧桑集》

2012 年 1 月青岛出版社出版。此书一部分文章是从《曹雪芹家世新考》中析出,一部分是后来写的有关曹雪芹家世的论文合并而成。其中如《曹雪芹家世史料的新发现》、《大金喇嘛法师宝记碑题名考》、《大金喇嘛法师宝记碑"教官"考论》《曹、李两家的败落和〈红楼梦〉的诞生》等重要论文都收入本集。

一八、《〈石头记〉脂本研究》

1999 年 1 月人民文学出版社出版。本书是先生研究《石头记》早期抄本的专题论集,先生关于《甲戌本》、《己卯本》、《庚辰本》、《俄藏本》、《梦序本》等早期抄本研究的创见,都汇集于此本。此书在《丛稿》中合入《漱石集》。

一九、《冯其庸点评〈红楼梦〉》

2004年9月团结出版社出版。此书是先生红学研究论文的选集。

二〇、《解梦集》

2007年11月文化艺术出版社出版。此书是先生对《红楼梦》思想艺术方面重要论文的结集。《丛稿》仍用此书名,增入后来写的有关这方面的文章,原在《梦边集》《漱石集》的有关文章也合入此集,字数增加了两倍有余,故分为上下集两册。

二一、《瓜饭集》

2009年1月商务印书馆出版。此书是先生综合性的学术论文选集,初版后连续印了4次。至今仍为学界称道。

二二、《中国文学史稿》

2012年1月青岛出版社出版,上、下两册。此书是先生1956年到1958年所写,当时只有油印讲稿,到"文革"时全部被毁;直到2011年,才从当时听课的学生手里找到当年的油印稿,重加整理增补而成。此书为适应人民大学新闻系学生学习写作的需要,比较重视对古代作品的分析,然后再作历史的论述。这点成为这部文学史的特色。

二三、《〈精忠旗〉笺证稿》

2012年1月青岛出版社出版。此书草创于20世纪60年代,经过"文革",原稿被毁。至80年代又重作,曾得到陈其欣同志的协助抄校,但不幸陈其欣去世,原成稿失落,直到2008年,又在早先的一份誊录稿上重做,由高海英协助增补核校,至2012年完稿出版。《精忠旗》是一部古代优秀的历史剧创作,先生笺证此稿,既是研究古代历史剧,也是为创作新编历史剧作借鉴。书前有先生的长序。

二四、《瓜饭楼诗词草》

2012年1月青岛出版社出版。先生自幼喜好古典诗词,上世纪40年代初,就在报上发表诗词,直到《丛稿》出版时才结集出版,但"文革"以前的诗词全部在"文革"中被毁,现在刊出的"文革"以前的作品是从报上找到和先生记忆的。全书收诗1000余首,词近百首。

乙 评批集
二五、《瓜饭楼手批甲戌本〈石头记〉》

2012年1月青岛出版社影印出版。此书是先生对《石头记》甲戌本的手批本,先生将甲戌本存在的问题和它的珍贵价值一一批出。书前有长序,皆是先生手迹。读者既可了解《石头记》抄本甲戌本存在的问题和重要价值,也可欣赏先生的书法艺术。

二六、《瓜饭楼手批己卯本〈石头记〉》

2012 年 1 月青岛出版社影印出版,上、下两册。《石头记》己卯本是一个珍贵抄本,经先生与吴恩裕老研究,发现己卯本是怡亲王府的抄本,其意义重大。先生将此书避怡亲王允祥、弘晓的讳,将"祥"字避讳写作"祥""祥"等,将"晓"字缺末笔写作"晓"等处,还有此书与《石头记》抄本庚辰本有关之处,均一一批出。书前有先生手书长文,不仅指出了此抄本的重大学术价值,还可让读者欣赏到先生精美的书法。

二七、《瓜饭楼手批庚辰本〈石头记〉》

2012 年 1 月青岛出版社影印出版,全书共 4 册。《石头记》庚辰本,是《石头记》乾隆抄本中最完整的一部,也是曹雪芹生前的最后一稿,共存 78 回,实际是据己卯本抄的。经先生精心研究,将两本文字完全一样的情况一一批示出来,己卯本已残缺近一半,现从庚辰本中仍可见到己卯本的原貌,并可由此推知曹雪芹《石头记》手稿的基本面貌。以上这些抄本内在的历史面貌和两本的血肉关系,都经先生一一批出,以利读者阅读。书前亦有先生手书长文,可供阅读欣赏。

二八、《瓜饭楼重校评批〈红楼梦〉》

2005 年 1 月辽宁人民出版社出版社出版,分上、中、下三册。双色套印。此书获首届中国出版政府奖图书奖提名奖。此书版式由高海英精心设计,并由她录文。此书是先生集数十年研究《红楼梦》之学术成果,用传统的评批方式,分眉评、正文下双行小字评、回后评三种方式,来评批解读《红楼梦》。此书解析深刻隽永,发人之所未发,版式优美,插图精致。此书自发行至今,一直畅销不衰。

此书同时有香港天地图书公司版,畅销港台和国外,还有富阳华宝斋的线装书版,为收藏者所珍爱。

此书 2012 年 1 月青岛出版社出先生重校增评本,增加一千多条评语。为先生的最后定本。

丙 辑校集
二九、《脂砚斋重评石头记(己卯本)》(古籍整理)

1980 年 6 月上海古籍出版社出版,上、下两册。此己卯原抄本藏国家图书馆,残存三十八回。另还有武裕庵补抄两回,加上 1975 年中国历史博物馆新发现的三回又两个半回,己卯本的原抄实存四十一回又两个半回。这个抄本原由董康收藏。后归陶洙收藏。陶洙将己卯本残缺部分用甲戌本、庚辰本补配。陶洙虽爱藏书但并不懂抄本各有源流系

统,因此将原抄本补配得面目混乱,更增加了后人识别的困难。故先生将此本进行整理,删除陶抄部分。还己卯本原抄的本来面目。因陶洙所据补的甲戌、庚辰等本,至今都在,所补并无学术意义,且陶洙补抄时又多有抄错,混乱更甚,经先生整理后,此整理本基本上已还原本真貌。

三〇、《八家评批〈红楼梦〉》

1991后9月文化艺术出版社出版,分上、中、下三册。此书集清代著名评点派红学之评批、札记文字,重加整理编排,合为一书。此书可谓集清代评点派红学之大成。初版时有陈其欣帮助抄录。

三一、《重校八家评批〈红楼梦〉》

2000年江西教育出版社出版。此书初版错漏较多,书名无"重校"两字,后由先生重加校订,改正初版的错漏,故书名加"重校"两字。2012年1月青岛出版社出《瓜饭楼丛稿》本,先生又重校一过,改用双色套印,分为四册并加插图。

三二、《曹雪芹家世·红楼梦文物图录》

1983年12月香港三联书店出版。共收图732幅。为《红楼梦》研究领域唯一的一部文物图录。2012年1月,青岛出版社重出,先生即重编此书,增加图版至810幅,分为上、下两册。所附碑刻文字及文献资料,皆重加校订。青岛出版社新版为大陆首次发行本,香港版台湾有盗印本,大陆未发行。

三三、《蒋鹿潭年谱考略·水云楼诗词辑校·重校十三楼吹笛谱》

此书由齐鲁书社出版。重点在"蒋鹿潭年谱考略",已列入本目学术著作栏。2012年1月青岛出版社重出时,先生除修正《年谱》外,又重新辑校了《水云楼诗词》,并增加《重校十三楼吹笛谱》。《十三楼吹笛谱》是孤本,作者是太平天国时期淮海词人。因此书已收入两种词集和蒋鹿潭的诗作,辑校成分加重,故收入辑校集。

丁 艺术集

三四、《瀚海劫尘——中国大西部文化历史摄影集》

1995年1月文化艺术出版社出版。八开本精装一册。此书用摄影的方式,拍摄了玄奘西行取经所经路段的历史遗迹以及中国大西部的历史文化宗教遗迹,如唐北庭都护府故城遗迹、唐高昌、交河故城、龟兹昭怙厘寺遗迹、龟兹盐水沟玄奘取经之路遗迹,敦煌千佛洞、古阳关、玉门关等等。先生用独特的视角、高超的摄影艺术予以再现,全书收图229幅,并附有《西行散记》及题诗。

三五、《冯其庸书画集》

2006年5月文物出版社出版。八开本精装一册。此书收录了先生近年所作传统山水，独创的反映大西部的重彩山水，以及花卉、书法等精品，是先生2006年大型书画展后的第一本画册。

三六、《冯其庸山水画集》

2008年12月中华书局出版。八开本精装一册。此书是先生的山水画册，所收都是2006年后所作山水精品，曾两次获国际金奖。

戊　合作集

三七、《脂砚斋重评〈石头记〉汇校》

1989年4月文化艺术出版社出版，共精装五大册，与冯统一合作。首创汇校法，被学界认为是陈垣总结古代"四校法"之后的第五种校订方法。此书用12种脂本《石头记》排列汇校，凡相同的文字，一律用S表示，凡不同的文字，一律抄出，横向逐行对看，可以看出各早期抄本各自的血脉渊源，看出各抄本之间的内在关系和后人改动原文的痕迹。

三八、《脂砚斋重评〈石头记〉汇校汇评》

2008年4月国家图书馆出版社出版。与季稚跃合作。先生此书，是鉴于原出版的《脂砚斋重评〈石头记〉汇校》只收正文，未收脂评及其他人的评文，使读者还须要重读原抄本，非常不便，而且抄本的脂评，也多有文字上的出入，这对于研究《石头记》也很重要，所以必须正文与脂评一齐校录，才能更有利于读者；且原先的校本抄录时有差误，因此先生特专门设计了特印的稿纸，重新开始校录，幸好得到老友季稚跃的支持，由他先作校录，由先生校核。在此书刚完成时，又发现了后由卞亦文收藏的残抄本《石头记》十回，因此又及时将此本补入，从原来的十二种增至十三种。此书前后经历了十多年，共一千多万字，三十册。是研究《石头记》最重要的读本和工具书。

三九、《红楼梦概论》

2002年10月北京图书馆出版社出版。此书由先生与李广柏先生合著，是红学概论性和普及性的著作。卷一是李广柏写的《红楼梦概论》，卷二至卷四是先生写的《曹雪芹祖籍、家世和〈红楼梦〉的关系》以及清代评点派红学和怎样读《红楼梦》等问题的文章。

己　主编集

四〇、《历代文选》

冯其庸主编，1962年9月中国青年出版社出版。毛泽东主席曾在中央会议上表扬此

书。此书被收入《青年文库》,久印不衰,一直到现在仍在发行。2011 年,中国人民大学出版社又出版繁体竖排本。

四一、《新校注本〈红楼梦〉》

冯其庸主编,1982 年 5 月人民文学出版社出版。分上、中、下三册。此书由文化部《红楼梦》校订组校注,历时七年。校订组组长是袁水拍,副组长是李希凡和冯其庸。冯其庸主持校注业务,并自 1975 年起直到 1982 年出书前后七年迄未中断。此书出版后国务院古籍整理规划小组领导李一氓同志曾亲自写文章,称赞此书可为《红楼梦》的定本。此书于 2008 年又经冯其庸、吕启祥、胡文彬重加修订,将出版后近 20 年的红学成果择优增入,使此书更臻完善,改为上、下二册。此书至今已印至 500 万套。

四二、《红楼梦大辞典》

冯其庸主编,1990 年文化艺术出版社出版。此书是集红学大成之作,参加此书写作的人很多,由吕启祥总负责业务,由先生主持全局和最后审定。此书是读《红楼梦》的最佳工具书。

四三、《中国艺术百科辞典》

冯其庸主编,李文合协编,2004 年 1 月商务印书馆出版。是一部综合性艺术类工具书。编纂历时 10 年,编辑加工 5 年,主笔大多来自中国艺术研究院的研究人员和清华大学美术学院的教授,他们在各自的领域都是一流的专家学者。辞典正文部分约有 500 万字,收词约 25000 条,图片 1400 余幅。按照分卷内容编排,有绘画、书法、雕塑、音乐、舞蹈、工艺美术、服饰、建筑园林、家具、杂技、戏曲、曲艺、摄影、话剧、电影、电视 16 卷。各卷内容分四大部分:名词术语、作品、著述、人物。此辞典全方位展示中国各种艺术的精华,多角度介绍艺术发展脉络。

本辞典内容丰富,根据内容分类编排,知识系统性强,不仅可供读者查疑解惑,还有较高的可读性。不仅填补了我国最负盛名的辞书出版社、商务印书馆出版原创百科类辞书的空白,也填补了近 50 年我国出版大型综合艺术类工具书的空白。是目前国内收词最多、规模最大、下限年代最近,综合质量最高的一部艺术类工具书。

四四、《曹雪芹墓石论争集》

冯其庸主编,1994 年 8 月文化艺术出版社出版。1992 年,北京通县张家湾发现了一块曹雪芹墓石,此石原于 1968 年出土,时值"文革",未经公布,直至 1992 年才重新面世,引起了红学界的争论。冯其庸、王利器、陈毓罴、邓绍基、刘世德、史树青、傅大卣等大部分红学家、文物家认为是真的,周汝昌、秦公等认为是假的,先生以客观的态度将当时所有的文章全部编印成集,以供大家研究。

四五、《红楼梦学刊》

1979 年创刊,冯其庸主编。自创刊号起至 2004 年(103 期)先生一直任主编,2005 年起任名誉主编。《红楼梦学刊》至今已出至 149 期,是红学研究的权威性学刊。

以上先生的著作(含诗词、散文、辑校、艺术)共 36 种 46 册。合作集 3 种 36 册。主编集 6 种,书 6 册,期刊 103 册。全部合计共书 45 种,78 册(不计期刊册数)。以上是先生历年出书的原始记录。以下附新编出版的《瓜饭楼丛稿》目录。

瓜饭楼丛稿目录

1. 文集卷一《秋风集》
2. 文集卷二《逝川集》
3. 文集卷三《文心集》
4. 文集卷四《春草集》
5. 文集卷五《剪烛集》
6. 文集卷六《墨缘集》
7. 文集卷七《沧桑集》
8. 文集卷八《漱石集》
9. 文集卷九《解梦集(上)》
10. 文集卷十《解梦集(下)》
11. 文集卷十一《中国文学史稿(上)》
12. 文集卷十二《中国文学史稿(下)》
13. 文集卷十三《〈精忠旗〉笺证稿》
14. 文集卷十四《曹雪芹家世新考(上)》
15. 文集卷十五《曹雪芹家世新考(下)》
16. 文集卷十六《瓜饭楼诗词草》

冯其庸评批集

17. 评批集卷一《瓜饭楼手批甲戌本〈石头记〉》
18. 评批集卷二《瓜饭楼手批己卯本〈石头记〉(上)》
19. 评批集卷三《瓜饭楼手批己卯本〈石头记〉(下)》
20. 评批集卷四《瓜饭楼手批庚辰本〈石头记〉(一)》
21. 评批集卷五《瓜饭楼手批庚辰本〈石头记〉(二)》

又：与友人合作的书和主编的书均未编入《瓜饭楼丛稿》。

2012 年 8 月 23 日

后　记

　　2010 年 10 月,忻逢冯其庸先生米寿之喜,洽是国学院成立 5 周年,中国人民大学国学院特别举办国际学术会议,以庆贺冯先生从教 60 周年的名义,为老院长米寿贺喜。国内外与会学者 150 多人,分为 5 个分会场,研讨国学。分会场的设置,一方面考虑到冯先生研究与重视的学术领域,一方面考虑到国学研究的需要。会议行程紧密,学者讨论热烈,许多观点都是学者认真研究的慎重结论。会后,学者一致认为此会大有纪念意义,冯先生治学领域众多,桃李满天下,这是一个十分集中的表现。

　　会后集合论文如下,共分五个专题。"红学研究新视野",38 篇;"近现代国学的回顾与国学学科建设",17 篇;"历代集部辑论与文学建构",27 篇;"书法与绘画",12 篇;"西域敦煌出土文献研究",29 篇。论文或者是老一代学者,属于冯先生朋友一代人。或者是学界中坚、正年富力强的一代学者。大家或者与冯先生有情义之交,或者接受过冯先生指导或支持,或者于国学多有研究。众人汇聚一堂,共商国学发展大计,为冯先生米寿祝贺,是一次难得的学术盛会。

　　需要说明的是,某些专题中的内容虽然已经确定,但归属颇费思量。如李广柏先生的论文本不属于红学,不过作者是红学界老先生,论文为响应冯先生论文,会议期间也是在红学会场发表,所以还是归在红学新视野栏目之下。

　　在论文集编辑过程中,各个分会的负责老师付出许多劳动。上海古籍出版社的领导和编辑,多对冯先生有感念之情,认真工作,付出甚多。在此,一并致以谢忱。

图书在版编目(CIP)数据

国学的传承与创新：冯其庸先生从事教学与科研六
十周年庆贺学术文集／中国人民大学国学院主编. —上
海：上海古籍出版社，2013.4
ISBN 978 - 7 - 5325 - 6616 - 7

Ⅰ.①国… Ⅱ.①中… Ⅲ.①社会科学—文集 Ⅳ.
①C53

中国版本图书馆 CIP 数据核字(2012)第 187821 号

责任编辑　府宪展　曾晓红
装帧设计　府宪展　李晔芳
技术编辑　富　强

ISBN 978-7-5325-6616-7

9 787532 566167 >

国学的传承与创新

——冯其庸先生从事教学与科研六十周年庆贺学术文集

（全二册）

中国人民大学国学院　主编

上海世纪出版股份有限公司

上 海 古 籍 出 版 社　出版

（上海瑞金二路 272 号　邮政编码:200020）

（1）网址:www.guji.com.cn

（2）E - mail:guji1@ guji.com.cn

（3）易文网网址:www.ewen.cc

上海世纪出版股份有限公司发行中心发行经销　上海展强印刷有限公司印刷
开本 787×1092　1/16　印张 82.5　插页 14　字数 1,660,000
2013 年 4 月第 1 版　2013 年 4 月第 1 次印刷
印数：1 — 1,300
ISBN 978 - 7 - 5325 - 6616 - 7
K·1627　定价：238.00 元

如有质量问题,读者可向工厂调换